韓國新聞

THE KOREA PRESS

1964～1969年度

THE KOREAN RESIDENTS UNION
IN JAPAN GENERAL HEAD OFFICE

在日本大韓民国居留民団中央機関紙

上

株式会社 自由生活社 発行

発刊の辞

創団以来、民団中央機関紙である韓国新聞は、常に新たな組織の陣頭に立ち、烈しい嵐の抵抗と斗い続けた。この過程に於いて、同新聞が六十万の在日同胞社会の実相を反映し、大衆の要望を表現し、又団員の権益を守りながら、更に一歩高い立場にあって、韓日両国間の針路を啓示するとともに、政治、経済、文化、社会の全面にわたって反共精神を団是として、韓日両国善隣友好提携の推進力をなした役割の功績は高く評価されなければならない。

わが社は、この貴重な記録資料を各方面から蒐集して来たが、その一部を整理輯載してここに本縮刷版を刊行、仍って積年の民団素願を達成する運びとなったことは洵に本懐の至りである。

右の趣旨に則り、本書には解放後、多年間民団を死守して来た組織活動家の諸先輩と同志諸兄が、機関紙韓国新聞の運営に当って、卓抜の手腕を揮って揺ぎなき基礎を築き上げて、民団組織の発展に寄与した貴重な体験と遠大な反共精神の志藻を主体に、全国の団体組織を克く今日の盛運に至らしめてこの世を去った大先輩達の業積が単なる回顧や詠嘆ではなくして、我々の二世三世達等の新たな歴史段階へ極めて有意義な示唆となり、教訓となるところに刊行者の期待がある。

一九六九年八月一五日

在日本大韓民国居留民団中央本部機関紙

韓国新聞社

目　　次

（在日本大韓民国居留民団中央機関紙）

韓国新聞

1968年度

1969年度

民団の推移と組織機構

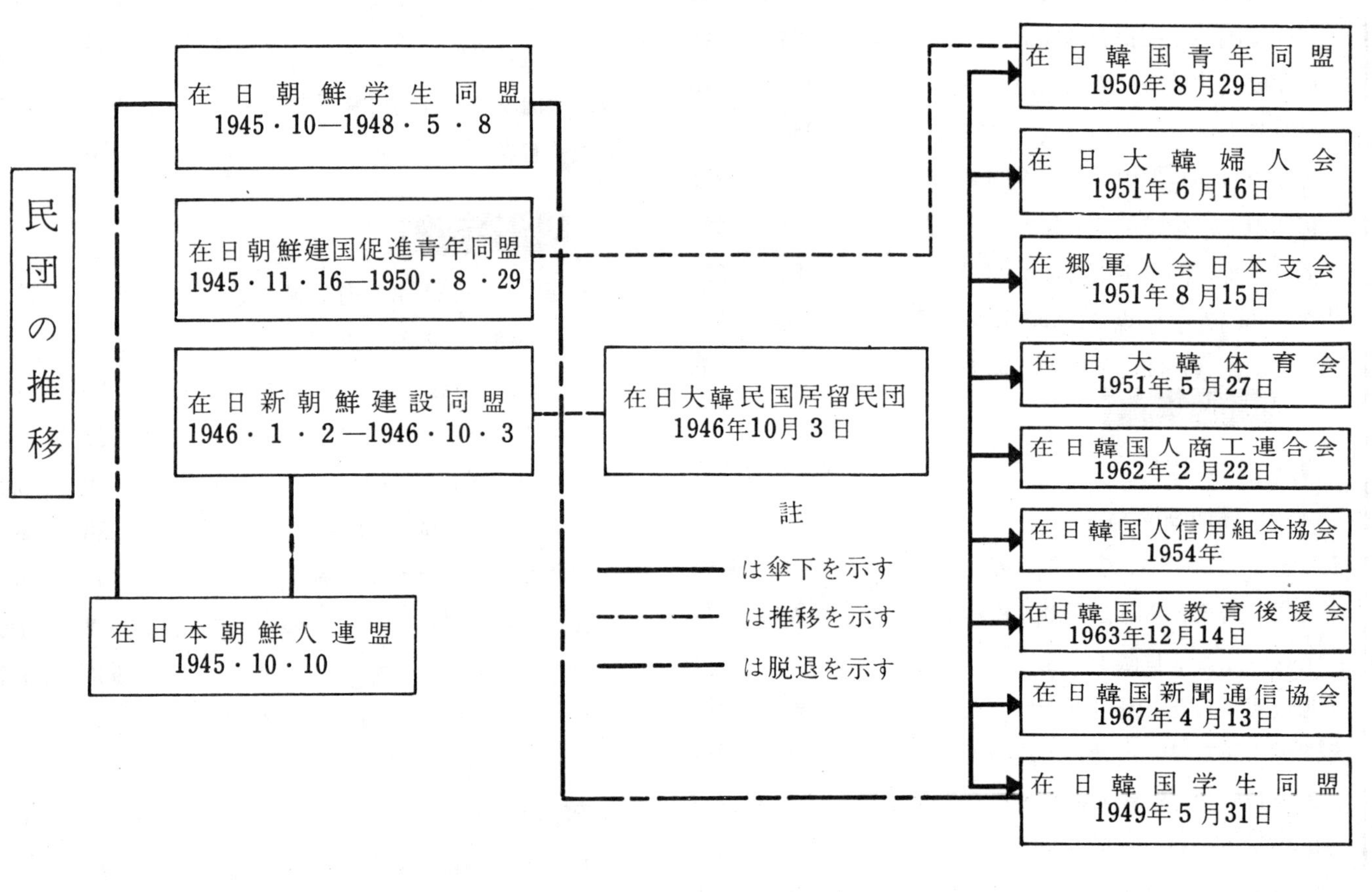

民団の推移
在日朝鮮学生同盟 1945・10—1948・5・8
在日朝鮮建国促進青年同盟 1945・11・16—1950・8・29
在日新朝鮮建設同盟 1946・1・2—1946・10・3
在日本朝鮮人連盟 1945・10・10
在日大韓民国居留民団 1946年10月3日
註
は傘下を示す
は推移を示す
は脱退を示す
在日韓国青年同盟 1950年8月29日
在日大韓婦人会 1951年6月16日
在郷軍人会日本支会 1951年8月15日
在日大韓体育会 1951年5月27日
在日韓国人商工連合会 1962年2月22日
在日韓国人信用組合協会 1954年
在日韓国人教育後援会 1963年12月14日
在日韓国新聞通信協会 1967年4月13日
在日韓国学生同盟 1949年5月31日

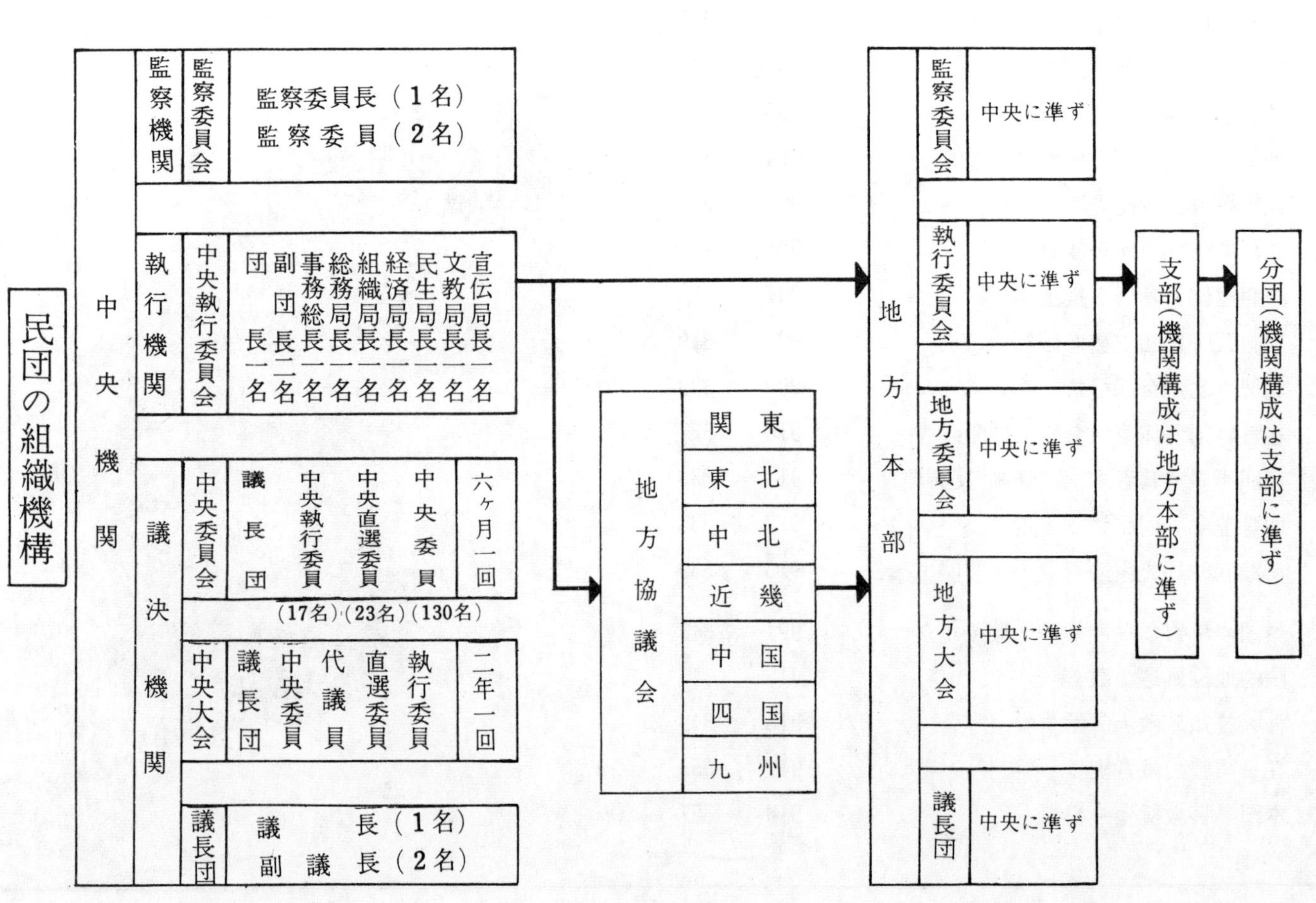

民団の組織機構
中央機関
監察機関
監察委員会
監察委員長（1名）
監察委員（2名）
執行機関
中央執行委員会
宣伝局長一名
文教局長一名
民生局長一名
経済局長一名
組織局長一名
総務局長一名
事務総長一名
副団長二名
団長一名
議決機関
中央委員会
議長団
中央執行委員
中央直選委員
中央委員
六ヶ月一回
(17名)・(23名)(130名)
中央大会
議長団
中央委員
代議員
直選委員
執行委員
二年一回
議長団
議長（1名）
副議長（2名）
地方協議会
関東
東北
中北
近畿
中国
四国
九州
地方本部
監察委員会
執行委員会
地方委員会
地方大会
議長団
中央に準ず
支部（機関構成は地方本部に準ず）
分団（機関構成は支部に準ず）

民団中央直選委員及び中央執行委員名

直選中央委員						中央執行委員			
職位	氏名	職位	氏名	職位	氏名	職位	氏名	職位	氏名
1	尹致夏	9	鄭順相	17	朴玄	1	李禧元	10	朴太煥
2	鄭烔和	10	辛容祥	18	韓緑春	2	尹達鏞	11	金世基
3	金泰変	11	李彩雨	19	黄孔煥	3	池昌男	12	文慶韶
4	朴太煥	12	崔学阜	20	金仲浩	4	李成甫	13	辛容祥
5	李相台	13	李鐘鳴	21	姜錫憲	5	鄭在俊	14	李彩雨
6	金世基	14	朴述祚	22	金成一	6	金晋根	15	姜錫憲
7	文慶韶	15	鄭煥麒	23	金宰淑	7	尹致夏	16	金成一
8	朴烔憲	16	李宗樹			8	鄭烔和	17	金宰淑
						9	金泰変		

在日本大韓民国留居民団中央本部三機関役員名（1969年７月現在）

職位	氏名	職位	氏名	職位	氏名
執行機関		民生次長	李鐘舜	顧問	曹寧柱
団長	李禧元	文教次長	姜仁煥	〃	鄭寅錫
副団長	尹達鏞	経済次長	金斗昌	〃	丁賛鎮
副団長	池昌男	宣伝次長	李杞雨	〃	許弼奭
議決機関		各局委員長		〃	朴春琴
議長	朴根世	組織委員長	金宰淑	〃	安八龍
副議長	文圭準	民生委員長	宋鎬用	〃	鄭建永
副議長	白丁赫	文教委員長	申国柱	〃	辛格浩
監察機関		経済委員長	金運日	〃	安在祜
監察委員長	張聡明	宣伝委員長	金成一	〃	徐甲虎
監察委員	金皓一	韓国新聞（中央機関紙）		〃	金光男
監察委員	丁栄沢	社長	鄭烔和	〃	呉宇泳
執行部		副社長	盧得説	〃	李寿成
事務総長	李成甫	業務局長	盧得説	〃	兪錫濬
事務次長	陳斗鉉	業務部長	金容坤	〃	鄭哲
総務局長	宋鎬用	法対委員会		〃	金正柱
組織局長	姜錫憲	事務局長	尹翰鶴	〃	金坪珍
民生局長	安商権	議決・監察		〃	鄭泰柱
文教局長	池雲龍	事務局長	趙東來	〃	朴漢植
経済局長	金寛永	顧問団		〃	呉允台
宣伝局長	金潤	常任	金今石	〃	李熙健
各局次長		常任	李裕天	〃	尹仁述
総務次長	柳乙作	顧問	権逸	〃	申凞
組織次長				〃	南元

地方本部住所一覧表

地方名		住所	電話			団長名	郵便番号
関東	東京	東京都文京区本郷3－32－7	045	811	1535(代)	鄭在俊	113
	神奈川	横浜市神奈川区鶴屋町3－18	0472	311	4903～5	孫張翼	221
	千葉	千葉市新宿町2－35	0552	42	4621～3	孫晋協	280
	山梨	甲府市丸ノ内2－20番6号	0286	2	5444	金碩煥	400
	栃木	宇都宮市塙田町326	0292	2	7777	辛容祥	320
	茨城	水戸市大町1－2－16	0488	21	3337	朴台守	310
	埼玉	浦和市常盤町4－16－7	0488	31	3959	田汶秀	336
	三多摩	立川市錦町1－3－20	0425	22	2381	鄭鳳基	190
	群馬	前橋市古市場町字松場497－5	0272	51	2328	金栄出	371
	静岡	静岡市相生町2－19	0542	45	4531～3	趙澔衡	420
	長野	松本市深志2－8－10	02634	2	2635	金龍煥	390
東北	秋田	秋田市土崎港中央3－9－54	01882	5	0935	朴東溪	010
	福島	群山市深沢2－11－21	02592	2	9072	李鍾根	963
	宮城	仙台市茂市ヶ坂8－1	0222	23	9610	李景淳	980
	北海道	札幌市南九条西4－19 0	0122	52	2269	崔東洵	060
	山形	山形市幸町7－41	02362	2	9306	裵應三	990
	青森	青森市長島町3－18－6	01772	2	3317	林圭復	030
	岩手	盛岡市駅前新町通15－18	01962	2	0118	韓哲文	020
中北	新潟	新潟市弁天町3－24	0252	44	2942	権寧相	950
	石川	金沢市本町2－13－7	0762	31	2914	李龍演	920
	福井	福井市豊島2－8－12	0776	22	5431	金三益	910
	富山	富山市牛島新町3－21	0764	32	5779	崔允明	930
	愛知	名古屋市中村区鷹羽町3－56	052	571	6331～5	李春植	453
	岐阜	岐阜市錦町2－9	0582	51	3703	趙世済	500
	三重	津市8町1－9－15	05928	8	4308	金潤学	514
近畿	大阪	大阪市北区中崎町43	06	371	7331	金晋根	530
	兵庫	神戸市生田区北長狭通4－1－1	078	39	0658	崔永聖	650
	京都	京都市左京区下鴨宮崎町119	075	78	8281	李相権	606
	奈良	奈良県大和高田市日之出町2－1274	07455	2	2098	李來玉	635
	滋賀	大津市島の関9－5号	07754	2	3639	権寧崙	520
	和歌山	和歌山市屋形町2－9	0734	22	3233	申吉秀	640
中国	広島	広島市東蟹屋町7番9号	0822	61	6171	崔成源	730
	岡山	岡山市駅前町1－2－4	0862	25	0826	柳甲録	700
	鳥取	鳥取市行徳67－11	0857	22	6780	朴永洙	680
	島根	江津市郷田後浜新開1188	08555	2	2660	尹赫顕	695
	山口	下関市 下関市竹崎町429	0832	23	8271～3	朴鍾	750
九州	福岡	福岡市駅前通1－18－17	092	43	7231～3	張翊相	812
	長崎	長崎市川口町9番17号	0958	44	0781	李漢宰	850
	佐賀	佐賀市大財町1－2－4	09522	3	7450	朴鳳斗	840
	大分	大分市勢家502－5	09752	3	1446	権五善	870
	宮崎	宮崎市川原町7番13号	0985	2	7519	金七星	880
	熊本	熊本市本山町550	0963	52	1965	金賢九	860
	鹿児島	鹿児島市城南町2番25号	09922	2	2706	李政源	892
	対馬島	長崎県下県郡厳原町大字国分1351	新浜			金昌珉	2875
四国	愛媛	新居浜市泉川町松原	08972	4	7261	朴振業	792
	徳島	徳島県小松島市北浜	08853	2	3677 0308(夜間)	金性式	773
	高知	高知市日之出町199番地	0888	82	8777	朴俊学	780
	香川	高松市花園町2－8－20	0878	31	8955	朴龍雲	760

在日韓国青年同盟 地方本部 県直轄・特別支部 所在地一覧表

中央本部／東京都文京区春日２－２０－１３☎814－4471～2 812－0761
中央研修所／東京都西多摩郡五日市町網代坪松〔花郎台〕☎0425－96－0078

地方名		住所	電話			委員長
地方本部	北海道	札幌市南九条西４－10	0122	51 52	5427 2269	宣勝男
	青森	青森市長島町３－18－６	01772	2	3317	金正三
	秋田	秋田市土崎港中央３－９－54	01882	5	0935	呉昌洙
	宮城	仙台市茂市ヶ坂８－１	0222	23	9610	趙明良
	岩手	盛岡市青山３－12－６金東出方	0196	47	0531	金東出
	新潟	新潟市弁天町３－24	0252	44	2942	黄寅龍
	群馬	前橋市古市町字松場497－５	0272	51	2328	金猛
	茨城	水戸市大町１－２－16	0292	21	3337	崔元鎬
	千葉	千葉市新宿町２－35	0472	42	8452～3	申基文
	山梨	甲府市丸ノ内２－20－６	0552	22	5444	金玉相
	埼玉	浦和市常盤町４－16－７	0488	31	3959	韓公一
	神奈川	横浜市神奈川区鶴屋町２－18	045	311	4903～5	成箕桓
	福井	福井市豊島中町119	0776	22	5438	南榛変
	愛知	名古屋市中村区鷹羽町３－56	052	551 571	8009 5803	梁完玉
	三重	津市八町１－９－15	05928	8	4308	許銓吉
	岐阜	岐阜市錦町２－９	0582	51	3703	金信行
	長野	長野市北石堂町1382	02622	6	2880	金海龍
	京都	京都市左京区下鴨宮崎119	075	791	9500	林弘吉
	大阪	大阪市北区中崎町43	06	371	6406 4082	金治男
	兵庫	神戸市生田区北長狭通４－１－１	078	39	4736	田鉄秀
	奈良	大和高田市日之出町２－127	07455	2	2096	金海圭
	滋賀	大津市島の関９－５	07754	7	1097	諸寅男
	和歌山	和歌山市屋形町２－９	0734	24	2264～5	曺喜坤
	広島	広島市東蟹屋町11－19	0822	61	6171	鄭達男
	岡山	岡山市本町５－５	0862	25	0826～7	李正太郎
	山口	下関市竹崎町429	0832	23	8271	金教元
	佐賀	佐賀市大財１－２－４	09522	3	7450	金仁守
	熊本	熊本市本山町477－５	0963	2	1965	魏三道
	愛媛	松山市萱町８－22	0899	3	4813	朴達元
	福岡	福岡市駅前通１－18－17	092	43	7465	梁正雄
直轄支部	調布支部	都下調布市下石原中島通2139	0424	82	0367	朴延泰
	諫早支部	長崎県諫早市城見町77201	09570		3431	曺圭容
	米子支部	鳥取県米子市昭和町39－１	08592	2	7023	崔根孝
特別支部	豊島支部	東京都豊島区池袋２－1167	03	982	7161	高昌樹
	渋谷〃	東京都渋谷区宇多川町15	〃	461	5382	李俊其
	北〃	東京都北区神谷町１－４－１	〃	919	5675	李高雄
	大田〃	東京都大田区新蒲田１－６－４	〃	732	7651	李慶雨
	江戸川〃	東京都江戸川区興之宮29	〃	657	7512	李丈一
	品川〃	東京都品川区豊町３－301	〃	781	5327	柳徳済
	港〃	東京都港区三田４－６－18	〃	451	6538	金徹
	葛飾〃	東京都葛飾区本田立石６－18－16	〃	693	1771	金康寿
	荒川〃	東京都荒川区荒川３－32	〃	891	0555	

韓国関係電話早見表

団体名	住所	電話番号		
駐日本韓国大使館	港区南麻布1－2－5	03	452	7611～2
駐日韓国公報館	千代田区永田町2－29	03	580	2577
駐日韓国賠償使節団	千代田区有楽町1－10 三信ビル	03	503	2781
駐日札幌大韓民国総領事館	札幌市北三条西21－9－1	0122	62	0288
〃 大阪大韓民国総領事館	大阪市南区未吉橋通4－32－1	06	252	4251
〃 福岡大韓民国総領事館	福岡市赤坂1－10－20	092	77	0461
〃 仙台大韓民国領事館	仙台市北五番丁9－3	0222	21	2751
〃 横浜大韓民国領事館	横浜市中区山手町118	045	201	4531
〃 名古屋大韓民国領事館	名古屋市東区東大曽根南1－8	052	961	9221
〃 神戸大韓民国領事館	神戸市生田区中山手通2－73	077	22	4853
〃 下関大韓民国領事館	下関市大和町5 貿易ビル	0832	66	5341
民団中央本部	文京区春日2－20－13	03	813	2261～5
団長室	〃	03	814	1821
事務総長専用	〃	03	814	1822
総務局専用	〃	03	812	0229
韓国新聞社	〃	03	815	1451～3
大韓婦人会中央本部	〃	03	812	1978
韓国青年同盟中央本部	〃	03	814	4471
韓国学生同盟中央本部	〃	03	814	0109
在郷軍人会日本支会	〃	03	812	2736
法対委員会事務局	〃	03	813	2261～5
韓国人商工連合会	新宿区柏木1－89 城ビル	03	371	8151
韓国人信用組合協会	大阪市北区曽根崎中1－40	06	341	3841
在日大韓体育会	中央区銀座東2－4 竹田ビル	03	541	7148
在日韓国新聞通信協会	文京区本郷3－32－7	03	811	1535
在日韓国人教育後援会	大阪市西成区梅南通5－5	06	661	2898
東京韓国学校	新宿区若松町21	03	357	2233
〃 足立分校	足立区千住桜木町53	03	888	5096
東京教育文化センター	千代田区猿楽町2－5－5	03	294	0548
在日韓国人結婚相談所	〃	03	291	7151
民団東京本部	文京区本郷3－32－7	03	811	1535
大韓婦人会東京本部	〃	03	812	2938

団体名	住所	電話番号		
韓僑通信社	文京区本郷3－32－7	03	811	1535
在日韓国人貯蓄納税組合東京連合会	〃	03	811	1535
東京商銀組合信用	文京区湯島3－38－15	03	832	5227
〃 新宿支店	新宿区新宿2－54	03	356	7791
〃 荒川支店	荒川区東日暮里6－22－1	03	802	5121
韓国外換銀行東京支店	千代田区丸ノ内3－4 新国際ビル	03	216	3561
韓一銀行東京支店	千代田区霞ヶ関ビル 33階	03	581	2351
大韓航空東京支社	千代田区丸ノ内3－4 新国際ビル	03	216	9511～5
大韓海運東京支社	千代田区有楽町1－10 三信ビル	03	591	0815～7
大韓旅行東京支社	港区赤坂1－1－16 細川ビル	03	585	0400～5
民団文京支部	文京区小石川町2－11－17	03	811	3555
〃 台東支部	台東区上野7－2－1	03	844	4094
〃 中央支部	中央区日本橋茅場町1－16 共同ビル	03	661	5370
〃 墨田支部	墨田区太平町1－4－8	03	662	9442
〃 江東支部	江東区木場6－8－10	03	644	0512
〃 江戸川支部	江戸川区興之宮29	03	657	7512
〃 北支部	北区神谷町1－1－4	03	919	5675
〃 足立支部	足立区千住桜木町53	03	888	8301
〃 荒川支部	荒川区荒川3－32	03	891	0555
〃 葛飾支部	葛飾区本田立石6－18－16	03	693	1771
〃 豊島支部	豊島区池袋2－1167 共同ビル	03	982	7161
〃 板橋支部	板橋区板橋2－22－9	03	961	6565
〃 練馬支部	練馬区豊玉北4－31	03	992	5577
〃 新宿支部	新宿区新宿2－77	03	341	0244
〃 中野支部	中野区新井2－1－17	03	386	5536
〃 杉並支部	杉並区梅里2－24－13	03	313	7575
〃 渋谷支部	渋谷区宇田川町15	03	461	5382
〃 世田ヶ谷支部	世田ヶ谷区下馬町1－7	03	421	3609
〃 目黒支部	目黒区青葉台1－30－10	03	713	4378
〃 港支部	港区三田4－6－18	03	451	6538
〃 品川支部	品川区豊町3－1－1	03	781	5327
〃 大田支部	大田区新蒲田1－6－7	03	732	7651

在京僑胞区別人口図覧

国籍別区別人口一覧表

（1968年2月29日現在）

			韓国籍	朝鮮籍	計
特別区	中央	千代田	224	101	325
		中央	102	106	208
		文京	809	699	1,508
		台東	1,570	1,731	3,301
	城東	墨田	934	939	1,873
		江東	1 447	1,625	3,072
		江戸川	989	1,159	2,148
	城北	北	944	1,246	2,190
		足立	2,744	3,824	6,568
		荒川	2,713	3,432	6,145
		葛飾	1,576	1,991	3,567
	西北	豊島	1,052	1,102	2,154
		板橋	879	1,366	2,245
		練馬	1 102	970	2,072

			韓国籍	朝鮮籍	計
特別区	城西	新宿	1,444	1,194	2,638
		中野	1,064	845	1,909
		杉並	1,158	741	1,899
	西南	渋谷	969	592	1,561
		世田谷	1,449	1,115	2,564
		目黒	701	689	1,390
	城南	港	939	455	1,394
		品川	1,361	972	2,333
		大田	2,497	2,369	4,866
	特別区小計		28,667	29,263	57,930
区外	市部小計		3,839	5,084	8,923
	郡部小計		704	824	1,528
	島部小計		24	15	39

東京都韓国籍合計 33,234　東京都朝鮮籍合計 35,186　両籍総合計 68,420

在日僑胞府県別人口図覧

府県別分布表 (1968年8月現在)

	府県別	在住韓国人数	管内韓国人系企業の従業員総数
北海道・東北地方	北海道	8,352	58,250
	青森	1,991	8,920
	岩手	1,625	9,640
	宮城	3,247	24,430
	秋田	1,142	9,800
	山形	677	4,870
	福島	2,207	17,800
	計	19,241	133,710
関東地方	茨城	3,503	31,430
	栃木	1,932	7,870
	群馬	2,742	11,650
	埼玉	6,707	31,410
	千葉	7,439	38,340
	東京	69,074	325,500
	神奈川	26,623	142,300
	計	118,020	588,500
北陸・中部地方	新潟	2,631	20,450
	富山	1,908	9,230
	石川	3,134	25,800
	福井	4,814	24,870
	山梨	1,978	10,800
	長野	4,713	29,270
	岐阜	10,674	77,800
	静岡	7,744	44,200
	愛知	48,109	246,300
	計	85,705	488,720
近畿地方	三重	7,397	40,600
	滋賀	6,203	29,400
	京都	40,314	226,000
	大阪	164,169	636,500
	兵庫	60,899	298,700
	奈良	4 961	27,800
	和歌山	4,808	31,900
	計	288,751	1,290,900
中国・四国地方	鳥取	1,558	5,900
	島根	1,679	9,300
	岡山	7,887	43,600
	広島	14,540	90,870
	山口	15,429	83,000
	高知	922	6,900
	徳島	286	2,300
	香川	902	8,340
	愛媛	2,123	23,900
	計	45,326	274,110
九州地方	鹿児島	645	4,100
	福岡	25,487	133,450
	佐賀	1,623	7,880
	長崎	3,483	24,700
	熊本	1,948	9,800
	大分	3,319	23,800
	宮崎	1,140	9,800
	計	37,645	213,530
	総計	594,688	2,989,470

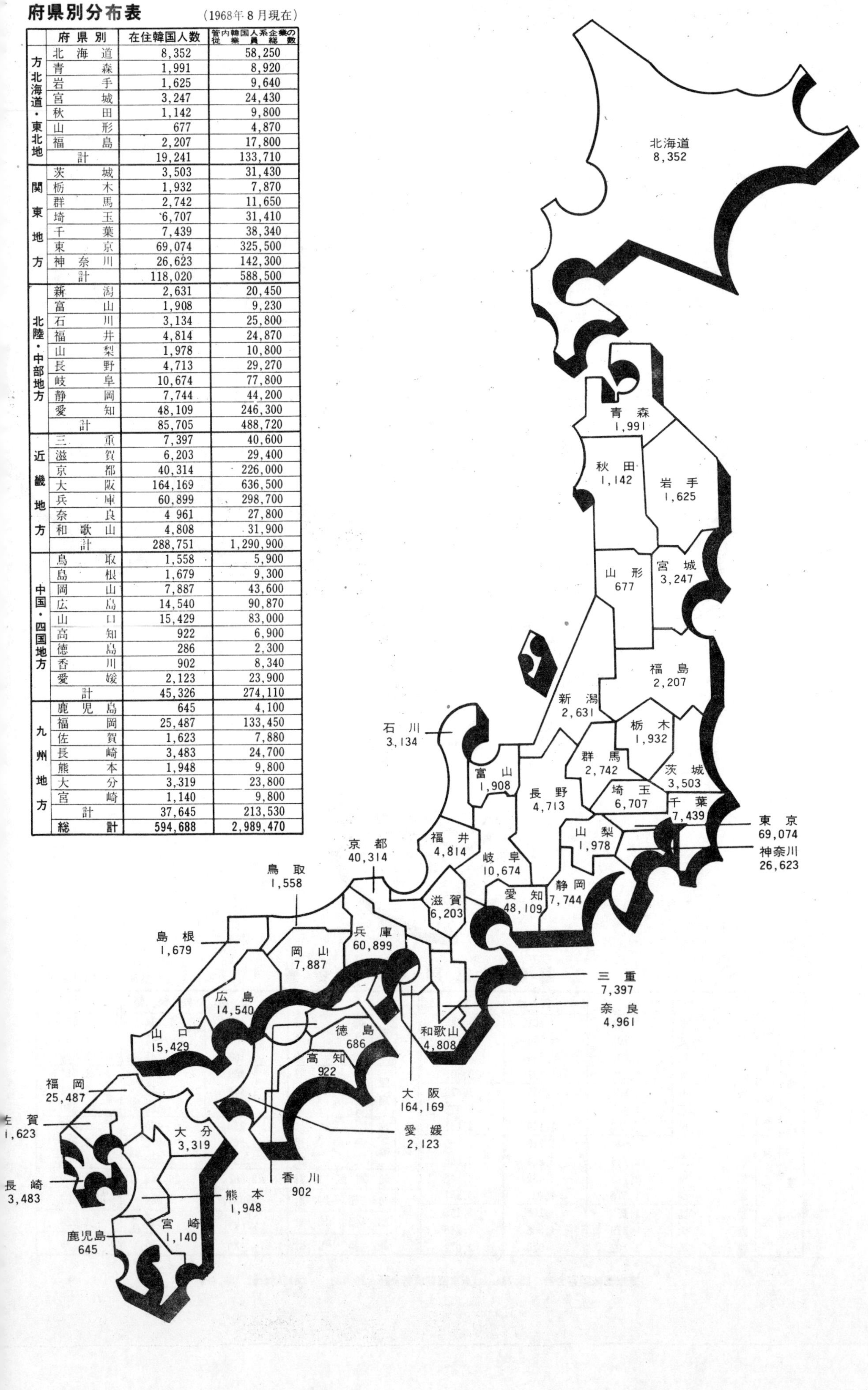

大韓民国総人口分布表及び
在日僑胞出身道別図覧

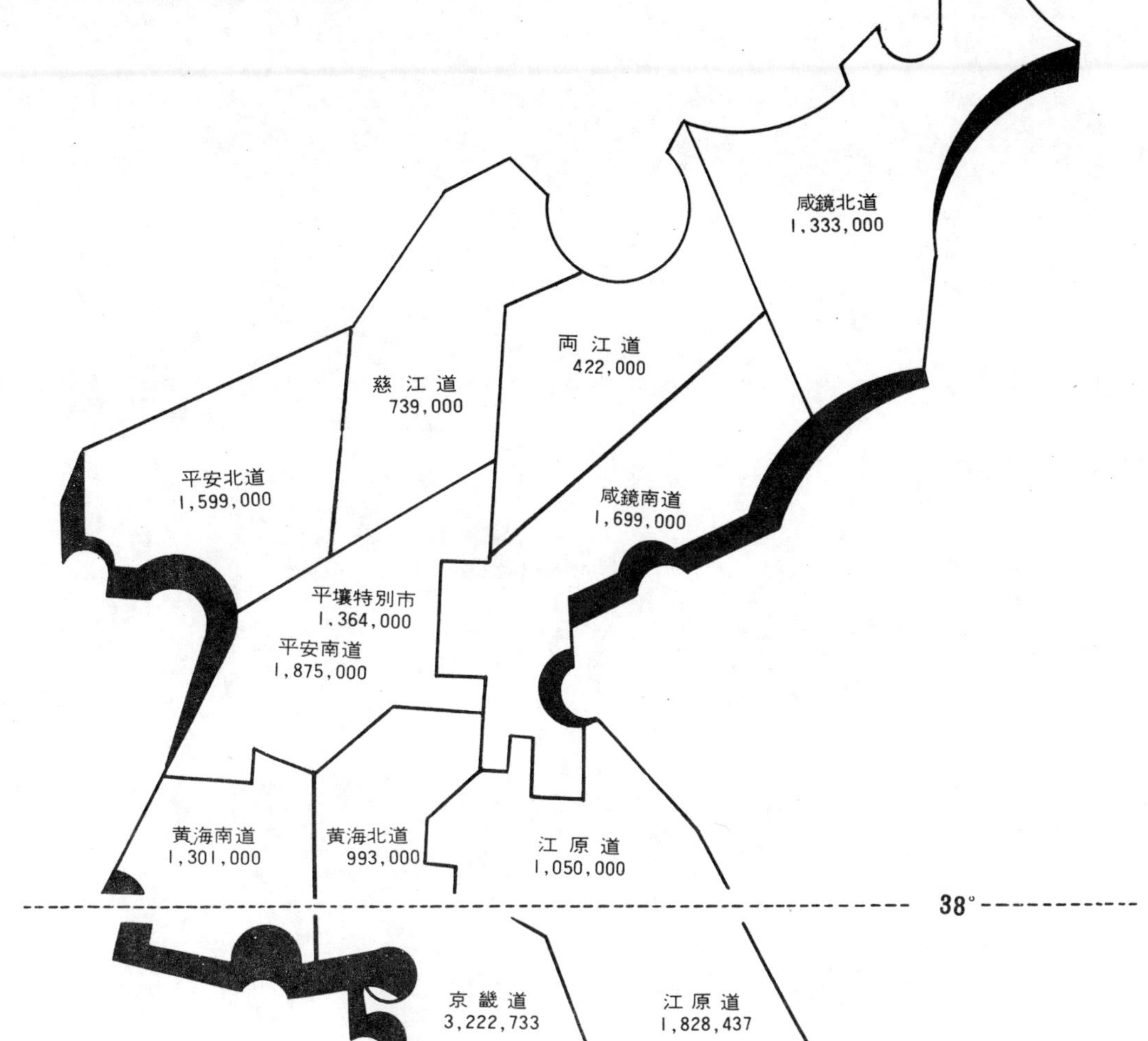

（内）は在日韓国人出身道別数
北韓総人口数　一、二六四万人（1969・12現在）

韓国県道別人口表

各 道 別	人 口 数
京 畿 道	3,222,733
江 原 道	1,828,437
忠清北道	1,540,688
忠清南道	2,916,043
全羅北道	2,488,297
全羅南道	[illegible],151,135
慶尚北道	4,575,847
慶尚南道	3,197,154
済 州 道	360,412
ソウル特別市	4,526,430
釜山直轄市	1,641,988
総 計	30,449,164

韓国主要都市別人口表

主要都市別	人 口 数
ソウル特別市	4,526,430
春 川 市	109,570
清 州 市	132,923
大 田 市	363,980
全 州 市	235,833
光 州 市	471,209
大 邱 市	982,310
釜山直轄市	1,641,988
済 州 市	95,993
仁 川 市	558,934
馬 山 市	173,580
木 浦 市	169,630
水 原 市	143,154
晋 州 市	115,405
郡 山 市	108,391
麗 水 市	107,440
原 州 市	107,700
慶 州 市	88,950
鎮 海 市	85,970
議政府市	82,945
忠 州 市	83,890
順 天 市	82,974
天 安 市	74,778
浦 項 市	72,490
安 東 市	71,088
江 陵 市	69,980
金 泉 市	59,066
三千浦市	54,980
忠 武 市	52,931

（共に1968年12月末現在）

1964年度

民団中央機関紙『韓国新聞』育成強化!!

韓国支社
関東支社
東北支社
中北支社
近畿支社
中国支社
九州支社
四国支社

韓國新聞

発行所 韓国新聞社
発行人 金今石
東京都文京区金富町51
電話 (812) 023 業務
(813) 2261～29 編集
振替口座 東京 34988番

五大綱領

一、われわれは 大韓民国の国是を遵守する
一、われわれは 在留同胞の民権擁護を期する
一、われわれは 在留同胞の民生安定を期する
一、われわれは 在留同胞の文化向上を期する
一、われわれは 国際親善を期する

民団中央 権逸団長のもとに再出発

良識ある民団へ前進

財政の確立などを主柱に 権団長、強力な施策を表明

権団長

中央会館は必ず実現

抱容力をもって働く民団に邁進

主張

「韓国新聞」のあらたな方向

民団中央新三機関の顔ぶれ

【執行部】

役職	氏名	経歴	年齢
団長	権逸	(元中央団長 法学博士・弁護士)	56歳
副団長	韓桧俊	(商工会副会長 韓王交通社長)	41歳
副団長	鄭炯和	(元中央監察委員長)	40歳
事務総長	金英俊	(前中央副団長兼事務総長)	44歳
事務次長	朴太煥	(元中央監察委員)	37歳
総務局長	朴炳憲	(前韓青中央副委員長 韓友会会長)	36歳
組織局長	朴太煥	(兼任)	
民生局長	申灝	(前中央総務局長)	39歳
文教局長	呉敬福	(前中央文教局長)	39歳
宣伝局長	陳斗鉉	(前埼玉県本部事務局長)	37歳
財政局長	徐栄燦	(前愛知商銀専務理事)	45歳

【議長団】

役職	氏名	経歴	年齢
議長	朴玄	(大阪本部議長)	52歳
副議長	金隆男	(前中央副議長)	42歳
〃	張聡明	(元中央副団長兼事務総長)	45歳

【監察機関】

役職	氏名	経歴	年齢
委員長	尹致夏	(元中央副団長)	48歳
委員	朴準竜	(前北海道本部団長)	45歳
委員	姜性煕	(商工会理事)	43歳

"不正の根絶こそ急務"

そのためにはまずルールの確立を 尹監察委員長、所信を表明

尹監察委員長

執行部との協調を保ち 行き過ぎを戒める

秩序ある民団組織を 議長 朴玄

大同団結して民団組織を強化しよう! 8・15光復節記念日を盛大に迎えましょう! 東京オリンピック後援事業を成功させましょう!

各界から寄せられた期待の声

駐日特命全権大使 裵義煥

裵義煥大使

東京オリンピック後援会々長 李裕天

李裕天会長

民団東京本部団長 金己哲

金己哲東本団長

在日韓国人商工会連合会会長 許弼ソク

許弼ソク会長

在日本大韓婦人会中央本部会長 呉基文

呉基文会長

民団 各県本部団長及び傘下団体役員

本部	役職	氏名
東京本部	団長	金己哲
神奈川県	〃	李根馥
千葉県	〃	鄭鳳和
山梨県	〃	趙晋奎
栃木県	〃	鄭再出
茨城県	〃	尹炳泰
埼玉県	〃	金八圭
三多摩	〃	朴喆浩
群馬県	〃	金栄出
静岡県	〃	朱性鶴
長野県	〃	権鍾煥
秋田県	〃	李長春
福島県	〃	全用道
宮城県	〃	表石福
北海道	〃	裵占錫
青森県	〃	金世鎬
山形県	〃	崔泰幹
岩手県	〃	盧成永
新潟県	〃	白源喆
石川県	〃	孫浩東
福井県	〃	朴三煕
富山県	〃	李相文
愛知県	〃	鄭煥麒
岐阜県	〃	趙世済
大阪府	〃	姜桂重
兵庫県	〃	徐正浩
京都府	〃	金容元
奈良県	〃	李来玉
滋賀県	〃	姜相淙
和歌山県	〃	李東碩
三重県	〃	陳且祚
広島県	〃	金寛植
岡山県	〃	魯根旋
鳥取県	〃	朴尚根
島根県	〃	朴三世
山口県	〃	金斗甲
福岡県	〃	文圭準
長崎県	〃	金庚甲
佐賀県	〃	朴鳳斗
大分県	〃	朴栄在
宮崎県	〃	金振玉
熊本県	〃	徐甲伊
鹿児島県	〃	姜相律
愛媛県	〃	金徳淳
徳島県	〃	金性式
高知県	〃	朴俊学
香川県	〃	金正一
対馬島	〃	金昌珉

東京オリンピック 在日韓国人後援会
名誉会長 権逸
会長 李裕天

在日韓国人商工会連合会
会長 許弼ソク

在日韓国人信用組合協会
会長 朴漢植
副会長 李煕健
〃 崔学林

在日韓国人教育後援会
会長 徐甲虎
副会長 辛格浩
〃 徐相禄
理事長 許弼ソク

在日本大韓婦人会
中央本部会長 呉基文

在日韓国青年同盟中央本部
委員長 韓昌圭

在日韓僑軍人会
会長 朴炳憲

在日韓国学生同盟中央本部
委員長 黄迎萬

在日本大韓体育会
会長 辛煕

大同団結して民団組織を強化しよう！

新執行部の抱負

ルールを尊重し行動

副団長　鄭烱和

組織と経済人の協力を

副団長　韓檜俊

民団の威信を回復

総務局長　朴炳憲

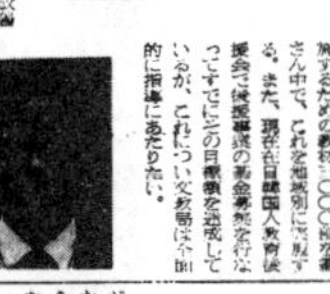

朝総連に対して攻勢に

組織局長　朴太煥

五輪へ本国同胞招請

民生局長　申澎

民族教育を強化

文教局長　呉敬福

一貫性ある宣伝を

宣伝局長　陳斗鉉

光復節記念行事を盛大に

中央組織局、各県本部に指示

民団中央本部組織局（朴太煥局長）では来たる八月十五日の光復節記念大会を盛大に挙行するため、このたび次のような実施要項を各県本部に指示した

光復節第十九周年記念日を迎えるに当って、われわれは新しい角度から、この祝典を記念すべきであると思う。本国政府は内では、祖国再建のため国家経済と国土開発に国民の総力を傾倒して努力しており、また、対外的には、友邦諸国との経済外交を強力に強化する一方、特にアジア諸国とは友好関係をかためながら国際親善に努めている。われわれが住んでいる日本とは、歴史的にも地理的にも隣の韓国より重要な位置にあるが、相互の利害関係があまりにも大きいので、両国の国交はいまだに正常化されないまま、今日に至っている。

われわれは、光復節を祝賀すると共に、国際的見地から韓国のおかれている位置と、世界経済がどのように発展しているかを冷静に考えてみる必要がある。

世界の国々は、地域的に集団経済機構を設けて相互に国家経済を助け合う体制を、強力に推進している。

EEC、AA経済機構等、このような意味から出発した経済団体である。特に注目すべきことは第二次大戦において良敵と国家の興亡をかけて戦ったフランスとドイツが両国の経済のために手を握って同じ機構の中で、経済的同盟を結んでいるという事実である。

十九年にわたって持続してきた韓日会談も、最近になって急速な進展をみるようになったが、諸般の事情により再び中断されている。

われわれは、光復節を迎えるこの時機に、中断された、韓日会談の進展を積極的に促進したいと思う。

韓日会談の促進運動が、在日同胞の権益を損うかのような印象を与える傾向が、一部の間に伝わっていが、しかしわれわれが要望する国交正常化は相互々恵の精神と、誤ちを犯した日本が反省するという立場を前提とした推進運動であることを再確認するものであり、新執行部の施政方針の一つとしても、強力に運動を展開するつもりである。

過去は現在に至る過程として、重要な役割ではあるが、現在は過去よりもなお一層きびしい事実であることはいうまでもない。

こんどの第30回中央臨時大会は、民団の使命と組織運動について、団団不動の精神的体系を樹立した画期的な大会であった。われわれが如何なる立場におかれても、団結することによってのみ全組織が真の力量を発揮出来るという、絶対的な要請が大会全体の声であったと確信する。思想と主義を異にする者を除いては、前執行部が施行したように、大同団結を指向目標の一つとして推進したいと思う。そして、十月に開催する東京オリムピックは、国家民族的大事業として、特に開催国に居住するわれわれ在日同胞は、全力をあげてこの祭典に参加する わが国選手を後援しなければならない。

不幸にして、北韓は地域代表と[illegible]るが、彼等はこの機会を通じてオリムピックの神聖な精神を忘れ政治的にこれを利用しようとして、朝総連を先頭に決死的な運動を展開している。

国際舞台である東京オリムピックは、韓国の国威を海外に宣布する好機であり、そして、在日同胞六〇万を代表する民団組織の使命は、今までのどの時期よりも重大であり、またわれらの力を発揮する唯一の機会であることを自覚し光復節を通じてこの趣旨を全同胞に浸透させるよう努力してもらいたい。

特に、韓日会談を促進させることがいかにわが国の再建に重要なことであるかをつけ加えてもらいたい。

以上の二点を第十九回光復節の大前提として慶祝記念を成功に導いてくれるよう要望する。

指示要項

（1）大会名称　八・一五光復節第一九周年記念〇〇慶祝民衆大会

、開催地域単位　地協会、

埋没

原作　方基煥

訳　朴仁鉉

（1）

2

8・15光復節記念日を盛大に迎えよう！

分派行動排し大同団結を

第16回東北地協で決議文を採択

支部団長たちに囲まれた権逸団長（左から2人目）

民団宮城県地方本部（…）では第16回東北地協会議を七月二十五日午後一時から宮城県松島の大観荘で開いた。権逸民団中央本部団長、…民団中央本部組織局長、…オリンピック後援会長ならびにセンター開所式のために出席した駐日代表部会長…を迎え、…の各県本部の団長、役員など…が出席した。

会議は…団長の司会ではじめられ、地元の宮城県本部団長…氏の歓迎辞のあと中央団長、オリンピック後援会長その他の来賓の祝辞があった。権逸中央団長はその祝辞の中で…

8・15祖国光復節第十九周年記念日を迎え、在日同胞は総団結し、祖国再建に寄くそう！！

親愛なる在日同胞の皆さん！！

今日、われわれ在日六〇万同胞は意義深い祖国光復節第十九周年記念日を迎えるにあたり限りない歓びのなかで祖国の繁栄と三千万民族の真正な幸福のため、みんなが記念広場に集りましょう。

親愛なる同胞の皆さん！！

今や祖国光復のため闘争された先烈の高貴な血の代価によって解放された祖国は願わぬ国土の分裂と民族相争という新らたな悲劇に直面しています。

かかる祖国の現況に対して、われわれ在日同胞はまず大韓民国の国民であるという矜持をもって、今後、北韓カイライ集団とその走狗朝総連の偽瞞的宣伝を暴露糾弾して三千万民族の念願である祖国統一の達成と民族の自由と平和を守るため身を献げましょう。

親愛なる同胞の皆さん！！

われわれが担う歴史的な使命を遂行するためには、祖国大韓民国の確固たる主体性のもとに自由友邦との紐帯を強化し、日本との国交正常化を実現することによって在日僑胞の民族的権利を擁護すると同時に祖国の再建に寄与し力強く前進しましょう。

親愛なる在日同胞の皆さん！！

東京オリンピックが目前に迫ってきました。世界が注目する東京において、われわれ在日六〇万同胞は民族的な矜持をもって大韓民国選手らに熱烈な支援を送ると同時に祖国大韓民国の国威を全世界に宣揚して民族的な使命を遂行しましょう。

—スローガン—

一、8・15解放を想起して六〇万同胞は民団の旗のもとに集ろう。

一、自由陣営の紐帯を強化するため韓日会談の妥結を促進しよう。

一、民族的矜持をもって東京オリンピック後援事業を成功させよう。

一、北韓カイライと朝総連の謀略を粉砕して南北統一を達成しよう。

一、8・15祖国光復節十九周年記念万才！

一、祖国大韓民国万才！

一、在日大韓民国居留民団万才！

一九六四年八月十五日

在日本大韓民国居留民団

中央本部宣伝局

決議文

学習に訓練に みなぎる若さ

盛大に落成式

各地で夏期訓練

韓青が全国的に実施

組織功労者の本国政府招請決まる

八・一五光復節を記念して例の在日居留民団組織有功者の本国政府による招請者の名簿がこのほど明らかにされた。組織有功者はつぎの通り。

富士山をバックにトレーニングに励む受講生たち

参加してよかった！

山中湖で東京本部主催の夏期講習

太極旗のもとに若人結集

オリンピックへの準備万全

東京地区役員に委嘱状授与

オリンピック後援会東京地区役員に対する委嘱状の授与式は、20日午後4時から駐日代表部で行なわれた。この日、式場には民団各支部幹部をはじめ各界の有志約300名が集まり、それぞれ裴義煥駐日大使、李裕天オリンピック後援会会長から委嘱状を手渡された。

委嘱状を手渡す裴大使（右）と権団長（その左）

この東京地区役員の選定は民団東京本部（金己哲団長）が中心になって各支部団長に依頼していたもの…

…拍手を求めた。続いて各地区別に順次委嘱状の授与が行なわれ、…氏（民団新宿支部団長）が役員を代表して、後援事業完遂の決意を表明した。最後にオリンピック選手団の紹介が行なわれたが、真黒に日焼けした選手たちの…一杯の姿は頼もしい限り、続いて行なわれたビール・パーティで参席者一同、盛にんジョッキを…し、意気あがる一夕を過した。

われわれもひと役

芸能でも五輪

対策委を結成

韓日親善は学生から

新潟災害同胞に婦人会が義援金

世邦旅行社が公認代理店に

釜山水産大学生訪日

晋州農民反乱 <5>

韓晛相

……であった。

晋州民乱の反乱は、……農民運動の手本を見ることができる。その指導者柳継春のなみなみならぬ組織力によったことを前回に述べた。いま、もう少し詳しくこれに付して付け加えておいたがよいと思う。

彼は農民反乱を組織するに当って、行動力のある農村青年を、行動中核体となした。これを樵軍部隊と名づけてそれを訓練するのに、すでに同志となった風憲（農村の指導者で顔役）などにやらせた。彼は、反乱軍の結……忘れない気脈を通じて反乱軍をして孤立感におち入ることなく決起するように準備をした。

もっとも、晋州農民反乱は政府の整備の前に敗れ去る結果となったが、しかしいまから百年前の当代にあってあれだけの反乱態勢を整え得たことは、決してただの一揆や暴動として片づけることはできないであろう。

[illegible]

(つづく)

近づく五輪

韓国選手団日本強化訓練日程表（予定）

月日	日次	内容
7月27日	第1日	大阪空港 12.00到着 大阪発（夜中）
28〃	2〃	東京駅、休息
29〃	3〃	第一段階訓練
30〃	4〃	漕艇、埼玉県戸田オリンピックコース
31〃	5〃	フェンシング、中央大学室内コート
8月1日	6〃	近代五種、各種目オリンピック競技場
2〃	7〃	陸上及マラソン、国立競技場サブトラック
3〃	8〃	
4〃	9〃	休息、オリンピック施設見学（駒沢競技場）
5〃	10〃	第二段階訓練
6〃	11〃	（第一段階訓練と同じ）
7〃	12〃	記録会及評価会
8〃	13〃	
9〃	14〃	
10〃	15〃	
11〃	16〃	休息、オリンピック施設見学（国立競技場及代々木選手村）
12〃	17〃	第三段階訓練
13〃	18〃	（第二段階訓練と同じ）
14〃	19〃	記録会及評価会
15〃	20〃	
16〃	21〃	
17〃	22〃	
18〃	23〃	休息、帰国準備、都内見学、挨拶
8月19日	24〃	帰国

派遣団宿所

○ 選手団　東京都文京区元町1—13　日本学生会館　TEL 813～2201—8

○ 記者団　〃千代田区神田美土代町7、東京YMCA、TEL 231～2101—5

日本側協会連絡者

種目	連絡者	電話	
漕艇	北研病院外科　畑中	441～8171	
近代五種	協会安藤事務局長	467～3111	体協
フェンシング	JOC　浅井	467～3111	競技第一課
陸上	北沢国際委員	403～1151	国立競技場

本番に備えて猛練習

オリンピック選手団来日

[illegible]

渡日訓練選手団名単

[illegible]

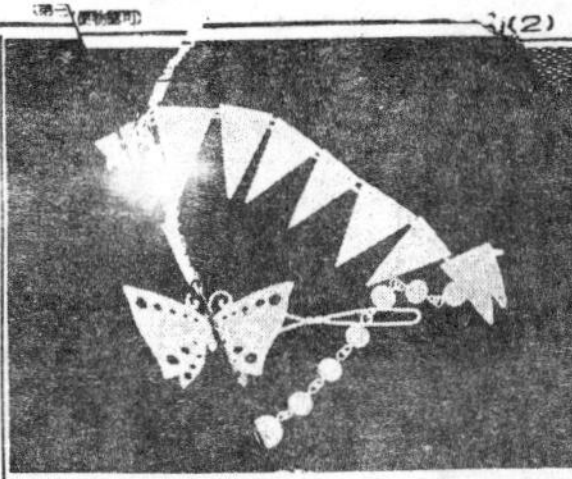

飛翔　撮影・李龍

仙台に韓国人文化センター開設

東北地方にも祖国文化のいぶき

[illegible]

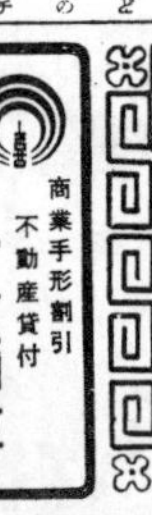

猛練習の馬術選手団を訪ねて

金鎮河コーチと一問一答

脚光浴びる馬術

一躍金メダル候補に

東京オリンピックもあますところ二か月半、この東京オリンピックで韓国選手が金メダルを取ることができる種目としてにわかに注目をあつめ始めたものに馬術がある。韓国選手団の中でも金メダル候補であるだけに、この選手団にかける期待は大きい。そこで本誌では特に金鎮河コーチを宿舎の東京大田区の「なかじ荘」に訪ね、その後の訓練ぶりとコンディションなどを聞いてみた。

馬術などという一部の人を除いては韓国国際スポーツ界で馬術で金メダルを獲得できるかも知れないと思った人びとは少なかったと思う。ところが、さきの東京国際スポーツで韓国の李一……選手が……金メダルを取って以後、この種目は最も有力な種目として登場するに至った。そしてこの金メダル獲得の有力な候補、競技である馬術を一層高い水準に引き上げ万全を期すため、世界各国の先陣を切ってわが韓国馬術選手団一行（金鎮河コーチ以下七選手ら）は去る六月十日来日、毎日のように大田区馬事公苑で訓練に余念がない。一問一答次の通り。

—暑いところ大変でしょうが訓練ははかどっているのか。

夏で馬がばててしまっては困るので訓練はおもに早朝六時から九時までのあいだ行なう。しかし九時で終るのではなく、訓練が終ったあとは十二時頃まで馬の手入れをおこない、これが終ったら午後四時頃まで馬の食事を作ったりその他いろいろ馬の面倒をみたりするので宿舎に帰るのは四時か五時頃になる。馬の手入れにこれだけ力をつくすのはいわゆる馬術は人馬一体でなければならないからである。

—訓練はオリンピックまで休まず続けるのか。

アマチュア精神に立脚し、二十日ほど続ければ三、四日は休むことにしている。また選手らのほとんどは会社の社員であるため社の仕事もしなくてはならない。だからのんびりすごすというわけにはいかない。

—いま訓練はどの程度進んでいるのか。

七月下旬現在約八十％進んでいるとみてよい。八月下旬までには完全に仕上げるつもりである。八月下旬以降は大津での馬術大会を始め、親善試合を中心に力を入れていきたい。

—今度のオリンピックにはど……

[illegible]

学生母国訪問団の手続き要項を発表

—中央文教局—

[illegible]

大きく変わるソウル周辺

ソウル周辺約30キロ半径の地域と西海岸一帯に亘る四個市一一個郡がこの計画にふくまれている。総面積二・八四〇平方キロ、総人口四四〇万人に達しており、同基本構想の重要内容は、次の通り。

◇交通・運輸

▲水原港と栗木島間に、運河を開通する。一千トン級船舶運行を自由にする。

◇高速道路

①ソウル退渓路—水原
②仁川—仁川
③仁旺山—金村
④北阿山—楊州瓦峰面
⑤仁川—江華島
⑥広州邑—棟上洞

◇電鉄・複線

①京仁間複線電気化
②仁川水色間　単線鉄道開設
③水色・始興間　鉄道開設
④安養・消渓里間　電鉄開設
⑤水原・仁川間　標準軌道化

◇農土拡張

金浦半島を起点として……入口まで西海岸一帯、江華島永宗島をふくむ干拓地……平方キロを水田化して六六万石増産を目標

◇資源開発

▲八堂ダム発電所—八万KW
▲清平ダム—四八〇〇〇KW
▲西海岸潮力発電所—……万KW

韓國新聞

発行所 韓国新聞社
発行人 権逸
東京都文京区春日2丁目20－13
電話(813)2261～3 編集
(812)0673 業務
振替口座東京34988番

五大綱領

一、われわれは大韓民国の国是を遵守する
一、われわれは在留同胞の民権擁護を期する
一、われわれは在留同胞の民生安定を期する
一、われわれは在留同胞の文化向上を期する
一、われわれは国際親善を期する

行動綱領

一、大同団結して民団組織を強化発展させよう！
一、在日僑胞は祖国再建に積極的に協力しよう！
一、東京オリンピック後援事業を成功させよう！

民族の感激を新たに！大同団結で祝う式典

8.15光復節19周年記念中央慶祝大会

天にとどろく民族の威容

＝東京豊島公園で＝

太極旗のもとに6000人集う

[illegible]

い込まれる。今日の栄ある光復のために犠牲となった幾多の先烈に捧げる黙祷、しわぶきひとつ立たぬ会場にしばし敬虔な祈りが流れる。金致淳東京本部事務局長の司会で梁三永団長が力強くこの意義深い大会の開会を宣言、続いて大会会長・権逸中央本部団長は「植民地治下にあったあの頃を回想し、祖国と民族のために今後われわれが何をなすべきであるかを考えよう」と訴え、満場の聴衆に力強い感銘を与えた（別項）。方駐日代表部公使の大統領メッセージ朗読に続いて裵大使が来賓を代表して記念祝辞を述べたあと、（別項）李裕天オリンピック後援会長が「オリンピック後援事業を通して民族の団結を示そう」と述べて満場の拍手を集めた。続いて李根馥神奈川県本部団長朗読の大会決議文（別項）ならびに李吉俊三多摩本部事務局長朗読の大統領におくるメッセージ（別項）を万場一致で採択、金八奉埼玉県本部団長の閉会の辞をもって、第一部式典はとどこおりなく幕を閉

[illegible]

ったにちがいない（別項）。

観衆のどよめきのうちに安逍遥氏（芸総演劇協会理事長）の軽妙な司会に導かれて朴銀雄氏指揮の楽団ムグンファが登場、つぎからつぎへと僑胞歌手を迎えて満場を唸らせる。本国から来日中の舞踊団も登場、その優雅な舞い姿は遠く故郷へのノスタルジアを誘う。太極旗のもと、ここ東京で見る古典のたたずまいに、だれの胸にも大きな誇りと、ついでよろこびが漲る。よろこびは農楽隊の華やかなハヤシで最高潮に達した。裵銀姫東本組織部長が、この日のために熱意を傾けて育てた農楽隊の底抜けに明るい身ぶり、手ぶり、六千人の観衆のここかしこで一緒になって踊り出す姿が見られる。目を閉じて無心に舞う老人の顔、忍従に耐え、迫害を生き抜いて来たその顔は今、再び手にした自由と独立のよろこびに輝く。おじいさん！おばあさん！今あなたがたの苦しみはみごとに実を結んだのです。あなたがたの息子が、そして孫が、この日本で立派にあなたがたの遺志を継いで行くにちがいありません。無心に踊る老人、若者の心が、たくまずして一つに合する。

午後四時、夏の陽はまだ高い。自由のよろこびを託した参会者の舞いは果しなく続く。その顔には安息と満足がうかび、やがて明日への明るい希望に輝く。

やがて、快い興奮のあとに来るさんざめきを残して、正面に掲げられていた太極旗が降ろされる。万歳！万歳！自由と独立のよろこびの声は緑の森を越え、かなた本国の空へと走る。このよろこびをかみしめよう。そうすればわれわれには果しない未来が開けるだろう。家路をたどる人々の表情には強い確信が漲るのだった。

在日六〇万同胞に寄せる

朴大統領メッセージ

親愛なる同胞の皆さん！

今日、八・一五慶祝日十九周年に際し海外の同胞のみなさんとともに、光復のよろこびと感激をあらたにすることを、よろこびとするものであります。

われわれは今、きわめて困難な立場にいます。しかし、われわれは決して失望したり悲観してはなりません。われわれが当面する難関が大きければ大きいほど試練が強烈であればそれだけわれわれはそれに屈することなく、これを克服し打ち勝って進まなければなりません。

親愛なる同胞の皆さん！

祖国の現実と前途は、決して暗澹たるものばかりではありません。いまわが国の反共態勢は、かってないほど強化されており勝共統一の指標の下に、全国民が新たな決心と意欲をもって、生産と建設に総力を結集しております。食糧増産を挙族的に展開し、また革命期間中にたゆまず努力した甲斐あって、工業化のための土台も一つ一つ構築されております。ある期間の、困難なピークが克服できれば、われわれは貧困から脱却して繁栄をかちとることができます。

われわれは、ただ忍耐をもってこの試練を耐えることであり、堅い意志と勇気をもってこの難局を克服すべきであります。創意と勤勉をもってわれわれの緊迫した課題である経済建設に取り組まなければなりません。そしてこの自助的努力によって自由と繁栄をもたらさんとするわれわれの決意は、いささかも変わるものではありません。

海外同胞のみなさんは、このようなわれわれの表情と現実に深い理解をもちすべて積極的な声援と協力を惜しまぬよう、切に期待して止みません。

"住みよい祖国" "豊強な祖国"は、みなさんの矜持と幸福な生活に直結するものであることを再び心に銘じ、われわれとともに奮発努力されることを強く望むものであります。

終わりに、光復十九周年こそはわが民族に光明と繁栄を約束するものであることを祈願しながら、海外僑胞のみなさんの健康と幸福に神の加護あらんことを祈るものであります。

一九六〇年八月十五日
大統領 朴正熙

祖国再建に寄与

裵大使記念祝辞

第十九回光復節を迎え、在日同胞のみなさんと共に独立の喜びを分かち、民族の繁栄のため祖国たる民主主義の土台を築く覚悟を新たにするものであります。

顧りみるに、半万年にわたる自主文民族の輝かしい文化の発展にもかかわらず、事大主義思想と機会主義に災いされたわが韓国は危機に瀕していました。この機を捉えた日帝は、韓日合邦の美名のもとにわれわれに屈辱を強要したのであります。

日帝の侵略に抗して一九一九年三月一日、全国的な独立運動が爆発し、その後、継続的に独立闘争が繰りひろげられ多くの愛国者の犠牲を余儀なくされたのでした。

第二次世界大戦は日本の敗戦とともにわれわれに光復をもたらしました。

だが解放後、分断されたわが国土統一のためのいわゆる米ソ共同委員会もソ連の非協力で水泡に帰したのです。その後、北韓の南侵で壊滅に瀕したわが国には政争にあけくれる政治人によって民主主義は程遠いものとなってしまったのであります。

一九六〇年の五・一六軍事革命は社会秩序を正し、経済再建を目指して起ちあがったのであります。

現在、朴大統領を元首とするわが国政府は、歴史上かつてない政府たらんとして努力を重ねているのであります。

わが国の統一は北韓カイライの侵略野望によって実現されずにいますが、北韓の愛国同胞は一日千秋の思いで統一を待ち望んでいるのであります。

在日同胞の皆さん！

われわれは祖国のあらたな輝しい歴史の創造のため国土統一を念願していますが、共産分子は常に破壊を目論んでおり、東京オリンピック大会を契機に一層熾烈な破壊活動を展開しようとしています。このような共産分子の破壊活動は全民族的な団結で粉砕し、大韓民国の国威を世界に宣揚しなくてはならないと考えます。

海外に居住する皆さんも、祖国再建事業に積極的に参与されることを願うと同時に、皆さんの健闘をお祈りして祝辞にかえるものであります。

一九六四年八月十五日
駐日大韓民国特命全権大使 裵義煥

民族の自覚を新たにより一層の前進誓う

権逸中央団長記念辞

親愛なる同胞の皆さん！

きょう、八月十五日祖国光復節第十九周年記念慶祝中央民衆大会を開くにあたって、猛暑のなかをかくも多数参加して下さったことを深く感謝し、この佳き日を皆さんとともに心からお慶び申し上げます。

顧りみるに忘れ得ることのできない十九年前の今日、われわれ三千万同胞は日帝の鉄鎖から解放され、祖国の独立と民族の自由をかち得たのであります。

だれでもがあの日を想い起す度び毎に感激を新たにいたします。

永らく日帝の植民地下に呻吟していたわが三千万同胞は、解放はされたもののその後どのような道をたどってきたでしょうか？

不幸にもわれわれ三千万同胞の行く手には新たな民族の悲運である三十八度線が今なお冷厳に南北を遮断して、白衣民族の幸福と繁栄をはばんでおります。

北韓では愛国同胞が、苛酷な共産治下で苦渋をなめており、一日千秋の思いで祖国の統一を念願しております。

一方、わが大韓民国では過剰な自由によって多くの試練を経てきましたが、真の民主主義国家を目指してたゆまぬ努力を続けております。

周知の通り一九五〇年六月二十五日、突如として金日成徒党は不法にも、わが大韓民国に侵入しわが国土を破壊し、国民を塗炭の苦しみに陥しいれました。この事実は到底われわれの忘れ去ることのできないことであります。

この不法南侵によって、民族の分裂を招き、いまなお、それを助長しているのはほかならぬ金日成徒党の反民族的行為によるものであるということは、今更私が申し上げるまでもないことであります。

だが、このような国土の分断と民族的な苦難の中からわが国民は雄々しく立ち上がり、新たな土台の上に祖国の繁栄と真の民主主義を築こうとして全力を傾注しております。

親愛なる同胞の皆さん！

祖国の現実とその将来を考え、われわれ在日六〇万同胞は何をなすべきかを個々人が真剣に考えなくてはならない時期にいまわれわれは直面しているのであります。

かかる民族の重大時期に際してわれわれ六〇万同胞は一致団結して、祖国の再建と民族の幸福と繁栄のため全智全能を尽して祖国に報いなければならないと考えるものであります。

日帝の支配下に呻吟し、祖国を失った過去を想起すれば、われわれの前に横たわる障壁は物のかずではないと考えます。今日のよき日を祝賀するとともに輝かしい明日の栄光のため異郷に住むわれわれの進むべき道はきまっております。

祖国の再建に協力し、そして再びあのような国辱をわれわれの子孫に与えないよう肝に銘じて行動することであります。

そのためには、われわれ在日六〇万同胞は日本において先ずなによりも大韓民国の海外にいる国民としての矜持をもち、民団組織のもとに総結集して、民団の強化発展のためにより一層努力するとともに、全国の経済人が総結集して祖国の再建に積極的に努力することが肝要であります。

とくに今年は十月に開かれる東京オリンピック大会を前にして、民団が進めている後援事業を絶対に成功させることこそわが民団組織に与えられた重大な使命であります。

それ故、われわれは一人のこらずオリンピックの後援に参加して、祖国の選手を熱烈に応援するとともに、本国から来る参観者を温く迎え母国同胞に対して民団のあり方を再認識させるよう努めたいと思います。

また東京オリンピックを契機として、民団組織が全力を発揮して、この東京で祖国大韓民国の国威を全世界に宣揚することは民団の力量を誇示する好機であると云えましょう。

おわりに、団員の皆さんのご健勝をお祈りして今日の祝辞にかえさせていただきます。

朴大統領に送るメッセージ

敬愛する大統領閣下

今日、一九六四年八月十五日われわれ在日大韓民国居留民団関東地区協議会代表六千名は、東京豊島園野外劇場に参集して意義深い祖国光復節第十九周年記念慶祝大会を盛大に開催し、大会の総意で大統領閣下にメッセージを送ることを無上の光栄とするものであります。

われわれ六〇万在日同胞は、三千万民族が歓喜と感激にひたったあの日を想起しながら、祖国大韓民国国民としての栄誉と矜持をもって、日本に在留する僑胞の権益を擁護する民団組織の発展のために献身することを誓い、敬愛する大統領閣下に、われわれのあらたな決意を伝えるものであります。

敬愛する大統領閣下

われわれ六〇万在日同胞は、現下祖国大韓民国が民主主義国家としてのあらたな基礎を築くために限りない試練に遭遇していることに対して心から憂慮をよせ、また三千万民族が念願する祖国統一の達成と、国民生活の向上を期して経済再建事業を推進している第三共和国を熱烈に支持すると共に、政府のすべての施策に呼応して、われわれに負荷された義務を遂行することを決意するものであります。

特にわれわれは、民団組織の下に堅く団結し、北韓カイライとその走狗朝総連のあらゆる謀略的策動をしりぞけ、祖国に対する間接侵略の企図を粉砕することを重要な使命と考えるものであります。

敬愛する大統領閣下

本年十月にはわれわれの居留する日本国において世界オリンピック大会が開催されることをよろこぶものであります。わが在日僑胞は、一致団結してオリンピック後援事業を成功させるために、大会に参加する母国選手に対して熱烈な支援を送るとともに母国同胞を暖かく歓迎するため、惜しみなく献身するものであります。

特に、今般のオリンピック大会を通じて、わが民団は総力を結集して祖国大韓民国の国威を、全世界に宣揚することを、堅く決意し敬愛する大統領閣下の御健勝を祈りここにメッセージを送るものであります。

一九六四年八月十五日
在日本大韓民国居留民団
八・一五光復節十九周年
慶祝記念
関東地区中央民衆大会

慶祝大会で採択した決議文

一九六四年八月十五日、われわれ在日大韓民国居留民団関東地区協議会代表六千名は東京豊島園野外劇場に参集して、意義深い八・一五光復節第十九周年記念慶祝大会を盛大に開催し、大会の総意をもって次のように決議する。

一、われわれは祖国の光復のために犠牲となった先烈の高貴な教訓を体して、三千万民族の念願である祖国統一を成就し、民族の真正な自由と平和を守護するため一層献身することを誓う。

一、われわれは祖国大韓民国の繁栄と国民の真の幸福を念願して、祖国の経済再建事業に積極呼応し、海外に居留する国民としての義務を遂行するため総力を傾注することを誓う。

一、われわれは大同団結して民団旗のもとにつどい、朝総連のあらゆる策動を糾弾し、いまだ北韓に呻吟している愛国同胞を救出することを広く呼訴する。

一、われわれは祖国の経済発展と友邦国家との紐帯を強化するため韓日会談の促進運動を強力に推進する。

一、われわれは東京オリンピック後援事業を成功させるため、民族の矜持をもって母国選手を熱心に支援し、そして、参観の同胞を暖く迎え、東京オリンピックを通じて大韓民国の国威を全世界に宣揚することを堅く決議する。

一九六四年八月十五日
在日本大韓民国居留民団
八・一五光復節十九周年
慶祝記念関東地区協議会民衆大会

5

大同団結して民団組織を強化発展させよう

権団長当面の施策を語る

総力を五輪後援事業に　民団の全組織を動員して

団長就任以来一ヵ月。その間日本全国を歩いて民団の実情をさぐり、またこの二十日には朴大統領をはじめとする政府要人と会談するため帰国するといわれる権逸中央本部団長に、当面の問題、今後の抱負、ことにオリンピックを迎える民団の基本的態度などをきいてみた。

〃団長に就任してからすでに一ヵ月余りを経ていますが、就任時に表明された抱負について実現性の度合はどのようなものでしょうか。

まず実行に移す過程として、全国的な協調体制が問題となるが、私は就任早々、近畿地区を除いて東北、関東、中国、九州の各地を行脚し、新施策に対する説明をするとともに、この施策に対する協力態勢を打診してみたが、私の予想よりははるかに良い傾向にあり、新施策の達成に確信を深めている。具体的にいうと、全国の民団団員個人個人は心から過去の誤ちを反省し、相互信頼と協調の精神で民団は大同団結しなくてはならないと痛感している。

そして、今度、私が打ち出した五つの方針に対しても、一致協力してこれにあたらなくてはならないというのが大勢である。

私はこの協調態勢をバックに、在日僑胞の生活改善に努力し、その当面の目標として在日同胞の法的地位の確立に主力を傾けるつもりである。

現在、わが民団は数的に大きく伸長しているに反して、質的にはほとんど停頓状態にあるという事は否めない事実である。このアンバランスを正すため、民族教育を拡大強化し、組織活動家の教養を高め、若手活動家を育成充足させる。そのためには、是が非でも組織活動家の養成訓練所が必要で、これの設置を急がねばならない。

また、これと併行して、民団の中央総合会館とでもいおうか、中央本部と東京本部、それから、傘下各団体を一カ所に収容できる会館を設立する考えである。

これは私が団長就任時にも述べたように絶対に成し遂げるつもりである。

〃十月の東京オリンピック大会に備えてすでにオリンピック後援会などで活発な動きをみせているが現在その準備状況はどうですか。

東京オリンピックの後援準備についてはあらかじめ、その目標を定めて準備を進めてきているが、今のところ、大体、その予定に近い状況にある。

八・一五光復節を過ぎるころから民団の活動方針をオリンピック後援一本にきりかえ、強力に後援事業を推進するつもりである。したがって韓国新聞もこの線にそってオリンピック特集期間を設け、大いに宣伝強化してもらいたい。

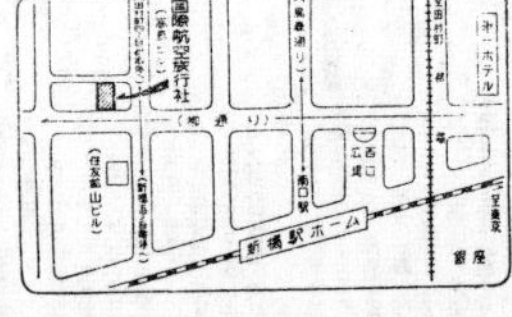

施策を語る権逸団長

そして、この世界オリンピック大会を通じて、わが大韓民国の国威を世界に宣揚するよう、われわれ在日同胞の手でこの大会を成功に導いてもらいたい。この運動はわが民団がそのイニシアチブをとらなくてはならない、この点を団員各位も銘記しなくてはならないと思う。

〃オリンピックを契機として激しさを加えるとみられる朝総連系の傀儡工作に対して民団はどのように対処すべきでしょうか。

オリンピックはあくまでもスポーツの祭典であって、これに政治が介入するようなことがあってはならない。われわれは、オリンピックの精神にのっとって、すべて正々堂々と、しかも、民主国家の国民としての矜持をもってフェア・プレーで行く。したがって、応援団もこの点に留意するよう訓練したいと思っている。

〃近く本国を訪問されるとのことですが、その目的は何んですか？

今度の本国訪問は、民団有功者らと一緒に行く予定が遅れたものであるが、まず、中央団長就任のあいさつを本国政府要路に伝えるとともに、過般の不正事件によって民団の権威が地に落ちている現状を打開するため民団の再認識を促し、本国政府の対民団策を改善させることにある。

したがって、今度の本国訪問は単なる儀礼的なものでなく、わが民団の置かれている立場を充分に理解してもらうと同時に、本国政府と民団の紐帯を一層強固にするのが目的である。

〃当面の運動方針については、どのようなことを…？

今までは、朝総連のわが民団に対する分裂策、浸透工作に対してある程度無意識的であったと思われる下部組織でも近頃では、これをハッキリ識別できるようになってきている。また団員各自が一致団結しなくてはならないと痛感しているため、これからの民団活動は空念仏に終るようなことはなく大いにその成果が期待できると思う。当面の運動方針としては、九月の上旬に全国地方本部団長会議を召集してこのような問題を審議したいと考えているが、まず、朝総連に対する構えを今までの消極的な受け身の立場から、積極的な攻勢に転ずる。わが民団は、それだけの力量を蓄えてきているのである。これは決して実現不可能ではない。つぎにわが民団の権威の問題であるが、民団全体が自己反省をしなくてはならない。さきの不正事件にしても権威を忘却したために生じたもので、今後は民団の権威を一新するため自己反省と相互反省を絶えず行ない、質的な向上を図る。

現在、民団が当面している最も重要な課題は、東京オリンピックを如何に成功させるかであるが、これに対して、さきにも話したように、民団は光復節を境に一切の業務、活動をオリンピック後援事業に傾注させる。そして、この事業を成功させるため全民団の組織力と機動力をいかんなく発揮させるつもりである。

いまわが民団は、東京オリンピックを機して大きく飛躍しようとしている。つまり、内部的には大同団結の機運が熟しており、外ではオリンピックのためにわれわれの力量が評価されようとしている。この内外の情勢がわれわれの飛躍的な発展を促しているのであるが、わが民団創立以来はじめて到来したこの好機を、われわれが如何に捉え、そして、これをわが…

本国ニュースダイジェスト

○列国議員同盟加盟促進要請【八月一日】二十日からデンマークのコペンハーゲンで開かれる第五十三回列国議会同盟会議に出席するため渡欧途中日本に立寄った羅容均国会議員と金昌煥、崔致煥国会議員一行は、一日午前十一時に衆議院日本議長室に福永衆院運営委員長を訪れた。福永氏は列国議会同盟執行委員であるので韓国の同盟加盟への早期加盟促進を要請した。これに対して同氏は韓国の加盟が実現できるよう極力努力すると約束した。

【八月二日】○輸出業者に渉外活動外貨優先割当　復興経済閣僚会議では輸出業者に渉外活動外貨を優先的に割当することを決定した。

【八月三日】○イギリス韓国へ初の借款調印　自動鉄道信号施設を建設するため韓国に五万ポンド（五千万円）の借款を与える協定が三日、ソウルでゴアフレー韓国駐在大使と張基栄副首相兼経済企画院長官との間で調印された。これは英国が初めて韓国に供与する政府借款で、利率はロンドン市場の現行利率、五ヵ年据置き、十年間で返済することになっている。

【八月四日】再建国民運動発起人会開会　午前十時、再建国民運動発起人総会はソウル市内三一堂ビルに百五十余名を集めて開催された。

この大会は、軍政時代の国民運動に関する法律案が廃棄されたので、純民間機構をもって国民運動を展開することにしているもの。

【八月五日】言論倫理委法を公…

解放を迎えて十九年。その間われわれの母国はいく多の政治的、経済的試練を経て来た。そしてそれはまた、われわれ在日僑胞にとっても同様であった。日本という外国に住むわれわれは今民団という大樹のもとに集まり、われわれの生活を、われわれの権利を護っている。だがその道は決して平坦ではない。今後にもいく多の困難がわれわれを待ち受けているであろう。それを打ち破って進むにはどうしたらよいのであろうか。それにはまず現実を直視し、そこに新しき道への出発を見出さねばならない。本欄では順次各界の論客に登場ねがって、われわれの抱えている問題、より良き将来への指標などを論じてもらおうと思う。ご愛読を乞う。

論壇

より良き明日のために —八・一五光復節にあたって—

民団東京本部団長　金己哲

埋没

韓国短篇名作選　原作 方基煥　漫画 朴性圭　—2—

八・一五光復節本国使節団出発

朴玄中央議長を団長に 東京と大阪から六〇人

民団中央がかねてから編成していた恒例の八・一五光復節本国使節団は、八月十三日、東京と大阪でそれぞれ結団式を挙行。朴玄中央議長を使節団々長とする総勢六〇名の訪問団員は十四日、故国に向けて羽田と伊丹の空港からそれぞれ旅立った。二陣に分れて出発した同使節団は本国で合流し、本国政府の主催する光復節慶祝式典に参席することになっている。

本国政府の招請による同使節団は在日僑胞を代表するものだけに本国での使命もまた重大だが、特に今年度は、本国政府から在日僑胞有功者十七名に対して表彰状が授与されることになっている。

朴玄使節団長

使節団の本国でのスケジュールはギッシリつまっているが、出発に先立って朴使節団長は、故国の同胞にわれわれの真の姿を知らしめ重任を全うしてくると次のようにあいさつを述べた。

「このたび、八・一五光復節使節団の団長として重任を引受けましたが、その責務の重大さを痛感している次第であります。

われわれ一行は、われわれに負わされた重大使命を果すべく全力を尽して参る所存であります。このたびの本国訪問を機に本国政府要路を礼訪し、わが民団組織を一層理解していただくよう努力し、あわせて本国同胞の民団に対する認識を新たにし、今後の民団の発展に寄与したいと考えております。

また、東京オリンピック後援事業の経緯を説明して、本国同胞の日本への参観を本国でみるのと同じように安心してできるよう話して参りたいと思います。」

東京本部でも四十人

民団東京本部母国訪問団一行四十名は十四日午後四時、羽田空港を発ってJAL機で金浦空港へ向った。

今回の母国訪問団は金已哲東本団長のかねてからの構想によって実現したもので、団員は東京本部傘下各支部の三機関構成員を中心としている。

一行は出発に先立って十三日午後五時から東本講堂で結団式を行なったが、この席上、金已哲東本団長は今回の母国訪問の意義を次のように述べた。

大韓民国国民の一員として、また在日僑胞の指導者として八・一五光復節慶祝式典に参加できることは、われわれの最大のよろこびである。われわれはこの機会に大統領以下政府要路と直接に会い、再建途上にある母国の姿にじかに触れると同時に、僑胞の実情をありのままに話し、もってわが民団への正しい理解をかち取ることを念願としている。

またオリンピック後援事業をスムースに推進するためにも、われわれはそのために必要な諸点を本国の諸関係当局と話合う必要があると思う。

以上のような諸目的を立派に果すことによって、日本へ帰ってからの民団事業の推進に大きな力となることを、みなさんとともに誓うものである。

各国大公使らの祝福を受けて 光輪閣で光復節慶祝パーティ

恒例の駐日代表部主催・八・一五光復節慶祝記念パーティは、十五日午後六時から芝高輪の光輪閣で催された。

白のディナー・ジャケットに身を包んだ裵大使夫妻の握手に迎えられて、会場には三百人を越える各国外交機関の高官夫妻が集り、鮮やかな照明に彩られた庭園のここかしこで歓談の時を楽しんだ。

参会者の中には、各国大公使の姿にまじって石井光次郎、船田中、[illegible]太郎、北沢直吉氏などの顔も見え、文字通りの国際色豊かな集いだった。

宴もたけなわの頃、今年度ミス・ワールド、美人コンテストでリットル・ミスに選ばれた可愛らしいお嬢さんがお母さんと手をひかれて登場、韓国古来の挨拶で満場の拍手をあびた。続いて古典舞踊、民謡独唱などが行なわれた。

"ミス在日僑胞"めざして 東京・三多摩予選盛大に

東京オリンピック大会の一環として中央宣伝局で推進していた「ミス在日僑胞」の選抜は、八・一五光復節を記念して各地で予選を行なった。東京予選は、豊島園野外劇場の中央大会で、審査委員に呉京世氏(芸総)、陳斗鉉氏(中央宣伝局長)、朱洛弼氏(韓国学園長)、呉基文女史(大韓婦人会会長)、李健氏(東本宣伝部長)、孔駐日大使夫人、東本金団長夫人、劉振植東映監督、女優孔みどり、崔美智子、矢代まち子の諸氏を迎えて審査を行なった。色とりどりの韓国服に着飾った全東京の候補者約五〇名はいずれも甲乙つけがたい美女ぞろい、この中から厳選のすえ、港支部の金築子嬢(17学生)をミス僑胞東京に、墨田支部の尹正伊嬢(17学生)、足立支部の卞勝子嬢(20学生)を準ミスにそれぞれ選出した。

また続いて行なわれた三多摩予選では、ミス僑胞三多摩に姜[illegible]子嬢(18)、準ミスに崔英美嬢(19)、鄭良子嬢(18)がそれぞれ選出された。

このミス・コンテストは各県本部単位で八月十五日に予選を行ない、きたる十月八日には全国大会を開いて"ミス在日僑胞"を決定し、この当選者を一九六五年度本国ミス・コリアの候補者として本国大会に参加させることになっている。

また、各県本部から選出された「ミス在日僑胞」の候補者に対しては全国大会に出場する経費(往復旅費その他)をすべて民団中央が負担し、「ミス在日僑胞」の当選者には賞金十万円の外、もり沢山な副賞が用意されている。そして、一九六五年度の本国ミス・コリアの選抜大会に出場する者に対しては準備金として三〇万円が支給されることになっている。

ミス在日僑胞で東京代表に選ばれた金築子さん(中央)

国際観光公社 副総裁来日

今秋、東京で開かれるオリンピック大会を参観する訪問客を韓国まで足をのばさせようと、さきごろ国際観光公社副総裁李[illegible]氏は同社外国部長と共に来日した。

李副総裁は、こんどの来日の目的を次のように述べた。"現在、韓国は不足する外貨を獲得するため種々の対策を講じているが、私は、十月の東京オリンピックに日本を訪れる観光客を韓国に誘致する下準備のため来日したが、これと併行して、日本の市場調査、国際観光公社の東京事務所の拡張ならびに運営の強化、日本交通公社と業務提携の問題、日本の各ホテルとの代理店契約などの諸問題も検討するつもりである"。

劉東映監督 テレビ映画を監督

在日僑胞で日本の映画界で活躍している東映監督劉振植氏(芸名竜伸之介)は、多くの作品を発表して、すでに定評を博しているが、このほどNETテレビ(10チャンネル)「特別機動捜査隊」の連続番組で「特命謀報二〇七号」を九月一日(午後八時～九時)と十五日(午後八時～九時)の二回にわたって上映することになった。映画の内容は、ある日本人スパイが満州で暗躍する現代版忍者ものでサスペンスに富んだものである。

同監督の作品はこの番組で、すでに「鉄道公安官三六〇号」に三回上映されている。また本国での作品は"韓国の炎""大院居と閔妃"がある。

同氏は今後の抱負について"私は日本の監督と変らない仕事をしてきたが、これからは日本における韓国人の立場などを取りあげてみたい。テレビの番組はみる人の共感と支援なしには良い番組は作れない。だから、茶の間でテレビをみる人と作る側の人とが一致点を見出した時にはじめて立派な作品ができるのだと思う。私は韓国人としての現在の立場をせいぜい利用していきたいと考えている"と語っている。

全国各地で 8.15記念行事を盛大に迎える

大阪で五千人が参加 中の島公会堂で

光復節第十九周年大阪地方民衆大会は、十五日正午、中の島公会堂に約五千人の大衆が参加、金在鉉駐日公使、林炳鉄駐日代表部大阪所長、柳朱鉱商工会長、朴漢植韓信協会長、金容載大阪興銀副理事長らを来賓に迎え、金剛学園生徒ブラスバンドの吹奏するなかで盛大に挙行された。

姜桂重大阪本部団長の記念あいさつについで、各界来賓の祝辞が述べられ、大会決議文、メッセージが採択された。

このあと、ミス・コンテストが開かれ、大阪代表に卞信子嬢ら四人を選出し、多彩な記念演芸に打ち興じて五時過ぎ幕を閉じた。

青森でも慶祝記念大会

民団青森県本部(団長金世[illegible])では十五日、約一千人の僑胞が参加して八・一五慶祝記念大会を開催、団長の記念辞、来賓の祝辞のあと、県下各級機関の功労者に対する表彰状の授与があり、決議文メッセージの採択を行なって式を終了した。

このあと、講習会の修了式があって、舞踊と音楽の発表会があった。

名古屋市立公会堂での記念大会

中の島公会堂での大阪地区記念大会

愛知でも三千人集う 名古屋市立公会堂で

民団愛知県本部(鄭煥禧)では、八・一五光復節記念大会を名古屋市立公会堂で十二日午前十一時より開催、約三千人の同胞が参加した。

会場には、金駐日公使、[illegible]をはじめ傘下各団体の来賓が席を連らね、生花と万国旗で飾られた中を姜来錫県本部議長が立って大会を宣し、ついで金宗允副団長が大会のあいさつを述べた。このあと来賓祝辞があり金副団長が保護条約以後から解放までの民族の足跡について記念講演を行なった。

参加同胞全員の決議で決議文と、大統領に送るメッセージが採択され、式典は終了。

このあと、音楽会と映画観賞会があって記念祭典の幕を閉じた。

活発な民団組織活動 各地で県本部大会開かる

千葉県本部大会開く オリンピック応援体制整う

民団千葉県本部では去る八月八日、千葉自治会館で県本部第十九回臨時大会を開いた。この日大会には代議員全員が参席し、民団中央権逸団長および金已哲東京本部団長をはじめ、来賓多数を迎えて開かれた。

一般活動報告の後、本年度活動方針を討議、これを採択した。また今年秋東京オリンピックの大会の後援事業には全団員が一致協力、千葉県本部の力量を誇示するよう申し合せ、続いて役員の改選を行なった。

新役員の顔ぶれは次のとおり。

団長 姜日九
副団長 孫晋協
議長 金洙成
副議長 張聘
監察委員長 卞源斗
監察委員 金秉洙
監察委員 金卞元
事務局長 李鍾洙 崔甲秀

群馬でも県本部大会 大同団結誓う

民団群馬県本部では八月十六日桐生市内織物会館で、県本部第十五回臨時大会を盛大に催した。

この日の大会には、管下の団員三〇〇名が参加し、中央本部からは朴太煥組織局長、陳斗鉉宣伝局長、李鍾舜軍人会副会長らが参席した。

国民儀礼の後、民団中央代表として朴組織局長が活動方針を説明したが、その中で特に"朝総連に対する従来の守勢の立場を脱却して積極攻勢に転ずることが民団の今後の使命である"と力説して万雷の拍手を浴びた。また"民団は最大公約数を前提として大同団結してこそ組織の強化と発展が約束される"と述べて、大会の雰囲気はいやが上にも盛りあげられた。

ついで、今年度の活動方針を討議し、これを採択した後、新役員の選出があり、団長、議長、監察委員長がそれぞれ無投票当選した。新三機関役員は次の通り。

団長 金泉出
副団長 徐文孫
副団長 李鳳鐘
議長 金[illegible]洙
副議長 孫致夏
副議長 鄭然業
監察委員長 蘇永吉
監察委員 梁仁鎬

滋賀でも県本部大会 役員改選さる

民団滋賀県本部では、去る七月二十六日定期大会を開らいて諸般の活動方針を決定したのち、役員を改選したが、このほど発表された。新役員の顔ぶれはつぎのとおり。

団長 柳在洪
副団長 宋安道、鄭斗元
事務局長 [illegible]
議長 朴鳳祚
副議長 崔允鳳、李正来
監察委員長 卞昌俊
〃委員 [illegible]、李[illegible]

尋ね人

申銘寛(申鉉寛)(62)

この人は約四〇年前から日本に居住し、東京の何処かでメリヤス工場を経営しているとのことです。ご存知の方は韓国新聞社または左記へお知らせ下さい。

ソウル特別市西大門区忠正路三街一八九、十六統四班
申鉉[illegible]

8.15光復節19周年記念日を祝う

近づく五輪

参観者招請は順調に進捗中

募金成績ほぼ目標に

李裕天五輪後援会長語る

李裕天会長

[illegible]

マラソン有感

孫　基　禎

マラソンは個人プレイではない

欠かせぬ協調精神

[illegible]

毎日トレーニングに励むマラソン選手

最後の追込みに猛ファイト

日本各地で五輪前哨戦

韓国選手団

東京オリンピック在日韓国人後援会の招きで去る七月二十七日来日した渡日強化選手団一行は在日同胞のあたたかい援助と日本各スポーツ競技団体の協力をえてスケジュール通り各所で第一、第二訓練段階をへて去る十七日から第三段階訓練に入り最後の練習に余念がない。以下は日本における同選手らの活躍ぶり

エッペで明大に大勝

フエンシング韓日親善試合

東京オリンピックに出場する韓国代表渡日訓練団の一団として去る七月二十七日来日したフェンシング・チーム（白潤鉉コーチ以下選手四名）一行は現在明大で、あつあさにもまけず毎日猛訓練中であるが、日本での訓練もほぼ順調にいっているので去る六日、明大講堂で明大チームと初の韓日親善フェンシング試合をもち、フィォルでは惜しくも敗れたが、エッペでは大勝した。

大学チームの中では最も強く、オリンピックの日本代表と同程度の実力があるといわれる明大チームと来日まがない韓国チームとの対戦であるため日本チームに相当の差をつけられるのではないかと思われていたが、対戦結果それほどの実力の差はなく、金万植君などはフォイルで三戦三勝の成績を収めた。

早大チームに圧勝

しかし申斗浩、韓國鎬両選手がコンデション不良でよい所なくフォイルは総合点10対8で惜敗、引き続き行なわれたエッペでは韓国選手の積極攻撃がみのり七対二で韓国チームが大勝、東京オリンピッ

[illegible]

フエンシングの練習風景

金メタルめざして

本国スポーツ界の動き

オリンピックまであと五十日、ナショナル・エントリー十六種目、二百人を越すデリゲーションを送るといわれるわが国スポーツ界でも代表選手決定のための各種予選大会に大わらわ、金メダル獲得が有望視されるマラソンをはじめ、時あたかもシーズを迎えて水上陣の動きも活発である。以上は最近行なわれた本国での各種大会の記録である。

オリンピックを前に

韓国新32個

ソウル市体育大会

第四五回の全国体育大会に出場するソウル市予選をかねた第一二回ソウル市体育大会は、野球、排球、フィルド・ホッケー、軟式庭球など二三種目競技を全部終えて九日その幕を閉じた。

一日から、男女選手五千三百七五名が参加して連日熱戦を展開した同大会では、陸上で一九種目、三三の韓国新記録を出した。

籠球男女一般の部では決勝戦（奨忠体育場）に企銀チームが新授隊を87対84でかざった。強雨の中で行なわれた蹴球高等部決勝では（ソウル運動場、九日）東北高が1—0で中東高を破った。

一方、抽せんで準決勝から決勝に進んだ漢陽大は慶熙大と優勝を競う。

一位に金峯來選手

第17回短縮マラソン大会で

第17回世界制覇短縮マラソンは九日午後ソウルで行なわれ、鷺梁津を引返し点とするソウル街道を走る九マイルのコースを九三名の選手が参加して力走、晴れたが、金峯來（石炭公社）選手が52分46秒6で一等に入賞した。

一位＝金峯來（石公）52分45 6

二位＝姜声佑（栄文高）53分8秒

F、三位韓相良（韓電）53分37秒

ボクシング最終選抜

10階級に18選手参加

東京大会に参加するボクシング韓国選手選抜最終決戦は15日八・一五記念日に、ソウル奨忠体育場で行なわれたが、10階級18名が出場、この中から最終的に代表選手を決定することになる。

▲フライ級＝朴乙洙、曹京浩、陳誠一▲バンタム級＝鄭申朝、李元錫▲フェザー級＝石鐘九、金相明▲ライト級＝徐紛男、姜明奎▲ライト・ウェルター級＝朴在一、鄭在燦▲ウェルター級＝金得八、金鍾九▲ライト・ミドル級＝李今沢、許在錫　ミドル級＝金徳八▲ライト・ヘビー級＝張浩石、池万石▲ヘビー級＝徐内河

進歩示した氷上陣

第54回全国体典夏季大会

九日ソウル運動場で行なわれた第45回全国体典夏季大会は二日間にわたり熱戦をひろげ韓国新一、大会新四十も出し、大きな成果を残して十日終幕した。

この大会にはソウル、釜山、慶南、京畿などから五百名の選手が参加し全種目総合得点34・5点でソウルが一位を、慶南が27点で二位を獲得した。

特に第一日の女高個人混泳四百mで南相明嬢（ソウル）が自己記録を6秒8破る7分10秒7の韓国新を出して注目をひいた。

この大会での大会新および韓国新のうち主なものは次ぎの通り

▲女高個人混泳＝四百m南相明（祥明女高）7分10秒7（韓国新・自己前7分17秒5）

▲女子自由型＝百m林錫子（訓練団）1分14秒2（韓国新・前1分15秒2）

[illegible]

五輪韓国中継放送団

十月一日ソウルを出発

[illegible]

国際法総会に

韓国代表参加

[illegible]

昌徳宮回廊の天井

東京オリンピック後援事業を成功させよう！

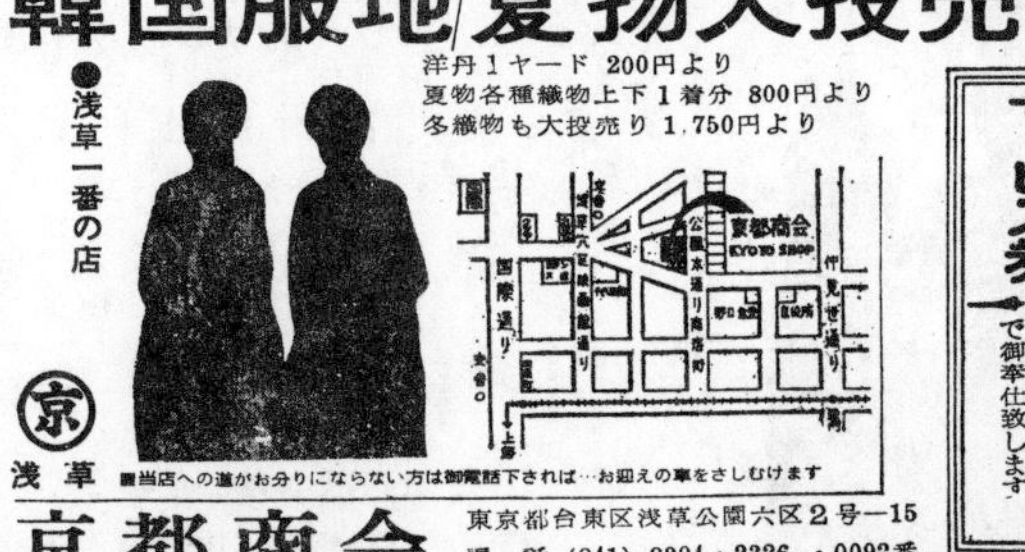

8

韓國新聞
発行所 韓国新聞社
発行人 権逸
東京都文京区春日2丁目20-13
電話 (811) 2261〜3 編集 (811) 0673 業務
振替口座東京 34988番

在日60万同胞는総団結하여올림픽後援事業을成功시키자！

五大綱領
一、われわれは大韓民国の国是を遵守する
一、われわれは在留同胞の民権擁護を期する
一、われわれは在留同胞の民生安定を期する
一、われわれは在留同胞の文化向上を期する
一、われわれは国際親善を期する

行動綱領
一、大同団結して民団組織を強化発展させよう！
一、朝総連の謀略・侵透工作を断乎粉砕しよう！
一、東京オリンピック後援事業を成功させよう！

東京オリンピック大会に備え
後援事業に万全の体制

東京オリンピックもあますところ一ヵ月余り、開催地日本に住む僑胞にとって当然この大会は大きな関心の的である。本国から出場する選手二百名に加えて四千余名にのぼる大会観覧客をどうさばくかについて、居留民団ではいまその準備に大わらわ。とりわけ東京オリンピック在日韓国人後援会（会長李裕天）では困難な本国事情を考慮し広範な募金運動を展開しているが、この募金運動には李会長みずから陣頭指揮をとり、北は北海道から南は九州まで日本全国を隈なく行脚し、着々その目標額を達成している。今度の東京オリンピックには、特に北韓も参加することになっており、世界の各国が一堂に会するこの機会を捉えて種々の宣伝策謀計画を練ってきた後援会では、このほどその細部計画を明らかにした。その内容は、①オリンピック大会を機会に韓国に対する正しい認識を深めさせる。②北韓カイライと朝総連の偽瞞宣伝に対して、その兇計を暴露し反共精神を涵養する。③オリンピック大会観戦のため東京に集る観光客を韓国観光に誘致する。④オリンピック後援事業の一環として各種行事を開催する。⑤韓国文化を紹介する韓国館を設立する。ということであるが、これをここで逐一詳解してみることにしよう。

李裕天会長

後援事業は本国五輪対策委と連絡

在日居留民団が推進している東京オリンピック後援事業は、本国政府オリンピック対策委員会と緊密な連絡をとって、一元的な体系を確立し、各種の宣伝資料は本国政府の提供によるか、または、その指示によって使用することにしている。

このような基盤の上にたって行なわれる宣伝計画の目標は、❶今度の東京オリンピックを機会に韓国に対する正しい理解を深めさせ国威を宣揚し、韓国の国際的地位を高める。❷北韓カイライと朝総連の宣伝攻勢を謀略粉砕し、彼らを国際的に孤立せしめる。❸在日僑胞の祖国愛と民族的矜持を昂揚させ、民族の団結を強め、反共精神を高める。❹本国選手団の士気を振興させ、輝かしい記録を打ちたてる雰囲気を醸しだす。ということで、この宣伝計画の実施にあたっては僑胞関係の宣伝機関は勿論のこと、広く日本のマス・コミを網羅して宣伝戦を展開する。

このほか、アドバルーン、ポスター等を使用した街頭宣伝も準備されている。

観光客の韓国誘致

東京に集る各国オリンピック観覧客を韓国観光に誘致する計画は本国の外貨事情の切迫に伴い国際観光公社など各方面で積極的な動きをみせているが、後援会としては本国の芸能団を招聘して、日本各地を公演巡回させ、日本に集る各国の観光客に韓国芸術を鑑賞させ韓国訪問をいざなう。そして、在日僑胞にも本国民俗芸術を紹介するという一石二鳥を狙ったものである。

韓国館の設置

都内の青山もしくは代々木の選手村附近に設置予定の韓国館は、本国政府商工部と交通部の支援を得て、主として韓国の美術・工芸品、特産物等を同館内に陳列し、韓国文化の紹介にあたらせる。

この外、同館内に設けられる予定の他の会場は広く一般の便に供するとともに、特に貿易業者らのPRに利用させる。

動乱参戦国選手らとの親善パーティ

オリンピック後援事業の一環行事として、各種親善パーティの開催が予定されているが、これは、日本のマス・コミ、自由諸国の外交官、選手らとの交歓、親善を目的としたものである。

特に、韓国動乱に参戦した十六ヵ国の自由諸国外交官ならびに選手団、観光客を招待して、さきの動乱参戦に対する敬意表明とともに今後の自由主義陣営の紐帯強化を図謀している。

ミス在日僑胞の選出

この試みは、民団として初めて行うものであるが、ミス僑胞に選ばれた者は本国のミス・コリアに出場させる予定である。

八・一五光復節を期して東京ミスは、各県本部単位ですでにその選出を終えているが、一般僑胞のミス在日僑胞選出に対する関心はたかまっている。

このミス在日僑胞は、今後、本国オリンピック選手団の歓送迎や各種の行事にホステス役をつとめ

選手団強化合宿訓練の支援

日本において強化合宿訓練を必要とする種目に対しては、大韓体育会の要請にしたがって積極的にこれを支援する。

すでに多くの選手団が来日して合宿訓練を行ない、一部の種目を除いて帰国した。これは、オリンピックの本番に備えて大変有意義であったといえる。

祖国の栄誉を担って猛訓練に励む陸上選手

選手の激励大会を

関東地方を中心に動員計画をたて、選手の歓送迎大会を開らき、選手の士気を鼓舞する。

この動員計画は後ほど細部にわたって発表される予定であるが先づ祖国の選手が国際的な競技であるオリンピック大会に出場し祖国大韓民国の栄誉を担って参加する民族的な誇りをもって、あますことなく奮闘するように、競技を前後して在日僑胞の熱烈な激励と応援によって、より良い成果を挙げてもらうためである。したがって後援事業のなかで、もっと力を入れている部分であり、わが在日僑胞も祖国愛と民族愛をあますことなく発揮すべきところである。

この祖国選手激励大会のために後援会はもとより、民団の各種団体が、多彩な催しをもって、あらゆる努力をする計画である。

その他の行事

先に述べた各種行事、宣伝計画のほか、映画会、写真展、衣裳展などを開催するとともに、僑胞婦人に韓国服の着用を励行させて本国選手らを奮起、激励する計画であるが、これらの準備はほぼ完了している。

また、参観客らの宿泊問題についてホテル、旅館等が満員の際には僑胞宅を便に供する手配なども推進している。

これらの事業は、あくまでも東京オリンピック在日韓国人後援会が主体で民団の各級傘下団体、駐日代表部、公報館等がこれを支援して実施することになっている。

そして、この事業に必要な経費は後援会の募金をもって充当することになっており、大体目標額の一億四千万円にほとんど到達しており、一応財政面の裏付は確保された形となった。

残された問題はいかに秩序正しく、明るい運営がなされるかで、これは個々の僑胞の大会に対する認識と自負心にかかっているといえよう。

韓国新聞は、オリンピック準備期間と開催期間を通じて、オリンピック特集期間とし、その準備状況、遊覧民、大会記録等を逐一報道する。

主張
東京オリンピックをわれわれの手で

去る八月二十一日、オリンピックの発祥地ギリシャのオリンピアでオリンピック聖火が太陽光線から採火された。

この聖火は十二ヵ国の陸上選手と空路リレーで受け継がれ、刻々、東京に近づきつつある。第十八回世界オリンピック大会はこの聖火リレーによって東洋で初めて開幕した。

オリンピックの歴史は古いが、東洋で大会が開催されるのは今度がはじめてである。

韓国が世界オリンピック大会に正式に参加するようになったのは、第二次大戦以後のことで、それ以前は参加はしたものの公式には韓国の選手としてではなかった。ベルリン大会でマラソンに優勝した孫基禎に対して太極旗の代りに日の丸の旗が掲げられ、当時の韓国民に地団駄を踏んで口惜しがらせたことは、まだ記憶に新らしい。

しかし、今日では事情が異なる。われわれの実力はそのまま太極旗の掲揚で示されるのだ。

いまや、オリンピックはわれわれの力を誇示することのできる檜舞台となったのである。この檜舞台を前に本国では、いま選手の訓練に大会準備に大童だ。

わが韓国民は、その体力や機能においても他国民に劣るものでなくむしろ優位にあるといえよう。したがって選手をはぐくむ素地が具備されるならば金メダルの二十や三十は獲得できないものでもない。

しかし、本国の現状は必ずしも選手に金メダルの獲得が保証されるほど好転してはいない。六・二五動乱以来まだスポーツを遂展させるほど国力は回復していないのが実状である。

だが、この困難の中から本国はいま東京オリンピックに参加し、韓民族の優秀性を全世界に誇示しようとあらんかぎりの努力を傾けている。

このような民族の真価が評価されようとする時、われわれ在日僑胞は座してこれを待つわけにはいかない。

われわれ在日僑胞は、われわれの置かれている立地条件を活用して、全世界の人々が注視しているこの東京大会に、本国選手らがその力量を遺憾なく発揮できる雰囲気と素地をつくりださなくてはならない。これが海外に住む僑胞の任務である。

わが居留民団ではこの点に留意し早くから『東京オリンピック在日韓国人後援会』を組織して、東京オリンピックに備え万全を期している。

だが、これはひとり後援会のみがその任務を負うものでなく、在日僑胞の個々人が背負って立たねばならない使命であるといえよう。

いい換えれば、このオリンピック後援事業は全僑胞がこぞって参加し、各自の能力を最大限に活用する挙族的大運動を展開してこそ目的が達せられるということである。

ところでわれわれは東京オリンピックを機会に三千万同胞の悲願である祖国の統一をスポーツの面だけでも達成したいものと願ってきたが、不幸にして実現をみるに到らなかった。

だが、史上最大のオリンピックと予想される今大会には北韓からは勿論のこと共産圏からも自由諸国からも黒人も白人もともに出場する。ここでは、人種や主義主張に対する偏見が介在してはならない。スポーツの場においては、敵対意識のある側が勝利しても拍手を送る度量と寛容が要求される。これがスポーツの精神である。

われわれは、この神聖なスポーツ精神に立脚して大会に出場する北韓選手にも同族愛をもって熱烈な拍手を送ると同時に、東京オリンピック大会を通じてわが韓民族の優秀性を全世界に誇示したいものである。

東京五輪出場選手決定
十五種目に選手131、役員29

来る十月十日に開らかれる第十八回世界オリンピック大会に出場する韓国選手団ならびに役員の選抜を急いでいた大韓体育会では、去る八月二十八日、種目選定審議特別十一人委員会を招集して、慎重な検討のすえ、代表選手百三十一名、役員二十九名を最終決定した。代表選手の名簿は次のとおり。

◇選手◇

【籠球】池徳漢（二四 [illegible]）、金[illegible]山（二一 慶熙大）、尹英[illegible]（二三 建国大）、[illegible]六（ 育丘大）、[illegible]大、崔伸一（二二 外国語大）、李相手（二〇 慶熙大）、[illegible]千成大（二一 漢陽大）、安[illegible]得（二三 漢陽大）、劉[illegible]根（一九 ソウル大）、李[illegible]山（二三 慶熙大）

【ボクシング】▽ミドル級 金徳八（二三 石公）▽バンタム級 鄭申朝（二四 石公）▽ライト・ミドル級 李今択（二三 石公）▽ウエルター級 李鉄男（二三 石公）▽ライト・ウェルター級 朴鉉一（二〇 満鉄）▽ライト級 徐勲男（二六 東亜大）▽フェザー級 石鎮九（二〇 慶熙大）▽フライ級 曹東基（二七 海公）

【リフト・ウェイティング】▽ミドル級 李宗燮（二九 城東体）▽ライト級 ▽フェザー級 李銘求（二八 海公）金昭南（三五 石公）

▽ライト・ヘビー級 李李雨（二三 三護紡織）▽ヘビー級 黄鋼東（二八 海公）▽バンタム級 梁武信（二三 慶熙大）

【レスリング】▽バンタム級 張二賢（二一 慶熙大）▽ウェルター級 申東鎬（二三 全北大）▽フライ級 張昌宣（二〇 海兵隊）▽バンタム級 崔永吉（二三 海兵隊）▽ライト級 金益鍾（二三 東国大）▽ミドル級 李奇烈（二五 全北大）

【陸上】▽マラソン 李相勲（二六 韓電）金連範（三〇 石公）朱炳結（二五 韓電）▽一〇〇米 鄭奇彦（二七 石公）▽投擲 林東実（二七 石公）▽投円盤 金奶紀（二七 韓電）▽八〇〇米 鄭教讃（二四 韓電）▽投槍

▽フライ級 申相提（二九 共栄建業）▽ミドル級 姜斗嗣（二七 韓電）▽ライト級 鄭東求（二一 中央大）▽フェザー級 尹大基（二三 陸軍）金鳳山（二三 慶熙大）▽ウェルター級 申炳変（二七 全北大）

【自転車】李商培（二三 大田市庁）安城薫（二四 陸軍）魏洪鋼（二四 慶熙大）黄昌植（二二 大田レヨン）洪性基（二四 三立製薬）姉成烈（二二 春川市庁）

【近代五種】崔貴拜（二四 陸軍）

【籠球】金永基（二八 企銀）文賢鎮（二九 韓銀）金永一（二四 空軍）鄭鎮鳳（二三 海兵隊）金武鉉（二四 空軍）河義圀（二三 延世大）方烈（二三 延世大）金仁建（二二 延世大）申東波（二二 延世大）金勝圭（二三 企銀）金錫善（二五 空軍）李内求（二三 空軍）

【サッカー】GK 成顕哲（三三 重石）LB 金洪福（二九 第一毛織）RB 申灝成（二〇 OIC）CH 金顕遂（三三 石公）RH 金三諾（二四 延世大）RF 金正男（二一 高麗大）LH 俞光錦（二三 石公）CH 李個華（二九 韓電）RI 馬相根（二四 慶熙）LI 趙漢玉（二四 第一毛織）LW 趙成達（二八 韓電）FW 車敬福（二五 慶熙）RH 朴漢玉（二五 重石）FW 李二雨（二二 第一毛織）LW 金容中（二四 韓電）CF 許允正（二七 石公）LF 金英培（二三 韓電）RF 金槙鍋（二五 高麗大）

朴秀権（二三 陸軍）▽投砲丸 林頼（二九 慶熙大）▽四〇〇米 張泰吉（二四 在日僑胞）▽女子四〇〇米 韓明姫（一八 梨大）▽女子一〇〇米 宋順子（二〇 韓電）▽女子円盤投 朴栄淑（一七 東栄女高）▽女子五種競技 ▽三段跳 李鶴子（二三 韓電）

【柔道】▽重量級 関正大（二四 陸軍）▽中量級 金義泰（二四 在日僑胞）▽軽量級 朴清三（一九 在日僑胞）徐相哲（二三 漢陽大）▽軽量級 金錦達（二八 大韓柔道）

【フェンシング】申斗浩（二九 石公）金鳳權（二八 慶熙大）韓明錫（二〇 外語大）中光淑（一九 梨大）

【射撃】▽ライフル 南相完（二九 陸士）申鉉柱（三〇 陸士）徐康旭（三四 陸士）朴南圭（二八 海兵隊）秋化日（三一 陸士）李錦鉉（三四 海兵隊）

【馬術】▽大障碍 安徳基（二五 第一毛織）金昌圭（三七 湖田）

【体操】崔永淑（十七 同徳女高）鄭準順（十七 首都女高）李俊分（二一 首都師大要子）[illegible]一二 在日僑胞）鄭利光（二二 在日僑胞）金忠護（二一 慶熙大）金光徳（二二 慶熙大）李光幸（二二 ソウル師大）徐在奎（二四 造船公社）韓秀煕（二四 造船公社）

【排球】林台鎬（二三 韓電）金英俊（二四 忠肥）李圭昭（二三 韓電）鄭濟奥（二五 韓電）孫永完（三〇 韓電）徐漢泰（二四 韓電）金仁洙（三三 韓電）

【水上】▽平泳一〇〇米 權寧珠（三三 中央大）▽自由型一〇〇米 金盛翊（十八 五山高校）▽背泳女子一〇〇米 金芙子（十七 祥明女高）▽ダイビング 宋在雄（二三 東国大）趙彰濱（二一 慶熙大）▽女子ダイビング 鄭順子（十七 首都女高）

種目別選手役員数

種目	役員	選手
陸上	3（マラソン）	16（男8女5マラソン3）
水上	2	6（男4女2）
蹴球	2	19
排球	2	12
重量挙	3	7
柔道	2	4
レスリング	3	12
ボクシング	3	8
フェンシング	1	4（男3女1）
射撃	2	8
馬術	1	6（大障碍3綜合3）
自転車	1	6
漕艇	1	12
近代5種	1	1
体操	2（女1）	10（男7女3）
計	29	131

東京オリンピック在日韓国人後援会

役職	氏名
最高顧問	裵義煥
常任顧問	金在鉉
〃	權逸
〃	金今石
顧問（経済界）	徐甲虎
〃	朴竜九
〃	辛格浩
〃	李康友
〃	朴漢植
〃	李熙健
〃	苑慎圭
〃	申学淋
〃	安八竜
〃	洪勺杓
〃	朴魯禎
〃	裵在潤
〃	鄭建永
〃	金相吉
〃	韓綠春
〃	黄孔煥
〃	張永駿
顧問（組織界）	金載華
〃	金光男
〃	曹寧柱
〃	朴玄
〃	鄭寅錫
〃	李禧元
〃	呉宇泳
〃	裵東湖
名誉会長	辛ヒ
〃	許弼奭
会長	李裕天
副会長	金己哲
〃	梁仁哲
〃	鄭燦禧
〃	李鐘河
〃	姜桂重
〃	裵点錫
〃	金寛植
〃	朴俊学
〃	文圭準
〃	金在沢
〃	韓栓俊
〃	許泰成
〃	朴沢
〃	崔正烈
〃	安周中
〃	金壬成

役職	氏名
副会長	李鐘太
〃	金東春
〃	朴性鎮
〃	金安守
常任委員長	鄭烱和
副委員長	辺クン
〃	李相台
〃	金世基
常任委員	尹致夏
〃	李根復
〃	朱乾
〃	金英俊
〃	申ホ
〃	呉敬福
〃	裵玉鉱
〃	姜性煕
〃	李奉男
〃	金相默
〃	金聖煥
〃	金致淳
〃	李元裕
〃	韓昌奎
〃	柳東烈
〃	金宰淑
〃	呉基文
〃	朴炳憲
〃	張奉植
〃	金成一
〃	丁永沢
〃	張礼均
〃	李錫儀
〃	李道述
〃	安吉保
〃	崔鎬坤
〃	李裕甲
〃	李寿鎮
〃	高潤済
〃	金東春
〃	趙權衡
総務局長	李現坤
動員局長	朴太煥
競技局長	蔡珠仁
渉外局長	金世基
〃次長	趙權衡
無任所局長	丁永沢
〃	金成一
宣伝委員会	公報館、中央宣伝局

民団組織を攪乱する朝総連の陰謀を粉砕しよう！

国威の宣揚と民族の誇りをかけて

後援態勢は万全　海外僑胞の本領発揮

李裕天会長談

……な警戒体制を整えているが、北韓選手らには民族愛と兄弟愛をもって歓迎し、スポーツマンシップがどんなものであるかを示すつもりである。

後援事業の一環としての各種行事や宣伝計画は予定通り着々進行しているが、韓国館の設置問題は当初予定の敷地が入手不可能になったため予定を変更して韓国公報館内に設けることにした。そしてこの公報館内に本国への観光案内本部も設け、美術、工芸品の展示会も催す予定である。

その他の行事等はすでに報道されているのでここでは省くことにするが、韓日英の三ヵ国語に印刷された大会ビラ数十万枚と競技場案内の小冊子は、すでに配布を待つばかりになっており、近々これをヘリコプター等を利用して広く配布するつもりである。

オリンピック後援会としては、このほか、さきの臨時中央大会や中央委員会で承認された事項を残らず執行する。

最後に、本国からの観覧客に対しては、本国での記者会見の時にも述べたように日本の法律を守り秩序正しい行動をとって、わが国威を宣揚し、滞留期限内に帰国してわが民族の優秀性を内外に誇示していただきたいと思う。

共産陣営の謀略・攪乱工作に対備

鄭烔和常任委員長談

在日僑胞の血と汗　結晶を最も有効に

李相台常任副委員長談

民団規約一部修正さる

第三十回中央臨時大会で……され、一部を再修正する……可決をみた民団規約改正……このほど再修正を加え……れることになった。

改正された主な内容は……この中央総本部が中央……年二回の定期中央委員会……回に変ったことなどであ……

▽第十八条　定期中央……は年三回（三月、七月……月）とし、議長がこれを……臨時中央委員会は中央……

論壇

在日僑胞の権益擁護のための活動を強化しよう

民団神奈川県本部団長　李根馥

民団組織の攪乱を企む朝総連の虚偽宣伝を糾弾

動員局長　朴太煥

本国選手を温く迎える

常任副委員長　金世基

閔寛植氏に決定

五輪韓国代表選手団長に

東京に国産品展示場設置

韓国選手村の郵便　箱番号五十八番

韓国初日チエコスロバキアと対戦

オリンピック・サッカー

五輪期間中に民俗芸術紹介

希望

……先日、オリンピック動員計画審……定扱に大わらわな動員局に現われた李裕天会長は、すかさず、無名の一局員の肩に手をおくや、「いやあ！御苦労さん」と低頭しきり……当の局員、その人心に触れられ感動ひとしお、「会長さんて、親しみ易い人ですねぇ」と。

政治の要諦は人情である。かの孔子の礼、そして三国時代の軍師孔明もしかし、みな人情を基盤にしたものだった。そのためにも、時には涙を呑んで馬謖をすら斬らせたのだった。

人情とは剣情でもなければ、非情でもない。

なのに、偉くなるととかく人情を無視し、権柄を鼻にかけ、相手を見くびる態を捏するのは人間の……

水に映る月を、掬おうとする愚は犯すまい。が、自然の法則はいかに歳月といえども、晩にはおのずと消え去ることを教えているのだから…。

東京オリンピック観覧 本国同胞招請 実施要領発表

民団中央民生局

輸送計画各コース別一覧表

コース	地区	県本部名	人員数 民団	人員数 後援会	利用交通機関	発着地
第1コース	東北・関東	秋田、福島、宮城、北海道、青森、山形、岩手、新潟、東京、神奈川、千葉、山梨、栃木、茨城、埼玉、三多摩、群馬、静岡、長野	814名	683名	航空	ソウル ⇄ 東京
第2コース	中部・北陸・近畿・四国	石川、福井、富山、愛知、岐阜、大阪、兵庫、京都、奈良、滋賀、和歌山、三重、岡山、島根、鳥取、愛媛、徳島、高知、香川	1,000名	775名	航空	ソウル ⇄ 大阪
第3コース	九州・中国	山口、広島、福岡、長崎、佐賀、大分、宮崎、熊本、鹿児島	368名	279名	船舶	釜山 ⇄ 小倉(下関)
第4コース	(東京オリンピック後援会選手団)	岩手1、山形1、東京80、神奈川13、千葉1、埼玉1、長野1、石川1、大阪70、兵庫13、京都1、岡山1、山口1、香川1、福岡1	177名	(188名)	船舶	済州 ⇄ 小倉(下関)
計			2,357名	1,737名 (1,925名)		

(ニ) 各県本部で期日までに送金がなされない時には、航空、船舶会社、観覧客の日本滞留期間等に甚大な支障をきたすため、この点に留意してこの輸送計画に粗漏なきよう取りはからってもらいたい。

(ホ) 招請者が個別に、飛行機、船のチケットを購入して被招請者に送るとか、または各県本部単位で輸送計画をたてるというような事は、組織全体の輸送計画に混乱を招く故、このようなことがあってはならない。

日本入出国の予定 出迎要領

1、入国
九月二十八日～十月七日までの十日間。

2、出国
十一月五日～十一月十四日までの十日間。

1、招請者は上記の各コースに指定された被招請者の日本入国日に到着港に必ず出迎えなくてはならない。

2、被招請者は日本到着と同時に日本金を一銭ももっていない点を考慮して、招請者は責任をもって各自の宿泊地まで案内する。

3、各コースの日本到着日時は追って一覧表を作成して通達する。

4、特に、出入港所在地の地方本部は、中央本部と緊密な連絡をとり混乱と事故発生などのないよう受け入れ態勢を講究する。

5、その他、宿泊関係、オリンピック競技参観関係、日本入国後の諸般連絡事項に関しては『第五次実施要領』をもって通達する。

6、もし被招請者が本国からの出国を禁じられた時、または、日本政府から入国を拒否された時に限り往復運賃は県本部を通じて本人に返還する。

炎暑にもめげず猛訓練に励む女子バレー選手

権団長帰任談

在外僑胞のための僑民局設置を建議

五輪に積極的協力望む これを機に反共態勢を一段と強化

去る八月二十日、団長就任以来はじめて本国を訪問した権逸中央本部団長は、就任挨拶をかね、政府、国会を歴訪、海外僑胞問題の是正について建議し、三十一日無事帰任した。当面の東京オリンピック、本国情勢、対本国政府の諸問題について権団長は、二日午後中央団長室において次のような談話を発表した。

帰任談を発表する権団長(右)

今度の本国訪問は、政府要路に対する中央団長の就任挨拶をかね、わが居留民団の真の姿を知ってもらうためのものであった。

特に本国政府と民団との緊密な連絡のもとに在外僑胞についてもっと積極的な対策を講じてもらいたい旨を建議した。

建議事項は、まず政府に対し、今まで在日僑胞問題に関して本国政府と協議する場合、その所轄部署の関係で各部を回らなければならず大きな不便を感じてきた。これを是正するため、外務部に僑民局ないしは僑民課のような海外僑胞問題の専門処理機関を設けて、事務の簡素化と便宜を計ってもらいたいということ。

ついで、民団の権威を保持するため、従来一部でみられたような駐日代表部との直接接渉を避け、あくまでも民団を通して処理するよう善処をうながしたこと。

そして、民団中央団長は外交問題を除いて、駐日代表部の大使顧問格に揃えつけることなどを要望した。

また本国国会に対しては、海外僑胞の本国国会におけるオブザーバー制について、過去のような発言も許されない単なる傍聴でなしにもっと権威のあるオブザーバーにしてもらいたい旨を建議し、この問題については与野を問わず超党派で処理するよう申し入れた。

民団としては、このような権威あるオブザーバーの派遣については人物を厳選し、三名ないし五名の真に在日僑胞の代表たり得る人をあてることにする。

これらの建議事項に対してまだ回答は得ていないが近く喜ばしい結論がなされるものと確信している。

ところで、本国情勢は実際に見聞した事実と日本の商業新聞が報道している内容とでは余りにも違いがあることが多すぎる。

本国はいまわれわれの想像に余る明るさと豊さが溢れており、国家建設に対する意欲は官民を問わず凄しいものがある。そして、今年の秋作は、極く一部を除いて豊作が約束されている。

このような明るい良い面を故意に隠し、一部の暗らい面を針小棒大に報道して人心を惑わそうとする日本の報道機関に痛憤を覚える。

この問題については何んらかの対策を講じなければならないと考えている。

本国問題はその程度にして、今度の東京オリンピック後援についてであるが、これは、民団事業であるということはいうまでもないことだが、主催者はあくまでも、東京オリンピック在日韓国人後援会でこれが後援事業の企画、運営をすることになっている。

今大会がわれわれの住んでいる東京で開かれるということは恐らく今世紀がはじめてで、また最後であるだろう。このような意義深いオリンピック大会に際して、われわれは挙族的な運動を展開しているが、僑胞各自においても積極的な協力が望まれる。

過去の不正事件によって権威を失墜している民団として、この後援事業には絶対に不正がないよう常時、指導監督していくつもりである。そして、この東京オリンピック大会をわが民団組織発展のバロメーターにしたい。

一方、北韓と朝総連はこのオリンピック大会を契機に謀略攪乱作戦を展開しているが、われわれは断乎これを暴露粉砕し、反共態勢を強化する。

今年度奨学金の受給生発表さる

在日韓国人教育後援会

次代の韓国の担い手となる在日学生に物心両面から積極的な援助を続けている在日韓国人教育後援会(会長徐甲虎)では、去る七月二十日東京韓国学園において、六四年度奨学生の審査を行ない、今年度奨学生の合格者名簿を発表した。

今年度奨学生の審査対象者は約百四十名で、審査委員には張俊輪、朱洛弼、尹圭鎬、李錦太、呉敬福、金英悔の各氏が名を連らね、審査の結果、金栄教君ら五十二名が推挙されることに決定、この外、大学生九名、韓国学園生徒十名が確定視されている。

同後援会では、今年度奨学生に決定した者に対する奨学金(大学生四千円、高校生二千円)は六、八、九月分を一括して九月中に支払うと伝えている。

六四年度奨学生に推挙された五十二名の名簿は次の通り。
(審査中の大学生九名と韓国学園生徒十名の名簿は追って発表する)

大学奨学生合格者

(北海道)
金栄教(男)北海道大獣医2、朴秀雄(〃)北海道大医博3 …

(千葉)
金容栄(男)千葉大文理4、金昌一(〃)千葉大薬3

(東京)
金昌吉(男)東大院応用化博3、金光洙(〃)東大院水産博2 …

個人奨学生名簿

(注)上から支給者・学生・学校名の順

朱洛弼=崔誠志、早大・政経二
李錦太=許宗文、横浜国立大・工
〃=朱台植、明大院・公法博
〃=金仁哲・東京大・…研究所
〃=柳相延、日大・文学四
〃=金鍾天、早大院・政修
〃=崔仁甲・〃・統計学〃
許弼奭=呉正根、東大・政治二

福岡でもミス僑胞の予選終る

東京オリンピック後援事業の一環として各地でミス在日僑胞の予選が行なわれているが、民団福岡県本部でも八・一五光復節を期して福岡市民会館に三百名の団員を集めて、ミスコンテストが盛大に行なわれた。

審査の結果、多数の美人候補の中から、金美代子(22)、李秋子(18)、朴玉順(19)、金末玉(18)嬢らを選出した。

これらの準ミス僑胞は、近く東京で開かれる本選に出場することになっている。

伊東で東本管内事務部長会議 オリンピック応援計画整う

民団東京本部(金己哲団長)では四日から六日までの三日間、静岡県伊東の山岸園で第四回事務部長会議を開きオリンピック問題を中心に熱心に討議を行なった。

同会議には東京本部管内二十二支部事務部長全員が参席、改正規約の解説、事務部長本国派遣問題の討議に続いて金致淳東本事務局長から主として応援動員計画について説明が行なわれた。この応援計画によると、指導要員、活動要員をそれぞれ事務部長ならびに各支部青少年団員をもって構成し、オリンピック期間中、動員その他いっさいの実務にあてることになっており、とくにマラソン、サッカーなどに対して重点的応援対策が立てられている。同会議最終日には李裕天オリンピック後援会会長およびベルリン・オリンピック・マラソン優勝者・孫基禎氏が多忙なスケジュールをさいてかけつけ後援事業の進捗状況、代表選手団の仕上がり状況などについて報告を行なったが、孫基禎氏はとくにマラソン競技にふれ、記録的にはいくらか劣るとはいえ、マラソンは精神力がものをいう競技であるだけに、みなさんの熱烈な応援いかんによっては金メダルも可能である、と一層の声援を要請した。

山口県本部で中堅幹部講習会

民団山口県本部(金斗甲団長)では、さる八月二十七、八、九の三日間、山口市湯田温泉・防長苑において組織の強化と国際情勢の分析について幹部の講習会を開らいた。

同講習会には、張聡明中央本部副議長、金光男中央本部顧問、馬福祥日代表部福岡事務所長、新田義夫山口大学教授、関貫星氏らが講師として招かれ、張副議長から"組織の概念と路線"、"共産主義と民主主義の比較論"、新田山口大教授から"国際情勢の分析"、馬福岡事務所長から"韓国経済の展望"、関貫星氏から"北韓の実情と朝総連の動向"等について講義が行なわれ、理論面でたち後れを感じられる民団幹部に反共民主主義理論を徹底させ、教養と品位の向上に大いに役立った。

11

近づく五輪

あと一ヵ月あまりとなった東京オリンピック大会の実況を東京現地から中継放送するために、わが国からも洪団長（公報部放送管理局長）以下関係者一行が十月一日に、ソウル金浦空港を出発することは既報した。一行は、日本NHK東京五輪本部のスケージュールによって韓国選手の活躍を主として取材活動をすることにするが……

母国の電波に乗る東京五輪

毎日3回中継　TVは24時間おくれる

韓国放送団では、こういった事情を考慮に入れて韓国側の要求をTV製作に反映するようにと、NHKとも充分に協議をするといわれる。公報部では、昨年春から日本—韓国間の直接的なTV中継放送を計画してマイクロ・ウェーブ施設計画も立てたことであったがこれに必要な予算二〇万ドルを支払いする方法がなかったので、今回のオリンピックには リンピック開催国日本とは最短距離の韓国でありながら競技実況をその現場でT・V中継することができなくなったことである。それで、オリンピックの日—東京から現場中継はラジオだけになり、定例プロは中止してオリンピック実況放送となる。

一方、主催国日本のオリンピック中継放送団ではNHKが特設した東京五輪海外放送団により放送スケジュールを編成し、これを世界各国に六カ国語によるラジオ放送するためにすでにその準備を完了した。NHKから知らされた第十八回東京五輪海外放送の内容は次の通り海外に送るゼネラル・サービスとして韓国時間（東京時間も同じ）十月十日ヒル一時五十分から四時まで（GMT四時五十分—七時まで）開会式実況放送をもってその幕をあける。

これは、全世界に送る正規なプロであるが各大陸、各国のためのサービス時間としては、第一毎夜八時—九時の間に三十分間を韓国語で放送し、その次に南アジア地のためのサービスとして日本時間午前〇時—一時三十分までヒンズ語英、ウルツ語をもって放送。十五分間にわたる東南亜のために日本時間夜十時—午前一時の間に中国語により二十分、仏語と英語、タイ語で十五分を。アジア大陸のためには日本時間夜七時四十五分—九時十五分までを中国語二十分、ロシア語十五分。フィリピンとインドネシアのためのサービスとして日本時間夜九時三十分—十一時三十分までに英語とインドネシア語で二十分間を放送する。

これが、主催国日本ともっとも近いアジア各国のためのサービスプロであるが、このほかにオーストラリア、ニュージーランド、北米大陸、ハワイ、ラテン・アメリカン、ヨーロッパ、中東および北アフリカと南アフリカなど全世界各地域に、各国語により毎日オリンピックの便りを電波が伝えることになろう。

全種目を中継

韓国放送中継団が放送中継する競技種目は、開会式、閉会式の実況は勿論のこと陸上、蹴球、籠球排球、水上、力道、ボクシング、レスリング、柔道、体操、射撃、乗馬、サイクルなど各種目に亘りアナウンサーの技術によって、各自の放送担当を決定している。最終的に技術的なことや細部の打合せは現場に到着してから、そのときの現場の事情によって多少の変更修正をするといわれる。

中継放送団を結成する大任を果した洪団長は「何によりも、各民間放送局が今度の単一放送団を構成するために積極的に協力してくれたので、放送団結成はスムーズにできあがった。民放では自ら進んで総合的な人員配置に配慮してくれた。すでにチーム・ワークは円満に進行しているので、今秋のオリンピック中継には大きな成果が期待できる」と語り、さらにTV中継問題に対しても

「TV中継は、日本NHKの独占であるので韓国はNHK中継放送本部が制作する16ミリおよび35ミリ・ニュースを航空便で送り、これをKBS—TVチャンネルで放送することになる。毎日三十分もの一つと3分もの三つ合計三十九分をTVで中継放送することになった。そのために、NHKでは各国の放送内容により、その自国の選手本位のフィルムを製作することになっている」と、語った。従ってTVはラジオよりは1度一日遅れて中継されることになる。

近代5種競技

【解説】近代五種競技は、馬術（障碍物飛越）、フェンシング（エッペ）、射撃（立射・拳銃二五M）陸上（クロス・カントリ4キロ）などで、五種目にわたり一日に一種目勝負をしてその合計点数をもって順位を決める。この種目はオリンピックの発祥地ギリシャ人が発明したすばらしい混成競技である。全身各部分を均等に発達させることを理想としたもので力、スピード敏捷性、耐久力、的確性などスポーツの要素を集約しており、歴代オリンピックの優勝者の中には軍人出身者が多かった。国防競技の一種とわれる。

韓国 3—0 日本　ネルペックサッカー競技

クァラルンプールからの報道によると第七回ネルペック・サッカー競技A組で韓国は二十九日日本を三対〇のスコアーで破り九月三日インドとA組の決勝戦を行なうことになった。もしこのインドとの対戦で韓国が勝てば韓国は九月六日に行なわれる決勝戦でB組の優勝チームと選手権を争うことになる。

第45回 全国体典開幕

3日から6日まで熱戦展開

在日僑胞選手ら1万3千参加

オリンピック大会を前にして、第45回全国体育大会が例年よりは一ヵ月も繰りあげて、三日午前10時から新装の仁川綜合競技場で開かれた。在日僑胞まで参加した11個地方から一万3千余の選手（別表参照）たちにより壮絶な体育祭典がくりひろげられた。三日午前10時の開会式をもって幕をあげた。大会の詳報は次号に報道するが、祭典は8日まで6日間に26個種目の競技を行う。仁川では当市初有の行事であるので、大会を盛大に催すためにその準備に万全の努力を払った。

東京オリンピックを一ヵ月前にして歴史的な第四十五回全国体典は、予定通り仁川綜合競技場において開会式を開らいた。オリンピック東京大会に出場する選手は、二十六種目を一万一千の選手によって十八ヵ所の補助グラウンドで競技を競うことになっている。

この日、入場式には午前十時に朴大統領が臨席、在日僑胞選手団を先頭に、済州道、慶南の順で行進、最後を主催道である京畿道がつづいた。スタンドをうめつくした三万五千の観衆は拍手をもってこれを迎えた。

式は張仁川市長の開会宣言が発せられると、江華島摩尼山からの聖火が最終走者崔忠植選手によって聖火台に点火された。これを合図に五千の風船と五百羽の鳩が一斉に会場の上空を一周すれば、一層大会のムードはもり上った。つづいて閔寛植体育会長から「この大会はオリンピックを前にしただけに、その意義はきわめて大きい」（要旨）との開会辞のあと「体育は、国力の尺度であるので政府と国民が協力してすばらしいである」と朴大統領から祝辞が述べられた。選手を代表して京畿道李基水選手から宣誓を行ない仁川市内の幼稚園児千百名によるマス・ゲームなどがくり拡げられ、多彩な開会式は終りを告げた。

初日の競技は午後二時から陸上競技から始まった。

各市道別選手および役員数

道別＼人員数	任員	選手 男	選手 女	計
在日僑胞	15	47	0	62
済州	36	100	24	160
釜山	275	937	253	1,465
慶南	192	780	235	1,210
慶北	379	917	328	1,624
全南	283	952	329	1,564
全北	281	863	310	1,454
忠南	359	624	174	1,157
忠北	236	510	92	838
江原	207	609	147	963
ソウル	307	872	276	1,455
京畿	290	921	269	1,480
計	2,860	8,132	2,440	13,432

選手役員八一一〇人

東京オリンピック組織委員会では、二十八日午後コロンビアが二十七日にナショナル・エントリー（国別参加申込み）を正式に申込んできたので、五輪大会に参加国は九十六ヵ国となったことを、発表した。

なお、参加各国から派遣する役員と選手は八、一一〇人を推計しており、その内訳は、コロンビアとアルジェリアを除いて参加選手は男子五、四七三、女子七九一人計六、二六四人、役員男子一、八九六人、女子一二五人、計一、八一一人、男子合計七、一六九人、女子合計九〇六、総計八、〇七五人となっている。

この日申し込みを受け付けたコロンビアから第一次予備調査で選手、役員計三十二人といってきており、アルジェリアからはナショナル・エントリーにつけて選手一役員二人と通知してきているので推計総数は八千百十人となっている。

五輪に韓国語も

東京警視庁では、このほどオリンピック開催期間中外国人観客に対するサービスをよくするために案内用専用電話「一一〇番（局番なし）」を架設した。ダイヤルだけまわせば各国語のベテラン通訳たちが観光客のために応待するという。通用語は韓国語、英語、仏語、独語、中国語、伊太利語、露語、西班牙語の八ヵ国語。

五輪選手村割当きまる

オリンピック選手村運営本部では、選手村に入村する各国選手団の宿舎割当を検討中であったが二十七日組織委競技小委員会の承認をうけて、次の通り発表した。

割り当てに当たって悩みのタネは①木造宿舎に人気が集中したこと②ゆれ動く国際情勢が各国選手団に影響を与えること③ことばの問題、などだった。このため同本部は男子村をAからGの七ブロックに分け①言語、地域別に収容する②収容力の大きい鉄筋宿舎には大国選手団を入れる③南北韓国など問題を抱えた選手団は切り離して収容する、ことを原則として原案をまとめた。

この案では日本をふくめ太平洋地域のオーストラリア、マレーシアなどはC地区に一括されたほか米ソなどの大国は鉄筋宿舎に、統一チームで参加する東西ドイツは同じブロック内の別むねにわかれることで落ついたが、南北韓国はF、B両ブロックに離れ離れになるなど、けわしい国際情勢を反映している。

なお女子村宿舎は四むねの鉄筋アパートに決まったが、選手数が少ないのでとくにブロック別には分けなかった。

選手村見取図

五輪蹴球対陣決定　韓国はC組に

日本蹴球協会では、二十六日オリンピック蹴球対陣日程を氏の通り発表した。

韓国は、チエッコ、ブラジル、アラブとともにC組で、北韓はユーゴ、ハンガリア、モロッコと一緒にB組と決った。

十一月十二日　北韓—ユーゴ
〃　十二日　韓国—チエッコ
〃　十三日　北韓—ハンガリア
〃　十四日　韓国—ブラジル
〃　十五日　北韓—モロッコ
〃　十六日　韓国—アラブ

新興国大会に出場選手　東京五輪の参加停止

国際陸連北韓側に通告

新興国競技大会（ガーネボ）参加選手の東京オリンピックに参加停止問題のために、先月来日した北韓地区アタッシェ李資は各方面に働きかけて注目されていた。ところがTOOCは別項の通り一日新興国大会（ガーネボ）参加停止を決定した。これに対して二日の平壌放送によると、北朝鮮オリンピック委員会とアマチュア陸上競技協会、アマチュア水泳連盟は国際オリンピック委員会と国際アマチュア陸上競技連盟、国際アマチュア水泳連盟にそれぞれ手紙をもって、昨年の新興国大会に参加した北韓の辛金丹をはじめとする同大会に参加した北韓選手の東京オリンピック大会への参加制限措置を即時変更しなければ北韓は東京五輪に不参加を表明した。

この北韓側の抗議表明に関してロンドン発五日AP電によると、国際陸連のペイン名誉主事は五日、北韓に対し〃新興国スポーツ大会に出席した選手は依然として国際試合への出場を許さない〃という電報を打ったと語った。

最近北韓から来た〃新興国スポーツ大会に参加した選手を東京オリンピックに参加させなければ、東京大会をボイコットする〃との抗議に対してペイン氏が答えたもの。ペイン氏は「新興国スポーツ大会は純粋のスポーツ大会でなく、政治的目的に使われた。大会前国際陸連は、もしこの大会に参加したら除名するとたびたび警告している。競技会はルールにのっとって運営されるべきである」と新興国スポーツ大会の非合法性を強調している。

北韓の辛金丹等出場禁止

TOOC、ガーネボ参加選手を除外

東京オリンピック組織委（TOOC）は、紛糾をかさねていた新興国競技大会（ガーネボ）に参加した各国選手たちを、東京オリンピック大会から除外することについては、これ以上考慮をしないことに決定した（九月一日）。

TOOC事務総長与謝野氏は、この決定について

一日、国会（日本）参議院オリンピック準備委員会において、この決定事実を明らかにした。TOOCはガーネボ大会出場選手たちを東京オリンピック大会に参加を停止することに対して国際陸上連盟および国際水泳連盟と非公式に交渉をもっていたが、同連盟の決定はきわめて強固であることがわかったと、語った。

（注）OOCの決定により北韓地区から出場予定していた辛金丹（女子4百、8百）を始めガーネボに参加した選手たちは東京オリンピックに出場できなくなった。

僑胞学生野球のソウル・シリーズ決算

打力・機動力が抜群　新進延経国の発見は収穫

僑胞

在日僑胞学生野球団がソウルにおいて9回戦のうち6勝、1敗、2引分けの戦績をあげた。この対戦成績をみて僑胞学生野球に対する感想を大韓野球協会副団長李源容氏は次きのように語った。

僑胞は強肩球の持ち主延経国とアンダー・スローの辛明が突出した投球、敵打者のタイミングをうまくかわし、これをよくリードした捕手李鉄柱の余裕のあるプレイは、味方の勝利の原動力をなした。

僑胞チームの攻撃面をみるとチャンス・メーカーの尹東駿、宋明文、崔花林、延経国、李慶鎬、李鉄柱などの打力はおそるべきものがあり、上、下位打線の優劣がなく、いつでもチャンスだけつかめば、すかさずこれをものにして砲門をひらいた。得点に結びつける特色をもっていた。

9回の戦績を通して僑胞チームは合計74本の安打をした中で三塁打9個（宋明文4、李慶鎬2、東駿2、金正一1）二塁打12個（崔花林4、金正一1、尹東駿2、李慶鎬1、李鉄柱1、宋明文1）など21個の長打を記録した。

ソウル高校野球界に彗星の如くあらわれた中央高李源国投手は未だ一年生の弱冠ではあるが、柔軟なフォームで長身を利用して外角から落ちるその魔球は、彼の前途に大成を期待かけられよう。

東大門高投手張李英が、後半戦に入ってから球威がなく乱打を浴びたのは投球練習不足によるものであった。

培文高の金貴植、城南高の金允謙は高校野球の双璧である。僑胞の攻勢をよく阻止してゲームを引分けで終らせた。

ただ、僑胞は緒戦において京東高の投手李允淳の好投と9回末2死後宙熙英の右中間を適時安打されて苦杯をのんだのは千秋の恨みであった。

東大門高が二死者をランナーにおいて唯一の強打者池顯が三打席にいたときに中堅手宋明文が前進守備をしていた。そのためにその頭上をはるかにオーバーする二塁打されて二点を取られ三回まで張李英投手に牛耳られて一方的なゲームとなるかの感があった。しかし4回になってようやく李慶鎬が左を抜く二塁打したのがきっかけとなり、長短打をもって大勝を博した。

守備面では、二塁の李慶鎬の華麗な活躍と共に三塁手辛載蓄の逆手好捕する好プレイによって培文の必死な逆襲を見事に退けた。

捕手李鉄柱が培文のサインを見破ってウェスト・ボールをもって三塁のランナーを刺殺するなど、頭脳的なプレヤーぶりを発揮したのは賞讃して余まるものがある。

好戦績で日程終わる

僑胞学生野球、16戦12勝

在日僑胞学生野球団が本国に遠征して以来、各地における戦績はきわめて目ざましいものがある。その最終戦が31日午後4時から馬山商高グラウンドで行われたが、6回初めに僑胞チームの3番打者宋明文君がライト・オーバーする2ラン・ホーマーをもって大勢を決定づけて5—1の大スコアで快勝し、最終戦をかざった。これで僑胞チームは30日の釜山における対釜山商工に7—3でこれを破り釜山工高には4—15で惜敗したが、本国の遠征綜合戦果は16回対抗試合のうち12勝、2引合け、2敗の好成果をあげてその全日程を目でたく終了した。

なお、第14回戦以下のスコアは次のとおり。

第14回戦
僑胞 7—3 釜山商
僑胞＝投手延経国、捕手李鉄珠　釜商＝投手金正浩、裵聖煥、裵東徹、捕手金東彦
三塁打＝朴幸男、裵東徹（以上釜商）▲二塁打＝延経国、宋明文、金正一（以上僑胞）

第15回戦
僑胞 4—15 釜工
▲僑胞投手＝宋勇、延経国、捕手＝李鉄柱、宋明文
▲釜工投手＝金朗成、捕手＝李基奉
▲二塁打＝崔花林、金朗成

第16回戦
僑胞 5—1 馬山商
僑胞投手＝延経国、捕手＝李鉄柱、馬山商投手＝金次烈、捕手＝金留成
▲ホーマー 宋明文（6回、僑胞）金次烈（7回、馬商）二塁打宋明文（僑胞）

競技別国際会議に　代表67名派遣

韓国体育会

大韓体育会では、二十四日午後理事会を開いて東京で開催することになる競技別国際会議に出席する韓国代表三十七名と国際審判三十名合計六十七名を決定した。

体育会では、国内の外貨保有事情からできれば韓国代表団の人員を縮少することを考慮していたが北韓側が参加することにより国際的な情勢変化などを考慮して韓国は正式に招請をうけて出場種目十五個連盟に送る会議代表三十七名と国際審判三十名を選出したといわれる。

同代表団の種目別人員次の通り

種目	国際会議	国際審判
①陸上	三	〇
②蹴球	三	一
③籠球	二	五
④排球	二	一
⑤自転車	二	〇
⑥重量挙	二	〇
⑦拳闘	三	七
⑧レスリング	三	九
⑨柔道	二	二
⑩射撃	三	三
⑪フィールド・ホッケー	二	〇
⑫水泳	二	二
⑬漕艇	三	〇
⑭乗馬	二	〇
⑮軟式庭球	三	〇
計	三七	三〇

五輪出場　重量挙最終戦

23日開催、韓国新10個

東京オリンピック大会に派遣する重量挙選手の最終選大会が、二十三日ソウル奨忠体育館で開かれた。二日間の熱戦の末、十個の韓国新を出して自由たく閉幕した。

この大会で、ライト・ヘビー級の李亨雨がスナッチ、プレス、ジャークに合計450キロを出して韓国新記録を出して、従前の韓国最高記録よりも17・5キロもオーバして注目をあびた。この外、ライトの李鉉求が総合に、ミドル級の李宗変がスナッチに、ヘビー級の黄鎬東がプレスとスナッチと綜合に、みな韓新を出した。なお、この大会で六個の韓国タイ記録も出た。

オリンピックに出場する韓国の代表選手は、この大会の記録を中心にして力道連盟理事会で最終的に決定するという。

▲ライト級
①李鉉求（海公）三百87・5キロ（韓国新・従前三百85キロ）。スナッチ＝一一七・五キロ。プレス＝一二〇キロ。ジャーク＝一百50キロ。

▲ミドル級
①李宗変（城体）4百35キロ（韓国新・従前4百30キロ）。スナッチ＝1百32・5キロ（韓国新・従前1百27・5K）ジャーク＝1百70キロ（韓国タイ）

▲ライト・ヘビー級
①李亨雨（三護紡績）4百50キロ。スナッチ＝1百45キロ（韓国新・従前1百42・5キロ）。プレス＝1百32・5キロ（韓国新・従前1百27・5キロ）。ジャーク＝1百72・5キロ（韓国新・従前1百67・5キロ）

▲ヘビー級
①黄鎬東（海公）4百75キロ（韓国新・従前4百60キロ）。スナッチ＝1百50キロ（韓国新・従前1百60キロ）。プレス＝1百35キロ（韓国タイ）ジャーク＝1百70キロ（韓国新・従前1百70キロ）

在日60万同胞는総団結하여올림픽後援事業을成功시키자！

韓國新聞
五輪特集号
発行所 韓国新聞社
東京都文京区春日2丁目20－13
電話 (811)2261～3 (812)0673
振替口座東京34988番

五大綱領
一、われわれは大韓民国の国是を遵守する
一、われわれは在留同胞の民権擁護を期する
一、われわれは在留同胞の民生安定を期する
一、われわれは在留同胞の文化向上を期する
一、われわれは国際親善を期する

行動綱領
一、大同団結して民団組織を強化発展させよう！
一、朝総連の謀略・侵透工作を断乎粉砕しよう！
一、東京オリンピック後援事業を成功させよう！

全国団長会議開かる 公報館

目前に迫る世紀のオリンピック祭典を開催国日本に住む僑胞として、如何に成功に導くか、また、新らたな時点に立つ居留民団がその体質改善のための諸問題をどう処理するかについて、全国四十八県地方本部団長会議が去る九月八・九の両日、都内青山の韓国公報館において開かれた。

開会第一日の八日には公報館三階の会議室に、全国四十四県（九州の一部欠席）の地方本部代表が参集、駐日代表部の金在鉉公使をはじめ権敬国公報館長、李裕天オリンピック後援会長、金光男、金今石、李禧元氏らならびに、張聡明中央本部副議長らの来賓を迎えて、朴炳憲中央総務局長の司会で開会が宣せられ、国民儀礼ののち、権逸中央本部団長の会議方針説明と過般の本国訪問の報告（別項）があり、このあと、張聡明副議長の挨拶、李裕天オリンピック後援会長のオリンピック後援事業の進展状況の報告ならびに今後の努力体制の強化を望む来賓挨拶、金在鉉駐日公使からの"この団長会議を通じてオリンピック後援事業に好結果がもたらされるよう充分な討議をされると同時に、今度の東京オリンピックを機に朝総連の政治陰謀が熾烈化することが予想されるので、これに対する警備を一層厳重にしていただきたい"との激励挨拶。ついで、駐日代表部領事課長を辞任して本国オリンピックのアタッシェに転任する金衡洙領事課長の"在任中は皆さんの要望にも充分応えられず誠に残念に思っておりますが、本国へ帰ってからは皆さんとは関係の深いオリンピック事業に就くことになっております故、今後ともよろしく"との離日挨拶。権敬国公報館長の"民団地方本部団長各位と親しくお目にかかれるこの機会を通じて、皆さんのものであるこの公報館を今後とも大いに利用していただきたい"との来賓挨拶が順を追って述べられた。

オリンピック後援事業に関する指示事項

今秋、開かれる東京オリンピック大会は、世界青年のスポーツ祭典として東京で開催される。

この大会においてわれわれは母国の国威を宣揚し、わが選手団の士気を高める一方、国際親善をはかり、わが組織の飛躍的発展を期せんとして、挙族的かつ挙団的な総決起により、よりよい成果をおさめるため東京オリンピック在日韓国人後援会を組織したのは周知のとおりである。

本後援会が発足して以来、広範な事業計画を樹立し、その裏付けとなる基金調達に組織の全力を傾注してきた。その過程においていろいろな隘路と曲折があったが、各県本部団長をはじめとする組織活動家各位のたゆまぬ努力によって募金成績も前例のない成果をあげ、目標額の達成もあと一歩で完遂される見込みとなった。ここに各位の努力に対し心から敬意を表する次第である。また募金が目標額に達していない各県本部は、早急に特別な努力をはらって、本事業推進に支障がないよう協力してくれるよう望むと同時に現在まで推進されてきた事業の経過を順次報告するとともにこの事業に関する指示を行なう。

（一）本国同胞の招請事務に関して

本国同胞の招請事務に関しては、第一次、第二次、第三次招請を含めて約四千五百余名に達している。

この事業を推進する過程で本国政府は、経済国策が主になって、参観団を大幅に減少させたこともあった。その理由は本国同胞四千名が一時に出国すると国内経済に悪影響をきたすということと、全参加団が無事に帰国できるかどうかということが懸念されたからである。

この問題に接した民団ではただちに事務総長を本国に派遣し、続いて後援会長、中央団長が本国に出張するにいたった。

そして本招請事業成就の与否は、単に後援会に影響を及ぼすのみでなく民団組織の発展に甚大な影響をもたらすので、本国においては国務総理をはじめ、関係各部に対しわれわれの実情を強く説明し、最初の計画通り実践を要請したところ漸やく予定通りに復した。

①参観団の旅券発給状況

参観団の旅券発給事務は、原則的に身元調査が終り次第発給されることになっているが、今度は特別措置として手続書類を極く簡略にする一方、身元調査と併行して後援会が作成した招請者名簿にもとずいて全員入国手続を取っている。したがって海外旅行規定によるか、あるいは日本への入国を許可しない者の外は、全員が参観団として渡日することは確実となった。

②輸送計画について

本輸送計画に対してはすでに公文で指示した通り、目下、設営手配中であるが、本輸送は原則的に大韓航空会社と大韓海運公社を利用するよう政府方針で決定されているので、この方針にしたがって輸送計画をたてた。したがって日本政府が九月二十五日までに入国許可をすれば十月十日までに入国輸送を完了する予定であり、もし入国許可が遅れて十月一日から輸送を開始する場合には十月十五日まで輸送が遅延されるおそれもある。

③輸送の地域別単位

本国政府では出国管理上道別の輸送を要請してきたこともあるが、招請者と民団組織の出迎え、その他入国管理の便宜上、日本国政府別単位（招請者単位）で輸送することになった。

輸送順序は、航空便で数名、別便毎、招請人員名簿等が作成され次第、これを各県本部に送付する故、この名簿によって管内招請者は、出迎えおよび宿泊所などの手配をするよう望む。

④地域別輸送順位

東京オリンピックの開催と同時に交通事情の混雑が予想されるので、東京への輸送順位を大阪地域ついで九州地域と遠距離をさきにした。

これは地方からの参観団の便に供するものである。参観団が日本に到着すると労働者とその他年少者らが、地方の家族あるいは知人の家に滞在するものと考えられるが、参観団の約半数二千名と、出迎者二千名、計四千余名がオリンピック競技参観のため、東京に上京滞在するものと予想されるので、この四千余名に対する東京での宿泊所の斡旋をしなければならない。そこで、東京を主として、神奈川、三多摩、埼玉の各県で宿泊所の提供を積極的に推進し、参観団員に不便がないよう最善をつくしてもらいたい。特に朝総連では、この機会を利用して、あらゆる工作を開始するものと予測されるので、朝総連側との接触を絶対に避け、指定された宿泊所に必ず帰国するよう、特に対策を講じてもらいたい。

（二）基金納付に関して

本後援会の募金運動に関しては、すでに言及したように各位の特別な努力で良好な成績を収めており、これによって組織の力量も対内外的に誇示され、組織運営の成就に正確な基本的計画が如何に緊要であるかを我々に再認識させ、新たな自覚をもたらした。現在本後援会に集金されている募金のなかから最も重要な事業とみられる、選手団合宿強化訓練費に九百余万円を支出し、広報訓練費として二百二十万円、その他宣伝公報事業、入場券代等に千五百万円ほどが支出された。その他の事業の推進にも残り少ない時日内に至急処理しなければならない諸般の問題が多いので、各県本部に保管中の募金は早急に納入するよう重ねて要請する。

（三）動員計画に関して

わが選手を応援する動員計画に関しては、機会あるたびに皆に及してきたので組織各級においては万端の準備をしているものと考えるので具体的に分析検討した結果別紙動員計画の通り実践したいので万全を期するよう望む。

五輪成功へ総力結集
民団基本財政は自力で

[illegible]

（イ）旅券が発給されても、万やむを得ない事情で渡日できない場合には、手続料は招請者が負担しなければならない。（ロ）本国か[illegible]らの観覧客のうち大阪地区に集合する者を交通事情を考慮して、東京へ上京する第一陣とする。（ハ）オリンピック競技場への入場券は、本国からの観覧客に対しては最少限一人一枚をあてがえるようにし、その外、各地方本部団長には無料で一枚程度配布できるように努力する。（ニ）本国からの観覧客に対しては、招請者がみずから案内にあたる（ホ）この輸送計画の担当者には中央本部事務総務ならびに組織局、民生局がその任にあたる。

観覧客を厳重に審査

このあと、後援基金の納付問題に関しては、目標額の九割程度の基金が現在各地方本部に集金保管されているが、中央の後援会には未納になっているため早急にこれを納入するよう要請があり、特に権団長から遅くも九月十五日までに完納するよう督促があった。この後援基金の納付方法については一部で駐日代表部に送った例もあり、事務の簡素化をはかるために必らず、オリンピック後援会もしくは、民団中央本部に納入するよう後援会から要請があった。

この討議の途中、関連事項として、検査済兵庫県本部団長から、世界旅行社を通じて敵対陣営の者が本国同胞を招請しているとの報告があった。

これに対して、朴大煥中央組織局長から"もしそのような事実があれば詳細な報告をしてもらいたい。現在、本国同胞の招請問題に関しては、駐日代表部と居留民団とで審議委員会を構成しており、そのような問題に対して粗漏のないよう万全を期している"との答弁がなされ、第一日目の日程を終えた。

第二日目本会議

大会第二日は、前日に引き続き公報館において午前十時すぎから開会、金己哲東本部団長の挨拶について、許弼奭商工連合会長の"本国の役員は工場設備等に目を見張らせるような飛躍ぶりがみられた。われわれ在日僑胞もこれに呼応して、東京オリンピックを機に民団組織を発展させよう"との挨拶があって、議題に入った。

この日は、第一議題としてオリンピック後援事業の宣伝活動に関する問題が上程され、陳斗鉉中央宣伝局長からこの問題に対する総括報告がなされた。この報告の中で、特に各地方本部の固有名詞の呼び方について、従来の韓国読みを改め、例えば神奈川（カナガワ）と呼ぶことに統一するよう提議し可決をみた。また、宣伝事業の一環として各地で予選をみたミス在日僑胞の結果を至急中央宣伝局に報告するよう要請があった。

新潟港で民団の示威

このあと、同宣伝活動の細部計画について、韓国公報館金事務官から別項のような説明があって、この問題に関する質疑応答に入った。

まず鄭新潟県本部団長が立って"朝総連では東京オリンピックに備えて、強力な侵透工作を準備、現在、その訓練に熱中していると伝えられるが、民団はこれに対してどのように処するつもりであるかその具体策を聞きたい。私の考えでは、朝総連が宣伝している六・二五動乱の逆宣伝などについて、本国観覧客にその真相を話してもらい在日同胞の啓蒙に役立ててはどうかと思うが"。

これに対して、本国ですでにそのような活動を展開しているとの答弁がなされた。

ついで、李元世新潟県本部事務局長から"九月二十四日に、北韓選手団が新潟港に到着するが、この歓迎方法として、新潟県本部では主要道路の使用許可をとって、道路の両側に太極旗を林立させ、日本における居留民団の威力を誇示したいと思うがどうか"の提議があり、この問題は、動員計画の中で慎重に取りあげることで可決された。

地域別に韓国服を統一

そして、韓国服の着用奨励の件について、金東本団長から"現代にマッチしたものを着用してはどうか"の提案に対して、張婦人会総務から"そのように心がけており、特に大韓婦人会では地域別にカラーを統一して美しさを増させる計画を進めている。韓国服の主人公である団長がみずから積極的に協力する必要がある"と述べて、宣伝活動に関する事項の討議を終えた。

指導要員の訓練所開設

つづいて本国選手の歓送迎、応援等に関する動員計画について朴大煥中央組織局長より第十七次に亘る詳細な動員計画（二面別掲）が説明され、民団創団以来の大動員計画が明らかにされた。そしてこれらの動員計画の指導要員の訓練所を中央本部の裏庭に目下建設中で、二十一日から二十八日の二週間を訓練期間としてここで訓練を施すことになった。以上をもってオリンピック後援事業に関する討議を終え、第二議題の中央本部財政確立の件に移り、権団長から財政確立のアウトラインが説明された。

この財政確立の問題は、あくまでも在日僑胞を中心とした自力本位を主としており、全国各地の経済人らから資金を募っているので、この公議で各地方団長から承認を得たいと提議があって、この案は満場全代表から拍手で可決。

本国へ送金しよう

ついで、民団地方割当金の納付状況について、朴中央総務局長から報告があり、金額的に納付成績が不良である点を指摘、早期納入かたを要請した。この中央本部への上納金については全会一致で遅延のないよう完納することを決議して、融資拍行、本国家族への送金の件に議題が移された。

この件については、権中央団長から"故国の農村地方においてはわれわれよりも困難な立場に置かれている人が多い。そこで在日僑胞は現在、年間一人当り五百ドルを送金することができるのであるから故国に報いるため、近親らに援助金を送ってはどうか"との提案に対して万雷の拍手でこれを可決した。

民団資産の調査・報告

最後に、民団各級機関の固有財産が年とともに増加の一途をたどっているのに鑑んみ、その管理方法の裏付として民団組織機関の固有財産の調査と報告をするよう指示があって全日程をとどこおりなく終え、権団長の"民団の飛躍と私のビジョンの実現を短縮するため積極的に協力していただきたい"との閉会辞をもって意義深い第一回全国地方団長会議はその幕を閉じた。

主張
第一回地方本部団長会議の成果をさらに前進させよう

[illegible]地方本部団長会議で権団長の組[illegible]に対する熱意は充分反映されたものである。したがって残された問題は如何に民団の体質改善を実現するかということである。

安易な道ではない。これには勇敢な決断力と徹底的な自己批判が要求される。この事を通してのみ、僑胞の関心が組織面に反映され、民団体制の強化が可能になってくる。

幸い時代の要請にともない今まで朝総連の虚偽宣伝に惑わされていた同胞が続々わが陣営に参集しつつある。この機を逃がさずわが居留民団の質的向上を図り大改革を断行し、名実ともに日本国唯一強力な韓国居留民の組織とせねばならない。このような観点から今度の地方本部団長会議で民団の本質問題が討議されたことは時宜を得たものであり、その成果を高く評価するものであると思う。そしてこの成果を浸透させるため、全国の団員が総民団組織の強化発展に邁進すべ[illegible]

権団長あいさつ
本国国会へ在日僑胞代表のオブザーバーを

わが民団組織の発展強化のため日夜奮闘努力している各地方本部団長各位を一堂迎え、当面の民団基本問題ならびに十月東京オリンピック大会をどのように運営するかについて討議する機会を得たことを欣快とするものであります。

去る八月二十日より十日余り私は本国を訪問して政府要路に団長就任の挨拶を伝えるとともにわが居留民団の真の姿を認識させ、在外僑胞に関する諸問題の是正についてこれを政府、国会等に建議して参りましたが、ここで、その内容を報告致しますと、まず第一に、本国政府とわが民団の緊密かつ積極的な連携を促進するため、外務部に僑民局を設けて僑民問題の専門処理機関とし、事務の簡素化と便宜を計ってもらうということ。第二に、民団中央団長を外交問題を除いて、駐日韓国大使の顧問に据えること。

第三に、本国国会に在日僑胞オブザーバーを派遣するが、このオブザーバーは従来のようなオブザーバーでなしに発言も可能な権威あるオブザーバー（三～五名）にしてもらいたいということ。

第四に民団の権威保持のため従来一部でみられたような、民団の機関を経ずに直接駐日代表部と接渉するようなことのないよう善処してもらいたいということなどの四項目ですが、この建議事項に関しては、超党派で審議するように申し入れてきました。

この回答はまだ得ていませんが近く喜ばしい結論がなされるものと信じております。

今度の本国訪問で特に感銘を深めた事は本国情況が日本の商業新聞等の報道するような悲観的で暗い面の意外にも少ない事で日本で日頃われわれが新聞紙上を通じて知らされている本国事情とは全く予想外のことが多かった。

いま本国では、官民を問わず国家建設の意欲にもえており、その上、今年の秋作は一部を除いて豊作が約束されており、いたるところ明るさと明日への希望に輝いていた。

このような本国の発展と国家建設への意欲に呼応して、わが居留民団も本日のこの地方団長会議で大いなる飛躍のための方針を打ち出していただきたい。

中央監察委員に 姜学文・許允道両氏を新任

監察機関の充足をはかって去る九月十四日、あらたに姜学文、許允道の両氏が、民団中央本部監察委員に選ばれ、同日付をもって発令された。

これで、尹致夏中央監察委員長のもとに朴準竜、姜任七、姜学文、許允道の四中央監察委員が民団監察業務にたずさわることになる。

後援事業の…細部宣伝計画

オリンピック後援事業の一環として次にかかげる各種宣伝行事ならびに活動を行なう。

❶韓国動乱に参戦した十六カ国選手及び各国言論人の招待パーティー
❷日本の各種マス・メディアの活用
❸韓国館の設置運営
❹本国民俗芸術団の招請ならびに公演
❺宣伝ポスター、絵葉書の製作ならびに配布
❻宣伝刊行物の発刊
❼写真及び映画フィルム等の巡回上映
❽ミス、在日僑胞の選抜大会
❾各種宣伝資料、記念品の製作ならびに配布

（一）この事業の目標

❶韓国に対する正しい理解を求め、国威を宣揚し韓国の国際的地位を向上させる。
❷北傀ならびに朝総連系の宣伝攻勢を暴露、粉砕し、その発言を阻止して国際的に孤立させる。
❸在日僑胞の祖国愛と民族的衿持を涵養させ、挙族的団結を促進させ反共精神をたかめる。
❹わが選手団の士気をふるいたたせ、輝しい戦績をあげるよう雰囲気を助成するのに全力を傾注する。
❺各国参観客に多角的接触を通じて本国観光訪問を誘致する。

（二）この事業の方針

❶本事業を推進するため東京オリンピック在日韓国人後援会主管のもと大韓民国駐日代表部、駐日公報館、民団中央及び各組織の支援を得て実施する。
❷本事業に所要する一切の費用は後援会の募金であてる。
❸本事業を系統的にまた効率的に遂行するため、本国政府のオリンピック対策委員会との緊密な連絡のもとに一元的で相互的体系を確立してこれを推進する。
❹各種宣伝資料の製作は本国政府の基本指針に依拠するが、主要資料は本国で適時に提供するようにする。
❺北傀、朝総連側の同大会に対する宣伝計画に関して資料ならびに各種情報を絶えず入手し、分析、判断して、これに対備した宣伝活動を展開する。

（三）細部事業計画

❶韓国動乱参戦十六ケ国選手及び各国言論人招待宴
（イ）日時、一九六四年十月七日（水）午後六時
（ロ）会場、光輪閣（TEL四四一・〇一二一）港区芝高輪西台町一
（ハ）招待対象 約三〇〇名
A、参戦十六カ国をはじめとする自由陣営及び中立陣営の言論人
B、参戦十六カ国の選手、役員、同駐日大公使館の大使、公使及び関係職員
C、代表部、公報館、オリンピック後援会、民団、韓国選手団、特派員
D、演芸プロ準備 民俗、古典、舞踊、歌謡
❷日本国内各種宣伝媒体活用
（イ）日本言論関係人士（新聞、ラジオ、TV、雑誌）及び韓国特派員、僑胞新聞、通信社幹部等の招待パーティー開催
A日時 一九六四年九月二〇日（水）午後六時
B場所、光輪閣
C招待人員 約二百名
D演芸プロ準備
（ロ）新聞 JAPAN TIMES、朝日EVENING NEWS、僑胞各新聞
（ハ）雑誌
❸韓国館設置運営
（イ）場所第一銀行ビル（銀座）
（ロ）展示内容
A 美術品展示（一一一点）東洋画二十一点、西洋画六十九点、版画十五点、彫刻六点
B 工芸品手芸品展示 刺繍百点、人形各種十点、食器類八十点、螺細工五十点、漆器二十点、その他見本品
C 写真展示
❹本国民俗芸術団の招請公演
（イ）人員構成約四十名
（ロ）公演期日、東京、大阪、約一ヵ月
❺宣伝ポスター、ポスターカード製作配布
（イ）ポスター三万枚、（ロ）ポスターカード五万枚
❻宣伝刊行物の発刊ならびに配布
（イ）ニューコリア特別号発刊 二万部
（ロ）コリア、ツデイ（今日の韓国）画報（日、英文）三万部
（ハ）金ヘング・イル手記三万部
（ニ）金ソングック手記三万部
（ホ）韓国新聞特別号発刊
❼写真展示ならびに映画巡回
（イ）写真展示、百二十枚一組で、五組 全国巡回展示
（ロ）映画フィルム巡回上映 （A）劇映画八編 （B）文化映画四編（視覚フィルム字幕入送付） 公報館所蔵フィルム（劇映画約二十編、文化映画約七十編）
❽ミス在日僑胞選抜大会
（イ）予選完了
（ロ）本選 ミス在日僑胞は一九六五年度本国ミスコリア選抜大会に予選なしに参加
❾各種宣伝資料製作
（イ）記念バッヂ十万個
（ロ）ワラ帽子 十万個
（ハ）太極旗 十万本
（ニ）韓国衣装 展示会（婦人会）
（ホ）ネオンサイン、アーチ、プラカード装設及び製作

東京オリンピック大会動員計画

17次にわたり35万人以上

民団創団以来の大規模な動員

一糸乱れぬ体制を確立

十月十日に開かれる東京オリンピック大会に備えて居留民団では、本国選手の歓迎ならびに応援のため画期的な動員計画を樹立した。この動員計画は十七次にわたるもので、民団の歴史はじまって以来はじめてみる大規模のものである。その趣旨と内容を明らかにすると次のとおりである。

動員計画の趣旨

十月十日に開かれる東京オリンピック大会は、世界の若人が集う国際的祭典であり、この大会に参加する韓国選手を迎える在日僑胞にとって国威を海外に宣揚する絶好のチャンスといえよう。

特に十九年の永きにわたって大韓民国の国是を守護し生命をかけて朝総連と斗争を続けてきたわが居留民団は、その歴史を今一度対外的に知らしめる時機に再会しており、今まで蓄えられてきた組織の力をここで遺憾なく発揮しなくてはならない。

共産北韓の選手団が、朝総連の宏廣に囲まれて一種の国際宣伝物となりスポーツ精神よりも政治的な野望を掲げて、このオリンピック大会に臨もうとする時、われわれは重大な責任感を覚えるのである。

ここにおいて、わが民団は有史以来の大動員をもって朝総連の野望を粉砕し、在日六〇万全同胞を民団傘下に吸収せんとする。

この趣旨にそって、わが民団全組織は一糸乱れぬ動員体制を確立して、全力量を発揮するよう望む。

動員及び行事日程表

第一次 動員

一、韓国選手団 歓迎行事

選手団到着日時、九月二十三日午後一時。

場所　羽田空港

日時　九月二十三日午前十二時まで必着。

集合場所、羽田空港

動員数、三千五百名

動員、関東地協中心。

第一次動員内容

①、東京本部動員のバス五台と、韓国学園動員バス五台、計十台は午前十時まで岩松町韓国学園に集合し、その他は個別に羽田空港に直行する。

②、韓国学園に集合した十台のバスは、全国で選抜されたミス・在日僑胞が同乗し、オープンカー六台を先頭に指揮者の指示にしたがって羽田空港へ直行する。

③、空港では、特別出入の許可得た歓迎代表団と、ミス・在日僑胞候補者代表十名は、飛行機乗降地点で歓迎あいさつを交換する。

（ミス・在日僑胞候補者十名は選手団十名に、歓迎花束を贈呈）

一般歓迎隊は、所定の場所で歓迎する。

④、歓迎のあと列を作って第二公場である世田谷区民会館に全員、再集合する。

⑤、世田谷区民会館の到着時間は午後三時、三時三十分から第二部の行事を行う。

第二部行事

（1）、オリンピック韓国選手団激励会挙行

（2）、ミス在日僑胞の選抜審査会

（3）、ミス・在日僑胞発表および授賞式

（4）、本国芸術団紹介。

日比谷公園を歓迎色一色に

第二次動員計画

韓国選手団、母国招請家族中央歓迎大会、

日時　十月八日午前十一時〜午後四時

場所　日比谷公会堂

動員数　三千五百名

動員　①関東地協　②韓国学園　③本国招請者

動員内容◇第一部　東京オリンピック大会に参加する韓国選手を熱烈に歓迎することは、在日同胞六十万が、母国への愛族、愛国心の表明である。

国家再建の途上のなかで、歴史的式典に参加させるために、あらゆる援助を おしまない政府 および同胞の心情に呼応するため、われわれ在日同胞は、最大の援助と、暖かい心で盛大に歓迎したいと思う。同時にわれわれは国際的東京オリンピック大会を通じて国威と民団の団勢を海外に広く宣揚する機会としたい。

歓迎大会である日比谷公会堂入口附近を太極旗と五輪旗、その他の華麗なスローガンで、韓国一色に装飾し、韓国選手と母国家族を含めた中央歓迎大会兼激励大会を開催し、オリンピック 前夜祭 とする。

歓迎会式順は別に定める。

◇第二部

①韓国学園児童合唱と舞踊紹介。

②ミス・在日僑胞、各県代表、準ミス紹介。

③、民俗芸術団公演。

開会式にバス30台と四千人

第三次動員計画

オリンピック開会式

日時、十月十日午後二時〜三時五十分。

場所、国立競技場（明治神宮外苑）

◇動員第一陣

動員日時、十月九日午後七時、

動員場所、国立競技場入口

動員数、指導要員二百名、ほか二百名、計四百名

◇動員第二陣

日時　十月十日午前十時

場所　国立競技場入口

動員数　三千三百名

動員　関東 地協（東京 東部中心）三千名

韓国学園　三百名

動員交通機関　バス三十二台

動員内容

①動員第一陣は指導要員全員とほか百名を含めて開会前日、午後七時から選手団 入場通行路 要所に配置し、翌日まで場所をとり、第二陣の動員が到着するまで待機態勢をとる。

特に第一陣動員は徹夜をしなければならないので健康な者で構成する。

②第二陣は開会式当日、時間を厳守し、前日配置された指導要員を中心に、第一陣要員が陣どった場所で、配布される太極旗で各国選手を歓迎し、指揮者および指導要員の指示にしたがって大韓民国と友邦国家の選手を、熱烈に歓迎する。

③特に韓国動乱時に参戦した十六カ国選手に対しては、総指揮者から中間に配置された指導要員に特別指示が伝達されるので一般歓迎団は、指導要員の指示に規律正しく従って歓迎する。

④、退場時の歓迎は、その時に決定し別に指示する。

四陣に分け二〇〇〇人動員

第四次 動員

◇第一陣競技種目ボクシング予選

日時　十月十一日午後二時から六時

場所　後楽園アイスパレス

動員数　七百名（入場券配付に依る動員体制をとる）

◇動員内容

本国招請観覧客、本国来賓者と一般動員で構成する。一般動員は制限された体制で動員の配分は中央本部と東京本部が決定する。

◇第二陣競技種目　漕艇予選

日時、十月十一日午前十時から午後四時三十分。

場所、戸田漕艇場

動員数、千五百名

動員、東京本部千名、埼玉県本部五百名

◇動員内容

戸田漕艇場まで、出発地点と終着点に分かれて配置応援する。

◇第三陣競技種目　重量あげバンタム級予選

日時十月十一日午前十時から二時と午後四時から八時

場所、渋谷公会堂

動員数、四百名

◇動員内容

入場券が少ないので本国観覧客および一般動員で構成し、動員数に若干の変動がある。

◇第四陣競技種目レスリング フリースタイル各級予選

日時、十月十一日午前十一時から午後三時と午後六時から十時。

場所、駒沢体育館

動員数、三百名

動員、入場券を持っている人。

大宮サッカー場へ一千人

第五次 動員

◇第一陣競技種目サッカー予選初日

韓国対チェコ戦

日時、十月十二日午後二時から四時

場所、大宮蹴球場

動員数、千名

関東地協事務局に一任。

◇動員内容

入場券千枚を確保しているが、その配分は地協で調整するが特に留意する事項は、後援事業の多大な賛助者、協力者、平素組織面の功労者に優先的に配布する。

◇第二陣競技種目　漕艇予選第二日

日時、十月十二日午前十時から午後一時と午後二時半から午後四時三十分。

場所、戸田漕艇場

動員数および動員内容は、第四次第二陣と同じ。

◇第三陣競技種目　ボクシング各級予選

日時、十月十二日、午前十二時から午後六時と午後七時から九時

場所、後楽園アイス・パレス

動員数、約三百名

日時、十月十二日午前十時から午後二時と午後四時から八時。

場所、渋谷公会堂

動員数、約百二十名

動員、入場券をもっている者。中央ならびに関東地協

◇第五陣競技種目　重量あげフェザー級予選

◇第四陣競技種目レスリング　フリースタイル各級予選

日時、十月十二日十一時から三時と午後六時から十時。

場所、駒沢体育館

動員、中央ならびに関東地協

ボクシングに四〇〇名動員

第六次 動員

◇第一陣競技種目バレーボール　男子予選、対日本戦

日時、十月十三日午後七時から九時。

場所、横浜文化体育館

動員、神奈川県本部を中心とする。

◇第二陣競技種目ボクシング各級予選

日時、十月十三日午後二時から六時と午後七時から九時。

場所、後楽園アイスパレス。

動員数、約四百名

動員、中央ならびに関東地協。

◇第三陣競技種目　フェンシング　男子個人予選

日時十月十三日午前八時半から午後七時

場所、早稲田大学記念講堂

動員、中央ならびに関東地協

◇第四陣競技種目　重量あげライト級予選

日時、十月十三日午前十一時から午後二時と午後四時から午後八時

場所、渋谷公会堂

動員、中央ならびに関東地協

サッカー、自転車に二千人

第七次 動員

◇第一陣競技種目

サッカー第二日予選、韓国対ブラジル

日時、十月十四日午後二時から四時

場所、横浜三ツ沢蹴球場

動員数、千二百名

動員、中央ならびに関東地協

◇第二陣競技種目

バレーボール、リーグ戦、韓国対米国

日時、十月十四日午後五時から午後七時

場所、駒沢バレーボール場

動員、中央ならびに関東地協

◇第三陣、競技種目　ボクシング各級予選

日時、十月十四日午後二時から四時と午後七時から九時

場所、後楽園アイス・パレス

動員、中央ならびに関東地協

◇第四陣競技種目

自転車競走、個人ロードレース

日時、十月十四日午前十時

動員数、六百名

動員、三多摩本部中心に関東地協

◇第五陣競技種目

フェンシング、女子個人予選

日時、十月十四日、午前八時半から午後五時半。

場所、早稲田大学記念講堂

動員、中央ならびに関東地協

◇第六陣競技種目　重量挙げミドル級予選

日時、十月十四日午前十一時から午後二時

場所、渋谷公会堂

動員　中央ならびに関東地協

◇第七陣競技種目

レスリング、フリー・スタイル予選

日時、十月十四日午前十一時から午後二時

場所　駅沢体育館

動員　東京本部

駒沢、後楽園、朝霞、所沢へ

第八次 動員

◇第一陣競技種目

バレーボール、リーグ戦　韓国対ソ連。

日時、十月十五日午後五時から七時

場所、駒沢バレーボール場

動員、中央ならびに関東地協

◇第二陣競技種目

ボクシング各級予選

日時、十月十五日午後二時から六時と午後七時から九時

場所、後楽園アイスパレス

動員、中央ならびに関東地協

◇第三陣競技種目

射撃フリー・ライフル、三百メートル

日時、十月十五日午前九時から午後三時半

場所、朝霞射撃場

動員、埼玉県本部一任

◇第四陣競技種目　クレー、クレービジョン

日時、十月十五日午前九時半から午後四時半

場所、所沢クレー射撃場

動員、埼玉県本部一任

第九次 動員

◇第一陣競技種目

サッカー第三日戦

日時、十月十六日午後二時から四時、韓国対アラブ連合

場所、神奈川三ツ沢ラグビー場

動員数、千二百名

動員、中央ならびに関東地協

◇第二陣競技種目　ボクシング各級予選

日時、十月十六日午後二時から六時と午後七時から九時

場所、後楽園アイスパレス

動員、中央ならびに関東地協

◇第三陣競技種目

ウエイト・リフティング・ライトヘビー級予選

日時、十月十六日午前十時から午後二時、午後四時から八時

場所、渋谷公会堂

動員、中央ならびに関東地協

◇第四陣競技種目

レスリング各級予選

日時、十月十六日午前十一時から午後三時と午後六時から十時

場所、駒沢体育館

動員、中央ならびに関東地協。

◇第五陣競技種目

射撃、スモールボア・ライフル、五十m

日時、十月十六日午前九時から午後一時三十分。

場所、朝霞射撃場

動員、埼玉県本部一任

◇第六陣競技種目

クレー、クレー・ビジョン

日時、十月十六日午前九時半から午後四時三十分

場所、所沢クレー射撃場

動員、埼玉県本部一任

五陣に分けて渋谷、駒沢など

第十次 動員

◇第一陣競技種目

ボクシング、各級予選

日時、十月十七日午後二時から六時と午後七時から九時。

場所、後楽園アイス・パレス

動員、中央ならびに関東地協。

◇第二陣競技種目

重量あげ、ミドル、ヘビー級予選

日時、十月十七日前十時から午後二時

重量あげなど七陣で大声援

第十一次動員

馬術女子体操などに動員

第十二次動員

◇第一陣競技種目

バレーボール・リーグ戦、韓国対オランダ

日時、十月十九日午後一時から午後三時

場所、駒沢バレーボール場

動員、中央ならびに関東地協

◇第二陣競技種目

フェンシング・サーブル個人予選

日時、十月十九日午前八時三十分から午後五時三十分

場所、早稲田大学記念会堂

動員、中央ならびに関東地協

◇第三陣競技種目

体操女子

日時、十月十九日午前八時三十分から午後二時と午後五時から十時半。

場所、東京体育館

動員、中央ならびに関東地協

◇第四陣競技種目、

レスリング各級予選

日時、十月十九日午前十一時から

◇第五陣、競技種目

馬術　綜合障害飛越

日時、十月十九日午後一時から午後四時三十分

場所、軽井沢総合馬術競技場

動員、中央ならびに長野、群馬県本部一任

◇第六陣競技種目

射撃、ラピット、ファイアー、ピストル

日時、午前九時から午後一時

場所、朝霞射撃場

動員、埼玉県本部一任

マラソンコースの両側で徹夜

第十三次動員

◇第一陣競技種目　体操、男子自由

日時、十月二十日午前八時三十分から午後二時と午後五時から午後十時三十分

場所、東京体育館

動員、中央ならびに関東地協

◇第二陣競技種目　柔道、軽量級

日時、十月二十日午後一時から午後七時

場所、日本武道館

動員、中央ならびに関東地協

◇第三陣、競技種目

射撃、スモルボア、ライフル五十メートル

場所、朝霞射撃

動員、埼玉県本部一任

△第四陣、特別動員（マラソン）

日時、十月二十日午後七時

場所、国立競技場入口附近、マラソン折返地点附近

動員数、二千名

特別飲食物、食分、二千名分。動員、指導要員二百名、韓国学園百名、関東地協千名、東北二百名、近畿地協千名、中国地協二百名、九州百名、東北二百名。

動員内容

十月二十一日午後一時から行われるマラソンに激励するための特別動員である。十月二十日午後七時から指定された競技場入口附近および折返地点に各々五十名を配置し場所を陣とる。

配置された五十名は、翌日到着する特別大動員が到着するまで、コース両側で徹夜待機する。

全組織は、下部機関の支部傘員まで総動員し、大動員の場所確保に全力をつくしてもらいたい。

特に留意する事項は、朝総連系もし何等かの事態が発生しても、犠牲を覚悟し、場所確保に全力をつくしてもらいたい。理由は大事なことで、その前日彼らの場所を占有するため朝総、朝高生が配置につくもの予測されるので、不祥事の起らないよう気を配る。

民国国威および民団の威信を発揮するためには、いかなる難関をも撃破せなければならないからである。

マラソンに全組織を総動員

第十四次動員

（特別全体動員）

◇競技種目、マラソン

日時、十月二十一日午後一時から午後三時半

場所、国立競技場からマラソンコース指定場所

動員数、一万名

動員、全国組織と本国観光客全員。

◇動員内容

オリンピック後援事業中、最大の動員目標がマラソンにある。

対外的に民団の後援事業と海外に居留する韓国人として国際舞台に国家の威信を宣揚する絶対的な場であり、機会である。同時にこの場は、北韓系朝総連と正面からぶつかる力の対決場でもある。我々はこの日がまさに十八年間蓄積された組織力を結集して、後援事業の総決算として陣取る場所にしなければならない。したがって民団組織の有史以来の総動員を計画し、各地方本部はあらゆる経路を打破して、この日の動員に呼応しなければならない。

①十月二十日午後二時までに全国地方本部は、本国招請家族全員と招請者全員を参加させるために中央に引率して来なければならない。

②地方本部は、被招請者一名に対し保護者（招請者あるいは代理人）一名を同伴させ、保護派参加させる。

③地方本部は、本部三機関職員および各支部三機関職員を動員させなければならない。

④傘下団体は、全国地方組織の任職員および一般団員を総動員させる。

⑤知人会は、会員全員に韓国服を着用させる。

⑥被招請者には本国招請家族および所属県名を、一般動員者には「地方本部」、傘下団体は「所属機関名」が記入された腕章をつける。

⑦各県は引率責任者および引率者が、混雑した場所においても引率団員を分るように引率旗（県名記入）を準備し、常に表示する。

⑧、各県本部は招請者と被招請者、一般団員に出発前動員体制に関しては、仔細な注意事項を伝え、規律ある行動をとるよう班組織を構成し、責任部署を明白にする。

⑨、中央に集合したら各県別に中央指導要員が、一名ずつ配置されるので常に本部と連絡を取れるようにする。

⑩、応援体制に要する時間は、約四時間で必要な携帯品は、引率本部で用意するが、特に水筒携帯、食分だけは各自持参する。

⑪、招請した本国家族の総責任は地方本部がとり、特に留意すべきことは、朝総連系応援者と一切の接触を避ける。

⑫、集合場所中央本部韓国学園

⑬、宿泊所は中央本部、指導要員宿泊所、三百名

東京本部民泊、二千五百名

三多摩本部、三百名

神奈川本部、三百名

中央本部指定処A、百名、B、百五十名、C、百名

⑭、十月二十日からの地方本部（関係外）の計画表

（イ）韓国学院に集合した各地方本部は、その場に第一陣、第二陣を配置し、東京本部、神奈川本部、三多摩本部に割当てされた民泊処に配置する。

（ロ）第一陣は二十一日午前十時まで国立競技場付近に到着し、前日配置された特別動員五百名が陣どっている場所に合流する。

⑮、動員責任者

第一陣、指導要員副隊長、東京本部事務局長。

第二陣指導要員隊長、中央本部組織局長

⑯、関東地協は、管内地方本部と協議し、第一陣、第二陣を配定せる。他地方本部動員団を両陣に合流させる。他地方本部と合流するのは民泊関係と照し合わせて決定する。

自転車、柔道バレーボール

第十五次動員

十月二十二日

△第一陣競技種目

自転車競技、個人ロードレース、

日時、午前十時

場所、八王子ロードレース、コース

動員、三多摩本部一任

△第二陣競技種目　柔道、重量級

日時、十月二十二日午後一時から七時

場所、日本武道館

動員、中央ならびに関東地協

△第三陣競技種目　バレーボール　リーグ戦　韓国対ハンガリー、

日時、十月二十二日午前十一時から午後一時

場所、駒沢バレーボール場

動員、中央ならびに関東地協

バレーボールと無差別柔道

第十六次動員

◇第一陣競技種目

バレーボールリーグ戦

韓国対チェコ

日時、十月二十三日午後一時から三時

場所、駒沢バレーボール場

動員、中央ならびに関東地協

◇第二陣競技種目柔道、無差別

日時、十月二十三日午後一時から

場所、日本武道館

動員、中央ならびに関東地協

全役職員らが競技場入口へ

第十七次動員

閉会式

日時、十月二十四日午後五時から午後五時四十五分

場所、国立競技場

閉会式には、指導要員と東京本部で動員された役職員を含めて入口付近で宣伝局（公報館）の計画書に依拠して諸行事を行なう。

以上、予算案、特別計画書、指導要員関係事項などは別紙添付する。

指導要員要領

要員数、二百名

指導要員は東京本部を中心に関東地協とその他地方本部で募集する。指導要員は主にオリンピック大会中、全体的後援事業の核心体となり動員、応援、観光客、接待など、全ての問題を誘導進行させるのに活動力が発揮させられるように青年組織人で構成する。

指導要員の任務は、実にオリンピック後援事業の成果を左右できるほど重大な責任をもっている。動員および招請した本国家族、地方から上京した応援団など全体の動きが、規律的で、効果的に展開させうるかどうかは、ただ指導要員の肩にかかっている。これらの指導要員は

1、各県本部部長、支部事務部長および各課長、傘下団体機関長および役職員中から選抜される。

2、選抜された要員は、九月十五日から指定された一定の場所で合宿し、オリンピック後援事業に必要な特別訓練を受ける。

3、訓練を受けた要員は、各班に編成され、任命された班長のもとに所属配置される。

4、指導要員に指定されたユニホーム、帽子、腕章を支給し、任務期間中全員が、常時着用する。

5、上衣（紺色）腕章、帽子、ネクタイ、トレーニングパンツ、運動靴などを各一点ずつを、中央本部から支給する。

（灰色ズボン一点、下衣、洗面道具、その他必要品は各自持参）

指導要員服務規定、訓練規定は別に定める。

東京オリンピックに参加する祖国の選手を応援しよう!!

本国タイヂェスト

九月九日—十六日

14

本国選手団の第一陣来日

祖国の栄誉をになって

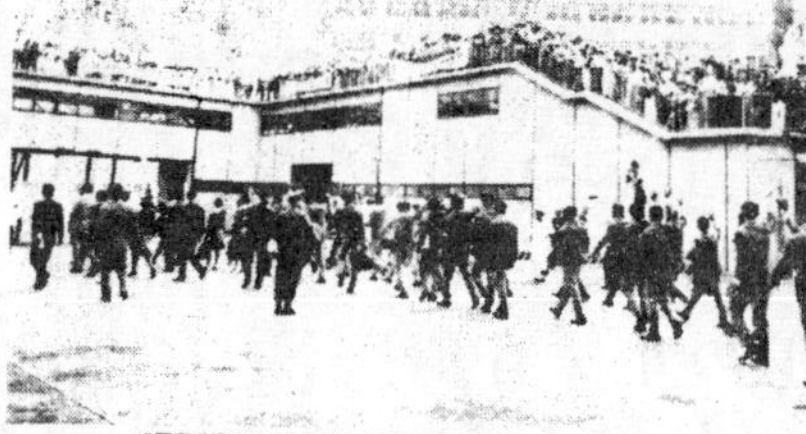

先発の44人羽田着

裵大使らが出迎え

世紀の祭典東京オリンピック大会に祖国大韓民国の栄誉をになって出場する本国選手団の先発隊四十四名(役員を含めて)が、十八日午後〇時四十五分、大韓航空の特別機で空路羽田に到着した。

この日空港には、選手団歓迎のため民団関東地区協議会から動員された約千五百名の在日僑胞が太極旗を打ち振り本国選手団を出迎えた。

コバルトブルーのブレザー・コートにえんじのネクタイという揃いの服装で身を固めた選手一行が特別機のタラップを降りはじめるや〝マンセ〟の歓呼と拍手が湧きおこり、羽田空港はこの日韓国一色でうまった。

空港には、裵義煥駐日大使をはじめ、権逸中央団長、李裕天後援会長らも姿をみせ、選手らを激励した。このあと美しいチマ、チョゴリで着飾った準ミス僑胞から選手団に花束をおくって歓迎、選手団の士気をたかめた。

今度の選手団一行は、韓国NOC委員、李性求氏が団長で、水泳選手八人(うち女子三人)馬術三人、射撃十一人、バスケットボール十二人、役員九人の合計四十四人で、その顔ぶれはつぎのとおり。

【水泳】陳璋琳(学生)金憲朝(学生)趙彰濟(学生)宋在雄(学生)金玉子(女子学生)林錦子(女子学生)鄭ヒ静(女子学生)李…中(会社員)

【馬術】金詰奮(会社員)安徳基(会社員)金文植(警官)

【射撃】徐明源(会社員)徐讃旭(軍人)安載松(軍人)李錫穀(軍人)朴南奎(軍人)秋化日(軍人)申鉉社(軍人)許旭鳳(軍人)南相元(軍人)安柱根(医師)金膳源(会社員)

【バスケットボール】金永基(会社員)文賢蔵(会社員)金錦善(軍人)金永一(軍人)河義徳(学生)鄭鎮鳳(軍人)方烈(学生)金武鉉(軍人)金仁鍾(学生)金勝圭(会社員)

【役員】李泳求(会社員)申東坡(学生)金勝集(競技担当)朴成富(水上)吉興植(馬術)金仁植(射撃)尹洛鉉(射撃)金永武(バスケット)金晋(バスケット)崔基善(バスケット)崔永根(バスケット)

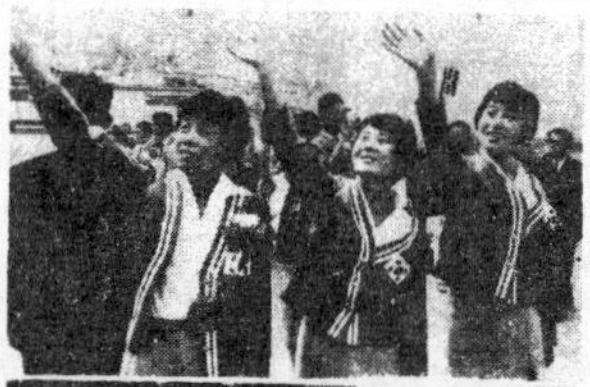

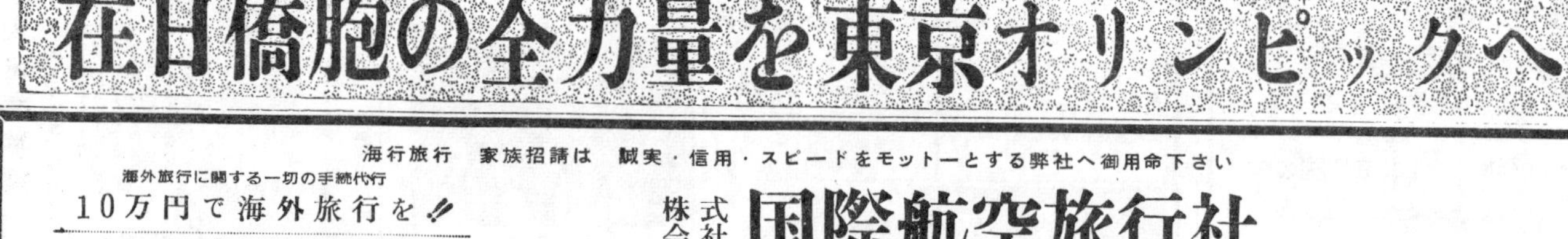

韓国選手団の来日を歓迎する僑胞たちの歓声と太極旗で埋めつくされた羽田空港デッキ

歓迎に応える女子水泳選手団

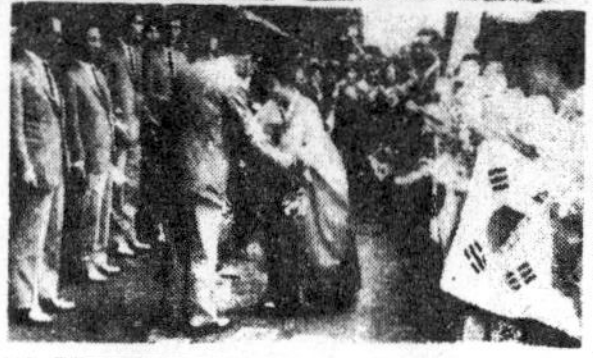

選手団に花束を贈る準ミス僑胞

孫基禎氏がひと役

オリンピック後援事業

往年のマラソン優勝者孫基禎大韓オリンピック委員会常任委員は、東京オリンピックの下準備のため早くから来日、各方面と折衝を重ね本国選手の日本における活躍に支障のないよう万全を期しているが、このほど、オリンピック後援会の熱誠に応えてみずから後援事業の側面協力を買ってでた。

同氏はさきごろ民団長野県本部を訪れ、東京オリンピックに対する本国状況ならびにわが国選手らの能力などを説明、後援事業に協力する県下僑胞に感謝の意を表明して東京に帰ってきたが、長野県に在住する僑胞の活躍について次のように語った。

〝私が松本に到着した日は朝の四時から駅に出迎え、盛大な歓迎をしてくれた。当地では民団幹部の案内で松本、上諏訪、軽井沢などを訪れ僑胞のオリンピック後援事業の一助にもなればと本国事情の説明や、選手団の能力等を話してまわったが、僑胞らの本国選手らへの期待は大きく後援基金も予想外の成果を収めた模様である。また軽井沢で開かれる馬術大会に備えて婦人会は食事等にいたるまでこまかい点に気を配っておりこれに応えるため、本国選手団にこの事を知らし、大会において好成績が収められるよう努力する〟。

母国訪問学生感想文を募る

民団中央本部文教局では、在日僑胞学生の母国訪問感想文を募集している。これは去る八月母国を訪問した夏期学校の学生を中心に、母国訪問団員から、在日僑胞二世としての母国の印象などをきこうというもので、今後の指導資料にすると同時に新聞等に発表することになっている。(応募規定二百字詰原稿用紙で十枚程度、締切りは九月三十日まで)

在日芸総で五輪対策委を組織

オリンピックの歌を発表

韓国芸術文化団体総連合会日本支部では、きたる十月十日のオリンピック開幕をひかえ、芸総会員ばかりでなく広く在日文化、経済人に呼びかけて「在日韓国芸術文化祖国後援委員会」を設立し、このほどその準備委員会を開いて、十月七・八の両日、豊島公会堂で本国選手団の歓迎前夜祭を開くことを決定した。

この前夜祭には芸総会員総出演による音楽舞踊劇「春夏秋冬」(安道雲、金慶俊両氏作ならびに構成)を上演するとともに、婦人会コーラス隊による〝オリンピックの歌〟を発表して本国選手団の士気を鼓舞するとのことで、この〝オリンピックの歌〟は金慶俊作詞李奉洲作曲になるものである。

観覧客輸送など協議

五輪に備え近畿地協開く

東京オリンピックを間近にひかえ、近畿地協(民団近畿地方協議会)は、去る…

…いよいよ東京オリンピック大会も数日に迫った。わが居留民団ではオリンピック後援事業の一環として本国家族招請の輸送事業計画を鋭意推進してきたが、今まで多くの難関に逢着して実行をあやぶまれていた本国観覧客の日本入国の件も全国無事入国できる状況になったとの朗報が…、この裏には後援会の努力は申すまでもないことだが、日本政府のわれわれに対する理解が大いに役立ったといわねばなるまい。

ともあれ、われわれの目的が達せられるようになってこれ程嬉しいことはない。

さきの第一回全国地方本部団長会議でも述べたように本国からの観覧客は地域別の四つのコースで来日することになっているが、この受入れ体制についてすでに指示を発しているが、この任にあたる当事者は少しの手違いもないよう完璧な準備をしてもらいたい。そして最後まで本国同胞を温く歓迎し、秩序ある行動がとれるようはからってもらいたい。

この一見なんでもないような事がわが韓国を、われわれ民団を認識することになるという点を忘れずにおいてこの事業に協力していただきたい。

本国観覧客の来日を前に

東京オリンピック

―金英俊事務総長談話を発表―

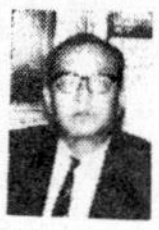

伊丹に新支部が誕生

兵庫　朝総連の牙城ゆらぐ

民団北海道室蘭支部で支部会館を新築

…新築を祝って十月四日、北海道本部役員多数の参席する中を盛大に落成式が挙行された。

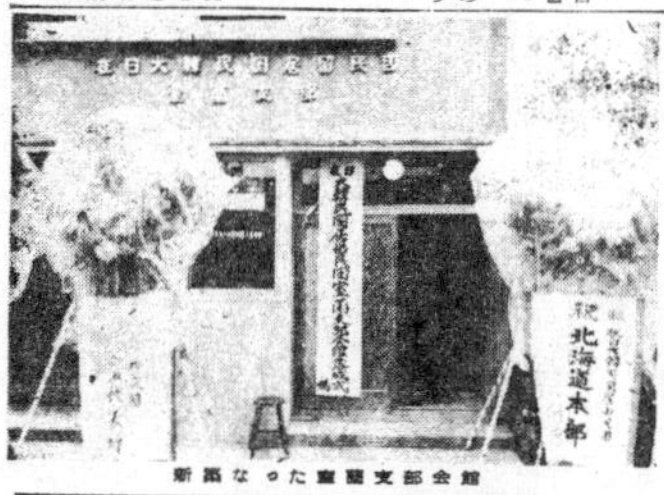

新装なった室蘭支部会館

오림픽의노래

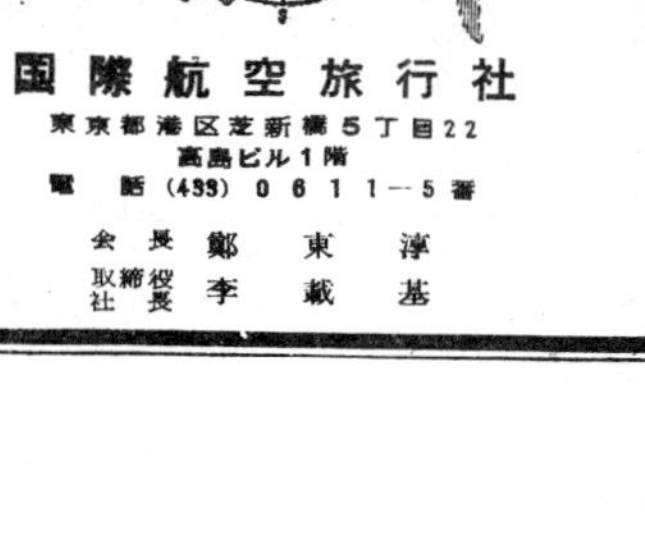

김경식 작사
이경주 작곡

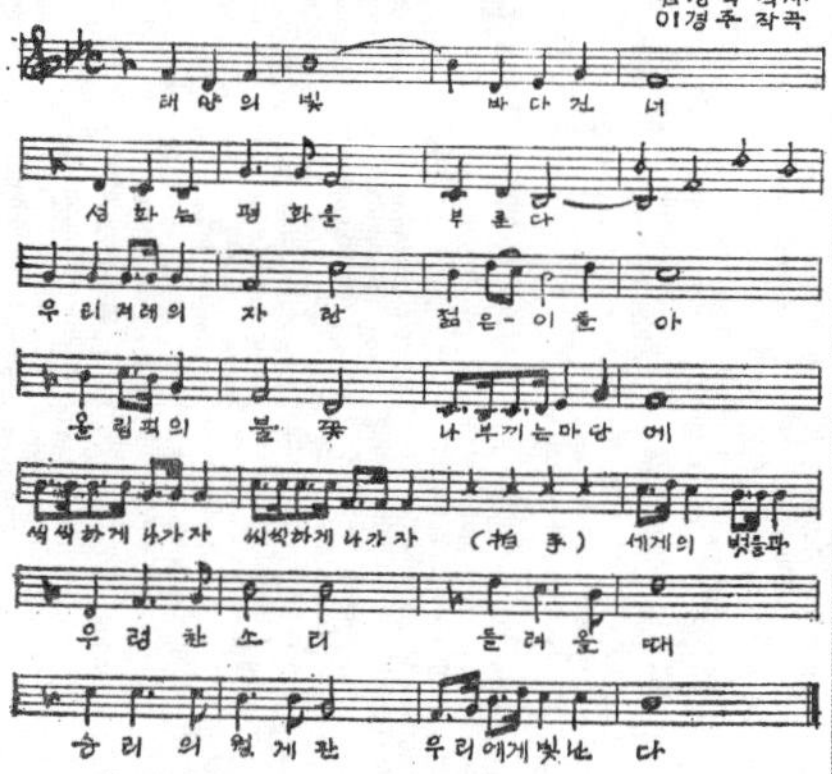

해양의 빛 바다건너
성화는 평화를 부른다
우리겨레의 자랑 젊은이들아
올림픽의 불꽃 나부끼는마당에
씩씩하게 나가자 씩씩하게 나가자 (拍手) 세계의 벗들과
우렁찬소리 들려올때
승리의 월계관 우리에게빛난다

1. 太陽의 빛 바다건너 聖火는 平和를 부른다
우리겨레의 자랑 젊은이들아
올림픽의 불꽃 나부끼는 마당에
씩씩하게 나가자 씩씩하게 나가자 (拍手) 世界의 벗들과
우렁찬 소리 들려올때
勝利의 月桂冠 우리에게 빛난다

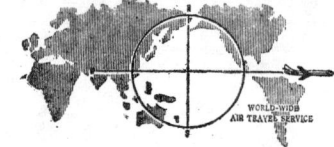

2. 太陽의 빛 山을넘고 聖火는 自由를 부른다
우리겨레의 힘찬 젊은이들아
올림픽의 기빨 휘날리는 마당에
용감하게 나가자 용감하게나가자 (拍手) 世界의 벗들과

尋ね人

本籍地　慶尚南道…
金甲壽(27)
金甲龍(27)

右両名は戦前宮崎県延岡市に住んでいた故金東介の遺児で母親趙玉が秋葉と再婚したためその後消息…

在日僑胞の全力量を東京オリンピックへ

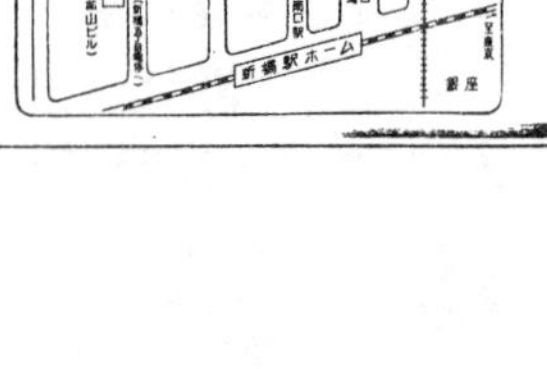

TOKYO OCT.10→24
XVIII OLYMPIC GAMES

近づく五輪

五輪選手二〇六名に確定
史上最大の選手数
陸上に朴喜淑など5名追加

東京オリンピック大会に出場する韓国代表選手団は、その後追加強化され二〇六名（横浜予選に出戦する蹴球チームを含めた）と決定したことを、KOCから十一日に発表した。その内訳によると、陸上女子短距離の朴喜淑（梨大）、重量挙げのミドル級許昌祐（海兵隊）、バンダム級の劉仁鎬（石公）、柔道軽量級の朴吉淳、中量級の李学来などを追加したことであり、これでわが選手団は本部役員十七名、競技役員三十七名（蹴球四名を含め）、選手団百五十二名―総計二百六名と最終確定した。

重量挙げでは、予選でアール・エントリ七名の出場をきめ、六名を選抜し残る一名は記録会で決定することにした。その結果九日の会議ではミドル級の許昌祐とバンダム級劉仁鎬が世界ランキング三位の記録で接戦をしたので、力道連盟では候補二名を推薦した。KOCでは同連盟の推薦通り二名を追加し、八名を送ることになった。しかし、エントリーは七名の規定であるので、現地東京で選手のコンデション（ママ）によって七名にしぼることになった。

柔道では、中・軽量級一名と軽量級二名で合計四名を決定した。これもナショナル・エントリーの定数以外であるが、二名を候補として追加した。

陸上の場合は、朴喜淑を追加することになったので、前回の種目決定委では女子四百米は出場しないことにしたが、朴の出場が決定したので四百米を追加した。

以上百五十二名の選手団の中から実際に出場するのは百四十九名であり、二名は候補者としているその名前が発表しないのは、陸上の種目だけになったが、これは在日僑胞選手との最終戦を持つために、安定根、金鍾原の二人も選手団と同行することになった。

一方、オリンピック対策委では韓国代表団の規模を二百十名の線を決定した。選手団二百六名の外にNOC国際会議に参列する代表もKOC派遣予算から支出することになるので、実際は二百十二、三名に落着くだろうという。

陸上に好記録が続出
第45回体典　韓国新2、大会新は28

東京オリンピックを一ヵ月後にひかえて、仁川市綜合グラウンドで開かれた国内の第45回全国体育祭典は、折り悪しく雨にあけ雨にくれたが今年はオリンピック・ブームにあおられて、国内は空前にない関心がかけられた。熱戦六日間のあと、八日午後七時半からの閉会式には仁川女高生二十名による別離の聖火に送られてファン・ファワーレをかざり、多彩な幕を閉じた。

第45回全国体典の最終日である八日の日程を無事終了した後、同日午後七時半から綜合グラウンドのメイン・スタジアムにおいて、閉会式を挙行した。閔寛植大会長から李京畿知事、李鍾萬大会推進委員長に感謝状をおくり、大会を通じて競技態度が立派であった忠北選手団を模範選手として、表彰状を送った。

体典最終日程は、雨のために野球、ヘンド・ボール、軟式庭球、テニスなどの決勝戦を中止し、決勝チームだけは両方とも優勝として採点することにした。綜合得点でソウル・チームが二三三点をもって優勝者となり、大統領賞（銀盃）を獲得した。準優勝は京畿道（一九三点）三位は釜山（一八五点）が入賞した。

六日間を通じて、陸上と力道に韓国新一、力道では韓国タイ一をもって、学生新記録を樹立した。競技全般にわたり陸上三三種目に二八の大会新と三個の大会タイが樹立され、全般的に高い水準であった。

◎韓国新記録
▲陸上十女高八〇M H金 （釜山）一二秒▲力道一般ブライ級姜石仁（忠北）上九〇K

◎大会新記録
▲男中二〇〇M 李 （釜山）二三秒五②李宜用（全北）二四秒F▲//八〇〇MR釜山チーム一分三九秒F▲//砲丸投尹（忠南）一三M六九▲//槍投金（忠南）五二M四六▲女中八〇MH朴性姫（忠南）一三秒五▲//走高跳崔順子（江原）一M四〇▲男高四〇〇M李元 （ソウル）五一秒九▲//一五〇〇M崔石九（江原）四分一〇秒五▲//一一〇MH金内吉（釜山）一七秒四▲//八〇

韓国チーム　男子はA・女子はD組
五輪体操競技対陣決まる

東京オリンピックの体操対戦組み合せが、十五日に発表された。男女各部はAB、CDの四組。

▲男子部
A組―韓国、ユーゴ、チェッコ、イタリア、北韓、スウェデン、ノルウェイ
B組―自由中国、ポーランド、フィリッピン、イラン、外蒙、フィンランド、英国、パキスタン
C組―オーストラリヤ、フランス、ルクセンブルク、ハンガリヤ、インド、ドイツ、スイス
D組―スペイン、アラブ共和国、アルゼンチナ、ソ連、日本、ルーマニヤ、ブルガリア、キューバ、アメリカ

▲女子部
A組―ハンガリヤ、ソ連、日本
B組―ベルギー、自由中国、スペイン、フランス、ドイツ、北韓、スウェデン、キューバ
C組―オーストラリア、オーストリア、フィンランド、フィリッピン、チェッコ、ブルガリア
D組―韓国、カナダ、イギリス、外蒙古、ポーランド、ルーマニア、ニュージランド、ポルトガル

国旗の話

れている関係でわが韓国は、統一チーム編成の話合いがつかないまま、太極旗一本だけでなく東京オリンピック大会を迎えることになった。無念でならないのは、記者一人だけの感傷でもあるまい。太極旗が、何本東京五輪のメイン・スタデアムに揚がるか？　祖国の栄誉と三千万国民から期待をかけられて、晴れの舞台に出場するわが選手たちの健闘を待つことにして、国旗―太極旗のことを書くことにする。

孫基禎と「日の丸」抹消事件
愛着と尊敬をこめて

この大極旗を手製したとき、そうして解放と独立のよろこびをわかち合ったとき、わが六十万同胞は如何に勝ちさし、且つ決意したことか！それまで在日韓民族が日本で定着…してくる…公然とこれ…ることさえできなかった。それだけに、われらの太極旗に対する感げきは人と異なるものがあった。

ピック伯林大会が開かれた年で日本は枢軸友邦の関係であったドイツがその主催国であったので、日本からは大選手団を送った。韓国の選手は朝鮮地域を代表した日本選手団となり、日の丸のユニホームで出場しなければならなかった。伯林大会では日本は前畑（女子水泳）、田島（いまの東京大会ヘッド・コー

太極旗は、わが国の理想と伝統とを表現するために、純白地に紅、紺の色彩で造型化して、これを表現した。国旗の旗面中央に紅色と紺色で太極を象（かたど）って描かれた円形は、宇宙を表わす太極であり、…

…

韓国公報館五輪を控えて
本国映画多数入荷

韓国駐日公報館では、オリンピック大会期間中PRをするために本国から次の映画（35ミリ）と文化映画…た。（九月十七日入荷）

北韓が回答なければ
韓国へ招請状　バレー女

国際バレーボール連盟…会長は十七日、オリンピック…バレーボールの北韓…ついて「北韓から…場合、韓国に参加招請…」…

台湾バスケット
に参加予選

北韓などの無資格選手は予備審査へ

韓国功労勲章伝達

56人が里帰り
韓国人日本人妻

第七回アジア卓球大会
25日からソウルで開く

学生新記録

第八回全国図書展示会

十一月一日を「放送の日」に

アラブで大人気

月刊総合誌「新東亜」復刊

太極旗あがる　9月15日開かれた日本・代々木の選手村の正面ゲートに太極旗など参加各国の国旗がひるがえっている。

16

韓國新聞
五輪特集号
発行所 韓国新聞社
発行人 権逸
東京都文京区春日2丁目20-13
電話 (811) 2261~3
振替口座東京 34988番

五大綱領

一、われわれは大韓民国の国是を遵守する
一、われわれは在留同胞の民権擁護を期する
一、われわれは在留同胞の民生安定を期する
一、われわれは在留同胞の文化向上を期する
一、われわれは国際親善を期する

行動綱領

一、大同団結して民団組織を強化発展させよう！
一、朝総連の謀略・侵透工作を断平粉砕しよう！
一、東京オリンピック後援事業を成功させよう！

祖国의栄誉를걸어진우리選手들을熱烈히歓迎하자

オリンピック大会出場 母国選手団本陣一〇四人到着

[illegible]

…予定到着時刻より約一時間三十分遅れて、選手団の一行を乗せた大韓航空の特別機二機のうちの第一機目が到着、つづいて同一時四十五分第二機目も無事空港特別到着地に着陸した。

太極旗を先頭に特別機のタラップを降りる母国選手団に数千の太極旗の小旗が一斉にはためくと同時に"万歳""がんばれ"の喊声は雨雲を吹き飛ばさんばかり、その中を美しいチマ、チョゴリで着飾ったミス僑胞の各県代表らが次々に選手団に歓迎の花束を手渡す。

ついで、金在鉉駐日公使をはじめ権逸中央団長、李裕天後援会会長、鄭烱和中央副団長、金管植東本団長らが進みでて選手らと固い握手を交し、激励した。

このあと、権逸中央団長の先導で歓迎陣の正面に勢揃いした選手団の一行は、天にこだまする歓呼の声に、訓練で陽やけした顔を引きしめ、この意想外の大歓迎に感激したかのような面持ち、やがて歓迎団を代表して権中央団長から"本国選手の皆さんようこそ、われわれ在日僑胞は皆さんを心から歓迎いたします。東京大会に臨む皆さんは祖国大韓民国の威信にかけても正々堂々とそのベストを尽していただきたい"との歓迎あいさつが述べられると、これに応えて閔寛植団長から"このような盛大な在日同胞の歓迎を受け、ただただ感激のいたりです。この好意に報いるため、われわれは最善をつくして東京の空に太極旗を掲げられるよう努めます"と力強い答辞が述べられた。あいさつが終るとともに歓迎陣からまたもや"韓国万歳""がんばれ"のどよめきが湧きおこり。若い故国の若人の勇姿を一目見ようと七十過ぎの老婆までが列から飛びだし選手の手を握りしめ、懐しさと愛しさから老いの目をしばたたかせているかと思えば、一方では、感極わまった女子選手らが感激の涙を拭おうともせず歓呼に応えて手を振っている。まさに劇的な光景が繰り拡げられる。天もこの国家的な場面を愛でてか、この頃から雨もあ[illegible]

…の一行百四名は意外の歓迎団に手を振りながら代々木の選手村へと向った。これを見送る僑胞らはバスの影が見えなくなるまでいつまでも小旗を打ち振っていた。

このあと歓迎団は、選手の歓迎大会が催される世田谷の区民会館へと移動したが、オリンピック指導要員らは最後まで居残って紙屑などを拾い集め、きれいに後かたづけをしていたのが印象的であった。ここにも公徳心を重んじ民族の誇りを傷つけまいとする真意がうかがわれ好ましく感じられた。

写真＝太極旗を先頭にタラップを降りる祖国の五輪選手団

在日僑胞の熱烈な歓迎に手をふってこたえる来日選手団（羽田で）

中央 権逸団長が特別談話 本国観光客の来日に備え

特別談話を発表する権団長（公報館で）

[illegible]

…な醜状をきたす恐れがあり、この点僑胞各位も古い家族観念を捨て浪費を防いでもらいたい。

10、本国観光客の招請期間は単なる一ヵ月にすぎないがその間に在日僑胞の実態と日本の実情を公正に観察して本国同胞に反映させ在日僑胞の対策と韓日国交正常化に寄与していただきたい。

11、終りに、気候、風土その他習性の異る異域日本で、特に健康に留意し無事帰国され、帰国後は国家再建に寄与されるとともに在日僑胞の集結体である居留民団に格別の配慮をもって民団の発展強化に協助、鞭達を惜まれないよう願うものである。

ようこそ！選手団

李裕天後援会長の歓迎辞

選手団の皆様 ようこそ！我々在日僑胞六十万はあなた方を心からお迎え致します。あなた方がその元気な姿を羽田に見せたとき、ぐっと胸にこみあげるものを感じ目頭の熱くなるのをおぼえました。ドット湧きあがる歓呼の中で人々の胸中に去来したものは何か！それはわが民族受難の歴史と目前にみる若き英姿の二重映しの映像ではなかったろうか。日帝時代の苦しみは語るに及ばない。解放以後十九年、わが民族は祖国分裂の苦痛、韓国動乱における同族相殺の悲劇、そして数次にわたる革命等を体験してきた。それは我々在日僑胞にとって祖国に対する映像を暗くしてきた。しかしそんな苦難をはねのけて立派に育った諸君の英姿を見たとき、祖国の将来の決して暗くないのを確信したのは私だけではなかったでしょう。異国日本にあっても我々の目と心はかたときも祖国を離れたことはなかった。今、諸君は世界の目が集まる東京へ来た。世界の若人に伍してその技を競わんがために民族の栄光を担って闘う諸君の姿は、尊く美しい。力のかぎり闘いなさい。声のかぎりの声援を送ります。

オリンピックは勝つことも意義だが、参加することにより大きな意義がある。諸君は参加するために来日した。勝敗に拘泥しないで正々堂々と力のかぎり闘いなさい。それだけで目的は達成されるのです。六十万同胞は一丸となって熱烈に諸君を支援します。御存知かと思いますが、歴史的な大会に際して韓国居留民団は、オリンピック大会に出場するわが選手を応援するために、東京オリンピック在日韓国人後援会をいち早く組織し目的達成のため昼夜をとわず努力しています。いまや、わが韓国選手団がオリンピックにおいて健闘するための支援体制は僑胞の献身的な努力によって十二分に整いました。また、その組織化という点において民団中央権団長は、全国団長会議を召集し、後援事業に協力することを地方本部団長に指示したばかりでなく、自ら陣頭に立って後援会を推進し一心同体となって、活動して来たことは私として力強さを感じさせるものであります。

民団結成以来最大の試練といわれるこの後援会に対して巨大な民団組織は、効率的に全機能を発揮しています。もちろんこれを支えるものは六十万僑胞の暖かい民族愛と組織愛であることはいうまでもありません。

今度のオリンピックには初参加する北韓地区の選手の出場が問題になっておりますが、われわれとしては、建設的に解決され、処理されることを望みます。われわれはあくまでも大韓民国の国是を遵守する中でスポーツ韓国の栄光を闘いとらなければなりません。

我々は政治的諸側面によってスポーツの純粋性がそこなわれることを極力排撃します。われわれは民団の末端組織に至るまで他の団体との間で不祥事態が起らないように最善をつくし、この大会を通じてわが在日居留民の真価を発揮して、祖国に報いる決意を固めております。

最後に本大会に参加する本国選手の皆さんが後々まで語り伝えられるような堂々たるプレーを展開してくれることを海外に住む同胞として望んで私の歓迎辞といたします。

"太極旗のために"

閔寛植五輪選手団長の答辞

わが韓国代表選手団一同を代表しまして、ご挨拶を申上げます。

本日は、オリンピック後援事業のために非常にお忙しいうえ、天候も悪い中を、かくも盛大にお出迎え下さいましたことを、心から感謝する次第であります。

在日僑胞のみなさんが居留民団を中心に東京オリンピック在日韓国人後援会を組織して後援事業を成功させるため、一致団結して大々的に活動していられることは、われわれ一行が来日する前から国内で聞いていました。ところが、ただ今羽田国際空港に着いたとたん、かくもさかんな歓迎の光景に接しまして、ただただ感激するばかりであります。これは、ほかでもありません。在日僑胞のみなさんが、ただ祖国韓国を愛しわが代表選手団に対する民族愛の賜物であると何ずるものであります。

申すまでもなく、十月十日のオリンピック東京大会はアジア地域の最初の大会であり、殊にわが国とは特殊関係にある日本国が主催国となっているだけに、歴史的にも意義の深いものがあります。ま、わが祖国は国民の総力を結集して国土再建のために非常に困難な事業を推進している最中であります。今回のような史上最大の選手団を国外に派遣することは、大へんな苦労と決断を必要としたのです。

だが、反面、韓国の伝統的な優秀性と国威を海外に宣揚するためには、今度の五輪大会はまたとない好機でもあります。この点に留意した朴大統領の英断によって大選手団を派遣することになったのであります。そのために、十八日ソウルで結成したオリンピック派遣選手団が文教部長官の案内で青瓦台を訪問したとき、朴大統領はわが選手団を引見した席上、特に「国家の栄誉をになったみなさんであるから、力をつくして闘うよう」にと、力強く激励したのであります。

わたくしは、この大統領閣下の[illegible]

本国招請家族の来日日程ほぼ決定

東京オリンピックの開幕を目前に控え、本国招請家族の輸送計画の成り行きが大きくクローズ・アップされてきたが、現在までに明らかにされたところによると、本国からのオリンピック観覧客は、航空便と船便の二つに分れて来日することになっていて、船便による者は十月八日に五百二名が第一陣として九州小倉港に入港、そして翌九日には第二陣六百名が神戸港に入港することになった。

また航空便を利用するものは、十月七日から来日することになり、そのうち大韓航空をチャーターしてくる者は大阪伊丹空港に到着する者が千三百二十一名、その他は羽田空港に到着することになっている。そのほか、日本航空を通じてくることになっている約六百九十名の団観覧客は十日、十一、十二、十四の四日間に次に示すタイム・スケジュールで来日することになる。（別項参照）

K. A. L（大韓航空）

月日	ソウル出発時刻	到着空港	到着時間	機名	人員数
10月5日	07.30	(羽田)	10.15	F-27	44
	08.00	//	10.30	DC-4	60
	10.00	//	12.15	F-27	44
	15.00	//	17.15	//	44
	15.30	//	18.30	DC-4	60
	17.00	//	19.15	F-27	44
6日	09.00	//	10.15	//	44
	15.00	//	17.15	//	44
	17.00	//	19.15	//	44
7日	07.30	//	10.15	F-27	44
	08.00	//	10.30	DC-4	60
	10.00	//	12.15	F-27	44
	15.00	//	17.15	//	44
	15.30	//	18.30	DC-4	60
	17.00	//	19.15	F-27	44
8日	07.30	//	10.30	DC-4	60
	10.00	//	12.15	F-27	44
	15.00	//	17.15	//	44
	15.30	//	18.30	DC-4	60
	17.00	//	19.15	F-27	44
9日	07.30	//	10.30	DC-4	60
	15.00	//	17.15	F-27	44
	15.30	//	18.30	DC-4	60
	17.00	//	19.15	F-27	44
10日	07.30	//	10.30	DC-4	60
	08.00	//	10.15	F-27	44
	15.30	//	18.30	DC-4	60
	15.00	羽田（東京）	18.15	F-27	44
11日	09.00	//	13.10	DC-4	60
	16.00	//	19.15	F-27	44
12日	08.00	//	11.15	F-27	44
	09.00	//	13.10	DC-4	60
	16.00	//	19.15	F-27	44
	16.30	//	19.45	F-27	44
13日	07.30	//	10.45	F-27	44
	09.00	//	13.10	DC-4	60
	16.00	//	19.15	F-27	44
14日	07.30	//	10.45		44
	08.00	//	11.15		44
	09.00	//	13.10	DC-4	60
	16.00	//	19.15	F-27	44
	16.30	//	19.45		44
15日	07.30	//	10.45		44
	08.00	//	11.15		44
	09.00	//	13.10	DC-4	60
	16.00	//	19.15	F-27	44
	16.30	//	19.45		44
16日	06.00	大阪（伊丹）	09.00	DC-4	60
	06.30	//	08.45	F-27	44
	08.00	//	10.15	//	44
	13.30	//	15.45	//	44
	14.00	//	17.00	DC-4	60
	15.00	//	17.15	F-27	44
17日	06.00	//	09.00	DC-4	60
	06.30	//	08.45	F-27	44
	13.30	//	15.45	//	44
	14.00	//	17.00	DC-4	60
	17.00	//	19.15	F-27	44
18日	06.00	//	09.00	DC-4	60
	06.30	//	08.45	F-27	44
	08.00	//	10.15	//	44
	13.30	//	15.45	//	44
	14.00	//	17.00	DC-4	60
	15.00	//	17.15	F-27	44
19日	06.00	//	09.00	DC-4	60
	06.30	//	08.45	F-27	44
	13.30	//	15.45	//	44
	14.00	//	17.00	DC-4	60
	17.00	//	19.15	F-27	44
20日	06.00	//	09.00	DC-4	60
	08.00	//	10.15	F-27	44
	13.30	//	15.45	//	44
	14.00	//	17.00	DC-4	60
	15.00	//	17.15	F-27	44

J. A. L（日本航空）

月日	ソウル出発時刻	到着空港	到着時間	機名	人員数
7日	12.00	羽田	13.40		95
10日	12.00		13.40		95
12日	12.00		13.40		95
14日	12.00		13.40	（二便）	103 140

全僑胞は本国選手団歓迎中央大会にこぞって参加しよう!!

大韓民国代表選手団中央歓迎大会

場所 日比谷公会堂
時日 1964年10月8日午前10時
主催 東京オリンピック在日韓国人後援会 在日大韓民国居留民団
後援 大韓民国駐日代表部

朝総連の実態をあばく

この記事は雑誌"経済往来"九月号から転載したもの

◇はじめに◇

いうまでもなく、朝総連とは、在日朝鮮人居留団民の一つの団体である。一つのといったのは、もう一つ、大韓民国居留民団（俗に民団といわれている）というやはり在日朝鮮人居留民の団体があるからである。そして一般に民団は韓国系、朝総連は北鮮系といわれている。

実は、在京、朝総連の場合、[illegible]はっきりしていて、その活動は居留民団体としての域を超えて、北鮮の出先機関だといってよい。

以下、朝総連の実態を探るわけだが、その前に朝総連の生いたちについて[illegible]にしてみることにしたい。

◇朝総連の歴史と共産主義◇

朝鮮と日本との歴史関係については、いまさらのべるまでもない。ただ、終戦時、朝鮮が日本をはなれた際、日本には数十万人にのぼる朝鮮人が在住していたことから朝総連の歴史ははじまる。そしてその歴史はやがて朝鮮が南北に分かれねばならなかったという[illegible]と共に歩んでいる。

[illegible]

家庭の主婦までが重労働に

◇朝総連の任務と学校教育◇

[illegible]

◇韓国と韓国人の赤化工作◇

[illegible]

◇意のままな北鮮の諜報活動◇

[illegible]

機女子まで駆りたてての集団行動

◇盗まれた青写真◇

[illegible]

労働力の浪費

◇むすび◇

[illegible]

論壇

オリンピックを期に組織の団結と力量を示そう

兵庫県本部団長　徐正浩

解放以来、祖国内の出来ごとをいま日本で回顧してみるとき、祖国では常に激動期を経ながら多様性の試練に直面してきた。[illegible]共和国誕生を契機として、国民は政府を信頼して祖国再建に意欲と精力をもって、これにいどんでいる。

ここで、わたくしは角度を変えた在日僑胞の組織（民団）体をながめてみることにする。私が指摘するまでもなく、わが民団は創設以来すでに十八年の歳月を過してきたのにもかかわらず、組織体の体質改善を叫びながらも今日に至るまでそれに価する成果を実現していない。このことは組織人の一人として誠に残念なことである。

ご存知の通り、今年は国際的な祭典が東京において開催されるので、祖国からも多数の同胞が来日することになる。いま、民団では中央本部を中心に東京オリンピック韓国後援会を結成して、東京オリンピックに出場するわが選手団が祖国の栄光と民族の誇りをかけて、心おきなく競技にベストがつくせるように、後援事業を、精力的にすすめている。

[illegible]

在日僑胞の全力量を東京オリンピックへ

本国ダイジェスト（九月十七日〜二十五日）

[illegible]

盛大に本国選手団の歓迎会

金メダルへ誓いも固く

世田谷区民会館に五千人　ミス僑胞に卞信子嬢当選

本国選手団の歓迎大会でみごと栄冠をかち得たミス僑胞（左から権団長、二位金幸子、一位卞信子、三位韓静子、李裕天後援会長）

壇上に整列した本国選手団の代表

"ンの楽団が演奏する"愛国歌"の調らべが流れる中を、オリンピック現地取材のため来日したKBSテレビの名司会者金永皓氏の歯切れのよい韓国語の司会のもとに、はなやかに大会の幕が切っておとされた。

まず、代々木の選手村に一たん落ちついて、ただちにこの歓迎会場にかけつけた本国選手団の代表らが閔宗植選手団団長に引率されて登壇、場内われんばかりの拍手の中で李裕天後援会長から"われわれは祖国の選手団を熱烈に歓迎する"との開会辞があり、ついで、権逸中央団長から"在日六十万同胞は祖国を代表する皆さんを心から歓迎します。三千万民族の栄誉を担って東京へ来た皆さんは国家の威信を高め、韓民族の意気を全世界に示し、東京の空に太極旗がひるがえるよう奮闘努力していただきたい"との歓迎あいさつが送くられると、閔団長が選手団を代表して"われわれ選手団は、在日六十万同胞の期待と三千万民族の熱望に応えるべく最善を尽し、大韓民国の国威を天下に示すべくこの東京大会にあらん限りの力を注ぎます"との力強い答辞があって、選手団の紹介が行なわれ、万雷の拍手を浴びた。

このあと、往年のベルリン・オリンピックのマラソン優勝者孫基禎氏が登壇、ユーモアたっぷりの挨拶、野球で知られている張勲（日本東映フライヤーズ選手）の選手激励挨拶が行なわれ、歓迎のムードはいやが上にも盛りあがった。

民団組織の拠点確立

広島県安芸支部で会館建設

民団広島県安芸支部（団長朴□□）では年来の懸案であった支部会館の建設を管下の団員の熱烈な協力によって達成した。

同支部会館は、総工費□百万円を投じて建築された□階建のモルタル建物で延□□□坪にのぼるものである。

民団安芸支部でもこの新会館の落成によって民団組織の拠点は確立され、今後は質的向上を図って邁進することとなった。

写真はこのほど完成した民団安芸支部会館

川崎支部でも会館落成

朴領事課長らを迎え盛大にパーティー

鉄筋コンクリ延111坪

民団神奈川県川崎支部（団長鄭□□氏）では、支部会館建築工事を施工中のところこのほど完工したので、二十七日（日曜）午後一時から盛大に落成式を催した。

落成式は、新築なった同支部ホールにおいて、金事務部長の司会のもとに始められた。式場には、駐日代表部の朴領事課長をはじめ、鄭炯和中央副団長、呉□文婦人会長、李根馥神奈川県本部団長以下三機関全役員、県内各支部役員らが出席し、支部団員七百余名が参加する中で朴領事課長、鄭中央副団長、呉中央婦人会長、李県本部団長らが順次来賓挨拶を述べ、その後、同支部会館設立に功労のあった諸氏に対して表彰状の授与があった。

建築基金多額寄助者、姜□万、朴九仁

建築功労者（建築委員）　田册作（委員長）朴□□、李源植、姜剛力、朴基仁、河任彦、李鍾河、金末相、金命太

この表彰状授与のあと、同支部顧問金桂滸氏の発声で万才三唱をして第一部を終えた。

第二部に入っては、日本レコード歌手大城雅の歌と団員有志ののど自慢、舞楽などが披露され盛り沢山なプログラムで、宴会のうちに九時すぎ散会した。

同支部建築工事については、すでに本紙で報道したところであるが、京浜工業地帯の中心部に位置し、旧支部事務所の老朽化にともない、新築の必要性を痛感して二年前から建築委員会を設けて建築準備を推進してきたものであるが、敷地百八十一坪の上に工事費千二百万円を投じて延坪百十一坪の鉄筋コンクリート二階造りの見事な同会館は管下全団員の愛団心の結晶で今後とも同支部の拠点として大いに活用されることとなろう。

民団秋田県本部団長　李長春氏が死去

多年異国日本で在日僑胞の権益擁護と民団の発展のために日夜奮闘してきた居留民団秋田県本部李長春団長は、病気療養中のところ□□で別世した。

崔貞烈氏厳父崔□□氏が別世

民団愛知県本部の組織功労者である崔貞烈氏厳父崔□□氏が、永らく病気療養中、さる九月二十九日午後十時四十五分名古屋大学病院で別世した。

民団愛知県本部では、氏の生前……

韓日農林水産技術交流会議の慰労パーティー

組織の動員に偉力を示す

民団東京本部

金事務局長決意を語る

動員計画に忙殺される民団東本

目前に迫った東京オリンピックに備え居留民団では本国選手団の後援事業に全組織力を傾注しているが、とりわけ民団東京本部は、競技の開催都市とあって全役員が文字どおり夜を日に東本がもつ機動力を遺憾なく発揮している。金己哲団長の陣頭指揮はいうにおよばず金致淳事務局長もまた組織の動員に後援事業の推進にエネルギッシュな闘魂をみせて着々成果をあげているが、今度の東京オリンピック後援の動員計画で次のように語った。"今度の東京オリンピック大会は主要競技場が都内に集中されている関係上、われわれ東京都内に居住する僑胞は本国選手団応援に特別な責任を痛感している。私はこの東京オリンピックを通じてわが大韓民国の国威の宣揚もさることながら民団のもつ組織力を最大限に発揮すると同時にわが民族の優秀性を示すために最善をつくす決意である"

韓日農林水産技術交流会議の慰労パーティー開かる

民団主催

韓青が秋季講習会

千葉市で百二十人が参加

千葉で開かれた韓青の秋季講習会

韓青女子部を結成

料理、衣装の定期講習を計画

韓青女子部の第一回総会

本国文化芸術団が来日

豪華メンバーで日本公演

選手団の第三陣来日

柔道選手ら八名大阪着

大阪伊丹空港に着いた選手団の第三陣

孫基禎氏が見舞金

新潟市に10万円贈る

尋ね人

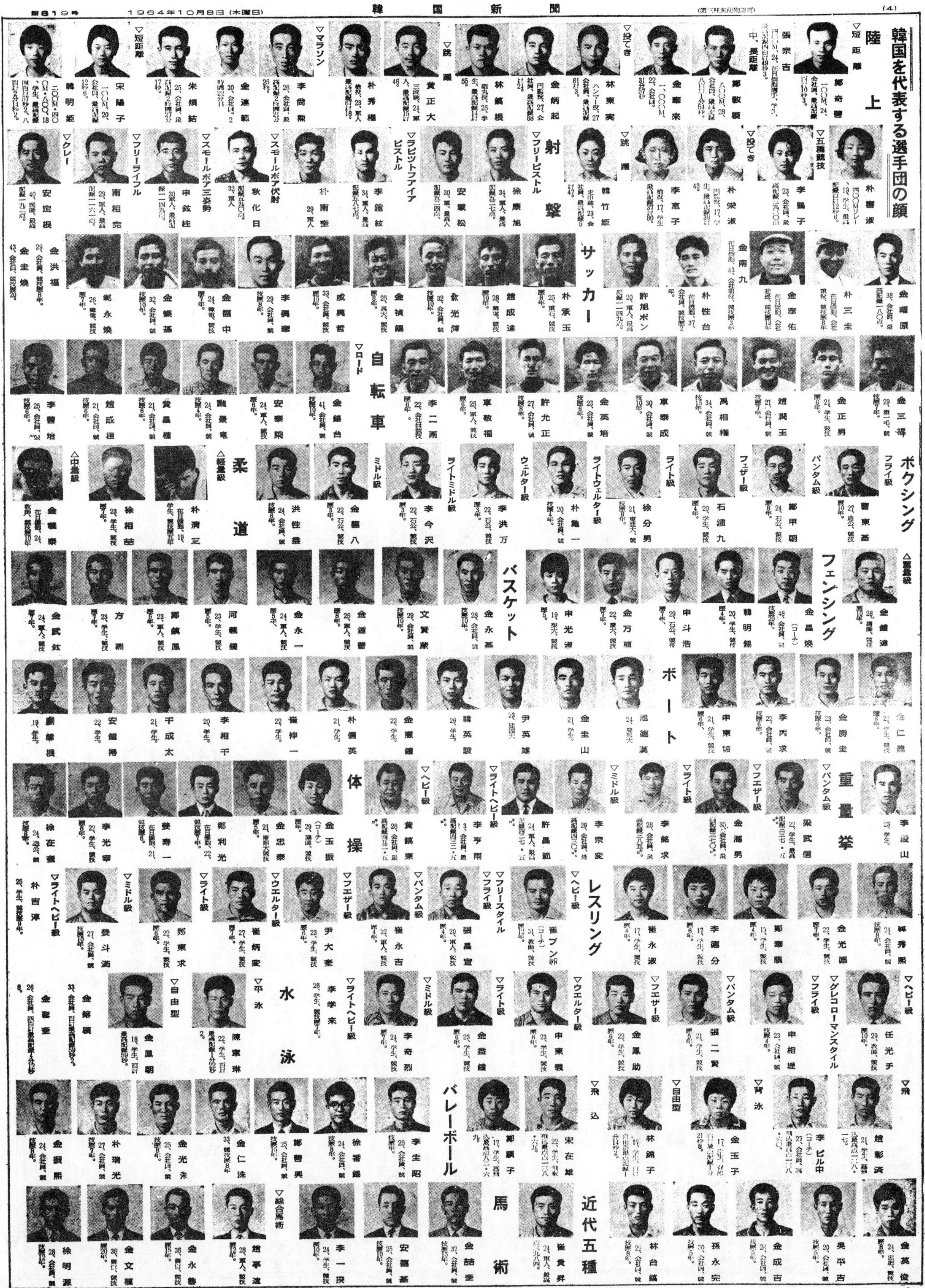

韓国を代表する選手団の顔

陸上

▽短距離 鄭奇善　張宗吉

中、長距離 鄭敬模　金寿来

▽投てき 林東実　金炳起　林鎮根

▽跳躍 黄正大　朴秀楊

▽マラソン 李尚勲　金達範　朱炯結

▽短距離 宋陽子　韓明姫

▽五種競技 朴香媛　李鶴子

▽投てき 朴栄淑　李恵子

▽跳躍 韓竹姫

射撃

▽フリーピストル 徐康旭　安蒙松

▽ラピッドファイアピストル 李鍾紘　朴南奎

▽スモールボア伏射 秋化日

▽スモールボア三姿勢 申鉉柱

▽フリーライフル 南相完

▽クレー 安宜根　金洪福　金圭煥

サッカー

金南九　金曙原　朴三圭　金容佑　朴性台　許相ボン　朴承玉　趙成達　金光　金禎錫　成興哲　李偶　金圏中　金燦基　鄭永煥　金三椿　金正男　趙潤玉　禹相権　車潤成　金英培　許允正　車敬福　李二雨

自転車

▽ロード 金錫台　安泰熙　魏景竜　黄晶植　趙成植　李吉培

ボクシング

フライ級 曹東基

バンタム級 鄭甲朝

フェザー級 石鍾九

ライト級 徐分男

ライトウェルター級 朴亀一

ウェルター級 李洪万

ライトミドル級 李今沢

ミドル級 金徳八　洪性圭

柔道

△軽量級 朴清三　徐相詰

△中量級 金義泰

△重量級 金鍾達

フェンシング

金昌煥（コーチ）　韓明錫　禹相　申斗浩　金万植　申光淑

バスケット

金永基　文賢　金鐘善　金永一　河義鍵　鄭鎮鳳　方烈　金武鉉

ボート

金仁建　金勝圭　李丙求　申東坡　池徳美　金圭山　尹英雄　韓英設　金惠鐘　朴信英　崔伸一　李相千　千成太　安鍾得　劉東根

重量挙

李殷山

▽バンタム級 梁武信

▽フェザー級 金海男

▽ライト級 李銘求

▽ミドル級 李宗宪　許昌範

▽ライトヘビー級 李亨雨

▽ヘビー級 黄鎬東

体操

金玉振（コーチ）　金忠泰　鄭利光　姜寿一　李光寧　徐在奎　尹秀熙　金光麗　鄭春順　李徳分　崔永淑

レスリング

▽ヘビー級 崔ブン（コーチ）

▽フリースタイル

▽フライ級 張昌宣

▽バンタム級 崔永吉

▽フェザー級 尹大奎

▽ウェルター級 崔炳変

▽ライト級 鄭東求

▽ミドル級 婁斗満

▽ライトヘビー級 朴吉淳

▽ヘビー級 任光チ

▽グレコローマンスタイル

▽フライ級 申相述

▽バンタム級 張二賢

▽フェザー級 金鳳助

▽ウェルター級 申東義

▽ライト級 金益鐘

▽ミドル級 李奇烈

▽ライトヘビー級 李学来

水泳

▽平泳 陳東琳

▽自由型 金鳳朝　金錦韓　金登奎

▽飛 趙彰済

▽背泳 李ピル中（コーチ）　金玉子

▽自由型 林錦子

▽飛込 宋在雄　鄭順子

バレーボール

李圭昭　徐香錫　鄭善興　金仁洙　金光洙　朴瑞光　金振熙

近代五種

金英俊　呉平吉　金成吉　孫永完　林台鎬　崔貴昇

馬術

金喆奎　安鍾基　李一撰

▽総合馬術 趙亭達　金永燮　金文植　徐明源

20

東京하늘에太極旗여더욱빛나라!

韓國新聞
五輪特集号
発行所 韓国新聞社
発行人 権 逸
東京都文京区春日 2丁目20－13
電話 (813) 2261～3 編集 (812) 0673 業務
振替口座東京 34988番

五大綱領

一、われわれは大韓民国の国是を遵守する
一、われわれは在留同胞の民権擁護を期する
一、われわれは在留同胞の民生安定を期する
一、われわれは在留同胞の文化向上を期する
一、われわれは国際親善を期する

行動綱領

一、大同団結して民団組織を強化発展させよう！
一、朝総連の謀略・侵透工作を断乎粉砕しよう！
一、東京オリンピックを機に民族愛を昂めよう！

第十八回世界オリンピック 東京大会開かる

堂々235人の行進

わが国スポーツ史上最大の選手団

太極旗ふり熱狂する歓迎陣

第十八回世界オリンピック東京大会は十月十日、晴れ渡った秋空のもと世界九十四ヵ国の選手団七千五百余名を迎えて盛大に祭典の幕が切って落された。アジアで初めて開らかれるこの世紀の大会に祖国大韓民国からはわが国スポーツ史上最大の二百三十五名にのぼる大選手団が参加し、世界の衆目が集る東京で雄々しく若々しい大韓健児の威風が誇示された。この母国選手団の開会式入場に声援を送るべく動員された約三千の在日同胞は、この日早くから国電信濃町駅から国立競技場に通ずる沿道に待ちかまえ、太極旗を打ち振りながら熱烈にこれを歓迎した。

前日の雨から気づかわれた空模様も早朝から拭ったように晴れあがり、オリンピック開催都市東京はこの日雲一つない絶好の開会日和となった。

招請家族ぞくぞく来日

十七日までに三〇八三人

金東祚氏駐日大使に

全国監察委員会議 盛大裡に終る

南北家族の面会所を設置

朴大統領が指示

オリンピックを政治に利用しようとする北韓に対して

民団中央常任委員会 声明を発表

オリンピックを政治の場にしようとした北韓の企みは功を奏せず北韓地域選手らは十月十日の大会開会を前に九日全員が帰国してしまった。

彼らのこのような行為は事前に察せられなかったものでもないが如何なる場所でもその政治性を露わにさせようとする彼らの執念には嫌悪すら感じさせる。いうまでもなく、オリンピックとは純粋なアマチュアリズムに立脚したスポーツの場であって、ここでは、スポーツ・ルールが総べてに優先するということは小学校の児童ですら知っていることである。昨年、インドネシアで開らかれたGANEFO大会について国際陸連と水連は同大会を"反帝、反植民地主義に立脚した極めて政治性の強い大会である"と断定し同大会への参加を中止するよう各国に呼びかけた。それにもかかわらず北韓はこの大会に出場し、み[illegible]つて向う一年間の出場停止処分を課せられてしまったものである。したがって、GANEFO出場選手はオリンピックのルールによって東京大会には出場権がないということは明らかになっていた。だが、北韓はそのようなルールを無視して東京にやってきた。そして、GANEFO出場選手の大会参加を強要し、あげくの果、その横車が通らなくなったとみるや総引揚げを断行した。そして、彼らは常に政治的効果を狙ちうとしているのである。

このような北韓選手団の理不尽な態度に対して、居留民団中央本部常任執行委員会は、次のような声明を発表して、見解を明らかにした。

声明書

世紀の祭典、東京オリンピックを迎え、われわれ在日六〇万同胞は民族的矜持をもって歓喜を新たにしている。

いうまでも無くオリンピックとは参加するのにその意義があるのである。したがって、アジアで初めて開らかれる東京オリンピック大会に北韓選手が、たとえ地域代表としてでも出場することになった事に対してわれわれは同じ民族の立場からフェア・プレーを期待した。ところが、十月八日北韓選手団は、国際陸連の決定を不満として突如出場を放棄し帰国することとなった。

この挙にでた彼らに対してわれわれ極めて遺憾に思うものである。

元来、オリンピックのルールはスポーツ精神に照らして遵守されなければならないものであり、このルールを遵守することによって世界人類の理想である"世界は一つ"の目的が達成されるのである。

オリンピック主催国の日本は北韓選手団全員が大会に出場できるよう最後まで努力を惜しまなかった。この日本の好意に応えるためにも彼らはGANEFO出場者以外の選手は大会に出場すべきであると考える。だが、彼らは政治的意図をもって出場を放棄してした。

彼らはI・O・Cの政治性を云々する前に、みずからの誤った政治意識でオリンピック大会に参加しようとしたことを反省する必要がある。

われわれ在日大韓民国居留民団は世界民族の祭典である東京オリンピックの場において、北韓選手団が帰国したということは、彼らの本性が政治第一主義で神聖なオリンピック大会を彼らの宣伝の場にしようとする共産主義の本質に立脚したものであると断定する。

在日本大韓民国居留民団 中央本部 常任執行委員会

これが共産主義の本性だ！

北韓、朝総連の非道

親子の情すらわきまえぬ

非情な北韓のために、15年ぶりに会ったというのに僅か5分しか話すヒマが与えられなかった

わが民団側では、李裕天団長みずからが多忙な時間をさいて親子相逢のためあらんかぎりの力を尽し[illegible]

五輪後援の宣伝事業の成果

[illegible]

論壇

民団の革新を願う

民団大阪本部団長 姜桂重

[illegible]

本国ニュースダイジェスト

十月一日－六日

（十月一日）

[illegible]

（十月二日）

[illegible]

（十月三日）

◎東南ア外相会議を国府[illegible]

[illegible]

本国選手団を大歓迎

日比谷公会堂に5000の観衆

東京オリンピックに祖国の栄誉をかけて参加するわが選手団二百三十五名を迎えて居留民団では挙団的なオリンピック後援事業を展開しているが十月八日、日比谷公会堂に本国代表選手団の中央歓迎大会を開催した。[illegible]の日、関東近県の[illegible]約五千名はバス仕立で日比谷につめかけ、選手団を熱烈に歓迎し、第二部の演芸を楽しんで午後五時すぎ散会した。

オリンピック中央歓迎大会

この日、午前十時頃からバスを連らねて続々日比谷公会堂につめかけた関東近県の僑胞らは定刻すぎには五千名を超え、さしもの日比谷公会堂も立錐の余地のないまでにふくれあがった。

日比谷公会堂で開かれた本国代表選手団の大歓迎会

東京オリンピック

初の銀メダル

レスリング フライ級で 張昌宣選手

東京オリンピック五日目の十四日、レスリング・フライ級で韓国張昌宣選手が決勝戦で日本の吉田選手と優勝を争ったが惜しくも敗れて二位となり、初の銀メダルを獲得した。東京大会では韓国代表は他種目で意外に振るわず、気をもませていた矢先の銀メダル獲得とあって大きな反響を呼んでいる。

十四日、駒沢競技場で行われたレスリング、フライ級フリースタイル決勝戦でわが国の張昌宣選手は、日本の吉田選手に判定で敗れたが、今大会における韓国最初の銀メダルを獲得した。張選手は競技の始めから猛烈な攻撃を加えたが吉田に前半と後半戦で一点ずつ取られ惜しくも金メダルをのがし二位入賞した。

張選手は現在海兵隊に服務しながら東国大学で学んでおり、去る六二年には大韓体育会の優秀選手賞を受けている。

レスリングで銀メダルを獲得して東京の空にはじめて太極旗をあげた張選手は、非常に貧しい家庭で母一人の手で育てられてきた。

張選手の母は息子が銀メダルを獲得したというニュースを聞くや感激の涙を流しながら、家庭が貧しいために息子の運動の練習を助けることもできず残念であると語りながら、息子に魚一切も満足に食べさせることができなかったことを悔み、もっと栄養をとらせたら今大会で金メダルの獲得も夢でなかっただろうと伝えている。

張選手の母は現在仁川市新浦洞市場でモヤシの露店を営みながらその日の生活をやっと維持しているとのことである。張選手は貧しい家庭環境にもめげずに仁川東山中学時代から早くもスポーツの素質をみせ、毎日血のにじむような練習と努力によって今日の栄冠を獲得したものである。

リチャード・金の「殉教者」を舞台化

28日から国立劇団公演

韓国がうんだ世界的な作家リチャード・金(本名金恩国)の「殉教者」(週間朝日ジャーナルでも月評)が戯曲化され、本国の舞台で脚光をあびた。金起八脚色、[illegible]

"韓国館"開設さる

日軽ビルで盛大に開館式

民族金融機関新設さる

—広島商銀呉支店—

開設された広島商銀呉支店

尋ね人

民族学園を再建

寄金者全国から殺到

太極旗あがる！

張昌宣選手が銀メダル
―レスリング―

十四日、駒沢体育館で行なわれた韓国代表張昌宣選手と日本代表吉田選手のレスリング・フライ級決勝戦は、惜しくも二位入賞にとどまったが、張選手の銀メダル獲得によって初の太極旗が同体育館に掲揚された。（宋遥）

梁選手、重量挙げで5位
金選手も惜しくも落選

張選手に激励電
孔海兵隊司令官から

アジア・フェンシング連盟結成
日、イランなど六ヵ国

22カ国でアジア地区委結成
国際バレーボール連盟

訓民正音頒布518周年を迎えて

한글날

九日は、「ハングルの日」宣布第五一八回年記念に当るので、この日朴大統領は談話の中で特に記念談話を発表した。大統領は世宗大王の輝かしい政治文化面の偉業をたたえながら、われわれも世界的に卓越した才能と力量をもっているという自信を持たなければならないことを、強調した。

「ハングルの日」というのは、世宗大王二十八年（一四四六年）のこの日に、世宗大王がハングル（訓民正音）を頒布したことを記念するために制定した日である。

日帝治下において猛烈な弾圧と戦いながら国語の保存と発展のために大へんな苦闘をしていた国語学者たちで組織した「ハングル研究会」が中心となって、一九二六年十一月四日に第一回記念式典を催し、この日を記念日と定めた。その翌年の一九二七年十月九日には機関誌「ハングル」を創刊すると同時にこの記念日に正式の名称「ハングルの日」と決定して今日に至った。

「ハングル」は、李氏朝鮮第四代王世宗大王がその即位二十五年（一四四三年）に自ら創案したものを土台として、当代の集賢殿学者たちが三年間の研究のすえ出来上がったものである。

「ハングル」の成立は、世宗大王の治世になって始めて科学的に完全なコトバとして制定されたものであるが、最初は「訓民正音」という名称で頒布された。そして一般国民の間では「諺文」という俗名で呼ばれた。この俗名は漢文に対する事大主義からきた自己卑下した表現であった。この点に対して、もっとも遺憾とした人で、わが国語の中興の大先覚周時経先生によって始めて諺文をハングル（国語）と、正式学名に更正したのであった。

さてその後多くの学者によって研究がつづけられてきた。ずっと近代に至って一九〇七年（光武十一年）七月国文研究所が設置され前記周時経先生が中心となりハングル統一のために努力が集中され、その門下の多くの学者によっ…

僑胞子弟の母国留学
転校などの原則決定
文教部

64年度の小波賞
聾唖演奏団の金興山氏に

医薬品一百20函贈る

第13回国展入選作決定
特選が七十五点
大統領賞は金洋藏氏の「雛」

スペインでテレビ賞受く
ソウル国際放送アナ

全州に飛行場建設
工費四千三百万で年内着工

IOC委員に李相柏氏
国際オリンピック総会で選出

五輪の森に苗贈る

各国メダル獲得数
（第9日まで）

	金	銀	銅	計
アメリカ	29	20	19	68
ソ連	13	10	17	40
ハンガリー	5	5	3	13
オーストラリア	5	2	6	13
日本	4	0	5	9
イギリス	3	8	0	10
ポーランド	3	2	4	9
ドイツ	2	12	6	20
イタリア	2	5	2	9
ブルガリア	2	2	1	5
チェコ	2	1	2	5
フィンランド	2	0	0	2
ベルギー	2	0	0	2
ルーマニア	2	0	0	2
オランダ	1	3	3	7
トルコ	1	3	1	5
カナダ	1	1	1	3
デンマーク	1	0	0	3
ニュージーランド	0	3	3	1
フランス	0	1	0	6
キューバ	0	1	0	1
韓国	0	1	0	1
チュニジア	0	1	0	1
ユーゴ	0	0	2	2
イラン	0	0	2	2
スウェーデン	0	0	1	1
ケニア	0	0	1	1
トリニダードトバゴ	0	0	1	1
計	81	81	81	243

◇求職＝家庭教師◇

24

韓國新聞

発行所 韓国新聞社
発行人 権　逸
東京都文京区春日2丁目20-13
電話 (811) 2261~3 編集 (813) 0675 業務
振替口座東京 34988番

五大綱領

一、われわれは大韓民国の国是を遵守する
一、われわれは在留同胞の権益擁護を期する
一、われわれは在留同胞の民生安定を期する
一、われわれは在留同胞の文化向上を期する
一、われわれは国際親善を期する

行動綱領

一、大同団結して民団組織を強化発展させよう！
一、朝総連の・侵透工作を断乎粉砕しよう！
一、本国招請家族の帰国輸送事業を完遂しよう！

総力을다하여本国家族을秩序있게歡送하자！

東京五輪後援事業の総括

組織力を遺憾なく発揮

こんどは招請者の帰国に全力

第十八回世界オリンピック東京大会は、世界注視の中で十月十日から二十四日までの十五日間、全世界の若人の精魂を傾けた熱戦がくりひろげられ、多くの前人未踏の記録を樹立し、"四年後にメキシコで会いましょう"の合言葉を残して世紀の祭典の幕を閉じた。そこで、この歴史的祭典に、わが居留民団が示した功罪について回顧すると同時に波紋を投げかけた本国観覧客の輸送計画にスポットをあててみることにする。

東京大会は韓国スポーツの跳躍台

今度の東京オリンピック大会において、わが韓国選手団は期待に反して予想外の不振な戦績で終ったが、競技者も応援する者も全力を尽した点で悔はないものと信ずる。特に観覧客の迎接、選手団の応援などでみせた組織の動員は、いまだかってない威力を示し、わが居留民団の力量を遺憾なく発揮した点で高く評価されるべきであると思う。

たとえ、今大会は不成績に終ったといえども、ここで得た貴重な体験は、今後の韓国スポーツの躍進に大いにプラスし、これを土台に次回の大会に面目を一新することは予測に難くないと思われる。

観覧客の渡日輸送はほぼ成功

東京オリンピックを機に、大会の観覧と日本に住む肉親、知己との再会のために推進された本国観覧客の渡日輸送事業は、民団創団以来の大事業として、十月八日から二十三日までの十六日間、全組織をあげてこの事業に従事したが一部では、その不手際をなじる声もあった。だが全般的に成功裡に遂行されたといえる。

今度の輸送事業のなかで特に、入国申請をしながらも来日することのできなかった者があるが、これは何に起因したかをただしてみることにする。

来日者三、八一九名 未入国三九九名

東京オリンピックの観覧客として取扱った総数は、第一次（民団の取扱ったもの）、第二次（オリンピック後援会が取扱ったもの）を合せて四千三百十五件で、このうちビザ申請を行った数が四千百八十五件、このなかでビザの不許可になったものが九十七件で、したがってビザの下りた者は四千八十八名である。

この四千八十八名のなかから実際に日本へ入国できた者は三千八百十九名で、残りの三百九十九名は今度のオリンピック観覧ケースでは入国することができなかった。その理由と内訳は次の通りである。

（イ）書類の未提出者＝九九
（ロ）取消した者＝六八
（ハ）身元照会の終えない者＝一〇六
（ニ）公務員で不許可の者＝一〇
（ホ）国防部長官が許可しない者＝二八
（ヘ）死亡した者＝一
（ト）本人が棄権した者＝一
（チ）条件が具備していながらも渡日しなかった者＝八六

以上となっているが、このうちやむを得ない事情で来日することのできなかった者については、調査検討のうえ、関係当局と折衝できるかぎり十一月中に一般家族招請ケースとして改めて渡日できるように準備を進めている。

輸送計画の混乱と遅延の理由

ところで、この輸送計画が、最善の努力をはらったのにもかかわらず、当初のプラン通りに推進されず一部に混乱と遅延をもたらした原因については、

（イ）短期間に処理されなければならない事務量が急激に増加したため本国事務所における事務処理に齟齬をきたした。
（ロ）日本政府からの入国査証が本国外務部に予定よりも遅れて到着（十月三日に到着）したために混乱が惹起された。
（ハ）被招請者の身元照会が遅れたため事務処理に混乱をきたした。
（ニ）被招請者とその縁故者の集中的な上京によって二重、三重の時間的消耗を余儀なくされたために混乱をきたした。
（ホ）輸送能力の不足と連絡の不徹底によって遅延をもたらした。

などがあげられている。そして、一部にあった非難の声は、民団の誠意にみちたこの輸送事業の真相を知るにおよんで、今では、それらの非難の声が逆に感謝の声に変ってきている。

来日時の経験を生かして帰国輸送に万全体制

十一月四日から滞日期限の迫っているものから順次被招請者の帰国輸送を開始しているが、この帰国輸送計画には日本入国時の前轍を踏まないようさきの輸送事業の経験を生かして万全を期している。

被招請者は、オリンピック観覧の滞日在留期間（日本到着の日から三十日間）を終えると、居留民団が指定した四つの集合場所（羽田空港、伊丹空港、神戸港、小倉港）に集合し、指定された航空機船舶等を利用して、帰国の途につくことになっているが、その要領は、

一、日本入国時に、航空便で第一、第二コース（羽田、伊丹）に到着していた者は、帰国時も同じコースを通じて帰る。したがって、船舶を利用して入国した第三、第四コース（小倉、神戸）の者は当然船舶便で帰国することになる。ただし、来日の際、本国での輸送事情で、第一コースを経なくてはならない者が、第二コースの伊丹に到着した者は、最初の予定通り第一コースの羽田から帰国する。

二、被招請者の帰国集合場所は
（イ）第一コース（羽田出発）＝中央本部
（ロ）第二コース（伊丹出発）＝大阪本部
（ハ）第三コース（小倉出発）＝小倉支部
（ニ）第四コース（神戸出発）＝兵庫県本部
となっている。

三、帰国時の手荷物に関する注意事項としては

（イ）手荷物は、航空便を利用する者にかぎり20キロまでは携帯品として無料で持ち帰ることができるが、それを超過する分は一キロ当り三百二十円の料金を支払わなくてはならない。そして、日航空の場合は35キロ、大韓航空は[illegible]までを同一便で持ち帰ることができるが、それを超過する分は[illegible]で送ることになる。

（ロ）手荷物は出発前に、民団事務所または、集合場所において正確な検量を行ない、その量を明示する。

（ハ）規定超過の手荷物に対しては、各県毎に料金を集めて、名簿と料金を出発前に提出する。これは空港において混乱を避けようとするもので、この点、特に注意すること。

（ニ）特に本国出発時に注意事項として示された品目の持ち帰りについては厳に慎んでもらいたい。

四、帰国指定の日時に出発しない者は航空券、乗船券が無効になり、あらたに購入しなくてはならなくなるからこの点に留意すること、この場合の料金の支払は各自の負担となる。

五、輸送の事情あるいは、連絡不十分による出発の延期を除いて本人の事情から出発が遅れて生ずる問題はすべて、招請者、被招請者の責任に帰することになる。

六、輸送の直接責任者は、当該地区協議会の事務局長と（県本部は地方本部団長）中央本部から派遣された代表者がこの任にあたる。

以上の事項からも分るように、民団は被招請者の帰国事業を円滑かつ秩序正しく遂行するため全力を傾注している。

この事業を成功に導くことによって民団は大きく前進することになるのである。

主　張

東京五輪の副産物として

二十数年ぶりに、生きては再び会えないと思っていた老母に逢うことができ、そのうえ、居留民団が示した温い処遇に感激した一朝総連の幹部が真の民族愛にほだされてさる十月十九日、居留民団に入団することを決意した。

この朝総連の幹部は、いままで、民団の欠点、短所のみを追求してその誇大宣伝に汲々としている朝総連の組織の中で民団の真の姿を知ろうともせず過してきたのである。

ところが、故郷に住む母親が、東京オリンピックの観覧客として来日することになり、夢想だにもできなかった年老いた母親との再会が実現した。そして、この再会の席には、いままで、なかば無意識的にヒボウしていた民団の温い思いやりがあったのである。民団とは彼がいままで考えていたようなものでなく、実際は温い血の通う、美しい人間性に満ちた人達の集団であることが分り、いままで自分の歩んできた道に大きな欠陥のあることを悟ったのである。

朝総連いや、共産主義組織体においては、上層部の命令機関を除いては他の層はすべて傀儡にすぎないのである。すなわち、上部が命令を下せば、この命令には何んらの異議も批評もさし挟むことなく唯唯諾諾とこの命令に従っていくのである。"民団は保守反動である"と上層部が決めつければ、何故そうなのかと検討を加えようともしなければ、また加えさせようともしないで、そのまま、鵜呑みにして信じ込んでしまう。そして、"理由なき敵意"を抱くようになる。

こういうことが積み重なることによって彼らは偏頗な人間に形成されるのである。このため朝総連傘下の同胞は強い片面観に陥いり、正しい物の見方ができなくなってしまうのである。

戦後すでに二十年近くも異った組織機構の中で過してきた民団団員と朝総連系の人達の間には、同民族でありながら異質的な物の見方、考え方をするようになった。そして、それぞれ異った雰囲気を醸しだすようになった。ところが、きまって朝総連系の人達は民団の雰囲気に接すると"温い人間性を蘇えさせられた"という。

この言葉が示すように、わが民団は古来からの美しい情緒、わが民族特有の奥床しさを温存してきた。

われわれは、わが民族の誇りとする伝統的美徳を助長させるとともに今後とも豊かな人間性をのばしていきたいものである。

ところで、前述のように、われわれには、朝総連の人間性をも歪めるような命令系統の統一に反して、自由すぎる批判が横溢している。そのため、わが組織の発展を阻害する一面がないでもない。

われわれは、われわれのもつ豊かで美しい人間性のうえに秩序と統制ある行動をもって、わが組織の発展を期すべく全団員がいま一度心を新たにしてもらいたいものである。

第二次大戦後、在日同胞の集結体であった朝連から民団が分立するようになった原因も、当時の朝連の幹部が日本共産党の指令にもとずいて何んら自主的判断を下すことなく日共に盲従してわが在日同胞の将来を危くしたからにほかならない。

このような観点からも分るように、わが民団は極めて自主性に富んでおり、かつまた、自由な雰囲気の中でわが民族の長所、美点を伸ばしてきているのである。

したがって、二十数年ぶりに親子が再会するとあってみれば、自分の身になって親身に世話をするのは当然のことである。ここには何の邪心もなければ、かけ引きもない、ただ人間本然の姿があるのみである。

母親と再会することのできた朝総連の幹部は、この美しい人間の真の姿に接した時はじめて自ずからの置かれていた偏頗で、頑なな社会が如何に不自然で人間の道理に反したものであるかを知ることができたのである。

全国事務局長会議会場の一部、右側壇上であいさつするは鄭烔和副団長

帰国業務を打合わせ

全国事務局長会議開らかれる

オリンピック後援事業の総括と本国招請家族の帰国輸送問題を討議して招請家族の帰国輸送業務を円滑化するため、全国地方本部事務局長会議が去る十月三十一日、民団中央本部の指導要員訓練所で開催された。

全国の民団実務者で構成されるこの全国事務局長会議には、四十八県地方本部の事務局長四十名（八県欠席）が参席し、正午から陳斗鉉中央宣伝局長の司会で会議が始められた。

この日、帰国輸送計画の打合せのため九州地方に出張していた権逸中央団長は旅行先からこの会議に直行し、別項のような挨拶を述べた。

金英俊事務総長から①オリンピック参観団の日本入国現況に関する件、②参観団の帰国輸送業務実施要領に関する件、③応援事業の現況に関する件、④未入国者の事後処理に関する件等についての指示説明があり、この説明のなかで特に、本国事情を考慮して帰国者の携帯品については奢侈品などは持ち帰えらぬように徹底してほしいとの要望があった。

ついで李仁娟民生次長からさきの日本入国輸送事業の遅延理由ならびに、十一月四日から開始される帰国輸送計画の細部事項に関して説明が行なわれ、これを了承した。

このあと、オリンピック後援会の李現坤総務局長が立って、後援事業の経過と本国選手団の東京大会における戦績、公報宣伝事業の成果等が逐一報告され、この中で後援基金の予算が一億四千万円計上されているのにもかかわらず、現在のところ、八千余万円が納付されただけで割当金の残額が完納されないため、すでに消費された分の支払いに支障をきたしている点を明らかにし、早急な納付かたを督促した。

朴太煥中央組織局長は、今度、本国から招請されたオリンピック観覧客の中に、朝総連系が民団の団員を通して家族を招請しているケースがあると報告し、すでに二十一件が明るみにでており、全国的には、まだその倍数にのぼるものがあるとしている。そしてこのようなケースで来日した者のうち四名はすでに帰国させ、二名はみずから民団に加入することになっているが、このほかに、日本に残留することを願って法的手続をとった例があり、この問題は、組織上重大問題で、早急にその善後処置を講じなくてはならないと強調した。

周知の通り、オリンピック観覧客の招請に関しては、日本における滞留期間を日本入国の日から三十日間と定め、この期限内に本国に帰ることを前提として入国査証[illegible]

残務処理が大切

＝権団長のあいさつ＝

本日、この会議を開らくことになったのは、東京オリンピックの経過を回顧すると同時に、残された問題を如何に処理するかについて今回の実務者諸氏に参集を願ったわけであるが、民団が仕事のできる団体になるか否かは、この残務処理の運営如何んにかかっていると思う。

まず、本国招請家族の日本への輸送事業は当初計画の予想に反して混乱事態が発生したため朴炳憲中央総務局長を本国に派遣し事態の収集策を講ぜしめるとともに、私も現地におもむいて直接指揮をとったのであるが率直にいって充分な計画性に欠けていたことは否めない事実である。したがってこの招請家族の渡日輸送事業は辛ろうじて難を免れる程度のできばえである。

だが、この貴重な経験は今後の招請家族帰国輸送に大きな教訓となることであろう。この経験を土台に東京オリンピック後援事業のしめくくりとしての帰国輸送事業を円滑かつ秩序正しく運営することによって有終の美を飾っていただきたい。

さきほども述べたように、招請家族の渡日輸送事業においては、本国での混乱と遅延によって、一時、非難の声もあったが、今では感謝の声に変ってきている。このことはわれわれにとって大きな励ましとなっている。

われわれは、この大衆の感謝の言葉をバックに帰国輸送事業を成功させなければならない。

この事業と併行して、今般の東京オリンピック観覧に渡日できなかった本国家族に対しても改めて来日できるよう取りはからいたい。そのためには、各県本部で、日本入国を申請しながらも来日できなかった人達の実態を把握して、その事実を私に指摘していただきたい。そうすればこれに検討を加えたうえできるかぎり十一月以内に一般家族招請ケースとして[illegible]できるよう[illegible]つもりである。

そして、[illegible]

終りに、[illegible]

KAL（伊丹空港）

月日	機名	出発時刻	人員	到着時刻
11.5	F-27	12.15	44	14.50
	DC-4	15.20	60	18.20
	F-27	19.05	44	21.40
	〃	20.05	44	22.40
11.6	〃	10.00	44	12.35
	〃	10.30	44	13.05
	DC-4	13.00	60	16.00
	F-27	16.50	44	19.25
	〃	17.20	44	19.55
11.7	DC-4	9.50	60	12.50
	F-27	10.30	44	13.05
	DC-4	17.50	60	20.50
	F-27	17.20	44	19.55
	〃	20.05	44	22.40
11.8	F-27	12.15	44	14.50
	DC-4	15.20	60	18.20
	F-27	14.15	44	16.50
11.9	〃	10.00	44	12.35
	〃	10.30	44	13.05
	DC-4	13.00	60	16.00
	F-27	16.50	44	19.25
	F-27	17.20	44	19.55
	〃	10.00	44	12.35
	〃	10.30	44	13.05
11.10	DC-4	15.20	60	18.20
	F-27	19.05	44	21.40
	〃	20.05	44	22.40
	〃	10.00	44	12.35
	〃	10.30	44	13.05
	DC-4	13.00	60	16.00

本国招請家族の帰国スケジュール

JAL（羽田空港）

月日	機名	人数	出発時刻	手荷物制限(無料)
11.4	DC-8 D2	141	8.50	35kg
11.7	DC-8 D2	121	8.50	35
11.9	CV V4	103	8.50	25
11.9	CV V4	96	15.00	25
11.11	DC-8 D2	141	8.50	35
11.14	CV V4	94	8.50	25
11.16	CV V4	94	8.50	25
11.18	CV V4	103	8.50	25

＝船　舶　便＝

月日	港	船名	時刻	人員
11月5日	神戸	アリラン号	12時発（5日）	
	釜山	〃	17時着（6日）	126名
11月6日	小倉	トラヂ号	17時発（6日）	
	釜山	〃	8時着（7日）	280名
11月8日	小倉	トラヂ号	17時発（8日）	
	釜山	〃	8時着（9日）	193名
11月9日	神戸	アリラン号	12時発（9日）	
	釜山	〃	17時着（10日）	181名
11月13日	神戸	アリラン号	18時発	
	釜山	〃	5時着（15日）	200名
11月19日	神戸	アリラン号	17時発（19日）	
	小倉	〃	8時着（20日）	
	〃	〃	17時発（20日）	
	釜山	〃	8時着（21日）	残り全員

日本入国港別集計表

入国港別	1次 取扱数	1次 入国数	2次 取扱数	2次 入国数	計 取扱数	計 入国数
1 羽田	918	838	879	714	1,797	1,552
2 伊丹	877	784	499	461	1,376	1,245
3 小倉	375	341	329	300	704	641
4 神戸	216	201	223	180	438	381
計	2,386	2,174	1,930	1,645	4,315	3,819
(差)	(211)		(285)		(496)	

被招請者の事故者内訳

	内訳	1次	2次	計
1	書類未提出者	3	96	99
2	取消者	35	34	68
3	身元照会未畢者	61	46	106
4	公務員旅行許可未畢者	7	3	10
5	国防部長官旅行不許者	11	17	28
6	死亡者	1	0	1
7	未出国者	22	64	86
	計	140	259	399

南北韓統一の気運高まる

[illegible]ブームとされていた南北の統一問題が、政府ならびに国会で大きくクローズ・アップされてきた。

去る十月二十六日、丁一権国務総理は国会答弁で、政府部内に統一問題研究所を設置すると述べ、翌二十七日には与党、民主共和党の李万変議員が、国会議員四十六名の連名で"南北家族面会所"の設置に関する決議案を国会に提出した。そして、李議員は"人間愛に政治的作用を介入させてはならない"としてこの面会所設置に意慾をもやしていると伝えられている。

このような動きが急激にたかまった理由として、中共の核実験の成功ならびに国連加盟の可能性、ソ連のフルシチョフ首相の解任、英国、労働党の執権等による世界情勢の急変をあげることができるが、それよりも、東京オリンピックで来日した本国同胞らが世界各国の人達と接し、そこで、わが国の統一なくしてはスポーツの面のみでなく民族の将来にも希望がもてないということを肌で感じとったのがマス・コミによって伝播され、爆発的な世論をまき起すことになったもののようである。

だが、統一問題に関しては南北で異った見解をもっており、ちなみに朴大統領の統一方式をあげるならば、"韓国（南韓）の国力が北韓のそれと均衡を保てるようになった時、国連監視下で南北の総選挙を行なって統一を達成する"ということになっている。この統一案に対して北韓はいまだかって賛意を表明したことがない。反面北韓の統一案なるものは、韓国を社会主義化しようとするもので、これに対して自由韓国は応ずるわけにはいかないのが現状である。

したがって、本国における統一気運の高まりはそれとしても、在日僑胞の立場からは言動に慎重を期すべきであるといえよう。

金大使民団中央を礼訪

駐日大使として十月二十日東京に赴任した金東祚大使は、三十日民団中央本部を訪れ、在日僑胞の権益擁護に尽力している中央本部幹部職員を激励するとともに、代表部と居留民団の一層の紐帯強化を促した。

特に東京オリンピック大会に示された後援事業を讃揚し、次のような訪問挨拶を行なった。"日本における韓国僑胞の権益擁護のため昼夜を分たず奮斗努力されている皆さんに心から感謝の意を表します。

また、今度の東京オリンピック大会には全僑胞が本国選手団の後援に大きく寄与されたことを併せて感謝いたします。

ところで、今度、私が日本にきて特に感じたことは、第二次大戦[illegible]

南北韓、分断の経緯（その１）

近く国際連合総会が開かれ、再び韓国問題が取りあげられることになるが、われわれの意志に反して無理に分断された祖国を如何に統一するかについての研究討議が本国はもちろん各方面で繰り返されているのは周知の通り。だが、この機会に[illegible]如何にして三十八度線が生まれ、三千万民族がひとしく[illegible]な南北分断がもたらされたかについては比較的によく知られていない。そこで、この由来を詳解し、統一論議の参考に次の文を供したい。

いうまでもなく[illegible]

押しつけられた三十八度線

しかし[illegible]

拒否された国連の決議

こういう状況のなかで、止むを得ず南韓でも米軍政庁で民主議院の結成を決意、議長に李承晩、副議長に金九、金奎植が就任し、その他議員二十五名が参加した。一九四六年二月十四日のことである。そして、三月十七日には労働、納税、土地、教育等の臨時政策を民主議院は発表した。

一方、同年九月十三日には、南韓立法機関設置法令、第百十八号が発表され、翌日には、この法令に対する国内各政党団体の見解発表があり、立法議院の選挙な論議され、南韓だけでも民主主義的な手続をとるようになった。

結局、過渡立法議院の開院をみるようになったのは同年十一月十二日のことである。しかし、南韓でこれらの動きは、遂く過渡的にものであり、総選挙を通じての統一政府樹立こそあらゆる国民の願望であったのである。

一九四七年九月十七日、国連総会では韓国問題が正式に上程され二十三日には、韓国問題の討議が論、公開はソ連とその衛星国でる。同年十一月に入るとソ連の国連代表は、総会での韓国問題討議の除外を主張したが、十月十七日、米国代表は韓国独立促進決議案を提出してソ連の主張を封鎖した。

遂に一九四七年十一月十四日、国連総会は、韓国問題決議案（注）を上程、韓国委任団設置案を可決する一方、同十六日には、国連韓国臨時委員団の監視に依る南北韓総選挙の実施と、統一政府樹立の暁には米ソ両国の占領軍を撤退させる決議案を採択し、韓国の総選挙費として五十三万八千ドルを支出することを可決した。いうまでもなく、この決議案を韓国民は大いに歓迎したのである。しかし、ソ連はまたも韓国問題決議案を受入れることなく、国連韓国臨時委員団に自国代表を派遣することを拒否して、公々然と韓国問題の合法的な解決に誠意のないことを露呈した。解決の公正を期する為に、当事国であるソ連を委員団に加えたにも拘らず、彼等は始めから否定的な態度に出たのである。

一九四八年一月七日、国連韓国委員団は韓国に飛来、厳粛な国連の決議を実践する為に活動を開始した。韓国々民が、この国連韓国委員団を熱烈に歓迎したのはいうまでもない。その決議案に依ると韓国民の総意によって選出された中央政府は、どういう政府か、是非いう性格の政府になるか誰も予測し得ないものであった。ただ、総選挙の結果、共産政権が出現しても、それは即ち韓国民の総意に依る中央政府であってみれば、合法性を持つことは明らかである。国連の決議は、そういう可能性さえも残していた。要するに、韓国[illegible]

一九四八年一月二十三日、ソ連側は北韓への国連決議を無視して、国連韓国委員団の北韓入りを拒否することによって、彼等の下心を遺憾なくさらけ出してしまった。こうして結局、UN韓国委員団の活動は、南韓に限定され、統一政府樹立への歩は暗澹たる様相を呈してきた。

二つの政府樹立

祖国の運命が、漸く深刻さを加えるようになると、国内の良心的な民間指導者達は、色々な意見を開陳した。その産物の一つが、いわゆる南北協商である。それは、最も純粋的な民族主義者であった金九、金奎植等が先導者になって最後の方法を模索しようとする絶望的な努力に外ならなかった。しかし、民族的良心の最終的発露として発送された南北会談の呼び掛けを、純粋に民族的良心をもって受け入れるには北韓カイライ当局は余りにも異質的でありソ連の手先であり過ぎた。金九金奎植等の純粋な悲願は政治的に逆利用されるロ実をあたえたに過ぎなかった。

北韓カイライは南北韓指導者会談案を受諾し、逸早く招請状を南韓の有名人十五名に発給したのである。一方、国連韓国委員団は国連決議に立脚して、可能地域選挙案の可決に依る南韓地域だけの選挙方針を定め、同年五月十日を総選挙日とした。立候補者は続々登録を始めた。

北韓カイライは、これを妨害して少しでも国際的に不利な立場をカムフラージュし自分達の不合理性を偽装する為に、最も民族的良心をもって統一を念願する人士を逆利用すべく、平壌に招請したのである。金九、金奎植らは、北韓カイライが政治的に主導権を握る南北代表者連席会議に参加した。その結果は、共産主義者達が造り上げたショウに役買ったことに過ぎなかった。その連席会議では、形式的にしろ米ソ両軍の撤退を要請し、ソ連軍は逸早くこれを受諾するというこうかつな離れ業をしてみせただけである。

結局、南韓では五月十日、自由な雰囲気のなかで国連の決議に立脚する民主主義的な総選挙が実施され、五月三十一日には、制憲国会の開院をみるに到った。かくし[illegible]

武力闘争に移る

しかし、ソ連と北韓カイライは、このように世界各国から公認された厳粛な事実さえも受け入れようとしなかったばかりでなく、なお一層公然と北韓での共産主義独裁の体制を固め、南韓に対する武力侵略の準備に狂奔し始める一方南韓内の左翼分子を使嗾して、方法と手段を選ばない破壊工作を続け政府制度破壊に力を注いだ。

しかし、世界各国の注視と祝福の中で誕生を見た、韓国での唯一の合法政府である大韓民国政府は樹立当時から断乎たる態度を持って、共産主義者達に対決する決意を固めて行ったのである。

結局ソ連とその手先に過ぎない北韓カイライが組んだ南韓での共産革命は、一九四九年の一年間に全く水泡に帰し、共産主義者達は南韓できれいに一掃されてしまった。こうなると彼等は一九五〇年武力侵略の手段に訴えたのである。

共産主義者達にとっては、元来彼等の目的を達するための方法は、その時々に有利な時にのみ合法性を帯びる場合はすべてを踏みにじる事の出来るのが彼等の生理である。これは解放から一九五〇年に到るまでの韓国に対する彼等の政策を見れば明らかである。

結局「勝てば官軍」式の彼等の鉄則は韓国での六・二五侵略に依って遺憾なく発揮された。

韓国民は一九五〇年六月二十五日の南侵が、どのようにして起ったかを余りにもよく知っている。自由陣営の大部分の人士たちも北韓カイライの挑発的な侵略行為を良く知っている。それ故、共産主義者と彼等の同調者に[illegible]先に戦争を挑発したかのように政治的宣伝を最も典型的な形で利用し[illegible]

作戦命令第一号

しかし事実はどうであったか。その日は一度日曜日で、南韓側はその後の国連軍作戦過程で得た兵器の体制が許容されていたのである。北韓軍は悪辣にもこのような事実さえも巧妙に置いて侵略日を定めたわけである。その後、文書に依る証拠物に現れた色々な事柄を綜合して見る時、北韓側は前から準備していた事実が明らかであり、このような南韓侵略を組織的に準備していた事実が明らかになった。これについては、次のような事実をあげる事が出来る。

一、中共の勝利と国府の転落
二、米国の国務長官アチソンの声明。即ち米国の太平洋防衛圏から韓国は除外されるという声明
三、一九五〇年五月三十日総選挙の成功と、韓国政府の基盤上地位が、時が経つにつれて内外的に固まってゆきつつあるという事
四、駐韓米軍が、撤収したことで彼等は自分達の侵略準備と侵略軍の前線移動を隠蔽するために侵略開始の数日前迄も声明を発表して南北韓総選挙や、平和統一または北韓に投獄されている民族主義指導者両曉植と、南韓で逮捕された共産主義指導者李舟河、金三竜との交換を提唱し、六・二五自体

一九五一年五月三日附けUSIS通信がこのニュースを報道したのであるが、この二つの文書はカイライ軍「偵察命令第一号」と「作戦命令第一号」であって、これはリッジウエイ第二代国連軍総司令官によって、国連本部に報告されたものである。その文書の内容は

◎偵察命令第一号（一九五〇年六月十八日付）

北韓共産軍第四師団参謀長は、南韓侵攻が開始される前に南韓軍の配備状況を調査し、またその軍事施設に関する正確な地図を作成するため偵察行動を行なうことが文書が開始されたらソウル（京城）に通じる防衛線の中、韓国軍抵抗の中心地が何処であるかを偵察する。

◎作戦命令第一号（一九五〇年六月二十二日付）

北韓軍第四師団長、李権武が発布したもので前線攻撃の場合、第四師団の任務はソウル（京城）―議政府地域に進出することであると記述され、同作戦を遂行するための準備は一九五〇年六月二十五[illegible]

国連軍の参戦

不意の出来事で南韓は大混乱に陥ち入った。わずか三日の中に首都ソウル（京城）は敵の手中に落ち、怒濤のように押し寄せる敵は韓国軍をして息のつぐ間も与えなかった。奇襲を敢行した北韓軍は短時間内に国軍の一線防衛線を越えて南下を継続し、劣勢の国軍は遅延撤収作戦に依って、これに対応した。

六月二十七日、政府は大田に都を移した。遂に六月二十八日国連安保理事会では北韓軍に軍事制裁を加えることを可決し、米国は海空軍に出動命令を下すことに依って、局面は新しい様相を帯びるようになった。戦線は急速に国際的な連関性を持ち始めた。

国連は、国連自身の権威をもって北韓侵略軍の撃退に乗り出し、国連自身が承認した韓国での唯一の合法政府である大韓民国政府とその国権及び大韓民国国民を護る為の集団防衛体制を早くも形成するに至ったのである。

七月一日には連合軍地上部隊が釜山に上陸を開始し、二日には国連で対韓国際通信軍組織計画を発表、七月七日には、安保理事会で国連軍司令部設置案を可決する一方、総司令官にはマッカーサー元帥を任命して韓国軍も国連軍傘下に編入され、戦局は一躍国際的性格を帯びるようになった。

国連軍として来韓した各部隊は二十一ヵ国でこれによって戦争参加日から順を追って記せば次の通りである。

一、大韓民国―全部隊　一九五〇年六月二十五日
二、米国―陸軍及び海軍　六月二十七日
三、英国―陸軍及び海軍　七月一日
同年　七月一日
四、英国―陸軍及び海軍　七月七日
五、濠洲―海軍　七月七日
同年　七月二十五日
地上軍　一九五〇年十二月三十一日
七、カナダ―空軍　七月二十八日
同年　七月三十日
海軍　七月三十日
地上軍　十二月十八日
八、仏蘭西―海軍　七月二十九日
地上軍　十一月二十九日
九、比律賓―地上軍　一九五〇年九月十九日
十、瑞典―病院船　九月二十三日
同年
十一、トルコ―地上軍　十月十七日
同年
十二、泰国―海軍　十一月七日
地上軍　十一月七日
空軍　一九五一年六月二十日
十三、南阿聯邦―空軍　一九五〇年七月四日
十四、印度―病院
十五、希臘―空軍　十一月二十日
同年
地上軍　十一月二十五日
十六、ベルギー―空軍　十二月九日
同年
十七、ルクセンブルグ―地上軍　一九五一年一月三十一日
十八、丁抹―病院船　一九五一年一月三十一日
同年　三月一日
十九、コロムビヤ―海軍　一九五一年四月十日
地上軍
二十、エチオピア―地上軍　六月十五日
同年　五月五日
二十一、ノルウエイ―病院　一九五一年六月二十二日
二十二、伊太利―病院　一九五一年十一月十六日

と飛行機及び重武器で武装されているのに対して、南韓軍は戦車はおろか大砲さえも整備されていない状態にあった。

当時の両軍の比率をみても二対一であって、しかも彼等は重戦車[illegible]日迄完了するよう指示しているものである。

統一なき休戦

このようにして国際的編成の国連部隊は、各自祖国の名誉を担って勇敢に戦い不法的侵略軍を撃退する自由十字軍としてその使命を完うしたのである。

戦局の拡大は、北韓側にとっては青天の霹靂であった。

一九五〇年九月を期して国連軍の大反撃は開始され、敵は北へ北へと退却して行った。しかし同年十一月末、中共軍の介入に依って戦局は再び深刻さを加えた。[illegible]

何故ならば、初めから韓国の分断は国際的に引かれたものであり韓国民の純粋な民族感情とは相容れないものであって、韓国戦争はこの分野でひき起されたものであって見れば、韓国民族の要望と順[illegible]は、全世界人類の良心の名をもって解決されなければならない性質のものであったからである。しかし、国連が韓国問題の解決に当って提示したのは、力に依る平和でなく、政治的交渉に依る平和であった。韓国民は経験に依って共産主義との政治的交渉というものが何を意味する事を余りにも知く知っていたのである。（つづく）

本国ダイジェスト

◎駐日大使に金東祚氏、政府大幅な在外公館長移動　政府は[illegible]務会議の議決を経て大統領裁可をえたのち大公使など大幅な外交陣の移動を発表した。その異動は次の通り、カッコ内は前職。△外務次官＝文徳周（ホンコン総領事）△駐米大使＝[illegible]（[illegible]）▽駐日大使＝金東祚（貿易振興公社社長）△駐カナダ大使＝金貞烈（駐米[illegible]大使）△駐マレーシア大使＝[illegible]（教授）△駐瑞西大使＝[illegible]（教授）△駐アルゼンチン大使＝張盛煥（予備役空軍中将）△駐日大使[illegible]使＝鄭一永（外務次官）△駐ニューデリー総領事＝林炳稷（再建運動本部長）△[illegible]事＝陳弼植（駐ジューネーブ公使）△外務部勤務＝李成佳（駐メキシコ大使）△[illegible]レーシア大使）△李源彬（駐瑞西大使）＝依願免職（注）今度の異動は民政移[illegible]八個国の駐在大使および公使、総領事の大幅な異動である。人事異動に際して[illegible]益のため外交態勢を確立すべく経験や識見の豊富な人を適材適所に配置して[illegible]と語った。李長官は、特に今度の公館長異動は東南ア外交とインドを中心とし[illegible]化するためのもので、また韓日問題早期妥結のための援け」するため元外務次[illegible]たと語った。要するに外交態勢確立のための布陣とみられる。なお、新任外交[illegible]（外務次官）＝ソウル出身、四四歳、韓日会談首席委員公使、駐米[illegible]ホンコン総領事▽金顕哲（駐米大使）＝ソウル出身六〇歳、京畿工専卒、米[illegible]アメリカン大学院から博士学位、財務長官、内閣首班。▽金東祚（駐日大使）[illegible]歳、京畿高商卒、高文合格九州帝大法文学部卒、外務部政務局長、外務部次官[illegible]親善使節団長、貿易振興公社社長。

（十月八日）◎在韓日本人に救護品を贈る　大韓[illegible]日、在韓日本婦人会は一十四世帯[illegible]名に衣類など[illegible]の救護品を贈[illegible]る彼らを慰めた。

◎南北面会所問題に民政党は慎重検討　民政党院内総務[illegible]問題に関して、問題を「国策的に取扱うべきでない」と前置きしながら、面会[illegible]とにより惹起される社会的政治的問題を慎重に検討すべきであると語っていて[illegible]る精神には反対しないが、その具体的な時期と方法に対しては韓国の現実を考慮[illegible]ことを付加えた。

◎板門店に肉親の面会所論擡頭　[illegible]

◎金駐日大使在韓日本人記者会見　駐日大使金東祚氏は十四[illegible]の日本人記者団と共同記者会見を行い、次のように語った。日韓会談は過去の[illegible]新しい両国関係を樹立する為で他の外交交渉と違うと思う。早期妥結はもちろん[illegible]両国の将来にシコリを残さないよう努力したい。[illegible]

（十月十五日）◎共和党党務会議日本借款に原則決定　[illegible]は、十五日午後党務会議[illegible]払い輸入とこれを、うけいれるという原則を定めたが国会の同意をうけ公開的に処理する[illegible]

（十月十六日）◎金駐日大使を首席代表に任命　政府は[illegible]駐日大使を日韓会談首席代表に兼任、発令した。政府は金新大使赴任[illegible]と日本の政局分析と代表団の組み直し[illegible]の対日政策ならびに国内体制整備を急いでいるが、十日赴任する金首席代表[illegible]接触が本格化されるものと見られている。金首席代表は「東京に行って日本の[illegible]

（十月十九日）◎南北面会設置案一時保留　[illegible]

◎北韓の非人道的処事を糾弾、反共連主催の国民大会　[illegible]

（十月十九日）◎故李副氏の社会葬挙行　[illegible]

◎韓日会談再開権限を賦与、金駐日新大使に　朴正熙大統領は[illegible]東京に赴任する金東祚駐日大使に二十[illegible]日本借款を受諾する旨日本側に通告[illegible]方、韓日予備会議早急開催のための必要な権限を賦与した。

◎国際情勢を検討、政府、与党首脳会談　朴大統領は[illegible]連席会議を開き最近の国際情勢に関して意見を交換した。[illegible]朴青瓦台代弁人は、この定例会議ではソ連の政変と英国労働党の執権、それに最近激化した国際情勢に関して中央情報部長から報告をきいたのち[illegible]意見を交換したと伝えた。

◎政府総合的な越冬計画、無制限送電　政府は[illegible]をはじめ電力などの総合的越冬対策を樹立した。[illegible]十一月一日から来年三月[illegible]間を越冬対策期間に定めた。燃料の需要量を六百十三万トンに定め、それを[illegible]ており、電力については無制限送電することにしている。

（十月二十一日）◎藤枝前日本防衛長官、日本の再軍備を示唆　韓国アジア民族反共連盟の招きで訪韓中の藤枝前日本防衛庁長官は[illegible]同氏は、四日間都韓を予定しているが二十一日午前談話を発表した。それにより[illegible]核実験により一九六七年度から始まる第三次防衛計画を強力に推進するため[illegible]ならないとのべて日本の再軍備を間接的に示唆した。

◎国際情勢急変に国会関心高まる　英国労働党の執権、ソ連の[illegible]相失脚、中共の核実験等一連の歴史的事件を契機に急変する国際情勢に対し[illegible]心を表明しているこの頃、国会でも国際情勢に視野を向けようとする反応が[illegible]民会の金大中議員は最近の国際情勢について政府当局の情勢判断と今後の対策[illegible]理、李外務、金国防及び洪公報等を国会に出席させる国防委員出席要求案を[illegible]

26

新旧大使の歓送迎会

ニュー・ジャパンホテルで盛大に開催

去る十月二十日に新任した金東祚駐日大使の歓迎と、三年間の駐日大使の席を去ってアルゼンチン大使に赴任することになった裵義煥前大使の歓送迎レセプションが、四日午後五時から都内・赤坂のホテルニュー・ジャパンで民団中央本部の主催で開かれた。

新任大使の歓迎と過去三年間の駐日大使としての労苦を謝して民団中央本部が催した新旧駐日大使の歓送迎レセプションは定刻の五時過ぎホテルニュー・ジャパンの大ホールに満員の客がつめかけ、やがて、夫人同伴で現れた両大使を参席者全員が拍手で迎えた。

金英俊事務総長が司会役をつとめ権逸中央団長が両大使と夫人を参会者に紹介すると、万雷の拍手がおこり、ついで婦人会ならびに韓国学園の女子学生らが両大使に花束を贈呈した。

そして、権逸中央団長から"今夕、新大使を迎えるとともに前大使を送らねばならない私の胸中は悲喜こもごもあわさるものがあります。裵義煥前大使におかれては過去三年十ヵ月、困難な在日僑胞の諸問題に惜みない指導鞭達をされ、あまつさえ、十年会談といわれた韓日会談を大詰にまでこぎつかせてきた功績は極めて大きいものであると思います。だが、韓日両国の国交正常化をみず駐日大使の任を去られるということは残念至極に思うものであります。両大使がわが同胞によせた熱誠を体してわれわれはより一層の奮発を誓います。大使におかれては彼の地に赴任されても、わが同胞の庇護と向上のためにご精励あらんことを願うとともに、特に健康に留意されるよう祈念します。

さて、金東祚大使におかれてはこのたび、困難な駐日大使の重任を負って日本に赴任されましたが、われわれは完全組織体を目指して努力する覚悟であります。どうぞわれわれを善導して下さるようお願いいたします"との歓送と歓迎の挨拶が述べられた。

このあと、裵前大使から"大使就任以来約三年、皆さんの後援によって無事大任を果してきたことを心から感謝いたします。

民団組織においても多くの隘路があることは分りますが今後の発展のためにも完全な財政の自立体制を整えられんことを願ってやみません。韓国人は極東におけるアイリッシュであるとよくいわれますが、アイルランド人は、個個人はなかなか優秀な人種ですが、組織体となるとまとまりのつかない民族であるといわれています。そのため彼らは英の属国として辛苦し遂には英国に併呑されてしまいました。われわれはこの点を肝に銘じて大同団結しなくてはならないと考えます。

在任中は、韓日会談の妥結のために力を注いできましたが、この中には皆さんの生活とも直接結びつきのある僑胞の法的地位問題が含まれています。駐日大使の任を去るにおよんで、皆さんの地位問題が法的に確立されて、安心して生活できるのをみないのが残念です。私の去った後は、金大使を擁してより一層民族と国家のため尽力されるよう願って答辞にかえるものであります"との答辞が述べられ、ついで、金東祚新大使から"在日僑胞の協力をもって力の限り私に負荷された任務を遂行する覚悟であります。皆さんの善意の建議を期待するとともにご指導ご鞭撻のあらんことを願います"との挨拶があって、権団長から辺君領事課長に在任中の労苦を感謝する表彰状が手渡され、ついで、李裕天オリンピック後援会長から裵前大使に感謝状が贈られ、在任中の労苦に対し感謝の意が表せられた。

このあと、ビールを傾けながらなごやかな歓談が続けられ、同七時半すぎ散会した。

裵前大使夫妻の労をねぎらう権団長

新任の金大使夫妻（左側）

済州島の観光開発

建設部が、二十七日発表したところによると米国の請負業者ハワード・E・ブーカ氏（オークランドホストルド請負会社極東駐在代表者）の提案で七百万ドルをもって済州島観光事業開発計画を検討中であるといわれている。

帰国輸送事業に民団の総力を

―朴炳憲総務局長―

さきごろ、オリンピック観覧客の渡日輸送事業の責任者の一人として本国に出張し、予期せざる混乱を収集して同輸送事業を軌道にのせ、鋭意輸送業務を推進してきた朴炳憲中央総務局長は、十一月四日から開始された本国観覧客の帰国輸送事業の推進にあたって次のように語った。

"今度の帰国輸送計画は、さきの渡日輸送事業で経験した多くの隘路について事前に充分検討を加えた。したがって渡日時にみられたような過ちを繰り返すようなことはないだろうと思われる。この輸送事業において特に注意を払わなくてはならない事は、事務手続の迅速な処理や連絡の徹底、時間的な浪費等のないようにすることもさることながら来日した全観覧客を一人も事故のないよう帰国させることである。

この問題は、日本の入国査証を受ける時の条件でも誓約したことであり、わが民団の威信にかけても完遂しなければならない。この点に留意して全団員は自分の周囲に在留する本国観覧客を自分自身の問題と考え、全組織をあげてオリンピック観覧ケースで来日した本国同胞を全員送り返えしてもらいたい。この事業の成否は民団の発展度を示すものであり当面課題としてわれわれの全力量をここに傾注しなければならない"。

本国招請家族を朝総連の欺瞞工作に利用させるな

本国招請家族を対象に朝総連はいま必死の欺瞞宣伝工作を展開しているが、これに対備して民団中央本部は全国の団員ならびに本国招請家族に次のように呼びかけている。

最近、朝総連は北韓選手のオリンピック不参加によってその鉾先を本国招請家族に向けてきた。すなわち、朝総連は欺瞞にみちた平和統一攻勢を展開しながら来日中の本国招請家族を巧妙な甘言をもって映画会、観劇会、歓迎会等に誘ない、これらの催しものを通じて欺瞞、虚偽宣伝を行なっている。

善良な本国同胞にとって彼らの欺瞞工作は大きな影響をもたらす恐れがあり、われわれとしてはこれを看過することはできない。

そこで各級機関においては、朝総連のこの種の催しものに対して特に警戒を強め、いかなる集会にも絶対に一人の参加者もないよう徹底してもらいたい。

特に本国招請家族ならびにその招請者は、今度の招請ケースは一般旅行ケースとは異なり一定期限内に帰国しなければならないことになっている点を念頭に置き、滞留の延期または長期在留を申出ることのないよう注意していただきたい。この問題は今後の韓日間の一般旅行者に及ぼす影響もあるので入国時に関係当局に提出した誓約書の事項を厳守していただきたい。

招請家族の歓迎慰労会 大阪本部で盛大に

"朝総連はもういやだ"

幹部が進んで民団に入団

川崎支部分会長の鄭徳勉氏

二十三年ぶりに故国の老母と再会した朝総連川崎支部、土手分会長、鄭徳勉氏は、韓国駐日代表部と居留民団の温い同胞愛と寛大な処遇に感激し、今までの朝総連幹部であったことの無意味な生活を清算し、大韓民国と居留民団に対する認識をあらため自ら進んで民団に入団することを決め、十九日声明書を発表した。

声明書

本籍地 全羅南道羅州郡洞江面仁洞里六〇

現住所 神奈川県川崎市戸平町二〜九二

在日朝鮮人総連合会神奈川県川崎土手分会

分会長 鄭徳勉

私は、今日まで日本に居住し、在日本朝鮮人総連合神奈川県川崎分会長として総連組織に奉仕しておりました。

このたび、東京オリンピック大会を契機として故国大韓民国に居住する老母を、縁故者である民団々員が招請してくれたお蔭で、去る十月十四日、二十三年振りに夢にも忘れることの出来なかった母親と、日本の地で逢うことができました。

ご承知のように、私は日本で朝総連の活動家という職責を持っているにも拘らず、大韓民国駐日代表部と、在日大韓民国居留民団の民族愛あふれる寛大な配慮によって肉親に逢うことができ、その温情に抱かれてみると、今日まで、朝総連の幹部として、想像することすら出来なかった感激に迫まられています。

私は、今度の東京オリンピック大会において北韓選手団がなした卑怯な態度をみるに及んで、過去を問わず、在日僑胞に対し温情を示す母国大韓民国と在日大韓民国居留民団の真正な、民族愛にふれてはじめて、今日まで非民族的な生活と無意味な人生を過ごして来たことに目覚めました。

私は今日までの誤まった理念と生活を反省し、真実を正しく判断した結果、この声明文を発表することにしました。

これから先、朝総連のあらゆる圧力と逆宣伝にも屈服しないことを確言致します。

終りにこの声明文は、民団の強要でないことはもち論、第三者の勧告でもなく、私自身の希望と併せて在日六〇万同胞の為に敢えてこれを発表するものであることを明言します。

一九六四年十月十九日

右 鄭徳勉

「朝総連は間違っている」と声明を発表する鄭徳勉さん（左端）

権中央団長の令息結婚披露

―十一日椿山荘にて―

権逸中央団長の令息世革君と世倫君の結婚式が去る五日行なわれたが、来る十一月十一日正午から都内・椿山荘において二組の結婚披露宴を催す。

李金竜氏 国際観光公社駐日外務部長に

往年の闘士でもあり、日刊韓国新聞社の業務次長であった李金竜氏がこのほど韓国国営の観光公社国際観光公社の東京事務所外務部長に就任した。外貨獲得の一翼をになう同社で、韓国観光の勧誘役をつとめる同氏の活躍が期待されるが、近くフィアンセの梨花女子大出身の才媛、趙彦子嬢と華燭の典をあげることになっている。

尋ね人

前住所 長崎県網町白白字前内

氏名 加藤良夫（六十歳）

金オクヨン

金イヨンスン

右の方に心あたりの方は左記また、本紙までにご連絡下さい。

ソウル特別市漢江路二街三信ビル、清緑樹、茶房

▽

本籍 京畿道開城市洞四八六

本名 劉満成

日本名 山村勲成

長女 ツネ子

次女 ヒミ子

住所、鹿児島県川辺郡加世田町

右の方は昭和十年ごろ、右の住所で京成同和薬房代理店を経営していました。家族がたずねていますので心あたりの方は、本社または左記へご連絡下さい。

ソウル特別市麻浦区孔徳洞一五三番地 新栄工業社

母 高[illegible]

弟 劉益成

▽

本籍 馬山市内城面斗谷里

氏名 崔方基（51）

右の人を心あたりの方は、本社へご連絡下さい。

35年を迎える 光州学生事件

学生の日

十一月三日は、「学生の日」である。この日は、日帝治下にあった一九二九年（昭和四年）十一月三日に全南光州高等普通学校生徒（いまの光州西中）によって起された反日民族独立運動を記念する日である。これは韓国学生運動が民族独立運動史に不滅の精神的伝統と功績を残した"光州学生事件"として知られ、独立後政府は一九五三年十月二十日国会において満場一致の院議をもって制定した"学生の愛国運動を記念するための「学生の日」である。今年は、その三十五周年に当るので学生事件の概略を左に紹介する。

◇事件の発端は中学生のけんかから

事件の直接きっかけとなった発端は、光州高普生徒と光州日本人中学生による、けんかから始まった。一九二九年十月三十日の夕方六時前後、羅州駅構内は汽車で通学する中学生たちが下車するので混んでいた。そのときであるが、光州女高生朴奇玉（18）が汽車から下車して、改札口を出たところ同じく下車した光州日中生福田某およびその仲間たちが、右の朴嬢を取り囲みからんできた。日中生たちは、女の子をからかいながら民族侮辱的な口調で悪口をはき、しまいには髪の毛を引っぱり小づき始める。これを見て光州高普二年の朴嬢の弟朴準埰（16）と同じ級友たちが、ふんがいして口論となり乱闘するところとなった。

◇巡査と光州日報も日中生の肩を持つ

丁度駅のまわりをパトロールしていた巡査（日人）もその現場に居合せたが、仲裁するところが反って一方的に日中生に味方しながら朴兄姉および朝鮮人中学生たちを脅して帰えさした。

それはかりでなかった。この中学生たちの口論事件を、光州日報（日本人経営）の記者も、日中生の肩を持つ一方的な感情をもって民族侮べつ記事を翌日の朝刊に報道した。この時分は朝鮮人が日本人に立ち向うのは恐いことであり、生意気とされていた。それで、巡査と新聞記者は事件の真相よりも、日中生に味方したことでもあった。

この事件が起る前にも、汽車通学の高普生と日中生との間には、よくもんちゃくを起した。日頃反目を重ねてきていた間柄でもあったので、三十日の事件が起きてからは、高普生が日中生に対する憤激は、日と共につのって行った。双方の反目と敵対は、全校生の総立ちとなり、高普生は日中生に対して積極的攻勢に出た。日中側でも反撃に出るので、路上でも、駅のホームでも到るところで、小競合いとなった。やがて、それは学校対学校の対立となり、光州全市の各中学と市民までが、高普生を応援に立った。一方、日本人側も日中生をかばうために結束したので、さながら市街戦の一歩手前まで、険悪化した。

◇十一月三日事件勃発

十一月三日は日帝の天長節で全南道庁ではその日に産繭六万石の祝賀式を催すことになり、光州市内は人出で大へんな混み方をした。

高普生たちは、天長節式典を終えてから、帰る途中郵便局の前あたりで待伏せしていたところ、日中生も式場である神社（いまの公園）から帰ってきた。双方はすぐ取組みとなり入乱れて肉弾戦となった。不意をつかれた劣勢な日中生は、日中校へと逃げた。それを追って[illegible]（日中校付近）で追捕したところ、日中校から柔道教諭が多勢の生徒たちを引率して応援にかけつけた。この有様を知らされた農業学校、師範の生徒たちも即時高普生のSOSに合流した。しかし、間もなく警官が出動することになり、乱闘はやんだ。

一方、高普生の別動隊は光州日報社を襲って、社長に抗議文を手渡し同時に、印刷工場に乱入して印刷キカイに砂をかけて新聞発行を不能にした。

この衝突で、高普側九名、日中側は二十七名の負傷者を出した。その日から、検事の出動となり日中生八名と高普生数十名の検束者が出た。検事は、一応双方取調べはしたが、日中生は全員帰宅を許しながら、高普生だちはそのまま拘留した。

一方、ソウル新幹会中央本部では、光州支会からの急報連絡で事件発生を知った。即時、金炳魯氏らが光州に急派され、検事と道知事に抗議をした。しかし、検事は高圧的で植民地民に対する日本人優位を堅持して、徹底的に取締ることを言明すると共に一切の新聞報道を禁止した。学校当局では、事件拡大を憂いて一週間の休校に入った。

◇事件は拡大、全面蜂起

検挙せん風は、猛烈をきわめた。事件は、それで収まるどころか弾圧に抗して光州全市の各学校と青年団および市民の抵抗が組織された。高普生は休暇を利用して各校の読書会が中心となって、次の作戦に忙しかった。

休校明けの十一日は、警察でも万一を心配し非常警戒をしたが、各校生は何にくわぬ顔で、登校授業をうけた。ところが、その翌十二日になると丁度市日（いち）が立つ日なので、（警察では昨日が無事なので安心したか、普通警戒をしていた）警察のウラをかいて、市日を利用してデモをしかけた。第一時間始業ベルを合図に、市内の全校生が総決起した。用意したビラと国旗を、学校の旗棹や棒切れで武装して、独立万歳を連呼しながら、市街をデモった。市に集まった市民もデモに合流して、検束学生の釈放を強く要求した。一方、警察では在郷軍人、消防隊、騎馬隊まで出動して、デモ隊を解散したので、一時険悪をきわめた事態は、おさまることができたが、多数の負傷者を出した。デモに動員された学校は、高普、女高、商業、農業、師範等の各校で、四百数十名が検挙された。これら拘引学生たちは、翌年三月公判まで、光州刑務所につながれた。これで、光州における学生の抗日独立運動は、表面上一段落を告げた。

◇むすび

事件は、地元光州では十一月十二日の大デモで一応終った。しかし、やがて、それはソウルに飛火した。新幹会が中心となり、ソウル各学校の読書会が総決起して光州学生釈放を要求する運動が全国的に、間島地方にまで、波及した。全国的な運動は、翌年一月十五日を期してソウル全市の各学生の一大デモとなり、同盟休校となった。当時の統計（警察局の）だけでも、運動は前後六ヵ月に亘り、小学五四、中学一三六、専門四、間島八校が決起し、動員数五万四千余を数えた。事件により退校処分五八二名、無期停学二三三〇名の犠牲者が出た。三・一独立運動後、全民族を動員決起させたのは、この光州学生事件だけであった。また、学生事件を直接指導したのは学内にあった数年前から地下運動をしていた読書会であった。

東京五輪・15日間の総決算

韓国、奮戦し三個のメダル
記録競技に急上昇した水準
アメリカ12年ぶりにソ連を制圧

東京オリンピックは、二十四日の閉会式を前に行われた大障碍馬術をしんがりに、十五日間にわたり二十一個種目の全競技を完了した。今回の大会は、米、ソ戦力に対して世界の関心が集まったが、米国がソ連を圧倒してローマ大会の不振を回復した。これに反して韓国はわずかメダル三個だけで満足することになったが、アジア地域の新興国選手たちは奮戦したのが印象に残った。

韓国五輪史上最大の選手団

史上最大の二百十名の選手団を送った韓国は、ボクシング・バンタム級の鄭申朝とレスリング自由型フライ級の張昌宣が銀メダル二個に入賞し、柔道中量級の金義泰が惜しくも銅メダルを獲得した。東京の空高く太極旗が三個掲揚する感激を味わった。

米勢ソ連を圧倒

アジアが示した可能性＝レスリングとボクシング

レスリングと体操で日本の著しい進出は、アジアの可能性を示した。特に、レスリングでスパルタ式の訓練をつんだ日本は、自由型で軽量三体級、グレコ・ローマン型の二個体級で金メダルに入賞したのは、特記すべきである。

しかし、スタミナの不足と連続技に未熟な韓国は、ライト級以下の軽量ではある程度世界水準に肉迫した。対戦相手のこともあったがフライ級張昌宣が銀メダルを獲得したのは、韓国レスリングの発展のために可能性を示した。

韓国ボクシング世界水準

鄭申朝の銀メダル入賞は軽量級で世界水準といえる。しかし、中重級では他に比してその実力ははるかに及ばない。フライ級曽東基は、有望株の一人であったが準々決勝で判定に敗れた。

メキシコでの再会を約し
東京五輪、24日に閉幕
31個の世界新を出して

金義泰は銅メダル
柔道　日本の岡野に惜敗

鄭申朝、惜しくも二位
ボクシング バンタム級　決戦で桜井（日本）に敗れる

覇者への途はハード・トレーニングあるのみ
世界的ダイバー、セミ・李氏語る

各国のメダル数

国	金	銀	銅
韓国	0	2	1
米国	36	26	28
ソ連	30	31	35
日本	16	5	8
ドイツ	10	22	18
イタリア	10	10	7
ハンガリー	10	7	5
ポーランド	7	6	10
濠州	6	2	10
チェコ	5	6	3
英国	4	12	2
ブルガリア	3	5	2
ニュージーランド	3	0	2
フィンランド	3	0	2
ルーマニア	2	4	6
オランダ	2	4	4
トルコ	2	3	1
スウェーデン	2	2	4
デンマーク	2	1	3
ユーゴ	2	1	2
ベルギー	2	0	1
フランス	1	8	6
カナダ	1	2	1
スイス	1	2	1
エチオピア	1	0	0
バハマ	1	0	0
インド	1	0	0
トリニダード	0	1	2
チュニジア	0	1	1
アルゼンチン	0	1	0
キューバ	0	1	0
パキスタン	0	1	0
フィリピン	0	1	0
イラン	0	0	2
ケニア	0	0	1
エール	0	0	1
メキシコ	0	0	1
ガーナ	0	0	1
ナイジェリア	0	0	1
ウルグアイ	0	0	1

アンケート

東京オリンピックの反省
選手団不振の原因と対策

27日、五輪選手団の解団式

ソンデ氏訪韓　インドのIOC委員

東亜、朝鮮両社を推薦

国際カタログ展示会

28

韓國新聞

発行所
韓國新聞社
発行人　権　逸
東京都文京区春日
2丁目20－13
電話（813）2261～3 編集
（812）0673 業務
振替口座東京 34988番

五大綱領

一、われわれは　大韓民国の国是を遵守する
一、われわれは　在留同胞の民権擁護を期する
一、われわれは　在留同胞の民生安定を期する
一、われわれは　在留同胞の文化向上を期する
一、われわれは　国際親善を期する

行動綱領

一、大同団結して民団組織を強化発展させよう！
一、朝総連の侵透工作を断乎粉砕しよう！
一、全在日同胞をわが民団陣営に結集しよう！

後援事業에서얻은成果를더욱発展시키자

韓日会談　三日再開　妥結迫る

権逸団長代表団顧問に
法的地位問題に新気運

権逸中央団長　　金東祚大使

去る十五日、本国政府と打合せのため帰国した金東祚駐日大使は朴正熙大統領、丁一権総理、李東元外務部長官らに日本政府の意向を報告し、韓日会談再会にあたっての訓令を受けて二十三日に帰任したが、二十五日には日本外務省に椎名外相を訪れ、韓日本会談の再開について話し合い、本会談を十二月三日から再開することで意見の一致をみた。またこの席上で金大使は李外務部長官から椎名日本外相にあてた韓国への招聘状を手渡し、正式に韓国訪問を要請した。本国政府としては椎名外相の本国訪問時期を来年の一月十五日から二十四日の間を期待しているが、椎名外相はこの日の会談で二月中旬頃までに訪韓すると述べた。本会談の本国側代表団の顔ぶれは金東祚大使が首席代表となり、各専門委員会にはそれぞれその筋の権威者が名を連らねているが、特に代表団の顧問として権逸中央団長が独立運動の志士李甲成氏とともに内定されていることは、われわれ在日同胞の法的地位問題の確立とともに注目に値いする。ところで今春の本国学生デモによって中断されて以来八ヵ月ぶりに再開される今次韓日本会談にはなお多くの難問が残されているが、佐藤日本新内閣の両国国交正常化には過去の日本歴代政府のいかなる時期にも見られない熱意がうかがわれ、妥結への気運が急速に高まっている。

……"規制水域"では、両国の操業漁船の隻数を許可制にし、その隻数については毎年両国間で話合いで決める。日本側はこの"規制水域"にはいって操業する代償として"漁業協力資金"を提供する。これは平和ラインの精神を保ったものであるといわれている。

このように漁業交渉については韓国沿岸十二カイリの外側に韓日共同管理の新しい漁場を設け、この新漁場で操業する漁船の隻数、漁網の形などについては両国間で毎年漁業協定でこれを決定することとし、従来の李ラインは平和ラインとして存続させ、日本側は李ライン内の操業の代償として韓国に漁業協力基金を提供することになるようである。

……国の招聘を正式に受諾した。このように韓日双方は非常な熱……

……中央本部団長（中）李甲成……

五輪後援は大成功
権逸中央団長成果を発表

能力を遺憾なく発揮

観覧客の費用一切を在日同胞が拠出

輸送事業も完ぺき

期限内に帰国完了

朝総連の幹部など千数百名が帰順

公告

直選中央委員選出さる
＝民団中央議決機関＝

民団中央議決機関（朴玄議長）は十一月六日付公文で、第三十回臨時全体大会で委任された直選中央委員の選出を決定し、三十名の名を次のとおり発表した。

朴玄、金陸男、張聰明、権逸、韓檜俊、鄭煐和、金英俊、朴鋌、李熙健、卞先春、梁炳斗

金晋根、崔正烈、文慶韶、洪賢基、鄭建永、李相台、朴根世、金世基、安八竜、金泰変、鄭哲、金正柱、李鍾太、楊浩、金信三

（中央局長の中から四名）

写真でみるオリンピック観覧客の迎送

羽田空港に降り立つ本国のオリンピック観覧客を温かく出迎える権逸中央本部団長

●宿舎に落ち着いた観覧客に　あいさつする権逸中央団長

●十数年ぶりの再会に涙を流して喜びあう　風景が各所でみられた

朝総連系から千四百人が
大挙して民団へ転向
本国同胞から実情聞いて

……これらの朝総連系の人達が、わが民団に帰切った理由は、第一に本国同胞が語る真の本国事情が、自分達が今までいかに朝総連の歪曲された虚偽宣伝にだまされていたかを悟り、これからの進む道は、自由で民主主義的な民団社会以外にはないということを知ったからである。

一、第三に、本国同胞が日本滞在中に、実際その目で見た日本の驚異的な発展ぶりと科学的な生産性の向上の実態は、同胞らの心を大きく捉えたに違いない。ここで受けた感銘は必らずや本国の再建に貴重な貢献をなすことであろう。最近、本国から各種の視察団が続々来日しているが、今度のオリンピック観覧客ほどの大規模で、また本国各地から来日したことはいまだかつてない。その上、これらの観覧客の大部分はそのほとんどが、直接にまたは間接的に国家の再建事業にたずさわる人達である点を考える時、その影響は極めて大きいものがあるといわざるを得ない。

一、このほかにも、本国同胞らが、わが民団の明朗で清新な態度に接して今までの民団に対する認識を払拭し、民団の真姿を再認識したことが取りあげられなければならない。この事は帰国したオリンピック観覧客がその事実を本国の同胞に伝えることによって、われわれ在日同胞と本国をより一層近づけることになるのである。その結果、本国の再建は在日同胞によって側面からその速度を加えられることになり、また、韓国民として完全な庇護を受けていない在日同胞に新な処置が講ぜられることとなることは必至である。

一、そしてまた、日本当局筋では、本国オリンピック観覧客の来日にあたって、当初、三、四割程度の日本残留者がでるのではないかと予想していたといわれるが、来日した本国同胞は一人一人が独立国家の国民としての自覚と尊厳を堅持し、許された期限内にほとんどの者が民団の指導する輸送計画にしたがって秩序正しく帰国した。そして現在、若干名の病気加療中の者が残っているに過ぎない。

これは、本国同胞の自覚心もさることながら、わが民団が実際に仕事のできる組織体であるということを示した点で大きく評価されなければならない。以上が本国同胞の来日によってもたらされた成果である。

ところで、わが民団は、本国同胞の来日にあたってかつてない組織力を傾注して事にあたったが、その信念とするところは、あくまでも、本国と日本に離ればなれに住む同胞を再会させ、その喜びを分ち合うということと、オリンピックの参観と同時に日本の長所を見聞してもらいたいということであった。幸いにして、この目的はわが民団の誠意に満ちた活動によって十分にその目的を達成することができた。ところが、朝総連では、東京オリンピックを契機に四億円を超する宣伝工作資金を計上して、来日した本国同胞の赤化工作に狂奔したとのことである。だがその結果は、本国同胞らが説明したありのままの本国実情によって彼らが意図した目的とは逆に現職の幹部二十七名を含めた大挙民団転向者を実現させ、彼らの宣伝工作に数倍する宣伝効果をあげることとなったのである。この事実は、彼らの宣伝工作が如何に非現実的で、また、大衆の心理から浮きあがったものであるかを如実に示した好い例であるといえよう。

これに反して、わが民団は常に同胞の要求を取りあげ、これにもとづく運動を着実に展開しているのである。したがって、この基本線から逸脱しない限り、われわれの推進する事業は、今度のオリンピック後援事業が示すように大成果をもたらすことになるのである。

……ここでも在日同胞は温かく迎え、そして見送った

すべての在日同胞を
民団傘下に迎える
―鄭炯和副団長―

鄭炯和中央副団長は、東京オリンピックを通じて韓日両国政府ならびに在日同胞の果した役割について次のように述べている。

「いまだ国交の正常化がなされていない韓国と日本の間で五千余名もの観覧客が来日したことは、本国政府の英断は勿論のこと、受け入れる側の日本としても大変な壮挙であったといわざるを得ない。これら本国からの観覧客は戦後久しく家族友人らが離ればなれになっていたのをオリンピックを機に再会することとなり、本人同志もさることながら、われわれとしても喜ばしい限りである。わが民団は同胞と本国家族の再会を実現させることによって、民団史上に大きな飛躍をもたらした。また、これらの本国招請家族は、日本人をはじめ在日同胞に、祖国大韓民国を再認識させ、自分達もまた日本ならびに居留民団に対する認識を新たにした。このことは、韓日間に横たわる感情のしこりを解きほごすのに役立つとともに、祖国と民団の奇ずなをより一層深固なものにした。そして、朝総連が必死になって続ける欺瞞と中傷に満ちた虚偽宣伝を一掃し、朝総連傘下の同胞をして大挙わが陣営に入団させたことは特筆すべき成果である。われわれは、今後とも本国と日本に住む同胞の相互交流を促進させ、韓日両国の正しい認識を深めるために努力を傾けるつもりである。また、今後わが居留民団に対して意識的に反対する同胞までも大局的な見地からこれをわが陣営に抱容する用意があるということをつけ加える。」

全国地方本部団長会議召集

日時　一九六四年十二月五・六日
場所　民団中央本部会議室
議題　1、東京五輪後援事業の総括報告
　　　2、法的地位問題の研究討議

29

南北韓、分断の経緯　その2

北韓の欺瞞統一論をあばく

統一なき休戦（つづき）

統一に対する一切の具体的な方案を保留し、韓国の分断をその儘にして、戦闘行為だけを注視するという休戦交渉が何を意味するかは、余りにも明らかであった。それは、分断の硬化を意味するに過ぎない。熱戦を根本的な対策無しに回避して、一時的な安息だけを求める姑息的な政策は韓国の主体的な立場を無視する不当な処置であるばかりでなく、国際正義を守護する為に命を捧げ血を流した幾多の英霊に対して申訳のない事でもあった。

遂に二ヵ年余にわたる自由諸国の政策に絶大なる信頼を惜しまなかったわが韓国民は、自由の死生を賭する重大な局面に直面し、国際正義に立脚した民族的自主性を守護する為に総蹶起したのであ

することであって、本問題は当地域住民の代表が参加することなしには公明正大に解決され得ないことを認定する故に、総会は

一、本問題審議において選挙に依る韓国国民の代表が参与するよう招請することを決議し

二、なおこのような参与を容易ならしめ促進させる為に、韓国代表が単なる韓国の軍政当局に依って指名されたものでなく、韓国国民に依って事実上、正当に選出されたものであることを監視する為に速かに国際連合韓国臨時委員団を設置して、韓国に赴任させこの委員団に全韓国を通じて旅行、監視及び協議出来る権限を賦与することを決議する。

B、総会は韓国国民の独立に対する要請が、緊急且つ正当であることを認定し、韓国の国家的独立が再び確立されるべきであり、全占領軍はその後可能な短時日内に、撤収されなければならない事を確信し、

韓国国民の自由と独立は、韓国国民の代表の参与なしには、公明正大に解決しえないという前述の結論と、選挙に依る韓国国民の参与を容易ならしめ促進させる目的をもって、国際連合韓国 委員団【以下委員団と略称する】を設置するという決議を想起し、

一、該委員団は、濠洲、カナダ、中国、エル・サルバトール、仏

その樹立を委員団に通告するよう勧告する。

四、また、中央政府樹立直後の政府は、委員団と協議して下記事項を実施すること。

A、保安隊を編成して、これに含まれない凡ゆる軍事団体と類似軍事団体を解散すること。

B、南北韓の軍司令官と軍政当局から、政府諸機能を譲り受けること。

C、なるべく速かに、可能ならば九十日以内に占領軍は、韓国から完全に撤退するよう占領国国とその手続きを作成すること。

五、委員団は韓国内における監視と協議した事柄を参酌して、韓国国家独立と占領軍撤退を達成させる前記方針遂行を容易ならしめ、かつ促進させることを決議する。

委員団は彼等が得たところの結論を添えて総会に報告しなければならず、事態の推移に照し、本決議の適用に関して中間委員団（以下小総会と名付ける。若し設置された場合）と協議することが出来る。

六、委員団がその責任を遂行するに当って、凡ゆる援助と便宜を提供するよう関係加盟国に要請する。

し、韓国独立の完成に至る準備的過渡期間中には、総会決定を遂行する場合を除いては、韓国国民の諸問題に干渉することを慎

民主主義生活様式の基本的特性である自然らしさと、生活の潤いを韓国民は何ものよりも愛している。ある個人の偶像化や、硬化した論理、概念的なドグマのようなものを韓国民は嫌悪している。大統領とは自分達が選挙によって選んだ人間であり、従って大統領は個々人のうえに君臨する者ではなく、本質的に国家を預う人間であるということを生活的に体得している。必要以上の権威や必要以上の示威構を嫌悪する。国民達は活気にあふれている。努力と勤勉と能力と、機会に従って誰でもが自分になり得ることが出来るという自信に依って活気を持つことができるのである。

結局、自分の生活を自ら営み、自ら改善できるという、この無限な可能性は、何ものよりも民主体制のよい結果であるということを知っている。韓国民は、自分達が行使する選挙の結果を注視し、行政府の能力を客観的に判定する能力を保持しており、無能な行政府はこれを斥ける事もできるという自信を持っている。

韓国民は人間の幸福とは、結局個人の幸福であるということを知っており、従って家族単位の潤い、日常生活のささやかな楽しみと潤いを民主主義的社会の最も大きな特徴として大事にしている。

人間の基本的な権利である、この日常生活を存分に楽しむことのできる機利を保障する政治体制はそれがたとえどんなものであっても、これを唾棄する。韓国民は自分達の政府が、自分達の日常生活を守護してくれており、自分の幸福のかかった政府であるという事を認識している。

民主政府樹立

韓国の民主主義的出発は、第二次大戦の終結と日本帝国主義からの解放に始まる。三十八度線以南の選挙可能地域だけでも総選挙を実施するという国連の決議に立脚して、南韓全域に民主的自由選挙が実施され、圧倒的な大多数国民がこの選挙に参加して、歴史的な民主政治の第一歩が踏み出されたのは、一九四八年五月十日のことである。この時、祖国の独立に一生を捧げた老愛国者達を始め、各界各層の人士が網羅され、一九四八年七月七日には、韓国歴史上始めて民主憲法の公布を見たのである。

今、この憲法の前文を見ると次のようである。「悠久な歴史と伝統に輝くわが大韓民国は、一九一九年三・一運動を捐し、大韓民国を樹立して世界に宣言した偉大な独立精神を継承し、ここに民主独立国家を再建するにあたって正義人道と同胞愛をもって民族の団結を鞏固にし、凡ゆる社会的弊習を打破して民主主義諸制度を樹立することに依って政治、経済、社会、文化の凡ゆる領域における各人の機会を均等にし、各自の能力を最高度に発揮させ、各人の責任と義務を完遂させることによって国内的には国民生活の均等な向上を期し、国外的には恒久的な国際平和の維持に努力して、我々と我等の子孫の安全と自由と幸福を永遠に確保することを決意して、ここに我々が正当且つ自由に選出した代表をもって構成される国会において一九四八年七月十二日、この憲法を制定する。」

このように、新しく憲法前文で明らかなように、臨時に樹立された独立政府の精神と伝統を尊重し、その理念を継承することに依って悠久な民族伝統を受け継いだ。それ故に、国連決議に立脚して、全世界人類の温かい祝福の中で継続的な総選挙を通じて樹立された大韓民国政府は、北韓の非正常的な状況と、北韓人民の非正常な境遇を考慮して、百余の議席を残し、一九四八年六月十一日、第一国会第八次本会議では北韓同胞に送るメッセージ」を満場一致で採択した。その内容は次の通りである。

「我々は一九一九年の独立運動以来、多くの愛国烈士達が流した血と愛国志士達の力に依って、カイロ国際公約ポツダム宣言を経るに至った。しかし、その適用過程はわが三千万民衆の意志に反して

の民主代表を選出し国内に送ることを希望する。一九四八年六月。

このような決議をすることによって、また、一日も早く政権に参加するように充分な余地を残したのであった。勿論、悲劇的なことではあるが、韓国としては如何ともなし得ないことである。可能な地域だけでも自主的な民主独立国家の体制を整え、そのあと選挙による北韓人民の参加を待つより方法がなかった。即ち、韓国民は短い期間ではあるが、漸く民主主義と自由が何であるか、それがどうして尊いものであるかを自らに経験によって体得するようになったのである。

しかしこの民主主義政治を立派に運営して行くということは、諸々の成熟した要件が整って始めて可能なことであって、我々のような悪条件のなかではむずかしいことである。しかし短気な熱意や人道主義的要素なく血なまぐさい革命的方法のようなものは、本質的に韓国民の的気質と相容れないものであり、韓国の伝統的な精神的文化

南韓の民主主義

韓国が分断されるまでの経緯は既に述べた。要するに、韓国の分断は韓国人自身の念願とは相反する分断である。韓国人としては、南と北、何れの政府が真に韓国人らしい体臭と伝統を引き継ぎ韓国人の意志を代表する政府であるかは明白な事実である。それは南韓の民主主義政府である。

韓国は、元来忍耐性が強く、与えられた条件の中で最大限の可能性を模索する習慣を古くから培はくまれてきた。いう迄もなく民主主義政治は、特定の個人あるいは独裁的な政党が上から君臨する政治ではなく、全国民が共同に参画し、全国民の意見を纏めて運営される政治である。

韓国人は、始めて現代的な体制としてのこの民主政体を採用したのである。この民主政体下における韓国民は、自由なあらゆる条件を保障され、またそれを享受している。各自の趣味と嗜好に従い、また能力と資質に従って、どんな生活を楽しむことが出来る。

四月学生蜂起

民主主義の勝利

掃きだめに咲くバラの花

論壇

指導層の世代交替が急先務

民団福岡県本部団長　文圭準

わが居留民団は創団以来すでに二十年になんなんとしてい

本国ニュースダイジェスト　十月二十六日～十一月十六日

民団の皆さん有難う

夢にみた肉親・知己にも逢えた！
熱誠溢れる迎接に感銘
五輪観覧客からお礼状

大分県大在支部の罹災僑胞を救おう

焼け落ちた大分大在部落の建物あとⓐと早くも対策本部が設けられ救援の手がさしのべられている

大韓婦人会も大活躍
東京五輪 呉基文会長語る

越北希望者は"逃避者"であって亡命ではない

民団中央宣伝局では、最近、日本の新聞紙上に本国オリンピック観覧者のうちの越北した者に対して"亡命者"という用語を使用しているのに対して、越北した者の事情から"亡命者"という用語は適切な表現でなく北韓に自分の故郷に帰ったのであるから"逃避者"であると規定、このように用語を改めるよう日本の各新聞ならびに出版物関係者に次のような要望をおこなった。

—▽—

要望書

第十八回世界オリンピック大会は史上最高の規模で行われ、輝しい成果をおさめ、去る十月二十四日成功裡に大会の幕が下された。

建青創立十九周年記念盛大に挙行
市ヶ谷私学会館

祝建青十九周年記念

の記念パーティーに出席した権中央団長

若返えりを強調
韓青第11回定期全国大会

韓青の第11回定期全国大会会場

埼玉商銀、驚異的な発展ぶり
鉄筋四階ビルを建設
総工費五千万円17日落成式

李健氏ハワイで韓日親善に一役
訪ね人

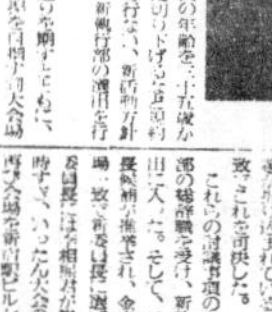

本国体育界で五輪反省

体育会体質の改善へ

傘下団体に新指針を示す

興奮と感動、悲喜交錯して話題を生んだ第十八回東京オリンピック大会も終ってから、はや三週間を過ぎた。騒ぎの後の静けさと一種の虚脱した状態である。東京大会に出場した韓国選手団の部分的な成績不振は、国民がこれに対する希望と期待が現実の実力を無視してオーバーであっただけに、ショックでもあった。その中でも、国内に帰ってきた韓国体育界の動きに対する国内社会の関心はたかまっている。折から大韓体育会傘下団体の当事者間でも、少なくない論議がかもされておる。

球技の惨敗に引責

蹴協・籠協・排協幹部が総退陣

東京オリンピック大会における韓国選手団の成績不振—特にある一種目の場合は完敗したことに対する大韓体育会傘下団体の間では…

前に報告することを、内容としている。

体育会が各競技団体の代議員総会召集に神経をつかって今度の新方針を打ち出したのは、東京オリンピックに出場以後虚脱状態がつづき低迷しているスポーツ界に、新しい意欲をもって新気運をつく…

…パンコックで行われるアジア競技大会種目を中心に、約一週間理論と実技訓練をする。選手訓練に優先して指導理念確立のために精神教育に重点をおく。

なお、講習会に成功すればその中から選抜された指導要員を、体育会合同訓練に従事させることも計画にふくまれている。

12月中に講習会

バスケット新執行部選出

十八日（ソウル）体育会会議室で開かれたバスケット協会代議員総会はバスケット協会新執行部の役員として理事十名、監事二名を選出した。

ソウル郊外金谷郷陵の石像　撮影・李間

本国から新着映画

毎週公報館で試写会開く

駐日韓国公報館では、在日…のために、国内から最新ニュース、映画試写会を毎週…荷して在庫している本国映画…とにする。

権勢十年

【あらすじ】李朝時代、英祖期、井国栄は、父親が逆賊の汚名を着せられ非業の死を遂げて以来、浪人の生活を送るが彼生黄一仙の助けにより、機会をつかんで科挙（官吏試験）を受けることになるが、その結果、首席合格となり、東宮の春坊という職による。

英祖が崩じ、定祖が王位を継いだが、新王の信任を得た国栄は権力を振うようになり、政敵を次々と倒していった。

だが、近衛大将張志恒を恐れる国栄は妹の福伊を定祖の後宮に入れようとする。しかし、崔ソリの息子英寿を愛している福伊は、思い余って自殺して果てる。張志恒一派は、国王に上奏して、国栄を落としめようと謀る。王は、国栄に死刑を命ずるが、前功に免じて罪を減じ流罪にする。

数年後、宮廷の要路にはべっていた彼生、黄一仙の言葉で定祖は国栄の忠誠を知り、罪を免じて配地より呼び返そうとするが、今やすべての権勢にあきた国栄は、遠い辺境に旅立ってしまう。

わが故郷はいずこ

【あらすじ】北のスパイ、朴斗一は、市内に潜伏して暗躍を続けていた。

然し、彼の場合にも、血は水よりも濃かった。ダンサーに転落した妻や、病いの床に伏している母は…

第10回 釜山↓ソウル間大駅伝

京畿チームが初優勝

七都市道の精鋭が参加

国内で行われる大マラソン—第10回釜山—ソウル間大駅伝競技大会が、韓国日報社と大韓陸上競技連盟の共同主催で9日午前10時から開始された。釜山—ソウル間の国道5百・2Kの全コースを14日まで六日間にわたり次の通り8区…

マラソナー 李尚勲が参加

大駅伝総評

徐潤福

総合記録

釜山—ソウル間500.2K

第6区間記録

天安—ソウル間106.4K

第1小区天安—成歓

第2小区成歓—平沢

第3小区平沢—西井里

第4小区西井里—烏山

第5小区烏山—餅店

第6小区餅店—水原

第7小区水原—軍浦

第8小区軍浦—始興

第9小区始興—新吉洞

第10小区新吉洞—中央

総合記録各チーム記録表

駅伝競技に…を続ける青年たち

大韓航空社新空路

韓国—台湾—香港二便

教育有功者に勲章

国展入選作を政府で買上げ

韓國新聞

発行所 韓国新聞社
発行人 権逸
東京都文京区春日2丁目20－13
電話 (811)2261～3 編集 (812)0673 業務
振替口座東京 34988番

五大綱領

一、われわれは大韓民国の国是を遵守する
一、われわれは在留同胞の民権擁護を期する
一、われわれは在留同胞の民生安定を期する
一、われわれは在留同胞の文化向上を期する
一、われわれは国際親善を期する

行動綱領

一、韓日会談を成功させ法的地位を確保しよう！
一、僑胞子弟に対する民族教育を一層強化しよう！
一、民団の質的向上を図ってまず幹部から学ぼう！

韓日会談을 成功시켜 法的地位를 確保하자

第二回全国地方本部団長会議開催

中央本部会議室にて

朴大統領閣下におくるメッセージ

敬愛する大統領閣下

きょう、一九六四年十二月五日われわれは、在日本大韓民国居留民団第二回全国地方本部団長会議を開催し、第十八回オリンピック東京大会の後援事業から得たすべての成果を総括するとともに、去る三日より再開された韓・日会談に対して限りない関心を持って鋭意討議したすえ、次のようなメッセージを敬愛する大統領閣下に送ることをこのうえない光栄と思うものであります。

一、われわれは、十二月三日より再開された第七次韓・日会談を熱烈に支持し、現在の国際情勢に照らして自由友好国家である韓・日両国間の国交正常化問題は、極めて重大な意義を持つものであり、この機会に成功させることを渇望して止まないものであります。

また韓・日会談の懸案の一つである在日僑胞の法的地位問題に関しては、在日六〇万同胞が至大な関心を持っており、あくまでもわれわれの要求に合致することを望んでおります。本国政府としても、引続き真摯なる努力を払われんことを心から望んでやみません。

一、敬愛する大統領閣下におかれましては、明日十二月六日から十五日まで、自由友邦国家である西ドイツを親善訪問なされますが、われわれ在日僑胞は大いなる関心をもってこれを熱烈に歓迎するのであります。

西ドイツ訪問のあかつきには、自由友邦国家の紐帯を一層強化し、本国経済再建事業の発展に寄与されんことを切に願うものであります。

終わりに敬愛する大統領閣下のご健勝を祈願いたします。

一九六四年十二月五日
在日本大韓民国居留民団
第二回全国地方団長会議

韓・独経済協定に調印
十四日共同声明発表

さきごろ西独を親善訪問した朴正熙大統領は、リュブケ大統領、エアハルト首相ら西独の首脳と会談、韓・独両国政府の共同声明を去る十四日ソウルとボンで同時に発表した。共同声明文の要旨はつぎの通り。

一、両国首脳は韓国およびドイツ問題の適切な解決策は、欧州と極東の恒久的な平和を先決条件とすることに意見が一致した。

一、朴大統領はリュブケ西独大統領が適当な時期に韓国を訪問するよう招請し、リュブケ大統領はこれを受諾した。

一、両国は経済の協力が相互繁栄の追及な武器であり、この意味で両国民は相互不可分の関係にあることを認め、工業化に重点をおく韓国の経済開発が、共同の利益のため重要であることに意見の一致をみた。両国は[illegible]経済的、技術的協力の成功に[illegible]

一、リュブケ大統領とエアハルト首相は、ドイツの資本と技術の緊密な協力のもとに、資本財産業の開発を意図する韓国側の三ヵ年経済協力計画にかんする提案に深い関心を表明し、可能な範囲内であらゆる支援を続ける西独政府の決意を再確認した。西独政府はこのため一九六四年度対外援助予算の中から、韓国に財政および技術援助を提供するとともに、産業資源の潜在力調査のため、技術専門家を韓国へ派遣することに同意した。

一、両国政府は相互の関心事を討議するため、少なくとも一年一回会合を持つ合同委員会を設けることに同意した。

なおこれよりさき去る四月には韓・独経済協定が西独政府と朴忠勲商工長官との間で仮調印をみた。同協定によると西独は、経済協力として韓国側に一億五千九百万マルク（三千九百七十五万ドル）の財政援助を提供することになる。この財政援助は中小企業の育成と蔚山給水計画ならびに韓国の通信制度の発展に使用される五千四百万マルクの長期資本援助と西独商社に対する輸出保証金一億五百万マルクとなっている。

新入団員の中央歓迎会を催す
十月一日から十一月二十五日まで　千四百四十九名が入団

韓日会談の妥結を目前にして、東京オリンピックを機に、今まで朝総連の虚偽宣伝に惑わされていた同胞らが一挙に千四百四十九名もわが居留民団に入団した。これら新規入団者各地方代表多数を迎えた民団中央本部では去る十日午後二時から同本部講堂において歓迎会を催した。同歓迎会には金東祚駐日大使をはじめ金在鉉公使らも姿をみせ、新入団員を歓迎激励した。

式は、定刻の午後二時から、新入団員の各地方代表者多数を講堂中央に迎え、民団各級機関の代表ならびに金東祚駐日大使、金在鉉同公使、権栄国公報館長、鄭鳳栄本国言論界代表（朝鮮日報主筆）らも来賓参席するなかを陳斗鉉中央宣伝局長の司会で進められた。

ついで、朴太煥中央組織局長から新入団員の総数とその入団にいたるまでの経過報告がなされ、この中央歓迎会には各地協の代表のみが参席したことが述べられて、権逸中央団長、金在鉉公使、権栄国公報館長、鄭鳳栄朝鮮日報主筆らからそれぞれ入団を歓迎する挨拶が述べられ、式なかば頃、韓日会談開催中で多忙をきわめる金東祚駐日大使が駆けつけ、新入団員に対する歓迎と激励の挨拶を行なった。

ついで、新入団員を代表して仙台市に住む金奥坤氏から歓迎に[illegible]

新入団員の歓迎会

新入団員歓迎の辞

[illegible]ともに従来の団員と変らぬ愛情をもって接し、民団の一大発展を図る心算である。われわれは今後ともこの運動を展開し、朝総連の虚偽宣伝に惑わされている同胞を覚醒させ、われわれに反対する朝総連勢力を徹底的に粉砕する。今日ここにお集りの皆さんは、われわれの基本線に沿って、わが民団の発展に積極寄与されんことを念願うものである。

東京オリンピック期間中の各県新規国民登録数
11月1日11月25日

県本部名	登録数	県本部名	登録数	県本部名	登録数
東京	252	山形	1	岡山	38
神奈川	82	岩手	5	山口	7
千葉	2	新潟	2	鳥取	1
山梨	3	福井	6	島根	28
栃木	4	愛知	140	福岡	40
茨城	5	岐阜	65	佐賀	10
埼玉	15	大阪	333	長崎	1
三多摩	15	兵庫	154	大分	1
群馬	8	京都	85	宮崎	1
静岡	25	奈良	4	熊本	5
長野	1	滋賀	16	愛媛	3
秋田	8	和歌山	3	高知	6
福島	1	三重	28	香川	1
宮城	4	広島	34	計	1,449

総数1449名

後援事業の総括報告と
韓日会談の法的地位問題を討議

第二回全国地方本部団長会議が去る五、六の両日、全国三十四県本部代表を集めて、民団中央本部会議室において開かれた。オリンピック後援事業の総括報告と近く妥結が予想される韓日会談の法的地位問題について協議を行なった同会議には、特に韓日会談法的地位委員会代表の李[illegible]法務局長が参席し、同地位問題に関する全般的な説明を行ない、金東祚駐日大使をはじめ権栄国公報館長、そして来日中の本国言論人代表鄭鳳栄朝鮮日報主筆ら来賓多数が出席、それぞれオリンピック後援事業の成果を賞揚するとともに居留民団の飛躍的発展をもたらすよう激励の挨拶を行なった。そして、各担当責任者から後援事業の経過報告がなされ、この報告にもとづいて活発な論議が展開された。

二日間にわたる同会議初日の五日正午から鄭烔和中央副団長の開会の挨拶で幕が開かれ、[illegible]

公報宣伝費＝千七百四十万円、（負債金＝千八百万円）

この会計報告のあと朴太煥中央組織局長からオリンピック後援の動員経過の報告があり、オリンピック期間を通じて延べ四十万人にのぼる大動員を敷いて本国選手団の応援、本国観覧客の送迎に完璧を期したことが強調され、また約千五百名にのぼる朝総連系の同胞がオリンピック期間中にわが陣営に転向してきた事実について、全団員の活躍の成果であるとし、観覧客の中の脱北逃避者は、そのほとんどが北韓に本籍のある者で民団が組織した者のうちには三名だけであとは、本国新聞社が扱ったケースであることが明らかにされ、十二月二日現在の未帰国者数は九十七名であるとつけ加えられた。

続いて陳斗鉉中央宣伝局長から後援事業の公報宣伝事業に関する報告がなされ、特にこの事業は、オリンピック大会という国際性を帯びているため駐日公報館の協力を得たと前置し、

①各種の宣伝刊行物では、国報（KOREA, TODAY）二万七千部、ポスト・カード十万枚、雑誌ニュー・コリア（特集号）九千部、金鍾国手記（私はだまされた）三万部が配布され、②韓国新聞オリンピック特集号を約十五万部発刊し、大いに宣伝啓蒙に尽し、その中には外も発刊して、③、全国からミス・在日僑胞を選出して各種の行事に大きな役割を果させ、④、本国の民俗芸術をひろめるとともに国際親善を図って大きな役割を果し、⑤、本国から映画フィルムを購入し、これを全国に巡演させ組織動員に寄与し⑥各国新聞記者を招いて本国に対する認識を高めさせる運動を展開すると同時に本国からの特派員と接して、われわれの実情を本国同胞に認識させるなどの役割を果したことなどが報告された。

このあと以上の各報告に対する質疑応答があって、李根馥神奈川県本部団長、文圭準福岡県本部団長から入場券の購入に対する質問があり、入場券は全部で一万五千四百四十八枚を購入したが、この中には本国観覧客の入国に際して入場券を添付しなければならないという、やむなく多くの入場券を購入しなければならなかったとの説明がなされた。そして、会計報告の内容に関して監察機関の監査を経たかの質問に対して、尹監察委員長から今度の会計報告に関しては監査を続けていないが、今後とも徹底的な監察を行なうつもりであるとの答弁があり、また、文福岡団長から、後援募金の割当金の未納分に対してはどのようにとりはからうのかとの質問に対して、権中央団長から早急に割当金の未納分を納入するよう督促すると同時に、"今度の後援事業において不正、腐敗は全くない、朝総連に利用されるような言辞は厳に慎んでもらいたい"との要望があって第一日目の日程を終えた。

大会第二日の六日は午前十時半から続会が宣せられ、第一議題の"法的地位問題"に関する討議にさきたち韓日会談法的地位委員会の代表、李[illegible]本国政府法務局長から同法的地位に関する説明があり、（本国政府ならびに民団の主張は別掲の通り）

この説明のなかで特に国籍について、日本政府は国連が認めないから北韓を国家として認めていないが、朝総連系の者が勝手に"朝鮮"と申請するので登録にそのように受付けているが、これは韓日会談が妥結すれば無国籍となり、韓国人としての恩恵を受けることができなくなると述べ、また権団長から法的地位問題の確立を通して、①永住権の所有者には本国往来の自由を認めさせる。②、本国への送金に対して制限を加えさせない。③、大韓民国の国籍をもたない者は今後、日本において住みにくくなるということなどをとりあげ、この線に沿って問題を推進していくとつけ加えた。

そして法的地位問題の確立を促進する運動について、栃木県本部代表から以前は、中央で運動を進めるから地方では混乱を避ける意味で運動を考慮してもらいたいとのことであったが、金駐日大使は、各地で運動を展開してくれといっている、どちらを取ればよいのか？の質問に対して李法務局長から"会談を支持する運動は大いに展開していただきたい。だが朝総連の虚偽宣伝に乗ぜられるような会談を不利に導く運動はあってはならない"とこれに答え、権団長からも"われわれの地位向上のために法的地位問題を推進していくのであるということを理解浸透させなければならない"と補足した。

ついで李神奈川団長から法的地位問題の対策委員会を設けようとの動議がだされ、この問題は韓日会議がすでに進行過程にあるため早急に中央団長が委員の人選を決定し年内にも法的地位問題の対策委員会を構成するということで可決をみた。

ここで昼の休憩に入り、申ホ中央民生局長の本国オリンピック観覧客の輸送報告から同二時会議が継続され本国観覧客の未入国者の処理問題、残留者の取扱い等について詳細な経過報告がなされた。

同報告でオリンピック観覧客として本国から来日した総数は、本国新聞社関係を除いて一次、二次を合せて三千四百五十一名でこのうち十二月二日現在までに帰国した者は三千三百五十四名で、九十七名が病気、老衰等で残留していることが明らかにされた。ついで本国からの未入国者の理由ならびに内訳（一部は本紙で既報）については、ビザの下りない者八十四名、みずから取消した者五十七名、政府関係から不許可になった者二百三十五名で合計三百七十六名となっており、これらの未入国者に対しては、一般家族招請ケースで来日できるよう関係当局と折衝中であることが報告された。

このあと、朴炳憲中央総務局長からオリンピック観覧客の輸送事業における特別会計報告があり、観覧客の往復旅費等の総入金一億四千八百十九万八百五十八円に対して、各航空会社、船舶会社等に一億四千八百四万三千十円が支払われ、同特別会計の金銭出納にあたっては疑わしきもののないよう細密な注意を払ったと報告した。

この報告のあと、和歌山県本部団長から、入国不許可になった者の旅費はどうなるかの質問に対して、権団長から、入国できなかった者に対する旅費は、すぐに返金するとの答弁があり、ついで、残留観覧客の件について、帰るところのない者をどのように取扱うのかの質問があり、これに対して、李裕天後援会々長から"人道問題として、本国に帰っても父母のない者に対しては日本当局でも考慮している"と述べた。そして、尹致夏中央監察委員長から財政報告に関して"過去における民団の不正をただして、清廉な人達によって執行部が構成されたが、若しもまた不明朗な事実があれば民団は自滅することになる。一今度の会計報告について監査を行なわなかった理由は支出伝票の中に権団長の捺印のないものがあったからで次の中央委員会までには、会計全般について明白にする"と会計監査を行なわなかった理由を語った。以上をもってオリンピック後援事業関係の討議を終え、金光男事務総長から中央本部への割当金の納付状況が不良な点をあげ中央本部の基本財源である地方割当金の重要性に留意し、十二月二十五日までには未納分を納入するよう督促した。

最後に来年の一月中に予定されている中央委員会の開催について朴玄中央議長から本国で開催したいとの意見が述べられ、鄭中央副団長の閉会の辞で無事大会を終了した。

韓日会談の法的地位問題におけるわが方の主張

韓国政府の主張

一、永住権問題

A、賦与範囲

一九四五年八月九日以前より居住する者

始点時期は一九四五年八月九日とする

B、子孫に対しては

発効日より一定の期限内に出生した者は、父母と同等の既定上永住権を賦与すべきである。

C、離散家族、配偶者に関する問題は、別に人道的見地から解決すべきである

離散家族は直系家族に限り、日本で永住権者と同等に居住させるべきである。

D、終戦以後より日本に居住する在日韓国人も、相当な期間引続き居住した者に対しては、日本国内法による永住権を賦与すべきである

〇方法

日本側の主張に反対する

申請時には申請書だけで処理する

二、強制退去問題

日本側の主張と同文で同意する

特定犯罪の範囲に関しては

A、破壊活動に関する犯罪

内乱、外患の罪を犯し二年以上の実刑を受けた者

B、凶悪犯

十年以上の受刑者に限る

C、麻薬犯

麻薬犯に関しては考慮してみる

三、処遇問題

①財産権及び職業権

韓国人が社会的、経済的活動の際に、参政権とか公務担当権のような権利自体の性格がその国民のみに許容される権利を除いては、内国民と同等の待遇を賦与する

四、社会保障問題

医療、保険その他社会保障全般に亘って日本人との差別がないように主張している

五、教育問題

A、小学校、中学校の義務教育課程は同等待遇する

B、合意

六、財産搬出問題

A、財産搬出に対しては合意

B、現金搬出に対しては一世帯単位で最初送金額、一万ドルを搬出できるように主張している

以上合意

七、国籍確認問題

在日僑胞は全部大韓民国々民である事を日本政府は確認する

居留民団の要望

一、永住権問題について

（1）終戦の日以前より引続き居住する者及びその子孫に対しては、居住由来の特殊事情に鑑み、当然永住権を賦与する事

（2）桑港講和条約の日以前より引続き居住する者に対しても居住実績を考慮して、前項と同様永住権を賦与する事

（3）講和条約以後入国せる者のうち、特別在留許可を取得せる者に対しては、現行法上の永住権を賦与する事

（4）居住韓国人にして、特別在留許可を未だ取得せざる者に対しても、前項と同じ措置を講ずる事

（5）居住韓国人の離散家族に対しては、人道的措置として再会の機会を与え、且つ日本入国後は、法上の居住権を賦与する事

（6）再入国は、永住権の効力として発生する当然の権利として許可すること。

この場合本国旅行の際は、無条件且つ即刻許可し、外国旅行の際は、日本人と同等に扱う事

二、強制退去問題について

（1）、暴力犯の範囲は、内乱罪及び外患罪に限定する事

（2）、破防法第四条一項各号の適用は、絶対に容認出来ない

三、処遇問題について

（1）、一般に公民権を除く一切の権利を、内国民と同等に処遇する原則に立ち、特別な差別措置を講ずる事

（2）、特に財産権並びに職業権の取得については、前号の原則を確実に適用する事

（3）、在日韓国人の営業権の保護及び日本政府が参与する金融措置は、日本人と同等に待遇すること

四、教育問題について

A、義務教育課程は、内国民と同等に待遇する事

B、高校、大学への進学は、機会均等とする事

C、在日韓国系列の諸学校に対しては、法第一条に該当する学校として認可し、それまでの暫定措置として、日本の各級学校と同等の資格を賦与する事

（5）医療（火災、生命）その他の社会保険は、日本国民と差別なく適用する事

五、財産搬出問題

（1）帰国者に対しては、本人の希望により、現金全額とすべての動産を帰国と同時に認める事

六、国籍確認問題

在日韓国人は全部韓国国民である原由を確認する事

33

＝南北韓、分断の経緯＝（その3）

北韓の欺まん統一論をあばく

統一なき休戦（つづき）

民はだれでもが認めているばかりでなく、肯定的に受け入れているのである。始めからある強制された政治体制の奴隷になって、抑圧の中に生きるよりも韓国民はむしろ死を願う。韓国における民主主義の試練は、すなわち韓国民個々人の試練であったのであり、民主政体の安定は、すなわち韓国民個々人の民主主義に対する勝利であったということを韓国民はだれもがよく知っている。

韓国民は、共産主義政治の下で短期間ではあるが、生活の体験を持っている為に、共産政治が個々人の奴隷であり、安定したように見える秩序が、実は恐しい抑圧手段と人格蹂躙の結果であるという

ような矜持をもっている為に、画一化と、個人の人格の抹殺、個人的な日常感覚の社失よりはむしろ一時的な混乱が伴うにしても、民主主義における自由を韓国民は望んでいる。

韓国における民主主義の試練は即ち混乱と混迷を克服するところにその真価があったのであり、これを止揚して来た韓国民の勇気と決断の中にその真意が潜んでいるのである。これは逆説でなく冷静な事実であり、又真実である。今日の韓国民は、心から南韓の民主々義のあらゆる要素と個人生活に対する自由保障を楽しみ、又完全に享受しているのである。韓国民は政権担当者や国会議員か、自分

た、程度の差はあっても根本的には変りがなかったのである。彼等もまた、金日成に依って指名された者に過ぎない。これは彼等が同大会において、数十名の代表達と討論を展開する場合、一つの例外もなく金日成が提示した計画に無条件に賛成と支持を表明すること、□□の通過が満場一致でなかった場合が労働党創建以来一度もなかったという事実に依って証明されることである。

六、独裁体制完成への道

しかし、金日成独裁体制が確立される道程はたんたんたるものではなかった。共産主義国家においての権力掌握は、民主主義的選挙方式に依って成されるわけにはゆかないためは、止むなく非正常的な方法に従わざるを得ないのである。強いものは弱いものを除去し弱いものは強いものに追従しなければならない。従って共産主義社会においては、既にソ連でみられたように派閥闘争と粛清が反復さ

ターリン格下げ運動を展開、それが東欧共産圏に大きなショックを与えた時から始まる。この影響を受けた党内の延安派である前最高人民会議常任委員長の金科奉と前副首相崔昌益一派は金日成に□□な抵抗を試みたのである。一九五四年に着手した戦後復旧建設三ヵ年計画が五六年に終ると、金日成は五六年四月の労働党第三次大会で、再び五ヵ年計画を発表した。生活を全く無視した重工業偏重の

とにかく北韓では、各級学校はもち論その他の工場、企業所職場などでもいわゆる「首領研究室」を設置して、金日成の闘争記録を義務的に研究させている。この「首領研究室」には、金日成の幼年時代からの革命活動を見せる絵と書籍が配置され、ここで研究する者は、誰でも大きな咳払いや笑い声をたてず、厳粛な態度を見せなければならないのである。この「首領研究室」以外の場所でも金日成に対する敬意は常に示さなければならないのである。すなわちどんな場合でも金日成に関してその名前を口に出す人は最も謙遜な態度で気をつけの姿勢をとり、聴衆もまた、坐った場所で姿勢を正して首領に尊敬を示すのである。これが履行

され「われわれは金日成首領さまを本会議の名誉議長に選出することを推薦します」という言葉が出るや否や会議参加者達は総起立して、それこそわれるような拍手をいつまでもおくるのが公式化された会議の有様である。

このように彼等は、金日成が「考える通りに」「行動する通りに」「意図する通りに」あるいは「話す通りに」行動することを力説し、金日成が平壌市に住んでいるという事実だけで栄誉と自負を感じなければならないとしながら「英雄都市 平壌市を！」「首相さまがいられる民主都市！」云々というスローガンを叫ぶことが珍しくない現象である。

このような実例だけでも我々は北韓において、金日成に対する偶像化あるいは神格化が、どの程度進行しつつあるかを推測することができる。彼等は英雄的な金日成に対する敬意表示がどうして悪いのかと反問するかも知れないが、過去の日本の天皇、スターリンの偶像化を目撃して来ており、今日民主主義社会で生活している人なら

所有が止揚されて、あらゆる産業経済部門が国有化したことであり、農業、漁業、工業に到るあらゆる分野で組合体制を完成したということである。

十、千里馬運動の虚構

現在北韓には、至る処の学校、劇場、鉱山、事務所、漁村を問わず、

四、人間性が抹殺される北韓

五、プロレタリア独裁

七、金日成偶像化

八、共和国の神話

九、まやかしの経済建設

十一、農業集団化

十二、自由なき社会

本国ニュースダイジェスト（十一月十九日～十二月十日）

34

歳末助け合い

民団中央本部で全国各級機関に運動を指示

「扶助金品の配布方法を報告」

一、各支部から拠出された金品は各県本部において集計し、県下の各ハ氏病療養所、孤児院、養老院、貧困者らに適切に分配すること。

二、各県本部は、この運動に参加した者の名前を、来年一月十五日までに中総民生局に報告すること。

三、この運動に参加した者は「韓国新聞」来年一月二十八日号に掲載して、感謝の意を表する。

韓国の言論人代表来日

韓日両国の相互理解と親善のため

民団中央　盛大に歓迎会を催す

韓国言論界代表一行十四名は、日本新聞協会の招きにより去る十一月三十日、ノースウエスト機で空路来日した。これは、韓日両国言論人の相互理解増進と親善を目的とするもので、一行の顔ぶれはつぎの通りである。

▼東亜日報主筆高在旭▼同編集局長千寛宇▼朝鮮日報主筆劉鳳栄▼同論説委員崔秉宋▼韓国日報論説委員柳光烈▼同編集局長洪惟善▼京郷新聞編集局長閔載禎▼大韓日報主筆姜永寿▼ソウル新聞主筆朱源▼合同通信編集局長元俊洙▼大韓公論社論説委員桂光吉▼編集人協会総務朴鴻緒▼新聞会館事務局長金東極。

そして一行は十二月中旬に帰国の予定であるが、この間、日本の主要言論機関、韓日親善団体、財政界首脳、主要民団本部、韓国学園、韓国経済団体などを訪問した。

民団主催の一行歓迎レセプションは、一日午後六時から新宿コマ苑で行なわれたが、民団側から権逸中央団長をはじめ、鄭烱和副団長、金英俊事務総長、朴炳憲総務局長、陳斗鉉宣伝局長、東京本部金己哲団長外幹部多数と婦人会および商工会の幹部らが参席、また代表部から金東祚大使らが来賓に見えて、まさに韓国の言論界を代表する視察団の歓迎パーティにふさわしいふん囲気の中で催された。

宴会の席上で権逸団長は歓迎のあいさつで、在日韓人の実情を正しく認識するよう訴えるとともに今後言論をもって韓国の政治安定および建設に寄与していただきたいと述べたのち、これに応えて言論界を代表し、東亜日報社主筆である高在旭氏があいさつに立ち、この機会を得て在日同胞の実態を正しく把握して帰国したら本国の同胞に在日同胞の真の姿を伝えますと述べた。

続いて金東祚大使をはじめ来賓たちのあいさつが次々に行われたのち言論人を迎える宴会のふん囲気がたかまり相互間の談話が続く中を陳斗鉉宣伝局長が立って、在日同胞の民族教育の現状を説明し今後、在日同胞の子弟に対する民族教育の実施が急務であることを強く訴えて参席者一同に深い感銘を与えた。そして、同招待宴は夜の十時頃まで続けられ、歓談のうちに無事閉会した。

なお一行は儀礼的な訪問として去る二日民団中央ならびに商工連合会をそれぞれ訪問して民団の実情をつぶさに見学して帰った。

愛知県本部で映画会

歳末助け合い運動を展開

民団愛知県本部（鄭煥禧団長）では、歳末助け合い運動の一環として、名古屋駅前の中小企業センターで、去る九日午前と午後の二回にわたって映画会を開き、三十万円の募金を行なった。映画会の出し物は、十年勢道とわが心の湖の二本で、会場には日本人も多数観覧に見え、国境を越えた愛の募金に協力してくれたものである。なお、募金したお金は、歳末に際して生活苦にあえぐ管内の同胞に贈る一方、多年ハンセン氏病で療養を続けている不幸な同胞の入っている岡山県光明園韓国人互助会にも急ぎ贈ることになっている。

鄭団長談＝毎年のことながら、この歳末助け合い運動には、全僑胞が心から協力してくれてありがたく思っている。個々の家庭に贈れる金額は大した額ではないが、越冬し費用の一助にでもなったら幸いと思うところである。

商銀も設立

十周年記念パーティ開く

中京における在日民族金融機関の愛知商銀信用組合（姜求道理事長）が、設立十周年を迎え、それを祝う記念パーティーが、去る二十日午前十一時から、駐日大使代理金大阪領事、民団権逸中央団長、同商銀役員代理事長ら関係者百五十余名の参加のもとに同ホールで盛大に開かれた。

同商銀は、名古屋地方における民族金融機関として、日本の金融機関から締め出された僑胞企業家の積極的な利用と協力によって大きく発展し、設立後僅か十年にして、その預金高が二十三億円を突破し、全国屈指の信用組合になったものである。

うるわしい祖国の――
農村に文庫を作ろう
民団中央で呼びかける

いま本国では、農漁村文庫作りの募金運動が全国的にはなばなしく行われている。

民団中央では本国の熱意ある施策に呼応して、本国の農村文庫設立運動の協力に乗りだした。

本国の農村文庫は、文化生活の底辺で暮らしている農漁民のために作るもので、文庫には農漁村の近代化を図り、そのための書籍や資料などを備えつける。

そして近代文明生活に住む在日同胞の熱意ある支援が望まれている。この文庫作りに対して駐日公報部では、その具体的な支援要領を伝えるとともに協力を要望している。

一、一村に一文庫を立てるが全国的な規模であるから各々約三十冊程度の書籍、資料を寄贈し、寄付者の名前は記録して読者にも解るようにするとともに永く保存する。

一、文庫設置に必要な適定図書三十冊、または実費六〇〇〇円の寄付が望まれる。

一、文庫を設置する場所は、寄付者の自由意志による。

なお、くわしいことは駐日公報館に問い合せること。

寄付金ならびに問合せ場所は

東京都港区南青山町一ノ三九（公報館）
大韓民国駐日公報館
TEL 四〇二ー六四三一

ラジオも贈ろう！
本国農漁村へ

いま本国では、現代文明の陽のあたらない農漁村民のために、ラジオをおくる運動を展開しているが本国の農漁村におけるラジオの保有台数は非常に少く、現代のマス・コミから大きくかけはなれ、都会にくらべてはげしい文化落差を示しており、陸の孤島といわれるようなところが今なおあるとのことである。

そこでわが民団では、前にも日本全国の在日僑胞に呼びかけてラジオをおくる運動を展開し、多大な成果を収めたが、今度も本国の運動に呼応してラジオをおくる運動を推進している。

本国政府では、農村文化を重要視しその発展に力をつくしてきたが、特に放送文化がもたらす意義は大きく、農村文化の発展には欠くことのできないものである。

しかし現在の農漁村の生活事情からで、自力で受信機を購入することは非常にむずかしいので政府が先頭に立ってラジオを送る運動を展開しているが、しかしこの運動は、国民の自覚と誠意によってはじめて成功するものである。

われわれ在日僑胞もこの運動に協力して暗い文化の谷間で暮らしている同胞に愛の福音をとどけたいものである。

なお送る方法は、民団の各級機関を通じて送っていただきたい。

尋ね人

前住所 長崎県…町白字前内
氏名 加藤良夫（六〇歳）
金オクヨン
金イヨンスン

右の方に心あたりの方は左記または、本紙までご連絡下さい。

ソウル特別市…

本籍 京畿道開城市…
本名 劉漢成
日本名 山村勘成
長女ツネ子
次女…子

住所 鹿児島県川辺郡加世田町

右の方は昭和十年ごろ、右の住所で京成同和薬房代理店を経営していました。家族がたづねていますので心あたりの方は、本社または左記へご連絡下さい。

屋舎問題無事解決す
東京本部　金己哲団長声明を発表

民団東京本部（団長金己哲氏）では屋舎及び敷地について、昨年から公有物を私有のかどで丁賛鎮氏（前民団副団長）と紛争を続けてきたが、このたび双方の和解で無事解決をみた。

民団東京本部では去る十二月十七日本部会議室で記者会見を行い問題の経過を詳細に説明するとともに、東本の屋舎問題で全国の民団組織に与えた影響を重くみてこれからはこのような事件が再び起きないよう努力すると堅い決意を示した。この日、金己哲団長は特に、相手方であった丁賛鎮氏が問題解決のため人間的な英知と聡明さをもって努力したことを称えるとともに、彼の過去の輝かしい功績を想い名誉回復のためにも喜ばしいことだと感慨をこめて語った。

またこの日、無事解決をみることになった丁賛鎮氏は次のように語った。

"永い間、全国の団員の皆様に御迷惑をかけて誠に申し訳ありません。不本意ながらもいろいろな事情があって紛争を起こしたことを特におわび致します。これからは組織人として身もちが如何に重要であるかを深く認識して自分を反省してみたいと思います。何卒皆様今後もよろしくお願い致します。"

なお民団東本では要旨次のような声明を発表した。

声明書要旨

民団東京本部の屋舎および敷地についての紛争が、丁賛鎮氏と民団側との間で解決をみたことは真に同慶のいたりである。

ことのおこりは東本屋舎ならびに敷地名義人である丁賛鎮氏が、同氏経営にかかる五洋貿易株式会社と、株式会社江商間の"森林トン"輸入にからみ、前記江商が丁賛鎮氏の真意に反して、右屋舎敷地を担保にとったことならびに江商が民団の担保取消要請を拒否したことから、民団としては万一の事態を憂慮し、右屋舎、敷地に処分禁止の仮処分手続を取らざるを得なかったことにある。民団としては、民団創立当時の功績の多い丁賛鎮氏に対し、"泣いて馬謖を斬る"たとえにも似た悲痛な思いで、やむなく"所有権確認等"の本訴を提起せざるを得なかった。

そして前後三回公判が開かれたがその間、丁氏側は必ずしも訴訟に積極的抗争態度はみせず、常にどちらかといえば逃避、回避的であった。ここに、丁氏の苦衷のほどが察せられ、永年抱いていた愛国の精神、潔白な気持に変りのないことが証明された。

そして提訴を取り下げ、双方理解となった。

このことは民団にとってはもとより、丁氏個人の名誉回復のためにも、殊に同氏の本国屋舎敷地の入所にあたっての過去の輝しい功績に対しても、祝福すべきことといわなければならない。

この問題が急転解決をみたことは、組織の体面を確立せんとしたわれわれの努力もさることながら丁賛鎮氏の人間的な英知と聡明がこの憂ぶべき事態を招いたことを強調したい。特に、本件の処理にあたって、惜しみなき協力を寄せられた、前団長丁栄玉氏外役員諸氏、ならびに屋舎管理委員会の諸氏のご支援に心からの謝意を表明する。

朝総連の内部分裂表面化
大衆は日増しに離脱するばかり

在日朝鮮人総連合会では、韓徳銖派の独裁体制に不満をいだいていた反満洪派と主流派とが派閥抗争を続けてきたが最近、収拾のつかない分裂状態にあると伝えられている。今度の派閥抗争が表面化されたのは、最近大阪地方で開催された同地方の有力商工人の会合で韓徳銖への協力拒否からであるといわれている。

反満洪派は主に民対派（日共党内少数民族対策部系列）として朝総連で疎開され、現在北韓に追放されている前朝総連人事部長の安興甲の系列であり、反満洪派の動きは、大阪だけでなく日本各地に波及していると朝総連の内情に詳しい消息筋は伝えている。

特に現在問題になっている大阪の四本部では、商工人たちの非協力によりすでに一億円内外の負債ができ、本部の維持費すら困難をきたしているとのことである。

主流派はこのような動きを重視し、事態を未然に防ぐため、十一月中旬緊急秘密会議を開き、反対派の粛清にのりだした。すでに中央本部内の民対派の粛清を断行し、[illegible]

韓徳銖派はこの問題をこれ以上表面化させないため反対派の粛清とその収拾のために血眼となっており、たとえこの問題が一時的に防ぎえたとしても内紛は続くであろうとみられている。

このため、一般大衆は日増しに朝総連傘下から離脱し始めている。

韓国輸出産業公団来日
僑胞企業の視察のため

韓国輸出産業の発展をはかるために去る九月に設立された韓国輸出産業公団の理事長李内虎（前商工次官）ら国会議員七名が、在日僑胞の企業体を視察するために去る十二月二日来日した。同一行は四日間にわたって関東一円の僑胞企業体の視察を終え、八日パレス・ホテルで在日韓国記者団と会見、席上李理事長は来日の目的を次のように語った。

在日僑胞企業家は本国進出に意欲的であると前置きしながら、日本各地の僑胞の経営する企業体を視察し、僑胞の本国進出への不安を取り除き、在日僑胞が安心して本国で経済活動が行えるようその産業投資をつとめるとのべ、そして今度新しく設立された韓国輸出産業公団は、法人組織で韓国の輸出産業の振興をはかるために政府から六千万円、今年度分三千万円、そして産業銀行から五千万円の補助金を受けることになっている旨を明らかにした。

つづいて李視万国会議員は、同公団の経営と僑胞による本国市場の開拓問題について"特に同公団の経営については、国会の各分科委員が、積極的に参加、支援することになっており、在日僑胞は機械設備と技術だけ搬入すれば本国で工場、土地などすべてが準備されている点を強調しながら市場開拓の問題もおのずから解決されると語り、在日僑胞企業家の本国進出を促した。現在同公団に加入している僑胞企業は三十社を越えている。なお同一行は九日から関西地方の僑胞企業体を視察した。

同訪日視察団の顔ぶれはつぎの通り。

李内虎（前商工次官）理事長、李視万（国会議員）理事、崔泰渉（韓国ガラス工業株式会社々長）理事、申永述（韓国鉄鋼株式会社々長）監事、国会議員、徐相済、金鳳棋随行員、尹慶老

最優秀体育人賞制定
コリアスポーツタイムス社が

自費母国留学生の募集要綱を発表

近来、在日僑胞の子弟の間で、母国留学希望者が増えつつあるが、民団中央文教局では、明年度（一九六五年）の自費母国留学生の募集要綱を次の通り発表した。

一、対象＝在日僑胞学生（高校、大学卒業者を含む）で、母国大学または、それ以上の課程に入学または編入学を希望する者。

二、志願資格＝愛族、反共精神を堅持し、品行方正で、基礎学力が母国大学該当課程履修に支障のない在日僑胞で、旅券及び再入国手続の可能な者（つまり永住権保有者）。

三、志願手続

（イ）提出書類＝①母国留学志願書（所定様式1）②留学誓約書（所定様式2）③卒業（または卒業予定）証明書④成績証明書⑤身元および財政保証書⑥民団推薦書（県本部発行）⑦外国人登録済証明書（以上各三通）⑧写真四枚

（ロ）提出期間＝一九六四年十二月一日から十二月二十五日まで

（ハ）提出処＝中央本部文教局（各県本部経由）

四、推薦方法

（イ）書類銓衡合格者に限り筆記（韓国語、英語及び数学に関する基礎学力）及び口頭試問を実施して、合格者は本国政府に入学斡旋を上申する。

（ロ）書類銓衡の結果、書類銓衡合格者の試験場所及び日時は個別的に通知する。

五、留意事項

（イ）本国の下宿事情、物価事情、気候、交通に関して、事前に充分に調べて母国留学志願を決心すること。

（ロ）韓国語解読力が足りない時は、一年間の韓国語訓練を受け、志願大学課程で修学するようになるので、卒業が一年間遅延される。

（ハ）一九六四年度各大学別の学費事情（一学期分）は別項の通りであるが、一九六五年度はこれより多少増額されることが予想される。

（ニ）旅券発給に相当の時日を要するようになるので、本国大学新学期である三月初旬、入国が可能であるように、今年内に旅券手続を行うこと。

鄭烱和文教局長談＝各末端機関では、この募集要綱を熟知され、管内同胞に周知せしめ、適格者多数を応募させるよう措置してくれることを望むものであります。また、要綱にもある通り、韓国語を知らない人は、本国で一年間みっちり韓国語だけを特別修得させますから、この点も強調徹底させるようお願いするとともに特に、日本において生長したわれわれの二世にとって母国における教育は、愛国心を培う観点からもまた、本国の真の姿を直視することができるという点からも私としては極力おすすめしたいところであります。

1964年度各大学別入学金及び登録金（6個月分）

大学別	授業料	期成会費	自治活動費及其他	実験実習費	毎学期分計	寄宿舎訓練所実習費	備考
ソウル大学	人文系 6,000 自然系 5,000	免除	免除	100〜1,900	約 6,000	2個月分 2,000	入学金 1,200
延世大学	6,000	1,000	300	100〜1,900	約11,000	毎学期約 6,000	1部免除可能性あり
高麗大学	6,200	1,000	800	100〜1,900	約11,000	訓練所なし	//
梨花女大	6,200	1,000	800	400〜1,200	約10,000	//	1部免除可能性なし

大阪西成支部で
新会館の礎築に着工

民団大阪西成支部（崔仁俊団長）では、かねてから支部の事務所を新築するため、建築資金二千万円を募金中のところ、この程、所属団員の誠意溢れる協力によって建築資金が集まったので、建築工事にとりかかった。この建物は、鉄筋コンクリート三階建で延坪百坪のもので、完成の暁には、西成地区民団の躍進が約束されている。なお、現在までの資金協力者の氏名はつぎの通りである。

天下茶屋分団 ▽五万円＝朴昌根▽八万円＝金秀夫▽十万円＝韓哲▽五万円＝[illegible]

玉出分団 [illegible]

出城分団 [illegible]

鶴見橋分団 [illegible]

山王分団 [illegible]

長橋分団 [illegible]

70年アジア大会誘致のため

総合競技場を建設

5万名収容のスタジアム　明年着工

廃品回収などして財源も計画

韓国芸総会館開館

6日現代式8階建物

芸術活動の中心地に

慶会楼から三角山を望む　李剛撮影

64年度スキー講習会

27日から志賀高原で　在日大韓人スキー協主催

65年体育会予算決定

64年度優秀選手に商銀投手金雪権

優秀チームは城南高

初の民間テレビ局

韓国で東洋TV七日から放送

韓国最初の民間テレビ局である「東洋テレビ」が七日からソウルで放送を開始した。放送時間は平日五時間、土、日曜日はそれぞれ十二時間で、国営のソウル放送テレビ、米軍放送テレビについで三番目。同テレビは十二日から釜山でも放送を開始する。なお韓国のテレビ受信機数は約七万台。

韓国体育賞受賞者決定

功労賞に在日僑胞李裕天氏

李裕天氏

ソウル新聞社制定第十一回韓国体育賞受賞者が十一日決った。今年の男子個人賞の栄誉には張昌宣君、指導賞には彼を育てた金極燦氏が賞うことになりレスリング協会では大喜びである。しかし今年は女子個人賞と男子団体賞の受賞対象者はない。

施賞式は来る二十一日行われるが、受賞者リストは次の通り

▲功労賞＝在日韓国人オリンピック後援会会長李裕天▲指導賞＝金極燦（アマチュア・レスリング協会 会長）▲男子個人賞＝張昌宣（東国大三年）▲女子個人賞＝なし▲男子団体賞＝なし▲女子団体賞＝商業銀行女子バスケット・チーム▲奨励賞＝中斗姫（テニス、光州女子商校三年▲〃＝中央中サッカー・チーム

在日僑胞として初の体育賞をうける李裕天（在日韓国人オリンピック後援会長）氏は、その感想を次の通り語った。

今度の受賞は全く寝耳に水ということで、いまだその実感がわかない。…

東京韓国学園生徒作品コンクール

写真説明最優秀作品大臣賞、東京第二位　金奉和（初六）

最優秀大使賞に

金星淑（美術）の金奉和（習字）

修交80年に韓独友好は開花

朴正熙大統領の西独訪問を前にした韓国は、韓独親善のムードが急ピッチでたかまっている。国内はゲルマン・ブームをまき起している。24日に開かれたソウル市民会館における「韓独親善の夕」には在京全独逸人が一堂に集まった。「好万（ホーマン）おじさん」として韓国の人々から親しまれている在韓独人ホーマン氏のことは余りにも有名であり、同氏には同夜在韓独人としては最初の韓国文化勲章が贈られた。ゲルシュテンマイヤー西独下院議長をはじめシュトラウス前国防相など有名な政治家が来韓し、韓国からも経済使節団、坑夫、修道研修生の独逸派遣など人事交流か頻はんに行われている。さきの「韓独親善週間」にはラジオ、テレビによる韓独間の話題が毎日放送され、ベートウベンの第九シンフォニーは電波に乗って流れていた。

韓国内の独逸人

異邦に咲く常緑樹

さかんな韓独人事交流

いま、韓国には西ドイツ人が約200名いる。ソウル西独大使はじめ外交官とその家族約30名、実業家約40名、教授3名、経済顧問、神父、修女、修士約50名の外に技術者40余名といわれる。

これに対して、在独韓国人は外交官、留学生、見習技術者、坑夫など約1000余名がおり、今後も増加する傾向にある。韓独親善交流がさかんになるにつれて、ソウルには独逸語教授所が活気を呈しており、また西独では韓人女流歌手が大変な人気を呼んでいる。

韓独国交の経過

ドイツとの間に韓国が接触を始めたのは高宗七年（一八七〇年）五月であった。以来明暗をまじえながら経過発展してきた。この間一八八三年の韓独修好条約、その翌年外交官派遣で両国々交は本格化された。一八八二年から同五年にわたる独人（ラレンドルフ）穆麟徳の活躍時代を経過。二十世紀に入ると二九九八年から独逸人に金鉱採掘権が与えられ、一九〇一年には独逸音楽家エッケルトが宮廷楽師に迎えられ、軍楽隊が創立されるなど旧韓末時代における韓独関係の黄金時期でもあった。

しかし、一九〇五年乙巳条約締結により、外交権が日本に強奪され駐韓外国公館は閉館された。これで韓独間の外交関係も中断されるに至った。

韓独親善の新時代

韓国自主外交により韓独間の国交が再開されたのは独立後第元一…

韓国内の独逸人

韓独関係において韓国は資本と商品に関する限り入超であり、人力では出超をつづけている。いま韓国にきている独逸人のうちには、すぐれた人物が沢山いる。彼等はその国民性からして自己の人生哲学を持っている。たとえ、一時的な外国作人となっても所謂出稼人根性は持っていない。…

64年度映画祭

「青竜賞」決まる

男子主演賞　金振奎　女子主演賞　文貞淑

64年度スター人気投票

青竜賞受賞式で発表

大学定員数再策定

十日尹文教長官が談話

1965年度

謹賀新年

韓國新聞

発行所 韓国新聞社
発行人 権逸
東京都文京区春日2丁目20−13
電話 (813) 2261〜3 編集
(812) 0673 業務
振替口座東京 34988番

五大綱領

一、われわれは 大韓民国の国是を遵守する
一、われわれは 在留同胞の民権擁護を期する
一、われわれは 在留同胞の民生安定を期する
一、われわれは 在留同胞の文化向上を期する
一、われわれは 国際親善を期する

行動綱領

一、韓日会談を成功させ法的地位を確保しよう！
一、僑胞子弟に対する民族教育を一層強化しよう！
一、民団の質的向上を図ってまず幹部から学ぼう！

海外在留同胞へ

朴正熙大統領

親愛なる海外同胞および留学生の皆さん！

甲辰年を送り乙巳年の新しき年を迎える今日、私は国内の全国民とともに海外に居留する同胞と留学生の皆さんによき日が訪れるよう、心からお祈りいたします。

皆さんは、故郷を遠く離れ、万里異域の地にいながら、故国にいる誰よりもまして祖国の統一と発展を念願し、そしてわが国の繁栄と民主的成長に物心両面から大きく寄与してきました。

私は国内の全同胞とともに深甚なる感謝の意を表すると同時に、われわれの前途に勇気と自信を与えたことを欣快とするものであります。

顧みれば、過ぐる一年は軍政の体制が民政に移された転換の過程でありまして、政治、経済、社会のあらゆる分野において「革新の芽」がめばえた新しい民政の地ならしの段階でありました。

初期の試錬を克服して、いまは安定と秩序の上に「前進の気運」を備え、われわれのあらゆる知識と力量を動員して、新しき年の建設と復興に邁進を期しております。

そして新しく迎える乙巳年をわれわれは「働く年」と決めております。

しかしわれわれが過ぐる一年の間に築いた前進のための土台に、果して繁栄の実が結ぶかどうかはいつにかかって土台の上に注がれる誠実で勤勉な血と汗によって決まるということを、特に強調するものであります。

このように新しい年は、国内外のすべての同胞が新たな決意のもとに努力を倍加する転換点とならなければなりません。

海外同胞の皆さん！

いま成長の過程にある祖国は、なによりも皆さんの支援と参与を必要とし、創意と奉仕を強く望んでおります。

皆さんの支援と参与が倍増されれば、祖国の建設と復興は必ず実現されるでしょう。

さらに皆さんの創意と奉仕によって民間外交が拡大されるならば友邦との理解はますます増進してわれわれの国際協力と経済建設に大きく寄与するということを確信するものであります。

留学生の皆さん！

先進文明とともに生活し、急進する科学技術の習得に、若き情熱と夢を捧げる皆さんこそ、わが国の未来の主人公であり、最も信頼すべき働き手であります。

皆さんが学ばれた深い知識と卓越した技術は、祖国の建設と近代化になくてはならない貴い資本であり政府は、この豊かな皆さんの学業が見事に実を結ぶよう、効果的で恒久的な対策を講じております。

これに関連して私がとくに皆さんに望むことは、皆さんの豊富な知識と技術を祖国の近代化に十分応用できるよう、常に精進することであります。

そしてつねに、祖国を考えて民族中興の先駆者の役割りを果していただきたい。

そうすることによってわれわれの眼前には洋々たる前途が開け、明るい希望が見えることになるでしょう。

同胞の皆さん！

血は水より濃いといわれている通り、互いに相離れても心はつねに一つであります。

祖国の民主主義と明日の繁栄のため、われわれは国内外を問わず一つに団結して前進しましょう。

〝天は自ら助くる者を助けます〟

どうかこの新しき年には、皆さんのすべての願いが叶えられ、そしてわが民族の願望も達成されることを望み、皆さんの前に神のたえざる加護と恩寵がましますようひとえにお祈りいたします。

一九六五年一月一日

僑胞の幸福のために

金東祚 駐日大使

新たなる一九六五年を迎え、親愛なる同胞の皆さんの幸福と繁栄を衷心から慶賀するものであります。

回顧しまするに、昨年は第三共和国が樹立されて始めて迎えた年として、わが国としては政党政治による民主主義的政治体制の確立、五ヵ年経済計画にともなう産業発展と国民生活の向上、積極外交による国威伸長と貿易増大等、多方面においてその意義が大きかったと思います。

また昨年は、日本に居住するわが愛国同胞らの政府に対する協助と声援が大きく、わが政府の諸般政策遂行にあたって多く寄与し、特にオリンピックにおいては、わが選手団に対し物心両面から惜みない支援をし、これを契機に朝総連系から千五百余名が転向し、わが民団の自由と温情の懐に抱かれるようになったことなどを想い起こすとき、真に感謝の念を禁じ得ないものがあります。

われわれは今、経済発展を通じ祖国の近代化という重要課題を前にして、わが全国民の支持と協力のもとに、政府の果敢で積極的な施政によって子孫万代の幸福と栄日の祖国の繁栄のために、この与えられた課業を成功裡に遂行しなくてはならない転換期にたっているのであります。

特に国際社会において、国家間の競争が日増しに激しくなっているこの時、わが全国民は一致団結し、相互扶助と愛国、愛族の精神を発揮して民主大韓の永遠の発展に尽す決意を新たにしなければなりません。

わが国の民主的発展と繁栄のためのゆるぎない基礎構築のためには、現時点に生をうけているわれわれの努力と忍耐と労苦が緊要であり、そして今日われわれがこの困難を克服することによってわれわれ自身の栄光は勿論のこと、延いては、来日のわが後孫万代の幸福と繁栄が期約されるのであります。

終りに、今年もわが政府と国民が一心同体となり祖国の発展と隆盛に向って雄々しく前進するよう期待するとともに、同胞の皆さんにおかれてはより大きな幸福と繁栄があらんことを衷心より祈願するものであります。

今年こそ飛躍の年

権逸 中央団長

[illegible]

言行一致で基礎事業

朴玄 議長

明けましてお目出とうございます。 [illegible]

……ットーとしなくてはならないと考えます。

実質の伴わない空理空論は極力これを排除し、一度口にしたからには如何なる困難に逢着しようとも必ず成し遂げるということを信条として、これらの民団基礎事業を推進していきたいと願っております。

[illegible] 運の昂りな四囲の情勢からわが民団は、飛躍的な増大が見込まれておりますが、この時に際し、従来のような批判のための批判というような無意味な行動を慎み、わが僑胞全体が良くなるという前提のもとに、建設的な意見をどしどし提出していただきたい、と思います。

そしてわが民団を質、量ともに日本における僑胞の最大の組織機関に発展されんことを願って、新年の挨拶といたします。

民団の規律を尊重

尹致夏 監察委員長

[illegible]

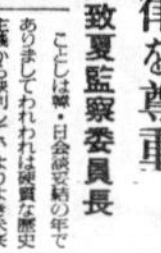

謹賀新年

大韓民国駐日代表部

大使 金東祚
公使 金在鉉
〃 方熙
〃 李圭星

大韓民国駐日公報館

館長 権敬国

在日本大韓民国居留民団中央本部

議長 朴玄
副議長 張聡明
〃 金陸男
監察委員長 尹致夏
監察委員 朴準竜
〃 姜性熙
〃 許允道
〃 姜学文
団長 権逸
副団長 鄭ドン和
〃 韓檜俊
事務総長 金英俊
〃次長 朴太ファン憲
総務局長 朴炳根
〃次長 林虎スン
組織局長 朴太斗
〃次長 李鐘ホ
〃 権赫
民生局長 申
〃次長 李仁ヒョン
文教局長 鄭ドン和
〃次長 ソン鍋用
宣伝局長 陳斗鉉
〃次長 孫秀祺
財政局長 徐栄チャン

37

中央執行部 新年の抱負を語る

新春を迎え、新年の活動目標ともいうべき中央執行部の抱負を各担当局長に語ってもらった。特に今年は韓日会談の妥結もほぼ確実視されており、民団としては大発展をもたらす年として多く、七月に新執行部が誕生して以来、オリンピック後援事業のため本来の民団活動がやや停頓状態にあって、今年はその遅れを取り戻し、大いに飛躍発展させねばならないと鄭炯和副団長をはじめ事務総長、各局長は、新たな構想をもって臨もうとしている。

民族教育の徹底を

鄭炯和（副団長兼文教局長）

昨年は東京オリンピックの開催とあいまって、わが民団は全精力をこのオリンピック後援事業に傾注し、本国観覧客らの受入れに万全を期した。

質、量ともに大きく飛躍しなくてはならない。

私の予想では、恐らく今年の春頃には韓日会談が妥結されるものとみている。そうなると、われわれの役割は大きくなる。まず、全在日同胞の福利を増進する実質的な運動を展開し、一つ、一つ着実に成就していく。そして、その当然の基礎事業として中央会館の建設、幹部養成訓練所の設立を急がねばならない。これと併行して、民族教育をより徹底強化しなければ

大衆の信頼に応える

朴炳憲（総務局長）

内外の諸情勢からみて、今年はわが民団の大発展期であると思う。そのため、総務局としては、この情勢に呼応して健全財政の

本国往来を頻繁に

金英俊（事務総長）

団員の生活向上へ

申木（民生局長）

東京オリンピック後援事業のため、民生活動ができなかったが、今年からはまた元の姿にたちかえり、民生活動を補充強化したい。当面の目標として、まず、既成信用組合の育成と新設運動をより活発に促進する。そして、商工会を強化し、僑胞の経済活動をより活発にし、根本的な税金対策を講究し、在日同胞の生活と実利に結びついた

全団員の協力が望まれるが、組織の体系を確立するうえからも割当の完納からまず実施していくようにしたい。

民団組織に新風を

朴太煥（組織局長）

民族意識の昂揚を

陳斗鉉（宣伝局長）

宣伝局としては、「中央機関紙」韓国新聞をより充足させ、機関紙としての使命を完遂するとともに今までの主観的な見方から転じて客観点な見地で情勢判断を行ない大衆の啓蒙宣伝を強化するつもりだ。今年は韓日会談の懸案の一つである法的地位問題が決定されよ

胞の二世、三世に対して国語を習得させる運動を推進していきたい。愛国心を培うには民族の言葉を知り、それを使用することによってのみ可能なことであり、われわれの現時点における最大目標はここに集中されなければならない。そして、民族精神をもつわれわれの次代の担い手によって、わが祖国を世界列強のレベルにまで到達させなくてはならないと考える。

出席者

鄭炯和	副団長
金英俊	事務総長
朴太煥	組織局長
朴炳憲	総務局長
申　木	民生局長
陳斗鉉	宣伝局長

昨年度の民団の足跡

【二月十四日】法的地位要求大会

【八月十五日】八・一五光復節十

五千余名が同空港で選手団を出迎

1964年度の本国の歩み

人間は夢に生きる一面がある。二年七個月の軍政から民政移譲に甲辰一竜の夢を托して、第三共和国として六四年のスタートをきった。いわば、昨年は民政序曲の一年であり、その一年間の出来事をまとめてみる。

——◇——

第三共和国—民政が始動をしたのは六三年十二月十七日国会開院式における朴正熙大統領就任式からであった。朴大統領は、栄光ある歴史を創造するビジョン—祖国の民的革新を一月十日の年頭教書において、その政治的課題として国民に訴えた。即ち政治的自主、経済的自立、社会的融和安定就任演説）をもって祖国近代化の基本大綱とし、このために政治的浄化、社会的刷新、経済的増産を内容とする三大革新運動を提唱した。国家百年のことを治政初年だけで建

謹賀新年

38

韓日会談成功시켜法的地位를確保하자

法的地位対策委員会開き 当面の運動方針を決定

法的地位対策委員を選出

事務幹事委員に金正柱氏ら七氏

裵義煥大使任地へ

権逸団長暖かく見送る

……大に歓送した。

出発する裵大使夫妻はこの暖かい見送りに対して涙をうかべながらお互の健康を祈って別れを惜しんだ。

この日、権団長は一行を代表して次のような歓送の辞をのべて別れを惜しんだ。

裵大使がわれわれ在日同胞のために誠心誠意をつくしてきたのは韓日とも忘れ得ぬ事実であります。このたび赴任地へ出発するにあたって裵大使夫妻は祖国のために、なお一っそう努力なさって下さることを願うとともに、われわれ在日同胞がいつまでも夫妻の功労に感謝の念をこめて、健康を祈っております。

理事長に朴東鎮氏を

岡山商銀　若さと手腕が評判

設立以来組合理事をはじめ民団岡山県本部の各幹部たちがたゆまず努力した結果、当初の目標を突破して、全国の各信用組合のもはんとして広く知られるようになった。

特に岡山信用組合では県下の実情を考慮して、民団岡山県本部の現団長である氏が理事長を兼任してその重責にあたっていたが、去る十一月二十八日に開かれた理事会で、県下ではもっとも若手の組織人であると同時に実業家で知られている朴東鎮氏を新たに理事長として理事会が満場一致で推薦したのである。

愈々、岡山商銀はその第二のスタートとして新任の朴東鎮氏を迎へ強力なメンバーを補強してより一層、全国のモデルケースとして民団陣営にとってより重宝がられる存在となったのが何よりもよろこぶべきことである。

新任された朴東鎮氏は、以前から民団岡山県本部の総務部長として大変地味な組織生活を通して、自己の人格形成と大衆への奉仕のためたゆまぬ努力を続けてきたのにと、充実な実業家として大衆信頼されたのが実を結んで、このような重責を負うようになったのである。氏は就任の抱負を次のように語った。

「このたび岡山商銀の組合員の皆様の絶大な御支援によって私が理事長に選ばれたことを深く感謝する次第であります。私はこれからの岡山商銀を内部における人和を基本にするとともに民団岡山県本部の発展のために、その財政的な支援をもって、民団と商銀が表裏一体となって発展するよう心をこめて努力するつもりです。何卒こんごとも皆様の御協力をお願い致します」

新年おめでとうございます

親善への公報活動を

大韓民国駐日公報館長　権敬国

法的地位問題の確立目指して

中央常任顧問　金今石

商工人の組織強化を

商工連合会会長　許弼奭

……いて申し上げたいと思います。

われわれが商工会を結成するに至った窮極の目標は、商工業者の総合団結をはかり、経済的な地位向上を、共同の力で達成しようということにほかなりません。しかし、多数人が結集した組織体である以上、親和的な精神を強調する親交クラブ的な集りから一歩前進し、事業面において成果を収めなければなりません。

その意味において、旧年に果し得なかった多くの課題、これはそのまま新年に宿題として受けが継るべきだと思います。

即ち商工会活動を端的に申しますと、組織の充実と、会員への実利提供活動、外的には本国の経済界、日本の経済界との連繋強化にあります。しかし、組織の現状をみるとき、いきなり大きな目標をかかげても空論となり、団結にならないことも予想されます。

故に、われわれが常に強調したいことは、地味な目標と着実な努力を一歩一歩積み重ねることによって、基礎を固めつつ前進することであります。

われわれが、ねてもさめても心の底から切望することは、われわれの祖国大韓民国が一日も早く安定し繁栄するようにとの念願であり、祈りであることを新年に当って、皆さまと共に、いま一度想起し、きびしい決意としたいものであります。

一九六四年　元旦

婦人の手で韓日親善を

在日韓国婦人会中央総本部会長　呉基文

多事多難な一九六四年を送り、新しい年を迎えるに際し在日同胞の皆さまに心からのご挨拶を申し上げます。特に在日韓国婦人会の組織強化と地位向上のために昼夜を問わず奮闘しておられる婦人の皆さまのご労苦に対して衷心から感謝の挨拶をお送り致します。

昨年、在日同胞はアジアで初めて開かれた第十八回東京オリンピック大会を成功させ、海外に住む同胞として本国の選手団を温く迎え、力の限り応援しましたが、婦人会でも在日同胞の皆さまと共に本国選手団を温く迎え婦人会独自の立場で応援しました。

私たちは本国選手団を歓迎し、応援するという崇高な運動を通して在日同胞婦人間の親睦をより深めるために、婦人会の組織づくりの土台を築くためにも最善の努力をしてきました。その結果、在日同胞婦人の間には今までにない相互親睦の気運と組織への理解が一段と高まりました。私たちは今年こそ、このような土台を基礎に婦人会の組織をより発展させ、在日同胞婦人の地位向上の年と考えております。特に今年は祖国が解放されてから二十周年を迎えます。

私たちはここにおいて組織の過去を顧りみ、未来に対する決意を新たにしたいものであります。

幸いに今年は昨年四月学生デモによって中断されていた韓日会談が再開され韓日両国の国交正常化への気運が高まっております。

韓日両国の国交正常化は極東の安定とアジアの繁栄のためにも必ず実現させなくてはならない重要な問題であります。韓日両国の国交正常化は、私たち在日同胞の生活を安定させるばかりでなく在日同胞にとって祖国への道がより近くなることでもあります。

私たちは婦人の立場から一日も早く両国の国交が正常化されることを願いながら婦人の間に浸透させ、在日婦人の生活向上のために努力することを皆さまに誓いながら新年の挨拶に代えさせていただきます。

一九六五年　元旦

誠実に英知を集めて

親愛の歩みこそ民団のみち

民団東京本部団長　金己哲

新年の劈頭にあたり、われわれは誰しも希望と強い意欲に満ちた興奮と発憤を感ずるものである。年々歳々同じ繰り返してはあるが、これは新しい時階のスタートに立たされたような気持からであろう。私はこの場で僑胞の皆さまを始め本国の方々に敬虔な心をこめてご挨拶を申し上げ、一九六五年こそ、より幸せが恵まれ、実り多き国家建設が成就されるようお祈りしたい。

第一次大戦が終結してちょうど二十周年を迎える今年ではあるが世界の人々はもちろん、特にわれわれ韓民族は数多くの苦難に耐えながら国家建設をはじめ社会秩序民生安定、生産の近代化に挑ぐまじい試練に取り組んでいるのである。ここで私達が得た教訓は、国家も個人も決して他力本願では事が済まないもので自力を信じ最大限に自力を駆使し最大限に向上させることだといえよう。

これまで二十年以来アジアの目覚ましい進出、多数の国家の独立と発言力の増大は周知の通りであるが、必ずしも安定の段階ではないのみならず、ベトナムの局地戦争や中共の核実験、欧米政策の模索など予断を許さない暗雲と不安の焦点ともなった。幸いにさる年末から再開されている韓日会談は両国の慎重な気構えにも今までにない意欲が盛られており、本国の情勢も稍々平静を取戻しているように見える。

感激に満ちた東京オリンピックの成果に続いて、韓日会談も両民族の名誉と共同繁栄のため大局的見地に立ち、後顧の憂いがないよう英知をつくして、堂々たる成立の運びを期待してやまない。これは、アジアの安寧と繁栄、ひいてはアジアの自覚と自立を念願する善意の識者は異口同音の叫びではなかろうか。

上述の関連から私たちの歩みを顧りみるとき、民団の機構組織が必ずしも十二分の力を出し、満足な活動を続けてきたとはいえない。これは決して一人二人の個人的な責任に依るものではないにしても、運営上の欠陥、全組織人の協力体制の不備に起因しているものであろう。しかしながら一人の不正、あるいは不誠実な偏狭な不心得が、思わざる大きな不評をして全体に反映され、大きな組織のマイナスとなるような例はわれわれ、何度も経験ずみである。

国も社会も正直者が馬鹿をみるとか不正行為で得をする者がないでもないのが人間社会の常とは今や農民政治の遺物であることを現代人なら考えなおすべきを時代である。それは対人関係の多角的な拡大と、マスコミの発展は不公平な不正な余裕を、もう相容れないからである。

多くのことは知らないが時代の趨勢の内、これ一つだけは確かである。即ち独りよがりや独り占めでは自分にも他人社会にも永続しないばかりでなく、自他共に破局が待っているということである。

一九六五年をすばらしいわれわれの年にさせていただきたいために、アジアの安定を希求しながら韓日会談の成立、本国の建設繁栄同胞の幸福と民団発展の願いをこめて、誠実に英知を集め、共々に手を握り、親愛の温しい歩みを皆さまと共に誓い合って年頭のあいさつに代える。

より新たる前進を目指す

オリンピック後援会長　李裕天

新年お目出とうございます。

一九六五年の年頭に際し、昨年の足跡を振り返ってみるにわれわれの年代では恐らく二度と見られないであろう世界オリンピック大会が日本のしかもわれわれの住む東京において開催され、そしてこのオリンピック大会の在日韓国人後援会長の重責を負い、全僑胞の惜みない支援によってその責務を果して参った有意義な年でありました。

私は会長職に就任以来、生まれつきの健康な体力にものをいわせて、本国政府、日本当局、KOC JOC等の関係当局を断け回って文字通り最善をつくしました。

その結果、二百三十六名の本国選手団ならびに約五千名に近い本国観覧客がオリンピック大会に参加し大いにわが国威を宣揚することができました。

特に本国オリンピック観覧客の来日にあたっては多くの隘路がありましたが、本国政府の英断と日本側の好意によって、所期の目的を達することができました。

またわが後援会は、オリンピック開催期間中に本来ならば韓国政府がなさねばならない、国家の広報宣伝事業も行なって大いにその効果をあげました。

そしてまた、われわれ韓国人として誰もが念じている南北統一問題に関しても、実質面で辛金丹親子を東京において再会させることに成功しました。

これは私の一生を通じて最も意義深いものであったと思っております。

昨年末にオリンピック後援事業の労苦を多として、本国政府からスポーツ功労賞を受けましたが、これはむしろ私個人が受けるべきものではなく、オリンピック後援事業の裏面にあって縁の下の力持ちの役割を果した人達に贈られるべきであったと考えております。

東京オリンピックを通じて特に痛感したことは、わが国の発展のためにも、また在日居留民団の組織強化のためにもわれわれは小我を捨て大我に目醒め、そして正しい民主主義を伸ばしていくためにも、長いものに巻かれる主義的思考方式を改めなくてはならないということです。

そして新たなる年一九六五年からは良心的な大衆に恩恵が与えられるよう、民団自体も古いカラから脱皮しなくてはならないということを痛感するものであります。

終りに全国の皆さんの繁栄と幸福を祝して新年の挨拶といたします。

一九六五年元旦

二世青年に民族の正気を

在郷軍人会日本特別支会会長　朴炳憲

毎年のことであるが、過ぎ去った年は何時も多事多難なものであり回顧すれば懐かしいものである。それにしても旧年は、民団創設以来の多難にして栄光の年であった。

民団を中心に民族陣営の全組織が一丸となってオリンピック後援事業を滞りなく終結させたことは何といっても輝やける足跡を残したものと、自他共に認めざるを得まい。

実のところ今もって、あの煩雑極まりない挙族的な大後援事業のおかげで、身心共に疲れきってしまっている。

さて、その疲れも癒えないまま新年を迎えるのであるが、今年こそ韓民族最大の念願の一つである韓日国交再開を目前に控えている。それこそ至難な年である。

解放から今日に至るまで、両国が歩み寄れなかったのは、祖国両断と共に最も悲しむべきことであったと思う。

数多くの悪循環を含んではいるが韓日会談は順風をはらんで進んでおり期待はすこぶる大きい。

国内においては革命政権樹立以来幾多の難事が山積していたが、ようやく祖国再建にも明るい兆しが見え始めてきた昨今である。

この好機を逃さず、どうしても今年こそは国交再開にまでこぎつけさせたいものである。

一衣帯水の共同運命体にある両国が、頻に活発化してきた親善気運を盛り立てて、互恵平等の友誼的精神にもとづき、あらゆる努力と善意をかたむけるならば、日々の懸案が多く費やさずして一挙にすべての懸案が解決されるはずである。

どこまでも互譲の基本的姿勢を双方で再確認し合い、その上で諸問題を推し進めなければならないという大原則を忘却してはならないのである。いわばギブ・アンド・テークの法則である。

そこで、わが在日僑胞の問題に焦点をしぼって考察するに、先ず法的地位と処遇問題がクローズ・アップされてくる。

日本に居住している以上、永住権、教育、就職等々、凡ゆる社会環境における基本的保証を獲得しないことには、何時までたっても浮草的存在としてわれわれの立場が確定剥設されません。したがって在日僑胞としては、この法的地位問題に全てを懸けているといっても過言ではあるまい。

次にこの問題とは別に、明日の希望であるはずの在日二世青少年の国家、民族に対する愛国、愛族精神の稀薄性を看過することは出来ない。

僅かばかりの民族教育機関だけでは、今日に至るまでこの問題が解決されておらず、むしろ放置状態ですらある。

極言すれば、思考方式、生活様式ともども無国籍化しているのが現状で、わが軍人会としては、これら青年たちに民族の正気を培養するための民族教育の一環として国軍に入隊させ短期間の民族教育を施行することにより、民族意識の昂揚を図りたいと具体案を練っているが、民団組織の全面協力を願望して止まない。良き年たらんことを願う。

書評

金正柱著「畿内の縁故遺跡」を読んで

新興国家の国史は、一名民族史観といわれる通り、民族の優秀性への叙述が要求されるが、この方法は往々にしてキメ細かい史実の新制が粗末に扱われる危険性を内包している。

日本における僑胞の民族運動は政治的、行動的なものになりがちで、往々にして政治的ナショナリズムのみが独走し、文化的ナショナリズムが不在しやすい傾向がある。

文化的ナショナリズムは近代化を逆行するような考えをもっている人が多いが、これは間違いである。

とくに日本の僑胞社会における文化の渇望からくる歴史的実感を伴わないで心情的な叙述の生硬の中で低迷しているが、これは非常に残念である。

このたび在日同胞の中においてたゆまず民族の遺跡を研究してきた金正柱氏が、日本の中でわが民族が残した数多くの史跡をたんねんに調査して大著「畿内の縁故遺跡」を出版されたことは、まことに時宜を得た壮挙といえよう。

著者金正柱氏

いままで日本で出版されたほかの本とは全然叙述を異にしている。

この独得なしかも在日同胞にマッチしたアプローチがこの本の良さであろう。

いままでのいわゆる帰化人への問題意識は二つのパターンがあった。

その一つは日本史家のアプローチであるが、かれらは実証的にはすばらしい能力を発揮しているが本質上日本史の地平へ帰化人の役割が埋没していくので、帰化人に対する歴史的評価がわい小化されやすい傾向がある。

そのための古代文化形成に与えた韓国文化の影響を大陸文化という大ざっぱな見方で評価しているので、帰化人の果した歴史の役割がクローズアップされてこない。

これは近代国家へ変化する国史の本質上の制約から止むをえなかったことであろうが、しかし最近の学界はこのような宿命的な状況からは脱出しているものの、やはり学問的関心の違いからくる、われわれとの違和感は大きい。

それからもう一つの方は、韓国史家のアプローチである。韓国史と日本史との関係とくに古代交渉においては、学問的対象は一つであるが叙述、評価においては、おのおのコミュニケーションは非常にかけていた。

しかしここに金正柱氏が卓越した史眼と綿密な考証で帰化人文化を研究して、日本史一般に埋没された帰化人の役割を明らかにするとともに、韓日両史学界のコミュニケーションにして、まことに大きい貢献をなしている。

しかしこの本の最大の貢献は、在日同胞における文化的ナショナリズムの形成にある。

さきにも記したように文化的ナショナリズムには、歴史的実感が必要であるが、多くの在日同胞は身近なところにこんなに多くの祖先の遺跡があることを知らされてきっと重厚な感動と誇りを感ずるに違いない。

そして明日への形成に寄与することも大であろう。

しかし歴史的フィクション、すなわち神話、伝承、故事のたぐいと史実との関係がいわゆる縁起物語、風土記的に処理されたような印象をうける。

もっともこの本の性格としては当然であって、また特長ともいえるが。

具体的な叙述に対する評価は専門家でないので省略する。これは著者に対する最大の欠礼にもなるが、在日僑胞の一読者としての印象批評を寛容されんことを願う次第である。

そして最後に読者として希望したいことは、日本の古代史上では活躍した帰化人が、中世、近世には歴史の表面には現れない。

この断層は日本史の発展から見て致し方ないが、しかし依然として民間文化交渉が存在している以上京大の小葉田教授が指摘なさったように、近世社会への貢献、役割りをまとまった通史の形で著者に要望したい。（五）

39

謹賀新年

朝日製鉄株式会社
取締役社長　申学彬
横浜市鶴見区（…）町一三〇
TEL 横浜（50）八四三一—四

学校法人東京韓国学園
初等部
中等部
高等部
学園長　朱洛弼
東京都新宿区若松町二十一番地
電話（341）一八九五
一八七六

京王交通株式会社
取締役社長　許允道
東京都杉並区方南町四〇〇番地

東京都公安委員会指定（実地試験免除）
中央自動車教習所
社長　金万洙
東京・深川
電話六四四—四一八六—八

森本建設工業株式会社
取締役社長　成本淳一
（八八一）六一二一〜三番

韓国料理の王様
コマ苑
社長　金世基
新宿区歌舞伎町十二
TEL（333）二七九一
五三七一

株式会社
国際航空旅行社
東京都千代田区（…）
電話（…）

東洋航空株式会社
東京都中央区銀座西七ノ二
日軽ビル内
TEL（571）四三二五・一三四〇

株式会社大京
代表取締役　清水　晄
東京都中央区八丁堀三ノ一四
電話（五五二）二六八五〜六、六九一七番

済州開発協会
会長　趙辯訓

済州商事株式会社
取締役社長　金坪珍
外役員一同
東京都千代田区外神田五丁目二番三号
電話（832）三四三一・五〇七七番
五〇七八番

国際航空輸送協会公認代理店
株式会社世邦旅行社
代表取締役　呉世重
常務取締役　韓相睍
常務取締役　廉富顕
東京支社長　朴華緒
常務取締役　曹允具
大阪支社長　金煥道

本社
ソウル特別市中区乙支路
半島ホテル一〇六、一一三号室
TEL（3）九二四四—七
東京支社
東京都港区芝田村町二ノ一二
童宝ビル一〇一号室
TEL（503）二五八一—五
大阪支社
大阪市北区神明町五〇
西島ビル二〇一号室
TEL（312）五八三六—八

当店は京都の中心地に位置し京洛随一の豪華な設備と徹底したサービスを誇る味覚と栄養の殿堂であります

京都　**南大門**
尹仁述
京都市下京区四条河原町
TEL（35）3647・9691

〓神奈川県韓国湖南人親睦会〓

会長　鄭東仁
副会長　金永万
〃　李五振
総務　朴皇淳
会計　金東成
幹事　裵興変
〃　宋善浩
理事　金恒植
〃　李相勲
〃　鄭廷錫
〃　成漢祐
〃　金東祚
〃　金中坤
〃　蘇知見
〃　呉周錫
〃　卞再容
〃　李宮来
〃　朴伯宰
〃　金万吉
〃　金文洙
顧問　李桂善
〃　三東
事務所　横浜市中区山下町一二六
TEL（64）一一五五

大韓民国在郷軍人会日本特別支会
会長　朴炳憲
副会長　李鍾舜
〃　朴明煥
参事　鄭烔和
〃　李奉男
〃　金貞植
〃　李相合
〃　韓昌圭
〃　趙権衡
〃　金学鳳
監査　李麟基
〃　趙基南
総務処長　朴英勲

関西連合分会
会長　崔在権
副分会長　黄文達
〃　金漢栄
事務長　全道徳
参事　朴在学
〃　魏圭連
〃　金燦奉
〃　劉燦鎬
〃　金連鎬
〃　宋合坤
監査　金竜泰

埼玉商銀信用組合
理事長　裵云道
浦和市高砂町三ノ五七
TEL（22）八三一二・四三八八

信用組合横浜商銀
理事長　李鍾太
副理事長　田炳武
川崎支店長　河在彦
横浜市中区曙町一ノ一
TEL（64）六九二一〜五
川崎支店　川崎（4）四九六一〜二

東京韓国人商工会
会長　許弼奭
副会長　鄭東淳
〃　苑塤圭
〃　韓檜俊
専務理事　柳東烈
東京都新宿区柏木一ノ八九（城ビル）
電話（三七一）八一五一—八
直通（三六九）七二四二

在日韓国人商工会連合会
会長　許弼奭
外役員一同
東京都新宿区柏木一ノ八九（城ビル）
電話（三七一）八一五一—八
直通（三六九）七四七九

信用組合　**岡山商銀**
理事長　朴東鎮
副理事長　金三珠
専務理事　金麟培
岡山市本町五番五号
電話（24）5931—3番

大阪韓国人商工会
大阪市東区博労町五の二七
電話（二五一）三〇八三・九九三七
会長　柳洙鉉
副会長　金容載
〃　姜宅治
〃　宋璨鎬
専務理事　金皓一
事務局長　具文浩

各種自動車整備販売
鉄骨製缶工作一式
大運自動車工業株式会社
大運金属工業株式会社
代表取締役　**蔡鍾萬**
大阪市大正区南恩加島町四五八
電話代表（五五一）四一五〇
（五五二）〇七三一〜二

満留屋　婦人服製造卸
金仁徳
大阪市北区曽根崎中二の二一
電話（三四一）四二二四
（三六一）六九六八

和洋室大小宴会　御結婚式披露宴
御神前結婚式場
北京料理　アベノ　**東海倶楽部**
別館　近鉄百貨店南隣　岸本ビル八階　電話（621）0221代表
新館　アポロ会館西隣　電話（632）0285・1255

和室・洋室完備
結婚披露・大小宴会
北京料理　**東天閣**
美味と安価が定評
大阪市心斎橋御堂筋角（そごう北隣）
電話代表（二七一）〇一三一

各種御宴会・御結婚披露宴
御家族連れに　御気軽に
御商談に　御利用
一品料理　下さい
北京料理　**国際飯店**
阪神電鉄杭瀬駅前　電話（481）1688・3000

韓国新聞広告代理
郭三徳
弘祥社
大阪市西成区長橋町五の十六
電話（五六一）〇九一八

商徳の繁栄は商銀の取引から
信用組合　**大阪商銀**
理事長　朴漢植
副理事長　姜宅佑
〃　中村兵衛
専務理事　西川実
常務理事　金相玉
大阪市北区曽根崎中一の四〇
電話（三四二）三八五一—四

明るい暮しは「興銀ホーム積立」から
信用組合　**大阪興銀**
理事長　李熙健
副理事長　金容載
専務理事　山本龍
常務理事　小西信成
大阪市天王寺区下味原町八〇番地
電話（七六一）七三七一

京都商銀に預けて積る貯金楽しい暮し
信用組合　**京都商銀**
理事長　田寿萬
副理事長　金京龍
専務理事　成楽亨
京都市下京区四条通り堀川西入
電話（八四一）八五六八—九
（八二一）四〇〇一—三

ご繁栄は、ご幸福は
日掛・月掛・心がけ
太平信用組合
組合長　原田多三郎
副組合長　李義数
〃　金基禄
専務理事　永松泰介
常務理事　森重喜
神戸市生田区中山手通三の四九
電話（三三）三六一一—三

空から行こう　韓国旅行

日本航空と大韓航空。ふたつの国の代表的な航空会社が、空の上で手を結びました。日韓共同路線は、東京—ソウル、大阪—ソウルの２本のコース。韓国までわずか２時間、週６往復しています。お好みの便で、韓国へお出かけください。

東京—ソウル線　週３往復
月水土曜　東京発08:50→ソウル着11:00
運賃　エコノミイクラス片道…24,450円

大阪—ソウル線　週３往復
火木土曜　大阪発13:10→ソウル着15:20
運賃　エコノミイクラス片道…18,650円

JAL　日本航空　KAL　大韓航空
お申込み、お問い合わせは当社代理店・営業所へ

金剛学園
大阪市西成区梅南通五の五
電話（六六一）二八九八
校長　張益和
理事長　徐甲虎
PTA会長　金元治
副会長　文乗福
〃　権益変
〃　申萬変

京都韓国中学校
京都市左京区北白川東平井町八
電話（七八）四八三五
校長　金聖聞
理事長　梁在根
PTA会長　梁健模

在日韓国養護施設
愛神愛隣舎
舎長　**張徳出**
神戸市灘区泉通四の二七
電話御影（八六）二四六二番

玉江古典文物編刊所
所長　**尹泰順**
大阪市北区梅田七番地
梅七繊維街（玉江商店内）
電話（三四一）五九六九
（三六一）九八三〇番

朋友会
会長　禹永東
大阪市西成区旭南通八の四
電話（五六一）七一一九

韓國新聞

発行所 韓国新聞社
発行人 権 逸
東京都文京区春日町 2丁目20－13
電話 (811)2261～3 編集 (812)0673 業務
振替口座東京 34988番

五大綱領

一、われわれは 大韓民国の国是を遵守する
一、われわれは 在留同胞の民権擁護を期する
一、われわれは 在留同胞の民生安定を期する
一、われわれは 在留同胞の文化向上を期する
一、われわれは 国際親善を期する

行動綱領

一、韓日会談を成功させ法的地位を確保しよう！
一、僑胞子弟に対する民族教育を一層強化しよう！
一、民団の質的向上を図ってまず幹部から学ぼう！

第七次韓日本会談開かる

第七次本会談、十八日より再開

今次会談を妥結のヤマ場に

昨年十二月二十一日から休会となっていた第七次韓日本会談は、本国政府と打合せを終えて十六日に帰任した金東祚韓国側首席代表と新任の高杉晋一日本側首席代表をはじめ各委員会代表ならびに権逸韓国代表顧問らが出席して、去る十八日午前十一時から外務省において開らかれ、両国首席代表からそれぞれ別項のようなあいさつが述べられた。そして、この日、今後の会談の進め方について、①首席代表会議は原則として毎週水曜日に行ない、②漁業ならびに法的地位委員会の二分科委員会は二十一日から再開し、③基本関係委員会は二十二日から開らくことに意見の一致をみ、会談妥結へ拍車をかけることになった。

再開された韓日会談 この会談が妥結への最大のヤマ場である

与・野が韓日妥結へ

権団長、本国政府へ法地位要求事項を提出

中央執行委員を選定

第三回中央委員会をまえに権逸中央団長は、次の十五氏を中央執行委員に選定した。

権逸、鄭炯和、韓橹俊、金英俊、朴太煥、朴炳憲、申灝、陳斗鉉、金晧一、鄭煥麒、金巳哲、楊晧、李相台、金正柱、李吉変。

本国政府に対する在日韓国人の法的地位ならびに処遇問題に関する要求事項

主張

韓日会談の妥結で統一を促進せよ

韓日会談促進東京地区大会

千代田公会堂に千人

東本主催

妥結気運たかまる

(公告)

第3回中央委員会を召集

朴玄民団中央本部議長は一月二十日付、公文で次のような第三回中央委員会召集通知を発した。

第三回中央委員会召集の件

本団規約、第三章第一節第十八条により左記の通り第三回中央委員会を召集しますから、中央委員各位は必らず参席し、本団事業推進について審議されたい。

記

一、日時 一九六五年二月九日、十日、午前十時

一、場所 安田生命ホール (新宿駅西口)

韓日会談の全面反対は修正すべきだ

長谷川社会党議員ソウルで語る

祖国의繁栄을為하여일하는해、일하는国民이되자！

自立をめざし働く年
輸出の増大を目標に

朴大統領年頭教書（要旨）

去る十六日、朴正煕大統領は、今年初の臨時国会で内政、外交全般にわたる政府の施政方針を明らかにした年頭教書を発表した。この教書のなかで、朴大統領は今年を〝働く年〟と定め、特に増産、輸出、建設に重点を置いて強力な経済政策を打ちたて、まず三年以内に食糧の自給を達成しようとしている。また、今年度の輸出目標を一億七千万ドルとして輸出振興による外貨の獲得を図り、国力充実への根本策を打ちだしている。

増産・建設に官民奮発を

取組む時期を迎えました。今年こそ働き甲斐のある多くの仕事をすることを訴えるものであります。また、今年の三大目標を

……

すべての国民に新たな覚醒と奮発をしなければなりません。

一方、国内では民政に移って六ヵ月目に戒厳宣布という不幸を招来したことは遺憾といわなければなりません。

解放されてから二十年、六・二五動乱がすぎてからすでに十五年を迎える新しい年にわれわれは、いつの年にもまして深刻な感情を抑制することができません。他国は戦争の廃墟の上に繁栄を築き、不毛の砂漠を開拓して、豊饒な社会を建設したのに反して、われわれは、この貴重な過ぎし二十年間に果して何を行なったかをふり返ってみる時、実に骨身にしみる反省と自責の心情を禁じ得ないのであります。

明日のために汗と貯蓄を

国民すべてが自立への強い決意と不屈の勇気で進むならばわれわれも二十年の無為を回復することができます。

特にわれわれは今年民政二年目を迎え第一次経済開発五ヵ年計画第四次年度に入り本格的に仕事と

……

国を親善訪問　友邦米国など

◇外交・国防◇

増産、輸出、建設の三大目標

◇経済◇

三年内に食糧の自給自足

六七年度に輸出三億ドルを目標

中小企業支援

透明な結び

生活必需品の廉価確保

畜水産場指導金融に重点

技術校増設、中高校統合

◇文教・社会◇

勤労事業を通じ雇傭増大

逆境にある公務員の労苦を多とする

―自由世界の新しいモラルー

……

法的地位にともなう諸法令

……いま、本国代表と日本側との間で進められている……が、われわれに直接関係の深いものを含む……法令について一般にあまり知られていない……ことにした。

破壊活動防止法

内乱に関する罪

外国人の財産取得に関する政令

（三面へつづく）

……

本国ダイジェスト

（十二月三十一日）韓米間で六五年度余剰農産物協定に調印

金鍾泌議員外遊から帰国

（一月一日）……

（一月四日）政府、六四年度輸出実績を発表

（一月五日）朴正煕大統領政府機構改編を指示

日本外相二月十二日に訪韓

（一月六日）張基栄副総理記者会見

李東元外務長官、六五年度外交方針を発表

日本側韓日会談首席代表に高杉晋一氏決まる

（一月七日）外務部、高杉首席代表任命を歓迎

輸出目標達成のため公館別責任割当制を採用

（一月八日）南ベトナムに韓国軍二千名を派遣

（一月九日）韓国経済に悪影響をおよぼさないよう軍援移管を強行

（一月九日）朴大統領、民政移管後初の記者会見

（一月九日）アフリカ、中近東に使節団

（一月九日）商工部、新貿易法施行令を発表

（一月九日）韓日会談最終検討

（一月十一日）経済自立研究委設置提案

（一月十二日）金東祚大使、帰国

（一月十二日）輸出増進に奮発を、朴大統領指示

（一月十三日）……

（一月十六日）朴大統領、年頭教書発表

42

在日僑胞의앞날을爲하여民族教育을強化하자!

東京五輪後援事業に 不正はない

中央監察委で記者会見

東京オリンピック後援事業の監察業務を行なっている中央監察委員会は、去る十四日、僑胞系新聞記者に監察途上の経過を発表した。発表内容を要約すると次のとおり。

一、民団事業としては大事業であったオリンピック後援事業を短時日のうちに無事なしとげたことは大きく評価されなければならない。

一、当初割当金の一億四千万円が全額入金しておればより充実した仕事ができたはずであるが、総入金八千万円（未入金六千万円）でよくあれだけの事業ができた。

一、会計面では、巷間でいろいろ取沙汰されているが、多少の浪費はあったが、それも事業遂行中ののっぴきならぬ機密費であったと思われる。そして不正はなかったということを確言する。

一、割当金の未納分については、さきの中央委員会で決定したものであり、総括的な報告と併せて、次回の中央委員会で結論をみることとする。

愛知、東中支部 僑胞会館新築に着工

高知県本部が移転

民団大阪・布施支部で役員改選

成人教育でも大成果 ―愛知韓国学園―

第二韓国学園を発展強化させよう

罹災僑胞に救いの手 大分県 救援金がぞくぞく

ベトナム派兵に関する談話文

民団中央常任委員会

民団中央 税金問題に対処 僑胞企業家を擁護

民族教育を強化 本国から教師五名派遣

騒擾罪

麻薬取締法

出入国管理令

ボクシングの王座、韓国へ

金基洙、東洋選手権を獲得

プロボクシング ミドル級 海津(日本)を6回でKO

日本のプロ・ボクシングの東洋ミドル級チャンピオン海津文雄に挑戦した韓国の金基洙は[illegible]…

…に反して動きが鈍く、チャンピオンらしい切れ味のよいパンチ一発もなく、試合は最初から挑戦者金のペースで進められた。

金は一回からフックのカウンターで海三チャンスをつかみ、六回海津が左へ回ろうとするところをゴング寸前右アッパーカットで海津のボデーに決まってKO勝ちをした。この瞬間韓国の金が東洋ミドル級のチャンピオンとして初の覇権を握ることができた。

まず左右フックのカウントから海津をピンチに追いこむ。右フックからチャンスをつかみ一気にボデーブローをまじえ、海津をグロッキーした。グリンチ逃げする海津、これをふりほどき腹から顔面へと攻める金、この四の攻防はこの試合最高の見せ場だった。

攻めこむ海津の右ストレートを一歩さがってはずした金は、右フックあるいは左ストレートとむかえ打ち、常に自己に有利な試合展開を見せていったのだから……。

五回には金のしなうような、それでいて海津の体に食いこむようなボデーへのアッパーが決った。ジェット機の爆音を聞くように、そばで見ているものにズシリとこたえるような重みのあるパンチだった。この試合最後の回となった六回には金のボデーブローに一段と力が加わり右アッパーのボデーブローから海津が体を二つに曲げ苦しむ表情を横に見ながら歯を食いしばり、目をつむって打った左アッパーで金がとどめをさした。

この時ゴングまであと2秒というきわどい瞬間。現在のルールにより中途におけるラウンドダウンは3分が過ぎてもカウントを続けられ、ついに海津は立つことが出来なかった。(朝日新聞)

金選手の略歴 一九五[illegible]…第三回アジア大会ウエルター級優勝。ローマ五輪でも韓国代表として準々決勝に進出、一九六一年十一月プロへ[illegible]…

東洋ミドル級チャンピオン賞をうける金基洙選手

第6ラウンド・ゴング寸前、金のアッパーにくずれる海津（韓国公報館提供）

愛知韓国学園に学んで

愛知韓国学園 中級班 朴甲鳳

[illegible]…

らぬことに目覚めたのであります。

しかし私は国の言葉を全然解せないので、なんとか勉強して韓国の国情を知りたく、一日でも早く話しができるようになりたいと念願していたところ幸い愛知韓国学園のあることを知り昨年三月に入園して今日まで熱心に勉強してきました。その間園長先生をはじめ諸先生方の御指導、御鞭撻により、いまではある程度の読み書きもでき、歌も歌えるようになりました。また政治、経済、文化、歴史、風俗、習慣などがわかるにつれ、わが祖国の優秀さと、その国民として生まれた誇りを強く感じております。そしてわれわれが学んでいるこの愛知韓国学園は、良い教師に恵まれ、そしてまじめな生徒ばかりのいる優秀な学園であることを自負し、そしてこのような良い学園で民族としての認識を深めていくことは、非常に生きがいのあることであります。

今後とも一層勉学にはげみ韓国人として、はずかしくない、立派な人間になり、世のため、人のため尽くしたいと、決意を新たにいたすものであります。

文学の現実と課題

一九六四年の収穫を中心に

[illegible]…そして文学活動の舞台は[illegible]…春秋(四月)、新東亜(九月)などの出発によって相当ひろげられた。

注目あびた金丘庸の長詩

六四年一年間生産された作品の総数は、文芸、綜合、同人雑誌を通じて発表された小説(短篇)が約三百、そして詩が約七〇〇篇になる。

そして現代文学、思想界、世代、文学春秋、新東亜その他雑誌を通じて、精力的な生産活動をした詩人は、金珖燮、金洙暎、朴寅煥、金光林、金丘庸、金春洙、朴斗鎮、金宗文、朴成龍らである。

特に金丘庸氏は八一九行の空前の長詩(文学春秋十一月号)を書いて衆目を引いている。

好評だった「市場と戦場」

小説部門では[illegible]…されたが、黄順元作「日月」(第三部)、李文熙作「江木鉄千里」、柳周鉉作「朝鮮総督府」、安壽吉作「黒流」、李浩哲作「小市民」、徐基源作「革命」、崔仁勲作「灰色の椅子」などがあり、特に好評であったのは朴景利作「市場と戦場」であった。

そして新人金承鈺の「霧津紀行」は非常に新鮮でかつユニークな作品として評価を受けた。

作品集としては、金利錫作「冬眠」、朴花城作「街には風が」、韓末淑作「白昼遺書」などが[illegible]…

評論界は総体的に振わず

評論の収穫は総体的に不毛であった。

話題になったのは、[illegible]…

「殉教者」米国で絶讃

動乱の悲劇を高度に文学化

韓国文学界に明るい未来

[illegible]…タル・ムードで一時歓迎されたようなまやかしものではない。

氏の独異な作家活動を高く評価するとともに、第二の林語堂に成長するよう期待したい。そしてフランス、イギリス、中国においてそれぞれ「韓国訳詩集」が出されたが、韓国文学の国際的コミュニケーションとして大いに評価すべきであろう。

文学全集は完全な全集として東仁文学全集と黄順元文学全集が出されたが、特に黄順元全集は現存作家として唯一のものである。さらに文学振興のための文学賞関係を一べつすれば韓国文学賞が「馬海松」氏(童話集餅船、甘い船)に、韓国女流文学賞が「崔貞熙」氏(小説人間の歴史)におのおの授与された。

このほか現代文学新人賞は「韓末淑、文徳守」両氏に、ソウル市文化賞は「白鉄、宋ウク」両氏に、五月文芸賞は、金水二[illegible]…

月、具相浮六月、鄭相渉九月)

最後にわが国の文化芸術界に最も大きい行政的効果を与えたのは、ここ十何年来の宿願であった芸総会館(ソウル世宗路)がたてられたことである。

これで芸総も落着いて地につけた仕事に専念できよう。

危機を文学のモチーフに

この一年間の文学的収穫をかえりみて感ずることは、乏しい収穫のなかにも未来を期待できるような優秀な作品がいくつか生産されたことである。

[illegible]…方が故作家の文学碑がたてられた。

現代韓国の現役作家のほとんどが実存的な危機意識を、その文学のモチーフとしている。

作品の世界は、あくまでも作家の内的必然から出発した自由な世界であって、ある状況から演繹される論理的必然の世界ではない。

危機の状況という一種の強迫観念が絶えず作家を支配し、作家は内的な体験を経ず、状況と観念を安易に結びつけようとする心理的なあせりがある。

こういうプロセスから生まれた作品には、危機の真の所在が示されず、類型的で詠嘆的な危機意識がらつろに響いてくる。

従って作家自身がこのような情勢の世界にいかに対応するか? 今後大いに期待したいところである。

本国学生

僑胞学生との文通を希望

[illegible]…

ソウルの新関門橋 20日開通

かねてから建設中であった漢江橋が、さる十二月二十日に完成した。一昨年六月二十日に着工して満二年六個月で竣工したこの橋は[illegible]…千一百二十八米の橋で、ソウル区合井洞を結ぶ交通要衝で首都ソウルの第二関門となる。工事費一億一千四百余万ウォンを投じ、延一七万人を動員した式オープン型、立体交叉の橋端は長さ一百六十米、車道一六米、両側の歩道四・四米の欄の両側には四百ドの水銀灯が[illegible]…大規模の橋で、この橋が完成すれば金浦空港および京仁工業地帯からのソウルにての交通を解消と産業発展に大きな役割をすることになる。

ことしは「乙巳」年

史上の記録をひろうと—

一九六五年は[illegible]…

△八八五年(新羅憲康王十一)乙巳。[illegible]…

△一〇〇五年(高麗穆宗八)乙巳。[illegible]…

△一一八五年(明宗一五)乙巳[illegible]…

△一三六五年(恭愍王一四)乙巳。[illegible]…

△一四二五年(李朝世宗七)乙巳。[illegible]…

△一五四五年(仁宗元)乙巳。乙巳士禍発生。[illegible]…

△一六〇五年(宣祖三八)乙巳。[illegible]…

▽一七八五年(正祖九)乙巳。経国大典を改撰して大典通編成。

▽一九〇五年(光武九年高宗四二)乙巳。日本の強圧により乙巳保護条約を結ぶ。外交権を失い、やがて亡国の途をたどった。

朴大統領も金選手を激励

▽羽後主審 金 55555 海津 54545

▽ノドチ副審 金 55555 海津 54444

▽遠山副審 金 55555 海津 55544

日本のプロ・ボクシング海津文雄ミドル級チャンピオンに挑戦し六回KO勝ちして東洋ミドル級タイトルを握った韓国同選手金基洙選手は、[illegible]…せんした。

同選手は13日午後青瓦台に韓国プロ・ボクシング協会長の案内で朴大統領官邸を礼訪、大統領は同選手を激励するために特に引見し東洋チャンピオン獲得をたたえるとともに、韓国ボクシング発展のために一層努力するよう要望した。

68年メキシコ五輪会期

[illegible]…

職業訓練センター開設に予算一億ウォン

政府では、失業者対策のために労働庁が主務官庁となって職業訓練法を立法化するとともにこれに必要な経費として約一億ウォンを要求している。国際労働機構(ILO)でも、韓国労働問題のために関心を寄せて昨年九月韓国に二名が来韓して韓国労働事情を調査し、ILO基金をもって韓国に労働訓練センターを設置し韓国人のために職業訓練に必要なことは積極的に支援することを約束している。

政府では、この法案を実施するために技術訓練に必要な教師を育成するために今年内に工大出身者40名を選抜して、世界的にも有名な技術訓練センターに派遣することにした。

研修生十名来日

済州開発協会が招請

[illegible]…済州開発協会(会長[illegible]…)では、郷土済州開発に必要な技術者養成のために済州道から技術研修生を招請することを推進していたが、第一回研修生十名が二十日午前八時済州丸で神戸港に入港した。

研修生は日本大学農獣医学部において二年間研修部門の研修と実習(実修場は神奈川県藤沢市)[illegible]…

輸出産業工業団地 在日僑胞入住希望者 視察団募集

このたび本国政府では、輸出第一主義の国策を推進するため、特に在日僑胞の財産搬入による産業投資を歓迎している。

そして仁川商工会議所では、所在中の身元保証と情緒を考え、在日僑胞産業人に最大限の特典を与えて[illegible]…

一、旅行目的 韓国の産業経済事情および文化名所の観光を目的に、在日僑胞投資希望者による輸出産業工業団地(仁川地区)の入住希望者の視察[illegible]…

(募集要領は次の通り)

一、招請処 仁川商工会議所

一、申込期日 第2次、自一九六五年一月一日—至一九六五年[illegible]… 第3次、自一九六五年二月一日—一九六五年五月十日

一、出発予定日 第2次出発予定日一九六五年四月一日ノース[illegible]… 第3次出発予定日一九六五年六月一日NWA

一、旅行日程 九泊十日、ただし希望者は延長可能

一、訪問地 ソウル特別市および京畿道、仁川、大邱、慶州、釜山[illegible]…

一、利用航空会社 NWA (JAL CAT) KAL

一、経費 ¥一二六、〇〇〇—(往復航空運賃、宿泊費[illegible]…)およびその他一切の費用

一、募集人員 一五名—五〇名

一、必要書類 (A) 渡航手続のための同意書 (B) 旅券 (C) [illegible]… (D) [illegible]…

同意書、ただし旅券未所持者は[illegible]…

(1) 旅行日程は韓国内事情、現地の事情により[illegible]…

(2) 本観光団の経費に含まれるものは次のとおりです。

(a) 航空運賃……往復エコノミークラス航空運賃

(b) 交通費……空港・ホテル間のバス運賃……団体行動の[illegible]…など

(c) ホテル料金……ホテルは二人部屋とします。

(d) 食事料金……毎日3食(朝・昼・夕)の食事料金[illegible]…

(e) 手荷物運搬料金……[illegible]…二〇キロまでの料金

(4) 参加と同時に参加予約金として[illegible]…

(5) 本観光団の金額[illegible]…

(6) 団体行動中に個人の事情により[illegible]…

行日程予定表

【第一日】(四月一日木) 九時四〇分 羽田国際空港集合十一時〇〇分 NWA便にて[illegible]…

国際空港到着 ウオーカーヒルホテル直行 歓迎パーティー[illegible]…

【第二日】(四月二日金) 国軍墓地参拝、戦争記念館参観、仁川商工会議所[illegible]… 工業団地視察、仁川商工会議所主催パーティ参席

【第三日】(四月三日土) 京畿道知事礼訪、仁川市内見学[illegible]… 川市長主催パーティ参席

【第四日】(四月四日日) 陸軍士官学校見学、ソウル特別市長礼訪、中央庁[illegible]…

【第五日】(四月五日月) ソウル駅出発、大邱経由慶州到着、慶州ホテル宿泊

【第六日】(四月六日火) 慶州駅出発、大邱経由釜山到着、釜山観光ホテル宿泊

【第七日】(四月七日水) 石窟庵参観(日帰)、仏国寺博物館、王陵、瞻星台、[illegible]…

【第八日】(四月八日) 国連(UN)軍墓地参拝、市内観光、[illegible]…

【第九日】(四月九日金) 釜山到着、東萊温泉ホテル泊[illegible]… 至KAL便にてソウル金浦国際空港到着、朝鮮ホテルおよび[illegible]…

【第十日】(四月十日土) 一時四〇分金浦国際空港出発、一六時二〇分羽田空港到着、解散

◎取扱い旅行社
株式会社 国際航空旅行社
東京都港区[illegible]…
電話 (433) 〇六一一～五番

韓國新聞

発行所 韓国新聞社
発行人 権逸
編集人 裵斗鉉
東京都文京区春日町2丁目20-13
電話 (811) 2261～3
(813) 0675
振替口座東京 54988番

五大綱領

一、われわれは大韓民国の国是を遵守する
一、われわれは在留同胞の権益擁護を期する
一、われわれは在留同胞の民生安定を期する
一、われわれは在留同胞の文化向上を期する
一、われわれは国際親善を期する

行動綱領

一、韓日会談を成功させ法的地位を確保しよう!
一、僑胞子弟に対する民族教育を一層強化しよう!
一、良識ある民団、清廉なる民団、前進する民団へ!

民団第三回中央委員会開く

当面の活動方針を討議

二月九・十両日 東京新宿 安田ホールで

民団第三回中央委員会が去る九・十の両日、東京・新宿の安田ホールで新たに選ばれた中央委員百三十名(選委員三十名、全国選出委員百名)のうち八十二名が参席して開かれ、今年度の主要活動方針ならびに、妥結まじかい韓日会談の法的地位などについて討議がなされた。また、昨年の東京オリンピック後援事業の経過報告については監察委員会の監察結果にもとづいて質疑応答があってこれを了承し、民団の質的向上を図るための各分科委員会の構成メンバーを決定した。特に今度の中央委員会では本国政府の"働らく年"に呼応して"仕事をする民団"を目標とした権中央団長の挨拶が民団の新たな方向を示した点で注目を浴びた。

同中央委員会は、九日午前十一時半、国民儀礼の後、金隣勇中央副議長の開会の挨拶で幕があけられ、議長席に朴玄議長、張聡明副議長、金隣勇副議長が着席、多数の傍聴人のつめかける中で資格審査が行なわれ、その結果、過半数の出席者による委員会の成立が宣せられ、ついで、朴玄議長から"昨年の七月以来、再び開かれることになったこの中央委員会は困難な世界情勢の中で行なわれるものだけにその意義と責任は大きい。この場において全民団事業に対する討議をしてもらいたい"との挨拶があり、このあと権逸団長から"現時点における民団の方向"と題する別項のような挨拶が行なわれた。(二面に掲載してあります)そして、李裕天後援会長、金在淑駐日公使、金今石特任顧問らからそれぞれ来賓挨拶が述べられ、一旦休憩に入り、午後から各機関の報告がなされた。

まず、議決機関の報告を張聡明副議長、執行部の総括報告を金英俊事務総長、法的地位対策委員会の報告を張聡明副議長からそれぞれ行なわれ、この報告の中で法的地位対策委員会について、同対策委員会を改組し、権団長を委員長として主要幹事に金正柱氏を決定したことが明らかにされた。

このあと、日本訪問中の金東仁(共和)、李忠模(民政)両国会議員から来賓挨拶があり、この中で本国の発展相、在日同胞の保護策、韓日会談に臨む本国与野の姿勢等の説明があって、引続き本国家族の招請事業に関する報告と同特別会計報告が朴炳憲総務局長、申灝民生局長からそれぞれなされた。

ついで、尹致夏監察委員長からオリンピック後援事業ならびに一般団務に関する監察報告がなされたが、この中で、前執行部当時の不正事件(国楽院興行料の不払、赤十字募金の不払)を明らかにするとともに、オリンピック後援事業は苦労の多かった割には成果が上っていないということが指摘された。

つづいて、李禧坤後援会総務局長からオリンピック後援事業の総括報告があり、朴太煥組織局長、陳斗鉉宣伝局長から同後援事業の動員ならびに宣伝事業に対する概略報告が行われた。

ここで、これらの報告をもとに質疑応答を始めようとしたが、時間の都合上、翌十日に続会せよという二つの動議がだされたので、議決採決となり、四十対三十で翌日続会と決定、第一日目を終了した。

十日の第二日目は午前十一時に再開し、監察報告の不正事件に関連する人達の釈明を聞くことになり、金今石特任顧問、金英俊事務総長、鄭煥和副団長からそれぞれた内容経緯について説明がなされた。

このあと権団長が発言を求め、"これらの不正事件は民団が新たな出発をしようとするこの場で大きく取扱うことはどうかと思う。だが、私は地方で後援事業に関して中央が不正を行っているという噂があったので監察委員会に徹底的調査を依頼した。さきにあげられた不正事件はすべて前執行部当時のものであり、内外の諸情勢からみて重大なこの時期にさして重要でもないことで議事混乱を招いてはならない。私自身も不正・腐敗と闘い健全な民団をつくって若い人達に引き継がせたいと考えている。"と述べ、重要問題を討議するよう提議した。このあと暫時、この問題について応酬があって、各中央委員から監察報告が完全でない点が指摘され、議事を混乱させた責任が監察委の報告にあるときめつけた。そして、朴根世委員から"監察報告に対する質疑応答はこの程度にし、事件の当事者と権団長は早急に問題を解決することを付帯して次の討議事項に移ってもらいたい"との動議がだされ、採決の結果、賛成多数で議事を進行することになり、いったん休憩、午後二時半続会となった。

再会と同時に安休科(兵庫)委員は①ベトナム派兵問題と第三宣言をめぐって"是々非々"をどのように解釈するか?②高杉発言をどう思うかについて質問を行なった。

これに対し権団長から"第三宣言は効力を有する。国是は国憲であると解釈するから派兵問題を支持するのは妥当だ。"との答弁があり、高杉発言については、その発言が事実無根であるとの高杉代表の公開状が閉読されてケリをみた。

ついで、朴根世委員から"権団長の挨拶は諸情勢についてハッキリ見解を示した点で敬意に値いす

法的地位ならびに処遇問題に関する要求貫徹全国代表者会議

日時 来る三月三日 午前十時

場所 安田生命ホール(新宿西口)

第三回中央委員会の会場

中央委員会での決議事項

可決された活動方針案

当面の活動方針

一、一九六五年度財政確立に関して

二、中央会館建設に関して

三、本国家族招請運動に関して

四、郷土訪問団派遣に関して

五、幹部訓練に関して

六、韓日会談促進と法的地位要求貫徹に関して

七、税金対策に関して

中央委員会で決定された六分科委員会のメンバー

◇企画分科委員会

◇民生分科委員会

◇宣伝分科委員会

◇組織分科委員会

◇文教分科委員会

◇財政文化委員会

懸案別にみた両国の主張

(韓国側) (日本側)

基本関係

漁業問題

請求権

法的地位

現時点における民団の方向

権逸 民団中央団長あいさつ

親愛なる中央委員の皆さん！

昨年に開らかれた民団中央臨時大会で規約が改正され、その後、初めて中央委員会を迎えました。

全国の組織・各幹部は勿論のこと、全団員は民団の発展を望んで今度の中央委員会を、その何時の時よりも注視しています。

そして、在日韓国人社会はいうにおよばず、本国においても心ある人々は、わが民団の向上を心から希って、新らたに施行される中央委員会制を注目しております。

このような全同胞の念願と希求の中で初めて開かれるこの重要な中央委員会において、すぐる半年間の活動業務を報告し、国内外の情勢を検討し、併せて、次の中央委員会までに着手しなければならない幾つかの重要事業に関する活動方針を明らかにすることができるのを嬉しく思うと同時に意義あるものを考えるものであります。

ここで、まず申し上げねばならないことは一九六四年に開らかれた東京オリンピックの後援事業と五千名に近い本国家族招請事業において前例のない民団の力を発揮して無事その業務を完結したことであります。この事業において民団は潜在する力量を顕示し、民団前進の新たな基いをつくりました。そして、この間に、民団運動推進の中枢体である中央委員会制の基礎を確固にしました。

この大事業を遂行するにあたり全力を傾注した中央委員の皆さんならびに民団組織員、団員諸位のご労苦に心から感謝の意を表するものであります。

最近、世界情勢はめまぐるしさを増して発生する事態によって激しい変化をみせております。

その主なものは、ソ連におけるフルシチョフ首相の退陣、英国の政変、友邦米国の大統領選挙、フランスの中共承認、日本における佐藤内閣の出現、ベトナム状態の激動、中共の核実験と東南アジアの不安増大、インドネシアの国連脱退、そして北韓傀儡党の執拗な威脅と浸透などがあります。この世界情勢における特徴は、二大陣営に分れている自由・共産両陣営がそれぞれ多元化の傾向に傾きつつあることで、共通した事実としては、両陣営とも自国の国家利益を追求する政策をとっているということであります。

特に共産主義陣営は過去の鉄の如き団結が崩れ、各国が完全な自主と国権を主張する動きが顕著になってきましたが、今年の三月に予定されているモスクワの全世界共産党予備大会を契機に中・ソの二系列に分れる決定的な段階に到達する感が深まってきています。

そして、特に留意しなければならないのは、中共の核実験がアジアにおける新たな緊張を招来していることであります。これを背景にインドネシアの国連脱退と中共への接近、そして赤色攻勢の一環であるベトナム事態はわれわれの好むと好まざるとにかかわらずベトナム自体の問題から自由主義陣営対共産主義陣営の問題に転換されていることであります。

われわれの住んでいる日本においても佐藤内閣の出現によって、ジョンソン・佐藤会談等で示された新たな動きから、世界に対処する日本外交の位置が変わってくる感があり、今後の日本のアジアに対する発言を注目せざるを得ません。

わが国の現状とその政策に対して

本国状勢を総括的にみると、去る一年間は、民政に移譲された初期の混乱と試練を克服し、多くの部門において安定と前進の基礎を確立したといえましょう。

特に民政面においては、三分の二以上を占める民主共和党によって国会の安定勢力が確立し、そして、野党も従来のような極限闘争を避け、討論と協商を通じて秩序ある議会政治の大道を明らかにしており、いまや、わが国民に政治に対する安堵感をもたらせるにいたっています。

そして、現政権は若干の批判もあるが、過去にみられない果敢な施策を実施し、多くの難関を突破して顕著な業績を示し政権の基盤を確固にしたといえましょう。

特に増産においては刮目すべき発展をもたらしました。なかでも消費物資は自給自足の域に達しており、過去において市場等に氾濫していた外来品はすべて国産品によって置きかえられています。そして、国産品の品質は外来品に劣らないほど優れており、そのうえ価格は低廉であります。

また、工・鉱業部門においても一九六五年には、石炭十四万トン、電気七十七万キロワット、石油は一日分三万五千バレル、苛性ソーダ百九十万トン、板ガラス六十万箱等の重要物資を生産できるようになっています。

これを一九六〇年度の生産実績に比較してみると、石炭は約二倍、電気は約四倍、苛性ソーダは四倍、板ガラスは三倍以上の増産をもたらすほどの発展を遂げているのであります。

そして、今年からは大統領の年頭教書にも発表されているように勤勉と倹素と貯蓄を行動綱領として、民族の力を増産、輸出、建設の三大目標に集中し、遅くも一九六七年までには繁栄を期約する自給自立の体制を目指して"働く年"として新たな出発をしています。

また、われわれが留意しなくてはならない点は、米国の援助が年々減っていくのに反して、わが国の経済事情は経済成長を促進するために借款の重要度が増大しております。したがって多くの友邦国家との経済協力は極めて重要となってきていますが、この時に、大統領が西独を訪問し多辺的な経済外交を展開したことは大きな成果であったと考えます。

そしてまた、経済政策において受援態勢を強化し、重点政策を採択したことも高く評価されなければなりません。

だが、外資不足、資源欠乏、労働人口の過剰による失業者の増大は、わが国の基本的な弱点であるが、これを克服することによってわが国の後進性を脱皮することになるでしょう。在外僑胞のわれわれはこの点を注視して国家に寄与しなくてはならないことを痛切に感ずるものであります。

そして、過去十四年間にわたって外交の宿題とされてきた韓日国交正常化の問題は、韓日両国の繁栄と安全保障のみでなく世界自由陣営の紐帯強化という大局的な見地からも今年中には妥結をみなくてはならないが、両国間において妥協しなくてはならないという決意が示されたという点で、われわれ自身にも関連する問題であり大きく勇気づけられています。

良識ある民団　清廉なる民団　前進する民団へ

北韓ならびに朝総連のわれわれに対する戦略と戦術

尊敬する中央委員の皆さん！

目を北韓に転じて、彼らの本質特に統一課策という点に関連させてただしてみよう。これに先だちわれわれはまず一九六一年九月に開催された北韓労働党第四次全党大会を注視する必要があります。何故ならば、この大会において北韓労働党の本質が明らかにされ、彼らの全運動の根本が確定し、そして、金日成の独裁が明文化されたからであります。三党大会までは、北労党は抗日運動に参加した者と独立運動家、民族主義者らをすべて包括していたが、一九六一年九月に開かれた四次党大会では党性格と義務を規定した党規約の前文において、北韓労働党は従来の態度を捨て、抗日パルチザン派の継承であることを明記し、パルチザン派（所謂、甲山派）の掌握するところとなり、その後、組織内において延安派、国内派、純正ソ連派、民族主義者らを粛清し金日成系列の独裁体制を正当化させたのであります。

そして、彼らの所謂、課業なるものをみると戦後に生じた共産国家の通例として国内課業と国際課業の二つがあります。

国際課業とはマルクス・レーニン主義による世界革命で、ここではこれについて言及しないことにし、また、国内課業の一つである北韓内の共産化を指向する経済、文化、社会の共産主義体制確立という所謂、革命課業についても省略することとして、彼らの国内課業の中で、民族課業の一つと称せられている所謂、統一課業なるものの本質と戦略戦術について述べてみることにしましょう。

彼らは、いわゆる統一課業において、韓国を米国の植民地であると規定し、まず、韓国を米国から解放させた後、封建社会を打破する人民民主主義革命を行なわなければならないとしております。

そして、このような基本戦略のもとで反米救国統一戦線の結成をはかり、韓国内にその前衛的組織体である革命党を組織して非合法運動を推進する一方、いわゆる統一運動なる左右合作の合法運動を執拗に展開しているのであります。

ここで留意しなくてはならないのは、彼らのいう平和統一とは自由陣営でいわれているところの民主主義ルールによるものでなく、単に戦争の手段によらないというだけで、彼らの暴力革命自体は否定していないのであります。したがって、彼らの提唱する平和統一なるものはわれわれを欺瞞する詐術にすぎないのであります。

そして、北韓は多年間盲従してきたソ連に対して平和共存をとなえるからといってソ連に背反し、初歩的なマルクス主義路線を踏む中共に加担して、国際的な冒険を敢て展開しているのであります。

そしてまた、彼らはわが在日僑胞社会に対しても二つの方法をもって浸透を続けているのであります。その一つは、先鋒的役割を果す朝総連を通じて浸透工作を続けるとともに、もう一つの方法は、スパイを放ってわが僑胞社会を攪乱しようとしているのであります。

この浸透工作の表面に現れているものを挙げるならば、朝総連のいわゆる統一事業がそれで、ここに重ねて全僑胞の警戒を促すものであります。

朝総連は、北韓カイライのいわゆる祖国統一民主主義戦線の系列に属するもので、その日本支部といえましょう。朝総連の綱領第二項によると米帝国主義者と一切の外来侵略者を駆逐し、その手先一党を孤立化させ、祖国の平和統一独立のため献身すると規定し、北韓労働党のいわゆる統一行動綱領を遂行するのを至上目標とする革命団体なのであります。

そして、朝総連は当面の活動目標を韓日会談と南ベトナム派兵に反対する反米、反韓運動に全力を注いでいるのであります。

紛争のない前進と憎悪のない改革を

以上のような情勢のもとで、わが民団がその本来の使命を果すには、情勢の変化に応じてその都度正確な判断をくだすとともに、目標達成に向って果敢に前進しなくてはならないということは今更申すまでもないことであります。

ここでより重要なことは民団自体の体質と姿勢の改善を根本的になさなければならないということであります。

勿論、わが民団は多くの点で特点と長点がありますが、民主主義に立脚した強靭な持久力、根強い潜在力、寛容と協調等の長点は自他とも認めるところであります。

だが、その反面には多くの弱点と矛盾があることを率直に反省し、これを是正しなくてはなりません。

民団の弱点をあげるならば❶無気力なマンネリズムと安逸事勿れ主義、❷財政難からくる貧血症、❸嫉妬、謀略、中傷、虚偽が日常茶飯事として横行し、紛糾と論争による相互不信と時間が過ぎればよいという不感症と健忘症等があるが、勿論これはその一部であるが、このような弱点は断じて克服されなくてはなりません。

これら弱点の是正にあたっては過去の傷跡をさらけだすのではなしに協調と相互反省を通じて、停滞状態を前進へときりかえなければなりません。

中央委員の皆なさん！

私は私自身の資質に不足な点が多いが上に述べたような根本態度をもって全団員とともに民団の発展のために努力するつもりであります。みなさんもこれに歩調を合せて民団の発展にご協力されんことを願ってやみません。

組織の基礎を確固に

私はわが民団組織の基礎強化のために次の三つの点を強調したいと思います。

一、中央委員制の確立

まず従来の中央議事会制を中央委員会制に改めたことは大きな意義のあることであるが、まだ充分に納得されておりません。そして前の改正大会における経過的措置を考慮せず、従来の中央委員の改選を断行したため若干の混乱があり、地方委員会の構成においても問題があって、いまだに中央委員会制の基礎を確固にしていないのが事状であります。ここにおいて、特に中央委員制の根本精神を充分に理解する必要があると考えます。

またその運営においても従来の中央議事会制時代の惰性が払拭されていません。そこで今度の中央委員会を契機に全組織を通して中央委員会制の確立を期さなくてはならないと考えます。

二、財政対策の樹立

財政対策においては、オリンピック後援事業のため、いまだに具体化できずにおります。そこで、今般の中央委員会の決意をみて、果敢に押し進めるつもりでありますが、これの対策としては短期的対策と恒久的対策の二つを設け、当面の活動方針として提議しますからみなさんの承認を得たいと思います。そして、この問題は計画よりも実行で、この実行において少なくとも中央委員のみなさんは各地区をそれぞれ担当し第一線で積極的に協力されんことを強むものであります。

三、組織者の訓練

組織者の訓練については、中央本部における訓練と本国派遣による訓練の二種とし、何よりも質に重きを置いて今度こそは本格的な訓練を実施したいと思っております。

中央会館の建設

親愛なる中央委員のみなさん！

わが民団は、以前から中央会館の設立を念願し具体案を練ってきましたが、また宿題を達しておりません。私は団長就任時に中央会館の設立について現在の中央会館と東京本部の韓僑会館を基礎として、わが民団の総合的殿堂ともいうべき中央会館を建設して、中央ならびに東京本部をはじめとする全傘下団体を一カ所に収容し民団運動をより能率的に推進しようと計画しました。この中央会館の設立は、単に民団運動を能率化するのに必要であるのみでなく、団員全体の権威を確立し、団員の福利厚生に利用することは勿論のこと財政面の収入からしても重要なものであります。

このような見地で、この問題は中央委員のみなさんは勿論のこと全国団員の熱望しているところであります。だが、私が団長に就任してからはオリンピック後援事業のため、この事業に着手することができませんでした。

そこで、今年からは今般の中央委員会を契機に具体的な計画をたててこの事業を推進していきたいと思います。ここにその方案を概説いたしますと、❶全組織が専用する組織センターの性格を帯びる第一会館と❷財政的な収入と団員らの広範な利用を目的とした株式会社組織の第二会館の二つを設け、これに必要な基礎財政は中央本部と東京本部の現建物をもってし不足分は経済人ならびに一般団員からの寄附を募ってこれに充当しようと考えております。

この問題は経済的な条件がともないますのでみなさんの民団愛の発露からする献身的な協力が要請されます。

本国へ貢献しよう

親愛なる中央委員のみなさん！

さきに述べたように祖国の現状は、過去の何時の時代よりも発展を遂げていますが、その反面、弱点も少なくありません。そのうち主なものをあげますと外資の不足、農漁村の金融難などがあり、建設部門においても都市集中的で全国的に均衡がとれていないのが実状であります。

そこで、われわれ在日僑胞としてこれにどのように対処するかについて熟慮と相談した結果、次のような二つの方法を見出すことができました。その一つは、われわれが本国家族に合法的に年五百ドルを送金することができるのであるから、この方法によって年間一万世帯以上が本国扶養家族に送金して扶養の義務を果すと同時に本国の外貨不足の緩和に役立つ運動を展開することであります。

そして、もう一つの方法は、全国の団員をそれぞれの本籍地または、縁故地への郷土訪問を大々的に実施させ、現地の有力者や当局と連絡して工場その他の中小企業体を設立することによって国家建設に積極的に参与させようということであります。

こうして、われわれが本国家族と郷土に直結することによって、在日僑胞の力を本国の建設に寄与し、本国同胞を振いたたせることになる。われわれは、如何なる困難にあってもこの運動を実のあるものにしなければなりません。

この二つの運動については、活動方針で具体的に述べることになりますが、中央委員のみなさんは、この運動が過去によくみられた応急的な救済運動ではなく在外僑胞としての恒久的な建設的運動である点に留意し、この運動を成功に導いていただきたいと思います。

韓日会談の早期妥結と法的地位確立目指して

親愛なる中央委員のみなさん！

わが民団は韓日会談の早期妥結を宿願とし十三年間を経てきました。そして大会や集会があるたび毎に会談の促進を叫んで、両国政府に建議し、成就のために努力してきたことは再言を要しません。

ところで、幸いにして昨年十二月に再開された第七次韓日会談において双方で過去にみられない熱意が示されています。

さきにも述べたように韓日会談の妥結については、朴大統領の年頭の辞でもこれを強調しており、また佐藤日本首相もその施政演説において明白に述べております。

特に韓日の国交正常化は、流動する国際情勢の中で、両国の繁栄と安全はもとより自由陣営の紐帯強化という世界的視野からも当然実現されなければなりません。

そして、われわれの法的地位がここで確定されるため、われわれにとっては切実な問題であります。この問題に対するわれわれの基本的態度はすでに決定されております。中央執行部は昨年末に"法的地位対策委員会"を構成し、韓日両政府に要望書を提出して積極的な運動を展開しております。

この点に関しては法対委が別に報告することにして、われわれの運動が大きく反映されているということを述べておきます。

不肖、私は法的地位問題の顧問の立場からあらんかぎりの努力をいたしておりますが、みなさんのご協力と助言をお願いするものであります。

ここで、特に強調したいことは本国と日本政府に対する特別要望事項でありますが、このうち、本国政府に対する要望事項第一項「韓日会談の成立時には一定額を僑胞子弟の教育資金として拠出し、僑胞の寄附金と合して教育財団を設立すること」、第二項「民団が日本政府に要望した各項目のうち特別銀行の設立許可の件については特に政府交渉として取得すること」、そして日本政府に対する要望事項の第二項「在日韓国人が対日本社会と僑胞社会の二重生活を営む実情を考慮して、経済生活の健全向上を促進する意味から韓国人社会の公・共的性格を帯びる各機関への寄附金に対しては特別な免税措置を講ずること」、第三項「調印後、適当な時期に韓日両政府と在日韓国人の共同出資による在日韓国人を対象とした市中銀行の設立を許可すること」等は他の要望事項よりも優先しなければならない重要事項であるといえるでしょう。民族教育のための財団設立問題と僑胞を対象とした市中銀行の設立問題は、特に留意しなければならない問題であり、今後の民団運動において最も重点的な事業であるといえましょう。

現在のわが民族陣営の教育施設は、増加の一途をたどる民団の実情に照らしてあまりにも貧弱であるといわざるを得ません。したがいまして、今後、本国政府と協議して民族教育問題の抜本的解決策を樹立し民族学園の拡大強化と質的向上をはかって全力を傾注するつもりであります。これを達成する機会が、この韓日会談の妥結にあるということを中央委員のみなさんは深く銘記していただきたい。

執行部としては今後、民族教育を強化するため法的な基礎作業を通じて準備体制を整えるよう努力するつもりであります。

また、わが民団は今日まで、僑胞零細企業の育成保護のため韓国信用組合協会、信用組合等の設立に努力してきましたが、今後も継続して信用組合設立運動を推進していきます。

だが、協同組合や信用組合だけではわれわれの金融難を打開するのは難しいので、僑胞を対象とする市中銀行の設立が絶対に必要であります。

一方、日本当局のわれわれ僑胞に対する税金攻勢は最近特に厳しさを増してきました。わが民団はこれに対し挙団的な対策を講じなければなりません。（別途に論議する）韓日会談とわれわれの法的地位を展望するとき、また楽観を許さないものがあります。したがって、われわれは従来の民団の基本路線に立脚し、最後まで力を尽さなければならないと考えます。

ここで、一言つけ加えておきたいことは、巷間で、日本側首席代表のいわゆる"高杉発言"なるものがいろいろ取沙汰されているが事実だとすれば、民族感情からも国際的道義からも容認しがたいものでありますが、本人みずからが公式の会談の席上で、わが政府に対し慎重な解明をしているのでありますから、これ以上追及するということは独立国家の国民として考慮する必要があると思います。

現時点で論議される幾つかの問題

親愛なる中央委員のみなさん！

私は現時点において❶わが民族と国家の基本問題である国土の統一問題と、❷今年の最も重要な政治問題であるベトナム派兵問題について一言述べてみたいと思います。

▽祖国の統一問題について

まず国土の統一問題でありますが、これはわが民族全体の至上目標であります。みなさんもご承知の通り、われわれの祖先はわれわれに輝かしい民族文化を残してくれましたが、その反面、貧困と派争の悲しむべき遺物を残してくれたのであります。

だが、今日のように民族と国土を両断してくれたのではありません。

ところが、われわれは、ややもすると両断された国土のため自力では生きることのできない国家をわれわれの子孫に残す憂いがあります。ですから、われわれは何よりも国土の統一を至上の目標としているのであります。

しかし、統一はあくまでも、民族が共存することのできる民主体制の国家で実現されなければならず、その方法においても、民意による民主的な方法でなくてはならないと考えます。したがって、一方的な方法によるものとか、または統一された国家が一党一派の独裁体制をもつとか、或いは、内乱を招くおそれのある統一をするというようなことがあってはならないと思います。ですから、わが韓国としては国連を土台とした民主的な統一方案をもっており、民主的方法によるということを絶対的な条件にしております。

ところで北韓カイライの統一に対する基本戦術をみると、彼らは本質的に民主統一は不可能であります。何故ならば、彼らは議会民主主義を否認する独裁主義に立脚しているからであります。彼らに民主化すなわち議会民主主義を求めることは"木にのぼって魚を取る"ようなもので不可能なことであります。

したがって、祖国統一の不可能性は平和統一をとなえる彼らの本質の中にあるのであります。彼らが真に平和的統一を願うならば、まず自分自身の民主化をさきに行なうべきであると思います。

今や北韓はソ連の平和共存政策までも排して初歩的なマルクス・レーニン主義を固執し、二律背反的な自己矛盾の愚挙を犯している。

したがって、彼らの平和統一論は赤化統一をたくらむ戦術であり、真の平和統一を阻む民族的背反行為であると断定せざるを得ない。

このような点を看過して、素朴な統一への民族感情から無意識のうちに彼らの戦術におちいるおそれがあります。われわれは常に彼らの巧妙な戦術に陥入らないよう警戒心を強くすべきであります。

われわれは、ここにおいて、われわれの態度を反省してみる必要があります。われわれは真の民主的平和統一論とその方案をもっているにもかかわらず、過去の自由党時代の北進統一論の影響を受けて、この統一論を強く打ちだせなかった点であります。われわれはこの点を特に強調し、大衆の啓蒙に努力しなければなりません。

▽ベトナム派兵問題について

つぎにベトナム派兵問題でありますが、この問題については一月二十六日、本国国会において賛成百六票、反対十一票、棄権八票（出席百二十五名）で可決し、国家の意思で決定をみました。民主主義国家における国論の可決をみるまでは、賛否の両論があっても、一旦国会で決定をみた以上はそれに従うのが議政の常道であり、民主主義の基本態度であります。特にわが民団は、民団の宣言と従来の基本態度からしてもこれに従うのが当然であるといえましょう。

むすび

以上のように私は、わが民団の大飛躍がもたらされる岐路にかかっている韓日会談の妥結を前に現在におけるわれわれの方向について述べましたが、特に、紛争と憎悪のない前進と改革を目指して全団員が一致団結しなくてはならないと考えるものであります。

親愛なる中央委員のみなさん！

如何に立派な計画や方針が打ちたてられても、結局は僑胞愛団心から発するみなさんの積極的協力なしには成功は望めないということを私は体験してきました。過去の私の団長時の混乱と最近のオリンピック後援事業、特に本国家族招請事業の成功を比べてみるとき、その感慨を新たにするものがあります。

親愛なる中央委員のみなさん！

わが民団創団以来二十年、われわれはその何時の時よりも冷静な深省を要するものがあります。

敵共産党は多くの困難の中から組織を強化し、あらゆる術策を弄して、ある時は理論を超越しながら彼らの環境を利用して、その目的とする赤色革命を着々と実行に移してきました。われわれを破壊する陰謀をはかり、われわれが傍観的な遊戯にふけっている時に彼らは明日のためにわが同胞を甘言でたぶらかし、赤色統一の準備を進めてきたのであります。

だが今からでも遅くはありません。現況も条件もわれわれの方が彼らよりも数倍優位な立場にあります。

今日からでも、われわれが団結し、かたい決心をもって"紛争から協調へ""空論より実践へ""個人感情を捨て大局的見地で""仕事をする民団""良識ある民団""きれいな民団"を目指して歩調を合せるならば、過去の無為は回復され、名実ともに在日六十万僑胞の指導団体としての地位が確保されることを確信するものであります。

われわれは、遺言、不正腐敗と闘い、中傷謀略、空論を排撃しなければなりません。また、秩序と建設のために雄々しく立ちあがらなければなりません。

親愛なる中央委員のみなさん！

一線で苦闘努力する組織家のみなさん！

物心両面から協力する経済人のみなさん！

われわれは一致団結して、誇りある韓国国民として、また、日本に住む善良な外国人として自負心をもって祖国大韓民国の繁栄のためはたまた在日僑胞の権益を擁護するわが民団の発展のためより一層前進しましょう。

第三回 中央委員会における総括報告

一九六四年七月の臨時全体大会で選任された本執行部は、前執行部から引き継いだ多くの事業の中で最も重要な事業の一つである東京オリンピック大会へ参加する母国選手団後援事業とこれに伴う本国家族招請事業を成功させるべく全力を傾注してきた。

周知の通り東京オリンピック大会は、東洋で最初に開かれた大会であり、とくにわが母国大韓民国と最も近い国である日本で開催されたことは非常に重大な意義を持つものであった。

本大会に参加した国は百個国に近く、その中で地域代表として参加した北韓傀儡政権の選手団には注目せざるを得なかった。

わが大韓民国は大韓民国の主権下に統一チームを構成すべく最善をつくしたが、かれらはその政治目的を達成するため統一チームの結成を妨害し、そのあげく地域代表として参加することになったのである。

しかしかれらは最初に意図した政治的野望を遂げる可能性がないことを読み取り、かずかずの口実をもうけて大会に参加せず引き揚げてしまったのである。

わが居留民団は全世界の若人が参集するこの青年祭典において、大韓民国の国威を高く正しく宣揚し、そして本国選手団の士気を高め、同時に民団組織発展の画期的な機会を準備することが主な目的であった。

この目的を効果的に達成するため昨年四月東京オリンピック韓国人後援会を組織し、本後援事業に必要な基金募集を挙族的に行ったのである。

募金方法は一人多額主義をなるべく避け、その反面全組織を通じて少額であっても多数募金に力点を置き、各地方本部単位で募金目標額を定めた。

各地方本部団長はこの目標額を達成すべく率先垂範で努力した結果、一部地方を除いては大体満足すべき成績をあげ、その中でいくつかの地方組織は目標額を遥かに上回った。ここに深甚なる敬意を表する次第である。

しかしさまざまな事情で未だ目標額を完納してない地方には、後援会残務処理を早急に終えるよう最善の努力を願い、この精算問題はあとで論議することにする。後援事業の経過については後援会と事務局によって報告がなされるが、最初の目的であった一、国威宣揚、二、選手団応援、三、民団発展の為の本国家族招請の三つは全体的に成功したといえよう。

とくに民団史上はじめてなされた本国家族招請事業は、全団員の熱烈な支持を受け数十年間の再会の宿願を成就すべく地方責任者が全力を尽くしたため、本国政府ではわれわれの衷情を理解して特別な配慮を下され、そして日本政府の友好的な協力によって約五千名に近い本国家族が来日したことについては、全団員とともに厚く感謝する次第である。

しかし、不幸にもなんらかの事情で若干名の被招請者がオリンピック期間中に入国できなかったのであるが、その後引続き一般家族招請ケースに代替して再招請した結果、多少遅延しているもののすでに本国政府許可はおり、日本政府の入国許可を待機中であるので遠からず来日できるものと確信する。

本国家族招請事業中七名の越北逃避者があったことは実に不幸な事であり、責任を痛感する。

しかし、逃避者の実情を考察すれば、北韓に亡命したということは当を得ない見方であって、ただ南北に離散した家族が結ばれるようになった複雑な事情によるやむをえない事であったと思う。

約五千名を招請した中で死亡者が二名、出生者が一名そして現在残留者が六九名である。

この六九名の残留者は主に疾病のためであって、他国で病苦に苦しむかれらには同情を禁じえない。一日も早く回復して無事帰国することを願うものである。

この招請事業を遂行する過程で被招請者の出入国のときに若干の混乱を招いて、皆さんに不本意な心配をおかけしたことはまことに申し訳ない。

しかし、約五千名におよぶ大集団客を制限された期間内に輸送せねばならず、そしてはじめて行なう大事業であり国際間の輸送問題もあって予期せざる突発事故もあったが、われわれの努力と誠意をくみとって頂きたい。

以上、報告の通り約半年にわたってオリンピック後援事業に力点を置いたので、その他の特別な活動はなかったが、一般団務の活動内容を総括すれば大体次の通りである。

一、総務局管轄事務として特筆すべき事項は、地方割当金納付成績が昨年と比較して遥かに上廻っていることである。

昨年七月から本年一月まで各地方割当金合計額九百二十四万円中、現納付額が五百三十一万四千三百七十五円であり割当額の六五％という好成績をあげたことは、過去に例のないことである。

これは地方責任者のたゆまぬ努力の結晶であり、一般団員もわが組織の必要性を痛感していることを雄弁に証明するものである。

二、組織局はオリンピック後援期間中、後援会の動員局として代替され、後援のため動員に全力を注いだこと以外は特別な活動はなかった。

しかしオリンピック期間中に新規入団者が、平時より著しく増えた現実に着眼して新入団員を暖かく迎い入れ、団勢拡張のため新入団員中央歓迎大会を開催してわれわれの包容力を大いに発揮したものである。

三、民生局もまた本国家族招請事業が主であるため、民生局に負荷された本来の団務の一時中断をよぎなくされたが、その招請事業内容は別途報告するゆえ、とくに御参考を乞う。

それから新潟地震救援金募集運動を全国的に展開し、そして大分県下湯町で起こった火災の慰問運動も活発に行なった。

四、文教局としてはオリンピック後援主管局の一つとして全機能を後援事業に傾注しながら、昨年度光復節を契機にして在日学生母国訪問団を引率するとともにオリンピック要員を本国で受訓させ、そして例年実施されている奨学生に対する事業等も推進してきた。

五、宣伝局としては民団機関紙である韓国新聞を大巾に活用してオリンピック特集号を数回にわたって発行し、その部数は平素の倍を越え一般読者の関心を非常に高めたそれから本国映画六本を新しく入手して、現在全国で巡回上映中であ。

以上、御報告の通りオリンピック後援事業、家族招請事業と一般団務の活動を比較すれば、全組織力量の大部分をオリンピック後援ならびにその関連事業に回したので一般団務においては見るべき成果がなかった。

しかし全民族的な事業として推進してきたオリンピック後援と家族招請事業が、成功裡に完遂されたことは皆さんと共に御同慶にたえない次第である。

文教活動方針

言語はその民族のもつ感情、思想表現の唯一の手段であり、在日僑胞に対する民族精神の昂揚は、民国語の正確な使用から生れるものであると確信する。

祖国が解放されてから二十周年を迎える今日、民団陣営において民族教育の諸施策を強化発展させることは何よりも重要な問題である。

十二万にのぼる在日同胞の子弟の大部分は朝総連系の学校で共産主義教育を受けているかあるいは日本の学校で日本の教育を受け、韓民族としての自負と矜持をもたず日本化されていき、あるいは朝鮮総連のがい教育によって赤化されているのが現実である。

在日六十万同胞を代表する民団はわれわれの僑胞子弟を救うことが組織活動において最も優先させなければならない問題であると考える。

特に今年は十四年の間、継続してきた韓日会談が妥結されようとしている。

民団は今日までスローガンにすぎなかった民族教育に対する今までの態度を充分に反省し民族教育を本格的実施しなければならない段階にきている。

民団が民族教育を本格的実施していくことは、民団組織を充実させるものであり、これはまた同胞社会を指導していく中堅幹部を育成していく重要な課業ともなるのである。

ここで特に重要な問題は教育委員会組織との確立朝鮮奨学会に対する問題である。

（一）教育委員会組織に関して

この問題は第一回中央委員会において提案され承認された条件であるが、まだ具体的段階に到っていないので再提案するものである。

組織、運営に関する対策はつぎの通りである。

❶名称、在日韓国人中央教育委員会

❷目的、在日僑胞の教育問題を調査、研究し在日僑胞子弟の教育問題に関する実態を把握することによって健全な民族教育体系の確立と同時に在日同胞全般にわたる啓蒙と民族文化の質的向上をはかる。

❸構成、民族学園関係者、各教育文化センター、文化団体関係者、体育関係者、学術団体関係者で構成される。

❹役員ならびに専門分野

委員長ならびに副委員長と文教専門委員からなり、各専門委員は各分野にわたって調査、研究した資料に基づき総合的な教育体系を確立する。

❺専門別内容

（イ）学園教育委員会

民族教育の振興をはかるため民族学園の質的向上を期し、民族学園の設立運動を助成する。

（ロ）成人教育専門委員会・各教育文化センターを中心に講習所の拡大強化をはかり、一般僑胞青少年に対する民族教育を実施するとともに、日本学校就学児童に対する民族教育を普及させる。

（ハ）科学技術教育専門委員会

学術団体を育成することによって国家発展に寄与できる技術者の養成を行なう。

（ニ）体育専門委員会

健全なスポーツを通して、青少年の心身鍛練と健康管理を強化して体位向上に努める。

（ホ）財政管理専門委員会

これらの目的を達成するための財政の確保と管理につとめる。

地方は中央の会則ならびに細則に準ずる委員会を可能な範囲で組織する。（各県本部単位）

以上のような方法で教育委員会を組織するが本委員会の運営については中央の監督を受ける。

（二）朝鮮奨学会に関して

わが方朝鮮奨学会に関しては理事補充の問題と解決をはかなければならないが、同会の民団側理事の推薦母体は民団である。

理事陣の補充強化において民団側の推薦権を確保することはわが方の権益を確保することになるのである。

運営面においては公正を期するために三、三、二制を確立すべきであり、わが方の理事は民団全体の利益を考慮してその権益を主張することによって重任を果すようにしなければならない。

在日僑胞学生に対する奨学事業についてはその目的から離脱されることがないように運営上においても全般的な監督をしなければならない。また学生指導面においても体系ある指導と諸般の問題解決策を講じなければならない。

関東地区協議会開く

三・一節を迎え法的地位要求貫徹を

[illegible]協議会を三月二十七日から九日まで二泊三日、場所は[illegible]方面で開催することに合意して無事散会した。

大阪本部大会開く

団長に姜桂重氏が留任

[illegible]われの新しい未来をかちとるべきである」とのべて民団の方向と責務を指摘した。

[illegible]した結果、大阪地方中央委員六名のうち四名は、管下四大支部（布[illegible]、生野、東成、西成）の代表をもって当てるよう可決された。

引続いて、役員改選に入ったが、まず団長選挙では姜桂重氏（前団長）が対立候補である徐相炫氏を大きく引離して百三十票対七一票で当選した。

大会は全面的な役員改選を終え同日無事閉会したが、新役員の顔ぶれは次の通りである。

団長 姜桂重
副団長 姜鍾万
〃 崔永守
議長 卞先春
副議長 金弘洙
〃 張福日
監察委員長 金昭一
〃 委員 陳瑞潤
〃 金顧錫
事務局長 趙宗大
顧問 徐甲虎、安在祐、韓禄春、[illegible]漢禎、李熙健、姜宅佑、朴玄、[illegible]志興、徐相貞、張荘和、[illegible]

兵庫本部でも大会

役員を改選 団長に徐正浩氏

第三回中央委員会を目前にした二月七日第十九回兵庫県本部定期大会が神戸市・商工会館で開かれ団長に徐正浩前団長を再選した。

昨年度のオリンピック後援事業の総括と中央委員会に臨む態度を決める大会として注目されていた同定期大会は午前十一時議長の開会宣言で幕があげられ、金基源議長の開会のあいさつのあと来賓として参席した駐日代表部大阪事務所副領事をはじめ、民団大阪本部団長、大平信用組合長、韓国商工会々長らのあいさつがあったあと徐正浩団長から昨年のオリンピック後援事業に県内の全僑胞が挙族的立場で支援してくれたことに対し深く感謝すると述べ、昨年の経験を土台に民団は在日僑胞の利益団体として大きく発展しなければならないとし、続いて韓日会談の早期妥結と在日同胞の法的地位確保のために努力しなければならないと強調した。

このあと後援事業の経過に対する質疑応答があり、役員の改選を行なった。

新役員は次の通り。

【執行部】
団長、徐正浩
副団長、金奥権
事務局長、崔永聖

【議決機関】
議長、金基源
副議長、梁一晩、李徳雨

【諮問機関】

【常任顧問】
安永科、梁昌[illegible]

【顧問】
黄孔煥、崔在潤、姜吉章、[illegible]順贊、文達賛、金承培、張徳出。

貧困者招いて愛の慰労会

神奈川一善会が三四三人を網島へ

去る一月二十二日横浜市網島行楽園において、貧困者と孤独者を慰労する善意の催しが一善会によって開かれ、神奈川県下在住の僑胞三百四十三人が参加して大盛況であった。

一善会は現民団神奈川県議長金正大氏の尽力とその他有志の誠意によって発足した、個人の善意と暖かい思いやりを中心にしたささやかな慈善団体である。

一善会の主旨は、その名称からも判断できるように、あくまでも市民的な善意を中心に多くの有志が集って、その誠意をもって、不遇な境遇にある多くの同胞に愛の手を差しのべるところにあるといわれる。

今度の貧困者と孤独な人を慰める催しは、一善会の二度目の事業であるが、僑胞社会の片隅で貧しい生活と人生の孤独にさいなまれて細々と生きている零細僑胞にたとえ一日であろうとも愉快な日を過せるようにしたことで非常に意義あるものである。

この日午前九時から慰労会は大盛況のうち始まった。

冬に似あわず、暖かいひざしがさんさんと降りそそいでいるこの広い行楽園の会場には、朝早くから続々と会員、被招待者がつめかけ、暗く長い人生の旅路に疲れた顔にも、喜びにあふれた明るい表情がみちていた。

先ず会長李圭烈氏の挨拶によって会の幕はあげられ「私は皆さんとともに今日一日を愉快にすごすことは本当にうれしい。胸が一杯で何と言えばいいのかわからない。ただ願うことは充分なもてなしはできないが、一日ゆっくり楽しくすごして、いつまでも元気で来年も同じ所で同じ顔でおあいしたいとはげましの言葉をおくった。

つづいて金正大氏が実行委員を代表して、一善会の趣旨を説明したあと、『先進諸国の経済界は公益事業に従事し、それぞれ幸福な暮らしをしているが、後進国家の経済界は個人の利己にだけ目を向けて社会の発展を一向顧みない傾向がある。したがって経済人は公益事業を大いに起こして共存共栄をはかるべきである」とのべて経済人の倫理を説き、そのあと「今日このささやかなパーティは、苦しい生活にあえいでいる皆さんには大した力にはならないが、同胞の一人として心は常に皆さんと一緒にいるわれわれのささやかな贈物である」とねんごろに訴えて集った人々からわれるような大拍手をあびた。

このあと今日の主役である人々に慰労金（一封五千円）とワイシャツ一着をそれぞれ贈って、その労苦をねぎらったが、これは村々、町々をかけずりまわって集めた善意の結晶である。

踊る方も唄われる方も、思わずめがしらが熱くなるような美しい光景であった。

慰労金品の授与がおわったあとただちにパーティに入った。

やわらかなひざしを浴びながら日ごろの苦しさを忘れ、山と積まれた御馳走を賞味しながら、楽しい談笑で一日をおくった。奏でる祖国の美しいメロディに心をいやし、そして熱い同胞愛によってかれらの明日はきっと明るいものになるだろう。

救いのない暗い谷間で暮らしているかれらのような多くの僑胞には今後もっと多くの善意が必要であろう。そしてもっと多くの「今日」が。

今度のこの慰労会に尽力した人々の名前を紹介する（無順）

在日韓国居留民団神奈川県本部
横浜商銀信用組合
神奈川韓国人商工会
李鐘河、李鍾大、高尚模、田炳武、李泰鉉、洪句杓、白沢善、金有万、田炳吳、河仁植、黄仁廷、田鶴善、朴熙泰、李千寿、金正善、河正孝、李達善、金文云、宋慎鎬、孫普仁、成東祚、金大述

日本を訪れた本国学生運動のリーダーたち

社会党代議士 初めて韓国に入るの記

社会党議員 長谷川保

日本社会党として初めて韓国の土を踏み、韓国の現状をじかにみることによって現在の日本社会党をはじめとする韓日会談反対勢力路線を批判する印象記が出ているので参考のために掲載する。

韓国キリスト教会より日本のキリスト教の社会事業や病院を助けるためにキリスト信徒の医師、看護婦、保母、社会事業家などを相当長期にわたり送りたいとの申入れがあり、この奉仕団を受け入れる打ち合わせのために韓国を訪れることになったので、兼ねてから北鮮および中国からの一方的情報しか入手出来ないために、韓国の実情判断に苦しんでいた私は、国会の自然休会中を利用して韓国を訪問し、朝野の各方面にわたって調査した。

一月十一日ソウルに到着、尹市長を訪問挨拶し、三十六年間の総督治下における韓国国民に対する圧迫と搾取、殊に、戦争期における徴兵徴用により韓国の全家庭に与えた被害に対し深くおわびをし復興にあえぐ韓国々民に対しその独立と自由と繁栄を実現するために、日本国民は何をなすべきかについて卒直な教えを乞うた。

尹市長は非常に喜ばれ「社会党のいう南北統一は願わしいがもはや不可能である。韓国動乱前は韓国にも社会主義者がいたが北韓共産党が非常に悪いことをしたので今は全国民が共産党に反対である」との話しがあり、それから中央政庁に丁国務総理を訪問した。

私は日本帝国主義ならびに植民地政策が犯した韓国民に対する非を日本民族の一人としてまた社会党および之れを支持する千六百万人を代表して深く陳謝し、今回訪韓にあたって日本社会党国際局長から実情調査を依頼されていることまた、日本社会党が日韓会談に反対してきた主な理論的根拠としてつぎの三つをあげたのである。

第一、日韓会談が妥結すると南北分裂が固定化し永久化すると思われる。

第二、日本の独占資本と韓国経済の問題である。日本の独占資本の進出の前に韓国の弱い民族資本や中小企業は圧倒され、経済的侵略を受けて韓国の繁栄は望まれない。

第三、日韓会談推進の裏には米韓による北東アジア軍事同盟の野望がある、とわれわれはにらんでいる。

これらの所論に対し、総理は「長谷川先生のような発言を聞いたことは未だかつてない。南北全民族の統一を希っても今日は全く不可能なことである。韓国は困難でも韓国独自の立場で独立と繁栄をかち取らなければならない。韓国がこの困難の中で六十万の軍隊を抱えて、武器は米国から供与されるとしても、家族を含めての給与に多額の費用をつかって共産主義を防衛していることを認識して欲しい。韓国国民は自由と民主主義を守るために非常に勇敢である。

動力は発電所が完成して二年間に二倍になり需要を賄っており、セメントも自給出来、肥料も着々自給体制が進んでいるので、三千万石を必要とする米も自信がある。輸出は昨年は一億二千万ドルとなり本年の目標は二億ドルで、これが将来六億ドルになれば充分近代国家として発展できる。

北鮮は人口千二百万で四十四万の軍隊をもち、韓国は二千七百万人で六十六万の軍隊をもっている。動乱のいたでをもつ韓国は共産主義へのとりでとして日本、台湾、比国など自由主義国のために苦闘している」と語った。

この二つの会見を初めとして私は言論界、政界、労働界、官界、学生などの実状を視察した。私がお目にかかった方は各界の代表的人物百五十名を越えた。

この結果、私は韓国民を貫くいわば国論とも言うべきものが二つあることを知った。一つはもうクーデターをすべきでない。革命政権は軍人的思考方式で政治をしたから失敗もあったが善政もあった。

その二は南北統一は出来ないから日韓会談を進めて日本の資本と技術を入れて経済的復興をし失業者を吸収しなければならないということである。南北統一については韓国動乱の時、アメリカ軍の撤退につけ込んで北鮮が侵入してきた。

北鮮軍は反党分子の粛正を始め人民裁判で処刑した。そのうちマッカーサー軍が上陸して北鮮軍が負けて退却するときになって女子供の別なく虐殺し、また男を殺したり虜囚にして引張って行ったのである。共産党は言うこととやることは全く違うのである。長谷川先生は思想で共産主義を知っているだろうが、われわれは体で知っている。

日本社会党の言う南北統一論も一理あるが一年や二年で統一のときはこないのだ。民族として統一を希わぬ者は一人もいないが、それには国際情勢が充分に変って平和共存が確立し共産党の非をいわなくてもよくなり韓国の経済復興が北鮮と同程度になってからでなくては統一はできないのだ。日本社会党の方が心配しているよりも韓国人自身がより心配している。また韓国は日本と軍事同盟を結ぶとは思わない。

日本にいて考えていたインフレーションはデノミネーションを境として終息し物価は日本より、安い。米は自由販売。失業問題は最も頭の痛い問題だが、貧乏で自殺する者は街にも村にも全くないという。不思議なことに、栄養失調の人が一人も見当らないことである。

京城に特派されているNHK、朝日、読売などの日本の新聞記者諸君に韓国の現状は昭和二十四、五年の日本と同程度かと聞いたら彼らはそれよりはるかによいと答えた。

個人の尊厳と資本主義の欠陥をただすために私は長年階級政党としての日本社会党に所属して来たのであるが、日本社会党がその言うが如くに大衆的階級政党であるならば、日韓会談に反対する一本槍で、失業と低賃銀に苦悩している韓国の二千数百万の労農大衆に、現実的に何らの救援の手を差し延べない現状でよろしいのであろうか。北鮮千二百万の労農大衆の幸福を希うと共に、韓国の労働組合と提携してこれを強化し、低賃銀を打破すると共に、日米独占資本の経済的侵略と軍事同盟の企図を阻止しつつ韓国が今最も必要とする資本と技術の導入を得しめ産業の復興と繁栄の途を与える新たなる政策を展開すべきではなかろうか。南北統一にしても、これは本来韓国民自身が決定すべき問題で外国人であるわれわれが兎や角と言うべきものではない。

民政党の鄭院内総務は、日本に援助してくれとはいわない、日韓同額の貿易をすべしと要求する。速かに国交を回復して平等互恵共存共栄の実を挙げて、長く搾取と虐政に泣かせたこの隣国人が愛する兄弟として一日も早く繁栄せられんことを祈る次第である。

貯蓄増強で第一位

横浜商銀、県から表彰

横浜商銀信用組合（理事長李鍾太）は神奈川県下で毎年行なわれる県下信用組合の"預金増強運動"において、このほど栄えある優賞を獲得、日本社会における僑胞の貯蓄心を示すとともにわが商銀信用組合の面目を新たにした。

神奈川県では、この預金運動は県と神奈川県信用組合協会の共催によって毎年行なわれる"預金増強運動"は県民の貯蓄心を振興させるとともにその成果が注目されているが、一九六四年度の同預金増強運動は、神奈川県下十九信用組合が預金目標二百億円を目指して、一年間、運動を展開した。その結果、横浜商銀が目標額を超過達成して第一位となった。

横浜商銀は昨年一月一日現在の預金高六億二千五百万円から割当目標額九億三千万円を昨年の十二月三十一日までに達成するため広く全組合員に呼びかけて預金運動を推進してきたが、一〇二・五%九億五千三百万円を超過達成し成果を確實して去る二月十一日、優良信用組合の表彰式を行ない、第一位の横浜商銀に表彰状と記念カップを授与した。

日本政府当局はわれわれ在日同胞に対して、事業の融資面ではなんら保障のないところから、自活の道を求めて設立された商銀はいまや僑胞経済活動の中心的役割を果すようになり、旺盛な貯蓄心をあおって僑胞生活の相互扶助に役立っているが、今度の横浜商銀のように日本の信用組合と競って目標額を超過達成して優秀賞を獲得したのはこれが始めてである。

同商銀は現在組合員千百二十七名で、三月三日に開催する創立記念日までには十億円預金を突破する計画で李鐘太理事長以下全役員が貯蓄の努力をしている。今後の発展が期待される。

表彰状とカップ写真㊦を受けた横浜商銀の理事たち

本国から学生親善使節団訪日

日本アジア問題協議会の招きで

日本のアジア問題協議会（会長谷川和穂衆院議員）の招待で去る二月一日来日した韓国親善学生使節団（団長権寧吉氏）は、二週間にわたる親善訪問をおえて二月十五日無事帰国した。

今度の親善訪問は韓日友好の新らしい局面を迎えて、先ず両国の学生を中心とした若い世代のふれあいによって、相互理解を深めるためであるが、日本側のアジア問題協議会が招待し、韓国側の韓国アジア親善会が窓口になって学生たちに呼びかけ実現されたものである。

同訪問団はソウル各大学の学生リーダー十八人をふくむ二十三人で構成され二月一日羽田空港到着同日夜ヒルトンホテルで開かれた歓迎レセプションに出席して自民党若手議員グループと会談。二日は国際文化会館で慶応大学の学生代表三十人と韓日交渉と学生運動について討論した。

三日、早稲田大学を訪問、席上大浜総長は歓迎の辞をのべられ、答辞として演壇に立たれた尹済述議員（民政党）は、日本の政経分離政策とイデオロギーの曖昧さを語気鋭くついた。

そのあと約三時間にわたって学生討論会が開かれたが、先日の慶大生との討論、そしてこの日の早大における討論、この二つの討論は非常に豊富な収穫をもたらした。

本国の学生が長い間観念として持っていた対日本認識は、このふれあいと討論によってよりリアルな方向へ発展し、同時に日本学生の韓国を見る眼も韓国の立場を理解する方向へ修正されてきた。韓国学生代表はそのまじめな態度と熾烈な使命感で並いる日本学生に大きい感銘を与えた。

この二週間にわたる訪問で日本の学生と十分な意見の一致は見られなかったが、若い世代の共感と友好は大いに高まった。

何よりも重要なことは日本学生の韓国を見る眼が大いに是正されたことである。

その後一行は日程にしたがって船田衆議院議長礼訪、椎名外務大臣と会談、水田外務政務次官主催レセプションに参加、ソニー見学小田原MRAセンタ訪問。

このように二週間におよぶハード・スケジュールを消化、多くの収穫をたずさえて十五日無事帰国した。

こうして日本を見た韓国学生代表たちの感想をまとめると「日本経済の繁栄安定には非常に驚いた。韓国が共産主義者の侵略を身を持って守ったゆえんであろう。日本の技術、そしてその繁栄の方法は大いに参考に値いする」。

「四十歳以上の日本人は古い日本のイメージを頭において韓日関係をみている。これにわれわれは大いに失望している。しかし日本の若い世代にはそのような不毛な偏見はないようである」

「韓日会談絶対反対は修正されなければならない。とくに日本は互恵平等の外交理念を身を持って証明すべきである」。

‖尋ね人‖

前住所、東京都大田区新井宿四の九三九
氏名、金萬万（金本新吉）
右の人は一九五七年までたよりがありましたが、その後何の連絡もないので心あたりの方は左記または本社へご連絡下さい。
慶北金泉郡甑[illegible] 求礼国民学校内 金允祚

—△—

本籍、慶南居昌郡居昌邑東辺里
後住所、熊本県葦北郡田浦村小田浦松崎
氏名、卞命鎬（徳山）
右の人に心あたりの方は甥が尋ねておりますので本社または左記へご連絡下さい。
慶南居昌郡居昌邑東辺里 卞鍾洙

—▽—

本籍地、京畿道安城郡
氏名、朴鳳[illegible]
右の方に心あたりの方は甥が尋ねておりますので本社または左記へご連絡下さい。
慶尚北道達城郡 花園国民学校内 朴商徳

—◇—

前住所、三重県津市大字半田字高松
氏名 文仲[illegible]（文城邦夫）
右の人に心あたりの方は弟が尋ねておりますので本社または左記へご連絡下さい。
慶尚南道固城郡固城邑水南洞四七 文東[illegible]

前住所、山口県下関市大和町三 日本名、沢田幸一、理容九番
右の人に心あたりの方は弟が捜しておりますので本社または左記へご連絡下さい。
ソウル市永登浦区大方洞

—◇—

本籍地、黄海道延白郡[illegible]
氏名、邵龍鳳
右の人に心あたりの方は六・二五動乱で南下してきた弟が尋ねていますので本社または左記へご連絡下さい。
空軍本部人事局人事勤務課あるいは京畿道水原市梅山路三の十四 邵性官

義務教育を一年短縮

5・5・4制と5・5・3・3制　学制改編に論議集中

三星財閥李秉喆氏　文化財団を設立　私財10億ウォンを投ず

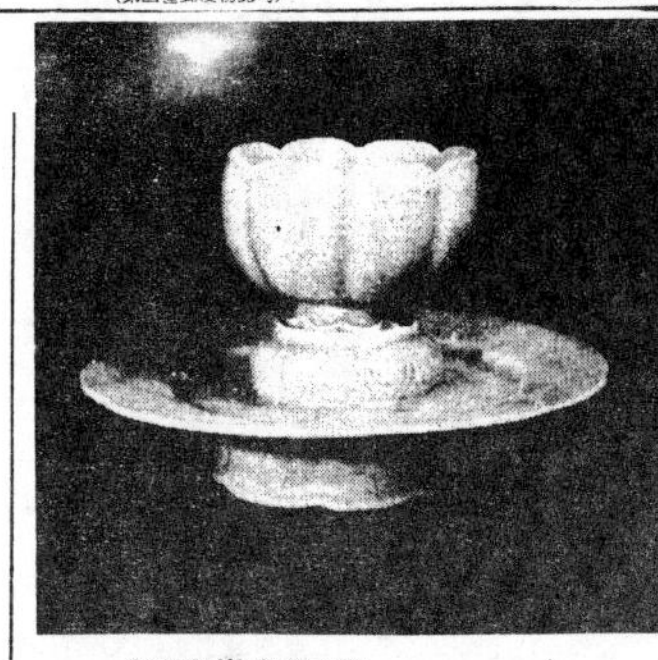

青磁象嵌唐草文盤（国宝115号）

46周年を迎えた東京二・八宣言

以上が、留学生先輩による二・八独立運動の概略である。これは、国内の三・一独立運動の前駆的役割をなした立派な歴史的事件であった。民族独立闘争史上学生の役割はきわめて大きい。わが韓国の未来に希望をつなげることができるのも二・八精神に源流をなす志操と闘魂を伝承して、ことある危機にはいつでも、自ら立ち自らの意志で動く韓国学徒たちだからである。

わが在日先輩たちが、祖国独立（断じて容共的でない）のためにきわめて尊い捨て石となって闘いとってくれた。いまのわが学徒が直面している現時局は当時とは異るものがあっても、南北を挽にした対共闘争期がある。ある意味では、当時にくらべてもっと困難な時局といえる。

反共自主の基本精神に徹して、二・八宣言が意義するものを銘記すべきである。

日本各地で絶賛をあびた児童劇団の舞台

児童劇団「新園」日本を去る

告別公演は"兎伝"

13日の豊島公会堂を最後に

朱舞団長

五名を日本へ留学　政府日本側招請を受諾

…の申入れを受諾することに決定した。関係部処では派遣候補者のための協議を進めていることを明らかにした。

四月開局を前に　FM放送（ソウル）　五日からテスト開始

韓国最初の超短波放送局であるソウルFM放送株式会社（代表理事鄭敏植氏）では、来る四日開局を目標にして準備をすすめていたが、五日から毎日正午―一時、午後五時―七時まで二回、水原ビルと南山送信所の両方から、試験電波を送る。

FM放送の呼出符号はHLCD…

アジア第一位を目標に　6年間長期訓練を

大韓体育会動き出す

大韓体育会では、第5回アジア大会（66年バンコック）と第19回オリンピック大会（68年メキシコ）および70年度のアジア大会（韓国で主催を計画）を前日にして、この6年間にわたる長期選手強化訓練計画について、このほどその具体案を成案したことを明らかにするとともに、年次計画として重点的にトレーニングを強行することにしている。その内容は次の通り。

―その年次順に行うプログラムは…

4次年度（68）、高等体力、技術習得段階としA級選手のコンディション調整を行なう。

5次年度（69年）、高度な…

6次年度（70年）、完成期として…

スポーツ科学化、外国技術導入　メキシコ大会まで体質改善推進

韓国作家七人入選

悪魔のスポーツカーに

鄭奉君氏轢殺さる

12日、悲しみの遺骨帰国

写真は故鄭奉君氏

マイ・カー族時代となり交通戦争という用語までとび出すマンモス都市―東京は、全く怖ろしい。毎日の如く車ではねられて重軽傷、死亡などがくりかえされていることの頃、東京の交通事故死は新聞の三面記事の一でしかなくなっている。しかし、韓国銀行の鄭奉君氏（41・本店外為部課長代理、日本銀行研修中）の不慮の死亡は世にもまれな悲惨をきわめた特異ケースである。その加害者菅谷敏（21・昭和運輸作業交通運転手）なるものが、瀕死の重傷者鄭氏をスポーツ・カーに乗せて数時間も暴走の上、生きたまま、市川市に埋めてしまった。その作為的な鬼畜以下の蛮法ぶりは言語に絶する。（加害者が日本人だからとして記事にするのでないことを断っておく）

鄭奉君氏（東京都港区赤坂台町78、政次広さん方寄宿）は、韓銀本店から派遣されて日銀で研修中であった。七日午前十時四十分ごろ、同僚二人と東京赤坂五の外堀り通り紀の国坂で道路を横断中、暴走してきた前記菅谷のスポーツカーにはねられて瀕死の重傷を負った。犯人は、「鄭氏を病院に連れていく」と言い残してフルスピードで約三時間を逃げ回ってから、千葉県市川市北国分町の桑畑の下に、生きている重傷者をそのまま生埋めにしてしまった。

犯人を見失った鄭氏の同僚李康秀氏（韓銀調査部分析課調査役）から警察に連絡、大騒ぎとなり犯人を追跡捜査している中、事件発生後六時間で漸く警察のパトロールカーにより、犯人菅谷だけが乗っている殺人車を取押え逮捕することができた。

警視庁捜査班の取調べをうけた菅谷は鄭氏の行方について追及したところ、最初はウソぶいていたがついに前記場所に生埋めにしたことを、自白した。

不慮の事故死を知らされた鄭氏の本宅（ソウル新門路）には、母林用実（70）、夫人梁国輔（30）、長男大猷（7）、長女恵信（6）、二男文福（4）、三男允福（生後四ヵ月）の六人家族がおる。

鄭家からは、鄭夫人と実兄鄭大竜（61）氏が故人の遺骨を引取るために十日空路日本に飛来し、同夜はお通夜をした。

十一日午後一時から新宿区にある在日大韓キリスト教会で、キリスト教式により告別式が行われた。告別式には遺族をはじめ代表部、韓銀、民団中央、教会信者、日銀関係など約二百五十人が参列して、しめやかに行われたが、夫人令兄の傷心した有様には、参列者一同涙にくれた。告別式後、桐谷火葬場で火葬。十二日午前十一時四十五分発の日航機で悲しみの帰国をした。葬儀は十三日韓国銀行社友葬をもって行われた。

事故発生後、日本外務省からは駐日代表部を通して弔意と遺憾の意を表し、また帰る遺骨のために日銀からは副総理事が見送った外日銀本店と全国三十一支店および日本婦人会連合団体などからお見舞金をもって悲しみの遺族に贈られた。

なお、未亡人梁国輔さんは日本側の好意に対して香典の一部十万円を東京都民生局を通して都内の児童施設に寄付したという。

3・1文化賞

第六回受賞者決定

本賞に金元龍・金殷鎬氏

"ママ奨学金"運動

在日僑胞有志も積極協力

いま、在日僑胞有志の間では国家発展にお役に立つことならどんな苦労をしても、手助けをしたいとはり切っている。その中にも、故国の学徒で貧しいために向学の途有為な青年たちが、向学の道をつくことができなくて嘆き悲しんでいる人が沢山いる。この実情をつぶさに伝聞している在日僑胞たちは、この貧しい学徒たちを助けようことを計画した。有志たちは、すでにこの運動を半年前から始めていた。しかも、この有志家たちはただ国内学徒を助ける以外に他意なくあくまでも、学徒を育てあげることが目的であるので宣伝行為は一切しないことにしていた。この運動は現実によい結果を収めつつある。

昨年三月二四日付けの国内紙鮮日報は"ママ奨学金"という見出して次の記事を報道したことがあった。

…

韓國新聞
発行所 韓国新聞社
発行人 権逸

第三回全国団長会議開かる

韓青、韓学同に対する今後の指導体制を検討

三月十五日 名古屋で

第三回中央委員会で決定をみた決議事項を実践に移すための全国団長ならびに事務局長連席会議が、去る三月十五日愛知県本部で開催され、基本財政の確立問題、法的地位対策委員会の活動資金、オリンピック後援会の事後処理そして韓青、韓学同に対する指導体系の確立等の諸問題が討議された。そして、これらの諸問題に関する具体的活動方針をうちたてるとともに、特にこの会議で韓青、韓学同の法的地位要求に関する逸脱行為に対して、強力な対策を講ずるよう全参席者から要求があった。

第三回全国団長会議は十五日正午、全国三十六県代表が参席して開かれ、国民儀礼のあと、開催地の愛知県本部団長から歓迎挨拶があり、ついで権逸中央団長から❶現在行われている韓日会談の進展状況から見て、在日韓国人の法的地位問題は重大な段階を迎えている。この重大時期にあたり、われわれは挙団的な団結力をもってわれわれの要求を貫徹しなければならない。

❷韓日会談の妥結を阻止するため朝総連は最後的なあがきを示しているが、われわれはこの動きに対して厳重に警戒するとともに、組織力をもってこれを粉砕しなくてはならない。

❸法的地位要求貫徹運動における韓青、韓学同の行き過ぎ行為は甚だ遺憾とするところであるが、全国の組織責任者の皆さんとともに、今後の指導方針について協議を決定したい。

❹民団の今までの運動を顧りみる時、常に財政問題に悩まされて民団本来の運動が展開されていないのが実状である。この問題についても基本的な解決方法について協議していただきたい。との大会挨拶(要旨)があって、金在鉉駐日公使から別項のような祝辞があった。

このあと金奎東事務総長から団長会議開催の趣旨説明があって本題に入った。

まず去る第三回中央委員会の決議事項である民団の財政確立問題については❶中央委員会の基本方針にのっとり、財政確立特別委員会を構成するがそれに先だち特別委員会の会則を設けることとしこれを原案通り通過させた。そして民団中央の基本財政である一九六五年度各県本部の割当金

ついで法的地位対策委員会の財政問題に関しては、法的地位要求貫徹運動を継続展開するため、必要緊急資金を拠出することを決定した。ここで兵庫県、大阪県団長はその場で率先責任額を全額納入した。法的地位対策緊急資金の各県本部別割当額は次の通り

県本部	金額 円
福岡	五〇〇、〇〇〇
山口	五〇〇、〇〇〇
広島	一〇〇〇、〇〇〇
岡山	五〇〇、〇〇〇
神戸	一〇〇〇、〇〇〇
大阪	三〇〇〇、〇〇〇
京都	一〇〇〇、〇〇〇
愛知	一五〇〇、〇〇〇
東京	三〇〇〇、〇〇〇
北海道	五〇〇、〇〇〇
神奈川	一〇〇〇、〇〇〇
青森	三〇〇、〇〇〇
栃木	三〇〇、〇〇〇
[illegible]	一五〇〇、〇〇〇
合計	一四〇〇〇、〇〇〇円

ついでオリンピック後援会の事後処理問題に関しては、これを原案通り可決した。ここで李裕天前会長から後援事業に協力した各県本部に対して、表彰状を授与したい旨提案があり、これを了承した。

これで各項目別財政問題の審議を終え、韓青、韓学同に対する指導体系の確立問題の討議に入ったが、この問題の討議に先だち朴太煥中央組織局長から第四回中央執行委員会で決定を見た韓青、韓学同の法的地位要求貫徹第一次決起大会の経緯ならびに中央執行委員会措置案に対する説明があった。(別項の通り)

この説明を聞いた後、全参席者は韓青、韓学同の行き過ぎは民団規約ならびに基本方針を無視したものであり、厳重な警告を発するとともに、これに対する強力な対策を講ずべきであるとし、その具体的な指導方法については中央に一任することとした。

このあと第三回中央委員会で可決された郷土訪問団の派遣計画について、原案通りこれを実施することにした。

この会議の途中朝総連から"韓日会談に反対せよ"との悪辣な電報が数十枚議場に送りこまれ、全参席者が朝総連の悪質な陰謀活動に心からの憤激を表明するとともに断乎、この種策動を徹底粉砕することを決議した。また大阪本部団長は、韓日会談を反対する朝総連分子の最後的あがきで、民団大阪本部事務所が二回に亘って放火された事件を報告、団長会議はかってない緊張した空気の中で続けられた。

そして、韓青、韓学同に対しては中央がこれを直轄せよとの要求が全参席者からなされ、権中央団長はこれを受けて、かれらの行き過ぎ行為を是正するための最善の努力を傾けると確約し、今後韓青、韓学同は民団中央に一任されることとなった。

団長会議における金公使の祝辞

本日、全国団長会議を開催するに当たり、祝辞を述べさせて頂く事を、何よりも欣快に思うものであります。乙巳年の今年を迎えまして、過去二十年のどの年よりも栄光の年へ転換すべく、韓日両国の間過去十余年も続けてきた会談も、先月椎名外相の訪韓を契機に、両国間の基本条約が仮調印され、これからも逐次して諸懸案問題を仮調印の精神にのっとってこの妥結に向かって進んでおります。とくに皆さんの関心事である在日韓国人法的地位を確定する問題につきましては、皆さんの権益が最大限に保障されるよう極力、力を尽くしております。このような時機、すなわち韓日会談がわれわれの要求する通りに着々進展されているこのとき、北傀の手先である朝総連系は、極端闘争の方法を使って会談を妨害しており、今その狂態はぞくぞくと現れています。

その一例としてかれらは、われわれ民団組織の一部分を利用して、あたかも民団全組織が韓日会談自体を反対しているように虚偽宣伝を展開して、六〇万僑胞の耳目を眩惑しております。

わが民団は二十年の歴史を誇り、今日に至るまで[illegible]

考えるものであります。すなわち、わが民団組織は、組織のルールを生命としており、そしてこのルールを生命として成長発展してきた伝統ある組織であることは、その誰よりも民団組織と生命を共にして参られた皆さんが、もっともよく御存知のことと思います。[illegible]

今年こそ、栄光の年になるようわれわれは国家民族を愛する一念で政府を信頼し、組織の強化につとめるべきであります。今年、幸いに、組織をいたわり育てる皆さん方が一堂に集まり、組織の前途を憂うること[illegible]

尊敬する団長の皆さん! [illegible]団自体の恒久的な財政確立の欠如に帰因するものであることを断定いたします。恒久的な財政の支援がない組織は、あたかも一本の柱で[illegible]のであります。

今日の会合において、多くの問題が論議されることと思います。あらゆる問題が、すべて重要でありましょうが、しかし恒久的な財政の土台を築かず、組織の将来を論じても何の収穫がありましょう。願わくは組織の[illegible]をこの点に集中して真剣な討論が展開されんことを望み、またこの会合で予期した以上の成果があらわれることを確信しながら、以上を持ちまして祝辞に代えさせて頂きます。

一九六五年三月十五日

駐日代表部 金在鉉公使

財政確立特別委員会会則

第一条、本会は財政確立特別委員会と称す。(以下、委員会と略す)

第二条、本会は民団中央本部ならびに地方本部の財政確立を目的とする。

第三条、本会の委員は[illegible]信用組合長と地方本部団長[illegible]

第四条、本会委員は[illegible]

第五条、本会の委員長は中央団長とし、[illegible]を副委員長とする。

[illegible]

行動綱領

一、韓日会談を成功させ法的地位を確保しよう!

一、僑胞子弟に対する民族教育を一層強化しよう!

一、良識ある民団、清廉なる民団、前進する民団へ!

韓青 韓学同による法的地位要求貫徹中央決起大会の経緯ならびに中央執行委員会の措置案

(経緯)

[illegible]

…の強化とともに今後の運動方針を決定した。そして、ここに韓青委員長と韓学同委員長は幹事として就任することになり、法的地位要求貫徹運動については共同の責任をもって、すべての行事は法対委の決定にしたがって推進されなくてはならなくなったのである。これは組織の規律に照らしても否定のできないところである。

本論の経緯は次の通りである。

韓学同は三月五日付、韓学同中総第二七号公文で、中央団長あてに"法的地位要求貫徹第一次中央決起大会"に関する報告ならびに援助要請の件という報告書(内容は何も記載されていない)を提出したが、この公文を中央本部が受取ったのは三月八日であった。

これよりまえ、韓青、韓学同が共同で法的地位に関する民衆大会を開くという情報を得たので中央組織局長は三月六日付、中央組織局公文四〇号で次のような指示を行なった。

◇公文五四〇号の内容◇

伝え聞くところによると韓青中央本部は来る三月九日、麻布公会堂において法的地位要求貫徹民衆大会を開催するとのことであるが在日韓国人の法的地位要求貫徹に組織的運動を展開することに対して深甚なる敬意を表する。だが法的地位要求貫徹運動においては、すでに中央大会ならびに中央委員会で決定した積極的運動方針にしたがい法的地位対策委員会が構成されており、去る三月三、四日の両日法対委総会では、今後この運動をより効果的に推進するための具体案を決定するから、この決議を実行するため去る三月八日には緊急幹事会を招集して統一された要求貫徹運動を決定するから、この決定から、はみでない範囲内で行動しなければならない。したがって中央本部を除く民衆大会はこの規約を遵守してくれなくてはならない。きたる八日幹事会の方針が決定されるまで一時、保留措置を講ずるよう指示する。

かかるような指示を発すると同時に韓青、韓学同の主催内容を知ろうとして幹部に数次にわたって[illegible]

提議事項

一、スローガンの中に"われわれの要求が貫徹されない韓日会談は受け入れることはできない"との項目があるが、これは現在、会談が進行中にあるから除外してもらいたい。

二、駐日代表部に抗議陳情の代表三十名が行くというが、五名ないし十名にして具体的な直談ができるようにした方が良いと思うから代表者数を十名内外にしてもらいたい。

三、第一項のスローガンが除けない時には、その代りに下部組織の誤解を受けるおそれがあるから"韓日会談を反対する朝総連の策動を粉砕しよう!"というスローガンを加えてもらいたい。

以上の条件を認めるならば、法対委は積極的な協力を惜しまず、同大会に参加して挨拶も述べる用意があると言明したが、これに対して、提議事項第一項の除外は拒否し、第二項と第三項は参考にすると答えた。そこで再三、強調した結果、第一項は除外し、二項目は実現するとした。ところが、最後的な決定は九日の午前九時半に中央本部において、中央団長、常任顧問と韓青、韓学同の両代表が会って再調整して会議を進行させるようにするといったので翌日中央本部では団長はじめ三代表が待っていたが、何の連絡もなしに終ってしまった。

中央本部はただちに、韓青韓学同が主催する大会場へ法対委を代表して金正柱事務幹事、金己哲常任顧問、宣伝局長、宣伝次長、組織次長ら十余名を参加させ、会議の進行を注視してもらった。

ところが、この大会場では、前日約束したスローガンの変更はなされず、会議の内容は法的地位の要求貫徹運動ではなく、韓日会談の反対気運を助長するものであり会議における発言内容は要約するとつぎの通りである。

一、開会辞(金宰淑 韓青委員長) すでに韓日会談は合意をみる段階にあるが、民団は何をしているのか責任を追及せざるを得ない。われわれの要求が貫徹するまで、本国の学生青年らと最後まで闘おう。

二、来賓激励辞(金載華氏) みなさんのこの運動に感謝を表する。予定通りにいけば五、六百名が参加することができたのに、資金の関係で参加できない人達がいる。だが、民団の一部では、朝総連から資金がでていると宣伝しているが、そのような事実はない。われわれにとって利益のない基本条約の仮調印を歓迎する者は売国奴でなくてなんであろう。日本側の名を捨てて実をとるということは彼らの本性を示したものだ。

永住権獲得者に対する強制退去は不当だ。本国政府の態度は容納できない。私は現在進行中の韓日会談それ自体を反対せずにはいられない。

一、激励辞(李海竜韓青顧問) 韓日会談は、日本が過去を反省する立場で進められなければならない。日本の反省のない現在の韓日会談は認めることはできない。

会議は、大平の個人が決めた韓日会談は無効だ。三千万全民族が反対する韓日会談を推進する者は売国奴でなくてなんであろう。

皆さんの決起はわが国の国難を救うものであり、民族の尊厳を守るものである。韓日会談を粉砕することによってのみ民族の尊厳は守られるものと確信する。

韓日会談はわれわれの基本的な要求が認められていない。これを許容するということは、わが祖国を再び日本の経済侵略にさらすことになる。椎名外相がソウルを訪れた時、愛国的国民のデモを抑圧した韓国政府の措置は反民族的行為であると指摘せざるを得ない。

以上のようなアジ演説で反対気運を助長した後、いわゆる声討に移った。その中では、六十年前、売国奴らの手で"乙巳条約"が結ばれ、そのためわれわれは三十六年間の苛酷な圧制を受けた。そしてこのあといま権逸中央団長が韓日会談の代表として会談に出席しているから、この場で経緯を報告せよとの発言があって、会長団は"権逸団長は多忙なため出席できなかったから、法対委を代表して金正柱幹事から説明を聞きましょう"としたが、その場にいた金正柱氏はその時間までの場内の雰囲気から察して、この会合は法的地位要求貫徹大会でなく、危険な政治的状態に陥入っており、われわれの正当な要求事項が強要されている今日までの会談内容を説明したところで何んら効果はなく、むしろ、同氏を上程させる意図が別の目的にあるとみてとり金正柱氏は退場したのである。このようにその場の空気は過激化していたのである。

そして、声討の中で次のような事が叫ばれた。

❶権逸は売国奴だ。三千万を生かすために六十万を犠牲にしろということは李完用のような奴だ。

❷三千万民族の名において、権逸の国籍を剥奪すべきだ。

❸権逸を追放しろ。

❹民団中央執行部はわれわれの利益を擁護していない。

❺民団中央執行部に不信案を提出せよ。

❻腹黒い韓国政府代表らと話し合うのにどうしたら良いか。

❼代表団を選出する事はできない。大会の決議で全員が抗議しよう。

以上がこの日の会議内容であるが特に知らなければならない重要問題は、当日、中央宣伝局が新聞報道のため写真班を一名派遣したが場内警備員の阻止によって写真取材を断わられ、反対に奇怪にも、朝鮮新報社のカメラマン二名は公然と十六ミリ撮映機を持ち込み照明まで使って自由に場内を撮影した事実である。この事実を会長団に通告しようとしたが、すでに場内は民団幹部の動きすらもできなくなるほど危険な状態にあった。

これに対する証拠写真はすべて中央本部がもっており、後に公表する予定である。

このあと、会場を出発した抗議デモ隊二百四十七名は午後三時頃駐日代表部正門前に到着したが、この時、第一便のバスで前記の朝鮮新報社カメラマンが降車したのを再確認した。

同抗議団は代表部の入口において、民団代表の説得に応じないばかりか、鉄門を突破しようと実力行使に移った。ここで警備の日本警官と暴力をもって対決することになった。数回に亘って鉄門を突破しようとしたが、目的が達成されないとみるや、口々に代表部と民団幹部に対する悪口を喚きはじめた。"売国奴!売国奴!売国奴!売国奴は出ていけ、代表部の手先、民団の奴らはでていけ"そして、口ではいい表わせない罵詈雑言をはいた。

付近の日本人と日本人記者がこの状況を見ている事を考え代表部[illegible]

[illegible]に待機中の鄭烔和中央副団長、金己哲東本団長、広島本部事務局長ら数名が代表部の門前に出るや、抗議団は"民団の奴がきた"として暴力をもって襲いかかった。民団幹部が暴行を受けるや、日警はただちにこれを防衛したので幸いにして大きな事故は発生しなかった。

以上のような韓青、韓学同の三日に亘る抗議運動は、対内、対外的に大きい混乱と問題を提起したので、中央本部は三月十二日第四回中央執行委員会を召集して対策を研究した結果、すべての事実を監察委員会に報告すると同時に、査察を要求するため次のような事項を指摘することに決定した。

一、傘下団体は民団の指向方針から離脱することはできない。したがって傘下団体はあらゆる運動事項において、民団の決定した運動方針に依って運動を展開すべきであり、指示に服従する義務と事前に報告する義務がある。このような傘下団体の基本的な規定に反し、甚だしきは全体的な決定事項までも否定する行為は、傘下団体の権限から離脱するは勿論、民団が傘下団体として認定した規約にまでも反した行為だと断定せざるをえない。

二、特に前記事項中、母体である民団宣伝局の取材を拒否する行為と反共を国是とする大韓民国の国家精神に反して、朝鮮新報社記者を同行させたことは、許せない利敵行為だと指摘せざるをえない。

三、中央全体大会で選出された民団の最高責任者を傘下団体が公式席上において、「売国奴」あるいは民族反逆者呼ばわりしたことは、民団全体の権威を損う行為であり、組織においてあるべからざる違反行為と断定する。

四、本国政府の代表を売国奴と罵倒し、政府公館に暴力を使って侵入しようとしたことは、国家自体を否定する行為と断定する。

五、民団全体大会ならびに中央委員会で決定した韓日会談妥結を反対する行為は規約違反であると断定する。

六、民団幹部を罵倒し暴行を加えたことは傘下団体として承認した民団規約に大きく抵触する。

七、民団の現任職員ならびに過去重要な地位を歴任した一部団員が、このような韓青、韓学同の運動を、直接間接支援した事実に対しては、これとは別にある種の処分がなければならぬ事を指摘する。

(結論)

傘下団体に関しては、中央執行部は過去の指導方針が組織内にあまりにも大きな混乱を招いた事実に照らして、できるだけ柔和な指導方案を新執行部担当以来、権団長を中心として執行部全体が努力してきた。韓青、韓学同はこのような民団の善意をかえって軽視して、一部に流れている批判的な勢力と合流して、傘下団体が民団の指導下にある基本原則までも否定することになり、特に韓日会談においては、政治的な運動にまでいたったのである。椎名外相の訪韓を契機にして起こった不当なる行為を発端として、不穏文書の配布、或いは数回に亘る韓日会談反対の集合、完全に民団の指導領域から離れた運動を展開するにあたり、民団は傘下団体に対する重大な決定を下さねばならない時点に至ったところで、韓青、韓学同は重ねて今度の一大混乱をひき起こしたのである。

韓青、韓学同が三日間に亘ってデモを強行したとき、われわれの敵である朝総連はこれに歩調を合わせるように同じ日に代表部前にデモである朝総連はこれに歩調を合わせるように[illegible]前述の朝鮮新報社カメラマンがいることを指摘してそれを聞き入れるため中央組織局員が門前にでたところ抗議団は"売国奴を殺せ!"と喚きながら突き進んできたが朝総連の記者はそのまま、現場を撮影した。

だが、民団は最後まで努力し、抗議団の代表五名を陳情できるように説得し、その五名の代表を方公使、金公使に会せたところ、彼らは一言も法的地位に対する要求陳情はなさず、門外にいる抗議団を全員門内に入れることを強調するだけであった。しかし門外にいる抗議団は暴動化し、そのまま継続すれば重大な事態が発生する段階に至るや、日本警察は機動隊を出動させて解散を命じ実力を行使して抗議団を解散させた。その時民団幹部に暴行を働いた韓学同一名は現行犯として検挙された。

抗議団が、このような事態を惹起している現場で、これを支援している地方本部副団長、地方本部組織部長、韓青顧問らが激励している事実をみるとき、民団の権威と規律が誰の手によって保たれるかという悲壮な気持ちと疑惑が新たに生じてきた。

三月十日抗議団は再びデモを展開し駐日代表部に向かったが、日警の阻止によって実現されなかった。一方、抗議団は十一日、再び民団中央本部に集結して会合を持ち、デモを強行することになったので、中央本部は抗議団の決議事項を見て抗議の攻撃目標が中央本部であることを予測して、全国地方本部にこれを伝える一方、混乱を避け、権威を守るべく全組織に訴えたのである。この事実に接した東京本部をはじめとする各地方本部は自ら進んで、二十四時間以内に北海道から九州にわたって四百余名が中央に集結したのである。

法対委を中心として中央本部は、最後まで不幸な事態を避けるべくあらゆる努力をつくし、抗議団代表を説得して最悪の状態を回避しようとした。韓青、韓学同代表は民団の固い決心をようやくしり中央本部前の駐車通りを始点としてデモを開始した。その時デモ隊の五〇米後方で朝総連中央本部政治指導員白竜鎬、中央委員東京都本部政治部長[illegible]両人が監視しながら随行している現実を見るとき、何といえばいいのか組織人として憤慨たる心境と失望を重ねて味った。

今回の韓青、韓学同の動きにおいて、このような運動が韓青の方向ではないという地方盟員がいることは忘れてならない事実である。韓青愛知県本部は委員長外七名が参加したが、九日のデモ状態と事前の法対委との合意事項違反を知るや、同日直ちに抗議団から離脱して帰県し、群馬県、北海道、兵庫県、和歌山、三重県も同一歩調をとって民団と合流して、組織防衛に努力したことは、誠実な青年が全国組織に多くいることをわれわれに認識させた。

かれらが退いた三時間後には韓青、韓学同が朝総連の足跡さえも消え去らないその場に現れてデモを行う状態を見た時、韓青、韓学同は、法的地位以前の問題が展開されているのにもかかわらず、これを黙過した態度には、基本的な理念を疑わざるを得ない。そして柔和な指導方針がかえって逆効果を助長する以外に、何らの結果をえられなかったことを強調するものである。

特に三月八日わが国の農林部長官の宿所である大倉ホテルに、朝総連の代表が抗議するため集合したことについて連絡を受けた中央本部は、直ちに韓青と韓学同に連絡して地方から召集された盟員とともに、不純な朝総連抗議団を粉砕するよう指示したが、緊急を要するこの指示にも応じなかったことを判断して見れば、韓青、韓学同の国家に対する理念自体に疑惑を持たざるをえない。同時に民団の傘下団体としてもたらす利益までも再検の必要を感じるのである。

今度の事態は中央の一方的な指摘ではなく、地方組織責任者が直接目撃した事実であるので、今後の傘下団体対策における重要な判断の基準となるものであると確信する。

中央執行委員会の名で、韓青、韓学同が共催した中央民衆大会の経緯を公正な立場で報告するとともに、全国地方組織は、再びこのような事態が傘下団体の手によって行なわれないよう団結して対備するよう切に要望する。

朝総連、徴兵令書を理由に 韓日会談反対の悪あがき

最終的な結論をみようとする韓日会談に反対して朝総連は最後的なアガキを強化させてきた。民団内部への浸透工作を拡大するとともに今度は彼らの常套手段であるデッチあげ戦術をもって韓国政府から在日僑胞に徴兵令状がきたとして、韓日会談の反対運動と結びつけて悪辣な運動を展開している。

韓国の兵役法では国外に住む韓国民に対しては兵役を免除することになっているのにもかかわらず、朝総連は三月初旬、京都市中京区西之京左馬寮町に住む朝総連系青年、吉某に本籍地の忠清道から"徴兵適齢期に達したから徴兵検査を受けるように"との通知書が届いたとの偽通知書を作ってこれを各新聞紙上に報道させ、韓日会談が妥結すればいやが応でも適齢期に達すると兵役に服するようになるのだと暗に一般大衆に韓日会談反対気運をつのらせている。

民団中央では、真相を解明するため、ただちに本国政府ならびに国防部に問い合せたところそのような事実は全くないとの事で、朝総連の悪質なデッチあげであることが判明した。

朝総連は今後ともこのような韓日会談妥結に反対する最後的悪アガキを展開するものと思われるので、会員諸君は、この種デッチあげに一層警戒心を強くするとともに、韓日会談妥結と法的地位確立に奮起しなくてはならない時期に到達した。なお、韓国の兵役法では国外に住む者に対する取扱を次のように明記している。

兵役法 第三章 徴集

第四十七条(国外にいる者の徴集延期と免除) ❶国防部長官は国外に滞在または居住している者で、徴兵適齢に達する者に対しては閣令の定めるところに依って徴集を延期または免除することができる。

❷前項の規定によって徴集の延期を受けた者で、徴集延期の期限以内に帰国した者は、徴集延期の事由が終ったものとみなす。但、一時帰国者は例外とする。

法的地位要求に対する 韓青、韓学同の行動は 民団基本方針に逸脱

「働く年」に政府は具体的に何をするのか

増産

輸出目標一億七千万ドル

強力な開発事業の推進

経済外交の拡大と反共体制の強化

教育制度の改編と行政機構の調整

雇傭増大による社会安定

❶増産に拍車をかける肥料工場の内部　❷開発事業も強力に進められている

兵庫県本部の新役員

団長に徐正浩氏が再選

さきにひらかれた民団兵庫県本部の定期大会で次の新役員が選出された。

団長	徐正浩
副団長	金興権
副団長（事務局長兼任）	崔永聖
議長	金基禄
副議長	梁一晩
〃	李徳雨
監察委員長	宋守道
〃 委員	許性道
〃 〃	鄭連世

本国ニュース・ダイジェスト

（二月二十日）、韓日両政府基本条約に仮調印

（二月二十一日）、民政党、全党大会を開催

（二月二十二日）、地方農政機構改編さる。

（二月二十四日）、第四十八回臨時国会開かる。

（二月二十六日）、朴商工部長官、日本製品輸入制限を考慮中と言明。

（二月二十六日）李外務、平和線撤廃ありえないと言明。

（三月一日）朴大統領、三・一独立運動記念式典で演説。

漁業協定締結後も平和線は存続。

（三月二日）中小企業育成を決定。

（三月三日）創価学会は反国家的団体と言明。

韓日農相会談はじまる。

（三月四日）、金・大平メモ白紙化しない。

国会、韓日会談対政府質疑終える。

（三月五日）、野党韓日問題で公開討論を提議。

（三月六日）、中共の核実験反対決起大会準備委を結成。

（三月七日）、農相会談一段落すれば赤城農相を招請。

（三月八日）、大韓漁民会準備委が声明。

（三月九日）、韓伊貿易協定締結。

（三月九日）、大学生徴兵二万名を国守。

（三月十日）、李外務長官訪米の途につく。

（三月十一日）、南ベトナム向け韓国軍事援助団全員航海中。

韓日貿易会談開く。

（三月十二日）、軍事援助団に戦時服務適用。

（三月十三日）、李外務長官、ウ国連事務総長と会談。

（三月十四日）、大統領韓日会談関係者らと協議。

（三月十五日）、政治浄化法該当者全面的に解除、国会で可決。

文外務次官、済州島周辺基線問題で譲歩できないと語る。

朴大統領、共和党幹部に政府施策に協調するよう要請。

50

法的地位要徹全国代表会議開く

東京・安田ホールで

要求貫徹へ猛運動展開

日本政府要路へ陳情書手交

椎名外相の韓国訪問とともに、たかまりつつある韓日会談の妥結気運は二月二十日、両国の基本条約の仮調印をみるにいたり、さしもの韓日会談もここに最終的な結着をみる段階にたちいたった。この会談妥結気運と機を同じくして、われわれ在日韓国人の注視の的である〝法的地位問題〟が決定されようとしているが、居留民団では、去る三月三・四の両日〝法的地位要求貫徹全国代表者会議〟が開らかれ、われわれ在日韓国人の要求をどのように会談に反映させ貫徹させるかを討議した。

三・一節中央民衆大会開く

日比谷公会堂 三千五百名が参加

秋田県本部で大会

秋田市土崎公民館

秋田市土崎公民館で開かれた大会

島根県本部会館落成

二階建て43坪、四〇〇万円

民団中央に権団長を訪れた視察団の一行

福島県本部でも

盛大に落成式

李東本副団長が従姉と感激の対面

二十三年ぶりの再会

23年ぶりの再会を喜ぶ李東本副団長と従姉の文女史

包装視察団が来日

韓国新聞の招きで二週間滞在

韓国産業界の代表10人

軍人会定期総会開らかる

会長に李麟基氏

李麟基 会長

朴明換 副会長

軍人会定期総会の情景

在郷軍人会記者会見で発表

韓昌圭(民団)会員を停権処分

母国農村文庫を作ろう

金昌鎬氏、浄財を寄附

金昌鎬氏

名バリトン

〝黄炳徳〟独唱会

51

世界の中の韓国語

高麗青磁水差し (13世紀)

アメリカは特に盛ん
日本・台湾は一大学だけ

アメリカ

アメリカにおける韓国語教育は、大学院コースで行われているが、一年目はごく普通の文法と解読の実践をつみ、二年目には短篇小説、新聞の論説、「思想界」などの評論を読みこなす程度になると言われる。われわれが突っては韓国語は難しい語学であろう。

現在アメリカの大学で韓国語コースがあるところは、ハーバード、コロンビア、ワシントン、インディアナ、カリフォルニア、ハワイ、ブリカムヤングなどの各大学であり、このほかヨーロッパには西ドイツのベルリン、フランクホルト、ミュンヘンなどの各大学、それから去年新しく韓国語の講座を持ったオーストリアのウイン大学などがあり、アジアでは日本の天理大学、台湾の政治大学に正式の韓国語学科がある。

これら世界の著名な大学で韓国語が学ばれ、韓国の歴史と社会に関する意欲的な研究が行なわれていることは非常に嬉しいニュースである。

〈ハーバード大学〉アメリカにおけるアジア研究の最高水準は何と言ってもハーバード大学であろう。

現在ハーバード大学では韓国近代史研究で学位を取った「ワグナー」博士が語学、文学、歴史などを担当している。元来ハーバードに韓国研究コースが生まれたのは一九五二年「徐斗銖」博士がハーバードに居られた当時からであったが、「徐」博士は三年間ハーバードで韓国語と韓国史の講義を独りでなされ、徐博士がハーバードを去ったあと約二年間の空間があったが、一九五八年になって「ワグナー」博士担当で「燕京研究所(イェンキン)」極東語学科に韓国語課程が正式に設けられた。

そして現在まで約七年間に五十余名におよぶ韓国語研究生を育てた。

いま初級班に六名(全員アメリカ人学生)、中級班に一名、上級班に四名(アメリカ人三名、日本人一名)が正式に登録して居り、そのほか韓国史講義を聴講している学生が六名いる。

〈ワシントン大学〉極東語および スラブ語学科内に韓国語課程があって中国語、日本語、ベトナム語、ロシア語と一緒に教えている。

……

日本

現在日本には韓国問題の研究家が多いが主に社会科学的なアプローチであり、韓国史研究も独立したコースがなく、普通文学部の東洋史の枠内で研究されている。……

結び

以上アメリカ、日本、中国を中心にして外国人の韓国語研究の様相を見てきた。風俗、慣行、言語の壁をのりこえて、ひたむきに韓国語ととっくんで進む姿は熱き共感を呼びさましてくれる。

しかし特殊なケースを除いては、韓国語は東洋研究の一環として組み入れられ、そして社会科学的な関心にともなって普及しつつあったが、ところが最近はこういう伝統的な方法論にあきたらず、現実の韓国の方へ関心が転換してきた。したがって在来の古典偏重の硬化した姿勢が徐々に崩れさり、現代文学の方へその重心が移動しつつある。

私の見た祖国

民団福岡県本部団長　文　圭　準

久しぶりに祖国訪問の機会を得た。それも十数年ぶりの故国の訪問とあってみれば胸に迫まる感懐は何ともたとえようのないものである。上空から見下す故国のたたずまいは、ひとしお胸をしめつけるものがある。祖国を眼前にして韓国人として生れた誇りを禁じようがない。ここが私の祖国なのだ。ここがまさに私の祖先が愛しみ守りぬいてきた故国であるかと思うとき祖国がいかに大切なものであり、国をもつものとしての自負心で私の胸は一層高鳴るばかりであった。

噂に聞くイメージで金浦空港についた私は今までの想像と違っている祖国は格段の変化をみせているのに驚かされた。

官吏たちの親切さは言うにおよばず迅速な事務処理は日本で考えていたそれとはまるで違っていた。金浦からソウルの間のよく舗装された道路を走り続ける車のなかで再び韓国人としての誇りが私を刺激させ、韓国人としての認識を新たにせずにはいられなかった。

首都ソウル市は近代都市としての面貌は一変し、ただ南大門だけが無言のうちにわれわれを歓迎しているかのようであった。街は高層建築物が立ち並び道路の両側に林立する商店には国産品が豊富に出まわっている。洪水のように流れる自動車の群はよく整理された交通網が日本のそれとは全く逆な私の印象を新たにした。まさに国際都市としてのソウルである。商人たちの足どりは軽く活気にあふれていた。人々の集るところは自由な空気にみちみちており、会う人々の表情は明るく明日の生活に向って力強く歩んでいるようであった。

私はわが国の教育熱の高いことを前々から知っていたが今度の祖国訪問で今更ながら驚嘆した。

中・高等学校は数えられないほど各地に散在し、大学だけでも四十余校を超えるとのことである。学校教育は都市から僻地農村にいたるまで普及し、文盲は一掃され知識水準は日本に近づきつつあるとのことである。

農村は水利施設が完備され、ワラブキの家は新しい文化住宅に変りつつある。新聞もラジオも比較的によく普及されておりスピカーから流れる音楽は朝の空気を一層さわやかにし人々を楽しませている。

だが祖国は経済的に貧乏なため農村にまでは道路舗装も電気架設も十分とはいえず、民間資本の不足で産業活動もそれほど活発でないために失業者の多いことも事実……

……

自給自足の道、経済自立の道を目指しているのであります。

われわれ在日僑胞も方策を排し祖国の建設に直接参加しなくてはなりません。国のない民として……

……

祖国近代化のパイオニア
島山安昌浩先生

二十七周忌を迎えて

島山先生がなくなられてもう二十七年になる。一九三八年三月十日、祖国の解放も見ることなくその愛国の情熱と波瀾にみちた一生を終えられた。しかしかれの遺した祖国独立と近代化の思想は、混迷する今日のわれわれをつねに勇気づけてくれる。この偉大な愛国闘士であり啓蒙思想家であった安島山先生の思想体系にアプローチすることは、今日の精神状況において非常に意義あるものと言えよう。

島山先生は言うまでもなく独立運動、民衆啓蒙に一生を捧げた愛国者、そして教育家であるとともに、わが国における近代化理論のパイオニアでもある。

〈抵抗、独立理論の定立〉

島山先生は当時の独立運動者にくらべて三つの主要な特徴を持っており、その次元を大いに異にしていた。韓末、日本帝国主義によって国を失ったあとは、悲憤慷慨する愛国の志士とか革命家は、ほうはいと全国に振っていた。しかしこれらの古いタイプの革命家は、崇高な抵抗の心情はあるものの、残念ながら抗日闘争の理論がなく、民族独立のビジョンに欠けていたのであった。どのようにすれば民族の独立と繁栄をかちとるかという、確固たる救国の理論がなかったのである。しかし島山先生は当時のこのような状況の中で明確な救国の思想と経綸を持った思想家であった。これがほかの愛国者にくらべて違うかれの重要な特徴である。

その次は、島山先生の救国理論の体系であるが、それは他人からの借り物ではなくかれ自身の革命生活の体験と実践のなかで、つねに模索し、研究して作りあげた思想体系である。反帝国主義運動の一般理論だけですべてを解決しようとした人々、またたは朱子学的な世界で「亡国」が意味する諸問題から出発した、いわゆる志士タイプの人々にくらべて島山先生は荒削りながら民族内部に根を下ろした「ユニーク」な近代的思想体系を持っていたのである。

かれの「務実力行主義」、民族性改造運動、自我革新の思想、「情誼敦修の理論」、三大資本蓄積の思想、大公主義と人格革命、独特な組織理論などなど、このようなかれの思想的遺産をわれわれは今日においても大いに学んで実践する必要があるのである。

〈ユニークな思想と誠実な実践で〉

島山先生は、自ら実践して作りあげた思想体系を、最後まで誠実にひたすら実践したのである。かれは理論においてもすばらしかったが、実践ではそれ以上立派であった。

以上あげたように島山先生は韓末の多くの革命家とその次元を異にし、かれは自分の思想をはじめて身につけた唯一の近代思想家であった。

近来、われわれの関心と議論が近代化問題と経済成長問題に集中されている感があるが、後進国の経済成長と近代化を遂げるには、外資であれ、内資であれ資本形成が必要である。

島山は一九二二年七月、「力を養え」という論文を書いて、民族の独立と繁栄のため、三大資本の蓄積を力説した。島山先生のこの論文は、かれの論文のなかでの最大傑作であるのみならず、わが国の最近代の最も偉大な思想的ドキュメントに属するものである。かれは次のように主張した。

〈独立の精神なくして独立の実なし〉

「わたくしが切実に望むことは、皆さんが「力を養って下さい」ということです」「事業の成功は力によってきまります。力が小さければ成功も小さく、力が大きければ成功も大きいのです。そして力があれば発展し、力がなければ衰退することは自然の法則です。どんなにわれわれの独立を求めるのはわれわれの独立という言葉の意味が自分の力を信じ、自分の力によって生きることに、他人の力にたよって生きるのは奴隷といいます。わたくしが常々申しましたように、オリーブの木には実が結び、オリーブがなるのです。したがって独立の実のある民族には独立の花が咲り、奴隷になるだけの資格しかない民族には亡国の実がなるのです。……」

〈結び〉

今から四十五年も前に、三大資本の蓄積、すなわち知識の資本、金銭の資本、信用の資本の蓄積を力説し、教育と産業という民族の基礎作業をしあげて、自ら独立する力を養うことを主張した安島山先生は、まことに偉大な思想的先覚者であった。

以上先生の近代化理論の一角をささやかに紹介したが、先生の論理は一見古い衣裳をまとっているように見えるが、その間題意識と論理は、シャープに今日の社会問題の核心をついているのである。したがってわれわれはもっと謙虚で誠実な姿勢で安島山主義を学ばなければならない。

哭 "民世"

鷺山　李殷相

"民世"逝く、悲しき訃音に
遠い北の空を凝視する
暗き天の一角
空しく雲は流れ
集まり同志の
憂いに沈む……
民を救い、世を救う
高きこころざし
ああその名も"民世"
逝く日まで、民族大義の中で
今や君は、風雨とともに忘れ去れり
その抱負、そして傳蕃
青い海原のよう
深き思想は
大河の如く流れ
高く聳えるその理想
泰山よりいやまして
南の国では
祖国の興亡を憂えて
血を吐くほととぎす
北では
氷雪の曠野に佇む一輪の梅
されど、今や君！
眼はうつろ、口は重く閉ざされ
天地これ寂寥！
紅唇開けば、憂国の獅子吼
玉筆走れば、警世の大文章
民族の怨み、胸中深くいだいて
ああ、奇しくも三・一節のあさ
最後の息を引き取るとは！
悲しき心は歴史に綴り
今日、汚辱の生にたたるより
むしろ忘れて行き給え！
そこも神の賜わる同じ国
すべてを忘れ眠られよ
待ちたる日々が、多くの日々が
今は、はかなく
せめて柩の上に手をのべて
ああ　涙の涸れるまで
魂！まことにあらば
故国へ飛びきたれ！

〈林泰雄訳〉

李明廷選手が韓国新記録
東亜マラソン　2時間21分21秒6

去る七日、京仁コース(ソウル—仁川間)で行われた第三十六回東亜マラソン大会で、李明廷(韓国電力)選手が、2時間21分21秒6の韓国新記録を出して堂々と優勝した。

"ボストン・マラソン"大会の派遣選手の選抜をもかねたこの大会での優勝者、李明廷選手は、去年から頭角を現した生粋の新人であり、二位は江原道出身の新人、柳明鎬選手=記録は李選手より4秒遅れ、2時間21分25秒6。

試合前優勝候補の本命であった李尚勲選手は、李明廷、柳明鎬選手とともに元気よく先頭で走っていたが、ソウル市内竜山区書月洞四〇キロ地点でスピードが突然落ちて脱落していった。

この日のレースは、気温が低くとくに往路は向い風に悩まされマラソンには最悪の条件であった。

しかしシーズンはじめに、とくに難コースである京仁コースで韓国新記録を出した李選手の健闘は実に見事である。(正午気温C1度、湿度50、西風4m)

以下6位までの入賞者を紹介すれば、❶李明廷(韓国)2時間21分21秒6(韓国新記録・以前=2時間21分25秒F)❷柳明鎬(江原道)2時間21分25秒6 ❸李尚勲(韓電)2時間22分9秒F ❹朱明結(韓電)2時間22分20秒F ❺シンサンオク(江原)2時間26分15秒F(以上大会新記録・以前=2時間27分13秒8)❻ヨンカン(慶熙大)2……秒4

韓日親善の夕べ
ソウル交響楽団訪日公演
27日夜、日比谷公会堂

来る三月二十七日午後六時半から日比谷公会堂で"韓日親善の夕べ"として、ソウル市立交響楽団の演奏会が開かれる。(入場無料)

同交響楽団は、韓国最大の規模と最も長い伝統を持つ名門楽団であり、すでに何百回のファンを魅了している。

今度の訪日公演は……

延世大籠球チーム
三月下旬日本遠征

……

権玉淵画伯個展
3・22～31　日本橋画廊で

……

52

韓國新聞
発行所 韓国新聞社
東京都文京区春日町2丁目20-13

法的地位の貫徹はかる

永住権は一歩前進

李長官、帰国延し努力

処遇問題引続き協議

法的地位と請求権の仮調印のあと握手する李長官(右)と椎名外相(左)

同日午後六時すぎから再び外務省で開らかれた事務当局の最終的な話し合いは約三時間にわたって続けられたが、午前中に行なわれた日本側の主張に対して韓国側は〝協定永住取得者の子孫についても特殊永住を与えることを協定または、法律上、拘束力をもつ形で明文化してほしい〟と強く主張した。これに対して日本側は〝子孫が将来にわたって日本で安定した生活がおくれるよう配慮するが、法律的に拘束力をもつ形式では表現できない〟と突っぱねたため折り合いがつかず物別れに終わり、翌二十六日に外務省で開らかれる第三回外相会談に持ち越されることとなった。

民団の要望事項を韓国代表団に進言

この日、民団の法的地位対策委員会では会談の進行状況に照らして同日午後一時から中央本部において主務幹事委員会を開らいて対策を協議した。

日本側妥協案を受け入れ

朴大統領に緊急要請電報

翌二十八日、民団では〝法的地位協定大綱〟(永住許可の範囲および…

〝反映へ引続き努力〟

日本側の理解訴う

権団長内外記者と会見

民団中央本部の権団長は、韓日両外相間で一括仮調印が行なわれた三日午後一時から団長室で内外記者と会見し、別項のような民団中央本部の声明を発表した。権団長はこのあと団長室をうめた約三十名の内外記者らの質問に答え、在日韓国人の法的地位問題について日本側の理解を訴えた。記者団との一問一答の要旨は次の通り。

問 今度の会談は終始韓国側のベースで進められたといわれるがどう思うか

団長 そうではない。法的地位問題についての民団の要望をいうならば、率直にいって日本側の理解が足りなかった。韓国側のペースというが、漁業問題はむしろ日本側のペースだった。

問 法的地位問題では李長官はあまり関心がなかったのを、民団の圧力でやったのではないか

団長 とんでもない。李長官は滞在日程を延ばしてまでこの問題を解決するため精魂を傾けた。ただいえることは法的地位問題は日本の内政問題でもあるから、日本側がこの問題については充分な理解を持っていると思ったが、足りなかったので難航した。

問 永住権の範囲については満足か

団長 ご承知のようにわれわれは子々孫々にわたって永住権を継承できるよう要求した。その点不満だが、孫の代まで認められたことは一歩前進だったと思う。声明にあるように処遇、社会保障の問題は未解決のまま継続討議になっている。われわれは日本側が少なくともこの法的地位の問題については実情を理解し、今後の継続討議を通じてわれわれの要求が反映されるよう切望する。

問 要求貫徹のため引続き努力するというが、具体的にはどういう運動をするのか。

団長 ひとことでいうと日本側の理解を深めるため努力することだ。われわれはこの問題が相互理解により円満に解決され、在日韓国人が両民族友好のかけ橋的役割を果せるよう望んでいる。

問 総連側との対立が激しくなる恐れはないか。

団長 そんなことはない。勢力争いをするようなことはない。大部分の在日韓国人は民団の傘下へ結集するものと期待している。

問 特に強調したいことは…

団長 声明書にあるように仮調印の内容は従来のわれわれの要求とは大きくかけ離れている。しかし早期妥結を願うわれわれとしては今度の仮調印を心から歓迎する。日本側とくに日本国民がこの問題については、もう少し理解してほしい。両民族の真の友好につながる大事な問題だから……この点報道関係者の皆さんの協力を切望する。

(写真(下)内外記者団と会見する権中央団長)

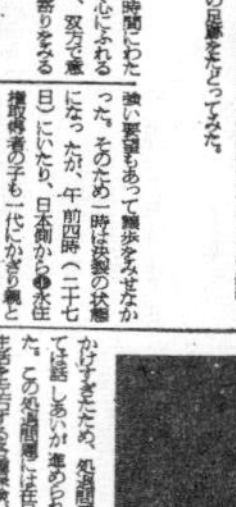

李長官主催のレセプション(中央左が李長官、右が佐藤首相)

三懸案 請求・漁業 法的地位 仮調印

五月に本調印めざす

去る三月、李東元・椎名両外相は午前八時五十分から外務省で最後の外相会談を開いて最終的打合せをすませ同九時半から両外相立ち合いのもとに「在日韓国人の処遇問題に関する合意事項」つづいて「韓日間の請求権問題解決及び経済協力に関する合意事項」の順序で仮調印が交わされた。法的地位は、李法務局長と八木入管局長、請求権は延経済局長と後宮アジア局長の間で行なわれた。

また、これと併行して「韓日の漁業問題に関する合意事項」は同日午前九時四十五分から東京千代田区三番町の農林省分室で、車均禧・赤城両農相立会いの上、金水産振興院長と和田水産庁次長との間で仮調印されたがこれで仮調印に関する手続は、すべて終り、さきにソウルで仮調印した「韓日基本条約」と合わせ、独島の取扱い、在日韓国人の法的地位問題の一部(処遇問題)を除く、会談案が、交渉開始後十四年を経て、実質的な解決にこぎつけられたわけ…

戦後入国者にも人道的待遇を

早期正常化期す

韓日外相共同声明

両国漁業発展に協力

韓日農相共同声明

民団要求とは距り

要求貫徹へ一そう努力

声明

十四年の長きにわたって懸案となってきた韓日会談は、第七次会談によって始めて、その妥結の気運が見られ、二月十七日の日本国椎名悦三郎外務大臣の、韓国訪問を契機として、韓日基本条約の仮調印を見、また、この度、李東元外務部長官の、来日を契機として、両国民の間に、会談妥結のムードが、急速に昂まる中で、両国外相の、連日連夜にわたる精力的会談によって本日、諸懸案の仮調印に至ったことは、韓日両国間の半世紀に近い、不幸な歴史と、過去の不快な国民感情を清算し、相互繁栄のため、互恵平等善隣友好を図る、国交正常化への基礎が確立されたので、われわれ、韓日会談の早期妥結を、十余年にわたって推進してきた民団は、これを歓迎するものである。

しかしながら、仮調印の内容において、われわれが、はなはだ不満とするところは、在日韓国人の法的地位及び処遇問題について、われわれの要求から、大きくかく離れている点であり、日本政府が、われわれの、切実な実情を理解することができなかったことは、真に遺憾に堪えないところである。

殊に、社会保障問題においては協定要綱に、具体的規定がなく、また、戦後入国者問題に関しても共同声明書には、単に、抽象的な表現に止まっているのは、われわれの生活と安住に、直接つながる問題だけに、極めて遺憾の意を表明せざるを得ない。

幸い、これらの問題に対しては継続協議をすることになっているので、その継続には、われわれの要求が、必らず、実を結ぶよう、切に期待して止まないものである。

このような観点から、われわれ民団は、韓日両国の連繋的役割を果す立場に立って、全組織が、一丸となり、日本当局並びに日本国民に対し、親善の気運をより一層高めるとともに、われわれの実情を、より広く理解せしめ、本調印までにはわれわれの要求を貫徹させるために、更に、運動を展開しなければならないことを強調するものである。

終りに、韓日両国外相をはじめ首席代表及び全代表の、意欲的な努力に対しては、深く敬意を表するとともに、特に、わが李東元外務部長官は、公賓の立場をかえりみず在日僑胞子弟のため、愛族的な情熱を示されたことに対しては、心から感謝の意を表するものである。

民団の要求と残された問題点

四月三日、韓日両政府代表間で一部仮調印をみた〝法的地位と処遇問題〟は、民団の強力な運動もあってわれわれの要求が一部、仮調印された内容に含まれているが全面的に受け入れられたわけではない。民団としては今後とも全面妥結をみるまで、要求貫徹運動をつづけるが、仮調印された合意事項にももられていない点などと併せて、われわれの要求事項が韓日会談でどのように反映されたかを項目別にみてみよう。

(一) 永住権の範囲(協定上の永住権の範囲)

イ、一九四五年八月十五日以前から引き続き日本国に居住する者。

ロ、(イ)の直系卑属で終戦以後、両国間の協定発効五年以内に日本国で出生し引き続き居住する者。

ハ、(イ)および(ロ)の子で…

人事発令

(三月三十日付)

総務局長	朴炳憲
〃次長	林虎根
組織局長	朴太煥
〃次長	李鍾舜
〃次長	姜錫憲
文教局長	卞周浩
民生局長	申灝
〃次長	李仁炯
宣伝局長	李現坤
〃次長	孫秀祺
韓国新聞編集次長	宋永敬
財政局長(兼)	朴炳憲
文教委員長	陳斗鉉
宣伝委員長	李金龍
組織委員	権赫斗

53

法的地位の未解決点
継続協議として
「合意事項に仮調印」

韓日会談は第七次本会談の再開とともに急速に妥結の気運がたかまり二月二〇日の基本条約の仮調印を皮きりに四月三日には、"請求権"、"漁業問題"、"法的地位"などの三懸案が仮調印され、三懸案のうち最もわれわれ在日僑胞に関連の深い"法的地位"に関しては、民団の強い要求もあって李長官は滞日スケジュールを延長してまで、この問題を慎重に審議し、在日僑胞の永住権については協定発効の日から五年以内に生れた者の子まで、協定上の永住権を賦与することに合意をみた。処遇問題と戦後入国者の問題に関しては本調印まで継続協議することになっている。三懸案の合意内容は次の通り。

三懸案合意事項全文

在日僑胞の処遇

①請求権法的地位に仮調印する韓日両国代表

請求権と経済協力

三懸案の仮調印を終えて

駐日特命全権大使　金東祚

李長官を迎え空港で歓迎辞を述べる椎名外相

②仮調印を終え李左車右両長官帰国の途へ

漁業問題

【6】沿岸漁業に従事する漁船の自主規制について

【9】共同資源調査水域について

主張

日本は人道的見地でのぞめ
60万は友好のかけはし

李長官、儀仗隊の栄誉礼を受ける

韓日会談妥結の使命を帯びて去る三月二十三日、羽田空港に到着した李東元外務部長官は、椎名外相をはじめ日本政府高官、ライシャワー駐日米大使、権逸中央団長、朴玄中央議長ら多数の出迎えを受けたが、この日、羽田空港には自……大任に相応しい歓迎であるといえよう。

なお、李長官の滞日中の日程は次の通り。

三月二十三日　午後六時十分着ノースウェスト機にてアメリカより来日。

座談会　在日僑胞の法的地位をめぐって

"要求貫徹運動を強化"
日本側の理解促そう

声明書も見ました。法的地位問題は全般的に満足とはいえません。特に、処遇問題および戦後入国者問題に関しては、三月二十六日ごろから一段と強力にわが代表団にも要請しましたが、結局具体的要求を見ることなく、あのような共同声明になったので、いささかガッカリしている次第です。

司会　永住権の範囲は、われわれの要求したのと隔りがありますか？

張　隔りがあります。終戦前より継続して居住しているもの、そして協定後五年までに出生した者およびこの人たちの子となっているが、子子孫孫まで主張してきたわれわれの要求とは大分かけ離れているわけです。その後のことは二十五年以内に更に協議するというが、どのような保証をしてくれるか問題があると思います。

子々孫々に永住権を！

司会　二十五年後に協議するのが有利に展開するかどうかという点を鄭哲さんからどうぞ。

鄭（哲）　今度の合意事項にわれわれが得たものは極めて少ないので、遺憾に思う。仮調印に至るを要求するのに日本側はあくまで子の代で打ち切ろうとしたので、とにかくこの子々孫々を重点的にやった。処遇問題は日本の国内問題だから任せてくれという態度が強かったようだ。社会保障問題に対しては双方とも研究不足の感があったが、われわれの七項の要求は日本側に強く要求してきた。

大統領に直接陳情

司会　要求事項の陳情で本国での事情を聞かせてくれれば……。

鄭（炯）　仮調印が三月中にできるものと予測して貫徹運動をやってきたが、仮調印の瞬間までも働きかけるという立場でこれを仮調印に反映させるには、大統領に直接要請してわれわれの要求を貫徹させるために三月二十三日に本国に向った。大統領も法的地位や処遇問題が重大なことであることを知っていた。われわれの要求を訓令して欲しいという要請に対して快よく約束を交わし、外務部次官をして更に訓令させたのである。その時、日本では外務部長官が公賓の立場を辞退してまで法的地位を強力に押した。勿論これは日本での「民団のツキアゲ」のた衆運動と、反面日本側の政・財界有力筋にも強く働きかけたところ、処遇問題は内国民待遇を主張してなかなか煮詰らなかった。世間ではすべて煮詰まっているようにいわれたが、実は李外務部長官が来て仮調印の前日でも諸問題は充分に煮つまらなかったといえよう。われわれの陳情運動は最後のぎりぎりまでそれこそ李長官が疲労で倒れるほどまで昼夜兼行で努力した。権団長はじめ各主務幹事は会談中は殆んど眠れなかった位に！…。それで新聞が民団のツキ上げとまでいったんだと思う。

逸脱した韓青・韓学同

司会　韓青や韓学同の動向が新聞などに取り上げられて心配のむきも多いが……。

金（八）　彼らの運動が民団の基本方針から逸脱しないよう再三勧告したにも拘らず、無軌道な結果に陥ったことは民団の将来から見て残念に思う。私はわれわれの力を結集して運動に臨もうと指導したが、要求内容にかこつけて韓日会談自体を批判ないし、反対するような結果になったことは非常に残念なことであると思う。

要求貫徹めざしてデモ行進

これからは韓国人としてのプライドを持っていくべきだ。処遇問題は過大視するほどのことじゃない。現に差別のなかでも結構生活をしているのだから問題はわれわれの相互扶助のあり方ではなかろうか。

金（英）　民団の規範からはみ出るような一部の動きに対しては甚だ遺憾に思うが、併し、一つ強く訴えたいことは、この日本でもっと住んでいてくれといわれても"いや本国に帰る"という日が一日も早くくるのを期待したい。

張　外国人となるのに日本人の待遇をしてくれというのは問題だと笑い話に日本側はいっている。それがゆえあることは認めながらも……。

鄭（哲）　人道的に当然な権利の要求だ。

司会　財産の搬出はどうなっていますか。

金（英）　すべて持って行かれます。方法として、日本側は五千ドルとし、残り預金は五年間に分割持帰りに対し、本国は一万ドルを要求している。勿論、これは現金だけの場合だ。が、家財、職業用具携帯物個人のものならプラントでも持っていかれるから心配ないだろう。

両国間のかけ橋に

司会　これからの運動のあり方について。

金（八）　仮調印が終った現在までを反省してみるとまず幹事委員らの勉強不足と会談代表らの在日韓僑の事情にうとかったこと三つ目は日本当局の在日韓国人に対する認識が欠けていたばかりでなく、理解をたりなかった。これらの運動は、日本側の指導者およびの一般に広く在日韓国人の歴史的な由来と、その実情に対する認識を深めることに努め、親しめる韓国人になることが先務だと思う。

鄭（哲）　このような運動が敵対陣営などのために時間にも余裕がなかったが会談（外相）の末期にあっては所謂、ツキあげがアップされたことが、これからの運動に大きな力となろうから後はカケ橋的なムードを作って、日本国内の理解を深めるようにしなければならないことを強調したい。その点でもわが民団は新しい段階に入ったといわねばならない。

司会　よい意見を聞かせてくれましてどうもありがとうございました。

中央民衆大会に参集した五千余の僑胞（日比谷公会堂）

本国政府へ陳情団派遣
尹致夏中央監察委員長を団長に

る"旨を約された。

同陳情団は、陳情内容が東京で開かれている外相会談に反映されるよう韓国側代表に再訓令されることを要請して、二十八日、無事帰日した。

今度の同陳情団による本国政府ならびに朴大統領への陳情は、法的地位問題が東京で、韓日両国外相によって論議されているさ中になされたものだけに、時期的にも大いに効果があったといえよう。

なお、同陳情団の顔ぶれは、尹致夏、金光男、李裕天、鄭炯和、金信三、李熙、李鍾良、郭乙徳の九氏。

去る四月三日、仮調印をみた、法的地位、即わち、永住権の賦与範囲および退去強制事由と並びに、処遇問題等にあって、民団は日本側の無理解に対し、遺憾の意を表明したが、特に戦後入国者問題及び処遇問題について、なおも、継続して要求貫徹運動を展開している法的地位対策委員会の、その間の経過をたどって見よう。

去る二月の中央委員会の承認を得て、民団基本精神である韓日会談妥結の線に沿って、凡ゆる力を総結集して"法的地位及び処遇問題に関する要求貫徹運動"のために、日夜奔走して、本国政府要路並びに本国代表団は勿論のこと、日本政府並びに国会要路、そしてまた一般大衆にいたるまで、われわれの要求事項を理解させるために奮闘努力を重ねている。

三月二十七日夜❶永住権の範囲❷退去強制事由の二点が合意に達したとき、各新聞は"日本側の大きな譲歩"と報って、これを"民団のツキ上げ"によるとまで、報道されたように、わが法対委は、再三再四、本国代表団に要請を重ね、大統領に直接陳情団を送って実情を訴える等の努力を重ねてきた。

李東元外務部長官は公賓の立場をかえてまで、処遇問題と戦後入国者問題の解決を許って、帰国予定を延ばされたことは、李長官の愛族心のあらわれであるばかりでなく、本国政府も在日僑胞問題について、重大な関心をもっていたといわなければならない。

たとえ、民団の法対委がいくら強く働きかけたとしても、新聞各紙がいう"民団のツキ上げ"という本国政府を軽視したような論議は甘受できないまでも、これ程までに、一般の関心と与論を高めた法対委のねばり強い動きかけは民団史上永く記録されることであろう。

要求貫徹に拍車　法対委の足どり

一九六四年十二月五日
全国団長会議の勧告により権団長の責任のもと、法対委の再発足を決定。

十二月十八日
中央本部で三機関及び有志が参席して、法対委々員を選出。

委員長　権逸
委員　朴玄　尹致夏　鄭炯和　張聡明　金正柱　金英俊　呉允台　朴根世　金今石　李熙健　許弼奭　鄭哲　安八竜　金八雄　呉世経　李根馥　文圭鎬　金己哲　金世基　鄭煥禧　金寛植
幹事委員　文圭準　金正一　張聡明　金正柱　金己哲　金英俊　金今石　文圭鎬　金八雄

十二月二十二日
第一回総会
会の運営は、幹事会に一任し、主務幹事を金正柱委員に決定。事務所は中央本部議長室を臨時に使用する。午後より第一回幹事会を開く。

十二月二十四日
第二回幹事委員会を中央本部で開く。❶要求事項試案に対する検討❷第三回幹事委員会を十二月二十日に開く。❸総会も併わせ同日に開くことを決定。

十二月二十五日
第三回幹事委員会
❶実施活動において日本官民にアッピールする体制を整えるため、全国地区協議会を早急に開いて、その説明と陳情を行なうようにする。❷地協召集においては、組総元老経済人、言論人も含める。❸地協は関東、東北を一区とし、近畿、中北、四国を二区とし、中国、九州を三区として、早急に遊説に出る。

十二月二十八日
第四回幹事委員会
代表部方公使を訪れ、政務課長同席のもとに❶条約を起点とする件❷在留資格取得者に永住権賦与の件❸特別要求事項の件等について強く要請した。

同日　第二回総会を開く。
本国政府に対する要求事項決定。

十二月二十九日
第五回幹事委員会
要求事項の表現語句を修正して、翌三十日夜、外務部長官面接のとき手交することとする。金幹事羽田空港に出迎えることとする。

十二月三〇日

十二月三十一日
権逸委員長本国に帰国、本国政府に陳情のため。

一九六五年一月九日
金正柱主務幹事本国政府に陳情のため帰国。

一月十一日
本国に入国した権逸委員長、金正柱主務幹事同行で政府各機関を訪問民団の要求事項について詳細な説明をする。

一月十二日
本国政府代表団と協議、閣議で訓令案協議。

一月十三日
本国代表団と事前協議、閣議で訓令案作成。

一月十五日
権逸委員長帰団する。金正柱主務幹事は残留して各政党側及び言論人に接触。

一月二〇日
第六回幹事委員会
高杉発言の真相を調査。

二月九日
第三回中央委員会で法対委承認される。

二月十八日
第三回総会
第三回中央委員会の委嘱により、委員の追加及び要求書に対する注文と今後の運動推進に関する打合わせをする。

京都の召集令状 デッチあげ真相

在外僑胞に適用されない

…するとともに、今後とも朝総連の欺瞞策に陥入らないよう警戒心を促した。

召集令状を受けたといっているものは、京都に居住する朝総連に属する、日本出生の十九才になる二世青年が韓国から召集令状を受けとったとして、朝総連京都本部では、これを日本新聞に、まことしやかに流したものである。

民団中央本部は、事実無根であることを常識的に判断したが、その真相を確めるため、ただちに駐日代表部を通じて照会したところ、本国政府から回答がきて偽造事実であることが判明したので満天下のひんしゅくをかっている。

その偽造事実とは

一、韓国兵役法第四十七条の規定により、海外に居住するものは兵役を免除するとしている。

二、韓国では海外同胞にこのような令状を発送した前例がない。

三、十九才の二世青年は本国戸籍に記入されていない。（理由は、朝総連員は本国に戸籍（出生届）…

韓日国交正常化を妨害する 朝総連の"デマ"、"スパイ"横行

韓日会談妥結ムードを見て、朝総連は最後のあがきを露骨に見せ始めた。先ず、徴兵令書の偽造、次いで白昼公然民団にと不法侵入をしてきたスパイ活動、さらにまた車長官に偽名の抗議文を飛ばす野蛮さ、それに、元朝総連幹部などを強制的に北送計画した事実、彼等朝総連のしぐさを一々伝えようとするには枚挙に…

北送を強制され 朝総連から脱退

終戦後民青香川県本部の委員長にはじまり、朝総連香川県本部の総務部長まで二十余年間、朝総連の積極分子として働いてきた金哲民は（香川県高松市北浜町三…

〔二〕血も涙もない朝総連にいままで利用され、だまされてきたことを悟り、このほど自らの良心にしたがい民団に加入した。同氏は民団への加入にさきがけ朝総連を脱退する声明書を発表したが、その中で同氏は朝総連の組織の中には日本政府の強制退去命令より恐ろしい北からの強制帰国命令なるものが厳然と存在し、それに応じない場合は、無実の汚名を着せ、組織を総動員して同人を中傷謀略する一方、デッチ上げによって一挙に同人の親子家族らを葬り去るという恐ろしい現実があることを暴露した。ちなみに同氏が朝総連を脱退する時発表した声明書を要約して紹介すると次の通り。

声明書

私は終戦後、民青香川県本部の委員長から、今日の朝総連本部総務部長として二十余年間、私の青春の大半を組織に捧げ、妻子の苦労もかえり見ず、献身…

民団幹部にばけ 車長官に抗議文

東本に侵入したスパイを逮捕

熱意こもる親切 梶山季之氏の"ソウル雑感"

離党覚悟で韓日会談支持

社会党の長谷川代議士、権団長と会見

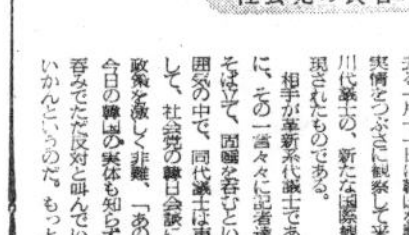

卑劣行動に新たな勇気 金致淳氏談

産業都市計画のため大邱から視察団来日

日章旗によって歓迎される韓国学生（中央）

天才棋士、川島副総裁と「碁」を手合せ

韓日会談白書（その一）

一、総論

一、国際権益の実現

二、国交正常化の回復

三、自由陣営の結束

四、積極外交政策の実現

五、急変する多角的な経済協力関係の樹立

二、基本関係

（次号に続く）

韓日会談白書

大韓民国政府発表

1965年　　3月20日

韓國新聞

発行所 韓国新聞社
東京都文京区春日町
電話 (811) 2261～3
振替口座東京 34988番

五大綱領

一、われわれは大韓民国の国是を遵守する
一、われわれは在留同胞の民権擁護を期する
一、われわれは在留同胞の民生安定を期する
一、われわれは在留同胞の文化向上を期する
一、われわれは国際親善を期する

法的地位 要求貫徹へ追込み

最終要望案を作成

基本案をより具体化

在日韓国人の法的地位と処遇問題は去る四月三日、大筋で合意事項の仮調印を済ませたが、その後も未解決問題について韓日法的地位委員会で審議を継続中である。これら未解決問題の中には在日六〇万同胞の基本的人権と生活の安定を期する重大問題、職業権、財産権、社会保障、僑胞子弟の教育問題、財産搬出問題などをはじめ永住権賦与範囲の解決問題、戦後入国者問題、離散家族の救済問題など、どの一つを取りあげてみてもわれわれ在日同胞にとって決しておろそかにすることのできない重要問題が含まれている。在日僑胞の権利擁護機関である居留民団としては、これらの諸問題を確保保障させるため、最後の追込みをかけている。民団法的地位対策委員会が最終的な要求案として本国政府、駐日代表部等に提出している要望内容をここで総ざらいしてみよう。

民団中央本部で開かれた法的地位対策委員会

処遇問題

職業権・財産権

永住権・一般永住権

教育問題

帰国者の財産搬出問題

特別要望事項

四分科委員会設け討議

両国永遠の友好を

高杉代表、本紙へメッセージ

私は韓国新聞を通じ在日韓国民の皆様にご挨拶を申し上げることを欣快に存じます。

先般の李外務部長官と椎名外務大臣の来日を契機として請求権問題および経済協力、在日韓国人の待遇、漁業の三案件についての合意事項にイニシャルが行なわれました。かくして、十四年におよぶ日韓交渉は大詰に近づいてきました。地理的に近接し、歴史的にも文化的にも極めて緊密な関係をもってきた日韓両国が国交を正常化し、よってもって両国民間の友好関係を樹立し、相協力して行く道が開かれるようになりましたことは、誠に御同慶の至りであり、両国民間のこのような友好と協力の関係を発展させる基礎は両国民の深い心の繋りがなければなりません。この国で、在日韓国民の果される役割は極めて大切であると思います。

私はこの機会に、在日韓国人

朴大統領へ再び陳情

権団長ら一行帰国

本国へ出発する権団長ら一行

経済協力で誠意示す

訪韓の土光団長帰日談

土光 団長

第四回臨時中央委を召集

朴玄中央議長は、規約第十八条により次のように第四回臨時中央委員会召集の公告を発した。

記

一、日時　一九六五年　五月七日　午前十時
一、場所　長谷ビル第一会議室 (千代田区大手町)
　　TEL 二七九—〇三一一
一、議題　韓日会談仮調印にともなう在日僑胞の法的地位と処遇問題に関する民団の今後の方向

四・一九精神を受け継ぎ学究に専念せよ

朴大統領四・一九記念辞

五周年を迎える四・一九革命記念式典が四月二十九日、李孝祥国会議長、丁一権国務総理、趙鎮満大法院長、尹致暎ソウル特別市々長、四・一九家族および多数の市民が参席、ソウル市民会館で厳粛に行なわれた。

この日、朴正煕大統領は「秩序と安定のないところに建設を論じえず、また、混乱と危機意識の充満しているところに増産と輸出を云々することはできない」と強調しながら「学生が何にかと政治家の役割を代行しようとする執念がなくならない限り、この国に民主主義を期待することはできない」と四・一九義挙五周年記念式典に送った記念辞(丁総理代読)を通して訴えた。朴大統領の記念辞に続いて李議長ら多数の人士の記念あいさつがあり、この式典に参加した多数の市民は、不正と腐敗を打ち倒すために先頭に立って闘い倒れていった四月の英雄たちの冥福を祈り、この日の式典を終えた。

▽朴大統領記念辞

親愛なる学生および愛国市民の皆さん！

今日、四・一九義挙五周年記念式典を迎えるにあたり、私は国民の皆さんとともに、五年前のこの日、民主革命のため正義の闘争で尊い生命を献げた英霊たちの冥福を祈るものであります。若い学徒の愛国衷情と不屈の闘争でもたらされた四・一九義挙はまさにこの国の民主主義史上、不滅の金字塔といわなければなりません。不正と不法、暴力の巨木が根幹から除去され、十二年独裁の牙城が倒されていくその日、われわれは韓国の民主主義が蘇生され、健全な発展が芽ばえていくことであろうことを力強く感じたのであります。

まさに個人独裁に対する国民的抵抗権の勝利としての四・一九であったからこそ、それはこの国の民主的発展の堅固な土台となったのであり、圧制に対する自由の凱歌であったからこそ四・一九は国民的闘争で専制による腐敗の可能性を永遠になくすことができたのであります。

四・一九義挙で国内的には国民がまさに国の主人公であるという民権思想の高揚によって民主政体の運営に対する自信と希

主張　日本の良識に訴える
—在日韓国人の処遇問題について—

韓日会談は韓日両国の積極的な努力によって急速に妥結の気運が高まっている。わが居留民団としては両国の国交正常化を願い早期妥結を主張してきたが、しかし、在日六十万同胞の基本的権利である居住権と社会保障の問題については、日本側は正しい理解と深い反省に欠き、誤った認識にもとづいて安易な事務的処理に終始せんとする態度にわれわれは強く不満を表明するものである。

われわれ六十万同胞が戦後日本に定着するようになった原因については、機会ある毎に述べてきたが、過去の日本植民地政策の要求に依る労働要員として、または軍事政策の強行による戦力として故国を離れて日本に渡って来たものである。

先般、日本の椎名外相が韓国を訪れて"不幸な過去に対して深く反省する"と、戦後はじめて日本国の公式謝罪があったのを契機に韓日会談は妥結の気運が一層促進されて来たことをよろこぶものであるが、在日六十万の処遇問題に関する無理解には、われわれの忍耐と寛容にも限度があるものである。在日同胞の由来を考慮に入れるとき、あまりにも冷たんな日本側の態度に対して文化国家としての良識を疑うばかりでなく、ときには激しいいきどおりさえおぼえる。われわれは好むと好まざるとにかかわらず戦前は内鮮一体の同化政策を強要され、終戦とともに豹変した日本は無責任にもわれわれに対し一片のあいさつさえなく、非日本人とか第三国人などと、何等の対策も考慮されることなく放置されながらもわれわれ在日同胞は、不安定な環境のなかで一家を形成して子女の教育につとめるなどまじめな社会人として納税其他の社会的義務においては日本人一般と何等異るところなくその義務を果し今日まで生活を営んできたのである。

今次、仮調印をみた処遇問題に関する合意事項には、終戦前から継続居住者または協定発効後五年内に生れた子の代まで永住権を賦与するとされているが、われわれは子子孫孫に至るまで永住権の賦与を終始要求してきたが、それが認められなかったばかりでなく、社会保障問題の要求に関しては誠意に欠け、日本側の人道的な良識と責任の観念がみられなかったのでわれわれは不信と失望を禁じ得ないところである。

われわれ社会的義務を同じくする永住権者が要求している社会保障とは、失業や疾病や災害による所得が中断された場合、または老令や働き手の死亡による所得の永久的喪失の場合、さらにまた出産その他の例外的な支出の場合に対して「一定所得の保障」を内国民待遇という当然の要求をしているに過ぎない。

早期妥結 70%が賛成
韓国公報部で世論調査

本国政府公報部の……名のうちその六九・八%が賛成意見を表明した。

……方針が正しい十一・九%、わからない三九・五%、無回答一・五%
△韓日基本条約＝満足二二・九%、大体満足三一・九%、わからない十七%、多少不満五・九%、無回答一・五%

学生の指導を強化
全国文教部長会議開く

在日僑胞子弟に対する民族教育の推進問題は、以前から組織強化の一環事業として論議されてきたが、韓日会談の全面妥結を前にいよいよ具体化の見通しが濃くなってきた。このやさき民団中央文教局では、去る四月二十一日、はじめて全国文教部長会議を招集、民族教育の普及強化、奨学生の取扱、僑胞の母国訪問学生団の派遣問題などについて長時間にわたり、真剣な討議をしたがこのなかで学生に対する指導をより強化するとともに、各民族学園との系列化が教育財団の設立をまえに急務であることが強調された。

率直にいって、いま民団傘下の民族教育実施状況は、朝総連の所謂赤色洗脳化教育と比較するとき大きなひらきがある。民団では、この実状から日本における真の民主的民族教育を普及強化するよう呼びかけるとともに民団の要望申請でも明らかにしているように本国政府に積極的な支援を要請した。

すでに、各主要都市では教育文化センターなどが設けられて各種講習会など活発な動きを示してはいるが、より抜本的文教策を講ずるため、四月二十一日の第一回文教部長会議では、当面の問題として

一、既存民族学園に対する育成強化策
二、民団組織と各学園の連絡強化の問題
三、各地域毎に開催される講習内容の充実化と強化策
四、各種学術研究会の指導育成問題
五、奨学同に対する指導対策
六、今年度奨学生の募集要領
七、進学生の指導
八、夏期学生母国訪問計画
九、教育文化センターに対する問題などについて対策を練ったが

この会議の席上、金英俊中央事務総長は"過去の民団文教事業の欠陥を反省し、民族教育の実施に重点を置いて、在日僑胞の出資と本国政府の補助による教育財団の設……

中央本部で開かれた全国文教部長会議

……題と取組んで民団の飛躍的発展を期さなくてはならないと考えたからだ"と強い意志が表明され、また、今度、新任した朴周香中央文教局長は、"私のみたところ、今までの文教活動は分散的な傾向にあったようだ、今後は民団事業の主軸として、これを一元化し強力な体制を布かなくてはならないと思う。

そして、この事業は中央からの天くだり式ではなく地方からの盛りあがりによるものにしなくてはならない"と新任の抱負を披瀝した。

そして、各県本部文教部長らの活発な意見もあって、❶早急に教育委員会を構成して、僑胞二世教育を全般的に整備強化する。❷夏期休暇を利用して例年の学生母国訪問団を派遣するが、人員配定は近畿地協管下から二百名、東京地区から四十名、その他の県から六十名を選出して行なう。❸今年度奨学会給付生の募集については六四年度卒業生六〇名を補充する。❹朝鮮奨学会から給付を受ける奨学生については、各県本部でこれを受付け、これを中央が一括して書類提出し、奨学金の支給も組織を通して行なう。❺学生の指導を強化するとともに一部地域の民団有志による運動を注視して対備策を確立する。❻教育文化センターの性格を明確にさせ公報宣伝活動に専念させるようにする。❼民団の基本方針から逸脱した一部過激学生に対しては、本国訪問の参加から除外するという結論をみ、この線にそってただちに実施することを決定した。

なお、夏期学生母国訪問団の実施計画は次のとおり。

一、応募期間
五月五日〜五月二十五日
二、旅券、外貨等の手続
六月五日〜八月五日
三、出発
八月十日（予定）
四、本国滞在日程
団体行動〜約一週間
五、経費（個人負担）
約三万六千円（旅費、宿泊費含む）

なおこの日の出席者はつぎのとおり。

第一回文教部会議出席者
金権守（東本文教部長）
金振玉（大阪同）
金炳輔（愛知同）
姜泰州（神奈川同）
金明均（兵庫同）
卞周浩（中央文教局長）
陳斗鉉（中央文教委員長）

民団組織の侵透画策
朝総連中央委で決定

韓日会談の妥結が決定的とみた北韓傀儡徒党の走狗朝総連は、会談妥結を反対していわゆる第七期三次中央委員会で韓日会談反対の秘密工作を討議した。このなかで彼らはみずからの組織を守り、効果をあげるため民団傘下の韓青、韓学同および革新系分子を会談反対運動の矢面に立たせることにした。そして、今もなお卑劣な手段によって韓日会談の反対と在日僑胞の本国との結びつきを阻む運動を展開している。

北韓傀儡の走狗朝総連は、去る三月十九・二〇日の両日にかけ、東京・千代田の朝鮮会館において、第七期三次中央委員会なるものを開催したが、この会合で韓日会談の反対運動をつぎのように展開するかを決めた。当日の会合には朝総連の中央委員（定員百七十四名）百六十二名が参加して、主要議題……

❶韓国の統一問題に関する"合法運動"と❷韓日会談反対の"非合法運動"を討議した。この討議の結論として統一問題に関する"合法運動"については、今年一月四日付で発表された金日成の論文（これはワシントンに在住する朝鮮問題研究所長金竜中の統一論に対する質問書の回答として発表されたもの）の内容を今後の一事業の方針と定め、この線にそって運動を推進することを決定……ついては韓国に対する所謂"対南工作"とともに当面の運動方針として❶日本の革新勢力（社会党……

不法団体と規定
政府、反闘委を重視

本国政府は十七日国務委員懇談会を開き最近ひんぱんに行なわれている野党連合の一連の韓日会談反対運動おけるの焼打事件等を暴力化した点を重視、これらの運動は一種の民衆蜂起を煽動する行為であり、このような「対日屈辱闘委」は不法団体と規定し、今後、このような不法団体に対しては法に基づく強力な取り締まりをすると決定した。

最近韓日両国間に国交正常化の気運が急速に高まるにつれて野党を中心とする「対日屈辱外交反対汎国民闘争委員会」は去る三月から韓日会談反対の全国遊説を行なってきた。このような動きとともに四月十三日からソウル市内の学生たちが、韓日会談反対の過激な動きをみせはじめ、十五日は、高麗大をはじめとする一部の学生が警官隊と衝突し乱闘状態となった。

この日、学生らはいったん警官隊によって解散させられたが、再び二百人に近い学生たちが東大門附近に集合、はげしいジグザク・デモに移り社会不安を助長させるような動きをみせはじめた。

一方この日学生たちの動きをみまもってきた文教部長官は多発するデモにそなえて「各大学は学長の裁量で休校することも考えられる」と発言学生の本分を逸脱した過激な動きに対し警告を発した。

共和党も日議員総会を開き学生デモに対する対策を協議した。その結果、共和党は、韓日関係の正式調印まで韓国側の利益に最善の努力をするよう政府に要求する。❷この是非は国会内で民主主義のルールを守って決める。❸学生の動きは代議政治を否定するもので、この学生たちは行きすぎた行動に加担しないよう要求する、などを申合わせた。

十六日も前日に引き続き高麗、延世、東国、建国の各大学生と警官隊との衝突で双方に二百人余りの重軽傷者を出した。学生たちはパトカーを破壊トラックや警備などを奪いこれまでにない大乱闘ぶりであった。このような乱闘状態で軍はヘリコプター、軽飛行機各一機を飛ばして学生たちに"理性"にかえるよう訴えた。韓日会談に反対する動きは十七日もさらに悪化、ついに一部デモ隊による警察の派出所占拠によって一層険悪な事態となった。この日午前の高校生のデモに続いて、午後野党主催の「屈辱外交反対市民決起大会」が開かれ、そのあとの流れデモ隊と警官隊がソウル駅前一帯で激突、約二時間にわたり駅前は大混乱に陥った。このデモに参加した五百人余りの青年党員らは、すきに乗じてソウル駅の警察派出所をおそい、これを占領してメチャクチャに破壊し、また消防車一台を奪って、駅前広場電車通りにかけつけた警官隊千五百人と衝突、市街戦さながらの乱闘ぶりをくりひろげた。デモ隊は警官隊に投石、近くの南大門警察署の窓ガラスや……

愛知県東中支部落成

落成をみた愛知県東中支部

韓日会談白書

58

各県本部で一せいに定期大会

文圭準団長再選さる
福岡県本部大会ひらく

四月に入り民団各地方県本部の定期大会が全国各地で行なわれた。各県本部の定…もっとも強い関心をよせている韓日会談の特に法的地位問題についての討議に重点が…せようと申合わせた。

文圭準団長

四月二十四日福岡市明治生命会館で開かれた第二六回福岡県本部定期大会は、民団中央金英俊事務総長、…

…させた文圭準団長が再び団長に選ばれたことは、全団員の熱烈なる愛団心の現われであろう。

国民儀礼に始まり、三機関長の挨拶、次に来賓祝辞で中央金英俊事務総長は「地理的にも本国に近くオリンピックの観光団発着地でもあった関係上多くの本国同胞と接した機会で、他県よりも飛躍発展をみたし、また本国訪問団がここから出発するのでなお意義深い…

活動方針案など採択
山口県本部大会

団長　文圭準

新団長に田連寿氏
北海道本部も役員改選

団長に朴天石氏
佐賀県本部

法対委運動を協議
近畿地区協議会開く

金世鎬氏を再任
青森県本部

法的地位問題を説明

蔡桂重団長

新団長に権保根氏
宮城県本部

団長に宋性鶴氏
静岡本部

団長に朴尚培氏
広島本部役員を改選

手形交換組合11に
商銀、日増しに発展

続々と新規入団者
韓日国交正常化を前に

中堅幹部養成のため本国派遣実施

金正一氏団長に重任
香川県本部

玄在鶴氏新団長に

金在福先生永眠

59

郷土訪問団派遣へ

実施要領を決定

民生局 年間五千名を予定

民団中央民生局では第三回中央委員会に提出された民団の当面活動方針案、第四項「郷土訪問団派遣」に関する決議に基づき、つぎの要領にしたがって「在日僑胞郷土訪問団派遣業務を成功裡に推進するためにその具体案を発表した。各地方本部は第一陣希望者（慶南、釜山を含む）を募集し、十五月日まで希望名簿を中央民生局に提出されるよう要請している。

在日僑胞郷土訪問団派遣事業実施要領

❶目的＝毎年、各種名目で母国に派遣されている使節団は、民団中央、地方本部で相当数に達しており、この訪問団によって祖国に対する認識、特に対朝総連工作におよぼす成果は非常に大きい。民団中央ではこのような成果をより具体化し、この事業を計画性のある年間事業として発展させるとともに在日僑胞が郷土を訪問することによって郷土愛の精神をたかめ、郷土開発と国家経済再建に寄与させると同時に家族親知間の相互扶助の精神を培養させることを目的としている。

❷派遣予定人員数＝全国年間、五千名程度

❸期日および人員配定＝第一陣～七月出発、五百名（慶南、釜山を含む）、第二陣～九月出発、千名（慶北）、第三陣～十一月出発、千二百名（慶南、釜山を含む五百名、全南、七百名）、第四陣～一九六六年一月出発、千百名（済州、六百名、全北、五百名）、第五陣、一九六六年三月出発、千名（京畿、ソウルおよび北韓出身者、四百名、忠清、三百名、江原、二百名、黄海、百名）

(3) 訪問団の構成方法＝❶本国各道出身地別に訪問団を構成する

"韓国慈善院に絵本"

ことぶき社長 帯刀さんが贈る

帯刀 社長

修道士のような選手団

ユーゴでも隔絶される

韓国女性国劇団 大阪本部で招く

徴兵問題など説明

三多摩本部で野遊会

韓日親善芸能団が来日

ソウルオールスターズ

尋ね人

白年雪歌手

医事教室

40腰と50肩について

八田イズムの決定版！

人間の生き方には二つのタイプがある。一つは金メダル目標という大きな目標。一つは家庭中心のマイホーム型である。さて、あなたはいずれを選ぶべきか？

八田一朗著 **勝負根性**

実業之日本社刊・¥220

論壇

組織の団結と強化をもって朝総連の陰謀を粉砕しよう

中央副団長 鄭烱和

関西地区のデッチアゲ事件

朝総連の動きと劇場を前にして

法律相談

在日韓国人の場合

韓国料理

焼・肉・三題

大皿にしたしまれている焼肉

60

韓國新聞

発行所
韓国新聞社
発行人　権　逸
編集人　李　現　坤
東京都文京区春日町
2丁目20−13
電話(813) 2261〜3 編集
(812) 0673 業務
振替口座東京 34988番

五大綱領
一、われわれは　大韓民国の国是を遵守する
一、われわれは　在留同胞の民生安定を期する
一、われわれは　在留同胞の民権擁護を期する
一、われわれは　在留同胞の文化向上を期する
一、われわれは　国際親善を期する

第4次臨時中央委開かる

要求、最大限に反映

会談への態度を再確認

組織の整備強化も

第四回臨時中央委のもよう

外務、国防長官が声明

悪質な虚偽宣伝

僑胞の徴兵ありえぬ

本国政府では去る五月三日、海外居留民の兵役に関して李東元外務、金聖恩国防両長官の名で共同声明を発表した。これは朝総連など一部不純分子の韓日会談に反対するためのデッチ上げによって一部日本の新聞にも在日韓国人の徴兵令状事件として報道されたものであるが、この声明で在日韓国人の徴兵問題は朝総連の韓日会談反対のための悪意にみちた虚偽宣伝であることがなお一層明らかにされた。李外務、金国防両長官の海外僑胞に対する兵役政策に関する声明はつぎのとおりである。

韓日会談の全面妥結が最終段階を迎えている今日、日本で発刊されている一部新聞で、あたかも韓国政府が在日僑胞に徴兵通令者に強制徴集するかのように報道され、在日僑胞に誤解と不安感を抱かせているが、これは朝総連をはじめ一部不純勢力の悪意にみちたデッチあげによるもので、善良な僑胞は、このような欺瞞にまどわされないよう、政府の兵役政策を明らかにする。

一、海外に居住する僑胞に対しては法律の定めるところによって海外に居住する期間は軍務の服務が猶予されるのみならずこの人たちには事実上、徴兵を施行した例もなく今後もありえない。

一、特に在日僑胞は韓日会談に反対する日本国内の朝総連系の不純勢力によって造作された悪宣伝にまどわされないよう(?)留意するよう願うものである。

不純分子の浸透防げ

金駐日大使　祝辞で強調

金東祚駐日大使は第四回臨時中央委員会に祝辞をよせた。同祝辞は金在淑公使によって代読された。

民団第四回臨時中央委員会に参席した中央委員の皆さん！

本国は今年を"働く年"と定め全国民が国家建設のために一致団結して意欲的にあらゆる建設事業に参加しています。

わが民団も権逸中央団長が就任時からの信条としている"仕事をする民団"の呼びかけに応じて民団の発展のために昼夜を問わず…

…中央委員の皆さん！

この一年は希望と意欲にみちた一年であり、わが三千万民族は今年こそ新しい民族史を創造する年としてゆるぎない決意のもとに前進しているのであります。…

分派行動許せぬ

権団長があいさつ

組織強化を強調

権団長記者会見　分派行動を戒め

記者団と会見する権団長(中央)

採択された決議・声明

組織整備強化に関する決議文

わが組織に要請されている重大な使命を完遂するためには組織が強化され、その運営の円滑化がはかられなければならない。そのためにはまず上下を通じて組織の基本原則を遵守し相互の連繋を緊密にしなければならないことは勿論のこと傘下各機関が規律を厳守し組織の精神をかためなければならないことは組織上の原則である。

それにも拘らず現在、わが民団をとりまく対内対外の現実を直視するときわれわれが反省しなければならない幾多の事例が続行している事実を認めざるをえないのである。

対外的には共産主義を終始目的とする敵対陣営が、民主反共を国是とするわが陣営内部に分裂と混乱をもたらすための破壊工作を有形無形に推進しようとしている。

このような悪質な外部勢力の挑戦に対し対内結束を一層強化しなければならないにも拘らず一部においてはかえって大局的理念を無視した…分派勢力が組織内部に…民団の強化と発展を阻害する要素になっている。

われわれはこれ以上、これを黙視することはできない事態に至っており、われわれは今こそこのような禍根を根本的に除去しなければならない。

われわれは組織を守り、わが陣営を強化するために組織人に課されている重大な任務を遂行することを誓うと同時にこのような敵対勢力と連繋し組織体系の破壊と…分派勢力をつくり利敵行為を行なっている者あるいは私的感情で組織の秩序を紊乱する者に対して当然の制裁を加えなければならない。

一九六五年五月七日

在日大韓民国居留民団 第四回臨時中央委員会

韓日会談仮調印に対する声明書

十四年間にわたって韓日間の懸案となっていた韓日会談は、第七次会談の開催にともない去る二月日本国椎名悦三郎外相の訪韓によって韓日基本条約に仮調印するようになり、三月の李東元外務部長官の来日で会談妥結への気運が両国々民の間に一段とたかまったばかりでなく…

韓日懸案必ず解決

丁総理　施設一年を語る

丁一権総理は就任一年目を迎えて去る五月十日記者会見を行ない…

主張　日本は誠意を示せ
―重ねて「処遇」について―

韓日会談は、在日六十万同胞に対する永住権問題と強制退去事由については合意に達し仮調印を済ませたが、日本に在住するものにとってもっとも基本的な問題である社会保障などの処遇問題については今後の課題として持ち越されることになった。

再言するまでもなく、在日韓国人は日本に居住し、社会的な義務は勿論のこと、まじめな一般日本市民とならんら変ることがない。

をもって臨んでいる。日本は現実的利害得失にのみ汲々としているが、わが国は半世紀にわたる耐え難い民族感情でさえ抑制し、自由主義陣営の繁栄と友好強化のため会談妥結に努力しているのである。

こうみてくると、われわれは日本に対して真に前非を悔いる誠意を求めざるを得ない。

いま韓国は反共の防波堤として総力をあげているが、日本の驚異的な復興と繁栄のかげには韓国の犠牲的役割に負うところ大なるものがある。

このような自由陣営の共同体の立場からも日本はより真摯な前向きの態度で韓日問題に取り組むべきである。

話しは戻るが、在日六十万同胞の処遇問題は決して他の外交交渉のような取引材料であしらわれるような問題ではなく、真の韓日両国の親善を促進

組織の整備と強化

法対委総括報告（全文）

民団第四回臨時中央委員会で報告された法的地位対策委員会の「在日韓国人の法的地位および処遇」は次のとおり。この報告は第二主務幹事により報告され、これを中心に活発な質疑を行なった。

日本に居住する大韓民国々民の法的地位

イ、法的地位問題とは何か

第二次世界大戦が連合国の勝利で終結したのを契機に韓国は独立したが、帰国出来ず引き続き日本国に居住することになった六〇万に達するわれわれ同胞らは法的保障面で大変不安な位置におかれることになった。

連合軍総司令部は占領初期には在日同胞らを「解放国民」として待遇したが、一九四八年六月からは同胞らを「特殊地位の国民」に規定し日本人でもなければ、確定的に日本国籍を離脱したものともみなせない一種の特殊な地位に処している国民として取扱った。

終戦以前から継続日本国に居住する在日同胞は講和条約締結時までは従来と同じ日本国籍を保有しているという立場を取ってきた日本政府も一九四七年五月に施行された外国人登録においてはこれらを「外国人」として一斉に登録を実施した。

このように時には日本人、外国人、またある時には日本人でも外国人でもないあいまいな取扱いをうけることになり、在日同胞は真に不安な状態におかれることになった。

一九五一年九月八日サンフランシスコで署名された対日平和条約が発効した時、日本はその主権を回復し、これにつれて在日同胞の地位も確定、異国の日本国内での安住と処遇を法的に保障しなければならない。

ロ、法的地位問題に対する基本方針

処遇問題及び財産搬出

民団の強化を訴える権逸中央団長

答弁する尹致夏中央監察委員長

県本部の定期大会あいつぐ

新団長に盧揚氏
埼玉本部、役員を改選

民団埼玉県本部第十八回定期大会は五月十九日農協会館で民団中央から権逸団長、黄学文監察委員、李珣坤宣伝局長、姜鏞熙組織局長ら多数の来賓と代議員九十名中七十一名が参席し、韓日会談の早期妥結と民団組織の一大躍進をもたらすという目標のもとに、開催された。

まず定期大会に先立ち第二回地方委員会が十一時から開かれ、鄭八圭団長のあいさつのあと過去一年数ヵ月にわたる活動報告が行なわれ、定期大会にきり換えた。同定期大会は午後一時から開かれ、鄭八圭団長があいさつにたち「私は公約をすべて完遂できなかったが今後は新しい執行部のもとにわが組織から派閥をなくし新執行部のもとに全団員が一致団結して組織の強化と発展のために積極的に努力して欲しい」と強調した。続いて民団中央権団長が来賓あいさつに立ち、われわれは韓日会談の成立を契機としてわれわれの内部に巣食った民団の正常な発展をはばんできた派閥争いをなくし組織整備強化をはからねばならない。特に左翼勢力は韓日会談を破壊するために対民団工作を巧妙に行なっている。このような時だけにわれわれは派閥をなくし民団の発展のために努力した功績の高い人が、団を去る時にその業績を高く評価するという友愛精神をもたなければならない。法的地位に対してわれわれがわが政府を助け日本側に理解をもとめる運動を進めなければならないと強調した。このあと黄監察委員は朝総連の民団浸透に関して、彼らは巧妙な手段と方法で団員を工作するため民団を一つの事業処とみなしている。彼らは人民労働党の指揮にしたがって韓日会談反対運動を行なっている。われわれはこのような朝総連を警戒し、民団中央の方針のもとに一致団結して進まなければならないと強調した。来賓あいさつのあと朴尚徳副議長のあいさつがあり姜鋼桂監察委員長の団務監察報告を満場一致で承認した。

引き続いて執行機関の総括報告があり、報告で強調された点は❶韓日会談促進と法的地位要求貫徹運動について、❷東京オリンピック後援事業および本国同胞招請に関する件である。また総括報告のなかで特に注目をひいた点は派閥争いの悪因習を大胆になくし新体制を確立し組織人の本来の任務を遂行するための積極的な姿勢がみられたことであった。このような積極的な姿勢は役員改選において如実にあらわれた。

このあとすぐ役員改選が行なわれ団長をはじめとする各役員は満場一致で選出された。このような全員の友愛と協助精神はかつてなかったことであり今後の同県本部の発展が期待されるとともに組織の強化として今後の範となるだろう。新役員の顔ぶれはつぎの通りである。

団長　盧揚
副団長　黄景守
副団長　呂昌得
議長　金八圭
副議長　崔允三
副議長　李根
監察委員長　姜鋼柱
委員　金鴻滋、李龍中
顧問　鄭云道
顧問　片守介
顧問　尹相昆
財政委員長、鄭云道（埼玉商銀理事長）

盧揚団長談＝組織経験が充分でない私を団長に推進し選らんで下さった皆さんの期待に答えるために最善をつくすことはもちろんでありますが同時に現時期におけるわれわれの任務と使命を充分にまっとうするためには一線組織人をはじめとする団員各位の協力と支援がなくてはなりません。

定期大会をおえ決意を表明する新役員

組織体制の確立を
熊本県本部で決議

姜秀元団長

金団長を再選
愛媛本部も開く

団長　姜秀元
副団長　金仁鎬
副団長　尹壬竜
議長　朴善敦
副議長　韓令出
副議長　金福同
監察委員長　金基俊
監察委員　李雨沢
監察委員　朴成洪
顧問　徐甲伊
顧問　金守源
顧問　金實九
顧問　金作元

朴尚甲団長再選
鳥取県本部大会

鳥取県本部定期大会は四月二十八日県本部において、中央朴太煥組織局長をはじめとする来賓多数および全代議員が参席して盛大に行なわれ、新活動方針を決定、そして役員改選にはいり、朴尚甲を団長に再選された。

役員を改選
島根本部

団長に朴士石氏
佐賀県本部

処遇貫徹へ努力
中央執行委で対策ねる

民団幹部と偽り車長官へ脅迫状
群馬朝総連幹部を逮捕

川島氏と懇談
崔大使・李裕天氏ら

川島氏（中央）と歓談する左から李裕天氏、崔大使

抑留同胞を救おう
樺太帰還者が要請

倫理委で結論
宋基復氏講所件事

促　団結の力で祖国の再建へ！　進
韓日会談

63

法的地位仮調印の内容（民団主張との対比）

	合意事項	会談対案	民団主張
永住権問題（関与範囲）	（1）つぎに記載された大韓民国国民は永住申請を許可するものとする。 A、終戦以前から継続して日本に居住する者 B、Aの直系卑属で協定発効日後五年以内に日本国で出生した者 C、AとBの子で、協定発効日後五年を経過した日以後に日本国で出生した者 （2）永住が許可された者の直系卑属で日本で出生した者の居住に対しては大韓民国政府の要請があれば協定発効後二十五年以内に再び協議する。この協議においては同協定の基礎になっている精神と目的を尊重する。（以上要綱）	❶終戦の日（第二次大戦）以前から継続居住している者およびその子孫…（韓日合意） ❷子孫に対しては ◎サンフランシスコ条約発効日まで、出生した子孫に限り、協定上永住権を賦与しそれ以後に出生した子孫に対しては本人が、成人に達するまでは父母と同等に処遇し、成年以後には、その父母より多少弱い、永住権を賦与する……（日本側） ◎協定発効日から、二十年間に出生した者には、父母と同等な協定上永住権を賦与し、二十年以後に出生する子孫に対しては、その時に更に双方が協議をする……（韓国側） ❸前項の、子孫が成年に達した時には、本人の自由意志によって、日本国籍を取得することができる……（日本側） この点はさらに検討する（韓国側）	（1）サンフランシスコ条約発効の日以前から継続居住する者 （2）同条約発効の日以後に入国した者のうち、▲終戦以前に生活の実績をもっていて戦争の原因で一時出国した者 ▲生活の本拠を日本に置きながら一時帰国した者 （3）子孫に対しては父母と同一の永住権を継承させること
附帯問題	◎外相は在日韓国人の待遇に関する合意事項に仮調印するにあたり両合意事項にもとづき両国間に締結された協定にしたがって在日韓国人が平和で幸福な安定した生活を営むことができるよう再び強調する（中略）。本問題に関連して李長官は在日韓国人と関連した離散家族の問題に言及し ◎日本に居住するために太平洋戦争終結時以後に日本に入国した韓国人に対して人道的な待遇が賦与されることを希望した（以上共同声明）	❶離散家族、配偶者に関する問題は、別に、人道的見地で解決する…（両国合意） ❷終戦以後に入国し相当な期間継続して居住する者に対しては、日本国内法によって永住権を賦与する…（韓国側） 検討する……（日本側）（以上六次会談）	（1）再会される離散家族（直系に限る）と、新規に入国する配偶者（男女を問わず）は招請配偶者と同一の永住権を附与すること （2）戦後入国者問題 ▲サンフランシスコ条約発効の日以後に入国した者のうち、在留許可を得て継続居住する者に対しては現行法上の永住権を与え、▲在留許可を取得していない者に対しても、その居住実績に応じて在留資格を賦与すること （3）永住権者に対しては本国旅行時の再入国許可を自動的に与え、また、外国旅行時の出入国手続は日本人と同等に取扱うこと
強制退去事由	（1）内乱罪、外患罪を犯し、禁錮以上の刑に処せられた者（但し、執行猶予附和随行者を除く） （2）国交に関する罪を犯し禁錮以上の刑に処せられた者および外国の元首、外交使節またはその公館に対して犯罪行為により禁錮以上の刑に処せられ、日本国外交上に重大な利益を害した者。 （3）営利を目的として麻薬類の取締に関する法令違反で無期もしくは三年以上の懲役または禁錮以上の刑に処せられた者（但し執行猶予を除く）前項の犯法で協定発効後三回以上刑に処せられた者（協定発効以前に三回以上刑に処せられた者は二回で計算する） （4）日本国の法令に違反し無期または七年以上の懲役または禁錮に処せられた者（以上要綱）	❶破防法四条一項一号により有罪実刑を受けた者、破防法四条二項により、有罪二年以上の実刑を受けた者 ❷刑法令違反により七年以上の実刑を受けた者……（日本側） 十年以上の実刑を受けた者……（韓国側） ❸営利の目的、または常習によって、麻薬類に関し実刑を受けた者 ❹外交上重大なる利益を害した行為を犯したと認定できる者……（以上日本側案）	（1）破壊活動に関する犯罪としては、内乱、外患に関する罪に限定すること （2）「外交上の利益を害する行為」というような抽象的項目は絶対に容認しないこと （3）「凶悪犯で十年以上の実刑、麻薬犯協定発効後に三犯以上」に対しては政府案に同意する
処遇問題	◎待遇に関する事項は継続して論議する（要綱） ◎協定によって永住が許可された者の教育および生活保護などに関する事項および帰国時に携帯する財産および送金に対しては妥当な考慮があるものとする。 ◎また、これに関して可能なかぎり早急に継続討議する（諒解事項）	◎社会的、経済的活動上、各人の…… [illegible]	[illegible]
社会保障		[illegible]	[illegible]
教育問題		[illegible]	[illegible]
帰国時の財産搬出		[illegible]	[illegible]
国籍問題		[illegible]	[illegible]

罹災者に愛の手を

婦人会　大牟田火災で救援

[illegible]

金鍾九審議員

桑名支部大会終る

旭川分団ひらく

北海道韓国学園

楽しい「母の日」

兵庫県婦人会および各支部大会だより

法律相談

父の遺産を相続したい

[illegible]

韓国料理

よもぎのスープ

野菜料理

[illegible]

韓國新聞

発行所　韓国新聞社
発行人　権　逸
編集人　李　現　坤
東京都文京区春日町2丁目20－13
電話（813）2261～5編集
（812）0673業務
振替口座東京 34988番

五大綱領

一、われわれは大韓民国の国是を遵守する
一、われわれは在留同胞の民生安定を期する
一、われわれは在留同胞の民権擁護を期する
一、われわれは在留同胞の文化向上を期する
一、われわれは国際親善を期する

朴大統領訪米の成果

韓米新時代を開く

両国の紐帯一そう強化

朴正熙大統領はジョンソン米大統領の招きで、張基栄副総理、李東元外務長官、金聖恩国防長官らを従え、五月十七日から二十七日までの十日間、米国を訪問した。今度の訪米は、六一年十一月、六三年十一月についで三度目の訪米であるが、十日間の訪米中、朴大統領は、ジョンソン大統領をはじめ、ラスク国務長官、マクナマラ国防長官ら米政府首脳と会見、韓国の長期経済開発、米国の対韓援助の継続、韓米行政協定の締結問題、韓日会談などについて話し合った。十八日には、両国頂上会談の共同コミュニケが発表され、韓国の経済自立のため一億五千万ドルの借款が提供されることになり、在韓米軍の地位協定を早急に締結することに合意をみた。また、一九五〇年に結ばれた大田協定を改正する話し合いが行われた。特にジョンソン大統領は南ベトナムに対する韓国の協力に対して感謝の意を表明した。

全国民の熱烈な声援と期待をになった、朴大統領の今回の訪米は多大な成果を収めた。まず、今度の朴大統領の米国訪問は韓米両国間の伝統的な友好関係を過去のどの時期よりも一層深くし、わが国の国際的地位をより一層高めた。米国の儀典慣例を破ってジョンソン大統領は朴大統領のために飛行機を送り、また、朴大統領のワシントン到着の日には慣例による歓迎行進コースを作り、特にこの日を「朴大統領来訪の日」と定めて十余万のワシントン市民が沿道にて歓迎するなど朴大統領は異例的な敬意あふれる歓迎を受けた。

米国朝野のこのような熱烈な歓迎はジョンソン大統領の歓迎のことばにも述べられているように❶韓国動乱当時よりの"自由と平和を守るために結ばれた伝統的友情❷韓国がその間成し遂げた著しい進歩、特に成長一路にある韓国の経済力、❸ベトナムにおける韓国の寄与度拡大、❹そして日本との国交正常化を計かろうとする積極的な外交姿勢などに所以するものであるといえよう。特に、米国の招請を待っていたシャストリインド首相とアユブカーンパキスタン大統領の訪米がいまだに実現していない事実などからみれば朴大統領に対するこのような歓迎はそれだけ国際社会におけるわが国の地位を高め、国威を海外になお一層宣揚するという結果をもたらしたものである。

それだけではなく今度の朴大統領の米国訪問を契機として韓米関係は過去のどの時期よりも緊密になったといえよう。二次にわたる頂上会談をへて十八日午後に発表された共同声明の中でも「朴大統領とジョンソン大統領は両国間の伝統的な友好関係を再確認し、すべての人々のための自由、正義および繁栄を基礎として、永遠の平和を達成するという共同目標を追求することにおいて緊密な協調を維持しようとする固い決意を再確認にした」と強調している。

このような伝統的友好関係の再確認は今まで政府が推進してきた独自外交の底には「対米強調」がその基盤となっていることを意味するものであり、これは現存する友好関係の再確認に止まるものではなく、新しい次元に入った韓米関係の再確認であるという意義を持つものである。この確認は自由世界の安全保障をひきいる米国と自由アジアの集団安全保障に貢献している韓国を結ぶ韓米関係の新しい確認であり、激変する国際情勢の中で結ばれる韓米紐帯関係の再確認であるゆえに大きな意義を持つものである。

第二には朴大統領の米国訪問によりわが国政府とわが国民の関心事を、米国の指導者ならびに米国民に完全に理解させる事が出来た点において大きな成果をあげたということである。

このような成果は二日間に亘ってワシントン公式訪問を終え十九日午後九時にニューヨークに向う前に発表した朴大統領の次のようなワシントンをはなれる声明の中にも見られる。即ち、「私が米国を訪問する前に韓国国民は二つの疑問を持っていたことを私は知っている。その一つは韓国国民が最近数年の間、民主主義を発展させまた、経済自立を達成するためにたえまない努力と勇気ある行動をとってきた結果大きな成績をあげているが、われわれを援助している友邦米国の国民がこれに対して充分な理解と関心を持っているかどうかという疑問でありました。そしてもう一つの疑問は自由のための対共闘争において過去われわれが担当しなければならなかった役割とそしてわれわれが払わねばならなかった犠牲に対して、また、これからわれわれが寄与することができ、そして寄与せねばならない貢献に対して米国国民は果して正当な評価と必要な支援を続けてくれるかどうかという疑問でした。韓国々民のこのような疑問はこれまで三日間のあいだ米国国民が私を通して韓国国民に送ってくれた厚い友情と激励によって完全に解消したと私は確信しています。この事実は私が最も喜びとするところであります。」

第三に朴大統領の米国訪問がもたらした最も大きな成果は十四項目よりなる共同声明の中に集約されている。この共同声明が発表される直前の十八日の午後朴大

白亜館で儀杖隊を閲兵する朴正熙大統領とジョンソン米大統領（ＵＰＩ提供）

共同声明を発表する朴大統領とジョンソン米大統領（ＡＰ提供）

朴・ジョンソン共同声明全文

去る五月十八日、米国を訪問中の朴正熙大統領は、ホワイト・ハウスでジョンソン大統領と会談し次のような共同声明を発表した。

1、ジョンソン大統領の招請によって朴正熙大統領は、十日間の公式訪米のため一九六五年五月十七日ワシントンに到着した。五月十七日と十八日の両日にわたりジョンソン大統領と会談をもち、両国間の共通の関心事と国際情勢について意見交換を行なった。この会談には張基栄副総理、文徳周外務長官代理、金聖恩国防長官、ラスク国務長官、マクナマラ国防長官ら両国の高位官吏らが参席した。

2、朴大統領とジョンソン大統領は両国間に伝統的に存在する厚い友好関係を再確認し、すべての人々のための自由、正義、繁栄を基盤とし、永遠の平和を達成する共同目標を追及するために緊密な協調を維持するための固い決意を再確認した。

3、両国大統領は極東および東南アの最近の情勢に関して検討し同地域の全ての国家の自由と独立を確保する必要について合意をみた。両国大統領は自由の旗幟の下に平和と進歩をもたらさなければならないという原則を増進させるために全ての自由国家は結束と協調をより強化しなければならないということを再確認した。

4、ジョンソン大統領はベトナム国民の自由を守るために尽力した大韓民国の寄与について深く感謝した。両国大統領はベトナム支援に継続して緊密に協調することを再確認した。

5、両国大統領は両国間の相互防衛紐帯の重要性を再検討しジョンソン大統領は大韓民国への武力侵略によって引起こされる共通の危険に対処するため一九五四年の韓米防衛条約にもとづき軍事力の行使を含むすべての可能な援助を直ちに、また効果的に与える用意と決心を再確認した。ジョンソン大統領は、米国は韓国政府の要請に基づいて引き続き韓国内に強力な米軍を維持し、韓国の安全を保障するために十分な水準の韓国軍維持のために援助を行なうと述べた。

関係法規および予算範囲内において韓国軍の有効性を保全するため軍事援助は引き続き提供されるであろうし、米国援助で生ずる大部分の韓国貨幣資金は継続して韓国の国防力強化のために使用できるようにするであろう。それのみならず軍援移管計画は韓国政府が保有外貨を節約できるように最近修正したものであり、韓国経済状態にもとづき検討することに合意をみた。

6、両国大統領は韓国々民の祖国統一への熱烈な要望を認識し共産主義者が国際連合監視下で自由選挙による韓国統一のために決定された国際連合の目的と原則を引き続き拒否することによって人為的な韓国分断を延長させている事実に対して遺憾の意を表した。両国大統領は国連の統韓決議に明示された目的と原則によって統一・自由・民主韓国を建設できるよう最大の努力を続けることを再確認にした。

7、朴大統領はすでにその内容が仮調印され、条約形式で起草中にある国交正常化のための合意に関する韓日両国間の交渉内容を説明した。ジョンソン大統領はその成果をたたえ、この協定が締結されれば、両当事国間の共通の利益がただちに増進されると同時にアジアの自由諸国を強化することになるとの期待を表明した。ジョンソン大統領は韓日国交正常化以後も対韓軍事経済援助が本コミュニケ第九項で指摘された如く継続されると述べた。

8、朴大統領は韓国経済の実情と展望を説明した。ジョンソン大統領は大韓民国および国民の経済安定と発展への努力をたたえた。

ジョンソン大統領は韓国の輸出および工業と農業生産における投資と社会発展計画に対して注目した。朴大統領は国民所得を増加させ自立経済のための長期的な目標達成のために、食糧の自給自足、輸出の増大、加速的な工業化、貯蓄の増加および財政安定の継続などの目標を追求する韓国政府の経済発展計画について説明した。

9、ジョンソン大統領は韓国に対して軍事および経済援助を与えるという米国の基本政策に不変であるというラスク米国務長官およびその他の米国政府の人が以前声明した確約を再確認した。韓国の安全と独立維持のための援助に追加し、自立経済均衡のとれた経済成長および財政安定を促進するために米国は韓国に引き続き援助を与えるであろうとジョンソン大統領は言明した。同大統領は安定した経済成長を達成しようとする韓国の努力を援助する法令、予算および国際開発処（ＡＩＤ）政策にしたがって助けようとするのが米国政府の意志であることを特に言明した。

（イ）、韓国経済安定に必要であるとして合意をみた計画にしたがって韓国の緊要な物資輸入と資金調達を助けるため安定援助を適切に継続する。

（ロ）、韓国政府が提示し、米国政府が同意できる計画と事業に対して一億五千万ドルの開発借款を韓国に提供する。この資金は韓国政府が立てた計画と事業を提示し次第、なるべく早期に与えるであろう。ジョンソン大統領はこのような長期借款を低利子で与えることが韓国経済の投資需要拡大に応えるものであると指摘した。このような開発借款は立法と韓国経済に対する共同判断に基づき合意に達する輸入計画のための財源を準備し、動力資源や社会間接資本を拡大し産業および鉱業に融資をあげ、その結果、生産を増加させ中小企業および大企業の技術および工業発展を増進させ都市民層の国民に利益を与え、経済成長を推進するための事業の財源となるであろう。

（ハ）、平和のための食糧計画にもとづき相当量の農業生産物、特に、綿花および穀物を与える。また開発計画に基づき失業者および貧困救済のために平和のための食糧を継続して与える。

10、両国大統領は米国のこのような長期援助は韓国自体の努力と他の方面から生ずる資源と共に更に拡大していく経済成長および世界経済関係に有利に参与する機会を韓国々民に保障することに意見が一致した。

11、朴大統領は韓国における自立経済達成は他の国家との通商を一層拡張する韓国の努力にあることを強調し、韓国生産品および商品輸出を拡大し、また米国の援助計画資金を通じて物資購買に参加する機会を韓国に提供することを米国に要請した。ジョンソン大統領は韓国輸出増加の重要性に対する理解を表明し、米国は韓国の国際収支を改善しようとする韓国の努力に対し引き続き協調することを表明した。

12、両国大統領は学校教師として過去の経歴から両国において全ての水準に適する教育の必要性について協議した。

朴大統領は韓国の工業技術および応用科学研究所を設立する可能性を韓国の工業、科学および教育界指導者と検討するために科学顧問を韓国に派遣するというジョンソン大統領の提案を歓迎した。同研究所および実験所等は韓国産業を発展させるため技術奉仕および研究調査を提供するであろうし、米国で訓練を受けた高等韓国技術者が彼らの研究調査を継続できる機会を与えるというのがジョンソン大統領の構想である。

13、ワシントン訪問中、駐韓米軍の地位協定の重要な問題に対して原則的に合意に達した。また、残された問題も解決され近い将来に駐韓米軍地位協定が締結されるものと期待する。

14、朴大統領はジョンソン大統領の訪韓を鄭重に招請した。ジョンソン大統領は韓国を訪問する希望を表示した。両大統領は自由と平和の大義に献身奉仕するために緊密な個人的接触を維持する必要性を表明した。

×　×　×

行政協定も締結

一億五千万ドルの供与も

統領とジョンソン大統領は約二十分間にわたり韓米第二次頂上会談を持ち、その前日の十七日午後五時十分より約九十分間にわたり朴大統領とジョンソン大統領は単独会談を行ない韓米両国の共同関心事に関して全般的に討議した。元来、国家元首間の共同声明には具体的な表現をしないことが通例となっているが、十八日に発表された共同声明は多分に事務的な面をもっていることが注目される。韓日両国間に解決されまた討議されなくてはならない多くの懸案問題を持つわれわれとしてはこのような事務的な表現が即ち具体的な成果と評価されるのである。

一、両国大統領はベトナム支援において継続して援助する意図を再確認し、特に極東および東南アジア地域にあるすべての自由国家は団結と協調を一層強化しなければならないことを再確認した。

二回にわたって行なわれた朴大統領とジョンソン大統領との会談、朴大統領とマクナマラ国防長官との会談を通して韓米両国は極東および東南アジアの最近の情勢と安全保障に関して真摯に検討しその対策を討議した。昨年一月二十七日フランスが中共を承認し、また昨年十月に続いて去る五月に中共が二回目の核実験を断行するなど中共の侵略的勢力が膨脹され、これに続いて北韓カイライ集団の蠢動も一層積極化されるにつれて韓国をはじめとする東南アにおける共産勢力の脅威は火急な状態におかれることになり、特にインドシナ半島を赤化しようとする国際共産主義の魔手はたえまなく伸びラオスを内戦においやり特にベトナム共和国における共産ベトコンとこれを支援する北ベトナムと中共など共産勢力は倦むことを知らぬ侵略をしている。また昨年初めマレーシアとの紛糾、国連脱退をはじめとするインドネシアの動向は東南アジアの情勢と関連して世界の注目をあびていることも事実である。このような急迫した東南ア情勢に対し韓米両国大統領がその対策を真剣に討議し、極東および東南ア地域にあるすべての国家が自由と独立を確保するための必要に対して合意をみ、また、すべての自由国家が結束と協力を一層強化しなければならないということを再確認したという事は非常に意義深いことといわねばならない。

このような隔意のない討議と再確認はわが国が極東および東南アジアにおける主導的な位置におかれており、ジョンソン大統領が歓迎のことばで強調しているように朴大統領自身が「アジアの偉大な反共指導者」であるがためになされたものであると評価されよう。

また朴大統領の提唱しているアジア頂上会談と東南アジア外相会談に対して米国の政策的な支持をうけたものといえる。特にこれに関連して二十三日午前パトリック空港基地において随行記者との間に行われた会見で朴大統領が言明したように「米国がこれからアジアに対する対外政策を遂行しようとする時は韓国と事前に協議することに意見の一致をみ、韓米両国が共同歩調を取って相互協力することに合意」したことは満足すべき成果であるといわねばならない。

また、今年初に韓国がベトナム共和国の支援要請により、約二千名の非戦斗員から構成されたベトナム後方支援部隊を派遣したのに対し、ジョンソン大統領は深く謝意を表明した。そして両大統領はベトナム支援について「引続き緊密なる協力をする」ことを再確認した。また「韓国自体の努力および他国から期待できる資源と、つねづね拡大されゆく経済成長および世界経済関係の有利な参与の機会を、韓国国民に保障することに意見が一致した」と声明していることは、政府が推進している韓米ベトナム三角経済協力関係の進展に、明るい見通しがついたともいえよう。

2、朴大統領の米国訪問は、米国の軍事援助と軍事援助移管面についても特記すべき成果をみた。

両国の大統領は韓米両国の相互防衛紐帯の重要性を再検討し、特にジョンソン大統領が、わが国に対する軍事的侵略の原因から発生する、共通の危険に対処するために一九五四年の防衛条約によって軍事力の行使を包含した、あらゆる可能な援助を、即時効果的に供与する用意とあるが決心を闡明にし「引き続いて韓国内に強力な軍事力を維持」して「韓国軍を維持するのに十分な援助をする」ことと「関係法規および予算範囲内において韓国軍の有効性を保全するための軍事援助は、継続供与すること」を約束したことは特記すべきことだ。わが国の安全保障に対するジョンソン大統領のこのような保障は、韓国における米軍の不撤退を保障したことより以上のこととも いえるし、これによって巷に今日まで指摘している駐韓米軍縮減説は一蹴されたといえよう。

一方米国は韓国に対して、一九七〇年度まで一億二千六百万ドルと累計される軍事援助移管計画案を通告してきたが、これが米国案通り実施されれば、政府予算中、国防費支出予算が急増され、財政投資および融資は、相対的に低減され、自立経済建設に多くの隘路をきたすことになるため、政府は軍事援助移管の中断、乃至は技術的調整に努めてきたところ、今度の朴・ジョンソン会談では「毎年の軍事援助移管計画を、韓国の経済状態に照らし再検討することに合意」をみたので、米国援助により生じる大部分の円貨は、引き続き韓国防費に使用出来るようにした。

これにより特にわれらが要求するところが、全面的に貫徹することはできなかったが、殊に敏速性のある調整をみたことは、これから韓国の対ベトナム問題と関連して、巾広い技術的調整が生れてくると信じている。

3、一九五一年から始まり十四年間にもわたって継続されてきた、韓日会談は去る二月二十日「基本関係に対する条約」に、韓日両国が仮調印し、四月三日には請求権、漁業および在日僑胞法的地位等三大懸案問題に、合意をみたので韓日国交が正常化する段階をみるにいたった。このような時期に開かれた韓米頂上会談は、韓、米、日三国関係にあっても、新たな転換を期するにいたった。

韓日　妥結を再確認

ジョンソン大統領は韓日会談の成果を歓迎、賛成するとともに韓日国交正常化は、韓日両国の相互利益を増進すると同時に、アジア自由国家群を強化させるものとの所信を明らかにした。特にジョンソン大統領が「朴・ジョンソン共同声明」を通じて、韓日国交正常化以後にも、韓国に対する軍事、経済援助は継続される点を強調した。これは巷間で、米国が韓日国交正常化を機会あることに促進している裏面では、韓日国交が正常化されるときには、米国は対韓援助を日本に肩代りさせるつもりだといっているが、これは単に杞憂にすぎないもので、今度の「朴・ジョンソン共同声明」で、これに対する米国の保障を今一度闡明にしたものである。韓日国交と関連する今度の「朴・ジョンソン共同声明」の保障は、両国の大統領が共に認める保障であった点が、今までにあったところの「朴・ラスク共同声明」「李・ブラウン共同合意」「李・バーンズ共同声明」などに表われたところの保障とは、次元を異にしたものだといえるもので、われらの期待に符合したものだといえる。

4、最も大きな比重を占めている訪米成果中の一つは、長い間韓米両国の最も大きな懸案問題である韓米行政協定（駐韓米軍の地位に関する協定）が締結されたことだ。

去る五月十九日発表された朴・ジョンソン共同声明中には「駐韓米軍地位協定の重要な問題に対して原則的に合意に達した」とし、「残された問題も解決され近い将来に駐韓米軍地位協定が締結できるものと期待する」とされているので、パトリック空軍基地で行なわれた記者会見で、朴大統領は「三、四週間内に協定締結があることと思う」と前提して、「問題は労働争議権と刑事裁判権にあるが、労働争議権では米国側が譲歩して、国内法と同様七〇日間の調停期間をおいて、その間に解決されなければ争議にはいれるようになった。また刑事裁判権は米国と西独間の協定と同じものに落ち着くものと思う」と言及したのを見ると、すぐ締結される段階におかれていることが知られよう。このように韓米行政協定締結における核心的な問題に関して、原則的に合意点に達したことは特記すべき成果である。

元来、韓米行政協定は、一九五三年十月韓米相互防衛条約が締結されると前後して締結されたものであった。その間、その交渉が遅々としてきたし、六二年九月二十日第一次実務者会談を開いて本格的な交渉が展開されて、去る五月十二日まで七九次の実務者会談をひらき、主要項目二九項目中、九項目を除く二十項目は完全に合意に達して、刑事裁判管轄権、民事請求権、労務問題等の核心的な条項だけは合意が見られなかったものを、この度原則的に合意をみるにいたったのである。

だが刑事裁判管轄権における「米国と西独間の協定とおなじもの」（ドイツ補充協定方式）というのは、NATO加盟国間に相互駐屯軍の地位を定めるNATO協定（五一年六月十九日締結）を補充するために、ドイツに駐屯しているNATO加盟軍隊の地位を定めたものとして、五九年八月三日に締結され、六三年七月一日に発効されたものであるこのドイツ補充協定形式が採択されれば、米軍（派遣国の駐屯軍）の公務執行中の犯罪（作為、不作為）と、全面的に米軍の安全に関する犯罪、および米軍の財産又は身体に関する米軍相互間の犯罪に対しては、米国（派遣国）が裁判管轄権を持ち、それ以外の犯罪に対しては韓国が裁判管轄権を持つが、いったんその裁判管轄権を放棄して、米国が行使するようになっても、米軍による韓国の安全と殺人、強盗、強姦に関する犯罪と、その他特殊なものに限っては、その放棄を撤回し韓国でその裁判管轄権を行使することになった。

5、特に朴大統領の米国訪問は経済面において刮目すべき成果をもたらした。

さきにジョンソン大統領は韓米頂上会談席上において、朴大統領に米国の対韓軍事援助および経済援助は継続されるものだと言明した。共同声明中米国から「支韓援助を適切に継続する」という保障をうけるようになったので、自立できるまでの中間的安定基調を作って維持させられる条件が確立できたのは多大な成果だといえよう。これと共に「技術援助および訓練計画の継続」と「平和のための食糧計画に関する相当量の農産物、特に綿花および穀物の供与」そして「開発計画ならびに失業者および貧困救済のための食糧供与の継続」保障を確保したことは、経済開発を大いに鼓舞させることでもある。

次に国際開発処（ＡＩＤ）政策に関する長期開発借款で、一億五千万ドルの供与をうけることになったのは、訪米成果中、他を凌駕するものといえよう。この供与の時期に関する共同声明には、「妥当な計画事業を作成して提示したらばできるだけ早急に供与すること」と明示しており、「これらの資金が使用された後にも追加開発借款資金が供与されること」が敷衍されてある。

五九年に国際開発処（ＡＩＤ）が依頼発足して以来、最近六年間に韓国が承認をうけた借款総額は、一億三百八十七万一千九百三ドルに過ぎないのに比べ、今度、朴・ジョンソン共同声明で明示された一億五千万ドルの借款供与約束は、今までの韓米経済協力過程でみて、一つの破格的な事実として表われている。

従来は国際開発処（ＡＩＤ）借款を一件だけ承認されたほかは、多くの期間と時間を費やすにすぎなかったことを考えるとき、一億五千万ドルの巨大な財源を受け、われらの自立的な事業計画達成に有利に活用できるようになりこれが確保できたことは、経済自立と祖国の近代化を目ざす画期的な収穫といえよう。元来、国際開発処（ＡＩＤ）借款は十年据置後三十年償還という有利な条件のほか、その利子は据置期間十年は年一％、償還期間三十年は年二・五％の低利であるため借款というよりも、むしろ援助に近い性格を持つものである。

朴・ジョンソン共同声明発表後、五月二十日車経済企画院長官とバーンズ駐韓米経済協力処長は、一億五千万ドル借款使用計画に関して共同声明を発表したが、それによると、この借款は経済分野と韓国各界各層全般に、効力を最大限に発揮できるよう使用されるもので、発電、交通、通信、水道、水利施設、建設機械、農機具工場、および各種工業部門の事業が現在活発に検討されており、輸出増産、雇傭機会の拡大などのため、中小企業投資と原資材および小型機械と部品を導入することができる「プロクレムローン」も計画されていると発表された。

一方、この張、バーンズ共同声明には、今度供与されることになる一億五千万ドル以外にも、第三、第四肥料工場建設を含む現在申請中の七事業に、約六千余万ドルの開発借款も迅速に処理される約束が含まれている。このように朴大統領の米国訪問を契機として、われわれは莫大な開発借款を獲得することができ、自立経済確立に拍車をかけられるようになった。このような多大な外交的成果に陶酔する前にわが国民は、何よりも受入態勢を確立して、経済発展のため有効適切に使用されるよう心の姿勢を構えなければならない。

次に、朴・ジョンソン共同声明中、「世界経済関係に有利な参与の機会を韓国民に保障することに意見が一致」した点と、「米国は韓国が国際収支を改善しようとしている努力に対し引きつづき協力すること」が含まれている。このような米国の保障は輸出増大をもって国際収支改善を一日も早く計ろうとする、わが国民に多くの期待をもたらしめた上、米国の「バイアメリカン政策」の緩和、ベトナムに対する輸出増大を計ろうとする政府側の努力に、明るい見通しが暗示されているものといえよう。

6、朴大統領の訪米成果中、予期していなかった成果の一つに、ジョンソン大統領の科学顧問の韓国派遣があげられる。韓米頂上会談においてジョンソン大統領は韓国の工業技術および応用科学研究所について、韓国の工業科学および教育界指導者とともに検討するため、科学顧問を韓国に派遣することを提議したので、朴大統領はこれを歓迎した。ジョンソン大統領の科学顧問派遣は、韓国のおくれている技術教育面からみてまことに時機を得たものであり、科学技術振興のためにもっとも意義あることだと言わざるを得ない。

7、朴・ジョンソン共同声明中、両大統領は国連の韓国統一決議において明示された目的と原則によって、統一、自由、民主韓国を樹立するため、最大の努力を継続してはらうことを再確認した。これは韓国の従来の統一原則を再確認したことに過ぎないけれども、国家元首が同じ席上で韓国統一原則を殊さらに強く強調して、韓米両国が力を併せて、韓国統一を実現させるため最大限の努力をはらおうと堅く認めあったことには、新たな意義があることといえよう。

第四に米国を訪問した朴大統領は、国連本部を訪問してウ・タント事務総長と約五十分間、韓国統一問題と国連加入問題など多様な[illegible]して、対国連外交においてもよい契機を作るにいたった。

朴大統領はウ・タント事務総長との会談で、韓国の国連監視下の統一韓国案を支援してくれるよう要望するとともに、六・二五動乱時国連軍を派遣してくれたことと、ＵＮＫＲＡの韓国経済再建に貢献したことに対し感謝の意を表明した。この席でウ・タント事務総長は「韓国問題に関する国連決議が実践できるよう一層の支援を惜しまぬと約束したことは、これからの国連外交面において大きな力となることと期待されている。

終りに朴大統領が米国を訪問した機会に、在米僑胞らを激励するとともに、米国内の多くの工業施設を視察して、経済、商工、科学、文化等の各分野にわたり著名な人たちとあって帰国したことは、祖国の近代化を促進させ、自立繁栄をなしとげるのに強大な力をもたらすものだという意味において、朴大統領の訪米成果は大きかったことを言わざるを得ない。

このように今度の朴大統領の米国訪問は、政治、経済、社会、文化等凡ゆる分野において利用すべき大きな成果を収めたし、またこれからも時間がたつに従って、尚多くの結実があるものと予測される。

わが国民は朴大統領の意義深い訪米壮途を衷心から祝福しようとする前に、朴大統領がもたらした至大な成果と多くの労苦に対して心から感謝する気持を持たねばなるまい。特にわが国民達が朴大統領の訪米が一層大きな結実をみるよう、韓米親善と友好増進に、あらゆる努力を惜しまず、また、長期開発借款と継続的な支援が、自立経済達成のため効果的に使用されるために心の姿勢を整えなければならないことである。

写真説明㊧はジョンソン大統領夫妻と歓談する朴大統領夫妻㊨はニューヨーク市長からゴールド・メダルを受ける朴大統領

米大統領の歓迎辞

朴大統領閣下！

米国の首都において、再び閣下を歓迎できるのを喜びとするものであります。

閣下は前の訪問でわれわれに光栄を賜り、また今日、大韓民国が多くの著しい進歩を示しているのに対し、閣下と韓国民に敬意を表します。

今日、韓国の経済力は成長の一途をたどっており、貴国民の生活に発展が具現されています。これは端的にいって韓国の役割と影響力が拡大されていることを意味するものであります。

この発展は韓国の民主制度が閣下が韓国民に約束した代議民政の領導下でたゆみない発展をとげたため成就されたもので あります。

この事実は米国民を喜ばせるものであり韓米両国は緊密で恒久的な紐帯を結んでいるのであります。

人類史上もっとも悲惨であった [illegible]

[illegible] 韓国で示した反応によって、減少しています。

大統領閣下！

われわれは韓国のみでなくベトナムまで自由を防衛しようとしている貴国が提供している力を歓迎するものであります。

大統領閣下！

われわれは、貴国の安全保障のため公約しており、私はこのようなわれわれの公約は危険が残存するかぎり継続することを確約いたします。

われわれは軍事的な分野にのみ公約しているのでなく、貴国民の運命と生活を改善するため貴国と引きつづき協調していくことを確約いたします。

今世紀の中心的な闘争は、人類の最も長い圧迫者、すなわち、貧困、疾病、無知を一掃する闘争であります。韓国はこのような敵に対して闘争し進展を期しております。われわれは、自給自足のため前進しようとする貴国に強い支援を送ります。

これは、米国人が世界各地で鄭重で公明正大であり、平和で自由な生活が営めるよう努力しているその他の国民を支援する事業なのであります。

このような闘争は、終ろうと終るまいとわれわれの決意は確固不動であり、われわれの資源は豊富で侵略は 変るものでは ありません。

朴大統領の到着声明

私は、いま太平洋をはさんだ"友誼と信義の架橋"を越えここに到着しました。

本日、私が韓国国民の名で、米国と米国国民に衷心から祝福の言葉を述べることを無限の喜びとするのであり、また私が貴国を訪ねるよう招請したジョンソン大統領と米国国民に対して感謝の意を [illegible]

[illegible] 人民とともに先頭に立って人類が何時受けるか知れない不幸を未然に防ぐため歩調をともにしてきました。

このようなことは、遠い将来においても決して変ることがないということを両国民は確信していると思います。

すでに、われわれは韓半島の休 [illegible]

私は、今度の訪問を通じてこのような一致した課題を遂行するために付随される政治、経済、軍事上の諸問題を隔意なく論議し、より緊密で互恵的な協力関係が結ばれることを期待するものであります。

米国の友人のみなさん！

私は一九六一年の秋、忘れることのできない親友故ケネディ大統領の招請で貴国を訪問して以来、三回米国を訪問しました。私は訪問の度毎に激しく変わっていく韓国を紹介してきました。これは、自由と平和を愛する米国と国連の精神によって励まされた韓国が、確固不動の基盤の上で急速に成長しみなさんの負担が、何時、何処よりも栄誉な実を結んだことを誇りとするからであります。

私は韓米協調の基礎の上で、無限の"若い"資源と自立の努力でもたらされた今日の韓国を一言で"潮気に満ちた国"と呼び、ここに再び紹介するものであります。

今日、全韓国民は少なくともアジアにおいて最後までみなさんと一致し自由のための防波堤となり正義の側にたつという決意と信義をもっていることを私は断言します。

親愛なる米国民のみなさん！ [illegible]

随行員

◎公式随行員

[illegible] 防委員長、李厚洛大統領秘書室長、文徳周外務部長官代理（次官）、申聖愛大使夫人、尹浩根外務部儀典室長

◎非公式随行員

朴鍾圭大統領警護室長、[illegible]

訪米中の重要日誌

五月十六日 午後二時[illegible]五分、金浦空港出発

五月十七日 午前六時、バージニア州のラングレー空軍基地に到着（以下米国時間）

五月十七日 午前十一時四十分、ヘリコプターでホワイト・ハウスに到着、ジョンソン大統領の歓迎式に参席、十二時十五分、ホワイト・ハウスからパレード、午後一時十五分、ラスク国務長官主催の午餐会に参席、午後五時、ジョンソン大統領と単独会談、午後 [illegible] ジョンソン大統領主催の晩餐会に参席

五月十八日 午前八時十五分、ブレア・ハウスでマクナマラ国防長官と朝食、午前十時、ラスク国務長官と会談、〇時 [illegible] ナショナル・プレス・クラブの午餐会に参席、演説、午 [illegible] ジョンソン大統領と共同声明を発表、午後六 [illegible] 朴大統領夫妻レセプション

五月十九日 午前九時四十分、ワシントン出発、午前十一時、大統領専用機でニューヨーク到着、十二時、パレードに参加、市庁を訪問、午後一時、極東米商工会議所主催の午餐会に参席、午後五時三十分、ワグナー・ニューヨーク市長主催のレセプションに参席

五月二十日 午前九時三十分、ニューヨーク博覧会参観、午後一時、韓米財団主催の午餐会に参席、午後四時三十分、国連本部を訪問、ウタント国連事務総長と会談、午後七時三十分、チェイス・マンハッタン銀行総裁主催の晩餐会に参席。

五月二十一日 午前九時、ニューヨーク・ケネディ空港出発、午前十時、ウエスト・ポイント陸軍士官学校を訪問、午後三時、ピッツバーグ到着、午後七時、ガルフ石油会社主催の晩餐会に参席。

五月二十二日 午前八時三十分、ジョンズ・ラクリン製鉄工場視察、十二時三十分、ケイプ・ケネディ到着、宇宙センター視察、午後四時五十五分、アトラス発射をみる。

五月二十三日 午前九時三十分、韓国随行記者団と会見、パトリック空軍基地で休養。

五月二十四日 午前九時、ケイプ・ケネディのパトリック空軍基地を出発、午前十一時、ロサンゼルス到着、午後一時三十分カリフォルニア大学を視察、午後六時三十分、市長主催の晩餐会に参席。

五月二十五日 午前九時、ロサンゼルス地区僑胞と朝食。

五月二十六日 前九午時[illegible]分ロサンゼルス出発。

五月二十七日 午[illegible]時三十分金浦空港到着。

"訪米成果に満足"

権団長ら　金国防長官を歓送

[illegible] 同長官を慰労した。夕食会には [illegible] 日本支会李 [illegible] 会長は金長官を歓迎するあいさつをした。[illegible] 長の歓迎辞に答えて金長官が [illegible] の辞を述べ、また、同長官は在郷軍人会日本支会に対し物心両面にわたって援助を惜まぬ [illegible] 許弼奭会長に感謝状を贈った。

金国防部長官の歓送に出た民団中央権逸団長は朴大統領の訪米で得た成果に在日僑胞は非常に感激していますとたたえ、今後国務会議で韓日会談が妥結された後の僑胞対策を充分に講究し確固不動なものにして欲しいと要望し金長官ら一行を見送った。

金国防長官を見送る金大使と権団長ら羽田空港

AA会議へ参加

外務部対策ねる

本国政府は六月二十一日からアルジェリアで開かれる第二回AA会議に参加する方針を固めている。AA会議にはカイライ集団である北韓が招かれるので韓国政府としては数カ月前から外務部を中心に慎重に検討を続けてきたが五月二十八日、出席することを決定、政府の同会議への姿勢に対策を作成して朴大統領の裁断をまつのみになっている。

第二回AA会議に出席する方針を固めた理由は❶会議における北韓の宣伝戦に積極的に対抗する。❷AA国家と幅広く折衝すると同時にマレーシア、パレスチナ、南ベトナム問題などについて積極的な姿勢で自由陣営の一員としての役割を果す。また主催国からの公式招請状がまもなく届くものとみており、同会議では日本をはじめタイなど友好諸国と共同歩調をとるものとみられている。

韓日会談白書

（その三）

（承前）したがって去る二月十七日、日本国椎名外相の訪韓の時になされた両国外相会談の直前まで大韓民国の唯一合法性確認条項 [illegible]

[illegible] 約の無効確認条項における [illegible] 題を除いては、すべての問 [illegible] 見として両国間にはほとんど [illegible] みられた。[illegible] 外相の会見の際には、両国 [illegible] れた二つの問題に関してい [illegible] み代案を相互に提示して折 [illegible] 衝案、大韓民国政府の唯一 [illegible] 確認条項においては一九四八年十二月十二日国際連合総会で採択された決議において明示された通り、大韓民国政府が韓半島における唯一の合法政府であることを確認する」という規定を、旧条約無効確認条項においては「大韓帝国と日本帝国との間に締結されたすべての条約および協定はすでに無効であることを確認する」と表現することに落ち着き、遂にすべての問題に関する最終的な合意を見たのである。

このような合意が成立したので一九六五年二月二十日韓日両国外相臨席のもと、わが政府としては延アジア局長、日本側後宮アジア局長が、基本関係問題に関する合意内容が確認されたのである。

いま基本関係条約が仮調印され条約内容が確定されたことになるが、内容の変更はやむをえない事情による場合を除いては ありえない。

ただし条約が正式に締結されるには、正式調印の手続きが必要であり、条約が両国を拘束する効力を発生させるためには、締約国がそれぞれ国内において必要な批准手続きをおえなければならないのである。

三、基本関係条約の条項別解説

前文と本文七ケ条で構成されている基本関係条約の内容を解説すれば次の通りである。

前文

第一段

本段においては、両国間の過去の関係を考慮して、相互主権を尊重することによって、将来善隣友好国家としての関係を維持することをその内容とし、基本関係条約が目的とする過去および将来に対する関係の考慮をすべて表現している。

第二段

両国が共同の福祉と利益を増進し、国際連合憲章原則によって国際平和と安全の維持のため協力することを内容とする。

本文第四条の規定と共に両国間の協力において国際連合憲章原則を指針とするものであり、このような条約は第二次世界大戦後一種の通常的規定になっている。

第三段

サンフランシスコ平和条約において、わが国は署名国ではないが関連のある条項が幾かある。韓国独立に関する規定（第二条）韓国の対日請求権に関する規定（第四条）、漁業協定締結に関する規定（第九条）、通商航海条約締結に関する規定（第十二条）以上の規定の受益に関する規定（第十四条）などがそれであるが、このような規定は両国間の関係文は懸案問題解決に関して、援用しうるのでこれを引用するものであり、国際連合決議一九五[illegible]は韓国政府の唯一合法性に関するもので、本文第三条との関連のもとこれを引用しているのである。

本文

（一）第一条

外交ならびに領事関係樹立に関するものであり、国交正常化によって自動的に外交および領事関係が樹立されて外交使節を遅滞なく交換する規定である。

（二）第二条

交渉経過において説明した通 [illegible]

[illegible] なるという疑問が提示されたものであるが、事実そうでない。

大韓民国の領土は憲法第三条に明示されている通り、韓半島全域とその附属島嶼であり、これは日本との関係において韓日間の基本関係条約によって制約されることがないのは明白な事実である。

ただ北傀集団が不法に占拠していることは一つの事実上の状態に過ぎないのであって、これは別の問題である。

（四）、第四条

前文第二段の説明の通り、一種の通常的規定であって別に大きい意味はない。

（五）、第五条

通商航海条約に関する規定であり、問題になるのはどのような条約締結時点までの経過措置である。

経過措置に関しては現行暫定協定との関連のもとに両国間に合意が見られ、貿易会談、あるいはその他の会談で論議する。

（六）第六条

民間航空運輸協定締結に関する規定であり、特別な意味はない。

（七）第七条

批准条項であり、条約には附随するもので特別な意味はない。

四、基本関係条約の意義

最後に今般仮調印は韓日両国間の基本関係条約が果たしてわが国の立場から見て満足すべきものがあるかどうかを検討してみよう。

これを検討するにあたりほかの問題はさておき、両国の立場が最も深刻に対立し最後まで論難された点である旧条約の無効確認条項と大韓民国政府の唯一合法性確認条項の交渉結果が重要な判断の基礎になると考える。

事実この二項目は基本関係条約要綱になる重要な項目であるので旧条約無効確認条項においては最初日本側はそのような条項を設ける必要がないと主張したが、後にはたとえそのような条項を設けても最初から無効であったという表現はとらないとしたが、結局最初から無効であったというわが国の線に接近させたのであった。

韓国政府の唯一合法性確認条項において、日本側は韓国政府の管轄権は以南に局限するという表現をとる事を主張したが、わが国としては、このような動きを封鎖して国際連合総会決議によって明示された通り、大韓民国政府が韓半島における唯一の合法政府であることを明確に規定する。

要求貫徹へ大衆運動

在日韓国人の法的地位

新たに推進委設く

進まぬ「継続討議」にしびれ

韓日会談の本調印を間近にひかえ、いまだ合意に達していない在日僑胞の法的地位問題をいかにして要求貫徹するかについて居留民団では、去る五月二十八日、中央本部において、中央執行委員、全国各地区協議会事務局長、関東地区各県本部団長、法対委主務幹事による四者合同会議をひらき今後の運動方針を討議した。席上、われわれの最低限の要求……者の問題は是が非でもわれわれの要求通りに確保されなくてはならないとの結論……そのため、強力な推進委員会を設けて、本国代表、日本政府当局に要求を反映させる一大民衆運動を展開することとし、その具体策を練るため六月四・五の両日全国団長会議を招集することになった。

写真①法的地位首席委員方熙公使からその後の経過を聞く権中央団長ら　②は中央会議室で開かれた四者合同会議のもよう

一斉に民衆大会

中国地協で決議

朴　尚培団長

"分派活動戒めよ"

中北地協で決議

金　敦　副団長

組織妨害者に停権処分

東京本部監察委員会

盧成永団長を再選

岩手県本部大会おわる

母国訪問学生を募集

中央文教局

李軍人会長が来日

歓迎夕食会であいさつ

民団中央を訪れた李会長

五つの賞を獲得
韓国代表、映画祭で活躍

第十二回アジア映画祭は、十日午後五時から東京〔…〕ホールではなやかに幕を閉じた。参加国は、韓国、日本、中華民国、香港、マレーシア、タイの六カ国で劇映画、記録映画が出品された。

〔…〕本の劇映画と四本の文化映画を出品し、二十名からなる代表団が出席した。韓日親善の友誼をもって、日本側の日活女優吉永小百合が京人形を、韓国の金芝美にプレゼント、また金芝美から民芸品を吉永小百合に贈るといった交歓の場面には、会場が万雷の拍手をもって讃えた。

なお、選考結果は十五日に発表され、劇映画の部では、韓国作品〝米〟が部門賞をうけた。そして、男優主演賞は〝オシの三龍〟主演者金振奎が獲得した。

非劇映画最高作品賞は、韓国映画製作者協会で作った〝祈願〟(保容法監督)が、満場一致で選ばれた。

男優主演賞の作品〝オシの三龍〟は、賞こそもれたが好評を博した。ストーリーもこちらの〝無情〟と類似しており、愛情に飢えた一人の人間の、純真な人間味、貧しくみにくいけられなかった〔…〕の中でのモンスと〔…〕に生きた彼の性格と人間性に対する信頼を呼び起し、多くの問題点を投げかけた。

俳優として誰もが抱く理想であり、希望でもある男優主演賞に輝やいた金振奎さんは、光栄のトロフィーを手に〝すぐ電話で国へ知らせたが、自分のファンに喜んでもらえるのが一番うれしい〟といったあと、〝これからより民族的で、より芸術的な映画に出演したい。個人的な意見ですが、アジア各国の俳優たちが横につながりを持つ〝アジア俳優連盟〟のようなものをぜひつくりたい。そうすれば、われわれの仕事が、アジアの平和にもっと役に立つようになるでしょう」と、穏かな物腰のなかにも闘志がみなぎっていた。

男優主演賞のトロフィを受けた金振奎氏

僑胞二千名が集う
東京で〝韓国映画〟鑑賞会

第十二回アジア映画祭に参加した韓国映画の鑑賞会が、五月十九日午後三時より東京日比谷公会堂において、駐日公報館が主催、民団の後援で盛大にひらかれた。

東京周辺の僑胞約二〇〇〇名が集まり、色とりどりの韓国服を着た婦人らを交えて、民族色豊かな雰囲気を作りながら、心に秘められた愛国心を、画面に映る故国の山河に誘われ〔…〕せていた。特に劇映画〝オシの三龍〟については、素朴な人間愛を綴った作品だけに、観衆を感動させずにはおかなかった。

封建社会のさ中で、貧困のため両親にまで捨てられた身を、有徳な地主に拾われて下男の一生を送る〝三龍〟は、生れつきオシという不幸な運命までも背負わされていたから、二重の苦しみにあえがなければならないものだった。肉親の愛情にすら裏切られてしまった三龍は愛情に飢えて哭くのだった。

が、それだけに自分を拾い養ってくれた地主の一家にたいしては、この上ない恩義を感じずにはおられず、ドラ息子光植の我ままにいいじめられても、主人の情愛に感じて耐えぬく三龍の姿には、観客をしてヒューマニティに酔わしめると共に、息子光植が嫁順徳を虐待するのをみて同情するあまり、三龍は自分自身を虐げてまでも順徳の心を慰さめようとするシーンには、素朴な人間愛を讃えさせずにはおかず、観衆をして涙を誘った。

ラストシーンの虐待された光植ではあるが、順徳の気持を思いはかって、火中に自分の死をかけてまで飛びこむ三龍の心情は、ヒューマニズムの誕生を呼んで余りあった。

アジア映画祭に出席の韓国女優たち

教育センターに映写機を贈呈
横浜の李鍾太氏

横浜商銀李鍾太理事長は横浜教育センターに映写機一台を贈った。

横浜韓国教育センターは開設以来在日二世に対する民族意識を高めるために国語、歴史などの講習会を開き各方面からその活動が高く評価されていた。同センターではより二世教育に力を入れるために映画会を開くことになり今までは、駐日代表部から映写機を借りて、川崎、鶴見、南武、久里浜、大和などの支部でわが民族の豊かな文化映画を上映してきたが、何時までも借りものでは発展する二世教育に間に合わず非常に困っている時に、横浜商銀李理事長が在日二世教育の発展のために一役つくしましょうと去る五月二十日教育センターに二十余万円の映写機一台を贈ったものである。

李理事長のこのような私心のない愛族精神に在日僑胞社会では各方面から李理事長におしみのない讃辞を送っている。

「尋ね人」

サヨナラという映画に韓国服で出演した安本ミチ子を娘のミスルさんが尋ねております。

釜山市西区瑞月洞一街三〇
佐藤操

本籍、慶北、慶州郡江東面杏谷里一区五班
父、孫順鶴

右の人に心あたりの方は娘が尋ねておりますので本社までは左記へご連絡下さい。

慶北、浦項市中央洞二六一
朴根万方
孫〔…〕

金在坤

右の人はある新聞社に勤めていたことがある人でありますが心あたりの方は、甥が尋ねてありますので本社または左記へご連絡下さい。

釜山市釜山鎮区釜田一洞七五統六班、張順祚方
金須得

前住所、広島県豊田郡吉名村大石三号

曹〔…〕竜(48才)

右の人は以前鉄工場に勤めていた人でありますが心あたりの方は弟が尋ねておりますので本社までご連絡下さい。

郷土に時計塔
晋州郷友会が贈る

〔illegible〕

瀋州郷友会役員

会長 鄭錫淑(民団神川県支部団長)
副会長 〔illegible〕(民団中央監察委員)
副議長 鄭鋼和(民団中央副団長)
〃 姜文錫(会社社長)
顧問 金化柱(韓国資料研究所長)
理事 鄭珍旭(財政委員)(山本商店社長)
理事 林鳳邦(清香苑社長)

日本の皆さんに訴える
——在日韓国人の立場に理解を——
文圭準

十四年もの歳月を費してきた韓日会談でしたが、去る二月十七日椎名外相の訪韓を契機として、基本条約の仮調印を見、そして李東元外務部長官の来日を機に、両国における会談妥結の気運は、急速に高まり、先の三懸案仮調印まで進展、本調印が目前にあるといった現時点に立って、私は在日韓国人の一人として、ここに日本のみなさん方に、ぜひ知っていただきたいことがあるのです。それは先の韓日両外相共同声明文にも謳ってありますところの、在日韓国人の法的地位問題の中にありますわれわれ在日韓国人らの処遇問題と、戦後入国者に対する居住権の問題です。

戦後の教育を受けた人はもちろんのこと、戦前に教育を受けた人のうちにも、当時の軍国主義的教育を受けたために、甚だ失礼な言い方ではありますが、日本のみなさん方の多くは、韓国と日本との合併条約の由来を知りませんがため、従って、日本に居住する韓国人の歴史性も当然知らないのが現実なのです。

韓日会談において、わが韓国代表団が「在日韓国人の処遇問題に対して日本の参政権と公務員権を除いた他のすべてを、日本人と同等に賦与すること」を主張しておりますが、この点をただ現時点のみでもって解釈し考究するのならば、それは甚だ奇異な感じを日本のみなさん方に抱かせることだろうと思います。現に、私の知ってる三十代の日本青年が、大学出のインテリなるにも拘らず、「こんなことを主張するのは、外国内に異民族の特殊地帯を醸成させる温床にするためだ」といったのです。

日本のみなさん！考えても見て下さい。誰が縁もゆかりもないのに、外国において居住する自分の民族を、そこの国民と同等にあつかってくれと頼めますか？いや、そこの国民と同じ権利を主張する自惚が、既に自分の国家の威信と矜持を空しくさせることだと言わねばならないでしょう。

が然し、在日韓国人だけは特殊な境遇に立たされておるのです。それは在日韓国人の渡日由来が雄弁に語ってくれます。過去の合併条約は日本が半ば武力をもって、一方的に押しつけがましく結ばせたところの因縁があり、その後、わが韓国統治において、時の日本政府は権力のあらん限りの恣行をしたのです。その揚句が、失業と貧困をもたらさせ、多くの人びとが故郷を捨てて、出稼ぎにこの日本まで渡ってきたのが始まりで、次に、もっとも当時の日本国策でもって、強制的に連行してくるようになったのが、あの日華事変から大東亜戦争が終るその日まで、継続されていたのです。つまり、戦争遂行のために戦力として、わたくしたち韓国人を、その好むと好まざるとに拘わらず、まるで犯罪者のように護送して連行したのが、当時の日本陸海軍徴用工であり、そしてまた軍属であり、強制志願兵だったのです。

肉親が別れを惜しんで列車の窓にしがみついているのを、当時の日本官憲が、これを非国民だとして、国家総動員法違反だとしてまで問うたのですから、その日本進行の歴史が、血や涙で綴られていることは容易に推測されましょう。そういうところの戦力として、人間性を無視した、まるで一個の物体のかのようなあつかいをもって、炭坑やあるいは軍需工場で酷使したのです。そして口では「内鮮一体」などといって、わたくしども祖先伝来の姓までも、強制的に日本式に改名させたばかりか、都合のよいように、韓国語抹殺まではかって、「国語常用」といいながら「韓国語」の使用を禁じさせたのですから、その虐待たるや言語に余りましょう。

日本のみなさん方は、敗戦後占領下におったときでも、こんな自分の名前や国語を奪われるようなことはありませんでしたね。また、無理強ひに連行されて行って重労働につかせられたことも〔…〕

〔…〕過去の日本政府が韓国人にとった政策が、いかに非人道的な野蛮的行為であったかを知るに、別段の躊躇もさせますまい。そんな暗い過去を荷っている在日韓国人であるのに、終戦後になると、もう昔のことのように、昨日まで「同じ日本人じゃないか」といってきた日本政府は、そういった言葉を忘れてしまったかのように、第三国人というあいまいもとた表現でつかい、そして、現行の外国〔illegible〕

(筆者 民団練馬支部団長)

韓国料理
チシャ巻きランチ

わたしたちの食生活で日常不足がちな生野菜で栄養のバランスをとることは大事なことです。

昼食どきなど、ビタミン豊富なチシャをご飯や煮魚といっしょに手づかみで食べると独特な親しみも湧いて、案外たくさん頂けるものです。

材料(二〜三人前)
❶ちしゃ
春菊
あさつき
❷肉味噌
ご飯
煮魚(又は焼き魚)
❸明太スープ(好みのスープでもよい。)

作り方
❶ちしゃは葉の白いところを〔…〕とって春菊あさつきと一緒によく洗い〔…〕

肉味噌の作り方

材料
牛肉(挽肉かみじん切り) 百タ
醤油 大さじ二杯
ねぎみじん切り 大さじ一杯
にんにくみじん切り 小さじ一杯
胡麻油 大さじ1/2杯
胡椒 少々
味噌 一百タ
唐辛子味噌 大さじ1 1/2杯
玉ねぎ 小1/2ケ
ピーマン 一ケ
砂糖 大さじ二杯
胡麻油 大さじ二杯
摺り胡麻 大さじ1 1/2杯

作り方
❶牛肉は調味料で味をつけ、色が変わるまでいためて、水カップ1/2杯をさし、中火で十五分位煮ます。
❷玉ねぎはあらくみじん切り〔…〕ピーマンも同様。
❸❶がよく煮えたら味噌、唐辛子味噌を入れてよくかきまぜながら、弱火で気長に煮つめます。
❹味噌と肉がよくなじんだら玉ねぎとにんにくを入れてしばらく煮、さらにピーマン、砂糖、胡麻油、化学調味料の順に加えてかきまぜながら煮つめます。
❺すっかり煮つまったと思ったら火をとめ最後に摺り胡麻を混ぜ加えて小深い器に盛ります。

明太スープの作り方

材料
明太 1本
わけぎ 三〜四本
玉子 1ケ
牛肉 一五〇タ
にんにく 小さじ1杯
胡麻油 大さじ1杯
胡椒 少々
醤油 大さじ3杯
化学調味料 少々
メリケン粉 大さじ2杯

作り方
❶明太は〔illegible〕

医事教室
更年期の障害

〔illegible〕

韓國新聞

発行所 韓国新聞社
発行人 権逸
編集人 李[illegible]
東京都文京区春日町2丁目20-13
電話(811)2261～5 編集
(811)0675 業務
振替口座東京 34988番

五大綱領

一、우리는 大韓民国의 国是를 遵守한다
一、우리는 在留同胞의 民生安定을 期한다
一、우리는 在留同胞의 民権擁護를 期한다
一、우리는 在留同胞의 文化向上을 期한다
一、우리는 国際親善을 期한다

要求貫徹へ総決起

全国で統一行動
東西団長会議で決定

去る五月二十八日の四者合同会議で決定をみた法的地位と処遇問題に対する要求貫徹運動の具体的推進案を練るため六月四・五の両日、西部（近畿、中国、九州、四国地協各県本部）ならびに東部（関東、東北、中北部地協各県本部）全国団長会議が、広島県本部と中央本部でそれぞれひらかれ、両全国団長会議で、日本におけるわれわれ韓国人の生活と権益を擁護するため、❶六月十四日を期して全国一斉に各県本部単位で要求貫徹民衆大会をひらき、❷六月十七日には関東地区協議会を中心に中央で一大民衆大会を決行することを決議し、韓日会談に強くはたらきかけることになった。

日比谷で中央大集会
関東地協 一万名を動員

東部地区団長会議

六月四日の西部地区団長会議につづいて、翌五日には、東部地区団長会議が中央本部においてひらかれ、東部二十四県のうち十九県代表が参席して、法的地位要求貫徹民衆大会の推進方法が討議された。

同会議は、権逸中央団長の開会あいさつについで、張聡明法対委員長から経過報告があり、その中で処遇問題、戦後入国者問題などについては、日本側は国内法に依拠して解決するとしているが、民団としては、在日六十万同胞の権益擁護のため今後強力な運動を展開するため新たに要求貫徹推進委員会を選出し、対処方策を練っていると説明した。

このあと、各県本部の報告が順次になされ、特に、愛知、岐阜、千葉、三多摩の各代表は、われわれの要求を貫徹する推進運動を早急に効果的方法で展開しなくてはならないと強調した。

ついで、朴太煥中央組織局長から要求貫徹民衆大会の実施要領が朗読され、要求貫徹運動の具体的討議に入った。

討議にさきだち、金載華氏が特に発言を求めて韓日会談に対する発言をしたが、権団長は「現在、朝総連は韓日会談を反対して事実無根の悪宣伝を捏造し、青年層に対しては徴兵問題をデッチあげて会談反対運動を惹起させ、会談が妥結すれば僑胞の税金を徴集して対韓請求権に充当するのだと根拠のないデマを流し、戦後入国者に対しては、日本側で密入国者として追い返えすんだと悪辣なデッチあげで韓日会談をぶちこわそうとしている。民団としてはこのような悪宣伝と偽瞞策動を徹底的に粉砕し組織の強化をはからねばならない」と朝総連の卑劣行為に対する対備策を強調し、また、「今までは、韓日会談の促進ムードを盛りあげるため、われわれの要求貫徹運動は多少消極的なきらいがあったが、今度は本格的な積極運動を展開しなくてはならない」と強力な要求貫徹運動の推進かたを促した。

そして金宗允愛知代表から「去る五月二十九日、四者合同会議の決定をもって駐日代表部へ金大使を訪れたが、同大使は、民団の要求事項が貫徹されるよう最善の努力を払うと確約し、僑胞の運動による会談へのバック・アップを要望するといった。」と述べ、金己哲関東地協事務局長は「中央の指示にしたがって要求貫徹のための民衆大会を開らく」との意志表示をし、西部地区で六月二十日までに全国的な民衆大会をひらくことを決定していることから、民衆大会の日時を中央大会は六月十七日に東京・日比谷の野外音楽堂で関東地区協議会傘下の十県が中心となって行なない、各県本部単位の地方民衆大会は全国一斉に六月十四日に統一的に行なうことを決定この決定をただちに全国に通達するとともに民衆大会の準備にとりかかるよう指示することとした。

そして、大会開催に関する具体的細目については要求貫徹推進委員会が決定することになった。

また、西部地区団長会議の建議案については、建議案通り採択し韓国政府当局に要請することを可決して東部地区団長会議を閉会した。東部地区団長会議に出席した各県本部は次の通り。

東京、神奈川、千葉、山梨、栃木、茨城、埼玉、三多摩、静岡、長野、北海道、山形、岩手、新潟、石川、福井、富山、愛知、岐阜

地方では県別に
三つの建議を採択

西部地区団長会議

六月四日午前十一時から民団広島本部でひらかれた民団西部地区団長会議は、近畿、中国、九州、四国地協傘下二十四県のうち大分、鳥取、三重を除く二十一県代表が参席し、僑胞の権益擁護を至上使命とする民団として今こそ総力を結集して起ちあがらねばならない時期であるとして熱烈な討議がかわされ、中央から参席した権逸団長、姜学文監察委員、朴太煥組織局長からの情勢分析、韓日会談の進展状況、韓日会談反対に狂奔する朝総連の動向などを聞いたのち民衆大会の決行日時、スローガンの採択等を決定し、中央に対する建議案として、❶永住権の申請に関する手続は民団を通じて施行するよう両国政府代表に要請すること。❷本国への旅行または、永住帰国時には必らず民団の証明を添付させ、駐日代表部で直接許可するようにすること。❸日本国籍を持つ帰化人が本国へ旅行する時には、民団の身元保証書を必要とさせること。❹原爆の被爆者（本国帰国者）を救済すること。などを可決した。

同西部地区団長会議は、まず、会議開催地の朴向培広島県本部団長の歓迎あいさつによって幕がひらかれ、権逸中央団長から全国団長会議の召集経緯の説明とともに「民団は絶えず在日僑胞の先頭にたって保護対策をたてねばならない。本調印を目前に法的地位と処遇問題の要求貫徹のため、どのように運動を展開したらよい結実が得られるか建設的な討議をしていただきたい」とのあいさつがあって、討議にさきだち、全参席者の自己紹介が行なわれた。

ついで、法的地位と処遇問題に関して権中央団長から逐条的な説明がなされ、この中で、戦後入国者問題、社会保障などの処遇問題に関しては、わが民団の総力を結集して要求を貫徹しなくてはならないと強調した。

このあと、李京植本部団長は「われわれの闘争によってどのような成果が約束されるのか、また、法的地位と処遇問題、二世の教育に対する民団中央の今後の方針と対策はどうなのか」との質問をしたが、これに対して権団長は「戦後入国者問題は外交交渉だけでは解決が難しい。われわれの要求を貫徹するには全国的な民衆運動を展開しなくてはならない。だが、この民衆運動は労働運動のようになってはいけない。あくまでも秩序を保ち、紳士的な行動で終始しなければならない。この運動を盛りあげるためには全国的な協力が必要であるが、物心両面の協力が充分でない」と答弁した。

そして、民衆大会の実施要領（別掲）が朴太煥中央組織局長から朗読され、民衆大会の開催方法について審議が進められた。

この審議の途中、姜学文中央監察委員は発言を求めて「朝総連はいま韓日会談反対のため狂奔している。われわれはこれに対処するとともに、われわれの要求を日本の末端行政機関まで理解浸透させなくてはならない。そのため各地で民衆大会を開らかなくてはならないと考えるが、各地協の統一見解はどうなのか」と述べた。これに対して、朴中国地協事務局長は「民衆大会の開催は賛成だが、われわれの要求が貫徹されない時には、本国へ陳情団を派遣してでも強力に運動を展開すべきだ」とし文九州地協事務局長は「効果のない運動は不必要だと思う。要求貫徹のためには、経費問題なども考え、中央で統一運動をした方が効果があるのではないか。われわれの要求が貫徹されるまで本調印を延期させるべきだ」と強い語調で述べ、近畿、四国地協もそれぞれ、民衆大会の決行に同意を表明するとともに強力に要求貫徹をはかるべきだとの意見を述べた。

ここで、権団長から民衆大会の意義と必要性が再度説明され、全参席者に同意が求められた。これに対して、万場一致で地方単位の民衆大会を開催することに決定をみた。

そして、関東地協を除く各県本部は六月二十日までに大会を開らくこととし、最終決定は東部地区団長会議の決定をまって全国一斉に同日に決行することとし、大会スローガンを検討した。

このあと、朴中央組織局長が立って「各地の事情もあるだろうが万難を排して、統一期日に全国一斉に要求貫徹民衆大行を挙行する。スローガンその他の実施要領は、中央の指示にしたがって全国的に統一する」と大会開催の実施について補足した。

このあと、姜学文中央監察委員から「朝総連の対民団工作には軽視できないものがある。早急に強力な対備策が講ぜられなくてはならない」として、約二時間にわたり朝総連の韓日会談反対動向、民団への侵透工作などについて説明し、組織強化を強調した。

続いて大阪、福岡、兵庫、島根の各県本部代表から中央への建議案として❶韓日会談妥結後の永住権申請事務は民団を通して行なうこと。❷帰化した元韓国人の本国入国の時には民団の身元保証推薦状を添付させること。❸[illegible]出入の際には、必らず民[illegible]を添付させ、駐日代表[illegible]直接許可することを[illegible]要請することとし、これ[illegible]致で採択した。

最後に法対委の割当金の状況が報告され、権団長から[illegible]員会の決定にもとずく[illegible]要求貫徹のためにも早急[illegible]れなくてはならないと[illegible]て、これを全参加者が了[illegible]午後七時半閉会した。

参加地方本部は次の通り。

大阪、兵庫、京都、[illegible]賀、和歌山、広島、岡山、山口、福岡、長崎、佐賀、熊本、鹿児島、対馬、[illegible]島、高知、香川。

中央本部会議室で開かれた東部地区団長会議

民衆大会の開催要領

趣旨 われわれは、十四年間、両国国交正常化のための韓日会談を希求促進してきた。

第七次韓日会談は、国際情勢にともない自由陣営の結束と、不幸な両国間の過去を清算する必然的な要請がその如何なる時期よりも急速に相互間に抬頭し、妥結のための両国間の誠意と努力の結果、基本関係、法的地位、財産請求権ならびに漁業問題の四大懸案に対しては、すでに仮調印をみるにいたった。

韓日会談において、在日六〇万僑胞の最も大きな関心事である法的地位ならびに処遇問題に関しては、永住権の賦与範囲、永住権者の子孫に対する永住権、永住権者の過去経歴事由等について第四回臨時中央委員会の声明書の通り不満ではあるが決議をみた。

しかし、戦後入国者問題、社会保障問題、教育問題等は、いまだ何らの進展をみせておらず、日本側のこれに対する態度は、われわれの切実な要望にもかかわらず会談を通じて全然誠意が示されていない。

韓日会談を促進し、両国間の新たな友好善隣の精神を堅持しようとするわれわれの基本態度を日本は新たに認識しなくてはならない。われわれに対して誠意のある処遇案が示されてこそ相互の真の友好親善が生れ、われわれの要求が貫徹されてこそ両国間の友好は永久に継続されるのである。

本調印を前にして、われわれは最後の力を結集して要求貫徹運動を展開しようとして全国組織を総動員し、大民衆大会を開こうとしている。

だが、この運動でわれわれが特に留意しなくてはならない点は、韓日会談を阻止しようとする朝総連と日本の革新勢力が決死的な反対運動を展開しているという事実を忘れてはならないことである。

韓日会談に反対するこのような勢力に如何なる口実を与えてもならないし、また、一般日本社会に彼らと同一視する印象を与えてはならない。それと同時に、民団傘下にある僑胞は勿論のこと、中立系の僑胞、敵対陣営に属する僑胞に対しても、韓日会談が成立することによって、われわれに利益となる点を認識させるという努力がこの運動に含まれなければならない。

韓日会談の妥結を促進し、韓日両国民の友好親善を図る基本精神のもとに、われわれが強力な要求貫徹運動を推進しなければならないという困難な条件の中で、次のような要領で民衆大会を実施する。

要求事項

一、永住権の賦与範囲

継続居住の解釈ならびに継続居住の事実を立証する方法として

(1) 一九四七年十月二日から実施された外国人登録が現在まで、七回更新されているが、その中には各個人の事情で（登録令の実施以前、朝総連側では猛烈な反対運動があったし、また、山間僻地に住んでいた者の中には登録令の実施を知らず一次または二次、三次までも未登録のままにあったが、その後、必要によって登録した者も相当数ある）一回から現在の七回まで、継続して登録していない者もあるので、現在、所持している七回登録証によって一括的（個別審査ケースでなく）に認定すること。

(2) 継続居住の範疇については、終戦の日以前に、日本国内に居住していた者が、終戦直後に生活の本拠を日本に置きながら一時本国に帰国し、再び日本に入国した者は必らず継続居住者として含めること。

(3) 終戦の日[illegible]、日本国内に居住実績を持[illegible]、戦争の原因（疎開、徴兵、徴用）によって一時、日本内を出国し、再び日本[illegible]者は継続居住者として[illegible]

二、戦後入国者の救済範囲

(1) 戦後入国者のうち、在留許可を受け居住の実績が三年以上になる者に対しては一般永住権（現行法上）を取得できるように交渉すること。

註 相当な期間（三年以上が妥当）を短縮して、一度の期間（三年を限度）にする。

(2) 居住実績はあるが、諸般の事情で今日まで在留許可を得ていない者に対しては、その居住実績に相応する居住権が取得できるよう措置すること。

※ 離散家族の再会ならびに配偶者の招請問題は、既往の主張と同一。

※ 永住権者の本国旅行時の日本再入国ならびに、外国旅行時の内国民との同等の取扱問題は既往の主張と同一。

三、処遇問題

(1) 生活保護法は恒久的に適用されること。

❷国民健康保険は全面的に適用すること。

❸国民年金法のうち、日本国民負担で施行される各種福祉年金を支給すること。

❹公営住宅法と住宅金融公庫法を適用すること。

❺国民金融公庫法、中小企業金融公庫法、商工組合中央金庫、農業、漁業金融公庫法を適用すること。

四、その他の事項

すでに提示された“特別要望事項”のうち

❶在日韓国人を対象とする市中銀行の設立ならびに保険会社（生命、火災）の設立に関する「許可」は、今度の会談席上で政府交渉として必らず取得すること。

❷本国政府の認める在日韓国人の自治機関、教育機関へ拠出される寄附金に対しは免税措置を講ずること。

❸財産搬出に対する専門委員会には、在日僑胞の代表を必らず参加させること。

実施要領

一、名称——在日韓国人法的地位ならびに処遇問題要求貫徹民衆大会

二、日時——一九六五年六月十四日午前十時（全国統一）

三、開催単位——各地方本部単位

四、中央大会は、関東地区協議会を中心に一九六五年六月十七日日比谷野外音楽堂で挙行する。

五、大会スローガン

(1) 戦争の原因で徴兵、徴用、疎開により一時、本国に帰国した者にも協定上の永住権を賦与せよ。

(2) 戦後入国者に妥当な永住権を賦与せよ。

(3) われわれに日本人と同等の社会保障を実施せよ。

(4) 在日僑胞の全子弟に教育の機会均等を保障せよ。

(5) われわれに公営住宅法、各種金融公庫法を差別するな。

(6) 在日韓国人に対する不当な課税を廃止せよ。

(7) 日本政府は韓日会談に誠意を提示せよ。

なお、要求貫徹推進委員は次の通り。

鄭烔和、金己哲、姜桂重、鄭煥[illegible]、文圭準、朴尚培、姜学文、朴太煥、陳斗鉉、金載華、李吉[illegible]、金八雄、許弼奭、呉基文、金[illegible]

旗国主義を補完
箱根漁業会談終る

韓日漁業協定条文作成会談が、去る五日午後三時から箱根においてひらかれた。

箱根会談においては韓国側から金東祚駐日大使、李圭星公使ら関係者全員が参席、日本側から牛場審議官、後宮アジア局長、石田水産庁次長以下関係者全員が参席して行なわれた。

この会談は三、四日間継続されて、韓国側から提案した協定の一部補完（旗国主義補完）問題が重点とされた。

この問題が円満な妥結をみるにいたれば、韓日漁業交渉は終結され諸懸案協定は、来る二十日までを目標として、正式調印に運ばれるものと見られており、日本側は「仮調印の原則を修正することはできない」との当初の態度をいくぶんやわらげ、条文作成過程において、韓国側からの補完要請を可能な限り反映させようと接近してきているといわれる。

仮調印後において、すでに十数回にもおよんだ公式あるいは非公式な接触において、相互の腹案は大体において確認されてきているので、大きく問題が難航するようなことはない等ともみられるので正式調印が二十日を待たずに行なわれるものと伝えられている。

“法地位運動を支持”
前沖縄政府首席 大田政作氏

大田政作氏

大田政作前沖縄政府主席は、去る十日民団中央本部権逸団長との会見で在日韓国人の法的地位要求貫徹運動に対して、心から共感と同情を禁じ得ないとして、大要つぎのように語った。

在日韓国人の法的地位要求運動は、あたかも、わたくし大田政作が沖縄政府主席にいたときに始まりました、沖縄の日本本土復帰運動とも、その苦労においてはある一面において相通ずるものがあると思い、それだけにこの大田政作は心から同情を禁じ得ないものがあります。さらに韓国と日本の過去関係を省りみますと、いっそうの同情同感をよびおこさせるところがあります。

太平洋戦争末期の最後の激戦地でありました沖縄の復興事業は、韓国があの共産勢力の侵略にさいなまされた動乱後の復興事業と全く同じ立場でありますとともに、沖縄住民の本土復帰運動は、かっての日本統治下におけるところの韓国愛国者らが起した韓民族の独立運動とも通じるものがあり、またこのたびの在日韓国人の法的地位要求貫徹運動は、それが当然賦与されて至当な歴史的根拠がある主張でありますためにも、この大田政作個人の見解と致しましては、日本に居住している韓国人に対しては、日本政府は、過去の歴史的因果から法的地位等の要求を待つまでもなく、進んで充分な待遇を与えるべき立場であるので、これらの問題については、躊躇することなく要求するところは人道的立場で受け入れてこそ過去のつぐないにもなると思うものです。幸い、過去において行政の長として歩きました経験から推されまして、現政権を担当するところの自由民主党から参議院議員の推挙を受けましたので、政界に入りましても、初心を忘れることなくみなさん方の法的地位問題は、要求にあくまでそえますようにわたくし大田政作はもちろんのこと、自由民主党をはじめ各政党にも協賛を得るよう、努力したいと思っております」

このようなわれわれ韓国人に対する理解と、好意をもっているところの政治家が、日本にいることをこの上ないよろこびとすると同時に、大田政作氏のような政治家がどしどし出てきて、国会や政界において、大きく発言の場を展開するとともに、政治的実現力を発揮してくれることを[illegible]やまない。

大田政作氏はこのたびの参議院全国区立候補[illegible]ことに多忙な日常である[illegible]わらず、わたくしどもの[illegible]要求貫徹運動に協力を惜[illegible]発揮され、日比谷での中[illegible]会には自由民主党を代表[illegible]祝辞をくれるといわれ[illegible]かけはし的な存在とな[illegible]うとうかがわれるしだい[illegible]なお、大田政作氏は、[illegible]参議院議員全国区立候補[illegible]おけるところの、韓日親[illegible]る誠意と誠意にあふれた[illegible]氏の親韓友好をさらにた[illegible]まぬ。

大田政作氏の略歴

大正十五年 高文行政科（在学中）
昭和二年 高文司法科（在学中）
昭和三年 早大法学部[illegible]
昭和四年以降九州各地方[illegible]事を歴任
昭和二十一年弁護士開業（在任五年[illegible]）
昭和二十四年 八代市[illegible]
昭和二十六年 八代市法[illegible] 連盟会長
昭和三十二年 琉球政府[illegible]席
昭和三十四年 琉球政府行政[illegible]
昭和三十四年 沖縄自由[illegible] 就[illegible]

“正式調印はA・A会議以前に”
佐藤首相語る

内閣改造をおえた佐藤首相は去る五日正午の記者会見で「韓日会談懸案協定の正式調印をごく近い中に実現させよう[illegible]った。佐藤首相は「正式調印を急に実現させるため、関係者が箱根にとじこめてまで会談させている」と語りながら[illegible]名外相がA・A会議に出席[illegible]め、正式調印の時機をその[illegible]ざるを得ない」として[illegible]間の長い月日にわたって[illegible]が、解決されれば韓日両国[illegible]もに歓ぶであろう」とも[illegible]ら、「臨時国会においても[illegible]をしたい」とも語った。佐藤[illegible]はまたアジア外交問題に[illegible]て「日本は終戦後におけ[illegible]をなくすためにも努力を[illegible]る」と前おきしながら「[illegible]平和を求めている現在の日[illegible]識してもらわねばならない[illegible]調した。

60万은 総団結하여 우리 要求를 貫徹하자

韓日経済協力の前途

韓日国交正常化に伴う両国の経済協力に依る互恵平等と共存共栄の問題は経済的ばかりでなく、政治的にも全自由民主陣営の耳目を集めている。

もとより韓日両国は一衣帯水の間にあって、歴史的にも文化的にも密接な関係にあったが、両国間の歴史を清算して、新たな親善友好の気運が醸成されて来た。さきに両国関係の基本条約並びに三懸案の仮調印をみ、六月末の本調印を目指して双方が鋭意努力している現状にある。

従来の韓日間の経済関係は、不平等な歴史的事実を体験して来た韓国人には、再び経済的な従属関係に立つのではないかとのきぐから韓日会談自体すら反対している者もいるが、ここに、両国間の経済界代表に依る今後経済協力関係の青写真をのぞいて見ることにした。

日本の有力経済界と在日韓僑実業界とが韓日経済協力関係の推進のために設けられた「日韓経済協会（会長足立正氏）」は両国親善と経済協力問題の研究のために、第一次訪韓視察団（団長安藤豊禄氏小野田セメント（株）社長）、昨年11月の第二次訪韓視察団は（団長安西正夫氏、協会理事、昭和電工（株）取締役社長）19名、第三次訪韓視察団は本年4月14日から10日間、土光敏夫（団長石川島播磨重工（株）会長、現東芝社長）41名が韓国経済人協会会長、金容完氏（京城紡織社長）の招請で訪韓して、より一層の協力関係の調査研究と有効な合意を見て来た。

本稿では、その足跡をたどることにより、両国経済協力関係の姿勢と構想がより浮彫りにされることであろう。

互恵発展へ相互協力　受入態勢の整備も急務

日韓友好の発展を喜ぶ

日韓経済協会会長　植村甲五郎

すでに緊密性は存在

経済再建に協力の手

あくまで謙遜な態度で

第三次韓国経済視察団長　土光敏夫

期待する経済界

技術と資金の協力

韓国の自主計画を

韓日経済懇談会分科委員会合意事項

日韓経済懇談会合同会議であいさつする……

米国の対韓政策　新しい転機に立つ

入国許可少なすぎる　韓国、近く日本に抗議

共和党が遊説　韓日国交正常化で

後入国者에게도永住権을賦与하라

在日本大韓民国居留民団

本部	団長	議長	監察委員長
福島県本部	全用道	朴秀烈	鄭煥杓
宮城県本部	権保根	金七竜	朴秀益
北海道本部	田連寿	金本正	朴準竜
青森県本部	金世鎬	金東洙	張秉武
山形県本部	崔泰幹	趙鏞洙	裴應三
岩手県本部	盧成永	韓哲汶	曹点乭
新潟県本部	白源喆	尹逹	権寧相
石川県本部	孫浩東	李竜濱	金東晙
福井県本部	玄在鶴	姜栄求	金泰文
富山県本部	李相文	成楽三	徐夏竜
愛知県本部	鄭煥禧	姜末律	朴太煥
岐阜県本部	張呉順	金正圭	趙慶鏞
大阪本部	姜桂重	金聖洙	金滉一

団長に李宗樹氏

京都本部大会で改選

所信を表明する李団長

慰問品を送る運動

ベトナム派遣軍に　東本支団長会議で決定

運動推進策ねる

神奈川でも支団長会議

韓国公報館で開かれた東本支団長会議であいさつする金己哲団長

請求権で本格折衝

韓日会談　最後の仕上げ急ぐ

民衆大会を承認

中央執行委員会開く

学生の母国訪問団

中央文教局で募る

故郷に金一封贈る

済州郷友会で

韓国女性国劇団

金信三会長を再選

韓国学園修学旅行団帰る

71

60年来の日照り続く
憂慮される収穫減少
韓国各地で祈雨祭も

韓国一帯では六十年来の異常旱魃に襲われて、麦作の収穫減少ばかりでなく秋の収穫でさえ深刻な影響を蒙ることになるので、慶北南ではかろうじて旱害対策地からはまぬがれたが、其他の地方では雨乞いの祈雨祭におうわらわな農民の姿がいたましい。

しかし、政府は旱害緊急対策として、五月二十六日の国務会議で六五年度一般会計政府予備費から四千五百四十万円を支出して、西ドイツから揚水機三百五十七台を輸入するなど、その対策に大わらわであるが、各道当局でも、その対策費として予算を中央政府に要求している。

我々は、これらの本国にいる農民に、親、兄弟、又は親類縁者をもつものは、日頃の生活から、いくばくかでも捻出して、このように旱害の天災に喘いでいる本国同胞を救わなくてはならない。

以下各地の被害状況を一巡する。(朝鮮日報の資料による)

忠北は麦、にんにく胡椒蔬菜類はもちろんのこと、砂防造林苗木三千余万株枯れてしまったばかりでなく、桑の葉がのびなかったので春蚕が全滅に近いので、六月一日現在では向う十日以内に約百ミリの降雨がなかったら、天水沓の田植は絶望視されている。

各地方から入った麦の作柄では慶南、北道はかろうじて平年作にはなろうが、全南、北は1割ないし一割5分の減収、京畿、江原道では各々3割の減収が予想される。

各道当局では、このような麦の減収よりも、これからの田植がより心配なので、水利のよいところに予備苗代をつくり、千台の揚水機を動員するなどの対策をたてて中央当局に各々緊急旱害対策を要求している。なお、各道別の被害と対策をのぞいてみよう。

京畿 播種面七万五千八百余町歩、麦の予想収穫高55万6千石に対する3割減産の例年にない凶作、野菜類は3割減が予想される。

苗代の確保のためには道内揚水機一千2百48台を動員し、予備苗代2百23町歩を設ける計画。

桑の葉がはえない

江原道 麦作をはじめとして、各種農作物は昨日標準よりも約3割の減収が予想され、種別では麦が5・5割、甘藷1・4割、野菜1・6割、桑が3割である。田植期の六月上旬頃まで降らなかったら、揚水機8百21台、消防車41台、発動機一千6百余台を動員して、田圃に水を引く計画であり、道当局ではこれら旱魃対策費として3千5百60余万円を中央に要請している。

麦作被害5割台に

忠北 麦はみのる前にまっ白く枯れつつあるので、このままでは、5割の減収よりも種代も出ないとなげいている。昨春約70余名を動員して、苦労して作った砂防林苗木3千余万株の大部分枯れている。4千余円をかけて植えた8百万株の桑も葉が出ないので春蚕は全滅状態になった。

忠南 本年度97万9千石の麦作生産計画は五月末現在2割の減収と当局は見ているが農民は5割以上とふんでいる。

慶尚南道知事が招請
郷土出身の僑胞経済人ら

李容純(慶尚南道知事)は日本に居住している郷土出身者らに対して、このほど招請状を送った。これは韓日正常化とともに、経済協力の強化と文化交流の増進を促進させたいとの意向をもって、在日郷土出身者と本国において、これらの問題について協議するためのもので、郷土の産業後進性を脱皮させる転機として、国土開発計画の一端に包含されたものであるといわれる。

特に本国の政治も安定化し、産業開発に技術と資本が総動員をもって呼応し、祖国近代化に拍車をかけている折、海外に居住する僑胞に、その実情をつぶさにみていただき、産業隆盛に期そうとする企図は、ひとり郷土出身者のみならず、全僑胞がひとしくよろこびとするところだ。

李知事は招請にあたって、招請場所は道庁(慶尚南道)とし、視察地は、道内産業地および観光地一円の予定にしてある。

長い間の海外生活で或は生活まで同化されているかも知れないが、然し愛郷心は常に心の底に秘められているのが人情だけに、この知事招請がもたらす影響は大なるものがあろう。ちなみに招請された人々を列記すると次の通り。

東京地区 鄭烱和(民団中央副団長)関泳相(電気工業経営)趙武祖(土木業)鄭淳釣(鉄工業経営)辛奉柱(硝子工業経営)辛鳳述(金融業)安周中(銀行理事)鄭卜相(アルミニューム工業経営)辛正福(商業)柳敦光(商業)

関西地区 李圭任(染織業経営)孫成尚(鉄工所経営)徐甲虎(紡織業経営)張仲均(貿易商)宋鳳律(自動車附属品工業)朴漢植(銀行業)辛永叔(商業)成田浩(運輸業)成楽三(運輸業)

九州、中国地区 李複一(金融業)方餅湾(商業)

なお、同一行の団長として、また入国手続などの責任を、李知事は鄭烱和民団中央副団長に委任をしたので、鄭副団長は早速全国の組織に連絡をして、郷土訪問団結成を準備中である。出発は来月になる予定。

韓国料理を習いましょう
韓青女子部 料学理校設く

……もなるでしょう。日本で生れ日本で育った僑胞子女の民族教育の一端にでもなればと思って……」と、言葉少なにつつましく語った。この講座は週一度(毎木曜日)で受講料は五〇〇円、団員子女なら誰もが受講できる。講師には、文盛娟女史が受持っている。

「今日の勉強は"三牒飯床"です。韓国の料理は家庭と宮廷とに分れており……」先生の講義に耳をそば立て一言も聞き洩らすまじとする真倹な顔が、勉強というより以上の何かの気魄を感じさせていた。

文女史は「皆さんが本国の料理習得や風俗に対して関心が深くその向学心が高いのに感嘆した程で、未熟なものですが共に勉強したい一心です」と語っていた。

文盛娟女史は八年前、ソウル梨花女子大学家政科を卒業して日本に留学、日本女子大学家政科食物科を了え、現在はNHK国際放送……

国交正常化に賛成

……して街頭に立った大学生たちは、今や冷静に研究し検討する段階にはいっているが、かれらがこの問題に対して考えている点がいかなる点であり、またかれらが認識をいかにしているかを二、三とりあげてみることも、在日僑胞のわたくしたちに意義あることだと思われる。

「日本の反共路線信頼にたるか」◇高麗大学法学科四年生朴正雄=……

……貨市場化されることを憂うるせのである。これらの点を確保する国交正常化をとうしてこそはめようか「平和線問題には再協議すべし」韓国大学校法政大学法学科四年生康寿福=韓日国交正常化は国際情勢とわれわれの近代化のためにも賛成である。しかし平和線は共産陣営に対備するためのものでもあるから、日本の反共態勢を明らかにさせてこそ論じられるべきだ。

国語学習書を出版
民団大阪本部で

民団大阪本部(団長姜桂重)では、かねてから在日僑胞の国語習得の要望にこたえるため、韓国語学習書を編纂中であったところ、この程その完成発行をみるにいたった。

外地に生活を営む在外僑胞らの民族教育事業は、政治的、済済的にも、また社会的にも多難な事業であるばかりか、教材の編集にあたっても、それが普遍的で健全な価値あるものを編むことを理想とするだけに、いろいろと時間的にも労苦の多かったろうことは推測にあまるものだ。にも拘らず、偉大なる文化事業ともいわるべき韓国語学習書の完成を見せてくれた姜桂重大阪本部団長の愛国心と愛族精神にもとづく教育理念に、限りない感謝の意を全僑胞にかわって、呈したいものである。

特に最近、韓国語ブームは弥まり、日本人の有志らも日日に本社宛に「韓国語に関しての書籍」を紹介してもらいたい旨の電話や、ハガキが殺到しているぐらいだ。ましてや、わが僑胞の子弟、わけても二世の学生諸君らにおける母国語学習にたいする向学心と、その熱意の度あいは過去のいかなる時代にもまして激増している事実を、よく把握し、先見をもって一歩さきんじて完成、集大成させて世に問わせ充満させてくれたことは末永く称賛されよう。

姜桂重民団大阪本部団長は「韓国語学習書が完成したことは、決してわたくし個人がなしたものではなく、全団員がわたくしに協力をしてくれたおかげのたまものでそれだけに、われわれ在日僑胞が遠く本国を離れて住もうとも、つねに心に愛国心が燃えたぎっていることの立証になるんじゃないかと思う。この学習書によせられた熱意がそのままに組織をして発展させる推進力とならんことをねがう」と、語った。

なお、「韓国語学習書」の注文は民団各県本部文教部において受付けている。

韓日会談白書 4

五、請求権の解決内容

一九六二年八月に開始された予備折衝では韓国側の八項目の請求を法理論的に検討する方式をやめた。

……れたが、日本側の消極的な態度によって請求権小会は一回しか行なわれず、それすらもただお茶をかわす程度の形式的なものにすぎなかった。

未決問題とわが国の立場

A、日本側供与の名目問題

韓国側が「請求権問題を解決し経済協力を増進するための」目的で日本が無償三億ドル財政借款二億ドル商業借款一億ドル以上を提供する事実だけを規定することを主張したが日本側はそのような目的で三億ドルを「無償経済協力」に二億ドルを「有償経済協力」に提供するよう規定することを主張した。

そして同供与はわれわれの「請求権」によるものであり、これは正当な権利行使の結果であるので、これを明示する名目をえらぶという方針には変らなかった。

B、清算勘定上のわが国負債償還問題

韓日両国は一九五〇年大韓民国と占領下の日本との間に締結された財政協定によって韓日間の商取引額を日本銀行の帳簿に記載してきた。

韓国が日本側から輸入した物品の価格は同帳簿の借先に記入されるので、同借先がわれわれが輸出した額数を記録する貸先より上回る負債になる。

このようにわれわれの対日負債が一九六二年末現在で四四七三万ドルに達するので、この償還方法をめぐって、韓日両国は対立してきた。

韓国側は無償三億ドルから十年間均等相殺することを主張したのに対し、日本側は無償三億ドルから最初の三年間にかけて相殺し、これによって韓国の受入額に不足をきたす場合は、二億ドルの財政借款を短縮して提供する方向に処理することを主張した。

C、財政借款の償還期間問題

法律相談

韓国料理

初夏の夕べの涼しいおかず。お酒の肴にも喜ばれる、夏の代表的な野菜をどうぞ

焼きなす（写真）

材料(2〜3人前)

なす　4〜5個
胡麻油　大さじ
牛肉　100g
砂糖　小さじ1
○ねぎみじん切り　大さじ
○にんにくみじん切り　小さじ
○しょうがみじん切り　小さじ
○擂り胡麻　小さじ
○胡麻　少々
○醤油　大さじ

作り方

❶なすは洗ってヘタをとり、7〜8ミリの厚みに縦に切ります。フライパンに胡麻油をしき両面こんがり焼きます。

❷牛肉は薄切りにし、まず分量の砂糖にからませてから、○印の調味料で味つけし、最後に胡麻……

きゅうりとくらげの酢の物

つけ菜の漬け物

72

韓國新聞

発行所 韓国新聞社
東京都文京区春日町2丁目20－13

五大綱領

全国事務局長会議開く

"法的地位"を逐条解説

受入体制の整備等決議

六月二十二日に正式調印をみた在日僑胞の法的地位と待遇に関する協定の解釈と、本調印を契機に二日、中央本部講堂において全国事務局長会議がひらかれた。同会議は、全国三十県本部事務局長が関係要項、八・一五慶祝使節団の派遣問題、各種納付金の未納問題等について真剣な討議がなされた。

同日正午から中央本部講堂でひらかれた全国事務局長会議は、鄭炯和中央団団長の開会あいさつで幕があけられた。鄭副団長はあいさつの中で特に"韓日協定が正式調印されたいま、わが居留民団は覚悟をあらたにするとともに組織の整備強化を急がねばならない。そのためにも法的地位協定の内容について正しい認識が必要である"と強調した。

協定"について逐条説明があり、この説明を中心に質疑応答にはいった。

まず、金宗允愛知県本部事務局長から、❶われわれが要求していた金融公庫法、年金等の適用問題は協定文にも記載されていないがこの問題はどうなるのか、❷永住申請にともなう手続問題はどうなるのか、❸外人登録証を所持していない者や、登録証の名前と違う

なかった。だが、これからは異なる。日本の法律では生活保護を受けている者、納税義務の不履行者でも海外旅行ができるようになっている。在日韓国人に対して今まで、納税、生活保護を理由に本国への旅行を規制したのは入管が決めたものである"と答弁があった。

権団長のあいさつ

労をねぎらい合う

権団長と石井法相

第四回郷土文化功労賞十八名に授賞さる

朴大統領も出席

東洋一煙草の工場竣工

敬老会ひらく

福岡市婦人会で

本国芸能団招く

73

韓国の新聞論調

民族の主体意識が鍵
韓日調印に復雑な心情

朝鮮日報

民族的自覚と姿勢を正そう

ソウル新聞

（韓）（国）（の）（古）（跡）ソウルにある多宝塔

次に来るもの

コリア・タイムズ

会長に李道述氏
軍人会関西連合分会

横浜・鶴見支部で国語講習会ひらく

尋ね人

韓国料理

うろこきゅうり

つけ菜のスープ

夏期講習ひらく　北海道本部で

韓國新聞

発行所 韓国新聞社
発行人 権 逸
東京都文京区春日町2丁目20-13
電話(811)2261～5 編集
(811)0675 業務
振替口座東京34988番

五大綱領
一、우리는 大韓民国의 国是를 遵守한다
一、우리는 在留同胞의 民生安定을 期한다
一、우리는 在留同胞의 民権擁護를 期한다
一、우리는 在留同胞의 文化向上을 期한다
一、우리는 国際親善을 期한다

盛大に調印祝賀会

友好の契りも固く
外交使節ら三百名参席

韓日協定の本調印を歓迎して去る七月十二日、民団中央、東京本部、商工連合会三者の主催による祝賀会が東京丸の内の東京会館で盛大に挙行された。同祝賀会には韓国側からは駐日大・公使をはじめ、駐日公報館長、民団各[illegible]席し、日本側からは政界、言論界の著名人多数が参席し、駐日各国大・公使らも列席して韓日親善の交歓がなされた。同祝賀会では両国代表がそれぞれ、韓日間の友好親善は協定文書の内容よりも、今後の両国民の姿勢いかんがより重要であることを強調し、地理的にも歴史的にも最も近い隣国が不自然な状態から脱皮して善隣友邦となれることは韓日両国のみでなくアジアの将来にとってきわめて喜ばしいことであるとし和気あいあいのうちに祝杯があげられた。

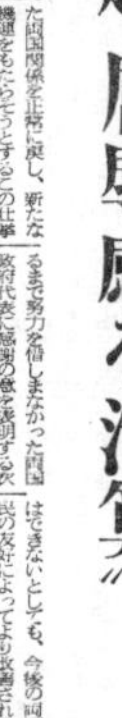

"優越・屈辱感を清算"

定刻の午後六時、東京会館三階の大ホールは、祝賀会に招待された日本の政・言論界の著名人、在日各国大公使らをはじめ韓国駐日代表部の大公使、民団各級機関の代表ら約三百人で埋めつくされた。このなかを、金大使夫妻[illegible]会で祝賀会の開会が告げられ、権逸団長から、参席を謝し、今後の韓日親善を増進する次のようなあいさつが述べられた。

「今夕はご多忙中のところ韓日会談の妥結を歓迎祝賀して、かくも多数ご参席くださり厚くお礼申しあげます。十四年の長年月にわたり難航を続けてきました韓日会談は、両国政府のたゆみない努力によってここにめでたく本調印をみるにいたりました。不自然であった両国関係を正常に戻し、新たな機運をもたらそうとするこの壮挙は、われわれ韓日両国のみでなく全世界の自由と平和を守るという観点からも心から歓迎するものであります。ところで、調印された協定内容をみます時、われわれ在日六〇万同胞にとって最も関心の深い法的地位と待遇問題は、われわれの願っていたものとは程遠いものであり満足にたえないものであります。

だが、外交交渉とは、その一方のみが十二分に満足できるものでなく、双方が譲歩することによって妥結するものであり、われわれに対する問題は今後とも韓日友好の基本精神によって善処されることになっていますので、これにいたるまで努力を惜しまなかった両国政府代表に感謝の意を表明する次第であります。長い間の宿題であった韓日間の友好親善は、政府間の協定が両国国会の批准を経て実現をみることになりますが、この友好親善は単に協定文書に求められるものでなく今後の両国民の姿勢と態度いかんにかかっていると思います。このような意味において、われわれは今後ますますお互に協力し、理解し助け合っていかねばならないと考えます」

ついで、金東祚駐日大使から別項のような祝辞が述べられた。

つづいて日本側を代表して安井謙国務大臣がたって「十四年にわたる両国間の最大の関心事であった韓日会談が妥結し、十二分に満足はできないとしても、今後の両国民の友好によってより改善されるものと思いますので、自民党は親近感をもって心から両国の国交正常化をお慶び申しあげます。」と祝辞述べた。

このあと、金大使と安井国務大臣の間で親善友好を誓う固い握手が交され全参加者は万雷の拍手を送り、親善交歓のムードはいやがうえにもたかまった。

つづいて、東京韓国学園の生徒らによる合唱と、朴貴姫女史らの本国芸能団による歌と踊りが披露され、大ホールにしつらえられたテーブルを囲んで随所で歓談が繰り広げられ、韓日間のかけ橋的役割を果す民団の使命が達成され、[illegible]午後八時すぎ盛会裡に幕をとじた。

主な出席者

【駐日各国大公使】エマーソン駐日米公使、パングリーク駐日オランダ大使、スコット駐日ニュージーランド大使、ケストリイ駐日トルコ代理大使、ニューエン・バンロック駐日ベトナム代理大使、陳沢華駐日中国公使

【日本側】安井謙国務大臣、小金義照前郵政大臣、田中竜夫衆議員、大谷賢雄参院議員、[illegible]東京都事務所長、大田政作前沖縄政府首席、矢次一夫国策研究所長、中保与作氏（評論家）、[illegible]読売新聞主筆、[illegible]毎日新聞主筆、横田康夫東京新聞論説委員長、波多野宏一朝日新聞論説委員、大山量士アジア友の会会長、[illegible]日韓文化協会理事長、鈴木一日韓親和会会長、大槻武一[illegible]

㊤各界代表でにぎわう祝賀会場㊦右はあいさつする権団長，左は安井国務大臣

韓日友好のかけ橋
権団長談話　民団の使命を強調

韓日協定は去る六月二十二日の本調印をもって、過去半世紀に亘る両国の不幸な歴史を清算し、善隣友好と互恵平等の新しい歴史の出発点であるという見地から、これを支持し、歓迎する基本的態度は、同日の中央執行委員会の声明をもって表明したところである。

この歴史的瞬間に立つわれわれ六十万在日僑胞は、いろいろな由来を背負って現在も日本に居住しているので、今やわれわれは独立国家の国民として過去をきれいに清算して両国親善友好のかけ橋的役割が使命であることを今一度自覚を新たにしなければなりません。

特に、韓日両国民の間には、表現し難い根深い国民感情問題があるので、これは巨万顆の外交文書よりも、国民の一人一人の心の姿勢と言語や行動を通じて相互の信頼と親善友好の気運が具体的に示されなければなりません。このような両国民の基本的姿勢が相互に反映されることによって、真の両国の親善が保たれるものであるので、われわれ在日六十万僑胞の役割は非常に注目されるばかりでなく、本国全体の態度が日本の社会に十分に反映され、またかつ、日本国民の誠意が韓国民に伝達されるためには、われわれの姿勢が両国間の一次的媒体として重要な役割を果たすことになるのであります。本国の国民が日本国民の姿勢を理解しようとするとき、これに対するわれわれの判断が重要な要素となり、これを土台として両国の親善が築かれるものであります。このような意味において、われわれの負荷された重大な使命と責任を全うするためには、われわれ六十万僑胞は新たな創造的歴史の担い手として、この瞬間から覚悟を新たにしなければなりません。

まず初めに、外国人としての矜持をあらたにし、日本の社会にあっては、独立国家の国民として堂々たる生き方をすることに依って、日本国民からも尊敬をうけられるような決意をあらたにしなければなりません。そして、両国の国交が正常化されるのを契機として、両国の間に幸せであって、光栄ある歴史が創られるように、われわれは誠意ある努力をもって先鋒的役割を果さなければなりません。

次にわれわれの日常生活の態度において未だに残されている被統治者的な奴隷根性と卑屈な感情を完全に清算して、われわれの生活領域や子弟の教育において、一切の過去の残滓を払拭しなければなりません。

今や、わが民団は名実共に指導的組織として飛躍的発展の段階に突入したのであります。われわれは、今や新たな気持をもって、人間相互の不信と相克の永い歴史的ろう習を深く反省して、相互の信頼と協調の精神をつちかって秩序を守り、和睦を通じて団結を[illegible]して、より積極果敢に民団組織の強化と発展の一層の発展をはからなければなりません。

一方、われわれは、このような歴史的段階に立つとき、朝総連傘下で呻吟している純真な同胞に対しては同胞愛の精神で温く迎え入れなければなりません。われわれは、彼等に対して過去の事柄や些細な先入観念にとらわれるようなことなく、幅広い寛容な態度をもってかれらに接することによって、彼等をして人間性の尊厳と自由の尊さを深く理解、認識させて、大韓民国の国民としての栄誉に浴することが出来るようにあらゆる機会と施策を整えなければなりません。

このようにして、われわれは全在日僑胞の子々孫々に至るまでその生活と安住の土台をわれわれの手で築かなければなりません。

しかし、われわれは、在日僑胞は勿論のこと、本国に対してまで[illegible]を行い、謀略などあらゆる虚偽宣伝を行い、一方、わが民団に対して悪辣な侵透と攪乱を画策している北韓傀儡の忠実な手先である一部悪質な朝総連の一部幹部に対しては引続き警戒心をもって対処しなければなりません。

日本側に要望することは過去三十六年間の植民地政策に依って生じた根拠のない優越感と誤った認識を一掃して、人間尊重の基本的精神に立ちかえることに依って韓日会談妥結の崇高な基本精神を継続発展させてゆくことを願うものであります。

このような重要な歴史的時点に立たされているわれわれ在日僑胞すべてが、国民外交のにない手となって、韓日友好親善のかけはし的役割を推進させることに依って両国民相互間にあった人間不信の誤った観念をなくし、明日の韓日両国民の新たな幸福と繁栄の歴史を創造するために大きな努力を傾注しなければならないことは勿論のこと、韓日協定の両国批准が早期実現のためにはあらゆる努力を払わなければならない。

権団長ら再び帰国
特別要望事項など陳情

韓日会談の正式調印をみた居留民団では、韓日妥結が両国の共同の繁栄とアジアの自由と平和を守るという観点からこれを歓迎支持しているが、会談の妥結にともない在日僑胞の生活安定を期するめさきに本国政府へ提出していた特別要望事項（市中銀行の設立、教育財団の設置等）について[illegible]

婦人会西日本分会で金斗元氏を分会長に

[illegible]

参事　朴今順
参事　金君子
監事　池順譲

活動方針＝民団の活動に呼応して組織強化につとめる。六・二五の体験から体得した反共精神を一般にも普及させる。

羽田空港から発つ民団幹部ら

祝賀会における金大使のメッセージ

[illegible]、まことの善隣友好関係を、[illegible]代にひき継がせるものと考えるのであります。したがって、われわれ韓国国民も、また、日本国民も、みなお互いに協力することによってのみ、このたび妥結された韓日会談が、結実の花をそえるものであると思うのであります。

両国民の中、一部のひとびとがもっている優越感とか、卑屈感とかは、すべてこの度の会談妥結を契機として、完全に清算され、両国国民がお互いに尊敬しあい、相互協力することによって、本日のこの祝宴を末永く輝かせ、また光栄ある実を結ぶよう望んでやみません。ありがとうございます。

韓日国交正常化を訴える

われわれ在日僑胞団体、居留民団、商工人連合会、大韓婦人会の六十万会員は韓日国交正常化のため大韓民国政府の施策を支持し、歴代政権が成し得なかった韓日会談妥結の努力に対して満腔の謝意を表するものであります。

われわれ在日僑胞は、解放後二十年間、祖国が独立した後も[illegible]独立国民としての[illegible]流浪民族集団のような位置にさらされ、[illegible]苦痛と悲しみ[illegible]日帝に引きさられて故国の山河と父母兄弟を離れ、異境において生きんがためあらゆる艱難辛苦をなめてきた過去を回想する時、国を失った悲しみは誰よりも深く骨身に徹しております。

このような過去に対する怨恨と民族感情がそうたやすく消え去らないのが韓民族の偽らぬ心情であります。

しかし、時代の推移と国際情勢の変遷は、いつまでも旧怨にのみこだわるわけにはいかず、歴史的にも地理的にも最も近い位置にある韓日両国は、いまや不幸であった過去を清算し、あらたな時点で互恵平等の立場から両国の共同の繁栄のため提携しなくてはならないということは誰しもが否認できないところであります。

われわれ在日僑胞はこのような観点からさきに韓日国交正常化を促進してきたのであります。[illegible]急変するアジア情勢は共産主義者の侵略的脅威が一層露骨化し、[illegible]現段階に処して[illegible]ということから[illegible]

そして、今般十四年間も[illegible]政府の確固たる方針と本国[illegible]ら感謝の意を[illegible]われわれ在日僑胞の法的地位と待遇問題について特別な配慮を示したことを知り、[illegible]解してくれたことに対して感謝の念を禁じ得ないところであります。特に、在日僑胞の永住権の範囲と強制退去の事由等については、わが僑胞の主張が貫徹され、現在まで一方的処置によって不安な状態にあった僑胞生活が安定化されたことは大きな成果であるといわざるを得ません。

また、今度の韓日会談妥結によって居留民団の位置はより一層鞏固になり[illegible]反面、朝総連系は右往左往しているのが実情で、[illegible]

韓日協定の内容について国内の一部で可否を論ずるむきがなくもないが、外交とは相対的なものであるということを考える時、全面的に満足することはできません。したがって、互恵平等の立場で共存共栄の道をきりひらくことのみが今日、韓日両国が処せられている位置からして善隣友好精神の発露であるとわれわれは確信するものであります。今日の日本は過去の軍国主義時代を再現するものではなく、あくまでも自由陣営の一員としての使命を遂行するものであると信じるのであります。

[illegible]

われわれ在日僑胞は、韓日国交正常化のその日が訪れるならば、異境万里において血と汗で築いた僑胞財産を祖国へ搬出し産業建設に投資して、祖国大韓の経済発展に寄与することを固く誓うものでさります。

一九六五年七月

在日本大韓民国居留民団

中央本部団長　権　逸
〃　議長　朴玄
〃　監察委員長　尹致夏
〃　顧問　金今石
〃　〃　金己哲
東京本部団長　李根馥
神奈川県本部団長　姜日九
千葉　〃　〃　趙晋奎
山梨　〃　〃　鄭再出
栃木　〃　〃　崔武周
茨城　〃　〃　盧　揚
埼玉　〃　〃　朴詰浩
三多摩　〃　〃　金栄出
群馬　〃　〃　朱性鶴
静岡　〃　〃　権重煥
長野　〃　〃　朴東渓
秋田　〃　〃　姜桂重
大阪府　〃　〃　徐正浩
兵庫　〃　〃　李宗樹
京都府　〃　〃　柳在洪
滋賀　〃　〃　崔秉現
和歌山　〃　〃　全用道
福島　〃　〃　権保根
宮城　〃　〃　田連寿
北海道　〃　〃　金世鎬
青森　〃　〃　陳且祚
三重　〃　〃　朴尚培
広島　〃　〃　魯根璇
岡山　〃　〃　[illegible]
島根　〃　〃　朴三世
山形　〃　〃　崔泰幹
岩手　〃　〃　盧成永
愛知　〃　〃　鄭煥禧
新潟　〃　〃　白源詰
石川　〃　〃　孫浩東
福井　〃　〃　玄在鎬
富山　〃　〃　李相文
岐阜　〃　〃　張呉順
鳥取　〃　〃　朴尚甲
福岡　〃　〃　文圭準
長崎　〃　〃　李孟竜
徳島　〃　〃　金成式
高知　〃　〃　朴俊学
香川　〃　〃　金正一
佐賀　〃　〃　朴千石
大分　〃　〃　朴栄在
宮崎　〃　〃　金七星
熊本　〃　〃　姜秀元
鹿児島　〃　〃　丁陽声
対馬島　〃　〃　金昌珉
愛媛　〃　〃　金徳淳
奈良　〃　〃　李来玉
在日韓国人商工連合会
会長　許弼奭
在日大韓婦人会中央総本部
会長　呉基文

「乙巳条約」新・旧

政権争いの果てに主権うばわる

旧乙巳条約

旧条約を清算し独立主権を誇示

新韓日協定

韓国論壇

宇都宮徳馬氏に与う

内外問題研究所理事　韓　載　徳

（一）

（二）

（三）

（四）

帰還した徐さんは家族と15年ぶりに再会した（ソウル駅で）

悲惨な北韓の暮し

徐福吉さんが記者会見

家族と15年ぶり再会

第二次五カ年計画の目標成長率を設定

韓日保険加工協議会締成案具体化なる

欧州市場に伸びる

76

地方でも祝賀会開く

韓日友好を促進し

愛知で250名が参加

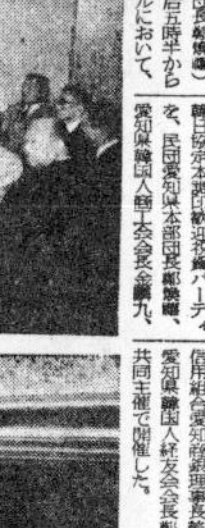

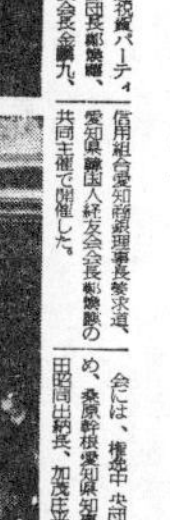

民団愛知県本部（団長鄭煥禧）では、去る十三日午後五時半から名古屋市みやこホテルにおいて、「韓日協定本調印歓迎祝賀パーティ」を、民団愛知県本部団長鄭煥禧、愛知県韓国人商工会会長金龍九、信用組合愛知商銀理事長姜求道、愛知県韓国人経友会会長鄭煥麒の共同主催で開催した。

会には、権逸中央団長をはじめ、桑原幹根愛知県知事代理山田昭同出納長、加茂庄平前県会議長、塚本金一（民社党）県会議員、パートアメリカ領事、村岡嘉六生産性本部中部地方本部会長、高木英男県会議員ら日本側名士四十五名と韓国側二〇〇名が参席して、韓日親善友好のなごやかな雰囲気のもとで、声高らかに乾杯をあげた。

祝賀会は李鐘既愛知県本部組織部長の司会で、国民儀礼から始まり、鄭煥禧愛知県本部団長が「長い間の懸案でありました韓日会談が本調印をみましたことは、地理的にも文化的にも最も近い韓日両国民にとっては、この上なく歓ばしいことであります」と挨拶、経過報告にはいって、金某允両副団長から細なる説明があったのち、権逸中央団長、桑原幹根県知事代理、山田昭出納長、加藤庄平県会議長、塚本金一県会議員、パートアメリ通領事、村岡嘉六生産性本部中部地方本部会長、高木英男県会議員らの祝辞があり、特にパート領事は「韓日国交正常化は自由陣営の結束を語るものだ」と激励、権逸中央団長は「韓日両国の新らしい歴史を作るエポックメントだ」とのべた。これに対して桑原県知事代表は「韓日両国は地理的にも文化的にも親善友好の契りをかたくむすぶべきで、両国の共存共栄は自由陣営の繁栄を物語る」ものだと語った。

このあと、自民党衆議院議員愛知県連合会長早稲田柳右衛門ほか二十五名の各名士よりの祝電が披露され、韓日両国代表（韓国側鄭煥禧愛知県本部団長、日本側山田昭愛知県庁出納長）が握手を交わした。

青年指導委を設置　大阪本部

民団大阪本部（団長姜桂重）ではこのたび青年指導専門委員会を設置し、管内の青年子女指導育成を計ることになり、韓日会談妥結を契機として金某雄委員長はつぎのような挨拶状を本社に寄せてきた。

親愛なる僑胞の皆様！親愛なる韓国人青年の皆様！毎日を多忙な生活と共に愛国心育成にまた民族運動に励んでおられる皆様へ！

われわれ居留民団大阪府本部青年指導専門委員会は心から暖かい挨拶を贈ります。われわれが待ちに……

大阪でも300名が集う

市内東天閣で

罹災者の救援を

熊本の水害で全国管下に指示

補導院にミシン

千葉母国訪問団も

国際通商視察団の交流

神奈川本部で定期大会

李根馥団長を再選

予算案などを可決

李根馥団長

福岡・若松でも盛況

団員ら200名が参加

基本財政を確立

愛知県岡崎支部

77

母国への修学旅行

東京韓国学園 高等部三年B　李　順　子

一九六五年、五月二十五日午前十一時、急行霧島、東京駅発。

これが、私達の思い出深い母国訪問修学旅行の第一歩であった。韓国学園として、いや在日僑胞全体として、歴史的、かつ画期的な試みだと思うと、緊張せざるを得なかった。

汽車、船、共に無事だった。五月二十七日いよいよ釜山に到着した。甲板から見た釜山、午前四時頃だったのでまだ薄暗く、霧がかかっていた。何という山だろう。堂々としていて、暗闇のなかに、私達を歓迎してくれているようだった。一度隙を見せてしまうと、落着きをなくし、そわそわするばかりだった。と、言うのは、心の中で「ここが韓国だ。韓国へ着いたのだ。」と、いう声がぐるぐるまわってろくに物に手が着かないのだ。夢にまで見た祖国、来て良かった。デッキで、仕事をしている船員達が、韓国語を使う。当り前の事なのに、うれしくてたまらない。気持が、いつもより、非常にウキウキとしてくるのを感じた。

やがて朝になり、船が機械に横づけされる時、何とうれしいことだろう!!釜山の学校の学生代表達が、ズラリと並んで、私達を待ち受けているではないか。祖国へ着いて最初に見る人達の顔・顔・顔！どの顔も健康そうで、韓国人だなあと感じさせる何か、私達と共通のものを感じとった。

いよいよ下船し、韓国の土を、そっと踏みつけて見る。どっしりとして、そのままふんわく、受け入れてくれた土。私達が、下船すると、その場で、歓迎の式が、行なわれた。女生徒代表として、花たばを、もらった。その花のかんばしい匂いは、一生忘れる事はないだろう。とてもなごやかな雰囲気だった。

UN軍墓地参拝。とてもキレイで、とても静かな所だった。数知れない祖国大韓民国を共産侵略から守る為に殉職した国連軍十六ケ国の勇士の静かに眠る所……。日本にある墓地詣行の、あの陰気なムードは、全然なく、太陽の下に、静かに眠ると、諸う感じがした。韓国の土に眠る戦士達と、小雨のそぼ降る中に別れて、その日の三時に釜山を出発、一路ソウルへと向った。その晩十時十分、ソウル駅到着六年ぶりに、私の叔父さんに会う事が出来た。そのままホテルで、一晩とまると、翌日からは、スケジュールがギッシリとつまっていた。文教部長官礼訪、祖国守護の勇敢な戦士たちの国軍墓地参拝とまわるバスの中から見えるソウル市内は、東京と変わらなかった。然し、私達はどこへ行っても歓迎を受けた。話しかけてくる人も多かった。中には日本語で話しかける人も居た。ホテルへ帰れば帰ったで誰かが私達を待っていて、住所を聞いたり聞かれたり親戚が待っていたり、九時にはスケジュールを終り、帰って来ても部屋に入るのは十一時を過ぎ、寝るのは一時近くだった。

五月二十九日、陸軍士官学校訪問。毎週土曜日にはパレードをするとかでちょうどそのパレードを見る事が出来た。制服制帽をキチンと身にまとい、それこそ一糸乱れぬという形容があてはまる素晴らしい行進、ぴったり呼吸のあった礼や、銃、剣のあげおろし、ハキハキとして立派な態度、統一の美を満喫する事が出来、とても感銘を受けた。

ソウル市内の古宮もいくつか観覧した。良く映画で見る王の宮殿を自分の足で歩いて見ると、韓国へ来たのだという実感がひしひしと胸にしみわたった。

五月三十日、一線訪問。ホコリにまみれてソウル市内から三、四時間行った所に、いつ戦争が起こるかわからない緊張した空気のみなぎる一線があった。望遠鏡でのぞくと共産軍の宣伝スピーカーがまっ黒くうつった。ここにいる兵隊さん達のお陰で、今のソウルでは思う存分自由と平和を味わう事が出来るのだ。然しいつになったら一線等のない明かるく平和な時代が来るのだろうと、暗い気持にならざるを得なかった。

次の日、産業施設を見学した。ソウルのとある紡績会社で、韓国独特の"ヤンダン"と呼ばれる布を織っていた。赤や、まっ青や褪種の色で織られていく布は、とてもあざやかで非常に美しかった。布をそめたり、洗ったりする所も見た。入って行くと、ツンと鼻をつく塩素独特の匂いがして、近代的な方法で色を染めていた。真白なレースが気をつけて見なければ分からない程細い糸から次々と織られていくようすは、いつまで見ていても飽きなかった。日本の紡績会社を直接見た訳ではないが、それ程差はないように思えた。その足で進明女子中高校を親善訪問し、大大的な歓迎を受けた。講堂に高校一年から三年まで千数百人の全校生が一階二階とギッシリ座って私達を迎えてくれた。それからバレー、民族舞踊、合唱、ピアノ独奏など多彩なプログラムが展開された。私達の学園の文化祭程の規模ではないだろうか。その後、生徒達自ら作った夕食に招待されて、歌をうたったり、楽しんだり、食事もとても口にあっておいしく、非常に愉快な一日を過ごす事が出来た。然し、私達の学園を思うにもしこれが反対の立場だったら、私達がこれ程出来るかどうか疑問に思った。

スケジュールの大半を終えた六日目の六月一日、ソウル大学、梨花女子大、淑明女子中高校を訪問した。ソウル大学は、非常に大きく、私達の学園の卒業生が六名留学していた。私は先生、男子代表と一緒に新聞社へ孤児院への寄付金を渡すために行き、梨花、淑明へ行く事は、出来なかった。ところがそこの新聞社は、放送局と一緒になっておりインタビューされる事になってしまった。韓国での第一印象、韓国学園の組織、在日僑胞の事、その子弟の教育、等々種々の事を聞かれて、その日の晩、ニュースに出たそうだが、残念ながら、見る事は出来なかった。次の日は、解散する日だったので故郷へ帰る者は、帰り、そうでない者はホテルに残った。私は叔父様が、ソウルにいらっしゃるのでその家へ四日間泊った。そこは韓国独特の家の造りで、オンドルになっていた。

いよいよ、ソウルを発って釜山に集合せねばならない日、ソウルを離れがたい気持になっていた。このままソウルに住みついたら、という願いでいっぱいだった。

六月六日釜山集合、出国手続きをすませて七日、乗船、ソウルを離れて来たものの、ソウルへもどりたくて、ならなかった。釜山を出港する時、泣かない者はなかった。クラスでも気丈で通して来た、A子さんでさえ、声をあげて、泣いた。私は、親戚が、来ていた訳でもなかったのだが、涙が流れしかたがなかった。船が機械から、二メートル、三メートルと離れて、いつのまにか、テープは切れ、陸はだんだんと、小さくかすんで海の彼方へ消えてしまった。

韓国内には、いたる所に反共防諜の文字がかかげてあり、その精神の徹底しているのに驚いた。日本とは違う厳しい一面をのぞいたような気がした。

学生も、日本にいる学生とは違って、本当の学生らしい学生といえるのではないだろうか。まじめに勉強一途にはげんでいるという感じだった。勿論、中には例外も居るだろうが。

私は韓国へ行って来て、日本に居て、人の話を聞いただけではとうてい想像も出来ない種々の事を感じて来た。良い点もあるし、その反面、悪い面もあった。然し、これが自分の祖国だと、じかに感じ、思う時、そこにはいやだとか、逃避しようとか言う気持はなく、早く、何とかしなければ、又、この点はもっとのばさなければと感じたのだ。それは、日本人や、外国人の見る目ではなく、自分自身が、まっすぐに見つめる、つまり韓国人として、韓国人の自覚を持って、感じて来たからではないかと思っている。そしてそれ等を見る事によって、韓国人としての自覚を一層強く、確実なものにし、誇りさえ持つ事が出来たのではないかと思う。

ソウル昌徳宮仁政殿＝李王朝時代国王がここで政務をみた。

韓国の古跡

釜山港で盛大な歓迎を受ける東京韓国学園の修学旅行団

祖国はよかった

京都韓国学園 高等部三年　李　鐘　奎

本国訪問はよかった？という質問に対しては、私は大変よかったと答える。何が、どのくらいよかったと、はっきりとは掴めないが、しかしよかった。

期待と不安の中で、小倉港から乗船して、一路本国へと進んでいった。その船の中で、韓国とは一体どんな国だろうか。又、私にとってどれほどの利益になるだろうか、など考えながら、まだ見ぬ母国を想像してみた。そんな私が、本国に到着した途端に、今までの不安が一ぺんにふっとび、嬉しさで涙が出そうになるくらいであった。それほどの急激な心理的変化は、かつて経験した事のないものであった。

この本国訪問で得た所の、精神的な教訓と、我国が物質的にも恵まれていて、想像していたよりははるかに発展している事をこの目で見て感じとったから、私にとっては大いなる収獲であったと確信している。

日本にいて、韓国の話題としてよく人から、国民の生活やその他いろいろの事を、聞いていたが、そのどれもこれもが、悪い事ばかりであった。そんな事を心の隅にとどめて本国に渡ったのである。確かに我国の経済状態などは、他の資本主義諸国（米、欧州の先進国）に比べればかなりの差があるだろう。しかし、世界の国々にあって中進国の上位にあり、アジアでは日本につづき二番目に水準の高い国であるという事が、如実にうかがい知れたので、今までの不安と悲観は事実を見て一度にふっとんだ。ところが、失業者の多い現状をみてみると、私と同胞であり、運命共同体の一角である人人の貧しい生活に対して、もう少し国が富み、国民が富む事の必要性を切実に感じた。

就業者の多い農業に於いて多くみられた集約農業や畜産農業などは、日本のそれを思わせた。又、はげ山の問題をよくとりあげてから非難するが、植林され出してきている山を見ると、むしろ、悲観する事よりも将来に対して期待がかけられているようで、絶対にはげ山にしてはおかないと思われた。

工業に於いては、まだまだ立ち遅れているようである。それは、生産工場での小規模な設備が完全オートメ化され、電力の供給の増大がなされん事には、工業が発達しないであろう。ヨーロッパでのドイツが、二度の敗戦の後に立ち直ったのは工業の力であったろう。そこには、ドイツに有利な色々な要素があったけれども。

我国の工業発達の為にも、政府の力、いや、国の力の必要性をしみじみ感じるのである。だが、この様な批判を加える前に、国に、国の変動、経済の変動を注意してみると、今の政府になってからの資料が、四、五年前より圧倒的によいのである。これは我々にとって喜ばしい現象であり、我国のこれからの発展に期待できることを示している。

都市における建築物や生活程度などは、私が考えていた事（劣っている）とは、かけ離れたものであった。しかし地方都市や、重要都市のある多くの露店の存在に対しては、活気あふれる商業を思わせるが、必ずしもよい現象とは思わない。それは、その露店によって建物とのアンバランスが起り、全体が汚く見えたり、小規模経営のために経済の発展には妨げられよう。移動店舗はなくしてほしい。（商業科目を習う立場から）

いなかの草ぶきの家や温突は、日本に住んでいる私でもよく知っていたが、昔から培われた伝統の如く現在もなお存在していること自体に驚いた。その草ぶきと温突によって夏は涼しく、冬は暖かくするらしいが、それに対して起る不利益な事を解消しなければならない。草ぶきは年毎にかえなければならず温突は多くの燃料を必要とするので色々な問題が生じるだろう。それらの反動として瓦ぶきの進出があるらしいが、この現象はよいものだと思われた。

故郷の家の周辺には私の一族が住んでいたが、どの村でも、同族間で村を構成している事には、日本の歴史で習った所の古代の生活様式をおもわせ、古い国にさかのぼった様な錯覚におちいってしまった。また、同族間に於ける身分構成みたいなものがはっきりとしていて、上位の人には絶大なる礼儀を尊ぶことに、初めはとまどったが、よく考えてみると、人間としての義務だとも思えた。わが国が東方礼義の国といわれるゆえんは、ここにあるのだと再確認された。

教育施設や軍事施設について、日本にいる人でも知っているが、これほどまでとは思われなかった。内容は別としても、設備の充実や学生、士官候補生達の勉学の姿には目を見張らせた。国が教育や軍事に力を入れているあらわれで、外観と共に内容自体も素晴らしいというよりほかなかい。

いろいろな物質的な繁栄がより高く実現され、国が目指している輸出、増産、建設の三大目標の到達が早く成され、国民の生活の改善へと結ばれて、住みやすい韓国、立派な韓国にして欲しい。

つさに、本国訪問を通じて私が受けた精神的な教訓は重大であった。

「私は韓国人である」という、今まで以上の自覚が生まれた。私は日本で生まれ、日本で育ち、日本の生活をして、日本の言葉で書いたり喋ったりしているという自分の考え方から行動にいたるまで日本人と同じものであった。それは、あたかも日本人の如くでもあった。そんな矛盾を日本で生まれたのだから、まわりが日本人だからといって問題を解決していたが、それよりも、韓国人として物を考えなければならない事の必要性並びに、国語の必要性を身にしみて感じとった。国語が話せない恥ずかしさは、本国へ行ってからはじめてわかった。大韓民国国民として、国語を理解しなければならない義務か責任が私にあった。

大韓民国という国は、私を自由に手玉にとって、喜びや悲しみ、そして色々な必要性を間接的にアドバイスしてくれた。このアドバイスが、これからの学校生活はもちろん実社会に飛び出してからも私の手助けになると思う。

本国の学生招請をこれからもどしどし続けてほしい。本国はよかった。美しく、そして未来に燃え立つ本国を知ることによって僕は国民の一人であることをつぶさに知らされた。

尋ね人

本籍　釜山市草梁洞四三〜
姓名　金有福

右の人に心あたりの方は娘が尋ねておりますので本社または左記へご連絡下さい。

釜山市東区草梁洞一洞会四統二班　金鳳烈方　金令進

本籍　全北高敞郡水上面坪里
姓名　呉景植

右の人に心あたりの方は兄が尋ねておりますので本社または左記へご連絡下さい。

全南谷城郡石谷面沿里　済生堂薬房　呉鍾植

本籍　慶南山清郡新等面鉄水里四七〇
姓名　朴寧和

右の人に心あたりの方は父が尋ねておりますので本社または左記へご連絡下さい。

慶南山清郡黄面仕里　朴東順

前住所　東京都城東区三丁目四四五
姓名　朴在福

右の人に心あたりの方は息子が尋ねておりますので本社へご連絡下さい。

法律相談

問　私は日本国籍ですが、夫とは五年前に結婚し、子供二人が出生しました。子供は私の戸籍に入籍してありますが、夫は婚姻届出もしなければ、子供の認知もしてくれません。

答　本国に妻子がいるかどうかをよく確めてみなさい。夫がはっきりしたことを言わなければ、夫の本籍地を調べて夫の本籍地に夫が所持している外国人登録済証明書に書いてあります駐日大韓民国代表部の領事課に行き、戸籍謄本の交附方を申請すれば、約一ケ月位しますと送付されてきます。戸籍謄本をみればはっきりしますから、若し本国に妻がいましたら、貴女との婚姻届は出すわけには参りません。その場合は、子供たちだけでも認知をしてくれるように夫に頼みなさい。若し認知をしてくれないと言ったら、家庭裁判所に行き相談しなさい。調停をしてくれると思います。それでも夫が応じないときには裁判所に認知請求の訴えをしなさい。貴女の主張が通れば、認知すべきだとの判決を得られるでしょう。その判決謄本をもって区役所の戸籍係に行って手続をとりますと子供は認知されます。

問　私は日本国籍です。韓国人の夫と結婚しまして、区役所にはすでに婚姻届をしました。私も韓国の戸籍に入籍しようと思いますが、できるでしょうか

答　韓国籍に入籍できます。先ず、夫の戸籍謄本と貴女の戸籍謄本をそろえ、区役所から婚姻届受理証明書をもらって、駐日大韓民国代表部の領事課に行き、所定の用紙に記入して、婚姻届をしなさい。この場合二人の成年者の保証がいります。婚姻届をしておきますと、代表部から本国の本籍地に送られ入籍されます。そうすれば、戸籍謄本も送ってもらえます。若し貴方が、日本国籍を離脱したいときには、韓国籍になったその戸籍謄本をもって、外務省の移住局に行って国籍離脱の申請をすれば日本国籍を離脱することができます。その後再び日本国籍に復帰しようとする場合は、所定の手続をとれば復帰されますことを念のために申上げます。（国際法律事務所弁護士担当）

韓国料理

からしサラダ

材料
- にんじん　小100g
- きゅうり　1本
- キャベツ又はレタス　三枚
- セロリ　一本
- 梨又はリンゴ　1/2個
- 蒸し牛肉又はハム　100g
- 芝えび……塩ゆで　100g
- 卵…薄焼きにしてせん切り
- 松の実　大さじ1杯
- 糸唐辛子　少々

ねりがらし
- からし粉　大さじ2杯
- ぬるま湯　大さじ1杯弱
- 胡麻油　小さじ1杯
- 酢　大さじ一・1/2杯
- 塩　小さじ1/4杯
- 砂糖　小さじ1/4杯
- 化学調味料　少々

作り方

（1）からし粉にまずぬるま湯を加え、かたわにといて胡麻油、酢、塩、砂糖、化学調味料の順に入れよくねり用います。

（2）涼しげな大皿に色とりどりに盛り合わせ、いただくとき（1）のねりからしであえていただきます。

肉料理を食べた後など、新鮮な野菜がほしくなるものですが、栄養のバランスの上からもこの生野菜料理をどうぞ。

涼味をよぶからしサラダ

あばら肉の炭火焼き

材料（5〜6人前）
- 牛骨付きあばら肉　1K600g
- 砂糖　大さじ4・1/2杯
- 醤油　大さじ8杯
- ねぎみじん切り　大さじ7杯
- にんにくみじん切り　小さじ4杯
- 生姜みじん切り　大さじ1/2杯
- 擂り胡麻　大さじ2・1/2杯
- 胡椒　小さじ1/2杯弱
- 胡麻油　大さじ2・1/2杯

作り方

（1）あばら肉は、脂のたくさんついているところは切りとり、7〜8cm角にします。離れない程度に、両面、筋に中までよく包丁を入れておきます。

（2）（1）をまず分量の砂糖にからませてから、胡麻油を除いた【肉の調味料を合わせたたれを、あばら肉の切り目から中までよくしみるようにつけてもみ、最後に胡麻油を加えてもう一度あえます。

（3）あまり強くない炭火で、中までよく焼き、熱いところを食べます。

尚焼けていない所は又、焼きながら食べます。

キャベツの漬け物

材料
- キャベツ　1キロ
- きゅうり　小5本（300g）
- 塩　大さじ5杯
- 砂糖　大さじ1・1/2杯
- ねぎせん切り　2本分
- にんにくみじん切り　大さじ1/2杯
- 生姜みじん切り　大さじ1/2杯
- あみ塩辛汁　大さじ3杯
- 粉唐辛子　大さじ1・1/2杯
- 糸唐辛子　少々

漬け方

❶キャベツははがして1枚1枚きれいに洗い、水を切り、長さ5cmくらいの短冊にざくざく切り、きゅうりは洗って3cm長さに輪切りにし、さらに縦半分に切ります。大さじ4杯の塩をふりかけて1時間位おき、しんなりさせます。

❷しんなりしたキャベツ、きゅうりを、さっと一度洗ってざるにあげます。

❸ねぎ、にんにく、生姜、あみの塩辛汁、粉唐辛子、糸唐辛子、❷のキャベツときゅうり、残りの塩と砂糖をボールに入れ混ぜ合わせます。そしてかめに入れ、ボールにつき残った調味料を水1/2カップで洗い落とし、かめにそそぎ、落とし蓋をしてから蓋をします。

韓國新聞

発行所
韓国新聞社
発行人 権 逸
編集人 李 現 坤
東京都文京区春日町
2丁目20－13
電話 (813) 2261～3 編集
(812) 0673 業務
振替口座東京 34988番

五大綱領

一、우리는 大韓民国의 国是를 遵守한다
一、우리는 在留同胞의 民生安定을 期한다
一、우리는 在留同胞의 民権擁護를 期한다
一、우리는 在留同胞의 文化向上을 期한다
一、우리는 国際親善을 期한다

意義新た光復20周年

国交正常化ひかえ

盛大な行事を指示

民団中央本部組織局（局長朴太煥）では、去る七月十四日第二十周年八・一五光復節記念慶祝大会挙行について、全国の組織に対しつぎのような指示をした。

光復節第二十周年記念日を迎えるにあたり、われわれ民団は、そのいかなる時機よりも、盛大なる慶祝式典でなければならない。

十四年間にわたって難渋してきた韓日協定本調印が妥結され、これに因ずいした法的地位および処遇問題も協定されたので、われわれは日本においての確固たる地位を再確認すると同時に、これからは独立国家の国民として持たねばならぬ矜持を再認識させるを得ない。

今般、第二十周年光復節慶祝記念日は、国家と民族が光復した意味をひろめるとともに、韓日協定のあらたな意義と、法的地位および処遇問題に関する内容を、全構成員に知らせるためのつどいとなって、韓日間における過去の歴史を清算して、あらたなる友好親善が樹立される式典となるよう望む。

このような二つの意義をもつ……

中央は渋谷公会堂で

農楽など多彩な行事

団長に辛容祥氏

栃木県本部で改選

行事対策を討議

東本事務部長会議

韓国に親善遊説団派遣

アジア友の会

団長に鄭鳳基氏

三多摩本部臨時大会

水害罹災者に同胞愛を

中央、救援運動を指示

本国水害 三十三万名が罹災

民団中央本部民生局（局長申鉉）では、さきの本国における水害罹災同胞に対する早急なる救援対策を講ずるとともに、全国下部組織を通して、救援運動を指示した。

本国における水害は、去る六月中には六十年来の旱バツにみまわれ、農民たちは塗炭にあえいでいたところに、去る七月十五、十六両日にかけて、大暴風雨が中部地方一帯を襲い、一九二五年の大洪水以来の甚大なる被害をこうむった。……

一、全国被害状況　七月二十四日現在

（1）罹災民　三三六、四八六名
（2）人命被害
a、死亡者　二三五名
b、失踪　九一名
c、負傷　一二二名
（3）建物被害
a、全破　六、五七三棟
b、半破　七、一二八棟
c、浸水　一五、三〇三棟
d、流失　四、〇八五棟
（4）被害額
六〇億一〇四〇万五一〇九ウオン
（5）其の他
田畑被害、船舶、道路、橋梁、堤防などの被害も相当数に達している。

早くも30余万円

日本人からも続々

朴大統領六項を指示

40年来の豪雨で大被害

死者・不明三百人越す

韓国の水害

韓日親善で両国の繁栄を！

韓日本調印

組織活動を強化 山口県日韓親善協会

15支部を結成へ

理事会で強化策を決定

山口県日韓親善協会理事会であいさつする有吉会長

東京でも追悼式

故李承晩前大統領 韓国公報館で

追悼会で弔辞を述べる李成南東京本部副団長

金英俊中央事務総長の弔辞

韓民族の為に、その一生を祖国の独立と繁栄に捧げた偉大な指導者李博士は、異国で永遠の眠りについた。

二十才にして独立協会に加担し、祖国の近代化と反植民地解放運動の闘争をもって七年間も入獄、露日戦争が勃発するや、韓国の使節として渡米した。

国権回復の悲願から上海に臨時政府を樹立し、大統領として祖国の解放に心血、その後政治亡命により渡米、韓民族の優秀性と純粋性を誇示しながら愛国精神を海外に知らしめた。

建国の元老として、対外的には国際舞台で卓越した手腕を全世界に発揮し、対内的には北傀共産主義者の無謀な南韓の侵略に対する反共国家の先鋭として、国連軍の派兵とともに祖国救出に努力、国家と民族の為に故李博士は全生涯を捧げた。

朴大統領の弔辞

金大使の追悼辞

金東本団長弔辞

米国務省、李博士の死去を悼む

波瀾万丈の生涯

故李博士の人間像

海外の論調

ニューヨーク・タイムズ紙

民団ホノルルに弔電

京都本部でも追悼式

（韓）（国）（の）（古）（跡）　ソウル・パゴダ公園の十三重塔

80

韓国国会　韓日条約を批准

百十対一（棄権）で可決

野党欠席　日本側批准まち発効

本国国会は去る十四日午後七時二十四分、韓日両国政府によって六月二十二日調印された「韓日条約、協定に関する批准同意案」を一括可決、承認した。この日の本会議には、野党の民衆党は欠席、民主共和党と無所属議員が出席して賛成百十（民主共和党百九、無所属一）反対なし、棄権一の多数で原案通り承認された。

同批准国会は、去る十一日、韓日批准問題特別委員会（委員長閔寛植）で採決された韓日条約の最終審議に入ったが、この日野党は与党側の申し入れにもかかわらず全議員が欠席し、与党議員全員と無所属二人の合計百十二人が出席してひらかれた。野党側は議員職総辞職という作戦に出たため、朴大統領や与党主流派の強い希望で可決にふみ切ったのであるが、政府は本会議でも"取決めの内容は国利民福を最大限にはかったもの"であることを強調した。また与党民主共和党も"批准同意案の可決には全責任を負い、歴史の公正な審判を待つ"との態度を表明した。

会議には与党議員が政府に対して質疑を行ないこれに対して政府側が答弁をしたあと、いったん休憩にはいった。このあと、金東煥外交委員長が立って"政府・与党が光復節前日の十四日に批准案をかけることにしたのは、別に理由はない。これまでの野党との交渉経過、審議状況をみても、時間をかけたからといって条約の内容が有利になるものでもなく、またより忠実な討論ができる見込みがなかった。全力を尽した結果がこうなったのである"とその間の経過を説明し、起立採決に入った。そして、賛成百十、反対なし、棄権一という結果になったものである。

午後七時二十五分、李孝祥国会議長はこの結果をもって"政府原案が可決されたことを宣言します"と発表した。

この国会の承認結果は直ちに朴大統領に報告され、大統領は満足の意を表明した。

ところで、韓日条約はようやく批准はみたものの……

東京渋谷公会堂で開かれた中央慶祝大会

光復の感激新たに

中央民衆大会　五千名が集う

多彩な慶祝行事も

大会決議文

大統領に送るメッセージ

金大使祝辞

権団長記念辞

韓國新聞

発行所 韓国新聞社
発行人 権逸
編集人 李現増
東京都文京区春日町2丁目20—13
電話（813）2261〜5 編集
（812）0673 業務
振替口座東京 34988番

五大綱領

一、우리는 大韓民国의 国是를遵守한다
一、우리는 在留同胞의 民生安定을期한다
一、우리는 在留同胞의 民権擁護를期한다
一、우리는 在留同胞의 文化向上을期한다
一、우리는 国際親善을 期한다

公告

中央三機関の合意により規約第十八条の規定にもとずいて左の通り第五回定期中央委員会を召集しますから中央委員は必ず参席するよう望む。

議題

1、一九六五年度予算案
2、活動方針
3、その他

日時　一九六五年九月七・八日午前十時
場所　東京厚生保会館（国電中央線信濃町駅下車徒歩三分）

在日本大韓民国居留民団中央本部
議長　朴玄

81

狂った日本人の韓国観

韓国をみて日本の知識人へ訴える

ロンドン大学教授　R・P・ドーア

〔編集責任＝次の一文は、ロンドン大学教授R・P・ドーア氏が日本の総合雑誌「展望」九月号に執筆したものである。〕

日本大国論

西側には劣等感

優越意識をすてよ

韓国民のいい分

韓国認識を正しく

左翼同調主義を戒む

半世紀の隠忍から解放のよろこびにわきかえるソウル市民（1945年8月15日）

82

四県本部で大会開く

鄭煥禧団長を再選

愛知本部 監委長に金竜煥氏

民団愛知県本部定期大会は、去る八月七日午前十時から愛知県中小企業センターにおいて開かれ、権逸中央団長の代理として朴太煥中央本部組織局長が参席、管内全代議員が参加して、活動方針を決定したのち役員改選がおこなわれ鄭煥禧前団長および姜末律前議長が全団員の推挙でもって再選された。

同大会は盛況をきわめて終った。

十余年をかけて懸案となってきた韓日協定も先に本調印をみ、批准をまつばかりとなっている。今、なおも反対陣営の朝総連は謀略宣伝をもって偽瞞社会を眩惑、侵透させようと躍起になっている。そのさ中における地方大会はまた、この敵対陣営朝総連の謀略宣伝を打破するための一里塚ともなろう。

大会は、終始建設的なムードの中で進行され朴太煥中央本部組織局長から祝辞があった後、執行部の団務報告に対しては質疑も出ないで承認され、新年度の活動方針案採択にはいり、執行部の原案通りに全員一致で賛成し採択された。

つづいて役員改選にはいり、前団長鄭煥禧氏が再び団長に推されて再選し、議長もまた姜末律前議長を再選、監察委員長には金竜煥氏が全員一致をもって選出された。

以上で会順は滞りなく終了、組織団帯の強固な結束を如実に発揮する盛況をおさめて閉会した。

各氏の祝辞要旨はつぎの通り。

△朴太煥中央本部組織局長 組織はまずもって規律を確立しなければならない。この規律が守られないならばそれは組織体ではなくて、烏合の衆にすぎない。われわれは、民団を通じ……にほ、それが如何なる勢力であろうとも、われわれの組織としては容認できない。

△鄭煥禧団長談＝不肖わたくしをさらにもう一期団長の座に坐らせてくれましたことに対し、何と言ってよいかまごつく程です。ただ誠心誠意、みなさんの期待に答えたいとの一心だけです。いうまでもなく、民団の発展は即ち国家の発展と心得みなさんと一緒に努力するのみです。

改選された新役員

団長 鄭煥禧
副団長 金允鎮
〃 金宗允

朴鍾氏を団長に

山口本部は臨時大会

去る八月十二日、民団山口県本部では第二十三回臨時大会を召集し、討議が行なわれた。

大会は国民儀礼ののち、ただ……

朴秀烈団長選ぶ

福島本部 予算案など可決

新三機関を選出

静岡でも臨時大会

東京本部、第一回地方委開く

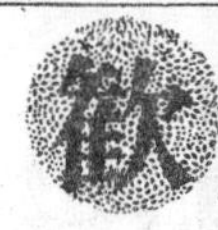

熱海ニューフジヤホテルで開かれた東本第1回地方委

地方でも華やかに

8・15光復節慶祝行事

韓日親善へ貢献誓う

大阪

兵庫

愛知

本国慶祝に使節団

全国から二百四十名

金奉俊事務総長

尹致夏氏ら五名

政府、有功者で表彰

尹致夏氏

鄭寅和氏

僑胞の実情で政府側と懇談

鄭団長語る

水害救援金 百余万円集る

国体参加へ

在日大韓体育会

九ヶ所に領事館設置か

「総連」脱退者の歓迎会を開く

四国地区協議会

組織専門委設く

民団大阪本部

東北地区協議会

会議反対勢力の粉砕決議

友好親善深める
佐賀で韓日高校籠球大会

日本バスケットボール協会の招待をうけて来日した、韓国の男女高校二つのバスケットチームは、去る十七日、十八日の両日、東京代々木体育館別館で試合をしたのち、西下、去る七月二十三日午後一時から佐賀市内の県体育館において、韓日両国民の観衆約三〇〇〇人を集めて、女子部は韓国チーム崇義高校対日本チーム佐賀選抜女子チーム、男子部は韓国チームソウル漢栄高校対日本チーム佐賀西高校との間に、韓日親善高校籠球佐賀大会を行なった。

大会にさき立ち、両国選手役員の入場式があり、両国の国歌吹奏が高らかに響いたあと、まず、池田佐賀県知事より歓迎の挨拶があったのに続いて、朴在海駐日代表部福岡出張所長が祝辞、さらに朴千石民団佐賀県本部団長が来賓祝辞をのべた。まったくの韓日親善友好のムードそのもののなかで、在日本佐賀県大韓婦人会金団長の会長の令嬢から両国選手代表に花束が贈呈されて試合開始となった。

第一試合は崇義女子高校対佐賀選抜女子高校チームによる対戦であったが、試合は一方的な運びとなって八十二対二十九の大差をもって韓国チームが勝った。

第二試合は漢栄高校対本年度佐賀県優勝チームの佐賀西高等学校チームを中心とした県選抜による混合チームで競い、スピードに勝る韓国チームは、得意のロングパスを使って佐賀チームに、一〇四対六十四の大差をつけさせて勝利をおさめた。

試合後、民族服に彩られた女子チームをまじえて、池田県知事、朴知事、朴民団団長、金婦人会長らを先頭に、来賓みなが輪を作って両国国歌を演奏する中で、親善交歓をもりあげながら、別れを惜しんで閉幕した。

なお、韓国チームの来日戦績は女子チームは六戦全勝、男子チームは六戦して五勝一敗の優れた成績をおさめ、来る七月末に下関から船便で帰国した。

特に、佐賀大会会場においては、朝総連宣伝班二十数名がおしかけ、本国選手団に接近しようとたくらんだが、民団佐賀県本部および韓青の統制ある警備のために、朝総連の宣伝班はその目的を達せられなかったことは、いかに地方とはいえ、わが民団組織の強大さを物語るものだ。

池田県知事談＝韓日両国は地理的にも、文化的にも、もっとも仲よくすべき間柄であって、これからもどしどし親善交歓の場をもちたいと思う。

朴千石団長談＝今日のこの睦じい親善交歓の場に、敵対陣営の朝総連が宣伝謀略をもって、韓日友好を阻害しようとしているのを忘れずもっと両国国民は理解し協力し合うべきだ。

東京でも開く

日本バスケットボール協会の招待をうけて来日した韓国の男女高校二チームは、十七日と十八日の両日にわたり東京代々木体育館別館で日本の男女高校四チームと対戦した。

男子漢栄高校は一勝一敗・女子崇義高校は二勝無敗の成績をおさめた。

対戦成績は次の通り

第一日（十七日）

女子の部　○崇義高校 71（33―17、38―20）37 ×文学高校

男子の部　○漢栄高校 80（38―33、42―21）54 ×蔵前[illegible]

第二日（十八日）

女子の部　○崇義高校 64（28―11、36―14）25 ×滝[illegible]高校

男子の部　×漢栄高校 58（28―38、30―30）68 ○中[illegible]

光復20週年を祝い農楽隊など多彩な行事でわく中央民衆大会（渋谷公会堂）

僑胞も出品を
科学展覧会で要望

第十一回科学展覧会会長尹天柱＝文教部長官の出品依頼により、在日僑胞と本国との紐帯を強め、[illegible]

本国孤児園に被服寄贈
福岡県本部と婦人会で

民団福岡県本部（団長文圭準）および大韓婦人会福岡県本部（会長鄭桂順）では、かねてより本国の全羅南道木浦市竹橋洞にある木浦共生園（園長尹鶴子）に、収容されている孤児達に被服を寄贈する運動を続けてきていたが、このほど寄贈品が二千点をこしたのでいちおうしめきり、去る八月十二日小倉港発栄福号に積み本国向け送付した。

この共生園は、園長尹鶴子本人であるため昨年日本にきて本国の実情を訴えたのをきき、[illegible]下の全団員が深く同情をよせたものである。

特にこの寄贈運動では、[illegible]福岡県本部前会長鄭桂順さん[illegible]らきは大きく、各戸を訪ね[illegible]から孤児らの実情を訴えた。

寄贈した被服品目はつぎの通り。

品目	点数
上衣	一、三三[illegible]
ズボン	三五[illegible]
ワンピース	八〇[illegible]
スカート	三四[illegible]
計	二、一〇五[illegible]

「法的地位」の解説会開く
東京北支部

[illegible]

韓青が蹴球大会
名古屋　明和高校で開く

[illegible]

名古屋でひらかれた[illegible]蹴球大会

尋ね人

姓名　洪竹次
右の人に心あたりの方は左記へご連絡下さい。ソウル永登浦区大方洞　空軍本部人事局人事勤務課内　洪性官

本籍　忠南[illegible]四三一
姓名　張東宇
前住所　大阪市
右の人に心あたりの方は左記へご連絡下さい。ソウル特別市城北区敦岩洞六九の一九、張総淳

姓名　鄭晶柱
前住所　山口県[illegible]
右の人に心あたりの方は本社または左記へご連絡下さい。釜山市東区水晶洞一、〇二一、鄭茂夫

姓名　権大頊
右の人に心あたりの方は左記へご連絡下さい。韓国軍郵一五七〇軍九九、C/EBR、権允鉉

本籍　釜山市
姓名　金徳生
右の人に心あたりの方は左記へご連絡下さい。岡山県和気郡備前町東片上二九〇、孫錫千

本籍　慶北[illegible]三〇三
姓名　崔万生
右の人に心あたりの方は左記へご連絡下さい。大邱市東門洞第五〇三防諜隊[illegible]

本籍　ソウル特別市
姓名　文容憲
右の人に心あたりの方は本社または左記へご連絡下さい。ソウル特別市中区北倉洞九四、東亜ビル六〇二号、P・Jロード商社ソウル支店、文炙九

[illegible]

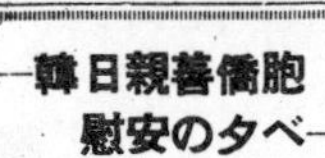

法律相談
不法入国したが……
冷たい夫の仕打ち

問　私達母子三人は十三年前に日本に不法入国しました。長男は昭和十八年日本で生れ、次男は昭和二〇年韓国で生れました。夫とは昭和十五年に結婚し引続いて日本に住んで居ましたが、昭和二〇年の三月頃、強制疎開により本国に帰りました。夫は一人で昭和二三年に日本にもどり、昭和二五年、ある日本女性と正式結婚をし、そして昭和三五年に夫は日本国籍に帰化しました。私達母子は夫をたよって日本に不法入国しましたが、夫は"私は日本人になったから、お前たちには用はない。二度とあらわれるな、もう一度来たら警察に突き出すぞ"と脅かされて、追い帰えされました。それはものすごいけんまくでした。夫のところに陳情を訴えるために行きたいのですが、私達母子三人は外国人登録をしていないので、仕事もさがせるのが恐いあまり夫のところにも行けないありさまです。一体私達母子三人はどうすればよいのでしょうか。

答　まず、貴方が住んでいるところの警察署か、入国管理事務所に不法入国をしたため今日まで外国人登録をしなかった旨を申告しなさい。おそらく身柄は拘束されないと思われます。そして日本に正式に在留出来るように、戦前に居住していた事実の証明や、不法入国して以来、今日までの居住の証明になるような資料を添えて嘆願をすれば特別在留許可が与えられるかもしれません。

その次に夫との婚姻関係の問題ですが、貴方の事情を聞くと貴方の夫は重婚の疑いがあるように思われます。その場合は、貴方は貴方の夫を相手に日本人妻との婚姻の取消を請求することが出来ますから、貴方の夫の居住している地方裁判所に日本人妻との婚姻の取消の訴えを提起すればよいでしょう。

この様な場合は、日本人妻との婚姻は取消されるのが当然でありますから、貴方が正真正銘の妻である訳です。

夫の日本国籍のことについては取り消されることもあり得ますが、法務当局が処理するでしょう。しかしながら、貴方と貴方の夫との間がたとえ解決されたとしても、果たして以前のように夫が貴方並びに子供たちに対して、平和なあたたかい家庭生活が営めるかどうかは非常に問題であります。第三者の立場から考えてみますとはなはだ心配であります。

以上のようなことをやっても心ない夫が貴方達の面倒をみる意思が全然ない時には、貴方の方から決心して、子供の養育費及び生活費の請求を近くの家庭裁判所に行って相談しなさい。出来ますれば話合いによる円満な解決が理想でありますが、最終的な解決方法は法の力を借りるのもやむを得ないことでしょう。あくまで希望を捨てず、強く生きて下さい。（[illegible]）

韓国料理

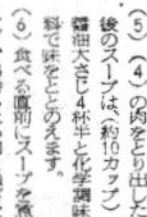

なすの肉詰め（写真）

材料（3人前）
- なす　小7～8個
- 牛挽き肉　100g
- 醤油　大さじ1杯
- ねぎみじん切り　大さじ1杯
- にんにくみじん切り　小さじ1／2杯
- 擂り胡麻　小さじ2杯
- 胡椒　少々
- 胡麻油　小さじ2杯
- 青じその葉　7枚位
- 醤油　大さじ2杯
- 砂糖　大さじ1杯
- 化学調味料　少々

作り方

❶なすはヘタをとり、頭部から茶せん状に包丁を入れます。秋なすの場合は5分程水につけてアクをとり、水を切ります。

❷挽き肉に青じそのみじん切りに肉の調味料を加え、混ぜます。

❸茶せん状に切ったなすに❷の挽き肉を詰めます。鍋に大さじで醤油2杯、砂糖1杯、水1杯、化学調味料少々を煮立て、沸騰したら、なすを入れ汁をからませながら約10分くらい中火で煮ますとほどよく汁も煮つまり、なすも柔らかく煮えます。

牛挽き肉の代わりに、はまぐりのみじん切りを利用してもおいしいものです。

ねぎのスープ

材料（7～8人前）
- 牛腿肉　500g
- ねぎ　15～16本（500g）
- 醤油（濃口）　大さじ6杯半
- にんにくみじん切り　大さじ1杯
- 粉唐辛子　小さじ1杯半
- 擂り胡麻　大さじ1杯半
- 胡麻油　大さじ2杯半
- 胡椒　小さじ½杯
- 化学調味料　少々

作り方

（1）牛腿肉は筋のある内ももを丸ごと2つか3つにぶつ切りにし、カップ12杯の水で、あくをとりながらしばらく弱火で煮ます。

（2）ねぎは10cm長さにぶつ切りにします。

（3）粉唐辛子と大さじ½杯の胡麻油をねり合わせておきます。

（4）（1）の肉がやや柔らかくなってきたら、ねぎを入れ、ことこと煮ます。肉がすっかり柔らかくなったら肉とねぎをとり出し、どちらも指で適当な長さに細くさいておき、[illegible]

（5）（4）の肉をとり出した後のスープは、（約10カップ）醤油大さじ4杯半と化学調味料で味をととのえます。

（6）食べる直前にスープを煮立て、沸騰したら肉とねぎをさらに入れ、4～5分煮立ててからいただきます。

（牛肉とねぎがたっぷり入ったスープで韓国では、土用の丑の日などには、こういう栄養的なスープで汗を流し、夏まけしないようにします。）

きゅうりの酢醤油漬け

材料（3～4人前）
- きゅうり　10本
- 醤油　カップ1杯
- 砂糖　カップ½杯
- 酢　カップ½杯
- 松の実　大さじ3杯

作り方

（1）きゅうりはなるべく種のない細いものを選び、塩もみして15分位おいてから洗い、丸のまま6～7cmのぶつ切りにし、水気をふきとってボールに入れます。

（2）鍋に醤油と酢、砂糖を入れて煮立て、これを熱いうちに、ボールに入っているきゅうりの上からかけ、そのままおきます。

（3）冷めたら汁だけ鍋にもどしてもう一度煮立て、更にきゅうりにかけます。これを5～6回くり返します。

これだけでも十分おいしく食べられますが、更に好みで[illegible]

韓國新聞

発行所
韓国新聞社
発行人 権逸
編集人 李現坤
東京都文京区春日町
2丁目20―13
電話(813)2261～5編集
(812)0673業務
振替口座東京 34988番

五大綱領

一、우리는 大韓民国의 国是를遵守한다
一、우리는 在留同胞의 民生安定을期한다
一、우리는 在留同胞의 民権擁護를期한다
一、우리는 在留同胞의 文化向上을期한다
一、우리는 国際親善을 期한다

民団の基本方針発表さる

韓日復交機に飛躍へ

中央委員制の真価発揮

はじめに

国内外務情勢に対する分析

韓日国交正常化に関連する基本態度について

（二面へつづく）

朝総連傘下の同胞に送る呼訴文

以外には重労働と監獄ないしは″行方不明″の道のみが待っているのみであります。

われわれは北送僑胞の悲惨な情況を考えてみる時、これ以上多言を要しないのが現実ではないでしょうか？

純真なみなさんは功名主義に陥入った職業的朝総連幹部の年間事業計画ならびに毎分期事業指標達成のための道具と物心両面の犠牲者になっているのであります。

一時、朝総連は同じ同胞であるわが民団を敵であると規定し、民団に対する憎悪と敵愾心を助長して毫も同情と妥協の余地がないとしていたのが、今日では憶面もなく民族的団合とか包容とかと甘言利説と懐柔策で同胞大衆を欺瞞しております。これは彼らの倒錯した思考方式からでた常套手段でなくて何んでありましょう？朝総連は現在、「平和統一」とか「南北協商」とかあるいは「外勢反対」等々の間違った心理宣伝攻勢を熾烈に展開しておりますが、彼らの宣伝目的はすべて大韓民国の顛覆と韓半島の完全赤化にあるのであります。

われわれの民族的宿願であり、至上目標である祖国統一の達成に関しては、祖国で提議している正当な国連方式をあくまでも拒否しているのが誰であるかはみなさんも充分承知の筈です。われわれは同族相争の流血的内乱を惹起するいかなる統一方案にも断乎反対するものであります。

みなさんは彼らの偽装された″愛国″とか″正義″とかの宣伝、煽動に惑わされたりだまされたりしてはなりません。

われわれは彼らの一挙一動に対して細心の注意をはらい。より一層の警覚心をもって対処するつもりであります。

わが大韓民国の全国民は六・二五を通じて北韓共産徒党の虚偽性と残虐性をあますことなく体験しました。そのため精神面においても今日まで最も強力な反共団結を持続してきたのであります。

今日、共産主義に幻滅を感じた少なからぬ同胞が勇敢に朝総連を脱退し、わが民団を訪ねてきております。そのほかにも、良識ある目覚めた同胞は心の中ですでに朝総連を離れております。

親愛なる同胞のみなさん！

今や、わが民団は名実ともに六十万在日僑胞の強力な指導団体として飛躍的な発展を遂げる段階に達しております。われわれは歴史的な現時点において朝総連傘下で呻吟している純真な同胞のみなさんに、何時でも同胞愛をもって温く迎えいれる万般の準備を整えて待っております。

われわれはみなさんに対して、いかなる過去のこともさ細な先入観にもとらわれることなく寛容をもって接し、みなさんをして人間の尊厳性と自由の真理を認識し、われわれとともに自由大韓民国の国民としての矜持と栄誉感をもつことができるようあらゆる機会と施策を準備しております。

朝総連傘下の同胞のみなさんはこの際、少しもためらうことなく決然と大韓民国のふところに入りわが在日六十万僑胞の子子孫孫がともにむつまじい生活と安住の土台が築かれるよう期待するものであります。

みなさんの決断が遅ければ遅いほどみなさんの立場は不幸になるのではないでしょうか？わが民団はみなさんとともに今後の韓日両国民のあらたな幸福と繁栄の歴史を創造するのにとも手を取りあって寄与しなければならないことを強調し、ここに呼訴するものであります。

在日本大韓民国居留民団
中央執行委員会

中央本部

団長	権逸
副団長	鄭烔和
〃	韓捻俊
事務総長	金英俊
議長	朴玄
副議長	張総明
〃	金陸男
監察委員長	尹致夏
監察委員	姜学文
〃	許允道
〃	朴準龍
〃	姜性熙
総務局長（兼財政局長）	朴炳憲
次長	林虎根
組織局長（兼宣伝次長）	鄭太煥
次長	姜錫憲
次長	李鐘舜
文教局長	卞周浩
民生局長	申灝
次長	李仁炯
宣伝局長（兼韓国新聞編集局長）	李現坤
次長	孫秀祺
宣伝委員長	李金龍
文教委員長	陳斗鉉

役職	東京本部	神奈川県本部	千葉県本部	山梨県本部	栃木県本部	茨城県本部
団長	金己哲	李根馥	姜日九	趙晋璽	辛容祚	崔武周
副団長	李成甫	朴述祚	孫晋協	柳雲行	禹通九	裵永植
〃	金世基	柳文錫	朴且碩	金竜沢	朴世鎬	李秀相
議長	梁三永	張総明	金洙成	鄭成喆	陳東徹	尹孝同
副議長	李棟鎬	孫一	張暁	金賢洙	金世鎮	高宗範
〃	金文培	宋植植	金奉祚	李廷守	李長根	趙炳秀
監察委員長	李彛夏	田炳武	金（署理）東洙	金東英	具再会	孫道鉉
監察委員	金璽会	金尚竜	金鋥[illegible]	金哲鎬	洪淳基	文槍変
〃	李在煥	朴皇淳		李鐘万	陳源烈	梁昌源
事務局長	金致淳	朴述祚	李鶴[illegible]	鄭竜雲	宋永敬	李信吉

役職	埼玉県本部	三多摩本部	群馬県本部	静岡県本部	長野県本部	秋田県本部
団長	盧揚	鄭鳳基	金栄出	金松坤	権重煥	朴東渓
副団長	呂容得	朴栄年	李愚律	金光博	李命圭	高鳳柱
〃	黄景守	李吉奎	徐又孫	朴永根	鄭俊和	朴碩道
議長	金八圭	安洪柱	金蓮洙	金鏞晋	金竜燠	申然
副議長	崔允三	李潤台	鄭鉉宋	趙八権	申学均	丁興洙
〃	李根	呉甲成	張致夏	金光植	趙仁石	安朗基
監察委員長	姜錫桂	丁永玉	蘇永喆	李享鎬	潘相享	朴相鳳
監察委員	金鴻載	崔又鶴	姜甲秀	金相玉	朴孟洙	朴成春
〃	李竜中	崔祥鳳	梁仁浩	金元鳳	金命植	金水鎬
事務局長		李吉変	李在[illegible]	朴正煥	金致万	金晃洙

85

朴大統領が特別談話

憲法無視許せぬ

「デモ万能」断平根絶

退廃的風潮を排撃

行政公約要綱を発表

汚職公務員は死刑

近く法案を国会に提出

基本方針（一面からつづく）

民団の体質と姿勢の改善について

中央委員制の真髄発揮と権威確保について

民団自体の権威確立に関して——

福岡県本部

団長	副団長	〃	議長	副議長	〃	監察委員長	監察委員	〃	事務局長
文圭準	朴奉允	権赫斗	趙景行	裵鎮鶴	金仲浩	金在寛	徐竜大	孫啓勲	金相烈

長崎県本部

団長	副団長	〃	議長	副議長	〃	監察委員長	監察委員	〃	事務局長
李孟竜	金竜洽	趙昌来	安洪賛	姜奉玉	皇浦石鉄	金在碩	尹起煥	朴準来	朱琪錫

佐賀県本部

団長	副団長	〃	議長	副議長	〃	監察委員長	監察委員	〃	事務局長
朴千石	朴慶祐	全寿宏	姜信源	文鐘俊	朴万春	金亨昇	梁五竜	金鐘富	全寿宏

大分県本部

団長	副団長	〃	議長	副議長	〃	監察委員長	監察委員	事務局長
朴栄在	李鳳三	秋鏞煥	韓起文	申太羽	金慶実	李崇徳	郭孝根	呉海竜

宮崎県本部

団長	副団長	〃	議長	副議長	〃	監察委員長	監察委員	〃	事務局長
金七星	李承鳳	呉漢会	金宗得	金奎泰	白銀守	朴竜憲	崔炳玉	曺時徳	呉漢会

熊本県本部

団長	副団長	〃	議長	副議長	〃	監察委員長	監察委員	〃	事務局長
姜秀元	金仁錫	尹王竜	朴善鉉	韓今出	金福同	金基俊	李雨沢	朴成洪	金基柱

鹿児島県本部

団長	副団長	〃	議長	副議長	〃	監察委員長	監察委員	〃	事務局長
丁陽声	丁奎七	李元乭	李泰栄	金周八	鄭貞沢	金泰根	林準吉	文斗煥	李元乭

対馬島本部

団長	副団長	〃	議長	副議長	〃	監察委員長	監察委員	〃	事務局長
金昌民	安相善	姜泰敏	玄明敏	康雲興	金斗明	朴三万	朴一郎	鄭時完	崔海雲

愛媛県本部

団長	副団長	〃	議長	副議長	°	監察委員長	監察委員	〃	事務局長
金徳淳	朴鐘祥	裵鐘圻	朴振業	朴鐘奐	南八権	李昌烈	宋聖学	韓亨洙	金泰万

徳島県本部

団長	副団長	〃	議長	副議長	監察委員長	監察委員	事務局長
金性式	金海洙	柳根浩	河奇鳳	葭万学	李又根	林永助	柳根浩

高知県本部

団長	副団長	〃	議長	副議長	〃	監察委員長	監察委員	〃	事務局長
朴俊学	徐敏権	呉亨烈	禹鐘徳	金連俊	崔敬俊	徐仁泰	徐在文	金原隆	呉亨烈

香川県本部

団長	副団長	〃	議長	副議長	〃	監察委員長	監察委員	〃	事務局長
金正一	文性根	黄永学	石寛伊	曺泰一	朴八介	張寿億	曺鳳煥	鄭道均	文性根

「批准反対」ありえぬ

民団中央執行委員会　一部策動に警告

……にあるような印象を与えているが、これは民団の極一部のグループであり、ねつ造も甚しく極めて迷惑千万といわざるを得ない。まして「……会」なるものは、何名かの団員と一部不平分子の集りであっていうところの反主流というべきものではなく、民団とは何等関係のない策謀の存在である。

いわんや声明、声明の内容においても一部反対派の独善りのものであり偏見と独善に満ちたもので論ずる価値すらない。

目下、民団中央では統制違反をしているこれら一部分子の策動に対して厳重に警告を発すると共に中央監察委員会に査察を要求中である。

われわれ民団全体は一致団結して韓日協定批准の早期実現のため全力を傾注すると共に一部分子の策動を断呼粉砕することを声明するものである。

早くも330万円を集計

本国水害救援活動実る

愛生園患者らも

異国で不幸にも病にたおれ、日の目もみられない境遇にあって療養につとめている人たちが、それでも国民の一人として、本国の水害の報をきいてじいっとしていられず貧しい財布をはたいて出し合った「本国水害見舞金」四千円を民団岡山県本部に寄託したことが明るみにでて、関係者をはじめ多くの僑胞をいたく感涙させている。

中央本部で有志懇談

権団長ら、大同団結話合う

韓日条約の批准が本国国会を通過し、韓日交流も日本側の批准を残すのみとなった。この時点における民団の使命と役割は極めて大きく、従来にも増して内部の結束が要求される。のであるが、このような観点から、第五回中央委員会を目前に、中央本部では去る八月二十四日午後六時から、中央本部講堂に歴代の中央団長、長老格の有志約三十名を招いて民団の飛躍的発展を期するための懇談会をひらいた。

この会合には、金載華、権逸両氏らも姿をみせ、懇談に参加した。

権逸中央団長は、韓日国交の正常化を促進してきた民団として、この際、大同団結を期さなくてはならないと述べ、特に、韓日条約に関しては、さきの第三回臨時中央委員会で支持歓迎を決定したのであるから、条約の批准に反対するようなことがあってはならないと強調した。

この日の参加者はいちように、民団の一部に基本方針に逸脱した行為をといっている者のあることについて、建設的な意見が述べられ、早急に大同団結の道をきりひらかなくてはならないとして、その具体策が模索された。

そして、敵対陣営に属する朝総連が、韓日条約の批准阻止のためあらんかぎりの術策を弄しているこの際に、どのような理由があるにせよ韓日条約の批准に反対する運動は、祖国大韓民国の発展を自ら阻む敵対陣営、北韓、朝総連に利することになるとの見解を再確認した。

金載華氏らは、自分達も決して韓日条約それ自体を反対するものではないと述べ、今後ともこのような接触の機会を多くして、一糸乱れぬ団結をはかりたいとの態度を明らかにし、有意義な懇談会は同八時半すぎ散会した。

朝総連の策略、暴露

李君の北韓亡命顛末

姜達奉氏も

朝総連の陰謀で

姜達奉氏の手記

薬品購入しておくる

被殺同胞の追悼式

「白い愛」に

北韓スパイ二人逮捕

横須賀にも支店を設置　横浜商銀信用組合

水害義損金拠出者名単（一）

（四面へつづく）

岩手県本部

団長	副団長	〃	議長	副議長	〃	監察委員長	監察委員	〃	事務局長
盧成永	金鳳国	姜甲鳳	韓潽波	金採順	金鐘振	曺点乭	朴殷浩	姜大吉	金春鎬

山形県本部

団長	副団長	〃	議長	副議長	監察委員長	監察委員	事務局長
崔泰幹	金尚坤	成鐘寨	趙鏞洙	李鐘洛	裵応三	姜鳳千	黄花充

青森県本部

団長	副団長	〃	議長	副議長	〃	監察委員長	監察委員	〃	事務局長
金世鏞	崔順鏞	成舜慶	金東洙	林重復	趙鏞出	張秉武	李順東	姜周鉉	沈載明

北海道本部

団長	副団長	〃	議長	副議長	〃	監察委員長	監察委員	〃	事務局長
田連寿	崔順吉	金徹	金本正	池興淳	李正洛	朴準竜	崔鐘喜	金鐘宇	孫文植

宮城県本部

団長	副団長	〃	議長	副議長	〃	監察委員長	監察委員	〃	事務局長
権保根	李六奉	李景淳	金七竜	金硅櫶	金俊炫	朴秀益	金奉沢	金正五	鄭政雄

福島県本部

団長	副団長	〃	議長	副議長	監察委員長	監察委員	〃	事務局長
朴秀烈	李英魯	金文生	李鐘根	張在述	鄭煥杓	柳英植	李鉉達	李瑜煥

岐阜県本部

団長	副団長	〃	議長	副議長	〃	監察委員長	監察委員	〃	事務局長
李洙学	鄭在洙	片点述	金正鎏	徐永均	金再竜	趙慶鏞	李二嵂	李栄一	李甲寿

愛知県本部

団長	副団長	〃	議長	副議長	〃	監察委員長	監察委員	〃	事務局長
鄭煥禧	金允鎭	金宗允	姜未律	朴哲	崔正烈	金竜煥	高命竜	孫潤寿	金宗允

富山県本部

団長	副団長	〃	議長	副議長	監察委員長	監察委員	事務局長
李相文	鄭道植	崔允明	成欒三	李奉天	徐夏竜	金永植	鄭日碩

福井県本部

団長	副団長	〃	議長	副議長	〃	監察委員長	監察委員	〃	事務局長
玄在鶴	兪正鶴	李乙出	姜栄求	姜尚熙	鄭慶賛	金泰文	李一守	金在植	金順永

石川県本部

団長	副団長	〃	議長	副議長	〃	監察委員長	監察委員	〃	事務局長
孫浩東	金璡元	鄭鐘永	李竜演	黄鄭洪	崔仁洙	金東暖	李守寛	房点東	河鳳珠

新潟県本部

団長	副団長	〃	議長	副議長	〃	監察委員長	監察委員	〃	事務局長
白源詰	李晋根	申李変	尹建	文錫順	丁宗変	権寧相	尹哲	金万淑	李元世

韓国経済診断

（上）

ネイサン報告書

訪韓経済使節に同行して

住友機械工業会長 川島清嗣

請求権を有効適切に

共存共栄の実あげよう

水害義損金拠出者名単

（二）

紙面の都合により以下は次号につづく

韓国料理

ハンバーグ

きゅうりのいため物

なすのあえ物

材料（3～4人前）
なす　6～7個
醤油　大さじ2杯
砂糖　大さじ1杯
酢　大さじ1杯強
ねぎみじん切り　大さじ1杯
摺り胡麻　大さじ1杯
胡麻油　大さじ1杯
粉唐辛子　少々
化学調味料　少々

作り方

(1) なすはヘタをとって7～8ミリの厚さに縦に切り、蒸器で7～8分蒸します。

(2) 蒸したら5ミリ幅くらいに更に縦に切り、キニッと水気をしぼり、一内の調味料であえます。

ご飯のおかずにしてもよく、お酒の肴にも向きます。

× ×

和歌山県本部

団長　崔李現
副団長　曺喜宣
〃　金成烈
議長　文璽植
副議長　金押基
〃　金輝燮
監察委員長　申吉秀
監察委員　金世英
〃　朴道根
事務局長　崔信喆

滋賀県本部

団長　柳在洪
副団長　宋学道
〃　鄭輝元
議長　李鳳祚
副議長　崔允鳳
〃　李正来
監察委員長　卞鍾変
監察委員　権寧煥
〃　李成雨
事務局長　趙鏞李

奈良県本部

団長　李来玉
副団長　金東俊
〃　金海圭
議長　裵基薫
副議長　崔泳植
〃　尹徳守
監察委員長　呉小先
監察委員　崔洛雲
〃　李貴重
事務局長　李鳳尚

京都府本部

団長　李宗樹
副団長　李圭性
〃　徐光国
議長　趙鏞雲
副議長　全成局
〃　呉泝煥
監察委員長　金広八
監察委員　金海仁
〃　張熙日
事務局長　鄭潤東

兵庫県本部

団長　徐正浩
副団長　梁昌煥
〃　崔永聖
議長　金基禄
副議長　梁一晩
〃　李徳雨
監察委員長　宋守道
監察委員　許性道
〃　鄭連世
事務局長　崔永聖

大阪府本部

団長　姜桂重
副団長　蔡鐘万
〃　崔永守
議長　金聖洙
副議長　卞先春
〃　張徳日
監察委員長　金晧一
監察委員　陳琦淵
〃　金琦錫
事務局長　趙宗大

山口県本部

団長　朴鐘
副団長　李命祚
〃　姜達植
議長　陳点春
監察委員長　許基彦
事務局長　安高道

島根県本部

団長　朴三世
副団長　朴煕沢
〃　李恭操
議長　金一球
副議長　孫今用
〃　李海台
監察委員長　黄珪性
監察委員　兪鐘浩
〃　李桂煥

鳥取県本部

団長　朴尚甲
副団長　張鐘燁
〃　黄学用
議長　姜鴻達
副議長　薛鎮東
〃　林鐘建
監察委員長　薛基潤
監察委員　鄭鎮一
〃　趙道根
事務局長　高在烈

岡山県本部

団長　魯根璡
副団長　李時尤
〃　孫泰彦
議長　河政一
副議長　林炳譓
〃　李裕奭
監察委員長　金麟培
監察委員　姜信才
〃　崔璟喆
事務局長　鄭築

広島県本部

団長　朴尚培
副団長　金鐘譯
〃　鄭福吉
議長　金寛植
副議長　曺判鳳
〃　李昌煕
監察委員長　崔錦郷
監察委員　鄭重斗
〃　李相煕
事務局長　姜文熙

三重県本部

団長　陳且許
副団長　金潤学
〃　金炳賛
議長　李英春
副議長　呉琁会
〃　李碩根
監察委員長　孔樹泳
監察委員　陳奉根
〃　金長春
事務局長　金潤学

韓國新聞

発行所 韓国新聞社
発行人 権逸
編集人 李熙元
東京都文京区春日町2丁目20－13
電話（811）2261～5 編集
（813）0675 業務
振替口座東京 34988番

五大綱領

一、우리는 大韓民国의 国是를 遵守한다
一、우리는 在留同胞의 民生安定을 期한다
一、우리는 在留同胞의 民権擁護를 期한다
一、우리는 在留同胞의 文化向上을 期한다
一、우리는 国際親善을 期한다

韓日条約批准へ強い態度

両国の友好と共同繁栄へ

反対論駁する 日本側政府、与党

いるのに対して、日本政府は勿論のこと、与党の自由民主党では韓日条約の批准を目指して国民運動を[illegible]

左翼の人道的覚性を促がし その狂った偏見に反論する

日韓両国の国交正常化は日本国民のみならず、韓国国民の大多数の人々が熱望するところであり、日韓両国政府はこの強い国民の要望に従って、過去十四年間も正常化のために最善の努力を続け、やっと妥結し、去る六月二十二日正式調印式を終えました。

日本の各新聞をはじめ世論の大多数は、日韓国交正常化に心から賛成しています。今回の調印に当り、民社党は「協定の不満の点については今後の運営において改善に努める」といっており、公明党も原則的に賛意を表明しています。

しかるに、社会党、総評、共産党と左翼勢力の一部のみがこれに真向から反対して、日韓国交正常化は南北朝鮮の現状を固定化しその統一を阻害するものであるとか、米国に追随して韓国を助け、北東アジア条約機構（NEATO）をつくる陰謀であるとか、日本独占資本の経済進出をもたらすものであるとかいって、これに絶対反対の態度をとり、院外の勢力までも動員して阻止闘争を盛り上げようとしています。

ここに社会党、総評、共産党など左翼勢力のいうことが、如何に現実をはなれして偏見であり、理不尽の主張であるか、その要点を挙げて反論してみよう。

真の原因は北鮮にあり

（一）南北統一を阻害するものではない

社会党、総評、共産党など左翼勢力は現在の日韓会談は南北朝鮮の現状を固定化し、その統一を阻害するものであるといっています。南北朝鮮の統一は朝鮮民族の悲願であり、われわれもこれが速やかに達成されることを心から希望するものであります。しかし朝鮮の統一を妨げている真の原因は一体どこにあるのでしょうか。

南北朝鮮統一の問題は、すでに一九四七年以来国連で毎年審議され、一九五四年の第九回総会においては「統一された独立かつ民主的朝鮮を設置するためには、国会議員選挙のため国連監視の下に、真に自由な選挙が行なわれるべきである。国会における代表は全朝鮮の現在住民の人口に直接比例して選出されるべきである」という内容の提案が行なわれました。これがいわゆる国連方式であります。これに対して韓国は直ちに賛成したにもかかわらず、北鮮はこの国連方式に反対したため朝鮮は南北に分れて今日に至ったのであります。したがって南北朝鮮の統一は、北鮮が国連方式に賛成しさえすれば実現できるのであります。

しかし、この南北朝鮮の統一は北鮮が共産主義を奉じ、韓国が自由主義に立ってそれぞれ相対立する両陣営に分れて所属している限り、東西両ドイツや南北両ベトナムと同様に、近い将来これが実現できるという見込みは極めて少ないといわなければなりません。従って南北統一の日まで日韓会談を行なわないということは、日韓両国の関係を今後永きに亘って国交のない不自然のままに放置しておけということになるものであって、このようなことは日韓両国の繁栄と両国民の利益に反するものであることはあまりにも明らかであります。

非常識な社共のでかた

また、韓国国民自身の現状において南北朝鮮の統一を行なうということは、共産主義による統一となることを恐れ、国民の自由を守るためには国連方式以外の統一はありえないといっているのであります。

北鮮は南北統一に反対するばかりでなく、すでに中共やソ連と国交を結びそのうえ一九六一年七月、相互に軍事同盟条約（友好協力相互援助条約）を結んでいるのであります。それにもかかわらず社会党が、最も近い隣国である日韓の国交正常化に反対するのは、北鮮やその他の国際共産主義の手先となっているからであり、あまりにも非常識なものであります。

（二）北東アジア条約機構（NEATO）を作るものではない

社会党、総評、共産党など左翼勢力はまた、現在の日韓会談は北東アジア条約機構（NEATO）を結成するためのものであるとか日本、韓国、台湾間に軍事同盟を作るものであるとかいっています。しかしわが国は従来しばしば政府が言明しているようにNEATOをつくるとか、日、韓、台の三国軍事同盟を結ぶというようなことは毛頭考えたことはありません。また、このようなことは韓国も国府も考えていません。

日韓会談はあくまでも、ひたすら両国の善隣友好と、両国民の繁栄のために従来の懸案を解決して国交を正常化しようとするもので何ら軍事的な関係をもつものではありません。

社会党など左翼勢力はこのようなことを知りながら、あえてNEATOとか三国軍事同盟を持ちだすのは、反対のための反対として日韓国交正常化を阻止するため、ことさらわれわれの夢想だにしていないことを作り出し、国民をあざむこうとするものであって、このようなことは断じて許すことはできません。

（三）米国に追随するものではなく、また"日本独占資本"の経済進出を図るものではない

社会党、総評、共産党など左翼勢力はまた、現在の日韓会談は米国に追随し日本独占資本の経済進出をもたらすものであるといっていますが、日韓国交正常化は、最も身近な隣国である韓国との不自然な関係を[illegible]ら、長年にわたり自主的に努力を続けてきたものであり、米国とは何ら関係のないものであります。また社会党など左翼勢力は、米国のドル防衛のために日本にその肩代りをさせるものであるといっていますが、これはわが国が自国の自主的な立場の上で、韓国の発展のために経済協力をするというものであって何ら米国の意思に動かされるものではありません。われわれは経済協力を通じ、韓国の繁栄や国民の民生安定に寄与し、真に共栄の実を挙げようとするものであります。

経済協力を独占資本の進出であるというのは全く古い考えで、今日では通用しない観念であるにかかわらず、社会党など左翼勢力が日韓間の経済協力を独占資本の進出だというがごとき言辞をろうするのは、これを全く理解しない古くさい観念であります。今回日本から供与される無償の八億ドル以上にのぼる経済協力は両国間の経済協力を画期的に推進します。従来日本が東南アジア諸国に対して賠償及び各種の経済協力を実施してきましたが、世界中のどの国も日本の経済侵略とはみていないのであります。しかるに韓国に対する経済協力のみが経済侵略であるということは矛盾も甚だしいといわねばなりません。かかることは日韓両国の国民に無用な誤解を与え、国交回復に障害を及ぼしてきたのでありまして、いかに党略のためとはいえ、このような不謹慎な発言は厳に慎むべきものでありましょう。

（四）今回の調印は日本側が一方的に譲歩したものではなく、また竹島問題の処理方式も公約に違反していない

世上一般に今回調印された条約及び諸協定は日本側の一方的譲歩によるものであると批判する者もあります。とくに公明党は条約には原則として一応賛成していながらも「竹島問題を実質上棚上げし李ライン撤廃、十二カイリ専管水域のわが国の主張を犠牲にした漁業問題、請求権問題は一方的譲歩に終り、政府の同時一括解決の公約に[illegible]点については責任を追求する」といっています。

すでに述べた通り、漁業問題については公海自由の原則に基づき日韓両国間の紛争のもととなっていた李ラインについては国際慣行に従って専管水域を十二カイリとし、漁区の取締および裁判管轄権はそれぞれの国の国内法による旗国主義をとっています。ただその国の監視船に相互の視察員を乗り込ませることとしたことは、日韓両国の相互理解と互譲の精神からでたもので、これを譲歩というのは見当違いといわなければなりません。

また「請求権・経済協力協定」によりいわゆる請求権問題は完全かつ最終的に解決されましたが、わが国から韓国に対し、無償、有償、民間信用供与計八億ドル以上を供与することも、隣国である韓国が朝鮮動乱以来甚だしい経済的困難にあたっているのに対して、その国家再建と繁栄のため経済協力を行なう趣旨でありまして、単なる譲歩ではなく、人道上からも両国の繁栄のためにも当然のことであります。

竹島問題を国交正常化に当って[illegible]ることが予想されますので、この懸案解決の目途を講じ、一括解決の公約を忠実に守ったのであります。

（五）日韓国交正常化は日韓両国民の大多数が賛成している

われわれはアジアの中にあってわが国に最も近い国であって、その近隣諸国とは仲良く、善隣友好の外交を進めたいと考えています。とくに韓国はアジア諸国の中では[illegible]

北鮮は、わが国の左翼勢力と同じく、今回の調印による日韓国交正常化を非難するといい、さらに対日賠償を要求すると言明しています。わが国は、すでに述べたように国連決議に基づき韓国を朝鮮における唯一の合法政府として認め、これと国交正常化するため、今回の調印を行なったのであり、中ソ両国と軍事同盟を結んで、日本を敵視している北鮮政府が現実[illegible]

世界の驚嘆するような高度の経済発展をとげたわが国民としては、この長い間のつながりのあった韓国民に対し暖かい手を差しのべることは、隣人としての当然の義務であります。しかるにわが国においては、ひとり社会党と共産党のみが、これに反対していることは国民一般の理解に苦しむところであって、このような態度はまさに人道に対する敵であるといっても言い過ぎではないでしょう。

われわれはこのような理不尽な反対を断固粉砕して、今回調印した基本条約諸協定を批准して可及的速かに両国の国交回復を図り、両国民の共栄の実を挙げようとするものであります。

本国罹災民救済運動

溢れる僑胞の誠意

総額七百万円を越える

水害義援金拠出者名単

韓国では今年の夏六十余年来の大洪水によって、[illegible]

千葉県本部

京都府本部

愛知県本部

奈良県本部

三重県本部

岐阜県本部

広島県本部

鳥取県本部

島根県本部

愛媛県本部

山形県本部

[illegible]

（次頁につづく）

東京本部

愛知県本部

神奈川県本部

福岡県本部

山口県本部

大分県本部

富山県本部

[illegible]

各県本部別 義援金集計

本部	金額
東京本部	四七七・〇〇〇
神奈川県本部	七二九・一六四
千葉県本部	九七・八〇〇
群馬県本部	一〇四・二〇〇
秋田県本部	一〇五・〇〇〇
福島県本部	三〇・〇〇〇
山形県本部	四五・四〇〇
富山県本部	五九・七〇〇
愛知県本部	一、一六三・二九三
岐阜県本部	四〇・四〇〇
大阪府本部	一、二六二・七〇〇
京都府本部	二三八・〇〇〇
奈良県本部	一三九・六〇〇
三重県本部	二二三・六五〇
広島県本部	二八・八〇〇
鳥取県本部	二九・二〇〇
島根県本部	五四・九〇〇
山口県本部	五六・三〇〇
福岡県本部	二四六・四五〇
長崎県本部	四八・七〇〇
大分県本部	一七・〇〇〇
宮崎県本部	三五・〇〇〇
愛媛県本部	五五・四〇〇
徳島県本部	五・〇〇〇
香川県本部	三三・〇〇〇
大阪婦人会	五三・〇〇〇
千葉青年	三〇二・〇〇〇
中央本部	一〇八・〇〇〇
合計	七・〇九九・七三三

（一九六五年九月二十一日現在）

韓國新聞

発行所
韓國新聞社
発行人　権　逸
編集人　李　弼　□
東京都文京区春日町
2丁目20−13
電話(813)2261〜5
振替口座東京34988番

五大綱領

一、우리는 大韓民國의 國是를 遵守한다 [illegible]
一、우리는 在留同胞의 民生安定을 期한다
一、우리는 在留同胞의 民權擁護를 期한다
一、우리는 在留同胞의 文化向上을 期한다 [illegible]
一、우리는 [illegible]

第五回定期中央委開かる

画期的基本方針決定

組織の飛躍的発展体制へ

一九六五年度の民団活動方針ならびに予算を決定する第五回定期中央委員会が九月七・八の両日、東京・信濃町の東医健保会館においてひらかれた。中央委員百三名が参席するなかで二日間にわたり真剣な討議がくりひろげられた同委員会は、"当面の基本方針"を採択し、執行部の提案した活動方針案を一部修正補足して全会一致で通過させ、今年度予算案を原案どおり可決した。そして、組織の整備強化をはかって民団の基本方針に逸脱する韓学同を中央執行部が直轄し、所謂"韓国民族自主統一同盟日本本部"なるものに対してはその性格上、敵性団体と規定し、これに共鳴または、加盟する者に対しては組織的措置をとることなどを決定した。

中委本会議で基本方針を開陳する権中央団長

真摯な審議で終始した中委本会議の全景

65年度活動方針

敵対陣営の侵透攪乱策動に対処して

事務体系の確立と幹部養成に関して

傘下団体の指導体系確立に関して

宣伝啓蒙事業の拡大強化に関して

一九六五年度財政の確立に関して

教育財団の設立計画

二世教育への要望

僑胞商工人対策

中央会館建設で建議

本国家族の扶養運動

第五回中央委の決定集発行

第五回中央委で採択・決議された基本方針決定事項を集録した決定集は、民団幹部の必携学習教材となろう。

日本の良識は訴える

韓日友好は歴史的使命

佐藤総理決意を語る

批准国会を前に

総理大臣　佐藤栄作
作家　今日出海
京大教授　猪木正道

さる六月二十二日に正式調印された韓日条約は、すでに韓国の国会批准を経え日本側の批准まちとなったが、両国間の国交回復が、いかに緊要性を帯びるものであるかについて佐藤総理大臣と猪木正道京大教授、作家の今日出海氏がテレビ対談を行なった。同対談で、佐藤総理は韓日友好親善の歴史的必然性を説き、国内反対勢力の良識ある反省と自覚を促した。また、作家の今氏は韓国の現状からして日本国民の反省を強調、そして、猪木京大教授は韓国に対する幅広い識見で友好促進を力説した。この対談を通じて、三者は日本の韓国に対する今後のありかたとして、一部ヤミ屋的悪徳商人を排除し、"筋の良い日本人"が韓国に赴き韓国の自立経済を助けることによって両国の親善友好と共存共栄の基礎を築き、あらたな善隣関係の出発点にしたいと語っている。

猪木　日韓両国の国交正常化問題は十四年間の長期交渉の結果、調印をみた。日韓条約は韓国では既に批准を終わったのであるが日本では来る十月の批准国会に対し野党方面では相当大規模な反対闘争をやっているといいますが、この問題について佐藤総理の抱負とか御意見をうかがいます。

佐藤総理　ともかく十四年間もかかった問題が解決するということは容易ならぬ努力の結果であるのであって、その関係者からみれば、とにかくお隣り同志が仲よくするのにどうして反対するんだという気持です。反対の動きに対してはその実体はよくわからないが、国民に対しても十四年間も苦労したというばかりでなく、もっと大事なことはお隣り同志が仲良くしようじゃないかということしかもそれが血のつながりさえあり、文化的には勿論のこと経済的にもつながりがあるし、しかも、私も山口県出身ですから血のつながりがあると思いますよ。

そういうことを考えてみるときやっぱり隣り同志が仲よくするということは極く自然な姿である。今まで永くかかったということは両国にとって過去のような不幸なことがあったので、妥結までにはいろいろ困難なこともあった。しかし、第二次大戦後の日本はほんとうに平和に徹している国であるという実体をもう承認してくれてもいいじゃないかと思うが、私が総理をやっていて、この国は誤解されているということはまことに残念だという気がしますね。

韓国の自立経済に協力する

筋のよい日本人で理解を深める

平等観に立って親善促進

韓日関係は今後如何にあるべきか

中央団長　権　逸

外交史上まれにみる韓日交渉は、去る六月二十二日、韓日基本条約ならびに諸協定の調印をみるにいたって、両国の国交調整は新段階を迎えることになった。

ここにおいて、不自然であった韓日関係は終止符を打ったことになり、本然の姿にたちかえったことは同慶のいたりで、既に多くの解説論評がなされているが、あえて蛇足を加え、きたべき韓日新時代に資すところがあれば望外の喜びとするものである。

韓日交渉妥結の要因と意義

韓日両国は、自由陣営の一員としても、また、一衣帯水にある地理的な立場からも、急変するアジア情勢に対処して早急に正常化されなくてはならない。われわれは国際社会にあって独善的で排他的な孤立政策が、自滅をまねくものであり、韓日交渉の妥結がおくれればおくれるほど、共産勢力を有利にするということを知っている。

このような観点にたって、われわれは一貫して韓日交渉の早期妥結を主張してきた。他面においては過去の日本の軍事政策のため不本意ながら来日して定着を余儀なくされた在日僑胞の生活権を法的に確保しなくてはならないということも、韓日早期妥結を主張する大きな支柱であった。

ところで、妥結をえた基本条約をはじめ諸協定の内容は、卒直にいってわれわれに大きな不満のあることは事実である。だが、過去の複雑な韓日関係を考えるとき、われわれの要求のみを主張をしつづけることはできない。ともあれ、韓日両国民の関心のたかまりと一致した念願の所産として、不幸な過去を清算し、互恵平等の原則にもとずいて両国間にあたらしい善隣関係が樹立されたことは前進を約束するものと確信する。

正式調印によって韓日関係がすべて達成れりとすることは大いなる錯覚というべきで、これから両国間の新しい歴史がはじまるのである。

したがって調印は、善隣関係を回復し、今後の発展をはかるファースト・ステップであるにすぎない。

韓日国交正常化とわれわれの基本的立場

韓日本調印と批准によって両国間の経済的、文化的交流が活発にもりあがることだろうが過去をふりかえってみるとき、両国は地理的にも歴史的にも経済的にも密接不可分の関係にありながら、真の意味でのよき隣人として過した時代は少ない。いなむしろ、不信と反目、対立と紛争、疑惑と憎悪の不幸な関係が多かった。

われわれは、その原因と背景をよく反省し、そのなかから新時代に処する教訓を学びとらねばならない。これがもっとも肝要なことである。

一衣帯水とはいうものの終戦以来二十年、両国の国交の空白は、日本国民の対韓理解を減少させ、また、韓国民の対日理解を暗いものにしている。したがって、相互理解のための国民的努力と運動が考えられなければならない。

そうして、韓日両民族の心と心の結びつきを強め、真の相互理解から相互信頼へとたかまるようにしなければならない。

そのためには、まず、日本人が韓国人に対する理由のない優越意識と偏見を捨てさらなくてはならない。そしてまた、韓国は日本統治時代の怨恨を忘れ日本と日本人に対する過去の不愉快な印象や劣等感、被害妄想的な恐怖感を捨てさらねばならない。

韓日両国民の善隣友好関係の成否は、以上の認識と基礎のうえにたってのみ可能である。

また、在日僑胞の歴史的背景の特殊性からみて、他の外国人にくらべて特殊な法的地位と処遇が賦与されなくてはならないのは再言を要しない。

われわれ在日僑胞は、韓日交渉で妥結した"法的地位"をはじめとする諸案件に対して満足しているのではない。したがって、不備不満な点は政府の努力によって批准発効後の運営で、反映されるよう、日本当局と折衝するよう強く希望するものである。

在日僑胞の生活態度は、いまだに残っている被統治者的奴隷根性と卑屈感そして排他的民族感情を清算して、独立国家の国民としての自負と矜持をあわせもって堂々たる生きかたをすることによって、日本国民から尊敬と信頼を得なければならない。

そして、僑胞の一人一人が国民外交のにない手となり韓日友好関係の増進のためのかけ橋的役割を推進し、そのことによって両国は、友情と尊敬を土台とした韓日新時代に実を結ぶようにしなければならない。

韓日経済協力への方向

国交の正常化を契機に、韓日経済協力の進展が予想されるが日本資本の進出は韓国の経済界を刺激し、その向上に益する一面もあろうが、資本と技術にものをいわせ協力提携の美名のもとに打算商法を展開した場合、果して、脆弱な韓国経済に大きな打撃を与えないだろうか。

韓日経済協力に便乗して、韓日経済発展に協力するよりも、利潤の追求のみを目的とする心なき利権屋的商社は勿論、これと同時に日本資本に迎合し、その手先となって策動する一部無自覚な韓国人も徹底的に排除されなくてはならない。

このような韓日経済協力を阻害する有害な要素と活動を許しては、せっかくの経済協力も韓国の安定にとってマイナスとなり韓国民の対日感情はさらに悪化することは自明である。

対日交渉に対する現政権の姿勢を非難する激しいデモも、その底流には、かつての日本統治への対日感情と国交正常化後、日本の経済進出による経済的侵透に対する警戒心があるからである。

この点、とりわけ日本側はとくに襟を正して節度と真の誠意を示して韓国人をして対日観に革命的な転換をもたらすようにしてもらいたい。

中央委の決定事項

執行部総括報告

昨年七月の臨時全体大会で選任された本執行部はその間満一年を経過した。前執行部から多くの事業を引き継いだが、そのうち最も重要なものは東京オリンピックに参加する本国選手団の後援事業と本国家族を招請する事業であった。

この事業は、さきの二月中央委員会と五月にひらかれた臨時中央委員会で報告されたように成功裡に終えた。

これらの事業を通して、わが組織の一線活動家をはじめ全団員が示した民族的な努力に対してこの機会にあらためて深く感謝の意を表するものである。

周知のようにさきの定期中央委員会において当面の活動方針として

1、一九六五年度財政確立に関して
2、中央会館の建設
3、本国家族の扶養運動
4、郷土訪問団の派遣
5、幹部訓練
6、韓日会談の促進と法的地位要求貫徹運動
7、税金対策の講究について

以上の七項目を議案決定し、運動目標としてきた。

これは総べて本団の発展のためにひとつとしておろそかにできない問題ばかりであるが、中でも韓日会談の促進と在日僑胞の法的地位要求貫徹運動は最も重要なものでわれわれは全組織をあげてこの要求貫徹運動を推進した。

韓日会談は四月三日に仮調印をみ、六月二十二日には本調印を終え、つづいて八月十四日には本国国会において批准を済ませた。

したがっていまや日本国会の批准を済ませば、いよいよ両国の懸案であった国交は正常化される段階となった。

利子制限法改正案

財経委員会を通過

国会財経委員会は去る九月十三日利子制限法改正法案を通過させた。

同改正案は現行年利最高二〇%を四〇%に引きあげ、その範囲内でこれを大統領令で決定することとにした。

また同委員会は、韓国肥料工業株式会社の第五肥料工場に対する五、六九一万ドの借款支払保証案も同時に審議通過させた。

韓日友好親善促進へ

民団山口本部　自由民主党　県民合同大会

過去十四年交渉のすえ、妥結された韓日国交正常化に関する条約は八月十四日、既に韓国々会では批准を終え一方来る十月、批准国会を迎えた日本国政府および与党である自由民主党では、一部に左翼陣営、またはこれらに同調する一部言論人等の、こじつけに依る反対論即ち、日本国民の大多数が支持歓迎する韓日国交正常化の歴史的事実に対するこれら左翼陣営のあやまったキ弁に依り世論が惑わされることのないよう積極的な大衆啓蒙運動に乗り出している。

もとより、わが民団は今日に至る迄積極的な努力を払ったばかりでなく、同会談の妥結を支持歓迎し、よって今後両国の親善友好と互恵平等のために、あらゆる努力を惜まない本団の基本方針に従って、民団山口県本部（団長朴…）では、他県に先がけて、韓日合同に依る大衆啓蒙運動に乗り出した。

自由民主党山口県連では去る九月十八日下関旧駅前の大広場において「韓日条約批准促進山口県民会結成及び総決起大会」を開催した。五千余の人波は会場広場を埋めつくした中で、主催者並びに来賓一同こもごも立って日韓友好条約を積極的に支持歓迎して正しい世論の喚起に努力することを訴え、来賓祝辞に山口県本部朴議団長が演壇に立ち、韓日両国の国交正常化問題は両国民の歴史的使命であり、特に一衣帯水の中にあって、歴史的、地理的、文化経済的にも深い関係をもつ両国の友好親善と共存共栄をすることは両国民ばかりでなく、自由世界諸国の注目の課題であるので、これらの促進実現の必然性を強調し、五千余の聴衆は嵐のような拍手をもってこれに応えた。

午後二時すぎ、一同は市中行進に移り、太極旗、日章旗、自民党旗が先頭にはためくなかで、道行く人も拍手と笑顔でこれにこたえるなど韓日両民族の友好のちぎりもあつく、同大会は盛会裡に幕を閉じた。

なお、同県は佐藤総理の出身地であるだけに、全国に先がけて行なわれた同県民大会は、市民の間に大きな反響をまきおこした。

また、日本側では十月五日から七十日間の会期で臨時国会を召集、韓日批准を通過させる予定であるが、社会、共産等の左翼陣営の批准反対に対応し、与党自由民主党では、韓日国交正常化の必要性を広く国民にP・Rするため、この種集会をもつと同時に、大々的な宣伝活動を行なっている。

民団としては随時、これら日本側の韓日友好促進勢力と歩調を合せ、早期批准の達成に総力を注ぐこととしている。したがって、各級地方組織では日本側との合同集会に積極的参加するよう期待する。

◇　◇　◇

会長に韓貞妹氏　婦人会東本で

大韓婦人会東京本部では、去る八月三十一日、臨時大会を召集、役員改選を行なった。新会長には、前副会長の韓貞妹氏が選ばれ、韓日正常化に備え婦人の役割を充分に発揮することのできる新陣容を固めた。新役員の顔ぶれは次のとおり。

会長　韓貞妹
副会長　金鐘川
〃　張順女
顧問　金己哲、金…、許貞淑、金次…、李実光、金信三

採択された決議文

第五回定期中央委員会

組織の整備強化に関する決議

韓日国交正常化というわが国民族の最も重要な外交課題の一つであり、また、わが民団の宿願となっていた問題が十四年という長年月の交渉のすえ、去る六月二十二日、両国間に諸協定の正式調印をみ、その後、賛否をめぐって波瀾曲折があったが八月十四日、本国国会において正式批准を終えた。

したがってわが韓国としては民主国家としての最終的な手続を終え、日本国会の批准を待っている段階にある。

このような重要時機に接しわが民団はその使命と任務を全おするため団内部の結束と外部の取締を一層強化し、名実ともに在日六十万僑胞の指導団体としての飛躍的な発展をはからねばならない。

ところで、昨今、一部傘下団体と元民団幹部の一部において組織の規律を軽視する風潮があり、これによって、団の権威と威信を失墜させ、団の統一的前進に著しい障碍となっている。

われわれは、この際かかる弊風と禍根をとり除くため、これに対する取締と厳然たる組織的統制をしなければならない。

傘下団体が、基本団体である民団の基本方針に背馳もしくは逸脱する態度は決して許されるべきでなく、その活動範囲はあくまでも民団の方針に依拠しなければならない。そうすることによって、傘下団体みずからの独自性と自主性が発揮されなくてはならない。

、いわゆる"闘争委員会"を構成する一部メンバーの行動の実相を直視する時、彼らの自己反省を求めざるを得ない。何故ならば、彼らの主観的意図の如何を問わず結果的に本団の対外的威信と権威を著しく失墜損傷させ、団の運営に大きく混乱をひき起したからである。

今日、なにびとといえども団員であるかぎり組織のルールを軽視し団の方針に逸脱して、派閥を形成してはならないということは団員の一般的義務である。

わが民団が混乱と無秩序に陥っているのを、巧妙に政治的に利用する者が誰であり、また、韓日協定の無効と廃棄を煽動して国家の名誉を傷つけることによって得をする者が誰でありましょう。

これは、日本にいる北韓傀儡の手先、共産主義者以外に誰がいるというのでしょう。

民団を混乱させることによって結果的には敵対陣営を利することになり、民団を分裂させる策動に口実を与えたことは重大な誤りであるといわざるを得ない。

われわれは、組織の規律を軽視する風潮を一掃するという観点で、非組織的な分派行動に対しては厳然たる態度を堅持し、民団の威信と権威を確立し、団運営の秩序を回復するため第五回定期中央委員会の総意をもって次のような組織的措置をとることを決議する。

一、韓青に対しては、今日までの行動に対して警告を発し、今後において、民団の方針に逸脱する時には、各級執行部がこれを直轄する。この措置に対して文教監察委員会は、団の規約に照らして制裁措置をとる。

二、韓学同に対しては警告を発し、韓学同中央総本部は民団中央本部が、また、韓学同地方本部は民団地方本部が直轄し同学同の組織の再建に努力する。

三、いわゆる"闘争委員会"等、分派運動に加担した団員に対しては、今日までの行動に対して警告を発し、今後、民団の方針に逸脱する場合には、各級執行部で適切な措置をとり、また、各級監察委員会でも果敢な制裁措置がとられなければならない。

組織防衛と関連する所謂"韓国民族自主統一同盟"に対して

去る七月十八日、いわゆる、"韓国民族自主統一同盟日本本部"が発表した結成宣言ならびに綱領と規約によると、同同盟は、韓国の統一について北韓傀儡の統一方案を是認する印象を与える。すなわち、敵対陣営が称えている欺瞞と術策にすぎない赤化統一を指向し、理論と思考方式において敵性を内包している。

当該団体は、僑胞らの素朴な統一念願を自主平和統一という美名で惑し、韓国というベールを被って巧妙に容共侵透勢力として登場してきている。これに対し民団は、組織の防衛上、団員でありながら当該団体に共鳴もしくは加盟する者に対して適切な組織的措置をとることとする。

当該団体の統一に対する政治組織路線を要約すると、現段階における統一運動の主要な側面は、韓国の現政権の打倒と米軍の撤出にあると規定し、必然的に、韓日条約の批准無効斗争に全民族の力量を集中しなければならないとしている。

そして、同団体は国内の非合法統一運動推進体との緊密な提携のもとに独立組織の確保と、高次元的斗争のため組織整備をはかり、そのため、同盟の結成自体もその一環であると規定している。

また、統一運動を効果的に遂行するため"国内の反統一勢力"打倒運動すなわち現政権の打倒と、国際的な反帝民主勢力の協力による"反統一外勢"除去、すなわち米軍の撤出運動を有機的に結合させることを提起している。

このことは、わが民団と基本的に背反するものであり、以上の分析から同団体を敵性団体と規定し、その本質を促らえ、組織防衛のため警覚心をたかめるとともに敵対陣営に利する当該団体のいわゆる"統一理論"を粉砕しなければならない。

写真説明
上　韓日友好促進合同県民大会の会場（下関旧駅前広場）
下　太極旗、自民党旗を先頭に市内を行進する山口県合同民衆大会

中央が韓学同直轄

中央委決定で

[illegible]……さきの第五回中央委員会……新学同執行部を構成して……談話を発表した。

下文教局長談

[illegible]

今般中央委員会の決議により一時的とはいえ民団の直轄となったのは全学生は勿論のこと、組織担当者としても遺憾なことでないといわざるをえません。

周知の通り在日韓国学生同盟は民団傘下団体として学同創立以来の長い歴史を通してその経緯と多くの業績をふりかえってみるとき、つねに大韓民国の国是を遵守し、民団の綱領規約と基本施策の枠のなかで韓学同の基本姿勢と主体性をいかし、たゆみなく浸透してくる朝総連の赤化攻勢を粉砕し、国家の発展と共に民団組織全体の防衛強化と同時に学術の研鑽と真理を探究して韓協の目的を達成し、また僑胞社会の中堅人物として民団組織全体の発展に寄与することを、学生本来の使命としてきたのである。

しかし最近韓学同の指向するいくたの運動は民団傘下団体として純粋なる学生運動の方向とはいえず、一般僑胞社会の多くの物議をかもしたのは事実（別添資料参照）が立証しており、思考方式においても行動面においても民団の基本施策に背き、離脱したのみならず、民団が指示した事項を不履行することに至っては善良な学生からも不信をうけることになり韓学同本来の全学生の運動でなくなった。

それで長い時日を要して忠告と説得を促がしてきたが、反省の余期がないのみならずかえって民団社会を分裂させようとする策動により敵対陣営に利益をもたらした事実は少くなかったのである。

その直接的な原因が此度民団をして韓学同を直轄にした理由であるといっても過言ではありません。

全学生の皆さん！

在日僑胞は勿論、一部の学生を除外した全学生達の念願はなによりも韓学同再建問題であり、一部学生の悪煽動に左右されることなく、権威ある中央委員会の決定を韓学同史の一時的な試練としてあたたかくうけて学同の再建と正常化が短期日内に実現されるよう全学生が一致団結して積極努力することを念願し、韓学同の正常化に対して僑旧の協力と指導鞭達を願うものであります。

韓学同執行部

委員長職権代行　卞周浩（中央本部文教局長）
副委員長職権代行　金禧守（東京本部文教部長）
副委員長　保留
総務部長　保留
財政部長　南照男（立正大）
財政次長　車炳球（日医大）
組織部長　安炳諾（日大）
組織次長　李東基（日医大）
文化部長　呉世一（早大）
文化次長　朴平造（早大）
情宣部長　成栄恒（中大）
情宣次長　李鍾雨（早大）
渉外部長　徐在元（東洋大）
渉外次長　姜東俊（東洋大）
厚生部長　辺淳卿（明学大）
厚生次長　金幸伯（東海大）
体育部長　金哲雄（法大）
体育次長　金徳哲（拓大）

要人の暗殺・暴動工作

間諜北傀陸軍大尉語る

去る七月十八日、京畿道抱川郡で逮捕された北傀の武装スパイ盧成植（三二才）は八月十八日正午ソウル新聞会館で記者会見し、その南派経緯と任務、そして最近の北傀の対南スパイ戦術の転換と今日の北韓実情を次のように語った。

問　貴下の所属階級と南派時の経緯について。

答　北傀第一集団軍徒歩偵察所第三分所長偽陸軍大尉だ。去る六月はじめ、中央党連絡部に召還されて、約二十日間の新しい密封教育を受けて、七月初め、臨津江を渡って、対韓間諜として南派された。

問　新しい密封教育とは何か？

答　スパイ活動に対する一般教育の外に、特殊射撃訓練、即ち、走行中の車や重要公共建物の爆破方法、要人の暗殺等のテロ戦法とゲリラ戦法だ。

問　南派の時に指令をうけたスパイ活動の任務は何か？

答　まず、朴正熙大統領が乗った車を市内で狙撃、または爆破させることをはじめとし、要人の暗殺、そして公共建物を爆破して民心を撹乱させて、学生達を煽動させる等いろいろな任務があった。

次に、韓日協定を阻止させるために政界をはじめその他社会的著名人を包摂すること、もし、包摂工作に協力を拒まれたら暗殺せよ、という指令をうけた。

第三に、すでに南派されて活動中の工作員に対し、工作戦術の転換をはじめとする指令書と、工作資金を伝達することと、これらの者との接線に付近な場所の選定と撮影であった。

第四は任務をおえて越北の時工作員をつれてかえることなどであった。

問　対南スパイの戦術転換は何を意味するか？

答　要人の暗殺、軍事機密の探知、以来盛情の扇動、韓日協定反対のために、政界、学園および宗教界に対して混乱をひきおこさせ、そして、重要軍事施設の爆破と米軍宿舎の襲撃などベトナムにおけるベトコン戦術を韓国で敢行する因縁である。

問　対南スパイ活動はいつ頃はじめてか？

答　そう。こんどで四回目の南派だ。六回目までは、主として三八線付近の軍事施設に対する撮影の任務であった。

問　北傀の最近の対南策略は？

答　一九六四年初、金日成が中央党幹部らをあつめて、対南工作の拡大強化を強調して以来、従来は中央党連絡部だけで養成南派していたスパイを、こんどは民族保衛省特殊部からも直接養成して南派している。

そして、北傀は韓日会談を通願する最近の南韓情勢を南派工作員の活動の成果であるとして宣伝しており、これについで要人を暗殺し、政府機関を爆破すれば必ず暴動がおこるから、ここに注たる任務をおくように強調している。

問　南派後、任務をおえて帰れば、どのような待遇をうけるか？

答　経済的な援助は少しもない。只、二週間の休暇を与えているが、私の場合は過去六回も対南工作をやった実績から戦闘英雄称号をうけ、職責は国旗一級二個、国三級二個、戦士栄功メダル三個のほかいろいろな勲章をうけた。

問　南韓の実情をどの程度知っていたか？

答　北傀は何時も南韓は生地獄であり、北韓は地上の楽園であると宣伝しているが、実際に来て見ると正反対の現象であることをよくわかった。

問　北韓住民の生活状態はどうか？

答　糊口之策に汲汲している。生活が苦しいから人心は盛薄となり、親子間の家庭訪問にも食糧を持参するのが礼儀となっている。

問　産業部門はどうか？

答　重工業にだけ偏重している。戦闘準備のために要塞化にだけ没頭しているので、一般住民生活は犠牲にされている。

問　大韓民国に対する印象は？

答　北韓に比べたら地上の楽園だと思う。特に、人権が保障されている点には驚いた。

私は逮捕された身分でありながら、捜査機関からも旧友や兄弟のように親切な待遇をうけ、寝食やすべての生活に手厚い待遇をうけた。

このような人間的な待遇に無限に感動した。

問　北韓にいる家族は？

答　妻と男の子三人、そして別居している兄弟がいる。

写真説明
上、記者会見する北韓スパイ盧成植（ソウル新聞会館で）
下、北韓スパイ盧らが携帯していた七つ道具

新予算を決定　栃木県地方委で

民団栃木県本部（団長李吉祥）地方委員会は去る九月五日午後一時より同本部三階会議室において開かれ、宇都宮市中央監察委員長および漢学文団委員臨席のもとに地方委員二十八名中二十五名と有志僑胞多数が参加して今年度の活動方針ならびに執行計画を決定した。

去る七月二十日に開かれた第二十七回定期大会において未報告に終った前執部の活動報告から始まり、続いて同報告に対する質疑応答があったが、中心点は旅券手続料と韓国新聞を配付しなかった点に集中、質疑が終ってから、執行委員が構成され、新年度の予算案および活動方針案を原案通りに可決、財務議決として早急に支部団長を召集して納金を決定することとした。

特に注目された点は民団事業の完遂がすべて愛国心、愛団心から生まれることを強調、団費上納にしてもこの愛国、愛団心さえあれば事が解決されるだろうと大衆的な愛国心が強調された点であった。

新執行委員の顔ぶれは次の通り

事務局長　宋永敏
総務部長　蓬信
財政部長　鄭商出
文教部長　尹瀬玉
組織部長　南廣吉
民生部長　申鉉淑
宣伝部長　李錦淳

各氏のあいさつ要旨。

新任副中央監察委員長＝栃本部創設者の一人としても注目している。団発展の為には各人が自分の私見にとらわれず互譲親睦の精神で理解と信頼して戴いたい。

特に団長はあくまで公平な立場に立って意見を異にする人の話も十分にきき、常に自分の意見を述べて欲しいと語った。

李吉祥団長＝大多数の人が集ってくれたことは、つまり愛国心の表われである。団の発展の為に互いに協力してくれることを望むとともに、この地方委員会が団の発展に大きく反映されるよう願うものです。

陳東燦議長＝多少の意見が異っていても互いにこれを合致させるように努力をすべきで、努力が基本でもある。相互の信頼と理解をもって、睦まじく発展させるために執行部を中心に努力しよう。

李長根副議長＝この委員会の決定事項は誰もが守って実行することが大事である。

金己哲東本団長

アジア反共大会に出席

去る九月八・九日の両日間にわたりフィルッピンのマニラ市で開催された第十一回アジア反共大会に出席の為、金己哲東本団長は九月七日羽田からマニラへ向け出発した。

在日僑胞として国際会議に初参加した金己哲東本団長は「大会期間を通じて深い感銘をうけたことは、わが国の反共国家間における信頼の高いことであり、大会は終始わが代表団のリードによって運営されたことである」と語った。

なお韓国代表団一行は大会の日程を終了後、去る九月十三日午前二時四十分羽田着エア・フランス機で帰路東京に立ち寄った。

この代表団の労苦を慰労する為の歓迎パーティが去る九月十四日午後六時からダイヤモンドホテル（千代田区一番町二十五）で開催された。

この歓迎パーティは東京本部と傘下二十二支部の団長が主催し、来賓には金東祚駐日大使・李浩鎮公報館長・権逸中央本部団長・各支部の役員をはじめ各界の名士百二十名余が参席し盛大に行なわれた。

なお朴寛洙韓国反共連盟理事長・具滋道・金氏・金己哲（東本団長）ら四名は歓迎パーティの参席者から熱狂的な拍手で迎えられ、歓迎の挨拶に答えて朴寛洙反共連盟理事長は「過去の名目だけの代表団構成をあらためて、重力と影響力のある者を加えるべきであるとして、韓日国交正常化にともない、在日僑胞にも国際会議での発言の機会を与えるべきであるという進言を、朴大統領が諒承されて金己哲東本団長を在日僑胞代表としてこの代表団員に迎えることができたことは成果的である」と語った。

人命救助の鄭君に警視総監賞

足立韓国学園二年鄭日君（一三）＝足立区本木町一〇〇〇鄭商周（五二）の三男は、去る六月十四日午後二時頃、いつもの通学路である荒川放水路堤防を歩いていた。

鄭日君は学校で先生にほめられたのか何か上機嫌であった。そして早く帰って家の手伝いをしようとして急ぎ足で放水路の堤を渡ろうとした。

このとき、橋の下で「助けてくれっ」という叫び声をきいた。

彼はその声とともにすぐ橋の下を見下してどきもを抜かれた。

ひとりの少年が川におぼれてアップアップのありさま、鄭日君はさわがず、橋の下にかけ下りて、長い棒切れを流しだしてその少年につかまらせて岸に引き寄せ、自分からとびこんで手を引張って引き上げた。

この様子を見た通行人の急報でかけつけたパトカーに収容され、その少年は貴重な一命をとりとめたのである。

鄭日君はこのことを家の人にも、学校の先生にも話さなかったが、警察の知らせで学校が知り、家の人が知ったというわけで、こんどは大人たちがびっくりした。助けられた少年は足立区立小学校三年生小山君（九）であり、韓日親善の幼い手と手が結ばれたのである。

この勇敢な韓青の美挙を西新井署は、直ちに警視庁へ報告したので、去る八月二十日午後一時に西新井署で毎日の人命救助による警視総監賞が授与された。

足立第二学園　目標基金達成

足立区内の僑胞は勿論のこと、その隣接区の僑胞からも熱烈な支援をうけて創立した足立第二韓国学園（校長李周奉）（足立区千住桜木町五五）は、華々しい発展をとげてはいないが、しかし着実にその道程が築き上げつつある。

同学園の運営体である民団足立支部（団長鄭東淳）では、この学園の運営費八〇〇万円の調達を去る八月十五日から始め、五十五名の有志者の参加を得て、このほど、その目標額の一〇〇%が達成したと報告した。

同学園と支部は、鄭東淳・金鍋・尹泰元・朴鍾大氏の四名を特別管理者に決めて八〇〇万円の資金管理や今後の学園運営資金の確保など）に努力してもらうことになった。

これに依って同学園の将来の懸案である運営資金問題は解決し、減少限度の費用は確保したといえよう。したがって、同学園では、今後の方針を朝総連系学校の生徒の受け入れ体制の確立に力を注ぐことになった。

日本代表部　ソウル設置許可

政府は韓日国交正常化前でも、ソウルに駐韓日本代表部設置を条件付で許可することにしたと政府消息筋が十一日伝えた。

実質的外交業務を担当するこの代表部は、韓日会談交渉中李東元外務部長官が韓日条約批准前交換前でも韓国の駐日代表部に相応した代表部設置を要求したもので、六・二二韓日条約正式調印後日本政府から要求されていたものである。

政府高位消息筋は、この在外事務所設置を去る八日の国務会議で「条件付原則的承認」事項として議決し、日本政府に通告したという。

この駐韓在外事務所には日本外務省出張員前田利一参事官と三谷静夫参事官及び二、三名の職員が引続き事務を担当するものとおもわれる。

日本留学受入に韓国優先か

日本の外国人留学生は、タイ、マレーシア、南ベトナムなど東南アジアの学生が主で現在、毎年二百人ずつの大学生や大学卒業生が日本の各大学、大学院に通っている。

各国別にみるとインドネシア十八人、南ベトナム十六人の順になっており、韓国はもっとも少なくわずか五人。しかもこの五人は、この春韓日会談のメドがついたのを機会にはじめてテスト・ケースとして留学したもので昨年までは国費留学生は一人もいなかった。

このためこんどの日本留学生増員の呼びかけに対し東南アジア諸国のどの国よりも積極的で「せめて五、六十人の留学生を日本で受け入れてもらいたい」と要望、また東南アジアの諸国も「米、英、仏なみにもっと定員をふやしてほしい」とかけ合っていた。

日本政府は、二百人のワク外で特別にインドネシアから「賠償留学生」を百人留学させていたが、今年度で当初の計画が終るので、各国の要望に応ずることになり、とりあえず百人をふやすこととした。

いまのところ増員する百人のうち五十人はヨーロッパの「日本研究」学生に開放する予定。これで韓国の日本留学生は人員では一躍トップ・クラスになるが、日本は来年が大学生急増の時期でもあり大学生より大学卒業者の留学を希望している。

安益泰氏死去

かねてよりスペインのバルセロナで病気療養中だった安益泰氏が去る九月十七日バルセロナ病院で死去した。

当年六十才、安氏は韓国国歌の作曲者として世界的に知られており、また欧米における著名な指揮者の一人である。

いままで二、三度来日し、NHK、民放各社のテレビを通じ、世界的な指揮者としての貫禄を十分に披露、在日僑胞をはじめ多くの日本人からも好評をうける一方、日本音楽界にも大きな貢献をし、韓日親善にも大きな役割を果たしただけに韓日両国者からも惜しまれている。

安氏は一九四五年からスペインに在住し、スペイン国籍がなくスペインの作曲家であり、指揮者である」といわれるほどスペイン人に親しまれていた。

一九〇五年にペンヤンに生れ、東京の国立音楽学校に学び、後渡米しその人生の大半をヨーロッパで過した。

一九五七年、二十七年ぶりに故国を訪ね前李承晩大統領より文化褒賞を授与された。

韓国学園で運動会

東京韓国学園（朱洛弼園長）＝新宿区若松町二一では、去る九月二六日に同学園運動場で秋季大運動会を催した。

この日秋晴れの会場には民族色豊かなチマ・チョゴリを着飾った父母や兄弟が続々とつめかけ、とんだり、はねたりの学園健児の活躍ぶりを温かい目で見守っていた。

特に、組立体操やマスゲームには会場から盛んな拍手がわき起り、韓国の将来を背負うこれら健児の成長ぶりに、見物の人々は大きな期待をよせるまなざしで見つめていた。

神奈川で支団長会議

民団神奈川県本部（李根馥団長）では去る九月二十日午後三時より同本部三階会議室で管内支団長会議を開催した。

朴冠錫県本部副団長兼事務局長の開会辞で始まり、この日の会議では、李根馥県本部団長より去る九月七・八両日に亘って開かれた第五回定期中央委員会で討議決定された今年度下半期、基本方針、活動方針および組織整備強化に関する決議事項の経過報告をかねた挨拶があった後で、宣伝、民生、組織の各部長から同中央委員会で決定された事業事項に関する説明があり、これに対する各支部団長の活発な意見があった。

続いて各支部並びに傘下団体で提出した本国水害義援金の集計報告とともに「在日僑胞郷土訪問団派遣事業」実施に対する再指示、第八次外国人登録証更新に伴う団員登録の件、本部割当金滞納一掃策などが論議された。

なおこの会議では、事務体系の確立と支団長会議時間の厳守（罰則を設けた）を申合せ、午後五時三十分閉会した。

韓国経済診断 ネイサン報告書（中）

❷最小次の事項はかならず「公正取引委」に登録しなければならない。

A 同種産業の生産量の二五%以上を管轄する団体、個人企業体、B 価格、生産独占市場地域の統計、仲介料に対する協約、C 製造業者間のまたは分配業者間の協約。

❸適切投資報酬率を決定するにおいて「公正取引委」は高い利子率、高度の危険負担等諸条件を考慮し、伸縮性のあるように決定しなければならない。

引上げねばならず長期性預金をより積極的に誘致するために、現在年三、六%になっている貯蓄預金金利の上向調整が特に必要である。銀行預金金利と、私金融金利の差が少なくなれば、貯蓄性預金が急速に増加するという事実に立却して銀行金利をあげ、私金融市場で融通する資金を銀行に吸収しなければならないであろう。

貯蓄性預金金利の引上げ目的は年最高利率を二〇%に制限している利制限法を撤廃するか、または最高利率を引き上げることにより金融当局により伸縮性ある裁量権を与えねばならない。

貯蓄を増加させ、そしてこれを経済発展にもっとも効率的に利用するために銀行店舗を主要都市外にも拡張すると共に、預金主の便宜のために貯蓄預金の再検討が必要である。

❶私金融市場の貸出資金を銀行に吸収し、❷預金総額を増大させ、❸資源の適正分配を期するにある。

二、私金融金利に比して相対的に低い銀行金利と物価の急騰は延滞貸出の主人になったし、これに重ねて緊縮金融は延滞を累増させた。

新融資を得たり、満期になった貸出金の再借入が甚だむずかしいために二十年の延滞金利を負担することが、月五%にもなる私債を使うより有利である。

韓国で慢性化されている延滞貸出しの解決のために次のいくつかの点を建議する。

❶年二十%の利子制限をなくし韓銀に罰懲金利を定められる裁量権を賦与すること。❷悪質的な延滞貸出に対しては担保権を行使するよう銀行に圧力を加えること。

❸産銀融資または支給保証には一定な条件を課し企業の運営資金は可及的に自己資金でまかなうようにすること。❹金融機関は貸出者の償還能力を重点的に検討すること。❺担保権行使に関する銀行法規を再検討すること等である。

三、インフレ下では銀行より貸出しをうけた人は利益を得、預金者は損失をみるようになる。従ってこれを是正するために、❼金または安定した通貨を基準とした貸出金の償還。❷貸出し金の物価変動による調整償還。❸通貨価値の下落を補償することができる程度の高金利適用。❹貸出し期間中でも金融市場の変動によって金利を変動適用すること。❺銀行の企業体に対する直接投資増大等をあげることができる。

この中で金利の引上げがもっとも効果的である。貸出し金利を引き上げるからといって企業の原価面に大きな圧迫は加えられないはずであるから金利の引き上げが一般物価の上昇要因として作用しないであろう。

四、韓国の金利体系はあまりにも複雑であるので金利水準を総体的に上げると共に金利の多岐性を是正しなければならない。

従って次のいくつかの点を考慮しなければならない。

❶現金融機関の金利水準は預金者の犠牲で貸出しを受けた人が利益を得るようになっている。❷銀行金利と私金融金利の顕著な差異は資金を私金融市場に流れさせる。❸利子率の顕著な低水準は資金の濫用を招来するために利子体系の二元化と、銀行金利の上向調整は韓国経済の自由化のために必須的である。

五、私金融業者の所得に対する効果的な課税は非常にむずかしいが、次のいくつかの方法を考えることができる。

適正予算規模

（A）政府と個人の物品及びサービス、購買においての優先関係——韓国の消費水準は生存の維持にあるから政府支出はここに一致せねばならない。（B）国防費規模は可変的なものになりえないが、政府総支出は国防費支出の必要がないと想定した水準よりもっと増大されねばならない。（C）経済開発において政府が受けもたねばならぬ役割が適正水準を決定すべき重要な要因になる。（D）経済要因には税務行政の効率性が問題になる。税制規制の問題ともいうことができる。

（D）政府支出が不要不急な面ではできるかぎり節約されねばならない。

物品税—六一年度の四九億ウオンに対しこの税目は毎年減り六十四年には三三億ウオンになった。物品税増収のために改善されねばならぬ点は、❶税務行政を改革して不正を極少化させること。❷現在課税されない物品まで課税範囲を拡大すること。❸奢侈性物品に対する税率を高めることなどである。

営業税—六四年に三三億ウオンが徴収された。この税目は今後も増税有望であるだけに現行税率である二%まで税率を引上げるべきであり、課税範囲を拡大する一方、税務行政を強化することがもっと有益であろう。

関税—変動レートの実施と、貿易自由化による関税率の引上げは歳入面でだけでなく国際収支改善のためにも主張されねばならない。CIFで一五%（ウオン貨表示）線まで引き上げられねばならない。

所得税—六四年において所得税が全体歳入の占める比率は三〇%であった。アジア各国をみればこの比率はボルネオが四六%、ホンコンが三六%、日本が四八%にな…

緊要度／区分	原料	半製品	完製品
輸出用原資材	免税	免税	輸入しない
生必品	免税または低率		
緊要でない消費品	普通高率	高率	非常に高率
奢侈品	高率	非常に高率	最高率

従って特関税は総所得や利潤等個人の担税能力に対し課税されず、特定商品にのみ一律的に課税するようになるので不公平な点が多い。

	商品A	商品B
CIF	10,000ウォン	10,000ウォン
関税	5,000ウォン（50%）	1,000ウォン（10%）
経費	1,500ウォン（15%）	500（5%）
総費用	16,500ウォン	11,500
〈利潤〉		
CIFの30%	3,000ウォン	3,000ウォン
費用に対する比率	18.2%	[illegible]

特関税法

特関税を適切に付課するためには輸入商品の卸売価格、生産価格等課税基準の算定と同じ複雑な問題があるために税務当局に過ぎた負担を負わせるうれいがある。歳入増収と適切な統制のために輸入商品に課税するより簡便な方法が考えられねばならない。

三、経済的な考慮

輸入量を価格機構を通じてでなく直接統制によって規制している現与件下では、輸入抑制のための方案として特関税の効果はそれほどなく、また単一変動レート制の下では特関税が輸入需要を減退させることはできない。従って一般関税、特に従価税の高率的利用が輸入抑制のためにより効果的であろう。

四、結論

特関税法は過当利潤を吸入するためには比較的妥当であるが、輸入抑制方案としては別に効果がない。特に輸入を価格機構により統制しようとすれば輸入需要抑制のための特関税の機能はこれ以上期待することができない。

従って総体的な費用を考慮せずに一律的にCIF価格の三〇%利潤率を適用することにしたことは公平でなく、関税行政上いろいろと複雑な問題があるので、特関税は長期的な課税として適切でないので単一変動レート制と輸入物品の重要度を考慮し一般関税率を適切にしなければならぬであろう。すなわち輸入物品の重要度による分類及びこれをさらに原料、半製品、完製品に区分して奢侈品及び不要不急な商品には高い関税を付課して輸入を抑制し、主要物資には免税措置等をとり、物資需給を…

輸出振興の評価

…が必要でありこの点で貿公の改編強化が追求される。

韓国はより公正な価格、品質、取引条件及び「クレーム」のはやい処理等で好評を得るのに努力せねばならない。また国際貿易で生じる紛争処理のための仲裁委員会の設置案を積極支持する。輸出検査強化等をはじめとするクレーム防止策が何よりも緊要であるためである。

二、輸出振興総合施策

総体的からみて輸出業者及び製造業者に対する奨励策が強調されすぎている反面、海外市場開拓方法が軽く考えられている。これを細分検討してみると、

貿易関係機関と事後検討—振興委をはじめ担当機関及び責任制等を規制しているが、施策全般の連結を弱化させることが憂慮される。特に正確な市場調査なしでは地域別、公館別及び機関別に輸出責任量を決められないのである。

国内支援策—第一番目に産業開発面での支援には莫大な資金と人力、設備、そして監督機関が必要であり、二番目に輸出金融は公平に割当られる時に実効を挙げ得る。三番目に税制面の特恵と補助は、原資材補用防止と輸出履行が供わねばならない。

尋ね人

本籍 慶北醴泉郡
姓名 徐光大 六十五
ソウル特別市鍾路区
右の人に心あたりの方は左記へご連絡下さい。

【写真説明】
海外僑胞有功者表彰式に参加した在日代表尹致夏（中央監委長）金維九（東京商工会長）李末玉（前東本副団長）文圭準（韓国学園理事長）金正柱（中央委員）らと在ベトナム代表（一名）在香港代表（一名）在米僑胞観光団の一行で慶州仏国寺前にて記念撮影

中央委員会後金大使招請の慰労パーティ（ホテルニュージャパン）

第十二回中央執行委員会

中委・企画分科委員会

中委・組織分科委員会

中委・文教分科委員会

中委・財政分科委員会

中委・民生分科委員会

中委・宣伝分科委員会

韓國新聞
発行所 韓国新聞社
発行人 権逸
編集人 李禧部
東京都文京区春日町2丁目20－13
電話(813)2261～3
(815)0675
振替口座東京 34988番

五大綱領
一、われわれは大韓民国の国是を遵守する
一、われわれは在留同胞の民権擁護を期する
一、われわれは在留同胞の民生安定を期する
一、われわれは在留同胞の文化向上を期する
一、われわれは国際親善を期する

韓日条約 日本の批准国会

韓日新時代迎えて 早期国会承認を訴える

佐藤総理大臣

六月二十二日に韓日両国政府の間で調印をみた両国国交正常化のための韓日条約は八月十四日、韓国国会においてすでに批准を終えたが、このあとを受けて、日本側も十月五日、第五十回臨時国会を召集、韓日条約ならびに諸協定の審議にはいった。会期七十日の同臨時国会には日本政府から①基本条約②漁業協定③財産請求権ならびに経済協力に関する協定④在日韓国人の法的地位協定⑤文化財・文化協力協定⑥紛争処理の交換公文の六案件とこれらの裏づけとなる関係国内法三法案が提出される。十三日の衆院本会議において佐藤首相ならびに椎名外相は、韓日早期承認を求めて次のように演説した。

佐藤首相演説（要旨）

わが国は、戦後、真の平和の実現を国是として今日の繁栄を築いてきた。今日の世界において、アジアが最も不安定かつ流動的な情勢にあることは、まことに憂慮にたえない。わたくしは、政権担当以来、国民諸君の強い願望を背景として、わが国の安全を確保し、アジアの平和を守るため、あらゆる努力を傾注してきた。このような努力こそ、長い将来にわたって日本民族の繁栄を築く礎となるものと確信する。

先般、調印された日韓国交正常化のための諸条約は、戦後十四年の長きにわたり、両国政府が努力を重ねて到達した成果であり、日韓両国間に新しい正常な関係をもたらし、平和と友好を実現するためのものである。

両国は、千数百年来、歴史的、文化的に最も密接な関係にある隣国であり、等しく民主主義をその国是とし、自由世界に属している。この両国が国交を正常化することは、本然の姿にかえることであり、まことに当然のことといわねばならない。わたくしは、日韓間の不自然な状態が戦後二十年間におよび、さらに今後も続くことを放置できないのである。最も近い隣国たる韓国との間でさえ、平和を達成できなくて、世界の平和を語る資格はない。

これら諸条約によって、両国間に国交が回復し、外交使節が交換され、請求権問題も最終的に解決されることはもちろん、今次漁業協定によって、関係漁民諸君がながらく苦しんできた漁業問題も解決されるのである。この結果、わが国の漁船がだ捕されたり、船員が抑留されることもなく、漁民は安心して操業できることになった。また、紛争の解決に関する交換公文によって、竹島問題についても平和解決の道が開かれた。竹島がわが国古来の領土であり、政府は、今後とも強くその領土権を主張していく。

これら諸条約は、過去の日韓関係を清算し、両国国民が互恵平等の精神に基づいて恒久的な善隣友好関係を樹立し、相提携して繁栄する新時代を築くためのものである。わたくしは、このことを国民諸君に強く訴えるとともに、韓国国民に対しても、今や日本国民は真に平和を愛する国民であり、過去の不幸な日韓関係を清算し、善意と理解に基づく新たな親善関係を樹立する熱意を有していることを率直に伝えたいと思う。政府は条約の調印を第一歩として日韓両国が、今後よき隣人となりうるよう、さらに一段の努力をする所存である。

日韓諸条約について、南北の統一が実現していない現在、韓国と一方的に条約を結ぶことは適当でないとの議論が一部にあるが、国連総会は一九四八年に、韓国が合法的な政府であることを宣言している。また、すでに韓国を承認している国が七十か国以上におよんでいる現状において、わが国が韓……

もとより相手方のある条約交渉である以上、互譲妥協は必要であり、一方の主張が百％の貫徹を得ることは望み得ないが、今般の条約は、日韓両国関係の現実において両国がもちうる最善のものであると確信している。これら条約等の締結について国会の承認を求めているしだいであるが、この際これに関して趣旨を説明したい。

第一に、基本関係に関する条約は、善隣関係および主権平等の原則に基づいて両国間に正常な国交……

椎名外相演説（要旨）

日本言論の偏見を非難

ラ・アメリカ大使

大阪本部臨時大会

二副団長補選さる

民団大阪本部（団長……）にともなう重要性を……支部末端組織の整備……同大会は午後一時から……代議員二百六名（……名）が参席して、……あいさつ、駐日代表部池大阪……

韓日協定反対論を駁す

駐日公報館長 李星澈

……によって去る六月二十二日韓日条約の調印を見ましたことは両国の繁栄とアジアの安定のために非常に喜ばしいことであります。もちろん両国の内部にそれぞれ反対がかなりあるようですが韓国では八月一四日すでに国会で批准案を通過しました。一方、日本では批准はこれからというので賛否両論をめぐって議論がさかんに行われているようです。そのうち反対論は主……

……かなりの関心を持って見てずいぶんじれったい思いをさせられるのがあります。韓日協定を反対する理由としていくつかの問題点があげられていますが、その一つはこの協定が南北韓の統一を阻害するものだというのです。これは何か本末顛倒の感が致しますが大体南北統一を妨害しているのは誰かという事を過去の記録を見ればすぐ……

……線が出来南北に分かたれましたがこの国土分断を終らせて「統一された独立かつ民主的な韓国」をつくるために国際連合総会は国連監視のもとに自由選挙を行う事を議決しましたが三八度線以北の共産当局はこれに応じなかったため以南の地域だけで総選挙を行った結果今の韓国が出来あがったわけです。韓国と国連は現在に至るまで北韓にもこのような自由選挙を行なうことをよびかけていますが北韓共産当局はこれを聞こうともしません。北韓は周知のとおり朝鮮労働党（共産党）の独裁下にありますが「朝鮮労働党規約」の第一章に明記してあるように「朝鮮労働党の最終目的は全国的範囲で共産主義社会を建設」することであり南北統一は全韓国の共産化を前提にしない如何なる方法にも反対しているのであります。しかも、……

教育文化センター 栃木県本部で

朝総連の陰謀 最後のあがき

本年度奨学生決定 教育後援会で発表

故国訪問学生座談会 韓青神奈川で

韓日批准期成会発足 日本の文化人で

中国双十節式典 権中央団長参席

金剛開発協 出資二億円

傑胞選手団体で入選

川崎支部臨時大会

婦人会中央で 役員を改選

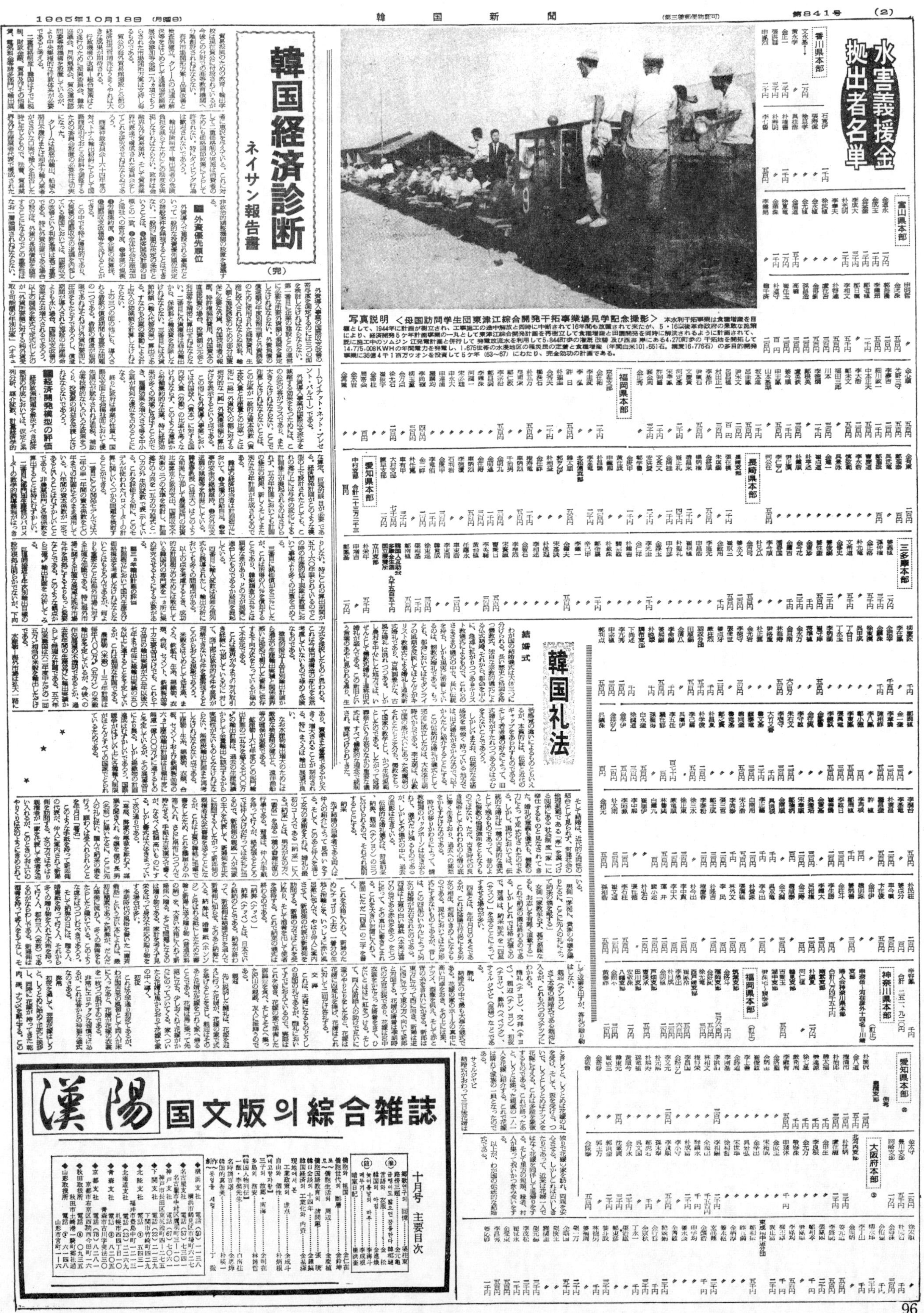

韓国経済診断

ネイサン報告書

（完）

■外資優先順位

■経済開発構想の評価

水害義援金拠出者名単

香川県本部　富山県本部　福岡県本部　長崎県本部　愛知県本部　三多摩本部　神奈川県本部　大阪府本部

写真説明　<母国訪問学生団東津江綜合開発干拓事業場見学記念撮影>　本水利干拓事業は食糧増産を目標として、1944年に計画が樹立され、工事施工の途中解放と同時に中断されて16年間も放置されて来たが、5・16以後革命政府の果敢な施策により、経済開発5ケ年計画事業の一丸として東津江綜合開発計画を再樹立して食糧増産と田畑開発を同時に解決されるように計画されて、既に施工中のソムジン江発電計画と併行して発電放流水を利用して5,844町歩の灌漑改善及び西海岸にある4,270町歩の干拓地を開拓して14,775,008KWHの年間電力を発電し、1,675世帯の水浸地区の罹災民の定着と食糧増産（年間白米101,651石。精麦16,776石）の多目的開発事業に36億4千1百万ウオンを投資して5ケ年（63～67）にわたり、完全効功の計画である。

韓国礼法

結婚式

醮礼

結婚式の中で最も大事な儀式である。花嫁の家のホールの真中に高い円卓をおき、その上には栗、ナツメ、酒瓶を供え、そして赤と青の糸をきれいにかざる。新郎は東方に立って西に向き、新婦は逆に西に立って東の方へ向いて新郎と対面する。花婿の晴着は李朝時代の文官正装であり、花嫁は宮中衣裳をかたどった晴着をきて、ひたいとほほに紅をつける。そして、両人は附添人の助けで互いに盃のやりとりをしたあと、花嫁は花婿に四度礼を捧げ、花婿はこれに対して二回だけ答礼する。

交拝

これは、夫婦になるものどうしの見知の礼であるが、醮礼においてすでにおえているので、実際はこれを省き、花嫁の家で準備した御馳走を食べ、そしてそこへ集った沢山の親戚、友人に振舞うのである。

親迎

先に説明した醮礼は、花嫁を迎えに行った花婿が、花嫁の家で式を挙げることをさし、親迎はそのあと花婿が花嫁をつれて家へ帰ることである。花婿は馬に乗って先頭に立ち、少しおくれて花嫁がかごにのってついてくる。家へついたら花婿は馬からおりて花嫁を家の中へ導く。

初夜

これは文字通り初夜であるが、わが国古来の風習として両人が床に入ったあと、花婿が花嫁の衣裳を一枚づつ脱がすのである。非常にエロチックな習慣ではあるが、これは昔からの神聖な儀式なのである。

幣帛

初夜を過して、翌朝花嫁はしうと、しうとめに始めて正式に挨拶し、同時に花嫁が持ってきた乾肉、栗、ナツメを献上する。

サミルジャビ

結婚式がおわって三日後花婿は

韓國新聞

発行所　韓国新聞社
東京都文京区春日町2丁目20−13
電話 (811) 2261〜5 編集 (812) 0675 業務
振替口座東京 34988番

五大綱領

一、우리는 大韓民国의 国是를 遵守한다
一、우리는 在留同胞의 民生安定을 期한다
一、우리는 在留同胞의 民権擁護를 期한다
一、우리는 在留同胞의 文化向上을 期한다
一、우리는 国際親善을 期한다

成田・山本の妄言を徹底糾弾
十一月二日 中央抗議集会ひらく

[illegible]

意に満ちた中傷と誹謗をなしたることは、国際外交上の問題における礼儀を欠いた冒涜的発言である。

ちなみに、さきの韓国大統領選挙においては約二十万票の僅少の差で朴大統領が選出されたものであって韓国選挙史上かって見ぬ公正な選挙であったことは韓国与野党の一致してこれを認めていることを指摘するものである。

あまつさえ「在日韓国人の永住権擁護は全体に甘く、一般国人に比し優遇し過ぎている」とか、強制退去事由と処遇が緩慢であるとして殊更に在日僑胞に対する排他主義的態度を露骨にあらわしている。

このことは、在日僑胞の歴史的背景と由来、その特殊性を無視しながらも、全く貧困な自己の思考と態度を表明したものといえよう。

特に韓国を敵視し「かい儡政権云々」のくだりにいたっては、日本政府が堂々と外交を行う相対国家の主権を否定する妄言であり、言論の自由を無責任な発言と混同したものであって、われわれは大韓民国の名誉と権威の為にも、到底看過することはできないし、韓国の独立をなきものにしようとする赤化統一の陰謀であることをみのがせないものである。

成田・山本氏等の一連の発言は韓日国交正常化に反対の立場にたち、その反対論なるものは、恰も北韓をはじめとする共産陣営の主張と一致し、又はその宣伝の受けうりとしか考えられない政党に所属するが故の、単なる発言であるとは言及できないものがある。

況んや在日僑胞の「法的地位」に関連しての発言は、成田・山本氏等が革新政党の指導的立場にあって、被圧迫民族の解放と擁護を叫ぶ所謂進歩的人士としては、余りにも奇怪な発言であって、本末顛倒も甚だしいものがある。

こんにち、韓日条約に反対する一連の動きのなかで、北韓共産党と朝総連の、できるだけ日本の協力を得、少しでも韓国を弱体化することによって、共産主義勢力の進出を容易ならしめようとの意図に基づく反対論に対しては、その政治的立場点が、われわれとは相反する両極の位置にあるから、殊更論議の対象にするものではないが、今回の成田・山本氏等の不穏当なる発言の本質を解明すれば、

(一)共産陣営の意をくんで韓国を敵視することによって、在日僑胞を憤激させ、韓国の国民感情を著るしく刺激し、ひいては韓日両国民の離間を策し両国の善隣友好関係を破壊せんとする意図によるものと断定せざるを得ない。

(二)韓日協定は南北朝鮮の分裂を固定化し、統一を阻害するとか、東北アジア軍事同盟の結成を企図するとか、或は在日韓国人に徴兵を適用し、アジアの緊張を激化させるといって事実にもとづかぬ仮想的な幻想をふりまくことによって、在日六十万僑胞を、政治、思想的に分離し反目と対立を、より激化させるものである。

(三)旧時代の支配民族であった宗主国意識の思想的残滓に基づく、いわれなき優越感の具体的現れに外ならない。

われわれは過去二十年間、対内的には民族主体性の確立と対外的には主権の尊重と内政不干渉の立場を堅持してきたが、今次、成田・山本氏等によってなされた品位と節度を欠いた妄言に対しては、これを黙過できず、憤りをもって糾弾するとともにここに"韓日協定批准に関する成田知巳・山本幸一等日本社会党幹部の妄言糾弾"民衆大会"の名において厳重に抗議し、次の如く決議する。

一、成田・山本氏等に猛省を促し、一連の妄言を直ちに公に取り消し陳謝を要求する。

一、山本氏は衆議院議長を通じ、十月十五日の衆議院本会議における質疑演説速記録より妄言を直ちに取り消すよう要求する。

一、今後再び国会をはじめ其の他の場において、かかる妄言が繰り返されぬよう要求する。

国辱的妄言に民族の義憤

[illegible]

社党幹部妄言への抗議文

[illegible]

声明
成田・山本ら社会党幹部の非礼な妄言を糾弾す

[illegible]

一九六五年十月二十七日
在日本大韓民国居留民団
中央本部

韓日批准、統一の基盤に
韓日平和なくしてアジアの平和なし
佐藤総理外人記者クで強調

佐藤首相は二十五日夜、東京・丸の内の外人記者クラブで開かれた同クラブ設立二十周年記念夕食会に出席、日韓条約を中心に外交問題について演説した。そのなかで首相は「韓国との間に平和を達成せずにアジアの平和を語る資格はない」と強調するとともに❶同条約が、韓国との軍事同盟、北東アジア軍事同盟結成につながる恐れがあるとの一部の議論はなんら根拠がない❷日韓正常化こそ将来の朝鮮民族平和的統一の基盤になると確信する―との見解を明らかにした。さらに、首相は「相互の立場を尊重し、互いに内政不干渉の原則を守り、ともに平和を目指とするかぎり、政治、社会制度を異にする国との間でも、外交関係の設定したい」と述べ、最近の陳毅中共外相の発言についても「北京政府の意思表明でないことを望む」と語るなど、対共産主義諸国との外交に積極的姿勢を示した。

首相演説の要旨つぎのとおり。

一、今日世界の人々は、明るく発展しつつある日本というイメージを持っているとは信じるが、それはこのクラブの会員諸兄が日本についてのすぐれた報道を続けられたことがあずかって大きいと思う。たとえば、ある日、政府の政策を批判する五万人のデモがあったとしよう。それがどれほど大きな声で叫び、激しくジグザグデモをしたとしても、練達された当クラブの会員ならばそのデモが日本国民のわずかなパーセンテージを占めるに過ぎないということを直ちに判断しうると私は信頼している。

一、私の外交政策の基本は、日本の安全を確保し、アジアの平和と自由を守ることにある。同時に私は、相互の立場を十分尊重し合う限り、あらゆる国との友好を欲していることをまず明らかにしたい。

一、日韓国交の正常化は、このいずれの規範にも完全に合致するものであり、最も近い隣国たる韓国との間の平和を達成せずしてはアジアの平和を語る資格がないとさえ考える。両国関係はいままでこそが異常なのであって、むしろ、サンフランシスコ平和条約とともに成立しているべきものであった。日韓条約が、韓国との軍事同盟、あるいは北東アジア軍事同盟の結成へのおそれがあるとの議論が一部にあるが、この議論は、煙すらないのに火があるといい張るようなものだ。

一、一部には日韓条約が朝鮮の統一を阻害するという論議をする向きもあるが、私は日韓国交正常化こそ将来の朝鮮民族の平和的統一の基盤になると確信している。

一、わが国は、相互の立場を十分に尊重し、お互いに内政不干渉の原則を守り、ともに平和を目指とする限り、たとえ政治、社会制度を異にする国との間でも、外交関係を設定し、さらに貿易および文化の交流を大いに発展させてきたし今後も発展させてゆきたい。

一、それだけに、最近北京における外交責任者が行なったと伝えられる挑発的な発言(注・陳毅外相の発言をさす)は、北京における政権の指導者の真実の意思と希望を率直かつ正確に表明したものでないことを望むものである。

一、過日ここにも見えておられ日本を熟知しておられるある大使(ライシャワー駐日米大使をさす)が、ベトナム問題についての日本の新聞、特に一、二の新聞の報道ぶりについて率直な意見を開陳された。これに対して、日本の新聞はいろいろの反応を示したが、ある新聞は社説をもって、その大使の立場を明らかにし、その大使の言葉を親しい友人の忠告として反省の機会ともしようと明言した。私は、大使とその新聞の双方の勇気に敬意を表したい。このように立場は異なっても相互に率直な意見を表明し、これを聞く態度(きんど)を持ち合うことこそ、条約や協定にも増して、国際間の信頼を真に強固ならしめるだろう。

李長官三日に来日
正常化への具体協議

李東元外務部長官は、きたる十一月三日午後二時羽田着のノースウェスト機で来日し、椎名日本外相と非公式に会談する。

李長官はこのあと、メキシコおよびアメリカを訪問、その帰途、十二月中旬再び来日し、佐藤首相と公式に会談する。

李長官は日本側との会談で❶韓日条約の批准書交換式の日時、場所❷批准後の国交正常化の段どり❸日本の初代駐韓大使の人選❹朴大統領と佐藤首相の相互訪問の時期―などについて話し合うことになっている。

[illegible] 統領、佐藤首相の相互訪問を実現両国の友好親善関係の促進をはかる方針である。

このため、李長官はきたる十一月三日に来日し椎名外相と今後のスケジュールについて話し合い、このあと、メキシコで開かれる韓国の中南米公館長会議に出席、さらにニューヨークの国連総会に出席して、その帰途、十二月十日すぎに再び来日し、二、三日滞在する予定である。

李長官は、その間、[illegible]

韓日条約と進歩勢力への不信
桶谷繁雄

日韓会談もすみ、いよいよそれが国会に上程される時が来た。これを機会に共産党はいうまでもなく、総評を主体とした反対勢力が大きく騒ぎ立てるであろうと推定される。

私はこうした進歩勢力に対して大きな不信感を抱いている。その理由の第一は、共産党、社会党、総評およびその取巻き連中が、本当に日本の国を思って行動しているかという点に、大きな疑点を持っているからである。自民党のやる事は何でも反対というのは、理屈から考えてもおかしい。今日、日韓条約をきめる事は南北朝鮮の統一を妨げるといわれても、他人の国の事までわれわれとしては口出しできないのであり、たとえ軍事政権であっても、そんな政権を相手にせずという方が、間違っていると私は考える。

不信の第二の原因は、進歩勢力と云うのは平気で嘘をつくと云う事である。これは戦後二十年、私はイヤと云う程経験して来た。たとえば、町に火炎びんが投げられ、物情騒然たる時、共産党は暴力革命をやる気なのかと私は某進歩的評論家に聞いた事がある。「いや、火炎びん騒動に共産党は何も関係していない。これは共産党を切りくずそうとしている反対勢力の謀略である」と、いかにも確信を持ったような返事であった。今日、この火炎びん騒動は共産党の指導による事ははっきりしている。何故このような嘘を、この評論家はついて恥じなかったのか？それは反独占資本主義あるいは反アメリカ帝国主義と云う錦の御旗(?)を持ち、「それがたとえ真実であっても、独占資本主義を利するような事は決して云ったり書いたりしてはならぬ」と云う、いわば中世ローマ教会の免罪符のようなものを胸の中に深くしまい込んでいる。だから、幾ら嘘を云っても、この御符があるから良心に恥じないのであろう。今日、進歩勢力が、日韓条約反対について、一般の人の耳ざわりの良い事を云っているけれど、その中にどれ程の虚偽が含まれているかわからない。それは、二、三年たつと、はっきりしてくる。だが、日韓条約反対に和した人間が、その時に「これは話が違う」ではないかと云っても、もう間に合わないのである。

どんな嘘でも戦術的、或いは戦略的はゆるされるというのが、進歩勢力の考え方である。自民党がこれをやれば、新聞の編集者は一せいに叩く。然し進歩勢力がそれをやっても我が国の新聞編集者は極めて寛大で、何もいわない。恐らく進歩主義・共産主義に劣等感を持っているのであろう。

だが、進歩勢力のその嘘を信じて青春時代をすりへらし、何年かたって見て悄然とした若い人を私は大学教師をしているから沢山知っている。嘘をいった人は平気で、ヌクヌクと安楽な生活をしている一方、ダマされたと気づいた人は自己の生活をギセイにして来た。その僕まんの念をどこにぶつけたらよいのだろうか。「やはり先生のいう通りでした」と、或る理想を信じ、それを信じない私を憎み、私を売国奴と学内のビラで罵倒した男が私の所へやって来ていうのを聞くと、私としては若い人々にこの男の二の舞をやらせたくはない気持なのである。

私は明らかに保守である。然し、日本の進歩勢力が、真の意味での日本の国の進歩のために努力しているのなら、協力をこばみはしない。然し、進歩勢力は日本の国を中共の衛星国にしようとしていると私は考えている。現在日本はアメリカと安保条約によって結ばれているのであるが、パートナーとして選ぶ場合、どちらかといえば私はためらわずにアメリカをとる。そしてその方が、ここ当分の間、つまり五年先、十年先あるいはもっと先かも知れないが、日本のためであると信じている。その一環として、日韓条約も、日本の議会においてトラブルなく批准される事を希望しているのである。韓国で、これに関して起った学生運動は、それは韓国の事で、日本においては真似する必要は全くあるまい。然し、今までの例からして、進歩勢力は学生の力を大いに利用しようとするであろう。その点で一般学生の自重を私としては大いにのぞんでいる。欠点の多い自民党を、徹底的に批判する事は私として望むところであるが、それと日韓条約は別だという事も、よく知っていてもらいたい。(おけたにしげお東京工大教授・工博)

韓国籍に対する日本政府の態度
―衆院・特別委での答弁―

[illegible]

…をはたして来たいきさつなどにかんがみ「韓国」の記載は国籍へ認めざるを得ないとしたのである。

八木法務省入国管理局長　占領下で日本は連合軍総司令部の勧告を拒否できずに「韓国」「朝鮮」を用語として受取るというようにして来た。しかしサンフランシスコ平和条約発効と同時に、日本は自分の立場で国籍を認定できるようになったのだから、その時にはっきりした政府見解を決め、それにもとづいて行政が行われたら問題はなかった。

その点の責任は直接には入国管理当局にある。というのは二十六年に入国管理庁がはじめてつくられ、国籍問題を理論的につめる余裕がなかったため、用語説をとってきたのである。このようにいろいろ問題があるので、この際はっきり見解をかためておく必要があるとして、統一見解をつくったのである。したがって、今になって変ったとかいうことでなく、要するに前からそうであったのを入管当局がそう言明しなかっただけだ。

横山氏　二十五年二月の法務総裁談話、同年八月と三十一年の法務省民事局長通達でも用語扱いし、今年三月十八日の参院予算委員会でも八木入管局長は[illegible]説をとった答弁をしているではないか。

法相　これからでなく、これまでも「韓国」は国籍だった。だから、朝鮮から韓国への切換えは問題にしていないが、韓国から朝鮮への切換えは問題だとしている。現にそうした扱いをしてきたのだが、ちょっとはっきりしなかったということだ。

首相　単なる用語だから「韓国」と登録したのであり、国籍で困るという人があっても、それは韓国とその人との問題だ。本政府は事務的にやるだけだ。

高辻内閣法制局長官　「朝鮮」から「韓国」にかえたのは日本政府が勝手にやったのではなく、その人の意思もさることながら、韓国政府がやったことだ。それを日本政府が勝手にかえるわけにはいかない。そういう意味で統一見解をとったのだ。

[illegible]

朝総連の陰謀けって

大挙"韓国籍"取得へ

朝総連では去る九月三日第七期二十七次中央委員会を開催して、当面の活動方針のうち、"朝鮮国籍要請者会議"という統一名称の下に韓国籍から所謂朝鮮籍に変更するよう決定した。韓日両国の国交正常化を前にして、これらのあがきは、今に始まったことでなく、朝総連では一般僑胞に対してあらゆる偽瞞宣伝をもって、妨害に狂奔していたので良識ある僑胞のひんしゅくをかっていることは周知の事実である。朝総連では全力を集中して、所謂"韓国籍からの離脱"をはかって来たが、このたびの韓日条約の歴史的な締結とわれわれの利益の保護という事実にかんがみ、朝総連傘下にいた良識ある多くの僑胞らが全国的に続々と韓国籍取得の申し出が増えているばかりでなく、特に大阪府本部管内では約五千人もの朝総連同胞が韓国籍を取得した。

民団大阪府本部がこのほどまとめた報告書によると、大阪府下における朝鮮籍から韓国籍に変った人は、二月から九月までの八ヵ月間で千五百五十九家族、四千四百二十六人。

昨年は一ヵ月平均百六・七十人程度であったが、ことし八ヵ月間の月平均は五百五十三人で正式調印後の七月には約六百人もの人たちが家族ぐるみ、地域ぐるみで韓国籍への切替えを申請している。

これらの数字は九月の外人登録切替えが相当数あることを考えるとこんどの比率はもっともっと増加してゆくものと民団ではみている。

新しく韓国籍に切替えた人たちの内訳をみると、いままで朝総連にも民団にも属していなかった中立系の人たちが五割強の約二千五百人で残りの約二千人というものは朝総連を脱退した人たちであるという。

こうした現象も批准書が交換されると激増することは必定というわけで、民団大阪ではその準備に大わらわといったところだが、なかには元朝総連の指導者格の人も望郷の一念から国籍変更の申請を希望しているという。

こんど韓国籍にかえた大阪・東成区のKさんは「私たちには政治のことはよくわからないが、韓国籍にならないとふるさとに帰ることができないし墓まいりにも行けない。私のようになにも知らないいままで朝鮮籍になったために身内とも別れ日本にいなければならない人たちも大勢いる。しかし私はもう韓国人なのだから、国交が正常化したら手続きも簡単になるだろうし、ふるさとへも帰ってゆきたいし、またいなかの方で困っているのだったら助けてやりたいし、一度日本にも呼んでやりたい。今までは何かといえば白い眼でみられがちだが、こんどは少しぐらいよくなるだろう。」と語っていた。

写真説明　海印寺八万大蔵経（国宝）

韓日条約を歓迎 経済協力を増進

韓英両外相共同声明

去る十月十七日午後、韓国をはじめて訪問したスチユアート英国外相は巡和洞公館で李東元外務部長官と約三十分間、韓英両国の関心事と対国連、対ベトナム問題に関して会談した。

スチュアート外相は午後四時頃、三清洞公館に丁一権国務総理を礼訪して約三十分間会談し、また奨忠洞公館に李孝祥国会議長を訪問した。

スチュアート外相夫妻は夜には貞洞で駐韓英国大使夫妻が催したパーティに参席、韓国の言論界、経済界、政界指導者らと会い、午後八時にはウオーカー・ヒルで李外務部長官主催の晩餐会に参席した。

一日間滞韓予定のスチュアート外相は十八日、李外務部長官と第二次韓英外相会談を開いたのち、青瓦台に朴正熙大統領を礼訪した。

スチュアート外相は十八日午前十一時三十分、朝鮮ホテルで記者会見を行なったのち同日午後十二時四十五分NWA機で東京を経て帰国した。

共同声明要旨

李東元外務部長官とマイクル・スチュート英国外相は、十月十八日、外務部会議室で会談をしたのち、次のような共同声明を発表した。

両国相外は、アジア、アフリカならびに南米諸国との政治的、経済的関係強化に相互協力し、韓英両国間の現貿易量とその他の部門の経済協力を増進することを考慮することに合意をみた。

また、スチュアート英外相は、韓日国交正常化のための条約と諸協定が成功裏に締結されたことに対して、英国政府として歓迎の意を表明するとともに、「条約ならびに協定の締結が韓日両国関係の重要な進展をもたらし、アジアの長期的な安定と繁栄に実質的に寄与するものであると確信する」と語った。

韓日批准に積極努力

民社党訪韓議員団報告

日本の民主社会党韓国訪問議員団（団長伊藤副委員長）等一行四人は去る十月三日午前羽田発韓国に向け出発した。

韓国についた一行は五日午前、金在淳民主共和党議長を訪ね韓日問題について話し合った。

この会談で伊藤団長は民社党は韓日協定を大局的な見地で強く支持し、韓日協定批准に積極的な努力を惜まないことを明らかにした。

なお四日間の日程を終えて帰国した同党訪問議員団は報告書を次の通り発表した。

去る十月三日から六日まで四日間、韓国に滞在し、政府、国会代表、言論、労働、経済、

北韓スパイ逮捕

無電機を押収

ハングルの日

在日韓国人の国籍変更に関する民団の見解

東北地協会議

東務局長に権宮城団長

所謂"韓国民族自主統一同盟"の統韓理論なるものを駁す

李　現　坤

自民、強行の方針

韓日特別委

尋ね人

98

韓國新聞

発行所 韓国新聞社

韓日条約 日本国会での承認確定

衆院を通過、参院審議へ

年内に批准書交換

細目 事務折衝の段取り

日本衆議院は十一月十二日午前零時十八分、韓日条約、協定等の諸案件を承認、可決した。この韓日批准案件は参議院に送付され、三十日後の十二月十三日には自然成立されるため日本国会の会期終了を待たず承認されるわけである。したがって年内には韓日両国を通して、韓日間の国交は、いよいよ再開され、十四年会談もここに実を結ぶことになる。

安全操業など七項目

ソウルへ椎名外相批准交換

日本側初代大使に伊関氏内定

日本衆院本会議で韓日条約案件の可決に万歳を叫ぶ自民党議員

批准通過を歓迎

民団は親善のかけ橋

声明

民団中央声明

社党暴言へ抗議

中央抗議大会

日比谷に五千の群衆

抗議団 社党本部に申入れ

権団長あいさつ

海外公館 国政監査に関氏らが来日

民団の現勢を報告

インドネシア 戒厳令を要求

李外務部長官渡米

妄言の取消しを迫る

大会決議の国会反映を

写真は記者会見する権中央団長と左から金東本団長、鄭中央副団長は一人おいて許商工連合会長

在日僑胞の皆様へ

最近韓国に送られる国際郵便物は益々その量が増加しております。就中在日僑胞の皆様より国内の親戚、知人などに送られる郵便物はその首位を占めております。このように日増しにその利用度が高まる国際郵便を御利用下さる皆様方には、もちろん真心のこもった贈物を受取られる国内の方々にも、なお一段と便宜を計り度く、この度、韓国政府逓信部は新たに次のような制度を設けましたので御承知の上、広く御利用下さるようお願い致します。

船便郵便物について、従来韓国・日本間の船便郵便物は月間九回の定期または不定期航海に頼って参りましたがこの度更に船便郵便物の運送回数を月平均十二回に増やしましたので、郵送日数は僅か五日ないし六日程度となり、航空便に比べ僅か二、三日程の差に迫りました。なお、この船便は郵送料が航空便に比べて安くなりますが特にクリスマス年賀郵便等は前もって御準備をなされてなるべくこの船便を広く御利用下さい。

（1）小包郵便物の通関

（イ） 海外から送られた郵便物は「ソウル」国際郵逓局をはじめ釜山、大邱、大田、光州、仁川、および済州の各郵便局で一斉にその通関事務を取扱っていますので、郵送日数が速くなりかつ受取人に大変便利になりました。

（ロ） 海外からの小包郵便物が到着しますと各通関事務取扱郵逓局は、当該市内または近距離内に住む受取人宛にて小包郵便到着通知書を送り、受取人の出頭を求めてその場で小包を開装、受取人立会の下で税関鑑定を行ない、税関官吏の一方的課税を避けるように致し、なお受取人は課税について異議を申立てることができるのみならず、このような手続が終れば直ちに小包を受け取るようになりました。

（2） 通関制限品目について、韓国に送られる郵便物のうち次の如き品目は国内の産業発展国民固有の文化保護、良質農産および食品等の保護防疫等の点に鑑み、やむなくその輸入を制限致しております故、格段の御配慮を願います。

（イ） 時価（市場価格）一万ウオンを越える物品または同一物品が数点以上包まれている小包、制限金額は多小超過しましてもその性質が自家用として認められた場合は差支えありませんが、制金額以内の物品でも商品化の恐れのある場合はやむを得ず制限を加えます。

（ロ） 雑誌類は一人当り各種別一冊まで一〇種類以内

（ハ） 農産物の種子（1）花の種子は十分の一合以内、（2）蔬菜の種子は一合以内、この度の農産物種子または植物に対しては所定の検疫書を必ず添付して下さるよう御願い致します。

なお国際郵便取扱上皆様の御便宜を計り度く各般に亘り研究改善致します。

一九六五年十一月

大韓民国逓信部長官

金 炳 三

99

日本社会党の良識を疑がう

善隣友好の条約

仲よくして国交増進

悪質なる支配者根性

韓国内政への偏見的誹謗

「韓国」国籍は当初から主張

権団長 内外記者団と会見

条約の性格

管轄権

国際的慣例を尊重する

「当初」から韓国

大韓民国の国籍を示す

法的地位

国府との関係守る

外交姿勢

交換公文で処理へ 竹島問題

「韓国」の登録は国籍

在日僑胞 法的地位法案

永住の許可申請は

各自が該当市町村に

日本国に居住する大韓民国国民の法的地位及び待遇に関する日本国と大韓民国との間の協定の実施に伴う出入国管理特別法案

協定に基づく永住

第一条　日本国に居住する大韓民国国民の法的地位及び待遇に関する日本国と大韓民国との間の協定（以下「協定」という）第一条第一項及び第二項に規定する大韓民国国民は、法務大臣の許可を受けて、本邦（出入国管理令（昭和二十六年政令第三百十九号）に定める本邦をいう）で永住することができる。

2、法務大臣は、前項に規定する者が協定第一条第一項から第三項までに定める期間内に前項の許可の申請をしたときは、これを許可するものとする。

申請

第二条　前条の許可の申請は、居住地の市町村（東京都の特別区の存する区域及び地方自治法（昭和二十二年法律第六十七号）第二百五十二条の十九第一項の指定都市にあっては区。以下同じ）の事務所に自ら出頭し、当該市町村の長に、法務省令で定めるところにより、永住許可申請書その他の書類及び写真を提出して行なわなければならない。ただし十四歳に満たない者については、写真を提出することを要しない。

2、十四歳に満たない者についての前条の許可の申請は、親権を行なう者又は後見人が代わってしなければならない。

3、第一項の場合において、申請をしようとする者が疾病その他身体の故障により…

100

全国、抗議デモで埋まる

韓国を知らぬ社党
各地にみなぎる怒り

山本、成田妄言を抗議するデモ隊（十一月二日＝東京都内）

「社党暴言」は内政中傷

大阪では三千人
手に手に糾弾プラカード

名古屋も抗議集会
八ツ家公園に二千人

福井でも抗議集会

僑胞二百人が参席し
多治見支部結成（岐阜県）

生徒の祝賀演芸会もあって
盛大に愛知韓国学園で落成式

江戸川支部で国語講習会

返還要求を指示
朝鮮奨学会の地所
権文教長官、駐日代表部に

静岡商銀で創立総会
来月から営業開始
組合長に康民善氏

佐賀本部で第二回地方委開く

金泰変団長を再選
新宿支部大会

国語講習会を各支部に設置
民団栃木県本部

ソウルで書画展も
東京都教育長が訪韓

目黒区教育委員会で韓国を知る集い

秋晴れの一日を楽しく
山口で大運動会

東日本地区野球大会閉幕

僑胞の河鐘鎬君入選

日韓国交正常化の意義　日本自民党の懸賞論文

表彰式の日に佐藤日本首相と仲良く並んで晴れがましい記念写真におさまる河君と入選のよろこびにわく河君一家

河鐘鎬君の家庭

賞金は祖国の孤児達へ

やさしい慶大生

20年目に訪ねた故国の山川

高いビル、商品の山

総聯の宣伝は真赤なウソ　北韓脱出の青年と語る

金　哲

……一か月間の短い期間ではあったが、ある程度の韓国実情を知ることができた。何故ならば総連で宣伝した韓国を誰よりもよく知ろうと一生懸命努力したからである。より厳密に、いうのならば、日本の経済と比較するとある程度、立ちおくれていることは事実である。しかし日本は経済発展を遂げて半世紀を迎えるが韓国は解放されて、二十年その間北韓共産軍の侵略によって、完全に破壊された国土をここ数年の間に再建し今発展途上にある。このような事を考え合わせると、誰もが奇蹟といわざるを得ないでしょう。現在、韓国に住む二千八百万の同胞は誰もが、反共思想に徹している。それは、六・二五動乱の時に直接自分達の父母兄弟が、北韓共産軍によって虐殺されるのをまのあたり見たからである。そしてまた、平和な自分達の家が共産軍によって、焼き払われ、路頭に迷わざるを得なくなったからで、その恨みは身……

……通ならば、幼ない子供にまで、なんの罪があって、殺すというのでしょうか。

このような事実に対して、朝総連は民団の虚偽宣伝であるというだろう。だが百聞は一見にしかず！という言葉があるが、直接この目でみた韓国の実情であるのであるから間違いないと断言できる。

そして、訪問中に私は日本から帰六十二船で愛知県岡崎市から北韓に送られ、その後南韓に脱出して……

北韓は地上の楽園という朝総連の虚偽宣伝は、私が金華一青年と逢って、いろいろその真相を聞くことによって完全に知ることができた。朝総連の非人間性と北韓の苛酷な政治制度は誰しも筆舌に尽せないものであります。

この金華一青年は、一日も早く日本に渡航して朝総連の非人間性と虚偽宣伝を徹底的に大衆に暴露し自分をそそのかした、数人の幹部……

……懐しいふるさとの山や河、一木一草にいたるまで、懐しい思い出のたたずまいは今大きく激動期を迎えて躍動しているのをまのあたりにして、私は、感激で止めどなく涙がでてしかたがありませんでした。私の父は、日帝時代に裁判所の書記であったということで、六・二五動乱の時に北韓共産軍によって問答無用式で銃殺されてしまって、すでにこの世の人ではありませんでした。しかし、私は彼らに対する憎しみは持っていない。唯全同胞が自由大韓民国へ！そして日本に住む同胞は、在日居留民団へ結集し残酷無比な朝総連の虚偽宣伝を徹底的に粉砕し、自由で、平和な人間らしい生活が営めるよう心から期待しながら、私の韓国訪問記とする。

（筆者は大韓民国居留民団中央本部組織局勤務）

韓国人学生が優勝

全日本学生雄弁大会で

金清三君

恒例の学生全国雄弁大会で韓国人学生金清三（関西大四年24）君が優勝の栄冠をかち取った。

さる十月五日、早稲田大学大隈講堂でひらかれた第六回全日本学生雄弁大会（早大主催）で金君らは『韓国の統一と日本外交』と題して熱弁をふるい、審査の結果、金が大隈杯を獲得した。

怨敵を越えて祖国の繁栄を願う

入選論文

世界平和が正常化を待っている

……克服したその内情に触れてみたい。第一に、日本側のいう反対と韓国における反対とは本質的に大きく違い、日本の反対勢力は正常化そのものに反対しているが、韓国の反対は、あくまでも条約の内容に反対しており、正常化そのものを反対している人はいない。よく日本の過激な学生らが、「韓国の学生と共に批准を粉砕しよう」と言っているが、まったく認識不足もはなはだしいもので逆に韓国の学生に反撃をくらうであろう。

韓国経済は工業の段階の一歩手前まで来ており、日本の経済援助を強く韓国民は望んでいるように感じた。日本の経済援助は、韓国民に恩恵を与えられないという意見があるが、丁一権首相は、国民に七・一三公約に対する実践要綱を表明し、第二項（対日請求権は、国民の前に公開し与野共同管……

……安定がともなわずに日本の安定に通ずる以上は、無償供与をもっと与えて欲しかったし、総ての韓国人の願いでもあったろう。韓国内の反対もこの金額による問題が主であると思う。しかし、韓国で条約が批准され、あとは日本の批准を待つ現在、私は、韓国政府がこの八億ドルをもっとも有効な方法で使用することを期待したい。

国家間相互の利益は、単に金銭の問題だけでなく、真に日本が韓国の安定を望み、協力してくれることが望ましいことであると言えよう。

経済協力関係においても、現在どんどん日韓相互の企業が技術提携し好ましい状態へと運んでいる。

私達にとってもっとも関心の深い、在日韓国人の法的地位待遇は、日本政府の理解によって、われわれの希望を多くいれてくれま……

……恒久の平和と発展の為に手を結び合ってゆかねばならない。その時こそ、この韓日条約も真に生きてくるのである。われわれ両国青年の責務は多大なものであり、われわれは正常化によって敷かれるであろう、一本の栄光の道を永遠に休むことなく歩み続けたいものである。いや、歩み続けるべきである。

その栄光の道の端には、韓日のみでなくアジアいや世界の平和がわれわれを待っていることであろう。今後両国青年が、大きく第一歩を踏みだすであろう韓日条約が日本の議会で、無事に批准されることを心より祈りたいと思います。輝やかしい韓日の未来が、もう私のすぐ近くまで来ている感じで胸がいっぱいの毎日であります。韓日万歳、アジア万歳。

最後に韓日両国の指導者に深い敬意を表明し感謝するものであります。

尋ね人

本籍　慶南陝川郡陝川面毅倉里
姓名　李石伊
右の人に心あたりの方は本社または左記へご連絡下さい。
慶南陝川郡陝川面毅倉里　李洪錫

本籍　全南木浦
姓名　朴春変
右の人に心あたりの方は本社または左記へご連絡下さい。
ソウル市東大門区祭基三洞八七の二八七　金元柱方　崔貞憲

前住所　神奈川県逗子市池町五二　平東方
姓名　劉清子
右の人に心あたりの方は本社または左記へご連絡下さい。

本籍　慶北善山郡善山面東部洞
姓名　金敬琹
右の人に心あたりの方は本社または左記へご連絡下さい。
釜山市中区中央洞四街四十八　YMCA会館二百四号室　大韓軍業中央会釜山市支会　金鳳栄

本籍　慶北盈徳郡長沙面
姓名　竹田友央（通名）
右の人に心あたりの方は本社または左記へご連絡下さい。
東京都葛飾区堀切一の二十五　管　一雄

前住所　秋田市寺内蒸洗川二の百五十
姓名　長浜政雄
右の人に心あたりの方は本社または左記へご連絡下さい。
京畿道楊州郡別内面高山里　六六二　金元伊

謹告

拝啓　晩秋の候益々御清栄の段御慶び申上げます　倘平素格段の御愛顧を頂き深謝申上げます

扨て　弊国際観光公社は韓国政府が観光事業開発の目的を以て設立し皆様の韓国旅行の御便宜を図ることを主眼として今年一月より東京事務所を開設致しました

其後御蔭を以て業務順調に進展致しました結果今般国際航空輸送協会（IATA）より国際航空券販売代理店の公認を得弊社に於て直接航空券の発売を致すこととなりました

就きましては今後皆様の御期待に副う様迅速完全なサービスを行い御満足を得ることと確信致して居りますから　何卒倍旧の御支援御指導を賜ります様御願い申上げます

先づは右略儀乍ら紙上を以て御願い旁々御挨拶申上げます

敬具

一九六五年十一月日

本社　韓国ソウル特別市中区乙支路一街一八〇番地半島ビルディング
東京事務所　東京都港区芝琴平町二十六番地
国際観光公社　大韓旅行社
東京事務所
電話（五〇一）〇四七一～三

韓國新聞

発行所 韓国新聞社
発行人 権逸
東京都文京区春日町2丁目20−13
電話 (811) 2261〜5
振替口座東京 34988番

五大綱領

一、우리는 大韓民国의 国是를 遵守한다
一、우리는 在留同胞의 民生安定을 期한다
一、우리는 在留同胞의 民権擁護를 期한다
一、우리는 在留同胞의 文化向上을 期한다
一、우리는 国際親善을 期한다

請求権資金 使用案決る

農、水産など五重点

六年間に全額を導入

本国政府は二十七日、日本からの請求権ならびに経済協力基金の使用計画案を正式に発表した。これは去る二日、元容奭無任所長官の総合試案と、張基栄経済企画院長官案を調整補足したもので、大統領に報告したあと批准書交換後発足する「対日請求権資金管理委員会」の議決を経れば、政府の最終案として確定、日本政府に通告されるもの。政府はこの使用案を第二次経済開発五カ年計画に組入れており、資金の配分は農業、水産をはじめ社会間接資本の拡充と科学技術および原料導入に重点を置いている。資金の内容は無償三億㌦と、有償（政府借款）二億㌦および三千八百二十万㌦の計五億三千八百二十万㌦で、これに伴う国内資金を七百三十八億五千万ウォンとし、請求権による外資はできるだけ第二次経済開発五カ年計画の目標年度である一九七一年までの六年間に全額を導入するとの原則に基づいて作成された。発表された部門別内容次の通り。

新五ヵ年計画に組入れ

▽農業部門 外資三千二百三十万㌦、内資二百八十億ウォン＝全天候用水源開発、用水場設置、地下水開発、貯水池施設など総額三十八万六千町歩の水利不安全田を完全水利化。

▽農業増産 外資二千三百三十万㌦（無償一千万㌦を含む）内資一千三十億ウォン＝農業機械、処理加工施設、干拓用しゅんせつ船など。

▽水産部門 外資四千百四十万㌦（全額無償）内資百五十億ウォン＝漁船建造は資材だけを導入して国内建造を原則とする。沿岸漁船小型千隻、中型五百隻、近海用六十隻、その他エビ・トロール船および捕鯨船、無動力船のためディーゼルエンジン五千三百九十台導入、水産物加工施設百五十七カ所、漁業前進基地建設十カ所。

▽中小企業および機械工業部門 外資九千万㌦内資八十五億ウォン＝中小企業施設改善ならびに拡充、機械工業施設拡充。

▽社会間接資本拡充部門 外資一億四千五百六十万㌦内資三十三億五千万ウォン＝鉄道、鉄道工作所、貨車、……港用資材、船舶建造お……入、通信施設、港湾荷役……所、多目的ダム建設五カ……発電施設、済州島開発……水、港湾）。

▽科学振興部門 外資一千四……㌦（無償）内資＝科学技術……験機材。

▽原材料導入部門 外資一億九百二十万㌦（無償）……

来年五月に第一船

施設材など港入り

……条約、諸協定……経済協力実施の……ているが、来月……准書交換式が終……第一次年度実……定に基づき、……に日本政府に……および原材料の……年五月ごろ入……りさせたいと……よると、来月……初めに駐日代表部李圭星公使を首席とする六人の予備交渉団を東京に向わせ、外務、大蔵、通産など経済協力関係当局と❶契約をはじめ日本政府の認証を得るための二十種に近い細目を取決め❷契約などで生ずる紛争処理のための仲裁規則などを協議すると述べた。

また同筋は第一年度実施計画を今度の予備交渉団がもたらすかについて明らかにしなかったが、新年明けの調達使節団派遣までに非公式に提示することもありうるとつけ加えた。

なお政府、与党は二十四日、一九六七年度から始まる第二次経済開発五カ年計画の大綱を決めたが、これには対日請求権による資金も組み入れられており、韓日経済協力による新計画ともいえる。

政府、与党はこの大綱に基づき年内にも具体的な計画を作ることにしている。

計画の要点次の通り。

一、機械、化学、鉄鋼関係の建設を推進し、中小企業を輸出産業へ徐々に転身させる。

一、失業率を現在の一三・八%から一〇%とする。

一、人口増加を抑止し、増加率を二・二%（現在二・八%）とする。

一、国内貯蓄率を三倍の一四%へ。

一、経済成長率を五年平均七%とし、計画期間中約六〇%増加をはかり、総投資を国民総生産の一八……六%まで引上げる。

一、最終年度には輸入九億七百万㌦、輸出六億九千四百万㌦、輸入は国民総生産の二〇・……輸出一五・六%とする。

一、一人当り国民所得を……百九十㌦（現在は百九㌦）とする。

越貿易代表団来韓

米州公館長会議開幕

去る十一月十二日午後、……議の招請でサイゴンの商工……長クエン・バ氏を団長とする使節団一行十二人が来韓し……同一行は八日間韓国に滞……済人と会談、両国間の貿易……ついて協議する。

来月一日ソウル訪問

初代公使内定の吉田氏

二十七日本国外務部に届いた知らせによると、初代駐韓公使に内定した吉田健三現駐英公使は韓国事情を直接見聞しようと来月一日ソウルを訪れる。同氏と一緒に神原富比古外務省情報文化局文化第一課長、土川裕雄同省大臣官房会計課事務官も訪韓する。

五地区の補選結果発表

民衆党の辞退で欠員となっていた五地区の補欠選挙が去る十一月九日午前七時より午後五時まで投票をおえ、同日開票、民衆三、正民一、韓独党一の議席が決定した。

各区当選者は次の通り

ソウル中区 申仁雨（民衆党）
ソウル西大門甲区 金相賢（民衆党）
ソウル竜山区 金斗漢（韓独党）
光州甲区 鄭守教（正民会）
ソウル西大門乙区 洪英基（民衆党）

ソウルに日本大使館開設

当分ビル住まい

早くもビザ問合せ殺倒

韓日条約・協定批准書の交換式は来月二十日すぎソウルで行われる予定だが、批准書交換と同時に駐韓日本大使館が開設される。このため九月二十日発足した駐韓在外事務所はいま、開設準備におおわらわである。

この新大使館はアジア地域の在外公館の中で最大級のものになるはずといわれ、また韓日新時代の“前衛”となるだけに本国でも関心を集めている。

在外事務所は現在、前田事務官以下六人の外交官と韓国人職員男四人、女三人の陣容。ソウルの目抜きにある大韓観光公社直営の半島ホテルの九階に四つの部屋を借り、事外交官待遇のナンバー・プレートをつけた乗用車もすでに日本から届いている。

同事務所の話によると、大使館はとりあえずビルに間借りするということで、その場所を韓国側と相談しながら、あちこち物色中だったが、駐車場や警備などの点から結局、同事務所のある半島ホテル五階にきまった。

大使、公使室はじめ経済協力、領事・査証、政務、儀典、庶務・電信の七部屋が必要で、面積は約五百平方㍍余りとなる見込み。そこで国旗を掲げるわけだが、同ホテルの屋上でなく大使館の窓から掲げるというわけで、本格的な門構えのある大使館ができるのは本国の国内情勢にもよるが二、三年先になろうと同事務所ではいっており、すでに二、三の候補地がうわさされている。

大使館の陣容はさし当り大使以下十四、五人で発足し、来年度から二十三、四人に拡充する。これはバンコク、台北の大使館をしのぐ陣容で、韓国人職員も合わせると四十人以上となる見込みだという。

大使、公使の下に参事官二人（現在の前田、三谷両氏）が補佐役となるが、韓日の特殊性から見て経済協力に重点が置く布陣となる模様である。また釜山の領事館は領事以下四人。明後年度から総領事館に昇格すれば、批准書交換の一週間くらい前に着任することになっており、大使館開設と同時に臨時代理大使に任命される予定である。

大使はアグレマンの手続きなどのため、早くて来年一月末着任ということになろうと前田同事務所長はいっている。

こうした戦後初めての日本大使館開設に対する本国内の関心は想像以上に大きく、早くもビザ申請の問合わせが殺倒しているという。政府のパスポートさえ獲得すれば、これまでと違って簡単にビザがもらえ、日本へ行けるとあって、訪日熱も次第に高まって来ているようである。

政府もなにかと複雑な時期に余念がないが、開設後に投石や国旗損壊事件などの起らぬようにと、この方面でもPRにこれつとめている。

すでに内定した初代公使吉田健三現駐英公使（四十八歳）は……

× × × ×

何故ベトナムへ派兵するか

自由陣営全体の問題

酷似している侵略手段

操る赤い手先

共通の宿命に援助

阻止以外ない赤い侵略

共通の運命に援助の手

目先の利害捨て

この幼女にまでふりかかる赤い戦火

背後に光る銃口

農民や労働者を操る

米兵もまたかく戦う

テロ次に正規軍

その背後で糸を引く者

自由の絶対必要性経験

彼らの野望砕け

韓国選手の活躍に焦点

東京オリンピック五輪画報

批准書交換後に

各地で慶祝大会

☆　☆　☆

十一月二十二日にひらかれた第十四回中央執行委員会は、当面の諸般活動ならびに事業計画を協議し次のような決定をみた。

それによると中央本部を皮切りに各地域別に盛大な慶祝大会が繰りひろげられるが、大会は日本側と合同して、より一そうの親善の実をあげることになっている。

☆　☆　☆

韓日共催で盛大に

中執委で決定　越戦線に慰問袋を

一、韓日批准書の交換を契機に各地域別に慶祝大会を開催する。慶祝大会は韓日共催とする。

一、ベトナム戦線に派遣されている韓国軍将兵に慰問袋を送る運動を展開する。内容および方法等については中央本部より各地方本部に指示通達する。

一、駐日大使の本国召還問題に関しては、第十一回中央執行委員会ならびに第五回中央委員会の決定を再確認する。

東京大会で優勝

去る十一月十三日、日本蹴球連盟の招待で来日した韓国蹴球選手団は十五日午後二時より村田高校での東京大会に出場した。わが選手団は団体戦で優勝したほか個人戦でも一位から三位を独占し輝しい成績を収めた。

不用意な取扱いでワビ

紙上で善処約す

産経掲載記事問題　茨城本部で抗議

十一月二十二日付サンケイ新聞……（茨城版）は水戸市に住む……人（朝総連系）の失踪事件……て、韓日条約とからんで来……関に連れさられたものと報……あたかも韓国のある機関が……総連系の在日同胞を拉致し……ような印象を与え、茨城県……胞らに強い動揺をきたし……

民団組織の強化熱高まる

団交再会で自覚

団結もあらたに　各地に続々新舎屋

……の十月初頭順調な工程を終え、落成をみた。この間、支部の幹部役員は勿論のこと全団員は建設委員会の指揮のもとに一致協力を遺憾なく発揮した。

今後、同支部は事業発展の増大にともなって新事務所が大いに活用されるものと思われるが、二階は各種行事の会場または一般団員の……

事務所所在地

浜松市佐藤町一〇〇一

TEL（2）四四二六、八五七六

和歌山本部も新事務所

韓日条約の締結により在日韓国人の地位が……

……同本部事務所は、今年五月初めから工事に着手、延坪八十五坪鉄筋三階建の堅固な建物は十月末、管下全同胞の熱烈な協力のもとで落成された。

同本部では、一階を民団県本部の事務所にあて、二階を婦人会の事務所に、三階は会議室として使用し、組織の強化発展をはかることとしている。

なお、同本部の住所は次のとおり

和歌山市屋形町二ノ九

TEL（22）三三三三

川崎南部支部会館落成

去る十一月二十日正午、民団南武支部（河正孝団長）では……の長年の念願であった……が落成した。

同会館は鉄筋コンクリート造で、総工費二千万円……して完成した。

新会館の住所は……

川崎市新丸子……

横浜支部、中村町分団結成さる

民団横浜支部（……）では去る十一月七日午後七時より、……中村町五の三二五……氏宅で神奈川県本部……副団長、横浜支部三機関の役員と地元団員多数が参席して盛大に分団結成式を挙行した。

……の開会辞で始まり、……団長の挨拶があり、役員選出に入った。

選出された役員は次の通り

分団長　……　副分団長　……

【写真は向って左が和歌山本部新事務所と……団長（円内）右が浜松支部新事務所】

札幌に商銀信用組合

初代理事長に揚致光氏

信用組合北海道商銀設立発起人会（代表揚致光）では、去る十月十九日札幌市南十条三愛ホテルで創立総会を開き、創立許認可手続を完了したので去る十二日午前九時より業務を開始した。

なお初代理事長には揚致光会長が就任した。

営業所は次の通り

札幌市南二条西五丁目二十六

TEL札幌（二三）八九八三

「白陽会東京展」開く

公報館画廊で　来月8日まで　光る意欲作22点

本国美術界の中堅画家による白陽会の第15回展が「白陽会東京展」と名うって、今月17日から来月8日までの三週間にわたり東京永田町のホテル・ニュージャパン内にある韓国公報館画廊で開かれている。

韓日国交正常化を目前にして画を通じた両国民の相互理解と親善に一役買おうというもので、出品作は金基昶、金正燉画伯らの意欲作22点が初冬の展示場に明るくはえ、開場開きには、金駐日大使＝写真中央＝と日本側から山手自民党広報委員長、米国のファーズ駐日公使が仲よくテープのハサミ入れを行うなど、なごやかな開幕風景をみせていた。

手形交換業務開始

横須賀には新支店

横浜商銀川崎支店

手形交換業務にともない横須賀支店……

自費の本国留学生

民団中央文教局では、このほど要領で一九六六年度自費本国留学生を募っている。

【募集対象者】在日僑胞学生（高校・大学卒を含む）で、本国の大学またはそれ以上の課程に新入または編入学を望む者

【資格】大韓民国の国是を遵守し、愛国反共精神を堅持し、政治活動に加担したことのない品行方正で、勉強学歴が本国当該大学課程の履修に支障のない在日僑胞で旅券ならびに再入国が可能な者（永住権保有者）

【手続】●提出書類

（イ）留学願書（所定様式）三通

（ロ）留学調書（所定様式）

（ハ）卒業、卒業予定証明書

（ニ）成績証明書（最終二年間のもの）

（ホ）身元及び財政保証書

（ヘ）民団推薦状

（ト）外国人登録済証明書

（チ）健康診断書

●提出期間

（イ）一九六五年十一月二十六日から十二月二十五日まで

尋ね人

本籍　慶北大邱市

姓名　鄭武沢

以前に愛知、大阪に居住していたことがある。右の人に心あたりの方は左記へご連絡下さい。

東京都文京区春日二ノ二十ノ十三

根おろす儒教儀式

韓国の風習

家制度の仕来たり

喪主から題主まで

喪礼

104

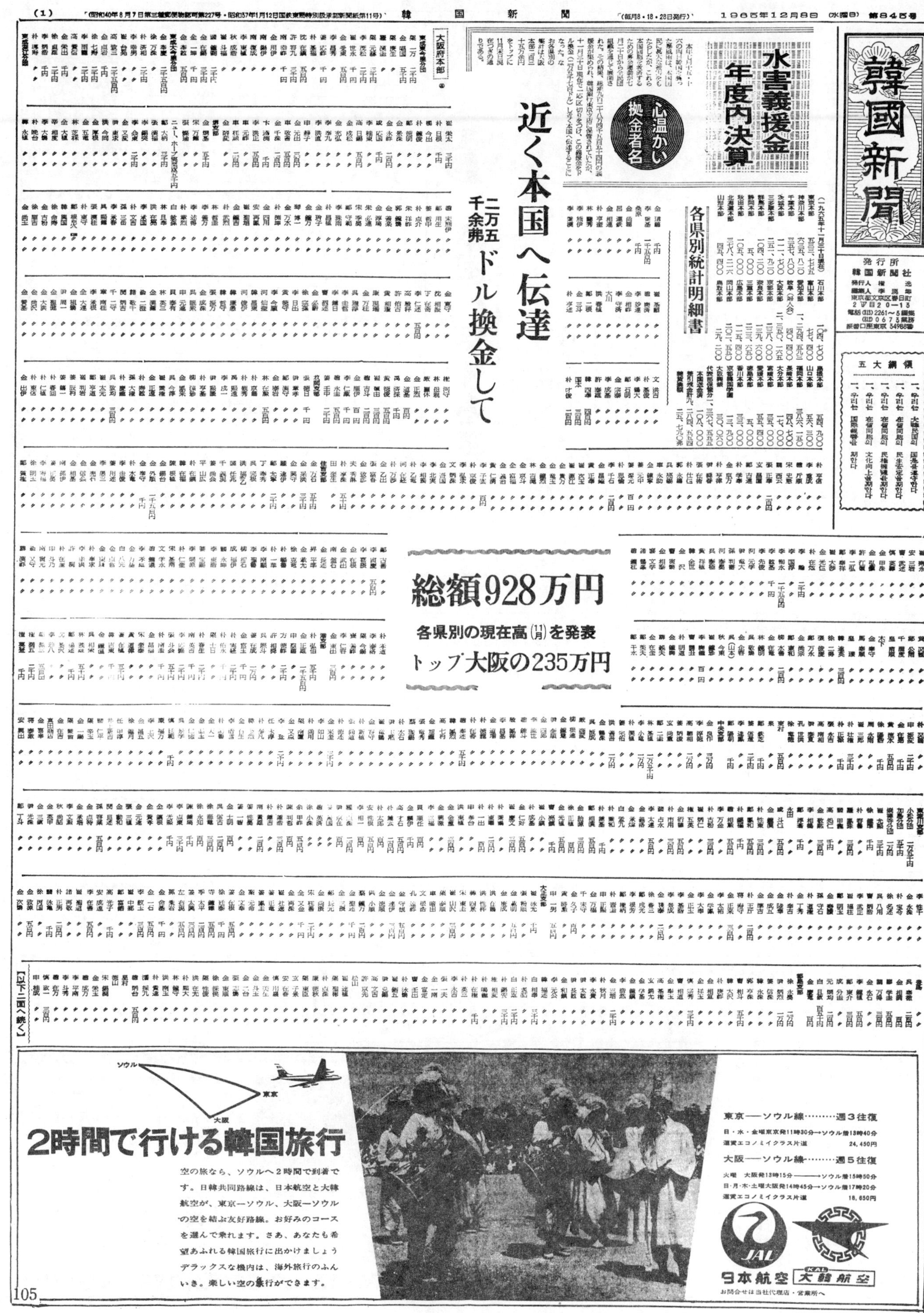

韓國新聞

発行所
韓国新聞社
発行人 權　逸
編集人 李 現 埠
東京都文京区春日町
2丁目20－13
電話 (813) 2261～5 編集
(812) 0673 業務
振替口座東京 34988番

五大綱領

一、우리는 大韓民国의 国是를 遵守한다
一、우리는 在留同胞의 民生安定을 期한다
一、우리는 在留同胞의 民権擁護를 期한다
一、우리는 在留同胞의 文化向上을 期한다
一、우리는 国際親善을 期한다

水害義援金 年度内決算

近く本国へ伝達

二万五千余弗 ドル換金して

心温かい 拠金者名

本年七月十五・十六の両日韓国を襲った暴風雨は、本国国民に甚大な被害をもたらしたが、これら本国同胞を救済するための募金運動が七月二十日から全民団組織を通じて展開された。その結果、総額九百二十八万四千五百五十四円の義援金が集められ、韓国銀行東京支店に保管されていたが、十一月三十日現在で一応区切りをつけ、この義援金をドル換金（二万五千七百ドル）し近く本国へ伝達することになった。なお各県別の集計は大阪本部二百三十五万余円をトップに11月末日現在つぎの通りである。

各県別統計明細書

（一九六五年十一月三十日現在）

本部	金額
東京本部	五三三、七七五
神奈川本部	六三五、八二〇
千葉本部	三五七、八〇〇
茨城本部	二一一、七〇〇
三多摩本部	二五一、九二〇
群馬本部	一〇四、二〇〇
静岡本部	五、〇〇〇
秋田本部	一〇五、〇〇〇
北海道本部	三七八、二二六
山形本部	四五、四〇〇
石川本部	一〇四、七〇〇
富山本部	七七、四〇〇
愛知本部	一、二九四、五九三
岐阜（婦人会）	四〇、四〇〇
大阪本部	二、三五〇、一六五
京都本部	二三八、〇〇〇
奈良本部	一三九、六〇〇
三重本部	一二三、六五〇
広島本部	一一五、四〇〇
岡山本部	二〇二、五五〇
鳥取本部	二九、二〇〇
島根本部	五四、九〇〇
山口本部	五六、三〇〇
福岡本部	三八六、一五〇
長崎本部	四〇、七〇〇
大分本部	一七、〇〇〇
宮崎本部	三五、〇〇〇
愛媛本部	五五、四〇〇
徳島本部	五、〇〇〇
香川本部	三三、〇〇〇
京都韓国学園	一三、九〇〇
大阪興銀	三〇、〇六〇
代表部保管分	一、三六七、五五五
本国送金済	一〇八、〇〇〇
差引残金計	九、二八四、五五四
韓貨換算	二五、七九〇弗

大阪府本部

東成東今里分団
梁一万　二千円
金昌国　五千円
梁康生　〃
羅漢圭　〃
梁元基　三千円
李茂松　二千円
崔世永　千円
金愛東　五百円
李昌秀　〃
姜応祚　千円
朴基福　〃
沈在鎮　五百円
許容九　三千円
南幸祚　千円
金用伊　〃
南錫伊　〃
南復成　〃
李東植　〃
秋成浩　〃
崔斗福　〃
梁億団　二千円
金在鵬　三千円
金一坤　千円
金奉政　五百円

東成大今里分団
金奉慶　二千五百円
徐万洙　〃
朴済相　二千円
李幸男　〃
崔台晃　〃
高致三　二千五百円
金点岩　千円
徐七寿　二千円
李雨聖　二千円
高業信　〃
金栄出　千円
徐貞雁　二千円
李炳浩　千円
朴潤寿　〃

東成深江分団

総額928万円

各県別の現在高(11月)を発表

トップ大阪の235万円

（以下二面へ続く）

2時間で行ける韓国旅行

空の旅なら、ソウルへ２時間で到着です。日韓共同路線は、日本航空と大韓航空が、東京―ソウル、大阪―ソウルの空を結ぶ友好路線。お好みのコースを選んで乗れます。さあ、あなたも希望あふれる韓国旅行に出かけましょう　デラックスな機内は、海外旅行のふんいき。楽しい空の旅行ができます。

東京――ソウル線………週３往復
日・水・金曜東京発11時30分→ソウル着13時40分
運賃エコノミイクラス片道　24,450円

大阪――ソウル線………週５往復
火曜　大阪発13時15分――→ソウル着15時50分
日・月・木・土曜大阪発14時45分→ソウル着17時20分
運賃エコノミイクラス片道　18,650円

日本航空　大韓航空
お問合せは当社代理店・営業所へ

105

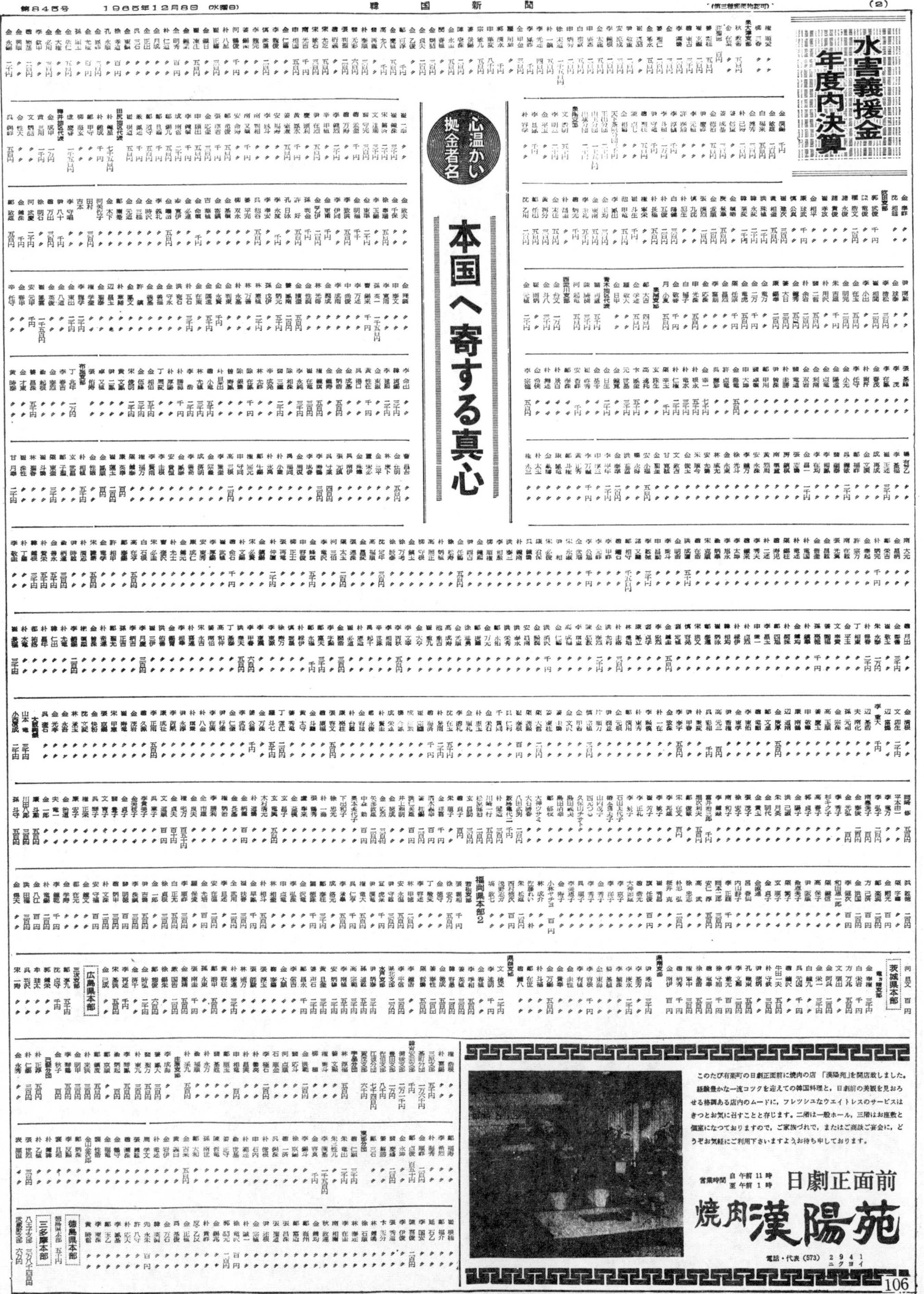

水害義援金 年度内決算

本国へ寄する真心

心温かい拠金者名

福岡県本部2

広島県本部

茨城県本部

徳島県本部

三多摩本部

106

韓國新聞

発行所 韓国新聞社
発行人 権逸
編集人 李満坤(?)
東京都文京区春日町2丁目20－13
電話(811)2261～5 編集
(811)0675 業務
振替口座東京 34988番

五大綱領

一、우리는 大韓民国의 国是를 遵守한다
一、우리는 在留同胞의 民生安定을 期한다
一、우리는 在留同胞의 民権擁護를 期한다
一、우리는 在留同胞의 文化向上을 期한다
一、우리는 国際親善을 期한다

国交回復後の問題討議

全国団長会議

永住権申請で具体策

国民登録の更新

本国の政府に要請

手続は民団一本化

五大事業を再確認

権中央団長ら九人

批准祝賀使節団を派遣

民団全国地方本部団長会議であいさつする権中央団長（12月13日東京大栄ホテルで）

民団を強力に支援

李東元外務部長官が祝辞

民団全国地方本部団長主催のレセプションで演説する李東元外務部長官（12月13日東京大栄ホテルで）

民団中心の発展を

在日経験を生かせ

僑胞の保護忘れぬ

駐日代表部を駐日大使館に

待遇問題専門委員を決め

権益の確保に努力

法的地位や再入国に問題

鉄格子なき監獄

伝馬船で海軍大尉が北韓から脱出

北送僑胞の生活保証は僅か三ヵ月ですよ　記者会見で惨状を語る

昼夜監視つきの生活

北送僑胞は乞食も同然

韓国に家族のいる者は常に監視つきの生活ですと語る李さん

朝総連謀略に惑わされるな

「徴兵令書」デッチあげ

山口県で攪乱戦術

またぞろ事実無根の悪宣伝

予備交渉団が来日

請求権と経済協力

住民登録法改正案

次官会議で決定さる

民団中央文教局

66年度募集

11月26日から受付

自費の本国留学生

北傀偽造の刊行物を展示

UN韓国代表部で

ベトナムで韓国軍戦没者祈願式

アジヤ国会議員連盟総会開く

規制水域の山漁船規定を上程

釜山案内誌を寄贈

釜山商工会議所員が7百部

107

音たてて流れる歴史

あわただしいソウル 批准色へ静かな興奮

韓国政府は韓日条約・協定批准書の交換式の繰上げで準備に大わらわだが、十四日、日本外務省ならびに在外事務所と協議した結果、日本代表団のスケジュール、批准書交換式の式次第などを次のように明らかにした。それによると椎名外相ら日本代表団一行は十七日午後一時四十分ソウルの金浦空港着の日航機で韓国入りし、李東元外務部長官の出迎えを受け、ただちに宿舎の朝鮮ホテルにはいる。このあと丁総理以下各長官を歴訪してあいさつ、夜には李長官主催のレセプションが開かれる。（写真はソウル中央庁前通り）

感慨の交換式場

ソウル漢部の記念式典を挙行

三多摩本部の本国視察団帰る

「韓日経済委」を準備

民間団体 年内にも東京で

救援物資を五千点

両国の窓口一本化へ

本格化する韓日経済交流

各種プラントに集中

民間ベースに申請殺到

密出国者に免訴措置

韓日批准を期に

政府検討 戦後本国から出た者

……たい者について免訴措置を講ずることを検討している。出入国管理法違反の公訴権消滅措置をとって罪をはぶこうというものでその数は三万人以上に達するという。この数字は一昨年十一月の一般赦免令該当者と三年の時効を過ぎた者を除いたものである。

新団長に朴台守氏

茨城本部で臨時大会

韓日国交再開とともに巨大な使命を帯びる民団事業の強化をはかって茨城県本部では十二月六日臨時大会を召集、当面の活動方針を決定し三機関の新役員を選出した。

同日午前十一時から水戸市・中央ビルで開かれた同本部地方委員会ならびに臨時大会には県下各級機関から九十名の民団役職員が参席臨時大会にさきだって地方委員会がもたれこのあと同午後二時から臨時大会が開かれた。大会は三機関の経過報告について新活動方針が論議され、韓日条約の発効とともに重要度を増す当面の課題を慎重審議したすえ、これを採択した。つづいて三機関全役員の辞任を受理、新役員の選挙を行なった。その結果、新団長に朴台守氏、議長に金時弘氏、監察委員長に金在坤をそれぞれ選出、同四時すぎ大会を終えた。

新三機関役員はつぎのとおり。

執行部 団長 朴台守 副団長 李季相 〃 劉永植
議決部 議長 金時弘 副議長 張一慶 〃 朴貞祚
監察部 委員長 金在坤 委員 呉元国 〃 金春植

来日の本国言論人

一行六人 中央本部を礼訪

韓国言論人の一行六名（高舎同通信常務、金朝鮮日報編集長、金大韓日報編集長、崔東亜日報編集長代理、尹新亜日報編集長、朴釜山日報論説委員）は日本新聞界の視察のため十一月三十日来日したが、十二月三日民団中央本部を礼訪した。同一行は十三日までの約二週間、日本の言論界とも交歓して新聞事情をつぶさに見学した。

盛大に韓青結成 20周年記念式

民団の結成母体となった「韓国促進青年同盟」は、去る十一月六日を以って、結成二十周年記念日を迎えた。

韓青中央本部では、去る十一月十六日午後六時より、東京市ケ谷の「私学会館」において、建青の先輩、民団中央本部幹部等の来賓多数参席のもとに、盛大に二十周年記念式典を挙行した。

まず、金韓淑中央本部委員長は開会のあいさつに立ち、「韓青組織の今日のあるのは、ひとえに、……

反主流派を粛清

朝総連の内紛 主流派で解任措置

幹部の移動措置で隠蔽する

朴さんらに大使賞（画）

韓国学園生徒の書画展

書道優秀には崔君

ソウルでボクシング連盟総会

牛乳販売員募集

山田商店

新世界新聞で祝賀

韓日両国言論人二百人出席

創立20周年記念

尋ね人

ペンフレンド

108

韓國新聞

発行所 韓國新聞社
発行人 権 逸
編集人 李 基 卿
東京都文京区春日町2丁目20—13
電話(813) 2261～5 編集
(815) 0675 業務
振替口座東京 34988番

五大綱領
一、우리는 大韓民国의 国是를 遵守한다
一、우리는 在留同胞의 民生安定을 期한다
一、우리는 在留同胞의 民権擁護를 期한다
一、우리는 在留同胞의 文化向上을 期한다
一、우리는 国際親善을 期한다

韓日国交正常化なる

両国、批准書を交換

法的地位除き　条約協定が発効

韓国と日本との新たな友好の時代は十四年の長い年月を経て十八日午前開かれた。両国国交正常化の最後の基礎固めとなる韓日条約の批准書交換式は、最低気温零下十五度というきびしい寒さのこの日、午前十時半からソウルの中央政庁第一会議室で、丁一権韓国国務総理ら立会いのもとに行われ、緊張したふんいきの中で李東元外務部長官、椎名外相は同十時四十五分とどこおりなく批准書を交換した。この瞬間、十四年交渉の結実である韓日条約、諸協定は、一カ月後に発効する「法的地位」協定を除き、効力を発し、在ソウル日本事務所は同日「日本国大使館」として正式に店開きし正常化のとびらは開かれた。

午前十時二十七分、日本側使節団は、韓国海兵隊の軍楽隊が吹奏する民謡「アリラン」に迎えられて式場にはいり、両国の象徴であ [illegible] 総理ら韓国側関係が臨席、ブラスバンドが愛国歌と君が代の両国歌を高らかにうたいあげた。国歌吹奏が終ると一瞬、式場は [illegible] れ相携えた批准書を交換した。緑色の表紙に韓国国花のムクゲをしるした韓国側批准書とエンジ色の表紙に菊花の紋章をしるした日本側の批准書がとりかわされると、待ちかまえた韓日両国報道陣のテレビ、カメラのライトが集中した。次いで両外相は、批准書の交換を確認する調書に署名、これを交換した。

批准書交換式　18日、ソウル中央政庁で、左側が韓国側

互恵平等で友好へ

両外相が挨拶

このあと李長官と椎名外相があいさつをおこない、国交正常化への期待と決意を述べた。次いで丁総理の音頭でシャンペンで乾杯、複雑多岐をきわめた両国関係の正常化を祝福しあった。ふたたび軍楽隊の民謡吹奏のなかで、両国代表がそれぞれ握手をかわしながら退場、興奮した空気のなかで式次第をいっさい終了した。

この日交換された批准書は基本関係条約はじめ、漁業協定、請求権・経済協力協定、在日韓国人の法的地位協定、文化財・文化協力協定の五件で、三十日後に発効する「法的地位」協定を除いて、い [illegible]

李外務部長官あいさつ（要旨）

批准書交換で両国は不幸な過去の関係に由来するすべての懸案を解決し、一切の過去を清算、明るい将来のための友好関係の第一歩を踏出した。これで資本主義の両国が正常かつ緊密なつながりを結ぶ基礎をつくり、ひいては自由陣営の結束を強めた。

今日の批准書交換は両国民と政府が長い間忍耐と努力を重ねてやっと実を結んだものである。これから両国は互恵平等の原則に基づいて共同の利益と繁栄のため最善を尽さねばならない。努力を発する両国間の条約、協定は信義と誠実をもって実施されてこそ子孫に [illegible]

椎名外務大臣あいさつ（要旨）

[illegible]

心新たに隣づき合いを

民団声明

中本、静かに内輪祝い

代表部　晴れて「大使館」の表札

在日韓国居留民団中央本部では十八日午前十一時から権副団長ら民団の幹部が集まり「両国が共存共栄し真の善隣友邦となるよう心を新たにする」との声明を発表、シャンペンで乾杯し、万歳をとなえて祝った。

民団はこの条約をきっかけに、韓日両国民の交流が一層深まり、日本人の韓国への観光旅行や商用渡航も激増するとみて、韓国のすべてがわかる「韓国大観」（仮称）の編集や、韓日親善諸団体の統合一本化などを計画している。また一カ月遅れて発効する「法的地位」の取決めに従って、日本に永住を希望する韓国人が、二十三万人の「韓国」籍のうち大多数を占めると判断、申請の手続などのPRの準備をすすめている。

○…また東京港区麻布竹谷町の韓国代表部では、[illegible]代理大使の手で「大韓民国大使館」の金看板の真新しい表札がかけられたあと職員四十人をはじめ居留民団幹部らが集まった簡単なお祝いの会が開かれた。両国の貿易会社 [illegible]

独島は韓国領土

丁首相談　漁船侵入せば措置

[illegible]

民団本部声明文

[illegible]

朴大統領、来春訪日へ

椎名外相　記者会見で語る

韓日条約・諸協定の批准書交換を終わった日本側代表の椎名外相ら使節団一行は、訪韓日程を終了し、十九日午後五時十五分羽田着日航機で帰国した。批准書交換使節団は十七日に訪韓し十八日の批准書交換式に臨んだほか、朴大統領など韓国政府首脳を訪問〝韓日新時代〟についての意見を交換したが、とくに椎名外相、坂田農相は二回にわたってそれぞれ李外相、車農相と両国国交正常化後はじめての公式会談を行ない、友好増進のための共同声明を発表している。椎名外相、坂田農相は一両日中に佐藤首相に会い、韓日条約・協定の発効、これに伴う当面の措置、韓国側との話し合いの内容について報告する。

椎名外相、坂田農相、高杉特派大使らは羽田空港で記者会見し外相の会見内容つぎのとおり。

一、十九日の外相会談では在日韓国居留民団の税金、金融問題など世間話が多かった。大使問題はまだお互いに話し合っていない。

一、首相の来年四月以降の訪韓の意向は韓国側に伝わっている。李外相との会談で朴大統領も答礼の意味から訪日する意思のあることを明らかにしていた。

ついては「来年四月以降という日本側の考えは韓国側に伝わっており、韓国の朴大統領もその答礼の形で来年秋訪日する意思があるようだ」と述べた。

一、竹島の専管水域問題は、こんどの場合が適当な時期ではないと思い、公式には話し合っていない。

一、初代駐韓大使問題について「外相会談では話は出なかった大使の問題はアグレマンを求めたときに、はっきりする」と同問題については明確な表現を避けた。また佐藤首相の訪韓問題については「来年四月以降と思う。その時期は韓日の初代駐日大使のアグレマンを求められたときと同じころになるだろう。

反共体制整備を強調

朴大統領が特別声明

[illegible]

誠実に条約実施

橋本官房長官談話

[illegible]

在韓大使館の陣容発表

駐韓公使に吉田氏

[illegible]

結論来春に持越す

韓国ノリの対輸出問題

貿易会談閉幕

[illegible]

109

秋風嶺を忘れず

韓日親善募集論文

総裁賞

真の友好を期待す

―韓国はわたしの心の故郷―

岡野康孝

わたしの素朴な願い

【日本自民党】

貿易をふやそう

張韓国副総理　日本の協力要請

通商条約、応ずる用意

建設業の共同組合

在日業者　関東を中心に結成

副理事長―河石巌（河石産業社長）

副理事長―崔英金（杉並建設社長）

専務理事―張翊

理事―金己福（三協建設社長）

理事―権寧珣（興進建設社長）

理事―南卓佑（パワーショベル工業社長）

監事―任徳孝（豊島土木社長）

同―金甲宝（三原建設社長）

常任相談役―金正柱

…賛のよいものを、適切な価格で買うことが大事で、この点、日本側の協力をも求めたい。

一、こんどの第二次日韓貿易会談は、内容が貧弱であり、来年三月の会談で本格的に話し合う。また、両国の通商航海条約締結について、日本側から提案があれば応ずるつもりだ。

一、外国投資は十六億ドルで、その二割が日本の分、他は主として米国の援助、西独の財政および長期商業借款を考えている。

一、第二次五ヵ年計画がすむと自立経済が達成されるよう臨海工業団地として釜山中心、蔚山中心、あるいは西海岸の仁川、木浦などの地域を考えている。地域的に工業施設を分散することが政治的にも必要だ。十一月末、発表した請求権使用計画は政府案として最終的なものだ。これを請求権管理委員会に提出し、そこで最終的に決…

…められる。

一、日本商品が今後どっとはいってきても荒らされるという段階はすぎた。インフレをおこさずに、どうして国内資金を動員するかが当面の政策の焦点だ。しかし、韓国側の受入れ体制を固めることは重要な問題だ。経済侵略と騒ぐのは古い流行歌の繰り返しだ。

一、請求権資金を有効に使うことが、今後政府に課せられた重大な仕事だ。日本商社も協力してほしい。日本が東南アジア賠償のさい、いろいろなウワサがたったが、日本としてもどの外国よりもよいものを入れてもらうことが、今後の貿易発展の基礎となろう。

一、韓国の一次産品の輸出について、日本では十分な経済的実力があるのだから、これを消化できるはずだ。日本で米を買ってもらえば韓国にはいったそのドルはまた日本に帰るわけになるのだ。

韓国、大阪など八所に領事館

韓日両国の国交正常化に伴う領事館の設置につき、韓日両国政府はつぎのように正式発表した。

一、日本は釜山に領事館を置く。

一、韓国は札幌、大阪、福岡の三ヵ所に総領事館、仙台、横浜、名古屋、神戸、下関の五ヵ所に領事館を置く。

一、将来、日本が仁川、韓国が京都、新潟に領事館を設置することを希望するときは、これを検討する。

善隣厚生会館が新築

社団法人「善隣厚生会」（会長鄭寅学）＝渋谷区本町二ノ四七では今年四月頃より新会館の建設に着手中であったが、このほど完成した…

祭礼

このシリーズの終りに、祭礼について書いてみる。

わが国の祭礼は、忌祭（ギジェ）も四時正祭（サシジョンジェ）に分けられている。「忌祭」は故人の命日に行う祭りであり「四時正祭」は、わが国の伝統的な祝祭日に故人を祭ることである。

この両者は、それぞれことなった意味を持っているので以下かんたんに説明する。

一、忌祭（ギジェ）

「忌」は、その日を「いむ」こと、「禁忌」の意味であり、今の言葉で言えば「タブー」である。註解すれば、故人の命日にあたる日は、その冥福を祈るためすべて世俗的なことをさけるということ。

「忌祭」の対象は、父母に限るのであるが、昔は「家制度」と「礼教」の勢力なタイアップによって五代前までさかのぼって祭ったものである。現在はこのような大時代的なことはなくなり、父母もしくは祖父母まで祭るのがせいぜいである。

❶時刻

「忌祭」は普通、夜の十二時を少しすぎたころに行う。正確に言えば、故人の亡くなった日の最初の時刻（昔風に言えば「子」の刻）である。たとえば三日の日に親がなくなったとすれば、二日の深夜に「忌祭」を行う。したがって「祭主」は前の日から、もくよくさいかい「沐浴斎戒」して準備…

する。

祭りの前に祭服に着がえる。これは粗っぽい麻でつくった頭巾と上っぱりであるが、普通は面倒なのでふだん着のままで行う。

そのあと「ほこら」に祭ってある「神主」を母屋に移して「忌祭」を行うが、「神主」のない家では「紙榜（ジバン）」とよばれる臨席の位牌を作って「神主」の代用とする。

❷紙榜（ジバン）

「紙榜」は、「韓紙」で作る一種の位牌で文面は次のように書く。

顕考学生府君神位

この「紙榜」の様式は、李王朝以来のもので、ここで学生と言われるものは現在の学生ではなく、無冠の士という意味である。したがって官途についたことのある人は、どんなにつまらん役職でも生前の肩書きをかく。それ以外の人は押しなべて、全部、学生と書く。官人政治の面目躍如たるものがある。

女性の場合は男とちがって

顕妣孺人 安東金氏 神位

と書く。また父母を同時に祭るときは「男左女右」と言われ、母は右側に父は左にそれぞれ書く。

❸陳設（チンソル）

お祭りに使われる供え物のことで、野菜、果物、酒、肉類等がある。

果物はなつめ、栗、梨、干柿などがよく使われるが、近頃は、りんご、すもも、ぶどう、みかんなども供える。そして菓子類も供えるが、そのうち「カンチョンク（小麦粉を油で焼いた棒状のお菓子で中は空洞、外側に黒ごまをつける）」、「サンジャ（もち米で作った一種のせんべい）」、薬菓（もち米を使って油で揚げたもの＝いずれもわが国のお菓子）などがよく使われる。

肉類は牛、豚、鶏、明太魚などで、これらをいろんな薬味で味付けして焼いて供える。または「ユク（乾肉）」にして供えることもある。しかしこのような本格的な供え物は、家計に相当、負担を与えるので、見栄を張らず簡素にやることが必要であろう。昔はよく見栄を張って、身分不…

生命への明暗を表現

韓国の風習

―礼の本質は気持ち

「忌祭」と四時正祭の様式

尋ね人

1966年度

韓國新聞

発行所
韓国新聞社
発行人 権 逸
編集人 李 現 坤
東京都文京区春日町
2丁目20—13
電話 (813) 2261〜5 編集
(812) 0673 業務
振替口座東京 34988番

五大綱領

一、우리는 大韓民国의 国是를遵守한다
一、우리는 在留同胞의 民生安定을期한다
一、우리는 在留同胞의 民権擁護를期한다
一、우리는 在留同胞의 文化向上을期한다
一、우리는 国際親善을 期한다

海外同胞へ

朴大統領年頭の辞

60万の僑胞の権益保障

自立経済と祖国近代化

韓国歴史の夜明け告ぐ

新年を迎え国内外の全同胞に心から慶賀のあいさつを送ります。

顧えりみますと昨年は政治的不安と社会的混乱、そして数十年目にはじめてみる天災等によって多くの難関と試練を経てきました。しかし、国内外同胞の不屈の闘志と忍耐力そして強い団結力によってこの大試練を克服したのであります。

そしてまた、昨年は祖国の近代化と自立経済の建設に大きな成果をあげた成功の年でもあります。われわれは昨年度において、国家の利益と国威の宣揚のため大きく寄与し、幾つかの誇り得る事業を成しとげました。

まず第一にあげられるのは、韓日国交の妥結であります。韓日国交正常化については両国の利害関係の調整という外交問題と両国国民間にもつれ合っている感情問題の解決という複雑な問題が含まれていたため妥結に至るまでには難しい障碍のあったことは避けられない事実でありました。だが、同胞のみなさんの賢明な判断と協力によって昨年十二月十八日、ソウルにおいて両国の全権代表が批准書を交換し、この問題の完全な妥結をみました。こうすることによってわれわれは自由世界の結束と極東反共態勢の強化を図ることができるようになりました。

また、互恵平等の原則にもとずいて日本と共存、共栄のできる善隣友好関係を結ぶとともに過去二十年間正当な権利と待遇を受けることのできなかった六十万在日僑胞の権益を保障することができるようになりました。

つぎにわれわれはベトナムの反共戦線に戦闘部隊を派遣しました。ベトナムに対する国際共産主義の侵略行為は全自由アジアの安全と平和に重大な脅威を及ぼ……

わが国民の力で凶年をのり越えたこと これほど嬉しいことが他になるでしょうか。それのみでなく祖国の近代化と自立経済の建設のために推進されている第一次五ヵ年計画事業も第四年目を迎え順調な進展をみせております。そのうち多くの事業は、すでに目標を超過達成しております。そして、今年はこの計画事業を完遂し、あらたに第二次五ヵ年計画の準備事業に総力を注ぐつもりであります。

以上のような多くの誇り得る成果は、われわれそして自立への決意を固くし、うまず努力するならば他人に恥じない生……

朴大統領談話

一切の前非不問
朝総連の同胞も
韓国民として保護

朴大統領はさきの韓日批准書交換式終了後に次のような特別談話を発表し、朝総連系同胞にも一切の前非を問わず、本国政府の下に入るようにと呼びかけると共に、同じ血縁の同胞として、日本で再びいがみ合って暮すことなく、この歴史的批准を期してたずさえて睦まじくやってゆくことを強く希望し、こうした過去の不幸事は、すべて本国政府の関心に責任があったとし、今後できる限り僑胞の生活保護にも力を致し幸福な生活が営めるよう努力すると結んだ。

親愛なる国民のみなさん！

今日、ソウルにおいて韓日両国の全権代表のあいだで韓日協定批准書が正式に交換されました。

十四年という長い歳月をかけて処理過程において相当な障補を余儀なくされたこの問題は、ここに解決をみ、いまや両国間に批准書が交換さたるにいたりました。これに際し私は所信の一端を明らかにするとともに国民のみなさんの協調を得たいと思います。

国家と国家の関係も個人間の関係と同じように利害関係によって互に離合集散するのが歴史における一つの鉄則であるといえましょう。

時代の大勢と国際情勢の変動は当事国の望むと望まざるとにかかわらず国家間の関係に驚くべき変化をもたらすものであります。

昨日の友邦が今日の敵国になるかと思えば、昨日の敵国が今日の盟邦となることもあります。幾も

近い例として、鉄石のような同志的結合を誇っていたソ連と中共は互いに憎しみ合い対立国家となっており、ながらく仇敵関係にあったフランスと西独は分ちがたい友邦として結合し互の利益のため協調しております。

過去三十六年、われわれと日本との間は明らかに仇敵関係であったといえます。だが、それはあくまでも過去のことであり、われわれの現在や未来がそうであっては……

年頭所感

善隣へのかけ橋たれ

韓日新時代への姿勢と自覚を

民団中央本部団長　権逸

祖国に何をなすべきか

駐日公報館長　李星澈

民団要望事項の達成

民団中央議長　朴玄

大衆の要望を反映

民団中央監察委員長　尹致夏

新時代への夜明け

民団への集結を

駐日代理大使　方熙

子孫へ安住の土台を

民団中央常任顧問　金今石

税と金融に対決

商工会連合会会長　許弼奭

相助け理解し合った僑胞社会を

大阪商銀理事長　朴漢植

謹賀新年

謹賀新年

中央本部

団長	権逸
副団長	鄭烱和
〃	韓桧俊
事務総長	金英俊
議長	朴玄
副議長	張聡明
〃	金陸男
監察委員長	尹致夏
監察委員	姜学文
〃	許允道
〃	朴準竜
〃	姜性熙
組織局長（兼事務次長）	朴太煥
〃次長	姜錫憲
〃次長	李鍾舜
総務局長（兼財務局長）	朴炳憲
〃次長	林虎根
文教局長	卞周浩
〃次長	姜仁煥
民生局長	申灝
〃次長	李仁烱
宣伝局長（兼韓国新聞編集局長）	李現坤
〃次長	孫秀祺
宣伝委員長	李金竜
文教委員長	陳斗鉉

年頭所感

国交正常化を喜ぶ
アジア外交に積極姿勢

日本国総理大臣　佐藤栄作

恒久的友好を祈る
両国共栄に努力

日本外務大臣　椎名悦三郎

目ざましい輸出伸長

明るい工業化への見通し　本国の歩み

★一九六二年から、政府は経済開発五ヵ年計画を積極的に推進してきた。一日も早く自立経済を成就し、われわれも他国に劣らぬよりよい生活を営むべく企画されたこの第一次経済開発五ヵ年計画は、❶電力・石炭など動力源を確保する。❷農産物を増産、農家の所得を高めることによって非平等な国民経済の形成を是正する。❸基幹産業を大々的に興して社会の間接資本を形成する。❹休業状態にある手遊や潜在雇用を活用して雇用を増大し、国土を開発保全する。❺輸出を増大して国際収支の均等をはかる。❻技術を振興する。などの目的のもとに、一九六〇年を基準として、一九六二年から一九六六年までの五ヵ年間に、総額三、七〇八億三千余万円（韓国円）の資金を投じて推進されている。ここ数年間の落ちつかぬ内外情勢と、毎年度重なる天災にもかかわらず、政府と国民が心を合わせてこの長期開発計画を実践に移した結果、今日われわれの経済は輝かしい前進を遂げ、いよいよ跳躍段階に到達した。★

経済成長率五・七%
経済五ヵ年計画の成果着々

五ヵ年計画が施行される前の一九六〇年度は、国民の総生産額が二、一八八億円であったものが、五ヵ年計画施行後の一九六四年度には二、七一〇億円にのぼり、施行前に較べて二四%の増加を示した。また一九五三年から一九六一年までの九年間、毎年平均四・八%づつ成長していたわが国の経済は、五ヵ年計画が実施された一九六二年から一九六四年までの三年間には、平均五・七%づつ成長するようになった。五ヵ年計画が遂行されてから、延べ四、一八八万人の遊休労働力を活用するようになったが、この数字は毎年三万人から五万人にのぼる国民に対し永久的な仕事場を与えたことになる。祖国を近代化するためのわれわれの努力は、経済開発五ヵ年計画……

友好へ地道な努力を

日韓経済協会会長　植村甲午郎

昨年の十二月十八日をもって日韓両国は晴れて友好のきずなを結ぶことができました。

思えばこのことはここ数年、年頭に当ってつねに「今年こそは」と強く期待していたことであります。それはかりでなくこの交渉が十四年も前から始められ、幾多の障害をのり越えて今日の結実をみたということを併せ考えるとき、その喜びはひとしお大きいといわざるを得ません。

隣接する国同志が正式の交りを持たないということはまことに不自然であり、加えて近来の国際関係は一国の孤立を許さず、まず近隣から発して全世界に及ぶ国々が有無相通じお互いの繁栄の度を高めあうという世界の大勢にも思いが致されていたのであります。

今回の日韓国交正常化の意義について両国の当事者がアジアおよび世界の平和貢献にもつながると強調されたのもこの意味からであると考え私も意を同じくするものであります。

そこでこれからは実りの段階であります。すでに形は整い、ルールがしかれました。この基本姿勢に従ってこれからは友好と相互繁栄のための作業を日常くりひろげていかねばなりません。これは一つ一つの事柄の積み重ねであり地道な努力の継続を最も必要とすることとなりましょう。

私の拝見するところ、最近における韓国の諸情勢は一段と安定の度を加え、特に貿易の伸長をはじめ経済諸計画が順調な進展を続けているとみられます。このような趨勢をさらに"より高く、より早く"するために多少ともお手伝することこそ私共の当面の務めであると信じます。

輝しいスタートの年を迎え"大局的見地"と"地道な努力"をもって日韓友好の基礎作りに少しでも貢献出来ることを念願して私の新年のご挨拶といたします。

どっこい生きている
世界の貧乏国みてある記

中鉢正美

アメリカの貧困線は月収九万円
自動車持たねば買い物もできぬ
"戸外の干し物は貧しさの指標"
南と北で違うヨーロッパの貧乏
まかり通る町の音楽家こじき

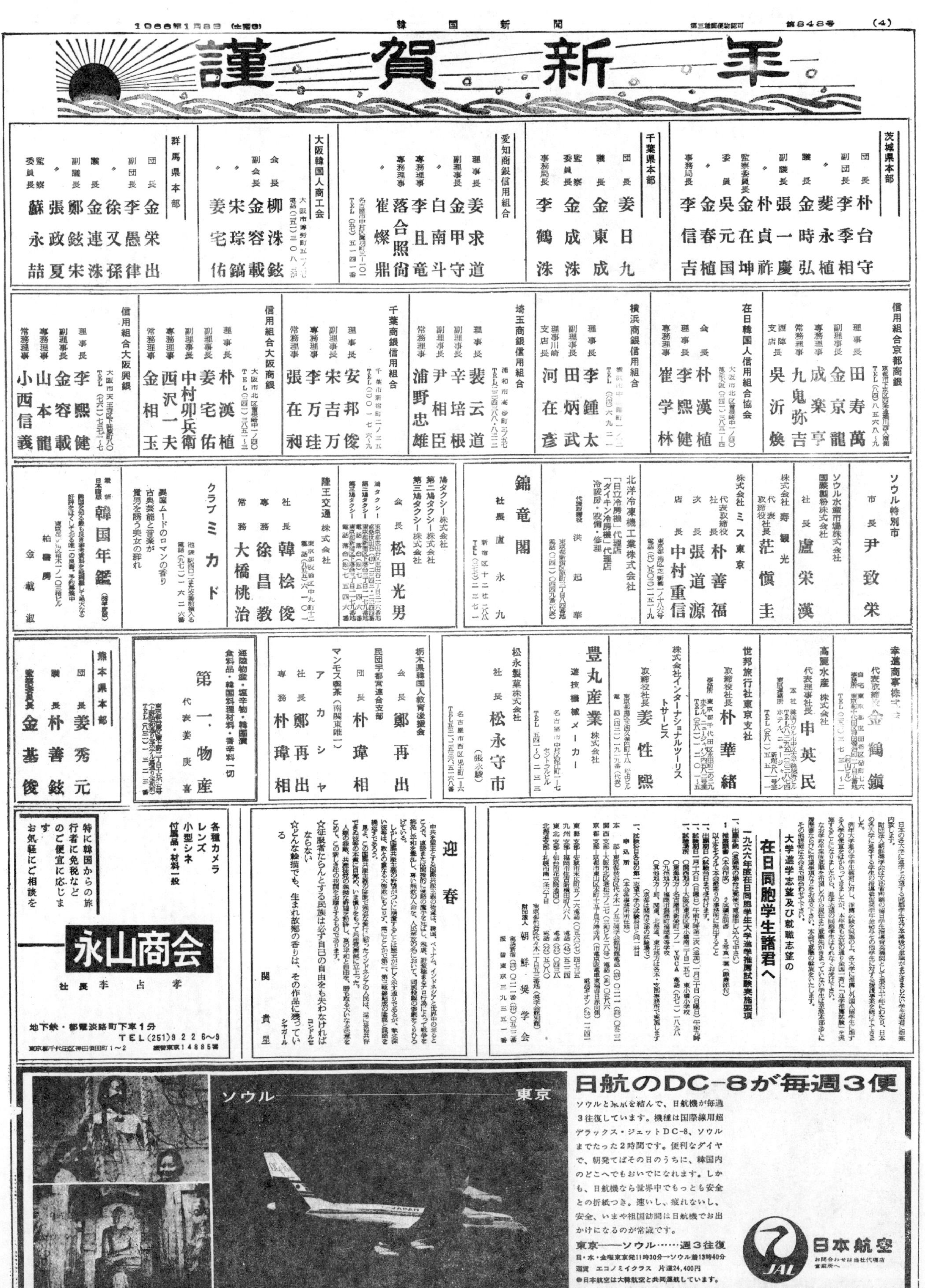

謹 賀 新 年

茨城県本部
団長 朴台守
副団長 李季相
〃 裵永植
議長 金時弘
副議長 張一慶
〃 朴貞祚
監察委員長 金在坤
委員 呉元国
〃 金春植
事務局長 李信吉

千葉県本部
団長 姜日九
議長 金東成
監察委員長 金成洙
事務局長 李鶴洙

愛知商銀信用組合
理事長 姜求道
副理事長 金甲守
〃 白南斗
専務理事 李且竜
常務理事 落合照尚
〃 崔燦鼎
名古屋市中村区 TEL（五七）五一四一番

大阪韓国人商工会
会長 柳洙鉉
副会長 金容載
〃 宋琮鎬
〃 姜宅佑

群馬県本部
団長 金栄出
副団長 李愚律
〃 徐又孫
議長 金連洙
副議長 鄭鉉宋
〃 張政夏
監察委員長 蘇永喆

信用組合京都商銀
理事長 田寿萬
副理事長 金京龍
専務理事 成楽亨
常務理事 九鬼弥吉
西陣支店長 呉沂煥
TEL（八四）八五六八～九

在日韓国人信用組合協会
会長 朴漢植
理事長 李熙健
専務理事 崔学林
大阪市北区

横浜商銀信用組合
理事長 李鍾太
副理事長 田炳武
理事川崎支店長 河在彦
横浜市中区

埼玉商銀信用組合
理事長 裵云道
副理事長 辛培根
〃 尹相臣
常務理事 浦野忠雄
浦和市高砂町

千葉商銀信用組合
理事長 安邦俊
副理事長 宋吉万
専務理事 李万珪
常務理事 張在祁
千葉市新宿町二ノ三五

信用組合大阪商銀
理事長 朴漢植
副理事長 姜宅佑
〃 中村卯兵衛
専務理事 西沢一夫
常務理事 金相玉
大阪市北区

信用組合大阪興銀
理事長 李熙健
副理事長 金容載
専務理事 山本龍義
常務理事 小西信義
大阪市天王寺区

ソウル特別市
市長 尹致栄

ソウル水産市場株式会社
国際貿易株式会社
社長 盧栄漢

株式会社 寿観光
代表取締役社長 荘慎圭

株式会社 ミス東京
代表取締役社長 朴善福
次長 張道源
店長 中村重信

北洋冷凍機工業株式会社
「日立冷房機」代理店
「ダイキン冷房機」代理店
冷暖房・設備・修理
代表取締役 洪起華

錦竜閣
社長 盧永九
新宿区十二社一八六 TEL（三七一）三一二

鳩タクシー株式会社
第二鳩タクシー株式会社
第三鳩タクシー株式会社
会長 松田光男

陸王交通株式会社
社長 韓桧俊
専務 徐昌教
常務 大橋桃治

クラブミカド
異国ムードのロマンの香り
古典芸能と音楽が
貴男を誘う美女の群れ
電話（九七一）一六二六番

韓国年鑑
柏書房
金載淑

幸進商事株式会社
代表取締役 金鶴鎮

高麗水産株式会社
代表理事社長 申英民
本社 ソウル市中区
東京連絡所 ホテルニュージャパン新館五八一号室 TEL（五八一）五五一一

世邦旅行社東京支社
取締役社長 朴華緒
東京都千代田区永田町二の二九 ホテルニュージャパン内五八二号室 TEL（五八一）二二〇一～五

株式会社インターナショナルツーリストサービス
取締役社長 姜性熙
東京都新宿区西大久保町十八 松田ビル 電話（三二）一九一九番（代表）

豊丸産業株式会社
遊技機械メーカー
名古屋市中村区泥江町一ノ七 セントラルビル TEL 五四一～〇二三三

松永製菓株式会社
社長 松永守市（張永駿）
名古屋市西区児玉町一ノ一六 TEL（五三一）二五三六・五一六八番

栃木県韓国人教育後援会
会長 鄭再出
民団宇都宮連合支部
団長 朴瑋相
マンモス製菓（南関東唯一）
アカシヤ
社長 鄭再出
専務 朴瑋相

第一物産
海陸物産・塩辛物・韓国漬
食料品・韓国料理材料・香辛料一切
代表 姜庚喜
東京都台東区東上野二丁目十五ノ六
電話（八三二）一三二三番

熊本県本部
団長 姜秀元
議長 朴善鉉
監察委員長 金基俊

在日同胞学生諸君へ
大学進学志望及び就職志望の

日本の各大学に進学を志望する同胞学生及び卒業後の就職がまだきまらない学生諸君に御案内致します。

財団法人朝鮮奨学会は文部省所轄の留日学生指導育英機関として過去五十年にわたり、日本の各大学に進学する学生の指導斡旋奨学金給与その他学生に対する援護事業を続けてきました。

例年大学進学の学生諸君に対し、推薦試験を実施の上、各大学に推薦し外国人留学生に準ずる入学の便宜をはからってきましたが、本年度も左記の通り全国一斉に「進学推薦試験」を実施することになりましたから、進学志望の同胞学生はもれなくお受け下さい。

なお学校卒業後就職を希望しながら現在まだ就職先がきまっていない学生は至急本部あてに履歴書ならびに希望事項などをお送り下さい。本会で就職の斡旋をいたします。

その他詳細は本会まで問合わせて下さい。

一九六六年度在日同胞学生大学進学推薦試験実施要項

一、出願手続（遠隔地の場合は郵便で申し込んで下さい）
1 推薦願書（本会作成）　2 成績証明書　3 写真一葉（願書添付）
以上をそろえて本会最寄りの事務所に提出すること
一、出願期日（試験当日まで受付けます）
一、試験期日 一月十六日（日曜日）午前九時 第二次（追加）一月三十日（日曜日）午前九時
一、試験場所
○関西地方—大阪市東成区東小橋南三丁目一五七 東小橋小学校
○東海地方—名古屋市新栄町二ノ一 YWCA 電話（九七二）一八九八
○九州地方—福岡市博多町福岡高等学校
○其他地方—即、関東、北海道、東北地方は各本・支部事務所で実施します（京都は関西支部の試験場で）
一、試験科目各自の第一志望大学の試験科目と同一科目

申込所（本会各事務所所在地）
本部—東京都渋谷区代々木一ノ五三 奨学会館別館 電話（370）〇二二一（379）〇五三三
関西支部—大阪市北区老松三ノ二七（三和ビル二八号）電話（361）〇五八六
京都支部—京都市東山区本町十五丁目万寿寺内（市電京阪電車東福寺日赤向側）電話キオン（56）一三四一
東海支部—安城市末広町五ノ一六 電話（〇五六六七）四七三五
九州支部—福岡市住吉新横田町八六八 電話（43）五三二四
東北支部—仙台市花京院通西〇 電話（23）〇四三八
北海道本部—札幌市南一条六丁目 電話（22）五〇八〇

東京都渋谷区代々木一丁目五三番地（奨学会館別館）
財団法人 朝鮮奨学会
電話新宿（370）〇二二一番（379）〇五三三番
振替東京三九三五一番

迎春

中共を盟主とする国際共産主義の徒党は、韓国、ベトナム、インドネシアと世界中の至るところで、直接または間接的に侵略の魔手を延ばし、残虐、野蛮極まるテロ行為によって戦争を挑発し平和を攪乱し、尊い無数の人命を、人民解放の名において、同族殺戮の惨劇をくりひろげている。

しかし国際共産主義の野望がついに崩壊することは歴史が正しく示す通りであるが、執念深い彼等は、数々の重なる大惨敗にもこりず、常にどこかで第二、第三戦線結成の陰謀と謀略を繰返すであろう。

見よ、この国際共産主義の陰険で残忍な蛮行に怒ったインドネシアの人民は、遂に妥協共存できぬ彼等の本質に目覚め、いま憤りをもって共産党撲滅に立上った。

人類の怨敵、共産徒党の執拗な野望を粉砕し、真の平和と自由を、勝ち取る大いなる決意をこめて、この新しき年の祝詞をお贈りするものであります。

☆征服者たらんとする民族は必ず自己の自由をも失わなければならない　コンドルセ

☆どんな絵描でも、生まれ故郷の香りは、その作品に残っている　シャガール

関　貴　星

各種カメラ
レンズ
小型シネ
付属品・材料一般

特に韓国からの旅行者に免税などのご便宜に応じます
お気軽にご相談を

永山商会
社長 李占孝
地下鉄・都電淡路町下車1分
TEL（251）9226～9
東京都千代田区神田須田町1～2　振替東京14885番

ソウル————東京

日航のDC-8が毎週3便

ソウルと東京を結んで、日航機が毎週3往復しています。機種は国際線用超デラックス・ジェットDC-8、ソウルまでたった2時間です。便利なダイヤで、朝発てばその日のうちに、韓国内のどこへでもおいでになれます。しかも、日航機なら世界中でもっとも安全との折紙つき。速いし、疲れないし、安全、いまや祖国訪問は日航機でお出かけになるのが常識です。

東京——ソウル……週3往復
日・水・金曜東京発11時30分→ソウル着13時40分
運賃　エコノミイクラス　片道24,400円
●日本航空は大韓航空と共同運航しています。

日本航空 JAL
お問合わせは当社代理店営業所へ

世界の空へ日航機で行こう　太平洋線　週17往復　ヨーロッパ線　週7往復　東南アジア線　週17往復

114

年頭抱負

まず永住権の申請

生活安定に使命感

戦後入国問題解決など

富めるも貧しきも男女老幼を問わず社会通則にのっとって新年を迎えるのでありますが、複雑多難な乙巳の年を送りあらたなる年一九六六年を迎えるにあたって全国の同胞のみなさんに賀詞を申しのべるものであります。

顧みまするに昨年はわが組織が創設されて二十星霜、わが国は日本国とのあいだに六十年目に国交を修復した歴史的な年でありました。その間、われわれは民団本来の事業を推進しながら十四年会談を成功させるためわが組織力の多くをこれに投入してまいりました。そのため、本来の団務に多少手抜かりのあったことは否めない事実でありますが、これまた国家的見地からやむを得ないことであることを考え団員みなさんの深いご理解を乞う次第であります。

ご承知のように昨年十二月十八日、祖国ソウルにおいて行なわれた韓日間の基本条約ならびに諸協定の批准書交換によって、この時から両国間の国交は正式に再開されることとなり、なかんずく在日韓国人の法的地位と待遇問題は今月の十七日からその効力を発生することになりました。

この歴史的な韓日両国間の慶事をまえにわれわれは、今後、在日韓国人の法的地位を確保し、日本社会において健全な生活を営むことができるようその基盤を築きあげるべく、その心情また決して安易なものではありません。組織の一線に活動される皆さんの双肩にはなお重大な使命が負わされざるを得ません。

かかる時期に処しわれわれに負荷される幾つかの問題を取りあげますと、まず第一に、われわれの永住権の申請問題でありますが、この問題に関しては、韓国籍を保有するわが民団員は進んで永住権の申請をすることができますが、永らく朝総連の傘下にさ迷ってきた同胞らは、いまだに朝総連から脱退することを躊躇しており、朝総連幹部は悪質的なアガキとして虚無的な悪宣伝を続けています。そのためこのような朝総連の悪宣伝に惑されている同胞を救出するための具体的方策を打ちだし、精力的な努力を傾けねばならないと考えます。

最近、朝総連の宣伝をみますと永住権申請を妨害するためあらゆる工作をしておりますが、その運動の本質を考察してみると、永住権を確保することが不利であるというのではなく、韓国国籍を取得しなくてはならないため彼らは韓国国籍に反対しているのであります。したがって生活権が保障され経済権が確立される永住権に対しては反対する理由がないのであります。

例えば、日本社会に住む外国人と日本国民との間で商取引をするような場合、永住権を持たない者は何時、何処で追放されるかも知れないため商取引や経済提携は高められる訳もなく、永住権を取得する者が優位、有利になることは改めて説明するまでもありません。

それ故、わが組織は朝総連傘下の同胞を善導救出するため惜みない努力をもってこれにあたらねばなりません。

ついで、いわゆる戦後入国者問題でありますが、この問題については、戦前から日本に住んでいてやむを得ぬ事情で一時帰国し再び入国した者、サンフランシスコ平和条約以後に入国した者で現在特別在留許可を持っている者、あるいは事情によって特別在留許可を得ていない者、または戸籍面と通名の差異で登録上の記載事項が異なる者、日本婦人で韓国人と結婚した者などに関しては、いまだに完全な法的解決をみておりません。そこで、この点についてはわが組織のたゆまぬ努力とわが大使館の強力な外交交渉をもって日本政府の友好精神に立脚して人道的問題として早急に解決されねばならないと期待しております。

第三に、われわれは再入国許可問題、待遇問題、本国家族の扶養問題、親戚、配偶者の招請問題など引きつづき交渉解決されねばならない多くの重大問題を抱えております。このような問題は在日同胞の福利を増進するわが組織の今後の課業であり今年こそはこれらの諸問題に総力を結集し同胞の前途に曙光をもたらさなければなりません。繰りかえすならば、韓日会談を妥結に導いたわれわれの努力はこのような問題をわれわれに有利に解決させるための基礎作業にほかならなかったのであるから、今年からは真にわれわれの血となり肉となる実利的な事業を強力に遂行しなければならないと考えます。

この外にも多くの問題がありますが、現在推進中にある中央会館の建設問題、基本財政の確立、特に実務者の養成問題等は緊急を要する問題で、今後、各主要地域に設置される領事館とともに戸籍事務の整備、国民登録の更新、旅行者の管理などの実務をより強化しなくてはならず、殊に、事務量の急増にともないその正確と迅速を期して僑胞の権益と福利をはかり互に信頼感を厚くし、大使館、領事館との協力体系を確立することによってわが組織の発展に大きく寄与しなくてはならないと考えます。

終りに、昨年一年を通じて組織の一線で情熱的な努力を払われた全団員のみなさんに改めて深く敬意を表するとともに新年を迎えわれわれの前に展開される有益な事業を強力におしすすめる栄光をかみしめみなさんのご健康を祈りながら新年のあいさつにかえさせていただきます。

一九六六年元旦

民団中央議長　金英俊

法的地位の確立に努力

民団1年の足跡

[illegible]

動員された十万人

法的地位で全国運動

権逸民団中央本部団長は、昨年の年頭のあいさつの中で❶韓日国交正常化の促進運動を強力に推進し、❷二世子弟に対する民主民族教育の普及強化を徹底する抜本策を講じ、❸民団の質的向上を図って中堅幹部を養成し、❹在日同胞の零細企業を育成するため金融機関(信用組合)を増設して、組織の強化発展を図ると述べた。民団はこの方針にしたがって昨年度の各種事業を遂行した。

韓日国交正常化については、まず、時代の要請によって韓日協定の成立が必至となるや北韓の走狗朝総連はあらゆる手段を駆使して韓日会談の妨害を策し、わが民団組織に直接間接に浸透攪乱工作を開始してきた。この撹乱的浸透工作の一環として彼らは今年初頭より「韓日協定が結ばれると在日僑胞は徴兵され兵役に服さねばならなくなる」と虚偽宣伝を流布する一方、偽徴兵令書をデッチあげ在日同胞を動揺させた。そのため、民団は本国政府に連絡をとるとともに真相を究明した。その結果、韓国兵役法(第四十条)では海外に居住する韓国民には兵役を免除すると規定されており、また、本国では徴兵令書を発した事実はないということが確認され、彼らの悪辣な虚偽事実は暴露された。このことによって、韓日会談に対する誤路宣伝に危惧の念を抱いていた多くの同胞が民団のもと大きく結集し、そして、韓日会談早期妥結の推進力はより一層強力となったのである。

一月十五日、民団東京本部は都内・千代田公会堂において全国にさきがけ、韓日会談促進民衆大会を開き、韓日両国の共同の繁栄をはかる国交の再開を強く要望するとともに在日韓国人の法的地位ならびに処遇について要望事項が貫徹されるよう決議した。このような民衆大会はその後全国各地において引き続き開催された。

二月九・十の両日、第三回民団定期中央委員会が都内新宿・安田ホールにおいて開かれた。同委員会では本国政府の"働らく年"に呼応して"仕事をする民団"を目[illegible]

本国水災へ赤誠の拠金

実る朝総連傘下同胞への呼びかけ

民族学園の設立に本腰

[illegible]

暴言糾弾集会開く

日本社会党をふるえあがらせた

十一月二日、関東地協傘下の僑胞五千名は東京・日比谷の野外音楽堂に参集、日本社会党幹部成田知巳、山本幸一等の韓国ならびに韓国民に対する妄言を糾弾する中央抗議集会を開らき、社会党本部に抗議するとともに日本国会ならびに佐藤総理に陳情団を派遣した。

この抗議集会を持つに至った原因は、前記社会党幹部の成田、山本両氏は、韓日条約の批准に反対し、公式の場において韓国政府ならびに韓国民を冒涜、蔑視する暴言を敢えてし、その上、在日韓国人に対する法的地位と処遇問題に関しても、その特殊性を熟知する立場にありながら過言しすぎるものであるとして[illegible]これらの妄言を撤回、謝罪を要求するようになったもので、この抗議集会は全国各地で一斉に行なわれた。

十一月十二日未明、日本の衆議院は韓日条約と諸協定の批准強行をみた。このことによって韓日間の国交は、いよいよ年度内に正式に再開される運びとなった。このような新情勢にともなって民団に負荷される使命と任務は一層その[illegible]

[illegible]に中立系同胞に民団に加入するよう呼びかけ、全組織を通して呼訴文を配布した。

この結果、毎月、約千五百名の新規入団者をみている。

九月二十五日、民団幹部訓練生十八名が本国において各種訓練を受けるべく空路羽田を出発、約四十日間の訓練を終え、十一月の初め帰日してそれぞれ任地に着いた。

郷土訪問団の派遣に関しては、済州開発協会、全南開発協会のように独自な訪問運動も盛んに行なわれるようになっているが、民団組織としては十一月下旬、郷土訪問団第一陣、第二陣を派遣した。

批准書交換式に出席のため羽田をたつ民団代表一行

[illegible]度合を重かつ大にしているが、特に、民団の主要事業目標の一つである僑胞子弟の教育問題は緊要性を帯びて登場してきている。

現在、東京、大阪、京都等九つの韓国学園で民族教育が実施されているが、その他の各地では国語講習会、夜間成人学校などを通して辛うじて民族教育の形態を維持しているにすぎない。

そこで、これの抜本的恒久策として民団は本国の支援を得て全国主要地に十二校の民族学園を設立するため現在、強力にこれを推進している。

また、僑胞の企業育成機関としての役割をもつ商銀信用組合は今年度中に四組合が新設され、民団の組織発展の現実を如実に示している。(現在、商銀は二十二組合)

いま、民団にとって最大の弱点は基本財政の確立問題である。第三回、第五回の両中央委員会においても財政確立問題について真剣に論議されたが、いまだにこれの実施には至っていない。

日本における唯一最大の韓国人組織体として、その機構と勢力は自他ともに認める民団が、この問題をこれ以上おろそかにすることは許されないことで、韓日国交再開を機に根本的な確立が強く要請される現在、全組織力を動員してこの問題に取り組むものとみられる。

詩

心に大空を

校庭に出れば空がある
みあげる顔に空がある
校舎の上にも空がある
しづかな広い空がある

気球の先にも空がある
いつも明るい空がある
タワーの上にも空がある
登ってゆけそうな空がある

校舎の窓にも空がある
ハンケチのような空がある
街の方にも空がある
はろばろ続く空がある
雲の上にも空がある
リボンのような空がある

空の上にも空がある
宇宙の国の空がある
海の彼方に空がある
いつも呼んでる空がある
一度行きたい空がある
母国の澄んだ空がある

ハンフリー米副大統領新年に来韓

洪鍾哲公報部長官は去る十二月二十二日、ハンフリー米国副大統領が政府の招請で、来る一月一日来韓し、二日間韓国を公式訪問すると発表した。なお同副大統領は滞韓中、朴正熙大統領を始め、丁一権国務総理らと会う予定である。

ソウル←→東京間 国際通話を増加

逓信部は、ソウル―東京間の国際通話を八回線から十回線に増加し、去る十二月十八日から運営すると発表した。

尋ね人

本籍　全南宝城郡筏橋面柳山里
姓名　李亨範
右の人に心あたりの方は本社または左記へご連絡下さい。
全南宝城郡筏橋面尺嶺里　李亨儀

本籍　黄海道信川郡
姓名　高愛善
右の人に心あたりの方は本社または左記へご連絡下さい。
京畿道始興郡仏岩面三成里　高秉柔

本籍　慶南長承郡長承面下鴨里
姓名　高順律
右の人に心あたりの方は本社または左記へご連絡下さい。
ソウル特別市麻浦区麻谷洞　国防部合参人事企画局　池東俊

本籍　平南順川郡新倉面竜湖里
姓名　金元模
右の人に心あたりの方は本社または左記へご連絡下さい。
在日本大韓民国居留民団千葉県本部　事務局長　李鶴洙

本籍　慶南咸安郡咸安面
姓名　金日石
右の人に心あたりの方は本社または左記へご連絡下さい。
慶南咸安郡庁内

前住所　長崎市本籠町
姓名　金善一
右の人に心あたりの方は本社または左記へご連絡下さい。
慶尚北道金泉郡甑山面東井里　甑原中学校内　崔淳方

前住所　釜山市
姓名　朴来鎮
右の人に心あたりの方は本社または左記へご連絡下さい。
釜山市鎮東国民学校　朴敬淑

前住所　和歌山県有田郡湯浅町
姓名　李元秀
右の人に心あたりの方は本社または左記へご連絡下さい。
慶北大邱市西区飛山洞三区四五　李武三

本籍　慶南河東郡花開面井蓮里
姓名　金玉換
右の人に心あたりの方は本社または左記へご連絡下さい。
大邱市南山洞五六八文友館内　金玉香

本籍　慶南
姓名　朴元先
右の人に心あたりの方は本社または左記へご連絡下さい。
釜山市東区凡一洞七統七班　伊甲鉉方　朴順子

「明けましておめでとう」と目上のひとに新年の挨拶をするゆかしい昔からの礼節

さあ、民団に来給へ

韓日新時代は来た

朝総連傘下の皆さんへ

民団傘下の楽しさ

暮しの中に自由を

民団はあなたを待っている

在日本大韓民国居留民団
中央執行委員会

韓国の八道気質

わが国は、現在十四道に分かれているが、李王朝時代は八道であった。十四道という近代的な行政区分よりは、八道のほうが歴史が長く、かつ風土、人情のニューアンスを巧みに現わしている。気候は北が大陸性気候であるのに対し、南は高温多湿のモーンスン地帯に入り、そして北は畑作中心であるが、南は稲作地帯である。この風土の違いが、気質、習慣、生活様式に大いに投影しているのである。むかしの人はこのニューアンスを的確にとらえて地方の気質を次のように表現した。咸鏡道は泥田闘狗、平安道は猛虎出林、黄海道は石田耕牛、江原道は岩下老仏、京畿道は鏡中美人、忠清道は清風明月、慶尚道は泰山喬岳、全羅道は風前細柳。読んでみればなかなかエスプリに富んだうまい表現である。以下各道出身者にそれぞれの気質を語ってもらいシリーズで連載する。ところでわが国にはいまもって古くさい「地域主義」が生き残っている。そしてそのひずみがたまに頭をもたげる。本当にナンセンスなことだが事実存在しているので、まことに如来に悪い。こういう前近代的な考えは一日も早く清算すべきであるが、このシリーズの眼目のそういったものでないことは、いうをまたない。編集者の寡をくまれて読後まで御愛読を願う。

鏡中美人の京畿道

八方美人的？な美徳

"鏡中美人" 陸軍中佐は突然、新品のカメラを地面になげつけた。日本製「ペトリ」カメラは見るも無残な姿になった。

"畜生！これでいいんだろ。"

ある日、空港税関での出来事である。かれは公用で日本からの帰りにカメラを一つ買ってきたが、その税金が六千いくら。カメラの値だんとはほぼ同じ額である。頭へきたかれは、カメラをこなごなにしてしまった。

この話はその日空港からの帰りのリムジンで偶然耳にしたが、なぜこの話しを持ち出したかを皆さんに語りたい。

同じ日、同じ飛行機の乗客に四十過ぎの中年婦人が乗り合せていた。

"顕微鏡を二つ持ってきたんですの"

かの女の夫は町医者で、夫からたのまれたかの女は顕微鏡を買ってきた。しかし税関でひっかかる恐れがあるので、税関の役人にコネをつけたところ

"五枚も要求されたのよ"

"五枚？" わたくしは一寸考えこんだ。……

中性化した美女

無気力なスタイリストのそしりも

韓國新聞

発行所 韓国新聞社
発行人 権逸
東京都文京区春日町2丁目20-13
電話(811)2261〜5
振替口座東京34988番

五大綱領

一、우리는 大韓民国의 国是를 遵守한다
一、우리는 在留同胞의 民生安定을 期한다
一、우리는 在留同胞의 民権擁護를 期한다
一、우리는 在留同胞의 文化向上을 期한다
一、우리는 国際親善을 期한다

17日から永住権申請
民団支部通じ一括申請

個別申請は一切厳禁

朝総連傘下同胞も韓国籍取得を強く説得

45年8月15日以前の日本居住者を対象

韓日協定にもとずいて本年一月十七日から在日韓国人の永住権申請が開始されるが、これに先だち民団中央では一月十一日付をもつて全国各県本部につぎのよう指示を発した

一、永住権申請に対する民団の基本方針

❶長い年月をかけて韓日会談の妥結に全力を注いできた本団としては、永住権申請については その申請期間が法的には五年間となっているが、これは同期間内に朝総連傘下の同胞をも申請させることを考慮に入れたためのもので民団団員は最短期間内に全員が申請を完了するようにする。

❷申請対象者　一九四五年八月十五日以前から日本国に継続居住していた者を対象とする。

この日以後に入国した者（戦後入国者）の永住権申請については いまだに日本当局においても具体的な取扱方案が明示されていないため民団としては戦後入国者といえども、われわれの主張が大幅に反映されるよう交渉中であるから これら戦後入国者は当分のあいだ申請を保留する。

❸朝総連の妨害工作に対備して

イ、永住権の申請を契機に個別的に朝総連傘下の同胞に接触して従来のわれわれの主張を宣伝し、特に、永住権を獲得しなければ日本における生活安定を期するのに不利であるという点を具体的に解説し、文書を作成して配布する。

ロ、朝総連傘下同胞を各戸別訪問し説得工作を徹底する。

ハ、全国主要都市は勿論、末端組織まで宣伝カーをくりだして同胞の密集地帯に対する巡回放送を行なう。

❹永住権の申請は、必らず民団支部を通じて計画的にこれを実施する。

その理由として

イ、申請書類の記入方法が複雑なため一般団員の大部分はこれを完全に記入するのが困難である。

ロ、一般団員のなかで文部に国民登録はしていても、実際に支部と接触のない団員が相当数あるためこの機会に団員の実態を正確に把握する必要があり、また、遠からず実施される国民登録の更新においてもこの措置が絶対に必要であると認められる。

これは、わが民団が真に在日六十万同胞の信頼を受けることのできる組織として脱皮する好機であると考えるからである。

国籍証明ない者は 第二号様式の陳述書を

❺国籍の確認については、現在まで国民登録をしていない者、あるいは旅券、国籍を証明する文書を所持しない者は永住権の申請書類を提出することができなくなっているが、各市町村役場の窓口では「第二号様式」のように当該本人が「国籍に関する陳述書」を添付すれば永住権の申請を受付けるようになっているため、この部類に属する申請者は第二号様式の陳述書を提出する。

日本法務省においては、これらの者の国籍確認を韓国駐日大使館に文書依頼することになっているが、わが民団としては日本政府から大使館に送付される国籍確認名簿を民団に移し、これを民団中央は各地方本部に、各地方本部は各支部に示達、支部は各個人から国民登録の申請を受け、再び手続きをふんで登録証を大使館から日本政府に送達するようにする方針であるが、この方針は現在、本国政府と協議中でまだ確定していないので決定次第、通達する。

書類は一括作成し 支部員が同伴申請

二、実施要領

（1）各地方本部は各支部に早急に通達して、個々人が個別的に永住権の申請をすることのないよう厳禁し、当該支部の事務消化能力にしたがって月間計画を定め、この計画によって一般団員を支部事務所に出頭させ、申請書類を一括作成して支部役員が同伴申請する。

（2）第一段階として法的地位協定の効力発生日（一月十七日）を期して大量に申請するのが宣伝効果があると思われるが、申請事務の準備上一月十七日に大量申請することは困難なため、各地方本部はとりあえず地方本部三機関ならびに支部三機関の全職員が申請できるように準備し、特に、各地方本部は管下各支部団員の数を勘案して、これら団員に必要な申請用紙を各市町村役場から一括受領するようにする。

（注）なお当日はP・R関係もあって必要申請用紙を市町村役場で一括受取るよう運動を進めること。

指導員を役場に駐在

（3）各地方本部は、各支部毎に永住権申請の指導案内員を定め、この指導員をして臨時各市町村役場に駐在させ直接申請する団員を支部事務所を通ずるよう指導する。

申請書類は支部で一括入手

（4）申請書の様式に関する事項

イ、申請書は一月十七日から各支部が各市町村役場と交渉して申請予定枚数を一括入手する。

ロ、必要な書類

○永住許可申請書（一号様式）二通
○旅券または国民登録証
○写真二枚
○家族関係ならびに居住経歴に関する陳述書（三号様式）二通
○外人登録証

ハ、記載の注意事項

○一号様式から三号様式までの書類で必要な記載事項の代筆はさしつかえないが署名捺印はできるだけ本人がすること。

子供や病人の場合は代理申請できる

○十四才未満の子供、もしくは病気その他の事故で本人が申請できない場合は次の順で代理人が申請することができる。❶配偶者もしくは同居の親族、❷その他の親族もしくは同居者

代理人としての必要書類は次のとおり

○本人が出頭できないことを証明する書類
○代理人であることを証明する書類
○居住歴に関する陳述書の記入においては本人が"何時から何時まで"何処に住んでいたかを明確に確認できるもののみを記入する。いいかえれば外国人登録証に記載されている事項（移動事実）を基礎として記入する。

三、その他の事項

●永住権申請において居住歴は申請に該当しても本人の本名、生年月日、本籍地等が現在所持している外人登録証の記載内容と異なる者の申請については、日本国の現行法で本名に改正する手続が複雑なため、民団としては本国政府ならびに日本政府に対して居住歴の明確な者に対しては今度の永住権申請に無条件で本名に改正できるよう強力に要請しているが、まだ結論をみていないためこれらの者は当分のあいだ申請を保留すること。

●永住権申請にともなう新規国民登録申請者に対して

各支部は、特別手数料もしくは賛助金等は一切徴収しないこと。

団費は、入団した月から既定の団費を徴収し、遡及して徴収することは一切禁止する。

各支部の運営上困難な点もあると予想されるがこの点、特に留意するよう要望する。

出入国管理特別法

日本国に居住する大韓民国国民の法的地位及び待遇に関する日本国と大韓民国との間の協定の実施に伴う出入国管理特別法

（協定に基づく永住）

第一条　日本国に居住する大韓民国国民の法的地位及び待遇に関する日本国と大韓民国との間の協定（以下「協定」という）第一条第一項及び第二項に規定する大韓民国国民は、法務大臣の許可を受けて本邦（出入国管理令（昭和二十六年政令第三百十九号）に定める本邦をいう）で永住することができる。

2、法務大臣は、前項に規定する者が協定第一条第一項から第三項までに定める期間内に前項の許可の申請をしたときは、これを許可するものとする。

（申請）

第二条　前条の許可の申請は、居住地の市町村（東京都の特別区の存する区域及び地方自治法（昭和二十二年法律第六十七号）第二百五十二条の十九第一項の指定都市にあっては区（以下同じ））の事務所に自ら出頭し、当該市町村の長に、法務省令で定めるところにより、永住許可申請書その他の書類及び写真を提出して行なわなければならない。ただし十四才に満たない者については、写真を提出することを要しない。

2、十四才に満たない者についての前条の許可の申請は、親権を行なう者又は後見人が代わってしなければならない。

3、第一項の場合において、申請をしようとする者が疾病その他身体の故障により出頭ができないときは、法務省令で定めるところにより代理人を出頭させることができる。

4、市町村の長は、第一項の書類及び写真の提出があったときは、前条の許可を受けようとする者が申請に係る居住地に居住しているかどうか、及び提出された書類の成立が真正であるかどうかを審査したうえ、これらの書類（法務省令で定める書類を除く）及び写真を都道府県知事を経由して、法務大臣に送付しなければならない。

（調査）

第三条　法務大臣は、第一条の許可を受けようとする者が、同条第一項に規定する者に該当するかどうかを審査するため必要があるときは、入国審査官又は入国警備官に事実の調査をさせることができる。

（三号様式は三面へ）

出入国管理 特別法施行規則

（法務省令第三十六号）日本国に居住する大韓民国国民の法的地位及び待遇に関する日本国と大韓民国との間の協定の実施に伴う出入国管理特別法（昭和四十年法律第百四十六号）第二条及び第八条の規定に基づきこの省令を制定する。

昭和四十年十二月十七日　法務大臣 石井光次郎

日本国に居住する大韓民国国民の法的地位及び待遇に関する日本国と大韓民国との間の協定の実施に伴う出入国管理特別法施行規則

提出書類と写真

第一条　日本国に居住する大韓民国国民の法的地位及び待遇に関する日本国と大韓民国との間の協定の実施に伴う出入国管理特別法第二条第一項の書類及び写真は次のとおりとする。

一、永住許可申請書二通

二、旅券（出入国管理令（昭和二十六年政令第三百十九号）第二条第五号に定める旅券をいう以下同じ）若しくは国籍を証する文書（国民登録証）又は大韓民国の国籍を有している旨の陳述書

三、写真（提出の日前六箇月以内に撮影された[illegible]平方形又は名刺形の無帽かつ正面上半身のもので裏面に氏名及び出生の年月日を記入したものとする）二葉

四、家族関係及び居住経歴に関する陳述書二通

五、登録証明書（外国人登録法（昭和二十七年法律第百二十五号）に定める登録証明書をいう以下同じ）

2、前項第一号の永住許可申請書の様式は、別記第一号様式に、同項第二号の大韓民国の国籍を有している旨の陳述書の様式は別記第二号様式に、同項第四号の陳述書の様式は別記第三号様式による。

第二条　市町村（法第二条第一項に規定する市町村をいう以下同じ）の長は、法第二条第二項に規定する場合において、必要があると認めるときは、親権を行なう者又は後見人であることを証する書面の提出を求めることができる。

第三条　法第二条第三項の場合において申請をしようとする者の配偶者又は同居の親族、その他の親族又は同居者を、この順位により代理人とすることができる。

（2）市町村の長は、前項の代理人に対して次の各号に掲げる書面の提出を求めることができる。

一、法第二条第三項の申請をしようとする者が出頭することができないことを証する書面

二、代理人であることを証する書面

第四条　法第二条第四項に規定する法務省令で定める書類は、旅券又は国籍を証する文書（国民登録証）及び登録証明書とする。

永住許可書様式

第五条　法第四条第一項に規定する永住許可書の様式は別記第四号様式による。

第六条　都道府県知事は法務大臣から永住許可書の送付を受けたときは、その者に係る外国人登録原票に法第一条の許可があったことを記載しなければならない。

（2）市町村の長は、都道府県知事から永住許可書の送付を受けたときは、当該許可を受けた者に交付しなければならない。

（3）市町村の長は、永住許可書を交付する場合には、当該許可を受けた者の登録証明書にその旨を記載するものとする。

（4）市町村の長は、法第一条の許可を受けている者に対し外国人登録法の規定により登録証明書を交付する場合には、当該登録証明書にその者が同条の許可を受けている旨を記載しなければならない。

第七条　市町村の長は、法第一条の許可がその効力を失ったときは、その旨をその者に係る外国人登録原票及びその者の登録証明書に記載し都道府県知事を経由して法務大臣に報告しなければならない。

（一）都道府県知事が、前項の規定による報告を受けたときは、外国人登録原票の写票に当該許可の効力が失われたことを記載しなければならない。

附則

この省令は法の施行の日から施行する。

韓仏文化協定結ぶ

去る十二月二十八日午前、李東元外務部長官とシャンバル駐韓フランス大使は、外務部会議室で韓仏文化及び技術協力に関する協定に署名した。

同協定は前文と二十一条からなる両国間の協力と交流を規定しており、文化、教育、技術分野の協力と交流を規定しており、文化センターの設立促進をも併せて行う。なお同協定の有効期間は五年間。

金大使 信任状を提出

[illegible]

金初代大使着任

木村大使も近く本国へ

[illegible]

国会常任委員長の顔ぶれ決る

[illegible]

法的地位協定発効後は不法入国者も救済

金大使言明

[illegible]

韓日台の協力を強調

木村前駐国府大使言明

初代駐韓大使に決まった木村四郎七前駐国府大使は八日、台北でUPI通信記者と単独会見し、韓国、日本、国府三カ国による反共協力の緊密化の強化を強調して、「私はこれまで共産諸国に駐在し、また広範囲に旅行もし、共産主義の政策がどんなものであるかを知っている。韓国、日本、国府は反共活動の分野も含めすべての分野で緊密な協力をすべきだ」と言明した。

日本大使館筋によると、木村氏は台北での残務整理が終りしだい帰国するよう外務省命令を受けており、来月中に東京に向う計画である。

査証手続き一週間で

関係事務を法務部に移管

韓国政府は十八日、従来外務部で取扱っていた査証（ビザ）事務を法務部に移管した。これで今後官用旅券、外交官旅券の査証と、一般旅券のうち通過査証（十五日以内）および観光査証は駐日韓国大使館で発給し、その他の滞在査証は同大使館で受付けた後、法務部で認可することになった。

一方、駐韓日本大使館は国交正常化後外交官旅券、観光旅券の入国査証業務を扱っていたが、さらに二月一日からは本格化して、一般旅券の査証業務も始める。これまで入国査証を得ようとすれば、複雑な手続きと、二ヵ月ないし三ヵ月以上の日時を要したが、韓日双方の大使館が取扱うことになり、約一週間で査証を取付けるようになった。

国籍に関する陳述書（別記第二号様式）

氏名	ふりがな / 漢字		
性別	男 女	生年月日	年 月 日
本籍			
戸主		戸主との続柄	
出生地			
居住地			
在留資格			

上記の者は、旅券又は国籍を証する文書を所持しないため提示することができませんが大韓民国の国籍を有する者であることに相違ありません

法務大臣 殿

昭和 年 月 日　申請人（続柄 ）氏名 印

（別記第三号様式）

家族関係及び居住経歴に関する陳述書

法務大臣 殿　昭和 年 月 日

申請人 氏名 印

1. ＿＿＿の家族関係は下記のとおり相違ありません　氏名

続柄	氏名	生年月日	居住地	備考

永住許可申請書（別記第一号様式）

氏名	ふりがな / 漢字		許可	昭和 年 月 日 第 号	受付	昭和 年 月 日
性別	男 女	生年月日 年 月 日	不許可	昭和 年 月 日	経由	昭和 年 月 日
本籍			写真		照合	昭和 年 月 日
戸主		戸主との続柄			調査	年 月 日
出生地						
居住地						
在留資格						

上記の者は、日本国に居住する大韓民国国民の法的地位及び待遇に関する日本国と大韓民国との間の協定第1条（ ）に該当する大韓民国国民であり、貴国で永住致したいので下記の書類を添えて、日本国に居住する大韓民国国民の法的地位及び待遇に関する日本国と大韓民国との間の協定の実施に伴う出入国管理特別法第1条の許可を申請します。

1. 国籍に関する書類（該当する記号に○印を付すること）
イ. 旅券 第 号 年 月 日 発行
ロ. 国籍を証する文書（国民登録証） 第 号 年 月 日、発行
ハ. 国籍に関する陳述書
2. 家族関係及び居住経歴に関する陳述書
3. 外国人登録証明書 第 号 昭和 年 月 日 発行

昭和 年 月 日

申請人（続柄 ）氏名 印

法務大臣 殿

市町村記入欄	写真	旅券又は国籍を証する文書	外国人登録証明書	法2条第2項	法2条第3項

昭和 年 月 日

政府、繰上げ請求

建設計画促進のため

本国政府は請求権による資金（無償三億ドル、有償二億三千八百万ドル）を明年からはじまる第二次経済開発五ヵ年計画に組入れ、十年間の分割使用を六年間に繰上げる使用案に切替えて、第二次五ヵ年計画に集中的に投入したい考えである。この短期使用案を近く再開される第二回請求権使用の細目取決めの予備交渉で、第一次年度（六六年度）実施計画とともに日本政府と打合せする予定で、請求権資金管理委員会にも付託するという。

二次五年計画期待

借款の早期使用案討議

柳田氏訪韓を機に

早急に永住申請を

朝総連傘下の僑胞も

権中央団長談話

民団法の制定検討

法的地位の確保

韓国籍取り生活安定を

中央副団長　鄭炯和

愛国愛族心を昂める年に！

副議長　金基誤

自立経済へ

ピッチあがる本国主要産業

経済面から一九六五年を振り返ってみると、経済自立をもたらすエネルギー源の開発と基幹産業の建設によって、今年からは自立経済に向って飛躍的発展を期待できる程度に成長したとみられる。民族資本の殆んどないところに三十八億三百七十二万ドルにのぼる外国援助を受け入れて基幹産業は勿論、鉱工業生産にも多くの発展をもたらした。六五年度の産業設備投資は七十五億九千万ウオン増加され、鉱工業生産指数は一八八・二（昨年十月現在）で六四年度より二四・六%増加されている。

韓國基幹産業鳥瞰圖

1965年12月現在

目をみはる石油化学

農村電化も進む

67年には肥料輸出国へ

外貨保有は上昇気味

穀物が物価上昇にブレーキ

明るい金融面の円滑化

（別記第四号様式）

許可番号　第　号

永住許可書

氏名　性別

生年月日

本籍

日本国に居住する大韓民国国民の法的地位及び待遇に関する日本国と大韓民国との間の協定の実施に伴う出入国管理特別法第一条第二項に基づき本邦で永住することを許可する

昭和　年　月　日

法務大臣　㊞

2. ――――（氏名）の日本国における居住経歴は下記の通り相違ありません

期間	居住地	備考
年　月　日		入国、出生
年　月　月から年　月　日迄		
〃		
〃		
〃		
〃		

韓日国交正常化を祝う

大統領	朴正熙
国務総理	丁一権
〃副総理兼経企長官	張基栄
外務部長官	李東元
内務部長官	楊燦宇
財務部長官（兼務）	徐奉均
法務部長官	閔復基
国防部長官	金聖恩
文教部長官	権五柄
農林部長官	車均禧
商工部長官	朴忠勳
建設部長官	金礼鎔
保健社会部長官	呉元善
交通部長官	安京模
逓信部長官	金炳三
公報部長官	洪鍾哲
総務処長官	李錫済
無任所長官	元容奭
〃	尹冑栄
国会議長	李孝祥
大法院院長	趙鎭満
民主共和党議長	金鍾泌
民衆党代表最高委員	朴順天
ソウル特別市市長	尹致暎

永住権申請へ布石

地方事務局長会議

支部単位で一括

申請用紙入手 役員は初日に申請

[illegible]

永住権申請一斉開始

権団長ら幹部早々申請

用紙十万枚受領

永住権申請開始日の17日は、民団中央の指示によって各級機関の幹部ならびに役員らが申請を行なったが、東京では権逸中央団長が、居住地の杉並区役所に永住権の許可申請をした。都内の各区役所にはこの日民団の役員らが多数つめかけ申請をすませ、団員らに必要な申請用紙を一括受けとった。

写真❶は永住申請を済ませた権逸中央団長（杉並区役所で）❷は婦人会の幹部の永住申請風景（文京区役所で）

各地方本部で一括して申請

[illegible]

韓日新時代の前衛

近い将来 三軍武官 大使館活動も板に

[illegible]

韓国映画巡回上映

[illegible]

人気呼んだ「韓国民芸展」

[illegible]

栃木県本部に映写機贈る

[illegible]

…三万円也を購入して寄贈した。

従前から、県内の文化活動の重要性を強調しつづけてきた辛容祥民団栃木県本部団長の熱意に感動した崔泳安商工会理事長の絶大なる協力がここに実を結んで、いよいよ新春からは、県内各支部をくまなく巡回映写できることとなった。ともすれば、疎遠がちな地方に本国文化を目のあたりに視覚で教育普及できることが実現されたわけで、この感激を崔泳安理事長はつぎのように語っていた。

「百聞は一見に如かずと言われるが、全団員がもれなく本国に行って来られる立場ならばいざ知らず、遠い外国に住む以上、矢張り、視覚教育は民族文化活動上欠くべからざるもので、それが全会員の賛同をもって、購入が実現されたことは、他の活動においてもなせばできるという実証ともなった。これもひとえに全会員および全団員の、国を愛し、民族を愛する同胞愛の ほかの 何物でもない。どうかこの愛国、愛族心をうら切ることなく、わが民団発展のために全員がますます一致団結して有終の美をおさめたい」

よくやった建設事業

韓日正常化を好感 物価対策もう一息

政府施策への世論調査結果発表

…策について広く世論調査を行ってまとめ次の如く発表した。

項目	%
△ベトナム派兵	1・1
△営農資金強制徴収	1・1
△生産費と穀価不均衡	1・1
△其他	3・2
△韓日国交正常化	
△よい	52・4
△よくない	17・1
△わからない	30・2
△回答なし	0・4
◇ベトナム派兵	
▽よい	57・6
▽よくない	11・7
▽わからない	30・1
▽回答なし	0・7
◇日本文化阻止策	
▽国民の自覚	43
▽政府の目標的統制	26・4
▽国際協力	21・4
▽日本人出入禁止	0・9
◇中・高校統合可否	
▽統合	63・2
▽分離	9・7
▽どっちでもよい	7・6
▽わからない	18・8
▽回答なし	0・7
▽最も適した学制	
▽6・5・4制	32・9
▽6・3・3・4	11・2
▽6・6・4制	26・1
▽5・5・5制	1
▽わからない	25
◇中・高校入試出題方法	
▽共同出題	46
▽単独出題	20・7
▽可不可なし	10・6
▽わからない	24・1
▽回答なし	1・1

自由と平和を我等の手で

韓国軍のベトナム派兵は、これまで何度か世界の話題となった。そのたびに、アメリカへの義理だてだとか対韓援助への見返りだとかいわれてきた。しかし、昨年の本紙十一月二十八日号一面に掲載された「韓国はなぜベトナムに派兵するか」に書かれた通り、それはかって韓国の平和を乱した共産主義者らの暴らつな残虐行為によって流された鮮血の体験から、いかなる努力をもってしても、受身の防衛戦では赤い魔手は阻止できないもの、この脅迫には自由主義諸国が全体の問題として断固たたかう意志を明示するまでベトナムの悲劇は解決されないとしている一点に集約される。そしてベトナムでの共産主義の勝利が韓国の自由を脅かすものであり、ベトナム国民への一種の共通した宿命を感じて、かって韓国が、自由主義陣営から受けた温かい恩義に対する気持ちが、派兵に踏み切らせたというのが、すなおな見方であろう。ことしはじめの、在南ベトナム韓国軍は猛虎部隊の陸戦闘団約一万人、青竜部隊と呼ばれる海兵隊戦闘団約五千人、保安大隊、工兵大隊など約二千二百人。このほか、医療部隊二百三十六人、ベトナム空軍に唐手を教える教官、LST要員など計一万七千六百人となってい。一部の報道では、二月末までに更に四千人の増援部隊が派遣されるともいわれ、十三日の本国夕刊紙は米国のクリスチャン・サイエンス・モニター紙の報道紙の報道として「現在、南ベトナムに駐留している韓国軍およそ二万人に加えて、近く新たにおよそ二万人を増派することになろう」との米国務省筋の談話を報じている。こうしたなかにあってベトナム戦場で自由と平和のために日夜奮闘する猛虎師団の一青年将校にスポットを当て、つぶさに戦闘の苦労とそこにみる平和へのいつわらざる叫びをきいてみよう。（文責・S・K生）

猛虎師団の一青年将校が綴るベトナム戦場の手記

故国そっくりの農村

歓呼して迎える農民達

稲刈り作戦から密林戦へ

農村風景に郷愁

イネを刈るために戦争をする。韓国軍がそこにまず見たのは、故国そっくりの農村であった――。

わたしは、金鉉少尉（猛虎師団・機甲連隊・第二大隊・第五中隊の小隊長、二十五歳）十一月十九日の作戦と、十一月三十日から一日にかけての作戦に参加した。これが最初の、ほんものの敵と対決した経験となった。

最初の作戦は、イネ刈り作戦とでもいうものだった。イネが熟してくると、村にベトコンが浸透してくる。政府側の管理のもとで、イネの収穫ができなくなる。そこで、われわれと、ベトナム地方軍一個中隊と合同で、その地域のベトコンを制圧し、その間にイネ刈りを行なうというわけだ。

イネ刈り作戦 の地域は 相当広く、中央に二一〇高地（標高二百一〇㍍の丘）があり、周囲には、トゲだらけの草が茂る荒れ地や、ジャングルや、湿地帯がひろがっていた。

わたしの小隊は、前衛として、二一〇高地の左側を前進した。ベトコンたちの動きや、兵力については、事前にできるかぎりの情報をつかんでいたが、このジャングルや湿地帯も、ベトコン以上の強敵だと、ここにきてわかった。

ジャングルの木のうえは、ベトコンのそ撃兵の、かっこうの潜伏場所だし、湿地帯を通過するときは、銃を肩のうえにのせ、腹までときには肩まで泥水につかって、前進しなければならなかった。行動の自由性が奪われ、その間、われわれは、かっこうな射撃目標に [illegible] あった。

ベトコンを求めて

[illegible]に、作戦を進めているうちに、もうひとつの強敵があることがわかった。それは、ところどころに散在している農家だった。農家自体は敵ではない。ましてこそに住む農民は、われわれがイネ刈りの援護にきた当面の目標である。しかし、そこにベトコンが潜伏しているかもしれない。いや、当の農民のなかにも、ベトコンがいるかもしれない。

だが、この戦場で、どうやって区別するのだ。見定めようとしているうちに、もしそれがベトコンなら、こちらが撃たれてしまう。

ベトナムの農村というものをわたしは、このとき、しみじみながめたわけだが、故郷の韓国の農村と、ドキリとするくらい似ている。水田。木立ちに囲まれたワラぶきの農家。白壁。外観だけではない。同じ米作地帯の せいだろうが、生活の風習まで、よく似ている。

こうした気持ちのうえのことまでふくめて、この作戦には、士官学校では教えられなかった困難性があった。ベトコン側からのそ撃は、きわめて少なかった。ときたま、一、二発の銃声がしたが、軍事的には、われわれが、圧倒的な立場にいるという自覚があるので、少しも気にならなかった。

われわれは、まず農家を避けて、ジャングル地帯を捜索し、つづいて、田や畑の捜索に移った。このへんになると、ベトコンと、ふつうの農民との区別は、ベトコン自身がつけてくれた。われわれが散開して接近していくと、ハッキリそれとわかるベトコンは、逃げるのに忙しく、ふつうの農民は、むしろ、われわれの援護下に、進んではいってくるのだ。すくなくとも、われわれのほうにやってくる連中は、われわれの援護下で、刈り入れをやろうという連中だった。

こうして、一つの部落が、完全に占領できると、農民は熟しきった水田にはいっていって、どんどん刈り、驚きまで取り入れる作業が、終わるのを見とどけると、われわれは、中隊本部にもどった。

こうして、三日間、作戦地域の各部落を、中隊本部が前進していったが、そのあとに、ぞろぞろとベトナムの農民が千人ほどついてきた。われわれが散開して、援護・確保作戦を始めると、その農民たちは、われわれの前に走っていって、イネの刈り入れを始めた。

農民は、われわれを見ると「ダイカン、ダイカン」（注、大韓民国）と歓呼した。わたしの小隊の兵士は、慶尚道出身の農民が多い。無事に刈り入れをすませた農民の喜びは、同じ農民の子弟として、ハダでわかる。まして、自分たちが援護したために、刈り入れができたのだから、戦闘に勝ったという兵士の喜びに、農民としての満足感のある作戦だった。

十一月三十日から十二月一日にかけた両日の作戦は、もっと戦闘らしい戦闘のあった作戦だった。ベトコン一個大隊に占領された戦略村をわがほうが三個中隊で奪回する作戦だ。

密林で集中銃火を

ベトコン側に関する情報は、地元民からも、ベトナムの民兵からもはいっていた。だから、われわれは、かなり敵情を知っていたといたといえる。それに、わたしと、わたしの小隊は、刈り入れ作戦の経験もある。われわれは出発して、予定の前進基地に到着し、そこから攻撃を開始した。密林地帯での作戦として、われわれが[illegible]をとる隊形をとり、ベトコンに占領された村に向かって前進した。

情報では、このあたりには、かなり多くの、ベトコン兵力があるということだったが、密林は、しんと静まりかえっていた。敵がどこに潜んでいるのか、どこで、われわれを迎撃しようとしているのか、それとも、ゲリラ戦の常道のとおりこちらが強いとみて、とうに退散してしまったのか。わたしは、神経を使うのをやめて、約四百㍍前進した。

そのとき、猛烈な敵そ撃火力の集中銃火を浴びた。われわれは反射的に伏せて、応戦した。敵の火力のぐあいからみて、敵は一個分隊ていどだと判断された。おそらく、敵の大部分は退却し、その後衛として残った兵力に ちがいない。

初めて見る敵兵

われわれの中隊の受けた損害は軽微だった。わたしの小隊の兵士が一人、足に貫通銃創を負ったのが、唯一の負傷者だった。わたしは、負傷者の後送を命じ、ほかの小隊と呼応して、前進をつづけた。ついにベトコンに占領されていた戦略村に、散開して突入した。われわれの進撃は、敵にとって予想外に早かったものらしい。部落のあちこちから、あわてて逃げていくベトコン兵を見た。

わたしは、それまで二度の作戦で、何度もベトコンそ撃兵からの銃火は経験したが、ベトコンそのものの姿を見たのは、このとき初めてだった。

戦略村から逃げていくベトコンたちに向かって、われわれ[illegible]砲兵が撃ち始めた砲弾が、[illegible]た。そして目の前でベトコ[illegible]倒れて死ぬのを、初めて[illegible]走も抵抗もあきらめ、両手[illegible]て、こちらにやってくるべ[illegible]もいた。なにかホッとする[illegible]だったが、降伏するという[illegible]われわれには割り切れな[illegible]あった。

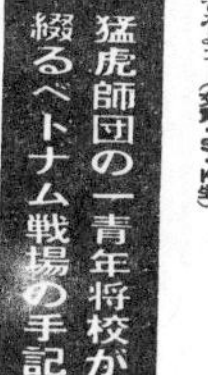

韓赤へ水害義援金43万円伝達

兵庫県本部で

兵庫県本部（団長徐正洛）では水害義援金として韓国赤十字社に四十三万二千八百二十二円を伝達した。

各支部、婦人会、分団、韓青の義援金は次の通り。

兵庫県本部

兵庫支部	三万円
宝塚支部	〃
播州支部	〃
伊丹支部	〃
川辺支部	一万五千円
三田支部	七千円
明石支部	五千円
西播支部	二万五千円
西神支部	五万円
阪神支部	三万円
西播支部	一万五千円
加西郡地区	二万百円
多紀分団	一千七百円
相野分団	一千三百円
婦人会	一万円
尼崎支部	二万六千六百三十二円
金宮鎮	一万円
尼崎中央分団	〃
〃守部分団	二千円
〃立花分団	〃
〃道意分団	〃
〃杭瀬分団	〃
〃丸島分団	〃
〃築地分団	〃
〃大島分団	〃
武庫川分団	〃
尼崎浜田分団	〃
〃潮江分団	〃
〃三友田分団	〃
〃長州分団	〃
韓青尼崎支部	〃
東神支部	一〇万一千百円
各支部・分団・韓青合計	三七万七千八百二十二円
婦人会合計	五万五千円
総合計金額	四三万二千八百二十二円

尋ね人

本籍 江原道淮陽郡内金剛面 姓名 金善徳 朴宗崎
右の人に心あたりの方は本社または左記へご連絡下さい。
広島県尾道市久保町備三ビル 藤井寿行 十四号

本籍 慶南咸安郡咸安面 姓名 金日石
右の人に心あたりの方は本社または左記へご連絡下さい。
慶南咸安郡庁内 趙淳万

韓国の八道気質 (2)

慶尚道

浮世ばなれの実直さ

“おじいさん”“うむ”“ごきげんいかがですか”“おばあさんのところへ行ってみな”これは半年ぶりに会った孫との会話である。じつにぶっきらぼうな対話だ。“ごきげんいかがですか”と孫が挨拶をすれば、一言いたわってよさそうなもんだが。しかし見ればわかるだろうという極度に感情を省略した対話法である。または路上で出会ったとき“おじいちゃん”と呼びかける。するとおじいさんは“何んだ”と反問する。まったくわびしくなっちゃう。以上はわが体験談である。うちのおじいさんは非常にとっつきにくかった。しかしおじいさんに不満を持つ孫たちは一人もいなかった。当り前のことだと思ったのである。しかしこれは表面だけのことであって、そのむかしわたくしが病気になったとき、老いた祖父はわたくしを背負って四〇キロも離れた病院へ行かれた。あわてた下男たちがかごを準備したとき祖父はすでに発っていた。かごをかついでうしろを追った下男たちが、祖父に追いついたときは、もう四〇キロのみちのりを半分も来ていたのである。ところで祖父は静かにわたくしをかごに乗り移して一言も言わず帰っていった。

[illegible]

も、とくに関係のある役所から役人様が見 [illegible]

そしてかれは暗室に入り仕事を続ける。 [illegible]

か気負わずに黙々と人生を生きて行くバイタリティにもつながる。毎日のなりわいにあくせくしているわれわれに、じいんと迫る何ものかがあるのである。

×　×　×

不言実行の温かさ

不愛想でユーモリスト

[illegible] この世を去られた方なのでついここに。読者諸兄の諒解を乞う。

もし祖父が生きていて、筆者が「慶尚道気質」について長ったらしいおしゃべりをひろげれば、たちまち“この不届きものめ”と雷が落ちるであろう。舌を軽々しくあやつること自体が、いわゆる「慶尚道気質」に反するのである。

「慶尚道気質」を本当に持っていれば、このような雑文を書かずぷいと横をむいてた方がもっとも賢い「慶尚道的表現」であろう。

慶尚道の気質をよく「泰山喬岳」と表現するが、この「言挙げせず」が泰山なのである。そしてそれは、男の重量感をいみじくもあらわすのである。

×××

「無有」または「有無」だったかはっきりしないが、とにかく妙な雅号を持った人がいた。「有、無」、「無、有」まことに逆説的で哲学めいた雅号であるが、その人となりも哲学的？な奇へきを持っていた。

かれは五六百石をあげる田畑を整理して精米所を開いたのである。もちろん日帝時代である。正確に言えば一九三〇年代であった。精米業はとんとん拍子にうまく行き、精米業は順調に進展した。しかし「無有氏」はいわゆる社長でありながら、ナッパ服につっかけをはいて人夫たちと一緒に起居していた。いかなる貫禄が見えて [illegible]

[illegible] 屋へ行ってもやはり手づかみであった。

「無有氏」が事業に失敗したのは、手腕が悪かったわけではなかった。[illegible] に無愛想でごつごつして無口であったが、部下に対しては思いやりがあった。苦しい様子が見えれば、かれは相手かまわず米俵をひそかに贈ったものである。手下のものは骨身を惜しまずよく働いた。したがって「無有氏」が事業に失敗したのは「時勢」のためであったのである。とにかくかれは事業に失敗するとあごをなでながら、悠然とした表情で再起をはかった。生活が苦しくなってきたかれは、唐突にも写真屋を始めたのである。ところで写真の技術はどこから学んできたのかは誰も知らなかった。負債を整理して余ったなけなしのお金で写真機を一台購入したのである。それも当時、国内には何台しかなかった最高級のドイツ製をである。

それをバラックの奥に安置して、かれはひねもす外でお客を待っていた。

「無有」君！お客はあるのかいと友達がたまにきけば

“そうね”

こう答えるだけであった。

“暮らしは立っていけるのかい”と心配すれば

「無有」氏は朴とつな表情で

“そうね”と他人ごとのように答える。

しかし素人ながら写真屋は繁昌したのであった。日帝末期のいわゆる「徴用」のおかげで証明写真がブームとなり、門前市をなした。かれはカメラを据えつけ、お客に近く、遠くにと命令しながらレンズのピントをあわせていた。

そしてお客のなりがどうであろうと、ぶすっとした表情で黙々と写真をとった。

“おいくら？”と客が写真代を聞けば、

“五〇銭ですよ。そこへ置いてって下さいよ”と窓際にある薄汚れたテーブルを指さす。客が五〇銭を置いて行こうが、三〇銭を置いて行こうが全然かまわなかった。

[illegible]

かれの答えは、“まあね”という一言につきたのである。“まあね”と言葉は、確かな目標がないという意味にとられるが、“まあ”何と [illegible]

[illegible] 李王朝末期に「鄭万瑞」なるものが慶尚道に住んでいた。かれは有名なユーモリストで、その鋭い諷刺と天衣無縫な逸話は、今もって多くの人々に語られている。

ある日ときかれは都であるソウルへ行った。一日中町を見物しいささか飢じくなったかれは、とあるソバ屋へ入ってソバを注文した。しばらくしてソバができたが、どうしたのか、かれはたべようとせずおもむろに笠を脱ぎ、トルマキ（昔しのコートみたいな衣装）を脱ぎ、そしてチョゴリまで脱いだのである。ソバ屋のおかみはあまりにも不可解な行動にかたずを飲んでじっと見つめた。

ところがパジ（ズボン）まで脱ごうとしているではないか。あわてたおかみは

「お客さん！どうしておソバは召上らず、お召物をお脱ぎになるんですか」と聞いた。

「鄭万瑞」は答えて曰く

“泳ぐんですよ”

“ええっ”

“箸にひっかかるものが見当たりませんからね。つゆの中へ入って泳いで探すんですよっ”

おつゆばっかしで、肝腎のおソバが少いという意味であろう。ソバ屋のおかみは仕方なくおソバをつぎたしたのであった。

これは「慶尚道的ユーモア」なるものの一つの典型であろう。ぶっきらぼうな表現と愚直な性格の中に盛られた「重量感あふれるユーモア」。ここには強い意志と主体性がみなぎっているのである。

「慶尚道人」は一般に主体性が強い。そのためかよく「心を閉ざして見せず」と言われる。かれらは他人に附和雷同したり、軽々しく自分の心を見せびらかす連中を一番軽べつする。

したがって慶尚道人には、その強じんな主体性、実直な気質、そして朴とつなユーモア、この三つがハーモナイズされた独特な人間味があるのである。

×　×　×

ある女子高校に、教師を紹介した。本当に優秀な成績で、大学を出た秀才だった。わたくしとは、長いつきあいがあり、人となりが素朴で、意志の強い好青年であった。わたくしは、自信を持ってその慶尚道出身の青年に、職場を紹介したのである。

またたく間に二、三カ月すぎた。

かれはよく遊びにきた。しかし、もとも口数が少い青年だから、職場の話しは滅多にしない。

わたくしも、うまくいってるだろうと思っていたので、別に聞きもしなかった。

ある日、例のごとく、むっつりした表情でたずねてきた。

「いらっしゃい。ところで学校はうまくいってるかね」と聞いた。

かれは、そのだだっぴろい顔に幾分、しまりのない、いかにも人が善さそうな笑いを浮かべて

「学校は、やめました。」

辞職したのである。突然の話しに、こちらは慌てて

「いつ頃？」

「一月位、前です」

「じゃ、どうして黙っていたのかい。何かわけがあったのかな」

「それが。学校で標準語を使うように言われまして。方言は駄目なんです」

「それは、勿論、授業中には標準語を使わなければ」

「はい。わたくしも努力はしてるんですが、何しろ一月やそこいらでは」

そして

「慶尚道なまり、どこが悪いんですか」と反問してきた。

わたくしは、教師として方言を使っていいか悪いかは別として、かれの直線的な愚直さに、心から好感をいだいた。

「よく言ったね。まあなんだね。うまくいかなければ、いつそのこと、慶尚道へ行って先生になるんだな」

そして、われわれは互いに顔を見合わして笑ってしまった。

わたくしは、実に爽やかな気持ちになった。考えて見れば、自分も慶尚道人なのである。

「丙午（ひのえうま）」気にしない

＝男のいやがらせ・全くの迷信＝

キキ、十二支を中国に探ぐる

ことしの“えと”は丙午（ひのえうま）。

日本のあるひま人が数えたら、ことしは神武以来四十四回目のひのえうまだという。この年生まれの女性と結婚したら、夫は食い殺されるとか、火事にあうとか、ばかげた迷信があるために「ことしは子供を産むのを控えようか」なんて、まじめに考える人もいるとか。

そのひま人さんの云うには、迷信に従えば、なんといままで日本人の四十三分の一の半分の女性が、不吉な宿命を背負っていたことになるんだそうであるが、そんな事実はどこにもみあたらない。

もとはといえば、江戸時代の芝居、浄るり、歌、俳諧などで「八百屋お七」をはじめ、主人公の女性を、いわれもなく、ひのえうまに仕立てさせたにはじまるらしい。丙は＝ひのえ＝火の兄（え）、午は馬と読み、火の兄は火事に縁がある、馬はあばれて蹴るとこじつけて、その年生まれの女性をいみきらうようになったともいわれる。だが、浄るり作者たちが、この無責任な迷信をはやらせる以前、やはりひのえうまの慶長十一年には、江戸城増築の工事が行なわれ「めでたいひのえうまの年ぢや」によって、[illegible]ものは喜んで安産せよ」とのおふれが出るなど、かえって吉事に使われたこともあったとか。

そこで、ひとつ男をあげる意味でも、十干、十二支は生みの親の中国に、ひのえうまの迷信とやらを求めて、女性に限って、いわれなく押しつけられた迷信の根源を探ぐり、世の男どもが、でっちあげたいやがらせに目にもの見せてやると共に、馬のためにも大いに弁護これつとめたい。

さて、中国は洛陽市の東十五キロに白馬寺とよぶ寺がある。北京を朝もたつ国際急行列車の人となって、一路南下に南下をかさねること翌日の夜明け前、紀元前十一世紀から国都として繁栄した古い洛陽の都につく。白馬駅——。実はこれが、そのかみの洛陽の都。歴代王朝と共に次第に西方へ広がっていったのである。

駅前通りを過ぎ、広い畑みちをゆくと、やがて左右に石刻の馬像を記した山門に出る。これぞまさしく、ひのえ馬の宗家である白馬寺で、中国最古の精舎の境、東アジア最古の寺院たる偉容を誇っている。

サバクを越えた国、中央アジアから「まとう」「ほうらん」の二人の僧が漢の都、洛陽にきて、中国で初めての仏法を説いたのは、帝王明帝の時代、実に紀元六七年のことであった。明帝は二人を西の城門外に寺を造って住まわせたが、仏像と経典をつんできた白馬にちなみ、いみじくも、この寺を白馬寺と名づけたと後漢書にしるされている。

無論、中央アジアの馬は、それ以前から輸入されてはいたが、前漢時代に、武帝によって派遣された「ちょうけん」が沢山の馬を連れて紀元前一二六年に、この洛陽に帰り、そのすばらしい群馬を天馬とほめたたえた由が伝えられている。

まさに「天馬、空を行く」天上に住む馬、神通力をもつ馬といった意味であったろう。お古い話だが、紀元前三世紀の学者公孫竜は「白馬は馬に非ず」といった名言を残し、天馬の中の天馬は白馬であると云ったという。

ギリシャ神話にも、ペガサスが翼ある馬となり、日本の聖徳太子も推古天皇六年の九月、[illegible]で献上された馬に乗り、たった三日間で富士山上に浮び、から信越を回って帰ったと太子伝に書かれている。

白馬節という宮中行事は、一年の悪気を除くため白馬を正月七日に見る儀式であるが、それも白馬への崇敬の念を表わす中国の伝統であろう。神前に捧げる絵馬また、しかりである。

にもかかわらず、馬鹿とか馬の耳に念仏とは何んぞや。馬面など俗語に到っては乱用無礼、まさに無実の罪ではある。

全人類は それぞれの 時代 に応じ、馬と共に文明を築きあげてきた。

四万年前もの中部フランスのラスコー洞窟の壁画に始まって、現代のピカソに至るまで、人間は馬の魅力を表現しつづけてきたのである。

聊斎志異が物語る、かの神通力の馬をみるがよい。某という人の庭に、毎日、尾の切れた白いまだら馬が入ってくる。ある日、遠方の友人を訪ねる用ができて、その馬で出発したところ、あっという間に千里を走り、その名馬ぶりが王様に聞えて八百金で買いあげられた。やがて某は病死し、王は別の用で武官をその馬に乗せて某の住む町へ使わしたところ、馬は一散に逃げ出して、ある家に入った。家中くまなく探したが、ようとして影すらなく、ただ壁に数匹の馬を描いた絵がかかっていて、中の一匹が、その馬とそっくりであった。絵から抜け出した馬であることは勿論だが、この名画の主は[illegible]であった。

似たような話は日本にも奇談としてある。巨勢の金岡が描いた空中の衝立の馬は、毎夜、生垣のハギをたべに出て、ついに縄をつないでおくよう勅命が出たという。

人と馬との間にはぐくまれた愛情は、こうした清らかな芸術と物語を生んでいるが、どうしたことか信仰や宗教になると、いささか神秘的となり、さらにこうじて迷信の主役となる。よい例が、蚕養を祈る道祖である馬頭娘がそれである。やはり中国は大昔のこと、四川省に蚕女という娘がいた。その母親は行方不明になった父親を探してくれた者には娘をやると誓った。誰もできないでいるうちに、父親の馬が綱を切ってかけだして行き、数日して背にその父親を乗せて帰って来た。物云えぬ馬の悲しさか、馬はただいななくばかりである。それが母親の約束にあることを知った父親は、人間への約束だから馬には娘はやれんと云いきかせた。けれど馬はますますあがくばかり、馬のぶんさいでといかった父親は、馬を打ち殺し、その皮をはいで庭の木にさらした。そこを娘が通りかかると、皮がはっと娘を巻き込んで飛び去った。十日の後、その皮は桑の木にかかっており、可愛い娘は蚕になって繭を作っていた。

この話は蚕の縁化記に出てくるので、古い土俗信仰であるわけだが、仏教でも頭上に白馬をいただいた三つの面と六つの手をもった馬頭観音菩薩が信仰されている。そして、これは祈願の本尊なので、馬が魔術的な作用をするように神秘化されて来たものであろう。

誤解するのは人間の常であってみれば、この程度の偏見は馬にもがまん願うとして、あいすまぬのは実にこれ丙午である。馬がいかに女性を恋したかは前述の蚕女の話で十分であろう。しかるに世のむくつけき男どもは何んのいんがで、かくはやさしき女性をいためつけねばならんほどにひがんだのであろう。

ところで植物と馬の関係もたいへんなものである。

日本は室町時代の「節用集」に「馬波羅草」という草が天竺（インド）にあって、人間がこの草を食うと馬になるという話がでている。

狂言「人馬」では、新参者が、召使ってもらいたさに「私は無能ですが、ただ一つ人を馬にすることができる」と言って、太郎冠者に陳皮乾きょう（みかんの皮としょうがの根を干したもの）と、いろいろ盛ってはみたが、ついに太郎冠者を馬になしえず、失敗して逃げだす。枝は残念にもこの馬波羅草を持ち合わせていなかったらしい。魔壺から駒が出て空をゆく話も、星までも考える現代人には何も彩とするに足りないのかもしれない。（文責・東方醇彦）

手記ものブーム続く

新聞は歴史小説が全盛

本国文学界

戦後、解放感にひたったころ、民族調のものや対日暴露ものであれば少々安手な小説でも手をうって喜ばれた時期は過ぎた。

それより同じ民族同士が南北に分れ、血を流して戦った六・二五動乱の悲劇は、その後の韓国文学の歩みに深刻な影響を与えた。動乱を舞台にした、あるいはなんらかの形で動乱と結びつく作品が、いまも韓国文学の主流である。

動乱の体験者、金恩国が米国で出版した「殉教者」は、従軍牧師が信仰に生きようとして、北鮮軍の銃剣の前にあえなく散ってゆく動乱の悲劇をまざまざと伝えたものである。本国にも逆輸入、翻訳されて感動を呼んだ。

日本で翻訳が話題になった李潤福少年の手記「あの空にも悲しみが」も同じ系列のもの。昨年来の傾向として、こうした動乱から派生した個人の体験を追って、民族の怨しみに共鳴を誘う手記ものがブームとなっている。

混血の夜の女の体験記「わたしの星はどの空に」（朴玉順著）犯罪者の手記「青空にツバをはけ」（金鎮洙著）刑務所生活を描いた「空をみて地をみて」（梁秀庭著）など昨年の一連ベストセラーは、ほとんどが手記ものだった。

いま爆発的人気を呼んでいる「絶望はなし」も、数十人の体験記を語らせたものだ。

手記ものブームと並行して、新聞小説界は、歴史もの全盛時代である。新人が多い手記ものにくらべると、歴史小説はほとんどが著名な作家の筆になっている。

朝鮮日報の「大院君」（作者は柳周鉉）東亜日報の「李成桂」（同朴鍾和）ソウル新聞の「万里長城」（同金仁旭）京郷新聞の「閔妃」（同張徳祚＝女流作家）といったぐあいである。

日政時代にまっ殺されかかった歴史が、戦後二十年にしてふつふつと本格的な芽をふき始めた。

読者の歴史ものへの関心もまた異常なまでに強く小説の素材がそのまま茶の間の話題になり生きた歴史教育ともなっている。

このほか活躍中の作家は「猪竜山」の朴容九や「帰郷」の鮮于輝、新進作家としては「裂苑弾」の李範宣や「円形の伝説」の張竜鶴らがいる。女流作家では新進の朴景利が昨年「市場と戦場」で女流文学賞を受けた。

昨年、学生層に圧倒的人気を呼んだのは無人文学全集。ようやく落ちつきをみせてきた社会相を反映して、出版界は採算のとれる営業としてのしてきている。

韓国KBS国際放送日本向け番組

放送	時間	日	月	火	水	木	金	土
韓国語第1放送 970KC	06:00~06:05	週間韓国便り	DJ アンニョンハシムニカ ○月○日の朝です	朝の話題	DJ アンニョンハシムニカ ○月○日の朝です	朝の話題	DJ アンニョンハシムニカ ○月○日の朝です	朝の話題
	06:05~06:10			放送学校				
	06:10~06:15	ソウルの名作劇場			水曜サロン	なつかしの作品	韓国の歴史	歌に思いをこめて
	06:15~06:20		名所を訪ねて	歌のスポット		聴取者コーナー		
	06:20~06:25							
	06:25~06:30	KBSダイヤル案内	故国の便り					
韓国語第2放送 9.640MC	10:00~10:05	週間韓国便り	DJアンニョンハシムニカ ○月○日の朝です	朝の話題	DJアンニョンハシムニカ ○月○日の朝です	朝の話題	DJアンニョンハシムニカ ○月○日の朝です	朝の話題
	10:05~10:10			放送学校				
	10:10~10:15	ソウルの名作劇場			水曜サロン	なつかしの作品	韓国の歴史	歌に思いをこめて
	10:15~10:25		名所を訪ねて	歌のスポット		聴取者コーナー		
	10:25~10:30	KBSダイヤル案内						
日本語第1 9.640MC	[illegible]	[illegible]	[illegible]	[illegible]	[illegible]	[illegible]	[illegible]	[illegible]
日本語第2 6.015MC	[illegible]	[illegible]	[illegible]	[illegible]	[illegible]	[illegible]	[illegible]	[illegible]
日本語第3 970KC 6.015MC	[illegible]	[illegible]	[illegible]	[illegible]	[illegible]	[illegible]	[illegible]	[illegible]
日本語第4 970KC	[illegible]	[illegible]	[illegible]	[illegible]	[illegible]	[illegible]	[illegible]	[illegible]
江原放送局 860KC	[illegible]	[illegible]	[illegible]	[illegible]	[illegible]	[illegible]	[illegible]	[illegible]
釜山放送局 860KC	[illegible]	[illegible]	[illegible]	[illegible]	[illegible]	[illegible]	[illegible]	[illegible]

韓國新聞

発行所
韓国新聞社
発行人 権逸
編集人 李琪璋
東京都文京区春日町
2丁目20－13
電話 (813) 2261～3
(811) 0673
振替口座東京 34988番

五大綱領

一、우리는 大韓民国의 国是를 遵守한다
一、우리는 在留同胞의 民生安定을 期한다
一、우리는 在留同胞의 民権擁護를 期한다
一、우리는 在留同胞의 文化向上을 期한다
一、우리는 国際親善을 期한다

朴大統領が年頭教書

祖国近代化に重点

増産、輸出、建設に邁進

朴大統領

豊かな社会づくりへ

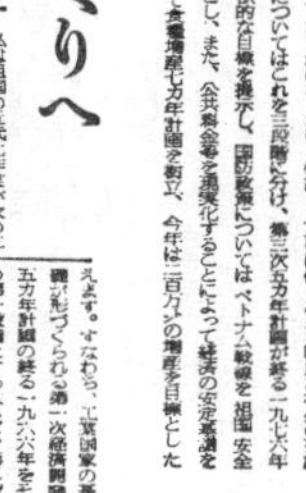

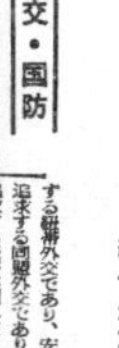

急ピッチで進む全北、東津江流域の干拓工事

物資予算を編成

租税・公共料金を現実化

経済

周知のように今年は、われわれが初めて試みた長期計画─第一次経済開発五ヵ年計画を終え、再び第二次五ヵ年計画に入らねばならない経済的に極めて意義深い年であります。

政府は過去数年間、われわれがもたらした経済的成果を土台に今年も安定基調のうえに経済成長をもたらし、わが経済の国際競争力強化に努めるつもりであります。

このような秩序の確立のためわれわれはすでに昨年、換率、金利ならびに一部物価の現実化を断行しましたが、今年もこれを補完、強化する一方、一歩進んで金融、租税、一部公共料金をも現実化してわが国の経済をより改善、強化する方針であります。

さきに述べたようにわれわれが第一次的に確保しなければならないことは安定基調でありますから政府は、先ず物価安定に対し最大限の関心と努力を払わなければなりません。政府は物資予算を編成し、食糧と生活必需品をはじめとする主要物資の需給を円滑にする一方、公正取引を保障し、輸入の自由化をより拡大し、独占、寡占商品の価格操作の弊害を防ぎ物価の安定を期する所存であります。

五万町歩の農地灌漑

食糧の自給へ　八臨海工業地帯も

南越の米政策支持

統一追求の　紐帯実利外交へ

外交・国防

民族主体意識の確立

技術実業教育の発展へ

文化社会一般

信頼し合い明るい社会づくり

中央委員会召集

二月十日　発明会館

公告

規約第十八条によって次のように第　回定期中央委員会を召集します。

日時　一九六六年二月十日　午前十時
場所　発明会館　港区芝西久保明舟町17　TEL (502) 〇五一一
議題　1、経過報告　2、永住権申請について　3、その他

居留民団中央本部議長　朴玄

50%近い好成績

割当金の上納　民団への熱意示す

県別割当金明細表　六五、五、一～六六、一、二五日

東京	三、二三九、六二五円
神奈川	五〇〇、〇〇〇〃
千葉	三五五、〇〇〇〃
山梨	五〇、〇〇〇〃
栃木	三三〇、〇〇〇〃
茨木	四四〇、〇〇〇〃
埼玉	七六五、〇〇〇〃
三多摩	一六〇、〇〇〇〃
群馬	一〇〇、〇〇〇〃
静岡	四〇、〇〇〇〃
長野	〇
秋田	六、〇〇〇〃
福島	三〇、〇〇〇〃
宮城	〇
北海道	六〇〇、〇〇〇〃
青森	〇
山形	〇
岩手	一一〇、九二五〃
新潟	一〇八、五〇〇〃
石川	五〇、〇〇〇〃
福井	一〇一、九〇〇〃
富山	〇
愛知	二、四〇〇、〇〇〇〃
岐阜	三〇〇、〇〇〇〃
大阪	四、六〇〇、〇〇〇〃
兵庫	五〇〇、〇〇〇〃
京都	一、二〇〇、〇〇〇〃
奈良	一九五、九五〇〃
滋賀	一五一、〇〇〇〃
和歌山	四二七、三五五〃
三重	二六二、三八五〃
広島	七五〇、〇〇〇〃
岡山	〇
鳥取	〇
島根	六三、四〇〇〃
山口	〇
福岡	五〇〇、〇〇〇〃
長崎	二〇、〇〇〇〃
佐賀	〇
大分	〇
宮崎	〇
熊本	一〇〇、〇〇〇〃
鹿児島	〇
対馬島	〇
愛媛	一〇、〇〇〇〃
徳島	〇
高知	〇
香川	一二七、七七五〃
韓青	〇
婦人会	〇
総合計金額	一八、五八五、八一五円

入実績はつぎのとおり。

121

各地で国交正常化祝賀会

友好の誓い新たに

韓日親善ムードがいっぱい

韓日両国の国交正常化の実現を契機に、日本国民との友好を増進し、ひいては両国の親善強化の一端を担わんとして民団では昨年来、日本各地で韓日国交正常化祝賀会を催し、日本国民との民間外交に大きな成果を挙げているが、民団大阪本部でも、十八日午後一時から南区宗右衛門町の富士ホールで、"韓日国交正常化大祝賀会"を盛大に開催した。

日本人と心からうちとけ 愛される僑胞に

大阪

[illegible]

[illegible]「韓国の人々とつきあって、友好の誓いも新たに交歓を行ない、同五色に輝やき「愛される僑胞になろう」と[illegible]予定時間を一時間余もオーバーして盛会裡に閉会、パーティに移り、[illegible]の幕を閉じた。

出席した両国代表から４人目が権中央団長２人おろて金大使、船田前衆院議長

在阪名士 三千人出席

この日午後一時、韓民団大阪本部副団長と日本側の岸田自民党大阪府連事務局長の司会で式典は始まったが、韓日両国の国歌吹奏のあと姜桂重民団大阪本部団長が開会の挨拶を行ない、ついで来賓の祝辞に移り金駐日大使は「愛される韓国人となって日本との友好を深めアジアの繁栄と世界の平和に尽すべきである。朴大統領は北[illegible]会長、本国本部団長が主催[illegible]

[illegible]の人も過去のあやまちは問わないから韓国に戻ってくることを望んでいる。ベトナムへの派兵は世界の自由諸国のためにたたかっているのだ」と結び、権中央団長また「盛大に祝賀会が開かれたことを感謝する。韓日両国の親善はアジアの自由主義国家の団結にも役立つことで、口先きだけでなくその誠実な行動が最も大切であると信じている。今後韓日両国民は互いに手をとりあって世界の平和に尽したい」と挨拶し満場の拍手をあびた。

船田前衆議院議長らの祝辞があって丁一権国務総理らの祝電披露のあと、とくにこの日のためにNHKが作詞作曲した祝歌"韓日の朝ぼらけ"などのコーラスがあり、来賓代表への花束贈呈を行ない、姜益和金剛学園園長の閉会の挨拶で式典の幕をとじた。

ついで席を地下のホールに移し祝賀パーティーに入り、田中竜夫代議士の発声で乾杯、和気あいあいの交歓のひとときをすごし四時すぎ散会した。

岐阜では千五百人 両国人の笑顔で埋まる

岐阜県本部（団長李鉄学）では一月九日、岐阜県日韓親善協会（会長野田卯一）との共催で岐阜市・岐阜商工会議所に約千五百人の両国民を集め、韓日国交正常化祝賀大会を開催、武藤岐阜県親善協会副会長の開会あいさつについで両国国歌が斉唱され、野田同親者側のあいさつをのべ、このあと佐藤首相、椎名外相のメッセージが日本側代表らによって代読され（別掲）、来賓として松野岐阜県知事、権逸中央団長がそれぞれ両国民の今後のありかたについて友好増進を強調した。

つづいて同祝賀会の名において次のように決議をした。

われわれは韓日国交正常化を契機に一層の緊密をはかり、相互の理解を深め、経済提携につとめ、アジアの発展と平和に寄与することを決議する――

このあと、渡辺ハマ子ら歌手による余興があって同午後五時すぎ意義深い祝賀会の幕を閉じた。

県内のトップ クラス参集 茨城でも盛大に

茨城県本部（団長朴台守）では旧臘二十三日、水戸市・中央ビルホールに日本の各界指導者多数を招いて盛大に韓日国交正常化祝賀会をひらいた。同日午後二時から❶国歌、❷国史地理、❸教育文化[illegible]

日本人子弟と同等

文部次官通達 上級進学も自由になる

日本の小中校への入学

[illegible]日本の上級学校への入学資格を認めるようにと各都道府県知事ならびに教育委員会に明示すると共に、相互理解と親和促進の見地も配慮して、事務処理に遺憾のないように取りはかろうよう指示した。

これによって永住許可された韓国人子弟は当該市町村の教育委員会に入学申請の手続をとれば入学を許可され、授業料の徴収もなく、教科書の無償措置、就学援助などの教育生活保護についても日本人子弟の場合と同様の扱いを受けられることになった。

また、盲学校や聾学校および養護学校への入学もできるようになり、永住権を許可された以外の子弟についても入学希望者には同様の取り扱いを受けられることになった。

十七日から発効した法的地位協定の教育関係事項にもとづき、日[illegible]

韓日新時代に 祝盃交わす 山形でも百人

山形本部（団長崔泰許）では、韓日批准書交換の翌日である旧臘十九日、約百名の参加者を迎えて山形市内・大沼デパートの六階ホールで両国の国交再開を祝うとともに山形県韓日親善協会の結成をみた。同祝賀会は両国国歌で幕が初められた祝賀会には両国の友好強化を強調した朴同本部団長の開会あいさつについで、渡辺寛治県議会議長、中村喜四郎参議院議員、朴炳憲中央総務局長、金時司同本部議長が祝辞を述べ、両国の国旗が掲げられた式場に溢れるばかりの参会者によって両国の親善と繁栄を祝う祝盃があげられ同五時すぎ盛会裡に閉会した。

両国は運命共同体

岐阜大会 佐藤総理メッセージ

このたび日韓条約がめでたく批准され、戦後二十年に及ぶ両国間の不自然な状態が、本然の姿にかえることになりました。新しい互恵、平等、善隣友好の精神に貫かれたこの条約は両国の自由と繁栄のための礎であるとともに、アジアに平和と安定をもたらすものであります。日韓両国は運命共同体であり、一方の平和と繁栄なくして他方の平和と繁栄は望まれないのでありますから、両国国民諸君の一人一人がこの点に思いを致され、両国友好百年の大道を開いて頂きたいと思います。

韓国民の心の傷痕に誠意 椎名外相挨拶

[illegible]が重要であり、両国が誠意をもって協力し、その繁栄のために応分の寄与をすることが韓国民の心の傷痕をいやし、両国民間の友情をはぐくむ所以であると思います。

隣接国家として人的、文化経済的にも、密接な両国が国交を正常化することは自然の勢いでわれわれとしては条約を誠実に守ることにより両国の平和と繁栄、韓日の友好親善が飛躍的に増進することによりアジアの平和と繁栄にも貢献するものと確信します。

六分科会に分れ討議

第四回 在日教育者総会開く

さる一月七、八の両日、東京韓国学園において第四回在日韓国人教育者協会総会ならびに第二回在日僑胞教育研究大会がひらかれ、僑胞子弟の民族教育の強化について討議がなされ、新役員を選出した。

会議第一日の七日は、全国各地の韓国学園の教師ならびに文教育文化センターの責任者ら百余名と[illegible]教育局長、駐日大使館の奨学官の来賓参席のもと、韓日国交正常化にともなう民族教育の諸問題について研究会をひらき、❶学校運営、❷[illegible]センター、❸夜学、❹一般教科など[illegible]に分けて各分科委員会別に討議を行ない翌八日の第二日目には、教育者協会の第四回定期総会をひらき、活動経過報告のあと新年度方針案を採択、新役員を選出した。

新たに選ばれた役員の顔ぶれはつぎのとおり。

顧問＝権逸民団中央団長、朱洛弼東京韓国学園長、金[illegible]東京都学園長

会長＝姜益和金剛学園長

〃＝[illegible]東京韓国学園教頭

〃＝秦永柏京都韓国学園教頭

ガンに効く高麗人参 米科学者が結果発表

昨年六月、ソウル大学生薬研究所教授高麗根博士がイタリヤのミラノ大学で高麗人参の抗癌剤の効果を発表し医学界の注目をあびたが、このたびアメリカのウイスコンシン大学の医学者により高麗人参は癌細胞を破壊するという動物実験の研究結果が発表され、わが国の特産品である高麗人参は抗癌剤として世界の注視のまととなった。

身障者に慈善交流 韓日両国の実業家が

横浜商銀信用組合李鍾大理事長はさる一月三日午前、横浜ステーションビル六階で開かれた「韓国キリスト教奉仕団」の看護婦一行十一人の歓迎会で、神奈川県下の身体障害者に同組合幹部が拠出した現金十五万円を神奈川新聞社に寄託した。

これはさきに韓国キリスト教奉仕団の看護婦らが医療奉仕のため昨年十一月二十三日浜松の病院にきたとの新聞記事をみて感銘をうけた、横浜相鉄ビル内名店会の本郷第二郎さんらの有志により看護婦一行が横浜に招かれた時に二十五万円を「韓国の不幸な身体障害者のため」にと同看護婦一行を通じて寄贈したことに感激し返書交流をおこなったものである。

韓日国交正常化後はじめて迎えた新春早々、韓日両国の実業家らの虹のかけ橋の美挙は話題の的となっている。

あげられ、韓国本部団長の閉会あいさつについで韓日親善協会結成の経過報告が[illegible]の韓日親善協会理事なされ、このあと日本側代表の祝辞があって韓日新時代に即応した両国民の親善強化が強調され、両国の繁栄と発展を祈念して祝盃があげられ盛会裡に散会した。

青森など四県でも

韓日友好を促進して十二日には長崎本部、十七日には青森本部、二十二日には静岡本部、二十四日には滋賀本部とそれぞれ祝賀会を催した。

好評だった韓国現代工芸展

好評だった韓国民芸展に続き一月二十五日から三十日までの六日間、三越日本橋本店六階サロンで韓国駐日公報館後援で韓国現代工芸展が開催された。

会場は僑胞や一般の観客でにぎわい、韓国民俗の伝統と技術により製作された工芸品のかずかずを即売した。

定期映画会

韓国駐日公報館では毎週金曜日午後六時より同館試写室で本国映画の映写会を開催致します。僑胞、一般の御観覧を！

一月中の上映映画は次の通り

一、記録映画「祖国の槽」カラー

二、劇映画「陣の三竜」第十二回アジア映画祭最優秀作品

三、青竜と猛虎

四、ニュース　毎週金曜日PM六時公報館映写室

東京都千代田区永田町二の二九ホテル・ニュージャパン

韓国駐日公報館

TEL（580）二五七七～八

尋ね人

本籍　京畿道開豊郡[illegible]
姓名　張讃秀
右の人に心あたりの方は本社または左記へご連絡下さい。
京畿道[illegible]
張炳秀

本籍　大邱市中区[illegible]
姓名　崔良洪
右の人に心あたりの方は本社または左記へご連絡下さい。
大邱市中区[illegible]

前住所　八幡市丸山町
姓名　鄭粉伊
右の人に心あたりの方は本社または左記へご連絡下さい。
大邱市中区鳳山洞二区三四番
姜乃允

本籍　黄海道延白郡
姓名　鄭一燦
右の人に心あたりの方は本社または左記へご連絡下さい。
ソウル市鍾路区観水洞一
韓国農産PRセンター
沈籌燮

本籍　慶北醴泉郡虎鳴面
姓名　張柄文
右の人に心あたりの方は本社または左記へご連絡下さい。
慶北醴泉郡虎鳴面[illegible]
張復騏

前住所　釜山市
姓名　朴来鉉
右の人に心あたりの方は本社または左記へご連絡下さい。
釜山市草梁国民学校
朴敬淑

本籍　釜山市南富民洞二二六
姓名　尹元七
右の人に心あたりの方は本社または左記へご連絡下さい。
釜山市西大新洞三街四〇
尹元守

本籍　慶南昌原郡[illegible]
姓名　崔仁道
右の人に心あたりの方は本社または左記へご連絡下さい。
慶北慶山郡珍良面
崔汁伊
李世文方

前住所　青森市古茶屋町
姓名　陸大進
右の人に心あたりの方は本社または左記へご連絡下さい。
青森市長島町一〇一
在日本韓国居留民団青森県本部
団長　金世鎬

本籍　慶南密陽郡[illegible]
姓名　張命伊
右の人に心あたりの方は本社または左記へご連絡下さい。
慶北尚州郡咸昌面[illegible]
大和精米所
張望浪

本籍　黄海道信川郡北部面
姓名　大川乗一
右の人に心あたりの方は本社または左記へご連絡下さい。
ソウル特別市城北区安岩三街
劉文成

前住所　長崎県北高郡戸石村
姓名　川内ヨシ子
右の人に心あたりの方は本社または左記へご連絡下さい。
長崎県北高郡戸石村
川内栄江

前住所　足立区西新井町
姓名　金今福
右の人に心あたりの方は本社または左記へご連絡下さい。
慶北安東市安興洞三二
中央林業社内
金相集

本籍　慶南居昌郡居昌邑下洞
姓名　徐演俊
右の人に心あたりの方は本社または左記へご連絡下さい。
ソウル特別市西大門区滄川洞二九の四〇十統四班
徐演浩

本籍　慶南昌原郡[illegible]
姓名　李鍾烈
右の人に心あたりの方は本社または左記へご連絡下さい。
釜山市釜山鎮区釜田洞一三二の一
[illegible]
朴慶云

本籍　慶北[illegible]
姓名　[illegible]
右の人に心あたりの方は本社または左記へご連絡下さい。
慶北[illegible]
権赫洙

本籍　慶南[illegible]
姓名　成万来
右の人に心あたりの方は本社または左記へご連絡下さい。
忠南洪城郡広川邑新律里
三九九の七金岩会方
成広庫

前住所　岡山市北方[illegible]
姓名　成万周
右の人に心あたりの方は本社または左記へご連絡下さい。
忠南洪城郡広川邑新律里

本籍　慶北漆谷郡[illegible]
姓名　金允俊
右の人に心あたりの方は本社または左記へご連絡下さい。
中原郡[illegible]
金允文

本籍　慶南[illegible]
姓名　張且秀
右の人に心あたりの方は本社または左記へご連絡下さい。
釜山市東区[illegible]
金振今方
張松子

韓國新聞

発行所
韓国新聞社
発行人 権 逸
編集人 李 瑀 卿
東京都文京区春日町
2丁目20—13
電話 (813) 2261～5 編集
(812) 0673 業務
振替口座東京 34988番

五大綱領

一、우리는 大韓民国의 国是를遵守한다
一、우리는 在留同胞의 民生安定을期한다
一、우리는 在留同胞의 民権擁護를期한다
一、우리는 在留同胞의 文化向上을期한다
一、우리는 国際親善을 期한다

早急に好意解決を
一般永住者の取り扱い

継続居住など五項目

民団中央 金大使に要望書

一月十七日から在日韓国人に対する法的地位協定が発効し永住権の申請を開始しているが、民団中央では、いまだに一般永住権者の継続居住の範疇とその立証問題、戦後入国者問題、離散家族の再会と再入国許可、各種保険、生活保護、年金、住宅、金融、職業財産権等の生活安定にとって不可欠の諸問題が、未解決のままにある点を重視し、早急にこれらの諸問題が韓日条約の基本精神にのっとり好意的にとり決められるよう一月二十八日付をもって金東祚駐日大使に大要次のような要望書を提出した。

権中央団長

超党派政策を強調

金共和党議長が政策基調演説

補償額58億ウオン

民間の対日請求権

政府へ適格者を推薦

組織・教育分野の功労表彰

組織活動家百八十五人訪韓

三・一記念節に

地方自治制を検討

早急に地方議会

都市均等化体制を講究

今夏ごろから着工へ

通信事情が大巾好転

韓日間にマイクロ幹線

民営放送局許可審査近く上程

沿岸漁業に四千万ドル

政府発表 協力資金の使用計画

コロナ輸入に決定

三菱コルトは中止に

ウガンダ大使に昇格

方熙新駐日公使

東京に仲裁裁判所

韓日借款仲裁規則に署名

中共避ける朝総連

情勢変化でソ連接近

貿易法を急ぎ改正

外国品の市場化を防ぐ

農、漁業の近代化へ

請求権資金を重点配分

外国金融の国内活動抑制へ

技術の海外輸出へ

国土統一を忘れず

近代化へ、中産階級を拡大

大・公使就任歓迎祝賀会

開催のお知らせ

123

日本文部省に抗議文

国交正常化に逆行

往年の民団の努力が泡

朝総連の分校払下げは不当

樺太の僑胞引揚げ

日本政府へ最善策要請

駐日大使館

真の友好のために

あえて「池上」冷言を切る

外国人であるとして日本社会に住むのに必要なすべての社会保障を打ち切られてしまったのである。

そのため在日韓国人の自治機関である民団は同胞の生活権を擁護するため韓日会談にその特殊性を考慮して一般外人とは別に、日本人と同等の社会保障を与えよと強く要求してきたのである。

だが、われわれの法的地位や待遇もさることながら、国際情勢の推移をみる時、韓日両国の国力の充実と経済の強化が何にも増して急を要するという大局的な見地から在日韓国人の諸問題は国交正常化後の外交交渉に委ねることとして民団は韓日会談の早期妥結に全力を注いできたことは周知の通りである。

したがって国交が成立した今、われわれ在日六十万同胞の過去の経緯からして、はたまた日本側がいうところの"人道的見地"からしてもわれわれは当然すぎる要求である日本人と同等の社会保障を要求するゆえんである。

日帝の植民地教育政策によって教養の低い、そして生活手段の劣悪な在日韓国人にとって日本人と同等の社会保障は日本における生活を維持するうえに必要不可欠のものである。

われわれは韓日条約締結時の日本政府の「善隣友好の基本精神」を文字通り信じて疑はない。日本に残留を余儀なくされている六十万韓国人は日本側にとって友好親善の意志表示をするのにうってつけの好対象ではなかろうか。しかもわれわれはいまだに完全に解きほぐれていない韓日両国の国民感情を緩和させる橋渡しの役割をみずから買ってでているのである。

このような韓国人を定着性がどうの信用度がどうのといって行き場のない袋小路に追い込み"帰化が最善の道だ"それがいやなら帰るがよかろうでは韓日友好どころか、両国関係は前にも増して悪化の道をたどる結果になりはしないだろうか。

真の韓日友好と、両国の永遠の平和と繁栄を願ってこの際改めて日本政府当局の猛省を促してやまない。

× ×

× ×

ホテル・ニュージャパン内 韓国駐日公報館

韓国シリーズは次の通り

No.1 歴史と文化 (既刊)
No.2 風俗と習慣 (二月中刊行)
No.3 韓国概観 (二月中刊行)
No.4 国旗と国歌 (既刊)
No.5 経済 (二月中刊行)
No.6 農業と水産業 (二月中刊行)
No.7 教育 (既刊)
No.8 芸術 (二月中刊行)
No.9 音楽と舞踊 (二月中刊行)
No.10 仮面劇 (既刊)
No.11 宗教 (既刊)
No.12 文学 (二月末刊行)
No.13 韓国文学 (既刊)
No.14 観光 (二月中刊行)
No.15 スポーツ (〃)
No.16 韓国の女性 (既刊)
No.17 北韓の実情 (〃)
No.18 マスコミ (二月中刊行)
No.19 独島問題 (既刊)
No.20 映画と演芸

三・一運動唯一の生存者

李甲成夫妻を日本に招聘

民団東京本部(金己哲団長)では、一九一九年三月一日の独立運動(三・一万才事件)は、わが民族史上においてもっとも偉烈に終ったが、その当時の独立宣言の発起人三十三名中、唯一の生存者としていまだに祖国に寄与している、李甲成氏夫妻をきたる三月一日の「第四十七回三・一節記念式典」に日本に招請することとなった。

本国短信

70の手習い

ソウルの卓徳華さんは一月二十九日、商業高校の卒業証書を手に「七十の手習いというが、いくつになっても勉強におそすぎるということはありません」と胸を張った。卓徳華さんは夫と七人の子供を持つ五十六歳の婦人だが、さらに大学へ進学するという。

子供たちのうち五人はすでに教育を終え、残る二人は大学在学中。徳華さんは子供たちの教育も見通しがついたので、こんど私がじっくり勉強する番だという。彼女が小学校教課の学習を始めたのは四十九歳の時だった。

慰問袋の山

ベトナム 戦場の勇士へ

民団中央へ続々集る

民団中央本部ではベトナム派兵の将兵たちに慰問袋を送ろうと旧臘十日から、全国各支部や傘下団体に積極的に呼びかけて運動をくりひろげていたが、このほど各県本部から集められた慰問袋は二千三百個に達して中央本部に第一次分として届けられた。集まった慰問袋のなかには、石けん、歯ブラシ、タオル、肌着、クスリなど心づくしの品物がぎっしりつめられていた。

二千三百個越す

慰問袋 二月五日集計

神奈川県本部 二二三〃
千葉〃 九二〃
山梨〃 二七〃
栃木〃 六五〃
茨城〃 七八〃
三多摩本部 一〇〇〃
群馬県〃 三〇〃
静岡〃 四二〃
長野〃 二三〃
秋田〃 四八〃
山形〃 一八〃
富山〃 二〇〃
大阪府本部 五六〇〃
京都〃 一八〇〃
奈良県本部 二〇〃
滋賀〃 〃
和歌山〃 一五〃
三重〃 七五〃
島根〃 二〇〃
鳥取〃 〃
福岡〃 一六五〃
長崎〃 三七〃
佐賀〃 一五〃
宮崎〃 二〇〃
鹿児島〃 〃
愛媛〃 〃
徳島〃 〃
香川〃 一五〃
婦人会 八九〃
商工会 一〇〇〃
中央本部 五〇〃
合計 二、三三七個

(写真は中央本部に集まった慰問袋の山)

若い世代へ

宇里ロッヂ

上越線の越後湯沢に開設

在日僑胞の若い世代に大自然に親しみながら、スポーツを通じて健全な社会的団体訓練を身につけさせよう――とコリアスポーツタイムズ社の蔡洙仁社長が中心になってスポーツに理解のある僑胞有志の心からなる協力で出来あがった「宇里山荘」は旧ろう二十九日から新潟県魚沼郡湯沢町に開設されたが、早くも冬季スキー学校にどっと利用者が押しかけて、銀嶺に楽しいシュープルをえがいて楽しい青春を謳歌している。

社会訓練の教場に

四季通じ大自然で青春謳歌

このロッジは日本のスキーのメッカ上越線越後湯沢の繁華スキー場のすぐ横にあり、ゲレンデは変化にとみ初心者から上級者まで自由にコース選びができるうえ、夜間照明設備も完備し三月いっぱい上越近辺の各スキー場へのツアーができるなどすばらしいところ。スキーシーズン中だけでなく四季を通じてハイキングにレクリエーションに利用できる大自然のふところで、青少年の心身両面の健全な育成に大きな役割をはたすと期待されている。

同ロッヂは三十人収容の木造二階建てで、家族的雰囲気にあふれ、現在、専任 [illegible] スポーツタイムズ社に会員の紹介のもとに予約申込み制をとっているが、一泊二食付で正会員六百円、貸スキーも用意するなどサービスもゆきとどいている。[illegible] 氏は、将来このロッヂをさらに増築し大ぜいの韓国青少年たちにいつでも好きな時に利用できるようにして、大自然の中で青少年が誇りと責任を持つようなレクリエーションの場としたいと張切っている。

【写真は完成した雪中の宇里ロッヂ正面と早くも同ロッヂに宿泊してスキーを楽しむ韓国の若者たち】

韓日で交互に

高校体育大会

第一回は八月に東京で

大韓体育会は二十八日、第一回韓日高校体育大会を八月の夏休み中に東京で開くことに韓日両体育会が合意したことを明らかにした。

同大会は今後韓日双方が交互に開くことにし、競技の種目、運営など細部の打合せは三月ごろ関係実務会議を開いて決めることにしたと付け加えた。これまで韓日高校の親善競技は、体育会傘下の各団体別に、招待競技の形で行っていたが、これを秩序づけ、恒久的な形にしようというもの。

競技の種目はこれまで行っていた全種目を含めるが、いまのところサッカー、バレーボール、バスケットボール、テニス、バドミントン、体操、ハンドボール、野球など十種目内外になるという。

葛飾支部青少年大会が発足

民団葛飾支部(高寛明団長)では昨年十二月十九日管内青少年の親睦と結束をはかるため、青少年会を発足させ、僑胞多数が参席し結成大会を開催した。

なお大会で選出された役員は

会長 金広寧

副会長 李裕一 朴鳴玉

本国の身障児へ贈物

三多摩ライオンズクラブの優しいおじさん達

三多摩地区ライオンズクラブ主催の韓国身体障害児童へのプレゼント贈呈式は、一日都内赤坂、ホテル・ニュー・ジャパンで金駐日韓国大使列席のもとに行われた。[illegible]

出入国管理特別法

前号の(調査)第三条から続く

2、入国審査官又は入国警備官は、前項の調査のため必要があるときは、関係人に対し出頭を求め、質問をし、又は、文書の提示を求めることができる。

3、入国審査官又は入国警備官は第一項の調査について、公務所又は公私の団体に照会して必要な事項の報告を求めることができる。

(永住許可書の交付及び外国人登録原票等への記載)

第四条　法務大臣は、第一条の許可をしたときは、永住許可書を、都道府県知事及び市町村の長を経由して、交付するものとする。

2、都道府県知事又は、市町村の長は、第一条の許可を受けた者については、その者に係る外国人登録法(昭和二十七年法律第百二十五号)に定める外国人登録原票(写)票又は同法に定める [illegible]

取得者への利点

永住権申請　金融教育面などで

永住権の取得者に対しては一般外人よりも優遇されるようになっているが、永住権を取得した場合には次の利点が得られる。

一、金融面、経済活動等で信用度が強固になり、文化、社会の分野においても日本国民と同等の位置におかれるため生活に安定が期される。

一、永住権を取得した者の子弟の学校教育について、義務教育の実施は勿論のこと高校、大学の進学等においても日本国民と同等の権利が保障される。

一、国民健康保険は、保険料の徴収関係から外国人には適用されないことになっているが、永住権取得者には権利として確保される。

一、永住権取得者が本国の親族を招請するときには、入管法令に示されているように入国許可において好意的に配慮され、まった、永住権者の再入国許可についてもその手続が以前より簡素化され好意的に取扱われることになった。

一、永住権取得者に対しては、韓国退去強制においても、協定に定められた事項以外では強制退去されない。

一、永住権取得者に対する生活保護法は、引きつづき適用される。

申請の不振な理由

居住経歴など難しく

一月十七日から開始された在日韓国人の永住権申請について、いまだにその成果がかんばしくないのは [illegible]

アリラン五万箱

韓国専売庁を日本に輸出

韓国KBS国際放送日本向け番組

韓國新聞

発行所
韓国新聞社
発行人 権 逸
編集人 李 珉 坤
東京都文京区春日町
2丁目20−13
電話 (813) 2261〜3 編集
(812) 0673 業務
振替口座東京 34988番

五大綱領

一、우리는 大韓民国의 国是를 遵守한다
一、우리는 在留同胞의 民生安定을 期한다
一、우리는 在留同胞의 民権擁護를 期한다
一、우리는 在留同胞의 文化向上을 期한다
一、우리는 国際親善을 期한다

永住権など本格検討

重大転期に対応

対策委設け運動推進

第6回定期中央大会開く

第六回定期中央委員會

体質改善に積極姿勢

奨学会は韓国財産

民団理事 中央決定に従う

人力と技術で発展を

経済懇談会の韓国代表歓迎会

請求権実施計画など仮調印

今後の役割り期待

中央委会 金大使が祝辞

金大使の祝辞

中央委会決決事項

強力に法的地位運動を推進

続・中央委員会

第二日

中央指示で後援会

韓学同を自主運営

規約修正委員に七氏を任命

片貿易の是正を

中小企業の分業期待

韓日経済懇談会

借款頭金のゼロ要求

韓日協力を強調

経済懇談会が共同声明

交流実践の指針を

石坂会長 率直な手順に協力

来月初めソウルで

韓日貿易、正式調印へ

運用管理法案を可決

運動方法を検討

第1回法・待委ひらく

要求反映に全力を

権逸常任委員長を中心に要求反映へ対策をねる委員達

大使館側とも協議

31委員の顔ぶれそろう

第六回中央委員会が決定した法的地位・待遇対策委員会は、二月二十二日、第一回会合をもち、今後の運動推進方法を検討したのち委員の選出を行なった。その後、二十四日には第一回常任委員会を召集して法的地位、待遇問題に関する具体案の討議を行なったすえ駐日大使館当局と協議し、われわれの要求をどのように反映させるかを決めた。

なお、法的地位・待遇対策委員会の構成はつぎのとおり。

権逸、鄭炯和、金英俊、朴太煥、申ホ（以上中央執行部）朴玄、張聡明（以上中央議決部）金今石、丁賛鎮、李禧元、李根馥、崔学阜（以上有志）金己哲、辛容祥、金宗允、李中ホ、李宗樹、金皓一、金徳洋、石寛伊、姜秀元、李壽孟（以上各地協代表ただし中国、東北両地協は未定）許弼奭、呉基文、金幸淑、李麟基、安洪詰（以上傘下団体代表）計三十一名。

同常任委員会委員はつぎの通り

委員長　権逸
副委員長　鄭炯和、金己哲、丁賛鎮、金皓一
常任委員　金英俊、張聡明、金今石、辛容祥、李禧元、崔学阜
事務局長　申ホ

若い世代の交歓を

新しい日本人の誠意を示す

木村駐韓大使初の記者会見

十五日の閣議で正式に任命、発令された日本の初代駐韓大使木村四郎七氏は、同日午後外務省で初の内外記者会見を行ない「条約の文言、精神を誠心誠意実行して、韓日親善に大いに努力したい」と次のような新任の抱負を明らかにした。

「国交正常化を軌道にのせていくことが私に与えられた任務と思うが、互いに同意できる道を発見してゆくために広い活動分野を与えてもらいたいと思っている。対日感情をときほぐしてもらうためには、まず条約の条文、精神を誠心誠意実行することで、新しい日本人への態度を示すとともに、若い世代によるスポーツ交歓などに重点をおいて、台北での経験を生かしたい。現在、両国間の難問題は、経済協力と北韓との関係だが、現在すでに韓国にいる多数の日本商社マンが、なによりも慎重な行動をされることを望みたい。過当競争などは真の親善関係を害するものである。」

なお同大使は、三月初旬ソウルに着任する。

愛知県でも韓日親善協会発足

韓日両国の親善と共栄を推進しようとする韓日親善協会設立運動は韓日条約批准完了を契機に日本各地で起り、すでに二十府県の支部設立を見ているが、愛知県でも昨年春から準備を進めていたが、会則の最終案もまとまったので十六日協会発会式を挙行し正式に発足した。

金大使が寄金

東京韓国学園を視察して

金東祚駐日大使は去月二十一日、申秉浩奨学官を伴って東京韓国学園（東京都新宿区若松町二十一）を視察訪問した。

朱洛弼学園長の案内で、園内施設や授業を視察後、教職員の労苦をねぎらい、学園発展のためにと金一封と民芸額縁一枚を寄贈した。

なお同学園長はこの寄金で園児の教育用図書を購入すると。

二年間で七億円を本国送金

在日僑胞

日本、西ドイツ、南ベトナムなどの海外僑胞から一九六四年から一九六五年までの二年間に三百三十二万三千ドルが本国へ送金された。

このうち、在日僑胞が百九十七万ドル（約七億円）、西ドイツ百三十三万ドル、南ベトナム三千ドルなどとなっている。

金観光公社総裁が来団

日本とアジア観光ルート問題などについて話し合うため来日中の金国際観光公社総裁は、このほど民団中央を礼訪した。

小畑実、本国で活躍

韓国歌手協会へ加入も準備

往年の日本歌謡のトップ歌手として一世を風びした小畑実が、このほど本国に帰り、本名康永[…]に戻り、このほどソウルの市民[…]館でリサイタルを開きヒット[…]「伊那の勘太郎」「湯島の白梅」「高原の駅よさようなら」など[…]意のノドを披露し、また本人自[…]ら作曲した韓国の歌謡曲を独得[…]節まわしで歌い聴衆を魅了した。

なお小畑氏は本国で作曲家兼歌手として活躍するため、韓国歌手協会にも加入して準備をすすめているという。

李朝最後の華麗なる葬儀

純宗王妃逝く

李王朝最後の皇帝だった純宗（第二十七代）の妃、純貞孝・尹皇后の葬儀は十三日、盛大に行なわれた。尹皇后はさる三日午後七時十分、ソウルの昌徳宮で心臓マヒのため七十三歳の波乱に満ちた生涯を閉じたが、葬儀は李王朝の威厳と華麗さを保ち、御陵の裕陵まで二十キロの沿道は百万近い悲しみの人波に埋った。

法的地位

政府、再交渉へ

改定せねば実施できぬ

本国の外務部当局が二十五日明らかにしたところによると、本国政府は法的地位協定をいくつかの点で改定しなければ実施不可能であるとの結論に達し、日本政府と交渉を開始する意向である。

金容院経済使節団団長ら来団

信頼に答え最善を

大使公使就任歓迎祝賀会

大使館は僑胞の家

大・公使歓迎会　なごやかに交歓

本国政府の動き活発化か

朴大統領帰国

朴大統領は十二日間にわたるマレーシア、タイ、台湾三カ国の親善旅行を終えて十八日帰国したが本国政局は大統領の帰国をきっかけに明年四、五月ごろに予定され[…]

韓国保育教育視察団が来日

僑胞青少年の犯罪防止を検討

在日韓国人青少年非行対策懇談会」を開いた。

これは在京韓僑人犯罪のなかに最近、青少年犯罪がふえてきているためで、保護育成会役員、在京韓国諸団体幹部はじめ、京都家裁所長、検察庁少年係主任検事、保護観察所長、府警防犯部少年課長らが出席した。

韓永植団長を再選

民団大本堺支部定期大会

民団大阪・堺支部では、さる十三日[…]で第16回定期大会を開き、[…]に韓永植氏を再選した。

大会には団員百五十名が出席、今後の運動方針など審議し、役員改選では韓団長再選のほか、議長に金炳善、監察委員長に金滄疇の両氏を新しく選出した。なお、同大会には民団大本の姜団長が出席、国交正常化にともなう民団の行き方、法的地位の問題について説明があった。

北韓往来許さぬ

日本側で統一態度

金大使の強硬抗議で

金駐日大使

韓青補導協が発足

日青少年と交歓も

法的地位運動を強化

中央委会 総括報告

領事事務に協力

民団体制の整備急ぐ

東京韓国学園

66年度生徒募集

京都韓国学園

66年度生徒募集

京都韓国中学校

京都韓国高等学校

126

韓國新聞

発行所
韓国新聞社
発行人 権 逸
編集人 李 渓 埠
東京都文京区春日町
2丁目20−13
電話 (813) 2261〜5 編集
(812) 0673 業務
振替口座東京 34988番

五大綱領

一、우리는 大韓民国의 国是를 遵守한다
一、우리는 在留同胞의 民生安定을 期한다
一、우리는 在留同胞의 民権擁護를 期한다
一、우리는 在留同胞의 文化向上을 期한다
一、우리는 国際親善을 期한다

三・一節47周年 正常化後、初の式典

民族自決精神の発露から往時の日本帝国主義の暴圧に抗して"独立万才"を絶叫しながら全韓民族が決起した統治を根底からゆさぶり、ついに全世界の被支配民族に"民族独立"の希望ののろしとなった三・一独立記念日の四十七年目にあたるが、日本各地では僑胞らによって、盛大にこの日を記念する民衆大会がもたれた。この日、民団東京・日比谷公会堂に関東近県からつめかけた四千人の僑胞を迎え、厳そかに中央記念式典を挙行した。とくに四十七年前、独立宣言文に署名した三十三人の民族代表のただ一人の生存者である李甲成先生(七七)が元気な姿を見せ、同席した僑胞に多大の感銘をあたえた。その他の各地域においては、支部単位で記念式と行事がそれぞれ盛大にとりおこなわれ、僑胞の幸福を祈るとともに、民族の独立精神を受けつぐ組織強化に奮起することを肝に銘じた。

韓日新時代に感懐

李甲成先生迎え 各地で盛大に

李甲成先生の挨拶

第47回 3.1節 記念中央民衆大会

日比谷に四千人集う 民族の団結を力説

李先生の挨拶に感銘

法・待の要求確保など

『決議文で要求』

きょう、われわれは四十七年前わが愛国先烈が祖国の独立と自由をたたかいとるため軍国主義日本に対して挙族的な抗争に起ちあがった輝かしい三・一独立運動第四十七周年の記念日を迎えました。時あたかも、韓日国交正常化により両国の新時代が開かれんとする意義深い時期に処し、われわれ関東地区在日僑胞四千名は、東京・日比谷…

民族的使命を自覚

権団長の記念辞

僑胞の矜持新たに

国民外交の先鋒たらん

民族の主体制確立へ

金大使記念辞 在日僑胞の団結を

宣言詳明に自由独立を表明

朴大統領へのメッセージ

民団あげ民間外交に

法・待保障に外交措置を

誠意ある条約の実行を

『佐藤首相へメッセージ』

20日すぎ正式調印

韓日貿易協定

対日請求権実施計画を可決

旅券事務を一元化

朴大統領が指示

領事館の管轄区域など決定

11氏の顔ぶれ決る

有功者審査委員に

三総領事を内定

水生庁を新設

初代長官に 吳定根氏

金大使が一時帰国

農林部長官に 朴東奎氏任命

127

生きた歴史にみなが感激

いまも説く団結心

哀史をかたり 老い知らぬ李先生

第四十七回三・一節記念中央民衆大会に招かれて訪日した李甲成先生は、七十九歳という老令にもかかわらず、目まぐるしい日程の疲れもみせず、三日間にわたり老体にむちうって精力的に東京都内の、二十一支部をくまなくめぐり、地区同胞から熱狂的な歓迎を受けているが、さすがは往年の気がいをそのままに、不屈の闘士と親しみにあふれる言動で、四十七年の壮挙を語り、ゆく先ざきで、たちまち同胞への心をとらえ、かくしゃくたる弁説に同胞は惜しみない拍手を送っている。

闘志あふれる言動に

ああ祖国とは、なんとすばらしきかな

半世紀前をほうふつと

大阪では二千人

李先生を迎え 47年前に感慨無量

3・1節 記念式典

三・一節四十七周年記念日を大阪本部では、東区大手前の国民会館に二千の僑胞が参加して厳かに挙行した。同式典には李甲成先生も招ねかれ、三・一運動当時を想いおこす貴重な生きた歴史を語ってもらい、これからの韓民族のありかたについて決意をあらたにさせられた。

記念サッカー大会も 愛知県本部で

愛知県本部でも一日正午から名古屋市内鶴舞グランドで三千余の一団員が参加し記念民衆大会を盛大に挙行した。

中央から金宗俊事務総長を迎え、……はじまり、三・一独立宣言文の朗読・朴正煕大統領に送るメッセージ、大会決議文、佐藤総理に送るメッセージ等を採択した。

韓国シリーズ案内

本国から高麗大蔵経の写本

貴重な千三百冊 文化交流に日本へ

韓日海の動脈に 正常化機に検討

釜山—下関連絡船復活へ

ベトナムの空に祈る小さな魂

"真の平和と自由を"

慰問文に託す少年少女

十余年間ご苦労さん

民団中央 歓送で 僑民大使の李栄求氏

男女で50人が合格

今年度の自費留学生

劇映画などで楽しみ

福井県本部でも盛大に

……ひきつづき開かれた第二部の記念映画祭では、中央本部からおくられた劇映画「わが心の湖」と記録映画「祖国の防諜」が二時半にわたって上映されたが、これよりさき、第一部で民団組織の強化発展に、とくに貢献した朴三顧顧問に感謝状と記念品が贈られた。

なお、支団長をはじめとする県本部執行部は、翌二日午後一時から県本部講堂で緊急支団長会議を開き、全支団長が参加して法的地位問題に関する中央からの説明と質疑応答があったが、朝総連の陰謀粉砕と団員の姿勢、団費など財政問題組織の強化と動員体制のあり方などにつき、しんけんな討議の末、全員が組織指導者としての自覚を新たに八時過ぎ散会した。

128

韓國新聞

発行所
韓国新聞社
発行人 権 逸
編集人 李 現 坤
東京都文京区春日町
2丁目20−13
電話(813) 2261〜5 編集
(812) 0673 業務
定価 1カ月200円
振替口座東京 34988番

五大綱領

一、우리는 大韓民国의 国是를 遵守한다
一、우리는 在留同胞의 民生安定을 期한다
一、우리는 在留同胞의 民権擁護를 期한다
一、우리는 在留同胞의 文化向上을 期한다
一、우리는 国際親善을 期한다

申請簡素化を打ち出す

両国政府に強く要請

朝総連の妨害に即応

中央 指導の徹底を指示

潜在居住者を広く救済

居住経歴の簡素化

戦後入国者の継続安住

要望事項

動き出す貿易正常化

第三次 貿易会談に焦点

専管の侵犯は確実

両国の友好かん案 寛大な処置とる

第53海洋丸釈放で政府声明

活潑化する商談

問題は日本の協力 まず農水産部門で

「北送」打ち切りを

政府 近く日本に申し入れ

中華新体制きまる

蒋介石総統を四選

関忠植氏を駐日公使に任命

南ベトナム元首ら五月訪韓

ダイヤル自即化で百二十回線に

党首に尹潽善氏

副党首に張沢相ら三氏 「新韓党」が発足

朴大統領へ信任状

大使館も正式開設

66年度奨学生募集

南米、東南アへ 五千家族移民

海外公社で五カ年計画

軍納品の物品税を免除

船田前衆院議長らが訪韓

在韓日本人商社のスト解決

労働庁が調停

南ベトナムへ 技能者四千人

正式外交路線で交渉 法待委

「共同委員会」設けて

大使館と協力 僑胞の要求を反映

必要あれば大衆運動も

本国に在日僑胞の橋

政府から感謝状 生かされる義援金

支給は九月以降に

対日民間人財産の補償

法待、有功など討議

中執委ひらく

東京千代田区永田町のホテル・ニュージャパンにかかげられた韓国公報館の表示

さっそうと都心に出現

北韓スパイが帰順

日本に派遣され韓国へ

戸籍謄本は不必要に

本国への送金簡単に

若人よ祖国を誇れ

韓青京都本部で 新高卒に団結促す

各地で開催の気運に

金東英氏が団長に

山梨県本部で大会 組織強化を申合せ

三勝二敗で離日

高麗大サッカーチーム

統一新聞の四編集員を除名処分

中央監察委員会

61年目の回婚祝い

呉婦人会中総会長の両親

呉基文婦人会中総会長の尊父呉述相(80)氏と母堂方善礼(76)女史は、今年で結婚後六十一年目の回婚を迎えた。さる三月十二日、呉会長の経営する都下調布市の三星ホールにおいて、まれにみるこの慶事を祝って約四百名の祝客のつめかけるなかで回婚式が盛大にとりおこなわれた。百年偕楽のご両親の前にお祝いの礼をされた呉会長も満面笑みをたたえ、来客をもてなしていた。

尋ね人

本籍 慶北漆谷郡倭館邑倭館洞二五〇の九
姓名 崔自斤伊
六・二五直前まで北海道に居住し、数次に亘り本国に便りがあった。
右の人に心あたりの方は本社または左記へご連絡下さい。
大邱市南区大鳳洞 三三七
崔玉香

本籍 慶北漆谷郡倭館邑倭館洞二五〇の九
姓名 崔尚竜
右の人に心あたりの方は本社または左記へご連絡下さい。
大邱市南区大鳳洞 三三七
崔玉香

本籍 慶南晋陽郡奈洞面三溪里六七四
姓名 姜混潤
右の人に心あたりの方は本社または左記へご連絡下さい。
釜山市西区新坪洞一三一 三統四班
姜贊金

本籍 慶南金海郡金海邑明法里五七二
姓名 権日億
〃 権必栄
右の人に心あたりの方は本社または左記へご連絡下さい。
釜山市西部警察署捜査係刑事室
李稷淳

韓國新聞

発行所
韓国新聞社
発行人 権 逸
編集人 李 現 埈
東京都文京区春日町
2丁目20−13
電話 (813) 2261〜5 編集
(812) 0673 業務
定価 1ヵ月200円
振替口座東京 34988番

五大綱領

一、우리는 大韓民国의 国是를遵守한다
一、우리는 在留同胞의 民生安定을期한다
一、우리는 在留同胞의 民権擁護를期한다
一、우리는 在留同胞의 文化向上을期한다
一、우리는 国際親善을 期한다

六七二人が許可決済
15日現在の永住申請

……去る一月十七日から全国的に永住権の申請を開始しているが、十五日現在で六百七十二人が法務省入国管理局で許可決済をみている。

三七三一人が申請
大阪、東京、福岡の順

……初めに調査した記録を活用、登記の事由を保障する ❷公務員、国営企業体の幹部・司法・立法の要員は身元調査をうける代りに外務部長官に申告書を提出すればよいようになっている。

これは、治安局で昨年一年間の身元調査で海外旅行に不適格と判断した人が僅か〇・〇二％にすぎなかったので簡素化処置を取ったもの。

海外旅行者などの身元調査簡素化

駐日六領事任命さる

政府は韓日国交正常化後の領事事務の激増により、日本の主要都市に領事館を増設し、四月十一日発令でつぎのように新駐日領事、副領事を任命した。

名古屋　文鏞律
下関　朴昌海
神戸　李源達
仙台　禹鏞
横浜　李重渉
札幌　李達守
副領事
大阪　金赫
福岡　裴今允

日漁連代表が訪韓
韓国水協中央会の招請で日本全……

内務部長官に厳敏永氏
本国内閣改造

朴正熙大統領は四月十四日、明年の総選挙に備えて内閣改造を行ない、選挙戦に出馬のため辞任した楊燦宇内務部長官の後任に厳敏永氏、鄭元壽保健社会部長官の後任に鄭熙燮氏をそれぞれ任命した。

借款は八億二千万弗
政府、外資償還計画を明示

……輸出契約及びスルメ、寒天等の重要水産物と資材取引に関し五本国関係当局者と日間にわたり懇談した。

政府は二十一日、国会に本年の商業借款（日本からのナイロンプラントなど九件、一億三千万ドル）に対する政府の支払い保証の同意を要請するとともに外資導入による今後の償還計画を明らかにした。

これによると現在、推進中の計画を含めると本国の財政、商業借款は合計百三十二件、八億二千五百八十八万ドルとなり、これによる元金償還額は昨年の七百三十六万ドルから一九七〇年には六千六百九十五万ドルとなり、七一年以後九億三千七百五十四万ドルの対外債務を残す見通しである。

国家儀式の統一へ
行政機関の儀式簡素化

政府は、各行政機関で行なう儀式を簡素化し統一するため国家儀式統一法案を作成、各部署の意見をきいたうえ、来る五月から実施する予定である。

これが実施されると、慣例的に行なってきた万歳三唱は、すべての儀式から省略される。

国家儀式統一法案は次の通り
式順―開会の辞、国旗に対する敬礼、国歌斉唱、殉国志士および戦没将兵に対する黙祷、式辞、式の歌合唱、閉会の辞
国歌―国歌の斉唱は、大統領に対する敬礼、国歌斉唱の順にせず、国旗に対する敬礼、国歌斉唱の順にする。
祝辞―祝辞は慶祝の辞、記念辞、追悼の辞などにわけ、大統領の祝辞があるときは他の祝辞はできるだけ省く。
授賞―一般の儀式では祝辞の……

万歳三唱―すべての儀式から省く。
国家元首に対する儀礼―(1)大統領が式場に入場、退場する……

……(2)一般の参加者は右手を左の胸の心臓部にあてて国旗に注目する。(3)平服で着帽の場合は帽子をとり右手に握ったまま左の胸の心臓部にあてて国旗に注目し、拍子する。祝辞の途中でも、重要な語句や特に強調した言葉などには拍手をもって敬意を表する。

敬称―大統領に対しては必ず「閣下」の敬称を使用し、行政、立法、司法の代表が同じ席上で祝辞をのべる場合にも大統領に対してだけは「閣下」という敬称を使用する。

国旗掲揚―原則的に晴天のときは日の出から日没まで掲げる。
外国旗―韓国旗を最適の位置に掲揚することを原則とする。

神戸に民族古典舞踊研究所

在日僑胞のための民族古典舞踊研究所（所長陳光子女史）が、このほど神戸市長田区細田町六の一に誕生した。

同研究所の開設はかねてから多くの在日僑胞たちから強く要望されていたもので、陳所長は開所に当って「わが国の民族伝統の古典舞踊芸術の偉大さを在日僑胞に紹介したい」と語った。

名古屋に韓日文化センター開設

韓日文化センター（名古屋市東区白壁町十の四十、理事長朴石憲）の開所式が三月十三日午後一時から桑原愛知県知事、丹羽前県議会副議長、著名な僑胞多数参席のもとに盛大に行なわれた。

同センターは韓日両国の文化交流をはかり、当面の事業として、❶文化資料の交換 ❷研究会、講演会の開催 ❸図書館の設置 ❹出版事業と通信の刊行 ❺調査研究、紹介（貿易、旅行等）❻映画常設館の設置等をあげている。

同姓同名の異人で
中央監察委で　さきの除名を解除

中央監察委員会は、さきの中監第二二九号公文で除名処分に付した朴憲万氏は同姓同名の異人であることが確認、前記除名処分を取消した。

なお、同監察委は第一三七号公文で川崎市宮河原に住む朴憲万（34・本籍慶尚南道梁山郡）を民団が適性団体と規定した韓国民族自主統一同盟に加盟していることを確認民団規約運用規定第六六条によって除名処分にした。

東京チームが優勝
第三回　韓青全国サッカー

在日韓国青年同盟中央本部（委員長金宰淑）では、韓国の国技といわれるサッカー競技を在日僑胞青年も技を競う機会が必要であることを痛感し、昨年に引続き第二回韓青全国サッカー大会を四月十七日名古屋瑞穂サッカー場で開催した。

当日は、全国より各地方代表六チームが参加し、朝からの悪天候と強風にも拘らず好試合を展開、在日韓国青年の民族的連携感を深め、団結的結束を固くした。

大会は、愛知韓国人体育会副会長を始めとして、僑胞有志多数が見守るなかで、十時東京韓国学園チームと大阪チーム戦を皮切りに、熱戦の火蓋が切っておろされた。

観衆の注目は、昨年の覇者愛知チームの連勝なるかにあったが、昨年決勝戦で惜敗した東京チームと昨年同様決勝戦で対戦し、雪辱を争った結果、四一二で東京チームが優勝し、優勝旗ならびに、優勝杯、大使杯、民団中央団長杯等が授与された。

とくにこの日、大会のダークホースと云われた大阪チームと、善戦した東京韓国学園チームに対し、観衆の惜しみない拍手が送られた。

また、決勝戦前に、祖国関係者だけでのオールドスター東西戦が行なわれ、韓青中央委員長を始めとし、各県本部委員長が出場しての試合は、迷プレー、珍プレーの続出で、実力伯仲（?）の熱戦は、結局金宰淑愛知委員長のシュートによる一点を守り抜いた西軍に凱歌があがった。

今大会を顧みると、昨年より各選手の技量は一段と高くなっており、また韓青中央本部では優秀選手をピックアップして、全国選抜チームを結成し、僑胞代表チームに育てあげ、秋の国体には出場させる構想を練っている。

（写真は熱戦と優勝チーム）

日本新聞協会代表団が訪韓

日本新聞協会（上田常隆会長）では韓国新聞編集人協会の招請をうけて去る四月十五日から二十日まで六日間にわたり韓国を訪問し各地で政府要人、新聞人などと懇談した。

松竹系で好評上映
赤いマフラー
壮烈な空中戦えがく

東京築地の松竹系東劇で去る…… 二日から韓国映画「赤いマフラー」が上映されている。

この映画は一九六四年度第十一回アジア映画祭で、監督、主演男優賞、編集賞をいちどに獲得した大作で、韓国空軍ジェット機による凄絶な戦争をスクリーンに再現する大スペクタル映画である。

題名の「赤いマフラー」は、韓国空軍では実戦に参加してはじめて、赤いマフラーをまくことが許されるしきたりのあることから壮烈な空中戦に、若い運命をかけるジェット機乗り組み員を意味している。

金大使、日政へ要求
私立学校の認可
朝総連の中学は廃止

ソウル市長に金鉉玉氏

韓国代表ソ連入り
国際海洋学会へ

このほど本国政府は、五月三十日モンクワで開かれるユネスコの国際海洋学総会へ代表二人を出席させることをきめた。

これまでポーランド、チェコ、ユーゴで開かれた国際会議に代表を送ったことはあるが、ソ連へはこれがはじめてである。

米国の平和部隊が今秋に来韓

韓国訪問中のデラニ米国平和軍副団長は韓米両国間の絆を強め、若人たちの友好を増進させるため今秋米国の平和軍団百人が来韓し二年間奉仕する計画であると語った。

三ヵ月間に七千人が
韓日正常化を機に　民団へ新規に加入

韓日国交正常化を契機に民団への新規加入者が増加しているが、今年一月から三月までの新規加入者数は一月、一、四七九名、二月、三、一三九名、三月、二、三五〇名で、この三ヵ月間に六、九五八名が民団に加入した。

二僑胞商社が九老洞へ企業進出

商工部は協同信拓公社（社長金容太）と東興電器（代表命一進）の二社を九老洞工業団地への入居企業体として指定公告した。

これにより九老洞工業団地への入居商社は計十七社に達しており、そのうち海外僑胞商社は十二社となった。

67年から技能検定試験
技能訓練法案上程

労働庁では、経済成長を達成するためには、技術の向上がもっとも緊急を要するものとして、一九六七年度から技能検定試験を実施し、技能の振興をはかろうと、国会に「技能訓練法案」を上程した。

この法案によると今年度は、技術者をいっせいに登録させて、技術水準の実態をしらべ、一九六七年度から技能訓練を実施して、熟練工と未熟練工とをはっきり区分し、技能者の等級付をして……

金団長、再出馬を表明
執行部担当の構想語る

民団東京本部金己哲団長は十八日午後三時からホテル・ニュージャパンで記者会見を行い、執行部を担当するために再出馬を正式に発表し、次の如く語った。

「任期二年の経験を生かし、団運営の民主化と能率化を図りたい。今後の構想としては、一、基本財政の確立に現在約二千万円の基本金を約五千万円にまで引き上げたい。二、東京商銀の政治面への不関与を打ち出し、中小企業の保護育成という本来の任務を推進したい。三、実務者育成に養成者グループをつくり、税金問題をふくめて知識を習得させ、急増が予想される事務量を消化したい。四、法的地位問題などの未解決な問題点を解決するため地方本部独自の分野で引続き努力したい。五、業種別な単一協組の結成を促し、開拓資金の融通、業者間の親睦を図り、東京商銀の発展母体としたい。

組織の刷新を掲げ
尹致夏氏、立候補を声明

民団中央本部監察委員長尹致夏氏は七日国際観光ホテルで記者会見し、次期民団東京本部団長選に組織の刷新と組合再建を主なスローガンとして正式立候補を声明、次のように語った。

団員のための民団育成を中心に青年学生問題をとりあげ、民族教育を各家庭から強化してゆく。経済人の育成強化で毎日銀行を推進し信用組合の組合員を三千名へ預金も十五億円から三十億、五十億への増額目標を立て全力をあげると共に組合本来の機能をフルに活用して商工会の育成発展をはかりたい。特に、組織内の派閥抗争を一掃して東本団長職のシコリを残さぬようにしたいと強調した。

ソウルの国立墓地へ苗木を
11日から　民団中央で献樹運動を展開

東北地協に「法対委」
領事館設立後援会も

去る四月十四日、仙台市・瑞鳳閣において東北地区協議会（事務局長権保根）がひらかれ当面の重要問題である法的地位問題、領事館の設置後援等について協議し、法的地位問題に関しては同地協にあらたに法的地位対策委員会を設けて運動を推進することとし、また領事館の設立を後援するため仙台領事館東北地協後援会を設置することなどを決めた。（写真は東北地協会議風景）

同協議会は金在鉉駐日公使、権逸中央団長、鄭烱和中央副団長、崔学阜法対委常任委員長らを迎え、傘下民団六県本部役員約五十人の参席のもと李某洋　城本部副団長の司会で会議があげられ権保根同地協事務局長の開会あいさつ、金公使、権中央団長のあいさつのあと、ただちに討議にはいり法的地位問題については権中央団長、崔学阜法対委常任委員の説明をきいたのち、さきの第六中央委の決議範囲内で必要に応じて永住申請をするが、つぎの中央委がひらかれるまで永住申請の準備態勢を整えることとし同地協にあらたに法対委を設けることを決議した。

また、仙台副事館の新設を後援するため成島淑君城本部顧問を会長に同領事館設立後援会をつくることを決定した。同協議会はかってない真剣な討論で終始し、組織強化の画期的な里程表といえるにふさわしいものがあった。

〇呂淑君事館後援会長はつぎのような就任あいさつをした。"わが民団の一部には朝総連にも片足を突っこんでいる者があるが、これは早急に徹底是正されなくてはならない。この度、仙台にわが領事館が新設されることになるが、これは仙台市にとっても外国領事館が設立されるのは初めてのことで日本国民からも協力を得ているわれわれはわれわれの領事館の設置に在外公民としての義務を果さなければならないと思う"。

東北地協開く

活動方針などを決定
神奈川本部で第二回地方委開く

大会シーズンを迎え全国各地方本部で大会、地方委員会があいついでひらかれているが民団神奈川県本部（団長李根馥）でも四月十五日第二回地方委員会を召集、六十六年度活動方針ならびに予算案を原案通り採択するとともに"神奈川韓国学校設立期成会"を設けて民族教育を実施する具体案を決議し、五月の中央大会に備えて中央代議員の選定を同県本部三機関の提案どおり可決した。

また、永住権申請、銀行設立協力問題等についても活発な意見が述べられたあと、物議をかもしている横浜商銀川崎支店問題については、民団傘下の問題であるだけに円満解決をはかるべく対策委員会を構成することに決定した。

南山洞罹災者に救援の手
婦人会で衣料品など

去る一月十八日のソウル南山洞大火によって家財道具を失った三千にのぼる本国同胞の窮状を伝えきいた婦人会中総では、さっそく全国の婦人会によびかけ救援運動を展開した。その結果、愛知県の十二万七千百円を筆頭に義援金十九万四千六百円、毛布、衣服などの救援物資二千二百五十一点が集められ、同婦人会では、四月六日、呉基文会長がこれらの義援金を本国へ伝達した。その際、日本航空では婦人会の運動に賛同して救援物資の輸送かたを引き受け、無料……

崔泰幹氏再選
山形本部で臨時大会

四月十日、山形県本部では第二十七回臨時大会を山形市農協会館で開催、新年度活動方針を討議可決したのち役員の改選を行なった……

在日僑胞の赤化狙う

北韓指令におどる朝総連の実体

「商工連」が資金源

資金ねん出へ「経済三学院」

献金高で思想ランク

資金工作

学習組で宣撫工作

直営事業ですい上げる

教育資金を投入し

土建、パチンコ、貿易　日本に約30事業体

苦しくなる資金源

一挙一動が北韓指令

日共と組み　社会党を利用

戦術転換

法地協への不満に火

集団的な反応をあおる

東京某ホテル周辺

旅行者よそう工作員

韓日交流にも赤い手

貿易商から赤い放送へ

「韓脚本」で指令

日共通じ組織を整備

派閥組織

"反主流"は北送

商工人て対南工作

来春の選挙狙う

韓日協定で組織の危機

工作活動は低下

文書騒動に狼狽

暴露された内部のガン

韓國新聞

韓国新聞社
発行人 権 逸
編集人 李 禹 坤
東京都文京区春日町2丁目20−13
電話 (813) 2261〜5 編集
(812) 0673 業務
定価 1ヵ月200円
振替口座東京 34988番

五大綱領

一、우리는 大韓民国의 国是를 遵守한다
一、우리는 在留同胞의 民生安定을 期한다
一、우리는 在留同胞의 民権擁護를 期한다
一、우리는 在留同胞의 文化向上을 期한다
一、우리는 国際親善을 期한다

協定永住者の再入国制限
法務当局に撤廃要求
民団中央 取得後の扱い重視

在日韓国人の処遇問題の改善をはかって民団中央は、継続して日本関係当局と接渉を重ねているが本国旅行等における日本国への再入国許可については協定永住権者には今までの制限をとりはずして日本国民と同様に取り扱われるものと考えられていたが、協定永住権の取得後においてもなお制限があるためこの点を重視して去る五月十一日、中央幹部らは法務省当局を訪れ協定永住者に対しては日本国民と同等に扱い従来の再入国制限を撤廃するようつぎのような要望書を提出した。

協定永住権者に対する再入国許可取扱についての要望事項

在日韓国人が日本に在留することとなった原因は、いまさら申すまでもなく歴史的背景に由来しており、また、現在の居住実態等にてらしても一般外国人とは全く異なる立場にあるので、韓日協定もこの点を考慮して在日韓国人に永住権を賦与したのである。

すなわち、この協定によって永住権を取得したものは、日本における永住が権利として保障され、そしてこれら永住権取得者には当然社会的処遇も保障されるべきものと解するものである。したがってその法的地位ならびに処遇は日本国民と同等のものでなくてはならないと考えられる。

ところが、協定永住権者に付さるべき処遇は、その殆んどがいまだに未解決のままにあるのが現状で、特に、われわれが関心を寄せている再入国の許可については今なおいろいろな制限が課されている。われわれは韓日協定の友好精神にもとずいて再入国許可に対する現在の制限を撤廃し友好的に取扱われるよう次のように要望する。

一、前科については協定発効以前の犯歴は一切不問にすること。

(理由)(イ)協定永住権者は日本国民と同じく過去の犯歴の有無を問わず海外旅行の自由が保障されるべきである。(ロ)戦後日本に在留を許可された一般外国人は、申請と同時に申請窓口で制限なく許可されているに反して、在日韓国人は申請してから許可がおりるまで相当期間待たされ、旅行目的の遂行に少なからぬ支障をきたしているので協定永住権には一般外国人より優位に許可すべきである。(ハ)犯歴をもつ協定永住権者の殆んどは戦後の混乱期にやむを得ず誤ちを犯した者が大部分で、現在はみなそれぞれ生業につき、なかには手びろく事業を営んでいる者もあって協定発効を機に過去の誤ちを反省して今後善良な外国人となるよう努力しているのが実情で、この際これらの者を善導する見地からも過去の犯歴を再問題化することは望しくない。

二、納税については納税額の多少を問わず、何れの税金でも納税がなされておればこれをもって足ることにすること。

三、旅行地域については現在の日本国民の海外旅行と同じく制限を加えず申請窓口で許可できるよう措置を講ずること。

四、旅行回数の制限を撤廃し、旅行理由の裏付書類を一切要しないようにすること。

金己哲氏、再選さる
第29回 東本定期大会開く

さる四月三十日、民団東京本部第二十九回定期大会が、都内・千代田公会堂においてひらかれ代議員百三十七人が参席して新役員を選出した。団長には金己哲前団長が七十五票を獲得して再選され、議長に鄭順相氏、監察委員長に鄭東淳氏がそれぞれ新任された。

同日午後一時三十分、同本部代議員百三十七人(定員百三十八人)、傍聴多数がつめかけるなかを定期大会の幕があけられ、同本部三機関長のあいさつについで"選挙が単なる城取りに終ってはならない"とのあいさつが述べられ、このあと、さきの第二回地方委員会で前年度の経過報告が済んでいるため、これを省略しただちに役員選挙に移ろうとしたが、代議員らの強い要望により前年度経過報告と決定事項をかいつまんで金文培副議長が説明した。

ついで、三機関正役員が任期満了により総辞職し、全参加者は万雷の拍手でその労苦を謝した。

このあと、団長候補の尹致夏前中央監察委員長と金東本前団長の立候補あいさつがあって投票に入った。開票の結果、金候補が七十五票(投票総数百三十七、白票二)を得て尹候補を十五票引きはなして当選し、つづいて、議長、監察委員長の選挙に移って鄭順相議長、鄭東淳監察委員長をそれぞれ選出した。

なお、同日の議題とされていた中央委員、中央代議員、地方委員の選出については都内二十二の各支部団長と三機関(執行、議決)が協議して決定することとした。

同本部大会は事前の選挙戦の激しさに比較して終始なごやかな雰囲気につつまれ、秩序ある大会で今後の民団発展にとって有意義なものであったといえよう。

なお新役員は次の通り。

団長 金己哲
副団長 李成甫
〃 金世基
議長 鄭順相
副議長 金文培
〃 崔学根
監察委員長 鄭東淳
〃委員 李鍾鳴
〃 〃 金東会
事務局長兼任 李成甫

事務体系確立など
東本第二回地方委開く

四月三十日の第二十九回定期大会にさきだち東京本部は二十一日正午から同本部講堂で第二回地方委員会をひらき、三機関報告のあと、新年度活動方針を討議した。

討議の結果、新年度活動方針の具体策として①事務体系の確立、②幹部養成計画の実施、③朝総連の浸透阻止、④東京商銀の支店増設、⑤韓国学園の補強などを決定し、この活動方針にもとずいて強力に事業を推進することにした。

七万トン級タンカー ―日本から導入

本国の外資導入委員会は二十八日、三洋航海が日綿実業から千九百七十九万ドルを借款し、日本から七万二千重量トンのタンカー三隻を導入することを承認した。

朴水正団長を再選
新潟本部大会

新潟本部では、さる四月二十六日、同本部新事務所(市内弁天町三丁目二十四番地)に代議員八十余名が参席して第三十二回定期大会をひらいた。同大会は朴準龍中央団長、丁賛鎮法対委副委員長らを迎えて活発な討議のすえ新年度活動方針を決定し、ついで任期満了により新役員の選出を行ない、投票の結果、朴水正前団長が再選され、議長に李元世氏、監察委員長に尹哲氏がそれぞれ選出された。新役員の顔ぶれは次のとおり。

団長 朴水正
副団長 李大根、権寧相
議長 李元世
副議長 丁宗奭、申季善
監察委員長 尹哲
〃〃委員 崔鎮基、権泰鉉

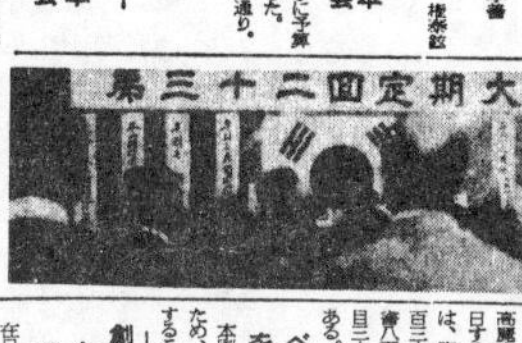

写真は朴中央団長らを迎えて活発な討論をかわす新潟本部大会風景

団長に片点述氏 岐阜本部大会

民団岐阜県本部では四月二十六日、市内中日会館に県下二百の団員を集めて同本部定期大会をひらいた。

中央本部から鄭炯和副団長が参席した同大会は前年度経過報告のあと新年度活動方針ならびに予算を決定し、新役員を選出した。新役員の顔ぶれはつぎの通り。

団長 片点述
議長 李珠学
監察委員長 金炳圭

団長に朴俊学氏 高知本部大会

民団高知県本部では四月二十四日第17回定期大会を開催、経過報告のあと新年度運動方針を決定、役員の改選を行ったが、団長には朴俊学前団長を再選、議長には徐仁燮氏、監察委員長には尹錫奎氏をそれぞれ選出した。

韓国文化財の引き渡し実現

日本の文化財保護委員会が明らかにしたところによると、日本から韓国への文化財引き渡しは、韓日文化協定に基づいて、二十五日をメドに行われる見通しである。

これら文化財を受け取るため、高麗大学教授李弘植氏らが九日来日する。引渡しを受ける文化財は、陶磁器九十七点、考古資料三百三十四点、石造美術品三点、図書八百五十二点および逓信関係品目三十五点、計千三百二十一点である。

公告

規約第十三条及び第十八条の規定により第七回中央委員会ならびに第三十一回中央定期大会をつぎのとおり開催いたします。

第7回中央委員会
日時 一九六六年六月四、五日 午前十時より
場所 都内中央区日本橋茅場町一ノ四 東京証券会館八階 TEL (667) 九一一一
議題 ①一九六六年度活動方針ならびに予算審議 ②その他

第31回中央定期大会
日時 一九六六年六月六日午前十時より
場所 都内豊島区池袋北一ノ一九 豊島公会堂 TEL (981) 一一一一
議題 ①規約修正の件 ②役員改選 ③その他

日本の北韓技術者入国許可
許せば重大事態
李長官 木村大使に警告

本国政府は日本政府が北朝鮮技術者の入国を認める方針を固めている点を重視し、十二日、木村駐韓大使を外務部に招き、日本側の説明を聞いたあと、日本政府が北朝鮮技術者の入国を許可した場合、外交上の紛争にまで事態が発展する可能性が強いとして、強硬な措置をとるつもりであると言明した。これは、十日日本政府が金東祚駐日大使に対して、北朝鮮技術者の入国は、政経分離の建前から原則として認める方針であることを通告したことに対する本国政府の強硬な反対申入れである。

消息筋によると、李長官は木村大使に「日本はこの問題を政経分離で処理しようとしているが、これはあくまで政治問題である」と日本政府の再考を強く求めた。しかし、本国では北朝鮮向けプラント輸出を利敵行為とみており、政府部内では日本が強行した場合の対策をすでに検討しているようである。

本国側としては、現在具体化している商談のうち、アクリル繊維プラント、工作機械などその関係会社は勿論、取り引き銀行まで、韓国との取引き停止といった報復措置をとることも考えている模様である。

ベトナム公報館を新設

本国政府は公報活動を強化するため、南ベトナムに公報館を設置することになった。

創立60周年迎えた 在日YMCAで記念式典

在日本韓国YMCA(東京都千代田区猿楽町二の四)では同会創立六〇周年式典をさる四月二十五日午後七時から同会館講堂で盛大に挙行した。

次いで在日韓国学徒で一九六五年度に博士号を獲得した六名に学位表彰を行ないゼームス・フィッシャ(前延世大学教授)、鈴木一(日韓親和会長)氏から来賓祝辞があり、午後九時四十分に散会した。

在日学徒博士学位授与者は次の通り。

姜妙男 工学博士 東京大学
金光文 〃 〃
趙慶国 〃 〃
金善吉 〃 〃
裵武 農学博士 〃
趙洙善 〃 日本大学
宣炳国 理学博士 大阪大学

公表

四月十八日付、本紙一面掲載の"名古屋の韓日文化センター開設"の紹介記事は、本民団とは、まったく関係ないもので、ここに、これを全面取消します。

韓日経済閣僚の懇談会
定期開催で一致
張・佐藤会談
第一回 八月ソウルで

世界銀行の招請した「対韓経済協議体結成予備会談」に出席のため東京経由ロンドンに向かう途中、東京に立寄った張基栄副総理兼経済企画院長官は、十六日午後佐藤日本首相を首相官邸にたずね、約一時間にわたり韓日両国間の経済協力問題につき意見を交換した。この会談で双方は、来たる八月下旬ソウルで第一回の韓日経済閣僚懇談会を開くこと、またその後も引続き年に一、二回ずつこうした定期会合を開くことについて意見の一致を見た。

この会談では、まず張副総理が最大課題の意向として韓日経済協力は韓国の経済建設が中心になるので、これについて両国間の理解と経済協力の促進をはかるため、年に一、二回程度両国の経済閣僚懇談会をもちたい」と述べ、さらに「この懇談会でその年の経済協力の大筋を決定し、これを事務当局に回すようにしたい」と提案した。

これについて佐藤首相は「韓国側の提案は結構で、とりあえず八月下旬にソウルで第一回の経済閣僚懇談会を開くようにしたい」と賛成した。

八月下旬に開かれるこの懇談会には、日本側からは大蔵、通産、経済企画、農林の各省庁大臣らが出席するものとみられる。

また張副総理は、北朝鮮技術者の日本入国問題にふれ「韓国にとっては重大問題で、きわめて好ましくないので入国を認めぬようにしてほしい」と要望した。

これに対し佐藤首相は「北朝鮮への技術者の入国申請は、北朝鮮へのプラント輸出契約を結ぶためのもので、純粋に民間の問題である。韓国政府が心配するようなことではないと考えるが、韓国側の意向もよくわかるのでさらに慎重に検討する」と述べた。

海運界 韓国船優先働きかけ
請求権物資の輸送で

対日請求権資金による日本からの原資材、各種設備などの韓国向け輸出は、早ければ六月中にも始まるが、本国の海運業界では、その際これら物資の輸送はすべて韓国船により、引き渡し条件はFOBとすべきだと政府に働きかけている。政府でもできるだけ国内船舶を優先使用する方針なので、請求権物資をめぐるシップ・コリアン問題が今後一つの焦点になるものとみられる。

消極策から実利外交へ
共産圏へ積極姿勢

韓国政府は二十二日の閣議でつぎの二原則を決定した。

一、ソウルで非政治的な国際会議がひらかれる場合は共産圏の代表を入国させる。

一、共産国内でひらかれる学術技術関係の非政治的国際会議に韓国代表を送ることも考える。

これは反共を国の基本方針とする韓国としては異例な決定である。

韓国学園財政委員会 広島で発足

民団広島本部(団長朴尚培)では、懸案の一つとなっている子弟の民族教育の実現をめざして、去る四月二十一日、「広島韓国学園財政委員会」の設立総会をひらき基本財政の確立運動を推進することを決めた。

広島平和記念会館でひらかれた同総会は朴尚培団長の趣旨説明で金大寒氏を同財政委員会の会長に選出、財政基金目標額を六百万円と定め、ただちに募金運動を開始することを決めた。

なお同委員会の運営委員はつぎの通り。

会長 金大寒
副会長 朱竜出
委員 金寅植、朴尚培、金鍾壽、徐漢玉、李文福、徐甲鉄、崔栄熙、学園関係一名
監査 張奉熙、梁在植、韓又岩

対日請求権資金の導入開始

本国政府は三十日、対日請求権資金第一年度実施計画総額九千三百五十九万五千ドルを正式に公示した。これにより政府はまず肥料、農薬、繊維、機械など二千万ドルの原資材を五月五日ごろから導入し始めることになり、今後十年間に無償借款三億ドル、財政借款二億ドルの経済協力がいよいよ始まる。

専水の侵犯は明白
海洋丸事件 政府、日本に反論

本国の外務部当局は一日、日本政府が第53海洋丸事件につき、四月三十日韓国政府に四項目にわたる口上書を手渡したことについて「日本政府は韓国専管水域侵犯を否定しているが、明白な侵犯の事実をゆがめる理由を理解することができない。損害賠償請求権も理屈に合わない」と反論した。

のり輸出 三億七千万枚
保税加工を促進
日韓貿易会談終る どう具体化に課題

日本の外務省において二十一日から開かれていた第三回韓日貿易会議は二十六日午後、共同コミュニケ採択で終了した。

今回の会議の焦点として本国側は本年度ノリの対日輸出で当初四億二千万枚の買付けを要求、昨年実績の約五割増の三億七千万枚で妥結をみた。このほか本国側から提出の議題として①保税加工②開発輸出③ノリ以外の一次産品輸出増などあるが、スルメ三万ピルク以上の買付けが約束されただけだった。ただ保税加工と開発輸出問題については改めてソウルか東京で突っ込んだ話し合いをすることに合意した。

なお日本政府は、同日の閣議で九千三百五十九万五千ドルの対韓経済協力の初年度実施計画を了承したが、漁船導入、建造資金に無償供与一千三百三十ドルがあてられるので、日本側が消極的だった大・中型漁船底引き、まき網漁船が含まれていることとあいまって韓日両国の漁業面での競合が強まるものと思われている。

なお韓日貿易会議における共同コミュニケは次の通りである。

一、韓国代表は韓日貿易の不均衡が拡大し、その是正に本年の貿易比率を一対二にするよう努力したいと述べたのに対し、日本側は特定の韓国一次産品の輸入増加に努力を約した。

一、ノリの日本への輸入については、本年度の国内生産が悪いためできるだけ努力することを約した。

一、日本は韓国の保税加工貿易増進のため今後も協力を惜しまないことを約した。

一、韓国側は開発輸出の具体化を希望、日本側はこれに協力したい旨述べた。

一、日本代表は相互主義にもとづいて工業所有権の保護措置を実現するよう要望したのに対し、韓国側は国内事情の進展に応じつつ検討すると述べた。

一、日本代表は在韓日本商社の地位、入国、滞在、事務活動、課税問題につき韓国側の好意的配慮を要請したのに対し韓国側は漸次的改善を約した。

一、日本側は新漁業協定の締結交渉をふくめ、海運問題全般につき双方の会議を開くことを要請したのに対し、韓国側はできるだけ要望にそうと述べた。

一、第四回韓日貿易会談は来春ソウルで開く。

学園の呼び名変わる

東京、大阪、京都にある民族学園三校は、このほど本国政府の教育法並びに学校設置令によって、正規学校としての認可を受けたので、いままで日本教育法の慣例から学園名を使っていたのを、この四月一日から対外公文書は一切、東京韓国学園を例にとると、東京韓国国民学校、同中学校、同高等学校、同足立分校というように改めることになった。

ただし日本当局に対しては、従来通り学園名を使用することになっている。

新駐日六領事が民団中央礼訪

日本の主要都市への新駐日六領事の任命は去る四月十一日行われたが、このほど着任にあたり新六領事は、うちそろって民団中央を礼訪、なごやかに歓談した。

公務員新採用決る

さる四月三十日午前、国務会議で決定した五千四百三十名にのぼる公務員新規採用計画によると、新たに設置された水産庁と駐日領事館に必要な人員と通信網拡張にともなう人員を採用するもの。

写真は民団中央に訪礼した新駐日領事

アジア外相会議
来月14日から
政府9ヵ国に招請状

本国政府は三日、アジア外相会議を六月十四日から十六日までソウルで開くことに決定し李東元外務部長官の名前で正式招請状を発送したと発表した。

招かれているのは椎名(日本)、ハズラク(オーストラリア)、沈昌煥(国府)、ラーマン(マレーシア)、ラモス(フィリッピン)、ホリオーク(ニュージーランド)、タナット、トラン・バン・ド(南ベトナム)の各外相で、プーマ・ラオス首相もオブザーバーとして招かれている。

駐日大使館

大使	金東祚
公使	安光鎬
〃	金在鉉
〃(請求権ならびに経済協力使節団長)	閔忠植
参事官	李相翊
〃	鄭求郁
〃	李文洙
政務課長	呉在熙
経済課長	朴性武
第一領事課長	朴雙龍
第二領事課長	金得宝
秘書官	申東元
一等書記官	全昌熙
総務課長	孔魯明
公報官	張湨河
奨学官	申集浩
購買官	金義薫
駐大阪総領事	金鎮弘
福岡 〃	鄭文淳
札幌 〃	宋賛鎬
名古屋領事	文鍾律
下関 〃	朴匡海
神戸 〃	李源達
仙台 〃	禹鍾
横浜 〃	李膺渉
札幌 〃	李奎守

朝総連系学校への認可問題を糾弾

文教部長会議

外国人学校規制法案は静観

中央文教局（局長卞[illegible]浩）は、四月二十一日、主要各県本部文教部長ならびに東京、大阪、京都の各韓国学校長を召集して当面の文教事業全般について討議し、既設の韓国学校をより強化する一方、日本政府の外国人学校規制法案については現段階では態度を保留しさきの日本地方行政機関の朝総連への各種学校認可、分校自主運営の認可は、民団が要請したのにもかかわらず遺憾であるとしてこれを糾弾することなどを決定した。

同日午前十一時半から中央本部会議室でひらかれた主要本部文教部長会議は、当面の民団文教事業の拡大強化について真剣な討議が展開されつぎのような結論をみた。

❶既設学校補強策――（イ）外国人教育制度規定要綱第六項（日本国と他の外国とがそれぞれ自国の学校制度によって学校設立を認め合う場合は両国間協定によって行なうものとする）は、われわれにとって有利である。そのため、これの実現のため外交交渉を通じて努力する。（ロ）韓国学校の卒業生を本国の大学（ソウル大）に推薦入学できるよう約束をとりつけた（人員は十名）。（ハ）生徒募集については今五月から朝総連系の学校に通学している民団の子弟を韓国学校に入学させる運動を展開する。（二）財政強化策の一環として団員一世帯あたり三百円（年間）を拠出させ年間千二百万円の補助金をつくる（この案は中央委員会にかける）

❷日本政府の外国人学校規制について――現段階では態度を保留し、日本の地方行政機関が民団の要請にもかかわらず朝総連に各種学校十六校と分校の自主運営を認可したことは遺憾でありこれを糾弾する。

❸文教対策の確立について――既設学校を優先的に育成強化する根本策を推進する。

この会議で各学校長は、現在、民族教育の実施が諸般の事情で苦境にある現実を打開するため中央委員会に要望書を提出、各学校から二名ずつ計六名の中央委員を割りあてるよう要望することを提議、これを了承した。

選挙運動規制を要請

民団運動の支障痛感

全国15主要本部団長懇談会　中央委に上程へ

近づく中央定期大会を前に姜桂重近畿地協事務局長、金己哲関東地協事務局長は五月七日、全国主要十五県本部団長を大阪グランドホテルに招集、第七回中央委員会、中央大会の日程、中央団長単一候補の選出、選挙運動の改善にともなう規制等について協議したが、その結果、つぎのような要請書を中央議長に提出した。

要請書

一、第七回中央委員会と今年度中央大会を統合すること、ただし中央委員会は一日間、大会は一日の都合二日間とすること。

一、中央をはじめ地方の選挙運動によってその間、民団事業の任務遂行に少なからぬ支障をきたしており、また分派を派生させるなど多くの弊害をまねいている事実にてらして全民団の大同団結をもたらすため"選挙運動に関する規制"を第七中央委に議題として上程するよう望む。

一九六六年五月七日

東北地協事務局長　権傑根
関東　〃　〃　〃　金己哲
中北　〃　〃　〃　鄭煥麟
四国　〃　〃　〃　金正一
中国　〃　〃　〃　朴尚培
九州　〃　〃　〃　文圭準
近畿　〃　〃　〃　姜桂重
熊本県本部団長　姜秀元
山口　〃　〃　朴鐘
岡山　〃　副団長　趙興相
兵庫　〃　団長　徐正浩
京都府　〃　〃　李宗樹
神奈川　〃　〃　李根馥
新潟　〃　副団長　金順植
北海道　〃　〃　団連壽

公明選挙申合わせ

中央団長選六候補　単一候補になお努力

さきの全国主要十五県本部団長懇談会は中央団長の選挙をとりまく分派の醸成によって民団組織の発展に弊害がもたらされるのを憂慮して、話し合いによる単一候補の選出に努力したのであるが、話し合いがまとまらず、中央議長に要請書を提出して今後とも単一候補をしぼるよう要請した。

この全国主要十五県本部団長の要請にもとづいて、五月十六日、中央団長立候補を表明した権逸現団長、李裕天、李禧元、李寿成、金今石、張聰明の六氏はホテル・ニュージャパンに会合し、民団組織の発展のため公正な選挙運動を行なうことに合意した。

同合意事項はつぎのとおり。

❶各候補は、選挙運動において善意かつ建設的な政策意見を発表し、他候補を中傷、誹謗、謀略することを厳禁して、金品等で買収するような不正は許さない。

❷各代議員の誘致運動を厳禁するとともに、各代議員は旅費、宿泊費を自己負担とする。ただし、宿泊等の予約が必要な場合は中央総務局に連絡すれば中央本部が予約の代行をする。

❸各候補は引き続き協議してできるだけ単一候補をしぼることに努力し対立候補によって招集される弊端をなくすのに努める。

僑胞建設業者が訪問

母国の建設事情を視察

目下、着々と進められている本国の第一次経済開発五ヵ年計画にあって、特にめざましい躍進をみせている建設部門の実情を視察するため、在日僑胞建設業者で組織している関東建設業者協同組合（孫海圭理事長）の一行十六名が六月初旬、本国の全礼鎔建設部長官の招きで母国を訪問する一行は以下のスケジュールを消化したのち、それぞれの出身地にも立ち寄って、できれば、すぐにでも、その故郷にあって復興への建設事業に協力したいとしている。

一行は第一日目金浦空港に到着後その足で墓地を参拝し、丁国務総理、金ソウル特別市長を礼訪する。第二日目は、建設部を礼訪ののち、各新聞社をあいさつ回りする。第三日目は春川ダム、衣岩ダム、ソウル―春川間の舗装状況などを視察。第四日は東津江の干拓状況、第五日目蟾津江ダム、第六日蔚山工業地帯、第七日鎮海工業地帯、第八日南江ダム視察と精力的に足をのばし、建設実情にふれる。

一行のメンバー次のとおり。

▽団長孫海圭（理事長・梅田建設工業社長）▽河石鎬（副理事長・河石建築社長）▽崔長金（副理事長・杉並建設社長）▽呉明鎮（常務理事）▽金己福（理事・三松建設社長）▽権寧珣（理事・興進建設運輸社長）▽南卓佑（理事・パワーショベル工事社長）▽任徳宰（監事・豊竜土木社長）▽金甲宝（監事・三原建設社長）▽金正柱（常任相談役・韓国資料研究所長）▽金富済（宿都商根社長）▽諸益男（山原土建社長）▽高永道（高本組社長）▽陳成光（星閣工業社長）▽河東龍（河本組社長）▽孫仲權（金本石材社長）。

母の慰霊塔の除幕式挙行

大韓母の会はさる五月七日午後、慰霊宮で母の慰霊塔の除幕式を挙行した。この慰霊塔は高さ四尺、百二十万ウオンの工事費をかけて完成された。

杉並支部定期大会　団長に李彩雨氏を選出

杉並支部ではさる三月二十日午前十一時から、阿佐ヶ谷駅前済川会館で団員多数出席のもと、第十九回定期大会を開催した。同大会は、経過報告のあと、新年度活動方針を決定、役員の改選を行った。改選された役員は次の通り。

団長　李彩雨
議長　許鍋爾

僑胞会館建設など

大阪本部地方委会

民団大阪本部（団長姜桂重）は四月二十三日、同本部地方委員七十名を本部講堂に召集、地方委員会をひらいた。同委員会は、三機関の経過報告のあと、新年度活動方針を討議した。おもな決議事項は次のとおり。

○組織の強化発展のため民団の法人化を推進する。○僑胞会館の建設を促進する。○幹部の訓練養成の具体策として十人の要員を選抜して六カ月間、国語、歴史、組織等について学習を行なわせる。○二世教育を重点的に推進する。○本国の建設に寄与するとともに本国からの技術研修生を支援

兵庫西播支部大会　団長に李昌雨氏を選出

兵庫西播支部＝姫路市光源寺前町五十九では、三月二十三日第十二回定期大会を団員多数参席のもとで開いた。大会は国民儀礼ではじまり、経過報告のあと、役員改選にはいり団長には李昌雨氏が選出された。選出された役員は次の通り

団長　李昌雨
議長　崔仁淳
監察委員長　金東鉉

愛知瀬戸支部大会　権会俊団長を再選

愛知瀬戸支部（権会俊団長）ではさる五月八日正午から瀬戸市の健保会館で第十九回定期大会をひらいた。まず三機関の報告があり、新年度活動方針を採択後、役員改選を行なった。改選された役員は次の通り。

団長　権会俊
議長　尹松局

大阪東成支部大会　白丁赫団長を再選

大阪東成支部（白丁赫団長）では、さる四月二十四日午後一時から大阪市東成区大今里本町の東成中小企業会館ホールで第十五回定期大会を開いた。同大会には代議員一百四名と団員多数が参席し国民儀礼ではじまり、今年度活動方針を討議、通過させた後、役員選挙に入り白丁赫団長を再選した。新役員は次の通り。

団長　白丁赫
議長　車忠興
監察委員長　金泰慶

横浜支部も大会　新団長に金龍徳氏選出

さる四月二十一日正午から横浜支部（崔竜岩団長）では中区寿町の勤労会館で代議員一百七十九人と団員多数が参席し第十八回定期大会を開き、新年度活動方針を討議通過させた後、役員改選を行なった。新役員は次の通り

団長　金龍徳
議長　金文玉
監察委員長　金振慶

西淀川支部も大会

西淀川支部では、四月十日支部講堂で第二十二回定期大会を開き、役員改選を行なった結果、新団長には崔祥秀氏を選出した。新役員は次の通り

団長　崔祥秀
議長　崔任竜
監察委員長　李竜学

品川支部でも大会　新団長に金鍾煥氏選出

品川支部では、四月三日品川文化会館で管内団員三百十五名が参席第二十四回定期大会を開いた。同大会は国民儀礼ではじまり、経過報告のあと、新年度活動方針を決定、役員選挙にはいり団長には金鍾煥氏が選出された。新役員は次の通り

団長　金鍾煥
議長　李幸九
監察委員長　申道植

「地協別法待委」の設置

民団中央　急ぎ構成を指示

民団中央は四月二十二日付公文で各地協事務局長に対して、第二回法対委の決定にもとづき各地協別法対委を構成するよう次のように指示した。

一、名称
「在日本大韓民国居留民団〇〇地区法的地位待遇対策委員会」（地協名を使用する）

一、法対委の構成範囲
（イ）単位、各地区協議会
（ロ）構成、各地協管下の各県本部で法的地位問題に経験のある者一名ないし二名を所任と定め、総員十名以上をもって構成する。

一、委員長は当該地協事務局長がその任にあたる。

一、地区法対委の活動内容
（イ）中央の決定事項をPRすると同時にこれを実施する。
（ロ）地方の実情を調査研究する。
（ハ）各地方で発生する問題点を具体的にケース別に調査して中央に報告する。

愛知商銀総会開く

愛知商銀第十三回総会はさる五月六日午後一時から同商銀ホールで開かれた。大倉専務理事の司会で第十二期事業報告の承認、定款改正、新監事の改選を行なった。新監事には、高命竜、鄭煥敏、李相串の三氏が選任された。なお、姜求道理事長は組合員の協力のもと、ますます前進する商銀にするため努力すると挨拶した。

愛知商工会住所変更

新住所は次の通り。
名古屋市中村区鷹羽町三丁目一〇一
愛知商銀ビル六階内
愛知県韓国人商工会

定期映画会のお知らせ　駐日韓国公報館

公報館では毎週金曜日午後六時から本国映画を上映致します。僑胞ならびに一般の御観覧を！

五月中の上映映画
一、劇映画「奪われた日曜日」
二、記録映画「栄ある祖国」
三、ニュース

東京都千代田区永田町二の二九ホテル・ニュージャパン東新館内
駐日韓国公報館
TEL（五八一）五五一二

尋ね人

本籍　慶南蔚山市牛亭洞二六四
姓名　金成徳
右の人に心あたりの方は本社または左記へご連絡下さい。
慶南梁山郡竜見面竜西市場通
金成実

前住所　東京都王子区
姓名　崔末岩
右の人に心あたりの方は本社または左記へご連絡下さい。
釜山市東区草梁洞八六五
二十一統二班
崔石岩

前住所　大阪市東淀川区田川通五の七一
谷山金属工業株式会社
姓名　李萬寧
右の人に心あたりの方は左記へご連絡下さい。
文京区春日一ノ二〇ノ十三
在日本大韓民国居留民団中央本部
組織局次長　姜鍚憲

本籍　慶南釜山市
姓名　鄭次元
解放後、民団佐賀県本部事務員。
右の人に心あたりの方は本社または左記へご連絡下さい。
板橋区坂橋町一ノ三ノ九号

在日本大韓民国居留民団板橋支部
監察委員長　丁仲変

本籍　全南長城郡黄竜面月坪里
姓名　李竜今
右の人に心あたりの方は本社または左記へご連絡下さい。
ソウル特別市竜山区普光洞一六
四六統一班　李丙貴

本籍　全南長城郡黄竜面長山里四〇八
姓名　高仁相
右の人に心あたりの方は本社または左記へご連絡下さい。
ソウル特別市竜山区普光洞一六
四六統一班　李丙貴

前住所　福岡県若松市九丁目
姓名　李快出
右の人に心あたりの方は本社または左記へご連絡下さい。
慶南蔚山市実谷里五十三再建村
李寧許方

本籍　慶南南海郡南海面
姓名　金在俊
右の人に心あたりの方は本社または左記へご連絡下さい。
釜山市東大新洞二街六十三
五統二班

本籍　ソウル特別市東大門区昌
金容誠

姓名　金畜男
右の人に心あたりの方は本社または左記へご連絡下さい。
慶北醴泉郡醴泉邑南本洞三二二
張炳玉方

本籍　全南羅州松月里六二四
姓名　丁慶成
右の人に心あたりの方は本社または左記へご連絡下さい。
全南羅州松月里
湖南肥料株式会社
丁丙玄

本籍　全北益山郡望城面東山里

姓名　金甲善
右の人に心あたりの方は本社または左記へご連絡下さい。
全北金堤郡扶梁面金江里二三
金昌述方金昌守

本籍　平北博川郡嘉山面北一洞
姓名　金徳源
右の人に心あたりの方は本社または左記へご連絡下さい。
横浜市神奈川区松本町五一三六
保証牛乳K、K内
実習研究員
金成鎮

本籍　平南平原郡徳山洞下里一九四
姓名　金美貴
右の人に心あたりの方は本社または左記へ連絡下さい。
慶北金泉郡代項面直指寺
金洪公

本籍　慶南蔚山市
姓名　黄根道
右の人に心あたりの方は本社または左記へご連絡下さい。
釜山市東莱区佑一洞九六
水営駅前漢薬房内
黄元渡

前住所　東京都千代田区富士見町　井村方

姓名　張任鳳
右の人に心あたりの方は本社または左記へご連絡下さい。
千葉県九十九里町片貝
株式会社　半三丸
山口俊彦

前住所　青森県八戸市湊町本町
メトロホール内
姓名　宋永善
右の人に心あたりの方は本社または左記へご連絡下さい。
慶北栄州郡長壽面興田里川
宋鎮宰

本籍　咸南元山市新豊里
姓名　李東寿
右の人に心あたりの方は本社または左記へご連絡下さい。
広島市段原日の出町五一九の四

夏期学生　母国訪問団募集

民団中央文教局は、例年の夏休みを利用した僑胞学生の母国訪問団を左記のとおり募集している。

対象者　韓国学園ならびに日本の各中・高・大学に在学中の者で僑胞二世学生。
募集期間　一九六六年四月十五日～五月二十日
募集人員　六〇〇人
経費　往復旅費ならびに本国滞在費は本人負担
利用交通機関　下関から船便を利用する

楽しい祝賀発表会に参加を

韓青料理学校で開校一周年記念

韓青本部女子部料理学校運営委員会では二十九日、韓青中央事務所隣りの出版保険会館で同校開校一周年を記念して祝賀発表会を

当日は、運営委員会報告を行っ

「地上天国」という名の地獄

共産北韓の実情

金日成個人の独裁

賛成義務を怠れば粛清

許弼奭会長の子息が華燭の典

観光地の夜間通行禁止を解除

134

韓國新聞

韓国新聞社
発行人　権　逸
編集人　金　東　錫
東京都文京区春日町
2丁目20−13
電話（813）2261〜3編集
（812）0673業務
定価　1ヵ月100円
振替口座東京 34988番

綱　領

一、われわれは大韓民国の国是を遵守する
一、われわれは在留同胞の権益擁護を期する
一、われわれは在留同胞の民生安定を期する
一、われわれは在留同胞の文化向上を期する
一、われわれは世界平和と国際親善を期する

権逸団長再選さる

韓日両国の国交再開後の新時代を迎え、在日六十万同胞の指導団体である民団はあらたな重要な転機に立っているが、この新時代に即応した民団の基本姿勢、運動方針を決める第七回中央委員会なら [illegible]

新宣言、綱領を採択

新年度活動方針など決定

議長　李禧元氏

権逸中央団長

監察委員長　李裕天氏

第7回中央委員会

[illegible]

議長李禧元氏　監察委員長李裕天氏

第31回定期中央大会

六日にひらかれた第三十一回定期中央大会は定刻前から会場の豊島公会堂に全国各地の代議員が続々つめかけ傍聴席も溢れんばかり、この大会に寄せる一般団員の期待の大きさがヒシヒシと感じられるなかを午前十一時三十分、代議員三百二十四人（定員三百九十八人）の出席を確認して朴玄議長が大会成立を宣言。議長あいさつ、金東祚駐日大使の祝辞、団長、監察委員長（裵洋文委員代理）の大会あいさつがなされたあと、金英俊事務総長が団務の総括報告を行ないついで第七回中央委員会から回付された宣言、綱領草案、規約修正案が議題にのせられ、討議のすえ呉基文、李宗樹、裵昌煥、朴根世）を選出して宣言、綱領のみを分離再審議させることにした。その結果、同草案の一部が修正されこれを裵錫濬企画分科委員長が朗読して韓日新時代にふさわしい新宣言、綱領を万場一致で採択した。そして、規約修正案については、朴玄議長が修正箇条を朗読したのち同規約修正の決議権を第八中央委に委ねることを決め討議を終えた。

このあと、中央三機関の任期満了により権団長以下全役員が総辞職した。この二年間の任期中には歴史的な東京オリンピック後援事業と韓日会談妥結促進運動があって民団史上画期的な足跡が残された。会場を埋めつくした全参加者は二年間の全役員の労苦をたたえて万雷の拍手を送った。

ついで議事にしたがって新役員の選出に入り、まず団長選挙からはじめられたが、各候補の所見発表にさきだって出馬を予定されていた李禧元氏と裵東湖氏が立候補を辞退、結局、権逸、金今石、李裕天、李寿成の四氏で覇を競うことになったが、投票総数三百八十一票に対して第一回投票は過半数が獲得できず、最多得票の権逸候補（176票）と第二位の金今石候補（123票）で決選投票が行なわれ権逸前団長が二百九票を獲得して中央団長に再選された。

このあと引き続き、議長、監察委員長の選挙が行なわれ、投票の結果、李禧元氏を議長に、李裕天氏を監察委員長にそれぞれ選出した。延べ三日間にわたる第七中央委、第三十一中央定期大会は韓日新時代の転機に立つ大会にふさわしい多くの成果を残して同午後十時すぎ幕を閉じた。

第31回中央大会で採択された

新宣言綱領

[illegible]

…局面を展開している今日、われわれは日本において法的地位の確立と諸般にいたるまで末ながく繁栄を享受し、ともに祖国大韓民国に寄与することを始めようとしている。

…して民団運動二十年の実績と伝統…務をつぎのように内外に明らかに…

法的地位に誠意求む

一、韓日両国において在日同胞の法的地位について… に両国政府、特に日本政府の早急な誠意ある対処を要求する。

外国人としての栄誉と主体性堅持

民団の指導体制を確立

日本人と同待遇要求

二、われわれは、近代生活が個人の努力を越え、居住する国の国家機関ならびに地方公共団体が与える恩沢と機会に大きく左右されている事に留意し、特に、在日韓国人が日本国民と何んら差別のない納税者であることと、おのずと子孫までもが日本に永住するものであるということに照らして、参政権を除いては政治的、経済的、社会的なあらゆる面において、在日韓国人は日本国民と同等の待遇を受けねばならない。

韓日相互の繁栄努力

三、われわれは、在日同胞が大韓民国の国民であると同時に、日本という地域社会の構成員であるということに対して深く自覚し、発展に大きく寄与したことを想起して、われわれも在日同胞と日本国民が友好と協調を造成し、韓日両国が互恵平等の原則のもとに相互繁栄と発展がもたらされるよう努力する。

国際人たる民族教育

四、われわれは、日本に永住しても、われわれの世代ならびに子孫が民族教育ならびに国際人として日本社会で尊敬と信頼を受ける模範的な韓国人となることを目標に、われわれの祖先が、日本文化に必要な教育を受け、あくまでも韓国人としての栄誉と主体性を堅持し、大韓民国国民として立派に生きぬいていくことを誓う。

在日公館へ積極協力

五、わが民団は、在日韓国人の総結集体であり、唯一の僑胞指導団体として組織を強化し、指導体制を確立して、法的地位ならびに諸般処遇条件の完備、教育、民生等僑胞生活に密着した活動に重きを置いて大韓民国在日公館の活動に積極的に協調する。

反共闘争へ団結固む

六、わが民団は、祖国大韓民国とともに自由陣営世界に堅く位置しており、反共理念のもとに全僑胞を団員として包摂するため積極的に努力し、闘争することを誓う。

国連統一方式を推進

七、われわれは、常に祖国の統一が成就されるよう熱望し、国連の統一方案が最も平和的で民主的であるため、今後においても引き続きこの方針を堅持していく。

祖国建設に積極参加

八、われわれは、在日同胞が祖国の経済建設に積極参加することを促求し、民団はできるかぎり側面的に協力することを惜まない。

われわれは以上のような基本姿勢で、つぎの綱領のもとに画期的な新出発をここに宣言するものである。

綱　領

一、われわれは大韓民国の国是を遵守する。

一、われわれは在留同胞の権益擁護を期する。

一、われわれは在留同胞の民生安定を期する。

一、われわれは在留同胞の文化向上を期する。

一、われわれは世界平和と国際親善を期する。

第7中央委・第31定期中央大会　決定事項

第七回中央委員会

一、一九六六年度活動方針は執行部原案を一部字句訂正して可決
一、新年度予算は六千十四万八千三百…

四十一円に決定。

一、中央委に上程された民団の新宣言、綱領草案は慎重検討のうえ第三十一回中央大会で決定をみることにする。

一、規約修正案は具体審議のうえ大会で結論をだす。

第三十一回定期中央大会

一、中央委から回付された新宣言、綱領草案の一部字句訂正してこれを採択。

一、規約修正の案件については第八中央委に修正可決できるよう大会の名においてその権限を賦与する。

一、直選中央委員の選出は中央三機関に一任する。

三機関新役員決る

▲執行部▼

団長	権　逸
副団長	張　聡明
〃	金　泰変
事務総長（兼）	張　聡明
事務次長	朴　太煥
組織局長（兼）	朴　太煥
総務局長	崔　竜基
民生局長	申　灝
文教局長	卞　周浩
宣伝局長	金　秉錫
財政局長	朴　炳憲
法対委事務局長（兼）	申　灝

▲議決部▼

議長	李　禧元
副議長	辛　熙
〃	陳　点春

▲監察機関▼

監察委員長	李　裕天
監察委員	鄭　炯和
〃	鄭　泰柱

▲顧　問▼

（常任）丁賛鎮（常任）朴玄
（常任）金今石、金載華　金光男
鄭寅錫　曺寧柱　呉宇泳　朴春琴
朴竜九　徐甲虎　辛格浩　安在祐

予算案委員会を通過

各県本部の割当金決る

…案を审議した結果、六千十四万八…臨時事業費として千七百…三千三百四十一円を本年度予算とし…円、執行部原案通り通過させた。なお、本年度各地方本部別割当金はつぎのとおり。

一九六六年度各地方本部別割当金

本部名	割当金月額	割当金年額
大阪	400,000円	4,800,000円
東京	350,000	4,200,000
愛知	200,000	2,400,000
兵庫	200,000	2,400,000
京都	200,000	2,400,000
北海道	200,000	2,400,000
神奈川	100,000	1,200,000
広島	100,000	1,200,000
山口	100,000	1,200,000
福岡	80,000	960,000
宮城	100,000	1,200,000
[illegible]	[illegible]	[illegible]
計	2,640,000	31,680,000

賛助者へ感謝状

中央本部への特別賛助金者は左記の通りであるが、中央本部では近く感謝状をおくる。

田連寿	二五〇、〇〇〇
李面鎬	一、〇〇〇、〇〇〇
許弼奭	一、〇〇〇、〇〇〇
辛格浩	一、〇〇〇、〇〇〇
鄭健永	一、〇〇〇、〇〇〇
鄭煥麒	五〇〇、〇〇〇
崔正烈	五〇〇、〇〇〇
張永駿	五〇〇、〇〇〇
韓益俊	五〇〇、〇〇〇
計	五、七五〇、〇〇〇

13県が割当金を全納

各県本部の65年度割当金のうち全納県本部は東京本部をはじめとする左記の十三県である。

❶東京本部❷大阪本部❸香川県本部❹愛知県本部❺和歌山本部❻京都本部❼埼玉県本部❽茨城県本部❾滋賀県本部❿三重県本部⓫奈良県本部⓬熊本県本部⓭石川県本部。

権団長の再選を歓迎

本国要路から続々祝電

第三十一回定期大会で再選された権逸中央団長に対して本国政府要路では、歓迎の意を表明すると同時に今後の発展に大きく期待している。さる六日の中央大会で権逸団長の再選が伝えられるや、金鍾泌共和党議長、李東元外務部長官、金炯旭中央情報部長、洪鍾哲公報部長官、金仁慶尚北道知事らは、ただちに当選を祝し歓迎するむねの祝電と書翰を中央本部あてに寄せた。また、本国新聞等でも新三機関の就任を歓迎して大々的に報道している。

保護関税色強める

政府、関税政策を再検討

本国政府は十六日に輸入自由化率八五％をめざした大幅な輸入規制緩和措置を公示したが、輸入自由化政策やガットへの加入準備などに対処するため、現在の関税政策を根本的に再検討している。それによると、関税率改正案を六月中にも決定し、七月の定例国会に提出する予定だが、輸出競争力強化や物価対策の見地から重要原資材、機械などの税率を引き下げる半面、輸入の大幅な自由化から国内産業を保護するため外国製品への課税を引き上げて保護関税色を強める方策を進めている。

政府は、最近輸出が好調なところから、このほど約三百七十品目について自由化ないし制限緩和を実施した。しかし企業数、生産額で実に五十％を占める中小企業はもちろん、大企業も国際競争力の弱さから輸入自由化拡大に強い脅威を感じている。

たとえばスクラップ、銑鉄など三十五の機械工業原料や通信機械など五品目については大幅な関税引き下げを要望している。また、染料など三品目は一〇％、人絹糸など五品目は二〇％、板ガラスは五〇％、農機具、内燃機関など十品目は二〇〇％、ピストンなど百二十一品目は一五〇％それぞれ現行税率を引き上げるよう求めている。

なお政府としては、税率調整に当たっては、❶重要産業機械、原資材は無税または低率とする❷緊急物資は低いかわり、ぜいたく品は高率とする❸将来有望な輸出産業や基幹、幼稚産業は高率とする❹国内生産が不可能ないし供給不足の物資は低率にする❺財政需要をまかなうため特定物品は税率を引き上げるなどを基本的な態度としている。たとえば鉄道、車両、外国書籍、伝染病予防薬などは無税、重要産業機械は五—一〇％、セメント、板ガラスや化学繊維は三〇—三五％、冷蔵庫、ラジオ、写真フィルムは六〇—一〇〇％、時計、帽子、電蓄、カメラ、電気アイロンは七〇—一〇〇％、乗用車、自動二輪車は一〇〇—一五〇％、酒類、たばこ、化粧品一八〇—二五〇％などの税率が予定されている。

佐藤首相の訪韓要請

丁総理、朴大統領の希望伝う

蒋介石中華民国政府総統の総統就任式に出席後、日本に立寄った丁一権国務総理は二十六日午前九時五十分、首相官邸に佐藤首相をたずね、約二十分間会談した。

丁総理は「韓日条約の成立に努力した佐藤首相をぜひ韓国に招いて歓迎したい」と、佐藤首相の訪韓を要請した。これに対して佐藤首相は「ぜひ訪韓したいと思っているが、その時期の決定はしばらく待ってほしい」と答えた。

この会談では、まず丁総理が、韓日条約締結後の韓国の情勢について「最近は学生デモもなく、人心は韓国以来もっとも落着いている。経済開発も順調に進んでいる。韓国民は日本との友好関係が確立されることを心から願っている」と述べ、朴大統領からも伝言を依頼されたとして、佐藤首相の訪韓を強く要請した。

これに対して佐藤首相は「韓日条約締結後、韓国の人心が安定してきたことは同慶にたえない。韓国の経済開発にはできるだけ協力したいと考えている。六月に開かれるアジア・太平洋閣僚会議に出席のため訪韓する椎名外相と経済協力について十分話合ってもらいたい。わたしも再三招待を受け、うれしいが、ただ今秋には、外国から賓客が来日する予定もあり、私の外遊計画もまだ決っていないので、訪韓の時期の決定はしばらくまってほしい」と答えた。

なお会談には日本側から橋本官房長官、韓国側から金駐日大使らが同席した。このあと午前十一時二十五分羽田発のノースウェスト…

ソウル—サイゴンに直通電話

金炳三逓信部長官はさき頃、ソウル—サイゴン間の直通国際電話回線が来る五月二十五日から開通するとのべた。

日本中継による通話料は一通話二千四百九十ウオンであるが、直通による一通話は一千九百九十二ウオンであるとのこと。

漁業指導船の派遣など合意

韓日漁業共同委員会

[illegible]

在韓日本商社の商業活動認める

韓国政府商工部筋はこのほど、在韓日本商社の法的地位問題について「今月末までに法的地位を認めるようにするつもりだ」と言明した。

今回の在韓日本商社合法化は日本商社を支店または現地法人として登記させ、韓国側の資格審査に合格したものに限り"物品売渡し業者"として代理店業務を認める。

これにより一応の商社活動が公認されることになり、日本商社員は商業活動を目的に訪韓できることとなる。

日本輸出業者の不誠実を非難

朴商工相が警告

朴忠勲商工相は、このほど対韓経済協力資金による原材料の導入に際して、日本側業者の不誠実な行為で韓国が不利になるようなことがあれば、黙視しないと次のような警告を行なった。

それによると、日本側業者は、原料輸出の際に、談合しているという話があるので、こうしたことをして営業申請をしても受け入れないし、セメントなどで他の国には屯当り十二ドルで売っているのに韓国には十六ドル二十セントで売ると申し入れてきていることなど、はなはだ不誠実なことなので、強硬に警告を発するというものである。

応札外人商社千四百三十社に

本国政府調達庁の発表によると四月末現在の外資購買国際入札に参加するため登録した外国人商社は総数千四百三十社に達した。

参加地域はアメリカ、日本、イギリス、西ドイツ、カナダ、中華民国、ホンコン、イタリアなど十五カ国以上に達している。

業種別では

(1) 製作社	五百二十七社
(2) 貿易業	五百九十四社
(3) オッファー商	二百九十社
輸出代行業者九社	
(4) 船舶業	五社
(5) 技術用役業	五社

地域別には

❶アメリカ	六百八十八社
❷日本	一百六十二社
❸イギリスを含むEEC地域	百八十九社
❹韓国	一百六十三社
❺イタリア、スイス、デンマーク、カナダなど	二十八社

建築資材など配定

韓国銀行で請求権原資材

韓国銀行はさる五月十二日、対日請求権の原資材資金を建築資材など二品目に二千五百五十万二千円（七万ドル）配定した。

これで配定累計は一億八千二百…

日韓

本調印一周年

記念パーティー

韓日国交正常化のための韓日条約本調印がなされて一周年を迎えることになるが、駐日大使館では一周年を記念してきたる六月二十二日午後六時から金東祚大使の主催による同祝賀パーティーを都内ヒルトン・ホテルで開催する。

135

第7回中央委員会決定

1966年度活動方針

組織

一、永住権申請運動

民団は永住権申請について全面的に展開できず一部問題点に限らして逆連的なきらいのあるのが現情である。

戦後入国者問題が、いまだに成果のある結論をみていないから組織が永住権申請を一時保留しているかのような印象をみせているがこのような状態は時間がたつにつれて混乱を招ねくのみでなく、永住権申請を拒否妨害している敵対陣営朝総連に利益を与える結果となり、また、一般大衆には一種の疑惑を投げかけることになるため民団はこの時点において、永住権申請問題と戦後入国者問題を両建に区分して申請運動を積極的に推進する一方、一般大衆には永住権申請に関する指導と便宜をはかりあわせて戦後入国者に関する問題をも推進する。

二、韓日親善ムードの昂揚

国交が樹立され韓日両国民は新たな立場にあるにもかかわらず、みずから友好親善をはかる気配は見受けられない。真の善隣友好は政府対政府のものでなく国民と国民の友愛精神によって実を結ぶものので、このことが韓日両国の将来を保障する基本となるのである。

したがって韓日親善に関しては強要や一方的なものでなく相互の必要からもりあがらねばならない。民団の役割は、一般大衆に対する指導も必要だが日本人社会の指導層を通じて、韓日親善の気運をもりあげるのに力を注がなくてはならない。

今後の民団は、日本社会において獲得しなければならない権益闘争において、われわれ自身の力はいうにおよばず、韓日親善を願う日本人知名士を先頭に、彼らをして自分達の政府に建議するようにするのがより効果的であると考える。

このような意味においてわれわれは一日も早く地方本部単位で韓日友好親善協会を結成し、引き続き闘争を進めなければならない。

三、敵対陣営の侵透に対して

わが民団は、全在日同胞の権益擁護と福祉向上のための団体として反共を創団精神として、六十万同胞を共産化しようとする共産系列と熾烈に対決してきた。

韓日両国の国交が正常化されて以後、敵対陣営の朝総連は民団陣営に対して侵透攪乱工作を激化させており、従来とは異なる幾つかの特徴をその戦術面で示している。

朝総連は、日本共産党をはじめとする左翼勢力と結びついて猛烈に韓日会談の反対運動を展開したが、その目的が挫折されるや今度は、締結された韓日協定が全く無効であるというおかしな理論をふりかざして、いわゆる国籍変更運動なるものをあえてし在日同胞の永住権申請を妨害するための虚偽欺瞞宣伝に狂奔し、善良で素朴な一般大衆を被害に煽動している。

また、朝総連はいわゆる民族教育の美名のもとに実施している共産赤化教育を防衛するため組織の総力を注いでおり、そして、日本共産党をはじめとする左翼勢力との協力態勢を確立する一方、巨大な工作資金を投じて保守系人士にまで手をのばしている。特に、この運動は中央のみでなく地方自治体において激しく展開されている。

そしてまた、朝総連はいわゆる祖国往来運動と北韓技術者の入国要請運動を精力的に展開しているが、これは、政治的に韓日両国の対立と離間策を画策するのみでなく両国民の善隣友好関係を瓦解させようとするところにその意図と目的が隠されているのである。

そして、朝総連は韓日修交以後民団に対する侵透を押し進めるためいわゆる"反米救国統一戦線"事業なるものを行なっているが、その戦術的側面は過去にくらべて一層巧妙になされているということを全団員は知らねばならない。

最近の特徴としては、民団系商工人に対する包摂工作があげられるが、朝総連は彼らの商工人に一定の任務を与え意識的にわが民団に接触させ、親共陣営に誘引させる工作を展開するとともに地方民団幹部を対象に経済的な融資を行なって組織の団結と指導機能の弱化を目論み、また、われわれの幹部に対して反目と敵愾心をあおり一般大衆を浸透させる方法をとっている。

そしてまた、彼らはいわゆる赤化統一のため"平和統一"の美名のもとに在日六十万の"民族的素朴な統一念願と民族感情に訴えて巧妙に侵透工作をつづけている。この事実に照らしてみる時、一部団員のなかには自分も知らぬまに彼らの思想的毒素に染っている場合が少なくない。

このような朝総連の侵透工作に対してわが組織は、愛国精神と反共理念に徹し、精神的にも理論的にも彼らの野望を粉砕して一致団結し、一般大衆を救出する運動に力を注がねばならない。

民団の一部幹部と団員のなかには朴大統領が発表した韓日協定締結時の談話文のなかに"過去を問わない"という言葉があるのを曲解して朝総連幹部との無原則な会合や同調が国家から許されるものと錯覚しているむきがあるが、これは国家と団に背馳するものであると断定せざるを得ない。

朴大統領の談話は、過去を清算して、善良な大韓民国国民となるということが絶対的な条件で、このことによってのみ温く迎えいれることが許されるのである。

四、統一論について

国土統一は、わが民族の念願である。解放以後今日まで韓民族として統一を否定するものはいない。だが祖国は全民族の念願にもかかわらず南北に分断されている。日本における国土統一論は、何時のまにか朝総連の専用物となり欺瞞と謀略に偽装されたいわゆる"平和統一論"が全在日同胞の頭を支配している事実を認めざるを得ない状態にある。

そこで民団は、われわれの国土統一論を展開する一方、一般大衆に積極的に浸透させ、朝総連のいわゆる"平和統一論"なる偽装された赤化統一運動を挫折させ、大衆に大韓民国の正しい方向を知らしめなくてはならない。

そのためわれわれは、みずから組織が確固不動の理念をもって、全組織が理論を統一させ、朝総連の平和統一論の欺瞞性を徹底的に暴露しなくてはならない。

われわれが願う国土統一とは、単に南北を一つにするということが課題でなく、自由民主主義の統一を成し遂げることによって繁栄する祖国とわれわれとわれわれの子孫が永遠に自由と幸福を享受できるようにするところに意義があるのである。

もしも民団がこれ以上国土統一に対して傍観するならば、一般大衆は国土統一に関する限りわが組織を正しく評価しなくなり、民団団員のなかにも無分別で無原則な統一論に酔って組織を混乱し、朝総連に利益を与える結果を招くやも知れない。そこで、これの具体案は別に定めることとして、とりあえず❶全組織人は韓国の国土統一論を学習して理論を統一する。❷彼我の統一論を文書化して一般大衆に真実を認識させる。❸集会、報道機関を通じて民団の国土統一に対する熱意を広く知らしめる。

——の三点に重きを置いて運動を進める。

五、傘下団体の指導について

傘下の韓青は、つぎの民団を背負ってたつ民団の戦力である。過去の韓青は、民団の派閥に介入して韓青本来の運動を疎かにした感があったが最近では二世青年を一堂に集められる態勢を整え始めており、その将来が期待されている。

民団組織が沈滞し弱体化されている原因の一つに若い力の不足が大きな要因となっていると思われる。

民団が今日まで若い組織人を育成できなかった点については民団自体にもその責任がある。民団は若い青年に民団における座を与えなかったばかりでなく、時代の要望に対する理解をもつよう努力したこともない。そのため、民団の後継者である青年が民団に背いて独自の運動を展開するようになった。

一方、韓青盟員らは民団の先輩に対して、創団精神と伝統を理解できず時代の錯誤者のように接している傾向にあり、一種の不安感を与えるような姿勢をとっていることも事実である。そこで、❶韓青は民団の実務者となる要員を選抜して地方本部または支部において実習訓練を受ける。

永住申請を積極推進

統一理論を学習徹底

民生

一、法的地位及び待遇問題

韓日協定の、内容はその全部が重要なものであるがその中でも在日韓国人の法的地位及び待遇問題は我々にとってもっとも重要な問題であることはいうまでもない。

だから韓日会談が、継続的に推進された約一年間というものは、在日僑胞の法的地位確保と社会的に妥当な社会保障を獲得するために他の団務を一時中断してまで全組織の力量をこの問題の解決に集中して来た。

文教

民族教育の普及強化

教育後援基金を募る

宣伝

韓国新聞の独立体制

購読料徴収制へ

マスコミとの交流を増進

136

各地に領事館開く

港の見える館

感激あふれる横浜領事館

権団長らが鋏入れ

下関につづいて二番目の横浜領事館が二十五日開設された。港の見える丘の中区山手町一一八番地に僑胞有志四百人が参席して、大極旗のもと金東祚大使から李廣変初代領事の紹介があった。席上、金大使は「領事館開設を契機に民団の組織強化と通商の増進を期待する」との挨拶を行い、権逸中央団長、李根馥神奈川団長、洪勻杓横浜領事館後援会長と仲良く開館テープにハサミ入れを行った。＝写真はハサミ入れと領事館正面＝開館式後、館内庭園ではなやかに祝賀会が催され、領事館の前途を祝福した。

神戸など三領事館も開く

駐日横浜領事館を皮切りに神戸名古屋、北海道各領事館は、五月二十七日、同三十一日、六月九日とそれぞれ金東祚駐日大使はじめ権逸中央団長ら多くの僑胞が参席して開館式を行った。

日本側からも該当県の知事をはじめ市長、政財界貿易業者らが多数参加し、なごやかなうちにも韓日新時代にふさわしい意義ある開館祝賀風景をくりひろげた。

金大使の「過去、半世紀にわたる不幸な時代は、前進する新時代の要求に応じて韓日両国民は、いつまでも平和と親善への新しい決意と共存共栄への努力をつづけなければならない」とのあいさつにも、権中央団長の「領事館開設を契機に一だんと成長した僑胞社会となるためにも、団結して心から祖国の繁栄と各自の生活向上に前進しよう」との祝辞にも祝福のよろこびがあふれていた。なお仙台領事館は24日に開館されることになっている。

初代領事は次の通り

名古屋　文鎮律

神戸　李赫達

札幌　李達守

仙台　高□鎬

金前高麗大総長の銅像除幕式

前高麗大学総長・故仁村・金性洙先生銅像……

充実みせた韓国映画

急速な進歩に各国感銘

「非武装地帯」に作品賞

五日から本国のソウルで開かれていた第十三回アジア映画祭はさる九日非劇部門で「非武装地帯」の作品賞など各部門の受賞者を決め、五日間の幕を閉じたが、参加国代表陣は国の六十五人、台湾四十三人など総勢百九十五人。日本からもアジア映画製作者連盟会長の永田雅一大映社長をはじめ、大川博東映社長を団長に四十四人の代表団を送りこんで、はなやかさをそえた。

ソウルはいま、秋について美しいといわれる初夏の空が澄み渡たり、テレビより映画娯楽に親しむ市民たちは……

法的地位問題協議会

大使館と法対委で設く

韓日国交正常化後における在日韓国人の法的地位ならびに処遇の要求貫徹について法対委では両国間の正式外交ルートを通じて交渉することを前提として、駐日大使館との合同委員会の設置を大使館当局に申入れていたが、さる五月十九日"法的地位問題協議会"の設立をみた。その後、同協議会は三回にわたって会合をもち、本国政府が外交交渉で日本政府当局と交渉する問題と民団が独自に日本側と交渉する問題を区分けし今後、積極的に運動を推進することで合意をみた。

「韓学同」の直轄解除

委員長に梁東準君選出

第五回中央委員会の決定で直轄処分に付されていた韓国学生同盟は、さる五月二十五日、直轄解除とあわせて第二十七回定期大会を都内・韓国会館においてひらき今後の同学同の正常な運営について討議したあと新役員を選出した。新委員長には梁東準君（早大）が選ばれた。

最高大阪の15万8千人

在日僑胞の総人口は一九六五年十二月三十一日現在、五十八万三千五百三十七人（男子三十一万五千四百六十五人、女子二十六万八千七十二人）となっている。

最高は大阪府の十五万八千五百九十六人。次いで東京都の六万六千六百七十八人、兵庫県の五万八千七百八十六人、愛知県の四万六千一百七十六人の順。

都市の僑胞人口はつぎのとおり。

大阪市	一一〇、四八九人
東京都	六六、六七八〃
京都	三三、一六四〃
名古屋市	一四、七六一〃
神戸市	一三、一四一〃
横浜市	一〇、三〇〇〃
計	二七七、七五三人

なお年令別では

十四才未満

男子	九六、五〇〇人
女子	九〇、三七四〃

十四才以上

男子	二二八、九六一人
女子	一七七、六九八〃

日本での永住許可

韓国居住の在日僑胞家族に

日本政府は、韓国に居住していた在日僑胞家族にも、永住権もしくはこれに準じた資格で、日本入国を許可する旨を外務部に通告してきた。

その最初のケースとして金鍾英氏（東京都江東区南砂町四の八）の夫人英愛さん＝ソウル特別市永登浦区永登浦洞四四七と二人の娘……

日本からの観光客

四カ月で七千人

韓日国交の正常化にともない日本人の観光客がめっきりふえた。四月末までに七千人以上が入国し、韓国内は空前の観光ブームにわいている。

李源国君東京球団へ

韓国高校野球界のエース

孫晋協団長を選出

千葉本部で定期大会

千葉本部では、さる五月六日午前十時から商工会議所で第二十回定期大会を管内団員多数参席して盛大にひらいた。

同大会はまず国民儀礼ではじまり、続いて新年度活動方針を討議……

金松坤団長を再選

静岡本部定期大会開く

柳在洪団長を再選

滋賀本部でも定期大会

民団新転機に即応

各地で県、支部大会開く

団長に徐竜岩氏

団長に鄭在俊氏を再選

団長に朴健大氏

団長に金天奎氏

横須賀支部大会

許任団長を選出

団長に李有万氏

史上最高の豊作

実をむすんだ増産運動

韓国青年と文通で結ばれテレビ結婚

東京商銀定期総会

定期映画会のお知らせ

地上天国という名の地獄

共産北韓の実情

統制と監視下に

喜劇の偽装民主主義

民族学校の規制で

再び日政当局へ陳情書

文部政策の矛盾

外国人学校制度を警戒

権逸中央団長は、さきごろ、外国人学校制度の創設に関連して、韓国系学校の認可交付と朝総連系学校の認可取消しについて次のような陳情書を日本政府当局に提出、善処方を要望した。

陳情書全文

目下、問題になっているわが韓国系学校と朝総連系学校との教育の基本理念に関する差異の明示と同時に日本小学校併設分校の分離許可の取消しと、それに伴う教育施設を規制するよう、前回、要請書をもって提出致しましたが、今回再び教育問題に関して下記の要項について重ねて陳情するようになったのは、友好関係にあるわれわれにとって誠に不幸なことで遺憾千万であるといわざるをえません。

ご承知の通り、文部省で進めてきた外国人学校制度の創設案の最終要綱がまとまったもののようですが、その内容を見ますると日本政府が望む"日本と諸外国との理解及び友好関係の増進を目的とし、日本国の利益と安全を害するものであってはならない"との趣旨については、国際的観念から理解出来ますが、同法律が韓国人の民族教育に何等かの不当な規制を受ける懸念がありますので本法の施行にあたっては、われわれの望むような教育機関の保護育成は勿論、ひいては民主々義の発展と自由陣営の友好増進のため、常に心がける建設的な法律であるよう強く望むものであります。

既に両国は国交も正常化し、自由主義陣営の一員として国際共産主義から亜細亜を防衛する共同運命体にあって友好共栄への諸政策を推進しているのにも拘らず、韓国とは相容れない思想をもって対立教育を実施している朝総連系の学校を"各種学校"として、この度、公認したことは明らかに日本の文教政策の矛盾であり、韓国との友好をそこなうものであります。

また、これは昨年十二月二十八日付で文部事務次官、福田繁氏が通達した文管振第二一〇号、公文を全く無視した地方自治体の一方的な権利の乱用ばかりでなく、現日本教育制度上の矛盾でこのことにより共産陣営の繁栄をもたらすものであることはいうまでもありません。

近く制定される外国人学校制度の法案が以上の矛盾を是正するための法律ならいざ知らず、反面にその法律の施行によって我が民団側の民族学校が規制される様な両国協定を害する場合は、断固として反対するつもりでございます。

▽韓国系学校を日本学校教育法に基づく私立学校としての認可取計らいについて

在日韓国人学校の（東京、大阪、京都三校）日本国学校教育法による"私立学校"としての認可の件につきましては本国政府は勿論、駐日韓国大使及び我が民団も以前から強く要望しておりますが未だに学校教育法第一条に規定された"私立学校"としての認可を出し渋っていることは、韓日両国協定を締結せる非友好的で、しかも将来韓国をになう若い世代の国際親善及び友好を害するものであるといわざるを得ません。

それだけでなく、在日僑胞二世の上級学校の進学や、就職にも影響し、在日韓国人の社会活動を制約することにもなるもので韓国と同じくする教育理念の下に言語と歴史を通じた民族教育を行ない、これによって国際人として日本社会にも溶け込ませようとする我が民団の文教政策にも、大きな支障を招き起こすだけでなく両国親善の前途をも暗くするものであります。

これは両国だけの損害でなく自由主義陣営の団結にもひびがはいることは疑いありません。

▽制定されるべき"外国人学校制度"は、以上の様な基本精神に立脚して朝総連系学校とは厳格に法的措置をとるとしても、韓国系学校に対しては日本の公認の私立学校と同等の資格を与え、その育成を保障する方向に善処下さることを要望致します。

▽朝総連系学校の認可取消しについて

在日朝総連系の学校は北韓傀儡政権の旗と金日成の写真を掲げ、所謂、民主主義を装い、歪曲した歴史や民族観を植え付け人間形成の最も重要期である幼青少年達に自由、平等精神の本意を誤らせる偏向、反日教育を行なっているものであります。

その教育目的は、日本の国益に反するだけでなく民主主義陣営、ひいては、韓日両国の親善にも悪影響を及ぼすものであります。

それにも拘らず、去る三月三日付をもって大阪府知事の名において朝鮮初級・中級・高級学校一六個校が各種学校として認可されたことは、日本教育法の基本理念に反するだけでなく、文部省の基本精神が貫徹出来ない地方自治体との法制上の矛盾が現出しているにしろ、あまりにも無責任すぎる政策であります。

現在、日本全国に各種学校として認可されている外国人学校は七九校がありますが、そのうち朝総連系学校は五五校を占めており、六〇余校が日本全国に散在しているので、これらが認可される恐れがあります。これら朝総連系学校から出た学生達の進路は主に朝総連の下部組織のために共産要員として活躍［illegible］線で日本の革新系との連帯の下に、在日韓国人の日本の赤化に拍車がかけられているのであります。

われわれ韓国居留民団は在日僑胞の民権擁護と二世民族教育の正常化［illegible］朝総連系学校の認可を直ちに取消すよう、この陳情書をもって強く要望致します。

アジア・太平洋地域閣僚会議

その歴史的意義

［illegible］

地域問題は地域国家間で解決

国際勢力圏の形成

生活向上に経済協力　共同市場の設立へ

椎名外相　李東元外相

［illegible］

連帯的結束を強化

共同コミュニケ発表

アジア太平洋閣僚会議

韓国が主催する初の国際会議であるアジア・太平洋閣僚会議は十四日ソウルの中央庁で幕を開いた。日本、国府、南ベトナム、マレーシア、タイ、オーストラリア、ニュージーランド、フィリピン、オブザーバーのラオスなど十ヵ国の代表が参加、会議正面には「歓迎アジア・太平洋閣僚会議代表」という大看板と十ヵ国の旗が飾られ、入口には韓国女子大学生が民族衣裳をまとって案内にあたるなど、国際会議の雰囲気を華やかに盛り上げていた。

経済など協力体制　大使級で準備機関

午前九時五十分ごろ、軍楽隊がアリランなど韓国民謡を演奏する中を各国代表団が入場し、議長席に向かってU字型に着席した。会場には丁一権総理はじめ韓国各国使節らがズラリと顔をならべている。

午前十時五分、李東元外務部長官が開会のあいさつをのべ、仮議長にタナット・コーマン・タイ外相を指名、つづいて正議長に李東元外相を選出して、朴大統領の演説にはいった。

朴大統領は演説の中で❶政治、経済、文化などの交流によってこそ均衡ある繁栄したアジア・太平洋共同社会を建設できる。これがアジアの求める平和革命である❷共産主義の脅威を防ぎ、混乱したアジアの現実を克服し、新しいアジアをつくるため、この会議のように対話の広場を通じて協力と結束を固めよう—などの点を強調した。また同大統領は韓国のベトナム派兵にふれ、これは戦争するための攻撃的参加でなく、平和のための防衛的参加であると述べた。

朴大統領の演説は約十分、穏やかな調子のものであった。

朴大統領の演説のあと、李外務部長官は、同会議事務局長に崔圭夏駐マレーシア韓国大使を推し、会議はこれを承認、同四十五分午前の会議を終わった。

なお、この会議の席上、蒋介石国府総統、グエン・カオ・キ南ベトナム首相、マルコス・フィリピン大統領、ラーマン・マレーシア首相らからの祝電が披露された。

午後はウォーカー・ヒルに会場を移し、二時から各国代表の基調演説がおこなわれた。

朴大統領の歓迎演説

一、アジア・太平洋地域の住民の生命と、自由と繁栄を脅かしているものは、理性と国際秩序に正面から挑戦している国際共産主義の破壊的行動である。彼らはついに自由ベトナムでアジア赤化の本格的な侵略に着手した。われわれ自由国民は相互協力と結束をいっそう強めなければならない。

一、われわれの連帯は、脅威の克服のみでなく平和と自由と繁栄の"新しいアジア"を次の世代に引き継ぐことである。

一、ソウル会議は"対話の広場"であり、見解の相違のままに［illegible］

一、韓国は［illegible］ベトナムの状態が一日も早く終わり、平和が回復することを願っている。［illegible］平和は妥協だけでは得られず、力の行使も不可欠である。

一、韓国軍のベトナム派遣は、それが平和のための最も正しい道と判断して決行したものであり、ベトナムの支援は戦争のための攻撃的参加ではなく、平和のための防衛的参加である［illegible］

一、政府、経済、社会、文化、技術などの分野で互いに協力し、平和、自由、繁栄の"偉大なるアジア・太平洋共同社会"を建設しよう。この会議は必ず、アジア・太平洋の発展に画期的な転換をつくることになろう。

午後、会場をソウル郊外のウォーカー・ヒルに移し、午後一時五分からオーストラリアのハズラック外相を皮切りに国府、日本の順で参加十ヵ国代表の基調演説が行なわれ、午後五時すぎラオス代表・シンハ駐日大使の演説を最後に、第一日の会議を終わった。

共同コミュニケ

十六日午後六時半、アジア・太平洋地域閣僚会議共同コミュニケが発表された。［illegible］コミュニケの全文次の通り。

一、大韓民国政府の招待により、オーストラリア、中華民国、日本、大韓民国、マレーシア、ニュージーランド、フィリピン、タイ及びベトナム共和国からなるアジア・太平洋地域の諸国の閣僚並びにラオス王国のオブザーバーは一九六六年六月十四日から十六日までソウル市において会合した。

二、大韓民国の朴正熙（パク・チョンヒ）閣下はその開会において会議を歓迎し［illegible］

自由諸国の団結強調

［illegible］

韓国統一　国連決議を再確認

［illegible］

十一、閣僚たちは、一九五〇年十月七日付国連総会決議第三七六号（五）にのべられ、その後の諸決議（そのもっとも最近のものは一九六五年十二月二十一日付け決議第二一三二号（二十）である）によって再確認された韓国における国連の諸目的、すなわち、平和的手段により、代議制の政治形態の下に統一された独立かつ民主的韓国を樹立すること、並びにこの地域における国際の平和と安全を完全に回復するという目的を強く支持した。閣僚たちはこれらの諸目的が、すべての関係国によって尊重され、実行に移されるべきことをくりかえした。

十二、閣僚たちは、この地域の諸国の間の関係が改善されたことを満足の念をもって注目し、この地域の諸国の間の関係において法の支配の原則が強化され、かつ、この地域の紛争が、平和的手段及び国際連合の原則に従って解決されるべきであるとの希望を表明した。

十三、アジア・太平洋地域各国の閣僚は、大韓民国大統領の示された卓越した指針並びに大韓民国政府の丁重な歓待に対し深い感謝の意を表した。

［illegible］

コミュニケからは、"戦争的な色彩"は排除されているが、南ベトナムならびに共産主義勢力の脅威についてかなりきつい内容が盛り込まれている。

閉会に先立ち、国府の魏道明外交部長は「地域社会の発展と平和のため共同の意思で協力して仕事を進めた成果をたたえ、来年タイのバンコクで第二回会議を開催する次回会議にはもっと多数の国が参加するよう呼びかけた。

本国の医師、看護婦が日本へ

［illegible］が十一日午後NWA機で帰国したことにより明らかとなった。

金牧師は四十二年前に日本に渡り、日本聖書神学大学を卒業し牧師の職にありながら尾竹橋病院を設立した社会事業家であるが保健社会部と折衝、韓国人の医師十一名と看護婦三十名を近く日本に派遣できるようになったものである。

続・猛虎師団

自由と平和をわれらの手で

ベトナム戦場の手記

壕内に子の泣き声

赤魔追い非情な進撃

同月決戦の幕あけとみられるコンツム省ダクト北方の戦いは、十日午後いっぱい、北ベトナム南下部隊と韓米両部隊の間に激戦が続いたが、日没とともに戦闘は下火となった。B52重爆撃機まで投入したコンツム省の戦いは、両軍にらみ合いのまま、休止状態にはいり、十一日いっぱいかかって部隊の陣容をたて直し、負傷兵を撤出したあと、十二日朝再び索敵作戦に動き出したとき、南下部隊はもうそこにいなかった。

しかし、あたりには南下部隊兵士の死体が散乱、三日の作戦開始いらい三百九十三を数えている。いまや、戦火拡大の不吉な死臭はラオス、カンボジアなどインドシナ全域をおおうとしている。はたしてソ連、中共はどうでてくる？ラスク米国務長官マクナマラ同国防長官は十一日ホワイトハウスで議会両院の指導者に対し、当面の外交問題について説明を行ったあと、現在、南ベトナムには二十六万七千人の米軍がいるが、今後四十五日以内に一万八千人を増派すると語り、南ベトナムの内紛は今後も続くと思うが、もはや戦争努力には影響しないと見解を明らかにした。皮肉にも仏教徒のハンストが続くサイゴンでは十二日街頭デモの主役が一転してカトリック教徒による親米デモとなった。一方、今月末に予定される仏教指導者ジャン・サントニー氏のハノイ訪問は、和平への糸口をつけるかもしれない。［illegible］

［illegible］（文責・S・K記）

監視しように立つ

わたしは、朴制鋼。ベトナムに派遣された韓国の戦闘兵、猛虎師団・機甲連隊・第六大隊・第六中隊・火器小隊の陸軍中士。三十歳になる。

わたしは、われわれの大隊がここにきて行なった三つの大きな作戦ではなく、わたしが勤務した戦闘について述べたい。

わたしの中隊は、一〇〇高地に布陣している。（注、標高百［illegible］）

一人として、家も、人も、［illegible］見張りの任務についている。（注、敵を見張る方法は、至る所から、肉眼あるいは双眼鏡で監視する。夜は、むしろ信地について［illegible］敵影を捕捉する）

昼、監視しように立つと、見えるのは、地平線をさえぎって立つ中部ベトナムの山岳地帯と、その山なみとわたしとの間に、はるばると広がる草原地帯である。

草原地帯のなかに、それは監視しようから約二㌔・村の距離だが、そこに塔がたっている。

十一月二十一日、わたしは、いつものとおり、この監視しように立って、見張りの任務についていた。

午後三時ごろだった。塔の付近で、何か、人影が動いた。正確にいうと、そこに、何かを感じた、というべきかもしれない。

わたしは、双眼鏡で、慎重にながめてみた。

［illegible］

トゲで血だらけ

［illegible］

ゴウの入り口発見

［illegible］

ベトコンの妻？

［illegible］

韓日合同で鍾乳洞を学術調査

さる三月末から韓国内の鍾乳洞を調査していた韓日合同調査団（韓国側、白慶北師範大学学長、日本側は国立科学博物館の上野俊一氏）ら一行は二十九の鍾乳洞を調べ、日本との地理的なつながりや新種の動植物を発見したという。

衛星通信セミナーに代表を派遣

本国政府はさる五月十六日から二十七日までワシントンで開かれた「衛星通信に関する国際セミナール」に逓信部電波局国際課長の朴栄淳氏と工務局電波課長の黄仁栄氏を派遣した。

農業実習生62人が来日

大阪本部（姜浩重団長）では昨年以来、本国の農業実習生を日本に招請し農林技術を研修させるなど、本国の農業発達に一役かっていたが、このほど第二次計画としてさる五月二十日、各道から選出した農業実習生六十二人が来日した。

同本部では農業実習生を日本の政府機関をはじめ国際農村青年連盟に働きかけて技術を習得させる。

慶州の天竺国壁画を復元へ

韓国の慶州博物館に保存されている「天竺国壁画」が、イタリア政府の協力で原型に復元することになった。

この壁画は世界的に稀有のもので、西ドイツに六百点、インドとパキスタンに百点、そして韓国に五十九点あるだけで、仏教文化が黄金時代をもたらしたときの世界史、仏教史、美術史研究に、もっとも貴重な文化財として評価のある壁画である。

韓国が、この文化財を復元しようとしても、多額の経費がかかるうえに、技術者がいないので手がつけられない事情を知ったイタリア政府は、このほど、駐韓大使館を通して、技術者二名を一九六七年度のはじめに韓国へ派遣することにし、復修の資材と経費二億円を負担するといってきた。

五・一六革命記念日に民族賞授与

五・一六革命五周年を記念する第一回五・一六民族賞の受賞式がさる五月十六日午前十時からソウル市民会館で盛大に行なわれた。学芸、社会部門には本賞（賞金百万ウォン）、奨励賞（賞金五十万ウォン）とトロフィーがおくられ、部門別受賞者はつぎのとおり授与された。

学芸部門
本賞　朴鍾和　芸術院院長
奨励賞　金載元　国立博物館館長
〃　金元竜　ソウル大学教授
社会部門
本賞　韓仁淳　大田精神病院院長
奨励賞　金東主　養良女高校校長
教育部門
奨励賞　李漢相　大韓電線株式会社社長
産業部門
〃　洪道正　忠南技術院院長
〃　P・J・マッカリンカ　済州道翰林邑天主教会神父

各地に領事館開く

港の見える館

感激あふれる横浜領事館

権団長らが鋏入れ

[illegible] 港 [illegible] 参席し [illegible] あっ [illegible] 通商 [illegible] 神奈 [illegible] サ [illegible] した。

[illegible] とそれぞれ金東祚駐日大使はじめ権逸中央団長ら多くの僑胞が参席して開館式を行った。

日本側からも設置県の知事をはじめ市長、政財界貿易業者らが多数参加し、なごやかなうちにも韓日新時代にふさわしい意義ある開館祝賀風景をくりひろげた。

金大使の「過去、半世紀にわたる不幸な時代は、前進する新時代の要求に応じて韓日両国民は、いつまでも平和と親善への新しい決意と共存共栄への努力をつづけなければならない」とのあいさつにも、権中央団長の「領事館設を契機に一だんと成長した僑胞社会となるためにも、団結して心から祖国の繁栄と各自の生活向上に前進しよう」との祝辞にも祝福のよろ [illegible]

神戸など三領事館も開く

駐日横浜領事館を皮切りに神戸、名古屋、北海道各領事館は、五月二十七日、同三十一日、六月九日 [illegible] とびがあふれていた。なお仙台領事館は24日に開館されることになっている。

初代領事は次の通り

名古屋　文鐘祥
神戸　李源達
札幌　李壽守
仙台　馬 [illegible]

金前高麗大総長銅像除幕式

前高麗大学総長 [illegible]

充実みせた韓国映画

急速な進歩に各国感銘

「非武装地帯」に作品賞

五日から本国のソウルで開かれていた第十三回アジア映画祭はさる九日非劇部門で「非武装地帯」の作品賞など各部門の受賞者を決め、五日間の幕を閉じたが、参加国代表は韓国の六十五人、台湾四十三人など総勢百九十五人。日本からもアジア映画製作者連盟会長の永田雅一大映社長を団長に [illegible] 東映社長を団長 [illegible] 表団を送りこんでそえた。

ソウルはいま、[illegible] いといわれる初夏の [illegible] り、テレビより映 [illegible]

民団新転機に即応

各地で県、支部大会開く

金松坤団長を再選

静岡本部定期大会

静岡本部では、さる五月六日、代議員と管内団員多数が参席して第二十四回定期大会をひらいた。同大会は三機関長の経過報告のあと新年度活動方針を決定、役員改選を行ない、団長に金松坤氏を再選した。

新役員はつぎのとおり。

団長　金松坤
副団長 [illegible]
議長 [illegible]
副議長 [illegible]
監察委員長 [illegible]
事務局長 [illegible]

孫晋協団長を選出

千葉本部で定期大会

千葉本部では、さる五月六日午前十時から商工会議所で第二十回定期大会を管内団員多数参席して盛大にひらいた。

同大会はまず国民儀礼ではじまり、続いて新年度活動方針を討議 [illegible] 決定 [illegible]

柳在洪団長を再選

滋賀本部でも定期大会

「韓学同」の直轄解除

委員長に梁東準君選出

第五回中央委員会の決定で直轄処分に付されていた韓国学生同盟は、さる五月二十五日、直轄解除とあわせて第二十七回定期大会を都内・豊島公会館においてひらき今後の同学同の正常な運営について討議したあと新役員を選出した。新委員長には梁東準君（早大）が選ばれた。

法的地位問題協議会

大使館と法対委で設く

最高大阪の15万8千人

在日僑胞の総人口は一九六五年十二月三十一日現在、五十八万三千五百三十七人（男子三十一万五千四百六十五人、女子二十六万八千七十二人）となっている。

最高は大阪府の十五万八千五百九十六人。

次いで東京都の六万六千六百七十八人、兵庫県の五万八千七百八十六人、愛知県の四万六千二百七人の順。

都市の僑胞人口はつぎのとおり。

大阪市　一一〇、四八九人
東京都　六六、六七八〃
京都　三一、二八四〃
名古屋市　一四、七六一〃
神戸市　一三、一四一〃
横浜市　一〇、三〇〇〃
計　二七七、七五三人

なお年令別では

十四才未満
男子　九六、五〇〇人
女子　九〇、三七四〃
十四才以上
男子　二一八、九六一人
女子　一七七、六九八〃

日本での永住許可

韓国居住の在日僑胞家族に

日本政府は、韓国に居住していた在日僑胞家族にも、永住権もしくはこれに準じた資格で、日本入国を許可する旨を外務部に通告してきた。

その最初のケースとして金鍾英氏（東京都江東区南砂町四の八）の夫人英福さん＝ソウル特別市永登浦区永登浦洞四四七と二人の娘さんの日本居住許可を、日本政府が駐日韓国大使館に通告してきた。

さる四月二十二日、外務部当局が明らかにしたところによれば、金さんの家族は一九六三年九月家族招請ビザで来日、その間、離散家族再会の原則によって日本国内居住を申請していたものである。

日本からの観光客

四ヵ月で七千人

韓日国交の正常化にともない日本人の観光客がめっきりふえた。

四月末までに七千人以上が入国し、韓国内は空前の観光ブームにわいている。

李源国君東京球団へ

韓国高校野球界のエース

韓国高校野球界のエース・李源国投手（一七）は近く日本プロ野球・東京球団に入団することになった。

さる五月、ソウルでおこなわれたアジア映画祭に訪韓した永田オーナー（大映社長）が、二回、九十キロの剛球投手がいるというウワサを耳にしたのがキッカケ。テストした結果、その場で契約の腹をきめたもの。

地上天国という名の地獄

共産北韓の実情

統制と監視下に

喜劇の偽装民主主義

麦作　史上最高の豊作

実をむすんだ増産運動

申鳳植会長を選出

韓国青年と友達で結ばれテレビ結婚

駿玉遂会長を再選

東京商銀定期総会

定期映画会のお知らせ

団長に朴鍾大氏

団長に鄭在俊氏を再選

団長に金天泰氏

団長に李有万氏

許弼団長を選出

団長に検竜岩氏

アジア・太平洋地域閣僚会議

その歴史的意義

韓国が主導するアジア・太平洋地域閣僚会議が、さる六月十四日から三日間ソウルで開かれた。

第二次大戦後、アジアでひらかれた国際会議としては最も規模の大きい今回の会議には、韓国をはじめ日本・自由中国・フィリピン・マレーシア・タイ・南ベトナム・オーストラリア・ニュージーランドなど九カ国が参加したが、この外にも米・英・ラオスの三カ国がオブザーバーとして参加した。また、こんどの成り行きによっては、その他の中立国にも門戸が開放される可能性がある。つねに破壊的な共産侵略の脅威に直面しているアジアにおいて、最近、中共の勢力が急激に膨張してきたがこのような時に、自由主義諸国間の紐帯を強化し、国家間の政治経済、文化的な協力をはかるということは、アジア諸国の共同繁栄と自由陣営の安全のためだけでなく共産主義に対抗する基盤をきずくためにも、切実に要請されるものである。

地域問題は地域国家間で解決

国際勢力圏の形成

生活向上に経済協力　共同市場の設立へ

椎名外相　　李東元外相

第二次大戦後の国際政治は、いわゆるイデオロギーの対立によって生みだされた、米ソ両国の世界分割政策による冷戦の連続といえよう。しかし一九六三年八月、米・英・ソ三国間で結ばれた部分核停条約は、米ソ両国間に創設されたホット・ライン(Hot Line)と共に世界の冷戦緩和に画期的な役割を果たし、東西の平和共存ムードは、西欧諸国に急速にひろがりはじめた。

このような米ソの接近に反比例して、中ソ関係は急速に悪化していった。一方、西欧諸国は戦前の水準を上回る高度な国家に発展するにつれ、フランスのように欧州の独立を主張するドゴール主義が現われた。そして、必然的に米仏関係にはヒビが入り、近来にいたっては、むしろ仏ソ接近の傾向さえみられるようになった。また、英国はEECの加盟を拒否されたし、西独は米仏両国のあいだに立って、統独問題や再武装問題などで微妙な立場におかれている。フランスはまたNATOからの仏軍の撤収を通告している。このように、国際政治における多極化現象が著しくなってきたので、米ソ冷戦時代の産物であるNATO防衛体制はその理念の修正が避けられなくなった。

しかし、欧州の平和共存状況とは対照的に、アジアでは米中対決の緊張度が高まりつつある。国際紛争は、欧州からアジアにそのまま移った感がある。韓国戦争はいうまでもなく、ラオス・ベトナム・中印国境紛争・インドネシアでの共産クーデターの挫折およびマレーシアとの対立など、あらゆる紛争が中共の後押しによって発生したことは周知の事実である。

ところが最近、フランスは中仏両国の接近により米勢力に挑戦する相対勢力を形成しようとし、これが国際政治面で一つの動きとして現われている。フランスは一九六四年一月中共を承認し、インドシナ半島の中立化を提唱するなど独自のアジア政策を展開しようとするものとみられる。

このようにアジア情勢は、東西両陣営の対決場となっているばかりでなく、フランスの微妙な動き、中共の台頭、日本の進出など列強の利害がもつれあい、国際政治面における複雑化現象はアジアにおいても徐々におこりつつある。

アジア諸国の大部分は第二次大戦後、政治的独立をえた新生国家群である。大部分の国家がそれまで西欧勢力、または日本の支配下におかれたし、独立後にも種々の形で強大国の影響からまぬがれないだけでなく、それらの国家群の殆んどが開発途上にある国家である。

西欧諸国のあいだではすでに長い間構成されている地域的協力機構としてある種の共同協議体が、アジアでは形成されていない実情である。政治的面からみてもアジア諸国がある常設的な政治的協議体を構成したとすれば、国際政治面での地位は急速度に上昇し、重大な勢力圏を形成することは明白なことである。特に重要なことは経済的障壁を克服するにおいても経済協力体の構成は一つの有力な経済圏を形成することになるといわれている。一九六〇年代に入って以来、地域的問題は地域国家間で解決しなければならないという地域的解決優先現象が現われ始めているが、これは国連憲章においても勧奨されていることである。

亜・阿の新生グループが国際舞台に新しく進出することによって過去、西欧人だけが牛耳っていた国連にも有色人種が大量に進出し、国際的な勢力分布が大きく変貌したことは周知のとおりである。

アフリカ地域には常設機構であるアフリカ統一機構(OAU)があり、彼等の政治的地位と生活向上のために協力し団結しており、最近ではアフリカ共同市場設立の動きまでみせている。南米では米州機構(OAS)が同地域の紛争の解決および生活向上のための努力を傾けている。また、中米自由貿易地域(CAFTA)とラテン・アメリカ自由貿易連合がすでに結成され、経済協力を試図している。

このような情勢にあって、激動する国際情勢と侵略の脅威に直面しているアジア諸国の政治・経済・文化的諸分野において、相互協力を通じて自由と平和を守護し、相互紐帯の結束を強化することによって均衡のとれた経済発展をはかることが要求されているのである。なお、アジア政局の新しい局面は中共の脅威化された挑戦の前に自由と繁栄への活路を主体的に開拓しようとする自由アジア諸国の共同努力が切実に要望されている。

アジアの大多数国家が後進国で低開発国家であるといって強大国の援助のみにすがることはできない。また、アジア地域の強大国の意のままになってはならない。アジアが当面している問題は、諸国の安全保障から経済的繁栄にいたるまで広範囲にわたっており、その前途はきわめて遠く険しい実情である。しかし、激動する世界情勢の中で漫然としていることは許されない。確固たる主体意識をもってそれに対する積極的な打開策が講じられねばならないのである。このような課題はアジア諸国が背負っている歴史的義務であると同時に国際社会の各成員のもつ共同の責任である。

本国の医師、看護婦が日本へ

本国の医師と看護婦三十余名が近く日本に派遣されることとなった。

これは日本議員会長であり社会事業家でもある金閣幸牧師(東京都足立区千住宮元町52)が十一日午後NWA機で帰国したことにより明らかとなった。

金牧師は四十二年前に日本に渡り、日本聖書神学大学を卒業、牧師の職にありながら尾竹橋病院を設立した社会事業家であるが、[illegible]社会部と折衝、韓国人の医師[illegible]名と看護婦三十名を近く日本に[illegible]遣できるようになったもので[illegible]

朴大統領の歓迎演説

一、アジア・太平洋地域の[illegible]の生命と、自由と繁栄を脅か[illegible]いるものは、理性と国際秩序[illegible]面から挑戦している国際共産[illegible]の破壊的行動である。彼らは[illegible]に自由ベトナムでアジア赤化[illegible]格的侵略に着手した。われ[illegible]由国民は相互協力と結束を[illegible]

民族学校の規制で

再び日政当局へ陳情書

文部政策の矛盾

外国人学校制度を警戒

権逸中央団長は、さきごろ、外国人学校制度の創設に関連して、韓国系学校の認可交付と朝総連系学校の認可取消しについて次のような陳情書を日本政府当局に提出、善処方を要望した。

陳情書全文

目下、問題になっているわが韓国系学校と朝総連系学校との教育の基本理念に関する概要の明示と同時に日本小学校併設分校の分離許可の取消しと、それに伴う教育施設を規制するよう、前回、要請書をもって提出致しましたが、今回再び教育問題に関して下記の要項について重ねて陳情するようになったのは、友好関係にあるわれわれにとって誠に不幸なことで遺憾千万であるといわざるをえません。

ご承知の通り、文部省で進めてきた外国人学校制度の創設案の根幹要綱がまとまったもののようですが、その内容を見まするに日本政府が望む"日本と諸外国との理解及び友好関係の増進を目的とし、日本国の利益と安全を害するものであってはならない"との趣旨については、国際的観念から理解出来ますが、同法律が韓国人の民族教育に何等かの不当な規制を受ける懸念がありますので本法の施行にあたっては、われわれの望むような教育機関の保護育成は勿論、ひいては民主々義の発展と自由陣営の友好増進のため、常に心がける建設的な法律であるよう強く望むものであります。

既に両国は国交も正常化し、自由主義陣営の一員として国際共産主義から亜細亜を防衛する共同運命体にあって友好共栄への諸政策を推進しているのにも拘らず、韓国とは相容れない思想をもって対立教育を実施している朝総連系の学校を"各種学校"として、この度、公認したことは明らかに日本の文部政策の矛盾であり、韓国との友好をそこなうものであります。

また、これは昨年十二月二十八日付で文部事務次官、福田繁氏が通達した文管振第二一〇号、及び文初財第四六四号、公文を全く無視した地方自治体の一方的な権利の乱用ばかりでなく、現日本教育制度上の矛盾でこのことにより共産陣営の繁栄をもたらすものであることはいうまでもありません。

近く制定される外国人学校制度の法案が以上の矛盾を是正するためにその法律ならいざ知らず、反面にその法律の施行によって我が民団側の民族学校が規制される様な両国協定を害する場合は、断固として反対するつもりでございます。

▽韓国系学校を日本学校教育法に基づく私立学校としての認可取扱いについて

在日韓国人学校の(東京、大阪、京都三校)日本国学校教育法による"私立学校"としての認可の件につきましては本国政府は勿論、駐日韓国大使及び我が民団も以前から強く要望しておりますが未だに学校教育法第一条に規定された"私立学校"としての認可を出し渋っていることは、韓日両国協定を傾覆せる非友好的で、しかも将来韓国をになう若い世代の国際観善及び友好に害するものであるといわざるを得ません。

それだけでなく、在日僑胞二世の上級学校の進学や、就職にも影響し、在日韓国人の社会活動を制約することにもなるもので韓国と同じくする教育理念の下に言語と歴史を通じた民族教育を行ない、これによって国際人として日本社会にも浸け込ませようとする我が民団の文教政策にも、大きな波紋を巻き起すだけでなく両国親善の前途をも暗くするものであります。

これは両国だけの損害でなく自由主義陣営の団結にもひびがはいることは疑いありません。

近く制定されるべき"外国人学校制度"は、以上の様な基本精神に立脚して朝総連系学校とは厳格に法的措置をとるとしても、韓国系学校に対しては日本の公認の私立学校と同等の資格を与え、その育成を保証する方向に善処できることを要望致します。

▽朝総連系学校の認可取消しについて

在日朝総連系の学校は北韓傀儡政権の旗と金日成の写真を掲げ、所謂、民主民族教育の名の下に共産主義を基調とし、歪曲した歴史や民族観を植え付け人間形成の最重要期である幼青少年達に自由、平等親善の本意を誤らせる偏向、反日教育を行なっているものであります。

その教育目的は、日本の国益に反するだけでなく民主主義陣営、ひいては、韓日両国の親善にも悪影響をおよぼすものであります。

それにも拘らず、去る三月三日付をもって大阪府管下に在る朝総連運営の、所謂、朝鮮初級、中級、高級学校一六個校が大阪府知事の名において各種学校として認可されたことは、日本教育法の基本理念に反するだけでなく、文部省の基本構想が貫徹出来ない地方自治体との法制上の矛盾から招来したにして、あまりにも無責任すぎる政策であります。

現在、日本全国に各種学校として認可されている外国人学校は七九校がありますが、そのうち朝総連系学校は五五校を占めており、さらに無認可のまま運営している六〇余校が日本全国に散在しているので、これらも大阪にならって認可される恐れがあります。これらの朝総連学校から出た学生達の進路は主に朝総連上、下組織強化のために共産党員として各組織前線で日本の革新系との連帯の下に、在日僑胞及び日本の赤化工作にかりだされているのであります。

われわれ大韓民国居留民団は在日僑胞の民権擁護と二世民族教育の正常化及び発展向上を図るために朝総連系学校の認可を直ちに取消すよう、この陳情書をもって強く要望致します。

連帯的結束を強化

共同コミュニケ発表

アジア太平洋閣僚会議

韓国が主催する初の国際会議であるアジア・太平洋閣僚会議が十四日ソウルの中央庁で幕を開けた。日本、国府、南ベトナム、マレーシア、タイ、オーストラリア、ニュージーランド、フィリピン、オブザーバーのラオスなど十ヵ国の代表が参加、会場正面には「歓迎アジア・太平洋閣僚会議代表」という大看板と十ヵ国の旗が飾られ、入口には梨花女子大学生が民族衣装をまとって案内にあたるなど、国際会議の空気を花やかに盛り上げていた。

経済など協力体制　大使級で準備機関

[illegible]各国代表団が入場し、議長席に向かってU字型に着席した。

会場に丁一権総理はじめ韓国閣僚がズラリと顔をならべている。

午前十時五分、李東元外務部長官が開会のあいさつをのべ、仮議長にタナット・コーマン・タイ外相を指名、つづいて正議長に李東元外相を選出して、朴大統領の演説にはいった。

朴大統領は演説の中で❶政治、経済、文化などとの交流によってこそ均衡ある繁栄したアジア・太平洋共同社会を建設できる。これがアジアの求める平和革命である❷共産主義の脅威を防ぎ、混乱したアジアの現実を克服し、新しいアジアをつくるため、この会議のように対話の広場を通じて協力と結束を固めよう——などの点を要請した。また同大統領は韓国のベトナム派兵にふれ、これは戦争のための攻撃的参加でなく、平和のための防衛的参加であると述べた。

朴大統領の演説は[illegible]穏やかな調子のものであった。

自由と平和をわれらの手で

ベトナム戦場の手記

続・猛虎師団

壕内に子の泣き声

赤魔追い非情な進撃

監視しように立つ

トゲで皿だけ

ゴウの入り口発見

ベトコンの巣?

韓国統一　国連決議を再確認

自由諸国の団結強調

共同コミュニケ

韓日合同で鍾乳洞を学術調査

衛星通信セミナーに代表を派遣

農業実習生62人が来日

慶州の天主国画を復元へ

五・一六革命記念日に民族賞授与

韓國新聞

韓国新聞社
発行人 権 逸
編集人 金 来 鶴
東京都文京区春日町2丁目20－13
電話 (811) 2261～5 編集
(812) 0675 業務
定価 1ヵ月100円
振替口座東京 54988番

綱　領

一、われわれは大韓民国の国是を遵守する
一、われわれは在留同胞の権益擁護を期する
一、われわれは在留同胞の民生安定を期する
一、われわれは在留同胞の文化向上を期する
一、われわれは世界平和と国際親善を期する

本国政府、民団育成に本腰

政府要路、権団長を激励

本国礼訪 かってない成果収む

は新たに在日僑胞問題を専門に担当する秘書官がいて、朴大統領の在日僑胞に対する熱意のほどがうかがわれ権団長を感激させた。

以上の様に、今回の権団長の本国礼訪は曽てなかった大きな成果をもたらしたが、これはとりも直さず韓日両国間の新時代が開けた今日において、基本的に今後とも駐日大使館と民団、そして本国政府間が一本の太い完全なパイプによって密接な関係を保ち、より有……

大同団結して再出発

権団長 再選後初の記者会見

権逸中央団長は、去る六月二十二日中央本部会議室で再選後初の記者会見を行ない、今後の民団の姿勢と当面の運動方針を明らかにした。

席上、権団長は新時代に即応した強力な民団運動を推進するため❶派閥の解消によって大同団結をもたらし、❷法対委と政府外交によってわれわれの未解決事項を達成するとともに永住権申請を積極的に促進し、❸民団の懸案とされてきた基本財政の確立と中央会館の建設を具体化して、組織の強化と発展を期すると述べた。権団長の指摘要旨はつぎのとおり。

民団の強化発展のためには大同団結が急務であるが、私は派閥の解消に力点を置いて積極的に接渉努力する。

民団が今後なにをなすべきかについて具体策を打ちだし過去の誤ちを率直に反省し在留同胞に繁栄がもたらされるよう全力を注ぐ。

われわれの法的地位問題に関して未解決事項が多く残されているが、今後とも、法対委と本国政府の外交交渉によってわれわれの権益擁護に万全を期する。永住権申……

Head of Mindan Hits Residence Paper Work

朝鮮日報

The Korea Herald

WEDNESDAY, JULY 13, 1966

本国新聞が報道

権団長の礼訪

全国地方本部団長・事務局長会議開く

永住権申請の推進

国民登録更新など討議

北韓技術者の入国で対日抗議

第三十一回中央定期大会以後、初の地方本部団長・事務局長会議が六月五日、東京のホテル・ダイエイで開催された。中央三機関長をはじめ各地方本部団長、事務局長ら多数の代表者らが参席してひらかれた同会議は、❶永住権申請の推進、❷国民登録更新、❸財政確立、❹本国家族の扶養運動等について討議し第七中央委員会の決議事項を再確認した。

同会議は、午前十一時から朴太煥組織局長司会のもとに討議が進められたが、討議にさきだち権逸中央団長から会議の趣旨説明と併せて六月五日から十三日までの本国訪問の経過が報告され、このなかで本国経済の飛躍的発展ぶりが紹介されたあと、民団がより計画的で科学的な施策を樹立して事業を推進するならば本国もこれに呼応した対策を講ずるであろうと強調した。

第一議題の永住権申請に関しては、現在、全在日同胞の最大関心事となっている問題だけに白熱した討議がくりひろげられた。そして、具体的な推進方法として協定永住権と一般永住権を区別して、協定永住権申請を積極推進することとし、一般永住権については他の外国人よりも低位な、いい変えれば協定永住権に準じた法的地位にあるため、これの具体的保障が取りつけられるまで申請を保留することに決定した。

ついで国民登録の更新問題については、本国政府が提示した「国……

……るのは登録事務の委任を受ける民団としては受入れがたいものであるとして同条項の削除を要請することとした。

財政の確立問題については、中央財政の基本となる割当金の納入を促進させる一方、割当金の徴収かたに積極協力することを申し合せた。

本国家族の扶養運動については、ほとんどの在日同胞の出身地が農村であるうえに、現在、本国農村が多くの隘路をかかえている実情に照らして、本国家族を救援することによって農村の振興、すなわち、故郷の振興に積極的に側面協力することを決めた。

この会議の途中、日本政府は北韓からの技術者入国を許可すると報道が発表されたため、緊急議題として、この問題が取りあげられ民団としては韓日条約の基本精神からして、これを容認し得ない……

日本政府に抗議

七月十六日 全国地本団長ら60人

北韓技術者入国許可で

……はじめ全国地本団長会議の決定に依り、十六日午前十時から総理官邸にそれぞれ北韓技術者入国許可は韓日条約の基本精神に反するものであると抗議し、つぎのような抗議文を手交した。

抗議文

日本政府が、七月十五日の政府決定に依って、北韓技術者の入国を許可したことに対し、在日六十万同胞を代表する在日本大韓民国居留民団全国地方本部団長会議は日本政府に対し、次の通り厳重に抗議する。

一、日本政府は現に同胞化している在日同胞北送協定期限の延長に対しても、韓国政府並びに在日同胞の強い反対を黙視して、従来の方針を其のまま継続せんとしており、しかもその最中において、今般の如き北韓技術者入国を許可するということは、明らかに韓国政府に対する背信行為として、われわれの容認出来ないところである。

一、日本政府は過去においても北韓との貿易に関し、政経分離を口実に実質的な貿易行為を容認しているが、今般の如き北韓に対するプラント輸出を断行することを前提とする技術者入国許可の決定は、韓国に対する利敵行為でありわれわれの到底容認出来ない重大な問題である。

一、韓日両国が過去における不幸な歴史を清算し、両国の国交が正常化して未だ半年にもみたない現段階において、この度の如き日本政府の暴挙は、日頃から韓日両国の友好と親善を願って来たわれわれの誠意を完全に踏みにじるものであり、将来両国間に重大な結果が発生した場合、すべての責任は日本政府にあることを明らかにするものである。

一、われわれ在日同胞六十万は民族的立場においても、国際的信義においても憤激を押え難く、総力を結集して、日本政府の非友好且つ背信行為に対し、強硬に抗議するものである。

一、日本政府は、わが本国政府の度重なる抗議と、在日同胞の結集体である大韓民国居留民団の抗議に対し、誠意を以って之を受け韓日修交の基本精神に立ち返って北韓技術者の入国許可を直ちに取消すよう強く要求するものである。

一九六六年七月十六日
在日本大韓民国居留民団
全国地方本部団長会議
代表
中央団長　権　逸

日本国
内閣総理大臣　佐藤　栄作　殿
同文
法務大臣　石井光次郎　殿
同文
外務大臣　椎名悦三郎　殿

外務省前に到着した抗議団中央は権逸中央団長

外務省へ抗議する地本団長の一行

国民登録更新および新規申請の処理要綱

本国政府では、韓日国交樹立を機に今まで不備な点の多かった在外国民の国民登録の更新について検討中にあったが、このほど、その実施要綱案を発表した。国民登録は、国民登録法（一九四九年十一月二十四日実施）によって大韓民国を支持する在外国民を対象に実施されてきたが、同法施行以来十七年の間いまだに一度も更新されず、移動、死亡等の変動があっても適切な処理がなされず、登録証書式にも系統性がなく、そのうえ登録証自体が長期保存に適していないため、在日僑胞の実態を正確に把握するうえからもその必要性に迫られ更新にふみきったものである。これの申請手続は民団支地方本部が受理し公館から登録証の交付をすることになっている。

一、登録更新の対象と新規申請

①登録証更新の対象は、駐日代表部名儀で発給された〝大韓民国在外国民登録証〟＝以下登録証と称する＝ならびに一九六六年六月以前に駐日大使館名儀で発給された登録証の所持者とする。②登録証の更新期間中でも新規登録の申請を受付ける。

二、具備書類と手続

①登録証更新申請者は、所定の国民登録更新申請書二通（写真四枚添付）と旧登録証を民団支部に提出する。

②申請書を受付けた民団支部は支部台帳に記載整理した後、旧登録証とともに遅滞なく民団地方本部に送付する。地方本部は申請書一通を地方本部に備置し保存し、登録原簿として保存し、申請書一通と写真三枚を大使館または領事館に提出する。

③大使館または各領事館は、登録証を作成し、公印捺印して当該地方本部に送付し、受付けた申請書一通を登録原簿として保存する。旧登録証は登録簿に添付保存する。

❶新規登録手続は、上記の規定にしたがう。

ただし、新規登録申請を領事館または大使館でも受けつけることができる。

三、手数料

手数料は一切免除する。

四、登録証の作成

❶登録証は各公館で作成する。❷登録証作成には黒インクを使用する。❸登録証には次のよう……

八、在外国民の身元カードの作成

在外国民の身元カードは各公館が作成し本部（外務部僑民課）に送付する。

（二）❶のただし以下は削除することに決定をみた）

"北送協定の延長反対"

金大使 日本外務省に申入れ

金東祚駐日大使は……日本政府に北送協定の延長に関し「……」と申入れた。……

……政府内にも反対が強いので、目下検討中である。韓国の意向も参考にして慎重に検討していきたい」と答えて注目されている。

ところで、同協定による在日僑胞の北送は昭和三十四年からすでに約八万六千人に達しており、現在なお約二千人が北送を希望していると言われる。毎年一年ずつ延長されて来た同協定の期限は八月で切れるわけだが、現在、自民党内の支配的な意向としては❶戦後二十年もたっているのにダラダラ送還は好ましくない。❷送還希望者が減っており、現在日赤に登録されている二千人は近く送還できる。❸主として治安上いつまでも送還を続けるべきではないとなっており、日本政府としても今回の延長問題には乗り気でないことが明らかにされている。

反共教育を強化

本国の学校教科書を来年度から大幅に修正

本国政府文教部はこのほど、国民学校用「正しい生活」教科書を反共教育強化施策によって大巾に修正することを決めた。これによると現在の反共4、道徳6の率は反共7、道徳3に大幅改編されるが来年度は差し当り三、四学年用教科書が改編される予定である。なおこの教科書には初めてベトナム派遣将兵らの活躍が記述されるという。

× × ×

登録事務は従来通り

民団を通じて行なう

七月十五日の全国地方本部団長会議で討議された〝登録更新処理要綱〟中「領事館または大使館でも新規申請を受付けることができる」という条項は、その後、駐日大使館当局と折衝した結果、その条項を削除し、従来どおり民団の支部、本部を通じて行なうとの決定をみた。

したがって、各地方本部では八月一日から登録更新事務を開始し向う六ヵ月以内に事務を完了するよう管下各支部に徹底を期されたし。

駐ベトナム韓国軍の戦果計

ニュージランドと貿易協定を締結

経済開発評価委員に崔朱詰氏ら30人発令

139

虚偽と欺瞞　これが北韓の実態だ！

想像もつかない生地獄

個人の自由は全くない

帰順した北韓の工作員にきく

北韓かいらい政権の政府要人で、対南工作員として南韓に侵入、みずから大韓民国に帰順してきた呉基完、蘇貞子両氏の北韓における実状と体験を語る時局講演会が、六月十二日の金沢市を皮切りに下関、北九州、福岡、長崎、熊本、大分、広島、姫路、和歌山、神戸、大阪、京都、尼崎、静岡、名古屋、東京、横浜と開催され、カーテンの向う側の暗黒相を赤裸らに暴露し、特に、在日同胞の帰国後の悲惨な生活状態を明らかにして、北韓かいらいの欺瞞性と朝総連の無責任でデタラメな虚偽宣伝に今更ながら聴衆の憤激をあらたにさせた。なお、この講演会は、引きつづき東北、北海道の主要都市を巡演し、各地で大盛況を呈している。

ほとんどが栄養失調

満員の聴衆を前に北韓の実態をバクロする呉基完氏●と蘇貞子女史●

行動にきびしい規制

呉・蘇両氏の経歴

全国団長会議での指示事項

組織局

光復節実施要領

スローガン

永住権申請運動に関する指示

宣伝局

文教局

夏季学生母国訪問団に関して

朝総連系学校就学団員子女の実態調査に関して

僑胞学校設立に関して

教育費の徴収に関して

国語講習所強化に関して

二世学生の共産化防止に関して

就職斡旋に関して

民生局

永住権申請について

駐日総領事館及び領事館の住所

駐日総領事館
駐日大阪総領事館
大阪市南区末吉橋四～二三～一
第二心斎橋ビル九階
TEL (06) 251-4251-4

駐日福岡総領事館
福岡市赤坂一～一〇～二〇
TEL (092) 77-0461～3

駐日札幌総領事館
札幌市南二条西四～二六
北海道商銀二階
TEL (22) 八九八四

駐日領事館
駐日仙台領事館
仙台市花京院通二四
韓僑会館内
TEL (23) 九六一〇 (22) 四七〇七

駐日横浜領事館
横浜市中区山手町一一八
TEL (045) 二〇～四五三

駐日名古屋領事館
名古屋市添池町一〇～四
TEL (052) 九六二～四八五七

駐日神戸領事館
神戸市生田区海岸通一～五
東洋ビル四階
TEL (078) 三三～九五〇七

駐日下関領事館
下関市大和町五
TEL (66) 五三四一～三

140

民団中央、北韓技術者入国許可で 全国各級機関に抗議を指示

関東地区で千五百

七月二十二日・共立講堂で

このあと、"時局講演"で顔なじみの裵某氏、蘇貞子両氏から北韓の実情を暴露した講演が行なわれ、北韓カイライの圧制下に苦しむ同胞の悲惨な状況を聞き、日本政府の北韓に対する態度に改めて強い批判の表情を示して、同夜十時すぎ散会した。

本国映画の定期映画会

毎週金曜の夜公報館で

記録映画「国劇の休戦線」本国のニュース

千代田区永田町二の二九 ホテル・ニュージャパン東新館内

韓国駐日公報館

宮城本部団長に姜雲竜氏

臨時大会で役員を改選

宮城本部（権保根団長）では六月二十六日午後一時から仙台市駅前、日の出会館で高鏞仙台領事をはじめ、中央本部権逸団長、同李禧元議長、同李裕天監察委員長を来賓にむかえ代議員六十五名中五十二名と管内団員多数参席して第十八回臨時大会をひらいた。

同大会は高鏞仙台領事、中央本部権逸団長、同李禧元議長、同李裕天監察委員長の挨拶のあと、続いて三機関長の経過報告があって新年度活動方針を決定、役員改選を行ない団長に姜雲竜氏を選出した。

新役員はつぎのとおり。

団長 姜雲竜
副団長 徐化善
〃 李六奉
議長 劉石福
副議長 安正雄
〃 金正五
監察委員長 李泰淳
監察委員 成昌準
〃 蔡太元

TEL (五八〇) 五五二一

川崎支部でも大会

団長に金鍾熙氏を選出

川崎支部では七月三日、管内団員多数参席して支部大会をひらいた。

同大会は三機関長経過報告のあと、新年度活動方針を決定、役員改選を行ない団長に金鍾熙氏を選出した。

新役員はつぎのとおり。

団長 金鍾熙
副団長 李鍾和
〃 朴彩秀
議長 金柄善
副議長 鄭淑鎬
〃 黄海潤
監察委員長 金九鎬
監察委員 趙二鎬
〃 朴勝福

川崎支部の愈基植団長告別式

愈基植川崎支部団長はかねてから肝臓病のため古市大病院に入院していたが、去る六月二十一日午後三時四十分死去した。

なお、故愈基植団長の告別式は六月二十三日正午から川崎市大師河原七九一〇番地で李仁夏牧師の司式でしめやかに行なわれた。

江東支部団長に朴永銅氏再選

江東支部（朴永銅団長）では、六月十九日午前十時から日興信用金庫深川支店四階ホールで管内団員多数参席して第十四回定期大会をひらいた。

同大会は新年度活動方針を決定役員改選を行ない団長に朴永銅氏を再選した。

新役員はつぎのとおり。

団長 朴永銅
議長 金鉉成
監察委員長 呉遂煥

横浜支部で韓国語講習会

横浜支部（金恒徳団長）では六月二十五日から第五回韓国語講習会をひらいた。

同講習会は毎週月曜日と水曜日二回、午後七時から九時までの二時間、管内僑胞多数が参加して同支部三階講堂で国語補修をして多大の成果をおさめている。

なお同支部では戸塚分団および金沢分団でも週一、二回韓国語講習会をひらく予定である。

下関支部で大会

団長に許基彦氏

議長 金再元氏 監委 姜備珠氏

下関支部では、六月十五日午後二時三十分から西細江労働会館五階ホールで管内団員が多数参席して第二十五回定期大会をひらいた。

同大会は新年度活動方針を決定、役員改選を行ない団長に許基彦氏を選出した。

新役員はつぎのとおり。

団長 許基彦
議長 金再元
監察委員長 姜備珠

韓青愛媛県本部結成さる

六月十一日、愛媛県松山市の味酒公民館で韓青愛媛県本部の結成大会が盛大に行なわれた。

同大会は韓青の綱領・規約を採択、役員を選出した。

役員はつぎのとおり。

委員長 朴桂元
副委員長 金万宗

在日僑胞の手で東洋最大の綜合病院建設、九月に着工

東洋最大の規模をもつ結核綜合病院が、在日僑胞李再九、尹永任氏の手できたる九月、ソウル特別市城北区下渓洞に建てられる。

同病院は総工事費五億ウォンを投入し、延べ建坪六百八十五坪の三階コンクリート建て、ベッド総数一千で竣工予定は一九六八年九月である。

南越派遣兵にと20万ウオン募金

外国人の不法在留者を取締り

違反者一ヵ月に六九八人

民族利益のため団結を

常任顧問 丁賛鎮

公正監察に万全期す

李裕天新監察委員長語る

韓日協定調印一周年記念 祝賀パーティ開く

各国外交官600人が参席

公私の分別つける

中央総務局長 崔竜基

敢然・全体主義に抗議

自由を求め民団に加入

◇ 韓日協定締結以後、中立系・朝総連系同胞の民団加入が急激に増加している ◇

◇ た、このほど、朝総連の教員をしていた一同胞が自由と真理を求めて ◇

◇ 民団に加入するとの声明書を発表、民団に正式加入することを明らかにした。 ◇

声明書

本籍 慶北大邱市新川洞一八一
現住所 松山市山越町堀之池

御 良守

一九三九年十一月十五日生

僑胞二名が参加

本国から六名出場

世界射撃選手権大会に

KIPとKP合併

新時代の使命感で団結

海外から教授招聘

伝統誇る成均館大学（ソウル）

フジテレビで「今日の韓国」を放送

外国郵便物および小包料金を改正

尋ね人

ペンフレンド

141

韓国ボクシングの偉業なる

金基洙、世界の王者に

朴大統領も肩たたき賞讃

アマ・レスで世界征覇

張昌宣選手

金メダル土産に5日凱旋

一九六六年度の世界アマ・レスリング選手権大会は、去る六月十六日から米国のオハイオ州トレド大学体育館で三十四カ国二百八十名の選手が参加して行なわれた。同大会には韓国から五名の選手が派遣されたが、フライ級自由型では東京オリンピックで二位となった張昌宣選手が見事な活躍を示し、日本の勝村靖夫選手と引分け最強といわれたトルコのベンベット選手とソ連のアルベレスピリ選手を破って金メダル獲得という栄誉をかち得た。

選手団一行は七月五日に凱旋し同午後三時三十分からソウル市庁前広場に一万余名の市民の歓呼を浴びたが、この席には丁総理をはじめ権文教部長官、金玄玉ソウル市長などが参加してその功をたたえた。

張選手は、「母親のくれたマスコットを最後まで身につけていた」と言って周囲を感動させたが、なお、メキシコの次期オリンピックにも必ず優勝して期待にこたえると誓った。

延世大学サッカーチーム来日

日本の各地で親善試合

（三勝一敗一引分）

慶応大学の招請で、六月九日午後八時四十分羽田着でソウル延世大学サッカーチーム（全団長）一行二十五人が来日し、日本の各地で親善試合を行なった。

試合日程と経過はつぎのとおり。

六月十一日　延大1－4早大　横浜三ッ沢
〃十三日　〃5－1慶大　横浜三ッ沢
〃十六日〃4－0立大　駒沢
〃二十日〃5－0関学大　大阪・うつぼ
〃二十一日〃0－0関大〃

なお同チーム一行は親善試合の日程をおえ、二十三日空路で帰国した。

ソウルにマンモス体育館開く

大韓体育会はソウル市内武橋洞に建立されたマンモス体育館の開館式を六月三十日午前十一時から朴大統領臨席の下に行なった。地下一階地上十階の現代マンモス体育館は総工費一億一千四百万ウオンをかけ二年四カ月の歳月をかけて完工されたもの。

六・二五動乱戦史

◇国防部が発刊

国防部戦史編集委員会は六・二五動乱でこうむった韓国軍と北韓傀儡軍の正確な被害統計を十六年ぶりに発表した。

同委員会が国内外から三カ年間集めた資料によると、わが軍（韓国軍および国連軍）の総兵力被害は百十五万四百六十四名、共産軍（北韓傀儡軍および中共軍）は百四十六万六千名。

総人命被害は七百五十万名にのぼる。

被害統計はつぎのとおり。

韓国軍、国連軍側の人命被害

韓国軍戦死者	三三五、七八四人
国連軍〃	三六、七三一〃
韓国軍失踪者	四三、五七一〃
〃負傷者	七一七、〇八三〃

装備被害

車輌の損失	一二、四四四台
艦艇	二八五、一九〇丁

共産軍側の被害

北韓傀儡軍戦死者	五二〇、〇〇〇人
中共軍〃	九〇〇、〇〇〇〃
民間人〃	四〇六、〇〇〇〃
〃被害者	一、〇〇〇、〇〇〇〃

韓国民間人の人命被害

男子	七六四、二八一人
女子	二三六、六八七〃
死者	二四四、六六三〃
被虐殺者	一二八、九三六〃
負傷者	二二九、六二五〃
拉致者	八四、五三二〃
行方不明	三〇三、二一二〃
家屋損失	五九四、一九〇棟

陸海空軍、海兵隊総合戦果

射殺	五〇八、七九七人
捕虜	九三、九一一〃
帰順者	五、八一八〃
戦車	四一〇台
車輌	五、九三三台
各種砲	三、二二六門
飛行機	三機
船舶	五〇四隻
小銃	一二三、〇七三丁

六・二五動乱当時の韓国軍と北韓傀儡軍の兵力および装備対照

	韓国軍	北韓傀儡軍
陸軍	九四、九七四人	一八二、六八〇人
海軍	六、九五六〃	一五、五七〇〃
空軍	一、八九七〃	二、〇〇〇〃
飛行機	三二機	二一一機
警備艇	五二隻	三〇隻

私大に施設助成金

文教部　三億ウォンを理工系に

文教部は一九六七年度から五年間、私立大学の理工科系統に総額二十億ウオンの施設助成金を補助する一方、定員数を大巾にふやすと発表した。

なお、文教部当局は理工科系の私立大学施設整備を実施し、六七年度予算に施設助成金として三億ウオンを計上することにした。

一九七一年までの理工科系統増加定員数はつぎのとおり。

機械工学	三、九三〇人	（三、〇五〇人）
化学〃	四、四〇〇〃	（三、九一〇〃）
センイ〃	二、四五〇〃	（一、一六〇〃）
医学系統	三、九一〇〃	（一、六三〇〃）
歯科系	四八〇〃	（三九〇〃）
看護員	五、九〇〇〃	（二、八四〇〃）
各種技術員	五七、一一〇〃	（三一、七二〇〃）

（カッコ内は現定員数）

ソウル女性オーケストラが初演奏会

韓国ではじめての女性オーケストラが六月二十九日夜本国のソウル国立劇場で初演奏会を催した。二十八人からなる「ソウル女性オーケストラ」は朴トンミア氏を指揮者に去る一月から練習をつづけていたもの。

日本商社営業滞納金を納付

総額一千六百万ウオン

韓国内の日本商社十一社は六月三十日、一九六四年度法人税と法人営業税滞納金一百九十一万九千ウオン、一九六五年度営業税滞納金一千三百十一万六千ウオン合計一千六百四万五千ウオンを納付した。

各商社別の納付税額はつぎのとおり。

KOC第11代委員長に張基栄副総理

「韓国の美」きまる

真＝尹貴英嬢（二〇）（中）
善＝陳炫秀嬢（二〇）（左）
美＝鄭乙仙嬢（二〇）（右）

今年度「韓国の美」を代表する三人の美女が十五日夜福宮特設舞台で誕生した。これは韓国日報社恒例のミス・コリア国選抜大会の行事で六六年ミス・コリア「真」（ミス・ユニバース・コンテスト参加）には尹貴英嬢（二〇）大邱大英文科一年が、ミス・コリア「善」（ミス・インタナショナル・コンテスト参加）には陳炫秀嬢（二〇）同徳女大家政科一年、ミス・コリア「美」（ミス・ワールド参加）には鄭乙仙嬢（二〇）梨花女大体育科三年）がそれぞれ選出された。

韓国人蔘を西ドイツへ輸出

中国の立法院長来韓

鉄道庁、漢江鉄橋の復旧工事

鉄道庁は六・二五動乱で破壊されたまま放置していた漢江鉄橋A・B線の復旧工事をいそいでいたが、このほど対日請求権資金百万ドルと内資五億一千万ウオンを投入し来月から復旧工事をはじめ、一九六七年末に竣工する予定である。

経済政策に強い関心

◇―公報部の世論調査結果―◇

五カ年計画を大半が支持

公報部はこのほど政府の経済政策に対する世論調査の結果をつぎのように発表した。

△輸出実績について

知っている	九五・六%
知らない	四・一〃

△輸出産業の特恵措置に対する意見

よい	四七・八〃
不可	三四・八〃
一方的で不当	一二・七〃

△経済の飛躍的な段階説について

また早い	四八・二〃
時期的によい	四一・五〃
わからない	九・三〃

△五カ年計画推進後の事業現況について

多少よくなった	四八・八〃
変らない	一六・五〃
よくない	七〃

△物価安定について

多少よい	四九・九〃
よくない	二七・五〃
わからない	一三・三〃

△金利現実化以後の特恵払拭の可否

しばらくようすをみる	五一・五〃
失敗	二二・一〃
充分	九・九〃

△単一変動為替制の可否

成果あり	五一・七〃
ようすをみる	三・三〃
失敗	四・七〃

△対日請求権資金の使用

農水産業に優先使用	三八・一〃
生産工業に〃	二三・六〃
中小企業に〃	一七・八〃
基幹産業に〃	七・五〃
輸出〃	六〃

電力事業急速に伸びる

電源開発、第二次五カ年計画樹立

一九六五年度には三二・四%電力需要が増加され、今年度からは電力需給計画に新しい展望が必要となってきた。

このように韓国電力は緊急対策として群山火電と衣岩水電、清平水電増設工事を六七年度末までに竣工できるようつとめており、六月九日着工した八堂水電とソウル火電、嶺南火電の建設も積極的に推進している。

八ヵ所に発電所

一九七一年度まで建設される発電所の出力はつぎのとおり。

「民団20年史」「民団手帳」を出版

きたる10月に予定されている民団創立20周年記念行事の一環として "写真でみる民団20年史" と民団手帳を出版する計画でありますが、各級機関からの資料提供と編集協力をお願いします。連絡は中央宣伝局まで

（なお広告の掲載を受けつけております）

風俗と習慣

（1）男女の姓名

（2）家庭の秩序

韓國新聞

韓国新聞社
東京都文京区春日町2丁目20-13
定価 1ヵ月100円
振替口座東京34988番

意義あらたに第二十一回光復節を祝う

李孝祥国会議長迎え 盛大に第二十一回光復節 神田共立講堂に四千人

……(朗読)が採択され、記念式を終えた。

このあと二部行事として韓国学園生徒らの舞踊が披露され、また盛り沢山な本国芸能団による歌と踊りが紹介され、全参加者を魅了し、午後三時半すぎ散会した。

決議文

きょう一九六六年八月十五日、われわれ在日大韓民国居留民団関東地区代表四千名は、東京千代田区神田共立講堂に参集し第二十一回光復節慶祝記念関東地区民衆大会を盛大に開催し、大会の総意をもって次のとおり決議する。

一、われわれは祖国の光復をかち取るため犠牲となった先烈らの高貴な独立精神と愛国心を受継ぎ、全韓民族が念願する国土統一を成就して真正なる自由と平和を守護すると共に、わが国の繁栄のため献身する。

一、われわれは祖国近代化実現のため努力を傾注している本国の国是に呼応し、これに積極的に寄与する。

一、われわれは韓日両国の友好親善関係をいっそう発展させるため民間外交の旗手の役割を果すと同時に、この地において日本国民から尊敬される韓国人となるよう努力する。

一、われわれは韓日協定に規定されたわれわれの法的地位を確保し、生活安定を期すると同時に、継続してわれわれの処遇改善に全力を注ぐ。

一、われわれは朝総連傘下に呻吟している善良な同胞救出のため、最善をつくすことを再確認する。

一、われわれは日本政府の北韓技術者入国許可に対し、韓日条約の基本精神に立脚して厳重抗議すると同時に、韓日両国のいっそうの紐帯強化を促求する。

一九六六年八月十五日
在日本大韓民国居留民団八・一五光復節第二十一周年慶祝記念関東地区民衆大会

朴大統領閣下に送るメッセージ

敬愛する大統領閣下

きょう一九六六年八月十五日、われわれ在日本大韓民国居留民団関東地区代表四千名は、東京神田共立講堂に参集して祖国光復第二十一周年の慶祝記念大会を盛大に開催し、本大会の総意をもって大統領閣下にメッセージを送ることを至上の光栄に思います。

敬愛する大統領閣下

われわれ在日六十万の同胞は祖国の近代化により民族中興の大道を正し、三千万民族を繁栄百年の大計の上に領導すべく、国土の建設とあらゆる行政計画遂行のため寧日のない努力を払われ、まず援助依存経済から自立経済に転換する基礎を固め、反共戦線においては最も勇敢にその主体性を発揮して勝共統一への道を前進している大統領閣下に対し、最大の敬意を捧げると同時に熱烈な支持を表明するものであります。

敬愛する大統領閣下

われわれ在日六十万同胞は韓日会談の妥結により、いまやわれわれに関する法的地位協定を中心に海外在住の韓国々民としての矜持を持った基本的姿勢が確立されました。これは、われわれの生活権の確立と祖国建設への功献において大きな成果をもたらすものだと思います。

われわれはこれを足場にしては日本において日本人と同等な待遇を要求すると同時に、彼等との友好親善を図り、大韓民国の国民として祖国の建設にも積極参加する……すべての合法、合理的な権利を獲得することに大同団結し、大統領閣下がわれわれに示された諸般の配慮に対し最大限の功献を期するものであります。

敬愛する大統領閣下

国際情勢はベトナムの戦いを中心として熾烈な共産陣営との対決状態にあります。

すでにわが国軍勇士達もベトナムに出陣し、共産陣営に大きな打撃を与え反共民衆救済において最も勇敢に自由陣営の連帯責任を遂行しております。このような客観情勢からみるときわが国土の統一はあくまでも国連中心統一方式によって促進されるべきであり、その基本的前提課題が勝共にあることは明白であります。

われわれ在日六十万同胞は、国土の統一を常に熱望し、これに関するわが政府の方案を熱烈に支持すると同時に、特に在日六十万同胞の結集体であるわが居留民団は、日本における北傀勢力の策動を撃破することによりその欺偽宣伝に翻弄されている同胞の救出に全力をつくし、真実の大同団結をもって国土の統一に功献することをここにあらためて誓うものであります。

敬愛する大統領閣下

祖国の光復以来すでに二十一周年を迎えました。わが民族の歴史に照らしてこんにちの一年は過去の十年間を数えるに等しい民族の栄誉のための発展がなければならないと思います。

われわれは大統領閣下が指示されている祖国の近代化を心に銘じわれわれに負荷されている義務を果すべく正々堂々と団結を固くして邁進する決意をここに申し上げ、衷心より大統領閣下の御壮健を祈るものであります。

一九六六年八月十五日
在日本大韓民国居留民団八・一五光復節第二十一周年慶祝記念関東地区民衆大会
朴正煕大統領閣下

権団長のあいさつ

第21回光復節 朴大統領のメッセージ

神田共立講堂で開かれた第二十一回光復式典の全景

中央本部は、八月一日付で次のとおり人事発令を行なった。

◎直選中央委員
権逸、張聰明、金泰変、李禧元、辛灝、陳点春、朴根世、文慶韶、鄭哲、楊皓、鄭建永、安八竜、李相台、梁相基、金世基、尹致夏、韓玉順、崔学阜、李煕健、全壬戌、梁炳斗、李春植、金晋根、黄孔煥、徐漢圭、朴太煥、朴炳憲、崔竜基、卞周浩

◎共同基金確立準備委員会
委員長 権逸
委員 李禧元、許弼奭、姜桂重、鄭煥麒、宋宇正、鄭順相
事務局長 崔竜基

◎中央韓僑綜合庁舎建立準備委員会
委員長 権逸
委員 金泰変、金己哲、許弼奭、楊浩、朴炳憲

◎法的地位待遇対策委員会
委員長 権逸
委員 李禧元、張聰明、辛灝、鄭炯和、朴太煥、申灝、丁賛鎮、金今石、金光男、曺寧柱、金皓一、己哲、朴玄、姜桂重、金李根馥、辛容祥、李宗樹、鄭煥禧、金正柱、鄭哲、朴根世、文慶韶、宋宇正、崔学阜、許弼奭、呉基文、金宰淑、李麟基、梁東準

十四才未満は家族欄に 登録更新で中央民生局指示

八月一日からはじめられている国民登録の更新ならびに新規申請について中央民生局(局長申キ)では七月二十七日づけ公文でつぎのように指示した。

国民登録の更新ならびに新規申請についてすでに指示をだしたが十四才未満の未成年者の取扱いについてつぎの要領で処理されたし。

記

十四才未満の未成年者の申請については、申請書ならびに写真は不要で保護者(父母のいない者はそれに代る者)の家族欄に記入するようにする。

(注)国民登録証の更新を終えていない者は、今後、大使館ならびに領事館で行なう旅券事務を受付けないようになっているため、この点、特に留意し一人残らず登録証の更新をするよう望む。

国民登録の更新をした者に対しては旅券の延期期限を二年とする(今まで一年のもの)

国民登録の更新および新規申請に関する公告

在外国民登録法による国民登録をつぎのとおり実施する。

記

一、対象者
(イ)満十四歳以上の大韓民国国民はすべて国民登録をしなくてはならない。
(ロ)国民登録証を所持している者は登録の更新申請をする。
(ハ)国民登録証を所持していない者は新規申請をする。

二、具備書類
申請書三通を作成し、写真四枚を添付して民団支部を経由し、管轄大使館または領事館に提出する。

三、手数料
一切徴収しない。

四、実施期間
一九六六年八月一日から六ヵ月間

一九六六年七月二十八日
駐日大韓民国大使館
駐日大韓民国各領事館

呉・蘇両氏に感謝状 中央本部北韓実情講演の成果たたえ

さる六月十六日から七月三十日まで延べ三十二回にわたって南は九州から北は北海道まで日本全国を回って北韓の偽わらぬ実情を一般同胞に伝え、朝総連の虚偽宣伝を粉砕した呉基完、蘇貞子両氏に対して民団中央はその労苦を謝して感謝状を送った。(写真は感謝状を渡す張副団長)

なお、両氏による講演会は次のとおり実施された。

		動員数
六月十二日	金沢	三〇〇人
〃十五〃	下関	五〇〇〃
〃十六〃	北九州	五〇〇〃
〃十七〃	福岡	四〇〇〃
〃十八〃	長崎	三〇〇〃
〃十九〃	熊本	二五〇〃
〃二十〃	大分	一〇〇〃
〃二三〃	広島	八〇〇〃
〃二五〃	姫路	三〇〇〃
〃二六〃	和歌山	三二〇〃
〃二七〃	神戸	三五〇〃
〃二八〃	大阪	一六〇〇〃
〃二九〃	京都	一〇〇〇〃
七月三日	尼崎	八〇〇人
〃四〃	静岡	四〇〇〃
〃五〃	名古屋	一〇〇〇〃
〃六〃	東京	二〇〇〇〃
〃八〃	横浜	四五〇〃
〃九〃	宇都宮	五〇〃
〃十二〃	仙台	三二〇〃
〃十四〃	札幌	二五〇〃
〃二〇〃	新潟	一五〇〃
〃二一〃	東京	一五〇〇〃
〃二三〃	川崎	六〇〇〃
〃三〇〃	大阪	一三〇〇〃

143

朝総連謀略の実態を衝く

国民登録、永住権を妨害
遊説と講習会で破壊工作

朝総連の運動実施要領（抜萃）

（注＝以下全文は朝総連側のもので〈注〉は民団側の参考的解説事項）

一、遊説隊の構成性分及び人員数

（1）遊説隊は朝総連の中央幹部、女性同盟幹部、朝鮮中高級学校教員をもって指導班を構成する。

二、方法

三、目標内容

第一項、在外国民登録更新に対して

韓国政府が八月一日付をもって実施している在外国民登録更新は在日同胞を一方的に韓国民として認定するための方法であり、ひいてはベトナム戦争に在日同胞の子弟を派遣しようとする意図によるものであると共に、あわせて永住権申請を併行しようというものである。

〈注〉

（1）朝総連がこのように国民登録更新を妨害するのは、今般の更新によって民団々員の数が明確になると同時に、必然的に韓国国籍を持つ在日同胞数が明らかになるので、彼等は出来るだけその数字を少なくしようとしているのである。

（2）国民登録更新をする同胞は、永住権申請を同時にするようになるため、永住権に反対す

（3）国民登録を所持している同胞の中で時によっては朝総連との関係を持つ一部の人がいることは確かだが、これらの人達も今般の登録更新を契機として態度を明確にせざるを得ないので、彼等はこれを警戒して妨害工作をしている。

第二項、永住権申請に対して

（1）永住権を申請すれば自動的に韓国国籍を取得することになり、取得後は徴兵令に該当する子弟はすべて軍に入隊することになる。これはすでに韓国と日本政府間で約束されており、これを拒否する者は韓日協定によって強制送還される。

（2）永住権申請をすれば、三十万名に近い戦後入国者は十年以内に半数以上が強制送還されるだろう。

（3）協定上永住権を申請すれば

第三項、技術者入国歓迎事業推進に対して

第四項、帰国期限延長事業推進に対して

第五項、帰国申請者確保事業に対して

第六項、第二十一周年解放記念日共同行事に対して

第七項、国籍変更運動推進に対して

第八項、夏期成人教育事業に対して

第九項、既成団体幹部の夏期講習会事業に対して

第十項、民族教育闘争事業に対して

僑胞のため最善尽す
団結して信頼と尊敬を

大韓民国国会議長　李　孝　祥

私はきょう、第二十一回光復節をここ日本、東京でわが同胞のみなさんと共に迎え、この席において記念のことばを述べる

佐藤総理に送るメッセージ

政府招請で本国へ

張副団長ら五氏

在日僑胞代表として

第二十一回光復節記念式典に日本から参加する僑胞代表として本国政府は、張聡明中央副団長、李裕天中央監察委員長、李禧元中央議長、丁賛鎮、朴玄顧問の五氏を正式に招請した。

招請を受けた僑胞代表の五氏は十三日、本国へ向け空路羽田を発った。

水害罹災一三六、四九五人

五ヵ年計画で防御策へ

本国中央風水害対策本部が八月一日に発表したところによると、先ごろの水害による被害は死者百一名、行方不明十七名、負傷百七名、罹災民三十万六千四百九十五名、財産被害は総額三十一億一千九百万ウオンとなっておる。その内訳は△建物＝流失七百九十一棟、全破三百十六棟、半破二千二百十七棟、小破三百十七棟、浸水二万六千三百七十三棟、△農耕地＝流失二千三百七十四町歩、埋没三千六百二十七町歩、浸水二万八千六百八十四町歩、△公共施設＝道路二千百九十一ヵ所、橋梁一百三十一ヵ所、堤防三千二百四十二ヵ所、鉄道三十一ヵ所、△船舶＝全破一隻、半破三隻、沈没と流失十五隻。

ところで、このような毎年の水害のほか、旱害による被害を防ぐため、建設部ではこの対策として洪水防止第二次…をたてた。

これによると、総額 [illegible]

北韓の圧政を逃れて韓国へ

協同農場作業員決死の脱出

本国で夏季学校

僑胞学生482人母国訪問

親善交流のため韓国学生が訪日

光復使節団四三〇人

東京、大阪、福岡から出発

慰問袋を有難う

ベトナム派兵　国軍将兵からの礼状

新陣容で飛躍的発展

関東建設業者協組総会開かる

静岡商銀預金二億に

設立後七ヵ月で達成

韓青夏期講習会開催

韓青も33人本国へ

光復節記念式典に参加

七月の外貨保有増加

就職状況は上々

実業専門は九七・六％

八月五日明らかにされた今春の本国大学卒業生の就職状況は上々で、七月末現在、大学卒一般は六[illegible]％、実業専門卒は九五・六％と[illegible]高い率を示した。具体的には、実業系九七、六％、[illegible]農林系六八、一％であるが、[illegible]

風俗と習慣

（1）衣食住

服装

現代韓国があらゆる分野で新旧が交錯しているのと同様に、服装でも同じことがいえる。

韓国人は家庭では気楽な韓国服をきるが、外出には活動に便利な洋服をきる。

同じソウルの町でもパリの二ューモードの洋服と古来からの韓国服とが、同時にみうけられる。東西の二重性は、今日の韓国の大きな特徴ともいえる。

伝統的な韓国服は二千年の歴史をもっており、その間いろいろの時代によって、種々な改善をもたらし、ついに独特な民族服を形成した。

上着の袷はチョゴリといい、ひとえをチョクサムといっている。

いずれも筒袖であるが、男性用は、たけが腰までさがり、女性用は少し短い。

胸に長い幅広の紐をつけて結ぶのが普通である。

下着は、男性の袷をパジといって、ゆったりとした股引のようなもので、上方は腰紐で括り、下方は両足の足首のところで足袋の上にかぶせて細紐で括る。

女性の下着は、チマといって袷もひとえもあり、腰下には多くのひだをつけて下方が広がるので形態が変化にとんでいる。

チマの下着には普通一〜三枚の下袷をはくのが常である。

周衣（トルマギ）は、上下服の表にきる筒袖の長衣のことで、外出時にはかならず着用する。

女性の外出用として、以前には、チャンオッといって、被衣（ベール）で顔をおう風習があったが、今はほとんどすたれて一部の地方にしかのこっていない。

このほか、冠婚の礼装服、文武の正装服、農商の職業服など多様にわかれているが、帽子、履物も韓国在来の独特なものがあるが、これらも洋式スタイルにかわってきた。

（2）飲食

主食は米飯であるが、地方によっては小豆飯、栗飯なども多く併用している。

副食物には、肉類、魚類、野菜類などを調理したもので、味漬けは味噌、醤油のほかにかならず、にんにくやとうがらしを使う。

韓国料理の特徴は、多彩の調味料を使って複合的な味を出すところにある。

肉類や魚類のほかに、漬け物もよく食べるが生のものはあまり食べない。

キムチは韓国漬け物の中で随一であり、副食品としてもっとも重要なものである。

韓国ではほとんどの家庭で二〜三かめのキムチを漬けており、訪問客においしいキムチを賞味して頂くのを家の誇りとしている。

一概にキムチといってもその種類は多く、材料は白菜または大根で、これに塩、とうがらし、ねぎ、にんにく、せり、しょうが、松の実、栗、梨、こんぶ、ぐず、めん太い、かきなどを入れ、大きなかめに漬けて蓋をし、冬は土の中にうめて氷結を防ぐなど大変な念の入れ方であり、その風味といい、色合いといい、韓食の王座を占めるといってもいいすぎではない。

最近キムチに対する豊富な栄養価値を科学的にほめる声も大きく、驚くほどのビタミンCと蛋白質、脂肪、炭水化物カルシュウム、ビタミンBなどをふくんでいることが化学分析ですでに証明されている。

内料理は多くの人が好んで食べ、通常牛や豚を用い、鶏やキジはむしろ珍味に属する。

韓国料理の大部分は野菜である。

これは中国の豚肉、日本の魚類に比べて対照的なことである。

酒類飲料も韓国独特の風味があり、なかでも酒類は古来のドブロク、薬酒、焼酎に近年は清酒、洋酒も加えられている。

お茶は一般にあまり飲用されていない。

お茶の風習は以前にはさかんであったが現在はほとんどすたれて、一部の地方にしかのこっていない。

そのほか高麗人蔘、しょうが、桂皮（ニッキー）などの材料で独特なお茶を楽しんでいる。

容器や皿類は、銀製、真鍮製、せとものがある。

お膳は脚付の高膳で、その上には主食の丼（ジュバル）に副食用のチョップジなどのほかに、かならず匙と箸がのっている。

食事のたびごとに温いものを作り、冷飯は絶対にたべない。

韓国では三度の食事中、朝食を一番大事にする風習があり、これはまずはらごしらえをして一日の仕事にとりかかるという算段である。

（3）住居

冬の寒い韓国では、住居も冬向きに造られている。

現在多くみられる典型的な韓国式住宅は、かって三国時代の中国から移入されたものであるが、約二千年間韓国民の生活に適したように改造されたものである。

木造平屋建の瓦葺が多く、外壁は土と石をまぜて作り、内壁は土だけで塗る。

室内は丈夫な国産紙で貼り、戸は出入のできる程度に作り、窓は小さく紙張にしている。

家屋の構造・間取りは、外舎と内舎に区別することができる。

通常外舎は中間の外にあり舎廊とよんでいる。

男子の居室で客室をもかねており、となりにしもべらの居室ももっている。

内舎は中門のうちにあり、内庭を控えている。

内房（アンバン）という婦人の居室があって、となりに厨房などがついている。

このように男・女の区別をきびしくした構造であるので、女性は外来の男性には面接しないのみならず、同一家庭でも男・女が相手の部屋に出入りすることはほとんどない。

しかし最近は開放的になり、家屋の構造も除々に改良されている。

内舎には、たいてい板の間の室ももっている。

内房（アンバン）のわきにあるものを大庁（テイチョン）といって、子供らの団らんまたは慶弔の儀式を行なうところであり、厨房のわきにあるのは籬間（チャンカン）といって食事の支度をするところ。

どんな家庭でも、かならず温突がついている。

温突は暖房装置の逸品で、原型は一三〇〇年前の李朝中期に現在の形式が確立されている。

まず床下に数条の火坑を築きその上に花崗岩の石板をならべて床にし、さらにその上に土を塗って平にし、その上に数枚の下紙を張り、最後に油紙（ジャンパンジ）という特殊な油紙を張る。

こうしてできあがった温突は堅固でなめらかで煙はもらない。

焚口についている焚口から燃料をもやすと、部屋中が温かくなるので、寒い冬でも住み心地は上々。

地方にはわら屋の屋根が多い。

これはまた簡単な下部構造に比べて不均衡なくらい大きすぎる。

封建時代の貧困な農民生活をおもわせる。

農村部落の典型的な構図として、瓦葺の大家をかこんで、わら葺屋根の帽子をかぶった多くの農家が密接して立っている光景は、今でも到るところにみられる。

三、一家の概念

韓国で一家（いるが）という言葉があるがこれは単なる一門とか親類とかいう範囲より、はるかに広い意味をもっている。

同一祖先で血縁関係が同じ者は、みな一族であるとの観念から一家といわれるわけである。

この一家は族譜（系図）というのがあって、各家庭によって鄭重に保管され、十年目あるいは二十年目ごとに加除訂正される。

宗家は一族尊敬の中心であり、家系の存続と父祖の祭祀に対しては義務を負わされている。

そのかわり宗田という門中財産を有して財源を確保し、宗田は宗親会（門中会）の承認がなければ宗家といえども勝手に処分することができない。

一般に祖先崇拝の念に厚く、祭祀は鄭重に行なわれる。

祭祀には、祠堂で行なう祠と墓地で行なう墓祭とがある。

墓地はきわめて大事に扱われ、先祖代々の墓地を〝山所〟といって、大抵の場合墓守をおいて管理させる。

わが国の国土統一政策

民主共和党政策研究室
第一研究部長　金　炯　洙

勝共統一こそ最善
祖国近代化へ総進軍を

民衆党統一方案

民衆党代表委員　朴　順　天

わが民族の悲願である国土の統一は、分断されてすでに二十年が経過しているにもかかわらず少しも進捗しておらず、今後も何時統一がもたらされるか全く不透明な実情にあります。事実、韓国の統一は国際、国内的な与件が共に成熟される時に実現をみることができるのでありますが、中・ソ両国の今日の態度と北傀の侵略的な姿勢をみる時、今後、短時日内に統一がもたらされるということは望まれません。また、このような統一の難関を解決できる特別な方案も今のところ見出せません。

躍進する韓国スポーツ

苦悩からの出発

方向を正して

感激も新たに

不幸な時期

回復期にあって

韓國新聞

韓国新聞社
発行人 権逸
東京都文京区春日町2ノ20－13
定価 1ヵ月100円

本国国会にオブザーバー制復活

九月定期国会に上程

海外僑胞の権益擁護企図

海外に住む韓国人としてその切実な願いを本国国会に反映させ、みずからの権益を擁護する見地から民団は早くから本国国会への〝オブザーバー〟制の復活を要請してきたが、このほど九月の本国定期国会に正式上程されることに決定した。これが通過すると本国国会での傍聴は勿論、海外僑胞問題の審議にあたって発言を許される。

この本国国会オブザーバー制度は、第五代国会まで存続し民団代表の傍聴が許されていたがその後廃止された。だが、韓日間の国交正常化ムードと関連して在日六十万同胞の立場を本国国会に反映させなくてはならない必要性を痛感した民団は、オブザーバーの派遣を認めるよう本国国会に強く要請してきた。そしてその後も引き続き機会ある毎に要請をくり返してきたが、これが功を奏し本国国会議長団、同運営委員会ならびに国会事務処が民団代表オブザーバー制度の復活について原則的に合意し、九月にひらかれる定期国会にオブザーバー設置に関する決議案（李相麟運営委員長提案）を本会議に提出することになったものである。

同オブザーバー制度の復活については、すでに本国与野間で非公式に合意をみたと伝えられているため今会期で設置の復活をみることは必至とみられている。

この案が可決されると民団代表がソウルに滞在し、●会期中、国会で傍聴し、●海外僑胞に関する案件を審査したり、その他必要な時には本会議または委員会において発言することができるようになる。

同運営委員会が提出する決議文は次のとおり。

海外僑胞に関する立法その他施策をするのにおいて在日僑胞の要望を把握し、僑胞の意志を反映させるため在日代表オブザーバー制度を設ける。

日本人技術者は一二三人

釜山駐在日本総領事館によると八月三十一日現在、韓国に入国した日本人技術者は一二三人に達している。

これらの技術者は、嶺南、三南、済州地方の産業建設過程において各種の技術指導をするため入国しており、このうち蔚山などに建設する韓国肥料工業の技術者五十名をはじめ三和ゴム㈱十三人（女子技術者四人など）が主なものである。）

なお韓国肥料㈱では東京の東洋エンジニアリング会社より技術者

本国政府で

朝総連系同胞包摂策検討

本国政府は国内の政治安定と経済的発展を土台にして所謂〝朝総連〟系在日僑胞らに対する幅広い包摂政策を検討する動きをみせている。

政府の一消息筋は「その間政府は国際地位の向上に従い共産圏で開かれる国際会議への参席、韓国内で開かれる国際会議に非自

国立墓地献樹金

本国へ伝達

第二回アジア議員連盟総会

十ヵ国代表87名参席

アジアの自由と平和

韓国代表が強調

韓国のベトナム派兵

自由中国代表が敬意

アジアを共産化から守れ

岸日本元首相語る

一九六六年度各地方本部別割当金

本部名	割当金月額	割当金年額
大阪	400,000円	4,800,000円
東京	350,000	4,200,000
愛知	200,000	2,400,000
兵庫	200,000	2,400,000
京都	200,000	2,400,000
北海道	100,000	1,200,000
神奈川	100,000	1,200,000
広島	100,000	1,200,000
山口	80,000	960,000
福岡	100,000	1,200,000
宮城	40,000	480,000
千葉	40,000	480,000
栃木	40,000	480,000
茨城	30,000	360,000
埼玉	40,000	480,000
三多摩	30,000	360,000
群馬	30,000	360,000
静岡	30,000	360,000
青森	30,000	360,000
新潟	40,000	480,000
福井	30,000	360,000
岐阜	30,000	360,000
和歌山	30,000	360,000
三重	30,000	360,000
岡山	50,000	600,000
長崎	30,000	360,000
長野	20,000	240,000
石川	20,000	240,000
奈良	20,000	240,000
滋賀	20,000	240,000
山梨	10,000	120,000
秋田	10,000	120,000
福島	10,000	120,000
山形	10,000	120,000
岩手	10,000	120,000
富山	10,000	120,000
鳥取	10,000	120,000
島根	10,000	120,000
佐賀	10,000	120,000
大分	10,000	120,000
宮崎	10,000	120,000
熊本	10,000	120,000
鹿児島	10,000	120,000
対馬	10,000	120,000
愛媛	10,000	120,000
徳島	10,000	120,000
高知	10,000	120,000
香川	10,000	120,000
	2,640,000	31,680,000

上納金を完納しよう

中央本部が各地本に要請

北洋漁業を保護

日本側の非人道処遇に抗議

本国論調

対韓船舶輸出を中断

日本政府　韓国船優先撤回求む

日本政府は九月二日、韓国側が「韓国船優先」の政策を撤回しない限り、韓国向けの船舶輸出を中断すると運輸省が発表した。

すなわち、これは八日からソウルで開かれている韓日経済閣僚会議に関連して事前に決定したもので、そのねらいは互恵平等の原則により、貿易輸送での日本船和便

下鍾捧本国国会外務委員長は８月26日李文深駐日参事官の案内で中央本部を礼訪した。

第三国からの商業借款を優先

張基栄副総理はこれからの対日商業借款は特別な制限を置かず両国の自然な経済関係に従うようにするが、同じ条件の場合は対日偏重を是正するため第三国からの商業借款を優先的に導入する方針であると言明した。

張副総理は八月二十六日、経済人協会代表らと当面した経済問題に関する懇談会に参席したが、この席で、現金借款は現在の六百万ドルから全体規模三千万ドルまで許可するであろうとし、外貨交換レートの安定を維持して対外信用度を高めたいと語った。

拉北失踪宣言などに特別措置

政府は六・二五韓国動乱を前後して拉北され、また生死が明らかでない南韓本籍人の身分、または財産関係を法的に整理するため特別措置法案を近く国務会議に上程することにした。……

全文十三条付則からなるこの法案は六・二五を前後して解放以後五三年までに行方不明となった南韓出身人士に対しては失踪宣言を適用、公告催告（新聞公告）など複雑な手続を省略し、市、邑、村長が申請人を代理して家庭法院の判決手続きを踏むようにしたが、越南した人士らの家族に適用される不在宣告は彼らの家族が越南はしたが会えない場合を考えて一ケ月間公告催告をするとのこと。

IDA使節団、韓国経済の成長を楽観

IDA使節団は韓国の第二次経済開発計画に対し七％の国民総生産成長率は無理なものでなく、計画の全般的内容が現在の条件では大体妥当であるとの中間評価を下したと伝えられている。

去る十三日来韓し、約三週間、第二次五ヶ年計画に対する調査と分析をほとんど終え、この九日に日離韓した同使節団はその間、経済企画院関係者らとの会合で、●将来韓国に国民総生産成長率七％が非現実的だと論評されていたのは全く根拠のないもので、最近数年間の趨勢と計画の展望によれば七％成長は決して過大に策定されたものではない。●その他、貯蓄、投資および国際収支計画も無難である。●特に科学技術振興のための果敢な政策的試図を高く評価している。

しかしこの使節団は高度成長の根本的要因に対する分析がアイマイであり、計画期間中、三千八百三十九億ウオンにのぼる民間貯蓄目標を達成できる確かな保障がなく、この他にも四十三部門の産業関連表による部門計画と七一年の完全失業率を五％に策定した人口雇用計画をうらづけている統計資料の信頼性が極めて稀薄であるという点で部分的に非protestな態度をみせたといわれる。

在日教師を訓練

本国で六ヵ月間民族教育

文教部は八月二十四日、在日僑胞子弟の教育を強化するため日本に在住する教師たちを六カ月間韓国で民族教育など短期間教育を実施する方針をたてた。

これは夏休み期間中在日僑胞学生たちを母国で教育したことが大きな成果となって現われたのでとられた措置である。

駐日大使館増築費に

四万三千ドル支出決定

本国政府八月十九日定例閣議は駐日大使館の建物増築及び補修費四三、九五九ドルを外貨予備費から支出することを議決した。

なお、この他保健社会部所管のY装置五〇台）一二万八二一ドルと山林保護用無線通信機三種一五台購入費一四、九三〇ドル等も六六年度外貨予備費から支出することを議決した。

僑胞学生の教育に

来年度から五十万ドル

権五柄文教長官は八月二十九日来年度から海外僑胞学生教育強化のため三元制教育を実施する方針だと明らかにし、これに要する五十万ドルの予算がすでにたてられていると語った。

三元教育とは、在日教師六ケ月短期養成計画と在日僑胞学生の教育実施、ならびに東京韓国学校に韓国教師たちを派遣することなどである。

白馬部隊の歓送会盛大に

自由守護のためベトナム戦線に出征する白馬部隊の汎国民的歓送式が八月二十七日午前十時中央庁広場で盛大に行われた。

この席には朴正熙大統領夫妻をはじめ、三府要人と内外人士、三軍将星、それに多くの市民学生らが参席して白馬勇士の武運長久を祈った。

この日の歓送式は勇士らの武運を祈る祈祷に続き、大会長丁一権国務総理の挨拶、朴大統領の歓送辞、李召東白馬部隊長の答辞、花束と記念品の贈呈があった。

朴大統領は挨拶を通してわれわれの望むものは決して戦争ではなく、自由を争取し、平和を守ることであるとして次のように語った。

われわれが渇望している窮局的目標は決して戦争ではなく、自由と平和である。自由と平和は、歴史にしておのずと手に入るものではない。

それには高貴な代価を支払わなければならない。故に、自由と平和は貴重なのである。われわれはこの貴重なものを得るためにまた守るためにこの険しい道を自ら選んだのである。皆さんを自由の十字軍と呼ぶ出線はまさにここにあります。

皆さんの勇ましい歩みは永く歴史に輝くだろう。神の加護は常に皆さんと共にあるであろう。

異域万里ベトナムの山野を震動させる白馬の叫びは即ち力強い自由の喊声となるであろう。

地軸をゆるがす白馬のいななきは平和の前奏曲となるであろう。

一方丁一権国務総理は祝辞を通して、われわれの安全とアジアの平和のためであると強調し、勇士の家族は力の限り支援すると約束した。

ついで国民代表金玉吉梨花女子大学長は勝ってくることはわれわれの位置を高めることでありわれわれの自由を守ることであると激励した。

一方李召東白馬部隊長は答辞で自由と平和を渇求するベトナムの自由人民が共匪ベトコンの蛮行に苦しんでいるときにわれわれ白馬部隊が既にベトナムに派遣され勇々たる戦功をたて、国威を宣揚している駐越韓国軍の一員としてベトナム国民の愛国闘争を支援できることを光栄に思い、万端の準備体制を整えて自信を持って出発できることを誇りをもって報告しわれら白馬は祖国の名誉にかけて絶対に凱歌してくることを約束しますと語った。

歓迎式のあと白馬部隊勇士らは軍楽隊を先頭に中央庁正門を出発李召東部隊長指揮下に歩武堂々と力強く市街を行進した。

市民は手に手に大極旗をふり五色のテープや花束を手渡し、空には〝必勝白馬部隊〟のアドバルーンが青空にゆらぎ将兵の武運長久を祈った。

人事発令

中央執行委員

委員長　権逸

委員　張聡明　金泰変　朴太煥　朴炳憲　崔竜基　下周浩　楊濬　李吉変　鄭煥禧　朴根世　金皓一　鄭順相　李相台　金己哲

中央局各次長

総務次長　黄明水
組織次長　姜錫嵩
〃　〃　丁海竜
民生次長　李鍾舜
文教次長　姜仁煥
宣伝次長　孫秀祺
財政委員長　宋宇正
議決事務長
監察　孔琴璐

147

第二次経済開発五ヶ年計画内容

自立体制を確立し 祖国近代化の基礎達成へ （上）

本国政府は第一次五ヵ年計画のあとを受けつぎ、祖国近代化を実現する画期的な第二次経済開発五ヵ年計画を立案中であったが、このほどその具体的内容を発表した。同五ヵ年計画が達成される一九七一年には全生産面において飛躍的発展が遂げられ、後進性を脱皮した近代化がもたらされるが、同計画の全文はつぎのとおり。

1、一九八一年の国民経済の様相

（イ）八一年のわが国経済は完全な自立体制で高度化し、また多様化された産業構造をもって近代化のたくましい経済的基礎を持つようになる。これよりさき七五年の発展経路を通じ一人当りの所得は倍加され、完全雇用が達成される一方、多様かつ高度の消費水準にそう産業生産力が具備される。

（ロ）所得水準

八一年の国民総生産規模は、年毎に七%ずつ上昇し現在の約三倍に拡大され、一人当りの総所得は現水準より倍増された五万八千ウオン（六五年価格）台となる。これは所得均配を指向する長期目標と消費生活の多様化を合わせて考慮したとき、実質的には国民生活が二倍以上の内容を持つことを意味するもので、平均家族規模を五人内外とするとき、一戸当りの所得は約三十万ウオンに達するものである。

（ハ）産業構造の高度化

工業化の促進と社会間接投資の拡充に重点をおいた第二次計画及び第三次計画を経た七六年には、農林・水産業と鉱工業の比重が等しくなり、八一年には鉱工業の相対的進出をハッキリさせ農村、水産、鉱工、社会間接、其の他サービス業の生産が大体において26対32対42と相対比を持つようになって所得水準に相応した財貨及び用役の供給構造を持つようになる。

即ち、まず前近代的な営農方式による零細経営のもとに、年間約四十～七十万トンの不足穀物を導入していた農業部門は、第二次計画を通じて七一年には食糧の自給自足が可能となり、第三次～第四次計画期間（七二年～八一年）には、農業の機械化の推進、協業体制の発展により内需産業から部分的な輸出産業への転換が出来る。

一方、七六年までには漁業施設と装備を拡充、近代化して零細的な沿岸漁業体制から脱皮し八一年には漁獲並びに養殖高を現在の約六倍に増加させることになる。

工業においては資本財と中間財の需要拡大により、重化学工業が継続して重点的に開発される。六十万トンの鉄鋼材生産を基礎に金属工業、機械工業の生産が八〇年代初めには現在の約八倍と拡大し、油類生産は八千万バーレル、化学肥料は一四〇万トンと増加、化学工業は総体的に約四倍に拡張されよう。

特に、消費類型では漸次高度化する加工食品、化学繊維などの大量生産化と、自動車及び家庭用電気機器など耐久消費財の生産も本業として確認された品目と新規輸出品目の拡大を通じ一輸出による「工業立国」の実をあげることになろう。

2、長期開発戦略

以上のようなわが国経済の生長発展は、これよりさき第三次の中期計画を通じて段階的に達成されようが、各次それぞれの中期計画を一貫する長期開発のための戦略は、およそ次のように要約される。

（イ）輸出増大による自主達成（ロ）資本動員の極大化、（ハ）効率的な人力活用、（ニ）安定基調の堅持。

1、八〇年代初までわが国経済は完全な自立体制を確立し、近代化の経済的基礎—国際収支の均衡、必要な投資財源の完全な国内調達、完全雇用等を達成せねばならない。第二次計画はこのような経済及び社会の長期発展を積みあげる一つの過程であるところから、産業構造を近代化し、自立経済の確立を一層促進させることにその基本目標を置く。

2、したがって、第二次計画の期 [illegible]

第二次計画の総規模

1、経済成長

成長率は計画期間中（六七～七一年）年平均七%だが、これは六二年～六五年の平均成長率七・六%を下回るものであっても、六〇～六五年の六・三%より高いものである。

高率の投資をしての七%程度の成長水準となるのは、六二～六五年の成長が多分にそれ以前の投資による効果と遊休能力の顕在化によるものであることに比べ、期間中では大体において資本の集約度が高率の投資を高く包容させたためである。

2、産業別成長と構造

農林、水産業と非農村、水産業の計画期間中における年平均成長は、それぞれ五%と八%であり、計画期間中の鉱工業は一年平均一〇・七%に成長する。また、七一年の産業構造は非農林、成産部門における絶対生産水準の向上を阻害させることなく、鉱工業部門の生産により拡大させることによって農林、水産部門対非農林、水産部門の相対比が六五年の三八対六二から三四対六六となり、社会間接資本、その他サービス業は四〇・三%から三九・一%に、鉱工業は二一・七%から二六・八%となる。

3、輸出入

輸出の増大は外資導入に対する確実な償還保障にもなると同時に、伸長を続ける工業部門の市場確保にも必要である。目標年度の外換受入は商品輸出五五〇百万ドル、貿易外受取は一六九百万ドルと六五年総受取一九〇百万ドルの二・五倍となり年平均一七%増加の結果となる。

4、人口、消費支出

人口増加率は現在の二・七%から二%に低下され三千二百万人となることが予測される。人口のこのような動向にも拘らず総消費支出は三七%増加となり、一人当り基準は二〇%の増加となる。政府消費支出は七八%増加し、民間消費は約三一%の増加となって、国内貯蓄は六五年の六・一%から七一年は一四・四%と漸増して政府五・八%、民間八・六%の比率となる。また租税負担率は一四・二%高められ民間貯蓄の限界性向は六一～六五年の一一%から三〇%となる。

5、投資規模

計画期間中の総投資予定は九千八百億ウオンで、七一年のGNPに対する投資率は二〇%となる。

6、総可用資源と海外貯蓄

七一年国民経済の総可用資源を一二、三四三億ウオンとし、うち海外貯蓄は六四六億ウオン（二四三百万ドル）期間中の海外貯蓄総量は三、七七二億ウオン（一、四三一百万ドル）となる。

[illegible]

生産水準と工業構造

1、生産水準の向上

[illegible]

2、部門別生産水準の向上

[illegible]

3、主要農林、水産物の増産

[illegible]

4、主要工業製品の増産

[illegible]

5、工業構造の高度化

[illegible]

貿易と国際収支改善

1、輸出入の増加と国際収支改善

[illegible]

2、輸出入構造の高度化

[illegible]

3、貿易外収支

[illegible]

4、資本収支

[illegible]

主要政策手段 国内財源を能率的に動員

[illegible]

国民生活

1、生活水準向上の方向

[illegible]

2、給食水準の向上と食生活の改善

[illegible]

3、衣服の改善と多様化

[illegible]

4、住宅の改良と要需の増加

[illegible]

5、農漁村の電化と交通、通信施設の拡充

[illegible]

6、給水施設と下水道施設の拡充

[illegible]

7、物価の安定

[illegible]

科学技術の振興

[illegible]

韓国貿易の動向

ソーダ灰品薄で早期導入策講究望まる

各種製品原料であるソーダ灰が導入不調のため品薄となり急騰し、これを原料とする一部生産業界は操業中断の危機に直面しているので、早期導入策が望まれている。

紅蔘輸C/L六万六千ドル接受需期むかえ中国・西独などから

二十五日専売庁によると紅蔘の需要期をむかえ海外から輸出信用状が到着し始め、合計六万六千余ドルの信用状を接受—八月中に船積みする予定である。

ところで八月二十五日現在の紅蔘輸出実績は五五万四百余ドルで今年度目標額一百十一万ドルの五〇%に達している。

輸出超過国に限りBWT、ステーリB/L輸入を許容

商工部は韓国商品輸出超過国に対する輸入促進策として"BWT"またはステーリB—Lによる輸入を許容し、現行貿易計画上、推薦品目のうち出超国家の特定品目はなるべく当該地域を優先的に推薦することによって輸入市場の多辺化を図る方針である。

商工部が調査したところによると、昨年度中の輸出超過国は英国スエーデン、オラーダ、ベルギー、沖縄、南ベトナム、タイ、シンガポールなどである。

メキシコと九月中に貿易協定

二十六日の閣議は韓国とメキシコ共和国との貿易協定案を承認し来たる九月中にメキシコ共和国を訪問する李東元外務長官とメキシコ外相との間で署名することを議決した。

両国実務者のクラスで合意をみた同協定案によると、締約国は輸出入に関連した関税、課徴金、内国税などに対し、対外財政事情および収支均衡「アメリカ自由貿易同盟」のような共同市場または関税同盟を除いては最恵国民待遇を賦与しており、両国間の商品交易は両国のすべての法律規程にしたがうことになっているが、六五年度の韓国の対メキシコ交易は輸出一万二千ドル、輸入五〇万ドルという大な入超をみせてきた。

またこの日の閣議は「韓独技術協力に関する協定」を締結することも議決した。

さる五月二十三日、張基栄経済企画院長官訪独のさいボン・デンール西独経済協力省長官と仮調印した同協定案は両国間の技術分野における相互協力のため、西独政府は韓国に対し技術訓練センター及び研究所を設立するのに必要な西独技術者及び技術機材を提供し西独の専門家及び政府高官の派遣を支援し、西独に派遣する韓国の技術訓練生に高等技術教育を施行するよう規定している。

眼鏡枠、毛織物などイラン市場で人気

韓国の眼鏡枠及び毛織物がイラン市場で品質の優秀性が認められ今後、注文量が急増する見通しである。

二十四日大韓貿易振興公社によると、セルロイド眼鏡枠の品質が良好でイラン市場で人気を呼んでいるが、特にNERO型の需要が大きく伸びており、需要筋はイラン人よりトルコ人に多いといわれる。

なお、同地域に初めて進出した毛織物も好評を受けており、価格は日本産よりも高目であるが、品質面で認められているので、初年度である今年には約五十万ドル、六七年度には七十万ドル、六八年度には百万ドルの輸出が可能なものとみられている。

駐韓インドネシア貿易振興公社の設置問題を協議

政府は韓国駐在インドネシア国営貿易振興公社設置問題について去る二十三日来韓したインドネシアの国営貿易振興公社東京駐在代表リヒ氏と協議中であるといわれる。

韓国とインドネシアは六三年に締結した暫定通商約定により相互交易をもたらしたが、韓国は去る六四年九月にジャカルタに大韓貿易振興公社支部を設置した。

対韓小型漁船51隻若松造船組合と近く契約

消息筋によれば、二十五日、日本小型船舶工業会は若松造船業協同組合が韓日経済協力で、小型漁船七十一隻のうち、指導船、調査船など五十一隻が発注され、近く韓国側と正式に契約が結ばれることになったといわれる。

その間、日本側は韓国側の入札条件がきびしく商談をあきらめていたが、船舶工業会が引続き推進することにより契約にこぎつけることになったといわれる。

藤野三菱商事社長一行、経済協について協議

八月末、三陟で挙行された六単位セメント起工式に参加するため、去る二十八日訪韓した日本の三菱商事社長藤野忠次郎氏一行七名は、三十日午後六時からウォーカー・ヒルで双竜セメント主催の晩餐会に参席し、財界人と韓日経済協力方案について協議した。

輸出入物品の通関手続きを強化

財務部は二十九日、輸出入物品の通関手続を強化し、従前に単一品目として規格化している肥料、するめ、ベニヤ板など一六品目に対しては、その検査を省いてきたが、今後はこれらの品目に対しても検査制を復活させ通関検査を厳格に行なうことにした。

このような措置は、さいきん不正輸出業者が続出するのに対備し採られたものである。

なお検査制を復活した品目は次のとおり。

(1)肥料 (2)原麦 (3)原綿（AID及びKFX）(4)セメント (5)苛性ソーダ (6)アバカ（AID及びKFX）(7)有煙炭 (8)するめ (9)冷凍魚類および活魚 (10)寒天 (11)蛍石 (12)綿布類 (13)亜鉛 (14)ベニヤ板 (15)生糸 (16)鉄鉛

韓・南ベトナム技術協定締結に合意

二十七日郵照興保健社会部長官は滞韓中の南ベトナム労働省長官「グエン・フ・フオン」氏と二次会談をおこない韓南ベトナム技術協力協定を締結するのに合意をみこれに対する具体的な検討を両国実務陣に一任することにした。

両国間に将来締結される技術協定の内容は、相互労働協力増進をはかるため使節団を派遣する一方、"交流技術者に対する最大限の便宜を提供することなどである。"

琉球アフリカに通商使節団派遣

二十六日の経済人協会理事会では、さきほど大統領公邸貿易拡大会議の決定にしたがい来たる九月二十日より二十九日までの間に琉球通商使節団を、また来たる十一月にはアフリカ通商使節団をそれぞれ派遣することを最終決定した。

通商増進のための東南亜経済活動促進委員構成

政府は南ベトナムを中心とする通商増進及び経済活動を強化するため対東南亜経済活動促進委員会を構成することに決めた。

副総理を委員長とし、委員八名と幹事一名からなるこの東南亜経済活動促進委員会は、[illegible]

対日先輸出は今後認めず

十六日、朴商工部長官は今年度の海苔対日輸出問題に言及し、日本政府から近く三七〇万束の全量輸入に必要な外貨が配布されようと述べ、輸出価格は日本国内での相場が強まっているのでかなり高い線で取引きできようと楽観的態度をみせた。

なお、朴長官は今年度に輸出される六五年度産海苔は、現在三七〇万束以上が確保されていると明らかにする一方、商工部は今後海苔の対日先輸出を認めない方針であると言明した。

さらに朴長官は国産品質を向上させるとともに需給面の実態を勘案して輸入許容問題を再検討する意向であると述べた。

× ×

兵庫県本部第21回臨時大会

団長に梁昌煥氏

九月三日 神戸海員会館で

兵庫県本部は、九月三日第二十一回臨時大会を開き当面の活動方針を検討したのち、役員の改選を行なった。[illegible]長に梁永煥氏、監察委員長に梁一晩氏がそれぞれ選出された。

徐正浩前団長の病気加療のため召集された兵庫県本部第二十一回臨時大会は、代議員百七十七人（定員百七十九人）が神戸市内海員会館に参集して開かれ、同日正午から三機関の経過報告について当面の活動方針について討議がなされ、このあと徐前団長が病気のため団長職の遂行が不能になった理由が説明され、三機関役員が総辞職し、ただちに新役員の選挙に移った。

徐前団長は同本部の発展と大同団結のために物心両面からまた昼夜を問わず献身的な努力をし、管下全団員から今度の病気離任を惜しまれており、一日も早く全快されるよう待望されている。

なお、あらたに選出された同本部役員は次のとおり。

団長　梁昌煥
副団長　金鳳竜
副団長（事務局長兼任）　金奎道
議長　崔永振
副議長　鄭達世
副議長　諸葛春植
監察委員長　梁一晩
監察委員　裵■■
常任顧問　徐正浩
常任顧問　安泳科
中央委員　梁昌煥
　　　　　金基録
　　　　　安泳科
　　　　　朴鳳守

在日韓国人二世

第三回世界子供国際会議に

子供を通しての国際親善を深める第三回世界子供国際会議が八月二十七日、東京プリンスホテルにおいて開かれ、"宇宙への夢"と題して六歳から十六歳までの世界二十八カ国の良い子ら百四十五人が活発な意見交換をした。この会議には在日韓国人二世八人が初参加し子供らによる国際親善の仲間入りをした。

韓国国楽院が訪日公演

民団主催で各地を巡演

さきに八・一五光復節記念公演で来日が予定されていた韓国国楽院芸能団は、当時、北韓技術者の入国問題にともなう本国政府の対日発給停止により中止となっていたがこのほど駐日公報館の斡旋により正式に来日がきまり、日本の主要各地を無料公演し韓日親善に [illegible]

韓国ボーイスカウト連盟

在日本地方隊山口で誕生

新時代に即して

頭のきりかえを

李禧元中央議長

韓国孤児の母松永さん

民団本部に援助を要請

震災慰霊祭しめやかに

東本主催・駐日公報館で

田アメリカンフットボール副会長

日本で客死す

尋ね人

風俗と習慣

僻地校の実情と提言

全羅北道完州郡雲洲面姑堂国民学校校監　朴　昌　浩

本稿は、主に都市学校で二十余年間教職生活を経た教師が、校監に昇進し、生まれてはじめてのへき地学校に赴任した当時の感想とその実情、今後の在り方に対しての所感文である。古今東西を問わず都市偏重の物質文明のあり方に対する是正の一矢を向けたことは、特に教職にある立場から、山間へき地に生まれながらも、大韓民国の国民としての平等に生きる権利とそして義務を負うものであるとの子供らの将来と国家百年の大計に対して訴える立場には、われわれが例え日本に居住していようとも、このように、疎遠化され、異枝化されていく恵まれないへき地学校を理解し、わが兄弟、親類縁者が苦悩しているこのような学校に、たとえ、トランジスターラジオの一台でも寄贈して、心身共に健かに育ち行くかれらを見守ってあげようではないか、という気持から全北教育研究所発行、研究月報八月号から転載した。

悲しい赴任への道

「二〇余年間の教職生活の末がこれなのか?」と私は二〇余里の狭い山道を歩きながら途中の半みち余りある峠に立った時即ち、赴任した、初日にこんなことを考えた。話にだけは聞いていた僻地学校とは、こんな所であったのか!ということが痛切に我が身に実感として迫って来た。四方に険峻な山々がびょう風のように重畳としておしせまり、峡谷の急流のはげしい山あいの麓に点在する一四〇戸余の草ぶき農家があちらこちらにちらばって一つの村落をなしており、二〇世紀後半に、新しく生まれた半クロンボウ族?(実に真黒いアカだらけの服と体である)が連想された。不遇な二世らが、山峡の空気を、つきやぶって集まってくるところは、ふた間教室だけの小さな学校が声もなく眼前に立ちふさがっていた。一方の出口を仕切って使用している職員室で、校長先生ほか三人の先生らと簡単なあいさつを終えアッという間に校庭に整列した一〇〇余名の全校児童の前にあいさつに立った時その黒っぽい顔から星のように輝く瞳とぶっつかった瞬間、私は胸のあつくなるのをおぼえた。

ひとまず「こんな山峡で生れた金正浩氏ははやくも大東亜地図を画き、現朴大統領もまた、貧しい山村の一農家の息子で生れた」というあいさつで児童らを慰め、激励した。

教職員らの私生活

やがて新任職員歓迎の昼食会がひらかれた。大きな空の粉乳箱を台に習字用の小黒板を横倒しにならべ、たまにあわせの大きな食卓(?)の上に、女先生からまごころのこもった山菜が持ち込まれた。このように、車道から遠くはなれてけわしい峠が一つもたちふさがっている山奥には、食卓のような家具を持ち込めないということは、一度きた人には誰もが理解出来ることである。小使の家で下宿している先生もおり、夫婦が教師で一緒に赴任してきて生活している人もいた。こんな僻地に夫婦教師そろって同じ学校に発令したことは、おもしろい人事だとも思った。

一つの学校内で、全職員が生活しているから、文字どおりの家族的な雰囲気であり、なお、一般民家とははるかにはなれている関係上孤独の中から、互に信頼しあう相扶相助の生活を営んでいる。

しかし、子女らが突然、病気になるか、または冬期に野菜などが切れた時、とくに、夏には米が品切れになっても、近隣住民からはこれを求めることは出来ないので四—五里もはなれた市場まで出かけなければならないのである。

夜になると、いまにも消えそうな灯火(ホロンプ)で読書一つ満足に出来るでなく、深山幽谷から聞えてくる郭公鳥の鳴く声などは孤独と限りない寂寞におそわれ、知らずのうちに親しき友をなつかしく思う。このようなことのせいであろうか、一日に一回手紙と新聞を配って来る郵便配達のおじさんが待ちもうれしく、待ちどうしくなってくる。

父兄らの教育熱

ちょうど、教室一間を増築するため、基礎工事をする途中であった。地方負担が、一〇余万もこえるはずだが、どうゆう方法で新築工事をしようとしているのか? うれしいことではあるが、一方、不思議に思い、聞いたところ、元来この地方の人らは、自ら進んでこの地域に分校場を設置し、ひきつづき独立校に昇格させたから代々を重ねてこの地方で生活して行く村民らには、学校という存在は一つの大きなほこりであり、他人のものではなく、自分のものであるという愛着心が、移住のはげしい都市民には比較にならないほど強いのである。従って、学校へ通う児童の有無に拘らず一戸当り最低一〇〇〇〜一、五〇〇ウオン相当の新築期成会費をあたりまえの義務として協力するという話を聞き、二一三〇〇ウオンの新築費すら、ろくに出そうとしないであらゆる手をこねている都市や平野部の父兄とはよい対照になると思った。

しかし、彼等の学校教育に対する関心はその熱意に反して根本的に是正されなければならない多くの課題を内包していた。

第一に、彼等は教育というものは学校だけで行われるものであると思いこんでいることである。学用品どころか、教科書すら買ってやらないで学校へだけ行かせば教育は出来るものと錯覚をしていた。元来、学校教育というものを受けていない父兄が大部分であるから無理もないことだが無知と生活苦、そのうえ外的見聞とか刺戟すら受けられない環境の中で育って来た彼等には家庭教育とか、生活指導、人間らしい品位を備えさせることなどはあえて考える余裕すらないのかも知れない。

第二に、学校教育を受ける目的が自分の子女だけには僻地生活からのがれて、楽に生活出来る人間にしてやらなければならないという封建的な思想が根深く植えつけられていた。

地域の実情をみてそれに適した教育というものはなんであり、如何にして地域社会開発に有能な人間を育成出来るか? の現実的であり真実的な教育問題に直面している学校教育方針とはあまりにも距離が遠いのである。

第三に、学校教育問題の相談とか、要望事項等は学校関係者と直接交渉をせず、いわゆる地方の有志とか、期成会の役員らを通して間接的に行なわれていることである。自己の子女に関する問題を第三者を通じて相談する習慣は学校と家庭の有機的な連絡を阻害する大きな要因になっていた。

教育施設と運営の実態

ちょうど、この頃、教育庁から視聴覚教具備置実態調書を作成送付するよう依頼があった。映写機とか、幻灯機、蓄音及びスピーカ施設等盛り沢山なものを含めた八項目の中、何枚かの地図と掛図類、そして黒板等三〜四項目の外は該当するものはなく、調書作成上の面倒さではありがたく(?)感ずるほどであった。

しかし、このような現象は本校だけに限られたものではなく、僻地学校の共通した現象であることを想像する時、そうでなくても文化的にはおくれた教育環境の下で、成長して行く不遇な子供達に文化の殿堂のごとく思っている学校施設までが地域性に正比例しているから「私のたつせは果していづこであろうか?」とさし迫った心情にかられる。

机と黒板とチョークのみが、あるだけだ。しかもそこでは数学年を、二つの教室で、指導しなければならないから、一部授業、時には、三部複式授業をしなければならない場合が多い。

昨年度までは、二名の教師が配置され、そのうち、一人が出張に出かけるか欠勤すれば、五、六部複式授業も行われるときもあったのである。雨期には川の水が増えるが、冬期の積雪量が多いときには、児童達は登校することが出来ないのである。だから、児童の学力というものは問わずとも知れたことである。高学年においても、九十九%がハングル(諺国語)指導をさえしなければならない実情である。

幸いにも、現在の隣任崔校長先生は、教育の経歴が、三〇余年の元老である。昨年十一月赴任以来父兄有志らとの活発な活動により、最近ようやく、現代式教室一つの増築完成をみ、二学期からは三部複式を免がれることになった。六年生担任の徐大徳先生は、今年三月に、この地方へ赴任以来、一〇年「ケース」で一名の進学児童がないことを知り、卒業後最少限度の実生活に直結される珠算簿記、漢字、特殊作物等の教育課程を、重点的に改編指導している。四〜五年担任の柳敬秀先生も、また参れの研究学校で学んだ経験を生かして、ハングル(諺国語)未解得者を救済するため、半切法指導方法の実験研究を行っている。

一方、夫婦教師でこの学校に初めて赴任した崔得珠女先生は、地方と学校の融和と信頼を一身にあつめて、名実共にお母さんの役割も果し、鼻たらしの児童らには鼻水をふいてやり、傷を負った児童らには看護に当るなど真に、教師お母さん、看護婦の一人三役をひき受けている。

このように、先輩員の確固たる教育的な信念から、子供達の教育のために現実のみに、全ての力をささげている姿をみるとき、都市の教職、生活においてはみられなかった深い感銘を受け、今年の春の本部教育庁人事行政は、本校のためには有効適切であったと思うのである。

これからの本校の課題は、第一に地域社会の実情に合った営農指導の模範である。

この地方の主産物が、柿、栗、そして薬草等であり、一部養蚕業と人蔘の栽培も、営んであり、薬草とか、松茸の栽培にも、適した地方である。従ってこの方面に有能な教職員を、配置して、果樹とか、特用作物の栽培法を、指導して地域の開発に、先頭に立つ中堅人物を、養成することが、重要であると考えられる。

このためには、地方と学校、そして、教育行政当局の共同の関心と研究が、必要であると思うのである。

第二は複式学級の運営と、その学習指導方法の研究である。

あちこちで、必要な書籍を、求めようと努力したが、充分なものがなく、右往左往している中に道の教育研究所で、日本書籍一冊を借りた。我が国の実情とは、異っているが(日本は僻地と言っても、実情ははとんどあり、TV放送も聴視出来るとのことである)複式学級指導に大きな助けとなっている。機会があれば、実践結果を、互に分け合って研究を進めたいと思うのである。

第三に、当局でも、奨励している「家庭教育教室」の運営の問題である。このような地域社会であるだけに、切実に必要であると考えられる。授業中にも、教室前面の門を開放して、担任の諒解を求めようともせずに、大きな声で、自分の子の名を呼んで、用件だけ言っては、悠然と帰ってしまうほどであるから、先ず、この人らの啓蒙は勿論学校教育に対する理解の促進、青少年達の善導、地域社会開発の重要性、民主主義の理念と国民道義心の培養等、数え切れない問題解決と紐帯の強化で一石二鳥の功果を計ろうとするものである。だが、これも、実行しようとすれば、農閑期の外は、時間を得られないだけでなく、彼等を一堂に、集合させることは、容易なことではない。

当局に対する要望

第一に事情はちがうが、私は軍政と教育行政を関連させて考えてみた。ベトナム派遣国軍は、精兵を選出して送った。そして、派兵前に彼等の身分保障と処遇問題も充分に考慮したのである。越南戦での米軍ヘリコプター操縦士は、最高の報酬をうけているという。これと同じく、僻地学校の教師は優秀な人を、選抜配置しなければならないのである。少数の構成員で、一人多役を兼ねるのであるから、多方面の能力を、備えている人でなければならないのである。(特に実科と芸能科)そして、また、僻地学校の職員は、優待しなければならないのである。

一回の出張費が、所在地、近隣の学校と比較にならないだけでなく、日用品とか、食料品までも、遠い市場、都市まで行かなければ買えないので、大きな費用負担になる。雪上加霜のたとえで大部分の僻地学校は、期成会費も、受けられないばかりか、さもなくは、地域の貧困と、対象児童の少数による他地方校と対等な諸手当も受けられないありさまである。このように、経済生活面での差別待遇を受けているだけでなく、孤独で淋しい僻地で、全ての悪条件と戦いながら苦闘する彼等の士気を鼓舞する意味においても優待されなければならないのである。

これが、僻地学校の教育を向上させる根本的な要件だと思われる。日本では、僻地手当外に複式手当まで支給しているとの話しだ。衆論に任方なく、なんとか体面だけをたもつため極少数の学校を選定して行なわれる私達の立場とはあまりにも距離がありすぎるのではないか。

第二に、六年児童中にも、汽車をいまだに、見たことのない児童が三分の二以上もいる。このような実情の下で、どうして宇宙征服の夢を抱けといえるだろう。視聴覚教育院の予算を充分確保して、こんな地方にも一年にたった一度だけでも巡迴して現代文明の匂いだけでも感じさせてくれることを切に願うものである。東西古今を問わず、世の中が全て公平であることは不可能だが、劇場が立並んでいる都市学校では、赤馬加鞭のように、映写機とか幻灯機等までであるが、電球がどのような形をしているのかも知らない僻地学校では数多いトランジスターラジオすら一台でさえない実情なので不公平にも限度があるのではなかろうか? 当局では、このような地域だけになお、重点的な予算措置をもって学校備品とか、施設の整備を進めてこんなにも離れている文化の距離を縮少させることに画期的な施策を行なわなければならないのである。

僻地学校の前進のため

比較的に、高い水準であると、いわれる我国の、ソウルをはじめ、大都市々民の生活も、先進諸国と比べれば、話にならない存在なのに、いわんや、こんな山間村鉱山村、漁村孤島等の、僻地民の生活様相とは、果して、どの程度であろうか。食べるもの、着るもの、生きること、使っているもの、そして、考えたことが、原始状態を脱し得ないであろう。このような見捨てられた落島の住民等も、二〇世紀後半に、同じく生を得た我が同胞であり、国民なのである。彼等にも、皆と同じく幸福について考え、幸福を希求する自由が、あるはずだ。だが、今日の国家施策とか、諸々の行政は、一時的な慰安行事で彼等を慰め、また、紙上と放送を通して広くPRするのである。だが、そのような気分施策だけでは解決されるようなものではない。恒久的で根本的な問題として研究されるべきである。深く根をおろしている封建的な思想、代々に引きつがれた伝統と慣習、そして、横行する迷信等いまだに原始文化の旧殻を脱し得ないでいる。このような地域だけに教育の価値と必要性が強く要請されるものではないだろうか?

全ての国民が、僻地事情を理解し、関心を持つとき、はじめての糸口がときほぐされるものと思われるのであって、ペンをもって、訴えたい気持ちになった。

今日迄、真心から、文教当局とか、全ての教育行政家の誰れかが、僻地教育の問題をめぐって労心焦思したことがあったのだろうか? 一般民までも僻地の学校たるをば「お瑞地?」というのが常識化されている。ドイツの文化は、「都市と農村の差異を見出せない」といわれる。その何所へ行こうが同じ水準の下で、同じ待遇を受けられるならば、栄転とか、左遷があるはずがないではなかろうか? 勿論、このような話を、語るは易いが、実践には、あらゆる隘路があることも予想出来るが、しかし意欲をさえあれば解決の道はありうるものと考えられるのである。

韓国水産界のホープ

漁村分科委員会委員長　池　永　春　氏

現韓国水産界を代表するホープとして、民主共和党中央常任委員、漁村分科委員会委員長である池永春氏の名声は内外に高い。

特に韓日協定による韓日漁業協力資金の効率的投資による韓国水産復興に寄与している活躍は大きく、沿岸漁業から近海へ遠海へと韓国漁業を指導し、養殖漁業と水産生物の流通、価格などを合理化して近代産業への脱皮と発展を目ざしている氏はまた水産研究でも著名で、漁民は氏を「漁村のガンジー」と呼び尊敬している。

韓国漁業がいよいよ国際舞台に飛躍しつつあるこんにち、氏に寄せる国家的期待は大きい。

当年四十五歳で全羅南道高興郡出身。釜山水産大と高麗大経営大学院を卒業し、国内外約二十余の水産機関に名をつらねて名声を博した。

現在、水産業協組中央会運営委員、FAO韓国協会水産専門委員、民主共和党中央常任委員、漁村分科委員長。

李源国選手をスカウト
東京オリオンズ永田会長

ソウル中央高等学校のグラウンドに二つの影が夕日に映えていた。一つはマウンドの上でかなり熱の入ったピッチングをさっきから続けており一つは投球の一挙手一投足をじっと睨んでみつめている。百球程を投げ終った時、「よしや決めた」と大声をだしユニフォーム姿の長身ではあるが童顔の青年に近付き握手を求めた。今年五月ソウルで開かれたアジア映画祭に日本代表として参加し、ひそかに野球選手をも物色していた東京オリオンズのオーナーである永田会長自身が韓国高校球界随一の速球投手李源国投手をスカウトした瞬間であった。身長一八五㌢七八㌔、十八才の若い体から投げ降す快速球は韓国高校界をなで切りにし、ノーヒットノーラン二度、無失点新記録の更新等投手のもつ記録を塗り変え無敵を誇った。

六月二十四日単身来日しオリオンズと正式に契約を結び永田会長が憎い程速い球を投げる奴だと呼んだのにちなんで背番号二九番を貰い東映フライヤーズに入団外野手として活躍中の白仁天選手に次いで二人目の韓国育ちの日本プロ野球選手が誕生したのである。

彼は今、高円寺の東京球団合宿所に若い二軍選手と起居を共にしている。昼はイースタンリーグのベンチに入り試合後は新宿の小守スポーツマッサージに通い合宿に戻るとすぐ一軍のナイター見学に球場へと戻るという東京見物もろくにできない程忙しい日課をくり返している。来日以来二月程になるが、かなりの日本語も話す。球場では稲村ピッチングコーチの手をとっての指導に耳を傾ける。六月十一日イースタンリーグ対東映戦に初登板の機会を与えられ勝利投手の栄誉に輝いた。濃人二軍監督もこれからも登板の機会を与え正統派の速球投手に育てたいとその期待は大きい。何時の日か晴れの桧舞台でその右腕を唸らす希望を胸に先輩達の活躍をみつめる李源国投手の横顔がキャンドルスティックの光に照らされ一段ときびしくみえた。(李輔根提供)

躍進する韓国スポーツ

世界の舞台に

一九五五年からは体育の国際交流が盛んになった。韓国はとくにこの点に力を入れ、選手の外国遠征とあわせて外国選手の招請にも努めた。

あらゆる分野で新しい技術や道具が導入され、スポーツ界は大きく進歩し、国内のスポーツ普及も日増しに伸びていった。

フェンシングとバドミントンはこの年からはじめられた。

けれども、この傾向は一方では優秀選手依存の気運を産み、他方では大衆スポーツの萎縮という現象をあらわしていた。優秀な選手は生まれて来たけれども、それに反してスポーツ人口の伸びはそれに比例せず、むしろ縮んで来るという気風が生じたのである。これは韓国の体育界にとって内にはらんだ重要な問題であり、悩みでもあった。

ここで韓国体育に対する政府の施策の重要性が叫ばれ出した。一九六二年の第四回のアジア・オリムピック・ジャカルタ大会の経験は、このことを痛感せしめる機会でもあった。ジャカルタ大会に参加した韓国体育人たちは、体育はすでに体育人たち個々人の趣味や余暇などに頼っていられるものではなく、少くとも国家施策の一環としてなされるべきであることを思い知らされ、また、従来のように精神力のみによるスポーツから科学性を持ったスポーツに移らなくてはならないことを痛感したのである。

一九六三年五月、IOCの指示によって、来るべきオリンピック、東京大会に「南北統一」チームを構成すべく、香港で北韓の体育代表と会談が行われた。このとき韓国代表たちは、韓国民の世論と政府の支持の下に「南北統一」チームの構成に熱意をもって会談にのぞんだのであったが、北韓共産代表たちは「体育を政治に利用」する態度を捨てず、最後までこれに固執して譲らないままに会談は決裂してしまった。

結局、南北代表会談の決裂によって、南北チームはそれぞれ別個のチームとしてオリンピック大会に出場することとなった。排球の種目ではアジア地区予選がニューデリーで行われたが、南北は別個のチームで出場し、男子は韓国チームが勝ち、女子は北韓チームが勝って、それぞれオリンピック大会に出場することになった。

東京オリンピック以後

オリンピック東京大会は多くの点から韓国の体育界に大きな影響を与えた。一三三名の大選手団と一〇〇名にのぼる役員団が参加したのであったが、その結果は、銀メダル二、銅メダル一という成績に終った。この成績は当時の韓国民に大きな失望を与えた。国民は、少くとも東京大会にはこれまでのオリンピック大会以上の好成績をあげてくれるだろうと、漠然とではあるが、期待を抱いていたからであった。

しかし、これは実のところ韓国の選手団を非難するには当らないことであった。非難する国民の気持はあるにしても、それは当を得たものではなかった。なぜならば、東京大会でおさめた韓国チームの成績は実際には良い方であったからである。銀メダルと銅メダル一もさることながら、六位以内の入賞は八つもあって総合順位からすると参加国九十四チームの中第二十三位の成績であったのである。けれども、国民はこれに満足しなかった。

東京大会を通じ韓国民は体育に関して多くのことを考えさせられた。それは、長い伝統と生活を通じて成長する種目、たとえば馬術、フェンシング、近代五種、漕艇などは、その伝統と普及のない韓国では到底に難しい種目であるということであった。また、他の種目にあっても優秀な後進の発掘、養成、そして徹底した訓練なくしては世界の水準にに達し得ないことを痛感したことであった。

一方、韓国人の体質に向く種目では、これから積極的な選手養成策を講ずれば、必ず世界の水準を抜くことが出きるという希望を持つことができた。この点では体育人たちに自信を持たせもした。たとえば、マラソンで李尚勲選手が十一位、金連範選手が十六位を保ったことはこのへんの事情を物語るものであった。

たしかに、東京大会の派遣選手団はこのような成果を持って帰ったのであったが、残念なことに国民はこれに納得せず、失望の色をはっきりとあらわした。

おそらく韓国体育界体育人たちがこのときほど国民に厳しい眼で見られたことは、かつてなかったことであろう。

この国民の厳しい眼は体育人たちを大いに反省させ、そして発奮させるに十分であった。それまで体育といえば無条件に温存された傾向があり、それ故に発展速度の遅かった世界が、この大会を契機に厳しく批判され注視されることになったのである。

体育人たちはこの批判に応えて、懸命に再建に努めているというのが今日の状況であるといえよう。韓国の体育界は、その伝統と国民のスポーツ熱とに支えられて、幾多の困苦に耐え抜いて来た。まさにその苦難の歴史であり、また、その精神力こそスポーツ精神であるともいえる。韓国の体育界の明日が明るいと見るのはこのためである。

記録表(東京オリンピック大会時)

陸上

▽男子百米—鄭吾善—11秒F
▽男子二百—鄭吾善—22秒2
▽男子八百—鄭教瞰—1分51秒8
▽男子千五百—鄭教瞰—3分53秒F
▽マラソン—李尚勲—2時間22分2秒8(11着)—金連範—2時間24分30秒6(16)—朱鍾紹—2時間41分8秒2(50着)
▽男子三段跳—黄正大—14米98
▽男子砲丸投—林鶴根—13米64
▽男子ハンマー—林東燁—56米43
▽男子槍投—林秀禅—62米50
☆女子百米—宋陽子—12秒7
☆女子二百米—宋陽子—26秒6
☆女子四百米—韓明順—58秒7
☆女子八百米—韓明順—2分27秒7
女子走幅—韓竹姫—5米45
☆女子円盤投—朴栄淑—57米50
☆五種競技—李鶴子—三六四九点

水泳

▽男子自由形百米—金鳳朝—1分1秒2
▽男子自由形四百—金鳳朝—4分55秒8
▽男子平泳二百—陳章燦—2分48秒6
☆女子自由形百米—林錦子—1分16秒1
☆女子自由形四百—林錦子—5分38秒7
☆女子背泳百米—金玉子—1分21秒7
▽男子スプリン・ダイビング—宋在雄—七五、一〇点
▽男子ハイ・ダイビング—宋在雄—一六五、七一点—朱信龍—一六五、五三点
☆女子ハイ・ダイビング—鄭順子—八二、六九点

韓國新聞

韓国新聞社
発行人　権　逸
東京都文京区春日町
2丁目20－13
電話(813)2261～5編集
(812)0673業務
定価　1カ月100円
振替口座東京　34988番

綱　領

一、われわれは大韓民国の国是を遵守する
一、われわれは在留同胞の権益擁護を期する
一、われわれは在留同胞の民生安定を期する
一、われわれは在留同胞の文化向上を期する
一、われわれは世界平和と国際親善を期する

第八回定期中央委員会開かる

法対委の強化を決定

北韓漁船員問題も討議

民団二十周年記念行事を推進

六月の大会以後、初の第八回定期中央委員会が九月二十一日都内文京区のホテルダイエーでひらかれた。金東祚駐日大使を来賓に迎え、経過報告のあと当面の重要課題である法的地位問題で激しい討議のすえ従来の法的地位待遇対策委員会を強化補充するとともに同対策委の細部事務処理について日本側と積極的な交渉を展開することを決め、そのほか、民団創立二十周年記念行事の推進、朝鮮奨学会問題、亡命を希望した北韓漁船員の韓国への引き渡し等について討議し、また、このほど駐日公使の任を去ることになった金在赦公使の労苦をたたえ、さらに大韓体育会を民団傘下団体として加入を認めた。

【写真＝第八回中央委員会の全景】

権団長亡命船員で談話

決死行の北韓漁船員を全組織は積極的に救援せよ

決議文

四漁船員韓国へ引き渡し

朴漢植信用組合協会長

船員救出で五十万円を寄金

平新艇義挙船員救出民衆大会開催さる

下関岡山広島和歌山から三千人

船員の引渡し要求で強力なデモ

山口本部主催

亡命の宏・関岡船員

民団亡命船員を激励

日本政府に引渡しを要求

北韓漁船亡命事件の真相

第八中央委の決定事項

第二次経済開発五ヶ年計画内容

雇傭増大と人的資源の開発（下）

○人口膨脹の緩和

一九六五年度の人口増加率は過去の二・九%から二・七%に低下したが、それでもなお高い人口成長国家圏に属している。そのため目標年度までに増加率を二%にとどめるよう家族計画を積極的に推進する。

まず、衛星都市を建設し大都市の人口分散をはかる。ついで工場が過密している大都市の工場施設の拡張を抑制して新開発都市に工場誘致を行なう一方、地方都市の開発を促進して人口の大都市集中を防ぐ。そして、開墾、[illegible]事業を通じて農業部門に労働力を吸収するようにする。

○雇傭の増大

計画期間中には化学、鉄鋼ならびに機械工業等高度の資本集約的事業もおこされるが、これとともに労働集約的事業も育成して雇傭の増大をはかる。これについては中小企業を内外需産業に組織し、大企業を中心に系列化させることによって稼働率をたかめ、また、農村における家畜類の飼育をさかんにすることによってこの目的を達成する。

失業者の登録制を実施して雇傭の効率化をはかる仕事も推進される。

○技術振興と制度改善

❶特許制度、❷標準化制度、❸技術士制度、❹科学技術者の処遇改善と人事制度、❺科学技術団体の育成

輸出の増大と国際経済協力の増進

計画期間中は引き続き"輸出第一主義"を押し通し、これのため国際競争力の強化、輸出市場開拓、国際経済協力の増進等に力を入れなくてはならない。

換率は実勢に応じて決定するため、輸出産業と輸入代替産業を健全に発展させることができるよう市場時勢にしたがって決定されなくてはならない。

○国際競争力の強化

成長可能性の大きい業体を中心に所要内・外資を支援し、設備投資を拡充・現代化するよう新たな輸出産業促進のための便宜をはかる。

国際競争力を強化するためには国産原材料の供給増大は勿論、原資材の持続的な供給が必要な輸入原資材を海外供給者との長期契約で安定的に供給できるようにする。

また、生産において必須的な基礎となる電力、工業用水等も低廉な値段で供給できるようにする。

そして、鉄道をはじめとする陸路輸送は勿論のこと海上輸送の円滑化を期する。特に海上輸送は貿易外収支に直結するため船腹の拡張と海運の近代化に力を注ぎ、輸出商品に対する輸送順位ならびに運賃面での優待を継続する。

そしてまた、貿易振興公社の機能を強化し貿易増進に寄与する輸出業者協会を結成してこれを支援する。

○国際経済協力の促進

世界銀行とアジア開発銀行を中心とした国際経済社会と緊密な紐帯を維持し対韓国際経済協議体を通じて協力を伸長する。

一方、外資の導入においてはより長期、低利の借款に重きを置いて、商業借款を減らしていく選択的措置[illegible]

産業政策と投資の配分

○政策の背景

[illegible]

○政策課題

[illegible]

鉱工業の拡充と開発
肥料の自給石油化学開発

（鉱業）

○石炭開発

[illegible]

（製造業）

○石油化学工業

[illegible]

○金属工業

[illegible]

○機械工業

[illegible]

○肥料工業

一九六五年の国内生産は全肥料需要の二五%にみたない七万五千トン（窒素質）にすぎず、年間約六千万ドルの外貨を肥料の導入にあててきた。だが、現在、窒素質七万二千トン、燐酸質五万トン、加里質二万三千トンを生産する第三、第四肥料工場と窒素質十五万二千トン規模の第五肥料工場が建設中にあるため一九六七年からは、窒素肥料の需要をみたすことができ、一方、不足が予想される燐酸質と加里質肥料の自給のため小規模の燐酸質と加里質の肥料工場を建設する。

○基礎化学工業

現在すべてを輸入に頼っているが、今後も大きく需要が見込まれるソーダ灰を自給し、苛性ソーダは食塩電解法とソーダ灰苛性化法を並行させることによって、食塩電解にのみ依存して食塩業の過剰生産を調節し、また、硫酸の生産については原料の国内調達によって完全国産化し、尿素肥料工場の剰余アンモニアを利用して窒素とメタノールを生産する。

○繊維工業

[illegible]

食糧の国内自給と経済作物の増産

農林水産

（農業）

計画期間中、農業部門に八百七十一億ウオンを投入し、肥料、農薬等の供給増大と農業試験ならびに指導事業を強化して食糧と、その他農産物の国内自給を期するようにする。特に、経済作物の増産を通じて輸出目標を達成し、工業原料の輸入代替を期する。

○水利施設の拡充

計画期間中、揚水場、地下水利用施設、貯水池等を建設して水利面積を十四万町歩拡大し、既存水利施設を継続補修する。これによって一九七一年の水利安全田は、一九六五年の七十二万三千町歩から十九万一千町歩増えた九十一万四千町歩となり、水利安全田は総面積の七〇%（現在は五六%）となる。

○耕地拡張ならびに整理

計画期間中、開墾ならびに干拓事業によって二十七万九千町歩の耕地があらたに造成されることになるが、これは主に開墾事業によってもたらされる。

また、水資源の効率的な利用と排水の改善のため十五万七千町歩の耕地整理事業を推進する。

○糧穀増産

穀物の生産は、目標年度の一九七一年には自給自足できる九百五十万二千トンを生産し、一九七一年の輸出五万トンを含めて一千二十一万二千トンを推定し、供給は一九七〇年の米穀をはじめ[illegible]生産六百二十八万七千トンと、一九七一年の麦類生産二百四十七万四千トンを合せて八百七十六万一千トンと、これに前年度の繰越量百四十一万一千トンを足した合計一千十七万二千トンで需要を充たす。

○経済作物の増産

収益性の高い工業原料作物と園芸作物の増産で農家の多角化を促進し農家の所得を増加する。特に繊維工業の重要な原料である亭麻と亜麻の生産は一九六五年の八百六十二トンと四百九十五トンから一九七一年には、それぞれ二千六百六十トンと九千トンに増産される。

（林業）

第二次計画では、林業部門の目標を燃料林ならびに用材林の造成に置いて、要造林面積の八〇%に[illegible]

（水産業）

○漁業生産の増加

[illegible]

住宅建設を促進
民間資本最大限誘致

（住宅）

[illegible]

社会間接資本の拡充

（電力）

[illegible]

（交通）

[illegible]

（通信）

[illegible]

（上下・水道）

[illegible]

（科学技術振興）

[illegible]

（教育）

[illegible]

第八回定期中央委員会
総括報告

事務総長　張聡明

さる六月の第三十一回定期大会で選任された本執行部は、第七回定期中央委員会において審議決定した活動方針に依り諸般の事業を誠実に執行したが、特に執行部において最も重要な課題として提起された共同基金の確立、会館建設、法的地位及び待遇対策に関する事業を軸として活動の主力を傾注すると同時に、永住権申請事業推進と国民登録更新事務及び本国家族扶養のための送金運動を積極的に進めてきた。

本執行部に負荷された以上のような重要課題が、総括期間において刮目すべき顕著な進捗と実績をあげ得られなかったことは遺憾な極であるが、周知のとおり、事業の大部分は継続事業として推進中であり、また、事業の内容によっては一定の時日を要する事情と性格があり、その完遂のためには、これからもわれわれの一層の努力と組織的力量の蓄積がなければならないのは再言を要しないところである。

しかし、極めて短かい期間という時間的制限と、少からぬ隘路と困難な条件にも拘わらず、漸次、事業が軌道に乗る方向に進展しつつあることは、本国政府及び在日公館の大きな配慮及び指導と協助、並びに中央委員各位をはじめ全団員が情熱的に協力してくれたお陰による成果である。

ここにあらためて深甚な敬意と感謝の意を表するものである。

事業の細部にわたることは各局別の経過報告に詳細記されているので省略し、その全般について大別概略すれば次のとおりである。

一、法的地位に関して

わが民団は韓日間の国交が正常化されなかったため、在日六十万同胞が法的にこれといった身分の保障と正当な待遇を得られないまま不安定な生活を強要されていたことから、韓日会談の促進と法的地位要求貫徹を本団の重要事業として設定、本国政府と呼吸を合わせて強力な運動を展開し、われわれの要求ももちろん重要であるが、それよりも国家の利益が優先するという大局的な見地から両国間の国交正常化がなされる、との点においてわれわれは日本側の正しい条文の解釈と友好的な協議を期待しながらこれを支持せざるを得なかった。

在日僑胞の法的地位問題は、わが民団の全体運動の中で最も重要であり、その解決如何によっては、将来、在日僑胞全体の生活安定に深刻な問題を惹起する憂いが濃厚であるため、中央では韓日両国政府に対して民団の要求事項を積極的に解決するよう積極的に努力してきた。

しかし、韓日協定が締結され、韓日修交が成立した現段階においては、本国政府に対する要請運動を日本政府の協定精神にもとる事のない友好精神に期待せねばならない。従って民団は未だ未解決の問題を重点的に解決するため「法的地位待遇対策委員会」を組織したのであり、これからも民団の全力をこれに集中させることで委員会の機能は最大限に発揮されるはずである。さる九月、本国で開催されたアジア議員連盟総会にも提議し、日本政府当局に対して強力に反映させるよう政府間の交渉を本国に要請したのであるが、全般的展望は漸進的に解決の方向にむかいつつあると考える。特に、一般永住権許可の保障と戦後入国[illegible]

二、共同基金の確立に関して

[illegible]

三、会館建設に関して

[illegible]

五、税金対策に関して

[illegible]

六、組織活動に関して

[illegible]

七、身元証明及び推薦状に関する問題

[illegible]

八、文教活動に関して

[illegible]

九、宣伝活動に関して

[illegible]

中部地協会議開かる
団費の徴収徹底と割当金の完納を決議

中部北陸地協会議（鄭煥麒事務局長）がさる九月十三日、三重県四日市でひらかれた。同会議には中央本部から権逸団長が参席し、当面の運動方針を討議したがこのなかで特に、民団の事業推進にさきだって財政の確立が急を要する重要問題であるとして、同地協傘下の各支部は、団員からの団費徴収を徹底し、各地方本部への割当金を完納し、各地方本部は中央本部への割当金を完納することを決議し、この決議事項を第八回中央委に反映させることを決めた。

このほか、永住権申請、法的地位問題、国民登録の更新、領事館の基金募集等で活発な意見が交わされた。

近畿地協、神戸で開催
国民登録、永住権等を討議

近畿地協（姜桂重事務局長）では九月十三日、神戸市において第一二三七回同地協会議を開催した。同会議には、李源鎬神戸領事、朴明憲中央財政局長が来賓として参席、国民登録の更新、永住権申請、第八回中央委員会に関する件等について討議したが、これと併せて韓国へ永住帰国する者についての問題が取りあげられ、現在、永住帰国を希望する者は貧困者が大部分を占めているがこれに対する本国側の受入れ態勢が完備されていないため本国政府に対してこれの完備策を建議することを決めた。

長野本部で近く新事務所落成

長野県本部（金致万団長）では多年の懸案であった本部事務所の建設を県下全同胞の熱誠で近く落成をみるにいたった。

総延べ坪六十三坪、鉄筋二階建の同事務所は総工費千百万円を投じて新築されたもので松本市内常盤町の目抜き通りに面してそびえ立っている。建設に着手するまでの同本部幹部らの労苦はいうに及ばず、とりわけ、金致万団長をはじめ朴東煥、鄭德永、金之道、趙明鎬、孫晋兌、申学均、李聖学、朴泰福、黄燦瑞、李[illegible]の各氏らは積極的に建設推進に協力、待望の新事務所の実現をみることになったもの、民団創立以来、二十年を迎え韓日新時代の転換期にのぞむ同本部としては、まさに時宜を得た快挙といえよう。

同県下在住二千余の同胞の物心両面のよりどころとなる同本部は新事務所を得て今後、いよいよ飛躍的発展が約束されることになった。

韓国学校秋季運動会

東京韓国学校第十三回秋季運動会は去る九月二十五日開催予定のところ、同日雨天のため二十六日に延期し盛大に挙行された。

金在鉉公使の歓送会
盛大に挙行さる
ホテル・オークラで16日

駐日大使館、金在鉉公使は一身上の都合により去る八月十八日本国政府に辞表を提出し、このほど正式に日本を離れることになった。

周知の通り、同公使は駐日五年間を通じ在日僑胞問題で大きく貢献し、特にその清廉な人格は在日僑胞の尊敬を集めていた。

同公使は九月十四日午後五時に民団中央本部を訪れ「帰国したら在日僑胞の実情を十分に反映したい」とあいさつをした。

なお、同公使の歓送会は九月十六日午後六時からホテル・オークラで盛大に行なわれ更に九月二十七日夜は、金大使の公邸で歓送パーティが開かれた。

なお十月五日に帰国する金公使は離日に際して次のようなあいさつ状を寄せた。

小生今般、後進に道を開き国内に居て奉仕すべく公使職を辞任し、今月下旬頃に帰国することになりました。

顧みますれば、小生が大使館に奉職して以来五年の間、業務遂行においては韓日国交正常化を前後して実に複雑多端な情勢下にみなさまの絶大なるご後援を賜わりましたことをここに改めて深く感謝[illegible]

[illegible]

一九六六年九月五日

駐日大韓民国大使館

金在鉉

透徹した信念の人
共和党　朴　仁　珏　氏

さきに訪日親善学生団を引率して日本を来訪した朴仁珏氏は、本国において「目的意識に透徹した信念の人」として知られている。

宗教的信念をもって政治をする、と言明している氏は、共和党ソウル中区党委員長、中央常任委員会民情分科委員長の要職を兼ねているが、五十を過ぎた氏の念願はひたすら「国家民族の繁栄と発展」であり、「キリスト的愛による万民平等の福祉社会を地上にきづくこと」であるという。

平壌商卒、ソウル法大を卒業した氏は、八、一五解放後は反託を叫んで十ヵ月間の獄苦を受け、越南後は自由党時代に監察委員会と検察院の第三、四局長職にあって東道刷新と綱紀確立のための清廉公正な働きをして検官の亀鑑とされた。

訪韓親善視察団
民社党吉川兼光氏ら

民社党議員吉川兼光氏他七十名が本国の韓日親善中央協会の招待で九月二十九日頃訪韓することになった。出発に先立ち東京赤坂プリンスホテルローヤルホールで盛大に催されたレセプションには民団中央権逸団長、ホテルニュージャパン社長朴竜九顧問等の祝辞があった後・韓国から来日した芸能団一行の公演があって散会した。

あいさつする吉川団長

韓国民芸工芸品展示会
東　　京
東京ローヤル　商工会議所で開催

東京ローヤル商[illegible]では、来[illegible]月六日ー七日間に、東京商工会[illegible]所三階で、韓国民芸工芸品展[illegible]を大々的に開催することにな[illegible]た。こうした民芸工芸品に対す[illegible]在日僑胞ならびに日本人の間に[illegible]強い関心がたかまりつつある[illegible]ら、その成果は大き[illegible]期待さ[illegible]いる。

—尋ね人—

[illegible]

社員募集

東洋実業株式会社　本社・京都市

[illegible]

梅団長と歓談する朴順天女史

僑胞二世教育に努力
朴順天女史語る

[illegible]

風俗と習慣

（6）婚礼と葬儀

[illegible]

（7）言葉と応対

[illegible]

（8）訪問と接客

[illegible]

（つづく）

躍進する韓国女性

歴史的な美しさ

[illegible]

近代化への目ざめ

[illegible]

解放と女性

[illegible]

明朗清冽な韓国女性 解放後各階層に進出

女性と法的自覚

[illegible]

女性進出の状況

[illegible]

母としての女性

[illegible]

国際進出の女性

[illegible]

活動の現況

[illegible]

学校関係では

[illegible]

むすび

[illegible]

韓國國立國樂院日本公演

主催 在日本大韓民国居留民団　後援 大韓民国駐日公報館

韓日両国民の親善融和を促進

要望される実施要項の徹底

既報の如く韓国が世界に誇る韓国国楽院の訪日公演が近日に迫ってきたが、この公演を通じ韓日両国の共通な情緒と感情を確め合い両国民の間に融和と親善の増大が大きく期待されている。同公演は左記のとおりの要項によって実施されることになっており、在日僑胞並びに日本各階各層の人々の賛助協力が強く要望されている。

一、目的

1、韓国の民俗固有芸術の対外的宣伝紹介と国威宣揚を期すると共に在日僑胞に対する祖国愛鼓吹と文化芸術による北傀の文化宣伝攻勢の機先を制圧する。

一、方針

1、韓日国交正常化以後韓国に対する関心が漸次高まっている時に韓国固有の民俗芸術を日本全国の主要都市に巡回公演する。(領事館所在地を中心に)

2、本公演の成果を期するために大使館、各総領事館、領事館、各級民団、在日僑胞言論機関、各種社会団体、日本言論機関、韓日親善団体の積極的な協助を求める。

3、事前宣伝、事後宣伝の為めに各種のマスコミ機関の活用と組織による宣伝を積極的に実施する。

三、細部実施要領

1、主催と後援機関

①主催 各該当民団本部

②後援 大韓民国駐日公報館 該当領事館

2、公演期間 一九六六・九・二九－一〇・一五

3、公演日程 別添

4、公演内容

①第1部

管絃楽 頌光復
舞踊 春鶯伝
伽倻琴併唱 新しい打鈴
舞踊 タルチュム
〃 村の処女
〃 ムネト
伽倻琴独奏 散調
舞 九面 鼓舞

②第2部

舞踊 ポクラク
大笒独奏 ユチョシンジ曲
舞踊 新郎新婦
〃 マタチュム
〃 サルプリ
民・謡 各道民謡
唱楽 農楽舞

5、芸術団構成

団長成慶麟(国立国楽院長)
総務金昌九(公報部文化課長)
団員 金顕珠
金文淑
金千興
黄玉仙外一七名

6、公演招請

①、本公演は無料公演であるから各公演地民団は現地領事館と協議して韓日両国の理解親善を促進する意味において日本側の言論文化関係者及び各地方の有志をも出来るだけ多く招請する。

②、民団僑胞達には組織を通じて広範囲に事前宣伝して鑑賞するようにする。

7、協力要望事項

①、民団協助事項

(1) 公演場所確保とその使用料

(2) 芸術団員宿所斡旋とその費用負担

※ 其他交通費、運搬費は同芸術団が負担する。

(3) 公演準備に必要な諸般協力

(4) 事前宣伝に関連する諸般事項

②、各領事館教育文化センターは本公演に関して民団に緊密な協助をし諸般の準備に万全を期する。

公演日程

1、九月二十六日、アリラン号で神戸到着
2、同二十九日、東京到着
3、同三十日、帝国ホテル劇場で午後六時半から開演
3、同三十日、NHKまたは富士テレビに出演
4、十月六日、仙台
5、同 四日、札幌
6、同 七日、横浜
7、同 九日、名古屋
8、同 十日、京都
9、同十一日、大阪
10、同十二日、神戸
11、同十三日、神戸
12、同十四日、福岡
13、同十五日、下関

韓国の雅楽

田辺尚雄

韓国は今から二千数百年前の三国時代から既に優れた音楽舞踊が存在し新羅の真興王の時伽・琴のような立派な楽器が創作され、また高句麗では琴が作られるなど、独自の音楽が発達した。続いて新羅時代になると剣器舞や処容舞などが作られ、舞楽の方面においても優れた文化が栄えていた。続いて高麗時代になり、中国の宋から雅楽が伝来し、第十九代の明宗の時にはこれらの雅楽に郷楽を併せて朝鮮雅楽が形成され、第三十五代恭譲王の時に宮中に雅楽署が設置された。

その後を受けて李朝になり明の雅楽も伝来したが、第四代世宗の時に稀世の天才朴堧が出て朝鮮雅楽を大成した。この雅楽の制は実に堂々とした立派なもので、文廟並びに宗廟の楽舞は完備し、軒架、登歌の大管弦楽に文舞武舞の佾舞が粛然として行われ、真に東洋文化の一体観をなした。朴堧の功績はまことに賞讃すべきものであった。

ついで第七代世祖の改革を経て第九代成宗のとき宮中に教坊を置き、楽と結びついて艶麗花の如き美しい舞楽が完成し、高尚優雅な音楽と相結んで真に光輝燦然たるものがあった。

然るにその後漸く内憂外患に悩まされ、一時雅楽は衰頽に傾きつつあった。殊に総督府時代には官憲は高尚な音楽の理解は全くなく、ために正に絶滅の危機に瀕した。当時私は宮内省雅楽部の教官をしていたのでこの貴重な世界の文化財の失われんとするを慨き百方総督府及宮内省を説得して李いにその滅亡一歩手前にこれを救

王職の廃止と共にその運命について非常に危惧したのであるが、幸いに今日では韓国政府はこれを国楽として保護奨励を加え、今や往時に勝る隆盛を見るに至ったことは独り韓国のみならず世界の文化財として慶賀すべき存在と称すべきである。

中国においては文廟並びに宗廟の雅楽は元の時に殆んど滅亡に帰し、明の太祖はその復興を試みたが、資料不足のために思うに任せず、僅かにその一部を復活したがそれも甚だ不完全なものであった。清朝に入り康熙帝は文廟の雅楽を再興したが、実は再興というよりも寧ろ新作が多く殊に舞楽の制は整わず武舞もなく僅かに文舞の一部が行われるのみである。しかも今日の新中国においては孔子廟の全部と共に全く消え失せてしまい、僅かに台湾にその片影を追ずるのみとなった。ここに於て中世における雅楽の全貌は韓国においてのみこれを見ることが出来るのである。

ここに日本の雅楽に就て一言する必要がある。第七世紀から第十世紀にかけて唐代及朝鮮(三国時代及び統羅時代)渤州(渤海国)の楽舞は続々として日本に流入して日本風に小規模な室内楽に改められた。それは日本では神祭の音楽として固有の神楽が行われているからである。そして第七世紀から第十世紀にかけて大陸から日本に伝来したものは凡て宴楽であった。この宴楽が日本でいう雅楽となったのである。然るに韓国の雅楽はその中心が正しい雅楽(即ち文廟及宗廟の楽)である。この意味に於て韓国雅楽として行われている。これを日本の舞楽(近代には凡て男子が行う)と比較して見ると、日本の舞楽は主として宴楽に基き、韓国の舞楽は主として宋の雅楽に基いているのである。要するに韓国の国楽は今日では全く独自の貴重なる世界の文化財であると称すべきである。

【訂正】前号四面特集大韓民国文中、推せん者として掲げた通産大臣三木武夫、経企院長官藤山愛一郎氏は御当人の諒解が得られぬのに掲載したもので謹んで訂正いたします。

民族音楽の保存究展

― 韓国国立国楽院の沿革 ―

一三九一年李朝初期創した国楽院は、歴代に亘って雅楽署、典楽署、又は掌楽院の名称で、李朝末期迄至り、宮内府に隷属されていた。同院は国楽士長以下三五〇名の楽士達によって主に国家的重要儀式即ち社稷祭、天神祭(山川)、宗廟祭、宮廷宴会等に用いられ、雅楽が演奏された。又俗楽を奏する時は、五一八名の楽士で構成したのであるが、雅楽、俗楽何れも国民一般に公開することは無かった。一九一〇年、韓日合併以後は李王職雅楽部と改称され、楽士人数は三六名に減少され、その伝統を辛うじて継続し、演奏も前記宮廷儀式に使用されただけであった。しかし、この時代に特記すべきことは、楽士の世襲制を廃止し、雅楽部員養成所を設け一般人を募集し、その門戸を開放したことである。一九四八年、共和国建設と同時に、国会の議決をもって伝統ある民族音楽として保存と発展を期するために、雅楽部を文教部の管轄下に置き、国立機関として国立国楽院と改称した後一九六一年公報部所轄に移管されて今日に至っている。ここに、旧来の宮廷雅古音楽から広く国民全体の民族音楽へとその本質を転換することになったのである。現在国楽院は、宮廷雅楽、郷楽、民俗楽等を健し、その普及につとめ、国楽の新作品を公募するなどその発展を期している。一九五四年には、文教部令が公布され、国楽院は中等科三年、高等科三年の六年制の国楽士養成所を設立し、国民学校卒業の男子を教育し、さらに一九六二年には、従来の定員を三十名の定員を六十名の倍にし、男女共学制度に改正すると同時に、卒業生には高校卒業資格証が与えられ、ソウル国立大学校、音楽大学の国楽科に進学する道が開かれた。現在養成所の学生総数は二百名に達しており、これら若い世代が将来国楽の発展保存をになっていく。

韓國新聞

韓国新聞社
発行人 権逸
東京都文京区春日町2丁目20－13
定価 1カ月100円

本国家族招請事業の実施を決定

全国各地協事務局長主要本部団長会議

民団創立20周年記念行事の一環

来年七月から輸送を開始

賛助金として一人当り二万円

さきの第八回中央委員会で討議された民団創立二十周年記念行事の一環事業である本国家族の日本招請問題について去る十月五日、全国各地区協議会事務局長ならびに主要本部団長会議が中央本部においてひらかれ、同招請事業を実施することに決定をみた。同会議は、本国家族の招請について中央執行部提出の原案を検討したあとこれを原案通り通過させ、招請者一人あたり二万円を賛助金として徴収することを決め、来年七月から輸送を開始することが決定した。なお、同事業の実施要領はつぎのとおり。

本国家族の招請実施要領

一、全国招請者数　一五〇〇～二〇〇〇人

一、招請者の資格ならびに招請対象者

〔本国家族招請特別口座〕

（3）中央本部は書類内容を再確認した後、中央が発行する身元保証書を添付し、総体名簿を本国外務部と関係部署……

……付すればよい。

大阪の19人健斗す

平新艇船員救出で

ジョンソン大統領の訪韓

韓国、東南アで主導位置占む

金鍾泌共和党議長

10月20日東京で講演会

……十日午後一時、ホテル・オークラ別館で時局講演会を開き、在日僑胞並びに日本国民人に対し、内外情勢について演説することになっている。

法対委の使命は重大

総力を法地位確立へ

今年一月十七日の「在日韓国人の法的地位・待遇協定」の発効以後すでに九カ月を経過しているが、当初の予想に反して永住権の申請状況はいたって低調を示している。（九月三〇日現在申請者数一四、〇五八八人、許可五、八〇六人不許可一三四人）この永住権申請の不振理由として、さきの民団第八回中央委員会は、申請期間が向う四年数カ月もあるということのほかに申請手続きの複雑さと永住権者といえども再入国の際、厳しい制限が設けられ、その外一般永住許可者に対する強制退去規定が余りにも厳重なため、何らかの目途が決まるまで静観する様子をみようとしているのが大勢であると結論づけている。そしてまた、現在一部地方の僑胞の間には、法的地位問題に関する細部事務の取扱いについて予期せざる問題が起きているため不安感を抱く傾向にあるということも否めない事実である。……

金在鉉公使の帰国

五年間にわたって僑胞のために尽くした金在鉉公使は、辞任後さる十月五日午前11時JAL便で帰国したが、この日の羽田空港には、民団中央本部三機関、東京本部、その他有志多数が集まり盛大な歓送風景が見られた（写真は当日空港ロビーでの歓送）

総額八千万ドル

二次年度請求権資金の使用

財務・法務・文教の三長官更迭

三星密輸の責任で内閣改造

法対委第一会総会開く

李裕天委員長を選出

李裕天委員長

文教部の教育施設費

来年度は60億ウオン

八月中の部門別輸出実績

琉球へ民間通商使節団派遣決定

一九六七年度　母国留学生募集

法的地位待遇対策委員

民声団語

韓国外資導入法全文

本国政府はかねて外資導入に関する「外資導入促進法」「借款に対する支払保証法」「長期決済方式による資本財導入に関する特別措置法」の三法を単一化して、新しく外資導入法を立案し、国会で審議中であったが、さる七月十四日、若干の修正が加えられて通過成立、八月三日公布された。本法では❶外国人の投資比率を制限しない（従来は外国人の投資比率が四分の一以上としていた）❷直接投資の利潤送金の制限を撤廃する（従来は五分の一以下となっていた）❸政府支払保証による年度元利金償還額がその年度の外資総受入額の九％をこえることができない、などの点が従来と異っている。外資導入法は韓国に関心をよせる各国、とくに経済援助で密接な関係をもつ日本の政財界が大きく注目しているので、本紙もここにその全文を紹介することにした。なお次号に同法に関する詳細な解説をのせる。（編集局）

第一章　総則

第一条（目的）この法は経済の自立とその健全な発展及び国際収支の改善に寄与する外資を効果的に誘致、保護し、これら外資を[illegible]

[illegible]

八、「資本財導入契約」とは大韓民国国民が外国人より輸出信用制度により資本財を導入する契約でその条件が大統領が定める価額以上に相当し決済期間が三年以上を超過するものをいう。

[illegible]

第二章　外国人の投資

第六条（外国人の投資認可）❶この法により外国人が大韓民国の法人企業体または個人企業の株式（転換社債を含む）または持分[illegible]

[illegible]

第三章　現金借款契約、資本財導入契約及び技術導入契約

[illegible]

第四章　政府の支払保証

[illegible]

第五章　外資導入審議委員会

[illegible]

第六章　補則

[illegible]

第七章　罰則

[illegible]

付則

[illegible]

あらたな指標の確立と団結の強化

李　健

十有余年の歳月を費した韓日会談も完全妥結をみてはや一年。密接な経済交流を軸に、韓日両国は今やあらたな歴史を築きつつある。そして今、われわれは会談の経緯を通じて傾け続けたわれわれの努力の結実を、深いよろこびとともにかみしめている。そしてこのわれわれの努力は、民団二十年史の上に、われわれの団結の力を誇示する輝かしい記念碑として、いつまでも記憶されるであろう。

だが、韓日会談の妥結という一つのモニュメントの達成は、今やあらたな指標の新しい出発を、われわれに要求せずにはおかない。十有余年にわたってわれわれの活動を導いてきた一つの指標の達成は当然それに代るべきあらたな活動指標を要請するからにほかならずこの新らしく導かれた方向こそはあたかも長年の根幹であった解放と独立をかちえたのちこそ、国づくりのための真の努力が払われねばならぬのにも似て、われわれにとっての新しい、真のスタートへの道となるであろう。

それでは、あらたなる指標はどこに求められるべきであろうか。

それは何よりもまずわれわれの努力によってかちえた権益の保全であり、それにもとずく民生の発展向上であらねばならない。われわれはこの民団の基本的行動理念をあくまでも明確なものにしておく必要がある。なぜならば、すでに韓日会談の推進において実証しえたごとく、法的地位、教育、[illegible]民生安定の基盤に対して、われわれ自身、きわめて正当な、そしてまさにそれゆえに明確な指標をもちえたがゆえに一層の団結強化を軸として要求貫徹を達成しえたことを考えるとき、指標の明確化こそ団結のための不可欠な条件であり、したがって、前進のための最大の推進力であるからにほかならない。

団結こそが最大の、そして唯一の力であり、いつの場合にあっても最も有効な力となりうること、そしてこのような団結とは、その構成員のひとりひとりが共通の目的意識によって結ばれてこそはじめて成り立ちうるものであることを考えるとき、われわれは新しい出発を前に、われわれの行動理念をあくまでも明確にせねばならない。

指標の明確化とそれにもとずく団結の強化とそがわれわれに対する最も基本的な要請であることはすでに指摘したが、われわれはこれに関連して、なおいくつかの点を明らかにせねばならない。

一つは民団の基本的性格に対する再確認である。つまり民団は過去においても将来においても、決して世にいう政治団体ではありえぬという点である。もちろん、相反するイデオロギーとその信奉団体の存在という与件が民団に政治的機能を求めるという事態は否めないが、それはどこまでも相対的な場においてであり、民団自体の内在的性格を左右するものではありえない。

さきに明らかにした民団の基本的行動理念は、このことからも当然に導き出されるものであり、したがって、このワクを越えた行動は到底容認しがたいものというべきである。いうまでもなく、進歩のためのいかなる論争も、それが民団の基本的性格、つまり韓国民としての矜持と自負によるゆるぎない団結の上に、団員の民生安定に寄与するという基本理念に反しないものである以上、つねに歓迎されるであろう。だがそれが分派のためによる偏狭なものであり、その意味においてなんら団員に寄与することのない非生産的なものであるなら、これは厳に戒めらるべきである。

韓日会談の妥結という十有余年にわたる懸案を達成し終えた民団の今後の方向にとって、この民団の基本性格に対する再確認、その基本性格に合致した新しい指標の確立、この新しい指標に導かれた強固な団結への努力こそきわめて重要な力をもつものであり、その上に立ってこそ、われわれの民団は真に「働く民団」つまり、団員ひとりひとりの手足となりつつ団員の精神、物質両面における向上を具体的に実現しうる民団たりうるであろう。

ややもすればその行動理念の抽象性ないしは曖昧さのために方向を見失い、あるいは団員に具体的な実利をもたらすことの少なかった過去の民団から脱皮し、今や「働く民団」として、われわれ団員の心からなる団結を軸に、われわれの向上を具体的に実現すべきときがきている。

排他的な、主張のための論議に、具体的な実利のための行動がとって代るべきときがきているのである。

× ×

水産庁、漁船法案を設定

[illegible]

大成果の在日僑胞学生夏季学校

来年から常設に決定 本国に僑胞学校設立

本国政府の積極的な後援によって過去に例をみない大規模な"在日僑胞学生夏季学校"は、参加学生に多くの生きた学問と教訓を与えたが、中央文教局では今年の夏季学校の総まとめをするとともに今後のこの種事業の発展策として次のような結論をくだした。

一、本国における夏季学校で特に学生らが民泊を通じて祖国の実情を短期間にとらえることができたのは大きな成果であったといえる。

一、本国政府の僑胞二世の育成策としては最も効果的な事業であった。

一、来年度からは夏季学校を常設し、継続事業として発展強化させる。このことについては本国関係当局とも合意決定をみた。

一、また夏季学校以外にも、来年度から本国内に僑胞学校（学習期間六カ月、年二回開校）を設けて一回に五十人ないし百人の学生を入学させ、民族教育の徹底を期する。

なお、今年の夏季学校を終えた学生から多数の実感のこもった感想文が寄せられたが、そのなかから次の一文を紹介する。

感想文

祖国を訪問して本当に良かったと思います。

言葉が話せたのなら、もっと充実していたと思いますが。

その言葉のことで色々考えさせられました。

私達、二世でこの程度しか話せないのでは、これから先在日僑胞の将来はどうなるのでしょう。

ここで今、私達が立ちあがり、皆に呼びかけ、何かをしなければとつくづく思います。

私がこの様に思っただけではどうにもなりませんが、本当に母国を理解するのにはやはり言葉が実際に判らなければ愛国心は持てないと思うのです。

日本語を話していて、いったい何の愛国心が持てるのか疑問です。

私自身、この手紙を母国語で書けませんことをはずかしく思っております。できますことなら、在日僑胞学生全員に、現実の祖国を見せて上げたいと思います。

もっとも見ても何も感じないという人も中には居ましたが。

私が日本に帰って来て以来、母国語で話したくて仕方ありません（話せませんが）ですから今は字の勉強をしております。今年は言葉ではずかしい思いをしましたが、そのお陰で、来年はもっと充実した生活を送れるのだ、と思いますと、是非来年も参加したいと思います。

今年と同程度ならちょっと考えものですが。

ソウルのテレビインタビューの席で、私達の仲間が、どの様な意見を述べたのか知りたいと思います。

今回は同行の仲間と色々意見を交換し合うチャンスがありませんでしたので

今はお忙しいと思いますので、もし暇になりましたら、お知らせ下さい。お願い致します。

来年もこの様な機会があるでしょうか。その時は今より少しちがった韓国語と、私なりの考えを持って参加したいと思います。その時は事前にお知らせ下されば幸いです。

私の所はいなかですので知らないうちに [illegible]

千葉県市原市 [illegible] 朴 京 順

婦人会が四十四万円 大邱の孤児院救済で

大邱市の孤児院々長、呉龍顯、福音園々長、卞玉蘭の両氏が去る八月二十五日に来日し日本の施設などを視察して九月二十五日に帰国したが、これを機会として婦人会中央本部では、呉基文会長が中心となって両孤児院への救援活動をしたが、婦人会では次のような報告書を発表した。

本国大邱市孤児院、信生院々長と福音園々長の来日を機会に、本会では両院孤児達のための救援事業として本会々長、呉基文氏が活動した結果次の通りの金品と救援物品が集まり信生院に送付いたしました。

これに協力して下さった方々に本紙上を借りて報告を兼ね厚く御礼申し上げます。

記

募金額、四十四万九千円

寄付品、八百七十一点

（内訳）

朴合琴氏－二十万円（信生院に十万円、福音園に十万円）

車卞順氏（広島婦人会顧問）－五万円（信生院）

婦人会愛知県本部－十万円（信生院）

婦人会愛知県本部安吉支部一同－一万二千円（信生院）

婦人会広島本部 [illegible]

婦人会神奈川県本部 [illegible]

同横浜支部 [illegible]

同武支部 [illegible]

同湘南支部 [illegible]

同高座支部 [illegible]

同小田原支部 [illegible]

いずれも信生院

国際結婚と内縁者の永住権申請要領

民団中央民生局では、永住権申請手続を積極的に推進しているが [illegible]

（三）日本国籍離脱手続

[illegible]

本国未亡人会に一灯を ソウル支会長 成恵玉女史が来日

大韓戦没軍警未亡人会（会長、成恵玉女史）の [illegible]

して哀しい歴史がはじまって以来すでに十余年、それまでの政府援護も軍人遺族会及び警察遺族会にはあったが、未亡人そのものに対しては何等の法的保障がなかった。

三年前、未亡人達の努力がみのって軍事援護対象者団体設立に関する法令が公布施行され、はじめて自力による活きる道を求めることが出来たのである。

現在、政府の援護処では未亡人に対する援護をしているが、世界のどの国にも見られるように国家の予算は到底こんなところまでは多くまわらない。

そこで、未亡人会はまず生活の基本問題解決に努力しているわけだが、特にソウルのような大都市では何といっても住宅問題が先決である。

来日中の成恵玉女史はソウル特別市の支会長で、ここでは国家援護に自分達の力を加えてまず住宅四十棟を建てた。だが、未だ融資が未払いとなっているため入居出来ず、一部がテント生活をしている。

来日以来、成恵玉女史は駐日大使館の協力を受け民団にその実情を訴え、在日僑胞の理解と協力を要望して東奔西走しているが、特に婦人会中央本部の協力を得て着実な成果を挙げつつある。

また、成恵玉女史は日本側の未亡人関係団体との国際親善にも力を入れ、共同連帯の実績もあげて僑胞社会で評価されているが、民団としても本国の未亡人会に対する僑胞の善意の一層を期待している。

（成恵玉女史）

本国言論人20人 僑胞実情視察で訪日

在日僑胞の実態を把握するため本国の主要新聞、通信社の幹部20人（団長元議員）が中央本部の招請で来日し、各地で僑胞の実情を視察したが、中央本部は東本との共催で10月16日、ホテル・ニュージャパンで同一行の歓迎パーティをひらいて、その労をねぎらった。（写真は中央本部を訪れた本国言論人の一行）

韓国民芸工芸展示会 東京ローヤル 東商で開催

韓国民芸工芸特産物の輸入をもって知られている東京ローヤル社（社長朴相諾氏）は去る十月六日 [illegible] の二日間、日本側の井草実業株式会社と共催で、東京馬場先門東京商工会議所で、韓国の誇る素朴な民芸品の展示会を開催し、韓国並びに日本人の間に多大の好評を博した。

会場には螺鈿製品、竹製品、高麗青磁製品、石器製品、真鍮製品、アメジスト貴石類、服飾アクセサリー、韓国衣人形、真鍮製品、民芸品、ローヤルイクサオリジナル製品、その他装飾品等が展示された。 [illegible] 素朴な蓮華草製品、一箱 [illegible] 千円もする紅人蔘、美しい各色アクセサリー等は人々の関心をひいていた。

東邦観光が発足 社長に金長述氏

去る9月22日、東京赤坂のホテル・オークラで、東邦観光株式会社の開業披露が盛大に開かれた同社は数多い僑胞の旅行社の中にあって韓日の人的交流による親和と文化交流、本国の観光事業開発という次元の高い角度から発足したもので、同社社長に就任した金長述氏は国際タイムス、東和新聞常務を経て「韓国経済」誌を主宰して今日にいたった多才の士で会長朴聖鎬氏の財力と相まって今後の発展が期待されている。

韓国大観発刊記念祝賀会 ホテルニューオクラで盛大に挙行

去る九月二十三日、ホテル・ニューオークラで「韓国大観」の発行記念パーティが盛大に挙行されたこの日には金大使、李公報館長や権団長はじめ、在日韓国人有力者のほか、日本側からも長谷川自民党広報委員長はじめ朝野の名士百余人が参席した。この時たまたま訪日中の韓国国楽院一行が特別出演し多大の感銘を与えた。

この韓国大観は韓国一流の執筆陣を総動員して作製された決定版で、カラー二五〇枚、モノクロ八〇〇枚の写真が収録され、この作製のために数年間の時間と莫大な経費が投入されたもので、韓日文化交流にも大きな役割を果すものとして注目されている。

なお、同大観の出版に際しては福岡県都印刷の文社長の尽力のあったことを付け加えておく。

仙台領事館住所変更

駐仙台大韓民国領事館は次のとおり住所変更した。

仙台市北五番丁九〜三

電話（21）局二七五一〜二番

民団東京本部事務局長に 金九高氏が就任

民団東京本部事務局長に金九高氏が就任した。同氏は昭和二十八年明治大学法学部卒業、同三十一年明治大学大学院修士科を卒業した。以後在日韓国学生同盟中央総本部委員長、民団東京本部宣伝部長、民団中央宣伝局長を歴任しており、同氏の今後の活躍が期待されている。（写真は金氏）

朴秋田本部副団長 国語講習に30万円寄附

朴積道秋田県本部副団長は、団本部管内でひらかれた"国語講習"に三十万円を寄附、民族教育の強化に積極的に協力した。

尋ね人

本籍地 慶尚北道醴泉郡知保面漢 [illegible] 里

呉寅鶴（47）

連絡先 韓国、ソウル特別市陸軍本部内 陸軍准将 呉学 [illegible]

×

（小学校同期生）まで

電話－立川市曙町三ノ二 立川局二五一九 ⑩局二八八一 鄭鳳基まで

本籍 咸鏡南道恵山郡恵山邑

洪応瑞（44）

通称 大江某

参考 東京都牛込谷ケ町に居住したことがある。

連絡先 全羅南道光陽郡鳳岡面石社里 洪応八まで

×

現在日本に居る金宗植氏が戦前京畿道開城府満月町に居た長男金月望を探していますから心当りの人は編集局迄御通知して下さった方には謝礼を致します。

風俗と習慣

（九）祭祀と祈禱

韓国の祭祀は、釈奠祭・洞祭・家祭などが主なものである。

釈奠はいうまでもなく、中国の孔子を文教の師として祀った"文廟"の祭典のことで、毎年春秋二季に行われる。文廟は首都のソウルは勿論、全国の各郡に"郷校"として存続されている。洞祭は部落の守護神である洞神を祀る祭礼で、洞内に住んでいる四十歳以上の男で出生や服喪などに汚れのない清浄な人一人を選んで祭主とし、この祭主一人が幾日間も精進潔斎して祭をするもので、村中の者が集まってお祭り騒ぎをすることはない。もし洞祭をした後何か村に災害があったり、疾病が流行したりすれば、祭りがよくなかったというので、洞祭のやり直しをすることになっている。家祭は各家で行うもので祖先崇拝の念が強い韓国では、祖先の祭祀を誠実に行うことが家を治める要諦とされているので、戸主の第一義務はこの家祭にあるのである。家祭は祖先の神主を祠堂に安置し、正月元朝を始め名節ごとに行う祠堂祭と寒食や秋夕に墓地にいって行う墓祭とがあり、また"告祀"といって春秋二回に家宅の神を祭ることもする。

韓国では昔から"祟（たた）り"という信仰が深く、今日なお地方では残っている。つまり災難・疾病・不幸・不遇など、何でもこれを何かの祟りと考える風がある。祟りをなすものは「殺」とか"鬼神"と呼ばれ、この鬼神には天神・地神・山神・川神・人の死霊・禽獣・虫魚の怪・岩石草木の精など、その種類が極めて多い。これらの鬼神は何処にでもあるので、人がこの鬼神に祟られるのは、何か不浄のことをして鬼神を怒らせるか、元気をなくしてその弱身に付込まれるか、または鬼神の方から何か求めるところがあって襲いかかると信じられている。この祟りを防ぐためにいろいろな"禁厭（まじない）"が行われる。例えば、山坂の険路を通るときは紙片、布片を樹枝に上げたり、何も持たないときには古銭・石塊をおき、あるいは唾を吐くなどする。悪疫の侵入を防ぐため、部落の入口に「天下大将軍」のちゃんすんを立てたり、端午の日の杵を立てたり、蒜（にんにく）や唐辛子を門口に吊したり、松枝や荊（とげ）のある木を立てたりする。お産のあった家では、三週間ぐらい入門に左ないの縄に炭・松葉・唐辛子を挿んだ"禁縄"を張って悪魔の侵入を防ぐ。若し運悪く、何かにひかれたと思うときは「ちゃ・どむ」（盲者のこと）に何鬼神の祟りであるかを占って貰い、何鬼神の仕業であるかが分れば、今度は「むーだん」（巫女のこと）に祈禱して貰う仕組みになっている。

幸福を祈る祈禱の中で、もっとも普遍なものは"雨祈り"と"子祈り"であろう。

雨祈りは、毎年夏になって旱魃が続いて農作物が枯死するようになると、部落の代表者が山上または川・淵に臨んで天神に雨乞いをして、同時に竜神に犬の血とか豚の頭を供える。これは犬や豚は不浄な動物であるから、竜神が怒ってこの不浄物を洗い去るために雨を降らすという呪（まじない）である。

子祈りは、昔貴多男を家運増進のモットーとしている韓国では、もし男児が生れない場合は、結婚後一～二年足らずでも子祈りを始める。最初は子宝に恵まれている婦人の下衣を貰い受けて腰に巻いたりするが、それでも効目がないと、山寺の仏とか、大石・大木・大池などに対して祈願を始める。

（十）娯楽と趣味

一般に韓国の家庭は、子供を遊ばせる所でなく、子供をしつける所という観念が強い。従って屋内での玩具類は殆んど発達しておらず、主に戸外での遊び道具が発達している。

男の子は、"独楽（こま）まわし"とか"紙鳶（たこ）あげ"などがあり、女の子には"板とび"とか"鞦韆（ぶらんこ）のり"などがもっとも普遍なものである。

韓国の独楽は、四～五センチ位の丸い木の上部を平に切り下部は円錐形にした高さ一〇センチ位のもので、これを回すには最初は手で回し始め、それからは四〇～五〇センチ位の棒の先に紐をつけた鞭を振って、こまの側面をたたいて回す。紙鳶はその種類が多く、だいたい外国のと同じものもあるが、四角張りのものは中央に穴をあけて、風抜けを容易にし空中での運動を敏活ならしめている。

板とびは、長さ二・五～三メートル位の板を、中央部を土や藁を枕にしてのせ、その両端に一人ずつ乗って、互いにはずみを付けながら飛びあがる。鞦韆は、何時も家内にのみ閉居している婦女子たちが野外の空気を満喫する絶好な遊戯である。端午の節句に、大樹の枝に縄をかけてブランコを作り高く揚がるのを誇りとする。

この外にも、"葉銭（古銭）"に朝鮮紙を巻いて靴の内側で蹴る"銭蹴り"、鉄貨数枚を投げて鉄板で当てる"銭打ち"、長短二本の棒をもって長い棒で短い棒を打ちあげながら遊ぶ"棒打ち"など、要するに戸外娯楽は種類が多い。

大人の娯楽はなかなか発達していて、身分・年令の相違によってそれぞれ異っている。学問のできる老人たちが、詩賦・揮毫に熱中することは普通としても、老荘を通して囲碁・将棋は広く行われ、上流の間では"射弓"に興ずる。庶民層では、花札・麻雀の外にも骨牌・闘銭などの雑技、各種の双六などが盛行される。

韓国人の縁起は、文字による寓意あるいは文字模様・物象模様であるが、その実例をあげると、立春の日に「立春大吉・建陽多慶」といい、衣類装身具などに寿・福・囍・喆・貴・徳などの文字を入れ、また装飾品に蝙蝠・蝶類・卍の紋様を用いることなどである。

色に対する好みは、白色である。上下貴賤を通じてもっとも多く用いるのが白い服で、自ら"白衣民族"と称している。白以外の色物は、赤・青・黄の単原色をよく用い、鈍い色、渋い色は殆んど使わない。

歌舞音楽に対する趣味は、一般的に濃厚といえよう韓国は歴史の所産であろうか、民族歌謡は概して哀調・平和なものが多く豪壮・激越なものが少い。器楽も大陸の影響を受けながら、独特の新機軸を拓き、雅楽農楽共によく伝えられている。

躍進する韓国映画

韓国映画の誕生

史劇から青春ものへ
カラー・シネスコ登場

自由万歳

作品の傾向

製作面の状況

第47回国体華やかに開幕

僑胞選手団が先頭入場
一万三千余名の若人が競う

第四十七回全国体育大会は十日午前十時から、朴大統領臨席のもとにソウル特別市メイン・スタジィウムで華やかに幕をあけ、在日僑胞を含めた一万三千余名による若人の祭典が四万を超える大観衆の中で展開された。

すなわち、この日、文教部長官の一千名の男女高校合唱団による「体育の日のうた」が会場を圧したあと、中央火台に点火されるや大会気分が絶頂に達したところで入場式となり、在日僑胞選手団が先頭に立って万雷の拍手を受け、済州、釜山、慶南、慶北、全北、全南、忠南、忠北、江原、京畿、ソウルの順で行進が続いた。

臨席の朴大統領はその祝辞の中で、特にスポーツの生活化を強調して「若さと美を誇示するこの民族の祭典を通じて、われわれは、個人よりは民族を、集団よりは国家を優先し、これに貢献し得る団結と協同の精神を強化しよう」と述べ、続いて、ソウル代表、金……選手が宣誓をし、開会式は幕を閉じ、……が花と咲いた。

なお在日僑胞選手団の役員および選手団は次のとおり。

団長＝黄……

韓国聾唖演奏団
好評の慈善公演会開く

国体ニュース

ハンマー投げで具選手優勝

テニス男子一般部

テニス男子壮年部

現代経済日報と日曜新聞
十月から日本内に配布開始

韓国兵士とベトナム女性が結婚
ほほ笑ましい祝福がいっぱい

故安益泰先生を偲び
記念演奏会のお知らせ

158

韓國新聞

韓国新聞社
発行人 権 逸
東京都文京区春日町
2丁目20−13
電話(813) 2261〜5編集
(812) 0673業務
定価 1ヵ月100円
振替口座東京 34988番

綱　領

一、われわれは大韓民国の国是を遵守する
一、われわれは在留同胞の権益擁護を期する
一、われわれは在留同胞の民生安定を期する
一、われわれは在留同胞の文化向上を期する
一、われわれは世界平和と国際親善を期する

ジョンソン米大統領韓国を訪問

本国、国を挙げて歓迎

頂上会談で援助確約

米大統領 青瓦台礼訪

韓米頂上会談を開催

共産侵略防ぎ、経済援助

最前線の将兵を視察

マニラ会談の朴大統領演説

ベトナムの民意を最大に尊重

平和交渉にはいつでも応じる

「中立化」は屈伏への道

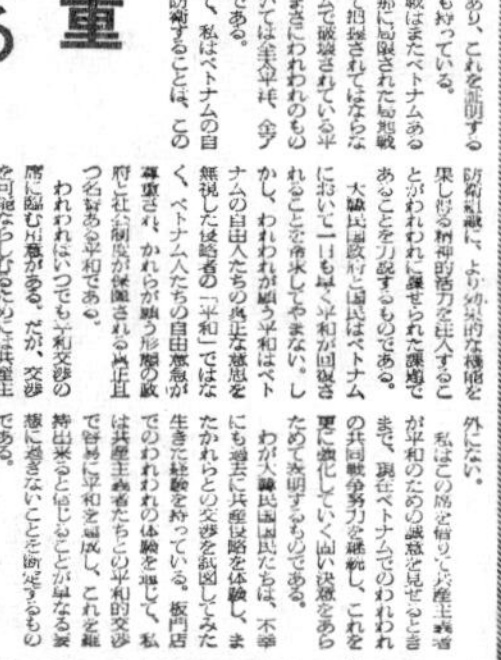

法的地位確立のため

強力な運動を展開

李裕天委員長記者会見

趙時元、尹南儀氏来日

中国の双十節参加の帰路

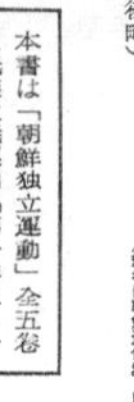

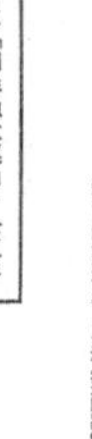

人事発令

財政局次長　張道源

一九六六年十一月一日

東本組織部長に

兪南権氏

159

成果あげた訪韓親善経済使節団

韓国経済と日韓経済協力

訪韓親善経済視察団　団長　足立正

技術研修を日本で

有為な韓国青年を招待

やどうしても必要とする分野も相当あるということを聞いた。地理的文化的にもっとも近い日本の技術が研修しやすいということもあろう。いずれにしても韓国の技術と日本の技術とが結合することになって、韓国産業の近代化が急速に進展することは、疑う余地のないところである。今回大韓商工会議所より、両国の会議所が中心となって技術研修生の受入れ、或は技術指導者の派けんを進めたいとの要望があった。私は例えば「韓国のこういう名前の企業が、このような種類の技術を欲している」というような具体的な提案が示されれば、日本側としても協力しやすいのではないかと思う。即ちケースバイケースでそれに応じた技術協力の仕方を考え、先方と相談の上、実行する形がもっとも現実的ではなかろうか。ただ技術協力を行う場合、工業所有権保護の問題が当然登場してくることが予想されるので、まず韓国が「万国工業所有権保護条約」に加盟し、工業所有権に対する正当な保護制度を確立することが何よりも肝要である。かくすれば日本技術の流入は円滑に実現するのではなかろうか。

一次産品輸入を促進

貿易アンバランス是正

韓国経済の現況

世銀クルハチイ報告

第一次五ヵ年計画後半から〔　〕への突破をなしとげた韓国経済はいまや国際的な賞讃で注目の対象となっているが、特に韓国民の意欲にみちた第二次五ヵ年計画を前にして自由世界諸国の経済協調が強く要請されている。この協調の土台となる対韓国際経済協議体結成のための予備会議で行なわれた世界銀行調査団長クルハチイ博士の韓国経済現況報告は、厳正な立場で下された診断であるという点で注目され、参加国をして同協議体参加意志を表示するのに大きな役割を果した。こうした情勢に鑑み、本紙はここにその全文を紹介することとした。（編集局）

韓国の人口増加率と潜在失業者

こんにち開発途上にある他の諸国と共通な人の問題をかかえている。人口増加率は年間二・三％の高率を見せているのに比べ死亡率は急激に減少している。また、失業者と潜在失業者が、かなり多くいる。特に農業部門で著しい現象を見せている。

農業部門は、生産と雇用の両面において、韓国のもっとも重要な部門に属している。この農業部門の所得は韓国の全所得の約四〇％を占めているばかりでなく雇用水準も高く、全体の雇用者数の約％を占めている。

は自然資源が極めて貧弱であるという反面、人的資源は豊富であるという利点がある。特に、開発途上にある他の諸国と比較して、文盲率は極めて低く、戦後に成人の約八〇％が文盲であったのが、現在の公式集計による約一〇％に減っている。これはかなり最短期間になしとげた成果である。

外国援助の依存度

韓国の外援額は、一九五〇年代に比べて大きく減縮されてはいるが、未だ多額の外援を受けている。最近の国際収支の赤字は、平均約三億八万ドルを示し、米国政府が提供する無償援助で全体の赤字の約％をカバーしている。この無償援助以外に、米国、西独、日本および英国を含めたいくつかの国から長期低利の財政借款と商業借款を導入している。IDA（国際開発協会）も一件の借款を提供している。大体において、韓国は償還の負担がそれほど大きくない程度に外資を導入している。又、外国の公共機関からも多くの援助を受けている。

私は過去十年間に成し遂げた韓国の経済発展に関してのべたい。

韓国は一九六二年から始めた第一次経済開発五ケ年計画の結果により、実質所得が著しく増加したことを見ることができた。

増加した実質所得とGNP六％の成長

GNP（国民総生産）は五〇年代中期の年間約四・五％増加に比べ、六十年代には年間六％以上増加している。部分的に、このような増加は農業部門の発展と関連している。いいかえれば、農業生産の成長率が促進したということである。これは政府が新しく着手した多くの政策の根拠がある。すなわち、山林地帯の開墾により耕作地が拡大しているし、政府は断片的な小規模農土を耕地整理し、増産と二毛作を計画している。韓国は、全農業分野で極めて重要な穀物の……

自然資源の不足と豊富な水産資源

製造部門年間増加率約一一％

設となったものもある。

製造業部門の輸入依存度は国内資源の不足で極めて高いが、紡織業、ゴム製品および製材部門等の産業は、その大部分を原資材輸入に依存している実情である。製造業がこのように急激に発展した原因は過去数年間この分野での収益度が高かったためである。しかしこの収益は、財政的な面での収益を意味しているので、必ずしも経済面での収益度が高かったとはいいきれない。

輸入禁止品が多く国際競争は困難

過去数年間、換率は非現実的で課税基準も多様性を持っていた。各金融機関の金利も実質的には物価騰貴のため非現実的であったし輸入禁止品目が多いことから製造業の分野で、国際競争の余地を与えていなかった。ここで、私が特にのべたいことは、製造業部門の発展は著しいものがあるし、将来の展望もかなり明るいということである。第一次経済開発五ヵ年計画の主要成果中特に注目すべきことは電力開発である。

韓国は一九五〇年代と一九六〇年代の初め頃まで、電力を割当てて送電を制限してきた。しかし、政府が積極的な電力開発によって一九六四年にはこれを完全に解消し、無制限送電が開始され施設容量も二倍以上に増加した。これは第一次五ケ年計画の特記すべき業績の一つである。次に韓国の貯蓄、財政および対外収支に関しての所見をのべたいことは、低評価された換率で算出した国民所得勘定の技術的な問題のため、貯蓄率と投資率の解析に若干の弱点があるということである。

最近、数年間の国民総生産の比率の点から見て貯蓄率が若干増加を見せている。

国内貯蓄率六十％増、財政収入は減少

現在の統計から見て、国内貯蓄率は約五％〜六％である。公共部門における財政収入は、国民総生産との比率からみてかなり減少している。国民総生産に対する財政収入の比率は一九六〇年の一四％から一九六四年度の一〇％に減少している。

租税制度が実質収入と価格に鈍感されたことが立証されたにも拘わらず、韓国政府は予算上の赤字を削減しようとかなり努力し、国民総生産に比例して経常支出を大幅に削減することによって可能になった。

予算上の赤字減少、歓迎すべき緊縮政策

国民総生産に対する経常支出の比率が一九六二年まではかなり高率を維持していたが、翌年度からGNPに対する比率から見て六％〜一一％に削減された。このような削減は国防費の節約によって一部がなしとげられた。これは歓迎すべき緊縮政策である。しかし公共支出面における緊縮政策はいろいろと副作用をもたらした。第一に、公務員達がインフレーションの打撃を受け、実質価格は一九六二年から一九六五年度の間およそ五〇％減少され、政府はこのような給料基準では有能な人材を公務員としてとどめておくことが難かしいと理解した。第二に、財源不足による義務教育水準が若干低下し、これは教室難、教材不足等で表われている。このような副作用にも拘わらず、私は考えるのに、韓国政府はインフレーション要因の赤字予算を除去したその決意と、勤倹な態度に対し、祝福を受けるべきだと考えている。インフレーションに関し一言のべたい。

韓国では一九五三年休戦後から一九六五年末まで、一般物価指数が約八倍にも上昇した。しかし、このような上昇率は、一九六三年と一九六四年には平均約三％であったし、一九六五年度には約一〇％しか上昇しなかった。これは過去二、三年の間に政府が遂行してきた通貨安定政策の努力の結果によるものである。このように通貨安定は実現されたが、インフレ抑制闘争はまだ終ったわけではない。これら一九六五年の一一％の物価上昇率は穀価下落にある程度影響を受けた。

穀物を除く商品物価は約一四％が上昇している。また、政府は直接的な価格統制範囲を縮小したが、それでもいまだ製造業者達に価格引上げを防ぐために圧力を加えているように見える。

民間部門では、韓国の長い間のインフレーションの歴史が終ったと確信をもっているようには見えない。しかし政府が長期政策として通貨膨脹を抑制しようとする決心を見せれば、近い期間内に将来の物価動向に対する予想が反復されるであろう。

貯蓄増大と輸出伸張の成果

一九六五年十一月政府は、金融体制の効率を改善するために金利引上げを断行した。

市中銀行の貯蓄性預金の金利を従来の法定限度である一六％ないし一八％から三〇％まで引上げた。金利引上げは、定期預金および貯蓄性預金を倍増するのに決定的な影響を与えた。このような預金は、金利現実化が断行してからわずか五ヵ月間に二倍にも増加した。そしてまた充分立証されてはいないが、市中銀行金利の現実化と物価騰勢が下火になっているという事実が貯蓄習慣を奨励するようになったと考えられる。対外収支面において、韓国は最近数年間に輸出による外貨獲得が急激に増加している。一九五〇年代には輸出が約二千万ドル線で沈滞していたが、過去数年間に商品輸出は毎年四〇％の高率に増加している。

特に、急激に増加したのは、およびその他の水産物輸出である。また、商品輸出も大きく増加している。一九六五年代の約一六％に比べ、いまは全輸出量の約六〇％を占めている。

韓国は開発途上にある他の諸国と違って、比較的多様な輸出構造をもっているのが一つの特徴である。このような輸出増加の一部は、経常輸出の可能性が例外的に少なく、一時的な事態に基因してはいるが、このような輸出の増加は主に政府の重大政策変更の成果である。以前は、政府が全面的に輸入代替産業にだけ圧力してきたが、最近ではより均衡された貿易政策を追求しようと努力している。このように政策上の方向転換は、政府の数多くの輸出振興策に反映されている。又はこのような施策のうちには一九五一年度に断行された韓国貨幣単位である「ウオン」の平価切下げ、一九六五年三月に実施された単一変動換率の採択をあげることができる。

単一変動換率は、一九六五年下期と一九六六年上半期に米貨一ドル当り二七〇ウオン線で収支は過去数年間にかなり改善されてはいるが、まだ強固な位置にはおかれていない。

商品および用役輸出による対外収入は、現在経常支払勘定の約六〇％程度を補填している。

韓国が外援に依存するこのような構造を減少しようとすれば、まだ遼遠であることは明らかである。

第二次経済開発計画は健全

韓国の第二次経済開発五ヵ年計画の内容に関して私の率直な意見をのべてみたい。

韓国政府が計画上で決定した諸目標をみると、GNP成長率は過去数年間に六・三％にとどまっているのに比べ、こんど計画された成長率は七％に策定している。投資率も一五・七％〜二〇％に、貯蓄率も最近の五％〜六％を一九七一年度には一六％も増加するよう策定している。

また、租税負担率も八・八％〜一三％に増加し、輸出は年間約二一％、輸入一一％〜一二％の増加を計画している。外資総受入は年間約一億七千万ドルに推定しており、総受入は韓国銀行が第二次五ヵ年経済開発期間中保有外貨の累増を大きく期待し、年間約三億三千四百万ドルが予想される。

韓国の人口政策は六五年度〜七一年間に人口成長率を年間約二・八％に減縮の計画をたてている。このような人口政策により、韓国はすでに着手している家族計画を通じ、人口成長率の減縮成功確率が非常に高いのではないかと思われる。しかしこのような意欲的な減縮が、事業計画立案者達の推測のように短期間に成し遂げられるかは確信できない。むしろ五年間にこの計画に対してはむしろ温健な推定をする方が賢明であろうと思われる。そして生産の可能性に関しては、緊縮財政が実施されない限り、GNP七％の成長率達成は可能であると信じている。

適切な経済開発政策で成長率は維持可能

韓国は将来五年間に耕作面積の拡大が予想され、これによって各種主要農産物が増大するものと期待しているし、農産物の高度の生産増加率の実現も可能になるであろう。製造業部門においても適切な開発政策が実施されれば以前から確保してきた成長率を維持することもできるし、漁業部門においても大きな成果があるものと観測される。

我々は、ここで概略だけでも投資規模および様相、そして七％の成長率達成に必要な投資事業および計画内容までも具体的に推測できる。私は、考えるのに、これらの投資計画が原則に基づいて徹底的に検討されているという印象をここで与えたくない。今後より多くの作業が課題として残されている。しかし韓国の経済計画事業に対する論議は理解出来る。たとえば、農業において一連の高地帯開墾事業と水利事業が計画されている。また水産業では沿岸、近海および遠洋漁船団の大幅な増加と、これら漁船団のための関係施設の画期的な増設がある。

対韓国際協議体構成国家の支援は確実

製造業部門においては、韓国の計画立案者達は、製鉄、石油化学工業、肥料、精油およびその他の分野に巨額な投資を構想している。

交通運輸および電力部門では、計画立案者達が世界銀行（IBRO）および米国政府が援助している電力調査団はすでに広範囲に亘り調査作成した報告書を韓国政府に提出している。

交通運輸部門に関する調査は、数ヵ月以内に完了し、韓国の計画立案者達が交通部門に必要な投資計画事業を選定できるような多くの資料を提供することであろう。

要するに、韓国の第二次経済開発五ヵ年計画は対韓国際協議体構成国家の関心をひきつけるような具体的な事業と計画に関する充分な情報の提供を約束している。

このようなすべての投資計画が国内貯蓄と導入を予測することができる外国資本の結合によって支援されるかどうかは明確でない。

計画立案者達は、自分等の推計した国内貯蓄の動員可能速度を厳密に再検討するのではないかと思われる。この会議に参席している多くの人々は、国民貯蓄率を経済企画院試案にあらわれている約三五％水準に引上げようとする計画立案者の意欲を理解し、讃辞を送るであろう。

ここで問題が提議されるのは、この目標の技術および行政的妥当性である。計画立案者達が実際的な貯蓄率策定に慎重を期さなければ、韓国は二次五ヵ年計画の中間期に危機に直面する危険性がある。

結論的にわれわれは韓国が最近成し遂げた経済的業績は、かなり印象的で第二次五ヵ年計画の実施のため健全な基盤を諸方面で樹立したことを認識することができた。

幹部訓練生、本国へ

10月27日 韓水丸で17人

ソウル自由センターで一ヵ月受講

民団幹部養成のための本国での訓練が十一月一日から一ヵ月間、ソウルの自由センターで行なわれるが、これの受訓生十七人が十月二十七日、下関から韓水丸で出発した。一行は、各地方本部からえりすぐった次期民団の担い手で本国での訓練を受けたあと各級民団組織で活動することになるが、これらの訓練の帰国後の活躍に期待がよせられている。

大阪、愛知、山口、京都の各地から選抜された第三次民団幹部訓練生十七人は、十月二十七日、山口県本部に集合、同本部会議室で結団式をあげ山口県本部から激励の花束を受けたあと、李鐘禄引率団長の指揮のもとに韓水丸に乗船韓国へ向け出発した。

同訓練生は、ソウルの自由センターにおいて一ヵ月間の訓練を受けることになるが、参加メンバーの大半が二〇代の青年で本国訓練で多くを学びとろうとする意欲がみなぎっており、この訓練により大きな収穫が得られるものと予想される。なお、旅券の都合で同日出発できなかった一部受訓生も十一月一日までにはソウルで合流、反共理論、組織強化への訓練を受けることになる。

KOC委員に鄭建永氏選ばる

韓国オリンピック委員会（KOC、張基永委員長）はこのほど在日僑胞の鄭建永氏にKOC委員を委嘱した。

これで在日僑胞のKOC委員は辛熙氏とともに二人となったわけだが、鄭建永氏は一昨年東京オリンピック開催中、民団選手団に対して積極的に後援するとともに、ソウルの現体育館にエレベーターを寄贈するなど体育関係への貢献があった。

朝総連幹部が転向

兵庫 南神中島分会の財政部長

朝総連の分会幹部がさる十月二十日に転向し、民団兵庫県本部で入団手続をとった。

すなわち、兵庫県朝総連南神支部中島分会の財政部長の要職にあった李万金氏（通称、福田成吉49才）がその本人で、次のような誓約書を提出した。

誓約書

本籍 全羅南道昇州郡別良面鳳林里 六六番地

現住所 神戸市兵庫区三石通一丁目一番地

李万金（通称 福田成吉）

一九一七年五月五日生 職業 古鉄商

私は朝総連の虚偽宣伝と甘言利説によって同組織に加入し、一九六〇年一月から朝総連南神支部中島分会の財政部長をつとめ、一九六三年五月には同分会副分会長に選任され忠実に活動して来ましたが、最近に至り朝総連に対する認識を改め、新たな自覚をもって一九六六年五月に右職務を正式に辞退し、これまでの過誤を清算するとともに大韓民国々民としての義務を遂行したいと思います。

私は貴民団に志願して入団した以上は大韓民国の国是を遵守し、居留民団の規約に誠意をもって従うことをここに固く誓約いたします。

一九六六年十月二十日

右誓約人 李万金

在日本大韓民国居留民団兵庫県兵庫支部団長 貴下

冬山に結ぶ韓日親善

山梨県山岳連盟とソウル大

山梨県山岳連盟が、ソウル大山岳部に高所用テントを寄贈することになり、山梨日日新聞に「日韓を結ぶ冬山テント」として十月二十五日に大きく報道された。

すなわち、甲府市中央ライオンズ・クラブ会長、百瀬舜太郎氏がさきにソウルで開かれたライオンズ・クラブのアジア地区大会に出席したが、ソウル大学文理学部山岳部を訪問した百瀬氏はソウル大山岳部に高所用テントがないのを知り、帰国後直ちに民団山梨本部（金東浚団長）と協議した結果、民団でも即座に三人用テント二張り（十五万円）をカンパし、ライオンズ・クラブも同じく三人用二張り、山梨県山岳連盟が五人用二張りといずれもヒマラヤでも十分 [illegible]

さらに、これを契機として甲府中央ライオンズ・クラブは、ソウル市郊外春川市のライオンズ・クラブと「ブラザー・クラブ」の約束をかわし、十一月二十七日のチャーターナイト記念日には代表を春川市に派遣、来年四月に甲府市 [illegible]

地方で指導と懇談

権団長と朴組織局長

さる十月十三日は青森、同十四日仙台、同十五日岡山と、権団長および随行の朴太煥組織局長は地方での指導と懇談をした。

すなわち、これらの各地方でそれぞれの実情に応じた法的地位対策週間、国民登録の更新、教育問題および中央への上納金などにつき指導と懇談をしたものだが、岡山においては岡山韓僑文化センターの開館式に出席したほか、倉敷の韓国学園を訪問して懇談したあと金一封を贈るなど多忙な日程であった。

民団の健全財政確立のため 団員は団費を組織は上納完遂を！

写真は金市長と歓談する鄭監察委員

金柄址氏が団長に

佐賀県本部で役員改選

民団佐賀県本部ではこのほど執行部を改選したが、新団長に金柄址氏が当選し、次のような執行部を構成した。

団長＝金柄址 副団長＝朱奉淳、李昇 議長＝鄭炯大 副議長＝金寿安、安 監察委員長＝姜小 監察委員＝朴奉春 事務局長＝文徳俊

僑胞選手が大活躍

国体で七種目に優勝

第四十回国体における僑胞選手の活躍ぶりはすでに一部を既報したが、総括すると次のような成果となっている。

まず総合点数では済州を抜いて第十一位となり例年にみられた最下位を脱出し、参加した十二部門の競技のうち七種目に優勝、三種目に二位、三種目に三位となった。

すなわち、陸上のハンマー投げで大阪商大二年生の具仁本選手が新記録で優勝し、この十月バンコクで開かれるアジア大会への出場がきまった。

また、民団でも名が知られている柔道の朴昌三選手らは、それぞれ圧倒的な強さで団体に優勝し、個人でも同じく尹選手が優勝、呉勝立選手が準優勝となった。

射撃ではクレイ部門で一位のソウルを大きく引きはなして優勝し、同じく個人でも一、二位を独占した。

テニスでは韓国が名門の湖北 [illegible]

▽一般四百㍍＝張宗吉（千葉、一位、50秒9）▽ハンマー投げ＝ [illegible] ▽男子一般個人＝裵寿一（日大、一位、54・45点）

首都ソウルの大都市計画

飛躍する韓国の象徴

金玄玉市長の"大ソウルの青写真"

釜山市長からその行政力を買われてソウル特別市長に就任した金玄玉氏は『新ソウル市』の整備拡張に持ち前の意欲と英断で市長就任後わずか数ヵ月足らずで地下道陸橋建設等で驚くべき業績をあげ内外から称賛を受けているが、同市長は今年の八・一五光復節を期して人口五百万を収容することのできる大ソウル市都市計画案をまとめ、このブループリントにのっとって発展する韓国の首都建設に着手する計画で着々その実行に移しつつある。ここで大ソウルの建設プランを要約してみると向う二十年間に人口五百万を収容できる五の副都心地を開発し、最初の五ヵ年計画で二十万戸の住宅を建設して住宅難を緩和するとともに国際競技のできる大競技場の建設、緑地帯の造成など近代化する韓国の首都にふさわしいものであるがその主要骨子は次のとおりである。

人口三百五十万を擁するわが国の首都ソウルは、韓国の政治、経済、文化等あらゆる分野の中心地として日を追って発展の途上にあるが、毎年激増する人口と交通量の増大によって早急な住宅難の解消と道路整備が要求されている。

現在のソウルは、会社、官庁、産業施設が都心部に集中しているため人口が密集しており、これにつれて住宅難、交通量増大の現象が激しくなってきている。そこで、人口の密集を招く産業施設 [illegible]

ソウルには現在、三十四万五千戸の住宅があるが、これは三百五十万ソウル市民の約半分しか収容できない。そこで、第一次計画として向う五年間に約二十万戸の住宅を建設して住宅難の緩和をはかる。

そして交通の集中要因となっている都心部の官庁、大会社等を分散して人口密度の緩和をはかるとともに新開地には、上下水道をはじめ公園、市場、通路、緑地帯 [illegible] 設、その他独立院、養老院等の福祉施設を完備する。

このような副都心部の開発のため新たな道路網として九の放射線道路と四の環状道路（総延長九十 [illegible]）を建設する。

[illegible] 緑地帯に造成し、四〇％を住宅街、二〇％を官庁、公館地域、一〇％を産業地域に定めている。

同計画は第一、四半期の五ヵ年計画がおわる頃からは、国民所得の増加とにらみ合わせてソウル市総予算の六〇％を投入して都市建設に加速度を加えることになっている。

この都市計画事業は国家事業として推進されるがソウル市民は、その成果に大きな期待をよせている。

なお、この意欲的な都市計画を立案した金市長と会ってその抱負を聞いた鄭炯和民団中央監察委員は"金市長の行政力と軍人らしい英断には実に頭の下がるものがあった。ソウル市長就任後の驚くべき業績は [illegible] わが民団も祖国の [illegible] 取り残されないよう大変努力しなくてはならない時である"と語っていた。

混血者と民族問題

俳優座小劇場が特異の熱演

直木賞作家として注目されている立原正秋の原作「剣ケ崎」が、このほど俳優座小劇場で脚色され十月三十日、十一月六日、同十三日と三日間六本木俳優座劇場で上演されるが、混血者と民族問題についてのテーマが、その特異な演出とタイアップして、観客に強い感銘を与えている。

韓国の貴族と日本女性との間に生まれた李慶孝は、日本士官学校を出て陸軍大尉として [illegible] に日本人の妻尚子、長男太郎、次男次郎と共に生活していたが、日華事変の始ったあの日、突然連隊から脱走、行方不明となった。そこで尚子は太郎、次郎をつれて日本に引揚げ、憲兵の監視の下にひっそりとくらし、その間太郎は京都大学に、次郎は横須賀の中学に通った。[illegible]

戦争が終わり、韓国の軍人となっていた李慶孝は、アメリカに [illegible]

「剣ケ崎」舞台の一コマ（左が小沢昭二）

桜苗木一万本を寄贈

片守介氏が本国鎮海市へ

桜の苗木を寄贈した片氏

韓国学園に金一封

大韓婦人会釜山支部

大韓婦人会釜山支部の一行

本国から唐手団 日本で親善大会開く

ベトナム将兵に慰問金 東京荒川支部の金団長

故安益泰先生記念演奏会盛大に催さる

外資導入法解説　善意の外国資本はすべて許容

韓国の外資導入が一九六二年を初年度とした第一次経済開発五ヵ年計画の推進とともに本格化したことは周知のとおりである。第一次経済開発五ヵ年計画の投資資源のうち外資が占める比率は約二八%に達しているが、その大部分は外国援助と借款に依存している。したがって外資の円滑な導入は経済開発五ヵ年計画の成否を左右する鍵であるといっても過言ではない。特に、米国の対外援助政策が一九六一年度の対外援助法の制定を契機に従来の無償供与方式から開発借款中心に転換し、これにともなって米国の対韓無償援助が大幅に減少されるや外資導入の重要性はより一層たかめられた。

韓国政府は一九六〇年一月一日付で開放的で積極的な"外資導入促進法"を制定公布することによって外国人の直接投資を誘致するための法体制を整備したが、これを更に政策的に後押しするため一九六一年十二月に外資の量的拡大誘致を内容とした"外資導入運用に関する基本指針"を公表した。

この基本指針によると五ヵ年計画を成功させるため当該の外国資本は、その形態と金額の如何にかかわらずこれを許容し、必要な場合には政府が支払保証措置を取り、また、内資の調達においてやむを得ない場合には財政資金やその他可用資源から融資するようになっている。その後、政府は一九六二年七月三十一日付で"長期決済方式による資本財導入に関する特別措置法"ならびに"借款に対する支払保証に関する法律"をそれぞれ公布し法制面での整備を強化した。

しかし、外資の量的拡大に主眼を置いた政府の積極的な外資導入政策は、一九六三年に入り大幅増加された民間借款に対する政府支払保証ならびに商業の[illegible]金支払いが外貨保有事情に深刻な影響を与えるようになるにつれ[illegible]るを得なくなった。そして、政府は一九六三年二月ならびに一九六四年三月に"非計画事業申請書の処理方針"および"民間商業借款推進に関する基本方針"を公表し、政府支払保証や着手金支払を条件とする民間借款導入はなるべく抑制し、内資調達のための借款等は認めない方針を明らかにした。

だが、政府支払保証を条件とする民間借款は継続増加し一九六五年末現在わが国外資導入総額の約四三%に相当する一億八千九百万ドルに達した。

外資導入にかかる与件と政策の変動にともなって政府は民間借款に対する政府支払保証措置をはじめ、その間、不振状態にあった直接投資の誘致面等外資導入全般に対する法体制と制度的運営に関して、より広範で根本的な再検討をせざるを得なくなった。特に、最近では韓日国交正常化と外換保有事情の好転等により外資導入政策は、外資の円滑な誘致のみでなく導入された外資の効率的な活用策の研究がより現実的な課題として登場している。

このような施策の一環として政府は、一九六五年初から前記のような雑多な現行外資導入関係法規を一元化するとともに、その不備な点を補うため新たな"外資導入法（案）"の作成に着手するようになったが、同法案はその間、数次にわたる修正を経て、去る六月十四日付で国会の通過をみ、八月三日、法律第一八〇二号で公布された。

以下、外資導入法の制定経緯を説明し、同法の主要内容を現行法と対比して解説する。

一、外資導入法の制定経緯

[illegible]

二、外資導入法の概要

[illegible]

（一）外国人の直接投資

[illegible]

現金借款契約、資本財導入契約ならびに技術導入契約

[illegible]

外資導入事業委員会

[illegible]

政府支払保証

[illegible]

その他

[illegible]

三、むすび

[illegible]

韓國新聞

韓国新聞社
発行人 権 逸
東京都文京区春日町
2丁目20−13
電話 (813) 2261〜5 編集
(812) 0673 業務
定価 1ヵ月100円
振替口座東京 34988番

綱領

一、われわれは大韓民国の国是を遵守する
一、われわれは在留同胞の権益擁護を期する
一、われわれは在留同胞の民生安定を期する
一、われわれは在留同胞の文化向上を期する
一、われわれは世界平和と国際親善を期する

法対委第二回総会開かる

要望書を採択

地方公聴会、本国陳情団派遣を決議

在日韓国人の法的地位および待遇問題に関する要望事項

アジア反共連盟総会

—朴大統領の演説—

共産主義抹殺運動を宣言

世界反共連盟の結成へ

第十二次アジア民族反共連盟総会は、さる十一月八日をもって五日間の会議をおえたが、同総会は世界機構として「世界反共連盟」を決議し、共産主義抹殺運動展開を宣言した。なお、二十八ヵ国の会員、四十ヵ国のオブザーバー、団体および地域代表など百四十九名参加のこの会議で朴大統領は次のような演説を行なった。

反共先導への指標 自由を積極的に拡大

議長、代表、オブザーバー、そして内外貴賓のみなさん!

きょう、アジア民族反共連盟第十二回次総会にさいし、私はまずこの集まりに参加するためわが国を訪ねてくれた各国代表と、オブザーバーのみなさんに衷心から歓迎の意を表し、この総会がソウルで開かれることを心から喜ぶものであります。

一九五四年六月、わが国、鎮海において五ヵ国と三ヵ地域代表が集まって発足した、このアジア民族反共連盟が、わずか十二余年間に三十八の会員国、二十三のオブザーバー、十六の反共団体を擁する強力な民間国際機構として発展を重ねたことをみるとき、深い感慨を禁じ得ません。

親愛なる代表のみなさん!

現在、世界の耳目と関心は自由ベトナムに集中されています。ベトナムの事態は共産侵略に対抗する自由陣営の結束と、自由守護の力量を測定する試金石である、というべきであり、ベトナムの安否はただちにアジアのそれに直結されているものであります。

そして、このアジアの自由と平和はただちに世界の恒久的平和と繁栄につながるものであります。

わが大韓民国はすでに体験した反共闘争と国際協力の教訓を生かして、不義の侵略からベトナムの自由と独立を守護し、アジア、太平洋地域の平和と安全を確保するためベトナムに軍隊を派遣してその歴史的使命を遂行しております。

多くの自由友邦国家が、私達と共にベトナム支援に起ち上ったことも、そのような使命と責任を果し、自由民の安全を守るためであります。

朴・ジョンソン共同声明

韓米の友好を再確認

アジア太平洋地域に恒久平和を

慶北線開通す

金三線の起工式も挙行

一九六七年度 母国留学生募集

(募集要項)

一九六七年度母国留学生(自費)を次のように募集する。

一、対象
在日僑胞学生(大学、高校卒業生ならびに在学生)で母国の大学またはそれ以上の課程に入学もしくは編入を希望する者(但、高校入学、編入は除く)

一、資格
大韓民国国民として愛国反共精神に徹し、反国家的活動に加担したことのない品行方正で基礎学力が母国大学の課程を修めるのに支障をきたさない在日僑胞学生で旅券、再入国手続が可能な者(但、特別在留許可者は除く)

一、手続
1、提出書類
(イ)母国留学志願書(所定様式)(ロ)留学願書(所定様式)(ハ)卒業もしくは卒業予定証明書(ニ)成績証明書(最終三年間の成績)(ホ)身元ならびに財政保証書(保護者)(ヘ)民団推薦状(所定様式)(ト)外国人登録済証明書(チ)写真(三枚)(リ)健康診断書以上各三通
2、提出期間
一九六六年十月十日〜十一月末日まで
3、送り先
民団中央本部文教局(但、地方本部で一括して送る)

一、銓衡
書類銓衡、筆記、面接考査を行なう。(書類銓衡で合格した者に限り国語、英語、数学の考査を実施し、筆記合格者のみを面接する)銓衡場所は追って通知する。

一、注意事項
(イ)年内に銓衡を完了する。(ロ)本国の下宿事情、物価、気候、交通等に関する予備知識を得ること。(ハ)ソウル外の地方大学留学を特に奨励する。(ニ)国語の修得力にしたがって六ヵ月〜一年間の国語訓練期間を実施するため卒業は一年遅れる。(ホ)今年度の各大学別学費を割引すること(来年度は増額が予想される)。(ヘ)旅券の発給に相当な日時を要するため来年三月初旬に本国へ入国できるよう旅券の申請をすること。(ト)留学願書の参考欄に留学地に親戚のある者はその居住事情と併せて記入すること。(チ)その他疑問の点は中央本部文教局に尋ねること。

中央本部
文教局

経済自立を基礎づけた第一次五ヵ年計画の成果

拡大される国民経済の幅
難関克服し体系的に産業開発

近代化を旗じるしに豊かな国家建設の第一歩を踏み出して五カ年間、経済開発第一次五カ年計画は…年計画に入ろうとしているが、一九六二年の秋穀、同六三年の麦類の大凶作、六・一〇の通[illegible]…はどのような結果となってあらわれたか、以下その大まかな成果をまとめてみた。

貿易自由化の促進

経済開発五ヵ年の間、韓国の経済はあらゆる部門において持続的な成長と拡張をみせた。

そのうちでも、顕著に目立つものは産業生産と輸出部門であり、その要因としては、まず計画期間を通じて体系的な開発政策が効果をあらわしはじめたことである。

特に計画期間後半における換率の現実化、貿易自由化の促進、金利の現実化及び金融の間接統制、財政の健全化という全般的な安定…

…る年平均物価上昇は一〇%に過ぎず、六六年年中のそれも8%内外に抑えられるだろうと関係当局はみている。

六二年以後、四年間の年平均物価上昇率を一九%として考えたとき、インフレ抑制の姿が簡単にとらえられる。

経済成長を産業別にみると、鉱工業が年平均で一五%三%と最高であり、農林、水産業及び社会間接資本部門はそれぞれ四・八%と七・一%となっている。

輸出は四倍伸びる

農業部門では穀物の生…年以来引続き増大して…作物が増産されたのみな…類、青果など多様化し…は近海漁業者などが急速…た。

六五年度の商品輸出は…五百万ドルに達し、五カ年…じまる前年の六一年にお…百万ドルの約四倍にハネ上…

インフレの抑制

電力は八三％伸びる

工業体制への指向

投資率は二一%伸びる

第1次計画で建設された発電所

発電所別	設備容量単位KW	竣工予定日
光州内燃	11,790	1962年11月5日
往十里内燃増設	6,000	1962年12月15日
済州内燃	1,310	1963年6月30日
三陟火力第2号機	50,000	1963年10月8日
寧越火力復旧工事	30,000	1963年10月31日
釜山火力	132,000	1964年8月20日
春川水力	57,600	1965年2月10日
第2寧越火力	100,000	1965年9月15日
蟾津江水力	14,400	1965年12月30日

第2次計画で建設される発電所

発電所別	設備容量単位KW	竣工予定日
群山火力	66,000	1967年10月31日
ソウル火力	125,000	1968年9月30日
八堂水力	80,000	1970年7月31日
衣岩水力	45,600	1967年10月31日
嶺東火力	125,000	1969年8月31日
昭陽江水力	90,000	1971年9月30日
清平増設	40,000	1971年12月31日

よみがえる明るい夜
電力、無制限送電へ

	発電所別	設備容量	所在地
水力発電所	華川	81,000KW	江原・華川郡
	春川	57,600 〃	江原・春城郡
	清平	39,600 〃	京畿・加平郡
	七宝	28,800 〃	全北・井邑郡
	雲岩	2,560 〃	全北・井邑郡
	宝城江	3,120 〃	全南・宝城郡
	槐山	2,600 〃	忠北・槐山郡
火力発電所	釜山	132,000 〃	釜山・甘川洞
	寧越	200,000 〃	江原・寧越郡
	唐人里	47,500 〃	ソウル・麻浦区
	馬山	50,000 〃	慶南・馬山市
	三陟	55,000 〃	江原・三陟郡
	木浦内燃	6,250 〃	全南・木浦市
	往十里内燃	18,750 〃	ソウル・城東区
	光州内燃	11,790 〃	全南・光州市
	発電船	30,000 〃	釜山・第4埠頭
	島嶼	2,915 〃	合計：769,485KW

発電及び電力供給実績

区分／年度	1961	1962	1963	1964	1965	1966(計画)
平均電力(KW) 水力	74,449	80,124	83,036	85,318	81,079	101,200
火力	127,657	145,356	168,705	221,438	239,294	340,000
島嶼	252	325	391	549	625	800
駐屯受電	—	52	3,163	25	—	—
計	202,388	225,857	255,275	307,380	370,998	442,000
指数	100	111.6	126.1	151.9	183.3	218.4
発受電量(MWH)	1,772,921	1,978,506	2,236,389	2,700,022	3,249,938	3,871,254
戸数	797,252	875,577	959,653	1,069,689	1,193,847	1,367,693
契約容量(灯数)	3,674,931	4,180,014	4,726,731	5,281,024	5,817,678	6,667,803
契約容量(WK)	603,970	600,506	790,281	848,545	944,071	1,091,260

韓国のガット加入
十六年の宿願果し世界と合流へ

韓日保税加工民間合同会議
韓国、全面的実施要望

韓日保税加工民間合同会議は二十九日午後、その幕を閉じ、第一回会議の成果を共同声明を通じて次のように発表した。

△第一分科委員会合意事項

第一分科委員会では両国保税加工貿易上の政策制度面の改善問題に対し真摯な意見を交換し次のように合意をみた。

記

(1) 日本の政策制度の改善問題に関し、まず韓国側から対韓委託加工品に対する関税減免に関して、日本から韓国が原資材を輸入加工した後日本に再輸出する場合、日本は付加価値に限り関税を賦課するよう是正することを強く要望すると同時に、全面的な実施が日本国内事情の上から困難な時には日本業界に影響が少ない品目からでも即時実現できるよう日本側の善処を要請した。

これに対し日本側は日本の関税法及び制度上困難であるが韓国側主張には同感し、日本業界に大きな影響がない"数"加工品など幾つかの品目からでも早急に関税減免が実現するよう日本政府に強く働きかけると同時に両国関係品目拡大のため、今後両国民間協議体を通じてこれを解決するよう積極的に協力することを約束した。

●加工原料のD/A、D/P方式導入改善問題に関しては韓国側は、保税加工用原料の両国間の円滑な流通を期するため、銀行代金支払管理保証分で保税加工用に限っては日本側で制限なくD/A、D/P輸入を早急に許容することを要望した。

これに対し日本側は、韓国の保税加工貿易が制度的に再輸出が保障されている限り韓国側要望に全面的に賛成すると述べ、これを日本政府に要請して実現するよう努力することを確約した。

●日本側から共同市場開拓のため韓国側の品質管理の改善、対韓輸出物資に対する国際検定機関検査証を必要とする措置の緩和などを要望した。

これに対し韓国側品質管理問題は韓国輸出品の国際信用維持のために万全を期しているが、特定の要望がある場合には改善に努力することに合意した。

国際検定機関の検査証の問題に関しては、今後、再考されるよう政府に働きかけることを約束した。

▽第二分科委員会合意事項

第二分科委員会では交易増進協力問題に対して熱心な意見を交換し次の事項に合意をみた。

記

(1) 加工原料を日本が無為替またはD/P、D/A方式によって輸出することとか、輸出用施設機材を貸与方式によって日本から無為替輸出する例は、現在、日本政府が制限的に許可、実施していることを確認し、韓国にもこのような事例を可及的頻繁に実現することを通じ、同事例を制度化するよう努力する。

(2) 日韓両国間の保税加工貿易増進については、両国中小企業の共同繁栄のための窓口の一元化として、韓国側の保税加工品輸出協会と同一な性格を持つ日本側の民間協議体を構成することに相互に積極賛成し、本会議に参席した日本側代表団は、まず、地域的に関西京都市商工会議所の協力を得て一九六七年三月を目標に同機構を結成することにする。

「共同声明」

●沖景治を団長とする韓日保税加工促進会議日本側代表団と金沢…を団長とする韓国側代表団は一九六六年十月二十八日より二十九日までソウルで第一回韓日保税加工促進会議を開催した。

本促進会議では民間ベースにおける両国の保税加工貿易増進促進に伴う政策制度の改善及び交易増進協力問題等に関し、率直に意見を交換した。

●本促進会議は終始一貫、きわめて友好的雰囲気の中に続行され両国側代表はこのような協議を通じて両国間の保税加工貿易が促進されることを確認した。

●韓国代表団は、政策、制度面の改善に関し、日本の原資材を韓国が加工して、日本に再輸出する対韓委託加工品にたいしては日本は付加価値に限り関税を賦課することを強力に要請すると同時に、全面的実施が困難な場合は、日本の業界に影響の少ないいくつかの品目でも早急に実…

青森で韓日親善協会結成
金大使・張副団長らが出席
11月5日市内明治生命ホールで

韓日間の友好親善を増進する韓日親善協会が日本各地に結成され親善ムードを高めているが、十一月五日、青森県でも韓日親善協会の発足をみた。

同親善協会の結成式は、五日午後一時、青森市内明治ホールに金東祚駐日大使、張聡明中央副団長、青森市長をはじめ同県下の両国有志約三百人が参席するなかで同協会会長田沢吉郎（衆院議員）副協会長金世鎬青森県本部団長の開会あいさつで幕があけられ、金大使、青森県知事、同市長、張中央副団長、渋谷竜東北地協事務局長らから韓日親善を強調する祝辞が述べられたあと親善協会の構成メンバーを発表、ついで祝賀レセプションに移り張中央副団長の音頭で両国の友好親善を祝う祝杯をあげ同午後四時半すぎまで和やかなうちに歓談が交された。なお、張聡明副団長はこの結成式に出席したあと盛岡、仙台、山形等の民団各組織を巡訪、地方幹部らと団務の懇談を行なった。

青森親善協会結成式に参席した主な人々はつぎのとおり。

韓国側　金東祚駐日大使、張聡明中央副団長、金鶴熙参事官、李文洙参事官、甲大使秘書、朴燮竜領事渡辺、禹鍾仙台領事、渋谷竜東北地協事務局長、金世鎬青森県本部団長、同県下各支部団長

日本側　田沢吉郎衆院議員、米沢鉄五郎（弘前相互銀行頭取）青森県下各市町村長

神奈川地方委開かる
綱紀紊乱に断

樺太引揚げ同胞に
日本は国内通過経費の負担を
大韓弁護士会が公開状

福岡県本部
韓国会館建設に着手

在日ボーイスカウト
東京隊と在日連盟結成へ

在日韓国ボーイスカウトは現在下関に二隊（宇部、花房）が結成されているが、このほど東京隊および在日連盟結成への懇談会がおこなわれ、近く結成の運びとなる。

すなわち、さきほど自由中国で開かれた「第五次ボーイスカウト極東総会」に出席して帰路にあった韓国代表、ボーイスカウト韓国連盟総長、金貞然氏（韓国経済、科学審議会事務局長）を迎え、さる十月二十七日午後六時から東京神田YMCAで第一回懇談会を開き、ボーイスカウト東京隊ならびに在日連盟結成に関することを話しあい、また同三十日午後七時から銀座「スエヒロ」で第二回懇談会を開いた。

出席者は金貞然総長ほか、尹鉄中央監事、甲東浩駐日大使館首席奨学官、李禧元民団中央本部副委長、下周甫民団中央文教局長、金鳳式東京韓国学園校長、姜佐熙三栄興業社長、高元一済州開発協会会長、鄭淳華韓国経済日報社代表理事、関西韓国貿易協会日本支部長、金海成ハングル普及会々長、金学鳳日韓経済協会事務局次長、李昭守東和新聞社社長らで、会は幹事役の金学鳳氏の趣旨説明があったほか金総長の在日連盟結成への協力を要請するあいさつなどあって結成準備委員会が構成されたが、事務局員としては、金鳳成、卞周甫、南宮浩、金学鳳、金鳳坐の五氏が選ばれ、近く各関係方面に呼びかけて本格的な活動を展開する。

ところで、ボーイスカウトは一九〇七年英国で創設され、ロンドンにその本部があるが韓国は約四十年の歴史を持っている。

一九三七年には、パゴダ公園で韓国ボーイスカウトがその行事として壇後に太極旗を掲げたことから、日帝がこれを独立運動の地下組織視し解散させられた。

一九四五年、米軍政がしかれるとともに再建され、最近では国力の充実からボーイスカウトも活動が活発化し、今回の極東総会にも十名が参加した。

一九六八年には韓国で極東総会が開かれるが、これには外国代表約四百名が参加することになっている。

特に、来年八月には、四年毎のボーイスカウト、ジャンボリが米国で行なわれるほか、五年後の一九七一年の世界ジャンボリでは日本も極東総会を自国に誘致したので、出来るだけ在日僑胞の少年たちがこれに多く参加するよう望まれる一方、このボーイスカウト運動を通じて少年たちが国際的視野に立ち、教養を高め社会の秩序確立と誠実な人間形成がなされるよう、早くも各方面から大きな関心が寄せられている。

韓国新聞編集人来日
セミナー参加のため九人

早稲田大学同窓会案内

伝記刊行と銅像建立
尹奉吉義士の記念事業会

作家馬海松氏逝去

MRA青年のショウ
"レッツゴー・66"
11月27日　武道館で開演

金正柱氏
三・一文化賞候補に

総領事館建設に協力
九州地協の熱意高まる

韓青創立二十一周年
記念祝賀会ひらかる

携帯用キムチ人気高まる

お知らせ

165

韓国水産五ヵ年計画の全貌

前線基地の拡充へ
漁民の所得を倍増

輸出一億七千万ドル
前進基地などを設置

韓国水産庁では第二次五カ年計画の一環として、五年以内に漁民所得を倍増させるための水産振興五カ年総合計画を作成している。この振興計画は、遅れた韓国漁業の近代化を達成するためのもの。請求権資金から一億ドルと対日漁業協力資金九千万ドルおよびAID借款二千万ドルなど総額二億一千万ドルの資金を投じて漁船建造を含めた漁業基本施設の増設、漁業前進基地建設および沿近海漁業、それに遠洋漁業の振興を図る。また増殖事業と水産物処理加工施設拡張などによって水産業を総合的に開発、日本との操業上の競合を対等にするため水産物輸出を五倍に増加させ、漁民所得を倍増させることを目標としている。現在水産人口は百三十一万四千人で総人口の四・五%を占めている。

水産業の近代化へ
官民三機関が指導推進

【水産振興会】

【水産中央会】

【水産開発公社】

愛は国境を越えて
"この子らを見捨てられない"
12月13日から日本で一般公開

韓国映画

166

韓國新聞

韓国新聞社
発行人
東京都文京区春日町
2丁目20－13
電話 (813) 2261～3 編集
(812) 0673 業務
定価 1カ月100円
振替口座東京 34988番

綱　領

一、われわれは大韓民国の国是を遵守する
一、われわれは在留同胞の権益擁護を期する
一、われわれは在留同胞の民生安定を期する
一、われわれは在留同胞の文化向上を期する
一、われわれは世界平和と国際親善を期する

日本政府並びにカンボジア政府の金選手北送に対する非人道措置に抗議する

十二月十三日、金貴河選手はプノンペンで現地の日本大使館に日本亡命の切実な要請をしたにもかかわらず、日本政府当局の非人道的措置とカンボジア政府の厳正中立を標榜しながらも韓国に対する非友好的な態度によって再び北韓に移送されたことについて民団中央は、十五日つぎのような抗議声明を発表した。

日本から北送された在日僑胞金貴河選手が、十二月七日カンボジア国プノンペンで自由を求めて訪問または日本への亡命を現地の日本大使館へ要請したのにもかかわらず、現地日本大使館をはじめ日本政府当局は、その間終始非人道的態度を持し、日本に住む金選手の妻子らの哀願も取り上げようとせず、その人道上生命の保証さえもない北韓へ移送された。

このことは、友好条約を締結した友邦としてあるまじき行為であり在日同胞の切なる要望するところである。われわれは、金選手を北送するに至らしめたカンボジア政府ならびに日本政府当局の非人道的措置に対し強く抗議するものである。

一九六六年十二月十五日
在日大韓民国居留民団中央本部
常任委員会

地上の楽園は真ッ赤な嘘

北送の金貴河（元日本ミドル級チャンピオン）選手 日本か韓国への亡命を表明

駐カンボジア日本大使館に救いを求める

張基栄副総理が記者会見

請求権問題、近く結論

パリ対韓経協参加途次訪日

"日本の家族のもとへ"

外務省日赤などに救出訴え

平新艇義挙船員から便り

住宅、職場、定着資金受け 生気ある自由を満喫

権団長に感謝の手紙

歓迎会場での義挙船員たち

韓日両国首相がメッセージ交換

アジアに平和をもたらそう

申検察総長が来日

十一月三十日に民団を礼訪

正常化で成果あがる 朴大統領書翰

本国大学の定員を再調整

韓国の発展に感銘

ロン前米国務省公報部長

アジアの繁栄はアジア人の手で

アジア開銀で金韓国代表演説

千八十六万ドルに達す

窯業センターの財団法人設立

総額五千五百万ドル

一九六七年度 母国留学生募集

中央本部 文教局

お知らせ

一、中央本部の年末執務は十二月二十八日午前中まで。
一、新年は一月五日初出勤となっております。

経済自立を基礎づけた第一次五ヵ年計画の成果

石油

原油なき逆境を超えて すでに国内需要を充足

石油と化学工業—二十世紀産業の中枢をなす石油工業の発展のために政府は巨大な石油化学総合開発計画をたてた。六四年四月からわが国で始めて稼働しはじめた大韓石油公社の蔚山製油工場に次いで、去る十一月十七日には第二精油の実需要者を確定し、また第三精油の実需要者までも内定されたことが知られている。それで近い中に関連工業の実需要者選定公告をする予定であるが米国の化学工業の五〇%は石油が原料であるといわれている。それではわれわれの生活と不可分の関係にある石油工業—（原油は一滴も生産されないが）はどの辺まで来ているだろうか、また第一次五カ年計画によりなしとげられた化学工業の発展はどの程度であったかをふりかえって見ることにする。

蔚山精油の稼動

原油が生産されないわが国ではあるが、やすい原油を輸入して石油類を国内で生産供給することによって一年間に二千万弗を超える油類導入資金を節約し、関連工業を発展させるために計画されたのが蔚山精油工場である。

米国カルフ会社と共同投資して一日に原油三万五千バレルを処理できる蔚山精油は六三年三月十二日に着工し、六三年十二月十四日に工事を完成して六四年四月一日から稼動しはじめた。

総資本金二十五億ウオン中、政府が七十五%の十八億七千五百万ウオン、米国カルフ会社が六億二千五百万ウオンを投資した。

共同投資条件が一方的にわが方に不利ではあったが、これから建設されるべき第二、第三精油工場の建設条件と同じなみに修正する用意のあることをカルフ会社側が提議して来て、去る十九日石油公社と覚書を交換することによりある程度の均衡を保つようになった。

長期的観点から

蔚山精油工場の施設は米国のユニバシャル・オイル・プロダクト会社で実施した技術検討の結果、長期需要を考慮して設計し建設されたもので、現在の施設容量は一日に五万五千バレルの原油を処理するようになっているが、八万八千バレルの生産に拡張するときたやすいように設計されている。

これに使う原油は採油量が豊富で油類需要構造に適切な軽質原油および、アラビアン原油を設計基準にしたけれども、中東地域で生産される原油で処理できるように設計されている。

需要に従い拡張も

蔚山製油の拡張は設計の当初から計画されたもので小額以上の追加だけでも一日三万二千バレルの原油が処理できるようになっている。

バンカC油生産で燃料革命実現段階へ

しかし急激にふえる需要を追いつけない石炭の生産を補うために政府は燃料革命を計画し、従来固体燃料だけに依存しておった所要燃料の供給をなるべく液体燃料、気体燃料に転換するように決定することによって六七年度の一日平均原油所要量が最初の十五万六千バレルから十九万六千バレルに増加した。

このように増加した石油類の需…

（写真は忠州肥料工場で年間8万5千トンの尿素肥料の生産能力を持つ）

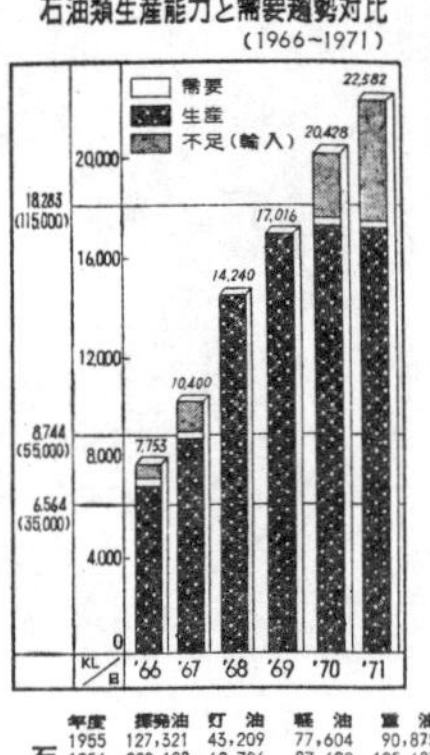

石油類消費実績（単位 KL）

年度	揮発油	灯油	軽油	重油
1955	127,321	43,209	77,604	90,875
1956	220,198	62,706	87,690	195,687
1957	195,858	38,350	97,027	250,750
1958	197,763	42,285	115,849	292,195
1959	198,622	42,457	149,627	412,489
1960	194,582	44,643	158,607	389,835
1961	170,781	52,585	187,511	448,217
1962	100,137	59,771	306,723	586,892
1963	96,988	63,865	357,732	663,333
1964	102,302	64,502	386,099	622,473
1965	158,247	82,226	388,009	660,893

液化石油は輸出

第三精油も確定

輸入依存率激減

化学工業

六五年に急速成長

自給から輸出に転換 稲藁パルプ工場建設も推進

年内に窯業センター設置

PVC工場竣工 年間六千六百トンを生産

韓日経済人会議開く 日機工連副会長らが参加

民間工場を積極支援 燐酸加里等も自給目標に

外資も大幅に節約

輝かしい脱皮振り

肥料工業

自給、遂に実現さる 窒素肥料は輸出も可能

肥料工場建設現況

区分	事業名	施設能力 肥種別	(㌧)	肥資別	(㌧)	投資資金 内資(千ウォン)	外資(百万弗)	資金別	着工 年	月	日	竣工 年	月	備考
既存	忠州肥料	尿素	85,000	窒素質	39,000	2,700	33,000	AID	61	4	29	55	9	5着工
	湖南肥料	尿素	85,000	〃	39,000	3,300		政府投資	62	12	20	53	6	15着工
	三陟肥料	石灰窒素	21,000	〃	4,200	248			65	10				
	小計	尿素	170,000	石灰質	82,200									
		石灰窒素	21,000											
新設	第3肥料	尿素	84,100	窒素質	72,000	2,700	34,200	AID24,200	67	4		65	7	13着工
		複合	180,600	燐酸質	55,000			米合作投資						
				加里質	20,000			10,000						
	第4肥料	尿素	84,100	窒素質	72,000	2,835	35,100	AID24,600						
		複合	180,600	燐酸質	55,000			米合作投資	67	4		65	7	13着工
				加里質	20,000			10,500						
	第5肥料	尿素	330,000	尿素質	158,100	2,100	43,900	日本商業借款	66	12		65	11	着工
	京畿化学	溶燐	50,000	燐酸質	10,000	200	450	政府弗	66	5				
	豊農肥料	〃	50,000	〃	10,000	70	980	日本商業借款	67	6				
	高麗肥料	〃	50,000	〃	10,000	60	500	外国投資	67	6				
	大交株式	硫加	30,000	加里質	15,000	130	1,200	日本商業借款	67	6				
	小計	尿素	490,200	窒素質	302,100									
		複合	261,200	燐酸質	130,800									
		溶燐	150,000	加里質	55,000									
		硫加	30,000											
拡張	忠州肥料	尿素	35,000	窒素質	16,000	100	1,500	政府投資	66	12				
	小計	窒素	35,000	窒素質	16,000									
総計		尿素	703,200	窒素質	400,100									
		複合	261,200	燐酸質	130,000									
		硬窒素	21,000	加里質	55,000									
		溶燐	150,000											
		硫加	30,000											

☆☆☆☆
（1971）
窒素質 117%
燐酸質53%
加里質34%

◇忠州肥料

◇第四肥料

◇第五肥料

◇湖南肥料

◇嶺南肥料

◇豊農肥料

◇大交株式

甲府で関東地区協議会開かる

法的地位問題が焦点

十二月四日 中央から議長ら出席

関東地区協議会（金己哲事務局長）は十二月四日、甲府市石原ホテルで開かれ、来賓として中央本部の李寧元議長、張聡明副団長、李裕天監察委員長、丁贊鎮、朴性鎮法対委副委員長、大使館からは[illegible]書記官が参席した。議題は主として法的地位待遇問題が焦点になり、これに関する[illegible]の説明があったほか、法対委朴性鎮副委員長が法対委の活動に関し報告をした。

四国地区協議会開かる

三月香川県本部会館が落成

四国地区協議会は十二月一日に高松市で開かれたが、これは四国四県地方本部三機関長ほか地元幹部ら三十七名が出席し、来賓と[illegible]

下関に韓国学院と幼稚園

樺太僑胞の送還に朗報

民主共和党の李萬燮氏

韓青第12回全国大会

全共連ビルでひらく

新活動方針を討議

長崎本部で臨時大会

団長に黄在震氏

副団長に姜錫昊、申鐘熙氏

傘下団体連席会議を召集

中央組織局で

日来長市州全と事知北全

日本の都市計画・離島関係を視察

東京都のカギを贈らる

韓国記者協会一行が来日

多忙な日程おえ八日帰国

銀座苑が華々しく開店

韓国王朝をしのばす秘苑に人気

"最後の皇后尹妃"

婦人会で僑胞慰安映画会

韓国に初のアイ・バンク

ソウル聖母病院に開設

釜山から大阪へ活魚空輸

伊藤忠が毎週二回

黄明水総務局次長が結婚

女子事務員募集

第5回アジア競技大会

孫基禎団長以下 百五十三人が参加

十二月九日 バンコクで開会

第五回アジア競技大会が十二月九日、韓国タイの首都バンコクでアジア十八カ国の健児を集めて盛大に開かれた。同大会には韓国からも百五十三人の選手団が参加、新進アジアの覇権の栄を競うことになった。

九日の開会式は、両国特有の強烈な太陽のもと武術の祭典ともいうべき色彩豊かな式典がくりひろげられた。

まず選手団の入場は大会旗について韓国が先頭を切り十八カ国代表がそれぞれ民族衣装を華かざったタイ美人の先導で整然とグランドを埋め、プミポン国王の開会宣言について、十三発の祝砲がなり響くなかでアジア大会の幕は切って落された。

この大会に参加した韓国チームは、次期大会を韓国でひらこうとする意気込みもあって士気極めて旺ん。われわれは第五回アジア大会における韓国選手団の活躍に大きく期待を寄せる。

孫団長

李方子夫人がバザー

韓国身障児救済のため

李方子夫人は韓国の身体障害児らを救済するための職業補導所建設資金づくりのため、十二月十六日新宿ステーションビルでチャリティーバザーを開き、同バザーには自ら七宝焼きなど出品したほか日本各地から善意の品が多く寄せられ盛大であった。三年まえの十一月二十一日、病身の李垠氏と共にソウル入りした夫人は、現在、ソウル首都女子師範大の生活美術科名誉教授として七宝焼きなどの手工芸を教えるかたわら、社会福祉団体「救光会」を設立し、国内にある約十二万人の心身障害児のために尽力している。

なお、方子夫人が持参した手づくりの七宝焼き（装飾品）や民芸品は約百八十点、各地から寄せられた善意の品は約□千点を超えた。

李夫人

日韓親和会創立15周年・金大使が参席して祝辞

韓国人戦犯処刑者の碑

小見山さんが全国に呼びかけ

韓日親善子供の交歓

五味氏ら使節団が韓国へ

三歳の神童

外国映画の輸入

画報同和グラフ

韓国教師エチオピアへ

愛知県本部

金周奉・鄭寅学氏に善行銅章

私財投じて社会福祉に献身

金周奉、鄭寅学両氏に対して、社団法人善行会（会長、足立正氏）から善行銅章が贈られることになり、同会の表彰によって十二月十日正午、東京本部において会長同席により授与式が行なわれた。表彰内容は次のとおり。（左）

金周奉氏と鄭寅学氏

金周奉殿

あなたは私財を投じて不遇な人々の救護につとめるなど社会福祉と環境浄化のため献身的に尽されました。よって善行銅章を贈りその行為を表彰します。

鄭寅学殿

あなたは一年余りにわたり毎日多数の不遇な人々に衣食を与え就職の斡旋をするなど社会福祉のため献身的に尽してきましたよって、善行銅章を贈りその行為を表彰します。

昭和四十一年十一月二十八日

社団法人　善行会

会長　足立　正

早稲田大学同窓会通知

我々の同窓会を左の通り開催いたします。卒業生諸氏におかれては、年末御多忙の事と存じますが必ず御参加下さい。

今般は母校校友会と連絡して卒業生の紳士録（一九六七年度版）を作成することになりました。日本に居留する会員は勿論、祖国（以北、以南）で活躍なさっておられる会員諸氏も寄付又は直接的御協力を願います。

記

一、同窓会招集の件

●時　日　一九六六年十二月十八日午後一時

●場　所　早稲田大学大隈講堂

●会　費　壱千円也

二、紳士録作成の件

三、招集幹事名

新聞を有難う

170

1967年度

賀正

韓國新聞

韓國新聞社
発行人 権 逸
編集人 金 ■ ■
東京都文京区春日町
2丁目20—15
電話 (813) 2261～5 番
(813) 0675 番
定価 1ヵ月100円
振替口座東京 54988番

綱　領

一、[illegible]
一、[illegible]
一、[illegible]
一、[illegible]
一、[illegible]

◇写真説明◇
国土統一の韓民族の悲願を秘めて「三千里江山」にそびえ立つ白頭の霊峰

海外同胞のみなさんへ

自信と勇気をもって

朴大統領 年頭の辞

太平洋時代の主役たれ

親愛なる海外同胞のみなさん！希望にみちた新年を迎えるにあたり、私は故国の全国民とともに海外同胞のみなさんに心から祝福の言葉を述べます。

多事多難の丙午の一年を顧みる時、去る一年は国内外ともに多くの成果を収めた"成功の一年"でありました。

祖国近代化、国土統一という巨大な国家的課題を遂行するため去る一年間、政府と国民が渾然一体となり汗を流し、仕事をしたことによって国家の進運を促すみごとな成果を収めることができたのであります。

内においては増産と輸出と建設に総力を傾け第一次経済開発五ヵ年計画を昨年末に成功裡に終えることによって、安定と成長の基礎の上に盤石の経済自立の道をきりひらいたのであります。国民経済が年平均八％という高い成長率を示し、昨年の輸出高が二億五千万ドルに達し六年前の三千余万ドルに比して実に八倍に増大したのであります。過去十五年という長い歳月をかけて建設することのできなかった多くの工場はここ三・四年のあいだに続々建設され工業国家としての面目を新たにしはじめております。そして、食糧増産と農村近代化のための重農政策も大きな進展を示しております。

一方、われわれはソウルで開催された各種の国際会議と国軍のベトナム増派、マニラの頂上会談とジョンソン米大統領の訪韓等を通じて太平洋時代という新たな時代の主役として、この地域の安定と平和をもたらすため能動的な貢献をしたのであります。

去る一年間は実にわが国力を外に伸ばし、国家的威信と実力を誇示し、われわれの国際的な地位を向上させ、わが国外交史上に新紀元を画した歴史的な一年でありました。このような成長と発展は政府の施策と、これに積極協力してくださった国内外同胞みなさんの血のにじむような努力と奮発のたまもので、この機会に海外同胞のみなさんの労苦に対し心から感謝の意を表するものであります。しかし、海外同胞のみなさん！われわれが遂行しなくてはならない民族課業は余りにも多くあるという今日の現実を私は指摘せざるを得ません。いまや、われわれは日一日と工業化し自立経済へと前進することによって貧困と退嬰の悪循環を果敢に清算し、民族主体勢力の基盤の上に祖国の失地を回復する新たな転換点に直面しているのであります。

われわれは、すでに築きあげられた自立の基礎の上に今年からはじめられる第二次経済開発五ヵ年計画を成功裡に完遂し、民族中興の新跳躍台を造らなければなりません。これは民族の念願である国土統一の夢が実現される祖国の希望にみちた躍進相であります。この至上課業を促進するためわれわれは国内外を問わず団結と協同、勤勉、耐乏をもってより一層奮発しなくてはなりません。今後、幾年か汗を流して仕事をすれば、われわれも立派に暮していけるのだという自信と勇気をもつならば、これがすなわち、民族中興のための強力な推進力となるのであります。

いまや、新たな経済計画の時代に火を点じ、総選挙を行なう丁未の年を迎え私は自信と勇気、そして協同と参与で一丸となって再び増産と建設のため強く前進するよう海外同胞のみなさんに訴えるものであります。そして、停滞と前近代の多眠からめざめ、豊かな社会を目指してすでに始められたこの巨大な民族史の車輪をより力強く押し、引っ張っていくことによって、民族の栄光と祖国の繁栄をもたらそうではありませんか。

終りに海外同胞のみなさんに幸い多からんことを祈念して新年のあいさつといたします。

恭頌新禧

中央本部

団長　権　逸
副団長（兼事務総長）　張聰明
副団長　金泰変
議長　李禧元
副議長　辛　熙
〃　陳点春
監察委員長　李裕天
監察委員　鄭烔和
〃　鄭泰柱
組織局長（兼事務次長）　朴太煥
〃次長　姜錫憲
〃次長　丁海竜
総務局長　崔竜基
〃次長　黄明水
文教局長　卞周浩
〃次長　姜仁煥
民生局長　申　灝
〃次長　李鍾舜
宣伝局長　金秉錫
〃次長　孫秀祺
財政局長　朴炳憲
〃次長　張道源
財政委員長　宋宇正
議決事務局長監察　孔泰琸

傘下団体

婦人会会長　呉基文
韓青委員長　金宰淑
商工会会長　許弼奭
軍人会会長　李麟基
学同委員長　梁東準
体育会会長　辛　熙

年頭の辞

友好親善さらに強化

日本国外務大臣　三木武夫

一九六七年の新年を迎えるにあたり、貴紙を通じて大韓民国の皆様に謹しんで新春の御祝詞を申しのべる機会を得ましたことは私の深く喜びとするところであります。

顧みまするに一九六六年は、日韓両国国民の宿願であった国交正常化をなしとげ、自由、平等及び互恵の原則に基づいた新しい関係の始まった最初の年として誠に意義深いものがありました。

成年期に入った民団

同胞子弟の教育と祖国近代化に積極寄与

権逸中央団長の年頭所感

永住権問題は順調

60万同胞の権益保護をさらに伸長

駐日大使　金東祚

年頭所感

中央議長　李禧元

在日同胞の権益擁護が今年の最重点施策

中央監察委員長　李裕天

祖国の近代化と民族の繁栄のために

大韓民国駐日公報館長　李星澈

永住権の申請を推進

法的地位・待遇問題の障害を除く

中央副団長　張聰明

在日僑胞の幸福を約束する民団となれ

中央常任顧問　丁贊鎮

お知らせ

中央本部は一月五日より業務を開始いたします。

新春 母国シリーズ

音楽

元来韓国の音楽は、長い間雅楽と民俗楽の二つの系統にわかれていた。雅楽が中国から韓国に輸入されたのは高麗時代だといわれている。西紀一一〇六年睿宗の頃、宋朝から大晟雅楽を輸入したのがその嚆矢である。その後李朝の世宗（一四一九）時代に楽制改革があって、それからずっと今日まで続いているということになる。雅楽のうちには唐楽と郷楽が一緒に含まれているが、孔子以来いろいろな儀礼の時に演奏される音楽を雅楽といい、唐楽ははじめ中国の俗楽と元朝時代に仏教と共に入来した霊山会相のような仏教音楽もこのなかに含まれている。また郷楽とは韓国固有の音楽である。このように雅楽、唐楽、郷楽の三種をあわせたものを一般に雅楽ということになる。雅頌の音楽は古代中国の正楽だといわれているが、今は滅びてしまって早や中国ではその姿さえ認めることが不可能になったといわれる。

（古典音楽の現代的演奏）

演劇

観光

（慶州仏国寺）

春香伝

…に瞑想した仁王像が、左右四個の四天像が浮き彫りされている。窟内には左右に四個の女菩薩、つづいて十個の仏像が彫られており、中央には本尊が安置されている。

石窟庵は、朝明けの光りが、窟内に射し込むとき、刻々に変っていく光りの色の変化、その変化が仏像の彫りに与える影光の変化とこれらが神秘に交わって作り出す変化、このようなところが見ものとされている。

慶州は、仏国寺、石窟庵が代表的な古蹟とされているが、現存する多くの寺仏、石像、瞻星台、氷庫など、そのすべてが今から千五百年前の作品であり、見る人に歴史の尊厳さを教えてくれる。

百済文化と扶余

扶余は百済文化の中心都であった。都の前面を白馬江が流れる。その昔唐の大軍に攻められ、三千名の宮女は落花岩の上から河に身を投げた。敵軍に降伏するよりも死をえらんだその様子がちょうど花が落ちるに似ていたという。後世の人々はこれを落花岩と呼ぶ。扶余は百済聖王十六年、西紀五三八年に都を定められ、義慈王二十年、西紀六六〇年に終る。都としてあること一二三年間にすぎない。けれども、扶余は百済文化の中心として多くの遺跡を残した。百済文化はこの扶余時代にもっとも円熟したからだろう。

新しい韓国

古い文化を訪ねる一方で、韓国の新しい面を見てもらいたいと願う。最近飛躍的に観光対象として大きく浮かび上って来たのが済州島である。

済州島は天然の奇岩、滝など珍しい見物ができることで有名であるが、近年済州島は観光開発に乗り出し、その成績も良好であるという。

釜山は昔から漁港と貿易港の二面をもっていた韓国で一番大きい港町であるが、いま一つ松島という海水浴場があって、レジャーの都ともなっている。釜山にはこの外に東萊温泉、海雲台温泉などの温泉地をひかえている。

蔚山は政府が特に力を入れて開発している重工業センター地域である。蔚山の重工業総合地域としての将来は明るい。見方によっては、蔚山は明日の韓国の一つの顔といえるかも知れない。

最後に、韓国へ旅行をする人々に是非立ち寄ってもらいたいところがある。それは板門店である。

韓国はいまなお厳しい共産圏との抗争の先端に立っている。自由と平和を求める世界の人々の尖兵としての立場に立って、その任務を忠実に果している。その任務がいかに厳しく、つらいものであるか、これは板門店という東西対抗の接点に一度でも足を踏み入れてもらえば、すぐにわかって頂けるかという。

結語

いずれにしても、韓国には古い文化と歴史がそのまま温存され、人々の心の中にそれは持ちつづけられている。と同時に新しいものを求める近代化への努力も怠ってはいない。

この国は日本から約一時間の時間で行けるところにある。韓国の人々は海外からの旅行者に親切であり、心からの歓迎を忘れはしない。韓国とはそういう国であり、韓国の人々はそういう人々なのである。

173

謹 賀 新 年

三進商事株式会社　代表取締役 呉 勝 會　東京都中央区銀座東八ノ十一　和楽ビル三〇三号　電話(五四三)二六六一～五

東欧商事株式会社　会長 千 三 德　専務 千 學 祥　岡山市駅前　電話(23)一七七五・九四六六

大東園　代表 有 島 正 男　名古屋市中村区西柳町一ノ四　電話(71)八 七 九 六

日東商事株式会社　代表取締役 大 城 滿 永　名古屋市熱田区　電話(81)九八〇〇

毎日交通株式会社　代表取締役 松 川 政 植　名古屋市東外堀町一ノ一　電話(71)八 七 七 一

松永食品株式会社　代表取締役 松 永 鋼 實　名古屋市北区　電話(91)一 五 〇 一

株式会社 松 屋　代表取締役 金 元 吉 雄　名古屋市北区　電話(91)四 一 四 一

松永製菓株式会社　代表取締役 松 永 守 市　名古屋市西区　電話(52)一 一 八 〇

日新観光株式会社　代表取締役 沢 村 　名古屋市堀内町四ノ六　電話(571)二 六 四 五

松岡商品株式会社　代表取締役 松 岡 喜 三 郎　名古屋市　電話(52)二 八 八 二

神奈川交通株式会社
取締役社長 洪 匀 杓
取締役副社長 全 壬 戌
専務取締役 洪 性 鵬
横浜市中区長者町2の22
TEL 横浜(68)4064.3419.7864

国際法律特許事務所
弁護士 金 判 巌
東京都中央区銀座二丁目五番地
泰田ビル五階
電話(五六七)二七八七・二七八六番

代理店及び特約販売店を引受けます
当方全国各地に販売網あり
どんな商品でも販売を引受けます
御一報次第相談致します
ホテル 新
調査 …株式会社
代表者 朴 光 緑
岡山市駅前二丁目五ノ一六
電話(三)三四二七、〇五〇〇

成功への近道　学生募集
日本経済大学校

新年会は　ぜひどうぞ
(982)4126
☆5名様～300名様まで　ご予算に応じて承ります
駅より1分
池袋温泉

出版・綜合印刷業
白泉社

韓国服地と韓国レコード
浅草 金宮商店

土木建築請負業
森本建設株式会社

韓国色豊かな古典舞踊！
新装改築 冷暖房完備
料亭 又春

東洋貿易株式会社

KAWAISHI SANGYO CO.,LTD
鉄鋼材料
建設材料
河石産業株式会社
社長 河 石 巌
本社 東京都大田区糀谷町5～1248 TEL(741)0185・0985・3322

家具センター
株式会社 松栄

お知らせ

HOTEL NEW JAPAN
AKASAKA・TOKYO
楽しいご接待の場所に
ホテル・ニュージャパン

薬品製造卸売
医薬品原料輸出入
韓国海産物輸入卸売
強精強壮剤 ガラニンサン錠 姉妹品
ガラニン酒
高麗人蔘、南米産ガラナ実配合
体力・活力・疲労回復に
甘くちで、ソフトタッチの
ガラニン酒を！
20ml
100ml
500ml
10チャンネル 水 PM11:20「第三の男」提供
文化放送 金 PM 0:20「ラジオ寄席」提供

はじめて日本に伝えられる韓国の「すべて」
韓国大観
日本語海外版

漢方医薬
南山堂薬局
尹 致 夏
東京都葛飾区亀有町5丁目66番地
TEL東京(601)1806(602)1680
振替 口座 東京77642番

焼肉高級韓国料理
＜深夜営業 午前2時まで＞
韓国大飯店
東京都渋谷区大和町35
TEL 1F 461－8019
2F 463－7602

岐阜商銀（信用組合）

福井商銀（信用組合）

滋賀商銀（信用組合）

三重商銀（信用組合）

和歌山商銀（信用組合）

宮城商銀（信用組合）

北海道商銀（信用組合）

174

長野本部で新館建築
11月27日盛大に落成式

写真上は新館、下は本部の幹部

教育問題を本格論議
僑胞学校の法的保障と教科書など

日本内の僑胞学校に関する日本政府の法的保障、並びに教科書内容の再検討問題などを中心とした一連の教育問題が本格的に論議され、今年中には画期的な展開がもたらされようとしている。

在日韓国人教育協会主催による第三回在日韓国人教育研究会および第九回在日韓国人教育者協会定期総会が、昨年十一月二十六日～二十七日に大阪の金剛学園で開かれ、同校における指定研究授業を参考とする二六、全般的な教育内容の問題、教育機関の日本内での法的資格問題などが本格的に論議されたのがそれで、僑胞子弟の教育問題は今年の一つの大きなテーマとなっている。

「法的地位」について
―韓日国交正常化後の問題点―
李　天　祥

周知のように僑胞の法的地位問題は八・一五解放以前から日本に居住するようになった僑胞らに彼らの日本定着の歴史的特殊性にてらして、日本に永住する権利を賦与し、社会的にも経済的にも安定した生活を営めるよう教育、社会保障が確保し、永住する目的で帰国する時には彼らの財産と資金を搬出、送金できるようにするのにある。

本国大学へ90名留学
十二月二十日に試験銓衡

年頭所感

預金高300億を突破
在日韓国人信用組合協会
会長　朴　漢　植

年頭辞
在日韓国人商工連合会
会長　許　弼　奭

年頭の辞
在日大韓婦人会中央本部
会長　呉　基　文

韓日閣僚懇談会
三月頃に東京で

"さかえ定期"を募集
横浜商銀が五月三十一日まで

国連　韓国を優先招請
統韓に満足すべき成果

175

アジア競技大会の聖火ソウルへ

バンコク大会 金メダル十二を獲得 ボクシング王国の面目躍如

アジア十八カ国代表の若人二千三百人がバンコク（タイ）につどい、連日三十度を越す猛暑の中で十二日間にわたり、持てる力とわざをフルに競った第五回アジア競技大会は、去る十二月二十日をもって幕を閉じた。聖火が静かなバンコクの夜空にとけこんでいったのは午後六時二十七分（日本時間午後八時二十七分）だった。戦火が飛び散っているインドシナ半島の一角で、"友情と平和"のシンボルとして日夜絶えることなく燃えつづけた聖火が消え、それは四年後（一九七〇年）ソウルに再び点火されることになったのである。

メダルは日本に次ぐ第二位 ア大会一九七〇年にはソウルで開催

十二日間に動員された観客は総計三百万人以上ともいわれ、入場式と閉会式は韓国が先頭に立って行進したことは次期アジア競技大会開催国にふさわしいものだったが、別表にみるように一位の日本に比べ金メダル獲得数ははるかに少ないとはいえ、第二位の位置を占めたことは立派であり、特に女子のバスケット、射撃、重量あげなどの成果はよく、中でもボクシングでは王国の名にふさわしく金メダル五個という圧倒的な強さを見せた。

男子バスケットは地元のタイ戦でタイ国選手の暴力行為に端を発して乱闘さわぎとなったことは残念ではあったが、このような不祥事は他にも数件があり今後の大会運営に一つの宿題として残るだろう。

なお、次期開催国である韓国からは、趙成相調査団長である安慶模氏が、終始一貫バンコク大会を視察したが、閉幕後に次のように語ってソウル大会への意欲を示した。

「ソウル大会ではもっと立派な会場を作る。丘陵をうまく使って立体感を持たせるつもりだ。われわれは東京オリンピック大会もよく見ているから、すぐれた大会の運営をしてみせる。」

いずれにしても"WE、MEET、AGAIN、TO、SEOUL"を合言葉にして別れ散ったアジアの若人たちは、四年後の一九七〇年にソウルに集まって感激の祭典を再現することになったのである。

各国別の種目別メダル数は次表のとおり。

国別成績一覧表

国名	総計 金	総計 銀	総計 銅	陸上 ①	陸上 ②	陸上 ③	水泳 ①	水泳 ②	水泳 ③	重量挙げ ①	重量挙げ ②	重量挙げ ③	ボクシング ①	ボクシング ②	ボクシング ③	レスリング ①	レスリング ②	レスリング ③	自転車 ①	自転車 ②	自転車 ③	ライフル射撃 ①	ライフル射撃 ②	ライフル射撃 ③	庭球 ①	庭球 ②	庭球 ③	卓球 ①	卓球 ②	卓球 ③	バドミントン ①	バドミントン ②	バドミントン ③	サッカー	ホッケー	バスケット	バレーボール	水球
日本	78	55	53	18	22	10	27	15	3	2	4	0	1	0	8	4	1	1	4	5	1	7	1	1	4	3	0	6	3	3	2	1	4	③1	③1		①2	①1
韓国	12	18	21	0	1	3	0	0	2	2	3	2	5	3	1	0	0	2	1	2	2	3	4	1	0	0	1	1	3	5	0	0	1			②1	③2	
タイ	12	14	11	0	0	0	0	0	3	1	0	0	3	3	1	0	0	0	6	4	1	1	3	2	0	1	2	0	0	0	1	2	2			③1		
マレーシア	7	5	6	5	3	4	0	0	0	0	0	0	0	0	2	0	0	0	0	0	0	0	0	0	0	0	0	0	0	0	2	2	0					
インド	7	3	11	5	1	5	0	0	0	0	0	0	1	1	0	0	1	5	0	0	0	0	0	0	0	0	1	0	0	0	0	0	0		①1			
イラン	6	8	17	0	2	2	0	0	0	3	0	4	0	0	4	3	5	0	0	0	2	0	0	0	0	0	2	0	0	1	0	0	0	②1			③2	
インドネシア	5	5	12	0	1	0	0	0	2	0	0	0	0	2	0	0	0	0	0	0	0	0	0	1	3	0	3	0	0	0	2	2	5					③1
台湾	5	4	10	2	2	2	0	0	0	0	0	2	0	0	0	0	0	0	0	1	1	3	0	1	0	0	0	0	1	3	0	0	1					
イスラエル	3	5	3	2	0	1	0	4	2	0	0	0	0	0	0	0	0	0	0	0	0	0	1	0	0	0	0	0	0	0	0	0	0			①1		
フィリピン	2	15	25	1	1	3	0	6	10	0	0	0	1	0	3	0	0	0	0	1	1	0	5	5	0	2	3	0	0	0	0	0	0					
パキスタン	2	4	2	1	0	0	0	0	0	0	0	0	0	2	2	1	1	0	0	0	0	0	0	0	0	0	0	0	0	0	0	0	0					
ビルマ	1	0	4	0	0	0	0	0	0	0	0	0	0	0	1	0	0	0	0	0	0	0	0	2	0	0	0	0	0	0	0	0	1	①1				
シンガポール	0	5	7	0	1	2	0	2	5	0	1	0	0	0	0	0	0	0	0	0	0	0	0	0	0	0	0	0	0	0	0	0	0					②1
南ベトナム	0	1	1	0	0	0	0	0	0	0	0	0	0	0	0	0	0	0	0	0	1	0	0	0	0	1	0	0	0	0	0	0	0					
セイロン	0	0	6	0	0	2	0	0	0	0	0	0	0	0	0	0	0	0	0	0	2	0	0	0	0	0	2	0	0	0	0	0	0					
香港	0	0	1	0	0	0	0	0	0	0	0	0	0	0	0	0	0	0	0	0	0	0	0	1	0	0	0	0	0	0	0	0	0					
計	140	140	170	34	34	34	27	27	27	8	8	8	11	11	12	8	8	8	11	11	11	14	14	14	7	7	14	7	7	12	7	7	14					

（サッカー水球は[illegible]）

（注）▽団体競技のメダルは１として計算▽ボクシング、庭球、バドミントンと卓球の個人戦は三位決定戦を行なわないため"銅"が二つずつある。したがって合計で銅が30個多い▽アフガニスタンとネパールはメダル獲得者なし。カンボジアは不参加。

新春母国シリーズ　舞踊

舞踊

韓国の舞踊は、古典舞踊の伝統舞踊も民俗舞踊と現代舞踊に大別される。しかし、これらの舞踊は決して明確な区分があるわけではない。いずれも民俗的な伝統舞踊であると［illegible］

［illegible］的な舞踊である。

もう一つは仏教寺院の大祭に行なわれる法鼓の舞がある。これは主に若い僧侶が法衣をまとい、両手にバチ（撥）をもってぐるぐると廻転しながら大鼓を打ち鳴らす踊りである。今日大衆流行している九鼓舞の原型である。同じく寺院の舞踊では、シンバル（打楽器）を両手に打ち鳴らしながら踊る仏教舞踊がある。

古代新羅は処容舞のほかに剣舞とか五伎なども有名である。処容舞は疫神を駆逐する儀式の踊りであり、剣舞は敵に対する報復の意味からはじまった舞踊である。

百済の味摩之は、中国に渡って伎楽を学び、後日百済楽を日本に伝えた最初の人であった。

処容舞は、李朝時代に毎年十二月の大晦日に厄ばらいの儀式用として、宮中で行なわれたが、今は国楽院の人々によって伝えられており、先だって日本にも国楽院の人達によって一部が上演されたことがあった。

剣舞は、男性的な昔日の面影はなく、只今は民俗化して、現代の女流舞踊家達によって舞踊化された。

剣舞、新羅の少年黄倡郎は、百済の都に入って剣舞の名人となって人気を獲得した後に、百済王の客となって剣舞を見せかけるような格好をしながら百済王の刺殺に成功したという伝説がある。

また黄倡郎というのは、新羅昌将品日の息子で、少年の頃に百済の将軍階伯から殺されたのを悲しんで、この剣舞を作ってながらく記念したという第二の伝説もある。

黄は黄少年の仮面をかぶって踊ったといわれているが、現在は仮面を用いずに、両手に剣だけをもって踊る。［illegible］

いう。しかし、この踊りは七名の舞踊手が王朝の平和をたたえる歌をうたいながらおどる舞踊である。この舞踊で特に注目されるのは、宋の楽団として伝えられる歩虚子を伴奏曲として用いているという点である。

六花隊は、高麗時代から伝えられる唐楽踊である。玉色（コバルト）、緑、紫、紅、藍、ピンクの六本の花をあらわした六人の舞踊手と花芯を象徴した三名をもって構成されている。

王母隊舞は、唐楽舞として、高麗時代に作られたもので［illegible］

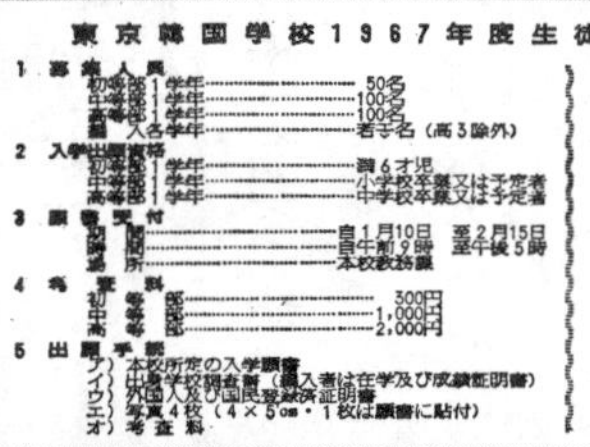

［illegible］

民団創立20周年記念大会を盛大に挙行しよう!

韓國新聞

四月三日に祝賀会

待望の本国家族招請も

前夜祭で本国芸能を披露 組織功労者を表彰

法対委が声明書を発表

法的地位協定一周年に際して

公 告

第九回定期中央委員会召集に関して

本団の規約第三章第一節第十八条により、左記のとおり第九回中央委員会を召集します。中央委員各位は、本団事業推進のため、必ず参席されるよう望みます。

一、日 時 一九六七年二月十二日〜十三日
二月十二日(日)
(1)午前九時〜十二時 分科委員会
(2)午後一時より本会議
二月十三日(月)本会議

一、場 所 東京都文京区総合庁舎別館第四会議室(4階)
東京都文京区春日一丁目十六
電話(812)七一一一〜九番 内線二五二〜三番
(都電—文京区役所前、地下鉄—後楽園下車)

一、議 題 1、法的地位待遇問題に関する件 2、規約修正に関する報告 3、当面の活動方針に関する件 4、其他

以 上

一九六七年一月十九日
在日本大韓民国居留民団中央本部
議 長 李 禧 元

朝総連系の転向目立つ

韓国籍の確認申請に積極

政府、内閣改造を断行

李外務ら4長官辞任

丁一権国務総理が外務兼任

総選挙の準備進む

共和党は二月二日までに公認決定

漁船34隻が韓国へ

対日請求資金による第一号契約

アジア太平洋時代構想

日本も具体的な検討へ

物価に六ヵ月間ストップ令

活気と安定ムードの経済展望

10万名まで派遣

ベトナム平定への参与計画

韓国肥料が始動

世界最大の単一尿素工場

韓日航空協定

一月中に東京で仮署名か

二月四日に協定調印

韓国ボーイスカウト 日本連盟

第二年度請求権合意

第三一四隊も発足 二月中旬に大阪で

六六年度の輸出目標突破の内訳

「民団二十年史」出版近し

民団創立二十周年記念行事の一環として中央宣伝局では、今、〝写真でみる民団二十年史〟の編集に取り組んでいるがすでにほぼその輪郭ができあがり近くゲラ刷りに入る段取りになった。

同二十年史は、民団創団以来の歴史を写真入りで主要な出来ごとを中心に編集し各地方組織の発展はもとより、この一冊で民団二十年の歴史が一目瞭然となる画期的なものでその主な内容を紹介すると次のとおりである。

(なお、各級組織は勿論のこと団員の中でも貴重な資料を保存している方は二月十五日までに中央本部宣伝局までに送付の上、〝二十年史〟編纂かたに積極ご協力下さるようお願いいたします)

二十年史収録目次

一、民団宣言、綱領、規約、職員規定
一、創団以来の沿革
一、歴代団長ならびに組織功労者の紹介
一、中央本部役職員の紹介
一、地方本部ならびに各支部役職員の紹介
一、一九四五年—一九六七年までの各種民団主要行事、事件ならびに発展相の紹介
一、各種統計、図表(在日同胞の分布状況、出身地別、職業別統計等)
一、駐日各公館ならびに傘下各団体、韓国系各種企業団体の紹介
一、その他各種の申請、登録の様式

中 央 宣 伝 局

177

本国論調

在日僑胞の保護対策

政府は五日、韓日文化協定締結に関連した在日僑胞子弟教育問題に言及し、教育後援会の基金確保と僑胞学校施設の補助等、民族教育を通じた僑胞の地位向上に努力する方針を明らかにした。

韓日国交が正常化されてすでに一年余がすぎたが、在日僑胞の地位がどの程度改善されたかについて今度の政府の僑胞政策は大きくわれわれの関心を引いている。

六十万といわれる在日僑胞問題は日本内の少数民族として当然、かれらの地位と生活向上を期して格別な施策が講じられなくてはならないのにもかかわらず過去は勿論今日にいたるまで確固たる対策が打ちだされず、野党の質問に対してかろうじてこの程度の答弁しかなされてこなかったということは国内事情もあろうが、誠意が不足しているとみなさざるを得ない。

政府が構想している教育後援会の基金が何時どの程度の規模で確立され、また、僑胞学校の施設補強がどの程度のものであるか分らないが、六十万僑胞が日本において主権国家の国民としての生活を営むには、この外にもまだ解決されなくてはならない基本課題が多く残されている。われわれは、この際、幾つかの問題点をあげて政府当局の格別な関心を促すものである。

最も大きな問題はやはり僑胞子弟の教育問題である。現在、僑胞子弟の教育人口は約十六万人といわれている。推算されるそのうち、八〇%以上が日本学校に就学しており残りの二〇%のうち一七%が朝総連系学校に、そして三%が民団系学校に通学しているとのことである。[illegible]

送旧迎新

[illegible]

◇前進の年

[illegible]

◇政治の浄化

[illegible]

◇清新な社会

[illegible]

◇勇気と意志

[illegible]

（ソウル新聞）

総規模一、六四三億ウォン
六七年度国家予算成立
財政投融資三七一億ウォン増し

[illegible]

予算の内容

[illegible]

経済部門

[illegible]

第二次五ヵ年計画を積極支持
対韓国際経済協議体で五億ドル借款は無難か

[illegible]

……ることではないので、今回の対韓借款は同会議において十分に論議され、三億五千万ドル〜五億ドルの借款がきわめて有望となり、第二次五ヵ年経済開発に明るい展望がもたらされた。

というのは、現在、韓国には主として米国と日本の資本が圧倒的に進出しているので、ヨーロッパ諸国がこれに対して「資本のチェック」をしている反面、韓国側としても援助を一次方程式のような[illegible]

対韓国際経済協議体とは
日本資本の進出を牽制か

[illegible]

無煙炭の輸出再開
日本への十万トンを認む

[illegible]

農機具を輸出
南ベトナムへ百万ドル分

米国の南ベトナムの安定計画に韓国政府からの農機具[illegible]計画が韓米間でまとまりつつある。このほど本国政府が明らかにしたところによれば、韓、米、南ベトナム三国間の経済協調の一環として、南ベトナム難民定着事業用としてAID資金により韓国産農機具百万ドル分を輸出するもので、近く具体的にまとまる。

ソウルで一斉に突貫工事
大小86件の工事年内に竣工

ソウル特別市は一九六七年を「突撃の年」というスローガンのもとに、正月早々から主要工事に着手した。

これは、今年度第一次八十六件の大小工事で、その内容はいずれも[illegible]建築と道路整設などである。

一月五日、関係者は始発式をおこなったあと直ちに工事に着手し、八十六件の大小工事全部を年内に竣工する予定である。

予算は百五十八億ウォンで一月五日から着手した工事はその内の約二十億ウォン分である。

1967年農政白書
新営農技術普及に行政力の動員へ

[illegible]

社告

森田大典
森下修一

右者は昭和四十一年十二月限りをもって、当新聞社広告業務の職を解きましたので、当新聞社とは何等の関係もありません。

一九六七年一月十八日

韓国新聞社

熊本県本部会館が落成
姜秀元団長を中心に団結

税金攻勢に対処
中央民生局が大使館に請願

成人おめでとう

各地で盛大に成人式
権逸中央団長らが祝辞と激励
中央でも300人が集う

上納金の完納へ
愛知、新潟など熱誠的な垂範

全国教育文化センター運営会議
成果を点検し新計画樹立へ

京都韓国中・高等学校
完成予定図

来年3月に竣工
建坪約1000坪、12学級を設置

京都韓国中・高等学校（理事長崔在鎬）では、二世子弟に対する民族教育熱のたかまりを反映して生徒7百人を収容できる新校舎の建設に着手しているが、その規模を紹介すると次のとおり。

新築される同校は、建設用地 3,350坪の敷地に3、4階建延べ坪 993坪の校舎を建てる予定で総工費1億3,500万円を計上し明1968年3月に工事完了予定で準備を進めている。

同校では建設に先きだって本国文教部長官の認可と、日本政府の学校法人認可を得、本国政府からの補助金4,800万円と旧校舎の売却処分金8,200万に団員からの建設寄付金 3,000万を合せて建設にあてる予定で中・高校12学級を設置する。なお工事費の残額 2,500万円は同校の財団基金として積みたて民族教育の地歩を固める方針であるといわれる。

大邱市西門市場で大火
店舗372焼失し損害七億ウォン
元旦　緊急救援で、朴大統領が金一封

夜間通禁再び実施

夜10時まで事務取扱い

韓日親善高校生下関入り
釜山の男女高校生12人
民泊して産業視察など

本国家族招請申請
1月30日で態勢整う

宮城の韓国学園に成果
中・高校設置へ熱意

歳末扶助金に感謝
療養所の105人からお礼

御礼

【尋ね人】

世界女子バレーボール選手権大会韓国チーム

番号	姓名	年令	勤務処	身長	体重	経歴	主要出戦大会名	備考
1	李春日	24	石油公社	165	61	9	第3、4回亜州競技大会、オリンピック予選	
2	金君子	25	〃	173	70	9	〃　〃	○
3	趙明子	23	〃	165	59	9	〃　〃	△
4	李根守	20	第一銀行	167	57	7	第1、2回亜州青少年大会、オリンピック大会、第4回亜州大会	○
5	文敬淑	20	〃	169	65	8	第1、2回亜州青少年大会、オリンピック予選及本選	○
6	柳春子	22	〃	162	57	8	第1、2回亜州青少年大会、第3、4回亜州大会、オリンピック予選及本選	△
7	洪南光	21	産業銀行	167	63	6	〃　〃	
8	崔貞淑	20	東一紡織	168	64	6	第2回亜州青少年大会、第4回亜州大会	
9	徐希淑	19	〃	168	58	5	〃　〃	○
10	黄圭玉	18	徳成女高	168	59	5	〃　〃	
11	朱文子	22	大田紡織	168	65	6		
12	許珠玉	17	〃	168	62	3	第4回亜州大会	○

※　○印は主戦メンバー　　△印は主戦セッター

世界女子バレーボール選手権大会

韓国チーム必勝を期し登場

東芝興銀などを連破

湖南肥料女子バスケットチーム

日本各地であと6試合

来日バレーチーム

洪南光　黄圭玉　朱文子　許珠玉

一、試合予定日

△一月二十四日（火）午後六時、代々木国立体育館で対三井生命
△同　二十六日（木）午後六時、体々木国立体育館で対安田生命
△同　二十七日（金）午後六時、代々木国立体育館で対勧銀
△同　二十八日（土）午後一時、大宮市で対日本選抜
△同　二十九日（日）午前十一時、大阪ゆき
△同　三十日（月）未定、大阪で対ニチボー平野
△二月一日（水）未定、京都で対日本レイヨン

二、チーム・メンバー
団長＝呉承彰（湖南肥料副社長）
監督＝張徳祚（同　副工場長）
コーチ＝李敬宰
主務＝権蘇斌
△選手
朴惟粉（主将）、姜富氏、洪性和、李恩淑、金恩夫、曺福吉、秦玉順、河秀兵、李鳳淑、李正順、金順姫。

◇西紀2000年までの人口増加予想◇

年代	韓国人口（単位＝千人）	世界人口（単位＝百万人）
1966	29,194	3,180
1970	32,750	3,480
1975	37,350	3,850
1980	42,750	4,220
1985	49,080	4,660
1990	56,290	5,140
1995	64,790	5,680
2000	72,720	6,280

※人口委員会推定　世界人口＝UN調査統計及び推定　韓国人口＝経済企画院

科学教育の振興へ

38秒ごとに一人

33年後には2倍に

韓国は満員だ

今年の正月一日午前零時現在の韓国の総人口は二千九百二十九万四千人である。……

＜道別総生産と人口分布＞

＜年齢　集団別男女人口分布図＞（67年1月1日現在）

東京ユニバシアードに備え

写真・右から李KOC委員長、…

"僑胞学生の中から優秀選手の発掘を"

KOC尹氏ら民団中央を訪問

天才児、金雄鎔ちゃん来日

1月20日教育TVで紹介

佐藤首相ともあう予定

スポーツ韓国・新年の設計

競技場、施設を大増設

選手団の強化訓練も実施

韓国の長期気象展望

例年にない順調の吉報

180

韓國新聞

韓国新聞社
発行人 権逸
編集人 金〔…〕
東京都文京区春日町2丁目20—13
電話（813）2261～5編集
（812）0673業務
定価 1ヵ月100円
振替口座東京 54988番

綱 領

一、われわれは大韓民国の国是を遵守する
一、われわれは在留同胞の権益擁護を期する
一、われわれは在留同胞の民生安定を期する
一、われわれは在留同胞の文化向上を期する
一、われわれは世界平和と国際親善を期する

大統領候補に朴正熙総裁

共和党の全党大会で満場一致指名

依他と事大を追放し 民主的な新祖国を建設

二日ソウル特別市奨忠体育館で開かれた民主共和党の第四次全党大会で、五月に行なわれる六代大統領選挙に現大統領の朴正熙総裁を候補者に指名し、選挙公約、宣言文などを採択して文字通り韓国政党史上はじめてみる大会をもった。

朴正熙総裁

この日午前十時、代議員二千七百九十六名のうち二千六百九十八名が参席し、参観党員四千五百八十一名ほか来賓など約八千余名が会場にあふれた中で、金礼鎔（議長）張尚郁、沈昌奐（副議長）氏ら臨時議長団の司会によって大会が進行し、吉在号事務総長の一般党務報告、金鍾鎮中央委員会議長の中央委員会活動報告、白南檍政策委員会議長の政策委員会報告が続いたあと、金鍾泌党議長が大統領候補推薦の演説を行ない、「燃える信念と深い知恵によってわが国民を領導する偉大なる指導者、その人こそが先頭に立ってわれわれを導き得る唯一の人である。

私はここに一九六七年二月一日に開かれた党務会議の決議をへて、朴正熙総裁を次期大統領候補に指名することを党員同志みなさんの前に提議するとともに、総裁は全国民の熱望とわが百五十万党員の〔…〕

〔…〕列の力強い領導者となって下さる〔…〕

〔…〕共和党の宣言文と朴総裁の指名受諾演説内容は次のとおりである。

宣 言 文

われわれはきょう大統領候補の指名第四年次全党大会において、祖国の前途に希望を与え全国民の道案内者となってきた朴正熙総裁を、満場一致によって民主共和党の大統領候補として選出した。

「われわれも豊かに暮らせる」のだという民族的自信を得たわれわれは、祖国近代化と民族中興の旗手として立った朴正熙総裁のみがわれわれが流した汗に報いをもたらし、新しい歴史を創造出来ると信じている。

第一次経済開発五ヵ年計画の成功的な成果は、われわれに自立の基盤と勇気を与え、民主的秩序のもとになされている静かな前進は社会的な混乱の中にあえいでいたこの国に新しい希望を抱かせ、政治風土改善を指向するわれわれの誠実な努力は明るい光りとなって政局を照らしている。

新しい「アジア・太平洋時代」の主役として登場したわれわれは歴史創造の主体として「アジア・太平洋地域」に新たな方向と秩序を与える案内役となったのみならず、対自由ベトナムの派兵、人力進出などでいまや「他を助ける国」に成長し、われわれの国際的地位は画期的に向上された。

わが民主共和党は信念と意志に〔…〕

〔…〕

一、われわれは民主と自由の〔…〕が経済的自立にあることを〔…〕し、われわれの知恵と力を〔…〕栄させて繁栄した祖国に〔…〕第二次五ヵ年計画を強力に〔…〕する。

一、われわれは新しい歴史創〔…〕主体的地位をより強固にし〔…〕ジア、太平洋共同社会」の〔…〕と繁栄に貢献するわれわれ〔…〕力を継続する。

朴正熙総裁の大統領候補指名受諾演説

党員同志のみなさん！

この国から永遠に貧困を追放し幸福で繁栄した新しい民族史をつくろうというのは、四年前に民主共和党を結成するときにおいてわれわれが互いに固く誓いあった〔…〕条であります。

依他と事大を追放し、自主、自立、民主的な新しい祖国を創建することがわが党の創党理念であります。

われわれはこれを民族の中興と規定し、そのための作業を祖国近代化作業とよんでおります。

さる四年間、この近代化作業のために払われたわれわれの努力の前には幾多の難関と試練が重なり、執拗な抵抗がわれわれの前途をはばみました。

しかし、われわれは〔…〕

〔…〕

朝総連の最近の動向

対韓侵透工作を企図

対南工作要綱

〔…〕

朝総連内部の派閥抗争激化

〔…〕

永住申請者二〇、七四九人

1月15日現在、許可数一三、二二九人

〔…〕

韓日貿易一年間の実績

〔…〕

ソウル—釜山間に空路が開通

〔…〕

全国組織部長会議開く

傘下団体 機関長連席会議も同時に

〔…〕

6.25動乱時の在日学徒義勇兵に防衛褒章授与

国防部で第1次135人に

〔…〕

海外援護外国銀行は七二九行

〔…〕

第二次会談は五月に東京で

韓日海運協定

〔…〕

一級手当て百万ウォン

政府、帰順援護法を改正

〔…〕

創団以来の旧債ほぼ清算さる

〔…〕

韓国が一等に入選

〔…〕

外換銀行が店開き

〔…〕

181

朴大統領は、国会議員を前に一九六七年度年頭教書を発表、同教書のなかで、第一次五ヵ年計画は韓国近代化への始発点で今年から始まる第二次五ヵ年計画の達成で韓国を工業立国としてその[illegible]的地位をたかめ、農業生産の増大と工業製品の大量輸出によって国力を高まし、民主力量の培養によって北韓のそれを凌駕するとき、国土の統一を成就すると述べ、今年を「前進の年」と名づけて国民が勤勉と倹約、貯蓄を行動綱領として一層奮励するよう訴えた。

朴大統領の年頭教書

尊敬する国会議長、国会議員ならびに国民のみなさん!!

一九六七年の新年を迎え私はまず議員のみなさんと国内外同胞にお[illegible]

第二次五ヵ年計画

経済

輸出産業

農業

社会・文化・教育

国防・外交

国土開発

選挙・政治

国土統一

結語

政府要路に要望書提出
法対委代表本国から帰る

在日韓国人の法的地位および待遇問題に関し、さる一月二十八日に法対委丁賛鎮副委員長と同申灝事務局長の代表二人が本国に渡り、政府関係要路に対し別項のような要望事項を提出するとともに目下日本において推進されている永住権申請をめぐる諸問題点につき、具体的な説明をして一月五日に帰日した。法対委が提出した要望事項の内容は次のとおり。

本国政府に対する要望事項
在日韓国人の法的地位及び待遇問題に関して

在日本大韓民国居留民団
法的地位待遇対策委員会

在日韓国人の法的地位及び待遇問題に関する要望事項

一九六六年一月十七日の在日韓国人法的地位協定発効にともない協定永住権と一般永住をそれぞれ申請することになり、現在推進中にあるが、この申請推進の過程と……

(3) 家族の中に戦後入国者がいるために、この問題を完全に解決するまで自分の申請を保留している者がいること。

(4) 本人の姓名、本籍地、生年月日等が外国人登録証と違う関係で不安感を持つ者がいること。

(5) 協定永住権を取得すること……

三多摩本部の成人式
30名の若人に祝福と激励

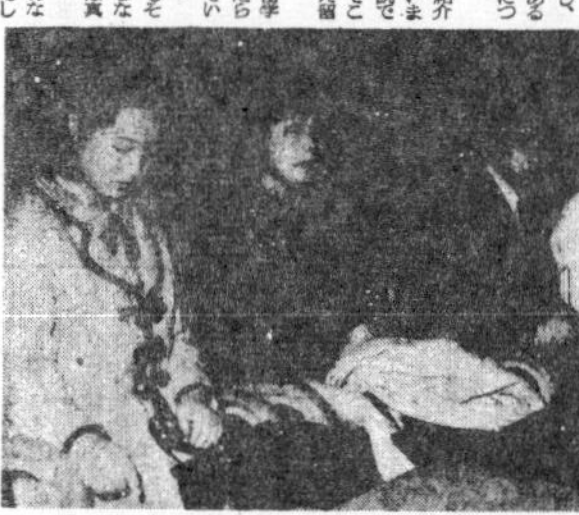

本国への留学生を囲んで
中央文教局主催 座談会

出席者

……(延世大入学予定)
……(ソウル大在学中)
(以上、本国留学中の学生)

文 ……子 (上野学園高校卒)
河 ……秀 (日大高校卒)
李 ……久 (鶴丘高校卒)
崔 ……文 (東大在学中)
金 ……子 (神田女子学園卒)
趙 ……子 (東洋大卒)
(以上、今年度留学志望者)
◇司会・……(中央文教局長)

国立大の授業料 (年間)
三一、六〇〇ウオン (文科)
三七、二〇〇ウオン (理科)
(この外に入学金四、八〇〇ウオン)

韓日両国の橋渡し役に
本国建設のために全力をつくす
留学生の使命の重大さ感じる

韓日間で結成調印
在日韓国人ボーイスカウト隊

宋基復氏除名さる

奨学会問題での利敵行為に断

宋基復氏（四五才、財団法人朝鮮奨学会理事評議員、新宿ビルディング株式会社重役、新世界新聞社代表取締役、目黒区下目黒四ノ八四八）は、このほど一九六六年十二月二十七日付をもって民団規約第六十六条運用規定第一条第一項及び第二項（大韓民国の国是に違反し、外部と謀って民団の組織を破壊する目的をもって行動した）に該当する過誤を犯したものとして除名された。

これにつき、李裕天民団中央監察委員長は一月二十七日午前十一時に民団中央会議室において記者会見を行ない、別項の「除名処分公告文」を発表した。なお、このほか宋基復氏に対する「除名処分通達に関する件」ならびに朝鮮奨学会対策実行委員会による「除名に関する提訴文」などは次のとおりである。

除名処分公告文

一九六七年一月二十七日

韓居中監発第四十三号

受信、宋　基復

題目、除名処分通達に関する件

標記の件貴下は下記事項の如く本団規約第六十六条運用規定第一条一項二項に該当する過誤を犯していることが判明されたので規約第六十六条但項に依る手続をふみ本委員会は一九六六年十二月二十七日付をもって貴下を本団全組織から除名に処したことを通達すると同時に、貴下が持つ大韓民国々民としての一切の公的行動を封鎖するものである。

記

氏　名　宋　基　復

本　籍　大韓民国慶尚南道両梁郡三東面龍隣里

住　所　日本国東京都目黒区下目黒四丁目八四八番地

職　業　新世界新聞社代表取締役　財団法人朝鮮奨学会理事評議員、新宿ビルディング株式会社重役

旅券番号　KJ二六〇番

国民登録　東京一五八六六番

除名理由

貴下は一九五六年十二月、本団中央団長であった丁賛鎮名儀により財団法人朝鮮奨学会の仮理事として推薦されたのを契機に、翌年七月には本理事に選任され正式に同会の理事職に就任した当初から今日に至るまでの約十年間、本団の綱領と規約を無視して「財団法人朝鮮奨学会理事は日本国民法の保障を受ける」ということを奇貨として本団の方針に終始一貫協力しなかったのみならず、わが陣営の権益を代表する同会の理事として厳然たる大韓民国の財産であることを知悉のうえ、同財産が敵側に不法にも詐取されることにおいても袖手傍観し、更には敵側と共謀して本団に対し重大な損失を与えたほか、政府と本団の同財産運収活動に対しても陰に陽に妨害してきた事実は本団々員としての言行と認められないため、本委員会は貴下を本団から除名に処するものである。

以上

中央監察委員長　李　裕　天

除名処分通達に関する件

一九六七年一月二十七日　大韓民国居留民団中央監察委員会　委員長　李　裕　天

記

一、除名処分者

姓　名　宋　基復

生年月日　一九二一年十二月十五日

本　籍　大韓民国慶尚南道両梁郡三東面龍隣里

住　所　東京都目黒区下目黒四丁目八四八番地

職　業　新世界新聞社代表取締役・財団法人、朝鮮奨学会理事評議員　新宿ビルディング株式会社重役

旅　券　KJ二六〇番

国民登録　東京一五八六六番

二、本団規約に該当する条項

上記者は下記事項の如く本団規約第六十六条運用規定第一条第一項第二項に該当する誤りを犯していることが本委員会の査察結果により判明し規約第六十六条但項による手続をふみ一九六六年十二月二十七日付をもって上記人を本団より除名処分とすることに決定をみたのでここに公告する。

三、除名理由

上記人は一九五六年十二月、本団中央団長であった丁賛鎮氏名義により、本団が血みどろの闘争をしたすえ獲得した財団法人朝鮮奨学会の仮理事に推薦されたのを契機として、翌年には朝総連側理事との野合により本理事となった。

上記人はこの理事職に就任して以来今日に至るまでの約十年間、推薦母体たる本団の権利を無視し、終始一貫して本団の方針に非協力的であったほか、民族愛と愛国心により民族の権利と道義を守らせねばならないのにもかかわらず本団の自律性を否認し、「財団法人朝鮮奨学会の理事は日本国民法の保障を受けている」などという敵が好む…

宋基復除名に関する提訴文

朝鮮奨学会対策実行委員会

一九五六年十二月に朝鮮奨学会の仮理事として民団中央団長、丁賛鎮氏の推薦を受け、一九五七年七月、日本国文部省の認可により民団側の権益を代表する朝鮮奨学会の理事として正式に就任して以来約十年間、宋基復理事が自分個人の利益のみを追うことによってわが方の一切の権益を北韓カイライ集団とその走狗である朝総連に引渡している事実を次のとおり…

八戦して六勝二敗

湖南肥料　女子バスケットチーム　六日帰国

記者団に除名処分を発表する李監察委員長（右）

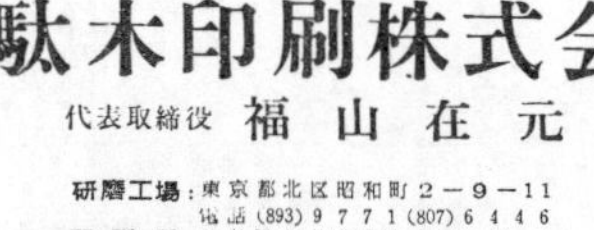

韓國新聞

韓国新聞社
発行人 権逸
編集人 [illegible]
東京都文京区春日町
2丁目20−13
電話 (813) 2261〜5 編集
(812) 0673 業務
定価 1ヵ月100円
振替口座東京 34988番

綱領

一、われわれは大韓民国の国是を遵守する
一、われわれは在留同胞の権益擁護を期する
一、われわれは在留同胞の民生安定を期する
一、われわれは在留同胞の文化向上を期する
一、われわれは世界平和と国際親善を期する

第48回 3・1節記念大会盛大に挙行

日比谷に四千人参集

大会決議、大統領宛メッセージなど採択

防衛褒章受勲者も紹介

民団関東地区協議会主催による第四八回三・一節中央記念大会は[illegible]都内・日比谷公会堂に四千の同胞が参加して盛大に開かれた。金東祚駐日大使を来賓に[illegible]

[illegible]

主義の苛酷な弾圧に身をもって抗争したものである。この三・一精神は、現在のわれわれの永住権確立運動において受け継がれなくてはならない。われわれの同胞が不本意ながら日本に移住し、一万人以上が不幸にも死んでいった。これらの霊はその死の代価でわれわれがこの地で幸福な生活を営めるよう願っているであろう。この日にあたりわれわれの正当な権利確保のため立ちあがらなくてはならない」と述べ、また、朴根世氏は

"私は在日同胞が三・一精神を奉じて如何に生きるべきかについてみなさんとともに考えてみようと思います。

まず第一に、三・一精神を奉じて生きるわれわれの姿、われわれの子孫を含めての未来像はどうあるべきでしょうか? それは、われわれが日本に永住はするが、民族教育および国際人としての必要な教育を受けてあくまでも韓国人としての栄誉と主体性を堅持して大韓民国国民として立派に生きていくところにあると思います。

われわれは、民族の悠久な大流大義のなかで生きるところにのみ真の生の意義があり、独立宣言書に示されている自我の発展があり、また、真の幸福があると信じます。私は独立宣言書の一節にある「此にて子孫万代につげ、民族自存の正権を永有せしめるものである」を今一度、心に深く刻み込みながらわれわれは、たとえ、異国の風雪が激しく、辛くとも、われわれの世代および子孫がこの日本の地で立派に生きていけるよう努力するとともに父祖の霊に誓うべきであると思います。

第二に「われわれは如何にすべきになろう」ということです。一九〇五年の乙巳保護条約以後、日本の侵略に対する根強い抵抗運動、独立運動が続けられましたが、なかでも三・一独立運動は、その最たるもので、この独立運動によって上海に臨時政府が樹立され、今日の大韓民国の土台をつくったのであります。この独立運動の最も大きな意義は全国民がこれに呼応し、国内外の同胞が参加したところにあります。当時、全国二一八の郡のうち二一一郡が参加し、参加人員は実に百二十六万余にのぼり六千六百七十人が尊い犠牲となり、一万六千余人が負傷し、投獄された人五万二千七百余人に達したのであります。

民族運動においては参加する者即ち、愛国者なのであります。

独立宣言書公約三章のはじめに「今日吾人の此の挙は、正義人道生存尊栄のための民族的要求である」とありますが、わが居留民団は文字通り「正義人道生存尊栄のための民族的要求」のためのもので民団の発展なくしては在留同胞の諸問題の解決はできないのであります。民団は今や二十周年を迎えるにいたりましたが、公約三章の「最後の一人まで、最後の一刻まで民族の正当な意思を快く発表せよ」「一切の行動は最も秩序を尊重し、吾人の主張と態度をしてあくまでも公明正大ならしめよ」[illegible]

と三・一独立宣言文を引用して[illegible]参加者から万雷の拍手を受けた。

このあと、大会決議文が[illegible]によって読みあげられ、また朴大統領に送るメッセージが[illegible]

朴大統領に送るメッセージ

尊敬する大統領閣下!

きょう、われわれ在日僑胞関東地区代表四千名は、わが民族の独立闘争史において永久不滅の金字塔をうちたてた己未独立運動記念第四十八回三・一節を迎え、愛国先烈たちの崇高な精神を想起し、その火と燃えた民族精神の遺産を心新たに胸にきざむことにより、ここ東京の日比谷公会堂に参集して、愛国先烈たちを追悼すると同時に、わが祖国の繁栄に献身するという固い誓いのもと厳粛な記念民衆大会を盛大に開催し、この大会の名により大統領閣下にメッセージを送ることを無限の光栄とするものであります。

尊敬する大統領閣下!

われわれ在日僑胞は大統領閣下の賢明果断な領導のもとに、依他と事大を捨て自主、自立、民主的[illegible]

[illegible]

決議文

今日われわれは、四十八年前われわれの愛国先烈たちが祖国の独立と自由を奪取するため軍国主義日本に対し、挙族的抗争により決起し歴史に輝やく三・一独立運動第四十八周年記念日を迎えた。

この意義深い日を迎えるに際して、われわれ在日同胞関東地区代表四千名は、ここ東京日比谷公会堂に参集し、わが先烈たちの愛国愛族の聖なる三・一精神を継承しつつ次のとおり決議する。

一、われわれ在日六十万同胞は先烈の高貴な三・一精神を継承し、祖国の統一と三千万民族繁栄のために献身する。

一、われわれは自由民主主義の旗じるしのもとに、祖国の経済自立と近代化のために前進しているすべての本国同胞と歩調を合わせて努力することを誓う。

一、われわれは新たな時点から韓日友好交流を促進させ、自由陣営の紐帯を強化することにより新しい歴史の創造に寄与することを確認する。

一、われわれは日本の地において六十万同胞の生活安定を期し、この地において法的地位及び待遇問題を早急に解決するよう両国間に共同委員会を設置することを強力に主張するものであり、われわれ自らの力によってこれの実現を期する。

一、われわれは韓日両国の繁栄と紐帯強化に反対し、あらゆる妨害工作をほしいままにしている朝総連の策動を封鎖し、未だその虚偽宣伝に幻惑されている同胞たちを救出することに全力を尽す。

一、われわれは自由友邦の結束のもと反共思想を峯固にし、世界の平和と自由のため共産侵略を退けることを決議する。

一九六七年三月一日

在日本大韓民国居留民団
第四十八回三・一節記念
中央民衆大会

第九回定期 中央委員会開く

二月十二・三日 文京総合庁舎で

第九回定期中央委員会が二月十二、三の両日、都内・文京区総合庁舎四階会議室でひらかれ、当面の諸問題を討議し、第三十一回定期大会で委託された民団規約修正案を可決採択し、組織強化のための事務体系、組織体系の確立に関する決議、法的地位問題の解決をはかるため韓日両国政府間に同問題に関する共同委員会の設置を要請する決議を行ないそして法対委[illegible]化するため駐日大使館、中央執行部、法対委の三者が協議して今後の運動方針を決めることなどを決定した。

同委員会第一日は、近来にない大雪のため出足があやぶまれたが法的地位問題などの重要案件もあって一〇二人の中央委員(定員一三〇人)が参席、午後一時から会議がはじめられた。国民儀礼のあと、李裕天中央議長はあいさつの中で"国際情勢は共産陣営の内部分裂でわれわれに有利に展開している。われわれ自身の姿勢の確立と今後に対する正確な情勢把握が急務である。[illegible]

[illegible]

第9回中央委員会決定事項

[illegible]

権逸団長の記念辞

[illegible]

権逸団長あいさつ

[illegible]

中央本部人事発令

[illegible]

お知らせ

[illegible]

民団創立二十周年記念大会実行委員会

【名誉顧問】

金東祚駐日大使

【顧問】

安光鎬公使、李相翊公使、閔忠植公使、李星澈公報館長、丁賛鎮、朴玄、金載華、金光男、鄭寅錫、曺寧柱、呉宇泳、朴春琴、朴龍九、徐甲虎、辛格浩、安在祜、

【実行委員長】

権逸

【実行副委員長】

若干名

【実行委員】

[illegible]

民団中央 当面の活動方針を発表

20周年迎え躍進へ

組織の老化防ぎ幹部訓練

組織局

一、創団二十周年及び韓日修交記念事業の実施

本団が創立されて以来二十年の歳月が経過したことは、わが民団組織の確固不動な伝統と歴史がいかに誇るべきものであるかを物語っている。

本団が一九四六年十月三日、終戦後の混乱期に創団され幾多の苦難と逆境に勝ち、しかも敵対陣営である朝総連のあらゆる謀略と欺瞞的な悪宣伝をしりぞけ、反共の固い信念のもとに闘争につぐ闘争を重ねて今日のような日本全国都道府県の地方本部をはじめ、支部分団に至るまでの確固たる組織体系を確立し、各種傘下団体を擁くようになった。これと併せて、本団組織を基盤に本国の再建事業に対し陰に陽に寄与してきたがその成果は大きいと言わねばならず、特に多年間の念願であった韓日会談の締結で両国間の国交が正常化され、在日同胞の法的地位と権益を確保するための事業が進められている。

創団以来二十年、今や成年となり、在日韓国人の唯一の組織体として厳然たる歴史と伝統を持つようになって自負と権威を守りすでに数十万の団員を擁している本団の記念事業の意義は、民団が歩んできた長い歴史を評価すると同時に今後を約束する"誇るべき門"である。

このような意味において、第八……

当日は一般団務を休み……本国家族招請事業においては現在一、〇〇〇名の申請者があり、それによる手続を中央民生局で進めている。

二、八月に開催されるユニバーシアードに関して

来る八月に東京で開催されて第五回ユニバーシアード（世界大学生競技大会）は、主催国たる日本からすでに九十七ヵ国に対して招請状が発給されているが、これにはわが国をはじめ五十余ヵ国の選手約三千余人が参加するという通知があり、本国でも百五十名以上の大規模な選手団を派遣する予定で準備中であるが、特に在日僑胞学生の中から優秀な選手は本国選手と同様に参加させる予定である。

ここで注目される点は、本大会に対して北傀側は約三百人を参加させる予定となっており、朝総連がこれに対する対策を講究していることからしても、本団としては本大会に対する準備に万全を期するものであり、国威と団勢を高く宣揚することにつとめるものである。

記

❶歓迎及び応援態勢、❷在日僑胞学生選手の選抜、❸在日僑胞学生選手の推薦、❹在日僑胞学生選手の合宿訓練、❺一般動員、❻行事経費の調達、❼敵対陣営選手団に対する宣伝と啓蒙、❽韓国選手団の身辺保護などについて対策をたてる。

〈訓練コース〉

❶幹部候補訓練（一般教養、民族意識）❷中堅幹部訓練（専門教育、実務知識）❸指導幹部訓練（管理教育）

〈訓練コース〉

❶組織系訓練、❷事務系訓練、❸経済系訓練の各コース

〈訓練機構〉

❶地方講習会（幹部候補生訓練）❷地協講習会（中堅幹部一般訓練）❸中央講習会（中央組織学院＝幹部候補訓練、中堅幹部特別訓練、指導幹部訓練）

〈訓練方針〉

幹部訓練は緊急な現役中堅幹部の再訓練を除外しては、人材養成という難しい側面もあるので、長期的な展望から一定な計画をたててこそはじめてその成果が期待されるものであり、特に全国的な規模で推進すべきものであるため、これに関する専門機関を設置するのが妥当である。

❶幹部訓練対策委員会（中央委員の委嘱によって設置する）……

文教局

二世の教育に本腰

資金援助を全僑胞に仰ぐ

われわれをめぐる諸般の情勢は甚だ深刻なものがある。過去数十年の間、自尊と他尊であると本国わず母国から除外され、日本という特殊な社会環境の中に生き、更に今後もそれが継続される運命におかれているが不可避的事情である。

民族意識と主体性確立という大きな課題が附与されている今日、われわれは反省と覚悟を新たにせねばならないであろう。

周知のとおり、われわれの過去はすべて不幸で屈辱的であったがために、自分以外のものを頼らない習性が身につき、新たな民族性に目ざませる二世の民族教育に関し……

[illegible]

修正された規約箇条

[illegible]

民生局

一、税金対策

納税貯蓄組合を組織

不当な税金攻勢に対処

[illegible]

事務体系確立に関する決議文

[illegible]

組織体系確立に関する決議文

[illegible]

186

防衛褒章の伝達式を挙行

一三四人に表彰証など
金大使　一人一人に手渡す

民戦の六・二五動乱時、祖国防衛戦に日本から参戦した学徒義勇兵に対する"防衛褒章"の伝達式が二月一日午後一時から駐日大使館で挙行された。

同伝達式には、日本各地に住む在日大韓在郷軍人会会員約四〇人が参加し、金東祚駐日大使が一人一人に表彰証とメダルを授与した。

金大使はあいさつのなかで"祖国防衛に示された熱誠を民団組織の発展に役立て在日六〇万同胞がこの地で安定生活が営めるようにしてもらいたい"と述べた。

なお伝達式のあと、全参加者は三・一節記念中央民衆大会の行なわれている日比谷公会堂で金光男中央顧問によって紹介され、賞賛の拍手を受け、午後四時半から民団主催の祝賀パーティ（ホテルニュージャパン）に参加した。

今度の受賞者一三四人の名簿はつぎのとおり。

李進周　鄭忠模　朴君七　洪正官　洪景学　白中元　辛啓善　柳烈　姜信洪　崔松淳　尹鉉漢　安文官　裵七省　呉貫成　張三逢　高玉鎮　丁今順　文貞模　金教徳　金忠一　金綱植　金炳錫　金星権　金富仁　金正大　李湖根　李昌根　李鍾俊　洪起成　孔泰培　徐永浩　徐点模　李鍾珠　李明根　李宋植　李道述　李根世　李振雨　梁元圭　曹仁石　曹龍世　鄭俊文　鄭元朝　朴炎哲　朴進植　朴尚夏　朴忠夏　朴英変　朴正守　朴致錫　朴道学　白南彪　徐奎錦　林永賛　林廣沢　朴晟凤　鄭永根　崔翊台　……

写真上は受勲者の顔ぶれ右は表彰証、左は武功メダル

写真上は祝賀パーティ（ホテルニュージャパン）下は表彰証を授与する金大使

「国民健保」適用さる
協定永住許可の韓国人に

協定永住許可は韓国人に対する待遇措置の一環として、さる一月二十一日付をもって改正公布された日本厚生省令により、一九六七年四月一日から日本の国民健康保険が適用されることになった。

これについてはすでに駐日館①七五－七六六の公輸で知らされているとおり、中央民生局からも全国各地方本部に通知したが、中央民生局ではなお次のように重ねて要望している。

すなわち、協定永住許可を受けた人は日本国民健康保険法により"被保険者"として適用されるので、明項の日本厚生省令施行により、各都道府県の各市町村では該当条令の制定または改廃にかかわらず、永住が許可された人（個人単位）は必要な届出をして被保険証を受けること。

つまり一九六七年四月一日以前に永住許可を受けた人は、四月十日以内に該当世帯主が必要な届出（形式、用紙は各役所にあり）をし、四月一日以後の永住許可者は永住許可証交付時に届出をすること。

（参考）

日本国政府の通達文は次のとおり。

保発第二号
昭和四十二年一月二十一日
都道府県知事殿
厚生省保険局長

中央指示の再確認を
本国家族招請で注意喚起

民団創立二十周年記念事業の一つとして取扱われている本国家族招請は、目下、中央民生局を中心として積極推進されているが、これに関して一部の地方では中央の指示を確認せず単独行動を取るなどの事態がおきており、これについて注意を喚起させるため二月二十一日付公文で再指示したが、事業に統制を加え支障を来たさないため更に次のように要望している。

本国家族招請にともなう旅行方法は、すでにその実施要領で指示したとおり、すべては中央本部責任のもとに計画輸送がなされるので、地方本部で航空券を購入したりするなどの一切の単独行動を慎むこと。これに違反した場合は中央で責任を負わない。ことに特に留意すること、および招請に必要な諸般の経費に関し、一括して中央の指定銀行へ早急に送金することを要望している。

全国各地で三・一式典
京都では千人参集し盛大に

正しく力強く
韓青が冬期講習会開く

団長に朴俊学氏
高知地方本部で人事異動

五ヵ年計画で観光開発
釜山、江原、全南、済州など

総人口　2920万7千人
慶北が第1位で448万人

映写会案内

駐日公報館では三月中に、次のとおり映写会を開き、多くの人が観賞するよう推めている。

記

一、場所　駐日公報館映写室（千代田区ホテル・ニューシャパン、電話（五八一）五五二一（代表））

一、映画名
（1）劇映画「帰らざる海兵」
（2）記録映画「海辺の人達」
（3）最新大韓ニュース

安公使夫人に人気
フジテレビの"アジアの装い"

尋ね人

"韓国画報"を活用しよう

187

韓国のベトナムの参戦と活動

韓国軍ベトナム派遣の経緯

1、韓国軍ベトナム派遣の経緯

一九六四年七月十四日当時ベトナム首相兼革命委員会議長であったグエン・カン将軍から丁一権韓国国務総理に対し共産侵略に対抗するベトナムのために韓国政府の支援を要請する書簡を送って来た。

これに従い韓国政府は百三十名からなる移動外科病院と十名からなる跆拳道教官をベトナムへ派遣し、医務団はブンタウで、跆拳道教官団は三個グループに分れベトナム各地で活動をはじめた。

ベトナム政府からは更に六五年一月、韓国非戦闘支援部隊の増派を要請してきた。韓国政府は同増派要請を一月八日の国務会議で承諾することを議決し、一月［illegible］日付で国会に対しその認准を要請した。

一月二十六日国会第七次本会議ではベトナム共和国を支援するための韓国軍部隊の海外追加派遣に関する同意案を無記名秘密投票に付した結果、在席百二十五名中、賛成百六、反対十一、棄権八票で可決通過させた。

これに従い宣又煥准将を団長とする韓国支援部隊（一個陸軍工兵大隊、一個海兵工兵中隊、一個警備大隊、一個輸送中隊合計約二千名）は、三月十六日サイゴンに到着し勤務地であるサイゴン北方のジアンに駐屯した。

ベトナム政府は六五年五月五日ふたたび韓国政府に対し戦闘部隊の増派を要請してきた。これに従い青竜部隊（海兵戦闘旅団）と猛虎部隊の結団式が挙行され、一方国務会議では九月二十日「駐ベトナム韓国軍司令部設置令」を議決［illegible］

［illegible］て韓米高位会談では、❶韓国軍の装備現代化❷三個予備師団の戦闘師団化❸軍援移管の中断、❹駐ベトナム韓国軍の処遇改善が確認されて、韓国軍一個連隊と一個師団の増派を内定した。六六年二月二十八日の国務会議では❶猛虎部隊補充のための一個連隊の戦闘部隊と❷増援された一個戦闘師団及び❸これを支援するために必要な支援部隊をベトナムへ増派することを議決し、即日、その同意案を国会に提出した。韓国軍増派問題を取り巻いて一時、与野党間に相当な論難があったが、三月十九日国会本会議では「ベトナム支援のための韓国軍部隊増派に関する同意案」を表決し、二十日これを可決した。

［illegible］

韓国軍の軍事活動とその成果

［illegible］

駐ベトナム韓国軍配置図

戦果　66.10.18現在

区分	猛虎	白馬	青竜	はと	其他	合計
射殺（確）	3,584	10	1,112	47	5	4,758
射殺（推）	1,138		108		6	1,252
捕虜	1,292		133	6		1,431
容疑者（逮捕）	3,515		1,516	56		5,087
帰順	57	1	140			198
計	9,586	11	3,009	109		12,715
アジト破壊	2,483		357			2,840
舟艦破壊	175		157			332
弾薬庫破壊	3					3
鹵獲品 個人火器	7[illegible]3	7	147	13		
鹵獲品 共用火器	63		4			
鹵獲品 実弾	101,691	549	11,663	413		
鹵獲品 砲弾	557		38	1		
鹵獲品 地雷	41		31	5		
鹵獲品 手榴弾	1,608	3	286	55		
鹵獲品 其他	421		504	7		

韓国軍の与えた園芸をたのしむベトナム人

韓国軍の対民支援活動

［illegible］

救護品別	はと	猛虎	青竜
米	69,445Kg	247,698Kg	55,150Kg
小麦	43,650Kg	73,960Kg	
（小麦粉では）	（970包）	（1,644包）	
衣類	—	—	5,626点
農器具、学用品、食器、其他	1,300点	24,409点	33,705点
養豚飼料	8,378ﾄﾝ		

5、農事援助と住民保護

6、跆拳道教育

7、其の他

現地人の避難を助ける韓国軍

韓国のベトナムに対する政策

［illegible］

駐ベトナム韓国軍対民事業実績（66.7.31現在）

	支援事項	単位	司令部	猛虎	青竜	はと	計
行事	竣工式	回	—	12	9	13	39
行事	敬老会	〃	—	11	4	—	15
行事	姉妹結縁	〃	—	8	1	5	14
行事	運動競技	〃	—	6	7	2	15
救護活動	食糧	Kg	—	716,807	130,467	172,128	1,019,402
救護活動	衣類	点	—	624	6,881	10,924	18,429
救護活動	食油	ガロン	—	5,644	2,990	2,965	11,599
救護活動	養豚飼料	ドラム	—	—	—	14,233	14,233
救護活動	給食	名	—	25,386	—	—	25,386
救護活動	援護事業	回	19	406	203	116	744
医療	患者治療	名	1,175	68,338	30,226	74,722	174,461
医療	入院患者	〃	—	—	1	811	812
建設及び補修	道路	Km	—	3.5	80.5	43.5	127.5
建設及び補修	橋梁	個	—	1	5	9	15
建設及び補修	教室	棟	—	4	1	20	25
建設及び補修	診療所	〃	—	1	3	5	9
建設及び補修	其他公共事業	個所	—	39	30	8[illegible]	77

188

韓國新聞

韓国新聞社
発行人 権逸
東京都文京区春日町2丁目20-13
電話（813）2261～5番
定価 1カ月100円
振替口座東京 34988番

綱領

一、われわれは大韓民国の国是を遵守する
一、われわれは在留同胞の権益擁護を期する
一、われわれは在留同胞の民生安定を期する
一、われわれは在留同胞の文化向上を期する
一、われわれは世界平和と国際親善を期する

民団創立二十周年 記念行事の具体案きまる

祝賀会、文化祭、競技会など

三つの会場で一大ページェント 5月15日から三日間開催

民団創立二十周年を記念する祝賀大会の準備がいま着々進められているが、中央本部は同記念大会の実行委員会を設け四月三日の予定を変更して五月十五、十六、十七の三日間、祝賀会、文化祭、前夜祭、競技会等華やかなプランのもとに全民団をあげての一大ページェントをくりひろげる予定で、同大会の具体内容を紹介すると次のとおり。

文化祭 民族意識を昂揚する若人の祭典をくりひろげ芸術舞劇、舞踊、音楽会等を韓青、韓学同、婦人会、軍人会の共催で五月十五日、千代田公会堂で開催する。

記念競技・前夜祭 各地域別に代表選手を選出して角力大会、ブランコ大会、ノルトギ（板飛びシーソーゲーム）農楽等民族色豊かな対抗競技を行なう。

この競技大会は五月十六日、豊島園で挙行する。そして、同日夜は、盛大な前夜祭が行なわれる。

記念式典 五月十七日、日比谷公会堂で記念式典をひらき、民団功労者の表彰、記念講演などを行なったあと、同夜は、ホテルニュージャパンで各国外交使節ならびに日本の各界知名人を招待して祝賀パーティをひらく。

法的地位で共同委員会

民団が設置を要請

韓・日政府と民団で構成

[illegible]

在日韓国人の法的地位及び待遇に関する共同委員会設置方要請の件

[illegible]

一九六七年三月一日
在日本大韓民国居留民団
団長 権逸
議長 李禧元
監察委員長 李裕天

丁一権総理 訪米の帰途 日本に立ち寄る

丁一権国務総理は訪米の帰途三月十九日羽田に立ち寄り、翌二十日帰国した。中央本部の幹部は総理を羽田空港に出迎えた。

民間請求権法案通過

日本の徴用・徴兵死亡・国債等を対象

[illegible] ウオン以上の罰金に処するように規定した。この特例法で規定された補償対象は次のとおりである。①一九四五年八月十五日以前に日本に徴用または徴兵され死亡した者②旧軍政法令第五七号の規定により指定された金融機関の預入金と金融機関が保有する日本銀行券および日本政府の少額紙幣③八・一五以前に発行されたもので、現物が提示されたかまたは登録された次の各項の有価証券A、日本政府が発行した国債および貯蓄国債、B、日本貯蓄券、C、日本貯蓄債券および報国債券、D、日本の地方債、E、日本に本店をもつ日本政府機関が発行した私債 [illegible]

リュプケ西独大統領が来韓

韓独友好さらに強化

ライン河の奇蹟を漢江に

三月二日午後四時、リュプケ西独大統領夫妻がシュネフスキー経済協力相、ハセ公報処長ら十五人の公式随行員と、その他合わせて二十四人が特別機で金浦空港に着き、朴大統領をはじめとする官民あげての大歓迎陣が敷かれた。

リュプケ西独大統領の今回の訪韓は、さる一九六四年十二月、朴大統領の訪独に対する答礼訪問であるが、内容的には韓・独友好増進と紐帯強化を示すものであるので、わが国外交史に特記すべきものであるといえよう。

すなわち、政府代弁人洪鍾哲公報部長官は、まずこの歴史的なドイツ連邦共和国のリュプケ大統領が韓国を訪問することについて、次のように語った。

朴大統領の招請により、このたびわれわれの最も親近な友邦国であるドイツ連邦共和国リュプケ大統領夫妻の韓国公式訪問に対し、全国民とともに国をあげて最大の尊敬と熱烈な友誼をもって歓迎する。

特にリュプケ大統領の訪韓は、わが両国が国土分断という民族分裂の共通の経験を体験しており、統一という至上課題を達成するため深い理解により協力する新しい時代の共同関心の問題を協議するところに重大な意義がある。

またリュプケ大統領は繁栄のための献身と、祖国に献身しているわれわれ韓国民の真の姿をみることにより、成長する韓国の姿をヨーロッパ友邦に認識させる二度とない機会となることを信じてやまない。

われわれはリュプケ大統領夫妻の歴史的訪韓が、韓独両国の友好増進と紐帯強化に大きく寄与するものと信じて、いま一度全国民とともに心から熱烈なる歓迎を行なう。

リュプケ西独大統領は三月六日までの滞在期間中、朴大統領と四回にわたって韓・独頂上会談を行ない、両国間の共同目標達成と共同繁栄のための経済協力方案をも討議したほか、西独の協力で出来た蔚山の工場なども親しく視察した。

韓・独経済協力強化

頂上会談と併行して行なわれた張基栄副総理とシュネフスキー西独経済協力相間の会談は、西独の対韓財政及び商業借款供与問題をはじめ、技術協力、通商拡大問題など全般的な韓独経済協力部門にわたって討議された。

特に、IECOK（対韓国際経済協議体）参加国である西独が韓国の総合製鉄工場などに積極的な資金援助をしたのをはじめ、二千二百万ドル規模の湖南火力発電所が予定通り六八年末までに竣工し得るよう協力すること、また中小企業資金五千五百万ドルの供与、未決となっている商業借款に対する早急な解決策などが話しあわれた。

ところで、西独の対韓借款提供の状況をみると次のとおりである。

一九六一年、当時の丁来赫商工部長官の訪独で一億五千万マルクの長期及び商業借款協定が署名され、六四年には朴忠勲商工部長官が訪独し、再び一億五千九百万マルクの新規借款が確保され電信、電話施設、釜山上水道、中小企業資金、セメント及びナイロン、人絹糸工場等に使用された。

また六六年末現在では西独は財政借款二千七百四十三万ドル商業借款四千三百八十七万五千ドルなど計七千百三十万五千ドルが提供され、すでに完工をみたものは財政借款八百七十五万ドル、商業借款二千三百三十九万六千ドルであり、目下工事が進行中のものは財政借款千八百六十八万ドル、商業借款二千四百七十九万ドルとなっている。

技術協力問題においては釜山に設置される五十万ドル規模の職業訓練学校、三十五万ドル規模の鉱業工場設立などがあり、全般的な通商拡大問題では六六年で輸入千七百七十三万七千ドル、輸出六百六十五万ドルという入超現象をみせているので、これの是正についても話しあわれた。

このようにして、韓独両国間の通商は、特に韓国の対独人力輸出などもあってますます強化され、経済協力問題も、日本より大きな比重が西独にかかりつつある。

（関連記事四面参照）

韓独元首共同声明 〈全文〉

ドイツ連邦共和国ハインリッヒ・リュプケ大統領は大韓民国朴正熙大統領の招請をうけて、朴大統領が一九六四年十二月にドイツを訪問したのに対する答礼として一九六七年三月二日から六日まで国賓の資格で大韓民国を訪問した。

リュプケ大統領夫人とシュネフスキー経済協力省長官、ボン・ハセ公報処長および彼らの高位官吏が大統領に随行した。

朴大統領は、ドイツ大統領を迎接するに当り韓国国民を代表して最も友誼のある歓迎と喜びをあらわした。一九六四年十二月朴大統領がドイツを訪問した当時、ドイツ国民が熱誠ある友情と厚意をもって同大統領とその随行員たちを歓待してくれたことに対し、もう一度感謝の意を表明した。

リュプケ大統領はドイツ連邦共和国を代表して国立墓地を訪れ無名勇士の墓前に献花し、また[illegible]学校を訪問した。また国会議長、政党指導者たちならびに国会議員たちと歓談した。リュプケ大統領とその一行は釜山市を訪問し、その地域の経済施設を視察した。

両国元首は長時間にわたる数回の会談をした。この会談は極めて友誼あふれる雰囲気と深い相互理解のもとに進行し、この会談で国際情勢が検討され、共同で関心をもっている諸般の問題について広範囲な合意がなされた。

両大統領は自由と独立、それから正義と人間の尊厳性が国連で確認されたのと同じように民族自決主義の原則に従い早急に実現されなければならないことに意見の一致を見た。このような信念のもとに朴大統領とリュプケ大統領は両国の平和と自由が保障される国土の統一を達成しようとする彼等の努力において団結し、緊密に協力することを誓った。

両大統領は国際情勢に関し意見を交換し、特に東南アジアの現事態に対し深い関心を表明した。この地域の政治的安定が世界平和のために極めて重要であるということに意見の一致をみた。

リュプケ大統領は韓国が朴大統領の指導下で韓国国民の勤勉性と努力の結果、最近になされた政治的な安定と輝かしい経済的発展を賞讃した。両大統領はこの会談で韓国・ドイツ両国政府間において過去数年間に達成された実効性のある協力に対して満足の意を表した。

リュプケ大統領は韓国の第二次経済開発計画が大へん充実した内容と目標を示していることを認め韓国を援助することにしたドイツ政府の従前の公約を再確認し、第二次五カ年計画達成のための努力に対して韓国政府を[illegible]支援しようとする意思を表明した。

リュプケ大統領は最近国際開発銀行の主導のもとに対韓経済協議体が構成されたのに対し、朴大統領に同慶の意を表明した。リュプケ大統領はまた、韓国が民間投資のために立派な素地と機会をもっていることに注目し、ドイツの企業体が韓国に投資するように勧奨するためのあらゆる措置をとると約した。

朴大統領は第二次経済開発五カ年計画のもとでドイツ資本の借款で蔚山に設立されることになっている第二湖南火力発電所の設立計画を推進する上においてリュプケ大統領が親しく便宜を図ってくれた努力に対して謝意を表明した。農民の生活水準を向上させる農村開発計画においてリュプケ大統領が発議した酪農模範農場の設立は価値ある両国の共同投資事業であることが認められた。リュプケ大統領はドイツの技術援助計画のもとになされた仁川職業学校が収めた多大な成果を認め、朴大統領が釜山にもう一つの、このような学校を設立することを要望したことに対して特別留意することを説明した。

本公式訪問期間中、張基栄副総理兼経済企画院長官とシュネフスキー連邦経済協力省長官は両国間の緊密な経済および技術協力方案を検討するために会合した。この会合では韓国の第二次経済開発計画と中小企業ならびに機械工業育成の重要性が論議された。ドイツ経済協力省長官は蔚山で挙行された火力発電所起工式に出席した。

両国大統領は両国民間の文化の交流を増進することに合意し、近時日内にソウルにゲーテ会館を設立することに合意した。リュプケ大統領の訪韓を通じて両国民間にすでに友情で結ばれた紐帯と相互に協調しようとする決意を再確認した。リュプケ大統領とその随行員たちは朴大統領と韓国政府ならびに韓国国民が彼等に与えた格別な接待と歓待に対して感謝の意を表明した。

ソウル・仁川間に高速道路

平均百二十キロの四車線

ソウル＝仁川間に韓国最初の高速道路が三月十五日に起工され、一九六九年に完工する。

これは全長三十二キロで道路の幅は二十四メートル、自動車四台が同時に併進出来る四車線であり、平均スピードは百二十キロ、最低で八十キロというものだが、建設総費用は約二十億ウオンである。

道路のコースは仁川・第二ドックを起点として、仁川市、石南洞を通って京畿道富川郡吾丁面を経由してソウルに入るようになっており、インターチエンジは三十五か所、陸橋三カ所となっている。

第三肥料工場竣工

年間26万トンを生産

韓米合同投資による嶺南化学株式会社（社長金昌圭）の第三肥料工場竣工式がさる三月十四日、朴大統領をはじめ張基栄副総理、[illegible]ら関係長官らの内外貴賓多数の参加するなかで工場所在地の蔚山市梅岩洞で挙行された。

経済開発五カ年計画の一つとして建設されたわが国最初の複合肥料工場は、尿素肥料（一般追肥用）八万四千五百トン、複合肥料（要作物用）七万三千トン、複合肥料（水稲用）九万二千二百トン、その他を合わせて年間二十六万四千七百トンを生産できるようになる。

なお、同工場は米スウィフト投資団との合弁投資によって建設された。

肥料価大幅値下げ

硫安・尿素15%混合10% 農民の負担を軽減

朴正熙大統領はさる三月十四日蔚山の嶺南化学第三肥料工場の竣工式に臨み、現行の肥料価格を大幅引下げると言明した。

朴大統領は、同竣工式のあいさつの中で「向こう二年間は肥料は値上げしない」と述べ、このような措置をくだした理由として「肥料工場が計画どおりに竣工され、国際価格よりも安く肥料が国内生産されるようになってきており、また今年度の輸入肥料は昨年よりも三割方が安く買えたから」であると語った。今度の肥料価格の引下げによって硫安四五キロ入が六百八十八ウォンが五百八十五ウォンに一五％、尿素二五キロ入が六百八十五ウォンが五百八十二ウォンに一五％、複合・加里混合肥料四五キロが九百六十五ウォンが八百六十八ウォンに一〇％それぞれ値下げされることになり、この値下げ価格は今年の一月一日にさかのぼって実施されることになった。

同大統領は、「肥料の自給自足はほとんど完成され今後窒素肥料は輸出できるようになった」とつけくわえた。

五月三日に大統領選挙

本国の中央選挙管理委員会は、きたる五月三日大統領選挙を実施すると発表した。

この発表と同時に、三月二十四日公告、四月三日までに立候補者の登録を締切ると付け加えた。

韓国ガット加入

五十六カ国と最恵国通商

本国政府は多角的な国際経済協力と輸出増大のため海外公館を通じてガット（関税ならびに貿易に関する一般協定）加入交渉をしてきた結果、加入に必要な四十六カ国以上の支持を得ることができたので、ガット加入の実現をみるにいたった。

そこで、政府は三月七日の国務会議でガット加入の議定書に署名することを議決、第六〇臨時国会の終る前に国会の同意を得て駐ジュネーブ大使を通じてジュネーブにあるガット事務局に議定書を寄託する。

今度のガット加入によって韓国は①現在双務的な貿易協定を結んでいないガット加入五十六カ国とも関税ならびに輸入手続等で最恵国待遇を受けるようになりわが国の商品も差別なしに国際的な保障を受けることになる。その外②ガット加入国が結んだ六万余種の商品に対する関税引下げの恩沢を受け、③ケネディラウンド貿易協商を通じて米国と英国ならびにEEC諸国がとっている五〇％関税引下げの恩沢を確保し、④米英等の先進諸国に対する通商交渉においても有利な立場で輸入制限を受けず、また緩和される。そしてまた、アラブ圏の中立国家の支持を受けられることによって国際政治面でも有利な立場にたち、多くの利益を受けることになる。

韓国で関税を引下げされる品目は①今後関税を引き上げず据置かれる品目四十一種と②今後関税を引き上げる場合でもその限界を明らかにしている二品目、③そして現行関税率を引下げることになっている十七品目の都合六〇品目である。

政府は、この関税引下げが現実的に輸入増大をきたすおそれがないとみて、完全な貿易自由化を実現するための細部事項は国内法に抵触されないか否か留保することにしている。

韓日民間合同経済懇談会

三月十四、五日ソウルで開催

第二次韓日民間合同経済懇談会が三月十四〜十五日の二日間ソウルで開かれた。

韓国代表は経済人協会、商工会議所、貿易協会の三団体からなり、洪在善経協会長を団長とする約六十名、李活韓国貿易協会々長、宋大淳商工会議所会長の二人が顧問となっている。

一方の日本側は、植村甲午郎経団連副会長を団長とする約三十名だが、懇談会の内容は経済協力、技術交易などを中心とした特別四分科委員会からなっている。

全国の漁港を改修

千三百港に二十二億ウオン

本国第二次五カ年計画期間中に水産庁では全国の千三百五十一漁港の改修をすることになっているが、これに投入される経費は総額二十二億三千四百十万ウオンとなっている。

現在、千三百五十一の国内漁港のうち指定港の三十九カ所を除いてはほとんどが施設不良であり、台風その他の災害による人命と財産の被害が大きな問題となっている。

したがって、水産庁はこれまでの小規模的事業を改め、集中投資をするほか、技術要員の動員など積極策をうち出している。

内訳としては、漁港拡張十五港六千四百七十万ウオン、前進基地事業六億六千九百四十万ウオン、防波堤五千五百[illegible]の延長などである。

民団創立二十周年記念大会実行委員会

【名誉顧問】
金東祚駐日大使

【顧問】
安光鎬公使
李相翊公使
閔忠植公使
李星澈公報館長
丁賛鎮　朴玄　金載華　金今石
金光男　鄭寅錫　曺寧柱
呉宇泳　朴春琴　朴龍九
徐甲虎　辛格浩　安在祐

【実行委員長】
権逸

【実行副委員長】
若干名

【実行委員】
権逸　李禧元　李裕天
張聡明　金泰変　陳点春
辛熙　鄭烔和　鄭泰柱
朴根世　鄭哲　鄭建永
李相台　金世鎬　李熙健
梁炳斗　金晋根　徐漢圭
文慶韶　安八竜　梁相基
尹致夏　崔学阜　金壬戌
李春植　黄孔煥　朴太煥
朴炳憲　崔竜基　卞周浩
申灝　金乗錫　黄明水
姜錫憲　丁海竜　姜仁煥
李鍾舜　孫秀祺　張道源
金己哲　李成甫　鄭順相
金文培　鄭東淳　洪賢基
李根馥　田炳武　孫晋協
張曉　金東英　辛容祥
陳東徹　朴台守　金時弘
片守介　黄晟守　鄭鳳基
李吉変　金栄出　金松坤
趙成沢　金致万　李富潤
朴東渓　李鍾根　姜雲竜
崔泰幹　盧成永　朴水正
尹建　孫濟東　玄在鶴
姜栄求　李相文　鄭煥禧
姜宋祥　金竜煥　片点述
李沫学　姜桂重　金皓一
梁恵承　金聖洙　苑璜圭
許泰成　金坪珍　朴準竜
鄭煥麒　崔正烈　韓禄春
裵東湖　尹仁述　李康友
卞先春　姜宅佑　金容載
田連寿　金徹　咸昌淑
金永晋　沈在玉　白丁赫
朴鳳守　金基淼　梁昌煥
安泳科　李宗樹　兪錫濬
金容元　李来玉　裵基燕
柳在洪　崔秉現　文奎植
陳且祚　呉琨会　朴尚培
金寛植　崔錫郷　洪鍾禹
林炳誼　朴尚甲　朴三世
朴鎮　権景碩　文圭準
趙景衍　張翊相　黄在辰
金庚甲　金炳址　許万福
金七星　姜秀元　丁陽声
金昌琨　朴振業　金性式
朴俊学　金正一　金幸淑
金恩沢　呉基文　韓貞妹
李麟基　梁東準　許弼爽
柳沫鉉　金麟九　金本正
裵石福　楊皓　申烋
金春培　韓王順　崔泳安
金世基　朴挙允　楊致光
文達景　鄭成喆　朴漢植
姜求道　李鍾太　崔学林
田寿万　金承培　朴基魯
金遇坤　裵云道　李徽和
朴東鎮　鄭泰和　金寿賛
李昌林　鄭学魯　尹漢根
康民晋　安邦俊　趙洪変
朴三照　朱洛弼　張益和
金相吉　金聖閏　権在淑
南元　李春植　金英俊
姜性熙　宋宇正　金九岳
洪斗杓　柳駿沢

【常任実行委員】
権逸　李禧元　李裕天
張聡明　金泰変　辛熙
鄭烔和　金己哲　朴根世
朴太煥　朴炳憲　崔竜基
卞周浩　申灝　金乗錫
李相台　金皓一　楊浩
許弼爽　金幸淑　梁東準
李成甫　金世基　金九岳
李麟基　黄明水　姜錫憲
丁海竜　姜仁煥　李鍾舜
孫秀祺　張道源　宋宇正
呉基文

189

北傀中央通信李副社長が韓国へ帰順

板門店で劇的な脱出

北韓軍の弾雨くぐり英軍の車で

"自由が欲しい"が動機

北韓傀儡の中央通信副社長李穂根氏は、三月二十二日午後五時、北韓傀儡軍の弾丸の雨の中をくぐり抜けて、板門店会議場前に待機中の英国軍代表ベン・クラフト准将の車に飛び乗り劇的な脱出に成功した。

この日第二百四十二回軍事停戦会議の終了後、一瞬のでき事として起った李北傀中央通信副社長の脱出劇は北傀警備兵らに致命的な打撃を与え、英軍将校の車に飛び乗った李副社長めがけて三十余人の北傀警備兵はピストルを乱射しながら追ってきたが、李副社長は無事、韓国への脱出に成功した。

"自由が欲しかった"の一言のみで万感を表現した李氏は、ただちにヘリコプターで龍山にある米八軍病院に運ばれ、簡単な身体検査を受けたあと韓国側に引き渡され、当局の保護を受けている。

言論人としては三番目の帰順

"共産側の虐政を立証"

洪公報長官が談話を発表

本国政府の代弁人である洪鍾哲公報部長官は三月二十二日午後、板門店を通して北韓記者が自由韓国に逃れてきたことに対してつぎの様に談話を発表した。

"こんどの李記者の韓国への帰順は、共産虐政が如何に苛酷なものであるかを物語る生きた証拠で、同記者の自由への意志を勇気あ……

順者として深く感じるところがある"と述べ中央通信の性格と位置について次のように説明した。

"北傀中央通信社はソ連のタス、中共の新華社と同じく北傀唯一の官営通信で北傀内の地方放送と、新聞はこの中央通信を通じてニュースが流される。……

私が在任していた時は主筆が副社長を兼任していたが今度李氏の場合は副社長の職責だけで主筆とは分離されていたようだ。

私が脱出した当時の給料水準では主筆兼副社長の私が副相より多かった。したがって李氏の場合は板門店に取材のためではなく記者達を引率して来たのだろう。

板門店に北傀の記者が多数いるが記事を書くのは中央通信の者だけだ。

北傀の中央通信"よ"

援護金百万ウォン

李氏に援護法第一級

見通しの明るい本国留学

中央文教局長帰任談

最近の北韓の実情

李　穂　根

生活は非常に苦しい

―経済・精神生活面において―

加えて精神的抑圧感

論　壇

朝総連の仮装せる所謂民族教育を打破しよう

中央文教局長　下　周　浩

外資3億ドルを導入

企画院発表　68年政策指針樹立

第二次保税加工会議

31日から大阪で

ビザを簡素化

本　国　論　調

日本側は韓日協調に逆行している

韓日経済協力の問題点

同国民間経済人懇談会に要望する

☆　☆　☆　☆　☆

民団創立20周年記念懸賞論文募集

民団創立二十周年記念行事の一環として次のように記念論文を募集いたしますからふるってご応募下さい

一、論　題

民族精神と国家意識を昂揚し、在日韓国人社会の発展と民団の姿勢について

一、対　象

日本に住む韓国人青年、大学生ならびに高校生（韓国高校、日本高校在学生を含む）

一、論文提出締切日

一九六七年五月五日

一、当選発表

一九六七年五月十七日

一、用　語

できる限り韓国文を使用すること、ただし、韓国文で不可能な者は日本文でもさしつかえない。

一、原稿は四百字詰用紙で十五枚ないし三十枚のこと。

一、審査委員会の審査の結果にしたがつて次のように賞金を授与する。

(1) 優秀作　一編　三万円

(2) 佳　作　二編　各一万円

（提出された論文は、すべて返還いたしません）

190

「外国人学校規制法」に要望書

私立学校として認めよ

民族教育に保護策を

中央本部は、このたびの日本特別国会に提出される見通しが強くなってきた〝外国人学校規制法案〟について三月二十五日付をもって、わが韓国人学校に日本教育法第一条に該当する私立学校として認可するよう次のような要望書を日本政府当局に提出した。

（要望書）

日本教育法一部改正（外国人学校規制法）案が、今特別国会に提出され、その可否が決定される模様のようですが、この内容を見るに日本国政府が望む〝日本と諸外国との理解及び友好関係の増進を目的とし日本国の利益と安全を害するものであってはならない〟との趣旨には理解出来ますけれども、しかし同法案規制内容においてすでに韓日両国間において友好関係を樹立し、且つ教育内容においても日本国の教育法に基づいた教育を行なっているわれわれ韓国人学校に対しては既に重なる要請にもかかわらず何ら友好的な措置がとられていないという点に鑑み同法案により、韓国人の民族教育にも何らかの不当な規制を受けるのではないかと憂慮されますので、私達としては在日韓国人の教育機関の保護育成は勿論のこと韓日両国の友好と紐帯強化を促す道義的法案である様強く望むものであります。

韓日両国は国交も正常化され自由陣営の一員として国際共産主義から亜細亜を防衛する共同運命体として共存への諸政策を推進している際、この度の外国人学校規制法案が主として民族教育という名の下で行われている朝総連系学校に限定しての法的措置であるならば、いざ知らず、この法案が施行されることによって場合によっては我々の民族学校も規制されると思われますので、我々は同法案が韓日友好条約の基本精神に基づいて韓国人学校に対しては友好的に取計られるよう念願すると共に次の様に要請するものであります。

◎韓国人学校を日本教育法に基づいて速かに私立学校として認可すること。

※在日韓国人学校（東京、大阪、京都の総合学校三校又は現在設立中の学校）の日本国学校教育法による私立学校としての認可については、機会あるごとに要請し陳情して参りましたが、未だに学校教育法第一条に規定された私立学校としての認可を受けておりません。

このことは、ようやく高まりつつある韓日両国間の友好気運を阻害するのみでなく、将来韓国をになう若い世代の国際親善、特に日本国との友好関係にも大きく影響をきたすものと考えられます。

現在、我々の韓国学校卒業生は私立学校としての認可がないため上級学校への進学の道が閉ざされており、就職問題にも支障をきたしているのが実情であります。

我々の教育は自由民主主義を基本理念として母国語、歴史を習得させ国際人として日本社会に協調出来る人材を養成するのを目的としております。

したがって、外国人学校規制法の上程を機に我々の韓国人学校に対しては日本教育法第一条に規定する学校として資格を与えられるよう裁可で強く要望する次第であります。

一九六七年三月二十五日
在日本大韓民国居留民団中央本部
団長 権 逸

創団20周年を迎えるに際して

民団が創立されて二十星霜、その年輪からすればすでに成年期に達するにいたった。

第二次世界大戦の終結と共に解放を迎えたわが在日同胞はみずからの置かれている境遇とその前途を考え生活権と生存権維持の自衛手段として今日の民団の母体を結成した。それ以来二十年民団は多くの激しい起伏を経て現在にいたっているが過ぎし方を回顧し将来を展望してみる時、わが民団に課せられる使命の重大さを痛感せざるを得ない。

民団は、その草創期より今日にいたるまで朝総連の妨害、侵透に対抗防衛するのに忙しく、また、組織確立のため多くの貴重な時間を浪費してきた。ために日本という生活環境と時代の趨勢から今や在日同胞の指導機関として真の発展を遂げながらも、在日六〇万同胞の権益擁護という実質的な基本問題においては全組織人が一大猛省をせねばならない大きな矛盾を内包しているのが民団の偽らぬ現状である。

ことあらためていうまでもなく民団は大衆を基盤とする在日韓国人の組織体であり、したがって、その指向するところは同胞大衆の生活安定と権益擁護を期し、諸懸案を解消するところに重点が置かれねばならない。特に、われわれが日本に住む韓国人団体であってみれば、その努力は他の大衆組織体に比して数倍するものがなくてはならない。

大衆を基盤とする組織体においては常に大衆の利益を念頭にし大衆の悩みをみずからの悩みとして手を尽すのが大衆組織の態度でなくてはならない。

ところで、わが民団は創団以来すでに二十年を迎えるが、いまだに基本財政の確立をみず、……

本国留学生きまる

ソウル大など八十五人

静岡本部で定期大会

民族教育を推進 金団長を再選

埼玉本部でも大会

片守介団長を選出

青森本部団長に 金世鎬氏

韓・日農協が姉妹の結縁

三・一演劇賞授与さる

東京韓国学校で卒業式

3月20日初中・高生一七一人が卒業

新潟で、韓国学園分校開設

韓・ギリシャに文化協定

国立鉄道高校を新設

桜苗木二千本を郷里へ贈る

広島の李氏ら慶南陝川へ

海外僑胞に国旗を送る

日本の新聞人訪韓

優雅な韓国美の迎賓館

三万三千余坪九年目に完成

祝賀パーティーで記念品を交換する両団代表

1967年度本国夏季学校学生を募る

★ 政府（文教部）招請による1967年度本国夏季学校入校生を次の様な要領で募集しますから僑胞学生達に広く宣伝すると同時に民族教育と本国を実地に見学するという所期目的を達成するためご協力を要望します。

1.募集要領

1．人　　員　500名（全国）
2．対　　象　僑胞学生高，大学生（但、特別在留許可在者は除外する）
3．教育期間　3週間
4．経　　費　1人当60ドル（往復旅費を含む）
　　但，個人雑費，ならびに国内外での必要経費は含まれていない
5．交通機関　船舶便
6．募集期間　1967年3月25日から4月30日まで
7．締切期日　1967年4月30日まで

2.事務推進計画

① 臨時旅券申請　1967年4月30日から5月15日まで
② 旅券発給完了　1967年5月15日から5月30日まで
③ 再入国許可申請期間　1967年6月1日～6月10日
④ 許可完了　1967年6月10日から7月10日まで
⑤ 入　　国　1967年7月23日
⑥ 教育機関　1967年7月25～8月15日まで
⑦ 帰　　国　1967年8月31日

3.留意事項

① 夏季学校入校生募集は宣伝と啓蒙運動を通じて大々的に行う
① 手続書類は正確に具体的に記入すること。
② 備考欄には旅券の有無と在学生であることの身分証明を明示すること。

中央文教局

ライン河と漢江を結ぶ新時代へ

韓・独経済協力の内容

韓・独経済協力の具体案

韓国を訪れた西独リュプケ大統領（左）は朴大統領（右）と会談し、経済協力について合意の声明を発表した。また国土統一問題でも意見の一致を見、両国の紐帯はいっそう深められた。

民間投資を勧奨　一億ドル借款も

協力体通じ技術・資金支援

国土問題でも相通ずる

リュプケ大統領の訪韓成果

モデル酪農村を建設

第二次計画を積極支援

農業開発や火電建設

職業教育・機械工業育成にも主眼

共同声明で明らかにされた協力内容

経済協力

技術協力

労働力輸出

文化協力

ドイツ経済の現況

（表1）

事業名	事業主	借款額 DM	借款額 ドル	備考
財政借款		7,500,000DM	(=ドル1,875,000)	
電信電話事業	逓信部	35,000	8,750	1962.11.13 協定締結確定
炭田開発事業	石炭公社	20,720	5,180	1964.4.23 協定締結確定
MRO機材導入	湖肥外20個会社	15,000	3,750	
商業借款		75百万DM	(18.75百万美弗)	
双竜セメント工場	双竜セメント	25,980	6,495	1965.3.30 物資到着竣工
ビスコス人絹糸工場	興韓化学	20,472	5,118	1964.2.4 ドイツ政府承認
電気機器工場	ハンヨン工業	10,000	2,500	1964.5.27 契約締結
麻紡紡織工場	太平紡織	19,414	4,853.5	1964.2.4 ドイツ政府承認

（表2）

借款内容

（単位：1000）

財源別	借款額	推進計画事業名
財政借款	DM54,000（ドル13,500）	釜山上水道拡張事業、中小企業育成、通信施設拡張
長期商業借款	DM75,000（ドル18,750）	仁川重工業、湖州肥料工場拡張、機械工業開発、鉱山機械、教科書用印刷用紙工場
一般商業借款	DM30,000（ドル7,500）	農業工場、潤滑油工場、ベアリン工場、ギア製造工場、紡織機製造工場、韓国ナイロン、造船公社拡張
計	DM15,9000（ドル39,750）	

民間商業借款（単位：1,000）

事業名	貸主	借主	借款額		備考
セミ・ケミカル・パルプ工場	Eshel Wyss	三洋パルプ	DM2,648	617	63.4.13確定
黄麻紡織工場	Coutinhocaro	韓国黄麻	2,900	725	63.9.24 〃
新聞用紙工場	Eshel Wyss	三養製紙	1,168	292	63.8.6 〃
韓日セメント工場	Polysius	韓日セメント	25,548	6,387	63.1.8 〃
遠洋漁船導入	Klockner Industrie nlagen	コンホン産業	6,000	1,500	63.12.12 〃
電気計器工場	Fuhrmeister	金星社	5,000	1,250	62.9.26 〃
送配電器工場	〃	韓国ケイブル	11,800	2,950	
計			54,884	13,721	

年度別対独貿易収支及び輸出入比率（単位：ドル 1,000）

年度別	対ドイツ輸出	対ドイツ輸入	輸出入超	比率
1960	232	41,003	−40,371	1：65
1961	981	24,911	−23,930	1：25
1962	321	19,176	−18,855	1：60
1963	1,106	22,764	−21,658	1：21
1964	1,266	18,314	−17,048	1：14
1965	2,093	25,605	−21,512	1：12

品目別対ドイツ輸出現況（単位ドル1000）

	1963	1964 8月	1965
食料品及び魚介類	66	32	124
〔品目名判読不能〕	204	—	339
原材料（生糸、鉱石、〔以下判読不能〕）	496	289	929
原料別製品（〔以下判読不能〕）	275	618	587
〔品目名判読不能〕	—	156	488
雑製品（衣類、竹製品）	64	67	216
計	1,106	1,166	2,903

品目別対ドイツ輸入現況（単位 1,000）

	1963	1964 8月	1965
化学製品	3,439	2,170	3,643
原料別製品	1,657	1,015	217
機械類	2,796	5,041	8,536
特殊取引品（施設導入）	13,256	9,007	10,813
其他	1,616	117	254
計	22,764	17,350	23,605

ドイツの主な産業別年間生産量

単位：1,000T／M、ガス：1,000,000（cum）
電力1,000,000kwh　商業用車1,000ドル

	西ドイツ	東ドイツ
石炭	142,741	2,676
褐炭	97,194	235,000
冶金用コークス	44,754	3,206
ガス	20,670	3,319
電力	124,563	42,504
鉄鉱	5,011	510
銑塊	25,431	2,029
粗鉄	33,458	3,444
硫酸	3,170	730
苛性ソーダ	776	327
ソーダ灰	1,117	594
過燐酸塩	379	553
窒素肥料	1,180	334
カルシウム・カーバイト	1,101	923
セメント	27,144	5,275
自動車	1,817	64
商業用車	258	13

1、農業

2、水産

3、山林

一九四五年に東部の領土を喪失して以来、ドイツの森林は大部分もみ、とどまつ、くり、松等から成立ち、国土の七分の一をおおっている。西ドイツでの山林伐採量は減少し、一九四八年には約四千万Cu・mから一九六〇年代には毎年二千五百万Cu・mにへった。一九四九年以後には三百七十万エーカーが再植林され、½以上の面積が山林となるようになった。山林の½以上が連邦政府又は州政府乃至地方単位官庁の所有になっている。

4、鉄鋼工業

5、軽工業

6 其他の産業

韓國新聞

韓国新聞社
発行人 権 逸
東京都文京区春日町
2丁目20−13
電話（813）2261〜3 編集
（812）0673 業務
定価 1ヵ月100円
振替口座東京 34988番

綱　領

一、われわれは大韓民国の国是を遵守する
一、われわれは在留同胞の権益擁護を期する
一、われわれは在留同胞の民生安定を期する
一、われわれは在留同胞の文化向上を期する
一、われわれは世界平和と国際親善を期する

李氏、北傀の実情を暴露

経済計画は失敗

食糧事情は日毎に悪化へ

ベトナムへ操縦士百人

半年で洋服一着

拉北人士を政治利用

ソ連の外交政策に不満

紅衛兵で独自の路線

李穂根氏の横顔

亡命記事は削除

北送された僑胞らに

金よりも貴い食糧

ソ連から毎年輸入

ベトナム積極支援政策

食糧難の責任転嫁

自由の贈り物伝達

李穂根氏の手記

北の新聞を語る

朝鮮日報社で座談会

思想・教育のみ報道

火事、事故は記事じゃない

出席者

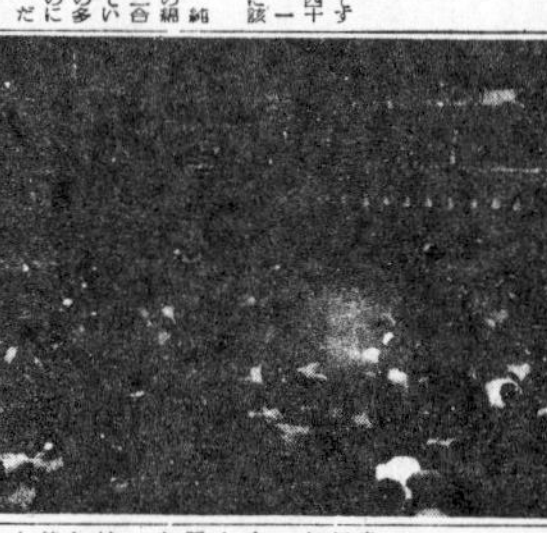

総力をあげて創団20周年記念事業を成功させよう！

飛躍する民団のために

創団二十周年記念事業の準備が進むにつれて、祭典気分は次第に高まり全国的な団結と期待がここに集中されている。

創団二十周年の歴史を回顧するとともにこれを誇示し、祖国の民族中興と近代化に貢献する六十万在日僑胞の今日の基本姿勢を内外に示す一方、日本において国際親善をはかり、朝総連傘下の同胞を果敢に救出するというわれわれの当面の課業を遂行する意気の原動力こそは、まさにこの創団二十周年記念事業を成功させるのにある。

記念祭典にはすでに、本国政府の丁一権国務総理以下数人の高位層を招請しており、全国組織有功者の表彰、文化祭、各記念競技大会、本国の家族招請、記録映画作製などの準備も順調に進んでいる。

意義深い組織有功者の表彰、文化祭で爆発するであろう若人のエネルギー、これを本国に反映させる記録映画など、いずれも民団創立以来の大事業である。

資金面も全国実行委員は各一万円、十大都市の本部は十万円、その他の本部五万円、各支部は一万円、各県別商工会と商銀もそれぞれ五万円と全組織あげての熱誠的賛助によって充足されることになっている。

五月十五日から十七日まで三日間の記念事業に、全組織と全僑胞は総力を結集してこれを成功させよう！

共和、新民両党の体質

公薦候補を通じてみる

近く行なわれる韓国第七代国会議員選挙は、一九五八年の第四代選挙以来、二回目の“両党対決選挙”でどのような議席配分がなされるかについて注目を集めている。

“両党対決”は民主選挙として最も好ましいものであるが、第三代選挙までは政党政治の基盤ができておらず、第五代選挙は民主党の独り舞台で、第六代は野党の乱立で両党対決はもたらされなかった。

与党の共和党は、三月十三日、民意の審判を受ける公薦候補百三十一人を発表したが、統合野党としてスタートを切った新民党は百十八区の候補者のみを確定、残りの十三区を未決定のままにしている状況で、特に、第六代議員選挙以後、無所属出馬が憲法で排除されることになっているため、これらの公薦者の性格と体質は今後の政治風土を事実上決定することになる。政党が“政策の対決”を国民に問うところに選挙の大きな意味があるといえるが、政治集団の性格と体質は政治的主張に先行し、また、それを制約するものでもある。本国与・野両党が国民の前にさらけだしている政治集団の体質を分析してみると次のとおりだ。

みずから若い政党として、野党を旧政治人ときめつけ“世代の交替”を叫んだ共和党は、公薦候補者の年令をみると平均年令四六・九才。この平均年令は新民党公薦候補の平均年令四七・七才とくらべてみると一才だけ若いことになる。

制憲から第六代選挙までの立候補者の平均年令が四六才で、当選者の平均年令は四六・八才であったことからみると共和党は歴代選挙よりもむしろ高い年令層を公薦したことになる。

前回の選挙時の共和党公薦者の平均年令が四五・六才（当選者四四・三才）であったことからみると三年ほどの間に一・三才ふけたことになる。

自由党が勢力のあった第三代時には四四・九才、執権体制を完全に整えた第四代時には四七・九才、民主党は、与党の自由党との闘争を展開した第四代時が四七・二才、民主党執権時の第五代が四六・六才であったことなどを考え合せてみると共和党の年令は歴代政党と大差ないといえよう。

新民党の四七・七才は、五代民主党の四六・六才よりも高い年令だが、六代時の民主党四八・七才、民主党五一・三才（以上当選者）にくらべて多少老化気味だが若い活力を注入しようという点では変りないようだ。

新民党の年令が共和党よりも高いといっても、青年層の候補者は野党の方が多い。共和党は二十代候補は一人もなく、三十才代で十四人、これに反して新民党は二十才代で一人、三十才代で十九人を公薦している。

共和党の今度の公薦者は、平均年令よりもこの政治集団の年令構成にある。四十才代が全体の五八％（新民四三％）に当る七十六人で四十才から四十四才の壮年層が四十五人（新民二十七人）で最も多い。

第二代国会以後、最も優勢だった年令層は、四十五才から四十九才だった。

共和党のこの年令層は、五・一六主体出身勢力を中核として、党内の要職を占拠、党のヘゲモニーを握っている。

これとは対照的に、新民党は四十才後半と五十才代が党の実権を握り、多元的な勢力を示している。

……の一途をたどってきた農業がほとんど消え（共和一、新民八）、また一〇％以上を占めていた会社員、金融人もほとんどなくなっている状況である。

学歴は六代まで六〇％線にあった専門学校以上の学歴者が、与野党ともに八〇％を越えている。

朴大統領から「メッセージ届く」

3・1節送辞の返信

第四十八回三・一節記念朴大統領へ送った民団のメッセージに対して、さき頃朴大統領の次のようなメッセージが駐日公報館長を通じて伝達された。

親愛なる在日僑胞の皆さん

皆さんがお送り下さったメッセージを、わたくしは大変感銘深く拝見いたしました。

皆さんもご存知のように、われわれは第一次経済開発五ヵ年計画を成功的に完遂することにより、自主、自立と繁栄の揺るぎない基盤をきずき上げました。

これはまさに、国内外の同胞の皆さんの血と汗のにじむ努力と発奮の結晶であって、わたくしは皆さんのその間のご労苦に対し賛辞を贈るしだいであります。今年からわれわれは、再び工業立国を目指す第二次国家開発計画に着手いたしました。

願わくは僑胞の皆さんがより一層堅い決意と団結によって、この計画の成功と民族中興の新たな跳躍台をきずくため、積極参与することであります。かくしてわれわれは国土統一への民族的土台をきずき上げなければなりません。

また、皆さんは祖国の発展と国威宣揚のため、団結と協同、誠実と勤勉によってわが民族の優秀さを世界に誇示しなければなりません。

在日僑胞の皆さん！

わたくしはその間、僑胞の皆さんの権益と地位向上の問題について深い関心のもとにいろいろと善処してまいりましたが、この問題については今後も格別な配慮を惜しまないつもりであります。

どうか皆さんは、祖国の名誉が皆さんの一挙一動にかかっているという責任感と衿持を抱いて、祖国の発展と国威宣揚のためより一層奮起されるよう改めてお願いいたします。

皆さんの前途に栄光と幸福が訪れますようお祈りするしだいであります。

一九六七年四月三日

大統領　朴　正　熙

大統領選に7人が立候補

本国の中央選挙管理委員会は、さる四月三日大統領選挙に出馬する候補者の受付けを締切り、立候補者名を発表した。

第六代大統領に立候補する各政党の代表は次のとおり。

共和党　朴正熙
新民党　尹潽善
民衆党　金俊淵
韓独党　全鎮漢
大衆党　徐珉濠
統韓党　呉在泳
正義党　李世鎮

三月二十四日の選挙公告日後十日目の四月三日までに登録、公告された大統領候補は、前記七人であるが、実質的には朴正熙（共和党）候補と尹潽善（新民党）候補の一騎打ちになりそう。

本国家族招請で

ソウルに連絡事務所開設

創団二十周年記念の一環事業

永住権申請者増える

三月は三千五百名に達す

これが北傀の本心だ！！

南韓侵略、赤化のため狂奔

李氏記者団に発表

……らできない実情であると語った。

俸給者生活と物価

北傀の中央政府局長級の一ヵ月分の給料が百二十ウオン程度であり、大学出身の記者たちの初任給が四十八ウオンである。これに対し物価は牛肉一キロが十ウオンであり、毛織の洋服一着代が二百ウオンである。従って記者生活に始めて従事する人が洋服一着を新調しようとすれば六ヵ月分の俸給を全部それに振り向けなければならない状況である。

北韓の物価は秘密に流しており、農民達の中で米飯が食える人は極少数にすぎない。全国民が旅行をしたり、または鶏類のような食物を買って食べようとする時には食糧配給券を持たなければならないし、それ故に折角訪ねてきたお客を接待しようとしても思うようにできない。

言論界の実情

北韓には党の機関紙である「労働新聞」をはじめ、十余種の日刊および週刊紙があるが、取材、報道活動は千篇一律的で新聞別の各々の特徴がない。一般報道記事は党の政策を宣伝する内容に終始されており、犯罪または事故のような社会の暗い面の記事は一切取扱うことができない。それで新聞だけによれば北韓には一年たっても一件の犯罪や事故は発生しておらない。大学を出なければ新聞記者になれないが、俸給は初任給が四十八ウオン〜百二十五ウオン、部長級が百二十ウオンである。記事は部長級以上の幹部が必ず訂正して、主筆、副社長をへて活字にまわされるようになっている。

拉北人士の動静

拉北人士たちは南韓が赤化される場合に用途があると認め、監視した生活をさせているが、故意に殺しはしない。それから必要な時には演説をさせている。

大部分の拉北著名人士たちは老衰して死亡したものと思われる。

金貴河選手の其の後

金貴河ボクシング選手は体育活動から足を洗い、おそらく労務者生活をするか、そうでなければ社会と切離された生活をするようになっているのであろう。

北韓同胞たちは金日成を不信

李穂根氏は一日「北傀金日成は大多数の北韓同胞たちの不信を受けており、北傀首脳部は無能な人々だけで構成されている。」と北傀の政治的実情を暴露した。

李氏は北韓における新しい勢力の抬頭問題に関する質問を受け「現在の時点においてはまだ明確な徴候や可能性はない」と語った。李氏は北傀が66年8月所謂自主路線を宣言して以来、対中共関係は悪化一路をたどっており、対ソ接近も援助を得るための手段としてだけ、形式的に維持されていると説明した。

また李氏は「現在北韓にある九の重要新聞はすべて記事の事前検閲があるので正確な報道があり得ない。」ことを明らかにし、所謂北傀の七カ年経済計画は①技術管理の不足②熟練工の不足③国防力の強化④労働者たちの意慾喪失等により完全に失敗したと語った。

李氏はまた「北傀がベトナム戦線に兵力を派遣して支援しているか」という質問に対し「タンク、武器等を送っており、化学肥料、ディーゼル機関等経済援助を積極的にしているという話を聞いたし、ハノイに北傀の操縦士五十名が派遣されているという話もきいた」と語った。

“妻子を救出して”

李氏、世界に泣訴

李穂根氏は四月一日の記者会見の席上“全世界の善良なお父さんに訴える”と題して次のような内容の呼訴文を涙声で読みあげた。

「三月二十二日北傀から脱出、いまや私を束縛するものは何者もない。私には自由と栄光がある。だが、忘れ得ない彼らがいる。それは、いまだ北韓に残っている妻と子供達である。彼らは当然私の傍に抱かれなくてはならない。全世界の父に問う。現在の私の心境は人道的な問題であるばかりでなく社会的な問題である。妻子をこの自由の地に救出するため国連赤十字社等に訴える。」

論壇

自由は生命だ

下　周　浩

私はまず自由と生きる道を求めて生地獄である北韓を脱出し、自由大韓のふところに抱かれた李穂根氏の勇気と冒険をたたえるとともに、その残された家族の生命の安全を祈り、苦しい李穂根氏の心情に対し慰労の言葉を送るものである。

同時に李氏の亡命と生命保護に勇敢な支援と適切な措置をとってくれた関係当局に対しても心から感謝し、緊急状態において金日成寡党から犠牲を強いられている暴する北韓同胞たちの、これに続く逃避を訴えるものである。

われわれは日常生活において、空気と太陽に対し感謝する心をとかく忘れがちであるが、ということと同じように、人間としての自由と幸福、つまり生きることがいかに貴いことか、をこの自由主義社会の中で住みながら知らない。

だが、暗黒残忍な共産主義社会体制の下で呻吟し、自由と光りの恩恵を味わえない哀れな人達は、この「自由」がいかに切実なものであり、貴いものであるかをよく知っているであろう。

自由は生命である。われわれは二十世紀後半期に入り、世界第二次大戦終結を契機として、それまで列強国の統治下にあった多くの植民地が解放され、自由をもって民族自決精神のもとに新生国家となった。

奇異なことに、これらの新生国家群はその初創期に病弱のごとく先を競い共産主義を信奉し共産主義社会を指向して国内外に多くの問題を惹起した。

このような過程において、共産主義の本性を自覚し、一部権力者の強欲と弾圧、非人道的な行為を体験することによってその多くが自由と幸福を求めて自由陣営に接近しているが、銃剣統制期にあるその他幾つかの集団では現在も国民が牛馬のごとく重労働を強要され、生地獄で呻吟し、死ぬことも出来ずに悲惨な生活をしている。その代表的な集団の一つが北韓金日成共産集団である。

われわれは長い間独立のため血みどろに闘い、自由か然らずんば死をと叫びつつとり返しのつかない貴い犠牲をはらってきた。

しかし、鉄鎖から解放された今日の祖国大韓の一部である北韓において、いまなお自由を享有出来ず、千三百万公民兄弟姉妹たちが死を待っていることはきわめてかなしいことである。

中世紀の暗黒社会が、こんにち自由国家である韓国において金日成共産分子によって再現継続されていることは既に常識に堪えず、断腸の感を禁じ得ない。

過去二十年間に北韓の生地獄から自由と生きる道を求めて大韓民国への死の脱出をした同胞は無慮一千万名を越え、現在も引き続き自由大韓のあたたかいふところへ抱かれつつあるが、この中には金日成徒党が韓国の要人暗殺、間諜などの特殊使命を与えた工作員たちの自首転向なども多く目立っている。

これらはいずれも各自が自由と生活を求めて愛する父母兄弟と姉妹、そして妻子と同志たちまでも捨て、単身死を覚悟しての脱出である。

下関での平新号船員亡命義挙事件、金貴河選手の亡命事件、そしてこのたびの板門店における李穂根氏の義挙事件は永久に記録されるべき事件である。

人間社会に悲劇があるとすれば、この李穂根氏の悲劇を言うであろう。生命と自由が貴いものだとすればまたこの李穂根氏の生命と自由を得るために払われた代償をもって判断すべきであろう。

共産狂信徒に改造する北傀の文化人

―李穂根同志を迎えて―

韓　載　徳

金日成一党は人を牛馬の如く取扱い、それにも満足せず、「千里馬」という名前までつけて使役させていることは世間が周知っている事実である。それ故にその文化というのは人間の文化でなく、千里馬文化であり、文化人というのは文化的人間というより文化の手伝いをする千里馬という人間的馬である。

その位置と待遇

今回の北傀中央通信社副社長李穂根氏の北韓脱出はこのような意味で馬から人間への人間還元乃至人間復帰により、私は李氏の「私は自由を選択した」という人間宣言を衷心から歓迎するところである。

今、中共が紅衛兵を押立てている所謂「プロレタリア文化大革命」という史上最悪の非人間的大変乱が全世界を騒がしているが、事実は研究の点では毛沢東よりももう一段上の金日成はすでに八、九年前に所謂「党中央集中指導事業」という名前でこんなことをもっとうまくやってのけたのである。この「党中央集中指導事業」を始める直前の一九五八年十一月二十日に開かれた「勤労員たちのための講習会」で金日成は「文化革命」を強調しながら次のように叫んだ。「われわれはわれわれのすべての生活を文化的に改造する事業が当面の重要な事業として全群衆的事業に展開しなければならない」これはいかにもと思われるが、彼が言う「文化的」とはすべての人間を共産信教徒につくることが即ちそれであることを意味しているのであった。彼はことばを続けて「勤労者たちの文化水準を高める事業や共産主義教養事業などみな党（共産党）に対する忠誠の精神を高める精神にまで教育する問題と結びついているのである。党員であれ、非党員であれ誰でも皆労働党に忠誠を捧げなければならない。党に対し忠誠を捧げるということは党のためには自分のすべての力を、必要があれば生命までも捧げて戦うような戦斗精神を指して言うのである。」

見て―金日成式の文化のこじつけを―党員ならいざ知らず、

八道江山（劇映画）

公報館で僑胞慰安会に上映

本国で爆発的人気を呼んでいる劇映画「八道江山」は、四月中、公報館（ホテル・ニュージャパン内）で毎週金曜午後六時から上映されている。

国際映画の評判はすでに日本国内にも伝えられて鑑賞希望の人々が多く、公報館では多数の来館を歓迎している。入場は無料。

本国の記者団来日

社経部長ら十六名が日本視察

ソウルの東洋通信社編集副局長許鐘浚氏を団長とする本国の新聞社経済部長ら十七名が去る三月三十一日に来日し、神戸、大阪、名古屋、横浜、東京、北海道を訪問して産業施設、政財界人士との面談などを行なった後、四月十四日から同十六日までの自由時間を過して十七日に帰国した。

なお、一行の顔ぶれは次のとおり。

許鐘浚（団長）　東洋通信社編集副局長
李春九　東亜日報経済部長
沈鎔補　朝鮮日報　〃
権時弊　韓国日報　〃
呉応鎮　ソウル新聞　〃
李丙大　京郷新聞　〃
李光村　中央日報　〃
鄭大永　大韓日報　〃
林升準　新亜日報　〃
李承龍　東洋通信　〃
任鎮峴　合同通信　〃
徐基鎮　同和通信　〃
文暢宣　ソウル経済新聞　〃
文尊尉　現代経済日報　〃
金鎬和　大邱日報　〃
徐廷太　三南日報　〃
鄭泳鎬　忠清日報　〃
金永秀　産業経済新聞　〃

借款と技術導入を認可

日本から製紙工場プラント

本国の外資導入審議委員会は四月十二日、日本からの製紙工場プラント導入とこれにともなう借款を承認した。その内訳は次のとおり。

一、原木輸送用船七千五百トン級一隻導入のため三養社＝東洋棉花間で百二万二千ドルの借款。

二、クラフト紙製造工場建設のため大永産業＝三菱商事間で四百四十九万ドルの借款

三、年産一万四千トンの印刷用紙工場建設のため漢城工業＝三菱商事間で百二十万五千ドルの借款

四、年産一千三百五十トンの印刷用紙工場建設のための韓国パルプ＝光商工の間で五十三万ドルの借款

五、大韓インキ製造＝日本ペイント間でペイント製造技術、新和社＝パイロット間で万年筆製造の技術。

67年度奨学生を広く募集―中央文教局

日本の各大学に在学中の在日韓国人学生に対する、一九六七年度在日韓国人教育後援会の奨学生募集が次のとおりの要項で実施されており、中央本部文教局では四月十日付で全国各地方本部に公文を送り、広く全国各地区で多く応募するよう要望している。

一九六七年度在日韓国人教育後援会奨学生募集の実施要項

一、資格

日本各大学の学部および大学院、短大在学の韓国人学生で

（1）反共愛国精神を堅持し品行が方正な者
（2）国費またはその他の奨学金を受けていない者
（3）正規課程による該当期間内の在学者（平均成績が三点以上であること）
（4）家庭が貧困で学業を継続出来ない者

二、募集期間

一九六七年四月十日から五月十五日まで

三、募集人員

全国総数百名（但し在学七十名、韓国学校高等部在校三十名）

四、申請書類

（1）奨学生志願書（所定の書類）
（2）在学証明書
（3）成績証明書
（4）学校推薦書または学長の推薦書
（5）国民登録完了証
（6）履歴書と写真（但し申請書類は各一通提出のこと、但し新入学部一年生は出身高校の成績証明書を提出する。また申請に必要な所定書類は各地方本部または支部で受けて、記入後は支部と地方本部を経由して提出すること）

五、書類提出期間

各地方本部は一九六七年五月十五日まで中央本部文教局まで提出する。

六、選考方法

各県から推出された書類により第一次書類審査をし、個人別の第一次審査を経て教育後援会、奨学会、中央文教局間の三者協議のもとに最終決定をする。

七、合格者の発表

韓国新聞紙上でも発表すると同時に各本部を経由して本人に通知する。

各県本部で定期大会開く

姜桂重団長を再選
本部ビルの早期建設表明

大阪

大阪本部（姜桂重団長）では四月四日、同本部講堂において第六回地方委員会ならびに第二十五回定期大会をひらいた。

同大会は代議員二百七十八人（定員三百九十七人）が参席、経過報告のあと新年度活動方針を決定し、新たに役員を選出した。

新役員は次のとおり。

団長　姜桂重
副団長　趙宗大
〃　黄七福
事務局長　李君南
議長　金遠寛
副議長　金守哲
〃　梁慶承
監察委員長　方鍾錫
監察委員　尹錫珠
監察委員　張基説

ところで、今回の姜団長の三選については次のような極めて模範的な同本部代議員の姿勢があったことが全地区から賞賛されている。

というのは、第一回投票で姜団長の得票が過半数に満たないものとなったところ、対抗立候補者であった朴玄在が「民団の前進姿勢のため最多得票の姜氏に協力すべきだ」との態度を表明して立候補から辞退し、これにより他の後補者、金守哲、辺基柱の三氏も同様に辞退して決戦投票をすることなく姜団長の当選が満場一致できまったことである。

なお三選された姜団長は公約の一つとして本部のビル（韓僑会館）建設を早急実現したい旨を明らかにして期待されている。（写真は三選された姜桂重団長）

団長に兪錫濬氏選出

京都

京都本部は四月二十日午前十時から同本部会議室で第七回の地方委を開いたのに続き、第二十三回定期大会を開催した。

中央本部から張聡明副団長が参席し当面の情勢報告と法的地位に関する本国政府の態度および二十周年記念行事推進に関する説明をしたあと、団結と建設的な組織強化を要望した。

引き続き討議事項があったのち役員改選に移り、新団長に兪錫濬氏を選出して次のような陣容となった。

団長＝兪錫濬
副団長＝呉興兆、王利鎬
議長＝趙奇鎬
副議長＝文東奎、裵成信
監察委員長＝金成局
同委員＝梁熙日、河炳旭
事務局長＝未定
常任顧問＝金元守、金在述、李宗樹

柳甲録団長を選出

岡山

岡山地方本部は四月十六日午前十一時から第五回地方委員会（定員二十五名）を開いて①新年度の活動方針と予算をきめ、同午後一時から第二十四回定期大会を開いたが、代議員百五名中七十五名が出席して役員改選を行ない、新団長に柳甲録氏を選出したほか、今年度中には会館を建設することをきめた。

新陣容は次のとおり。

団長＝柳甲録
副団長＝趙三源済、金英鎮
議長＝李泰均
副議長＝洪鐘両、陳晃相
監察委員長＝林炳護
同委員＝李時允、林鐘元
中央委員＝柳甲録、李泰均

なお、引き続き四月十七日には午前十時から中央本部姜鶴憲組織局次長を中心に県下の商工人が多数参席し、熱心な討議を重ねた。その結果、新三機関および各支団長会議が協力して近く商工会の総会を開催することになった。

崔泳安団長を選出

栃木

栃木県本部では四月二十日に定期大会を開き、役員改選を行ない、次のような陣容となった。

団長に崔錫卿氏
議長には張泰熙氏

文圭準団長を再選

福岡

田連寿団長を再選

北海道

金芝道団長を選出
長野本部大会

朝総連からの転向相次ぐ

最近、国民登録更新を契機に在日僑胞一部の中立系と多数の朝総連系の韓国籍獲得が目立ち、その数は別項のとおり九千名を突破しているが、中でも朝総連系での組織活動家、教員なども含まれ注目される。ここに紹介する三人は、前朝鮮奨学会代表の理事然だった崔竜渕、山口県で二十年間も朝総連組織につくした朴東根、この三月まで東京朝鮮中高学校の教員だった金良基の三氏で、各自それぞれの声明書を通じ朝総連内部をバクロしている。

北傀は民族抹殺の政治
金日成徒党は野獣の専横
―前朝鮮奨学会代表理事　崔　龍　淵―

前朝鮮奨学会の代表理事であり、最近まで朝総連系として生活してきた崔竜渕氏（五十歳）は、一九四五年八月十五日の解放以来、朝鮮人連盟に参加し、その後朝鮮民主民族戦線、朝鮮人総連合の事業に参加して朝鮮学生同盟の委員、財団法人朝鮮奨学会の代表理事として学生運動および育英事業に協力してきた。

だが、約十年前から「共産主義は新興宗教のような邪教、共産党はグレン隊みたいな無頼漢の徒党」ということに目ざめ、「北韓地域が民主化してはじめて祖国の統一がある。大韓民国は民主的基盤の上にあり、大韓民国を民主的基礎として祖国の統一をせねばならない」と確固に認識して苦悩の歳月を送ってきた。

そしてこの三月六日、ついに自信と勇気をもって朝総連を脱退し大韓民国居留民団豊島支部に入団を申請し、大韓民国の良実な国民のひとりとなることを決意したのである。（写真は崔竜渕氏）

声明書の内容次のとおり。

一、本籍地、大韓民国 平安南道成川郡四佳面麦田里八七
一、現住所、東京都豊島区西池袋三丁目三一―一二八（西川荘）
崔竜渕（五十歳）

私は一九四五年以来主張してきた共産主義と共産党（朝鮮人連盟、朝鮮民主民族戦線、朝鮮人総連合）および金日成政権に対して「お前たちは気違いだ、遠からず滅亡するであろう」と宣言して訣別した。

共産主義は新興宗教のような邪教であり、共産党はグレン隊みたいな不逞漢の徒党である。かれらは人間の価値と個人の尊厳を知らず、神秘的な党と独裁者金日成個人に対し逆立ちしている。

北韓には金日成が過去に日帝時の天皇のように君臨し、日本では金日成が派遣した韓徳銖が過去における日帝の朝鮮総督のような占領政策をとっている。

過去の日帝はわが民族に対し植民政策をもって強圧したが、金日成と韓徳銖はわが民族に対し抹殺政策をもって強圧している。

北韓には国家の主権が金日成一人にあり、国民の主権が剥奪されている。北韓の政治は民族抹殺であり民族抹殺である。金日成徒党は野獣のような専横をし、金日成が派遣した韓徳銖は進駐軍占領司令官のように日本において財物の調達にのみ血眼になり、在日同胞および民族に対する思慮など、その狂った頭の中には何一つもない。

強盗であろうが、人殺しであろうが、要は韓徳銖に金を納めれば金日成に報告し、「愛国者」だとほめて褒賞を与える。

いかに誠実な人間であろうと、韓徳銖に対してさからうものは「逆賊だ」「間諜だ」とレッテルをはり、狂人の扱いをする。

二十年間しぼって差押え
朴東根氏（宇部市）が民団に転向

朝鮮高校（東京）教員から転向
教育とは社会主義思想の強要

金良基

すでに9000人が転向
朝総連から韓国籍獲得

在外国民就籍に関する臨時特例法

滋賀韓僑会館が落成
300名参席・盛大に祝賀

罹災者に救いの手
千葉本部　船橋の火災にみる同胞愛

新潟韓国学園の修了式
盛大に第一期

中・高校生の会議開かる
＝岐阜韓国学園の主催で＝

尋ね人

徐正浩氏永眠

勝共統一への迫力

全国民が近代化へ総進軍

計画経済終れば一大飛躍

母国を訪ねて

尹　翰　鶴

私はさる三月十日から同三十一日まで、二十三年ぶりに母国を訪ねた。言葉の上では簡単に二十三年ぶりといっても、四月一日に東京に帰ってからいろいろ考えると、その二十三年間という歳月が限りなく長いものに思えた。母国での二十二日間の生活は日本ボケで通し、帰ってからは韓国ボケとなって未だに思考が百パーセント正常でないことをまず卒直に告白せざるを得ない。それは、たびたび母国を訪れる人々と違い、今様浦島太郎みたいなもので、正直いって母国における生活が短期間であったとはいえ幾つかの強烈なショックが余りにも多くのことを考えさせたところに原因があると思う。以下、私は限られたスペースに母国を語るわけだが、通り一ぺんの政治、経済、社会文化といったいわゆる「学」的なことを避け、きわめて素朴で卒直な童心にかえって私なりの見聞と印象で感じたことを素直にまとめることにした。

金浦からソウルまで

三月十日のひる過ぎ、NWA便で羽田を出発した約二時間後からは機内の窓に顔をくっつけ低く垂れこんでいる雲の切れめから母国の山河をさがし求めて苦労した。

かつて北海道や大阪、九州などと航空旅行をしたことも数度あったが、今度ばかりはまるっきり小中学生の修学旅行みたいな気持ではやる心をどうしようもなかった。

だが、意地わるな雲は最後まで切れず、金浦空港に着陸する寸前になってようやく下界が見下ろせた。わが母国！と思う間もなく金浦に下りたったとき、はじめて母国の土を踏んだという実感らしいものが湧いた。

空港から外へ一歩出ると、青い空のもとに吹く風は日本と違いさらっとした快感を与え、上気した私の心をしずめてくれた。

約十分、二本のタバコを続けてふかしながら、ソウルに入る心の準備をしつつ立っていると、客引きのタクシー運転手が次から次へと私にタックルしてきた。私はその中で最も親切そうな中年近い人を選び、約二十分間ソウル中心街に入るまでいろいろと予備知識を得ることにした。

私が二十三年ぶりに帰国したと聞いたこの忠清道出身の運転手は、親切に私の質問に答えてくれ、すすんでいろいろ説明してくれた。

タクシーはほとんどが日本産のブルバードでメーターは六十円からはじまり十円ずつ上る。いずれもそろそろ「停年」といった車体で間もなく同じ日本産のコロナにかわるのだという。

漢江を渡ってからの説明はこまかくなったが、日本帰りの田舎者にとっては見当がつかない。ただ、六・二五動乱に参戦したこの運転手が実感をこめて説明する復興と建設のあとや新住宅群などが目につき、ソウル市内に入るにつれて人の多いこと、車の多いこと、街のあらゆる商店や露店などに物資があふれていること、交通巡査がキビキビ人と車を整理していることなどが移りかわっていくうちに、目ざすニューコリアホテルに着いた。

メーターで三百八十円、五百円と百円札、五十円、十円札など金の区別に苦労して運転手から笑われたが、車内の説明に対する御礼を含めて六百円払い、月間の実収入は会社が一台当たり約七万円、運転手が三万円以上ということの人の「生活は満足です」という言葉が耳に残り、ソウル入り第一歩から嬉しい思いをした。

映画〝八道江山〟

翌日からは多忙なスケジュールがあり、余り時間の余裕がなさそうだったから、ソウル入り早々の第一夜に、話題の映画〝八道江山〟をみるべく国都劇場という映画館に入った。入れかえ制で約三十分以上も二階の喫茶店を兼ねた待合室で待たされるうち真向かいに坐っている若い夫婦から言葉をかけられた。「日本からですね」と言われびっくりしたが、私がいかにも日本ぼけしてやぼったく見えたのだろう。男は制服の襟章という陸軍大尉、新婚らしい奥さんはきれいなものでういういしかった。

新聞屋根性で幾つかの質問をしたが、この大尉殿は三八線の最前線勤務をしており休暇で帰ったところであった。

きびしい最前線でたび重なる北傀軍の挑発が続いているが、われわれに鉄壁の防備あり、いささかも御心配はいりません、と力強い言葉だった。

全館指定席で満員のこの劇場は、続映に次ぐ続映のロードショウを重ねこの映画がいかに今の国民の心情にマッチしているかがうかがわれたが、当代一流の名優を揃えたこの映画は、内容の面白さに加えて各道別の郷愁と観光を織りこんだもので、忠清道では扶余、白馬江と落花岩、国宝の古寺、全羅道は南原の広寒楼、光州附近の広大な干拓工事と木浦のユダル山と三鶴島、済州島では西帰浦、牧場、慶尚道では釜山港、慶州の仏国寺、蔚山の精油工場、江原道は漁村と三八線そのほかと、ソウル国立競技場など観光でもカラーによる素晴らしい出来ばえであるが、主演俳優の好演技と女優陣の華麗さは他に比を求められないものがあった。

自国に対する誇りと郷愁と観光と、まさにこの映画は八道江山をひっくるめて国民に爽快な清涼感を与えており、その人気は全国的にすさまじいものがある。（註、同映画は現在駐日公報館で毎週金曜日午後六時から上映している。入場無料）

この映画がはねたのは夜の十一時すぎ、通行禁止の十二時を気にしながらあるテボ屋（飲み屋）に入り、どぶろくを二はいひっかけてはじめて「オレは本当に母国に居るんだ」と思った。

ソウルの街を歩く

三月十二日は日曜日だった。知人の案内で古宮めぐりをしたあと、ソウルの街を歩いてみた。

ソウル市民はよく歩く。古宮に入っても弟や子供たちに一つ一つ説明して歩く兄や親たちが多く、自分たちの歴史と民族文化に対する積極的な姿勢がいたるところでみられた。

それが中心街にあって市民の公園化している徳寿宮になるとにぎやかだ。博物館内に秘められている世界的な民族文化の一つ一つには、小中学生をはじめ多くの人々が集まり、子供までがそれらをよく知っているのには驚いた。

公園を歩く若いカップルや家族づれはその多くが肩にカメラなどをかけており日本と変わらない。バレーボール、バドミントンを楽しむ若いグループもあり、いずれも休日を楽しむといった平和で楽しさ一ぱいの風景だ。

四百万近いといわれる人口をかかえたソウル市は、いたるところ人の波である。

映画館の前には列ができ、各新聞社前の掲示板にも人と人、大衆食堂のドアを開けると満員、喫茶店に入っても満員、どこへ行っても人があふれている。

南大門市場に入ってみた。海の幸と山の幸、その他ありとあらゆるものが積まれ、一ぱいの人だかりで歩けたものではない。一体これが私が日本で想像した母国だったろうか！一口で言えばまさに物資の山、食べ物の山である。

街を歩く若い女性、喫茶店で談笑する女子学生たち、いずれも化粧したあとも見えず、明朗で健康美そのものである。素顔のままの健康美と明朗さ、私はこれを通じて母国の健康な一面を診断できたような気がした。

大衆食堂という看板のある食堂に入った。広いオンドル式の部屋にテーブルがたくさん並び、一ぱいの人が坐って食べている。ほとんどがプルコギ（焼肉）の小火鉢の上に細かくきざんだ牛肉をもり高く積み上げ、十種類内外のおかずとともりもり食べている。日本化されている私にとっては、まさに驚きだった。というよりもあの旺盛な食欲には圧倒されてしまった。いい加減の酒が入っているヤカンの正宗（九十円）を飲みプルコギ（百三十円）を食べながらメニューをみた。

焼酒（ヤカン入り）七十円、ビール一本百五十円（OBビールというのはおいしく大量が外国に輸出されている）カルビタン九十円、コムタン七十円、ビビンバップ九十円、冷麺九十円、チャンクッパップ八十円、トックク九十円といったところ、どれも日本で食うものとは味もうまく量も断然違う。三人～五人で飲んで食べてもさほどふところにひびかない。

夜の明洞街はにぎやかだ。道路一ぱいの人々が談笑しながら歩いている。東京みたいなパチンコ屋（特定な場所にはあるときいたが）もなく、玉つき場だけが目についたほか消費的な娯楽場は何一つない。これは何よりも嬉しかった。

何某女史のピアノ独奏会が催されるホールの前にはインテリ男女の列が長く続き、きらびやかな店内の商品は舶来できれいだ。

テボ屋の中は十一時すぎまでにぎやかで、白いどぶろくのコップを手に議論に花をさかせ暗い顔は見当たらない。入口の窓にはどぶろくのアンジュが色とりどりに積まれ、見ただけでもちょっとヘキエキせざるを得ない。よく食べよく飲み、通禁十二時ぎりぎりまで精一ぱいにエンジョイし、精一ぱいにハネをのばしている人々、ある文化人らしい中年近い二人は一ぱい気げんで怪談のキッスをし「愉快だった。またあした」といって別れていた。

十二時になるにつれて帰宅する人々の足は早く、タクシーの争奪戦が展開される。この騒ぎがおさまると、あとは静寂そのものだ。

金玄玉ソウル特別市長

釜山特別市長だった金玄玉氏は思いきった都市建設をやった。朴大統領がこれをみて「これは使える男だ、まごまごするとソウルが追い越されてしまう」と思い、さっそく金氏をソウル特別市長に任命したのが一年前、この市長さん着任早々からブルドーザーをもって片っぱしから押して押しまくって道路をつくり住宅を建てて、それこそ一日の休日もない文字通りのオイソガ氏ぶりを発揮してソウル市民をびっくりさせた。

だが日がたつにつれて朴大統領の絶大な信任を受けるだけあって、やることなすことが驚嘆そのものだということになり、ついには、いたるところで賞賛の拍手にも住民が納得するようになった。

突貫工事につぐ突貫工事に従事している人々のヘルメットには、「突撃」「建設」の文字が書いてある。

一週間見ないとソウルの街角が変わってしまう、ときかされ「まさか」と思ったが、知人や私の家族にきいても、これは事実であり金市長のニックネームが「ブルドーザー」であったのもうなずけた。

金市長が就任して以来この四月一日で一年となった。総面積六一三・〇四平方KM、九区三〇一洞、人口密度六、二〇七人を持つ約四〇〇万近い大世帯を持つソウル、その内の失業者は約二〇・七％低下して現在一八・八％、就業者八一〇、三九九人非経済活動一、一八八、四一三人という台所を預かっている。

「市民を主人に！」を信条とする彼の一年間の功績は、交通難を三一％緩和させ交通事故を一五％減少させた。道路工事面積は七平方KMで二十七路線、陸橋二十二カ所、地下道七カ所、増車はバス、タクシー、合乗で年年度の計六、〇四五台に比べバス一八九台タクシー一、二三三台、合乗は大型化して六〇〇台の計七、四六七台、宅地造成（漢江宅地）六〇、〇〇〇平方M、不良建物整理二三五六八棟、上水道一〇万ｔ増加で給水率は六八％、下水道は九四六KM、住宅は計四五、二〇五棟が新築されたなど、全く目まぐるしいほどの働きをした。

しかし、彼が就任時に言明した公約が住宅建設において大きく開き、新聞には若干の批判も出ているが、その他の功績からして彼の業績を「迫力ある献身的な行政」だとして高く評価している。

金市長の夢は一九八一年までにかけられている。その未来像は素晴らしい首都にある。その全貌をくまなく全市民に知らせるとともに、期間毎の業績もガラス張りで市民に報告していることが目につく。

南山の上からソウル市街を眺めるとき、この首都が想像をこえて飛躍したこと、更にこのブルドーザー男に引っぱられて面目を一新するだろうことを思うとき、スカッとした青空がいっそうきれいに見えた。

分譲アパート

知人の住む高層分譲アパートを訪ねた。一棟に約七十世帯以上が入居しており、日本の団地に比べて居間ほか環境も美しく広く整い、幾棟も並んでいるのは心温まる眺めだ。日本式でいうと六畳と四畳半のある世帯を見たが、水道に水洗便所、キッチンに応接間とシャワーがあってオンドル式、ベランダの上には花が植えてある。全棟で一世帯平均三～五人の入居であり、スティームがあって冬もあたたかい。入居条件は四十三万円で三十万円は二十年払い、グリーンの庭園にゴミ焼き場まであり、積木子供の遊び場があって子供達が元気に自転車を乗り回していた。

室内に電話があり、セットのある応接間でウイスキーを御馳走になったが、内部はやはり韓国式で静かに落付けた。

郊外にみる赤レンガ葺の住宅も数多く、あと数年たったらこの郊外がどんなに変貌するだろうかと想像もしてみた。

ソウル大学と僑胞留学生

ソウル大学を訪ねて在日僑胞子弟の留学生と逢った。ソウル大学の中には留学生のための「学生指導研究所」があり、李創基先生が担当している。訪ねたちょうどそのとき、日本の大学から着いたばかりの留学生君が家族一人につきそわれて入学手続をしていたが、国語を全然知らないので李先生が片言の日本語で話すのにひと苦労していた。

留学生諸君はここで一年間国語を習得し、テストを受けて各大学に入学するわけだが、ほとんど半数以上がパンボンオリ（国語を解さない）で悲観視されていた。

それに努力が足りない。本国の学生とは実力の差があり過ぎる。金を使うだけで目的なしの生活と、正直に言って担当の先生は頭をかかえており、この「政治的配慮」による留学生受入れに対し批判的で「実力主義」を強調していた。無理からぬことである。

留学生を代表して留学生会長の金養栄（医大本科一年、大垣高出身、福岡）金宗栄（文理大医予科一年、福岡香椎高校出身、福岡）李順子（東京韓国学校出身、梨花女子大一年、東京杉並）朴思光（韓国学園出身、四年生、九州）の諸君と逢った。

留学生の基本的姿勢に問題がある。目的観がない、勉強しない、勉学の意欲に負けている、留学生に対する本国学生の批判が多い。下宿生活が四分の三だという実情を話してくれたあと、これから留学してくる後輩に対しては「目的意識をしっかり持つ基本姿勢を確立し、決して甘い考えで来るな」というきびしいものであった。

本国留学を望む学生諸君とその父兄は、このような実情をよく研究することだ。母国では大学に入学することが、実力中心の高い競争率で行なわれていることを考えると、甘い考えで遊びにでも行くような、日本の三～四流大学にでも入学するつもりであっては困る。

一九六二年から「スペシャル・ケース」としてはじまっている僑胞子弟の本国留学は、各大学における批判的態度によってそろそろ事情が変わりそうだ、という印象を受けた。

総合展示会場と自由センター

徳寿宮にある経済開発五カ年計画総合展示会場には、公報部主催によって第一次五カ年計画から第二次五カ年計画にかけての主要開発事業が模型や図表で展示されており、関心深い人達の見学が絶えない。

一九六〇年比一九六六年までの成果、それから一九六七年からの目標などが一目でよくわかるが、特別に案内役がいて親切に説明してくれた。

電気、精油、肥料、金属、セメントなどの基幹産業に関する知識が得られる。

このように主要産業開発の成果と目標を国民に認識させ、貯蓄と倹約、増産と輸出を国民のスローガンとしている様相は、民族の中興と祖国の近代化を指揮している朴大統領の理想がきわめて自然によく国民に受け入れられているように見えた。

帰りに、日本から来た新聞記者だというので特製の書籍数冊と、記念ライターのプレゼントを受けた。

南山公園を右に見つつ左に奨忠体育館、ついで新装なった迎賓館を眺めながら坂道を上ると反共連盟自由センターの近代建築があり、その前方の小高い丘の上には十七階建ての「自由ホテル」が新築されていた。

関係諸氏と挨拶をかわしたあと、一九五四年六月十五日、亜細亜民族反共連盟（APACL）として発足し、六四年十二月二日に自由センターの開館、これが六七年四月一日から世界反共連盟（WACL）に発展するほか、その反共を命題とした任務と機構および活動などについて説明をきき、「勝共館」を見学した。

この中には世界の共産圏と自由陣営の実相が写真で説明され、共産主義には勝たねばならない、ということが強調されているが、特に目を奪うのは北韓工作員から押収した数々の生々しい実物資料の展示であった。

この自由センターでは在日居留民団幹部の講習会が毎年開かれるが、これからも積極的にその事業を進めると言っていた。

おそらく、この中を見学する人は、人間の自由がいかに尊く、これを奪う共産主義がいかに非情なものであるかを実感として知ることが出来よう。

なお、ここでは機関紙月刊「自由公論」をはじめ、反共理論誌ほか数々の出版物を出しているが、これらを日本であまり見かけないのは残念である。

李穂根氏の脱出事件

私は三月十二日、ソウル市から私の郷里（全羅北道沃州市）の金漢相市長に電話をかけ、私の家族への連絡を頼んだ。日曜日であったにもかかわらず、金市長は家族に連絡をとってくれ十五日に故郷入りをし、二十五日まで七十八才の年老いた母のもとに滞在したが、二十二日のラジオニュースと毎日で北韓中央通信社、李穂根副社長が板門店から決死的な脱出をしたことを知った。

二十六日、家族との再会を約束して再び上京し、二十七日に関係当局を通じて李穂根氏との単独インタビューを申入れた。

だが、当局の都合で三月一ぱいまでは国内記者会見もおぼつかないとのことで断念せざるを得ない情勢だったので、半島ホテルに居る権逸団長にも相談したが結局は権団長も私も「残念！」と諦めざるを得なかった。おまけに、見学予定だった板門店行きも、李氏事件直後で全面的に「見学お預け」となり二重の残念となったのである。

しかし李氏が居る同じソウルにいるということで気をとり直し出来るだけその雰囲気に飛びこみ、李氏の脱出事件がソウル市民にどのように反映されているか、を観察することにした。

私がソウルと郷里に居る間だけでも、南大門市場における武装北傀間諜の射殺事件、全羅北道扶安での武装間諜狩などがあったが、これに対する一般民衆の反応としては、特別それらしいものはなかった。というのは、それら北傀間諜が逮捕されたり、射殺されるのは当然だという態度であり、北傀間諜のことをまるっきり「子供のいたずら」だと片づけている。徹底した反共意識から来る自信によるものだろう。したがって北韓間諜がいても韓国社会では到底動けたものではない、というのが定説となっていた。

だが、北から帰順して来る人々に対しては正反対の反応を示し、温かい兄弟愛を見せ、いたるところで話題にのぼっている。

今回の李穂根氏のような大物となると、その反応はさらに大きい。地方でもソウルでも、李穂根氏の勇気をたたえ、同情する声を街頭できいた。彼の記事がのっている新聞はよく売れ、それをむさぼり読む人々も多くいた。この事件を通して知る北韓の様相をハダで感じ、一ぱいのどぶろくでも飲みながら自由を謳歌している自分たちをしあわせだと語っている。三十日の夜あるテボ屋で飲んでいたら隣りのおっさんが、突然私の肩を叩いて曰く「ねえあんた、どう思うかね。三八線がなくなりゃあ全部がこっちへ来るんじゃないか。李穂根さんをこっちで拉致したというが、連中はくやしいウソを吐いては心で泣いているよ。李さんはこちらへ来て食べ物が余りにも多いから食べる前にゲリをしたのと違うか」と。

李穂根氏が私のように南大門市場を見ては驚き、半島ホテルのアーケイドを見ては目をまるくし、大衆食堂に入ってはサンチュ（韓式野菜）で飯をつつんでおいしく食べたとか連日のように報道されていた。

二十三年間も故国を離れたままでいた私などよりも、彼は更にきびしい精神環境の中で生きるべき自由までも失い、ついには命をかけて南に自由を求めた、と思うと、あのテボ屋で私の肩を叩いたおっさんと同じような気持を抱いた。数日前、李氏がソウル市民の大歓迎式で、市民から二千万円以上の暖かいプレゼントを受けその前途を限りなく祝福されたことを日本で知ったとき、このことはきっと電波にのって北韓同胞たちの耳に入ったであろうと信じた。

反共と統一

ソウルでも地方でも、いかなる所にも「反共と防諜」が表示されている。

政府の徹底した宣伝啓蒙と、水ももらさぬ国民の協力はしばしば北韓工作員の逮捕となってあらわれているが、政府の宣伝啓蒙と言うよりも六・二五動乱を身をもって体験して国民は理屈ぬきの反共である。

タクシーの運転手、ホテルのボーイ、あるいはテボ屋、その他であう人は誰でも六・二五動乱が話題になると徹底した反共態度を示した。

理論では知っていても、実感としてつかめない私など、いかなる反共論をもってしてもこれにはかなわない、と感じた。

したがって、ある知人が話したように「われわれこそが本当の統一を願っているのだ。北韓の宣伝する統一は言うに及ばず在日僑胞の一部が言う統一理論もわれわれには迷惑だ。われわれは直接的な当事者である。北韓の宣伝する統一の正体をよく知っており、一部の在日僑胞の言う統一云々は無責任なセンチメンタリズムから来るものだ。統一とはそんな生やさしいものではない。本当に統一のために苦しみ悩んでいるのは三八線を目の前にかかえているわれわれだと思う。要は、韓国のいう勝共統一こそが統一の唯一の道で、このきびしい現実の中ではその他のいかなる理論もぴんと来ない」という統一問題についても、現に三八線を目の前にして間断ない挑発を受ける一方、いたる所で間諜と工作員が破壊工作をやっており、最近ではこれが武装化されているという事実の前では、これもやはり「理屈ぬき」のハダで感じるものがあった。

つまり勝共統一ということについて、実際に本国の現地でひしひしと迫るきびしい対決の実感を持ってみると、簡単に納得がいくのである。

「いざという事態が起れば公務員であろうが失業者であろうが、総決起してあの六・二五の二の舞いはさせないだろう。」という知人の言葉は私に強烈なショクを与えた。

ドイツ人に学べ

ソウル市で働くドイツ人（西ドイツ）の話は誰にきいても一致している。

派遣されて韓国の工場建設などに来ているドイツ人は、韓国で最も安いタバコを吸い、それも二、三人集まらないと吸わないという。

というのは、タバコを吸うために使うマッチ一本、ライターの一滴の油にしてもそれは「倹約して」いるというウソみたいな話である。

ワイシャツが汚れても決してクリーニングに出さないというウワサもあり、ホテルに泊っても金を出して酒を飲むとか、遊びに歩くなどのことはないとのこと。

そういうわけで、誰もがドイツ人をほめ、尊敬はしても決してケチン坊だとは言わない。

残念ながら私は彼等の生活を目撃出来なかったが、とにかく戦後あれだけの富国となった第一の原因が、故アデナウアー頑固じいさんの指導による徹底した国産品愛用と倹約にあったことを思い合わせると、どうやらこの話も神話みたいなものとは違うと思った。

そして誰もが異口同音に「ドイツ人に学べ」である。ドイツ人も偉いが、これをほめて尊敬し、これに学ぼうとする人々も偉いのではなかろうか。

評判悪い在日僑胞

ソウルできいた在日僑胞の評判は一致して悪く、甚だ残念に思った。

その理由は数々あるが、中には紙上に書けないこともある。特に最近では在日僑胞がよく三面記事の主人公となったりしているので、かつては日帝時代に日本人の前で「オレは朝鮮人だ」とハッキリ言えなかった在日僑胞が、今や母国に帰って「私は在日僑胞です」と言うのにひけ目を感じるようになっている皮肉さには腹が立った。

ホテルでも迷惑のかけっぱなしがよくあり、本国でも好んで日本語を使い、すべてにおいて「オレは日本から来たんだ」と変なうぬぼれを持ち、母国のすべてを日本と比較しては見下げるくせを持っている。しかも日本流の新式サギや、知能犯を流行させるブライのやからが居るに至ってはまさに言語道断である。

また一部人士の中には、我こそが在日僑胞の指導者であり実力者である、と言わんばかりの自称偉い御仁たちも居たりして、本国の公務員から学生、店員、ホテルのボーイに至るまでのヒンシュクを買っている。

成金さんがソウルのホテルにとまり、洋式便所の使い方も知らずにえらい迷惑をかけた、との話しも聞いたが、そのくせすべて日本を基にして判断するとあっては、話にもならない。

勿論これらは一部のごく少数の人達であるが批判は更に続く。「本国を訪れる在日僑胞よ、『本国』に対しては謙虚で建設的であれ」と。一片の祖国愛があるならば、祖国のあらゆる過渡期的な現実に最も真面目な感情をもって対し、一日一日をきびしく生きている本国同胞たちに激励の気持でも持つのが当然ではなかろうか。日本帰りの僑胞はほとんどが日本ボケしていて無知であり、無責任な批評家であり、観光旅行に来た外国人以下であり、何かうまいスープはないかと鼻を鳴らす人種だ、という酷評を頂戴しても止むを得ないだろう。

在日僑胞の一人として、私はこのことを特にありのままに書いておいた。大方の御参考になれば幸いである。

ソウルに居る権逸団長

三月二十三日に権逸団長が共和党に正式入党した、ということを郷里で新聞で知った。

三月三十日、半島ホテルに権団長を訪ねてこのこと、さらに権団長が共和党の地方遊説に立つことについてその心境をきいてみた。以下は権団長が機関紙韓国新聞編集局長としての私に述べたことなのでそのとおりを簡単にまとめた。

権団長は三月二十一日にソウルに着き、二十三日、共和党総裁の推薦を受けて共和党入党の手続きをとり、政府当局を訪問して民団の団務一般および在日僑胞の法的地位問題などについて建議をしたあと、四月一日からはじまる共和党地方遊説に際し、大統領選挙対策委員会の顧問に推薦を受け、共和党総裁遊説班の顧問および演士として地方遊説に立つことになった。そしてその所感としては「今回私が大統領選挙対策委員会の顧問に推薦を受け、要路の勧めもあったので共和党に入党し朴党総裁遊説班および金鍾泌党議長遊説班の一員として遊説に立つのは、在日僑胞の一人として現政権が継続されることが国家のためである、との確信からであり、同時にまた在日六十万を本国国民と直結させ本国国民の前にその正しい姿を反映させるためである。

迫力に満ちた本国の実相はそれこそ日進月歩であり、文字通り『偉大なる前進の年』を迎えている。

私は自分の持つ報国をつくし、一人の在日僑胞としての責任を全うし報いたいと思う。」

ガム売りと幾つかの苦言

ソウルでも地方でも、街頭、喫茶店など場所と時を問わずに老若男女のガム売りがうるさく、特に幼ない子供達が目につく。新聞売りの多いのには閉口した。

どんな品物にも正札がついてない。たとえ自国のものを買うにも値切るのが当り前であり値切らないのはアホウだと言う。

列車の沿線にみられる田や畑で働く女性たち、赤、黄、青の原色のチョゴリとチマは美しいが、働く服装としては長いチマなど合理的でない。日本式のモンペ姿まではいかずとも「働く服装」をして能率をあげるべきだ。

すべてにおいて金（ワイロ）を使わないと「もの」にならないということは悲しいことである。

また定年近い一般サラリーマンが、一万円ちょっとで五、六人の家族が食べられはしても子供の進学に困る。この四月から公務員の給与が上ってもなおこの苦しみは続くだろう。学校の先生は比較的に優遇され一番暮らしが良いようだ。

職のない者はみじめである。何か職を見つけようとしても数万円の金を握らせないとダメで、糊口策で顔が黒くなるばかりだ。

特に女性の化粧品は日本製とアメリカ製が優遇される。きけば品質が良いからだそうで、ヤミが値をきかせ、国産は消費量とコストの関係から良質のものを生産出来ないとか。だが、それこそ生産者も消費者も「ドイツ人に学べ」である。

すべては時間の問題

この国の政治が健全であり、国民が生きることと未来への希望を強く求める限りにおいては、ガム売りも靴みがきも、新聞売りもワイロも、ヤミ化粧品や日本製のタクシー、ラジオなども問題ではない。貧民街は世界のどこにもあり、その他同じような現象はどこにもあるのだ。

要は、挙国一致による民族の中興と近代化が進むにつれてこれらは徐々になくなるということだ。

その第一のメドが第二次五カ年計画であろう。歯をくいしばり、バンドをしめ直して突撃と建設が続く限り、目の前に希望が輝く。

ある人々は自分の母国を訪ねて私と同じような現実をみて悪々と軽蔑し、それに引っかけては政府を非難してさもバカにしたような手記を得意になって書いているが、私はこれらの人々に反問したい。

「諸君は一体どこの国から行った観光客なのか」と。

解放後の混乱、四・一九とか六・二五の動乱、五・一六の軍事革命とそれからの建設、このような歴史を背景にして、現在どんな田舎でもバスが走り、どんな小さい店の中にも酒やタバコ、お菓子その他があり、白米が自由に販売され、朝と夕方には国民学校、中高校生の制服の列が壮観を呈し、たとえ払い下げのオンボロジープでも田舎にタクシーがあり、わずかな金で腹一ぱい食べられて一ぱい飲める。

目に見えて増えていく工場の建設はやがて失業者を吸収するだろうし、未だに残っている粗末な家もレンガと瓦家に変わるのだ。

迫力ある為政者と雑草のように強い生命力を持つ国民がある限り過渡的な諸現象で悲観する必要はさらさらない。

私は一年後、二年後の母国がどのように変わっていくだろうかと大いなる希望を持ち、私がこの次に母国を訪れるときには必ずや私の希望を満たしてくれる何かがあるだろうと確信してやまない。それほどに母国は前進を続け、活火山のような迫力と生命力を持っているのである。

私は日本に帰って以来、母国の見聞とハダで感じたものが未だに生々しくよみがえっているが、これは長く消えないだろう。

同時に、母国に対する在日僑胞としての生き方を真面目に考え、たとえ小さいことであってもそれが母国のためになるのであれば最善をつくしたいと思う。

建設と統一へ総進撃している母国！これが母国のすべてである。

（本紙編集局長、写真上は筆者下は筆者撮影によるソウル公務員アパートの一部）

金玄玉ソウル特別市長

済州道にも跳躍の息吹き

六年ぶりに祖国を訪ねて

姜　鉄

機内は祖国のムードにつつまれていた。それは殆んどの乗客が同胞であり、機内放送がなつかしい母国語であったからでもある。窓からさしこむ日の光は機内を温め六年ぶりに祖国を訪国する私にとって快調は何よりも嬉しいプレゼントであった。

日本海からわが東海を引き行く頃から、私の視線は祖国の山野にそそがれる。二二〇七五平方キロの国土、私達がこの国土を日帝から守りぬこうと尊い血を流していた三十六年間に、日帝は純金だけで三六三トン以上と米三億数千万トン以上を積み出した等々、糸のような思案が脳裡をかすめてゆく。

機上からながめるわが国土はあくまでハゲている。だが六年前とくらべて多少ではあるが浅黒く感じられた。恐らく新しく植樹されたのであろう。心からこの新しい植樹がすこやかに成長することを祈らずにいられない。

それは山林の濫伐による洪水、干ばつのため耕地は荒廃にまかされ、年間二億四、五千万トン以上の尊い国土が河川に流されるからである。

やがて飛行機は着陸した。出迎えの東洋自工の自動車でソウルに向う。新しくかけた漢江鉄橋は流石に立派で近代技術を誇るに足るものがあったし十五、六階以上のビルが随所に見受けられ六年前とはくらべようのない発展ぶりであった。そして私を楽しませてくれたものに貨物自動車の数であった。六年前は飛行場からソウルまでの間で僅か数台に過ぎなかった貨物自動車が今度はかなりの数であった。

更に各新聞にも求人欄がかなりのスペースを占めている。これはわが首都が純消費都市から生産都市への息吹とも感じられた。

六年前のソウルの人々の視線はサル智恵で千金を夢見る貧相のようにうつっていたが、今度みるソウルの人々の視線は活気に満ちたいうなればやってみようとする意欲的なほのめきが感じられた。

数日後即ち三月二十日私は故郷である済州道向けの飛行機に乗った。

左手に遥峰山脈を眼下に湖南地方穀倉地をながめながら南下する。

わが国にはおよそ三、三〇〇余の島嶼があるがその内の二千余の島々が眼下に現われた。風光明美を誇る南海一帯が天然公園の様相を誇る南端、この島々の中に「閑山島」もある筈それはわが民族の永遠の誇りであり英雄である李舜臣将軍が倭敵豊臣秀吉の軍を撃滅させた戦跡地である。

水国秋光暮　警寒雁陣高
憂心輾転夜　残月照弓刀

これは李将軍の陣中詩だが、時速五百キロで飛び去る私に祖先の偉大さを囁かすよう、愛国精神の木霊で音もなく胸をつく感激の一時であった。

やがて機は着陸の態勢に入る。はるか南方にみえる漢拏山は雪がつもっている。その手前が済州市の飛行場である。機は着陸の姿勢をとりながら大円型に四回旋する眼下にながめる畑と畑そこに私を煩悩に誘うものがあった。

これは墓である。どの畑にも実に立派な墓が恰も護衛の石のようにならべられている。これは治墓による幸運を得ようとするあさはかな習慣であるが、今のままで何年もつづくと治墓による利徳よりも生きた子孫が食う糧を得る土地がなくなってしまうであろう。実に寒心の至りであり、困った封建性の典型的遺物である。この際、為政者の英断と道民の覚悟が一日も早からんことを願うのみ。

六年ぶりに実家に着いて、八十を越した両親にお会いした喜びは感涙にかわった。やがて村の人々が集る、よどみなく流れる我が郷特有の方言は私の旅のつかれを充分にいやしてくれた。丁度家庭電気工事が行われていた。わが村にも文明の利器が到着したかと思えば感無量であった。

二月二十二日である。午前十一時、済州大学長文鍾哲氏に会う。農産物加工場を在日同胞の力で建ててくれるよう、また、イチゴの将来性を強調しながらジャム工場の建設等について力説された。

農村振興院長朴李称氏に会い二人で郡庁知事を訪問した。知事室には、知事施政方針として（１）開拓者精神発揮（２）公益社会気風造成（３）郷土文化保存振興　と大書されていた。知事はじめ重要幹部はナッパ服に大ック靴という軽快ないでたちであった。

まずみかん苗木十五万本を輸入するにあたってその苗木の輸送問題であった。これは輸入された苗木が不良であった場合を予期しての当局の、これに対する未然防止策の当然な行政措置であった。

郡知事のこれらの決断も見事なものであった。十八万三千四百町歩の面積に三十二万六千道民をひきいる郡知事はその言動が意欲的であり、そして深思熟考型で理智的であった。わが国の近代化運動は、今や跳躍時代に入りつつある。それにもかかわらず、わが済州道はそれへの先行条件すら具備していない。この立ち遅れを急速に克服し、さらに跳躍時代へ突進するためには臨戦態勢の精神が大切である。

わが国の各道からみれば済州道は末子である。

この末子の特権をフルに使って近代化運動へ全道民が挙って参加直進するのみである。これが郡知事の決心のようであった。

試みに、道の予算額を調べてみると、今年の予算総額が五億二千万であるのに驚くなかれ三八％が国庫補助であった。この他に対日請求権資金総額併せて三億八千万ウォンの特別補助金が大統領から指示された。

済州道の近代化運動は知事の話のように確かに立ち遅れている。封建経済から脱皮し先行条件を備えねばならない。これは先進国家が経済的に発展するためにはこの過程を経なければならない。即ち先行条件とは、給水、道路、電気である。この三大条件が完了しない限り、すぐこの産業を興すことができないのである。

今や済州道にも前記予算とあいまって先行条件の建設に全力投球中である。この過程を経えた後に農業、水産、工業と跳躍時代から大量生産時代へと突進するであろう。この若き知事への私の印象は、かつてナポレオンが虹を追う青年であったように、彼が追う虹は済州道をわが国一のいや世界の観光公園である済州道に、世界一の野菜と果物の生産できる済州道に世界一の海産物工業の済州道建設にあるようだ。

かの大統領にしてこの知事の末子ぶりは、わが済州道の歴史をさらに書きかえるであろうことを信じて疑わない。

この絶好のチャンスを逸すわれわれ道民は勤勉と熱意でこれにこたえるべきであろう。（写真は筆者）

韓國新聞

韓国新聞社
発行人 権 逸
編集人 金 英 俊
東京都文京区春日町
2丁目20－13
電話（811）2261～5番
（812）0675 営業
定価 1カ月100円
振替口座東京 34988番

朴大統領、117万票差で再選

祖国近代化へ積極姿勢示す

経済自立へ強い支持と期待

さる五月三日に行なわれた本国の第六代大統領選挙で、朴大統領が新民党の尹潽善前大統領を百十六万二千百二十五票引離す大差で再選された。投票総数は千百六十四万六千百八十九票で、投票率は八三・五七%と一九六三年選挙の八五％よりは低いが、その内容において、近来にない国民の実質的な良識が反映されたことは注目された。（写真は再選の朴大統領、別表は得票最終集計表）

今回の大統領選挙では朴大統領のほか新民党の尹潽善前大統領および鉄鎮漢（韓独）、金俊淵（民衆）、李世鎮（正義）ら諸氏が立候補し、投票総数一一、六四六、六二一票をめぐって競ったわけだが、朴、尹両候補は群を抜いての競り合いを見せ、すべり出しから朴大統領がリードを続け、結局は百十六万二千百二十五票差という圧倒的な強みを発揮して予想通り再選となった。

票の内容をみると、全体としてはソウル周辺を除いて朴候補が終始リードを続け、特に与党地盤である東南部地区が決め手となったわけだが、これに加えて、農漁政策に批判的であると言われた西部地区の全羅南北道や伝統的に野党色が強い中部地区にも強い浸透力を見せている。

これは主として朴大統領の過去四年間の実績が、過去のどの時代よりも国民から評価されたと……

第10回臨時中央委員会召集さる

第32回 臨時中央大会も

李禧元中央議長は、五月四日付で次のとおり第32回臨時中央大会、ならびに第10回臨時中央委員会を召集した。

記

一、第10回臨時中央委員会

1、日時、一九六七年六月十二日午前十時（月）

2、場所、東京都港区芝西久保明舟町十八（日本消防会館別館）

TEL（501）三六一～五番
ホール直通（501）一三六五番

3、討議事項

（1）臨時中央大会召集に関する件

（2）其の他

二、第32回臨時中央大会

1、日時、一九六七年六月十三日午前十時（火）

2、場所、東京都港区芝西久保明舟町十八（日本消防会館別館）

TEL（501）三六一～五番
ホール直通（501）一三六五番

3、討議事項

（1）任員総辞任による新任員の選出

（2）其の他

◇第6代大統領選挙立候補者得票最終集計表 （中央選挙管理委員会）

	計	ソウル	釜山	京畿	江原	忠北	忠南	全北	全南	慶北	慶南	済州
李世鎮	98,433	7,635	3,028	11,029	7,310	7,114	10,560	8,325	11,774	19,647	9,895	2,116
全鎮漢	232,180	14,242	4,556	25,306	15,401	20,345	28,809	28,943	28,156	45,482	16,065	4,875
尹潽善	4,526,541	675,716	144,077	674,964	349,807	252,469	505,076	451,811	602,522	447,082	201,545	41,572
金俊淵	248,368	13,142	6,866	25,243	17,756	14,526	27,295	25,945	46,721	40,884	30,746	3,245
朴正熙	5,688,666	595,513	338,135	525,676	429,589	269,830	489,516	392,037	652,847	1,083,939	838,428	73,158
呉在泳	264,533	11,447	9,922	22,385	18,211	15,058	17,662	21,527	42,249	56,328	45,325	4,421
総有権者数	13,935,093	2,043,575	692,039	1,601,160	992,128	690,875	1,326,846	1,126,393	1,808,952	2,031,095	1,463,119	158,917
投票者数	11,645,621	1,363,388	545,680	1,356,001	885,388	611,900	1,143,641	987,527	1,554,478	1,784,273	1,278,546	135,799
無効票数	586,554	45,693	19,096	75,152	47,140	32,545	64,294	60,654	90,109	90,911	56,550	6,412
投票率	83.57	66.71	78.85	84.6	89.4	88.6	86.2	87.7	85.9	87.8	87.38	85.5

文鴻柱文教部長官が来日

文鴻柱文教部長官は、五月十六日、韓成鉉文教体育局長と秘書、記者一人を帯同して来日し、韓国の教育問題で日本政府と話し合う。

本国論調

朴大統領の再選に際して

—ソウル新聞五月五日の社説—

朴正熙共和党候補の大統領再選が確定した。これで大韓民国第六代大統領には、現朴大統領が就任することになった。われわれは真心からこれを祝賀するものである。

いまや、恐らく土台が築かれつつある民主韓国が、正しい価値を先頭に立たせ、近代化し新たな歴史の一ページを記録することになった。

朴大統領の特別手記

衆知集め公約を遂行

勝利の喜びより責任感先立つ

朴正熙

張副総理、佐藤首相と会談

テヘランの帰途東京に寄る

共和党、百三十一名を公薦

公薦者大会で選挙対策協議

本国ニュース

対日借款を振替え

韓国肥料工場完成 年産二十三万トン

木浦に飛行場建設

197

基礎を固めた自立経済

第一次五ヵ年計画は成功

生活向上めざし第二次計画

国民の生活をより仕合せにし、われわれの後につづく世代に繁栄した祖国を与えるために、われわれはあらゆる困難と試練を克服し、第一次経済開発五ヵ年計画を成功裏に遂行し、今年からは第二次五ヵ年計画を実施して、近代化へ向って力強い前進をしている。第一次計画を通して、われわれは❶電力、石炭、油類等のエネルギー源の確保❷農業生産力の増大に伴う農家所得の上昇と国民経済の構造的不均衡の是正❸基幹産業及び社会間接資本の拡充❹遊休資源の活用、特に雇傭の増大と国土の保存ならびに開発❺輸出増大を主軸とする国際収支の改善等を成して、あらゆる社会的、経済的な悪循環を是正し、自立経済体制の確立のための基盤を築き上げた。第二次計画はこのような成果を土台にして、今後ますます高度な発展を目指し産業の構造を近代化して、自立経済確立を促進させることを基本目標にしているが、この二つの計画を通じて、過去、現在、未来にわたり、わが経済はどのように変って行きつつあるのかを❶国民経済の成長拡大❷経済構造の改善❸生産基盤の拡充❹自立度の高度化❺国民生活の改善等の項目に従い考察して見ることにする。

国民総生産57%増加
商品輸出額8倍にも
外換、急増貯蓄千三百%増

国民経済の成長

◇国民総生産

62年から66年までの年平均成長率は八・五%にのび、成長計画よりも七・一%を上回っている。

これは過去57年から61年までの平均成長率を五・四%を上回り、わが国の経済が正に高度の成長段階に入ったことを証明するものである。

このような成長率は同期間中の世界主要国家の成長率と比較してはるかに高い成長を示しているのは勿論、工業化の基礎ができ上っている東南アジアの低開発国家の中でも、自由中国、イスラエルと共に最も高い方に属する。

経済成長率を年度別に見れば、62年四・一%、63年九・三%、64年八・九%、65年八・一%、66年一一・九%で、66年の成長率は解放後最高記録を示した。

第二次五ヵ年計画期間である67年から71年までには第一次五ヵ年計画によってもたらされた高度な成長趨勢をそのまま維持して、年平均七%の経済成長を目標にして

率40・7%と比較して、16・6%も成長加速をしている。第二次五ヵ年計画期間中である67年から71年までには40・3%が増加するようになる。これを65年の水準と比較すれば50・1%も増加することになる。

◇産業別成長

第一次五ヵ年計画期間中の製造業部門の生産増加率は91%で、57年～61年間の68%をはるかに凌駕し、第二次計画期間中には71%の成長を企図している。

このような生産増加率は鉱工業企業体数が一万五千五百ヵ所、就業者数五十二万二千人から66年には二万九百ヵ所、九十四万人に増加したことによってもわかるし、71年には百二十八万三千人に増える見込みである。一方第一次計画期間中年平均8・5%の高度な成長をとげた要因を産業別に見れば農・水産業の第一次産業は5・3%、鉱工業等の第二次産業は毎年15・1%ずつの成長を記録した。また第三次産業は7・9%ずつ成長した。それから第二次計画期間中には農・水産業が年平均5%、

その成長ぶりを維持していけば、71年には総外換の輸入が七億一千九百万ドルに増える見込である。

これによって外換の保有高は60年の一億五千五百万ドルから66年には二億三千六百万ドルに増加しているし、71年には二億七千二百万ドルに増える見込になっている。

◇貯蓄と貸出

第一次五ヵ年計画期間中、預金の増加面において、特に注目に値することは、要求払預金が20・4%の増加に過ぎなかったが、貯蓄性預金は一千三百十八%という巨大な純粋増加を示した事実である。

60年にわずか54億ウオンに過ぎなかった貯蓄性預金が66年末には八百二十二億ウオンに拡大されることによって68対32であった要求払預金と貯蓄預金の構成比率は30対70に構造の改善を見せている。

貯蓄性預金の増加は開発計画に必要な内資の動員だけでなく、通貨の膨張を抑制することによって物価の安定にも多いに寄与した。

このような貯蓄性預金の増加趨

出比重が29・5%から44・9%に高められ、金融資金の産業資金化の傾向を見せている。

一方、60年に総農資金及び水産資金として貸出されたのは63億ウオンに過ぎなかったが、66年には百九十四億ウオンと六倍も増加している。

産業間の不均衡是正
重工業育成による生産迂廻化も
第二次生産品輸出も62・4%に激増

経済構造の改善

◇産業別構成比率

造の近代化にある。

第一次産業の構成比率が60年の35・2%から66年には35・3%を示した反面に第二次産業の構成比率は60年の15・7%から66年には20・7%と5%も増加し、産業構造が著しく改善された。最も大きい比重を占めている第三次産業の構成比率は60年の49・1%から44%と5・1%低下している。

また、71年には、第一次産業34%、第二次産業26・8%、第三次産業39・2%に向上し産業構造の先進化が促進されることになる。

◇工業別構成比率

鉱工業産業の拡大に伴い、工業構造上の高度化がなされている。化学、鉄鋼ならびに機械工業等重工業部門における生産の増大により、重工業部門と軽工業部門の生産上の構成比率は60年の78対22から66年には68対32に変化しているし、71年には66対34となって重工

産業基盤の拡大

◇農業基盤拡充

◇投資支出増大

◇工業資材の増産

◇外国援助の減少

◇貿易　経常輸入

◇物資の自給率

歳入に外援依存減少
食糧の自給も目前に
精油・鉄鋼等も71年まで国内需要を充足

◇人口構成の変化

◇商品輸出比率

◇社会間接資本

耕地20余万町歩拡張
電力、77万キロ開発して充足
道路、港湾通信等も急速に拡大

◇動力源の開発

◇外換の要入増加

◇自主度の引上げ

◇歳入比率

5・3選挙開票区別全国投票状況

ソウル特別市

釜山直轄市

京畿道

江原道

忠清北道

<中央選挙管理委員会集計>

忠清南道

慶尚北道

慶尚南道

198

二十周年記念行事に全同胞が参加しよう

ひとりひとりが 組織強化へ

民団創立二十周年を祝う記念大会は目前に迫った。

中央本部をはじめ傘下各級組織は、十五、十六、十七日に予定されている各種行事に万端の準備を整えているが民団傘下の全同胞はこぞってこの記念大会に参加しよう。

三日間にわたって挙行される記念行事の内容を紹介すると第一日の五月十五日は、都内・千代田公会堂に青年、学生、婦人による文化祭がとり行なわれ、舞踊、寸劇、合唱、独唱、演劇等が披露される。

ついで、第二日の翌十六日は、都内・豊島園において民俗競技大会が開かれ、ここでは若人の美を競う角力、ブランコ乗り、板跳び農楽等の民族色豊かな競技が地域別対抗でくりひろげられる。この競技大会のあと同日午後五時からは二十周年記念前夜祭が催される。

第三日目の十七日は、午前十時から日比谷公会堂において記念式典が挙行され民団組織の発展に功労のあった有功者の表彰と、組織のために尊い犠牲となった人々の遺家族に対する慰労、各級組織役員の紹介などがあって、これと併せて丁一権総理をはじめ有名人の記念講演が行なわれる。このあと、東京韓国学校生徒ならびに本国芸能団による歌と踊りが披露される。

そして、この日午後六時からはホテル・ニュージャパンにおいて本国政府からの貴賓ならびに日本各界の要人、駐日韓国公館長らをはじめ民団各級機関の役員を招いて盛大な祝賀パーティが開かれることになっている。

神奈川本部で定期大会

団長に朴述祚氏選任

副団長に金尚静、崔竜岩

神奈川地方本部ではさる五月日、横浜市内の勤労会館で定期大会を開き、活動報告と新方針の……役員を改選したが、団長に朴述祚氏を選任して次のとおりの新陣容となった。

団長　朴述祚

三機関長が留任

兵庫は役員補選でおわる

兵庫地方本部は四月二十七日、神戸韓国会館で定期大会を開き、諸議題に結論をみたのち役員改選では、既存機関長をふくむ三機関長の留任をきめ、補選と次の四人を選任した。

副団長　朴命寿
〃　馬得先
監察委員　安日洙
事務局長　朴中坤

未亡人集団村に電気架設

ユース・ホステル韓国協会

全国各界が声援と呼応で発足

……同年五月に社団法人、韓国ユース・ホステル協会創立委員会が構成された。

同時に、常任委員会を組織して創立業務を行ない、同年六月には日本ユース・ホステル協会は民主支部会員国間との提携を強化し、同七月の国際ユース・ホステル連盟努力の下にI・Y・H・F規約による韓国協会創立の準備がなされ、同八月には第五回ユース・ホステル亜細亜地域会議の主催国から正式招請状を受け、同十月の第二十六次国際Y・H会議で決定された一九六七年度の亜細亜会議韓国代表団を構成においてK・Y・H視察団の海外派遣をきめた。

同十二月には全国的な支部協会とホステル設置企画が推進され、一九六七年一月には世界六十余ヵ国の会員国にこのような進度状況を知らせ、国際Y・H連盟加入を促進させた。

同協会の会長職代理は、ボーイスカウト韓国連盟総長の金竜成氏で、副会長は李奎浩内務部次官と金永起氏（中等教育会長）、理事長は李康式でソウル特別市城東区新堂洞一九二の六九に事務所を置いている。

なお、ユース、ホステルの歴史は、一九〇九年西ドイツのリヒヤルト、シュルマン氏の提唱により創立された「国際青少年宿泊所」運動である。

現在、四十六ヵ国がこれに参与しており、ホステルは四千余ヵ所が世界各地にあるが、これを利用している世界中の青少年会員数は一年間約千七百八十三万人に達している。

（写真上は韓国協会事務室、下は韓国最初のユースホステルの一部）

岡崎支部の会館落成

総力結集した近代建築

愛知地方本部岡崎支部では、さる……日新会館の落成式を行なった。

この日、中央本部から李裕天副団長と朴大鎮組織局長が参加した……ならびに支部関係者……昨年九月二十七日に起工式を行なった。

新築なった会館は敷地五五・一……二十一坪となっており、一階は……二階は大講堂、三階はペントハウスという壮麗な近代建築である。

なお、この日は会館新築に寄与した人々の表彰が中央本部と支部関係に分れてそれぞれ表彰状と感謝状が授与されたが、中央本部関係の表彰者は次の諸氏である。

（写真は岡崎支部会館）

交換教授が語る韓国

経済計画は長い眼で

自動制御の権威伊沢計介博士

工業地の選定は慎重に

理事長に俞錫濬氏

東京YMCA総会開かる

在日韓国YMCA（キリスト教青年会）の第五十七年度定期総会が四月二十六日、都内・神田韓国YMCAで開かれた。

同総会は、全国から会員六十七人の代表者が参加して今後のYMCAの運営問題について討議したあと、新役員を選出した。

新役員で選出された理事会は●奨学生制度、●会員の拡大、●国際交流の増進、●日本YMCAへの加入、●文書出版などを強化していくこととなった。

なお、新理事長に選任された俞錫濬氏は「かの三・一運動の発祥でもあり六〇余年の歴史をもつYMCAの運営の任を引き受けすることになりましたが民団京都本部の団長も兼ねておりますので、どの程度期待にそえるか疑問に思っております。これからのYMCAは青年の活動を中心に推進して、国際社会の向上に努めねばならないと考えます」と抱負を語った。

新任の役員は次のとおり。

理事長　俞錫濬
副理事長　……
〃　……
理事　姜東求
〃　金光文
〃　金光洙
〃　（会計）金墨天
〃　（書記）金仁埼
〃　呉京世
〃　李小竜
監事　金在述
〃　金承朝
幹事（文書担当）朱鋐
名誉理事長　李康南
〃　金玉南
顧問　呉允台
〃　趙重

韓青料理学校開校

二周年記念発表会のお知らせ

韓青女子部の主宰する料理学校が開設されて二周年を迎えることになったが、韓青ではこれを記念して韓国料理の発表会とチャリティ・バザーを来る六月四日、東京YMCAホテル（都内・神田）で開催する。

記念発表会の内容はつぎのとおり。

一、一九六七年六月四日（日）午後五時～同八時

一、東京YMCAホテル（国電お茶の水駅下車）
TEL　293―1911

一、韓国料理の発表、韓国舞踊チャリティ・バザー

なお、同チャリティ・バザーでの収益金はハンセン氏病で入院中の患者に送るとのことでひろく一般から手芸品、絵画、古本等の出品を望んでいる。

（韓青料理教室は、毎木曜日午後六時半から民団中央本部地下室で開かれている。）

韓国商品3000点を出品

カナダ博覧会

韓国は二十八日からカナダ・モントリオールでひらかれる世界最大規模の世界博覧会（EXPO67）が、おわったあと、引き続き南アメリカとの貿易を増進させるため力を入れるものとようである。世界博覧会の韓国館には千四百点を出品した昨年のニューヨーク博覧会よりも二倍以上にのぼる三千点の商品を展示することになり、すでに内部装置だけを残してほぼ完成をみている。

大韓貿易振興公社（KOTRA）代表の李相潤理事の語によるとはじめに出した三〇品分の展示品はすでに到着しディゼル・エンジンを含む残りの出荷分の輸送中にあるとのことである。

李理事は記者との会見で海外貿易公社長らは来る二十四日ニューヨークで李基鎬大使と会合をし、一九六七年世界博覧会に対する戦略とカナダ博覧会がおわったあとアメリカに韓国商品を輸出しての販路の開拓に対する対策を討議するであろうと明らかにした。

李理事はまたどんどの会談で一番重要な案件は、来年四月テキサス州サン・アントニオ市で開かれる六八年西半球博覧会に韓国商品の大部分をそのまま移すことが、参加する問題とパナマとペルーのリマ市に保税倉庫をたてる問題であると述べた。

最近サンアントニオを訪問したことのある李理事は西半球博覧会はいくつかの理由で韓国にとっては、カナダ博覧会くらい重要なものになるだろうと示唆した。

「アメリカ文化の合流」というテーマが教えるようにこの中南米博覧会はもとがアメリカ西半球諸国のための博覧会であるのでここにはカナダ博覧会に参加しない南アメリカ二〇ヵ国が新たに参加することになる。

したがってこの博覧会は韓国が南アメリカ市場をあらたに開発するよい機会になるだろうと語った。

そのほか重要な案件は現在日本と中国がパナマで行なっているような保税倉庫をあらたに設立することである。

李氏によれば保税倉庫の設置は南アメリカ市場を開拓するのに大きな障害物となっている運送料と関税を軽減する一番よい方法であると述べている。韓国はこの博覧会参加を契機に保税倉庫設置と関税制限緩和のため政府間または民間交渉をすることができるとつけ加えた。

彼の話によればこの博覧会執行委員長であるテキサス州知事コネリー氏が韓国に三千平方フィートの場所を提供するので韓国は内部装飾費一万ドルだけを使えばよいそれもカナダ博覧会に出品された商品の大部分をそのまま移すことができるので経費をもっと減らすこともできるということである。

だがこの二つの博覧会でわれわれは単に商品展示だけにとどまってはいけないと李氏は警告している。これはカナダ博覧会で韓国の日である六月十五日に太極旗を掲げた後、どの文化プロでわが国を誇示するか？というのが大きな問題であるとのことだが、李氏としては妻手をと考えてみたものの、アメリカにいる韓国選手らを無料でここまで招請する方法は難しく予算もないので大きな問題であり、韓国料理店のひとつもなく大変さびしいとして文教ならびに公報当局者達はこれから海外博覧会にもっと積極的な関心を示すよう促した。

観測筋は人間と世界というテーマで六〇余ヵ国が参加して開くこんどのカナダ博覧会はさきのニューヨーク博覧会とは次のような三つの点で異っているというのがおおかたの意見である。

●ニューヨーク博覧会の時とは別に工業及び商業展示品出資者ら（大企業体）がこの博覧会を支配することはない。

●したがって国家間の競争、特にアメリカ、ソビエト、フランス、カナダおよび英国間の競争ははげしくなるであろう。彼らは値段価値のない宇宙科学、文化分野の最優秀発明品等を展示する。アジア諸国のうち日本は日本館ひとつだけでも一百五十万ドルの費用をかけている。韓国は人間の手というテーマで金鍾手で（金鍾根氏作のデザイン）三次元の（一〇万ドル）を建てたが、自由中国は四十万ドルを投じている。

●六七年度世界博覧会はカナダの百年祭をかねることになる。

この大行事のためにカナダは三億三千八百三十万ドルの費用をかけているが、少くとも八千五百万ドルの赤字が出るものと予想されているが、国民意識のためにこれを甘受しているとのことである。

この博覧会では三千五百万人の訪問客が押よせてくるものと見込まれている。

大田、晋州間に定期空路

KAL五月一日から開設

交通部では大田―晋州間の定期航空路を開設、五月一日からKAL（大韓航空社）が運航することになった。KALは毎週月水土（週三回）運航する予定である。

この空路によってソウル―大田―大邱―晋州が結ばれることになった。

五月は九隻

請求権漁船の引き受け

請求権資金の第一次年度計画によって導入されている漁船のうち五月中は次の九隻を引き受けることになっている。

旋網本船（一〇〇G／T）一隻、旋網灯船（四〇G／T）四隻、旋網運搬船（一〇〇G／T）一隻、調査船（八〇G／T）二隻、同（一〇〇G／T）一隻。

「八道江山」を続映

韓国公報館の案内

韓国公報館（ホテル・ニュージャパン内）では劇映画（八道江山）が絶賛好評を博しているので、四月に引きつづき五月も上映しており、多数の来場を歓迎している。

入場は無料

一、定期映写会（毎週金曜日午後六時から）

一、題名

最新大韓ニュース、記録映画「リ・ブケ独大統領の訪韓」（カラー）劇映画「八道江山」（カラー）

☆但し金曜日が祝祭日の場合は中止。

★　★　★

（前面よりつづく）

全　羅　南　道

光州甲区	25	79,686	20,584	252	548	32,143	820	22,625	541
光州乙区	31	104,800	20,598	485	1,089	42,907	1,391	33,689	1,149
木浦市	54	71,009	14,344	272	732	27,562	805	24,056	947
麗水市	28	45,902	7,712	204	289	16,616	646	17,802	910
麗川郡	64	71,355	8,702	454	550	21,202	2,007	32,536	2,471
順天市	33	35,212	4,336	164	250	14,723	432	13,158	702
昇州郡	38	68,844	7,845	430	827	29,014	1,394	23,534	1,677
長城郡	38	57,617	6,288	548	1,725	25,422	1,789	17,060	1,333
潭陽郡	40	55,491	7,266	446	729	23,629	1,381	17,943	1,389
和順郡	38	66,286	6,172	521	1,493	33,388	1,546	18,174	1,346
谷城郡	37	47,813	2,894	425	1,034	17,120	1,120	21,707	1,559
光陽郡	25	44,167	5,294	233	354	14,847	1,037	18,679	1,452
求礼郡	24	34,573	2,680	144	272	14,540	595	13,381	1,020
高興郡	83	105,346	6,948	556	939	36,517	2,911	48,972	2,825
宝城郡	48	80,060	10,133	425	1,186	33,149	1,467	27,543	1,737
長興郡	32	64,078	7,038	491	1,938	22,787	1,865	25,193	1,502
霊岩郡	39	61,429	6,134	374	633	19,728	5,076	24,921	1,761
康津郡	34	56,698	5,720	282	1,088	23,595	1,592	20,232	1,346
莞島郡	62	62,999	8,581	623	1,354	18,240	1,826	26,393	2,152
海南郡	47	99,439	12,264	982	1,927	39,895	3,465	33,921	2,442
務安郡	89	143,648	29,180	926	2,235	52,822	3,349	42,828	3,177
羅州郡	56	110,015	15,265	508	1,344	45,133	2,731	36,370	2,178
光山郡	33	61,773	8,360	486	1,440	24,807	1,527	21,393	1,109
霊光郡	35	71,262	12,431	706	2,187	15,717	2,554	30,533	2,279
咸平郡	36	61,659	8,826	492	1,262	23,596	2,122	21,251	1,418
珍島郡	39	47,791	8,742	345	601	13,523	1,273	18,953	1,827
計	1,108	1,808,952	254,474	11,774	28,156	682,622	46,721	652,847	42,249

全　羅　北　道

全州市	43	97,206	18,260	471	1,480	37,648	1,216	33,466	1,115
群山市	37	46,247	6,699	251	553	18,051	570	17,418	689
沃溝郡	50	66,863	8,433	548	1,458	27,293	1,163	23,549	1,208
裡里市	25	33,766	4,327	185	527	13,092	506	13,349	482
益山郡	57	99,489	11,511	763	2,093	39,281	1,956	36,587	2,038
完州郡	56	82,456	10,098	644	2,555	35,202	1,969	25,858	1,306
鎮安郡	41	45,852	4,593	352	1,541	20,671	1,056	13,968	822
茂朱郡	33	33,773	1,723	364	1,001	12,495	994	14,154	913
長水郡	29	35,000	1,931	247	1,241	17,412	787	10,771	671
任実郡	45	52,023	3,979	460	2,055	21,906	1,439	17,359	1,194
淳昌郡	40	47,657	3,627	415	1,579	19,839	1,344	16,347	1,175
南原郡	60	83,707	9,718	616	2,134	36,030	2,039	27,099	1,959
井邑郡	64	123,870	18,627	885	3,033	50,078	2,464	39,984	1,907
高敞郡	49	86,311	8,632	552	2,781	33,871	2,607	29,851	1,965
扶安郡	46	77,565	10,879	645	2,001	28,128	1,617	28,686	1,871
金堤郡	71	114,608	15,829	928	2,911	40,614	2,218	43,601	2,212
計	746	1,126,393	138,866	8,325	23,943	451,611	23,945	392,037	1,527

済　州　道

済州市	35	41,797	7,035	385	759	11,981	586	18,701	811
北済州郡	47	57,780	8,305	918	1,855	14,215	1,320	26,923	2,014
南済州郡	46	59,340	7,778	813	2,261	15,376	1,339	27,534	1,596
計	128	158,917	23,118	2,116	4,875	41,572	3,245	73,158	4,421

尋ね人

一、本籍　慶尚南道咸安郡伽倻面（？）
　　姓名　李ヒョンチョル
　　日本名　今泉、年令五十才位
右の人に心あたりの方は本社またはは左記へご連絡下さい。
ソウル特別市竜山区漢南洞二洞二六一番地二十四統六班　李朝祖

一、本籍　忠清南道大徳郡……面大花里
　　年令　六十才　容貌、眼鏡をかけている
　　姓名　金錫振
　　日本名　金谷俊夫
右の人に心あたりの方は本社へご連絡下さい。
　金仁貴

一、昭和二十一年九月十一日現在で、神奈川県横須賀市小矢部町三七五小原元一方にいた。
一、さがしている人　金昨漢
　　本籍地　慶尚北道英陽郡英陽面
　　現住所　慶州市路西洞一九〇の三池洞四五六
一、連絡先　石川県小松市浜田町七一上三丁七四八

一、本籍　慶北尚州郡……
　　孫炳昌（別名、菊田静光）
一、八年前に京都に居住した。
　　本国で義兄の権寧変さんがさがしている人
　　権泰重（50）（伊藤正吉）
　　権泰洙（41）（伊藤正雄）
一、本籍　慶北安東郡
一、権泰洙は新潟市に、権泰重は東京中野区に居住していた。
一、尋ねている人
　　本国の父親　李在京

一、本籍　慶北聞慶郡……
一、住所　別府市東野区七組（八年前まで居住）
一、尋ねている人
　　本国にいる姪……さん。
　　柳仁錫（50）（山本次郎）
一、本籍　慶尚南道……
　　李周贊（昭本周贊）
一、右二人は戦前に神戸、大阪に居住した。
一、尋ねている人
　　本国にいる李鍾寛さん。

韓国が第2位

世界女子バスケット選手権

最優秀選手に朴信子

最終戦でユーゴを降す

プラハで開かれていた第五回世界女子バスケット選手権大会最終日の二十三日明、韓国チームはユーゴを78対71で破り、最終を勝利で飾った。

ユーゴとの対決で韓国チームは前半戦で40対42とリードされていたが、後半の二十分で38対29と逆転し、トータル・スコア78対71でユーゴを破って待望の世界女子バスケット・ボール界の花形となった。

一方、韓国の朴信子選手はプラハで行なわれたスポーツ記者の投票の結果、今大会最優秀選手に選ばれ、韓国の栄誉をさらに世界にひびかせた。

全選手に文化勲章授与

国をあげての歓迎

政府は二十四日、チェコのプラハで開かれた第五回世界女子バスケット・ボール選手権大会で準優勝した韓国選手団のひとりひとりに文化勲章を授与することにした。

田連寿氏がスキー協会長に

女子バスケットチームが寄日

世界準優勝みやげに七日帰国

誤謬だらけの韓国小史

史実・表記がでたらめ

ユネスコ韓国委が抗議へ

わが国業者の寺廣

千万ドル借款申請

政府がアジア銀行に

全天候農業・干拓事業のため

浮沈70年

韓国言論界の先鋒たち

ソウル新聞学院創立20周年記念 言論界先駆者追悼講演抄

◇南宮檍先生

皇城・毎日申報時代

◇張志淵先生

抗日・救国運動の先鋒

日帝の罪悪相を国内外に知らせる

大韓毎日申報の梁起鐸先生

朝鮮・東亜時代

封じられた民衆の口を代弁

不屈の闘志—帝国共産主義に対抗

礎石一つなく淋しい張志淵先生の墓

子孫も後を絶ち村の人々が面倒を見る

韓国の農業、十年で急速に成長

国土建設20年計画

1967年度本国夏季学校学生を募る

★ 政府（文教部）招請による1967年度本国夏季学校入学生を次の様な要領で募集します。僑胞学生に広く宣伝すると同時に民族教育と本国を実地に見学するという所期の目的を達成するためご協力を要望します。

1.募集要項

1．人　員　500名（全国）

2．対　象　僑胞学生高，大学生（但し特別在留許可者は除外する）

3．教育期間　3週間

4．経　費　1人当60ドル（往復旅費を含む）
但し個人雑費ならびに国内外での必要経費は含まれていない

5．交通機関　船舶便

2.事務推進計画

① 臨時旅券申請　1967年4月30日から5月15日まで

② 旅券発給完了　1967年5月15日から5月30日まで

③ 再入国許可申請期間　1967年6月1日～6月10日

④ 許可完了　1967年6月10日から7月10日まで

⑤ 入　国　1967年7月23日

⑥ 教育期間　1967年7月28～8月16日まで

⑦ 帰　日　1967年8月31日

3.留意事項

① 夏季学校入学生募集は宣伝と啓蒙を通じて大々的に行う

① 手続書類は正確に具体的に記入すること。

② 備考欄には旅券の有無と在学生であることの身分証明を明示すること。

中央文教局

200

民団創立20周年記念式典、盛大に挙行

韓國新聞

韓国新聞社
発行人 権 逸
編集人 金 東 春
東京都文京区春日町
2丁目20-13
電話(811)2261〜5番

記念式典の正面全景

日比谷公会堂に五千人参加

組織功労者を表彰

犠牲者遺家族にも慰労金

朴大統領の祝辞を伝達

民団創立二十周年を記念する記念式典は、五月十五日の文化祭、十六日の民俗競技大会と多彩な記念行事のあと十七日、都内・日比谷公会堂に約五千の同胞の参加するなかで盛大に開催された。同式典には、本国政府から権五柄法務長官が朴大統領の祝辞を伝達、日本側から自民党を代表して長谷川峻同党公報委員長が祝辞を述べ、また、金東祚駐日大使らが創団二十周年を祝うあいさつをし、ついで民団組織功労者の表彰、六・二五動乱時の義勇軍戦没者ならびに組織犠牲者の遺家族に対する慰労が行なわれたあと、朴大統領に送るメッセージと[illegible]を採択し、二部[illegible]学生らによる歌と踊りが披露され、本国映画「八道江山」を鑑賞して午後六時[illegible]。六時から[illegible]ならびに駐日各国外交使節、民団各級役員ら約二千人がホテル・ニュージャパンに集って盛大な祝賀パーティを開らいた。そして、延べ三日間にわたる創団二十周年記念には約一万五千の傘下団員が動員され、名実ともに創団以来最大規模の行事が挙行された。

記念式典は、午前十一時本国政府からの権五柄法務長官をはじめ長谷川峻自民党公報委員長金東祚駐日大使らの来賓を迎え、李禧元中央議長の開会あいさつで幕があけられ、金光男中央顧問の民団創立以来の沿革の説明があって、金己哲東京本部団長の歓迎あいさつ金宰淑監察委員長の唱導による綱領の斉唱があり、ついで権逸中央団長から別項のような記念辞がなされたあと、本国政府からきょうの記念式典に参列した権五柄法務長官が朴大統領の祝辞(別項)を代読し、金大使の祝辞、日本政府与党を代表して長谷川自民党公報委員長の祝辞があいつぎ、このあと朴根世中央委員から「きょう、意義深い創団二十周年記念日を迎え感慨無量なものがあります。まず、この席を借りて建青、建同、民団を通じて民族運動反共闘争に尊い犠牲となった先輩同志の英霊に心から敬意を表し、その冥福を祈る次第であります。わが民団が多くの同志の協力と熱誠によって今日の大にいたった陰には数え知れぬ困苦艱難がありましたが、いまや、団員二十三万四千七百と傘下組織千二百十四を擁し、この外、二十四の信用組合、八の学校、百五十二の国語講習所を数える大組織に発展してまいりました。ところで、このような民団がなした最大の功績が何んであるかを考えますと、まず第一に、在日同胞に対する民族精神の昂揚と真の民主主義に徹した反共闘争であったと思われます。これによって祖国の権威をたかめ共産走狗の策動を封鎖してきた事実は周知のとおりであります。つぎに、在日同胞の民生、教育問題等の権益擁護として、国際親善に先導的な役割を果してきたことであります。

だが、二十才の成人に達した民団のこれからの姿勢は、今までのそれに加えて、真の"人間造り"

朴大統領の祝辞

親愛なる在日同胞のみなさん

きょう、この意義深い在日居留民団の創立二十周年記念式に際し私は深い感慨を禁じ得ません。

かえりみまするに、われわれが祖国の光復を迎えた二十余年前、みなさんは互いに協力して海外における民族の力量を貯え、祖国の発展に寄与するため在日居留民団を創立し、同胞の権益を護るため力を合せてきたのに対して衷心からお祝いいたします。

同胞のみなさん！

いまや祖国は新たな紀元を迎えております。われわれは昨年第一次経済開発五カ年計画を成功裡に終え、民族自立の基盤を築き、再び第二次五カ年計画に着手しました。

われわれはこのような計画を通じて過去十五年間という長い歳月にわたってもたらすことので[illegible]かった祖国の近代化作業をすぐる数年間の挙国的な努力によって漸次、その成果を顕著にしてきております。

われわれはその間、年平均八%以上の経済成長率をみせ、昨年度には二億五千万ドルの輸出目標を達成し、今年は三億五千万ドルを目標に邁進しております。

祖国近代化のためのわれわれの協力がもたらしたこのような経済的一大飛躍は、また、われわれの国際的地位を大きく飛躍させ、いまやわが国はソウルで開催された各国国会会議、ベトナム派兵、マニラ頂上会談ならびに米国大統領をはじめ友邦各国元首および行政首班の訪韓等を通じて新たなアジア太平洋時代を迎え、主導的な位置でこの地域の平和と繁栄のため能動的な貢献をいたしております。

一方、われわれは韓日間の不幸な過去を清算し、主権の相互尊重と互恵平等の原則に立脚した新たな韓日関係を樹立することによって共同の繁栄を追求し、ひいてはアジア・太平洋地域の平和と安定を期するため韓日関係を正常化しました。

いまや、みなさんの日本国における法的地位は協定上で保障され、わが国民が日本に居住するようになった過去の歴史的背景を考慮して政府は多大な関心をもって在日同胞の権益を擁護するのに最善をつくしてまいりました。

そしてまた、政府は今後も本協定の円滑な施行のため日本国と不断に必要な協議を継続する方針であり、特に、みなさんの子弟らのより充実した教育のため努力を惜しまない方針であり、自主的な民族教育の実施を保障するための基礎を築くつもりであります。

このような政府の意図を充分理解されみなさんは大韓民国国民としての矜持をもって国威宣揚に努めてくださるよう望むものであります。

また、この機会に同胞のみなさんに申し述べたいことは、最近、祖国自由大韓のふところに飛び込んできた北傀の一記者が暴露したように北韓の実情が如何に悲惨なものであるかを知って、一時的な誤ちから朝総連に加担した同胞らが前非を悔いてわが祖国のふところに戻るよう指導育成されるよう望みます。

そして、みなさん、今後機会あるごとに母国を訪問して日日に発展する祖国の姿を直接みて、より緊密な協力のもとに祖国の再建に参与されるよう望みます。

一九六七年五月十七日

遺家族代表に表彰状を手渡す権団長

決議文

きょう、一九六七年五月十七日われわれ在日本大韓民国居留民団全国代表五千名は、東京・日比谷公会堂に参集して創団二十周年記念式典を盛大に開催し式典の総意によって次の通り決議する。

一、われわれは、創団二十周年を迎え創団当時の精神と固い決意を回想しながら全在日同胞の権益擁護と生活安定のためあらゆる努力をつくすことを誓う。

一、われわれは自立経済と祖国近代化のため総力を傾けている本国同胞と歩調を合せ積極的に国家建設に寄与することを誓う。

一、われわれは、われわれの法的地位ならびに待遇問題に関していまだに解決をみない多くの問題点が円満に解決できるよう韓日両国間に共同委員会の設置を要求し、在日六十万同胞がこの地で安住できるよう全力を傾ける。

一、われわれは、いまだに北傀の手先、朝総連の傘下で呻吟している善良な同胞らを救出し、自由大韓の温いふところに迎えいれるのに努力する。

一、われわれは、大韓民国の国民としての名誉と矜持をもって日本国民から尊敬される国際人となると同時に、韓日両国間の友好親善と紐帯強化を図るのに努める。

在日唯一の指導団体に

権団長の記念辞

ホテル・ニュージャパンで開かれた記念祝賀会

共同目標で提携

自民党の祝辞

大統領就任の慶祝使節派遣

創団二十周年に際して

朴大統領に送るメッセージ

本国政府、法的地位問題で再交渉提議の方針

本国新聞の報道によると、政府は在日韓国人の法的地位協定のその後の施行過程において多く未備点がでているためこれを補完すべく、きたる七月に外務部、法務部の実務者で構成される特別使節団を東京に派遣、日本政府と交渉を再開する予定であると伝えられている。

民団二十周年記念に参加するため来日した権五柄法務部長官は、五月二十二日、"韓日会談の後始末に関する法案問題を年内に終らせるとの佐藤日本首相の言質を得た"と述べ、また、"僑胞地位共同委員会が八月頃には発足するだろう"と明らかにした。

そして、この使節団は、韓日会談当時の法的地位委員会の韓国側代表であった法務次官が引卒する予定で、交渉の対象は①永住権申請手続の簡素化、②戦後入国者に対する永住権申請権の賦与問題（現在、一九四五年八月十五日以後に入国した者には永住権申請権がない）、③韓大抑留中の僑胞の送還問題などである。

ところで、この問題については早くから民団では、本国要路に法的地位問題の未備点を解決するよう要請し、さきの第九回中央委員会は、問題点の解決のため韓日両国間に共同委員会を設置するようよびかけてきたもので、法的地位問題の具体的な解決策のあらわれであるとして全僑胞の関心を集めている。

「航空韓国」明日への課題

―成年期に入ってはいるが―

地についた自主経済

第一次五カ年計画の総合分析

全体的に成功

努力すれば裕福な暮しに

施設再検討の繊維工業

近代化の先鋒将は精油

来年末には第二精油も稼動

セメント　需要充足が目前

長期需給計画の再検討を

販売価格の事前調節も

韓国にも登場　ＩＣ計算機

民団の記録映画製作に関するお知らせ

中央宣伝局では、創団二十周年記念行事の一環として記録映画を集録したが、六月十二日に予定されている臨時中央委員会でこれの試写会を催すことになった。

同記録映画は、民団の初の試みとして注目的になっているが、三〇分もの白黒映画で民団行事式典の模様を撮影したもの。今後は、この記録映画を土台に全国各地の同胞の生活状況や民団組織の実情を集録する計画であるが、各級組織で希望のむきは中央宣伝局まで申し込むこと。取材費は実費のみを負担してもらうことになっている。

民団バッヂの販売について

中央本部では、二十周年記念を期して民団バッヂを製造、一般団員への普及に努めているが同バッヂを必要とする各地方本部では希望数量を一括して代金を添えて、中央宣伝局まで申し込むこと。（代金は一コあたり二百円）

民団二十年史について

近く発刊される"写真でみる民団二十年史"は、いよいよ最後の仕上げにかかっているが、一部地方で役員改選のため人事移動のあった組織では早急に新役員の顔写真を中央宣伝局まで送付するよう望みます。なお、二十年史は、六月中旬に発刊の予定である。

民族色豊かに競技大会を開催

豊島園に三千五百人

ブランコ乗り、板飛び、農楽に拍手かっさい

全同胞の"美と力の祭典"

民団創立二十年記念行事の一環として催された民俗競技大会は十六日、新緑に映える豊島園（都内・練馬）に三千五百の傘下同胞を迎えてにぎにぎしく開幕した。朝から五月晴れの好天に恵まれた豊島園には、色あざやかなチマ、チョゴリに着飾った婦人らをまじえた老幼男女が都内は勿論のこと遠く九州、東北の各地から続々つめかけ、新緑に包まれた会場は一時に花が咲いたような景観を呈し緑にはねかえる民族衣装が目にまぶしい。

創団以来二十年間に培われた組織の力は、日本に住みながらも民族の伝統を誇る韓国固有の競技に反映され、競技者と観衆が完全に一体となって歓声と拍手のるつぼのなかで意義深い一日を過した。

大会は、張聡明中央副団長の開会辞のあと、ただちに種目別競技に入り、角力、ブランコ乗り、板飛び、ノド自慢などの民俗競技が各地域対抗でくりひろげられ、役員の指示にしたがって秩序整然な進行ぶりを示した。この競技のあいまをぬって農楽、本国民謡などが披露され、全参加者からヤンヤの喝采を受けた。

対抗競技の結果は、角力の部では、姜良雄（優勝）、孫三萬（二位）、朴清吉（三位）、洪達雄（四位）、ブランコ乗りの部では姜徳順（優勝）、金順子（二位）、梁主春（三位）、板飛びの部では呉相姫（優勝）、金善珠（二位）、李春子（三位）、ノド自慢の部では、丹寛植（一位）、韓奉正（二位）、玄福順（三位）、文正烈（三位）らがそれぞれ入賞した。

本国論調

団結を固くし、民団の機能をますます強化せよ

― 成年した在日韓国居留民団に寄せる ―

五月十七日、東京では「在日韓国居留民団」創立二十周年記念式が挙行された。顧みれば、一九四六年十月三日に創立された同居留民団は、左翼系の「朝総」の根気強い妨害工作と破壊活動に対抗しながら、自体の権益擁護、ならびに祖国自由大韓の発展に寄与するために間断なく努力して来た。

その結果、過激な共産主義者と、その同調者等を除外した、在日韓僑を民団の旗幟の下に結束させ、六・二五事変では、義勇軍を選抜して戦線に送り、東京オリンピック大会等の国際競技や、その他、日本で開催された国際的行事および会議に参加したわが選手団と代表等のために、衷心こもる支援と応援をしてくれている。

われわれは「在日韓国居留民団」の創立二十周年に際して、韓日国交が正常化される前から、万事が思うままにならなかった苦しい環境の下で、民団をリードして来た僑胞社会の指導層人士の労苦を称賛し、大多数の僑胞たちが祖国に対して示してくれた忠誠心を高く評価するものである。

しかし、われわれは韓日両国間の国交が開かれた現時点において、わが政府の在日僑民政策と現地、居留民団の活動の指標を、新たに造成された条件に附合するよう補正しなければならないことをここに強調せざるを得ない。

これからは、民生問題とその子女教育問題等、在日僑胞の生存権に関するあらゆる問題を、よかれ、悪かれ、すでに発効した在日韓僑の「法的地位に関する韓日協定」に準拠して処理しまたは解決して行かなければならないからである。

しかるに、このような転換期に処して、われわれはまず、わが僑胞から過当な税金を徴収している日本政府に対し、教育問題、社会保障対策等、または同法的地位協定に規定されている事項を忠実に履行することによって、在日韓僑の生存問題と直接つながる一切の権益を保障してくれるよう要求して止まないものである。

またわが政府はこの際、主として僑胞の子女教育と生活問題の解決、ならびにその経済活動を効果的に支援すべき基本政策を確立しなければならず、それは言葉だけではなく、行動に移すべき段階に至っている。

一方、僑胞も、自身の権益を守るためにはどんな努力が必要であり、母国のために、どんな貢献をしなければならないか、を深く考えなければなるまい。

本来、本国の同胞と政府が、その在外僑胞を援助することに対して異論があろう筈はない。しかし、経済の自立を成就するために総力を挙げて努力している国内の事情に対して、僑胞が目を向けるならば、各自が指向すべき道は自ら明らかになるものと思われる。華僑の場合を例に挙げるまでもなく、わが韓僑も本国からの援助のみを期待しないで、本国のために、自身がどのようにして寄与しなければならないかを、考えて見なければならない。

だから、われわれは上に述べたような観点に立ち在日僑胞が新時代に自らを適応させ得る、心の姿勢を正しくすると同時に、先づ韓日協定に規定されているあらゆる権利取得に対して、疎かな面がないよう特に強調するものである。

手近な例として、在日韓僑の法的地位に関する協定に依る永住権申請者数が、六十万僑胞中、さる三月末現在、わずか二万六千六百名に過ぎないという事実がある。

特に、現在朝総系が僑胞北送を継続しようと執拗な工作を展開しているという状況に鑑み、居留民団は、その傘下の僑胞をして、韓日協定上の権利を取得させるために、ますます積極的な啓蒙活動を展開する一方、その手続きを整えることに対して、最大限の便宜を与えなければならない。

また、われわれは居留民団が左翼系の煽動と、異民族による差別待遇に対抗する、善良な僑胞の拠点としてその機能を強化継続し、僑胞の権益を間違いなく守って行くためには民団傘下の全僑胞が固く団結しなければならないと確信する。

したがって、民団は一刻も早くその本然の姿勢にもどらなければならない。

すなわち、民団は創立当時「本団は決して政治団体ではなく、ある特定の政治路線に偏向したり、それを支持し、または加担しない」と宣言することによって、民団は何よりも先に僑胞の生活安定と権益擁護に努力するのだ、と誓っている。

それにもかかわらず、現に民団の一部の高位幹部、以前にその重責を担っていた一部の指導層人士が、与野党に分れ、政治的に暗闘しているかのように見えるのは甚だ遺憾である。

それだけでなく、民団幹部陣の改編がある度毎に、ある種の政治勢力が作用したような、過去の事情を思い起す時、われわれは僑胞社会のあらゆる指導者に対して、もっとその創立精神に徹してほしいと願っている。結局、僑胞が団結できなければ、その創団目的を果すことができないからである。

それからこれと関連して、われわれは政府と国内政界でも、応分の責任感をもって、事態是正のために自重しなければなるまい。

現在、思想的に左右に分れて自由祖国のために忠誠を尽そうとする僑胞の間に、対立意識が芽ばえて来るようにでもなれば、自らの不幸を招来しよう。

おわりに、われわれが一言つき加えておきたいことは、あれこれと口実をつけて、本国への旅行を頻繁にする一部の僑胞が特定の政治勢力と密着することによって、良心的な僑胞の非難を受けることがないように当事者は勿論、国内の政治人も自省自戒してほしい、ということである。（韓国日報五月二十日）

近代化の先導に精進

―朴大統領の五・一六記念辞―

五・一六記念の民族賞授与式が五月十六日午前十時、ソウル市民会館で行なわれたが、その席上で朴大統領は次のような五・一六の記念辞を述べた。

親愛なる国民のみなさん！

かえりみれば、革命の大義を集約した祖国近代化の雨殿の課業は、その間、紆余曲折をへながら成功裡に推進され、民族自立の基盤をつくり、統一のための距離を一歩ずつ短縮させております。

民族史の巨大な進軍にてらしてみるとき、五・一六革命は決して単純な軍事革命ではありません。五・一六は、諦めと絶望のみを強要した、息の詰まるような旧秩序と、旧政治体制に挑戦した国民革命の起点であり、民族史発展の進路を正す民族再生の救国運動でありました。

かりに、軍が先頭に立った革命ではあったにせよ、その後、この革命に積極参与したのも国民であり、この課業を担当して成功させたのも、結局は国民全体からはじまったものであります。

全国民の参与と努力が、自立経済建設と祖国近代化作業を通じて革命の理念と理想を具現しているという事実から、民族中興のための国民革命としての五・一六の意義を求めることが出来るのであります。

今や、全く革命の真意を曲解したり、理念の妥当性を否定する時期は過ぎました。

すでに、革命の歴史的必要性とその価値に対しては、二回にわたる選挙を通じた国民の審判によりはっきり立証されました。

こんにち、五・一六の指導勢力は、この国民の信任と支持を土台として、民族の近世史にかつてなかった、民族再建の燦然たる業績を積み上げました。

それは、自主自立に向う経済的努力と、国民精神の再建であります。

たとえ、革命当初の緊急な課題が、経済計画を通じた工業化に重点がおかれていたとはいえ、民族的な主体意識の昂揚と、これを土台とした民族文化開発のための、われわれの努力は、休むことなく継続され、祖国近代化の重大な一翼を担当してきました。

この自主、自立の精神的基盤となる精神革命は、祖国近代化の動力と、その方向の設定を主導する役割りを担当するという意味から、これからも、筋を通して追求されねばならないことは、再言を要しないところであります。

昨年から五・一六民族賞をもうけたのは、まさに、このような民族発展のための新しい契機をつくることに、その意義を持たせたのでありました。

きょう、受賞の栄誉に輝いたみなさんは、わが社会の発展過程において派生される、あらゆる障碍と試練の中でも、最後まで屈伏せず、これを克服し、努力することによって、民族自立の金字塔を積み上げた先導者であり、私はこれを高く顕揚するものであります。

私は、今年も多くの受賞者たちの業績を広く顕揚させ、民族中興課業の模範的な先駆者の基準にしたいと思います。

願わくは、受賞者のみなさんもきょうの栄誉に拵色がないよう、たゆまざる奮発と努力をもって、これからも祖国近代化の忠実な道案内人としての精進をしてくれるよう願ってやみません。

団長に金三益氏

福井地方本部で定期大会

福井地方本部は、五月二十六日に第二十一回定期大会を開き、事業報告のあと、新年度の方針を論議し、①会館の建設、②二世教育問題では北陸三県を単位として、金沢か福井に初級程度の学校を設置する、③信用組合を拡大強化する、等の主要問題を決定し、役員選挙では次のとおりきまった。

団長＝金三益
副団長＝権守石
議長＝裵栄求
監察委員長＝鄭慶賛
中央委員＝金三益、裵栄求

東京商銀で定期総代会

一致団結で飛躍の構え

東京商銀信用組合（許学林理事長）では、さる五月二十二日午後一時から、上野、東天紅で第十三回定期総代会を開き、事業報告、決算報告ならびに質疑応答があったのち理事の選出で次のような新陣容となったが、理事は五百万円以上の預金が条件となっている。

なお、同総代会には、来日中の趙東植高麗大政経大学長の経済講演のほか、駐日大使館の安公使、金韓国外換銀行理事らの来賓あいさつがあった。

理事＝許学林、金坪珍、李熙宋、曹圭祺、鄭在俊、李鳳致、朴圭石、相孝、李慶晩、李鳳致、朴圭棠（以上再選）許鋳興、金容太、韓棕俊、金在沢、朴鐘大、鄭慎圭、安熙中、許允道、李厚千、康廷変（以上新任）

監事＝徐興錫、金世基、金鎮変

ところで、東京商銀は、これまで理事選出をめぐる意見の対立により、その持てる力を発揮出来ず、しかも大多数の組合員の脱退などもあって、不本意な運営状態にあったが、今回、組合本来の使命に基づく大局的な立場で、新たな運営をすることになり、その前途に明るい飛躍が約束されるようになったので、民団組織としてもこれに全面的な協力を打ち出し、五月二十六日の東京本部支団長会議でも、さっそく東京商銀の育成に関する適切な対策が討議された。

なお、中央本部の立場から東京商銀に関し努力してきた金泰変副団長は、五月二十六日次のように語った。（写真は金副団長）

「東京商銀は日本で一番長い歴史を持っていながら、発展出来なかったことは遺憾なことであった。その理由は、まず商銀が民団の系列でありながら、民団、商銀双方に自主的固執があったことで、これは商銀、民団両者に責任があると思う。

また、商銀について言えば、例えば三年前の総代会で、従来、慣例的に総務委員によって選出された理事の選出方法がかわったため、不適切な現象を生じ、経済人をはじめ一般組合員に至るまで意思の統一を欠き、大きなマイナスとなって、理事職も僑胞とはかけ離れた存在となってしまった。

このようなことで、民団東本団長、民生分科委員長、各支部団長、当時の商銀理事長、ならびに理事たちが数回にわたる会合で打開策を講じた結果、ついに経済人、一般団員を総網羅した意見がまとまったので、今回の総代会となったのである。今回の総代会では、合法的で、もっとも理想的な理事選出が実現し、私としても大へん嬉しく思っている。

東京商銀のこれからの展望はきわめて明るく、全民団員も東京唯一のわれわれの商銀を育成発展させるべく努力し、新理事たちも、僑胞大衆の立場に立って、特に中小企業者の育成に有利な対策をたててほしい。

おわりに、東京商銀の発展と飛躍のため①商銀に対する韓銀の惜しみなき協力、②商銀理事の…

東本の定期地方委開かる

建設的論議で成果

朴春琴顧問喜寿祝賀の会

韓日有志多数が参席

尋ね人

訂正

創団二十周年記念の文化祭盛大に

十五日 千代田公会堂で

創団二十周年記念行事第一日の五月十五日は、午後五時から都内・千代田公会堂に約千五百の同胞を集め、韓学同、婦人会、青年会の共催による文化祭を開催した。

韓青音楽部によるバンド演奏で開幕した同文化祭は、金泰変中央副団長の記念あいさつのあと、韓学同女子部、婦人会の民謡舞踊、韓青、韓学同の寸劇、歌謡が披露され、このあと、韓青演劇研究会メンバーによる史劇〝死六臣〟が上演され、全参加者から賞賛を受け、同九時すぎ盛大裡に幕を閉じた。

「写真は文化祭の各場面」

韓国学校で文化祭開く

五月二十八日 日本青年館で

AP記者の韓国視察記

韓国の新しいイメージは「繁栄する経済」につきる

「韓国の新しいイメージは、繁栄する経済」につきる―これは最近、AP記者ハルチエンブシュ氏の言葉だが、以下、彼の韓国視察記を紹介すると次のとおりである。

新たに再選された朴正煕大統領政権は、第一次五カ年計画経済によってもたされている経済繁栄が野心に満ちた第二次経済開発五カ年計画のもとでも、続続されるだろうと確信している。

この経済計画は、米国の経済援助が一九七一年までにほ、切れるだろうということが予想されている。

張基栄副総理兼経済企画院長官は、一九六二〜六六年間の第一次五カ年計画期間中、国民総生産額（GNP）が平均八・五％上昇し六六年には一一・九％上昇したと言明した。

ある米国援助官吏は、二千九百万の人口を持つこの国の、一人当たりの国民所得が、約百十一㌦という「低い」ものだと言い、その反面、過ぐる四年間において平均六・五％が増加されたと言った。

韓国の経済成長は、経済のあらゆる分野にわたって反映されている。

六六年のドル収入は、四億八千五百万ドルに達しているが、その中の二億五千万ドルは輸出によるものであり、残りは、サービス、観光、そのほか貿易外収入となっている。

張副総理は、ベトナム戦により六千五百万ドルを稼いだ、と言明した。

韓国経済繁栄のテンポは、第二次五ヵ年計画から設定された目標達成の日より先立っている。

創団20周年記念懸賞論文の紹介

民団の展望を模索する

具　末　謨

京仁間ハイウエイ

五月二十日に着工

友愛のトラックをプレゼント

沖縄へ進出する韓国技術

七月には第一陣が出発か

韓・印の古代文献

印度から寄贈さる

世界を結ぶ観光コリア

9万名誘致で348万ドル

16参戦国の遺家族招請も

韓日航空協定に調印

パール・バック女史が韓国に福祉センター

申秀貞嬢のピアノリサイタル

韓国には33品目

ケネディ・ラウンドの恩恵

韓國新聞

韓国新聞社
発行人　権　逸
編集人　金秉錫
東京都文京区春日町
2丁目20—13
電話(813) 2261～5 編集
(812) 0673 業務
定価　1ヵ月100円
振替口座東京 34988番

綱　領

一、われわれは大韓民国の国是を遵守する
一、われわれは在留同胞の権益擁護を期する
一、われわれは在留同胞の民生安定を期する
一、われわれは在留同胞の文化向上を期する
一、われわれは世界平和と国際親善を期する

中央団長に李裕天氏選出さる

議長　金光男氏　監察委員長　金仁洙氏

三機関長就任のことば

派閥を解消し質的向上図る

中央団長　李裕天

李団長は、団長就任にあたって今後の民団運営について次のように抱負を述べた。

不肖私がこのたび中央団長の重責をになうことになりましたが、これからの民団のありかたについてはさきの大会での公約を忠実に履行することによって質的な向上をはかると共に、和をもって派閥を解消し大同団結を期したいと思っております。そして、民団の姿勢をただすため本来の民団に立ちかえらなくてはならないと考えます。民団は一九四九年、本国政府から正式に自治団体として認められた在日同胞の権益擁護機関であって政治団体ではありません。したがってわれわれは民団の宣言、綱領を実践して団員の権益擁護と福利増進をはかるのに主眼を置き特定の政党に加担するようなことがあってはなりません。もしも、民団幹部に本国政党に所属する者があれば民団組織に本国の政争が導入され混乱が惹起されることはいうまでもありません。そのためにも、本国政界に乗りだす者は民団の役職を辞任したのちに政治活動をやるべきです。

私は、重要課業の一つとしてわれわれの法的地位問題を解決し、われわれがこの地で安定生活が営めるよう今後とも引き続き努力を傾けるつもりであります。また、子弟の民族教育に関しては各県に真の民族教育のできる学校を最少限一校あて建てる計画を推し進め、税金対策も本格的に取り組んで団員の負担を軽減し、組織への寄附金等は税金から免除されるよう特恵措置を講ずるようにしたいと思います。そして、私は朴大統領は牛のように働くといわれたが六十万同胞の真の下僕として力の限り働くことを誓います。

終りに、最近日本の新聞紙上で領事館による民団の統制云々が報道されていますが、そのような事実は、いまだに本国政府から何らの連絡を受けておらず、大使館でも知らないといっております故、日本の新聞の憶測にすぎないと考えますが、大統領の就任式に参席する際、本国要路と話し合ってこの事についてただしてみるつもりです。

姿勢正し共同利益を

中央議長　金光男

今から五年前、東京の久保講堂で開かれた中央大会を契機に、民団の第一線から引退していた私が、再び議長の職責を引受けることになり、何か感慨深いものを感じているのが偽わらざる心情であります。

過去の議長職責にいた頃を顧みますと、十六年間八期を勤め、その間には四・一九や五・一六の革命をも体験しました。

民団の前身である建青からはじまった二十年間にわたる組織生活で、いわゆる万年議長というのが私の別名でありましたが、今ここに新たな立場で再び議長の職責に就き、私はいささか心に期するものを持っております。

つまり、現時点において民団にはいろいろと憂慮すべき問題があり、その解決のために及ばずながら粉骨砕身奮斗したいという決心を持っているものであります。

具体的に申しますと、

一、在日同胞の姿勢を正し、その共同利益をはかり
二、民団の基本姿勢を確立して、常に正常な運営をし
三、組織の伝統を生かして、落ちついた、しかも活気ある方向に組織を導く。

というのであり、要は、組織における議決権を尊重し、派閥に偏せず、人の和をもって明朗な秩序を打ちたてたいと念願するものであります。

どうか、私のこのような率直な気持ちを諒とせられ、みなさんの厚い御協力がありますよう願っているものであります。

厳正な姿勢を堅持

中央監察委員長　金仁洙

去る六月十二日に開かれた民団第三十二回臨時中央大会において、みなさんの声援と協力により、民団中央監察委員長に選出されたことを無上の光栄に思っております。

これは平素から民団を愛し、その発展のために中央、地方を問わず奮斗、努力されているみなさんの私に対する激励であると信じ、[illegible]

[illegible]の事業にも積極的に関与し、真に全体僑胞から信頼され、愛されるということへの理論のために尽力する信念であります。

このような諸問題を解決するにも、いたずらに個人的名誉とか、私情にのみ汲々としているようなことがあれば、断固としてこれを排撃し、厳正な態度をもって臨むであります。

民団は、真に僑胞の立場に立って仕事をせねばならず、そのためには、団結と自主性を確立し、団内の画期的な発奮がなければなりません。

以上の諸点から、私は過去において二期をつとめたことのある中央監察委員長時の経験と教訓を生かし、未熟ながら力一ぱい努力して、誠心誠意、組織に奉仕しようとするものであります。

願わくは、私のこのような信条を御理解され、みなさまの倍旧の激励と協力、指導あらんことを願ってやみません。

第32回臨時中央大会の全景

第十回臨時中央委員会決定事項

一、金載華事件対策委員会を設置し、金載華事件の真相調査を行なう。同委員会の委員五人は第三十二回臨時大会で選出される三機関長に一任する。

一、新活動方針ならびに予算案は新執行部の誕生後、次期中央委員会で決定する。

一、従来の朝鮮奨学会対策実行委員会委員の辞任を受理し、新委員を選出する。

一、任職員就任分限規定の一部改定について、規約審議委員会がこれを審議し次回中央委員会で決定する。

一、中央委員ならびに代議員数を次回中央委で再検討する。

金載華事件対策委員会を設置

第十回臨時中央委員会で

[illegible]

新旧団長が握手　右権前団長左李新団長

中央委員会

[illegible]

中央大会

[illegible]

朴大統領新内閣を発表

[illegible]

国務総理　丁一権(49)
副総理兼経済企画院長官　張基栄(51)
外務　崔圭夏(48)
内務　李澔(53)
財務　徐奉均(41)
法務　権五柄(49)
国防　金聖恩
文教　文鴻柱(49)
農林　[illegible]
商工　朴忠勲(48)
建設　[illegible]
保健社会　鄭熙燮(47)
交通　安京模(50)
逓信　金炳三
公報　洪鍾哲(43)
総務処長官　李錫済(43)
無任所　金元泰(58)
無任所　黄鍾律(58)
法制処長　徐一教(45)
援護処長　朴基錫(59)

第二回のアスパック

[illegible]を形成するための予備団体として、各国間の双務的経済開発会談を全会員国間の会談に拡大させ、自由貿易地域の設定、特定関係の互譲問題などを会議に提出する方針である。同時に、域内諸国間の通商増進、海運、航空などの交通問題に対する総合的な調査を行なっていくことを決定している。

太平洋アジア経済協力

推進委員会で体制確立へ

広域経済協力の基盤をなす太平洋アジア経済協力を目的とする、推進委員会が、このほど民間経済界代表三十七名により結成され、委員長団に[illegible]韓国経済人協会々長、[illegible]ソウル大学総長、朱耀翰経済科学審議会委員などを選出した。

この委員会は、アジアの経済協力体制業務を推進し、これを拡充するため、政府との結びつきを一層緊密にすることとし、当面の課題として国際経済動向の綿密な調査をするとともに、研究推進の方策を検討する。

大学相次ぎ開講

休講中だった三十余校

不正選挙糾弾デモで休講を余儀なくされたソウル大学が、六月二十六日から開講されたのにつづき、高麗大学が三日の開講と決定された。

こんどの休校令で休講中であった大学は、約三十余校にのぼっていたが、いずれも試験がおわり次第、ただちに夏期休学に入る見込みである。

七月一日は臨時公休

大統領就任式記念で

第六代大統領就任式が行なわれる七月一日は、臨時公休日となり、記念の切手一百万枚、同タバコ七百万個が一般に市販される。

また、同日は夜間通行禁止が解除されるほか、全国各地で[illegible]場所(刑務所)に収監中の二万余人に、特別赦免が行なわれ、花火大会、花電車、祝賀飛行、芸能祭、古宮の無料開放などの多彩な行事が行なわれる。

電話新設お知らせ

このたび、次のように中央団長室、事務総長専用の直通電話が架設された。

団長室専用　(八一四)　一八二二
事務総長専用　(八一四)　一八二三

新出発

第六代、朴大統領の就任式。民族中興と祖国近代化に指導力がかかる。

私は牛のように働きたい — とは、その朴大統領のはなし。

「牛」とは、あせらず、誠実に、辛抱づよく、やらねばならないことを、確実にやり遂げるもののシンボルである。

姿態、目まぐるしい内外情勢の、きょうこの頃、「牛」のはなしは黄金よりもとうとく、鋼鉄よりも重くひびく。

×　×

新選された李裕天団長。

私はみなさんの「下僕」として働き、口にした公約は必ず実行する、と言いきった。

とかく、公約とは「膏薬」となり、はるかの「コウヤク」は、世間の通り相場である。

だが、李裕天団長の公約は文字通りの「公約」であり、必ず実行する「コウヤク」である。

仕事をする民団、在日同胞の下僕として働く団長—この素朴な言葉また、黄金よりもとうとからずや。

×　×

再出発とは、新たな出発を意味し、新たな出発とは、「前進」を目指すものだ。

われわれの前進とは、「牛」と「下僕」の精神に立ち、われわれの基本姿勢をいま一度、確認することから始まる。

×　×

われわれは大韓民国という国家があるゆえに、日本において「韓国人」であり、それゆえに国是を守り、権益を求めて団結し、民族文化の向上につとめ、国際親善をはかる…

これさえ守っていれば、われわれの基本姿勢は、自らしゃんとしてくる。

×　×

一週間たつと、ソウルの街角がかわる—とは、自他ともに認める本国の現実である。

創団二十周年を祝ったばかりのわれわれの目に、この本国の現実は、余りにもまぶしい。

だが、そのまぶしさに、われわれは決してサン・グラスなどかけてはならない。

×　×

ひとりひとりが「牛」になり、「下僕」となる。

在日六十万同胞唯一の「指導団体」は、こうして光り、発展し、前進する。

新任中央三機関役員

【議決機関】
議長　金光男
副議長　金在述
〃　朴太煥

【監察機関】
監察委員長　金仁洙
監察委員　陳点春
〃　李相台

【執行機関】
団長　李裕天
副団長　鄭烱和
〃　未定
事務総長　金天奎
総務局長　金根守
次長　姜仁煥
組織局長　丁賛鎮
次長　韓晛相
〃　韓昌奎
経済局長　金九高
次長　金斗昌
民生局長　申灝
次長　李鍾舜
文教局長　鄭烱和(兼任)
次長　姜仁煥(兼任)
宣伝局長　金秉錫
次長　孫秀祺
韓国新聞編集次長　尹翰鶴

地についた自立経済

開発計画の昨日と今日

鉄鋼初期段階を低迷

肥料、計画は充足

造船資材の国産急げ

鉱業に拡大投資緊要

輸出量増大

地質調査を推進

韓米日中首脳会談

主張

新たな民団の姿勢について

六月十三日に召集された第三二回臨時中央大会は、あらた李裕天団長を選出、重要転機迎えた民団の今後のあり方について新姿勢の確立を要請した。この全体大会の意志を体して団長に就任した李団長は、さごろの記者会見で❶組織の刷をはかって民団の基本姿勢をだし❷本国政府ならびに大使館との連を緊密にして協調増進し❸子弟に対る民族教育をより一層強化し全同胞の生活安定を期して法地位の改善に全力を尽くすと負の一端を述べた。行動力をもって自他ともに任ている李団長の抱負とあってれば任期中必らずやこれらの約の実現をみるものと信じてわない。ところで、❶の基本姿勢の確

僑胞の本国投資を誘致

中古機械類の輸入を緩和

原子力商船が仁川に入港

釜山と米国間の定期航路開く

輸出五ヵ年計画を修正

七一年度目標十億ドルに

総額483億ウォンの規模

＝建設部・道路事業を最優先＝

経済開発特別会計予算

大統領就任式に使節団
李裕天団長ら二〇〇人
三十日羽田から空路出発

36カ国から170人
大統領就任慶祝使節団

松江市で「韓国展」
多彩な行事を予定

島根県では、きたる七月四日から同九日まで、松江市殿町、一畑百貨店の四階催場で「韓国展」を開催し、会場に韓国の重要民俗資料、民芸品を展示し、優良物産の即売、特設茶屋における韓国料理の提供のほか、映画、古典舞踊などの披露を行なう。

また七月四日は午後七時から、松江市の一畑劇場において「韓国の夕」を開催し、韓日両国の親善交歓の会とするなど、多彩な行事が予定されている。

これには、駐日韓国公報館の後援があり、李昌演公報館長ならびに田部長右衛門島根県知事の連名による案内状が関係各層に発送されているので、盛大な韓日親善交歓が期待されている。

永住許可者二七、四五七名
五月現在の申請は三二、二二七名

永住権申請は、五月末現在で全国三二、二二七名となっており、そのうち許可されたのは二七、四五七名となっているが、別表で見るとおり、申請数の多い地域は大阪の六、五三二名を筆頭に、福岡の四、五六五名、東京の三、六八九名となっている。全国各地域別の申請状況は次のとおり。(資料は中央民生局提供)

協定永住統計

1967.5月末現在

地方別	申請受付数累計	許可累計	不許可累計	取下	死亡
北海道	537	421	5	1	1
青森	249	196	4	1	5
岩手	49	53	1		2
宮城	175	133	2	3	1
秋田	200	172	1		
山形	42	36			
福島	49	34	2		1
茨城	68	62		4	
栃木	95	76	2		2
群馬	59	46	2		1
埼玉	311	279	7	5	
千葉	358	300	1	6	6
東京	3,689	3,099	98	5	3
神奈川	1,422	1,218	10		1
新潟	182	161	3		4
富山	198	162	2	1	
石川	105	78	1		1
福井	346	326	1		
山梨	148	135	3		
長野	327	295	1		
岐阜	469	415	9		1
静岡	1,020	929	3		
愛知	2,482	1,999	18	3	3
三重	499	411	4	7	4
滋賀	88	67			
京都	580	504	3	4	1
大阪	6,532	5,525	46	9	10
兵庫	2,261	1,902	20	5	3
奈良	163	149		2	
和歌山	529	463	6		3
鳥取	302	260	2	1	
島根	57	46			
岡山	658	598	2		2
広島	1,469	1,265	5	1	5
山口	1,424	1,177	1	2	2
徳島	28	25			
香川	130	117			
愛媛	336	294			2
高知	90	71			
福岡	4,565	4,105	37	6	3
佐賀	115	106	2		
長崎	698	649	9	8	4
熊本	274	244	5	1	
大分	242	180	6		
宮崎	122	106	2		
鹿児島	91	56	8		1
総計	32,227	27,457	335	82	72

横浜支部に分団
「常盤台分団」を結成
分団長に金永泰氏

神奈川地方本部横浜支部では、このほど傘下に常盤台分団を結成し、同時に韓国学園も開設した。初代分団長には金永泰氏を選出した。また同時に、婦人会分会も結成した。

海外送金
去年の総額を突破
すでに413万ドル

金載華対策委員会
事務局設けて活動開始

第三十二回臨時中央大会の決定により、三機関が委任を受けた「金載華対策委員会」については、さる六月二十日、正式に五人委員会が構成され、こえて同二十三日中央本部会議室で初の会合がもたれた。

(写真は同委員会)

国民登録更新は
58,089
新規が16,880

一九六六年八月から六七年五月末現在の国民登録更新は、総計五八、〇八九名で、そのうちの新規(主として朝総連系から)が一六、八八〇名となっている。

国民登録更新(1967年5月末現在)

館別	更新	新規	合計
大使館	10,486	3,921	14,407
大阪総領事館	14,048	5,879	19,927
福岡 〃	2,979	1,345	4,324
札幌 〃	861	251	1,112
名古屋 〃	5,133	1,693	6,826
横浜 〃	3,013	1,049	4,062
仙台 〃	1,095	490	1,585
神戸 〃	405	345	750
下関 〃	3,189	1,907	5,096
計	41,209	16,880	58,089

(資料は中央民生局提供)

樺太抑留同胞の帰還
一、四一〇世帯が帰国を希望

許弼奭氏を選出
東京商銀の理事長に

(写真は新許弼奭東京商銀理事長)

赦釈放三五六人に確定

団長に鄭鳳基氏再選
三多摩本部定期大会

三多摩本部ではさる六月十七日に第二十七回定期大会を開き、鄭鳳基氏を団長に再選した。

同定期大会では、第六回定期地方委員会の報告、創団二十周年の有功者表彰(五十八名)、大会定員数を七十名に増員することなどを決定した。

この日、中央からは金光男議長、鄭炯和副団長、金大奎事務総長、金允鍾経済局長が参席した。

(写真は同定期大会)

ユニバシアード派遣選手決まる

アジア男子選手権
九月にソウルで開催

◇参加申請国は次のとおり。(締切=七月二十一日)

韓国、日本、自由中国、タイ国、香港、ベトナム、マレー、セイロン、インド、インドネシア、フィリピン。

安丙録君が結婚
前平新報の記者

呉基文婦人会長が引退
七月十三日に全国大会

韓学同が夏季訓練
愛知県蒲郡で二泊三日

八氏病者の対遇改善
全国支部長会議で方針

神奈川学園理事会が発足
初代理事長に洪句杓氏が就任

僑胞学生夏季学校開く
総勢五二九名が近く出発

(写真は全国文教部長会議)

引率団長は文教局長

ソウルに個人タクシー第一号誕生

朴竜九育英金
自然科学系学生に実施

本国の田植順調

韓信協 通常総会開く

預金目標四三〇億円

本国政府に中小企業育成基金二〇〇万ドルを要請

在日韓国人信用組合協会（朴漢植会長）では、さる六月二十三日〜二十四日の両日間にわたり、山口県宇部ゴルフ観光ホテルで第十二回通常総会を開き、一九六六年度の経過報告し、同六十七年度の活動方針、六六年度の収支決算報告、六十七年度の収支予算を決定したあと、役員改選を行ったが、朴漢植会長以下全員が留任となり、理事のうち東京商銀は人事移動により、許弼奭氏にかわって許弼奭氏が理事になったほか、新たに事務局長として朴貴文氏を任命した。

ところで、同協会総会で注目されるのは、六十七年度の活動方針の中で、❶預金獲得目標を四百三十億円（現在三百三十億円）に決め、その達成に努力するほか❷在日僑胞の中小企業育成基金として、本国政府に二百万ドル獲得を要請することである。

このほか、民団内で団結導や信用組合への預金、貸付け禁止、中央本部の要請に基づく諸附金の共同分担実施なども論議され、いよいよ韓信協の面目を躍如たらしめ、民団組織と密着して発展への気概のほどを見せた。

なお、同通常総会には中央本部から鄭烔和副団長が参席した。

同協会役員は次のとおり。

会長＝朴漢植（大阪商銀理事長）
副会長＝李熙健（大阪興銀〃）
〃 許弼奭（東京商銀〃）
理事＝姜宅佑（大商信理事長）
〃 金容載（大阪興銀〃）
〃 姜求道（京都商銀理事長）
〃 徐漢圭（広島商銀〃）
〃 李鍾大（横浜商銀〃）
〃 金秉洛（神戸商銀〃）
専務理事＝李大廈（韓国外換銀行大阪支店調査役）
監事＝金府煥（熊本商銀組合長）
〃 李敏和（和歌山商銀理事長）
〃 成楽奉（京都商銀専務理事）

日本に依存しない遠洋漁業

北欧から漁船を導入

日本よりもトン当り三〇〇ドル安

芸総の再建総会開かる

東京支部長に金熙明氏

ミス・コリア誕生

67年度の真・善・美の3人

MISS KOREA BEAUTY PAGEANT 1967 主催 한국일보사

「興宣大院君と閔妃」

67年国際観光の年 その現実と展望

（一）焦らず現実分析を

（二）ホテルと道路整備を

（三）企画性ある宣伝を

208

韓國新聞
韓国新聞社
発行人 権逸
東京都文京区春日町2丁目20−15
電話(813)2261〜3番
定価 1ヵ月100円
振替口座東京 34988番

朴正煕六代大統領が就任

七月一日午後二時

ソウル中央政府庁前広場に一万余人が参加して

朴正煕第六代大統領の就任式が七月一日午後二時、ソウルの中央政府庁前広場で挙行された。この式典で朴大統領は「私は国憲を遵守し国家を保衛し、国民の自由と福利の増進に努力し大統領としての職責を誠実に遂行することを国民の前に厳粛に宣誓する」と述べ、また、就任あいさつ（別掲）を通じていまや韓国は自立にめざめた一民族の覚醒は真に大きな力を発揮するものであるという「偉大な実証」を成功させなくてはならないと強調、今後四年間の執権抱負を明らかにした。なお、同式典にはハンフリー米副大統領、佐藤日本首相、厳家淦自由中国副総統らをはじめ友邦三十八カ国から百七十人の慶祝使節、日本、ハワイ等の在外同胞とソウル市民一万余人が参席した。（写真左は就任式で宣誓する朴大統領）

朴大統領の就任辞

お祝いの花束を受ける大統領夫妻

本国政府に12項目要請

李裕天団長の帰任談

……等に参加しましたが、五日からは同行した民生局長を帯同、民団二十周年記念行事の一環として進められてきた本国家族の招請事業の今後の推進かたについて関係要路を歴訪しました。丁一権総理は、今までそのような連絡を受けなかったが、政府としては家族の招請事業には全面的に協力すると確約してくれました。そして、この事業の円滑な進捗をはかって十一日から事務所をソウルに開設、事務を開始させてきました。

このたびの本国訪問で政府に対して十二項目の民団の要請を提出してきましたが、丁総理、崔外務長官らは今後、民団活動には全面的に援助を惜しまないと確約し、法的地位問題についても民団の意見を聞いた上で韓日閣僚会議で早期解決をはかるよう極力努力すると約束してくれました。また、駐日領事館による民団統轄云々は事……

写真（上）・李団長の記者会見

平和達成まで支援

朴大統領、日本新聞に答う

瞻星台

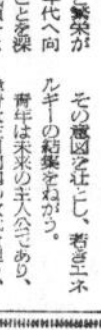

国民登録および永住許可申請案内

国民登録更新および新規申請

協定永住権申請

一、申請該当者

（1）一九四五年八月十五日以前から申請時まで、継続して日本国に居住している大韓民国国民

（2）（1）に該当する者の直系卑属（子、孫）で、一九四五年八月十六日以後、法的地位協定発効日（一九六六年一月十七日）から五年以内（一九七一年一月十六日）に日本国で出生し、継続して日本国に居住している者

（3）右（1）（2）に該当し、協定永住許可を受けた者の子女で、協定発効日より五年が経過した後に（一九六七年一月十六日）日本国で出生した者（出生日より六十日以内に永住許可を申請）

※以上の該当者は、外国人登録から漏落していても、事実上継続して日本国に居住していた者は許可される。

二、申請方法

（1）申請場所＝居住地、市、区、町、村の役所

（2）申請人

（イ）満十四才以上の者は、本人が直接出頭して申請し、十四才未満は親権者または後見人が代理申請する

（ロ）申請者が疾病、またはその他の身体障害により出頭が不可能な場合は代理人による申請も出来る。

（3）手数料は無料

三、具備書類（各市、区、町、村役所にあり）

（1）永住許可申請書一通

（2）旅券または国民登録提示、但し（2）が無い者は「大韓民国の国籍を持っているという趣旨の陳述書」を提出する

（3）家族関係および居住経歴に関する陳述書一通

（4）写真二枚

（5）外国人登録証明書提示

四、記入方法

（1）韓国姓名（戸籍上）を記入し、子、孫等の名前は日本式に記入せず、漢字で記入する（例、朴ミチ子＝朴道子）

（2）居住歴においては、何年頃、春頃、秋頃、等のように記入してもよい。

（3）家族関係では、在日家族だけでなく、本国家族も記入すること（離散家族再会に参考）

（4）記憶不明の場合は、役所における外国人登録済原票の写本交付を受け、その記録通り記入してもよい。

一般永住申請

一、申請該当者

（1）戦前に日本国に居住し、戦後一時的に帰国して平和条約発効日（一九五二年四月二十八日）以前に日本国に再入国した者と、平和条約発効日まで日本国に入国した者（在留資格が特在四－一－十六－三）になっている者

（2）（1）の直系卑属で、平和条約発効日以前に日本国で出生した者

二、申請場所

法務省、各地方の出入国事務所

三、具備書類

（1）申請書 （2）質問書 （3）履歴証明書 （4）外国人登録済証明書 （5）財産証明書 （6）納税証明書（非課税証明書） （7）健康診断書 （8）身元保証書 （9）国籍確認書（大使館または管轄領事館所定様式）

※申請書は二通、その他は一通

駐日大韓民国大使館
駐日大韓民国各級領事館

アスパック二次総会開かる

韓国共同市場を強調

アジア発展はアジア人で

アスパック（アジア・太平洋地域閣僚理事会議）第二次総会は、タイ国首都バンコクで七月五日午前十時から開かれ、韓国をはじめ会員九ヵ国と、オブザーバーとしてラオス代表など総勢八十余名が参席した。会議は五日から七日までの三日間継続され、第一日目は臨時議長である朴忠勲商工部長官の開会宣言によって開幕した。三日間にわたる会議の結論は、共同の政治、経済問題を綜合して機構化することを確認し、韓国の強調した共同市場論も原則に賛同を得たほか、濠州における技術者プールをキャンベラ市に設[illegible]キャンベラ市で開かれることに[illegible]

朴忠勲首席代表の基調演説要旨

[illegible]

アスパック共同声明

[illegible]

[illegible]意思を通じて自分自身の政府と生活様式を選択すべき天賦の権利を再確認しながら、彼等の権利を保全しようとする彼等の確固たる態度に対して、ベトナム共和国政府と国民に対し深い同情の意を表した。

閣僚等はまたどんな形態であろうと、ベトナム共和国を支援するために決定した国家たちによって採られている貴重な援助に対して感謝の意を表明した。閣僚等はベトナムでの、光栄ある永続的な平和を追求する努力が未だに成功していないことに対し注目し、遺憾の意を表した。

閣僚等はそのような平和を達成するために、今後あらゆる努力を傾注することを決議した。

8・閣僚等は常設委員会の報告を接受してオーストラリアのカンベラ市に専門家サービス・センターと大韓民国ソウルに社会文化センターを設置することをアスパックの事業として承認した。閣僚等はアジア・太平洋地域の食糧、肥料、銀行設置案を審議し、同事業を常任委の指導の下に適切な専門家たちがもっと検討すべきことに合議した。

9・閣僚等は貿易の自由化、経済計画の調整、支払協定及び経済下部構造の強化等の地域経済統合及び協定分野において、其他国際機構等が履行している事業に留意し、常任委員会をして、このような事業を継続して研究する価値があるということに合議した。

10・閣僚等はソウルで開始されたアスパクの継続的な協議の成功に対して満足の意を表した。アスパック国家たちが会員国になっている地域的及び国際的機構内で団結した行動を模索することと、そのような機構の委員を地域国家たちに有益な経済、社会、文化等諸分野での計画を立てることに努力を注ぐことを決議した。

11・閣僚等はアスパックの事業に各国が最大限に、しかも広範囲に参加しようとする彼等の強力な意欲を示し、これに関連してアスパックは、排他的な機構や、または特定の国家と国家たちのグループに対抗して生れた機構でないことを再強調した。

12・閣僚等は法律と正義の支配が地域国家間の関係において遵守され、地域的な意見の相違は友好的な協議精神の下に、また、国連の憲章原則に符合するようにこれからも解決されるように、彼等の希望を再強調した。

13・閣僚等はオーストラリア政府が第三次閣僚会議を六八年中にカンベラで開催したい旨を有難くうけ入れた。

14・閣僚等はタイ国政府と国民が施してくれた厚い友誼に対して深甚な感謝の意を表明した。

米国ほか三ヵ国から十一億ドル

企画院の長期借款

経済企画院では第二次五カ年計画事業を促進するための長期借款調達計画を発表した。

この長期借款計画は、これから五年のあいだに米、西独、英、日から財政借款として四億六千二百三十六万ドル、商業借款として六億七千七百五十八万ドル、計十一億[illegible]ドルを調達するもので、七一年までには[illegible]じまった第二次五カ年計画に必要な施設材導入にまわし、今年からは[illegible]%も超過達成を目標とするもので[illegible]ある。

十日、経済企画院当局では、この計画にしたがって、長期借款により資本財導入は七〇年上半期までで九億一千二百十八万ドルに達するだろうと明らかにし、❶すでに同意している物資は六千五百四十三万六千ドル、❷調達が確定しているものが三億六千四百三十九万九千ドル、❸借款調達が確定しているものが一億一千二十万ドルに達している。

これを調達計画の年度別に見ると、六七年度一億九千六百五十万四千ドル、六八年が二億四千九百十一万ドル、六九年が二億八千二百五十万ドル、七十年度の上半期が一億六千百十万ドル、同下半期が一億九百二十六万ドルとなっている。

二億ドルを割る外貨保有高

二億ドルを突破していた外貨保有高が、さる六月末現在、一億九千六百七十九万ドルに減少した。

この数字は、前月の保有高二億八百万ドルに比べて一千百六十四万ドル、そうして六月十三日の二億一千三百五十八万ドルより一千六百八十一万ドル減少している。

前年から継続増加の一途をたどり一時は二億一千万ドル線を維持して来た外貨保有高が、わずか十五日間で二億ドル線をわるようになった原因を[illegible]は六月下旬に今年度[illegible]肥料導入資金九百二十万ドルが決済されたことによるものと説明している。

しかし、財界筋の見方によると輸出不振にその原因があると指摘、今後外資融資と外貨借款付け資金が本格的に放出される時期であり十五日から実施されるネガティブ・システムにより外資需要が増加するため、外貨保有高の減少すう勢は当分つづくものとみている。

石油公社を民営に

米国も民営化に賛意

政府の持株を放出

政府は、石油公社の民営化を段階的に実施する方針をうち出していたが、このほど投資先の米国のカルフ会社と交渉中である。去る十四日、張基栄副総理の経過説明によると「米国のカルフ会社は、石油公社の民営化に賛成、政府の持株九五%、うち二五%を民間に売却する政府計画に原則的同意を示した」と語った。

主張

自主性の確立を促求する

[illegible]

団員の"自主性"の欠如にあったと断定する。

法的地位にしろ、民族教育にしろ生活権の擁護問題にしろすべてこれは団員各自の問題であって、一執行部、一部指導者のみの問題ではない。したがって、これらの問題解決にあたっては全団員が進んで参与しなくてはならないのである。

口を開けば大同団結を称える人達が果して民主主義のルールにしたがって見解を異にした人達とどれだけ協調できたであろうか。自分ひとりぐらい参加しなくても誰かがやるだろうとたかをくくっていた人達が、どのくらいあったたろうか。

いまさらくり返すまでもなく日本に住むわれわれの生活条件は並大抵のものではない。この困難な条件のなかで生き抜くためには、全同胞がわれわれの結集体である民団の周囲に固く結束し、ひとりひとりが、みずからの問題をみずからの手で解決するという"自主意識"にめざめ、みずからの力を問題解決に参与させる以外にないのである。

冒頭で述べたように本国政府はわが民団の自主性を認めてくれた。だが、われわれのうちにある自主性はまだ冬眠から醒めきっていない。

いまからでも決して遅くはない。われわれは誰もが、知恵のある者は知恵を、物力のある者は物力をもって在日六〇万同胞のために、はたまた各個人のために"自主性"にめざめなくてはならない。

そして、真の民団の自主性の確立を促してやまない。

国際的地位さらに高める

大統領就任式の外交成果

七月一日にあった朴正煕大統領就任式はわが国の憲政史上に新しいページを追加すると同時に外交上においてもまた一つの前進記録を残した。

[illegible]には前例のない友邦二八ヵ国から百七〇余名の慶祝使節が参席したという事実それ自体も、就任式の意義を昂揚し、わが国の外交の成長を意味していることだろう。それに、これを契機として、ソウルを中心として開催された多角的な頂上会談等は実に重要な意義をもつものと言える。

佐藤日本首相、ハンフリー米副大統領、厳家淦自由中国副総統、チュウベトナム国家指導委員会事務総長等の訪韓目的が公式的には慶祝式参席となっているが、同使節等は訪韓中に重要ないろいろの外交的活動を展開した。最初から同使節等の滞韓日程が三～五日ずつ組まれていたこと自体が一方では使節団以上の外交的な意図を暗示していた。

そのなかでも、特に佐藤日本首相の訪韓の目的は、形式上は慶祝使節となっておったが、実質的には使節団長の役割は椎名自民党総務会長が受持っていて、佐藤首相は他の頂上達との多角的な接触に主力を注いだ。それ故に外交界では今度の佐藤首相の訪韓が事実上の公式的な訪問であったし、それが韓国民の対日感情で未だ穏やかでない点を考慮して、慶祝使節という形式でなされただけであると解釈されている。

またハンフリー副大統領の訪韓はそれがジョンソン・コスイギン会談後最初の米首脳級の訪韓であったという点からベトナム戦の当事国であるベトナム指導者及び米国の対極東政策に重要な比重を占めている日本首相の訪韓等と関連していて注目をひいている。

◇このような意味をもった米・日・中・ベトナム等の訪韓を迎え、ソウルでは朴正煕大統領とこの首脳との個別会談、米・日会談、米・中会談、米・ベトナム会談等多角的な頂上会談が開催されたし、二日午前にはこの首脳級が同席した連席会議が開催された。

先ず朴正煕大統領は三〇日ハンフリー米副大統領と会い、ジョンソン、コスイギン会談内容とベトナムをはじめとする国際情勢、それから韓米間の具体的な懸案問題である韓国軍の装備の現状化、駐ベトナム韓国軍のCレイション支給問題等を協議し、装備とCレイション問題に対しては韓国側が最初意図したように合議がなされたものと言われている。朴大統領はまたこの日、佐藤日本首相と会い、韓日両国間の協力問題とベトナム問題等をはじめ東南アジア情勢及びアスパク会議での協力問題等を論議したし、厳自由中国副総統、チュウベトナム国家指導委事務総長ともそれぞれ会談が行われた。

一方、これと並行して佐藤日本首相とハンフリー米副統領は一日午後四時木村日本大使邸で会談し両国間の懸案問題と東南アジア及び中東情勢を協議した。ハンフリー米副統領は一日と二日にわたり厳中国副総統、チュウベトナム事務総長等とも個別会談をもった。このような多角的な会談を総決算したのが二日午前に催された韓、米、日、中四ヵ国連席会議と言うことができる。

朴大統領は佐藤日本首相、厳中国副総統、ハンフリー米副大統領と迎賓館で一時間五十分の会談を行い、ジョンソン・コスイギン会談内容を中心としてベトナムをはじめ東南アジア情勢を論議すると同時に四ヵ国間の経済協力方案を協議した。

三日間にわたる会談はその時その時の当事国につれて議題が変っており、当事国間の懸案問題が主議題になってはいたが、何時も共通的に論議されたのがベトナム問題をはじめとする東南アジア情勢であった。これは二日朝、迎賓館頂上会談で参加国間の経済協力方案及びアスパクでの協力問題等が論議されたという事実とあわせて今度の多角的な会談が新しいアジア、太平洋社会の建設を指向する韓国外交の重要な布石であることを物語っている。

そのような点で朴大統領の第六代大統領就任式を契機とした招請外交はアジア・太平洋共同社会の実現という韓国外交にもう一つの前進をもたらしたと言ってもよい。

太平洋共同社会が韓、米、日を主軸として建設されるほかはないとすれば、この三ヵ国首脳が同席して、全世界における東南アジアの情勢を論議したことは極めて重要な意義をもつものであると言える。特にアジア、太平洋頂上会談開催問題が慎重に検討されているという観測がなされている最中にソウルで主軸国の小頂上会談が実現されたという事実は、極めて注目をひくことであった。それのみならず、今度の会談は、それが朴正煕大統領の第六代大統領就任後最初の外交的布石であるという点から、今後アジア、太平洋地域に向う韓国外交が幅広く拡げられる可能性をほのめかしてくれたものともいえる。

また、そのほかに韓日、韓中、韓米、韓ベトナム間の個別会談がこれらの国との懸案問題を解決し、協力関係を強化するために重要な基盤を築き上げたと見なされる。

協定施行において、未だに多くの問題点が提起されている韓日間の紐帯及び経済協力強化の約束や、韓国軍の装備改善、Cレイション支給問題等に対する韓米間の合議は今度の招請外交が残したもう一つの重要な具体的成果としてあげることができる。

数字からみる発展相

朴大統領前任期中の業績

朴大統領の前任期（第五代）中における業績に関し、六月二十日公報部は、これを数字でまとめて発表しているが、外交、国防、産業、経済、社会間接資本、保健社会、文教公報など五つの分野にわたる目ざましい発展相が一目でわかるようになっている。

そのうち外交、国防、産業経済部門をみると次のとおりである。

一、外交、国防

外交網＝公館数一〇四（六三年は六〇）

条約締結＝三二一（六三年は一八〇）

二、産業、経済

国民総生産＝一人当たり一二三ドル（六三年は一〇〇ドル）

経済成長率＝一一・九%（六三年は九・三%）

輸出実績＝二億五千五百万ドル（六三年は八千四百万ドル）

焦点

朴正煕大統領はさる一日、第六代大統領就任の宣誓を行い、さらに向う四年間の政権担当の決意を表明「三大公敵である貧困、不正腐敗、共産主義を克服するには経済建設を遂行する以外に道はない。産業、国土、所得構造など均衡のとれた形で第二次五ケ年計画を推進し、祖国の近代化を成就したい」と国民の協力を呼びかけた。特に就任辞の中で"農業と工業の均衡発展政策と国土建設計画"の公約が打ち出され、今までの経済政策の継続遂行の決意が再び強調されている。資本と技術不足の制約にあえぐ現在の経済環境のもとで"工業立国への大道"へどのような方法で具体化し、いかに実行に移すかということは、就任辞では詳しく説明されていないが、向う四年間朴大統領の中心課題は、自立経済による近代化の達成であるということが強く言明された。経済の安定と開発は、二律背反の生理を内在しているゆえ、これをいかに調和して、健全な方向へ導くかということは容易なことではない。ここで今後四年間のわが国経済動向を第一次五ケ年計画の最終結果に照らし合せて検討し、今後の問題点にスポットをあててみた。

均衡と開放へ向う韓国経済

——李東翊——

第一次五ケ年計画期間中政府は、単一変動為替率、金利現実化、物価統制など現実に適した政策を骨幹とする経済政策を推進してきた。第一次五ケ年計画の最終年度六六年の結果をみると……

まず国民総生産は、現在の価格に換算して建国以来始めて一兆ウオン線を突破、一兆二百十億四千万ウオンを記録した。

経済成長率は、目標成長率の八・三%を大幅にうわまわる十三・四%という史上最高の高い成長率を示している。

農業、工業の成長率は、例年不均衡状態にあったものが、六六年度からは、農、工の成長率の対比がある程度バランスのとれたものになりつつある。

この計画期間中各産業間の平均成長率は

第一次産業 六・三%

第二次産業 十三・五%

第三次産業 六・三%

となっており、これをさらに年度別に成長率をみると次のとおりである。

六二年度 六・三五%

六三年度 九・一〇%

六六年度 十三・四〇%

一方、一人当りの国民総所得は

六二年度 九六ドル

六三年度 一一〇ドル

六六年度 一二三ドル

このように国民総生産、一人当りの国民所得、各産業の伸び率などいちじるしい成長をなしとげた経済要因は、❶生産産業の六五年度指数を百とすると六六年度が[illegible]、六六年は一二九・六と上昇❷輸出は、六二年度実績が五千三百八十万ドル、六六年度は二億五千四百六十万ドルと五倍近く増加❸外貨保有高は六二年度一億六千八百六〇万ドル、六六年は二億三千九百二〇万ドルと倍増しており、特にこの期間中、外国からの援助総額は、六二年度二億三千二百三〇万ドル、六六年度にいたっては一億[illegible]万ドルと半減している。

これまでの韓国経済の歩みにみられる主要な特徴は、外国援助、特にアメリカ援助への過度の依存体制下に、対内的、対外的な諸均衡の破壊のために慢性的な苦悩を持続してきたという点であった。

韓国経済の外国援助への依存度は、たとえば一九五三年から六三年にいたる十一年間の総輸入累計四〇億八千万ドルに対し、この期間中の総輸出累計はその一〇分の一にもみたない三億八千万ドルにすぎなかったが、この膨大な赤字の大部分が外国援助によってカバーされてきた。こうした現象は、生産力の停滞と衰退というものが、多量の外国援助にもかかわらず、なんら改善されなかったばかりでなく、むしろいっそう悪化傾向にあったということであった。

以上のような性格を持った韓国経済が第一次五ケ年計画の実施によってみずからの主体的力量で外国援助にたよらず、著しい成長をなしとげられたことは、朴政権の計画経済の成功を立証するものであろう。

一方、第一次五ヵ年計画期間中対外的な経済外交として政府は❶国際通貨基金（IMF）の増資❷アジア開発銀行への出資❸ガット（GATT）加入❹対韓国国際投資協議体の構成❺ケネディ・ラウンド（関税一括引下げ交渉）への参与など経済協力の多角化、貿易の自由化の対策を打ち出して国際経済の潮流におくれをとらないよう"開放体制"への整地作業に全力投球のかまえを堅持して来た。

政府は、このような高度成長の実績に基づき、韓国経済の国際化への整地作業のため次のような一連の国内、国外対策を考慮している。

国内対策として❶六五年九月から実施されている現行の金利政策を徐々に国際金利水準に引下げるための調整❷七一年度の輸出目標を[illegible]に増額❸[illegible]外貨保有高の適切な運営❹産業構造に対応する税制改革❺[illegible]を開放体制へ適応しうるよう整備すること等であり、国外に対しては❶アジア開発銀行への参加❷国際金融市場での外債発行❸ガット及びケネディ・ラウンドを通じて海外市場の開拓❹対韓国経済協力体制の会員国を通じた外資誘致…などである。

この整地作業のため政府は、具体的政策実施法案を成案中であり、七月中には東南アジア、太平洋地域に二つの経済使節団を派遣して市場開拓と借款交渉を始める予定である。また、る九月には、対韓国国際投資協議体の会員国へ閣僚級の全権使節を送り外資誘致を主に多角的な経済協力を促進するという。

六七年は第二次五ヵ年計画の第一年度であり、経済状況は前述のように、ますますであるが、問題がないものではない。生長率もかなり高いが韓国経済が高い成長を持続し、開放体制への移行をすすめ、国際化を指向するにおいて、多くの障害が横たわっている[illegible]

その主な問題は、安定基調を維持するための工業化の[illegible]開放体制を自主、自立的に[illegible]する具体的な方法である。

これをなしとげるためには❶輸出純化傾向の打開と国際競争に勝ち残れるための輸出産業の育成❷電力を始めエネルギー源[illegible]の改善❸鉄道、港湾、道路などの輸送設備の拡充❹外資導入にともなう内資調達の[illegible]❺食糧の自給自足❻効果的な雇用政策——などが早急に[illegible]

重要日誌

<7月1日～10日>

政治

◆一日（土）◇第六代大統領朴正煕氏の就任式中央庁前広場で行われ、式典にはハンフリー米国副大統領、佐藤日本首相、厳家淦国府副総統ら百七十五人の外賓が出席。◇第七次国会議員の当選者のうち新民党所属の当選議員四十五人と大衆党一人をのぞき、共和党議員百二十一人が議員登録◇徐珉濠大衆党総裁、朴正煕大統領へ大統領就任祝電を送る◆二日（日）◇朴正煕大統領午前十時からハンフリー米国副大統領、佐藤首相、厳国府首相の四カ国首脳会談を迎賓館で開催◆三日（月）◇経済人協会は傘下の十八団体から募金した政治資金一億百万ウオンを中央選挙管理委員会に寄託。この資金は共和党に六千万ウオン、新民党四千万ウオン、大衆党百万ウオンずつ分配される◇ソウル市内の各大学の学生不正選挙反対のデモを再開◇朴正煕大統領、原州の第一軍司令部を視察◇朴大統領とハンフリー米副大統領との第二回会談[illegible]

[illegible]

経済

◆三日（月）調達庁、米国カルフォルニア産米八万トンを一トン当り百五十三ドル七十五セントで輸入する購買契約を締結◆四日（火）政府、東南アジア訪問経済使節団を二班に編成、七月十日、二十日それぞれ出発する計画を発表◇金鶴林長官就任、初の記者会見を行ない、農水産部門の第二次五カ年計画を一年短縮して七〇年まで目標を達成すると約束◇商工部、六月末現在の輸出実績を発表[illegible]

[illegible]

社会

[illegible]

愛国、愛団精神を高揚しよう！

8.15光復節行事を指示

全同胞は民団に総結集し　われわれの権益を擁護しよう

第22回光復節使節団

七月二十日まで中央で一括扱い

中央本部では第二十二回光復節記念慶祝使節団派遣に関し、去る七月七日に民生局からその実施要領が指示されたが、要領としては中央民生局で一括取扱いをし、具体的には第一地区＝羽田空港発、関東地協事務局（東京本部）扱いで関東、東北、中北各地協の地方本部および傘下団体、第二地区＝大阪空港発、近畿地協事務局（大阪本部）扱いで近畿、中国、四国各地協の地方本部および傘下団体、第三地区＝福岡空港発、九州地協および広島、山口各地協の地方本部および傘下団体等にわかれている。

三泊四日間の所要経費は第一地区七一・四五〇円、第二地区六〇、五〇〇円、第三地区四九、六五〇円で、結団式は八月十三日、十四日出発の十七日現地解散となっている。

なお、経費、出入国手続その他については、各所属地方本部の指示にしたがうが、今回は特に第六代朴大統領の就任式があったばかりで、参加希望者が多数にのぼるものと思われるので、希望者は出来るだけ早く所属地方本部に申し出るように、と中央民生局では要望している。

負荷の責務を遂行

清新な人の和

中央本部事務総長　金天奎

荒川支店の用地買入れ

東京商銀信用組合

東京商銀信用組合（許弼奭理事長）は、かねてから支店増設を推進中であったが、このほど荒川支店の建設用地（荒川区日暮里六丁目一九番一号）六十坪を買入れ、登記事務も完了し、着工を待つことになった。

洪水の被害状況調査を指示

―中央組織局―

民団中央本部組織局（丁贊鎮局長）では、去る九日の集中豪雨によって被害をこうむった兵庫、長崎、福岡、佐賀、広島、愛媛、徳島など全国十九ヵ地域の各民団県本部に対し、同地域内での被害を受けた僑胞への緊急見舞と僑胞達の被害状況の調査を指示した。

組織局では、被害地域の各県本部の被害状況調査報告に基づいて被害者の救援対策を講ずる計画であり、当該各県本部にすみやかな調査報告を期待している。

団長に趙世済氏

岐阜県本部で　臨時大会ひらく

岐阜県地方本部は、去る七月九日午前十一時から、岐阜市民会館内において第十七回臨時大会を開き、次のような新陣容となった。

なお、この日、文名古屋領事および丁贊鎮中央組織局長が参席した。

韓青中央訓練所建設に着工

全組織幹部養成の殿堂

全国統一夏期講習会

韓青関東地方協議会

本国の身障児を救おう

約4万人が治療もうけず放置

南聰均医師が切実な訴え

西欧に紹介される韓国の仏教

韓国には特有の伝統

四名を除名

民団神奈川本部

樺太抑留同胞を救え

名簿提出し帰還交渉

台湾省韓僑協会と交歓

李裕天団長に提携を要望

横浜商銀専務理事に李根馥氏

張錫浩団長を選出

千葉で新支部結成

韓青主催のダンスパーティ

ソウル南山に世界一のタワー

僑胞初の陸軍士官学校生

朴烈氏長男の栄一君

金己哲東本団長に紺綬章

日本国の内閣総理大臣から金己哲東本団長に紺綬褒章が贈られ、この授与式が去る二十七日午後二時、東京都第一庁舎会議室で総理府賞勲局者によって行なわれた。

金己哲団長が叙勲の対象になったのは、長い間にわたって在日僑胞の指導者として活躍する傍ら、かくれた福祉事業にも数多くの善行をすると共に、日本赤十字社に多くの貢献をなしてきたためである。

同氏に対するこのたびの紺綬褒章の授与については、金己哲団長のこのようなかくれた功績が高く評価された理由によるものである。

電話増設お知らせ

和歌山県地方本部

去る七月一日から、次のとおり増設された。

増設＝二局七七三九番
既設＝二局三三三三番

神奈川本部が映画上映

7月10～16日まで「八道江山」

神奈川韓国学園理事会開催

神奈川韓青役員改選

海外滞在の科学技術者実態調査にご協力を

日本に居住または滞在している韓国人科学技術者および留学生の実態調査につき次のとおりご協力下さい。

1、姓名（国語、英文）、生年月日、現住所、専攻部門（主、副専攻）、現所属機関、学位（種類、年度および授与期間）、備考

2、右に該当し日本に居住または滞在している科学技術者または経済学専攻者で、韓国科学技術研究所の内容を知りたい人、或いは同所勤務を希望する人は次へご連絡下さい。

Mr. LeSlie G. Hill
PerSonnel DePartment, Columbus Laboratories, Battelle Memorial Instituto, ColumbuS, ohio 43201 U. S. A.

二、ソウル特別市鍾路区鍾路二街九番地（YMCA別館）私書函＝光化門三十八号

韓国科学技術研究所

第八回婦人会中央大会開く

韓玉順女史が中総会長に

七月十三日 豊島公会堂で選出

在日大韓婦人会の第八回中央全体大会は、さる十三日午後零時すぎから東京・豊島公会堂に全国四十四県本部の代議員一九二人(定員二〇〇人)が集って開かれた。大会は、議長選出、執行部経過報告、質疑応答を行ったあと今期を機して勇退する呉基文会長へ花束、記念品、慰労金などが民団中央本部を始め各関係団体から贈られたのち役員改選に入り、投票の結果、大阪の韓玉順女史が東京の金信三女史を十六票差で抑え、新執行部の会長に選出された。これによって婦人会第八回全体大会は、十八年間にわたった呉基文時代の幕を閉じ、韓玉順会長による新たな体制の出発点となった。

この日大会は、冒頭、議長団の選出をめぐって一時場内が騒然、大会の成り行きが心配されたが、論議のすえ呉基文会長を議長に選んで一段落。そのあと代議員の資格審査に入り、北海道から対馬までの全国四十四県本部の代議員を一人一人呼名で出席を確認、代議員総数二百名のうち一九二人の出席が確認され、大会成立が宣言された。

これにつづいて駐日大使館、民団中央本部などの祝辞が述べられ、ついで執行部経過報告、決算報告が行なわれた。……日新たに選出される新執行部を先頭に一致協力して大飛躍を達成するとともに朝総連陣営にいる同胞達を一日も早くわが陣営に迎え入れるよう、その体制を強化して欲しいです」と婦人会の役割りの重大さを強調するとともに会員の団結を訴えた。このあと十八年間、呉会長の組織への功労をたたえ、呉会長への記念品贈呈式が行なわれ、民団中央本部、東京本部、大阪本部を始め各界諸機関や婦人会地方本部、各地の有志などからの花束、記念品、慰労金が会場をわれんばかりの大拍手の中で壇上の呉会長へ手渡された。

かずかずの記念品や花束を受け取る呉会長は、それまでの表情とはうってかわり、紅潮した顔面に一すじの涙がライトに照らされ、興奮した面もちで場内からの「ご苦労様でした」という声援にいちいち「ありがとう」とこたえる姿に場内は、一段と感激、われるような拍手がしばらくの間つづいた。

呉会長への記念品贈呈が終ったあと新役員改選に入り、会長候補に韓玉順(大阪)、金信三(東京)、康琦子(東京)の三氏が推薦されたが最後の康氏が辞退したため韓・金両女史の争いとなり、両女史の所見を聞いたのち、無記名方式による投票を行った。投票の結果韓玉順氏が一〇四票、金信三氏が八八票で韓氏が過半数以上を獲得し、十六票差で新会長に選任された。

そのあと副会長に韓貞妹氏と李基順氏を選び、延々八時間にわたる大会の幕をとじた。

韓玉順新会長の公約

一、地方組織を強化する。
一、二世子弟に対する民族教育を高める
一、民団各組織との協助を強める

写真(上)は婦人会第八回中央全体大会の会場

☆　☆　☆

大統領就任慶祝団の夫人たちがみた韓国

太陽の美しい国 優雅な着物の国

佐藤寛子女史 / ルチネン女史 / ペトリック・ジョウ女史

……東南アジアを回ったこともある……ジョウ女史は「其の間、韓国は大変美しく変った」と話しながらも、特に「都市がずっと素適になった」と韓国の都市の伸びゆく姿に感慨無量の面持であった。あらゆる国を回って見たが、韓国のように純朴なものでつつんでくれる国は少ない。もう一度来て住んで見たい、と彼女の心の奥をちょっぴりのぞかせた。一日午後、彼女は夫君と共に、ニューヨークに向けて出発した。

泰国工業相夫人 チャン・スリト女史

「同じ東洋であるけれども、韓国は私にとって全く始めての国」と初めて韓国を訪問した、泰国工業相夫人ペゼント・チャンスリート女史は、観光に特別な趣味を持っていた。そこで、彼女は他の使節夫人よりも貴重な時間をさき、五日まで滞在して釜山など、各地の観光旅行に出かけた。そして韓国女性は、東洋のどの国の女性よりも、東洋美に溢れていると礼賛した。

涼しい韓国服に

女子局員が衣がえ

中央本部が模範示す

中央本部の女子局員がこのは……

(写真は衣がえの中央本部女子局員)

北傀がたくらむゲリラ策

拠点構築に全力

特別部隊で訓練して南派

韓載徳

金日成一党の統一方案が、口では何かと平和云々しているが、其の実は「力」による共産統一戦略に帰結することは、解放直後、彼等のいわゆる「北朝鮮革命基地」路線を表面化したときから始まったものであり、すでに北傀の六・二五挑発で実証済みであるが、彼等が最近のようにその力を露骨的に公言したのはかつてなかったことだ。

例をあげれば、金日成は一九六五年十月、労働党創建二十周年記念報告演説の中で、次ぎのような声明を発表したが、これは、その翌年の一九六六年十月、労働党代表者会議でも再確認された。

「南朝鮮人民は革命に勝利をおさめ、自分の掌中に政権が握られれば、北半部社会主義の力量と南朝鮮の革命力量が結び合った力によって、私達の祖国は統一出来る」と。

そして、まず北傀のいわゆる「革命基地」と「革命力量」、その実は侵略力量の強化のために、こんにち、北傀が全人民の武装化、全国土の要塞化の号令の下に、あたかも動員令下のように準戦時体制を整え、戦力強化と戦争準備にいかに狂奔しているかがすでに広く知られているがそれは実に挑発的なものである。

しかし、だからといって、北傀が今すぐ六・二五のような本格的な武力南侵を再開する自信は、ただいまのところ持っていない。

そこで、現在のところはその「決定的時期」のために「力」を養い、準備をしておく必要がある。要は、その時機を何時にするかが問題である。

そこでその第一の目標は、南韓……ということである。

金日成一党も、南韓では、百年経っても共産革命力量は別にして、その同調勢力を期待することがむずかしいことはよく知っている。そのため、最初から多数の間諜と工作員を南派させて、彼等を通じて地下党を組織する一方、彼等により煽動、宣伝、破壊、暴動、挑発等を行なわしめ、米軍を追い出し、政府を顛覆する共産革命に火をつけようと、出来もしない「革命運動」をしようとしている。

北傀は「話すよりも、手が早い」地下党組織から、「ゲリラ」組織に対南策略を変えて来た。最初に「ゲリラ」を組織し、「ゲリラ」闘争をしながら地下党を組織していわゆる「革命力量」と「革命闘争」を強化しようとしているが、これは好血的、暴力主義者である金日成のやりそうなことである。

……が混乱におちいった時機である。たとえば、韓日会談によって韓国の政局が混乱したとき、彼等は主として三人組からなる非武人武装間諜員を南派して可能性を「テスト」したことがあったが、軍官民が堅く団結した反共態勢の前に、彼等は完全に失敗してしまった。

ここで、彼等は武装斗争面を特に強化する以外に道がないと打算した結果、純対南工作隊として「二八三部隊」を特設し、その下に四つの基地を設けてそれぞれ二百〜五百名の現役軍人に遊撃訓練を施……

しかしながら、日成金一党と……は、本来が無理、無茶な非合……主義者たちである。

関心呼ぶ李朝古簡

正史補充に大きな役割

……て伝受し、むしろ、旧家では家宝として……名人の文集には、彼が書いて送った手紙を、時、文と一緒に必ず収録してきた。

簡単な日常書簡から時局の政論または儒学の論争に至るまで、マスコミ、あるいは、これに似たような公論場がなかった韓末以前の時代には、この書簡でのやりとりは非常に重要視されたが、またその数も大変多かったため、軽視された傾向が見られる上に、貴重な文化財としての資料もそのまま捨てられることが極めて多かった。

簡札文学といえば、独特な体系で発展させてきた李朝の漢字体と共に、活力ある文章として有名な崔東許錦の書状と文、それに書体に優れた韓濩や金正喜の手紙がすぐれている。

しかし、近頃は、古簡に対する学者の関心は、書芸的、文学的価値よりも、時代の真相暴露が第一義的な史料として研究されているようである。

古人の手紙は、まずその個人……料編纂に貴重な役割を果している。

李朝代初の老、少論の争いは、両派の巨頭である尤菴宋時烈と明斉尹拯の門中の間でやりとりされた数十通の手紙がなければ理解することは困難であったろうし、退渓と栗谷との間に争われた理気論争についても、このような文簡によらなければ到底解明出来るものではなかった。

公報館案内

……一五五一(代)

東独を拠点としたスパイ事件の全ぼう

大学教授らも関係

知識層への浸透が目的

……

僑胞二選手出場

徐強一選手ラモスに判定勝ち

日本海を「東海」に

技術オリンピックで金メダル獲得

広島で開く「今日の韓国展」

僑胞選手三階級制す

韓国新聞求人案内

……

韓國新聞

韓国新聞社
発行人　李　裕　天
編集人　金　乗　錫
東京都文京区春日町
2丁目20—13
電話（813）2261〜5編集
（812）0673業務
定価　1ヵ月100円
振替口座東京　34988番

綱　領

一、われわれは大韓民国の国是を遵守する
一、われわれは在留同胞の権益擁護を期する
一、われわれは在留同胞の民生安定を期する
一、われわれは在留同胞の文化向上を期する
一、われわれは世界平和と国際親善を期する

永住権問題の改善を要求

日本側全面受入れか

李坰鎬法務次官語る

会談の模様を語る李次官（中央本部会議室）

……国政府としては同委員会の設置を必要としないとしております。ところで、在日同胞の問題解決には何によりも民団みずからの結束が大事であると思います」

選挙波動で国会空転

27法案の審議止まる

……ないまま閉会するにいたった。このように国会が空転をくりかえし議員不在の現象を継続することになれば国民の議員に対する不信が高まるばかりでなく韓国民主主義の危機を招来する可能性さえひそんでおり早急な国会の正常化がのぞまれている。

—◇—

……国会がこのような機能マヒの長期化をさけるため政治家の努力がなかったわけでない。李孝祥国会議長は、議長に選出されたのちただちに与野政治家と接触、去る二十四日には時局収拾案を正式に提出した。その外にも与野政治人の協商を通した時局収拾のための裏面工作が活発に展開されている。しかし現段階では、互に相反する立場を国民の前にさらけ出し協商のテーブルをかこみ円満な話し合いに達するにはかなり長い時間が所要されよう。先きに提案された李議長のあっせん私案も、内容の一字句一字句だけにとらわれ、各々の立場をゆずろうとしない。……

国会正常化して憲法精神守る

朴正煕大統領が強調

ソウルで盛大に制憲節式典

十七日正午、国憲の守護と遵守を再確認する第十九回制憲節の記念式典がソウル市民会館で盛大に挙行された。

式典の席上には李孝祥国会議長、趙鎮満大法院長、丁一権国務総理……

朴大統領の慶祝辞

着実に伸びる韓国経済

米国務長官が賞讃

来年度援助は九九〇〇万ドル

商業借款、年内に一億ドル

韓国軍（一師団）増派要請か

ジョンソン特使一行訪韓

新民党、国軍増派に反対

青竜、武器満載の敵船捕獲

一個連隊の武装を短刀で

金度演氏死去

エンゲル指数低下

本国論評

在日居留民団の使命と態勢の確立

韓国人から見た日本

瞻星台

ネガティブ・システム実施
20年ぶりに開門
四万品目の輸出入を開放
貿易自由化の第一段階

商工部は、二十五日ネガティブ・システムによる下半期の輸出入期別公告を行い、その実施にふみきった。この公告によると従来の表示品目を基準として❶輸出禁止13、制限67❷輸入禁止64、制限三……

固定換率制に転換検討
ドル当り二七〇ウォンか

ネガティブ・システムの実施によって企業体質の改善を強調
韓経済人協会で声明

朴大統領の経済学
記録的な外資誘致

▽現状把握に敏感

▽諸問題に充分に活用

▽国際的信用を高める

▽山積する経済公約

主張
法的地位協定の改善を望む

歴代USOM処長の足跡
米国対韓援助二十年を通じ

C・タイラ・ウート　53年8月～56年7月

ウィリアム・E・ウォン　56年7月～59年8月

レイモンド・T・モイア　59年8月～61年8月

ジェイムス・S・キレン　61年8月～64年8月

ジョエル・バンスティン　64年8月～67年8月

ヘンリ・J・コスタンジョ　67年8月～

三次年度分は五五〇〇万ドル
無償資金、三千万ドル
請求権管理委で議決

重要日誌
7月10～20日

政治

経済

社会

軌道に乗る本国家族招請

早ければ九月に第一陣

ソウルに連絡事務所を設置　中央本部で一括推進

朴大統領の就任式参加を兼ねて、本国家族招請問題促進のため、李裕天団長とともに本国に出張していた甲瀬中央民生局長は、本国での交通事故による顔面負傷も幸いに大事に至らず、七月二十三日に無事帰任したが、本国家族招請問題その後の状況について、本紙に具体的な説明をしてくれた。

その主な点は次のとおりである。

本国家族招請問題は、第九回中央委員会からの懸案としてクローズアップされ、創団二十周年記念事業の一つとして決定されたが、その間五〜六月にわたり、日本国内での創団二十周年記念行事実施や、中央臨時大会による執行部の交替などで約一ヵ月間の空白が生じたことは各家族招請者たちに対し、誠に申し訳ないと思う。

七月一日の朴大統領就任式参加の前に、特に入国審査をする入管局を訪ねて局長、次長、関係課長に関係書類と名単などを一括して提出し、具体的な手続の段階にしておいた。

そして帰国後、李裕天団長とともに本国政府の関係各部長官、および同実務者を歴訪して、本国家族招請事業の促進に協力してほしい旨を要請し、積極的な協力の確約を受けた。

一方、直ちに事務所（在日本居留民団家族招請連絡事務所＝ソウル特別市鍾路区鍾路一街二十一和成ビル五〇三号室、電話（七三）七四〇五番）を設け、事務促進に基本的な事務態勢を整え、さっそく実務を開始してすべてはようやく軌道に乗り順調な運びとなって早ければ九月中旬に家族第一陣が来日する予定である。

ところが、一部の地方本部が地区別分割取扱い云々し、本国の被招請者たちに対して中央とは別に手続書類を再提出するよう通知しているので、本国内では少なからぬ混乱が生じており、はなはだ遺憾なことである。

本事業は、当初から中央本部で一括し、直接推進することになっているので、一部地方本部のこのような分割取扱いは到底あり得ないことで、出来ないことで、また、そうはなっている。したがってこのような地方本部は、一日も早く中央の方針に従い、本国の連絡事務所が一括して取扱うようにするよう再指示をした。

もし、このような中央本部の方針に反する行動が止まない場合は、これは組織を破壊に導くものであると断定せざるを得ない。一日も早く、このような誤まりを是正するよう、警告をも発した。

本国では、すでに書類を提出した者に対しては、再提出する必要なし、とそれぞれの被招請者に通告を発しており、今後、また前記様の分派行動をとるところがあるとすれば、これは民団全体に悪い影響を及ぼすのみならず、結果は混乱を生じ、本国家族の来日がおくれるだけであろう。この点を特に強調してやまない。

近畿地協が初会合

八、一五行事も打合せ

（大阪発）近畿地協は、さる七月十八日午後一時から京都本部において、中央の大会後初の顔合せを行ない、傘下各県本部の三機関長が全員出席し、中央本部から李裕天団長、金光男議長、金仁洙監察委員長ら三機関長、丁賛鎮組織局長ほかが参席した。

内容は、本国家族招請の促進、八・一五の慶祝記念行事などを中心としたもので、今後の地協運営に、円滑なすべり出しを見せた。

ポスターとビラを発送

八、一五光復節の準備進む

八・一五光復節第二十二周年記念大会を目前にし、中央本部をはじめ各地方本部ではその準備を進めているが、中央本部ではさる七月十六日にポスターを、同二十四日に大量のビラを全国地方本部に発送した。

特に、今回の八・一五光復節は、本国においてはさる七月一日に第六代朴大統領の就任式があって、これに一百余名の在日同胞が参加し、第二次経済開発五ヵ年計画を中心とする発展へのムードが高まっているおりから、盛大な慶祝式典をくりひろげるとともに、われわれの権益擁護にも強い関心が示されようとしている。

なお、今回のビラは次のとおりの内容である。

慶祝！第12回八・一五光復節

きょう、われわれは祖国大韓民国が帝国主義の日本の鉄鎖から解放され自由と独立の歓喜にひたった八・一五光復節二十二周年記念日を迎えました。

われわれはこの意義深い日を心から慶祝すると共に二十二年前のあの日の感激を新たに四千万同胞がみずからの幸福と平和を願って祖国統一と国土建設に総力を結集していくことを誇りに思うものであります。

いまや祖国大韓民国は英明なる朴正煕大統領の領導のもとに全国民が一致協力して、画期的な第一次経済五ヵ年計画を成功裡に終了し、近代工業国家を目指す第二次五ヵ年計画に突入しております。

この第二次五ヵ年計画が達成される一九七〇年代にはその間に培養された国力の充実によってわが民族の宿願である国土の統一が打ち出され、わが四千万民族が再び他国に虐げられ、辱しめられることのない統一独立国家の実現をみることとなるのであります。

祖国のこのような輝かしい進歩に対して、日本に住む六十万韓国人も積極的に国家建設に参与する一方、日本の地域社会の構成員の一人として韓日両国間の真の友好親善を深める民間外交の役割を果しております。

ところが、戦後二十二年を経た今ようやく在日韓国人の法的地位が確立されようとしていますが、六十万韓国人の日本渡来の歴史的背景を考えるとき、当然、日本人と同等の待遇が与えられなくてはならないのにもかかわらず、いまだに民団の要望するところとは遠くかけ離れ不安定な状態におかれているのが実情であります。

このことは、単に在日六十万韓国人の問題のみでなく韓日国交再開という新紀元を迎えた両国の今後の友好親善にも大きく影響を及ぼす問題で早急な好意的解決がなされなければなりません。わが民団は今後ともこの問題の解決のため全力を傾注するものであります。

第二十二回光復節を迎えるにあたってわれわれは次のように訴えるものであります。

一、民族の宿願である国土統一の聖業を早めるため全国民は祖国近代化事業に率先参加しよう。

一、韓日両国民の真の友好親善を増進して、両国の繁栄と世界の平和に寄与しよう。

一、在日六十万同胞がこの地で安定した生活が営めるよう法的地位の改善を要望する。

一九六七年八月十五日

在日本大韓民国居留民団

8,15行事など協議

関東地協

関東地協では、さる七月二十二日に長野で会合を開き、傘下各地方本部の三機関長のほか、中央本部から丁賛鎮組織局長、金仁洙監察委員長が参加した。

主として、八・一五記念行事に関する打合せ、例年とおり本国の八・一五記念式典に派遣する代表団の構成、外務部長官による功労表彰に関する件などを重ねて散会した。

体育会で定期総会

会長に鄭泰柱氏を選出

体育会では七月二十六日午後一時から、東京本部で第九回定期大会を開き、報告、討議事項をおわったのち、次のような役員改選をした。（写真は鄭会長）

会長＝鄭泰柱

副会長＝蔡洙仁　王秀竜

理事＝金昌式　金東春　裴王鉉　金安守　金成一　曹祥鉉　金滋鎮　金奉佑　鄭炳和　李相台　金世基　李遠述　丁海竜　韓昌奎　延祥　文教局長　金幸淑　李金竜

（このほか大阪、名古屋、西日本、北海道、各一名追加）

理事長＝金昌式、総務＝金成一、渉外＝金幸淑、競技＝曹祥鉉、企画＝韓昌奎、財務＝李今竜、監事＝権寧鉉、朴準弁、顧問＝李裕天、鄭建永、金己哲、李允求、辛格浩、許弼奭、申熙、安八竜、許弼興、尚慎圭

計二十名（一名後日追加）

団長に金賢九氏選出

熊本県本部の定期大会

【熊本発】熊本県本部は、さる七月十六日午前十時半から、熊本県本部講堂において定期大会を開いた。

代議員八十名のうち五十名が参席し、報告、討議事項をへて、特に新年度の活動方針としては、国民登録更新、永住権申請の促進、教育問題、財政確立の件などをきめた。

なお、新執行部の顔ぶれは次のとおり。

団長＝金賢九

議長＝朴鍾鉉

監察委員長＝鄭八岩

韓国人教育者協会で総会

（京都発）一九六七年度の韓国人教育者研究大会、定期総会および研修会が次のとおり開催される。

一、主催＝在日本韓国人教育者協会、主管＝京都韓国中高等学校

二、後援＝駐日大使館、大阪総領事館、韓国人教育後援会、民団

三、目的　❶民族主体性確立のため、国民教育の強化と革新を期する。❷教師の資質的向上と、教育内容の充実を期する。

四、主題　……育は、どうあるべきか。

五、研究問題

❶韓国人の自覚と自負心を持たせる。効果ある生活指導法。

❷一九六七年度、学校教育計画の分析

❸特別教育活動と生活指導

六、参加者

約百名で、このほか奨学官と、各領事館および学団、各教育文化センター、民団中央本部文教局、民団各地方本部文教部が参加する。

本国孤児に職業学校

在日同胞有志の善意実る

東京新宿区内に居住する同胞数人が、本国の恵まれない孤児たちを救おうとささやかに始めた慈善行為が、現在は会員五十人を擁する同心会（張興竜会長）という組織にまで発展しているが、このほど本国の財団法人慶州慈善院から「同心会の事業に役立ててほしい」と土地百坪の寄贈を受けた。

同会は早速、役員会を開いた結果、同土地（慶州市）に本国の孤児を収容教育する職業学校を建設することに決め、その基金調達として在日同胞の有志、および日本人有志たちにも働きかけることになった。

建物はさしあたり鉄筋三十坪程度にし、建築費用、職業訓練設備一式、その他設備などで総計費約二百万円（日本円）の予算が見積られている。

ところで、張興竜氏を会長とする同心会（東京都新宿区新宿七七、民団新宿支部内、電話（三四二）〇二四四番）は、現在、同胞のほか日本人有志の大学教授や会社員、タクシー運転手から日雇人夫、それに主婦に至る幅広い各層の人が入会しており、過去三年間、毎月定期的に寄金をまとめ、これを本国の保社部へ寄託してきたが、保社部はこれに対し、同心会が独自の施設を持つよう、再三勧告していたところであった。

今回、慶州市に建てる孤児の職業学校建設を契機に、同会はいっそうの発展をするわけだが、寄金についても日本人会員が朝日新聞を始め主なマスコミ関係に働きかけるほか、張会長も七月二十四日民団中央本部を礼訪、金大淑事務総長と面談して資金カンパの協力を要請した。

なお、職業学校の内容は、洋裁、理容、美容などの技術教育に重点をおく。

張興竜会長談「本国の孤児施設は全国五七〇余カ所で、六八、〇〇〇余人が収容されている。政府のこれに対する補助は、一人当たり一日三円の生計費と二合の糧穀で、これは全費用の二〇％に満たず、不足分は米国、カナダ、英国、ドイツなどの外国慈善団体から定期的に援助を受け残りの三〇％を施設自体の事業でまかなっているのでその台所は非常に苦しい。

在日同胞のみなさんも、本国に対する自らの務めを考え、本国の恵まれない孤児救済に参加して下さるようお願いする。」

（写真は孤児の職業訓練学校建設基金調達の打ち合せをする本慶五副会長（右）張興竜会長（中）馬李楽副会長（左））

臨海・林間・芸能合宿

東京韓国学校の夏季訓練

東京韓国学校は、この夏季休学中、本国の夏季学校参加のほか、次のような意欲的行事が組まれている。

一、臨海学校

1、千葉県房総半島岩井海岸

2、八月八日〜十一日

3、参加人員は約五十人

4、身体鍛錬

二、林間学校

1、日本スポーツ少年団本栖湖センター（山梨県）

2、八月一日〜五日

3、中・高男女九十名

4、団体生活の学習

三、吹奏楽部合宿

1、八月七日〜十一日

2、二十五名

3、学校内

四、演奏会出演

1、八月十五日「平和の集り」に出演

五、教諭指導

1、初等部＝七月二十六日、六十名

2、中高等部＝七月二十一日、八十名。

朝総連系で六〇五名

永住権許可者三〇、四五五名

永住権申請者は、六月三十日現在で総数三五、三三〇名、そのうち許可者数は三〇、四五五名となっており、不許可者は二六七名だが、この中には死亡、出国、取下げなどが一六三名いる。

中でも、許可者のうち六〇五名が朝総連からであり、この傾向は今後ますます拡大される展望にある。

一般的に永住権申請数は次第に上昇をたどっているが、その内容をみると、昨年度は月平均一、八〇〇名程度の申請であったものが、今年に入っては、二、〇〇〇名をこえ、三月は三、四五九名、五月は二、九九七名、六月は二、一〇三名と伸びた。

なお、不許可者の内容は、平和条約が締結される以前に入国した子女が約半数を占めており、その後に入国したものが残余を占めている。

東京ユニバーシアード参加出来ない

KOC常任委来日し表明

八月二十六日から開かれるユニバーシアード東京大会は、参加国名の呼称でもめ、さる七月十七日〜十八日ブリュッセルで開かれたFISU（国際大学スポーツ連盟）の緊急実行委員会での論議として、参加団体名での参加が決定され、もめにもめた「北朝鮮」の呼称取扱いに一段落をみた。

しかし、これはあくまでも朝鮮民主々義人民共和国を主張してやまなかった傀儡北側の参加を得て、日本が大会を予定通り開催はしても、韓国としては到底これを受入れられない不自然な国名問題をもたらした。

つまり、韓国はあくまでもオリンピック方式の国名呼称をきめた一九六三年のIOC決定を支持しており、その他の方法では開催が許されないとの態度をとっているからである。

したがって、駐日大使館も、日本外務省を訪問してこの旨を説明し、開催者としての日本側の反省を求めたものであった。

七月二十二日、韓国から正式に尹中寿KOC常任委員兼韓国ユニバーシアード名誉総務ほか、KOC常任委員の李性求、崔正柱の両氏が来日し、二十四日に民団中央本部を礼訪したあと、同日午後からユニバーシアード東京大会実行委員会大浜信泉会長ほかを数次にわたり訪問して、今回の団体名参加に抗議するとともに「韓国は参加出来ない」旨を告げた。

もちろん、韓国が不参加ともなれば、東京大会の開催に大きな影響をおよぼすので、日本側としても極力韓国の参加を要請しているが、韓国側の態度は変わらないものと見られる。

なお、中央本部を礼訪した尹中寿韓国ユニバーシアード名誉総務は、二十四日次のとおりその態度を言明した。

「FISU（国際大学スポーツ連盟）団体名参加で北傀を参加させてKSSAと呼び、韓国をKSUBとして取扱っているが、これでは一つの国家で二チームが参加する印象を与えるもので、国際的にも容認出来ないものである。IOCの決定もなしに、いわば他国の国名を変えることはけしからんはなしである。FISUはIOCの中の機構なのだから、当然IOC方式を採用すべきであり、またブリュッセルで開かれたFISUには、全会員国が参加すべきであった。

FISUに対して、米国でさえも参加せず、FISUがIOC方式をとるよう通告した。

それなのに、日本はなぜ韓国をこのように追い込んだのか。このことは、在日同胞が自らの権益を擁護する問題とも通じる問題で、断じて認めるわけにはいかない。

このような非友好的な態度は、韓日両国間の友好関係にも影響するようになるだろう」（写真は右端が尹中寿名誉総務）

新宿支店長に千水命氏

東京商銀の新陣容まる

東京商銀信用組合（許弼奭理事長）は、去る十三日空席中の新宿支店長に千水命氏（前職＝連合交通常務理事、寿タクシーKK代表）を選任した。

東京商銀は、去る五月に開催された総代会を契機に役員人事を改編し、停滞状態にある預金高を増加させるため全力を注いできたが、七月二十日現在、総代会当時の預金高より二億円増加し、本年末までには二十九億円の目標を達成すべく理事長を始め職員一同日夜奮闘している。

時局講演会を開催

九月一ぱい全国各地で

中央本部組織局では、次のような要領による全国各地区における時局講演会を実施することになり七月二十四日に各地方本部に指示した。

目的とするところは、在日同胞に現時局を再認識させることにより、反共、愛国思想を鼓舞することにあり、動員に万全を期するよう望まれている。

一、実施要領

1、期間＝九月一日〜十月一日

2、日程および地域＝別表参照

3、経費＝公報館で負担

4、講師＝事前に連絡するが、前総来日した、民衆党、議員予級の人士が決定されている。

5、其他＝講演会実施に関する連絡は、すべて中央組織局にすること。

二、地域別日程表

A班

講演地	日程	曜日	備考
東京	9.1〜3	金	3日間
立川	9.4	月	
千葉	9.5	火	
川崎	9.6	水	
横浜	9.7	木	2日間
〃	9.8	金	〃
太田	9.10	日	
宇都宮	9.11	月	
郡山	9.12	火	
仙台	9.13	水	
山形	9.15	金	
秋田	9.16	土	
青森	9.17	日	
札幌	9.19〜20	火	2日間
新潟	9.22	金	
長野	9.23	土	
名古屋	9.25〜27	月	3日間
浜松	9.28	木	
静岡	9.29	金	
富士吉田	9.30	土	

B班

講演地	日程	曜日	備考
大分	9.1	金	
熊本	9.3	日	
長崎	9.4	月	
博多	9.5	火	
福岡	9.6	水	
北九州	9.8	金	
下関	9.9	土	
広島	9.10	日	2日間
〃	9.11	月	
岡山	9.13	水	
姫路	9.14	木	
神戸	9.15〜16	金	2日間
尼崎	9.17	日	
大阪	9.18〜20	月	3日間
和歌山	9.22	金	
奈良	9.23	土	
京都	9.24〜25	日	2日間
大津	9.26	火	
[illegible]	9.28	木	
福井	9.29	金	
金沢	9.30	土	
富山	10.1	日	

水害罹災同胞を救え

各地方本部中心に救援を

七月上旬の記録的豪雨によって各地方の同胞間にも甚大な被害が出ている。これに対する救援活動がいま積極的になされているが、特に、中央民生局ではさる七月十八日全国地方本部に指示を出し、これの救援を呼びかけている。要領は次のとおり。

一、運動方法

各地方本部は、その地域の実状に応じて、もっとも効果的な方法により積極的に救援活動をする。

二、救援送金の方法と名単報告

各地方本部で拠出した救援金は中央本部民生局までに送金し、この運動に協力した人の名単を作成して七月三十日まで報告をすること。

三、運動期間

一九六七年七月十五日〜三十日

四、救援金配当方法

全国組織で拠出された救援金は各地区の被災状況に応じ、適切に配当する。

五、発表

この運動に参加した人について、韓国新聞にその名単を発表する。

被害二六二世帯

兵庫県下の水害状況

（神戸発）兵庫県地方本部、七月十一日の発表によると、県下の同胞で水害による被害をこうむった同胞は二六二世帯であり、そのうち、死亡二、重傷者が含まれている。同発表の内容は、次のとおり。

一、阪神支部＝床上浸水四、家屋倒壊一

二、西宮支部＝床上浸水一

三、兵庫支部＝床上浸水五、床下浸水一

四、東神支部＝家屋損失一、床上浸水二三

五、伊丹支部＝事務所浸水、床下浸水一〇

六、川辺支部＝床下浸水一

七、播州支部＝床下浸水一

八、尼崎支部＝床下浸水三七、床上浸水五五

九、西神支部＝家屋倒壊二、同半壊一、床上浸水五六、床下浸水四五、家屋倒壊五

なお、人命損失では、金龍生氏（男、五三歳）が全身打撲で重傷、李春芳氏（男、洋服裁縫業）が水死した。

朝総連の宣伝を一蹴

長崎で活発な救援活動

【長崎発】長崎県地方本部管下の同胞のうち、特に佐世保地域、白岳町は甚大な被害をうけ、これにつけこんだ朝総連は青年同盟員約三十名を特派し（朝総連系同胞被害は二十一世帯）共同救援を申し入れるとともに、ビラをはって煽動行為をしたのでこれを拒絶して積極的な救援活動を展開した。

すなわち、朝総連は「異国で苦労しないで、本国に帰ろう」「中央から救援金が届いた」「また救援金が届いた。五十万円」「三十万円。朝総連福岡県本部」などのビラなどとしばられる中で、民団長崎地方本部は、応急措置として米、調味料、副食物などを配給するとともに、水害救援対策連絡事務所（佐世保支部劉団長宅）を設けて、七月十一日に管下に救援の緊急指示を発した。

なお、被害状況は次のとおり。

一、北松支部＝床上、下浸水その他七世帯二十四人

二、佐世保支部＝劉支団長宅ほか四十二世帯が家屋全壊、半壊、床上、下浸水その他で二百五十人。

家屋流失三十六

佐賀県下の水害状況

（佐賀発）佐賀県地方本部七月十七日の報告によると、同管下における水害罹災同胞は次のとおりである。

一、佐賀部支部＝床下浸水六、家屋流失一

二、伊万里西伊支部＝家屋半流失一、全流失六

三、西松支部＝家屋半流失十、全流失三

四、竹島支部＝床下浸水八

五、神崎支部＝床下浸水九

六、唐津支部＝家屋浸水十一

七、鳥栖支部＝家屋浸水八

八、小城支部＝九

以上で、家屋浸水四十二、家屋半流失および全流失三十六、総罹災戸数七十八。

江原道知事が来訪

心強い在日同胞の姿

七月二十一日、朴キョン、ウオン江原道知事が、江原道開発協力公社、崔慶錫会長を帯同して中央本部を礼訪した。

朴知事は、米国視察に向かう途中来訪したもので、金大淑事務総長らと歓談した。

なお同知事は、日本でみる在日同胞の姿はたくましく、大へん心を強くした、と語り、民団に対しては、同胞のため御苦労であるが、しっかり頼むと激励して帰った（写真は前列右が朴知事）

全国十五教師本国へ

文教部で夏季講習を実施

在日韓国学校男女教師十五名が本国に向かう。

これは文教部が、旅費やその滞在費その他一切を負担する国費によるもので、八月五日から十二日間、教員再教育の講習を受ける。

すなわち、最近、在日子弟教育は、その内容と技法において民族的見地から批判される面もあるので、文教部にこれら十五名の教師に本国の教育を精神、生活、技法の各面から指導して、少しでも民族教育にプラスさせようというものである。

丸正事件

無実の李得賢さんを救おう！ 韓日両国の後援会が活躍

丸正事件―この事件はすでに十二年前、日本の新聞に特大報道された静岡県三島市でおきた強盗殺人事件である。そして、その犯人として無期懲役の宣告を受けて仙台刑務所に収容され、無実を叫びつつ鉄鎖につながれているのが、わが同胞の李得賢さんである。この事件は、当初の裁判から注目され、しかも李得賢さんの徹底した「私は無実だ！」の叫びによって、ついに韓日両国の国民各層に反響を呼び、無実の裏付けも潔白のもとに証明されて、いまその救済活動が韓日両国の国民的運動にまで発展しようとしている…。

真実と正義のために

丸正事件とは

丸正事件とは、一九五五年五月、静岡県三島市にある「丸正運送店」の店主、小出千代子さんが何者かに殺害された事件で、その犯人として当店の運転手李得賢、同助手鈴木一男が検挙され、……

アジア射撃大会おわる

韓国も金メダルほか好成績

……の各国選手が参加し、フリーピストル、エアライフル、クレー・トラップなどの競技が展開されたが、韓国は次のような好成績をみせ、日本の全種目優勝の前評判をくつがえした。

一、フリーピストル個人　四位＝金達燮五三五点、五位＝金容培五三三点。

二、フリーピストル団体　二位＝韓国二一〇六点（一位日本二一三二点）

三、エアライフル個人　一位＝南相浣三八七点（金メダル）

四、エアライフル団体　二位＝韓国一四一六点（一位日……）

旋盤部門で大会特賞

国際技能オリンピックの成果

七月十日からスペイン、マドリードで行なわれた第十七回国際技能オリンピックには、世界各国から十二ヵ国二百三十四名の選手が集まって三十一種目の技能を競ったわけだが、韓国は九種目に初出場した。

すでに製靴部門と洋服部門で金メダルを獲得し、塗装と板金部門で銅メダルを得たこの競技会で、さらに次のような成果をおさめた。

一、木型部門＝金龍業（十七歳）

高麗大と早大の学生交歓

相互理解と親善を深む

七月二十七日午前十時半、本国の高麗大学金致柄学生課長ほか学生四名と、早稲田大学国際関係研究会の八田英雄幹事長ほか六名の学生が中央本部を礼訪した。

これは高麗大学と早稲田大学間で毎年行なわれている学生交歓で今年はその第三回目であり、早稲田大学の招待によってまず高麗大側が来日したものである。

目的は相互に学生が実地視察をすることにより、両国学生間の理解と親善を深めようというものであるが、高麗大学の学生代表は「日本の発展相はすばらしいが、日陰になっている穴も多いように思う。出来るだけ、日本の良い面ばかりではなく、実態を知り得る面を多く見て勉強したい」と真面目な見解を披瀝していた。

なお、一行は八月一日に帰国するが、高麗大学の招待による早稲田大学の学生代表は、八月二十日～三十日間韓国を訪問する。

建設業者の海外進出活発

本年度契約四千万ドルに達す

南ベトナムに進出している韓国建設業者は、このほどＡＩＤ金庫港湾、病院建設など五件、約百七十八万八千ドルの工事契約を締結した。これまで海外建設工事契約総額は四千十四万八千ドルに達し、本国への送金は八百十三万八千ドルに達する実績をあげている。

海洋大学から練習船が寄港

「半島号」名古屋へ

【名古屋発】本国の海洋大学の練習船"半島号"が……

韓青の夏季講習会

二十二日から富士山麓で

韓青関東地方協議会（山梨県本部主催による）全国統一関東地区夏期講習会が、……

（写真は記念撮影）

本国へ夏季学生が出発

釜山港に二隻が出迎え

本国夏季学校に入校する在日高・大学生四百三十九名と引率教師十五名の計四百五十四名は、七月二十六日下関出港の予定が、台風十号の接近によって一日おくれ、七月二十七日午前九時三十分に出港した。

これには、特に政府から尚・港運艦二隻（牙山と慶南、いずれも二、一〇〇トン）が出迎え、盛大な歓送となった。

一行は七月二十八日午前八時に釜山港入りし、二十九日入校、八月十六日まで講習を受けて自由時間を過したのち、八月末に帰日する。

なお連絡先は、ソウル特別市城北区、ソウル工科大学内。（写真は入港と出港の情景）

日本で二つの団体

弁護団と後援会発足

北傀の外交政策 <1>

かれらが選択した自由路線の方向とは

李英波

1、序論

あれほど一糸乱れぬプロレタリア天国実現をとなえて来た共産世界は、ソ連の平和共存という修正主義路線と中共の教条主義強硬路線によって大きくひびが入り、高い山が崩れるような轟々しい音と共に分裂し始めた。

共産政権をうち立てた国はおのおの自分なりに、また赤化革命をなすために要素に戦っている地域の共産党もおのおの国家的・地域的利害関係等にもつれ、その方向が多元化されつつある。

……

北傀共産外交といういう理論

……

新しい運動

金斗昌

……

216

韓國新聞

韓国新聞社
発行人　李裕天
編集人　金賢鍚
東京都文京区春日町
2丁目20−13
電話（813）2261〜3編集
（812）0673業務
定価　1ヵ月100円
振替口座東京　54988番

綱領

一、われわれは大韓民国の国是を遵守する
一、われわれは在留同胞の権益擁護を期する
一、われわれは在留同胞の民生安定を期する
一、われわれは在留同胞の文化向上を期する
一、われわれは世界平和と国際親善を期する

飛躍する祖国、大韓民国

高速道路、マンモスビルを建設

世運

①バラック商店街が東洋で最大の22階建ビルに生まれかわる②③はその内部で多くの商店、商品が雑然と並んでいる。④中央の高い建物が"世運"建設群⑤マンモス商店ビルを視察する朴大統領

江辺道路

①漢江沿いに建設中の高速道路②幅20メートルの道路が急ピッチで進められている③は江上からみたところ

祖国大韓民国はいまや"祖国近代化"のスローガンのもと大躍進を遂げているが、とりわけ首都ソウルはめざましい発展ぶりを示し大きく模様がえしようとしている。

ここに紹介するのはその一部で西独のライン河の奇蹟にならって韓国に"漢江の奇蹟"をもたらそうとする「江辺道路」と「世運」と名づけられたソウルの不良地区再開発事業であるが、「江辺道路」は第一漢江橋から永登浦にいたる延長3・7ｷﾛ、幅20ﾒｰﾄﾙの高速道路でこの道路の新設によって現在の交通量（一日の通行車輛二万七千台）を五万台にし、施設区間の走行時間（現在十五分所要）を三分三十秒に短縮して交通の頻繁度を緩和する。そして、川岸の遊休地四万坪を埋立てることによって時下四億ウオンに相当する住宅団地を造成し、これと併せて護岸工事の徹底によって洪水等の水害予防と観光地の造成をはかろうとする意欲的なもので、すでに同工事はほぼ完成している。

この工事推進にあたっては韓国ではじめてみる突貫工事を実施し工事の機械化と昼夜兼行で新記録を樹立している。

なお、「世運」開発事業は、首都ソウルの中心地にあるバラック建商店街を近代的なマンモス商店ビルとアパート群に衣更えさせるもので、その構想の骨子を説明するとソウル市内の中区から鍾路区に長く連らなる高層建築の一階は道路、二階は商店街、それから上がアパートとなっており、一階の道路は四車線の舗装道路で、アパートは最高二十二階まである東洋屈指のマンモス商店街、アパートとなる。

同計画のプロモーターである金玄玉ソウル市長は"都市計画は「陰地を陽地」に変えるところにある"と述べているが、韓国の近代化も日のあたらない所に日をさし込ませ、遊休地を活動の地に変えるところにある。第二次五ヵ年計画の終る一九七一年には祖国のただずまいは大きく変るであろう。

在日僑胞学生たちの夏季教育

本国論調

在日僑胞学生四百四十六名が「祖国を学ぶために」去る七月二十八日ソウルに来た。在日僑胞学生の夏休みを利用した母国でのサマースクールは昨年はじめて試みられ、多大な成果を挙げた。

今回は同計画の第二回目の年であり、これら学生たちは今後二十日間、泰陵の麓にあるソウル大学校工科大学内に用意されている夏季学校で同期間の課程を履修することになっている。

日本で生まれ、日本で育ったこれら学生の大多数は、母国を全然知らないか、あるいは断片的な知識しか持っていない。特に日本のようなわが国と特殊な歴史的関係にあった国で育ったこの学生達は、韓国人であることを一つの恥と受けとめている傾向すらあるということに対して、われわれは注目しなければならない。また最近に至り、朝総連の逆宣伝により、この学生たちに母国の真の様相とは余りにもかけ離れた母国像を与えているのかも知れない。このような現況下にある学生達に対して、母国を直接見、皮膚で感じ得る機会を与えることができたということは実に大きな意義のあることである。

この学生達が愛国歌を習うことからはじめて、固有な伝統を誇るわが国文化をただ観察し、もう一歩進んでは偉大たる先祖たちの文化と、四千年をついで来た独立民族としての歴史をありのままに認識し、また輝しい今日の再建相を見ることができたら、どれ程満足なことだろう。

在日僑胞一世たちの祖国に対する無知は、実はその父母（一世）たちに大きな責任がある。

父母たちは日本がわが国を独占した植民地時代に渡って行った人達である。一時日本は韓国人を同化するという政策の下にわれわれの姓まで奪い、日本式に改名させた事があった。

第二次大戦後、われわれは独立を回復したので、過去のこのような事実は現在一つの神話のようになってしまったが、在日僑胞社会ではこの神話は未だに亡霊のように生きている。多くの人々が日本式に改名された名前を使っている。この一つの事実だけを見ても僑胞社会でおこっている様相は想像できることである。

結局このような驚くべき事実は、父母たち自身だけでなく二世たちまでも大きな精神的混乱とコンプレックスを生ぜしめている。二世たちはかれらの父母が希望するままに日本人学校に入校し、日本の教科書によって教育を受けている。

勿論、在日僑胞の全部がそうだというのではない。その中には多数の人々が、韓国人学校で子弟の教育を施している人々もいる。しかし全体的に見るとき、これは極く少数の人々である。それ故に大多数の二世たちが誤った母国像と全面的な母国無知にならざるを得ない。

勿論将来これらの人々が日本人との公開試験を通じて社会進出をしなければならないという基本的な理由はあるだろうけれども、余りにも行き過ぎた傾向にあるというところにわれわれは寒心せざるを得ない。このような与件と環境の下で今回も四百四十六名の学生たちが「祖国に学ぶ機会」を持つようになったことをわれわれは大歓迎するところである。

われわれはこれらの学生たちがこの夏季学校の課程を真に有意義に修めることを心から願って止まない。それから政府が財政の許す限り、今後もなるべくこのような機会を多く用意し一人でも多くの学生を収容できるように継続、努力してくれることを希望する。

（ソウル新聞社説）

統一への協力訴える

南北政府に　国連韓国統一委

国際連合韓国統一復興委員団（UNCURK）は、去る三十日夜八時、南北で同時に聴取できる国連放送を通じて「国連韓国統一復興委員団は平和的方法による代議員制政治形態の下で統一、独立民主韓国を樹立し、この地域の国際平和と安全の完全回復」を目的とし、この目的達成のために「南北韓国の指導者、国民の真摯な協力を訴える」との特別声明を発表した（特別声明文別項）。この声明文は、同委員団七月議長であるR・A・ピチ駐韓オーストラリア大使によって発表されたもので同委員団が、一九四八年に「国連の目的達成のために南北韓の国民が最大限の協力をしてくれるよう」にと訴えた声明以来のものである。

この声明に対して、去る三十一日徐圭晃外務長官は談話を通じて「国連の目的達成のため、国際連合韓国統一復興委員団の活動に積極賛成する」との政府の基本方針を明らかにすると共に「同委員団の自由な活動のため、可能なすべての便宜を提供する」と語った。

この異例な声明は、今国内でさまざまな論評が展開されているが、言論界の一部では「国連が北韓に今一度、国連の機能と権威を認めるよう要求したものであり、一部国家で主張している同委員団解体論に対する回答」であると論評している。いずれにしても同委員団が第二十二次国連総会前に、南北韓の国民、為政者へ統一作業の協力を呼びかけたことは異例の重大なニュースである。

声明文（全文）

国連韓国統一復興委員団

国連韓国統一復興委員団（UNCURK）を代表して、本人が、今夕、皆様にお話できるようにしていただいたことに対して、まず感謝いたします。私が今からお話しようとする趣旨は、韓国の統一問題であるゆえ、韓国の南部と北部の国民の皆様、そして指導者諸氏は是非きいていただきたいと存じます。

韓国の統一問題は、本委員団の主目的であります。国際連合は、ここ数十年間、韓国統一を実現するため最大の関心を持って可能な努力をつづけて参りました。

百二十二か国の独立国家で構成されている世界機構―国際連合が今まで数回にわたって言及してきたように本団の目的は「平和的方法による統一し、独立した民主韓国を樹立し、当該地域の国際平和と安全の完全回復」にあります。

韓国民族が、常に国家の統一を熱望していることには疑いの余地さえありません。

国際連合は、この目的を達成する唯一の方法を平和的方法に求めて参り、今後もこの方法を根気強く堅持して行く覚悟であります。

国際連合が、長い間、その主目的としてきたように、韓国が統一し、代議員制政治形態下で民主主義を享有することは、この地域の政治的不安を解消し、国際平和と安全が完全に回復できるという見解を強固に信奉しております。

この世界機構がしばしばくりかえして確認したこの目的は、統一に関係あるすべての当事者の協力があってこそ、達成することができるのであります。この国の統一を目ざす国際連合の目的を達成するのにおいて、南北韓の指導者達は、本委員団と協力し、本委員団とともに、統一作業に専心するよう国民の皆様に呼びかける次第であります。

本委員団は、この国の二つの部分を共にみちびいて行く、可能な態勢を常に整えており、国連が本委員団に与えた任務を助けようとするあらゆる努力もわれわれは心から歓迎するものであります。

南北韓国の指導者および国民の皆さん！本委員団は、国連の目的を遂行するにおいて、本委員団に協力してくれることを切にお願いします。この目的が早急に達成される方法を皆様とともに考慮することが最も大切なことであると確信いたしております。

第二次世界大戦以後、韓国民族の意思に関係なく国土が分断され長い間全国民の願望となっている統一のため、本委員団はあらゆる提案を検討し、いかなる方法であろうとも統一に対処する態勢をいつでも整備しております。統一作業と共に韓国の平和と繁栄を妨げている諸障害を除去するにおいて、われわれは、皆様の積極的な協力と声援を必要とし、これを願い致すものであります。

韓国の再統一に全力を傾けている国連の努力を、今後、私が同委員団を代表して、南北韓の国民諸氏にお話しする機会が得られたことを光栄に存じます。この直接的で、簡単な訴えが、貴国民の関心をあつめ国連が真に、願っている韓国問題解決に、少しでも寄与することができれば、同委員団の最大の光栄と存じます。

卸売り物価、前月に比べ〇・四下がる

韓国銀行が行なった調査によれば、七月の卸売り物価指数は平均二五四・八（六〇年度を一〇〇とした基準）で前月に比べ〇・四が下落した。

その内訳をみれば、機械および同部分品が一・七％、燃料および電力が一・六％上昇しただけで全品目が下落の趨勢を示し、輸出商品の卸売り物価指数は三三六・四で前月と比べ変動はない。

真珠貝の稚貝を　鎮海湾で養殖

農林部の水産振興院は日本産にだけ依存してきた真珠貝を大量養殖することにした。この計画は八月初旬より鎮海海岸で六五年度に輸入した日本産稚貝の養殖を始めるといわれている。

大学入試科目、高校の全科目から出題

文教部は四日、六九年度から大学入試科目の範囲を高等学校課程全科目にかけて出題する方針である。

いままでは国語、数学を必須にし、系別によって人文系は社会生活中の一科目を、自然系は科学中一科目を必須に入れ、そのほか一、二科目を選択することとなっており、重点科目に偏重する傾向があった。六九年度から芸能までを全部を含めて全科目を出題することに方針をたて、いろいろな問題点を検討するものとみられる。

四大江流域開発計画

建設部は漢江をはじめ、洛東江、錦江、栄山江を開発するため総事業費八百六十一億六千百万ウォンを計上して一九七六年までに完工させる計画を立てた。

漢江の場合、多目的ダムの建設、京仁間の運河を建設して干拓地を開墾することになっており、これが完工すれば五十九万五千ｷﾛﾜｯﾄの電力が発生され、水田に水を供給し、八千町歩の沃土が作られる。

錦江では各種開発事業が終れば十二万三千ｷﾛﾜｯﾄの電力を生産し、四万七千五百町歩の農土に水を供給することができる。

洛東江流域開発事業が完工すれば十二万四千ｷﾛﾜｯﾄの電力生産と四万五千四百町歩の農土の灌漑に役立ち、そのほか、栄山江流域の総工事費は百三十四億七千百万ウォンである。

本国時局講演会および映画会実施要領

一、目的

[illegible]

二、内容

[illegible]

講演日程表

A班　B班

[illegible]

217

西独韓国留学生蒸発事件の真相

中央情報部、七回にわたり全貌を発表

去る七月初旬、西独の『韓国留学生蒸発事件』として国際的に物議をかもし出した一大事件に対し、韓国の中央情報部は七月八日から十七日までの間に、前後七回にわたって事件の真相ならびに全貌、その捜査経緯を発表した。

中央情報部の発表文によると、この事件は、東ドイツを拠点に、北韓のスパイ工作団が西欧一帯と韓国内に国際的なスパイ網をはりめぐらしたスパイ事件である。この事件の関連者は、西ドイツ、フランスに留学中の韓国大学の教授、学生、芸術家などの知識人が主で、関連者総数は一九四名、このうち一〇七名が国家保安法、反共法違反の嫌疑で拘束、起訴された。事件関連者は一九五八年九月から一九六七年五月までの間に、東ドイツ駐在北韓大使館を拠点に、スパイ活動を展開、なかでも明知大学林錫珍助教授ら七人は、この期間中に平壌におもむき密封教育を受け、韓国に帰り韓国の赤化工作に専念したという。以下は、この衝撃的な事件につき中央情報部が発表した"北傀対南赤化工作事件"の要旨であるが、その内容をみると北韓の対南工作がいかに大規模で、巧妙に韓国知識人に接近、懐柔したかがわかると同時に、韓国にとってこの種の事件がどれほど重大なものであるかということも理解される。さらに、今回のスパイ事件収拾のため、韓国政府が多少性急と思われる措置を西独政府当局と協議なしにとらざるをえなかった"韓国の家庭事情"も明らかにされている。

教授、学生などに浸透する

北韓の対南工作に関連

一九四人が加担一〇七人を起訴

第一次発表文要旨

七月八日

北韓は、南韓の地下勢力を再建するため一九五七年頃から比較的に東西の往来が容易な東ベルリンに工作拠点を設け、北傀東独大使に朴日英を任命、多数の工作責任者を西欧各国に合法的に駐在させ積極的に対南赤化工作を展開してきた。工作団は、一九五八年頃から西ドイツ、フランスら西欧各国に留学中の韓国学生や長期滞在者らに心理作戦で接しょくし始めた。かれらは初段階の工作として、共産主義制度の優越性や北韓の発展相にかんする宣伝によってかれらを惑わせ、異国での心理的浮動状態をうまく利用、思想的"浮動"をいっそう刺激した。こうして、かれらの工作に傾いた者は、一九五八年九月、北韓の指令を受けるため林錫珍明知大学助教授を東ベルリンに潜行させ、朴日英駐独大使らに接触させたのを始め、黄性模ソウル大教授ら十五名の現職大学教授、医師、芸術家らは数回東ベルリンを往来、北傀工作員から南北書信、文化の交流と米軍撤収、連立政府樹立、平和統一などにかんする教育と乱数表の組み立て、暗号解読、A－3暗号通信機取扱などの連絡方法のスパイ教育を受けたのち、海外に居住する韓国人留学生、鉱夫、看護婦などの名簿を入手、政界要人を抱き込み、革新党組織、南韓政権の転覆活動などについての指令と米貨二千ドルずつの工作資を受けとりスパイ活動に加担したものである。

中でも林錫珍、趙栄秀、尹伊桑ら七人は、北傀の指令により六一年六月から六五年八月のあいだソ連、中共を経由して北韓に入り、現北傀労働党副委員長であり対南事業総局長の李孝淳を始め徐哲、林春秋らの対南工作幹部と会い密封教育を受けたあと合法的に韓国に帰った。このように北傀から教育と指令を受けたこれらの者は、韓国内での組織を固め、北傀と接触している国内著名人の連絡とその動向の報告を行ったが、彼らが西欧で活動中、北傀から受けとった工作金は前後、のべ二十余回にわたり十万余ドルに達した。

関連者の主な活動状況は次の通りである。

◇林錫珍明知大学助教授（哲学博士）六五年一月ソウル大学校文理大をおえ、西独のフランクフルト大学に留学、哲学博士の学位を得て同大学の自然科学研究員として従事するうち北傀工作員と交流を始めるようになった。六〇年四月、北傀駐東独大使館の文政官石学哲から❶祖国の平和統一、❷北傀の発展相をきき共鳴、北韓労働党に忠誠を誓約したのち、韓国新聞特派員を帯同させようとの命令と共に米貨五百ドルを受け取り西独に帰る。六一年八月中旬、モスクワ、オムスク、イルクチュクを経由して平壌に到着、対南工作員密封アジトに収容され、三週間にわたって教育を受けたのち入党工作費千ドルを受領してスパイ活動の任務を持ってオーストリアのウイーンに帰った事実があり、六三年五月、妻洪もドイツに渡航させスパイ活動に加担させた。

◇鄭河竜慶熙大学教授（政治学博士）五五年十月ソウル大学校文理大在学中に渡仏、国立パリ大学政治科を卒業、六六年同大学から政治学博士の学位を得、六六年四月帰国、現職につく。鄭は、仏滞在中北傀工作員と接触、六二年一月、スパイ活動に投身、東ベルリンの北韓大使館より工作費六〇ドルを受け取って帰る。

第二次発表文要旨

七月十一日

第三次発表文要旨

七月十二日

第四次発表文要旨

七月十三日

第五次発表文要旨

七月十四日

第六次発表文要旨

七月十五日

李団長、丁総理と懇談

さき頃本国を訪問した李裕天中央団長は、対本国政府との連繫を深め積極的な民団保護策の実施を政府要路に要請したが、特に、丁一権国務総理とはひざをつき合せて長時間にわたり、当面する民団の諸問題について懇談した。

重要日誌

7月21～31日

政治

経済

社会

下関水上警察の人権蹂躪

無実の同胞を連行し 二十日間も暴力拷問

中央本部で事件を重視

（下関発）下関水上警察が、ひとりのわが同胞に無実の罪名をかぶせ、二十日間も拘留して毎日暴力拷問を加え、下関地検に身柄を送ったが「根拠なし」ということで釈放した事件があり、地元山口県本部はもちろん、これを知った同胞間の激しい怒りをかっている。しかも、これが平和館のある法治元で行なわれたというので、中央本部ではこの事件を重視している。

事件というのは、さる六月二十六日の朝、下関水上警察署員が民団竹崎分団長林◯鎬氏（五一歳・下関市竹崎五町十一組三五八）を関税法違反容疑で家宅捜索するとともに、強制的に下関水上警察署に連行し、約二十日間にわたって毎日暴力拷問を加え、ウソの自白を強要した。

すなわち林氏は下関で伝馬船を所有し、下関漁港内に係留しているが、この伝馬船の中に意外にも身に覚えのない密輸品らしい商品が置かれてあった。

もちろん、林氏は自分の商品でもないわけだが、水上警察署はこれを容疑事実として連行し拷問にかけたのである。

書類と身柄が下関地検に送られ、検事庁はことの真相を調査検討した結果、「根拠のない事件」として林氏を即時釈放して落着となった。

これに対し、山口地方本部では八月二日に山口県警本部長および下関水上警察署長に厳重な抗議を行ない、直ちに中央本部組織局に報告した。

ところで、この事件の焦点は林氏の伝馬船にあった密輸品なのだが、これは林氏のものでない限り、他人が投げ入れたものか、あるいは何かで林氏に対し謀略が行なわれたのかも知れない。

検事庁で即時釈放をされるほどのことを、水上警察が連日暴力拷問にかけて、ひどい人権蹂躪を敢行したのは一体どういうわけなのか。しかも、ゼンソクの持病で悩む林氏を、二十日間も顔面を平手打ちし、正座させては足の関節部に棒を差しこんで肩の上から踏みつけたり、煙草の火を指の爪の上にのせたり、外部との面接を一切禁止するなど、まさに過去の日帝国主義警察の特高にも等しい拷問をして、無実の林氏に健康上の障害を与えていることは、われわれとして到底容認出来ないことである。

特に、下関水上警察はかねてから管内の韓国人に対する態度がわるく、韓国人からも「暴力警察」と呼ばれているが、このような下関水上警察の真意は奈辺にあるのか。

法治国家をもって任じている日本が、法を無視した野蛮な拷問をもって韓国人にのぞむ態度に対し、われわれはこれを政治的な韓国人に対する差別であり、と受取らざるを得ない。

韓日国交が正常化されて両国が親善を増進しているこの時、日本の警察は相変らず偏見と敵意をもって韓国人に対している。

事実はあくまでも法によって処理されるべきで、拷問は決して許されるべきではない。ここに日本警察の真面目な反省を強く望むものである。

したがって、われわれは民団山口地方本部（朴鍾団長）の次のような抗議文を支持し、下関水上警察署長および山口県警本部長に、同抗議文にある要求事項を、すみやかに履行するよう要求する。

抗議文

去る六月二十六日朝、下関水上警察署に関税法違反容疑で連行された、下関市竹崎五町十一組三五八、林◯鎬（五一歳）の取調べ中における警察官の不当な暴力行為及び拷問に対し、我々は左記の通り厳重に抗議する。

"林◯鎬"を当署で取調べ中、本人は密輸容の件に対しては関係がないので、再三再四にわたって「私はやっていない」と言う訴えを繰り返したのであるが、警察官は「林」の訴えに耳を貸そうとせず、証拠なき逮捕令状を請求した事実を隠蔽するため、「林」に暴力拷問等を加えて自白を強要した。

この様な現職警察官の在日韓国人に対する暴力行為は、あきらかに在日韓国人に対する差別政策の現れである。

ましてや、法治国家における市民の生命、財産の安全を護る警察官としてのあるまじき行為に対し、我々は義憤を感ずるものである。

我々は、この様な在日韓国人の基本的な人権に対する侵害を重視し、日本の各階各層に広く訴えて関係当局に抗議し、次の如く厳重に要求する。

記

一、関係警察官を直ちに厳罰に処すること。

一、今後二度と、この様な在日韓国人に対する不当な人権侵害を絶対に行わないよう誓約すること。

一九六七年八月二日

山口県下関市竹崎町四二九番地
在日大韓民国居留民団
山口県本部

団長 朴鍾

下関水上警察署長 殿
山口県警察本部長 殿

丁贊鎮中央組織局長談 韓国人の人権を無視したひどい（人権蹂躪が）……

生気と機動力の愛知本部

執行部若返りで新気風

さる六月六日に第二十一回定期大会をおえ、同二十一日に新人事が発表された愛知県地方本部は、人事面において若返りを断行し、生気と機動力に満ちた、新たな地方本部としてのあり方を示している。……

在日遺家族にも年金

六・二五動乱の在日遺族等

在日遺家族に対し、このほど本国政府の国防部および援護庁から、年金が支給されるようになった。

すなわち、この遺家族に対する年金の問題は、六・二五以後ほぼ十七年間も有名無実なものとなっていたが、大韓民国在郷軍人会日本支会（李鍾基会長）の積極的な努力により、対象者五十八名全員の遺家族に対し、年金が賦与されることになった。

内訳は一家族に対し月二千二百円年一回賦与となっており、軍人会日本支会では、未だ年金受領の手続が済まない遺家族は、左記のとおり早急に軍人会日本支会に連絡するよう望んでいる。

大韓民国在郷軍人会日本支会
東京都文京区春日二丁目二十番十三号、電話八一二—二七三六番。

全国で八・一五記念行事

中央大会は共立講堂で

八、一五本国派遣使節団

全国代表二百名14日に出発

祖国に抱かれて祖国を学ぶ

本国夏季学校生四三九名

全員はつらつと躍動

韓青で35名が母国訪問

金載華事件対策委員会

結論ほぼまとまる

組織と教育問題討議

東北地区協議会開かる

中北地区協議会

婦人会中央任員そろう

組織再整備への態勢

広島火災に救援を

罹災二十一世帯七十六名

水火罹災同胞へ募金

初の韓国飛行訪問

公報館案内

中央だより

同胞企業体で働こう！

連絡と問合せは韓青中央に
電話（八一四）四四七一番

「朝鮮新報」の虚偽報道

本国夏季学校で軍事訓練画策とデマ宣伝

許せない大衆への欺瞞策動

朝総連の機関紙である「朝鮮新報」は、去る七月二十四日付けの報道で、「本国夏季学校入校生」をとりあげ、これは在日青年学生に軍事訓練を施すためである、と解説し、無知な傘下の同胞大衆にひどいデマ宣伝をした。朝総連およびその機関紙「朝鮮新報」のこのような虚偽宣伝は、別に珍しいのではなく、かれらの日常そのものが激しい対敵破壊工作に終始しているのだから、いささかも驚くにたるものではない…。

(写真は下関出港の情景)

プロ無尽を追放せよ

鄭烔和中央副団長が特別談話

破産には早急な収拾策を

無尽騒動の悪宣伝を衝く

朝総連の妄想と撹乱謀略

北傀の外交政策

〈2〉

かれらが選択した自由路線の方向とは

李英披

6、結論

尋ね人

安善行(安、四八歳)

海外滞在の科学技術者実態調査にご協力を

日本に居住または滞在している韓国人科学技術者および留学生の実態調査につき次のとおりご協力下さい。

1、姓名（国語、英文）、生年月日、現住所、専攻部門（主、副専攻）、現所属機関、学位（種類、年度および授与期間）、備考

2、右に該当し日本に居住または滞在している科学技術者または経済学専攻者で、韓国科学技術研究所の内容を知りたい人、或いは同所勤務を希望する人は次へご連絡下さい。

Mr. LeSlie Hill
PerSonnel DePartment, ColumbuS La-
boratorjeS, Battell Memorial InSituto,
ColumbuS, ohio 43201, U. S. A.

二、ソウル特別市鐘路区鐘路二街九番地
（YMCA別館）私書箱=光化門三十八号

韓国科学技術研究所

盛大に第二十二回光復節

韓國新聞

韓国新聞社
発行人 李 裕 天
編集人 金 東 鎬
東京都文京区春日町
2丁目20−13
電話(813) 2261～5 編集
(812) 0673 業務
定価 1ヵ月100円
振替口座東京 34988番

綱 領

一、われわれは大韓民国の国是を遵守する
一、われわれは在留同胞の権益擁護を期する
一、われわれは在留同胞の民生安定を期する
一、われわれは在留同胞の文化向上を期する
一、われわれは世界平和と国際親善を期する

ユニバーシアード東京大会参加の本国選手団を、応援しましょう！

勝共・統一をめざして

神田・共立講堂に五千人参集

祖国の解放独立を祝う第二十二回光復節記念式典が八月十五日、全国各地で盛大に挙行されたが、東京を中心とする民団関東地協傘下の中央慶祝大会は、都内神田・共立講堂に五千の同胞を集めて開催、祖国の独立のため貴い犠牲となった多くの先烈の冥福を祈って敬虔な黙祷を捧げたあと、大会決議文、朴大統領ならびに佐藤首相に送るメッセージを採択して式典を終え、二部行事として韓国学校の生徒らによる歌と踊りが披露され、芸能人による歌謡、演芸、そして映画鑑賞などがあって意義深い記念日を祝った。

同式典は午前十時十五分、共立講堂を埋めつくした五千の同胞の参席するなかで国民儀礼につづいて金己哲関東地協事務局長が開会あいさつを述べ、ついで李裕天中央団長の記念辞（別項）、金東祚駐日大使の祝辞（安公使代読別項）がなされたあと、権昌林勝共啓蒙団中央委員から「わが民族は昨日も今日もまた明日もひとしく国土の統一を願っている。だが、わが国の統一は勝共統一以外にはあり得ない。この統一達成のためには第一、第二次経済開発五ヵ年計画を通じた国力の培養にあり、われわれの力でこれを成し遂げなくてはならない。共産主義の根幹をなすマルクスの理論は真理ではなく暴力革命を指示するものであり、いわゆる価値論なるものも近代社会においては唯物論を欠く不自由なだけのものである。社会の進化にともなって機械化しなくてはならないのにもかかわらず依然労働力のみに依存しており、また、その人世観においても人間は精神的、性理的欲求があるのに共産主義は精神を物質の附属物化視しようとしている。北韓傀儡どものいわゆる中央集権なるものは彼らの意にそわないものを殺すことなのである。われわれは北韓の同胞が待ち望む第二の解放をわれわれの手で達成しなくてはならない」（要旨）との力強い記念講演があった。このあと、朴述祚神奈川本部団長が大会決議文、権泳安栃木本部団長が朴大統領に送るメッセージ、鄭順相東本議長が佐藤首相に送るメッセージをそれぞれ読みあげ、これを採択した。式はこのあと韓玉順婦人会会長の閉会辞、鄭東淳東本監察委員長先導による万才三唱で記念式典を終え、引き続き二部行事に移った。

二部行事では、韓国学校生徒による歌と踊りが披露され、民団の記録映画、そして、芸能人による演芸など盛りたくさんな催し物が披露され同四時半すぎ盛会裡に幕を閉じた。

決 議 文

本日、一九六七年八月十五日、われわれ在日本大韓民国居留民団関東地区代表五千名は東京神田・共立講堂に参集して、意義深い八・一五光復節第二十二周年記念慶祝大会を盛大に開催し、大会の総意にもとづいて次のように決議する。

一、われわれは祖国光復のため犠牲となった愛国先烈の高貴な教訓を受けつぎ、四千万民族の念願である国土統一を成就して真の自由と平和を守護するために献身することを誓う。

一、われわれは解放のあの日の歓喜と感激を想起して、国家再建に総力を傾注している本国同胞と歩調を合せて祖国近代化の偉業に積極的に寄与することを誓う。

一、われわれは在日六十万同胞がこの地で安定した生活を営むことができるようあらゆる努力をすると同時にわれわれに対する法的地位および待遇がわれわれの要求と合致するように早急に韓日両国間に共同委員会を設置することを強力に要請する。

一、われわれは未だに北傀の手先である朝総連傘下で彼らの虚偽宣伝に惑され呻吟している善良な同胞を救出するために最善を尽すとともに彼らの間断なき侵透工作を徹底的に粉砕することを誓う。

一、われわれは亜細亜・太平洋新時代において指導的役割を遂行している本国政府に呼応して世界平和と自由を守護することに力を注ぎ、特に新しい友好関係を結ぶようになった韓日両国の紐帯強化のため両国民の親善を図かることに努力する。

一九六七年八月十五日

在日本大韓民国居留民団
八・一五光復節第二十二周年
慶祝中央大会

祖国発展に寄与しよう

大韓民国駐日本国特命全権大使 金 東 祚

本日、われわれは第二十二回光復節を迎えました。二十二年前の今日、わが民族は三十六年間にわたる、日帝の支配下の苛酷な状態から脱し、自由独立国民として再出発したのであります。

他民族の圧制下に屈辱を強いられ骨身にしみる悲哀を受けてきたわが民族が解放によって、失しなわれた国権を回復した喜びを感じた八月十五日……

歳月が移り去り、二十二年が過ぎ去った今日においてもあの日の感激がわれわれの胸の底に再び躍動しております。

解放され独立をしたわが民族が今日まで歩んできた道は決して順坦としたものではなかったのであります。

解放されたがわれわれの前に現れたのは国土の分断であり、続いて国際共産主義者たちの指令を受けた北韓……

民間外交の先導たれ

李 裕 天 中央本部団長

朴大統領閣下に送るメッセージ

勇気と自信と団結を

大韓民国駐日公報館長
李 星 澈

221

韓日定期閣僚会議の総決算

民間借款二億ドルに増額

「期間」調整つかず外交折衝にまかす

貿易不均衡改善などはタナ上げ

八月九日から三日間、東京・芝白金迎賓館で開かれた第一回韓日定期閣僚会議は、韓国が日本に借款増額をせまり"市場"に参加した印象を強く与えた。この会談を通じて韓国側は、民間借款交渉だけには、大きな成果をおさめたとも予定していた両国間の懸案問題は、ほとんど消化されず、結論を得ないまま、その幕をとじた。もともと、今回の会議は一般の展望と内外経済情勢の分析、貿易不均衡の是正、租税、経済協力、海運、漁業、在日韓国人の法的地位の改善がふくまれていたが、会議が進行するにつれ、借款問題に議論が集中し、他の問題は大部分、タナ上げにされてしまった。韓国はこの会議に、日本からの経済協力を求め、貿易不均衡是正、農水産物の輸出拡大などに焦点をしぼってのぞんだが、韓国が日本に要望しているのは、借款資金だけでなく、彼らの民間借款の供与をめぐる外交折衝の場となった。韓国の現状からみると今回の閣僚会議は、むしろ、韓国側の要請によって無事終了したという見方が強い。その解決である。ものとみられている。

日本の韓国に対する経済協力は、両国の国交正常化をきめた経済協力協定と交換公文によって、①対日請求権に従う財政借款二億ドルプラス・アルファという限度が、……

第一回韓日定期閣僚会議一覧

	韓国の主張	日本の主張	結果
民間借款	★一般プラント、漁船、商業借款、……二億ドル増額	★一般プラントは韓国の経済事情などを考慮して……年三億ドル程度	一般プラント、漁船に……（一九六七年まで）二億ドルで合意
貿易	★保税加工貿易の拡大 ★特恵関税の供与 ★貿易逆調の是正 ★アンチ・ダンピング協議会	★日本品輸入の増大 ★在日韓国人商社の地位 ★日本製品の輸出	タナ上げ　タナ上げ　事前調査の開始、タナ上げ　合意オファー面認める　文化映画認める
租税	★課税上の所得税減免と信用保証の許可	★在韓日本商社の合理的課税 ★租税条約の締結	タナ上げ　国内法の範囲内で妥当な措置　十月から交渉開始
農林・水産	★農水産物の輸出 ★生産物の輸出拡大 ★輸入割当の撤廃		タナ上げ　契約栽培と飼育　調査輸入ワク新増
海運		海運協定の締結	タナ上げ
政治	在日韓国人の法的地位改善		改善の約束

第一回韓日定期閣僚会談共同コミュニケ（全文）

閣僚会議

三長官を迎えて歓迎レセプション

八月十日　ホテルニュージャパンで

【写真説明】

重要日誌

8月1～10日

政治

経済

社会

国民登録および永住許可申請案内

国民登録更新および新規申請

一、対象者
（1）満十四歳以上の大韓民国国民
（2）旧国民登録証を所持している者
（3）旧国民登録証を所持していない者は新規申請

二、具備書類および申請方法
（1）申請書一通（所定様式＝民団各支部にあり）
（2）写真四枚以上を民団本部に提出すること（手数料無料）
国民登録申請書が民団を経由して大使館または各領事館で受けつけると、直ちに処理され国民登録証が発給される。

三、申請期間
自一九六六年八月　至一九六七年十二月

協定永住権申請

一、申請該当者
（1）一九四五年八月十五日以前から申請時まで、継続して日本国に居住している大韓民国国民
（2）（1）に該当する者の直系卑属（子、孫）で、一九四五年八月十六日以後、法的地位協定発効日（一九六六年一月十七日）から五年以内（一九七一年一月十六日）に日本国で出生し、継続して日本国に居住している者
（3）右（1）（2）に該当し、協定永住許可を受けた者の子女で、協定発効日より五年が経過した後に（一九七一年一月十六日）日本国で出生した者（出生日より六十日以内に永住許可を申請）
※以上の該当者は、外国人登録から漏落していても、事実上継続して日本国に居住していた者は許可される。

二、申請方法
（1）申請場所＝居住地の市、区、町、村の役所
（2）申請人
（イ）満十四才以上の者は、本人が直接出頭して申請し、十四才未満は親権者または後見人が代理申請する
（ロ）申請者が疾病、または、その他の身体障害により出頭が不可能な場合は代理人による申請も出来る
（3）手数料は無料

三、具備書類（各市、区、町、村役所にあり）
（1）永住許可申請書一通
（2）旅券または国民登録提示、但し（2）が無い者は「大韓民国の国籍を持っているという趣旨の陳述書」を提出する
（3）家族関係および居住経歴に関する陳述書一通
（4）写真二枚
（5）外国人登録証明書提示

四、記入方法
（1）韓国姓名（戸籍上）を記入し、子、孫等の名前は日本式に記入せず、漢字で記入する（例、朴ミチ子＝朴道子）
（2）居住歴においては、何年頃、春頃、秋頃、等のように記入してもよい。
（3）家族関係では、在日家族だけでなく、本国家族も記入すること（離婚家族も含む）
（4）記憶不明の場合は、役所における外国人登録済証明の写を交付を受け、その記録通り記入してもよい。

一般永住申請

一、申請該当者
（1）戦前に日本国に居住し、戦後一時的に帰国して平和条約発効日（一九五二年四月二十八日）以前に日本国に再入国した者と、平和条約発効日まで日本国に入国した者（在留資格が特在「四－一－十六－三」になっている者）
（2）（1）の直系卑属で、平和条約発効日前に日本国で出生した者

二、申請場所
法務省、各地方の出入国事務所

三、具備書類
（1）申請書（2）質問書（3）戸籍謄本（4）外国人登録済証明書（5）財産証明書（6）納税証明書（非課税証明書）（7）健康診断書（8）身元保証書（9）国籍証明書（大使館または各領事館所定様式）
※申請書は二通、その他は一通

駐日大韓民国大使館
駐日大韓民国各級領事館

222

韓國新聞

韓国新聞社
発行人 李裕天
編集人 金[illegible]
東京都文京区春日町2丁目20−13
電話(813)2261〜5編集
(812)0673業務
定価 1ヵ月100円
振替口座東京34988番

綱領

一、われわれは大韓民国の国是を遵守する
一、われわれは在留同胞の権益擁護を期する
一、われわれは在留同胞の民生安定を期する
一、われわれは在留同胞の文化向上を期する
一、われわれは世界平和と国際親善を期する

ユニバーシアード東京大会参加の本国選手団を、応援しましょう！

法的地位で日本側大巾に譲歩

協定永住者の再入国を緩和

八月二十四日、両国政府で同時発表

一般永住許可もより迅速に

韓日両政府は八月二十四日、在日韓国人の法的地位協定の実施運用について「韓国外務部長官を代理した金永周外務次官と田中日本法相が二十三日話合った結果、さる七月二十、二十一日の両日東京で開かれた韓日実務者会談での了解事項についてこれを再確認し、実施を早めることに意見が一致した」と発表した。同発表によると今まで民団が強く、その是正かたを要請していた協定永住権者に対する再入国許可規制の大幅緩和、戦後入国者に対する一般永住許可の促進など鮮明にされ、法的地位の実施面で大きくわれわれの要望が受けいれられている。発表された了解事項の内容はつぎのとおり。

大韓民国外務部長官を代理した金永周外務次官と田中伊三次日本国法務大臣は一九六七年八月二十三日、東京で会談し、「大韓民国と日本国間の日本国に居住する大韓民国国民の法的地位及び待遇に関する協定」の日本国内における実施に関し、去る七月二十日及び二十一日の両日にわたり東京で開催された両国政府関係実務者の会議で了解された事項を確認し、これを実施することにした。その要旨は次の通りである。

一、協定永住を申請した人が第二回外国人登録（一九五〇年度）を了しており、それによって一九四五年八月十五日以前から日本国に居住している事実が推認できれば協定永住が許可される。

二、大韓民国国民と婚姻して日本国籍を取得した元日本人が協定永住を申請した時は協定永住が許可される。

三、協定永住者が再入国許可を受けて日本国外に旅行中出産した子は、その事実等が確認されれば日本入国が認められ、協定永住申請資格者として取扱われる。

四、協定永住者の再入国許可については、
❶許可の回数及び期間に制限が加えられない。
❷北韓地区（日本国が承認していない国）を除く、旅行に制限が加えられない。
❸日本国外においての留学のため在留するにおいては、学業を終えるに相当な期間が必要であることを認め、日本国の関係法令が改正される際には再入国許可期間の延長が特に考慮される。
❹再入国許可期間内に入国できなかった場合、それが止むを得ない理由によると認定される時は、日本入国を認め、かつ、協定永住許可の効力が失われないようにする。

五、協定永住者の配偶者及び扶養を要する未成年の子が同居のため日本国に入国しようとする場合には、家族構成その他の事情が勘案され、好意的に考慮される。協定永住者の親、子、兄弟が一時訪問のため日本国に入国しようとする場合は、その入国が認められ入国後はその在留期間の更新が好意的に考慮される。

六、協定永住者の家族の退去強制については、家族構成その他の事情を勘案し、人道的見地から妥当な考慮が払われる。

七、戦後入国者に対する一般永住の許可は、より迅速に処理される。

八、戦後入国者で在留状況が不良な被退去強制者の引取りについては妥当な協力がなされる。

九、両国関係当局は今後においても必要に応じて協定の実施に関し会談を行なうことにする。

解説　協定永住者に有利

八月二十三日、金永周外務次官と田中法相との間で意見の一致をみた在日韓国人の法的地位の実施運用面に関する改善は、法的地位協定の発効以来、同協定の不備な点を是正するよう要望をかけてきた民団傘下同胞にとって大きな前進といえるが、こんどの合意事項を具体的に解説してみると協定永住権の取得者に有利な点が増えたことがいえよう。

まず、再入国の許可において従来の制限が撤廃され、回数、期[illegible]

四万六百二十七人が永住申請

八月二十日現在・国籍照会七千七百件

協定永住の申請者数は、八月二十日現在で四万六百二十七人で、そのうち許可者数は三万五千百五十五人、不許可四百三人、申請取下げ百七十六人となっている。そして、これまでに朝総連系、中立系の者で国籍照会のあった者が七千七百人にのぼっており、駐日大使館では七千六百人の確認を終えている。なお、法的地位の発効とともに申請者数があまり伸びなかったが、今年に入り五月以降からは月平均三〇〇〇人と逐次に申請者数が増えてきている。今年一月以降の申請者数および許可数はつぎの通り。

	申請者数	許可数
一月	二三〇二	二三九一
二〃	二〇七六	二五一六
三〃	二五七七	三四五七
四〃	二六六三	二七六一
五〃	二八一六	三九九七
六〃	三一〇三	二九九八
七〃	三三九九	三〇五七

未解決点の改善で歓迎

李裕天中央団長談話

一九六七年八月二十三日、金永周外務部長官代理と田中伊三次日本法相との間で合意を見た在日韓国人の法的地位協定実施運用に関する了解事項は、同協定の発効以来、その未解決点の改善、是正方を強調してきたわが居留民団の大いに歓迎するところであり、これに至るまでの韓日両国政府の努力と誠意に対し心から敬意を表するものであります。

今度の了解事項の内容は協定永住者に対する再入国許可制限の撤廃、配偶者ならびにその扶養家族に対する好意的処遇、留学生に対する期限延長そして戦後入国者に対する一般永住許可の早急な処理とわが民団の要望を受け入れたもので、法的地位対策委員会ならびに全団員の強力な運動の成果であるといえましょう。

しかし日本に住む韓国人として不安のない地位と最低限の生活擁護のため、民団が掲起している要望事項は未だに貫徹されておりません。

わが民団は今後とも引続き、在日六十万韓国人の生活擁護のため大多数の団員が協定永住を取得できるよう、民団の要望事項のうち未解決事項が貫徹されるまで強力に運動を展開するものであります。このために、法的地位ならびに待遇問題をさらに研究調査し、運動の中心となる中央執行部がさきの大会で任期を終えた従来の法的地位対策委員会を改編して団員の要望に応える覚悟であります

一九六七年八月二十四日
民団中央本部
団長 李裕天

シンガポールに総領事館

政府は年内にシンガポールと貿易協定を締結し、総領事館も設置する計画を立てている。

さる七月二十四日に李東煥駐オーストラリア大使を団長とする東南アジア経済使節団がシンガポールを訪問した際、この問題に対する論議がなされたもので、これは昨年十月シンガポールへ民間使節団を派遣した北韓がさる五月十三日シンガポールと貿易協定を締結した事実を指摘し、このようなシンガポールへの浸透を妨げるため、貿易協定の締結と総領事館設置を促すことになったものである

第48回 全国夏季体育大会開く

第四十八回全国夏季大会が八日ソウル運動場水泳場で五百余人の選手と数多くの体育人が出席した中で開幕した。なお、同大会は十八、十九の両日にかけて盛大に行なわれた。

原子力発電推進委員会を構成

科学技術処では、毎年三〇％ずつ増加する電力の需要に応じるため、五十一万キロ規模の原子力発電所をきたる七〇年度から建設することにしたと発表した。

約八千五百万ドルの費用を必要とするこの原子力発電所を建設するため、副総理を委員長とし、科学技術処長官を副委員長とする原子力発電推進委員会が国務総理の直接指揮の下に、さる八月十一日に構成された。

田中法相ソウルへ

法的地位問題など話合う

日本政府田中法相が八月二十七日ソウル入りする。

これは八月二十四日から五日間の予定だったのが、韓国側の都合により二十七日になり、三十一日までソウルに滞在する。

ところで、この田中法相の訪韓は、さきに李法務次官が在日同胞の法的地位問題につき、日本側と実務会談をしたのち、さる八月九日の韓日閣僚会議で同じく論議されたのを、ソウルでまとめようというものである。

このソウル会談により、法的地位および待遇問題は、一歩前進することが予想されている。

死線を越えて脱出

北韓から男女二名

自由の国 韓国へ行こう！

死線を越えて韓国へ

[illegible]

強制労働に耐えられず

[illegible]

追加予算50億ウォン割当

農漁村国土建設に重点

公約事業の実践案わかる

[illegible]

金浦空港の滑走路七〇年までに拡張

[illegible]

ノーベル賞のリーネン博士来韓

[illegible]

公正取引き法案閣議で議決

[illegible]

八月末の開発輸入二十二億ウォンを越す

[illegible]

瞻星台

法的地位問題で、日本側が緩和。まだ十分とは言えないが、とりあえず歓迎する。

この功、まずは民団の動きが評価されてよく、更に前進して真に同胞の安住が得られ、あわせて同胞の権益が得られるよう、がんばりたいものである。

本国政府の毅然たる交渉にも、敬意を表する。

× × ×

ユニバーシアード東京大会で韓国選手団の健斗目立つ。

スッタモンダで開会式五時間前に飛び立った選手団、練習不足はあってもガンバレ！

それにしても、応援席に同胞の姿が少なく、朝総連の小中学生群が「イキヨラ」と声援する。

このこと、単に朝総連の戦術として片づけられるものかどうか。最後の日まで、わが選手団への声援を送ろう！

特に、バスケットとバレーには優勝がかかっている。

フレフレ民団応援団。

× × ×

三多摩地方本部ついに無尽を追放し、手のよごれた人を婦人会指導層から追放す。

婦人社会浄化の一番乗りに、敬意と拍手を送る。

近来、この無尽ほど婦人社会を毒し、善良で幸福な家庭を破壊した例はない。

この際、その責任者はいさぎよく、組織に及ぼした罪と、多数の同胞におかした罪、ひいては大使館や本国政府へ迷惑をかけた責任をとって、指導的地位から下りるべきである。

× × ×

自ら内包しているウミを、さらけだすことは辛く、むずかしい。

だが、自らのウミを、自ら出し切らねば組織は大衆と遊離してしまう。組織を守り、発展させる段階においては、それが、個人的行動であっても、時には組織の「獅子身中の虫」となり「利敵行為」につながる。

したがって、あえて婦人会の良識と果断を望んでやまない。

× × ×

本国夏季学校から、学生ら帰りはじめる。心の中に祖国が生き、肩に祖国がかかる思いだろう。

それが大事なのだ。その気持を忘れることなく、常に心と肩に祖国を持とう。

× × ×

高知県本部、金哲民の手記（四面）に、ほのぼのとしたものを感じる。

県本部がみなこのようだったら——という想像をしませんか？

高官、強豪それよりも、謙虚に生きた啓蒙家を与える人こそ、真の組織者であり、愛国者であろう。

金哲民、ご苦労さん。

× × ×

残暑きびしいこの節

しのび寄る秋の足音に心をひきしめ、一年の後半への英気をやしなって、新たな出発をしよう！

李裕天中央団長宅
住居表示と電話番号変更のお知らせ

記

李裕天中央団長の住居表示と電話番号が次のとおり変更された。

一、住居表示
（新）東京都中野区中央四丁目二十番十号

二、電話番号
（新）三八三局六二六一～二番

国民登録および永住許可申請案内

国民登録更新および新規申請

一、対象者
（1）満十四歳以上の大韓民国国民
（2）旧国民登録証を所持している者
（3）旧国民登録証を所持していない者は新規申請

二、具備書類および申請方法
（1）申請書一通（所定様式＝民団各支部にあり）
（2）写真四枚以上を民団支部に提出すること。同申請書が民団支部を経由して大使館または領事館で受けつけると、直ちに処理され国民登録証が交付される。

三、申請期間
自一九六六年八月 至一九六七年十二月

協定永住権申請

一、申請該当者
（1）一九四五年八月十五日以前から申請時まで日本国に居住している大韓民国国民
（2）（1）に該当する者の直系卑属（子、孫）で一九四五年八月十六日以後、法的地位協定発効日（一九六六年一月十七日）から五年以内（一九七一年一月十六日）に日本国で出生し、継続して日本国に居住している者
（3）右（1）（2）に該当し、協定永住許可を受けた者の子女で、協定発効日より五年が経過した後（一九七一年一月十六日）日本国で出生した者（出生日から六十日以内に永住許可を申請）
※以上の該当者は、外国人登録から漏落していても継続して日本国に居住していた者は許可される。

二、申請方法
（1）申請場所 居住地、市、区、町、村の役所
（2）申請人
（イ）満十四才以上の者は、本人が直接出頭して申請[illegible]
（ロ）申請者が疾病、またはその他の身体障害による不可能な場合は代理人による申請も出来る
（3）手数料は無料

三、具備書類（各市、区、町、村役所にあり）
（1）永住許可申請書一通
（2）旅券または国民登録証提示、但し（2）が無い時は韓民国の国籍を持っているという趣旨の陳述書一通を提出する
（3）家族関係および居住経歴に関する陳述書一通
（4）写真二枚
（5）外国人登録証明書提示

四、記入方法
（1）韓国姓名（戸籍上）を記入し、子、孫等の名前も式に記入せず、漢字で記入する（例、朴ミチ子）
（2）居住歴においては、何年頃、春頃、秋頃、等と記入してもよい。
（3）家族関係では、在日家族だけでなく、本国家族も記入すること（離散家族再会に参考）
（4）記憶不明の場合は、役所における外国人登録原票の写本を交付を受け、その記録通り記入してもよい

一般永住申請

一、申請該当者
（1）戦前に日本国に居住し、戦後一時的に帰国した者で、平和条約発効日（一九五二年四月二十八日）以前に再入国した者と、平和条約発効日まで日本国で出生した者（在留資格が特在「四―一―十六―二」になっている者
（2）（1）の直系卑属で、平和条約発効日前に日本で出生した者

二、申請場所
法務省、各地方の出入国管理事務所

三、具備書類
（1）申請書（2）質問書（3）雇傭証明書（4）外国人登録済証明書（5）財産証明書（6）納税証明書（非課税証明書）（7）健康診断書（8）身元保証書（9）国籍証明書（大使館または領事館所定様式）
※申請書は二通、その他は一通

駐日大韓民国大使館
駐日大韓民国各級領事館

政府、税制改革案を成案

下、中間層の保護に重点

月額一万ウォン以下は免税

年間二百五十万以上の高所得者に五五%課税

国民の所得構造を改善し、五か年計画を二年半に短縮、達成するため必要な歳入調達を目論んで財務部当局が、一年近くとり組んできた税制改革案がこのほど成案、国会に提出されることになった。朴大統領は、この政府改革案に対し「低所得層は減税、高所得者には増税」という政府の改革意図を充分反映するように指示した。この改革案は、今秋の国会審議を経て、成立すれば来年一月から実施される。改革案は、現行の税法より一百十八億ウォンの増税となり、低所得層は、直接税二十六億ウォン減税、高所得層には直接税五十一億ウォン増税となる。その外、ぜいたく品、高級酒類などの税率は、引き上げられ、六十億ウォンの物品税の増収が見込まれている。今度の税法改正によって国民税負担率は、今年度の十・四%から十一・二%に引きあげられることになるが、そこで来年度からの韓国各層の所得税負担率を始め物品の税率などを解明してみた。

◇給与所得者の場合

事業所得税と法人税の均衡を保つため、各種勤労所得税の免税基準は、一万ウォン（現行法では月給五千九百五十八ウォン）以下となり、月給をこえる場合は、現在より税負担率が軽くなる。

改正法では、給与体系を七つの段階に分け、その税率、税金は次のようになっている。

給与額	税率又は税金額
一万ウォンまで	七%
一万ウォン以上	一千ウォン
二万ウォン以上	二千ウォン
三万　以上	七千五百ウォン
四万　以上	一万四千ウォン
五万　以上	二万七千ウォン
八万　以上	給与額の五十%

◇不動産所得者の場合

◇相続、贈与税

第六代大統領就任式のレセプションでハンフリー米副大統領、佐藤日本首相らと歓談する李中央団長右端

◇電話使用税

所得種目別高所得者数

所得種目	所得金額	人数
事業所得	年500万ウオン以上	1,200人
不動産所得	年150万ウオン以上	260人
勤労所得	月　20万ウオン以上	40人
配当所得	月150万ウオン以上	1,000人
其他所得	月100万ウオン以上	10人
	計	2,510人

事業及び不動産税率

現行税法		改正税法	
10万ウオン以下	15%	10万ウオン以下	15%
10万ウオン以上	20%	10万ウオン以上	20%
25万ウオン以上	30%	25万ウオン以上	30%
60万ウオン以上	40%	60万ウオン以上	40%
200万ウオン以上	50%	150万ウオン以上	50%
		250万ウオン以上	55%

◇不動産譲渡税

◇高級酒類の課税

◇物品税

◇債券所得税

◇綜合所得税制を採択

北韓の「自主路線」の内幕

思想のない「権力自主」独裁強化のための方便

金　昌　順

本国論調

今年の国連対策

日本文化映画の上映許可

政府「朝鮮大学」認可に抗議

重要日誌

8月11日〜20日

政治

経済

社会

224

三多摩本部で「無尽」に断

関連者の幹部辞退を勧告

破産無尽の早急な解決も

【三多摩発】三多摩地方本部では、このほど管内の同胞社会（特に婦人層）における「無尽」騒動に関し、破産無尽の早急な円満解決を要求するとともに、無尽に関連している人は組織の幹部になることを遠慮せよ、と婦人会三多摩本部に勧告した。

三多摩地方本部は、かねてから同胞婦人層において多額無尽が流行し、その非合理的な運営から破綻を招き問題化していることに注目し、これは健全な婦人社会を破壊に導くものであるとの断定から組織上の問題としてとりあげ、たまたま婦人会三多摩本部の定期総会が八月十八日に開かれるのを機会に、管下の各支部および本部の三機関長連席会議を開いて、これに対する態度を決定し、八月十八日に別項のとおりの決議内容を発表するとともに、十八日開かれた婦人会三多摩本部定期総会にこれを伝達し、特に、「無尽に関連のある人は、婦人会の指導的地位に就かぬように」と勧告した。

すなわち、民団三多摩地方本部では、はじめ同胞社会における近隣親睦と、組織的結集をも考慮に入れた一口千円～五千円までの無尽があることは知っていたが、これがいつの間にか多額無尽に膨張し、更に非合理な運営から破綻に追いこまれ、多くの家庭に波乱をおこすと同時に、ひいては民団、婦人会の組織は勿論、朝総連側がこれに大使館や本国政府まで関連させて虚偽宣伝をしている現状にてらし、遂に組織的な断を下ろしたものである。

勿論、民団組織として正式に無尽問題に対するこのような「断」を下ろしたのは同本部がはじめてであり、一般同胞社会においては同本部に対し、敬意を表すると同時に拍手を送っている。

ただ、問題になるのは破綻無尽の収拾策であるが、実際問題として民団および婦人会という組織がその内容にタッチしてない以上は、手のつけようがなく、「親」である人たちに良識に基づく早急な円満解決を強く望んでいるが、特に責任の大きい関連者は責任を果し、組織の権威を傷つける立場からも、組織の上部役職を遠慮せよと勧告したケースは、全国的に影響するものと見られる。

三多摩地方本部並びに支部三機関長連席会議の決議内容

民団は終始一貫して、無尽を奨励したことはなく、今後もこの態度には変りがない。

無尽に関連のある団員は、早い時日内に、道義的な立場から双方（親と子）で円満解決し、これからさきは、多額無尽が持続されないよう要望する。

三多摩地方本部団長談

「当本部では、本部および支部三機関長連席会議における決議内容を文書にし、管下の同胞に配布しようとしたが、韓国新聞の記事でこれにかえることにした。」

婦人会三多摩本部で総会

無尽関係者は役員辞退

（三多摩発）婦人会三多摩本部では、さる八月十八日に定期総会を開き、活動方針などを討議したあと、朴淑岳氏を会長に選任し、別項のとおりの人事改選となった。

ところで、今回の定期総会では、特に無尽に関する民団三多摩地方本部三機関長の勧告を受け入れ、無尽に関連している人たちが幹部役員となることを辞退して注目された。

すなわち、無尽に関連した人が幹部（会長、副会長など）職に就くことを公式的に辞退したのは同本部がはじめてであり、その良識と勇敢卒直な役員選出に対し、同胞社会の評価が高い。

なお新役員は次のとおり。

会長＝朴淑岳　副会長＝朴玉泊、高容順　総務＝鄭又善

婦人会福島本部結成さる

会長に金玉女氏選出

（福島発）婦人会では、さる八月十五日に、福島本部の結成をみた。

民団福島地方本部では、かねてから婦人会本部の結成に力を入れてきたが、団傘下婦人たちの努力もあって本部結成となり、特に多数の結集と八・一五光復節という意義ある日を考慮しての結成となり、初代会長に金玉女氏を選出した。

なお同日は中央から、呉基文中央会長が参加し、初の本部結成を祝うとともに、今後の発展に力するよう激励した。

比国に大勝

アジア野球大会

盛大に八・一五記念式典

各地とも最高の盛り上り

第二十二回八・一五光復節慶祝式典は、全国各地とも近来にない盛り上りを見せて、盛大に挙行された。

これは、さる七月一日に第六代朴大統領の就任式があり、友邦三十数カ国の慶祝使節団がソウルを礼訪し、特に日本から佐藤首相が朴大統領を礼訪したことなど、本国の国威が大いに宣揚されたほか全国から二百余名が本国の記念式典に参加したということもあって全般的な盛り上りを見せた。

慶祝記念式典は、いずれも団長の記念辞をはじめ、金東祚駐日大使の祝辞、朴大統領へ送るメッセージ、佐藤首相へ送るメッセージなどが読まれ、芸能、映画などの催しものがあって和気あいあい、全国組織の固い団結のほどを見せた。

この日、東京では別掲写真報道のとおり、東京神田一ツ橋共立公堂で開かれ、約五千名が場内外を圧し、東京韓国学校生徒の芸能、映画が終る午後四時すぎまで満員であった。

ある年寄りは「例年の八・一五光復節には必ず参加しているが、今年の記念式典は近来にない活発さがあり、何か充実されたものを

であり、京都などは例年の結集場所がいつも朝総連側に先取りされたが、今年は逆転してこれを確保し、まさに記録的な四千人結集をしたのは見事であった。

北のはて北海道は約千人だが、これこそ泊りがけで遠路からの参加が目だって、これを知る人々に感激をわかせ、このほか福岡二千人、茨城三百人、新潟四百人、静岡三百人、岡山千人、石川二百五十人、岐阜三百人、高知百五十人とそれぞれ最高の動員がなされ、愛知の三千人も最高のもので若返り執行部のハッスル振りが十二分

上は茨城、下は新潟の慶祝大会

婦人会中央の人事

本紙前号の発表に、次のとおり追加する。

常任名誉会長　呉基文
顧問　金浩瑯

広島火災へ見舞金

山梨、山口地方本部など

時局講演の第一弾

九月三日 日比谷公会堂で

民団東京本部（鄭在俊団長）の主催による本国時局講演会が、九月三日午後五時から九時まで、東京日比谷公会堂で開かれる。

これに北韓から脱出した著名人を講士とし、北韓の実態をバクロするもので、民団傘下の同胞多数の参加が望まれている。

また、同日は東京商銀の主催により、午後五時から荒川区民会館で開かれ、引続き全国的に行なわれる。

なお、講演会には本国映画が上映されるが、その中には在日同胞学生の本国夏季学校生活の記録映画も含まれている。

関東地協団長会議開かる

ユニバーシアード後援などを論議

遺骨三百柱 韓国の慰霊祭

本国ボーイスカウト来日

韓国女子高校バドミントンチーム

米国に初めて「東洋学大会」

国語は民族の魂

李殷相氏講演で訴える

ソウル―東京間直航

金載淑団長に関する

解明書

去る七月初旬、金載淑豊島支部団長が朴大統領就任式に参観団の一員として本国を訪問した際、テレビの中にトランジスター石を隠し持って行った云々の記事が各新聞に報道され、本国はもちろん一般僑胞社会においても、あらぬ誤解を招いている現状に関し、当支部監察委員会ではことの真偽を確めるため、その経緯を調査究明したところ、金載淑団長の潔白が明確になったので、ここにその真相を解明する次第であります。

金載淑団長が六月二十日参観団一行と出航する直前、羽田空港で品川地区在住の申某夫人からテレビ一台を所定の手続を経て、荷受証をソウルに滞在中の申某氏に渡して欲しいと依頼され（テレビの中にトランジスター石が入っているとは皆目知らないで）団員の便宜を図ってあげるという善意のもとに、その通りにしてあげたのであります。

ところが、それが事件発生となり、本国の新聞報道となったので、金団長は帰省日程を変更して、当の申某氏を伴ない当局に出頭し、事実通りの経緯を陳述した結果、当局でも金団長の善意を諒解するところとなり、無事旅程を終えて七月十七日帰任しました。

このような事情で、金団長の人格に常に接している支部役員や一般団員たちは異口同音に「金団長は団員に頼まればいやと言えない方だから」と同情を寄せています。

金団長は、民団創団以来始終一貫して民団の育成発展と、団員のためになることは積極的に援助する善意の持主であるが、このたび一部の無自覚な者に悪用されたに過ぎないのであります。

それに衛末の非行を前戒し同伴して当局に出頭した事実からして、金団長の良識は信頼してよいと思います。

申某氏は法的措置（税関に所定の関税と手数料を納付し解決したもよう）によって解決されるでしょうが、金団長も何等の支障なく健在で団務に励げんでおられるから、公私の別なく愛護して下さった僑胞諸氏にその間の経緯を解明申上げ、従前通り当支部並びに民団全体の育成発展に積極的に協力して下さるようお願いするものであります。

以上

一九六七年八月三日

民団豊島支部（東京）
常任委員会
執行委員会
監察委員長　金熙淑

海外滞在の科学技術者

実態調査にご協力を

日本に居住または滞在している韓国人科学技術者および留学生の実態調査につき次のとおりご協力下さい。

1、姓名（国語、英文）、生年月日、現住所、専攻部門（主、副専攻）、現所属機関、学位（種類、年度および授与期間）、備考

2、右に該当し日本に居住または滞在している科学技術者または経済学専攻者で、韓国科学技術研究所の内容を知りたい人、或いは同所勤務を希望する人は次へご連絡下さい。

Mr. LeSiie Hiijl
PerSonnel DePartnnent, ColumbuS La
boratorjeS, Battell Memorial IuSitute,
ColumbuS, ohio 43201, U.S.A.

二、ソウル特別市鍾路区鍾路二街九番地
（YMCA別館）私書箱＝光化門三十八号

韓国科学技術研究所

朝総連の「提議」に答える

見えすいた独善宣伝

八・一五行事の共同開催

朝総連は去る八月十日、五人の代表を民団中央本部に派遣し、同常任委員会の民団に対する「提議書」なるものを出してきたが、民団の反論と拒否によってそのまま帰ったことがあった。その後、この「提議書」は、民団各級組織にも公開状として送られ、朝総連機関紙八月十一日付けの「朝鮮新報」にその全文が掲載された。以下、朝総連の提議に関し、その本質的なものを論じてみよう。

まず提議書は、第二十二回八・一五光復節慶祝記念行事を、共同で開催することを希望し、祖国解放はあったが今日まで国土が両断されたままになっていること、現在、北は「千里馬朝鮮」になりすべてが幸福に暮らしているが、南は米帝国主義者の植民地、軍事基地となっているほか、最近では日本軍国主義者の侵略をも受けていること、だから、南北は力を合わせて南の外勢を追放し、自主的な統一を達成せねばならない。そのためにも、八・一五慶祝記念行事を共同で開催しようではないかーといったものである。

また、引続き同機関紙八月十五日付けには、「祖国をわが民族の手で統一しよう」との見出しのもとに「共和国政府の祖国統一方案を支持する民団傘下の同胞たち」とうたったデッチあげの一文を掲載している。

つまりこの連続して掲載された記事内容は帰するところ「統一」を訴え、その影にかれら一流の勝手な論法と宣伝が隠されているわけだが、もとより、それらは相も変わらぬ使い古した文句の羅列である。

北傀政権が掲げ、これを朝総連がうけ売りしている統一理論とは一体どんなものか。

北傀労働党の基本方針は次のとおりである。

「外勢の干渉なく、自主的で民主的原則の上で、平和的に統一」し、その具体的方法については次のように言っている。

「祖国の自主的統一を真心から望んでいる人々は、自分が分裂された祖国のどの地域に住んでいようと、また国内にいようが海外にいようが、それに関係なく、南朝鮮から米国軍隊を撤去させ、祖国を統一するための挙族的闘争に、合流せねばならない」と。

すなわち、これが北傀ならびに朝総連側の「統一論」であり、朝総連が民団に働きかけている統一運動の基本指針である。

そしてそれを美化し、やわらかく仮装してたくみに演出しているのが、朝総連の工作であり虚偽宣伝である。

この見えすいた仮装のもとに、八・一五光復節慶祝記念大会を共同で開催しようなどとは、しょせん無理な話しである。また、朝総連側もそれを百も承知で、単なる宣伝のために既成事実を作りあげるための演出として「提議書」をバラまき、民団に代表を派遣しているに過ぎない。いわば、かれらの年中行事の中の一つである。

一体、なぜ民団は朝総連と席を同じくせず、それこそ挙族的であるべき八・一五光復節慶祝記念行事、かれらとの共同開催を拒んだのだろうか。

われわれは朝総連を理由なく拒み、理由なくして「敵対陣営」と規定しているのではない。

一口に言って、人民民主主義（共産主義）を絶対として信奉し、すべてをその理念のもとに、意図的に処理している朝総連と、これとは正反対の自由民主主義を信奉しているわれわれとは、基本的に思考と立場が違う。

したがって、朝総連が真心から民団と共同行為をしようとするならば、まずそれ自体の思考を改めねばならない。

すなわち、その焦点である統一方針なるものを否定し、拒否せねばならない。

なぜか。

北傀の言う「南朝鮮から米国軍隊を撤去させ…挙族的な闘争に合流する」云々は、言葉こそ民族的な自主性を鼓舞しているかのように見えるが、真の「民族の自主性」は、民主主義の基盤の上に発揮されねばならない。

また、「自主」とか「統一」とは簡単に言って、韓国の労働者、農民、インテリたちを煽動して内乱をおこさせ、そこへ六・二五の南侵版を再現させて一挙に韓国全土を赤色に塗りつぶそうとするものである。

その証拠には、近来において北韓が総要塞化され、軍事重点の生産が実施されていること、武装工作員を多く南下させていることなど、北傀が発散する体臭にことごとく「武力統一」的なものがあることなどである。

その反面、このような「民族統一」という表向きの看板で、素朴な大衆の民族心を刺激し、それにともなう甘言利説をもって同胞大衆をそそのかしては、たくみな仮装をもって鋭い宣伝、謀略をほしいままにしている。

このような北傀の申し子である朝総連側と、われわれが同席出来ないのは自明の理である。

われわれがいう統一とは、世界すべての国家がその運命を託し、すべてを話し合いで解決することによって世界の平和と繁栄、人類の幸福を守っている国連を中心として、「真に民主的な代議員制政治形態のもとで統一し、独立民主韓国を樹立」する理念に基礎を置くものである。

国連の機能も認めない、自らの南侵による産物として韓国に駐屯している外国軍隊も出ていけ、労働者、農民、インテリは騒いで革命をおこせ、そしたらこちらで乗り込むー式の北傀の統一論では、真面目に論議する余地すらなく、まさに身勝手な一方的な暴論暴挙である。

北傀がこれをいかに偽装して宣伝しても無駄であり、朝総連がいかにこれをさらに偽装して民団に微笑を投げても無駄である。

しかも、北傀共産政権が現に実施しているものは、人間の尊厳も自由もない、文字通りの生地獄ぶりを現出させているだけではないか。

何をもって北韓が楽園であり、そこに住む、というよりも縛られている同胞が幸福だと言い含めるのか。

統一のもたらすものは、真にわが民族の幸福でなければならない。したがって、わが民族の統一は何としても自由民主主義下の、代議員制政体のもとになされねばならない。

なぜならば、これこそ人間の尊厳、民族としての自由と幸福を保障してくれるからである。

われわれは、朝総連がその誤った共産思想と、民団に対するデマ宣伝、謀略、破壊工作を改めないかぎり、朝総連に対する「敵対陣営」の規定をはずさず、かれらが何度「提議書」を持参しても受けつけないだろう。

だが、これはあくまでも、朝総連の誤導的破壊分子のみに対する姿勢であって、その一握りの分子に操弄されている多くの同胞に対してではない。

われわれは、現に朝総連傘下の同胞に対して、朝総連の虚偽宣伝から目をはなし、一度でもいいから大韓民国という母国を実際に見てくるようすすめている。

論よりは証拠、わが朴大統領も在日同胞に対しては格別な配慮をなし、特に朝総連傘下の同胞たちに対して門戸を開放しており、すでに多くの人々が母国、故郷を訪ねて朝総連傘下での悪夢から脱出

何が問題点なのか

〈1〉

民団運営の活路は

前近代性清算から

知識人と共産主義

北傀の対南工作団事件に寄せて

韓 載 徳

民団と共に

手記

高知県地方本部 事務局長 金 哲

文化

時調

燦然たる伝統芸術と

今日における位置

韓國新聞

韓国新聞社
発行人 李裕天
編集人 金 [illegible]
東京都文京区春日町
2丁目20-13
電話(813)2261~5
(812)0675
定価 1ヵ月100円
振替口座東京 54988番

綱領

一、われわれは大韓民国の国是を遵守する
一、われわれは在留同胞の権益擁護を期する
一、われわれは在留同胞の民生安定を期する
一、われわれは在留同胞の文化向上を期する
一、われわれは世界平和と国際親善を期する

熱戦9日！ 韓国総合で10位 ユニバーシアード東京大会

女子バスケットは金メダル

柔道で銀メダル7個

男子バレー・バスケットはともに2位

すべりこみ参加で好成績残す

メダル獲得表

韓国女子バスケット優勝、男子バレー二位、男子バスケット二位、柔道銀メダル7、体操男子団体三位。

	金	銀	銅
米国	32	25	6
日本	21	17	26
西ドイツ	8	9	5
英国	4	11	9
フランス	4	5	13
イタリア	4	5	9
豪州	2	1	3
スウェーデン	2	1	2
スイス	2	0	0
韓国	1	9	1
フィンランド	1	1	3
オランダ	1	1	1
オーストラリア	1	0	4
コートジボアール	1	0	0
スペイン	1	0	0
ユーゴ	1	0	0
カナダ	0	2	0
メキシコ	0	1	0
ブラジル	0	0	4
インドネシア	0	0	1
ベルギー	0	0	1
ポルトガル	0	0	1
計	86	85	89

(初の金メダルを獲得した女子バスケットチーム)

"学生のオリンピック"第五回ユニバーシアード東京大会は、さる二十七日、東京・国立競技場に世界三十四か国から千二百八十六人の選手が参加して開幕、連日、各種目別に熱戦がくりひろげられ、十三の世界新記録を樹立、九月四日、九日間にわたる日程を終え、世界の若者のつどいとして十分友好の役目を果して、その幕を閉じた。

韓国は、この大会の呼称(KUSB)をめぐって、一時、大会参加が危ぶまれたが、結局、"今後の国際競技大会の国名の呼称は、オリンピック方式にする"という大会組織委員会の決定に従って、開幕直前に百五十人の選手団が来日、開会式に参加、出場した。

韓国選手は、各種目に目をみはる成績を収めたが、とくと、女子バスケットは、四戦全勝で完全優勝をなしとげ初の金メダルを獲得"第二の魔女"ぶりを発揮した。その他、柔道、男子バスケット、男子バレーで九つの銀メダル、男子体操団体で銅メダル一つを勝ちとり参加三十四か国の中、総合十位の輝しい成績をあげ"大韓男女の心意気"を世界に示した。

ユニバーシアード東京大会に、民団は関東地区の僑胞を動員して応援、連日、韓国選手が出場する競技場には、チマ、チョゴリ姿の女子学生を始め、大勢の同胞がつめかけ、韓国選手団を声援、競技場は韓国選手団をはげますかん声がとびかった。

主な競技の試合内容と韓国選手団の戦績は次の通り。

開会式

雨で一日延びたユニバーシアード東京大会の開会式は、二十七日、午後五時三十分、日本全国百五十一大学、六百五十人の学生が校旗、校友旗をたなびかせて入場開会式の幕をあけた。勇壮なユニバーシアード行進曲にのって三十四か国の入場行進が始まった。

先頭はイスラエル(ASA)大会直前まで参加が心配された―KUSB―韓国は、二十番目に入場。コバルト色のユニホームを着用した韓国選手団が入場した時はひときわ高い拍手がスタンドをゆるがした。

大浜組織委員長の歓迎あいさつ、ネビオロ国際大学スポーツ連盟会長のあいさつのあと、明仁皇太子の開会宣言。すさまじい拍手をあびて聖火"友情の火"をかかげた沢木選手が場内を一周してバックスタンド上段で高々と火をかかげ聖火台に点火。

各国国旗が半円形をえがいた中央部で参加選手団を代表して中山彰規選手が場内にひびき渡る力強い声で「スポーツの栄光と千す」と選手宣誓。そのあとユニバーシアード賛歌の大合唱がはじまり、各国選手団は肩を組み、親善を深めながら、南北の出口から退場した。

男子バレーで九つの銀メダル、男子体操団体で銅メダル一つを勝ちとり、試合ムの名誉のためにスポーツマンシップで大会に参加することを誓いました。

フェンシング

善戦のかいなく、第一次トーナメントで失格した。男子部の金宇植、李儀南両選手は、水……

テニス

男子ダブルスでテニスの名門オーストリアチームを相手に、二時間十分間にわたって熱戦を展開、試合は11-9、6-2で敗れたが、その試合内容はほめられてよい。

男子バスケット

八か国が参加。米国に惜敗した……

【第一戦】 韓国 79 (3643/4424) 68 日本 (一勝一敗)
【第三戦】 韓国 85 (4144/2222) 44 フランス (二勝)
【第四戦】 韓国 64 (3727/1924) 45 日本 (二勝一敗)
【順位】①韓国4勝②日本2勝2敗③フランス4敗=決勝は、[illegible]

【第四戦】 韓国 95 (4847/1534) 59 タイ
【第五戦】 韓国 63 (3429/4943) 92 米国
【第六戦】 韓国 73 (3439/3434) 68 ブラジル
【第七戦】 韓国 61 (3526/3418) 52 日本
【順位】①アメリカ7勝②韓国6勝1敗③ブラジル5勝2敗④日本4勝5敗⑤フィリピン3勝4敗⑥ベルギー2勝5敗⑦タイ1勝6敗⑧香港7敗

男子バレー

優勝を日本にさらわれ、二位(銀メダル)に終ったが、韓国代表チームが日本チームから一セット取ったことは、今回が始めて。とくに香港との試合は、国際競技史上、初の完封勝利をおさめたことは、大きく評価されている。日本チームの平均身長が百八十六・五秒に対し、韓国チームは平均百七十九秒の身長差から、韓国チームの攻撃は、あまりにも単調に終っている。

しかし、チームの実力は十分に発揮されており、六ゲームを通じて鄭敏植選手の活躍は、一般の注目をひいた。

【第一戦】 韓国 3 (151515/824) 0 フランス
【第二戦】 韓国 3 (151515/281) 0 タイ
【第三戦】 韓国 3 (151515/000) 0 香港
【第四戦】 [illegible]

銀メダルの柔道(左端韓国選手)

女子バスケット

[illegible]

【第一戦】 韓国 [illegible] (6252/2914) 43 香港
【第二戦】 韓国 84 (4757/2730) 57 フィリピン
【第三戦】 韓国 94 (5242/3335) 68 ベルギー

(大会場に入場する韓国チーム)

【第五戦】 韓国 3 (151515/054) 0 カナダ
【第六戦】 韓国 3 (151515/545) 0 フィリピン
【第七戦】 韓国 1 (6 15105/15131515) 3 日本
【順位】①日本6勝②韓国5勝1敗③フランス4勝2敗④フィリピン3勝3敗⑤タイ2勝4敗⑥カナダ1勝5敗⑦香港6敗

柔道

日本に全階級、完敗して全階級二位に終り、七つの銀メダルを獲得した。軽、中量級では、日本との実力差は、それほど目立たないが、重量級にいたっていは、その差は、はっきりあらわれている。とくにコーナーでの作戦が未じゅく、スタミナ不足が目立っている。

今後、韓国柔道界の活路は、新人発掘に重点をおくしか、他に方法がない。最初の予想では、金メダル一つ位は、期待されたが、結局日本に完敗した。各選手の成績は次の通り。

◆伊秀均(63kg) 3勝1敗
◆朴清三(70kg) 3勝1敗
◆呉勝立(80kg) 2勝2敗
◆金正幸(93kg) 3勝1敗
◆鄭三竅(90kg以上) 3勝1敗
◆金忠照(無制限) 3勝1敗
◆団体戦 3勝1敗 二位

陸上

この種目は、韓国では今後の訓練を目的に参加したにすぎず、その成績は好ましくない結果である。出場選手全員が予選で失格、国内記録も出せなかった。一万Mの朴奉根選手は最下位。今後課題の多い種目である。

◆朴奉根(一万M)三十一分五十七秒予選失格
◆黄貞子(百M)予選失格
◆呉仁太(ハンマー投げ)予選失格

体操

男子団体で、やっと銅メダルを獲得して体面を維持した。

金忠泰選手は、鞍馬でフィルランドのライホー選手と一緒に最高点を記録した。女子部は、ほとんどが日本選手の9点台に対し、8点台に留まり、男子選手と同じく着地体制が悪く、部分点的な欠てんが多い。

◆男子団体 三位(銅メダル)
◆女子団体 三位(メダルなし)

水泳

この種目では、韓国水準の低さは、とくに目立つ。予選で失格しただけでなく、泳法の基礎さえ身に付けてない。女子バタフライで南相男選手は、タッチ不足で、途中一ストロークを平泳に切替えたため失格記録も発表されなかった。

【戦績】
◆李相徳(男背泳百M)予選失格(五位、一分十一秒十二)
◆李相徳(男背泳二百M)失格(四位、二分三十七秒六)
◆金玉子(女背泳百M)失格(六位、一分二十一秒二)
◆南相男(女バタフライ百M)失格(七位、一分十九秒七)

タイビング

入賞を期待されていたが、金慶日六位に終る不振。全国飛び込み体制が不良、黄脳出身の朴貞子選手は、平素の実力を出し切れず完敗、宋在鎮選手は、肩をこわし有彰済選手は、自由種目で大きなミスをおかして失格になった。この種目で一つの望みは、朴貞子選手の将来にかける期待だけである。

国民登録および永住許可申請案内

国民登録更新および新規申請

一、対象者
(1)満十四歳以上の大韓民国国民
(2)旧国民登録証を所持している者
(3)旧国民登録証を所持してない者は新規申請

二、具備書類および申請方法
(1)申請書一通(所定様式=民団各支部にあり)
(2)写真四枚以上を民団支部に提出すること(手数料無料)
国民申請書が民団支部を経由して大使館または管轄領事館で受けつけると、直ちに処理され国民登録証が交付される。

三、申請期間
自一九六六年八月 至一九六七年十二月

協定永住権申請

一、申請該当者
(1)一九四五年八月十五日以前から申請時まで、継続して日本国に居住している大韓民国国民
(2)(1)に該当する者の直系卑属(子、孫)で、一九四五年八月十六日以後、法的地位協定発効日(一九六六年一月十七日)から五年以内(一九七一年一月十六日)に日本国で出生し、継続して日本国に居住している者
(3)右(1)(2)に該当し、協定永住許可を受けた者の子女で、協定発効日より五年が経過した後に(一九六七年一月十六日)日本国で出生した者(出生日より六十日以内に永住許可を申請)
※以上の該当者は、外国人登録から漏落していても、事実上継続して日本国に居住していた者は許可される。

二、申請方法
(1)申請場所=居住地、市、区、町、村の役所
(2)申請人
(イ)満十四才以上の者は、本人が直接出頭して申請し、十四才未満は親権者または後見人が代理申請する
(ロ)申請者が疾病、またはその他の身体障害により出頭が不可能な場合は代理人による申請も出来る
(3)手数料は無料

三、具備書類(各市、区、町、村役所にあり)
(1)永住許可申請書一通
(2)旅券または国民登録提示、但し(2)が無い者は「大韓民国の国籍を持っているという趣旨の陳述書」を提出する
(3)家族関係および居住経歴に関する陳述書一通
(4)写真二枚
(5)外国人登録証明書提示

四、記入方法
(1)韓国姓名(戸籍上)を記入し、子、孫等の名前は日本式に記入せず、漢字で記入する(例、朴ミチ子=朴道子)
(2)居住歴においては、何年頃、春頃、秋頃、等のように記入してもよい。
(3)家族関係では、在日家族だけでなく、本国家族も記入すること(離散家族再会に参考)
(4)記憶不明の場合は、役所における外国人登録済原票の写本交付を受け、その記録通り記入してもよい。

一般永住申請

一、申請該当者
(1)戦前に日本国に居住し、戦後一時的に帰国して平和条約発効日(一九五二年四月二十八日)以前に日本国に再入国した者と、平和条約発効日まで日本国に入国した者(在留資格が特在「四-一-十六-三」になっている者)
(2)(1)の直系卑属で、平和条約発効日前に日本国で出生した者

二、申請場所
法務省、各地方の出入国事務所

三、具備書類
(1)申請書 (2)質問書 (3)経歴証明書 (4)外国人登録済証明書 (5)財産証明書 (6)納税証明書(非課税証明書) (7)健康診断書 (8)身元保証書 (9)国籍証明書(大使館または管轄領事館所定様式)
※申請書は二通、その他は一通

駐日大韓民国大使館
駐日大韓民国各級領事館

68年度政府予算 2,214億ウォンに確定

財政投融資に九三〇億

輸送・港湾等社会間接資本に重点

国防費は歳出の二七・二%

本国政府は、一か月前から六十八年度予算編成作業をとり組んできたが、このほど新年度予算の政府最終案がまとまり、九月三日から始まる定期国会に提出することに決めた。六十八年度予算折衝は、例年にない難航をかさね、八月三十一日開かれた政府、与党の連席会議でようやく二千二百十四億ウォンで妥協、最終案がまとまった。新年度政府予算案の特徴は、財政投資に重点をおいた「大型均衡予算」といえる。大型というのは、韓国政府樹立以後、政府予算案として初めて「二千億ウォン」台を突破したからである。二年前の六十五年国家予算が九百四十六億ウォンであった。それから二年後の予算が二倍以上の二千億台にふくれあがったことは、韓国財政の拡大、ひいては国民経済の発展を端的に物語っている。国内経済専門家は、「このテンポで予算規模が膨張すれば、十年後のわが国予算は一兆億を突破するだろう」と予想している。

当初、来年度予算の総要求額が、二千億ウォン台にのしあがった時、一部では歳入財源の不足を指摘、公債発行論まで飛び出したが、結局、税制改正、公共料金引き上げなどの政策で財源不足分を補なうことにし、均衡予算によって生ずる赤字を遠慮抑に組み入れ、財政の伸縮性をもたらせようというねらいで編成された。このような政府意図によって成案された新年度予算案の財政自立度は、今年の七九・四%から八三・五%に上昇、国家予算のうち外国援助の依存度は、十六・五%と低下している。以上のような特徴と政府の政策意図を反映している六十八年度国家予算案の中から今後の国家政策の方向をさぐってみる一方、予算案を細部にわたって解剖してみた。

来年度国家予算のうち、目立つ二百七十一億ウォンから来年度は……

＜68年度政府予算案＞

（単位億ウォン）

【歳入】

	68年度	67年度	△減
租税	1,594	1,071	523
（内国税）	(1,280)	(887)	(509)
（関税）	(314)	(184)	(130)
専売収益	146	90	56
雑収益	100	91	9
預託金および利子	60	37	23
財政借款	50	60	△10
一般歳入	1,950	1,349	601
対充資金	221	271	△50
派越経費	41	28	13
総計	2,214	1,648	564

【歳出】

	68年度	67年度	減△
給与	344	250	94
地方交付金	310	225	85
憲法機関	24	26	△2
一般経費	585	291	94
国防費	603	480	123
投融資	540	371	169
協定諸費	6	5	1
総計	2,214	1,648	564

＜68年度財政投融資額＞

（単位＝百万ウォン）

	1968 予算案	△減
農林業	18,151.7	8,042.5
水産業	5,349.6	379.7
鉱業	1,720.6	487.2
製造業	10,243.0	1,357.5
住宅	1,000.0	500.0
土木および建設業	2,223.1	1,368.3
電力	4,808.5	2,594.5
上下水道	505.1	761.6
通信	10,409.3	2,355.2
交通	25,326.1	6,617.4
保健	956.0	309.1
教育	7,736.4	1,720.8
科学技術振興	4,820.3	2,257.4
その他	1,809.7	852.1
合計	93,059.4	25,325.5

歳入構造の変遷

財政投融資の方向

一般経費

経済動向と予算政策

本国夏季講習会に参加して

東京韓国学校教師　呉 久子

この講習会に参加する事によって日頃抱いていた〝民族教育とは何ぞや〟という問いへの接近を試みようとしました。〝民族教育〟の本質が民族精神の発展的継承にあることからして、まずその実践の第一歩を国語教育に求めるのはごく当り前のことでしょう。国語こそが民族の感情と民族の意志を伝える唯一、最高の手段であるからです。それ故、私も生徒と同様に国語の勉強を始めました。しかし私自身、何秒か、これが民族教育のすべてではないように思われて仕方がなかったのです。勿論、国語と歴史教育は民族教育の本質であり、その出発点には違いないのです。問題のすべてはまさに、ここから始めなければならないのです。しかし、日本における民族教育という特殊事情からして、ここに何か鍵がひそんでいはしないのではないでしょうか。

ソウルの中央大学附属国民学校を見学した時のことでした。教室に入るや、その雰囲気の圧倒されました。韓国のにおいがプンプンするのです。教室の隅から、天井から、何気なくほんとに……

（写真はソウルでの講習教師一行）

京之線で列車転覆
北韓スパイの仕業

金昌善氏遂に生還す
満十五日七時間余後に

平壌市で大洪水
北傀の悪政、治水対策を放置

マグロ漁業を主体に
71年度までに一億八千万ドル見込む
遠洋漁業五ヵ年計画まとまる

国際通貨基金の発言権強化

体育会の態勢整う

本国国体への準備は万全

役員と顧問の名単発表

韓國新聞

韓国新聞社
発行人　李裕天
編集人　金農銖
東京都文京区春日町
2丁目20—13
電話 (813) 2261～5 編集
(812) 0673 業務
定価　1ヵ月100円
振替口座東京 34988番

綱領

一、われわれは大韓民国の国是を遵守する
一、われわれは在留同胞の権益擁護を期する
一、われわれは在留同胞の民生安定を期する
一、われわれは在留同胞の文化向上を期する
一、われわれは世界平和と国際親善を期する

北韓の赤裸な真相を発表

二班に分かれ日本各地で盛大に本国時局講演会

朝総連は同胞を欺瞞

生地獄に送りこんでいる

写真①は神奈川の会場②は大動員をかけた千葉本部の会場

既報の「本国時局講演会」が九月一日から全国的に開始されている。A、B二班に分れた同講演会は関東地区を中心とするA班が二日、千葉県を皮切りに東京、宮川、横浜、川崎の各地を講演、関西以西を担当するB班は一日の大分、三日の熊本、四日の長崎、五日の福岡と順次北上して日本各地に住む同胞に赤裸々な北韓の実情を暴露、朝総連のいういわゆる「地上の楽園」なるものが、その実、この世の生地獄であるということを演士の体験談として語り、聴衆に強い感銘を与えている。

演士の講演内容を要約するとつぎのとおり。

講演内容

私は二十四才の時、北韓に入り十三年間共産社会で生活をしました。そして韓国に派遣されるスパイとして一年間の密封教育を受けたのち、南へ潜入しましたが何故私が自首し、自由の地を選んだかについてお話しします。それには次のような理由からです。

まず、一九五二年の朴憲永一派の粛清の後、南韓出身者に対する虐待がひどくなり、私のようなものをスパイとして南派するようになったことであります。次に、北韓の食糧事情についてその実情を述べますと、ひとことでいって一般の労働者は等しく空腹をかかえているといえましょう。食糧はすべてが配給制度で、トオモロコシなどの雑穀が半分以上も混ぜられており、結婚式などでも配給を受けるわけですが、米十㌔、豚肉三㌔ではお客の接待も満足にできないのが実情です。ここでついでに向うの物価について言及してみますと、労働者の賃金が一カ月最高が四十九円なのに豚肉が一㌔八円五十銭、牛肉が一㌔九円五十銭、

演士　韓弘錫氏

演士　李永明氏

会場を乱す朝総連系（日比谷公会堂で）

中央副団長に金坪珍氏

九月一日　中央本部人事異動発令

金坪珍副団長

副団長　金坪珍
事務総長署理　鄭炯和（兼）
総務局長　呉敬福
組織局長　崔学阜
文教局長　呉世経
常任顧問　丁賛鎮、呉宇泳、李寿成、梁相基
顧問　李禧元、……九、……
（依嘱）
金天奎（事務総長）……務局長）……

体質改善と指導性確立のため　鄭炯和副団長抱負を語る

日比谷公会堂に2000人

—聴衆の動員状況—

全国で十数万人を予定

朝鮮大学の認可に断固反対

民族教育の名のもとに

“韓・日の赤化を企らむ”

関係筋へ阻止の抗議陳情書

陳情書

抗議文

李裕天中央団長に洪公報部長官が書簡

これが集団農場だ！

脱出した二人が語る 北韓の強制労働収容所

集団農場とは

義務労力制就職

衣・食・住

反動者の烙印

労働力のないものは山奥に流配される

北傀軍大尉がまた脱出

"南韓は光明の世界" 帰順した朴大尉らが語る

北傀すでにベトナムに派兵

日本人のわが文化財密輸出 主犯は池田鉄二

大国土建設の綜合計画をみる

近代福祉国家つくり 超党派で強力に推進

計画目標

道路・鉄道建設

港湾と海運

水資源開発

都市・産業地開発

南北統一が前提

造船技術の凱歌

六千トン級"江山号"進水

〈請求権資金で建造〉

韓日閣僚会議のあと中央本部礼訪李団長と話し合う崔外務部長官◎

重要日誌

8月21日〜31日

政治

社会

経済

母国で価値ある生活

本国夏季学校生らの感懐

母国を見て、祖国を学んだ本国の夏季学校の在日同胞学生四百四十六名が、二十余日間の課程をおえてさる八月十六日その修了式が行なわれた。

わが国の子弟でありながら、言葉も通じなかった学生らが、この期間中に何を見、何を学んだであろうか――。以下、これら学生らの目に映った祖国の姿をうかがってみよう。

△司会＝まず、祖国に対するファスト・インプレションはどうでしたか。

△李徹＝私は、日本から祖国をたびたび往来していた父から「韓国も日本と別に変った所がない」と言うことを聞いていましたが、釜山から汽車でソウルに行く間、山に木が無いことに気づきました。

△趙＝思っていたよりも貧富の差が激しいようです。発展途上にある国としてはやむをえないことかも知れませんが、一日も早く安定した祖国を見たいものです。希望としては田舎の見学をもっとしたい。

△趙＝私は日本においてもキムチを食べてみたけれども、祖国のキムチはもっとおいしいようです。しかし辛いのでぞっとします。勉強よりも田舎のような所の見学をもっとしたい。

わが国の女性たちはどうして物を頭上に乗せて歩くのでしょうか。

▽司会＝国立墓地をはじめ、古宮も見学したし、週末には各家庭に招待され、祖国を直接体験したと思われるが、特に感じた点は……

丸正事件に曙光

高裁で事実再審理へ

本紙既報の「丸正事件」にかかわる正木ひろし、鈴木忠五両弁護士の裁判が、九月六日午後一時から、東京高裁刑事第三刑法廷で開かれ、次回は十月二十五日午前十時再開となったが、裁判の展開は前途に大きな曙光がさしてきた。

丸正事件により、同胞の李得賢さん（五五）は無実の殺人犯人として無期懲役を受け、目下、仙台刑務所で十三年間も服役されているが、裁判の過程において、これを弁護士の良心から無報酬で正木ひろし、鈴木忠五の両氏が乗り出し、その無実を証明する反証をあげて真犯人を指摘し、これが最高裁でとりあげられなかったところから、両氏は「告発」という著書を発表した。

これにより、両氏は弁護士の領域を逸脱したとの理由から、禁固三ヵ月、執行猶予一年という判を受けて控訴となり、九月六日にその第三回公判が開かれたのである。

傍聴席には、本国の「在日僑胞李得賢事件後援会」から派遣された白鉄（中央大学教授・国際ペンクラブ韓国本部委員長・李得賢事件後援会副会長）関内意弁護士、安弁護士の三氏のほか、同じく日本側から作家の伊藤整氏ら、報道関係、民団、婦人会からも多数が詰めかけた。

裁判の結果は、正木氏が真犯人……

故徐相漢氏の追悼式

生前の愛国志士をしのぶ

その生涯をわが民族の独立運動に捧げた故徐相漢（67）氏の追悼式（実行委員長李裕天中央本部団長）が九月九日午後一時から東京神田美土代町、韓国YMCAでしめやかに行われた。

民団では故徐先生の高貴な精神を偲びこの日式場には、先生の遺家族、李裕天中央団長、金光男中央議長、金仁洙監察委員長はじめ生前の遺徳を慕って大勢の人々が参列した。

故先生はさる八月二十九日、昭島市拝島二二三〇番地の自宅で、六十七才の生涯を閉じ……

追悼会に参列した同胞ら（YMCAで）

横浜商銀新築落成

九月七日落成祝賀会

工事二億円の鉄筋ビル

神奈川県の民族金融機関として発足以来、年々その実績をあげ、県下同胞の企業育成に大きな役割となってきた横浜商銀信用組合……

張基栄国務副総理から在日同胞に感謝の手紙

このたび、東京で開催された第一次韓日閣僚会議で、本国代表をはじめ在日同胞が盛大に代表団一行を迎え最後まで声援してくれた祖国愛に深く敬意を表するものであります。

特に同胞の皆さんが心をこめたパーティーに参席できなかったのは誠に残念でした。同胞の皆さんが祖国の発展に多くの寄与をされているその苦衷と隘路を充分に理解しており、可能な限り協力をすることを確約いたします。

更に、先の韓日会議のときに地方から上京して、わが代表団を歓迎声援してくれた皆さん一人一人に感謝の意を表そうと思いましたが、その機会がなく帰国いたしました。

ここに深く感謝を表し、韓国新聞を通して在日同胞の皆さんに感謝の意を表する次第であります。

一九六七年八月二十日

国務副総理兼経済企画院長官　張基栄

釜山市高校生が来日

韓日親善使節として

関東大震災の追悼式

公報館で犠牲者のめい福祈る

水害、火災救援金ぞくぞく

大阪本部に善意山積み

約二億円以上の被害

新潟水害で同胞罹災

「入超日本文化」
これでよいのか
低質書籍から宗教まで

日本文化……三十六年の間にわたり、私達を支配しており、今もなお潜在的　心を持っている日本文化が、わが国の日常生活にどこまで、どの位い影響しているのだろうか。

二年前に政治的な国交が確立され、今また政府は韓日文化交流のための方案を検討していると言われる。過去はともかく、韓日両国の文化交流は今や避けられない状態にある。

しかし、全面的に日本文化を受け入れることが出来ない私達の心理的な影響と、友好促進の板ばさみのなかで、日本文化の侵透に対……

……会的安定性は「現実の意識」を希求する様になってきたばかりでなく六十年代に至り、日本文化に対する私達の態度にも二つの相反する様相が見られる様になった。

一つは日本的な郷愁と好奇心、他のもう一つは日本的残滓を除去しようとする二つの流れである。

この二つの潮流は、韓日国交が再開された今日、大衆文化の向日性と学術文化の排日性とによって出版、図書文化にも反映されている。

近来とみに台頭してきた韓国学界の優先的な課題は、わが国へ新しい文化を導入したという日本式植民地的史観を排除して民族主体の史観を確立することであり、したがって史学、政治、経済および文化史に関する諸著作は、これまでに横行していた日本の著作に対して反論を提起する様になった。

この分野の努力に属する著者は日本の書籍が持つ魅力を充分に活用しながらも鋭敏な観察と批判と見解を見せているのが特に注目される。

しかし、アカデミーのこの様な正当性の受容態勢は、ほんの少数の学者に限定されている。

反面、先進日本の出版物は、むしろ、より広範にして潜在的に侵透している。

日本で少し名の売れた大衆作家の作品は直ちに翻訳されてベストセラーとなっているが、その殆んどが悪書であることは否定できない。

この様な日本大衆作家の一部の人たちが書いた書籍が悪書にも拘らず専門的な書店から文芸、家庭娯楽書籍に至るまでプレミア付の販売合戦が行なわれている。

昨年中の一年間だけでもわが国の日書輸入は一億九千万円に昇り　わが国の書籍総販売額の三割を占めている。

韓国文教部が指定した昨年度の外書輸入推薦書の内、78％にあたる三十五万冊が日本から輸入され……

……た韓日間の貿易格差は何と十一対一の割合には遠く

輸入書の内訳は学術専門誌が過半数を占め、そのうち、自然科学と経営関係の本が大部分である。

この様な世界共通の学術書は論外であるが、問題は社会性の退化を醸成する大衆文化誌である。

現在、わが国の雑誌は編集、製本術からその内容まで日本のものを模倣しており、日本誌を通じ伝達される日誌の依存度は年と共に増加する現実である。

わが国での日誌の普及度の増加については、日本が販売市場としての韓国進出を積極的に刺激する……

……とは言っても旧時代の郷愁感と新世代の好奇心が醸し出す無謀な向日性に対し、正常な理解と関心を向ける様、政府および各種文化機関、国民自から努力せねばならない課題である反面、国内出版界の育成についても急速にして効果的な措置が考慮されなければならない。

演芸

韓日文化交流のなかで最大な論議の対象となり、国民の一番大きい関心を集めているのがこの演芸部門の交流である。

劇映画の上映、レコード、歌手の国内公演などは、国民に与える影響が直接なものだけに多くの複雑な問題を内含しながら今日に至っている。

映画の場合を見ると、韓日両国の交流によって、国内外製作映画のなかに日本色が目立っており、特に、最近では、日本での映画製作許可、日本原作家の作品の映画化、技術提携、文化映画の輸入とますます多角化してきた。

最近に問題となり話題したのが「幸福なる孤独」続いて「憑物を離れた女」であったが、税関は市中で上映される様になった。

このような事態の過程のなかで日本人俳優の出演と日本色の濃厚な「カイン江の橋」をはじめ「八月十五夜の茶屋」「海兵東京へ行く」「黒船」「情限の蝶々夫人」などが市中上映を見た。

今年に入っては、既に日本映画とも言える日仏合作映画「忘れじの慕情」が上映される様になった。

そのうえ「少年猿飛佐助」がわが国映画第一号として上映されたのは巧妙な日本映画の韓国進出であった。

韓日間の文化交流に先立って、国内業者が日本を利用しようとす……

家庭

韓国最古の判決文
東学乱に関する貴重資料

韓国東学革命の全琫準先生の死刑宣告を含む、近代裁判制度が採用されたわが国最古と思われる判決文がさる八月二日、大検察庁の倉庫から発見され、いま貴重な資料として史学界と法曹界との間で大きな関心を寄せている。

この判決文は国史編纂会の張貴によると、参考文献を探しているうちに見つかったもので、李朝時代の判決文、十二巻の中一巻に李朝開国五〇四年度（一八九五年）の判決文原簿に収録されていたものである。

全琫準先生に関する判決文は、三十七号の判決文に記録されているが、その内容は罫紙に墨で書かれ、東学乱の経緯などを途次簡明にしたあと、「死刑に処する」と書かれてある。

この判決文の用紙は朱色のインクで印刷されており、判決文は、ハングル」も混っている。

李朝開国五百四年の判決宣告書原本綴には、合計四十一件百五名のなかに全琫準先生の同志、孫化中、参謀チエヨンチャン氏などの判決文も記載されている。

東学乱関係者の判決文の最後には、当時の日本国の領事「内田定槌」の署名の入っているのが注目すべき事柄として関心を呼んでいる。

韓国の学界では、この判決文の年代を参考に甲午政争以後、はじめて近代化された法院の最初の裁判の記録であるだけに、資料としての価値が大きいと見ており、甲午政争以後、権力による裁判に移行していった当時の研究資料に役立つものと思われる。

△東学乱事件判決文（第三十七号）全文

開国五百四年四月一日、法務衙門権設裁判所宣告

全羅道、泰仁山外面東谷居、農業民、被告全琫準、年四十

右記者は全琫準に対して刑事被告事件について審問した結果、被告は東学党と称する匪徒の巨魁として親主と呼び、開国五〇一年正月に全羅道古阜郡守趙秉甲が最初に着任してから虐政を行い、該地方人民等の挨留に納えられず、翌年の十一月に郡守に対し、其の苛政を弛緩することを出来ないのみか、むしろ捕えられ投獄され、その後も数次に亘って韓願して来たが、郡守はこれを取りあげぬばかりか、案奏も効果がない故に、人民が非常に激憤して数千名が集会し将に挙事しようとしたとき、被告もたまたまこの寄り合に参加し、謀主となり昨年（判決のあった前年）三月上旬に衆人を督率して古阜外村倉庫に侵入し、銭穀を奪い多くの人民にこれを配給する一方、更に一～二個所に作しした後に、一度衆人を解散したけれども、其の後按覈使長興府使李容泰が古阜に入り、最初に作出したものである。

東学党の作為として、東学を修道する者を捕え、殺戮を行なうた……

はなやかに浮く快速艇
一万女子大生の壮挙

梨花号進水

燦然たる伝統芸術と
農楽
今日における位置

「小さな星」の日本公演

韓国カトリック児童芸術団

体育視察団が帰国
体育教育の現況を研究して

「通信教育による国語普及」

文教局で積極推奨

尋ね人

サッカー大会開かる
在日高校の定期対抗

銀座松屋六階に
韓国民芸品店誕生!!

本国論調

税制改革案の発表を見て

海外科学者たちの帰国

朝鮮大学の認可に断固反対

韓國新聞

韓国新聞社
発行人　李裕天
編集人　金東晩
東京都文京区春日町
2丁目20－13
電話(813) 2261～5編集
(812) 0673業務
定価　1ヵ月100円
振替口座東京 34988番

綱　領

一、われわれは大韓民国の国是を遵守する
一、われわれは在留同胞の権益擁護を期する
一、われわれは在留同胞の民生安定を期する
一、われわれは在留同胞の文化向上を期する
一、われわれは世界平和と国際親善を期する

朝大認可阻止中央大会に全団員が参加しよう！

朝鮮大学認可阻止
中央民衆大会召集！！

日　時　十月十三日午前十一時
場　所　日比谷野外音楽堂

朝大認可阻止闘争委員会

各地で反対抗議集会
大阪で六千、山口二千を動員

朝鮮大学の認可をはばんで民団中央は、美濃部東京都知事に抗議する一方、日本自民党等日本の各界に陳情を続け、各地方傘下組織に抗議集会を開くよう指示して韓国ならびに日本の赤化を企らむ北韓傀儡の策動の拠点朝鮮大学の認可を阻止するのに満を持しているが、すでに九月十日の山口地方本部の反対抗議大会（二〇〇〇人参加）を皮切り、十八日の大阪大会（延六〇〇〇人参加）、十九日の北海道大会（七〇〇人参加）と全国的な認可阻止のたかまりをみせている。

東京を中心とする中央抗議大会は、日本側監督官庁の東京都ならびに私学審議会の動きとにらみ合せて十月十三日日比谷野外音楽堂で決行することになった。

写真は自民党長老（上・加藤、下・岡崎代議士）に陳情する李団長

朝鮮大学の実態

くりかえされる北韓の蛮行
激化する破壊工作
南侵のスパイ、鉄道を爆破

時局講演会大好評
朝総連の卑劣な妨害にもかかわらず大成功
全国的に大動員

仙台山形での時局講演会

直選中央委員選出さる

プロフィール

朴大統領の信任あつい
日本の高文パスした学者大使
新任の韓国駐日大使　厳敏永氏

厳大使

海外公館長大幅移動

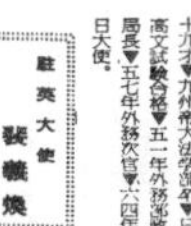

李団長、本国要路に建議

二世教育の恒久策

国会オブザーバー派遣で朗報

団長帰任談

九月十四日から二十二日まで当面する民団の重要諸問題について本国政府要路に建議するため本国を訪問していた李裕天中央団長は、その間、寸暇を惜んで関係当局とひざ詰め談判し、強力かつ恒久的な在日二世教育策の樹立、本国国会オブザーバーの派遣、本国家族招請事業の早期実施などで見通しの明るい結論を得て帰任した。

李団長の帰任談要旨

❶二世に対する民族教育の恒久策について文教部長官、金同次官、李高等教育局長に、さきに民団が本国政府に建議した事項を再度、強く要請した。これに対して文長官は政府支援で二百万ドルを支出して在日二世教育を強化すること……

本国要路と会談する李団長（右）

財政自立度88.2%

68年度予算―― 2211億ウォンを分析

新しい社会秩序を志向

「新予算案の基本政策」を語る

張基栄副総理兼企画院長官

▽▽▽ 生産性と倫理性

▽▽▽ 企業家を支える

▽▽▽ 国民福祉の原則

▽▽▽ 安定成長の方向

綜合製鉄工場を新設

本国論調

「朝鮮大学」認可の動き

（東亜日報）

九峰鉱山における楊氏救出の教訓

（ソウル新聞）

本国家族いよいよ来日

十月中旬に第一陣

民団の努力実をむすぶ

前執行部からの継続事業として推進してきた民団創立二十周年記念の一環事業である本国家族の招請は、その後、本国政府当局の積極的な後援と日本入管当局の好意的協力によって当初の予定よりは多少遅延はみたものの、いよいよきたる十月中旬、招請家族の第一陣が来日することに決定した。

この招請事業は新執行部の誕生とともに事業推進の具体策が打ちだされ、本国政府ならびに日本関係当局に協力を要請する一方、手続事務の迅速化をはかってソウルに事務所を開設して本格的にこの事業と取り組んだ。

そして、李裕天団長みずからが本国を数次にわたって往復し、この事業の早期完遂に力を注ぎ、また直接担当局の民生局長も李団長と同行して、事務手続等の指導にあたって団員らの待ち望む本国家族の招請を早めるのに全力を尽した。

なお、本国の被招請家族八百三十七人のうち身元照会の終えた者七百九十一人で残りも近く完了する予定である。

第146回近畿地協開かる

(9月14日滋賀本部で)朝大認可阻止など協議

朝鮮奨学会対策実行委員決まる

中央本部は、九月十一日第一回朝鮮奨学会対策実行委員会を開催あらたに同実行委員会を選出した。選出された実行委員の名単はつぎのとおり。

李禧元、李全竜、金東俊、金東春、朴玄、宋鶴用、朴一哲、呉敬福、朴炳憲、鄭東淳、崔学阜、李現坤、金在淑、金文培、辺安石、鄭炯和、呉文植、呉世経、鄭順相

井手成三（朝鮮奨学会）理事　有罪判決

朝鮮奨学会の現理事井手成三氏が四年前の衆議院選で公選法違反で問われていたが、去る九月八日、福井地裁で有罪判決を言渡された。同氏は、はやくから朝鮮奨学会の理事に就任してきた。だが現在係争中の朝鮮奨学会の不正事件に関しても、公文書偽造当時の理事をつとめており民団としては名誉職である奨学会理事に同氏の如き不純分子は退陣すべきであると関係当局に強く要請した。

今年度、奨学生選抜はじまる

在日韓国人教育後援会

中央文教局（局長呉世経）では九月十四日付公文で、全国各地方本部に今年度、在日韓国人教育後援会の奨学生選抜の面接を開始するように指示し、関西地方は、二十一日、呉文教局長立会いのもとで面接を終え、翌二十三日は駐日公報館で関東地方の応募者面接を実施した。

面接の結果は追って本紙を通じて発表すると同時に奨学金の支給がなされる。

孫一氏横浜支部団長に当選

民団横浜支部では九月十七日、横浜商銀会議室で第二〇回臨時大会を召集、当面する諸問題を討議したあと役員を改選した。投票の結果、孫一前神奈川本部副議長を選出した。

“国軍の日”参観団　二百余人30日に出発

第十九回国軍の日に本国政府から招請を受けた民団参観団一百余人がきたる九月三十日、東京、大阪、福岡の三地区からそれぞれ本国に向け出発する。

同参観団のスケジュールは、十月一日、ソウルでの記念式典に参加したあと三日間にわたって各地を見学することになっている。

「小さな星」日本公演盛況

韓国カトリック児童合唱団

四歳から十五歳の少年少女で構成する韓国カトリック児童芸術団“リトル・スタア”の日本公演は、日本のカトリック青年労働者連盟の主催でひらかれ、好評を博している。

日本公演日程はつぎのとおり。

9／21 東京（文京公会堂）
〃／22 〃 〃
〃／23 〃（都市センターホール）
〃／24 〃 〃
〃／27 名古屋
〃／30 神戸（神戸海員会館）
10／2〜4 大阪（四天王寺会館）
〃／6 広島（見真講堂）
〃／8 下関（下関市民会館）
〃／9 北九州（八幡市民会館）
〃／10 〃（戸畑文化ホール）
〃／12 佐世保（市民会館）
〃／14 長崎（国際文化会館）
〃／15 〃（三菱会館）

新潟、山形の罹災同胞へ

―民団京都、福岡地方本部―

夏季学校に参加して

李令子

七月二十四日、先生や父兄に見送られて本国夏季学校に入校するため、私は東京駅から下関行の汽車に乗りました。

初めての母国訪問ということで私の心は嬉しさと、不安と、そして好奇心で一杯でした。

私が夏季学校に参加した第一の目的は国語をマスターすることだったのです。私は生来、母国語を知りたかったし、地理、歴史を私自身の肌で感じて知りたかったのです。

母国に来てよかった!

共産北韓の暗黒と非人道さがまざまざ

美しい空、大理石の校舎

サッカー　メキシコオリンピックをめざして

韓国選手団二十八人来日

二十七日から始るサッカーのメキシコ、オリンピック、アジア地域第一組予選に出場する“韓国選手団二十八人”（団長朴述喜氏役人八人、選手二〇人）が、去る二十四日午前二時十分、日本航空機便で羽田に到着した。選手団は空港で、李裕天民団中央団長ら民団関係者の出迎を受け、宿舎の赤坂プリンス・ホテルにつき、旅装をといた。

今度のサッカーのオリンピックアジア地域第一組予選リーグは、二十七日から十月十日までの間に東京国立競技場で行なわれ、参加チームは韓国を始め、開催国の日本、国府、フィリピン、南ベトナム、レバノンの六か国。競技は、この六か国の一回総当りリーグ戦で行なわれる。

［試合日程］

日時　相手　試合開始時刻
二十八日　中国（午後七時半）

七十年来の水不足に悩む母国

全南一帯の干ばつ深刻

離農・絶糧農家が続出

九峰鉱山事件の決算

楊氏ら生き埋めはこうして起こった

地下十五日目に「ひもじい」

終始不安な生活

生命は金で買えない

一鉱夫の生命

体育の秋

本国国体へ在日選手団

百四十人参加　体育会、準備すすむ

見事なフォームで鍛錬の美をみせる本国学生

発展する韓国を激賞

仏「ピカロ紙」

2日間にわたり韓国特集

リーダーズダイジェスト誌

韓国と朴大統領を絶賛

十月号の一読をすすめる

暗黒と偽瞞の国 北韓　これが真相だ

北送された朝総連支部長の運命

張大衡

いま〝本国時局講演会〟で北韓傀儡治下の暗黒相が赤裸々に暴露されているが、この一文は、北送された朝総連幹部がたどった皮肉にも哀れな物語りで、実際に北韓でその事実を見聞した筆者が対話の形式でアレンジしたもの。

ソウル大の入試制度変る

銀座松屋六階に韓国民芸品店誕生！

韓國新聞

韓国新聞社
発行人 李裕天
東京都文京区春日町2丁目20-13
電話(813) 2261~3番
定価 1ヵ月100円
振替口座東京 54988番

本国時局講演会総括

全国42ヵ所で十余万人を動員

朝総連の虚偽宣伝に痛打

北韓傀儡のスパイとして韓国に侵入し、その後韓国の実情をまのあたりにしてみずから自首した元北韓傀儡の要人四人で構成される"本国時局講演会"は、鉄のカーテンの向側の赤裸々な北韓の暗黒相を暴露して全在日同胞に大きなセンセーションを巻き起し、特に北韓を"地上楽園"と偽って無知な同胞を北送している朝総連に致命的な打撃を与えた。九月一日から十月四日まで北は北海道から南は九州の果てまで全国四十余ヵ所で開催されたこの講演会には民団団員は勿論、朝総連、中立系の同胞までをも含めて延べ十数万人が動員され、朝総連二十年の虚偽宣伝を一夜にして覆えす大成果を収めた。朝総連は、この講演会で北韓の実情があばかれるのを恐れ、各地の講演会場に工作員を送り込み講演を妨害して必死のアガキを示したが、真相を知ろうとする大衆の圧力に押されて逆に彼らがつまみだされる羽目が随所で見受けられた。演士の李水明、韓弘錫、金南植、崔光石の四氏は来日以来、ギッシリつまった日程を息つくひまもなく連日、強行軍で各地の講演会場を飛び廻って北韓の真相を伝えたが民団中央では、その労を謝して感謝状と記念品を贈呈した。

【写真下は各地の講演会風景】

演士、韓弘錫氏

十月五日、講演会の最終日を飾って都内・丸の内日本クラブで日本の各界人士を集めて李水明、金南植両氏が講演したが、以下は、その要旨。

講演要旨

北韓傀儡の頭目、金日成なる者はその昔、満州において匪賊、馬賊の集団で結成された抗日連合軍第四軍団第六師団の団長であったが解放後、北に入るや満州時代の自分の子分共でまわりを固め、それ以外の者は片端から除去し、そして六・二六動乱以後は南労党の朴憲永をアメリカのスパイであるとして殺した。朴憲永は南鮮出身者をこれ以上追害しないという密約を金日成からとりつけ、そのための身代りとして処刑台に立ったのである。だが、金日成は南鮮出身者を六ヵ月間、自宅から出さず"自叙伝"なるものを書かせた。この自叙伝は自分の生いたち、行動経過などを叙述するものだが、これを何回もくり返して書かせ、その中で間違った点が見出されるとこれを取りあげて徹底的に締めるのである。このようにして殆んどの南韓出身者が粛清された。

そして、金日成は自分の体制を強化するため傀儡政権を自分の血縁と子分達で固める一方、秘密団を設けて集団指導制をとるようにみせかけながら独裁制を一層強めたのである。そして、傀儡政権の中枢ともいえる中央政治常任委員に自分の直系の子分をあて完全な金日成独裁体制を確立したのである。その結果、金日成の言葉は、法律と化した。その一例をあげると「北韓ではトウモロコシが単位面積としては最多収作物である」と金日成が一言いうと、今までジャガイモの適産地であった地方にトウモロコシが植えられ、農業生産に失敗をきたした。このような例は枚挙にいとまがない。

ついで北の制度について述べると、自由社会でいうところの価値法則は全然適用しないということである。例えば、ナイロンの靴下一足の値段が三円から一夜にして八円にハネ上がる。これは大衆の購買力を抑えて軽工業を重工業あるいは戦略工業に切り換えるため傀儡集団が勝手気ままにやることで資本主義社会では想像もつかないことなのである。

そして、北韓では労働党の幹部の子弟は高校を終えると殆んどが外国へ留学させられ馬鹿でも無能でも幹部に加えられる仕組みになっている。

このような北傀を指して毛沢東ですらこれを共産主義とはいわず、金日成主義といっているのである。

「個人」は存在しない
インテリ戦術で南侵
階級で食事まで差別

北傀が韓国に浸透させるスパイ工作の一つに"インテリゲンチャ戦術"というのがあるが、このインテリゲンチャ戦術は、インテリーとはブルジョアジーとプロレタリアの間をさ迷う階層で、絶えず甘い考えを持っているからこれを最大限に利用することで、韓国を転覆させるには、まず経済的破綻をもたらし、そのための手段として政治破壊を企む。その手はじめとして韓国政府に最も反抗するインテリーを養成する。そしてかれらの養成のあとはインテリーは革命の中心勢力ではないから犠牲の大きい斗争では、これを先頭に立たせるというのがこのインテリゲンチャ戦術なるものである。

また、北の"集団主義"なるものは、年後十歳を過ぎると如何なる者でも個人は存在しないということである。男でも女でもそれぞれ各種の団体に加盟し、家庭は集団から出発して営まれることになり、そのため家庭でも秘密があって夫婦間のトラブルでも夫は党で、妻は女性同盟で解決する仕組みになっている。

つぎに北での不平等について述べると、厳しい供給制度があって食事もそのみなりで見分けがつくようになっており、同じ部屋で食事をしても、その階級によって米飯であったり、雑穀であったりする。

南北の統一問題は、解放後二十二年間それも相反する制度、思想のもとで逆な方向を歩んできたため、言語は勿論のこと美の概念ですら異ってきている。だから折衷ということは無理で、食うか食われるか以外に統一の方法はないと考える。

日本全国にひろがる朝大阻止の抗議集会

愛知四千、京都で三千人を動員

韓国政府の転覆と在日韓国人の赤化を狙う要員訓練所"朝鮮大学校"の認可に反対する民団傘下組織の抗議集会は、その後、全国的に波及し、愛知県の名古屋、岡崎、一ノ宮(25日~27日)の三ヵ所で四千人、京都(24日)三千、北海道(10日)五百、和歌山(22日)五百、石川(30日)六百、三重(28日)四百と日増しに認可阻止運動のたかまりをみせている。

中央本部は、関東近県を中心とする中央抗議大会をきたる十三日都内・日比谷野外音楽堂で決行することをきめ、抗議大会のあと都内を示威行進する一方、参加代表は日本関係当局に陳情、抗議する方針で準備を進めている。なお、十三日の抗議大会は雨天でも決行する。

朴大統領、五十回目の誕生日

最初の有料道路開通
その名は「漢江辺一号線」

人事発令

張副総理兼経企院長解任
後任に朴忠勲商工部長官

転換する住宅政策
スラム街に高層アパート群

2周年を迎えたベトナム派遣国軍
百戦百勝の大戦果
対民援助にも全力

主な作戦日誌

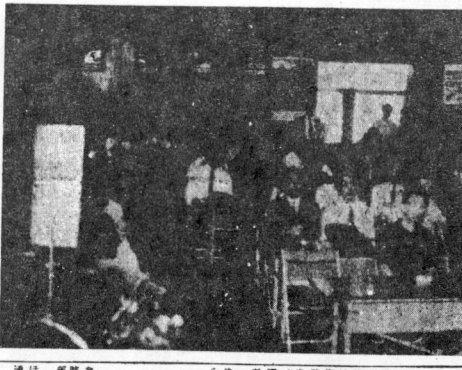

建軍十九周年

十月一日は国軍の日

世界列強国と競う最強国軍

戦功に輝くベトナム派遣軍

新武器で北傀に対応

ご苦労さま、金大使

韓日外交に成果残し

九月二十五日 二百人参加、盛大な歓送会

参会者に別れの握手を求める金大使（右から四人目）

金大使の在任中の労をねぎらう李団長（右端）

金大使に記念品を贈る李団長

北韓の内部変化要因に対する考察

―世代論と政治・経済的条件の問題―その1

朴　東　雲

金日成は一九四六年北韓青年達の動向について言及して「一部学生達がモスクワ三相会議の決定に不満をいだき、北朝鮮臨時人民委員会の政治路線に反対し、土地改革を反対する反動的な行動に参加した事実がある」と告白した。彼のこのような傲慢は、思うに創始期の共産傀儡政権にとっては最も衝撃的で一九四五年十一月の新義州学生反共義挙と咸興市での反共示威にあらわれたような北韓青年達の抵抗運動は、ソ軍及び傀儡保安隊の血なまぐさい弾圧にも拘らず一九四六年に行なった土地改革当時にも継続して抵抗があったことを自認するものである。

それで共産主義者共は次のような口実を鍛造したのである。即ち「日本帝国主義の植民地統治と青年達に対する奴隷教育の結果、青年達の脳裡には未だ日本帝国主義の残滓が多く残っている。それで青年達の心に残っている反民主々義思想の残滓を清算して彼らを民主々義思想で再教育することは、民青の最も重要な事業でなければならない」と。

青年学生達の反共的傾向の原因を「奴隷教育」のためだと分析して「思想教養」を強調したのは皮相的な一面観に過ぎないと思われる。何故ならば一九四〇年代の北韓学生達の抵抗運動は、社会正義感から出発し父兄即ち広範な大衆がソ連軍と共産傀儡政権に対する不平を行動で代弁したものであるからである。

元来、人間の思想的意識とその行動的な表現が、教育一つで決定的に左右されると考える自体が幼稚な推論であって、この点はマルクス・レーニン主義の「理論」でも指摘されている。金日成はその当時に「社会的意識は社会的存在の反映である」とする彼らの所謂「歴史的唯物論」の初歩すら正しく把握できていなかったのかも知れない。一九四〇年代といえば金日成は共産主義に関する指向性を前面に打ち出さないで「民主々義」を云々する時期であったから、彼なりの政治的考慮からして故意に低俗な試みをしたかも知れない。勿論青年学生達が持つ新鮮な時代感覚や社会正義感や民族意識の発露を正しく認識できる筈がない。

金日成政権はその後継続して「共産主義に対する教養を革命伝統教養と密接に結び付けたし、青年達の階級的な意識による融化を基本方法としながら大衆教養事業」を展開してきたというが、所謂「思想事業」に猛烈な騒動が必ず随伴したという事実は周知の通りである。現在北韓では共産圏でも最も野蛮的な独裁恐怖政治が敢行されているので、いうところの「思想教育」の結果を正確に測定することは難しい状態である。しかし、金日成体制での「思想教養」が崩壊される諸条件に関する考察は、ソ連・中共・東欧の事情と対比して見る比較研究の方法と金日成体制の歴史的な生理に照して、その予測的診断を推論することは可能である

レーニンは革命直後「われわれの会合で新人の発言は極く少ない。新人の発言は非常に望ましい。なぜかというと彼らの発言には清新さが躍動しているからである」といった。しかし革命後五〇年に至った今日のソ連共産党の指導者達は「新人の発言」を「青年達の脱線」それに作家達の創作に反映される「自由化傾向」「解氷ムード」を非常に恐れるようになって来た。

一九六〇年代を迎えてから「多元化」の時代になるが、この時代に重要な関心事になった共産圏内での新しい変化の徴候は、その独裁政権下での世代交替の局面を一層注意深く考察する必要を感ずる。中・ソが紛糾を起して以来、未曽有の思想的混乱を経験しているなかで国際共産主義の従来の運動が、衰退と下降の過程をたどるようになったが、これは発展が停滞することによって招来される内部的懐疑が、社会のどの階層よりも感受性が鋭敏な新世代間に蔓延されるようになったと見受けられる。共産圏の指導層が青年学生達と作家芸術家達の新しい動向によって内部変化の徴候に、あわてるようになったのは偶然なことでないと思われる。

ソ連での内部変化

ソ連の場合スターリンの好戦的な強硬路線が、画期的に変化し転換したのは、彼の死後フルシチョフを中心とする集団指導制が成立した後のことであった。スターリンは自分が死んだ後でも自分の政策や政治路線が、忠実に継承されるように願って腹心であるマレンコフを育て上げたが、ソ連の指導層の多数派は、マレンコフの代りにフルシチョフを立てて「緩和」「平和共存」の道を選んだ。この新路線は、時代要求と大衆与論の支持を受けるようになり、フルシチョフ個人の進退にかかわりなくブレジネフ体制の下でもそのまま進展している状態である。

一九六五年のソ連共産党第二〇回大会で、スターリン格下げ運動が展開された以後というものは、長い期間に亘って抑圧されて来た「自由化」に対する要求は、今や青年層と新進作家等の感受性に鋭敏な論によって、燎原の火のように拡大されてきた。自由化に対する要求がそのまま進展されたならば、自分達の共産主義体制が瓦解されることを恐れたのであろうか、ブレジネフは三月下旬から四月上旬にわたって開かれたソ連共産党第二十三回大会で若干の思想文化に対する統制を試みるに至った。

ソ連は「ノーベル賞」受賞作家であるショルホフに四月一日の党大会で演説をさせ「国外に中傷的な蔑稀を普及させた」作家達に対して警告した。「祖国を中傷し祖国に対抗することこそ恥ずべきだ」といったが、その国というのは共産党を指しているのに過ぎない。同時、問題になった「反ソ作家」のなかにはシニャフスキとダニエルなどが含まれているのは明らかである。

一方「後援した人達」「保証人」というのは誰を指しているのか確かではないが、思うに自由化を希望し求める大多数の知識青年層を指しているのに間違いない。

ブレジネフは三月二九日の基調報告で「現世代の青少年を再訓練すべき義務を提案したし、また都市や各企業体に「主任芸術家」を配置して思想文化を統制することを党大会で決定したほどである。

しかし大きな観点からすれば、ソ連内部での時代潮流化しようとする気勢は一枚の決定書で遂行させることはできない段階にいたった。水が高いところから低いところに流れる原理をどうすることもできないと同様に、「共産社会の建設」が破れたところから始まる新しい潮流は、一旦はせき止められても、他の水路を探して流れ、流れるところまで流れることは決ったコースである。他の水路即ち欲求不満の噴出口は、差し当って共産圏の青年達の「脱線」という形で表現されることであろう。

ソ連共産党は一九六一年、第二十二次党大会で、一九八〇年までには「アメリカに追いつき追い越す」という壮大な生産力発展に基づいて共産主義建設を基本的に達成するであろうと華やかな夢を描いたが、まさしくこの頃から「反抗詩人」達のソ連社会に対する風刺も目立ってきた。彼はスターリンをあざわらいフルシチョフにけちをつけたが、これに対して青年達は喝采を送ると同時に青年達の間にスターリン時代には禁物になっていたアメリカ式のジャズが大いに流行したし、女子達はパリの流行を追うといったはっきりした西方への憧憬を露骨させた。共産党からの私生活に対する干渉を排斥しながら「酒とハイヒール」に対する急激な増加をも現われたのである。

「偶像が破壊された結果から来る虚無主義」「理由のない反抗」「偽善的な灰色の世界に対する理想喪失」は遂に、西欧式の生活に見られる多様さに青年達の心がひかれる一方、一五歳から二十五歳の若い世代達においての「方向喪失」が重ね重ね論議されたし、いわゆる「ゴーリキ街の奇談」が目立つようになって来た。

それでソ連の新しい世代から観察される「頽廃的な風潮」というのは、神話が崩壊されたことから来る現実否定の一つの形態であり、その社会に対する消極的抗議の表現である。

次にくるものは虚無感であり、虚無のうちでの新しいものに対する模索であり、共産主義体制に対する変革の烽火であるが、社会文化史から確認される「頽廃の創造的意義」というのが正しくそういったことである。

要するにソ連の青少年層による自由化要求というのは、共産主義の宗主国であると自負して来たソ連にとっては、現実に対する否定を意味する内部変化の進展によって、ソ連社会が一九八〇年に至れば「共産主義建設」とは異なった様相を示すであろうということを予想させる。（つづく）

故洪思翊中将の慰霊祭

旧陸大同期生と大韓軍人会で

かつては日本陸軍中将として勇名をはせ、マニラの捕虜収容所々長として終戦を迎えて、遂には連合軍によって絞首刑に処せられた故洪思翊将軍の慰霊祭が、旧日本陸士、陸大の同期生たちによって九月二十六日東京靖国神社で挙行され、午後四時半からは在日大韓軍人会（李鍾基会長）主催の追悼会がホテル・ニュージャパンで行なわれた。

干ばつ災民百六十八万

緊急な救援対策をまつ

本国政府は内務、農林、保社部の合同調査結果を土台にして、四日、関係長官を召集し、最終的な干ばつ災害対策を戦ける。

これら三部の合同調査によると、干ばつのきびしい所は、四道九十六市郡のうち六十八市郡で、最も被害が多いところは三十市郡であり、被害のきびしい所は全羅南道の南海岸一帯をはじめ東部と西部地域の一部を除いた道内全域で、慶尚南道の南海岸一帯、慶尚北道の中西部地方、全羅北道の南西部など穀倉全域にわたっており、干ばつ災民は百六十八万人に達している。

金日成の南侵指令入手

6月18日平壌で作成

攻撃命令と師団長の戦闘命令

北韓軍が韓国を侵略、民族史上、忘れ去ることのできない罪悪と痛嘆を……の生きた物的証拠が、このほど公開された。この物的証拠とは、北韓金日成の命令に基づいて三八度線を突破、侵略を開始した北韓第四師団長のこの命令文が、米軍当局から韓国政府に移管され、一般公開された。この二……傀儡集団が民族解放の名の下に、いかにめん密な事前計画をねって南侵を……と物語っている。

手続路については、細しく説明されていないが、韓国国軍当局は、六・二五動乱後、国軍の北進で、平壌を占領した際、米情報局によって入手されたものだといっている。

朝鮮人民軍総司令官金日成の名で発信された攻撃命令書は、一九五〇年六月十八日、平壌で作成。当時、臨津江北方に駐留した北韓第四師団宛に送られたと記録されている。

初めに、北韓共産集団が南韓の赤化を試図、侵略命令を決定したのは、六・二五の一週間前。金日成からこの命令を受けた北韓第四師団長は、四日後の六月二十二日韓国軍の兵力状況、侵略計画などを詳細に記録した「戦闘命令書第一号」を傘下部隊長に発した。

全韓民族の呪いと審判を受けねばならない極秘の文書であるだけ、当時北韓傀儡集団は、秘密保全のため二部だけを作成、そのうち一部は、三八度線地域の防衛を担当していた北韓第四師団長が保管、残り一部は、イルリア・……という者がロシア語に翻訳、極秘文書にしていたことが命令文に明記されている。

この攻撃命令書第一号は、今まで一部外国学者が「韓国軍による六・二五動乱のぼっぱつ」という言いがかりをくつがえす歴史的証拠になったのは勿論、韓国動乱史に欠くことのできない重要な史料である。

攻撃命令書第一号をみると——宛先に「第四師団長前」と始り四項目に分けて命令、千三百余字で作成されている。その第一項は韓国軍の配置を知らせたもので「対戦砲兵隊を含め敵（韓国軍）第七師団第一聯隊は、臨津江から五八八・五高地に連する防衛体制をひいている。敵の抵抗主力線は、二二七高地と四一一高地の北方と六三〇高地 西方と北方にわたる布陣……」

第二項目は、攻撃部備に関するもの。すでに「攻撃態勢が完備する次第、攻撃戦線に立ち、敵抵抗主力線を把握し、集中射撃組織を正確にきめる。攻撃開始以後、二日後には正確な地図上の目標を設定し、敵抵抗の中心に強力な打撃を加えると同時に、分裂した敵軍がどの地点に後退するかを確める。首都ソウル付近に駐とんする部隊には、可能な限り決定的な打撃を与え、ソウルへ追撃する。ソウル付近に存する敵部隊の集中状況及び布陣状況の情報を確保すること」

三項は、戦闘時の情報報告に関することで「二十四時間の情報概要を必ず、毎日十九時まで電話または、無線で報告する。一般報告書及び敵軍の書類、新聞などを入手した場合には、毎日八時と二〇時までに情報本部に提出する」

第四項は、兵力投入命令で「三分の一程度の攻撃部隊を観測所付近に配置し、残りの三分の二は、敵の主力攻撃を完遂する兵力として配置する……」。そうして最後に「二部作成、朝鮮人民軍最高司令官金日成」と結んでいる。

この金日成の攻撃命令に従い、北韓第四師団長は、各部隊別に攻撃目標地点を設けた「戦闘命令書」を再び四日後の二十二日に出しているが、この戦闘命令書は「わが師団の攻撃目標は、敵の防衛線を突破することである。マジリと五三六・六高地を占領した後には、ソウルに進撃する使命をおびている。この作戦計画を遂行するため五〇年六月二十三日まで戦闘準備を完了しなければならない」とその目標を明らかにし「野砲一か大隊、四十五ミリ砲一か中隊、戦車一か大隊を率る第十八歩兵部隊は、敵の防御線を突破し、つづいて二六二高地を占領しなければならない。第十六歩兵隊、第二、第三大隊は、第四師団野砲大隊の四五野砲中隊と迫撃砲二か大隊を率いて敵の防ぎょう線のある地区を突破、継続攻撃を韓国政府地域に加えるようにする」以上のように六・二五韓国動乱は、北韓の事前計画によって行なわれたものである。

★史学家申奭鎬氏談　北韓の攻撃命令書が入手されたのは、歴史研究上、最も重要な資料を得たものと同じである。今まで六・二五動乱を経験した人は、北韓が侵略を開始したという事実を知っているが、それをうらずける客観的資料、証拠物がなかった矢先きだけに、大事なものといえる。

重要日誌

9月1日～20日

政治

◇定期国会一週間休会　第六十二回定期国会は、鄭大法院長、丁一権総理ら全国務委員が出席して、与党の共和党議員単独で開会式を行ったが、二日の国会本会議に政党が参加しなかったため流会となった。このあと共和党は議員総会を開き、国会対策を協議し、政府の六八年度予算案だけを上程し一週間の休会を決める（九月一日）

◇ローマ法王庁、駐韓大使館　ローマ法王パウロ六世は、初代駐韓法王庁大使のアントニオ・デル・ジュディケ大主教を八月二十日付けでドミニカ共和国駐在法王庁大使に転任発令し、その後任として第二代駐韓法王庁大使にキポリト・ロットリ・ムニジオ氏を任命したと発表（一日）

◇丁総理、タノム首相と会談　タイを公式訪問中の丁一権国務総理は、タノム首相と二回にわたって会談、アジア共同市場の形成問題をはじめ国連での韓国支持、アスパック会議で決められた「社会文化センター」設立資金、韓国建設業者のタイ進出、ベトナム参戦七か国首脳会談、南ベトナム問題などを論議した（五日）

経済

◇南ベトナムへの輸出増大に新たな外交攻勢を考慮　政府、南ベトナムに対する輸出問題と用役団の進出状態を改善するための外交活動に全力を尽している。丁国務総理は、ポーター駐米大使と会談（九月一日）、韓国の南ベトナムに対する輸出を増大させるための米国の協力を要請した。（六日）

社会

◇女子バスケット、初の金メダル

一般協定 永住権の申請促進を指示
各地方本部に学習会の開催も

民団中央本部は、去る四日、全国民団各地方本部に対し、きたる十五日から二か月間のあいだに❶韓日協定によって定められた僑胞の法的地位及び処遇に関する協定学習会の開催❷この学習会と併行して永住権申請を促進する運動——を行なうよう指示した。

民団中央本部が各地方組織にこのような指示を与えたのは、韓日協定成立直後の僑胞の法的地位協定で、永住権の申請に予期しなかった難問題が多く残されていたために、僑胞の不安がつのり、永住権申請は不振状態におちいっていた。したがって去る八月二十四日、金永周外務次官と田中法務大臣の間で確認、署名された「在日韓国人の法的地位協定実施に関する諒解事項」の取り決めによって、今までの問題点や民団の要求が大幅に修正、受け入れられたため、永住権の申請を民団が促進することにしたものである。

当初、民団は、韓日両国で取り決めた在日韓国人の法的地位協定には、永住権申請手続きを始め、協定永住者に対する処遇、戦後入国者の取り扱いなどに多くの難問題を残していたため、これらの問題点が解決されるまで永住権の申請を保留しようという態度で対応していた。その間、民団では、協定上の問題点を改善し、従来から民団が要求している僑胞の処遇を実現するため第八回中央委員会で「法的地位対策委員会」を設置、補強し、本国政府当局を始め日本当局に民団の要望事項を受け入れるよう再三、陳情した結果、さる七月二十、二十一日の両日、東京で李法務次官と武内法務次官間で民団の要望事項を討議する両国実務者会議の開催にこぎつけた。

この会議で両国法務次官は、当初の僑胞の法的地位を大幅に修正改善する諒解事項を成案。八月二十四日午前十時、本国政府外務大臣代理金永周外務次官と田中伊三次法務大臣がこの諒解事項に署名、同日付で実施することになった。

この諒解事項が両国政府の間で正式に確認、実施されたのを契機に、民団は、この諒解事項を広く一般僑胞に知らせ永住権の申請を促進するため、この度び各地方本部に法的地位講習会の開催と永住権申請を促進する運動を行なうよう指示したものである。

民団中央本部が地方本部に指示した講習会と永住権申請促進運動の実施要綱は次の通り。

【実施要綱】

一、法対委構成

各地方本部は、法的地位に対する一般僑胞の不安を解消させるため法対委を構成する。法対委の委員数は、十人から十五人とし、委員は法的問題を専門的に担当しえる能力を有する者とする。

二、学習会の開催

❶各地方本部は、傘下支部に指示し、多くの僑胞が集合できる場所を選んで僑胞を動員する。

❷支部の学習会が完了した時には、一般僑胞の意見やその実情を調査し、地方本部に報告、地方本部はこの報告に基づき総合的な学習会を開催する。

❸地方本部は、学習会を通じて新たに出された要望事項や問題点を整理して、中央民生局に報告する。

❹学習会の講師は、地方本部が任意で選定するが、特に地方本部から講師選任の要請があった場合には、中央から派遣する。

❺教材は、一九六七年二月中央法対委が作成した法的地位の問題点と解説及び一九六七年八月二十日付で中央本部民生局が各地方本部に発信した第七十五号公文「法的地位協定の実施運用に関する両国政府の諒解事項と解説」を主に使用する。

三、永住権申請促進運動展開

名地方本部は、法対委の構成、学習会などをあらゆる機会に利用して一般団員に法的地位協定の内容を知らせ協定永住権と一般永住許可申請を促進する運動を積極的に展開する。

※なお民団中央本部民生局では永住権の申請を期間（四十五年）まで怠った場合、永住権を取得していない者は、その後一般外国人の居住者扱いとなり、在留資格、処遇問題等の諸権利は日本政府の自由裁量権に属することになるという点を一般僑胞が自覚するよう呼びかけている。

第20回中北地協開く
9月23日福井県民会館で組織の再整備を強調

第二十回中北地区協議会（事務局長金竜煥氏）が九月二十三日午後一時から福井県民会館で中央本部組織局長を始め、愛知、福井、石川、岐阜、三重各本部から三十五人、来賓として名古屋領事館文教領事参席の下に丁海竜愛知本部事務次長司会でひらかれた。

当日中央の基本姿勢と組織体系および指導性の確立、組織再整備を通じて民族事業を推進することを決議後、当面の問題として❶朝大認可阻止運動❷本国家族招請問題などの説明があった。

当日打合せた事項次の通り。

❶中央委員会を早く開催し、中央委員に活動方針案を早めに直送し検討の時間を与えること。❷朝大認可阻止大会には各本部は相互協力すること。

当日参席した人たちは次の通り。

愛知県本部—金宗鎮、鄭末律、丁海竜

岐阜県本部—趙世済、李中能

福井県本部—金成斌、権寄石、朴三祚、金順水、黄正鶴

三重県本部—陳昌祚

石川県本部—李達満、崔秀守

アジア映画祭
消極的な日本側
気の抜けた雰囲気で終る

第十四回アジア映画祭は、さる十月一日、終了したが映画人らしからぬ淋しいものに終った。会場のホテルオークラの入口には立札もなく、国旗も掲揚されなかった。

韓国、日本、香港、比国、中国、越南、オブザーバーとして、米国、英国、カナダ、インドネシアの四ヵ国代表が参加して、一応形のうえでは十ヵ国、百数十人の演劇人が集ったとはいえ、作品出品国は、韓国、日本、中国、香港、比国の五ヵ国で、劇映画三十四編、に過ぎないため、結局、この五ヵ国の祭典に終った。

アジア映画祭は、一九五四年アジア映画製作者連盟が結成したときから、毎年八ヵ国の会員国が順次に主催してきた。

その間、韓国で二回、日本で六回、比国二回、中国、香港、マレーシア、シンガポールで各一回ずつ開かれた。

だが映画産業の一番進んだ日本が、このアジア映画祭にあまり関心を示さなかった。というのは、映画祭の本拠地、カーヌやオスカーにのみ熱中して、アジアにおける地域的な協力を考えなかった面が多分にあり、そして今度の第十四回アジア映画祭においても、日本はこの様な傾向から抜け出すことができなかった。

しかし、アジア映画祭が日本で国の目を見ずにいる理由にアジア映画製作者連盟の出品作品の授賞方法にも原因がある。

日本のマスコミや文化界で指摘しているように映画芸術の向上のために努力するのでなく、特定映画会社の計略がさきだっているからであるといえる。

そしてまた、日本の映画製作者たちもアジア映画祭に優秀な作品を出品することを避けてきたことにも起因している。

このような時点において、日本映画産業団体連合会では、アジア映画祭を全面的に解消しようとする構想を持っているらしいが、その時期を大阪万国博覧会が開かれる七十年頃になるだろうと予測し、アジア映画祭に代る国際映画祭を開催しようといっている。

その理由として、アジア映画祭が年々衰退する方向にあることを最大の拠りどころとしている。

しかし、日本国内のムードは、国運を賭ける七十年の国際万国博覧会に結びつけていることは明らかで、その言動にも現われている。

国際映画祭については、今各国代表のあいだにまちまちの意見があるが、アジアの地域的特殊性を存続させなければならない意見がいまのところ大勢を占めている。

だが、国際映画祭を具体的にどのような形にするかは不明であるが十月三日に行われた総会では継続として討議された模様である。

二世学生の芸術作品募集
本国の開天節芸術祭に展示

民団中央本部文教局（文教局長）では、本国の慶州で開催される"第十八回開天節芸術祭"に在日僑胞二世学生の美術、写真作品を特別に展示するため次の要領で展示作品を募集している。

【募集要領】

一、募集内容

美術部 東洋画 西洋画、書芸、参加範囲 初、中、高、大学生

▽写真芸術部 画題、自由、規格 白黒 11×16以上 カラー 8×10以上 参加範囲 学生及び一般僑胞（但し未発表作品に限る）

二、募集期間

各地方本部及び各学校は、応募作品を整理、優秀作品及び佳作を選び期日内に到着するよう願う。期日 十月二十日中央文教局

第22回東北地協開く
10月5日青森浅虫温泉で

[illegible]

山形本部—許蔡童、黄花元

秋田本部—申点

岩手本部—曹敬来、金善鶴

福島本部—金文年、張在述

山口本部で定期大会
九月二十三日 朴鍾団長を再選

[illegible]

税務対策準備委開く
9月28日中央本部で

[illegible]

第十六回 国展開幕
大統領賞は西洋画の金氏

[illegible] れた。今年の国展には、全国から六百八十八点の入選作品と推薦作品七一二点、審査委員作品四十五点、総八百四十点が出品された。国展の期間は、十月三十一日まで。なお本年度から国展の入選作品に対する賞金は、例年の十倍 [illegible]

世宗大王の彫刻像着工
ソウルの徳寿宮に

[illegible] 寿宮に十月二十日までに建てられる。ご彫刻像は、金鍾泌共和党議長の寄財で建てられるが、その着工式が去る二十六日、建立場所の徳寿宮で行なわれた。世宗大王の彫刻像は、十月二十日まで完成する予定で、製作は彫刻家の金景承氏が担当。その規模は、世宗大王座像が四・五メーター、座台が五・一メーター、全長九・七メーター。徳寿宮の中和殿前に建てられる。

最近本国では、愛国先烈の彫刻像の建立が、さかんに行なわれているが、世宗大王の彫刻像のほかに、すでに竣工を始めている忠武公李舜臣将軍像は、朴大統領の献金によって建てられている。

婦人会東京本部役員改選
会長に朴琪先女史

[illegible]

会長 朴琪先

副会長 李寛光

〃 洪貞香

在日同胞慰問公演
十月四日 神田共立講堂に観衆三千
アジア映画祭参加韓国芸能人

駐日韓国公報館主催による在日同胞慰問公演が、さる四日午後六時から神田共立講堂で開かれた。

今度の公演は、特に本国政府がアジア映画祭を機会に在日同胞慰問のために企画されたもので、アジア映画祭韓国代表の芸能人全員が参加して行われる豪華な舞台に繰り広げられる歌や踊の民族舞踊に、三千人余の観衆もしばし圧倒されて、シーンとした場内は、さすが本国一流の芸能人の面目躍如するものがあった。

上映映画は、アジア映画祭で国際秋と評される「帰路」が上映され、僑胞の深い感銘を受けた。

東京韓国学校 秋季運動会開催す

さる九月二十四日、東京韓国学校の第十四回秋季運動会が、秋晴れのもと六百余の観衆らと数千の来賓、学父兄の参席したなかで盛大に催された。

同校の運動会は民族の正気を発揚し、体位の向上を目標に、毎年その内容を強化させているが、今年は午前九時三十分、同校ブラス・バンドの演奏するなかで秩序整然たる入場式につづき、朱校長のあいさつ、駐日大使館奨学官の祝辞、民団中央興文教局長の、大韓健児の魂と日頃鍛えた体力を思う存分発揮してほしいとの祝辞、そして金己哲東京本部団長の熱烈な激励のあと競技にはいった

まず初等部、中・高等部の各種個人競走ならびに団体競技がくりひろげられ、つづいて鼓笛隊、組立体操、機械体操のみごとなフォームの美技は観衆をうならせた。そして韓国の衣装をまとった新羅踊りをはじめ女生徒らの民族舞踊フィナーレとしてフォークダンス、仮装行列は父兄をまじえて校庭いっぱいに咲きほこれ、楽しく健やかな運動会を終えた。

（写真❶は運動会の全校生体操）

新潟商銀、設立認可を得る
信用組合総数二十五に

かねてから信用組合の設立がまたれていた新潟県下の韓国人の金融機関—新潟商銀信用組合（申請者代表朴万進氏）は、去る九月二十六日付で新潟県庁から内認可の許可を得、年内開店のだんどりとなった。

新潟商銀の最初の設立申請は、去る六四年十一月頃提出したが、その時は、県庁から書類不備の理由でいったん却下され、ひきつづき昨年一月再申請を出し、一年半ぶりで認可をかちとった。

このように、同商銀の設立認可が三年余にわたる長い期間を要したのは、同県下には、六四年十月に認可された朝総連系朝銀新潟信用組合（朝総連系）が営業中ということで、社会、共産の革新系の反対に会ったためである。

同県下には、七百世帯、約二千七百人の僑胞が居住しており、韓国系信用組合の設立は、この数年間の懸案であっただけ、県庁の内認可を得た日は、関係者のよろこびもひとしお。同組合は、一か月以内に設立総会を開き、正式認可を得ることになる。

なお、新潟商銀信用組合の内認可によって、日本全国の韓国系商銀信用組合の総数は、二十五組合、五十三店舗となり総預金高も三百三十億円となった。

——韓国の仏教—— その燦爛たる遺産と今日の位置

仏教が韓国の伝統的な精神文化に及ぼした影響が大きいのと同じく、仏教文化財である梵唄が、わが国の伝来音楽、特に民俗音楽に与えた影響もまた決して少いものでなかった。そのようなボンペ（梵唄）の今日の状況は、歳月の変遷に迎合し、純粋性を失い、留まろうとする僧も少く絶滅の危機に至っている。

梵唄の意味を「国語大辞典」で調べて見ると、「如来の功徳を讃美する歌」となっている。ことに仏教的な註釈を加えれば仏が衆生を教化する功徳を梵王宮の乾達婆王が歌ったものであるとのこと。

仏教的な梵唄であったが、全国的に仏教を重視していた新羅、高麗時代に、民間に対するその影響は大きかったであろうと思われる。

隆盛の極にいたった梵唄は李朝の仏教弾圧策にもかかわらず、深山寺院の深山幽谷の大寺刹を通じて、心ある僧侶の手によって保存されてきた。

梵唄に関する記録は河東、双渓寺の新羅真鑑国師碑に現わされている。この碑文によると、西紀八三〇年に真鑑国師が中国から梵唄をはじめて導入したとなっている。しかし三国遺事の月明師条に既に梵唄に対する短い記録が残されている。すなわち、梵唄を歌って見ろという王命を受けて、月明師（真鑑国師よりはるかに以前の人である）が、返答をしたという「不閑声梵 口解郷歌…」（梵唄の声は出せないけれども、郷歌は理解している）という句節がそれである。

梵唄とは高僧が永い修道を通して達観し、喜悦を表現する歌である。それ故、その声は腹の底から出る雄壮な声である。梵唄を聞く信徒をして「観念心」あるいは「発心」をおこさせる声である。

梵唄は独唱だけでなく、合唱もできる。楽器としては仏教固有のリズム楽器で、鐘、鉦、木魚、太鼓、鉦等である。

梵唄は祈仕動作、合掌、礼拝、霊山の三通禮を経て歌われる。

このように中国から伝来した梵唄ではあるが、他の伝統芸術と同じように、韓国独特の風土にとけた新しいスタイルの梵唄の様相をもって備えるようになったのは確かである。梵唄がわが国の民俗音楽に大きな影響を及ぼしたということがこれを証明している。例をあげれば、巫歌とか、民謡の中にもこの梵唄を多く借りているのがそれであり、歌曲（普及普通の伴奏によりうたう時調を吟ずること）が曲をそのまま借りていることである。また南道地方の民謡「帯ニ」においては歌詞をそのまま利用しているほどである。

このような梵唄も近年にいたり、その真の様相を失うようになったそれは李朝時代に入り、寺院の経済が一般民に依存するようになってからである。梵唄だけを専門的にする僧が登場するようになった。この僧らが人気を得るために誇張した身ぶりを加えるようになったのも、梵唄が俗化した一つの大きな原因である。

しかし、今日、権守植、柳昌烈、朴松岩、金龍空、金龍雲らの五人の僧侶によって純粋な梵唄が保存されていることは幸いなことである。悠長な趣きを持つ韓楽調と軽快な京山調の区別はあるが、それはメロデイとリズムから見た傾かの差異を認めるのみである。

このような梵唄ができる五人の僧侶においても寿命がつきたように感ぜられるのは、淋しいことである。それ故、昨年、権さんはその保存方途を講ずるために上京し、関係当局にこの事を建議するにいたった。文教部では、昨年八月七日、栄州の浮石寺において霊山部分を録音しておいた。この人らが希望しているのは梵唄の原型を収録し、無形文化財として指定してくれることである。

一方仏教曹渓宗総務院長朴其宗氏により、梵唄の現代化の動きがあるということは嬉しい現象である。朴氏は、伝統的な梵唄の形式はそのまま保存しながら、仏教信徒ならびに一般に理解させるためにも、この作業は大へん重要なことであることを強調している。

神奈川商工会、旧横浜商銀ビルへ移転

神奈川県商工会（会長洪勾杓）では十月一日、民団横浜支部ビル内の事務所から旧横浜商銀ビルに移転した。新事務所は横浜市中区曙町一ノ十二、電話（261）一五二六

尋ね人

金方元方（五一才）男

金方応柄（四三才）男

金方季貞（四八才）女

金錫満（二七才）男

解放前居住地

京畿道開城府満月町二八五番地

右記の者を東京にいる金鍾満君の父親金鍾植氏が探していますから心当りの方は左記の所に御連絡下さい。

連絡先

東京都豊島区西池袋四の十九の十号

近江荘内 本原洋之助

—◇—

父 林正行

母 大崎房枝

家族 林幸夫 林正子

前居住地 大阪市（西淀川）

右は十余年前に消息が絶えております。心あたりの方は左記へご連絡下さい。

連絡先＝ソウル特別市中区乙支路六街一八（西大四番）

林 愛子

—◇—

菊村正珠（父）

菊村次郎（子）

住所

神奈川県川崎市浜町四の八、林沙織内

菊村次郎

右記住所に手紙を出しても消息がありません。

菊村正珠氏の父が現在居住している所

連絡先

慶尚南道昌寧郡昌寧邑也里

菊村淡彦（祖父）卞秦彦

釜山市中区抜州洞五二四番地一七統一班 卞小節

—◇—

張英善（黄山万燾・六二才）

本籍＝慶尚南道蔚山郡熊村九九六七

居住地＝大阪府中河内郡八尾町西郷元町一〇五（昭和一〇年度）

連絡先＝釜山市影島区瀛仙洞二街一八二一（五統一班）張大成

在日本大韓民国 北海道地方本部

札幌市南西九条四丁目十番
電話（52）2269　（51）5427

職名	氏名
団長	田連寿
副団長	楊致光
〃	金容碩
事務局長	孫文植
〃次長	鄭竜
議長	康興善
副議長	金薫輝
〃	金成寛
監察委員長	朴準竜
監察委員	崔鎮基
〃	孫元祚
総務部長	鄭竜
組織部長	孫文植
経済部長	朴弘律
〃次長	金北海道
文教部長	崔信淑
〃次長	洪一男

職名	氏名
民生部長	姿炳斗
宣伝部長	李光昱
〃次長	趙一竜
無任所部長	李漢栄
〃	李俊明
〃	尹栄洙
〃	宣炳寛
〃	孫武鎬
〃	崔炳錫
〃	金周年
〃	金潤生
常任顧問	南元
〃	裵点錫
顧問	丙東海
〃	金佳昌
〃	金百源
〃	金本正

仕事をし信頼されている

雄大なる北海道地方本部

チームワークで運動一元化

北海道特集

プロフィール

民団北海道本部団長
北海道商銀理事長
田連寿氏

KOC委員も勤める

誠実な北海の指導者

北海道本部で時局講演会

朝鮮大学認可反対の民衆大会も

「北海道地方本部の民族教育の実状」

旭川支部で時局講演会開催

函館支部会館が落成

9月18日 盛大に落成式を挙行

工費は全額団員が寄付

(H・B生)

発展する北海道の同胞企業

大成商事株式会社
社長 田連寿
札幌市北九条東二丁目
電話 七一-六六三

名古屋会館
社長 楊致光
札幌市北二条西三丁目
電話 二四-三四一

井上商事
金商碩
札幌市南九条西六丁目
電話 五一-四〇二

北洋商事
崔信淑
札幌市南三条西五丁目
電話 二四-八八七三

谷山商事
康興善
札幌市南六条東二丁目
電話 五一-四八一六

日光商事
金成寛
札幌市南五条西四丁目
電話 五一-五二七

美松企業株式会社
朴準竜
札幌市南五条西三丁目
電話 五一-二六一

日光荘
裵点錫
札幌市南五条西七丁目
電話 五一-五六五二 六一-六九〇

明月館
南元
札幌市南五条西三丁目
電話 五一-三三

五条ビル株式会社
金百源
札幌市南五条西三丁目
電話 五一-五二七

丸源観光企業株式会社
崔東洵
札幌市南一条西二丁目
電話 二四-七六四

金本ビル株式会社
金東正
札幌市南五条西四丁目
電話 五一-〇一八

神田寿し
宣炳寛
札幌市南五条西三丁目
電話 五一-五五五

新星会館
崔順吉
札幌市南二条西五丁目
電話 八一-八四六

北光株式会社
姜信学
札幌市南二条西五丁目

大晋観光株式会社
金潤生
札幌市南四条西二丁目
電話 八一-〇九七三

苗穂センター
李敬任
札幌市北二条東十二丁目
電話 三一-六八三

山一商事
崔成順
札幌市南二条西三丁目
電話 五一-三五三

株式会社野崎ビル
鄭載斗
札幌市南五条西五丁目
電話 五一-一九九

竹中商事株式会社
李炳烈
札幌市南一条西二〇丁目
電話 五一-五〇八七

後楽園
金周年
札幌市南三条西三丁目
電話 八一-一九一

マンルイホール
崔鍾喜
小樽市花園町二-九-一八
電話（小）三-〇三五

コンパンワ
孫武鎬
札幌市南五条西三丁目
電話五一-二二四

在日僑胞教育後援会
理事 王得竜
札幌市南十条西六丁目
電話五一-〇七一

東栄ホール（遊技場）
崔炳錫
札幌市南八条西八丁目
電話五一-〇二〇

藻岩会館
李漢栄
札幌市南二二条西一〇丁目
電話五一-四八〇

再来（喫茶）
李明鎬

大商産業株式会社
金北海道
札幌市南五条西七丁目
電話 五一-二二六

東郷娯楽センター
金尚彦
札幌市白石町東郷通九丁目
電話 八六-三六一七

株式会社オメガ
金在云
札幌市北一条西三丁目
電話 二一-一七五四

高木商会
金鍾文
札幌市大通り東八丁目
電話 二五-六二八

株式会社道央物産
金宗鉉
札幌市南一条西九丁目
電話 四-四八一

新栄ホール
金周鳳
札幌市菊水北町八丁目
電話 八一-四五七

大韓民国居留民団 北海道旭川支部
監察委員長 呉光殷
旭川市八条通五丁目
電話 二一-八六五六番

大韓民国居留民団 北海道旭川支部
団長 金洛天
旭川市八条通五丁目
電話 二一-八六五六

韓国料理店 清香園
金容善
札幌市南六条西三丁目
電話 五一-一〇九八

信用組合「北海道商銀」

役名	氏名	住所	電話
理事長	田連寿	江別市三条二の一	二-二七九
理事	楊致光	札幌市南八条西三丁目	五六-七三四
理事	朴準竜	札幌市南十条西三丁目	五一-九四三
〃	李大奉	札幌市南一条東六丁目	二一-八〇六
〃	崔順吉	札幌市南二条西七丁目	八一-八四六
〃	金本正	札幌市南五条西四丁目	五一-〇一八
〃	崔東洵	札幌市南十条西七丁目	五一-七三二
〃	李長寿	旭川市四条通り七丁目左二号	二-〇七五八
〃	金福度	札幌市東二〇条北の二	二-三二三
〃	朴弘律	石狩郡当別町小川通り	
〃	姜信学	小樽市稲穂町東八の四	二-三三三
〃	金成寛	札幌市南四条西四丁目	五一-五二七
〃	金鉱烈	釧路市末広町六の二	二-六〇八
〃	孫在永	美唄市東一条南二丁目	二-三六
〃	尹栄洙	札幌市旭町一二丁目六二	八一-六四七

北海道韓国人商工会
会長 金本正
副会長 金成覚
副会長 金鐘宇

北海道韓国学園
理事長 裵点錫
園長 南元

北海道韓国人納税組合連合会
組合長 裵点錫
副組合長 宣炳寛
副組合長 金容碩

駐札幌大韓民国総領事館
総領事 宋贊鎬
領事 黄徳晟
領事 宋升鉉

駐札幌韓僑教育文化センター
所長 姜柄変

在日大韓婦人会北海道本部
会長 朴昌子
副会長 金順子
副会長 朴貞愛

韓国青年同盟北海道本部
委員長 李宗煥
副委員長 盧煥珍
副委員長 金喜子

240

韓國新聞

韓国新聞社
発行人　李裕天
編集人　金　[illegible]
東京都文京区春日町
2丁目20－13
電話(813)2261～5編集
(812)0673業務
定価　1ヵ月100円
振替口座東京　54988番

綱　領

一、われわれは大韓民国の国是を遵守する
一、われわれは在留同胞の権益擁護を期する
一、われわれは在留同胞の民生安定を期する
一、われわれは在留同胞の文化向上を期する
一、われわれは世界平和と国際親善を期する

全国地方本部団長会議ひらかる

法的地位、本国家族招請 朝大認可阻止などを討議

12日 10月 中央本部会議室で

六月の第三十二回臨時中央大会以後、初の全国地方本部団長会議が十月十二日、中央本部会議室でひらかれた。同会議は❶民団の基本姿勢、❷本国家族の招請事業、❸朝鮮大学の認可阻止、❹法的地位問題等で熱心な討議がなされ、当面の民団事業について中央本部各局からの具体的指示があった。

同日正午から開かれた全国団長会議は、二十九地方本部団長が参加して当面の重要議案を討議したが、会議にさきだち国民儀礼のあと別項の李裕天中央団長のあいさつがあって鄭烔和中央副団長からつぎのような議案説明がなされた。

「民団中央は今、過去の惰性から脱皮し、仕事をする民団へと変りつつあります。われわれは、民団を他から信頼され尊敬される組織に発展させるため全組織幹部が学習を通じて自己に課せられた責務を全うすのに全力を傾けております。そして、われわれの努力が全在日同胞の利益となって反映されるよう願っております。

このような観点に立って、今後民団中央は実現性のない議案は提議しない方針で、議決事項は必ず実践に移す構えであるということを先ずもって明確にいたしておきます。

われわれの民団運動は、愛国、民族運動で在日六〇万同胞の生活を如何にしてより良くするかにその目標が置かれています。その点過去の中央本部は率直にいってリーダシップに欠け、指導性を十分に発揮できなかったことは否めない事実であります。そのためこれからの民団運動は、過去よりも強力かつ積極的なものとならなければなりません。したがって、地方組織においてもより機動性を発揮して中央の指示、決定を敏速に実践に移さなくてはなりません。

今日の全国団長会議では、明日の朝鮮大学認可阻止中央民衆大会と本国家族招請事業の推進が大きな課題でありますが、これと併せて組織の恒久かつ基本的な問題である❶二世教育の問題、❷信用組合の育成強化、❸中央本部の基本財政確立などの重要案件について忌憚のない審議をしていただきたいと思います。」

この議案説明について、申灝民生局長が本国家族招請事業の現況報告を行ない、つづいて呉世経文教局長から朝鮮大学認可阻止闘争の経過報告ならびに十三日の中央民衆大会の動員について対策を述べ、そして、中央各局から❶中央財政❷税務対策❸信用組合強化策❹二世教育❺韓国新聞の強化策❻法的地位の改善ならびに永住権申請などについて具体的な指示がなされた。

このあと、質疑に入り法的地位の改善についてその運用実施細則の確定についてどのように対処するかを討議して同四時すぎ閉会した。

なお、この会議にはつぎの各県代表が参加した。

東京、神奈川、山梨、静岡、宮城、北海道、岐阜、福島、岩手、岡山、兵庫、長野、京都、群馬、茨城、栃木、三多摩、愛知、福岡、徳島、石川、福井、大阪、宮崎、高知、千葉、熊本、山形、奈良。

全国地方本部団長会議(中央本部会議室で)

議案説明をする鄭副団長

駐日大使館と表裏一体

中央団長あいさつ……全国団長会議

家族招請・朝大阻止を貫徹

現在、民団中央はさきの第三十二回臨時中央大会での公約の実践に全力を傾けており、その中で特に駐日大使館との表裏一体を目指して努力しております。ご存知のように民団は政治をするところでなく仕事をする組織であります。

私たちの最大の関心事である法的地位は過去よりも改善されてきておりますが、これはわが民団の根強よい努力の結晶であるといえましょう。

全団員が熱望している本国家族の招請は、私が団長に就任して以来数次にわたって本国を訪問、関係当局との接渉を通じて漸やく軌道に乗って参りました。この問題とは別に本国政府を訪れた際、私は在日同胞の旅券の発給を現地発給にするよう強く要請しましたが、政府当局はこれについて承認の意向を示しており [illegible]

厳敏永大使の赴任と相まって具体的な会談がなされるものと信じております。

今日の会議の議題の一つである朝鮮大学の認可阻止は、朝総連が北韓傀儡の意をくんで在日同胞の赤化と韓国の転覆をたくらむための要員訓練所である以上、われわれの総力をあげて闘わねばなりません。

最近の日本当局のわれわれ同胞に対する税金攻勢はその度合を一層深めてきておりますが、これに対して日本側に改善かたを要請したところ、民団と朝総連の識別がつかなかったとして今後はできるかぎり要望にそうようにすると約束しました。

最後に、本国政府は、わが民団について、日本には民団が健在しなくてはならず、そのためにも中央本部がより強化されなくてはならないという見解を示しております。今日の会議でわが民団がより大きく前進するよう [illegible]

旅券発給者527名　本国家族

—全国団長会議での経過報告—

朝大阻止　赤化の陰謀を継続粉砕

本国家族招請事業

[illegible]

朝大認可阻止運動

[illegible]

自由を求め北送から脱出

朝総連幹部の妻と娘二人

北韓からの秘密メモで生地獄を知る

[illegible]

かの女たちはまた日本社会党議員らが訪ねて来て「北韓は天国である」と言いながら北へ行くことを勧誘したにもかかわらず、これらを断平と断り、父親が知らないようにして、さる九月十八日夜、JAL機で北海道脱出に成功し、神戸から二十三日アリラン号で韓国の途に上った。

農政　今日と明日

農地制度計画改革が緊要

米価安定と生産価格保証

出廻り量の過半を吸収

[illegible]

※……政府米の仕入れ増加に重点……※

[illegible]

買入れることになるが、この収買量は米の市場出回り量の半分以上を吸収している量であるために価格の面において支配的な影響を及ぼすことができると思う。

——農民の関心を集めている政府価格はどの線で決るものでしょう。

金長官　今年の収買価格は市場価格と昨年度の価格を調整して生産者価格が保証されるような政策価格に決定させる方針である。

所謂、昨年度の収買価格二千三百八ウォンに年間の物価上昇率七%を加算した二千五百二十八ウォンを最低線として落ち着くものと思われる。

農産物価格審議委員会と農林部で作成した三つの案について検討した後、結論があり次第に国務会議に回り国会に提出する予定である。

農林部が作成した三つの案は、❶昨年度の価格十物価上昇率七%を考慮した二千六百二十七ウォン、❷パリティ指数に依る十%の上昇、❸昨年度価格十物価上昇率七%十出荷奨励金3%を加算した二千六百四十四ウォンであるけれども、第一の二千五百二十八ウォンを最低線にしてこれ以上の価格で決定することを希望しているが国会審議の過程で若干の変動があると思われる。

※……全般的には豊作……※

[illegible]

※……安定基金三十億と韓銀から六十億ウオン借入……※

[illegible]

※……不振組合を大幅に整理……※

[illegible]

※……養殖漁業及び経済林作りに注力……※

[illegible]

対日商業借款の受付を中断

政府、全面的な再検討を指示

政府は、対日商業借款を全面的に再検討するため、去る十三日から対日商業借款申請の受付を中止することに決定した。

この日、金奈東経済企画院次官は、公式発表を通して、去る八月、韓日経済閣僚会議で合意をみた日本の商業借款二億ドルの実務者交渉が今だに始まるきざしがないため、今後、対日借款を全般的に再検討するため、借款先を日本にかぎって、外資導入の申請受付を当分間中断することにしたと説明した。金次官は、このような政府決定は、日本を差別待遇したり対日商業借款を全面的に拒否しようとするものではないと、強調した。

さらに、金次官は、政府がすでに決定した二億ドルの対日商業借款の事業内容及び資金運用の優先順位も再検討し、韓日閣僚会談後、政府が支払保障を発給した事業にかぎらず日本の二億ドル借款に含まれない事業も全面的に再検討することになる。

今後、政府が全面、再検討する対日商業借款の事業内容及び優先順位の決定基準は、経済企画院の事業評価方程式によって決定すると発表した。

解説　去る十三日、政府が発表した対日商業借款申請受付中断措置は、今後の経済建設が対日借款から欧米及び国際金融機構の借款に切り替えることを意味している。すでに朴忠勲経済企画院長官は、就任初、外資導入政策は、計画事業に対する直接投資及び合併投資と国際金融機構を通した借款に重点をおきたいと所信を明らかにしている。しかし、対日借款の全面中断発表は、あらゆる面で支障をきたしている。まず初めに日本からの借款を抑制するという政府の態度は、日本側に、大きなショックを与えたであろう。

次に、すでに、去る八月の韓日閣僚会議で合意をみた二億ドルの商業借款規模の実施計画をめぐって韓日両国間の実務者会談を開催する前に、このような決定をくだしたことには、それ相当な対応策が考慮されているものと考えられる。

三番目に、前任の張基栄経済企画院長官が在任当時に決定した対日商業借款の事業内容を全面、再検討するという決定は、朴経済企画院長官就任による政策転換を意味するだけでなく、政治的な配慮も含まれているものとみられ、今後も相当のマサツが予想されている。

このような政府の政策転換は、今後の対日貿易の不均衡是正問題と関連して、国内では大きな関心を集めている。

福島県特集

創意的意欲で組織拡大した

仕事をする福島県地方本部

―民族事業達成めざして猛活動

第一線の指導者たち

民団福島地方本部

団長　李鍾根氏

信頼と雅量のある指導者

政策本位で団結しよう

× × ×

× × ×

商銀も本年中に内認可

故郷の高校にピアノ寄贈

養蚕研修生の面倒なども

李鍾根氏の美挙

写真 ●は福島県本部結成総会 ●は福島県浜通り連合支部結成大会

（H・B生）

発展する福島県の同胞企業

東条建設株式会社　社長　朴秀烈　電話　猪苗代五〇四〇番

（古物商）小島商店　徐老未　電話平六―一〇七番

湯本旅館　湯本館　代表　崔寿竜

柳商店（古物商）　柳外述　いわき市定西三三―二　電話いわき一―二三五一番

湖南食堂　代表　李在鴻　いわき市平南町　電話平四〇四九番

金融業　社長　鄭煥約　白河市字郭内一三〇　電話白河三―二三二三番

ゲームセンター　社長　李竜煕

金井建設株式会社　代表　金永甫　電話猪苗代四七番

平和パチンコ　社長　李八竜　いわき市平南町　電話平二―二六九番

有田質店　社長　李鉉遠　白河市字郭内一三〇　電話白河三―二三二三番

二葉有限会社　社長　権根錫　福島市早稲町二―一四　電話福島二―四七九五番

岡本商店（金融業）　代表　徐雪泉　いわき市山神北一―三六　電話いわき―二四八二番

松川会館　社長　権文赫　電話松川九〇番

金融業　社長　金亨元　会津若松市栄町八　電話若松二―八六一四番

長谷川ミシン商会　社長　曹玉鉉　原町市栄町三―一五　電話原町一七四六番

ダイヤモンドホール　社長　李根伊　電話二二四四番

共栄商事　社長　宋正議　いわき市平北目町一五　電話平四―七〇五一番

二葉ホール　尹滋竜　福島市太田町五一―八　電話福島二―一九四五番

ボンボンパチンコ　社長　李鍾根　喜多方市寺町四七六四　電話喜多方一〇五九番

センターホール　社長　李英善　郡山市堤三五　電話郡山二―三五一〇番

共栄商事　李康逸　いわき市平北目町一五　電話平四―七〇五一番

三金建設株式会社　社長　金柄河　白河市字南湖切一〇一

ニュー・トーヨー　李守鉉　郡山市朝日台二六―二一　電話郡山―一〇三六番

中村土建株式会社　社長　李相万　電話若松二―二二八番

キャバレー・ミカド　禹再鉉

鳴美旅館　代表　張在極　いわき市錦川南七七　電話いわき一―二〇一四番

東京ホール　鄭鍾三　郡山市駅前一―八―七　電話郡山二―二六四七番

在日本大韓民国居留民団　福島県地方本部

職	氏名
団長	李鍾根
副団長	鄭煥約
副団長兼事務局長	李錫伊
議長	金文生
副議長	李根伊
〃	曹玉鉉
監察委員長	金亨元
監察委員	権根錫
〃	柳英植
総務部長	李竜煕
組織部長	金和植
経済部長	張在述
文教部長	李錫伊
民生部長	李鉉達
宣伝部長	朴秀烈
顧問	李英善
〃	金柄河

福島県郡山市深沢二―十一―二十一

電話郡山二―九〇七二番

福島県韓国人商工経友会

職	氏名
会長	李根伊
副会長	李英善
監査	張在極
〃	権文赫
理事	李守鉉
〃	安熙東
〃	金査完
〃	崔寿竜
〃	尹栄柱
〃	金亨元
理事	尹滋竜
〃	李鉉達
〃	曹玉鉉
〃	李竜煕
〃	金永甫
〃	柳外述
顧問	金柄河
〃	李英善
〃	朴秀烈
〃	李鍾根

民団　福島県浜通連合支部

職	氏名
団長	崔寿竜
副団長	金東培
事務部長	朴正煥
議長	張在極
副議長	禹再鉉
監察委員長	尹孝同
監察委員	尹栄柱
顧問	柳外述
〃	金明洙

在日大韓婦人会福島県本部

職	氏名
会長	金玉女
副会長	崔外順
	裴錦仙

242

韓國新聞

韓国新聞社
発行人 李裕天
編集人 金英儁
東京都文京区春日町
2丁目20—13
電話 (813) 2261〜3 編集
(812) 0673 業務
定価 1ヵ月100円
振替口座東京 54988番

赤化要員訓練所に断固反対

朝鮮大学認可阻止 中央民衆大会ひらかる

美濃部東京都知事の態度表明で端を発した赤色革命要員の訓練所「朝鮮大学」に対する認可阻止運動は、民団中央の指示にしたがって全国的なたかまりをみせているが、十月十三日には、全国地方本部団長ならびに関東地協傘下の同胞約五千人が都内・日比谷野外音楽堂に参集（写真上）して朝鮮大学認可阻止中央民衆大会を決行した。

同大会は、大会決議文、日本関係当局に送る陳情書、抗議文を採択し、これを佐藤首相、劔木文部大臣、美濃部東京都知事にそれぞれ手交し、全参加者が都内の目抜き通りをデモ行進して（写真下）日本国民に強くアッピールした。

日比谷に5000人参加

都内目抜き通りをデモ行進

"認可反対"全都にこだま

秋晴れに恵まれ好調な出足をみせた朝大認可阻止の中央民衆大会は定刻、関東近県から集った同胞で会場を埋めつくし東京韓国学校生徒によるブラスバンドの吹奏で大会の幕を切っておとした。

大会会長団（李裕天中央団長、金光男中央議長、金仁洙中央監察委員長、金己哲東本団長、韓玉順婦人会中総会長）の着席と同時に国民儀礼が行なわれ、つづいて金己哲東本団長の開会辞、李裕天中央本部団長の大会あいさつ（別掲）があって評論家中保与作氏による朝大認可阻止を激励する講演がなされ、引き続き金世基（国際事務局長）の認可阻止闘争の経過報告と金光男中央議長による講演があり、このあと、朴述祚神奈川本部団長が日本関係当局への陳情書を読みあげ、抗議文（金宰淑韓青委員長朗読）、大会決議文（鄭東基三多摩本部団長朗読）をそれぞれ拍手で採択した。

大会はこのあと、全参加者が「朝大認可反対」のタスキをかけ、手に手にプラカードを掲げてデモ行進に移った。ラウドスピーカーを備えつけた宣伝カーを先頭に認可阻止のシュプレヒコールをしながら日比谷—虎の門—西新橋—銀座—国労会館へと秩序整然のうちに日本国民にアッピールし、同午後三時すぎ国労会館前で流れ解散した。

一方、日本関係当局への陳情団（首相官邸—金光男、丁賛鎮、梁相基、曺寧柱、呉宇泳、申灝、文部省—金坪珍、金己哲、金仁洙、金今石、鄭哲、呉敬福）ならびに抗議団（東京都庁—李裕天、鄭烔和、李相台、李寿成、関東近県本部三機関長、傘下団体代表）は陳情書を手交した。

決議文

全国土の赤化を画策している金日成北韓共産集団の走狗である朝総連により、本国および在日僑胞、そしてまた日本の共産革命の尖兵養成機関として設置された、いわゆる朝鮮大学校の陰謀を粉砕し、同時にこれを各種学校として認可することにより、助長させようとする美濃部東京都知事の無謀な策動に対して抗議し、これを阻止するため関東地区在留のわれわれ在日大韓民国居留民団員五千名は、きょう東京日比谷野外音楽堂に結集して朝鮮大学校認可阻止中央民衆大会を開催し、その総意を大会の名で次のとおり決議する。

一、われわれは民族教育という美名のもとに行なわれている純真な在日僑胞子女への共産教育と共産革命の第一線要員養成機関としての朝鮮大学校の欺瞞性と非合法性を絶対に容認し得ず、これを粉砕するため最後まで闘争する。

一、われわれは美濃部東京都知事が、朝鮮大学校を各種学校として認可することにより、これに合法性を附与しようと策動していることに対し、如何なる極限闘争をもってしても阻止する決意である。

一、われわれは日本の政界または民間の一部に偏在している二つの韓国的政策、あるいは思考方式を徹底的に糾弾するものであり、日本が韓日基本条約の精神に立脚して国際信義を厳守することにより、両国の真正な友好親善関係が樹立されることを望む。

一、われわれは日本各地における朝総連傘下の各種教育機関により、一方的に注入されている共産主義思想と偏見から、僑胞子女を救出し、これを大韓民国人民とならしめるあらゆる対策と態勢を確立することを再確認する。

一九六七年十月十三日
在日本大韓民国居留民団
朝鮮大学校認可阻止中央民衆大会

第十一回定期中央委員会召集

第一日　十一月十日　午前九時
第二日　十一月十一日　〃
場所　日傷会館
東京都新宿区市谷本村町四十二
TEL二六九—八一五一番

議題
一、新年度活動方針案の討議
一、その他

中央本部議長　金光男

許されぬテロ養成所

大韓民国転覆を目論む陰謀粉砕

中央団長　李裕天

大学とは真理を探究するところでありますが、朝鮮大学なるものの実体をみると、これは教育内容からして共産赤化工作員の養成訓練所で、祖国大韓民国の転覆と在日六〇万同胞の赤化を目論んでおります。われわれはかかるテロリストの養成所を日本当局が認可するのを看過するわけには参りません。

そのため、きょう全国各地方本部代表ならびに関東地協傘下同胞がここに結集し、いわゆる朝鮮大学の認可阻止に決起したのであります。

われわれは、この地において正しい民族教育を実施し、これを守るためにも彼らの陰謀を徹底的に粉砕しなくてはなりません。きょうのわれわれの総意と主張が貫徹されるよう日本側関係当局に強く働きかけると同時に、われわれの意志が日本国民に正しく伝えられるよう秩序ある行動をとっていただきたい。

佐藤総理に反対意見書

韓日条約、日本国憲法に照らして

韓国人権問題研究所が

美濃部東京都知事の朝鮮大学校の認可方針に反対する民団傘下の抗議集会は、全国的に波及、日増しに認可阻止運動のたかまりをみせているが、本国の各界でも一斉に認可反対のノロシを挙げ、日本の関係各庁へ抗議文を送り、"朝大認可阻止運動"を最高潮に盛りあげている。

本国での反対抗議は、全国教職組合を始め教育界が、その先陣を切って全国各地で認可阻止運動を展開しているが、このほど韓国人権問題研究所（金翼俊理事長）でも朝大認可に反対する意見書をまとめ佐藤首相に直訴した。

韓国人権問題研究所が佐藤首相に送った朝大認可反対意見書の内容は韓日条約で取り決めた基本関係に関する条約第三条「韓国政府が韓半島における唯一の合法政府であることを確認する」を引用、日本が韓国政府を韓半島における唯一な合法政府であると承認した以上、日本政府は、韓国以外のいかなる名称を持った集団との外交関係を持ったり、または、合法政府韓国の存在を否定する教育機関を認可するということは、この基本条約に反するものだと指摘している。

さらに、この反対意見書は、たとえ朝鮮大学校が民族教育のみを行なう教育機関であるとしても—❶朝大は、日本政府が不法集団と規定した北韓からの莫大な資金で運営されている❷朝大の教育内容は、自由主義の人権宣言を無視し弁証法的唯物論による共産教育を行ない韓日両国の存立を否定する教育を行なっている❸朝大は、僑胞二世に共産教育を行ない、将来は北韓の東北アジアの赤化尖兵隊にしようとしている—という事実からしても、このような教育機関の存在を合法化する措置に黙認できないと強調している。

最後に、日本憲法九十八条第二項と九十九条を引用＝過去の日本帝国主義は、国際条約を誠実に遵守しなかった事例に照らして「日本国家が締結した条約は、これを誠実に遵守することを必要とする」「天皇、または、その他の公務員は、この憲法を尊重し、擁護する義務を持つ」（九十九条）＝この二か条の憲法規定からしても、美濃部知事の認可方針は、日本憲法に反する行為であると指摘。

そうして、もし、美濃部東京都知事がその権限を濫用して朝鮮大学校を認可した場合には、日本政府は、国際条約を誠実に遵守するという確固不動な意思を明白に表明するため、朝鮮大学校認可取消しをなしえる措置をすみやかに講ずることを強く要請すると結んでいる。

東京都庁に抗議文を手渡す抗議団。左が李裕天中央団長

綱領

一、われわれは大韓民国の国是を遵守する
一、われわれは在留同胞の権益擁護を期する
一、われわれは在留同胞の民生安定を期する
一、われわれは在留同胞の文化向上を期する
一、われわれは世界平和と国際親善を期する

243

李裕天団長、中川入管局長と会談

法的地位の実施 運用で再度要望

写真は中川局長と会談する李裕天団長

経済成長10％超える

第二次五ヵ年計画も目標内に達成

朴大統領 来年度予算で演説

朴大統領

大衆の税負担を軽く

予算規模と特徴

科学技術教育を拡充

戦没遺族の福祉をはかる

文教・社会・公報

親米友好をより堅く

共産侵略に対し国防強化

外交・国防

安定から高度成長へ

輸出産業の成長を強化

経済

厳敏永駐日大使、19日着任

空港で記者会見

民団の協力で問題解決へ

サッカー五輪予選を顧みて

韓国サッカー依然健在

惜しくも得失点差で敗れる

日本の試合運営に問題残す

写真・韓日戦の日スタンドを埋め尽くし韓国選手の健闘に声援する僑胞の応援団

必勝 韓国選手団

[illegible]

な一勝をもぎとり、日本の実力が名実共、充実したかに見えた。外国有名チームの招待試合の他、日本第一級選手を南米に遠征、国際試合の経験を豊かにしている。

しかし、日本のサッカーがこのように実力向上を許ったのと同時に何時のまにか、アジア一を自負し、アジア各国を無視する傾向があらわれ、アジア各国のひんしゅくを買ったのもこの最近のことである。それは、マレシアーで行なわれたムルデカ、サッカー大会に、日本サッカー協会は二級の選手を送り開催国のいかりを買ったことである。

このような日本の微慢で、ずるい態度は今度の予選試合でもみられる。まず試合日程であるが、一番弱いフイリピンとの対戦を日本の初の対戦相手に決め、宿敵の韓国は、他のチームと対戦させてみて自分と対戦するようにしたことである。これは、強敵韓国をのぞいた他チームとの対戦を通じて韓国の実力を判断しようとするずるい計算からである。

次に日本と国府の試合途中、国府の選手が退場されたが、この選手は日本との試合だけ退場処分された。サッカーのルールでは、一度退場処分を受けた選手は残りの全試合にも出場できないと決められている。それが、日本との試合だけに限って退場させるというのはルール違反もはなはだしいことである。

又、試合開始前、試合当事国の国旗掲揚と同時に国歌が吹奏されるが、韓国と国府の場合、国旗掲揚に合せて国歌を吹奏することになっているものを、国旗掲揚の吹奏テンポに合せず勝手に国歌を途中で吹奏を止めてしまい、関係者から再三の抗議を受けたあと、韓国だけ抗議を受け入れ、国府の場合、最後まで国歌吹奏を途中で中断してしまった。

このようなことは、今までの国際試合ではみられなかったことである。

いずれにしても、今度の予選試合を契機に、韓国サッカーは、もっともっと強くなるようその対策を講じなければならない。

韓国チームが初の対戦試合日の国府との対戦日から最終日のフィリピン戦までの五試合に、関東一円の僑胞は、民団の応援動員指令に応えて毎試合、数千の人々がおしかけ、韓国選手をはげまし、健闘をたたえた。とくに、日本との試合当日は、中央スタンド正面の向い側に、太陽旗の手旗を手にチマチョゴリ姿で陣どり、韓国選手に終始声援を送った学生達の応援はひときわ印象深かった。なお韓国の対戦スコアは次の通り。

【第一戦】韓国 4（3－2、1－0）2 国府

【第二戦】韓国 2（1－0、1－0）0 レバノン

【第三戦】韓国 3（2－0、1－0）0 南ベトナム

【第四戦】韓国 3（0－2、3－1）3 日本

【第五戦】韓国 5（2－0、3－0）0 フィリピン

京都韓国学校体育大会

僑胞の団結さらに強化

さる十月十五日、京都韓国中・高等学校の第二十二回体育大会は約二百名の健児らが参加し、六百余名の父兄各界代表が臨席のもとに盛大に開催された。

前日の降雨により運動場の整備上開会が十時におくれたが、大会会長のあいさつ、ついで民団京都本部団長の祝辞の後、午前の部のプログラムが始まり、各種個人、団体の競走、舞踊、大極旗を描くマスゲームなどが行なわれ午後の部ではわが民族固有の衣装のチマ・チョゴリで飾られた仮装行列からはじまって、各機関対抗リレーなどが熱狂裡に行なわれた。なかでも近隣校の大阪金剛学園との対抗リレーは相互親善はもちろんのこと、わが僑胞の団結心をもり上げることにおいても意義あるものがあった。

午後四時半に閉会式が終わった後、父兄らが自ら会場の整備に協力して、体育大会を終えた。

（写真は京都韓国中高等学校体育大会の競技戦）

今年度奨学金受給者決まる

洪大奎くん（東大）ら81人

十月二十一日 駐日韓国公報館で交付

中央文教局（呉世経局長）では韓国人教育後援会の今年度奨学金支給者の選衡を検討していたが、審査の結果、全国八十一人の奨学金支給対象者を決定し、二十一日午後二時から駐日韓国公報館で奨学金を交付した。なお支給者は次の通り。

洪大奎（東大）裵応五（上智大）金秀昌（明大学院）丁宗鉄（横浜市立大）許途（上智大院）宋鎮根（千葉大）玄庭浩（明大学院）趙東来（明大学院）張徳恵（文化女子大）諸葛吉（東京理科大）李弊吉（千葉大）梁正善（早大）許東郁（早大）崔玉姫（駒沢大学院）申鍾一（早大）姜尚益（早大）張鐘嬪（明大学院）金光一（東洋大）韓須美（YMCA英語学校）辺浜石（早大）柳州鉉（東京大学院）禁肪鎬（東京大学院）呉文鍋（東京理科大）鎮田美子（共立女短大）鄭宋九（東京大学院）金光沢（早大）金貞淑（東京教育大学院）李杰（東京大学院）金悦輝（明治学院大）李和型（慶応大学院）鄭満昭（上智大）裴敏暁（早大）金昌使（東京神学大学院）許昌源（明大）卓楨紀（東大）金文洙（国際キリスト教大学院）金述元（東京電気大）金泳国（亜細亜大）李鉉旭（東京教育大学院）申孝周（関東学院大）李正義（東海大学院）丁润鎬（立正大学院）朴得鎮（明大）朴栄子（早大）呉英仙（東京水産大）卞益勝（新潟医大）蔡完明（新潟医大）柳沢熙（東京大学院）鄭俊鎬（東京大学院）崔相董（東京大学院）李相哲（京大）高博（京都大学院）朴仁泰（京都府立医大）張順子（英和大）尹鐘吉（京都家政短大）魚鍾根（近畿大）張明良（桃山学院大）安玉枝（京都薬科大）安炳根（大阪商業大）張満和（大阪大）呉顧石（大阪学院大）曹松姫（大阪市立大）金昭一（岐阜大）鄭栢（名大）李利男（愛知工業大）朴永吉（名大）梁在慶（慈賀大）李寛（岡山大）鄭秀鎬（近畿大）金世寿（九大）金作明（山口大）洪美愛（九大）鄭相召（山口大）文静子（信州大）金徳任（立大）姜永昌（同志社大）金徳夫（静岡大）李勝弘（岡山理科大）鄭宗浩（早大）文和江（東京大学院）

ミナト大阪開港百年祭

異彩放った韓国パレード

民団大阪本部の意気発揚

十月十五日は大阪開港百年祭に当る。この日、秋晴れの好天気に恵れた地元の大阪では「ミナト大阪」の合同記念行事が盛大に繰りひろげられたが、港町にふさわしく国際色の豊かな各国の隊列が大阪の目抜き通りを行進した。

午後一時から始ったパレードは各国のネームの入ったプラカードを持ったボーイスカートを先頭におよそ三時、在阪神十五カ国の領事館の花自動車が中華民国、大韓民国、フイリッピン、英国の順につづく。特にバントガール、金剛学園、白頭学院の混成ブラスバンドを先頭に、民族衣装の色どりも美しく民団、商銀、商工会、韓日両国旗掲揚隊の女子学生、舞踊団、板商店の自由の家を形どった花自動車、農楽隊の順につづく韓国の行進はこの日の圧巻で、沿道につめかけた物見高い大阪ッ子を魅了し、民族意識の昂揚に目を見張らせた。

婦人会朴総務辞任

婦人会中総（鄭玉順会長）では十月十四日付で朴貞子総務部長の辞任を受理したと発表した。

集会案内

コリアン・チャペル

（在日大韓基督教会）

▲礼拝場所…ホテル・ニュージャパン内韓国公報館映写室

▲礼拝時間…毎日曜午前十一時より

▲担任牧師…李清俊牧師

岐阜で韓国人秋季大運動会

岐阜地方本部ではさる十月八日秋晴れの下で、岐阜市立加納西山小学校校庭において団員三百五十余名が参加して親睦と体位向上をはかってなごやかに第一回秋季大運動会を開催した。

写真は岐阜の秋季大運動会

事務管理の合理化に着手

手始めに団員のカードを整備

民団・東京港支部

民団東京・港支部（尹達鏞団長）では、去る七月一日から、管内同胞の実態を事務管理の上で正確に把握、今後の民団運動の基礎とするため"内部事務整備期間"を設け、事務管理の整備作業を着手していたが、このほど、その第一段階の事務整備が完了して、その中間報告を行なった。

同支部で行なった事務整備の第一段階では、とりあえず同支部管内の居住者、前居住者のすべての団員身元カードを作成、性別に区分してアルファベット順で整理箱にまとめたことである。

この団員カードの整備綿によって、当支部に居住、又は、以前居住したことがある人は、名前だけで住所、転居先、家族関係などを三分以内にわかるようになっている。

同支部では、この第一段階にひきつづいて、目下第二段階の事務整備にとりかかっているが、第二段階における事務整備の対象と課題は、次の十六項目となっている。

❶世帯別と団員数❷男女別年齢別による分類❸居住地区別による分類❹職業別による分類❺資産能力による分類❻国民登録更新完了者と未完了者の分類❼旅券所持者の分類❽団費納入者と未納入者の分類❾婦人会員、青年会員、協同組合員、納税貯蓄組合員の所属別分類❿永住帰国者、転居者、死亡者、北韓帰国者、日本へ帰化者の分類⓫協定、一般永住権の申請者の分類⓬国語解読者と未解読者、出身教育程度の分類⓭日本人との国際結婚実態の調査⓮就学実態の小中、高、大別分類⓯出身本籍別分類。

このように、第二段階の整備対象は、その範囲が広く、官庁以上の事務合理化を計ろうと目論んでいる。

港支部では、この事務整備と合せて「日課チェック」を実施しているが、その内容は

❶出勤簿に捺印
❷前日からの未整理事項確認
❸今日の予定の再検討と要点的活動事項の整備
❹起案事項の確認
❺発信、受信の記録と綴込
❻団長決裁事項、報告事項の分類
❼情勢把握、韓国新聞、統一日報、各級機関よりの通信文からの抜粋
❽団員個別実態調査・組織化
❾機関紙発行の資料整理
⓾日記帳、各伝票、帳簿の締切
⓫予定表の作成

以上の日課予定表にそって、事務管理化の第二段階を完成すれば、その次の運動目標として❶国民登録更新および管内同胞の包摂促進❷全団員旅券所持運動❸永住権申請促進などの三点を重点的に行なうことに決めている。

商銀の預金拡大に積極的な応援を

民団東京・港支部で座談会

なお、港支部では、このほど、管内有志多数を招いて"東京商銀預金拡大運動"に関する座談会を開催した。

この日、座談会は、同区内のコリア・ハウスに東京商銀信用組合の許弼奭理事長を迎え、東京商銀の預金拡大運動に対する具体的な問題点を話し合った。

民団で東京商銀の預金拡大運動を積極協力を始めることになったのは、去る八月、民団東京本部事務部長会議で決定されたもので、この日の座談会では、商銀を利用する立場からの要望や商銀運営に対する改善策が具体的に示された。

このような要望や運営の改善策に関する意見に対し、許弼奭理事長は、東京商銀の実体と営業内容を細く分析した状態を説明、従来の経営方針を大幅に改善、同胞が要望する金融機関に育成して行くため、皆の意見や改善策を運営面で反映するよう努力したいと語り、一層の協力を要請した。

座談会は、このあと同支部では、この預金拡大運動に積極的に応援することを取り決め、即座で十万余円の預金の申し込みがあり、今後の協力を約束して散会した。

尋ね人

姜介富　一八九七年十二月十日生

妻　又介富　一九〇八年十二月二十四日生

妻　英礼　一九二六年十二月十四日生

慶尚北道慶州市中央洞九六番地にて出生

連絡先　慶尚北道迎日郡興海邑郎洞里

補填海軍病院文官　姜　審錫

詩

（酒場）

趙炳華

金尚烈訳

そんな時は何時も…

寒さに耐えかねて

酒場にはい込んで

僕は夜、父になった…

必要以上の作法を…

なんの罪も僕にはないのに

吝して行くという…

ある時この酒場…

麗しい花嫁に見…

しかし腹をおさ…

この日があってから

この初の会話を僕…

一人の女を愛する…

そんな手続きまで…

寒さが募った日の…

雪の降る酒場には…

暮すという事がい…

手続きをしなけれ…

その多いうさが…

字一つのよみが…

雪の降る酒場には…

父となったその事…

遂にはどうにもな…

（巴里）

ノートル・ダムは…

香木と煙草のにお…

[illegible]

迫力もなく醜くかったが、木石ではないので…

しかった

寂しい私の友は

今、鐘の音の中に行方を知らず、愛は残って…

を流れる。

恋人は変われどもセーヌはただ流れるもの

時間を旅する私の心よ

セーヌに映って私が流れる。

私は純粋なコリアン。

エトランゼーとは人間を意味するもの

出て来た所も同じ所も知らない

遠くて何時も寂しい人

手ぶらで何時も心うつろな旅人。

香水と煙草のにおいが濃いヨーロッパの空の下

私は人間 旅の者

ノトル・ダムは年をとり

セーヌは愛を浸しながら年取るのを忘れた。

〈作者紹介〉

一九二一年京畿道安城生れ、東京高等師範学校を卒業して東京文理大学在学中解放を迎えた。現在ソウル特別市慶熙大学教授。国際P・E・N大会に（〇回）参席し、一九四八年詩集「捨てた遺産」でデビューして以来、詩集「一日だけの慰安」「貝殻の楽室」「人孤独」「旅宿」「愛は去る前に」「ソウル」「石畳」「待ちながら暮す人達」などの作品があり、自由文学賞（〇回）をうけている現役詩人である。

尹吉炳氏を宣伝委員に委嘱

中央本部は十月一日付で尹吉炳（写真）国際プロダクション社長を宣伝委員（芸能関係担当）に委嘱した。

国立劇場の起工式挙行

国際級の大型劇場

韓国の国立劇場の起工式が、さる十二日、奨忠公園で行なわれた。この日、起工式には、洪鍾哲公報長官ら多数の文化芸術関係者が出席して行なわれたが、この国立劇場は、総工事費九億五千万ウォン、建て坪五千坪、地下一階、地上四階の規模である。完工予定は、六九年十月までで、なお、この国立劇場は、韓国で初めての"国際水準の大型劇場"である。

国民登録および永住許可申請案内

国民登録更新および新規申請

一、対象者

（1）満十四歳以上の大韓民国国民

（2）旧国民登録証を所持している者

（3）旧国民登録証を所持してない者は新規申請

二、具備書類および申請方法

（1）申請書一通（所定様式＝民団各支部にあり）

（2）写真四枚以上を民団支部に提出すること（手数料無料）

同申請書は民団支部を経由して大使館または各級領事館で受けつけると、直ちに処理され国民登録証が発給される。

三、申請期間

自一九六六年八月 至一九六七年十二月

協定永住権申請

一、申請該当者

（1）一九四五年八月十五日以前から申請時まで、継続して日本国に居住している大韓民国国民

（2）（1）に該当する者の直系卑属（子、孫）で、一九四五年八月十六日以後、法的地位協定発効日（一九六六年一月十七日）から五年以内（一九七一年一月十六日）に日本国で出生し、継続して日本国に居住している者

（3）右（1）（2）に該当し、協定永住許可を受けた者の子女で、協定発効日より五年が経過した後に（一九七一年一月十六日）日本国で出生した者（出生日より六十日以内に永住許可を申請）

以上の該当者は、外国人登録から漏落していても、事実上継続して日本国に居住していた者は許可される。

二、申請方法

（1）申請場所＝居住地の市、区、町、村の役所

（2）申請人

（イ）満十四才以上の者は、本人が直接出頭して申請し、十四才未満は親権者または後見人が代理申請する

（ロ）申請者が疾病、またはその他の身体障害により出頭が不可能な場合は代理人による申請も出来る

（3）手数料は無料

三、具備書類（各市、区、町、村役所にあり）

（1）永住許可申請書一通

（2）旅券または国民登録証提示、但し（2）が無い者は「大韓民国の国籍を持っているという趣旨の陳述書」を提出する

（3）家族関係および居住経歴に関する陳述書一通

（4）写真二枚

（5）外国人登録証明書提示

四、記入方法

（1）韓国姓名（名前）を記入し、字、号等の名前は日本式に記入する（例、朴ミチ子＝朴道子）

（2）居住歴においては、何年頃、春頃、秋頃、等のように記入してもよい

（3）家族関係では、在日家族だけでなく、本国家族も記入すること（戸籍謄本等を参考）

（4）記憶不明の場合は、役所における外国人登録原票の写本交付を受け、その記録通り記入してもよい。

一般永住申請

一、申請該当者

（1）戦前に日本国に居住し、戦後一時的に帰国して平和条約発効日（一九五二年四月二十八日）以前に日本国に再入国した者と、平和条約発効日以後日本国に入国した者（在留資格特在四－一－十六－三）になっている者

（2）（1）の直系卑属で、平和条約発効日前に日本国で出生した者

二、申請場所

法務省、各地方入国管理事務所

三、具備書類

（1）申請書（2）質問書（3）健康診断書（4）外国人登録済証明書（5）財産証明書（6）納税証明書（7）健康診断書（8）身元保証書（9）国籍証明書（大使館または領事館発給）

申請書は二通、その他は一通

駐日大韓民国大使館

駐日大韓民国各級領事館

北傀に直訴で暴いた「朝総連」の犯罪

民戦当時から日共と共謀し侵奪を計画

一九五三年にも画策・未遂

朝鮮教育財団所有の東京新宿西口新宿ビル

民族財産詐取事件

元朝鮮奨学会崔理事長の書翰

一九四〇年に設立

朴恩哲が売却を指令

代表部の梁を買収

第48回国体に 在日僑胞選手団を引率して

金昌式　在日大韓体育会理事長　在日僑胞選手団総監督

優勝 総点33点、第11位

柔道・射撃・庭球・野球　ハンマー投・砲丸投

昨年より向上した成績

さる十月五日から十日まで六日間にわたりソウルで開催された第四十八回国体に在日僑胞選手団百三十名を引率して、その任を果し、無事に帰日した在日大韓体育会理事長金昌式氏は本国国体での経過を次のとおり本紙へ寄せた。

一、国体日程

責任の重大さを身にしみて感じながら、一三〇人の選手団と、ソウルに着いたのがさる十月一日で早速奨忠選手村にはいった。当日の夜の監督会議では合宿規定、競技日程などを話合った。

▼十月二日七時に朝礼、体操、入場行進訓練で第一日が始まった。本部役員は体育会を礼訪し、ついで国体に関する打合せを行ない、各競技部は、各協会の監督会議に参加した。

▼十月四日、新聞社（八社）への挨拶の訪問をし、途中東亜放送局では、団長と共に放送局のインタビューに応ずる。昼食は国会副議長の招待にあずかり、忙しい中で、本部役員だけが参席した。僑胞選手団に示される数々の配慮は有難いことであった。夜は僑胞選手団としては始めて前夜祭に参加し、国体ムードは高まった。

▼十月五日、いよいよ国体開幕の日、開催地より遠い順で、僑胞選手団が先頭になった。僑胞選手団の堂々たる入場行進に対し、スタンドから風のような拍手が湧き、国旗（太極旗）の手旗を持って敬礼を行ない称賛をうけた。入場行進は全選手が、訓練してもっと美しくしなければならないと思った。入場賞は来年からは、大統領賞になるとのことである。午後は、初参加の高校蹴球と庭球の試合を応援した。梨花女子高校の盛んな応援にもかかわらず、敗れたがよく健斗した。

▼十月六日、本格的に競技が展開され、団長を始め本部役員は、陸上、蹴球、庭球、ラグビー、一……

写真上は表彰台に立つ僑胞代表（3位）
右写真下は大会場に入場する僑胞選手団

総額五千百万ドルに決定

対日請求権資金第三年度計画

政府は、去る十一日の国務会議で対日請求権資金の第三次年度実施計画案を確定した。

三次年度の総規模は、五千百十万ドルで、その内訳は、資本財千五百十万ドル、原資財六百万ドル、機械、肥料四百万ドル、昭陽江水力発電所建設費千三百万ドル、通信施設拡張費百八十万ドルとなっている。

信者でない人の結婚式も可

在日大韓基督教総会で決定

日本全国に散在する韓国人のキリスト教会の全国組織ー大韓基督教総会ー（教会数五四、正会員一〇〇人）は、このほど第二十二回総会を開き、この一年間の各地教会の伝道状況や今後の具体的問題点を討議した。

今回の総会で、今まで各地の教会では、正会員以外の者の教会での結婚式を禁止していた慣例をあらため、信者でない人の結婚式も正式に教会で行なうことに取り決め、当該教会の教師が主礼を司ることにした。

このような画期的な決定について在日大韓基督教総会の丁仁寿牧師（大阪平野教会）は、次のように語った。

「われわれ日本におけるキリスト教徒の使命は、まず同胞六十万を神に導くことである。そのためには、聖書を広く伝えることであるが、それが単に言葉によるものでなく生活実践を通して、キリストの教えを伝えることである。

特に日本における韓国教会は、周囲が日本人にとりかこまれているため、同胞との心のふれ合いの難しさが存在する。そこで人生の新しい門出の式典を、今後、われわれの教会で行なうことによって同胞社会の奉仕の一部として、このような決定をしたものである」と語った。

"韓国の発展に敬意"

インドネシア国会議長談

本国李孝祥国会議長の招きで韓国を訪問したインドネシア・シャイフ国会議長は、去る十六日、五日間の韓国訪問の日程を終え、帰国した。シャイフ議長は、出発に先だって記者会見し、韓国の印象を次のように語った。

韓国の経済発展ぶりには、何よりも深い感銘を受けた。韓国の政府と国民が一致団結して経済発展と近代化に全力をあげている実情を自分の目でみて、心強く思った。インドネシアは、早急にソウルに領事館の設置を希望しており、その具体的な日取りはインドネシア政府が決定するだろう。

なお、シャイフ議長は、去る十三日、本国国会本会議で演説、インドネシアの九・三〇事件にふれ「一部のアジア国家は、他国の内政干渉にいとまなく、反戦と暴力をもちいて他国の転覆を計っているが、それが中共の勢力拡大主義だ」と述べ、暗に中共の勢力拡大主義を非難し、「共産主義思想は、インドネシア国民の『心の糧』といえる"パンチャシラ理念"に反するため、共産主義はインドネシアで非合法化された。われわれインドネシアが反植民地主義を固守するのは国家と諸国民との友好を尊重するためであり、今後もインドネシアは、従来の非同盟政策を堅持しながら外国との友好関係を持続してゆこうと努力している」と語った。

韓肥株式51% 政府へ献納

三星のサッカリン事件終幕

三星財閥の李秉喆氏は、去る十一日、韓国肥料株式会社の同氏所有の株式五十一%と、同社の経営権を政府に移管するという書簡を朴正熙大統領あてに送ってきた。

この書簡を受けとった朴副総理は、この李氏の株式の所有権と経営権を政府に献納する申し立てを受け入れ、ただちに朴大統領に報告、政府の態度を決定した。

韓国肥料の政府献納のいきさつは、韓国肥料が建設に必要な建設資材の輸入荷物の中に大量のサ……

246

韓国新聞社
発行人 李裕天
編集人 金尚銘
東京都文京区春日町2丁目20−13
電話 (813) 2261〜3 編集
(812) 0673 業務
定価 1ヵ月100円
振替口座東京 54988番

綱領
一、われわれは大韓民国の国是を遵守する
一、われわれは在留同胞の権益擁護を期する
一、われわれは在留同胞の民生安定を期する
一、われわれは在留同胞の文化向上を期する
一、われわれは世界平和と国際親善を期する

韓国招請案 58対28で可決

北韓は締め出される
実を結ぶ韓国の国連外交

国連政治委

国連政治委の韓国招請表決趨勢

会期	案件	日付	会員国数	賛成	反対	棄権	欠席
15次	韓国招請、北韓条件付招請	61.4.12	99	59	14	23	3
16次	上同	61.12.13	103	63	18	19	3
17次	韓国単独招請案	62.12.11	110	65	9	26	10
	南北同時招請案	62.12.11	110	29	56	14	11
18次	韓国単独招請案	63.12.9	111	64	10	24	13
	南北同時招請案	63.12.9	111	25	54	20	12
20次	韓国単独招請案	65.12.20	117	50	20	20	27
	南北同時招請案	65.12.20	117	28	39	22	28
21次	韓国単独招請	66.12.13	122	63	24	21	14
	南北同時招請	66.12.13	122	34	53	19	16
22次	韓国招請北韓条件付	67.10.31	122	58	28	25	11
	南北同時招請	67.10.31	122	37	50	24	11

国連総会に提出されたアンカークの報告書(要旨)

一、第二十二回国連総会には韓国問題が再び討議される。韓国問題は、大韓民国政府だけの問題でなく、全人類の重大な関心事であるゆえ、本委員団は、韓国問題に関する本委員団の見解を表明する。

二、総会は、韓国における国連の目的が平和的な方法による代議制度の下で統一、独立、民主国家の樹立を過去二十年間、重ね……

第二十二回国連総会の展望

本国論調

僑胞の安定に努力
厳敏永駐日大使 就任あいさつ

新任の厳敏永駐日大使

大使就任あいさつ

金東祚前駐日大使に 勲一等旭日大綬章

干害で苦しむ本国農民を兄弟愛で救援しよう!

中央執行委員決定さる

中央執行委員

李裕天 鄭烔和 金己哲 尹奉啓
金坪珍 吳敬福 朴述祚 金竜煥
崔学阜 吳世經 兪錫濬 吳基文
金允鍾 鄭鳳基 姜桂重 朴台子

人事発令
事務次長兼総務局長 呉敬福
(十月三十一日付発令)

韓・濠経済協力の展望
七〇年代から急進展
鉱山開発合資も可能

世界に伸びる韓国漁業
南・北太洋に調査団派遣

韓国から大統領特使参列

国民登録および永住許可申請案内

協定永住権申請

駐日大韓民国大使館
駐日大韓民国各級領事館

247

在日同胞の戸籍整備実施要綱

婚姻・出生など必ず届出
無籍者は早急に手続きを

本年一月十六日付で公布された法律第一八六五号"在外国民就籍臨時特例法"によって実施されている在外国民の戸籍整備について中央民生局は、該当者が早急にもれなく実施するよう各地方組織に再度指示した。戸籍整備実施要綱はつぎのとおり。

戸籍整備実施要綱

戸籍は、大韓民国国民の身分関係を公証登録する公文書であり、戸籍に記載されないと本人の身上に重大な利害関係をもたらすことになる。例えば、戸籍に記載されない者は、韓国国民でありながらもこれを証明する方法がなく、また、戸籍に夫婦として記載されていない者は法律上夫婦として認められず、そしてまた出生申告をなさず戸籍に出生事実が記載されない者は、父母との親子関係が認められない。したがって、夫婦あるいは親子として同居していても、配偶者もしくは親子としての財産相続なども受けることができない。特に、在外国民に対するすべての証明は、戸籍の記載が前提となるだけでなく、本国旅行の際の旅券の発給、再入国許可、就学等においては戸籍謄本が必須の具備書類となっている。そこで次の要領で戸籍の整備を促進するものである。

一、対象者

❶無籍者、韓国国民でありながらも出生申告をしない者、戸籍の滅失、または未収復地区に本籍があって、その後、仮戸籍をしないため戸籍から漏れている者をいう。

❷婚姻申告をしないため戸籍上夫婦として記載されていない者。外国人登録または、在外国民登録に夫婦として登録されていても、本籍地に婚姻申告をせず、戸籍上に記載されていない者は無籍者とみなされる。

❸戸籍上の姓名、生年月日、出生地等が実際の姓名、生年月日、出生地と異なる者。

二、整備方法

各該当具備書類をそろえて領事館に申告もしくは申請する。(手数料は無料)

三、具備書類

❶無籍者(両親の戸籍は整備されているが子に対する出生申告がなされていない者)
イ、出生申告書二通(各領事館備えつけのもの)
ロ、戸籍謄本一通(両親の戸籍が記載された謄本)
ハ、外国人登録済証明書一通
ニ、日本の市区役所発行の出生届受理証一通(同受理証を準備できない時には、医師もしくは助産婦の出産証明書)

❷前項以外の無籍者(全然戸籍のない者)
イ、就籍許可申請書三通(本人が作成する別掲書式参考)
ロ、身分表三通(イと同じ)
ハ、在外国民登録謄本三通
ニ、外国人登録済謄本三通
ホ、親家、生家の除戸籍抄本(他家から入籍して家族として就籍した時)

❸戸籍上夫婦として記載されていない者
イ、婚姻申告書二通(各領事館備えつけのもの)
ロ、夫婦双方の戸籍抄本各二通
ハ、日本の市区役所に婚姻届をした者は、婚姻届受理証明書一通(ただし、夫婦の一方が外国人である場合は必らず婚姻届受理証明書を要する)特に、夫婦の一方が無籍者である場合には上記のとおり戸籍整理をした後でなければ婚姻申告はできない。

❹戸籍上の名前、生年月日、出生地等が異なる者
イ、戸籍訂正申請書二通(改名時は改名許可申請書)
ロ、外国人登録済証明書一通
ハ、在外国民登録謄本一通
ニ、その他証憑書類二通

就籍許可申請

本籍　○道○郡○面○洞○番地
現住所　日本国○県○市○町○番地
申請人及事件本人　金○○
西紀○○年○月○日生

身分票

元本籍
新本籍

北韓における児童教育

矛盾と欠陥を神聖化
"偶像金日成狂信"に追いこむ

2、教育上の分裂
徹底した単一性教育

3、醜劇的な誕生
自由と独創性を抹殺
生まれる前から共産教育

4、偶像教育
「金日成伝」ウソばかり
歴史と宣伝は矛盾だらけ

5、敵対意識
搾取敵対意識を徹底
"石で砕き刀で突き刺せ"

6、集団教育
乳飲み児から人間改造
長期託児で母親に労働を強要
不潔な託児所で飢えに泣く

7、労働教育
まだ続く奴隷教育

248

本国農民を救おう！

傘下全組織に救援指示

七十年来の干ばつに離農続出

民団中央民生局では、去る十月二十六日付公文で、干ばつによる本国罹災農民を助け合う"救援運動"を行なうよう全国各地方本部にその実施方を指示した。

急を要する罹災救援

被災者一六八万人に及ぶ

神奈川韓国学校設立期成会を結成

純粋な民族教育機関を目標に

小、中、高校を併設

民団傘下組織から資金募る

神奈川韓国学校設立期成会の結成式

新潟商銀創立総会開かる

出資金三千万円、組合員四三八人

新潟商銀の創立総会、円内は朴万食理事長

統営、納島でも密柑生産

ソウル東仁洞で大火

金昌国氏が第一位

茨城県西連合支部会館が落成

裏側には二十坪の児童用国語教室

本国　人口三千万を突破

農業人口五〇％を割る

港支部青年会で干ばつ救援の映画会

"日本天皇の先祖は"韓民族""

泉靖一東大教授が新学説

尋ね人

北傀に直訴で暴いた「朝総連」の犯罪

朴恩哲が売却の張本人

元朝鮮奨学会崔理事長の書翰 <2>

"私は罪をかぶせられた"

前号の会奨会氏に関する寄稿製作所の件は、調査の結果、内容に多少誤謬があるので訂正いたします。

十三、一九五三年九月に、私は、一月給五年間分、約一五〇万円を払い……

それで私が、十二年間、……

"朝総連は泥棒の集まり"

北韓の内部変化要因に対する考察

—世代論と政治・経済的条件の問題— その2

朴東雲

北韓の世代交替の展望

社会主義経済建設の問題点

×　×　×

社告

本紙業務拡張のため次のとおり人事発令します。

業務部長　金容坤

韓国新聞社

重要日誌

10月25〜11月5日

政治

経済

250

韓國新聞

韓国新聞社
東京都文京区春日町2丁目20-13
定価 1カ月100円

中央委特集号

第十一回中央委員会開催

活動方針、予算案を採択

日傷会館 中央委員九十七名が参席

新執行部誕生以後、初の第十一回中央委員会が十一月十、十一の両日、都内・市ケ谷の日傷会館で中央委員九十七人を集めてひらかれた。

同委員会は、厳敏永新駐日大使を来賓に迎え、民団の新姿勢を打ちだした活動方針ならびに予算案を採択し、さきの第十回中央委で設置された金載華事件対策委は解散することとし、従来の法対委に変って"法的地位委員会"を新設、在日韓国人の法的地位問題について挙団態勢を整えることを決め、そして中央本部の基本財政確立案を採択し、日本政府の北送延長に抗議することなどを決めた。

第十一回中央委員会会場(日傷会館で)

第十一回中央委員会の決定事項

一、執行部提案の活動方針ならびに予算案を原案通り採択。

一、金載華事件対策五人委員会を解散し、金載華氏に対して寛大な措置を要請する電文を送ることを決定。

一、規約委員に李裕天、金光男、金仁洙、鄭哲、朴根世、張聰明の六氏を選定、規約の審議を委任する。

一、法対委に変って法的地位委員会を設置し委員十五人を選定する。ただし同委員の選出は中央執行委員会に一任する。

一、外国人学校規制法については、場合によっては臨時中央委員会を召集してこの問題の解決にあたる。

一、中央本部の基本財政確立案を採択。

一、日本政府の北送延長に厳重抗議する抗議文を送ることを決議。

一、韓国新聞の財政難解決の方策として地方版を特集する。

一、本国の「村文庫」に本を贈る運動を展開する。

一、中央委員ならびに代議員の増員の件と体育会に対する中央委員、代議員の配定に関する建議案は次期中央大会まで結論を保留する。

一、中央委員会に二回以上特別の理由なしに欠席した場合は中央委員権を剥奪する。

一、新中央執行委員を認准する。

一、滞納割当金を今月以内に完納することを決議する。

中央委第一日

金載華対策委を解散

[illegible]

中央委第二日

規約審議委員を選定

[illegible]

そして分科委員会は、次のとおり分科委員長を選出した。

企画―張聰明
組織―金竜煥
経済―宋　定
民生―鄭順相
文教―俞錫濬
宣伝―金允中

信頼される民団へ

李団長あいさつ 大同団結で組織に新風

李団長

きょうの第十一回中央委員会に全国各地の民団代表者が参加され、共通のわれわれの問題を討議できることを嬉しく思います。

第三十二回臨時中央大会で重責を負った執行部は、その間、選挙時の公約実践に努力する一方、朝鮮大学校の認可阻止、法的地位の改善、本国家族招請事業などを中心に強力な運動を推進してまいりました。

そして、このような事業を通じて"仕事をする民団"の体制を固め、今後の活動方針をこの中央委員会で決定することになりました。

このような時期に、金東祚駐日大使の後任として新たに厳敏永大使が就任されましたが、厳大使は、人も知る司法畑の出で朴大統領の信任も厚く、本国でも多くの業績を残されました。このような大使をお迎えすることになったことはわれわれの誇りでもあり、また民団の発展に大きな力となることをこの上ない喜びとするものであります。

だが、わが民団が発展するか否かは、われわれが如何に団結するかにかかっております。われわれは[illegible]

六分科委員決まる

【企画分科委員】[illegible]

【組織分科委員】[illegible]

【経済分科委員】[illegible]

【民生分科委員】[illegible]

【文教分科委員】[illegible]

【宣伝分科委員】[illegible]

朝鮮奨学会対策実行委員を改選

鄭烱和氏を委員長に

第十回中央委員会で、役員総辞職した朝鮮奨学会対策実行委は「朝鮮奨学会」のその後の重要性に照らして新たにつぎのとおり役員を改選した。

委員長 鄭烱和
副委員長 李金竜
事務局長 宋鶴用
委員 [illegible]

悪風を払い新風を

鄭烱和副団長の基調演説(要旨)

鄭副団長

[illegible]

写真は厳大使夫妻(中央、右は夫人)を歓迎する中央団長(左)

厳大使の就任を祝って
盛大に歓迎パーティー
10日 日活ホテルに400人

[illegible]

第十一回中央委員会で採択された新活動方針

事務管理を体系化
親切をモットーに

総務局

一、事務体系の確立

組織に献身する本団の役職員が、自己の職責を完遂する前提としてまず各々の生活が保障されなければならない。しかし、本団の現状から急速に役職員の諸手当、給与を引き上げることは困難であるゆえ、われわれ執行部は民生局提案の通り、役職員の生活と将来を保障する対策として本団役職員による共済組合の設置を強く要望する。

事務体系の確立に関し、われわれ執行部は、わが民族固有の美風と道義に基礎をおき、事務体系の確立を早急に実現しようとする。

文書の内容によって甲乙丙丁に分類、甲種は永久保存、乙種は十年保存、丙種は五年保存、丁種は三年保存とする。各文書の各種別区分基準は、追って定めることにする。文書区分は、一般的に普通、秘、極秘に分ける。

2 役職員の採用及び役職員の勤務態度とその任務に関して

呉敬福総務局長

「班」組織結成に重点
幹部の理論統一を徹底

組織局

一、はじめに

二、活動方針

（イ）理論統一　われわれの組織にも基本的理論は厳然と存在している。

しかし、この基本理論は、運用面において徹底化されなかったため、組織体系までが不明りょうとなり、あら

趙学来組織局長

組織委員会行動綱領

基本財政確立に総力
民族資本の育成を強化

経済局

一、財政確保に関して

2、中央基本財政確立に関して

金九鉉経済局長

3、民族資本の正しい育成強化のための指導体制確立に関して

4、中央税務対策委員会設置に関して

換率構造を単純化
財務部 外換管理規定を改正

三、幹部養成と訓練

幹部養成と訓練に関する要綱

四、朝総連に対備する問題

（イ）朝総連に対備する民団の実情

組織の再整備と強化は、一面において敵対陣営である朝総連に対備するということがわれわれの基本姿勢である。いいかえれば民団が敵対陣営の対備において基本的なその実態の捕捉及びかれらに関する民団の基本的な姿勢は六七年八

五、結語

[本文の大部分は判読不能]

婚姻・出生などは必ず届出ること
在日同胞の戸籍整備実施要綱
無籍者は早急に手続きするよう

戸籍整備実施要綱

一、対象者

二、整備方法

三、具備書類

就籍許可申請

身分票

[本文判読不能]

韓國新聞

韓国新聞社
発行人　李裕天
編集人　金圭錫
東京都文京区春日町2丁目20－13
電話（811）2261～5 編集
（815）0675 業務
定価 1カ月100円
振替口座東京 34988番

綱領
一、われわれは大韓民国の国是を遵守する
一、われわれは在留同胞の権益擁護を期する
一、われわれは在留同胞の民生安定を期する
一、われわれは在留同胞の文化向上を期する
一、われわれは世界平和と国際親善を期する

仕事をする民団〟へ強力な態勢

中央組織学院の設置へ

学院で既成幹部、幹部候補を再教育

理論的武装て組織を再整備

韓日両国の国交再開とともに新たな姿勢の確立を要請されている民団は、第十一回中央委員会で新活動方針を決定、今後の民団の方向を明示したが、中央各局は、この新活動方針にのっとり〝仕事をする民団〟として強力な態勢を整えつつある。このなかで特に組織の整備強化のため理論の統一をはかって幹部の学習のための学院設置を急ぐ一方、組織の核的存在ともいえる末端「班」組織育成に力を入れ、また、二世教育に重点を置いて挙団的な「教育委員会」を設置し、生きた真の民族教育を実施する方途を研究し、民族資本育成の基礎作業として全団員が残らず商銀の組合員となって「一戸一通帳」の預金運動を展開するなど力強いスタートをきった。

組織体系確立が主眼

各地協で地方講習会ひらく

大衆と密着し、大衆の利益擁護と要望に答える民団組織の脱皮をはかって、いま、中央組織局は第十一回中央委員会で採択された活動方針を具現するため全力をその習地作業にとりかかっているが、中でも中央組織学院設置の実現にはかってない意欲を示している。

中央組織学院の設置は、民団中央組織局が現在の民団組織を再整備し、組織強化を図る基本施策として打ち出したもので、その目的は、現在各民団組織の活動家、実務者の再教育と幹部養成教育を系統的に行ない、民団全組織を改革し、民団組織の若返りをねらった画期的な施策である。

新設される中央組織学院は、本部を東京におき、各地協単位に地方講習会を分院として、そこでは今までの民団組織に欠けていた理論を整備、統一し、統一された理論を既成幹部や次代の幹部候補者に習得させ、民団幹部が理論的武装をすることによって組織の体系確立をねらったものである。

中央組織学院の運営は、これから構成される学識経験者による特別専門委員会が担当することになるが、この専門委員会によって中央組織学院の運営方針、講師、教材などが選定される。

組織局では、このような意欲的な組織学院の設置、実施にさきだって、この学院の設立趣旨を全国民団組織に充分認識させ、早急に全組織の協力を得るため、すでに組織学院中央組織局長は、各地方本部を訪ね、組織関係者と直接会い民団全国組織体整備の緊急性や組織強化の具体的な方法の打ち合わせを始めており、中央組織学院設置の趣旨が全国末端組織までに行きわたるよう現地指導中である。

教育委員会を設置

就学率ひきあげ民族教育

日本に住む韓国人として正しい祖国観のもとに次の韓国を背負って立つ有為な人材を養育するための「民族教育」は、わが民団事業の中でも最も重要なものの一つであるが、現在までのこの事業は必らずしも成功したものとはいわれない。

例えば、教育内容の不徹底もさることながら、韓日国交の再開を契機に急速に増大してきた傘下団員数に比較して子弟の就学率（民団系学校）は、はなはだしい低率を示している。一九六七年三月現在の就学学生総数（高・中・小校ならびに幼稚園児を含む）は、十六万九千九百人であるが、このうち、全体の二一・一%（三千五百五十六人）がわれわれの学校に就学しており、残りの二〇・二%は朝総連系に、そして三分の二以上を占める七七・七%が日本の学校に就学しているのである。

このことは、民団の組織家が口を開けば〝民族教育〟を云々しながらも、その実、この問題にソッポを向いてきたことを如実に物語るもので、その理由の如何を問わず、大きく反省を要する問題である。

そこで、中央文教局としては、この二世民族教育の充実強化の方策として、組織、教育、経済関係の人士を網羅した「教育委員会」を設置し、この委員会をして民族教育全般にわたって関与せしめることによって、真の民族教育の根幹を確立するということを目的として活動を展開中であるがすでにその構想を終え、十二月中旬には教育委員会設立への第一回会合をもつ運びになっている。

厳敏永大使夫妻

中央本部を礼訪

厳敏永駐日大使は、去る十五日午後一時、夫人同伴で民団中央本部を礼訪、李裕天中央団長をはじめ三機関長ならびに役員と会談し、今後の民団と大使館の協力強化について約一時間話し合った。

席上、同大使は民団と大使館は共同運命体であり、今後の発展のために、より同胞大衆と密接した運動を展開しなければならないと強調し、大使館は民団強化のため最善を尽くすと述べた。

なお、大使夫人李女史は国旗の旗竿の飾り玉を寄贈した。

民団訪問した厳大使

北送延長に断固反対

民団中央が抗議文

〝北送は非友好非人道的〟

日本政府の無節操は遺憾

民団中央本部は、さる十六日、中央委員会の決定にしたがって、在日同胞北送協定再延長に反対する抗議文を佐藤首相、日赤に送った。抗議文（全文）は次のとおり。

一九六七年十一月十二日をもって、公式的に打切られた在日僑胞の北送に関し、今般日本政府がこれを引続き来春まで延長する決定をなしたことに対して、われわれは次の通り抗議するものであります。在日僑胞の生命と権益の擁護を本来の使命とするわれわれは、一九五九年八月に在日僑胞の北送が開始された当初から、日本政府の措置を非友好且つ、非人道的であると糾弾して、積極的な抗議反対運動をも敢行して以来、今日に至るまで一貫して北送の中止を要求して来ました。

然るに、日本政府は北送を「居住地選択の自由と赤十字精神に基づいて送還する」との詭弁のもとに北送を敢行し、一九六七年八月十二日の申請打切りに至る間、八万八千人の在日僑胞を、暗黒の北韓共産地獄に送りこみ、一九六七年四月には日本政府自らも、「帰還希望者の減少により「協定の目的は達成された」ことを明らかにし、〝八月十二日で打切る、と公式に声明したにもかかわらず、今般、これを更に来春まで延長する態度を明示して、十一月二十七日にコロンボに於いて北韓側と協議しようとしていることは、明らかに在日僑胞の北送を続けするものであるとわれわれは断じざるを得ないのであります。

同時に、これに対するわが大韓民国政府は公式的な抗議、並びに在日韓国人の反対を無視している日本政府の非友好的な左顧右眄の態度を、甚だ遺憾とするものであり、到底容認出来ないものであります。

以上の通りわれわれは厳重に抗議すると共に日本政府は即刻、在日僑胞の北送問題を一九六七年十一月十二日の打切り決定に戻すことと、いかなる事情の下に於いても、これ以上に在日僑胞を北送しないことを強く要求するものであります。

一九六七年十一月十六日
在日本大韓民国居留民団中央本部
第十一回定期中央委員会
日本国内閣総理大臣
佐藤栄作　閣下

〝北送を即刻中止せよ〟

厳大使　日本外務省に抗議書

厳敏永大使は去る十一月八日、本国政府の訓令に基づいて日本政府がカルカッタ協定を打ち切った十二日後も引続いて来年の三月末までに約一万八千人におよぶ在日韓国人の北送方針に対し、韓国政府……

金載華（元民団中央本部団長）氏、有罪

懲役一年六ヵ月の判決

追徴金三千六十四万ウオン

本国の新民党全国区国会議員に立候補し、政治資金の不正導入のかどで拘束、起訴された元民団中央本部団長金載華氏（65）の第一審判決が、去る二十日午後、ソウル刑事地方法院（ソウル地方裁判所）でくだされた。この日李漢東判事は、金氏に対し国家保安法、反共法、外国為替管理法の各法律違反を適用、懲役一年六月、資格停止一年六月の有罪判決を言い渡し……

大阪万国博覧会の敷地契約

孫兌鉉学長が来日

民団が招請　本国海洋大学校

同胞の生活更に制限

入管令改正のねらいと問題点

法務省当局は、近……

現在までに明らかにされた入管令の改正案の主な内容は、

（1）出入国管理令を出入国管理法又は入国管理法に名称を改める

（2）在留外国人及び短期旅行者に対して、滞在期間の延長、在留資格の整備、出入国手続きの簡素化を図る

（3）在日外国人の在留管理を厳しくする

（イ）在留活動の規制

（ロ）在日外国人を使用している雇主、在学している学校当局に生活、在学状況などの報告義務を負わせる。

（ハ）在日外国人の営業について許・認可にあたっては、法務省の意見をきく

（ニ）入管吏員に立入調査権をふくむ事実調査権を与える

（ホ）外国人を宿泊させた旅館……

本国夏期学校をさらに充実

出入国管理令抜粋

京仁地域を総合開発

運河を開き1000トン級船が航行

ソウルに5つの副都心

漁船10隻拉北

253

第十一回中央委員会で採択された新活動方針

教育委員会を設置 真の民族教育を強化

文教局

はじめに

一、教育委員会組織

二、一般文教事業及び緊急事業

●本国国費留学生に対して

(イ) 学生の質的向上と事前教育

(ロ) 留学生選衡

●朝鮮奨学会問題

●韓学同対策

●その他

(イ) 文化センター問題

(ロ) 教育費徴収対策(世帯別年三回)

五、国民登録更新事業に関して

六、創団二十周年記念家族招請事業

七、本国家族扶養送金運動と一般団員母国訪問促進運動の件

呉世鉉文教局長

法地位の講習会を開催 共済制度の確立をはかる

民生局

はじめに

一、法的地位及び待遇問題に関する講習会組織と永住権申請促進運動に関して

二、民団役職の共済制度確立

三、在日傷痍軍警ら[illegible]者に関して

四、二世に対する職業斡旋及び指導対策

現在、在日同胞の最も重要な課題の一つである二世教育問題において民族教育の普及、徹底化は勿論、かれらのうち毎年大学を卒業する数が千名以上に達している実情に照らして、かれらに適切な職場を準備してやらねばならない。

そのため、民団として具体的な対策をたて、二世の高校、大学卒業生を同胞企業体が優先的に採用

申灝民生局長

韓国新聞を充実強化 与論調査を近く実施

宣伝局

はじめに

韓日国交が正常化された以後、本団の使命と任務は、過去のどの時期よりも重要性を帯びてきた。

特に、韓日両国間の国民感情を融和させ、紐帯強化と繁栄を図る民間外交の役割は、われわれ在日韓国人だけに許される特殊な使命ともいえる。したがって宣伝局は、傘下同胞に対する宣伝啓蒙事業と並行して日本国民に祖国大韓民国と在日六十万同胞の実情を正しく知らせ、韓国に対する正確な認識を植えさせる運動を積極推進する。これと同時に対内的には中央機関紙韓国新聞を強化、発展させるため従来まで、口号に終ったその具体案を今後は積極的に実現し、機関紙の役割を充分に果せるようにし、また傘下同胞を対象とした与論調査を実施して同胞大衆の"声"を正確に把握し、組織と大衆が密着した民団事業の強化発展を追求する。

その他にも朝総連傘下同胞の啓[illegible]

摂及び演奏会、本国芸能団による日本全国巡演、定期刊行物の発刊など宣伝、啓蒙事業を継続推進する。

一、韓国新聞の強化発展策

中央機関紙である韓国新聞は、過去数回にわたってその強化、発展策が講究されたが、今までにその実現をみられないまま現在に至った。その原因としては、財政的な後押し及び人員構成の不足などの理由があげられるがしかし、率直にいって担当局の宣伝局自体の努力不足を自認し、まずこのような事態にいたらしめたことを深くおわびする次第である。

機関紙の使命を完遂するためには、紙面の内容充実化と共に

❶編集委員会の構成
❷各地に支、分局の設置
❸購読料徴収
❹新聞配布の迅速化
❺広告営業の体制確立

第五回中央委員会が、支局設置及び購読料徴収案を採択してから今日まで引きつづき財政及び機構体制の確立をめざして努力してきた。その間、新聞発行さえ定期的にできず、この方案は挫折されたのである。

だが本年六月第三十一回臨時中央大会以後、新執行部は韓国新聞定期発刊に努力、現在新聞発行は、かろうじて、定期日(5日、15日、25日)に発行している。このような事情に従い、今般は必ず実現しうる新たな具体案を成案しようとする。

●購読料徴収においては、これに先き立って全国末端組織を動員して、購読者の実態を正確に把握[illegible]え、この実態調査の結果に基づいて一部当り月額一五〇円を徴収する。

支局の地方本部は、購読料の中半額を中央本部に納入し、残りの半額を支、分局の運営経費に充当させる。

●支局設置に関しては、各地方本部に支局、各支部に分局を設け、各々購読料徴収、新聞配布、組織内の記事取材などの実務を徹底的に行ない全国組織の縦横の連絡を一層緊密化させる。特に韓国新聞の体制を整えるため現在の配布状況を再検討し、購読者が増加した地方には、部数を増加すると同時に必要以上の部数が配送されている地方は、これを適切に調整し新聞配布の公平を期する。

二、朝総連系に対する宣伝啓蒙

在日六十万同胞を、正しい韓国人に導くためには、いわゆる中立系同胞は勿論、朝総連傘下同胞をして北韓傀儡集団の虚偽宣伝から目ざます運動を強力に展開する。このために本国の発展相と民団の在日同胞権益擁護[illegible]を新聞、映画などのすべてのマスコミ機関を通して同胞に周知させる一方、"本国時局説明会"などを定期的に開催し、北韓の暗黒の実情を知らせることに全力を尽す。

三、本国及び日本各界に対する宣伝活動

韓日国交が正常化され両国間の交流と連帯が深まるにつれてわれわれ民団に与えられた使命と任務は、一層重大性を帯びてきた。

このような民団の転換期を契機に本国及び日本各界に対しわれわれの実情を正しく認識、周知させる宣伝啓蒙運動を実施する。

この運動は、民団の姿勢とその事業目標を本国及び日本各界に明示することによって民団に対する認識を刷新させ、在日同胞の権益擁護と韓日両国間の親善交流を一層強化する。この運動の一環として本国の消息とわが国固有文化、芸術などを傘下同胞には勿論、広く日本国民にも紹介し、現在駐日公報館が保管する本国の映画フイルムを最大限に活用するようにし、新たに宣伝局に芸能係を新設、文化芸術団を組織、各地方に巡演するようにする。

四、民団二十年史及びその他定期出版に関して

創団二十周年記念行事の一環として宣伝局が担当した"民団二十年史"は、その間第三十一回臨時中央大会による執行部改選などによって出版予定が若干遅延されたが、すでに編集、校正の過程を完了、印刷、製本の段階に入り、近日中に発刊されることになった。

この"二十年史"は、約一万部を出版し、本団組織関係者及び一般人にも販売する予定であり、その収益金[illegible]る予定であるから各級組織の積極的な協力を期待する。そして財政が許されれば韓国新聞の縮刷版、月刊韓国通報、韓国年鑑(民団資料)を定期発刊する計画である。

五、与論調査に関して

われわれ民団は、大衆組織であるゆえ、組織人は常に大衆の中に入り、同胞大衆の声を正確に把握し、これに対処することはいうまでもない。したがって、大衆が考える民団の姿勢、われわれの法的地位及びその他の問題に関して民団がとるべき今後の姿勢などを定期的に行ない「アンケート」形式で与論調査を行ない、組織強化の基礎資料とする。各級組織はこの趣旨を承し、与論調査実施に積極協調するよう願う。

金棄鎔宣伝局長

民間防衛隊法案、国会に上程
北韓の武力スパイに対備して
兵役義務のほかに三年間

北韓の武装スパイ事件や、二度の列車爆破などがあいつぎ、軍事境界線をめぐる緊張が高まってきている時、本国政府は、二十歳以上四十歳までの男子に兵役義務のほかに三年間の「国家防衛義務」をおわせ、内務部長官指揮下に五十五万人の基本防衛隊員と約二百二十四万人の一般隊員で構成される"民間防衛隊法案"を作成、来年一月一日実施を目標として、近く再会される国会に提出することになった。この民間防衛隊法案は、北韓の脅威に対し、政府が国民に総動員をかけて、これを防ぎ、韓国を守るということから発案されたもので、本国の北韓に対する対決姿勢を一段と強化するものとして注目される。

去る十月二十七日から始まった国連総会第一委に提出された"韓国における北韓の侵略相"によると、

たとえば非武装地帯内での北韓軍による武力侵入事件が六五年の四十二件から今年は、十月までに四百二十二件、韓国国内では、十七件から百二十件、韓国内で射殺された北韓スパイが四人から二百二十四人、韓国内での国連軍の死傷者が二十七人から四百二十一人、韓国警察、民間人の死傷者が二十二人から七十五人といったように激増している。

このような事態に対し韓国政府としては●北韓の対南戦略が基本的に変更され、従来の地下組織を再建する武力作戦をとるようになった●この傾向は六八年以後激化すると予想されている●ソ連の軍事援助を得て再武装をねらう北韓は、韓国侵略の手段として航空機、核攻撃を可能性が強い●これに対処するため平時からの精神的武装と合わせて、独立した組織体制が必要だとの理由で、この法案の立法を急いだものである。

同法案は、さらに官公庁、その他の公共機関内に職場防衛隊を作り、必要に応じて民間防衛隊に武器を使わせる。また指定の病院、劇場、学校などに退避施設を作らねばならず、服務義務違反者は三年以下の懲役、または五万ウォン以下の罰金が科せられるなど、十数項目が骨子となっている。

反共の闘士 蘇貞子女史死亡

スパイとして南派されて「自由大韓」に転身した蘇貞子(四〇)女史が去る十二日午後九時二十分脳膜炎によりソウルで死亡した。

一九六〇年陸軍防諜隊によって検挙され、転向後ずっと「[illegible]」「私が叛逆者か」という書物を書いて反共闘士として広く世に知れわたった蘇女史は、去る十日聖心女子中学校における講演会をすまして、脳病を訴え入院し、発病二十三時間目に手術を受けたが、惜しくも息をひきとった。

韓国反共連盟は同女史が、転向後全国各地および日本各地で千余回の反共講演を行なうことによって、多くの功績を残した蘇女史の葬儀を同連盟葬として決定し、きたる十六日午前十一時、反共連盟広場で仏式により挙行されることになった。遺族としては母の[illegible]さん、[illegible]がいる。

[illegible]で出生した蘇女史は解放の年(一九四五)十一月朝鮮共産党に入党、六・二五の時越北した。一九五八年にはじめてスパイとして南派されて、平壌にもどり一九六〇年六月に第二回目の南派陸軍防諜隊に検挙されるまでスパイ活動をしてきた。

同女史は検挙された後、自ら進んで転向の意を明らかにし、あらゆる情報を提供し、その年七月十八日に[illegible]

ソウル－釜山に高速道路
来年着工、三時間40分で走破

る。十四日来年三月に着工して六年に竣工する四ヵ年計画をたて、六車線を最高時速百二十キロで走れるようになる。

この道路は既存道路とは別途に新設され、ソウル―大田―大邱―馬山―釜山を経由する、総延長四百二十[illegible]で、総工事費は二百億ウオンを計上している。

この高速道路の莫大な工事費は来年一月一日から施行される道路整備促進法(油類税の50%と通行税全額を充当)によって、確保される[illegible]と残額は現在世界銀行(IBRD)に借款交渉中である。

また政府は同法によって、もっと多くの財源を確保するために、[illegible]を引上げ、そのかわりに自動車税も引下げることも検討中である。このようになれば、資金の確保は勿論のこと、自動車も一般に多く普及されるものと見られる。

京釜間の飛行機による所要時間(一時間)の三倍かかるわけであるが、金浦空港と水営飛行場までの一時間を引けば一時間余も要することになる。

ソウル～釜山間は現在バスでは十時間、乗用車では九時間二十分、特急列車(再建号)では五時間四十五分かかる路程を三時間四十分に短縮する計画は実現される段階に進んでいる。

在韓日本商社、課税方針一貫
二期分営業税 三億四千万

本国の李洛善国税庁長官は、今日、日本商社の課税額が例年より減税されるのではないかという一部の主張を否定、在韓日本商社に対する課税方針を次のように語った。

日本商社の手取り引額は、昨年に比べて九〇%増加しており、当然課税額は百三十%増加する見込みである。昨年度、日本商社の課税額が多かったのは、四期分の実績だけを勘案して課税したためである。今年は、二十五の日本商社に二期分の営業税を三億四千万ウオンを課税した。韓国にある外国商社は、日本にかぎらず、ほかのいかなる外国商社に対しても統括主義に立脚して差別なく課税する。

平均寿命60歳超える
韓国人 男子60歳女子66歳

わが国民の平均寿命が60歳を突破した。経済企画院調査統計局が最近発表した六七年度版韓国平均寿命は、63歳2ヵ月となり、男子は59歳9ヵ月、女子は66歳7ヵ月と推算されている。

十年前の五七年度のわが国民の平均寿命は52歳5ヵ月(男子51歳1ヵ月、女子53歳9ヵ月)であったが、その間十年間10年9ヵ月が延長され、毎年一年一ヵ月ずつ寿命がのびたことになる。

このように平均寿命が高まったのは、過去十年間に衛生施設と医療施設が改善されたことに基因していると考えられている。

この趨勢で平均寿命がのびて行けば、今後十年後には先進国と同じように70歳以上に達することが展望される。

しかし人口専門家は、経済的見地から見れば、全体的な人口分布が経済活動層に青壮年が多く、幼年層と老年層が少ない釣鐘型人口に分布に転換しない限り、急速な平均寿命の延長は多くの問題をかかえていると指摘している。

各国の平均寿命はつぎのとおり。(単位は年、かっこ内は調査時期)

▽韓国 63・3 (67)
▽印度 41・2 (51～60)
▽イスラエル 71・9 (63)
▽日本 69・7 (63)
▽台湾 63・4 (59～60)
▽米国 70 (63)
▽カナダ 71・2 (60～62)
▽フランス 70・6 (63)
▽西ドイツ 69・6 (60～62)
▽スウェーデン 73・3 (62)
▽英国 70・9 (61～63)
▽ユーゴスラビア 63・7 (60～61)

本国のスキー選手団を招請
田北海道団長個人で

北海道地方本部団長で本国の大韓スキー協会会長を兼任している田鎬漢氏は、グルノーブル冬季オリンピック大会に出場する韓国選手団の代表選手を自費で北海道に招き、大会に対備する強化訓練を行なうよう招請状を送った。田団長の招請状によれば、選手団は、四十日間の滞在費、及び諸経費、往復旅費など約三百万円を個人負担にするという。

この選手団の来日は、十一月末頃で、田団長のこのような美挙に本国の人々から感謝されている。

重要日誌

11月1日～20日

政治

経済

社会

[illegible]

254

歳末助け合い運動にご協力ください

貧困家庭に愛の手を！

支部単位で戸別訪問

十一月二十八日から十二月二十七日まで

〝一人でも多く一円でも多く〟

今年もいよいよ残り少なくなりましたが、民団中央では貧困家庭を助ける恒例の「歳末助け合い運動」を次の要領で開始しますので民団各級機関ならびに団員各位におかれては、この運動に積極ご協力くださるようお願いします。

【実施要領】

（イ）募金方法＝募金は各支部単位でするが、それぞれの支部ではその地域の実情に照らして最も効果的な方法で戸別訪問する。また各地方本部は、同運動期間中、各種の会合、催し等を通じて全団員にこの趣旨をひろく宣伝して、より多くの人達が参加できるよう働きかける。

（ロ）運動期間＝十一月二十八日～十二月二十七日

なお、拠出された金品は、各地方本部で集計し、当該県下の療養所、孤児院、貧困家庭に配分する。

各地方本部は、この運動に協力賛助した人達の名簿を来年一月十五日までに中央民生局に報告する。

福岡韓国会館完工

管下民団各機関の綜合会館誕生

民団福岡県地方本部（文注福団長）では、本年五月同本部管下同胞の総力を結集して着工を始めた『福岡韓国会館』（福岡市明治町一ノ十三番地）をこのほど完工、その新築落成式を去る三日、新会館の会議室で盛大に開催した。

この日、落成式には、民団中央本部李裕天団長を始め、駐日福岡総領事鄭文淳氏、亀井光福岡知事、阿部源蔵福岡市長、福岡商工会議所会頭赤羽善治氏らの有志を来賓に迎え、同本部管下の民団団員七百余人が出席して行なわれた。

落成式は、河相淳議長の開会の辞で始り、同会館建設委員長の朴元祥氏から会館建設の経過報告が詳しく説明された。その後、李裕天中央団長が「同会館建設の管下同胞の努力と協力を讃える」祝辞があったのち、鄭福岡総領事、福岡知事、福岡市長、福岡商工会議所会頭の来賓祝辞が述べられた。

そして、同会館の設計、建設を担当した業者に感謝状が授与された。

ついで同本部金在賢監察委員長の閉会辞のあと、万歳三唱をもって落成式の幕をとじた。

落成式のあと新築落成記念パーティーがひらかれ、はるばる東京からかけつけた李裕天中央団長ら福岡県下の日本人有志らとなごやかな交歓が行なわれ、今後の同本部の躍進を激励する声がつぎつぎとだされ、意義深い落成式を締めくくった。

新築された福岡韓国会館は、総建坪一八五・六五坪、地下一階、地上三階のモダンなビルで、総工費は三千万円。その費用は全額、福岡県下の同胞の寄附金によるもの。

新築会館の配置は、地下が合宿室、駐車場、一階が民団福岡支部、婦人会福岡県本部、福岡支部、韓青福岡本部、二階は福岡地方本部、福岡教育センター、福岡韓国人商工会、民団九州地方協議会、三階は会議室となっている。

福岡県下に、韓国人の独自の総合会館を建築する問題は、三年前から提議され、一昨年の十二月に福岡市内の明治町一の十三番地に敷地五九・七三坪を買受してから、会館建築問題が具体化し、今年にいたって設計、工事を着手して完工したもの。

なお民団福岡本部の電話番号はつぎのとおり変更した。

福岡四三—七三三一

福岡韓国会館の落成式（同会館で）

神奈川韓国学校

設立の機運たかまる

許燦氏が一千万円寄付を表明

許燦氏

二世子弟の民族教育の重要性に照らして韓国学校設立への機運が全組織を通じて急速にたかまりつつあるが、これの先陣をきって去る十月二十五日、神奈川地方本部では、同学校設立期成会を結成、学校設立への具体案を推進しているが、民族教育という至上使命と［illegible］稔り多い目的に呼応して現在、神奈川県下の有志、経済人は、さきを競って大口寄附の名のりをあげている。

なかでも、同県下有数の実業家許燦氏（七四）は、同氏の終生の事業として［illegible］も「残り少ない私の余生を日本に住む同胞子弟が祖国を忘れず、祖国の次代を担う立派な働き手になれるよう、韓国学校の設立に全力を尽したい」とその強よい信念を謙虚に語っていた。

［illegible］来日後、日本に渡り多くの事業にたずさわって成功し、現在は東証株式会社［illegible］五、六の企業を経営。民団組織にも多額の援助を続けている。家庭には夫人をはじめ三男三女、十人にのぼる孫がおり幸福者［illegible］

期成会の役員決定

常任委員長に金［illegible］氏

韓学同幹部の本国訪問決る

三〇人が本国学生と交流か

民団中央本部文教局では冬休みを利用して韓学同の本国訪問を計画中であったがこの程駐日大使館、韓学同との三者間に合意を見たので韓学同の本国訪問が正式に実現するようになった。

韓学同の本国訪問は今回が始めてで、これまでに数回、本国訪問を計画しながらも実現しなかった［illegible］

組織強化の連席会議

十八日千葉県本部でひらく

民団の地方組織の強化育成をはかる「組織、経済人連席懇談会」が十一月十八日、民団千葉県本部（団長＝孫［illegible］氏）でひらかれた。

同懇談会には、千葉県本部［illegible］

千葉県の組織強化懇談会

横浜「韓国図書館」開館

十一月二十五日神奈川本部で

蔵書約千冊を備置

民団神奈川本部事務所二階にある横浜韓国教育文化センターでは韓国を知る手引きとなる各種学術書を備えつけた〝韓国図書館〟を［illegible］

神奈川本部で地方委員会ひらく

大阪でも第七回地方委

［illegible］

第13回南武支部臨時大会

鄭珍旭氏を団長に選出

［illegible］

千葉県・長生支部

第15回学生の日

［illegible］

僑胞子弟は韓国学校へ

民団東本で呼びかけ

民団東京本部では一九六［illegible］の東京韓国学校生徒募集に［illegible］て、僑胞子弟をもつ家庭［illegible］調査を行なうよう、各支部［illegible］

わが民族子弟の唯一の教［illegible］である東京韓国学校を、名［illegible］

厳大使

ピアノ一台を寄贈

厳大使　東京韓国学校を視察

［illegible］

芸術祭の作品を審査発表

民団東京本部

［illegible］

尋ね人

［illegible］

本籍　慶南梁山郡東面沙松里五一八

李禎先

右の人は約一七年前に本籍地より渡日し、福井県今立郡神明町片町　山下正雄方　宋謙司（通称）として居住していましたが現在行方不明

連絡先　本社又は韓国釜山市東萊区［illegible］

長男　李錫国　当二八歳

全南開発協会が二四五万円送る

全南干害救金として

［illegible］

ユースホステル日本特別支部設置

野外活動で人格修練

民団、二世民族教育の一環として 積極的に協力、参加を呼びかける

ユース、ホステル韓国協会は、このほど日本に居住する僑胞二世青少年がユースホステル運動に参加し、国内外の地理、風俗、文化歴史に対する知識を広め、将来、健全な社会人としての人格を養成しようという趣旨で日本特別支部を設置し、その役員の委嘱式を行なう。民団中央文教局では、このユースホステル運動に積極協力、日本全国に居住する同胞二世青少年に対する民族教育施策の一環として、この運動を広く進める方針を決め、各地の民団関係者に強く呼びかけている。

このユース、ホステルとは、青少年を野外活動や集団宿泊生活などを通じて各地の地理、文化、風俗、歴史、産業などの各方面の知識を直接体得させ、規律正しい集団生活によって良い習慣を得させることを目的に一九〇九年、ドイツ人のリヒアルト・スルマン教師が提唱した青少年運動で、現在までに世界六〇ヵ国にユースホステル協会が設立、年間千五万人がこの運動に参加、全世界に千余個のユースホステルが建てられている。

ユースホステル韓国協会の発足の歴史は、今から七年前、浅い歴史しかないが、その運動の規模は全国的なものである。韓国におけるユースホステルの歴史は、一九六〇年五月軍事革命後、李康式理事長が主唱、その年九月に韓国ユースホステル協会の創立委員会を構成。

ユースホステル国際連盟（The International Youth Hostels Federation）の規約に準じた準備にとりかかり一九六七年四月、内務部長官の認可を得て社団法人ユースホステル韓国協会が正式に発足した。

ユースホステルは、現在、慶州、巨済に一ヵ所、ソウルに一ヵ所が建設、今後、韓国全道に一百の宿舎を建てる予定である。

韓国ユースホステル協会の発足は、本国の国内事情からこれを、全国の青少年教育の交流運動にするかまえで、現在、その役員の顔ぶれも豪華なもの。

会長に民主共和党議長の金鍾泌氏を始め、教育界、報道関係、行政責任者ら全国各地の代表者で網羅されている。目下、この運動の主務官庁は内務部が担当し、差し当たっての計画では、全国一百ヵ所……下の青少年をこの運動に参加させ日本における民間外交官としての役割を課せるように育成する一方、本国の協会を通じて祖国の真の姿に接近させるねらいがふくまれている。

民団中央文教局でも目下、二世青少年対策に本腰を入れ、その体制を模索中であっただけに、この運動に多くの二世青少年が参加するよう呼びかけるにいたった。

日本の特別支部設置には、日本ユースホステル協会の中山正男、横山祐吉氏らの積極的な協力があって、予想以上、早く実現されるようになった。

現在、ユースホステル韓国協会の日本特別支部設置のため、同協会の役員が来日中である。

❶ニースホステル日本協会の役員と協議する韓国役員
❷ニースホステル韓国協会の要員宣誓式

ユース、ホステル韓国協会役員

名誉会長　朴正熙（大統領）
名誉副会長　[illegible]（前議員）
会長　金鍾泌（国会議員）
副会長　金貞武（ボーイスカウト総裁）
〃　金永起（中等教育会長）
〃　李良吉（内務部次官）
指導委員　李昭（内務部次官）
文鐘柱（文教長官）
洪鍾哲（公報長官）
金八峰（再建国民運動会長）
柳達永（ソウル大教授）
黄聖秀（弁護士）
文熙奭（行政改革委員）
李春成（公報部次官）
金活蘭（梨花女大名誉総長）
李昇沢（労働庁長官）
李東圭（第六軍管区司令官）
韓次中（前内務部治安局長）
宋大淳（経済科学審議委員）
金鍾悳（陸軍本部化学監）
李大偉（建大副総長）
理事長　李康式（保社部中央児童福利委員）
常務理事（総務担当）
金洸羽（前全南警察局長）

文教委員 [illegible]

林龍相（全北日報社長）
石正善（日刊新聞社長）
金栄沢（友石大学長）
鄭麟沢（在郷軍人会事務総長）
白大福（大韓宿泊中協会長）
金熙溥（南江学園理事長）
金尺淳（海難審判委員長）
車徳宋（忠南警察局長）
鄭石鎬（慶南 〃 ）
朴鉉俊（韓国BBS中央会長）
崔桂月（ボイスカウト執委）
韓鳳泰（ 〃 ）
吉鐘京（基督教聯合会総務）
金在順（愛光YH代表）
朴英奎（S・H代表）
洪英姫（KYH幹事）

車汁化（KYH東京事務所長）
鄭京根（KYH台北事務所長）
全在徳（行政改革調査委員）
李鍾郁（釜山鉄道局長）
玄尚鉉（KYHソウル市支部）
李恩馥（韓国生産本部理事）
白承鍋（産業新聞社長）
許倫（大韓炭鉱協会長）
呂相源（大邱日報社長）
李福秀（東亜航空社長）
鄭道基（毎日経済日報社長）
金圭沢（UN韓国協会事務局長）
金益俊（国会議員）
韓信浩（韓国青年会議所会長）
金亨錫（毎日新聞社会部長）
宋政勲（国際報道連盟理事）
金致政（青年保護対策委）
申剛浩（全北中学校）
趙石鎬（大邱経済日報社長）
林貞応（全州商工大学事務局長）
金衡鎬（大韓赤十字社ソウル支社）
金在徳（ボイスカウト法人理事）
洪晟模（公報部宣伝局長）
殷尚根（明知大学長）
金基暁（東国大教授）
張鎮聖（漢食品研究所長）

朴昌植（慶熙大教授）
徐鍾源（大韓赤十字慶北支社）

名誉評議員
中島睦正（日本オルドスカウト事務局長）

専門委員
崔炳郁（日曜新聞編輯局長）
金良濱（大邱経済 〃 ）
鄭敬謨（京畿毎日 〃 ）
金秀永（毎日経済 〃 ）
尹義遠（慶南日報 〃 ）
陳錫謨（全北日報 〃 ）
朴鎮東（全南日報 〃 ）
李教栄（湖南毎日 〃 ）
元鍾琪（順天鉄道局長）
李鍾錯（釜山女大教授）
李圭亨（ソウル市光観局長）
崔配正（京畿道宿泊協会長）
桂成保（江原道 〃 ）
安秉柱（釜山市 〃 ）
金相圭（忠南 〃 ）
厳俊竜（全北 〃 ）
曹貫文（全南 〃 ）
徐鍾現（慶北 〃 ）

金永珣（済州道 〃 ）
韓南錫（釜山放送局長）
姜鎮鋼（三洋旅行社長）
梁炳斗（中大総務処長）
沈恒燮（亜細亜自由青年事務長）
金洛中

李元求（ソウル奉寺法院）
柳基水（朝興銀行釜山支店長）
申義均（半島ホテル総支配人）
崔鐘国（行政公務員）
丁鐘沢（信濃観光代表）
権寧周（ウオカ・ヒル代表）
金坪珍（民団中央団団長）
宋在勲（新豊国民学校長）
金鍾山（三和ホテル代表）

公告

社団法人ユース・ホステル韓国協会在日本特別支部役員委嘱（推戴）式を次のように行ないます。青年指導運動に関心をおもちの方の参席を歓迎致します。

日時　一九六七年十一月十三日　午後四時
場所　韓国駐日公報館
当日、講演会と映画の上演を行ないます
演士　横山祐吉（日本ユースホテル協会理事長）
李康式（韓国ユースホテル協会理事長）
※映画　国際ユースホステルの活動

進明女高舞踊団一行来日

韓国学校、日本高校へ親善公演

[illegible]

公演日程
[illegible]

メンバー
[illegible]

狂気の北傀に粛清のアラシ

崔承喜母娘を投獄

裴基俊中央通信社長も

北傀当局はさる三月にあった高級幹部粛清について、こんどは中央通信社長裴基俊を粛清する一方、人民俳優、最高人民会議委員、舞踊家同盟委員長などをかねる崔承喜氏（五六）は娘安聖姫と共に権を剥脱され、投獄されたことが十七日板門店で明らかにされた。

北傀はさる七月十五日から九月までいわゆる「党幹部中核聞会」を開き、「インテリ革命化」というスローガンの下に反金日成インテリらを粛清している。

さる二十五日に予定しているいわゆる「代議員選挙」を前にし北傀軍部の圧力によって進めているというこの「インテリ革命化」旋風は、さる三月、既に粛清された党秘書兼宣伝部長金道満、高赫（思想担当副首相）らと反金日成派を大挙粛清したことで明らかになった。

しかし事実は裴氏の場合は、さる三月二十二日前中央通信社副社長李穂根氏の板門店脱出事件に対して引責粛清された。

崔承喜母娘はさる五九年粛清された夫の安漠についでいわゆる反金日成派インテリ粛清旋風にまき込まれたようだ。

北傀は現在「インテリ革命化」という名目の下毎日、作家、芸術人らを強制動員し、学習会を開き、日に三時間ずつの睡眠しかとらせないで、新しい学習を強要している。

白色の宝庫を探して六年

50万トン以上の埋蔵量

信念の辺章壎氏・深夜の山谷をさぐり

雲峰山で高嶺土脈を発見

六年間にわたる初老の執念が太白山脈の深山渓谷に埋蔵されている白色の宝庫をついに発見した。

辺章壎（五二、ソウル市城北洞四四三）氏が江原道高城郡土城面雲峰山に埋もれている五〇万トン以上の高嶺土の宝庫を発見したと言った時、かれのことばを信ずる人は一人もいなかった。一間の貸間に居並んだ六人の子供と妻はこれを黙殺し路上で逢った友達は苦笑するだけで振り向こうともしなかった。

× ×

このように過去六年間にわたるかれの行動は、ちょっと奇常な人のように見えた。かれは五、一六直後ソウルの東立産業会社経理課長職をやめて、毎日茶房でぶらついている頃偶然鉱山ブローカーらから「高嶺土」に関する話を聞いて、かれは完全な高嶺土マニアになってしまった。

慶南地方を経て江原地方へ

かれはその話をきいた翌日、三十余種の工業原料品を抽出できるというこの土の産地を探すために、慶南地方に向った。

かれは河東、山清、陜川地方などを歩き回っているうちに、高嶺土の発掘方法をいろいろと研究した。

金や石炭のような鉱物は鉱脈に従って一定の坑口を掘らなければならないが、この場合にはそんな必要がない。イカの中から粒薬を取り出すように、一〜五米程度におおわれている土を掘って、その中に白い高嶺土が積もっているのをスコップで掘り出せばよいのであった。

辺氏は慶南地方にはこの土の埋蔵量が殆んどないことを見極めて、江原道地方へ向った。日帝末期に日本のマグネサイト会社が江原道高城郡一帯を踏査して、高嶺土処理工場を建てようとしたことがあったとのうわさを確認したかれは、この一帯に大規模の高嶺土が埋蔵されているに違いないと固く信じていた。

太白山脈を片端から

辺氏は険しい太白山脈を片端からさぐり始めた。羅針盤、つるはし、スコップを入れた背袋をかついだかれはそれから六年間、休戦線の密林地帯を踏査しながら迷いた。その間に家庭の経済を……十三才から二十六才までの六人の子女はそれぞれ学校も中断せざるを得なかった。

しかし、この辺には、この土が散在してはいたが、調査の結果その埋蔵量は十万トン以下の量のものにすぎなかった。

現在に探し出した宝

……しい褐色の農家の屋根と真白で滑らかな道路の不調和な村の風景に注目した。予想どおりその土は高嶺土で……

昔から「三千万同胞が三日間食べられる糧食が雲峰に埋もれている」という伝説がはじめてベールを脱いだと村のある老人は喜びのことばを述べた。

郡当局と合資会社設立

わが国の高嶺土年需要は年十一万千トン、そのうち二万七千トンが日本に輸出され、外貨獲得量は四十万ドルに達している。日本はこの土を買い入れて陶器の原料として使うほか、硫酸ばん土などを抽出して、わが国に再輸出している。

六年目にはじめて家族の前で大きなことが言えるようになった辺氏は、さる十一月一日江原道高城郡竹旺面松池洞のほとり五十万坪の位地に「韓国高嶺土化学工業株式会社」の起工式を行なった。日本から買い入れていた硫酸ばん土などを生産しようとするのが、かれの夢で、これに必要な資金約五億ウォンは高城郡当局と共同投資を計画中とのこと。

韓国レスチーム来日

勝負より技術交流に重点

韓日親善レスリングに初来日の本国チーム十八人（姜尚勲団長以下役員六、選手フリー七、グレコローマン五）は、去る二十四日午後二時二十分、日航機で羽田に着いた。本国のレスリングは三年前の東京オリンピックを契機に日本を初め世界強豪を脅かす存在となった。去る十五日に閉幕したニューデリーの世界フリースタイル選手権大会でも日本のフライ級中田（中大四年）が韓国の新鋭呉選手（東亜大一年）に完敗を喫している。今度の来日メンバーには世界選手権組は含まれていないが、本国選手の急速な進展ぶりを金総監督（KAB会長）に聞いてみた。

金会長は昭和十六年十二月に明大を繰り上げ卒業した。当時の明大レスリング部には笹原、黄、幸選手など五人の仲間がいて皆強かった。金氏も全日本バンタム級で二位になった経験。

戦後の独立で韓国はロンドン・オリンピックに初出場、ウエルター級で黄選手が五位、メルボルンではバンタム級李相均、ローマでライト級李選手がそれぞれ四位。やっとメダルを取れたのは東京オリンピック・フリーのフライ級決勝で日本の吉田に敗れた張選手。張選手は昨年の世界選手権（トレド）で日本の勝利、米国のサンダースと引き分けだったが、韓国に初の金メダルをもたらした。その後、張選手は左ひざの負傷で第一線を引退。

その代わりに呉正竜選手（二〇）が出てきた。引退した張選手とは国内試合で引き分けている。昨年のアジア大会（バンコク）では日本の中田と三回戦で当たり完敗したが、これが良い薬となって、ニューデリーでは三回戦で中田を2—1で負かしてしまった。結局は奮起した中田がフォール勝ちを続けて決勝にとぎつけ、判定勝ちで進んだ呉選手はサンダースに負けて減点失格、中田がサンダースを破って劇的優勝を飾った。

「ほんとに惜しかった。だが呉は、まだ若い。メキシコで花を咲かしてもらえばよい」豪快に笑う金監督。韓国がこんなに強くなったのは東京オリンピックの前年、来日して日本の強い選手に一か月間もんでもらったお陰だという。

「まだ私の考えでは日本を抜いたとか、そこまではいっていない。日本は世界のベストクラスに君臨するレスリング王国だ。かねがね八田会長と話し合っていることだが、両国の技術交流をやって韓国を列強の仲間入りさせることが私の最大の目的。ことし六月、初めて明大を呼び、こんどは約束通り呼んでもらった。強い国とやって負けることを気にするようでは強くなれない。負けてもいいからぶつかっていってワザを分析し、出来るような選手は将来必ず伸びる。いつも負けてばかりはいない。ウチの目的は、そこにある。」

民族資本育成へ本腰

韓國新聞

韓国新聞社
発行人　李裕天
編集人　金　聖　鉉
東京都文京区春日町
2丁目20－13
電話（811）2261～5 編集
（813）0675 業務
定価 1ヵ月100円
振替口座東京 34988番

綱領

一、われわれは大韓民国の国是を遵守する
一、われわれは在留同胞の権益擁護を期する
一、われわれは在留同胞の民生安定を期する
一、われわれは在留同胞の文化向上を期する
一、われわれは世界平和と国際親善を期する

歳末助け合い運動に協力しましょう！

伸びゆく民団傘下の金融機関

"商銀の預金増加運動"軌道へ

東京商銀一躍26億、大阪の両組合は80億突破

組織との連帯による成果

民団中央本部が全国的に展開している組織再整備運動は、民団各級組織の革新と成長を目ざした画期的なものであるが、なかでも中央経済局が去る七月から実施している"商銀育成強化運動"は民団傘下大衆の生活権擁護の一画をなす重大な運動である。中央経済局は、去る六月の執行部改選後、新執行部の"大衆と密着した仕事をする民団"という基本路線にのっとり、民族資本育成強化のため民団傘下信用組合の『預金増加運動』を開始。その間、民団では、全国各地の商銀預金高を増加させるため、民団全組織を活用、第一線の民団組織活動家に預金運動の全面的な協助を指示するなど活発な運動を展開し予想外の成果をあげつつあるが、全国各地の商銀の預金高や組合員数は、急カーブに上昇している。とりわけ、今年五月まで低滞状態をつづけてきた東京商銀信用組合は、第十四回総代会を契機に改選された新理事陣（理事長許弼奭氏）の活発な運営方針によって、わずか六か月の短期間に、十六億円の預金増加をもたらし、一挙に二十六億円の大台にのせ、名実共に在日同胞金融機関の中心的な地位にのしあがりつつある。東京商銀のこのような目ざましい発展は、商銀運営を担当した新理事長許弼奭氏の経営手腕と民団組織の力が合理的に連結された結果によるものとみられ、全国各地の注目を集めている。民団中央経済局では、東京商銀の発展実例をモデル・ケースとして民団各地方本部、支部組織関係者に、継続、商銀預金増加運動を強力に推進するよう指示した。

朝総連系信用組合との取引きは利敵行為

鄭副団長が警告談話文を発表

李中央団長、仙台へ

張領事らと懇談会ひらく

軽卒な行為を批難

西独韓国留学生蒸発事件判決公判

死、刑二名無期懲役四名

論告要旨

○○○ 常用漢字の略字を制定　文教部　五四二字試案なる

人物紹介

在日同胞問題にすべてをかける

鄭求郁　駐日大使館参事官

重要日誌

11月20日～12月5日

政治

経済

社会

257

朝総連の攪乱分子摘発

朝鮮教育財団所有財産の還収を内部分裂を企図し潜入攪乱

「崔竜淵」の正体暴露

悪辣な北傀手先の反民族的謀略

最近の崔竜淵

崔の筆跡による証拠文

日本政府 外国人学校制度を立案

民族教育に重大影響

次期日本国会で成案の見通し 早急に対策の講究が必要

民団中央決意を新たに

日本文部当局は近く「学校教育法」の一部改正案を国会に上程、われわれの韓国学校を含むすべての外国人学校に対して〝外国人学校制度〟を設けるための準備を進めているが、日本当局のこの〝外国人学校制度〟に対するねらいは、その創設理由にもあるとおり「日本国の利益を害すると認められる教育」を禁止し、場合によっては、監督官庁による学校閉鎖、校内立入調査などの自由裁量権を確立しようとするもので、二世子弟に対する民族教育を重点規制としているわが民団として看過し得ない重大内容を含むものである。

さきの第十一回中央委員会は、この外国人学校規制法について、その内容如何によっては臨時中央委員会を召集して、二世の民族教育擁護をはかることを決議した。同外国人学校規制法案は日本政府文部当局の草案によるもので次回国会に提出された場合、通過をみる公算は大きい。民族教育の重要性に照らしてその育成強化をめざす民団として、この際、この問題に真向から取り組み、われわれの子弟に対する民族教育の恒久策を講じなくてはなるまい。日本文部省の腹案とする〝外国人学校制度の創設理由〟および〝学校教育法の改正案〟、その他これにともなう関係法を資料としてここに提供する。

外国人学校制度について ＝日本文部省の創設理由

一、外国人学校制度を創設する理由

二、制度の内容

学校教育法の改正案

附則

韓国と日本のサッカー試合を見て

金旭子（東京韓国学校高等部一年）

作文　東京本部芸術祭最優秀作品

進明女高舞踊団 盛況裡に公演を終える

招請家族第一陣、今月下旬来日

20日ごろに八十一人

第二陣の準備もすすむ

創団二十周年記念事業として推進してきた"本国家族招請"は、今年六月の臨時大会以後、中央執行部の最重要課題の一つとして総力を注いできたが、その間、予期しない難関の続出にあい、当初予定を変更せざるを得なくなった。

だが、本国ならびに日本関係当局への精力的な働きかけにより、同招請家族の第一陣八十一人が今月二十日から二十五日頃までに日本に入国できることになった。

第二陣からは約百名を単位に引き続き入国できるよう、輸送計画を推進中である。

この事業を担当している中央民生局では、十一月三十日現在の同事業推進状況をつぎの通り発表した。

一、ビザ申請済者――七六七人
一、旅券申請中の者――一三人
一、〃準備中の者――四五人
計　八二五人
(本国での事故者)
一、住所不明――六人
一、治安当局による不適格者――五人
一、中央情報部による不適格者――四四人
一、不適格者――三人
一、出国保留者――四人
一、招請状のない者――三人
計　六五人

李中央団長らをむかえて

商銀設立を推進

山形地方本部で決議

鄭願相氏を団長に

東本で教育懇談会

韓国大学設立を望む声も

新人生問題など話合う

商工会設立など決める

福島県地方本部で

会館建設など決議

宮城県地方本部

第3回地委ひらく

活動方針を話しあう

二日間にわたり岩手県本部で

民族教育にとり組む

青森県地方本部

宋総領事らと懇談

崔組織局長　北海道札幌で

韓青訓練所募金運動に協力要請　北海道で

ソウル市の現代化

ベトナム駐屯韓国軍を慰問

在郷軍人会会長ら　李麟基日本支会長も参加

十月十二日
十時～十一時四〇分　キノン発
十一時四〇分～自由時間
タンサンノル到着
十月十三日
十二時～一四時　午餐会参加
(司令官公館)
一八時二五分　香港へ向け出発
十月十四日
二〇時　香港発（パン・アメリカン）
一三時二〇分　東京着

※現地司令官のあいさつ

駐ベトナム韓国軍司令官
陸軍中将　蔡命新

●はベトナム駐留韓国軍●蔡司令官（左）と李会長（右）

韓青中央訓練所建設、順調に進行

来年二月には完工

民団中央　全国同胞の協力を要請

1968年度母国留学生（自費）を下記の通り募集する。

一九六八年度 自費母国留学生募集要綱

1 対　象

在日僑胞学生（高、大卒業者を含む）にして母国大学又はそれ以上の課程に入学又は編入学を希望する者

2 志願資格

（1）大韓民国々民として愛国、反共精神に透徹し、品行の方正な者
（2）基礎学力が、母国大学の該当課程履修に支障のない者
（3）旅券及び再入国手続の可能な者

3 志願手続

（1）提出書類
A　志願書（所定様式）3通
B　留学調書（〃）〃
C　卒業又は卒業予定証明書　3通
D　成績証明書（最終二年間の成績）〃
E　身元及財政保証書（所定様式）〃
F　推薦状（地方本部団長）3通
G　国民登録済証明書　〃
H　外国人登録済証明書　〃
I　写真（上半身、最近のもの）〃
J　健康診断書　〃
（2）提出期間
1968年1月10日まで（期日厳守）
（3）提出場所
民団中央本部文教局
（4）試験日及場所
後日に通知する。

4 詮　衡

（1）第一次詮衡
（2）書類詮衡
（3）筆記試験及面接
（但し書類詮衡合格者に限る）

―― 高等学校卒業者 ――
（4）試験科目
国語（参考程度）英語、数学、論文（作文）
（面接は筆記試験の合格者だけに行う。）
―― 大学編入学又は大学院入学志願者 ――
（5）試験科目
英語、論文
（面接は筆記試験の合格者のみ行う。）

5 第二次詮衡

本国文教部で実施し、最終合格並びに入学校を決定する。

6 合格者発表

後日に通知する。

7 留学志願上の留意事項

（1）本国各大学の水準が高いので自己の実力に合せて志望大学を選定すること。
（2）志願状況が、特定の大学に集中した場合には分散入校の事態が生じるので必ず第2、第3の志望校を志願すること。
（3）ソウル以外の地方大学（例えば故郷に近い）の志願を奨励する。
（4）国語の解読力に応じて国語訓練を六カ月乃至12ケ月間に亘つて実施するので卒業が6カ月～12カ月遅れる。

8 其の他

（1）本国の下宿事情
物価、気候、交通に関する知識について事前に充分認識すること。
（2）本国入学期に当る3月の初めに入国が出来る様に旅券申請を遅滞なく行うこと。
又永住権未取得者は再入国手続に必要であるから早急に申請すること。
（3）詳細なことは地方本部文教部又は管下教育文化センターに問合せること。

民団中央本部文教局

新潟県特集

北送船の着く新潟港で真の「人道主義」を発揮

質量ともに大きく発展する──新潟地方本部

東海をはさんで海つづきに韓半島と接する日本の米の産地新潟は、近年いわゆる在日同胞の"北送"でにわかに脚光を浴びるようになってきたが、わが民団組織としても東北地方の拠点として重きをなしている。

この地に在日同胞の物心両面の拠り所である居留民団が創設されたのは終戦の翌年の一九四六年十一月二十三日で、それ以来二十一年、民団新潟地方本部は質量ともに大きな発展を遂げた。

現在、同本部傘下には全県下にまたがって十二の支部（新潟、新津、直江津、三条、高田、柏崎、新発田、長岡、佐渡、岩船、魚沼、新井）があり、県下在住の同胞約三千は、ほぼ民団組織に吸収されている。そしてまた、同胞企業の育成と互助を目的とする商銀信用組合も同地の組織幹部、有志らのたゆまぬ努力によって、今年十月二十日設立をみ、活発な動きを示している。

この新潟本部で特記さるべきことは、一九五八年以来、われわれの意に反して強行されている"北送"に対して同本部の果す役割が如何に重大であるかということである。北韓の実状を知らない同胞らが、朝総連の虚偽宣伝に乗せられ新潟港に着き、送還船がくるまでの間に"祖国の意志"を変更した場合、これの救出について真の"人道主義"が発揮され、多くの努力が払われている事実である。

一九四六年、〔方〕□燦氏を初代団長として、新潟市内・古町六番丁〔…〕恒久的な基本財政の確立をめざす財政対策委員会が発足したのも〔…〕

[illegible]

〔…〕って被災同胞の救助にあたり、失意のドン底にある同胞に再起の勇気をふるいたたせてきたことで、他国に住む同胞として涙ぐましいまでの同族愛が示されていることである。ここにも組織の強化団結の一要因がうかがわれ頼もしいかぎりである。

これにもまして強調されることは新潟港から"北送"される同胞に接する態度であるが、同本部ではこの世の生き地獄である北韓に送り込まれる無知な朝総連系の同胞にその"非"を訴え、あらゆる手を尽してこれの救出にあたっていることである。日本側がいうところの"人道主義"なるものが如何に在日同胞をギマンしているかは、北韓を脱出してきた多くの生き証人によって証言済みである。日本からの出港地新潟では、日本側のいう"人道主義"なる亀井と朝総連のあくなき虚偽宣伝に乗せられてあたらこの世の生き地獄へと急ぐ同胞を真の人道主義と同族愛で救出するための困難なる事業が今日もそしてまた明日も継続されるのである。

〔…〕りをもち、日本国民から尊敬を受ける次代の担い手を養成すべく教育文化センターの設置を機に県下全組織はあげてこれの実施に決起し、念願の新潟韓国学園の開設をみた。そして、この新潟韓国学園の初代学園長には、民族教育に強よい熱意をもつ尹建氏が就任し、すでに第一回修了生をみるにいたった。新潟県下の民族教育の実施において特筆すべきことは、教育文化センターの設置とともに本国から赴任した崔文峰先生の努力である崔先生は、それまで、手つかずの状態にあった民族教育にそれこそイロハのイの字から出発し、県下同胞に呼びかけて、民族教育〔…〕

〔…〕施の素地をきり開らき、そして〔…〕在、少なくとも民団各支部には〔…〕国学園の分校を設置しようとい〔…〕ムードを興すまで縁の下の力持〔…〕の役割を果してきたのである。〔…〕発展途上にある同本部では、単〔…〕子弟の民族教育のみでなく傘下〔…〕同胞の頭痛の種である税金攻勢〔…〕対しても、いまだかってない積〔…〕的な姿勢を示し、納税申告から〔…〕金に関する全組織的な問題にわたって〔…〕識を深める説明会などを開く一〔…〕、個々のケースを取りあげて組〔…〕的にこれの解決をはかるのに力〔…〕入れ団員と組織の結びつきを一〔…〕強化させてきている。〔…〕また、日本に住みながらも何ん〔…〕日本国から保護、助成を受ける〔…〕とのできないわれわれ同胞企業〔…〕の育成についても、早くから県下組〔…〕の切望されている商銀信用組合の〔…〕実現をみるべく組織の協力を〔…〕てきたが、このほどようやく信〔…〕用組合の認可をとりつけ、今年十〔…〕月二十日設立総会をみるにいたっ〔…〕

朴水正団長

議長 李元世

監察委員長 尹哲

商銀理事長 朴万圭

新潟県本部・支部役員

県本部
団長 朴水正
副団長 李大根
〃 権寧相
事務局長 金順植
総務部長 鄭鴻烈
組織部長 金竜石
文教部長 李日出
議長 李元世
副議長 丁宗変
〃 申孝善
監察委員長 尹哲
委員 権泰鉉
〃 崔鎮基
顧問 金地鎬
尹建
白源喆
姜基倘
新潟市弁天町二ノ二四番地
TEL（4744）二九四二・一九三三

新潟支部
団長 李泰秀
議長 全昌鉉
監察委員長 玄致炯

新津支部
団長 李咏鎭
議長 李判魯
監察委員長 朴性駿

直江津支部
団長 金正述
議長 李尭栄
監察委員長 朴容瑞

長岡支部
団長 金泰秀
議長 蘇昌烈
監察委員長 金容大

佐渡支部
団長 崔鳳官
議長 崔鳳旭
監察委員長 黄在鎰

新発田支部
団長 張炯採
議長 張鈒洙
監察委員長 安且浩

柏崎支部
団長 慶五重
副団長 呉石福
監察委員長 田浴柱

高田支部
団長 安七星
議長 姜基倘
監察委員長 李圭容

三条支部
団長 文錫順
議長 金万淑
監察委員長 申明鎬

岩船支部
団長 金洙永
監察委員長 鄭竜伊

魚沼支部
団長 鄭逸鎬

婦人会
会長 金絢子
総務部長 張英子
顧問 鄭姫連
〃 金君子

新潟商銀信用組合総代
【新潟地区】朴万圭、朴水正、尹哲、李秀、[illegible]
【三条地区】[illegible]
【新津地区】[illegible]
【佐渡地区】[illegible]
【岩船地区】[illegible]
【魚沼地区】[illegible]
【新発田地区】[illegible]
【高田地区】[illegible]
【新井地区】安鳳〔…〕
【柏崎地区】金外〔…〕、呉石〔…〕
【直江津地区】金正述、李〔…〕
【長岡地区】金泰秀

260

韓國新聞

韓国新聞社
発行人 李裕天
編集人 金 [illegible]
東京都文京区春日町
2丁目20―13
電話 (813) 2261～3 編集
(812) 0673 業務
定価 1カ月100円
振替口座東京 34988番

綱領

一、われわれは大韓民国の国是を遵守する
一、われわれは在留同胞の権益擁護を期する
一、われわれは在留同胞の民生安定を期する
一、われわれは在留同胞の文化向上を期する
一、われわれは世界平和と国際親善を期する

第一回教育委員会ひらかる

"韓国人教育憲章"の起草へ

―全国組織の教育委員会を早急に設置―

外国人学校規制に陳情、抗議

十二月十二日、中央文教局では第十一回中央委員会の決定にもとずいて第一回教育委員会を召集し民団の重要課題である二世子弟の民族教育について協議した。同委員会は、今後の民族教育全般について協議したすえ次のような結論に達した。

一、教育委員会は、次期中央委員会までに全国的な組織を確立し民団の傘下団体として発足できるようその準備作業を推進する。

一、教育委員会は、民族教育全般にわたって、運営、教育内容、およびその方針等について関与し、これを決定する。

一、教育委員会は、民族教育の指針ともいうべき"在日韓国人教育憲章"を起草する。これの起草委員に、朴根世、張暁、金昌式、張益和、金東俊、河炳旭、呉敬福の七氏を選任する。

一、教育委員会は、日本政府が企図する外国人学校規制法に関して、本国国会、文教部ならびに日本文部省、自民党等関係要路に陳情、抗議する。

(なお、同委員会の詳細については次号にその具体内容を掲載する)この日の出席者はつぎのとおり。

出席者
兪錫濬　河炳旭
金東俊　金永金
朴根世　張　暁
金昌式　張益和
柳文錫　金学鳳
呉敬福　金晋根(代)
鄭在俊(代)

第一回教育委員会(中央本部会議室で)

愛知で地方委員会開かる

新年度活動方針を討議

愛知県地方本部では、さる十一月二十七日午前十一時から午後七時まで、名古屋市愛知商銀において第七回地方委員会を開催した。同委員会には金竜煥団長をはじめ、姜末律議長と地方委員ら五十三名が参加、中央本部からは鄭烱和副団長が参席した。

同委員会において討議され、決議された主要な事項はつぎのとおり。

1、組織

組織幹部の組織理念と理論は中央で策定された基本理念に立脚して、各級組織間の格差を是正し、体系を確立し、系統の整備を期する。

幹部の訓練は第一段階として中堅幹部、第二段階は指導幹部、第三段階、幹部候補の順に実施する。

2、民生

法的地位および、待遇問題に関する実情を分析し、各種資料を収集する。

税金対策の一つとして愛知県韓国人納税貯蓄組合連合会に専任の実務担当者をおき、同組合を指導し、合理的な運営を期する一方、税金対策に所要する経費の調達を期するために、綜合保険代理店を経営することにした。

戸籍整備に関しては、先般施行された「国民就籍に関する臨時特例法」に従い、出生、死亡、婚姻などの未届出の者や、北韓出身者でいまだ戸籍を取得していないものらに強力に働きかけ、これの完備を期する。

それから傘下各団体育成方案の一つとして、各団体に援助資金の割り当てをした。

3、文教

同管下の民族教育機関の再整備と拡充につとめ、二世教育費援助のために、従来徴収していた団費の一割引上げを断行し、教育費に当てることにした。

4、宣伝

同地方本部が現在発行している「東海新報」の発刊を続行し、これを中央の韓国新聞と共に迅速に配布することに努め、朝総連系学校に通学している父兄への啓蒙と中立系同胞の入団包摂に積極的に努力する。

(写真下は第七回地方委員会)

高知県本部で大会

団長に朴俊学氏選出

議長に徐仁泰氏、監察委員長李奇赫氏

民団高知地方本部は、去る十二月二日、臨時大会を開催、新年度活動方針案を討議、採択したのち、新三機関役員改選を行なった。三機関長は、投票の結果、新執行部の団長に朴俊学氏、議決機関の議長に徐仁泰氏、監察委員長に李奇赫氏をそれぞれ選出した。

この日、役員改選の結果、新執行部の三機関役員の顔ぶれは次の通り。

議長 徐仁泰
副議長 呉亨烈
〃 洪錫松
監察委員長 李奇赫
監察委員 李東載
〃 李光拱
団長 朴俊学
副団長 尹錫奉
〃 朱亨貞

厳大使、西日本一帯を視察

厳敏永駐日大使は、去る十二月一日、西日本一帯の僑胞実態を視察するため福岡板付空港に到着した。厳大使は、空港で西日本各地の民団関係者の採訪歓迎を受けたのち、翌日、学究生活をした母校九州大学を初め九州各地の日本官庁を礼訪したのち、最後に民団福岡地方本部を訪ね、民団役員一人一人に民団組織に尽す苦労を慰労、今後の躍進を激励した。

その後、厳大使は、民団福岡地方本部が厳大使の西日本視察を歓迎するレセプションに出席、各地からかけつけた僑胞に、祖国の現状を知らせると共に僑胞社会の発展に一層の努力をうながすあいさつをした。そのあと、歓迎会に出席した同胞や日本各地の有志と歓談し、この日の旅程を終えた(福岡本部発)。

写真は訪問先で歓迎をうける大使夫妻

民団佐世保支部屋舎新築完工

今年の五月末、総工費八百二十万円を投じて支部会館の新築工事にとりかかった民団長崎県地方本部の佐世保支部(申命淑団長)は、このほど同支部の新築屋舎の落成式を去る二日、盛大に挙行した。

新築屋舎は、市内・汐町一ノ三に所在、三階建てのモダンな屋舎で、同会館、建築には管下支部同胞が一致団結してできたものである。

九州管下の民団屋舎の建設は、民団福岡、熊本両本部屋舎につづくもので、今後の同支部の活躍が九州各県の注目の的となっている。

世界各国に居住する韓国人動態

五十余か国に59万

在日僑胞、全体の89%を占める

本国外務部は、このほど海外同胞の実態調査の結果を発表した。この調査によると外国に居住する同胞は、六大陸の五十余か国に五十八万九千三百七十四名、一時滞在者二万六千百二十一名となっている。

全海外僑胞の八九%、五十七万六百八十八名が在日同胞で、その大部分は、日本の植民地時代、日本に強制徴用によって渡日し、帰国していない人々であるという。

世帯数、十三万五百九十七戸の在日僑胞生活の実態は、正確な統計に欠け、くわしい内容は知らされていないが、推定調査によると上流が16%、中流21%、下流53%、極貧8%の比率を示しており、他の国に居住する僑胞より、生活水準が低いという。

在日同胞の中で、韓日協定による「法的地位の永住権」獲得者は三万四千四百三十七名、国民登録を完了した僑胞が二十万三千二百三十七名となっている。

在日僑胞に比べ、最も生活が安定している海外同胞は、米国にいる同胞で、その数は九千五百名、そのうち米国籍を取得した同胞が二千十六名となっている。

日本の他に、アジア各国に居住する同胞は、千四百四名、中南米に六千五百九名、ヨーロッパ二百五十二名、アフリカ二十名となっている。この中、中南米にいる同胞は、大部分、63年1月海外移住法制定以後、移民による同胞であるという。一時滞在者は、留学生が七千九百八十五名、公務員三百三十五名、一般一万七千八百一名である。

これら留学生のうち、全体の八〇%に当る六千四百八十三名が米国留学生で、その男女比率は、六対一となっている。留学生の専攻科目は、理工系が文科系より年次増加一路にある。

韓学同で総合文化祭

韓学同中央総本部では、恒例の行事である総合文化祭を12月2日(土)3日(日)の二日間にわたって開催した。この総合文化祭は今年で第四回目を迎えるものであるが、夏期に行なう夏季学術研究会―サマーキャンプ―とならぶ全国的規模の集会である。現在、韓学同は地方本部としては大阪、京都、兵庫、愛知の各県本部があり中央本部と合わせて四地方本部で構成され、全国三千数百名による僑胞韓国人学生の総合する学生組織である。総合文化祭の内容は昨年以来、僑胞社会に諸般の問題点を投げかけている在日韓国人の法的地位問題についての実態把握と問題点の追求に力を注いでいた。この中で、特に注目されたのは、現在、出入国管理令「改正」の動きが新聞などによっても報じられたように、改悪化されようとしており、その「改正」案なるものの内容が従来の入管令をさらに厳しく規制しようとしたものである点に学生としての使命と責任から警鐘を鳴らしたことであろう。2日の土曜日は夕方五時半より荒川公会堂に約六百名の僑胞を動員して"映画と講演の夕べ"を催した。まず、元民団副団長であり、法対委の副委員長をつとめた朴性鎮氏の"僑胞の現状と将来"と題する熱気を帯びた真剣な講演があった。そしてこのあと韓学同舞踊研究会の女子盟員たちがチマ・チョゴリの民族衣装に身を包み、日頃の練習の成果を披露した。二世、三世である女子盟員たちが不慣れな条件にもめげず汗と努力の結晶によって習い覚えた民族舞踊を一生懸命踊る姿は観客に好感と好印象を与えた。

3日の日曜日は会場を民団中央本部の会議室に移し、「民団・韓学同法的地位討論会」を李裕天団長、呉敬福総務局長、呉世経文教局長、そして朴性鎮氏等の参席の下に行なわれた。この討論会では、永住権申請過程で起きた諸問題について韓学同と民団との間に活発な論議が交わされ、さきの民団第十一回中央委員会において法的地位待遇対策委員会から法的地位委員会―十五人委員会―に改変された理由と経過について学生側から質問があり、李団長が説明に立った。続いて永住権不許可者に対する救済策や一時帰国者、戦後入国者への対策に関し、現在、民団が打ち出している方針について論議が取り交わされた。

鄭英陽女史の刺繍作品好評

歴代文化作品や風景を再現した百点

12月6日～13日韓国公報館で展示

鄭英陽女史(国際刺繍工芸学院長)のししゅう作品が、このほど日本で初めて展示され、好評を博している。鄭女史は、去る十一月日本手工芸文化協会の招きで来日、さる十一月二十二日から二十六日までの五日間、東京、お茶の水池坊学院ホールで"日本身体障害者のチャリティー展示会"として、同女史のししゅう作品百余点が展示され、五日間、延べ四万人の参観者があった。身体障害者のチャリティ展示会に四万人の参観者があるということは、近来にないことで、作品主の鄭女史を初め主催者側一同は、この予想外の好評に目をまるくしている。展示された作品は、鄭女史自身の作品がほとんどで、中には、鄭女史が本国で、本国身障者の指導作品も含まれている。

鄭女史は、本国ししゅう工芸界きっての若手中のホープで、女史の作品は、すべて自分のデッサンによるものばかりである。昔風、ししゅう工芸の場合、作品の基になるデッサンは、斯界の一流デザイナーによってなされ、それに基づいてししゅう作品が完成されるのである。

展示されている鄭女史の作品は韓国古代、近代の陶器や文化作品を元にしたものや、本国の風景ものなどで、作品は豊かな情緒にあふれる韓国特有の気分が生き生きとしている。

鄭女史のししゅう作品の展示会は、去る六日から十三日までの間に、東京、韓国駐日公報館の画廊で開催された。

鄭英陽女史談 このたび日本手工芸文化協会、池坊学園のご厚意により、日本で初めて私のししゅう作品が、"身体障害児のチャリティー展示会"として公開されたことは、この上にない光栄だと存じます。私はこれを機会に、日本の方たちも私の作品に対する最後のないご批評を賜り、さらによい作品を製作する心がまえであります。ししゅう工芸を通じて多くの日本の方と友誼のちぎりをしたことも私には忘れられない思いであります。どうか在日同胞の皆様も、祖国のししゅう作品の現状を知っていただきたい。

苦難つづく樺太同胞

日ソの無理解で22年も置きざり

第二次世界大戦の最中、日本帝国政府の強制徴用によって樺太の炭鉱につれさられた韓国人が、未だ希望居住地に帰られず、ソ連、日本両政府の非人道的な措置の犠牲になって、苦難の道を歩みつづけている。樺太在留の韓国人の帰国問題は、当然、日本の戦後処理の一環として日本政府が責任をもって解決に当るべき問題であるが、終戦二十二年を経過した今日まで、何らの対策を講じないばかりか、この問題を完全に無視する態度をとりつづけている。

このような日本政府の非人道的な措置と合せて、本国が南北に二分された政治的事情もからみ合いサハリンで苦しむ同胞の実情は、一般の注目から置きざりの状態におち入ってしまっている。

現在、サハリン(樺太)に残されている同胞は、七千五百余名でその大部分が共産治下のソ連に帰化も、永住も希望せず日本か韓国への帰還をまちわびている。

このような苦境におかれている樺太在留同胞の希望をかなえようと数年前、日本に帰ってきた元樺太同胞数人は『樺太抑留帰還韓国人会(会長朴魯学氏、顧問張在述氏)を結成、日本政府に樺太韓国人が日本へ帰る措置を講ずるよう働きかける一方、本国政府にもこのような事情を陳情、早急な解決策を要望した。とくに、韓日会談妥結前、本国政府や日本政府に"樺太韓国人"の取り扱いを韓日協定による在日韓国人法的地位の中で定めるよう数十回にわたって陳情したが、日本政府の拒否にあって、実現されず、現在にいたっている。

この問題を重視した本国政府は昨年、正式な外交問題として日本政府に、樺太韓国人の帰還促進を要請したが、日本政府は「在樺太韓国人が韓国を定着目的地として帰還を希望するならば、そのような人に限ってソ連政府と交渉する用意がある」とし、附帯条件として「帰還経費一切を韓国政府が負担し、帰還者の最終居住地を韓国と局限するなら、在樺太韓国人の帰還に努力する」というきわめて非人道的で、無責任な態度を表明した。

このような日本政府の無責任な態度に対し、韓国政府を初め関係者のいかりが一層高まり、この問題を国際世論に訴えても、日本の非人道的なやり方を糾弾し、この問題を解決しようとしている。一方、日本政府の無責任な態度と併行して、ソ連政府も、正式国交のない韓国との交渉を拒み、在樺太韓国人のうち、元日本籍を取得した者にかぎって、日本政府に引渡す用意があると言明しているだけで、何らの解決策をかしていない現実である。

そこで、同樺太帰還促進会では、この樺太同胞の苦衷をまず本国の国民に理解してもらうため、この度、役員数人が帰国、樺太同胞帰還促進を呼びかける嘆願書を四千部を本国各界に配分、協力を訴えた。

この樺太韓国人の帰還問題に対し、民団中央本部民生局では、数年前から本国政府や日本政府に陳情をかさねており、今後も引き続きこの問題が解決されるまで民生局が主管となって、樺太韓国人の帰還実現を目ざして積極的に援護することにしている。

一方、本国政府でもこの問題に対する政府の基本的な態度を表明し、引きつづき日本政府との外交折渉をつづけることに決定している。本国政府の基本態度は、❶樺太韓国人の帰還対象者は、終戦まで日本人として強制徴用に動員された人達であり、彼らに対しては、日本政府が終戦処理の一環として当然責任をもって当るべきである❷帰還希望者の中、日本居住を希望する者は、韓日会談で定めた法的地位協定に基づく在日韓国人と同等な処遇をすべきである❸韓国への帰国を希望する者は韓国政府が引受けるとしている。

ところで、樺太抑留帰還韓国人協会では、以上の本国政府や民団の後援の基に、独自の嘆願書を本国要路を初め日本政府関係者に配布しているが、その要望点を要約すると❶樺太韓国人は、国籍選択自由の原則が適用されるべきで、在日韓国人の法的地位協定に従って帰日希望帰還者を処遇すべきである。❷二十二年間も放置した日本政府は、彼らの生存権を保障すべきである。❸在樺太韓国人の帰還希望者を一旦日本に上陸させ、引揚同胞の意志を確認する

北傀、わが漁船を砲撃

沈没一隻、漁夫ら五人即死

十二月五日午前十一時ごろ、東海の休戦線付近の海上で明太魚操業中のわが漁船百八十五隻が、北傀の艦艇と快速艇など三隻と、沿岸砲台から集中砲撃を受け、わが漁船一隻が沈没、漁夫ら五人が即死し、重軽傷者八人を出した。

ドル相場二百七十三ウォン台に

換率操作改変後、外換相場はついに二百七十三ウオン線に達した。韓国銀行が五日告示した集中基準率は二百七十三ウオンで、同換率改変後七日間に一ウオン五十銭が値上りした。したがって市中銀行のドル売り渡し率も二百七十三ウオン三十銭をこえて最高二百七十三ウオン四十七銭まで取引きされている。

在日同胞の戸籍整備実施要綱

婚姻・出生などは必ず届出ること

無籍者は早急に手続きするよう

本年一月十六日付で公布された法律第一八六五号"在外国民就籍臨時特例法"によって実施されている在外国民の戸籍整備について中央民生局は、該当者が早急にもれなく実施するよう各地方組織に再度指示した。戸籍整備実施要綱はつぎのとおり。

戸籍整備実施要綱

戸籍は、大韓民国国民の身分関係を公証登録する公文書であり、戸籍に記載されないと个人の身上に重大な利害関係をもたらすことになる。例えば、韓国国民でありながら戸籍に記載されない者は、これを証明する方法がなく、また、戸籍に夫婦として記載されていない者は法律上夫婦として認められず、そしてまた出生申告をなさず戸籍に出生事実が記載されない者は、父母との親子関係が認められない。したがって、夫婦あるいは親子として同居していても、配偶者もしくは親子としての財産相続なども受けることができない。特に、在外国民に対するすべての証明は、戸籍の記載が前提となるだけでなく、本国旅行の際の旅券の発給、再入国許可、就学等においては戸籍謄本が必須の具備書類となっている。そこで次の要領で戸籍の整備を促進するものである。

一、対象者

❶無籍者、韓国国民でありながら出生申告をしない者、戸籍の滅失、または未収復地区に本籍があって、その後、仮戸籍をしないため戸籍から漏れている者をいう。

❷婚姻申告をしないため戸籍上夫婦として記載されていない者。外国人登録または、在外国民登録に夫婦として登録されていても、本籍地に婚姻申告をせず、戸籍上に記載されていない者は無籍者とみなされる。

❸戸籍上の姓名、生年月日、出生地等が実際の姓名、生年月日、出生地と異なる者。

二、整備方法

各該当具備書類をそろえて管轄領事館に申告もしくは申請する。(手数料は無料)

三、具備書類

❶無籍者(両親の戸籍は整備されているが子に対する出生申告がなされていない者)
イ、出生申告書一通(各領事館備えつけのもの)
ロ、戸籍謄本一通(両親の戸籍が記載された謄本)
ハ、外国人登録済証明書一通
ニ、日本の市区役所発行の出生届受理証一通(同受理証を準備できない時には、医師もしくは助産婦の出産証明書)

❷前項以外の無籍者(本国に戸籍のない者)
イ、就籍許可申請書二通(本人が作成する別掲書式参考)
ロ、身分表二通(イと同じ)
ハ、在外国民登録謄本三通
ニ、外国人登録済証明書一通
ホ、親家、生家の原戸籍抄本(他家から入籍して家族として就籍した時)

❸戸籍上夫婦として記載されていない者
イ、婚姻申告書二通(各領事館備えつけのもの)
ロ、夫婦双方の戸籍抄本各一通
ハ、日本の市区役所に婚姻届をした者は、婚姻届受理証明書一通(ただし、夫婦の一方が外国人である場合は必ず婚姻届受理証明書を要する)特に、夫婦の一方が無籍者である場合には上記のとおり戸籍整理をした後でなければ婚姻申告はできない。

❹戸籍上の名前、生年月日、出生地等が異なる者
イ、戸籍訂正申請書二通(改名時は改名許可申請書)
ロ、外国人登録済証明書一通
ハ、在外国民登録謄本一通
ニ、その他証拠書類一通

就籍許可申請

本籍 ○道○郡○面○洞○番地
現住所 日本国○都○市○町○番地
申請人及事件本人 金 ○ ○
西紀○○年○月○日生

申請の趣旨
別紙身分表と同じく○○市○区○○洞○○番地に就籍する許可を求む

原因の事実(例)
事件本人○○○は父○○○、母○○○の長男として西紀一九○○年○月○日○○道○○郡○○面○○洞○○番地で出生した者で太平洋戦争中一九○○年○月○○日に日本軍隊に徴用され渡日して現在まで継続して居住しており其の間仮戸籍の就籍をしなければならないのにもかかわらず、無知のため今迄していず、あらためてこれを申請いたしますから、許可してくださるようお願いいたします。

添付書類
一、身分表(戸籍のヒナ型私製)一通
二、外国人登録済証明書 一通
三、国民登録原簿の謄本 一通(写真添付捺印すること)
四、婚姻届受理証明 一通
五、妻の除籍証明(妻の戸籍謄本) 一通
八、子女の出生届受理証明

右申請人 ○ ○ ○
○○印
ソウル地方法院 貴中

身分票

元本籍 新本籍			
前戸主	前戸主との関係	戸主	
金甲乙	亡金何某の孫 亡金何某の子	父○○○ 母○○○ 長男 金	金○○ 出生 西紀 年 月 日
		籍本	

躍進する熊本県本部

民団初の会館を建設

組織の再整備にいち早く着手

高麗陶器で優秀性示す

熊本県特集

会長 金賛九

姜秀元副団長

会議 朴(?)副団長

熊本僑胞の募金で建設された熊本教会❶と熊本地方本部屋舎の熊本韓国会館❶

熊本地方本部歴代団長

初代	金太逢
二代	故許慶一
三代	河雪水
四代	金永錫
五代	金寿貫
六代	朴善錫
七代	徐甲伊
八代	姜秀元
九代	金賛九

地方商銀のモデル

朝総連系の同胞も利用

領事館設置に特に力入れる

教育にも意欲

熊本商銀新築屋舎の落成式挙行

預金高七億円に肉迫

僑胞唯一の民族金融機関

熊本県下の僑胞の唯一の金融機関―熊本商銀信用組合(金寿貫理事長)の新築屋舎の落成式が、十二月一日、新築屋舎のホールで盛大に挙行された。

この日落成式には、福岡総領事館の梁領事館員を始め同胞多数と日本官庁から来賓を迎え、(…) 新屋舎の工事関係者に感謝状が授与された。落成をみた同屋舎は、敷地七(…)

❶は落成された熊本商銀屋舎❶本国外務長官から功労章を渡される姜前団長❸商銀金理事長から感謝状を受けとる事会社の代表

衣料関係の職業が多い

創立後十九年率先して改革

本国から研修生来日

熊本 田女史や同胞の協力で

熊本県下の同胞有志と日本経済人の協力で、本国から技術研修生六名が招請され、去る十月六日、一行が熊本に着き、それぞれの会社に配属された。この六人の研修生の招請は一年前本国の社団法人海外技術協会の裵東檍理事長が来日した際、熊本地方本部前団長の姜秀元氏と愛知県団長鄭煥麒氏に本国の優秀な大学卒業生を日本の大会社に研修生として招請してほしいという要請を受けた。これの要請を受けた姜秀元氏は、さっそく熊本日韓親善協会の幹部らと協議した結果、熊本県下の金属株式会社(金庫キャビネット製作)と平田紡織工業株式会社に研修生受け入れの合意を得て、一年契約で研修生の来日が実現したものである。

朝総連の陰謀発覚

間一髪、金選手救われる

韓国学界紹介

学会の研究成果発表

生物科学協会

全北道民の性比　李金泳(全北大教授)

漢江の陸水学的研究　崔相(高麗大)　鄭完和、郭熙相(原子力研)

嶺東地方の淡水魚　崔基哲(ソウル師大)　田祥麟(淑明女大)

水営湾の藻類に関する研究　李秉崒(釜山水大)　崔貞信

韓國新聞

韓国新聞社
発行人　李裕天
編集人　金　　　
東京都文京区春日町
2丁目20－13
電話（813）2261～5編集
（812）0673業務
定価　1ヵ月100円
振替口座東京　34988番

綱　領

一、われわれは大韓民国の国是を遵守する
一、われわれは在留同胞の権益擁護を期する
一、われわれは在留同胞の民生安定を期する
一、われわれは在留同胞の文化向上を期する
一、われわれは世界平和と国際親善を期する

李中央団長、川島自民副総裁と面談

北送、法的地位、学校問題など

民団の諸問題で協力要請

"善処する"の確約を得る

李裕天中央団長は、さる十五日午後四時、東京・グランドホテルに宿泊中の自民主党川島正次郎副総裁を訪ね、今回の内閣改造によって再び副総裁にかえり咲いた川島氏に、副総裁就任祝のあいさつを伝えると共に当面の民団の諸問題のうち、日本政府と関連する問題の現状を説明、川島副総裁の協力を要請した。李団長は、席上、①在日韓国人の北送協定延長問題②在日韓国人の法的地位問題③京都韓国学校の認可問題④朝鮮大学校認可阻止⑤外国人学校制度の立法につき、民団側の要望などの問題点を説明、早急な解決に川島副総裁の積極的な協力を要請し、川島副総裁から善処の約束を得た。

◇北送協定延長に反対する◇

◇在日韓国人の法的地位◇

◇京都韓国学校の認可問題◇

◇外国人学校制度の立法化◇

◇朝鮮大学校の認可阻止◇

日本政府は、日本国内の外国人学校を統制するため"外国人学校制度"の立法案を近く国会に上程、法制化をはかるといわれている。……

"北送を悪用する北傀"

厳駐日大使　日本外交協会で演説

民団の現代化を望む

厳大使記者会見

韓日科学技術長官会議

四月、ソウルで開催される

『法的地位委員会』構成

委員長に李団長　委員15人選任

"北傀スパイに強硬策を"

李中央団長、声明発表

声　明　書

傘下団体との血脈を新たに

第一回定期協議会開かる

民族の誇りを持とう

韓国学校こそ最良の場

呉世経中央文教局長が呼びかけ

日本留学許可を検討中

来年から日語講習所も陽性化

パインアップル耕作に成功

人事発令

任　金剛学園委員会室長　金八雄

歳末助け合い運動に協力しよう！

263

本国 この一年の歩み

67年、この一年韓国をめぐる国際情勢は、目まぐるしい激動がつづいた。隣国、中共における文化革命を初め中共の水爆実験による威圧、ベトナム戦争の長期化、中東戦争などの国際情勢のもとに、韓国は、自由陣営の一国として大きく国際社会にその一歩をふみ出した。東南アジア閣僚会議の主催を初め、ベトナム参戦国会議では、米国と相けんして、この問題の解決に積極参与し、韓国の発言を重視させた。

国内においては、第一次五か年計画の成功にともない、第六代大統領選挙や国会議員選挙が実施され、両選挙とも与党の圧勝に終り、継続、経済開発の第二次計画が力強いスタートを切った。国内経済は昨年以上に、好景がつづき、本年度も国民経済の実質成長率は十%の高度成長をおさめ自立化への接近もほぼ確実なものになった。そこで、本国この一年の歩みを政治、経済、社会別にふりかえり新年度を展望する参考としたい。

〈政治〉

この一年韓国の政治は、大きな変調をもたらした。五月三日に行なわれた大統領選挙、六月八日に行なわれた国会議員選挙は、予想通り与党の民主共和党が圧勝。朴正熙氏の第六代大統領就任式には、日本からは、戦後初めて首相佐藤夫妻が訪韓、慶大祝に開催された。

昨年は、朴大統領が西ドイツ、東南アジア各国を訪問し、外国訪問の外交が行なわれたのに対し、今年は、外国元首の招待外交が展開された。今年韓国を訪問した外国元首は、二月の西独リュブケ大統領から始り、オーストラリアホルト首相、元米副大統領のニクソン氏、など多くの外賓を迎えた。

国内政治は、北韓軍の武装スパイの防衛にあけくれ、十一月の国会には、とうとう民間防衛隊の組織法案を国会に上程、審議中である。また、六月八日の国会議員選挙の結果、野党の新民党がこの選挙を無効と訴え、当選議員の国会登院の拒否もあって、韓国政界は、ゆれにゆれいたが、十一月二十二日、ようやく、野党議員の国会登録が実現され、二十七日に、初めて国会に出席、国政審議に参席し政界混乱に終止符がうたれた。

また、十二月、急死したホルトオーストラリア首相の葬儀に参席した朴大統領は、葬儀のあと、南ベトナム参戦国会議に出席、米国のジョンソン大統領、チュー南ベトナム大統領らと今後の南ベトナムに対策を協議した。

来る新年は、依然、経済開発計画を実行する政策に終始することになるが、対外的には、より積極的な中立国外交が展開されるものとみられている。

◇政治日誌◇

一月 ▲17日朴正熙大統領第五十九回臨時国会に出席、新年度の年頭教書を発表▲27日　韓国在野勢力統合のための第二回会談で民衆、新韓両党、統合原則に合意。

二月 ▲2日共和党、第四・年次全党大会をソウル奨忠体育館で開き、万場一致で朴正熙総裁を大統領候補に指命した。朴大統領は、大統領候補指名受諾演説の中で次のような選挙公約を発表❶国民所得の増加❷国民の減税❸百万戸住宅建設❹一百万人の雇用増大❺食糧の自給自足、農村構造を企業農業に転換❻漁業奨励政策❼義務教育の強化❽工業化への技術革新❾中小企業の育成

朴正熙大統領の就任式（七月）

一年でみちがえる発展をとげた、ソウル・釜山

第二次五ヵ年計画始まる

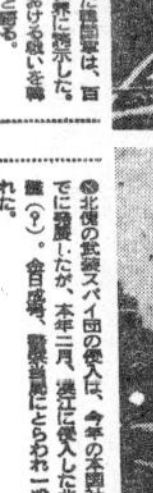
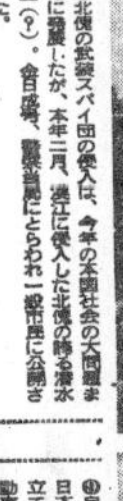
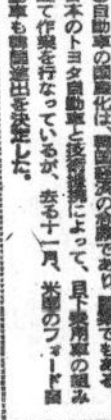
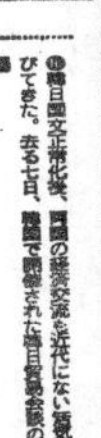
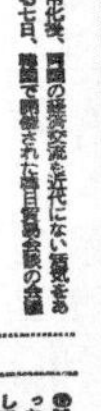
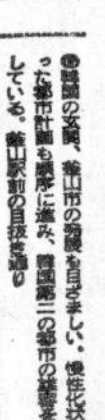
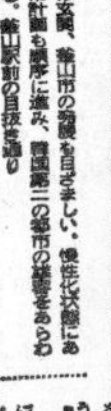
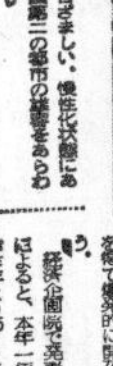
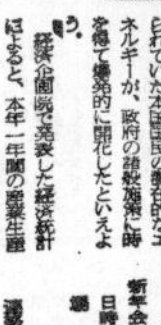
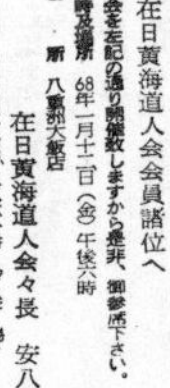

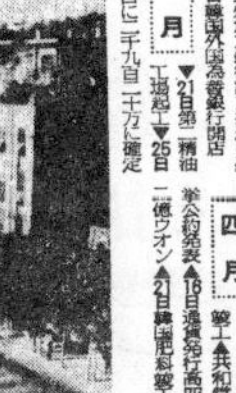

第二次か年五計画の成功と共にソウルの町も日増しに変ぼうしている。市内のいたる所に高層ビルが立ちならび、古都ソウルの姿も近代化へと躍進しつづけている。写真はソウル市内の巡和洞街角

消費の増加をもたらしたもう一つの要因は、穀物価格の安定化である。

このように、韓国経済は、政府の努力なうしろだてと国民のエネルギーによって新年度は、さらに飛躍するきざしを保証しているといえる。それは、来年度からは、その間、外資の導入によって建設中であった工場が、本格的に生産活動を始めるからである。

いずれにしても、この一年の韓国経済は、国内産業の建設に歩調を合せて自由化へと大きくせん回した。この一年の経済発展の成果を基に、第二次五ヵ年計画は、成功裡にスタートラインを飛び出した一年である。

〈社会〉

〈経済〉

本国の農民を救おう！

干害義援金16万余円

長野北信支部で募金

長野県北信支部（鄭煥和団長）では、管下全団員の熱誠で本国干害義援金を十六万八千五百円募金し、その内訳を本社に報告してきた。義捐者はつぎのとおり。

鄭煥和	一〇、〇〇〇円
朴尚吾	五、〇〇〇円
金聖範	五、〇〇〇円
洪一天	五、〇〇〇円
黄玉佐	五、〇〇〇円
金石事	四、〇〇〇円
大韓婦人会	三、〇〇〇円
北信支部一同	
金永化	三、〇〇〇円
成仁守	三、〇〇〇円

婦人会員数　四〇名
総合計額　一六八、五〇〇円也

欺しつづけた朝総連

22年も尽したのに――弟の消息も知らさぬ

民団の努力で40年ぶりに再会

民団 一年の足跡

過ぎこし一年をかえりみる時、一九六七年は民団にとって激動の年であった。韓日国交正常化後、二年目を迎えた今年は民団に大きな転換期をもたらし、組織の質的向上と新姿勢の確立を要請した。このような情勢背景が、六月にひらかれた第三十二回臨時中央大会をして権逸前団長に変わって李裕天新団長の選出を実現したのである。旧来の惰性を止揚し、自主性に富み、大衆と密着した民団組織に改革するため、李裕天執行部は過去にみられない新施策を打ちだして強力な運動を展開した。この一年の民団の動きをその主な行事を中心にたどってみよう。

11月、厳大使が着任、民団中央を訪れ李団長と懇談した

◇創立二十周年記念

五月十五日から十七日までの三日間、民団中央は、第九回中央委員会の決定にもとづいて〝民団創立二十周年記念行事〟を盛大に挙行した。

……民団組織の功労者ならびに六・二五動乱時の志願兵、組織のため犠牲となった遺家族に対する表彰がなされ、創団当時からの困難な組織造りに献身した人達をたたえた。この記念行事の一環として本国の家族招請事業も併行され、執行部の改選等で来日期日は予定よりやや遅れたが、この十二月、本国家族の第一陣が到着することになった。

◇新団長に李裕天氏

この二十周年記念行事のあと、本国は、大統領、国会議員の選挙……

……退して権逸前団長が団長職の辞意を表明したのがキッカケとなり六月十一、十二の両日、第十回中央委員会と第三十二回臨時中央大会が召集され、選挙の結果、李裕天現団長が権逸前団長の後継者として立候……票対一一四票の差で破り……に就任した。

11月10～11日、第11回中央委員会開かる

◇法的地位の是正

この日から民団は、大……と新時期に即応した新た……打ちだし、在日六〇万同……への結集を強よく呼びか……これにともない、在日……対する法的地位の改善要……来よりも強くなり、そ……の韓日両国政府への陳情……韓法務次官と日本法務当……

北韓から帰順した李氏は北傀の欺瞞だらけの実態を全国に向けて発表した（2月）

虚偽に満ちた北韓の実態を公表した時局講演会は大成果を収めた（9月）

ユニバーシアードで堂々入賞する韓国チーム（8月）

◇学生五輪と夏季学校

◇第11回中央委員会

◇朝大認可阻止デモ

◇時局講演会で成果

「税務申告」の懇談会開く

民団・東京葛飾支部納税組合

和歌山韓国学園

十二月十六日開園

日韓福祉協会の美挙

韓国の孤児にＸマス・プレゼント

日韓福祉協会　会報発行

蘇える民族精神

忠武公像を建立

大統領も金一封

高サ二十メートル

ミンク飼育に凱歌

入管令改正のねらいと問題点

同胞の生活を拘束する

協定永住者にも制限

法務省当局は、近く開会される国会に「出入国管理令の改正案」を提出、国会審議を経て改正法案の成立をめざしており、来年の四月頃から新改正案に基づいて在日外国人の管理行政を実施しようとしている。法務省当局が出入国管理令の改正を意図したのは、昭和三十六年いらいのもので、本年六月には、法務省内に「出入国管理令改正準備委員会（会長中川入管局長）」を設け、一月の通常国会に提出することを目標として、成案を急いできたものである。ところで、その間、日本政府の国会答弁と新聞報道を総合すると、法務省当局が成案した改正案の内容は、在日六十万同胞の生活を拘束する要因を含んでおり、特に韓日協定による協定永住権を得た同胞にとっても将来の生活に厳びしい制限が加えられる憂いさえある。

出入国管理令改正に関連して

第55回参院内閣委議事録（要旨）　一九六七年六月二十日

出入国管理令（抜粋）

現代科学と民主々義

◇ノーベル授賞者の講演から◇

ホープステート博士

1968年度母国留学生（自費）を下記の通り募集する。

一九六八年度 自費母国留学生募集要綱

1 対象

在日僑胞学生（高、大卒業者を含む）にして母国大学又はそれ以上の課程に入学又は編入学を希望する者

2 志願資格

（1） 大韓民国々民として愛国、反共精神に透徹し、品行の方正な者

（2） 基礎学力が、母国大学の該当課程履修に支障のない者

（3） 旅券及び再入国手続の可能な者

3 志願手続

（1） 提出書類

A　志願書（所定様式）3通

B　留学調書（〃）〃

C　卒業又は卒業予定証明書　3通

D　成績証明書（最終二年間の成績）〃

E　身元及財政保証書（所定様式）〃

F　推薦状（地方本部団長）　3通

G　国民登録済証明書　〃

H　外国人登録済証明書　〃

I　写真（上半身、最近のもの）〃

J　健康診断書　〃

（2） 提出期間

1968年1月10日まで（期日厳守）

（3） 提出場所

民団中央本部文教局

（4） 試験日及場所

後日に通知する。

4 詮衡

（1） 第一次詮衡

（2） 書類詮衡

（3） 筆記試験及面接

（但し書類詮衡合格者に限る）

―― 高等学校卒業者 ――

（4） 試験科目

国語（参考程度）英語、数学、論文（作文）

（面接は筆記試験の合格者だけに行う。）

―― 大学編入学又は大学院入学志願者 ――

（5） 試験科目

英語、論文

（面接は筆記試験の合格者のみ行う。）

5 第二次詮衡

本国文教部で実施し、最終合格並びに入学校を決定する。

6 合格者発表

後日に通知する。

7 留学志願上の留意事項

（1） 本国各大学の水準が高いので自己の実力に合せて志望大学を選定すること。

（2） 志願状況が、特定の大学に集中した場合には分散入校の事態が生じるので必ず第2、第3の志望校を志願すること。

（3） ソウル以外の地方大学（例えば故郷に近い）の志願を奨励する。

（4） 国語の解読力に応じて国語訓練を六カ月乃至12ケ月間に亘つて実施するので卒業が6カ月〜12カ月遅れる。

8 其の他

（1） 本国の下宿事情

物価、気候、交通に関する知識について事前に充分認識すること。

（2） 本国入学期に当る3月の初めに入国が出来る様に旅券申請を遅滞なく行うこと。

又永住権未取得者は再入国手続に必要であるから早急に申請すること。

（3） 詳細なことは地方本部文教部又は管下教育文化センターに問合せること。

民団中央本部文教局

1968年度

韓国新聞社
発行人 李裕天
編集人 金[illegible]
東京都文京区春日町
2丁目20－13
電話(813)2261～5編集
(812)0675業務
定価 1ヵ月100円
振替口座東京 34988番

綱領

一、われわれは[illegible]
一、われわれは[illegible]
一、われわれは[illegible]
一、われわれは[illegible]
一、われわれは[illegible]

新年を寿ぐ 鶴の舞

海外同胞の皆さんへ

勇気と誠実と努力で

朴大統領 年頭の辞

韓民族の一大躍進を

海外の同胞の皆さん

希望にあふれる新しい年、私は先ず故国を離れ遠い異国で新年を迎える同胞の皆さんに、神の祝福がありますことを心からお祈りしてやみません。

いまや、世界に輝く誇らしい祖国を建設せんとする内外同胞の熱望と堅い意志は、世界の到る所で「新しい韓国」を誇示しており、祖国の姿は沈うつな昨日を忘れさせております。

昨年われわれは総選挙を通じて民主主義の基盤を一層固め、第一次経済開発五ヵ年計画の成功に続く第二次計画の初年度を予定通り推進して、しだいに国土統一への距離を短縮させました。

かくて、明るい新しいあしたと共に偉大な祖国再建の高らかな掛け声が響き渡り、躊躇と彷徨をしりぞけた韓民族の一大躍進が繰りひろげられております。

民族の中興を誓って近代化を促進させようとする隊列にもまして誇らしく鼓舞的な事実は、われわれすべての同胞が時には力が足りないことはあっても、年が経つほど疲れを知らず、自信と勇気をもって未来の夢に備えようとする気概にもえていることであります。

私は、わが同胞の高い理想にむかってのたゆまぬ努力が遠からず実を結ぶことを信じてやみません。

海外同胞の皆さん

皆さんが、困難と郷愁が交錯する異国の生活の中でも、常に勇気を持ち信義と誠実を抱いて自ら努力する人生を造りますようお願いいたします。

どうか新年には皆さんの望みが叶えられ、この民族の願望が実現されんことをお祈りし、皆さんとご家族のご多幸を遠くからお祈りいたします。

一九六八年一月元旦

大統領 朴正煕

謹賀新年

中央本部

団長 李裕天
副団長(兼事務総長署理) 鄭烔和
副団長 金坪珍
議長 金光男
副議長 金在述
〃 朴太煥
監察委員長 金仁洙
監察委員 陳点春
〃 李相台
事務次長(兼総務局長) 呉敬福
総務次長 宋鎬用
組織局長 崔学阜
組織次長 韓晛相
〃 尹翰鶴
経済局長 金九禼
経済次長 金斗昌
文教局長 呉世経
文教次長 姜仁煥
民生局長 申灝
民生次長 李鍾舜
宣伝局長 金秉錫
宣伝次長 孫秀祺
団長室付秘書室長 李現坤
企画委員会室長会長 金八雄

傘下団体

商工会会長 許弼奭
婦人会会長 韓玉順
韓青委員長 金宰淑
軍人会会長 李麟基
学同委員長 辺安石
体育会会長 鄭泰柱

267

年頭の辞

諸問題解決の年
赴任初の新年に新たな決意
駐日大使　厳　敏　永

希望の年一九六八年を迎えました。

政府の任命にしたがって日本国駐在特命全権大使として赴任し、はじめての新年を迎えるにあたり、まずは同胞のみなさんとともに祖国大韓民国の限りない繁栄と発展を祈り、併せて在日同胞のみなさんに幸多からんことを願うものであります。

過ぎし年を顧みる時、わが大韓民国は内には第一次経済開発五ヵ年につづいて第二次五ヵ年計画を実施し年平均八%という驚くべき経済成長率を示す一方、過去二十五年という長い歳月にわたって建設することのできなかった多くの工場を建設し、いま基本方針にしたがって貯蓄、勤勉、防衛、増産、建設、輸出に、や新進工業国としてあらたなる様相をととのえ、また昨年の輸出高は三億六千万ドルに達し、努力をあげ血と汗の代価として得たのであります。

七年前の三千余万ドルにくらべ、実に一〇倍以上に増大しました。それはかりでなく外には友邦諸国との紐帯強化に力を入れ、われわれの国際的地位は大きく向上致しました。

このような祖国の発展と成長は偶然に出来上ったのではなく、われわれ全国民が、政府の……

一方地理的にも歴史的にも極めて密接な関係を持ちながらも、一時杜絶えていた韓日両国間の国交が正常化されたことによって両国間の交流は各分野にわたって再び活発に展開されはじめ、特に僑胞の皆さんの地位も漸次安定向上しつつありますので、欣快にたえないしだいであります。

いまや、韓日両国間の親善協力関係は単に両国間のためばかりでなく亜細亜全体の安全と繁……

親愛なる団員のみなさん！新たなる年一九六八年を迎えるにあたり……

友好はさらに緊密化
日本国外務大臣　三　木　武　夫

組織の基本財政確立へ
民団22年の歴史をさらに飛躍させたい
懸案の事項解決に邁進
李裕天中央団長の年頭所感

前向きの姿勢を維持
中央議長　金　光　男

同胞の生活安定と民族教育の確立へ
中央監察委員長　金　仁　洙

限りなき前進を！
祖国と民族の繁栄のために
大韓民国駐日公報館長　李　星　澈

民団長老への苦言
中央常任顧問　曺　寧　柱

一九六八年の新年を迎え……

私は思う。民団関係者が日頃の組織運動にかけて、あの熱のこもった選挙のときぐらいに、日頃の熱気ごみがあってくれたらなあ、と。そうすれば、わが民団もめだってひかり輝くものを。

新時代に即応した体質改善を
商工会長　許　弼　奭

268

韓国経済の最前線

蔚山工業センター

精油、肥料、ナイロン製鉄工場、続々と建設

今から五年十一か月前の一九六二年二月三日、国家再建最高会議長の朴正熙陸軍大将は『大韓民国政府は第一次五か年経済開発計画を実践するにおいて綜合製鉄工場、肥料工場、精油工場及びその他の関連産業を建設するため慶尚南道蔚山邑、方魚津邑、大峴面、青良面、凡西面、農所面に蔚山工業センターを設置する』と宣言した。

沈滞と貧窮にあえぐ韓国経済を根本的にたてなおすため、当時の軍政当局は、"韓国のデトロイト"を夢みて、蔚山一帯をわが国初の工業センターに指定、工場誘致、建設作業を開始した。

それから五年十一か月たった現在、蔚山工業センターは、政府のいう通り、韓国歴史始まって以来初めての工業センターとしての容貌を整えつつあるが、現在、蔚山工業センターには、精油、肥料などの巨大企業の工場が七ツが操業を開始、目下建設中の工場が四ツ、建設確定工場が六ツと、雨後の竹の子のように、新設工場がぞくぞく建設中である。

政府の第一次五か年計画は、計画以上の成功をおさめ、本年は、第二次五か年計画の初年度に当り、五か年計画の成功を左右するのは、名実共にこの蔚山工業センターの完成にあるといえよう。そこで、現在まで建設された工場や今後建てらる工場の内容を紹介すると共に、蔚山工業センターの設置によって国民経済に与えた影響などを検討してみた。

(写真は蔚山市の全景)

蔚山の立地条件

花形産業精油工場の登場

新羅の繁栄を再現か

肥料の自給自足達成へ

国際級の韓国肥料誕生

空港で感激の対面

待望の本国家族第一陣 34人が27日羽田へ

福岡、大阪へも(28日)94人

写真 【上】は羽田空港へ着いた本国からのおばあさん

【下】は来日家族に歓迎のあいさつを述べる李団長(中央)

創団二十周年の記念行事の一環として民団中央民生局が推進してきた"本国家族招請"は、その間諸般の事情により来日予定が遅れたが、ついに関係当局の協力により、待望の第一陣が、27日午後7時8分、キャセイ航空便で羽田空港に到着した。

この日、空港には、民団中央本部幹部を初め、招請した在日家族多数が出迎えにつめかけ、タラップから下りる一人一人の本国家族に、来日歓迎の熱烈な拍手を送り、空港ロビーでは、ひさしぶりの再会に歓声がうずまく光景がみられ、関係者を感激させた。

在日韓国人信用組合協会 会長 朴漢植

……我々が今年になって是非実行に移したいことは、先つかねてから問題になっているところの朝信協系信用組合と取引きしている自覚の足りない民団々員の啓蒙並びに……

年頭に当り、我々のすべての懸案は、我々の全体の問題として、大使館を始め、各機関が一致団結して解決の糸口を見出していくべきであることを提言するとともに、今年こそは祖国の限りない繁栄と在日僑胞の飛躍発展の年でありますよう心から祈願してやまない次第であります。

一九六八年一月元旦

在日韓国人信用組合協会 会長 朴漢植

269

謹賀新年

新築開店
クランド旅館
ソウル特別市中区水標洞89番地
（清渓川二街31路入口）
TEL (28) ～9010・7118・7469

福島商店
代表 徐辛甲
葛飾区新宿5－2297
TEL (809) 2612

京城料理 長春館
代表 李康五
新宿区新宿三丁目電停前
TEL (341) 0270

三和合成工業株式会社
社長 呉福琛
東京都荒川区西日暮里一ノ三ノ一
電話（八九一）三三一一～三

太平交易株式会社
東京都千代田区丸ノ内一ノ二
住友ビル四一九号
電話（二八一）一三三一～四

金子物産株式会社
クラブ バロン
金子信雄
東京都中央区銀座西七ノ五
電話（五七一）七〇七二

神奈川県韓国人商工会
会長 金洛雲
横浜市中区曙町一ノ十二

五岳有限会社
代表取締役 崔敬蓮
広島市大手町五丁目六ノ二
電話（41）七一五〇番
銀水
広島市大手町五ノ六ノ二
電話（41）七一五〇番
喫茶 アイルランド
東京都大島町元町
電話大島六七一

1968元旦

祝　賀

大阪市北区曽根崎中1－40　TEL341－3851（代）

在日韓国人信用組合協会

会長 朴漢植

信用組合大阪興銀
理事長 李熙健
外役員一同
大阪市天王寺区下味原八〇
電話（761）七三七一

信用組合大阪商銀
理事長 朴漢植
外役員一同
大阪市北区曽根崎中一丁目四〇番地
電話（341）三八五一

信用組合愛知商銀
理事長 姜求道
外役員一同
名古屋市中村区鷹羽町三丁目一〇一番地
電話（571）五一四一

信用組合広島商銀
理事長 徐漢圭
外役員一同
広島市銀山町三番一八号
電話（41）三一五一

横浜商銀信用組合
理事長 李鐘大
外役員一同
横浜市中区蓬莱町二ノ三
電話（251）六九二一

東京商銀信用組合
理事長 許弼奭
外役員一同
東京都文京区湯島三丁目三八ノ一五
電話（832）五二二七

信用組合神戸商銀
理事長 金承培
同外役員一
神戸市生田区中山手通三丁目四九番地
電話（23）三九一一

信用組合京都商銀
理事長 田寿萬
外役員一同
京都市下京区四条通堀川西入唐津屋町五六八
電話（84）八五六八

信用組合山口商銀
理事長 金遇坤
外役員一同
宇部市相生町九番一三号
電話（2）七一七八

信用組合三重商銀
組合長 朴基春
外役員一同
桑名市新矢田一丁目一九番地
電話（22）四三五五

埼玉商銀信用組合
理事長 裵云道
外役員一同
浦和市高砂町三丁目九番三号
電話（22）一一三一

信用組合岡山商銀
理事長 朴泰鎭
外役員一同
岡山市本町五番五号
電話（24）五九三一

信用組合滋賀商銀
理事長 鄭泰和
外役員一同
大津市栗津町五番八号
電話（七）一三三〇

熊本商銀信用組合
理事長 金寿費
外役員一同
熊本市米屋町二丁目二番地
電話（53）一二三七

信用組合和歌山商銀
理事長 李徹和
外役員一同
和歌山市三木町堀詰六番地ノ二
電話（31）三二四一

静岡商銀信用組合
理事長 康民善
外役員一同
静岡市新通り一ノ九
電話（55）二二九五

平和信用組合
理事長 劉徳洙
外役員一同
北九州市小倉区室町四二番地ノ一
電話（56）八八八六

奈良商銀信用組合
理事長 尹漢根
外役員一同
橿原市兵部町二二
電話（カシハラ）六七一一

信用組合岐阜商銀
理事長 趙洪変
外役員一同
岐阜市加納栄町通三丁目二番地
電話（71）三九〇〇

長崎商銀信用組合
理事長 趙連運
外役員一同
長崎市出島町三番三号
電話（22）八九五九

信用組合北海道商銀
理事長 任達寿
外役員一同
札幌市南一条西九丁目一六一番地
電話（26）九三〇一

信用組合宮城商銀
理事長 咸昌波
外役員一同
仙台市二日町一番地
電話（22）九六九五

千葉商銀信用組合
理事長 安邦俊
外役員一同
千葉市新宿町二丁目三五番地
電話（22）〇一七六

福井商銀信用組合
理事長 朴三熙
外役員一同
福井市宝永四丁目六番二六号
電話（24）五五一五

新潟商銀信用組合
理事長 朴萬圭
外役員一同
新潟市弁天町三の二四
電話（44）〇三九八

株式会社 南部会館
取締役社長 許南富
中野 中野二ノ二五ノ七
電話代表（381）三八七九番

国際設備工業株式会社
（冷暖房設備、保守工事）
代表取締役 金炳泰
豊島区東池袋一ノ三一ノ十一号
電話（983）八一四八～九番

ミリ会館
代表 馬宇楽
新宿区歌舞伎町十七
電話（368）六四一四

株式会社 大韓海運公社 東京支店
支店長 崔憲一
東京都千代田区有楽町一ノ一〇
（三信ビル2階）

株式会社 金属百貨店
代表取締役 星山仙吉
東京都板橋区中丸町十一
電話（九五五）六一五六～九

土地・建物・売買
和光商事不動産部
代表 金田光浩
東京都板橋区大和町四一
電話（九六一）六六六六

銀星産業株式会社
会長 玄寿徳
ソウル特別市中区忠武路一街二五ノ一六
東京支店 東京都中央区銀座西四ノ五
電話（五六七）七六三七～八
東信化学工業株式会社
東信金属鉱業株式会社
東信ポリマー株式会社

不二貿易株式会社
取締役社長 李鉉琇
東京都中央区銀座一ノ五 大新ビル
電話（五三五）三三九四～八
ソウル支店 中区茶洞一一七

協同信拓株式会社
取締役社長 金容太
東京都中央区銀座西五ノ五
電話（571）一四三〇四・一六五五

陽和土地株式会社
代表取締役 金容九
東京都中央区銀座東八ノ四
（豊川ビル）
電話（五四一）二六七五

金井企業株式会社
金井熙秀
東京都中央区銀座西七ノ六
電話（五七一）二五三〇～三五五〇

富士星印耐水研磨紙布製造元
三共理化学株式会社
取締役社長 金子靖
東京都千代田区丸ノ内三ノ二
（新東京ビル七一四号）
電話（二一二）一八四一

韓国語科
WUM外語学院
学長 高世一成博士
東京校 新宿区新宿一ノ六（学園本部）
電話（三五四）一七五六～八
大阪校 大阪市浪速区新川一ノ六六九
名古屋校 名古屋市中村区米屋町一ノ四八

株式会社 マルヨシ
代表取締役 梁在宗
東京都荒川区西日暮里一ノ一ノ十
電話（八〇三）〇四四一（代）～四

三星物産株式会社
東京支店
東京都千代田区大手町一ノ四
大手町ビル三七一号室
電話（二〇一）七〇五二一～四

株式会社 天友社
東京支店
社長 全澤珍
東京支店長 呉禎益
◇姉妹会社
大成木材工業株式会社
韓国貿易開発株式会社
新進輸出雑貨株式会社
新進玩具株式会社
朝鮮皮革工業株式会社
三益船舶株式会社
天友電機株式会社

東亜商事（株）東京支店
社長 李漢垣
支店長 姜賢求
東京都千代田区丸ノ内一ノ二
住友ビル四三三号
◇姉妹会社
韓永工業株式会社
大韓製粉株式会社
韓国製糖株式会社
韓永電球株式会社
韓永紡織株式会社
国際海上火災株式会社

旭化成シームレス
旭シームレス工業株式会社
代表取締役社長 玉川順平
本社 東京都板橋区中丸町十二
電話（九五五）三一二一（代）
山梨工場・豊橋工場

在日慶北郷友会

顧問 朴述祚、李鍾大、全壬戌、李禹植
崔龍岩、張聰明
会長 金貞熙
副会長 孫張翼、安太守、孫聖文
幹事 権玉文、李禎道
理事 黄丁化、尹珠宅、尹原根、李千寿
奇泰出、盧九容、金有万、盧顕容
金容睦、朴熙泰、孫晋仁、金世顕
金甲植、金昌寿、金又乭、朴鎭夏
徐相龍、徐泰玉、李承浩
監事 金永泰
朱順道
韓永大

河仁植
河野商店代表
川崎市鹿島田一〇〇四
TEL (51) 六六四〇

金永泰
民団横浜支部副団長
有限会社東成代表取締役
横浜市保土ケ谷区常盤台一五〇

安太守
民団神奈川県地方本部副議長
生麦会館社長
鶴見区生麦町三丁七一一八

李長寿
民団湘中支部監察委員
茅ケ崎市十間坂一ノ九ノ一三
TEL (82) 五〇四六

孫張翼
民団神奈川県本部監察委員長
辻堂会館社長
藤沢市辻堂二五八九

朴得天
民団横須賀支部副団長
金沢会館社長
横須賀市本町一ノ一四
TEL (22) 六四二九

韓時泰
民団神奈川県本部監察委員
有限会社横川興業代表
横須賀市汐入町二ノ一七
TEL (22) 四八六六

田鶴善
民団湘中支部議長
鎌倉市腰ケ谷一〇七
TEL (2) 七六六〇

尹原根
民団横浜支部監察委員長
伊原鑑業株式会社社長
横浜市磯子区岡村町字仲久保二三八

270

韓國新聞

韓国新聞社
発行人　李裕天
編集人　金八雄
東京都文京区春日町
2丁目20－13
電話（811）2261～5番
（813）0675番
定価　1ヵ月100円
振替口座東京　54988番

綱領

一、われわれは大韓民国の国是を遵守する
一、われわれは在留同胞の権益擁護を期する
一、われわれは在留同胞の民生安定を期する
一、われわれは在留同胞の文化向上を期する
一、われわれは世界平和と国際親善を期する

民団を大衆と密着した働く組織へ

信頼回復に全役員一丸

明確な展望と運動方針を路線に
李裕天中央団長始務式で訓示

李裕天中央団長

李裕天中央本部団長は、六日、新年の仕事始めに当り、この一年の民団事業に関する基本方針について中央役職員を前に訓示した。訓示の中で李団長は、民団が積年の旧弊から脱皮し、同胞大衆と密着した組織となるためまず一般団員の民団への信頼回復に全役職員が一致協力することを強調すると共に、昨年からの継続事業も充実に完遂するよう要請した。李団長の始務式における訓示の要旨は次の通り。

[illegible]に応ずると共に、この近来の課題である❶基本財政の確立❷民団組織の再整備❸民族教育の充実❹民族資本の育成強化――などの具体的問題に全組織の総力を集中して本年中には、ある程度のメドをつけなければならないというのが私の決意であり、民団組織活動家の課題である。

かくみると新年は、まさに新たな決意の年である。それだけに民団の試練の年といって過言でないだろう。

複雑、多岐きわまりのない国際環境にあって、さらに日本の社会の中でわれわれ民団が在日同胞大衆の信頼をはくし、組織改革への[illegible]

朝総連の暗躍を粉砕

[illegible]

崔外務部長官　新年外交施策を発表

在日同胞の生活安定が第一

信用組合育成に三百万ドル・アフリカ援助も
二世の教育費に二〇〇万ドル補助

[illegible]

民団中央本部新役員

民団中央ではさる1月10日付で一部人事異動を行なった。新たに中央役員に就任した役員は、事務総長署理の李成甫氏、総務局長の朴炳憲氏、宣伝局長の金八雄氏らである。新らしい中央の役員の顔ぶれは下の通りである。

役職	氏名
団長	李裕天
副団長	鄭烔和
副団長	金坪珍
事務総長署理	李成甫
総務局長	朴炳憲
組織局長	崔学阜
経済局長	呉敬福
民生局長	申灝
文教局長	呉世経
宣伝局長	金八雄
経済専門委員長	金九禹
宣伝専門委員長	金秉錫
総務次長	宋鎬用
組織次長	尹輸鶴
〃	韓晛相
経済次長	金斗昌
民生次長	李鍾舜
文教次長	姜仁煥
宣伝次長	孫秀祺
議長	金光男
副議長	金在述
〃	朴太煥
監察委員長	金仁洙
監察委員	陳点春
〃	李相台

各地に「法委」の設置

―中央法的地位委員会―
―第二回総会で議決―

昨年十一月の中央委員会の決定によって改称された在日韓国人法的地位委員会（委員長　李裕天中央団長）は、去る十二日午後一時民団中央本部会議室で第二回総会を開催した。

この日、同委員会の総会には、委員十一人が出席、法的地位委員会の活動方針案を審議、決議した。

決議された活動方針は、今後各地本部、支部組織までに法的地位委員会を設け、随時、韓日協定で取り決められた在日同胞の法的地位、処遇に関する協定文を初め運用面における詳細の内容（民生部資料作成済）を全団員が参加して学習し、その中から問題点、各地方からみた要望点、事故の実例などをまとめ最終的に中央法委の討議をへて日本当局に要請することなど七項目を決議した。

この決議事項とは別に、法務省当局が昨年から成案中の入管令改正問題についても討論、その法案の成案の骨子をみた上で法的地位委員会の見解を発表することを申し合せた。この日、決議された決議事項と参席者の顔ぶれは次の通り。

活動方針決議事項

1、各地方本部単位に法的地位委員会を設置して、これが中心となって各支部組織までできるだけ多くの団員動員をして随時学習会を開く。

2、各地方の学習会に中央本部が教材、資料を作成送付するとともに講師を派遣する。

3、各地方でおきた法的地位に関する問題点や事故の実例を中央に報告させ、新しい角度から再整理して処理していく。

4、日本政府の法相声明、入管局長談話「実施運用に関する事項」の完全実施方を日本政府に強力に要求する運動を強化する。

5、入管令改正に対する対策の樹立。

6、活動資料の決定。

7、韓日協定発効一周年に[illegible]っての声明書決定。

永住取得五一、三八四人

一月十三日　駐日大使館発表

一月十七日で在日韓国人法的地位協定発効一周年を迎えるが、永住権申請数は発効当時より漸次増加傾向を示してきた。

駐日大使館の発表によると、協定永住の申請およびその許可状況は次のとおりである。

（一九六八年一月十三日現在）

申請	五八、一七六件
許可	五一、三八四
不許	四七
取下	二二三

六、一〇二

△国籍照会件数　三、〇九七

△国籍照会回答件数　三、〇九[illegible]

本国論調

僑胞の指導育成

一九五九年、在日僑胞の北韓への送還が始まるまでは、われわれは僑胞問題にそれほど大した関心を注いでいなかったのが実情である。その後、僑胞に対する政府の配慮が多少はよくなったものの、国内事情に追われて、彼らに充分ゆきとどいた配慮ができなかった。そうするうちに僑胞らはそちらの社会生活の属性と生活上の必要、それから二世教育のため、母国に対する愛着と民族意識を失う場合が多くなった。日本での不安定な生活と左翼分子らの甘言利説による僑胞の北送、われわれと政治状況の違うヨーロッパ地域に居住していた僑胞知識人らによって引き起こされた東ベルリンのスパイ事件、一部の無知な海外居住者らによる国家の威信を損なうような醜態などがそれの要因となったことはいうまでもない。

政府は僑胞らのこのような弊端を一掃して、これの原因となる精神的、物質的条件を改善するため、今年から在外僑胞の大多数を占める在日僑胞を中心として、その指導、育成に乗り出すことにした。在日僑胞に対しては、特に生活自立基金として三百万ドル、二世教育補助費として二百万ドルを準備する計画であるし、欧米地域の居住者に対しては精神面の善導に力を注ぐことになっている。僑胞問題に対する関心が多少遅れた気味はあるが、今度の計画は建国後、初めての措置として、その成果が大きく期待されるものである。

現在日本には、約六十万人の僑胞が住んでいるが、その中、半分以上が労働で生計を維持しているし、僑胞全体の約九％は、今も生活補助を受けなければならないみじめな状態にある。彼らのこのような不安定な生活に、共産分子らの工作が浸透して、本意ではないが、北韓に送還されていく場合が多かった。過去八年間に、このような方法で八万八千人もの僑胞が北送された。

僑胞の中で日本に帰化した人と永住権を得た人は、各々五万人に過ぎず、残りはその地位不安定な状態にある。政府は先ず彼らの生活安定のため、自立基金を準備し、ずっと以前から考えてきた僑胞銀行の設置を推進して、十八ヵ所の信用組合を二十四ヵ所に増やす計画である。これと並行して、朝総連の支配下にある左翼系の僑胞と朝総連の影響を受けがちな中立系の僑胞を迎え入れて、永住権を申請することによって彼らの生活安定を計ろうとしている。

これに勝るとも劣らない重要な問題は、僑胞二世の教育補助である。僑胞二世の八〇％は日本学校で、一八％は朝総連系学校で勉強している。日本政府は僑胞二世が韓日協定によって日本学校での就学が保障されているとの理由で彼らは民族教育に関して非常に冷淡である。朝総連系学校の二世は組織的な共産主義の教育を受けている事は勿論のことである。われわれは現在日本の三都市に韓国学校を維持しているのみであるが、これは北傀の大規模な教育補助攻勢とは比較にもならない。こんど準備している教育補助基金は、教育、文化センターの拡充とともに、僑胞二世の祖国への関心を高めるのによい刺激となるだろう。

われわれは政府の僑胞指導育成計画が、在日僑胞をはじめ、すべての在外国民の民族意識を高め、母国への愛着を深くすることにより一層貢献するものと期待し、その運営に充実を計るよう関係当局をうながすものである。

―ソウル新聞―

三多摩本部の成人式

静岡本部でも盛大に成人式を行った

民団中央、新年会

各界代表三百余人が参席

[illegible]

第三回成人祝賀会

[illegible]

七十四名が成人

三多摩本部、盛大に祝典

[illegible]

人事往来

[illegible]

集会

[illegible]

271

1968年 新春座談会

主催 韓国新聞

"民族的自覚が必要"

青年育成対策を確立せよ

一九六八年の抱負と希望を語る"新春座談会"が本紙主催で催された。同座談会は、在日韓国各界の人士を集めて新年に処する民団の在りかた、本国、駐日大使館に対する期待、法的地位問題、韓国新聞等に対して忌憚のない意見を述べてもらった。このなかで、許弼奭商工連合会会長は"われわれ日本に住む韓国人は民族的自覚と信頼が必要である"と強調し、特に、東京商銀理事長の立場から民団組織に協力のあった組織人を大事にする運動を展開して、同胞社会は組織人を決して見捨てないということをつけ加えた。また、朴性鎮法的地位委員会副委員長は"今年を法的地位の年としてわれわれの法的地位の改善確立に努力を傾ける"と抱負を述べ、そして、青年の立場から高秀公韓青中本組織部長は"青年の育成対策を確立して欲しい"と語って、ビジョンのある民団への改革を要望した。

許弼奭氏

出席者	
許弼奭（商工連合会会長　東京商銀理事長）	許南明（韓国学校足立分校教務主任）
朴性鎮（在日韓国人法的地位委員会副委員長）	李基順（婦人会中総本部副会長）【栃木県警察署】
李慶守（東和新聞社社長）	司会 金八雄（中央本部宣伝局長）
高秀公（韓青中央本部組織部長）	

「人材を育てなければ…」参加になる意見が出され、熱心な討論が行なわれた座談会の会場。

本国は民団を軽視か

在外同胞のための施策を

朴性鎮氏

李慶守氏

李基順女史

団長に真の能力者を

部外者は中傷をやめよ

高秀公氏

民団と商銀は不可分

許南明氏

韓日の相互理解深まる

協定二周年で自覚を新たに

法的地位はぜひ必要

第四回全国冬期講習会

韓青主催で開く

韓国新聞は愛される新聞に

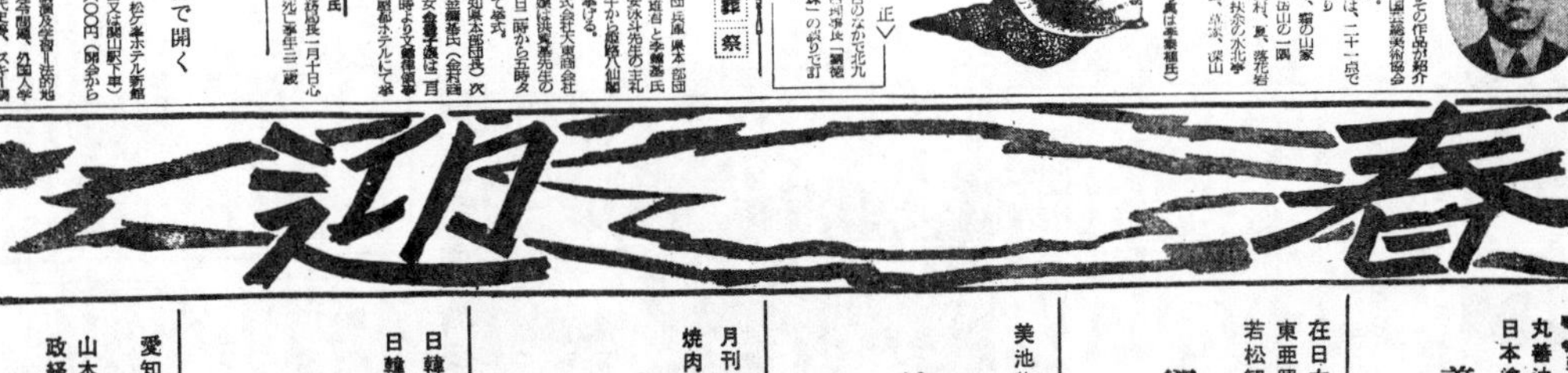

272

韓國新聞

韓国新聞社
発行人 李裕天
編集人 金八雄
東京都文京区春日町
2丁目20−13
電話(813) 2261〜5 編集
(812) 0673 業務
定価 1ヵ月100円
振替口座東京 34988番

綱領

一、われわれは大韓民国の国是を遵守する
一、われわれは在留同胞の権益擁護を期する
一、われわれは在留同胞の民生安定を期する
一、われわれは在留同胞の文化向上を期する
一、われわれは世界平和と国際親善を期する

法的地位要求貫徹まで闘う

"了解事項の早期実施を"

日本は協定の友好精神に違反

法的地位協定発効二周年で 李団長が声明発表

入管令「改悪」に反対

声明

朴大統領、年頭の記者会見

近代化は均衡成長で

物価上昇率は六％で維持

安定基調確立へ

内外記者団に声明を発表する李団長（こちら向き右から二人目）

本国招請家族防衛を

組織局が全組織に通達

京釜高速道路、二月着工

ソウル＝大田路線が確定

高速道路

……しかしながら現在この了解事項の大部分が行政措置としていまだ実施されておらず、いつ実施されるかもわからない実情にある。われわれ在日韓国人は、このことに関し、困惑の感をこえ、憤りを禁じ得ないものである。

三、又更に日本政府は、現行出入国管理令を"法"に改め、現行行政措置をよりきびしくし、強制退去等を簡素化させるべく法改正の作業を急いでいると巷間に噂の声が高まっている。

われわれ在日韓国人全体は、この法改定がどの様になるのか、重大な関心をもたざるを得ず、これがわれわれの安住をおびやかすものでなく、その内容において、いまだ完全実施されていない大臣声明、局長談話、了解事項等が、円満に実施されるよう改定されることを望んでやまない。

四、法的地位協定の根本精神が正しく実践され、在日韓国人の安定した生活と韓日両国の互恵平等原則にたった友好増進のためにも、本調印時における法務大臣談話、入管局長談話、又運用に関する了解事項がいつまでも、現状のまま実施されずに放置されることは、本協定の基本精神の違反であり、われわれの日常生活にも直接影響する重大問題なので一日も早く実施されることを重ねて強調するとともに、われわれはわれわれの要求が貫徹される迄、全僑胞が一致団結して積極的にたたかう決意を新たにするものである。

273

本国留学生会館の建設に協力を

啓蒙団が全国を行脚

二世教育は本国大学で

日本でうまれ祖国を知らない同胞二世を本国の大学で学ばせることによって、近代化をめざす祖国の担い手として、また、在日六〇万同胞の次代の指導者として養成するために民団では早くから二世学生の本国留学を積極的に推奨してきたが、この運動も今年で十年目を迎え、現在、約百五十人の学生が、ソウル大学をはじめ、高麗、延世等の本国有名校で学んでいる。日本で育った二世にとって本国大学での教育が、日本人化しつつある在日同胞にとって如何に重大な事柄であるかは、再言を要しないところであるが、ここ数年来、本国政府でも特にこの二世教育を重視して新施策を打ちだしてきている。こうしたなかで、冬休みを利用して日本へ帰ってきている"本国留学生"らは、より多くの同胞二世に本国留学の機会を与えようとして今その啓蒙運動を展開している。この運動は、本国留学生らが本国で学び、体得したものを日本に住む二世らに知らせると同時にこれからの留学生らにとって最大の悩みである寄宿舎を少なくとも守るためソウルに留学生会館を設置しようとするもので、二世同胞の本国留学にとって極めて意義ある運動である。わが民団組織も総力をあげてこの本国留学生運動を支援している。

在日同胞二世の本国留学を軌道にのせるための一環として構成された啓蒙団（団長李劇根ソウル大教授）は、一月十日より日本の主要都市（東京、横浜、静岡、名古屋、京都、大阪、神戸、北九州、福岡）を中心に、本国留学の意義と必要性を説いてまわり、各地で大きな反響を呼んでいるが、この啓蒙運動は、日本で育ち、日本の教育を受けたために殆んど母国語を知らなかった留学生らが本国での勉学で会話は勿論、韓国のマナーを身につけ、このように立派に成長したということをみずから示し、自分達の喜びを一人でも多くの二世に分ちあたえ、そして二世達は誰でも実力さえあれば容易に本国大学へ入学できる道を切りひらこうとするもので、その具体策としてとりあえずソウルに留学生会館を設置して留学生の宿所と連絡の拠点を備えようとしている。

民団中央でも、留学生らのこのような真剣な運動に応じて各地方本部に積極的な協力を指示し、学生らの運動に大きな成果が収められるよう強力な側面援助を行なっている。

ところで問題の留学生会館の計画案は一九六六年九月に、本国留学生が中心となって会館建立委員会を構成して立案したもので、その内容は、敷地二千坪を購入して男女学生の寄宿舎（建坪約千五百坪）図書室、会議室等あわせて延建坪約二千坪の建物を建設しようとしている。そのため、昨年の冬休みの時にも日本へ帰えって第一次募金運動を開始したが、多くの人から援助を受け、そして、本国政府からの協助を約束されたことによって意を強くし、今年の啓蒙団の組織、派遣となったもの。

そして、この啓蒙団は一月十一日の東京本部を皮切りに三多摩、神奈川等全国主要都市を中心に啓蒙運動を展開し二十五日、その全日程を終えた。

同啓蒙団員は、つぎの十人が中心となっている。

朴忠光（ソウル大）金慶栄（ソウル大）洪乾昌（ソウル大）李京子（梨大）権錫大（ソウル大）朱敬子（梨大）方明秀（ソウル大）趙育見（ソウル大）李玉子（ソウル大）黄栄男（高大）

同啓蒙団によると、現在、本国留学生の大部分が一般民家に下宿しており、そのため多くの難題をかかえているが、なかでも本国の物価事情から経費面が特に頭痛の種となっているとのことである。

同啓蒙団は、こんどの運動のなかで特に、❶会館が建設されると僑胞社会の実情を母国に知らせ、祖国の発展に在日僑胞が寄与できる機会を作り、❷僑胞社会の指導者育成を現実化することができ、❸総合的教育センターの役割を果たすことができる。❹そして、僑胞留学生の生活指導ができる［illegible］学生の効果的な生活環境を確立し、留［illegible］ことなどを強調し、全在日同胞の支援協力がたを要請した。

韓学同幹部母国へ

僑胞学生指導者教育のため

在日僑胞学生の指導幹部との教育を受け在日韓国学生同盟［illegible］

母国を訪問した韓学同の幹部たち

［illegible］

・十二月二十四日（日）ソウル市内見学、自由時間、夜カクテルパーティ参加

十二月二十五日（月）水楽教会礼拝、自由時間

十二月二十六日（火）講義（北韓の実情）修了式、歓送会参席

十二月二十七日（水）釜山向発釜山市発展施設見学

十二月二十八日（木）蔚山工業団地見学、釜山市にて自由解散

引率者の裵次長は「年末の関係で、多少スケジュールの変更があったが、参加学生らは真面目に勉強し、母国の姿を肌で感じ、祖国がわれわれに何を願っているかを充分理解できて嬉しい。」と語りなお「このような機会を持つことに今後本国側も、韓学同側も切望しているので、積極推進して韓学同運営プラスになるようにしたい」と述べた。

（写真、梨花女子大訪問の韓学同幹部ら）

愛神愛隣舎

（読）（者）（の）（声）

信頼回復が先決

民団の現状をふりかえると、一種のもどかしさを覚えずにはいられない。民団の諸施策が、多くの同胞の気持、願望を十分にくみあげずに、これとはなれて動いているようにみえるからである。

今まで民団のやったことが、失敗のつづきとはいえないし、在日僑胞のための仕事を行おうとしなかったのでもない。それなりに努力はしているのである。

だが、在日同胞が抱く民団への不信感は、薄くなるどころか、かえって強まっているのである。

一九六二年を起点としてスタートした本国の経済開発計画は、予想外の成功をおさめ、世界有数の経済成長率は、われわれ在日同胞［illegible］

団員の自由である。［illegible］にあるのでなく、［illegible］何かと不信の気持をある。

民団への不信感に［illegible］団活動家にも大きな［illegible］

彼らのほとんどは［illegible］て民団団務を担当して［illegible］の長期的な発展策を［illegible］た当事者である。民［illegible］民のため健全な方向［illegible］失敗した過去に、そ［illegible］すべき点が多い［illegible］る。

現実は部が民団の［illegible］新たな発展策を［illegible］た全国組織の再［illegible］の団員が心から［illegible］

［illegible］

『愛神愛隣舎』新築募金運動に参加しよう！

張徳出牧師の事業を援助しよう

宗教法人基督教東洋救霊団、養護施設愛神愛隣舎外影一部

［illegible］

出雲崎（日本海）で無事救助

漂着した本国漁船「羊東号」

新潟本部で暖かい救援

［illegible］

韓日親善への道

—行動で信頼の道を開け—

穂積光治

［illegible］

274

朝総連系学校通学生はただちに韓国学校へ！

鄭副団長が特別談話を発表

「正しい民族教育」へ総力を集結

念願の会館が完成

新年会をかね盛大に落成式を挙行

民団群馬地方本部

民団群馬地方本部（金宋出団長）では、去る十四日午後一時から新年会をかね、昨年末同県前橋市古市町字松場四九七番地に新築した同本部会館＝写真＝の完工を祝う落成式を盛大裡に行なった。

この日、落成式には、民団中央から李裕天団長、金仁洙監察委員長を初め駐日大使館の朴第一領事課長、崔冰宏栃木地方本部団長ら多数の来賓を迎え、管下団員一百余人が出席、盛大な祝賀パーティーが催された。所工名来賓から民団群馬本部がようやく県庁所在地の前橋に会館を新築、名実共群馬県下団員の指導機関として登場したことをたたえ今後の発展に大きな期待を寄せる祝辞が述べられた。

この日、同本部会館落成式を祝して駐日大使館から網織の太極旗が寄贈されたほか、各界から数多くの記念品が贈られた。

なお、群馬県下団員の長年の念願であった同会館は、敷地三一〇・五坪、建物延べ坪五十六坪のスマートな建物である。（群馬発）

群馬本部で住所変更

群馬県本部では住所を次のとおり変更した。

新住所　前橋市古市町字松場四九七ノ五

三重本部で22万1千円

本国干害募金に多数賛同

岡山と岐阜で地方委員会

新年の活動へ積極姿勢

同胞の霊よ安らかに

広島で原爆被災者の慰霊祭

1月17日　広島本部で主催

写真＝慰霊祭の全景＝追悼文を読みあげる総団長

神奈川県南武支部の屋舎完工

団員の要望に応える支部作りに専念

財源確保、敬老に主力

鄭団長

議長

監察委員長

完成した神奈川南武支部の屋舎

南武支部運営計画

神奈川南武支部役員

内容は過去にあった事実

組織全員の対共警覚心を促す

現在は組織防衛に鉄壁

この日本の中で渦まくスパイの影について

1月20日　本国卸売物価（単位ウォン）（合同通信提供）

品名	規格	単位	ソウル	釜山	大邱
米	上	叺（100ℓ）	4,100	4,100	4,000
もち	並	〃	4,700	5,100	4,800
麦	〃	〃	2,700	2,700	2,650
大豆	〃	〃	3,400	3,600	3,700
小豆	〃	〃	4,700	5,000	4,800
緑豆	〃	〃	9,200	10,000	9,100
ごま	〃	〃	9,000	8,800	8,500
小麦粉	〃	22kg	700	690	690
鶏卵	〃	10コ	105	100	95
塩	天日	60kg	300	300	350
砂糖	精白	600g	59	59	60
清酒	上	1箱（10本入）	6,400	6,500	6,200
リンゴ	〃	1箱	1,050	950	950
白菜	〃	3.75kg	25	25	25
大根	〃	〃	45	28	35
乾メンタイ	〃	300匹	30,000	25,000	28,000
海苔	広良	100束	18,000	18,000	14,000
するめ	並	100束	37,000	37,000	37,000
わかめ	〃	40束	5,000	1,500	1,800
綿糸	25番	1梱	56,000	57,000	55,000
人絹糸	イタリー産	〃	42,000	40,000	39,000
ナイロン糸	70デ	1ポンド	550	555	570
綿布	[illegible]	36m	2,250	2,200	2,300
〃	[illegible]	〃	2,550	2,500	2,600
ラワン	〃	1才（1寸×12尺）	80	80	75
ベニヤ板	3×6	1枚	190	190	190
セメント	国産	42kg	225	240	220
トタン	31番	100枚	26,000	25,000	25,000
鉄筋	5分	トン	32,000	32,000	34,000
ガソリン	A型	1ドラム	3,615	3,622	3,829
油脂		〃	18,000	19,000	18,450
アルコール	食用	〃	28,000	30,500	27,500
生ゴム	5分	1トン	250,000	250,000	255,000
新聞用紙	輪転用	500枚	1,450	1,450	1,550
模造紙	70ポンド	〃	5,000	5,000	5,000
金	純金	1g	840	800	855
銀	〃	〃	[illegible]	20	30
牛	5才	1頭	71,000	70,000	75,000
豚	100kg	1頭	14,500	14,000	14,000

275

樺太同胞救済に本国から使節団

第二次世界大戦の最中、日本政府の軍事産業政策によって、サハリンの炭鉱に強制徴用された同胞が、解放後二十二年の歳月を経過した今日まで祖国の居住地に帰られず、置きざり状態をつづけ、本国政府を初め日ソ両国政府に帰国実現を強く呼びかけていたが、昨年末、本国国会は、この問題を重視、超党派的立場で「在サハリン同胞帰還促進交渉使節団」を構成、日本を初めジュネーブの国際赤十社に帰国促進を呼びかけることに万場一致で決定した。本国国会の代表団は、去る四日来日、十一日までの間にサハリン同胞の実情を洞察知るため帰還者を訪問する一方、日本政府首脳を初め日赤関係者と協議、"樺太韓国人"の帰還促進の協力を要請するとともに、この問題は、日本政府の戦後処理の一環として責任をもってソ連政府とかけ合い、二十数年間も犠牲された韓国人の帰還を早期、実現するよう強く要求した。一行は、その後ジュネーブに向け出発、去る十五日には、ジュネーブの赤十字国際委員会本部を訪問、サハリン在住同胞の問題についてその実情経過を説明、事実調査団の派遣など人道的立場から積極協力を要請した。また、同使節団は、国際赤十字本部の会員国である英国、フランス、イタリーなどを歴訪、この問題の善処を要請する。樺太在住同胞の帰還問題は、すでに本紙紙上で報道した通り、民団中央民生局が主管となってこの問題解決に当ってきたが、本国において、全国国民の与論が喚起され、国会が超党派的立場で代表団が構成、日本政府や国際赤十字本部に国会代表団を派遣することになったのは今回が初めてである。そこでサハリン在住同胞の実情と二十二年間も置きざりになった原因や樺太在住韓国人に対する日ソ両国政府の取り扱い方などその間の複雑な事情を整理してみた。

日本政府に善処要求

本国国会、帰還促進交渉に積極的な態度

国際赤十字本部に事実調査も

張在述氏の訴え本国に届く

張在述氏

樺太抑留同胞の救出を！

尋ね人

276

韓國新聞

韓国新聞社
発行人 李裕天
編集人 金八雄
東京都文京区春日町2丁目20-13
電話(811)2261～3 編集
(813)0673 業務
定価 1カ月100円
振替口座東京 54988番

綱領
一、われわれは大韓民国の国是を遵守する
一、われわれは在留同胞の権益擁護を期する
一、われわれは在留同胞の民生安定を期する
一、われわれは在留同胞の文化向上を期する
一、われわれは世界平和と国際親善を期する

北傀武装共匪(ゲリラ)南侵の真相

国軍の威力でゲリラを掃蕩

北傀の武力侵略行為挫折

二年間特殊訓練をうけ南侵

「私は今は生きたいばかりです。北で聞いたことは皆嘘であることを知りました。」これは、北傀の金日成殺人徒党らが、一月二十一日南侵させた武装共匪三十一人の中一人で、韓国軍に捕えられた金新朝北傀軍少尉が去る二十七日記者会見で語った一節である。

一部ではこの北傀の武装ゲリラのソウル侵入を、北傀の宣伝を額面どおり受けとり、南韓での不満分子らが引き起こした武装蜂起だとみる向きもあるようだが、これは北韓の政策を知らない無智な証左である。捕えられた金新朝の話によると、北で二年間にわたり特殊訓練をうけ、一月十六日黄海道の北傀軍哨所を出発して三十一人が南侵したが、彼らは目的達成はおろか、一人がとらえられ、二十六人射殺、一人自爆、残り三人は山中で凍死あるいは爆死という惨敗を喫し、韓国の政府および国民を目覚ましい反共態勢を確立するに役立っただけであった。

この武装ゲリラの掃蕩に際して、国民が如何に協力的であったかは、国民全体がいかに共産党のこうかつな平和の破壊的行為を憎くんでいるかを如実に証明するものである。次ぎはこれまでの報道を綜合して、北傀武装ゲリラのソウル侵入いきさつとその反響およびその掃蕩作戦などをまとめてみた。

金新朝北傀少尉記者会見で暴露

武器の一部はソ連製

青瓦台の模型で訓練

記者会見をする金新朝

鉄条網くぐり臨津江を渡河

侵入の経路

[illegible]

国軍の服装で六ヶ班に編成

目的と任務

＝行軍の速度は
(答) 四十分に4キロ行で、指令では十キロ行歩くようになっていた。

＝任務は
(答) 朴大統領と政府の要人暗殺が目的であった。国軍の服装を着て一人にピストル一丁、手りゅう弾八発、対戦車地雷一コづつ持った。

＝手りゅう弾は北傀製か
(答) 手りゅう弾の信管はソ連製で、他は北傀製である。

＝具体的任務は
(答) 三十一名は、基本組、予備組、指揮組など六組で編成され、その任務は①正門警備兵力殺害[illegible]

ゲリラは北から侵入

日本特派員が確認 "間違いなく北傀"

[illegible]

社告

読者各位貴下

本紙も大韓民国居留民団中央本部の機関紙として、紙歴第八九五号を迎え、読者の皆様方から、愛されてきましたが、この度、より一層団員相互間の意志の疎通を計り、有意義な新聞に発展させるために、次のような企画を新設致しましたので、何卒御協力を御願いする次第であります。

◎韓国人ホープの紹介　日本の中の韓国人ホープを紹介して、韓国人としての誇りを持つようにする。

◎対話の欄設置　対話を通じて問題を掘り下げ、その根底にあるものを深く知ろうとし、距離と疎外感を取り除くよう役立たせる。

韓国新聞社

ソウル運動場における糾弾大会

ソウル侵入のゲリラ全滅

―崔鍾路警察署長、死で― ―青瓦台の危機を救う―

最初の発見

[illegible]

一名射殺

[illegible]

"青瓦台を死守し本隊に連絡せよ"

尊い犠牲となった崔圭植鍾路署長の最後のことば

[illegible]

われわれはCICだ

[illegible]

警察署で話そう

[illegible]

優秀な幹部を二年特別訓練

[illegible]

編成と訓練

＝どのようにして選ばれたか

[illegible]

対韓軍援に一億ドルを計上

米大統領、議会に要請

ワシントンからの報道によると、ジョンソン米大統領は八日、議会に総額三十億ドルに達する特別軍事援助計画の承認を求めたが、この中には最近の韓国危機に関連して、韓国にたいする援助として一億ドルが含まれている。

[illegible]

十件に四千八十九万ドル

日本の対韓商業借款のEL発給

[illegible]

声なき人に卒業証書

ゲリラの凶弾に倒れた金君

去る二十一日の夜、青瓦台付近で北韓の武装特攻隊の射った凶弾で倒れた金[illegible]君は去る三十日、酒泉中学の第十七回卒業式で"声なき出席"をし、卒業証書をもらった。

金[illegible]君の父親金[illegible]氏は「わしの息子はどこへ行ったのだ。ここに卒業証書はあるのに…」とうつろな声で語りながら、涙を流した。[illegible]

韓青の檄文

去る一月二十一日北傀武装ゲリラが大統領官邸附近に現われ銃撃戦をまじえ、軍事境界線はにわかに緊張が激化したおりもあり、二十三日米国情報艦の拿捕事件は韓国動乱以来の危機と云われている。この武装ゲリラ事件は民族の悲願である統一を遠のけるばかり、同族を相殺する第二の動乱を誘発しかねないこの蛮行に対して、憤りを感じつつ…二十一日の北傀武装ゲリラ事件以後、韓国ではこれの収拾と警備体制の強化を第一義的にとりあげていた。しかし米国は韓国政府との事前協議もなく主権国家である韓国を無視して北傀集団と秘密交渉をするという独断行為に出た。

米国は、国連決議によって韓国が韓半島に於ける唯一の合法政権と認めたにも拘らず北傀集団に対して、領海を侵犯したと認めるような言動をなすことは自己撞着であり、われわれにとっては納得できないものである。韓国政府の数回にわたる、抗議に対しても何ら回答もせず、韓民族の怒りに対して、なおかつ前向きの姿勢で答えようとしない、不当な米国の行動に対して韓国民の憤りを買っている。

米国はすみやかに、韓国に対して非礼を謝し、プエブロ事件に関する板門店での秘密会談を中止して、韓国政府と緊急に善後策を講ずべきである。韓国政府も、この事態を処理するにあたり、主権国家としての毅然たる態度で臨み、韓国民全体が納得出来る結果が得られるよう万全を尽すべきである。

また、今回発生した事態のすべてが、われわれ側に軍事作戦権がないために起きた不幸な事態である事を考え、国防委員会が作戦権を掌握して、緊迫した情勢にあって国防の任にあたるべく広範な処置を講じ、ふたたび北傀集団の蛮行を許すことのなきよう万全を期してもらいたい。

この一連の事件に関して、在日韓国青年同盟は次の如く見解を表明する。

一、民族の悲願である統一を遠のけ、第二の動乱を誘発する北傀集団の蛮行を糾弾する。

二、プエブロ事件に関連して国家主権を侵害した米国は韓国民全体に謝罪し、すみやかに板門店秘密会談を中止せよ。

三、政府当局は対外、対内問題に、主体性ある毅然たる態度で臨み国民全体が納得しうる解決を期すよう切望する。

一九六八年二月五日

在日韓国青年同盟中央本部

北傀のあらゆる侵略を断固粉砕!

さる一月二十一日夜、武装せる共匪によって惹起された無差別殺傷行為と、同二十三日昼の東海公海上で敢行された米軍艦の不法拿捕など一連の北傀蛮行に対し在郷軍人会は本国二百三十万会員の厳粛な決意をかため、ここ檄する。

一、わが郷軍は北傀の強盗的殺傷行為と戦争挑発の犯罪性を直視し、空前の大国民的な団結によって北傀のあらゆる侵略行為を断固粉砕するために先頭に立つことを闡明する!

二、わが郷軍は北傀が惹起した好戦的な犯罪行為を通して、再び彼等の野蛮性を確認した。これに対しわれわれは自己を防衛すべき天賦の権利と義務を行使するであろう。北傀は人権蹂躙の非人道的な蛮行を即刻中止し、恐怖の世界から逃れて自由世界の懐に帰れ!

三、わが郷軍は六・二五当時、われわれと肩を並べて自由戦線に参与した友邦国戦友らの貴い精神を想起しながら、自由を愛護する全国家が、正面から挑戦して来た北傀の蛮行に対してもう一度膺懲をするための恒久的な対策を火急に講究してくれるよう訴える!

四、わが郷軍は盟邦米合衆国に対して北傀の挑発的な蛮行から郷土と国家を守護するために充分な軍援の増加、特に現代的新鋭装備を確保するための断固たる措置が迅速に取られることを希望して止まない!

五、特に在日会員のわれわれは、六・二五動乱の時、祖国守護戦線で生命を捧げて奮戦して来た精神を想いおこし、北傀とその手先の朝総連を最後まで叫弾する!これと共に愛国同胞らと反共のために鋼鉄のように団結し、北傀の蛮行に対備する態勢を備えなければならない!

六、わが郷軍は共産主義の最終的破滅を確信しながら、一切の侵略行為に対して真正面から防衛隊列の先鋒となることを堅く誓う!

大韓民国在郷軍人会日本支会

277

南侵共匪掃蕩 涙ぐましい民間協力

死を賭して警察へ届出

村を焼払い皆殺しの脅迫にも負けず

最初の発見者禹哲在さんら四人

老人の機智で射殺

民家侵入のゲリラ一名

老人の機智

大格闘して射たれる

民間協力者の尊い犠牲

捜索隊に暖いサービス

市内の暖い話題

佳話第二話

二十二日九時……半煥載さん(三二)……と白嬪子さん……(二八弘済洞アパート三二六号)らは、コーヒーをわかし、軍捜索隊本部を訪ずれ、将兵に温情をもって激励した。

中央事務総長署理に李成甫氏

"僑胞の強い団結と大使館との緊密化"

課業達成へ共同歩調

組織に明るい闘士型

北傀は戦争準備に狂奔

職場ごとに迫撃砲

今年は「戦争準備完了の年」

北傀女性も戦闘訓練

職場単位で週四時間ずつ

平壌一元山間に防御線

地雷トーチカで固める

平北一咸南間にも

韓青冬期講習会

法的地位の学習とスキー

積極的参加を希望

在日韓国青年同盟中央本部では一月十五日に東京地区の成人会を……

ゼミナールコースと課目

コース	A	B	C	D
ゼミナール (1)	在日韓国人の民族運動史	韓国独立運動史	近代史	国語
(2)	韓国独立運動史	在日韓国人の民族運動史	在日僑胞史	近代史
(3)	法的地位と出入国管理令	出入国管理令	法的地位協定に関して	在日僑胞史
(4)	民族教育と外国人学校法	法的地位の現状と問題点	出入国管理令	在日韓国人の法的状況
指導委員	林炳述（埼玉本部委員長）	金一明（京都本部委員長）	許宗文（神奈川本部委員長）	梁完玉（愛知本部委員長）

対象

一、初参加者

一、民族的基礎的な学習を希望する者

一、第二回冬期講習会Cコース受講者

一、法的地位、出入国管理令の基礎学習を希望する者

一、近代史、在日僑胞史の理解者

一、第二回冬期講習会Bコース受講者

一、第二回冬期講習会Aコース受講者中で、出入国管理令に対して未理解者

一、第三回冬期講習会Aコース受講生中から出入国管理令の学習修了者

一、近代史、在日僑胞史の理解者

現代建設が六百万ドルで落札

タイの高速道路建設国際入札で

日本の中の韓国人のホープ

東映フライヤーズ 張勲（張本）

お嫁さん決定も間近か

偏見をファイトでふっとばす好青年

日本には帰化しない

北傀の正体を直視せよ

厳大使、僑胞に覚醒を促す

僑胞記者団と定例会見

厳敏永駐日大使は二月一日午前十時から一時間半にわたり新年初の僑胞記者団との定例会見で、最近の本国の事態に関して在日僑胞らは「目的のためなら民族相争も辞さない北傀の正体」を直視し、問題意識を持って本国情勢を処理してほしいと訴えた。

一、日本の言論機関は韓国の実情に対する認識が足りない。

一、ソウル駐在の日本大使館並に…

…の報道は、大げさである。それは平壌放送のうのみである。精神的には、まだ日本を不信している…らが、こんどの事件に対する報道が一方的で真相が…伝わってないので、それを正すために訪れたけのことで大げさに取上げている。

一、韓国には反共のための分野が…

一、韓国は過去において自由、平和、民主主義の経験がないが、これをもっとも希求している国だ。

一、共産党らは、イデオロギーが主で民族とか国家或は社会などの秩序ある平和がない。この度の蛮行が立証しているから…は民族相争も辞さない。

一、法的地位問題はケース・バイ・ケースで処理する。

…形で不当なことなどは大使自から交渉に当る用意がある。

一、これからの民団は僑胞のための民団であるように自主的に改革して欲しい。

一、来年中に大使館を新築する方針である。出来上ったらそこに政府機関を同居するつもりである。

一、民団各地の支部建物を韓国人のセンターとなるような立派な会館づくりを積極的に援助するつもりである。

一、韓国大学設置の問題は今のところ何らの相談を受けたことはない。国費で設立ならびに運営は反対だ。その余力があれば現在の韓国系中、高等学校をもっと充実に運営すべきだと思う。

一、信用組合育成強化問題は現在申請中のものは日本大蔵省と交渉して二、三ケ月中に全部許可がでるものと思う。

一、僑胞対策は問題意識をもって取扱って欲しい。

僑胞記者団と会見する　厳大使

コロンボ会談決裂

北送問題　北傀が事前工作か

日本政府の木村官房長官は二十四日、特別声明で、今日まで継続してきた「北送会談」が完全に決裂した重要な理由は、①北傀側が協定が昨年十一月十二日終結したことを明らかにせず②これから長期間にわたって従来のような北送を固執し、③北傀側運営による北送計画を要求したためだと指摘した。

この会談の決裂で在日朝総連系の出国は、一般外国人なみに扱われることとなり、これまでのような集団帰国の道は閉ざされることとなった。これは消息筋によると、今北送申請中の人で四分の三は心を変え、北送しないという向が強いので、北傀は無理な要求をして会談を決裂させようとの事前計画であるものらしい。

五輪での北傀は地方代表

IOC総会で決定統一まで再論せず、呼称はノース・コリア

…国が従前とおりコリアと全国呼称をする反面、北傀はノース・コリアと呼ぶようになった。

〃スポーツ外交の大勝利〃

韓国スポーツ界の見解

韓暁相氏を本国へ特派

大使館と民団、協議会を常設

毎月一回定期的に会合

60万僑胞の経済安定など議題

僑胞に有益な会合に

李相翊公使のあいさつ

大使館と表裏一体で

李裕天中央団長あいさつ

参席者

平均伸び率二一・一%

韓銀が生産伸び率を発表

金載華氏が保釈出監

保釈金十万ウォン、病気が理由

宣伝専門委員に鄭永根氏

国軍一線将兵に花の種を送ろう

軍人会日本支会が呼びかけ

国民登録および永住許可申請案内

国民登録更新および新規申請

協定永住申請

一般永住申請

駐日大韓民国大使館
駐日大韓民国各級領事館

在日同胞の戸籍整備実施要綱

婚姻・出生などは必ず届出ること

無籍者は早急に手続きするよう

戸籍整備実施要綱

一、対象者

二、整備方法

三、具備書類

就籍許可申請

身分票

韓国学校足立分校建設に本腰

金周奉氏、千万円寄付

鄭東淳氏は五百万円を

東京韓国学校足立分校建設委員会（金周奉委員長）では昨年の暮れに関係者の会合において、民団東京本部足立支部管内でさる一月末日までに五千万円を集め、残る五千万円は関連支部および東京都内の経済人、有志に協力をあおぐ一方、大使館を通じて本国政府にも援助を要請し、早期着工することに意見の一致をみた。

同席上で金周奉委員長（尾竹橋病院理事長）は自ら一千万円を、つづいて鄭東淳東京本部監察委員長も五百万円を寄付した。

第二、三世の民族教育施設の拡充が切実な課題となっている今日、上記両氏の今度の快挙に対し敬意を表すると共に一般団員の熱烈な協力を望んで止まない。

韓日交歓ひなまつり

韓日の子どもが仲よく歌や踊りを披露

三月二日　東京日比谷公会堂

[illegible]

五、器楽合奏（イ）オールドブラックジョー（ロ）かぞえうた（ニ）父兄（ホ）花（ヘ）コーラス　板橋　ふたば幼稚園

六、森は大さわぎ……世田谷

日本バレエ教室　演出・振付・構成　鈴木滋夫

七、おゆうぎ…市川　双葉幼稚園

八、（イ）人形の踊り（ロ）カルメン（ハ）ケイクウォーク（ニ）ペルシャ人形（ホ）ハバネラ（ヘ）白鳥……江戸川　大月ワルフ節子舞踊研究所

九、幼児リトミックとリズムゆうぎ…文京　貞静学園付属幼稚園　舞踊……文京　貞静学園高等保育学校

十、もみじがり……江東バレエ　辰尾寿賀子

十一、中国の花嫁さん江東バレエ　辰尾久美子

十二、（イ）雪と子供（ロ）チルチルミチル（ハ）バラの結婚式（ニ）ハンガリヤ五番（ホ）水鳥と水車（ヘ）[illegible]……[illegible]山下真智子舞踊研究所

閉会の辞＝[illegible]先生

親善サッカー試合

埼玉韓青と東京韓国学校高等部

[illegible]

文総会員に　金潤氏

本国文総会員に金潤同志の入会が正式に認准された。これで同氏の今後の文芸活動がさらに飛躍するものと期待される。同氏の主な経歴は次のとおり。

元中央宣伝局長

現代文学社日本支社長

慶南、南海出身

芸総東京支部　新事務局長に金永純氏

[illegible]

民族文化の発展のために、その事業内容としては

❶在日韓国芸術家の親睦と団結

❷各部門の事業活動助成

❸毎年一回の綜合芸術祭開催

❹母国と在日芸術家との交流

❺国際芸術家らとの交流

❻芸術活動者に対する後援

❼其の他の付随事業などである

なお同会の席上で金奉民氏は同会発展のために金一封を寄附した。

関税減免対象を大幅に縮小

一月一日から来年三月まで適用

[illegible]

尋ね人

金山　正男　当四一才

戦前居住地

東京都蒲田区東蒲田一ノ十六ノ三

右者戦前旅館又は料理飲食店を経営致しましたが戦後消息なし

連絡先

釜山市釜山鎮区釜田洞一六六八の一三七

全国飲食業組合釜山地区支部

李本龍

徳原　世郷（李世郷）（当四三才）

本籍　忠北永同郡

右者元下関で住んでいたが、終戦後引揚げた時わかれた。

連絡先

韓国大邱市中区池山洞一二五

呂乃九方（乙）李南順

李　南　順

解放前居住地

東京都西多摩郡吉野町方梅

右者請負業梅田組を経営していた孫和生氏の夫人でした。心あたりの方は左記に連絡下さい。

連絡先

韓国釜山市東区水晶洞一洞十二一班一六六一番地

宋世琳方　許烈

金　寿　業（当六四才）

本籍　慶尚南道昌原郡　昌原面東井里

右者兄に当る人で解放後消息なし

連絡先

韓国釜山市釜山鎮区大淵洞第十一統五班二四八番地

金徳寓

沈　源　沢

[illegible]

[illegible]

大村様方

読者サロン

ハンセン氏病患者同胞を代弁して

—さらに理解と救援を—

（熊本県韓国人患者同胞会代表）韓石奉

毎年のことでございますが、昨年の暮れも民団中央本部が呼びかけた歳末助け合い運動が全国的に展開され、全国十数か所のハンセン氏病療養所の私共同胞に、暖い救援の手をさしのべていただきました。

当地、私共八十二名に対しても熊本県地方本部より旧ろう十二月三十一日に、熊本県地方本部事務局長がご来園され、歳末助け合金として金一万円を下されました。またその他昨年五月福岡で開催された民団九州地協団長会議の折、福岡駐日領事館初め、各県団長からの私共に対する慰問金として集められたものとして、万九千円、等を頂載した次第です。

歳末助け合金として熊本県地方本部より私共九十二名に対して下された金一万円、額が少なくましても大金とは申せません。

しかし、日本国中にあって一番貧乏県である本県に居住する同胞の生活もおして知るべしで、その苦しい異国での生活の中にありながら、その上私共の面倒まで見て下さる本県の皆々様に対して、他の地方県より金額が十分の一にもならない少くないといって苦情を申し上げる筋合いではないと信じます。

たしかに金額にしては少額でわずかなものでありますが本県内の同胞等の苦しい日常生活から考えますとき、東京大阪などの一人宛支給される千円や一万円よりも重身のあるものと信じるものです。要は金額よりも私共をライ病といって忘れてしまうことなく同じ民族の一員と見做して、

われわれを暖い心で見守って下さる民族愛的なその「誠意」に対して、私共は感謝の念を益々深くするばかりか、頭が下がるばかりです。

われわれ在日同胞の中にはお金持ちになればなる程、貧乏人をけいべつし同胞など死のうが生きようが自分さえよければそれで天下をとったように、余は満足だ！と傲慢な者になりますが、本県内に居住する同胞は、実生活には苦難も多いようなご様子ですけれども、人間愛と民族愛には他のどの県にも勝れても劣らない程立派な人たちであり、また民団の指導者である

ように思われますし、またかように信じて止まないものであります。

病人程、わが家を！わが祖国を！慕い願う者は他にないと思います。しかしわれわれは自由になれない位置にある身でもあります。

祖国とは！自由とは！いったい何んでしょうか？私は思います。自我を大事にするものは他人も大切にすると、つまり自家の繁栄の、ために…民団組織の発展のために…祖国の平和的統一と繁栄のためには、一人一人の在日同胞、韓国々民が、先ず自分を大切にして、家を守る心を養い、組織を守る心…国を守る心が鉄のように固まることだと信じます。ときに民団の組織の活動を見ているとき、悪い方の自我に目覚めて一方良い方の自我は未だに冬眠から醒めない

というよりも、さまざうとしないし、また醒めたと思ったら悪い方向へ走ってしまうという現象が多くあるのではないでしょうか。

しかし、民団の活動が全て悪るく、また指導者全てそうかと、或は在日同胞の中のお金持ちが全部、記述したような人たちばかりとは決して申しません。良い行ないをする人たちは数が少くして民団のため、祖国のために良い事をしても余り目立ちませんが、悪いことをする人はあまりにもその数も多く目立ち過ぎる程です。これがつまり在日同胞であり、民団組織かと思われます。

私共も「友愛会」を組織して二十年になりますが、その組織の発展は指導者にもありますけど、先ず会員が組織を必要なものと感じて発展させようとする責務と犠牲的な精神がない限りその組織は発展しないのみか、一部指導者たちの私物化してしまうと思います。組織は大衆のものであれば大衆に代って大衆のために奉仕者にならなければならないのではないかと信じます。

民団の団長選挙を見るとき、まったくナンセンス的なことが平気でおこなわれているように感じられます。その一番よい例が、大衆のために大衆の奉仕者になる人が多額を投じて私がなります、といったことは実に矛盾も甚しいといわなければなりません。それはまったく大衆をふみつけて自分を売り出す事大主義的な思想にこりかたまっているからだと思います。よく民団は体質改善というような言葉を使用しますけれども、その言葉を乱用するだけでなく、実際に改善して行こうではありませんか。

湖南・嶺南旱害救護募金への賛助者氏名

—長野県北信支部管内—

壱万円也　曹学秀
壱万円也　金正秀
壱万円也　成聖学
壱万円也　孫晋允
壱万円也　鄭埈和
五千円也　洪憲一
参千円也　秋仁司
参千円也　成石守
四千円也　金奉来
壱千円也　朴承来
壱千円也　安大載
弐千円也　朱永福
参千円也　金昌化
参千円也　金増根
弐千円也　河大太
弐千円也　高泰化
弐千円也　小池幸一
壱千円也　鄭占錫
壱万円也　姜奎晟
壱万円也　鄭信徳
壱万円也　金益烈
弐万円也　朴春之
弐万円也　蘇昌烈
参千円也　婦人会北信支部
弐千円也　尹致源
参千円也　尹致明
弐千円也　趙支寿
五百円也　姜秀洪
壱千円也　金昌憲
壱千円也　金承甲
壱千円也　金漢泰
弐千円也　文尚烈
五千円也　朴商吾
弐千円也　黄玉性

右総人員数　四十名
右合計金額　拾六万八千五百円也

2月5日現在　本国卸売物価

（単位韓貨ウォン）

品名	規格	単位	ソウル	釜山	大邱
白米	上	叺(100ℓ)	4,250	4,200	4,150
もち米	並	〃	5,000	5,200	5,100
麦	〃	〃	2,700	2,700	2,650
大豆	〃	〃	3,300	3,500	3,600
小豆	〃	〃	4,800	5,000	5,100
緑豆	〃	〃	9,200	9,500	10,000
ごま	〃	〃	8,500	8,500	8,500
小麦粉	〃	22kg	710	710	710
卵	〃	10コ	100	100	95
塩	天日	66kg	310	300	350
砂糖	精白	600g	58	58	56
清酒	上	1箱(10本入)	6,500	6,000	6,200
リンゴ	〃	1箱	850	950	950
白菜	〃	3.75kg	38	30	25
大根	〃	〃	50	40	30
乾メンタイ	〃	300尾	30,000	20,000	28,000
海苔	改良	100束	23,000	20,000	18,000
するめ	並	100束	37,000	38,000	37,000
わかめ	〃	40枚	5,000	1,500	1,800
人絹糸	25番	1梱	55,500	55,500	54,500
ナイロン糸	イタリー産	1ポンド	41,000	39,500	40,000
綿布	70番	36〃	550	570	560
綿	並		2,200	2,250	2,300
〃	上		2,600	2,600	2,650
ラワン板	3×6	1サイ(1寸×12尺)	80	80	73
ベニヤ板		1枚	190	190	190
セメント	国内産	42kg	230	240	228
トタン	31番	100枚	26,000	25,500	25,000
鉄筋	5分	トン	32,500	32,000	34,000
ガソリン	A型	1ドラム	3,613	3,622	3,829
油			16,500	17,000	18,450
アルコール	食用		28,000	30,600	27,500
生ゴム	5号	1トン	190,000	188,000	220,000
新聞用紙	群山産	500枚	1,450	1,450	1,550
模造紙	70ポンド		3,000	3,000	3,000
金	小売	1匁	880	853	900
銀	〃		19	20	30
牛	3歳	1頭	70,000	70,000	75,000
豚	100kg	1頭	14,500	14,000	14,000

[illegible]

韓國新聞
韓国新聞社
東京都文京区春日町
定価 1カ月100円

朴大統領、武装共匪の南侵に強硬策

250万在郷軍人を武装

郷土防衛隊の組織化も

京釜高速道起工式に出席した朴大統領。

迫撃砲重機関銃などを国内生産

駐韓米軍増強 防衛体制を強化

80年代に経済自立

世銀の韓国経済報告から

民間貯蓄など動員に努力

経済自立へ着々と歩みをつづける工業界。すでに蔚山を中心に工業センターが稼動を始めている。

国民登錄完了現況

1967年12月31日現在

	更新	新規	合計
大使館	13,792	5,422	19,214
札幌領事館	970	391	1,361
仙台 〃	1,224	656	1,880
横浜 〃	3,701	1,622	5,323
名古屋 〃	6,902	3,288	10,190
大阪 〃	21,429	11,723	33,152
神戸 〃	6,812	4,420	11,232
下関 〃	3,765	2,560	6,325
福岡 〃	4,552	2,470	7,022
合計	63,144	32,552	95,699

協定永住許可の申請現況

1968年1月13日現在

申請	58,176	不許	477
許可	51,384	取下死亡	212
審査中	6,103		
国籍照会	12,097		
回答件数	12,029		

輸出、昨年の四割増へ

新年度計画・五億ドルに決定

インドネシア向け輸出は延べ払い

を輸出産業として育成するため延べ払い輸出方式の採用を検討することにしている。

本国政府としては延べ払い輸出だけでなく一般の輸出の損失をカバーする輸出保険制度を確立する方針である。また輸出手続きの簡素化、輸出企業への特別償却制度などによる税制、金融上の優遇措置、技術開発の推進のほか、一般的な企業の競争強化策として設備の増強、産業の集約化に取り組むことにしている。

◇各国別輸出目標額は次の通り

アジア各国（単位はドル）

国	目標額
日本	一億二千九百五十万
南ベトナム	三億五千万
タイ	六千五百万
国府	一億七千万
フィリピン	九十万
トルコ	十万
香港	一億七千万
イラク	十万
イラン	百五十万
ビルマ	百万
インドネシア	一億
パキスタン	二百万
インド	一千万

欧州

国	目標額
オランダ	四百五十万
ドイツ	五百五十万
イタリー	百五十万
ギリシャ	三十万
ベルギー	三百五十万
英国	八百万
スウェーデン	一千万
デンマーク	五十万

南北米州

国	目標額
米国	一億一千八百四十万
カナダ	五百三十万
メキシコ	十万
ブラジル	二十万
アルゼンチン	十万

大洋州

国	目標額
濠州	三百万
ニュージーランド	十五万

アフリカ

国	目標額
ウガンダ	十万
ケニア	百万
ナイジェリア	四百五十万
モロッコ	十万
アラブ連合	十万
エチオピア	七十万

京釜高速道路の起工

京水間は今年中に完成

全国にのびる高速道路

■ 起工区間
― 2次5個年計画線
---- 次期計画

ソウル　仁川　水原　横城　東草　江陵　三陟　大田　大邱　全州　光州　順天　釜山　麗水

慶全線（晋州～順天）が完通

慶南と全羅の交流

経済発展に大きく寄与

尋ね人

人事往来

281

教育の平等訴えた裵和子さん勝つ

播磨高校の差別待遇に断

「韓国人の娘」は入学させぬ…と不許可にされ告訴

法務局が憲法違反を通告

（東京＝時事）姫路市の播磨高等学校の入試に合格したがのちに「韓国の娘」だったという理由で入学取り消しを申し渡された裵和子（十六）さんの事件で神戸地方法務局姫路事務所は和子さんの主張の方が正しいという決定をくだした。

これは昨年三月播磨高校に入学したいと、裵和子さんは入試を受けてその試験にパスし、めでたく入学許可となった。ところが、新学期の始まる直前にこの入学が取り消された。理由は和子さんの国籍が「韓国籍であるから」ということであった。これを不満として和子さんは神戸の民団を通じて、地方法務局に訴え出た。その結果、このほど、この事件で神戸地方法務局姫路事務所は「播磨高校の入学拒否は憲法違反である。従って和子さんの入学を取り消すことはできない」との決定をくだし、のち姫路事務所は法務省に提出した報告書の中で次のように述べている。すなわち、「播磨高等学校が韓国人の入学を拒否したことは間違っている。というのは、生徒各自の能力にふさわしい学校に入学することの自由と、『平等の権利』を保証している日本憲法第十四条および第二十六条に反するからである。また日本政府は一九六六年の一月に発効した韓日条約でも日本に居住する韓国人たちの教育のためには、適切な考慮を払う、と約束している。これは日本の私立学校にも当てはまることである」と。

こうして地方法務局の決定では和子さんの「勝ち」となったが、最後の決定は法務省いかんによる。

子女らを韓国学校へ率先して転校させる

徐世田谷支部長

韓日国交正常化がなされ三周年に至った今日、最も性急なことが在日僑胞の民族教育問題であるので、民団が総力をあげてわが韓国学校の施設拡充と子女らを直接韓国学校への転入措置を要望している。

このたび徐竜岩氏（東京本部世田谷支部団長）は通学距離その他あらゆる障害を打開し、現在日本の学校へ行っている子女全員を東京韓国学校へ転入させる措置をとった。同団長が団員の先頭に立ち率先垂範、自ら民族教育を実施した点が高く評価されなければならない。

なおこんど新しく東京韓国学校へ転入学することになったお嬢さんはつぎのとおり。

中一、徐貞子さん三女　高一、徐玉枝さん次女（一七）

"米の秘密主義に不満"

学生の反米デモひろがる

プエブロ号事件に関する米国と北韓の秘密会談の中止を叫んで、ソウル大学の学生約五十名が八日、ソウル大学校内の「四・一九記念塔」の前で反米集会を開き「韓国の主権が米国によって無視されることは黙視できない」と、反米デモをくり広げることを申し合わせた。これらの大学生は集会の席上次の三項目を決議し「全国の学生よ、韓国の主権のために、われわれに続け！」と叫んだ。

一、板門店での秘密会談を即時中止せよ。

二、ブラウン覚え書きを実現せよ。（韓国がベトナムに派兵したさい、その見返りとして米国は韓国の近代化やその他の経済援助を約束、当時の駐韓米大使ブラウン氏が署名した覚え書き）

三、国連軍司令官の持つ作戦権を韓国軍へ即時引き渡せ。

この決議を読みあげたあと、ソウル大学生はデモ行進に移ったが、学生の反米デモはきょう八日で、三日間続けられ、だんだんと全国に波及する恐れがある。

きのう七日には「板門店秘密会談に反対する」というプラカードを掲げた学生約四百人が、板門店の方に向かい、板門店の南約八キロで、これを防ごうとした米軍警備兵と三時間にわたって衝突、米兵の威嚇射撃によって学生側は女子学生をもふくめ重傷九人、軽傷二十四人を出した。現場は軍事境界線から一・六キロたらずのところにある臨津江のほとり"自由の橋"の上であった。

こうした"学生負傷事件"がいっそう若者たちを刺激したのは確かで八日、ソウル大学で開かれた"米軍への抗議集会"では「米国は韓国の主権を無視している。われわれ学生はいまこそ、この是正……」

朝総連は"賛成する機械"

悪夢から醒めた転向学生の手記

北匪共匪蛮行による遺族に対する救援金

【茨城県】

水戸支部	六、〇〇〇円
県北支部	六、〇〇〇円
県南支部	五、〇〇〇円
県西支部	三、〇〇〇円
竜ケ崎〃	三、〇〇〇円
太田支部	二、〇〇〇円

"休戦協定の順守に疑問"

丁総理、関係長官国会で証言

国会議事堂汝矣島に

建坪三万二千坪　七六年に完工

政府、兵役の延長決める

陸・海兵は三年　空海は三年半に

日本人記者の眼に映った

韓国人留学生　白萬変君

武装ゲリラのソウル侵入、プエブロ号拿捕事件など緊迫した韓国情勢のさなかに、日本の大学に学ぶ韓国の若い留学生らはこのような事態をどのようにとらえているか。かれらが持っている徹底した反共精神はどこから生まれたか。日本の大学生をどのように見ているかなどを調べて見るために、さる一月末頃日本のある学術週間誌の記者が白萬変君を選び記者会見をした結果のうち、その概要を紹介する。

白萬変君（二三）は全南海南の生れ。高校時代は戦前抗日運動で有名な光州と木浦で学んだ。高卒後、昭和三十八年来日、東京韓国学校で日本語を習ったのち、早稲田大学の政治学科に入学、現在三年。勉強でも課外活動でも、日本人学生に負けない特異な留学生との評判である。両親は戦時中を除いて日本に居住。

緊迫感もたぬ日本の若もの

主導性のある人が育ってほしい

大学の裏の住宅地を歩いて五分。建てこんではいるが、静かなアパートに向かう。……

若さがない日本の大学生

先進国の若者らしく

はがゆい無関心さ

韓國新聞

韓国新聞社
発行人 李裕天
編集人 金八雄
東京都文京区春日町
2丁目20−13
電話(811)2261〜5 編集
(813)0675 業務
定価 1カ月100円
振替口座東京 34988番

綱領

一、われわれは大韓民国の国是を遵守する
一、われわれは在留同胞の権益擁護を期する
一、われわれは在留同胞の民生安定を期する
一、われわれは在留同胞の文化向上を期する
一、われわれは国際親善を期する

天人共に許し難き共匪の蛮行を糾弾する

各地で熱烈な北傀糾弾大会開く

"ニセの平和"に欺されるな

東京神田共立講堂に三千人が参集

祖国防衛・反共の決意を新たに

糾弾中央大会で開会辞をのべる金東春団長

"金日成にだまされた"

金新朝、李裕天中央団長に語る

金日成一派を糾弾する

金光男中央議長

赤魔の侵入を防ごう

朴根世中央委員

大阪糾弾大会に参席した李中央団長

決議文をよみあげる朴茂城団長

北海道糾弾大会

大阪でも糾弾大会

中之島公会堂に三〇〇〇人

……同盟金宰淑委員長はウ・タント国連総長に送るメッセージを、中央本部韓学鎮組織局長は朝総連系同胞に送るメッセージをそれぞれ朗読し、これを万場一致で採択し……送同胞の生活"に関する時間があって閉会した。

福岡でも

さる十七日午後一時から六時まで福岡市昌服町大博劇場で千八百名が民衆大会を持った。

山口県下関でも

さる十八日北九州から下関市民会館で団長以下二千五百余名が糾弾大会を開催した。

北海道でも

北海道本部はさる十七日午前十一時三十分より北海タイムス社のホールにおいて北傀蛮行糾弾民衆大会を五〇〇余名参加のもとに催した。

山口糾弾大会

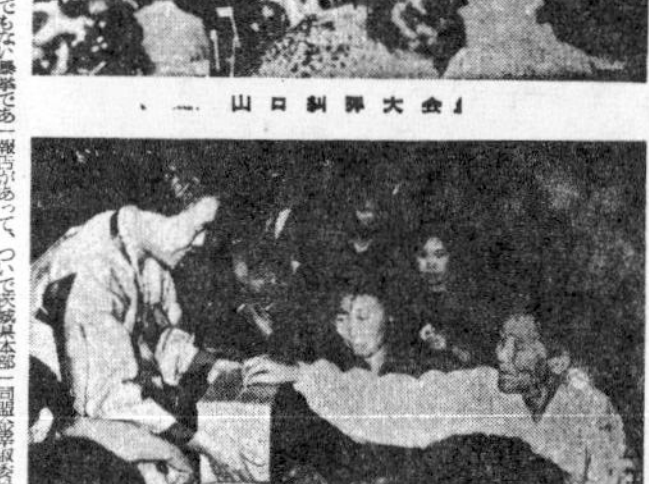

殉職した遺族への募金光景（中央）

それから大韓婦人会の会長らが、武装共匪の蛮行のため死亡した三十三人の遺家族に送る募金運動を即時展開して多大の成果を上げ、金仁洙監察委員長の閉会宣言……

許弼奭商工会連合会会長の先唱で大韓民国と民団の隆盛のため万歳を三唱し、大会に参集した民衆は勝共統一の決意も新たに、この歴史的糾弾大会を終えた。

朝総連にメッセージ伝達

糾弾大会を終え、関東地区民団幹部・青年会・在郷軍人会幹部など六十余人はバスで先ず米大使館に行き、北傀蛮行とプエブロ号拉致事件に徹底的な膺懲をすることと、一層の韓国防衛を強化するようにとの要望書を、鄭烔和副団長・李麟基在郷軍人会長、金宰淑韓青同盟委員長ら三人が伝達した。

一行は次に、朝総連事務所を訪ずれ、朝総連「同胞」に送るメッセージを、韓学鎮中央本部組織局長を始め、金有琯神奈川県本部事務局長、黄命東東京本部事務部長、金君夫韓青中央委員長および辺宰洙学生同盟委員長ら五人が伝達した。

欺瞞に満ちた北傀政権

共匪金新朝が金日成に公開状

武装共匪で南派されて生捕りされた金新朝北傀少尉（二七）は、このほど十五ページに達する「金日成に送る公開状」を発表した。その内容は次のとおりである。

このように自分の民族に反逆するため、人の大事な息子を死地に陥しいれたのか？良心があれば答えて見よ。

北韓で教育され、また聞いたすべてが嘘であったことを悟った。われわれがソウル侵入前、山の上で眺めたソウルは、あなたが言ったソウルではなく、どこまでも平和で雄壮な建設に溢れている発展的な都市であった。

それから捕えられて二十日も経っているが、自首または逮捕されると殺されると教えてくれたあなたの宣伝とは反対に、私に接するすべての人々は、……てくれようとさえしている。

また見逃されない事実などとは、平壌の放送が今度の事件が起るや、南韓で人民が武装暴動を起こしたように宣伝しているのを聞き、私自身驚嘆せずにはいられないのである。

われわれは去る一月九日夜八時北韓の黄海北道人民委員会の建物を青瓦台の仮想建物として攻撃し、三十余人の所謂労働赤衛隊が負傷までしたではないか。

六・二五事変をおこしたのも、南韓が北侵したと宣伝し、私もまたそのように知っていたし、十八年の年月が過ぎた今でも、そのように宣伝しているから、私たってあなたを憎まざるを得ないではないか。

これからは再び六・二五事変のような民族相残の悲劇を再演しないように訴え、戦争準備に死にものぐるいに狂走することを即時中止し、侵略的な本性を捨てよと訴えた。

"金日成一派の挑発を撃破"

韓米共同声明　もし安全が脅やかされたら

韓国と米国は、十五日「これから先、北傀金日成徒党らの侵略が続く場合、両国は相互防衛条約に基づき、取るべき行動を即時決定する事」などを内容とする四項目の共同声明を発表した。ジョンソン米大統領が派遣したサイラス・バンス特使を迎え、さる十二日から朴大統領を始め丁一権総理、崔圭夏外務部長官、金聖恩国防部長官らと会合した。四回にわたる高位会談と二回の実務会談の結果、十五日ソウルで発表された韓、米共同声明は、韓国の安全が脅威を受けた場合、即刻的に協議をする。との両国間の約束を再確認した。

バンス特使は離韓に先だって、さる十五日午前十時三十分青瓦台大統領官邸に、朴正熙大統領を訪問し、離韓あいさつをすると同時に、李厚洛秘書室長とポーター米大使だけ陪席で、一時間三十分にわたる単独会談を開いた。

申範植代弁人は「このたびの事態とこのような事態の再発防止策に関して、真摯な意見を交換した」と語った。

崔圭夏外務部長官は、今までバンス特使との高位会談の成果に対し、北傀金日成徒党が挑発行為を続ければ、戦争状態を誘発させるおそれがあるとの意見で両国が意見をまとめ、この場合対応措置を即時決定するよう合意したことは韓国防衛と安全保障のため注目すべき進展であると強調し、こんどの共同声明で、韓米間の第一段階懸案が解消されたものとみると述べた。

政府代弁人洪鍾哲公報部長官は十五日午後、韓・米高位会談の共同声明につき談話を発表し、「このたびの会談は韓・米間の伝統的な友誼をより一層深くし、北傀共産徒党の戦争挑発行為に対する米国の固い決意を明らかに闡明して、韓・米の共同安全保障努力を再確認することによって、有益な成果をあげたと述べた。

一、朴大統領は サイラス・R・バンス米国大統領特使を一九六八年二月十二日と二月十五日各々接見した。バンス特使は朴大統領にジョンソン大統領の極めて鄭重なあいさつを伝達した。朴大統領とバンス特使は鄭重で真摯な雰囲気で会談をし、同会談には韓国側で国務総理、外務部長官、国防部長官および其他政府高位官吏らが参席した。一方米国側ではウィリアム・J・ポーター駐韓米国大使、C・H・ボンスティル駐韓国連軍司令官らが参席した。バンス特使はまた国務総理、外務部長官、国防部長官、公報部長官および其他韓国政府の高位官吏と一連の会談をした。

二、朴大統領とバンス特使は過去十四ヵ月の間、共産北傀徒党が休戦協定を違反し、激増させた侵略行為と暴力行為の結果と、それから最近に至り、大統領官邸に対する襲撃企図およびプエブロ号の不法的拉致事件などによって惹起された重大な事態に関して、充分に意見を交換した。

朴大統領とバンス特使はこのような行為がすべての文明諸国民によって糾弾されるべきであるとの意見に一致した。

彼らはまたこの侵略的行為は、この地域の安全を甚だ脅やかすものであり、この侵略行為が続く場合、これは韓国において再び戦争を惹起するのであろう、との意見に一致した。韓、米両国は国連憲章の精神に基づき、これらの問題を平和的に解決しようとする両国の真摯な望みを再確認する。（以下省略）

外航船員の監視を強化

北傀、朝総連の浸透を防止

武装共匪の南侵に対備

本国の警察は北傀が休戦線を通じて、武装共匪の大量南派実施計画と同時に、日本における朝総連で、対南工作を本格的にくり拡げるだろうという情報を入手し、このような侵透工作に対する対備策を緊急強化している。

警察は朝総連の対南工作ルートがわが国の外航船員又は外航船舶を利用していることが多いものと見て、外航船員に対する思想分析とその動態の監視を徹底的にしている。

警察当局により明らかにされたところによれば、朝総連は昨年十月に全体政治局会議を、今年一月には全体大会をそれぞれ開き、対南工作に対して全力を傾けることを決定している。

これは日本又は第三国を通じて、わが国に大量の対南スパイ又は同調者を送り込み、北傀武装共匪や固定スパイアジトの確保を画策したものと見られている。

▼正式に旅券を持って侵透する可能性と、▼外航船舶を通じて偽装船員証を持ってはいって来るもの、▼外航船員を利用する方法など多角的な可能性を分析しているが、特にわが国の外航船員手帖をもっているものの中には、朝総連同調者がいるものと見て、今後外航船員に対する取締りと、偽装船員の摘発を強化している。

最近日本において摘発された金斗完ら八名の北傀スパイ団も、日本警察の調査結果、かれらが調達した物品をわが外航貨物船を通して日本に持ち込んだ事実を注目している。

船員手帖の発給を受け、日本に来たのち、無断で船を離れる離船船員を当局で調査した結果によれば、六四年から六七年末まで四百余名にのぼっている。

全南金知事を迎えて

全南開発協会の懇談会盛会

全南開発協会ではさる十一日午後六時より東京・上野「東天紅」において、来日した全南金甫炫知事を迎え、郷土開発のための意見を交換する懇談会を関係者多数の参席のなかで盛大に開催した。

同会長の范慎民氏の歓迎あいさつについで、同会顧問金今石氏から金知事の略歴紹介があった。

金知事は「昨年は九十年来の大旱魃に際しては諸氏の熱烈な物心両面の支援をしてくれたことに対し、深甚な謝意を表する。その基金で今木浦の対岸から宝城に至る八メートルの道路を十八メートルに拡張する工事を着工し被災民救済にあたっている。全国の五分の一の米を生産し、工業振興のため麗水に第三精油工場を建設中であり、湖南民の宿望である湖南線の複線化も実現されるようになった。

また慶全線は既に完成され、慶尚道と直通するようになったし、農産物の増産、水産業の開発に積極的に乗り出しているので、在日郷友皆さんのより一層の協力を要望して止まない。台湾の農業実態の視察を命ぜられたが、それよりも直接実践できる日本の農業、水産業の実況を見たいので、日程を繰り上げて来た。」とあいさつをかねて、発展する全南の姿の一端を紹介した。

同席上には全南の篤農青年を既に二百名も日本各地の農村に招いて実習をさせている「韓日花の会」会長の政次広さんも見え、より一層の協力をする旨をのべていた。

同懇談会は午後十時まで、和やかな雰囲気で続けられ、韓国女性の歌と舞踊もあり、金知事からはシンタンジンの煙草と人参酒が贈られ同会員らの郷愁をいやし、郷土開発のためますます発展し、協力することを約束し閉会した。

写真は全南金知事を迎えた懇談会

三・一有功者、母国へ

在日の90人 記念式典に招かる

第四十九回三・一節記念式典を迎え、在日同胞のなかで有功者は全国九〇名にのぼり、同一行は来る二月二十八日までソウルに到着し、二十九日午前十時からは代表が外務部長官を礼訪、午後には中央庁において有功の表彰状が授与され、夜には外務長官招待の宴会に参席する予定である。なお、同一行は三月一日の晴の三・一節記念式典に参加し、その他の行事にも全員が参加することになっている。

韓国学校へ転入学

大田支部関団長の子弟

民団が民族教育の振興に重点を置いて、朝総連系の学校にやっている団員子弟のわが韓国学校へ転入学を勧誘している今日、東京本部大田支部では関泳相支部団長が率先して現在通学距離関係で近くの朝総連系の学校へ通っている子弟全員をこんど東京韓国学校へ転入手続きを終えた。

新しく韓国学校へ通えるようになった同支部団長の子弟はつぎのとおり。

初三、関栄植君（八）、初四、関裕植君（九）。

なお、朝総連系の学校から韓国学校へ転入学しようにも地域的に既存韓国学校がないことなどから難点が多いので、各地方別に韓国学校の新設、または既存韓国学校の移施設を早急に新設して少くとも地方の僑胞高校生徒を大量就学させるような措置も要望されている。

反動行為の団員に断

組織を妨害し朝総連になびく　岡山地方本部で除名

岡山地方本部監察委員会（林炳謨委員長）では一月十六日付けで団員の洪淵星一家五名を除名処分にしたと発表、その理由は❶洪淵星は大韓民国在外国民登録を完了した大韓民国居留民団の団員であるにもかかわらず、団員としての義務を履行しないのみならず、大韓民国を誹謗し、民団に対しても ありもしない妄説を流布させており、特に、一九六七年九月十三日の時局講演会において、露骨的な妨害工作をして、講演を中断させるなど民団破壊の先頭的役割りをした。❷同人は、子女らをことごとく敵対陣営である朝総連学校に通学させており、その妻、金福女は一九六五年五月に本国を旅行したが、その当時、長女が東京の朝総連系学校に通学していることにつき、「卒業後は絶対に朝総連系機関に就職させない」との誓約書を提出したにもかかわらず、長女は現在、朝総連学校の教師として勤務しているなど、当夫婦両人はいささかも反省の色がない。

したがって、本団としては洪一家が民団の義務を無視し、国是に反するとともに、本団組織を破壊する反動行為をなしていることに対し、断乎として除名するものである。

除名一家の氏名

一、本籍、慶尚北道漆谷郡…

一、現住所、岡山県岡山市東畠田一丁目一番十一号

洪淵星（一九一四年八月十二日生、古物商、国民登録番号、岡山第一六二六号）妻、金福女（一九一九年一月二十二日生、国民登録番号岡山第一六二七号、旅券番号KJ第一〇八二九号）外長女洪貴順、二女洪光子、長男洪瑞明。

次代民団の中堅養成

第四回韓青講習会に247名参加

韓青中央本部では第四回全国冬期講習会をさる十七日から十九日迄の三日間、新潟県妙高において開いた。

今年は「深めよう！自覚を、語ろう！韓民族の今日と明日を」の主題のもとに、全国から二百四十七名の盟員が参加した。これは四年前に行なわれた第一回講習会参加数の十倍を示しており、絶え間なく発展前進する韓青の着実な運動の成果を如実に示すものであった。

講習内容は、金宰淑中央本部委員長による主題講演において、現在我々在日韓国人の置かれている不安な状況にふれ、将来、祖国の運命はわれわれ青年の精神の持ち方と、力量にかかっており、従って青年に課せられた任務は大きく、この難局を突破する道は民族の前に立つ青年が自己犠牲と勇気としての民族意識の高揚にあることを強調した。なおゼミナールにおいては次のとおりである。

Aコース「在日韓国人の民族運動史」「韓国独立運動史」「法的地位と出入国管理令」

Bコース「韓国独立運動史」「在日韓国人の民族運動史」「出入国管理令」「法的地位の現状と問題点」

Cコース「法的地位に関して」「在日僑胞史」「韓国近代史」「出入国管理令」

Dコース「民族について」「在日韓国人の法的状況」「在日僑胞史」「近代史」

をそれぞれ学習・討論した。

さらに部屋別懇談会においては主題を中心として日常生活の諸問題、在日韓国人としての現在と将来への生き方などについて、ゼミナールにおいて十分に話しあわれ…

熱心に訓練を受ける韓青の冬期講習会参加者

韓民族の主体性を認識

東京・江東　南鉦竜

大阪韓国学校の卒業式、円内は最優等卒業生　左から…さん（小）…さん（中）金成男君（高）

大阪韓国高校卒業式

二月十九日挙行

税務講習会を開く

課税問題と取り組む

碁の天才・趙少年 日本最年少初段に

"申告期限を間違わぬよう"

中央経済局が呼びかけ

申告種別	申告期限	納付期限
1．所得税の確定申告	2月16日～3月15日	3月15日
2．確定損失申告書の提出	3月15日	
3．確定申告税額の延納申請	3月15日	延納期限 5月31日
4．個人の青色申告の承認申請	3月15日	
5．贈与税の申告 要申告者…贈与として40万円をこえた財産を取得した個人（累積課税の場合は20万円以上）	2月1日～3月15日	
6．個人の道府県民税及市町村民税の申告（所得税の確立申告書を提出した者は申告不要）	3月20日	
7．個人事業税の申告（都道府県）（所得税の申告書を提出した者は申告不要）	3月20日	
8．固定資産課税台帳の縦覧期限（市町村）	3月1日日3月20日	
9．源泉所得税の納付		3月10日
10．1月決算法人の確定申告	3月31日	
11．7月決算法人の予定申告	3月31日	

六十万同胞と共に立とう

東京・大田　韓朝子

本国政府が五百万ドル

僑胞中小企業に融資

六億七千万ドルの借款申入れ

トヨタが新進自動車と合併

韓国人海女組合の第三回定期総会

韓国新二つだけ、全種目で最下位　グルノーブル冬季オリンピック大会

◇お知らせ◇

尋ね人

◇電話番号変更

韓國新聞

韓国新聞社
発行人 李 裕 天
編集人 金 入 謙
東京都文京区春日町
2丁目20—13
電話 (813) 2261～3 編集
(812) 0673 業務
定価 1カ月100円
振替口座東京 34988番

綱　領

一、われわれは大韓民国の国是を遵守する
一、われわれは在留同胞の権益擁護を期する
一、われわれは在留同胞の民生安定を期する
一、われわれは在留同胞の文化向上を期する
一、われわれは世界平和と国際親善を期する

第49回 3・1節記念大会盛大に挙行

先烈の偉業偲び反共を誓う

—情緒豊かな母国の歌と舞踊も—

日比谷原頭に四千名の大集会

民団関東地区協議会主催による第四九回三・一節中央記念大会が三月一日午前十一時三〇分から都内、日比谷公会堂に四千名の同胞の参加のなかで、盛大に挙行された。厳敏永駐日大使をはじめ多数の来賓を迎えた同記念大会は、今から四十九年前祖国の独立と自由のため日本帝国主義に反抗して立ちあがった愛国先烈の貴い遺訓を受け継ぎ、日本に住む六〇万同胞が安定した生活が営めるようその法的地位に関する了解事項の早急実施と悲願に迷っている朝総連系同胞を救出することなどを決議した。記念行事の一部として第一部東京韓国学校生徒らの歌と踊りと第二部無窮花芸術団の記念公演があった。

〔写真は三・一節記念中央民衆大会〕

団結で祖国の再建を

李裕天団長の三・一節記念辞

決議文

公　告

第12回
定期中央委員会招集

第十二回定期中央委員会を左記の如く招集公告致します。

記

一、日時　三月二十八日午前十一時
一、場所　日傭会館講堂　東京都新宿区市谷本村町四十二

在日本大韓民国居留民団中央本部
議長　金　光　男

中央委員　各位

李裕天中央団長 4日本国へ出発

帰国は15日頃の予定

朴正熙大統領閣下に送るメッセージ

佐藤日本国首相に送るメッセージ

東京韓国学校生徒達の3・1節記念合唱

郷軍3月から武装

朴大統領が言明

論壇

先烈の霊よ、やすらかなれ

—第四十九回の三・一節に想う—

すなわち、一九一〇年韓国を強占した日本帝国主義は、韓国に総督府を置き、武断政治を断行して、韓国人を奴隷的に弾圧しつづけたのである。

この日帝の植民地政策に呻吟する韓民族は、第一次世界大戦の講和会議が仏国のパリーで開かれ、米国のウイルソン大統領による民族自決主義が唱えられ、世界の弱少民族に大きな勇気を与えた。

まり己未年三月一日ソウルで「独立万才」を叫びながら市内においては、三千万という大示威運動が繰り広げられたのである。これに呼応して全国津々浦々にも太極旗が打ちふられ、老若男女を問わず、身に寸鉄をもおびない平和的示威運動が、期せずして全民族を立ち上らせたのである。

駐越副大使に金鍾圭氏任命

国務会議は二十八日金鍾圭日報社長を駐越大使館副大使（使級）に任命することにした。金副大使略歴△慶南馬山出身（四十二歳）

自主防衛と郷防組織確立

新形態で貿易代表部等を構想

代表部に昇格検討

日本で勉強をしていた工・医学学徒はその道の進学は認めますが、他は一切認めません。また紳士号も同じであります。職業も従来教職にあったものが教職につくのは許されません。また大家族つまり祖父母、父母、成人した子女は原則として分散就業させます。

今年度財政安定計画で合意

政府は年間通貨量増加を昨年末より二五％多い一千五〇億線維持を目標として設定した六八年度財政安定計画でUSOM側と大体合意し、今週中に協定を締結することとした。

朴忠勲副総理兼経済企画院長官は二十一日、今年度財政安定計画

第二回世界大学総長会議、ソウルで開催

世界大学総長会議（IAUP）第二回総会が来る六月十八日から四日間ソウルの慶熙大学で開かれる。

中央本部人事発令

任　韓国新聞編集長　崔　天　栄（二月二十七日付）
任　第二業務部長　金　鳳　植（二月二十五日付）
発　宣伝次長　孫　秀　祺（三月一日付）

筆洗

…度性の性癖は、すでに、西紀一三三三年頃の南北朝争乱時代に端を発している▼謂ろ『特殊部落』は日本人であって日本人でない、社会を日本人自体が形成せしめ、日本人の排他的軽蔑性を自ら募っていたのである▼これは、政権を握った朝廷に反対した人々が諸々に逃げのがれて部落を形成したが、一般の日本人は侮蔑を強度に、これを排他し、人間としても取扱ってくれなかったのである▼しかも、明治の文明開国に際しても、壬申（一八七二年）の戸籍が証明するように、士族は士族、平民は平民と戸籍に記し残す階級的排他性を示すかと、思うと、平民は平民でもって『特殊部落』の人々を『新平民』という名で社会的表現を行う、という排他性を最し▼現時点においてすら、未だに、日本の社会の隅には、この人間的排他性を見出すのである▼このような、日本人の心からみて、過去において力によって支配された韓国人に対して、ましてや蔑視し、侮辱的態度をもって接しない、ということを離れが保証するであろうか。（乗）

戦時体制を強化する北傀

堅固な防衛陣地を構築

平壌の疎開すでに完了

北傀の侵略戦力を公表

第三回韓日合同経済会議終わる

日本側の協力が必要

連帯感を強め共栄を図れ

対韓借款で強く主張

第二次五ヵ年計画にからむ

国軍の装備を近代化

米・対韓軍事援助に一億ドル

対日商業借款を早期確定

韓国閣僚会談要望

第二次韓日定期閣僚会談

七月ソウルで開催

ブラウン覚書とは

第一回国際見本市

海外出品要領決まる

日本は約一〇〇社が出品参加

本国論調

対共匪態勢の確立

286

樺太に残る同胞を救って！

置き去りにされて二十三年間 樺太から金正竜氏帰る

無国籍者の日本上陸で、ひと悶着

"樺太の同胞を救って下さい"と語る金氏夫妻

歴史のいたずらは数万柱の英霊を無縁仏に放置するかと思うと、生き残りの数千名の同胞を、なおも北の樺太に心なく定着させている。

解放され、すでに二十三年の星霜が流れている今日、国と国の微妙な関係が、これらの人々の意に反し、立派な大韓民国の国籍を持ちながら、無国籍者にされている現実をわれわれは直視し、考えなければならない。この人々を一日も早く大韓民国の父母もとに帰らしめることが急務であるが、この度、逃がれて帰って来た同胞、金正竜氏は涙をうかべて、その感激を"どんなに嬉しいかわからない"ともらし、残された同胞達の救済を力強く叫んでいる。

金氏はいわゆる無国籍者。樺太にはソ連と北傀の国籍だけ……とは許されていない。金氏夫妻が無国籍のままでいたのは、何時か……

……ていたからだった。出国許可申請をして三年目にやっと許可が下りた。

金氏家族はわれらが住んでいたブイコブを出発してナホトカで"バイカル号"に乗り、横浜に去る二月二十四日入港した。

しかし横浜では日本の法律が入国を許さなかった。金氏の夫人は帰還人として上陸が許可されたが金氏と娘らは入国許可書がないので船から一歩も出られなかった。きよし夫人は「私も上陸しない」と言い、泣き叫んで居座った。

金氏の家族を乗せたまま、バイカル号は二十六日午前十一時再びナホトカへ向け出港する準備をしていた。

いかりを上げる十分前までも入国許可に変動はなかったが、いよいよいかりを上げる一分前に金氏の家族に、幸せの女神が訪ねて来たのだが、遂に上陸許可が下った。

金氏家族の自由への道はこのように劇的に開かれた。金氏家族は現在、夫人の周作きよこ（●この里、福島県磐城市小名浜弁別二三に住……

暫定的定着地は日本

外務部の樺太僑胞送還対策

ソウル放送を聞き望郷の涙

同船の権元七氏は北海道へ

韓・日親善は僕たち学生で

日本の学生25名、近く韓国訪問

京都韓国高校卒業式

同校講堂で盛大に挙行

京都韓国高等学校（……課程）では一九六七年度の卒業式が同校講堂において盛大に挙行された。

同式には駐日大使館の奨学官をはじめ多数の来賓が参席し、わが国の世代の栄ある卒業を祝った。卒業生数は一〇名で（内女子七名）優等生として駐日大使賞受賞者は洪京子さん、民団中央団長賞受賞者は黄環故君であった。洪さんは卒業後ソウル慶熙大学へ、黄君はソウル大学校商科大学へ進……本の公立高校へ進学の予定である。

京都韓国高校の卒業式円内⑥は洪京子さん⑤は黄環鉉君

武装ゲリラによる殉難遺家族救済金

金額	本部	日付
一万四千四百円	島根県本部	（2月14日）
二万八千円	茨城県本部	（2月9日）
十三万七千九百五十一円	中央本部	（2月14日）
四万四千十円	栃木県本部	（2月19日）
十二万円	長野県本部	（2月28日）

計三十四万四千三百六十一円也

三・一節記念駅伝

東京韓国学校で実施

第一回

お知らせ

東京韓国学校　小・中・高校

韓国語講習会開く

在日韓国学生同盟で

成果をあげて帰国

韓国婦人記者団

……日した韓国婦人記者団（団長……光……）一行は、東京、大阪、京都、宇治山田、名古屋などの訪問日程を終え、去る二十五日羽田から空路帰国した。

……婦人記者団一行は韓国から初めて来日した婦人第一線ジャーナリストたちであって、各地の韓日各界から手厚く歓待された。また一行は婦人記者らしく二十二日、三重県のほとりにある御木本真珠養殖場を見学……

二十三日午後六時から名古屋、国際ホテルで、文鐘律名古屋領事夫妻、韓国民団愛知団長らの歓迎夕食会に招待され歓談した。

また、大阪では南区の阪園で行われた歓迎晩さん会に臨んだ。韓国居留民団大阪府本部団長、金大阪総領事らも出席、なごやかな雰囲気の中で在阪韓国系新聞記者と交歓した。

＝本国主要物価表＝

（単位ウオン）

品名	規格	数量	ソウル	釜山	大邱
米	1等精穀	100ℓ（叺）	4,200	4,250	4,200
餅米	上品	〃	5,300	5,450	5,300
麦	〃	〃	2,800	2,700	2,600
大豆	〃	〃	4,400	3,400	3,350
小豆	〃	〃	5,650	5,350	5,650
胡麻	〃	〃	8,200	8,200	8,400
青豆	〃	〃	9,200	9,600	9,400
小麦	1等品	22Kg（袋）	810	800	810
鶏卵	上品	10個	90	90	95
唐辛子	上品	60Kg（袋）	18,000	17,000	18,000
塩	天日塩	60Kg（袋）	530	550	550
砂糖	精白	600g	58	58	58
清酒	上品	10瓶	6,500	6,000	6,500
りんご	上品	8.75Kg（箱）	1,000	900	900
白菜	〃	3.75Kg	50	45	55
大根	〃	〃	65	60	60
するめ	中品	(100)束	36,000	35,000	37,000
海苔	改良品	100束	27,000	27,000	23,000
乾メンタイ	上品	600尾	28,000	31,000	25,000
綿糸	25番手	181　44Kg	54,500	55,500	55,500
ナイロン糸	70手	455.6g	550	570	580
人絹糸	伊産	90.72Kg	42,000	38,500	44,500
木綿	上品	36.85m（疋）	2,150	2,250	2,250
綿布	〃	〃	2,600	2,600	2,650
ナイロン織	上品	21.95m	2,500	2,250	2,500
陸松	上品	才	60	65	60
ラワン	上品	才	80	80	75
ベニヤ板	90cm×196cm	張	190	185	190
セメント	雙龍票	42Kg（袋）	250	250	250
亜鉛鉄板	国産31番	100張	26,000	26,000	27,000
鉄筋	9～25%	トン	32,500	32,500	34,000
練炭	19孔炭	200個	2,800	3,000	3,000
揮発油	A型	200ℓ	3,613	3,622	3,829
石油		〃	2,302	2,330	2,398
苛性ソーダ	日産	〃	11,500	11,500	11,500
生ゴム	RSS3号	トン	185,000	170,000	220,000
新聞用紙	群山産	連	1,450	1,500	1,500
模造紙	70封度		3,300	3,300	3,250
金	99%	数匁g	880	900	907
銀	99%	〃	19	20	22
白金	99%	〃	3,100	3,200	3,200
ゴム靴	白色男	10足	820	800	切品
〃	白色女	〃	600	600	650
洗濯石鹸	上品	大型10個	360	340	330

日本の中の韓国人のホープ

〈その2〉

九歳でこの道へ

近く7度目のアメリカ遠征

空手八段・崔永宜（大山倍達）氏

拳道界（日本の空手にあたる）

国民登録更新および永住許可申請案内

国民登録更新および新規申請

協定永住権申請

一般永住申請

駐日大韓民国大使館

駐日大韓民国各級領事館

在日同胞の戸籍整備実施要綱

婚姻・出生などは必ず届出ること

無籍者は早急に手続きするよう

一、対象者

二、整備方法

三、具備書類

戸籍整備実施要綱

就籍許可申請

身分票

全国一を誇る"班組織"
強力なる愛知県地方本部
各級組織の運動一元化

愛知県特集　その1

偉容を誇る愛知県本部会館

スマートな校舎で近代教育を行なう愛知韓国学園

プロフィール

愛知県本部団長
中央執行委員
金竜煥氏

各層の信望厚く
温厚篤実な指導者

昨年6月開かれた第21回定期大会に集まつた団員

在日本大韓民国居留民団　愛知県地方本部

【議決機関】
議長　姜末律
副議長　朴哲
〃　尹松局

【執行機関】
団長　金竜煥
副団長　金允鎮
〃　崔正烈
事務局長　朴在賢
〃次長　丁海竜
総務部長　金翊根
組織部長（兼）丁海竜
民生部長（兼）朴在賢
文教部長　李相植
宣伝部長　朴性祐
経済部長（兼）金允鎮

【監察機関】
監察委員長　孫潤寿
監察委員　高命竜
〃　田九瑢

【顧問】
李春植　劉学変
鄭煥禧　鄭煥麒
李康　鄭文基
盧恭愚

【執行委員】
金竜煥・金允鎮・崔正烈
朴在賢・金翊根・丁海竜
李相植・成竜九・崔鍾五
金客祚・朴福天・李春植
朴甲徳

名古屋市中村区鷹羽町三－五七
電話（五七一）六四三一－五番

愛知県韓国人商工会

会長　金麟九
副会長　劉載圭
常任理事
彭弘桂　崔鐘五　崔正烈
白南斗　高命用　金充鎮
金竜煥
理事＝孫潤寿　李春植　鄭炒麟
朴有福　姜求道　姜末律
権会俊　姜求武　河台洪
金基淑　郭鍾涼　趙顕卜
監事＝曹聖姈　戍栄隆　洪東錫
事務局長　黄寿正

愛知県韓僑中小企業商工協同組合
理事長　金麟九
副理事長　劉載圭
副理事長　彭弘桂
名古屋市中村区鷹羽町三－一〇一
愛知商銀ビル六階
電話（五七一）七三四一－三番

愛知県韓国人経友会

会長　鄭煥麒
副会長　崔正烈
名古屋市中村区鷹羽町三－一〇一
愛知商銀ビル六階
電話（五七一）七三四一－三番

在日本大韓民国婦人会愛知県本部

顧問　鄭煥禧
顧問　金竜煥
顧問　申順南
監査　金東福
監査　朴連任
会長　姜英培
副会長　金漢述
副会長　李寿坤
総務部長　具日会
総務次長　金順連
総務次長　成錦玉
組織部長　全福徳
組織次長　尹必順
組織次長　李斗伊
財政部長　朴勝任
財政次長　任炯子
財政次長　趙豊子
文化部長　孫太鎬
文化次長　金光順
文化次長　金朝子
渉外部長　裴必任
渉外次長　徐敬寿
厚生部長　金後男
厚生次長　金福姫
厚生次長　趙富子
青年部長　閔南吾
青年次長　閔南任
青年次長　姜晋林

名古屋市中村区鷹羽町三－一五七

在日韓国青年同盟愛知県本部

委員長　梁完玉
副委員長　金炳浩
組織部長　金彦秀
宣伝部長　朴燦鎬
女子部長　車美子
監査　李正鎬
副委員長　金佳秀
総務部長　金佳秀
文教部長　金正義
体育部長　金正次
監査　卞利長
〃　李英一

名古屋市中村区鷹羽町三－一五七

在日韓国学生同盟東海本部

委員長　文孝益
副委員長　徐完錫
総務次長　孫浜煥
組織部長　朴正平
体育部長　田溶侯
副委員長　鄭格
総務部長　鄭格
財政部長　李在和
文化部長　徐美智子
女子部長　鄭美恵

愛知韓国学園

園長　李春植
理事長　鄭煥麒
理事　鄭煥禧　崔正烈
金允鎮　崔鍾五
張箕杓　李春植
崔在祐　白南斗
郭鍾涼　趙顕卜
高命竜　金基淑
金甲守　劉載圭
呉玉鳳　金鏞基
尹泰明　金灌永
姜秀根　李栄泰
李武林

名古屋市中村区井深町三－四〇
電話（五七一）〇七八三
（五五一）六二一一番

信用組合愛知商銀

理事長　姜求道
副理事長　白南斗
常務理事　落合照尚
副理事長　金甲守
専務理事　李且竜
〃　崔燦鼎
理事　李吉秀　孫潤寿　張永駿　鄭煥麟
金麟九　李竜煥　姜秀根　朴有福
呉玉鳳　朴永魯　権会俊　崔末変
鄭煥禧　崔鍾五　劉載奎　金允鎮
監事　李相甲　崔正烈　尹泰明
高命竜

本部　名古屋市中村区鷹羽町三－一〇一
電話（五七一）五一四一－五番
今池支店支店長　島田健大郎
名古屋市千種区今池町一－一四
電話（七三一）五四四二－六番
熱田支店支店長　丸田力
名古屋市神戸町八一五
電話代（六八一）五一二一－五番
岡崎支店支店長　安本正雄
岡崎市能見通一－一四
電話代（二一）五一四一－一番
一宮支店支店長　落合照尚
一宮市城崎通一－一四

288

韓國新聞

韓国新聞社
発行人　李　裕　天
編集人　金　八　雄
東京都文京区春日町
2丁目20－13
電話(813) 2261～3 編集
(812) 0673 業務
定価　1カ月100円
振替口座東京 34988番

綱　領
一、われわれは大韓民国の国是を遵守する
一、われわれは在留同胞の権益擁護を期する
一、われわれは在留同胞の民生安定を期する
一、われわれは在留同胞の文化向上を期する
一、われわれは世界平和と国際親善を期する

日本政府は在日韓国人の施策を是正せよ

法的地位と待遇の確保

本国政府に強く要請

朴正熙大統領と李裕天団長会見

在日韓国人の永住権の申請手続が促進されていないが、これによる在日僑胞の法的地位とその待遇などが事実上、保障されるところか、不条理的な諸問題を投げ、憂慮の的となっているおり李裕天中央本部団長は、この施策の是正を早急に日本政府に申入れることを政府と各政党に要請するためさる四日本国を訪れ、青瓦台の朴正熙大統領をはじめ政府要路はもとより国会の与野党総務団を訪問、十九日帰任、二十二日在日韓国人記者団と会見し、つぶさに帰任報告談を発表した。

在日同胞は韓日条約締結後、心ない差別待遇をうけている。これは、われわれ本国政府自体が在日同胞に暖かい手をさしのべない今日、他人が冷たい態度に出るのは当然のことであるが故に、先ず政府自体が在日同胞に対して優遇処置をとることが先決であると陳情し、テレビ、ラジオなどを通じて在日同胞の実体を全国民に訴えると共に国会の与野党総務団に在日同胞の実態に関して報告する中で、日本政府が在日同胞にたいして締化ないし追放（北送）または同化政策を孤策していることを指摘し、政府がこの是正を日本政府に促すよう求めた。

政府、陳情趣旨を了解

朴大統領（右）と会見する李団長

本国に招請する。

◎国慶日に在日同胞を多数本国に招請する便宜を国防部は図る。

◎沈在玉氏の問題について朴大統領に、その善処方を請願したところ、大統領秘書室金鎭森氏に大統領が直接、その善処を下命された。

韓日合資を推進、綜合貿易商社設立

貿易業界の体質改善と輸出振興のため政府が綜合貿易商社を重点的に育成しようとしているのと時を同じくして貿易業界の一部では韓……

在日僑胞の有功者に政府、国民勲章を授与

本国政府はこのたび、在日僑胞のうち、国家に有功なる業績をのこした十一名に対して国民勲章を授与することに決定、授与式は四月中旬頃本国において挙行される。

授与者は次のとおりである。

◇国民勲章（桐柏章）

許　弼　奭（東京）
金　周　奉（東京）
金　正　柱（東京）
権　　　逸（東京）
許　泰　成（東京）
鄭　寅　学（東京）
辛　格　浩（東京）
朴　漢　植（大阪）
李　熙　健（大阪）
韓　緑　春（大阪）
黄　孔　煥（兵庫）

教育有功者15名本国へ

一行無事帰任

本国文教部長官の招請によって在日僑胞教育功労者十五名は鄭……

韓国だけで漢江流域を調査

高速道路資金に百億を追更予算で

本国の招請家族第三、四陣到着

朴副総理の歓迎会盛大

新生アフリカの六カ国に医療団派遣

政府、外国人の土地取得法を改正

政府、輸出入関税手続きを簡素化

一九六八年度活動方針案

教育文化センターの論功行賞授与計画

（中央文教局）

税務対策を積極的に

信用組合を一県一組合設置

（中央経済局）

論壇

駐日大使館とわれわれ民団

洗筆

日本政府系の金融機関は在日韓国人に平等融資を
＝民団中央本部が陳情＝

在日韓国居留民団中央本部（李禧元団長）は在日本韓国人信用組合協会傘下信用組合に対する貸付業務取扱の代理機関指定について日本政府の水田三喜男大蔵大臣、佐久洋中小企業金融公庫総裁、同野通一国民金融公庫総裁、高城元商工組合中央金庫理事長などに陳情書を伝達した。

韓日条約締結後、三年有余を経過している現時点においても、在日韓国人の置かれた社会環境、生活条件は未だ従前に変らず非常にきびしく、現在までにはなはだしい不利な状態をしいられて従来から中小企業金融の本命である、政府系三金融機関の融資対象からは除外されている。日本経済の高度成長に反し、経済情勢の変化、その他の変動期に際りなく、操作的な金融難にあえぎながら、苛酷な苦渋をなめ、つねに零細化と倒産への脅威にさらされている。しかし、最近は中小企業等協同組合法にもとづいて、信用協同組合の設立の道が開かれ現在、組合総数三五組合、預金総額約四百二十二億円、出資金十六億円、組合員総数約三万九千名に達する規模に成長し、ささやかな唯一の金融機関として、その企業維持と自立互助のためのわずかな資金供与の役割を不充分ながら、果しているが、在日韓国人の生活の安定をよりよく図るには、日本政府系の中小企業金融機関による融資適用の指定措置が急務である。

陳情書

在日本韓国人信用組合協会傘下信用組合に対する貸付業務取扱の代理機関指定について

謹啓

陽春の候、貴下の御健勝をお慶び申し上げます。

弊団の傘下機関である在日本韓国人信用組合協会加盟の信用組合に対しては、平素より御高配に預かり、各組合がそれぞれ所期の目的達成を期して発展しつつあることは、感謝致しているところであります。

扨て、韓日条約締結後、三年有余を経過した今日、両国間において、経済交流をはじめ、多くの面でその基本関係の正常化と改善に努力していることは、喜ばしいことであり、今後、両国の国民及び政府は、益々緊密協力関係を深め、凡ゆる面で友好提携関係を、格段と強化して行くものと確信致すものであります。また、これに伴い、日本に居住するわれわれ在日韓国人は、従来あいまいであった法的地位が確定し、今後、日本に永住しながら自己の生活を営む権利が賦与されたので、われわれ在日韓国人も、日本に居住する良き外国人として、日本国民とともに、文化的で健康な市民生活を営んで行くことを念願とし、その実現のため努力を続けているのであります。

しかしながら、われわれ在日韓国人の置かれた社会環境生活条件は未だ従前に変らず非常に厳しく、理不尽で甚だ不利な状態を強いられているのが偽りのない現状であります。

他はさらに及ばず、われわれ在日韓国人の大部分が職とするそのささやかな商工業の経営に例をとっても、その生命線である資金調達の困難状況は、想像にあまりあるものがあります。例えば、従来から中小企業金融の本命である、政府系三金融機関の融資対象からは除外されているわれわれ韓国人の立場は、日本経済の高度成長に反し、経済情勢の変化、その他の変動期に際りなく、操作的な金融難にあえぎながら、苛酷な苦渋をなめねばならず、常に零細化と倒産への道を辿らねばならない脅威にさらされているのであります。

幸いにして、近年、中小企業等協同組合法に基づく、信用協同組合の設立の道が、われわれ在日韓国人にも開かれ、東京、大阪をはじめ、各地に在住している在日韓国人商工業者及び、一般勤労者を組合員とする信用組合の設立運営が可能となって、これがわれわれ在日韓国人のささやかな唯一の金融機関として、その企業維持と自立互助のためのわずかな資金供与の役割を不充分ながら、果してきている実情であります。

因みに、全国に設立されているこの種の韓国人信用組合数は、昭和四二年末現在、その内訳は

組合総数　三五組合
預金総額　約四二二億円
出資金　一六億円
組合員総数　約三九、〇〇〇名

に達するに致っております。

この数字は、いみじくも末端の零細な在日韓国人商工業者等の取引金融機関とはいえ、組合員である在日韓国人の利用度が極めて高いことを物語っておるとともに、このことは何よりも、われわれ在日韓国人の場合、これが唯一の自主的金融機関であり、同時に他に頼るべき方途のないことの実態を、示しているものであると言わねばなりません。

われわれ在日韓国人は、さきにも言及した通り、韓日両国の国家関係の正常化に伴い、日本に永住して安定した生活を営む権利を、法的に賦与された正当な資格を有する住民でありますので、差し当り、われわれ韓国人信用組合にも当然、一般の中小企業金融機関と同様に、政府系三金融機関（中小企業金融公庫、国民金融公庫、商工組合中央金庫）の資金貸付を取扱う、代理金融機関としての指定を受けるべきが至当であろうかと確信致しますが、未だ従前の通り適法外のままに放置されている現状は、今日日本に永住権を有するわれわれ在日韓国人にとっては、甚しい非適法状態といわねばならず、耐えられない重大な差別取扱といわねばなりません。

われわれ在日韓国人が、日本に永住し、互助、自主的にその生活を営み、この社会で調和しながら居住するについては、何よりもその生存のための行為が可能でなければならず、そのよりどころを商工業と勤労の営みにおいている実情に照らし、その企業と勤労の健全な経営と保障をもってこそ、われわれ在日韓国人の生活の安定を図ることが可能であります。

また、これは、とりもなおさず、日本の安全繁栄と、地域社会の成長発展にも、密接に関連し、また微力とはいえ、寄与出来得る道であることは申すまでもありません。なにとぞ、貴下におかれましても、韓日両国民が新しい前進の時代を迎えた今日、如上のわれわれ在日韓国人の法的地位と、従前と変わらぬ実情を御賢察のうえ、日本に永住する在日韓国人商工業者等に対し、政府系中小企業金融機関による融資適用の道を御措置下さるよう、茲に陳情するとともに、差し当たり、在日本韓国人信用組合には、貴下の代表する機関の貸付代理業務取扱の指定措置を、早急に御実施いただきますようお願い申し上げる次第であります。

☆　☆

69年度　経済成長率10％に
物価上昇は五～六％

政府は経済成長率10％、物価上昇率を五～六％に策定した来年度経済見通し案を作成し、さる十一日経済閣僚会議において確定。

経済企画庁が明らかにしたところに依れば、69年度経済見通し案は各部門別経済成長率を第一次産業部門五％、第二次産業部門一五・七％、第三次産業部門一〇・七％とし、平均一〇％以上に策定している。

国民総生産（GNP）のうち消費支出は今年度の八五・一％線から抑制した八二％に低下させる一方投資は今年の二七・七％より低い二十五％線を堅持するように計画している。

一方この経済見通し案に策定された目標を達成するために、消費生活の健全化と輸入の抑制、内資動員の強化などを網羅している。

団費完納運動期間の設置に際して
東京・港支部団長　尹達鏞

民団規約第二章"団員の権利と義務"第七条は次の如く規定している。即ち「本団団員で満二十歳に達する者は、本団で定める、団費を納入する義務がある」と明記している。

この規定は非常に重要な規定の一つで、民団の財源の最も重要な部分を支える唯一のよりどころである。それは、規約第九章、財政並びに財産の規定第五九条「本団の経費は団費、賛助金、事業収入金、補助金で充当する」と言う規定の第一要素となっているのを見ても充分納得出来る筈である。

第六〇条、本団会員は、団員一人当り、百円とし、団員実情により特別団費を徴収することが出来る」となって、各支部の第一線幹部の団費決定の伸縮性をもたせている。

勿論この団費は、支部がかってに全額使用する事は出来ない。規約第九章、第六〇条但し書きは、「但し、中央本部、地方本部、支部に対する団費配定の比率は、中央委員会で定める」となって、この団費は、支部は本部の割当金を納付し、本部は中央の割当金を納付することによって、民団全組織の機能を支える油の役をなす。

この様な重要な団費の納入状況はどうであろうか。当港支部は、月額が全額入金すれば、毎月三万四千七百円の収入がなされる筈である。（一九六八年二月五日現在）

然しこれは現在定められ、自ら進んで、協力している団員の協力により把握されている現状の収入である。が実際は、この数字は是正されねばならないと思う。

その理由は、①他地区から転入して来た人が、転入届を出していない為、支部でその居住地を確認出来ない。②当地区から実際は他の支部管内に転出したが、法的に問題になる外人登録の住所は変更しても、法的に規制を受けない国民登録はその侭当支部に籍をおいて団費を納入し、当支部所属の団員となっている。③世帯主から独立して、世帯を別にする様になった過去の団員の子弟が、結婚後世帯を別にしても、旧世帯主の団費納入におんぶして、団員の義務を遂行しない。④実際国民登録を持っていたり、旅券を持っていても、ある必要性が生じない限り団と絶縁状態にある多くの又、執行部の交代でわからなくなった為、連絡がとれない。

（当支部では六七年六月以後の新規団員、旧国民登録申請者、旅券期間延期、旅券新規申請者、転入者、そして、前執行部より引継いだ団員の実態は完全に把握している。）

以上の外にも団員の実数と（二十歳以上）今の殆んどの支部が世帯単位で徴収している現状とは、即ち、規約と現実との相違は相当あると思われる。港支部でもこのことは例外ではない。

ただ、ここで当支部が団費完納運動期間を設置したのは、次の如き、理由に基づく。

1　団費に対する認識をあらためて戴く為である。団費は義務の遂行であり、権利主義の前提である団費は民団活動を潤活化させるための油であり民団組織維持の最も重要な財源である。

2　団員の不平等をなくす為である。一部団員は普段団費を納入せず、何か民団が必要になると、他人の犠牲によって存続して来た民団に、今から協力する事を思いきせようとするとか、過去の定められた団費を棚上げしようとする。これでは毎月心から進んで協力する善意の団員には申訳けないと思う。従って、この様な団員に団員平等の原則で、団員であれば、全部協力する様にさせたい為である。

3　当支部の団費完納運動の一環として、当支部で上納されている団費が、東本や中央本部に規約第六〇条の但し書の配定比率にもとづいて、配定されているかどうかを見きわめ、しかもその大衆の上納金が、組織全体の運営に、最も有効に活用され、権利を主張する前に、義務を充実に遂行する事に依って、民団組織社会に模範的支部としてより一層発展を期する為である。

第十一回定期中央委員会の経過報告書によると、一九六七年十月三十一日現在の、中央本部経理局の「割当金上納一覧表」は、全国の上納金滞納金、一金参千壱百八拾参万二千四百三五円となっていることを発表して居り、当支部の直接上部機関たる東京本部でさえ滞納金、三五万円を表示して不名誉な数字をあらわしている。

この事は、東京管内の各支部責任者が充分検討し、下から団費完納運動を展開して、全支部が、滞納一掃を計ると共に、東京本部が進んで、全国に先駆け、膝元の本部として、模範的に上納金の完納が出来る様協力したいと思う。

この意味で、当支部が三月一日から、四月末日迄、団費完納運動の期間設置をする意義は、全国定期大会、東京本部大会、五月の当支部大会に先立って、団員一人一人が進んでこの運動に協力する事で、それは、団員が規約を充実に守って、義務の一部を遂行することになり、それはとりもなおさず、民団組織全体に新風を送って、正しい民団のありかたを、下からも盛り上げる最も意義深い運動の一面と信じてやまない。

四月末日までには、団員一人も落伍者なく、全団費を完納する様、お願いすると共に、当支部も、東京本部から割当てられた上納金を、完納すべき意志表示をなし、都内の各支部が東京本部割当完納運動に立上がって、東京本部の中央本部割当金の完納が、全国に先がけて、中央本部全国大会までは、一銭の滞納金もない様に協力する事を誓うものである。

愛国心は団費完納から示そう！

本国論壇
アジア情勢と韓日関係
＝朝鮮日報創刊四十八周年記念特別寄稿＝

毎日新聞最高顧問　上田常隆

世界の眼が均しくアジアに向っている今日、創刊四十八周年を迎えた朝鮮日報に対して心から敬意を表しまた嬉しく思います。

四十八周年だと半世紀であるが、太平洋戦争を中心に韓国が乗越えて来た荒波の半世紀の中で言論機関として朝鮮日報が果して来た役割は実に大きいのである。さて今創刊四十八周年を迎えるのだから誠に慶賀に堪えない次第である。

アジアの荒い波

しかし今その荒波はおだやかになりアジアの波も静かになったかと思うが実はそうでもない。静まる事か却って大小幾多の波が此処彼処にまた現われている。大きい波、それはいうまでもなくベトナム戦争である。ベトナム戦は何時終るか誰もはっきり言い切れない。ベトナムでの平和はベトナム国民は勿論全世界が望む所である。併し今直ぐに両方が戦争を停止する事だけで果して平和が来るだろうか。それはこの戦争が大体どうして始まったのか。目的は何処にあるかを考えるとその返事は自然に出て来る筈である。

悪夢の六・二五動乱

これと併せて考える事は一九五〇年の韓国動乱である。同年六月二十五日突然韓国は北傀共産軍の侵略を受け一時釜山付近迄後退はしたがアメリカを始め国連軍十六ケ国の軍隊がこれを撃退、今日の休戦線が生れたのである。ここに至る迄、莫大な犠牲があった事を今考えて見ると背中に冷水を掛けられる感さを感じる状態である。ベトナム戦争は韓国動乱の真と大変似ている。即ちアジアの共産化を防止する目的の下に犠牲を受けている点では何等変りはない。唯韓国の場合に比べて大きく違う点はベトコンの存在である。これがある為に繰り返して続く北爆にも拘らずサイゴンの激戦は断えないのである。

ベトナム平和は何時

二月初からウ・タント国連事務総長はニューデリー・モスコー・ロンドン・パリを歴訪してベトナム平和の道を探り結局にはジョンソン米国大統領と会談したが結局アメリカが無条件北爆を中止すればベトコンは討議に応ずる用意があるという何回も繰り返して聞いた言葉を再確認したに過ぎずアメリカも従来と変りなく此を受入れないだろう」とニューヨークからの電文が伝えている。ウ・タント事務総長がこのような努力をしたにも拘らず結果がこのようになるとベトナム平和は当分の間は望めない状態である。

坡状を起したプエブロ事件

それから今すぐお隣り韓国に目を振向けると北傀武装共匪のソウル侵入、東海（日本海）上でのプエブロ号拉北事件等、一見小さい波に見える此のような事件もその底が見えるし、この事を考えて見ると決して小さな波だといって見過す事の出来ない甚だ心配する所である。こういう意味で誰かが言ったように韓国動乱は未だ完全に終止符を打ってないといえるのも当然である。

こういう情勢下で韓日関係を反省するのは大へん重要な事だと思われるのである。

韓国は東京の羽田からソウルの金浦空港迄一時間四十分、日本に対して最も近い外国である。又切っても切れない関係を持つ両国関係である。

それにも拘らず韓国独立後「近くて遠い韓国」となっていた期間がどれ程長かったかこれは甚だ遺憾な事であった。それ故に韓日国交正常化が一日も早く要請されたわけであった。

未だ偏見の中で

一九六五年にやっと韓日条約が調印され国交は正常化されたが、今日も韓国の一部国民達の対日感情に釈然としないばかりか依然として「近くて遠い」事を洗い去る事ができないのは残念な事である。又日本側でも何処か知らないが韓国に対する偏見を持った人達が残っているのではないか。先入観で仕事を処理するほど愚かな道はない。

相互交流を頻繁に

日本に来た韓国人達もそうだと思うが日本から韓国を訪問した人も必ず間違った先入観を改め韓国に対する正しい認識を持って来るという事が両国の知識者間の相互交流上どの位必要であり効果的であるかは言うまでもない。私が一昨年訪韓した時も洪鍾哲公報部長官が「アジア太平洋時代が来た現在、自由の保塁としての韓日両国の協調は実に大切である」と力説したのが思い出される。

アジア安定の協調

アジアの荒波が静まらないといってもアジアの安定の責任を負った韓日両国間の協調に隙があってはならない。この隙をなくし固い協調を実現するには言論機関の責任が重大である。それ故私は日本新聞協会長として韓日両国新聞人の交流を主張しこれを実現して自からも他の有力な新聞人と一緒に韓国を訪問して言論機関を通じて韓日両国間の認識の正常化に努力したのである。

言論機関の重要な役割

国交正常化後両国々民の相互理解実現の為に大きい役割をするのは両国間の言論機関以外にはない。従って半世紀の歴史を持ち輝かしい伝統を誇る朝鮮日報に対して期待する事が極めて大きいと云わざるを得ない。

新聞用紙の配慮を

このように考えながらも残念な事には韓国内で発行する新聞社に供給する新聞用紙の量が充分でない点である。白いセメント、肥料も「国家再建」の為の「五ケ年計画」実現に必要な重要資材であるが同時に白い新聞用紙もこれに劣らぬ重要な材料である事を理解して韓国政府は特別な配慮をしなければならない。そして言論界の活発な活動に依り平常な認識を促進し積極的には国家、国民相互理解を獲得するのが本当の意味の国交正常化をなす道であると私は信ずる。

波を静めましょう

このように若し東海（日本海）の波が荒れても韓日両国家の波は静かでなければならぬし、このようにするのがアジアの波を静めるのにも又是非必要である。この意味においても朝鮮日報社の活躍と発展を衷心から祈って止まない次第である。

（朝鮮日報・三月十日付）

"在日僑胞の本国投資認めよ"
政府、輸出促進に対日交渉を強化

政府は対日輸出増進策の一つとして、在日僑胞たちの本国投資を日本政府が合法化するよう、外交交渉を強化する計画である。

外務部の関係当局者によると、最近駐日大使館からの建議により、各関係部処は合弁投資及在日韓国人の資本誘致の等の諸業務を担当する機構の新設、駐日韓国銀行及外換銀行に円貨を預置したものにウオン貨を貸し付ける方法等も考え、これら一連の方案は今月中に開かれる対日輸出振興会議以前にまとめる予定だという。

駐日大使館はさる二月十九日の輸出振興拡大会議に提出した対政府建議書で、現在繊維及雑貨の加工貿易に過ぎない対日輸出商品を工業製品全般に拡大する為には、対日両国投資家の間の合弁投資および在日韓国人の資本の誘致が要求されると指摘した。

インドネシアに一千万ドルの借款

インドネシアのジャカルタで開かれた韓・インドネシア通商会談はさる二日、四日間の会議を終え「韓国はインドネシアの経済安定計画に協力するため、韓国商品を購入するという条件でインドネシアに一千万ドルの商業借款を提供することを約束した」との共同声明を発表した。

この共同声明は青瓦台首席秘書官金鶴烈氏を団長とした韓国経済使節団がインドネシアを訪問、四日間にわたってインドネシアの政府当局者たちと両国間の交易増進方案についての会談を持った後発表されたものである。

共同声明によると、韓国が提供する一千万ドルの借款はインドネシア政府が必要だと決める韓国産品を輸入することに使われるという。

西独、借款協定の締結を承認
嶺南火力発電所二号機の建設で

西独政府は韓国の嶺南火力発電所第二号機（二十万KW）建設のための財政借款一千七百五十万ドルにのぼる借款協定締結を承認すると、このほど韓国政府に通告してきた。

この嶺南火力発電第二号機にたいし、西独政府は昨年と同様になるだろう。韓国一九六五年三月に、エチオピアに常駐公館を設置したが、エチオピアは国内事情でまだ設置できずにいた」と発表した。

韓国は七〇年代には食糧を自給
ブ次官補、米議会で証言

ジョン・ブリット東部アジア担当AID（米国際開発処）次官補は四日、米議会で、AIDは韓国における最近の事態の発展を注視しており、朴正熙大統領の暗殺計画によって絶頂に達した北韓の南侵工作にたいする措置として技術、訓練および装備面で韓国警察を継続支援する方針であると語った。

ワシントンからの報道によるとブリット次官補は同日の下院外交委での証言を通じて、米国の無償援助は七〇年代の初期には終わる予定だが、韓国はそれまでに食糧を自給自足する目標を立てていると説明した。

同日の証言のため、コスタンゾ駐韓USOM処長とともに出席したと伝えられるブリットAID次官補は「韓国は不利な条件にもかかわらず、毎年五％ずつ、農業の増産を達成している」と明らかにし、今後数年間の韓国経済全般にわたる見通しは非常に明るくなっており、同時に「国民は自信と誇りを取りもどした」と強調したという。経済は再建され、危険なインフレは抑制されたと述べたブリット次官補は、韓国はこのような経済発展とともに五万の兵力でベトナムの防衛にも大きな役割りを果たしていると強調した。

なお同次官は「韓国は政府の支援の下で強力な家族計画を実施しており、世界で最も能率的だという好評を受けている」と語り、六〇年代の初めにはほぼ三％であった人口増加率は六七年には一・四％におちていると指摘したと伝えられた。

西海岸のエビ養殖
世界的権威・藤永博士がタイコ判

農・漁村開発公社が推進しているエビ養殖事業は現在韓国を訪問中の世界的なエビの権威、藤永元作博士（六五歳）の技術面での助言と指導によって、活発な動きを示している。

世界で初めてエビ（日本海産）の人工ふ化に成功した藤永博士は「韓国のエビ養殖の見通しは非常に希望的である」と述べ、積極的な指導で育成して行けば、「遠くない将来に、東洋最大のエビ輸出国となることを確信している」と語った。

農・漁村開発公社の車均禧社長の特別招待を受け、忙しい日程の中から十日間の旅行計画を立て訪韓した藤永博士は、東京大学の農学科在学中からすでにエビの研究を始め、十一年後に人工ふ化に成功した世界的な権威である。

博士は、韓国政府は初めからエビの輸出を急ぐべきでなく、まずより優れた質のエビを年産することに努力すべきで、これが実現すれば、エビの輸出は自然に追いつくものだと強調した。藤永博士によると、世界中、エビの消費量は毎年増える一方だが、供給が非常に少ないため、将来の商品のような海外市場での国際競争などはあるまいという。

したがって、韓国は今年度に規模で養殖を始めても、二、三年以内にはトロール漁船が集めてくる約五千万ドルくらいは問題なく獲得できるだろうと語った藤永博士は、これで年間一千五百万ドルの外貨の獲得は容易であろうと明らかにした。

これまでに世界の十余カ国に招かれ、特別指導を行なってきた藤永博士は、特に韓国では最大の問題となっていた水とエサの研究を最近終えたばかりなので、韓国の西海岸十億坪の干潟地が"海洋牧場化"する日も遠くないという非常に希望的な結論を出すことをためらわなかった。

二億ドル商業借款
22日から東京で実行計画協議

新規対日商業借款二億ドルに関する実行スケジュールを協議するため、韓・日代表団の会談が去る二十二日から東京で開かれた。

今度の会談には韓国側から[illegible]駐日大使館参事官、日本側からは[illegible]外務省経済協力局長、柏木大蔵省国際金融局長、[illegible]産業通商振興局長が出席した。

昨年度総輸入　七億五千万ドル

韓国の昨年度総輸入高は（通関基準）七億五千四百十八万九千ドルに達した。

これは政府保有のドルと借款資金[illegible]として輸入されたものが、韓国銀行の集計によると、[illegible]輸入実績に比べ、およそ六五％増えたわけである。今年度の導入計画には昨年の輸入高より五％も多い十億八千九百万ドルの資が輸入された。

三次は五千万ドル
韓・日間に請求権で合意

五千三百万ドル規模の請求権資金三次年度の実施計画が韓・日間で完全に合意され、きたる二十一日、正式に協定を締結する予定である。

この実施計画によると、無償三千万ドル、財政借款中には三百万ドルの京釜間高速道路用機資材が含まれている。

韓・日両国は、六八年度実施計画に規定されていた無償分の未使用額で、一千七百五十九万六千ドルのうち三千七百六十八万六千ドルは本年度に繰越し、残りはそのまま後続することに合意した。

九月九日から韓国貿易博

第一回韓国貿易博覧会が九月九日から十月三十日までソウル市永登浦九老洞の第一工業団地で開かれる。商工部当局の発表では、国内の新しい製品と優良輸出産品を展示する今回の貿易博覧会会場の建設は一〇日着工され、同会場は六万五千坪の敷地に建てられ、六月末までには準備作業を終わらせる方針である。

急増する海上輸送貨物量
迫られる港湾施設・装備の拡充

六七年中、全国主要十五港を通じて出入した海上貨物輸送量は全部で一千七百一万トンで、六六年の一千三百一万トンに比べ三一％もふえている。

交通部と韓銀が発表した資料によると釜山港が六百二十五万トンで全体の三六％を占め、その次が釜山の三百六十一万トン、仁川が二百九十四万トン、そして墨湖の百六十二万トンの順になっている。

交通部は今年は輸入貨物一千百五十四万トン、輸出貨物百八十五万トン、そして沿岸貨物輸送六百万トン、合計一千九百三十九万余トンの輸送計画を立てているが、昨年一年間だけでも、仁川港が五四％、釜山港が五一％も増加しつつあることから考え、今年度に増加してきた海上貨物を円滑に取扱うためには港湾施設の拡張および荷役装備の拡充などが緊急な問題となっている。

290

政治評論家 藤原弘達氏の講演
中央本部宣伝局主催

『韓国は経済成長したというが、果してそうであろうか、日本の弊悪な面が韓国社会に多分に見うけられるが』と、あいかわらずの毒舌を論ずる政治評論家、藤原弘達氏は中央本部宣伝局主催の"時局講演会"で一時間余にわたって"見て歩いた韓国"の実相を講演した。講演は、われわれ韓国人には針でさす思いがする苦言が随所で論ぜられ、また指摘されたが「良薬は口ににがし」の諺のごとく、われわれは、明日の糧にこの藤原氏の苦言を意義深く銘を深くしたのである。

藤原氏の講演を熱心に聞く参席者達

日本は極東の熱海
華美な消費生活を追う韓国

中央本部宣伝局では十四日午後六時より韓国駐日公報館において時局講演会を催した。講師には本年一月韓国を訪問し、政府の高官筋をはじめ、朴正熙大統領にも会見し、日本のマスコミ界の第一者と称われている藤原弘達氏（政治評論家）を招いての、一時間余にわたる大講演会であった。

聴講者は在日韓国人報道関係者言論人及び学生多数が参加し、熱のこもった雰囲気のうちに行われ、この講演会の席上で、講師藤原弘達氏は現実に見た昨今の韓国の政状を評して次のような概要を述べた。

私は世界各地を訪ねたが、一番近い隣国である韓国をおそまきながら本年一月に訪ねることになった。日本は繁栄を辿っている、しかし、日本経済は繁栄しているとはいえ、その実体は、あたかも熱海の繁華街のようなもので、奢侈な浮かれた消費経済である。

この奢侈経済の日本の悪いところの面が韓国社会に反映しているような韓国経済は重心事であること申し上げねばならない、と語り、さらに朴正熙大統領との会見に接してベトナム戦争に中共が介入するや否やの問題に対して、朴大統領は四分、六分で介入しない可能性が強いとの判断を述べた。

さらに、今回のソウルでの北傀のゲリラ事件は中共に対する義理付合いの、ゲリラであった。

今後ゲリラは激化するだろうが北傀が南侵する可能性は少い。その証拠には全十装備化という守備体制を整えているのを見ても瞭然である。

韓国は逆な時にしても、経済面においても、日本の悪い面を日本の華美な消費生活を追随しているような面が多くみうけられた。この悪い面を強く締めるべきだと思う。日本の経済人は韓国に対し、援助を惜しまない態度だが、韓国側の受入れ効率が悪いので躊躇しているのが現状である。

新団長に朱性鶴氏
静岡本部　議長 趙成沢氏、監委長 張応渉氏

高知なども新役員を選出

躍進する岡崎支部
三階建の新会館竣工

一九六八年度（第一次分）自費母国留学生発表

日本へノリ五百万束

日韓ノリ業者会議は六、七日の二日間、日本の外務省で開かれ、日本側は今年度、韓国から四八十万ないし五百万束を輸入することに合意した。価格については業者間の協議で決める。

本国主要物価表（3月15日現在）

単位：ウォン　経済企画院調

品名	規格	単位	ソウル	釜山	大邱	光州
米	1等精穀	100ℓ(叺)	4,250	4,270	4,150	4,050
餅米	上品	〃	5,100	5,400	5,500	5,000
麦	〃	〃	2,700	2,700	2,700	2,300
大豆	〃	〃	3,350	3,450	3,450	3,400
胡麻	〃	〃	8,400	8,000	8,500	8,500
小麦	70%	22Kg	810	800	810	810
白菜	上品	3.75Kg	65	36	55	50
大根	〃	〃	57	42	65	55
リンゴ	〃	箱子8Kg	900	864	950	860
梨	〃	〃	1,000	1,050	1,000	909
卵	中品	10個	85	90	90	85
牛肉	100g	小売	50	53	55	45
豚肉		〃	33	37	28	29
塩	天日	叺60Kg	390	390	350	330
砂糖	上品	上斤600g	58	58	58	58
イリコ		3.75Kg	650	510	550	650
乾メンタイ	上品	600尾	32,200	24,000	24,000	29,000
海苔	改良品	箱子(100帖)	30,000	22,000	23,000	24,500
スルメ	中品	100束	36,000	35,000	37,000	40,000
木綿	上品	36.58m	2,200	2,250	2,200	2,450
綿糸	25手	梱181.4Kg	55,000	56,000	58,000	55,500
人絹糸		90.72Kg	39,000	39,000	41,000	41,500
下ナイロン糸	国産	455.6g	590	590	580	600
九孔炭		個	15	15	12	15
石油	国産	ドラム200ℓ	2,302	2,330	2,398	2,850
揮発油	〃	〃	5,126	5,138	5,345	5,519
赤松	上品	才	60	60	55	65
ラワン	〃	才	80	78	80	80
ベニヤ板	〃	枚	190	185	185	190
ガラス	2mm	箱子(100呎)	2,800	2,800	2,800	2,800
セメント	42Kg	袋	250	255	259	260
亜鉛鉄板	31番	枚3×6	260	260	260	260
苛性ソーダ	665L/B	ドラム	12,500	12,500	12,500	13,500
金	99%	小売	840	840	880	860
銀	70%	〃	19	20	22	19
新聞紙	国産	連	1,450	1,550	1,550	1,500
模造紙	〃	連	3,300	3,300	3,300	3,300
ゴム靴	男,白	1足	82	79	82	82
洗濯石鹸	450g	10個箱子	340	330	350	345

東京韓国学校第13回卒業式
屋上仮講堂で挙行

さる十九日東京韓国学校初等部中学部高等部の第十回卒業式が上に設けられた仮講堂において盛大に挙行された。

同式場には駐日大使代理、民団中央本部団長代理、局長、東京本部監察委員長、賢基PTA会長をはじめ来賓と学父兄、母姉が参席して同校の教頭の指揮の下に宣言され、国民儀礼がすみ、朱校長から卒業証書の授与が行われた。

今度卒業する生徒数は初等部十五名、足立分校七名、中学部十八名、高等部男二十九名、女十三名で初等部卒業生は全員中学部へ進学し、中学部卒業生中には日本の都立高校へ進学するものもおり実力を遺憾なく発揮している。高等部卒業生らは大学をはじめ母国大学へ、大学へ進学を志望しており、残りは殆んど社会の第一線へ就職が決定されている。

引きつづき「今日の蛍雪の功を祝うと共に、前途に栄光あれ」と朱校長の懇切な訓示のあと「卒業するようになるまでの諸先輩の恩恵を忘れず、大韓民族としての自覚と誇りを持て」との大使告辞「我々には栄光ある将来が保障されている。堂々たる国際人となれ」との民団中央文教局長の祝辞、それから東本鄭監察委員長の祝辞がつぎつぎに送られた。

ついで惜別の情こもる在校生の送辞に卒業生の答辞があったあと、高等部男、李映行君（大使賞）、李正一さん（学園理事長賞）で"卒業式の歌"を斉唱して、蛍の光を歌いながら午後十二時三十分閉式した。

いるが、入学願書を受付けてくれないので、悩んでおり、李さんは就職することになっている。中等部は李美智子さんで、都立青山高校に進学し、初等部は金翼泰君（東本団長賞、六ヵ年優等賞皆勤賞）で、足立分校では韓宣化君であり、おのおの同校中等部に進学する。

写真 ❶朱校長から卒業証書授与 ❷呉文教局長から団長賞授与

尋ね人

黄　秀日（当五十三才）
黄　富奥（当五十才）

本籍　全羅北道全州市満木町校洞六七番地

右の者三十余年間消息なく解放後来韓したそうだが逢えなかった。心当りの方は左記住所に連絡されたし。

連絡先　京畿道議政府市二洞 四〇番地　崔 焼鎮氏方　朴 栄得

崔　弘　錫

一九一〇年三月二十日生

一、本籍　平安南道竜江郡

一、住所　ソウル特別市竜山区普光洞十二（一九五〇年三月現在）

当人は一九五〇年三月、陸軍大尉として、教育関係用務により日本に来たまま、行方不明となっております。心当りの方は左記へ連絡して下さい。

一、連絡先＝❶ソウル特別市城東区千戸洞一九九一号四統一班 裵、金洞十まで ❷東京都豊島区池袋二丁目一一六七 在日大韓居留民団豊島支部内、韓栓俊まで 電話（982）七一六一～三番

国際人として生きたい
東映TV映画監督 劉 振 植
特捜隊のレギュラー監督

〈その3〉日本の中の韓国人のホープ

NETテレビの新番組『青い太陽』―四月三日夜八時放映―のパイロット・フィルム五話分を撮りあげ、自宅で一息ついたところを訪ねた。是非この作品を視てくれというからには相当の自信があるらしい。

だいたいこの人は『特別機動捜査隊』のレギュラー監督として知られている。視聴率の高さを誇っているこの作品は既に三五〇話が放映されており、テレビ映画では最も人気を呼んでいる番組だ。

一時『鉄道公安三六号』も手がけ多くのヒットをとばしていたが、もともと東映京都で時代劇の助監督がふり出しである。

映画界の天皇と異名をとる渡辺邦男監督に特に目をかけてもらった。助監督生活八年目に周囲からのすすめもあってソウルに錦を飾った。韓国初の本格的なシネスコ『不滅の星座』と『閔妃と大院君』を演出し監督としての第一歩をふみ出した。特に後者の閔妃は時代劇で、京都での研鑽が実ったのか、好評を博したそうである。

この二作のあと、京都から東映東京へ移籍、しばらく助監督生活に戻ったが、東映テレビプロで一本立ちに昇進した日本での異邦人監督第一号の誕生というわけである。

体格は堂々としているが、優しい童顔、おだやかな話しぶり謙虚なものごしは、柔和そのものを感じさせる。いわば"静かなる男"である。

ところが、いざ仕事となるともう一つの"鬼の面"を出す。入念な調査、納得がいくまでの徹底したコンテ（撮影のこまかい段取りや演技のわりふりなどを台本に書きこんだもの）は、そのエネルギッシュな演出となって表われ、各カットに活きてくる。

俳優さんにとっては全くこわい監督さんというわけである。

さて、ここで話をさかのぼらせて――。

慶尚北道で生まれた劉監督は、志半ばで京都の大学を中退した、東京府立九中を出て一高の理科（現東大教養学部）で学んだが、どうした風の吹きまわしか活動屋になってしまった。人生流転 まことにわからぬものである。何れにしても人体の方でない"人生の医者"になったのだからといったら破顔大笑した。

中学時代から助監督になりたての頃まで、ずっとガリバン屋を副業として生計を補なってきたというから苦労も人並み以上した。道理で端正なマスにはまった筆跡ぶりだと思った。

途中で話が金嬉老事件に及ぶ。「撮影所から帰ると小学四年の長男が"韓国人でないといいねえ"というんですよ。思わずハッとしました。韓国人をはっきり意識している彼の淡い誇りをひどく傷つけてしまったんですね」といい「自己の犯罪を民族差別問題に乗じてすりかえようとしたことは全く許せません」と語気を強める。「民団の李団長が金を説得したニュースをきき仕事さえなかったら自分も飛んで行きたかった」という。

撮影の合間に沢村貞子さんとも話しあって意気投合したが「早いとこ自殺でもしてくれたらよかったと思いましたね…」その通りで記者も強い共感を覚えてしまう。それに関連して日本に居住する同胞については「住みいいところに住む権利は人間自由の原則です。何時か朝日の読者らんで読んだが"気にくわなければ帰れ"式の考え方が一部日本人にいるが、両国関係を無視した暴論です」これまたごもっともな御意見。

一人の韓国人として一站息的でない国際人として生きたいといい、一人の映画人として――先ず自前の韓日交流に資する大合作を撮りたいと結んだ。

291

韓国の文化財

わが国では、いま文化遺産の発掘や研究が精力的につづけられている。これにはわが国民の文化財に対する誇りと深い愛情にささえられている。古新羅文化の華麗さと、品位の高さは、古今東西を通じて類例のないものである。これらの一端をうかがい知るために、三国時代、統一新羅、高麗、李氏朝鮮における文化財の一片を紹介することにする。

百済時代

新羅時代

李朝時代

こうして多くの発掘、発見がつづけられているが、なかでも貴重なのは、民間にあって芸術を愛し蒐集をつづけてきた故全鎣弼氏の秘蔵品が発表されたことである。全氏は金銅光三尊仏をはじめ、無数の青画陶磁器など、戦前まったく日本人の目をさけてかくしていた。今にして思えば、韓国文化財の保全のために功労の多かった人であった。

韓国の文化財保存の運動は、経済的に余り恵まれていない現在、国立博物館とそれを援助するほんの少数の人々によってすすめられている。発掘調査、出版、報告も多くは国際資金の援助をまって行なされている現状である。文化遺産に対する誇りと愛情にささえられ、ひたすらとの運動がつづけられている今日、われわれ僑胞も力しなければならないと思われる。

統一新羅時代

高麗時代

（写真説明）

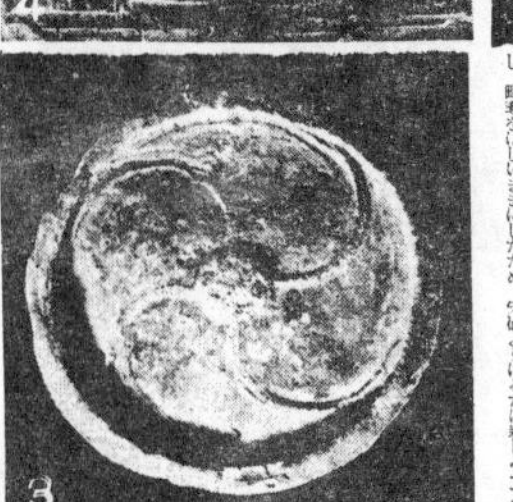
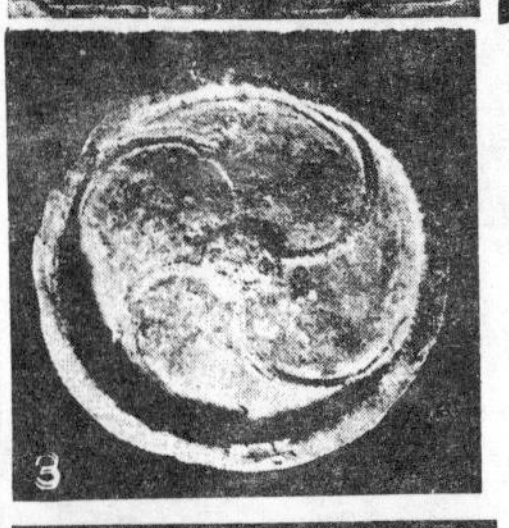
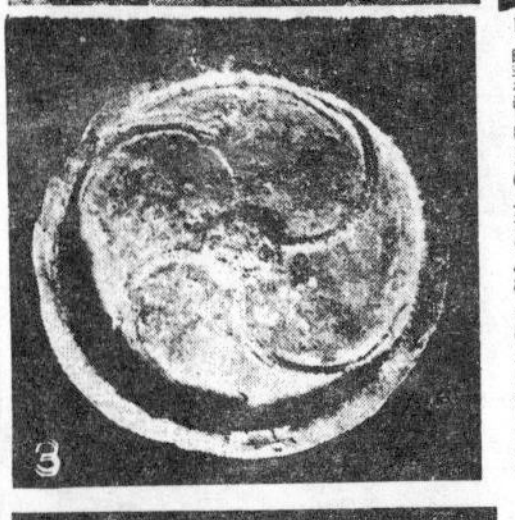

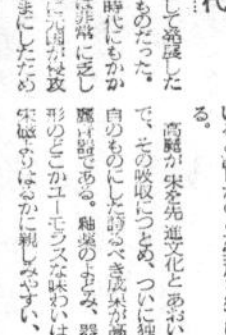
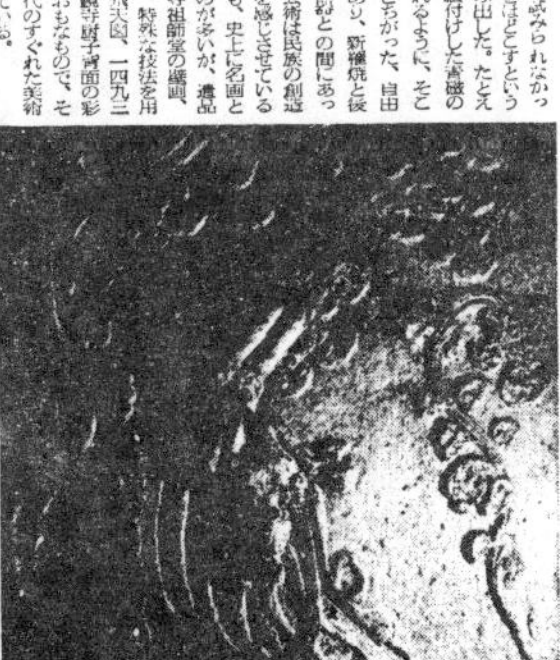

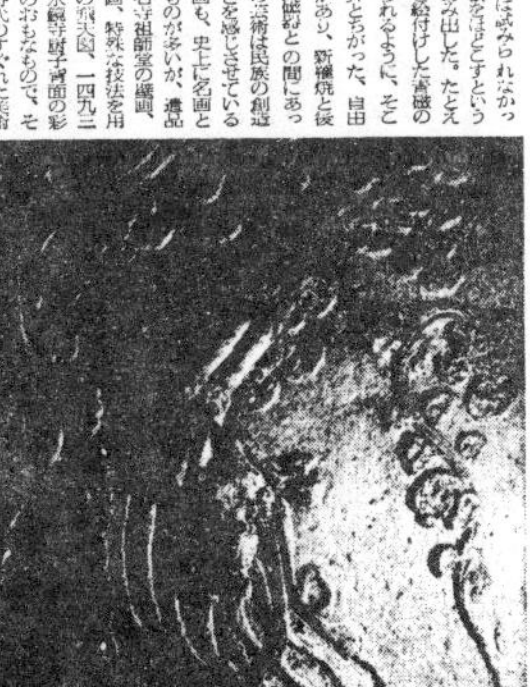

冠山に気象レーダー

光化門を復元

映画輸入割当を廃止

在日韓国人明治大学同窓会開催

尋ね人

李　世卿（徳原世卿）
父の氏名　李演執（韓国大邱現住）
弟の氏名　常卿・浩卿・茂雄

尹　相七（平沼相七）

在日同胞の戸籍整備実施要綱

婚姻・出生などは必ず届出ること
無籍者は早急に手続きするよう

本年一月十六日付で公布された法律第一八六五号"在外国民就籍臨時特例法"によって実施されている在外国民の戸籍整備について中央民団は、該当者が早急にもれなく実施するよう…戸籍整備実施要綱はつぎのとおり。

一、対象者
二、整備方法
三、具備書類

国民登録および永住許可申請案内

国民登録更新および新規申請

一、対象者
（1）満十四歳以上の大韓民国国民
（2）旧国民登録証を所持している者
（3）旧国民登録証を所持していない者は新規申請

二、具備書類および申請方法
（1）申請書一通（所定様式＝民団各支部にあり）
（2）写真四枚以上を民団支部に提出すること（手数料無料）
同申請書が民団支部を経由して大使館または管轄領事館で受けつけると、直ちに処理され国民登録証が発給される。

三、申請期間
自一九六八年一月至一九六八年十二月

協定永住権申請

一、申請該当者
（1）一九四五年八月十五日以前から申請時まで、継続して日本国に居住している大韓民国国民
（2）（1）に該当する者の直系卑属（子、孫）で、一九四五年八月十六日以後、法的地位協定発行日（一九六六年一月十七日）から五年以内（一九七一年一月十六日）に日本国で出生し、継続して日本国に居住している者
（3）右（1）（2）に該当し、協定永住許可を受けた者の子女で、協定発行日より五年が経過した後に（一九七一年一月十六日）日本国で出生した者（出生日より六十日以内に永住許可を申請）
※以上の該当者は、外国人登録から脱落していても、事実上継続して日本国に居住していた者は許可される。

二、申請方法
（1）申請場所＝居住地　市、区、町、村役場
（2）申請人
（イ）満十四才以上の者は、本人が直接出頭して申請し、十四才未満は親権者または後見人が代理申請する
（ロ）申請者が疾病、またはその他の身体障害により出頭が不可能な場合は代理人による申請も出来る
（3）手数料は無料

一般永住申請

駐日大韓民国大使館
駐日大韓民国各級領事館

292

第十二回中央委員会開かる

韓國新聞

韓国新聞社
発行人 李裕天
編集人 金八雄
東京都文京区春日町
2丁目20-13
電話 (813) 2261~3 編集
(815) 0675 業務
定価 1カ月100円
振替口座東京 34988番

綱領

一、われわれは大韓民国の国是を遵守する
一、われわれは在留同胞の権益擁護を期する
一、われわれは在留同胞の民生安定を期する
一、われわれは在留同胞の文化向上を期する
一、われわれは世界平和と国際親善を期する

体質改善へさらに前進
理論統一で自主性確立誓う
活動方針、予算案通過

同委員会では、"仕事をする民団"としての「理論および見解の統一」と活動方針ならびに予算案を採択した。＝「理論および見解の統一」は次号掲載

ついで予算案を原案通りに可決し、韓青縮小弁償に対する援助（特別予算）も可決した。

第十二回中央委員会は、終りに体育会からの建議案などの審議をすまし八時四十五分閉会を宣し閉会した。

第12回定期中央委員会
在日本大韓民国居留民団中央本部

中央委員会であいさつする李団長

第12回定期中央委員会決定事項

一、各分科委員会提案の活動方針ならびに諸案を原案通り採択する。

4、各分科委員会に顧問委員会を設置することとし、それに関する規定は議長と組織局で作成する。

5、顧問推戴に関する規定を作成する。

6、現在、本団の政党に籍を持つ者は、顧問を含めて本団各級機関の任員となることができない。（この決定によれば、顧問も団体任員と規定される）

7、各種の分科委員会の機能を発揮させるため、各分科委員会に常任委員を若干名おき、常任委員

一、中央組織学院に関する予算は、特別予算として措置する。

一、地方建議案二件（関東地協、近畿地協、神奈川地方本部提出）は、各関係局に回附する。

一、熊本県支部会館台築代表提出の勧誘刀は民生局に回附する。

李裕天団長のあいさつ
法的地位問題解決に団結して共に戦おう

私が団長に就任して以来民団の自主性と主体性を守って来ました。機構の改造に対して駐日韓国大使館も協力しており、今度始めて、使館との合同会議を開くようになりました。今回団員に本国から勲章が贈られたことに対して今後からは民団側から推薦することに合意し真に表裏一体、相互協力しています。昨夜の厳大使からのレセプション・パーティーでの厳大使のお話しでもわかる通りでありまして、決して団長が大使館に同附しておりません。家族招請については日本政府側から直系家族でないと言って難色が多かったが充分理解させました。御承知の通りわれわれは日本政府当局から色々な差別待遇を受けております。私は母国を訪れるたびに日本政府がわれわれに対し蔑視・追放政策に出ていることを、政府の朝野がよく認識してくれることを力説して来ました。われわれが日本政府に対して強く抗議し得るには母国の皆さんの声援が必要だからであります。

本国では在日同胞の経済人が行ったら歓迎するが、民団の幹部が訪れたら歓迎しません。これは個人プレイのせいであるかとも思われます。

朴大統領に会見して民団功労者を簡単に投獄したことに対し善処を要望したところ、即座に下部機関に善処指示をして下さったときには感涙にむせびました。

法的地位問題に対しては来る五・六月にソウルで開かれる韓日両国閣僚会議の際に善処方を約束して下さいました。これについて共和党、新民党の議員らと民団幹部らと充分な会合をすまし国会外務分科委員会にも参席してこれの善処を強く要望しました。皆さん母国にお出でになったら決して他の団員の悪口を言わないように致しましょう。日本政府に対して法的地位問題の解決のために戦うには団結しなければなりません。

法的地位の他に、組織幹部の訓練、二世の教育、中央会館建立（これについて朴大統領が協力して下さると約束があった）について先月来各分科委員会を開いて充分な予備審議をすまし、具体的な案件を出しますが、今日一日で全部の案件の審議をして貰わねばなりませんので、何卒成果のある委員会になるよう切望して止みません。

権益擁護と福祉増進のため
強固な団結て組織防衛を強調
―鄭烔和副団長の報告要旨―

一、内外情勢について

ニア、キューバは自主路線という中立的態度をとり多様性と分裂を露わしている。

ソ連は核武器を中心とする宇宙時代において資本主義社会と平和共存する理念の下に資本主義社会に近づきつつある。

共産陣営は分裂状態にありながらも北ベトナム、北傀のようにアジア地域において過激性を持ち武力的な蛮行を続けている。

一方米国を中心とする自由陣営はフランスの経済的、軍事的離脱の影響と、英国の経済危機があった後、米国の金流出によるドル危機が造成され、世界的な経済機構の警戒心を高めている。しかし米国の経済力と政治力は充分にこれを克服できる見通しだし、自由陣営国家群の結束を強化しているので、憂慮すべきではないと思う。

ベトナムの十七度線とわが国の三十八度線は世界自由陣営の最前線であり、防衛力が強化している。

二、本国及び日本の情勢

三、北傀の事情及び朝総連の現況

四、組織強化に関して

五、本国家族招請事業

六、法的地位問題

七、朝鮮大学校認可阻止運動

八、割当金に関して

九、政府に対する要請事項に関し

鄭烔和副団長

一九六八年度活動方針

総務局

朴炳憲総務局長

一、事務体系

二、会計

三、中央会館（中央韓僑綜合庁舎）建立推進

組織局

崔学阜組織局長

一、組織の整備と強化

二、幹部養成と訓練

三、調査と統計

四、傘下団体の助成

（以下第二面に続く）

人事往来

団費・割当金完納運動月間 自4月10日 至6月10日

中央本部	
団長	李裕天
副団長	鄭烔和
副団長	金坪珍
事務総長	李成甫
総務局長	朴炳憲
次長	宋鎬用
組織局長	崔学阜
次長	尹翰鶴
次長	崔文道
経済局長	呉敬福
次長	金斗昌
文教局長	呉世経
次長	姜仁煥
民生局長	申灝
次長	李鍾舜
宣伝局長	金八雄
経済専門委員長	金九卨
宣伝専門委員長	金秉錫
議長	金光男
副議長	金在述
〃	朴太煥
監察委員長	金仁洙
監察委員	李相台
〃	陳点春
各級組織	
婦人会会長	韓玉順
韓青委員長	金宰淑
学同委員長	辺安石
軍人会会長	李麟基
商工会会長	許弼奭
体育会会長	鄭泰柱

293

各種協同組合組織を指導

組織局方針第一面よりつづく

五、朝総連に対備する問題

二、民団役職員共済制度の確立

経済局

呉敬福経済局長

経済局では今年度の活動方針を次のとおり決定した。

一、商工会の育成強化

現在商工会が組織された県本部は十七カ所だけであり、所によっては支部に組織されているにもかかわらず、県本部に組織されていない所もある。既設の商工会もその機能を充分に発揮していない所が大半である事実に鑑み、その活動を促進せしめ、一県一商工会組織の完成に注力する。

1、信用組合の育成

信用組合は全国二十五カ所に厩設されており、預金額は四百二十二億余円に上っており、最近飛躍的な発展を見せているが、まだまだ目標額に達していない。

信用組合また一県一組合設置を目標に活動を展開する。

2、税務対策に関して

最近日本税務当局がわが同胞の納税実態調査に着手しているので、組織としてもこれに対備する体制をとらなければならない。

各県本部に納税貯蓄組合の組織に対する実務的な指導をし、これのために中央委員会を構成し、独自な立場で積極的な活動をさせることを提案する。

3、協同組合組織の推進

協同組合は中小企業者らの諸般問題に対して相当な貢献をしている。今後中央経済局は生活協同組合、事業協同組合組織を全国的に指導して日本人社会の発展と歩調を合わせることに努め、各協同組合の中央連合会を構成して傘下協同組合を指導育成せしめる。

三、法人組織の推進

本団は任意団体である故に、本団自体を法人化することはできない。本団の発展と併行して各種の法人体を組織発展せしめ、日本国内法を活用できるように推進する協同組合法による各種協同組合、信用組合は勿論のこと、民法による財団法人を組織して合法的に運用することによって、われわれの目的を達成する。法人組織が今度の中央委員会で承認されたので具体的な活動に着手する。

四、団費の完納と地方割当金の完納運動

団費の納付は団員の義務（本団規約第七条）であるにもかかわらず、成績が振わないのは遺憾である。これを解決する具体的な方案として一年分の手形を地方から中央に提出させて、毎月手形を落として行く方法を承認して貰った。

財政確保に関して

上記の商工会の発展、信用組合……

五、本国との経済交流問題

本国との経済交流の促進は言うまでもないが、特に本国に対する……

民生局

申灝民生局長

一、法的地位および待遇問題に関する講習会組織と永住権申請促進に関して

さる一月十七日で法的地位協定が発効して満二年を経過した今日われわれが要望している問題点が解決されていないので大部分の同胞が不安な状態にある。

つまり、法相声明、入管局長談話、実施運用に関する了解事項などの大部分が実施されていない。

それで、さる第十一回中央委員会決定に従い〝在日韓国人法的地位委員会〟を構成し、この委員会が未解決の問題点の完全実施を両国政府に対して要求する。

また最近在日同胞全体の重大な関心をよせている出入国管理法改定問題においてもその改定内容が韓日協定の基本精神に立脚して上……

三、在日僑胞戸籍整備に関して

四、二世らに対する職業斡旋および指導対策

五、国民登録更新事業に関して

六、本国家族扶養送金運動と団員母国訪問促進運動の件

文教局

呉世経文教局長

一、教育委員会地方組織追加

二、外国人学校法案に対して

三、その他

宣伝局

金八雄宣伝局長

一、公報活動（PR）を積極的に推進

二、文宣活動

三、中央芸術団結成

四、映画の製作

五、国旗掲揚と団旗備置指導

六、民団バッジを付ける運動

七、機関紙（韓国新聞）運営強化

評論家諸氏にひと言

論壇

さいきん、いわゆる評論家と名のる人たちによって、民団問題に関する論議がなされているが、まことに喜ばしい現象ではある。

民団が内包している諸条件と矛盾を指摘し、民団が指向しようとするところを把握しようとする姿勢に対して、まずは敬意を表するものである。

いうまでもなく、民団は在日六十万同胞が、自ら自覚すると ころによってつくられ運営されている。

この民団の指導層に対する感覚と認識において、これらひと握りの評論家諸氏の至独と独断は、かれらがいかに不勉強であり、論語読みの論語知らずで、あるかをほしなくも露呈していることで、かれらの論議そのものの内容よりも興味がある。

というのは、在日同胞の構成が、日帝の圧政の遺物であるという歴史的な事実を忘却しているところから、すでにかれらの論拠が薄弱で、皮相に流れていることを指摘せざるを得ない。

民団の幹部は解放前に徴用、徴兵、移住ならびに留学などの目的で日本に来た人々が多い。

これらの人々が異国にいて、祖国に対する意識と民族的自覚を持って、運命共同体的心情にあったことは当然なりゆきである。

在日同胞が政治的、社会的訓練も経験もなかったにもかかわらず、民団という自治団体をつくり、宣言、綱領および規約をつくってすでに二十三年間も維持し、三十万同胞を結集させ、指導するという尨大な組織にまで拡張してきた事実と功績に対して、評論家諸氏が目をつぶっているのは果たして公正といえようか。

また、民団をこんにちまで維持してきた人々も、やはり人間である。

これら民団の指導層にのみ完全な人格と、完全な指導性を要求することと自体も、どだい矛盾した論議であろう。

もちろん、幹部の中には批判を受けるべき言動があったり、組織に対する使命感が欠如した、自覚のない人もいるだろう。

だからといって、幹部すべてをおしなべて論断するということは、現時点においても、将来においても暴論であるといえよう。

きくところによると、さいきん、本国から来た自称評論家だとか、大学教授あるいは留学生などという類の人々が、もっぱら民団を批判しているらしい。

批判そのものは、民主社会において結構なものであり、批判精神の高い社会は、発展のテンポも早いときく。

だが、民団が内包している諸条件と体質、民団的なモラルも知らないこれらの無責任ないわ……

在日同胞の母国投資方法及び投資利益配当金送金手続方法

294

朴大統領の写真を盗む

朝総連か？東神支部襲わる

団費・割当金完納運動月間設置

中央本部財政確立へ本腰

初の韓国画家展

日本近代美術館で6月に

御苦労さんでした

転出の朴領事課長に表彰状

……駐日大使館第一領事課の朴奴竜課長はこのたび本国の外務部へ転任することになったが、民団では在日同胞の多年間に亘るわが在日同胞社会への貢献と業績を高く評価……去る三月二十八日に開催された民団第十一回定期中央委員会において李裕天中央団長から同氏に感謝状と金一封を贈って感謝の意を表した。（写真は李団長より表彰状をうける朴課長）

在郷軍人会総会

支会長に李麟基氏再選

大韓在郷軍人会日本支会（李麟基会長）では去る三月二十日、伊豆熱川カニヤホテルで第四次総会を開催、関東地区会、西日本分会、関西分会の各会員が参席したなかで開催された。

経過報告がすんだ後総会にはいり、現執行部は総辞職して役員改選の結果新役員は次のとおり。

役職	氏名	
顧　問	安光鎬	（駐日公使）
〃	金昌熙	（駐日公使）
〃	鄭炯和	（民団中央副団長）
支会長	李麟基	（再　任）
副支会長	趙東南	（新　任）
〃	尹武演	（新　任）
事務局長	李東鉉	（保　留）
運営課長	林寅沢	（新　任）
総務課長	尹廷演	（兼　任）
公報課長	韓光道	（新　任）
教育課長	孔泳珞	（新　任）
参　事	金炳九	（新　任）
〃	李秦男	（〃）
〃	金貞植	（留　任）
〃	朱台植	（新　任）
〃	余斗元	（〃）
〃	李鍾嬋	（留　任）
〃	林炳勲	（新　任）
監　事	余斉鉉	（〃）
〃	趙相寅	（〃）

逮捕前に照会を

韓国人の身分保全を要望

東京商銀城南支店

設置委員会成る

東京商銀城南地区支店設置準備委員会が、去る三月二十六日午後六時から大森海岸の「平和島温泉」で開かれた。五十余名の有志が参加した中で、許弼奭理事長は、過去二十年間の在日人の経済動向の比例と、金融機関の必要性について具体的な例を引いて力説した。

金己哲民団東本団長も、民族金融機関の育成と協力を強く要望し、朝鮮信用和信用の失態を詳しく説明……

同委員会で選出された委員長は次のとおり。

委員長　許弼奭（品川）

副委員長　李孫寿（港）

〃　関泳相（大田）

なお、委員は目黒（十名）、品川（十八名）、港（十五名）、大田（三十四名）と決め、今年十月までの出資金及び預金獲得額が予定通り進行すれば来年五月か七月には発足する予定。正式の支店名称は発足の段階になって改めて決めることに合意した。

△出資金及び預金獲得予定の割当

地区名	出資金	預金高
大田支部	二千五百万	二億五千万
品川支部	一千六百万	一億六千万
港支部	一千二百万	一億二千万
目黒支部	一千四百万	一億四千万

72年迄漢字廃止

ハングルを専用

女性四修士誕生

東京教育大大学院卒業

山梨地方本部

団長に　金碩煥氏

三重地方本部

団長に　金潤学氏

大分地方本部

団長に　韓起文氏

長崎地方本部

団長に　李漢宰氏

滋賀地方本部

団長に　権寧崙氏

珠算の天才・金静子さん

珠算塾の教師に就任

（写真は金静子さん）

……九州の西海学園高等学校珠算選手団一行四名のなかに同胞出身学生が一人いた。金静子さん……

自費母国留学生

第二次分合格者発表

このほど発表された一九六八年度自費母国留学生第二次分合格者は次のとおり。

氏名		出身
成外竜君	〃	名古屋
徐美智子さん	〃	岐阜
余勝君	〃	京都
安悦司君	〃	大阪
金思明君	〃	下関

本国主要物価表

4月1日現在　（単位：ウオン）

品名	規格	単位	ソウル	釜山	大邱	光州
米	上	100ℓ(叺)	4,200	4,200	4,100	3,900
餅米	〃	〃	5,200	5,300	5,300	5,100
麦	〃	〃	2,600	2,650	2,650	2,450
大豆	〃	〃	3,400	3,300	3,300	3,400
胡麻	〃	〃	8,200	8,000	8,100	8,400
小麦粉	70%	22Kg	805	800	870	810
白菜	上	3.75Kg	100	55	57	100
大根	〃	〃	65	55	65	50
リンゴ	〃	箱8Kg	1,000	950	950	850
梨	〃	〃	1,050	1,000	1,000	900
卵	中	10個	85	85	90	90
牛肉	100ℊ	小売	50	53	53	40
豚肉		〃	33	35	28	29
塩	天日	叺60Kg	330	300	380	330
砂糖	上	斤600ℊ	58	59	59	59
イリコ		3.75Kg	650	610	630	650
乾メンタイ	上	600尾	34,000	26,000	26,000	29,000
海苔	改良品	箱(100束)	33,000	24,000	25,000	24,600
スルメ	中	100束	35,000	36,000	36,000	40,000
木綿	上	36.58m	2,200	2,250	2,250	2,350
綿糸	25手	181.4Kg	54,000	54,000	52,500	54,500
人絹糸	90.72Kg	梱181.4Kg	39,000	39,000	41,000	40,500
ナイロン糸	国産	453.6ℊ	535	540	550	600
19孔炭		個	13	15	13	15
石油	国産	ドラム200ℓ	2,302	2,330	2,330	2,850
揮発油	〃	〃	5,126	5,138	5,345	5,519
健松	上	オ	60	63	55	65
ラワン	〃	オ	80	75	80	80
ベニヤ板	〃	枚	190	185	185	190
ガラス	2%	箱(100坪)	2,800	2,800	2,800	2,800
セメント	42Kg	袋	250	254	259	260
亜鉛鉄板	31番	枚(3×6)	260	260	250	270
苛性ソーダ	665L／13	ドラム	11,500	12,500	12,800	13,000
金	99%	小売	880	880	880	860
銀	70%		19	22	22	19
新聞紙	国産	連	1,500	1,500	1,550	1,500
模造紙	70%	1連	3,300	3,200	3,300	3,200
ゴム靴	男白	1足	82	82	82	83
洗濯石鹸	450ℊ	10個箱	320	330	350	345

日本の中の韓国人のホープ（その4）

歌謡界に一時代築く

返り咲くか康永喆（小畑実）さん

"しばし別れの夜汽車の窓よ　いわず語らずに　心と心　またの会う日を目と目で誓い　涙見せずに　さようなら"

甘く切ない郷愁に満ちたこのメロディが全国を風靡したのはもう一昔も前のことだが、大体四十代のオールド・ファンなら誰でもが知っている『高原の駅よさようなら』の歌詞の一章である。六十万枚も売れるほどの大ヒットで日本レコード界の超新記録だった。この吹込み主こそこれまた当時日本歌謡界には一人しかいないクルーナー唱法の小畑実こと康永喆さんである。甘くやわらかい必に語りかけるようなその歌い方は、まさしく歌謡界に一時代を築いた。

ビクターで「東京の青空」をもってデビュー、テイチク、キング、コロンビアを経て再びビクターに戻るまで、康さんはあまりにも多くのヒット曲を歌いつづけてきた。「星影の小径」「バラを召しませ」「アメリカ通いの白い船」「長崎のザボン売り」「小判鮫の唄」「湯島通れば想い出す、お蔦主税の…」で始まる「湯島の白梅」心にしみわたるようなロマンを流した「雨のダンスパーティ」、「山の端に月の出る頃」「ロンドンの街角で」「花の三度笠」伊那……

……果たして往年の名歌手、小畑実の再来なるかどうかは今のところ誰にもわからない。ひたすら健闘を祈るだけである。

六本木に韓国レストラン"六本木"を経営中。ロスアンゼルスに留学中の友和君さん（十）東京のセント・ジョセフ学院に学ぶヒッドさんの二人のお子さん。一九一三年生まれ。

（HUN）

295

強力なる愛知県地方本部

全国地方本部に範たる
各級組織の活躍ぶり

愛知県経友会々長
鄭煥麒氏
中央委員

二十年間経済協力
鄭経友会々長

鄭煥麒氏は経済人でありながら組織を理解し二十年間民団を財政面で協力した功績は大なるものがある。韓青の前身である大韓青年団愛知県本部副団長、信用組合愛知商銀理事長、民団愛知県本部団長を歴任し、現在は愛知商銀相談役、愛知県商工会理事、愛知韓国学園理事長、民団愛本顧問、愛知県韓国人経友会会長などの重責をになっており名実共に愛知県同胞社会の指導者である。

㈱煥麒ビル、㈱家具の松栄、若葉自動車㈱、㈱松尾会館社長であり、その他多くの企業体を経営している。趣味は野球と読書。家庭には夫人と二男。慶南普陽郡寺峯西武村里出身。当年四十五歳。

愛知商銀本店全景

韓国商品の日本輸出に努力

文鐘律領事

駐名古屋大韓民国領事館（領事文鐘律氏）は、六六年五月開館していらい、働く領事館、愛される領事館、生産する領事館などの意欲的な事業を打ち出し、精力的な活動をしている。六七年六月には現在地に新築してますます働く領事館として面目を一新した。名古屋は本国からくる人たちにとってメッカ的存在らしく、異口同音に名古屋は人情が厚いといっている。文領事は韓国の商品を日本に輸出する作業も積極的におし進めており、このほど"日韓貿易中部日本促進協会"という団体の設立にも大童である。民団愛知県本部を通じて体系的にやっているのでそれこそ、民団と領事館が表裏一体になっている。

このほか、愛知県法的地位委員会も構成され、積極的に活動しており、また最近愛知県日韓親善協会が結成され活躍が期待されている。

民団と傘下団体の各級機関が、歯車のようによくかみ合わせられていることは周知の事実であるが、このような運動一元化という組織活動がなされるようになった成長過程は、やはり長かった。地の利と人の和が重要なことはいうまでもないが各級組織の幹部たちの巨視的な視野と、前進的な指導性、ならびに組織活動中のあらゆる経験が重なりあったことが発展する要因であった。ただ組織の同時性と一元化が一朝一夕にできあがるものでなく、それまでには数多くの先輩、同志たちの犠牲がはらわれ、またこれからも指導的立場にいる多くの人たちの犠牲が要求されている現実は否めない。

在日六十万同胞の諸問題解決はやはり二十余年間の反共闘争をはじめ民族事業を続けてきた歴史と伝統をもつ民団という土壌なしにはできないという原則を忘れてはなるまい。

組織の同時性と一元化がなされている民団愛知県本部の活動を前回に続いて紹介しよう。

商工・納税組合、韓学同

愛知県韓僑中小企業商工協同組合（理事長 金鱗九氏）は中小企業等協同組合法に基づき設立された組合員の相互扶助、共同事業を行ない、経済活動を通じて経済的地位の向上を図ることを目的としている。すなわち組合員の事業に関する指導・研究、経営技術向上、物品資材の共同購入ならびに販売事業資金貸付および借入、商工組合中央金庫、中小企業金融公庫、国民金融公庫、銀行、相互銀行、信用金庫、信用協同組合に対する組合員の債務の保証、共済事業、不動産の売買斡旋など多くの事業目的がある。いま協同組合では自己資金、借入れなど数千万円で、組合員の共同事業など営んでいる。このような協同組合活動の助成は、全国の商工会事業の一部門として大きな比重を占めるべきである。

在日韓国学生同盟東海本部（委員長 文孝益君）も丁海竜、梁完玉両前委員長の指導の下に去年の春、拡大大会で現行執行部が生れ組織の整備をなしている。去年夏は韓学同のサマーキャンプを瀬郡市の三河三谷でひらき、全国から二一六名が参加し、秋には東海本部はじめての韓学同東海文化祭を挙行し、当日は民団愛知県本部に出張中の金光男中央監長、岐阜組織局長も参席し激励するひとこまもあって盛大であった。東海本部の前途には発展が約束されている。

愛知県韓国人納税組合連合会（会長 姜大仁氏）は管下十五納税組合があって、事会長と朴在寅専務理事と呼吸を合わせて納税関係を処理している。姜大仁会長は納税問題の権威で県下の税務署にも精通しその円満な人柄などもあいまって約十年間無報酬で活躍している。愛知県の納税対策は、大口企業をのぞいては、ほとんどなされていて、朝総連系の活動にくらべて遜色がない。（H・B）

死六臣を演ずる韓青愛知演劇会員たち

韓青愛知のコーラス

尋ね人

日本名 松本英一 当六四歳
住所＝新潟県中蒲原郡新津町
黄路津
右の人解放直前渡日し以来消息ありません。伯父は帰化し伯母は日本人です。心当りの方は左記に連絡下さい。
釜山市西区東大新洞二街七五
鄭性均

姓名 鄭順子 当四四歳
別名 張順子
本籍 慶南居昌郡神院面九七里
住所 東京都東村山市栄町三ノ一二四 河媒新聞支局長宅内
鄭順子は姉に当りますが義兄の名は河媒といい、昨年五月頃、姉が居局にいって来たと風聞にききました。右の人心当りの方は左記に連絡して下さい。
連絡先 全南麗水市光武洞一四六番地一二班 崔康栄宅内 鄭必順

姓名 李三祚（通名周九）
李君子の父（当六七才位）
右の者一九四四年五月十五日頃まで神戸市長田区（元林田区）川西通四ノ十七に居住していました。心当りの方は左記に連絡下さい。
連絡先 大韓民国居留民団三多摩本部内 李丙卓（本人の兄の子）

化 洪珠の妻（姓名 金斗来）
前居住地 大阪市東成区
右の者十年間消息ありません。娘一人がいるが、心当りの方は左記に連絡下さい。
連絡先 釜山市西区庁社会課 金辰奎

姓名 韓明有心
住所不明
右の者主人は日本人高井亀輔氏で長男は高明、長女は信当です。心当りの方は左記に連絡下さい。
連絡先 釜山市東区水晶洞三洞山一七番地一八統四班 金潤道方 韓福行

本国論調

「得」と「失」
北傀は後世史評が恐くないか

朝鮮半島の緊張状態を克服するための対応・収拾策が冷静に検討され始めたこの時、その間激動に対する中間決算が必要であろうと思う。経験の中で教訓を探し出し、新しい需要を充足しようとする努力だけにおいてのみ発展と改善ができるからである。

まず北傀武装共匪のソウル浸入とプエブロ号拉致事件に照して南北間の相反する利害得失を如何に考察されるべきか。

得たものは大切に

われわれの立場からみて、その衝撃は確かに物心両面でわれわれの軍備不足を警告する画期的契機となったとみるべきである。

なによりも国民の対共産の警戒心と反共意識を吹き渦かしたのであるが、これはわれわれの内部の解強現象を覚らせる一方、民軍官の協同団結に大きく寄与した。成人は六・二五共産傀略の苦い体験をもう一度記憶し、育ちつつある世代は今まで読み聞くのみであった共産党の正體を眼のあたり実感した。与野政治人らが超党的安保態勢を整えるようになったのも特記すべきことであった。

勿論国軍装備現代化と警察の治安装備導入、それから効率的で機動的な対共防衛体系の改編も迅速な推進をする機縁にもなった。一歩進んで在郷軍武軍備と軽武器工場建設を決意するまでに主体国防に関する問題の提起は、われわれの国防態勢強化を口号から実践へと緊ぶるものである。

韓国の安保問題と統一を国際関係の視野で深みある考察と幅広い思索を始めたのも、巨視的にみてわれわれの「利得」であることは確かである。

北傀共産徒党のうわべの「平和統一」宣伝の馬脚も、彼ら自身がしくじった武力挑発で、それが一つの欺偽だったことが満天下に暴露された。金日成を神格化したスターリン主義「個人迷信」集団の本質が、好戦的冒険行為をもって、特徴づけられた以上、その一人独裁者の退場と関連した北韓内部変化も認識されるようになった。金日成とその一党はこの青年らの屍体をみよ。彼らはなにゆえそのように無知でがんばったのか。同族相殺の罪ほど民族に対する大きな罪はない。またそれほど惨酷なこともない。こんどの事件後に、誰よりも北韓内の愛国同胞が必ず今までより別の考えと行動がある筈である。すでにそのような気運は、一九五六年と一九五八年に観察されたものである。

失ったものを忘れるな

一方、北傀共産徒党が一連の挑発行為でねらったものが何であるかを、彼らの生理と需要によりおして診断する時、相対的ではあるが、彼らが「得た」と自慰する局面も無いではない。勿論北傀徒党らは人民の貴重な子弟三十一人を殺人共匪として南派して、犬死させ、また韓国青年三十人の貴重な人命を奪ったことにも、良心の苛責を感じないかもしらない。このような状態で北傀はたとえ特定目的の奇襲には失敗したとしても、ベトナムでの連合軍作戦を一時牽制し、ベトナムとベトコンを鼓舞したと彼らなりは思いこんでいる。しかし彼らがこの事件で韓・米間の友情を離間することができたと思い込んだとしたら、それはとんでもない一大誤算であったことが、じきに証拠でわかるだろう。自由世界では率直な討論と対話が、より一層友誼と紐帯を強化するものである。

北傀はまた韓国経済の高度成長をねたんでいた折から、こんどの挑発で経済建設と外資導入を妨害したと信じこんでいるかもしれない。しかしこれまた数日間の炎紋に過ぎなかったことが、じきに判明されたのである。南韓での混乱造成で、殺人もならない「地下党」スパイらの「士気」を鼓舞してくれるものと打算したとしたら、それも結果的に国民の北傀糾弾と南派共匪（武装ゲリラ）の全滅で幻滅を感じたであろう。

金日成共産集団が国際的地位向上をねらったとしたら、その点は警戒すべき点があると思う。事実彼らは韓半島での緊張状態造成を通じて、米・ソ両大国を一度にディランマにおとしいれ、米国の威信を損うと同時に、ソ連からは「新しいみやげ」の約束をうけたようである。しかしこの危険な子供のマッチ遊びにも、限界がすでに見え始めている。

ソ連は北傀の「個人迷信」体制をののしってきたが、これからは危険視されたし、また中共は金日成の「機会主義」を非難してきたのであるから、こんどの事態に際して、二月二十六日までにも、沈黙だけ続けてきた状態である。

金日成共産集団はまた北傀内部の経済的難局と思想的矛盾で、何とか突破口をつくって、注意の外転をたくらんだという推測も一応は一理がある。事実その独裁者の対内威信と体制安定努力にも若干のプラスを感じられる。

しかし同族の流血と犠牲で、斜陽期に入った国際共産主義運動に寄与しようとし、または個人独裁体制を強化しようとした試みは、一時的な弥縫策に過ぎず、決して長期的な不安を滅退することはできないであろう。

今は統一への夢は一層遠くなり見当がつかなくなった。また共産独裁層の反民族的、反人間的性格が、南韓では糾弾、北韓では懐疑を強くさせたことが指摘される。

金日成共産徒党は破壊より建設で挑戦せよ

だから金日成共産徒党は、若し同胞の不幸を考え、世界の耳目をうかがい、後世の史家をおそれるような最少限の良識が残っているとしたら（望めないことだが）、これからでもそれこそ「革命的」な思考の転換を見せるべきである。

共産独裁層は、先ず北韓同胞の精神的、物質的自由を強奪され、盲従のみが強要されている悲惨な希望の無い生活状態から平和的な経済建設へと改善してみるよう告げたい。勿論内部的な民生苦解決努力は、対外的な緊張緩和政策と結び付く場合に限り、始めて可能である。

われわれは北韓同胞らの反人間的生活相を心痛く思っている民族的見地で金日成集団に平和的競争と対決を呼びかけたい心持ちである。

その方法は破壊のかわり建設である。

南北が対時したうえで、同族が納得できる統一への努力の基本的着眼は、これから南北どちらの同胞が、自由に幸福によりよく住んでいるかによるものであると思う。金日成共産集団にも民族的良心があるなら、武力挑発をきっぱりやめて、平和的経済建設競争をするよう告げておく（韓国日報社説）

民族演劇など
頼もしい韓青愛知本部

次に在日韓国青年同盟愛知県本部（委員長 梁完玉氏）は年中恒例事業として成人祝賀会、夏期キャンプ、野球、蹴球、卓球などの体育活動、年一回の綜合文化祭、その他各種講習会などを開いている。とくに去年秋には韓青の演劇班がソウル国立劇場で歴史劇"死六臣"を公演し、本国同胞はもちろん、在日同胞社会からも絶賛をあびた。二世たちが国語でむずかしい歴史劇を本国の一流会場で堂々と公演したという画期的な事実は、在日同胞全体の誇りでもあり、韓青愛知の発展を如実に物語っているといえる。このように青年団体が育成されるのは、民団愛知、経友会、婦人会などの暖かい助成が大きいということはいうまでもない。しかし韓青盟員自らの祖国意識の高揚・歴史および国語の常習、それから意欲的な姿勢、これからの民団をになうという使命感によって育てられている。今日の韓青愛知は丁海竜、金永顕両前委員長およびその他の幹部たちの犠牲的活動があったことは周知の通りである。

大韓婦人会愛知県本部（会長 姜英培氏）は、前記韓青とともに全国的にその組織の強靭さをしられている。姜英培会長の高い知性と指導力、申順南顧問、金順述・李寿姫両副会長、具日会総務、全福徳組織、朴勝任財政、孫太●文化渉外、金後男厚生、関南吾青年各部長とその他の幹部たちはそれぞれ愛知各界の指導者たちの夫人であり、民団と婦人会が車輪のように組み合わせられている。婦人会活動も、愛知韓国学園育成強化、各種講習会、本国から各種団体の接待など範囲が広い。今日の婦人会愛知は前会長李惟実氏の意欲的活動によってその基礎がなされたことも忘れてはなるまい。

韓國新聞
韓国新聞社
発行人 李裕天
編集人 金八雄
東京都文京区春日町 2丁目20−13
電話 (811) 2261〜5 編集
(813) 0675 業務
定価 1カ月100円
振替口座東京 34988番

民団活動に転機を画す

限りなき前進に理論武装

第12回定期中央委員会で採択した「理論および見解の統一」

一、まえがき

われわれは、大韓民国の国是を遵守し、在日本大韓民国居留民団の宣言、綱領および規約に忠実でなければならず、民団は、海外における自治団体として、確固たる主体性を持った組織でなければならない。

自由と民主主義を信奉し、祖国の発展と在日同胞の権益擁護をはかる民団は、創団以来、その基本姿勢を民族主体性におき、日本という地域社会に存在している立地条件のもとで、諸般の主・客観的情勢の変遷と、反共斗争の過程を通じて発展をかさねてきた。

しかし、組織の基本的な理論および見解においては、実践過程での適用に統一性を欠き、活動に混乱をもたらすことによって、組織の発展に大きな阻害となってきた。

このほかにも、特に現下のわれわれは、韓日協定後の法的地位において、少なからぬ未解決点があるという事実と、朝総連の浸透に対する対備策など、現実的に強調されている幾つかの問題をかかえている。

したがって、われわれはここに、創団以来の「理論および見解」を再調整して統一し、組織活動の正常化を期するとともに、在日同胞の権益を擁護する民族事業を達成しようとするものである。

二、民団とはなにか

在日本大韓民国居留民団は、祖国、大韓民国の国是を遵守する在日同胞の総結集体であり、その唯一の指導団体として、在日同胞の権益擁護および繁栄と親睦を期すると同時に、祖国の発展に寄与することを目的とする自治団体である。

したがって、常に、祖国とともに世界自由陣営に重く座を占め、反共思想のもとに祖国の民主的、平和的な統一を達成するため努力と斗争を継続することによって、韓国人としての衿持と主体性を堅持しているものである。

このような民団の基本姿勢は、すでに、その宣言の中に明示されており、また、これを具現するためには、次のような五大綱領がある。

一、われわれは、大韓民国の国是を遵守する。
一、われわれは、在留同胞の権益擁護を期する。
一、われわれは、在留同胞の民生安定を期する。
一、われわれは、在留同胞の文化向上を期する。
一、われわれは、世界平和と国際親善を期する。

この基本姿勢と、五大綱領の中に脈うっている民団の理念は、一貫して、韓国人としての高い衿持と主体性にもとずく徹底的な反共であり、在留同胞の権益擁護と、国土統一にかけた熱烈な民族愛である。

いいかえれば、これは民団の象徴というべきであろう。

三、綱領

それでは、さきに明らかにされ綱領を、われわれはいかに理解し

1、国是遵守

2、権益擁護

日本に在留するわれわれの権益とは、解放以前の日帝暗黒時代から、韓日国交正常化に至るまでの間、日本政府のわれわれに対する差別政策と、日本社会の疎外的処遇の中で、たゆまざる忍耐と犠牲と、努力を積み重ねたうえ獲得した、われわれの生活権を

3、民生安定

4、文化向上

5、国際親善

四、国土統一とわれら

6、綱領実践の態度

五、結び

尋ね人

躍進する愛知地方商工界

大栄商会 鄭乗圭 西春日井郡西枇杷島町□□町五三 TEL 五二一—一六・六〇四 五三一—五四〇二四

日立織布 李宗甲 西尾市宮町六八 TEL 西尾七一三一四五

朝日商事 林寿慶 碧南市笠濱水六五 TEL 碧南四一—一一〇一

藤田鉱業 田九瑢 名古屋市千種区覚王山通六—八 TEL 七六一—九八六七

山田金属工業株式会社 李英一 名古屋市北区上飯田南町一—四三 TEL 九八一—三八四〇〜三

利川製鋼株式会社 徐相録 名古屋市中川区福川町二—一 TEL 三六一—一一二一

東洋産業株式会社 柳道熙 岡崎市明大寺町下郷中五七 TEL 岡崎二一—一七〇一

株式会社富士商行 高命竜 名古屋市中川区尾頭橋通二—一六 TEL 四六一—二五六二

協立工業株式会社 崔潤積 名古屋市中川区畑代町一—一九 TEL 三五一—三一七八・二七

柳川建設株式会社 柱永在 刈谷市南桜町二—五七 TEL （〇五六六）二一—一五〇九

金井メリヤス商店 金竜煥 岡崎市伊賀町字東郷中六一—一 TEL 岡崎二一—二三三九

株式会社マルト会館 姜秀根 岡崎市本町一—二 TEL 岡崎二一—四八五九

株式会社丸越 李吉秀 名古屋市中区新栄町三—三三 TEL 四一—三六一一〜五

大東園 張学出 豊橋市松葉町一—八五 TEL （〇五三二）五四—八六八六 五三—六七〇七

平山紡績株式会社 崔正竜 岡崎市井田町四—一〇二 TEL 岡崎二一—二〇六六

富士商会株式会社 社長崔鍾五 名古屋市中村区則武町五—三六 TEL 五四一—八七一〇

小林メリヤス 具泰 岡崎市戸崎字屋敷二六 TEL 岡崎五一—一一四四

大原商店 陳奉徳 岡崎市栄町三—五六 TEL 岡崎二一—二六一八

山本メリヤス工業所 金述寿 岡崎市伊賀町東郷中五七 TEL 岡崎二一—六九八四・三四四一

株式会社山下商会 朴判変 名古屋市西区松西町一—九五 TEL 五七一—四二七一〜二

中原電機鋳造所 張斗杓 名古屋市西区山田町上小田井五才丞二〇二—三 TEL 五三一—八三六一〜二

光成建材工業社 姜十仁 名古屋市西区牛島町五八 TEL 五七一—四四一一〜三

松前金属 徐福祚 名古屋市西区蔡養町一—六七 TEL 五三一—四五〇一

三宝商事 社長具本柱 名古屋市千種区今池町一—四九 TEL 七三一—一〇七三 七四一—三七五六

豊栄金属株式会社 金栄顕 洪仁徳 安城市字頭黒屋町道下一四 TEL （〇五六六）七—八三五四

青柳センター 山本正基 名古屋市西区明道町二—二 TEL 五五一—三七二三

成本屋 成在煥 名古屋市西区松前町二—五一 TEL 五五一—六三二一

坂本事業所 李今述 名古屋市中川区松葉町一—三〇 TEL 三五一—三八三九

梅原鋳造所 社長金奉煥 西尾市寺光寺町西山三〇—一 TEL 西尾七—七二八（代）

丸金食堂 金祥碩 蒲郡市三谷町東前七九 TEL 蒲郡八—六三二三

株式会社金田理化工業所 金奎輪 名古屋市中川区十一番町四—一三 TEL 六六一—三九〇八〜九

マツヤ商事 金鏞基 名古屋市中川区松葉町一—一八 TEL 三五一—六八〇六・六三三二

マツヤ機械製作所 鄭煥洪 名古屋市中川区五月通三—一 TEL 三五一—四六六六・三六六三・四六七

三和金属工業所 金永徳 名古屋市中川区篠原町三—一一 TEL 三五一—二九二九・〇三二九

株式会社泰明商会 尹泰明 名古屋市中川区荒江町一—四四 TEL 三六七—一四〇八・三六一—三〇三六

黄金会館 金奉秀 名古屋市中川区五月通一—一四 TEL 三五一—五〇九四

フジホテル 金基淑 名古屋市千種区大久手町二—一二 TEL 七四一—四一一六

株式会社朝日商店 朴有福 一宮市神松町二—一七 TEL 一宮二—六九九四

山田商店 崔末変 西尾市大字三条字山下—一〇 TEL 一宮三—九六七〇二・二九

平田商店 尹瀚玉 一宮市西郷町五—一 TEL 一宮二—二六四〇

松永製菓株式会社 張永駿 小牧市大字西之島字山無三〇 TEL 小牧七七—三二二一〜五

東海合成樹化工業所 孫潤寿 碧南市字千歳塚市二九—一 TEL 碧南四一—〇七三四（代）

株式会社豊田化学工業所 社長曹圭昌 名古屋市西区藤の宮通三—二七 TEL 五三一—一〇三八・五三一—〇三六一

株式会社赤玉会館 金基淑 瀬戸市栄町六—一 TEL 瀬戸八二—三一〇

森本鉱山株式会社 河合洪 豊田市大字御船字山の神五五六 TEL （〇五六五）二—〇六四八

新井反毛工場 朴永魯 岡崎市伊賀町七—五一 TEL 岡崎二一—〇七八九

モナコセンター 李鶴柱 名古屋市昭和区安田通七—二 TEL 七六一—七五六一

久野栄建設株式会社 劉学変 名古屋市南区呼続町一—三 TEL 八二一—五〇六五

太陽乾燥器工業 姜末律 名古屋市瑞穂区桜田町六—六 TEL 八八一—七二二四

三洋物産 金胤鎰 名古屋市千種区元古井町六—八 TEL 七三一—五四八一〜七

株式会社白井商店 白南斗 一宮市押場町三—一 TEL 一宮（自）二—三九〇（会）二—五九四六

釣川商店 朴海陽 一宮市広畑町三五 TEL 一宮二—七〇八六

清水商店 卞禹変 一宮市塚越町二—三 TEL 一宮四五—五六六（代）

太陽会館 最上明 一宮市人形町二—一二八 TEL 一宮（自）三—九六七（会）—〇二

マツヤセンター 崔正烈 名古屋市北区東大曽根町上一—八九八 TEL 九九一—四一四一

新生興業株式会社 姜性七 名古屋市中村区新富町五—一 TEL 四八一—七一一八〜九

岡一紡績 車寅世 岡崎市鴨田町南豊場四八 TEL 岡崎二一—三九〇八

東和工業株式会社 李載東 名古屋市中村区黄金通り四—一七 TEL 五四一—六二二六

中部金属工業 彭弘柱 名古屋市港区丸池町三—一三 TEL 六五一—三四五〜七

千歳会館 張箕杓 名古屋市熱田区南一番町三—四 TEL （本）六六一—一五三三（支）五五三—〇一七三

ヒバリホール 権寧八 西尾市花ノ木町三—二九 TEL 西尾七—三四九七

大原商事 徐載君 名古屋市中村区大秋町三—一三 TEL 五四一—一二四八三

名幸運送 李重則 名古屋市港区イロハ通り四—三一五 TEL 六五一—八三〇七・八三〇五

韓國新聞

韓国新聞社
発行人 李裕天
編集人 金八雄
東京都文京区春日町
2丁目20－13
電話（811）2261～3 編集
（813）0673 業務
定価 1カ月100円
振替口座東京 34988番

綱領

一、われわれは大韓民国の国是を遵守する
一、われわれは在留同胞の権益擁護を期する
一、われわれは在留同胞の民生安定を期する
一、われわれは在留同胞の文化向上を期する
一、われわれは世界平和と国際親善を期する

ベトナム和平歓迎

名誉ある戦争処理を討議

朴＝ジョンソン会談終る

両国の提携強化を再確認

共同コミュニケ要旨

長期低利借款要請

対韓国際協議体会議で

朴副総理記者会見談

…の主要工業国にとってたいしてむつかしくないと思われる年利率六％以下、償還期間十年以上の長期低率借款を韓国に提供してくれるよう要請した」。

なお、十六日（韓国時間）からワシントンの世界銀行会議室で開かれたこのIECOK会議上で韓国が要請した借款総額は六億六千七百万ドルである。

防衛力増強を協議

朴大統領国力培養を力説

…力して事に当たると再確認した。なお、朴大統領は十九日（韓国時間）帰国した。

…たこのようにして増加して行った韓国の軍事力はアジア太平洋地域における自由守護の役割りの一部を担当することができるのではないか……。なお、私はアジア太平洋地域に新しい軍事同盟をつくる必要はないと考えている。

もし自由陣営が不名誉な宥和的方法によってベトナム戦争を解決するならば、これに勢いを得た共産勢力はアジアのまた別な地域で侵略行為を敢行することとなり、アジアの自由民はいっそう深刻な困難に直面することになるだろう。

なお、朴大統領は、こんどのホノルル会談でジョンソン大統領が韓国軍のベトナム増派を要請するかも知れないという外信報道に言及し「われわれとしては韓国自体の防衛が何よりも急務だ」と語り、ベトナム和平の本交渉が始まる前にベトナム参加七か国の首脳会談が開かれるだろうとの一部報道にたいしても、「いまの段階では別にその必要性を感じない」と述べた。

みのべの蛮行

朝鮮大学校を認可

自ら民主主義を葬る

信義逸脱許さじ

徹底闘争を宣言

声明文

在日本大韓民国居留民団は、朝鮮大学校の認可を強行した美濃部知事の措置を強硬に糾弾すると同時に、われわれの態度を次のごとく表明する

一、韓日両国の過去の不幸な歴史も、国交の正常化とわが国民の努力により、多少なりとも好転の徴候をみせている現時点において、国際間の信義を逸脱した美濃部知事の今回の処置は、われわれに決定的な不信感を植えつけたばかりでなく、新しい歴史の創造を妨げる蛮行を恣行したものである

二、東京都私学審議会の答申は尊重する旨公器を通じて数回も言明し、われわれの反対意見も充分に考慮すると言明した美濃部知事が、答申と反対意見を完全に無視して認可を強行したのは、われわればかりでなく日本国民をも欺瞞する行為であり、さらにこれは美濃部知事周囲の共産主義者たちに迎合する許すべからざる態度である

三、反共を国是とするわれわれは、共産主義者を飼育する朝鮮大学校の認可を強行した美濃部知事を今後は、金日成かいらい集団の手先である朝総連と同じ敵性分子と規定してこれに対処する

われわれは、以上のごとく態度を表明して美濃部知事の蛮行を糾弾する徹底的な闘争を展開するが、これによって惹起するいっさいの責任は美濃部知事にあることを重ねて表明する

一九六八年四月十七日

在日本大韓民国居留民団中央本部
団長　李裕天

写真説明　1966年訪韓のジョンソン大統領（上農村にて老農と　下朴大統領夫妻とジョンソン大統領夫妻の交歓）

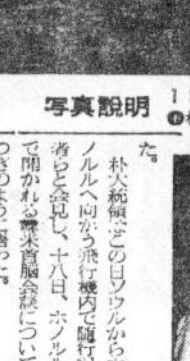

政府、認可を重大視

緊急長官会議

友好関係へ悪影響

国会・対抗策を講ずる方針

美濃部都知事が朝鮮大学校の認可を決定したことは、韓国の政界や学界に大きな衝撃と波紋を与えている。

国会の与野党議員たちは十八日、一様に朝鮮大学校認可問題にたいして遺憾の意を表明し、国会は今後、この問題について徹底的な対抗策を講ずる方針だと語った。

金在淳共和党スポークスマンは、「日本が朝鮮大学校を認可したのは韓日間の友好関係を大きく損傷するものである」と指摘、また、新民党の朴永禄スポークスマンは「日本の朝鮮大学校認可は韓日条約の精神に違反するものだ」と語っている。なお、十・五クラブの車事務スポークスマンは「日本を友邦国として信じてよいものかどうか疑問になってきた」とさえ述べている。

一方、新民党は外務部長官らを国会に呼んで日本が朝鮮大学校を認可したことにたいして質疑を行なう方針だと明らかにした。

統一研究院設置法案提出

国土統一問題を研究するため、国土統一研究院設置を準備している政府は、今月中に開かれる64回臨時国会に政府組織法の改正案を提出して、これの採択を待って、来る五月初旬に発足する見通しである。

これに関して丁一権国務総理は先日、記者協会主催の晩餐会の席上で「われわれの目標は南北統一であり、この目標達成のため全国民は自由と民主主義を死守し、全民族が経済建設と自主国防のため総力を傾けて努力しなければならない」ことを強調した。

丁総理はこの日、記者の質問に対して「統一の機運が熟する七〇年代になっても、国連監視の下に土着人口の比例による南北総選挙という基礎的な統一政策には変りはないであろう」と述べた。また同研究院設置のための予算は一般会計予備費、あるいは一次追更予算案に反映させるつもりであることを付け加えた。

国会に同席していた李錫済総務処長官は「同院は企画調整室と同じく、国務総理の直属機関とし、院長は無任所国務委員級とする」と述べ、「同院には政策立案、対共宣伝、資料収集など三分室を設置したい」と語った。

認可を非難

洪公報部長官談話

洪鍾哲公報部長官は十七日午後、美濃部東京都知事が日本政府の反対を押し切って朝総連系の朝鮮大学校を認可したことにたいし、つぎのように語った。

「朝鮮大学校なるものは共産幹部養成所だとして自他が認めているところである。にもかかわらずこれを正式に認可したということは日本が自ら北韓の赤化基地となることであり、共産勢力を助長することに他ならない。従ってこれは韓日両国関係の将来にとっては非常に憂慮される処である。」

規約運営の適正を

金監察委員長指示

一九六七年度

中央本部特別賛助者（無順）

北送に終止符

参戦七カ国会議

ウェリントンで共同声明発表

さる四月四日ニュージーランドの首都ウェリントンに集まったベトナム参戦七ヵ国外相らは共同声明を発表し、共産側との交渉によって達成されるいかなる平和も、ベトナム国民に「外部からの干渉と破壊的圧力を受けることなしに、民主的で立憲的な手続きにしたがって彼ら自身の将来を決定することのできる権利」を保障するものでなければならないと宣言し

けるべく、かれらの努力を強化しうる道を模索し、平和的な戦乱解決の展望を検討し、アジアの安全保障状態を検討することにある。同討論を通じてかれらは広範囲の協議をするにいたり、参戦七カ国間の継続的な協議と協調のための堅固な基盤を築いた。

参戦七カ国外相は、かれらの政策によって取るべき行動は各国憲法の規定に基づいて行なわれな

した。参戦国外相らは共産侵略者の政治的計画が現憲法、民選国会そしてベトナム共和国政府を廃止することと、共産主義支配下の人為的団体でこれに置き換えることを要請した事実を注目した。

参戦国外相らはこれとは反対に、ベトナム共和国国民は外部からの干渉あるいはテロ分子らの圧力なしで、民主的にそして憲法の手続きにしたがって彼ら自身の将

[illegible]

大韓民国

大韓民国外務部長官は大韓民国に対して増加されている北韓カイライ武装ゲリラの挑発について説明した。外相らはこれらの事態について彼らの関心を表明し、大韓民国大統領官邸を目標とした最近の奇襲に対して特別な憤りを表明した。

外相らは最近の北韓の侵略行為は東南アジアの侵略と関連しているという点に合意した。

外相らは北韓共産主義者らのそのような挑発的行為は直接的に韓半島と隣接地域の平和と安全を脅かす重大関心事であるということに合意した。かれらはそうした侵略を阻止するための韓国に対するかれらの支援を確認し、この重大な事態に対して緊密な接触を維持することに合意した。

韓国と東南アジアのこのような事態にかんがみ、外相らは一九六六年十月のマニラ頂上会談で明らかにしたアジア・太平洋における平和と進歩にかんする宣言公約を再確認した。

[illegible]

本国論調

(各新聞社説要旨)

続出する労使紛争の問題点

▽今年に入って起きた労資紛糾

一月初旬の東豆川・米七師団の韓国人労務者集団解雇による紛糾をはじめ、全南製紙の労働争議、釜山での保税加工労務者のスト、鐵道労組の争議、そして最近発生したJALソウル支社での紛糾のような労資間の対立が二十件余りにのぼっている。

これらの争議は、工業化に立ち遅れている韓国では健全な労働運動を育成する方向で提起されている労働争議の場合が多い。職場労働者たちは自らの力量を適当に結集でき、環境を確保することによって初めてかれらの持っているエネルギーを効果的に生産性へと転換していくことができる。

▽労働運動を破壊活動と見るなかれ

一般的に韓国の企業家たちは

"労働運動"といえば、何か破壊分子の集団のやることのように敬遠する傾きがある。

共産破壊集団の前衛労働団体が、こうした活動をしている国の例は多い。わが国でも解放後"全評"という破壊集団があって破壊活動をしたことはある。しかし労働の名のついた運動や団体を何でもかんでも破壊的イメージに結びつけてこれを忌避することはいけない。

▽労働者と企業者の利益は一体のはず

最近、経済学で特に強調されていることは"人間関係"の改善ということである。この機会にわれわれは、韓国の企業家たちが労働活動に対する深い理解を持つよう望む。また労働者たちは企業主をむやみに対立視してはならないと考える。労働者と企業主の両者は窮極には利害関係を同じくするのであり、法によって保障されている範囲内での堂々たる権益追求へと進むべきであろう。(朝鮮日報社説)

国営企業会社の証券払い下げ

政府は国営企業体を民営化する計画をたてている。その目的は該当企業の経営改善、公団法人化、そして企業合理化などを図るといわれる。

▽六つの企業体民営化の理由

政府は既定方針に従い、今月中にも通運、海運、海公、造公、仁川重工、大韓鉄鉱、国営機械など

[illegible]

なお、証券市場、すなわち資本市場の育成を妨げている法制上の矛盾も解消されなければならない(韓国日報社説)

新聞が"政党新聞"から脱皮して"商業主義新聞"へと移行することは各国新聞史の一般的な発展過程である。それが行きすぎて低俗な趣味に迎合し人間の恥部を露出する記事などをたくさんのせるようになって新聞の品位が落ちてきた。

▽政治権力から独立すべき"言論"

政治権力と自由言論は互いに独立した存在であり、適切な均衡関係を持つことが理想的であるといえよう。それにもかかわらず、新聞が権力の"御用新聞"として堕落したり、または両者が背反関係に陥るような傾向が発生している。新聞論説というものは破邪顕正の気概を持って正邪を明確に分別することによって、国民与論を正しく指導しなければならない。

この新聞週間にあたり新聞製作者は充分反省し、報道にあたることを約束する。(中央日報社説)

崔長官囲み懇談

旅券現地発行など論議

ニュージーランドのウエリントンで開かれたベトナム参戦国外相会議に参席した崔外務部長官は、約一時間三十分にわたり当面の諸懸案について懇談、今後とも民団と大使館が表裏一体となって在日同胞の諸問題に取り組むことを再確認した。

局長を招き、同行の崔永澤亜州局長と厳駐日大使、安公使、関公使、鄭参事官、李参事官、領事第一課長らの同席のもとに、約一時間三十分にわたり当面の諸懸案について懇談、有意義な意見を交換し、今後とも民団と大使館が表裏一体となって在日同胞の諸問題に取り組むことを再確認した。

この懇談の席上で論議された事項は、およそ次の通りである。

1、朝鮮大学校認可阻止に関する件
2、法的地位に関する諸問題
3、旅券現地発行に関する件
4、民団特別補助費の追加予算上程に関する件

なお崔長官は二十一日、JAL航空便で帰国した。

ジャパン・ホテルへ李裕天中央本部団長、朴炳憲総務

東京に支店開設

韓一銀行一番のり

このたび本国の韓一銀行が、一般銀行で最初の在外国支店を日本に開設することになった。

現在日本には東京と大阪に韓国銀行が支店を開設しているが、これはわが国の中央銀行であり、一般市中銀行では、この韓一銀行が最初である。

すでに支店開設の内認可を得ている韓一銀行は、今秋十月の東京開業をめざし来週から日本政府に対する正式手続を開始する。

韓国に進出している外国銀行に対しては、政府が一億五千万円まで資本金を規制しているが、韓一銀行の東京支店はそのような資本金の制約はないものとみている。

現在日本で営業中の外国銀行支店は、日本の国内銀行と全く同一な条件のもとで営業中であり、金利・文準などにも何らの差別や制限がない点からみて、韓一銀行東京支店もこれと同じ条件のもとで営業するものと見られる。

韓国には現在外国の銀行として八行が支店をおいているが、この中には日本の東京銀行・三和銀行の二銀行も含まれている

尚州・金海諸邑

新しく市に昇格

内務部は、各級自治団体と下部区域を再調整し、地域社会開発を効率的に遂行するために、国内十九ヵ邑を新しく市に昇格する方針である。

あたらしく市に昇格する予定の都市は次のとおり。

東豆川、松炭、安養、素砂、議政府、長省、堤川、雨岡、金泉、公州、金堤、霊岩、西帰浦、顕妙、尚州、永川、浦項、井州、栄州

なお、地方の都市が市に昇格できる基準としては、❶人口五万以上(人口増加率三%以上)❷市街中心部の人口が全体の五%以上……

当初計画した一五%の予定度よりずっと遅れている。」と述べた。

ところで、建設部はこのソウルと仁川間の高速道路を建設するため、ADB(アジア開発銀行)借款を当初の三百五十万ドルから増額してくれるよう要請しており、来る五月からは道路建設資材を現物で導入する予定である。

アジア商議連 日本代表団結団式

日本商工会議所は十六日、きたる五月六日からソウルで開かれるアジア商工会議所連合会第三回総会……

予備軍設置法改正案 全文

非常災害地に出動

△第1条(目的) 本法は、郷土を防衛するため郷土予備軍(以下「予備軍」と略す)の設置・組織・編成と動員などに関し規定することを目的とする。

△第2条(任務) 予備軍は敵または反国家団体のスパイや、その団体の指令を受け武器を持った者の浸透がたったり、また浸透の憂慮がある地域や、その他出地域における郷土防衛と兵站の重要施設および兵站施設の警備、またはこれによる被害とその応急措置に関する任務を遂行する。

△第3条(組織と編成)

予備軍は予備役の将校、准士官、下士官、兵および補充役の下士官、兵と大韓民国国民として志願した者の中から選抜した者をもって組織する。

❷予備軍は隊員の居住地または職場を基準として、地域単位または職場単位で部隊を編成され、その設置および編成と基準と管轄区域などに関しての必要な事項は大統領令で定める。

訓練期間、年二十日以内

該当者は申告を要する

民間の財産被害補償

殉職・傷痍には援護

任務上、必要時には武装

△第7条(武装) ❶予備軍は任務遂行のために必要な武装をすることができる。❷前項の武装のために武器・弾薬などの装備に関する事項と武器使用の限界に関しては大統領令で定める。

政治運動への関与禁止

△第11条(実費弁償)

△第12条(政治運動の禁止) ❶予備軍部隊の……

団費を完納しよう

まず財政の確立から

一九六八年度賦課金一覧表

(一九六八・三・二〇現在)

本部名	割当金月額	割当金年額	未納額
東京	三五〇、〇〇〇	四、二〇〇、〇〇〇	三、七〇〇、〇〇〇
神奈川	一〇〇、〇〇〇	一、二〇〇、〇〇〇	一、七〇〇、〇〇〇
千葉	四〇、〇〇〇	四八〇、〇〇〇	四八〇、〇〇〇
山梨	一〇、〇〇〇	一二〇、〇〇〇	四〇、〇〇〇
栃木	四〇、〇〇〇	四八〇、〇〇〇	〇
茨城	三〇、〇〇〇	三六〇、〇〇〇	一五〇、〇〇〇
埼玉	四〇、〇〇〇	四八〇、〇〇〇	二二五、〇〇〇
三多摩	三〇、〇〇〇	三六〇、〇〇〇	九〇、〇〇〇
群馬	三〇、〇〇〇	三六〇、〇〇〇	二三八、〇〇〇
静岡	三〇、〇〇〇	三六〇、〇〇〇	三〇〇、〇〇〇
長野	二〇、〇〇〇	二四〇、〇〇〇	二〇〇、〇〇〇
秋田	一〇、〇〇〇	一二〇、〇〇〇	〇
福島	一〇、〇〇〇	一二〇、〇〇〇	四〇、〇〇〇
宮城	四〇、〇〇〇	四八〇、〇〇〇	〇
北海道	一〇〇、〇〇〇	一、二〇〇、〇〇〇	一、七〇〇、〇〇〇
青森	三〇、〇〇〇	三六〇、〇〇〇	四六〇、〇〇〇
山形	一〇、〇〇〇	一二〇、〇〇〇	四〇、〇〇〇
岩手	一〇、〇〇〇	一二〇、〇〇〇	+五、〇〇〇
新潟	四〇、〇〇〇	四八〇、〇〇〇	三八〇、〇〇〇
石川	二〇、〇〇〇	二四〇、〇〇〇	二五八、〇〇〇
福井	三〇、〇〇〇	三六〇、〇〇〇	三二〇、〇〇〇
富山	一〇、〇〇〇	一二〇、〇〇〇	三一〇、〇〇〇
愛知	二〇〇、〇〇〇	二、四〇〇、〇〇〇	二〇〇、〇〇〇
岐阜	三〇、〇〇〇	三六〇、〇〇〇	〇
大阪	四〇〇、〇〇〇	四、八〇〇、〇〇〇	二、四〇〇、〇〇〇
兵庫	二〇〇、〇〇〇	二、四〇〇、〇〇〇	三、三〇〇、〇〇〇
京都	二〇〇、〇〇〇	二、四〇〇、〇〇〇	六〇〇、〇〇〇
奈良	一〇、〇〇〇	一二〇、〇〇〇	+四〇、〇〇〇
滋賀	二〇、〇〇〇	二四〇、〇〇〇	四四〇、〇〇〇
和歌山	三〇、〇〇〇	三六〇、〇〇〇	五六〇、〇〇〇
三重	三〇、〇〇〇	三六〇、〇〇〇	二八〇、〇〇〇
広島	一〇〇、〇〇〇	一、二〇〇、〇〇〇	一、四〇〇、〇〇〇
岡山	五〇、〇〇〇	六〇〇、〇〇〇	六〇〇、〇〇〇
鳥取	一〇、〇〇〇	一二〇、〇〇〇	一二〇、〇〇〇
島根	一〇、〇〇〇	一二〇、〇〇〇	一五九、〇〇〇
山口	八〇、〇〇〇	九六〇、〇〇〇	八〇〇、〇〇〇
福岡	一〇〇、〇〇〇	一、二〇〇、〇〇〇	一、〇〇〇、〇〇〇
長野	三〇、〇〇〇	三六〇、〇〇〇	六六〇、〇〇〇
佐賀	一〇、〇〇〇	一二〇、〇〇〇	一二〇、〇〇〇
大分	一〇、〇〇〇	一二〇、〇〇〇	一二〇、〇〇〇
宮崎	一〇、〇〇〇	一二〇、〇〇〇	一二〇、〇〇〇
熊本	一〇、〇〇〇	一二〇、〇〇〇	一二〇、〇〇〇
鹿児島	一〇、〇〇〇	一二〇、〇〇〇	一二〇、〇〇〇
対馬島	一〇、〇〇〇	一二〇、〇〇〇	一二〇、〇〇〇
愛媛	一〇、〇〇〇	一二〇、〇〇〇	一九〇、〇〇〇
徳島	一〇、〇〇〇	一二〇、〇〇〇	一四五、〇〇〇
高知	一〇、〇〇〇	一二〇、〇〇〇	一二〇、〇〇〇
香川	一〇、〇〇〇	一二〇、〇〇〇	二〇〇、〇〇〇
計	[illegible]	[illegible]	[illegible]

雨中に怒りのデモ

自主性ある闘争を展開

対策代表者会議で確認

写真①美濃部知事に通告文を手渡す李団長②東京都に押しかけた代表者たち

都庁へ雨中のデモ

声明文を手渡す

郷土防衛に協力

中央委で募金運動を決定

宮城地方本部

団長に李景淳氏

茨城地方本部

団長に朴台守氏

福島地方本部

団長に李鍾根氏

雄々しく育つ台湾韓僑

台北韓僑学校第三回卒業式

日韓経済協会が資料多数を寄贈

韓・湖南干害罹災求護金

京都本部が30万円

李禧元氏

集会

行政ルール紊す知事

児玉私学審委員長激しく非難

李団長知事と会見

答申尊重を強く要望

認可は条約違反

木村大使へ抗議

ソウル市電撤去

七〇年にわたる市民の足

経済局主催の税務ゼミナー

ここ数年来在日同胞に対する日本当局のきびしい税金攻勢は同胞社会で大きな物議をかもし、各地

紅衛兵がバクロ

金日成は億万長者

韓国学校入学式

東京212名京都45名大阪84名

（2面より続く）

本国主要物価表

4月11日現在　（単位：ウオン）

品名	規格	単位	ソウル	釜山	大邱	光州
米	1等精穀	100ℓ(叺)	4,200	4,170	4,200	3,950
餅米	上	〃	5,200	5,500	5,800	5,100
麦	〃	〃	2,600	2,600	2,400	2,400
大豆	〃	〃	3,300	3,300	3,100	3,400
胡麻	〃	〃	8,100	8,000	7,800	8,400
小麦粉	77%	22Kg	800	800	800	810
白菜	上	3.75Kg	110	85	110	90
大根	〃	〃	60	60	60	60
リンゴ	〃	箱8Kg	1,100	930	950	900
梨	〃	〃	1,000	1,000	1,050	950
卵	中	10個	90	86	90	90
牛肉	100g	小売	50	53	55	40
豚肉		〃	33	34	28	29
塩	天日	叺60Kg	330	300	350	330
砂糖	上	斤600g	57	59	65	60
イリコ		3.75Kg	650	620	600	650
乾メンタイ	上	600尾	34,000	26,000	26,000	29,000
海苔	改良品	箱(100束)	32,000	25,000	30,000	25,500
スルメ	中	100束	35,000	36,000	36,000	40,000
木綿	上	36.58m	2,200	2,250	2,300	2,300
綿糸	23手	梱181.4Kg	55,000	54,500	56,500	55,500
人絹糸	90.72Kg		39,000	39,000	41,000	40,500
Fナイロン糸	国産	453.6g	450	540	550	550
19孔炭		個	19	14	13	15
石油	国産	ドラム200ℓ	2,302	2,330	2,398	2,750
揮発油	〃	〃	5,125	5,138	5,345	5,519
陸松	上	才	60	63	55	65
ラワン	〃	才	76	75	80	80
ベニヤ板	〃	枚	190	185	185	190
ガラス	2%	箱(100坪)	2,700	2,800	2,700	2,700
セメント	42Kg	袋	250	254	259	260
亜鉛鉄板	31番	枚3×6	270	260	250	270
苛性ソーダ	665L／B	ドラム	11,500	11,500	12,800	13,000
金	99%	小売	880	869	890	860
銀	70%	〃	21	24	22	19
新聞紙	国産	連	1,550	1,550	1,600	1,500
模造紙	70%	連	3,300	3,100	3,200	3,200
ゴム靴	男、白	1足	82	79	81	82
洗濯石鹸	450g	10個箱子	300	330	340	340

五月に訓練開始
郷予軍訓練計画発表

国防部はさる十三日、郷土予備軍の召集と訓練に関する細部計画案を発表した（関係法案全文は二面に掲載）。

この計画案によると、予備軍の基本訓練は五月一日から実施されるが、準備段階として今月末までに非常召集の方法および体系を確立して、非常召集者が負うべき責任を確認することになっている。

また非常召集による訓練時間は一回に二時間を超えないとしており、一年間に十四日間となっている。

なお地域的な特殊性と職場別の性格などによって、訓練は一週間に一、二時間ずつ受けることになっている。

訓練は戦術訓練を主として陣中勤務と射撃訓練を重点とする軍事訓練のほかに、武装ゲリラが出現した場合の申告方法と情報伝達の要領などを習得させることになっている。実弾射撃訓練は一年に一回実施するが、射撃場は中隊単位で一～二ケ所ずつ設置する。

民族芸術
伽倻琴

伽倻琴を弾く韓国女性

奨学生募集要項
月額五千円給与

抗ガン物質など
「人参」の秘密を解く

写真は錦山の人参畑

南君「悲しい乾杯」でクラウンからデビュウ

読者サロン
キング師の死に思う
東京　金仁和

尋ね人

訂正

鄭姉妹弟の音楽会

国民登録および永住許可申請案内

国民登録更新および新規申請

駐日大韓民国大使館
駐日大韓民国各級領事館

在日同胞の戸籍整備実施要綱
婚姻・出生などは必ず届出ること
無籍者は早急に手続きするよう

韓國新聞

発行所 韓国新聞社
東京都文京区春日町 2丁目20-13
電話 (813) 2261～5
定価 1カ月100円
振替口座東京 34988番

綱領

一、われわれは大韓民国の国是を遵守する
一、われわれは在留同胞の権益擁護を期する
一、われわれは在留同胞の民生安定を期する
一、われわれは在留同胞の文化向上を期する
一、われわれは世界平和と国際親善を期する

神聖な民族教育を冒瀆するな

朝鮮大学認可糾弾民衆大会開かる

美濃部の挑発排し 陰謀と欺瞞の正体暴く

朝鮮大学校認可糾弾民衆大会は、関東地区代表者約七百名が参加して、四月二十六日午前十一時から東京都・虎の門の日傷ホールで開催され、完全に共産かいらいの走狗と化した美濃部都知事を厳しく糾弾した。大会では知事への抗議文を万場一致で採択し、各地区の代表と傘下団体の代表三百余名は、この抗議文を携えて東京都庁へ向かい、知事との会見を要求したが、知事が不在のため石坂特別秘書に抗議文を手渡し、知事との会見日程その他の連絡を同秘書に一任して午後四時過ぎ一回は都庁を引きあげた。都庁への抗議デモは、去る二十四日にも中央本部の各局長が、そして翌二十五日には大韓婦人会東京本部の代表者二十八名がそれぞれ知事への会見要求デモを行ない、もしも知事側より誠意ある回答がない場合には、さらに大規模な波状抗議デモを継続して展開することにした。

大会は金根守東京本部事務局長の司会のもとに、金仁洙中央本部監察委員長の開会の辞ではじまり、国民儀礼、中央本部鄭烔和副団長(団長代理)の挨拶、中央本部文教局長の経過報告、金光男中央本部議長の講演のあと、韓青中央本部金宰淑委員長が都知事への抗議文を力強く読みあげ、これを万場一致で可決採択、再び呉文教局長の先唱で糾弾スローガンを斉唱して午後一時過ぎに閉会した。

写真説明 (上) 開会の辞をのべる金仁洙監察委員長 (下) 金宰淑韓青中央本部委員長の抗議文朗読

ニセ民族教育粉砕 鄭副団長挨拶

われわれの祖国は反共を国是としている国家である。在日六〇万同胞の生命、財産と権利を擁護するために、われわれは、共産主義分子と熾烈な闘争を継続してきたし、この闘いは今もなお続いているが、この闘いの過程において最も端的存在は、朝総連傘下の学校で共産主義教育を受けた二世たちであった。かれら若者は、民族教育の美名のもとに、祖国の独立を喪失させた教育と訓練を受けてきたために、正しい判断力が欠如して実に気の毒な人間と化しているのであるが、この哀れな人間をつくり出す養成機関である朝鮮大学校を美濃部知事が認可したのは、われわれ韓民族を分裂させ、その生活の破壊を企てた許すべからざる美濃部の挑発行為である。

[illegible]

閉校の日まで戦おう 金監察委員長(開会の辞)

[illegible] はその正体を自ら暴露したのである。北韓共産主義かいらいの手先である朝総連の走狗として積極的に支援しているかれ、美濃部の行為を、われわれは蛮行と呼び、かれを敵性分子と規定した。

われわれは日本の法治下に生活しているけれども、われわれの生活を破壊し、祖国の侵略を目的とする分子を助長する美濃部の行為を傍観することはできない。蛮行はあくまで糾弾し、認可を粉砕するのだ。すべての責任は美濃部が負うべきである。朝鮮大学校が閉校し消滅してしまう日まで、われわれは秩序ある闘争を戦い抜く決意である。

持続性ある民団運動に 呉文教局長(経過報告)

[illegible] は避けるべきであるし、この斗い [illegible]

り、すでに朝鮮大学校が認可された現時点におけるわれわれのこの闘争の展開は、決して楽観視できるものではない。しかし、われわれが不退転の固い決意で前進すれば、北傀の欺瞞宣伝に騙されつづけてきた人たちの民族的良心までも覚醒させることができるとおもう。

なおわれわれが忘れてならないことは、われわれのこの闘いが決して孤独な闘いでないということである。いま本国では、美濃部の蛮行を糾弾する集会や集団討議が全国的に展開されている、と新聞は報じている。

われわれの前には勝利が待っている。この闘いは本国だけでなく、日本国内でも良識ある絶対多数の日本国民から支持されている。われわれは誇りをもって最後の目標〝朝鮮大学校抹消〟に向かって一路邁進する。

[illegible] には朝大校の認可による敗北感が少しでも介在してはいけない。それは認可が絶対にわれわれの運動と斗争の敗北を意味してはいないからである。

この斗いを民団運動の一転機として、たゆみない斗争の展開を希望する。

われわれは、四月十日の都知事との会見席上において万一、知事が私学審議会の答申とわれわれの要望と、朝鮮大学校の正体を無視して認可を強行すれば、不測の事態を招来するであろうが、これはすべて都知事の責任に帰するものであることを通告してあるし、さらに、先日の声明文にも重ねてこの点を強調してある。

いまや、美濃部の蛮行を糾弾する澎湃たる反対運動が内外に展開されているが、どこまでもわれわれは、勝敗とか斗争の帰結に対して性急な結論や神経をつかうことなく、これを大きな持続性ある、ひとつの民団運動として展開することを希望してやまない。

主張

啓蒙活動に努力を 朝大校認可を契機に反省を

[illegible]

る。言いかえればもっと積極的に、事実関係を明らかにし、団員を納得させるだけの宣伝と啓蒙活動が欠けていたといえよう。

したがって、このたびの朝鮮大学校認可阻止闘争を契機とし、われわれがここで痛切に反省することは、すべてが名分だけの反共に始まってそれで終る、という中味のない、つまり大衆を納得させ大衆をしてすすんで闘争の先頭に立たせる運動の基本線を再確認することと、これにともなう、組織としての抜本的な両面作戦の質的転換で [illegible] る。

われわれは、今回の闘争を厳しく反省するとともに、今後と [illegible] 堅実な運動の展開を強く期待すべきである。

恐るべき朝大の正体 反日、反米が教育のすべて

金光男議長講演(要旨)

美濃部知事は、朝鮮大学校認可を強行することによって①大韓民国の国威をいちじるしく損傷し②日本に在住するわれわれ韓民族を蔑視して③韓日協定の精神を蹂躪(じゅうりん)したが④これは日本が国連における世界自由陣営の理事国であることを忘却し⑤日本国内の良識ある〝声〟に耳を傾けない美濃部の職権濫用である。ゆえに私たちはこのたび美濃部の行為を蛮行と規定し、これを徹底的に糾弾することになった。

このあまりにも常軌を逸した美濃部の暴走と蛮行に対し、私は幾つかの設問を試みたい。

まず第一に、美濃部は共産主義徒輩から少なからぬ賄賂(ワイロ)をもらったのではあるまいか?

次に、美濃部は朝総連側からの脅迫に怯えていたのか?

第三に、美濃部は認可を強行して日本における同胞を分裂させて争わせるとともに、朝鮮大学校で養成させた先鋭分子が企図する韓国革命の陰謀をたくらんでいるのではあるまいか?

以上三つの設問を強く否定するには今回の美濃部の行為はあまりにも非常識過ぎるのである。すなわち、朝鮮大学校の実体や教育内容その他を確認する方法として、美濃部は朝鮮大学校の副校長その他の当事者をよんで話し合い、問いただした結果、彼らの返答によって、朝鮮大学校が日本国の公共の秩序と安寧になんらの危惧を及ぼさない正しい民族教育の場であり世界の平和に貢献する目的で教育を施す学校であることを確認したと記者団に言明しているが、こんなバカげた話は正常な精神状態にある者の口から出る言葉ではない。第三者の客観的な判断や意見には耳をかさず、当事者の言い分だけを聴取して認可の必要条件を具備していると判断するとは実に荒唐無稽な話である。

私は美濃部知事に対し、次の事実についていかなる見解のもとに朝鮮大学校が社会の公共秩序と安寧をみだすことなく世界の平和に寄与する真の民族教育を行なっている教育機関であると認めたのかと反問したいと思う。

まず、現在の朝総連がその前身であるところの朝連→民戦→を経て在日朝鮮人総連合会として発足する際に掲げ、現在も金科玉条としている「教育の目標」三項目は次のとおりである。

①人民共和国の配慮のもとに教育行政面の指導的責任を遂行する。②人民共和国の教育体制に則ってその憲法と教育関係諸法規を守り全般的な民族教育を実施する。③人民共和国の教育路線に則り在日朝鮮人の教育運動を発展させる。

これだけではない。一九五五年五月二五日の大会で決定された「教育の目的」の中には〝教育の基本方針〟として

❶祖国の人民のため忠実に服務しうる愛国思想を培養する。❷共和国憲法と政綱に則った学生の政治的教養と政治訓練の強化に全力を傾注する。

とうたい、堂々と学生に対する共産主義偏向政治教育の実施を公言しているのである。

また、一九六四年五月の朝総連第七回全体会議では「民族教育権利擁護闘争」と題する決定事項の中で、次のような驚くべき決定を行なって、破壊的な共産主義の反日・反米思想注入教育の実態を自ら暴露しているのである。

❶祖国の社会主義的制度を愛し抗日パルチザン革命の伝統を教養する。❷米帝国主義を徹底的に憎悪する精神を教養する。

美濃部はこの事実を知りながらあえて朝鮮大学校を認可した。いまに日本は美濃部が播いた〝悪の種〟を刈り取るために高価な代価を支払うであろう。これに関し、日本の良識ある評論家・補谷教授は「〝日本〟という体内に巣喰う癌〝ガン〟が成長した」と嘆じ、美濃部の蛮行と陰謀に憤慨している。このような朝鮮大学校の正体を一般大衆の前にあますところなくバクロし、正しい真の民族教育をこの地に確立させるためにも最後まで勝利に向かって戦い進むべきである。

また私たちは本国の外交活動を全面的に支援しこれに協力することは勿論であるが、在日同胞としての自主性をもって、どこまでも私たちが主体となりこの闘いを展開させ、偽瞞に満ちた教育を受けている同胞子弟を朝総連の手から救出する使命を全うすべきだ。

抗議文

わが在日本大韓民国居留民団は、在日韓国人の総意として朝鮮大学校の認可に絶対反対の方針を決め、貴下に抗議してきたことは、十分ご承知のことと思います。

しかし、遺憾ながら貴下は、われわれに挑戦して、新たな紛争をまきおこす暴挙をあえて犯しました。したがってわれわれは、目的を貫徹するまで貴下に対する糾弾と闘争を続ける決意を、次の通り表明します。

一、認可を強行した貴下に対する糾弾の声は、在日韓国人は言うまでもなく韓国内にも澎湃として起りつつあり、貴下の蛮行は、韓国民の日本に対する決定的な不信感を植えつけました。両国間における過去の不幸な歴史も、国交正常化とともに韓国民の忍耐ある努力によって、多少好転のきざしを見せているいま、国際信義に悖り歴史を逆行させる貴下の行為は、われわれとして断じて容認できないものであります。

一、民族教育を僭称し、共産主義偏向教育を行なっている朝鮮大学校の実態を知悉しながら、あえて認可を強行した貴下の措置は正当な民族教育を冒涜するものであり、東京都私学審議会の答申を無視し、認可理由の中で民族教育の真意を申請者にただしたという詭弁を弄しているのは、民族教育に対する無定見と、金日成カイライ集団の手先である朝総連との馴れ合いを、自ら暴露したものであります。

一、反共を国是とするわれわれは、貴下をとりまいている曲学阿世の一部容共学者、文化人等の主張をあたかも世論であるかのごとくとりあげ、朝鮮大学校の認可を強行した貴下の行為は、われわれに敵対するものと規定します。

われわれは、在日韓国人の総意として、貴下の蛮行を徹底的に糾弾するとともに、なお継続的な闘争を展開することをここに通告します。

一九六八年四月二十六日

在日本大韓民国居留民団
朝鮮大学校認可糾弾関東地区民衆大会

美濃部東京都知事殿

一割以上が出血輸出 政府の支援で赤字埋める

韓国経済開発協会(代表＝宋仁相)は、韓国の主要輸出商品の平均輸出原価が昨年末現在で一ドル当り三百五ウオン線を超えているのでこのために一〇%以上の欠損輸出がでたと指摘、これを是正するためには、換率の現実化をはじめ貿易管理、税制、金融、そして外換管理面における新しい輸出支援政策が緊急課題としてクローズアップされてきたと強調した。

同開発協会は昨年八月、貿易協会の要請によって〝韓国輸出産業の現況および輸出増進のための研究〟という報告書の作成にとりかかり、このほど、これを完成したが、この報告書の中でこういった点がはっきりと指摘されている。

同報告書によると、開発協会は韓国輸出産業の現況分析と関連し、鮮魚、ノリ、生糸、鉱石、合板、セーター、かつらなど、いわゆる二十三の〝戦略輸出商品〟の原価動態を調査したが、この結果、輸出価格が一ドル当たり三十ウオン以上の政府支援費を含め、平均輸出原価は三百五ウオン以上になっていることを判明した。そしてこれは六六年末の平均輸出原価よりも五%高くなっている。

この調査の対象となった二十三品目の中で、輸出原価が最も低い商品はタングステン(重石)で、これは一ドル当り百六十七ウオン十五銭にしかなっていない。またその輸出原価が最も高いものは絹織り物や魚介類などで、これらは一ドル当たり四百九ウオン五十銭。これらを始めとして他の十八品目は全部、現在の換率(現換率は一ドル対二百七十五ウオン線)を上回っており、政府の支援によって輸出欠損をやっとうめ、結局、全体的にみて平均一・三%の企業利潤を得ていることになっている。

開発協会は原価が上昇した原因として、賃金と一般物価が高騰したことを上げており、なお、換率の固定化傾向も欠損輸出の要因となっていると指摘している。

しかし、同報告書は、去る六〇年には三百種に過ぎなかった輸出商品が六七年には六百余種にふえ、輸出市場がかなり多辺化し、さらに輸出商品の産業別構成が近代化したということは韓国輸出産業の明るい面であると見ている。

同報告書は以上の諸要因を考慮に入れ、今後の輸出の見通しとして今年度の輸出高は四億六千九百十六万ドル(政府目標五億ドル)、七一年は八億八千八百七十七万ドル(目標十億ドル)になるだろうと予測している。

米の対韓援助規模 一億三千万ドル線に

借款を取り除いた米国への各種対韓援助の規模は、近日中に一括して確定されるもようである。

今年、米国が韓国に実質的な無償供与として確定した各種の援助規模は ①物品計画援助(SA)、三千万ドル ②米平和食糧援助、七千二百万ドル ③国防費支援としての小麦特別支援、三十五万トン(約二千二百万ドル) ④技術援助、六百万ドルなど合計一億三千万ドル線に達するものと推算されている。

このほか、ほとんど年例的に供与されている原資材借款一千万ドルはすでにその協定が結ばれている。

関係当局が伝えるところによれば、朴忠勲副総理は去る十六～十七日の両日間、ワシントンで開かれたIECOK(対韓国際経済協議体)総会に参席した機会を利用して、現案の六八年度対韓援助を今月中に妥結するよう米国の援助当局と合意に達したといわれる。

一方、SA資金三千万ドルに対しては、すでにAID(米国際開発処)が支給承認書を発給しており、さらに、剰余農産物および技術資金に対しても米国政府の承認手続きはほとんど終わっているものと伝えられる。

なお、政府側は今年度の特別支援品目となっている小麦三十五万トンも可能な限り、年内に全量を導入し、追加更正予算の財源として約五十億ウオンを調達する計画である。

朝鮮人学校就学児の団員父兄に処分警告

民団東京本部監察委員会(郭東淳委員長)では、朝総連系学校に子弟を通学させている民団員に対し厳重に警告するとともに、来る七月三十日まで同委員会の指示に従わない場合は、民団規約第六十六条適用規定第一条第三項に準じて除名処分に付する旨、次のごとく通達した。

○朝総連系学校に子女を通学させている団員父兄に対する警告と指示

首題の件に関し、当本部執行部では、民団々員としてその子女を朝総連系学校に就学させているということは、民団・基本方針の違反であり反民族利敵行為である。子女たちに共産主義の教育を施すことによって、自分自身はもちろん、各家庭と同胞社会までも破壊することになるのは自明である。

したがって、速やかにわが韓国学校に転学するよう再三にわたって勧告してきたにもかかわらず、今日に至るも意識的に転学を怠っている団員がいるということは、誠に遺憾とするところである。そこで当監察委員会としては、次のごとく再警告と指示を行ない、これに応じない団員を適宜に処分する。

記

(一) 貴下は、朝総連系学校に通学させている子女を、一九六八年四月三十日まで韓国学校または止むを得ない場合は日本学校に転校させなければならない。

(二) 貴下は、同封した誓約書に誓約を表明し、四月十五日まで民団東京本部に提出すること。

(三) 前記二項目の指示を履行しない場合は三ヵ月間貴下に対する一切の証明書の発給を中止する。

(四) 三ヵ月後(一九六八年七月三十日)まで履行しない場合は、貴下を民団規約第六十六条の適用規定第一条第三項によって除名に処する。

朝総連傘下同胞に訴える!

親愛なる朝総連傘下の同胞皆さん!

さる一月二十一日夜、北韓共匪がソウルに侵入、許すまじき蛮行をくり返えし、北韓が再び武力侵攻を企む誤った意図を現わしているが、平和的国土統一を念願とするわれわれ四千万民族に不幸な結果をもたらすと同時に、なお日本においても朝総連が北韓共匪の蛮行を弁護し合理化するため現在各地でありとあらゆる偽装宣伝を行ない、皆さんを騙していることに対し、われわれは民族的憤激を禁じ得えず、皆さんにメッセージを送ると同時に、われわれの考え方を明らかにし北韓共匪とその手先である朝総連を徹底的に糾弾するものであります。

祖国の平和統一は国内外を問わず韓民族の至上命題であり、また達成することに最大の力を注ぐことが、われわれに与えられた歴史的使命といえましょう。

すなわち、このような理由の下で、われわれはこのたびの北韓共匪の蛮行と日本においてそれを偽装合理化しようと、ありとあらゆる虚偽宣伝を行なっている朝総連に対し、非常な関心を集めており、北韓と朝総連にかんするいくつかを率直に指摘し、皆さんの冷静な判断を要求するものであります。

今日みなさんは、北韓を自分の祖国であると呼び、朝総連を祖国の分身であると信じていることでしょう。むろん長い間、北韓と朝総連の虚偽宣伝に騙され、ほとんどの人が無意識の中に巻き込まれている皆さんとしては、無理なことではないと思います。

しかし、われわれが改めて皆さんに問い正したいことは、まず皆さんが自分の祖国という北韓とまた皆さんが他国のように見ている自由大韓民国を、実際に自分の目で見たことがあり、その内容を北韓や朝総連の宣伝でなく、自分自身が冷静に判断したことがあるのだろうか、いうことです。ここには明らかに皆さんの重大な覚醒が要求されるのであります。

要するに北韓について、朝総連が皆さんに宣伝していることは或も一方的であり、また甘言利説の虚偽理論であり、従って皆さんが想像または間接的にみている自分たちの祖国の姿とは、全部が悲惨な共産主義社会を美化した宣伝写真と宣伝映画にすぎないのです。これを証明することは言うまでもなく、共産主義がわれわれ人間性からみて根本的に誤った理論であるということです。いわゆる北韓社会が、皆さんが憧がれているような地上楽園ではなく、個人の自由と尊厳性を完全に否定し、大衆を奴隷化し、文字そのままの強制労働の生地獄社会というのが、現下の北韓の政治、経済、社会面のあらゆる暗黒相を通じて現われているのであります。

一方、六・二五動乱時に四百万の北韓同胞が越南したにもかかわらず、その後を追って今だに自由を求め生命をかけて大韓民国に帰順する数多くの同胞がいるということを想起し、また、北韓が密派した武装スパイ、工作員たちまでも大韓民国に自首し、北韓社会においての悲惨な生活を自白し、大韓民国の自由社会で生活したいと異口同音で訴えており、願い出た者は全部が大韓民国の温い配慮の下に幸福な生活を営んでいるということは厳粛な事実であります。

このように述べると、皆さんたちは自分の祖国であるいわゆる人民共和国が現在建設途上にあり、特に米国と大韓民国政府を打倒し統一した後は、韓国民を幸福に導びいてやろうと、昼夜を問わず強制労働を行ない、食べるものも食べず、食糧とあらゆる物資を節約、保存しているということでしょう。しかし、それは千万不当の虚偽宣伝に惑された言葉であります。われわれ大韓民国は簡単に北韓が言うように、自主統一という美名にダマされはしないだろうし、またそのような統一を待ち、北韓同胞の奴隷的強制労働、言うなれば、飢えと呻吟によって北韓同胞の血と汗によって残された食糧と衣料をもって生きることを求めているのではありません。それよりも北韓には彼らが宣伝することと、また皆さんが信じきっている食糧と衣住は、ありえないということを自覚せねばなりません。

なぜならば、北韓は大衆の奴隷的強制労働をすべて戦争準備につぎ込んでいるため、大衆が食べて着るまでの余裕が全くないということです。もう一度考え直してみましょう! 北韓が中共とソ連の間を往来しながら、虚偽の自主路線を大きく宣伝し、皆さんに異常な自負心を与えてくれたが、その自主路線とは、すでに北韓がソ連から再び中共側に片向き、この度のような武装侵略を行なうに至り、青天白日下にその仮面がばく露されたのである。また北韓が大韓民国のめざましい経済発展と国際社会においての地位向上に慌て出し発悪的にこれを妨害し、機会あるごとに民族史上、到底許されない過去の・六二五動乱を再現しようとし、反民族的であることが彼らの一貫した意図であります。言うなれば、最近行なっている行為は、大韓民国に対する武装侵入であり、その最後の目的は自主統一という宣伝の下で、武力で大韓民国を侵攻し全民族を共産主義の奴隷に仕立てようとしているのであります。

そうであるがために、北韓は今度の武装共匪のソウル侵入も、これは韓国内で武装ゲリラが蜂起したものであると虚偽宣伝し、また忠実な朝総連もオオムのように、良心の苛責も考えず、恥じ知らずの悪宣伝で日本社会と皆さんを騙そうとしているのであります。

親愛なる朝総連傘下同胞の皆さん!

もちろん、朝総連の幹部たちは、このように宣伝する外はない有様であるが、皆さんまでが心から信じ切ろうと思いますか?万が一、皆さんが心の中で虚宣伝を否定しながらも、朝総連に近寄っているとせれば、皆さんは自己の人格と良心を自ら捨てようとするロボットにすぎないでしょう。われわれ大韓民国はどこまでも平和的に自由民主主義の原則下で統一するという国是を打ち出しております。われわれが統一するにおいて、過去に北韓が南侵した六・二五動乱のような悲惨な同族相剋で、われわれが血と汗で建設した国土を銃剣と爆弾で再び破壊する必要がありうるでしょうか?

親愛なる朝総連傘下同胞の皆さん!

皆さんにつぎのように訴えたいと思います。皆さん自身の民族的良心に基づいて、われわれ民族の百年大計のためにも、一握にすぎない朝総連幹部の甘言利説と幻想的宣伝から一日も早く目覚め、北韓と朝総連の実態を客観的に判断し、大韓民国の温い平和の懐に帰り、われわれとともに民族の統一に努力しましょう。またわれわれは、日本において祖国大韓民国の国民として民族団結をはかり、われわれの権益を強く擁護し、北韓共産カイライ集団とその手先である朝総連の誤った術策を排撃しましょう。すなわちこれのみが国土統一とわれわれ民族後孫万代までの繁栄を念願とする、真の愛国的行為といえましょう。

最後に皆さんの幸福を祈り、また皆さんが一日も早くわれわれと手を握り合う時が来るよう、信じながら、このメッセージを送るものであります。

在日大韓民国居留民団

輸出増大に僑胞誘致

厳大使貿易協会で強調

貿易不均衡是正へ

輸出産業に日本人との合弁投資も検討、打診

高速道路を調査

世界銀行細部計画のため

一万トン以下も可　中古船輸入トン数

19ヶ大学　海外開発に着手

保有ドル新記録

三億七千五百万ドルに

制限さらに強化　商工人の海外旅行

韓日共同規制水域の巡視始まる

実業系、断然優位

本年度卒業生の就職率

◇高等専門及び高校

人文系依然不振

◇大学校

ア・ア農村再建機構

ソウルで総会開かる

派越技術者　三年内に引き揚げ

韓国も契約　インドネシアの山林開発

北海道商銀　三期総代会

合弁投資承認　徐甲虎氏と邦林紡績

輸入制限法阻止交渉団渡米

日本の中の韓国人のホープ　その5

国民勲章を授与された韓国史料研究所長　金正柱

（金正柱氏）

本国論調

善隣関係維持のため

朝大校認可を取消せ

割当金を完納しよう

岐阜地方本部は完納

4月25日現在割当金未納額一覧表

（単位・円）

本部	未納額	本部	未納額	本部	未納額	本部	未納額
東京	四、四五〇、〇〇〇	秋田	一〇〇、〇〇〇	大阪	二、八〇〇、〇〇〇	福岡	一、一〇〇、〇〇〇
神奈川	一、八〇〇、〇〇〇	福島	五〇〇、〇〇〇	兵庫	三、四〇〇、〇〇〇	長崎	六九〇、〇〇〇
千葉	五三〇、〇〇〇	宮城	四〇〇、〇〇〇	京都	八〇〇、〇〇〇	佐賀	一三〇、〇〇〇
山梨	五〇〇、〇〇〇	北海道	一、八〇〇、〇〇〇	奈良	六〇、〇〇〇	大分	一三〇、〇〇〇
栃木	四〇〇、〇〇〇	青森	四九〇、〇〇〇	滋賀	四八〇、〇〇〇	宮崎	一三〇、〇〇〇
茨城	一八〇、〇〇〇	山形	五〇〇、〇〇〇	和歌山	三九〇、〇〇〇	熊本	一三〇、〇〇〇
埼玉	一〇五、〇〇〇	岩手	一五〇、〇〇〇	三重	三一〇、〇〇〇	鹿児島	一三〇、〇〇〇
三多摩	三〇〇、〇〇〇	新潟	四一〇、〇〇〇	広島	一、五〇〇、〇〇〇	対馬島	一三〇、〇〇〇
群馬	一六八、〇〇〇	石川	二七八、〇〇〇	岡山	六五〇、〇〇〇	愛媛	一〇〇、〇〇〇
静岡	三三〇、〇〇〇	福井	一五〇、〇〇〇	鳥取	一三〇、〇〇〇	徳島	一五〇、〇〇〇
長野	八〇、〇〇〇	富山	一三〇、〇〇〇	島根	一六九、〇〇〇	高知	一三〇、〇〇〇
愛知	四〇〇、〇〇〇			山口	八八〇、〇〇〇	香川	一二〇、〇〇〇

ソウル－板門店　高速道路建設計画

韓国大学設立を考慮

同胞子弟 教育に本腰へ

教育文化センタービルも建設

厳大使、記者会見で言明

厳敏永駐日大使は四月二十日、僑胞新聞記者団との共同会見において、朝鮮大学校の認可問題その他について記者団の質問に答えおよそつぎのように言明した。（写真は厳大使）

一、朝鮮大学校の認可に関し＝美濃部知事の政治姿勢とその背景からして、当然認可は予想された。然し、一方においては知事をして認可をしないよう従求ずる兆候も多分にあった。このような場合、われわれは日本の政府に対しての外交々渉は可能であるが、一知事を相手に外交交渉は出来ないではないか。偽装ではあるが彼らが民族教育を正面へ出しているために、その非を外国人に認識させるのに非常に難渋した。

二、認可の取消について＝これは不可能ではない。外国人学校法案が日本の国会でなるべくはやい時日内に通過されることを希望している。

三、教育機関の拡張について＝韓国大学（仮称）を当地に設立する案が検討されている。いつ頃になるかはまだ発表出来る段階ではないが、いずれ設立期成委員会も発足するであろう。この他に、本国のある大学の分校を日本に設けるのも、考えられる一つの方法ではあると思う。なお、現在日本人小学校に就学中の僑胞児童に対し、国語・歴史を中心とする補充教育（課外授業）を積極的に推進したい。これは精神教育である。その具体的な関連事業として東京に五、六階たてのビルを建てこれを図書室、展覧室その他の宿泊施設まで兼備した教育文化センタービルにする計画で目下適当な土地を物色中である。

四、奨学制度について＝多くの僑胞学生が奨学制度を利用して本国に留学中であるが、さらに奨学金の増額や内容の充実なども検討中であるから、日本国内においても多くの僑胞がこの奨学制度を大いに利用することをすすめたい。

五、韓国学校の卒業生の進学資格問題について＝日本各地の韓国学校卒業生が、日本の大学から入学資格を認めてもらえず進学に支障を来たしていると聞くが、これは考慮して適切な対策を講ずべき問題ではある。しかし民族教育をうけることを希望して韓国学校に学んだ学生達が大学進学は日本の大学だけを対象とするのは納得がいかない、はなしである。

六、韓国学校に本国から校長が赴任することについて＝この問題について日本の国内事情に疎いとの批判があるが、校長を本国から迎えたのは、韓国学校と本国学校間に教育内容の格差をなくすため、本国の教育実情に精通している教育者を選んだ次第である。

民族予備校設立

在日僑胞子弟のため

文教部は在日僑胞の子弟で、韓国における正規の大学教育を望むもののために、ソウル大学内に民族予備校を設立、ここで一年間、韓国語や韓国の歴史を教えることに決めた。

なお、この予備校は、日本の高等学校を卒業した者を対象としており、これはソウル大学その他の韓国大学"入学"への予備校的役目を果たすことになる。

朝大校認可を糾弾

各大学で集合討論

美濃部東京都知事が朝鮮大学校を認可したことを糾弾する学生の討論大会は、なおソウル、大邱、大田、済州道などの各地でつづけられている。

二十二日の慶北大学、済州大学、忠南大学などの討論大会につづい[illegible]である。[illegible]

二十三日はソウルの延世大学生らが討論大会を開き、"朝鮮大学校の認可を取り消せ"と要求した。延世大学生約二千名は大学講堂に集まり、日本は"政経分離"という見せかけ的な政策のもとで共産北韓と取り引きしている。そして、日本は「共産主義者の養成所である朝鮮大学校なるものを認可した。在日韓国僑胞たちを共産主義者たちの魔手から救い出すためにも、朝鮮大学校の認可は取り消されなければならない」と強調した。

また二十五日午前十一時三十分から、ソウルの東国大学、慶熙大学の学生三千名も、朝大校認可を糾弾する"声討大会"を開いて「日本政府は、朝鮮大学校の認可による韓日関係の悪化に責任をとれ」など六項目の決議文を朗読したあと、朴大統領、佐藤首相、美濃部知事に送るメッセージを採択した。

《写真説明》（上）都庁に到着した民衆大会の代表者デモ隊は知事室入口で衛士と、もみあいながら美濃部知事との面会を強く要求。

（中）知事の不在を告げる特別秘書に抗議する鄭副団長（右端）

（下）廊下に坐りこみ交渉経過の報告をまつ代表者たち

認可取消し期待

僑胞教育強化に財団設立

政府は、美濃部東京都知事の朝鮮大学校認可に対する日本政府の措置を注視しながら、従来、消極的かつ散発的だった僑胞子女たちの教育を、より効率的に強化する方針を検討している。

政府筋によると、同問題に関して日本政府に外交的な圧力をかけながら現実的に僑胞子女たちの国民教育を強化するためにいわゆる朝鮮大学のような各種学校でない「韓国大学」（仮称）設立を推進し、すでに決定したソウル大学校内の予備学校、従来実施してきた夏季学校のほかに、日本国内で韓国語と韓国歴史とを重点的に教育する夜間教育による学校、初等教育機関の増設など、総合的かつ包括的な方案を検討している旨明らかにした。

同筋によると、朴大統領が去る二十日ホノルル会談から帰国後、朝鮮大学校認可に伴う対策会議は別になかったが、丁一権国務総理、文洪柱文教部長官、権五炳法務部長官、厳敏永駐日大使らと個別的に僑胞子女教育強化問題に関し協議したものと伝えている。朴大統領は厳敏永駐日大使と約三十分間会見した。

政府は朝鮮大学校認可問題を契機として僑胞教育を支援する「教育財団」設立も考慮しているほか、対応策としては日本国会で討議する「外国人学校法案」が通過する場合、従来の外国人学校が再び政府の認可を得なければならないので、朝鮮大学校に対する認可を取消すよう努力する計画である。

在日同胞後援会構成

丁総理 汎国民協議体言及

二十五日の国会本会議で新民党の金相賢議員は

1、日本の朝鮮大学校認可は、日本が韓日条約を一方的に破棄したことではないか

2、在日僑胞の教育のために、速やかに韓日教育文化協定を締結する意思はないか

3、在日大韓民国居留民団の育成を期すべく、汎国民協議体を構成する意思はないか

と質疑を行ったが、これに対し丁一権国務総理は

1、韓日基本条約に依拠して政府は日本政府に対し、朝鮮大学校の認可を継続抗議している

2、在日韓国人教育後援会を構成する計画である。

3、財政の好転をまって民団の育成に努力する

と答弁して大いに注目された。

京都韓国学校々長 金声閑氏に感謝状

京都韓国中高等学校の金声閑校長はこのたび各界から惜しまれながら一身上の都合により十五年間にわたる教職生活から退くことになった。民団では、氏の多年にわたる在日同胞の民族教育への功績を高く評価し、中央本部李禧元団長の名で同氏に記念品と感謝状を贈呈した。

東京、京都に校長を派遣

僑胞教育の発展を期す

政府は、在日僑胞教育の画期的な発展を期するため韓国学校の校長として東京に宋基鶴氏、京都に金永斗氏を近く派遣する。

近く赴任する両氏は僑胞社会に及ぼす影響力を考え、知・徳・体備の教育実務者であり、反民精神に徹した優秀な人として選抜されたといわれ、今後の活躍が多いに期待されている。

なお両校長の略歴は次のとおり。

△宋基鶴（一九二一年六月九日生）＝東京韓国学校校長

本籍＝慶北尚州郡外南面成興里四〇二。現住所＝慶尚北道尚州市七岩洞一二八。学歴および経歴＝1940年3月、安東公立農林学校卒業、42年9月、水原高等農林学校卒業、53年1月、米国教育使節団講習会修了、58年12月、慶北大学副教授、60年10月、慶北大学教授、62年11月、清州農科大学長＝現在に至る。

△（金永斗）慶尚南道教育会長（前会長）[illegible]

韓国人の理解者

林女史の再選、各界が期待

看護界の職能代表として去る昭和三十七年の参院選に出馬して当選、現在数少い女性議員の中にあって「人間尊重」をその政治姿勢として精力的な国会活動をつづけている自民党の林塩女史は、親韓派議員として、韓国問題と在日韓[illegible]

（写真は林塩女史）

[illegible]部面について社会福祉、社会の向上に努めなければならないという日本国憲法の精神具顕に努力している女史は、在日韓国婦人の権益擁護と生活向上との問題ならびに法的地位問題と、特に韓国婦女子問題に並々ならぬ関心を示し、各界の韓国人たちと会い、互いの意見を交換しあっていた。

ところで、林女史は来る七月の参議院選挙には再び立候補することになっているが、韓国人社会では女史の再選を期待する声が圧倒的に強く、同胞社会の各機関で、この懸案解決に、より多く韓国人の強力なバックアップを、と訴えている。

林塩氏の略歴

明治三十七年十月十四日生

本籍地 兵庫県姫路市神田町

住所 千葉県船橋市前原町三の三三七五

現住所 東京都千代田区麹町四丁目七、参議院議員宿舎

学歴

一、大正十四年大阪赤十字救護看護婦養成所卒

一、昭和七年津田英学塾卒

一、昭和二十五年米国エモリー大学留学一年

職歴

一、昭和七年大阪赤十字病院勤務

一、昭和二十二年財団法人日本赤十字社看護婦同方会会長に就任、現在に至る

一、昭和二十二年より二十五年まで日本赤十字社看護婦養成部長

一、昭和二十五年より三十三年まで日本赤十字社看護課長

一、昭和二十六年より三十年まで厚生省看護審議会委員会長

一、昭和二十八年より三十四年まで社団法人日本看護協会会長ならびに国際看護協会理事

一、昭和三十一年より三十四年まで日本肢体不自由児協会評議員、結核予防会評議委員

一、昭和三十四年より四十二年まで日本看護連盟会長

一、昭和三十六年より三十八年まで社団法人日本看護協会会長ならびに国際看護協会理事

一、昭和三十九年アジア救ライ協会評議員に就任、現在に至る

一、昭和四十年国際看護協会定款改正により加盟六十三ヵ国中より十一名の理事を選任することとなり就任、現在に至る

一、国際会議出席 九回（海外八回）

党歴

一、昭和四十二年入党

一、昭和四十二年十一月全国組織委員会婦人対策部長

千葉県地方本部 団長に孫晋協氏

千葉県地方本部は、四月二十三日の第二十一回定期大会において次の決議事項と役員改選を行った。

決議事項

❶地方分科委員会構成、❷商工会及び納税組合の創設、❸民族資金育成のため、商銀と民団の協力により預金額倍加運動の展開、これに関連して現在団員の朝総連[illegible]

[illegible]委員長 李鶴洙 〃委員[illegible]〃李守憲

なお同大会がすんですぐ"朝鮮大学校認可反対集会"を開き、決議文を採択して、それをさる二十六日同地方本部代表が美濃部都知事に伝達した。

長野県地方本部 団長に金龍煥氏

長野県地方本部は四月二十一日、第二十四回定期大会において任員を次のとおり改選した。

[illegible]長金龍煥、副団長[illegible]、議長孫世兄（留）、副議長[illegible]長黄秀瑞、〃徐仁石、監察委員長李富薫（留）、委員朴基福、〃金命[illegible]

新駐韓日本大使 金山政秀氏決定

政府はさる四月二十五日、木村駐韓大使の後任として第二代駐韓日本大使の金山政秀（ポーランド大使）氏のアグレマンの要請に対し同意した。

なお木村大使は日本国外務省顧問に転任、五月二日離韓した。

岡山県地方本部 団長に柳甲録氏

[illegible]

石川県地方本部 団長に李竜演氏

[illegible]

ソウル特別市 非常事態宣言

[illegible]

北傀連日奇襲 30名がまた挑戦

[illegible]

第一回韓国貿易博覧会　9月9日から10月20日まで

在日同胞　企業多数参加　二五〇社が出品を競う

韓国政府の後援と大韓商工会議所はじめ各経済人団体の協力を得て、きたる九月九日から十月二十日まで（四十二日間）にわたって第一回韓国貿易博覧会が開かれることになった。同博覧会は社団法人韓国貿易博覧会が主催し、韓国では最初の国際的規模のものである。

同博覧会は、韓国の輸出産業の発展を展示紹介することによって友邦諸国との理解を深くし、国際貿易の増進をはかるのを目的としている。

同博覧会の特徴としては ●六八年度の新製品および優良輸出品を展示する ●六八年度のGマーク製品を選定表彰する ●外国の有力バイヤーおよび投資希望者多数を招請する ●既存第一輸出産業工業団地に連結し建設中である第二輸出産業工業団地を本博覧会場にすることによって、全団地の造成を促進させ一石二鳥の効果を効する―などとなっている。

ソウル市内永登浦区九老洞第一輸出産業公団地に三万五千平方材の国内産業館と政府館を含め一万三千三百平方材の展示館、付帯施設四千七百十九平方材の外国館（米国の原子力館を含む、六千九百三十平方材の展示館）そのほか一万十五平方材の展示館に区分され、繊物類をはじめ機械類など二千余品目別に展示される。

同博覧会では韓国の古典である民族舞踊大会とそのほか各種行事を通じて、国内外の観覧者の興味を引くようにとあらゆる計画が進められている。

主催者側である社団法人韓国貿易博覧会では、特に二百五十余業体の在日僑胞商社の製品を母国民に紹介する機会を与えるため、七百五十コマの屋内展示館と二千六百五十コマの屋外展示場を準備する一方、在日僑胞商社の参加に対し、国内出品用一般規則第十一条による賃借料を適用する特恵を与え、外国出品商社に比較して約五〇％も割引きするということである。

国内の事務分担　業界総力をあげて当る

躍進韓国の経済発展を反映させ、本博覧会を成功裡に終わらせるため、大韓商工会議所、韓国経済人協会、韓国貿易協会、中小企業協同組合中央会、大韓… 韓国輸出産業公団、大韓貿易振興公社などもつの経済機関を網羅して社団法人韓国貿易博覧会なるものを組織、これが主催になる一方、事業の準備と業務は大韓貿易振興公社が主管して推進している。一方政府側も積極的に後押ししているが、公報部は政府館設置し、[illegible]

博覧会のマーク：円は地球を表わし、二人の人間は国際親善を指している。赤色（両腕の部分）、青（両足の部分）、黒（頭の部分）は大韓民国国旗を象徴し、宇宙の二元論を意味する。

日本も積極参加　すでに六十商社機械類決定

[illegible]

アジア太平洋卓球選手権　韓国女子チームが制覇

[illegible]

李朝六百年史出版　大阪・李太平氏の壮挙

[illegible]

重要文化財地下に待避

[illegible]

…二の全国指定文化財のうち「国宝、宝物級で移転できる私有文化財」一三八点であるが、六〇％の八三点が個人所有となっている。ソウルの場合総合博物館のある景福宮裏山に地下壕を掘りコンクリートで固め、委託をうけた私有文化財もふくめ国宝、宝物文化財を保管する。この地下壕は湿気、温度、照明、換気、冷暖房施設等を完備し、爆撃にもビクともしないものになる。また、牙山の李忠武公関係の文化財を保存する待避所も八月に完成の予定であり、扶余、慶州博物館も来年は待避施設をつくることになっている。これら待避壕に保管される国宝四八（個人所有二二）、宝物級九〇（同上六二）で、文化財の種別内訳は次の通り。（カッコ内は個人所有品）

△陶磁器＝国宝二九（一四）宝物二一（九）△古文書＝国宝六（六）宝物一八（一七）△絵画＝国宝一（一）宝物三（三）△金属＝国宝四（四）宝物九（四）△金銅仏像＝国宝八（三）宝物一四（八）△木像＝国宝一（一）△銅鐘＝国宝三（一）宝物六（四）△民俗資料＝国宝一（一）△香炉＝国宝二（一）宝物四（四）△発見遺物＝国宝二（一）、宝物五（三）

外国出品者　一般規則

第1条（名称）一本博覧会は第1回韓国貿易博覧会と称す。

第2条（目的）一韓国輸出産業の発展相を展示紹介し、友邦国民との理解を高め、国際貿易の増進を図る。

第3条（運営方針）一①1968年度の新製品および優良輸出品を展示する②1968年度のGマーク製品を選定表彰する③外国の有力なバイアーおよび投資希望者を広く招請する④韓国輸出産業の施設改善と技術向上につくす機械施設および主資材などの参加展示を勧める。九老洞第1工業地に造成、建設し韓国工業団地の発展相を紹介すると同時に、会期終了後は第2工業団地の建物として継続使用する。

第4条（主催）一①本博覧会は社団法人韓国貿易博覧会が主催する。②省略③同博覧会の事務執行は大韓貿易振興公社が担当する。④会期は1968年9月9日から1968年10月20日までの42日間とする。第5、6条省略。

第7条（参加国のワク一）大韓民国と交易関係があるとか、今後交易を希望する友邦国家とする。

第8条（出品者の資格）一前条に明示した国家の政府機関、公共機関、業界を代表する団体、または組合、生産業者、貿易業者などが出品できる。

第9条（展示場の種類）一①略②展示場は小間制とし、1小間当たり7.5平方㍍（2.5×3㍍）を基準にる。

第10条（展示場の配定）一①展示場の面積配定は限度内で配定され、一国家に対する最大面積は国家単位および商社単位を合せ 1,650平方㍍を超過しない。②③省略④事務総長は出品物の種類および内容等により展示場を指定できる。⑤出品契約者は本会の事前承諾なく、契約しようとする展示場の全部または一部を第三者は再賃貸するとか、相互間に交換できない。

第11条（賃借料）一展示場の使用料は次のとおりである。
▽屋内展示場＝平方㍍当り35㌦▽屋外有蓋屋展示場＝平方㍍当り18㌦▽屋外無蓋展示場＝平方㍍当り10㌦。

第12条（参加申請）一出品者は1968年3月11日から1968年5月10日までの期間に所定参加申請書2通を本会に提出する。申請書には展示場の使用面積はもち論（提示事項を漏れることなく明記する。

第13条（展示場の確定および契約）一●本会は参加申請書を受付け、確定された展示場の使用面積および位置を配定した図面と共に、本会事務総長が署名した展示場使用契約書2通を作成し、出品申請者に通告する●出品者の契約期間は1968年4月26日から同年5月20日までとする。

出品者はこの期間に、前期契約書に記名署名し（1通は本会に提出すると同時に、展示場の使用賃借料の100分の50に該当する金額を韓国の外換管理法と指定する通貨をもって韓国外換銀行本店・社団法人韓国貿易博覧会口座に送金納付し、入金措置の確認と同時に、契約が成立されたものとみなす。

●契約書を提出する時は、必らず第16条による出品物目録表を発送しなければならない。

●同期間中に契約書を提出しない場合は、申請無効とみなす。

第14条（賃借料の納付）一●展示場の使用賃借料は第13条●項に規定されたごとく、全体金額の百分の50は契約締結時に納付し、残金は1968年8月10日まで韓国外換銀行本店の韓国貿易博覧会口座に納付する。●同期間中に正当な事由なく、残額を支払わない場合、契約は無効となり、契約書を提出する時、すでに支払った金額はいっさい返済しない。

第15条（出品範囲）一●次の物品は出品を停止する（イ）銃砲、武器および弾薬（ロ）引火性爆発物または放射性包含物（米原子力展示除く）（ハ）麻薬、麻酔物（ニ）工業所有権を侵害する商品（ホ）公害を害する物品●韓国政府の輸入禁止品目または輸入制限品目は、保税搬入し展示することができるが、会期中韓国政府の輸入許可がない限り再搬出しなければならない。●輸入可能品目として産業用機械、機器および原資材の見本展示および生産過程展示を歓迎する。

第16条（出品物目録表の提出）一①出品者は出品目録表を別添様式にもとずいて、第13条の契約書を提出する際に、同時に本会に提出しなければならず、目録表に要記載事項を明記しなければならない。②③省略④目録表の提出目的は（イ）通関資料（ロ）展示料原資料（ハ）出品者の名簿作成資料。

第17条（展示場の装置および施工）一省略

第18条（外国出品物の搬出入）一省略

第19条（出品物の処分）一会期中、政府の輸入許可があった出品物は会期後に販売できる。（輸入禁止品目は出品商社当り、品種別一品目に限る）

第20条一31条省略。

第32条（出品物および内部装置物の撤去）●出品者は出品物を含めたすべての搬入物を1968年10月30日まで会場から撤去しなければならない。搬出する場合には本会にその要旨を書面で申告し、搬出許可を受けなければならないし、合わせて税関長の許可を受けなければならない。●出品者は博覧会が終了すれば1週間以内に展示場に施工した一切の装置物および出品物を完全に撤去し、賃貸時の原状に復旧する義務がある。

この原状復旧作業が不完全な時と期日内に完了できない時には本会がこれを代行し、その所要費用を出品者が負担しなければならない。

第33条（異議申立ておよび紛争の解決）一本会の措置に対し異議がある者は、遅くとも会期終了後2週間内に本会に異議を申立てねばならない。なお紛争の解決は大韓民国の法律により最終決定する。

組織強化懇談会を推進　法地公聴会も合わせて、関東以北

中央本部組織局で推進している組織強化懇談会は、その後、積極的にスケジュールが消化され、四月二十七日の山形地方本部の開催をもって、関東、東北、北海道地区が終わった。

この組織強化懇談会は、昨年十一月十八日の千葉県地方本部を皮切りに、今年に入っては一月二十五日茨城、二月十五日栃木、二月二十三日群馬、三月十四日山梨、三月十五日長野、三月二十九日三多摩と続いて、中央本部ならびに大使館が参加したが、四月十日の福島地方本部からは、獎学事中央本部組織局長が、地元の領事館と朴佐鎮法対委副委員長の出席を得て、組織強化懇談会ならびに法的地位問題公聴会を継続的に主宰し、四月十三日宮城、四月十六日岩手、四月二十日青森、四月二十三日秋田、四月二十五日北海道、四月二十七日山形と、長期指導を行なった。

周知のとおり、この組織強化懇談会は、中央本部の活動方針を地方本部を通じて徹底させることと地方の組織幹部ならびに有志が、中央本部および政府公館側と懇談する"対話の場"であるが、特に第十二回定期中央委員会で採択した"理論と見解の統一"を中心とする活動方針の徹底化、さらには法的地位問題に対する啓蒙に大きな成果をあげている。

なお、この組織強化懇談会は、引続き関東以西へと足をのばし、九州に至るまで開かれるわけだが、組織の整備と強化を組織の防衛につなぎ、流動的なきびしい客観情勢に対処する組織の姿勢を正すのに、大きな成果をおさめている。

日誌に偲ぶ　4.19革命の日

四月十九日は、七年前、当時の李承晩大統領の独裁政権を若き血で倒した記念日である。

当時の模様をソウル大学生らの日誌をひもとき、当時を偲ぶと共に若き生命を捧げた百余名英霊の冥福を祈る。

☆　☆　☆

四月十九日朝、各自、平常通り所属大学に登校。前日高麗大生らのデモと三・一五馬山流血騒動の余韻が未だぬぐい去られていない時だから、キャンパスは緊迫した重苦しい空気のなかでも、固い約束がなされていた。

国家と民族の運命をどうして他人だけにまかせられようか。われわれにはすでに、静中動、叫ぶべきスローガンと天下に公布すべき宣言文が準備されていた。

四月十九日午前十一時を期して一斉に敢行しようと約束した救国示威運動計画が、事情により高大側が先に実践して、その同志を弾圧した警察の蛮行や、帰り道でかれらを襲撃し殺傷した、政治的背景を持つ暴力団の暴力はかえって、われわれをしてこれに対処する覚悟を新にせしめた。

無断で学園内に出入りし、血眼となって前日の高大生デモについて、他の大学の連鎖反応をさぐろうとした刑事に、今日の計画が探知される寸前に、幼い高校生らのデモ隊一団が鍾路五街方面から大学街を疾風のごとくすぎ去り、その後を追う御用私兵らのさまが憎らしかった。（つづく）

（一九六八年四月二十二日ソウル大学新聞より）

世田谷青少年会　機関紙「八道江山」創刊

去年十二月十七日に結成された民団世田谷支部の青少年会（[illegible]永会長）では、結成以来活発な運動を展開してきたが、一段と効果のある活動を進めるために、機関紙「八道江山」を創刊した。活版印刷でタブロイド版のスマートな新聞で、キレイに整理され新鮮さが滲み出ている。筆を執った人は創刊の辞がないことに物足らなさを感じるが、いずれにしても青少年たちの手でこれだけの新聞が出せるということ自体は、多いに称えてあまりあると言わなければならない。

韓國新聞

発行所 韓国新聞社
発行人 李裕天
編集人 金八雄
東京都文京区春日町2丁目20−13
編集 (812) 2261〜3
業務 (812) 0673
定価 1カ月100円
振替口座東京 34988番

綱領

一、われわれは大韓民国の国是を遵守する
一、われわれは在留同胞の権益擁護を期する
一、われわれは在留同胞の民生安定を期する
一、われわれは在留同胞の文化向上を期する
一、われわれは世界平和と国際親善を期する

李団長、本国政府の支援強調

組織の力量総結集

法的地位解決に広汎な大衆運動を

三月初旬以来関東地区会城をはじめ東北地区、北海道地区の各地方本部で開催された「法的地位問題公聴会および組織強化懇談会」に出席のため地方出張中であった李裕天中央団長は、先頃帰団し数日後には再び本国へ出張するという多忙な日程の中で、朝鮮大学校認可問題をはじめ当面の諸問題に関し次のように語った。

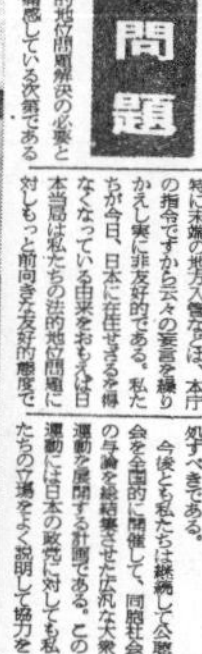

民族教育強化を最優先せよ

法的地位問題

団費完納運動

朝大校認可阻止失敗は誠に遺憾

朝鮮大学校認可問題

教育強化問題

勤労国民 人選は慎重に

青少年に希望と夢を

民団支援協議

共和党 金副総務来訪

団長と懇談する金副総務（中央）

信用組合育成

幹部養成問題

金日成に送る公開状

親愛なる北韓人民の皆さん！

そして、いわゆる朝鮮人民軍創建二〇周年を迎えるにあたって戦争準備に狂奔している全人民軍戦士ならびに軍官の皆さん！

特に、わが民族の太陽、偉大なる指導者であり、世界革命における卓越した革命の灯架として知られていた金日成および党中央政治委員の皆さん！

一九六八年二月

ソウルにて 金新朝

論壇

正しい用語を

中央本部議長　金光男

なぜ「僑胞」と呼ぶ　在日同胞は流浪の民か

先般の第12回中央委員会における各分科委員会の活躍は実にめざましいものがあった。その中のたとえば宣伝分科委員会が提出した「正しい用語」使用についての提案には特に感ずるところがあったので、本欄をかりて私の所信と従来の私の主張の一端を述べてみたいと思う次第である。

さて宣伝分科委員会の提案によると、私たちが無意識に用いている「韓僑・僑民・僑胞」なる用語は決して正しい言葉でないから、今後は「在日同胞」または単に「同胞」に統一するよう要望しているが、私はこの提案には全面的に賛同である。

実のところ私は、この「僑胞」という言葉を一般が使用していることに対して少なからぬ抵抗をおぼえていた。にもかかわらず私たちは自分たちを自ら在日僑胞と呼び、本国の人々もそのようによんでいるが「僑」こそ元来「旅人」「さすらい」「漂泊」の意味であり「寓」「寄居」に通じ、日本でいうところの「居候」つまり「寄食、食客」にも通じる。

であるから「僑胞」とは「さすらうはらから（胞）」または「漂泊の民」となるのである。在日同胞を「在日僑胞」と呼ぶ限り私たちは日本国内を「さすらい漂（ただよ）うはらから」であるわけだが、はたして私たちはいつまでも「僑（さすら）うはらから」であってよいのだろうか。困ったことには私たちが自らこれを是認していつまでも自分のことを「僑胞」とか「僑民・韓僑」と呼んでいるのである。

同胞社会においてもさかんに「僑」の用語を使っている。「韓僑通信」のごときはご丁寧にも「さすら（僑）う"韓"の通信」としている。私はこの通信社の責任者に対し異議を具申したことがあるが、聞き入れてはもらえなかった。これにならったわけではないだろうが、各地に「韓僑会館」というのが続出している。多くの人たちの口から、僑胞、韓僑といわれ、数多い言論紙に「僑」の用語を用いないのがない。民団の最近の宣言にも使われている。するとこれは、在日居留民はほんとに、あてもなく、定住もなく、ただ、さすらうはらからなのか。皆が、勝手にさすらう民としてしまうのだが、ひとり、朝総連だけは自分らを「公民」と言っている。朝僑などとはいわない。公民会館というのはあっても、朝僑会館とはいわない。

決して、彼らをほめるものではないが、われわれの自覚なさがくやしいのだ。私は、あると き駐日大使館に僑民課という名称をかえては、と話したことがある。本国が使っている用語だから……との返事でおわったが、試みに、この不名誉な用語の歴史的根拠を調べてみると、まず、上海に居留していた同胞間で、当時フランス租界に本拠をおく「大韓僑民団」があった。これは、後日の上海臨時政府に貢献したが、一九一九年五月に僑民団を「上海大韓人居留民団」とした。

私はこの改称に、興味と感動を覚えたのである。それは、民族の姿勢を正す、一種の精神革命であるからである。

のちに、満州において白翠地を中心に「韓僑民団」（一九二一年二月）というのがあった。つぎに南京では「南京韓僑会」ができた。僑という用語が使われたのである。だが、すぐに「韓族会」と改められた。当時、この会の中心人物は崔斗煥、金鉄男、申翼熙、李範奭諸氏で、なんの理由で韓族会と改めたのかは明らかでないが、さすらいの民というよりは韓民族として姿勢を正したことは疑う余地もないのである。当時のことだから、自覚と勇気を要したことと思うと目がしらが熱くなる。

同じく、アメリカにおける同胞たちは、そろって言葉にも文書にも「在美韓族」と称した。在美韓族会、各州の韓族会が在美韓族連合委員会をつくっている。

韓民族が「僑胞」と称するようになった時代の背景を考えてみると、独立運動史の[illegible]運動史をみてもわかるように、韓国が他の勢力によって国土が侵略され、土地も奪われ、向学の希望もないまま他国にさすらい、はてしない流浪の旅をつづけ、道にたおれ、捕われて虐殺される。必然的に「僑（さすら）う胞（はらから）」と自ら僑れ嘆き、このヤケクソ的な用語を涙ながらにあえて使ったように思われる。

歴史はかわって、いまでは独立の祖国があり、自由があり、輝く四千年の歴史がある。アジアで優秀な文化を誇る先進国である。

アジア太平洋

商工連合総会　ソウルで開催さる

第二次アジア商工会議所連合総会が去る六日午前九時三十分からソウルのウォーカーヒルで開催された。八日まで三日間継続したこんどの総会では、アジアおよびオセアニア地域の十四ヵ国商工人四百二十七名（外国商工人三百二〇名）が参席して、この日の午後からは四ヵ分科委員会に分かれ❶新地域経済機構設置❷貿易自由化への促進❸相互協力による工業発展❹技術改善と農業発展などの議題を討議したが、今回の総会の核心議題である「アジア民間合作投資会社」に対して二千万ドル資本でその設立を原則的に決定し、アジアの農業技術センターに対しては自由中国の海擬案が原案通り採択した。

開会式に参席した丁一権国務総理は「国際政治・経済が一層複雑化されてきた今日、アジア・太平洋地域の経済人らが会合し、アジアの将来を論議するようになったが新しいアジア建設と新しいアジア・太平洋時代の創造のための任務は重大である」と強調し、「アジアの進路はこの地域内の貿易増進と経済協力の増大を通してアジアの共同繁栄を期することにあるので、会員諸氏が汎世界的商工会議所を通じて一層の協力を要望する」と語った。

農業技術センターは農業による目、本部は国府の台北市に設けることになっており、必要によっては支部を各国に設置する。この目的は会員国の農業発展に必要な技術協力、用役の交換などが主となっている。

さらに同センターはその主要業務として

㈠農・畜物を飼育し、農機機械を製作および頒布施設に関する技術・情報を交換する。

㈡農業技術者の訓練および交換。

㈢必要な用役を互いに提供する。

などを決めている。

なお、この総会に参加した国々は日本、国府、フィリピン、マレー、タイ、南ベトナム、インド、オーストラリア、韓国であり、イラン、パキスタン、セイロン、ビルマの四カ国はオブザーバーとして出席した。

日本文化人使節団の見た韓国

山岡　荘八氏

二六名で構成された、解放後最大規模の日本文化人使節団一行は、四月二十八日韓国を訪問、ソウル、慶州、蔚山、釜山など多くのスケジュールを経て帰った。

一行の中から日本文筆家協会所属会員である三名の作家を通じ座談会を行った。

出席者＝山岡荘八氏、戸川幸夫氏、小野稔氏。

＝韓国の反共意識に対する感想＝

山岡＝共産主義の侵略をいっときも忘れない自由陣営最先端の国であり、国民であり、生活であることを痛感いたしました。来てみて本当によかったと思います。

戸川＝このたびの訪韓により、韓国の立場が身にしみるほどよくわかりました。

海を間にはさんで平和な国・日本で考えていたことが、どれほど多くの偏見と誤解にみちていたかということがはっきりしました。

小野＝わずか数日の日程でしたが、ストレートに感じたことは、共同防衛の問題でした。万一、不幸にも第二の韓国動乱が起った場合、日本自衛隊の海外の支援は、日本が米国とともに責任を負うべき義務があるのではなかろうかという点を認識し、日本で広く啓蒙せねばなりません。

山岡＝韓国をはじめて訪れた私としては、防共というものがこれほどまでに切実に深くしみわたっているとは思いませんでした。「第一線」の緊張がひしひし全身を包みます。胸をつらぬくほど直感いたしました。

対韓国観が百八十度かわったと感じいたしました。

戸川＝釜山で六・二五動乱のとき南下した人たちに沢山あいました。

小野＝愛国心の消失した世代一

いうことを告白いたします。

個人的な話ですが、友達とつくっているクラブが一つあります。会学連学生たちの偏向的なイデオロギーや正常的なコースへ、精神の糧（かて）を与えようとする人たちの集まりですが、今度帰ったらくわしい報告をしようと思います。

＝一部日本知識人たちの容共的傾向に対して＝

山岡＝彼らはわれわれを保守的だといいますが、私は彼らこそ古いと思います。

私が生まれたころ、アインシュタインの相対性原理が登場し、その時すでに歴史が一つの転換点にたっていたとみるからです。

共産主義の世の中は、すでに過ぎ去ったということです。

共産主義国家でないくせに、マルクスを講義して国立大学から月給をもらう国は、世界でもおそらく日本だけであろうと思います。妙な国でしょう。

戸川＝日本が今日のような妙な国となった一番根本的原因は、マッカーサー司令部の占領政策でした。共産党を合法化し、左翼を育てて一そうしてみたらこういう状態になったのです。

山岡＝日本の歴史上、20年以上も自由と平和のなかで、戦争をせずにすごしたことはありません。平和で自由だから、国家の保護をありがたく感じないで、したがって勝手に言動し、一部政治家やインテリたちの無責任な放言や謀略が美化されて青年層に受け入れられた。

教育が有名故郷と家族と家財産を失って避難し、つづく努力にもかかわらず、北韓のことは考えるのもいやだという言葉を聞く時、私は韓国の反共というものが何であるかをはっきりと理解しました。

小野＝六・二五動乱の時、共産党の被害の目にあっていない人はいませんでした。

山岡＝妙な国、日本は急に直そうとしてもだめです。平和を守りながら徐々に正しい方向に是正していかねばならないと考えます。

＝韓国での六日間は？＝

山岡＝指導層も若く、街も若く国民も若い。

蔚山で工場をみた時、新地開拓や地区改正、都市や農村の表情より、青年の国、発展と上昇と若い国というのが大変うらやましく感じられました。

戸川＝教育熱が非常に高いですね。いくら僻地といえども、一軒大きな建物はきまって小学校でした。

＝高い教育熱に感銘、若く躍動する反共の国＝

釜山と慶州で会った修学旅行中の子供たちの姿から、私は韓国の先生たちはみな愛国者であると思いました。

具体的に何かをとりあげて例にとることはできませんが、雰囲気がそうでした。

日本の先生とは異なる何かを印象づけられました。

山岡＝陸軍士官学校に行った時、校長の金将軍に会ってみて感じたのですが、将軍というのが第一印象であり、軍の汚職を育てる職務に忠実たという考えがおこりました。軍紀だけで軍隊を治めるのではありませんから。

小野＝教育熱が高いということは、その国を強くする源泉に通ずる点であり、深い感銘をうけました。

一一九七〇年に起こりうる、日米安保条約改定問題をどのように考えますか？

山岡＝左翼では、なくしようと何とか騒ぎますが、廃棄はなりません。また廃棄される性質のものではありません。

[illegible]

【韓国国民が、みな親日ムードにひたっているとか、そんなことではなく、また事実、そうではありません。[illegible]

同胞の財産搬入　承認業務再開

本国政府はさる四月二十六日付公告第四八号で、海外同胞らの所有財産の搬入および外国からの帰国財産を搬入する場合の承認または推薦申請書式を発表した。これは、さきほど改正された貿易取引法施行令（一月二十七日付）により、外国からの財産搬入時の承認および推薦業務が財務部から商工部に移され財産搬入承認を処理することになったが、公告全文はつぎのとおり。

▲商工部公告第四八号（商工部第四九号）

貿易取引法施行令第四六条第二項の規定による個人財産の搬入承認と貿易取引法施行令第四六条第三号による同施行令第四八号の規定による推薦（確認）書式をつぎのとおり定める。

一九六八年四月二十六日　商工部長官

⑴貿易取引法施行規則第一四条の二の規定による財産搬入承認申請書様式を別紙第一号のように定める。

⑵貿易取引法施行令第四六条第二号および同施行令第四八条の規定により商工部長官の推薦書（確認書）を取得しようとするのは、別紙第二号書式による搬入推薦書（または確認書）三通に、つぎの各号の書類を添付して商工部長官に提出する。

(イ)当該国駐在公館長が発行する斉暗事実証明書一通

(ロ)ほかの法令により許可または承認を必要とする場合には、当該許可または承認書一通

(ハ)その他推薦にあたり必要とされる書類

付則

本公告は公表の日から施行する。

本国論調

僑胞子弟の教育強化

美濃部東京都知事の朝鮮大学校正式認可により、韓日間にまた、一つの争点が持ち上がった。

朝鮮大学校は北傀の指令下にある朝鮮総連系が管轄する北傀共産党の要員養成所であるばかりでなく、韓国を唯一の合法政府と認める韓日基本条約精神にもそむくものであり、在日同胞法的地位協定にも違反するがゆえに、日本政府は早急に認可を取消す措置を講ずべきであるにもかかわらず日本政府の公式態度は至極曖昧である。いずれにしても認可の取消が実現するには相当の時日が必要とみられるので、政府は在日同胞教育問題に関し二つの対策を講ぜざるを得ない段階に直面している。

一つは、公式外交ルートを通じ朝鮮大学校認可取消し交渉の既定方針であり、もう一つの在日同胞教育の実態は朝総連系と比較すれば、われわれがはるかに劣勢であるというのが現実である。これからでも遅くはないから政府当局は、長期的視野と積極的な同胞子弟の教育強化方案を樹立することである。

政府は、同胞子弟の国民教育を強化するため日本国内に正式な大学（例えば韓国大学）設立を推進すること、夜間学校教育施設問題、初等教育機関の拡充等の総合的、かつ包括的方案を検討中であるという。"時すでに晩し"の感はあるが、ともかく同胞教育問題は急を要する国家的事業の一つである。しかし現在この問題は一つの壁にぶつかっている。

たとえ20年間の累積された所産ではあるが、それだけにこの難関をつき破ってゆくには挙族的な支援が要求される。在日同胞子弟教育のための政府の積極的な施策と並んで、国民一般の協調が要望される。（四月二十六日ソウル新聞社説）

訂正

五月五日付の本紙第一面「僑胞金多額納しよう」記事の中で、千葉県地方本部の未納額が五〇〇、〇〇〇円とありますが、これは八八、〇〇〇円の誤りでありますので右訂正致します。

第2次5ヵ年経済開発計画（1967～1971年）

その1　第一次五ヵ年計画の成果

政府は第1次5カ年計画の完遂について第2次5カ年計画を1967年から1971年まで実施中であることは周知の通りである。特に第1次5カ年計画の成功による韓国経済の成長は有史以来その類例をみないほど、長足の発展を遂げた。

最近激しくなった北傀ゲリラの破壊工作にもめげず、国土防衛と国土建設に全国民が一致団結して全力を尽くしている。

これに呼応してわれわれ在日同胞も祖国の再建に協力している現在、もう一度、第一次5カ年計画の成果をかえりみ、また第2次計画を考察して是非とも成功させなければならない。

安定基調の回復

第一次計画が始まった1962年から65年に至る4年間にわが経済は、あらゆる部門において持続的で急速な成長と拡張を続けた。

その中でも最も大きな発展は、産業生産と輸出部門で記録され、長期開発の構造から極めて重要な意義をもつ増産と社会間接資本においても、やはりたえまない改善が施された。

このような発展は、いろいろな要因の相互連関による作用が結合された結果でもあるが、何よりも第一次計画を通じて漸次整備されている体系的な開発政策の成果によるものである。

成長の諸指標（対前年変動率）%

	国民総生産	産業生産	輸出	全国卸売物価	投資率
1962	4.1	16.3	34.1	9.4	12.4
1963	9.3	13.2	58.3	20.6	18.1
1964	8.9	8.0	37.2	34.7	13.5
1965	8.0	17.7	47.0	10.0	11.7
平均 1962～65	7.6	13.9	44.2	18.7	14.2
平均 1954～65	5.9	13.9	18.6	21.0	12.6

その中でも計画続半期に施行された一連の政策——単一変動レート制によるレートの現実化、貿易の自由化促進、金利の現実化とこれを転機とした金融の間接経済化への転換、そして財政の健全化が貢献された全般的な安定基調がそれである。

またこのような経済的環境の中で行なわれた生産能力の拡張、既存施設の効率的な活用、産業規模および営業方法の改善等が持続的に寄与したところも大きい。

レートの現実化は輸出増大と輸入代替をより促進させた。

1965年3月以来、流動レートは66年前半が過ぎた現在まで極めて安定した水準を維持している。

一方、輸入代替の成長も急速に進んだ。これは65年の輸入が64年に比べて14%、62年に比べれば10%の増加にとどまっている点からも立証される。

過去のインフレの圧力は健全な財政金融政策、特に3年間も続けて均衡予算執行の成功と、65年9月に行なった金利現実化でほぼ取り除かれた。

64年に比べると、65年の卸売物価は10%の上昇にとどまり、66年に入ってからも物価安定傾向を維持している。62～65年の物価の年平均上昇率は18%であった。

経済の成長

1962～65年の期間の国民総生産は年平均7.6%の率で増加した。1人当たりの国民総生産は、人口増加率約2.9%を反映して年平均約4.6%の率で増加した。この期間中における国民総生産および1人当たりの総生産の増加はそれぞれ28.5%と18.3%であった。

産業別付加価値の成長をみると、鉱工業が年平均15.3%を示して先導部門であることを実証し、農林・水産業と社会間接資本、その他のサービス部門はそれぞれ4.8%、7.1%の成長をみせた。したがって部門別比重にも変化をもたらし、鉱工業は62年の16.8%から20.6%に増大したが、農林・水産業は大きな変動がなく36～38%にとどまる一方、社会間接資本、その他サービス業が74.5%から40.4%に落ちた。

鉱工業は前記の付加価値の成長に劣らず、その物量生産増加も大きかったし、内需および外需を網羅した広範囲な品目にわたって増加した。1962年以来4年間において、製造業70.2%、鉱業54.9%、それに電力が83.6%ずつ増産された。製造業は同期間中毎年14.3%ずつ増加し、その中でも輸送用機械（36.3%）電気機械（30.7%）、ガラスおよび土石製品（22.7%）、化学製品（14.7%）、紙類および同製品（14.0%）部門では大きな伸びをみせた。

鉱業部門の成長は、おもに内需のための石炭生産が15%、輸出のための非金属鉱が15%増加した。

一方電力は63年から施設容量が760,000kWに至り、解放以来はじめて需給の均衡をもたらした。

鉱業生産指数（1960＝100）

	1961 指数	1962 指数	1962 前年比(%)	1963 指数	1963 前年比(%)
総指数	105.7	123.5	16.8	139.8	13.2
鉱業	113.4	134.6	18.7	153.6	14.1
製造業	104.3	121.8	16.8	137.8	13.1
電気業	104.3	116.5	11.7	130.1	11.7

	1964 指数	1964 前年比(%)	1965 指数	1965 前年比(%)	1962～65（平均増加率）
総指数	151.0	8.0	177.8	17.7	13.9
鉱業	169.1	10.1	175.7	3.9	11.7
製造業	147.2	6.8	177.5	20.4	14.3
電気業	159.1	22.3	191.5	20.4	16.5

穀物の生産は1962年以来引続き大きく成長した。食糧はじめとする伝統作物の生産増大のみならず養蚕、畜産、青果、柑実など新たな部門の成長にともない漸次多様化が促進されている。水産業においても遠・近海漁業はもちろん、養殖業も急成長をとげた。

穀類生産（単位・千M/T）

	1961	1962	1963	1964	1965
米	3,476	3,014	3,756	3,954	3,501
麦類	1,513	1,441	442	1,567	1,856
雑穀	96	99	108	126	120
豆類	150	182	182	191	203
薯類	232	292	303	546	607
計	5,507	4,998	4,791	6,384	6,287

1965年の商品輸出は1億7千5百万ドルに達し、第一次計画の前年である61年の4千百万ドルに比べて四倍以上の増加をみせた。国際収支上の経常赤字は、主として食糧輸入と資本財輸入規模の変動によって起伏があったものの、特に64年と65年に至り、輸入の増加よりも輸出の増加がはるかに大きくなって、その幅を漸次縮少する傾向をみせた。

急激な変化を起した輸出構造においては、製造業製品の輸出全体の中で占める比率が1962年の18%から65年には62%に上昇したことが特徴である。

1962～65年の期間における輸出の増加1億3千4百万ドルのうち、3千4百万ドルが一次商品および原料であり、残り1億ドルが製造業製品によるものであった。

最近の輸出品目の構成をみると、輸出増加は織物、衣類、合板、鉄板、タイヤ、その他ゴム製品などの製造業製品と水産物、生糸、鉄鉱、重石および生糸の金属類などである。

地域別にみれば、まだわれわれの市場は米国と日本がおもな輸出先である。65年においては米国が総輸出の35%、日本が25%を占めた。この両国を除いた輸出市場の中で東南アジア市場に対する進出も次第に活発化を見せている。今後、わが国の輸出市場はより多様化されるであろう。

貿易収支

	輸出（F・O・B）金額（百万ドル）	増加率	対GNP率	輸入（C・I・F）金額（百万ドル）	増加率	対GNP率
1962	54.8	34.1	2.4	421.8	33.5	18.5
1963	86.8	58.3	3.5	560.3	32.8	22.5
1964	119.1	37.2	4.4	404.4	-27.8	14.8
1965	175.1	47.0	6.0	462.0	14.3	15.7

投資とその財源の調達

1962～65年間、年平均7.6%の成長をとげるための年平均投資率が14.2%に達した。このような投資率は1953～61年の平均投資率12.2%に比較して約2%高いものではあるが、工業化を促進するための投資としては十分でない。

比較的低い投資で近年に高度成長を収めることのできた要因は、まず第一に、生産増加が投資外の要因——天候条件に左右される伝統的農業部門の比重が大きいこと、第二は、それほど大きな追加資本がなくても生産をある水準まで高めることのできる要因——遊休施設と過剰労働力を背景とした労働集約的小規模生産業が需要増加に伴い生産を急増させた点などをあげることができる。しかし今後は、このような低水準の投資では高い成長が期待されないので資本を深化させ、労働化の適切な利用を図って、所得効果を加速化させるように資源を配分する努力が必要である。

1962～65年になし遂げた総固定資本形成の産業別配分内容は、製造業が一位で23.2%を占めている。

これは肥料、セメント、石油精製施設等、大量輸入代替に貢献した基幹産業の建設を反映したものであり輸出増大の相当な部分を担当するこの部門に、その開発政策の優先度と製造業部門の比重が強く反映されたことを現わしている。

産業別固定資本形成（経常価格）（単位：10億ウオン）

	1962	1963	1964	1965	1962～65 平均構成比
農林・水産	3.79	6.47	5.45	7.49	8.5
鉱業	0.32	0.93	1.07	0.80	1.1
製造業	9.13	14.53	17.59	24.07	23.2
小計	9.45	15.46	18.66	24.87	24.3
建設	1.59	1.40	1.03	1.83	2.0
電気・水道	0.19	8.62	6.38	7.28	10.4
運輸・通信	10.63	15.05	15.42	19.95	23.4
卸小売業	2.94	2.93	3.53	7.07	5.6
金融・不動産	0.13	0.12	0.27	0.35	0.3
住宅所有	5.03	6.05	8.75	11.30	11.2
公共行政	0.89	1.37	1.16	2.04	2.0
その他サービス業	6.11	6.74	10.56	13.34	13.2
小計	32.06	42.28	47.15	62.92	67.2
合計	45.30	64.21	71.26	95.28	100.0

次に運輸、通信部門においては、鉄道をはじめ道路および港湾、通信施設の建設を反映して22.4%の投資をみた。住宅と電気、水道部門はそれぞれ11.2%、10.4%を占めた。住宅と発電施設の画期的な拡張を反映するものである。

このほかサービス分野での投資では、この部門が教育施設および保健施設等の基礎作りの社会サービスでの拡大供給の必要が大きかったが33.2%にとどまった。

前記の投資を可能にした1962～65年の資本の調達においては、総投資比率14.2%のうち9.1%を海外貯蓄に依存したし、国内貯蓄ではその236%の5.1%を当てた。投資財源の全額自給は、現実の動員能力からみて不可能であるばかりでなく、実物的にみても今の国内工業能力をもっては困難である。この4対6の国内外貯蓄率は、これが投資吸収能力の観点からも長期間持続できないことなので、国内貯蓄の増大に一層努力することが望ましい。1962～65年の投資財源の海外依存度は、1953～61年の約70%より10%少ないもので、海外貯蓄のその内容においても、近年に至るほど自力負担である長期資本の導入比重が高まる傾向にある。（つづく）

権益擁護に提携を

李団長、華僑代表と会談

韓・中居留民の親善推進

（写真説明）李団長（中央）の左隣りは華僑総会長

11地区新規申請

信用組合の強化期し

李団長各県知事に書翰

内認可申請中の地区

長野、佐賀、山梨、茨城、秋田、岩手、青森、大分、山形、鳥取

既設韓国人信用組合

東京・東京商銀、大阪・大阪商銀、愛知・愛知商銀、神奈川・横浜商銀、広島・広島商銀、兵庫・神戸商銀、京都・京都商銀、山口・山口商銀、三重・三重商銀、埼玉・埼玉商銀、滋賀・滋賀商銀、和歌山・和歌山商銀、熊本・熊本商銀、岡山・岡山商銀、静岡・静岡商銀、北九州・平和信用、奈良・奈良商銀、岐阜・岐阜商銀、長崎・長崎商銀、宮城・宮城商銀、北海道・北海商銀、福井・福井商銀、千葉・千葉商銀、新潟・新潟商銀

在日本大韓民国居留民団中央本部　団長　李　禧　元

各都道府県知事　殿

割当金一年分を完納

三多摩、鄭団長の快挙

鄭県基団長

大田の再活院生

手押車で親善訪日

大阪地方本部

団長に金晋根氏

大阪本部では、さる三日午後一時から本部講堂で第32回臨時大会を開き、役員改選の結果、新団長に金晋根氏が一六六票で、第二位の姜桂重氏（一〇七票）をおさえて当選した。その他の役員は次の通り。

副団長	崔喆洙
〃	金亨烈
議長	朴玄
副議長	梁恵承（再）
〃	陳奇湖（新）
監察委員長	方錫煥（再）
〃委員	張起説（再）
〃	呉文浩（新）
事務局長	崔喆洙（兼任）
総務部長	姜太和
組織部長	金泰洙
経済部長	金振浩
民生部長	白丁
文教部長	金晦一
宣伝部長	姜弘実
〃	金寛永
事務部長	鄭福植

埼玉県地方本部

団長に田汝秀氏

さる五日埼玉県地方本部大会における役員の改選の結果は次のとおり。

団長	田汝秀
副団長	金寅泰
〃	金正柱
議長	黄景守
副議長	李根
〃	崔永道
監察委員長	池昌男
〃委員	呉斉熙

富山県地方本部

団長に崔允明氏

富山県地方本部は五月三日の定期大会で役員改選を行い、次のとおり新役員を選出した。

団長	崔允明
副団長	鄭日福
〃	鄭且生

在日韓国人明大同窓会案内

今年度の明大韓国同窓会を次のごとく開催致します。万障御繰合せの上、是非御参加下さるようお願い致します。

記

一、日時　六月一日（土）午後三時から同六時まで

一、場所　八重洲大飯店（東京駅東口約三分）

一、会費　二千円（当日持参）

一、其他　お問合せは左記連絡所までお電話下さい

連絡先　東京都千代田区内神田小山ビル第五〇一号

電話（二五六）〇〇二一番

金允中

民族予備校開所

在日同胞99名が入所

李州豊氏の長男も留学

韓国の永遠の友でありたい

木村前駐韓大使

総代会順調

韓信協傘下の各地信組

4日	北海道商銀
11日	岡山〃
11日	熊本〃
13日	東京〃
14日	愛知〃
14日	広島〃
18日	静岡〃
18日	宮城〃
18日	大阪〃
18日	神戸〃
19日	滋賀〃
19日	平和（北九州）
21日	京都商銀
22日	山口〃
25日	奈良〃
25日	三重〃
25日	和歌山〃
25日	岐阜〃
26日	千葉〃
26日	長崎〃
27日	大阪（興銀）
28日	横浜商銀

韓学同役員改選

委員長	徐秀伯（東大）
副〃	成栄剛（慶大）
総務部長	崔白震（中大）
組織〃	金光沢（早大）
情宣〃	高光秋（法大）
文化〃	許東都（早大）
渉外〃	富商鎬（中大）
女子〃	趙洋子（立大）
無任所〃	金孝輝（明学院大）

（五月四日の第二九回定期総会で改選）

韓青料理開講三周年記念祝賀発表会

日付　1968年6月9日（日）

場所　東京YMCA　国電お茶の水下車

時間　5・00～8・00PM　◇発表会と会食

TEL（293）1911

主催　在日韓国青年同盟中央本部　料理運営委員会

後援　在日大韓民国婦人会　駐日大韓民国大使館

日本の中の韓国人のホープ ＜その6＞

通信韓国語学校　校長　張暁

一九六八年度　在日韓国人教育後援会　奨学生募集要項

一、応募資格

大韓民国僑胞学生で韓国高等学校、日本高等学校（東京、大阪、京都を除く）及び日本の短大、大学又は大学院在学中の、反共精神に徹し他の奨学金を受給せず成績優秀な学生。

二、提出書類

1、本会所定の願書（各教育文化センター及び民団で交付する）　二通

2、在学証明書　二通

3、成績証明書（新入生は高校証明書）　二通

4、国民登録済証（民団の推薦を含む）　二通

5、写真　一枚

三、募集人員　約一二〇名

四、応募期間

一九六八年四月二〇日～五月二〇日（郵送時は五月二〇日消印有効）

五、支給額

月額　約五、〇〇〇円　（高校生は月約　二、〇〇〇円）

六、書類提出処

東京都港区南麻布一－二－五

韓国大使館奨学官室内

在日韓国人教育後援会事務局または民団中央本部文教局

（郵送の際は表に「奨学生応募書在中」と朱書すること）。

七、面接

書類合格者に限り面接日を通知する

八、備考

詳細は本会事務局または民団に問合せること。

在日韓国人教育後援会

東京都港区南麻布一－二－五

電話（四五三）九六五三

第三回在日僑胞学生母国夏季学校入校生募集要項

本国文教部主催第三回在日僑胞学生母国夏季学校入校生を左記のように募集する

一、目的

日本系高等学校および大学に在学中の在日僑胞学生に、祖国に対する正しい認識と民族精神を培養することを目的とする

二、募集主管および協賛

主管　駐日本大韓民国大使館奨学官室

協賛　駐日本大韓民国居留民団文教局

三、入校資格

1、日本校在学中の僑胞高等・大学生（男・女）（東京・大阪・京都の韓国学校学生は除く）　2、再入国が可能な者　3、夏季学校履修事実がない者　4、品行方正で健康な者

四、募集人員　五〇〇名

五、経費

1、一人当たり教育期間中宿食費五十ドル　2、往復旅費を含めた教育に随伴する一切の費用を本国文教部が負担し、旅券手数料も免除する。

六、〆切　一九六八年五月二十五日

七、提出書類　1、願書（所定様式）　2、国民登録済証（民団推薦を含む）　3、在学証明書

八、提出場所　民団地方本部

九、教育期間および内容

1、教育期間　一九六八・七・二八（日）～八・十七（土）二十一日間

2、教育場所　ソウル大学校工科大学内

3、教育内容　講議＝国語・国史・地理・反共道義・課外活動＝名勝古跡探訪、産業施設および学校視察、国内学生との交歓

十、その他

1、事前教育、別途計画により通知する。　2、その他疑問点は当大使館奨学官室、民団文教局または各教育文化センターに問合せること。

一九六八年五月　日

駐日本大韓民国大使館　奨学官室

東京都港区南麻布一－二－五

電話　四五三－九六五三・四五二－七六一一　内線八一

1964年東京オリンピック大会入場の韓国選手団

メキシコオリンピックに備える韓国スポーツ界

オリンピック

メキシコへの途は遠く険しい・大韓体育会は、きたる一〇月十二日から一五日間、メキシコ市で開かれる第一九回世界オリンピック大会へ、陸上および水泳のおもな競技では敗北するであろうことを認めながらも、ボクシング・レスリング・重量挙げなどの個人競技に大いなる期待をかけ、金メダル一つを含め数個のメダル獲得を目標に、精鋭部隊を派遣する方針である。

かつてスペインの統治を受けてきたメキシコは、マヤ文明を誇る若い気概が、国民の間に満ち溢れている国である。

今度のメキシコオリンピックでは、東京とは比較にならない遠距離なので、精鋭部隊出場をモットーに、ボクシング・レスリング・重量挙げの個人競技と、バスケット（男子）・女子バレーなど、二つの球技出場が確定し、サイクリング（自転車）、射撃、さらに陸上のマラソン、水泳のダイビング乗馬と体操の一部選手が、派遣の対象となることは明らかである。

わが体育会としては、五月中にメキシコ行き種目を確定し、六月末までには代表選手選抜を終えて、九月現地に向かう万全の態勢を整えているところである。

◆優秀選手強化訓練

体育会は今年も二月一日から、メキシコオリンピック派遣訓練を開始したが、現在、バスケット・バレーボール・サイクルを除いた一四種目にわたる二五〇名の選手および役員が参加している。

現在強化訓練に参加している十三のオリンピック種目で、各競技団体が予想しているメキシコ大会予想目標をみると次の通りである。

メキシコ予想表（競技団体提出）

種目	金	銀	銅	④	⑤	⑥
◇レスリング	2	1	3	1	2	2
◇ボクシング	1	1	1	0	0	0
◇射撃	0	0	1	0	0	3
◇体操	0	1	1	0	0	2
◇自転車	0	0	0	0	0	1
◇漕艇	0	0	0	0	0	1
◇女子バレーボール	0	0	0	0	1	0
◇乗馬	0	0	2	0	0	0
◇重量挙げ	0	0	2	1	2	2
◇ダイビング	0	0	0	0	0	4

（陸上、フェンシング、水泳は予選で脱落）

◆芸術使節団

大韓オリンピック委員会（KOC）は、メキシコオリンピック大会の文化芸術行事二〇種目中、民俗芸術祭など九種目の行事に、選手団とは別途に六〇余名の芸術使節団を派遣する方針でこれを推進している。

このような計画はメキシコオリンピック大会を契機に、新しい韓国のイメージを世界に植えつけようとする政府当局の政策によるものである。

公報部はこの芸術展示行事への参加費用として、三〇〇〇万円を策定して、国内作品募集および選抜要綱を作成、七月までに出品作および使節団構成を終える計画である。

メキシコ・オリンピック組織委員会は、史上最大の規模の盛麗な文化芸術行事を準備中で、その内容は次のとおりである。

▲民族芸術祭＝国楽二〇名、民俗舞踊団一五名
▲人類福祉のための原子力利用展示＝一名
▲人類の遺伝および生理学研究プログレス＝一名
▲世界青少年キャンプ＝一四名
▲児童絵画展示
▲オリンピック切手展示
▲文化体育活動のための施設展示
▲平和奉仕に関する展示

◆陸上

すべてのスポーツの基本である陸上競技の水準が既知の通り貧弱で、オリンピック大会での三六種目（男子）にわたる広範囲な陸上では、マラソンを除いては派遣する種目がないという状態である。

昨年の東京ユニバーシアード大会で大韓陸上連盟は韓国陸上の実力のなさを認め、一名の選手も送らないことを決議した。

オリンピック大会は、ユニバーシアード大会よりも遥かに水準の高い大会なので、陸上では再び派遣対象者がないと報告しなければならない実情である。

◆水泳

水泳でも、レースは世界水準との差が甚だしく、派遣するとすれば、男子ハイダイビング程度である。東京オリンピック男子ハイダイビング競技では崔彩洪、宋在雄両選手が規定種目で意外にも上位に進出したけれど、自由種目で失敗、結局総合で下位に落ちてしまった。

◆ボクシング

体育会選手強化委の日程によると、メキシコ大会でボクシングは金1、銀2、銅3個と、金メダル獲得で最も可能性の高い種目である。このような目標は歴代オリンピックばかりでなく、六五年にソウルで開催された第二回アジア・アマ・ボクシング戦以後、六六年バンコク・アジア競技大会、六七年コロンボ開催、第三回アジア選手権大会を通じてあげてきたものであるだけに、その記録と底力からみて、金メダルを予想することができる。

◆重量挙げ

今度のメキシコ入賞有望種目として重量挙げをA級とし、最少限一ないし二のメダルを狙っている。しかし、四八年ロンドンオリンピック以後、韓国重量挙げの威勢は最近数年間、国際トップ・レベルからみて日増しに低調の一途をたどっている。

金龍男、劉仁鎬らの老将が退いて、元信喜、李春植、池広禎、安鍾哲らの新人が登場した六四年～六五年頃から引続き、今度のメキシコ大会も実際の展望は明るくない。

◆レスリング

メキシコオリンピックで、唯一の金メダルを目指している種目はアマ・レスリングである。

韓国は東京オリンピック大会を契機に、きびしい訓練とテクニックの鍛磨でアマ・レスリング水準を世界上位グループへと押しあげた。

特に軽量級の張昌宣選手は東京オリンピックで、自由型フライ級で銀メダルをとり、二年後の六六年、米国トレードで開かれた第一七回世界アマ・レスリング選手権大会では堂々級の金メダルを獲得して、わがレスリング界を世界のトップに押しあげた。

◆バスケットボール

韓国のバスケットはメキシコ・オリンピックで一〇位～一二位を目標にしている。

昨年の八月東京で開かれたユニバーシアード大会で、韓国チームが世界バスケットの強者、ブラジルチームを七三対六八で退けた時在日同胞はもちろん国民からの人気は絶頂に達した。

第10回 アジア青少年蹴球

韓国快勝続ける

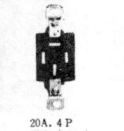

アジア十二カ国の若い選手たちが集って覇権を争う第十回アジア青少年蹴球大会が、さる二日午後ソウル運動場で開幕され、最初の競技、韓国─香港の対戦で、韓国が四対一で快勝し、緒戦を飾った。ついでタイは日本を3─0で一勝を記録した。

大会の第一日の二日、朴大統領臨席の下に開会式をはなやかに行なう予定であったが、雨天のため四日に行なわれた。第一日目の二日、約一万五千の観衆が集まった中で韓国チームは前記の成績をあげた。

朴大統領は、二日ソウル運動場で開かれた第十回アジア青少年蹴球大会にメッセージを送り、「蹴球は昔からわが国を始め東南アジア地域では国家競技として国民の体位向上に寄与している。」と述べ、「選手諸君は祖国の名誉にかけて奮闘し、立派な競技成果を記録して世界の蹴球界に貢献できるよう期待する」と語った。

こんどの大会は、ABC三組に分けて予選リーグ戦をすました後各組の一・二位チームが二組に分けられて準決勝リーグに進出そしてその準決勝二組の第一、第二位のチームが決勝トーナメントに進出することになっているが、将来の見通しとしては、イスラエルが五連覇をねらっており、わが国は主催国の利点をいかして、蹴球界の再覇も考えている。それに強力チーム・ビルマもこれに加わり三カ国が力を競うことになろう。

五日、三万余の観衆が歓呼する声のなかで、第四日目の第一次予選リーグC組では、日本を3─0 B組ではシンガポールを5─0で快勝したわが国と、ビルマがおのおの第一次予選リーグへの進出権を獲得した。

なお、八日までの試合結果は次のとおり。

▽二日
韓国 4（1─1、3─0）1 香港
タイ 3（2─0、1─0）0 日本

▽三日
韓国 4─1 香港

▽四日
タイ 2─2 香港
イスラエル 7─0 自由中国
マレー 2─1 インド

▽五日
韓国 3─0 日本

▽七日
A組
インド 3（2─0、1─0）0 中国
イスラエル 4（2─0、2─0）0 マレー
C組
香港 0（0─0、0─0）0 日本

▽八日
C組
韓国 3（1─0、2─1）1 タイ
B組
ビルマ 5（2─0、3─0）0 フィリピン
シンガポール 3（1─1、2─0）1 ベトナム

ウオカーヒルと伊豆富士見ランドが提携

ソウルのウオーカーヒルと、日本の日通伊豆富士見ランドが姉妹結縁をし提携することになり、専属のダンシングチームや歌手などが伊豆富士見ランドに来演する。

日通富士見ランドの副社長原正氏は本年一月に韓国を訪問しており、ソウルのウオーカーヒルを訪ね、その規模や設備に感嘆し、特にその韓国情緒のゆたかな専属ショウに心を惹かれて姉妹提携が具体化し、同ヒル専属のハニービーショウ一行が来日して来る六月一日から十四日まで富士見ランドに出演して民間親善に寄与することになった。

写真はウォカーヒルのハニービーショウ。

第10回在日本韓国人体育大会開く

在日本大韓体育会では、今年ソウルで開かれる第49回国体に派遣すべき選手団の選抜と、民団員の体位向上ならびに親睦を図るため次のとおり第十回在日韓国人体育大会を駐日韓国大使館、本国居留民団後援の下に開くことになり、全民団の積極的な協力と参加が要望されている。

日時　一九六八年六月三十日（日）午後九時から
場所　東京都文京区後楽一ノ八ノ三、小石川運動場
競技種目　陸上競技、サッカー相撲、クネ（ブランコのり）、ノルトキ（板とび）
模範演技　体操（日本体育大学生の選手団）、ラグビー（タイガーズ・クラブ）。
参加資格　民団員
申込期間　一九六八年六月十五日
申込場所　各民団地方本部を通じて在日大韓体育会へ
出場費用　各民団地方本部へ問合わせること。

なお団体参加種目のうち、本大会で競技が行なわれない種目、すなわち射撃、野球、卓球、柔道、テニスなどは、別途予選を行なうことになっている。

サッカー種目は一般チームの外に、東京、大阪、京都の各韓国学校チームの対抗試合もスケジュールに盛られており、同対抗リレーなど多彩な種目が計画されていて、名実ともに在日同胞の体育祭典がくり拡げられるものと予測されるが、母国建設のにない手となる在日同胞の若人たちの心身を練磨することにより、愛国心を鼓舞し強固な団結力を示すためにも、すべての同胞からの絶大なる声援と協力を要望している。

その他詳細は在日大韓体育会に問合せること。

韓国人野球協会

母国に高校選手を派遣

在日韓国人野球協会では今回、母国の韓国日報紙および大韓野球協会から、母国の高校生との親善野球試合のための招待を受け、在日同胞の第十一回高校野球選手団を母国へ派遣することになった。

そこで同協会では次の通り在日高校野球選手を募集し、母国訪問の日程をたてている。

募集人員　一七名
資格　韓国人高校生（野球部在籍者、日本高校在学生も可）
提出書類　❶国民登録証❷在学証明書❸在籍校の野球部推薦書
応募期限　一九六八年六月三十日
申込処　東京都中野区本町通六ノ五　TEL（三八一）四七××　在日韓国人野球協会。または民団中央本部文教局

×　×

訪韓日程
合宿　七月中旬～八月三日（東京で）
出発　八月五日、帰日　八月三十一日
諸費用　在日韓国人野球協会および韓国日報社が一切を負担する

第48回国体100m予選入賞の鄭備杵君（右端・千葉・中3）

韓國新聞

発行所 韓国新聞社
発行人 李裕天
編集人 金八雄
東京都文京区春日町2丁目20-13
電話(811)2261~3
編集(815)0675
定価 1カ月100円
振替口座東京 34988番

綱領

一、われわれは大韓民国の国是を遵守する
一、われわれは在留同胞の民権擁護を期する
一、われわれは在留同胞の民生安定を期する
一、われわれは在留同胞の文化向上を期する
一、われわれは世界平和と国際親善を期する

これでいいのか民族教育

多い非建設的批判と傍観
反省要する第三者的発言

日時＝一九六八年五月二十一日
場所＝中央本部会議室
朴永出牧師（元国会議員 ソウル・崇徳学舎学長）
金基式氏（東京韓国学校教頭）
金良淑女史（東京韓国学校P・T・A副会長）
申孝植氏（東京韓国学校P・T・A監事）
金恩沢氏（韓青副委員長）
呉世鉉氏（中央文教局長）
司会＝李地烈

初等教育を義務制に
教師の水準は日本校以上

生活の中で教育
責任ある校外指導を

組織の支援急務
教育委の活動に期待

期待以上の成果
留学制度の存続は必要

留学生は自覚を
質の低下は一時的現象

次代駐韓大使に
金山氏決定

金山 政英氏

京都韓国学校の建設工事
中止命令を撤回させよう

大韓民国政府指定模範校モデル・スクール学校法人京都韓国学園新校舎建設許可に対する不当行政についての

抗議文

われわれ在日大韓民国居留民団京都地方本部・支部の各機関および傘下団体、韓国、学校関係代表は、われわれの正当な権益を守り、わが子弟のための民族教育の場を確保するために、ここに立ちあがり、京都の民族差別行政およびその不当行政に強く抗議し、要求するものである。

工事中止命令の原因となった違反事実も京都市当局の指示により行なわれた、一九六六年十二月二十七日付の植林工事の完了をもって解消した。したがって工事中止命令は、当然かつ必然的に解消されるべきものである。しかるに一年をへた今日にあっても、いまだに工事中止命令の解除と風致地区内現状変更許可がなされないのは、明らかに京都市長の職権乱用であり、法治行政における違反行為である。われわれは、故意に不作為を重ねる京都市の不当行政に強く抗議する。

また、校舎建築実施設計図も京都市当局の指示と行政指導のもとに完成し、一九六七年三月一日、いっさいの行政的手続を完了して市当局に提出申請し正式に受理された。それにもかかわらず京都市長は正当な理由なく、ただ内政問題を口実にして、われわれ在日韓国人の権益をふみにじり、わが子弟の民族教育を阻害していることは断じて許されないものである。

また京都市長は、行政不服審査法に基づく「京都市の不作為についての異議申立書」に対しても、法定期間の二十日間をすぎてもなんら回答しなかった。これは明らかに京都市長の法律違反行為であり、職務違反行為である。

いやしくも国際文化都市を誇る京都市が、もっとも崇高な人づくりの場を、しかも国際文化都市にふさわしい外国人学校の建設を、地元民反対云々の口実のもとに、阻止し続ける民族的差別行政を行なうとは国際文化都市の看板が泣こうというものである。

われわれは、今までこの不当な工事中止が、新時代に入った韓日両国の友好親善気運をこわし、将来に大きな禍根を残すことをおそれ隠忍自重した。そして建築許可を何度も明言した富井市長や福武助役の公約を信じ、耐えがたきを耐えて、今日まできたのであるが、京都市当局は、われわれのこのような態度をいいことにして、人の信頼と善意をふみにじる行為を平気でくりかえしている。

この問題がもうすでに国際問題化したことを憂慮しわれわれはここに、ふみにじられたわれわれの権益をまもり、国際正義を貫くためにも、断固として立ちあがり、この背信行為と民族差別行政と闘うことを激しい怒りをこめて宣言する。

今後いかなる事態が発生しようとも、そのいっさいの責任はすべて京都市長にある。

われわれ在京四万の韓国人は、全国六〇万の韓国人と手をたずさえて総決起し、京都市の不当行政と民族差別行政に激しく抗議し、次の通り要求する。

われわれは、京都市当局の出方いかんによって、外国の通信、新聞、放送を通じ、世界の与論にも訴えるつもりであることをここに付言する。

一、富井京都市長は、即時工事中止命令を解除し、風致地区内現状変更許可を即時許可せよ。
二、富井市長、福武助役は、公約の通り来春の新学期までに学校建設が竣工するよう、即時行政処置をせよ。
三、京都市長の職権乱用、職務違反不当行政ならびに民族差別行政に再度強く抗議する。
四、京都市長、福武助役は、何度も工事中止命令の解除と風致地区内現状変更許可を公約しながら、いまだにそれをなさない。その背信行為と職務違反行為に激しい怒りをこめて抗議する。
五、少数の地元民の意見は尊重するが、在京四万の韓国人の声は全く無視するのはなぜか？その理由を明らかにせよ。
六、国際文化都市京都の面目にかけても、この恥ずべき行為をやめ、即時新校舎建設許可をせよ。
七、今後いかなる事態が発生しようとも、その責任はすべて京都市長にある。

一九六七年一〇月二三日

学校法人京都韓国学園 理事長 権在淑
在日韓国青年同盟京都府本部委員長 金一明
在日韓国学生同盟京都府本部委員長 金隆夫
京都韓国人商工会 会長 尹仁述
在日大韓民国婦人会京都府本部会長 趙貞琦
在日大韓民国居留民団京都地方本部団長 兪錫濬

京都市長 富井 清殿

抗議文

富井 京都市長 殿

四・一九学生革命八周年記念「民族教育」死守京都地区青年学生決起集会に参集した、京都在住の青年学生一同は、激しい憤怒を持って、次のように抗議するものである。

六年前から、左京区北白川のわが民族教育の場である韓国学園がすでに老朽化し、学業を維持するのが非常に困難になり、左京区浄土寺に新校舎を建設すべく、市当局に建設許可申請を行ない一度は許可されたにもかかわらず、許可内容に違反したとか、一部地元民の反対云々を口実に中止命令を出し、六年間も行政的処理を行なわなかったことは、実質的には、建設を妨害しようとの意図からであると思わざるを得ない。

このような、あらゆる市当局の欺瞞的政策は、世界人権宣言にも認められ、すべての人間の基本的権利である民族教育を不当にじゅうりんする破廉恥きわまる行動であると言わざるをえない。

民族学園建設を、ことごとく妨害し、行政処理を怠ってきた市当局は、在京四万韓国人に率直に謝罪し、その間の有形・無形の損害に対し、賠償の責任を免れるものではない。

今後、われわれ青年学生は、市当局の非欺的行政を暴露し、良心的な京都市民に強く訴え、正当な権利実現のために、最後まで闘うことを言明するとともに、市当局に猛省を促すものである。即刻中止命令を解除して、学校建設に着手できるよう取り計るべきである。

一、市当局は、不当な中止命令を即刻解除せよ！
一、市当局は四万在京韓国人に謝罪せよ！
一、市当局は有形・無形の損害を賠償せよ！

一九六八年四月二十日

民族教育死守京都地区青年学生決起集会
在日韓国青年同盟京都本部
在日韓国学生同盟京都本部

市長の不当な工事中止命令
京都韓国校 即時解除を要求

京都韓国中・高等学校（京都市左京区北白川、金秀斗校長、権在淑理事長、生徒数・中高四〇〇人）では現校舎が老朽化し、使用にたえられないばかりでなく、わが民族教育の発展にともない、年々増加発展する生徒数による敷地の狭少から、母国政府の補助を受け、一九六〇年一月、本国政府のモデル・スクール建設校として指定され、一九六二年七月、京都市左京区大文字山（如意ヶ岳）のふもとに三千三百五〇坪の新敷地を入手し、同年五月、韓国中高校新築に必要な行政上の法的手続きをすまし、京都市長から校舎新築工

口実に、一九六四年三月同工事の中止命令を発せしめた。

京都本部では、ことここに至り、行政レベルとしての京都市長を相手にできないので、やむをえず一九六四年四月十八日、日本政府の文部大臣宛に、国際問題として"行政不服審査"を要求するに至った。

その後いろいろと交渉を重ねた結果、当時の高山京都市長（現日本国際会議場館長）は、前記の文部大臣宛の行政不服審査申請を取り下げれば、同工事の中止命令を取り消すとの約束をしたので、一九六五年十一月同申請を取り下げ

その教育環境に不適な辺地にしかも敷地千坪の場所をあっせんして来たが、三千三百余坪の敷地とかえられるはずはなく、わが方はこれを拒絶、今の場所で工事中止命令の解除方を要求している。行政レベルでは九十九％、同中止命令を解除することになっていると言いながら、今なお、その実施を拒否しているその底意を知るよしがない。もちろん京都市議会の内部事情や高井京都市長自身の立場もあろうかと思われるが、上にのべた歴史的いきさつから考えれば、われわれとしては民族差別からの偏見にとらわれた不法処置と断ぜざ

民団京都本部では、市長を訪ね、強く抗議し示威行進を行なった。なお、民団京都本部と傘下団体の抗議文と韓青京都府本部の抗議文は別項の通り。

「法治国家」である日本政府が行政レベルで九十九％工事中止命令の解消をすると言いながら、いまだに実施しない理由を知らない。文部大臣も反対し、私学審議会があれほど反対したにもかかわらず、美濃部東京都知事は、行政レベルで朝鮮大学校を認可しておりながら、なぜ京都市長は不法にも解消しないのか。これには、全く民族的差別感情の外はない。われわれは、韓日協定の友好基本精神にのっとり、早急に解消させることを要求する。四万京都韓国人の闘争に全国六〇万同胞の熱烈な後援を望んでやまない。

工事を待つ京都韓国中高等学校新校舎完成図

本国論調
民団代表を国会へ
オブザーバー制復活も一案

実弟に遺骨送る
聖隷病院の努力で

アジア・ユース・サッカー ビルマが優勝
韓国は三位におわる

第十回アジア・ユース・サッカー決勝戦は十六日、ソウル運動場で行なわれたが、同日午後ビルマ対マレーシアの決勝戦でビルマが四対〇の成績で優勝、さる二日からの同サッカー大会は閉幕した。

なお、韓国はこの日、イスラエルと三、四位の決勝戦を行なったが〇対〇で引き分け、ともに三位となった。なお来年の第十一回大会はタイのバンコクで開かれる。

▽十六日の対戦成績

ビルマ 4（3−0、1−0）0 マレーシア

韓国 0（0−0、0−0）0 イスラエル（延長戦0−0）

尋ね人

第2次5ヵ年経済開発計画（1967〜1971年）

＝その2＝
第一次五ヵ年計画の成果

無償援助は、1960年の2億6千100万ドルから62年には2億100万ドル、そして65年には1億3千6百万ドルと半減したが、輸出増大による外貨受入れの増加と民間および財政借款の新増、直接投資の受入れによって、財源調達の規模には大きな変動を与えなかった。

投資財源の調達（経常価格）
単位：10億ウオン

	1962	1963	1964	1965
総投資	41.92	85.49	90.19	19.65
国内貯蓄	3.01	33.24	43.52	47.76
民間	22.51	33.51	41.56	41.84
政府	19.50	0.27	1.96	4.92
海外貯蓄	38.91	52.25	46.67	51.09
	(292.0)	(402.8)	221.0)	(192.5)

外貨の導入 1966.5.1
（単位：百万ドル）

	1956〜63	1964	1965	1959〜1965
政府及び国際機構借款	82.5	37.9	76.6	197.0
商業借款	56.5	61.8	78.4	196.7
直接および合作投資	9.0	0.8	22.6	32.4
計	148.0	100.5	177.6	426.1

前記のように安定回復のための政策的環境の整備、それに伴う各部門の生産増加、そしてこれを後押しする財政、金融、外貨制度と構造の改善等に大きな成果があったばかりでなく、経済発展をさえぎっている、いろいろな隘路を打開することにおいても大きな進展があった。まず動力源において画期的な開発をみせた電力は1965年までに釜山火力、新規寧越火力、春川水力、三陟火力および蟾津江水力等の計画事業が完工して、その施設容量を1960年の36万7千KWから76万9千KWに倍加して需要を一応充足したのに引続き、郡山、ソウル等の火力と衣岩および八堂水力が今進行しているので、急増する今後の需要にも十分応じられるものとみられる。

石炭生産はその間、外国借款による石炭公社の施設近代化、7カ所の大単位炭産の開発、民営炭鉱の財政支援等にて、60年の540万M／Tから65年に1020万M／Tにほぼ倍加した。しかし、その埋蔵量の限界と深部採炭の不可避性にちなむ経済面の制約で今後拡大される需要には応じられないものとみられる。

一方、原油処理能力（日産）3500Bb₁の蔚山石油精製工場が1964年に稼動を開始して年約1200万Bb₁の石油精製能力を備えた。軍需の自給と漸増する民需にも備えて日産5500Bb₁に拡張されると同時に、同じ規模以上の新たな工場の建設が急がれてきた。とくに燃料代替の方向が石油に傾いて重化学工業の基礎を築く必要性を勘案するとき、石油精製のこのような開発速度は大きな意義をもつものである。

第2は基幹産業の建設による大量輸入代替があげられる。

肥料、セメント、鉄鋼材、電気機器、化学繊維等にわたる建設・拡充はわれわれの経済発展が必要とする最も基礎的な生産力を備えるのに大きな貢献をした。化学肥料需要は1956〜60年の間、毎年総輸入の約15％に相当する6千万ドルを輸入してこれに充当してきたが第1次計画の初期にすでに忠州と羅州工場を完成して輸入需要の一部を代替するに至り、第三、四、五の工場が予定通り67年までに完工稼動すれば、内需の充足はもちろん、窒素質肥料の場合は若干の輸出ができるものとみられる。あらゆる経済、社会的進歩の裏付けになる農業発展が緊要であるこの時点において、肥料の自給への見通しがたったことは最も大きな隘路を打開したことになる。

セメントは、その間170万M／Tの施設容量を保有し、その生産量は1960年の46万4千M／Tから65年には160万M／Tに、約4倍となった。しかし日ごとに国内需要が増大するばかりでなく輸出と軍納の見通しが明るいのでその拡張が必要である。

主要基幹産業の生産

鉄・鋼部門では、その間国内需要とベトナムを主とする輸出が急増するにつれて既存工場施設の稼動、拡張が促進された結果、銑鉄7万M／T、製鋼24万M／T、圧延61万M／T、製管10万5千M／Tを保有するようになった。

電気機器の製作も電力供給が円滑になるにつれて大きく伸び、ほぼ75％の国産化率に達するほど輸入代替するに至り、電力計、電話器、ラジオ等、一部の品目は輸出産業としての基盤をつくるに至った。繊維工業では輸出を急速に伸ばしながら、その施設の代替と拡充を進め、化学繊維工場の建設が続けられた。

その他、造船部門でもたえ間ない発展をとげて、重工業の前哨的態勢を整えるに至った。第三は、社会間接資本が拡充され、実物生産が拡大するにつれて、鉄道、道路、港湾および上・下水道等の分野でも大きな前進をみせた。

とくに産業鉄道網と鉄道輸送能力においてその拡充が行なわれ、1964年まで黄池、嶺東、東海北部など7つの線路が完成し、ジーゼル機関車、客・貨車の導入と新造、その他鉄道施設の改良を続けて、鉄道旅客の輸送は60年の4,935百万人／粁から65年には6917百万人／粁に貨物輸送は60年の2,485百万トン／粁から65年には427百万トン／粁へと拡大した。

通信部門は、市内・市外電話、郵便局の新設を中心とした施設の拡張と技術の向上によって引続き拡大された。62〜65年までの市内電話は140万回線、市外電話は1000回線がそれぞれ新設され、680カ所に新しく郵便局が建てられた。期間中に上記のような成果があった反面、幾つかの副作用と隘路が生じた。それは計画作成上の不備に基づくものであった。物価高騰が最も大きい副作用を起し、これが理由で一時は第一次計画の補足を止むなくした。インフレは投資財源の調達とその合理的な配分に支障をきたしたばかりでなく計画の執行に大きな蹉跌（さてつ）をもたらした。

近年インフレがおさまる傾向よりも国内貯蓄も伸びてはいるが、計画全体としては所期の水準まで達しておらず、幾つか計画された基幹産業の建設が主として技術上の不備と所要財源不足で振わなかった。総合製鉄工場、機械工場、ストローパルプ工場、ソーダー灰工場等がとくに指摘される不振事業である。

☆　☆　☆　☆

☆　☆　☆

第2次五ヵ年計画の目標

基本目標

1980年代の初めまでにわが国の経済は、完全な自立体制を整えて、近代化の経済的基礎—国際収支の均衡、必要な投資財源の完全な国内調達、完全雇用—を完成させなければならない。第2次計画は、産業構造を近代化し、自立経済の確立をより促進させることに、その基本目標がおかれている。

したがって、第2次計画期間中には市場経済の原則をより充実に守り、その長所を十分に発揮させることにより、国民経済をより活発に動かして短所を是正することによって、より能率を高め、次の重点を達成する。

①食糧を自給し、山林緑化と水産開発に注力する。

②化学、鉄鋼および機械工業を建設して、工業高度化の基礎をつくる一方、工業生産を倍加する。

③7億ドルの輸出を達成し、輸入代替を促進して、画期的な国際収支改善の基盤を固める

④雇用を増大する一方、家族計画の推進によって人口の膨脹を抑制する。

⑤国民所得を画期的に増加させ、とくに営農を多角化し農業所得の向上に注力する

⑥科学および経営技術を振興させ、人的資源を培養して技術水準と生産性を高める。

自立経済達成への第一課題は、国民の基本的需要である食糧の自給自足である。これは耕地の拡大可能性が少ないので、容易に達成できる目標でない。

しかし1960〜65年の5年間に農業生産の増加は、人口増加率をはるかに上回ったばかりでなく、その後の動きもすこぶる持続的であった。このような事実は、土地生産性に対する一般的な悲観的見解を否定するものである。とくに農業生産が国民総生産で占める比重が3％を越す水準にあり、その生産性が向上される余地が大きいので、土地はなお相当な潜在的富の根源である。

食糧の自給自足が成就すれば、国民生活の基本的な土台は外部からの援助にたよらなくなり、また農業生産に恒久的な安定性を与えて、国民経済の持続的な成長を確保することになる。

今までの工業構造は軽工業を主軸とする消費財工業と幾つかの基幹産業部門を除いては、小規模工場そのものであった。

第二次五カ年計画期間中には、予想される内外需要の堅調と比較的安く動員できる過剰労働力を背景に、相当な水準に及ぶ消費財工業部門を拡大させねばならない。のみならず、資本財の自給能力を拡大させるために、基幹産業部門を継続して拡張することはもちろん、化学、鉄鋼および機械工業の建設に着手して、今後工業構造の均衡的発展のための、重化学工業の基礎建設をしなければならない。このような工業発展は、われわれの輸出商品を多様化し国際競争力を強化させるもので、これを土台に、輸出増大にいっそう努力して、七億ドルの目標を達成させなければならない。

人口の過剰とその高い増加率は、わが国の経済発展に対する大きな制約要因の一つとなっている。しかし比較的高い教育水準をもつ労働力の持続的な供給が可能である点、工業化のための外資の可用性の拡大が見通される点などは、過剰人口をして経済発展の推進要因へと転換させうる契機を成熟させることとみられる

可用資源の限界と、予想される人口規模および投資吸収能力等で検討された実現可能な経済成長は年7％程度の規模とみられる。このような成長速度は、1980年代はじめまでの長期目標で、現在の成長率を無理なく続けてゆくことになるであろう。

一方、総体的な所得増加と併行して農村と都市間の格差を緩和させることにより、円滑で持続的な経済成長を後押ししなければならない。

経済的近代化の促進に所要される技術を円滑に供給することにより、生産性を高め、生産物の質的向上を期して、輸出市場における競争力を強化するために技術振興の努力をする。教育、技術訓練、研究造成および国際間の技術協力などを通じた科学技術の進歩と社会生産性を高めて経済、社会の発展を促進する。

また、経済活動をより自由にして、だれでも生産に従事でき、創意と能力をおのおの十分に発揮させる一方、努力に対する応分の報償が与えられることによって、一人一人の幸福と健康を増進させるのにあらゆる政策目的を帰着させる。

1971年の国民経済の様相

前記のような、第2次計画の基本目標が達成される1971年のわが経済の発展様相は、次のようになろう。

経済の規模拡大と構造改善

❶経済の規模は、1965〜71年に50％拡大される。

❷1人当り国民総所得は31％伸びる。

❸産業構造の改善がなされ、工業構造も高度化される。計画期間中、農林・水産業が年平均5％ずつ成長し、非農林・水産業は8％ずつ成長して構造の変動をもたらし、鉱工業の国民総生産が占める比率は22から27％へ進出する。

（つづく）

国民登録および永住許可申請案内

国民登録更新および新規申請

一、対象者

（1）満十四歳以上の大韓民国国民

（2）旧国民登録証を所持している者

（3）旧国民登録証を所持していない者は新規申請

三、申請期間

自一九六八年一月至一九六八年十二月

協定永住権申請

一般永住申請

駐日大韓民国大使館

駐日大韓民国各級領事館

在日同胞の戸籍整備実施要綱

婚姻・出生などは必ず届出ること
無籍者は早急に手続きするよう

本年一月十六日付で公布された法律第一八六五号「在外国民就籍特例法」によって実施されている在外国民の戸籍整備について中央民団から、該当者が早急にもれなく受理するよう各地方民団に再度指示した戸籍整備実施要綱はつぎのとおり。

一、対象者

二、整備方法

三、具備書類

就籍許可申請

身分票

三男は派越軍勇士
千葉の金補漢氏民団に

北傀共産主義と、その手先である朝総連の虚偽宣伝に瞞され、長い間、朝総連の傘下で活動してきた同胞の中から、祖国に対する認識に目ざめ、共産かいらいたちの正体を暴露するものが続出している。

さきに大阪府の布施地区では、朝総連傘下の婦人同盟顧問であった崔順姫さんが、われわれの組織に入り、夢にまで見た祖国を訪ね、その発展と自由な雰囲気におどろき、今までの朝総連の悪質な宣伝が、いかに虚偽と欺瞞に満ちていたかを暴露して話題をよんでいるが、千葉県東葛支部では、さる五月十四日、過去七年間にわたり、松戸市朝総連分会長の任を負っていた金補漢（55）氏が四月十二日、自宅につけていた朝総連の看板をすてて、朝総連からの脱退声明書を発表したうえ、民団への加入を申し出たので審査の結果、これを受け入れることになった。

朝総連から続々転向
あたゝかい心で迎えよう

韓国から所長さん
静岡の診療所に赴任

全国文教部長会議
教育委組織を指示

大使主催の親善パーティ
「八道江山」のロケ班迎え

韓国の原爆被災者へ
日本人会社で愛の募金

和歌山地方本部
団長に申吉秀氏

奈良県も完納
割当金完納運動進む

山形地方本部
団長に趙鏞珠氏

写真は李団長

京都地方本部
旱害罹災救援募金名簿

長崎本部の努力で
漁船一隻補償
沈没韓国漁船を支援

日本の中の韓国人のホープ
＜その7＞
囲碁界の天才児
趙治勲君（11才）

兵庫地方本部
団長に崔永聖氏

申秀貞嬢の演奏会盛況

六所長に感謝状

第三回在日僑胞学生母国夏季学校入校生募集要項

本国文教部主催第三回在日僑胞学生母国夏季学校入校生を左記のように募集する

一、目　的

日本系高等学校および大学に在学中の在日僑胞学生に、祖国に対する正しい認識と民族精神を培養することを目的とする

二、募集主管および協賛

主管　駐日本大韓民国大使館奨学官室

協賛　駐日本大韓民国居留民団文教局

三、入校資格

1、日本校在学中の僑胞高等・大学生（男・女）（東京・大阪・京都の韓国学校学生は除く）　2、再入国が可能な者　3、夏季学校履修事実がない者　4、品行方正で健康な者

四、募集人員

五〇〇名

五、経　費

1、一人当り教育期間中宿食費五十ドル

2、往復旅費を含めた教育に随伴する一切の費用を本国文教部が負担し、旅券手数料も免除する。

六、締　切

一九六八年五月三十日

七、提出書類

1、願書（所定様式）　2、国民登録済証（民団推薦を含む）　3、在学証明書

八、提出場所

民団地方本部

九、教育期間および内容

1、教育期間　一九六八・七・二八(日)　八・一七(土)二十一日間

2、教育場所　ソウル大学校工科大学内

3、教育内容　講義＝国語・国史・地理・反共道義・課外活動＝名勝古跡探訪、産業施設および学校視察、国内学生との交歓

十、その他

1、事前教育、別途計画により通知する。　2、その他疑問点は当大使館奨学官室、民団文教局または各教育文化センターに問合せること。

一九六八年五月　日

駐日本大韓民国大使館　奨学官室

東京都港区南麻布一－二－五

電話　四五三－九六五三・四五二－七六一一（内線八一）

韓青料理開講三周年記念
祝賀発表会

日　時　1968年6月9日(日)

場　所　東京YMCA（国電お茶の水下車）

時　間　午後5・00～8・00

◇…発表会と余興…◇

主　催　在日韓国青年同盟中央本部　料理運営委員会

後　援　在日大韓民国婦人会　駐日大韓民国大使館

主催　韓青

第四回全国蹴球大会
（韓青埼玉地方本部結成一周年記念）

日　時　1968年6月2日(日)9時より

会　場　埼玉県大宮南中学校（会場の一部は浦和）

主　催　在日韓国青年同盟中央本部　在日韓国青年同盟埼玉県本部

後　援　在日大韓体育会　埼玉商銀信用組合　民団埼玉本・支部

名誉会長　李裕天

〃　鄭泰柱

会　長　金宰淑

副会長　各民団支部団長

表　む　炳渉　参事

※詳細は民団各県地方本部へお問い合せ下さい

313

第10回在日韓国人体育大会開催

在日同胞の国体ともいえる「在日韓国人体育大会」は、一九六二年以降、事情により中断されていたが、きたる六月三十日、在日本大韓体育会（会長・鄭泰柱）の主催により、東京・小石川運動場にて開催される。なお、この大会は本国の第49回国体への予選大会を兼ねるものであるが、大会開催要綱は次の通りである。

大会要綱

一、目的
在日同胞の全般的な体育スポーツ大会を通じて、民族体位を向上させ、韓国スポーツ界の発展に貢献し、親睦と団結を強化することを目的とする。

二、大会名称
第10回在日韓国人体育大会

三、主催
在日本大韓体育会

四、後援
駐日本大韓民国大使館
在日本大韓民国居留民団および傘下団体

五、協賛
在日本韓国人教育者協会
在日本韓国人信用組合協会

六、大会日時
一九六八年六月三〇日（日）午前九時

七、大会場所（主競技場）
小石川運動場（東京都文京区後楽一−八−一三　TEL（八一一）四五〇七）（ただし、雨天の場合は、東京韓国学校で蹴球を実施）

八、競技種目
A、蹴球（一般・高等学校・中学校対抗決勝戦）
B、陸上競技
❶韓国学校対抗リレー
小学校男子四〇〇m・女子四〇〇m
中学校男子四〇〇m・女子四〇〇m
高等学校男子八〇〇m・女子四〇〇m
❷民団対抗リレー（韓国学校学生除外）
地方本部対抗男子八〇〇m・女子四〇〇m
東京民団支部対抗男子八〇〇米・女子四〇〇米。
❸信用組合対抗競技
四〇〇米、リレー男二名、女二名。珠算競走。
❹個人。
一〇〇米、二〇〇米、一五〇〇米、五〇〇〇米。
C、相撲（各地方本部対抗一チーム・五名）
D、ぶらんこ・縄とび（婦人会対抗）
E、ゲーム種目（来賓ゲーム、民団役職員ゲーム、母子ゲーム、一般ゲーム、韓学同ゲーム等）
F、模範演技（剣拳道、器械体操）
G、ラグビー、蹴球（二十二分）
H、農楽
I、各傘下団体競技種目
①野球②射撃③卓球④柔道⑤庭球⑥籠球（予選）。
ただし、各傘下団体競技種目は原則的に六月二十日から約一週間各協会主催のもとに実施し、日時・場所およびその結果・成績などを二十八日まで報告すること。
○表彰は三十日主競技で実施する。
○蹴球は、六月二日大宮で韓青主催により開催されるのを本大会予選とし、中学校・高等学校予選は六月二十九日午前九時より東京小石川運動場で実施する。

九、競技方法
❶本大会の全競技は都道府県地方対抗とし、総合得点により順位を決定する。（ただし、レクリエーション的ゲーム種目は除外する）
❷韓国学校は別途に学校対抗形式とする。
❸競技方法はトーナメント方式とするが、準決勝時まで無勝負の時は、一回延長戦で優勝を決定し、その後は抽せんで決定する。

第48回国体に入場する在日同胞選手団

十、審判および競技規則
❶本大会の審判は、本国全国体育大会競技審判規程による。
❷競技規則は、本会傘下各競技統轄団体の現行規則による。

十一、採点方法
❶蹴球・野球は第一位10点、第二位7点、第三位5点、以下順位は1点ずつ減ずる。
❷射撃、柔道、卓球、庭球は個人戦とし、第一位4点、第二位3点、第三位2点とし、以下順位全員1点を配点する。
❸陸上リレー種目は、第一位6点、第二位4点、第三位3点、第四位以下は1点を配点する。
陸上個人種目は第一位3点、第二位2点、第三位1点とする。

十二、褒彰
❶地方本部別に綜合一位に優勝旗、以下順位によりカップ、たて、および賞状を授与する。
❷団体および個人優勝者には、賞状と副賞を授与する。
❸民団対抗、学校対抗、信用組合対抗種目は、優勝旗、カップ、たておよび賞状と副賞を授与する。
❹全参加者に参加賞、参加記章（記念バッジ）などを授与する。

II　参加要綱

一、参加資格
❶大韓民国国籍をもつ在日同胞で、アマチュアに限る。
❷当該競技団体に所定の登録を済ました者、または居留民団を経由して申請した者。
❸当該都道府県の地方本部予選大会で選抜された者。
❹一年以上居住した居住地から参加することを原則とし、居住地民団を通じて申請した者。

二、各都道府県地方本部予選
❶各都道府県地方本部予選は、本大会開催要綱に準じ、居留民団各地方本部および本会傘下団体が施行する。
❷各都道府県予選を要する種目は、本大会参加申請締切り以前に申請できるよう施行せねばならない。
❸各都道府県予選終了後、各機関長は、大会参加者名簿および全般的な競技記録一覧表を各一通ずつ作成し、参加申請書と同時に本会へ提出せねばならない。

三、参加申請手続
❶申請期限　一九六八年六月十五日（土）
❷申請場所　在日本大韓体育会（東京都中央区銀座東一丁目四竹田ビル二階、電（五四一）七一四八・一六七四）
❸申請手続
イ、申請書は別紙様式により作成し、各種目別申請書を一括して一通ずつ提出すること
ロ、各都道府県代表選手団の役員および選手名簿一覧表を、別紙様式により一通ずつ作成し、参加申請とともに提出せねばならない。
ハ、いったん提出した書類はいっさい変更することはできない。

四、実務委会議
❶日時　一九六八年六月十七日（月）午後一時
❷場所　在日本大韓体育会
❸案件　大会に関する協議、対陣抽籤およびその他事項。

野球団派遣のため　高校選手選抜

大韓野球協会日本支部では、毎年韓国日報社が主催する親善交歓野球大会に、在日韓国人高校野球団を派遣するため、在日同胞高校生野球選手を次のとおり募集している。

第7回（63年度）派遣選手団一行

1、応募期間　一九六八年六月十日
2、資格　高校生で大韓民国々民登録を完了した者
3、推薦書類
❶国民登録済証明書　一通
❷在学証明書　〃
❸在学校野球部長推薦書　〃
4、連絡先　中央文教局、または、大韓野球協会日本支部（東京都中野区本町六ノ二五）三八一−四七六六。
なお、参考事項は次のとおり。
❶合宿　七月十五日〜七月三十日
❷母国へ　八月五日〜八月三十日
❸費用　大韓野球協会日本支部、および韓国日報社負担。

日誌に偲ぶ　4.19革命の日（その2 つづき）

幼い弟たちの身上が案ぜられ、寸刻の猶予も持てないことを知ったので、ソウル大学校正門前にはすでに数百名の学生が自発的に集合し、某処に秘蔵していたビラが撒布され、プラカードが登場した。

講義室や図書室にいた学生も、自律的にみな出てきて隊伍を組んだ。わが国の明日の主人である大学生を監視するためにキャンパスに潜入した私服警察官らは、狼狽（ろうばい）した顔付きで見守っており、デモをするらしいとの噂を聞いて、かけよった学長、学生課長らの心配そうな姿も目についた。

学生側の激しい態度を押えるために、講堂に集まって相談をしようと学校当局は申し出た。

ついにある学生は、李ヤンハ文理大学長の裾を引きとめ、「すぐデモのため出発するから、何かひと言話していただきたい」と要請したけれども、当局者としてデモを許可することができない立場にある李学長は「皆さんの責任は重大である……」と述べるだけであった。そのうち、すでに一部の学生デモ隊列は校門を出発した。

「デモが利敵か、暴政が利敵か」「どいつも、こいつもダメだ」「大韓民国民は痛哭している」「人権の生命線が大法院にかかっている」「学園の自由を保障せよ」「教育者の先鋒（ほう）となろう」「民主のための学生デモを銃剣で防ぐな」などのスローガンを唱えながらデモ行進し、「工研」前でレンガを投げて警察隊を突破し、九時二〇分、文理大を出発したデモ隊の先鋒が百メートルも前進していないうちに、鍾路五街の方から武装警官隊のトラックとパトカーがとんで来た。

戦闘服を着た約五十名の警官らは、手に手にこん棒を振りまわし大学生デモ隊の前進をはばんだ。警察線は折れ、学生らの隊列は混乱してきた。

実力で警察阻止線を突破しようとする一部の学生に呼応して獣医大、法大生らが合流し、道路両側から石が飛び始めた。

このとき、文理大より編成しなおした新鋭デモ隊が、再び叫びながら走ってきた。

雨のようにふりかかる石と、学生デモ隊の増援、それになにものにも屈しない勇気の前に、警察隊は敗走しはじめた。

最初に阻止線を突き破ったデモ隊の一部は、法大、美大、獣医大生と合流し、獣医大の前を通り過ぎ梨花洞を経由、東大門警察の第二線で警察との肉迫戦を展開しており、第一線で収拾を終えた二隊は、そのまま鍾路五街を通りすぎて鍾路に入り込み、制止も受けず四街・三街へと、沿道市民たちの拍手と歓呼を浴びながら進出した。

一・二線で乱闘を繰り返したデモ隊のプラカードは泥まみれとなり、その表情はさらに緊張していたが、顔の表情はみな決壮であった。

このとき、都下各大学でもデモ隊が溢れ出るという時に、制止に死力を尽していた警察隊は焦りはじめた。

ソウル大デモ隊が二街を通過して、引き続き進出すると、警察はついに二街にある鍾路図書館口に強力な第3陣を布いて、勢力が不利になるとみるや、催涙弾を発射しはじめた。

しかし、隊列は再び涙をぬぐいながら進撃し、第三陣を突破し、そのうち一隊は乙支路にぬけ内務部の方に右折し、米大使館前を通って議事堂まで、残った一隊はそのまま電信前に進出、消防車まで動員された強固な第四陣に逢着したが、三陣突破の気勢で押し出し、すぐさま光化門まで到達、中央庁の方向に世宗路を守り固めた第五陣を避けて左折し阻止をうけず、そのまま議事堂前まで進出した。

女学生の口号で、デモ隊員は勇気百倍、何度にもわたって阻止線を突破し、議事堂前まで到達した千余名の隊員の中には女学生も数百名まじっており、高麗大デモ隊もあちこちで合流した。

表面的には平和的なデモが一段落するかにみられたとき、光化門方面より建大生デモ隊が景武台側に走り寄って合流進出し、ソウル医大、師大デモ隊が11時に出発、また医大生たちが白衣を着たまま校門を出たという消息が入ってきた。

すぐ後で韓国大デモ隊が市庁に向けて発ち、市庁側では中央大デモ隊が疾風のように駆足で光化門の阻止線に向かった。

催涙弾の煙の中で、警察は学生の胸に銃を発射したため、悪政腐敗の祭物として数多くの友が死んだ。

四・一九の太陽は蘇生したが、このまま暗い朝、なぜ若者は何も答えてくれないのか。

ついに軍隊が動員され、戒厳令が宣布された。

夜の通行禁止時間延長とともに日が暮れ、銃声は夜どおし、天をゆさぶった。

一夜が過ぎた。

大学病院は負傷者でいっぱいになり、赤い血が学友のために、惜しみなく提供された。

四月二五日午後三時、ソウル大教授会館では教授たちが集まった。

「学生たちの血に報答しよう」「四・一九義挙に対する徹底した糾弾なくしては、この民族の不幸な運命を救める方法はない。

この非常時局に対して、われわれは今、全国の大学教授たちの良心に訴え、われわれの所信を宣言する」。

と述べた。

この大学教授団のデモは、野獣のような若い弟子たちを大いに奮い立せた。

学生と市民たちは再び集まり、またひと晩すぎた四月二六日午前十時二十分、李承晩大統領の下野が伝えられた。

われわれは勝った。

全国は勝利の歓呼で吹きとびそうだった。

民権の勝利、若者の輝ける勝利、血を流して取り戻したこの日のために、四月は何と残忍であったのだろうか。

こうして四月は過ぎ去った。

八年前のあの日のように、キャンパスには香りがいっぱいにただよい、いまだあの日の対話がしみわたる校庭のすみずみには沈黙が流れているが、東方に向けられた銃さきが奪っていった若者の魂だけが、言葉なく碑に残っている。

ひかり輝く大地の生気のために太陽はきょうもまた昇るが、われわれは何かを生きがいとして追憶の中に残すであろう。

自由がこのようにも価値高く、民主がこれほどにも得がたいものであるということを。（四月二十二日付「ソウル大学新聞」より）

韓国の美女像

新羅時代の美女たちは〝八等身の体躯に清楚（そ）でパッと徳性ただよう女性〟—。

伝統的な韓国美女の顔の中でとくに重視されたのは耳と鼻であった。

耳は適当にふっくらと柔らかみがあり、顔だちは、ふくよかな楕円型で、卵のように白く、なめらかなひたいに三日月型のまゆ、湖水のように澄みきった目、小じんまりした赤い唇、玉のように白い歯をもった顔が、なめらかな肩の上の細長い首と調和せねばならなかった。美というよりは、ふくよかな徳の高い顔に〝澄んだ、穏やかな音声〟も必須条件であり、手足の大きさも適当でなければならなかった。

また、〝優雅で貞淑で、清楚な態度〟をも、もち合わせねばならなかった。このような美女の型は李朝時代まで引き継がれた。

読者サロン

母国留学を終えて

朴　明子

〝祖国に対し自覚と誇りをもとう〟

卒業史上初有の晴天に恵まれた二月二十六日、ソウル大学校の第二十一回卒業式が大統領夫妻をはじめとする、多くの来賓たちの見守る中で挙行されました。

学士帽に身をかためた、この厳そかな一瞬は、一生涯私の脳裡にやきついて忘れられないことでしょう。

本当に長いようで短かった大学生活でしたが、今の私の胸中に宿る感慨は、筆舌に尽し難い様々なるものがあります。はじめて金浦空港に降り立った私は、さわやかな五月の国とはウラハラに、全く不安でした。当時、日本との交流がほとんどなかった祖国は、私にとって非常に遠い存在でした。

ひとりぼっちで、何もかも判らない白紙の状態のまま、いきなり異境に投げ込まれたも同然でした。

ですからその時は、これからの新生活への期待というよりは、むしろ不安感が私をとりこにしていました。

聞くもの、見るものそのまま全てが、新しい体験でした。

私は、戸惑いを感じさせるものに必死の思いですがりつきました。〝同じ韓国人なんだから〟と、自分に何度もいいきかせ、努力を重ねました。

つらかった最初の二〜三週間が過ぎ去るうち、段々と私は、落着きをとり戻すことができました。

今では笑い話のようなことが手ぶり身ぶりまで交えてその時は真剣な思いで行なわれました。

生活の不慣れと精神的苦痛の生活を通して、私は次第にわが国の風俗・習慣等を吸収、理解し、長所を長所として把え、その中から真のあるべき姿をみいだしました。

日本など問題にならないほどの年長・少年間の順のやかましさ、礼儀などは、人間の道にかなうものではないでしょうか？

また性格も何かとせこせこした日本とは違って、大らかで、一たんうちとけると親身になって気を配る細かさなど、人間関係のあり方は、日本で育った私に貴重すべくものを与えてくれました。

もちろん欠点もありますが、それらを補ってもなお余りあるのではないかと思います。

留学前の目標の分らなかった状態から脱皮し、また韓国人としての自覚と誇りが確立されたこと—これはこれからの自分の将来を考える上で決定的意味を持つと思います。

また習慣、風俗、伝統など、祖国より吸収したものを他の人にも分ち与えたいと思います。

在日同胞二世のなかのある人は、民族的劣等感にとらわれ、韓国人という最も大切な意義さえも捨て、いわゆる〝パンチョッパリ〟という奇妙な存在に終わったり、またある人は共産主義宣伝に惑わされ、真に目を見開けないでいるなど、不幸な状態に陥っています。

私はこれらの人々が、発展する祖国の姿に目を向けるなら、その人生観も大きく変わるものと思います。

美しいチマ・チョゴリ姿の乙女の働く祖国では、今た黄色い山吹の花が満開です。

今日もまた私は、カトリック女子学生寄宿舎の窓から懐しく思い出されるのです。

（住所は埼玉県川口市。昭和四十三年高校を卒業しソウル大学校（師範大学家政科）に留学。）

韓國新聞

発行所 韓国新聞社
発行人 李 裕 天
編集人 金 人 謙
東京都文京区春日町2丁目20－13
編集 (811) 2261～3
業務 (811) 0673
定価 1カ月100円
振替口座東京 34988番

綱　領

一、われわれは大韓民国の国是を遵守する
一、われわれは在留同胞の権益擁護を期する
一、われわれは在留同胞の民生安定を期する
一、われわれは在留同胞の文化向上を期する
一、われわれは世界平和と国際親善を期する

組織強化懇談会と法地公聴会を推進

全国的な組織の再整備と

権益擁護への熱意高まる

中央本部では、組織の再整備と権益擁護を中心とした具体的な運動方針にもとづき、組織強化懇談会ならびに法的地位公聴会を推進している。[illegible]

写真 ㊤宮城県 ㊦青森県地方本部での組織強化懇談会および法的地位公聴会光景

総力を組織の強化へ

沈滞を破り民族事業を遂行

[illegible]

法的地位の問題点を衝く

了解事項の完全実施を

次に法的地位委員会が、地位の公聴会において報告し、われわれの態度に関して提起している問題点は次のとおりである。

法的地位協定は、その前文において

「多年間にわたり、日本国に居住している大韓民国々民が、日本国の社会と特別な関係を持つようになったことを考慮し、日本国の社会秩序のもとに安定した生活を営むことができるようにすることが、両国間および両国々民間の友好関係の増進に寄与するものと認定し……うんぬん」と明記されているとおり、これは在日韓国人の居住と生活に関し、特別な配慮をせねばならないという基本精神の表現である。

しかし、法的地位協定が発効して以来満二年間が過ぎたこんにち、この協定の基本精神が生かされておらず、われわれがもつ不安は逆に増大している事実を指摘せねばならない。

協定永住権を取得した人にも、強制退去問題を除いては、一般在留問題あるいは出入国に関する行政措置などで、短期間旅行者または通過のために日本に滞在する外国人に適用されている出入国管理令の大部分が、そのまま適用されているところに問題の本質がある。

また在日韓国人の地位が法的には確定されていても、これによって家族中の在留資格が同一でないため、夫婦、親子が日常生活に不安をもち、はては家族が分離されて強制送還される事態が現実のものとなっており、終戦後、合法的な行政措置がなかった時期に、やむをえない事情により、一時便法的な方法によって入国し在留した事実がある人は、これが二十年経過しても、こんにちでは不法入国の取扱いを受け、強制退去させられるか、厳重な調査を受けて特別在留となっており、過去にただ一回でも犯罪があれば、居住経歴が二十年をこえていても強制送還されている。

以上のほかにもいろいろと不合理な点があるが、これにしても氷山の一角に過ぎない。

民団は、これを重視し、韓日両国政府に対してこのような不合理な問題を解決するよう訴えてきたが、その結果、両国政府間における了解事項の共同同時発表となった。

だが、これまたすでに半年が過ぎても、その大部分が行政措置として実施されておらず、いつ実施されるのかもまったく不明のままである。とくに日本政府が、現行の出入国管理令を改正し、現行の行政措置をさらに悪くすることによって、強制退去（送還）を簡素化しようとする意図を持っていることは、われわれの関心を高めているが、われわれは、この法令について、なお実施されていない法相声明、入管局長談話、了解事項などを円満に実施する方向に改正されるよう望むものである。

以上のような状況から、問題に対するわれわれの要求事項は次のとおりである。

一、協定永住権の付与範囲（……ゅう）と、戦後居住の範囲[illegible]は、協定永住権の申請対象が、一九四五年八月以前に入国して戦後居住した者となっているが、終戦後という混乱期の状況の中で、第一回の外国人登録を済ませず、その後から登録した者が多いのが実情であり、これの取扱いについては韓日両国間の了解事項に示されている。したがって、第一回外国人登録をしたあとに継続居住としている者についても、協定永住が許可されるよう要請する。

二、協定永住者の待遇問題については、協定文書の中に国民健康保険の適用と生活保護の継続を規定されているが、この外に中小企業金融公庫、住宅金融公庫の公営住宅などの入居の確保、財産権の保護などの適用が要望されている。

[illegible]

懇談会と公聴会西へいく

第三十三回臨時中央大会において、現在の執行部が構成されて以来、組織強化と法的地位問題の解決は、最大のスローガンであった。

そして第十一回～十二回定期中央委員会にかけて、この二大命題は従来よりも具体的に現実性をもって、客観的にも論議され、中央本部としてもこれに対する態度をより明らかにし、全組織をあげて、理論と見解と実践を統一することとなった。

組織強化懇談会および法的地位問題の公聴会開催は、このような背景に基づくものである。

中央本部では、組織局の指導によって全国的な組織強化と、法的地位問題解決のために、中央本部と各地方本部の三機関ならびに有志たちとの直接対話を行なうことによって、われわれの活動を再確認するとともに、これを遂行するうえで何が問題点であり、それを解決するためにはどうすれば良いかを率直に話しあい、中央と地方の溝を埋めるよう熱心な議論を重ねてきた。さらに引続き近畿地方への指導予定をたてているが、まず組織強化懇談会に関する内容は主に第十一回～十二回定期中央委員会において、現執行部が明らかにした活動方針に基づくもので、およそ次のとおりである。

一、内外情勢の説明

二、民団の基本性格に関して

(1)民団における主体性と基本姿勢

(2)民団の組織とその力量

三、組織の整備と強化

(1)理論および見解の統一
❶五大綱領❷祖国統一

(2)組織の体系確立
❶組織委員会❷班組織❸実務の合理化

(3)幹部の養成
❶中央組織学院の設置❷地方本部事務局長に関すること

(4)調査と統計
❶地方本部の中央本部に対する月間報告書❷各種の調査報告書❸性分カードの作成

(5)傘下団体の育成

(6)韓日親善協会の結成促進

(7)朝総連への対策

たほか、国土統一への方向を明確に認識し、地元の経済人との提携教育に対する育成強化による世代交代、中央組織学院による幹部の訓練と養成、内外に対する宣伝と朝総連に対する攻勢などに対する熱意が顕著にあらわれた。

とくに従来の民団中央本部が、このように地方本部の幹部ならびに有志代表らと、地元で膝をまじえて対話を行なったことがなかっただけに、地方によっては、これだけでも現中央執行部の姿勢に対し、かってなかった信頼感と協力精神を見せ、ことにこれまで組織には疎遠であった経済人たちが、民団に対する認識をあらたにしたことは刮（かつ）目すべき収穫であった。

6月行事予定

6日　顕忠日
8日　野球協会理事会
13日　青森本部定期大会
30日　在日韓国人体育大会

団費・割当金完納運動月間　自4月10日 至6月10日

朝総連傘下同胞に訴える！

親愛なる朝総連傘下の同胞皆さん！

さる一月二十一日夜、北韓共匪がソウルに侵入、許すまじき蛮行をくり返えし、北韓が再び武力侵攻を企む誤った意図を現わしているが、平和的国土統一を念願とするわれわれ四千万民族に不幸な結果をもたらすと同時に、なお日本においても朝総連が北韓共匪の蛮行を隠蔽し合理化するため現在各々でありとあらゆる偽装宣伝を行ない、皆さんを騙していることに対し、われわれは民族的憤激を禁じ得ず、皆さんにメッセージを送ると同時に、われわれの考え方を明らかにし北韓共匪とその手先である朝総連を徹底的に糾弾するものであります。

祖国の平和統一は国内外を問わず韓民族の至上命題であり、また近成することに最大の力を注ぐことが、われわれに与えられた歴史的使命といえましょう。

すなわち、このような理由の下で、われわれはこのたびの北韓共匪の蛮行と日本においてそれを偽装合理化しようと、ありとあらゆる虚偽宣伝を行なっている朝総連に対し、非常な関心を集めており、北韓と朝総連にかんするいくつかを率直に指摘し、皆さんの覚醒を促求するものであります。

今日みなさんは、北韓を自分の祖国であると呼び、朝総連を祖国の分身であると信じていることでしょう。むろん長い間、北韓と朝総連の虚偽宣伝に騙され、ほとんどの人が観念的に無意識の中に巻き込まれている皆さんとしては、無理なことではないと思います。

しかし、われわれが改めて皆さんに問い正したいことは、まず皆さんが自分の祖国という北韓とまた皆さんが他国のように見ている自由大韓民国を、実際に自分の目で見たことがあり、その内容を北韓や朝総連の宣伝でなく、自分自身が冷静に判断したことがあるのだろうか、ということです。ここには明らかに皆さんの重大な覚醒が要求されるのであります。

要するに北韓について、朝総連が皆さんに宣伝していることは最も一方的であり、また甘言利説の虚偽理論であり、従って皆さんが想像または間接的にみている自分たちの祖国の姿とは、全部が悲惨な共産主義社会を美化した宣伝写真と宣伝映画にすぎないのです。これを証明することは言うまでもなく、共産主義がわれわれ人間性からみて根本的に誤った理論であるということです。いわゆる北韓社会が、皆さんが憧がれているような地上楽園ではなく、個人の自由と尊厳性を完全に否定し、大衆を奴隷化し、文字そのままの強制労働の生地獄社会というのが、現下の北韓の政治、経済、社会面のあらゆる暗黒相を通じて現われているのであります。

一方、六・二五動乱時に四百万の北韓同胞が越南したにもかかわらず、その後を追って今だに自由を求め生命をかけて大韓民国に帰順する数多くの同胞がいるということを想起し、また、北韓が密派した武装スパイ、工作員たちまでも大韓民国に自首し、北韓社会においての悲惨な生活を自白し、大韓民国の自由社会で生活したいと異口同音で訴えており、願い出た者は全部が大韓民国の温い配慮の下に幸福な生活を営んでいるということは厳粛な事実であります。

このように述べると、皆さんたちは自分の祖国であるいわゆる人民共和国が現在建設途上にあり、特に米国と大韓民国政府を打倒し統一した後は、韓国民を幸福に導びいてやろうと、昼夜を問わず強制労働を行ない、食べるものも食べず、食糧とあらゆる物資を節約、保存しているということでしょう。しかし、それは千万不当の虚偽宣伝に惑された言葉であります。[illegible]

親愛なる朝総連傘下の同胞の皆さん！

[illegible]

親愛なる朝総連傘下の同胞の皆さん！

[illegible]

在日大韓民国居留民団

315

平均成長率10%引上げ　二次計画、四年間で達成図る

機械工業育成綜合計画

京仁・産業　光州・自動車　釜山・船舶

韓日2次閣僚会談

法的地位問題を重点に

本国論調　韓日教育文化協定の推進

（大韓日報）

第一回財産搬入審議会

韓国に兵器工場設置　韓米合弁で計画進む

日本で建造中の貨物船引取り

大韓海運公社は、五月末まで日本に発注の貨物船四隻を引受け、……シンガポールとベンガル湾まで就航させる。また、七百四十万ドルの借款で建造中の二万二千トン級貨物二隻も九月には完成するので、ニューヨーク定期航路に就航させることである。

お知らせ

東京・ソウル間に定期就航する米国のNWA機は、六月一日から運航時間を変更、毎日午後八時七分に金浦空港に到着し、午前八時十五分に出発する。現在は午後〇時四十五分到着、午後一時三〇分出発。

第2次5ヵ年経済開発計画（1967～1971年）

その3　第二次五ヵ年計画の目標

●雇用は1965年の8.5百万人から22%増加の10.4百万人に達して、完全失業率が65年の7.4%から5.0%へと減少される。雇用構造においても、鉱工業部門の雇用が9%から12%以上に比重が高まり、農業部門などの労働力が吸収される。

自立度高まる

●米国からの余剰農産物導入をなくす。

●輸出は商品550万ドル、貿易外169百万ドル、総計719百万ドルとなり、米国からの支援援助がなくても総輸入962百万ドルのうち自力による輸入が75%（1965年482百万ドルの60%）に伸びる。

●総歳入に対する国内収入の比率は、65年の73%から93%へと高まり、財政の自立度がいっそう向上される。

●投資財源の調達においても自力調達率は65年の48%から72%までに高まる。

国民生活の基本需要の充足

●食糧は10.?百万M/Tに達する総需要を自給し1人当り1日の消費量は65年の3.6合から3.8合へと増加される。

●一人当りの年間繊維物の消費量は約3M水準を維持するが、化学繊維の消費量は、65年の0.7kgから1.3kgへと倍加される。

●計画期間中、833千戸の住宅を建設して、人口増加に伴なう住宅所要を充足させ、不良住宅を改良する

基礎工業の拡充

●工業生産水準は2倍となり、軽工業対重工業の相対比は、1965年の72：28から66：34へと重工業の比重が高まる。

●71年までに拡大される基礎工業の主要生産は次の通り。

	単位	1965	1971	倍率
鉄鋼材	千M/T	266	686	2.6
石油類	千Bb/L	10,205	35,094	3.4
アルミニウム塊	千M/T	—	15	—
化学肥料・窒素質	千M/T	75	374	5.0
ソーダ灰	千M/T	—	100	—
セメント	千M/T	1,614	4,520	2.5
電動機	千馬力	289	24	2.
自動車	千台	1.4	150	17.1
造船能力	千G/T	64	150	2.3

社会間接資本の拡充

●電力生産は、65年の3250百万KWHから7797百万KWHへと伸び、一人当りの電力消費量が87KWHから192KWHへと倍加されて農村は急速度に電化される。

●総貨物輸送量は、65年の5,365百万トン/キロから9,553百万トン/キロへと、旅客輸送量は11,932百万人/キロから23,410百万人/キロに増加する。

●都市および農・漁村の電話は、65年の347千回線から884千回線と3.6倍になる。

●計画期間中、21千教室以上の国民学校教室を新築して、18千教室を改築または補修して二部制以上をなくす。

山林緑化と国土の保全

●全国の道路網と橋梁が整備強化される。

●水利施設を拡大して、65年の水利安全水田56%を70%に拡張する。

●山林緑化促進により、未造林地26%が5%以下に縮少され、成林地は95%以上に拡大される。

計画の概要

第二次計画の総量規模

（経済成長）成長率は計画期間中（1967～1971）年平均7%となる。これは1962～65年の年平均成長率7.6%よりは下回るものであるが、1956～65年の5.8%はもちろん、1960～65年の6.3%より高いものである。比較的高い投資をしながらも、7%程度の成長水準にとどまるのは、1962～65年の成長が多分にそれ以前に投資した効果と遊休能力の顕在化によるものであるのに反して期間中には大体、資本集約度が高い投資が多く含まれるからである。のみならず、これは成長率を健全水準におくことによって資源配分を堅実化させ、過熱現象を避けてインフレの誘発がなく、均衡のれた発展をさせようとする計画の基本的姿勢を示すものである。

（産業別成長と構造）農林・水産と非農林・水産業の計画期間中の年平均成長率は、それぞれ5.0%と8.1%となる。これは1962～65年の4.8%および9.4%と比較して大きな違いはないが、1962～65年の非農林・水産の成長が大きいものであるから、このような成長趨（すう）勢を持続するそれ自体が、産業構造を高度化するものである。計画期間中の鉱工業は年平均10.7%に成長する。

経済成長と産業構造

	成長率 1962～1965	成長率 1967～1971	付加価値（10億ウオン） 1965	付加価値（10億ウオン） 1971	構成比 1965	構成比 1971
農林・水産業	4.8	5.0	296.44	397.26	38.0	34.0
非農林・水産業	9.4	8.1	482.96	772.41	62.0	66.0
鉱工業	15.3	10.7	168.94	314.16	21.7	26.8
社会間接資本・その他サービス業	7.1	6.6	14.02	458.25	40.3	39.2
全産業	7.6	7.0	779.40	1,169.67	100.0	100.0

1971年に至っての産業構造は、非農林・水産業部門の絶対生産性水準の向上を阻害することなく、鉱工業部門の生産をより拡大させて、農林・水産業部門対非農林・水産業部門の相対比が1965年の38：62から34：66となる。一方、社会間接資本・その他サービス業は1965年の40・3%から71年には39・2%に、そして鉱工業は21・7%から26・8%となる。

（輸出）輸出の増大は、輸入のための財源を調達するのに終わらず、第二次計画の戦略的な財源の一つである外資導入に対する確実な償還保障もできると同時に、伸びゆく工業部門の市場を確保させる。目標年度の外資受入れは商品輸出550百万ドル、貿易外収入169百万ドルとなる。これは1965年の総受取り290百万ドルの2・5倍であり、年平均、約17%増加する結果となる。商品輸出規模が2～3億ドルを越えるにつれて、支援規模が膨大し、国際競争もより激しくなるであろうから、以前のような安易な増加を期待することは困難で、輸出目標の達成のためには、よりいっそうの努力が必要とある。

（人口・消費支出）人口は、継続的な家族計画の推進でもって、増加率が現在の2・7%から2・0%に低くなり（1971年に至っては、65年と比べて約14%増の32百万人になるものと予測される。人口のこのような動きにもかかわらず総消費支出は、37%増加した水準に達するものとみられる。一人当りの基準としては20%の増加となり、これを一人当りの総生産の増加31%に照らしたとき、国内貯蓄の目標が高いものであることがわかる。

政府の消費支出は78%増加し、民間消費は約31%の増加にとどまる。このような政府消費の増加は、経済規模の拡大に伴なう一般経費の増加と公務員待遇の段階的な改善を反映している。民間消費は、人口増加に加えて約70%の限界消費性向上へと伸びることになる

国内貯蓄は、1965年の6・1%から71年には14・4%に漸増する。このように高まる国内貯蓄は、71年には政府5・8%、民間8・6%の比率となる。64年を分岐点として、従来の「－」の貯蓄から「＋」の貯蓄へと転換した政府貯蓄の趨勢は、より強化された租税の現実化とあわせて、経常支出の合理化によって加速される1971年の租税負担率は14・2%へと高まる。民間貯蓄は、65年に比べて71年は約倍増し、限界貯蓄性向は1960～65年の23%から計画期間中には30%に及ぶであろう。このような民間の貯蓄性増大はインフレが静止されている点、金利の現実化を背景とする国民の自発的貯蓄が高潮されつつある点、そして強力な貯蓄運動の展開などをあわせて勘案するとき、その実現の可能性は十分あるとみられる。

（投資の規模）計画期間中の総投資所要は、9,800億ウオン（1965年価格）に及び、1971年の国民総生産に対する投資率は約20%に達する。過剰労働力の圧力により急速な雇用増大の要請にもかかわらず、経済構造の改善のためには多分に重投資類型を帯びるようになる。期間平均総資本係数は2.9となり、部門別投資の配分は期間中平均、農林・水産業に16.3%、鉱工業に30.7%、社会間接資本・その他サービス業に53.0%となる。

第2次計画の総量規模

（1965年価格）　単位：10億ウォン

	1965 金額（A）	1971 金額（B）	B/A×100	計画期間中合計 1967～1971
国民総生産	779.40	1,169.67	150.1	5,131.60
輸出	76.91	190.74	248.6	779.34
	(289.8)	(718.7)		(2,936.5)
輸入	128.00	255.34	199.5	1,156.50
	(482.3)	(962.1)		(4,357.6)
海外貯蓄	51.09	64.60	126.4	377.19
	(192.5)	(243.4)		(1,421.1)
総可用資源	830.49	1,234.27	148.6	5,508.7[illegible]
消費支出	731.64	1,001.27	136.9	4,528.6[illegible]
政府	85.68	152.41	177.9	701.3
民間	645.96	848.86	131.4	3,827.36
総投資	98.85	233.00	235.7	980.0
政府	39.17	90.22	230.3	401.09
民間	59.68	142.78	239.2	578.98
国内貯蓄	47.76	168.40	352.6	602.91
政府	4.92	68.07	1,383.5	218.97
民間	42.84	100.33	234.2	383.94
人口（千人）	28.377	324.29	114.3	—
1人当り民総生産（千ウォン）	27.5	36.1	131.3	…
1人当り総消費（千ウォン）	25.8	30.9	119.8	…

（注：カッコ内は百万ドル）

（総可用資源と海外貯蓄）輸出、消費および投資の水準は1971年国民経済の総可用資源を12,343億ウオンに至らしめる。このうち国民総生産は11,697億ウオン海外貯蓄は646億ウオン（243百万ドル）となり、期間中の海外貯蓄総量は3,772億ウオン（1,421百万ドル）に達する。

第2次五ヵ年計画の中間成果（1968年5月末現在）

生産（石油自給）

生産部門、とくに鉱工業と電力は、政府がたてた1・2次五ヵ年計画のなかで最も重い比重を占めでいるこの部門で急速な発展をもたらしたのは61年以後政府の積極的な奨励策による。その一例をあげれば、政府が鉱業分野だけでも19億8千万ウオンの施設と運転資金を投入していることを見ても分る。このような後押しのおかげで、61年以後の鉱業生産指数は年平均20%ずつ増加してきている。これを部門別に見れば（60年＝100）、鉱業67年209.7、石油石炭を主とした基礎化学工業もまた200を越えしいる。

電力部門の生産増加はとくに注目すべきもので、61年度の施設用電36万6千KWが67年度94万4千KW（竣工予定も含む）、約2.5倍となっている

需要の増加に比して生産増加がこれに及ばぬのでやむをえず制限送電をしたこともあるが67年度の発電指数は（60年＝100）289.1で約3倍の成長をみせている製造業部門では繊維類が活気をみせ、とくに海外輸

（つづく）

尋ね人

350万人待避可能の地下施設建設ソウル

金玄玉ソウル特別市長は三日、非常時に、三百万ないし三百五十万名の市民を待避させることのできる地下施設を一九七一年まで建設する計画だと明らかにした。

金市長は、この計画に従い、今後、市の建築法を改正して、ビル地下施設に必要な条件を整えていく方針であることも表明した。

在日同胞の戸籍整備実施要綱

国民登録および永住許可申請案内

駐日大韓民国大使館
駐日大韓民国各級領事館

ここに民族教育の精華

立川市外から～東京韓国学校まで
六年間を無欠席
雪に埋りながら徒歩登校も

朴 歌子さん

朴 久栄さん

東京都下の立川から新宿区若松町の東京韓国学校までの遠距離を、電車とバスを乗り継いで六年間、一日も休まず登校して初等部を卒業し、無事中等部に進学した女生徒が学校当局から、開校以来はじめての遠距離六ヶ年精勤賞を贈られ表彰された。

一方、わが子の通学のため毎朝五時に起床して六時には駅まで送っていた生徒の母親は、地元の民団から表彰を受けることになった。

東京都立川市羽衣町二ノ五〇番地で古鉄商を営む朴栄河氏(四三)の夫人歌子さん(三七)と次女久栄ちゃん(一三)がその美談の主人公である。

朴氏は六年前に次女久栄さんを、周囲の人たちの反対や忠告をふりきって、東京の韓国学校へ入学させたが、自宅から学校まではたっぷり二時間はかかる遠距離で、七歳の子供が通学するには余りにも遠過ぎた。しかし夫人の歌子さん（元日本女性）の決意は固く、一たん入学させた上は責任をもって通学させなくてはと、毎朝五時に起き出して、朝の準備を整え、六時には久栄ちゃんの手をひいて駅に向かい、久栄ちゃんが電車の通学に馴れるまでの間は一しょに電車で新宿まで送り届ける日課をつづけた。

やがて久栄ちゃんは、ひとりで通学できるようになったが、歌子さんの早朝五時起床は変わることなく続けられ、ついに六年間一日も休むことなく久栄ちゃんを駅に送り出したのである。

この母親の愛情と励ましにこたえて久栄ちゃんも六年間を無欠席で通いとおし、さる三月の卒業式には表彰状にそえて大きな腕時計をもらって帰ったが、この表彰を涙して喜んだのは久栄ちゃん自身よりも両親であったという。

これを伝えきいた地元の民団では、歌子さんの労をねぎらうべく表彰の準備をしているが、この母と子の励まし合いは、あと六年間はやみそうもない。それは久栄ちゃんが韓国学校の中等部に進学したからで、本人はもちろんのこと両親も久栄ちゃんの同校高等部進学を今からすでに決めているからである。

高等部卒業後は、本国に留学して帰り、韓国学校の教師になりたいという久栄ちゃんは、きょうも休まず登校して無欠席の記録をさらに更新しているが、その間の苦労話を母親の歌子さんは次のように語っている。

「六年もの長い間をよくがん張ってくれました。電車とバスを乗り継ぎますので、朝、家を送り出してから、夕方元気で帰って来るまでは安心ができません。幸い学校が好きな子で、少少の病気や悪天候には負けませんでした。しかし今年のあの大雪の日だけは、登校を見合せるように、と言ったのですが、聞きいれず、全身雪だるまのようになりながら駅に向かうのを見て思わず頭を下げました。新宿に着いてからもバスがないので学校までやはり雪の中を歩いて行ったそうです」。

東京本部定期大会
団長に鄭在俊氏

東京本部第三〇回定期大会は、さる二十八日午前十一時三〇分から東京・千代田公会堂で、定員百三十六名中在席百十五名で開会、焦点の団長選挙では、鄭在俊候補が第一回投票で七十四票（過半数六十七票）を獲得して、鄭順相、李鍾明両候補に大勝した。

大会は国民儀礼ののち、崔副議長の開会の辞、鄭順相議長、金巳哲団長、鄭東淳監察委員長の順に、各機関長のあいさつが続き、中央団長（代理鄭炯和副団長）、大使館からの来賓祝辞ののち、三機関の報告が行なわれ、三機関役員総辞職に先立って、金巳哲団長から、在任四年間、物心両面で同胞社会発展のため尽力された管内有志七十五名（表彰十一名、感謝状六十四名）を表彰した。

午後一時から、総辞職とともに役員改選に入ったが、決戦投票を待たずに、鄭在俊候補が第一回投票で過半数を制した。

引続き議長、監察委員長選挙にはいったが、大会動議によって両機関長は投票によらず話し合いによって決めることとなり、六人委員会のメンバーに顧問団、新任団長と前団長らの詮衡委員によって、議長に金巳哲、監察委員長に李馬致氏が推薦・選任された。

なお、同大会では、「韓国人生活協同組合」普及に伴なう地方建議案が出されたが、三機関で審議処理することにし、閉会した。

新任三機関役員は次のとおり

団長	鄭在俊
副団長	羅鍾卿
〃	李永三
議長	金載淑
副議長	徐興錫
〃	金聖煥
監察委員長	李馬致
委員	高英鎬
〃	朴達権
事務局長	韓昌圭

なお同日の大会で金巳哲団長は、辞任を表明するにあたり、現在東京本部がかかえている負債一、五〇〇万円を寄捨するとともに、新たに活動基金として五〇〇万円を贈呈することを言明し、会場に深い感銘を与えた。

11本部が前・完納
団費割当金完納運動活発

第十二回中央委員会の決定により実施された団費・割当金完納運動月間（四月十日―六月十日）は、各地方本部の積極的な活動により、多くの成果をあげているが、五月三十一日現在で十一地方本部が割当を前・完納しており、月間運動が終わる六月十日までには、さらに多くの地方本部がこれにつづくものとみられている。

▽完納本部
栃木、茨城、長野、秋田、宮城、岐阜、京都、福岡。

▽前納本部
三多摩（69年5月まで前納）
岩手（69年10月まで前納）
奈良（69年5月まで前納）

写真＝第30回定期地方大会

仙台に韓国会館
30日に盛大な落成式

宮城県地方本部（曺寧烈団長）では、かねてより仙台駅前に工事中であった新庁舎が竣工し、さる五月三十日には厳大使と鄭炯和中央本部副団長を迎えて、本部移転を兼ねた落成式を盛大に挙行した。

新庁舎は、仙台駅前の中心地に位置する鉄筋二階建のビルで、階下は宮城商銀が使用することになっていて、建坪一四〇坪、総工費四、〇〇〇万円を要している。

この新庁舎は宮城韓国会館と命名され、県下に居住する同胞社会の象徴的会館として使用されるが、この会館建設には歴代執行部のたゆまぬ努力と、県内同胞の十数年来の宿願と協力がついに実を結んだもので、その喜びと誇りは大きなものがある。なお、この会館建立には、宮城商銀（理事長＝趙高殿）の協力や支援も大きなものがあり、今後は同じ会館を使用することにより、同信用組合との協力態勢は一そう強固になるものと期待されている。

この日の落成式に参席した厳大使・関公使・柳参事・鄭総領事一行と、鄭炯和中本副団長は、同夜仙台市において開催された日韓親善協会の歓迎会に出席し、三十一日は作並温泉で開かれた民団東北地区協議会に参席して、同地民団組織の強化と発展を期する協議を行なうなど、多大の成果をおさめた。

京都本部管下に
福知山支部結成さる

京都府地方本部管下に、第十六番目の支部として福知山支部が結成された。

同支部結成大会は五月二十三日午後二時より、市内厚生年金ホールに、百五十余名の有志参加のもとに開催され、金京都府地方本部団長をはじめとする各界代表の祝辞と激励を受けながら幕が開かれたが、結成大会で選任された三機関の役員はつぎのとおりである。

団長	鄭海龍
副団長	孫大基
〃	鄭斗益
議長	安性局
副議長	曺福用
〃	黄容安
監察委員長	金永祚
〃委員	鄭大権
〃〃	李昌述
事務局長	林性在

東洋初の通信幹線開通
30分以内に通話も
韓日間の国際電話に朗報

写真＝韓日通信幹線協定を終え握手する陳根鉉氏(右)と天野KDD社長

日本と韓国との間の国際電話通話数は、アメリカに次いで第二位を占めている。

この韓・日通信幹線の開通式……

日本から韓国への国際電話が、今までの混雑から解放されるとともに、不明瞭さも一挙に解決されることになった。

……ツの電波（マイクロウェーブ）を出すようにしつらえてあり、この電波が海上散乱を起こすことによって、相手側に通ずることになった。

京都 韓国校長着任
東京
朱校長離任式盛大

東京韓国学校に赴任する宋基鶴校長と、京都韓国学校の金英斗校長および、高松教育文化センター所長に赴任する朴詰雨氏は、さる五月二十五日に来日し、二十六日にはそれぞれの任地に赴任した。

また過去十余年間、東京韓国学校の校長として同胞子女の民族教育に尽力してきた朱洛弼氏は宋基鶴校長の赴任に伴ない、同校の理事長に転任して、今後も同校の維持と発展に努力することとなったが、同校では、さる五月二十九日午後二時より新旧両校長の離就任式を挙行した。民団中央本部からは朱氏の多年にわたる功労をたたえて、感謝状と記念品を鄭炯和副団長を通じて伝達した。

写真＝左から宋校長、金校長、朴所長の各氏(下)朱校長の離任式風景

日本の中の韓国人のホープ
〈その8〉

静かな活動家
東京商銀理事長
許弼奭氏

……

理事長に就任後十カ月足らずの間に、組合内の沈滞ムードを一新し、十四億に満たなかった預金を、一挙に四十数億にまでもっていった精力的な活動家――から想されるイメージとはおよそ逆に、氏の印象はどこまでも"静か"で、同胞社会の経営者のトレード・マークともいうべき、あのガンガンと部屋中に響きわたる大声と、電話の受話器がこわれそうに怒鳴り立てる声を期待して氏を訪ねた人たちは、多少期待はずれであろう。

顯忠日慰霊祭
西多摩大行寺で挙行

大韓民国在郷軍人会日本支会（会長＝李勝基）では、今年も六月六日の顯忠日記念行事として、同日午前十時より、都下西多摩郡福生の大行寺境内にある忠魂碑の下で、六・二五動乱殉難者の慰霊祭を挙行する。

慰霊祭には、国内各地の遺家族および同胞各機関から多数同胞が参列するが、同日は都内からの参列者のために、新宿駅西口前の安田生命ビルから、貸切専用バスが午前八時三〇分に出発する。

亡父の香典を
韓国校へ寄付

名古屋市居住の、新生興業社長・裴求武氏は、父親の葬式の香典のなかから、三十二万円を愛知韓国学園に寄付した。

愛知県では以前にも同じような美挙があったが、……

裴氏

韓国物産展開く
輸出伸展の期待多大

……

写真＝許弼奭氏

317

練馬韓国児童教育に励む 劉振植東映監督

お手々つないで

劉振植（東映テレビ・監督　練馬韓国児童愛育会々長）

[illegible]韓国公報館の見学や韓国の紹介[illegible]その結果、すでに会員も五十[illegible]この誇りを持たせるまでになっ[illegible]苦は並大抵のものでなかった。[illegible]掲載する。

[illegible]から。

親もまともに歌えない愛国歌や民謡も、新年の挨拶までも、立派な韓国語がとび出すのだからおどろきである。

もう、日本の友達の中にあっても、堂々たる国際人としてしっかり立ちはじめたのだ。

子供は説教は好かない。

どんなにいいことだと思っていても、貴重なたまの日曜をつぶしてまで集まるはずがない。

現在日本社会の中で点々と散って住む彼らをまず一堂に集めて同族の近親感を植えつけるのが第一歩なのだが……。

事はそれからのちのことである。それではどのように集めるか。「今晩一ぱいどうだ？」と誘われれば、女房の角ぐらいは覚悟の上でもついて行く大人の例と変わりはない。

エサの用意が必要だ。

予算がいるのはここ。

どうせ自分の子供に使えるのだから大人も文句は言わない。ここで思いついたのが誕生会。五月の集会なら五月に生まれた子供に記念品を贈って、皆で祝う。一年で全員にまわる仕組だ。が、夏休みには、少し幅を広げて去年の例では高麗神社経由で正丸峠に一泊のキャンプを張った。ある時はバスを仕立てて海水浴、特別行事としては大使館公報館、中央本部、東本訪、イモほり、冬期休暇は清水プール、映写会（韓国事情紹介）等と、主に社会科中心だが、必らず、誕生会とアコーデオン伴奏のコーラス会はやる。

アコーデオンの音楽指導者に毎回三千円の薄謝を呈するならわしだが、歌なんか学校でやるんだからやめちまえ、という父兄もいる。しかしやめない。

これにも理由がある。

「韓国人だとはじめてわかったなどと答える位の子がいるのだから、満足な家庭教育があるとは思えない環境で、日本語しか知らない子に、負担なく母国語を覚えしめるには歌が一番だからである。

また、韓国人でありながら、さくらは唄えてもアリランを知らない。君が代は知ってても、愛国歌は知らない、では笑い草だから。少々の非難も聞かぬふりである。

前の金大使は、私が子供たちをつれてはるばる礼訪したら、子供たちに温かい言葉一つくらい賜わるかと思えば、私に「どうして韓国学園に行かせないのか」との御下問だった。

同胞の実態を知らな過ぎる金さんは、たしかに雲の上の人だったし、法的地位問題が尾を引いているゆえんだな、と気を落したものだった。やっとこのごろ分校ができて、校になったばかりの韓国学園に一時間半もかかる交通地獄の中を小学生を送り出せるのかと反問したかったが、通じそうもなかったし、どうせ判ってくれたからって、本国に熱情を持って報告するようにも見うけられなかったのでやめた。

後任の厳大使は、われわれの声に耳を傾けてくれる大変えらい方だと聞くので、子供たちにわれわれの大使はどんな立派な方なんだとお辞儀につれて行くつもりである。本当に日本に住む、私たちの二世たちはかわいそうだ。胸をはれるように一生懸命になっている親を持つ彼らは、まだ幸せでもある。

いずれ、近いうち、ソウルの小学校と姉妹結縁ができて、友達ができたら、夏休みはソウルで暮らすのだと、彼らは今からせっせと十円、百円の貯金に夢中である。この子らとお手々つないで私はこの会をいつまでも続けたい。

[illegible]

薫風の中に若人の祭典

—韓青全国蹴球大会—

韓青埼玉県本部（委員長・朴炳渉）主催による若人の祭典「第四回全国蹴球大会」が、好天に恵まれた、さる二日（日）埼玉県大宮市にある大宮南中学校グラウンドで開催された。

当日は、民団埼玉県本部の田孜秀団長をはじめとする各民団支部団長、および傘下団体役職員の参席のもとに開会式が行なわれ、昨年度の優勝チーム・韓青大阪チームからの優勝旗の返還のあと、全国各地から集まった六チームの青年選手たちが、白熱の技を競い合った。

サッカーは、いうまでもなくわが国の国技とされているスポーツであり、ショーとしてのダイゴ味もまた格別である。

今年はとくに、発足まもない韓青埼玉県本部結成を記念して、サッカー県である埼玉の紹介をも兼ねており、同盟員たちの心からの努力には選手・応援団員一同、おしみない感謝と敬意を表した。

この充実したサッカー大会を通して青年たちは、祖国の要請にこ[illegible]心身ともにたくましい韓国青年としての自分をみがきあげ、また各県韓青の紐帯を再確認しあった。

ひきつづき六時からは、会場を埼玉商銀四階にうつし、民団、婦人会、韓青が一体となって、なごやかな交歓パーティが開かれた。選手・応援団ともに、日焼けした顔のまま試合の疲れもみせず、バンド演奏による音楽と心づくしの料理をつまみながら、親睦の輪を深め、同八時頃解散した。

なお当日の競技の結果、成績は次のとおりである。

競技結果は次のとおり。

予選
大阪 9−0 千葉
埼玉 9−0 神奈川
京都 1−4 東京
愛知 0−7 東京韓国高校

準優勝
A 埼玉 1−3 大阪
B 東京 1−3 東京韓国高校

決勝
大阪 5（2−2、3−4）6 東京韓国高校

3位までのチームはきたる三十日東京小石川運動場で開催される「第十回在日韓国人体育大会」への出場資格を与えられた。

白熱の競技を展開する韓青チーム

68年 ミス・コリア誕生

金倫廷嬢に栄冠

[illegible]

68年のミス・コリア真・金さん（中央）善・金さん（右）美・李さん（左）

童話のプレゼント 宮川女史訪韓

韓日間の児童文学交流のため、「七色の童話集」など、10冊の本と有名出版社が寄贈した20余冊の本をもって児童文学家・宮川保栄さんが訪韓した。

宮川女史は、韓国女流文学人会主催のセミナーに参席、大邱、慶州、釜山を巡り全国の書籍店を視察したあと、買い集めた韓国児童図書をもちかえる予定である。

また、今度の訪韓で寄贈した本のうち一冊でもわが国で翻訳紹介されたらというのが訪問目的。

現在、拓殖大学語学研究所講師、日本児童文学者協会および日本児童図書館研究会会員を兼ねており、主に世界各国の児童文学を日本に紹介してきた翻訳文学家の一人として、韓国と日本の間に児童文学交流の具体的研究がこの機会に結ばれることを願っている。

許弼奭氏尊父逝去 三十一日葬儀執行

信用組合東京商銀理事長許弼奭氏の尊父許有性氏は、かねてより病気療養中であったが、さる五月二十八日逝去した。

葬儀は五月三十一日午前十一時より都内中央区の築地本願寺にて仏式により、とり行なわれた。

故許有性氏は慶尚北道慶山郡出身で享年七十一歳。四十年前に来日し、長年名古屋に居住、戦後東京に転居した。遺族は夫人と長男弼奭氏のほかに五男一女がある。

世界大学総長会議 34ケ国代表がソウルで

第二回世界大学総長会議が、きたる十八日から三日間、ソウルのウォーカーヒルで開かれる（既報）

この大会は趙永植慶熙大学総長のあっせんによって開かれるものであるが、趙総長がさる四日発表したところによると、こんどのソウル大会には、世界三十四カ国から百六十一名の大学総長や世界的に著名な学者が参加、東西文化と世界平和、開発途上国における大学の役割り、大学生の社会的参加などの問題を論議する予定だという。

なお、このソウル大会には国府の林語堂、フィリピンのカーロス・T・ロミュロ、タナット・コーマン・タイ外相らが特別講師として招待されている。

こんどのソウル大会に参加する三十四カ国の中には、米国、日本、アルゼンチン、ベネズエラ、カナダ、スェーデン、サウジアラビア、イスラエル、国府、フィリピン、韓国などが含まれている。

韓国料理 —初夏の味—

六月の声をきくと、初夏の息吹が感じられる、きょうこのごろです。

夕食のお膳に、おいしい韓国料理はいかがでしょうか。

今回は、オマンドウ（魚饅頭）をご紹介します。

▼魚饅頭（白魚のだんご）

▽材料（五人分）＝白身の魚六百匁、しいたけ五個、トウフ½ちょう、きゅうり一本、小麦粉一カップ、かたくり粉 カップ、牛ひき肉三百匁。肉の調味料―しょうゆ大さじ三杯、砂糖大さじ一杯半、ごま油小さじ三杯、いりゴマ小さじ六杯、こしょう少し。

▽作り方＝❶魚の白身をつぶし、軽く塩こしょうをする❷ニンニク一かけ、ショウガ一かけ、ネギ一本をみじん切りにして、ひき肉と調味料をよくまぜ合わせる❸しいたけはみじん切りにし、豆腐は、ふきんに包み、かたく絞る❹きゅうりはせん切りにして軽く塩もみし、水気をきってからフライパンでさっといためる❺以上の材料を全部まぜ合わせ、甘栗ぐらいの大きさにまとめ（松の実を五粒ずつ入れると、なお良い）小麦粉をまぶした後、水にサッとつけてとり出し、かたくり粉をまんべんなくまぶす❻沸騰する湯に入れてゆであげ、サッと冷水をとおす❼でき上がったものを、そのまま酢じょうゆでいただいてもよく、汁の中に入れてもおいしい。

▼韓国料理で使う調味料の基準量は大体肉百匁に対し、しょうゆ大さじ一杯、砂糖大さじ½杯、ネギ（みじん切りにしたもの）大さじ一杯、ニンニク（みじん切り）小さじ一杯、おろしショウガが小さじ½杯、こしょう小さじ½杯、いりゴマ小さじ二杯、ごま油小さじ一杯の割合です。

なお豚肉、鶏肉の場合は、しょうゆの代わりに、塩大さじ½杯を使っても結構です。

◇係から皆さんへ

長らくごぶさたしておりました韓国料理欄を専門の係が担当することになりましたので、ご意見、ご希望がございましたら、料理研究にお寄せ下さい。

ウオーカーヒル ショウ一行来日

ソウル市郊外にあるウオーカーヒルは、日本の日通伊豆富士見ランドと姉妹結縁をして、事業提携をすることになったが（既報）、これを記念してウオーカーヒルのハニービーショウ一行（朴基燮ほか八名）が、伊豆富士見ランドに出演するため、さる五月三十一日羽田空港着の日航機で来日した。

一行は六月一日から二週間、同ランドにて、毎日四回のショウに出演して、韓国情緒ゆたかな歌と踊りを公開するが、ランド側では一行の来日と提携を記念して、一行の出演期間中は同期に限り、特別料金で奉仕するとのことである。

韓國新聞

発行所 韓国新聞社
発行人 李裕天
編集人 金八雄
東京都文京区春日町2丁目20−13
電話(813)2261〜3
運話(815)0673
定価 1カ月100円
振替口座東京 34988番

綱領

一、われわれは大韓民国の国是を遵守する
一、われわれは在留同胞の権益擁護を期する
一、われわれは在留同胞の民生安定を期する
一、われわれは在留同胞の文化向上を期する
一、われわれは世界平和と国際親善を期する

李団長記者会見で言明

政府、民団支援を確約

法地位問題解決に曙光

本国の政府および国会要路と当面の諸懸案を協議するためさる五月二十九日以来本国出張中であった中央本部李裕天団長と朴炳燦総務局長は、六月九日に帰団（朴局長は六月二日に帰団）したが、その間の本国においての交渉経過などを、李団長は十二日の記者団との会見席上において、大要次のとおり説明した。

一、本国には民団が正しく認識されていない。これは民団にも責任の一端はあるが一部の在日同胞たちの没常識な中傷と、本国の政府関係者や、国会筋の要人たちが、日本来訪の際に得た民団関係の断片的知識のもとに民団像をつくりあげ、これが本国の政界を支配している観があったが、私は数回の本国出張のたびに、この誤れる民団観の是正に努力してきた。とくにこのたびは国務総理をはじめ、副総理、外務部および各部処長官、国会議長と外務分科委員の全員、共和・新民両党の首脳部などに対し、民団の正しい姿とあり方を十分に説明し、朝野の対民団観を百八十度転換させ、正しく認識させえたと自負している。

一、わが民団組織が、その創団精神と綱領に忠実であるためには、近年の客観的情勢はあまりにも複雑であり、大きな問題が多過ぎて、どうしても本国の物心両面にわたる強力な支援が必要である。

私はこの問題に関し、同行の朴局長とともに関係当局と要路を歴訪して連日協議を重ねた結果、本国政府では、今後において倍旧の民団支援を確約してくれた。私たちは日本において朝総連と対峙（じ）しているが、この朝総連は北傀の強力な財政的支援のもと、北傀の指令ですべての機関を運営して在日同胞をロウラクしている。われわれ民団はこの朝総連と第一線において戦っているのである。この事実を本国でもようやく認識してくれている。その具体的な支援策として民団特別補助費を追更予算に織りこむなど、積極的姿勢である。この追更予算で特別補助費が策定されない場合は、来年一月からの新年度予算では必ず実現するものとみてよい。

二、法的地位に関しても、本国政府および国会要路は、実に勉強不足であったが、われわれの絶えまない改善要求と対策講究の要請とが効を奏して、いまやこの法的地位問題に真剣にとり組んでいる。先日訪韓した日本国会の議員団との懇談会においても、この法的地位問題が重要案件として提出され、日本議員たちも強く動かされ、帰国後の積極的な協力を約束してくれた。きたる八月ソウルで開催される両国の閣僚会議においても、この問題が大きく取り扱われることになっている。

三、全国民団県本部の事務局長を本国に派遣して、研修を受けさせることにした。この件に関しては、本国でも大いにその成果を期待してくれている。とくに中央情報部では、積極的に受け入れ態勢を整えてくれ、感謝している。この本国での受訓は、これからも継続実施するつもりである。

四、在日同胞子弟の母国訪問夏季学校に関しても、文教当局は積極的に支援協力してくれ、本年度は六百名に近い同胞子女が参加するが、志願者が数百名もオーバーしてその調整に苦しんでいる状態である。来年度からは、もっと多数の子弟たちを受け入れるよう、予算や施設を再検討することになっている。

五、日本から数百名の母国留学生が本国の各大学で勉学に励んでいるが、私はこんどの帰国を機に、彼らを訪問して激励したところ、非常に喜んでくれた。彼らはまじめに勉学しているが、その反面、非常に孤独であった。そのためではなかろうが、落伍者も少なくなかった。これからは留学生の父母も、本国に送っている子女たちにもっと暖かい配慮と激励を[illegible]と思う。

六、本国家族の招請は、条件の不備な者と、手続未完の者を除くだけで、全部完了している。この条件不備とは、招請者と被招請者との間柄（続柄）があまりにも遠い者を指し、当局は家族として認めてくれない。この点に留意して今後は注意すべきであろう。

七、[illegible]数年前から交渉を重ねた結果、厳大使の赴任直前に本国政府は、旅券の現地発給を決定していて、現在は事務的な整備と発行準備段階にきている。間もなく、旅券は現地で発行され、本国に申請して発給されるまで数ケ月を要するなどの弊はなくなるものと思う。

写真＝李法務部長官（右端）と要談する李団長（中央）と朴局長（左端）

主張

組織活動における前進のために

在日六十万同胞の生活の充実をはかることは、組織に負荷された至上命題である。

われわれのいう組織の強化も、法的地位問題の解決も、すべてこのためであることはいうまでもない。

民団がこれまで創団精神を高くかかげ、多くの先輩ならびに同志たちの犠牲的活動によって、今日のような膨（ぼう）大な組織に育った事実は明白である。

だが、組織として最も大事な、在日六十万同胞の生活問題を解決する事業をおろそかにしなかっただろうか。

もちろん、商工会、信用組合、納税組合の設立などの民族事業を、意欲的に遂行しようとはしたが、それが余りにも大衆との密接度がなく、かけはなれていたのはなぜなのか。

いまここで、民団の歴史を云々するつもりはない。いまここに必要なのは、いかにして民団を、在日同胞のための事業をなしうる組織につくり直すか、である。

民団が基本的な活動方針の中に、組織の再整備と民族事業の遂行をもりこんでいるゆえんも、ここにある。

もとより、いかなる美辞麗句をならべた活動方針であっても、実践がなければ空文化するものであり、団員からはソッポを向けられる結果になることは当然であろう。

現李裕天執行部が、常に組織に「新しさ」を提示し、全同胞の心の琴線にふれるべく努力しているのは、それだけ時代の流れに敏感であり、前向きの姿勢で実践しているからである。

われわれは基本姿勢を"民族主体性"におき、韓民族としての誇りを堅持しつつ、日本という地域社会で生活している。

このような当り前の認識が、いつの間にか過去の植民地的根性とか、事大主義思想の遺物に毒されて、祖先伝来の姓名までも使用しないでいる、一部の同胞がいるような現象もある。

率直にいって、組織の整備もこのような基本的な問題の啓蒙から始めねばならないことは、まったく悲しい現実である。

われわれはこんな現実のもとに、活動方針実践の一環として全国的規模に基づく「組織強化懇談会および法的地位問題公聴会」を、東北・北海道地区で開き、それ以前にも関東地方で組織強化懇談会を開いた。

そしてこの中央指導層を地方本部ならびに支部、傘下団体幹部との対話によって露呈されたことは、民団の幹部がいかに不勉強であり、また中央の指導性がいかに欠けていたかということであった。

逆説的にいえば、具体的な実践のない口頭禅のような空虚な過去の指導体制が、いかにナンセンスであったかが、はしなくもバクロされたことは、これを他山の石としない意味からして意義があったといえよう。

組織の整備と強化に先立つ不可欠の条件は、中央指導層の理念と信念のもち方である。

組織が大衆と直結し、信頼されるためには、組織が使命感をもち、それにともなう責任感をつちかい、組織における絶対公平性を堅持せねばならないということである。

指導層に、組織上の公平性をもたず、私的な感情や情実によって動かされることは、組織に混乱を招来することとなる。

また、常に内外情勢を分析し敵対陣営の動向を把握して、組織を前進させるという自信をもち、そのため、日ごろにおいて勉強することが必要である。

人間がいかに頭脳明晰（せき）であっても、勉強しなければ沈滞し、退化するのは理の当然である。

さらに指導層は雅量をもち、大局的な立場で判断して、過去を固執する考え方を捨てるべきであろう。というのは、過去にいかなる輝かしい栄光をもつ人も、常に前進する社会には通用しないという厳しい現実に立ち時代とともに新しい理念と信念をもって前進すべきである。

おわりに、中央指導層のあり方が、たゆまぬ努力による創意工夫、そしてそれを具体化する実践にあり、これによって組織の体質を改善し、ひいては在日同胞の生活を守ると同時に、祖国発展に対する歴史的使命を果たすことができると信ずる。（C）

法的地位要求貫徹を

陳情団を本国に

閣僚会談開催時に派遣

中央本部では、昨年十一月以後関東地区をはじめ、東北地区、北海道地区の全域にわたって、組織強化懇談会および法的地位問題公聴会を開催し、現時点における組織の最も重要な活動目標が、組織の整備強化と法的地位問題の早急な解決であることを、同胞社会全般と各級組織に認識させるべく努力しているが、十一月以降の各……

このように、法的地位問題に対する内外の関心が高まっているのは展開中の懇談会と公聴会の大きな成果であるし、中央本部では、本月二十日からは、中部地区と関西地区一円で、ひきつづき組織強化懇談会と法的地位問題公聴会を開催することになったが、これに先立ち、法的地位委員会は、さる十二日午後二時より、民団中央本部会議室において、第四回法的地位委員会総会を開催して、各地で……

四、閣僚会談にアピールするため、八・一五記念式典で本国に陳情代表三名を選出し、本国に派遣するようにする。

五、公聴会を継続しながら、了解事項の完全実施要求運動を展開する。

なおこの日の総会では、別項のような資料「在日韓国人の法的地位および待遇問題に関する現況と問題点」を発表したが、今後はこのような資料をひろく同胞社会に配布して一般同胞の法問題に対する認識を深める啓蒙活動を活発に展開することになっている。

在日韓国人の法的地位および待遇問題に関する現況と問題点

在日本大韓民国居留民団
法的地位委員会

教育基金を設置

在外国民教育法を上程

新民党の金相賢議員ほか二十二名は十一日、「在外国民教育振興法案」を国会に提出した。

同法案は、政府支援による在外国民教育基金の設置、在外国民教育施設費の国庫負担などを内容としているが、その全文は次の通りである。

提案理由

在日僑胞の場合、その学生の七〇%余が日本学校に在学し、二〇%余がいわゆる朝総連の学校に在学、残りのわずか数%が民団系の学校に在学しているのが現実であり、このままでは僑胞の祖国愛・民族精神が稀薄になる可能性が漸次高まっている。

このような危険性は日本だけでなく、他の外国に居留する僑胞の間にも蔓（まん）延すると規定せざるをえない。

国家は、十分な財政的支援と強力な施策を通して、僑胞に対する教育を積極的に振興させ、かれらに民族精神を鼓吹させて、外国で受けやすい民族的な差別意識や教育機会の不均等を最大限に是正し、さらに祖国の懐（ふところ）の中で教育を受ける権利を自由に行使できるようにし、大韓民国々民としての自負心をもつようにする目的のもとに、在外国民教育振興法を制定するものである。

主要骨子

一、在外国民に対する民族精神鼓吹を目的とする。
二、在外国民教育に必要な経費を政府が負担する。
三、在外国民教育のために、政府の支援でもって在外国民教育基金を設置する。
四、在外国民である学生は、希望する母国の学校に進学することができる。
五、成績の優秀な在外国民学生には、政府が奨学金を支給、または斡旋する。

在外国民教育振興法（案）抜粋

第一条　この法は、在外国民をして大韓民国々民としての自覚と矜持を持つよう、民族・勝共精神を涵養し、自主的な生活能力を培養して協調親善する国際人の育成を目的とする。

第二条（省略）

第三条　政府は在外国民教育を振興するために、本法と他の法が定めるところに従い、次の各項に関する方案を講究すること。
(1)在外国民教育の振興を目的とする総合計画の樹立。
(2)在外国民に対する民族精神の鼓吹と指導、訓練、および彼らの母国留学と視察の斡旋。
(3)在外国民教育に必要な教員の派遣、訓練および処遇。
(4)教育文化センターの設置および運営。
(5)在外国民教育機関を卒業した者に対する進学指導。
(6)その他在外国民教育に必要な事項。

第四条　政府は在外国民教育機関に必要であると規定した場合には、教育法第八十一条の各級学校を設立または育成する。

第五条　政府は、在外国民教育のための施設・設備、およびその教育実施に要する経費を予算の範囲内で負担する。

第六条　在外国民教育に必要な経……

法地位解決に努力

賀屋氏一行六日に訪韓

六月六日から七日間、ソウル・タワーホテルで開催される、韓日議員懇談会に出席するため、……

団費・割当金完納運動継続月間　自6月11日　至8月10日

金日成に送る公開状

親愛なる北韓人民の皆さん！

……

一九六八年
ソウルにて　金新朝

海の宝庫を開発

水産賞に輝く開拓者

ソウル新聞社が制定した第2回韓国水産賞の授賞式は、さる四日陳農林部長官を始めとする来賓多数が参席したなかで、ソウル市民会館で盛大に行なわれた。

ソウル新聞社主催の第二回韓国水産賞受賞者として決定された鄭光鎔（増産賞）、洪舜基（技術指導賞）、崔福基（地域社会開発賞）、丁海容（団体賞）氏などに、栄誉の賞が授けられた。

これら水産業界の先駆者らは、後進的な漁労方法を改善し、漁獲高を増加せしめ、国内最初の合成繊維からなる漁網を作り、漁業の近代化に貢献し、部落民の協同心を呼びおこし、貧村を富裕な部落に築き上げた地域社会開発の功労者でもあった。

次にかれらの業績をうかがうことにする。

増産賞　鄭光鎔氏(65)

（浦項市東浜路一街八三）

「私の生命は海にかかっている。広い海で漁況を察し、漁群を追うのが無限の喜びだ」と鄭氏は語っている。

小さな帆かけ船であれ、数百トンの現代式漁船であれ、自ら乗組んで海に出れば、いつも魚を満載して帰港する慶北第一位の漁獲王として、六三年には農林部の勤労賞、今年は韓国第一の増産賞が贈られた。

鄭氏は迎日郡清河面の一小漁村の貧困な家庭に生まれ、小学校三年で中退し、十七才の時、一人で浦項に出ていわし漁船に雇われた。

かれは、仕事の合い間に海況の観察法や養殖法漁労法を独りで研究した。

その後、かれは実地に漁船に乗りこむようになり、タラの漁労にたずさわるようになった。

それから"さより"漁船を自ら購入するようになり、自ら漁労法の実習に励んだ。

しかし、その漁船が日本近海で激しい風浪によって流れ去り、六・二五の時には三十五トン級の底引網漁船を爆撃され、自由党末期には水産業倒産期にあって二千万ウオンの借金を負い、三十年間築き上げた事業は再起不能のどん底に落ち入った。

さる五七年、鄭氏は政府の融資三〇〇万ウォンで39トン級底引網漁船を買入れ、債権者の哀願を一掃し、身を持って出漁した。

三十余年の経験がものをいい、毎日のごとく、かれの漁船はタラを満載し帰港するようになり、一年間に一千余万ウォンの漁獲高をあげた。六三年からは20トン級のさより漁船をまた買い入れ、漁群探知器、無電器などを購入し、遠洋漁業に乗り出し、科学的な漁労法によって毎日甲板が魚で一杯にして、水産増産の第一人者となった。

技術指導賞

南陽漁網社長　洪舜基氏(40)

「何を、どのようにすれば零細漁民らの所得を倍加できるかを考えてやって見ただけなのに、賞を贈られ恥しい」と、洪さんは語った。

済州道出身の洪さんは漁村育ちで、いかにすれば漁民生活の向上がなしうるかを、今日まで考えて来た。ソウル大学商学科を卒業し、木浦の漁網会社に勤め、のち釜山につり針工場を経営している間に、わが国の漁網の改善と海苔（ノリ）養殖の革新をはかるための海苔網製作に着眼した。

従前のとおり竹簾を使わなくても海苔の胞子がつき、品質もよく、作業管理も便利な方法の研究に着手し、合成繊維のクレモナ系が適当であるとの結論を得て、当時日本で多く使用しているクレモナ一号海苔網を輸入して、国立水産振興院、水産大学、海苔の本場である赤興漁協などで専門的な実験を実施した。

しかし、クレモナ一号網はわが国の潮流条件に合わず、一・二次にわたり改善したにもかかわらず失敗し、わが国の海苔養殖に適する海苔網を新しく設計して製作したクレモナ五号海苔に改良発育させた。

このクレモノ五号は風浪が激しく、潮流の速度が速い海、または新規開発養殖場にも最適であり、ノリの品質が優秀であり、アオノリがつかないので……

韓国事業体の実態

六〇・五%が製造業

全国事業体の規模と産業別分布、雇用実態、災害発生状況、賃金等労働実態が韓国では初めて労働庁によって調査分析された。これによれば従業員百人以下の業体が半分以上におよぶが企業は次第に大規模化していることが明らかになり、賃金においては産業と地域によって大きな格差があることがわかった。また産業の発達とともに女子勤労者の就業率が高まり、これが産業間の賃金格差をも示している。

労働庁は昨年四月三十日を基準に五月一日から六月十五日にわたり五十以上を雇傭している二、三一九の業体に対して調査した。その調査分析の結果を項目別にみれば次の通りである。

業種分布　全事業体のうち製造業が最も多く五八％を占めており、次が運送業で一七・二％、農林業は土地改良事業部門で〇・九％を占めるだけで企業化した農林業体は皆無であった。

雇傭規模　五〇～九九名が五〇・六％、一〇〇～一九九名が二七・五％、二〇〇～四九九名が一五・六％、五〇〇名以上が六・三％と事業体の零細性を示している。しかし六六年四月の雇傭人員に比べ昨年四月には雇傭規模が増大して九九名以下の業体は二二・七％が減り五〇〇名以上が六・二％も増加した。

勤労者分布　事業体に勤務している勤労者は四四万三、七〇九名であり、そのうち六〇・五％が製造業に従事しているが、……

経済協力など合意

第一回韓日国会議員懇談会

本国論調

北傀のベトナム参戦が意味するもの

第2次5ヵ年経済開発計画

(1967～1971年)

＝その４＝

第２次五ヵ年計画の中間成果　（1968年５月末現在）

輸出用シェーターは、65年から年37％の増産現象を示している。政府は、中小企業の育成のため "中小企業信用保証法" を制定（67年）した。これによって、大量生産と品質の向上を期するため、繊維、機械などの業体150 カ所を選定し、施設資金４億ウオンを集中投資した政府の助力により、中小企業は本軌道にのった。

政府の燃料油類化政策により、石炭の生産は比較的に大巾に減ったけれども67年度生産量１千２百万トンは前年に比べて、7・9％増産している。とくに、61年までは何もなかった石油工業は、蔚山精油の建設によって革命的な意義を持つようになった。１日11万５千バレルの原油処理能力を備えたこの工場以外にも、今建設途上にある第２精油が竣工される69年には、解放後100％の輸入に依存していた石油は100％自給へと転換されることになる。この外にも窒素肥料の場合は、現在の国内需要量29万２千トンを凌駕（りょうが）した37万８千トンの生産過多量を示している。

鉱業（工業国の基盤完成）

61年度の１次産業は、全産業構造上39,7％を占め、２次産業（鉱工業）は16,7％であった。第２次５カ年計画の中盤期（67年）にはいって、２次産業は21,3％１次産業は35,3％となり、工産品の輸出は２億ドルを超えるようになった。

その間に約３千カ所の中規模の工場が、政府の社会間接資本の拡充と基幹産業施設の完工、外資の誘致と効率的な投資配分によって建設された。雄壮なセメント、肥料、石油、鉄鋼、ナイロン、ＰＶＣを生産する工場が立ちならび、65年４月には解放後始めて制限送電を撤廃した。

セメント工業は、大韓、東洋の年産７万２千トン規模から、現代、双竜、丹陽、忠北の４カ工場が相次いで竣工し、276万トン を生産するようになり、肥料は、年産８万５千トン規模の忠肥だけだったのが、湖肥、韓肥嶺南化学、鎮海化学の竣工によって314万トンにのびた。

電力は水力14万３千KW（６カダム）、火力22万４千KW（６カタービン）の施設用量から、春川、衣岩ダムの竣工と釜山火電など５カ発電所の建設によって、91万７千KWの用量を備えるようになり、八堂の水力と横南、嶺東、仁川火電が電源開発10カ年計画（66～75年）に従って建てられることになった。一方蔚山に年産５万５千バレル規模の精油工場が竣工されており、70年度までには麗水にも建てられる。

この外に、ビスコース人絹糸工場（年産５千・５百トン）は院州に、ＰＶＣ工場は美江（年産６万６千トン）と蔚山（年産６千トン）、ポリアクリル工場は馬山（日産7.5トン）蔚山（日産６トン）に建てられた。またセロハン工場（醴沼）、ピアノ、タバコ、フィルター、キノコ栽培工場も完工された。

農業（農家所得の倍増）

経済全般の高度生長とともに、農業も62～66年の間に年平均 5.3％の堅実なテンポで伸長した。

とくに富裕な農村への建設面では、60年度の農家１戸当りの所得は 4,565ウォンであったものが、66年には 2.4倍が増加して 130,176ウォンを記録している。

また農家所得のなかで、60年の農業所得と農業および他の所得との構成比が73.1％と26.9％であったのが77.9％と22.1％に変化されており、これは政府の特殊作物および工業原料作物など、高度な収益性のある作物の栽培と重農政策により作付体系が改善されたことに基因している。

食糧の自給に力点をおいている政府施策の結果は、61～66年(67年は三南地方の旱害によって減収された）の米の生産は28.6％の増産を見せており、麦類は42.4％、イモ類は約３倍増産されて食糧生産量は43.6％が増えたことになっている。

一方、旱害による63年と67年減収により80％線まで下行した食糧の自給度は、66年にいたって始めて94％線をこえるようになった。

とくに工業部門の拡大にしたがい、原料需要増大と農工併進施策により、養蚕をはじめ、苧麻、亜麻、ひ麻子など、経済性の高い作物の生産が急激に増加し、蚕の繭は 116％の増産をしており、リンゴ 1.7倍、ブドウ・桃・ミカンなどは３倍以上、それから野菜類は1.7倍以上増産をみせている。

化学肥料の供給も、政府が農協をして一元的に取扱うようにしてから、２倍に増加しており、施肥法の改善にも努力して反当り収穫の増収も効を奏し、60年以後米17.5％、イモ類53.3％が増加している。

水産（５大洋に活躍、漁獲と養殖に努力）

平和線がなくなり専管水域は縮まったが、漁獲高と養殖量は毎年増加している。61年の漁獲高は43万５千トン、６年後の67年には75万トンをあげている。沿岸でのつりによる漁業から、漁群探知器を動員した科学的調査により、大船団を出動させ大規模漁業をするようになった。

すでに漁群探知器を装備した漁船は 200隻にのぼっており、動力漁船の総トン数は16万トンで61年（６万５千トン）の 2.5倍に増加している。漁船の一番大きいのが50トン級であったが、現在では 100トンをこえる鋼鉄漁船だけでも 203隻、この他に２千トン級の母船も備えるようになり大洋向けに出漁するようになった。

沿岸でとる漁業から育てる漁業へ、というスローガンの下に、沿岸は養魚場や水産生物を養殖する沃土と化している。

カキの養殖も、石を海底に投げ入れていた原始的な方法から、木材や縄を使う垂下式養殖法によって単位水面当りの生産を23倍（投石式㎡当り 0.3kg、垂下式は７kg）にあげ、61年養殖高 2,231トン は67年には30倍に近い９万７千トンを生産するようになり、カキの罐詰を米国へ輸出（昨年だけでも３千箱）して２万５千ドルの外貨を獲得した。

ノリも科学的な生産と製造によって61年の97万ドル輸出から66年には６倍増の 680万ドル分を輸出した。

66年からは、外貨獲得の寵（ちょう）児である養殖真珠を生産するために練真珠を導入し、すでに昨年度に 6,800ドルを獲得しており、従来はとってばかりの、"えび" も、人工孵（ふ）化により、養殖場で育てるようになった。

南太平洋からアフリカ、印度洋、そして北洋にまでわが国旗（太極旗）を掲げた船団が進出するようになった。66年もマグロ漁獲高だけでも２万３千トン、790万ドルをかせいだが、67年は７万５千トンをとり１千２百万ドルを獲得した。

高速道路（37,476km）

国土建設１・２次五カ年計画を樹立して、道路部門においてはソウルと釜山を１日生活圏に縮小する京・釜間の高速道路が建設途上にあり、４車線道路一つもなかったわが国に、ソウル～仁川間の京仁道路および各主要都市に４車線道路が多数でき上った。ソウル～仁川間の高速道路は今年完工を目標に工事に、ピッチを上げており、これから光州～木浦など、このほかにも３カ所の高速道路が完工される。

61年まで全国道路の総延長２万７千百kmであったのが、現在は34,476kmにのび、農家所得向上のための農村開発までにも手をのばしている。

港湾、ダム開発（洪水予防と飲料水確保　）

従来は、２万トン級の船舶が直接接岸できる港湾が一つもなかったが、２万トン級の船舶がすでに仁川に、４万トン級が蔚山に、８万トン級が浦項にそれぞれアンカーを下すようになった。港湾総荷役量は９百万トンから1,440余万トンに増加している

多目的ダムは終戦後日本人が残していった華川ダムなど２カ所だけだったのが、昭陽江ダムなど３カ所が２次計画期間中に完工されており、南江ダムなど３カ所が近く完工をいそいでいる。

年平均32億ウオンの洪水被害を減らす治水事業は10万２千余町歩を沃土化し、 127,342戸の農家を保護するようになった。

飲料水の困難を除くため、毎日１人当り 120ℓ（61年 102ℓ）を給水し、工業用水のための12万トン規模の泗淵ダム（蔚山）と16万トンの施設が馬山に完工された。

輸出（伸張率43％、日本の３倍のテンポ、今年の目標５億ドル）

韓国の輸出は5,16を起点として毎年40％ずつ増加している。このような急テンポの生長は世界人類史上にその類例を見出せない。61～68年の８年間の輸出伸張率は年平均43％をこえている。66年までの10年間の世界の平均輸出伸張率は 7,1％、この期間に最も高い率を見せた日本（15.5％）イタリア（14.4％）西ドイツ（11.8％）よりも約３倍以上の早いテンポであった。

68年度の輸出目標は５億ドル(1,375億ウオン）でわが国の総通貨量（４月末現在 1,350億ウオン）とほぼ同額である。このような急テンポの輸出増大は、5.16以後工産品の輸出が毎年急激に増加していることにその特色がある。61年度の総輸出が4290.2万ドルにすぎなかつたものが、67年には 35,860ドル、また 68年度（今年）には５億ドルの輸出目標をたてており、５月16日現在１億５千万ドル輸出の実績をすでにあげている。

その間、商品の品目が多様化したのはもちろんのこと、海外市場が３倍以上に拡張された。5.16当時の海外市場は30ヵ国であったが、現在、交易対象国は71ヵ国、今年中にはさらに86ヵ国に拡大される。

これに伴い、今年からはわが国の工業も、国際規模の経営単位に強化される作業が進捗している。アクリル繊維の場合、日産 7.5トン規模から32.5トン規模へセメントは92万トンから 170トンへ、ナイロン系は３万トンから10万トン規模へと今年中に拡張される。しかし、これらの輸出による外貨可得量は平均４０％以内で、余りにも低い。

海外進出（韓国の国威を世界に宣揚）

わが国の海外進出は今や、他国を援助する立場となった。

医師、看護婦(員)をはじめ、鉱夫・大工などの技術者が40カ国へ約２万名も派遣されている。ブラジルなど15ヵ国に１万９千名の移民が進出しており、タイ・インドネシアをはじめらする東南アジア諸国には、合作投資がなされつつある。またベトナムには５万名の国軍が派遣され、共産軍と戦つている。これにつれて海外同胞や技術者らの本国への送金は、61年の 100万ドルから67年には４千３百万ドル（国軍送金を除き）に達している。

経済企劃院の調査によれば、５月１日現在、海外派遣技術者は19,753名。これは26,700余名のうち、契約満了で約 7,000名が帰国したからである。

移民はブラジル1,505名、パラグアイ1,749名、カナダ 887名、米国12,800名で計19,051名となっている。

海外投資状況は（建設工事を除き）漢城実業が織物工場（45％）、中央工芸がラセン工業（40％）、東信化学がタイヤ工場（90％）をタイに建てており、新興起業は螢光灯工場をシンガポール（40％）とベトナム（49％）に建てることにしている。インドネシアには韓国南方開発が山林開発を、新興冷凍が漁業を合作投資している。

このほか、アジア開発銀行（66年11月19日創設）に理事国として進出（千炳圭理事派遣）、アジアの先進国として坐するようになり、世界銀行には代理理事国（宋正範駐米公使派遣）になって、国際金融機構に対して発言権が強化された。また膨張する貿易業務のために外換銀行のサイゴン、ロスアンゼルス支店を開設しており、近くデュッセルドルフ、ジャカルタ、ロンドンにも支店を開設することになった。

本５ヵ年計画は４年間に短縮され、毎年の成長率計画の７％を10％に引き上げて実施することになった。（既報）したがって1970年度に完全実施される。

（おわり）

全４回にわたり掲載した第２次五ヵ年計画は本回をもつて終了します。

尋ね人

国民登録および永住許可申請案内

国民登録更新および新規申請

在日同胞の戸籍整備実施要綱

新築なった仙台市の韓国会館全景

団費・割当金完納運動すすむ

18本部が前完納

未納本部は制裁考慮

東京・鄭在俊団長　京都・[illegible]団長　愛知・[illegible]団長

第十二回中央委員の決定事項であった団費・割当金完納事項を成果的に進めさせるべく、中央本部では、さる四月十日より六月十日までを「団費・割当金完納運動月間」として設定し、強力な完納運動を全国的に展開してきた。

この間、関東地区の一部および東北地区では、組織強化懇談会と法的地位問題公聴会にこの完納運動を並行させて徹底的成果を期すなど、より効果的な活動を展開した結果、その成果は大きなものがあった。しかし全国的に、四・五・六月は各地方本部および各支部の大会行事が多く、このため団費・割当金の完納運動は十分なる成果をあげるまでには至っていない。

とくに各地方組織の大会で役員改選のあったところでは、役員人事の構成その他の事情により、この完納運動に全力を集中することができず、これから完納運動に乗り出す地方組織が少なくない現状である。

このような状況にかんがみ中央本部では、六月十日で終わる月間運動を八月十日まで二カ月延長し完納運動の徹底を期すことを決定組織活動の強化と整備は、まず財政の確立から出発する姿勢を全国の組織に強く指示することになった。

四月十日より六月十日までの月間運動においてとくに注目に値することは、団費と割当金の完納を達成した地方本部は、組織活動も活発で、完納運動のほかに、例えば会館を新築したり信用組合の設立を期す一方、民族学園を開校するなど、模範的な組織活動を展開している地方本部であるという事実である。端的にいえば、平素から組織活動を強力に進めている地方組織には、団費や割当金の未納は皆無に近いことを立証しており、組織運動が日常の生活化しているのが、いかに強力なものであるかを如実に示してくれているのである。

月間運動開始後に割当金を完納している地方本部は十七地方本部に達しているが、この中には三多摩本部をはじめとする八本部が来年度分までを前納して、組織運動の活発なことを誇示しているが、この中には、東京本部と京都本部など大都市の本部が含まれているのはとくに注目に値する。従来、大都市本部は、地域的な複雑性から組織運動も複雑をきわめ、したがって必要経費も莫大であり、財政が苦しい状態であったが、東京・京都のこの度びの完納は、この短所を見事に克服したという点で、今後の都市本部の組織活動によき示範となるであろう。

本年六月十三日現在での割当金前・完納および滞納状況は、つぎの通りである。

なお、神奈川、兵庫、広島などのごとき地方本部は、あまりにも完納運動が不活発で、この三本部以外の数本部に対しては、近日中に中央委で審議して、規約に基づく適切な制裁処置を講ずることを考慮している。

完納本部
東京・茨城・三多摩・群馬・宮城・岩手・栃木・長野・秋田・愛知・岐阜・京都・奈良・和歌山・三重・鳥取・福岡・香川。

前納本部
東京・栃木・三多摩・群馬・宮城・岩手・愛知・奈良・京都・三重。

一年分以上滞納本部
神奈川・石川・富山・兵庫・滋賀・広島・長崎・佐賀・大分・宮崎・熊本・鹿児島・対馬・愛媛・徳島・高知。

70年後半に統一

厳大使東北視察で言明

民団のように、宮城県地方本部（団長李泰淳氏）では、信用組合宮城商銀（理事長・咸昌淑氏）の協力のもとに、さる五月三十日、宮城韓国会館の落成式を盛大に挙行した。

翌三十一日には第二十四回東北地方協議会（事務局長・李泰淳副団長司会）を作並温泉の若松旅館（李六氏）でひらいた。当日中央本部から鄭炯和副団長、崔学阜組織局長、朴性鎮法地委副委員長が参席し、来賓として大使館から東北地方をはじめて巡回する厳敏永大使をはじめ多数参席した。

まず国民儀礼ののち、前事務局長・崔賛部氏のあいさつと、李泰淳新事務局長の就任あいさつがあって、東北六県団長が議長に参席した。

つづいて厳敏永大使から、東北地方の民団が、発展のためにいろいろと苦労している事情はわかるが、問題は指導幹部のあり方にも多くの問題点があると思う。…いま祖国は、国威が宣揚され、国内的・外交的に多くの発展をしつつある。

韓国が実力を保持することによって、一九七〇年代後半期には平和的統一がなされるものと信じる。韓国は、朴大統領を中心に反共態勢と経済建設をするという中心点がある。韓国民は反共意識が徹底している。これは六・二五事変を経て生理的に生まれた反共意識である。最近武装ゲリラ事件を契機に、全国的に与論がふっとうしている。三十八度線をまもるのは、われわれ自身がまもるべきであり、三千万民族はそれ以外、方法がないのである。外国人は退去すればよいのであるが、われわれは退去するわけにはいかないのである。

三八度線をまもり、できるだけ早く統一し、世界に誇りうる[...]をつくるようにするから、皆[...]は安心してもらいたい。日本[...]る皆さんは、特殊な条件のもとにあるから、その上にたって生[...]充実を図るべきである。民団[...]日も、そのような過程を経て[...]れたものと考える。なお、分[...]さけ、団結をもって民団の発[...]前進に努力することを願う」と[...]いさつがあった。

続いて鄭炯和副団長のあいさつがあったあと、閔公使をはじ[...]奨学官、劉参事官のあいさつがあった。それから外務部長官の[...]状を厳大使から六名に手渡し、[...]県本部の実情報告と次の地協[...]地を岩手県地方本部に決め閉会した。当日主な参席者は次の通[...]

大使館＝厳敏永・閔忠植・鄭[...]
仙台領事館＝張基安・趙振九。
崔興俊・柳知完・丁[...]
民団中央本部＝鄭炯和・崔学阜[...]

朴性鎮。
宮城本部＝李泰淳・崔保根・崔大[...]

表彰状授与者＝朴泰淑（青森）、崔成永（岩手）、李学竜（秋田）、李英春・崔保根・徐相浩（宮城）、（福島）。

11名に勲章授与

青瓦台で権逸氏らに

さきに授勲が発表されたまま、朴大統領のハワイ会談出席などで、延期されていた、在日有功同胞十一氏に対する国民勲章授与式が、さる七日、大統領官邸（青瓦台）で行なわれ、授与のため帰国していた次の11氏に対し、朴大統領は国民勲章冬柏章を授与した。

権逸（民団顧問）、故許弼奭（東京韓国学校理事）金正柱（韓国中央研究所長）、鄭寅学（民団東京本部顧問）、許弼奭（東京商銀理事長）、朴漢植（韓国人信用組合協会会長）李熙健（民団大阪本部顧問、大阪興銀理事長）、黄孔煥（民団兵庫県本部顧問）、辛格浩（民団顧問・ロッテ製菓社長）、韓禄春（民団大阪本部顧問）、金城周奉（韓国学院長）・

44名九日に来日

招請家族第五陣到着

旅券発給申請手続きの不備その他で、来日が遅れていた本国居住家族招請の第五・六（四十二名）陣が、さる九日、東京・大阪・福岡の各空港着の飛行機で来日し、出迎えの家族たちとともに、それぞれの目的地に向かった。

この日の各空港到着人数は次のとおりである。

東京・羽田空港
金洪俊氏（東京・台東区金龍竜氏招請）外二十名。
大阪・伊丹空港
孫竜順氏（石川県金学秀氏招請）外十一名。
福岡・板付空港
李大熙氏（裵縣植氏招請）外十二名。

……行された。

この日、大行寺境内に建立されている忠魂碑は、各界から捧げられた花輪と酒肴で埋まり、参列した六・二五の戦友と、関係者たちの読経で正午からはじまった法要は午後二時に終わった。

受訓の結果期待さる

全国事務局長が本国へ

静岡本部で講習会

精神武装と実務を研修

自動車の贈り物

……ホテルを経営し、唐津市で遊技場を営む韓永出氏（五〇）（民団唐津支部顧問＝大邱市出身）である。

昨年、帰国したとき、出身地の大邱にある孤児院「大邱一心院」を訪ね、その貧しい施設と、百八十人の不幸な孤児たちを見て胸をしめつけられたのが動機で、日本に帰ってくるや早速衣類二千余点を買い集めて一心院に贈り、つづいて今年も、子どもたちの衣類二千点をはじめ栄養剤（十万円相当）とライトバンの自動車をさる六日に発送した。

なお韓氏は昨年、大邱盲明児童劇団一行二十名を自費で招き、九州地方の同胞を巡回慰問しているが、この次は孤児たちにピアノと冷蔵庫を贈るとのことである。

訂正

五月五日付本紙三面掲載の「仙台に韓国会館」の記事中、民団宮城県本部団長李泰烈とあるのは、団長李泰淳の誤りにつき訂正します。

八百六十四名が応募

志願者定員を超過

母国訪問夏季学校好成績

……収容不可能であるから、現在総数八六四名中、二〇〇余名（各種学校・国語講習所）を明年度計画に回し、六〇〇余名の学生に限り事務の推進をするという案を持っている。

文教局としては、今回受付けてくれることを原則として関係当局に強力に交渉折衝している。場合によっては、書類銓衡により選抜することも予想されるので、一件書類（❶志願書—写真を含む—二枚、❷在学証明書一通、❸国民登録証一枚）のうち、未提出書類は二・三日内に急送を願い、とくに在学証明書を提出していない学生が多いので格別注意を要し、各種学校生および国語講習所受講生、民団勤務事務員に対する証明書（在学証明書）は支部、または地方本部が作成し、必ず提出を要する。

2、手続き要領
(1)韓居中文発第三六六号の通り事務を推進すること。
(2)臨時旅券申請および発給完了は六月十五日まで終えること。

3、再入国手続き
(1)再入国許可申請は六月十五日〜六月二〇日まで関係入管に提出すること。
(2)提出書類
A、再入国許可申請書一枚
B、理由書および証明書（別紙中央本部で作成送付する）
C、経歴書（本人）一枚および家族状況（ただし家族状況は父母（両親）の姓名、生年月日、本籍地、現住所、外国人登録番号、職業を記入のこと）
D、在学証明書一枚
E、納税証明書（保護者）一枚。
（年令）以上の書類を完備して、地方本部入校希望学生全員分を集計し、地方本部の責任の下に関係入管に一括して申請すること。入校希望者のうち（すでに名簿および一件書類提出済）途中で取り消しをする者は、そのつど文教局に報告すること。

以上

群馬県地方本部

団長に金栄出氏

群馬県本部で、さる五月三日第17回定期大会において改選された任員は次のとおりである。

団長　金栄中
副団長　石在鎮
議長　徐文弼
副議長　厳敬夏
〃　李泰伸
監察委員長　鄭経寧
〃　梁仁浩
委員
事務局長、組織部長　黄舜坤
総務部長　金世顕
経済部長　黄命東
民生部長　李泰作
文教部長　文廷吉
宣伝部長　鄭英鎬
〃　李範洞
〃　裵成沢

新潟県地方本部

団長に権寧相氏

新潟県地方本部の第三十三回定期大会は、六月十三日、同本部二階会議室で開催された。

この大会には中央から尹[...]組織局次長、駐日大使館からは白領事も参席した。

なお同日の大会における三機関改選の結果は次のとおりである。

団長　権寧相
副団長　朴万圭
〃　申孝善
議長　申炳鉄
副議長　金尚竜
〃　李香在
監察委員長　曹長洪
〃委員　権泰紘
〃　金鎮鉀
事務局長　金順植
顧問　朴水正
〃　李元世
〃　金地鎬

日本の中の

韓国人のホープ

<その9>

民団東京本部 新団長 鄭在俊氏

さる五月二十八日、民団東京本部定期大会での団長選で、大衆以上に多くの票をあつめ、みごと第十二代目の東本団長に選ばれたが、この大へんな得票に、だれよりもビックリしたのは、本人自身だったという。

記者たちとのインタビューが大の苦手だと言いながらも、心よく招じ入れてくれた団長室での氏は、もうすっかり部屋の主人になりきっていた。

東京本部の団長就任は今度が最初だが、氏の団長歴は相当に古い。渋谷支部の団長を数期もつとめたし、それ以前には同支部副団長を相当長期にわたり数回も歴任している。

この団長、話している間に気がついたのだが、人との応待が実に低姿勢で、謙虚な人柄が、言葉のあい間に滲み出ており、あの激しい選挙戦を闘い抜いた人と同一人物とは見えない。まして民団創生期に、当時の朝連分子たちと、連日、血で血を洗う闘争を繰りかえしながら組織を防衛してきた闘士としての氏の過去を知る人には、この柔和な面貌と温和な態度は、大きな戸惑いを与えずにはおかないであろう。

しかし、話題がひとたび組織運営の問題に触れるや、氏の熱弁は、静かな中にも毅然力がこもり熱を帯びてくるあたり、やはり氏は根っからの組織人である。

話に熱気がこもってきたところで、さきの大会で団長選に立候補した動機を尋ねてみた。

「民団東京傘下二十二支部の有志たちが構成するところの民団有志会から、五月十七日に突然、団長出馬を要請されて数日間も熟考したあげく、これを受諾することを決めました。その理由は、私に出馬をすすめる有志たちの、民団を愛し、民団の現在を憂う心情のまじめさに胸をうたれたことと、かねてより心中に秘めていた民団組織に対する抱負と信念を、より高い次元で実践に移してみたく思ったこと。そして有志たちから出馬を要請されて気がついてみると、自分自身が、だれにも負けないぐらい強く民団を愛していたことを発見したからです。これが私に大きな勇気を与え、ついに出馬を決意したのです」

民団を誰よりも愛していた『自分の再発見』が立候補の動機であるとは、いかにも率直で味わいのある言葉である。しかも決して雄弁でなく、とつとつと語るだけに、一そう実感がこもっていて、きく人をして納得させずにはおかないものがある。

氏の“静かな熱弁”を拝聴していて、こんどは記者が“重大な発見”をした。それは氏が、ひと言も日本語をしゃべらないことである。お世辞にも流暢とは言えないが、とにかく最初から最後まで国語を使用している氏に向かって、在日年数を尋ねた記者は、思わず胸が熱くなった。なんと四十一年前、数えで十歳の幼時に来日しているのである。ヘタくそな日本語しかしゃべれないクセに、憚面もなく国語を忘れたと公言する没自覚な徒輩には、氏の爪の垢でも煎(せん)じてのませたいものだ。

四十一年前、母親に手をひかれて、来日したが、父親は一足さきに日本で土方仕事をやっていた。母親とともに父の飯場がある山梨県の発電所工事現場をふりだしに氏の飯場生活はその後二十年間も続いた。文字通り北は北海道から南は九州まで、日本全国にまたがって飯場生活をしてきた氏は、自分でも知らぬ間に、あの飯場特別の無知人情の厚さを身につけ、その飯場の哀歌とともにいろどっていた植民地民族の、哀れさと悲しさを身をもって体験した。その氏にとっては、母国語に対する愛着は想像以上のものであった。妻子をのがいふるさとに残して、玄海灘を渡って来た飯場の仲間たちと、“自分たちの言葉”で、悲しさや楽しさを語りあっているあいだに、母国語は氏の血となり肉となってしまったのだろう。

さる二十八日の団長選で、立候補の抱負を述べるいわゆる“政見発表”の中で、「借金をしない民団、借金を残さない民団にするため」に立候補したとその所信を述べ代議員たちの喝采をはくしたが、借金はなんとも嫌いなたちらしく団長就任の数日後には、中央本部への割当金未納数百万円をさっさと納めてしまって、さっぱりしたとのことである。

『借金を、こしらえず、借金を残さず』のこの言葉、なかなか味のある言葉である。使命に忠実で組織活動の活発なところに借金などと積るはずはないから、要するに氏は、立派な民団運動と運営をしてみると、タンカをきったわけだが、この公約は大いに期待してもよいとの、氏のご託宣である。民団東本も、借金嫌いの団長を迎えて面目を一新して欲しいものだ。

面目一新といえば、この東京本部に大工がやって階段を直しているが、三階の会議室を青年たちに開放して国語と歴史の夜間学校をはじめたので、二階を通らずに、一階からすぐに三階の会場へ上れるように階段を作りかえているとのことである。

「青年たちが喜んで出入りする民団、青年たちがついて来る民団、これも私の運動目標の一つです」と団長は説明する。なるほど着々と面目を一新しつつある姿だ。

慶尚北道慶山郡出身、当年満五十歳。家庭には夫人との間にひとりっ子の長男雄一君（22才）がいるが、立教大学経済学部在学中の彼、合気道の二段保持者である。息子の合気道が二段なら、氏のゴルフもハンディ10の腕前であり、自らヘタの横好きという碁は初段。なにをやってもすべてをあるまで極めないと気のすまない性分である。その性分で民団東本も日本一の本部にまでひきあげることを期待したい。

おいしい韓国料理に美しいチマ・チョゴリ

韓青料理学校 祝賀発表会盛会

チャリティ・バザーを兼ねて

さる六月九日、会場となった東京YMCAは韓国色あざやかに色どられた。

韓青中央本部主催による料理学校三周年記念祝賀発表会、およびチャリティ・バザーの開催である。

色どりあざやかな美しいチマ・チョゴリ姿の女性たちが、流れる音楽にのってわが韓国伝来の料理を次々と紹介していった。

キムチ（オイ＝きゅうり、ムウ＝大根、ペチュ＝白菜）をはじめとし、鍋菜、辛メンタイ、オジンオフェ（イカのさしみ）、オイコギソベギ（うろこきゅうり）、薬食、シルトクなどがつぎつぎとだされ、料理学校の成果ともいえるこれらの料理に、参席者たちは、舌つづみをうちながら味を楽しんだ。

開会式のあと、金容淑韓青中央委員長のあいさつ、そして民団中央本部呉文教局長をはじめとする来賓祝辞が述べられ、ひきつづきこの一年間の料理講習会受講生に対する修了証授与式が行なわれた。

将来の大韓のオモニとなるこれらの修了者に対しては、会場を埋めつくした多数の人たちより絶大なる拍手が送られた。

いっさいの準備はもとより、接待、司会すべてが料理学校の生徒たちによるものであり、また東京、大阪など遠方からも多数の韓青女子盟員たちが応援にかけつけ、会場に花を咲かせていた。

さらに関東近県の群馬、埼玉などから多数の女子盟員と婦人たちが出席、そのかいがいしい働きぶりをみたある婦人は「日本で生まれ育った者が、韓国人としてめざめ、今日ここでみるような青年男女に成長したことをうれしく思います」と語った。

祝賀会であいさつを述べる金容淑韓青委員長

韓英子女子次長

お手々つないで（続）

キムチ博士

金晩助女史

女性は晩婚の傾向

韓国料理
―キムチと焼菜―

読者サロン

親自ら民族教育に誠意を

成根容

韓国の文盲率11％

第10回在日本韓国人体育大会

一、大会日時

一九六八年六月三十日（日）午前九時

二、大会場所（主競技場）

小石川運動場（東京都文京区後楽一～八～二三、TEL（八一二）四五〇七番）。ただし雨天の場合は、東京韓国学校で球技を実施

三、競技種目

A、蹴球（一般・高等学校・中等学校対抗決勝戦）

B、陸上競技・韓国学校対抗リレー

(1)韓国学校対抗リレー

小学校男子四〇〇m・女子四〇〇m

中学校男子四〇〇m・女子四〇〇m

高等学校男子八〇〇m・女子四〇〇m

(2)民団対抗リレー（韓国学校生徒除外）

地方本部対抗男子八〇〇m・女子四〇〇m

東京民団支部対抗男子八〇〇m・女子四〇〇m

(3)信用組合対抗競技

四〇〇mリレー男二名、女二名

珠算競争

(4)個人

一〇〇m、二〇〇m、一、五〇〇m、五、〇〇〇m

C、相撲（各地方本部対抗一チーム・五名）

D、ぶらんこ・ノル（板）飛び（婦人会対抗）

E、ゲーム種目（来賓ゲーム、民団役職員ゲーム、母子ゲーム、一般ゲーム）

F、模範演技（跆拳道、機械体操）

G、ラグビー、蹴球（二十二分ゲーム）

H、農楽

I、各傘下団体競技種目

(1)野球　(2)射撃　(3)卓球　(4)柔道　(5)庭球　(6)排球（予選）

ただし、各傘下団体競技種目は、原則的に六月二十日から約一週間、各協会主催のもとに実施し、日時・場所などその結果・成績などを二十八日まで報告すること。

(6)表彰は二十日主競技場で実施する。

四、競技方法

❶本大会の全競技は都道府県地方対抗とし、総合得点により順位を決定する（ただしリクリエーション的ゲーム種目は除外する）。

❷韓国学校は別途に学校対抗形式とする。

❸競技方法はトーナメント方式とするが、準決勝時まで個勝負の時は、一回延長戦で優勝を決定し、その後は抽せんで決定する。

五、審判および競技規則

❶本大会の審判は、本国の全国体育大会競技審判規程による。

❷競技規則は、本会傘下各競技統轄団体の現行規則による。

六、表彰

❶地方本部別に総合一位に優勝旗、以下順位によりカップ、たておよび賞状を授与する。

❷団体および個人優勝者には、種目別に優勝カップおよび賞状と副賞を授与する。

❸民団対抗、学校対抗、信用組合対抗種目は、優勝旗、カップ、たて、賞状および副賞を授与する。

❹全参加者に参加賞（記念バッジ）などを授与する。

七、参加資格

❶大韓民国国籍をもつ在日同胞で、アマチュアに限る。

❷当該競技団体に所定の登録を済ました者、または居住地民団を経由して申請した者。

❸当該都道府県の地方本部予選大会で選抜された者。

❹一年以上居住した居住地から参加することを原則とし、居住地民団を通じて申請した者。

八、参加申請手続

❶申請期限　一九六八年六月十五日（土）

❷申請場所　在日本大韓体育会（東京都中央区銀座東二ノ四竹田ビル二階、電（五四一）七二四八・一六七四

❸申請手続　申請者は別紙様式により作成し、……通ずつ提出すること。

❶実務者会議

A日時　一九六八年六月……

B場所　在日本大韓体育会……

C案件　大会に関する協議……

主催　在日本大韓民国韓国人体育会

後援　駐日本大韓民国大使館

在日本大韓民国居留民団および傘下団体

協賛　在日本韓国人教育者協会

在日本韓国人信用組合協会

韓國新聞

発行所 韓国新聞社
発行人 李裕天
編集人 金八雄
東京都文京区春日町2丁目20—13
編集（813）2261～3
業務（812）0673
定価 1カ月100円
振替口座東京 34988番

綱領

一、われわれは大韓民国の国是を遵守する
一、われわれは在留同胞の権益擁護を期する
一、われわれは在留同胞の民生安定を期する
一、われわれは在留同胞の文化向上を期する
一、われわれは世界平和と国際親善を期する

北傀の北送企図挫折

北送再開の計画むなし
日韓閣僚会議妨害失敗
日赤、会談再開拒否

さきに北傀赤十字会は、日赤（日本赤十字社）に対して六月末ごろまでに新潟港へ北送船を送るとともに、同船上で会談を開きたいと申し入れていたが、日赤はこの提案を検討した結果、全面的に拒否することを決定、二十四日午後八時、北傀に対し正式に拒否回答を打電した。

日赤のこの正式の拒否回答により、北傀が執ように企図してきた在日同胞の継続的北送と、きたる八月に予定されている韓日閣僚会談に対する妨害計画は、根本から崩壊したのである。

北傀側は、ことし一月のコロンボ会談で、日赤が北傀の無法な提案を拒否して同会談を打ち切って以来、北傀の常套用語である「人道問題」をうんぬんしながら、日赤に対し執ように会談再開と北送継続を申し入れていたが、さる六月十八日には、突如、北送船を新潟港に送ると打電してきた。これは、北送問題自体よりも、むしろ、きたる八月にソウルで開催予定の韓日閣僚会談の妨害がねらい地におとしいれて会談を決裂させようと企図したのであるが、日赤は、外務当局ならびに厚生省当局と慎重に協議した結果、このたびの正式拒否を決定したもので、北傀とその手さき、朝総連の悪らつな計画もざ折のやむなきにいたった。

新潟赤十字センター

ここへ再び同胞を入れるな！荒廃し人影もない新潟の北送センター

政府、監視船のだ捕事件を重視

政府は、韓国税関の監視船が公海上で日本巡視船にだ捕された事件を重視して、駐日韓国大使館に事件真相を調査して報告するよう緊急訓令した。

外務部代弁人は十五日午前、「韓国の税関監視船が日本の巡視船にだ捕されたことが事実であれば、一般国際慣例に反することで当然日本政府はその責任をとらねばならない」と語った。

一方、姜永奎外務部アジア局長は、前田駐韓日本大使館参事官を外務部に招いて、税関監視船のだ捕経緯をきき、このような日本巡視船のだ捕行為は国際慣例に反することであり、あらゆる責任は日本政府がとらねばならないと抗議した。

ところで、対馬沖の公海上で日本巡視船によって強制拘留された釜山税関監視船トッスリ（鷲）二十一号は、十五日午前八時四十五分に帰港した。

一方、対馬の厳原まで連行されたトッスリ二十一号船長金昌万氏は、その間の経緯を次のように語った。「密輸船が韓国に向かったという情報をうけ、領海七マイル外の公海上で待機しながら監視していたところ、その密輸船が現われたので、その地点からさらに四マイル南方に追撃して密輸船をだ捕した。そして、南廻りすると時間がかかりすぎると思ったので、北廻り（広島灯台側）に向かって十分ないし十五分航行した（完全に日本領海の外）ところ、日本巡視船に追われだ捕された」

一方、トッスリ二十一号に連行された錦栄号は、まだ厳原に抑留されて密輸船が日本の保護をうけているような印象を与えている。

主張
民族的悲劇の六・二五動乱に憶う

動乱前から、北傀側に南侵のきざしが濃くなっていることを一部ではかなり前から顕著に感じとったらしい。

軍備を強化してほしいという一線部隊や若手将校の血の叫びは、途中で握りつぶされるか、かろうじてロバーツ代将（当時軍事顧問団長）のところまでとどくことがあっても「スターリンが韓国で戦争をするなんて、そんなバカなことが。ソ連の目標はベルリンだ」とにべもなく一蹴されるのがオチであったといわれている。

シーボルトの『日本占領外交回顧』によれば韓国戦争直前にロバーツ団長は停年退任（六月十五日付）となり、戦争勃発のしらせを聞いたのは帰国途上の船の中であった。このような停年を間近にひかえ、無事任期を満了する以外念頭にない、いささか臆う型の顧問団長をいただいた韓国軍こそいいつらの皮だった。ホッジ米軍政を真正面から批判した軍政下の「朝鮮日報」が「無定見な閣下の政策」と痛撃し「われわれは日帝時代を上回る苛酷に見舞われている」と書いたのもよくよくのことだった。三年間の軍政時代からひきつづき、アメリカの対韓政策は終始および腰であり、あるときは逃げ腰でさえあったと記されている。

ロバーツ代将はまだよく幸運だった。軍人として「私の陸軍」（ロバーツ代将はシーボルト外交局長の前で韓国軍を"私の陸軍"と呼び、もし北が侵攻すれば、皆捕虜にする、と強がりの宣伝をしたことがある）が、みるも無惨な敗北を喫する場面にいあわせる不名誉から、事前に逃れることができたのだから。

こうして六月二十五日には、韓国軍の移動権をにぎる最高指揮官は不在、加えて参謀長ライト大佐は休暇をとって東京にきているなど、ソウルはぬけがら、機会をうかがう北からみたら、まったくスキだらけの状態だった。このことは、前夜から当日朝にかけての韓国陸軍本部の張暻根次官（現在東京在留）、蔡秉徳総参謀長（のちに戦死）らの行状からも、手にとるようにうかがうことができる。張次官は前夜来、居どころが知れず、北傀軍の全面攻撃に周章狼狽（ろうばい）した当日朝の陸軍本部には、ついに姿をみせなかった。蔡参謀総長も某所で飲み明かし、急をきいて陸軍本部にかけつけたのは、開戦から一時間半を経過した六時半すぎのことであった、という。満を持した北傀の人民軍が飛び交う戦闘機の爆音下で、ソ連製のT32型戦車を先頭に、前進の合図を今やおそし、と待ちうける時刻と同じころの韓国軍首脳部の状態はこのようであった。

以上の状況は、二つのことを物語るに足る、もってこいの資料である。その一つは、北傀が今もなお動乱の罪悪を、その罪過の責任を韓国側に負わそうとする嘘八百をひっくり返すことであり、そのもう一つは、アメリカの極東政策が常に現実にマッチせぬ空転しがちな政策の一面の現れを如実に物語る結果ともいえるのである。一九四八年八月十五日政府樹立以来の南北両地域における占領軍撤退問題 [illegible]

[illegible] なった。これに対する審判も遠からずして自滅を自招する結果になるであろう。

この六・二五の真相の実態を知らない朝総連傘下の同胞に対し、金日成は今も愛国とか愛族を唱えているが、彼に愛族をうんぬんする資格があるだろうか前に記した六・二五の真相を一般、とくに朝総連関係の同胞に知らしめる使命を、われらは今年の六・二五動乱の日にさらに銘記すべきである。

同時に十八年前の六・二五の朝、わが韓国政治家、軍人等一部上層部の失態を反省の鏡にして、民族陣営の先頭に立っている指導者層はもちろん、われら民団の中央、地方本・支部に活躍する指導層は、あの人皮鬼心の共産主義のやからを悪口の対象にするだけが能ではなく、自らの姿勢を正し、六・二五動乱を通じて学んだ多くの課題に忠実であり、民団の病弊をなおすに果敢な行動を起こし、本当の意味の同胞の奉仕団の役割を果すことによって、われらの宿願である"法的地位の悩み"を解決する道に通ずる意義ある六・二五動乱の記念日または国防の日となるのではなかろうか（P）

心理作戦の要員
ベトコン参加の北傀軍

[illegible] からは、国軍で記入された日記帳や辞典などと一緒に、国軍を印刷された多数の印刷物と、韓国で吹きこまれた録音テープなど二十数点が発見されたが、この証拠品の中には「駐ベトナム韓国軍兵士および韓国人民間技術者拉致訓練完了報告書」があり、この拉致対象者名簿の中には、現在、ベトナム婦人と同居生活をしているカムラン地域の韓国民間技術者などが含まれていて、このような北傀の悪らつな計画に、現地の韓国軍は激しい怒りを燃やしている。

また現在まで入手した証拠文書を総合してみると

❶彼ら北傀軍は心理作戦要員
❷韓国軍に対する宣伝・破壊工作と離脱勧告❸ベトコンに対する韓国語教育も含まれていること

——などが判明した。

丁一権国務総理トルコ訪問へ

丁一権国務総理は、スレイマン・デミレル・トルコ首相の招請で、近いうちにトルコを公式訪問する予定だという。

政府筋が十二日明らかにしたところによると「ケスの将兵たちが韓国で見せてくれた犠牲と奉仕は、両国民の暖かい親善への道として長く続いて行くことであろう」と語った。

飛躍的に発展する同胞系信用組合
預金高四八〇億突破

在日同胞の中小企業の経営、育成をめぐる諸問題は、同胞の民生問題のうちでも、最も重要な懸案の一つであるが、その中小企業の金融面の重要な一端を負っているところの、全国各地の二十五の信用組合の全国組織「在日本韓国人信用組合協会」（「韓信協」会長・朴漢植氏）の総会が、このほど（六月十二日）、新築落成した大阪興銀本店（大阪市天王寺区筆ケ崎町）講堂で全国各地の信用組合代表者五十余名が参集し、そのうえ駐日韓国大使代理安公使、鄭求部総領事、金鎭弘大阪総領事、金泰殷韓国外換銀行理事、洪允変支店長李裕天民団中央本部団長、鄭炯和副団長、李成南事務総長、呉敬福経済局長、金信連の代表、大和銀行常務取締役など来賓多数を迎えて開催されたが、その席上「韓信協」傘下の二十五の信用組合の業績が明らかにされ、年々、着実に目ざましい発展を遂げている現状が発表された。

しかし、在日同胞六十万の大多数は、その生業として、中小企業ないし、零細商工業を営んでいるのが、その実状であるが、日本の既成金融機関からは、種々の差別を受けながら敬遠され、そのささやかな"企業"の経営のために、常時、金融難にあえぎ、慢性的な経営不安に悩まされているのが、また偽りない実状の一面でもある。

こんな慢性的な窮乏状態から、同胞の自力を結集して、脱却することを目指し、一九五四年から、同胞商工業者たちが、自主的な相互扶助精神に基づいた自助自立に目覚め、信用組合創立運動に着手し、今日まで、北傀の手先「朝総連」のあくなき、反民族的な妨害工作にあいながらも、現在、別表のような発展を遂げることができたのである。

このように、同胞の信用組合が発展している地方のある反面、すでに五、六年も前から、設立運動準備をしながらも、地方組織内部のささやかな感情的対立、行動の不統一、それにつけ込んだ敵・北傀「総連」の破壊工作などのため、未だに設立許可を獲得できていない地方があるのは極めて遺憾であり、在日同胞の権益を、何よりも優先して守るべき関係者の猛省を促す、重要な材料といわねばならない。

なお、本国政府当局も、在日同胞政策のうちで、信用組合の設立と金融問題を重視し、これまでに「在日同胞中小企業育成資金」として、米貨五〇〇万ドル（日貨・十八億円）を預託に策定し、すでに韓国外換銀行の東京・大阪支店に預託して、各信用組合を通して同胞業者に貸出しを行なっているが、今後も、新設組合および組合員数の増加などに従い、この「育成資金」の追加増額も予想されるので、未設立の地方の同胞および関係者は、一層奮起して、在日同胞の権益を守り、祖国政府の暖かい同族愛に基づいた施策に、全面的に協力し、同胞の利益を守ることを忠実に実践することによって、こたえなければならないことを、「韓信協」総会の参加者会員が一致し、強調し合ったことは、重要な意義をもつものであるといわねばならない。

なお、民団組織と各信用組合との協調ムードも、かつてない良い雰囲気が醸成され、民団中央本部とのお互いの協力を申し合わせるとともに、中央本部団長を「韓信協」の顧問に推載され、さらに民団中央本部李裕天団長が、転任する韓信協の前理事長であった[illegible]氏の三年有余の功労をねぎらう感謝状と記念品を贈呈するなど、和気あいあいの総会であった。

「韓信協」傘下組合業績概要（一九六八年三月末現在）

①組合数 二五組合（準備中16地方）
②組合員総数 四〇、〇八〇名—今年度目標五〇、〇〇〇名—
③総貯蓄高 四六八億（年間一三八億増）—今年度目標六百億
④総出資金 一七億—今年度目標二三億
⑤育成資金（本国政府の在日同胞中小企業育成のための）五〇〇万ドル（日貨一八億円）—うち融資決定額一〇六億円
⑥本国送金（在日同胞の本国家族親類への生活送金等）総額約八〇〇万ドル（日貨二八億円）—件数二二、七二七件

大阪興銀会議室で開かれた韓信協総会

ベトナムへ空軍派遣を考慮
崔国防相言明

崔国防長官は、駐ベトナム韓国軍の戦闘力を強化するための補充計画にもとづいて「今年中に空軍操縦士を派遣することを考慮中である」ことを明らかにした。

なお、ベトナム韓国軍の戦闘力強化のため、APC装甲車など機械化部隊も補強すると語った。

しかし、韓国軍のベトナム増派説にたいしては「国軍の兵力事情と国防上の実情からみて、到底不可能なことであり、さきの国防閣僚会議でも論議されたことはない」と強調した。

金嬉老事件を討論
韓日編集者セミナー

韓国の新聞・通信社幹部一行十三名が、第三回韓日編集者セミナーに出席するため、二十三日に来日した。

来日した一行は、二十四日午後二時より約四時間にわたり「金嬉老事件と朝鮮大学校問題」をテーマにセミナーを開催し、二十五日は「プエブロ事件」をテーマとするセミナーを開いた。

団費・割当金完納運動継続月間　自6月11日 至8月10日

前・完納本部

東京都本部

栃木県地方本部

茨木県地方本部

三多摩地方本部

群馬県地方本部

長野県地方本部

秋田県地方本部

宮城県地方本部

岩手県地方本部

三重県地方本部

愛知県地方本部

岐阜県地方本部

京都府地方本部

奈良県地方本部

和歌山県地方本部

鳥取県地方本部

香川県地方本部

福岡県地方本部

静岡県地方本部

青森県地方本部

割当金一年分以上滞納本部
神奈川・石川・富山・兵庫・滋賀・広島・長崎・佐賀・大分・宮崎・熊本・鹿児島・対馬・愛媛・徳島・高知・大阪・千葉・山梨・福島・埼玉・山形・新潟・北海道・島根・山口・福井・岡山

われらはこのように共産軍と戦った

救国の念に燃え 参戦を血書志願

勇士座談会

北韓かいらいの凶悪な侵略… であった。国土と国民生活の破壊、尊い人命… 共産主義者に対する国民の憎悪と憤怒… 六月二十五日を迎えるごとに、新たにつの… リラによるテロ行為や軍備拡張に狂奔して… で、当時在日同胞でありながら、救国のた… 日同胞に対する要望などを座談会で語って…

司＝18回目の六・二五を迎えるにあたり、当時身をもって参戦した勇士の皆さまを迎えて、当時の戦死者に対しその冥福を祈り、…さまの武勇実戦同胞談をきかせていただき、今後の民団発展のためにつくしたいとの考えから、座談会を開くことにした。まず出陣前のお話は——。

日時＝一九六八年六月二十一日午前十時
場所＝中央本部会議室
参席者（順不同）
鄭炯和氏（中央本部副団長・当時陸軍少尉）
朴炳憲氏（中央本部総務局長・当時陸軍少尉）
韓昌圭氏（東京本部事務局長・当時国連軍兵士）
金貞植氏（駐日韓国大使館第一領事課・当時国連軍兵士）
李麟基氏（大韓在郷軍人会日本支会長・当時国連軍兵士）
司会＝金八雄（韓国新聞編集局長）

（写真説明・左から李、鄭、朴、金、韓の諸氏）

中共軍司令部を襲撃 数百名を捕虜 春川北方

北傀 太極旗で歓迎 後退時おきざりにし無念

かいらい軍の魔手を逃れ一路南下する避難民の群れ

平壌市民の国軍入城歓迎大会（平壌市庁前広場1950・10・19）

六・二五前夜（その一）

北傀挑発をふり返る 十八年前のその日

一九五〇年六月二十五日日曜日の夜あけをゆさぶった六・二五動乱も十八週年を迎える。

北傀の不法南侵により勃発した六・二五動乱は板門店で休戦協定が調印されるまでの前後三年一カ月間、この地を身震いさせた戦争の惨禍を生ぜしめ、また戦争の性格やその様相はいろいろな面で史上例のない面をみせた。

ここに十八年前「開戦前夜」の実態とその真相を文鶴奎氏の秘蔵資料を中心に紹介する。

一九四五年八月十五日解放と同時に韓国は貪欲な主人であった日本人を追い出し、ソ連と米国を占領軍として迎えねばならなかった。

ソ連は八月八日、対日宣戦布告と共に三日間で三八度線以北を占占し、米軍は九月になってようやく進駐をはじめ、当時朝鮮総督の降伏をうけた。

三八度線以南に進駐した米軍は韓国事情をよく知らなかったばかりでなく、統一独立だけを願うあまり米軍政下にどのような軍事力の形成をも望まなかった。

しかし北韓ではソ連軍と共に進駐した金日成一派四三人組が中心となり、まず武装軍の編成をいそぎ八月より治安と秩序を維持するという名目でもって、いわゆる治安隊—赤衛隊—を組織し四六年一月には鉄道警備を目的として鉄道保安隊を平壌に創設した。

同年7月保安局長であった崔庸健が保安幹部訓練所の総司令官となったが、これがいわゆる人民軍の創設であるといえる。

彼らはひきつづき武装軍編成に努力し四八年六月には戦車十台、車輌五〇台と約二千名の兵力により人民軍特殊車輌隊をつくり、師団編成をはじめ人民軍第1、第2および第3師団を編成した。

四八年十月十五日には第4独立混成旅団を編成し、約六千名の海軍と連隊編成よりなる百台の戦闘機、偵察機、および戦闘機を保有するようになった。

四九年一月には満州ハルピンで東北義勇軍入北会議を開き、第一次として中共166師団の一万一千名が新義州安州地区に入北し、第二次として第164師団約一万名が羅南に到着した。

その他散在していた義勇軍約三千名が別途に入北し、ソ連軍出身約五千名も入北完了し第5、第6、第7師団に、それぞれ改編した。

また、四九年八月にT—34ソ連戦車と飛行機を多量に導入し、九月には平壌に高射砲連隊を編成する一方、海軍でもソ連製艦艇30隻を導入した。

三個の民青訓練所を第13、10、15師団に編成し、第4独立混成旅団を第4師団に改編した。

この他に中国瀋州より入北した韓人部隊は第12師団に、戦車部隊は第105戦車旅団（同保直後師団に改編）に編成した。

一方、共産体制を強化するあいだに、反動分子の婦団をおした数千名の青年たちを共産党の工作を通じて、戦車および砲兵の技術員に転換させ、中共および蒙古地域で教育を実施した後、入北させた。

また民族保衛省警備隊外で、内務省警備隊もあったが、これらの訓練および装備は大同小異であった。

一九四八年末に、金日成はスターリンおよび毛沢東と協議して決定した、武力南侵計画を予定どおり進行させ、圧倒的軍事力を保有したが、戦闘力より評価すれば三対一の比率にはなるであろう。

これに反し米軍は南韓より完全に撤収したので北傀共産軍は既除のように侵入し、八日十五日にはまた全国的な共産化を目的とした連結戦争を終結させようとしたのであった。

（次号へつづく）

八・一五慶祝使節団派遣要領

実施要領

（一）各地区取扱

（二）所要経費

第二地区（大阪—ソウル間）
往復航空旅費　一三、五〇〇〃
記念品代　二、〇〇〇円
宿泊費　一〇、〇〇〇円
国内交通費　三、〇〇〇円
雑費　二、〇〇〇円
計　…

第三地区（福岡—ソウル間）
往復航空旅費　一四、六五〇円
記念品代金　二、〇〇〇円
宿泊費　一〇、〇〇〇円
国内交通費　三、〇〇〇円
雑費　二、〇〇〇円
計　四一、六五〇円

（三）旅程
8月14日　各空港出発
〃15日　式典参席
〃　国軍墓地参拝
〃　市内観光
〃16日　一般参観団は解散、各地方本部代表者だけで政府要路を礼訪。
以上　泊三日

（四）所要経費の送金方法および締切期日

（五）名簿作成と報告

（六）再入国手続

❶KJ旅券所持者は理由書を添付して再入国許可を申請し、申請番号を中央民生局に報告すること
❷臨時旅券申請者は、各地方本部が一括して該当領事館に旅券発給を申請し、その申請者名簿を中央民生局に報告する。また本国入国申請も一括して該当領事館に申請すること。

（七）その他注意事項

❶第三地区事務取扱事務局は、それぞれ本国での宿泊所を予約したホテル名と電話番号を、8月10日までに中央民生局に報告すること。
❷本国での交通機関手配は中央民生局が直接手配する。

在日本大韓民国居留民団中央本部

68年度奨学生名単

在日本韓国人教育後援会

譲渡の事実なし

元主務理事（朝鮮総督府学務課長）も確認

偽造の全貌を暴露

奨学会事件公判　前奨学会総務部長韓氏が証言

六月二十四日午前十時から東京地裁で開かれた第二回公判において……

写真＝朝鮮奨学会の中・宋理事たちの策謀で消えた旧会館

行政力強化図れ

協調緊密化を再確認

第四次対大使館合同会議

民団中央本部と駐日大使館との第四次合同会議は、十四日午後二時から大使館において開催された。……

中央執行委開かる

当面の案件を審議

写真＝中央執行委員会（中央）李団長の右が鄭副団長、左が羅副団長

韓信協総会　13日大阪で

安定した国

林教授講演会盛況

韓国はアジアで

宣伝局主催

写真＝宋教授を囲んで入選したチームの選手たち

裸足の選手に靴

京東韓国校職球部に贈物

大阪金剛小学校　生活発表会

福島の功労者

李英魯氏を表彰

（写真は李英魯氏）

組織短信

中央との協調強化　第十三回東北地協開かる

神奈川で講習会

基金運用方策を討議　在日韓国人教育後援会

……なお同後援会の参加者は約二十名、とくに要望されたのは、支部における規約を作成してほしい、ということで、金弁明議長の同意を得た。

在日韓国人教育後援会ではさる二十日、熱海で常任理事会を開き、六七年度の業務および決算報告のあと、六八年度の事業計画と予算審議がなされた。

引きつづき、同じ場所で開かれた六八年度の本会定期総会では、さきに常任理事会で決定された案件に対して原則的に賛意を表した。

今度の会議で特筆すべきことは会員倍加運動により基金を拡大せしめることと、基金の運用方法の一つとして、大使館の職員宿舎を建て、そこから年収約一千万ウォンを得ようという案の実践気運が熟しつつあることである。

文化部新設案　来週中に国議に

政府は文化政策一元化のための政府機構改編案を来週中に国務会議に上程、議決を経て国会に提出予定である。

六日明らかにされたところによると同機構改編案は現在文教部に属している芸術院及び学術院事務局を国務総理直属機関として昇格させる一方、現在の公報部を文化公報部に改称し、公報局、文化局、広報局、放送管理局に改編して文教部から文化、芸術業務を移管させることにした。

政府は同改編案を国会に係留中の国土統一院設置のための「政府組織法中改正案」と共に今会期中に国会を通過させ、遅くとも八月ごろには文化行政の一元化を実現させる方針である。

尋ね人

連絡先　韓国江原道束草市永郎洞大曽

(三機関)

李監察委員長　徐副議長　金議長　鄭団長　朴監察委員　金副議長　李副団長　羅副団長　韓事務局長　禹監察委員

役職	氏名
団長	鄭在俊
副団長	羅鍾卿
〃	李永三
議長	金載淑
副議長	徐興錫
〃	金聖煥
監察委員長	李馬致
〃委員	禹英鎮
〃	朴達権
事務局長	韓昌奎

(常任)

役職	氏名
総務部長	韓昌奎（兼）
経済部長	李永三（兼）
組織部長	羅鍾卿（兼）
民生部長	李泰術
文教部長	李瑾煥
宣伝部長	鄭達鉉

在日本大韓民国居留民団　東京本部
東京都文京区本郷三丁目三二ー七
TEL（八一二）四九二五〜七番

325

牛馬のごとき人間作るだけ
北傀教育の内幕
帰順者　姜礼黙氏の手記

近代化されるには？
—女性と教育—

宝庫開発と増産
水産賞に輝く開拓者

地域社会開発賞
全南高興郡道化面如意川部落
（代表・崔福鳳）

団体賞
務安漁業協同組合
（組合長・丁海竜）

姿を現わす未知の宝庫
国立地質調査所が資源探査

読者サロン
ライフル金さんより学ぶもの

翼をひろげるKAL
黄金路線実現計画

韓国の平均寿命高まる
男59・7、女66・6

韓国女性

326

韓國新聞
発行所 韓国新聞社
発行人 李 裕 天
編集人 金 今 入 隆
東京都文京区春日町2丁目20−13
電話 (811) 2261〜3
電話 (813) 0673
定価 1カ月100円
振替口座東京 34988番

明るく楽しく力強く

在日韓国人体育大会開かる

天候も大会開催に協力−快晴
熱戦展開に歓呼声援
小石川競技場に五千の人波

六月三十日、前夜半から降りだした雨は、夜明けを待たずに晴れあがり、朝から真夏を思わせるような太陽が照り輝く絶好の日よりの中で、第十回在日本韓国人体育大会は、盛大な中に華々しく開会した。

この日、会場の小石川競技場の上空には大会を告げる色とりどりも鮮かなアドバルーンが空高く舞い上り、全国各地から参加した同胞たちは、早朝からぞくぞくとつめかけるが、その中にまじる婦人たちのチマ・チョゴリの色彩が、会場を一そうはなやいだ空気にしていた。

やがて東京韓国学校ブラスバンドが奏でる行進曲にのって、選手団の入場式がはじまった。女子生徒六人が捧げもつ大国旗を先頭に、五百余名の大選手団が入場するや、超満員のスタンドからは万雷のような拍手がわき起り、鄭泰柱大会々長が壇上に立って大会を宣言する頃には、場内の興奮は頂点に達していた。

写真説明　左段（上）国旗を先頭に入場式（中）選手代表の力強い宣誓（下）サッカーの熱戦右段（上）韓国式すもう（角力）（中）国技の跆拳（下）東京韓国学校女生徒の農楽舞

優勝旗東京本部に
二位愛知・三多摩は三位

大会最後の李裕天民団中央団長の祝辞をはじめとする各界の祝辞のあと、選手団代表の力強い選手宣誓が終り、在日同胞の「民族の祭典」ともいうべき体育大会は幕を開けたが、大会が滞りなくプログラムを消化して閉会したのは午後六時過ぎであった。

閉会に先だち各地方本部別の綜合得点の成績発表につづいて、優勝および順位の発表があったが、綜合得点第一位は六十三点をあげた東京であった。第二位は愛知県、第三位は三多摩、第四位大阪、第五位埼玉県の順位で、晴れの優勝旗は東京選手団に授与されることとなった。

フェアな応援

この大会は、今秋に本国で開催される体育大会（国体）の予選を兼ねた大会であるだけに、出場各選手は真剣そのもので各種の競技に、全力を傾注して好記録を狙ったが、昨夜の雨でトラックが柔か過ぎたため、記録面における成果はあまりなかったらしい。

また大会が各地方本部対抗システムで、綜合得点の多い地方本部に優勝旗が授与されるとあって、選手たちも地方の名誉のために責任重大とばかり張りきっているが、スタンドに陣どる応援団も、それぞれの地方選手に対する応援には自然と熱がこもり、あちこちでエキサイトする光景が続出した。

各自の地方選手を応援するのに余念のない団員のスタンドも、東京、大阪、京都の各韓国学校初等部生徒の可愛い選手たちの、対抗リレーや、一〇〇米競走などには地方対抗の意識をすてて心から全員に拍手を送るなど応援もなかなかにフェアープレイであった。特に中等学校サッカーの予戦で東京に敗れ、決勝進出の望みを断たれた京都韓国学校中等部の選手たちが、涙ぐんで首うなだれるや「泣くな！来年は優勝しろよ」と温い

その隣りのブランコ競技場でも同じ光景が展開されて、若き昔しむオバサンたちを驚かせていた。必死になってブランコをこいでいる若いお嬢さん選手に、一人の〝おばさん〟から「クワンモクをとれよ」と声援が飛んでいるが（綿布）よりもビタン（絹織物）選手には通じない。本国でのブランコ大会でこの〝おばあさん〟も昔は、優賞のビタンをねらったこともあるのだろう。この老婆の田舎ではいまも賞品には、優勝にビタン、一位にはクワンモクが与えられているとのこと。しかしこの日のブランコの賞品はプラスチック製品であった。まさに時代は移った。

地方別得点および順位

順位	地方	得点
1	東京	六三点
2	愛知	二一〃
3	三多摩	一三〃
4	大阪	八〃
5	埼玉	六〃
6	千葉	五〃
7	兵庫	四〃
8	群馬	三〃

学校別得点順位

1、東京韓国学校　五四点
2、大阪〃　四四点
3、京都〃　二三点

野球
優勝　愛知
二位　民団調布支部
三位　東京韓国学校

一般サッカー決勝
大阪2―1東京

綱引
1、埼玉　九一点
2、大阪　八五点
3、東京　七〇点

高校サッカー決勝
東京4―2京都

八〇〇米リレー決勝（男子高校）
1位　大阪
2位　東京
3位　京都

一般一、五〇〇米
1位　愛知
2位　東京
3位　墨田（東京）

一般五、〇〇〇米決勝
1位　趙勝九（東京）
2位　玄祥義（〃）
3位　安光浩（〃）

卓球
1位　李健治（大阪）
2位　李健吾（東京）
3位　朴明俊（大阪）

中等学校サッカー
東京4―0大阪

女子中学四〇〇米リレー
1位　京都
2位　大阪
3位　東京

男子中学四〇〇米リレー
1位　大阪
2位　東京
3位　京都

都下支部対抗四〇〇米リレー
1位　台東支部
2位　墨田支部
3位　文京支部

女子四〇〇リレー決勝
1位　江東支部
2位　太田支部
3位　群馬本部

角力決勝
1位　源三男（群馬）
2位　朴満変（世田ヶ谷）
3位　許南明（韓国学園）

韓国、南洋漁場に進出

ベトコン四二名猛虎部隊に帰順
探索作戦の成果

サイゴンからの報道によると、駐越韓国軍司令部は十五日、ベトコンの機動部隊員四十二名が駐越韓国軍猛虎部隊に帰順してきたと発表した。

ベトコンがこのように大規模帰順をしてくるケースは珍しく、ごっそりとベトコンがそろって帰順してきたところは南ベトナム中部海岸パンカス近くの韓国軍猛虎機甲連隊第十二中隊戦闘基地であった。

なお、駐越韓国軍司令部同日発表によると中部海岸地帯のクイニコンとチュイホア地域で探索作戦を繰り広げていた韓国軍猛虎部隊と白馬師団の麾下部隊はベトコン三十一名を射殺し、一名を捕虜にしたほか、火器五十挺余ろ獲した。この作戦で韓国軍の被害は軽微だった。

在日同胞の戸籍整備実施要綱

駐日大韓民国大使館
駐日大韓民国各級領事館

国民登録および永住許可申請案内

国民登録更新および新規申請

一、対象者
(1) 満十四歳以上の大韓民国国民
(2) 旧国民登録証を所持している者
(3) 旧国民登録証を所持していない者は新規申請

二、具備書類および申請方法
(1) 申請書一通（所定様式＝民団各支部にあり）
(2) 写真四枚以上を民団支部に提出すること（手数料無料）
同申請書が民団支部を経由して大使館または各級領事館で受けつけると、直ちに処理され国民登録証が発給される。

三、申請期間
自一九六八年一月至一九六八年十二月

協定永住権申請

一、申請該当者
(1) 一九四五年八月十五日以前から申請時まで、継続して日本国内に居住している大韓民国国民
(2) (1)に該当する者の直系卑属（子、孫）で、一九四五年八月十六日以後、法的地位協定発効日（一九六六年一月十七日）から五年以内（一九七一年一月十六日）に日本国で出生し、継続して日本国に居住している者
(3) 右(1)(2)に該当し、協定永住許可を受けた者の子女で、協定発効日より五年経過した後に（一九六七年一月十六日）日本国で出生した者（出生日より六十日以内に永住許可を申請）
※以上の該当者は、外国人登録から漏落していても、事実上継続して日本国に居住していた者は許可される。

二、申請方法
(1) 申請場所＝居住地、市、区、町、村の役場
(2) 申請人
(イ) 満十四才以上の者は、本人が直接出頭して申請し、十四才未満は親権者または後見人が代理申請する
(ロ) 申請者が疾病、またはその他の身体障害により出頭が不可能な場合は代理人による申請もできる

(3) 手数料は無料

三、具備書類（各市、区、町、村役所にあり）
(1) 永住許可申請書一通
(2) 旅券または国民登録提示、ただし(2)がない者は韓民国の国籍を持っているという趣旨の陳述書」を提出する
(3) 家族関係および居住経歴に関する陳述書一通
(4) 写真二枚
(5) 外国人登録証明書提示

四、記入方法
(1) 韓国姓名（戸籍上）を記入し、子、孫等の名前は日本式で記入せず、漢字で記入する（例、朴ミチ子→朴○子）
(2) 居住歴においては、何年ごろ、春ごろ、秋ごろ、等のように記入してもよい。
(3) 家族関係では、在日家族だけでなく、本国家族も記入すること（戸籍謄本を参考）
(4) 記憶不明の場合は、役所における外国人登録済証明書の写本交付を受け、その記録通り記入してもよい。

一般永住申請

一、申請該当者
(1) 戦前に日本国に居住し、戦後一時的に帰国して平和条約発効日（一九五二年四月二十八日）以前に日本国に再入国した者と、平和条約発効日まで日本国に入国した者（在留資格が特注「四―一―十六―三」になっている者
(2) (1)の直系卑属で、平和条約発効日前に日本国で出生した者

二、申請場所
法務省、各地方の出入国管理事務所

三、具備書類
(1) 申請書　(2) 質問書　(3) 雇用証明書　(4) 外国人登録済証明書　(5) 財産証明書　(6) 納税証明書（非課税証明書）　(7) 健康診断書　(8) 身元保証書　(9) 国籍確認書（大使館または各級領事館所定様式）
※申請書は二通、その他は一通

民団特別補助費追更予算通過

組織強化に一大朗報

今後の活動に強力な支援

戦後の日本においていちはやく組織された朝鮮人連盟（現在の朝総連）が、在留同胞の総意を完全に無視して、金日成徒党の走狗化していくのに反対し、真の民主主義と在留同胞の権益を擁護して民団が創団して二十有余年、幾多の隘路と大きな民族闘争を経て、わが民団は大きく発展成長しているが、本国政府もこの民団活動の成果を大きく評価、さる七月一日の国会を通過した追更予算案（追加予算）には、民団特別補助費を計上している。これは本国の政府が民団の活動とその強化育成に大きな関心を示したもので、民団特別補助費の国会通過に関して、団長は次のような談話を発表した。

朴団長談＝われわれ民団の活動を強化育成すべく、特別補助費の追更予算を通過させた国会の努力してくれた関係当局特に厳大使をはじめとする駐日大使館の理解ある協力は大きなものが……

六・二五前夜

二年前から銃撃戦

人命殺傷と農牛・食糧を掠奪

金相賢議員を派日

国会に同胞実態調査委

岡山地方本部も完納

割合金と特別賛助費まで

岡山地方本部役職員

岐阜県は明年まで

割当金完納運動順調

岐阜本部役職員

高松市にも韓国会館

海兵隊ヘリ母艦

対潜艦隊で強化

三日間で4、460名検挙

暴力団一掃期す

国土建設工事場でしごく

建国以来の勲章数20万余

外人にも六千

婦人会東本主催

映画観賞の夕

みんなでようも　韓国新聞

—写真説明—

左段上から、東京韓国学校中・高等部女生徒の民族舞踊「扇舞」。（中）暑い日ざしにスタンドでは日傘と紙傘が満開（中）汗をふきながら奮闘の東京韓国学校ブラスバンド

（下）優勝旗をかちとり喜びの東京本部一同

右段上から、なつかしいクネ（ブランコ乗り）競技

（中）番愁をそそるノルティキ（板飛び競技）

（中）農楽に浮かれる〝大王さん〟（実はこの大王男装の女性であった）

（下）砂技をひろうする鉄棒運動

八・一五慶祝使節団　派遣要領

民団中央本部では、今年もきたる八・一五の光復節慶祝式典に多数の在日同胞を参加させるべく「慶祝参観団」を派遣することになりましたが、今年は空前の参加者が予想され、中央本部が従前のように、一括して諸般の手続事務を取り扱うことが不可能と見られています。このため全国を三地区に分け、次のような要領で参観団を派遣することとし、該当地区ではなるべく早く人選を完了し、7月15日までに参加者名簿を、中央本部の民生局まで送り届けるよう要望します。

なお本年度からは、従来まで見られた本国での無統率と混乱をなくすため、本国での行動は一さい中央本部の引率と指示下に、統制ある行動をとることになりました。

実施要領

（一）各地区取扱

割当

第一地区（羽田空港から出発）中央本部で取り扱う。

（二）所要経費

（三）旅程

8月14日　各空港出発
〃15日　式典参席
〃　国軍墓地参拝
〃　市内観光
〃16日　一般参観団は解散

以上 3泊3日

（四）所要経費の送金方法および締切期日

（五）名簿作成と報告

（六）再入国手続

（七）その他注意事項

在日本大韓民国居留民団中央本部

韓國新聞

発行所 韓国新聞社
発行人 李裕天
編集人 金八雄
東京都文京区春日町2丁目20−13
電話 (811) 2261〜3
編集 (813) 0673
定価 1カ月100円
振替口座東京 34988番

綱領
一、われわれは大韓民国の国是を遵守する
一、われわれは在留同胞の権益擁護を期する
一、われわれは在留同胞の民生安定を期する
一、われわれは在留同胞の文化向上を期する
一、われわれは世界平和と国際親善を期する

本国受訓で組織化期す
地方本部の実務者一行
中央組織局長引率下に出発

反共理論と組織実務習得へ

韓日両国の修交以来、民団組織と本国政府および、その出先機関である駐日大使館との連繋はますます緊密化し、文字通りの表裏一体の体制確立が要求されている。

この体制確立のために民団各級組織と傘下各機関をうって一丸とする組織強化は焦眉の課題とされ、民団中央本部ではこの問題に全力を傾注しているが、永住権申請、法的地位の諸問題をはじめとする当面の重要懸案事項が山積しているにも拘らず、組織幹部の不足や実務者の訓練不備などの諸理由で、所期目的の達成に大きな支障を招来しており、かねてよりこの実務者に対する徹底的な反共理論の武装化と実務技術の完全習得は最も緊急を要する問題とされていたが、このたび本国政府と折衝の結果、全国の民団各地方本部事務局長を本国に招いて数日間、徹底的な研習と訓練を施すことになった。

この画期的な訓練に参加する各地方本部の参加者は準備をおわり六月末には出発の予定であったが、六月三十日の体育大会のため出発を延期して去る七月七日午後一時東京の羽田空港から出発した。

受訓者一同は、ソウル到着後直ちに中央公務員訓練センターに入所して約一週間、一切の外出を禁止して全員合宿を行なって関係当局から派遣された講師から、反共理論と行政技術の講習をうけることになっているが、このようにみっちりとしごかれて帰る受訓生の今後の活動が今から大きく期待されている。

なお今回の本国受訓団の名単は次のとおりである。

本国受訓団名単

引率責任者　中央本部　朴学俊(組織局長)
引率随行員　中央本部　崔文達(組織次長)
受訓者
東京　李泰術(民生部長)
山梨　李京供(副団長)
茨木　安昌源(文教部事務部長)
埼玉　鄭福植(事務局部長)
三多摩　鄭閔植(調布支部団長)
〃　李吉俊(事務局長)
〃　鄭栄河(事務次長)
〃　朴勝基(団長)
静岡　朴正煥(事務局長)
長野　余相均(文教部長)
秋田　鄭炳琅(組織部長)
福島　李鍾根(団長)
宮城　李六奉(事務局長)
青森　沈載明(事務局長)
山形　黄花元(〃)
岩手　金春鶴(〃)
新潟　安乗変(民生部長)
富山　具文錫(団長室員)
福井　金順永(事務局長)
愛知　丁熙達(事務次長)
大阪　韓太和(事務次長)
兵庫　朴中坤(事務局長)
京都　李相権(事務局長)
〃　白明善(経済部長)
奈良　李鳳尚(事務局長)
滋賀　趙鐘泰(副団長)
〃　張双仏(総務部長)
和歌山　権道奉(副団長)
岡山　鄭奉漢(民生部長)
〃　鄭千鉉(事務次長)
鳥取　高在烈(事務局長)
山口　劉淳就(事務次長)
福岡　金相烈(事務局長)
長崎　趙昌来(副団長)
大分　李鳳三(〃)
鹿児島　徐光鎬(事務局長)
群馬　金賢振(組織次長)
広島・岐阜　現地参加。

主張
自立には先ず 基本財政の確立を

民団の自主・自立は相当長い期間にわたって論ぜられてきているが、未だに自主・自立しているようには思われない。ただ単に口先だけで民団の自主性を論じ、自立性をうんぬんするからとて、自主・自立するものではない。民団の自主性、自立、または民団の姿勢などと論ぜられ、民団の姿勢と云えば、愛団の氏名詞のようにいわれているが、何よりは黙々として民団の基本的な事業を実践することによってのみ民団の自主性が生まれ、自立するようになってきて、始めて姿勢も正しくなるものではなかろうか。

民団の自主性・自立性を論ずるのは大いに結構であり、本質を追窮する論議は盛んに行なわれてしかるべきであるが、その精神が全組織に浸透して組織機構上に生かされない限り、民団組織が自主・自立的になったとはいえないであろう。

それでは民団の自主・自立は何に対しての論議であろうか。まず大使館をはじめ本国政府関係に対して民団が、依存または依頼性から脱皮して、財政的に自立しなければならないということがその一面であると思う。民団が財源を確保し、民団の財政を自主的に充足して行くことによってのみ自主・自立ができるといえるものであろう。次はわれわれが生活している日本社会ないしは日本政府に対してのことであるが、個々人が日本社会においての利害関係、または日本政府に対する権利・義務関係上対処するにおいて、日本人から尊敬される個々の韓国人となって、はじめてその結集体である民団が自主性を確保することができたといえるものではなかろうか。第三番目には、同族問題でありながら、わが民団にとって最も敵対的な存在である金日成傀儡政権の手先である朝総連に対処する問題が一番大きいのである。わが民団は、民団がよって立つ社会的な基本原理を自由民主々義に置いているので、人民の基本権利を尊重し、道義を重んずるが、共産主義によって立つ朝総連は、彼らの基本哲学通り、手段方法を選ばずに民団に侵透し工作して、民団の自主性を破壊しようとする。民団の自主性確立においての最大の敵である。この最大の敵に対する民団の基本姿勢が確立しなくては、民団の自主・自立は望むことはできない。これに対しての民団自体内の意識や物質面が論ぜられなくてはならないであろう。

民団組織の自主・自立は、意識的な面と物質的な面から追求され、確立されるべきものである。いくら意識的に自覚し、孤高な反共的態度を堅持しても、財政的に自立するだけの力がなくては、いくら立派なアイディアがあっても現実化することはできないことは常識である。この点においても、民団の経済的な組織機構に思いをよせてみるとき、民団過去において余りにも経済問題の研究が足りなかったし、この面に対する組織的な努力が欠けていたことに対して卒直に反省すると同時に、今後は組織のこの面に全力を集中すべきではなかろうか。国家にしろ団体にしろ、また個人にしても、経済的な基盤が確立されないところに自主性がありうるはずがないということは、みんなが知っている真実であるのにこの真理が現実化されないところに悩みがあるのである。

先ず自主・自立の精神的な、意識的な土台の上に、財政の運営における行政的な技術を民団は体得すべきであり、民団組織の会計的な規則を厳にして、使われる金銭がほんとうに組織発展に裏付けされるように、民団は全組織を挙げて講究すべきであると思う。民団組織の財源を確保することが大事であると同様に、会計の規則を厳に確立することも重要であることはいうまでもないことであろう。

民団の自立的な意識の確立と財政的な確立とは相関々係である。意識するところには、大なり小なりの物質が伴なうからである。しかし意識され、それに伴なう物質があるにしても、これが組織化され、一定の規則の下に機構として、その機能が発揮されるのでなければ、健全な組織体とはいえないのではなかろうか。民団傘下の韓国人社会には、意識を持つ多数の個人があり、お金も沢山あると思うが多数の個人が組織化されず、お金が経済的な機構に集結されないだけのことではなかろうか。

社会は一面のみを強調しても現実から遠く離れるのであるが民団有史以来、民団は最も切実である経済問題に対して最も力を傾注してなかったと云っても過言ではない。

組織強化懇談・法地位公聴会
創団以来の壮挙
各地で熱烈な歓迎裡に進行

中央本部では、第十一回中央委員会で採択された"六八年度活動方針"を実践するために、すでに本部で"組織強化懇談会"と"法的地位公聴会"を開き、大きな反響をよんだが、さる六月十九日東京都地方本部、二十二日大阪府地方本部、七月三日……組織強化ならびに法的地位公聴会をひらいた。

この会合には、李裕天中央団長、金仁洙中央監察委員長、朴学俊組織局長、ならびに朴性鎮法地委副委員長が参席し、それぞれ次のようにあいさつまたは説明があった。

李裕天団長 あいさつ要旨

中央本部では、組織強化と法的地位問題解決のため全力をつくしている。法的地位問題に対しては団長になる前から努力に邁進を展開してきたが、法的地位に関するひずみを解消することが、わが民団のもっとも重要な事業であると信じている。そのかいあって、昨年十月、両国間の間に"諒解事項"が成立したものと思っている。が実施の面には、まだほど遠い感があるので、いまこの運動を展開している。また、朴大統領閣下をはじめ、政府高官ならびに共和党、新民党など、与野党によびかけた結果、新党的に在日同胞に対する政策をたてるという具体的な対話がなされたので、本国でも法的地位問題に関しては、非常なる関心をよせてきたことはよろこばしい現象であると思う。

わたくしは、法的地位問題の解決に努力することこそが、われわれとわれわれの子孫に対する歴史的使命と自覚し、全力をつくすつもりである。

金仁洙監察委員長あいさつ要旨

中央三機関は就任以来、民主的方式で協議し、公平無私をモットーとすることにして今日までおよんでいる。大同団結で組織を整備し、民族事業をなしとげようとしている。いま中央本部執行部では、全力をつくして机上空論よりも実践をして努力している。"赤児も泣かなければ乳をもらえない"とおなじように、在日同胞も法的地位問題に対しては強力な運動を展開してこそ、本国政府なり、日本政府がわかってくれると思っている。

願わくは各級指導幹部は、中央本部の実践的指導に対し協力することを望むものである。

ベトコンに北傀兵士
白馬師団が八名射殺

駐越韓国軍司令部が八日発表したところによると北傀兵がベトナムで、ベトコンとともに戦闘に参加していることが判明した。

さる五月二十八日、ナトラン西方での戦闘で、わが白馬師団兵士たちは、敵八名を射殺したが、調査の結果、これらは北傀の心理作戦要員であることが判明した。かれらのポケットからは韓・朝鮮辞典と、朝鮮語で書かれた日記帳が発見されたが、今後、かれらの中の一人でも捕虜にすれば、かれらの身分がいっそう明確に判明するものと思われる。

外資一二・八億ドル

さる五月一日現在の外資導入実績は、総二百九十四件の事業のため十二億八千三百九十四万四千ドルにのぼり、そのうち物資の到着額は五億八千九百二十五万二千ドルであると明らかにされた。

経済企画院の発表によると、すでに導入されている外資十二億八千三百九十四万四千ドルの内容は、財政借款が四億四千九百八十万二千ドル(六十件)、商業借款七億五千六百十三万ドル(百五十三件)、海外韓国人の投資分が七千八百一万ドル(八十一件)となっているが、この外資によって建設された工場はセメント、発電所、肥料など百二十一にのぼっている。

大洋州に伸びる韓国外交
大統領オーストラリア ニュージーランド訪問予定

朴大統領はきたる九月中旬、オーストラリアとニュージーランドを親善訪問することになった。この二国は、地理的にわれわれと遠く離れてはいるが、心のつながりからは近い関係にある。二国は韓国戦争の時、血で結ばれた関係で、今はベトナム戦線でわれわれと肩を並べて侵略者らと戦かっている。

朴正煕大統領は、一九六六年十月のマニラ頂上会談および一九六七年十一月の故ホルト首相葬儀式の時、両国首脳と交歓したことがあり、一九六七年四月には故ホルト首相をソウルに迎えたこともあった。新しいアジア・太平洋時代に向かって、彼らとわれわれの友誼は、この度の朴大統領の親善訪問でいっそう深まるであろうし、お互の協助関係に新らしい里程標が築きあげられることになろう。

朴大統領は八日間の訪問旅行を通して、オーストラリアのゴートン首相およびニュージーランドのホリオク首相と、それぞれお互の当面の問題を協議するはずである。この中で、ベトナム戦争の名誉ある終戦のための連合国の基本政策、アジア・太平洋地域の共同安全と繁栄、経済交流などが含まれるよう。ベトナム戦争に関して三国は、それがマニラ宣言の精神に従がって、ベトナム国民の自由と主権が保障されるという原則の下に解決できるということに意見が一致している。このような共同路線は、ベトナム戦争の終了よりは、戦争終了のみをあせっている一部の傾向に対して有益な警告になると思う。

韓国の主導の下に創設されたアジア・太平洋閣僚理事会(アスパク)の事業に対し、大洋州のこの二国は、始めから積極的な協調をおしまなかった。「アジアの一員」としての自覚が日ごとに高まっている両国は この地域の自由守護と共同繁栄に彼らの将来をかけている。われわれは、この度の朴正煕大統領の訪問を契機として、アスパクを中心とした協調事業がより広範に発展されることを願うものである。

また、韓国戦争に参加して以来、技術援助、コロンボ計画などでわれわれを援助してきた。たとえその規模は小さくとも、このような協調関係は年々増加しつつある。通商交流もいまだ初歩的段階に過ぎないが、両国の主要貿易商である農業・牧畜などを通して、これを拡大する素地は大いにある。

大洋州は今や「遠いようで近い」地域になった。われわれの関心から離れていたこの地域に、われわれの国家元首が親善訪問するようになったのは、その間のわが国の外交の伸張を意味するものである。

発展のモデル韓国
コロンボ会議韓国で開催

第十九次コロンボ計画諮問会議は米国、英国、カナダ、日本などを含む二十四会員国の閣僚級代表たちの参加により、きたる十月八日から二十五日までソウルで開かれる。

このコロンボ会議は、韓国がこれまで主催した国際会議の中で最大の規模であり、これは実務者会議、行政官会議、閣僚会議などの三つの段階で進行、各会員国の間での借款供与および技術協力などの経済協力問題が検討される。

こんどのソウル・コロンボ計画会議での特別議題は、昨年ラングーンにおける十八次総会の決議による"輸出振興問題"であるが、これは特に開発途上国家の非常な関心を集めている。

外務部の消息筋が伝えるところによると、政府はこんどの会議で韓国の第一次五カ年計画の成果と第二次五カ年計画の中間成果を総合し、これら経済発展相の具体的な資料を提示する。こうして韓国は、開発途上国としての"モデル・ケース"たるイメージをくっきりと浮きぼりにする予定である。

なお、政府はこんどの会議の特別議題が輸出振興だという点を重視し、域内会員の輸出振興のために関税の引下げ、支払い同盟の結成問題、延べ払い決済方案などを提議する計画である。

京釜間高速道路建設
借款合意書に署名

対日請求権第3次年度有償資金実施計画に基づくソウル—釜山間高速道路建設事業のための借款合意書(三百万ドル借款)が六月二十六日、請求権使節団の閔忠植団長と日本海外経済協力基金の柳田総裁との間で署名された。

これは韓国の自動車道路建設事業の一部に使われることになる。

なお、このソウル釜山間高速道路工事の内容は次の通りである。

●事業主=建設部(韓国政府)
●事業規模=総延長四二〇粁、車道四車線、橋梁三六〇個所、トンネル六個所、インターチェンジ十七個所
●所要資金=総三三〇億ウォン(内資二〇〇億ウォン、外資一千万ドル)
●建設期間=一九六八年—一九七〇年。

自己陶酔の壁を破り　人間社会の闘技場へ戻れ

人類の遺産を探そう

慶熙大で林語堂博士講演

第二次世界大学総長会議は、さる十八日午前十時ソウル慶熙大学校中央図書館において、歴史

いる。人工衛星を利用したTVの出現によって民族と民族間の距離を短縮させている今日、われわれ

の余波が余りに大きかったので、今日、中国の思考方式には全般にわたる西欧的な影響を見出すことができる。自由中国の現文芸復興は次の三面から説明できる。

第一に、西欧の価値観によって曙光を受けた自由主義科学、それから論理である。中国にも過去から民主主義的な教義と理想はあったが、民主主義的な体系の政府はなかった。孟子の言葉に「人民は国家の大本であり、国家はそのつぎ、王はまたその次である」と。ここでわれわれは、この孟子のことばの意味と価値を再び悟らせられる。

西欧思想に及ぼす東洋思想の比重が次第に大きくなるだろうと信ずるからである。哲学方法論が与える中国的貢献について明確な点を三つだけ列挙したい。

分析的理論的思想よりは、直観的洞察力と現実に対する全体的反応――人間としての反応による現実の把握を意味する。

西欧は未だに抽象的、分析的思考方式を固執している。論理によって立証されないものと、科学で確定されないものは知識ではないと主張する。論理的なカント派の哲学を見よ。直観や、直観的な洞察力、火薬などの発明を誇りにして

六・二五前夜（その2）

侵略戦の予行演習
中ソ、金日成に支援確約

住民登録でみた転出入動態

借款業体特別監査
九月定期国会で実施

十二月三十一日を期し国勢調査

臨津江沿いの米軍布陣は万全

みんなでようも　韓国新聞

CIAと六・二五
マタハリの娘が北韓に潜入、東京へ打電

日本政府調査団が現地視察
こんごの問題三つを指摘

一足早く韓国で自動車国際戦争
日・米・仏がスタート

全国に大単位の牧場

指揮者、林元植氏

尋ね人

韓国近代絵画展
東京国立近代美術館で

八・一五慶祝使節団派遣要領

民団中央本部では、今年もきたる八・一五の光復節慶祝式典に多数の在日同胞を参観させるべく、「慶祝参観団」を派遣することになりましたが、今年は例年の参加者が予想され、中央本部が従前のように、一括して諸般の手続事務を取り扱うことが不可能と見られています。このため全国を三地区に分け、次のような実施要領で参観団を派遣することにし、該当地区ではなるべく早く人選を完了し、7月15日までに参加者名簿を、中央本部の民生局まで送り届けるよう要望します。

なお本年度からは、従来まで見られた本国での無統率と混乱をなくすため、本国での行動は一さい中央本部の引率と指示に従い、秩序ある行動をとることになりました。

実施要領

（一）各地区取扱

（二）所要経費

（三）旅程

（四）所要経費の送金方法および締切期日

（五）名簿作成と報告

（六）再入国手続

（七）その他注意事項

在日本大韓民国居留民団中央本部

夏季学校入校生事務推進に対する第三次手続要領

送付の公文により、すでに旅券発給および再入国許可申請を、関係入管に完了しているものとみて、第三次手続要領を通達する。

記

一、人員調節の結果および最終決定

総勢七三一名中

二、第三次手続要領

三、経費

四、事前教育実施

五、服装制限

六、携帯品

七、注意事項

在日本大韓民国居留民団中央本部文教局

330

新鋭ジェット機で週六便運航
黄金路線遂に奪還
わが国航空界の宿願実る

KAL 韓国機 ソウル―東京を飛ぶ

大韓航空（KAL）がいよいよ七月二十五日を期して、この宿願のアジアにおける黄金路線ソウル―東京間に就航することになった。

ソウル―東京間の民間航空路線開設以来今日まで十余年間、このドル箱路線は外国航空会社の掌中にあった。これにはわが国民間航空設立の時期的おくれと弱体もあったが、五・一六革命後に国営の「大韓航空」が設立されてからも依然新鋭大型機の不足など種々の理由で、このドル箱路線は諸外国の〝餌リン〟にまかせ、わが大韓航空はわずかに福岡―釜山間とソウル―大阪間といったローカル路線同様の就航に甘んじるよりほかなかったのである。

この失われた〝空の主導権〟ともいうべきソウル―東京路線の奪回を図るわが国の国をあげての努力はようやく実を結び現在の国際航空路線就航の機種の中では、最高ともいえるDC―9の新型ジェット機（新機）も買い入れ、七月二十五日を期して、この宿願の路線に就航し、ドル箱コースの制覇に乗り出すことになった。

この路線に就航するDC―9型ジェット機は、現在この路線に乗り入れている日本航空（JAL）や、ノースウエスト航空（NWA）の就航機DC―8型機よりももうひとつ新型であり、機体も大きく九十一名の乗客を収容することが出来る最新鋭機であるばかりでなく、その安全性は航空界では定評のある機種で、全世界の国際路線に現在四〇〇台も採用されているが、いまだに事故はゼロという優秀機である。

七月二十五日からの就航を前にして大韓航空東京支社（東京都千代田区丸ノ内三丁目四番新国際ビル）の李基叩支社長は、その喜びと熱意を次のように語っている。

李支社長談

「長い間、外国航空会社に独占されたソウル―東京線にわが国の飛行機が飛ぶことになったが、これは〝失われていた韓国の空の奪還〟であって、私達の長いあいだの夢であり希望であった。他国の首都に乗り入れるということは、わが国の航空史上はじめての快挙である。つまりこの線に就航することは大韓民国の国威を内外に宣揚することでもある。いまやわが国は〝空〟においても堂々と他の国と伍して覇権を争うまで発展向上しているのである。

従って機種も一番豪華で安全性の高いDC―9型ジェット機を選んだし、パイロットたちも金飛行時間一万時間以上のキャリアをもつ超ベテランばかりを選りすぐっているが、これらパイロットたちは外国航空会社ならばみな機長級の優秀な技術の所有者たちばかりである。

またサービスにも気を配り、団員が以前まで外国の飛行機に乗って、言葉やその他からうけていたコンプレックスを一掃することに留意し、特に老齢な同胞で文字の読み書きが出来ない方たちのためには、機内で必要な各種の申告カードやその他の代書までをスチアーデスがすることになっている。機内でサービスする食事も、他の航空会社は東京において二等食を購入して配膳しているのに比べ大韓航空では一律に一等食を購入してサービスすることになっている。とにかく機種、操縦士、サービス、すべての面においてわが大韓航空は旅客に安全と楽しさと安心感を十分に与えうる自信がある。また国威宣揚を考慮して東京支社の事務所も東京のオフィス街では最高の地である〝丸ノ内〟に設けてある。在日同胞各位もわが国のこの国をあげての努力を理解の上ぜひ本国への旅行にはわが大韓航空を利用するよう希望してやまない。」

なお、七月二十五日よりソウル―東京線に大韓航空では週六便（水曜日を除き毎日）を運航させることになっている。

北韓地区に 名誉市長・郡守任命

政府は二十五日、金信翰平壌名誉市長を始め、未収復地区名誉郡守・市長など四十九人を更任発令し、公明周郡守など三十一人を新しく発令した。

この日、中央庁会議室で開かれた委任式で、朴璟遠内務部長官は、激励辞を通じて名誉市長・郡守が未収復地区住民の精神的支柱として、市郡民間の紐帯を強化し、協同、団合の気風を振作して、歴史的な統一課業達成に全力を尽すよう要望した。

三重本部 新築運動進む
年内完成目標に募金活発

民団三重県本部では、県下在住団員の積極的な協力のもとに、同本部創立以来の課題であった本部屋舎新築運動が活発に展開中である。

現在の同本部建物は、旧朝鮮人連盟時代の建物（木造二階）であまりにも老朽化しており、歴代の団長もその修理または新築を計画したことはあるが、本部財政が貧しいためにいつも実現せず、建物はすでに廃屋に近いまでに損傷している。このため、今年の大会で選出された金新団長は、任期中に屋舎新築の完成を計画、同本部の有給職員は女子職員一名だけにするなどの徹底的な緊縮財政を断行すると同時に、県内在住の全同胞に積極的な協力と支援を要請して目下懸命な資金集めに努力しているが、全団員もこの運動に全面的に協力し七月十日現在、目標額三、〇〇〇万円の三分の一に近い一、〇〇〇万円が集まり、新築運動は順調に進歩中である。

なお新屋舎が建設される敷地もすでに物色済みでその計画によると六〇〇坪の敷地に建坪一二〇坪の鉄筋二階建ての近代的な本部屋舎が本年末までには完成することになっている。

現在三重県内には、桑名、松阪、上野、四日市、津、伊勢の六支部があり、県内居住の全同胞数は約七、〇〇〇名で、傘下団体には三重商銀信用組合、韓青、婦人会があり、今夏の母国訪問夏期学校にも二十数名が参加を申込んでいる。

六月十日現在で屋舎新築資金に協力した賛助者名と賛助金は次のとおりである。

林貞秀 二〇〇万円
李頭根 一〇〇万円
崔判秀 一〇〇万円
朴石律 五〇万円
金漢章 五〇万円
尹炳武 二〇万円
徐在壩 一〇万円
趙外成 一五万円
林壬周 一〇万円
李有万 一〇万円
金鴻学 二〇万円
呉昌鎬 一五万円
李済旭 一五万円
蘇暎楽 一五万円
都正気 一五万円
尹炳石 一〇万円
崔根株 二〇万円
南哲夫 五万円
金近鎮 五万円
李宗洙 三万円
金千徳 三万円
徐延伋 三万円
呉徳竜 二万円
以上上野市
李銅植 一〇〇万円
朴基春 五〇万円
孔樹泳 五〇万円
金七得 五〇万円
朴炳基 二〇万円
以上桑名市
金炳賛 一〇〇万円
鄭仁福 一〇〇万円
蔣済連 一〇〇万円
金斉八 五〇万円
李元万 二〇万円
以上四日市
金東植 五〇万円
以上伊勢市

多摩丘に青年の殿堂建つ
韓青中央研習所
花郎台14日落成式
学習成果、各界から期待

かねてより民団組織内で画期的な快挙として注目され、在日韓国青年の殿堂として、その完成が待たれていた韓青中央研習所「花郎台」は、このほど全館の工事が完成、きたる七月十四日には全国の韓青幹部をはじめ、各界から多数の来賓を迎えて落成式をあげ、力強い第一歩をしるす運びとなった。

この韓青中央研習所「花郎台」は、同胞社会の次代を担う同胞青年に対して、韓青運動の体系的な組織理論と実務を学習させ、啓蒙活動の第一線に立つ韓青幹部の養成を期して設立されたものである。

東京都下西多摩郡五日市町の、秋川を一望に見おろす閑静な丘陵に位置する「花郎台」は、白亜のしょうしゃな建物で、祖国の明日を担って立つ、健康で清楚な韓国青年の姿勢を象徴するものである。

この「花郎台」での第一次研習は、落成式後の七月十五日から三日間にわたって、全国の韓青委員長を中心とする研習会が予定されているが、第二次からは学習期間を一週間単位のスケジュールに組み、将来は一ケ月間の長期学習にまで拡大する計画のもとに、目下詳細な運営規定も作成中である。

このような「花郎台」での学習成果に対しては、早くも各界から大きな期待が寄せられている。

北傀武装共匪侵入事件義捐金
民団京都府地方本部（7月6日現在）

支部	金額
上京支部	[illegible]
中京支部	[illegible]
左京支部	[illegible]
東山支部	[illegible]
伏見支部	[illegible]
乙訓支部金泰燮	[illegible]
綴喜支部	[illegible]
丹波支部	[illegible]
福知山支部	[illegible]
南支部	[illegible]
婦人会本部	[illegible]
韓青府本部金一明	[illegible]
学問府本部	[illegible]
京都韓国学校	[illegible]
京都商銀本店	[illegible]
京都商銀本店一同	[illegible]
計	三三四、〇三〇円

金光男議長の斡旋実る
横浜商銀・李氏和解
李氏ら三氏の民団復帰も確認

信用組合横浜商銀の総会における意見の不統一に端を発した横浜商銀側と当時の理事李圭氏との間の紛糾は、その後李氏ら数人が民団から脱団するなどの不測の事態にまで発展して地区同胞たちから事態の推移に多大の関心と憂慮が寄せられていたが、このたび民団中央本部議長金光男氏の積極的な調停工作による和解が成立し、数年間にわたる両者間の不祥事態にも終止符が打たれることになった。これにより李圭氏たちは再び民団に復帰して同胞社会の発展と組織の強化に協力することとなったが、このように事態が円満解決したことに対し、横浜商銀はじめ民団神奈川県本部と中央本部は、心から満足しこれを歓迎している。

なお和解に達した両当事者たちは、この和解成立に長い間努力と協力を惜しまなかった金光男議長の労を多として、両者間にとり交した和解合意文の前文には特にこの点を明らかにしている。また横浜商銀側では、李圭氏が同商銀発足当時に残した功績を高く評価して、その功労に対し最善の方策を講究中である。

両者間にとり交された和解合意文の全文は次のとおりである。

和解合意文

前文

別紙の内容にて和解合意が成立したことは、在日大韓民国居留民団中央本部議長金光男氏の誠意ある周旋と再三再四の勧誘によって相互胸襟を開いて本日の結果をみるに至ったことを銘記する。

文末に署名する我々一同は、不幸にも長い時日に亘って、互に不自然な関係にあったことをかえりみて甚だ遺憾におもうものである。このような事態を惹起した主因は単に相互不信とお互の理解が偏って相互の交流が欠如していたことである。これらの禍因を是正にしてこの事態を一日も早く正常化するために本日を境として互に手を握り和解に合意することを表明する。

乃って我々一同は、過去の事に [illegible]

[illegible] 文を神奈川地方本部団長朴述祚と中央本部議長金光男に伝達すると同時に各々一通を所持する。

西紀一九六八年六月二十八日

横浜商銀理事長 李鍾大

川崎物産社長（川崎市南幸町）[illegible]

会長に鄭姫連氏
婦人会新潟本部大会

[illegible]

なお問題のこる
協定永住権問題

[illegible]

みんなで
読もう
韓国しんぶん

北傀教育の内幕

学生を集団奴隷化に

帰順者 姜礼黙氏の告白（その2）

北韓社会での学校教育とは、労働をすることであり、また社会主義工業化と農業集団化のための訓練された労働者を養成することである。したがって北韓の学生たちは、学習によって評定されるのではなく、労働力のいかんによって評価されている。というのは、肉体的労働力のまさる学生は「党の政策」を観念的でなく、労働を通じて具体的に表現しえたものである、と彼らはほめたたえているからである。ゆえに、そのような学生が、いうまでもなく共産主義学生の模範になれるのである。

金日成と彼の支配下にある労働党はまた、あらゆる手段を講じて素朴な学生たちの労働力をより実効的に、かつ奴隷のごとく搾取しようと血まなこになっている。であるから彼らは、生産工場とか農村で起こしているところの運動と同じ「千里馬学校」「二重千里馬」などの、知能的でありかつ殺人的な、いわゆる社会主義競争という搾取方法を学生に全面適用、学生たちを集団奴隷化しつつあるのが現状である。

それでは一般労働者と学生の区別がないのではないか、と誰もが非難するであろうが、残念ながら私は、まさにその通りである、といわざるをえない。というのは北韓社会での学生は、名札のあるユニフォームを着た無償労働者にほかならないからである。

地に堕ちた師弟之道

「君師父一体」ということばがある。元首と先生を、父と同じく尊ぶという前近代的な倫理観である。が、今日においてもその真理は不変であると私は思っている。弟子は師君を父のごとく尊びうやまい、また、師はその弟子を大切にする。そういう師弟のあいだがらにのみ、その師授される学問が、まことのこもった、かつきまめのある生きた学問であるはずである。

われわれはこのことを「師弟之道」といっているが、もって学校教育において、その「師弟之道」が守られなければならない。もしそれが守られないとすれば、それは真の教育の意義を喪失しているといわざるをえないのである。しかしながら共産主義教育は、前述のように教育の神聖さがなく、「師弟之道」はもちろんのこと、教権の秩序までも崩壊されているのである。というのは、神聖不可侵であるはずの教壇で教授している教師の不忠誠な一言がただちに、学生らの"吊しあげ"によって苛酷な批判を受けねばならない場合がひんぱんに起こっているからである。

学生たちの監視を受けながら講義せねばならない教師、監視を恐れて俳優が同じセリフをいうごとく、一言も異ならない同じ授業をくり返すことによって、教師としての創造力と創意力を発揮できない環境のなかでは「師弟之道」どころか、全く権威失墜である。

では教師が教室で授業中に学生によって、つるしあげられたとか、あるいは侮辱をうけたいくつかの実例をあげて見ることにする。

(1)平壌中央教育幹部学校教育学教師・命徳奎

彼はある日、官僚主義に対して講義をすることになった。彼は例をあげながら

「例えば親ソ派の許嘉誼、朴昌玉らの行動は官僚主義のあらわれではなかろうか……ある意味では、わが国の官僚主義の芽はといえば、ソ連の北朝鮮進駐によってもたらされたものである。…ソ連のいまの社会制度のもとでは官僚主義は避けられない……」

と、金日成に関しては一言も言及しなかった用心深い講義内容が、"ソ連に対する侮辱的言動"と非難されたあげく、反党的教員とのかどで追放されたのである。

☆註 許嘉誼は副首相をつとめたことがあるが、金日成の迫害で自殺。朴昌玉は粛清された。

(2)平壌高等学校文学教師・韓雪沢

彼は中共での百家争鳴を講義中「中華人民共和国の百家争鳴の路線は、われわれ文学および芸術家をふくむ広範囲な社会にわたって適用されねばならない」と力説したのが問題にされ、一ケ月間もの長いあいだ批判ならびに訊問された。彼は別に悪意があったわけではなく、ただ中共路線を賛成することはあやまったことではなかろうかと思いちがいをしただけである。がしかし、彼の発言は結局「社会主義的写実主義の創作方法を蔑視し、かつ朝鮮労働党文学路線を歪曲ひいてはその路線にそむくものである。」との党の決定をうけたのである。

(3)咸興高等農業専門学校歴史教師・張仁成

彼はソ連の「平和共存」政策を、彼なりに"賛意"を表明したかどで災禍をこうむった。すなわち彼は「ソ連首相フルシチョフが主張した平和共存原則はわが（傀儡政権）の対外政策の基本でなくてはならない」と述べたのである。彼もやはり「祖国統一を妨げ、民族分裂を助長する反党的反動」であるとの党の非難をうけ追放、集団農場にまわされた。

(4)咸興梨木中学地理教師・高性竜

彼は「重工業だけでめしが食えるか。腹がへっては共産主義建設もできない」と、炉辺での冗談が、彼の一生を台なしにしたのである。（パイプ運搬工に転落）。首相金日成が主張する重工業政策を非難することはとりもなおさず「反党的行為」であり、同時に「分派分子の理論に同調」することであるからである。当時は、崔昌益（内閣副首相）、朴昌玉（党副委員長）、徐輝（職盟委員長）、尹公欽（商業相）らが金日成の重工業政策に反対し、ヘゲモニー闘争をやっていたときである。

（次号においては、授業よりも、労働赤衛隊訓練、党政策学習会、社会環境美化作業などの課業や、その他党会議、連関会議などの会議にしばられて悩む北傀教師の実例をご紹介します）

家庭欄

ソウルの主婦生活

お手伝さんが95％も

ソウルの主婦たちはどのようにして一日を過ごすのだろうか？

同徳女子大家政学科では、韓国主婦たちの生活形態を調査分析した。それによると、大部分の主婦たちが"お手伝さん"をおいているが、いまだに家事労働の重圧からぬけでないままの状態にあることが、明らかになった。

この調査は、住宅構造に伴なう主婦たちの生活相と、その改善点をさがしだすもので、在来式の韓国式家屋に住んでいる典型的家庭を対象とし、初めて調査分析したところに意義がある。

これらの家庭は大部分、長いあいだ一定場所に住みつき、住宅構造、生活形態において近代的な改良点のみられない非合理性が共通点である。

家族数は平均四〜五人、主婦の学歴をみると、小・中卒が22・3％、高卒が50・6％、大学卒が16・2％、その他が10・9％と、同胞家庭とは著しい差をみせている。

主婦たちの生活時間は、大きく分けて生理的生活時間九時間四十五分、家事的生活時間十一時間五分、文化的生活時間三時間十分に区分される。

〈生理的生活時間〉

睡眠は六時間四十五分、化粧二十分、食事一時間二十五分、洗顔・入浴など一時間十五分。

睡眠時間をみると、農村の主婦の七時間二十一分にくらべやや少ないが、これはテレビ、ラジオなど娯楽文化製品のため、また帰宅時間の遅い夫と子供たちのため自然に就寝時間がおくれる傾向もある。

〈家事的生活時間〉

一番多く比重を占めているのは、やはり台所の仕事である（三時間十分）。大部分の家でお手伝いをおいてはいるが（94・7％）主婦の神経と手がゆき届かねばならない面もあり、また台所構造上の欠陥が、時間のかかる結果となっている。

たとえば日本の場合は、台所と食堂が連なっており、流れ作業による食事準備ができるが、わが国では、大部分が台所と食堂の間で、下ばきをはいたりぬいだりせねばならず、また水道が台所まではいっていない場合が多いので、立ったまま行ったり来たりして浪費する時間の多い非能率性を、無視することはできない。

次が育児で、子供たちの勉強相手など二時間二十五分、授乳一時間五分。乳をのませる場合、半分が牛乳を与えており、そのめんどうをみる時間が多くを占めている。

〈社会的、文化的生活時間〉

一日のうちでレジャータイムは平均一時間二十分、接客二十五分、雑談二十五分程度。

仕事の手を休めて休息する余暇時間には、新聞、ラジオ、テレビが一番多く53・2％、手芸や編物を楽しむ、自分なりの趣味をいかす人はわずか16・1％、家族同志で談話をかわすが15・4％、何もしないが7・9％、その他が7・5％である。

現在のわが国は、日本の戦前に似かよったところが多い。

お手伝さんはいるものの、炊事洗たく、掃除、裁縫、買物、育児、――など、うす暗い台所での家事である。

政治や経済の仕組みは近代化したものの、家の中は昔そのまま封建的な考え方が残っているのである。

日本の場合、家庭主婦が家事に費やす時間は、戦前の一日十時間強より、一九六五年には六時間五十九分と短かく、わが国の主婦の約半分である。

そして、ものの考え方も実利性へと、急テンポで変わっており、母親から家事の役目をとりあげ、若い母親は混乱している。

わが国では現在、家事技術の合理化が中心となっており、このたびの調査でも指摘されたように、職場をもたない主婦であるほど安易な姿勢をすてて、生活の簡素化を多方面において試み、改善していこうとする努力が必要である。

そうして、そこから生ずる時間を主婦自身の人間的な向上のため使わねばならないということである。

例をあげれば、余暇を善用した社会参与への機会をもつとか、読書などで精神的なうるおいをもち明朗な生活人となることである。

ソウル主婦1日の生活

- 家事的生活時間（炊事・洗たく・掃除等）11時間5分
- 文化的生活時間 3時間10分
- 生理的生活時間（睡眠・食事等）9時間45分

7月のメモ

▲1日＝万国郵便連合創設日▲2日＝救世軍創立日▲4日＝米国独立記念日▲7日＝小暑▲10日＝流頭▲14日＝[illegible]、仏革命記念日▲17日＝制憲節▲19日＝初伏▲20日＝初代正副統領選挙記念日▲23日＝大暑▲24日＝初代正副統領就任記念日▲27日＝休戦協定調印日、第一次世界大戦勃発日▲29日＝中伏

本格的な暑さが始まる海の季節となりました。

十日は流頭の日。陰暦で六月十五日をいうもので、この日は水団子を食べる習慣になっています。

非常に暑いときなので、人々はお酒やお料理をもち運んで渓谷や木かげで宴を開きます。

詩をよんだり、歌をうたったり盃を交わしながら一日の猛暑を忘れるのです。

そして時々、冷たい清流に足をつけてひやします。

山間の湧水を"薬水飲み"といって、盛んに呑んだりします。

読者サロン

これでいいのか"民族教育"を読んで

民団東京本部湊支部事務部長 金斗昌

韓国新聞（五月二十五日）九〇六号の一面に、在日民族教育問題をとりあつかった"これでいいのか民族教育"のテーマを読んで、色々考える点があった。

まず民族教育の定義に対する問題である。「民族の精神」と魂を区別して考える人と、民族精神と民族魂を同一視する人との意見があり、"民族の誇り"を持たせることだと言い、具体的には"民族の固有性と特殊性""民族文化の創造的発展能力"の開発を、民族教育の任務ということのようである。が、この場合、私の考えだったら、一般論的民族教育の定義が問題ではなくして"在日韓国人の日本における民族教育のビジョン"を問題とすべきである。

このビジョンが確立していないため、またこのビジョンを在日韓国人同胞全体がはっきり認識していないためにわれわれは、朝総連よりおくれをとり、真の民族教育が実施されない状態に追いこまれているのである。

朝総連にはビジョンがあるからである。在日同胞の子弟を民族教育という楽の裏で、その教育のビジョンを、"共産主義"社会の次代のにないてとして教育しようとする、朝総連全体のビジョンが脈々と流れているのである。今や朝総連の目的は、学校の運営にあるがごとき錯覚を起こすほど、その学校の教育目的を達しつつあるし、その成果は、今や在日同胞の恐怖の対象にまでなりつつある。

ビジョンが私たちとは正反対であろうが、私たちを抹殺する刃物を磨くごとき恐ろしいことであろうが、朝総連系はそのビジョンゆえに今日のごとき地盤をきずくことができた事実を認めざるをえない。

私たちには民族教育のビジョンが部分的には一部教育や、文教局担当者がその任期中には、それらしくえがいたかも知れないが、組織全体として、全韓国人の共同意識としてのビジョンはなかったと私は断言してはばからない。

もしそれがあったとすれば、今日のごとき現状にはならずにより立派に民族韓国学校は育成されてきたことであったろうし、民族団体全体として、今日のごとく指導者不足に悩むこともなかったろうと思うのである。

ビジョンがなかったためにどんな現象が起こったか。それはこの日の民族会の記事を注意深く読めば全部さらけ出されていることを発見できる。すなわち、"ある種の劣等感"を持ったり「二世代の文教局長から韓国学校へ子供を入れるように勧められて入れたが、このたび日本の大学へ進学ができなくなった。これに対して責任を負えるか」と言われたり、その返答ができなくなったりする。"韓国学校の生徒数が減少している"その原因として、"指導層が子供を出さない"など。

ビジョンがなく、一部あってもその根本理念が学父兄に十分説得されないために"学校に対する期待が過重である""民族教育と日本の一流大学に入学できる学力をつけてくれ"と願われるようになり、その"二律背反的な注文"に先生たちはおいつめられ、困惑するのみである。

本当に在日韓国人の社会で、私たちの将来のために民族教育の必要があり、その民族教育により、私たちのみでなく、将来の世界に民族が生き残る一つの方便であることを強調するならば、今からでもおそくないから、正しい在日韓国人の全体の意志を反映した民族教育のビジョンを確立し、そのビジョンに達するために、大衆と呼吸を一つにする賢明な努力を、全員が一致してなしとげる決心を新たにせねばならないと信ずる。

各級機関幹部の自覚と猛省を促す

在日韓国人の全体の意志を代表すると見られる民団が、本当に大衆の意志を反映しているだろうか？また民団の意志を代表すると見られる、民団各級機関の幹部が、本当に民団の意志とみなしていいだろうか。もしそうだとすれば、民団の大部分は民族教育の必要性を形式主義名目主義にはしていても、実質的には民族教育をしてきていないし、する必要も感じていなかったし、否、意識すらないと断言してよいと思う。

民団の歴代の中央幹部のうちその何パーセントが、子弟を韓国学園に入れたか、また韓国学園が存在する地域の地方本部の幹部や、支部幹部の何人が、その子弟を韓国学園に入れているか。

民団の幹部のみではない。傘下団体の役職員の子弟は言うに及ばず、民族教育にたずさわっていたり、その民族教育のビジョンを自ら口泡を飛ばして、学資を集め歩いた、韓国学園の先生たちだった人が、現在何人ほど自分の使命を引継いでくれている先生たちの手に、自分の子弟をあずけているか。

中央や東本、支部団長等の三機関に立候補しながら、その口約の一条に、判でおしたように民族教育を叫ぶその人の子弟が、現在どの学校に進学しているかを、団員が、総ての網羅員や、支持者たちが、どれくらい真剣になって調べたか。

中央のある大物の幹部が、民族教育問題が出るたびごとに、他人事のごとく、大衆を欺くことを見るたびに、私は、この幹部が全民団の真の姿を表わすような気がしてたまらないものを感ずる。

本当に民族教育をしようとするならば、第一に、そのビジョンを確立し、第二に、そのビジョンに実践的協力をしない人間を、民団の幹部はもちろん、傘下団体からでも、要するにすべての分野で、その仮面的指導地位をはくだつする組織的決意と、第三に、組織を構成する個々が、進んで子弟を韓国学校に入れる努力がなされねばならないと信ずる。

が、現実的に見て、いまの民団の影響力や指導力から見て、このようなことは、およそ不可能に近いことであり。

もし、民団の良識がよみがえって、いままでの民団幹部と質的に異なった、若い良識が民団に新しいビジョンをかかげて、その一環として韓国学校教育ビジョンを打ちたてる若い指導者が出現し、いままで民団を金力や、過去の反民族的だった権力から自由にする、指導層が出るまでは、恐らくこの在日韓国人の民族教育論議は、その結論を見出しえないようになるだろう。

子供の教育をどうすべきか？

埼玉県 一青年

私の娘は今年四才になる。子供の成長は早い。じきに小学校だ。ところで学校だが、民族教育はどうしたらよいのだろうか？

民族教育学校へ入学させるとすれば、まず考えられるのは東京韓国学校だが、とても遠いので小学生にとっては無理である。

といって大宮市の朝鮮初中級学園に入れるわけにもいかない。

いろいろ考えたすえ、結局最後に日本人小学校へ、やむをえず入学させることになるのである。

そこではもちろん韓国語は教えてくれない。祖国の地理も歴史も教えてくれない。「愛国歌」のかわりに「君が代」をおそわるわけである。このままではどうしても日本人的になってしまう。

それを防ぐため、せめて家庭で民族教育を行なおうとしようか。

しかし自分自身、子供に民族的な教養を与える知識があるだろうか。

それにもまして大きな心配ごとが一つある。

自分が日本人学校へ通っていた当時の、数々のイヤな思い出がよみがえる。

あれは小学校五年生のときだったかな？

クラスの者とケンカをしたときだった。

そのとき私は勝っていたのだが、相手に「ヤーイ、朝鮮人！朝鮮人」と負け惜しみにいわれたときのくやしさ！

あのときのシュンとした自分の姿が、今でも頭にこびりついている。

そのとき私は、自分を朝鮮人に生んでくれた親を恨んだっけ。

そして自分を悲劇の小説の主人公視したっけ。

何度学校へ行くのがイヤになったことだろうか？

何となくひねくれた人間に育ったのは自分が朝鮮人としてまわりからさげすまれたためである。

いまはあの頃とは時代が違うのだから、もうこんなことはないかもしれない。

しかし、自分の子供が日本人学校でみじめた思いを絶対にしないだろうか？

最近こんな話を聞いた。

「社会の時間、歴史を習っていた。そのとき先生が"朝鮮征伐"という言葉を口にしたとたん、みんな"朝鮮、朝鮮"とワアワア騒ぎだした。女の子も大きな口を開け、ゲラゲラ笑いだしたが、先生はとめようともしないで一緒に笑っていたのである」

やはりいまでもこんなことがあるなんて、昔と少しも変わったところがないのかもしれない。

とすれば、日本人学校へ入れるのは考えものだ。

算数や理科がいくらよくできても、人間として素直にまっすぐ、正しく育ってくれなければ、なんにもならない。

自分のような、少しゆがんだパンチョッパリには絶対にしたくない。

この可愛い娘を韓国人としてまっすぐ育てるためなら、少しぐらい金がかかっても何でもない。

子供は金では買えないのだ。

日本の学校はダメ、朝総連系の学校もダメ、韓国学校は埼玉県にはないし、一体子供の教育をどうしたらよいのだろうか？

一番いいのは、埼玉県にも韓国学校をつくることだが、民団の計画はどうなのだろうか？

せめて小学校でもできれば非常にうれしいのだが…。

二番目に考えられるのは、日本の小学校のなかに民族学級をつくることである。

かって川口市では一九四九年、朝鮮人連盟の小学校が日本政府により、強制的に閉鎖された見返りとして、こういった民族学級がつくられ、現在は大宮市の朝鮮初中級学園に強制的に解消したのだが、いまの法律では、こうした民族学級はどうなっているのだろうか…？

（韓青埼玉県本部機関誌「無窮花」より）

▼例ではあなたの投稿をおまちしております。建設的なご意見などを、どしどしお寄せ下さい。

韓国料理

―夏味の蛋白質―

野菜が豊富に出ているときには、蛋白質食品をおろそかにしがちです。野菜とくみあわせた蛋白質料理で、夏の味を出してみましょう。

▼オイコギソベギ（きゅうりの肉づめ）

△材料＝きゅうり五本、牛ひき肉百g、肉の調味料、玉子一個、しょうが、ネギ、にんにく、塩、とうがらし粉、しょう油、酢、砂糖、化学調味料。

▽作り方＝❶きゅうりは五cm程度の長さに切り、十文字に包丁を入れて、タネの部分を薄くえぐって塩をかける❷ひき肉に、前号で紹介した肉の調味料をまぜ合わせ、炒めた後で再びまないたにのせ、柔かくたたいておく❸しょうがとニンニクはすりおろし、ネギはきざんでとうがらし粉、しょう油、❷の材料をいっしょにしてまぜ合わせる❹きゅうりに酢と砂糖をかけて味をしみこませた後、水気をきって❸の材料に糸切り玉子をまぜて具とし、きゅうりの中につめてお皿に盛る。

▼肉の調味料は百gに対して、しょうゆ大さじ一杯、砂糖大さじ½杯、ネギ（みじん切り）大さじ一杯、ニンニク（みじん切り）小さじ一杯、おろしショウガが小さじ½杯、こしょう小さじ½杯、いりゴマ小さじ一杯、ごま油小さじ一杯の割合で使います。

▼豚肉冷菜

△材料＝豚バラ肉丸のまま百g、大根百g、ニンジン（小）½本、玉ネギ½個、乾しいたけ三枚、梨一個、春菊少量、酢小さじ2杯、砂糖大さじ2杯、塩小さじ2杯、とき辛子大さじ二杯、ゴマ油小さじ一杯、糸とうがらし、松の実少々。

△作り方＝豚肉はかたまりのまま、中までよくゆでて、四〜五cm長さの線状にきる。❷大根はセンに切り、塩をひとふりしてしんなりしたら、水気をかたくしぼる❸ニンジンと玉ネギは薄くクシ形にきりザッと油いためしておく。❹乾物をもどしたしいたけは細くセン切りにし、春菊は熱湯をくぐらす。❺ナシはやや大きめのセン切りとし、以上の材料を全部調味料とまぜてあえ、器に盛ったうえから松の実と糸とうがらしをちらす。

▼あえものは早くからあえると水っぽくなるので、食卓に出す直前にあえることが肝心です。

材料は温度を同程度にし、また持ち味をいかすため味つけは薄めの方がおいしい。

口ざわりのよさを第一とするためには、材料の切り方も同じ形に統一する心構えがほしいものです。

団費・割当金完納運動継続月間 自6月11日 至8月10日

同胞の実態を調査 政策に反映さす

金議員来日

国会から在日同胞社会の実態調査委員として派出され来日中の……り、各方面から、従来の形式的な視察団や要人の来訪とは全然……到着した翌日にはもう金議員は活動を開始し、西多摩郡五日市町……の辞を一席述べたあと、園内を視察し、参集した全国の韓青幹部……

韓國新聞

発行所 韓国新聞社
発行人 李 裕 天
編集人 金 八 雄
東京都文京区春日町
2丁目20—13
編集 (812) 2261〜3
業務 (812) 0673
定価 1カ月100円
振替口座東京 34988番

綱領

一、われわれは大韓民国の国是を遵守する
一、われわれは在留同胞の権益擁護を期する
一、われわれは在留同胞の民生安定を期する
一、われわれは在留同胞の文化向上を期する
一、われわれは世界平和と国際親善を期する

期待される成果 民団中央とも懇談

本国論調 チェコの自由運動の意義

金議員日程

韓国学校 足立分校も

どうなる?チェコの自由化

朝総連同胞よ直視せよ

自由は人間性の発露

自由無しに近代化無し

ソ連は困惑者

内政干渉とソ連の恐れ

チェコ経済復興は西側に頼る

ソ連との会談は慎重に

あせり始めた金日成 ソ、植民化の野望を捨て

チェコ自由化と金日成

世界に誇る韓国技術 =技能五輪で三位に入賞= 11部門で金4銀4のメダル獲得

団体競技は韓国が優勝

青瓦台を礼訪

団費・割当金完納運動継続月間 自6月11日 至8月10日

333

解放の感激のなかで 自然に糾合した建青

建国へもやした若い情熱

◇…さる十四日、われわれ民族陣営の永い間の宿願であった韓青中央研修所の落成をみたが、これで日本における同胞…◇
◇…の若い世代の修練の場が出来あがったと思う。この中央研修所の落成を契機に在日同胞青年運動も大きく前進する…◇
◇…ことになろうが日本において解放直後から青年運動を指導してきた朴先輩と、現在韓青中央本部の委員長として直…◇
◇…接指導にあたっている金委員長をかこみ、青年運動の過去と現在および、将来の展望などを話してもらい、皆さん…◇
◇…から直接指導を受けてもらっていない在日青年たちにも、精神的な糧（かて）となるよう希望しながら、この座談…◇
◇…会をひらくことにしました。（金八雄宣伝局長の司会のあいさつから）…◇

大きく前進する青年運動

過去と未来を語る・座談会

座談会出席者（順不同）

朴根世氏（前建青副委員長・民団中央委員）
金宰淑氏（韓青中央本部委員長）
尹翰鶴氏（民団中央本部組織局次長）
韓昌奎氏（前韓青委員長・現民団東京本部事務局長）
朴炳渉氏（韓青埼玉県本部委員長・東京教育大学博士課程在籍中）
金八雄氏司会＝民団中央本部宣伝局長

民族自覚の高揚

祖国への奉仕精神を

三段階の過程ふみ

青同改称で再スタート

もう古い反共"口号"

実利ある指導策を

悩み多い"地方"

与えよビジョンを

日本で活すか 韓国へ帰るか

国語習得に努力を

帰国への目標は疑問

温い理解で育成 次代を背負うよう

やめよう色眼視

苦労した民青の襲撃

旺盛な闘志で

克服した苦難時代

在日僑胞戸籍整備に関する

再指示について

首題の件、1966年1月16日付の法律第1865号で公布した「在外国民就籍に関する臨時特例法」と、従来の戸籍法に基づいて実施されている在日僑胞戸籍整備事業は、民生局の重要な継続事業として、積極的に推進しているにも拘らず、一般団員の日常生活において、戸籍に対する切実な必要性が稀薄なため、最も重要であり、且つ基本的な婚姻申告・出生申告等もまだ未申告の団員が大半であると推測されます。

前記の「在外国民就籍に関する臨時特例法」は、北韓に本籍地を有する僑胞と、南韓に本籍地はあるが六・二五動乱などにより、戸籍が喪失した僑胞を救済する特例法であるから、これに規定されている項目に該当しない僑胞に対しては、従来通りの一般戸籍事務を現行戸籍法細則どおりに処理しております。この点に注意して混乱がないよう要望します。

また本国では、戸籍に無関心な在日同胞を啓蒙すると同時に、国民登録更新事業と併行して、戸籍整備事業を積極的に推進するため、ここに婚姻申告、出生申告、国際結婚の際の戸籍手続を次のように示達しますので、各地方本部・支部・分団はもとより一般同胞も、この指示を十分に認識して、速かな時日内に、全同胞の戸籍を整備するよう、万全の努力を期するようお願いします。

記

（一）一般婚姻申告（韓国人男子と女子が婚姻する場合）

(1)婚姻申告　四通
(2)添付書類
A、夫婦の戸籍謄本各一通
B、外国人登録済証明書、夫婦各一通
(3)男子満二七才未満、女子二三才未満の場合には、婚姻に際し父母の同意を要する。
(4)戸主の直系卑属、長男以外の者が婚姻すれば、当然、分家することになるので、婚姻申告用紙記載事項の中の第七欄には、現在の本籍地を記載すること。
(5)既に日本の市・町・村・区役所などに婚姻申告を終えている場合には、(2)の添付書類以外に、日本の市・町・村・区役所発行の婚姻届受理証一通を添付する。

（二）出生申告

(1)出生申告　一通
(2)添付書類
A、出生届受理証　一通
B、外国人登録済証　一通

（三）国際婚姻（韓人男子と日本人女子）

(1)日本の市・町・村・区役所に婚姻を申告して、婚姻届受理証を添付して、一般婚姻申告様式に準じて、その地域を管轄する韓国大使館または領事館へ一個月以内に提出する。但しこの場合婚姻申告は三通である。
(2)日本の市・町・村・区役所に婚姻届を提出して受理されたら、その日本人妻は、大韓民国の国籍を取得したことになる。従って取得した韓国国籍は二重国籍であるから、六個月以内に日本国籍を離脱しなければならない。
(3)万一、その期限内（六個月内）に日本国籍を離脱しないと妻の韓国国籍は、自動的に消滅し、その妻には日本国籍だけが残る。
韓国国籍が消滅した後においても夫婦関係にはなんらの影響はない。

（四）日本国籍離脱届「日本外務省大臣官房領事課」に提出する。

添付書類
A、国籍離脱届　一通
B、妻の日本戸籍謄本一通（婚姻の事実が記載されてあること）
C、住民票　一通
D、妻の日本国籍離脱届提出は、㈢の⑴に基づく、韓国大使館に対する婚姻申告後に日本国籍を離脱するのが妥当である。万一夫が「無籍者」である場合か、または本籍が不詳な場合には、妻が日本国籍を離脱しながらも韓国戸籍に入籍出来ないために、妻までも無籍者となることがある。

（五）認知

日本人妻（内縁）が生んだ子の認知
(1)申告書　三通
(2)添付書類
A、父の戸籍謄本と外国人登録済証明書、各一通
B、母の戸籍謄本
C、可能なれば日本機関の認知届受理証一通

以上

在日本大韓民国居留民団
中央本部　民生局

334

韓國新聞
発行所 韓国新聞社
発行人 李裕天
編集人 金八雄
東京都文京区春日町2丁目20−13
電話 (811) 2261〜3
定価 1カ月100円
振替口座東京 34988番

楽しい夏を母国で

学ぶ文化や歴史

夏季学生の一行壮途へ

本年度母国訪問夏季学校への参加者総員五三九名は二十六日下関港から、本国政府差しまわしの軍艦二隻に分乗し、民団山口県本部傘下の同胞多数の見送りをうけ一路本国向け出発した。

盛大な歓送裡に軍艦で

日本全国からの参加者全員は二十六日正午までには乗船地である下関へ完全に集結を終え、学生たちの到着を待っていた地元の民団・韓青・婦人会は総員二〇〇余名を動員して、接待と警備その他のため、駅と各旅館など数日前から歓送の準備態勢を整え全員を配置したばかりかこのためにわざわざ対策本部まで構成し委員長には民団山口県本部の[illegible]団長が、副委員長には[illegible]副団長がそれぞれ就任して、整然と[illegible]

写真＝軍艦上で出航を待つ一行

主張

母国夏季学生を送る

本国の温い支援を望みつつ

わたしたち民団の重要な文教事業の一つである在日僑胞学生たちのための母国夏期学校が、ことしもまたソウル大(ソウル工科大学)で開設されることになり、これに参加する高、大学生男女五百三十九名が、はじめてみる祖国への憧れに胸一ぱいふくらませながら壮途についた。

夏季学校の目的

わたしたち民団と本国政府当局との厚い協力のもとに例年実施されるこの母国夏期学校の目的は、いうまでもなくれっきとした韓国人でありながらも日本で生れ育ったために、ほんとうの自分の祖国というものを知らない僑胞二世または三世の学生たちに、母国の土を実際にふませてその真の姿をみせるとともに、誇りに足る祖国の文化や歴史を学ばせて韓国人としての自覚を高めていては民族的な矜持をもたせようとするもので、海外在留民の教育上実に意義深いものである。

わたしたち民団が、この事業をはじめてから未だ数年にしかならないが、その成果は実に多大なものであると信じてやまない。その証左の一つとして毎年、年を追うごとに参加希望者がふえていることである。本年も定数の倍に近い参加希望の申請があったが、現地の受入体制などの都合もあって、希望者全員を参加させることができなく、やむなく在日民族学園に在学中の学生は除外し、主に日本の教育機関に在学する学生だけを選定した次第である。参加希望者を制限したことは心苦しいことではあるが、予想外のことでやむをえない措置であった。このように当然なことではあるが、この母国夏期学校の事業が、一般僑胞社会から歓迎されていることは、まことに喜ばしい限りであり、これら多数の学生たちを無事祖国に送り出すことができたことについては、輸送の任に当ってくれた本国当局ならびに出国に際していろいろと協力して下さった日本官憲当局に対しても感謝の意を表してやまない。

さらにこれら多数の学生たちが本国に赴くについては、本国の各官公署や一般同胞にいろいろとお世話にならざるをえないがどうか、わたしたち在日民団のこの事業の意図をくんで温いご支援を切に期待してやまない。いまは、言葉も知らなければ母国の風俗にもなじんでない。しかし彼らとて祖国を愛する心にほかわりないし、将来は国家のためあるいは在日韓国人社会のために貢献すべき若ものたちである。はじめての祖国が感受性の強い彼らに失望しないよう細心の注意をはらってくれることをあわせて望んでやまない。

参加の学生諸君へ

さて、学生諸君はいまごろはすでに、親しき祖国の山河に接し温い同胞の“人情”にも出合ったであろう。そしてまた夢にまでみた母国に対するさまざまな印象をうけたことであろう。諸君の見たこと感じたことがいいにしろ悪いにしろに関係なく、そこが正しく君たちの祖国であり、君たちの身体の中に流れている民族の血の根源地でもあるのだ。「たとえ自分の母がアバタであってもひとの母とはかえられない」と同じく、よしんば君たちの目に映じた現在の祖国の状況が、あこがれていたそれと違っていたにしろ、よその国とはかえることのできない自分の国であり君たちから愛されるに足る現なる祖国である。なるほど君たちが生長したいまの日本は物質文明が高度に発達し消費文化が花ざかりと咲きほこって、われわれの目をみはるものがある。このような現象的で目にみえる眼識だけをとらえて韓国と日本の優劣を計ってはならない。ものの見方考え方にはいろいろあってつまるところみるひとの主観によって結果は左右されるものである。要は、まず韓国人であるという自覚のうえにたって祖国の現実をみきわめ考えてほしいものだ。

悠久五千年の歴史をもち、かつてはこの日本にもいろいろな文化を伝えた伝統ある民族ではあるが近世において外国の侵略をうけ約半世紀に近い間、韓民族固有の文化発展が一時中断されていたことは諸君もよく知っていることである。そしていまや民族本然の姿にもどって—すなわち光復二十有数年、新建国にともなう建設の槌音も高らかに驚異的なテンポをもって発展が進められているのがいま君たちの目にうつっている現実の祖国である。

正しい祖国観をもて

よく本国を旅行してかえる在日韓国のうちには、「日本のあれは良いが、韓国のそれはよくなかった」というように、まるで日本がこの世の楽園でもあるようなもの言い方をする無知なひとがいる。そういう思考方式は、民族性を忘れたひとの考え方であって正しい見方とは言えない。もちろん日本には日本のよさがあり韓国には、韓国のそれによさがあることを忘れてはならない。要は過去を理解して現実が正しく認識されるということだ。どうか学生諸君は、短い期間の夏期学校ではあるが、優秀な民族文化や歴史を理解し、韓国民としての自覚にたって母国の正しい姿を認識してほしいのだ。

また諸君は、韓国人とはいえはじめて母国に帰ったのだから、外国のような気がして奇異に感じることもあるであろう。日本とは風俗が違い言葉が異るのだから当然である。しかしそれは君たちが韓国人としての精神をもつ自覚のうえにたてば、なんら人間形成の妨げになるものではないし、かえって君たちの経験や知識に豊かさを加えることであろう。要するに君たちが現在もっているであろう大きな夢も限りない希望も、すべて温く迎え入れて包容してくれる母国だ。栄光ある母国の未来は君たちの貢献を待っている。それに応えられるように多くの知恵と確固たる祖国観をみにつけてくれることを望んでやまない。

つぎにまた諸君は、生れてはじめて近い親戚にも出合うだろうし新しい友だちも得られよう。これら親戚や友人との交際において、とくにエチケットに反するような行為があってはならない。道義や礼節は世界いづれの国においても変りないが、韓国はとくに礼儀を重んずる国であることを知ってほしい。どうかこんどの母国旅行が諸君の一生の楽しい想い出となるよう祈ってやまない。

湖南の干害深刻化

大統領も対策に緊急指令

被害農家33万戸

糧穀の輸入を急ぐ

朴正熙大統領は三十日、湖南地方の干害に対処するため、第二次追加更正予算案編成を含む九項目の措置を内閣に緊急指示した。同緊急指示内容はつぎのとおりである。

[illegible]

湖南地方大旱害

救済運動に参加しよう

[illegible]

在日大韓民国居留民団中央本部

大使館発給で簡素化

旅券申請の手続かわる

[illegible]

農牛も売られる

[illegible]

中南米へ使節団

国連対策と経済強化で

[illegible] ジュネーブ大使を団長とする南部アフリカ使節団は三十日、それぞれ現地に向かって出発した。白斗鎮大統領特使を団長とする東南アジア地域使節団と李寿栄駐仏大使を団長とする西部アフリカ地域使節団は八月一日に出発した。

アラブ連合と文化交流協定締結

[illegible] 芸術、科学、技術などの協定を締結する方針を決めた。同方針によると、アラブ連合共和国に文化使節団を派遣して、教授、学生、文化人、言論人などを相互に交流する一方、各種の書籍と定期刊行物などを翻訳して交換する予定である。

94.3％完了

＝本国の田植＝

農林部集計によると全国田植え実績は総計画面積百二十一万八百四十九町歩のうち九四・三％の百十四万二千九百十町歩を完了した。二十日現在、中部地方では降雨後作業を終えたが全南地方は降雨量不足で五・四％しか進捗していない。

色眼鏡

日本の歴史教科書に「神話」なるものが登場するという。天照大神が天から降りてきたとか、国造りの神がいて日本の国土を生んだというばかげた話をいくら知能の未発達な子供といえども今時分それを信じるものはいない筈だ。それをあえて教えこもうとする意図はどこにあるだろうか？▼第二次大戦以前、あの思い上った低民族に対する理由のない優越感も、よってきたる原因といえば、あの神話的な国史教育にあったのではないだろうか？。天皇は「天孫降臨」の後えいで人間の子孫でなく現世の神であるという思想なぞは、神話教育の代表的なよってきた影響の一つである。▼一九四五年八月十五日、敗戦とともに神国日本は、民主国日本に生れかわり教育制度にも多くの変革が行なわれ、もちろん「神話」など教科書から消えさったのであるが、それでもさすがに古くからの民族に深くしみこんで消えなかったのか、そろそろ頭をもたげてきた。▼他国の教育方針や内容がどうであれわれわれは関知するところでもないが、そういう教育が故に近世において日本が、韓国に及ぼした大きな害を思うといささか気にならざるをえない。どういう神話が登場するか詳かではないが、同じ神話にしても天照大神が、韓国の神君の子孫であるという日本の学者の一部にも肯定説をしているそうだ。そういう伝説なども多いにとり入れて両国民族の親善に資してはどうであろう。▼日本の文部当局は「民族の魂を伝える」ために神話教育を[illegible]

李国会議長が来日

[illegible]

新師団長に柳少将

駐ベトナム白馬師団

ベトナム派遣韓国軍白馬師団長がかわる。現師団長朴[illegible]少将は九月一日付で陸軍本部付となり、後任師団長には七月十六日付をもって柳[illegible]准将を同日付で少将に[illegible]

韓国単独招請案再確認

米国連大使訪韓

[illegible] ボール大使は、朴大統領と意見交換した後、午後一時半から崔外務長官を訪問、約一時間にわたって今秋開催される国連総会に対備した各国の情勢変動を検討したあと例年のように韓国単独招請案を実現するための韓米間の協議体制を協議した。崔外務長官との会談には韓国側陳外務次官、金[illegible]国連大使、朴外務部政交局長、米国側はジョセフ国務省国連担当次官、ポーター駐韓米大使が参席、この会談で[illegible]と発表した。

統一院の発足

来年一月に延期

[illegible] 定していた国土統一院の発足を、明年一月一日に延期する方針を発表した。延期の理由は、旱害および水害対策と国家保安対策などの経費を予備費から優先的に転用することが急要するため、所要経費四千万ウォンを見積った統一院の発足は明年初めに延期することに決定したもの。

朝総連傘下同胞に訴える！

親愛なる朝総連傘下の同胞皆さん！

さる一月二十一日夜、北韓共匪がソウルに侵入、許すまじき蛮行をくり返えし、北韓が再び武力侵攻を企む誤った意図を現わしているが、平和的国土統一を念願とするわれわれ四千万民族に不幸な犯憂をもたらすと同時に、なお日本においても朝総連が北韓共匪の蛮行を歪曲し合理化するため現在各種のありとあらゆる偽装宣伝を行ない、皆さんを騙していることに対し、われわれは民族的憤激を禁じ得ず、皆さんにメッセージを送ると同時に、われわれの考え方を明らかにし北韓共匪とその手先である朝総連を徹底的に糾弾するものであります。

祖国の平和統一は国内外を問わず韓民族の至上命題であり、また達成することに最大の力を注ぐことが、われわれに与えられた歴史的使命といえましょう。

すなわち、このような理由の下で、われわれはこのたびの北韓共匪の蛮行と日本において之れを偽装合理化しようと、ありとあらゆる虚偽宣伝を行なっている朝総連に対し、非常な関心を集めており、北韓と朝総連にかんするいくつかを率直に指摘し、皆さんの覚醒を促求するものであります。

今日みなさんは、北韓を自分の祖国であると呼び、朝総連を祖国の分身であると信じていることでしょう。むろん長い間、北韓と朝総連の虚偽宣伝に騙され、ほとんどの人が観念的に無意識の中に巻き込まれている皆さんとしては、無理なことではないと思います。

しかし、われわれが改めて皆さんに問い正したいことは、まず皆さんが自分の祖国という北韓と朝総連の宣伝でなく、自分自身が冷静に判断したことがあるのだろうか、いうことです。ここには明らかに皆さんの重大な覚醒が要求されるのであります。

要するに北韓について、朝総連が皆さんに宣伝していることは最も一方的であり、またその内容は虚偽理論であり、従って皆さんが想像または間接的にみている自分たちの祖国の姿とは、全部か悲惨な共産主義社会を美化した宣伝写真と宣伝映画にすぎないのです。これを証明することは言うまでもなく、共産主義がわれわれ人間性からみて根本的に誤った理論であるということです。いわゆる北韓社会が、皆さんが憧がれているような地上楽園ではなく、個人の自由と人間性を完全に否定し、大衆を奴隷化し、文字そのままの強制労働の生地獄社会というのが、現下の北韓の政治、経済、社会面のあらゆる暗黒相を通じて現われているのであります。

一方、六・二五動乱時に四百万の北韓同胞が越南したにもかかわらず、その後を追って今なお自由を求め生命をかけて大韓民国に帰順する数多くの同胞がいるということを想起し、また、北韓が密派した武装スパイ、工作員たちまでも大韓民国に自首し、北韓社会においての悲惨な生活を自白し、大韓民国の自由社会で生活したいと異口同音で訴えており、願い出る者は全部が大韓民国の温い配慮の下に幸福な生活を営んでいるということは厳粛な事実であります。

このように述べると、皆さんたちは自分の祖国であるいわゆる人民共和国が現在建設途上にあり、特に米国と大韓民国政府を打倒し統一した後は、韓国民を幸福に導いてやろうと、昼夜を問わず強制労働を行ない、食べるものも食べず、食糧とあらゆる物資を節約、保存しているということでしょう。しかし、それは千万不当の虚偽宣伝に惑されたた言葉であります。われわれ大韓民国は簡単に北韓が言うように、自主統一という美名にダマされはしないだろうし、またそのような統一を待ち、北韓同胞の奴隷的強制労働、言うなれば、飢えと呻吟によって北韓同胞の血と汗によって蓄された食糧と衣料をもって生きることを求めているのではありません。それよりも北韓には彼らが宣伝することと、また皆さんが信じきっている食糧と衣料は、ありえないということを自覚せねばなりません。

なぜならば、北韓は大衆の奴隷的強制労働をすべて戦争準備につぎ込んでいるため、大衆が食べて着るまでの余裕が全くないということです。もう一度考え直してみましょう！北韓が中共とソ連の間を往来しながら、虚偽の自主路線を大きく宣伝し、皆さんに異常な自負心を与えてくれたが、その自主路線とは、すでに北韓がソ連から再び中共側に片向き、この度のような武装侵略を行なうに至り、青天白日下にその仮面がはぐ露されたのである。また北韓が大韓民国のめざましい経済発展と国際社会においての地位向上に慌て出し発悪的にこれを妨害し、機会あることに民族史上、到底許されない過去の・六・二五動乱を再現しようとし、反民族的であることが彼らの一貫した意図であります。言うなれば、最近行なっている行為は、大韓民国に対する武装侵入であり、その最後の目的は自主統一という宣伝の下で、武力で大韓民国を侵攻し全民族を共産主義の奴隷に仕立てようとしているのであります。

そうであるがために、北韓は今度の武装共匪のソウル侵入も、これは韓国内でのゲリラが蜂起したものであると虚偽宣伝し、また忠実な朝総連もオオムのように、良心の呵責もあえず、恥じ知らずの悪宣伝で日本社会と皆さんを騙そうとしているのであります。

親愛なる朝総連傘下同胞の皆さん！

もちろん、朝総連の幹部たちは、このように宣伝する外はない自棒であるが、皆さんまでが心から信じ切ろうと思いますか？万が一、皆さんが心の中で虚偽宣伝を否定しながらも、朝総連に近寄っているとすれば、皆さんは自己の人格と良心を自ら捨てようとするロボットにすぎないでしょう。われわれ大韓民国はどこまでも平和的に自由民主主義の原則下で統一するという国是を打ち出しております。われわれが統一するにおいて、過去に北韓が冒した六・二五動乱のような悲惨な同族相剋で、われわれが血と汗で建設した国土を戦争と爆弾で再び破壊する必要がありうるでしょうか？

親愛なる朝総連傘下同胞の皆さん！

皆さんにつぎのように訴えたいと思います。皆さん自身の民族的良心に基づいて、われわれ民族の百年大計のためにも、一握にすぎない朝総連幹部の甘言利説と幻想的宣伝から一日も早く目覚め、北韓と朝総連の実態を客観的に判断し、大韓民国の温い平和の懐に帰り、われわれとともに民族の統一に努力しましょう。またわれわれは、日本において祖国大韓民国の国民として民族団結をはかり、われわれの権益を強く擁護し、北韓共産カイライ集団とその手先である朝総連の誤った術策を排撃しましょう。すなわちこれのみが国土統一とわれわれ民族後孫万代までの繁栄を念願とする、真の愛国的行為といえましょう。

最後に皆さんの幸福を祈り、また皆さんが一日も早くわれわれと手を握り合う時が来るよう、信じながら、このメッセージを送るものであります。

在日大韓民国居留民団

石油・天然ガス埋蔵
西海岸・済州の南岸一帯に
海棚主権宣言を再確認

海底資源の開発へ

米石油会社も提議

韓国大陸棚海底地質構図式

十三・三%もふえる

平和と繁栄へ協力を
共産脅威へ対処うながす
太平洋地域閣僚会議終る

民団の育成こそが
在日同胞問題解決の道
崔組織局長本国で強調

対米輸出を増加

七日から業務開始
東京商銀　荒川に支店

東京商銀荒川支店

機械工業育成に
輸出補償制度

通商拡大めざして
東南アへ経済使節団

韓国に「第三の火」
100万KWの原子力発電所
1号は74年に完成

在日僑胞戸籍整備に関する
再指示について

(四) 日本国籍離脱届「日本外務省大臣官房領事課」に提出する。

添付書類

A、国籍離脱届　一通

B、妻の日本戸籍謄本　一通（婚姻の事実が記載されてあること）

C、住民票　一通

D、妻の日本国籍離脱届提出は、(三)の(1)に基づく韓国大使館に対する婚姻申告後に日本国籍を離脱するのが妥当である。万一夫が「無籍者」である場合か、または本籍が不詳な場合には、妻が日本国籍を離脱しながらも韓国戸籍に入籍出来ないために、妻までも無籍者となることがある。

(五) 認知

日本人妻（内縁）が生んだ子の認知

(1) 申告書　三通

(2) 添付書類

A、父の戸籍謄本と外国人登録済証明書、各一通

B、母の戸籍謄本

C、可能なれば日本機関の認知届受理証一通

以上

在日本大韓民国居留民団
中央本部　民生局

われらの要求あくまでとおす

了解事項の完全実施せまる

各地の"法地位公聴会"盛況

本紙7月15日号で報道したように民団創団以来の仕事として各地で熱烈な歓迎裡に、大きな成果をおさめて進行中の組織強化懇談会と法的地位公聴会は、関東一円と東北・北海道・中部地区を終え、西日本地区に及んでいるが、さきごろ開催された大阪・京都・東京での公聴会の模様および、朴性鎮法対副委員長のあいさつ要旨はつぎのとおりである。

朴性鎮副委員長 あいさつの要旨

世間には「法的地位のどこが悪いか？」と、高飛車にでる、法的地位の内容を知らない、それのみか不勉強の人が、無責任な発言を試みる不心得者がいるが、私は彼らに対して、逆に「法的地位のどこが良いか？」と、反問したい。

主観的、それも観念的に論ずることなく、韓日両国間で協定した協定文を基礎にして、論じてみることとする。

協定文第一条の一項のAに一九四五年八月十五日以前から申請の時まで、引きつづき日本国に居住している者、と記されている。だから、日本官憲は、韓国人の出入国に対して、八月十五日以後の出入国を、密入国と規定、すなわち不法入国者とみなして取扱うところに、現在多くの韓国人の悲劇をうむようになっている。ところが日本国の法令においては、一九五二年四月二八日までは、韓国人は日本の国籍を保持していることになっていることは、いかに解釈すべきであるか？、すなわち日本の国籍を有する者が、日本国に出入りすることがどうして密入国になるかということだ。

だから協定文第一条の一項のAの範疇（ちゅう）は、日本の法令で示していることとは矛盾している内容である。このような矛盾を解決すべく発表されたのが、日本法相の声明、すなわち一九五二年四月二八日以前の出入りに対して、協定第一条の対象とはならないが、本大臣において特別に在留を許可するとともに、申請があった場合、在留状況などを勘案して、可能な限り、入国管理令による永住を許可する方針をとることとした、となっている。それのみか、戦後入国者についても、平和条約発効以前から本邦に在留していることが確認される場合には、情状により、これに準ずる措置を講ずることといたしたい、と記されている。さらに、このような一九四五年八月十五日の起点に問題があったゆえに、それを補う目的で法相声明なるものが出されたそれにもかかわらず、一九六七年八月二四日に両国が同時に発表した、いわゆる合意事項なるものは何を意味するかといえば、断的にいって、法的地位協定文に問題があったから、協定文が発効されて間もない、一年半ほどの間に、以上の合意事項が発表されたのである。

ところがその問題点を解決すべく発表した"合意事項"が、いまだに実行されていない点があって合意事項が目的とするその目的が、また、日の目を見ていない現状である。そこで、われらの運動の目的とあり方について要約すれば、法的地位協定文そのものの問題点がどこにあるかを勉強することであり、次は一歩前進をみた合意事項の完全実施を要求することである。これがためには、組織自体がこの事実を完全に把握することと知るばかりでなく、不備な点や問題点を解決する方向に仕向けていくことである。われらの運動は、それ自体がその要求が正しいのか正しくないかによって、要求貫徹が可能であるか、不可能であるかを決定することにもなるが、その要求が正しいといえども運動の仕方によっては、可能不可能を決定することが多多あるのである。ゆえに組織内部の結合を問題解決の方向に集中することであり、戦略戦術において、最大限の力を発揮できるよう、努めることでもある。よって各本部においては"法的地位委員会"を結成することと、その地域内の問題点を発見・突出することを、さきに着手すること、などである。

東京

東京都地方本部（団長・鄭在俊氏）では、さる六月十九日午後三時から本部会議室で、都下各支部三機関任員ならびに有志約百五十名参席のもと、韓昌奎東本事務局長の司会でひらかれた。まず鄭在俊東本団長から「本日、中央の指示に基づき、このような会合をもつようになったことは、よろこばしいことである。われわれは、これから団員に利益を与えるような組織につくりあげなければならないと思う。とくに組織の整備と法的地位問題の解決は、緊急を要する問題である。過去にこの法的地位問題に対し、いいかげんに考えていた人たちもいたことを知っている。けれども、これからは全力をつくし団結して頑張ろうではないか」との力強い開会のあいさつがあって、李裕天団長、金仁洙監察委員長のあいさつと、崔学阜局長、朴性鎮副委員長の説明、さらに参席した組織幹部から公聴があって午後六時半ごろ閉会した。

大阪

大阪地方本部（団長・金晋根氏）では、六月二十二日午後三時、東大阪市市民館ホールで、府下組織幹部ならびに有志約五百名参加のもと、金葉洪組織部長の司会でひらかれた。まず金晋根大阪本部団長から「きょうこのようなつどいをもつことができたことは、よろこばしいことである。民団組織が大衆に密着し、大衆に利益をもたらす団体として脱皮しなければならないと思う。中央本部が全国的な組織強化と法的地位問題に真剣に取組んでいることは、われわれとしても意をつよくするものである。ねがわくば、法的地位問題が解決し、六十万同胞の権益をまもることができるよう、全組織が団結して前進しようではないか……」との開会のあいさつがあって、李裕天中央団長、金仁洙監察委員長のあいさつと崔学阜組織局長、朴性鎮副委員長の説明、さらに熱烈な質疑と公聴があって、午後六時半ごろ閉会した。なお当日は丁賛鎮顧問、金在述中央副議長、俞錫濬京都本部団長も参席した。

京都

京都府地方本部（団長・俞錫濬氏）では、七月三日午後一時、当本部会議室で府下組織幹部約百五十名が参加し、金英洙総務部長の司会でひらかれた。まず俞錫濬京都本部団長から「組織強化はまず、われわれが時間を厳守することから姿勢を正す必要がある。きょう中央本部李団長、崔局長、朴副委員長が来られ、このような会合をもつようになったことは、心からうれしく思う。中央本部が北は北海道から東北地方、関東地方それから近畿地方と、全国的規模で"組織強化と法的地位公聴会"をひらくということは、過去には例のないことで、その意欲と前向きな実践に対して心から敬意を表するものである。われわれ京都地方本部も、中央の指示に従って強力な組織をつくりあげ、法的地位問題の解決には全力をつくすのにやぶさかでないことを強調するものである」と力強く訴えた。

続いて、李裕天中央団長のあいさつと崔組織局長、朴副委員長の説明があって、公聴において重要な問題点が質問され、熱烈な討論ののち、午後七時閉会した。

要求貫徹へ強力陳情

在日同胞の法的地位および処遇問題が、協定発効三年に近いいまにおいても、日本政府の非友好的な追放政策によって完全に実施されてない。そこで民団ではことしの八、一五行事にこの問題を重点的にとり上げることになり、東京をはじめ各地方本部で八、一五記念行事のあと強力な陳情団を構成、外務省、法務省、入管その他の府、県庁にこれが要求貫徹の決議文を伝達し、われわれの主張貫徹への決意を示すことになった。

ようこそ！KAL

ソウル・東京線開設

わが国はじめての新鋭機で

出迎えの李民団中央団長と握手をかわす趙KAL社長

"黄金路線"と呼ばれながら、長い間外国航空会社に独占されていたソウル—東京線に、わが国の国際航空KAL（大韓航空）がさる七月二十五日から就航したが、その第一番機がさる七月二十五日午後四時羽田空港に着いた。

この日羽田空港には民団中央本部の李・鄭両副団長以下の全常任一同と大使館からは、厳大使をはじめ安・金・閔の各公使が歓迎に出向き、路開設と一番機の到着を祝賀したが、到着した一番機（DC—9大型ジェット機）からは六〇人の乗客のほかに、国務員の金毅夏・李炳主・李基沢・李貞錫・張基沢の諸氏と、交通部航空局長金完洙氏・KAL社長趙重勲氏が降りたち歓迎陣と握手を交換した。

タラップの下には歓迎の赤いカーペットが敷かれ、はなやかな歓迎アーチも樹てられ、機の周囲ははなやかな歓迎風景が展開されたが、色どりも鮮かな制服に身を包んだスチュアーデスと操縦士たちにはチマチョゴリ姿の同胞女性たちから大きな花束がおくられた。

なお、KALはこの日から毎週六便が運航（水曜を除く）することになったがソウル—東京間の所要時間は一時間四五分、時速は九〇〇キロ、高度は一万メートルで飛ぶとのことである。

空港に飾られた歓迎のアーチ

申請者を待つ東本

東京商銀 組織功労者への特別融資

東京商銀の許弼奭理事長は、さる七月十九日、在日韓国人記者団との昼食会において、東京都下在住の組織功労者に対し、長年にわたる民族運動の功に報いると同時に生活の安定をはかる目的で、一千万円の生業資金を特別融資すると発表し、出席した記者団から熱烈な拍手をあびたが、同日、許理事長が発表した一千万円の特別融資の具体的な内容はつぎのとおりである。

許理事長

東京商銀が、同胞社会の期待のうちに民族資本擁護機関として一九五四年に創設されて十四年、その間にいくぶん伸び悩みの傾向はあったが、昨年春以来飛躍的に業績が伸び、預金高も一挙に四十億台を突破し、近い将来での百億突破も夢ではなくなってきた。この商銀躍進のうらには、民団をはじめとする民族組織機関の積極的な支援と一般同胞の協力が大きな要因である。この同胞社会に対する感謝の意をこめて、長い年月の間、同胞社会のために組織活動に従事してきた功労者に対し、生業資金を融資することにした。

勿論その対象者は家庭と一身を犠牲にして組織運動に没入してきた者であろうから、一千万円に相当する担保物件があるとは思えないので、融資を受けて購入した店舗あるいは企業そのものを担保とし、生活を維持しながら返済してもらう。ただしこれはあくまでも融資であって供与もしくは贈与ではないことを諒知してもらいたい。

一応預金高十億円で一人を対象とするから、現在商銀の預金高は四十億台を突破しているから、さしあたり四人の組織功労者が融資の対象者となるわけであるが、その人選一切は民団東京本部に指示を仰ぐことになっている。なお私に言えることは東京都内に在住する人でなければ困るということである。

鄭東本団長

東京商銀のこの画期的な"生業資金融資"ともいえる壮挙の、人選推挙を一任された民団東京本部の鄭在俊団長は、今後の具体的推進その他を次のように語っている。

功労者への生業資金貸付については東京商銀と意見の一致をみている。しかし、あくまでも融資であるから、回収不能の如き不祥事があっては、折角の善意による計画も途中で挫折するであろうから、人選その他は慎重にすべきである。またこの人選については、私が私の判断で選出したりしてはいろいろと問題となる恐れが多分にあるので、具体的な計画をもち、融資をうけたい人は私までに申し込んでもらいたい。申しこみがあれば私は早速これを受付け、具体的且つ慎重に検討して、商銀側にこれを伝え双方で吟味することにする。目下のところは申し入れを待っている状態でまだ一人も申請者はいない。いづれにせよ、組織功労者の恩に報ゆる意味で意義深いことであり、いい結果を招来するよう期待している。

望ましい使命自覚

埼玉商銀で強化懇談会

第十一回中央委員会以後、当面の重要課題である信用組合育成強化活動は、民団中央本部経済局の指示と斡旋下に各地において活発に展開中であるが、さる七月二十五日午後二時、埼玉県浦和市の商銀で、中央本部経済局、大使館、韓信協事務局の参席のもと、埼玉県地方本部（団長、田汶秀氏）と埼玉商銀共催による「埼玉商銀強化懇談会」が、同組合会議室において開催され午後六時まで、強化育成に関する真剣な討議を展開して多大な成果をおさめた。

この日中央からは、呉敬福経済局長、大使館からは孔第一領事課長と李賛記官、韓信協からは鮮干専務理事と朴賛文事務局長、地方からは埼玉県地方本部の三機関長および各支団長、商銀側理事長と常務理事ほか多数の理事が参席して、育成強化策を論議したが、懇談会に先だって孔領事課長はつぎのとおり、民団と信用組合との強固な協力を強調した。

「民団活動が活発な地区では必ず信用組合も順調に業績が伸長している。そしてこのような地区では両者間の協力態勢も確立されている。全国各地の信用組合は全部創立当初は民団の強力な主動的支援と協力のもとに発足しているにも拘らず、発足後は協力を欠いているのを散見するが、これは両者が使命感と組織理念を充分に自覚・認識していないことに起因することで実に遺憾である。大使館当局でも信組の育成強化には積極的な姿勢で対策を研究中であるが、何よりも肝要なことは、在日同胞各自が信組の育成強化に関心を寄せ進んで協力するよう、民団と信組は渾然一体となって活動を展開すべきである。また一般組合員の間には"先貸付後出資"の誤れる考え方が少くない。一般同胞が信用組合に対し"なにをしてあげられるか"の自己犠牲的な協力精神をもつように、民団と信組は一体となって指導啓蒙すべきである」

つづいて中央本部の呉経済局長は、民団組織内での信組の性格と使命を強調し、民団自体においても信組の育成強化に腐心していることを、多くの実例をあげて説明し、その発展を期待するとのあいさつを述べ、鮮干韓信協専務理事も二十六年間にわたる本国での銀行家としての経験をもとに、業績伸長活動の具体的な心構えを説明したあと、出席者全員の自由な意見発表となったが、この席上で展開された全体の論議を通して信用組合が民族資本の育成機関としての性格[illegible]に、[illegible]民団と表裏一体の協力[illegible]理事長以下全職員[illegible]戸別訪問をするぐらいの熱意でもって預金獲得に努力することが強調された。

埼玉商銀育成強化懇談会＝左より一人おいて田団長呉局長、鮮于専務理事、孔課長

会長に尹潤善氏

婦人会愛媛本部

婦人会愛媛県本部は、さる六月二十二日の第四回定期大会で次のとおり役員を改選した。

△会長尹潤善、△副会長金伊△〃李丁守、△総務部長崔福得、△組織部長鄭必順、△財政部長金末粉、△宣伝部長方鳳鶴、△文化部長朴田順、△生活部長黄福南、△渉外部長姜末善、△青年部長金南、△監察委員長許留奇、△〃朴日善、△〃姜元祐（写真は同会員一同）

東本中野支部 恒例の海水浴

民団東京本部の中野支部では、今年も恒例の支部主催"海水浴旅行"を行なった。この催しは支部管下同胞の親睦と慰安を目的としたもので七月二十六日、午前八時貸切バス二台に分乗した団員たちは、文字通りの家族ぐるみで江の島海水浴場で一日をすごした。

尊父の賻儀金を教育資金に喜捨

許東京商銀理事長

信用組合東京商銀の理事長許弼奭氏は、さる五月に逝去した尊父の賻儀金を、教育資金に喜捨することになり、そのうちの百万円を東京韓国学校に喜捨し、残りは氏の本籍地に送金した。

在日韓国人教育研究会

一九六八年度在日本韓国人教育研究会は、在日本韓国人教育者協会の主催と、駐日大使館奨学官室・在日本韓国人教育後援会、民団中央本部同東京本部後援のもとに七月三十一日から八月五日までの六日間東京日傷会館で開催された。

同研究会では大会主題として、民族の主体性を確立するため、同胞社会に適合した教育活動を如何にするかの問題をとりあげ、さらにこれを研究するために次のよう研究主題を設けて会議を重ねることになっている。

1、学校教育

（A）韓国学校の教育改革計画と運営をどのように推進するか（学校運営分科）

（ロ）各教科（社会科、理数科、外国語科、芸術科・保健体育科、職業家庭科）の効果的な指導はどのように実施するか（各教科分科）

2 教育文化センター運営

センター運営の業務調整と国民教育の実践をどのように奨揚するか（教育文化センター分科）

3 学園運営

自律的な学園運営を期し、学生募集と効果的な教育を実施するにはどのような方法があるか。

4 民団文教局との協助

民団文教機関はどのようにして各教育機関を円滑に助成協助するか（民団文教機関分科）

尋ね人

夫 姜ボン・キ（六三才）
妻 李 福達（五八才）
本籍 慶尚南道山清邑

右の夫婦、戦前は大阪に居住し、戦後は広島地方に居住しているとの消息がありますが、御存じの方は、新潟県長岡市上中島四の十二の柳哲生まで御連絡下さい、ソウル市で姉がさがしております。

北韓カイライの農業政策（一）

韓　弘　錫

∧まえがき∨　一九六六年八月、南派されたのが、きっかけになって祖国大韓民国に帰順してからもはや二年、私は、その間多くの目新しいものを見、多くのことを知ることができた。また私はカイライ政権の統治の下で体験した苦痛をそのまま心ひそかに留めておくことだけが能ではないことをさとり、できるだけ多くの人びとにカイライ政権の欺瞞さと北韓同胞のみじめさを暴露する機会をもちたいと思った。金日成をのろうのもそのためである。昨年九月、六〇万在日僑胞の啓蒙善導のために巡回講演をしたとき、朝総連の頑強な妨害策動にもかかわらず私は金日成政権の秕政を暴露したが、あのときは遺憾ながら忙しいスケジュールと限られた時間のため詳しいことを述べることができなかった。このたび貴紙を通して私がつねに思っていた所のカイライ政権の農業政策の欺瞞性を在日僑胞のみなさまにいまここにもう一度あばく機会を持ったことを喜ばしく思う次第です。

緒言＝韓国には「十年も経てば山河も変る」ということわざがある。八・一五解放後、二十年経った今日、このことわざのごとく北韓社会にも多くの変化がありうるであろうことは誰しも容易におしはかることができる。しかし北韓社会は、ほかの意味で多く変貌したといえよう。その中でも農奴制化した農村は実に変化が多かった。いうまでもなく北韓農村は共産主義者たちの独裁体制下で「土地改革」、「農業協同化運動」などのスローガンのもとに、彼等のあらゆる手をすけ、欺瞞および残酷さに因って基本生産手段である土地をはじめとする役牛、農機具ならびにその他生産施設など一切の生産手段がいわゆる「朝鮮労働党」の手元に集中された。したがって、党が唯一の土地所有者（大地主）すなわち農奴主に登場した反面、農民は古今東西何所にもその例を見ることができない農奴に転落したのである。

共産化の成敗かけて
土地収奪完全農奴化へ

北韓農業の共産化過程　解放後金日成をはじめとする北韓共産主義者たちは、ソ連軍の占領という有利な条件を利用して北韓全域を共産化にみちびくための経済基本政策を樹立し「土地改革」「産業国有化」の名目の下に北韓の経済力を独占し、共産独裁体制を強化しはじめた。共産独裁体制確立にあたっては、最も重要なことは人民が所有する生産、段をとりあげ、または反対勢力の経済基礎となる生活手段を剥奪することによって人民をして経済的搾取、或は政治的圧迫と虐待など、いかなる苦痛も耐え忍ばせ、また生き伸びるために労働党（或は共産党）に身を任せない限りひとときも命を繋ぐことができないよう彼等の奴僕におとし入れたことである。とくに全北韓人口の七四％を占める農民を農奴化しうるかどうかは、彼等にとっていわゆる社会主義革命の成敗を決定する深刻な問題であったのである。

それがため彼等は農民たちが所有しておった生産手段を解放直後から収奪しはじめ、農民を「労働党」に隷属して生計を立てざるを得ないように農奴化、ひいては共産主義の犠牲に供しようとした。しかしながら小土地所有者を含む全農民を農奴化する問題はそう簡単ではなかった。したがって共産主義者たちは一時ながらも小所有農民の支持をえようとして、小所有者的立場にある農民たちの自己所有土地で力のおよぶ限り働き、好きなように暮したい世紀的宿望と人間本能的な欲望などの弱みに付込んだいわゆる社会主義革命の一次的課業を優先する漸次的な方法で農奴化の道をえらんだのである。

土地改革・収奪＝いわゆる革命遂行において同盟者の獲得が可能か否かは革命の成敗を決定する要因のひとつであることはいうまでもない。したがって解放後、北韓の農民支配の如何は共産革命の成否を決定する鍵であった。それがため共産主義者たちは農民をまどわせ農民自身が社会主義革命遂行の同盟者と思いあがらせることによって、農民を犠牲にして社会主義革命課業を遂行するつもりであった。このように北韓共産主義者たちは、一九四五年の秋、いわゆる三・七制（収穫物の三割を小作料として地主に納付、七割は小作人が占有する制度）騒動を起した。彼等は到る所で農民に対する啓蒙を強化する一方、労働党員らと保安隊員（当時治安維持を目的として組織した警察）のなかから行動隊を組織、彼等をそそのかして地主を脅迫、夜中の暗やみを利用して小作料を還納する良心的な農民らを奇襲させ、穀物を無償没収する騒ぎまでを演じたのである。

このようにして貧農層から支持を得ることができた朝鮮労働党は、カイライ集団である「北朝鮮臨時人民委員会」をして「土地改革に関する法令」を発表させ、貧しい小作農民中心の農村委員会を組織させ、彼等をして日本人機関および「五町歩」以上所有土地全部、ならびに引きつづき小作させている富農所有土地、不在地主と寺院所有の土地など計計百万余「町歩」の土地とし、また彼等が所有する一万四千余棟の家屋およびその敷地、四千六百余頭の農牛と農機具などを無償没収し、かつ地主を追放して他地域に移住させた。彼等は没収した土地、農牛、農機具などの一部（約十余万「町歩」の土地）は国有化という口実で労働党の所有にしてしまい、残りの九十余万「町歩」の土地は七十二万余戸の貧農に無償分配という名目で耕作権を譲渡した。それからまた分配土地に対しては、売買、抵当、相続を禁止させもし耕作能力をうしなったときは人民委員会を通して他の農民に耕作権を譲らねばならないことになっていた。労働党のずるいたくらみを察知できなかった農民（とりわけ土地分配を受けた貧農）は彼等の行為に対し賞辞を惜しまなかった。

しかし間もなく（一九四六年六月二〇日）発表された「農村現物税に関する法令」によって農民は全収穫高の二十五％（実際には徴収者の立場にある労働党が勝手に決めるので大体四〇―五〇％以上甚しい場合は七〇％）の現物税という名目の小作料を納付せねばならなかった。これは解放前の小作料よりもきびしいことを物語るものである。もちろん分配を受けなかった自作農に対しても現物税を同じわりあいで徴収した。そこで彼等にだまされたということを知りはじめた農民は心のそこで嘆惑した。朝鮮労働党が実施した土地改革は〝個人土地所有制〟（土地私有制）を認めたのでも或は自分自身の土地で好きなように働き、しあわせに人生を送ろうとする農民の宿望を満たしてやろうとする彼等の慈善事業でも何でもないのである。

なおそれは農民らの膏血をしぼり取るための搾取方法であり、農民を農奴化するための欺瞞手段であり、労働党の一党独裁を樹立するための過程で農民のえこひいきをうるための一時的懐柔政策の一環に過ぎなかったということは疑いの余地もないのである。では彼等が何故にそうせざるを得なかったかというと、それは農民が未だ共産化への思想的準備がなくまた彼等の農村への浸透力が農村を一どきに共産化するまでに強力でなかったからである。土地改革はとりもなおさず共産化への経験がなかったという事情のため、農民の反抗を避けるがための共産化への初段階を意味するものであった。労働党は土地改革を通して全貧農に心理的に巨大な影響を与えたのみでなく、また経済的にも北韓唯一の大土地所有者として登場、よって絶対的な権力のもち主となることができたのである。農村共産化にあたって彼等の最終目標は農民の私的所有を収奪し、社会的所有化のスローガンのもとに労働党の所有にしてしまうことによって農民を共産奴隷、即ち農奴化することである。

しかし彼等は形式ではあるが土地改革の段階では、農民の私的所有を認めたのである。そもそも私的所有の存在は共産主義理念に対峙するのみならず共産独裁体制強化に莫大な障碍になるのであることはいうまでもない。したがって労働党は間もなく農村共産化の第二段階として農民の所有土地をはじめとする諸生産手段を統べする農業集団化（或は農業協同化とも称する）を推進させたのである。（つづく）

韓国が優勝の栄冠
アジア女子籠球選手権

韓国現代絵画展
東京の近代美術館でひらく

韓国の歴史
駐日公報館発行の韓国シリーズから

在留同胞は独立国民の誇りを

われわれは韓国人でありながら、自分の国の歴史と文化にくわしくない。日本の学校で日本人の立場から説明されるほんの断片的なものに接する機会があるだけであった。われわれは自国の歴史と文化のあらましでも知ることによって、独立国民たることに誇りをもち、過去にとらわれず、堂々たる独立国の国民として矜持をもちたいものである。過去の日本は、韓国を通じて文化を取り入れていたのは周知のとおりである。

このような韓国が、どうして一時でも日本の支配下におかれ終戦後は、また統一独立韓国の

三八度線の悲劇の始まり

三八度線は、米、英、ソのヤルタ秘密会談で決定されたもので、米国国務長官ジエムス・S・バーンズ氏の著書のとおり、「韓国の占領は、軍事行動の目的のために、北緯三八度線で、米国とソ連により南北に分割された」のである。

この分割線は、日本降服の実現と、日本軍武装解除のため、米国ソ連との間でその責任を確定するだけの目的で、一時的なものとして定められたものである。にもかかわらず、ソ連は北韓に金日成一味の共産政権を樹立し、この制度を永久化したばかりでなく、六・二五の民族大動乱をもたらしたのである。その罪悪は韓国にだけでなく世界的に糾弾されるべきである。

そもそもこのような悲劇は、日本が受けるべきものを、罪のない韓国が日本の代りに犠牲と

韓国の統一は世界の責務

韓国の統一は、アジアと全世界の平和をもたらすための最も重大な政治問題である。北韓金日成徒党は武力による統一を妄想しているが、韓国でもやはり備えずに、六・二五の悲劇の再来を予防するために、力の均衡を保つ必要を痛感して、国防を再整備しているのである。

しかし韓国は、あくまで国連監視下の民主的選挙によって統一政府を樹立しようとする方針を堅持しているが、北傀が応じていない。

しかし韓国はその平和的統一達成のための努力を継続しており、その原則は、国連憲章に規定されているとおりである。また韓国民の直面している問題は国際的に解決されなければならない問題であり、元来一つに統一されていた単一民族が二つに分かれている悲劇は国際的正義秩序の原則に従い、世界各国の相互理解と善意をもって解決すべき問題である。そのために韓国民が古くからの文化的、経済的、政治的な単一性を持った民族であるという事実と、北傀の武力統一というとんでもない考へを対比して十分に解決策を模索すべきである。

韓国史の主題

このような内外の情勢を見渡す時、われわれ同胞も、祖国の歴史と文化の理解の必要さが痛感されるであろう。

韓民族は、五千年から八千年以前に韓半島に来て定住したツングス族に始まったのである。韓国民族が形成された過程をたどることは、史料の関係でとほど困難であるが、韓国民族は世界の多くの民族よりは、単一民族として純粋であることは事実で誇りに足るものがある。世界のいたる処で民族問題で悩まされていることをみても十分わかることである。

このように一応韓国民族の政治、経済、文化、その成立などをみることが主眼となるのであるが、次号からは古代から順を追って祖国の歴史を記述することにする。（つづく）

試合のTV実況みて 台北の女性が卒倒死

……事実上こんどのメイン・ゲイムといわれた韓・日両チームの熱戦がくり展げられ、エキサイトな場面がくりかえされたが、このTV実況をみていた一人の台北の女性が、熱戦ぶりにショックをうけ卒倒死亡したといわれる。

韓国のテレビで直接視聴できる
五輪大会の実況

韓国のテレビでも今秋のメキシコオリンピック大会の実況を直接視聴することができるようになった。このほど東京のNHK放送センターで開かれた韓・日放送委員会はメキシコオリンピック実況中継にかんする両国間の技術協力問題などを協議し、契約締結に大体の合意を見た。

同委員会ではNHKがオリンピック実況を直接受像し接続網と微波を経て釜山・ソウルに同時中継を行なうことができるよう合意を見、そのために対馬の微波に中継施設を設置することになった。

なお、この中継に伴う放送料一千ドルと契約金二千ドルは韓国側が負担する。

ソウル奨忠公園にスポーツセンター

ソウルの奨忠公園に大規模なスポーツセンターが建てられる。

金玄玉ソウル市長はこのほど、十四万二千坪のスポーツセンターを奨忠公園に新設する計画を明らかにし、この建設工事は今年中に着手して一九七〇年までに完了する方針だと語った。

ソウルの市費五億ウオンと民間資本三十五億ウオンを投入して建てられるこのスポーツセンターは十万名以上を収容することのできる競技場のほか室内水泳場、デパート、ホテル、室内スケート場、スポーツ公園などの施設をもつものだという。

なお金市長は現在のソウル運動場と新しく建てられるスポーツセンターと連結するハイウエイも建設する方針だと語った。

高地訓練のため米国のアラモタ市へ

大韓体育会は十七日、来たる十月のメキシコオリンピックに備えて韓国選手団の〝高地訓練〟計画をたて、米国のコロラド州アラモタ市で練習を積む方針を決定した。

オリンピックが行なわれるメキシコ市は海抜二千米以上の高地にあたるため、韓国選手がこうした高地での競技に適応するよう米国高地帯のコロラド州アラモタ市で同市の大学や市の体育施設を使いながらきたる八月から特別訓練をする。

安定してきた国民生活
娯楽場の入場ふえる

解放後すでに二十三年、韓国の市民生活もようやく安定し市民達は心の安らぎを、映画館やゴルフ場などに憩いを求める数がぐんと増えてきている。

今年の一月から六月までの間に映画館、ビリヤード、ゴルフ場などの娯楽場に入場した延べ人員は七千九百五十万で、これに伴う入場税額も九億二千八百余万ウオンに達した。

国税庁がこのほど実施した娯楽場入場実態調査によれば、映画館の出入りが七千二百万名（九一％）と圧倒的に大きい数字を示している。

各種目別の入場数は次のとおり。

1位…映画館七千二百万名（九一％）　2位…ビリヤード四百三十万名（五・四％）　3位…演芸系統百八十万名（二・一％）　4位…トルコ風呂十八万名（〇・三％）　5位…ゴルフ場四万名（〇・〇五％）

なお、六月末現在で国内の娯楽施設は、映画館七百、ビリヤード一千四百、トルコ風呂百十、ゴルフ場七、劇場一となっている。

声明書

在日韓国新聞通信協会は、さる七月十日、発生した大阪韓国新聞通信社々員に対する暴力事件を重大視し、十二日緊急臨時総会を開いた結果、次のような声明を発表することに決議をみた。

本事件はさる六月二十八日付韓僑通信第二九二号所載の「朝鮮奨学会」に関する記事に端を発したものであるが、法治国家にあっての言論に対する見解の表示は、暴力以外にも方法があるにも拘らず、編集長に対し暴力を加えたことは真にいかんとするところである。

よって本協会は、加害者である前民団東京本部監察委員会委員外一名に対し、民族社会の融和と民団組織の強化発揚のためこれを強く糾弾するとともに、今後かかる不法行為が再び行はれぬよう、ここに厳重警告するものである。

一九六八年七月十三日

在日韓国新聞通信協会

加盟社＝韓国新聞・東和新聞・実業経済日報・新世界新聞・韓国貿易通信・韓国通信・KEP通信・朝鮮通信・共同新聞・KPI通信・統一日報・日韓経済情報・コリヤ・スポーツ・通報・韓陽新聞・韓国経済。（以上十六社）

韓國新聞

発行所 韓国新聞社
発行人 李裕天
編集人 金八雄
東京都文京区春日町 2丁目20−13
編集 (812) 2261〜3
業務 (812) 0673
定価 1カ月100円
振替口座東京 34988番

綱領

一、われわれは大韓民国の国是を遵守する
一、われわれは在留同胞の権益擁護を期する
一、われわれは在留同胞の民生安定を期する
一、われわれは在留同胞の文化向上を期する
一、われわれは世界平和と国際親善を期する

きょう第23回光復節

力強い各機関長の記念辞

"法地位"解決に総力

祖国近代化へ参加強調

李団長

李裕天団長

"民族の光"永遠に

消えよ憂いの雲よ

金議長

金光男議長

忘るな民団の使命

権益擁護へ団結を

金監委長

金仁洙監委長

くり返すな"悲劇"

祖国富強化に支援を

駐日大韓民国特命全権大使 嚴敏永

嚴大使

実力培養・近代化促進

駐日公報館長 李星徹

独立経済の確立を

在日商工連合会々長 許弼大

思想の善導へ

偉大な母の力

大韓婦人会々長 韓玉順

八・一五特集

（写真は姜館長）

要務終え帰任

本国出張の朴総務局長

民団中央朴炳憲総務局長（写真）はさる七月二十五日来、一九六九年度予算に対する民団としての要望事項伝達と、民団中央会館建立に関する説明および支援要請、九月二十七日に予定されている全国の民団地方本部団長及び商工会長の本国訪問に関する事務折衝のため本国出張中であったが、関係部処との折衝に多大な成果をおさめ、八月十二日のKAL便で帰任した。

339

新しい韓国像の探求へ
意欲と自覚で前進しよう

国会議員　金圭南

民族資本の育成を

韓信協会長　朴漢植

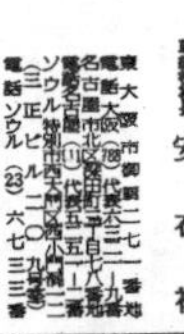
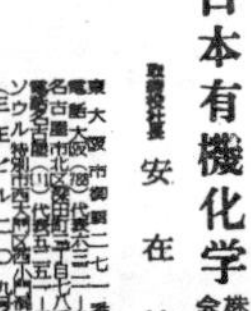

朴大統領の業績と人柄

前線へ農村へ工場へ
笑い働き夢ももつ

きょうも国策工事場へ　右から朴大統領、金玄玉ソウル市長、延日守輸出工団理事長、李鎬栄商工部次官

世界の与論と彼

湖南旱害に同胞愛を
民団で救援運動

新聞で報道されているとおり、わが国の穀倉地帯である湖南地方（全羅南北道）一帯ならびに慶尚北道西部は現在、未曾有の大干害に見舞われ重大な危機に直面しております。

全南地方では、平年の十分の一しか雨が降らず、栄山江が枯れるほどの深刻さで、九万農民が離農のやむなきにいたっており、全北地方では耕地面積の五〇パーセント以上が枯れ、病害虫まで侵透して目をおおう惨状を呈しているほか、飲料水を汽車ではこんでくる有様です。

このような深刻な事態にかんがみ、民団中央では、さる六日の中央執行委員会で「湖南干害救援委員会（委員長李裕天中央団長）」を緊急に構成、全組織をあげて救援運動を展開することになりました。

われわれは同じ同胞愛を発揮してこの救援運動に積極参加しましょう。この救援運動については、すでに中央本部から各地方本部へ指示してあるとおり、一般団員の義援金は多少にかかわらず心をこめてこれを受入れるとともに、各地方の有志者はとくに努力を要望し、運動期間中である九月十五日までに最大の成果を収めるよう期待してやみません。

なお、募金額と義援金拠出者の名簿は、期間中に中央本部組織局に納入報告して下さい。報告されたものは「韓国新聞」に公表しておきたいと思います。

在日大韓民国居留民団中央本部

第二次学生も出発
二・三世女性ばかり115名

本国の収容能力の関係で第一次、第二次にわけていた在日韓国人学校の学生第二次一一五名は、福岡韓国館の洪学子の引率下に十六日午前九時小倉港発のアリラン号で本国に向う。

この第二次学生たちは、文教部の特別措置で構成されたもので、おもに在日各地方韓国語講習所で国語を指導している二世ならびに三世のほか民団に勤務している事務員たち女性ばかりである。一行はすでにソウルで受講している第一次学生と同じく祖国の文化と歴史などを学ぶほか祖国の礼儀作法を身につける。

340

夏空に慶祝の太極旗はためく

きょう全国津々浦々で民衆大会

海外国民の決意こめ 勝共統一・権益擁護に

きょう八・一五、第二十三回光復節を迎えて日本全国いたるところ太極旗のもと、民団主催による盛大な慶祝行事がくりひろげられる。東京神田の共立講堂でひらかれる中央大会をはじめ各地方では、それぞれ予定された場所で地区大会をひらく。この日、在日同胞たちは、二十三年まえのあの感激もあらたに民族の解放と独立を祝うために、会場へつめかける。

……れていること、とくに最近には武力侵犯をかさねている現実にてらし、自由大韓民国の勝共統一のため在日同胞の気勢を一だんと昂揚させる。②在日同胞は民団にかたまろうという口号をもって団結を強化し、朝総連の民団破壊工作を徹底的に粉砕する。③われわれの法的地位解決問題に対する態度を強力に認識させてわたしたちのすべての権益擁護に挙団的な姿勢を正すという基本方針をうちたてて……

決議文

……一を成就し、真の自由民主々……大会の意義を一そう高める。

各地方本部の光復節の行事

大阪　民団大阪府地方本部（金晋根団長）では、八・一五慶祝大会を同日正午から、奈良県生駒山上の野外劇場で行なう。大会の会場が遊園地であるため当日は貸切バス九十台で、六千名の動員を期している。

福井　福井県本部（金三茁団長）では、同日午前十一時から福井市県民会館大ホールで約五〇〇名を動員慶祝式典を行ない、式後は芸能ならびに映画の上映で楽しい一日をすごす。

山形　山形県地方本部（趙鏞珠団長）では、山形県平和記念会館で県下全同胞を集めて盛大に行なう。

静岡　静岡県本部（朱性鎬団長）では、静岡市大浜のヘルスセンターで同日午前十一時から式典を挙行、式後余興として農楽、のど自慢などが行なわれる。

北海道　北海道地方本部（田道寿団長）では、同日午前十時三十分から札幌市平和之滝（韓国人慰霊碑前）広場で挙行……

朴大統領閣下へのメッセージ

尊敬する大統領閣下

今日、われわれ在日本大韓民国居留民団は光栄ある八・一五光復……

よって、勝共統一という第二の光復のため、昼夜をわきまえず、ひたすら御専念なさっていらっしゃ……

緊急に呼応して、積極的に祖国建設に参加する愛国の熱誠と使命感に燃えております。

……の下に、ここで盛大な慶祝大会をひらき、この大会の名によって大統領閣下にメッセージを送ることのできるのを無限な光栄と存ずる次第であります。

尊敬する大統領閣下

閣下は、一九六七年七月一日に第六代大統領に就任して以来、つねに流動的な内外情勢下においても、最も賢明な施策でもって、偉大な民族中興課業を着々全うし、わが国の国威を国際社会に宣揚すると同時に、とくに国内のめざましい建設の基礎である第二次五ヵ年経済開発計画を推進することに……

佐藤総理へのメッセージ

本日、わが祖国光復の第二十三周年記念日を迎え、われわれ在日大韓民国居留民団地区（県本部）代表らは、盛大な慶祝大会を開き、その総意によって、日本国政府佐藤総理大臣閣下にメッセージを送ることを、最も光栄に思うものであります。

佐藤総理大臣閣下

われわれはまず去る七月七日に行なわれた参院選挙において、自民党が国民の支持を得て、圧倒的勝利を得たことに対し、衷心よりお祝いを申し上げるものであります。

さて、韓日国交が正常化されて、既に三年になります。その間両国は互恵平等、友好親善を基本精神として、経済協力を中心に共存共栄の道を開き、特に昨年七月一日には、わが国第六代朴大統領の就任式に、閣下自らが参席されて両国間の新たな友好を増進させると共に、わが国のたくましい建設を確認されました。

申すまでもなく、わが大韓民国は反共を国是としてアジア、太平洋地域に重く座を占め、世界自由陣営の中で、その主体制を鮮明に発揮していると同時に、国内的には南北に両断されている国土を、朴大統領閣下の英明なる領導のもとで勝共統一を成就すべく、全国民が総力をあげて建設に邁進し、これに依って偉大な民族中興を起しつつあります。

……とは明確な事実でございます。言いかえれば、日本政府は、両国間で共同発表した了解事項までも具現化させていないばかりでなく、法的地位の名の下に、逆に同胞を追放するという期待外の逆現象が現れている状態で、われわれの周囲には深刻な憂いが醸成されつつあります。

尊敬する大統領閣下

われわれは日本において、大韓民国の国民としての主体性と誇りをもち、赤色朝総連と熾烈な闘争を続けている一方、日本国民との紐帯を深めております。このようなわれわれの実情を賢察敷しまして、われわれの法的地位問題に格別な配慮をなされ、速やかに正当な解決ができるようお願い申し上……

……われわれの法的地位問題は、あくまでも両国間の友好精神と基本……して処理されるはずでありますが、こんにち、未だに両国間において共同発表された両国間の了解事項すらも具体的に実施されておらず、逆にいわゆる法的地位にもとづいて、非人道的な在日韓国人追放がなされていることは、はなはだ遺憾なことであると言わざるを得ません。

われわれは、日本国政府が真に韓日両国間の友好精神に基づく誠意と、条理ある態度を以って、早急にわれわれの法的地位問題を解決するよう、特に閣下の格別の考慮を望んで止まないものであります。

佐藤総理大臣閣下

内外の諸情勢はいよいよ複雑多端であり、韓日両国間の友好はいよいよ強化されることが……

解放のよろこびにわく23年前のソウル

韓日友好促進せよ
日政に要望事項手渡す
大会後 要求貫徹陳情団

在日同胞の法的地位ならびに待遇問題は、協定が発効されてすでに約三年になろうとしているのに民団の活動がやや奏効しているとはいえ、まだまだわれわれの安住できる諸条件がそろっているとはいえない。これはいうまでもなく日本政府側が協定の基本精神をわすれ、在日同胞に対する非友好的な追放政策ならびに、法的地位と待遇問題に対する行政措置の非友……

なお、この陳情団は「在日韓国人との友好を促進せよ」「韓日親善は入管の窓口から」「両国政府の了解事項を完全実施せよ」「非人道的な強制追放をやめよ」など……

慶祝使節団本国へ
鄭引率団長談　祖国直視に意義大

在日同胞の第二十三回光復節記念慶祝使節団は、十四日、東京、大阪、福岡の各飛行場からチャーター便でそれぞれ出発し、十五日ソウル特別市の孝昌運動場で挙行される光復節慶祝式典に参加することになったが、十四日午後四時東京の羽田空港から飛び立つ、「第一地区」使節団員一五〇名とともに出発する今回の引率団長鄭烱和中央本部副団長は、出発に際し次のような談話を発表した。

祖国光復の記念すべき日を迎え、今年も多数の在日同胞が慶祝式典に参加し感激に堪えない。特に韓青・韓学同の若い世代が積極的に参加したことは、よろこばしい現象である。近来、祖国の朝野は在日同胞に深い関心を寄せ、その実態調査にも外務部が派遣され、一方、国会議長も外国訪問途上の多忙な日程を割いて同胞社会を視察するなど最近までに見られなかった姿勢でわれわれの問題に取り組んでいる。このような時期に六〇〇余名の在日同胞が挙って祖国を訪ね、その目ざましい近代化を経済開発五ヵ年計画の飛躍的な進捗状況を直接見聞することは大いに意義深いことである。

政府樹立後、数年を経ずして六・二五北傀侵略の戦火により国土の大半が焦土と化す試練のあと、四・一九、五・一六の両革命を経た祖国大韓民国、今日においてはアジアの指導的国家としての地歩を着々と築いている偉大なる事実を直視して、われわれは海外においても何か祖国に、そして国家に貢献出来るものはないか、方法を模索すべきである。そのためにも今回の祖国訪問が真の意味での契機となってくれることを心から願ってやまないものである。

慶祝使節団訪問団日程表、△14日（水）外務部長官礼訪、△15日（木）光復節慶祝式典、墓地参拝。古宮観覧。市長招宴 祝芸、新聞社……△16日（金）産業視察……状授与式。情報学校見学。長官主催レセプション。

（写真は鄭引率団長）

"韓青"の訪問団出発

韓青（金宰淑委員長）の慶祝訪問団一行五十二名が八月十日福岡発で路出発した。一行は釜山、慶州、大邱などを経由、十日後ソウルに着き、十四日から国におけるつぎのような日程に入る。△十四日ソウル市長訪問、十五日光復節記念式典に参加、十六日反共センター理事長の招きで、北韓から帰順した金新朝氏と話しをきく、△十七日中央情報部訪問、△十八日解散。

韓学同も

一方、韓学同（徐哲鉉委員長）の本国受講団一行四十五名も、八月十日午後一時、福岡発で路国へとびたった。

一行は、同日釜山に着き、蔚山工業地帯、慶州などを経由して十一日の夜ソウル入り、十二日から十七日まで、自由センターにおいて、本国名大学教授たちによる歴史、政治、経済、韓国の現況などの講義をうける。……

341

㊗ 光復節

在日大韓民国居留民団 大阪府地方本部

団長 金晋根
議長 朴玄
監察委員長 方鎬煥
事務局長 崔景乙

生野支部 団長 李明洙　議長 権義松　監察委員長 金賢圭　事務部長 姜元淳

西成支部 団長 金永善　議長 金正準　監察委員長 馬永東　事務部長 朴仲奎

城東支部 団長 朴文吉　議長 沈鐘煥　監察委員長 李正業　事務部長 李顯栄

布施支部 団長 尹甲春　議長 裴国祥　監察委員長 金明浩　事務部長 許査竜

東淀川支部 団長 崔玧照　議長 金皓一　監察委員長 姜弘実　事務部長 趙斗河

西淀川支部 団長 金柳権　議長 林允植　監察委員長 朴寅柱　事務部長 金元植

大正支部 団長 金戴明　議長 崔山沢　監察委員長 金聖述　事務部長 金戴明

南大阪支部 団長 金済云　議長 金啓佑　監察委員長 鄭規瑛　事務部長 朴正玉

北大阪支部 団長 金宗同　議長 許正樅　監察委員長 金駆竜　事務部長 趙用八

住吉支部 団長 金東出　議長 許桐　監察委員長 朴仁変　事務部長 李侚永

東住吉支部 団長 朴柄玉　議長 趙宗大　監察委員長 黄七福　事務部長 申望守

中央支部 団長 金徳仁　議長 柳根達　監察委員長 高七杓　事務部長 安興出

福島支部 団長 任漳鎬　議長 李昌福　監察委員長 李春晩　事務部長 秦勝行

此花支部 団長 金石鎬　議長 朴鐘允　監察委員長 丁東云　事務部長 崔範石

旭支部 団長 許鉦　議長 金相禄　監察委員長 金鎮文　事務部長 白承徴

都島支部 団長 姜信洙　議長 権相変　監察委員長 高琪権　事務部長 韓大沢

港支部 団長 李応燦　議長 権莫登　監察委員長 朴春生　事務部長 賈貞鉉

吹田支部 団長 河武慶　議長 吉華植　監察委員長 金東準　事務部長 金在玉

堺支部 団長 金桐基　議長 朴亨述　監察委員長 李戊基

阿倍野支部 団長 甘次相　議長 馬淵孝　監察委員長 姜太佑　事務部長 鄭良朝

豊能支部 団長 尹八星　議長 鄭俊竜　監察委員長 安相述　事務部長 金麟得

牧岡支部 団長 金鳳来　議長 李圭洪　監察委員長 朴世鎬　事務部長 金鐘寧

泉北支部 団長 金春鶴　議長 黄性杉　監察委員長 高亨秀　事務部長 韓玟変

泉南支部 団長 姜先渭　議長 陳琦淵　監察委員長 文浩明　事務部長 金九淵

泉大津支部 団長 金基允　議長 朴八星　監察委員長 金敬仁　事務部長 趙町允

北河内支部 団長 文権植　議長 崔柱瑍　監察委員長 金汝玉　事務部長 呉夢竜

八尾支部 団長 権照溢　議長 崔景乙　監察委員長 裴鶴成　事務部長 趙乙済

高槻支部 団長 賓正石　議長 洪本洙　監察委員長 安東鐘　事務部長 張峻

茨木支部 団長 高日化　議長 玉富潤　監察委員長 金喜準　事務部長 洪正一

東成支部 団長 白丁赫　議長 車忠興　監察委員長 金孝慶　事務部長 金徳浩

韓國新聞

発行所　韓国新聞社
発行人　李裕天
編集人　金人雄
東京都文京区春日町
2丁目20－13
電話 (811) 2261～3
業務 (811) 0673
定価　1カ月100円
振替口座東京 34988番

綱　領

一、われわれは大韓民国の国是を遵守する
一、われわれは在留同胞の権益擁護を期する
一、われわれは在留同胞の民生安定を期する
一、われわれは在留同胞の文化向上を期する
一、われわれは世界平和と国際親善を期する

本国旱害　民団が救援にたつ

五千万円を目標に

全組織挙げて運動展開

民団中央本部は、本国の旱害救援について、全組織を挙げて募金運動を展開するよう、全国の各級組織に指示してきた。救援委員会の李裕天委員長(中央団長)は、「未曽有の母国の災禍に海外国民として、温い救援の手をさしのべるよう」全団員に訴えた。

李団長

声援を待つ

全南知事から李団長へ書信

東本で一千万目標

中央の拠出金

全滅に近い農作物

全南道のかん害状況

全北道からも

目にみえて衰退一路

金相賢議員調査の同胞実情

金相賢議員帰国

公告

第13回　定期中央委員会召集

第十三回定期中央委員会を左記の如く召集公告致します。

記

一、日時　九月二十六日　午前十時
一、場所　日傷会館講堂　東京都新宿区市谷本村町四十二

在日本大韓民国居留民団中央本部
議長　金　光　男

中央委員　各位

建国20周年記念式典

ソウル孝昌球場で行はる

富強・自主国家建設で

第二の光復なしとげよう

写真は孝昌球場で行なわれた建国20周年記念式典のもようと円内は式辞をよむ朴大統領

本国の旱害罹災民に

温い救援の手をさしのべましょう。

このたびの甚大なる本国の旱害は、栄山江流域を中心に、わが国の五穀百果が実る肥えた沃土は焦土と化し、九十二年前の丙子年以来はじめての悲惨な打撃をこうむっています。

約二百余万人の旱害罹災民は、死力を尽して絶望の旱天と地割の下に生を求めて闘っているが、十数万の農家が、離農せざるを得ない実情におかれているのに加え、洪水にまで見舞はれ、実に深刻な状態に陥っております。

これに対して、朴大統領閣下は緊急に現地の惨めな状態を視察し、即時大統領訓令第二十二号を発し、国家的規模で救援事業に全力を尽しております。

しかしその罹災の程度が余りに甚だしいので、それだけでは十分でなく広範な国内外の救援の手を待っております。

本団ではこの事態の重大さにかんがみ、さる八月八日に挙団的な本国旱害救援委員会を構成し、すでに全組織を通じて在日同胞のみなさんに呼びかけて救援金の募金運動を開始し真実な愛族、愛国的活動を熱誠的に展開しております。

このような事実は即時本国の各新聞紙上にも報道され、とくに朴大統領閣下は、八・一五光復節慶祝辞の中で、本団の愛族的熱誠溢れる救援活動に感謝の意を表すると同時に挙族的な救援活動を重ねて強調しております。

したがって、在日同胞のみなさんはわが団のこのような愛族的救援活動の趣旨を諒察し、本団の旱害救援事業に積極的に御参加下さることを願ってやみません。なお、救援金はみなさんの所属する民団支部または本部を経由して下さい。

救援金は、毎日、全国所属地区の商報に前番すれば芳名と金額が中央本部機関紙である韓国新聞に発表されます

各級団体および各地別親睦団体なども、本団の救援委員会を経由して下さい

本団の救援活動は、九月十五日までとし、救援金全額は、米ドルで正式に交換して、九月二十九日ソウルで政府に伝達することになっています。

在日本大韓民国居留民団中央本部
(本国旱害救援委員会)

貯水池も枯れて亀裂をみせている

343

八・一五をかえりみて

座談会

第二十三回光復節を迎えるにあたり本紙では、二十三年前のあの全民族的な歓喜と興奮を想起して、感激を新たにすると同時に、この感激を明日の祖国建設と統一への指針とすべく、それぞれ職業分野を異にする別項の四氏を招き、二十三年前の感激と興奮を語ってもらい、光復以来、幾多の試練を経ながらも、今やアジアの指導国の地位を確保しつつある祖国大韓民国に対する愛国的提言と、在日同胞にも忌弾のない苦言と建設な意見を交すると同時に、二十三年前の八・一五前後の隠れたエピソードの幾つかを交えて「八・一五を顧りみて」と題する座談会を試みた次第である。

座談会出席者

- 朴性鎮（民団中央法的地位対策委員長）
- 朴振世（民団中央）
- 金鳳培（スポーツ世界社社長）
- 裵清善（医博、韓国教会）
- 李化鳳（…社長、…）
- 司会＝金……

歓喜に酔い秩序も混乱

"石の冠を脱いでおめでとう"

祝福してくれる日本人もいた

歓喜に酔い秩序も混乱

"重大放送"でやっと助った

内容知ってたポツダム宣言

ソ連の非人道的蛮行を目撃

惨めに見えた日本の着物姿

通訳政治のミス

失敗だった米軍政

南北統一のときが

つぎの民族的感激の日

左右分裂招いた"信託"

在日民族陣営も朝連と訣別

新生活運動を提唱する

来月本国受訓に派遣

地方団長・商工会長らを

344

八・一五光復節慶祝大会、各地で盛大にひらかる

八・一五光復節記念慶祝大会は日本全国到るところで盛大に行なわれた。この日在日同胞たちは、二十三年まえのきょうの感激をあらたに、解放のよろこびにひたりながら、厳粛な式典とともに、映画や演芸または素人のど自慢などで"楽しい一日"をすごした。

また、式典の一部をさいて法的地位要求貫徹のための陳情団をくり出し、日本政府の各機関にわれわれの要求事項を強く訴えた。

全国主な地区の慶祝大会のもようはつぎのとおりである。（写真説明＝東京の"一ッ橋講堂"で開かれた中央慶祝大会）

中央　感激あらたに厳粛な式典

映画や演芸で楽しさ加え

在日本大韓民国居留民団関東地方協議会主催、駐日大使館駐日公報館後援による第二十三回光復節記念中央慶祝大会（大会々長鄭在俊東本団長）は、八月十五日午前十時神田一ツ橋の共立講堂で約四千名の同胞が集まり盛大に行なわれた。

式は、李吉夏三多摩本部事務局長の司会でひらかれ、国民儀礼ののち、鄭在俊大会々長の開会の辞、李裕天中央団長の記念辞、厳敏永駐日大使の記念辞につづいて、金圭南、鄭哲、朴性鎮同氏の記念講演があって、決議文、朴大統領に送るメッセージ、佐藤首相に送るメッセージを採択、引きつづき法的地位要求貫徹陳情団を構成、外務省、法務省、東京入国管理事務所、横浜入国管理事務所へ派遣した。

それぞれの機関に派遣された陳情団は各機関責任者と面会、日本政府に対する要望事項を手渡すとともに法的地位についての日本政府の予算事項の完全実施を強く要望した。

慶祝大会は、余興にはいって、東京韓国学校舞踊部（五〇名）出演の歌や舞踊などのほかに、映画の大韓ニュース、劇映画「…」の上映をして、多彩な慶祝の一日をおくった。

兵庫　神戸六甲山で約五千五百名

兵庫県本部（韓永…団長）では同日午前十一時半から神戸六甲山カントリハウスで約五千五百名が参加して慶祝式典を行なったが、定められた式順に管内各支部有功者一八八名に対する表彰をくり入れ、韓団長から各支部団長に表彰状を授与した。

式典がおわって一般団員たちのノド自慢大会がひらかれ楽しい一ときを送った。

なお、慶祝式典後、同本部法的地位委員ならびに三機関、各支部代表からなる"陳情団"を構成、神戸入国管理事務所を訪ね、同所長ならびに次長に慶祝大会において決議した「決議文」ならびに「日本政府に対する要望事項」を伝達した。

滋賀　滋賀商銀五周年祝典かねて

滋賀県本部（…団長）では、八・一五光復節記念慶祝大会を、大津商工会議所の大ホールで開催、丁度滋賀商銀が開店して五周年を迎えたのを機に、商銀五周年記念祝賀会をかねて盛大な式典を行なった。当日県下の男女老少の団員約四〇〇名が参加、公式の式順を消化したのち、韓国芸能団の古典歌謡の余興に興う楽しい一日を過した。

京都　新聞ホールで

京都地方本部（…団長）では、第二十三回八・一五光復節慶祝大会を、同日午前十一時から、京都新聞ホールで盛大に行なった。

式典は、…議長の開会の辞にはじまり、韓青、学同、婦人会各機関代表らの記念辞、大阪総領事、…大韓…会長らの記念講演につづき決議文、朴大統領に送るメッセージ、佐藤首相に送るメッセージなどの採択があって、組織功労者（三十三名）に対する表彰状の授与があった。

式典がおわって、特別招請の延世大学校合唱団、韓国学園学生ら出演の歌と踊りなどの公演があり楽しい一日を過した。

岡山　本国芸能団で母国をしのぶ

岡山地方本部（…団長）の慶祝大会は、同市内岡山市民会館で、約一千五百名の同胞が集まってひらかれた。

…団長の開会の辞にはじまった式典は、金光…中央議長の祝辞、李…神戸領事の祝辞、…大学…学長の記念講演、本国情勢についての講演、信用組合岡山商銀…理事長の記念講演などがあって、定められたスケジュールを終え、第二部において、本国から招請した朴貴姫、金貞九各氏らの舞踊と歌謡などの韓国色豊かな舞台演出で、遠い故国をしのびながら、八・一五の感激をあらたにした。

大阪　創団以来の盛況さ

民団大阪府本部では、奈良県本部と協力のもとに、今年の光復節慶祝式典を、生駒山上の野外大劇場で挙行したところ、一万五千人の同胞が参集し、創団以来の大盛況を呈した。

この日生駒山には、朝から本部手配の貸切バスで各支部の団員が満載して続々とつめかけ、式典開始の十一時三十分を待たずに山頂広場は同胞で埋めつくされ、立錐の余地もない程の大混乱を呈した。…

写真・横浜入管責任者と面談する陳情団（上）と神戸六甲山での兵庫慶祝大会

在日同胞子弟の教育強化

基金200万ドルで奨学財団

政府は在日同胞子弟たちの教育を強化するため、来年初に奨学財団を設立・運営することに決めた。この奨学財団は奨学基金二百万ドル（約六億ウォン）を運営資金とするもの。

政府はこの財団基金として五十三万ドルをすでに確保しており、残り百四十七万ドルに該当する基金を予算当局に要求している一方、残りの百万ドルは篤志家たちの寄附金で充当することにしている。

この財団は在日同胞の子弟のための初等教育機関の増設強化と、日本系学校に通う子弟らならびに同胞学校の教師たちにたいする"母国にかんする教育強化"のために仕事を進めるだろうという。

現在、日本には十六万名の同胞子弟が就学しているが、このうち三千五百五十名が居留民団系の二十三の学校に通っており、残りは全部日本系の学校で勉強している。

これに比べ、北韓系の朝総連は百四十二の学校を運営、三万四千三百八十八名を通学させていると集計されている。なお、北韓は朝総連系の学校運営のために過去十年間に約一千四百二十一万ドルを投資しているのに比べ、韓国政府が民団系学校にたいして行なった補助は百二十九万ドルに過ぎない。

母国発展に寄与させる

海外在住　科学技術者を誘致

科学技術処では、科学技術系人力を開発、国家科学技術発展を促進するため、現在海外にいる優秀且つ有能な科学技術者を故国に誘致して、科学技術振興に積極参与させることとなった。このため日本に居住する韓国人科学技術者の誘致について、駐日大使館から民団中央に依頼があり、広く在日同胞の中から科学技術者の積極参加を希望している。

なお、前記の趣旨を周知し、故国の発展に寄与する方針に応じて、永住帰国する優秀な科学技術者には、本人およびその家族に対する帰国旅費（航空費、文献輸入費、…）と生活安定資金を交付して、国内での研究活動の継続ができるよう積極的に支援するという。

また、この件については、駐日大使館（第一領事部）および地方の各領事館に問い合わせを希望しているとのこと。

静岡本部庁舎落成

盛大に祝賀式行なう

さる五月六日着工以来、完工を急いでいた民団静岡県本部の庁舎が、さる七月二十九日完成、八月八日同本部では、厳駐日大使をはじめ李中央団長ら多数の来賓を迎えて、盛大な祝賀落成式を行なった。（写真は落成のテープをきる李中央団長（＝左から＝厳駐日大使、朱性鶴団長）

落成祝賀式は同日午後一時から新しい庁舎でひらかれたが、まず朱性鶴同本部団長、厳敏永駐日大使、李裕天中央団長らが正門のテープをきって開庁、崔学阜中央組織局長、朴性鎮法的地位副委員長、張聡明中央委員、朴述祚神奈川本部団長ら中央からの来賓のほか、大使館および地本関係者約一五〇名が入場着席し、同地方本部副団長の開会のあいさつではじまり、厳粛な国民儀礼ののち朱性鶴団長が静岡在日韓国人の殿堂として新しい民団本部ができあがったよろこびをのべ「今後一層この新しい会館を中心に組織強化につくすとともに、庁舎完成までの多くの協力者に感謝する」とのあいさつがあって、李裕天中央団長が「喜びも哀しみもともに語り合える公会の場所としてかつまた海外同胞の権益を護る殿堂として立派な民団庁舎が完成されたことはわれわれの組織力を誇示するものである」と祝辞をのべ、「韓国の空に太極旗をひるがえして、韓民族の存在を知らしめることは、いうまでもなく大韓民国の国威を宣揚するもの」と厳敏永大使もきょうの静岡民団本部庁舎落成を心から祝福して式を終った。

式後、祝賀宴がひらかれたが参加者一同、よろこびにあふれて祝杯の談笑が午後四時まで続いた。

苗木一億本

「日韓花の会」が韓国へ送る運動

日韓花の会（…会長）では韓国の緑化運動に協力する趣旨で苗木一億本を韓国へ送る運動をはじめる。

この運動は一九六九年三月から一九七三年四月までの期間中に、山林種苗（すぎ、ひのき、まつ、その他）五千万本、果樹苗（みかん、くり、うめ、もも、さくらんぼ、ぶどう、その他）五千万本を韓国の各種学校および各種団体、政府機関へ配布するという。

福島韓国学園の夏期講習会

夏期講習会　多大な成果

福島韓国学園では、さる八月一日から四日間、猪苗代湖畔の…観光センターで夏期講習会をひらき多大の成果をあげた。これは仙台教育文化センターの協賛のもとに実施されたもので講習内容は、国史、国語、民謡、日常生活用語などであったが、とくに民族意識の昂揚に重点をおいた結果、受講生二十七名の…

夏期講習会が予想外の成果に力をえて、今後引続き各地区ごとに実施する計画である。

なお、同学園では、十九名からなる理事会（理事長…氏）を構成し、学園長（…氏）とともに学園の運営をはかることになった。

僑胞出身金圭南議員と懇談

在日韓国人新聞協会

在日韓国人新聞通信協会では、来日中の金圭南国会議員（共和党）を十四日夜八重洲大飯店に招き、僑胞問題、本国情勢などについて懇談した。氏は僑胞出身で、日本には知己が多く本国においても僑胞問題の解決については特に情熱を傾けている。なお同夜は李裕天民団中央団長も同席した。

結婚相談所生る

韓国人二世の縁結びに

在日韓国人子弟の婚姻問題は一世達の頭痛の種の一つとなっているが、戦後二十年に及ぶ今日、未だ組織的な結婚斡旋機関がなく単に知友を便りに縁結びをしている状態である。早くから識者の中には本格的な結婚相談所機関の出現を望む声が大きかったにも拘らず、なかなか実現の運びに至らなかった。そこでKPI通信社長在日韓国新聞通信協会理事長金允中氏が発起人代表となり有志達と数次に亘り協議の結果、今春以来結婚相談所開設の準備を進めていたところ、去る十日発起人二十三名（委任状を含む）が東京・八重洲大飯店に会合、発起人全員が理事および監事に就任し、在日韓国人結婚相談所を発足させた。

同相談所は日本国内は勿論、本国からも…結婚問題について相談に乗るという。今後理事陣を充実するが承諾済みの役員氏名は、次の通りである。

△理事（順不同）呉宇泳（理事長）・安聖田・安禅中・金野太・金周泰・鄭東淳・許弼奭・李奉順・金已哲・全万珠・韓大乙・金基深・金東鶴・金鍾碩・金鉉植・朴…主事・崔淳悦・金鐘珍・裴在潤・朴洪輝・金光中（常任）・韓…相（常任）・洪賢基（常任）△監事、李州泰・曹圭必

なお事務所は当分間左記におく

東京都千代田区内神田三ノ七ノ八号小山ビル五〇一号室　電話（二五六）〇〇二一（代表）

軍人会人事異動

大韓軍人会日本支会では、このほどつぎのとおり人事異動を行なった。

任命　総務局長　池碩鎭
任命　事務次長　林震沢
任命　渉外部長　裴光道
任命　公報部長　徐圭錫
任命　女子部長　金徳子
依願免（渉外部長）林震沢
依願免（公報部長）裴光道
依願免（女子部長）金春鉉

尋ね人

奈鍾洛（本籍慶尚北道尚州郡咸昌面…里）この方は、戦前明治大学に在学、解放後一時帰国してから再度渡日東京都品川区大井関ヶ原町一三〇番地に住んでいたそうですが約五年まえから消息が不明のようです。慶尚北道尚州郡…里に住んでいる家族たち（妻、長男義一ほか二人の子息）から、さがしてほしいとの願いがありました。心当りの方は、韓国新聞編集局までご連絡下さい。

金末南（女・六〇才）本籍慶尚南道東莱郡鉄馬面松汀里　この方は、解放直後東京都蒲田という所で釜山館という飲食業をしていたそうですが最近消息不明。心当りの方は大韓民国釜山市釜山鎮凡川四洞一三統四班、孫基日氏へ連絡して下さい。

尹正落（…）四十五才、本籍慶尚南道宜寧郡芝正面…里、この方は一九四〇年頃渡日して以来、おもに東京近辺に住んでいて一時横浜市から本国の実家へ連絡があったそうですが解放後は消息不明。心当りの方は民団中央本部宣伝局までお知らせ下さい。

訂正＝本紙前号三面川崎物産株式会社の広告中、社長専用電話（五〇）二三二三天とあるのは六〇二三天の誤りでしたので訂正致します。

生駒山上を埋めつくした大阪八・一五慶祝大会（右）

北韓ガイライの農業政策 （二）

みじめな農民生活
欺瞞と懐柔で協同化

韓国の歴史
韓国公報館提供

古代の過渡時代

三国時代

大韓バトミントン協会代表民団来訪

盛大に祝賀式典
大阪商銀の十五周年

団長に高希宗氏
民団東京・荒川支部の人選決まる

民団東京・荒川支部ではこの程定期大会を開き、団長に高希宗、議長に秦太一、監察委員長に河文相の三氏を選出したが、議長の秦太一氏は民団の前身である新朝鮮建設同盟（朴烈委員長）の社会部長をしたこともある人。

ピクターで日本語盤
パテイ・キム

韓国のポピュラー歌手として、ひろく日本にも知られているパティ・キム（本名金恵子）さんは、このほど日本ビクターで日本語によるヒットソング〝呼んでいるのに〟（Ａ面は英語でアリラン）のドーナツ盤を出すことになった。

（写真は同レコードのスチール）

投書
なぜ遅い？領事の入国許可

国民登録および永住許可申請案内

国民登録更新および新規申請

一、対象者
（1）満十四歳以上の大韓民国国民
（2）旧国民登録証を所持している者
（3）旧国民登録証を所持してない者は新規申請

二、具備書類および申請方法
（1）申請書一通（所定様式＝民団各支部にあり）
（2）写真四枚以上を民団支部に提出すること（手数料無料）
同申請書が民団支部を経出して大使館または各級領事館で受けつけると、直ちに処理され国民登録で発給される。

三、申請期間
自一九六八年八月　至一九六七年十二月

協定永住権申請

一、申請該当者
（1）一九四五年八月十五日以前から申請時まで、継続して日本国に居住している大韓民国国民
（2）（1）に該当する者の直系卑属（子、孫）で、一九四五年八月十六日以後、法的地位協定発効日（一九六六年一月十七日）から五年以内（一九七一年一月十六日）に日本国で出生し、継続して日本国に居住している者
（3）右（1）（2）に該当し、協定永住許可を受けた者の子女で、協定発効日より五年が経過した後（一九七一年一月十六日）日本国で出生した者（出生日より六十日以内に永住許可を申請）

※以上の該当者は、外国人登録から脱落していても継続して日本国に居住していた者は許可される

二、申請方法
（1）申請場所＝居住地、市、区、町、村の役所
（2）申請人
（イ）満十四才以上の者は、本人が直接出頭して申請、十四才未満は親権者または後見人が代理申請
（ロ）申請者が疾病、またはその他の身体障害により出頭不可能な場合は代理人による申請も出来る
（3）手数料は無料

三、具備書類（各市、区、町、村役所にあり）
（1）永住許可申請書一通
（2）旅券または国民登録提示、但し（2）が無い場合は大韓民国の国籍を持っているという趣旨の陳述書一通を提出する
（3）家族関係および居住経歴に関する陳述書一通
（4）写真二枚
（5）外国人登録済証明書提示

四、記入方法
（1）韓国姓名（戸籍上）を記入し、子、孫等の名前は日本式に記入せず、漢字で記入する（例、朴ミチ子＝朴道子）
（2）居住歴においては、何年頃、春頃、秋頃、等のように記入してもよい。
（3）家族関係では、在日家族だけでなく、本国家族も記入すること（離散家族再会に参考）
（4）記憶不明の場合は、役所における外国人登録済原票の写本交付を受け、その記録通り記入してもよい。

一般永住申請

一、申請該当者
（1）戦前に日本国に居住し、戦後一時的に帰国して平和条約発効日（一九五二年四月二十八日）以前に日本国に再入国した者と、平和条約発効日まで日本国に入国した者（在留資格が特在「四－一－十六－三」になっている者
（2）（1）の直系卑属で、平和条約発効日前に日本国で出生した者

二、申請場所
法務省、各地方の出入国事務所

三、具備書類
（1）申請書　（2）質問書　（3）履歴証明書　（4）…国人登録済証明書　（5）財産証明書　（6）納税証明書（非課税証明書）　（7）健康診断書　（8）…元保証書　（9）国籍確認書（大使館または各級領事館所定様式）

※申請書は二通、その他は一通

駐日大韓民国大使館
駐日大韓民国各級領事館

韓國新聞
発行所 韓国新聞社
発行人 李裕天
編集人 金八雄
東京都文京区春日町2丁目20−13
電話(811)2261~3
電話(811)0673
定価 1カ月100円
振替口座東京34988番

綱領
一、われわれは大韓民国の国是を遵守する
一、われわれは在留同胞の権益擁護を期する
一、われわれは在留同胞の民生安定を期する
一、われわれは在留同胞の文化向上を期する
一、われわれは世界平和と国際親善を期する

法的処遇の改善へ
速やかに両国実務者会議

第2次韓日定期閣僚会議は、さる27日ソウル・ウオカーヒルで両国閣僚ならびに関係者100余名が参席してひらかれ、韓日両国間の貿易不均衡是正問題・農水産物開発投資・租税協定ならびに工業所有権協定など経済問題を主に討議したが、ほかに在日同胞の処遇改善・樺太僑胞の送還問題など両国間で懸案になつていた問題についても協議された。3回にわたる全体会議と経済協力・両国関係一般・租税問題など6個の分科委員会そして個別閣僚会談などで進行されたこの会議は3日間つづけられ29日別項のような共同声明を発表して幕を閉じた。

第二次韓日定期閣僚会議のもよう

第二次 韓日閣僚会議おわる
共同声明を発表

この会議においてわれわれ在日同胞にとってもっとも関心がもたれた「在日同胞の法的地位」ならびに教育・生活向上の問題について、両国閣僚は、「閣僚級を含む関係実務者会議をすみやかな時日にひらくこと」に合意をみたほか在日韓国人の信用組合を銀行に昇格させる問題ならびに永住帰国する同胞の持かえり金限度額についても、日本側は好意的な配慮を行なうと約束した。

これらの問題について韓国側は①在日同胞の永住権申請手続の簡素化、②財産搬入と送金の円滑化、③在日同胞に対する日本政府の課税の公正と雇傭の機会均等などを強く日本側に要望した。

一方、三木日本外相は、1・21事態(北韓ゲリラのソウル侵入事件)後、極東の緊張状態に対する韓国の考え方と全く一致するとのべ、在日同胞の北送問題と樺太僑胞の送還問題については相当難色を示したといわれる。

両国共同声明の全文はつぎのとおりである。

△両国の閣僚は、両国が引続き国際連合など諸国際機構を通じて協力するのが両国にとって有益であることを再確認し、とくに韓国統一のための国際連合の努力に対してひき続き協力することに合意した。両国の閣僚は、アジア太平洋理事会の着実な成長に満足の意を表し、この機構を通じて地域的協力体制の維持強化のために両国が引き続いて協力することに合意した。

△両国が長期的な観点から、互恵の原則と信義に立脚した善隣協調の関係を一層発展させるために、両国間の諸般事項に関して隔意のない協助と効率的な実行のために両国政府が引きつづき努力することに合意した。

好意的な配慮を約束
在日同胞処遇と福祉向上に

△両国の閣僚は、在日韓国人の法的地位、教育ならびに生活の向上についての問題に対して、両国の関係閣僚間の会談を含む関係当局間の会談を可急的速やかにひらくことに合意した。

△在日韓国人の信用組合の設立ならびに信用組合を銀行として昇格する問題に関して、日本側は、信用組合の設立問題は「道都府県」知事の認可事項であるが、政府としては、好意的に考慮していると説明し、在日韓国人の帰国時持参金の限度額ならびに家族送金などに関して、限度額を越える持参金に対しては、実情によって好意的に処理すると約束した。

△在日韓国人の北送反対について、日本側は一九六七年十一月十二日をもって、いわゆる「カルカッタ」協定が終了し、すでにその協定の効力は存在しない旨を確認した。

△在「サハリン」(樺太)韓国人のすみやかなる出境要請について、日本側は、これら韓国人がすみやかに「サハリン」から出境できるよう協力することを表明した。

△両国の閣僚は、科学技術関係を含む両国間の文化交流状況を検討し今後も引き続き民間の交流を促進し、奨励することに同意した。

△両国の閣僚は、貿易不均衡状態を改善するためには、相互環境を整備する必要を認め互恵と地域協力の原則に立脚して、貿易の拡大と均衡をはかるのが、両国の利益になることを確認しそれがための細心の方針を講ずることに合意した。

△両国は、貿易不均衡の改善をこれから先五ヶ年間の中期的観点から次期貿易会同会議で対策することに合意した。

△日本側は、韓国から再輸入される品目のうち、国内産業に打撃を与えないものに対しては、原資材に相当する部分に対して、実際に関税を免除できる制度を創設する意図をあきらかにし、今後約三ヶ月にわたって産業の実態調査を行なったのち、可能なものについて再輸入品目を追加することに約束した。

△両国閣僚は、長期的には工業所有権の相互保護が必要であることを認め、まず商標権に関する協約を締結する原則に合意した。

△対馬地区においての密貿易防止要請に日本側は協力することを約束した。

△農・水産問題に関して両国の閣僚は①農産物の種子の交換、その他技術交流の「農林・水産技術協力委員会」を設置する原則に合意②韓国の農林・水産物輸出拡大の要請を考慮し、また、日本の国内産品の需給事情を考慮、一次産品の貿易拡大のために、相互に適当と認められる品目開発において技術資材面に協力することに合意③漁業問題については、韓日両国は、第一次閣僚会議で話し合ったとおり、相互協力することに合意されている韓国沿岸漁業増殖事業の関係のために、水産増殖技術者の相互交流を行なうことに合意した。

△両国閣僚は、韓国の永久的な旱害対策のために、請求権資金(69年度分の早期使用)からの支援と地下水開発のために、なるべく早い時期に日本が技術調査団を派遣することに合意した。

△昨年度の一次閣僚会談で合意された一般プラント輸出のための民間信用供与は、すでに使用承認をえている火力発電施設2千5百7万ドルと近く承認予定の嶺東火電の1千5百万ドルならびに、69年度漁業資金を含めて9千万ドルを使用することに合意した。

△両国閣僚は、対韓投資について、両国の法令範囲内で民間どうしの商談が終わっているものに対しては、すみやかに処理することに合意した。

△両国閣僚は、韓国側が要望した「プロトタイプ」技術訓練センター設置に対して、調査を行なったのち協力することに合意した。

△両国閣僚は、二重課税防止協定の早期締結が、両国経済協力促進のための環境整理の重要な一環であることに留意し、貿易の不均衡などを含む両国間の経済関係を考慮に入れて、妥当であり合理的な課税原則に立脚して、可急的すみやかな時日内に協定を結ぶよう意見の一致をみた。

△日本側の在韓日本商社に対する課税に対して、韓国側は、関係国内法の規定にしたがって妥当な課税を行なうと約束した。これに関連して韓国側は、在日韓国人に対する日本政府の課税ならびに調査に、日本側の好意的な配慮を要望したところ、日本側は充分な配慮を行なうことを約束した。

△日本側は、68年10月を目標に第三次政府間の海運会談をソウルでひらき、海運協定締結のための「ウオキング・グループ」の構成ならびに日程などを決定することに合意した。

△第三次韓日定期閣僚会議は、来年に東京でひらくことに合意した。

なお、この会議の両国代表はつぎのとおりであった。

△韓国側=朴忠勲副総理兼経済企画院長官、崔圭夏外務長官、黄鍾律財務長官、[illegible]農林長官、金正濂商工長官、[illegible]交通長官、ならびに厳敏永駐日大使、[illegible]国税庁長、[illegible]水産庁長

△日本側=三木外相、水田蔵相、西村農相、宮沢経済企画庁長官ならびに金山駐韓大使、亀徳国税庁長官、森本水産庁長官。

法・文相出席せず

韓日閣僚会議において、在日同胞問題を討議すべき日本の主務長官である法務・文部の両相は、韓国側のかさなる要請にもかかわらずはじめからこの会議には出席しなかった。

本国論調
約束ばかりの韓日会談
日本の履行進度を注視する

第二次韓日閣僚会談は、比較的短い期間内に所定の議題を討議、閉幕したが、この会議の成果は両国が共同声明に盛り込んだ原則、合意事項をどの程度誠意を以て実践に移すか否かにかかっているといえよう。

去る三日間、ソウルで開かれた韓日両国定期閣僚会議は、わが側では朴副総理以下関係全閣僚、日本側は三木外相を首席代表に六人の関係閣僚が参席、懸案中の経済協力問題を討議したが、いくつかの議案は具体的な原則に合意をみるなど予想以上の前進を示した。共同声明にも明らかにされた通り、今回の会談を通して両国は、近接国家として相互の立場を充分理解すると共に、国際情勢の評価についても実質的に見解の一致を見出したのは、両国の将来にとって喜ばしいことである。以前には内外情勢に関する一般的な見解においても、両国間には相当な距離が保たれていたのに照らし、その間の情勢推移は両国をして求心点に導いた客観的な条件の成熟もあったが、今回会談の過程で両国代表が誠意な態度で互の立場を理解しようと努力した結果だと肯定評価することができる。

とくに今回の成果の中で、われわれの関心を引くことは、互相実利と直結される経済協力問題に関してほぼ原則的に合意に達した点である。互恵的な国際通商の実益に関する認識を高めたのは言うまでもなく、両国経済の現実的な要求に一致される水平分業又は垂直分業の必要性、とくに韓国の特殊事情を考慮して合弁投資又は開発輸出などに関し意見の一致を見たのはこれからの両国経済関係を一層緊密なものにすると考えられる。

また別な成果としては、両国の貿易不均合状態を改めるため、いわゆる中期展望(五年間)に立って事務レベルでの折衝をすることにしたこと、わが農水産物及び対日保税加工輸出の拡大を図るため必要な措置を日本側が約束したことなどは、関税問題解決への一歩前進といえよう。一方韓国側では、日本側が執拗に要求して来た工業所有権問題、租税協定問題、海運協定問題などに対し、わが国の現実が許す範囲内で妥結への序頭を提示したのは「譲歩」というより両国経済協力を心から願うわれわれ決意の一端とみなさなければならない。現段階までにおいては、商標権保護協約を結ぶにすぎないが、これが工業所有権の初歩段階であることには再言を要しないし、租税協定や海運協定もまた、より広い対日門戸の開放を意味するからである。

このようにみると、今回われわれは貿易不均衡や資本協力増進などに関し具体的な結論を得られなかったことに比べ、日本側は実質的な成果をより多く得たかのような印象を受ける。そのため要は、今後三ヵ月から五年の間に、日本側は、共同声明でうたった合意事項を問題解決のため従来よりどの程度の誠意を見せるか否かによって、今回会談の成果が評価されるであろう。(韓国日報)

李事務総長・旱害救援で談話
天災に泣く同胞に 立ち上る勇気と希望を

現在、民団では全組織を挙げて本国旱害の救援運動を活発に展開し、目標額である日貨五千万円の達成に総力をあげているが、民団中央本部の李成甫事務総長は、運動期限である九月十五日を目睫にしたさる一日、全組織および同救援委員会の委員に「いま一段の努力を要請」して激励するとともに一般有志には「格別の協力」を重ねて要望する大要つぎのような談話を発表した。

しばしば新聞で報道されたとおり、今夏湖南地方ならびに嶺南の一部地方を襲った旱ばつによる被害は、筆舌に絶するものがあります。九十一年ぶりという歴史的な大旱ばつといわれるだけに、わが国の穀倉地帯である、この地方の農作はほとんど全滅の状態で、十数万の農家が離農のやむなきに至っております。

このような悲惨な旱災に加えて、このたびはまた集中豪雨による洪水にまで見舞われ、その被害状況はさらに深刻さをまし、数百万のわが同胞たちが飢餓線上にさまよいながら天災の不運に泣いております。

わが政府当局は、これら罹災民の救護に万全な対策を講究しつつ国内外にも救援を要請しているが、わが民団でもいちはやくこれが救援に立ちあがり、「本国旱害救援委員会」による広範な運動を展開していることは、すでにみなさんご承知のとおりであります。

日本におけるこのわたしたちが展開している旱害救援運動が早やくも本国に伝えられるや、朴大統領閣下は、在日同胞の同胞愛に激賞の辞を惜まなかったばかりでなく多くの国民から感激をもって迎えられ罹災民たちには、災害から立ちなおる勇気と希望をあたえたのであります。

幸いにしてこのわたしたちの全国的な救援運動は、開始以来、在日同胞の温い同胞愛によって、着々とその成果をあげて目標額の達成にいまひといきの段階にあります。

在日同胞のみなさん。そしてこの運動に携わっている組織のみなさん。わたくしたちと血をわけあった数百万の同胞が、思わぬ天災の不運に泣いております。たとえ一にぎりのパンでもわかちあうのが人間の道であり同胞愛というものでしょう。母国の罹災民たちは在日同胞みなさんの温い救援の手を待っております。どうかこの旱害救援運動にいま一歩の協力と支援をかさねて要望してやまないと同時に、すでにこの運動にご協力下さったみなさまに厚い感謝の意を表してやみません。

(写真は李事務総長)

科学技術情報の交換
韓日関係長官会議で合意

ソウルの科学技術処会議室で去る三日から開かれていた第一回韓日科学処長官会議は、両国間の科学技術協力の増進強化を協議中であったが、五日共同コミュニケを発表して閉幕した。

共同コミュニケは、韓国の金基衡科学技術処長官と、日本の鍋島直紹科学技術庁長官によって発表されたが、①科学技術情報の交換②原子力の平和利用、③核資源の調査④海底(大陸棚)鉱物資源の探査などに緊密な協助を骨子としており、両国長官はこの日の記者会見で、両国の科学技術長官会議を随時開催することになったと語り、特に日本の鍋島長官は、必要とあれば日米・日英間に締結している「原子力燃料に関する協約」を、韓日両国間に締結することも可能であると語った。

なお、この会議での合意事項の主な内容は次のとおりである。

1、科学技術情報交換
A、韓国科学技術情報センター代表は、日本科学技術情報と協議して、協力方案を具体化する。
B、両国のセンターでは可能な範囲内において、両国機関が出版する資料と文献を交換する。
C、日本のセンターで、韓国センター要員が訓練を受けられるよう積極的に協力する。
D、日本のセンターは、文献と資料処理の電子計算組織(EDPS)活用技術に関し、韓国のセンターと技術協力をする。

2、原子力の平和利用
A、原子力発電を含むすべての原子力平和利用に関する資料は秘密に属さない限り韓国原子力庁と日本原子力局間に、直接交流を実現させ、専門家をはじめとする各分野の情報資料の交流を促進する。
B、韓国放射線医学研究所と、日本放射線医学研究所間の研修のために、日本専門家一、二名を韓国に派遣し、放射線医学研究分野においても、相互が緊密に協力する。

3、核資源調査
A、日本政府は、韓国の原子力鉱物資源探査に、積極的に協力する方案として、来る九月末または十月初に、日本の専門家一、二名を韓国に派遣する。

呉制道反共理事を迎えての懇談会

呉反共連盟理事迎え 民団で勝共懇談会

外務委で懇談会
日本の対北機械輸出で

国会外務委員会は、懇談会を開き崔圭夏外務部長官から現在日本と北韓の間に進行している機械類の輸出と同胞北送問題に関する報告をきいた。崔圭夏外務部長官は、この懇談会で日本の北韓への機械類を輸出する可能性は現在のところ明白でないがもしも、日本政府が北韓に機械類を輸出するような場合は強硬な措置を取る

反省の意を表明
除名処分の宋基復氏

財団法人朝鮮奨学会理事宋基復氏(新世界新聞社長)は昨年一月二十七日に、民団より除名処分をうけたが、「朝鮮奨学会」問題を繞る諸情勢も大きく変転し、宋氏からも除名処分解除請願とあわせて別項の内容の声明書も発表した。民団中央本部監察委員会委員長金仁洙氏は、同氏の処分解除問題を審議中であるが近日中に同問題に関する結論が出るものと見られている。

声明書

本人は一九六七年一月二十七日付をもって、財団法人「朝鮮奨学会」の問題により民団から除名処分をうけて今日に至りましたが、これは本人の不徳の致すところで、遺憾の意を表し衷心から反省しております。

本人は奨学会問題の、複雑多端さにかんがみ、民団と、民団側理事、評議員たちと緊密な協力のもとに、われわれの権益を確保するとともに、民団の基本方針に従って、その正常な運営を期する所信であることを声明します。

一九六八年八月二十九日
東京都目黒区下目黒五ノ九ノ一〇
宋基復

政治的波乱も
第67回国会開く

第六十七回定期国会はさる二日から開催された。こんどの定期国会では来年度総予算案の審議に取りかかるが、このほかに国政監査や今年度第二回追加更正予算案の審議、借款業体にたいする特別国政監査、産銀法中改正法律案など多くの問題処理をかかえているが、これらは政治的な争点となっている問題でもあることから、国会では相当な波乱が起きるものと予想されている。国会は三日、六九年度予算案提出に伴う政府の政策方向を明らかにする朴正煕大統領の施政演説(丁一権国務総理代読)を聞いた後、一般案件の審議に入る予定である。

北送船

連続シリーズ・第一回

吹雪の清津港

呉　基　完

まえがき〈筆者紹介をかねて〉

「地上の楽園・祖国への名誉ある帰還」この美辞と喧騒に満ちた朝総連の悪ラツな宣伝にだまされて、在日同胞の中から無知な人たちが北韓に送りこまれた数は数万にも達しているといわれる。屠殺場に送りこまれた小羊のような彼ら北送同胞たちは、北韓で果してどのような待遇をうけ、現在どのような運命におかれているのだろうか。

共産主義者たちの悪どい宣伝工作の犠牲となった彼ら北送同胞たちは、自由と民主主義の祖国大韓民国に背を向けたとはいえ、彼らが共産独裁の奴隷となり果て、死よりもつらい責苦に呻吟していることをおもうとき、われわれは胸の痛みをおぼえるとともに、彼らに関する消息を知りたいと希う欲求を禁じることが出来ない。

この文は、一九五九年十二月、北韓において「在日韓胞帰国迎接委員」として、第一船の到着から継続して北送されて来る同胞たちの接待を直接担当した呉基完氏が書いたもので、北送同胞たちのその後の消息と、生々しい彼らの生活相を、一人の、自由の証人として、赤裸々に、書き綴った記録である。

十年前の一九五九年八月、印度「ジャカルタ」で締結された北送協定調印九周年を迎えその間に北送された同胞達の悲実が、どんなものであるかを本紙の紙面を通して、在日同胞にひろく紹介することにする。〈編集局〉

【筆者の経歴】
一九四九、金日成大学卒業
一九五六、ソ連「モスクワ」大学院修了
一九五六、五月、農業相補佐官兼農業省植物検疫所長
一九五九年十二月、在日同胞帰国迎接委員兼職
一九六三年九月、北傀の対南工作員として南派後自首

呉氏は、一九六三年九月、対南工作員として南派（スパイ）の任務を帯び、大韓民国に派遣されたが大韓民国の目覚しい発展相と、自由の高貴さを悟り自首した人である。氏は、現在、ソウル高麗大学校亜細亜問題研究所諮問委員として北韓の悲惨な現実を紹介し虚偽宣伝に暴露された、哀われた彼らに対する啓蒙運動に活躍している。

北送がはじまるまで

当惑しあわてる北傀
予想しなかった帰国実現に

十二月中旬の清津港、例年より早い寒波の襲来で、雪まじりの風が肌を刺すように冷たい。この思いがけない寒波の襲来のために、それまで順調に進んでいた「在日同胞歓迎」の準備作業も、最後の段階になって、多少の変更を余儀なくされた。つまり、第一仮泊地点まで出迎える予定であった歓迎船を、第二仮泊地まで変更するとともに、清津埠頭内に設けた接待所での歓迎時間も大幅に短縮したのである。在日同胞を満載した帰還船を迎えるという興奮と、感激の中で進める歓迎準備作業にピッチをあげながらも私たち迎接委員の心の中には、何かしら不安と不吉な、予感めいたものが去来してやまなかった。正直なはなしが、在日同胞の北韓"帰国"が実現するとは、誰も信じてはいなかった。実際に、北傀の首脳部でさえ、帰国問題がこんなにも簡単に解決・実現するとは思ってもいなかったのである。

ただ彼らは、在日同胞の帰国問題を紙上において、日本と北韓とが政治的"かけひき"を演じながら、大いに宣伝戦を展開し、側面から帰国とは関係のない政治的実利を追求してみる心算だったのである。北傀赤十字代表は日本赤十字代表との会談の場において「六十万在日同胞は、熱烈に帰国を希望している」「人道主義的見地から、彼らを祖国に帰せ」「社会主義祖国は、彼ら在日同胞を迎える万端の準備を整えている」と叫んで喉色に満ちた宣伝戦を展開し、あたかも北傀が最も人道的な政策のもとに、在日同胞の帰国希望と要求にこたえているかのような芝居を演じており、このために日本と韓国の立場は苦しいものとなって、北傀の芝居と宣伝はある程度の効果を収めていたので、もはや北傀は、これでもって十分に満足していたから、在日同胞が実際に北韓に帰国するしないは、もう、どうでもよい問題であったのだ。ところが、在日同胞が本当にやって来るのである。これは大変なことである。在日同胞の帰国により予想されるさまざまの事態にどう対処するか、北傀首脳たちはあわてにあわてた。ではなぜ、北傀たちはあわてふためくのだろうか。それには次のような深刻な問題が内在しているからである。"自由"というものを全然知らない北韓住民達が、日本の自由な空気の中で生活してきた同胞たちにより"自由"の尊さと有難さを植えつけられ、覚醒されては一大事であること、次に困るのは、地上の楽園であり天国であると宣伝してきた北韓の実際の姿が、同胞の帰国によって内外に暴露される恐れがあること。最後に、これは誰も北傀たちが頭を痛めている問題として、在日同胞の帰国から受ける北韓住民の心理的ショック、その衝撃から当然予想される精神的要素に対する措置をどうするかの問題等がその主なものであった。

北傀は北韓住民に対し「在日同胞は、日本で衣食に事欠かず、着られずの惨めな生活をしている」「四十年間の迫害と生活苦に呻吟している在日同胞たちに、積極的な物心両面の支援を送ろう」と呼びかけて、在日同胞が日本で乞食のような生活をしていると宣伝してきたので、北韓住民の在日同胞に対するイメージはどこまでも「橋の下のボロ小屋で生きんがために苦闘している哀れな同胞たち」であったのである。であるから北韓住民たちは、心から在日同胞を哀れに思い、在日同胞が一日も早く飢餓線上から解放されて、帰国するのを期待し、平壌市内の婦人たちは、自分が着ていた綿入りのチョゴリを手にして地区党委員会を訪ね、着る物もなく寒さに震えながら帰国する在日同胞に渡してくれるようにと頼んで行ったのである。だが実際はどうか。在日同胞は北韓住民に比べ数倍、いや数十倍も恵まれた環境の中で豊かな生活をしている。こんど帰って来る同胞たちも、日本の同胞社会では比較的貧困層ではあろうが、決して北韓住民が想像しているような"哀れな乞食同様"の人たちではない。従って彼ら帰国同胞たちが携帯してくる世帯道具・職業機械類・着用している衣類などは、北韓住民が見ればビックリするようなものばかりであろう。北傀共産党幹部が懸命になって宣伝していた内容とは逆に、在日同胞が立派な服装と北韓では見たこともないような「文化的」な数々の世帯道具を持ってやって来ると北傀の嘘だらけのデマ宣伝が暴露してしまうのだ。北傀の首脳部たちの悩みは深刻であった。二十年来続けてきた北傀の鎖国的な愚民宣伝に麻痺し盲（めくら）同然になっていた北韓住民の前に、共産党宣伝の嘘が一挙に暴かれ、正体をはっきりとさらけだすことになるかも知らぬのだ。日本の赤十字代表と会談を続けていた北傀代表李一卿に対し拍手を送っていた金日成徒党は、自ら重大な危機を招来したことになる。

在日同胞の北送の実現は初めから想像もしなかったし、期待もしていなかったのにも拘らず、事態は大きく変転して在日同胞が北韓へ大挙帰国することになり、北傀は大いに当惑し且つあわてざるを得なかった。緊急に内閣会議が召集され、その席上とりあえず「在日同胞帰国迎接（歓迎）委員会」を組織し、副首相の李周淵が委員長に任命され、北送船が入港する清津市に「帰国同胞接待所」を設置する準備をはじめ、各道別で行う歓迎準備事項、北韓住民に対する新しい宣伝方向の決定、朝総連中央委員会に示達する細部的な指令作成等の具体的な準備作業に突入したが、この準備作業の項目の中で、最も頭を痛めたのは、さきにも述べたように、今まで"ウソ八百"の宣伝をしてきた在日同胞に対する新しい方向の決定であったし、これは北傀の大きな試錬でもあった。しかし、今になって宣伝方向を大きく変更することも出来ないし、そのような時間的余裕もない。

信義無視の日本の対北接触
両国基本精神に反す
工作機械輸出、直ちに中止を

韓日両国は、国交正常化以後、あらゆる面で親近な紐帯関係を築き上げてきた。とくに、経済面においての協調体制は、すでに二回に亘る両国経済閣僚会議を通して一層緊密な関係が具現されつつある。ところで最近、日本の一部業者は、約四千万ドルの工作機械類を北傀に輸出しようと執拗に推進しているとの報道は自覚に欠けた商人達の単純な商取引の次元を越えやつとなしとげた韓日間の友好と協定の基本精神に、大きな障碍をもたらすばかりか、公然と平地に風波をひき起す好ましくない傾向だといわざるを得ない。そのためわが外務当局は、過日韓日閣僚会議での椎名通産大臣の解明と金山駐韓大使の言明を想起させながら日本機械類対北傀輸出説の真相を糾明すると共に、若しこれらのことが事実である場合、韓国政府に対する重大な信義の背反になることを駐韓日本大使を通して日本政府に警告すると同時に直ちにこれを中止するよう申し入れた。しかし、韓国政府のこのような抗議と椎名通産大臣の約束にもかかわらず日本の外務及び通産省の実務者は、対北傀工作機械類輸出が①日本輸出入銀行の延べ払い融資や円借款を利用しない現金決済であること②対共産圏輸出統制委員会の禁輸品でないとの理由を挙げ、日本政府の規制対象にならないため一つの経済問題として処理するとの方針で継続して商談を推進させる計画だといっている。再考すれば韓国政府の輸出禁止要求を一蹴し、そのまま強行するとの態度である。

去る六六年度にも対北傀プラント輸出問題をめぐりこれと類似した口実を使いながら韓日間に少なくない紛糾をかもし出した日本政府が、またも再び理不尽の詭弁で傀儡集団を相手にした貿易取引において常に、彼ら自身が窮境にかかれる度びに打ち出す一種の弁解の常套用語である「政経分離」政策で合理化しようとやっきになっているのである。

このような仕打ちを受ける度びに、われわれは韓日関係に冷水を浴びさせられたような不快なさまざまなことが、新たに思い浮かぶのである。人道主義という美名の下に八万余人の在日同胞を地獄北送し、共産暗黒社会での奴隷化を自ら扇動した非人道的な行為をくり返してきながら、彼らのいう人道主義に立って、一日も早く救援の手をさしのべなければならない「サハリン同胞」の送還問題には、一〇数年を経過した今日に至っても依然冷淡な、そして非人道的な傍観態度に一貫してきた彼らである。

朝総連系の朝鮮大学校の認可問題は、ここで再論を避けるにしても、きたる十月に三〇人に達するいわゆる経済人団体を平壌北韓へ派遣し、対北傀輸出交渉を一層具体的に行う予定だとしており、北傀のワナにおち入り新聞記者四人までが平壌を訪問している。

このように、引きつづき信義に背反するならば「韓国を韓半島における唯一の合法政府であると認定」した韓日基本条約の精神は、空に浮いているものにすぎないのである。

たとえ、民間貿易といえども日本政府の監督と許可の下で行なわれる以上、そのまま手をこまねて他人ごとのように責任転嫁だけを考えず、韓日間の国交と友好関係の将来のため、もう少し現実的で、そして幅広く協調する方向へ自省せんことを日本政府当局者に求めて勧告すると同時に、わが実務当局の適切な阻止努力があるように願って止まない。

韓国旗掲揚で偽装
韓国侵入の北傀船

韓国のめざましい産業経済の発展と、国民生活の安定に大きな脅威を感じている北傀は、民心の攪乱工作を目的に、多数の武装スパイを送りこんでいるが、これら間諜たちを乗せた武装スパイ船は、韓国警備網をくぐる手段として、韓国や日本・中国などの国旗を掲げるなど卑劣な国際的詐欺行為をしている。

さる九月五日、国連軍側の要請により板門店で開かれた第二百七十七回軍事停戦委本会議の席上で、ウッドワード国連軍代表は、さる二十日夜、北傀が済州島の西帰浦海岸に七十トン級の武装スパイ船を侵入させた事件以来、北傀の侵入事件が頻発している事実を指摘し、北傀のいわゆる「統一革命党スパイ団事件」などの挑発行為を激しく非難した。同代表はまた、韓国機動警備隊がろ獲した北傀の武器や、侵入北傀軍の死体写真多数を北傀代表朴重国に示したが、特に北傀武装スパイ船が、大韓民国・日本・中国などの国旗を適当に使い分けて、その侵略行為を偽装していることを非難し、これは国際法を無視した国際的な詐欺行為であると痛撃した。なお、この日の会談場には北傀武装スパイ船のゴムボート、レーダー装備、武器など多数のろ獲品が展示されていた。これに対し北傀代表は直接答えをせず、ただ「米帝国主義者の侵略行為をやめよ」と同じことを繰り返してばかりいたという。

またも武装ゲリラ三名射殺

武装ゲリラ三名がまたも射殺された。四日、対スパイ作戦本部の発表によると、三日夜九時ごろ、中部戦線韓国陸軍部隊の潜伏組は鉄柵線の前方三百米地点で人数不明の武装ゲリラが現われたのを発見、集中射撃をしてこのうち三名を射殺した。軍は射殺されたゲリラたちから、韓国の地形をうつした写真十六枚と機関銃五丁、実弾約四百発などをろ獲した。

写真は、関東震災被殺同胞の追悼祭と追悼の辞を読む李成甫民団中央事務総長

かなしみも新たに
関東震災被殺同胞追悼祭

一九二三年九月一日、関東大震災当時に、虐殺された同胞五千余名の、第四十五周追悼祭が、民団東京本部の主催で、さる九月一日午前十一時から同本部三階で、都下各支部代表および、傘下各団体代表多数が参席してしめやかに挙行された。

追悼祭の祭壇には婦人会員たちの手になる心づくしのお国料理と季節の果物が供えられ香煙がかよしく漂う中で、追悼祭は東京本部鄭在俊団長の、静かな中にものかなしみと憤りのこもる挨拶ではじまり、中央本部団長、東京本部団長、婦人会、韓青からの追悼辞のあと十一時四十八分には参席者全員が黙とうをささげ、東京本部顧問呉宇泳氏の体験を主とした追悼演説があって午後一時過ぎに散会した。

読者の声

民団幹部研究会の必要性について

大阪　林　聖　雄

これらは現役員の自発的活動のあらわれでもあるし、内外の情勢から判断して当然の事であると思います。このような動きはわれわれから見た場合、一大吉報であると同時に、民団史二十有余年、少くともここ数年の間だけでも、これらのことが民団幹部において問題化されていなかったことは、はなはだ残念に思ってきた所であった。幸い、この度の活発な動きが口先に留まらず、成果が必ずあがるよう計ると同時に、勉強する幹部、能力ある幹部としてのイメージをわれわれに深めてもらいたいものである。

私は在京中職業柄、多くの民団幹部並びに民団関係に従事する方々や、数多くの同胞に接してきたが今考えて見るとこれらの経験がこの原稿を思いつく第一原因でもあるがいまだに考える事は民団幹部と団員との間にあまりにも隔りがあったのではないかと思う。幹部に言わせれば団員の非協力をいい、団員は団員なりに幹部は何だというのである。いずれも組織の無秩序に起因される現象であるかとも思うが、大きな原因は幹部の惰性にもよるものではないかと判断するのである。民団は多くの面で非常にきびしい条件下にある組織体であると思う。それだけにこの組織をリードして行くには多くの費用が必要とされるのである。団員の非協力をとがめるまえに在日同胞の歴史をもっと理解すべきであり、日本社会の悪条件下で生きぬこうとする同胞の真の姿をよくおわかりであろうから、このこともっとかみしめてもらいたいのが、われわれの望みである。このような歴史と現状をもっと理解することによって、お互いに、いたわりあい、そしてもっと効果的な指導も可能であり、幹部と団員間にありがちな距りも最少限度に縮められるではなかろうか。

民団幹部はもっと多くの点を研究し、もっと視野を広める必要があると思う。

内外情勢の混沌と変りつつある現在にあっては、われらの組織がもっと強力なものにならなければならないし、民団、在日同胞六十万の、もっとも信頼に添うようにならなければならないと思う。第二回韓日定期閣僚会議においても、在日同胞の法的地位の問題で協議会を開くよう提案しており、このことから判断しても民団に対する内外の期待は大きいものがある。そのためにもこれからの民団を担う幹部は肉体的、精神的資質は勿論の事、ひいては道徳的資質をも重視されるのではないだろうか。

これらの資質は普段の研究を通じて得る事の出来る要素であると思うのである。

少なくとも一週間に一度ぐらいは研究会を行なうべきである。

最近活発に進められている組織強化の波をこの辺で幹部の研究を通じ、さらに強力におし進めるべきであると思う。

光復二十三周年を迎え民団の躍進を望んでやまない。

（会社員）

「東洋航空」移転

在日同胞経営の旅行社として長い歴史をもつ東洋航空株式会社（代表取締役 鄭賛氏）は、かねてから事務所の移転を計画中であったが、さる八月十九日に、旧事務所から約五十米程離れた場所の曽根ビル五階に移転を完了し、業務を開始した。なお電話は従前どおりである。

新事務所住所　東京都中央区銀座西六ノ十四番八号、曽根ビル五〇一号室

本紙八月十五日号と、同二十五日号に掲載した民団大阪府本部と、東京本部管下の各支部役員名広告記事の中で、大阪本部の布施支部・八尾支部の役員名に若干の誤植がありましたので、訂正の上、つぎのとおり再掲載します。

大韓国民居留民団 大阪府本部

八尾支部
団長 宋金出
議長 崔景乙
監察委員長代行 高漸卓
事務部長 趙乙済

布施支部
団長 尹甲春
議長 裵国祥
監察委員長 金明浩
事務部長 許奎竜

「国軍の日」参観団派遣に関して

毎年実施している「国軍の日」参観団を、今年度は次の要領で派遣しますから、各地方本部団長および参加希望者は下記の要領に基づき措置をとるよう要望します。

記

（一）対象者　各地方本部団長が推せんする団員
◎特に今年度の参観団は、今まで一度も本国訪問をしていない初行者に対し、なるべく本国訪問の機会を与えるよう努力すること。

（二）名単作成と締切期間
名単には①姓名②生年月日③本籍地④現住所⑤職業⑥旅券番号⑦旅券発行日字および有効期限⑧永住許可の与否⑨再入国許可申請受付番号をそれぞれ記入作成して、中央本部民生局宛に報告すること。

（三）再入国手続と入国手続
KJ旅券所持者は必要規定と同時に"入管"に別添理由書を添付して再入国許可を申請すること。
臨時旅券該当者は所在地領事館に臨時旅券を申請し、その状況を中央民生局に報告すること。
◎注意◎―KJ旅券所持者、臨時旅券所持者を問わず、出国前に必ず各自の所在地領事館において入国許可を受けること。

（四）団体行動予定
●九月三十日出発―ソウル市内ホテルで宿泊
●十月一日"国軍の日"記念式典参席、国軍パレード参観、国立墓地参拝、ホテルで宿泊
●十月二日―空軍エアーショウ参観、ホテルで宿泊
●十月三日午前解散、解散後各地代表者は政府要路に礼訪予定

（五）団体取扱と所要経費
全国を地方別に三地区に分けて出発するようにする。
A、第一地区　東京・羽田空港から出発　東京地域、関東地協管内の各地方本部
B、第二地区　大阪・伊丹空港から出発　中北地協、近畿地協、四国地協管内の各地方本部および岡山地方本部
C、第三地区　福岡・板付空港から出発　中国地協（岡山除外）九州地協管内の各地方本部

所要経費
(A)第一地区
往復旅費（東京―ソウル）　四六、四五〇円
宿泊費（三泊四日）　一五、〇〇〇円
国内経費　五、〇〇〇円
記念品代　三、〇〇〇円
雑費　二、〇〇〇円
計　七一、四五〇円

(B)第二地区
往復旅費（大阪―ソウル）　三五、五〇〇円
宿泊費（三泊四日）　一五、〇〇〇円
国内経費　五、〇〇〇円
記念品代と雑費　五、〇〇〇円
計　六〇、五〇〇円

(C)第三地区
往復旅費（福岡―ソウル）　二四、七〇〇円
宿泊費（三泊四日）　一五、〇〇〇円
国内経費　五、〇〇〇円
記念品代の雑費　五、〇〇〇円
計　四九、七〇〇円

★送金方法
各地方本部は所要経費を
(A)第一地区は…中央本部に送金する（但し、この中の雑費二、〇〇〇円は該当地方本部の経費に充当すること）
(B)第二地区…大阪地方本部団長に送金すること。但し、国内経費と記念品代の計八、〇〇〇円は中央本部総務局に直接送金すること。
(C)第三地区…福岡地方本部団長に送金する（但し第一地区同様八、〇〇〇円は中央本部総務局に直接送金すること）

★送金〆切り
一九六八年九月二十五日まで必着するよう送金すること。

（六）その他事項
再入国許可が、居住地の入管で解決出来ず、入管本庁に進達された場合には、その名単を直ちに中央民生局に送付すること。
◎特に傘下団体が直接取扱う場合は、事前に必ず中央総務局の承認をうけること。

（七）再入国許可申請理由書
記入様式は次のとおりである。

再入国許可申請理由書
本籍
住所
氏名　年月日生
私は来る十月一日、本国において開催される第二十回国軍の日（創軍二十周年記念日）記念式典に参席する〇〇県代表として本国に入国することになりましたので再入国の許可ありたくお願い致します。
年月日　〇〇〇印
法務大臣　殿

在日本大韓民国居留民団
中央本部
民生局長

韓國新聞

発行所 韓国新聞社
発行人 李裕天
編集人 金八雄
東京都文京区春日町2ノ20－13
電話（811）2261～3
（813）0673
定価 1カ月100円
振替口座東京 34988番

綱領

一、われわれは大韓民国の国是を遵守する
一、われわれは在留同胞の権益擁護を期する
一、われわれは在留同胞の文化向上を期する
一、われわれは在留同胞の民生安定を期する
一、われわれは世界平和と国際親善を期する

朴大統領69年の施政方針示す

自立と国家安全保障

国土統一への道ひらく

朴大統領

自立経済と近代化への目標

地域協力機構の強化を

経済成長目標

勝共統一へ民族の祈願

外交主要施策

民間火力発電所建設は積極的に

実現可能性で韓国は重大視

日本機械の対北輸出

北傀、いよいよ本性あらわす

侵略許すな！

総連の覚せい促す

李団長がチェコ問題で談話

自由の芽をつむ赤い毒牙

九・七金暴言を糾弾する

在日同胞問題討議か

来月東京で韓日法・文相会議

米、千葉県小麦粉第一次分を寄贈

鄭副団長帰任談

肌に感じた民族の栄誉

在日同胞へ関心高い本国

（朝鮮奨学会理事）宋氏の処分解除

改悛の情顕著を認め

除名解除理由書

丁国務総理が佐藤首相に親書

韓国ノリ対日輸出量ふえる

日本からの資金協力再検討

使用計画を修正

北送船

清津港で

一九五九年十二月十六日、第一次帰国船が、九六七名の在日同胞を乗せて、清津港に入って来る日だ。

朝早くから清津埠頭には、二〇〇〇余名の歓迎群衆が集っていた。

各学校、職場、工場等から動員された歓迎群衆は、紙で作った花束と旗をもって、朝六時迄に埠頭集合を完了していた。

午前十一時に予定されていた帰国船の到着時迄（実際は午後二時到着）、歓迎群衆は、各隊列別に口号。隊等の予行練習を続けてい

[illegible]

吹雪の中、後悔の涙

失望と驚きに茫然自失

安全員の初凱歌

[illegible]

母国を訪れて……

うらやましい家庭生活

李　末　順

[illegible]

家族（大家族）の中では、お互に常に連絡し、小さな事でも家族そろって考え、本当にあたたかい人と人との密接なつながりを感じ、つくづくうらやましく思いました。また家族の中でも目上、目下の間での礼儀正しさに驚きました。ただこれについてはちょっと反ぱつを感じた事もありました。

それは、目上の人に間違った事があっても、目下の人はそれに従わなければならないという点でした。また日本でゲリラが入ったという様なニュースを耳にした時、さぞ、母国の人達は不安な気持で生活をしているでしょうと想像していましたが、実際は、そんな暗い影は全く見られず、本当に楽しそうに生活をしているのを見て、私もうれしく思いました。

私が七年前に母国を訪問した時よりずっと交通機関が発達しているのに驚きました。高速道路も出来ましたし工事が進行中の道路も目立ちました。街の中を歩いていると若い女性はミニスカートをはいているので、ミニスカートをはいていない私が恥しい有様でした。日本では女性の着ているものは種々様々で、それぞれ好みに応じてミニスカートをはいている人も、ロングスカートをはいている人もいますから、どんな洋服を着ていても目立ちませんが、母国では殆んどの人達が流行を追っている様に思われました。ですから、流行を追っていない人が特別目立ってしまいます。これから母国を訪問される方がいましたら、女性の方はミニスカートを持って行かれる方が良いと思います。

今年はめずらしく雨の日が多く、私が滞在している間の半分位は雨でしたので残念でした。雪岳山を見物に行く途中で雨のため引きかえさなければならない始末でした。

これを読んで下さる皆様に特別のニュースをお知らせ出来ず申し訳なく思いますが、私は出来ればもう一度母国を訪れたいという願いをいだきながら帰って参りました。

ペンを置くにあたりやはり「百聞は一見にしかず」と私は皆様にお話したい。どうぞまだ母国を訪れていない方々には、是非一度御自分の目でわが国を見て来ていただきたいと思います。

（東京共立女子大生）

写真は落成なった塩釜韓国会館

宮城塩釜支部の　韓国会館落成

民団宮城県地方本部は、今春、仙台市内に韓国会館を建設して、民団・信用組合が同一建物内で執務をするなど画期的な活動を展開しているが、同本部管内の塩釜支部（団長＝朴秀[illegible]氏）でも、今春以来同支部の韓国会館新築工事を進めていたところ、先ごろ同会館が無事竣工したので去る七日、李景淳県本部団長、張基安駐仙台領事はじめ一〇〇余名の来賓を招き盛大な落成式を挙行

ソウルに母国留学生会館
建設用地2000坪を寄附
ソウルの丁氏民団に申し入れ

丁庚鎬氏

写真　臨海学校に参加した福井の学生たち（上）と石川県の学童たち

溢れた反共への若い情熱
国際勝共連合・民団と交歓会

図示しながら共産情勢を説明する李東人会長

盲人福祉に尽した朴氏に
本国から感謝状送る

写真　民団中央での感謝状伝達のもよう

本紙にカメラ一台
川崎物産の李社長が寄贈

税務対策の強化へ
納税貯蓄組合東京連合成る

北陸三県共同
夏期臨海学校
成果多大で終る

金光珠氏個展

早稲地に二万余円

移動支団長会議
東京本部で初の試み

キャンプ村で夏期講習会
茨城県下の同胞小・中学生

納税貯蓄組合東京連合結成会場

韓国初出場で準優勝
国際学生バトミントン選手権

本国訪問の韓学同
民泊で母国の味
釜山の金麒経氏が世話

新羅仏教のナゾ解ける

わが国の学界と仏教界の長い間の宿題であった新羅仏教発祥地のナゾが、最近、檀国大学調査団の遺跡踏査で明らかになった。

これまで学界では三国史記、三国遺史、海東高僧伝などの文献を通じて、新羅の仏教は四末に高句麗の僧侶であった阿度和尚が、新羅の一善（現在の善山）地方に潜入して、布教した事実を確認しているだけで、一千年の間、新羅文化の中心となっていた仏教の正確な発祥地は不明であった。

檀国大学学術調査団（団長鄭永鎬教授）は、さる一月と八月の二回にわたり綿密な踏査と、地方の伝説を土台にして研究の結果、最近、新羅仏教の発祥地が慶尚北道善山郡桃開面道開洞である事実を明らかにすることに成功した。

さる一月調査団は、善山仏教遺跡を踏査中、善山にある太祖山から、阿度…遺跡碑が建っている桃李寺…

発祥地は慶北善山

伝説千六百年で確認

韓国映画の日本ロケ盛ん

禁輸の影響か

「洪吉童」試写好評

近く日本で封切上映

韓国の漫画映画「洪吉童」と「七人の王子」は、二十世紀フォックス映画会社の提供により、近日中に日本各地で上映することになったが、その封切に先立ってさる九月七日午後五時三十分から東京の千代田公会堂で、民団東京本部後援による特別試写会を催したが六百余名の同胞観客族たちが鑑賞し好評であった。

この映画は、作品ともにカラー・フィルムであり、「七人の王子」は日本語の字幕、「洪吉童」は日本語吹替えがしてある上に、一見してもわかりやすい内容であるため好評が予想されている。

なお「洪吉童」は、上映の際の作品題名を「少年勇者ギル・ドン」と少年少女向きに改題されている。

北韓カイライの農業政策

韓弘錫

（終）

耐えきれぬ苦痛

農民に休むひまはない

農民の日常生活

農奴化された農民は、部落単位に組織された作業班の一メンバーとして、出勤合図（夜明け前のあけぼのを告げる鐘が鳴る）により、作業場である田畑に出てから夜が明けるのを待つ。作業班長から作業指示と責任量をもらうことによって作業日課がはじまるのである。作業単位に組織された作業分担班の統制と監視の下に、農民は一日の責任量遂行のために働くのである。

一日の日課は作業終了合図（通常雑草と穀物が識別できなくなる日暮になって鐘が鳴る）とともに終る。農民は定められた場所に集合して作業成果を総和（作業の量的遂行、質的成績）を決算する会議）し、いくらかの労力日（働いた作業量と質的成績によって作業成績を評価する計算単位であって、年末決算分配のとき分配量を決定する分配計算単位）という点数をつけてもらっては、つかれ果てて家に帰るのである。このように農民は長時間重労働を強要されながら疲労が回復できる休憩時間をもてないのがいつわりのないありさまである。北韓農村では、午前午後にわけて一時間ずつ休憩時間を与えるとすればおのずから生理…

同徳女子高校招き韓日卓球親善競技

―宮城日韓親善協会―

尋ね人

李竜煥（…）

崔学琅（山本）

1、ソウル特別市城北区…

2、民団宮城本部文教次長…

崔炳善（44）

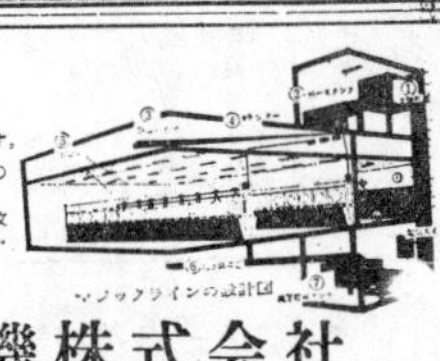

韓國新聞

発行所 韓国新聞社
発行人 李裕天
編集人 金八雄
東京都文京区春日町2丁目20−13
電話 (812) 2261〜3
(812) 0673
定価 1カ月100円
振替口座東京 34988番

綱領

一、われわれは大韓民国の国是を遵守する
一、われわれは在留同胞の権益擁護を期する
一、われわれは在留同胞の民生安定を期する
一、われわれは在留同胞の文化向上を期する
一、われわれは世界平和と国際親善を期する

在日同胞の誠意みのる

災害救援目標額に達す

李団長が本国政府へ伝達

本国の湖南地方一帯と、嶺南地方一部を襲った史上未曽有の旱魃は、韓国の穀倉といわれる同地方に甚大な被害を与え、数百万の罹災民は絶糧寸前の状態におちいっているが、政府ではいちはやく救務の手をさしのべ、国家的規模で対策を進めているのにかんがみ、在日同胞社会でも、民団中央本部に「本国旱害救援委員会」(事務局=中央本部組織局)を組織して、救援誠金五千万円の募金運動を展開した。

東京本部の誠金伝達。左端鄭東本団長、右端李中央団長

東京本部も七百五十万

旱害救援募金状況

(9月20日現在割当金超過および完納した地方本部)

本国旱害救援委員会

募金割当および既納金

県本部名	目標額	納入額
東京	600万円	750万円
埼玉	50万〃	120万〃
三多摩	70万〃	85万〃
群馬	50万〃	627、500円
長野	50万〃	895、000〃
新潟	70万〃	70万円
愛知	300万〃	300万〃
兵庫	200万〃	250万〃
京都	300万〃	300万〃
奈良	50万〃	50万〃
鳥取	30万〃	30万〃
長崎	30万〃	30万〃

要救護は44万戸

本国旱害の審被集計

民団各機関長らを網羅

厳大使同行で本国訪問

政府当局とも種々懇談か

本国論調

北傀の非常識にあきれる

プエブロ問題と今後の成り行き

海洋権獲得に必死の赤の親分

朴大統領

大洋洲へ親善の旅

平和と安全・友好の増進話し合う

オーストラリア政府首脳と交歓する朴大統領夫妻

自由と平和繁栄へ

韓・豪協力を共同声明

劉戴奎、白南斗、彭弘柱、趙世済、尹奉鉉、金晋根、崔永聖、金基禄、金承培、黄河千、兪錫濬、尹仁述、田寿萬、李来玉、李永友、李正来、鄭煥和、申吉秀、李敏和、裵永石、裵斗祚、崔錫鄕、金鳳坤、文圭準、李漢宰、許昌来、韓記文、金七星、朴俊学、朴竜雲、黄永学、洪匀杓、方冊、趙晋奎

金和洙、崔允明、姜且生、李麟基、許允道、尹鍾善、鄭鎮範、崔祥烈、金玉碩、金寛永、厳民善、徐福竜、金炳賛、李甲植、姜東根、崔鍾煥、徐福竜、鄭寿得

組織分科委員会開かる

中央委報告内容など検討

(写真は同委員会)

さる九月十四日午後一時から、中央本部会議室において、第二回組織分科委員会(委員長・金竜煥委員長)が開かれた。

全十一委員中、十一委員が参席し、これに中央三機関長が列席した。

353

在日同胞社会の実態

実地調査の所感

国会議員　金相賢

差別と追放政策に行方定めずさまよう

北送船

連続シリーズ・第3回

カイゼル・アバイ

呉基完

まえがきと筆者紹介

「地上の楽園・祖国への名誉ある帰還」この欺瞞と謀略に満ちた朝総連のデマ宣伝にだまされて、在日同胞の中から無知な人たちが北韓に送りこまれた数は数万にも達しているといわれる。屠殺場に送りこまれた小羊のような彼ら北送同胞たちは、北韓で果してどのような待遇をうけ、現在どのような運命におかれているのだろうか。

この連続シリーズ「北送船」は、一九五九年十二月、北韓において「在日朝鮮同胞帰還」として、第一船の到着から継続して北送されて来た同胞たちの接待を直接担当した呉基完氏が書いたもので、北送同胞たちのその後の彼らの生活相を、一人の、自由の証人として…ったものである。

十年前の一九五八年八月、印度「ジャカ…」…同胞達の現実が、どんなものであるかを…在日同胞にひろく紹介することにする。

「カイゼルアバイ」

持帰り財産巧妙に奪う

洗脳のすえ党献納の美名で……

新潟で監察研修会

中央の金委員長が出席

中央委運営規定を討議

民団規約委員会

学園だより

東京韓国学校

和歌山韓国学園

ニュージーランド産牛肉大量に輸入

本格活動これから

韓婦人会々長方針を語る

記者団に活動方針を公表する韓会長（左から2人目）

大韓婦人会中央本部の韓[illegible]会長は、さる十八日午後二時、都内赤坂の「二亀」で在日同胞記者団を招き、今後の婦人会活動方針ならびにその間の経過をつぎのとおり公表した。

韓会長は、あいさつを通して大阪在住のため会長自身が本部を留守勝ちの場合が多くこれという活動ができなかったと前置きしながら、このたび本国政府から婦人会三十六地方本部のうち十五本部が、婦人活動の功を認められ、団体受賞されたと語った。団体表賞は本国でも在日婦人会が初ケースとのことである。

韓会長が公表した活動方針ならびに経過報告はつぎのとおり。

△今日、婦人会組織の実態は、大方、基礎作業を終えた程度に過ぎない。文書整備ができておらず事務体系未だしの感である。

△婦人会は一九四八年九月、大阪本部誕生。翌四九年六月、中央本部が発足してから、二十周年を迎えることになる。これを契機に各地方のカラーを十分に生かした種々行事を中央に集結し、明年旧正月（二月ごろ）を期して、二十周年記念中央集会を催しを開催する

△既に、中央では兵庫、和歌山、岐阜、滋賀、三重県本部等を巡回講演会をはじめ事務体系整備等組織内部に活を入れている。十月一ぱい、北海道など全国巡回活動を終え、明年六月の任期までに真の婦人会らしい活動の場をつくりたい。

埼玉県で訪韓視察団

知事など一行九名が出発

韓日両国の国交正常化以来、両国の政治・経済面における協力と経済強化は着々と進捗し、人的交流も積極的に行われて、これら民間外交を通しての親善強化も両国の新しい政策の樹立と施策に大きく寄与しているが、さる十八日には埼玉県知事以下八名からなる「埼玉県韓国経済文化視察団」が、盛大な歓送裡に羽田空港を出発し……

出発前空港待合室での訪韓団一行（左端が埼玉県知事・2人おいて歓送の朴民団埼玉副団長）

小遣い出し合い16万円

韓国学校全校生が〝旱害〟へ

教援金伝達のため民団中央本部を訪れた東京韓国学校の生徒代表（左より梁生徒会長・安副会長・鄭副団長・宋校長・金教師）

東京韓国学校（生徒数六九〇名）では、民団の「本国旱害救援運動」に呼応し、全校生が〝こずかい〟を出しあって八十九百六十二円の義金を、さ……同校の校長以下の教職員一同も義金に協力して三万一千五百九十……をあつめて、義金総額が十一……千五百十二円に達した。

また、同校の理事長……教職員と生徒たちの積極的な……活動に感激し、氏個人で四万……義金を拠出し、その総額が十……九千五百十二円になったので、さる十九日、同校生徒会々長梁……君と副会長安慶相さんが宋……長とともに民団中央本部を訪ね……て鄭烔和副団長に義金の成果を……告したあと、東京本部を訪ね……団長に義金を伝達した。

生徒たちが〝こずかい〟を……あった義金であるから、ほと……が十円玉や五十円の硬貨ほか……

八日会が20万

旱害救援誠金

写真＝右から李団長、金会長・金副会長

写真（上）＝羽田空港着の金嬢・（下）大使官邸パーティの金嬢、右隣り厳大使夫人

入選の前評判高い

ミス・コリア金喜子嬢

東京でインターナショナル大会

「世界の美の代表」に……〝ミス・インターナショナル大会〟の韓国代表が東京に到着し、いま韓国代表人気の前評判高い。

この選抜大会は、昨年アメリカのロングビーチで開かれていたが、日本の万国博覧会開催が……するために、特に今年の大会は日本の東京でひらくことになり、国の〝美の使節〟が、……日本に乗りこみ晴れの栄冠を目……しているが、当地の関係当局の……では、今年の栄冠は、韓国代表ミスコリア金喜子嬢（二十才）が獲得するであろうともっぱらの……である。

この期待を一身にあつめている金嬢はソウル市出身で現在ソウル市の慶熙大学舞踊科三年生に在学中で略歴は別項のとおりである。

いままで韓国では、毎年ミス……リヤ三名を選出して、アメリカで……ひらかれるミス・ユニバース（……イアミ・ビーチ）、ミスインター……ナショナル（ロングビーチ）……

同胞社会に新風

結婚適齢期の子女もつ家庭に朗報

家族ぐるみの交歓会盛況

写真＝交歓会場光景

東京本部支部三機関研修会

箱根で多大な成果

民団東京本部は、さる……会以来、組織の強化と再整備……な活動を展開し、その責務な……在団長以下の全役職員……きな信頼を得ているが、さる……は配下各支部および傘下団……日には箱根の楊館において……催し多大な成果をおさめた。

綜合優勝は慶北チーム

第49回国体閉幕

婦人会三多摩本部

敬老慰安会盛況

尋ね人

石川　桂子

尋ね人

児玉さんが演奏会

電子オルガンで韓国メロディーも

蔵書の寄贈を要請

順天図書館

金性才文化院長

公報館提供連続シリーズ

韓国の歴史（3）高句麗

百済の滅亡

新羅の統一

高麗の建国

五輪選手団出発

米国で二週間高地訓練

教育評論

進学制度改革と教科書改編

工業化・科学化時代の"教育"

社会の潮流を考慮・技術と科学の教育て

米マサチューセッツ州の工業大学

第二経済とその背景をなすもの

「法的地位」運動はいかにあるべきか

民団中央総務局長　徐啓作

現在　われわれ　法的地位　と同時に　このように

（朴英勳氏）

金良淑密航少女物語りを映画化

＝監督に新人の朴英勳氏＝

韓國新聞

発行所 韓国新聞社
発行人 李裕天
編集人 金八雄
東京都文京区春日町2丁目20-13
電話(811)2261~3
営業(811)0673
定価 1カ月100円
振替口座東京 34988番

綱領

一、われわれは大韓民国の国是を遵守する
一、われわれは在留同胞の権益擁護を期する
一、われわれは在留同胞の民生安定を期する
一、われわれは在留同胞の文化向上を期する
一、われわれは世界平和と国際親善を期する

本国旱害救援名単 特集号

誠金七万ドル伝達

朴大統領へ李中央団長

第二十回国軍の日（十月一日）記念式に出席するため本国を訪問した李裕天団長をはじめ在日韓国居留民団代表七十六名は二日、青瓦台に朴正煕大統領を礼訪し、三南地方の干害民救護のため在日同胞から募金した誠金七万ドルを伝達した。

朴大統領へ旱害救援金を伝達する李民団中央団長

本国旱害救援金拠出者名単発表にあたつて

本国旱害救援金拠出者名単

（その1）

東京（その1）

支部	金額
中央連合支部	四七七、〇〇〇
豊島支部	二〇三、〇〇〇
墨田支部	三六六、〇〇〇
世田谷支部	二〇一、〇〇〇
目黒支部	四〇一、〇〇〇
品川支部	四一一、〇〇〇
大田支部	四六四、二四〇
港支部	二七二、〇〇〇
渋谷支部	三〇〇、〇〇〇
新宿支部	三〇〇、〇〇〇
中野支部	二八〇、〇〇〇
杉並支部	二三一、〇〇〇
文京支部	二六四、五〇〇
台東支部	四三〇、〇〇〇
足立支部	三五八、五〇〇
葛飾支部	四四八、五〇〇
北支部	二五〇、〇〇〇
荒川支部	三五〇、〇〇〇
江東支部	四一四、五〇〇
江戸川支部	二五〇、〇〇〇
板橋支部	四二八、〇〇〇
練馬支部	二〇三、〇〇〇
計	七、三〇三、七四〇
韓国学校	一五九、五一二
葛飾慶尚道人会（申竜岩会長）	一〇〇、〇〇〇
共立購買寮会分	一〇二、〇二五
総計	七、六六五、二七七
東京韓国学校 初・中・高学生一同	八七、九六二
教職員一同	三一、五五〇
[illegible]	[illegible]
合計	[illegible]

中央連合支部　豊島支部　墨田支部　世田谷支部　目黒支部　渋谷支部　新宿支部　中野支部　大田支部　[individual contributor lists illegible]

つぎの面につづく

357

本国旱害救援金拠出者名単（その2）

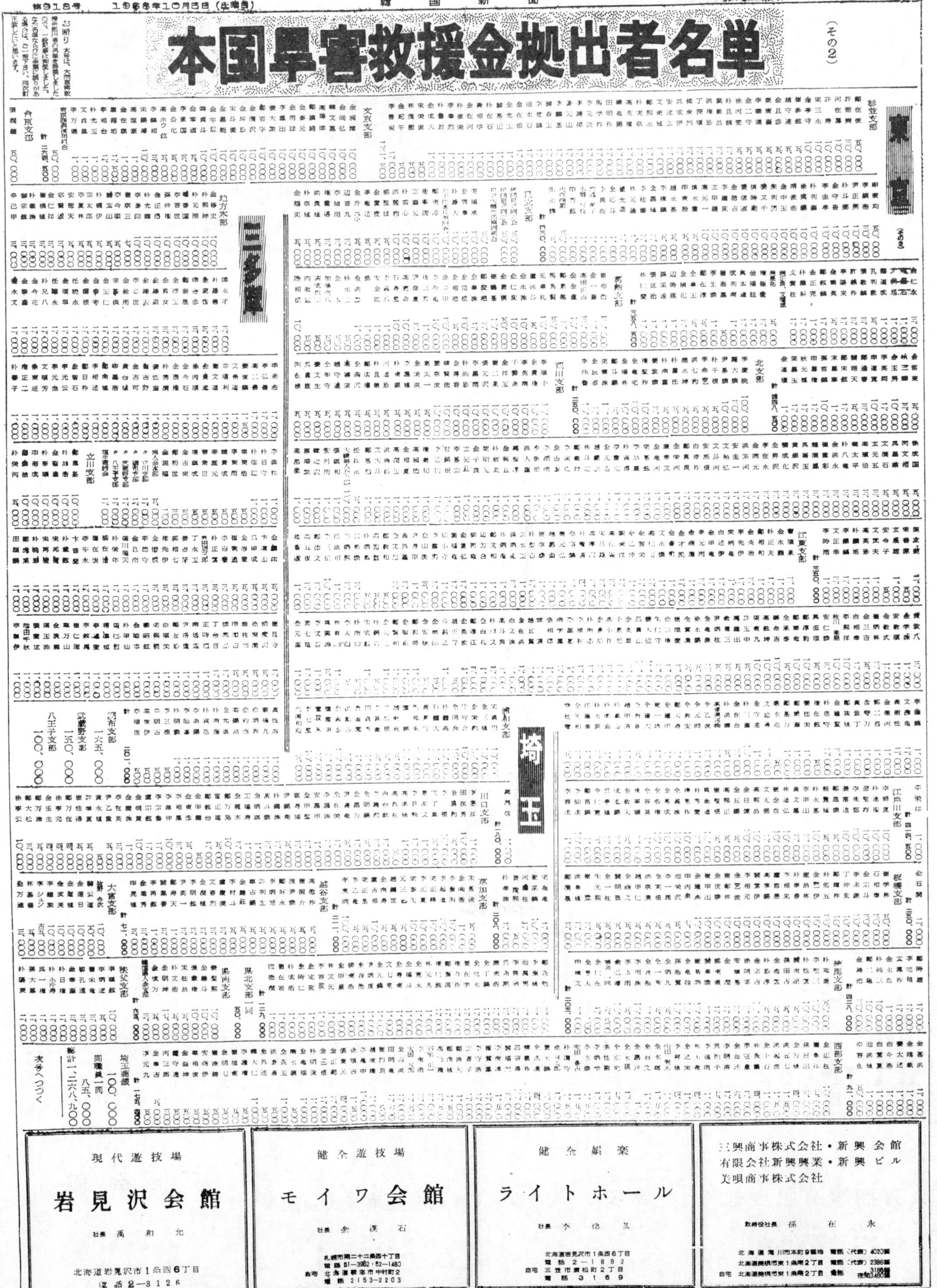

総計 一、二六八、九〇〇

次号へつづく

358

韓國新聞

発行所
韓国新聞社
発行人　李　裕　天
編集人　金　八　雄
東京都文京区春日町
2丁目20－13
編集（813）2261～3
業務（812）0673
定価　1カ月100円
振替口座東京　34988番

綱　領

一、われわれは大韓民国の国是を遵守する
一、われわれは在留同胞の権益擁護を期する
一、われわれは在留同胞の民生安定を期する
一、われわれは在留同胞の文化向上を期する
一、われわれは世界平和と国際親善を期する

李中央団長記者会見談

民団の要請事項に対し 本国政府協力を約す

さる二十七日全国民団地方団長ならびに在日民族信用組合の理事長、韓国人商工会々長ら一行七十四名からなる「国軍の日」母国訪問団を引率して帰国中であった李裕天中央団長は、無事任務をおえて帰任したが、このほど同じく本国へ同行していた鄭副団長とともに、在日韓国人記者団と共同会見を行ない大要つぎのとおり所感を語った。

朴大統領を囲んで記念撮影する母国訪問団一行

記者会見する李団長（右）と鄭副団長（左）

朴大統領と歓談する母国訪問団一行

法地位で活発な議論

中央委運営規約など通す

第十三回定期中央委員会が九月二十六日、東京市ケ谷の日傷会館でひらかれ、本会議前半期の活動経過報告をはじめ、法的地位運動の促進、中央組織学院の創設とそれにともなう予算措置、中央委員会の運営規定ならびに監察委員会の規約案などが真剣に討議された。さらに、今夏全国をあげて展開した本国旱害救援運動についての成果（八当日現在二千七百二十三万五千七百三十円）が報告され多くの感銘をよんだうちに会議は終日活発な論議が展開され、午後十時全予定議事を終えて閉会した。

第13回中央委員会のもよう

中央委運営規定　全文

監察委員会規定全文

大法院長に閔復基氏

中央組織学院

予算と教育課程

第13回中央委員会において決定をみた中央組織学院の設立にともなう特別予算つぎのとおりである。

1、予算（年間）

補助費	1,200,000円
人件費	7,320,000円
交通費	864,000円
教材作成費	1,100,000円
研究費	600,000円
運営活動費（事務費、約品費、図書費、光熱費、行事費、厚生費、通信費、備品費、使用料、会議費、接待費、印刷費、出張費、雑費等）	2,400,000円
合計	13,484,000円

2、地方本部別割当表（万円）

本部	万円	本部	万円	本部	万円	本部	万円
東京	170	長野	20	福井	10	山口	30
神奈川	40	秋田	20	富山	10	福岡	30
千葉	20	福島	10	愛知	100	長崎	10
山梨	10	宮城	30	岐阜	20	佐賀	5
栃木	10	北海道	30	大阪	220	大分	5
茨城	10	青森	10	京都	90	宮崎	5
埼玉	20	山形	10	兵庫	100	熊本	5
三多摩	20	岩手	10	奈良	10	鹿児島	5
群馬	10	新潟	20	滋賀	10	対馬	5
静岡	30	石川	10	和歌山	10	高知	5
				広島	20	愛媛	5
				岡山	30	徳島	5
				鳥取	10	香川	5
				島根	10	合計	1,355万円

3、教育課程

諸般解説（民団、綱領）、理論ならびに見解統一、歴史、社会史、政治史、組織論（調査ならびに統計論包含）、会議法、近代史、民団史、在日同胞史、祖国統一、国際情勢、法的地位、民族教育論宣伝論、中小企業等概論、現代文学、民団法、税務対策、共産主義批判

北送船

連続シリーズ第4回

歌手・金永吉のその後

呉基完

まえがきと筆者

曲目の選定まで干渉
波紋おこした帰国独唱会

離婚申し出許されず
生活の不便家庭の破綻へ

日本の奥さん不平こぼす

特別待遇もむなし

専用を指示

盛大に「国軍の日」の式典

朴大統領訓辞
南侵すれば断固粉砕
分断の悲運清算を強調

ミサイル部隊も堂々とソウル市街を行進する国軍20周年パレード。

郷軍合せ二百万
世界第四位の韓国軍

統一への決意新たに
盛大に・開天節・慶祝式

「ハングル」
五百二十二周年
「ハングルの日」

第一回韓国貿易博大成功へ

360

受難の民族史刻んで

在日宣教60年迎う

大韓基督教総会が記念祝典

盛況をきわめた大韓基督教宣教60周年記念式典

感慨深い記念式典

躍進続ける東京商銀

予金五二億を突破

ソウルで移動理事会

健やかな在日二世たちに

民族の誇りと希望を

神戸韓国学園スタート

神戸韓国学園の全景

同学園初級部①と中級部②の授業風景

民族色も豊かに

東京韓国学校の運動会

整然と全校生の入場行進

ホテル八景

在京有志の共同経営で

崇義女高舞踊団招き

滋賀民団で同胞慰安会

朴順愛嬢外10名が演ずるみごとな一場面

無事に帰国

崇義女高舞踊団

埼玉の受訓団出発

許弼奭理事長談

尋ね人

金連龍

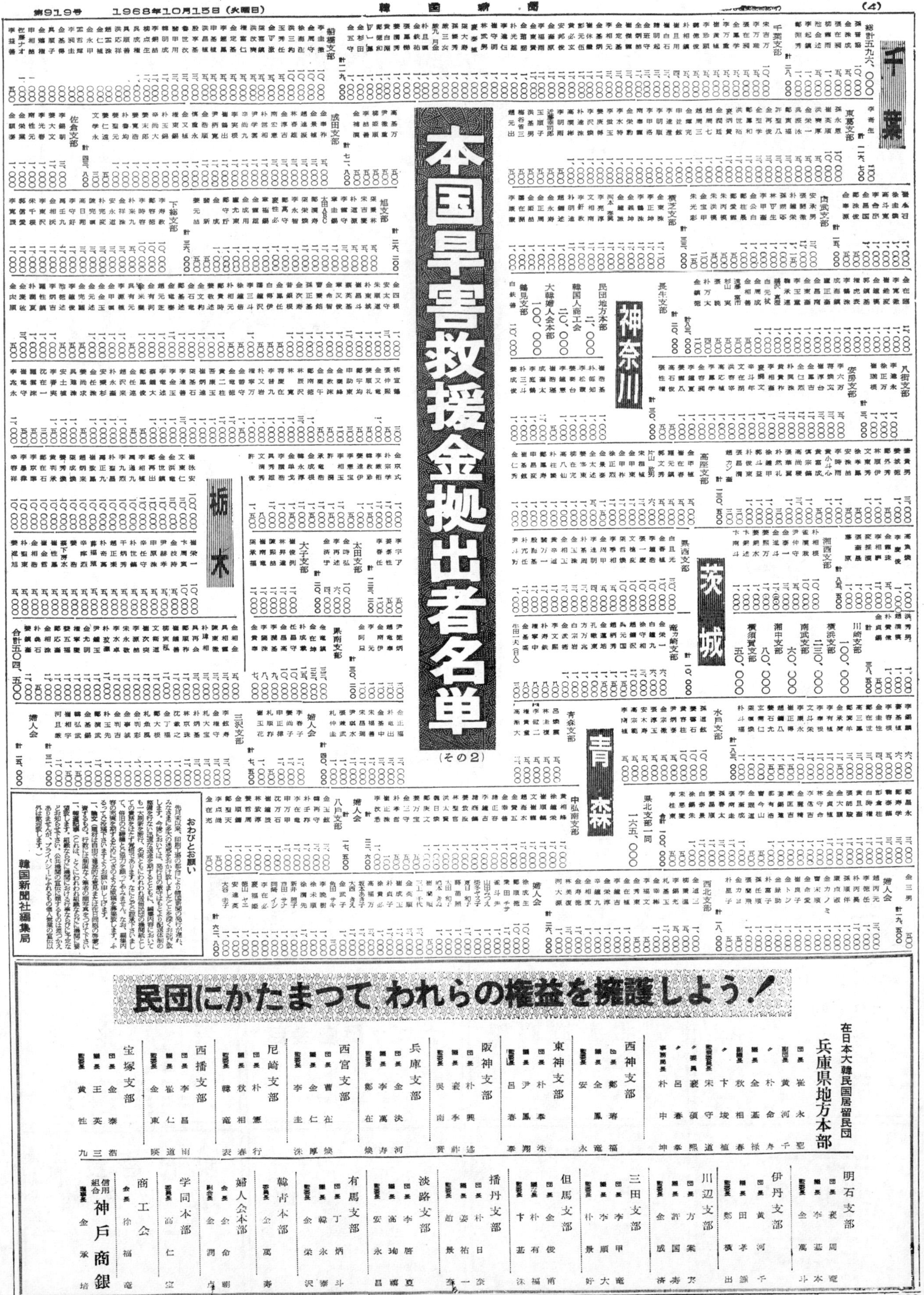

本国旱害救援金拠出者名単

（その2）

千葉

神奈川

茨城

栃木

青森

おわびとお願い

先月末以来、印刷工場の都合により韓国新聞の発行が遅れ、みなさまに多大の迷惑をおかけ致しましたことを深くお詫び致します。今後においては、発行日の厳守はもとより配送体制の整備を行ない迅速な送達を期するとともに、編集内容においても一大刷新を断行、名実ともにわれわれ居留民団の機関紙としての責務をはたす覚悟であります。なにとぞご諒承下さいまして、倍旧のご愛読とご協力を願ってやみません。なお、編集内容の充実を期するためにつぎのような原稿を募集致します。ふるってご投稿下さいますようお願い申し上げます。

一、論文（題材は自由で建設的な意見または在日同胞の啓蒙に資するもの。行数には制限なく筆者の顔写真をつけて下さい）

一、報道記事（これは、とくにわれわれ組織ならびに機関に要望致します。組織ならびに機関における行事ならびに予定などお知らせ下さい。公共機関の宣伝に類するものは差つかえありませんが、プライバシーにふれるもの個人営業の宣伝以外は歓迎致します。）

韓国新聞社編集局

韓國新聞
発行所 韓国新聞社
発行人 李裕天
東京都文京区春日町2丁目20－13
電話（811）2261～3
定価 1カ月100円

在日本大韓民国居留民団 綱領
一、われわれは大韓民国の国是を遵守する
一、われわれは在留同胞の権益擁護を期する
一、われわれは在留同胞の民生安定を期する
一、われわれは在留同胞の文化向上を期する
一、われわれは世界平和と国際親善を期する

「法的地位」問題の要求貫徹へ
怒りこめて陳情デモ
全国代表三百名 韓日実務者会議へ

入管局次長に要望をのべる陳情団代表たち

[illegible]

日本政府への要望事項

[illegible]

写真＝（上）韓日実務者会議が開かれている法務省への陳情デモ
（下）居留民団全国代表者会議のもよう

韓国側代表来日 羽田で歓迎会

[illegible]

……つづいて金韓青会長が発言を求めて「今回の実務者会議が従来のように、在日同胞軽視の会議に終始することなく、法的地位問題の根本的な解決をめざして努力することを希望する」と述べた。

大韓民国以北五道知事のうちの咸鏡北道知事姜則模、平安南道知事朴在昌、および以北五道庁事務局長李応経の各氏は、在日同胞社会の実情視察をかねて反共思想昂揚のためこのほど来日、日本全国の主要民団地方本部を訪問、して所期の旅行目的をはたしている。写真は民団中央本部を訪問した一行、左から李以北五道事務局長、朴平安南道知事、姜咸鏡北道知事、鄭民団副団長、李民団事務総長。

本国論調

ベトナム戦終結と韓国経済
行き過ぎた楽観論をいさめる

[illegible]

示達

組織体系確立に関して

第五回中央委員会、第九回中央委員会において、組織体系確立に関する決議があったにも拘らず、いまなお中央本部↔地方本部↔各支部間に、一貫した組織体系が確立されていない面が多々あることを指摘せざるを得ません。よって先般の第十三回中央委員会で、再びこの“組織体系確立に関する決議”を、再確認するに至ったことは遺憾に堪えません。

民団組織の発展は、組織体系の確立あってこそ可能であることを認識する意味において、次のとおり厳守を示達します。

記

一、各地方本部は、地方本部自体は勿論のこと、傘下団体を含む各級組織が、十名以上の団員で本国訪問団等（視察団、訪問団など一切）を結成するときは、事前に、当該本部を通して中央本部に報告し承認をうけること。

但し、各地方の傘下団体は、直属中央本部を通して、中央組織局に報告すること。

二、個人又は法人が、営業関係に民団名を使用することは、原則的にこれを禁ずる。

三、本国から団体を招請する場合は、必ず当該本部を通して中央本部に報告し、承認をうけること。

四、本国政府公館が、団体的な本国訪問、又は招請を行う事業を推進する場合、当該本部は、速かに中央本部へ報告し、その指示をうけること。

五、対本国政府および、その他一切の対外行事は、中央本部のみが、これを行う。

これは各級組織機関が、独自に対本国政府機関その他の対外的行事を行った場合、組織体系確立がみだされると同時に、民団に対する本国政府の誤解を招くことも予想され、政府対民団の表裏一体的協力態勢確立に、大きな妨げとなるばかりでなく、民団組織の分裂を招くおそれがあるからである。

従って、民団組織を防衛し、本国政府と民団が表裏一体となって在日六十万同胞の、権益を擁護する民族団体としての、民団的観点から、以上の諸事項を厳守することが、組織の原則を守ることであることを天明する。

以上の諸項目を軽視または、無視する各級組織があった場合は、これを組織破壊行為と断定することを躊躇しない。

以上

中央本部組織局長
崔 学 阜

組織体系確立に関する決議文

本団は、在日同胞六十万を指導する唯一の組織体である。組織の基本原則からみて、上部機関と下部機関との規律が確立してこそ、その組織は機能発揮が可能である。

本団は第五回中央委員会において、組織体系確立に関する決議を採択している。しかるに全組織を通して未だに、規律が確立されていない傾向があるにかんがみ、本団の権威と威信を守るため、さきの決議を再確認する。

記

一、対本国政府および、その他一さいの対外的行事に関しては、中央本部を経由すること。

一、本国からの団体招請および、母国訪問等の団体的行事を実施する場合には、中央本部を経由する。

一、支部は地方本部に、地方本部は中央本部に、下意上達の原則下に団務一切を執行する

右、決議する

（一九六七年二月十三日）

在日本大韓民国居留民団
第九回中央委員会

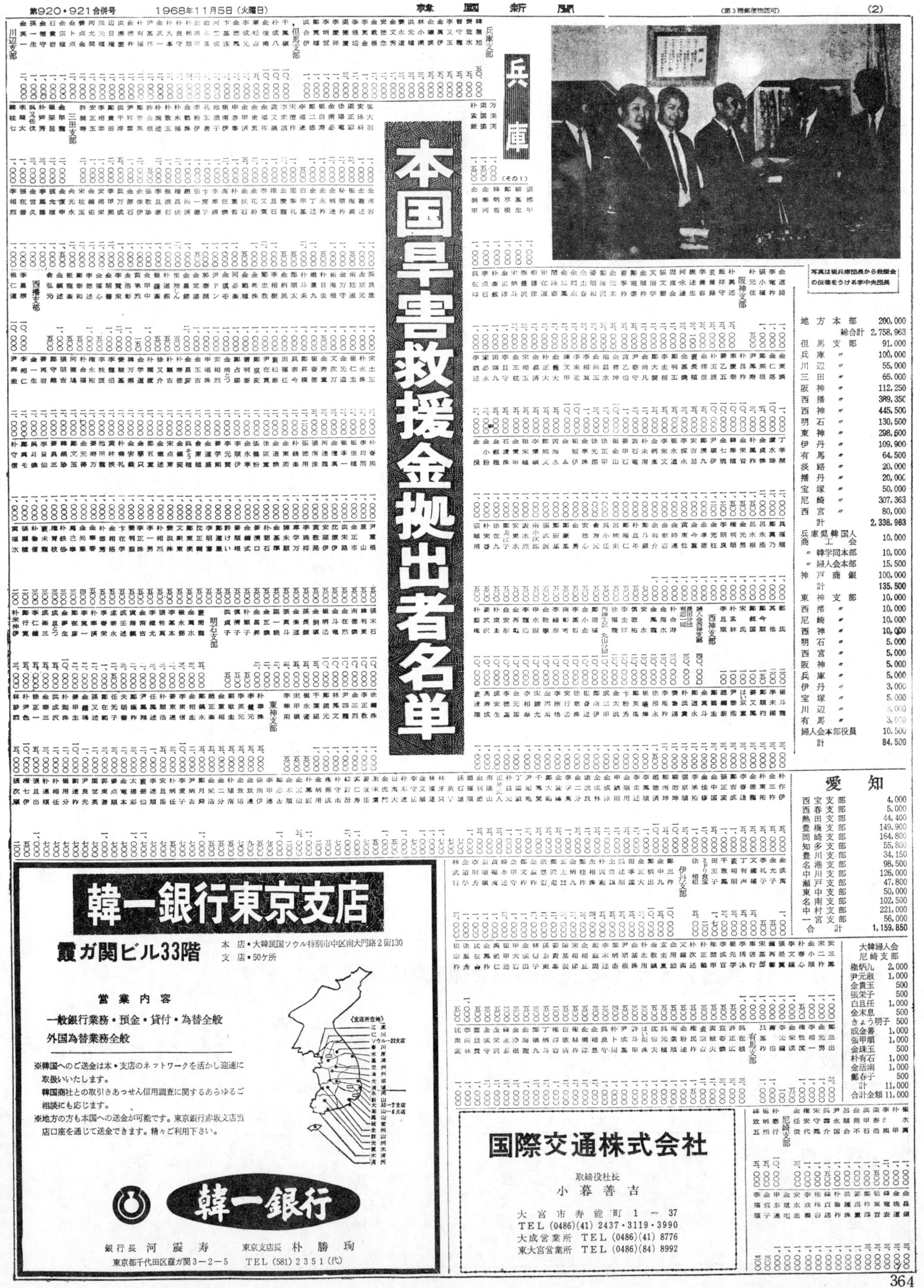

本国旱害救援金拠出者名単

兵庫（その1）

写真は崔兵庫団長から救援金の伝達をうける李中央団長

地方本部	200,000
総合計	2,758,963
但馬支部	91,000
兵庫 〃	100,000
川辺 〃	55,000
三田 〃	65,000
阪神 〃	112,250
西播 〃	389,350
西神 〃	445,500
明石 〃	130,500
東神 〃	298,600
伊丹 〃	109,900
有馬 〃	64,500
淡路 〃	20,000
播丹 〃	20,000
宝塚 〃	50,000
尼崎 〃	307,363
西宮 〃	80,000
計	2,338,963
兵庫県韓国人商工会	10,000
〃 韓学同本部	10,000
〃 婦人会本部	15,500
神戸商銀	100,000
計	135,500
東神支部	10,000
西播 〃	10,000
尼崎 〃	10,000
西神 〃	10,000
明石 〃	5,000
西宮 〃	5,000
阪神 〃	5,000
兵庫 〃	5,000
伊丹 〃	3,000
宝塚 〃	5,000
川辺 〃	3,000
有馬 〃	3,000
婦人会本部役員	10,500
計	84,500

愛知

西宝支部	4,000
西春支部	5,000
熱田支部	44,400
豊橋支部	149,900
岡崎支部	164,800
知多支部	55,800
豊川支部	34,150
名港支部	98,500
中川支部	126,000
瀬戸支部	47,800
東中支部	50,000
名南支部	102,500
中村支部	221,000
一宮支部	56,000
合計	1,159,850

大韓婦人会 尼崎支部

権炳儿	2,000
尹元淑	1,000
金貴玉	500
張栄子	500
白且任	1,000
金末息	500
きょう明子	500
成金善	1,000
張甲順	1,000
金珠玉	500
朴有石	1,000
金活南	1,000
鄭春子	500
計	11,000
合計金額	11,000

韓國新聞

発行所 韓国新聞社
発行人 李裕天
東京都文京区春日町2丁目20－13
電話（813）2261～3
定価 1カ月100円

金龍煥愛知団長殉職す

公務中、暴漢に襲わる

勲章仰請・23日民団葬行う

在日本大韓民国居留民団愛知県地方本部の金龍煥団長（中央委員・中央組織分科委員長）は去る十三日、名古屋市中村区鷹羽町三丁目、民団愛知県地方本部の五階会議室における同本部第九回地方委員会会議中に、日本刀かざし乱入してきた不法者に襲われて殉職した。（写真は金団長）

民団では、故金団長が組織に尽した功績に鑑み、反共愛国志士としての勲章を授与するよう本国政府に上申すると同時に、民団葬をとり行なうことにきめた。

事件の経緯と対策

公告

一九六八年十一月十三日、金龍煥愛知県地方本部団長が、同本部第九回地方委員会々場においてその職責を遂行中に不幸にも崔載寿という不法者の兇刃に殉職した。

この事態に関して、民団中央ではつぎのように公告する。

葬儀は十一月十五日午後二時に、故金龍煥団長の自宅（岡崎市）で仮葬儀を行ない十一月二十三日午後一時～三時の間に名古屋市内の本願寺別院で民団葬を執行する。

一、民団葬には全国地方本部団長は必ず参席し、なるべく二機関長および傘下各団体長も参席すること。

二、民団葬を済ました後、全国地方本部団長会議を現地で開催する。

三、民団長会議の日時と場所は十一月二十三日正午までに全員愛知県地方本部に集合すること（名古屋駅前、電話五七一－六四三一～五）

犯人崔載寿（四十二歳、慶南固城郡出身、

背後に暴力団の幹部

犯人誘引の事実つかむ

民団関東地区協議会（事務局長……）では、この十九日、東京本部……、故金龍煥愛知県本部団長殉職事件、と、二十三日に挙行す民団葬を議題に、約五時間の協議を行ったが、同日の協議は、民団社会を蝕む暴力を徹底的に追放することに議論が集中した。

この日の協議会には、中央本部から李裕天団長と鄭烱和副団長、……

暴力を徹底的に排除し

組織の防衛を一層強化する

李団長談

（写真は李団長）

刑罰者も好意的に考慮

協定永住者の再入国許可

組織への功労者

故金団長の経歴

北の挑発行為

ゲリラ掃討作戦

海岸封鎖を協議

訃告

去十一月十三日第九回愛知県地方本部地方委員会会議中に殉職した故義城金氏龍煥愛知県地方本部団長の在日本大韓民国居留民団葬を在記の如く挙行することを玆に訃告致します

一、時日　一九六八年十一月二十三日　下午一時

一、告別式場　名古屋市中区下茶屋五七　東本願寺名古屋別院（電話……）

故義城金氏　龍煥愛団志士
在日本大韓民国居留民団葬

葬礼委員長　李裕天

葬礼委員

一九六八年十一月　日

故義城金氏　龍煥愛団志士
在日本大韓民国居留民団葬葬礼委員会
委員長　李裕天

護喪所　名古屋市中村区鷹羽町三－五六
在日本大韓民国居留民団
愛知県地方本部
電話〇五二－五七一－六四三一～五

365

本国に甚酷な衝撃
金愛知団長の殉職事件

居留民団愛知県本部の金竜煥団長が、公務中に刺殺された事件は、本国にも広く伝えられ甚酷な衝撃を与えたようである。ほとんどの日刊紙がこの事件を報道し、犯行の背後にひそむ暴力団の排除を強調する論評をのせている。この事件が「韓国人のイメージを損う」もので国家的な見地からも、対策を講じなければならないとし、民団の果敢な同胞社会の浄化運動を促している。

急げ民団の浄化
韓国日報

在日大韓民国居留民団愛知県本部の金竜煥団長が同胞社会の癌的存在である暴力団幹部柳栄の凶刃にさされ十三日午後犠牲になった。現場で凶行を制止しようとした韓青（愛知県本部）委員長鄭承宗氏も重傷を負った。一方、殺人犯は、破廉恥にも「記者会見」を要請するなど四時間の対峙のすえ日本警察に被検・収監されたのである。

この衝撃的な報道に接し祖国の全国民は、まず同胞社会の浄化のために身をもって高貴な犠牲精神の危機になった金団長の壮烈な殉職に対し哀悼と惜別の念を禁じえない。同時にわれわれはこの事件を契機に最後まで不義の暴力に妥協されることなく民族の正気を発揚して故人の遺志が「無駄」にならざるよう努力を新たにしなければならないと信ずる。

事件の発端は、民団愛知県本部が、恐喝・脅迫常習犯である柳を除名したのに対し、犯人がうらみをもっていたことにあるといわれる。そこで犯人が地方幹部として所属していた「柳川組」は、暴率を頭目とした日本最大の組織的暴力団で、殺人・脅迫・賭博・詐欺などにわたり無法な悪事をかさねてきたほか料飲業・金融・不動産業に「仮面罪新聞社」までもっていると伝えられている。彼らの非行は善良な同胞たちを黒いものにするばかりでなく「韓国人のイメージ」を余地なく混濁させながら、日本の近畿・中部地方一帯にわたり日本の市民生活を少なからずおびやかしてきた。

在日居留民団中央本部はこんどの事件を、同胞社会の浄化に立ち上った民団の強力な指揮に対する組織暴力団の反撥であると分析し、今後いかなることがあっても、民団職場をもくろむ暴力組織を根こそぎとり除くとの決意を披瀝したが、これには祖国の政府と同胞たちの激励と後押しが望まれて当然である。

もちろん民団による同胞社会自体の浄化には、日本当局の多方面的な理解と協調が必要である。その場合日本側は、近視眼的な「取締り」を口実に、民団の自律的な活動に介入するなど派生的な弊害がないよう、高次元的な政治的配慮が保障されなければならない。

このような局面から本国政府の外交経路を通じた不断な監視・支援が要請され、また浄化事業は充分な実態を土台に段階的な計画樹立にたって果敢に実践されなければならない。

大局的見地からして民団自体の浄化は、その隊列の再整備に引きつづき同胞社会に対するなお一層影響力の強化をもたらすものと信ずる。ひいてこの事業は、日本の市民生活に対しても社会正気の振興に新しい活気を感じさせることができる。いまや居留民団は過ぎ去った永い期間を通じて、苦しい生活に加え劣等感さえ免れなかった在日同胞たちに、威厳と自立自尊の精神を呼び起させなければならない画期的な命題に直面しているといわねばならない。

祖国愛の衿持を堅持しつつ在日同胞の健全な生活を指向するわが民団の不撓不屈の前進に声援をおしまない。金団長は去ったが故人はその犠牲を通じて、暗夜に灯りをともしてくれたのである。

〈韓国日報十五日付社説〉

韓国人のイメージ損う暴力団の徹底的排除へ
＝果敢な運動展開せよ＝

偏見助長を憂慮
朝鮮日報

（一）

日本名古屋市で起った愛知県居留民団長金竜煥氏の被殺事件は、故国にいるわれわれにも甚酷な衝撃を与えたが在日同胞の将来のためにも甚だ不幸なことであり憂慮すべき事件である。今年はじめの金嬉老事件の衝撃がまだ余韻をひいているこのとき、その動機においては異なるとはいえ、その残忍性においては程度の同じ恐るべき事件か、またしも同胞によってひき起されたということが、日本社会にいかなる反応を呼び起すか非常に心配だ。金嬉老事件と同じくこんどの事件においても犯人は、警察に自決をもって脅かしながら長時間対峙、マスコミの脚光をおびたし、日本人たちはテレビを通じてこの猟奇的な事件を視聴したといわれる。

しかしわれわれには正にこれが「見せ物」にはならない沈痛な心情を禁じえないのだ。そうでなくとも蔑視されているわれわれの同胞たちが、また「残忍な韓国人」というイメージで日本社会に固みがせまくなるのではないかと心配されるからである。その統計がどれほど正確かは疑わしいが、日本官局の統計には、在日韓国人の犯罪率が日本人の3〜4倍になっているといわれる。最近わが国会のある議員は、国会に提出した在日同胞問題調査報告書のなかで、在日同胞の犯罪問題にも言及し、「戦前同胞たちに植えつけてきた日本人たちの軽蔑感または差別意識は、現在もかわりなく彼らの日常生活のなかに如実に現われており、甚だしくは、日本社会の内部に悪の象徴のように、彼らの存在を意識させて蔓延している」と日本人たちの偏見を指摘した。

それにもかかわらず時たま発生する在日韓国人によるおおそれた犯罪は、日本社会の偏見をますます助長する結果となり、われわれの胸をいためている。

（二）

六十万に達する在日同胞は、少数民族としての異質性という宿命を克服しながらも、日本社会において日本人たちと共存していかなければならない人たちだ。日本社会で永住するためには、日本人社会との円滑な関係を維持しなければならないことは再言を要しない。在日同胞たちの大部分は、日本植民地政策の結果として日本への移住が強制されたひとたちである。

したがって歴史的な道義観念からみた場合、日本は彼らに対して贖罪すべき債務者の立場にあり同胞たちは自分たちの処遇改善を要求すべき債権者の立場にあると言えよう。

しかし、現実的には日本社会と共存しその国の社会秩序に協力すべき義務があるのである。もちろんすべての犯罪は、個人の責任でありどこの社会においても犯罪は存在するけれどもとくに偏見にかこまれた少数民族である場合、それが個人だけの問題に終り同族に影響を与えないとは断言できない。

民団はつとめて日本社会の間違った韓国人観を正させ、韓国人のイメージを好転させるために最大の力をつくしてくれるものと信ずるけれども、なお積極的な努力がなされることを望んでやまない。ここには本国政府とか駐日公館の役割が大きいことは言うまでもない。とくにこんどの金団長殺害事件は、暴力輩を除名した民団浄化運動の副作用として起ったというから金氏は浄化努力の犠牲者となったわけだ。金氏の犠牲で浄化運動が挫折してはならないし、その犠牲を転機になお一層果敢に、在日同胞社会の浄化運動が展開されるよう激励してやまない。世界の多くの民族のうち、多くが海外に散在している中国人たちは厳格な組織をもっている。わが同胞たちもそのような中国人たちの異国における適応力を参考にしたいものだ〈朝鮮日報十五日付社説〉

在日同胞 教育問題を討議
来月東京で韓日文相会談

権五炳文教部長官は十二日、韓日文教相会談がきたる十二月中に東京で開催されることになったと発表、その議題はさきほど東京で開かれた韓・日実務者会談で原則的な合意を見ていると明らかにした。

なお、権長官はさる七日、東京の教育会館で開かれた韓・日実務者会談についてつぎの諸点を明らかにした。

(一)この会談では在日僑胞教育にかんする諸問題を討議
(二)在日僑胞学生の上級学校入学資格問題
(三)日本系学校に通う僑胞学生にたいする国民教育の実施問題
(四)朝総連系学校認可問題
(五)朝鮮奨学会の監督問題
(六)両国留学生交流問題などについて論議

なお、同会談で韓国側は朝総連系学校にたいする規制を強化するよう要請した。

第三回韓日貿易協議会ソウルで

韓・日両国の民間経済人たちの第三回韓日貿易協議会はきたる十九日から三日間、ソウルで開かれる。

この会議は韓国貿易協会、全国経済人連合会、大韓商工会議所など三つの経済団体が共同主催で開くものであるが、同会議では韓日両国間の貿易不均衡是正策をはじめ、第一次産品の交易増進策、加工貿易促進方案、そして韓日両国間の貿易政策およびその制度的な改善問題などを具体的に論議することになっている。

なお、こんどの会議では、こんご強化されると思われる米国の輸入制限措置に備えて韓日両国がとるべき共同歩調方案も協議される予定である。

大阪—済州間の航空路推進

大韓航空公社（KAL）は十二月十五日から大阪済州間に定期航空の運行を推進中である。

このため交通部は、日本政府当局と折衝中であるといわれるが、済州空港の事情で先ずプロペラ機を就航させるか、釜山経由如何も検討中である。

京釜線に超特急 四時間四十五分 来年の二月から

鉄道庁はソウル—釜山間を四時間四十五分で走る超特急列車を来年二月から運行する計画をたて、線路事情と動力を技術的な面で検討している。

超特急のこの列車は現在運行中の猛虎号（五時間四十五分）より一時間短縮し大田、大邱にそれぞれ一分間停車、平均時速九十二KMで走る予定である。

韓日協力委を設置
来年二月東京で創立総会

韓・日協力委員会を発足させるための両国民間代表間の懇談会が十二日午前、ソウルの迎賓館で開かれた。

同懇談会には韓国側から張基栄韓国日報社長、金成坤東洋通信社長らを含めた財界政界代表二十名余りと日本側から岸信介元首相を始めとする財・政界代表二十名が出席、「アジア問題はアジア人の手によって解決する」という精神のもとで、韓・日両国は共同運命体としての連帯を一層強化させるために強力な民間協力体を短時日内に創設することに意見の一致を見た。

十三日午前、ウォーカーヒルで開かれた韓・日協力委員会発起人総会は同委員会の創立総会を来年二月に東京で開くことに合意、一方、十人小委員会が作成した規約を採択した。

この日採択された規約の骨子は①ソウルと東京にそれぞれ韓・日協力委事務所を設置②毎年一回ずつ定期会議を開催③政治・経済・文化の三分科委を設置し④これら各分科委の任務は来年二月の東京会議で具体的に協議・決定する、となっている。

なお、同十人小委の委員はつぎのとおり。

▽韓国側＝張基栄（韓国日報社長）金成坤（東洋通信社長）洪性夏斗朴秉（大韓商議会長）金容完（京城紡織社長）▽日本側＝木内信胤（世界経済調査会理事長）小泉純也（衆議員）鍋山貞親（評論家）西尾東一（三井物産常務）矢吹一夫（国策研究会理事）

朴大統領、岸氏らと歓談

朴正熙大統領は十三日午後、青瓦台で韓・日協力委員会発起人総会の代表ら（岸信介元日本首相を含む）を接見して歓談した。

朴大統領は同席上で「両国間の協調関係は韓・日国交正常化以来全般的によくなってきているが、貿易関係における不均衡がはなはだしいので国内の世論がよくない。そこで、貿易均衡をもたらすよう特に努力してほしい。これは韓・日両国の政府だけでなく、民間指導者たちも一緒に協力してほしいと思う」と語った。これにたいし、岸信介氏は次のように語った。

「朴大統領のいわれるような方針に従い、韓・日両国間の多角的な協調を図るため、韓・日協力委員会がこのたび設立される運びとなった。特に最近、自由陣営が共産陣営から多くの脅威を受けているという点から、自由陣営の団結が必要であり、韓・日協力委員会はこんご韓・日両国の協力・団結と貿易均衡を図るために努力する」

親み深い仲
ニクソン氏と李団長

李禧元民団中央団長はさる七日午前、米国第三十七代大統領に当選したニクソン氏に大要つぎのような祝電を送った。

貴下が大統領選挙に当選したことをたいへんうれしくおもい在日六十万韓国人を代表して心から祝意を表します。貴下の偉大な指導のもとで自由世界の団結と協力関係が一層強化され、韓米両国間の友好が一層深まるものと確信致します。

次期アメリカ大統領に当選したニクソン氏と李禧元中央団長とは、四年前からの旧知の仲だ。すなわち一九六六年十月九日羽田からソウルへの飛行機のなかでまた民団代表団を訪問するニクソン氏と知り合い、李禧元団長はそのとき、アメリカのアジア政策ならびに世界の情勢について意見を語りあった。

両氏はメキシコオリンピックの際再会を約してソウルでわかれたが、ニクソン氏は大統領選挙のために、李禧元団長は用務におわれてお互いメキシコへは行けなかった。しかし、ソウルで別れて以来ニクソン氏からは李団長へたびたび書簡を送ってきたし李団長もこれに応えて、ニクソン氏が大統領に立候補したときは激励の手紙を送ったりした。このような両氏の関係は、ニクソン氏の大統領就任とあいまって今後ますます厚くなるであろう。

〈写真は、一九六六年十月九日ソウル行きの機内での両氏とニクソン氏から親近の意味をこめて送ってきた彼の家族たち〉

本国論調
馴染み深い韓国の理解者
次期米大統領ニクソンに期待する

韓国にとって"ニクソン"という名は馴染みのある名である。韓国動乱が休戦で終わった後、ニクソン氏は当時の米副大統領としてアイゼンハワー元大統領と共に韓国の戦後復旧に積極的な支援を惜しまなかった。また副大統領をやめて野に降りてからも常に韓国の友としてアジア、特に韓国にたいしては最大の、正しい理解をよせてくれていた。

困難な時期に大統領となった人

いま、彼は米国の大統領として当選し、全世界に大きな影響力を及ぼす地位に立った。このことにたいしわれわれは心から祝福をすると共にニクソンに大きく期待するのである。

しかしニクソン氏が非常にむずかしい時期に大統領として当選したことは否めない事実である。米国内ではベトナム戦争をめぐる与論が分裂しており黒白人種問題は暴力沙汰にまで発展、さらに各方面では社会福祉の増進が切実に要請されるなど緊急な課題がたくさんある。国際的にもベトナム戦争の早急な処理、対共産勢力の大幅強化、新生国家群にたいする開発援助、ドル防衛など多くの問題が山積している。特にこれらの多くの問題をニクソンは、反対党が圧倒的に優勢な下両院と協調しながら一つ一つ解決していかなければならないのである。

国際社会にも法と秩序を―

周知のように、ニクソンは七転八起の人物であり、非常に強い意志と精力の持主である。彼が歩んできた経歴を見ても暗たんとした苦難の時期が多く、政界には二度と帰らぬとまで決意した時代もあった。凡庸な人であれば、もうすでに絶望だと断念したに違いないと思われたような境地にあってもニクソンは常に不撓不屈の精神を抱いて再び明日を設計し、これを実践した。それが遂に今日の成功をなしとげたのである。

ニクソン氏がこんごむずかしい国内外諸問題を処理するに当たっても恐らくこのような不屈の精神で一貫して行くのだろうと信ずるものであるが、われわれはそれを期待してやまない。

われわれはニクソンが打ちだした"法の秩序"の原則をよく知っている。しかしこの原則は米国の国内政治に妥当なものであるだけではなく、世界の国際政治にも適用すべきものだということがわれわれの信念である。国際社会にも法と秩序があるはずであるしこれが確立されてこそ、世界の平和は成立つのである。陰謀と破壊などの無法、そして弱肉強食がほしいままに行なわれている国際社会の"混乱"を食い止めるには世界中が法と秩序の精神に徹しなければならない。そこで、はじめて万人の望む自由と平和の世界がやってくるのだ。

たとえ一進一退はあっても今日世界史の大きな流れは多元化の中での一元化、自由と平和の中での"一つの世界"を指向しているといっても過言ではない。だが、この潮流を拒否する一部の反時代的な破壊勢力のために、人類はいま大きな最終的陣痛を余儀なくされている。もしこの最終的な陣痛を克服することができずに、破壊勢力にたやすく譲歩してしまうようなことでもあればわれわれの世代は自ら時代的な責務を放棄して大きな災難をつぎの世代に残してしまうことになるだろう。

最後まで"投げ出すなかれ"

東洋の古語に"九仞之功を一簣でむなしくする"という言葉がある。土を積み上げて九仞に達したが最後の一簣を積み上げなかったためにこれまでのすべての努力が水泡に帰してしまったという意味である。

自由と平和の"一つの世界"を建設しようとするわれわれの世代は、いまこの教訓を肝に銘ずべき段階にきている。いかに苦しくても最後の一簣を断念することはできないのである。そこで自由世界にとってニクソンの役割りがじごく重大なものとなるのだと指摘せざるを得ないのである。

米国の一部に新孤立主義が台頭している。こうした人たちにたいして、われわれは"目前の苦痛を減らすために小人的小利に執着せず、巨視的に米国と自由世界、そして人類全体の幸福をもたらすための大人的大利にのっとって行動してほしい"と勧告したい。

神が人間や国家を創造したとき、すでにその資質や力量はそれぞれ異なったものとしてしまった。そこで格別な資質や力量を持つ者は、それが個人であろうが、国家であろうが、この地上で背負った責任はそれだけより大きなものだということは否定できないことである。われわれがニクソンに大きな期待を寄せるのもこうしたところからなのである。

カストロの正体を最初に見破ったニクソン

われわれはニクソンがこのような"活眼"の人物であることを知っている。かつてキューバのカストロの正体を誰よりも先に看破したのはニクソンであった。もしそのときに彼の意見を傾聴しなかったとしたら今日のカリブ海の情勢は大きく違っているだろう。こうした炯眼（けいがん）をニクソン氏が末長く保ち続けて最後まで頑張り続けることをわれわれは望むのである。

世界史の今日の現実を正しく見つめながらニクソン次期米大統領が明日の発展方向を正しく設定し、これを不撓不屈の精神で"実践"して行ってもらいたいものだと期待するものである。

高麗大学教授・法学博士　金相浹氏

金日成の妄想にすぎぬ
―任国防 北韓ゲリラを語る―

任忠植国防部長官は十三日、「北韓は韓国内にゲリラ基地を確保しようとして武装ゲリラを浸透させているが、これは金日成の妄想に過ぎない」と語り、さらにつぎのように述べた。

さる三日東南海岸の蔚珍地域に侵入してきた北韓武装ゲリラは全国民の協力のもとでほとんどせん滅された。こんどの作戦を通じ、郷土予備軍（さる四月創設）の役割りと立派な任務ぶり、また住民たちの積極的な協力とその徹底した反共精神……などから見るとき、金日成の対南ゲリラ浸透計画は一つの妄想にすぎないということができる。

一方、柳根昌対スパイ作戦本部長（陸軍中将）が同日発表したところによると、蔚珍地区に侵入した北韓ゲリラのうち十三日午前十時現在までに二十九名が射殺され機関銃二十六丁とピストル四丁、手りゅう弾四十八、実弾一万四千六百発、その他多くの装備が捕獲された。

なお、韓国軍側の被害は戦死五人、負傷七人で、民間人の被害は郷土予備軍一人を含め四人が死亡四人が負傷した。

また、柳根昌中将が明らかにしたところによると、蔚珍地区に現われた約三十人のゲリラのほかに別の北韓武装ゲリラ約三十人が東海岸三陟地区に浸入したので、空輸部隊と郷土予備軍の合同捜索隊が追撃中である。

北韓武装ゲリラ二十八名を射殺

蔚珍地区に侵入した北韓武装ゲリラを追撃中の韓国軍合同捜索隊は十二日まで合計二十八名のゲリラを射殺した。

対スパイ作戦本部の発表によると、十一日午後五時ごろ、同武装ゲリラ残党中、十名を新たに射殺十二日午後三時ごろにはさらに三名を殺した。これで約三十名と推定されていた北韓武装ゲリラ隊員中、全部で二十八名が死んだ。

なお、十一日と十二日の作戦で韓国側では一名が死亡、一名が負傷した。

一家三人を殺害

江原道の山奥に住む貧しい一家三名が同地域に侵入した北韓武装ゲリラに連れ出され、川辺で殺害された事件が発生した。

一瞬、日本刀に刺さる

犯人は除名の暴力団幹部

創団以来の不祥事

現職の民団愛知県地方本部金載華団長が、地方委員会の会場において、暴漢に刺殺された。このような事件は民団の創団以来二十有余年間の歴史にも、かってなかった不祥事である。

民団の初期に、当時の朝連分子の悪質な赤色テロにより、流血の暴力事件が頻発したことはあるが、それによって、現職団長が落命するような事件はなかった。団員にあるまじき行為により除名されたとはいえ、かっての団員が、団史に拭いきれない大きな汚点を残す不祥事件の犯人であることは、民団組織の内外に及ぼす影響や反響も、より大きなものがある。

この憎んでも余りある殺人鬼崔敬錫（四一）とは、どのような人物であり、犯行当時の会場の状況はどうであったかを、多数の目撃者たちの話を総合して再録するとともに、崔の除名の経緯と、犯行の背景となっている"暴力組織"について現在まで判明している事実を総合すると、およそ次のとおりである。

壮烈な金団長の最期

（犯人の崔）

前科六犯の不法者

背後に犯行指示者ひそむ

朝総連系学校移転新築に教育補助金支給を公約

西宮市へ民団て厳重抗議

韓国人は韓国学校へ

適令者の就学勧誘運動

極貧者の救護など

大韓婦人会当面の活動

会長に呉南順氏

婦人会愛媛地方本部

団地側が謝罪

大阪出来島事件

柳岡山団長を表彰

中央情報部と反共連で

韓信協東京出張所設置

民団中央で提案

岡山商銀本国視察団が出発

会長に趙竜廷氏

大韓航空代理店協会

妨害しりぞけ民団へ

朝総連分会長の金萬俊氏

在日韓国人民生相談所

大阪の鎮民が開設

1969年度在日同胞自費母国留学生及び予備校生募集

1969年度在日同胞自費母国留学生及び予備校生募集要項

1　対象

2　志願資格

3　志願の手続

4　提出期間

5　提出場所

6　銓衡

7　参考事項

中央本部文教局

東京韓国学校の文化祭

あどけない祖国の歌に 父兄たちの目もうるむ

[illegible]

韓国学園の文化祭

時局講演会

韓国民謡芸術団の公演

近く来日予定の御声合唱団

郷声少女合唱団 公演に近く来日

[illegible]

韓国民謡舞踊 芸術団が来日

[illegible]

韓国（光州女子商業高校）六戦全勝

韓日親善珠算競技大会

[illegible]

六戦全勝の成績

[illegible]

黄団長談

[illegible]

断じて許せぬ暴挙

金愛知団長の殉職事件　韓青中央委員長　金宰淑

[illegible] ん。民団全組織は、寸分たりとも暴力団らの介入を許してはならず暴力徒輩の放逐を貫徹しなければなりません。この事件に対してこそ全国の民団、韓青の民族的人士が [illegible]

母国訪問記

明治大学文学部三年　孫勝吉

出発までの手続きと準備

七月の初め頃のある日、父から民団文教局で「母国訪問夏季学校」の学生募集をしているという話を耳にした。「祖国」それは私にとっては絶対者の存在に等しかった。韓日国交以来、往来が楽にできるようになったとは言っても祖国は私たち若い学生には、まだまだ遠い遠い国でしかなかった。祖国のためなら水火も辞せず、そんな気持で観念と実存の結合に悩んでいた私にとってこのニュースは万金に価いするものであった。私は何としてでも是非参加させていただこうと思い父とも相談した上参加の申込をした。

その間、手続一切は民団の手で進められ関係者の皆さんの御苦労は大変なものであったろうと思う。その方々の献身的な努力なくして私たちの旅行はあれほどスムースには進行しなかったであろうと今更のように感謝の念を禁じ得ない思いである。さて手続と準備の総合点検を兼ねて一同が集ったのは七月の中頃も十四日のことであった。旅行中の心得について詳しい説明のあった後で出発の日程とスケジュールが発表された。許されたスペースではそれらを一々取り上げて説明することは到底できないので多少の超過を覚悟して大体の旅程を辿りつつ異色の体験記と感想を綴ってみたいと思う。

玄海灘

（昔韓国が日本に先進文化を伝え最近同じ海を越えて日本は韓国を支配したという）

七月二十七日午前一行総員五百五十余名は韓国海軍の主力艦と思われる二隻の駆逐艦に迎えられて生れて初めて体験する軍艦航海上の人となった。軍艦とはいっても、それは韓国の領土の延長であり、我々はこの時すでに実質的には祖国に第一歩を踏みいれたことになるのである。

"玄海灘"それは韓国と日本の間に計り知れない自然の恵みをもたらし数知れず不幸と幸福の交錯を描いてきたところである。その海洋として限り無い広がりは玄海灘を治める者こそ真に富む者といえそうな気がした。自星堂々と進む二隻の艦とその中に胸躍らせながら希望にふける若人たちの未来 [illegible]

韓国は一つであるべきだ

[illegible]

ソウル

[illegible]

（つづく）

大阪商銀泉大津支店開設

[illegible]

青森商銀内認可

[illegible]

韓國新聞

発行所 韓國新聞社
発行人 李裕天
東京都文京区春日町2丁目20－13
編集 (813) 2261～3
業務 (817) 0673
定価 1カ月100円
振替口座東京 34988番

在日本大韓民国居留民団 綱領

一、われわれは大韓民国の国是を遵守する
一、われわれは在留同胞の権益擁護を期する
一、われわれは在留同胞の民生安定を期する
一、われわれは在留同胞の文化向上を期する
一、われわれは世界平和と国際親善を期する

在日同胞の実態と問題点

金相賢議員、国会に建議

急げ「僑民法の制定」

民団育成の長期計画も

今年の夏約40日間にわたって在日同胞実態調査を行なって帰った国会の金相賢議員(新民党)は三〇〇ページをこえるぼう大な「在日僑胞問題調査報告書」を国会本会議へ提出した。

在日同胞が散在する日本各地、熊本のハンセン氏病患者療養所をはじめ対韓密輸の本拠地である対馬島の「厳原」などくまなく現場にのぞんでの実態調査をおえた金議員は、この報告書で在日同胞の沿革から筆を起し、①在日韓国人の現況、②かれらの意識構造③民団活動④駐日公館の現況⑤教育実態⑥朝総連の暗躍相⑦法的地位問題⑧韓日協定締結后の問題点などひろい分野にわたって多くの問題を提起した。

つぎは国会と政府に対する建議事項をもとにかいつまんで見た報告書の概要である。

(金議員)

国会に常委設置を

永住権申請簡素化強く要請

悲惨な北送同胞の生活

南侵ゲリラ二名が記者会見

時評

金日成は一九七〇年を〝武力統一〟の年と決め、今年六八年を〝戦争準備の年〟と規定した。北からのゲリラ活動が活発化したウラには金日成のそうした計画が進められているとみられるが、金日成はちょうど一年前の最高人民会議第四期第一回会議で「祖国の統一を実現するため南韓人民の反米闘争を支援しきたるべき革命的大事変を主導的に迎えるよう強固な準備を進めなければならない」と演説し、それから二か月後の今年一月に武装ゲリラのソウル襲撃とプエブロ事件が、まるでその演説の模範答案のように発生した。そして今年一年の北韓のスパイ浸透や休戦ライン付近での戦闘増加はまさに筋書き通りの観を呈している。

緊張ひろがる韓国休戦線

ベトナム和平に逆行して激化

韓半島の緊張介入したままで

モスクワがいましめるとの希望的観測

韓国で戦争は再び起きるか――

(イター通信特派員バーリー・リデル記)

八達山

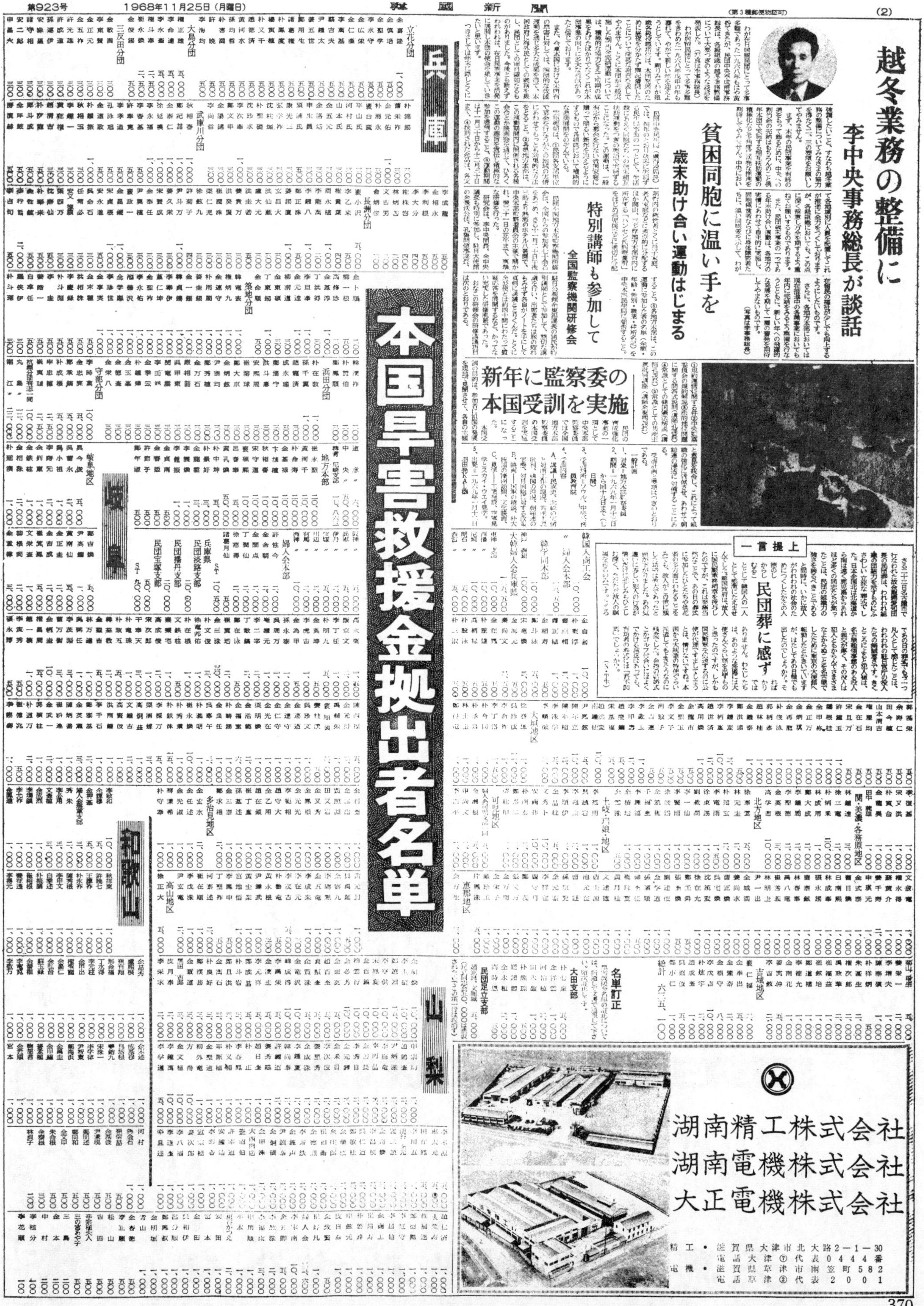

越冬業務の整備に

李中央事務総長が談話

わが在日居留民団にとって多事多難であった一九六八年もはや暮れてきたが、民団中央李成甫事務総長は、各級組織の越冬業務整備について大要つぎのような談話を発表した。（写真は李事務総長）

わが居留民団にとって多事多難をきわめた一九六八年戊申の年も暮れて、やがて新しい年を迎えようとしています。顧りみてわが組織各級役職員諸位は、本団発展のために昼夜を分かたず献身奮闘したことについて深甚な謝意を表してやみません。とくに本団が今般実施した割当金完納運動については、積極的な協力をえて所期の成果をあげたばかりでなく、これが本団事業の向上に多大な貢献があったと信じております。

また、今夏本国における未曾有の旱害に対しては、絶対的な救援運動を通じ多大な成果を得て、本国政府に海外民としての義務を果し、民団としての面目躍如たるものがありました。今後とも断えずわれわれは、在日民族事業を活発に展開し本団の使命を果していきたいと思います。

つきましては年末に際しとくに強調したいこと、すなわち越冬業務の整備についてみなさまの協力を得たく二、三の要望をお願いしてやみません。

まず、本年の民団事業を有終の美をもって飾るために、中央への割当金の完納はもちろんのこと例年本団で実施する相互扶助運動の積極化など多角度に活発な推進を期待してやみません。中央において…て各地域別に人員を配置してこれが推進に全力をつくしております。各級組織においても、この点に深く留意し万全を期するよう重ねてお願いするものであります。

また、民団歳末事業の一つである年末助け合い運動は、各地方の実情にあわせて自主的に実施し、同胞被害者ならびに身体障害者たちに、温い同胞愛を示して、わが在留民の福祉が少しでも向上するようにしたいものです。

さらに、各地方本部においては現在推進中の各種事業においても年内に完結をみるよう準備を行なうとともに、新しい年への飛躍的な発展を期して一層の奮発を期待してやまないものです。

貧困同胞に温い手を

歳末助け合い運動はじまる

民団中央民生局（崔在浚局長）では、例年のとおり事業に依拠する民生局事業の一つとして、生活難にあえぐ同胞たちへの歳末相互扶助運動をつぎの要領で実施することになった。この運動は、一般有志から募金を行ない貧困家庭に贈って明るい新年を迎えるようにするもので各組織において積極的な運動展開をのぞんでいる。

特別講師も参加して

全国監察機関研修会

新年に監察委の本国受訓を実施

本国旱害救援金拠出者名単

兵庫

岐阜

和歌山

山梨

一言提上

民団葬に感ず

韓國新聞
発行所 韓國新聞社
発行人 李裕天
編集人 金長述
東京都文京区春日町2丁目20−13
編集 (813) 2261〜3
業務 (812) 0673
定価 1カ月100円
振替口座東京 34988番

在日本大韓民国居留民団
綱　領
一、われわれは大韓民国の国是を遵守する
一、われわれは在留同胞の権益擁護を期する
一、われわれは在留同胞の民生安定を期する
一、われわれは在留同胞の文化向上を期する
一、われわれは世界平和と国際親善を期する

生前功績永遠に讃う

故人へ　国民勲章冬栢章を授与

政府は、公務中に殉職した故金宗煥愛知県地方本部団長に対し、故人が生前在日民族社会につくした功績を讃え国民勲章冬栢章の授与をきめ、さる十一月二十三日挙行された故人の民団葬儀において大韓民国駐日全権大使厳敏永氏の代理として参席した金…使から、故人の長男正博氏に伝達した。

故金愛知団長の民団葬は、二十三日東本願寺名古屋別院において韓日両国の各界要人をはじめ全国各級組織代表、各級機関代表ら約三千余名の会葬で壮重厳粛にして盛大にとり行われた。(関連記事2・3面に)

永訣の涙も限りなく

荘重厳粛に故金団長の民団葬

東本願寺名古屋別院における故金愛知団長の民団葬 (円内は式辞を読む李葬礼委員長)

葬礼場にて

焼香に黄菊むせび鎮魂の詞かなし

霊前に誓う暴力の追放

組織の強化と浄化も

李裕天葬礼委員長の式辞

式辞

社会発展へ功多い者に　国民勲章とは…

朴己出議員が弔慰金を寄託

お知らせ

反共学生の日

東京に立よる　梁慶北道知事来日

八達山

民団中央人事

民団愛知本部人事

記事取消しとお詫び

本紙十一月十五日号掲載の第一面記事中民団東京本部鄭在俊団長の談話に関する項は、鄭団長の意を正しく伝えていないものでこれを全面的に取消し、その責が本紙と取材記者にあることを認め謝罪致します。

韓国新聞編集局

在日本大韓民国居留民団新潟県地方本部

本部	
団長	権寧相
議長	申熌銖
監察委員長	曺長洪
事務局長	金順植

支部	団長	議長	監察委員長
柏崎支部	呉石福	金聖道	田洛桂
長岡支部	金吉徳	金泰秀	金容大
直江津支部	全正述	李栄尭	朴容瑞
新発田支部	張炯琢	張鉉洙	安且浩
新津支部	李咏鐘	李判魯	洪鐘守
新井支部	李潤馥	金乗吉	崔鏞錫
佐渡支部	崔鳳官	崔鳳旭	黄在鎰
三条支部	文錫順	申万淑	申明鎬
魚沼支部	[illegible]	[illegible]	[illegible]
岩船支部	[illegible]	[illegible]	[illegible]
高田支部	金洙永	姜基尚	李圭容
新潟支部	李泰秀	李乙守	洪載万

故金団長の霊 安らかを祈る　各界の弔辞

尊い犠牲忘れじ 組織の発展で報いん

郷居留民団代表の弔辞

民団旗を先頭に李葬礼委員長の先導で入場する遺骨

痛恨に胸かきむしりつつ 永袂の涙にわが身を焼く

民団中央議長　金光男

金団長への報は 勝共統一の達成で

全国地方協議会代表　鄭在俊

遺志継いで前進

友人代表　鄭煥麒

捧げる国民勲章 胸に飾れぬ悲しみよ

大韓民国駐日大使　厳敏永

一九六八年十一月二十三日

駐日本国大韓民国特命全権大使　厳敏永

故金愛知団長の民団葬を終えて

さる十一月二十三日東本願寺名古屋別院においての故金龍煥愛知県地方本部団長の民団葬は、全国各級組織ならびに愛知県本部管下の多くの団員みなさまの参席のもと、最も厳粛で盛大に執行されました。

この民団葬の執行においては、名実ともに故人に対する挙団的な物心両面の同志愛が発揮されたと同時に、それを通じてわれわれ組織の固い団結力が表明されたものと信じます。

われわれは、この不幸な十一・十三愛知県事件を契機にして、なお一層組織の防衛につくすと同時に組織自体の整備を忠実に推進することによって故人の愛団烈士的殉職を最大限に輝やかせ、故人の冥福を祈らなければならないと思います。

この意味で本民団葬に積極参加された全国各級組織幹部ならびに一般団員みなさまに、深甚な敬意を表すると同時に今後のわれわれの組織の団結を強調しながら一言あいさつをのべる次第です。

一九六八年十一月二十九日

故義城金氏龍煥愛国団士
在日本大韓民国居留民団葬礼委員会
委員長　李裕天

372

悲しみと怒りの11・23日

激昂の全国団長会議

英霊安置問題など協議

故金竜煥団長の民団葬終了後、愛知県地方本部五階会議室で開かれた全国団長会議は午後五時四十分より、崔学阜中央組織局長の司会でひらかれた。会議は李裕天中央団長の挨拶のあと、殉職対処委員会委員長である鄭烔和中央副団長の経過報告につづき、事件当日の会場に出席し、犯人崔の凶刃を浴びて倒れた金団長を現場から背負って階下に下りた愛知県本部組織部長丁海竜氏から、犯人崔が民団と故金団長に不当な私怨を抱きはじめて以来、兇行に及ぶまでの経緯が約四十分にわたって報告された。会議は、①一一・一三事件対処委員会の設置②遺家族の慰労問題③英霊の安置問題などを協議するとともに、こんどにおける民団組織の防衛強化ならびに同対処委員会の活動を積極的に推進することを決議した。

十三日の愛知地方委に参席して現場に居合わせた金在述中央副議長が、当日現場のもようを証言した。

会議は、これらの経緯報告と現場証言のとおり兇行の背後に黒幕たちの関連者がひそんでいる事実が明るみに出たため傍聴席からも悲憤のあまり激昂した発言などが……

全国団長会議のもよう

中村署へ抗議に西村次長と対談

犯人に協力していた

具が対処委に陳述書

故金竜煥団長殺害犯人崔載寿の同調者として、相ともに民団と金団長誹謗に積極的な役割をしてきたとみられる名古屋の民団東中支部団長具本柱に対しては、現地名古屋の対処委員会で、徹底的な真相追及を行うため、具を召喚して調査を進めているがさる十一月二十九日の第一回召換日に出頭した具は、対処委員会関係者たちの前に、大要つぎのような陳述書を提出した。

対処委員会では、継続して具とその他の重要な同調者たちをつぎつぎと喚問して、事件調査をするとともに、独自な活動を展開して崔の背後にある暴力組織と、反民団的行為者たちの徹底的な摘出とその一掃に努力を傾注することになっている。

陳述書

自分は11・13愛知県事件に関してつぎのように反省していることを陳述いたします。

一、一九六八年一月十七日、東中支部大会で団長に被選されたのと前後して崔載寿を自称後援会長に認定しましたが、後援は大会当日のほかには受けたことはございません。しかし組織の道義上悪い事であったと反省します。またそのような判断が、11・13愛知県事件を誘発した原因になったことを告白します。

二、一九六八年七月五日、国際ホテルで崔載寿が故金竜煥団長に対してとったすべての言動は非団員的であり規約にてらして処断されなければならない悪い事であった事を認めます。

三、団長在任中、組織体系確立等第七回愛知県地方委員会できめられた本団活動方針をただしく理解できず、支部指導にあやまちがあり組織的混乱をおこしたことに関して全体団員ならびに全国各級組織に対して深く謝罪し反省するしだいであります。

四、一九六八年十一月十三日第九回愛知県地方委員会を混乱させた事実を認め、それが故金竜煥団長が殉職されたひとつの原因であったことをかえりみれば故金竜煥団長の遺族および全国各級組織に対してかぎりないほど大きい自省の感を禁ずることができないことを告白いたします。

五、今後、今までの自分の言動を深く反省して本団の綱領に従い今般の事件をおこした責任を十分に自省し、どのような措置および処分にも従います。

六、朴在賢が第九回愛知県地方委員会を混乱におとし入れようとする意図を持っており、自分も協力したことを告白いたします。

七、李栄哲は、崔載寿と……取引が多かっただけでなく……に協力していたことを指摘……

八、今後、自省のしようと……

暴力排除へ闘う

韓青中央委で強く決意

在日韓国青年同盟（金容淑委員長）では、さる11月23日午後四時半から愛知県本部四階会議室において、第13回中央委員会を開催した。

今回の中央委員会は、当初静岡の中央研修所「花郎台」において開催する予定であったが、このたびの事件によって殉職した県本部金団長の民団葬に参席するため、急きょ会場を変更して行なわれたのである。

中央委員会においては、……

背後関係真相糾明へ

11・13事件対処委を構成

ずさんな防犯

中村署に厳重抗議

犯人の極刑を歎願

本国から故人の厳父ら

「歎願書」

派越将兵慰問に

李軍人会長ら出発

訪日韓国文学者団一行帰国

韓・日自転車競技大会

華燭の典

金大麟君と安美智子嬢

洪政広君と李英佐子嬢

訂正　本紙十一月十五日号一面下段掲載の「謹告」の葬儀委員名簿の中"朴賢九"とあるは"金賢九"の誤りにつき訂正します。

研究発表に情勢報告

在日民族運動の前進へ

抑圧の軛に鉄槌を！民族の闘う連帯で

韓学同第５回総合文化祭ひらく

在日韓国学生同盟中央総本部では、きたる十二月六日と七日にわたって恒例の総合文化祭を開く。そのため同同盟では日夜精力的な準備活動を続けているが各地方本部においてもすでに地方本部単位での文化祭を終え、総合文化祭に対する準備を着々と積み重ねている。

昨年まで同盟の文化祭は、三日間をもってその実行期間としたのであるが、今年はいたづらに日数を多くして間延びさせるよりも、思い切って二日間に短縮し、内容の厚い、濃度の濃いものにしようと張り切っている。それでこんどの総合文化祭のスケジュール、主旨について、一般読者のみなさまにお知らせしたいと思う。

まず第一日目（十二月六日）は、午前十時より開会式、オリエンテーションを開き、その後すぐ各地方本部の研究発表が行なわれる。

この一年間、各地方本部がそれぞれの方針によって努力研究してきた成果をレポートし、それを論じ合うのである。

十二時からは、われわれ在日韓国人六十万に真に危機的な状況を与えんとする「出入国管理令」改悪の動きについて、情勢報告が行なわれる。韓日条約妥結以後日本政府はその本性を露骨に現わしはじめ、われわれの基本的人権、生きるための根本的権利まで奪おうとしている。

日本政府当局は、嘘八百で固められた「永住権」によってわれわれをは迫するだけでは物足りず、世界にも例を見ない悪法である「出入国管理法案」を次期通常国会に上程しようとしているのである。この法案は「外国人一般の公正な管理を目的とする。」と称して、あたかも外国人が有する正当な諸権利に対する公正な取扱いを保護するかのような体裁をとりながらも、その実は我々の在留活動の規制強化、思想・言論の自由の剥脱、生活権への侵害、退去強制の徹底化など、在日外国人の圧倒的多数を占めるわれわれ在日韓国人六十万人に対する不当な差別と迫害と抑圧の武器として機能していくことはあきらかなのである。このようなわれわれの諸権利を脅かす悪法の通過を絶対阻止するためにも、現情勢に対する正しい状況把握が必要となる。

つぎは4時まで、「権益擁護運動の前進のために」というテーマでティーチ・インが開かれる。これは、徐々に顕在化しつつある在日同胞六十万の民族権益に対する日本政府側の弾圧、迫害に、如何に対応していくべきかを民団中央総本部団長、民団各県の団長、有識者代表、韓青代表らを交えて真しに話し合おうとする場なのである。

法的地位協定実施後3年近く経過した今日でも、永住権申請の手続の複雑さ、許認可の基準の厳しさによって多発している退去強制の事例、協定永住権不許可の事例、そして一般永住申請に至っては三分の一もの同胞が不許可となっている事実は、いやが上にも我々の不安と疑惑を増大させている。このような状況においてわれわれがより高度な危機感と問題意識をもって対処せねば、われわれの民族権益はことごとく消失してしまうであろう。

つづいて「民族民主陣営の課題と任務」という講演が、約二時間にわたって行なわれる。まさに激流のような現地点において、われわれの本国が現在抱かえている矛盾、それに対応する民族民主陣営の課題と任務は何か、という点を講演者の鋭い考察力でもって、四・一九学生革命と関連づけて明らかにしていこうとするものである。われわれは、韓国民族闘争史において最も輝かしい光を放つ四・一九学生革命によって具体化された四反理念（反外勢、反封建、反買弁、反独裁）を真に継承し、発展させなければならない。

第一日目の終わりは班別討論によって打ち切られる。班別討論においては、個人対個人の会話をできるだけ多くし、入管令改悪という現在の危機的状況を各々個人に徹底させ、来たるべき闘争における組織的指導者として各々個人を位置づける。

第二日目（十二月七日）は、総括集会が持たれる。総括集会においては、いままで討論された事が整理され、再確認される場とならなければならない。あくまでもわれわれを差別、圧迫しようとする日本政府側の悪らつな侵略、いん謀を打ち破り、巧妙な形で出現する「出入国管理法案」を阻止し、民族の正しい権益を勝ちとらなければならない、という決議がこの場において成されなければ、文化祭は成功したとは言えない。

いままで述べた事によって、第五回総合文化祭の意義というものを、ほとんど理解してもらえた事と思う。最後に、この文化祭に対して一般同胞の熱烈な支援があるよう期待してやまない。（この記事は韓学同中総提供による。）

金正柱著『九州と韓人』を読んで

民団中央委員　鄭哲

苦労の多いかわりに報いられることは少なすぎる在日韓国人社会は、昨今、殺伐で憂鬱な事件を重ねながら一九六八年も暮れかかった矢先、『九州と韓人』という貴重な資料も沢山な歴史本一冊を手にして一条の明るい希望と喜びを感じながら簡単な感想をそえ紹介そして喜びの一部を分ちあえればと思い筆を手にした。

もとより、学者でも歴史の専門家でもない私が本書の紹介は出来る訳がない。しかし、内部葛藤の対立と民族分裂の苦しみの中で、民族意識のよりどころを模索しているのが実情であると思えば、新しい韓日関係の理解を求めたい組織人の一人としての私なりの批評と紹介の意義はあると思うし、また著者の労苦に報ゆる道だと思えば無筆とばかりは言えられない。現在の在日韓国人は、自分達の歴史的位置づけに苦労している。在日韓国人を歴史的に位置づけるためには、古代と日帝時代の三十六年間、解放後の二十三年に分けて考えたいがまず適確な判断は出来ないところに、民族意識の曖昧化と民族精神のよりどころを喪失するなやみが生れると思われる。この意味で、このたび韓国史料研究所で刊行された「九州と韓人」古代編は、韓日関係にからまる誤謬と問題点を解明してくれる最も適確な良書だと思われた。政治的争いにおけくれ、歴史的資料を掘りさけるようなことは出来なくて嘆いていた最中に、このような良書に接した時、よくやってくれたと著者金正柱兄に心から敬意を表するものである。

文化事業と運動には理解のない僑胞社会の中で、韓国史料研究所を設立し、「韓来文化の後栄」三部作を始め、畿内地方と東海地方の韓来遺跡に関する貴重な著書を刊行して民団陣営の中で一人気焔をはきながら僑胞社会の識者を感かし、韓国学界からも関心と注目を寄せていたのは、在日僑胞の一人として心強くしていたところである。しかし、氏の苦労は知っているだけに手無策で何も協力出来ない不甲斐なさを嘆きながら、いまさら、新たに氏の労苦に報ゆる道はないだろうか、と思案に暮れてならない。「九州と韓人」古代編は、三韓三国に分立していた西暦紀元から三世紀前後まで、日本の北部九州の群小国家の中に、族韓族が渡来して「伊都国」を建設支配した事実を明らかにしたのは、いままでは推察の域を脱していなかっただけに、一層画期的な業績であると讃えざるをえない。もとより、このような研究がなされなかった私は、伊都国が所属していた邪馬台国の全貌やその傘下の連合国形体に関する研究に接するのは始めてである。著者は、これらの事実を先進した中国の書籍を中心に究明し、あくまで日本国に限られた日本史でなく、東亜三国と関連する東洋史の中の日本史という見地に立って、公正な客観的態度を堅持したことに敬服し感謝しながら三十六年間も屈辱に苦しみ、解放後二十三年間歴史的位置づけになやみつづけた在日韓国人の一人として、この新しい発掘に鼻だかの快感さえおぼえるのも新しい韓日関係を求める者の一人として当然な次第である。

大日槍・神功皇后と三人物の渡来およびその経路に対する見解や、古奴国の所在、任那の日本政府などの存在に対する論及も、著者自身の独自的な見解で、明らかにしているのは興味深い。

本書の後半は、多年の分野になっている、北九州から出土した文献出土遺物について、同種の韓国遺物を対照しながらいちいちその流入経路を明示し、あるいは九州地方に残る山城や朝鮮式様式をも取上げて、その発生源から移動経路までの系統を論証して、新たな韓国説が随所に現われている。これなどは、韓国と日本の文化接触を客観的に眺めて、両方を往来しながら資料を収集し、取材が可能な氏でなければ為し得ないことである。

正直にいって、私はこの著書に対する批評的意図に沿うとするものでなく、出来るだけ多くの人、殊に組織に立っている指導者にぜひ一読をすすめたいだけである。そして、韓国史料研究所が長年の間、日本における私たちの祖先の文化的業績を究明に調査研究している貴重な努力、研究所を運営する労苦を理解して在日韓国人全体の文化事業と運動に協力をもって頂いただけである。

民団中央本部招請した「郷青少女合唱団」（寒永琪団長）一行五十人が二十八日来日した。一行は主にソウル居住の九歳から十五歳までの少女たちで在日韓国学校を訪れ公演し同胞を慰問することになっている。本国では民主共和党が協賛し、日本では民団と駐日公報館の肝入りで二十九日午後東京韓国学園を訪れ初公演を行い在学生と共演した。三十日は大使館、民団、駐日公報館等を見学した。参団長指揮によるレパートリーは韓国民謡はじめ西洋、日本民謡にまで及んでおり、三日まで美声をひろうしたあと十二月四日帰国の予定である。

日韓親和会の韓国講座案内

日韓親和会の第二十六回韓国講座が次のように開かれる。講師は早稲田大学法学部助教授大畑篤四郎氏、テーマは「在日韓国人の永住権をめぐる諸問題」、十二月五日（木）午後二時半から五時まで お茶の水明大向いの「主婦の友会館」三階。（TEL二九四―二三五一）

母国訪問記 ②

明治大学文学部　孫勝吉

大学・学生

特に私はこの訪問の間に真の祖国の姿を発見したと思った。それは今まで私が考えていたものとはまるで違っていた。

祖先の血のにじむような努力、日本人の韓国人（祖先）に対する偏見を耐えぬいて、今の日本に追いつき追いこそうとしている現在の姿。そして祖国が全アジアの東の灯台になろうとしていること。

私ははっきりと自分が今まで考えていた祖国とは違っている祖国を確認しました。

（韓国語を知らない学生と日本語を知らない学生の対話は英語が意志伝達の手段）私達は自分の国を理解するべく協力しよう。そのためにもう少し勉強しその後しっかり働こう。

これが言葉の通じない者たちや生活条件が違うとはいえ共通に祖国を愛し現実を憂い未来に大きな夢と希望を託して勉学一途に没頭してやまない学生達の唯一の共通目標であることを強く銘記したのである。

祖国の学生は恵まれない環境の中で実によく勉強する。彼等の屈託のない笑いの中に明日の祖国の姿を見るような気がして大いに安心を覚えたものである。それにひきかえ私達在日学生は恵まれ過ぎている環境と過保護の中にありながら個別的にはいざしらず総体的には余り勉強しない。これは教育原理の確定された原則に反するのではないだろうか。人間は環境に支配されるというが……。

また、「乱世が英雄を生む。」の類いでもあろうか。誠に解せない現象ではある。私たちはもっと一層反省、自戒して学問に情熱を燃やすべきであろう。そしてそうした傾向と目的へのアプローチを試みるためにこそ今回の母国訪問が企画され実現しそこに重点を置いて、スケジュールがたてられたのではないだろうか。従来、少なからず左翼的な傾向の学生と議論したことのある私はその度に理想論と現実の矛盾に悩まされていた私の心の中には静に快い秋風が吹き渡るような思いである。

現実は小説より奇なりという。理想論を百回聞くより祖国を一見することの価値がいかに重且つ大であるかを私は今回の体験から見事にくみとったのである。祖国を去る日私は金浦飛行場を飛びたつ機中から次第に遠ざかっていく自由の灯をいつまでもいつまでも見つめながら心の中で、さらば祖国よ！いつまでも幸おかれ。と祈らずにはいられなかった。

後書

私は以上思いつくままに書きとめた外経済五ヵ年計画を軸にする経済の発展、アメリカナイズの著しい都市、牧歌的な農村の生活、ソ連のチェコ侵入という歴史的出来事に対する祖国の反応、市民生活、三週間にわたるセミナールの内容等々に関して記述したいことが多々あるが、これらは紙面の制限があるのでいずれ何かの機会に譲る事にする。

済州道から農漁村視察団

日本の農漁村を視察するため済州開発協会の招請で済州道から九名の訪日視察団が来日した。

一行は、同道北済州郡の[illegible]をはじめ[illegible]（漁業）洪[illegible]（漁業）金[illegible]林（農業）韓[illegible]（農業）の各氏で去る十一月二十七日アリランで神戸に上陸、民団中央をはじめ東京本部を礼訪し懇談したほか、神奈川県農業試験場、静岡県柑橘試験場、千葉水産試験場および同種施設等を視察することになっている。（写真は民団中央を礼訪した同視察団一行）

韓信協講習会

第五回韓信協（在日韓国人信用組合協会）の幹部講習会は、さる十一月十二日から十三日までの二日間、大阪府下の淡の輪荘において、全国の三十二信用組合から四十一名の実務者が参加して開催された。

この講習会には、民団中央本部から、[illegible]が参加して、

①民団と韓信協との関係
②民団の基本性格
③同胞社会に対する韓信協の役割などについて、約三時間にわたる講演を行った。

また、同講習会参加者たちと夕食後の討論会を設けたが、この討論会では、韓信協傘下の各組合の共通な隘路として、次の諸点がとりあげられ、その解決と反省が組合発展の大きな要点となるとし、各組合とも真摯な努力を傾注することに意見の一致をみた。

①人材難＝各組合とも人員不足に悩んでいる。
②国語実力の不足＝民族資本の育成を使命とする組合職員でありながら、国語の実力が余りにも低い。
③組合の性格と使命に関するPRが不足している。
④預金増加運動に関する努力不足

尋ね人

鄭相浩（安田）六〇才 土木業

右の者、昭和三十二年頃まで東京都八王子市高尾町一、六〇九に居住していましたが消息不明です。民団八王子支部の団舎と土地購入に功労の大きかった人です。心あたりの方は、東京都八王子市高尾町一六〇九番地 在日本韓国居留民団三多摩八王子支部までご連絡下さい

374

韓國新聞

発行所 韓國新聞社
発行人 李裕天
東京都文京区春日町2丁目20-13
定価 1カ月100円
振替口座東京 34988番

在日本大韓民国居留民団 綱領

一、われわれは大韓民国の国是を遵守する
一、われわれは在留同胞の権益擁護を期する
一、われわれは在留同胞の民生安定を期する
一、われわれは在留同胞の文化向上を期する
一、われわれは世界平和と国際親善を期する

国民教育憲章宣布さる

新しい民族歴史の創造へ

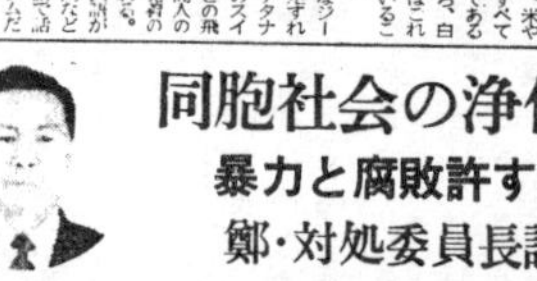

朴大統領

わが国民の新たな生活倫理確立への基本興範ともいうべき「国民教育憲章」が、さる十二月五日ソウル市民会館における同宣布式において朴正熙大統領から厳粛に宣布された。[illegible]

国民教育憲章（全文）

われわれは民族中興の歴史的使命を帯びて祖国に生をうけた。先祖の輝かしい魂を今日によみがえらせ、内には自主独立の姿勢を確立し、外には人類共栄に寄与すべきときである。ここにわれわれの進むべき道を明らかにし、教育の指標とする。

[illegible]

公益と秩序を重んじ能率と実質を尊び、敬愛と信義にもとづく助け合う伝統を受け継いで明朗であたたかい協同精神をつちかう。

[illegible] たし、進んで国家建設に参与し奉仕する国民精神を高める。

[illegible]

国民教育憲章宣布の意義

[illegible]

越南戦線をまわって

李裕天中央団長談

司令官と握手を交す李団長

さる11月28日南ベトナム派遣国軍将兵を慰問するかたわら戦線地区一帯をつぶさに視察し12月7日帰任した居留民団中央本部の李裕天団長は、11日正午都内赤坂「一龍」で在日韓国人記者団と共同会見を行ない、「南ベトナム韓国軍戦線地区の視察について」の感想を大要つぎのとおり語った。

南ベトナムをめぐる情勢 [illegible]

新たにした派越認識

国威宣揚に意義多大

[illegible]

第9回

愛知県地方委員会続会

11・13事件の背後関係つく

[illegible]

われわれの闘いではあるが、心して組織の再建に処せよ」とのあいさつ、つづいて田九聯監察委員は「民主主義のルールにしたがって秩序ある会議を望む」とあいさつのあと、文鐘律駐名古屋領事から「故金団長の遺志を継いで模範的な民団を築き上げよう」との祝辞があって、議案審議に入った。

〈関連記事三面に〉

同胞社会の浄化に

暴力と腐敗許すな

鄭・対処委員長談

[illegible]

不可解な駐日外交官の姿勢

金剛議長談

[illegible]

愛知地方委の報道について

[illegible] 報します。

八達山

[illegible]

お知らせ

[illegible]

韓国新聞社

公告

一九六九年度自費母国留学（及び予備校）応募者に対する詮衡試験実施を左記のとおり公告する。

記

一、日時、一九六九年十二月二十六日（木）午前十時

二、場所
○札幌試験場（北海道一円）
北海道韓国学園
札幌市南九条西四一
（電話五二−〇八一二）
○仙台試験場（東北地区北海道を含む六県）
宮城韓国学園（宮城県本部内）
仙台市茂市ケ坂八ノ一
（電話二三−九六一〇）
○東京試験場（新潟県を含む関東地区一円）
東京韓国学校
東京都新宿区若松町二一
（電話二〇三−九二三一−三）
○大阪試験場（中北地区新潟を除く五県と、近畿地区一円・中国地区の岡山・鳥取と四国四県）
大阪韓国学校
大阪市西成区梅南通り五ノ五
（電話六六一−二八九八）
○福岡試験場（九州一円・中国地区の広島・島根と山口県を含む）
福岡教育文化センター（福岡県本部内）
福岡市明治町一ノ一三
（電話四三−七二三一−三）

三、第一次詮衡（筆記試験）
○大学及び予備校試験者−国語・英語・論文・面接
○大学院入学及び学部編入者−国語・英語・論文・面接

四、第二次詮衡
[illegible] す。（但し、第一次試験の成績及び準備書類＝すでに提出した＝を一括本国文教部に送付後）

五、合格者発表
一九六九年 [illegible] 月初旬
但し、地方本部・又は文化センターを通じ本人に通知する

六、留意事項
①、筆記道具を持参する事
②、時間を厳守し各自の該当試験場に出頭する事
③、地方学生は帰省地の該当試験場で試験してもよい。
（但し、事前に該当試験場の県本部又は文化センターに電話又は出頭して申告するよう）
④、未提出書類を持参し当日提出完了する事
⑥、其他問議事項は中央文教局まで

一九六九年十二月十五日

民団中央本部文教局
局長 呉世経

375

第25回東北地方協議会開かる

中央の活動方針具顕へ
政策を中心に真摯な討議

本国社会面ダイジェスト

天才児教育研究所設置

さっぱり売れぬ季節の商品
暖冬異変がもたらすソウルの商店街

「温たかい冬」につのり仁川にチョンオ豊漁

ソウル市電全面撤去

トップスター金勝鎬…悲しみのうちに逝く

増える母国留学生
一年短期課程も新設
来年は百名を突破か

短期留学制度新設

珠算競技で韓日親善
韓国大東商高選手団が来日

大東商高珠算選手団

赤の虚偽宣伝粉砕せよ
ありえない「武装烽起」説

新春開店のはこび
青森商銀創立総会

活魚輸出の実績かわれ木造船輸入を特別許可
福岡の極東物産

本国の福祉事業へ15万
埼玉の房氏が寄捨

埼玉県常加部所属の団員である房用淳氏（忠清道出身・鉄工業松田商店経営）は、今夏の本国旱害の救援運動には、本国旅行中で参加できなかったことを残念に思い、このほど本国の孤児院など社会福祉に使ってほしいと日貨十五万円を寄捨した。

376

11・13事件背後糾明続く 対処委

良心売り犯人の奴隷に

朴供述 李の術策におちた

11・13愛知事件対処委員会（委員長鄭煥和中央副団長）では、同事件の背後関係糾明に乗り出しているが、さる十一月二十九日には犯行の背後で重要な役割を演じたとみられる呉木柱（当時愛知県東中支部の団長職にあった）を喚問し（本紙前号に報道ずみ）だが、同じく同事件の背後関係者の一人であり、かつて愛知県本部事務局長にあり犯人擁除名の正当性を認めながら、権のところに走るという奇怪な男朴在賢を、さる十二日喚問した。朴はつぎのとおり供述して「権のドレイであった」ことを告白した。なお、もう一人の犯行背後関係者とみられて注目されている李栄浩（共同新聞社前副社長）は、同対処委員会の呼出しにも応ぜず、なんらの連絡すらないという。このことは、李がこの事件に対する世論を自から是認する行為だとして、彼に対する非難は一そう高まっている。朴在賢の供述はつぎのとおりである。

犯行前日に会合の事実

供述書＝一九六八年十一月十三日同本部金竜煥団長が刺殺された大韓民国居留民団愛知県地方本部第九団地方委員会々場において、事件の経緯をつぎのとおり供述します。

①七月五日の事件＝七月五日の事件については、七月七日、一宮支部の韓青と婦人会の大会に参席して、愛知韓青の保安委員長から事件の内容を聴取した。当時から現在まで前述の保安委員長はじめ多数の人たちから内容を聴取すると権載寿は、公務出張中の故金団長に対し、理不尽な批判と侮辱を加えたばかりでなく、本団の組織までも侮辱する事実があった。これを知った県本部韓青盟員たちは正義の念に燃えて権を呼び説得したにもかかわらず、権はすこしも反省するところなく本団の批判を続けるとともに「金団長を殺す」または「本部の役員を傷めてやる」とうそぶき、敵対陣営朝総連に加担すると公言した。

②除名処分について＝このような権の言動を本団の立場から分析すれど、権は祖国はもち論のこと本団の組織と同胞社会に害悪をおよぼし、対外的には本団の権威を失墜させ、本団組織の目標である国是の遵守、同胞の権益保護、民生の安定に多大な損傷をおよぼしたから、権に対する除名処分は正当な処置だったとおもう。また保文書をもって虚偽宣伝を行なった事実は、団員として到底許される行為でなく、したがって当本部の措置は当然な結果であったと確信する。

③権載寿の経営する会社に就職した事実について＝わたしは当本部事務局長を辞職したあと、個人の経済的理由で権から借用した金銭のために、だんだんと権の奴隷となっていったことを痛感している。当時のわたしは完全に狂い、良心を売ってしまっていた。当初のわたしは甘い考えで自身の力量を過信し、わたしの力でもって権を真人間にさせ、権に本団の組織を十分に理解させて、権の犯した過誤を是正させるつもりで権の会社に入社したが、わたしは当初のこの理念を喪失し、権に利用されてしまったとおもう。

④李栄浩の評価＝一言で評するならば李は渡世の上手な人間である。この件以後、李は権にも謝まり、故金団長にも謝まっているのを見てもわかるように、李は主体性が欠けているばかりでなく、便宜主義者である。またわたし個人の場合、わたしが権の下に入った動機が李の誘いに乗った結果であり、これはわたしが李の術策におちいったと反省している。

⑤十一月十二日に会合した事実について＝当日の午後六時頃だとおもう。わたしが会った人物は権載寿、呉木柱、宋石岩、韓国名不詳の松本某、とわたしの五名で、市内錦通りの食堂で会合して、十一月十三日に開催される地方委員会には、権載寿の除名処分に関する質疑を行い、場合によっては現執行部の不信任案を提議することを話し合った後に権の自宅に行った。

組織拡大・質的向上へ

韓青第13回中央大会開かる

背後の三名に停権五年

呉木柱　李栄浩　朴在賢

下記の者に対してその間の言動を調査したところ、本団第六十規約六条に該当する過失を犯した事実が判明したので、当該委員会に下記の者に対する停権処分の措置をとることを慎重に通告する。

記

一、被懲戒者　愛知県地方本部所属団員　朴在賢　呉木柱　李栄浩

埼玉本部で監察研修会

上武大学で正規科目に

韓国史と韓国語講座

上武大学全景

上武大学（三俣四雄理事長・松葉栄重学長・群馬県伊勢崎市戸谷塚町六三四）では、来年度から韓国語と韓国史講座を正規にもうけ在留韓国人の子弟、留学生ならびに韓国研究者のために広く大学の門戸を開放することになった。

同大学は、一九六八年三月文部省から認可された大学で、商学部一般教育科目に丸亀金作講師担当による韓国史を、外国語科目に趙東来講師による韓国語の講座をもうけたもの。韓国語講座担当の趙東来氏は同校講師で慶熙大学卒明治大学院政治学研究科卒東韓国際州大学助教授をしている。

なお、同大学では在日韓国大学生および韓国からの留学生の学費援助を主なる目的として、上武大学在日韓国人後援会が来年四月一日発足を目途として目下準備中であるほか、さる十月十二日付をもって国際商事社長の金有尚氏が同校の理事の一人として選任されている。

韓日両国の歴史的新段階をむかえているこのときに、同校が学術の場としてのその使命を果そうとして韓国史、韓国語講座の新設ならびに韓国人学生のための後援など両国の新しい時代にふさわしいこのようなこころみは、多方面から歓迎をうけている。

なお、同校付属第一高校（普通科・商業科・自動車科・自動車経営科・衛生看護科・電算機科）も、広く門戸を開放し在日韓国人学生の入学を迎えるとのことである。

強化訓練中の韓国選手団

日本で強化訓練

冬季五輪の韓国選手

第十一回冬季オリンピック大会は、一九七〇年日本札幌において開らかれるが、この大会に対備して韓国選手の強化訓練を日本で実施することになり、このほど選手団一行十三名が来日、札幌においてはげしい訓練が行なわれている。同選手団一行の名単はつぎのとおりであるが、同選手団は滞日中に日本選手との交歓試合も行なう。

来日選手団名単　団長　李…　監督　片昌男、コーチ　李…、選手＝男子＝李博、李在煥、…洪植、鄭忠亀、余余貞得　女子＝余貴珍、韓…、李玉河、金順姫、横…

23日三福会館で

韓青ダンスパーティ

韓青都内東京支部連絡協議会主催の恒例の韓国青年男女の集い（ダンスパーティ）は二十三日午後六時から都内大久保の三福会館で開催されるが、当日は関東一円から四、五百名の青年が…するものとみられる。会費は一人三百円。

盛大に披露パーティ

KOTRA東京センター移転

KOTRA（大韓貿易振興公社）の東京貿易センターが、千代田区有楽町の有楽町ビル二階に移転し、さる十二月六日午後六時より…

同センターは従前まで銀座の国際ビルにあったが、場所が狭少なため展示場などの設備などに不便を来し、かねてより移転を計画中であった。このたび移転した有楽町ビルの新センターは、従前に比べ敷併もひろく、特に展示室はゆったりしたスペースに、各種の韓国商品が整然と飾られ、来訪する業者に好評で迎えられている。

この夜のパーティーには、ジエトロの駒村理事長と村上同理事をはじめ住友商事、丸紅飯田、野村貿易、三井物産、伊藤忠、…、その他の有名商社から多数の関係者が出席し、大使館および…

社の興…社長も出席した（写真はパーティーのもようと展示場）

本国で幹部受訓

＝2月に大韓婦人会＝

大韓婦人会中央本部（韓…会長）では、さる九月から十一月末日にかけて全国組織を巡回しつつ組織体系と指導体系の確立整備運動を行なってきたが、この全国巡回を通じて得た体験から、婦人会幹部の本国での教育受訓の必要を痛感、つぎのような本国受訓計画をたて来年二月初旬これを実施することにした。

この受訓計画は、本国関係当局から特別教育と訓練をうけるため在日婦人会幹部を本国に派遣しソウルで約一週間（二月八日から十四日まで）の講習を行なう。

講習内容は、①反共的精神訓練②女性の社会活動③女性の人格と地位④解放前と後の韓国女性はどう変ったか⑤きのうときょうの韓国…

永松女子の救援へ

在日大韓婦人会立さ上る

韓国の"孤児の母"として知られている日本女性永松女史（ソウル市…）が、財政難におちいり、孤児たちの世話が十分に出来ないのを苦にして飲毒自殺を図ったニュースに接した当地の大韓婦人会（韓…会長）では、永松女史救援の資金カンパを全国的に展開することになったが、とりあえず同会中央本部で二万円をおくって病院で失意の女史を激励することになった。

…生活の…など。なお、受講資格は婦人会会員以下幹部に限るが定員に余裕ある場合は一般婦人会員の参加も歓迎するとのこと。

尋ね人

金万友（日本通名・金城ショウちゃん）本籍＝慶尚南道梁山郡東面石山里七一五、この方は、解放前には大阪に住んでいて数年前伝えられるところによると大阪市内で運送業を営んでいたそうです。本国にいる（つぎの親戚の方がさがしております。ソウル特別市、ソウル市…

趙順伴　この方は全羅南道光山郡出身で数年前まで日本の神奈川県下に住んでいて…と…という二人の息子さんもいるそうですが現在の消息が不明です。心当りの方は左記へご連絡下さい。

大…市…水…中…三三六、アイデアル工業（株）…

崔又範（一九一七年九月十四日生）本籍＝慶尚南道…郡…面…六八九番地、この方は、二十四年前には佐賀県佐賀市…に住んでいたそうですが、現在消息不明です。心当り方はつぎの方へ連絡下さい。応分の謝礼をします。北九州市…町一丁目、岡山方、…

本国旱害救援金拠出者名単

静岡 本部直轄地区　長野 松本支部　長崎 県本部　群馬 桐生支部　大分　石川　福岡 地方本部　新潟　鳥取　山形　香川　三多摩 八王子支部　愛媛

婦人会

支部	金額
三重県本部	
津女支部	15,000
上野支部	15,000
伊勢支部	16,000
松阪支部	5,000
四日市支部	25,000
桑名支部	25,000
合　計	101,000
長野県本部	
松本支部	12,700
伊那支部	6,300
諏訪支部	12,300
東信支部	5,000
合　計	36,300
福岡県本部	
福岡支部	25,500
筑豊支部	20,000
戸畑支部	25,000
八幡支部	30,000
若松支部	10,000
小倉支部	5,000
大牟田支部	5,000
筑紫支部	7,000
千葉県本部	10,000
千葉支部	5,000
安房支部	3,000
長生支部	3,000
計	21,000

婦人会　4,000
米子支部　65,000
合計　238,000

合計　130,400

大韓基督教福岡教会 26,000
総計 591,550

総合計 895,000

合計 100,000

合計 65,700

（未完了）

378

1969年度

韓國新聞

発行所 韓國新聞社
発行人 李裕天
編集人 金長述
東京都文京区春日町
2丁目20−13
編集（813）2261〜3
業務（812）0673
定価 1カ月100円
振替口座東京 34988番

在日本大韓民国居留民団
綱　領

一、われわれは大韓民国の国是を遵守する
一、われわれは在留同胞の権益擁護を期する
一、われわれは在留同胞の民生安定を期する
一、われわれは在留同胞の文化向上を期する
一、われわれは世界平和と国際親善を期する

새해에 빛나는 서울의 아침

新年に輝くソウルの朝

誇り高い韓国民の信念を

より平和で豊かにより強く

朴大統領、海外同胞へ新年メッセージ

朴大統領

朴大統領は、一九六九年の新年にあたり、つぎのような海外同胞に新年メッセージを発表した。

親愛なる海外同胞のみなさん希望に充ちた新年を迎え、故国を遠く離れた異国の地で、祖国の名誉のため力を尽くしている海外同胞のみなさんに祝福をおくるとともにごあいさつをのべます。

ふりかえれば、過ぐる一年は、わが国にとってはなはだ重要なしで多事多難な一年でありました。

民族中興の重い課題をめざしてすべての国民が心を通じあいひとつになった力をもって第二次経済開発計画の大行進が重ねられている間、北韓カイライはあせりと不安のあがきで武装共匪を南派し国内治安をかきみだそうとしました。

さる一・二一事態と東海岸一帯をみだした事件とか「プエブロ号」の拉北事件などは侵略者どもが最後のあがきをあらわすものにほかならないのです。

しかし、より平和に、より豊かに、より強く生きようとの国民の念願は、北傀のうごめきなどで挫折することはありえません。

一糸みだれぬ反共国民の気魄は「われわれの国はわれわれが守り、われわれが築いてゆく」という一面国防、一面建設への意欲をより一層かたく糾しあいました。

村という村、郷土のすみずみにいたるまで、鍬をとっていた手に銃をとってたちあがった郷土予備軍は、水一滴もらさないわれわれの反共態勢を誇り示しました。

このような愛国の至誠があいより一丸となって、数十年以来稀なひでりもかるくのりこえ民族の大動脈線となる京釜・京仁高速道路建設という努力の結晶をきずきあげました。

去年にも経済成長は一一パーセントをしめし韓国はただちに「アジア」の奇蹟として世界史に登場しました。

一九六七年に三億二千万ドルであった輸出実績は一九六八年には五億ドルという驚くべき結果にいたったのは決して偶然なことではありません。

これはひとすじに、全国民が民族中興の使命感にあふれて栄えある国をきずこうとの意欲の所産なのであります。

またわたくしはこのような祖国の誇り高い成長の裏に、海外にいらっしゃる同胞みなさんのかくれた労苦が、つみかさなっていることを改めて感じるしだいであります。

海外にいらっしゃる同胞みなさんはいまや、世界のいづこでも韓国の国民であることを誇ることができる日が来つつあるとのゆるぎない信念をもたねばなりません。

またわれわれが、われわれの子孫に対し、誇れの高い祖先であったことを自負することができる立派な歴史を創りあげなければなりません。

わが民族は国内と海外を問わずひとつに結びあい団結して、つねにわれらの祖国韓国が飛躍しつつあることを自負しながらお互いに助けあい努力しあう国民として伸びるようお願いする次第であります。

おわりに海外で力を尽している同胞のみなさんと、みなさんの家庭が幸福にあふれ、繁栄されることを心からいのるとともに新年に大きな祝福があることを望んでやみません。

一九六九年一月一日

大統領 朴正熙

各機関長の年頭の辞
1969年元旦

組織発展の地歩築き 母国の栄光分けあって
団長 李 裕 天

李団長

ミ事多難であった一九六八年を甲斐ある年として送り、ここに嬉やく己酉新年を迎えるにあたり在日同胞みなさんに新年をお祝い申し上げ、年頭のごあいさつを申し上げ、かつまた年頭の抱負をのべさせていただきます。

ふりかえってみれば過ぎさった一年、わが在日居留民団が歩んできた道は決して平坦な大路ではなく、いろいろ苦しい状況のなかで、在日同胞みなさんの惜しみない協力のもと、団がになった使命を遂行してきたことに対しては、民団組織を代表して深く感謝の意を表します。

親愛なる在日同胞のみなさん。わが居留民団も、ことしは二十三才を迎えることになります。創団の理念は年がたつとはいえ変りなく、ひとすじにわれわれのみちしるべである五大綱領を力強くかかげて新年にも前進する覚悟で新たな年頭の抱負をかためようとおもいます。

名実ともにわが民団は、その宣言と綱領に明示されているとおり本国の政治に関与しない在日同胞の自治機関であり指導機関であるという確固不動の創団理念を堅持において、今年こそ時代の変遷におくれることのない活動を展開することでしょう。

かえりみれば去年のはじめに発生したプエブロ事件につづいて、北傀共匪のソウル地区侵入、ならびに休戦線一帯で起っている共匪挑発の策動は、本国情勢をいたずらに緊張させたし、またさる九月、金日成はいままでの仮面を脱いで、武力統一云々という暴言をはき、彼等の正体をあますところなくはだけだしました。このように近頃の北傀の動向は、ただ日一日と発展していく大韓民国に対する極端な挑発であり、敗北感に……

迎新に人生多感
議長 金 光 男

組織人の責任重大
監察委員長 金 仁 洙

組織浄化の年に
朝鮮奨学会対策実行委員会
11・13愛知事件対策委員会
委員長 鄭 炯 和

希望に胸躍る
大韓婦人会会長 韓 玉 順

新歴史創造に参加を
駐日大使 厳 敏 永

厳大使

母国建設に声援を
公報館長 李 星 澈

侵略の野望粉砕せよ

北カイの挑発行為を糾弾

崔外務長官国連で演説

韓国の崔外務部長官は去る一二日、韓国問題の討議がはじまった国連政治委員会で演説し、北韓カイライの挑発行為を非難するとともに、自由陣営諸国が提出した韓国統一決議案を支持するよう呼びかけた。演説の内容はつぎのとおり。

[illegible]

（演説する崔長官）

日本三大政党々首の年頭の辞

国際的責任を自覚

自由民主党総裁 佐藤栄作

[illegible]

佐藤総裁

韓日関係さらに強化

日本国外相 愛知揆一

[illegible]

互恵善隣の増進へ

民社党中央執行委員長 西村栄一

[illegible]

西村委員長

アジアの平和へ前進

公明党委員長 竹入義勝

竹入委員長

[illegible]

各界の年頭の辞（続）

母国の援助に感謝

韓日協会長 朴漢植

[illegible]

独立経済の確立を

商工会連合会々長 許弼奭

[illegible]

堅実経営へ一段と躍進

大阪興銀理事長 李煕健

[illegible]

金相賢議員の国会報告

本国情勢の反映で 複雑多様な制約多し

在日韓国人社会の実態

不利な生活条件で 要保護者増え犯罪率高い

日本への同化傾向 通婚現象も著しい

外国人からみた在日韓国人

幸福とは縁遠い立場
放浪の民に60年の偏見

アメリカで発行している英文雑誌「アジアマガジン」の最近号に、「日本におけるニグロ」と題して、…

日本に同化している六十万の韓国人の大部分は幸福とは縁の遠い状態にある。彼等は彼等を取りまいている地域社会の大ぜいの人たちからそっぽを向かれさげすまれながら、都市のすみの貧民窟で住み、手仕事などで貧弱なみながらその日その日の食生活を辛うじて凌いでいる。…

中教授は、理解と同情を持って日本での韓国人問題を研究している。彼は、同化だけが韓国人諸問題の唯一の長期解決策であると見ているが、それには、日本人と韓国人はおたがいのかおかたちが似かよっているので、皮膚色の差別とかいう障壁はありえないと言い…

とのない、不運の外人としてしか映らないのである。余は、実のところ、魅了された何百万の新聞読者やテレビ視聴者に対して、彼の絶望的な時間中ついには自殺をはかったが、青少年時代に受けた、「酷い、非人道的な取扱い方に復讐しよう」との決意によって行動…

りしたあげく、なにかの条件にことつけて結局却下されるはめにあうのがいやであるからだ。

日本の韓国人は企業や専門職などのトップにこぎつけることは不可能なことを知っている。日本の大学を卒業した法学徒は、司法試験をうけることができない。韓国人のインテリの場合、活動範囲はきびしく限られている。…

母国から追われ
日本の利益のために

のせっぱつまった戦争協力の需要を充たす必要から、韓国人を日本に強制移住させるためのたくらみのはじまりであった。

くなり多くの左翼集団や右翼集団に取って代わられた。

日本が降伏すると、大部分の韓国人は祖国へとなだれを打って帰…

法的地位問題点の解決
協定文の是正から

朴 性 鎮

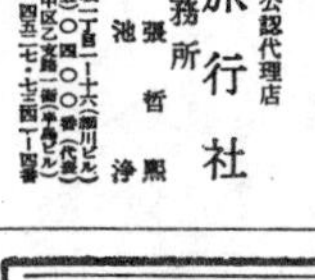

…協定文そのものの、不条理と矛盾を除去しなくては、事務者会議を何回繰返しても落ちつくところは同じところに戻る以外はないと断定しても過言ではないと思う。

基本的に日本国法とは矛盾している内容をもって協定し、次の運用には日本国法に立脚して、それを充実に処理したがるところに問題が存在している。今までの経験と状況からして、われ等は協定文の是正を強く叫ぶものである。それなくして協定文の通り強行すれば、これは因果関係はもちろん歴史にそむく行為であり、在日韓国人にまたもや犠牲を強要することであり、被害者は在日韓国人のみである。協定永住許可の範疇にしろ、その協定永住権を取得したものに対する待遇の問題にしろ、現協定のままでは余りにも非人道的であり苛酷である。これを実務者運用上の弱点と技術で改善しようとし、矛盾を回避しようと計るのは、当初から演出不可能な脚本だといえよう。

願わくは、新らしい東洋の歴史の黎明を迎えて新らしい東洋の歴史を…

…創造しようとする時に不自然であった韓日関係を友好親善の関係に切換作業を展開している今日、在日韓国人の膚脱の犠牲をもたらすことなく、大所高所からの展望と観点から在日韓国人の法的地位の問題点が是正され解決されて不安と焦燥の内に呼吸している在日韓国人が喜んで申請するよう両国の当局者に要望し期待をかけると同時に、われら自身も今年こそはこの闘争に全力を傾注して目的達成を招来すべく、新らしい決意を共に誓おう。

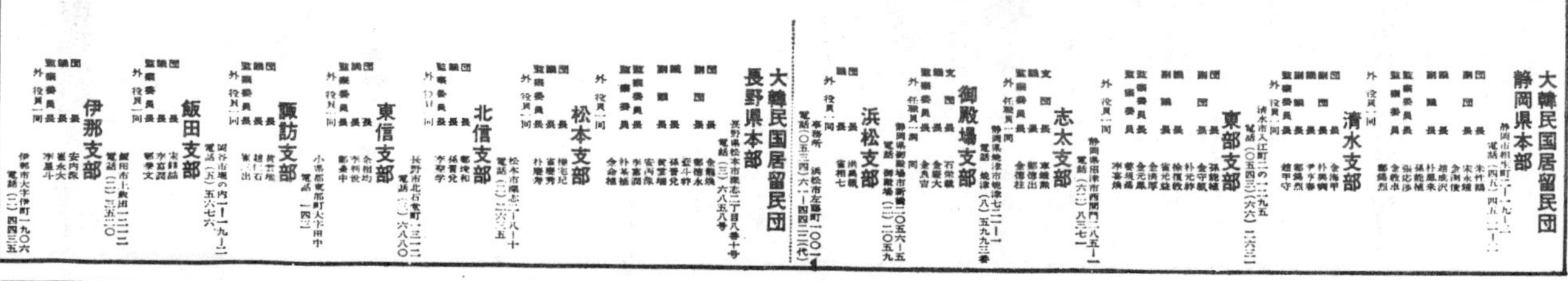

両国の民間で 韓日協力委員会

両国の連帯感深め 激動の国際情勢に対処

韓日両国間の政治、経済、文化など諸般の問題について、両国の民間人による協力を行なうという目的で、さる十一月十一日ソウルで岸信介元日本総理の参席のもと設立準備会をひらいた「韓日協力委員会」は、いよいよきたる二月東京で第一回総会を開催するはこびとなった。

この「韓日協力委員会」の設立については、さる一九六四年から両国民間人の間で話しが進められ[illegible]のであったが、諸種の準備でのびのびになっていたものである。

さる十一月のソウルにおける設立準備会においては、日本側世話人矢次一夫氏と韓国側世話人[illegible]氏とで相談し合意に達した設立に関する十三項目よりなる別項のような決議案および同会の規約案などが採択されたのであるが、同会の発足にともない今後の両国民間関係は、より緊密になるものと思われる。

つぎに、この会の設立準備委員会における両国側の出席者の氏名ならびに両国委員会で決議された事項と、同会の規約などを紹介することにする。

また、両国準備委員会に出席した両国側の発言などを通じて、この会の今後をみることにする。

つまり、両国民の交流を通じ、日韓両国が激動する国際情勢に対し、アジアの共存と経済強化について運命共同体として、お互いが協調を深めつつ、アジアにおいて強力なリーダーシップを確保しなければならない点を確認し、このためにも両国の各界代表者が参加した民間協力委員会が設立されることは意義が深い。

準備委参加者

＜日本側＞（敬称略）

[illegible]

＜韓国側＞

[illegible]

＜小委員会委員＞

日本側　木内信胤、小林純也、舟山正和、西内雅、矢次一夫、[illegible]

韓国側　朴斗秉、洪性夏、金相[illegible]、金成坤、[illegible]

決議

一、本日の会議を発起人総会とする。

[illegible]

規約案

一、本会は、日韓協力委員会と称する。（韓国側名称—韓日協力委員会）

二、本会は、日韓両国間の政治、経済、文化等各般の問題について相互協力を行なうものである。

三、本会は、日韓両国の民間人有志により民間団体として組織する。

[illegible]

（ソウルにおける韓日協力委員会設立準備委員会のもよう）

共同の利益増進へ
岸日本側団長あいさつ

[illegible]

（写真は岸元総理）

成功させたい
矢次世話人のはなし

韓日協力委員会の日本側世話人である矢次一夫氏（財団法人国策研究会常任理事）は、同委員会が準備されるまでのいきさつならびに今後の運営について大要つぎのとおり語った。

[illegible]

（写真は矢次氏）

母国緑化運動に参与願う

拝啓　在日僑胞各位の安泰と事業隆昌を祈ります。我等の祖国は、例年旱害と水害が二大災害であり、国民も政府も、その対策に大変苦労をして居ります。特に、一九六七年と一九六八年の大旱抜は皆様周知の通りであり、去年の災害は七〇年来の記録的なものでありました。

罹災民救済に、在日居留民が全組織を通じて、専心努力して、その対策に果した成果に対してはお互にその労苦を犒い感謝して余りがあります。私は四年前から単身旱害水害の根本原因を断ち「旱害水害は天災のみでない」つまり国土緑化によって、農業用水、工業用水、国民日常生活用水の供給の調整を人力によってなされる部分を増大する運動を起しました。本国の政府要路、報道機関も、過去に倍して、国土緑化、水資源確保の為の趣旨徹底化に対策を立てて、進行中であります。

過去三年間に、私は、八回本国へ旅行して体験した結果が、文書啓蒙、講演よりは、本国内に「在日僑胞造林団地」を、六道内の国有地に分散して、鉄道沿線の旅客が乗物の中から見られる場所に造営して、標識を建てて全国民に国土緑化の精神運動をすることが、最適な方法と知り、これを実施することに致しました。

山林庁も、今回道知事に、一九六八年十一月廿七日附、済林第一一五二一一号で、植林候補地を選択して、中央に報告し、右の計画の実現化を通達して居ります。

本国の高等学校の生徒達は、私と呼応して、「清緑会」なる全国的な組織をして、国土緑化と植樹後の緑を守る為の運動を自発的に組織して活躍して居ります。

本年三月—四月植樹季に、私はセルフドライブで、全国一周をし乍ら、国土緑化運動の趣旨徹底に努める為の計画が立って居ります。四月五日植樹日には、全国一周の途中、三月末前に、一日日本国に引返して、在日僑胞の中の希望者を募り、ソウル特別市長主催の、中央植樹会に「在日僑胞母国緑化団」を組織して参加したいと思います。

中央植樹会には、大統領を始め、各部長官、各院、各庁長そして、要人名士が参加しますので、この会合を通じて国民運動として、精神再武装、救国運動を展開することに致します。

第一次、実践計画である前述の計画は、全国に二〇〇町歩を植林し、高校生の組織の「清緑会」の育英のための、信託資金等で日本円で約壱千万円の基金を要します。

今日迄は、私一人の力で運営して来ましたが、今後は、日本全国に在住する、愛国同胞皆様の、物心両面の援助協讃を要しますし、お願いする次第であります。

去年、全羅南道羅州にある肥料工場が、近代設備を自負し乍ら、栄山江の水が干上ると運転休止しました。今後は農工用、家庭用水の心配のない、住みよい国にする為に、母国緑化運動に参与することを切にお願い申します。

四月五日中央植樹会参加御希望の方は、日本国の在留資格、旅券の有無、本国旅行実績有無等を記入して、来る一月廿日迄にお連絡下されば、旅行手続の具体的な連絡は改めて致します。

人類歴史始って以来、不毛の地であった、エジプトの広大な砂漠も、人力によって水が流れ青い作物が取れる様になりました。

「奇蹟は天与に非ず」人間の努力によって、奇蹟を作り産出されなければなりません。皆様、我等の努力によって、祖国に於て水の心配のない、住みよい国、永遠の繁栄が来ることを祈り乍ら重ねて皆様の協力と参与をお願いする次第であります。

一九六九年一月一日

大阪暉成局私書函四七号
電話〇七二二（堺）六一—一四八三
梁健默

国営企業民営化その後

その現況と展望

〈編集者註〉旧韓の国営企業体がひとつ、またひとつと隊列からはずれさっている。政府の民営化方針のために……。

一九六六年も暮のころ、仁川重工業と大韓鉄鉱が民営化されたのをはじめ、去年は、大韓通運、造船公社、韓国機械、海運公社がつぎつぎと転換を終え大韓航空が七番目の走者として、財界の注視の的になっている。どっこい、大韓航空だけではない。折も折、国会でひじゅんされた「資本市場育成に関する法律」は民間企業の公開法人化を促進するはしわたしとしてある。民営化には多くのいわくがつくものである。資本市場育成と株式大衆化とか、それに内資動員との名分もある。しかし所有株式の一部をはじめて証券市場へはたしたとき掲げた名分がほかでもない以上のようなものであった。しかしその目的は、経営の合理化にある。企業が企業本来の姿勢にもどるようにさせるためである。したがって、国営企業の「民営化」のみとおしはどうであろうか。これは現在の国営企業体の運営改善と今後の民営化への良き里程標になることだと思う。

第一次経済開発５ヶ年計画によって多くの重工業工場が建設された。

仁川重工業

官選幹部の整理から

経営合理化で待遇改善

経営合理化の始点

仁川重工業は、一九六六年十二月二十四日政府が証券取引所にまかして実施した第九次四回公売をきっかけに、全株式の五二・五％にあたる二一七万余株が当時の仁川……

資本金一六億七千九百七六万ウオンの会社に生れかわった仁川重工業は、今や非のうちどころのない……

去る11月完成した東洋化学ソーダー灰工場を視察する朴大統領

第３次経済５ヶ年計画

作成スケジュールの内容

……部門別作業班構成、外国人用役調達および活用方案確定、計画期間中の概略的な総量予測、三次五個年計画の予備的意見聴取および協力「アンケート」方式に依る部門別シンポジウムおよびパーネルなどの開催、計画指針の作成及び伝達などがとりきめられている。

長期経済開発を樹立するにあたって数段階に作業スケジュールをわかつのがつねであり、それを四段階にきめたこと自体は無難な類型に属することといえよう。しかし以上にあげた内容からうけとれるようにさる十二月から今年四月まで五個月間の作業内容があまり多……

……にあらかじめたてなければならないという問題を考慮すれば最終決定段階である第四段階の作業期間を四個月間にはばめたことは短慮ではないかと案じられる。

それだけではなく計画作業の終点を十月末にきめるということもどうかと思われる。なぜならば第二次五個年計画の最終年度である一九七一年度の予算と三次五個年計画の連関性を考慮に入れることもできるが、四段階終点が一九七一年度政府予算案国会提出後であるだけに、その連関性が予算に反映されることもないというわけだ。ということなら一九七〇年の経済成果をおおむね把握できる一九七一年春の適期をえらんで、三次五個年計画の作業終点にするのが、長期計画の科学性をよりくうらづけるものではなかろうか。

385

韓日基本精神に反す

総連系再入国許可で李団長談話

不満足な韓日関係
理解と協助で解決を

国会議員　金　圭　南

新春を迎え瑞気みなぎる韓国の客間

プエブロ号釈放
不法行為はしてない

嗚呼　金龍煥団長

金　翊　根

本国旱害救援金拠出者名単

奈良　北葛城支部

奈良支部

生駒支部

五条支部

御所支部

天理支部　50,000

桜井支部　50,000

檀原支部　60,000

宇陀支部　10,000

吉野支部

総計590,800

埼玉　県南支部

計　77,000

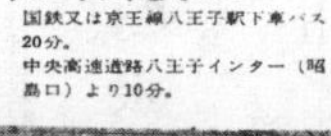

金嬉老事件で金を説得する李中央団長

故金竜煥団長

金鍾泌氏

朴大統領のアメリカ訪問

本国々内十大ニュース

旧臘ソウル新聞社では十九日六八年度の国内十大ニュースを選定発表したが、その項目と内容を略記するとつぎのとおりである。

①朴大統領の米・濠・ニュージランド訪問
②武装共匪の侵入
③金鍾泌氏の辞任
④教育革命
⑤予備軍創設
⑥全南道の旱害
⑦伸びる高速道路
⑧統革党事件
⑨嶺東地方の風水害
⑩山清・咸陽のバス事故

その一、朴大統領の米・濠・ニュージランド訪問

年のはじめ「戦いつつ建設しよう」との政策目標をかかげた朴正煕大統領は四月十八日「ホノルル」にある「ヘンリー・J・カイザ」別荘で「ジョンソン」大統領との頂上会議で韓国の安全に対する米国の支援をたしかめた。また朴大統領夫妻は九月十五日から十日間、濠州および「ニュージランド」政府招請で両国を公式訪問し、両国間の友好増進と「アスパック」強化、韓国の畜産、山林、漁業開発のための協力体制をきづいた。

その二、武装共匪侵透

一・二一および蔚珍・三渉武装共匪侵透事件は、休戦以後北傀の挑発行為のうち最大の事件として記録されるが、ソウルに侵透した武装共匪金新朝一味三十一名と、ウルチン・サムチョク地域に侵透した九十余名の共匪は南派目的を達することができないまま、わが軍にほとんど射殺されている。一・二一とときはちがってウルチン・サムチョクへ侵透した共匪は住民を無差別に虐殺して全国民の憤りを買った。

その三、金鍾泌氏辞退

金鍾泌氏は五月三十日共和党から脱党、党議長職を含む一切の公職から退いた。金氏の脱党届は六月一日扶余地区党へ正式に受理され議員資格もうしなった。共和党では金氏の辞退をあくまでひきとめたが徒労に帰した。[illegible]ったが「朴大統領のすすめることにたすけにならないため……」とのことであった。

その四、教育革命

その五、予備軍創設

その六、全南道の旱害

その七、伸びる高速道路

その八、統革党事件

その九、嶺東地方の風水害

その十、山清・咸陽のバス事故

体育大会ひらかる

在日同胞社会の十大事件

1、金龍煥愛知県地方本部団長殉職事件
2、金嬉老ライフル銃事件
3、東京都知事、朝鮮大学校を認可
4。本国旱害救援金募集運動
5、駐日大使館で旅券現地発給開始
6、在日同胞十一氏に国民勲章授与
7、在日韓国人体育大会開催
8、韓青中央研修所「花郎台」完成
9、法的地位問題実務者会議で緩和点発表
10、在日同胞子女の母国訪問夏季学校志望者、定員を四百名も超過

民団中央宣伝局では、在日各界からのアンケート回答により、一九六九年の在日同胞社会十大ニュースをつぎのとおり選定した。

金愛知団長殉職

十一月十三日、名古屋市[illegible]羽町の民団愛知地方本部五階会議室で開催中の地方委員会で、金龍煥同本部団長は、日本刀二本を手にして飛びこんで来た市内居住の暴力金融業者[illegible]に腹部と胸部数ヵ所を刺されて殉職。同会議室には六十余人の出席者がいたが制止するまもないほど瞬間的な事件であった。犯行後も犯人は室内にとどまり、馳けつけた警官達に向って"自殺するぞ"とおどし金嬉老ばりに四時間も籠城した挙句逮捕された。この創団以来初の不祥事は全国の民団組織に大きなショックをあたえた。

金嬉老事件

東京都知事朝鮮大学を認可

本国旱害救援運動

大使館で旅券発給

十一氏に国民勲章

「花郎台」完成

法地位の緩和

体育大会開催

母国夏季学校定員超過

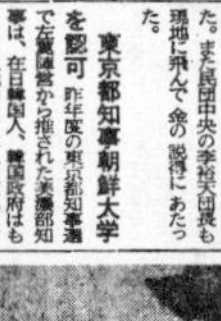
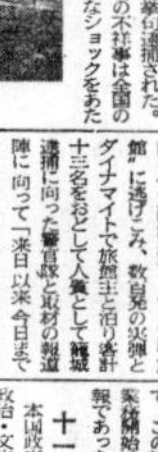

故金団長の民団葬

韓国訪問のエチオピア皇帝

捕った武装共匪の記者会見

のびる高速道路

387

朴大統領夫人 陸英修女史

去年の秋、韓国私学の巨星、高麗大学では「高大ユネスコ」学生会が主催した「陸英修女史招請懇談会」に男女大学生七百余名が集まり、視聴覚教育室で一時間半にわたって開かれた。

大統領夫人陸英修女史の教養の高さ、気品のある人柄、質素で健実な生活観、温かい思いやりなどは、その端麗な容貌と美しい韓服の着こなし方とともに国内外で讃嘆の的になっている。とくに若い世代の大学生などからの人気が高く、大学のキャンパスでの自治会とか、クラブなどでの招待があって出かけ和やかな対談を持つこと

気品あふれるユーモアと話し方

うろこキムチ、大根をえぐるように削った漬物があるでしょう。それからトンチミ、などです。

問＝頂きに参りたいものですね。

答＝どうぞどうぞ御招待する用意はできています。

とか私自身の性格からして期待を裏切られたと申しましょうかというのは、夫（大統領）は財産とか権力というものが無い人だということに魅力を感じて結婚したわけですけど、今ではあべこべになったんですもの。静かに家庭を守っていくというような幸福を希っておりましたから……。

共学の女学生は？

問＝男女共学の学校に通う女学生についての考えはどうですか。槿恵さん（大統領長女）の進学と連してお考え下さい。

問＝平凡な妻としての御自分と大統領夫人としてのギャップをどのように調和させていらっしゃるんでしょう

答＝制度によって国の大いうものを守るときの大あって、家庭ではひとりであり、父であるだけであります。ただいろいろ厄介が多いでしょうから、つまいことで気をおつかいになるとなどがあってはと心配しています。また私としてはみ出た立場からちょっとはみ出ながら性福祉向上に微力ながらけすることでもと努力している

秋のキムジャン

少女時代の夢は？

志満君の進学は

ハングル専用は

問＝ハングル専用と冠婚儀式簡素化に関する御意見は……。

答＝わたし個人としてはハングル専用を賛成します。難かしい問題は専門のお方がして下さることだと思いますけど、たとえば放送では済州だけでもいろいろな意見の伝達が十分ではないでしょうか。そうしなければ農村と都市の間の知的文化の差をうめることができないんじゃないかと思います。冠婚儀式簡素化のことはむしろ皆さんにお

ガーデンパーティーにおける陸女史

ザ・リトル・エンゼルス来日

世界に誇る民族舞踊

新春各都市で親善公演

韓国が世界に誇る少女民俗舞踊団ザ・リトルエンゼルス一行三十六名が新年早々に来日し、東京・大阪など各都市で公演を通じて日韓両国の友情と理解を深めることになった。

この少女舞踊団ザ・リトルズエンゼルスは全国から洗練された韓国の伝統的民族舞踊の継承者であり、一九六二年に創団以来、アメリカ、カナダ、ヨーロッパ、……

……の参加後、第四次アメリカ公演、第二次カナダ公演を経て、日本のザ・リトル・エンゼルス後援会（会長＝……）の斡旋により日本公演が……

一行は一月四日に来日……日本における公演は次のとおりである。

一月七日（仙台）宮城……

一月十四日（京都）京……ル

一月十六・七日（大阪）……ホール

一月二十五日（大阪）……

一月二十七日～三十日……ンケイホール

二月一日～三日（名古屋）……

韓国農楽舞踊団の農楽舞

（写真はザ・リトル・エンゼルスの舞い）

農楽舞踊団

サマーランド公演

常夏の楽園として知られている東京サマーランドでは、このたび韓国農楽舞踊団（団長朴貴姫女史）一行二十一名を韓国から招請、長

在日同胞の協力を

ソウルの韓国科学映画会

ソウル市にある財団法人韓国科学映画普及会（理事長＝閔因植）では、在外同胞とくに在日同胞たちに対し、有益な科学教材映画の寄贈と協力を呼びかけている。

同普及会は、科学技術処長官認可の法人組織で、韓国科学技術の向上と生活の科学化をはかる啓蒙機関として主に、世国民の科学教育の視聴覚化実践をはかるために不可欠な科学教材映画の導入と上映を事業としているが、これと同時に科学教育映画を上映する常設館建立と、教材ライブラリーをつくりこれを一般学徒に提供する事業を進めている。

この事業推進のため同会では、先進諸国に在住している一般同胞と各種組織や機関に対して、教材映画や同界などの寄贈による協力を要請しているが、さきごろは民団中央本部に対しても同会長より協力要請の書簡があった。

同会が寄贈を希望している教材はつぎのようなものである。

1、科学教材映画

母国見聞記

東京写真専門学校　申京徹

私は先ず、韓民族の自信を取り戻すことが大事であると考えた。

本国にバラの苗

金運日氏

民団中央本部財政委員であり、埼玉県韓国人教育委員会委員長である金運日氏（埼玉県浦和市常盤四丁目十六－十七、国際交通株式会社取締役社長）は、去年の十月、国軍の日記念式典に参加のとき、中央情報部庭園に植えるべきバラの苗一千本を寄贈した。

また韓国芸術週間中は、のびゆく韓国写真展ならびに韓国民芸品の展示即売会などもひらかれる。

なお、来日する一行の氏名はつぎのとおりである。

団長朴貴姫、金四鎮、崔仁順、金寿蘭、趙南姫、呉錦順、黄希徳、朴貞玉、金錦子、池明子、李春姫、池順子、崔銀子、金守徳、呉判子、朴貞仙、黄乗列、曹同植、金璟淑、韓一変、金清道。

姜会長帰国

戦没遺骨奉還会

（チビ朴よ）朴大統領、今年も元気で！

交友40年、竹馬の友は祈る

国内では経済建設の驚異的な発展で、国民生活の安定と国力の伸長に大きな成果をおさめ、対外的にはアジアにおける反共自由国家としての指導的地歩を固め、ベトナムに国軍の精鋭六万を派遣して国威を世界に宣揚している大韓民国の民族中興の指導者朴正熙大統領は、就任して七年目の新年を迎えた。九年前の五月十六日、国家と民族存亡の危機を坐視するにしのびず、国軍の中の清廉な将兵数百名とともに死を賭して決行した革命当時は、まだ青年将校の面影が残っていた大統領も、いまや諸外国の指導者たちに伍して堂々たる風格をそなえ、世界に「プレジデント・パク」として高名をはせ、信頼と尊敬を一身にあつめている。この朴大統領の活躍と健闘をわがことのように喜ぶ四十年来の竹馬の友が東京にいる。この友人は、新しい年を迎えて大統領がますます健在で祖国とともに成長することを、毎日神に祈っているとのことである。

東京都北区赤羽町二ノ四七四番地で不動産会社その他を経営している金洛龍氏（五〇）がその人。氏は朴大統領と同じく慶尚北道善山郡亀尾面の出身で、旧亀尾公立普通学校（現在の亀尾国民学校）で六年間、大統領と机を並べて学んだ同期同窓の親友であり、後年大統領が満軍を経て日本の陸軍士官学校を卒業し、少尉に任官し、当時の満州国東安省の西東安部隊に配属されたときは、金氏も東安省職員として東安市に勤務することになり、ここでも二人は約三年間、兄弟のように睦みあった仲である。

金氏の思い出ばなしによると朴大統領は、小学生時からすでに頭脳が他に抜きんでた秀才型であり、その上、小さな体に似ず強くて負けず嫌いな少年であったという。

小学生当時の朴大統領の家は貧しい農家で、学校までは一時間以上も歩く農村であったが、どんな寒い厳冬の吹雪の日でも、絶対に学校を欠席したことがないことでも有名だったとのことである。

朴大統領はいまでも身長は決して高いほうではないが、小学校時代は特に小さく、学友たちから"チビ"と呼ばれていた。だがこの"チビ"はひとに負けるのが何よりも嫌いで成績は常に首席をあらそい、二番になると口惜し泣きをしたものだが、この負けじ魂はスポーツの面でも遺憾なく発揮され、チビのくせにマラソン選手として大いに活躍し、対校競技のマラソンでは"チビ朴"は欠かせない存在であった。金氏の表現を借りると「スタートのときはドン尻にいたが、ゴールのときは必ずトップにいた」そうであり、自分の身長を痛感して執念でも距離を補はずマラソンを択ぶあたりは、後年深謀をもって有名な朴大統領の面目まさに躍如たるものがあるといえよう。

金氏の話によると朴大統領の性質は、このように少年時代から負けず嫌いで合理的である反面、至って感激性も強く、悲しい物語りの童話や少年雑誌の小説にもすぐ同情の涙を流す少年であったというが、この涙もろく情に厚い温情があってこそのちに、六十万の国軍を擁する大国のクーデターを敢行しながらも、一滴の血も流すことなく、世界から"奇蹟の無血クーデター"と評される大革命を遂行出来たのだと、金氏はわがことのように誇らしく強調している。

郷里の小学校卒業後、朴大統領は大邱の官立師範学校に進むが、家が貧しく官費給付の学生であったため、卒業後は義務年限である二年間を、慶北の片田舎で教員生活を送ったあと、満州の軍官学校に進んで軍人生活に入った。金氏もやはり家が貧困で故郷では中学にはいらず、東京に渡って数年間苦学のあと、満州に赴いて東安局に就職し東安省の出張所に勤務した。ここで金氏は任官早々の朴少尉と再会するのである。

写真＝今はめずらしい軍服姿の朴大統領と金洛龍氏

満州大陸で再会 外出日には小宴も

再会後の二人は、再び少年時代にかえったような親しい交友がはじまった。

金氏は、遠い異国の満州大陸でおくった数年間の二人の交友を懐しみながら、その思い出を次のように語っている。

「彼は任官したばかりの世に言う"青年少尉"であり、私も郵便局の一雇員に過ぎなかったが当時は給料は彼より私は多かったし、私は配給品であり将校品であった煙草を扱っていたので、物々交換による酒やその他の入手困難な食肉や食べものなどの物資が容易に入手できたから、日曜・休日や公務外出で兵営から出て来た彼を迎えて私たちは、ふたりきりの楽しい宴を張って、故郷の思い出や、現在の苦労話と将来の希望などを語り合って夜を徹したこともたびたびあった。ふたりはよく当時満州を侵略して暴虐と搾取をほしいままにしていた日本人に対する激しい批判をしたものだが、寡黙な彼が熱っぽく非難していたのを見ると当時の彼は、なにか心中ひそかに期するものがあったらしい」

金氏は間もなく東京に移り、数年後に日本の敗北で戦争は終結したが金氏は日本に留まったため、二人は約二十年間再会することがなかった。だが氏にとって生涯忘れられない嬉しい再会が東京で実現した。九年前の五・一六革命に成功した昔の朴少尉が、陸軍大将・最高会議議長となって日本を訪問することになったのである。

金氏は、各地から集った同胞たちの歓迎陣に加って羽田空港に出迎え、機上から下り立った旧友の英姿を涙ぐみ眺めながら小旗の国旗がちぎれるほどに打ち振って万歳を叫び、迎賓館での歓迎会にも駆けつけて人波にもまれつつ、目の前に立っている竹馬の友の雄々しい姿と、その力強いあいさつの言葉にとめどもなくうれし涙を流した。だが金氏は「おい朴君、僕だよ！」と声高く叫びたくなる衝動を必死になってこらえた。その

就任式場の晴れ姿 遠くで眺めうれし泣き

理由は、いまや旧友朴正熙は一国を代表する人物であり、国家と民族の運命を一身に担っている最高指導者である。外国訪問の多忙な時間をたとえ寸時たりとも決して私事に割くべきではないと考えた

金氏は、ついに最後まで声をかけず、みんなと共にただ拍手と万歳でもって旧友の健康と壮途を祝福しただけで大統領と別れた。

その後ソウルで行なわれた二度の大統領就任式のたび毎に、金氏は多忙な事業もかえりみずソウルに飛んで就任式場にかけつけ、友の輝かしい栄誉をまのあたりに見ながら、感激の涙に咽び万歳を叫ぶのであるが、絶対に官邸を訪ねることはせず東京に帰って来るのを常としている。

その心境を金氏はこう語っている。

「彼は私の友人である以前に祖国の大統領なのです。私は彼と語るために就任式に参加するのではなく、彼を祝福し、その栄誉の姿をひとめ見たいから行くのです。話したいことは手紙で十分にやりとりが出来るし、現在でも文通は欠かしません。しかしあまりたびたび手紙を交すのも公務に支障するとおもい、なるべく控えているのです」

金氏は朴大統領が新しい年を迎えてますます健康に、そして祖国中興の多くの計画と施策が順調に推進するよう毎日祈っていると語り、数日中にとどくであろう大統領からの年賀状が今年も待ち遠しいとのことである。

安公使・李公報館長栄転 チュニジア大使と文化局長に

政府は十六日、駐日大使館の安光鎬公使を駐チュニジア大使に発令したまた駐日公報館李星微館長を文化公報部文化局長に発令した。

近く第二次国民勲章授与

かくれた同胞功労者を対象に

信頼すべき消息筋の伝えるところによると、近い将来に在日同胞社会の"隠れた功労者"十余名に対し、本国政府より国民勲章が授与されるとのことである。

とくに"隠れた功労者"という理由は、授賞候補の対象者のほとんどが、著名な事業経営者や著名な組織指導者でなく、それこそ解放以来現在まで終始一貫、同胞社会の福祉や文化・生活の向上に「縁の下の力持ち」的な役割に多くの犠牲を甘受してきた人たちで網羅されているからである。

在日同胞に対する国民勲章はさる六月にも民団中央顧問権逸氏ほか十名に授与されている。この授与式は当初四月下旬が予定されていたが、大統領のホノルル会談出席のため延期となり七月七日大統領官邸（青瓦台）において、大統領から授賞者のひとりひとりの胸に勲章をかけて親しく功をねぎらい、まことに意義深い授与式を挙行している。

このときの授賞者は、民団組織の功労者である権逸氏のほか韓国史料研究所々長金正柱氏のように二十余年来、日本における韓国文化の発掘と紹介に専念し、数々の賞をうけている文化関係の功労者。東京足立区の金周奉氏、更生事業に従事している鄭寅学氏のほかは、在日同胞社会でも著名な経済人で、主に同胞団体に対し財政援助で大きく貢献している人たちばかりで、これら経済人の経済的な支援による功績は、本国政府でも高く評価され、多年にわたって巨額の私財を寄捐してきた犠牲的行為も、この授章により多少は報われたといえよう。

この十一氏の授章を祝して東京はじめ大阪、神戸など各地で、地区同胞たちによる受章祝賀会が催され、受章者たちに心から感謝と喜びの拍手をおくった。

六月七日に国民勲章椿柏章を授与された十一氏は次のとおりである。

権逸＝法学博士、弁護士、多年間民団組織に参与し、韓日会談当時はわが国代表団を補佐して寄与が多大であった。前団長。

金正柱＝韓国史料研究所々長、もと東京韓国学校々長、日本における韓国文化の綜合的研究家。

鄭寅学＝解放前から刑余者の更生事業家として著名。

金周奉＝医療法人病院理事長、牧師。失業者や浮浪者救済運動家、東京韓国学校足立分校建設委員として活躍中。

故許弼成＝韓国オリンピック後援会を支援、商工会の組織と強化に努力した（67年11月死去）

朴漢植＝十六年前日本で最初に韓国人信用組合大阪商銀を設立、同組合理事長・在日韓国人信用組合協会会長、同胞社会と本国政府機関および各種団体に巨額の財政援助をしている。

李熙健＝信用組合大阪興銀理事長、韓信協副会長、同胞社会と本国関係各種機関と団体に巨額の私財を寄捐している。

許弼奭＝東京商銀理事長、韓国人商工会会長としてその組織強化に努力

辛格浩＝ロッテ製菓社長。民団中央顧問、経済人として各種同胞団体と機関に巨額の財政支援をしている。

黄孔煥＝民団兵庫県本部顧問、経済人として同胞団体と本国関係各種機関に巨額の寄捐をしている。

韓禄春＝民団顧問、経済人として同胞団体および本国政府および各種機関に巨額の寄捐をしている。

以上の十一氏に授与され、このあと"かくれた在日同胞の功労者"に授章が予想されている「国民勲章椿柏章」とは、国家の政治、経済、社会、教育、学術、体育その他文化発展に功績の多かったものに政府が与えるもので五等級に分けられているが、この「椿柏章」は三等級にあたる高級勲章である。すなわち韓国の勲章は①無窮花大勲章 ②建国勲章 ③国民勲章 ④武功勲章 ⑤勤政勲章 ⑥保国勲章 ⑦修交勲章 ⑧産業勲章などがあるが、椿柏章は、このうちの第三番目にある「国民勲章」である。

さきに他界し、創団以来初の民団葬を挙行した故愛知県地方本部金竜煥団長の葬礼式場において、駐日大使館の金公使から故人にもこの国民勲章椿柏章が伝達授与されたことは、同胞たちの記憶にまだ新しいところであるが、この国民勲章椿柏章の有する権威と、これを授与された人の名誉は大へんなものであるといえる。そのため在日同胞にこれを授与する場合の選考は慎重をきわめ、大使館は推薦候補者に関するボウ大な資料をあつめ、数人の担当者があらゆる組織や機関に対して調査を依頼している。

このように慎重かつ厳重な審査と詮衡を経て授与される勲章であるから、受勲者の名誉とよろこびもたいへんなもので、なるべくなら生存中に授与されるのが当然といえるが、いままでの受勲者の中には、死後受勲者が少なくない。

在日同胞の受勲者の中にも、さきの金竜煥氏は別として、許弼成氏は既に故人である。

金正柱氏　権逸氏　金周奉氏　鄭寅学氏　朴漢植氏　李熙健氏　許弼奭氏　辛格浩氏　黄孔煥氏　韓禄春氏

68年度割当金を前完納

東京・大阪など七地方本部

本年三月二十八日の第十三回中央委員会の決議事項にもとづき、中央では全国の各級組織と団員・割当金の完納運動を強力に訴え、さる八月末までには三十一地方本部が、中央への割当金を完納する成果をおさめた。未納の地方本部でも継続して完納運動を展開しているが、つぎの各地方本部は年末をひかえた中央の財政を支援すべく一九六八年度年度末（本年二月末）までの割当金額を完納して健全財政を誇示するとともに、他地方本部に対し範を示している。

とくに東京・大阪・兵庫・岡山などの地本は、大都市を管下におく地本であるため割当金の額も大きく、従来まではとかく滞納が多くなる弊を免れなかったが、これらの地本が完納から先納へと飛躍したのは、組織活動の大きな進展として注目されている。前・完納本部はつぎのとおりである。

東京・大阪・兵庫・岡山・京都・滋賀・栃木

なお大阪本部は、この割当金の納付と前後して、事務のおくれていた本国罹災者救援誠金二百七万七千九百円を、大阪出張中の朴総務局長に伝達したが、これで同本部の誠金総額は二百九十万七千九百円に達した。

（写真＝割当金と罹災救援誠金を伝達する金晋根大阪本部団長）

岩手、班組織を完了す 信用組合も一月に創立総会

岩手県地方本部（盧成永団長）は、さる九月の臨時大会で新機構による下部組織の整備にのり出していたが、十二月をもって班組織を完了する成果をあげた。このためには、盧成永団長をはじめ、金東蘇議長、事務局長らの並々ならぬ組織整備への努力があった。

また、努力の成果としてすでに信用組合に対する内認可も下り、今月中には創立総会が開かれることになっているが、これで、懸案となっていた民族財産の保護育成に、第一歩をふみ出した。

なお、県下の班組織は次のとおりである。（カッコ内は班長）

久慈班（李仲香）山田班（朴致浩）釜石班（金相弘）岩手班（朴栄燦）一関班（厳科鉉）北上班（朴泰柱）盛岡一区（崔洞範）盛岡二区（金尚慶）

韓国の恵まれぬ子に 東京韓国校で衣類数百点

東京韓国学校（宋基鶴校長）では毎年の歳末に、本国の孤児や恵まれない家庭の子どもたちにおくるため、生徒たちが家庭で不用になった衣類などを持ちよるたすけあい運動をしているが、今年も同校の中等部と高等部の生徒たちから集めた衣類が数百点に達した。

学校当局では、さっそくこれをまとめ諸般の手続きをとり、おそくとも旧正月までには、貧しい子たちの手もとに届くよう発送するとのことである。

酪農研究生崔君事故死 ＝北海道本部で葬式＝

本国から派遣され、北海道で酪農技術を研修していた崔君（二七才）が、このほど不幸にも研修中に事故死した。

かねてから、本国派遣の研修生達を親しく見守り、激励していた北海道本部では、この悲しみを故人の郷里へ知らせるとともに、十二月二十二日正午、心温まる葬式を挙行してその冥福を祈った。

青森商銀、二月開店を予定 はりきる青森本部

青森県地方本部（金世鎬団長）では、念願であった青森商銀信用組合の創立総会をさる十二月十日に盛大におえて以来、十二月十七日には管下支部団長、事務部長会議、同二十二日には第一回理事会を開いて開店準備作業をして、二月一日開店のはこびとなった。

内部的にはすでに出資額も予定をオーバーし、幹部たちが年末、年始を通して預金獲得に努力しているが、金世鎬団長を先頭に、幹部らのスクラムは堅陣を誇っているので新年度の飛躍が期待されている。

財政確立が急務 朴総務局長成果を総括

大阪出張の李団長には朴炳憲中央総務局長が随行したが、兵庫・滋賀・京都本部を経て帰団した朴総務局長は、一九六八年度の割当金完納運動を総括して大要次のような談話を発表した。

さる三月の中央委員会の決議により、四月十日から八月十日までを「団費・割当金完納運動期間」として、全国の民団組織に対し積極的な運動展開を要請したところ各地方本部をはじめ各級組織がこの運動に全面的に呼応し、多くの成果をあげることが出来た。

この成果は、各地方の各級組織と傘下の団員が、民団組織に対する認識を深め、健全なる財政の確立があってこそ、民団組織の主体的自主性も確立され、正しい発展と成長が約束されるとの信念のもとに、総力を結集して努力した結果であると思料し欣喜に堪えず、あらためて、全国の団員ならびに各級組織役職員の努力に対し衷心から敬意を表してやまない次第である。

再言するまでもなくわが民団組織が、真に愛され信頼される民団として、その使命に忠実であるためには何よりもまず健全なる財政の確立が不可欠の緊要事である。新年度のわが民団組織には山積された数々の当面問題を解決すべくより強固な団結と発展が強く要請されていることを同胞と組織関係各位のひとりひとりが正しく認識し、新しい年には本年度に数倍する努力と熱意をもって、まず健全財政のもととなる団費と割当金の完納を強力に推進してくれることを心から要望する次第である。

地方便り

韓青主催「青年の集い」 ダンス・パーティ盛況

在日韓青中央本部と韓青東京都直轄支部連絡協議会主催による「同胞青年の集い」年末ダンスパーティーは、さる十二月二十三日、都内新宿区新大久保の三福会館で催され、八百余名の同胞青年男女が参加し盛況をきわめた。

このダンス・パーティーは、都内の韓青未組織支部の組織促進と団員相互の親睦が目的で開催されたが、同日のパーティーには、来日中の国会議員も出席して、在日同胞青年たちとダンスを楽しんだ。

総額三千万突破 本国旱害救援誠金

昨年度に本国の湖南地方と嶺南地方一帯を襲った大旱害は、数百万の罹災者をうみ、その惨害は旱害史上空前のものであった。

民団ではいちはやくその救援活動を展開し、在日同胞の民族愛あふれる誠金を募ったが、その成果は一カ月をまたずして七万ドル（日貨二千五百八十余万円）の募金に成功、十月一日の国軍の日記念祝典に参席するため帰国の李裕天中央団長は、この誠金を朴大統領に伝達して全国民から感謝されたが、その後も全国から誠金がつぎつぎと集まり、十二月二十五日現在でその総額は三千九十万八千円に達しているので、近く帰国する李中央団長はこれを本国に伝達することになっている。

謹賀新年　一九六九年

東京地方本部	大阪地方本部	兵庫県地方本部	京都府地方本部	岡山県地方本部	滋賀県地方本部	栃木県地方本部
団長 鄭在俊	団長 金晋根	団長 崔永聖	団長 俞錫濬	団長 柳甲録	団長 権寧崙	団長 崔泳安
議長 金栽淑	議長 朴玄	議長 金蒸禄	議長 趙鏞雲	議長 林炳謹	議長 李正来	議長 張成煥
監察委員長 李馬致	監察委員長 方鏞煥	監察委員長 宋守道	監察委員長 金成局	監察委員長 林鍾元	監察委員長 卞璜燮	監察委員長 馬正九

恭賀新年

一九六九年

390

韓國新聞

発行所 韓國新聞社
発行人 李裕天
編集人 金晟禹
東京都文京区春日町2丁目20-13
電話 (811) 2261～3
定価 1カ月100円
振替口座東京 34988番

在日本大韓民国居留民団 綱領

一、われわれは大韓民国の国是を遵守する
一、われわれは在留同胞の権益擁護を期する
一、われわれは在留同胞の民生安定を期する
一、われわれは在留同胞の文化向上を期する
一、われわれは世界平和と国際親善を期する

国防強化・経済建設

朴大統領、本年の施政方針を闡明

改憲の論議はまだ早い　やるなら年末か来年初に

朴正煕大統領は十日、青瓦台で年初の記者会見を行ない、自主国防態勢の強化と経済の高度成長を持続し経済体質を改善させるのが今年の施政方針であると述べた。朴大統領はこのため①予備軍の装備強化、②農漁民所得増大事業の推進　③輸出増大　④戦略産業の育成　⑤電力開発と輸送力強化、⑥中小企業の育成に行政力を集中させるとの目標をあきらかにした。朴大統領はまた憲法改正に関して「特別の理由がないかぎり任期中の改憲を避けるのがわたしの考え」であるといい「改憲の必要があったとしても今年末か来年のはじめにとりあげてもおそくはないだろうと思う」と言明、改憲論議の余地をのこした。会見内容はつぎのとおり

経済建設に総力

統一院の機構編成中

経済・安保外交の強化

対日貿易の逆調是正

きわめて不愉快だ　日本の対北二重外交

ベトナム休戦に備える

在日韓国人社会の実態　金相賢議員の国会報告から

在日韓国人の法的地位問題

基本人権を侵害する　類のない悪法"外人登録"

囲碁競技大会開催について

在日同胞囲碁愛好家諸氏の親睦競技大会をつぎのとおり開催致しますからふるってご参加下さい。

記

名　称・在日同胞囲碁愛好家親睦競技大会
日　時・旧正月（新、二月二十日前後を予定）
場　所・東京都内（未定・追って参加申請者に通知する）
参加申請・参加希望者は一月二十五日まで中央宣伝局（韓国新聞編集局）へ必着するようもよりの民団地方本部または支部へ申請して下さい。
主　催・在日本大韓民国居留民団中央本部
韓国新聞社

青瓦台年賀客二千三百余名

李団長年賀に帰国

1億6千万ドル突破　―南ベトナムからの用役賞―

391

絶えぬ決死の脱出企て
暗黒世界から逃れるために

我々には罪がない
＝連続シリーズ第5回＝

北送船

カット写真は1959年北送反対運動に参加した在日韓国人学生たちのデモ

まえがき

「地上の楽園・祖国への名誉ある帰還」この欺瞞と虚偽に満ちた朝総連の悪ラツな宣伝にだまされて、在日同胞の中から北韓に送りこまれた数は数万にも達している。屠殺場に送りこまれた小羊のような彼ら北送同胞たちは、果してどのような待遇をうけ、現在どのような運命におかれているのだろうか。

この連続シリーズ『北送船』は、一九五九年十二月、北韓において「在日同胞帰国迎接委員」として、第一船の到着から継続して北送されて来る同胞たちの接待を直接担当した呉基完氏が書いたもので、北送同胞たちのその後の消息と、生々しい彼らの生活相を、一人の自由の証人として、赤裸々に書き綴った記録である。

呉氏は、一九六三年九月、対南工作員として間諜（スパイ）の任務を帯び、大韓民国に密派されたが大韓民国の目覚しい発展相と、自由の高貴さを悟り自首、現在、ソウル高麗大学亜細亜問題研究所常勤委員をしている。

険しい自由へのみち
香港への淡い希望に中共へ

大韓海運公社

国営企業体
民営化その後 ②
現況とその展望

海運公社の社勢

わが海運界の草分け
今後の問題老朽船の改替

拡張する外航

老朽船と新造船

強い経営意欲

1968年に新造したコリアン・パイオニア号

国赤と交渉はじめる

日本へは補償問題も提起

樺太抑留同胞の救出へ

政府はソ領サハリン地区（旧樺太）に強制抑留中の韓国人四万七千余名を、救出送還する方針のもとに、近く日本政府と国際赤十字委員会（ICRC）を相手に、多角的な交渉を展開することを明かにした。

[illegible]

許せぬ日本の不誠意

いまなお四万の同胞が残留

[illegible]

も依頼しているが、この問題に国際赤十字委が乗り出してくれることは、いままでの経緯からみてまあるまいか。

五一は、氏と同じケースで帰還した同胞約二千名とともに、「樺太抑留帰還韓国人会」を組織して

[illegible]

国民教育憲章（全文）

われわれは民族中興の歴史的使命を帯びて祖国に生をうけた。先祖の輝かしい魂を今日によみがえらせて、内には自主独立の姿勢を確立し、外には人類共栄に寄与すべきときである。

ここにわれわれが進むべき道を明かにして、教育の指標とする。まことに充ちた精神と剛健なからだをもって学を修め技を習いおのおの天賦の資質を啓発しわれわれの立場を躍進の足場として創造の力と開拓の精神を養う。

公益と秩序を重んじ能率と実質をたっとび敬愛と信愛にもとづき助け合う伝統を受け継いで明朗であたたかい協同精神をつちかう。

われわれの創意と協力をもとに国家が発展し、その隆盛が個人の発展のみなもとであることをさとり、自由と権利にしたがう責任と義務をはたし、進んで、国家建設に参与し奉仕する国民精神を高める。

[illegible]した愛国愛族が[illegible]であり自由世界[illegible]すべき栄光にみ[illegible]をのぞみなが[illegible]こぞってたゆまぬ努力で新たな歴史を創造しよう。

ら、信念とほこりをも[illegible]

大阪金剛学園における国民教育憲章宣布記念式

在日各民族学校でも

国民教育憲章の宣布記念式

わが民族中興の新歴史創造と国民教育の指標となる国民教育憲章が、さる十二月五日ソウルの市民会館において、朴大統領の朗読により歴史的な宣布をみたが、日本においても各地の韓国学校で相ついで宣布記念式を挙行し、同憲章宣布と意義の周知徹底化を期している。

大阪韓国学校（張益和校長）では、さる十二月二十三日、駐大阪公館代表、民団代表、学父兄代表と有志多数（五五〇名）および全校生が参加して盛大な宣布記念式を挙行した。

同日の記念式では、張益和校長が教育憲章全文を朗読、宋[illegible]奨学官が同憲章制定までの経緯報告、民団大阪本部金晋根団長が憲章宣布に関する朴大統領の談話文を朗読したあと記念講演を行った。

なお同校では「国民教育憲章」全文を印刷して、記念式に参加した全員にこれを配布するとともに教職員は十二月十七、八日の両日間、同憲章の趣旨と意義および内容に関する研修会をひらいている し全校生には憲章全文の暗誦を指導中である。

東京韓国学校、京都韓国学校でも十二月二十三日にそれぞれ宣布記念式を挙行しており、福岡の民団地方本部でも、同日、文牛[illegible]団長が憲章全文を朗読し、韓駐福岡総領事が大統領の談話文を朗読し

東京韓国学校の記念式

て盛大な記念式を挙行したが、この日は県下の同胞有志二百五十余名が参加した。

母国留学生会館資金に

丁鐘路学院長が500万円

年ごとに増加している在日同胞二世の母国留学生は昨年末現在でその数が二百名に達している。

このような在日同胞二世留学生の増加にともない、最近これら留学生たちと学父兄の間に、留学生会館設立を希望する声が強く、文教部当局と民団中央本部でその実現に努力しているが、これを伝え聞いたソウル市鍾路区の鍾路学院長丁庚鎮氏が、氏の私有地二、〇〇〇坪を母国留学生の会館建設用地にと寄付を申出て、関係者の間に大きな感銘をよんでいることは本紙でも既に報道され、在日同胞社会でも多大な感銘をもって迎えられている。

この篤志家丁院長から、先日民団中央本部文教局への書信によると、こんど丁院長は会館建設資金にと韓貨五百万円を文教部に寄付を申し出たとのことである。

本国に居住しながらも、在日同胞子女の教育問題を在日同胞より以上に強い関心と熱意でもって配慮してくれる丁院長の誠意に対し文教当局ではその美挙を高く讃揚している。

丁院長のこの建設基金の寄付が導火線となって、懸案のままに越年している「母国留学生会館」の設立運動が軌道にのるようにと関係者たちの間では期待している。

また民団中央文教局では、これら母国留学生たちの本国における留学生活をより充実したものにするための支援体として学父兄会の組織を結成すべく各地方本部に指示して来る二月十五日までに各地方本部管下の学父兄会結成を完了するよう要請しているが、組織後は二月末までに懸案の"会館建設期成会"（仮称）を組織することになっている。

なお、民団では近く丁院長を日本に招聘、具体的な協議を行なうことになっている。

強く生きていきたい

再起誓う"愛の理髪師"

永松女史へ婦人会で誠金

のっとほしません…」生まれたここでもなく、そうかといって育ててくれたところでもたい異国であるこの韓国で、二十年間、百余名の孤児たちに慈愛と献身の母像をうえつけてきた「愛の理髪師」永松和女史（四四才・ソウル特別市鍾路区楽園洞一〇二）が、病床で亡くなった[illegible]い決意の心境である。

四十七名の子女（孤児）たちとの苦しい生活に耐えかね十日間苦悶のすえ、さる十二月十三日劇薬を服んで自殺未遂、いまは不自由なからだを子供たちの温い看護につつまれて健康の回復を待っている

[illegible]伝達した。

康副会長は、さる九日帰任したが、ソウル滞在中に永松女史の病床を訪ねて再起を激励しながら、在日同胞たちの温い同情の気持を伝えてつづけて誠金を送ることを約束した。康女史はまた、ソウル東亜放送を通じて在日同胞たちは、永松女史の再起を心から祈っていることを伝えた。

康副会長談

永松女史は、思ったよりは健康であった。自殺を思いたった動機については、生活苦もさることながら、自分が育てた子供たちの成人になってからのさまざまな社会的な活動、子供たち

[illegible]感謝していた。

厳大使夫人も

厳大使夫人金慶員女史は、在日大韓婦人会の永松女史救援運動に協賛、大使館職員ならびに同職員の夫人らから拠出した誠金五万八千八百円を、大韓婦人会中央本部に寄託した。

国軍慰問品と

永松女史救援

婦人会大宮支部

在日大韓婦人会埼玉県大宮支部（李正淑会長）では、過去四年間活動してきた経費を節約しその残余金を韓国国軍の慰問にあてることにし、このほど陸軍第二十五師団に事務用品日貨十万円相当分を贈った。

また、同婦人会では、生活苦に悩み自殺をはかり、未遂のすえ病床にいるソウルの永松女史にも、日貨一万円を贈ることにし民団埼玉本部へ寄託した。さらにこの運動を伝えきいた大宮市在住の日本婦人小森フミさんも金二万円を「永松女史の再起資金に」と民団県本部へ寄託した。

民団埼玉県本部でも、永松女史の救援運動を行なっているが、成果みるべきものがあり今月末ころには全額を大使館を通じて贈るという。

岩手商銀二月に開店

創立総会盛大に開かる

朴勲学氏

[illegible]

祝岩手商銀信用組合創立総会

岩手商銀創立総会のもよう

監察受訓団出発

昨年来推進されてきた全国地方本部監察委員と組織幹部の本国受訓団は、さる十三日中央本部に金仁洙中央監察委員長以下四十名が集合して結団式をすませ、同日午後五時三十分羽田発のKAL機で本国向け出発した。一行の本国受訓の日程その他は次のとおりである。

一月十三日午後七時金浦空港着直ちに宿所中央公務員教育院に入所

一月十四日。歓迎式挙行後午前九時二十分より受講開始。民族史観総達現況、朝総連に対する工作第一次・第二次経済計画。

一月十五日、外務部長官礼訪後直ちに受講。共産主義批判、教育映画観賞、永住権申請について、午後三時より国軍墓地参拝。

一月十六日。受講、韓国の国際的地位、北送同胞生活実態、法的地位問題、午後三時より邦林紡績訪問。

一月十七日　受講、僑事業務指導、僑胞教育観学、座談会、北傀の対南工作について。

一月十八日、僑胞財産搬入についての手続きと要領、海外同胞文教政策、民団育成に関し

一月十九日、陸軍士官学校見学

ソウル市内観光

一月二十日、二十五師団訪問、四・一九墓地参拝、砲台見学、三五五〇部隊訪問、午後六時より民団主催パーティー後現地で解散。

応募百四十名

今年の母国留学

在日同胞の民族教育意欲のあらわれとして年々増加している同胞子女たちの母国留学生は、今年も大幅な増加をみせて関係当局に喜びと自信を与えている。

すなわち去る十二月二十六日に

[illegible]

福岡同胞密集地に火事

福岡市大浜地区同胞密集居住地に、さる四日午前、火事があり同胞十一世帯三十五名が罹災した。民団福岡県本部では、罹災同胞の救援対策委員会を構成、これが救護運動にのり出した。

県南支部で総会

居留民団埼玉県地方本部県南支部では、さる十五日同支部事務所で総会をひらきつぎのとおり役員改選を行なった。

△団長張義植、副団長金羅七、朴文浩△議長李相洙、副議長金成万、尹林琪△監察委員長鄭光錬、同委員宋柱訥、趙今石。

韓国通信社移転

日刊韓国通信社（綜合韓国資料・韓国研究所　李寅翔社長）はこのほど左記に移転した。

東京都台東区上野三丁目十八ノ一　松本ビル四階

電話八三四～六三八六～七

電話代表番号のお知らせ

民団中央本部では、このほど電話二本を増設、代表番号（八一三―二二六一～五）になりました。ながらくの不便をお詫びするとともにお知らせにかえます。

大韓民国居留民団中央本部

可愛い親善の使節
―ザ・リトル・エンジェルズ―
来日歓迎パーティー盛況

歓迎パーティーのもよう

（既報）「世界をめぐる平和の天使」としてメキシコ・オリンピック民族祭ではアンコール賞に選ばれ、世界舞台人のあこがれの的である米国のエド・サリバンショウに毎年出演している韓国児童舞踊団“ザ・リトル・エンジェルス”が来日した。日本文化庁、駐日大使館、公報館、民団中央本部の後援ですでにさる七日仙台で好評のうちに初公演をおえ十四日には京都の京都新聞ホール、十六、七両日に大阪のサンケイホール、二十五日大阪毎日ホール、二十七日から三十日までは東京サンケイホール、二月一日から三日までは名古屋中日劇場での公演が予定されている。

一行の平均年令は十才で米国での第四回公演、カナダでの第三回公演をおえ日本に立寄ったもの。主な出し物は扇の舞、お嫁に行く日、太鼓の踊り、天使の舞、孩達、カンガン・スウオルレ、はたおり農楽などである。

なお、同舞踊団はザ・リトル・エンジェルス後援会（笹川良一会長＝国際勝共連盟会長）の招請で来日し公演を行なっているが、さる十日午後六時都内芝琴平町三五船舶振興ビルの十階ホールにおいて、一行の歓迎パーテイが行なわれた。歓迎パーテイにおいては笹川良一会長をはじめ国際勝共連盟の会員ら多数が参加し盛大をきわめた。笹川会長は、「この可愛い天使たちの公演を通じて日韓親善につくしたい」とあいさつし居留民団を代表して金宣伝局長が「この幼ない親善使節たちのつつがない日本公演は、両国将来の文化交流を深める有意義なことである」と答え招請者に対し感謝の意を表した。

本国社会面ダイジェスト

金浦空港の待合室二倍に

金浦（キムポ）空港の出国待合室が増築され、六日午前十一時開館された。

増築された待合室は七六五平方メートルの広さに出国審査台が八個と今までの二倍になった。

ソウルに通信衛星の中継所

韓国政府はソウル近郊一六〇キロの地点に通信衛星中継所をたてることを決定した。アメリカの通信衛星「オールリ・バード」号と今年発射予定の「インターセット百十一号の超短波を中継するこの通信衛星地上中継所は一九七〇年六月頃完工される予定である。

「ハングル」専用今年から始る

法務部は七日午前、きたる七〇年度から実施されることになっている「ハングル」専用（韓国文字だけを使用すること）を一年くりあげ今年の一月一日からすべての公文書類（記録をふくむ）にハングルを専用することを管下機関に指示した。

電子工業振興八年計画なる

商工部は電子工業を輸出産業として開発、目標年度である七六年には四億ドルの輸出をめざす電子工業振興八個年計画を七日午前成案した。

去年の年末に国会を通過した電子工業振興法により公告されることになっているこの計画は、七一年に一億ドル、七三年に二億ドル、最終年度の七六年度には四億ドルを段階的に輸出することを計画し、この目標達成の第一段階（六九年―七一年）には抵抗器、ブラウン管など二七種の基本電子部分品と「トランジスタ」集積回路など一〇種の半導体および集積回路関係の電子付属品、録音器、電子楽器など九種の日常必需品の電子用機器、漁業用レーダとXレイ装置など二〇種の産業用電子機器、心電計、工業用精密機械など九種の電子測定機器、絶縁材および接着材など六二種類を開発、第二次年度（七二年―七六年）までにはテレビジョンカメラ、放送装置、中型電子計算器などまでを含む各分野の三三種類を開発する予定である。

ソウル市建設工事一斉起工

ソウル市は四日十一時、彰義門―延禧立体交叉路間の環状道路新設工事をはじめ四二件、四九件規模の新年工事を一斉に起工した。

この日起工した工事は、今年度各種建設工事二百五件（一五三億九千八百万ウォン）のうち優先順位上位の道路建設六件、市民アパート一八件、上水道一八件、公園建設一件などである。

甲状線移植成功
カ医大李教授チーム

カトリック医大付属聖母病院外科医師陣が、去る六八年十二月二六日甲状線移植手術に成功した。

李容珏教授（44才）が執刀し、二〇余名の医師団がかりのこの臓器移植手術は出産即後死亡した嬰児の甲状腺と副甲状腺を父母の同意を得て取りだし、副甲状腺麻痺で一〇余年を苦しんできた朴喜□氏（45才神父）に移殖されたものである。

李教授はこの手術を二時間三〇分でしとげたが経過は良好だとのことである。一方甲状腺医学の権威李文鎬博士（ソウル大学校）は嬰児の小さな甲状腺と血管を成人に移殖した李教授の技術と業績を高く評価した。

洋蘭一本を四百万本に
―原子力庁韓博士の育種革命

去年の十二月三十一日、原子力庁は放射線農学研究所―遺伝育種学研究室韓昶烈博士が国内で最初に高等植物の蕊（花粉）の単細胞生長点から、植物を増殖させる劃期的方法に成功し、一年に一株から一つしか発芽させることができなかった洋蘭もただの成長点一個から一年間四百万株を得ることができるのである。

この新技術は、ちょうど動物からそのまま完全な動物を育てあげるのとおなじようなことで、育種学会の宿望の的である半数体（えん色体と遺伝因子が普通の半分であるもの）を随意に得ることを可能にし十余年もかかる純種をすぐ手に入れることもでき、突然変異による改良品種を当代で得ることができるので品種改良は勿論、一般育種学研究に期待が大きい。

東京本部の新年会

民団東京本部恒例の新年会が、さる十日午前十一時より同本部三階の会議場で、約二百名が参席し盛大に挙行された。

この日の新年会には、都下各支部および中央本部の役職員および各級組織と傘下団体代表が出席し、午前十一時に鄭在俊東京本部団長のあいさつにつづいて議長、監察委員長のあいさつがあり、鄭中央副団長、韓青、婦人会、許商工会長からそれぞれ新年のあいさつがあって、十二時からパーティに移り午後二時過ぎ盛況裡に閉会した。

茨城本部移転

居留民団茨城県本部は、一月十三日からつぎのところに事務所を移転した。茨城県水戸市大町一―二―十六、電話（〇二九一）(21)三三三七・(24)六一四一

裵東湖氏が料理店開業

韓国通信社長裵東湖氏が台東区上野一～二一～七、シャトー・ボルド三階で韓国料理店開業。電話（八三二）―八五二〇。

◇新刊◇
東洋会社年鑑

東洋会社年鑑（一九六九年版）が東洋経済日報社（社長・朴衡□氏）により発刊された。

内容は韓国の主要企業体、約二千数百社を全部日本文によって概況の紹介がされており、更に政府諸機関、団体名単等が収録され国別では韓国、日本、自由中国、その他東南亜各国の主要企業体、経済団体、業者別団体、政府機関、主要ホテル、報道、交通機関等の参考資料も多く収録されている。

特に在日韓国人編には駐日政府機関公館名単、民団・婦人会・韓青会・信用組合・商工会・教育機関・各種団体・各親睦会・旅行社・韓日親善団体等の名単が収録されており民団関係は全国本部、支部に至るまで電話番号まで正しく収録されており組織関係者は勿論広く一般にも実用的な資料として好評である。

体裁＝B列五版 一〇二八頁 高級アート紙、上質紙使用クロス装 販価 日本国内…五千円

申込先 東洋経済日報社
東京都中央区銀座東四―四 電話五四二―三三七七番（代）
大阪市北区堂島上二―三三 電話三四四―二四三一（代）
名古屋市中区栄二―二―六 電話二〇一―六三六（代）

韓國新聞

発行所 韓國新聞社
発行人 李裕天
編集人 金長述
東京都文京区春日町
2丁目20－13
編集 (813) 2261～5
業務 (812) 0673
定価 1カ月100円
振替口座東京 34988番

在日本大韓民国居留民団
綱領

一、われわれは大韓民国の国是を遵守する
一、われわれは在留同胞の権益擁護を期する
一、われわれは在留同胞の民生安定を期する
一、われわれは在留同胞の文化向上を期する
一、われわれは世界平和と国際親善を期する

本国と表裏一体化なる
法地位解決に全力つくす
李裕天中央団長会見談

昨年末の三十一日に本国へ出張しさる十五日帰団した李裕天中央団長は、さる二十日後六時から記者会見を行ない、本国の情勢報告および新年度の抱負など、およそ二時間にわたって大要つぎのとおり述べた。

対政府関係

法的地位問題の今後

本国民心の動向

法的地位要求貫徹闘争三年間の成果

永住申請延長も考慮
張基栄特使の記者会見談

記者団に語る張特使

北韓再入国に関し

永住権申請に関し

張基栄特使のリセプション

故金団長の遺志顕彰
11・13愛知事件対処委で討議さる

討議された事項

韓会長のあいさつに

新・旧公館館長来団

在日韓国人社会の実態
金相賢議員の国会報告から ③
法的地位協定の問題点

剥奪された既得権
世界人権宣言に反す

当然な永住権

韓日友好を阻害
北韓往来再入国の許可
民団で再び厳重な抗議

囲碁競技大会開催について

在日同胞囲碁愛好家諸氏の親睦競技大会をつぎのとおり開催致しますからふるってご参加下さい。

名　称・在日同胞囲碁愛好家親睦競技大会
日　時・旧正月（新、二月二十日前後を予定）
場　所・東京都内（未定・追って参加申請者に通知する）
参加申請・参加希望者は二月十五日まで中央宣伝局（韓国新聞編集局）へ必着するようもよりの民団地方本部または支部へ申請して下さい。

主　催・在日本大韓民国居留民団中央本部
韓国新聞社

李中央団長が感謝状
安光鎬前駐日公使に

八達山

大阪入管に収容中であったひとりの同胞が、同入管収容所内で焼身自殺を行なった。

公告

第50回三・一節式典参加、本国訪問団派遣について

来る三月一日、本国で挙行される第五〇回三・一節記念式典に在日同胞を代表して、本団が構成する訪問団を下記の実施要領によって派遣する。特に今年度は全国的に希望者が相当な数にのぼると予想されるので、中央本部が一括して取扱うことは技術的にも相当困難なため例年のとおり全国を三地区にわけて左記のような要領で行なう。各地方本部は早急人選を完了し、名単は二月十五日までに必ず中央民生局に提出して下さい。

実施要領

一、人員構成

（二）各地区取扱担当

中央本部民生局

395

法地位協定発効3周年

不合理な協定文 早急に是正せよ

法地位委員会で声明発表

さる二十七日、在日韓国人法的地位委員会の李裕天委員長、朴性鎮副委員長は、法的地位協定発効三周年に際し別項のような声明を発表した。

またこの席上明らかにしたところによると昨年十二月末現在の永住権申請総数は十万一千五百七十……

声明書

韓国青年同盟も声明発表

不条理な永住権範囲 協定修正の会談ひらけ

低調続く永住申請

一月現在 わずか九万が許可

二百余名の参加で盛況

民団中央新年会

世論も賛成の動き

―陽性化した憲法改正論―

五回改正した現憲法

解説

本国新聞論調

今日の韓日両国関係

大統領特使の派遣によせて

（ソウル経済新聞）

無慈悲な法に抗議

歎願の在留申請も拒否され 全韓国人のために犠牲覚悟

入管で一同胞が焼身自殺

韓・日為政者へ遺書残し

日本に旅行中滞在期限が過ぎて不法残留となった一同胞が、入管に収容され在留許可を歎願したが却下されたので自費帰国を申請中に朴大統領と佐藤首相ならびに本国の母親への遺書を残して焼身自殺した。

金氏と佐藤首相への手紙

佐藤首相へ

対韓優越感捨てよ

知ってほしい同胞の現実

佐藤首相殿

朴大統領へ

不遇な在日同胞地位

政策で根本的な解決を

朴大統領閣下

閣下が多くの国土再建の事業に心血を注いでおられるのに対し、私は深く感謝しております。小生はいかなる境遇にあっても大韓民国の国民として生をうけたことを誇りにおもっております。

民団で真相糾明へ

出入國令위반派越技術者

日收容所서自殺

출입국관리령위반으로日本정부에 체포되어「오사까」출입국관리소에 수용중이던 파월기술자 金賢

東亜日報の記事

在韓日本婦人の帰還へ

民団が協力・近く対策委設く

在日同胞の声援に感謝

ハーバート・康選手

西暦一九六八年十二月三〇日大阪出入国管理事務所収容所から　金賢成　敬具

397

北送船

国際平和救国同盟事件

連続シリーズ　第６回　呉基完

独裁恐怖政治に反抗して武装蜂起企てたが失敗

国営企業体
民営化その後 ③
現況とその展望

大韓通運

経営の新方針

去る六八年七月六日大韓通運が東亜建設の崔埈文氏へに引渡されてから、すでに半年をこしたが、他の民営化された業体がてはじめに着手する体制の改革はなされず、国営の時の体制をひきついでいく予定らしい。崔社長の就任第一声は人員整理はやらないということであったが、それがそのまま実行され、移譲当時の職員がそのまま居座っているだけでなく若干の増員があったことは他の民営化された企業体とは対照的である。もちろん大韓通運も他の国営企業体の不合理な経営要因としての過剰人員状態であったことはいうまでもない。

しかし崔社長は「人をへらすよりは業務量をふやすつもり」だという自分なりの経営方針をうちだしたが、その方針は着実に実現されている。結局のところふえた業務量とは国営企業体時代、一千万〝の借款で導入した新型の大型トラック千三百九〇台の役割のことであるが、民営化以後にもその他の業務量が相当ふえてきている。

他の民営化された業体は、経費の過当支出の原因になってきた過当雇傭を整理することによって経営合理化のいとぐちを見いだそうとしたが、大韓通運は雇傭人員を完全活用することによって生産性を高めようとの方式を採択したのである。

尨大な規模

資本金二四億ウォンの大韓通運は、三輪貨物車から十二トン大型トラックまで各種貨物自動車五百六四台、トラクター、トレイラー、タンクローリーなど二五二台、クレインなど各種装備一二一台、各種船舶、曳船、解船一七二隻、それに二九ヵ所の支店、三五ヵ所の営業所、五一三ヵ所の出張所、七八ヵ所の貨物取扱所など六七七の店舗を持つ巨大な総合運輸業体であることで、わがくに私企業体としてはどう見てもトップレベルの「マンモス」会社である。

大韓通運は六二年一月一日、政府指示で韓国米倉と韓国運輸が合同して創設した会社である。韓国米倉と韓国運輸は日政時代、私企業として発足した朝鮮米倉と朝鮮運送がその前身であり、特に朝鮮運送は一九三〇年群小運送業体が合同で創設した会社であり、当時のわが国運送業界を席捲した、いわゆる「マルボシ」の別称はいまだにひろく知れわたっている。

年間の売上げは70億

官僚主義排し　サービス業本然の姿に

明日への設計

在日各民族学園1969年度生徒募集要項

東京韓国学校

一、募集人員
（1）初等部　五〇名
（2）中等部　五〇名
（3）高等部　一〇〇名
（編入生若干名　但高三は除外）

二、考査日
（1）初等部　一九六九年二月八日（土）午前十時
（2）中高等部　一九六九年二月十六日（日）午前九時

三、合格発表　二月一八日（火）正午

本校の教育目標
（1）立派な韓国人の養成
（2）僑胞指導者の養成

本校の特典
（1）母国大学留学制度
（2）母国訪問修学旅行実施
（3）奨学金支給（政府）
（4）就職率　一〇〇％

東京都新宿区若松町
東京韓国学校

京都韓国高等学校（商業課程、男女共学）

1、募集人員一学年五十名、第二学年若干名
2、出願および手続…第一次自一月二十日～至二月二十四日
第二次自三月一日～至三月二十四日
出願手続…①入学願書（写真貼付）②出身校の内申調査書③受験料三、〇〇〇円
3、入試考査日及び試験科目　第一次…二月二十五日、第二次…三月二十五日…日本語、数学、社会、英語および面接。
4、合格発表。第一次…二月二十七日、第二次…三月二十六日。

京都韓国中学校

1、募集人員　男女（第一学年　五十名／第二学年　若干名）
2、出願および手続…出願期間…第一次自一月二十日～至二月二十四日。
第二次自三月一日～至三月二十四日。
出願手続…①入学願書（本校所定用紙）
3、入学審査…第一学年は書類審査の上、入学許可書を送付する。第二学年は学力考査と面接を行い入学を許可する。
◎中学校にはスクールバスによる通学ができます。

京都市左京区北白川東平井町八
電話（七八一）四八三五（七九一）〇七〇一
学校法人　京都韓国学園

大阪韓国高等学校（普通科・男女共学）

1　募集人員…八〇名
2　出願及び手続…出願期間…自二月一日～至二月十三日
出願手続…(a)入学願書（本校所定用紙）(b)個人報告書（ママ）
（但、日曜、祝日等は除く）
(c)受験料二、〇〇〇円
右(a)(b)(c)を同時に提出して下さい。
3　入試考査日及び、試験科目
二月十五日（土）…国語又は日本語の内択一と数学、英語、面接。

大阪韓国中学校（男女共学）

1　募集人員…八〇名
2　出願及び手続…出願期間…自二月一日～至二月十三日
出願手続…(a)入学願書（本校所定用紙）(b)個人報告書（ママ）
右(a)(b)を同時に提出して下さい。
3　入試考査日及び試験課目　二月十五日（土）…日本語、算数、面接

金剛小学校及び附属幼稚園（男・女）

1　募集人員…小学校…八〇名／幼稚園…四才児四〇名、五才児四〇名
2　出願及び手続…出願期間…自一月一〇日～至二月十二日
出願手続…本校所定の入学（園）願書だけを学校に出して下さい。
3　面接日…二月十五日（土）《入学（園）説明会も当日に行ないます》
なお、くわしいことは本校の教務課又は民団の各本（支）部にお問い合せ下さい。

大阪市西成区梅南通五丁目五番地
学校法人　金剛学園

398

第76回関東地協ひらかる

法地位要求示威運動も

三・一節記念行事を討議

成人〝おめでとう〟

韓青が全国で盛大に祝賀式

写真は、東京YMCAでひらかれた韓青中央の成人祝賀会のもよう（中央はメッセージをのべる金韓青中央委員長）

韓青主催による成人式がさる十五日、全国各地で一斉に催され、約千五百名の同胞青年が成人式を迎えた。

異域日本の地で生れ、日本の地で育った同胞青年が、このような民族色豊かな成人式に参加する事の意義は深く、日頃の韓青の地道な活動が効を奏したといえよう。

この日東京では、韓青中央が直接主催し、民団東京本部の後援により神田の東京YMCAホテルで都内同胞青年のための成人式が催された。会場には、父兄に伴われてチマ・チョゴリに着かざったわかい女性をはじめ、百四十七名の成人者が、早くからつめかけ雰囲気が盛り上った。

金宰淑韓青中央委員長は、メッセージで、「韓民族の一員として成長したことを祝福する」とともに、今後も民族的自覚を堅持しつつ、責任ある韓国人として、祖国の栄光を双肩に荷う「自由・民主・民族」の隊列の旗手とならなければならないことを強調した。

この日の来賓には、大使館から丁奨務領事、鄭烔和民団中央団長、鄭東京本部団長、婦人会中央名誉会長らが参席し成人たちに祝福と激励の挨拶を寄せた。

さらに祝状および記念品が成人者に送られて二部の余興に入りフォークダンス、韓青大田支部舞踊部による韓国舞踊など、民族色豊かなひとときをすごした。最後にみんな輪をつくりスクラムをくんでアリランと韓青行進曲を合唱し祝賀会を閉じた。

なお全国各地方の成人者にも「青年新聞」十七号を通じて、金宰淑韓青中央委員長から別項のようなメッセージが送られた。

祖国の栄光を双肩に

自由・民主・民族の旗手たれ

金韓青委員長がメッセージ

三多摩成人式の記念写真

新聞通信協会

新年宴会盛況

在日韓国新聞通信協会（金允中理事長）の新年宴会が一月三十日上野のシャトー・ボルドで開かれ民団からは中央李団長、金監察委員長、鄭東京本団長ほか法的対策委員ら、大使館からは鄭総領事、池公報官らをはじめ三十余名の会員が出席、盛会であった。

韓国風景画三点

民団などへ寄贈

上武大学三保理事長

三多摩本部でも

呉文教局長の講演そえて

成人式をおえて記念さつえい

31日現在九万余

永松女史救援金

婦人会中央集計

婦人会中央本部で募金を行なっている永松安史教授の一月三十一日現在集計はつぎのとおり。

▽三重県本部（李貴先会長）一〇、〇〇〇円▽岐阜県本部（崔鍾仙会長）二〇、〇〇〇円▽奈良県韓青北葛城支部（鄭呉子会長）四、五〇〇円▽愛媛県本部（尹潤済会長）一九、八〇〇円▽長野県本部（文鍾資会長）三八、五〇〇円▽金八雄氏四、〇〇〇円、合計金九七、八〇〇円。

新旧公報館長

歓送迎会盛大

歓迎会のもようと洪（左）李（右）新旧館長

東京商銀

新年会も

安・姜両公使

―歓送迎会―

金韓国貿易館長

本社帰任歓送会

韓国貿易振興公社東京貿易センター（大韓貿易振興公社東京貿易館）館長をつとめた金容晋氏はこのほど本社勤務になった。

在任中、わが国の輸出増進にかずかずの功績を残した金容晋前館長のために在京貿易商社代表たちはさる二十三日午後六時から銀座苑において南喜祚（韓国貿易協会日本支部長）の司会で盛大な歓送会を催した。

第5回韓青冬期講習会

15日から3日間・志賀高原発哺で

第五回韓青全国冬期講習会が来る二月十五日から十七日まで、志賀高原の発哺で開かれることになった。

冬期講習会は回をかさねるごとに参加者の数を増しており、学習にも効果がよく、一年の運動の方向を定める上でも重要な意義を持っている。とくに今年は、日本政府の出入国管理令の改悪の動きとあわせて、法的地位運動を進める韓青としては、例年より重要な講習会として成功させねばならない。

このような意味からも韓青中央では、この回の冬期講習会を各地方で行なわれている学習活動の総仕上げの場として、また全国盟員の経験交流の場とすべく計画を組んでいる。さらに冬という季節にあわせて行なわれるレクリエーションのスキーは盟員のもっとも人気のある活動行事でもある。全国からの積極的な参加を望んでいる。

名称・第五回韓青全国冬期講習会

期間・長野県志賀高原発哺〝天狗の湯〟（長野駅→湯田中→ゴンドラ→発哺）

公費・二、八〇〇円（開会から閉会まで）但し交通費、貸スキー、靴代は含まず。

詳しくは、韓青各地方本部まで問合わせを。

本国へ〝ヘリコプター〟

在日婦人会で運動展開

三月八日に

体育会定期大会

派越将兵慰問団

軍人会で第２次募集

建設の月旦 ①

湖南精工・金相浩氏

母国でも二つの会社、韓一電機と韓国電機

在日同胞企業家が本国に進出して事業を行なう場合、その成功率は非常に低いといわれている。本国政府は盛んに在日同胞が、母国の発展に寄与できるよう事業の進出を奨励はしているが、いざ乗りこんで着手してみると、そこにはさまざまな隘路が横たわっているのだ。もちろん母国へ進出する事業家の心構えにも問題がないとはいえないが、とにかく本国での事業はむづかしいといわれているのが定評で、成功した例は数えるほどしかない。そこへもってきてここに紹介する滋賀県大津市の金相浩氏（民団滋賀県地方本部顧問団長）などは、本国に進出して成功した一人といえよう。

金氏は、日本においても関西地方における屈指の同胞事業家で、湖南精工株式会社、湖南電機株式会社、大正電気株式会社（いずれも滋賀県大津市と草津市など琵琶湖南部の工業地帯にある）の三大会社を経営する社長である。この三つの会社の従業員だけでも一千名を越え近代的な設備からなる三大工場は滋賀県下でも一、二を争う大企業体となっている。製品はあらゆる弱電機器具とその部分品などであるが、日本の有名メーカーである三洋電気と提携しているほか、湖南電機ではサンヨー洗濯機の完成品製造を一手に引きうけている。東海道新幹線で草津附近をとおるとき琵琶湖のほとりに車窓からサンヨー洗濯機の広告を大きく掲げた広い近代的な工場がみえるが、実はこれはサンヨー電機の工場でなく金氏が経営する湖南電機の工場である。大サンヨーとの提携会社ともなれば、会社の運営システムも一流。六八年二月から日本ではまだあまり実施されない隔週五日制を採用しており、専従職員をおいて社内報「湖」も発行している。県下有数の企業体とあって、春の従業員リクレーションとか、秋の運動会などには、社員の家族など数千名が参集するという。

このように日本においても大事業家である金氏は、いまから四年前の一九六五年に母国へ進出した。もちろん当時の母国は、すべての製品のレベルは低くとくに高度な技術を要する製品は、少ない時代であった。金氏は、祖国の繁栄は工業の発展からという信念で……いき、小型モーターの製造をはじめた。韓一電機株式会社をつくり、現地の従業員を雇い日本を往来しながら、韓国ではえられない資材などをはこんでは、従業員に技術を教えつつ、販路の開拓までひらけていった。周知のとおりモーターはあらゆる電機器具の動力をなすものでその需要は、計り知れなく「韓一電機」の製品は、全国の信頼をうけ急速度に事業規模はふくらんでいった。最初は故郷の近親などではじめた工場従業員も、いまでは三百名に達し、売上高も最初の年に一千八百万ウオンであったのが、六六年度は一億一千万ウオン突破、六七年度は二億一千万ウオン、六八年度は年度末までに四億五千万ウオンを予想しているとのことである。

また、韓一電機ではモーターのほかに韓国における……

湖南精工本社工場の全景

北傀の対南侵工作

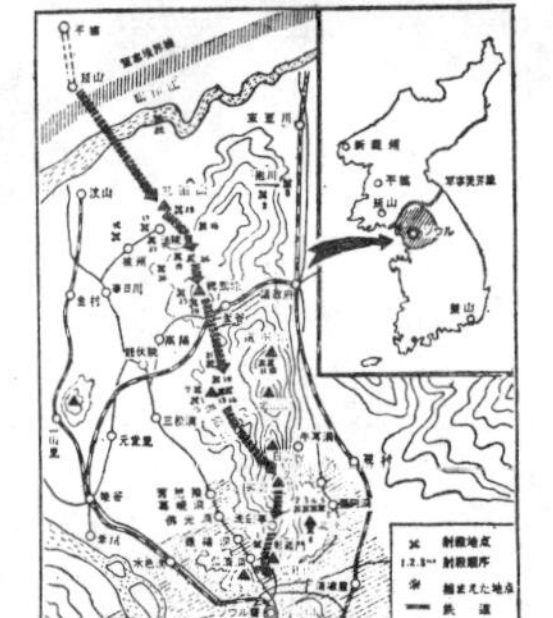

図表は、北傀共匪の侵入路と射殺された地点。

赤化統一の妄想に狂奔

すべてが逆効果で失敗に

金中央情報部長が語る

昨年韓国に浸透して世の注目を浴びた北韓の武装ゲリラに関し、このほどAP通信のK・C・ファン記者は金炯旭中央情報部長と単独会見をし、北韓の対南浸透工作やいわゆる"戦争準備"などを中心に一問一答を試みた。

問＝昨年は一月二十一日の北韓武装ゲリラのソウル侵入事件を始めとして蔚珍、三陟地区などに北の武装ゲリラが大量に浸透したがこの一年間に南派された共産ゲリラ数は？ また韓国側のゲリラ掃討作戦の成果はどうであったか。

答＝休戦線を越えて浸透を企画した北韓武装ゲリラは計一千八十七名でこのうち百七十二名が射殺され、残りは北へ逃亡した。また済州島に現われたゲリラは十五名中、十三名が射殺され二名が生捕。後方の蔚珍、三陟地区に侵入したゲリラは百二十名であった。このうち、百七名が射殺され、五名が捕虜となり二名が自首した。

問＝北韓武装ゲリラの任務は何か、またその任務を彼らはどの程度遂行したとみるか。

答＝彼らの任務は遊撃戦のための拠点を韓国内にいくつか確保することであり、また政治工作のために地下党を組織、主要施設を破壊するほか、抱きこみ可能の者を帯同して越北すること、また韓国の経済を攪乱して民心を不安にかり立てることであった。ゲリラたちは自分たちの動きが韓国当局に通告されることを恐れ出会った住民たちを無差別に射殺したが、現地住民たちはこうした犠牲を払いながらも積極的に当局に申告してきたし、軍・警および郷土予備軍の効果的なせん滅作戦によってゲリラたちはその任務を果たすことができなかった。

問＝政府は任子島での他の地区で"統一党"など多くの北韓地下組織を摘発したが、いまだに北韓の指令で動いている地下党組織があるのか。あるとすればどのくらいあるのか。

答＝地下組織にかんしては対共上の機密に属するので明らかにするわけにはいかないが、北韓の対南基本戦略は"武力による統一"というものであり、その"赤化"のために地下党組織を計画している。こんご掃討されてせん滅されても、なおも北韓は継続して地下党の組織を企図するだろう。

問＝北韓は一九七〇年を"武力赤化統一の時期"とみているがこの根拠はどこにあるのか。韓国はこれにたいしてどういう対応策をたてているのか。

答＝過去数年間北韓は……

本国の社会面

死者五〇余名

天安で列車の事故

済州島でアラスカ角鹿を育てる計画

大学入試はじまる

本国にいる肉親たちがあなたをさがしている

400

韓國新聞

発行所 韓國新聞社
発行人 李裕天
東京都文京区春日町2丁目20－13
定価 1カ月100円
振替口座東京 34988番

在日本大韓民国居留民団 綱領

一、われわれは大韓民国の国是を遵守する
一、われわれは在留同胞の権益擁護を期する
一、われわれは在留同胞の民生安定を期する
一、われわれは在留同胞の文化向上を期する
一、われわれは世界平和と国際親善を期する

弾圧には抗す民族の魂

法地位貫徹へ一大デモ

第50回 3・1節 民衆大会

さる三月一日、三・一独立運動第五十周年を迎えて、民団では例年どおり全国各地で盛大な記念式典を行なった。とくに本年は、三・一運動の意義と殉国先烈たちの愛国愛族心を再銘心して①現時点における組織の姿勢を確固不動にし②戦いながら建設する祖国の近代化事業に積極参加する一方、③最近頻発する北傀武装共匪の侵入と朝総連の民団破壊工作を徹底的に粉砕すると同時に④われわれに関する法的地位問題の解決に最大の努力をはらい民族的正気を昂揚するという基本方針にしたがい「法的地位要求貫徹民衆大会」をあわせて開催した。中央大会のモヨウはつぎのとおりであるが、この大会において①大会決議文②朴大統領に送るメッセージ③佐藤首相へ送るメッセージ(各別項)を採択し、それぞれの機関へ伝達した。

中央記念式典

中央記念式典は午前十時から、東京日比谷公会堂において関東地区を中心にする全国代表約五、〇〇〇人を動員して行われ法的地位要求貫徹民衆大会、示威行進とに分かれて行なわれたが、第一部において開会辞に立った関東地協事務局長である鄭在俊東本団長は、…を打開し、日本政府のわが同胞に対する同化と追放と弾圧政策を排除することであり、この要求が貫徹されるまで闘うであろう、と力説し、金光男中央議長の独立宣言文朗読のあと記念辞に立った李裕…の基本精神を忘れ、不当な扱いを持って在日韓国人に脅威と不安を与えている」と述べた。

つづいて厳敏永駐日大使の記念辞と来日中の僑胞実態調査団金圭南議員(共和党)、金守漢議員(新民党)が参席して祝辞を述べた。特に金守漢議員は、「三・一運動は現在も継続しており、将来も続けなければならない。日本はいまだに植民統治の根性からぬけ切らずわが民族を蔑視している。国家間の協定であろうとも間違いは是正すべきだ」と語った。

午後十二時五〇名から第二部に切替え法的地位要求貫徹中央民衆大会に入り、朴泰…神奈川地方本部団長の開会辞にはじまり、張相…法対委常任委員から法的地位運動の経過報告、朴性…法対委副委員長の講演があった。つづいて駐日韓国大使、日本国外務大臣並びに法務大臣に送る決議文採択、朴大統領並びに佐藤首相に送るメッセージ採択、外務・法務両大臣に送る決議文は、時間の関係上午前十一時三〇分にそれぞれの代表団が当局に伝達した。

第一部と第二部の大会が終わると、参加者全員はあらかじめ会場の外に待機した鼓笛・学同達の誘導によってそれぞれ「法的地位要求貫徹」のタスキをかけ、手にはプラカードや横幕をかかげて隊列をととのえ、一時五〇分、日比谷公園南門をあとに示威行進にうつった。

折から昨日までの悪天候はあとかたもなくからりと晴れあがる中を宣伝車の「在日韓国人法的地位要求示威行進団」の横幕、大極旗を先頭にデモ指揮団、韓青、学同その後に白衣をまとった婦人会…

第50回3・1節記念式典のモヨウ

3・1デモ＝どよめく法地位要求の叫び(上)と街にゆれるプラカード(下)

李団長辞 強く闘う決意

祖国の建設に参加 朴大統領に送るメッセージ

…一九六九年三月一日　在日本大韓民国居留民団　法的地位要求貫徹関東地区民衆大会代表 李裕天

佐藤首相へのメッセージは二面に掲載しました。

本号六面　三・四面に本国厚生事務次官…を掲載しました。

主張

入管での自殺事件

故人の死を無駄にするな

大阪入国管理事務所の収容所内でひとりのわが同胞が、韓・日両国の為政者あてに遺書を残して自殺したという事件は、われわれ在日韓国人の法的地位ならびに処遇問題と深い関係があるだけに、単なる自殺事件として見過してしまうわけにはいかない重大な社会性をもっているといわねばならない。

旧臘、年もおしまった二十九日、不法残留のかどで入管に収容されていた[illegible]という一同胞が全身にガソリンをかぶって焼身自殺をはかり、病院に収容されたが翌日ついに命を絶った。自殺者金氏は、技術者として南ベトナムに派遣されていたが、本国の家庭に不幸があって一時帰国しようとして再び南ベトナムへ赴く途中日本に不法滞在をしてしまったらしい。

さて、なぜ彼は遠い異国の留置場で自から生命を絶たねばならなかったか?、そしてはたして死を招いた理由はなんであっただろうか?、われわれはそこに注目しなければならない問題があるものと思われる。

金氏は、五十余日間の収容中に特別在留の許可を歎願したが、にべもなく断わられ、法の冷酷さに泣いた。強制退去令が押しつけられて自費帰国を申請し、その帰国準備のための仮放免申請も、保釈金がないために許されなかった。これらの冷くも厚い入管法令の壁は、金氏自身ばかりでなく多くの在日韓国同胞たちのまえにも同じく立ちふさがっていることを知った。そして日本の非友好的な対韓態度も身をもって悟った。そこで金氏は、死をもって日本政府に抗議し、自分一人の犠牲が全韓国人の地位向上と韓日両国の親善増進に役だつならば有意義に思うという為政者への警鐘の意味をこめた遺書を残したのである。

彼が残した遺書は、朴大統領と佐藤首相への手紙のほかに「わたしの祖国コリア」という一篇の詩などであるが、自殺を決意してのものか国家や国民を思う至情にあふれている。朴大統領へは、在日同胞の法的地位は名ばかりで実は不安定のものであり、一日も早く政策面で解決されんことを要望しながら、国家永遠の発展を祈るとともに、自分自身が犯した国威の損傷についても謝罪を忘れていない。同じく佐藤首相へは、過去韓国に対する日本国民の無反省が対韓認識の過誤をまねき、その結果が今日の在日韓国人処遇に影響をおよぼしているのではないかと現実を指摘しながら、日本の道義心の低さをついている。そして最後に在留韓国人の実態をみきわめた上で正当な処遇を望みつつ韓日両国の友好親善の増進に一層努力してほしいと切々に訴えている。

たしかに自殺者金氏の生前の行為は、祖国政府に対する約束を守らなかったものであり日本の法律にも違反しているから、違法者には違いない。だが、死人に鞭打つべきでなく、彼のその行為を責めるまえにわれわれは、彼を死に追いやった原因や環境に目をむけなければならない。

大阪入管当局者の語るところによると、平常は全庁舎を暖房しているが年末年始の休暇のため暖房を止めて収容室に石油ストーブを入れたとのことである。日本のすべての官公庁もそうなのか?。被収容者が韓国人でなく自国民の場合どうしたであろうか?。警察の留置場などはいかなる方法で寒気を防いでいるのかは知らないが、職員の不在中は暖房を止める自体が同じ人間を差別したことにならないだろうか。自殺者の金氏が指摘したとおり日本人の韓国人に対する無意味な優越感情が――唾棄すべき差別意識が、こういうところにも作用していないと断言できるであろうか。

特別在留許可も不許可になった。自費帰国のための仮放免も保釈金がないために駄目になった。深い愛情に結ばれて一生をともにしようとした女性との人生の夢もこわれかかっている。すべての望みが切れて逆境におちたところへ石油ストーブという死への道具が舞込んできたのである。

いまさら事件を追跡してみたところで仕方がない。要は、金氏の死が無駄にならないよう、そして彼の遺志が生かされるよう為政当局者の誠意ある配慮を望んでやまないと同時に故人の冥福を祈るものである。

…それと同時に一方では勝共統一というわが民族の第二の光復を進める土台がますます強固になると同時にこれを妨害しようとする北傀共産集団の蛮行もまた頻発しています。

昨年の一・二一事件にひきつぎ最近の蔚珍・三陟に対する共匪の侵入など、北傀の最後のあがきはしだいに積極化しています。しかし賢明なる大統領閣下の領導のもと、すでに二五〇万の郷軍が国土防衛に顕著な功績をたてており今後北傀がどのような策動を弄しても、鉄壁のような防衛態勢がわれわれの国土の安全を保障していることは実にたのもしいことであり、われわれ自身も士気をたかめいっそう積極的に祖国の戦いつつ建設する民族事業に参与することをちかうしだいであります。

尊敬する大統領閣下…

召集公告

第三十三回定期中央大会
第十四回定期中央委員会

公告

第十四回定期中央委員会ならびに第三十三回定期中央大会をつぎのとおり召集する。

中央議長　金　光　男

記

①第十四回定期中央委員会
三月二十五日午前十一時、日傷会館
東京都新宿区市谷村町四二(電話二六九－八一五一)

②第三十三回定期中央大会
三月二十六日午前十一時、千代田公会堂
東京都千代田区九段南一－六－一七(電話二六一－九五四〇)

決議文

本日われわれ東京地区に居住する在日韓国人代表五千名は、五十年前わが愛国先烈たちが、祖国の独立と民族の自由のために、日本帝国主義に対して挙族的な抗争に立ち、わが民族史上不滅の金字塔をうち樹てた三・一独立運動第五〇周年記念日を迎えるにあたり、ここ東京において盛大な記念式典を挙行し、引続いて在日韓国人の生存権を左右している法的地位および待遇問題に関し、その矛盾と不合理の是正を、われわれの日本社会における歴史的な権利として要求する在日韓国人の法的地位および待遇に関する要求貫徹中央民衆大会を開催し、特に最近、日本大学校における韓国人子女の入学拒否、または大阪入管に収容された一韓国人が、自費出国を前にして焼身自殺を遂げた等の事態を、われわれをめぐる氷山の一角的厳粛な事実の一つとして注目しつつ、本大会の総意に基ずき次の通り決議するものである。

一、法的地位および待遇問題における矛盾、または不合理な点を、早急に是正せよ。

一、一二六－二－六の外国人登録証所持者に対しては、無条件に協定永住権を与えよ。

一、協定永住者に対しては、安定した生活のための待遇をせよ。

一、一般永住希望者に対する審査基準は、協定永住権に準ずるものとせよ。

一、協定永住者の家族に対する追放と、在日韓国人に対する同化政策をやめよ。

一、在日韓国人代表をふくむ、韓日共同の法的地位委員会を設置せよ。

一、われわれは在日韓国人に関する法的地位および待遇問題が、われわれの正当な要求通りに解決されるまで、団結して闘争する。

一九六九年　三月一日

在日本大韓民国居留民団
法的地位要求貫徹中央民衆大会代表　李裕天

朝総連の妄動活発化
共産分子の侵透を防げ

組織の防衛 強化せよ

国会調査団に失望
知ろうともせぬ態度
民団との懇談で無策暴露

韓国人に不利な立法せぬ
法地位・入管法の改正問題などで
李団長ら日本国会委員らと懇談

日本はスパイの天国
民団もねらわれる
警視庁が発表　北傀の暗躍相

賢明な配慮を要望
佐藤首相に送るメッセージ

新聞協会の主催で
仲よく語り合う三候補

本国旱害救援運動完了

本国旱害救援誠金拠出者名単

昨年、韓国を襲った七十年来未曾有の大旱害は、湖南の全地区およぴ嶺南地区一帯に、甚大な被害をもたらして数百万に達する罹災…

…る七万ドルはさる十月一日の「国軍の日」記念祝典に参加するため帰国した全国団長一行が、朴大統領閣下に直接伝達し（既報）。残…

各地方本部別明細

本部	金額
東京	7,665,277
神奈川	914,500
千葉	599,100
山梨	371,300
栃木	494,500
茨城	631,400
埼玉	1,280,900
三多摩	863,500
群馬	627,500
静岡	648,280
長野	895,000
秋田	22,000
福島	176,000
宮城	100,000
北海道	599,900
青森	264,500
山形	130,400
岩手	200,000
新潟	700,000
石川	309,000
福井	93,200
富山	108,500
愛知	1,159,850
岐阜	655,100
大阪	3,666,858
兵庫	2,769,963
京都	2,339,410
奈良	590,800
滋賀	300,000
和歌山	79,000
三重	205,000
広島	
岡山	238,000
鳥取	150,000
島根	47,600
山口	725,850
福岡	
長崎	
佐賀	50,000
大分	150,000
宮崎	107,700
熊本	
鹿児島	
対馬	
愛媛	65,700
徳島	10,000
高知	
香川	18,200
韓青	
婦人会	286,000
軍人会	
韓学同	
中央本部	198,100
八日会	200,000
岡山商銀	50,000
静岡商銀	50,000
熊本商銀	10,000
敬友会	300,000
その他	1,300
総計	32,119,118

京都 ①

（各名単の敬称は略し金額の単位は円）

4面へつづく

のびゆく民族金融機関

各地信用組合便り

盛大な記念式典を計画　東京商銀

…十五周年を迎えるが、これを記念して来る五月十七日日比谷公会堂において盛大な記念式典を行なう。

記念式典においては、永年勤続者への表彰をはじめ総代（一三七名）会を開催して一大預金獲得運動への決意を促すとともに、全組合員にチュウセンでカラーテレビ、流し台、ステレオ、電気洗濯機など豪華な賞品を送ることになっている。また、当日には本国から輸入した映画「二十才の国軍」「三・一節」などを上映するとともに…

同組合の業績は、全国六百七十信用組合のうち六十二位、韓信協で三位を占めているが、創立十五周年を迎えた今年からは、一層の飛躍を期して「十五周年記念特別定期預金」や「世界一周旅行定期積金」などの特別預金を取扱い、在日同胞の利用と協力を望んでいる。

大阪興銀で世界一周産業視察団

在日民族信用組合のトップクラスの地位にある大阪興銀（李熙建理事長）では、…

…なお、同視察団の経費は七〇万五千四百円で参加希望者は同信用組合本店総務部（電話大阪七七二－一三八一番）へ照会のこと。

横浜商銀創立七周年記念祭盛大

李理事長

横浜商銀信用組合（李鍾大理事長）では、さる十七日午前十時から…

北海道商銀目標額修正

創立以来三年有半を迎えた信用組合北海道商銀（朴準龍理事長＝写真＝）では、さる第十七回理事会で承認された第一次事業計画が三月一日現在で目標額をはるかに超える好成績をえたので、これを一…

記録映画「高麗村」完成

遠いむかし、日本の文化創にわれわれの先祖たちが日本に来し、すぐれた文化を日本に…した遺跡が全国にたくさんあるが、永い歳月のあいだにそれ…貴い遺跡がひとつひとつ消えていく。これを座視するのに忍び…永久に伝えて保存しようとす…画がこのほど完成した。

すなわち記録映画「高麗村」…四巻がこれでKPニュース社…

本年度母国留学生名単発表　第一次一二五名

国会から在日同胞実態調査団

尋ね人

永松女史救援金

熊本商銀		3,000
静岡商銀		10,000
和歌山本部		10,000
和歌山		17,250
奈良	〃	106,700
長野	〃	117,300
三多摩	〃	50,000
香川	〃	7,000
埼玉	〃	148,982
東京	〃	136,000
新潟	〃	30,000
大森	〃	26,000
大阪	〃	224,800
合	計	887,032

会長に全萬洙氏　忠清道人会

ヘリコプター募金状況（18日現在）

403

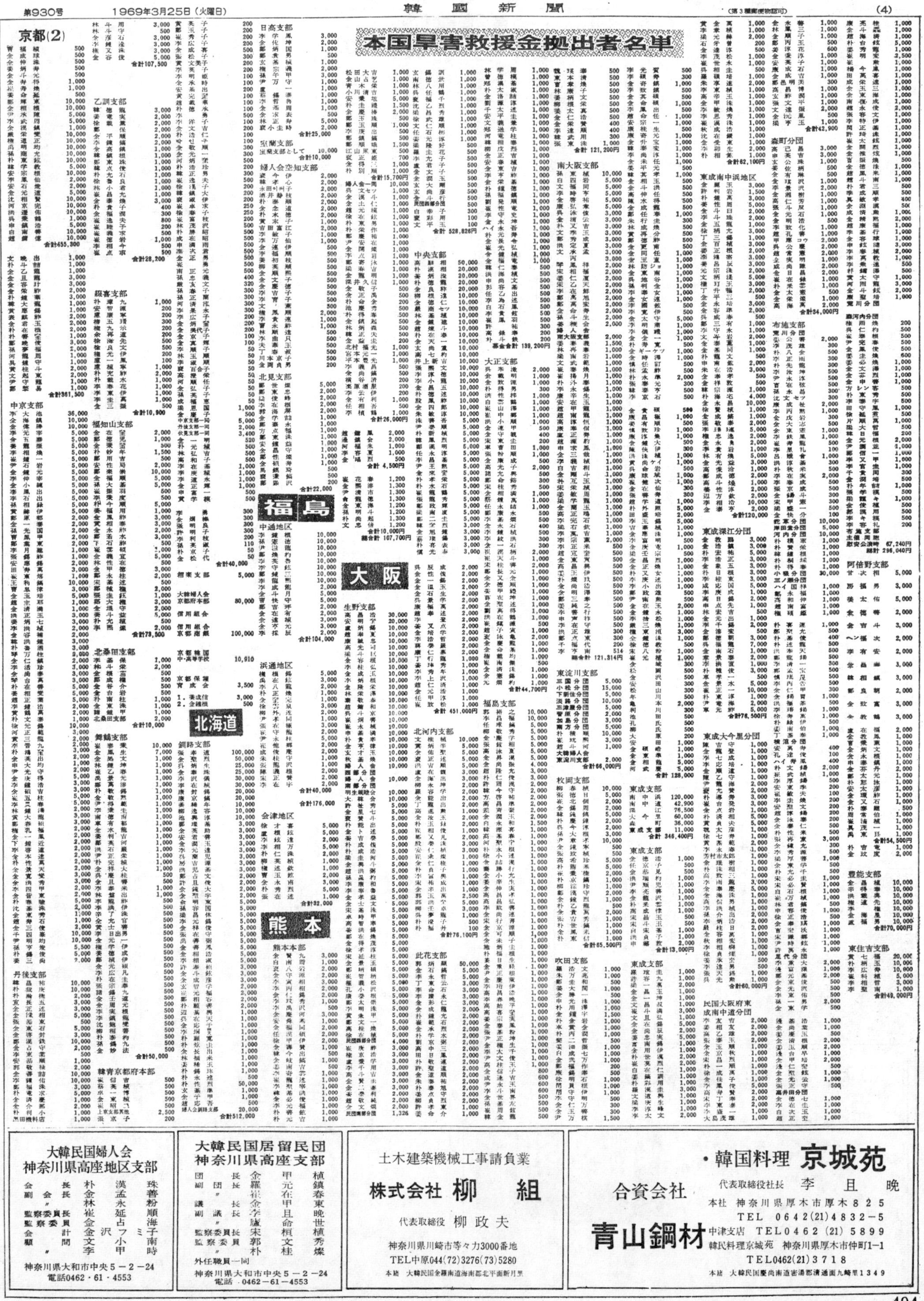

本国旱害救援金拠出者名単

京都(2)

乙訓支部

綴喜支部

福知山支部

北桑田支部

舞鶴支部

韓青京都府本部

丹後支部

中京支部

日高支部

室蘭支部

婦人会空知支部

北見支部

福島

中通地区

浜通地区

会津地区

熊本

熊本本部

北海道

釧路支部

大阪

生野支部

中央支部

北河内支部

此花支部

大正支部

福島支部

南大阪支部

東淀川支部

枚岡支部

吹田支部

東成支部

東成南中浜地区

東成深江分団

東成大今里分団

森町分団

布施支部

阿倍野支部

豊能支部

東住吉支部

教育の機会均等訴え

在日同胞の立場を理解さす

大阪で 進学問題懇談会

最初の試みに大きな成果

高校進学についての差別撤廃のため真剣な意見交換が行なわれた（立っているのは金晋根大阪本部団長）

民族的誇り持て

韓日相互の協力必要

大阪韓高卒業式

入試には差別なく 優秀な生徒も多い

韓青全国代表者会議3・1声明

"入管法"断固と阻止

法地位解決へ 闘争委員会設ける

在日韓青年同盟（金宰淑委員長）では去る三月一日全国代表者会議を開き、つぎのような声明文を発表した。

金宰淑委員長

四月から開校

埼玉にも韓国学園

東北韓国学校が誕生

三沢の鍾寓浩氏が一千万を投財

神奈川学校期成会任員

神奈川学校期成会のもよう

女軍訓練所入所に感激

婦人会東京本部

帰りさく小畑実

夕張支部役員改選

90名が表彰受ける

三・一節参観団帰団報告

国会議員迎えて時局懇談会開催

北海道本部で

一位は横須賀の金氏

第一回同胞囲碁競技大会

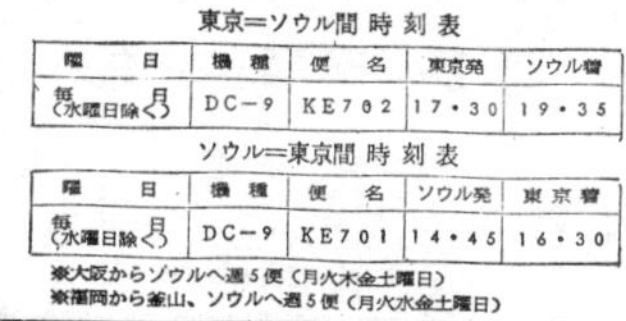

写真は囲碁大会のもようとAグループ一位の横須賀の金氏

民団北海道釧路支部

〈紹介〉

紹介版によせて

組織の体質改善を

団長　朴　性　烈

写真＝日本さい果ての地に韓民族の存在を誇示するわが民団事務所

歴代団長

代	氏名	期間
初代	金元燕	1951—1953
2代	高南河	1953—1955
3代	呉丙生	1955—1957
4代	梁昌休	1957—1959
5代	池興淳	1959—1961
6代	姜稀年	1961—1962
7代	金聖烈	1962—1966
8代	池興淳	1966—1967
9代	朴性烈	1967—

在留同胞みなさまへ

議長　姜　稀　年

われわれの歴史を今一度振り返って見よう

一九四五年八月十五日の解放以前は、日本の政治的、経済的圧迫のもとに特に特高警察の特横下で苦しんでいた世界に類例のない特異な社会（日本の戦争がたけなわになって労働力不足の為、赤紙「徴用令状」によって連れられて来た時代）は今さらいちいち羅列するまでもなく我吾在日同胞にとって、異国では決せない暗黒時代であった。

日本の敗戦と同時に勝ち取った三千万全民族が、祖国解放の感激と独立のよろこびを歓歌し、自由と光復の旗を堂々と掲げ独立国民として巨歩を勇壮活発に邁進し、黎明の鐘の音が響き渡ったのであった。

その歓喜と感激に満ちた三千万民族の祖国建設曲が、三千里山江に振動していたときがはや二十三年前であった。祖国の山江には不幸にもポツダムでの米英仏中ソの秘密協定により、三十八度線が国境に非ずの国境として国土は両断され民族の民生と政治は分裂し、南北相克の衝突と対立にて一九五〇年（昭和二十五年）六月二十五日、共産赤軍の侵略によって美しい国土と、綺麗な街を灰燼にし同族相殺戮の悲劇を演出してしまったのであった。

この民族史上未曾有の惨憺な祖国動乱も、世界の耳目を集中した休戦会談の波乱曲折を経て一九五三年（昭和二十八年）七月二十七日南北統一を見ることなく全民族の願望である三十八度線を再び残して休戦と云う名のもとに、一応の幕を閉じたのである。

時は流れて一九六五年（昭和四十年）（十二月十八日）両国中断されていた韓日協定が発効し、日影的な存在であった我吾在日同胞の法的地位が明確にされたのである。

韓日協定によって、国交が回復された今日であっても全日本政府の差別政策による差別的待遇には別に本質的な変動はないのであるが、我吾在日同胞は強い忍耐力とたゆまない努力によって少しづつ生活の基盤を築き、長い厄関経歴によって又韓日協定によって永住権の許可申請をすることにより、我吾は何時までもこのまま日本に永住出来るようになったのである。

自覚と反省で新しい時代を再確認しよう

韓日協定所謂国交回復によって両国の大使や領事が交換されて今や新しい局面を展開している今日我吾は立派な独立国家の国民としての誇りを持ち、外国に在留する大韓民国の国民として誰にも恥かしくない立派な態度と安定した生活の能力を持たなければならないことは勿論である。

我吾は過去の実績と伝統のもとにテンポの早いこの現代社会が要求する姿勢を再認識しなければならないのであります。

我吾が日本に来てから進歩なしに二十数年になるのであるが、大半は人間一代にとって一番良い青春時代を遥か離れた異国で棒に振ったのであります。

他国生活二十数年の間、一体何をしたか？　お金を儲けた……一体どの位儲けたか？　勉強しました……一体何を学んだか？　腕を磨いた……一体何の技術を身に付けたか？　誰も答える言葉に窮するでありましょう。

昨今全世界は目まぐるしく動き廻って行って居ります。世界のことはさておき、我吾の身近な日本の社会を見ても政治経済の政策は非常なテンポで進んで行っております。

これからは商売をするにも大きな資本と、優秀な商売技術が益々必要になって参ります。ややもすると現代社会からみんな置いて行かれます。外国に住んで居る我吾は若しそうなった時どうなるでしょう。

大使館や領事館、民団は私達の為にある

我吾韓国人は、立派な独立国家の国民であります。我吾を守るためにわが国の政府が大使館を設置して大使を派遣し、領事館を設置して領事が来ており、またわが居留民団が皆さんを守ってくれているのです。

大使や領事、また民団が一体何をしてくれたかとおっしゃる方がもしもおられるならば、一人一人がお金に困った時お金をくれたり商売が出来ないから商売をさせてくれたりはしてくれませんが、身近な問題で例を上げると何十年振りに父母兄弟と会うために祖国へ行って来たい、また来てもらいたい。アメリカやドイツ等外国へ行って見て来たい等の旅券関係、また結婚や子供が生れた時等の戸籍関係、子供を本国や外国の良い学校で勉強させたい人のための教育関係、事業をやっている人達の貿易関係、また日本政府と私達の身辺に起るいろいろな問題を私達のためになるよう国際的に処理しておるのです。独立国でありながら国交が断絶し、大使や領事また民団がなかったらどうでしょう。私達にとって昔通りの暗黒時代が続くでありましょう。

大使や領事また民団が私達の後にいて、私達を見守っているからこれが目に見えない大きな力になっているのであります。

大使館や領事館は在日同胞の本家であり、民団は在日同胞のたった一つの役所の窓口であります。どんな手続きも又どんな問題をも処理しております。何かとお困りのことや御相談は民団へ御連絡下さい。

（写真は姜議長）

基本的使命はたせ

監察委員長　池　興　淳

民団創立の基本的使命は、民団綱領五項目の綱領の中に明記されている。これを充実に守ることが、その使命であることは言をまたない。創団以来二十数年、僑胞の福祉の為に色々と工夫行動した事は事実である。しかし乍ら私自身、過去をふりかえってみる時に、無為無策で動いたとしか思えないふしが多々ある。民団は中央集権制であるために、全てが中央の指示通りに動かなければならぬ。五十近い地方本部と三百の支部を、その管理監督は中央といえども、その末端に至るまでしんとうしていない。いずれも権力、金力がものを云って、はばをきかせる。かりに地方代議員の中で中央の最高責任者となることは大変な事であり、またその座についたとしても統制がとれず、責任なしに終ってしまう。その権限が二年間、案がまとまるまでに一年がたち、実行に移す段で交代、仕事らしい仕事も出来ず任期が終る。結局前の執行部の施策の踏襲というものは一つもなく、また新執行部の別の案が提起される、何時になっても、みのりのある施策は実行されず、有や無やの内に今日に至っている。これは重大な問題と云はなければならない。基本的使命を逸脱して政治勉に没頭した人もおれば、その施策の全般を朝総連との対決にあるような闘争一本調子でごまかしてしまう。勿論、大韓民国の国是を遵守する条項ではもっともな事である。しかし、それだけで使命を果せたとは云えない。民生安定、民権擁護も施策の重大な使命である。文教施策で、韓国学園が設立されて、民族教育を行なってはいるものの民団の中堅幹部養成はやっては見ても成功しない。最近ようやく全国各主要都市に、商銀が設立されていても、これも僑民社会と直結しないものがある。

民権擁護問題については韓日協定が出来、協定永住権なるものによって正当な人間確立、居住の権利がその協定内容によって、かえって、マイナスの面が大きく出ている事も事実で成果が上らない、いづれの面を見ても早急に、解決しなければならない問題である。いかにしてその基本的使命を果すか、これからの重大な課題と云はなければならない事だと痛感する。最後に、今年は中央団長を選ぶ全国大会も近づいている。われわれは真に公僕となるような人士を新団長に選出しなければならない。

（写真は池監察委員長）

釧路同胞社会の発展につくすひとびと

第四代目団長・現顧問　梁昌休氏

元団長・現顧問　呉丙生氏

根室分団長　金相浩氏

婦人会々長　辺辛花氏

戦後韓国人帰国に尽す

元顧問　馬善册

民族意識の昂揚へ

韓国学園釧路分園

分園長　鄭璨基

教師　金英助

発展する韓青

委員長　尹武雄

私達は一九六八年十月に韓青道本部の方針、釧路支部団長、各役員のあたたかいご支援ご協力をもちまして結成いたしました。

無事役員も決定し、まだこれといった目標は決まってはおりませんが一個人一人一人が韓青の一員として、ほんとうにこれを必要とし自分達のものとして確実に一歩一歩前進、発展させていきたく毎月一回の集会を開き、ゼロからスタートして私達独自のあたたかい家庭的なふんいきで、文字どおり有名無実になることなく発展させていきたいと思っております。

（写真は尹委員長）

釧路支部各機関現役員名単

役職	氏名
顧問	呉丙生　梁昌休　金奉珠　金聖烈
議長	姜稀年
副議長	康封錫
監察委員長	池興淳
・委員	金長出
団長	朴性烈
副団長	康京鎬
執行委員	鄭煥基
委員	金英助
事務部長	朴性烈
総務課長	鄭燦基
組織課長	尹武雄
経済課長	康京鎬
民生課長	鄭燦基（兼）
文教課長	孫泰逵
宣伝課長	崔武雄
無任所課長	張奉道　李元達
事務員	鄭日出子
雇員	岡正義
婦人会々長	辺辛子
韓青委員長	尹武雄
学園長	鄭璨基

韓國新聞

発行所 韓國新聞社
在日大韓民国居留民団 中央本部宣伝局
東京都文京区春日町 2丁目20－13
編集 (813) 2261～5
業務 (812) 0673
定価 1カ月100円
振替口座東京 34988番

在日本大韓民国居留民団

綱領

一、われわれは大韓民国の国是を遵守する
一、われわれは在留同胞の権益擁護を期する
一、われわれは在留同胞の民生安定を期する
一、われわれは在留同胞の文化向上を期する
一、われわれは世界平和と国際親善を期する

第33回定期大会終る

中央三機関新しく選出

団長 李禧元氏・議長 朴根世氏・監委長 張聡明氏

李団長

朴議長

張監委長

任期満了の改選 大会経緯

1969年度割当金一覧表

本部名	割当金額 月	割当金額 年
東京	350,000	4,200,000
神奈川	100,000	1,200,000
千葉	40,000	480,000
山梨	10,000	120,000
栃木	40,000	480,000
茨城	30,000	360,000
埼玉	40,000	480,000
三多摩	30,000	360,000
群馬	30,000	360,000
静岡	30,000	350,000
長野	20,000	240,000
秋田	10,000	120,000
福島	10,000	120,000
宮城	40,000	480,000
北海道	100,000	1,200,000
青森	30,000	360,000
山形	10,000	120,000
岩手	10,000	120,000
新潟	40,000	480,000
石川	20,000	240,000
福井	30,000	360,000
富山	10,000	120,000
愛知	200,000	2,400,000
岐阜	30,000	360,000
大阪	400,000	4,800,000
兵庫	200,000	2,400,000
京都	200,000	2,400,000
奈良	20,000	240,000
滋賀	20,000	240,000
和歌山	30,000	360,000
三重	30,000	360,000
広島	100,000	1,200,000
岡山	50,000	600,000
鳥取	10,000	120,000
島根	10,000	120,000
山口	80,000	960,000
[illegible]	100,000	1,200,000
[illegible]	30,000	360,000
[illegible]	10,000	120,000
[illegible]	10,000	120,000
[illegible]	10,000	120,000
[illegible]	10,000	120,000
[illegible]	10,000	120,000
[illegible]	10,000	120,000
[illegible]	10,000	120,000
[illegible]	10,000	120,000
[illegible]	10,000	120,000
計		

在日教育憲章を制定

民団中央文教局では、「在日韓国人教育憲章」を制定、その草案を第十四回中央委員会に提出、さきに採択された「教育憲章」とは別に、在日韓国人の特殊性を考慮し、日本での生活を通して民族姿勢を堅持し、子弟の教育理念を確立することを目標としたものである。

在日韓国人教育憲章

われわれは、日本帝国主義の韓国侵略の歴史的過程において日本に来て居住するようになった。すでに民族が解放され、祖国が独立したが、この地で生活の土台を築いてきたわれわれは、日本社会の偏見と差別にも拘らず、引きつづき居住しているのである。かくして、われわれおよびわれわれの子孫は、祖先の歴史をうけ継ぎ、母国を望みつつ異国に住むようになったが、韓国人として生きてゆくことがまことの生きる道であることを信じて、われわれの子孫にも民族の輝かしい精神と伝統が末ながくうけ継がれてゆくことを願い、ここに民族教育の要締を明らかにし、その指標を立てる。

われわれは、同族として、なんびともまぬかれない同一の歴史的運命の下に、われわれの言語をはじめとする固有の文化的伝統を同じくすることにより発生する共同体意識とあくまでも民族の一員であるという自覚を持つことによって、民族的結合を達成する。このような民族意識と伝統の固有性により啓発され、異国という環境の支配や異質文化の影響によっても同化されない健全な人格を完成する。これこそ人間たるしるしであり、この地における民族的存続のためのわれわれの神聖な任務であり、まただれも侵害し得ない基本的権利である。

われわれは、民族的啓発とともに、国民としての教養と海外生活に必要な技能を併せ備え、たとえ異国にあっても、全民族との一体感を持って、祖国建設に寄与することを誓う。栄光ある統一祖国の前途を望見し、民族的主体性と大韓民国国民としてのほこりをもって海外生活を営む。在留同胞の安定と発展をもたらす使命感を持って、権益のため果敢に闘争することにより、同胞の前途を開拓する。国際社会にあっては、祖国の栄光をあらわにし、真の理解を基盤とした友好親善のため努力し、逆境にあっても力強く生きてゆく堅い信念と強い身体で、もって生まれた才能と能力を発揮し、限りなき繁栄を享有する。

一九六九年三月二十五日

在日本大韓民国居留民団

第三十三回定期中央大会

新しく構成された執行部

団長 李禧元
副団長 尹達鏞 (税務担当)
〃 池昌男 (財政担当)
事務総長 李成甫 (留)
次長 朴炳憲 (前総務局長)
総務局長 宋鎬用 (前総務次長)
組織局長 姜錫憲 (新)
〃次長 金悌悕
兼経済局長 池昌男 (副団長)
〃次長 李鍾舜
兼民生局長 尹達鏞 (副団長)
兼〃次長 李鍾舜 (留)
兼文教局長 李成甫 (事務総長)
〃次長 姜仁煥 (留)
宣伝局長 金潤 (新)
次長 李杞雨 (留)
宣伝委員長 金宰淑
組織委員長 金成一
韓国新聞社長 鄭炯和
税務対策委員長 李鍾鳴
法対委事務局長 尹翰鶴
経済委員 金斗昌

理性と良識もって

新執行部力強く発足

李事務総長

第三十三回定期中央大会で次団長に当選した李禧元氏は、新執行部の構成を急いでいたが、「一〇日以内に発表する」との大会での約束とおり、四月四日別項のとおり各局長次長ならびに各専門委員長らの名単を発表した。

なお、旧執行部との事務引継は、五日の午後中央本部団長室で行なわれ、新執行部はめで度く発足した。

新執行部の発足にあたって事務総長に留任した李成甫氏は、大要つぎのような所見をのべた。

李禧元執行部は、ここにすべて……

李禧元氏のあいさつ

活動方針案を承認

第14回定期中央委員会

第十四回定期中央委員会は、三月二十五日東京都内の日本……

世界の与論に訴える

金相賢議員が 同胞問題を国連に告発

八達山

全日制韓国学校設立及び生徒募集案内

東北韓国学校

学校概要及び一九六九年度学生募集要綱

学校所在地 青森県三沢市後久保五一一 (東北本線三沢駅下車 急行・特急停車)

規模 学生四〇名収容(教室、食堂、寝室、浴室等完備)

対象 在日韓国人男女、中学卒業(一五才)以上、国語初歩者

教育課程 国語(文教部発行 上・中・下及び会話)、教養(国史、地理、其他)、実務(経理、会計、簿記)

修業年限 一年

教育方法 日課表─全員寄宿舎収容

〇七・〇〇～〇八・三〇 起床、体操、朝飯
〇八・三〇～一二・〇〇 午前授業(四校時)
一二・〇〇～一三・〇〇 中食
一三・〇〇～一六・二〇 午後授業(三校時)
一六・二〇～一七・三〇 清掃、食事準備
一七・三〇～一九・〇〇 夕食
一九・〇〇～二一・〇〇 夜間共同学習(読書、其他)
二一・〇〇～二二・〇〇 自由時間・就寝

学費 授業料、寄宿舎費等合計月一万円 但、今後奨学制度実施予定

其他 ①母国訪問修学旅行実施 ②卒業後本国就職斡旋

一九六九年度学生募集 募集人員 四〇名 募集期限 一九六九年四月一〇日

接受処 青森韓国教育文化センター (電話〇一七七二－二－四三六)
民団青森地方本部 (電話〇一七七二－三三七－二六五一)

問議処 同右

在日韓国人社会の実態

金相賢議員の国会報告から

(4) 法的地位協定の問題点

不当な強制退去条項
民族運動も弾圧の危険

強制退去

(承前)日本政府の協定締結目的のひとつとして強制送還をあげることができる。「強制退去令の目標を円滑に実施するためには韓国政府の協力を要し、この協定を締結するのが有利であるとの判断によったのである」「悪質な韓国人の本国送還の道をひらいたのは大きな前進である」(椎名外相発言)、「犯罪韓国人を引受けることを決議した韓国政府当局者に対して、敬意を表するしだいである」など強制退去に関しては、協定永住権者が協定第三条の(A)(B)(C)(D)に該当する場合だけでなく、いままで出入国管理令によって退去命令をうけた韓国人を韓国側が大部分引受けるのを拒んできたのであるが、この協定によって韓国政府が、それらを引受ける義務を負うことになった。討議記録によると「協定の効力発生後は出入国管刑に関する日本国の法令規定により、日本国からの退去を強制された大韓民国国民の引渡しに関して大韓民国政府は協力する方針である」と非永住権者の強制退去を完全なものにした。協定に定めた協定永住権者に対する退去強制の事項はつぎの四項目である。

(a)日本国において内乱に関する罪または外患に関する罪によって禁錮以上の刑に処せられた者(執行猶予を判決された者および内乱に附和随行したことにより刑に処せられた者を除く)

(b)日本国において国交に関する罪により禁錮以上の刑に処せられた者および外国の元首、外交使節またはその公館に対しての犯罪行為により禁錮以上の刑に処せられた者、つまり日本国の外交上の重大な利益を害した者。

(c)営利目的によって、麻薬類の取締りに関する日本国の法令に違反して無期又は三年以上の懲役または禁錮刑に処せられた者(執行猶予の判決を受けた者は除く)および麻薬類の取締に関する日本国の法令に違反して三回(ただしこの協定の効力発生日前の行為により三回以上刑に処せられた者に対しては二回以上)刑に処せられた者。

(d)日本国の法令に違反して無期又は七年をこえる懲役または禁錮に処せられた者。

以上が強制退去理由の四項目であるが、日本政府当局者は「外国人には、その国で居住する権利をもつということはありえない」とか「日本政府として、このような弱い態度でどうするつもりか、外国人である以上、悪事をはたらけば、つぎつぎに国外追放をせざるをえない」などまったくナンセンスにすぎない発言をしている。これは今までの在日韓国人の歴史的背景を無視し、在日韓国人の基本的人権を剥奪し、在日韓国人をひきつづき抑圧しようとする当局者の植民地的考え方をそのまま反映したものではないかと思われる。

日本当局者は、この四項目は、一般外国人に適用する出入国管理令第二四条の退去強制理由を大幅に緩和したもので、在日韓国人の特殊な立場を考慮したものであるとうそぶいている。

ここで、出入国管理令第二四条の退去強制理由とはどんなものか①不法入国②不法上陸(旅券があっても許可なく上陸したばあい)③不法一時上陸(一時上陸許可なく上陸したばあい)④在留中に一定の理由に該当したばあい⑤上陸手続中仮上陸許可によって上陸した者が許可条件を違反したとき⑥上陸許可の期限をこえて不法残留したばあい⑦出生、日本国籍離脱などのばあい、在留資格を取消されたのち六〇日をこえて残留したばあいなどである。

またここでの一定の理由とはつぎのような一五種類がある。①資格外活動者②不法残留者③癩患者④精神障害で病院に収容されているばあい⑤貧困者、放浪者、身体障害などで生活上、国家または地方公共団体の負担になるばあい⑥外国人登録違反で禁錮以上の刑に処せられたばあい⑦麻薬、大麻、阿片の取締りに関する法律刑法「阿片に関する罪」により有罪(罰金も含む)になったばあい、⑧⑥⑦⑧に該当するばあいをのぞく無期又は一年以上の懲役又は禁錮に処せられた者(執行猶予をのぞく)⑩売淫およびそれと関係の職業に従事する者⑪他国人の不法入国又は不法上陸を幇助しまたは協助した者。⑫日本国憲法またはそのもとで成立した政府を、暴力で破壊することを企図又は主張し、これを企図主張する政党、その他の団体を結成したり、これに加入またはこれと密接な関係をもつ者⑬1公務員に暴行を加えまたは公務員を殺傷することを勧奨する政党又は、その他の団体　2公共の施設を不法的に損傷又は破壊することを勧奨する政党その他の団体　3工場、事業場での安全保持施設の正常的維持または運行を停廃し、または妨害する争議行為を勧奨する政党その他の団体　⑭⑫または⑬に規定された政党その他の団体の目的を達成するため印刷物、映画その他文書図画を作成し、頒布または展示した者、⑮①—⑭まで列挙した者のほか、法務大臣が日本国の利益または公安を害する行為をしたと認めた者となっている。

出入国管理令第二四条自体が本来、一般外国人を対象にするとはいえ実質的には在日韓国人を対象としているのである。事実上現在も強制退去事件対象者の殆んどは韓国人であり、協定永住権者以外の者に対しては管理令の退去強制条項が適用されており、そればかりでなく、協定退去事由が管理令のそれを大幅に緩和したのかどうかに実質的な問題がある。協定退去強制事由に特に問題になるのは前記(a)(b)両項である。

(a)項に関して内乱罪というものは「政府をくつがえす目的で暴動を起し、その予備とか陰謀をすること」であるという。外患罪に対しては外国政府とともに日本に対する武力行使をするばあいとか外国の日本に対する武力行使において当該外国の武力行為時に当該外国に加勢し当該外国の武力行使を有利にする有形無形のすべての手段をあたえることであり、当然、予備とか陰謀も含まれる。米日安保条約による在日米国軍の軍事上の利益を害する行為も含まれている。

したがって内乱罪、外患罪には刑法により死刑、無期、禁錮の三種類の刑しか無く、禁錮以下の刑が宣告される余地はまったくないのである。内乱外患罪を犯せばかならず禁錮以上の刑に処せられるのである。したがって協定文にいかにももったいぶって「禁錮以上の刑に処せられた者」と言及しているがこれはまったく無意味な表現である。この項目がはさまれたのは退去強制理由はきびしく制限されており「禁錮以上の刑」に処せられた重罪者だけを強制送還するとの印象を与えるためのようである。

(b)項に関して「国交に関する罪」とは、外国に対して侮辱を加える目的で、その国家の国章をこわすとか汚すため、又は戦争に勝利を得るため外国に対して戦争挑発準備や陰謀のため、日本政府が発布した中立命令にそむき交戦国の一方に参加したりする行為をさし、また(b)項後段は「外国の元首、外交使節またはその公館に対しての犯罪行為により禁錮以上の刑に処せられた日本国の外交上の重大な利益を害した者」と定めている。

外国公館というのは「公館とは所有者を問わず大使館または公使館として使用されている建物またはその一部およびそれに附属している土地(外交使節の住居も含む)をいう」(合意議事録)

以上の行為により禁錮以上の刑に処せられた者に対して「日本国の外交上重大な利益を害する者」との判断が法務大臣の決意的認定にゆだねられる点も極めて危険である。また本項に対しては裁判上執行猶予になっても強制退去を免がれることができない。(c)項の麻薬犯罪者と(d)項の重犯罪者に関しては、刑罰法令によって処刑された者は刑期を了えればそれで法律上の責任は一切解消されるべきであり、その上に国外追放という処分を行なうことは、ひとつの行為に対して二重の処罰をすることであってまったく不当なことである。

元来永住権という内容は強制退去ということがあってはならないものだと思う。それは永住権ではなく一種の条件付居住権にすぎないものだとみなされるしかない。

以上から見て特に(b)項は「日本国の外交上の重大な利益を害する」という曖昧な規程があり、これによって在日同胞の健全な民族運動も弾圧を受け、自由意思表現の権利も抹殺される危険が大きい。またこれは永住権を賦与されていない多数の同胞は現行法の適用をうけ、しだいに窮地におわれていくのである。

(つづく)

意欲的な活動方針

第33回中央大会において、投票をまえに三候補の握手上、審判下って開票函をあける(中)。中央委員会のもよう(下)。

総務局

一、事務体系と任職員の保障＝本団の重要活動において往復する文書は、直接われわれの死活問題に関連されており、その取扱の迅速と処理ならびに保管においては、多くの神経を使う。とくに技術的な処理方法とか書類式を統一されるよう行政面の指導を強化する。

全国組織に就任している任職員の保障問題もまた速やかな対策が要請されており、組織実務者ならびに新しく登用される人事の取扱いには、慎重を期しその身元と環境の調査を厳重にし、本団の権威が損失されないよう望むものである。

二、納付制度の確立＝本団は、自主自治自活する組織であるから、その運営財政の困難は、団務執行活動の欠陥が原因となっており、割当金の不振もまた大体その原因とみられる。基本財政が不安定では、事業活動が一〇〇パーセント遂行できないのである。したがって諸般の事業に優先して、各自に負わされた任務として団費ならびに、割当金を完納し団の建全な事業の徹底達成をはかりたい。

三、会計処理ならびに財産の管理＝本団の会計は、複雑多様であるが、団員の誠意から拾出される公金の取扱いは、明確に節約して最大限に活用できるようすべきであり、会計事務の公明と簡素化関係規定などを考察して技能向上と公正化に注力したい。

民団財産を保護するために全国組織の会館と備品財産に対する管理を徹底にすることと民団と大使館の共同で「民族財産保護研究委員会(仮称)」を構成し、その具体的方案を研究したい。

四、渉外活動の徹底＝本団は渉外活動面が、他の部門に比べ低下している現実性を考慮して積極的にその拡大に注力する。①対日本国関係においては、日常生活と直接関連している入管と外務省、国会ならびに友好団体と一層緊密に活動したい。②本国との関係においては、本団と在日同胞の実情を政府(行政府、国会など)と言論人たちに強力に活動し、本国の認識を高め、本団の諸般活動に対する関心をに注入し、本団がもつ使命と目的を効果的に成就させたい。

五、中央会館の建立推進＝第五第九回中央委員会の決定事項を土台に継続事業として推進したい。

組織局

民団は、反共の旗じるしのもと在日同胞の権益擁護と祖国大韓民国の繁栄に寄与するための諸般の事業を推進している。したがってその目的を達成するための基本的作業である組織の強化がつねに要求されており、とくに現時期において一層それが強調されている。

最近の武力衝突にまで発展した中・ソ両国関係、日本における七〇年安保問題、本国における北傀の破壊活動の熾烈化などわれわれ周囲の客観情勢は、決して明るいとはいえず組織自体が当面している多くの難関を勘案するとき、なによりも組織の強化された態勢の確立が要求されている。

このような意味で組織局は、今後、組織の自主性と体系確立ならびに組織防衛を中心に組織の再整備と強化を果敢に実践し、中央組織学院を軌道にのせて既成幹部を教育すると同時に若い中堅幹部を錬育を訓練育成し世代交替による組織の体質改善を推進、内外に関する資料の整備を行ない合理的な政策樹立の基礎を築く一方、[illegible]

経済局

[illegible]させることによって、民族資本育成機関である信用組合の使命が自覚されると思う。

④納税対策に関して＝全国納税貯蓄組合の中央機構を組織して全国機構を育成強化すべきは勿論、現実的な問題も解決しうる機能を発揮すべきである。

⑤協同組合の育成＝生活必需協同組合などを組織してこれを活用することによって、日本社会で受けうる恩恵をうけ、団員に実際的な利益が行きわたるよう組織が指導育成すべきである。

本国との経済交流問題＝現在在日同胞として国内の地域開発問題が相当な進展を見せているが、かぎられた集団別としてでなく、組織内に機能を倒殺して組織的に指導することが必要である。

財政確保に関して＝上記の経済機構を通じ、財政確保が正常化されるよう経済援護組織に力を入れるべきことは勿論である。全団員の団費の納付化による上納金の前納制即ち上納金の一年分を手形で前納し毎月分納していく制度が早急に実現されるべきであり、全国にわたる財政委員制も前記のような方法で、年間を通じて財政調達が先納制になれば毎月の収支予算が均衡化され、本団の財政は堅実になるであろう。

民団財産の保全と予算決算の調査＝本団が所有する全体財産が調査され、これに対する保全策が確立されるべきである。新執行部では本団全体の財産、予算決算の全貌が調査把握され、本団も計画性のある予算決算が実現されるであろう。

日本万国博覧会に関して＝一九七〇年三月一五日から、大阪で開催される万博へ韓国も参加することに決定、現在韓国館建設が推進されているが、これに対して政府民間が一致協力して国威宣揚ならびに韓国の国際的な宣伝を、効果的にすべきである。これにたいしての計画のうち本団としては日本万博後援会を組織して、政府に協助する一方参観者を招請して本国発展に寄与しようとする。

文教局

一、法的地位および待遇問題と永住権申請促進運動の継続

日本政府関係各級機関において合意事項の基本精神に違背する処理をしているのではないかとうたがわしい事例がときたまあるようなもので、本局としては地方本部から末端組織までその実態を調査し、これに対応する対策をうちたて不備な点の是正をひきつづき要求すべく努力する。永住権申請はいまだ不振状態にあるが、申請受理期間が今後二年たらずなので早急に永住権を申請するよう一般同胞を説得、周知させる促進運動を展開する。民団同胞だけでなく朝総連系同胞にも民団加入運動と同時に永住申請勧誘運動をすすめる。また従来の文書活動説明会のほか申請説得の専任役員を末支部組織内へ派遣し個別訪問など申請を代筆し実績をあげたい。

戸籍整備＝本国でも六・二五動乱以後混雑したことがあったが去年中に全国民が戸籍再整備法によって完全に整備作業をおえた。

海外同胞としても正しい戸籍を持つべきであり、その必要性と利点をひろく啓蒙宣伝し去年にひきつづきこの整備作業をおしすすめる。特に日本人と結婚して出生した子女の未就籍による財産相続など莫大な損害をまねくこともありうるので、婚姻、死亡、出生はもちろん、北韓出身者で韓国籍を取得しなかった同胞にいたるまで広範囲な戸籍整備を完全に実施すべく全力をかたむける。

教育委員会組織＝[illegible]したたてまえにより継続事業として推進する。

文化賞設置に関して＝在日韓国人の教育、文化、芸術、体育各部門に対する奨励とより専門的な面で在日同胞社会に寄与することを目的として文化賞をつぎのとおり設置する。

学術賞—人文、社会および自然科学分野で創意性を発揮し研究著作発表した者で、卓越な業績をたてた者。

芸術賞—芸術分野で多年研究創作発表した者のうちその業績が卓越した者。

教育賞—教育者として多年間職務に忠実であり民族教育機関の改善と発展向上に業績をおさめた者。

体育賞—在日同胞体位向上のため多年間体育面で力を尽すことによって業績をおさめた者。

母国留学生会館建立計画に対して＝一九六二年度からの在日同胞子弟の母国入学の成果をたかめるため、ソウルに留学生会館を建立し集団生活を通じて意義深い留学生活を送るべく留学生会館を建立しようとするものである。各地方留学生父兄会組織の基盤の上で会館建立期成会(仮称)を結成し具体的計画に着手しようとするしだいである。

其の他＝①第十一回在日韓国人体育祭は来る七月に大阪で開催される予定であるが第一〇回体育祭以上の挙国的祭典として推進することにする。②既成分校・学園の拡充強化③在日同胞教育指導書、の制定。

民生局

[illegible]

職業斡旋運動＝同胞企業体の実態調査をおこない就職希望者を適材適所に就職させると同時に、同胞企業体にない日本特殊企業体にも特別交渉して、一定期間だけ技術を習得させ、本国産業界の発展にも寄与するよう指導するつもりである。

国民登録更新と新規申請勧誘＝更新未了者をひとりひとり探出整理して今年のうちには全団員が更新するよう、積極的に努力すべきである。

本国家族扶養送金運動＝今年度もひきつづきこの運動をくりひろげ大きな成果をおさめるよう同胞社会へ広くうったえるつもりである。

全団員の旅券所持と本国訪問促進運動＝去年の本国訪問促進運動にひきつづき今年には全団員がすべて大韓民国旅券を所持するよう運動を強く推進していく。とくに今年は国民登録更新と新規申請に関連して全団員が旅券を所持し心身共に祖国へ深い関心をもって随時団体または個人の資格で本国を訪問するよう促進運動を展開する計画である。

在日同胞遺骨本国奉安実施運動＝故国万里の海外で国家民族のためたたかううちに去った愛国烈士また太平洋戦争や原子爆弾の犠牲になったわが同胞が、望郷の想いをはせつつ[illegible]の地でうらみをいだきながら去った無縁の霊は、すでに一〇万余にのぼる。

本国では保健社会部の積極的後援のもとに財団法人「高麗公園奉安会」が発足し、国家的規模での韓国初の公園墓地が設立された。

この奉安会はどこまでも海外に住む同胞の骨と霊を祖国に奉安することが目的であり、本団ではその趣旨に賛同し協調を表明すると同時に在日同胞の遺骨と霊魂を祖国へ奉安する運動を展開するしだいである。

宣伝局

在日同胞六〇万の期待と信頼のなかで日毎に強化発展されている本国の活動状況と成果を宣伝啓蒙し、同胞社会へ奉仕のための本国の諸般計画を迅速正確に同胞社会へ伝達し活撥な宣伝活動と機動性のある機能を動員して一般大衆を啓蒙誘導するのが宣伝局に賦課された任務である。従来わが組織では朝総連のあくどい欺偽宣伝工作に対峙しながらも公報宣伝活動に対しては旧時代的感覚でのぞんだことは遺憾なことであり今日まで満足すべき機関紙の発行がとどこおりがちであったことに対して謙虚な反省を促しながらつぎのとおり活動方針案を提案する。

一般宣伝活動＝われらの決死的な反対闘争にもかかわらず数万名の在日同胞を北韓の共産地獄へと追いだした事実は彼等の宣伝の威力をかたるものであり、このような点からもより積極的で効率的な宣伝活動を推進しようとする。

公報活動＝わが組織の各分野にわたる実務な努力を迅速正確に同胞社会へ伝達する公報活動により注力する。

啓蒙活動＝朝総連の虚偽と欺瞞にみちた宣伝から同胞を保護するための活撥な啓蒙誘導運動を推進しとくに法的地位問題と永住権申請促進に倍前の努力をそそぐ。

機関紙に対する再認識促求＝機関紙韓国新聞の不安定な運営を是正し強力な体制をうちたてる。

総連の幹部、民団へ転向

人間性の回復求めて
元南大阪組織部長の陳氏

一九四六年二月から六三年十月まで十七年余りの歳月を総連の組織に身を投じ、朝連堺支部保安隊員から民青堺支部委員長、日共大阪府委員総連南大阪本部組織部長などを歴任してきた指導幹部の一人が、朝総連組織首脳たちの独裁に嫌悪を感じ、いさぎよく朝総連を脱退、祖国自由大韓民国へ忠誠を誓いながら民団へ転向してきた。

その人は、東大阪市太平寺七九番地に住む陳東式（四四才＝本籍慶尚南道泗川郡）氏で、このほど民団大阪地方本部へ、氏の過去の経歴書と朝総連の内幕を暴露した自首書ならびに大韓民国の善良な国民の一人になることを誓う声明書をもって訪れた。

民団大阪府本部（金晋根団長）では、陳氏の真意を理解しその勇気を讃えて温く迎え入れ今後の協力を惜まぬことにしたが、陳氏の民団への転向は朝総連の偽瞞性にだまされて迷っている一般大衆への影響は大きいものとみられる。

陳氏の自首書および声明書の内容は別項のとおりであるが、陳氏の語るところによると陳氏の長男寿鳳君は「朝鮮大学」に在学中であり陳氏の民団転向とともに退学を申出たところ、「朝鮮大学」側はこれを妨害、父子間の面会すら暴力で制止するなど言語に絶する残忍な行為に出ているという。陳氏は生地獄のような「朝大」から長男を救出すべく大阪法務局に人身保護を願い出たという。なお、この問題について民団でも協力を惜まない覚悟である。

民団大阪地方本部金晋根団長を訪ね朝総連の冷い仕打を暴露する陳氏（左）

声明文

私は一九四六年二月から一九五五年、朝総連が結成されるまで朝連民青堺支部組織で、重要な役割を果してきました。

なお、一九五〇年から一九五五年までは日本共産党内で在日朝鮮人運動の指導部としての役割を果してまいりました。

しかるに朝総連が結成されて以後、過去私がこの組織のみにかけていた崇高な理想と理由ははかなく、くずれさっていきました。

一九五五年から現在にいたるまで、私はあらゆる非難、攻撃、監視を受けながらも朝総連幹部の人間性の回復を待ちましたが、まず彼らは独断、盲従にだけ走り、大衆と現実をはなれ最早すくい得ない道に落ちいりつつあります。これは決して彼ら幹部個々の知識と人間性の問題でなく、彼らの組織と指導理念の破たんを意味するものです。私は十余年、自分が一度選んだ道と決別するのにもだえ苦しみました。しかしながら私は組織である前に人間であり、思想もまた、初歩的な人間性を抜きにしてはあり得ないことを自覚し、過去私が歩んで来た道をありのままに自首、愛する故郷のある祖国大韓民国／私を生み育ててくれた祖先の墳墓のある祖国大韓民国に過去を反省し善良なる国民になる事を誓うものであり、そしてまた、在日居留民団の誠実な団員となることを内外に声明致します。

温く迎える
金大阪本部団長談

なお、金大阪本部団長は、陳氏の勇気ある転向を温く迎え入れながら、次のように語った。

勇気と信念のために悩み、今までの誤ちにめざめ、正しいものを見つめてこのたび民団に転向したことは喜びに絶えない。温く迎え入れることはもちろんであるが、民団も今後民族的な立場にたって朝総連で悩む人々を救って行きたい。今後は陳氏とともに、朝総連に虐待されている人々を救うため闘って行きたい。また声明文のごとく、真の大韓民国々民となってくれることを信じ、われわれも陳氏に協力を惜しまないつもりだ。

理想と情熱虚し
北韓も行って来たが

自首書

私が組織活動に参加するようになった主たる動機は、少年期に味わった亡国の民族の悲哀を身をもって体験し、すべての不幸と貧困はここから出ている事を理くつ抜きで感じていたこと、慈悲深い私の母を幸せにするためには一日も早く祖国を独立させる事だと思い、それがためには若い青年たちがこの運動の先頭に立つべきだとの考えから出発しました。

一九四六年二月初め、当時、日本各地で組織されていった朝鮮人連盟に堺支部保安隊々員として参加しました。

一九四七年八月より一九四八年二月まで在日朝鮮民主青年同盟堺支部常任委員会書記部として活動しました。

一九四八年三月五日ごろ、日本共産党堺地区委員会に入党しました。

一九四九年四月から同年九月まで朝連大阪本部常任委員として活動しました。

一九四九年九月九日、朝連民青が解散されたので、私はまた堺に帰り同年十月から一九五〇年二月まで、日共堺地区委員会に籍を置き具体的には堺の朝鮮人組織の再建活動に従事しました。

一九五〇年五月ごろから民戦大阪府委員会を組織する準備活動に参加し同年六月に日共大阪府委員会民族対策部責任者に任命され活動するようになりました。

一九五〇年十一月ごろから一九五二年三月まで日共関西地方委員会（前西日本となる）民族対策部部員に任命され、主として機関紙活動に従事しました。

一九五三年四月民族対策部西日本責任者に任命され、一九五五年五月までこの部署で活動しました。

一九五五年二月ごろ日共中央より突然、情勢の変化により在日朝鮮人党員は党籍を離脱し自主的に活動せよとの指令を受け、その受け入れのため自主討論を組織中に、三月に開かれた民戦中央委員会（第十九回）でいわゆる韓徳銖論文が一方的に発表され、この論文と彼らの一方的行為を無条件に支持しないものは反逆行為と決めつけたことから組織内部に混乱と感情対立が激化してきました。

私はこの過程で混乱を収拾し組織全体が統一された形で総連を結成することを主張しましたが、この意見は無視され五月に総連中央の結成を皮切りに全国各地の下部組織が結成されて行ったが、私は完全にそちらの組織から排除されるに至りました。

私はここで一度北韓へ行って労働党の真意を聞く決心をするに至り、その準備を独断で進めることになりました。

一九五七年一月六日ごろ、決死的な冒険行為で日本の島根県浜保関を出港し八十余時間目に北韓の南浦大津地方の小漁港に到着しました。それから三日目に平壌に行き、そこで約七ヶ月間の生活をしてまいりました。平壌での生活は瓦ぶき三間付きの家屋に世話係の女性と、その娘（当時高校三年在学中）三人で生活し昼間は担当案内係一人がつきそい、全く客分あつかいを受けました。日常生活の日課は金日成選集および国語の自習週一回の党史の講議を受けました。このほか案内者の案内で入浴理髪、映画、演劇の鑑賞ならびに平壌市周辺および新義州、黄海製鉄所、板門店などを見学してまわりました。

このような生活を通じての私の実感は①まず私が北韓に行った話本目的である在日朝鮮人運動に対する指導上の問題、具体的には韓徳銖論文の発表方法と、その排他的な組織方法について論争が数度行なわれたがそのつど、私が納得できる答ではなく、むしろ私の思想に分派的な要因または、その行動があったかのごとく指摘かなされたので、私はそのつど激しい反論を行なうと軽くいなし学習しましょうとさけられました。

そしてその結果、私に対する最り扱いが理論的に幼稚な指導として処遇する形跡が見受けられました。その事は私を接見した最高幹部が党中央の副部長一名で、それも至って儀礼的に二度会い、その会話も何ら政治的なものでなく世間話程度で終った事であります。

また私が日本に帰って韓徳銖が私を配置した部署を見てもそれを裏付けるものだといえます。

②それから北韓の当時の経済、民生問題についていえる事は、ひと口に言って戦争で破壊され、それがまだ建設に手がついていない状態だといえました。このような事情から人民の生活程度も非常に悪く服装も木綿一色でありました。私は大衆と会談する機会が与えられない事情からこれ以上の事は知り得ませんでした。

同年七月初め、日本に行く便があるといって服装その他の準備作業を始めました。

日本に帰って私が活動する任務は韓徳銖の指示に従い、配置される総連の事業に忠実に服務するようにとのことであった。なお、そのことは私が伝達する韓徳銖への手紙に指示しているとのことであった。

七月上旬ごろ、新日港で密貿易船に乗船し三日後の夜八時ごろ山口県江崎港に上陸し、翌日の午後七時ごろ大阪へ帰り着きました。

東京へ行って韓徳銖に会い伝達事を渡し、私の組織部署として九月蟻房大阪支店長の任命書を受け大阪へ帰って約二ケ月程休養をとり十月一日から配置された部署で活動を始めるようになりました。

以上が私が北韓へ行った動機とその地方で生活した内容であり、日本に帰って与えられた任務部署であります。一九五七年十二月一日、道路上（大阪市生野区勝山通り）で大淀府警数名によって検束されました。

その後下関に移送され翌後には大淀拘置所で同年の七月はじめころまで未決拘禁を受け保釈出所したがその場で大阪入国管理官によって入管に収容され、約二週間後仮放免で出所しました。

その後一九六八年二月右事件が決審されるまで左記のような生活経過をたどる事になりました。

一九六〇年三月ごろ北韓帰国対策委員会大阪府事務局長に任命されれ同年十月何らの理由もなく解任されました。一九六二年四月に朝鮮通信社大阪支社長に任命され、同年十月総連大阪本部が四つに分かれて、人手不足から南大阪本部組織部長に任命されたが、また一九六三年十月に一方的に解任されてしまいました。

以上のように私が保釈後、このときまで便利用、一時的に利用しなければ捨てるような任務配置と解任をくり返しただけでなく、その間根拠のない非難攻撃、非道な監視を受けながらも自己修養のつもりで可能な限り忍耐してきましたが南大阪本部組織部長を解任された直後東京へ行き、韓徳銖に面談を求め、今後私自身に対し、どのような組織的な保証をするかと質したところ、本人の意志通り行動せよというまったく同志としてはあり得ない態度と言辞で答えられた彼のこの言辞は、私の十年間裁判にそのまま現われています。具体的に保釈金一文援助するのでなく、人一人公判をのぞく者もなく総べて私の家族の努力と力でこの十年間の裁判をやって参りました。これで私は遂に一斉の組織活動から身を引き今まで何一つめぐまれなかった家族の幸福のため半生を送る事を決心し、一九六四年二月から事業を始めるに至りました。

以上が私の出生以来の経歴であり、私が組織活動をやってきた年代別のありのままの自首書であります。

本国で急逝の故李熙祥氏
江東支部葬執行

故李熙祥氏の民団江東支部葬

本国旅行の途中に急逝した故李熙祥氏の民団江東支部（団長張廷変）葬が、さる一日盛大に挙行された。

民団江東支部の前団長（現顧問）李熙祥氏は、三・一節参観団に参加して帰国中の三月六日、郷里の全州市で急逝した。

氏の民団に対する生前の功績を高く評価しその急逝を悼んで江東支部では、氏の遺骨を迎えてさる四月午後一時から江東公会堂において民団支部葬を挙行したが、民団中央本部はじめ、東京本部管下の各支部および氏が関係している各種の機関から多数の参会者があり、葬礼式はかなしみの中にも盛大をきわめた。

葬礼式はまず氏がPTA会長をしていた東京韓国学校のブラスバンドが吹奏する愛国歌と黙祷から始まり、張廷変葬礼委員長の式辞と洪賢氏の故人略歴紹介につづいて、民団中央本部李禧元団長、厳敏永大使（代読）、宋基範東京韓国学校長その他諸氏の弔辞があったあと遺族代表のあいさつと参会者全員の焼香で式を終えた。

故李熙祥氏略歴

全北全州市敷島出身、享年七十二歳、株式会社国本商店社長、株式会社三信興業会長

一九五〇年に民団城東連合支部の監察委員長に就任以来、江東支部の副団長を経て同支部の団長を八年間、同期も歴任し逝去するまで同支部の顧問であった。

また一九六〇年から同六二年五月までは民団東京本部監察委員長の職にもあり、また一九六八年四月からは東京韓国学校のPTA会長に就任して日本における民族教育問題に深い関心と情熱をもってとりくみ今後における氏の活動が大いに期待されていた矢先の急逝である。

北送船
連続シリーズ第6回　呉基完

無言のてむかい…
下関から来た　朴青年農場で自殺

咸境南道北青郡にある北青果樹農場では、夜遅くまで農場拡大党委員会会議が開かれていた。この会議は、やがて農場に配置される一〇余名の在日同胞を、どの様に迎えるかについての細かい問題を討議するためであった。

というのは、在日同胞を迎え入れる原則的な問題は、既に中央党から指示があったので、その指示にそのまま従えばそれまでだろうが、実際問題においては、該当職場の実情が異なるため、ずっとはるかに複雑であったからだ。

とりわけ、一番大きな難問題は何といっても、日本で気ままに育った彼等の自由主義思想を如何に改造し、かつ「党の戦士」に育成するかであった。このことは、勿論一日や二日で成しうる性質のものではないにしても、在日同胞が北送され始めて以来、現在に到るまで、北韓傀儡当局の立場から見たときは、最も大きな懸案として残されているのである。

というのは、北韓住民達には、たやすく聞き入れられて来た強制が、在日同胞には、ちっとも通じないばかりか、北韓住民のあいだでは聞いたことのなかった不平不満が彼等の口からは絶えないからである。傀儡当局としては、北送同胞の誰にも皆、仕事場を与え、住まいと食糧を配給しているにもかかわらず、不満を聞かされているから、たまらなかったのであろう。これを裏づけるかの如く、中央党、或は〝内閣迎接局〟には、北送同胞らのアピールが毎日山と積まれているのである。

「職場を移したい」、「進学させてくれ」「砂糖が思うように買えないのはどんな理由か」「何故日本の便りを聞かせないのか」「何故」など、その内容はさまざまである。

然し、この程度の訴えなら、まだいい。というのはいろいろな口実をつけて黙殺することができるからである。

彼等にとっては、陳情をいちいち聞き入れることは党政策の原則から離脱することを意味するし、且つ又、その訴えを聞き入れてやるゆとりを持っているわけでもないのである。

実際問題として砂糖が食べられないと言って死ぬことは無いし又日本の便り或は、自由陣営のニュースは「思想」に影響をあたえるとして厳格に統制しているから、事実上、北送同胞のアピールは黙殺されるのが常である。

しかし、そのアピールの内容が、この程度なら黙殺できるが、「党策」を批判し、かつ北送されたことを後悔するという様な「大胆な内容」に至っては、北韓傀儡指導層でも、深刻に論議せざるを得ないのである。というのは「柔順に服従」することのみが美徳であるとしか教えられていない北韓住民にとっては、党政策を批判するということは想像もできないことであるからである。がしかし、彼等が論議したあげく得る結論は、いつも一つに帰属されるのである。

すなわち、彼等の頭のなかにはまだブルジョア思想の残滓でいっぱいであるから、この様な「反党的な言辞」をあえてしているが、いつかは自己のあやまりをつくづく悟るときが来るであろう。とことで待ちもうけているのである。これが共産党の本音であり、また彼等の人民に対する常套手段の統制方法である。

いうなれば長期間にわたる肉体的および精神的苦痛は、誰でも克服できるというのが彼等の哲学でありまた、生活信条でもある。

にもかかわらず、在日同胞が配置された職場では、毎日の如くトラブルも多いし、いわゆる「不審なこと」がひっきりなしに起こるのである。

であるから、党でも神経をとがらせずにはいられないし、「北送同胞に対する特別な教養対策」を随時にねりなおすようになるのである。

この文のはじめに言及した北青果樹農場でも、このような環境の下で、在日同胞らを受け入れているのだから、ひきつづいて会議を開いているのである。

その日も、農場党委員長は会議に集まった農場幹部らに最後の言付をしているのである。

「同志らが、いくら万全準備の体制を整えたとしても〝でおち〟がありうるから最後まで慎重に行動することによって、あやまちを犯さないように頼む。この度、手に入れた名簿によれば、わが農場に配置された在日同胞の中には、青年三名が混ざっているとのことであるが、彼ら三名が厄介なことをひき起こすおそれがある。婦女子とか老人は扱いやすいが、青年達はそう簡単にはいかない」

つづいて党委員長は、全メンバーを意味ありげに見通した後、いちばん先頭に座っている農場〝社労青〟（前民青）委員長に云いかけた。

「同志が作成した教養計画書はもう一度検討しなおしなさい。現在は、北送が開始された初期とは大分違う。既に北送が開始されて以来一年半も経っているから、もう少しきびしく扱ってもいいと思う。私のいうことが何を意味しているかわかるでしょう」

「はい、わかりました。計画書をあらたに作成して明日提出することにします。」

云うなれば、北送が開始された初期には、在日同胞ひとりに、核心党員又は、「社労青」盟員らが二〜三名配置され思想改造教育を専ら担当させるかたわら、いちいち私生活の世話までやったのであったが、月日が経つに連れて、その様な必要が無いとの指示が党からあったのであった。

即ち、在日同胞に対しても、初期の如き「特別待遇」はやめて、北韓住民と同様の待遇をすることを意味するのである。

このときから北送同胞らは、共産党の真の姿がどんなものであるかをさとり始めたのであった。うっかりひとことあやまったとて、きびしい批判を受け、又体の調子が悪くって作業を一日休んでも、けびょうと批判をあびせられたのである。

在日同胞らが騙されて悪かったと後悔の涙を流し始めたのも、このときからである。

この様な時期に、北青果樹農場に一〇余名の北送同胞が配置されて来たのである。

一九六一年の晩秋、一〇月初旬頃であった。農場に到着した初日多くの農場労働者らが列を作り、拍手をもって迎えたまではよかったが、ひきつづき党委員長の歓迎のあいさつを聞いた途端、失望し始めたはずであろう。

「我が農場従業員一同は、今まで日本で苦しい生活をして来たあなた達を心から歓迎します。然し今、社会主義のパラダイスに来た以上、日本での暗くて痛ましい過去のことはすっかり忘れ去り、あすから党が任す栄誉ある労働に熱意を込めて祖国建設に積極的に参加せられんことを希望してやみません。皆様は党の戦士になったのプライドをもって[illegible]先鋒に立つことのみが[illegible]する唯一の道であると私は信じます。新しい人生を出発するあなた達を我が党では温かく行き届くまで世話して[illegible]を約束します。」

かくして翌日から彼等はめいめいの作業班に配置され苦しい労働が始まったのである。一行のうち下関から引きあげたという朴亨一（いろいろの事情で仮めいを使います）は第一作業班に配置されたのであった。当年28才のたくましからだつきの持主である。この青年は、日本にいた時は勉強がろくにできなかったといっている。彼は不遇な家庭に生まれたせいもあった。（幼い頃父母に死に別れ、叔父の家で孤児の如く育った）叔父の家から早く自立したい考えで、中学を卒業しただけで家出をして就職したとのことであった。

最初は、小企業の織物工場に入ったが性に合わなかったのでやめた後、自動車サービス工場で何年か勤めたとのことであった。そこである程度お金が貯まるや自動車パーツの商買に取りかかったものの始めは商売と言っても取るに足らなかった規模であったが、その商売が段々繁盛し、北送された直前には大分商店の形態を整えるまでにいたったとのことであった。生活が安定し、かつ経済的余裕ができてからは勉学を続けたい心持になったのであるが、勉強したいなら北韓に[illegible]入って良かろうとのある朝総連の幹部の甘いことばに気が向いた[illegible]とであった。

そこで他の事を考えるゆとりも持たず、乗り気になった彼は北送船に乗船する気になったとのことであったが、傀儡当局では彼を果樹農場労働者として配置させたのである。清津迎接委員会で朴亨一の希望を受入れず、清津迎接委労働者にしてしまった表面的理由は年齢超過であったが、実はそれよりも彼が日本で商売をしたのが彼の進学の妨げになったのである。

というのは感受性の強い青年時代に商売をした者を傀儡共産党は最も思想的に危険分子と見做しているからである。とにかく朴亨一はこの様よいきさつからして欲していた学業はおろか、労働者として一生を送らなければならない運命に置かされたのである。

とりわけ朴亨一は「特に思想改造教養が要求される者」との但書がつけくわえられている身の上記録カードが、そのまま、農場党委員会に回されたのであった。これで朴亨一は学業のみちは永遠に閉ざされたまま、そのさだにた運命づけられたのである。

よって朴は農場に到着する初日から、自己の生涯に終止符を打つ最後の日まで、曾って体験したことのなかった肉体的苦痛、精神的苦悩の連続であったことはいうまでもない。

ここで朴亨一ひとりだけを扱かっている所以も正にこの理由からである。特別に目に見える才能があるわけでも無い平凡な青年が一生を平凡に送りたい欲望しかなかったにもかかわらず、傀儡政権はその[illegible]さえ満たしてくれなかった[illegible]ふみつぶしたといった方が妥当であろう。

（つづく）

大阪本部地方委

民団大阪地方本部はきたる四月十二日同本部講堂で定期地方委員会をひらく。

岐阜県地方版

組織強化に力全

団長 趙世済

此の度岐阜県地方本部版発行に至る機会を得た事を喜んでいます。岐阜県は日本全国十一番目の一万六百五十名の同胞が在住し、七支部三分団で組織され吉城支部のごときは本部から片道四時間半の道のりのある誠に地理的にも不便な県であります。一九四八年七月十五日創団され今日に至るまで歴代執行部のなみなみならぬ苦労と努力に依り全在留同胞過半数六、〇五〇名の団員を得ました事は誠によろこばしい事であります。

当本部当面の課題としては、一、二世教育に全力を傾注すること。一、婦人会を強化すること。一、韓青をより強化に育成すること。以上三つであり、これが達成されてこそ地方本部も強化されることと存じます。

また民団は或る特権者や経済人のものでなく、団員ひとりひとり平等のものであることもいうまでもありません。さらに法的地位問題の解決はいうまでもなく、朝総連の虚偽煽動により呻吟している善良なる同胞を救出して繁栄と自由な韓国に父母兄弟のもとへ旅行出来る様にしなければならないと思います。団員皆様の家庭に多幸をお祈り致します。写真は趙団長

団結のみ生きる道

議長 李甲寿

（写真は李議長）

在日同胞全体が、組織をもとにしてひとりひとりが民団組織のいしずえとなり物心両面においての協力を捧げれば、われわれのよりよい生活が子孫の代までひきつがれるようとの、組織一線の指導者の民族事業にいっそうの潤滑油になり得ると思う。また祖国の第二次経済建設五ヵ年計画の実践により経済建設に邁進する韓国、祖国近代化のため力強く働く韓国、自立経済を確立するため休むいとまもなく操業する工場などの姿もたのもしく日々にかがやかしい業績をほこりつつある。その原動力こそ国民全体が政府に対する信頼をひとつにかため大韓民国国民としての自覚を持って、祖国建設にまっしぐらに突進しようとの意欲の結晶があるためである。

また祖国建設に身をなげうっている指導者達も、国民を信じ、力強く国のため働くので海外にも広く信頼をかちえて祖国建設事業への投資をも受け入れ得ることができるのである。

このような祖国のめざましい発展を見るにつけ、在日同胞六〇万の大世帯をようする居留民団の二〇年の組織生活の過去を反省せざるを得ない。

愛国愛族愛団心をより強くうちたてられていたならば、現在法的地位要求貫徹のため運動中であるわれわれの要望も日本当局により強く反映することができたことと思う。「われわれはまだ機会はすぎさったと失望することなく、われわれが要求したそのままを実現させよう。われわれは未来に生きる二世三世の代々に悲痛をわれわれの世代の歴史をふませることは避けねばならない。

不当なる北韓往来許可を見てもあきらかである。日本政府はきつくとりくめばゆらぐ、ありさまである。法的地位要求貫徹にわれわれも力強く要求することを覚悟しよう。北傀のてさき朝総連は大部分が韓国に先祖の墓をもちながらも北韓に先祖の墓参りのための往来許可とは、それすなわち人道的であると解釈されうるのかははなはだうたがわしい。

このようないくらかの事項参を考にしてわれわれ民団組織においてひとかたまりに団結し、われわれが望むところの法的地位要求貫徹のほこさきを日本当局にぶっつけかちとろう。

われわれは民団組織のあとだてになる青年を養成し、将来へのより発展した組織をうちたてよう。

われわれは樺太で呻き苦しんでいる四万の同胞を死を賭けて救出しよう。このような事業を推進することこそ組織としての本領であると思う。この意味において、われわれはひとつに団結することによって生きることができるのである。

不純分子の排除を

監察委員長 金柄圭

このたび韓国新聞岐阜県本部版を発行するにあたり一言あいさつを申し上げます。

考えてみると民団創団以来二十有星霜になりました。わたくしはこの機会に思うことは、これからありうる事ならびに現在の民団組織をより強化し、北韓傀儡集団の朝総連の民団に対する赤化浸透をみぜんに防ぐと共に、経済人はより経済的に民団のよき後援者にならねばならないと存じます。祖国については日毎に激化する北韓の武装ゲリラに、全国民は反共精神に徹し戦いつつ祖国の経済発展に全力投球している時、私達在日同胞も民団に結集し祖国建設に寄与せねばならないと思います。そして民団全体の再整理による合理化と団員なりとも不純分子の徹底した排除による祖国の歩みにそう強大な組織の確立を念じてやみません。（写真は金監察委員長）

婦人会恵那支部結成

在日大韓婦人会岐阜県恵那支部が、さる二月十三日、恵那市長島町の長島町婦人会館において、在留韓国婦人約五〇名の参席で結成大会をひらき会長に丁末男氏が選任され活動を開始した。（写真は同結成大会のもよう）

第18回定期大会 21日岐阜市民会館で

岐阜県地方本部では第十八回定期大会をきたる四月二十一日午前十一時から岐阜市民会館でひらく。

歴代三機関長一覧

代数	期間	団長	議長	監委長
初代	1948, 7,15	金允昊	金範祚	朱永寛
2	1951, 3,15	朴喜乗	金範祚	朱永寛
3	1951, 6, 5	尹鳳鉉	金範祚	朱永寛
4	1952, 6,20	彭弘柱	李甲寿	郭来洙
5	1953, 5, 5	李甲寿	金炳浩	郭来洙
6	1953, 9,15	尹鳳鉉	金炳浩	郭来洙
7	1955, 6,11	尹鳳鉉	李愚瑞	金正圭
8	1957, 9,21	金孟律	金允昊	趙慶鏞
9	1959, 3,21	金允昊	金炳浩	趙慶鏞
10	1959,10,13	金正圭	金炳浩	趙慶鏞
11	1961,11, 8	金孟律	李甲寿	鄭在洙
12	1962, 2, 8	崔丁童	金炳浩	趙世済
13	1963, 1,15	趙世済	金正圭	金再寵
14	1964, 1,15	趙世済	金正圭	金再寵
15	1964, 9, 8	李洙学	金正圭	趙慶鏞
16	1966, 4,26	片点述	李洙学	金炳圭
17	1967, 7, 9	趙世済	李甲寿	金炳圭

韓國新聞

発行所 韓國新聞社
発行人 鄭烔和
東京都文京区春日町2丁目20-13
電話 (812) 2261～5
(812) 0673
定価 1カ月100円
振替口座東京 34988番

在日本大韓民国居留民団 綱領

一、われわれは大韓民国の国是を遵守する
一、われわれは在留同胞の権益擁護を期する
一、われわれは在留同胞の民生安定を期する
一、われわれは在留同胞の文化向上を期する
一、われわれは世界平和と国際親善を期する

在日民族の弾圧許さじ
健全に生きる4・19精神
"入管法"阻止へ火ぶた
韓青・韓学同が決起大会

四・一九学生革命九周年を迎えて、在日韓国青年同盟と学生同盟との共同主催による「入管令改悪反対」「法的地位要求貫徹」中央決起大会が、さる四月十八日午前十一時から東京・お茶の水の全電通労働会館においてひらかれた。大会は全国各地から七百余名にのぼる青年同盟、学生同盟の代表と民団中央三機関長、東京本部団長をはじめとする多数来賓が参席して歴史的な集会にふさわしい盛況であった。

4・19革命9周年記念、青年学生決起大会のもよう

兪氏が提訴撤回
団長選問題円満に解決

就任のあいさつ
韓国新聞社長 鄭烔和

朴大統領、記者会見談
北韓・挑発に断固措置
沖縄の基地撤収には反対

朴正熙大統領は二十五日「北傀の挑発にたいする自制と忍耐は限界線に至った、自制と忍耐が度をこせば大きな不幸をもたらす」と言明した。朴大統領はこの日今年二度目の記者会見で米軍偵察機被撃事件に言及して、このように語り「米国政府の今までのところその措置は賢明で適切なものであった」ことをあきらかにし、しかしこの措置が「中間措置」であるといったニクソン大統領の言明を論調した。

朴大統領はまた改憲問題に対しては「任期中には改正をさけたいのが私の心情」だといい「しかし憲法も必ず改正する必要があれば改正できないこともないだろうがその必要性と正当な理由が問題」であると言明した。朴大統領の会見内容は次のとおりである。

記者会見の内容

△現年度一・四分期の実績評価と関連し目標達成の展望は?

（答）生産が不振であったことは事実である。新年休暇、旧正月大雪など季節的要因のためである。しかし今年度目標達成は無難だと思う。

第一に、物価において三月末現在卸売り物価上昇率は三・二パーセントで現年度目標六パーセントにくらべてよい成果とはいえないが六八年三月末の三・八パーセントに比べれば大体無難であり現年度目標である六パーセントに抑制されると思う。消費者物価上昇率は三・一パーセントで今年度目標十パーセントには無難だと思われる。

第二に輸出においては三月末現在一億二千万ドルに達している。

第三に貯蓄は年初に意欲的に増し五九〇億ウオンを記録、計画より二五〇億ウオンを越えた。去年には消費性向が急激に増し消費が八七パーセント貯蓄は一三パーセントにすぎず低い貯蓄率を見せたが消費抑制と貯蓄増大へ一層の努力を望みたい。

第四に建設部門で京釜高速道路工事費の増額で若干の問題があったが現在財源捻出方案をねりあげある。計画どおり進行中である。石油化学工業部門は七〇年まで完了する計画で総額五四〇億を投資する計画であるが現在九個事業の契約を完了来年末までは完了する計画である。

第五に、農漁民所得増大事業は今年度、一六四億ウオンを投資して全国で事業を進行中である。昨年から始めた農業用水開発は71年まで四年のあいだ四百一億ウオンを投資して水利不完全水田四三万町歩をなくする方針であり今年度投資額は一五八億ウオンで計画どおり推進中である。

第六に、食糧はことしは平年作より二三パーセント増しの五六〇万石を増産する計画である。

△東海岸　米偵察機被撃事件と関連して、東南亜および東北亜の安保問題と北傀挑発にそなえる対備策は?

答＝EC-121偵察機被撃事件に対するたしかな情報と根拠によれば、三つのことが確かめられた。それは被撃位置が公海の上空であり北傀領空を侵犯した事実はなく撃墜者が北傀空軍であったのがあきらかになったのである。したがって撃墜事件は北傀が国際法を無視した海賊行為であり野蛮行為であり挑発行為である。われわれはその間主海権をにぎる米国政府のすべての措置に協力しながら沈黙を守って来た。現在まで米国行政府が取った措置は私としては賢明で適切な措置であったと思う。問題は今後、北傀態度にしたがってどのような措置を取るのかによる。

われわれはその間、数えきれないほど不法的な北傀挑発をうけて来たが自重し自制して来た。しかしその忍耐も限界線にいたったと思う。自制と忍耐が度をこせば金日成をして誤判させ重大な結果をもたらすかもしれない。われわれが自制して来たのは、まちがえばかれらの計略にまきこまれることを心配したためである。こんどの事態を通じてわれわれはこの挑発行為が韓国にだけかぎったのではなく東北亜全体の平和をおびやかす事態をまねいたとの新たな事実を再認識しなければならない。

最近、沖縄返還問題においてわれわれは土地とか施政権とかの他国の内政問題にはふれたくない。ただ沖縄の軍事基地自体だけは、米日の決定だけで処理される問題ではない。沖縄基地は日本だけのものではなく全アジアのためのものであるから撤収すべきでないとのことを強調する。日本の腹は戦争にまきこまれないようにとの安易な考えにひたっているのかもしれないが、現在のすべての情勢はそんなにはならないと思う。

▽改憲問題は共和党議員総会でも論議され野党でも反対闘争委を構成するかと思えば一部社会団体でも改憲賛成署名運動を展開している。この問題に対する見解は?

（答）正月の記者会見でもこの問題に対する個人的見解と率直な心情を明らかにした。現在もこの問題に対する私の心情はその時もいまもかわりがない。その時にもいったが今も憲法はできるかぎりたびたび改正しないのがよいとの考えである。しかし憲法はぜひ改めなければならないばあいには改めることもできよう。ただ憲法上規定されている手続きを合法的にふんで国民の意思に問へば可能なことであるが問題はぜひ改めるべき必要性と正当な理由が問題になると思うが、私としては任期中にはできるかぎり憲法をあらためたくないのが率直な私の心情である。

改憲賛成署名団体とか野党等の改憲反対闘委構成に対しては紙上を通じて知っている。改憲を賛成するとか反対するのは彼等の自由に属することで法のゆるす範囲内では賛成も反対も可能だと思う。

しかし党権の大任をになっている執権党である共和党としては、それよりもっと重要な当面問題が多いので貴重な時間と精力を浪費してはいけないとの考えからわが党では公式的に論議すべきでないと指示した。

▽共和党の四・八抗命騒動と関連、総裁指導があったが今後党指導体制確立など党運営に関する構想は?

▽答▽共和党創立以来苦楽を共にして来、常に信じて来た同志たちを除名するということはその理由はどうとも総裁としては非常に胸が痛いのである。しかし党の紀綱をみだし背党的な行為をするのは決して容認することができないとの所信から除名措置したものである。国政全般にわたってすべての責任を負っているのは大統領として、また執権党の総裁の立場から最も重要であると考えたのは執権党の一糸不乱の指導体系と綱紀の確立であると考える。もし共和党でこれが成りたたなければわが共和党は執権する資格がないと思う。

共和党がひとつは団結して行くとしてもになっていることがあまりにも重いが党の一角で不平分子がなにかのサークルを組織したり党の指導権を自分たちがのっとるため分派作用をしうるにしても反旗をうちたて挑戦するようになれば党がこれを統制する能力を失うとあれば党内問題だけでなく非常に重大な問題である。

もちろん、政党といえば同じ理念のもとに団結した組織体だとはいえ各界各層の人が集まった多様な団体なので党内民主主義は党員たちの意見を集めて討論の可能な機会と広場をそなえるのが民主政党として非常に重要な問題である。しかし政党の党論と方針が一旦決定された後にはたとえ自分の意思に反したことがあっても党方針に服従しこれの実現につとめるのが近代政党のひとつの特徴である。

時に執権党に派閥も内紛が生じつねに党がゆらぎ、指導体制が弱化すれば、党自体の問題だけでなく、政局全体に不安と不幸をもたらすものである。

韓・米提携強まる
丁ニクソン会談で成果

「リチャード・M・ニクソン」米大統領は、去る二日丁一権国務総理を通じて朴正熙大統領の韓国訪問招請を受諾した。これによって韓米両国間のあたらしい架橋がつくる契機が成熟され相互紐帯関係を再確認した。故「アイゼンハウアー」前米大統領の葬儀に参席するため米国を訪問した丁一権国務総理は二日まで、「ニクソン」大統領と韓米首脳会談を開き、韓国の安全保障問題をはじめ極東の安全保障問題、越南戦処理問題など韓米共同関心事に関してひろく意見を交換した。

丁・総理　　ニクソン大統領

丁総理一行はどこ迄でも「アイク」の葬式に参列するため米国を訪問したため、本格的な会談を期待したのではないが意外な成果をおさめたとみることができる。

それだけでなく「J・ニクソン会談」は「ニクソン大統領」が大統領職に就任してから七〇日しかたたず韓国との具体的な協議を持つ機会がなかっただけにより意義の深いものと考えられる。

「J・ニクソン」会談が終るや「ジグラ」白亜館スポークスマンは「ニクソン」大統領が韓国の安全保障問題に関してひきつづき緊密な協議をたもつことをたしかめたことをあきらかにした。

「ニクソン」大統領は過去数年間韓国がなしとげたおどろくべき経済発展を高く評価し、朴大統領の韓国訪問招請をよろこんで受諾したと「ジグラ」代弁人はつけ加えた。

「J・ニクソン」会談で丁総理は北傀の挑発行為に対処するための韓国の安全保障問題をはじめベトナムの現在情勢、外交問題、対米交易増大などに関して率直な意見をひれきしたと駐韓米国大使館も明らかにしている。

当初15分に予想されていた会談が27分も継続されたのは韓国にたいする「ニクソン」行政府の関心の尺度をうきぼりにしたといえよう。

丁総理は27分間、短い会談ではあったが、この会談でその間もどかしかった「ニクソン」行政府の韓国に対する政策乃至は対アジア政策を総括的に検討したものとおもわれる。

韓国政府は、去年来同大統領選挙が熟しつつあるとき問題となった。「ニクソン」大統領の非米国化政策とあらたな国際主義にたつ対アジア政策に対しすくながらず憂慮を表明した。

それだけでなく「ニクソン」大統領当選後わが国は五三年、韓国休戦当時の「アイク・ニクソン」体制下の米国の韓国観を前提し、一時は楽観論をくりひろげた。「ニクソン」大統領が「アジア」に非米国化政策を適用したとしても韓国だけは例外の取扱いをするであろうとのことからであった。しかし国際情勢は日毎にかわりつつある。

この現実の中で巨視的な眼目で見れば結局楽観できないというのがわれわれの率直な判断であった。

今年にはいってベトナムの平和のための「パリ」会談が静かな雰囲気のうちで進展を重ねている。最近日本政府は「沖縄」の米軍基地を日本へ返せとの要求を本格的におしだしている。

七一年以後は英国が「スエズ」運河以東からすべての兵力を撤収させるとの方針を実現させるたてまえである。

このようなすべての問題をてらしあわせて見れば七〇年代には「アジア」に「防衛の空白状態」が来ることと予想されるので「アジア」の安全保障の問題は、問題中の問題としてクローズアップされたのである。

このような時期に丁総理が「ニクソン」大統領との会談で韓国の立場を充分説明し、彼の同意を得たということは大きな外交的な成果であるといえよう。

丁総理は「ニクソン」大統領との会談で北傀の激動する武力挑発行為とこれによる休戦線の緊張状態を充分説明し、次のいくつかをとくに強調したと報道された。

第一、北傀の挑発行為を効果的に封鎖するため韓国軍の装備を近代化すべきである。

第二に、韓国に駐屯している米国軍をひきつづき駐屯させるべきであり、その軍事力を強化させても北傀が南侵するばあい、直接米国軍と接触するようになるとの事により、韓国を守護すると間接的な決意がより強化されると解釈されるからである。

第三に、一・二一共匪のソウル侵入事件をはじめ三陟・蔚珍地区の北傀武装共匪侵入事件および北傀の主張する七〇年代の「武力統一」を考えれば北傀の南侵はひきつづきおこなわれると思われる。これにそなえて編成された郷土予備軍の装備は充実されるべきであり、対スパイ作戦のための装備が早期に導入されるべきであると思う。

第四に、六八年度に計上された一億ドルの追加軍事援助をいそいで使用するようにすべきであり、特別な軍事援助も提供されるべきである。

丁総理はベトナムの名誉ある平和を向導するための「パリ」平和会談と併行して軍事的な努力が強化されるべきだと主張した。

また現在日本政府への返還で論議が高まっている「沖縄基地」は東北アジアの安全保障問題解決の決定的な礎石であるため現在のまま存続されるべきだとのことである。

一方越南問題の解決方案をさぐるための協議国頂上会談の開催問題も提議されたと伝えられる。

丁総理が主張したこの韓国の特殊性に対して相当な理解と共感を表明したと伝えられる。

「ニクソン」大統領が「アイク」葬式に参席した各国元首を接見したさい丁総理を「アジア」地域代表のうちまっさきにあったというのも韓国の比重を語るひとつの尺度とみられる。

丁総理が白亜館を離れたときは「ニクソン」大統領が親切にも玄関まで親切に送って出てきたことも韓国に対する彼の深い配慮を見せたものとしてとりあげられるべきである。

八達山

本号6ページ

全日制韓国学校設立及び生徒募集の案内
東北韓国学校

今日我々在日僑胞第二世に対する国民教育は、どんな事業よりも時急且重大であると云うことは誰もが、認識しているのであります。

然し、これを実現するには色々な方法があると思います。

その中で、母国留学は最も効果のある方法だと思いますが、これは極少数の人しかいないし、在日韓国学校は東京、京都、大阪の三大都市以外には無いので、その収容能力も足りない上、又寄宿舎設備が出来てない為、他地方の生徒の就学がとても困難であります。それから、各教育文化センター或は民団各級組織が主管して運営している韓国学園とか、講習所では日本の学校にかよっている生徒を対象にしているので、講師設備等諸条件が備えていない為、大きな成果を期待することは出来ない状態であります。

そこで、全日制にして国語を始めとする民族教科と経理、会計、簿記等の実業教科を教育課程として一年間に修了するような韓国学校を設立しました。

そして、この学校は、四十名全員寄宿舎に収容して二十四時間、国語生活をするように教室、食堂、寝室、浴室等を完備した教育環境を造りました。

中学校或は高等学校を卒業して進学又は就職をする前一年間この学校へ入って、真の韓国人としての自覚と衿り、大韓民国の国民としての資質を養い、技能教育を受けて在外国民として健全なる生活能力を培養し進んでは今後、民団各機関に就職して僑胞社会の中堅指導者になったり或は母国留学の準備、女性は韓国人としての結婚準備等をするようお願いします。

学校概要及び一九六九年度学生募集要綱

学校所在地　青森県三沢市後久保五一一一（東北本線三沢駅下車―急行・特急停車）
規模　学生四〇名収容（教室、食堂、寝室、浴室等完備）
対象　在日韓国人男女、中学卒業（一五才）以上、国語初学者
教育課程　国語（文教部発行 上・中・下及び会話）
　教養（国史、地理、其他）
　実業（経理、会計　簿記）
修業年限　一年
教育方法　日課表―全員寄宿舎収容
　〇七・〇〇～〇八・三〇　起床、体操、朝飯
　〇八・三〇～一二・二〇　午前授業（四校時）
　一二・二〇～一三・三〇　中食
　一三・三〇～一六・二〇　午後授業（三校時）
　一六・二〇～一七・三〇　清掃、食事準備
　一七・三〇～一九・〇〇　夕食
　一九・〇〇～二一・〇〇　夜間共同学習（読書、其他）
　二一・〇〇～二二・〇〇　自由時間・就寝
学費　授業料、寄宿舎費等合計月一万円　但、今後奨学制度実施予定
其他　①母国訪問修学旅行実施
　②卒業後各韓国機関就職斡旋
一九六九年度学生募集　募集人員　四〇名　募集期限　一九六九年四月一〇日
接受処　青森韓国教育文化センター（電話〇一七七二―二―四三三六）
　民団青森地方本部（電話〇一七七二―二―三三―七―二六五一）
問議処　同右

411

東海上で北韓再び蛮行

公海上の米偵察機撃墜事件

即刻応懲の措置を

世論強硬・国会も決議

十五日午後、米海軍偵察機（四発のプロペラEC121型）が三十一名の乗組員とともに北韓によって撃墜された事件は"第2のプエブロ号事件"として韓半島をめぐる緊張を一層大きくした。

東海上で撃墜された米軍EC121の同型機

断じて報復せよ　各紙論調

韓国海軍も捜査に協力

朝鮮日報

韓国日報

中央日報

在日韓国人社会の実態　金相賢議員の国会報告から

⑤ 法的地位協定の問題点

侵害された既得権

妥当な考慮とは恩恵か

待遇問題

待遇問題、われわれ僑胞が日常生活において、日本人と差別されないための条件である。そのため参政権、公務員就任権をのぞくすべての権利に対して同等の保障をうけようとするものである。永住権があたえられるとすれば、生活上日本人との差別があるというのは不当なことである。これにしたがうすべての社会保障、教育などに対して同等の待遇をあたえることは絶対的な条件である。協定はその第四条に、永住の許可をうけた韓国人の教育、生活保護および国民健康保険と帰国に際しての財産の搬出に関して日本政府が「妥当な考慮をする」とのことを規定している。すなわち第四条には永住権許可の処遇に関して無権利状態の法的確認がされているのである。

(a) 教育＝教育に関する事項に対しては「妥当な考慮」をすることになっている。妥当な考慮の具体的な内容としては、会議議事録は「日本の公立小学校または中学校に入学を希望するばあいにはその入学が認められるため必要と認める措置をし、また、日本の中学校を卒業したばあいには日本の上級学校への入学資格を認める」となっている。これは今まで事実上認められていた事実を再確認したのにすぎず、特にあらたな特恵を規定した条項はない。現在、韓国学園に対する保護とか学校法人の認可はまったくなされていない。民族教育問題に対しては日本当局は「文教問題」として取扱うものであるが、閉鎖とかの実力行使に関しては治安問題としての処理を考えざるを得ない」と発言している実情である。

(b) 生活保護と国民健康保険＝在日韓国人の生活状態を概観すると当然社会保障の必要が大きいということと生存権に対する具体的な姿勢と、在日韓国人の歴史的特質から見れば社会保障が行われなければならないにもかかわらず、実際のところ問題が多い。

健康保険、日雇健康保険、厚生年金保険、失業保険、船員保険などの被雇用者保険（職域別相互扶助制度）には国籍による差別はないが在日韓国人が会社、工場、その他、事業所などで雇用されるのもの自体が相当困難になり、その段階ですでに差別されているため、その適用を受けることができるかはうたがわしい事である。生活保護法は保護を受けることので……

4·19記念糾弾・学同決起大会のデモ（一面に関連記事）

国民感情の悪化憂慮

日本からの虫食い米事件

韓国、クレーム要求

破廉恥な商人根性

弁償措置を申入れ

日本政府誠意みせる

好意で出発したが

農政不振がその原因

民団中央、1969年度予算

才入　（1969年3月1日～1970年2月末日）

科目	金額 款	金額 項	金額 目	摘要
前期繰越金	1,629,681			
前期繰越金		1,629,681		
前期繰越金			1,629,681	
割当金	39,022,500			
割当金		39,022,500		
割当金			7,342,500	1968年度分未収金1/2
			31,680,000	1969年度分
手数料	6,300,000			
手数料		6,300,000		
手数料			1,000,000	
手数料			5,300,000	
補助金	15,000,000			
補助金		15,000,000		
補助金			15,000,000	1,250,000×12
補助金				
賛助金	27,000,000			
賛助金		27,000,000	20,000,000	賛助金
賛助金			7,000,000	広告料
雑収入	898,500			
雑収入		898,500		
雑収入			898,500	諸般
合計		89,850,681		

（但1968年度割当金未収 14,685,000円半額）

才出　（1969年3月1日～1970年2月28日）

科目	金額 款	金額 項	金額 目
人件費	33,200,200		1,200,200
俸給		26,400,000	5,400,000 / 6,240,000 / 10,500,000
諸手当		6,800,000	1,800,000 / 600,000
特別手当			4,400,000
事務費	3,000,000		
事務費		3,000,000	
事務用品費			1,200,000
消耗品費			600,000
印刷費			600,000
備品費			600,000
維持費	4,200,000		
維持費		4,200,000	
電信電話料			3,000,000
通信運搬費			600,000
電話交換維持費			60,000
購読料			360,000
清掃費			60,000
公税負担金			120,000
出張費	4,200,000		
出張費		4,200,000	
出張費			1,200,000 / 2,400,000
交通費			600,000
営繕費	240,000		
営繕費		240,000	
営繕費			240,000
慶弔費	480,000		
慶弔費		480,000	
慶弔費			480,000
会議費	2,080,681		
中央委員会		800,000	
中央委員会			800,000
中央執行委員会		120,000	
中央執行委員会			120,000
諸般会議費		1,160,681	
諸般会議費			1,160,681
活動費	20,800,000		
活動費		20,800,000	
三機関活動費			500,000
基本財政確立費			1,000,000
地方割当金徴収費			1,000,000
海外活動費			1,000,000
組織活動費			[illegible]
傘下団体指導費			[illegible]
経済活動費			[illegible]
特別行事費			[illegible]
民生活動費			[illegible]
文教活動費			2,000,000
宣伝活動費			1,200,000
特別調査費			[illegible]
法的地位関係			4,95[illegible]
機関紙	7,440,000		
韓国新聞発行		7,440,000	
印刷費			5,760,000 / 600,000
発送費			1,080,000
補助金	3,360,000		
傘下団体		3,360,000	
傘下団体			3,360,000
手数料	2,760,000		
手数料		2,760,000	
保険料			1,920,000
手数料			600,000
利息			240,000
厚生費	240,000		
厚生費		240,000	
厚生費			240,000
予備費	2,400,000		
予備費		2,400,000	
予備費			2,400,000
借入金返済	2,000,000		
借入金返済		2,000,000	
借入金返済			2,000,000
旧償返済	1,000,000		
旧償返済		1,000,000	
旧償返済			1,000,000
合計		89,850,681	

資料

出入国管理法案

全文

日本政府はさる三月三十一日、在日韓国人が強くその立法化に反対している「出入国管理法案」を国会に提出した。同法案は、在日同胞の生活をおびやかす悪法として、すでに反対の声が各界から起っており、今後相当な波乱が予想されている。以下「資料」としてその全文を紹介する。

第一章　総　則

（目的）

第一条　この法律は、本邦に入国し、又は本邦から出国するすべての人の出入国を公正に管理することを目的とする。

（定義）

第二条　この法律において、次の各号に掲げる用語の意義は、それぞれ当該各号に定めるところによる。

一、本邦　本州、北海道、四国及び九州並びにこれらに附属する島で政令で定めるものをいう。

（4面へ続く）

出入国管理法案

3面続き

間には、してはならない。ただし日没前に開始した臨検、捜索又は差押えについて必要があると認めるときは、日没後も継続することを妨げない。

5 入国警備官は、臨検、捜索又は差押えをするに際し必要があるときは、警察官又は海上保安官の援助を求めることができる。

6 第十条八第項の規定は、入国警備官が臨検、捜索又は差押えをする場合について準用する。

(調書の作成)

第四三条 入国警備官は、容疑者又は参考人を取調べたときは、その供述を調書に記載し、容疑者又は参考人に閲覧させ、又は読み聞かせて、署名をさせ、かつ、自らこれに署名しなければならない。

2 入国警備官は、臨検、捜索又は押収をしたときは、その調書を作成し、立会人に閲覧させ、又は読み聞かせて、署名をさせ、かつ自らこれに署名しなければならない。

3 前二項の場合において、取調べを受けた者又は立会人が署名することができないとき、又は署名を拒んだときは、その旨を調書に付記すれば足りる。

(押収目録の交付及び押収物の返還)

第四四条 入国警備官は、押収をしたときは、その目録を作り、押収物の所有者、所持者若しくは保管者又はこれらの者に代わるべき者にこれを交付しなければならない。

2 入国警備官は、押収物について、留置の必要がないと認めたときは、すみやかにこれを還付しなければならない。

(収 容)

第四五条 入国警備官は、容疑者が第三十七条各号の一に該当すると疑うに足りる相当の理由があるときは、収容令書により、その者を収容することができる。

2 地方入国管理官署の長は、入国警備官の請求により、前項の収容令書を発布するものとする。ただし、次の各号の一に該当する容疑者については、収容令書を発付しないことができる。

一、刑事訴訟に関する法令、刑の執行に関する法令又は少年院若しくは婦人補導院の在院者の処遇に関する法令の規定により身体を拘束されている者

二、老幼、疾病その他身体の故障により収容にたえることが困難であると認められる者

三、逃亡のおそれがなく、かつ、収容を猶予すべき事情があると認められる者

3 前項の規定により発付する収容令書(以下「調査対象者収容令書」という。)には、容疑者の氏名居住地及び国籍、容疑事実の要旨収容すべき場所、有効期間、発付年月日その他法務省令で定める事項を記載し、かつ、地方入国管理官署の長がこれに記名押印しなければならない。

4 入国警備官は、調査対象者収容令書によって容疑者を収容したときは、当該容疑者の指紋を採取し身長若しくは体重を測定し、又は写真を撮影することができる。

(収容の場所及び留置の嘱託)

第四六条 調査対象者収容令書によって容疑者を収容することができる場所は、地方入国管理官署の収容場、入国者収容所その他法務大臣又はその委任を受けた地方入国管理官署の長が指定する場所とする。

2 警察官は、地方入国管理官署の長が必要とする認める嘱託書により依頼したときは、容疑者を警察署に留置することができる。

(収容の手続)

第四七条 入国警備官は、調査対象者収容令書により容疑者を収容するときは、収容令書を容疑者に示さなければならない。

2 入国警備官は、調査対象者収容令書を所持しない場合でも、急速を要するときは、容疑者に対し容疑事実の要旨及び収容令書が発行されている旨を告げて、その者を収容することができる。ただし調査対象者収容令書は、できるだけ速やかに示さなければならない。

(緊急収容)

第四八条 入国警備官は、容疑者が第三十七条各号の一に明らかに該当すると認められる場合で調査対象者収容令書の発付をまっていては逃亡すると疑うに足りる相当の理由があるときは、調査対象者収容令書の発付をまたずに、容疑事実の要旨を告げてその者を収容することができる。

2 前項の収容を行なったときは入国警備官は、直ちにその旨を地方入国管理官署の長に報告して、調査対象者収容令書の発付を請求しなければならない。この場合において、調査対象者収容令書が発付されないときは、直ちにその者の身体の拘束を解かなければならない。

(容疑者引渡し等)

第四九条 入国警備官は、第四十五条第一項又は前条第一項の規定により容疑者を収容したときは、容疑者の身体を拘束した時から四十八時間以内に、書類及び証拠物とともに、当該容疑者を地方入国管理官署の長に引き渡さなければならない。

2 入国警備官は、違反調査を終えたときは、前項の場合を除き、すみやかに書類及び証拠物とともに違反事件を地方入国管理官署の長に引き渡さなければならない。

第三節 口頭審理及び異議の申出

(口頭審理)

第五〇条 地方入国管理官署の長は、前条の規定により容疑者又は違反事件の引渡しを受けたときは容疑者に対し、時及び場所を通知してすみやかに口頭審理を行なわなければならない。

2 第十条第八項及び第十一条第二項から第五項までの規定は、前項の口頭審理について準用する。

3 地方入国管理官署の長は、口頭審理の結果、容疑者が第三十七条各号の一に該当すると認定したときは、当該容疑者に対し、すみやかに理由を付した書面をもってその旨及び次条第一項の規定により異議を申し出ることができる旨を通知しなければならない。

(異議の申出)

第五一条 前条第三項の通知を受けた容疑者は、同項の認定に異議があるときは、その通知を受けた日から三日以内に、不服の事由を記載した書面を地方入国管理官署の長に提出して、法務大臣に対し異議を申し出ることができる。

2 地方入国管理官署の長は、前項の異議の申出があったときは、意見を付して、口頭審理に関する記録その他の関係書類を法務大臣に提出しなければならない。

3 法務大臣は、第一項の規定による異議の申出を受理したときは、異議の申出が理由があるかどうかを裁決して、その結果を地方入国管理官署の長に通知するものとする。

4 地方入国管理官署の長は、前項の通知を受けたときは、容疑者にその旨を通知しなければならない。

(収 容)

第五二条 地方入国管理官署の長は、第四十九条の規定により容疑者又は違反事件の引渡しを受けたときは、収容令書を発付して、入国警備官に当該容疑者を収容させるものとする。ただし、当該容疑者が第四十五条第二項各号の一に該当する者である場合は、収容させないことができる。

2 第四十五条第三項の規定は前項の規定により発布する収容令書(以下「審理対象者収容令書」という。)について、同条第四項、第四十六条及び第四十七条の規定は前項の規定による容疑者の収容について準用する。

3 第一項の場合において、同項の規定による容疑者の収容が第四十五条第一項の規定による収容に引き続くものであるときは、地方入国管理官署の長は、収容令書の発付に代えて、当該容疑者に係る調査対象者収容令書に容疑者の引渡しを受けた日時及び容疑者の収容を継続する旨を記載し、これに記名押印するものとする。

4 第一項の規定により容疑者を収容することができる期間は、同項の規定による収容を開始した日から起算して二十日以内とする。ただし、地方入国管理官署の長は、やむを得ない事由があると認めるときは、二十日を限り延長することができる。

5 審理対象者収容令書(第三項の場合にあっては、調査対象者収容令書。以下同じ。)は、地方入国管理官署の長が第五十条第一項の口頭審理の結果第三十七条各号のいずれにも該当しないと認定したとき又は前条第三項の規定により法務大臣から異議の申出が理由があると裁決した旨の通知を受けたときは、その効力を失う。

(収容の一時解除)

第五三条 地方入国管理官署の長は、前条第一項の規定により収容されている者が第四十五条第二項各号の一に該当するに至ったときは、その者の収容を一時解除することができる。

2 (前条第一項の規定により収容されている者又はその代理人、補佐人、配偶者、直系の親族若しくは兄弟姉妹は、地方入国管理官署の長に対し、前項の規定による収容の一時解除を請求することができる。

3 第一項の規定による収容の一時解除をする場合には、地方入国管理官署の長は、収容の一時解除を受ける者の住居を定めなければならない。

4 収容の一時解除を受けた者は前項の規定により定められた住居に居住し、地方入国管理官署の長から呼び出しがあったときは、これに応じなければならない。

5 第一項の規定による収容の一時解除をする場合には、地方入国管理官署の長は、収容の一時解除を受ける者に対し、法務省令で定めるところにより、その者が守るべき行動の範囲その他の事項を定め、又は百万円をこえない範囲内で法務省令で定める額の保証金を納付させることができる。

6 前項の場合において、地方入国管理官署の長は、適当と認めるときは、収容の一時解除を受ける者以外の者の差し出した保証書をもって保証金に代えることを許すことができる。

7 前項の保証書には、保証金額及びいつでもその保証金を納付する旨を記載しなければならない。

(一時解除の取消し)

第五四条 地方入国管理官署の長は、前条一項の規定による収容の一時解除を受けた者が逃亡し、逃亡すると疑うに足りる相当の理由があり、同条第四項の規定に違反して呼出しに応ぜず、又は同条第五項の規定による遵守事項の定めに違反したときは、収容の一時解除を取り消すことができる。

2 前項の規定により収容の一時解除の取消しをしたときは、地方入国管理官署の長は、収容一時解除取消書を作成し、審理対象者収容令書とともに、入国警備官にこれを交付しなければならない。

3 地方入国管理官署の長は、法務省令で定めるところにより、逃亡し、又は前条第四項の規定に違反して呼出しに応じないことを理由として収容の一時解除の取消しをしたときは保証金の全部、同条第五項の規定による遵守事項の定めに違反したことを理由として収容の一時解除の取消しをしたときはその一部を国庫に帰属させるものとする。この場合において、同条第六項の保証書を差し出した者には、国庫に帰属させる金額を納付するよう命ずるものとする。

4 前項後段の命令は、執行力のある債務名義と同一の効力を有する。

5 入国警備官は、第一項の規定により収容の一時解除を取り消された者がある場合には、その者に第二項の収容一時解除取消書(以下「収容一時解除取消書」という。)及び収容令書を示して、その者を収容しなければならない。

6 入国警備官は、収容一時解除取消書及び審理対象者収容令書を所持しない場合でも、急速を要するときは、第一項の規定により収容の一時解除を取り消された者に対し収容の一時解除が取り消された旨を告げて、その者を収容することができる。ただし、収容一時解除取消書及び審理対象者収容令書は、できるだけすみやかに示さなければならない。

第四節 退去強制令書の執行及び特別在留許可

(退去強制令書)

第五五条 外国人の退去強制は、次項の規定により発付された退去強制令書によって行なう。

2 地方入国管理官署の長は、外国人が次の各号の一に該当するに至った場合には、退去強制令書を発付しなければならない。

一、第五十条第三項の規定による通知を受けた場合において文書により第五十一条第一項の規定による異議の申出をしない旨を明らかにしたとき、又は第五十条第三項の規定による通知を受けた日から三日以内に第五十一条第一項の規定による異議の申出をしなかったとき。

二、第五十一条第四項の規定による異議の申出が理由がないと裁決した旨の地方入国管理官署の長からの通知を受けたとき。

三、第十五条第一項の規定により退去を命ぜられたにもかかわらず本邦から退去しないとき。

3 前項の 退去 強制令書 (以下「退去強制令書」という。)には退去を強制される者の氏名、年齢及び国籍、退去強制の理由、送還の方法、送還先、発付年月日その他法務省令で定める事項を記載し、かつ、地方入国管理官署の長がこれに記名押印しなければならない。

(送還先)

第五六条 退去を強制される者はその国籍又は市民権の属する国に送還されるものとする。

2 地方入国管理官署の長は、前項の国に送還することができないとき、又は送還することが適当でないと認めるに足りる相当の事情があるときは、次に掲げる国のいずれかを送還先に指定することができる。

一、本邦に入国する直前に居住していた国。

二、本邦に入国する前に居住していたことのある国。

三、本邦に向けて船舶又は航空機に乗った港又は飛行場の属する国。

四、出生地の属する国。

五、出生時にその出生地の属していた国。

六、前各号に掲げるもののほか、退去を強制されるものが希望する国

(退去強制令書の執行)

第五七条 退去強制令書は、入国警備官が執行するものとする。

2 警察官又は海上保安官は、入国警備官が足りないため地方入国管理官署の長が必要と認めて依頼したときは、退去強制令書を執行することができる。

3 入国警備官(前項の規定により退去強制令書を執行する警察官又は海上保安官を含む。以下この条においては同じ)は、退去強制令書を執行するときは、退去を強制される者に退去強制令書又はその写を示したうえ、すみやかにその者を送還しなければならない。この場合において、第六十五条の規定により船舶若しくは航空機の長又は運送業者が送還するときには、入国警備官は、その者に退去を強制される者を引き渡すものとする。

4 前項の場合において、退去を強制される者が、自らの負担により、自ら退去しようとするときは地方入国管理官署の長は、その者の申請に基づき、これを許可することができる。

5 第三項の場合において、退去を強制される者を直ちに送還することができないときは、入国警備官は、送還可能のときまで、その者を入国者収容所、地方入国管理官署の収容場その他法務大臣又はその委任を受けた地方入国管理官署の長が指定する場所に収容することができる。

(退去強制令書の執行停止)

第五八条 地方入国管理官署の長(前条第五項の規定により入国者収容所に収容されている者については、入国者収容所長。第五項において同じ。)は、退去強制令書の執行によって、退去を強制される者が著しく健康を害するとき又は生命を保つことができないおそれがあるときは、その者の前条第三項の規定による送還又は同条第五項の規定による収容を停止させることができる。

2 地方入国管理官署の長は、第五十五条第二項第一号又は第二号に該当する者について同項の規定により退去強制令書を発付したときは、その日から三日を経過する日までの間、その者の前条第三項の規定による送還を停止させなければならない。ただし、文書により第六十条第三項の規定による出願をしない旨を明らかにした者については、この限りでない。

3 地方入国管理官署の長は、第六十条第三項の規定による上申をしたとき又は同条第三項の規定による出願があったときは、同条第四項の規定による通知があるまでの間、当該上申又は出願に係る者の前条第三項の規定による送還を停止させなければならない。

4 地方入国管理官署の長は、第六十条第二項の規定による上申をしたとき、又は同条第三項の規定による出願があったときは、同条第四項の規定による通知があるまでの間、当該上申又は出願に係る者の前条第五項の規定による収容を停止させることができる。

5 地方入国管理官署の長は、前条第五項の規定により収容されている者又はその代理人、補佐人、配偶者、直系の親族又は兄弟姉妹の請求に基づき、特に必要があると認めるときは、同項の規定による収容を停止させることができる。

6 第[illegible]項、第四項又は前項の規定により収容を停止させる場合には、地方入国管理官署の長(入国者収容所長が収容を停止させる場合にあっては、入国者収容所長。第八項及び第九項において同じ。)は、収容の停止を受ける者の住居を定めなければならない。

7 収容の停止を受けた者は、前項の規定により定められた住居に居住し、地方入国管理官署の長(入国者収容所長が収容を停止させた者については、入国者収容所長。次条において同じ。)から呼出しがあったときは、これに応じなければならない。

8 第一項、第四項又は第五項の規定により収容を停止させる場合には、地方入国管理官署の長は、収容の停止を受ける者に対し、法務省令で定めるところにより、その者が守るべき行動の範囲その他の事項を定め又は百万円をこえない範囲内で法務省令で定める額の保証金を納付させることができる。

9 前項の場合において、地方入国管理官署の長は、適当と認めるときは、収容の停止を受ける者以外の者の差し出した保証書をもって保証金に代えることを許すことができる。

10 前項の保証書には、保証金額及びいつでもその保証金を納付する旨を記載しなければならない。

(執行停止の取消し)

第五九条 地方入国管理官署の長は、前条第一項、第四項又は第五項の規定による収容の停止を受けた者が逃亡し、逃亡すると疑うに足りる相当の理由あり、前条第七項の規定に違反して呼出しに応ぜず、又は同条第八項の規定による遵守事項の定めに違反したときは収容の停止を取り消すことができる。

2 前項の規定により収容の停止の取消しをしたときは、地方入国管理官署の長は、退去強制令書執行停止取消書を作成し、退去強制令書とともに、入国警備官にこれを交付しなければならない。

3 地方入国管理官署の長は、法務省令で定めるところにより、逃亡し、又は前条第七項の規定に違反して呼出しに応じないことを理由として収容の停止の取消しをしたときは保証金の全部、同条第八項の規定による遵守事項の定めに違反したことを理由として収容の取消しをしたときはその一部を国庫に帰属させるものとする。この場合において、同条第九項の保証書を差し出した者には、国庫に帰属させる金額を納付するよう命ずるものとする。

4 前項後段の命令は、執行力のある債務名義と同一の効力を有する。

5 入国警備官は、第一項の規定により収容の停止を取り消された者がある場合には、その者に第二項の退去強制令書執行停止取消書(以下「退去強制令書執行停止取消書」という。)及び退去強制令書を示して、その者を収容しなければならない。

6 入国警備官は、退去強制令書執行停止取消書及び退去強制令書を所持しない場合でも、急速を要するときは、第一項の規定により収容の停止を取り消された者に対し、収容の停止が取り消された旨を告げて、その者を収容することができる。ただし、退去強制令書執行停止取消書及び退去強制令書はできるだけすみやかに示さなければならない。

(特別在留許可)

第六〇条 法務大臣は、退去を強制される者が次の各号の一に該当する場合には、その者の在留を特別に許可することができる。

一、永住許可を受けていたものであるとき。

二、かつて日本人として本邦に本籍を有したことがあるとき。

三、前二号に掲げる場合を除くほか、法務大臣が特別に在留を許可すべき事情があると認めるとき。

2 地方入国管理官署の長は、法務大臣に前項の許可を上申することができる。

3 退去を強制される者は第五十五条第二項第一号又は第二号に該当するに至った日から三日以内に地方入国管理官署の長を経由して法務大臣に第一項の許可を出願することができる。

4 法務大臣は、第二項の規定による上申又は前項の規定による出願があった場合において、相当と認めるときは在留資格の区分及び在留期間を決定して第一項の許可をするものとし、相当でないと認めるときは同項の許可をしない旨を地方入国管理官署の長に通知するものとする。

5 前項の規定による許可は、地方入国管理官署の長に、当該外国人の所持する旅券に在留資格の区分及び在留期間を記載し、特別在留許可の証印をさせ、又は当該外国人に対しこれらの事項を記載した在留許可書を交付させて行なうものとする。

6 第八条第二項及び第十三条第五項の規定は第四項の規定により第一項の許可をする場合について準用する。この場合において、第十三条第五項中「旅券」とあるのは「旅券または第六十条第五項の在留許可書」と読み替えるものとする。

7 退去強制令書は、第一項の許可があったときは、その効力を失う。

8 前条項の規定は、第三十七条第四号に該当する者については適用しない。

第七章 船舶又は航空機の長及び運送業者の責任

(事前通報等の義務)

第六一条 船舶(本邦の港と本邦以外の港との間を運航する船舶をいう。以下同じ。)または航空機(本邦の飛行場と本邦外の飛行場との間を運航する航空機をいう。以下同じ。)の長は、法務省令で定めるところにより、あらかじめ、入港しようとする出入国港の入国審査官に対し、入港予定日時の他の事項を通報しなければならない。ただし法務省令で定める船舶または航空機については、この限りではない。

2 船舶または航空機の長は法務省令で定めるところにより、当該船舶または航空機が出入港に入港したときは直ちに、出入国港から出港するときはあらかじめ、当該出入国港の入国審査官に対し、入出港届を提出しなければならない。ただし、法務省令で定める船舶または航空機については、この限りではない。

前項の場合において、船舶又は航空機の長は、入国審査官の要求があったときは、乗員名簿を提出しなければならない。

(報告の義務)

第六二条 本邦に入る船舶又は航空機の長は、有効な旅券を所持しない外国人(乗員又は第三条第二項に規定する者で、有効な乗員手帳を所持するものを除く。)が、当該船舶又は航空機に乗っていることを知ったときは、直ちにその旨を出入国港の入国審査官に報告しなければならない。

2 本邦から出る船舶又は航空機の長は、第三十四条第一項又は第六十七条第二項の規定に違反して出国しようとする者が当該船舶又は航空機に乗っていることを知ったときは、直ちにその旨を出入国港の入国審査官に報告しなければならない。

(船舶又は航空機の長の行為の代行)

第六三条 前二条の規定により船舶又は航空機の長がすべき行為は、これらの条に規定する船舶又は航空機に係る運送業者も行なうことができる。

(上陸防止の義務)

第六四条 船舶または航空機の長は、第六十二条第一項に規定する外国人が当該船舶または航空機に乗っていることを知ったときは、当該外国人が本邦に上陸することを防止しなければならない。

(送還の義務)

第六五条 次の各号の一に該当する外国人が乗ってきた船舶若しくは航空機の長またはその船舶若しくは航空機に係る運送業者は、当該外国人をその船舶若しくは航空機または当該運送業者に係る他の船舶若しくは航空機により、その責任と費用で、すみやかに本邦外の地域に送還しなければならない。

一、第十六条第一項の規定により退去を命ぜられた者

二、第三十七条第三号から第五号までまたは第八号に該当することを理由として同条の規定により退去を強制されるもの。

三、第三十七条第一号又は第二号に該当することを理由として入国又は上陸後三年以内に同条の規定により退去を強制される者のうちその者が乗ってきた船舶若しくは航空機の長又はその船舶若しくは航空機に係る運送業者において、その者が第三条第一項又は第四条の規定に違反して本邦に入り、又は上陸しようとしている者であることを明らかに知っていたと認められるもの。

四、第八条第一項各号に係る事実があることを理由として上陸後三年以内に第三十七条の規定により退去の強制される者のうち、その者が乗ってきた船舶若しくは航空機の長又はその船舶若しくは航空機に係る運送業者において、その者の上陸のときにその者について当該事実があることを明らかに知っていたと認められるもの。

2 前項の場合において、外国人を同項に規定する船舶又は航空機により送還することができないときは、運送業者は、その責任と費用で、すみやかに他の船舶又は航空機により送還しなければならない。

(指示に従う義務)

第六六条 船舶又は航空機の長及びその船舶又は航空機に係る運送業者は、入国審査官がこの法律に規定する審査その他の職務の執行に当たり必要な指示をした場合には、これに従わなければならない。

第八章 日本人の出国及び帰国

(日本人の出国)

第六七条 (略)

(日本人の帰国)

第六八条 (略)

第九章 管理機関

(入国審査官)

第六九条 この法律に規定する職務に従事させるため、入国管理事務所に入国審査官を置く。

2 入国審査官は、この法律の規定による職務を行なうため必要があるときは、船舶若しくは航空機に乗り込み、又は関係人に質問し、若しくは旅券、乗員手帳その他の文書の提示を求めることができる。

3 入国審査官は、必要があるときは、その所属する入国管理事務所の管轄区域外においても、職務を行なうことができる。

(入国警備官)

第七〇条 この法律に規定する職務に従事させるため、入国者収容所及び入国管理事務所に入国警備官を置く。

2 入国警備官の階級は、政令で定める。

3 入国警備官は 国家公務員法(昭和二十二年法律第百二十号)第百八条の二の規定の適用については、警察職員とみなす。

4 入国警備官は、外国人が第四条の規定に違反して本邦に上陸することを防止するため必要があるときは、船舶又は航空機に乗り込み、関係人に質問し、又は旅券、乗員手帳その他の文書の提示を求めることができる。

5 入国警備官は、前項の行為がまさに行なわれようとするのを認めたときは、予防のため関係人に必要な警告を発し、又はその行為を制止することができる。

6 前条第三項の規定は、入国警備官について準用する。

(小型武器の携帯及び使用)

第七一条 入国審査官及び入国警備官は、その職務を行なうに当たり、特に必要があるときは、小型武器を携帯することができる。

2 入国審査官及び入国警備官はその職務の執行に関し、その事態に応じ、合理的に必要と判断される限度において、小型武器を使用することができる。ただし、次の各号の一に該当する場合を除いては人に危害を加えてはならない。

一、刑法第三十六条又は第三十七条に該当する場合。

二、仮上陸者収容令書、調査対象者収容令書若しくは審理対象者収用令書(第七十五条を除き、以下「収容令書」という。)若しくは退去強制令書の執行を受ける者がその者に対する入国警備官の職務の執行に対して抵抗する場合又は第三者がその者を逃がそうとして入国警備官に抵抗する場合において、これを防止するために他の手段がないと入国警備官において信ずるに足りる相当の理由があるとき。

(地方入国管理官署の長の職務の代行等)

第七二条 地方入国管理官署の長に事故のあるとき、又は地方入国管理官署の長が欠けたときは、その官署の入国審査官が、法務大臣の定める順序により、臨時にこの法律の規定による地方入国管理官署の長の職務を行なう。

2 地方入国管理官署の長は、法務大臣の指定する入国審査官に第十一条第一項又は第五十条第一項に規定する口頭審理を取り扱わせることができる。

(事実の調査)

第七三条 法務大臣は、この法律の規定によりその権限に属する事項を処理するため必要があるときは、地方入国管理官署の長に事実の調査を命ずることができる。

2 地方入国管理官署の長は、この法律によりその権限に属する事項を処理するため必要があるときは、事実の調査をすることができる。

3 地方入国管理官署の長は、前二項の調査のため必要があるときは、所属の入国審査官若しくは入国警備官に関係人に対し質問させ又は文書若しくは物件の提示を求めさせることができる。

4 地方入国管理官署の長は、第一項又は第二項の調査について、公務所又は公私の団体に照会して必要な事項の報告を求めることができる。

(制服の着用及び証票の携帯)

第七四条 入国審査官及び入国警備官は、この法案の規定による職務を行なうときは、制服を着用しかつ、その身分を示す証票を携帯し、関係人の要求があるときは、これを提示しなければならない。

2 入国審査官及び入国警備官の制服及び証票は、法務大臣が定める。

第一〇章 補 則

(刑事訴訟法の特例)

第七五条 司法警察員は、第八十三条の罪に係る被疑者を逮捕し、又は受け取った場合には、調査対象者収容令書又は審理対象者収容令書が発付され、かつ、その者が他に罪を犯した嫌疑のないときに限り、刑事訴訟法(昭和二十三年法律第百三十一号)第二百三条(同法第二百十一条及び第二百十六条において準用する場合を含む。)の規定にかかわらず、書類及び証拠物とともに、当該被疑者を入国警備官に引き渡すことができる。

2 前項の場合には、被疑者が身体を拘束されたときから四十八時間以内に、当該被疑者を引き渡す手続をしなければならない。

(刑事手続等との関係)

第七六条 刑事訴訟に関する法令刑の執行に関する法令又は少年院若しくは婦人補導院の在院者の処遇に関する法令の規定による手続が行なわれている者について退去強制令書が発付された場合には、これらの法令の規定による手続が終了した後、その執行をするものとする。ただし、これらの法令の規定による手続が終了しない場合でも、関係機関の同意を得たときには、退去強制令書の執行をすることができる。

(収容場の設置)

第七七条 地方入国管理官署に、収容令書又は退去強制令書の執行を受ける者を収容する収容場を設ける。

(被収容者の処遇)

第七八条 収容令書又は退去強制令書により第四十六条第一項又は第五十七条第五項に規定する場所(以下「収容場所」という。)に収容されている者(以下「被収容者」という。)には、収容場所の保安上支障がない範囲においてできる限りの自由が与えられなければならない。

2 被収容者には一定の寝具を貸与し、及び一定の糧食を給与するものとする。

3 被収容者に対する給養は、適正でなければならず、収容場所の設備は、衛生的でなければならない。

4 入国者収容所長又は地方入国管理官署の長(第五十七条第三項の規定により警察官又は海上保安官又は海上保安官が退去強制令書を執行している場合にあっては、当該警察官又は海上保安官の属する官署の長。次項及び第六項において同じ。)は収容場所の保安上又は衛生上必要があると認めるときは、被収容者の身体、所持品若しくは衣類を検査し、又は所持品若しくは衣類を領置することができる。

5 入国者収容所長又は地方入国管理官署の長は、収容場所の保安上必要があると認めるときは、被収容者の面会を制限し、若しくは禁止し、又はその発受する通信を検閲し、その発受を禁止し、若しくは制限することができる。

6 入国者収容所長又は地方入国管理官署の長は、被収容者から処遇に関して不服の申出があった場合において、当該不服に係る事項を処理したときは、その結果を当該申出人に対し告知するものとする。

7 前各項に規定するものを除くほか、被収容者の処遇に関し必要な事項は、法務省令で定める。

8 前各項の規定は、第四十六条第二項(第五十二条第二項において準用する場合を含む。)の規定により容疑者を警察署に留置する場合について準用する。この場合において第四項中「入国者収容所長又は地方入国管理官署の長(第五十七条第二項の規定により警察官又は海上保安官が退去強制令書を執行している場合にあっては、当該警察官又は海上保安官の属する官署の長。次項及び第六項において同じ。)」とあり、第五項及び第六項中「入国者収容所長又は地方入国管理官署の長」とあるのは「警察署長」と読み替えるものとする。

(手 数 料)

第七九条 外国人は、第二十三条第二項、第二十四条第一項、第二十五条第一項、第二十九条第一項、第三十条第一項、第三十一条第一項、第三十二条第二項又は第三十六条第一項若しくは第五項の許可を受ける場合には、政令で定めるところにより、四千円をこえない範囲内で定める額の手数料を納めなければならない。

(報 償 金)

第八〇条 法務大臣は、第三十九条第一項の規定による通報をした者がある場合において、その通報に基づいて退去強制令書の発付があったときは、その通報者に対し五万円以下の金額を報償金として交付することができる。

(権限の委任)

第八一条 この法律に規定する法務大臣の権限は、政令の定めるところにより、地方入国管理官署の者に委任することができる。

(省令への委任)

第八二条 この法律の実施のための手続その他その執行について必要な事項は、法務省で定める。

第一一章 罰 則

第八三条 次の各号の一に該当する者は、三年以下の懲役若しくは禁こ又は十万円以下の罰金に処する。

一、第三条第一項の規定に違反した者。

二、第四条の規定に違反した者。

三、第十四条第一項の許可を受けた者で、逃亡し、又は同条第三項の規定に違反して呼出しに応じないもの。

四、第十五条第一項又は第二十一条第二項の規定により退去を命ぜられたにもかかわ[illegible]退去しない者。

五、第三十二条第[illegible]者(同条第七項に[illegible]む。)で同条第[illegible]ることなく、同[illegible]る期間を経過した[illegible]するもの。

六、在留期間(第[illegible]の出国猶予期間を[illegible]した後も本邦に残[illegible]

七、一時上陸の許[illegible]当該許可に係る上[illegible]した後も本邦に残[illegible]

第八四条 第三十[illegible]第六十七条第二項[illegible]て出国し、又は出[illegible]て帰国した者は、一年以[illegible]は禁こ又は十万円[illegible]する。

第八五条 収容令[illegible]令書によって身体[illegible]る者で逃走したも[illegible]の懲役又は五万円[illegible]する。

第八六条 第二十[illegible]第二項の規定によ[illegible]かった者は、六月[illegible]くは禁こ又は十万[illegible]処する。

第八七条 第八十[illegible]での罪を犯した者[illegible]禁こ及び罰金を併[illegible]きる。

第八八条 第十一[illegible]十条第三項におい[illegible]を含む。以下この[illegible]じ。)の規定によ[illegible]て出頭せず、又は[illegible]る宣誓若しくは証[illegible]くは虚偽の証言を[illegible]以下の罰金に処す[illegible]

第八九条 次の各[illegible]る者は、三万円以[illegible]

一、第二十八条[illegible]の規定に違反[illegible]

二、第六十九条[illegible]七十条第四項の[illegible]対して陳述せず[illegible]陳述をし、又[illegible]項に規定する[illegible]者

三、第七十三条[illegible]る質問に対して[illegible]は虚偽の陳述[illegible]定する文書若[illegible]拒んだ者

(過料)

第九〇条 次の[illegible]る者は、二十[illegible]る。

一、第六十一条[illegible]二項の規定に[illegible]第三項の規定[illegible]出せず、若し[illegible]た名簿を提出[illegible]

二、第六十二[illegible]の規定に違反[illegible]

三、第六十四[illegible]者

四、第六十五[illegible]送還を怠った[illegible]

五、第六十六[illegible]者

(没収)

第九一条 第[illegible]罪行為の用に[illegible]空機で犯人の[illegible]るものは、没[illegible]の船舶または[illegible]者の所有に係[illegible]次の各号の一[illegible]の限りでない[illegible]

一、第八十三[illegible]なわれること[illegible]いでその犯罪[illegible]引き続きその[illegible]所有している[illegible]

二、前号に掲[illegible]た後、その情[illegible]船舶または航空[illegible]られるとき。

附 則(略)

外務部出入記者団一行が来日

同胞の実態把握に

民団招請で各地方視察

さる十日、本国外務部出入記者団一行十一人が、在日居留民団中央本部（李禧元団長）の招請で来日し、約十日間にわたって東京をはじめ北海道、大阪、福岡など主要都市の同胞社会公共機関を視察した。これは、在日同胞社会の実態について本国の理解を深めるとともに母国との交流を緊密にするとの意味で、民団中央が計画した事業の一つであり、その成果が大いに期待されている。

来日した一行は、李成春（韓国新聞・訪日団長）、李在遠（ソウル新聞）、許準（中央日報）、任漢淳（大韓日報）、安再煥（新亜日報）、朴贊之（京郷新聞）、金相淑（合同通信）、李商洙（同和通信）、洪承德（東洋通信）、楊潤吉（コリア・ヘラルド）、崔在豪（朝鮮日報）の各氏で、全員外務部出入の記者だけに国際的センスも豊かなシャープマンたち。

一行は十日、空路羽田着で来日し民団中央宣伝局長の案内で十一日から活動をはじめ、民団中央での懇談会、つづいて東京韓国学園など短日間ぎっしりつまったスケジュールを活発に消化していった。

民団での懇談会においては、民団側の「在日同胞社会の実態ならびに法的地位について」の説明にしんけんに耳をかたむけたばかりか、問題の核心にふれる要点には鋭い質問をあびせる勉強ぶりに、好感をかった。

東京商銀を訪問した際は、許弼奭同組合理事長から在日同胞社会の経済状況ならびに民族金融機関の現況などの説明をきいたほか本国政府に望む在日経済人の声もきいた。

東京韓国学園を訪問したときは一行のポケットマネーから出しあって、学童たちへ贈り物をおくり在日二世たちへの温い心づかいをみせた。宋基鶴校長から在日民族教育の現状ならびに同学園の実状についての説明をきき授業ぶりも参観した。

さらに記者団一行は、二十二日帰国直前のあわただしい時間をさいて、在日韓国新聞通信協会（金允中会長）が催おした昼食会に臨み、在日同胞記者たちとも語り合った。

なお一行は、十三日まで東京で過し十四日は北海道を訪問、札幌総領事館、民団本部、商銀などを礼訪し十五日から十七日までは大阪・京都で同地の総領事館、民団本部、興銀、商銀、金剛学園、阪本紡績などを、十八～九日は福岡で同じく在日韓国各種機関を訪問して歓迎をうけ二十二日東京経由帰国した。

しんけんな表情で民団側の説明をきく来日記者団・民団中央との懇談会で

欠ける本国の施策

記者団の目に映じたもの

在日韓国新聞通信協会では、外務部出入記者団一行を二十二日午後一時から東京・八重州大飯店に招き、協会幹部と昼食を共にしながら懇談した。過去において数回韓国新聞記者団の来日があったが在日同胞と最も関係の深い外務部担当記者の来日は初めてで、記者経験三、四年ないし七、八年の若手記者らの眼で把えた在日韓国人の実態が本国紙に報道されれば、本国政府の在日同胞施策の具体化に大きくプラスするものと期待される。彼らの視た在日同胞観、日本観の要旨は次の通りである。

一、日本はすべての面で自由があり過ぎるということを痛感した。

二、同胞の貧民街をも視たが、本国政府なり、出先大使館あたりの施策が、経済力のある人達だけを相手にし、一般の恵まれざる同胞達に対する施策が欠けているのではないかと思った。身を海外に置き忘れられた国民に本国政府はもっと温い手をさし伸べるべきだ。

三、朝総連に比べ、韓国学校はその数において余りにも差があります……

東京商銀で許理事長の説明をきく外務部出入記者団

石川商銀開店

初日に預金二億を突破

……時三十分から金沢市片町一丁目の同組合で開店式が行なわれ、裵永石理事長、李龍演民団石川本部団長らがテープにハサミを入れたのち……「石川商銀の認可申請をしてわずか一年足らずで正式認可がおり、開店……るが開店当日に二億円の預金があり好調のスタートぶりをみせている……

岩手商銀も発足

預金38億円の好調ぶり

在日韓国人の信用組合として新らしく創業発足する岩手商銀信用組合の開店式が、さる十六日午後三時、盛岡市菜園一丁目六番四号の同組合で行なわれた。

開店式には、組合役員ならびに約三百名の組合員のほかに岩手県知事代理、工藤盛岡市長、自民党県連幹事長、張基安駐仙台総領事、鮮干韓信協専務理事、鄭炯和韓国新聞社々長（民団中央代表）宮城商銀、青森商銀代表らの来賓が参席し、初代理事長の康成永氏が、組合発足にあたって正式認可までの協力を謝するとともに今後在日民族金融機関としての使命を自覚在日同胞社会の繁栄につくしたいとのあいさつがあり、各来賓からも組合発足を祝するあいさつがなされた。

なお、同組合は、組合員五二五名、出資金三千四百万円で発足したが開店当日の預金高は三十八億円という好調ぶりであった。

組合役員は、理事長康成永、副理事長李正宇、同李相慶、常務理事李昌栄の各氏で、ほかに理事十九名監事三名で構成された。

写真は同組合開店式と康理事長

祖国発展の姿みて……

泣きくづれる元総連幹部

長年、朝総連の要職にあった青森県の李鶴錫（五五）氏はさる七日、在日大韓民国居留民団に転向するため十一日に帰国したが、金浦空港に出迎えていた次男李栄甲氏と実妹の李岩南さんに出会うや、手を握ったまま泣きくずれ人目をひいた。

李氏は三十七年前、十八才のとき故郷の慶北高霊を離れて渡日、一九四七年日本共産党に入党した。以来二十二年間朝総連の顧問をつとめるなどの要職にあり、さる七日在日大韓民国居留民団入りする直前は青森県の朝総連委員長であった。

息子の栄甲さんとは二十六年前に日本で別れてからこんどの再会が初めてという。李氏は「いや気がつのって悩み抜いていた朝総連から出ることができただけでなく、帰国して祖国の発展した姿をこの目でみることのできた幸せをしみじみ感謝します。もう二度と祖国の土は踏めないのか……と思った日々もありましたのに」と涙もって語っていた。

ソウルに時計塔

一在日同胞寄贈で建立

ソウルに建立された時計塔の模型と寄贈者の朴氏

……るが設計上の変更などもあってようやくこんど完成をみたのである。時計塔が建てられた場所はソウル市と金浦飛行場を結ぶ幹線道路の交差路であり、このロータリー中央に两径三十メートルのグリーンベルトがあり、その真中に時計塔が立っている。

同塔の高さは、一〇・六メートルで鉄骨製、頂上は五角面で一メートル四方の大時計がはめこまれており交差路のどの方角からもみえる。塔先端は大ワシの模型が銀色に輝き、夜間は照明つき、一時間ごとにオルゴールの唄が周囲五キロにわたる。

……系と同胞企業が同居しているのを見て、矢張り日本は特殊地域だなと思った。

新聞の日記念大会開く

編集の自主と批判精神強調

同胞企業で働こう

韓青が就職斡旋運動

在日韓国青年同盟（金宰淑委員長）では、今年新しく学校を出た同胞青年たちは、同胞企業で働くようその就職斡旋を積極的に行なっている。

在日同胞青年たちは、日本の学校を卒業しても多くの日本企業が採用してくれないので、能力があっても就職もできずに困っているのが現実であるがこのような同胞社会の現実を打開すべく、韓青では同胞企業に働きかけて多くの成果を上げはじめている。現在韓青には、在日民族公的機関、社会団体、その他個人企業体などから多くの求人が依頼されているので就職希望の同胞青年は、韓青中央本部文教部（電話東京八一四—四四七一～二）へ問合せるよう望んでいる。

金九先生の銅像

建造起工式行わる

故金九（号＝白凡）先生の銅像建造起工式が八日午前、ソウル南山の野外音楽堂で鄭尚勲元国会議長ら二百余名の人士らが出席してとり行なわれた。

この銅像は高さ六・二七メートルの立像で、南山野外音楽堂の東北側に建てられるが、その製作には彫刻家の金景承氏と閔福鎮氏が当たり、八月に完成の予定。

なお、この資金には金九先生の記念事業会（会長鄭尚勲氏）が白凡逝去二十周忌を迎えるにあたり各界で募金した二千万ウオンが当てられ、朴正熙大統領も進んで金一封を寄付した。

……故金九先生は故李承晩元大統領とともに韓国独立運動に献身、かつて上海にあった大韓臨時政府などで活躍し、一九四五年八月の解放後帰国して政治活動をつづけていたが、一九四九年六月二十六日、凶漢（安斗熙）に暗殺された。同年七月五日に国民葬でとむらわれ、その死を惜しまれた。

YS11A機

KAL、日本から導入

大韓航空（KAL）はこのほどジェット旅客機DC—9をソウル—釜山間に就航させることに決定、同時に老朽航空機を代替するかたわら、機種を統一するため、三台のYS—11A機を七月までに日本から導入し、国内線と釜山—福岡線に就航させる予定である。

YS—11A機は、日本航空機製作会社（NAMCO）の製作によるもので六〇人乗座席で一台当たり一万五千㌦ないし二万㌦で借款することになっている。

軍人会が総会

在日大韓軍人会（洪重基会長）では、二十七日午後一時から中央本部で総会をひらく。

趙東来氏が上武大学の助教授に

韓国語講座を正規の科目として注目されている上武大学に講師として勤めていた趙東来氏は（写真）このたび同校教授任用資格審査委員会の賛同を得て、さる四月一日をもって同校助教授に任命された。なお、趙助教授の担当講座は、政治学ならびに韓国語であるが、在日韓国人で大学の政治学講座をもつのはまれなことで趙氏の学究人としての前途が期待されている。

華燭

金恩沢君と崔慶子嬢

韓青中央本部の副委員長兼文教部長の金恩沢君と同じく韓青中央女子部長崔慶子嬢の両人は、このたびめでたく百年偕老の縁を結び、きたる五月一日午後一時、東京都新宿区市ケ谷の家の光会館において金鍾ジュン氏の主礼で結婚式をあげる。

会長に金允中氏再選

在日韓国新聞通信協総会

在日韓国新聞通信協会は満二年前創立後、初の定期総会を創立記念日の十三日南成樓の新館で開き従来の理事互選による理事長制を会員全体選出による会長制に規約を改正、会長にはKPI通信社長金允中氏を再び選出、役員を次の通り改選した。任期は二年。事務局長には金声浩氏（統信通信）が指名された。▲会長＝金允中（KPI通信）、理事＝李慶守（東和新聞）、宋琉復（新世界新聞）、裵東湖（統一日報）▲監事＝金基深（東洋）、蘇武源（共同新聞）。

なお、総会においては、従来民団から中央委員一名の配分をうけていたが、言論の中立性にかんがみ今後はこれを辞退すると決議したほか、土地詐欺事件で同胞社会で問題になっている日韓文化協会から、千万円の寄付を協会がうけとったことについて、事件の性質からして妥当でないとし、これを直ちに返却するよう申し合せた。

韓国農漁村開発公社の披露レセプション

駐日大使と農漁村開発公社車均禧総裁主催同公社一周年記念のレセプションが東京で盛大に開催された。

レセプションはさる九日午後六時より「ホテル・オオクラ平安の間」で開かれたが、日本政財界と在日同胞の知名人多数（約二百名）が出席し、和気あいあいたる雰囲気の中で同公社の事業発展を祝福する乾杯が重ねられ大盛況であった。

農漁村開発公社レセプション

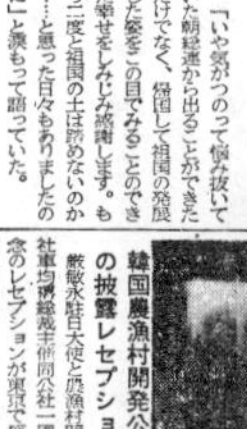
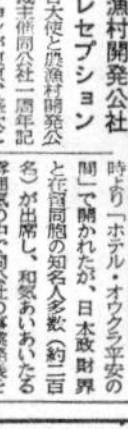

新役員を選出

各地方本部大会の状況

居留民団は、その規約第36条によりこの4月に全国48地方本部全部が地方委員会を、また今年会期を迎える地方本部は定期大会を開催しなければならない。したがって4月には全国の各地方本部で地方委員会を、会期を迎えた地方本部は定期大会をひらき、本年度の活動方針を決議し、または新役員の選出を行なった。以下大会開催順からみる全国の状況である。

福岡　福岡県地方本部では、さる13日に定期大会をひらきつぎのとおり役員を改選した。

役職	氏名
団長	張翊相
副団長	権赫斗（副団長1人は保留）
議長	趙景衍
副議長	李権一
〃	朴八岩
監察委員長	朴奉允
〃 委員	宣虎彩
	韓相必
事務局長	金相列

北海道　北海道地方本部では、さる13日札幌市北四条の共済ビルで定期大会をひらきつぎのとおり新役員を選出した。

役職	氏名
団長	崔東洵
副団長	宋文植
	朴弘律
議長	金本正
監察委員長	朴準龍
〃 委員	金容善

大阪　大阪地方本部では　さる13日に地方委員会をひらき、同地方委員会の決議により17日に臨時大会をひらいて総辞職をうけ新しい選挙の結果金晋根団長が再選された。

大会は、定員298名のうち218名の代議員が出席して行なわれ、中央から朴根世議長が参席し「万国博覧会を迎えて大阪本部の任務は重大、一層の組織発展を祈る」という要旨の祝辞を行なった。

同大会で選出された役員はつぎのとおりである。

役職	氏名
団長	金晋根

副団長2名監察委員1人と事務局長は後日決定される予定。

役職	氏名
議長	梁恵承
副議長	梁徳日
	権義松
監察委員長	張起説
〃 委員	陳奇淵

神奈川　神奈川県本部では、17日午前11時から横浜教育会館で定期大会をひらきつぎのとおり新役員を選出した。

役職	氏名
団長	孫張翼（副団長人とも保留）
議長	田炳武
副議長	金尚龍
〃	朴成準
監察委員長	吉乗玉
〃 委員	金四根

佐賀　佐賀県地方本部ではさる18日市内鹿島町の本部会館で定期大会をひらきつぎのとおり三機関長を選出新役員の選任を進めている。

役職	氏名
団長	朴鳳斗
議長	鄭燗大
監察委員長	全寿宏

岐阜　岐阜県地方本部では、21日同市市民会館で定期大会をひらき団長選挙のほかはほとんどの役員が再選された。同大会で選出された役員はつぎのとおり。

役職	氏名
団長	趙世済
副団長	趙洪変
〃	宋基福
議長	李甲寿
副議長	崔丁童
〃	金任述
監察委員長	金炳圭
〃 委員	林鍾達
〃	金浩範
事務局長	高用煥

在日韓国人教育後援会　奨学生募集

一九六九年度在日本韓国人教育後援会奨学生をつぎのとおり募集する。

一、応募資格
大韓民国同胞学生で韓国高等学校、日本高等学校（東京、大阪、京都除外）ならびに日本の短大、大学または大学院に在学中の反共精神が透徹で他の奨学金を受けてなく成績が優秀な者

二、提出書類
1、本会所定願書（各教育文化センター、民団で交付）　一通
2、在学証明書　一通
3、成績証明書（新入生は高校証明書）　一通
4、国民登録済証（民団推薦含む）　一通
5、写真（願書に添付）　一枚

三、募集人員
約一二〇名

四、応募期間
一九六九年四月二〇日～五月一五日（郵送の時は五月一五日消印有効）

五、支給額
月約　五、〇〇〇円（高校生は月約二、〇〇〇円）

六、書類提出処
民団中央本部文教局（郵送の時は封筒に「奨学生応募書在中」と朱書すること）

七、面接
書類合格者に限り面接を実施し該当者には追後通知する。

八、備考
詳細は本会事務局または民団に問い合わせること。

在日本大韓民国居留民団中央本部文教局

北送同胞のきのうときょう

韓国へ脱出した体験者の手記

はしがき

朝総連の甘いことばにあざむかれて、いわば"地上のパラダイス"との北韓に送還された私が、北韓を脱出してからすでに数年が過ぎ去った。

私は一九六一年一〇月第七七次北送船に乗って北韓に行ったことのある在日同胞の一人である。

今でも思いにしずめば北韓での四年七ヵ月は、文字通りいかに"悪夢のとしつき"であったかが身にしみるのである。

絢爛たる発展をしているとの祖国、自由と幸福が保証されているとの祖国、その祖国を異国に住んでいる海外同胞らがあこがれまたその祖国に抱かれて見たいと切なる気持を持つにいたるのはあたりまえであろう。

私は当初、日本政府がわれわれに帰国できる機会を与えてくれたのが、疑いなしの人道主義に立脚した寛大さであり、思いやりであると思い違いをしたし、また、祖国北韓は朝総連が宣伝していることく私が、安心して定着できる国からであると信じ込んでいたのであった。

しかし、それは全部いつわりの宣伝であったし、また、人をだます手くだであったことはいうまでもない。

ここに"在日同胞北送のきのうときょう"をものするにあたって先ず、私は私自らが経験し、かつ私自身の目を通してみた北韓での在日同胞らの生活相を述べずにはいられない。

というのは誰でも約九万人に近い北送同胞らが、北韓に連れられて行って果してどんな待遇を受けており、また、どんな生活をしているかを知るならば、あえて私が日本政府の人道主義がどうのこうの、あるいは朝総連の宣伝がどうのこうのと惑わなくても推しはかりうるであろうからである。

初の感激もつかのま
ただ朝総連をうらむのみ

初期の北送船で送還された同胞らは、共産党のなみなみならぬもてなしにまごつくほどであった。

"これが同志の家です"。

"これをごらんなさい。あなたの標札が掛かっているではありませんか"。

と言いながら案内してくれた家は、まあまあそう良いとは言えないものであったし、また、標札まで掛けてくれたほどゆきとどいたものであった。それはかりではない。へやにまで案内された彼等は実に驚いたのであった。というのは家の中には家具、食器、それに家族数にあわせた蒲団や、寝まで備えてあったからである。

北送船

連続シリーズ第7回・朴青年自殺事件

呉 基 完

夢も希望も失ない
過酷な批判が死をよぶ

出入国法の改悪に反対
在日外国人ハンセン氏病患同盟

尋ね人

韓國新聞

発行所 韓國新聞社
発行人 鄭烔和
東京都文京区春日町2丁目20－13
編集 (813) 2261～5
業務 (812) 0673
定価 1カ月100円
振替口座東京 34988番

在日本大韓民国居留民団
綱領

一、われわれは大韓民国の国是を遵守する
一、われわれは在留同胞の権益擁護を期する
一、われわれは在留同胞の民生安定を期する
一、われわれは在留同胞の文化向上を期する
一、われわれは世界平和と国際親善を期する

国連提出の韓半島情勢

北韓挑発で緊張激化
分界線の迎撃戦はつね

駐韓国連軍司令部は十日、最近ヨスト国連米大使を通じて国連安保理事会議長に提出した同国連軍司令部の北韓挑発にかんする報告書全文を発表したが、つぎはその抄訳である。

一九六八年には北韓の対南浸透行為により、休戦線南部大韓民国と国連軍地域には総七百六十一件の重要事件が発生、この年は休戦協定調印（一九五三年七月二十七日）以来、"緊張"ピークの年を記録した。同年一月二十一日の北韓武装ゲリラによる大韓民国大統領襲撃未遂事件は同年一月二十七日、安保理に報告されたとおりだが、その後八月までの北韓挑発行為も同十月四日付で安保理議長に報告されている。

また、同年九月には、北韓の休戦協定違反行為が急激に増加し、その一カ月間に北韓は軍事分界線（MDL）南方で八十八件の挑発事件を起こしこのうち五十五件が銃撃戦となってMDL南方で四十二人の北韓侵攻者たちが射殺された。このうち、九月二十四日に発生した一事件では北韓軍七人が射殺された。

続いて十月にも国連軍はMDL南方で四十一回も北韓侵入軍と衝突、二十九人を射殺した。そして十一月と十二月には七十二件が発生、このうち二十三件が銃撃戦となり十四人の北韓軍が死んだ。

なお、十月三十日からの三日間北韓は休戦後最も大勢の百二十名の兵力を海上から南派、蔚珍、三陟地区に浸透させた。捕虜の陳述によると、これら北韓武装ゲリラたちはあらかじめ指定された部落に浸透してテロ行為をし、スパイ網を組織するよう命令されており、適当な人間を拉（ら）致するなどの暴力行為指令を受けていた。

彼らは全部、北韓でスパイとテロ行為のための特殊訓練を受けた北韓第一二四軍部隊員たちで、各人が機関小銃と手なげ弾などで武装され、大韓民国の偽造紙幣などを持っていた。

彼らは部落民たちにたいしては殴打や虐殺などを敢行しながら協力を強要したが、彼らのこうした行為を当局に勇敢に知らせてきた大韓民国の忠実な市民たちによって、彼らが現われた事実を十一月三日初めて知ることとなった。

彼らは罪のない郵便配達夫や幼児を含めた全家族、そして五十八歳の女僧などを無残に虐殺したたが、こうした彼らの蛮行を阻止するために百二十二人の大韓民国市民が死傷した。侵攻者のうち、百七人が射殺され、高登級中尉（二六）ら七人が逮捕されまたは自首したがこれら生存者たちの自白によっても、この事件が「南朝鮮人民蜂（ほう）起隊による決起」うんぬんの北韓側の宣伝は全くのデタラメだということが判明した。

この国連軍の報告はさらに一九六九年に入ってから最初の四カ月間の統計をあげ、北韓が何回も休戦協定違反事件を起こしたことを指摘、中でも最も重大なものはさる三月十五日、非武装地帯内で国連軍の作業班にたいする北韓の一方的な攻撃で米兵を殺傷した事件であるとこれを別に補充説明している。

なお、同報告は休戦協定を違反しつづけている北韓の侵略的行為とさる四月十五日、非武装の米偵察機を撃墜した行為（四月十八日に提出された書簡と同じ趣旨）なとは重大な関心を呼び起こすものだと指摘、こうした一連の事件は韓半島に起きている強い緊張感をさらに激化させようとする北韓の意図を如実に物語っていると述べている。（SISA）

アスパック第四回常任委員会開く

アジア・太平洋閣僚会議（ASPAC）第四回常任委員会議が十二日午後、日本外務省で開かれた。

愛知日本外相の主宰で開かれた同会議には、韓国、オーストラリア、フィリピン、国府、マレーシア、ニュージーランド、タイ、南ベトナムなど八カ国の大使らが出席、ASPAC地域に影響を及ぼしている最近の事態発展にかんして意見を交換した後、同委員会に任かれた食糧および肥料技術センターと経済協力センター建設計画について最終的な検討を加えた。

この日の会議では日本側が海難救助協力計画を新しく提議したがこの提案はきたる六月九日から同十一日まで伊豆川奈ホテルで開かれる第四回ASPAC閣僚会議に回付されることになった。

侵略意図警戒せよ
外務部 友邦諸国に覚書き

外務部スポークスマンが十二日発表したところによると、政府はこのほど、さきの北韓による米偵察機撃墜事件など最近激化している北韓挑発行為を糾弾する"覚書"を国連会員国および友邦諸国に伝達した。

国連韓国代表部と各在外公館を通じて伝達された同覚書は「米偵察機撃墜事件を含む最近の北韓の軍事的挑発行為は偶発事ではなく、武力赤化統一を目指す北韓の侵略政策に基づいた計画的なものである」と指摘し次のように述べている。

「こうした北の挑発行為にたいする駐韓国連軍の安保能力などに韓国政府と国民は心底から信頼をしている。また、韓国はこうした北の侵略にたいして平和を守護する国連とすべての平和愛護国の決意と団結を信じて、最大の努力をしている。平和と自由を愛護するすべての国連会員国は共産侵略に対しては断固たる立場に立って警戒し、その侵略意図を粉砕すべきである」

韓日合併でポリプロピレン工場

年産二万トン規模のポリプロピレン工場建設をめぐり、国泰産業は日本・三菱商事および三菱油化との間で合弁投資を推進していたが、このほど商工部は技術検討を終えて近くこれを外資導入審議会に回す予定である。

商工部はこれまで経企院の要請で技術検討を進行してきたが、このほど同事業の経済的および技術的な妥当性を承認して経企院に報告した。このポリプロピレン工場建設事業は石油化学工業のうちの唯一の韓・日合弁投資事業であり、この建設に所要される資金は外資二千万ドルと内資三億ウオンと推定される。

なお、内資は韓国と日本が六〇対四〇の比率で投資し、外資は全額対日商業借款でまかなう。

中央顧問・直選委員執行委員など発表

顧問

金今石（常任）　李裕天（常任）
丁賛鎮　曹寧柱　鄭寅錫
権逸　金光男　呉宇泳
李寿成　俞錫準　鄭哲
呉允台　金正柱　許弼奭
辛格浩　安八竜　朴春琴
鄭建永　申熙　金坪珍
南元　徐甲虎　安在祐
朴漢植　李熙健　鄭泰柱
尹仁述（以上27名）

直選中央委員

尹致夏　鄭烔和　金泰燮
朴太煥　李相台　金世基
文慶詔　朴炳憲　鄭順相
辛容祥　李彩雨　崔学阜
李鐘鳴　朴述祚　鄭煥麒
李宗樹　朴玄　韓緑春
黄孔煥　金仲浩　姜錫憲
金成一　金宰淑（以上23名）

中央執行委員

李禧元　尹達鏞　池昌男
李成甫　鄭在俊　金晋根
尹致夏　鄭烔和　金泰燮
朴太煥　金世基　文慶詔
辛容祥　李彩雨　姜錫憲
金成一　金宰淑（以上17名）

中央執行部人事

命事務次長　陳斗鉉
命文教局長　池雲竜
命組織委員長　金宰淑
命宣伝委員長　金成一
命組織局次長　崔守祥
依願免 事務次長　朴炳憲
依願免 文教局長　陳斗鉉
依願免 組織局次長　金俤希
依願免 組織委員長　金成一
依願免 民生委員長　池雲竜
依願免 宣伝委員長　金宰淑

法地位委員

法地位委員会はつぎのとおり構成された。

▽委員長李禧元（中央団長）▽副委員長朴根世（中央議長）俞錫ジュン（交渉中）張聡明（中央監察委員長）▽常任委尹致夏（中央委員）金允中（KPI通信社長）朴性鎮（韓僑通信主幹）李彩雨（中央委員）鄭在俊（東京本部団長）金晋根（大阪本部団長）金允鎮（愛知本部団長代行）李成甫（中央事務総長）安商権（中央民生局長）姜錫憲（中央組織局長）金宰淑（韓青委員長）徐啓作（学同委員長）韓玉順（婦人会々長）許允弼（商工連合会々長）▽委員＝中央本部の各局長、全国団長。

特別レポ
沖縄の現実
鄭泰演

日本外務省の東郷アメリカ局長は沖縄予備折衝のため、四月二十九日にキッシンジャー大統領補佐官（安全保障問題担当）、ジョンソン国務次官ら米政府上層部の人びとと会談し米国の意向を打診したが、米側は申し合わせたように"現状維持"の線による沖縄基地の確保を主張、とりわけ極東全体の安全を守るため行動の自由を保つ必要があること、北韓による米偵察機撃墜事件が示すように極東情勢は深刻であること……を強調した。そして米側は日本が義務を怠って安全保障問題を米国まかせにしているという世論および議会の動向を指摘「日本は安全保障を他人まかせにしながら、注文だけをつきつける」と堅い態度を示した。

異民族（米国人を指していう）の統治を脱皮して一日も早く祖国（日本）に復帰しなければならない」というのが、いわゆる琉球列島（沖縄島をはじめ有人無人の島を合わせて四十島）に住む人びとの願望であることは間違いのないことであるが、問題は複雑である。それは琉球人たちのそれぞれの思惑の根底に不安があるからである。

そこで琉球人たちの語るところをついてみると、まず第一に日本に施政権が返還されるということ自体は大きな結構であるが、現在大きな運動が起きているようにこの沖縄から米軍基地を取り去ってしまうことは不安だというのである。すなわち、彼らは琉球から基地をとってしまうとこの島には何が残るのか……そしていったいどのようにして生活の営みを続けて行ったらよいのか……という具体的な現実問題で頭をなやませているのである。

▽米側から見た沖縄の存在価値

一方、米国側からこの沖縄を見る場合、沖縄の存在価値は"基地"なくしてこの沖縄の存在価値はないということになるのである。

沖縄の施政権を日本に返還するという場合、この膨大な米軍施設の法的地位をどのように処理するかということが先決問題となって大きくかかげられている。

現在、日本本土内にある米軍基地および施設は"軍事行動"をおこす場合、いちいち事前協議をしなければならないことになっているが、沖縄の施政権を返還するとき"本土に準ずる"こととして、沖縄における"軍事行動"をいちいち事前協議しなければならないようにするのか？　また、沖縄の米軍基地は現在とおりにしておいて米側の自由使用ということにすべきであるか、あるいは現在の"核基地"はどのような扱いにするのか？　などの問題が大きく台頭して論議されている。

日本本土の強力な意向は本土に準じた地位（核抜き、事前協議）ということで、これは与党の一部とほとんどの野党の唱えている主張である。

こうした日本側の主張にたいし米国側は「そういう面倒なことなら、沖縄にある基地を他へ移動して、沖縄のすべてを日本に返還した方がよい」という考えを打出している。

▽全島人口の三分の一が基地を生活の拠点に

しかし、日本政府も沖縄現地の人びとも生活問題などから、米国に対して現存の沖縄基地を他へ移せ、とはいえない状態にある。むしろ真意は、米軍の基地が他に移されてしまうことに不安を覚えている様子なのである。というのは、約九十万の全琉球住民が郷外から輸入される膨大な物資で生活している現状で、小はマッチから大は自動車に至るまで年間約三億 [illegible]

本土復帰に不安感も
基地で稼ぐ三億ドルに未練

[illegible]

北送同胞のきのうときょう

体験者の手記 ②

林鍾文

労働地獄に生地獄

星空に始まる鉱夫の一日

北韓の全住民は、"あけぼのに仕事場に出掛けて夜遅くまで働いている"と言ったら、"まさかいくらなんでも彼等も人間であるのにそんなにまでひどくこき使うだろうか？"と、信じようとしない人もあるだろう。

が然し、私自から体験した幾つかの実話を聞かさせると、"ほんとうにさほどのこの世ながらの生地獄であるのか"と驚くであろう。

私が最初に配置された職場は、前にも述べた如く平南价川郡勝昌鉱山であった。鉱山に着いた翌日から私は、坑夫になったのである。旅やつれが、未だいやされず、くたびれて寝ていた私を誰かが起すのであった。

"若衆よ！　起きなさい"

誰かに揺り動かされて、目をこすりながら目覚めた私は、"何ことですか"と聞きただすと、

"仕事場に出掛けなくちゃ！"

と答えた人は、鉱山に到着したときから親切にお世話してくれた在日同胞の一人であった。

"今何時ですか？"

"もう五時だよ！　起床時間が過ぎているんだ。早く起きなさい。"

その人は私をかばっているかの様な情のこもったことばで言うのであった。外は未だ暗かった。しかしみんな起きて顔を洗ったり、作業服を着るなり騒々しいかった。

私は、眠りから覚めて寝床から起床したが、"何んだ"、未だ夜も明けていないのに……"と、不平をぶちまけながら寝床に戻ると周囲の人達は、ちらっと私を見つめるのであった。

私はその瞬間"しまった！　つまらないことをいったなあ。"と思いながら、寝床を再び飛出して洗面所をさがした。

"顔はどこで洗うんですか？"

"庭に出て見なさい"と、誰かが答えるのであった。

私は顔を洗うために外に出た。外に出て見てもたらいも見あたらなかった。誰か一人がつるべを持って水を流し出すのをほかの一人がその水で顔を洗っていた。

"おじさん！　この石けんを使いなさい。"私は石けんも使用せずに腰をまげ顔を洗っている彼等に、石けんを使うように勧めた。すると彼等は"きりつめて使いなさい。石けんを使い果たしたら買えると思うかね？"と、節約することをいましめるのであった。

そのとき、私はやっと周囲の人達が、石けん無しに顔を洗っていることに気がついた。私はその瞬間、私だけが石けんを使用するのが、申訳なく思えたのである。それだけではない。彼等が使っている歯みがき粉を見ると、紙袋に入れたものであった。気がついて見ると、彼等はみんな私のチューブ入り歯磨に視線を傾かせていたのである。

顔を洗ってへやに戻ると、みんな食卓の前にすわっていた。お膳と言えば細長い板のうえにごはんを盛った茶碗だけが並べてあった。私は何故かその朝は、非常に空腹を感じた。この数日間のあいだに受けた精神的な打撃で、食慾がなかったので、ちっとも食べられなかったからであろう。私はおかずが揃うのを待っていた。というのは、そうざいがキムチひとつしかなかったからである。がしかし、そばにすわっている人達は、既にごはんを食べ始めるではないか。

"変だなあ、おかずが揃うまで待たずに、急いで食べるとは？"

私は暫くまごついたが、みんな匙を手にして食べはじめたから、私のみがそのまますわっているわけにはいかなかった。待っても待っても案の定、そうざいはそれだけであることを知った。私はあんなに腹がへっていたが、あきれて食べることを忘れていた。周囲を見まわしたら、一杯のごはんが足りなくて、一粒残さず食べている人達を眺めていると、あわれに思われてたまらなかった。それで私は、私のごはんを欲しがる人に渡した、するとみんなの目が私のごはんに集中した。私はいつの間にか涙がにじみ出た。ほんとうにやるせない気持だったのである。これが抗内鉱夫生活の片鱗である。

ごはんを食べ終るやいなや、彼等はみんな仕事場に出掛ける支度をした。私も彼等について仕事場に出掛けた。

未だあけぼのの空には星がきらめいている。

"おじさん、毎朝こんなに早く仕事場に出掛けるんですか？"と聞いて見た。

"君、これはふだんの出勤時間だよ！　何んだかんだと何らかの課業が命ぜられればそれこそ夜通しせねばならんよ！"

私の質問に対する彼の答を聞いて、私はあぜんとした。

事務室の前には、もはや多くの労働者らが集まっていた。その時が五時半であった。私もその隊列に並んでいると、暫くしてレーニン帽をかぶった男が壇上にあがった。"きょうは党細胞委員会で決定した……"と、盛んな意気込みで演説ぶるのであった。"朝っぱらからこれは何んだ"と思ったが、それが明け方の読報会であったのである。何かをたどたどしく読みあげること一時間、それが終ってから始めてその日の作業指示があった。約一時間半も立ちんぼうになっていた私はいらいらした。

ついで作業班長というものがあらわれて、"さあ、林同志行きましょう"と先に立つので私は黙々と彼をついて行った。坑口に至るとおのおのつるはしを取るのである。私はあきれてぼうぜんと立っていると、その時あの"おじさん"がつるはしを取って私に渡してくれるのであった。それで私は何げなく受取った。

"さあ、出発だ！"

作業班長の命令がおりるや、みんな坑口に入りはじめた。坑口から垂直のはしごを約五〇メートルの下にある真暗い坑内を降りて行ったときには、目まいを起した程である。ようやく坑道にたどりついたら、又、カンテラをともして天井の低い坑内をたずねさがすのであった。約三〇〇メートル程行ったと思えた時作業場にたどり着いたらしい。みんなそこでつるはしをふりまわしながら、鉱石を掘り始めるのである。かって一度もつるはしを持って重労働をしたことがなかった私は、一〇余回つるはしをふりまわすと手のひらがふくれあがって水ぶくれができるのである。私は鉱石を掘るのやめて手のひらを見つめた。すると、作業班長なる者が、いつから私を監視していたのか、"同志！"と呼び付けるではないか、しかし、彼が私を同志と呼ぶ理由がぱっと思えなかった。というのは彼が私に呼びかけるのが"何故作業を中止するか、"と、責めるためであろうか。それとも"初めは誰でもそうだ"と言ってくれるためなのか、ちっとも見当がつかなかったからである。私はつるはしを再び手にして八時間も働いたのである。彼等は坑道を出入りする時間は勿論のこと休憩時間、読報会、作業指示の時間などは労働時間に入れていないとのことである。朝七時に坑道に入って午後五時に坑外に出た。だから出入り時間乃至準備時間が一時間、又、昼飯時間、休憩時間が一時間、合せて二時間を除くと正味八時間になるわけである。

五時に坑外に出ると批判会というものが待っていた。きょうは誰某の仕事量が多かったとか、又はその反面誰某の労働量は相対的に少なかったとか。言って批判されるのが批判会である。壇上につるしあげになって批判を受ける本人達は自己の誤まちを深くくやんで認めざるを得なかった。そうしないと批判会は終らないからである。約一時間にわたる批判会が終ると"社会労働をせねばならない"とせきたてるのであった。私は何が何んだかわからなかった。ほかの人達は無頓着であったが、私は関心を持たざるを得なかった。

"おじさん、又何の労働のことですか？"

"近所の農場に行って仕事の手助けをしてやるのが社会労働というのだ"と、いつも親切なおじさんは社会労働という意味を適当に説明してくれるのであった。

いわゆる社会労働を終ると晩の九時になった。それが終ると又、職場会議というものが待ちひかえていた。

私は職場会議で半分は居眠ったが、でもときたま大きな声でとなるときには目をあけたりしたのであった。晩い時に会議が全部終るとついに合宿所に帰る時間になったのでみんな合宿所に帰るやいなや、食卓にむかいあってすわった。私は、夕食も何もいやになって日本から持ち返った砂糖を口に入れて目を閉じた。すると数多い過去の思い出が眼のあたりにおぼろげながら浮かんでくるのであった。

"あ、私がどうしてこんな生地獄に自ら求めて来たのだろうか？"と、が然し、"後悔先に立たず"であった。（つづく）

註＝筆者林鍾文氏は、一九六一年十月に北送され一九六六年に韓国へ脱出した。この手記は、氏が北韓にいるときの経験を記したものである。

厳しい検閲と統制

北韓の"マスコミ"の実態

北韓では二九種の新聞（年間発行部数二億四千五百八十五万部）と四百七十五種類の職場新聞が刊行されているが、そのどれを取っても同じ新聞にみえるのはそれが北韓労働党（共産党）の組織による"宣伝"の役割りをしているからである。

北韓では言論の自由ということがない。政府機関紙の「民主朝鮮」、労働党機関の「労働新聞」、人民軍機関紙の「人民軍」などが代表的新聞であるが、北韓のマスコミは金日成の独裁と共産主義の徹底のために、大きな力を持っている。

通信社は、さきほど、偽装スパイで騒がれた李穂根が副社長をしていた国営の中央通信社だけである。放送は平壌に中央放送局と平壌放送局があり、地方に各道放送局があるが、これも国営で"御用機関"的存在である。

雑誌は約八十種。共産主義教育のためという目的のもとでその発行が可能となっている。

北韓は憲法の第三章"公民の基本的権利および義務"第十三条で「公民は言論・出版・結社・集会、群衆大会および示威の自由を持つ」とうたっている。しかし、これにはあくまでも"共産主義の上において"という前提があり、憲法で"自由"といっていながらいささかも金日成の体制を批判することは許されないばかりでなく、積極的態度で金日成策や共産主義を強く打出し激しい"指導性"をあらわさないと"反革命勢力"の範ちゅうに入れられて、マスコミの仕事から追われ、強制労働をしなければならなくなる。

金日成独裁の道具に

一九四五年十一月一日、金日成は彼の政権的野望を達成するためにはマスコミ、すなわち宣伝の力が第一だと考え、まず北韓の新聞発行を試み、"正路"という新聞の発刊を指示した。これは現在の労働党機関紙"労働新聞"の前身で、このときから北韓における新聞は完全に金日成独裁の道具となった。金日成はいっている。

「党は毎時期の政策的方向を党機関紙を通じて、各級党団体と党員たちに"信号"する。従って党機関紙はとりもなおさず党の指導者である」と。

新聞の本来の使命であるニュースの報道というものが共産主義社会では検閲の上、あるいは抹殺され、あるいはわい曲されるということは広く知られているところであるが、この傾向が北韓では徹底しており、北韓のマスコミはすべて"労働党の下"にある。北韓の各新聞はいうまでもなく、雑誌や単行本の出版から放送や演劇に至るまですべてが、労働党の統制・検閲のもとで行なわれており、党の指示に違反した者の罪は"死"に価することになっている。

"社会面"はない

北韓が"情報"からはばまれた閉された国であるというのは、労働党のこうしたマスコミ政策によるもので北韓人が"世界から孤立した独特のセンス"を持つ人間のようにみられるのは"知らされない"からなのであって北韓人が生まれつき偏っているわけでないことは以上述べたようなことから判然とするはずである。

北韓発行の新聞には"社会面"がない。それは金日成が政治をやりやすいように"共産主義のおかげで北朝鮮人民共和国には社会悪がない"ということを打出したいためである。「世界の中で最も模範的社会」だという自画自賛は北韓国内でしか通用しないものなのだが、海外を知っている人（あまりいないが——）以外はその不可思議さに気付く人さえいない。そして新聞は北韓全住民に"金日成すなわち党にたいする忠誠"をうながす修身の教科書のような役割りを演じている。

なお、北韓新聞のもう一つの特徴は広告欄がないということである。それはすべてが国営であるために広告欄を設ける必要がないからである。第一に北韓では物品が統制されており、配給制度によって物品を入手するので広告の必要性がないし、また共産党が望む宣伝や広告はすべて記事で発表されるので広告の必要はないのである。

最近、"平壌新聞"だけは"今日は何を見物しようか"という欄で劇場の名前と上映中の映画や演劇の題目を二～三ヵ所紹介している。またこのほか、"児童学用品"、"文化用品および工芸品"という題目で洗濯石鹸（けん）歯みがき、雨傘、ツメ切り、靴ヒモなど並んで書かれてあったが、しかし、これは広告というほどのものではない。

新聞の面と内容

北韓の各新聞はその第一面で金日成の演説報告文や談話文を載せ、さらに、金日成政権の施策や指示などをいっぱいに羅列している。これが長文の場合は二面、三面にまでのびてぎっしりとつめられる。

第二面は一面につぐ重大施策と共産主義教養および宣伝にあてている。

第三面は各地方と職場、事業所などで起きた模範的な記事をのせて共産主義をたたえながら住民をはげましている。

第四面は主として国際ニュースの欄となっているが、この欄ほどいい加減なものはない。それは自由陣営の悪口をいうためにこしらえた欄といった方が早い。そのために、ソ連のチェコ占領問題で世界中があれほど騒いだのに、かなりの間、沈黙しており、一般住民は世界の騒ぎを知らずにいるという珍事も起きている。のち、新聞も、とうとうこれにふれないわけには行かず、チェコ問題をのせたが、それはソ連を支持するという表明であった。

この第四面の国際欄の目的は対南工作にあるといった方が、妥当かも知れない。すべての国際問題が、平壌政権の立場にあてはめて編集、焼き直しされて掲載されるが、韓国の問題は滑稽（こっけい）なくらいわい曲されて、あることないことが、いっぱいに悪宣伝されている。

なお、金日成や彼の一派と他の共産国家との親密関係は第四面の国際欄ではなく、重要面の第一面下段に報道するのが常例である。

六つに局限された記事

北韓の新聞に掲載する記事内容はつぎの六つに局限されている。

①金日成偶像化政策の一環として"革命伝統"の継承にかんするもの

②党政策の宣伝とその実践を強調したもの

③経済建設にかんする"千里馬運動"と"青山里方法"および"大安事業体系"への激励や強要など

④対南政策として韓国の悪宣伝と破壊への扇動

⑤反米運動をもりあげるための扇動および悪宣伝

⑥国際外交ニュースなど。

きびしい検閲

北韓の新聞は記者たちの取材活動によってつくられるのではない。

記事の大部分は"朝鮮中央通信"に依存し、そのほかのものは北韓労働党の指示によって作成される。たまに記者が取材する場合は、党が命令または認定した範囲内で行なわれる。しかもそれには非常にきびしい統制と検閲が待っている。

北韓の新聞は党が"目的とする"宣伝・組織・指令・督促・批判・教養などに適合するように作られているか、それでもなお、上層部および党の検閲官は常に"何か誤謬なものが掲載されはしなかったか……"と細心の注意を払って心配している。

なお、各部で作成された記事は各部長、編集副局長、局長、副主筆の眼を通ったのち主筆（社長）の検閲を受けるが、その上さらに内閣直属の"出版指導検閲総局新聞課"の検閲をも受けなければならないことになっている。

（SISA）

最優秀賞を得た"扇の舞"

神戸市内をねり歩く韓国古典舞踊団

韓国の美遺憾なく発揮

神戸カーニバルで 扇の舞に最優秀賞

第三回神戸カーニバルのパレードに参加した六十五団体のなかから優秀団体を選ぶパレード賞最終審査会は、さる十二日午後一時半から神戸市民生協会館で開かれ、パレード当日、三十六人の審査員が採点した集計表をもとに慎重審議の結果、特別優秀賞は純白の民族衣装をつけた七十人が乱舞した大韓民国の「扇の舞い」にきまった。

最終審査会には鳥越神戸カーニバル協会副会長はじめ各選考委員が出席し、意見を出し合った結果本国から踊りの先生の招き、民族衣装まで取寄せてあざやかな韓国民族伝統芸術のよさを見せた大韓民国居留民団にトップ賞の特別優秀賞が難なく決まった。

その表彰式は来る十六日午後一時から市民生協会館大ホールで行なわれる。

なおこれの準備のため民団兵庫県本部では金組織と婦人会が協力し一〇〇万円の費用をかけただけあって大韓民国の国威を遺憾なく発揮した。来る五月十九日午後五時から駐神戸大韓民国領事館で優勝の祝賀会が開かれる予定である。

金玉花さんが専属に ハーベストレコード

このほど新潟市に在住の父親の招請で来日した金玉花さんは、本国女子大出の才媛であるが、ミノルフォン株式会社の遠藤氏（作曲家）にその美声が認められハーベストレコードの専属歌手になり、「さようなら羽田」という流行歌のレコードを出した。（写真は金玉花嬢）

韓國新聞

発行所 韓國新聞社
発行人 鄭烱和
東京都文京区春日町2丁目20−13
編集 (813) 2261〜5
業務 (812) 0673
定価 1カ月100円
振替口座東京 34988番

在日本大韓民国居留民団
綱領

一、われわれは大韓民国の国是を遵守する
一、われわれは在留同胞の権益擁護を期する
一、われわれは在留同胞の民生安定を期する
一、われわれは在留同胞の文化向上を期する
一、われわれは世界平和と国際親善を期する

平和と人道無視の悪法

出入国管理法の阻止へ

法地位 動き出す

去る三月の民団中央定期中央委員会で採択された活動方針による在日韓国人法的地位委員会の構成メンバーはさる十日に開かれた中央常任委員会で推薦され、十四日午前十一時から李禧元新執行部発足以来、初の法地位常任委員会が開かれた。常任委員長には李禧元団長が自ら当り、東京、大阪、愛知など重要都市の団長、韓青・韓学同、婦人会、商工会など傘下団体代表各一人、学識経験者など総員十七名で常任委員会が構成された。第一回常任委員会で論議されたのは一、副委員長選出の件、二、活動方針の具体化、三、出入国管理法案に対する基本的態度表明などであった。この日合意をみた出入国管理法案に対する見解および法務大臣らへの抗議内容はつぎのとおりである。

第1回法地委常任委員会

出入国管理法案に関する見解

……保証金の大幅引上げなど（三〇一一〇〇万円）

Ⓐ特別在留許可を得ることが至難になり救済方法がない。（第五二・五三・五五・七五条）

救済手段がないのは一九六六年国連採択の"市民と政治的権利に関する規約"第十三条（外国人の追放）に違反する。

Ⓑとくに貧困者の追放（第三七条十二項）は、国際連盟一九三八年採択"国籍外国人扶助に関するモデル条約"に違反する。

世界人権宣言第十三条、サンフランシスコ条約、日本国憲法第二十二条（以上いづれも居住の自由）条項に反する。

Ⓒ罰則が各種に細分されている。

Ⓓ追放対象の範囲が拡大された。

（とくに日本国の利益と公益云々は、大巾に適用される）（第三七条二三項）

Ⓔすべてが法務大臣の自由裁量……

……

三、追放の強化

（第八六・八八条）

Ⓐ自由裁量による臨検、捜査、差押え、関係人ならびに報告要求

……を反対する。

抗議内容

法地位、李禧元委員長は、十六日法務省に入管法についてのつぎのような抗議文を伝達した。

今般、日本国政府が在日外国人の管理に名を借りて、現行の出入国管理令を出入国管理法に改正し、今国会での通過を企図していることに関して、在日外国人の約九割を占め、同法案の圧倒的な影響を受ける在日韓国人を代表し本委員会は次の通り強く抗議する。

在日韓国人の法的地位問題が、韓日協定発効後すでに三年有余の歳月が経過した今日、未だ協定前文にうたわれた基本精神が生かされてないまま、一方的に在日韓国人に対する差別と、強制追放及び同化政策が強化されている事実に加えて、同法案が出現したことは、在日韓国人の日本に於ける生存権を不必要に規制し、それに更らなる追放を強化するという、極めて非友好、非人道的な措置であると断ぜざるを得ないのである。

もとより、在日韓国人の法的地位問題を円満に解決するためには、基本的に現行出入国管理令の合理的な改正が妥当であること、合わせて改正法案の一部が改善されていることも認めるが、改正法案の内容のほとんどは、あくまでも在日韓国人に対する排斥、追放的なものに終始している。即ち

一、遵守事項では、在日韓国人の在留規制が必要以上に強化され

二、行政調査権では、在日韓国人の公、私を問わず、一方的な強権発動のもとで基本的な人権並びに公的な権利が制約されることが明らかであり

三、退去強制……

四、罰則……

五、すべ……

組織防衛へ結束せよ

李団長 スパイ事件で談話

今回の金圭南スパイ関連事件に関し李禧元在日居留民団中央本部団長はつぎのとおり談話文を発表した。

方面を通じてその真相を調査した結果、金圭南が在日同胞であったと報道されてはいるが、実は金が……

現在、物議をおこしている金圭南事件を契機として全国団員のみなさんはもちろん、とくに各級機……

社告

五月五日付
韓国新聞社
社長 鄭烱和
命 副社長兼業務局長 盧得説
命 営業部長 金容坤

国会議員含む北傀間諜団

金圭南など16人を逮捕

中央情報部はさる十四日、現職共和党所属国会議員である金圭南らが関連した「ヨーロッパ及び日本を通じた北傀対南スパイ事件」の全貌を発表した。この事件は制憲国会時代の金若水事件以来二回目の執権党の現職議員が関連したスパイ事件ということで大ショックである。中報情報部長は、

中央情報部十四日の発表によると同スパイ団は北韓の指令によって韓国の政界と学会に深く浸透すはかっていたもので、このたび逮捕された民主共和党全国区選出の……

逮捕されている16人

金圭南という男

日本に密航して勉強

金を除名処分 臨時国会召集

金圭南

スパイ団事件の全容

朴政権の転覆はかる

決定的時機目指し暗躍

韓国入りを希望したのが運のつき

発端をつかんだ東ベルリン工作団事件

419

朴副総理、佐藤首相と会談

最善尽して経済協力

沖縄、相互利益の方向で

アメリカ訪問の帰途日本へ立寄った朴忠勲副総理はさる六日午前十時三十分から約五十分間、佐藤日本首相と東京・永田町の同首相官邸で会談、この席上朴副総理は韓国の安全が日本のそれと直結しているということを強調し、こうした韓国の安全を期するためには、何よりも韓国の経済発展が先行しなければならないという見解を述べて日本の積極的な協力を要請した。

これにたいし、佐藤首相は全面的な同感を表明、より一層緊密な両国の経済協力を約束した。

朴副総理は経済協力の一環として①両国間の貿易不均衡の是正、②韓日合作投資への民間交流の促進、③開発貿易増進にたいする日本側の積極的な協力などを要請、これに対し佐藤首相は「最善を尽くして協力するような措置を取る」と答えた。

なお、朴副総理は韓国の安保問題と関連して沖縄返還問題に言及「韓国は沖縄の領土権、行政権の返還にたいしてはいささかも関与するものではないが、沖縄の米軍基地が韓国を含む東北アジアの安全保障と深い関連を持っている以上、関心を持たざるを得ないのだ」と、韓国の立場を明らかにした。

これに答えて佐藤首相は「こんどの沖縄問題交渉では韓日両国の共栄、相互利益になる方向で解決されるよう努力することになろう」と語った。（日本のNHK放送や朝日新聞などは佐藤首相はこの問題では何も語らなかったと報道）

なお、同日の朴・佐藤会談には厳敏永駐日大使と梁潤世投資振興官、日本側からは保利官房長官、須之部外務省アジア局長らが陪席した。朴副総理は佐藤首相との会談につづいて、同日午前十一時三十分、愛知日本外相と会談、佐藤首相との間で論議された内容とほぼ同じ問題について話合ったが、特にきたる八月、日本で開催される第三回韓日閣僚会議に先立ち、両国政府は実務者レベル間でじゅうぶんな協議を行なうことで合意を見た。（朴副総理は七日午前十一時四十分JAL機便で金浦空港に到着した）

朴忠勲副総理（左）佐藤首相と会談　朴副総理は６日午前10時30分から永田町の首相官邸において佐藤首相と会談した。

ニクソンとの会談内容語る

パリで開かれた対韓経済協議体（IECOK）総会に出席した朴忠勲副総理兼経済企画院長官はその後ワシントンを訪問して帰国の途上で五日午後四時、東京に立ち寄り、羽田空港で駐日韓国特派員たちと会見、ニクソン米大統領との会談内容に言及してつぎのように述べた。

「沖縄返還問題に関連する沖縄の米軍基地取扱いについて韓国政府はニクソン米大統領に「事前協議」を要請、ニクソンはそれを私に約束した。このことが日本の報道ではニクソン大統領が対日協議の進行過程を韓国に知らせるという約束をしたと誤って報道されたようだ。また、私は北韓の挑発による韓半島の緊張にかんがみ、韓国の国防、特に軍事増強にかんしてニクソン大統領と会談したが、これは非常に有益であった」

次のように語った。「急変してゆく国際情勢に対備して積極的に統一への契機をとらえ、政府は統一にかんする研究体系を早急に確立しなければならない。そこで近く発足する統一顧問委を活用、統一政策を①統一以前②統一過程③統一以後の三段階に分けて樹立する方針である」

ベトナム除隊者をハワイへ送る計画

韓国政府と米国ハワイ州は、ハワイの労働力不足を韓国のベトナム戦除隊軍人で埋めあわせる計画を推進中である。

ハワイのホノルル・スター・ブレトン紙が五日報道したところによると、この計画は三日、ワシントン訪問から帰国途中の朴忠勲副総理がジョン・バーンズ・ハワイ州知事と話合ったさいに持ち出されたもので、同ハワイ州知事は「この計画は深く考慮する価値あるものであり、韓国政府から公式提案があり次第、米国の移民帰化法などによってこれを実施したい」と語った。

ところで、ハワイにたいする韓国の労働力輸出は、一九〇四年の旧韓時代に移民したのが始まりで、当時の移民たちは砂糖きび農場の労働者たちだった。ハワイ在留の韓国同胞と留学生は現在、約一万八千名。

一向改善されぬ
対日貿易の不均衡是正

韓日間で最も大きく長い間の懸案は貿易アンバランス是正問題である。政府首脳、実務者レベル、民間どうしの話合いをつづけて来たが一向改善されるきざしが見えない。去る六日朴副総理に佐藤首相が最大の努力を約束したのも何時もの通りでそれ以上の進展はなかったもようである。

昨年の対日輸出一億百六十二万ドルに対し輸入は六億二千六百五十……

……にかかっている。③牛肉、……製品の輸入は考慮する……加工貿易、合弁投資のための話……いはつづける、と主張した。韓……側の輸出は第一次産品が七〇％……しめておりこれが日本国内業者……利害とからんで輸出増大を阻ん……いる。また毎年の作柄に左右さ……るため供給不足の事もある。……産品にしても日本側は輸入制限……緩和しようとしない。

改憲論議遂に表面化
12月発議？・政局の激動予想

散在業務の一元化計る
国土統一院

李穂根に死刑

入国管理法反対を声明
在日大韓基督総会

韓独文化協定締結へ
実務者会談開く

在日同胞の権益擁護も

韓国神社法案にも

四月末の密輸検挙
前年より減る

北海道新聞の社説から

出入国管理法案と人権軽視を憂う

出入国管理法案が今国会に提出され、審議待ちの形になっている。これはいわゆる重要法案のひとつに数えられているが、この重要という意味は、問題にすべき点が多いということでもある。事実、管理法案には、人権問題として見のがすことのできないような内容がもられている。

今回の出入国管理法案は、占領下の昭和二十六年にポツダム政令として制定された現行の出入国管理令にとって代わるものである。この改正について、法務省によれば、航空輸送のめざましい発達によってわが国への出入国者が年々ふえ、現行令では①出入国の手続きが船舶中心のため航空機の時代に即応できない、②査証免除の国際的傾向に順応できない、③在留資格制度の機能が十分果たされていない、などの理由があげられている。

そこで、在留資格に「短期滞在者」を新設して、その在留期間を現行の六十日から九十日に延長、また査証を必要としない一時上陸の幅をひろげることになっている。たしかに、こうした措置は査証の取得、上陸手続きの簡素化とともに、時代の要請に対応するものということができる。

しかし、これらの改正点は出入国管理法案のいわば"表向きの顔"である。改正の重点は、外国人の在留管理の体制を整備し、強化することに置かれている。すでに、在日韓国人ならびに在日中国人が共同して反対運動を展開し、各地の弁護士会や法律学者のなかから、この法案にたいする批判が行なわれているが、それは改正のおもなねらいとする「管理」の面に、人権の軽視に通じる危険な"裏の顔"がのぞいているからにほかならない。

法相の権限強化

まず指摘できるのは、現行の管理令にくらべて法務大臣の権限が一段と強化されていることである。たとえば「法務大臣は、必要があると認めるときは、あらかじめ、上陸許可を受けようとする外国人に対し、その者が本邦に在留するについて順守すべき活動の範囲その他の事項を定めることができる」という「順守事項」制度が新たに設けられている。もちろん、国際旅行の容易化にともなって、いわゆる"不良外人"の入国もふえるであろうし、それをなんらかの方法で規制することも必要であるに違いない。だが順守事項制度は、一般的意味での不良外人対策というよりも、従来の例からいって、むしろもっぱら政治的見地から新設されたとみるべきものである。

これまでも、中国など国交のない国からの入国者に対して、政府は「政治活動の制限ないし禁止」などのきびしい条件をつけてきたが、このことがどれほど国交正常化に逆行するものであったかは、いまさら指摘するまでもない。そして、そうした"条件づけ"の法制化によって、わが国と国交回復の国との関係がますます悪化することも、およそ否定の余地のないものであろう。

順守事項の違反者には中止命令が出され、これに従わないときには、罰則が適用されるほか、退去強制による国外追放の処分がとられる。しかも、この守るべき事項の内容は、法務大臣のまったくの任意・裁量になっているのである。

無視される人権

つまり、法務大臣の一存でどのような"条件"でもつけられるわけである。さらに、この順守事項制度は入国に際して適用されるだけでなく、従来から日本に居住している人たちについても、在留資格を変更する場合、在留期間を延長する場合、出生とか日本国籍喪失などにより新たに在留資格を取得する場合、再入国許可を受ける場合には、同じように適用されることになっている。これも、現行の出入国管理令にはない新設の規定である。

現在、約六十万人の在日韓国人のうち講和条約発効日以後に生まれた人が十三万六千余おり、この人たちは三年を限度として期間延長という形で日本に在留している。したがって、今回の法案が成立すれば、少なくとも三年内には順守事項の対象者になるわけである。ということは、在日韓国人の約四分の一が、こんどは法務大臣の一存による守るべき事項に束縛され、しかも違反を理由に強制退去さえもあり得ることになり、これがこの人たちの生活と人権をいかに脅かすものになるかは、想像にあまりあるといわねばならない。

この際、われわれ国民は、在日韓国人の多くが自ら好んで日本に居住するようになったのではなく、かつての日本の植民地主義の犠牲者であるという事実を想起すべきであろう。日本人は加害者であった。この罪悪感を忘れて、逆に被害者をさらにムチ打つようなことは、非人道国家の名を高めるだけである。

世界人権宣言への逆行

にもかかわらず、今回の法案にみられる人権軽視の傾向は、右の順守事項制度だけに限らない。まず第一に、現行管理令にくらべて退去強制手続きを簡素化しているが、退去強制処分にたいして行政訴訟を起こす道を事実上封じるものではないかという懸念さえもたれることである。この懸念は、退去強制令書発付処分と法務大臣の在留許可が実質的に別個の処分になっていることに原因する。もし退去強制の該当容疑者が事実上、裁判を受ける権利を奪われて強制送還されることにでもなれば、それこそゆゆしい人道問題であり、この点、法曹（ほうそう）界の徹底的な解明を期待したい。

このほか、現行法と異なるものとしては、退去を強制された者の送還先を、出先機関の地方入国管理官署の長の自由裁量による措置にまわせる規定を設けたこと、収容所の収容者への面会制限または禁止ができることなどがあげられる。明らかに人道に反する改悪である。さらに政府の前宣伝にもかかわらず、先進各国のような政治亡命者の庇護（ひご）についての規定がこの法案になんらもられていないのも大きな問題である。

世界人権宣言には「各締結国はその領土内におり、その管轄権に服しているすべての個人に対して、人種、性、言語、あるいは宗教、政治的その他の意見、出生国、出身社会、財産、出世その他による身分、その他いかなる事由によっても差別することなく、この規約のなかに認められている権利を尊重し、これを保障する」との規約がある。わが国憲法はこの宣言を尊重すべきことを義務づけているのである。人権軽視の傾向は"暗い時代"の招来を意味する。

（注）さる四月十四日北海道新聞社説・原文中「朝鮮」を「韓国」に改めた他は原文の通り。

公告

戸籍整備実施要綱

1、戸籍整備の必要性

2、戸籍整備対象者

3、整備方法

4、具備書類

中央民生局

420

訪日記者団金剛学園へバスケットボールを贈ったが写真はその伝達式

世間騒がせた左翼の謀略

自発意志で帰国

用務終え悠々とかえる

尹酉吉事件

者会見にも尹朝総連外務部長他総連系が同席しており、自由法曹団の短時日にして水も漏らさぬチームワークなどスパイ事件の全貌が明らかにされることを恐れた朝総連の宣伝戦に大使館が逆手を取られた形だ、当の請求者姜英順さんは大阪から上京していないという、自由法曹団に囲まれ記者会見に出席した三男明球さんは総連系の教師を六年もつとめ、本妻から生れた兄二人は北韓に行っている。現在妹二人は大阪の朝総連系高校中校に通っているというチャキチャキな総連一家である。

ホテルで悠々

如何にも韓国中央情報部の手によって本国へ強制入国させられたかの如く宣伝された当の張本人尹酉吉さんは二日ソウル到着後、市内アムバサダーホテル一、〇〇九号室に悠々とおさまり、七日午前には大阪の自宅とも電話連絡、その後東京、大阪の知人からも引きりなしの電話、その応待で目下御多忙中とのこと、用務を終え十二日には帰国した。

結局この事件は、左翼の朝総連走狗連中が、さては〝西ドイツ事件〟といきまいてみたが、尹氏はあくまで自由意志で帰国したことが明かになりケリがついた。

福井民団本部で母国経済視察団

民団福井県地方本部では、会員二十二名からなる母国経済視察団を構成、さる五月一日正午大阪国際空港発KAL便で、金三益団長……引率のもとソウルへ向った。

高知韓国人商工会結成

高知県本部では、さる四月二十七日高知市三松竹ホールで高知県在住商工人たちの長年の念願である商工会を遂に結成し、今後の運動方針として融資問題、生活安定のための経済発展問題、税金対策などの諸問題ととりくむことになった。

なお、役員選挙の結果は次のとおり。会長李相暎、副会長金大湖。

高知婦人会役員改選

在日大韓婦人会高知……さる四月二十七日高知市……ホールで臨時大会を開……針として朝総連系の女……徹底的に闘うことを誓……員を次のとおり改選した。

会長 孫正……　副会長 任春子　〃 徐礼子

高麗大が勝つ

韓日籠球新潟大会

民団新潟本部では、……明治大学の招請により……高麗大学バスケットボールチームと明治大学の両チームを迎え、新潟市体育館で韓日親善バスケットボール新潟市大会を開催した。同大会には県下の同胞多数が盛大な応援を送り、試合のスコアは高麗対明治が七六対七一の好成績で終り同胞たちを喜ばせた。

なおこの大会の前夜、新潟市東映ホテルで民団新潟本部主催のレセプション、五月三日正午にはイタリア軒で新潟市長主催の歓迎のレセプションが行なわれた。

なお、高麗大学チームの渡来の成績は十五日現在五戦四[illegible]敗である。

高麗大対明治大の試合

仕事に取組む東本

予算も一躍四千五百万

第6回地方委

69年度ミス・コリア　林賢貞嬢に栄冠

川崎支部の定期大会

1千万の予算案通過

婦人会中央定期大会

22日東京・千代田公会堂で

授賞規定を成案

在日韓国人の文化賞

20年勤続実務者を表彰

台東・荒川事務部長

尋ね人

新旧総領事歓送迎会

新旧総領事歓送迎会であいさつをのべる鄭総領事

愛媛

愛媛地方本部は、さる4月20日の大会でつぎのとおり役員を改選した。

各地方の大会

京都団長に李相権氏

京都地方本部では、さる26日午前10時から、同本部の3階講堂で第11回定期地方委員会を開き、経過報告活動方針などを討議したあと、同日午後3時から、第24回定期大会に切り替え、任期満了にともなう任員改選の結果はつぎのとおり。

李団長

役職	氏名
団長	李相権
副団長	金鍾淑
副団長	韓昌祐
議長	河炳旭
副議長	姜成吉
副議長	趙竜廷
監察委員長	全成局
監察委員	李武周
監察委員	厳在雨

埼玉は田汶秀氏再選

埼玉県本部では4月26日正午から埼玉商銀ホールで第21回定期大会を開き経過報告ならびに新年度活動方針案を承認通過させるとともに、役員改選を行なった。

同大会において通過した活動方針の大要ならびに新役員はつぎのとおりである。写真は田団長

1969年度活動方針

▽総務部＝割当金完納の推進と各級の諸会合・研究会を通じての事務体系確立、文書・資料の整理

▽文教部＝今年中に韓国文化学院を設立し県下の団員子弟らの民族教育を強化し近い将来数年内に韓国学校を建設する。

一般の文教活動に対しては母国夏季学校及び自費留学生の勧誘、夏期国語講習キャンプなどを実施する。

▽組織部＝各支部の月間活動報告の徹底による組織強化と実務整備、中央の方針に従い中堅幹部の教育に注力し朝総連に対し効果的な大攻勢と、かれらを包摂することに努力する。

▽民生部＝戸籍の整備と永住権申請の促進、国民登録更新と新規申請の促進、組織実務者の待遇と共済制度を早急に制定する。

▽経済部＝未結成である四支部に納税貯蓄組合を結成させ埼玉商銀組合を積極的に育成する。

▽宣伝部＝本国のニュースと文化映画などを団員及び朝総連にも観覧させ、日曜日の文化学院授業の充実と韓国新聞の迅速に配布する。

役職	氏名
団長	田汶秀
副団長	金運日
〃	李根洙
事務局長	金渶照
議長	李根
副議長	崔永道
〃	崔道植
監察委員長	馬鳳楽
監察委員	片福根
〃	呉寄黙

青森

青森県地方本部はさる4月26日の定期大会においてつぎのとおり新役員の選任を行なった。

役職	氏名
団長	林圭復
副団長	沈載明
〃	李在竜
事務局長	申方雨
議長	金世鎬
副議長	朴秉圭
〃	朴大宝
監察委員長	呂煥震
監察委員	崔順鎬
〃	趙海水

静岡

民団静岡県地方本部（朱性鶴団長）では、さる4月28日、第27回臨時大会を開き、役員改選を行なった。

同本部は、4月7日に第11回定期地方委員会を開催し、経過報告、予算案通過、活動方針案審議を終え、引きつづき朱性鶴執行部が団務を担当することになったが、朱団長の辞意表明によって、臨時大会の開催に至った。なお新三機関並び事務長局は次の通り。

役職	氏名
団長	趙澔衍
議長	趙成沢
監察委員長	李錫範
事務局長	朴正煥

栃木

栃木県本部では5月10日の大会でつぎのとおり3機関長を選出した。

辛団長

役職	氏名
団長	辛容祥
議長	姜浩
監察委員長	金世鎮

在日韓国人教育後援会　奨学生募集

一九六九年度在日本韓国人教育後援会奨学生をつぎのとおり募集する。

一、応募資格
大韓民国同胞学生で韓国高等学校、日本高等学校（東京、大阪、京都除外）ならびに日本の短大、大学または大学院に在学中の反共精神が透徹で他の奨学金を受けてない成績が優秀な者

二、提出書類
1、本会所定願書（各教育文化センター、民団で交付）二通
2、在学証明書 二通
3、成績証明書（新入生は高校証明書）二通
4、国民登録済証（民団推薦含む）二通
5、写真（願書に添付）一枚

三、募集人員　約二〇〇名

四、応募期間　一九六九年四月二〇日～五月一五日（郵送の時は五月一五日消印有効）

五、支給額　月額五、〇〇〇円（高校生は月額二、〇〇〇円）

六、書類提出処　民団中央本部文教局（郵送の時は封筒に「奨学生応募書類在中」と朱書すること）

七、面接　書類合格者に限り面接を実施し該当者には追後通知する。

八、備考　詳細は本会事務局または民団に問い合わせること。

在日本大韓民国居留民団中央本部文教局

公告

第12回母国訪問高校野球選手団をつぎのとおり募集する。

一、応募資格　在日韓国人で国民登録を完了した高校在学生

二、提出書類　①国民登録証（一通）　②在学証明書（一通）　③該当学校長推薦書（一通）

三、提出期間　一九六九年六月三十日

四、提出処　在日韓国人野球協会または在日本大韓民国居留民団中央本部文教局

五、出発日時　一九六九年八月初旬

其他詳細は在日韓国人野球協会 TEL（三八二）四七六六・二三三六または韓国居留民団中央文教局に問合せること

一九六九年五月十日

在日韓国人野球協会
在日本韓国居留民団中央本部

北送同胞のきのうときょう

体験者の手記 ③ 林鍾文

地上の楽園実は地獄

居住地選択の自由もない

北韓傀儡が、全住民に居住地選択の自由を与えないことは、前にも述べた通りであるが、そのわけを敢えて言えば、彼等が強行固持している経済体制の為であろう。

即ち、計画量が集団ごとに賦課される計画経済の下では、たった一人の居住地の移動に依って及ぼされる影響は少くないのである。たとえば、製紙工場の例をあげると林産事業所で伐木された樹木は、製紙工場に渡され、又その製紙工場で生産された紙は、各業所又は機関に配分されるようになっているが、その時、製紙工場林産事業所、その他の事業所のうち、どれ一つでも目標の生産量が達成されなかったとか、又は、生産のおくれが生じたとすればそれは、とりもなおさず関連事業所に影響を及ぼすことになる。

このような場合、その影響がある個人に及ぼすだけならば何とかなるであろうが、しかし、集団への影響となるとどうすることもできないのである。だからして北韓傀儡政権は誰にも職業を自由に選ばすとか或は、居住地の移動の自由を与えていないのである。

勿論・北韓社会にも人権を保証するとの法律がないのではない。しかしその法律は死文化されている。というのは北韓経済体制は北韓住民に職業選択乃至居住地選択の自由を許していないからである。即ち、彼等の経済体制が人権を保証するとの法律を死文化させているのである。

われわれ第七七次北送船一行が清津港で簡単な点検と歓迎式を終えて、咸興行列車に乗った時、列車内で起ったことである。

私がすわっている席からあまり遠く離れていない向い側に、一家族と見做される中年の夫婦と子供達がすわっているが目についた。

その服装とか、身まわり品とか、その身なりからして日本で相当りっぱに暮らした家族の様であった。そして、又、その周囲には何組かの若い夫婦がとりまいていてみんな一行であるらしく、互いに話しあったり、笑りあっていたが、しかし、ちょっとあやしいなと思われた所があった。丁度その時、向こう側から内務員（安全員）があらわれたのである。

"来た、内務員が来た！"

"ふろしきがどこにあったの？ふろしき……"

中年夫婦と周囲の若もの達は、非常にあわてふためきながら、ふろしきで椅子の下側を覆うのであった。内務員が物々しい目つきでまわりを見まわしたが気付かずその儘通りすぎるや、今までがやがや騒いでいた彼等は、溜息をつきながらふろしきをとりのけた。すると椅子の下には若い男女がかくれているのであった。

それを見た周囲の人達は一斉に驚きながら、

"あれごらん！"とつぶやくのである。

その若い男女は、ほかならぬ中年夫婦のむすこと娘であった。彼等は彼等の両親より先送船で送還されたが、全家族がみんな帰還するとのたよりを聞いたのである。清津港で父母との面会が拒絶されるや、その兄弟は第77次船で送還される一行であるかの如く列車の中にもぐり込んだのであった。であるから内務員に見つけられることを恐れて椅子の下にかくれたのであった。彼等が既に北送された在日同胞であり又、第77次送還船で来る人の子弟であるという点からして列車の人達の目を引いたわけである。

"そんなにかくれたりすることはありません。椅子の下にかくれて見つかるよりは堂々とすわっていた方がかえって安全でありますよ。"と、みんな勧めると初めて中年夫婦はその男女を椅子の上に掛けさせるのである。

彼等とはこれをきっかけにお話をしたり、従って北韓の実情を聞く機会を持ったのである。

"何故" 帰還しましたか？"

"地上の楽園たとのことばをその儘信じましたか？"

"楽園どころか地獄と言った方がいいでしょう！"

"とんでもない話ですよ。"みなさんはこれから労働者になるのです。いや労働者の中でも重労働になるのです。"

ひとこと、ひとことかぞっと寒さを感じさせる様、その若い男女は興奮して不平不満をこぼすのであった。

彼等の興奮がさめるや、この兄弟の父母である中年夫婦から、彼等の抱いている希望を聞かされた。彼等の全家族が北送船で帰還するようになった動機と、それから彼等は日本大阪で大規模のベニヤ板工場を経営したとのことであった。誰しも経験したことではあるが、彼等もやはり朝総連の誘惑にさそわれたのであった。

朝総連はこれら夫婦に、"北韓に行ったら、子弟は金日成大学に行けるし、又、北韓にないベニヤ板工場を北韓で経営すると、お金がもうかりますよ。日本人から蔑視されながら、敢えて日本で暮らす必要がどこにありますか？"

彼等はいかにも似つかわしい甘いことばに乗り気になって、北送を決心したとのことであった。

それで北韓でベニヤ板工場経営を夢見ながら大阪に持っていたベニ板工場を処分、整理し始めた。

彼等は希望に満ちて彼等のむすこと娘を先に北送船で北送させ、彼等自身は第77次船で機械と家具などを持って来る所であった。また、彼等が北送船に乗船するや彼が経営していた大阪工場で仕事をしていた技術者とそれらの家族、それから運転手までも一緒に北送船に乗船するにいたった。

しかし、北韓では一九五八年以来個人企業あるいは個人が経営する商業は、既に許されなかったのである。この様に個人経営の商工業が許されない北韓社会でベニ板機械が、彼等に何の必要があったであろうか。

われわれは"優遇招待所"という収容所でその夫婦一行と別れた。

後日わかったことであるが、彼はベニ板生産工場を建設するにあたって主役を演じたことは確かであったらしい。ベニ板工場を建てた後彼は、工場の副支配人になったとのことであった。

日本では工場の経営主であった彼が、北韓に来ては副支配人に、いわば、格下げされたのであるが、しかし、彼を副支配人という高い地位に付かせたのも傀儡当局としては優遇である。

というのは北韓社会に既にベニヤ板工場があって、技術者があったならば、又若し、彼自身が技術者でなかったならば、彼にそんな工場の副支配人という職責を与えなかったからである。

しかし、それから数個月経ったある日、彼は突然副支配人の職位から解雇され、労働者の身分になりさがったばかりでなく、しかも愛着心から今まで離れたことのないベニヤ板機械とは何らかかわりのない肉体的労働者として雇われたのである。

北韓傀儡は個人企業を許可していないから初めからその機械を党に寄贈させることもできたはずであろうが、何故に彼を一時ながらも副支配人という職を与えたのであったろうか。それは、とりもなおさず彼の技術と施設を同時に奪うためであったし、又、引きつづき送還される北送同胞即ち後続部隊を切らせないが為の底意からであったのである。

私は、現在韓国で仕事の関係上しばしば列車に乗る機会があるが北韓の列車内でのひとときの縁のつながりからか列車に乗るたびにこれらの家族のことが思い浮かぶのである。

彼等は今頃どうなっているだろうかと！

北傀はいわば出身成分のいかによってその居住地が都市であるか地方であるか、又は地方の中でも平野地帯と山間地帯とに分かれる。同じに農場の農業労働者でも、黄海道の穀倉地帯の農業労働者はまだいい方である。というのは海抜二、〇〇〇以もある"オストク"高原の農牧場とか蓋馬高原の五号農場などに配置される農業労働者とは、その基本的成分が全く違うからである。

先ず最ものしられる成分は、商業或は企業主である。商業乃至企業主は直接働かずに所得を得て来たとの理由ひとつで、不良成分ときめつけられ重労働をさせられているのである。いくら党に忠誠を尽しても、また、いくら党の幹部らにへつらっても彼等の生活地域は、制限されているのである。

集団主義体制の下においての居住地制限はその主義を実践し且つ強行するにあたって仕方ないということであろうか。同成分のグループは同じグループ同士、居住地を制限した方が統治しやすいし、また、扱いやすいという持論からであろうか。

ともかく今頃はどこかの仕事場で重労働に苦しめられているはずのこの夫婦のことを思えば、胸につかえるものがある。

註＝筆者林鍾文氏は、一九六一年十月第七七次北送船で北韓へ送られたが一九六六年の春に韓国へ脱出したひとである。

氏は、共産治下の北韓で約四年七ヵ月、あらゆる辛さんをなめながらいかに共産社会が労働地獄であることを身をもって経験した。

自由大韓民国へ劇的な脱出を敢行した林氏は、いまは自由というものがいかに尊いものであるかを知り、朝総連の宣伝にだまされている在日同胞のために、この手記を寄稿した。

共産主義と民族自主性

傀儡の自主路線を中心に

前金日成大学教授　崔　光　石

①

北韓傀儡「自主路線」の欺瞞性

[illegible] チェコに対するワルシャワ同盟（五ヵ国）の武力干渉があった [illegible] ソビエトを除く他の共産主義 [illegible] 独自路線を放棄し従前の如くソビエトの衛星国として残るこ [illegible]

チェコのばあい、一般大衆の自由化運動が有利に展開されるようにうながしたドプチェクを始めとするチェコの指導層の能動的な支援は短い期間に多くの変革をもたらしたのである。もしソ連の圧力に依ってドプチェクの指導部が交替されるとしてもなお大衆の原動力が残っているあいだはチェコの自由化展望は非常に明るい。

それに反して北韓の傀儡政権が標榜するいわゆる民族的共産主義の途を意味する「自主路線」は真の自由化、民主化の方向を示唆するものでなく、単にその宣伝を目的としていることがその特色であるといわねばならない。

ではこのように断言できるまでに至ったいくつかの根拠を次に提示して見よう。

(1)第一に傀儡当局のチェコ事態 [illegible]

[illegible] なければならないとソビエトの武力侵攻を支持したのである。

この声明は、これに先立って宣言したことのある「自主路線」とは完全に相反するものではなかろうか。

傀儡政権は一九六七年八月二〇日付「労働新聞」社説で「自主性を擁護しよう」とのタイトルのもとに「他人の経験を機械的に模倣するな！自己の頭脳で物を考えよう！」「信じられるのは自分ひとりの力だけである。」、「われわれは大国を奉る奴隷的屈従の思想から解放されなければならない」と力説したのであった。

だがチェコの新しい指導部が自らの頭脳で考え、独創的な途を模索したとき、北韓傀儡は武力で弾圧しようとしたソ連の行動を支持したのである。この事は何を意味 [illegible]

[illegible]（つづく）

大阪府地方本部

本国旱害救援金名単

本国旱害救援金集計表（大阪本部）

総計　三、六六六、八五八円

[illegible]

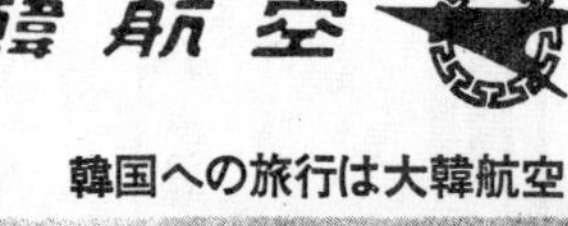

韓國新聞

発行所 韓國新聞社
発行人 鄭烱和
東京都文京区春日町2丁目20－13
編集 (813) 2261～5
業務 (812) 0673
定価 1カ月100円
振替口座東京 34988番

在日本大韓民国居留民団
綱領

一、われわれは大韓民国の国是を遵守する
一、われわれは在留同胞の権益擁護を期する
一、われわれは在留同胞の民生安定を期する
一、われわれは在留同胞の文化向上を期する
一、われわれは世界平和と国際親善を期する

李禧元団長・記者会見談

本国へ"法地位"陳情団

来月13日全国団長会議

民団中央本部の李禧元団長はさる十七日午前十一時、中央本部会議室で記者会見を行ない、団長選に立候補の時、生命をかけて法的地位要求貫徹運動に取り組むといった公約を具体的に実践するため、就任後はじめてつぎのように運動方針を述べた。

執行部改選発表につづき法的地位委員会の構成も終えた。十四には「法地委」常任委員会を開いたが、来たる六月十三日に全国団長会議を召集して法的地位要求貫徹運動の具体策を討議し、七月なかば頃には全国団長を中心とした集団的な陳情団が本国へ入国する予定だ。その事前協議のために……この度の三機長……

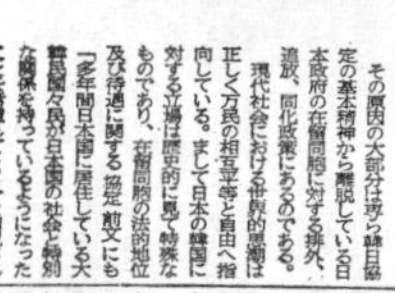

記者会見を行なう李団長（中央）

国会上程中止せよ

入管法案へ法地委が抗議

李中央団長は、さる十六日、法務大臣並びに国会法務委員長を訪ね、入管令改悪法案に反対する抗議文を手渡したが、当日は両氏とも直接会えなかったので十九日に再度訪ねて、同法案の阻止の意向を明らかにするとともに抗議文を提出した。

なお、この記事は一部既報したので内容の一部は重複します。

中央本部では同法案の阻止のために、全国各地方本部でも日本の衆参各議員、各団体などに、抗議、陳情要請を展開するとともに文書活動するよう指示する方針である。

抗議文の全文はつぎのとおり。

今般、日本国政府が在日外国人の管理に名をかりて、現行の出入国管理令を出入国管理法に改訂し、今国会での通過を企図していることに関して、在日外国人の約九割を占め、同法案の圧倒的な影響を受ける在日韓国人を代表し本委員会は次の通り強く抗議する。

在日韓国人の法的地位問題が、韓日協定発効後すでに三年有余の歳月が経過した今日、未だ協定前文にうたわれた基本精神が生かされてないまま、一方的に在日韓国人に対する差別と、強制追放及び同化政策が強化されている事実に加えて、同法案が出現したことは、在日韓国人の日本における生存権を不必要に規制し、それに連らなる追放を強化するという、極めて非友好、非人道的な措置であると断ぜざるを得ないのである。

もとより、在日韓国人の法的地位問題を円満に解決するためには、基本的に現行出入国管理令の合理的な改正が必要であるが、改悪法案の内容の殆んどは、あくまでも在日韓国人に対する排外、追放的なものに終始している。

即ち

一、「遵守事項」では、在日韓国人の在留規制が必要以上に強化され

二、「行政調査権」では、在日韓国人の公、私を問わず、一方的な強権発動のもとで基本的な人権並びに公的な権利が剥奪されることが明らかであり

三、退去強制事由の拡大、強化及び同手続の簡素化では、明らかに在日韓国人の強制追放が強化され、特に救済手段を封じたこと、並びに貧困者を追放の対象としていることは、国際的見地からも許されないことであり

四、「罰則」でも、その内容が各種に細分化されている。

韓日基本精神に反す

両国特殊関係考慮せよ

入国管理法の阻止へ

法地位委、で詳細な解説を発表

在日韓国人法的地位委員会では、日本政府が改悪しようとする出入国管理法について、断固反対する態度を表明したがこれについての詳細な解説を発表し、全組織の奮起を促した。同解説全文つぎのとおり。

1、われわれは日本国会に上程されている出入国管理法案に対して反対する。

一九六五年六月二二日に韓日協定の本調印がなされ、翌六六年一月十七日から在日韓国人の永住権申請が開始されてすぐに三年余の才月が流れた。

その間在留同胞の永住権申請は十二万余名にすぎず、永住権申請の締切は一九七一年一月十六日を前に控えた在留同胞の法的地位及び待遇問題は重大な段階に至った。

在留同胞はなぜ永住権申請をしないのか？

その原因の大部分は専ら韓日協定の基本精神から離脱している日本政府の在留同胞に対する排外、追放、同化政策にあるのである。

現代社会における世界的思潮は正しく万民の相互平等と自由へ指向している。まして日本の韓国に対する立場は歴史的に見て特殊なものであり、在留同胞の法的地位及び待遇に関する協定前文にも「多年間日本国に居住している大韓民国々民が日本国の社会と特別な関係を持っているようになったことを考慮し……」と明記され……

それにもかかわらず日本政府の在留同胞に対する態度と処遇は非友好的であり、非人道的であると言わざるを得ないし、それをより一層露骨的に発散させたのが出入国管理法の国会上程と言えよう。

周知のとおり韓日間の協定により在留同胞の法的地位及び待遇問題に関するわくが決定されたところからこれに基ずいて在留同胞の在留に関する諸般を具体的に規制しているのが現行の出入国管理令である。

従に解明するとおり今般国会に上程された出入国管理法案は天下に悪名の高いこの現行の出入国管理令をかてて加えて改悪しているのであるからわれわれはこれに対して反対することはもちろんのこと、良識ある日本の学者たちですら反対するのも当然なことといえよう。

ここにわれわれはわれわれの日本における生存権をわれわれ自らの手で確保しなければならない。それは自ら自分の運命を決定するという人間としての基本的な権利であり、一面では韓日間の協定精神及び国際慣例から見て妥当なことである。

それゆえにわれわれは……

2、出入国管理法案が出るまで

イ、解放前

一九一九年四月……朝鮮総督府警務……

現行法を大幅に改悪

追放政策を露骨化

著しい官権強化

違反者救済の道がない

反対運動へ一致団結を

本国論調

北傀スパイと日本

（韓国日報社説）

本号四ページ

反政府感情を高めた

崔永道事件の真相はこうだ

全羅南道務安郡荏子島を中心に行なわれたスパイ事件として世間を騒がせた、いわゆる統一革命党全南道党委員長崔永道事件に関して最近北傀や朝鮮総連では、それがいかにも"義挙"でもあるかのように全同胞たちに対し悪宣伝を繰返している。

これに対して民団中央宣伝局では、今般本国から送られたつぎのようなビラを全国組織に配布、この事件に対する真相を海外同胞たちに広く知らせ、根拠のない悪宣伝の意図と詭計を粉砕し在日同胞たちの警戒心をますます高めるようながした。

北傀の悪宣伝粉砕せよ

海外同胞の皆さん！

北韓の金日成カイライ集団は、最近、もう一度デッチあげ宣伝劇の専門家であることを、自ら証明いたしました。それは、スパイ崔永道の死を利用する演出のしかたに、よく現われています。彼らはいわゆる「統一革命党全羅南道委員長」崔永道事件について、これを愛国的な義挙、あるいは民族の英雄だなどと繰りあげ、宣伝大鼓をたたいてます。しかし、崔永道事件の真相は、すでにバクロされ広く知られているように、次のような内容のスパイ事件なのであります。

崔永道英雄化運動

もともと崔永道は、全羅南道務安郡荏子島の住民でありますが、その土地で面長や面議会の議員などを歴任しています。その崔永道が、一九六一年に免職されると同時に反政府的な不平や不満を抱きました。彼が、金日成カイライ集団のスパイであるオイ（姉の息子）の金珠英に丸めこまれ、スパイになったのが、ちょうどこの時期にあたります。この金珠英は、六・二五韓国動乱のとき、カイライ軍の「義勇軍」に入隊、北韓へ行き、一九六一年十二月、密命を帯びて、南韓に派遣されたスパイであります。

崔永道は、金珠英を通じて、北韓カイライ集団の路線に同調し、翌年一九六二年一月、金珠英にともなわれて北韓へ行き、反国家団体である労働党に入党したばかりか、そこでスパイ訓練を受けて、韓国へひそかに舞い戻って来ました。崔はこのとき、「地下党」を組織せよという秘密指令といっしょに、二五〇万エン（日本円約三百万円）の工作資金と無電機、武器などを受け取り、故郷である荏子島に、帰って来たのです。これ以後、スパイ活動を行なったため、ほかの「統一革命党事件」に関連した者たちといっしょに、一九六八年六月につかまりました。

崔は、第一審判を受けている間に、持病の肺結核をこじらせ、今年の一月二五日に息を引き取りました。彼は、持病によって拘禁中になくなったのであります。

ところが金日成カイライ集団は、彼が刑務所の中で命を奪われたかのように、事実をねじ曲げました。彼らは、さる二月十一日「最高人民会議常任委員会」の名で、崔に英雄の称号を与え、いわゆる「強力な地下革命組織である統一革命党を結成し、闘争の場において先駆的な任務を果たした」と、彼ら一流の専売特許とされるデッチあげ宣伝劇のシナリオを合唱し始めたのであります。またシナリオのスケジュールに従って、その翌日からさっそく宣伝ショウの実演に入り、平壌市をはじめ各道で追悼会を繰りひろげました。在日朝総連も、平壌の指令によって、日本の各地で同じ行事を催しました。

もなわれて北韓へ行き、反国家団体である労働党に入党したばかりか、……

崔永道の英雄化ショウを通じて、大韓民国を非難しようとしたわけでありますが、それは失敗に終らざるを得ない運命に憧かれていました。

理由は、きわめてはっきりしています。大韓民国は法治国家であります。偽装スパイ李穂根のような大者さえも、正式の裁判にふされているほどであります。まして、一介の小者スパイに過ぎない崔永道においておや、といいたい所であります。

荏子島スパイ網

崔永道英雄化運動を通じて、北韓カイライ集団が盛んに逆宣伝している「統一革命党事件」とは、……

国境封鎖・発砲事件も

北韓と中共間緊張高まる

UPI通信が十七日伝えたところによると、北韓と中共間の関係は極度に緊張、国境は封鎖されており過去五カ月間に二回にわたって銃撃戦が展開しているという。

同報道はワシントンの外交情報筋が秘密に得た報告だとして、両国の国境衝突事件は昨年十二月と今年の三月に発生したものであるが死傷者の数は不明であると述べている。なお、同国境が封鎖され……

「青瓦」謎のスパイ網

盗人猛だけしい奸計

改憲闘争に総力

新民党年次大会ひらく

民主統一の実現と

言論の自由保障など

金鎔来氏を新議員に承認

農機具など事前承認なしで輸入

対日輸出の増進計画をうながす

外資導入は四百七十件

国軍の日に韓国参戦十六カ国を招待

五・一六革命記念式と民族賞の授賞

駐韓米空軍の一部撤収

ハングル専用原則確定

人名・地名・数字表記入など

偽装スパイ李穂根の死刑確定へ

韓日協力委常任委会議

ベトナム参戦七カ国会議

バンコクで開く

韓日間総合七回線で全部が自動式へ

テレックス増設

公　告

第12回母国訪問高校野球選手団をつぎのとおり募集する。

一、応募資格
在日韓国人で国民登録を完了した高校在学生

二、提出書類
①国民登録証（一通）
②在学証明書（一通）
③該当学校選手証明書（一通）

三、提出期間
一九六九年六月三十日

四、提出処
在日韓国人野球協会または在日本韓国居留民団中央本部文教局

五、出発日時
一九六九年八月初旬
其他詳細は在日韓国人野球協会TEL（三八一）四七六六、二一三六または韓国居留民団中央文教局に問合せること

一九六九年五月十日

在日韓国人野球協会
在日本韓国居留民団
中央本部

公　告

戸籍整備実施要綱

1、戸籍整備の必要性

戸籍は国民の身分関係を公証登録する公文書であるので、戸籍に記載されておらなければ重大な利害関係を及ぼす。

2、戸籍整備対象者

3、整備方法

4、具備書類

申請の趣旨

原因となった事実

中　央　民　生　局

424

各地方本部の大会

愛知団長に李春植氏

さる十九日愛知県本部では、愛知韓国学園で午前十時半から第十五回地方委員会、午後三時から、第二十回定期大会が開かれた。この大会で改選された新任役員はつぎのとおり。

団　長　李春植　議　長　盧恭愚
監察委員長　劉学変　事務局長　丁海竜

なお、同本部は昨年十一月十三日同本部で金竜煥団長が辞職によって役員され金允鎬副団長が団長代行となって組織の再建を図って来ていた。

広島は崔成源氏が

さる二十四日広島県本部では、同本部の講堂で第八回地方委員会及び第十五回定期大会を開催した。中央本部から姜銀組織局長を迎えて開かれた同大会での新任役員はつぎのとおり。

団長　崔成源　副団長　鄭泰浩
〃　姜文熙　議長　張泳徳
副議長　張禹基　〃　朱庵出
監察委員長　徐聖銖　監察委員　朴海運
〃　趙三碩　事務局長　姜文熙

会長に金信三さん

婦人会中央大会

在日大韓婦人会中央総本部定期大会は22日正午から千代田公会堂で開かれ代議員200名中184名が出席会長改選の結果金信三（元東京本部会長）さんが当選した副会長には慶順姫（大阪本部会長）さんと関伊粉さん（大田支部会長）監査には康清子（前副会長）さん李基順さん李運妹さんが選任された。（写真は新しく選任された金信三会長と大会のもよう）

奨学生160名に増員

法人化の研究も進める

教育後援会総会ひらかる

[illegible]催した。

同常任理事会には許弼奭理事長をはじめ、丁安哲常任理事、安聖出監査、池喜竜中央文教局長、崔興俊事務局長（奨学官）らが参席し、六八年度の事業報告及び六九年度の事業計画と予算案を原案どおり承認決議したが、その合議事項はつぎのとおりである。

① 本年度奨学生応募総数は二四九名にのぼり、その内訳は大学生一三二名（在日同胞学生八九名、留学生四三名）高校生一一七名（韓国学生五七名、日校生六〇名）であるが、選抜は事務局に委任する。

② 六九年度は奨学金を年四回に分けて支給する。

③ 本会々員中会費未納者に対する対策として再納付勧誘をしても納付しない会員は整理する。その方法の一つとして大使名儀による懇談会形式の慰安会を開催してその席上納付を勧誘する。定款上、役員任期が三年なので先ず現任員は重任していることとし、欠員理事として黄孔煥氏鄭煥禧氏を推薦し大使が任命するよう委任する。

二十三日厳永駐日大使を迎えて開かれた同定期総会は総員一四七名のうち、七五名（過半数）が出席したなかで、許理事長が「在日僑胞二世教育後援に対して皆さんの積極的な後援により本会は前進している。今年度の事業を発展させるためにますます協力してほしい」、とのべた。

ついで厳大使は「こんどの総会は今までの教育問題を整理し展望を作り出す機会にしてほしい。教育後援事業の核が皆さんであるが日本政府も在日同胞の問題に対し非常な関心をもっており、わたくしは赴任以来自分の得た確信からも、この際僑胞の教育問題に対して画期的な政策及び対策が必要であることを切実に感ずる。民族の将来、同胞の将来のために献身的な犠牲的精神が教育事業には必要である。」とのべた。

六八年事業及び決算報告に入り前研究官から六八年の主要事業として奨学生一五二名（大学生六五名、高校生八七名）に奨学金を支給しており、在日韓国人教育者協会と学術団体に対して研究費を補助した。ついで決算報告があり、安聖出監事からさる五月十七日監査した結果相違のないことを確認するとの報告があった。

六九年度の事業計画によれば①現理事責任のもとに一人当り一、二名の会員の倍増を図る。②基金運用による収益増加方案の検討。③事務局と常任理事会が法人認可申請について研究する。④奨学生を一六〇名（大学生七〇名、高校生九〇名）に増員する⑤韓国学校育成のため教育者の研修に対し本国から権威ある講師を招請し補助した。

[illegible]に進出することを勧め相談に応じ教育後援事業の一つとしてアパートを建ててその収益で基金を拡大すべきであり、財団法人体をつくらなければならないし、また会員増加運動によって民団は積極的に運動を展開してほしい。また次代の民団指導者育成のために本国への自費留学を勧める。」と語った。

最後に常任理事会での承認した合議事項を総会で採決し閉会した。

なお来賓として、駐日大使館から金鉉煥首席奨学官民団中央から[illegible]

新委員長に　許東郁君

韓学同中央大会開かる

在日韓国学生同盟中央総本部（委員長徐輝作）では、さる十八日早後一時から、機械振興会館第一研究室で、第四十五回定期中員会及び第三十回定期中央大会を開き、経過報告、活動方針案審議等に引き続いて、任期満了にともなう新委員長の改選を行ない、旧執行部の推薦により、許東郁君（早大）が、満場一致で選出された。また新執行部の構成は、新たに選出された新委員長に一任することになった。

大会は、秩序ある中にも和気あいあいな雰囲気のうちに進行され学生らしい熱気を帯びた、真剣な[illegible]

…ら朴根世議長、丁栄沢監察委員、池喜竜文教局長、民団東京本部から鄭在俊団長、李馬致監察委員長、許南明文教部長ら関係者多数が参席した。（写真は許委員長）

神奈川県韓国学生会　会長に洪錫熙君

去る十日、神奈川県韓国学生会（尹明信会長）では、第十回総会が開かれた。

同総会は民団神奈川県本部二階講堂で、会員二十余名が参席して熱烈な討論が交わされ、従来学業と経済的な環境面等でとかく沈滞がちな同会を発展させる方向として、同胞学生が進んで学生会に参加できるような興味の持てる会にする[illegible]

東京商銀記念祭のもよう

盛大に記念祭

東京商銀創立15周年

あいさつする許理事長

東京商銀（許弼奭理事長）では、さる十七日午後[illegible]から、日比谷公会堂において、駐日大使、民団中央団長など、来賓多数の参席のもとに、同組合の理事、組合員など在東京同胞三千余名を招待して、創立十五周年の記念祭を盛大に行なった。

記念祭は、第一部式典、第二部景品抽選会、第三部アトラクションの三部に分かれて行なった。

第一部の式典では、許弼奭理事長の挨拶のあと厳敏永大使、李禧元中央団長、李源万議員、韓国外換銀行金鉉畯理事、大和銀行頭取、全国信用協同組合連合会理事長、民団東京鄭在俊団長の順に祝辞がつづき、駐日大使から同商銀の現旧全役員に表彰状の授与、また許理事長から民団などの団体、個人に感謝状を、永年勤続職員に表彰状がそれぞれ授与された。

第二部では景品の抽選を行なった結果、特賞〇〇五、金賞四五、銀賞九九〇、銅賞五三九、ラッキー賞四九、ハッピー賞二九番がそれぞれの当選番号となった。

第三部のアトラクションではローヤルレコード専属歌手、韓国古典歌舞団及び流行歌手などの出演による多彩なプログラムがくり広げられたが、午後八時すぎ色あざやかなフィナーレとともに、記念祭の全日程を終了した。

〈韓　備〉

人民、飢えに苦しむ

帰順兵が語る北韓実情

さる三月二十八日〝東部戦線〟金化地域を通って北韓を脱出、韓国へ帰順して来た前北傀中尉李寛鳳（三三）がこのほどソウルの新聞会館で記者会見を行い最近の北韓実情を暴露した。

彼氏は北傀軍第二師団第一中隊第三小隊長として江原道金化郡テ里で勤務中、政治部小隊長との不和による身辺の危険を感じて越南したと、帰順動機を明らかにし自由大韓のふところに抱かれたことがこの上なくうれしいと語った。

彼氏は三月二十七日夜、金化郡にある北傀軍二十五師団六十五号歩哨所を出発、休戦ラインを越えたあと二十八日午前五時ピストル八発を発射して韓国軍に信号をおくり、七時韓国軍歩哨所へ帰順した。

記者会見内容は次の通りである。

北韓の生活実態は？

答＝全国民が寒さと飢えに苦しんでおり、女や子供たちは激しい労働のため顔が腫れ病にかかっている。

北傀兵たちはどのように休戦ラインを侵入しているか？

答＝北傀は、七名で構成された巡察隊を軍事分界線におくり、銃弾がとどく限り韓国軍が見えるときはすべて発砲するよう命令されている。

北傀は非武装地帯にどんな武器を配備してあるか？

答＝82MM砲、40MM砲、14・5MM高射機関銃など重武器を備えている。

北傀は一・二一事態と劉珍の武装共匪侵入事件をどのように宣伝しているか？

答＝新聞、雑誌、放送などを通じて「南朝鮮遊撃隊」が蜂起したと虚偽宣伝した。しかし休戦線附近の北傀軍哨所には、これら武装共匪たちが越北する時、発砲しないよう命令があった。

李穂根に関して何か聞いたか？

答＝北の新聞放送は、李穂根が板門店で米軍乗用車を見物していたところを米軍たちが彼を車の中に押し入れて拉致して行ったと、報道した。

北傀軍はベトナム戦争に参戦しているか？

空軍の操縦士と武器を送っている。

ソウルに来て感じたことは？

答＝一言でいって、この幸福な瞬間を北に残して来た家族と共に持ち得なくて悲しい。生まれてはじめて洋服、はじめてつかったヘアクリームなどすべてが新しい。

北には何人の家族がいるか？

平北軍辺郡八院里少長洞五四八番地に母（七五）、妻（三〇）、長男（五）など六人の家族がいる。

彼らはどのように戦争準備をしているか？

答＝全軍の武装化、全域の要塞化全人民の武装化というスローガンの下で二十四時間の坑道作業を急いでいる。

北傀高位層で粛清が行なわれているようだが？

答＝一月四日から十四日まで第四次全委員会を召集北傀軍保衛保衛相金昌鳳、対南事業総局長許鳳学・民族保衛省偵察局長、金正泰などを粛清した。その理由は、金日成の権威を弱化させ、北傀軍の士気を低下せしめたなどである。その後、金正泰の父金策の格下げ運動を広げ、すでに死んだ金策の写真まで全国民破壊した。

北傀軍将校の生活は？

答＝少尉の月給が六十五円なのに腕時計の一つは七〇〇円だ。この例だけでも、どんなに悲惨な生活かを推して知るべしだ。

銅鉄商

河野商店

代表　河仁植

神奈川県川崎市鹿島田一〇〇四ノ三
TEL　〇四四（五一）六六四〇
作業場TEL〇四四（五一）九〇四三

尋ね人

尹乙男（女＝四十四才）
本籍＝慶尚南道[illegible]
右のひとの消息をご存じの方は左記へご一報下さい。
大阪[illegible]
鄭三鋼

訂正

[illegible]辛熙
[illegible]俞錫濬
なお、各地方本部の役員名簿においてはつぎのとおり訂正致します。
北海道本部副団長孫文植とあるのは孫文植に
埼玉県本部副議長金道植とあるのは金道植に
同監察委員呉奇默とあるのは呉奇默に

神奈川韓国学園　理事長に孫聖文氏　第三回理事会開く

[illegible]去る九日午後[illegible]時から、民団県本部二階講堂において、第三回理事会を開き、[illegible]報告、今後の活動方針、任[illegible]改[illegible]等を行なった。

同理事会には洪[illegible]理事長をはじめ、理事その他関係者約三十[illegible]が参席して開かれ、安大守[illegible]園長の「民族教育の重大性と[illegible]熱意による建設的な討論」を[illegible]

ソウル市に37階の高層ビル

[illegible]

韓国戦争記念館、南山に建立

[illegible]向い側にたてられる国際会館は参戦友国の連絡事務室、参戦勇士たちの訪韓時の宿舎、また会議室として使われる予定である。

軍工兵隊の協力によって建てられることになっているこの建物は軍事博物館として永久に保存される民族的な歴史館という点と数百万の国連参戦勇士及びその家族たちに対して意義ある観光地に作るため、特に建物の形と彩色におい[illegible]

柳・権女史にナイチンゲール章

[illegible]

愛知商銀で定期総会

[illegible]

李江月さんが李穂根に慰謝料を請求

[illegible]て百四十日間同居生活をした李江月（三五）さんは二十日、李穂根の手に〝事実婚関係解消による慰藉料[illegible]

[illegible]仕精神に徹した看護員に対して贈られるこの記章を五七号（第二六回）以来・七回も続けて受賞しており十一名の受賞記録をたてた。

朴大統領の長女　槿恵さん来月横浜へ

ユニバース・コリアの進水式に

ガルフ石油会社が二十一日発表したところによると、朴正煕大統領の長女槿恵さん（ソウルの聖心女子高校生）は六月二十一日、日本の横浜で行なわれる超大型油槽船進水式に出席する。

この油槽船はユニバース・コリアという名前で三十二万六千トンという世界最大の油槽船、日本の造船会社が米国のナショナル原油輸送会社の注文で建造したもの。

なお、同油槽船の進水式が土曜日の六月二十一日と決められたのは、朴大統領夫人の陸英修女史代理として出席する槿恵さんの学業に支障をきたさないため。

国際法律特許事務所

弁護士　金判巌

東京都中央区銀座二ノ五　森田ビル五階
電話（五六七）二七八六・二七八七

金富子

金永国

朴貴姫

朴智燕

李春子

韓国民族歌舞芸術団

古典芸術より現代歌謡まで豪華絢爛たる舞台

6月から日本全国主要都市で公演

朴貴姫（韓国人間国宝文化財指定）
朴智燕・金富子・金永国
姜文子・李春子・曹順女・尹景姫・李琴姫（他韓国芸能人多数出演）

司会　前田実
楽団　ゴールデン・オーケストラ

主催　国際プロダクション
東京都港区西麻布3丁目21−20　霞町コーポ10−C
TEL　408−8779・402−8547・404−8432−3

後援　在日大韓民国居留民団中央本部

永遠の新文化創造へ
基督教90年来の大集会

[illegible]日であり、二十五日は聖炎降臨節[illegible]祝行事を広げ、基督教団体では韓[illegible]全国的に開催した。

[illegible]最職、実行委員長[illegible]、準備委員長[illegible]牧師らが重要メンバーとなっている。

「三千万の胸ごとにキリストを植えつけよう」と主唱していることどの集会のキャッチフレーズは「新しい社会、新しい人間、新しい文化」となっている。

新時代新社会の精神的、倫理的責任を負っているクリスチャンたちが、このような混乱と無知蒙状態と不安定状態を打破するため精神的風土の刷新を目標にしているのが「新しい社会」となっている。

生命の尊厳性が地に落ちている今日、生命の尊厳性をあらためて明らかにし生の正しい指標を探し出し、生命の真正なる価値を発見させようとすることが「新しい人間」である。

韓国基督教が韓国の新文化創造の先駆者であった時代を回顧し、さらに世俗文化の波の中で未来の文化、つまり永遠の「新しい文化」を創造しようとするこの二つの大会は、この国土を「住みよい福地」に作り上げたいとのことである。

この大会では現代社会と基督教宣教の関連性発見、現代における福音伝道の緊急性の強調、効果的な新しい伝道方法の発見、伝道を妨げる要素を克服する方法の研究、諸類型の伝道活動の比較研究、伝道のための教会の共同努力と同役者意識の協力などを研究討議する予定である。

伝道大会のような性格の集会を韓国で開くようになったこんどの集会では、同大会議長団は各教団総会長らによって構成されており各教団総務らによって実行委員会が構成されている。名誉議長金活蘭、中央委員長韓[illegible]

このようなマンモス集会には一二〇〇余名の教職者、伝道者、教育者、伝道団体実務者、平信徒指導者たちが教派と機関を超越して集会することになった。

韓国基督教伝道会議はさる二〇日午前十時ソウル市民会館で開会式をすませ、会議は永楽教会で行われた。閉会式は二十三日梨花女子大学の大講堂で行われた。

韓国基督教史上最初に開かれるこの会議がすんだ後二十五日（聖霊降臨節）記念礼拝では教会の共同意識を強調しお互いに一心同体となっていることと伝道同役者になったことを強調する。

その後二十六日午前十時から奨忠体育館で開かれる韓国教会合同伝道大会は来る三十一日まで続けられるが、届は奨忠体育館、ソウル運動場で延六〇万余人が参加する予定である。

八〇〇万ウォンの予算で開かれるこんどの大会は大会歌（[illegible]作詞）も制定され、一〇万枚の招待券をソウル全域の二千余教会にくばった。一万五〇名のシンフォニーオーケストラと自由参加者五〇〇名の大会唱団も組織された。

文　化
カットは郭仁植氏画

釈迦誕生日と聖霊降臨節
仏教団と基督教団が記念行事

ソウル永楽教会

仏教芸術の開発と宣揚
曹渓宗では盛大な慶祝記念行事

韓国内の仏教宗団数は一〇余にのぼっているが、最大の宗団である大韓仏教曹渓宗は全国各仏教団体連合祝祭推進と慶祝行事計画をたてた。

第二五一二年釈迦誕生日の行事のための奉祝執行委員会の部署は一〇個に分けられており、主な行事はつぎのとおり。

二十二日午後四時曹渓寺で「釈迦誕生日の意義」という演題の下に大講演会を開催する。

二十三日午前十時から曹渓寺大法堂での法要式挙行。

十九日午後二時から新聞会館で全国信徒会主催の仏教思想シンポジウムが開かれ、主題は韓国仏教徒の信仰姿勢、仏道から生れ、仏道を教えながら仏道に生き、仏道から入滅した仏陀の明い生の道程を燈火でともす燃燈行事も全国一、二〇〇余の寺刹で行われる。

一方、仏教文化芸術院では仏教文化芸術の開発と宣揚を図り民族文化芸術の発展に寄与するため未開発状態にある無形の芸術を市民会館の舞台で演出する。

仏教芸術人（僧侶）五〇名、国楽人五〇余名、仏教音楽合唱団四〇余名、仏教舞踊団三〇余名が参加するこんどの仏教芸術祭は今までになく大規模なものである。

当初二〇・二十一日に行なわれる予定であったが、会場の関係で六月一〇日頃にのびた仏教芸術祭の上演種目は梵唄（京山調、楊州調）、（[illegible]山会相曲、和清、念仏頌）などの仏教音楽と法鼓舞、作法舞、バルラ舞、打柱などの仏教舞踊などである。

また仏教青少年教化連合会主催の競技大会（一八日）、雄弁大会（二十五日）、詩画展（一八〜二五日）、百日場などのいろいろな芸術祝祭がソウルの曹渓寺と三一堂で開かれる。

在日法院で釈尊降誕法会

大韓仏教曹渓宗在日弘法院では二十三日（旧四月八日）午前十一時より同院で釈迦世尊降誕祝賀燃灯大法会を催した。

法住寺　双獅子石灯　国宝第五号

北韓のマスコミの実態（下）
単行本の世界と放送
すべて金日成偶像化へ

[illegible]

籍までもすべて金日成偶像化に結びつけられているのが特徴である。すなわち"農作"も"新しい"科学を研究するようになった"こともすべて金日成の恩徳であるとうたっている。歴史の書籍までが捏（ねつ）造されたもので金日成の偽りの行績を羅列している。

小説部門においてさえも同様の内容を持つものであり「青年前衛」「この仇を忘れるな」「躍進[illegible]」

なお、最近、発刊された書籍には次のようなものがある。

「共産党文献集」「マルクス・エンゲルス全集」「労働階級の[illegible]の歌」「千[illegible]歴史的使命」「修正主義に反対し、江畔の歴史」など、狡猾なものが多い。

経済や科学の書籍小説本までも

このほかに共産党政権とその数多くの書籍に必要な書籍として「青山里精神＝青山里方法を貫徹する幾つかの問題」「社会主義農村問題」などがあるが、経済や科学分野の書[illegible]

放送は日帝時代の平壌放送

放送は国営で中央放送局と平壌放送局がある。これは北韓が一九四五年ソ連軍の進駐によって日本から独立したさい、日本の平壌放送をそのまま使用し始めたもので当時は出力五〇〇㍗の放送局であった。一九五五年四月、平壌はソ連の援助によってこれを一五〇㌔㍗にふやしその後倍加して現在は三〇〇㌔㍗。北韓はこの放送を二つに分けて対内向け放送を中央放送局として対外向けを平壌放送としている。

北韓の対外放送というのは殆んどが、対南放送である。次いで対日、対中共、対ソ連という順になっている。対外放送と同様、ニュースの報道というよりは共産主義の宣伝活動のために使われており、対南放送は韓国の民心かく乱のために、対日放送は朝総連の勢力拡張のために使われている。

中央放送局は内閣直属の中央放送委員会が対内放送のいっさいの指令・監督を行なっている。そして地方には各道、市、郡別にその傘下放送局がある。

各郡では郡有線放送が別にあり、聴衆からは聴取料を取っている。

対外放送は韓国語のほか日本語、英語、中国語、ロシア語フランス語、スペイン語で行なわれ一日二十一時間の放送時間のうち七〇％の十五時間は対南心理戦に当てられている。

外国の放送を聴くと厳罰に

北韓では海外からの放送を一般が聴取することは許されていない。一九六二年三月、北韓軍の一部将校たちが秘密裏に南韓の放送を聴取していたというカドで罰せられた事件は名高い。事件のあったのち民族保衛省の命令により「なんぴとといえども南韓の放送を聞く者は厳罰に処す」ことが明示され以来トランジスター・ラジオは押収されすべてのラジオのダイヤルは中央放送局に固定され中央放送局以外は聞けないようになっている。従って現在、南韓放送を聴取できる者は労働党の道委員長以上のごく少数の特権層と中央通信の国際報道関係者および対南スパイ工作部員の上層部だけである。

対外放送の管理には直接労働党中央委が当たっているが、対南放送は対南事業総局傘下の平壌放送委員会が担当している。主な仕事は対南宣伝と反米扇動など。対外放送の出力は韓国の出力より多い。

スパイと放送 黒色放送活躍

「黒色放送」というのがあるが、これは一九六七年三月十五日を期して北韓が南韓の政治的かく乱を目的にしてこしらえた特別放送。北韓は朴政府と国民の離間をはかって無数のスパイを南派しているが、これらのスパイ、武装ゲリラによって引起こされた事件はすべて南韓内の"住民ほう起"だと宣伝・放送されているが、これが黒色放送である。

特に南韓で選挙などがあると、この黒色放送の活躍はいっそう激化する。六七年に韓国で起きた統一革命党事件をはじめ、北韓第一二四部隊および第二三八軍部隊などから南派された武装ゲリラたちが韓国の民間人を虐殺した行為破壊を行なったことなど―が韓国内で起きた反政府・反米による反乱だと宣伝放送されたのもそれである。

（おわり）

（GISA）

共産主義と民族自主性
傀儡の自主路線を中心に
前金日成大学教授　崔　光　石
②

「マルクス」主義と民族的共産主義

「マルクス」と「エンゲルス」の「共産党宣言」は「万国のプロレタリアート団結せよ！」という文で終っている。

元来「マルクス」主義は、いわゆる「プロレタリア」国際主義の旗じるしの下に、世界主義資本主義諸国で一時に無産階級の革命が発生したときのみ成功するとの主張をして来たのである。このような「マルクス」の「同時革命論」は「レーニン」の「国家社会主義革命」の可能性に関する理論に依って修正されたが、然し、「レーニン」の主張もやはり無産階級の国際連帯性を前提とする一国家の革命が成功することを認めたのである。

要するに「マルクス・レーニン」主義は民族的自主性よりも、諸民族の「プロレタリア」の国際的団結と国際主義を強調したのである。

然し、ソ連共産党第二十次党大会（一九五六・二）以後「平和共存路線」の提唱とともに「社会主義への移行の多様性」に関する論議が世界の共産主義者達のあいだに活発に展開され始めたのである。従って中ソ紛争を発端とした共産圏の多元化が促進されるにつれて民族的特性に合う共産主義の模本として批判された所。「ユーゴスラビア」の経験が研究の対象になっている実情である。

一九五七年、六〇年の二回に亘って開催された世界八十一ヵ国の共産党及び労働党大会で採択された「モスコ」宣言と「モスコ」声明に於ても、共産主義の一般的原則があらたに制定され、民族的、国家的特性に関係無く遵守せねばならぬ「マルクス」主義のもろもろの本命題が定式化されたのであった。然し、その後にも、共産圏は単一ブロックから多元化への傾向にほとばしるので、ソ連共産党は世界共産党大会を開催しようとせき立てているが、若し開催されたとしても、各国共産党の理念の差が解消される望はうすい。

明知の通り「マルクス主義の窮極の目的は世界的カテゴリの中で「民族と国家の無き無階級社会」の実現にあるのであるが、然し、民族的共産主義をかかげている共産圏の現状は、彼等の公言とは矛盾するものである。

勿論「マルクス」主義の窮極の目的を実現させる一つの手段として、民族的共産主義をかかげることもできようが、然し、「マルクス」主義の実践基本原則としての「プロレタリア」国際主義とは、あまりにもあい矛盾する現象であると云わざるを得ない。従って、「マルクス」主義と、現代共産主義とは同質的なものでないと主張する人も多くある。かく然し、この様な現象をもたらした責任の一部は「マルクス」と「エンゲルス」自身が負わねばならないことを否認できないだろう。

というのはあまりにも劃一性と単純化の方法で社会現象を基礎として未来をドグマ的に類推した「マルクス」の学説は、変遷された時代的背景に依って多くの部分が変質されざるを得なかったからである。だが問題は、民族的自主性「マルクス」主義に適合する云々の前に、民族的共産主義を指向する東ヨーロッパの諸共産国家群は「プロレタリア」国際主義という看板の下にいわゆる「兄弟国家」と「兄弟党」に対し、自国と自民族の利害を超越して友好的な関係を持つことが不可能であることである、というのは共産主義理念以前の問題として自民族と自国の死活問題が他の強大共産国家の大国主義と覇権主義に左右されるかもしれないという切迫があるからである。従って彼等は民族的特性にあう共産主義を主張するように至ったのである。

前イタリア共産党首でありかつ「マルクス」主義理論家として公認されていた「パルミル・トリアチ」は一九六四年九月四日に公開された所の遺稿の中で国際共産運動の第三の路線が不可避であると指摘している。

彼はまた「スターリン」の格下運動は、ソビエトの「マルクス主義」が正統的でないことを自ら暴露するのであることを指摘しながら「スターリン」時代の「民主主義と個人の自由を弾圧する独裁政治」は徐々に消え去らなければならない運命に置かされていることを示唆しているのである。彼の遺稿は、また「一国家と他の国家との相違点は非常に大きい。従って共産党は独自的に、活動をする様に許されなければならない。

我々が主張する各国共産党の自治は共産主義運動を推進させるにあたって、内部的な必要性からだとしか考えてはならない。以上述べたことは現在の狭な、環境の下で我々が発展してゆくための根本条件でもある」と説き明かしている。

この「トリアチ」の予言は、彼の死後東ヨーロッパ共産諸国に依って実証され、かつ「チェコスロバキア」の自由化及び民主化の運動は「マルクス」主義の新しい道路に対する試金石として世界の耳目を集中させたのである。

が然し、ソ連の武力介入に依って「チェコ」の新な試みは、一大難関にぶつかっている。

文京公会堂で行なわれた入管法反対中央民衆大会

"入管法"の成立許さぬ

在日韓国人の生存権を侵す悪法

断固粉砕の決意示す

"入管法"反対 中央民衆大会

民団中央では、さる二日正午から東京文京公会堂において「出入国管理法案」反対の中央民衆大会をひらいた。

同法案は在日韓国人の生存権を侵す悪法だけに日本全国から約五、〇〇〇名の同胞が"悪法反対"のタスキとハチ巻き姿の勇ましい身なりで大会に参加、同法案断固粉砕の強い決意をみせたあと都心部をデモ行進した。

民団史上空前の盛大さ

大会は、民団史上空前の盛大さ、この日早朝からつめかけた同胞たちで会場ははちきれんばかり、立錐の余地もない場内からはみ出された群衆が公会堂の屋外を埋めつくしたなかで、李鍾舜中央組織局長の司会で行なわれた。

定刻、同会者の開会が宣言され東京韓国学校の楽隊による愛国歌が力強く奏せられたあと、まず七人の大会々長（李禧元中央団長・朴根世中央議長・張聡明中央監察委員長・金信三婦人会中央会長・金宰淑韓青中央委員長・鄭在俊東京本部団長・許弼奭商工連合会長）を選出して大会は進行。

鄭東本団長が、組織力の偉大さを誇示する別項のような開会の辞、李中央団長が、命をかけても悪法を阻止する決意を表明したそれぞれ別項のようなあいさつを述べ、尹致夏法地委事務局長から「経過報告」〈別項〉があり、つづいて、朴性鎮氏の「外国人の出入国管理に関する世界的な現況」朴根世氏の「出入国管理法がわれわれに対してどのような悪法であるか」という演題の講演〈要旨別掲〉がなされた。

両氏の講演は、同法案の狙いを徹底的に暴いて糾弾し、満場に深い感銘をあたえた。

つづいて大会は、決議文の採択（金今石顧問）・朴大統領に送るメッセージ（金晋根大阪本部団長）・佐藤日本首相に送る要請文（許東郁韓学同盟委員長）・日本国会議長に送る請願文（張明相福岡団長）・日本国会法務委員長に送る請願文（崔成源広島団長）・自民党に送る抗議文（辛容祥栃木団長）民社党・公明党に送る陳情文（孫張翼神奈川団長）などを朗読しこれを満場一致で採択したあと、金宰淑韓青同盟委員長の先導により同大会のスローガンが採択された。

つぎに各部処への陳情団が満場の拍手のうちに演壇から次々に出発していったあと、張聡明中央監察委員長から閉会の辞がのべられ会場が張りさけんばかりの万才三唱で閉会し、午後二時から直ちに秩序整然とデモ行進に移った。

法案、即ちに撤回せよ

佐藤総理大臣に要請文

佐藤総理大臣に送る要請文

韓日両国が国交の正常化とともに、在日韓国人に対する法的地位および待遇に関する協定が発効して以来、すでに三年半に達しようとしております。

しかしながら、在日韓国人の法的地位協定による永住権申請者数は……

強力な対日交渉を

朴大統領へメッセージ

李中央団長あいさつ

鄭東京本部団長の開会の辞

全君釈放さる

33万7千円 婦人会場内カンパ

婦人会の場内カンパ

国会上程中止を

抗議文

公聴会に民団代表

石井議長ら協力を約す

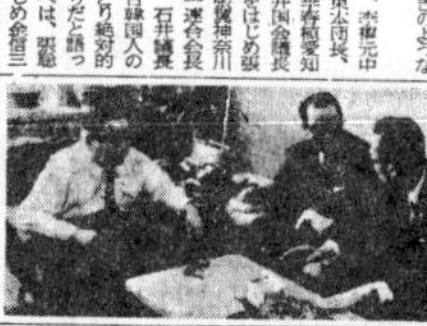

不当な日警干渉に抗議

宮崎教授まねき入管法学習会 民団中央本部

民団中央人事

決議文

일본정부는 在日韓国人에 대한 權益侵害를 即時中止하라!

韓國新聞

発行所 韓國新聞社
発行人 鄭烔和
東京都文京区春日町2丁目20−13
編集 (813) 2261〜5
業務 (812) 0673
定価 1カ月100円
振替口座東京 34988番

在日本大韓民国居留民団

綱領

一、われわれは大韓民国の国是を遵守する
一、われわれは在留同胞の権益擁護を期する
一、われわれは在留同胞の民生安定を期する
一、われわれは在留同胞の文化向上を期する
一、われわれは世界平和と国際親善を期する

公告

戸籍整備実施要綱

中央民生局

1、戸籍整備の必要性

戸籍は大韓民国々民の身分関係を公証する公文書であるので、戸籍に記載されておらなければ、本人の身分に重大な利害関係を及ぼす。

例えば戸籍に記載されていない者は、韓国々民でありながらもこれを証明する方法がなく、戸籍に夫婦として登録されていない者は法律上夫婦として認められないし、また出生申告がなされておらず、戸籍に出生事実が記載されていない者は父母との親子関係が認められないので結局は夫婦として、また親子として同居しているにもかかわらず、後になって配偶者（夫または妻）・親子としての財産相続などの法的に定められている特権を受けることができなくなる。

特に在外国民に対するあらゆる証明は戸籍の記載が前提となっているばかりでなく、本国旅行のための旅券の発給、再入国許可交付、就学などの時に戸籍謄本が必須の具備書類であるので正確な戸籍の記載は在外国民の最も急を要するものと言える。

2、戸籍整備対象者

①無籍者

韓国国民で出生申告をしなかった者や、戸籍の滅失または未収復地区に本籍を持っており、その仮戸籍を編成しなかったことから戸籍に漏れた者をいう。

②婚姻申告を畢していないことから戸籍上夫婦として記載されていない者

3、整備方法

4、具備書類

入管法反対民衆大会グラフ

立錐の余地もない大会場内（右・左）

整然と都心部を行くデモ隊の列

機動隊と激しくもみ合うデモ隊㊤㊦（警官の顔に注目せよ）

우리를 压迫하고 追放하는 悪法 出入国管理法案을 反対하자!

民団の旗とともにデモ隊の先頭を行く総指揮団

プラカードも静かに婦人会のデモ隊㊤とかわいい孫たちにかこまれて、入管法・反対デモに参加したおばあさん㊦暑いけれども胸をはって㊨

発行所 韓國新聞社
発行人 鄭烱和
東京都文京区春日町2丁目20−13
編集（813）2261〜5
業務（812）0673
定価 1カ月100円
振替口座東京 34988番

在日本大韓民国居留民団
綱領
一、われわれは大韓民国の国是を遵守する
一、われわれは在留同胞の権益擁護を期する
一、われわれは在留同胞の民生安定を期する
一、われわれは在留同胞の文化向上を期する
一、われわれは世界平和と国際親善を期する

朴大統領民団請願を受諾

朴大統領㊨を礼訪した李団長（中央）と朴議長・張監察委員長（左端）

法地位問題で対日交渉
万博招請・政民合同会議も
李中央団長記者会見談

本国政府への就任あいさつと要務打合せのためさる五月二十一日帰国し、同二十八日に帰任した李禧元中央団長は、さる三十日午後三時民団中央会議室で記者会見を行ない本国政府との交渉成果について大要つぎのとおり語った。

なお、李団長は同会見席上、在日同胞の法的地位および待遇問題に関して朴大統領へ請願したことを明らかにし、その請願書を別項のとおり公表した。

このたび帰国した目的は、本国政府要路への民団々長就任のあいさつをかねて①在日同胞の法的地 [illegible] つの案件を本国政府と打ち合せるためであった。

わたくしたち一行八名（本紙前号で既報）は、入国した翌二十二日から政府要路との接触をはじめ、二十三日の外務部次官主催の歓迎レセプションで、二十四日の丁一権国務総理主催の午餐会で（この午餐会には、国務総理以下経済企画院長官、文教長官、内務長官、商工長官、法務次官、交通長官、総務処長官、外務次官らが出席した）前記三つの案件について長時間討議した。

さらに二十六日には、朴大統領を青瓦台に礼訪、この案件を [illegible]

▽在日同胞の法的地位問題については、その現状を詳細に説明した。

本国政府の理解を求めた。すなわち、協定永住許可者が十二万足らずであり不許可者が八百余世帯にのぼるその要路を本国政府でも知ってもらわなければならないからだ。

一九四五年九月六日以前からの居住者は協定永住権を、終戦後から桑港講和条約（一九五二年四月二八日）間の入国者に与える一般永住権はその対象者全員に与えその後の入国者に対しては在留資格を与えるよう建議した。このようなわたくしたちの建議に対して朴大統領は、陪席した崔外務長官に、日本政府と外交交渉を行ない民団の建議が貫徹されるよう、若し日本側がこれに応じないで強制送還する場合は、それには応じないことを日本政府に通告するよう指示した。

また朴大統領は、在日同胞の参与意識を高めるため本国政府要務者と民団との合同会議を定期的にひらくよう崔外務長官に指示した。

朴大統領はさらに、「過去朝総連系にいた同胞であっても転向して思想が穏健であるならば、駐日大使館と民団で彼らに母国訪問旅行を積極的にすすめ、発展する祖国の現状を直接みて祖国に愛着をもつようにせよ」と指示した。

このように、民団の意向を朴大統領閣下をはじめ本国政府の各長官、各局長、次官、国税庁長に至るまでに同一見解を与えたことは前例のないことであった。

総連転向者受入を

△七〇年万博（EXPO）に家族や本国の要人たちが参観することは祖国同建に役立つばかりでなく組織強化面でも重要なことである。この問題についても朴大統領は即席で心よく受入れて下された。さきの金圭南事件等がからみ展望は決して明るくはないが、民団の組織を通じてのみ推進できるよう本国政府の理解をとりつけたことは大きな成果だと考える。

△組織合同会議の問題は、民団の基本的な問題を検討した。僑胞社会に"朝総連"という組織がある以上、民団を強化することは当然だとの立場から名実共、本国とは表裏一体の組織として"政府・大使館・民団"のパイプが必要である。永住権国者が、帰国後に役かいすることは非組織の実態から生じる悲哀というほかない。組織が斡旋すればそのような失敗は防止できると考える。従来、実務者会議を六月十三日行う予定だったが、これを変更して、六月十七日午前十一時からホテル・大栄（文京区春日町）で全国団長会議を招集し、三案件を討議したのち、各界各層を網羅してソウルで、七月二十日から四日間、本国との合同会議を行う。

故金愛知県団長の国立墓地埋葬問題

故金愛知県団長の遺骨を国立墓地に埋葬する問題は、丁国務総理と話し合った。この問題はその手続が複雑であるばかりでなく困難な案件でいまだに外務部に書類が留まっている。国立墓地への遺骨埋葬は、関係会議の決議を経て大統領の決裁が必要だとのこと。したがって近く関係会議にかけるがもし否決される場合は本国の適当なよい場所に顕彰碑石を建立したいと丁国務総理が約束された。

自由民主党幹部に手交

[illegible]

永住権申請促進綜合計画を作成

[illegible]

本国論調
在日同胞の法的地位

朴大統領はさる二十六日（在日 [illegible] 居住権、特別在留許可者を含 [illegible] 権を与えるようにしその外の入 [illegible] もつように日本政府に対して強 [illegible] 日本政府がこれに応じない場合 [illegible] きてもこれには応じないという [illegible] すること。また、在日僑胞の本 [illegible]

[illegible]

（韓国日報）

法的地位に関する朴大統領への請願書

◎朴大統領への法的地位に関する請願書

韓日協定はその前文に「大韓民国と日本国は多年間日本国に居住している大韓民国国民が日本国の社会と特別な関係をもつことを考慮しこれら大韓民国国民が日本国の社会秩序下で安定した生活を営為できるようにすることが両国間及び両国民間の友好関係増進に寄与することを協定し」と明記されておりますが未だに日本国の韓日協定精神に忠実でない施策により在日僑胞の法的地位問題解決に一大支障となっているので本団は第三十三回定期中央大会の方針に依拠し

一、協定永住権は「継続居住」に関し日本国が解放後生活の本拠を日本においたまま本国に一時往来したのを不法出入国だと協定永住権を付与しない等一方的で不当な見解を固執することで永住権申請が不振状態にあるため現在一二六―二―一六の外国人登録証の所持者には無条件協定永住権が付与されなければなりません。

二、一般永住権に関しては一九五二年四月二十八日まで入国した者に対し日本国法相声明には好意的に取扱うとなっていますが日本国出入国管理令により審査されることになるので実際には許可された者が殆んどなく許可をうけることが極めてむずかしいので、この期間に入国した者に対しては申請すればそのまま一般永住権が付与されるよう本国政府と日本政府の協議に依る決定が必要であります。

三、一九六五年六月二十二日まで入国した者がすでに多年間日本国に居住権をもって定住しているに拘らず強制退去をうけているがこれら当事者の家族構成其他からして人道上及び韓日協定の精神に依拠し日本国で安住できる居住権が付与されなければなりません。そこで本請願書第一、二、三、項が解決されるまでは被退去者に対する引受けを拒否するようお願い致します。以上の通り請願致しますので在日僑胞の深刻な事情を高察され、すでに問題が時限的段階に至っているのにてらし格別配慮することを期待するものであります。

在日本大韓民国居留民団中央本部民団長李禧元

本国で多大な反響
李総長帰任談 万博・合同会議など

さる五月三十日本国政府と要務打合せのため本国へ出張、六日帰任した李成甫中央事務総長は、出張中の成果について大要つぎのとおり語った。（写真は李事務総長）

万博招請問題については、本国で意外にその反響が大きく、この事業についての民団の責任の重大さを痛感した。直系家族、縁故者、ならびに知人を五千名以上万博参観に招請することに決定をみたが、本国政府関係部処でも協力を約しながら積極推進してほしいとの激励をうけた。今後この万博後援事業に対する本国の期待にこたえるよう努力したい。本国政府との合同会議は七月下旬にソウルで開くがこの会議においては、民族文化教育問題をはじめ在日同胞の全般的な問題を広範囲にわたって協議するつもりだ。そしてその結果が在日同胞社会の福祉向上に役立つことはもちろん本国にも寄与できるよう努めたい。従来「家族招請事業」のため暫定的に設置されていた居留民団本国連絡事務所は、同事業の完了とともに一応の使命を果したのでこれを六月五日をもって閉鎖した。今後、万博問題の推進にともない新たな連絡機関が必要となるがその時には新ためて考慮することにし韓国新聞本国支社もあわせて閉鎖した。

"入管法"になぜ反対するか！
民団中央法地位委で問題点公表

一、基本的な理由

まず在留外国人の管理を目的とした、出入国管理法案の影響は、その対象の約九〇％を占めている在日韓国人にとって、極めて重大であり、更に出入国管理法案は、韓日協定にともなう、在日韓国人の法的地位問題と、密接、不可分の関係にあることを指摘する。

即ち、戦後二十数年が経過した今日、在日韓国人の法的問題は、韓日両国における基本協定の不合理性により、未だに解決を見ておらず、永住権申請は一九六六年一月十七日、協定が発効して以来三年有余の歳月が経過したにも拘らず、わずか十二万余に過ぎない状況である。

その原因は、協定そのものが持つ不合理性のほか、協定の実施における日本国政府当局の非友好、非人道的な措置によるところ大であるが、同時に、基本協定の第五条並びに出入国管理特別法第七条に明記されている通り、在日韓国人の法的地位にともなう出入国及び在留が、内容的に極めて不当な現行の出入国管理令の適用を受けていることにも、要因がある。

つまり、在日韓国人の法的地位問題において、最も重要な焦点となっている、永住権付与条件の「継続居住」にしろ、全在日韓国人の正当な要求が受入れられず、その結果、多数の在日同胞人が、現行の出入国管理令により、退去の対象となっている現状において現行の出入国管理令を一段と改悪し、基本的に、国際社会における平等・自由の普遍的原則にまで逆行する排外主義を基調として、抑圧と追放の強化を意図した今般の出入国管理法案が成立すれば、その在日韓国人にもたらす影響は、余りにも大きいというのである。

したがって在日韓国人は、その法的地位問題の合理的解決のためにも、現行の出入国管理令の改定を望むものであるが、しかし、それはあくまでも、在日韓国人の、日本社会との歴史的な特殊関係から、法的地位問題が合理的に解決され、更にその法的地位の特殊性にかんがみ、それに相応する出入国及び在留その他に関する処遇が出入国管理法案において、何らかの形で保障されることを、前提条件とすることが、妥当であると判断するものである。

二、法案内容の問題点

前記の通り、在日韓国人の法的地位問題が、その内包している不合理性から、現状において、多数の在日韓国人が、現行の出入国管理令により、退去の対象となっている事実を前にして、今般の出入国管理法案を検討した場合、その結論はおのずから明白であるが、ここにその主要問題点を指摘すると、次の通りである。

1 「遵守事項」について

法案第八条の遵守事項は、新たに入国する者のほか、現在在留する者にしても再入国時のほか、在留資格変更、在留期間の延長、出生又は日本国籍の喪失による在留資格取得の時、などにおいて適用され（第三三条）、在留活動の指定と規制（第三三、三四、三五条）が強化されると同時に、これに違反すると、中止命令及び行為命令（第二七条）が出され、更に処罰（第八六条）と、退去強制（三七条）をすることになっているが、これは在日韓国人に対する不必要な抑圧と追放を企図する、特徴的な改悪の表現である。

即ち、現在留者が、長期間にわたる日本在留によって得た既得権を、本法案によって規制することは、全く不当といわねばならない。

2 「行政調査権」について

法案第三八条（七三条）という強力な行政調査権では、在日韓国人の生活権を、根底から脅かすことが明らかで、これによれば公私を問わず、任意ともいうべき、全く一方的な判断により、容疑者に対する臨検、捜索、差押のほか、容疑者の関係人に対しても、陳述、報告などを強要（第三七条四項、三九、四〇、四一条）することになっているが、これでは個人の人権は勿論、在日韓国人の公的団体及び機関における、公的な活動までもが脅かされ、ひいては「関係人」に関連させて、在日韓国人と接触する日本人の各種団体、又は個人も調査権の対象となることも必至で、法案が成立すれば、韓日両国民の親善と交流の自由まで、それだけ制約されることになる。またこれに関する細分化された罰則のほか、不陳述罪、不提示罪などを適用（八八、八九条三項）していることは、個人に対しては、まさに、黙秘権を有する犯人以下の扱いであり、または在日韓国人の公的団体及び機関をも、破壊に至らしめる重大な措置といわねばならない。

3 「追放」の強化について

まず追放（退去強制）の対象を広範囲に拡大し（第三七条）、特に貧困者を追放の対象（第三七条二項）にしていることは国際的な通念（慣例）からしても不当である。また特別在留許可を受けることが至難で、追放される者の司法的救済手段が、事実上において封じられていること（第五三、五三、五五、七八条）更に、追放の手続が簡略化（第七二条）され、人権無視の強制収容（逮捕）とか（第四八条）、保証金の大幅な増額（第五三条五項）など、本法案の中には、徹底した追放への理不尽な積極性が、一貫して示されている。

4 「自由裁量」について

在日韓国人の人権と生活を規制し、その公的団体及び機関の [illegible]

우리를 못살게 하는 治安悪法 出入国管理法案을 粉砕하자！

全国地方団長会議召集について

本団は、左記の通り全国地方団長会議を召集します。

記

日時　一九六九年六月十七日　午前十一時から
場所　ホテル大栄　東京都文京区春日町 [illegible]　電話（八一二）[illegible]
議題　①在日同胞の法的地位に関する問題について　②本国政府との合同会議について

中央団長　李禧元

社告
本国支社を閉鎖

[illegible]

韓国新聞社

公告
戸籍整備実施要綱

1、戸籍整備の必要性

[illegible]

2、戸籍整備対象者

①無籍者

②婚姻申告を済していないことから戸籍上夫婦として記載されていない者

③戸籍上の名（姓は該当しない）、生年月日、出生地等に相違がある者

3、整備方法

[illegible]

4、具備書類

①無籍者

②戸籍上夫婦として記載されていない者

③戸籍上の名、生年月日、出生地等に相違がある者

就籍許可申請（様式）

申請の趣旨

原因となった事実

[illegible]

中央民生局

ASPAC開かる

第4回総会

北韓挑発に関心を

韓国の方針 安保問題を提議

アジア・太平洋閣僚協議会（ASPAC）の第四回総会は、静岡県伊豆・川奈ホテルで九日から十一日までの三日間にわたってひらかれた。九日の開会式につづいて十日から非公開の本会議を開き、各国の基調演説に入った。この会議において韓国の崔外務長官は「ASPAC」の共通の目的は、この地域に平和と安全を維持することにより、貧困から抜け出し、無学を追放し、福祉社会を打建てることだ」と述べながら「韓半島における北韓の挑発行為に関心をかたむけるよう」と訴えた。また日本の愛知外相は、「韓国の経済的と社会的発展を心強く感ずるとともに韓国がますます国力を充実し韓半島の安定勢力として成長することを期待する」とのべた。会議は、十一日共同コミュニケを発表して閉会した。

韓国はASPAC総会に北韓の武力挑発や中共の侵略的膨張主義政策に備えアジア太平洋地域内の安保問題を正式提起する方針である。崔外務長官は基調演説で右の方針を明らかにしながら北韓の挑発に対する各国の関心を促がし中共の核実験と膨張政策を共同で非難することを正式提案する。崔長官はまた佐藤首相、愛知外相と韓日間の懸案や沖縄問題等についても話合う予定という。

崔外務が僑胞の永住権問題など語る

崔圭夏外務部長官は第四回アジア太平洋協議会（ASPAC）に臨む韓国政府の方策と在日僑胞の永住権申請促進問題などについてつぎのように述べた。

一、ASPAC会議＝こんどの会議では北韓の武力挑発や中共の核脅威などこの地域の安保問題を重点的に協議する一方、国府が提議した食糧肥料技術センター設置協定に正式調印する方針である。

一、在日僑胞永住権申請促進＝政府は在日僑胞の永住権申請促進のため、駐日大使館を通じての外交交渉だけでなく、きたる八月に開かれる第三回韓日閣僚会議で具体的な対日接触を行なう考えである。政府は在日僑胞の永住権申請促進のため、予備費から十万ドルをすでに駐日大使館に配定しており、日本の各県単位に四名の指導員を配置し巡回啓蒙活動を繰広げる予定である。

極東情勢に意義

＜解説と展望＞　東　申　澔

アジア太平洋協議会（アスパック）の第四回総会がこの九日から伊豆の伊東市郊外にある川奈ホテルで開かれる。

この会議はベトナム和平交渉の進捗状態や北韓による……

韓国代表　首席＝崔圭夏外務長官　代表＝厳敏永駐日大使、鄭文道企画院運営次官補、姜永奎駐日公使、金正泰外務部亜州局長、池成九駐日参事官、安英哲外務部国際経済課長、金大経農林部肥料課長　団員＝金大智駐日一等書記官、金炳連外務部書記官、許勝長官秘書官

このうち①と②は難なく採決されるもようであるが、③は次回会議の開催国で開かれる常任委員会で具体案を討議した上で採択の方向に持って行かれることになろう。

④はこんどの会議のうちで最大の焦点となるもようで、この議題に対してはさまざまに討論が展開するだろうと予想される。

この国際情勢の一般討論で予測される問題点はベトナム戦後の処理問題、中共の核を含む脅威問題、韓半島の緊張問題、沖縄の米軍基地撤収問題などになるとみられるが、日本が軍事的あるいは反共的色彩を忌避しているため、少なからぬ論難が起こる可能性もじゅうぶんにある……

アスパックといえば、……の大多数は、韓国が主導的……をしてアスパック誕生に持って……って以来、反共的軍事的機構として推進させようとしたものだという認識をしている。そこで社会党系の団体をはじめ左派の学生団体が、この九日を目指してデモを繰広げるだろうと日本当局はみている。すでに先月十八日には川奈ホテルの近くの伊東市で小規模ではあったが社会党系の反対集会が行……

川奈ホテルを選定するまで

副総理に金鶴烈氏

韓国の優位を確保

南越の戦後復旧建設に

朴・チュー共同声明を発表

朴・チュー共同声明

四つの常設専門機構を持つ

食糧肥料技術センター

経済協力センター

海運協力センター

悪法の狙い暴いて深い感銘

両朴氏の講演要旨

朴性鎮氏講演要旨

朴振世氏講演要旨

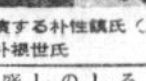

講演する朴性鎮氏（上）と朴振世氏

アスパック総会開会のもよう

経過報告

公　告

第四回在日僑胞学生母国夏季学校入校生募集について

本国文教部主催第四回在日僑胞学生母国夏季学校入校生をつぎのとおり募集する。

一、目　的
日本系高等学校および大学に在学中の在日僑胞学生に祖国に対する正しい認識と民族精神を培養するのを目的とする。

二、募集主管ならびに協賛
主管　駐日本大韓民国大使館奨学館室
協賛　駐日本大韓民国居留民団文教局

三、入校資格
1、日本校在学僑胞高等・大学生（男・女）
2、再入国が可能な者
3、夏季学校履修事実がない者
4、品行方正で健康な者

四、募集人員　五〇〇名

五、経　費
1、一人当り教育期間中宿食費、追って通知する。
2、往復旅費を含む教育にともなう一切の費用を本国文教部で負担し旅券手数料も免除する。

六、募集締切　一九六九年六月十五日

七、提出書類
1、願書（所定様式）　二通
2、国民登録証（民団推薦包含）　一通
3、在学証明書　一通

八、提出場所　民団地方本部

九、教育期間と内容
1、教育期間　一九六九・七・二七（月）〜八・一六（土）二十一日間
2、教育場所　ソウル大学校工科大学内
3、教育内容
①講議　国語・国史・地理・反共道義
②課外活動　名勝古跡探訪　産業施設と学校視察　国内学生との交歓

十、其の他
1、事前教育　別途計画で通知する。
2、其の他　疑問点は当大使館奨学官室に問い合せること。民団文教局または各教育文化センターに問い合せること。

一九六九年五月　日

民団中央文教局

430

非人道的な入国管理法

国会通過阻止を

関東協で各党に陳情

陳情文

全同胞と共に闘う

韓学同声明

日本国民の理解望む

在日新聞通信協も声明

우리는 法的地位要求가 貫徹될때까지 団結하여 싸우자!

金圭南を除名

新韓学術研究会総会で声明発表

本年体育大会名古屋で開く

殉国英霊の冥福祈る

軍人会で顕忠日記念行事

新会長に李慶守氏

新聞通信協で臨時総会

玄海灘を自動車で

釜・関フェリー日韓で設立

東京からソウルへ自動車でという夢がいよいよ実現される時代が来た。すなわち釜山と下関間をフェリーで連絡する航路会社が韓国と日本の合作により近く設立されることになったからだ。釜関フェリー株式会社がそれで来る二十一日設立総会をひらくはこび……。

建造中といわれる同社のフェリーと㊦あいさつに上京した朴（左）井川の両氏

将来の夢を語る

井川・朴両氏

写真は当日参加した一行、忠魂碑の前で

この人をさがして下さい

韓・日不幸な時代に別れた私の肉身・知人

京都で別れた兄

日本へ妻子にいった金東寿さん

431

北傀の凶悪なたくらみ

経済的危機におびえ 住民の緊張感をあおる

はじめに

北傀の窮極的目標は全韓半島を共産化することである。もって北傀は赤化統一を目的とする戦争を起して見たり、又はいつわりの平和統一を唱えて見たりしてみたが、結局失敗に終わったのは周知の通りである。それで彼等は再び武装ゲリラを南派、武力侵攻を目的とする暴力的なゲリラ戦を試みようとしている。彼等は先ず韓国の政治、経済、軍事、社会、全般に亘る秩序を乱そうとしているのである。彼等がいわば対南工作にあたってこの様な暴力戦術に転換したのは恐らく彼等の窮極的目的である赤化統一の達成のみではなく、ゆらぐ最近の金日成の地位を強化、維持せんがための一連の手段といえるであろう。

というのは北傀は現在、振わない経済成長がもたらした経済危機または著しい重労働と生活苦に困る住民の不満などのはけ口を緊張状態に求めさせようとしているからである。よって彼等はいつも全北韓住民を緊張せしめ、その緊張感をつくりあげるひとつの方法として暴力的な対南工作をたくらんでいることはいうまでもない。

ゲリラ戦術への転換

北傀は、戦争の期間を除いては一九六六年まで地下党工作を主とする消極的な対南工作をやって来たと言えよう。然しその対南工作があまり振わず、失敗に終るや、このような消極的な対南工作ではいわば彼等の言う決定的な時期に備えるべき力量蓄積が到底不可能であるばかりでなく、かつ且ことに成長している韓国の経済発展は相対的に北傀金日成の滅亡を促進させる結果になるから、一九六六年十月、労働党代表者会議において、金日成は「これから先の対南工作は、消極的な方法をとってはならない。そういうなまぬるい方法では南朝鮮がおのずから共産化されるのを待っているのと同じ。われわれは今までのように南朝鮮共産化を待っているだけではいけないから、これからは合法闘争と非合法闘争、それから暴力闘争と非暴力闘争をくみあわせて対南工作をせよ」との指示をするにいたったのである。

この金日成の指示に基づいて北傀は対南工作機構を編成しなおすかたわら、対南工作にあたって……

（つづく）

花郎大修練場を発見

新羅三山学術調査団・慶州断石山で

韓国日報社主催の新羅三山学術調査団（団長＝金 庠 基博士）は慶北月城郡西面断石山（海抜827メートル）で三国統一の英雄金庾信将軍が修道・錬武をしていた大花郎修道場を発見した。

同調査団の黄寿永東国大教授班は、さる5月1日から10日間断石山西南岡中谷700メートル地点のいわゆる「上人岩石窟」を調査して解放後始めて大花郎修道場を確認するにいたった。

巨大な個の岩がディクッ（ㄷ）字型に並列している上人岩は西方に開いた東西60尺、南北10尺の長方形の石窟をなしており、窟内の岩壁には10枚の磨崖石像と470余字の銘文が調査された。

新羅花郎の遺跡が集中的に分布しており、なかでも金庾信将軍の伝説がからまっている断石山上人岩に注目した黄教授は、調査結果上人岩が神仙寺とよばれていた花郎道場であることと、わが国で最も古い石窟寺院であるうえ、主尊は弥勒三尊であって三国期における最古最大の仏像であることを明らかにし、国家的な保護を促求している。

新羅五岳と三山の中間地点であり、古代軍事上の要衝地でもあった断石山腹にある上人岩は、高さ約三〇尺の巨岩が東南北をとり巻いていて、北岩は二つに分れて……

韓国最古の石窟

金庾信将軍の史蹟歴然

文化

カット・郭 仁 植 氏 画

우리를 压迫하고 追放하는 悪法 出入国管理法案을 反対하자！

北韓断面 住宅事情

個人所有は許さぬ

金日成は豪華版の宮殿住い

北韓で住宅を建設する場合、二つの大きな規制がある。一つは住宅の外様（形式）は民族的であってもよいが、内容は社会主義的でなければならないということ、次に、住宅はすべて集団生活に適するように設計されなければならない、という規定があり、個人の好みによって設計されてはならないということを強調している。

都市にアパート 農村に集団住宅

この建築規定のため、いきおい都市にはアパート、農村には集団式住宅が多いが、これら住宅はいっさい国家の所有である。建築資材は個人の手には渡らないように統制されているので普通には個人で家を建築するということはまずあり得ない。

北韓では韓国戦争当時に約六十……

432

韓國新聞
発行所 韓國新聞社
発行人 鄭烔和
東京都文京区春日町2丁目20—13
電話 (811) 2261～5
振替 (811) 0673
定価 1カ月100円
振替口座東京 34988番

在日本大韓民国居留民団 綱領
一、われわれは大韓民国の国是を遵守する
一、われわれは在留同胞の権益擁護を期する
一、われわれは在留同胞の民生安定を期する
一、われわれは在留同胞の文化向上を期する
一、われわれは世界平和と国際親善を期する

入管法案に激しい怒り

日政の暴挙糾弾

一万五千人の近畿地方大会

警察の挑発でデモ荒れる

在日外国人の基本的人権を侵害し生活や自由を奪おうとする日本政府の悪辣的な入管法案に反対して、六十万在日同胞は立ちあがった。さる二日の東京中央大会につづいて十六日、大阪中ノ島公会堂では同法案への激しい民族の怒りをこめて近畿地方一円から約一万五千の同胞たちが参集、入管法反対民衆決起近畿大会をひらいて、同法案の即時撤回と在日韓国人の法的地位の確立を叫び気勢を挙げた。

大会は、居留民団近畿地方協議会（事務局長 金晋根 大阪本部団長）の主催によるもので、近畿地方の兵庫、和歌山の新宮、北は滋賀らに民団東京本部の幹部級多数が顔をみせたなど正に在日同胞社会挙げての大示威集会であった。さしもの広い大会場中ノ島公会堂……

大阪中ノ島公会堂における近畿大会

国際化した反対運動

韓・中居留民共同決起大会

日比谷公会堂における韓・中居留民決起大会

名古屋白川公園において開かれた中北地方大会

名古屋入管を非難

中北地方で五千の大会デモ

法案撤回を要請

抗議と陳情

国際人権宣言に反する

廣華僑会長講演

入管法反対韓・中居留民大会において僑華僑総会副会長はつぎのとおり講演した。日本政府が立法化を急いでいる。

　管法は、日本国の憲法はもとより国際人権宣言に明らかに違反する。法案の各条項を検討してみるその影響するところすこぶる多い。われわれは日本政府が韓・韓日の友好親善に目ざめこの法案撤回を要求するものである。過去この三国の歴史関係からみて、われわれの人権保障は当然のこと

大会に感激

大阪韓青の尹嬢

…このことについて、デモの総指揮者備韓根 大阪府本部副団長は「デモ中に"速く歩いてくれ"と言われたが、年よりも多かったし実際にあれ以上速く歩くことはできない。広報車が問題の発言をしたとき、警官に"取り消してくれ"と何度も抗議したが取り消すどころかことばを繰り返し、広報車はそのまま逃げてしまった。デモ隊の先頭に若い高校生たちがいたので、怒り、私たちの制止を振り切ってジグザグデモになった。

433

法地位運動を再確認

万博招請は五千名以上　合同会議来月21〜23日

全国団長会議ひらかる

第一回全国地方本部団長会議がさる十七日正午から都内文京区のホテル大栄で鹿児島と対馬島を除く全国四十七ケ本部の団長参席でひらかれ、中央から①法的地位ならびに入管法阻止運動についての今後の方針②万博招請事業についての実施要綱③本国政府と民団との合同会議の開催についてなど当面の民団主要案件について指示し多大な成果をあげた。

各大会のデモのもよう（東京①大阪②名古屋③）

第一回全国団長会議のもよう

本国の温情に感激

永住権妨げる要素除去へ

李中央団長報告あいさつ

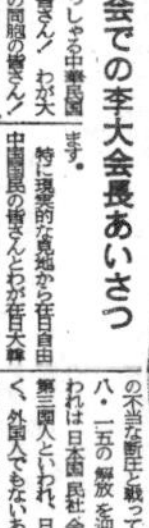

韓・中居留民決起大会においてあいさつする各氏、上から李禧元大会々長、廖基松大会々長、鄭在俊東本団長、李中華…

韓中大会での李大会長あいさつ

この席にいらっしゃる中華民国在日国民代表の皆さん！　わが大韓民国居留民団の同胞の皆さん！

今日この席に自由中国とわが大韓民国国民間の深い紐帯と歴史的友好関係及び現時点における共通した条件の下で、このような合同決起大会を開催するようになったことは実に意義深いものがあると思います。

特に現実的な見地から在日自由中国国民の皆さんとわが在日大韓民国国民たちは過去において日帝の支配を受けて来ましたが、中華民国国民の皆さんと同様にわれわれ大韓民国国民は永い歴史とどの民族にも劣らない伝統を持った白衣民族としての矜持を忘れず日本の不当な断圧と戦って来ました。

八・一五の解放を迎えるやわれわれは日本国民社会でいわゆる第三国人といわれ、日本人でもなく、外国人でもないあいまいな処遇を受けながら私たちの生命と財産を守って来たのでした。

それで第一に在日韓国人は、韓日協定に基づく法的地位問題が未だに解決できずにおるので、いろいろと不合理な現実が多く現れており、在日自由中国国民の皆さんもわれわれと同じように法的地位問題が論議されているのであります。

この法的地位というのはどこまでも日本が自由中国とわが大韓民国に対する過去の罪科をきれいに清算するという意味から、われわれに対して真の友好的、人道的しかも相互平等的であることを基本とする姿勢に立って規定されな…

우리를 压迫하고 追放하는 悪法
出入国管理法案을 反対하자！

最後まで力強く闘おう

鄭東本団長閉会辞

永住権を協議

愛知外相会談

佐藤首相とも会談

在日同胞の歓送迎に帰任する厳大使

万博招請に対して

政府との合同会議について

入管法反対運動について

434

国家補償、宙に迷う
在日軍人会で行方を調査

大韓在郷軍人会日本支会（[illegible]会長）では本国在日学徒義勇軍同志会（李知鉄会長）と共同で、六・二五動乱戦没将兵遺家族および行方不明者家族の住所調査を行なっており在日居留民団をはじめ全組織の協力を要望している。

これは六・二五動乱のさい日本に居住していた韓国青年および学徒たちが義勇軍として自ら参戦し[illegible]余名の戦死者と一〇〇名の行方不明者のうち、現在その遺族の住所が確認されているのは七名だけで政府から軍事補償法による遺家族の処遇を受けている。

残りの五〇余名の戦死者遺家族と行方不明者の家族に対しては居所が不明なので本国政府からの法的処遇を受けられずにいる。これ[illegible]殉国の英霊に報いるべく、一日も早く同遺家族及び行方不明者家族縁故者の居所をさがすためにこの運動を展開している。

なお、この調査期限は六月二十九日でつぎの名簿の住所は出征当時のものであり、本籍の空欄となっているものは不明によるものである。

6,25動乱 戦没将兵 行方不明者 遺家族いづこ

戦死者（カッコ内は本籍と当時の住所）

東京都　[illegible]

神奈川県　[illegible]

静岡県　[illegible]

[illegible]

行方不明者

[illegible]

出入国管理法案を断固粉砕しよう

ソウル・東京は毎日
大韓航空運航時間変更

[illegible]

六・二五動乱回顧映画会
荒川区民会館で

[illegible]

ハンセンス病患者収容所を慰問公演
韓国芸術歌舞団

[illegible]

事業所統計調査
民団へ協力を要望 日本政府が

[illegible]

死線を突破して
6・25ソウル脱出記 ①

宋　政　勲

一九五〇年九月六日、六・二五動乱当時、赤軍の手に落ちたソウルを脱出し、血なまぐさい戦線を突破して大邱に到着するまでの十五日間の死線突破の手記―

脱出当時の筆者

体重がへった70日

「ソウルは必ず収復（奪還）されるはずだ。私がいなくなった後に国軍と国連軍によってソウルを奪還してから、一週間以内にもどって来なかったら私はこの世を去ったものと思いなさい。」

このような悲壮なことばを家族に言い残しソウルを出発したのは一九五〇年九月六日であった。

北傀の南侵による狂奔ぶりはまさに絶頂に達しているので、毎晩物置や床下、土窟のなかでレシーバーを耳にあてて国連軍の放送をききながら仁川の上陸が今日か明日かと待ちかねていた時であった。

ソウル市内には青壮年の姿は一人も見えなく、婦女子らまでも弾薬の運搬に強制動員されており、北傀軍は毎日の如く南へ南へと侵入を継続し、かれらのいわゆる大邱・釜山の解放のために総力をつくそうというスローガンが新聞、ラジオ、壁新聞などを通して煽動的な宣伝に全力をあげ、気狂いじみた活動を続けていた。

かれらから一度反動的であると指摘された人は到底ソウル市内にひそんでおられないほどに、不意の夜間捜索、早朝の奇襲など手段方法を選ばない暴挙を極めているので、いくら親しい友達や近い親戚といえどもそれ以上迷惑をかけることができなくなった。

「私一人死んでしまえばそれまでではないか」。これが私の悲壮な決心であった。[illegible]

別れの最後のことばを残していよいよ出かけようとした時の私の顔は[illegible]表情であったが、だまって私の姿を注視していた家内の眼は涙で一杯であった。

準備と計画

六月二五日早暁北傀軍が総進撃を始めてから七〇日間、十数カ所にのぼる親友と親戚の家を訪ねて転々しながらも[illegible]連絡をとり、[illegible]

死んでも南で死のう
略奪・恐怖から逃れるために

[illegible]

「よし、これほどのはんこを持って出発すれば一般のトンム（同志の意）たちをだますことができるような自信も持てるようになった。

[illegible]

一時はひげを生していたが、反動分子だけがひげを生しているといううわさが広まったので、こわくなりあわててひげをきれいにそってしまったこともあった。

このように死線を突破できる位の準備は整えたとは言うものの、[illegible]この点が大へん心配でならなかった。

途中で死んでも南へ

[illegible]

八月三十日

[illegible]

「トンム早く行って見なさい」

[illegible]（つづく）

北傀の凶悪なたくらみ ②

武装ゲリラの野蛮的な行為

一九六七年から北傀は対南工作にあたって、暴力的な方法への転換をしたし、それに従って多くの武装ゲリラを南派させたことは先ほども述べた通りである。

かくの如く南派された武装ゲリラは山間地域にゲリラ戦の根拠地構築を試みただけではなく、二回にわたって列車爆破などの野蛮な行いをほしいままにやった。そして休戦ラインでは継続的な奇襲、挑発行為を敢行することによって緊張状態をつくりあげ、韓国の政治、経済、社会的な混乱を企て、かつそれらの行為が漸次激化増大しつつあるものである。

一九六七の北傀の休戦ライン挑発行為は三〇一回にわたるし、かつその延べ人員は五九一人にのぼったが、一九六八年には三〇四回という前年の二倍に近いゲリラが出現したのである。

かくの如く休戦ラインの挑発は、一九五三年休戦以来、年々ふえていったのであるが、殊に最近にいたっては毎年数倍の挑発行為があったのである。

北傀のこのような凶暴によって韓国の軍、後方における被害は、二〇一人被殺、三〇六人負傷にいたったのである。

北傀は以上述べた後方への侵透と休戦ラインでの挑発のほかに、海上で漁夫までも拉致してつれて行くのである。

彼等が漁夫を拉致して行く目的は、言うまでもなく南韓海岸線に対する地域情報と警備状態をはじめ、もろもろの諜報をあつめ、且つ彼等を洗脳させ、ひいてはスパイ行為を強要せんがためである。

北傀が休戦以後、海上で操業中のわが漁夫を拉致して行った数は、驚くなかれ二、三二四人にのぼるし、且つ拉致される数は年々増加され、昨年だけでも四六七人が拉致されて行ったのである。

拉致されていった漁夫のなかで、未だ帰って来ない漁夫がかなり多い。

というのは彼等の中で、いわゆる成分（思想的性行）が悪いもの又は、彼等に協調的でないものなどはリンチしているからである。

この様な北傀の残虐な行為に耐えきれず、自殺をもって彼等にてむかった漁夫もかなりあった。北傀の漁船拉致は主に快速艇によってなされるが、彼等は非武装漁船に対しても、あっという間に奇襲して来て、機関銃の無差別射撃を敢行するやり方を使っているのである。

以上述べた様な北傀の暴力行為は漸次激しくなって、昨年からは武装ゲリラ戦術に変わったのである。

その代表的なものが先ほども述べた一九六八年一月二十一日、ソウル武装ゲリラ侵入事件と同年十月末から十一月初にかけて起った蔚珍、三陟地区の大規模な武装ゲリラ潜入事件である。

ソウル武装事件は、全部三十一人からなる単一武装組が大統領を暗殺、ひいては韓国の政治的混乱をかもし出そうと企てた事件であるが、言うまでもなく彼等はその目的を果せず、金新朝を除いては一人残らず撃ち殺されたのであった。

にもかかわらず、北傀は昨年四月に専ら対南ゲリラ活動を担っている部隊を大幅に再編成してベトコン戦術ならびに毛沢東のゲリラ戦法を南韓で本格的に試して見るための準備を進めたのである。その結果、彼等は昨年十月末から十一月初に大規模な武装ゲリラを南派、蔚珍、三陟地区へもぐり込ませるにいたったのである。

蔚珍、三陟に南派された武装ゲリラは一二〇名に達するが、彼等は十五人ずつ一組になって八つの組に分けられていた。彼等の任務は或る特定の部落を占領し、且つ解放地区にすることであった。

というのは彼等は先ず暴力的なゲリラ活動の根拠地が必要であったからその根拠地確保を目指したのである。若しゲリラ根拠地が確保されるとするならば、彼等はさっそく南韓住民に偽ものの貨幣を与え、プロパガンダを通じて彼等に好意を持たせることである。

そうすることによって、ゲリラ達は彼等自身見つけても申告をしたがらないようにするほか、彼等に肩を持つものをあつめ、少くとも全住民に中立的な立場を取らせるがためであったろう。彼等は又彼等に反対するもの或は、積極的な動きを取るものに対しては〝リンチ〟するよう命令を受けたのであった。

しかしながら彼等ゲリラ部隊は潜入して一個月内に七人の生け捕りを除いてはみんな撃ち殺されてしまったのは言うまでもない。

蔚珍武装ゲリラの振舞いは、何とも言いつくせない残虐な殺人行為であった。

彼等は蔚珍区域を上陸するや自分らの目標区域で全部落民をあつめ、いわゆる宣伝活動という名の下におどかしたのであるが、ちょうどそのとき外出から帰り途の部落青年を彼等の言うままにしなかったとか、または当局へ連絡したとかのかどで全部落民の眼のあたりで、刺し殺しながら、全部落民にも「君らもわれわれがさせるままにしないと彼の様に殺すぞ」とおどしたりする野蛮な行為をしたのである。

また、武装ゲリラは目標部落に行って家を捜索中、おし（唖）を見つけては「こいつ、おしのふりをしている」と、木にしばりつけては石でむやみに打ちたたいて殺害したり、または武装ゲリラが韓国軍の追撃を受けて逃げるとき、彼等に出あったものは、何らはばかることなく虐殺したのである。

特に、一九六八年十一月二十日江原道平昌郡ミタン面水清里では追撃されている武装ゲリラがちのみごを含め、三人の赤ちゃんと、その子らの母など一家族四名を、銃剣で、ところかまわずつきさしたりして、残酷にみなごろしにしたのである。

または、十一月二十九日平昌郡珍富面では身動きもできない63才の老人李宝玉女史の乳房を刀でついて殺すなど、多くの人をむごく殺したのである。

これ、人間としては、やりえないところの、天罰を蒙るべき野蛮な行為ではなかろうか。

（つづく）

野遊会記

在日咸陽郡人会　副会長　李彩雨

〝古里のカラスさえなつかしい〟の言葉どおり、まして遠い異国で同郷人が相集うことのうれしさ……。人間社会の温かさをそこにみることができる。在日咸陽郡人会（郭祺相会長＝東京都墨田区墨田三一一〇一二三）は、今年で三十六回の歴史をもつ親睦同郷会であるが、本年も例年どおりの野遊会を新緑の「富士山麓」で催し一日の清遊を楽しみつつ会員相互の親睦を深めた。以下同会々報にのった同会副会長李彩雨氏の「野遊会記」であるが同郷会のもつ意味がにじみでている。〈編集者註〉

李彩雨氏

郡人会の野遊会は年一度の行事なので、ある意味では、同郷人の「お祭り」ともいえる日であった。今年の（五月十一日）野遊会は、一カ月ほど前から皆んなに期待され前評判が高かった。そこえもって場所は開通間もない中央高速道路を通って、いまだ残雪をかぶっている富士山麓の「山中湖畔」というコースのためか、大変フンイキが盛り上った。

ところが、あさの天気予報は東京地方ところによっては雨、目的地の山梨県は終日雨という見通しの暗いニュース。それでも役員間の最終結論は、咸陽の人達に悪い人はいないから降る雨も上るだろうということで、野遊会決行と決めた。

九時過ぎ、小雨降る街道を一行を乗せたバスは、山中湖へとスタートした。乗った会員は、一号車六十六名、二号車四十三名、別に自家用車組が三名、合計一一二名という今までに例を見ない参加者だった。各自の服装は特に女性の方はキレイな韓国服で身を包んだ人もチラホラで、色とりどりも多彩。車の中では、このような行事があればこそ年に一度でも、お互いに顔を合せることができるんだと懐しがる顔と顔で笑顔が一杯。またお年寄の和気あいあいの語らいも、あちこちで見ることが出来た。嫁さんの話、息子の自慢、最近本国へ行ってきた土産話等、話題はつきない、即ちこれがお互いの達者と幸福を祈る温情の交換でもあるのであろう。

霧につつまれてぼーっとしか見えなかった関東山地、山梨県下の山の谷あいも「もや」のベールが消えるにつれて、景観はすばらしく、爽やかな新緑の世界が展開する。ことに新緑が雨上りの五月晴れに映る光景は、壮観という以外に表現のしようがない程。不断私達が住んでいる東京は、自動車ラッシュに排気ガス、騒音、交通事故、人の雑踏等で毎日がわづらわしい位だが、今のこの一時は、すべてを忘れて心地よくバスに揺られながら目にしみる程の緑の大自然を縫いつつ、子供にはジュースを、大人達はビール片手にという瞬間は「これ正に我が最良の日」といえるであろう。

左側に相模湖を眺めながらバスガイドの説明を聞くと、谷あいに点在する農家では、田甫がないためお米がとれないので、昔は桑作や養蚕などで生計をたてていたという。

ドラマに出る「天と地と」の主人公、武田信玄が信濃一帯を治める時に、トウモロコシを作るようにとの指示で、今尚、この地方にトウモロコシの栽培が盛んなのはそのためであるという。そういわれて見れば山麓に点在する古い農家の軒下には種子にするのであろう、いくらかのトウモロコシがぶらさがっているのが見えた。又ワラブキの古い家が、昔の時代そのままの姿で残っているとすればこの辺を、武田信玄がヨロイかぶとに身を固めて部落を陣取っていた所かも知れないと連想したりすると、何か昔と現代が交錯して奇妙な気がするのであった。そのうちに富士山麓の都市吉田市が見え、富士山はスソからくっきりと浮び出て、全容がまるで絵でも眺めているようで、黒い地肌に白い残雪の筋を混えた雄大な姿は神秘そのものといえた。

十二時三十分終点山中湖に着いた。走った正味の時間は僅か二時間足らずで実にスムーズに来たわけである。後で運転手からきいた話ではお天気がよい場合は、車が混みすぎて今日の倍はかかるとのこと、結果的には雨のため得をしたようであった。言って見れば「怪我の巧妙」とでもいえるのであろうか？

昼食は「みはらし亭」という山中湖畔の展望では最高の食堂の三階を借りて始まった。各自、それぞれ持寄ったものを拡げ、会からは豚肉に、漬物、果物、お酒等が贈られて同郷人同志が酌み交す酒の味も、又ひとしほというところ……。その内、気の早い人から歌がとび出した。なかでも金敎振長老の郷里咸陽地方の名歌、「ヘチ」のうたや、合唱で歌う「エヘナチンチン」などの音頭取りは誰れにもひけをとらないすばらしいものをもっていた。港区の李龍洙長老も、俺も年はとったが今日のこの喜びを歌で一ツということで、詩吟でうなり出し、長唄で有名な「万里江山」などを披露してくれたりしてかくし芸は底をつかない。いろんな名士の珍芸もとび出したが、なんせ時間が足りない、時計はすでに三時を指していた。河口湖を巡ってという当初の計画通り帰り道につき夕日を背に高原の樺林を通って、湖畔で記念写真を取り、湖面に浮ぶ帆かけ船や、ボートなどそのまま詩情につながる風景を最後に四時三十分、未練の残る河口湖を後にした。

カットは郭仁植氏画

写真は当日野遊会の記念

躍進する和歌山本部

地方特集

和歌山地方本部全景

信頼される民団に

申団長

[illegible]ることは僭越の至りと存じます。過去副団長、監察委員長と勉強して参りましたが、自分が団長に就任してそのむつかしさと、責任の重さをあらためて感じている次第であります。[illegible]のは、私達民団の役職員は、同胞の手となり足とならなければいけないと言うことであります。政治欲、名誉欲にかられ本来の民団の使命が忘れられているのではないかと自分自身を省みる[illegible]。[illegible]の生命財産の保護と地位向上を一大指標としたのであります。衣食住たりて礼節を知るの言葉通り在日同胞の生活安定が先決問題だと思うと共に、安定することに依って[illegible]に対する関心も強まって行くものと信ずるからであります。法的地位、[illegible]取り組み、五大綱領と基本精神に[illegible]し、[illegible]。

民団の役職員は私利私欲からは捨てて真に在日同胞の手足になることによって、民団に対する同胞の信頼を高めることこれ愛国精神・反共精神を生み出す源泉となると信じてやまないのであります。

重ねて強調したいのは民団役職員は、在日同胞の手足たらんとする精神と、大地にしっかりと足をつけ、五大綱領の精神と一貫した指標に向かって猛進することが祖国発展と民団発展につながると信じてやみません。芳紙を掲し和歌山特集版に対する挨拶にかえます。

祖国に思いよせて

会議長

私は、今回、韓国新聞に和歌山特集版を出すについて感ずる所を述べて見たいと思います。

私は、何度かの祖国訪問を致しまして思いついたのは、反共精神の強化培養の必要を痛切に感じたことで、躍進する祖国のあちこちにしたとき、私は大きく感激することが多くありました。「日本国に居住する私自身は、祖国に対して何の役にたっているのだろうか」と考える時私は、自分自身が恥ずかしく思われるのであります。祖国では一億の同胞は、祖国に歩調を合わせ、一仕事をしながら戦おう」を合言葉とし、在日同胞の権益擁護のため、法的地位の獲得と真剣に取り組み、日本国における韓国人の地位を高めると共に幸福を勝ち取ることの出来るのは、民団の旗のもとに団結する以外にないと確信するのであります。

私は、在日同胞の一人として懐いだしたいのは、故米国大統領ケネディが、就任メッセージで、米国の国民は、国家に対して何をしてくれるかと聞く前に、各々は国家に対して何をすればよいかを考へて下さいと言った言葉であります。私達も、ケネディの言葉の如く祖国韓国に対して何をすればよいか、民団に対しどうすればよいかを考へなければいけないと思うのであります。在日六十万同胞が、このように思い努力することこそ、祖国発展に寄与出来また、民団の発展につながるのだと信じてやまないのです。私は、微力ながら県本部の議長として和歌山県本部内には絶対に派閥をつくらないと言うことであります。何故なれば派閥が生じることにより分裂が生じ、組織が弱化されると信ずるからであります。まとまりのない言葉ではありますが祖国と民団の発展に少しでも役立てばと祈りながら挨拶にかえます。

精神武装の強化へ

金監委長

一九六九年一月、監察機関の本国視察団に参加し、色々見聞出来たことは私にとって大きな変化をもたらしたのであります。凍りつく寒風の中に立つ陸海空、そして立っている私達の共産主義に対する甘さ[illegible]ていると、[illegible]であります。張りめぐらされている鉄条網は何の中に立入りを拒んでいるのに。何故北傀は、も、そのきびしさを肌に感ぜずにはいられませんでした。緊張の中に立ってつくづく海外生活をしている私達の共産主義に対する甘さを見る時、ソ連中共の国境事件、中共と北傀の領土紛争事件、チェッコスロバキヤの弾圧事件のどれをとって見ても、共産主義に対する越境してくるのかを考える時、無法な行動に出る北傀の意図する処が想像出来るのではないでしょうか。最近の共産主義国家群の情勢るきびしい戦慄をおぼえないではいられないのであります。

在日同胞社会にも、朝総連という谷共徒輩の集りがあり、我々同胞をむしばんでいる事実また民団に対する赤化工作、これら徒輩こそ鉄槌を加えなければ純良なる在日同胞の幸はありえないと思われます。私は法的地位の問題、二世教育と山積された民団事業の推進をさまたげる民団内部の不純分子の排除を心掛け、精神武装を強化し監察委員長の職務を忠実に励み在県同胞の幸福への礎石たらんと努力する覚悟であります。

商銀発展へ声援を

李理事長

この紙上を通してせん越ながら、ごあいさつが出来る機会を得まして和歌山県下はもとより日本全国に居住している僑胞の皆様方に、たことを甚だ光栄に存じます。

今年の九月でする六年をむかえる和歌山商銀は、いつもかわらぬ皆様の弛まないお力添えによって恰も順風にのった帆船のように、目的の岸を目がけて快走を続けているのであります。

しかし、この勢いの先行について[illegible]では、現在一部にかげりの現象が現われているようであります。また[illegible]給の不均衡から生ずる自律反転も唱えられている等予断を許さないのが金融界の現実であると思います。その上金融制度調査会および関係当局においては、競争原理を導入して金融の効率化を図ったり統一経理基準の適用、配当、店舗金利の自由化まで進めている様相でございます。

こうしたきびしい金融情勢の最中において、私共和歌山商銀役職員一同は、その対応策を懸命に模索しているのであります。

とうか皆様、斯様なる現実のよき理解者になっていただきたいことはもちろん、側面よりの御協力たまわりますように切にお願い申し上げます。

436

韓國新聞
発行所 韓國新聞社
発行人 鄭烔和
東京都文京区春日町2丁目20−13
編集 (813) 2261〜5
業務 (812) 0673
定価 1カ月100円
振替口座東京 34988番

在日本大韓民国居留民団
綱領
一、われわれは大韓民国の国是を遵守する
一、われわれは在留同胞の権益擁護を期する
一、われわれは在留同胞の民生安定を期する
一、われわれは在留同胞の文化向上を期する
一、われわれは世界平和と国際親善を期する

撤回か特例規定を設けよ
李中央団長、西郷法相と会談

李禧元民団中央団長（在日韓国人法的地位委員会委員長）は、さる二十七日午後四時、日本法務省に西郷法務大臣を訪問、入管法問題について約三十分間にわたって会談し、同法案の撤回を強く要請した。

李団長は、韓日協定後の法務省末端行政機関における在日韓国人に対する非友好的な措置を強調しながら「現在の出入国管理令自体も韓日協定の基本精神に反する条項があり実際にそのように運用されているのに、これをまた一層改悪することは、両国の友好関係を阻害する行為である」と抗議して入管法の撤回を要請、さらに「日本政府の方針を口頭での約束だけでなく外国人の遵守事項などに関し在日韓国人たちに適用しないという特例規定を設けるよう」に要求した。

これに対して西郷法相は、「特別条項の新設は、社会党など野党のため不可能である」と答えた。

入管法反対への動き活発

西郷法相（中央）を訪ね入管法撤回を要望する李中央団長（左端）

ハン・スト行なわる

在日居留民団の「入管法反対運動」は、第三回法的地位委員会の決定により「断食闘争」を行なった。

張聡明民団東本副団長を団長に同胞青年男女三十五名からなる決死断食闘争団は、さる二十七日午前十一時から東京有楽町の数寄屋橋公園に特設されたテント内で断食闘争を開始、入管法の撤回を求めて日本政府当局の善処を訴えている。

ハン・ストは、七月四日現在八日目を迎えたが、すでに医者から中止を命ぜられ病院に収容された人員も二十人にのぼりありさまで法地委では「闘争団」の健康を憂慮して"対策"を講じた。

なお、この断食闘争団参加者はつぎのとおりである。

断食闘争団参加名単

池昌男（民団中央本部副団長） 安商権（民団中央本部民生局長） 池炳竜（民団中央本部文教局長） 鄭在俊（民団東京本部団長） 李永三（民団東京本部副団長） 鄭鄕（民団東京本部） 金竣沢（韓 崔 羅 青中央） 李正一（韓青中央） 梁完玉（韓青愛知） 李正江（韓青愛知） 金正明（韓青愛知） 鄭万錫（韓青愛知） 金 大阪） 陳永茂（韓青大阪） 許一男（韓青大阪） 辛勇（韓青大阪） 金庚明（韓青大阪） 朴成根 黄陵容（韓青大阪） 金鍾鎮（韓青大阪） 崔 大阪） 高公子（韓青中央） 慎重権 金順玉（韓青中央） 許昌烈 趙活俊（民団東京） 韓正男（韓青京都） 高英弘 金鋼子（韓青京都） 金周万 金秉和

断食闘争宣言

出入国管理法案が成立すれば、在日全外国人の九〇％を占めている在日韓国人が圧倒的な影響を受け、その人権と生存権が大きく侵害されることは明らかである。

それゆえにわれわれ在日韓国人は、この法案の成立に反対しており、特に韓日協定にともなう法的地位問題に関し、われわれの正当な要求が貫徹されていない現時点において、この反対運動はまさに決死的である。

われわれは、在日全韓国人を代表して、その人権と生存権を擁護し同時に、真の韓日両国間の友好と親善をはかるため、日本国政府に、出入国管理法案の撤回を要求することにし、ここに断食闘争を宣言する。

一九六九年六月二十七日

在日本大韓民国居留民団
出入国管理法案決死反対断食闘争団

なお、この断食闘争について全国から数百通にのぼる激励電報がよせられた。

永住者には適用されない
法務省が解明書

また、これよりさきに民団中央李団長は、出入国管理法案の立案者として知られている日本法務省辰巳参事官とも会い同法案に対する反対理由を説明したが、同参事官は、二十六日「出入国管理法案

大巾な緩和を要求
政府、入管法で対日外交文書

政府は、最近日本政府が推進している「出入国管理法改正案」は在日同胞たちの日本国内での自由活動が著しく制限され、その生活にばく大な支障を来すものと断定、同法案の内容を大幅に緩和するよう日本側に強く要求したといわれる。政府側のこのような要求は、このほど開かれた金正泰外務部亜洲局長と駐韓日本大使館の前田参事官の会談席上で伝達したものと見られる。ところで政府が日本の「出入国管理法改正案」のなかで、緩和または撤廃するよう要求した条項は①新設される「遵守条項」②行政調査制③追放範囲の拡大④出入国管理官吏の自由裁量⑤特別滞留許可に対する法務大臣の権限の拡大などである。さる六月二十六日のソウル放送によれば、韓国政府は、現在日本衆議院で審議中の出入国の管理法案に対する韓国政府の立場を表明した外交文書を、日本政府に伝達したといわれる。二十五日、韓国外務部当局者によれば、韓国政府はこの文書のなかで、出入国管理法案の衆議院での審議は、日本国内法の立法作業ではあるが、同法案の対象が在日外国人であり、その在日外国人の九〇％が韓国人である点を強調し、同法案のなかの「遵守事項」「行政調査」「追放範囲の拡大」それに「出入国管理法適用にさいしての自由裁量など」の削除、または緩和を要望しているといわれる。

本国論調
日本政府の再考を促す
韓日歴史的背景勘案せよ

日本衆議院は現在、日本政府の提出した"出入国管理法案"を審議中であるが、この法案は在日僑胞の熾（し）烈な反対運動を呼起しており、こんご韓日間の"外交問題化"してゆく感が深い。それはこの法案が在日僑胞たちの人権と生業をおびやかすような悪い要素を持っているからで、そうした条項ははっきり散見されている。

入管法案の提案理由

この法案の提案理由は"出入国業務を簡素化"するとともに"不良外国人を取締まる"こともあるということで、もって"出入国を公正に管理する"ためだとされている。

この法案は日本の国内法である。従ってこうした立法作業に立入ることは内政干渉の原則に照らしわれわれがとやかくいうべきではないか……とも言えそうであるが、しかし、この場合は国際的問題にも関連が出てくるのである。どの国の国内立法でも国際的義務に背を向けたりこれに抵触する恐れのある場合はまた別問題としてこれが問題視されるのは当然なのである。

日本国自体の憲法を見ても、その前文第三条では「自国のことだけに専念して他国を無視してはならない」とうたっており、第九十八条は「条約および確立した国際法規はこれを誠実に順守する」と明示している。

なお、国連憲章は前文は「正義と条約その他国際法の原則から出てくる国際法の尊重」をせん明している。韓国と日本間には「日本国に居住している大韓民国国民の法的地位と待遇にかんする協定」があり、これは一九六五年に締結されている。

同協定の前文は「多年日本に居住している大韓民国国民が日本国社会と特別な関係を持つようになったのを考慮」し「これら大韓民国国民が日本国の社会秩序のもとで安定した生活を営むことができるようにするのが両国国民間の友好関係増進に寄与するということを認定」するといっている。

生業活動も制限される

しかしながら、現在論議されている日本の"出入国管理法案"は在日僑胞社会の成立とその歴史的背景からくる「特別な関係」をほとんど反映させていない。特に「安定した生活の営為」は明らかに考慮外のこととなっている。

在日僑胞たちが最近、きびしい侮蔑と逮捕事態にもめげず反対デモを繰広げているのはなぜか―。僑胞たちは人権と生活権のために自ら闘争しながらも、本国政府からの強力な外交的影響力行使に期待しているからである。

"出入国管理法案"の条項の中にはやや乏しい「遵守事項」というのがあり、それは法務相の監督権の強化と結びついている。これは僑胞たちの生業活動、職業選択の自由を制限することになるだろうと考えられるもので同時にまた、行政訴訟提起の道をせばめることになるであろうと思われる。

また、「行政調査権」というのが新設されるがこれは臨検・押収を行なうほか「不陳述罪」で罰することもできるというもので、出入国管理公務員たちの裁量権は拡大し、逆に外国人の人権がじゅうりんされる素地は大きくなっている。なお、この法案は日本人たちをして韓国人の雇用や進学受付けなどはちゅうちょしたいと思わせるような要素を内包している。そして規定の中には貧困者を「追放」対象にみなしていると思われるフシもあり、これは僑胞社会の現実からみて重大なことである。

複雑な永住権申請手続き

周知のように在日僑胞は日本における長期在留外国人の九〇％を占めており、華僑（台湾人）の場合と同様に第二次世界大戦当時、日本政府が強制徴用した結果、日本に住むようになった者たちである。そして彼らの大部分は長年の悪条件下で安定した生活基盤を築くことができないまま今日に至っている。従って他の外国人と同様の取扱いをすることはできない"条件"を持っており、これが考慮されないということは問題である。

日本側は在日僑胞が永住権を申請すればこの新しい"出入国管理法"の適用からは除外されるというだろう。しかし現実はかたく、協定永住権許可対象者約五十六万名のうち、十二万六百名がこれを申請し、約十万八千五百名が許可されているに過ぎない。これは手続き手順が複雑な上、弘報活動の不足と一部政治的要因が作用しているからだと思われるが、こうした現状ではやはり、この新法律で泣き苦しむ僑胞の数が絶対多数なのであるから、新法律は問題になるわけである。

そこでわれわれは日本の政府・与党が何かと論議の続きを簡素化するよう望むのである。

日本側の再考を促す

僑胞の保護は重要な機能となっている在日外交公館の見解を願うかたわら、われわれは日本側が本法の再考を促求してやまない次第である。

（韓国日報社説6・18入）

来月20日東京で 韓・日法相会談きまる

ユニバース・コリア 命名式行なわれる
ガルフ石油所有の世界最大のタ

民団宣伝活動を強化
韓国新聞国文版と民団画報を発行

民団中央宣伝局では、在日民族組織の強化発展にともなう宣伝公報事業のより一層の拡張を期して今般、目でみるニュース紙「民団画報」を創刊、全国各地方本部へ配布しました。これは、民団の活動状況を写真で報道し、民団事業に対する団員の理解と認識を深める目的のもと発刊（月一回の予定）するもので、全組織機関の掲示板へはもとより同胞居住地などの、適当な場所に掲示して活用されるよう期待してやみません。

また、従来から居留民唯一の定期出版物であり機関紙である「韓国新聞」日文版も、組織宣伝公報事業の重要な役割を果しておりますが、今般さらに、この「日文版」のほかに「韓国新聞」国文版を発刊することにしました。

国文版「韓国新聞」は、月三回発行の「日文版」のうち一回（毎月十五日号）をこれにあてるもので、その編集内容も若干変更を加え、組織機関紙としての性格を強める方針です。したがって「韓国新聞・国文版」は、組織と密着し民団の活動方針に重きをおき、つとめて商業紙的な色彩はさけるつもりであります。

さらに「国文版」発行の意義は来年からはじまる本国政府のハングル専用の国策にもそうものであり、本国同胞との盛んな交流を通じて在日居留民団の権威を高めるのにも大いに役立つと確信するものです。ご期待をそうてやみません。

—在日大韓民国居留民団中央宣伝局—

入管法審議状況 日本国会

衆院法務委員会は二日午前十一時半から開かれ、猪俣浩三（社）委員が入管法案について西郷法相に、世界難民条約加入について愛知外相にそれぞれ質問した。以下当日の委員会での質疑要旨である。

猪俣委員＝入管法の改正計画は何時頃からか？

中川局長＝昭和36年頃からだが正式の改正準備委員会は42年からである。不肖私は委員長で入管局の関係官が委員となっている。

猪俣＝現職の検事である当時池上参事官によると33年頃からとなっている。法的三百間の審議の中59頁には、外国人は初めから他国に住む権利なし、どんな理由でもよいから追放出来る。大臣はどう考えるか？

西郷法相＝個人名で書いたもので、法務省は全くタッチしていない。だがこういう考え方なら遺憾である。

猪俣＝永住権を取れない人はどうなるのか質問の中で「（一七七頁）国際法の原則として外国人を煮て喰おうと焼いて喰おうと自由だと言っているが、これでよいのか？

西郷法相＝不適確極まるものだ（この時処分しろの弥次）

猪俣＝この本の出版社の発行人を見て驚いた。東道といって十年前にこの法務委員会で大問題となった男だ。新潟で偽造船を爆破しようとした男だ。現職の判検事が出版する場合、一流文士じゃあるまいに出版社と何らかの関係があるものだ。

中川局長＝池上君と東とは特別関係はないと思う。参画はしたが中心人物ではない。

猪俣＝法務部達吉、宮沢俊義博士ら憲法学者によれば外国人の基本的人権を認めている。その立場をとれば入管法には違憲の疑がある。憲法の原則を行政機関が勝手に解釈するのは許せない。一方を認め、一方を認めないのは不公平だ。

高辻＝行政措置が誤まっていれば審査を受けねばならない。何回も同じように入国について憲法に保証条項はない。

協調的な日本国憲法精神にも反する入国管理法

猪俣＝基本的人権を損なわないで適正な法律手続によるに非ざれば何人も刑罰を受けないという罪刑法定主義は外国人に適用されないのか？文外国人は裁判を受ける権利があるのか？

高辻＝勿論適用されるのが通説であり、裁判を受ける権利がある。

猪俣＝好ましからざる外国人の標準は何か？世界観の違いで判断するのか？

中川＝そんなことは考えていない。国益を害する場合である。なお猪俣氏は山田三郎法博の説を引用、文化が進歩すれば外国人の地位も進歩することを強調した。

厳大使入院

厳敏永駐日韓国大使はさる六月二十七日東京慈恵大学病院で十二指腸かいよう治療のため手術を受け入院したが、その後経過は極めて良好である。

民団中央要員募集
一、民生局々員 若干名
右は高校卒以上の学歴のある思想穏健な大韓民国籍所持者で年齢三十歳までの男女。
希望者は、履歴書をもって民団中央総務局へ。
民団中央本部総務局

公告
第24回光復節記念式典 慶祝参観団派遣에関하여

実施要領
一、第一地区
二、第二地区
三、第三地区
四、所要経費内訳
五、旅程
六、所要経費送金및 마감日字
留意事項

民生局

アジア太平洋理事会第4次閣僚会議における 崔圭夏大韓民国外務部長官の演説要旨

資料

平和と自由と繁栄へ

崔外務部長官

共産主義の侵略行為

重大な事態認識せよ

中共の野望警戒せよ

人間の尊厳性保障を

アスパックの課題は！

開発途上国家の貿易

後進国の利益考慮を

農民生活水準向上を

実践的な制度に前進

輸出は開発の財源に

後進国に関心をもて

食糧肥料センターを

経済協力センターを

融通性のある憲章を

……して紛争の平和的解決の原則を共に追求し、法治原則を尊重いたします。われわれは共同運命と地域的連帯意識に立脚したアジア太平洋地域国民たちの自助精神を高く評価しつつ、平和と秩序と進歩が保障された地域共同社会の実現のためわれわれの努力を傾注いたします。われわれは繁栄したアジア太平洋国家の共同社会の発展をいっそう促進するため経済・社会及び文化面での緊密な協力関係を継続増進し、会員国以外の国家及び現存の国際及び地域機構との協調を強化するつもりであります。

協力精神強化に満足

アスパックの定例閣僚会議及び常設委員会会議における協議と社会文化センター及び専門家登録処等の具体的な協力の事業を通じて、アスパック会員国間の協力精神が引続き強化されてきたことを見られるのは実にわれわれみんなにとって満足すべきことであります。

……韓国の急速な経済発展を妨害し、……ため過度な支出とかれらのいわゆる七ヵ年経済計画の失敗のため招いた北韓国民の悲惨な生活を隠ぺいしようと努めているのであります。北韓はかれらが主張してきた"平和統一論"の虚偽性をついにあらわし北韓のいわゆる首相という金日成が一九六六年十月に公言したごとく、一九七〇年代におけるいわゆる"武力統一"というかれらの計画にしたがって行動しているのであります。かれらは万一自身を守護しようとする韓国の決意と能力が、そして韓国防衛に対する自由国家の支援が弱化しているという徴候が見えさえすれば、もっとも重大な事態へと発展するいっそう危険な冒険をおかすことになるのであります。万一北韓がかれらの挑発をつづけるのを放任すれば、かれらはわれわれの決意を誤って判断しかれらの危険な計略においていっそう侵略的な行動に出てくることになるでしょう。

ベトナムに平和を！

私は深思熟考した結果われわれ自らを強化し自由国家間の結束をいっそう強化することにより共産主……

438

万博参観団招請事業の全容

組織強化へ絶好の機会
「世紀の祭典」で国威宣揚も

一九七〇年三月十五日から九月十五日まで大阪府吹田市で開催される日本万博は、アジアで始めて開かれる全世界文明の縮図版と言える。米大陸からヨーロッパ、アジア、アフリカにいたるまで人種と言語を超越して人類の進歩と調和という共通なテーマのもとに全世界の目を集中させる世紀の祭典でもある。この万博は、わが文化を全世界に対して効果的に紹介する絶好の機会である。そのため母国大韓民国政府もぼう大な予算を投入してこれに参加、韓国館を建設してわが国威を宣揚することにした。国威を宣揚することはまた在日韓国人の士気を鼓舞する上に極めて重要なことでもあるが、特に朝総連に属している同胞たちに対してはわれわれの優位な立場を誇示することによって大韓民国に対する認識を新にし、民団に転向して来る契機となることを確信するものである。このような趣旨で居留民団では機会を充分に活用して中立系同胞たちの抱擁工作はもとより不振状態にある永住権申請の促進剤となるよう宣伝啓蒙運動を展開してその実績をあげ、本団組織の強化を期すべく「万博参観団招請事業」を推進することにしたこれは本国の家族及び親知を日本に招請して、万博を参観させ先進世界各国の豪華科学文明に接する機会をもつようにするほか、視野を広げさせ、帰国後は本国の家族発展に寄与することを期待すると同時に、日本居住の家族及び親知たちに対して祖国の近代化事業を伝え母国に対する認識を一層深め、ひいては民族意識の昂揚をはかり、朝総連の虚偽宣伝攻勢を粉砕する上に力になるものと確信し、つぎのような要綱に従ってこれを実施する。

招請者の性分厳重に
総連系からの依頼禁ず

実施要綱

所要経費内訳

山口市内をデモする同胞たち

県庁へなだれこむ
入管法反対山口地方民衆大会のデモ隊

山口民衆大会のもよう

母国夏期学校の指示
全国文教部長会議ひらかる

第14回韓信協総会のもよう

総連系組合との取引禁止
一家庭一通帳運動進める
第14回韓信協総会ひらかる

保安対策の意義と目的

六・二五回顧映画会盛況

映画会のもよう

芸術院賞受賞者

大阪韓国学園生徒たちが入管法反対募金

韓国人結婚相談所が事務所移転

ライオンズ第52回世界大会ひらかる

死線を突破して

6・25ソウル脱出記 ②

宋政勲

終日礼智洞、崇建洞、鍾路五街一帯の裏道を迎に迷った犬のように彷徨し、夜おそく再び妹の家を訪ねて行き、六日の朝ついに出発の途にのぼった。

出発の時の所持品と言えば、赤旗の新聞、雑誌を一杯持っていたし、さびたコーヒー缶にミソカル（米粉）が一缶、ダイヤヂンとダイヤゾールが一瓶、へびがたからないとのことでお握り四、五個と母から贈られたお守り札一つと地図ののっている手帳一冊であった。

バーバリレインコートに麦藁帽をかぶり半ズボンに長袖のワイシャツをつけていた。長い旅に出かける人のように見せかけようというのであった。

奨忠壇の峠をこえ"西氷庫"の渡し場まで出て見ると、どうしたものか気軽な感じになっていた。

西氷庫というところも私にとっては生れて始めて通った所であるが、まだ人情があり赤の連中のようにお互に相手をあやしむような目つきは見られず、男女老少のみながら、食糧を買入れに出かけ、避難のための旅人と認められているようであった。

かたきのような赤狗らに追いかけられ、飢餓と略奪のためカボチャや野菜で命を運いで来て同じ苦しみを持っているという表情をみんなの顔から読みとれた。

従って渡し船に乗る時にも互に助け合い、手を取り合っている場面に接し、これから死線を突破しようとする私にとっては何となく嬉しかった。

実を言えば、最も恐しい人は私をよく知っている人であり、いわゆるトンム連中の鋭いまなざしではあるけれども、こちらからおびえず、大胆に堂々と対処することによって無事に通過できるという理屈を知ることができた。

西氷庫から渡し船にのり、漢江を渡り広州郡板橋という所に到着し、ある酒屋（酒幕）で夕食を買って食べた。夕食をとれば宿泊は無料となっており、五里の見なれぬ道を歩いた初夜は疲労しきっていた。

同宿している旅人らは大部分が食糧を仕入れに歩く人々であった。穀物や、ゴム靴、洋服などを持って来ては食糧と物々交換をして命を運いで行こうとする人たちだけで、私のように遠い旅路を死を賭して出かけていく人は一人もおらないようであった。

九月七日

早朝松坡を出発。できる限り山道を選び山をこえて竜仁郡麻坪里にすんでいる知人を訪ね、この辺の情勢や、南下するための地理も尋ねたうえ一泊した。八日早朝、南へ向って再び歩き出した。

赤軍と同宿

竜仁麻坪里を出発して白岩まで三里の道をすばやく通りすぎ、ある酒幕によったところ食事はなく、マッカリ（濁酒）一杯だけを飲んだ。この地方の民情を大ざっぱに察したところでは赤狗に対する感情が悪く、かれらを大へん嫌がっているようであった。

出発して三日目にはすでに十三里も離れるようになり、地獄から解放されたような距離感もあって、恐怖におののいた足も一層軽くなり、すっかり晴れ渡った秋空の下で心も晴れ、体も軽快な気分で一杯であった。

このように気持よく歩ける道を何故に今までまごまごしていたかとも考えられ、親友や親戚たちに対して余計な迷惑をかけたなという後悔もないではなかった。

軽い足どりでまたもや三里の道を束の間に通りすぎ、竹山というある農村を通過するようになったが、ここが中北道と京畿道の境界であり、鎮川と陰城郡の境界であった。

農村の片田舎ではあるが、いわゆる自衛隊トンムたちが現れ、私の背嚢を捜索した。同じ日付の新聞各一〇部と同盟機関誌など各一〇部ずつを見つけて、宣伝工作のため旅行をするトンムと知りそのままパスさせようとしたが、それでも怪しいと思ったのか旅行証明を見せろとのことであった。

私はだまって取調べを受けた後「トンムたちごくろうさま」。と中央から何かの使命でも帯びて下りて行くように見せかけ、虚勢の権威を堂々と示しながら悠々とそこを出発することができた。

しかし出発後たった三日目に竹山でトンム連中の調査を受けてからは、どうしたのか頭が重くなった気分で四里の道をまた歩き続け広恵院という所の村はずれにある酒屋に到着した。

この日は十里の道のりを歩いたことになり、夕食を頼んでから井戸端へ行き、顔と手足を洗った。たった一人の旅人として、独りで食事をし床につこうとしたところにわかに宿屋の戸びらをたたく騒々しい声がきこえた。

息を殺してきいて見たら、自分ら同志で中国語で話し合っていた。この暗い夜中に中国人たちが何事だろうとあやしく思っていたら、意外にも悪魔のような人民軍兵卒五名と班長みたいな士官一名が、私が泊っている部屋へにわかにはいって来たのであった。

「また他の部屋はないか。」と宿屋の主人にきただしたら主人は、この部屋の他にはないときっぱり答えた。しかし自分ら同志は始終中国語で話をし、私に対しては「どこへ行くトンムですか。一晩一緒に泊りましょう。」という口調なので、私はすました顔をして先に床についた。

しかし私はもっている自分の時計やお金でも強奪され、命まで失うようになるのではないかと恐怖の中に一夜を明かした。

かれらの中国語による会話の要旨をかいつまんで見ると、米空軍の爆撃はますます激しくなっているが、かれらは食糧と兵器、弾丸の補給が杜絶されているので、補給輸送の連絡のために行く途中であることを知った。

かれらは満州出身で中共軍に荷担し、中国戦線を転々してから一九五〇年三月頃には三八度線に移[illegible]会った時と違って、ある程度の安心感を感じた。

（よし、お前らも最後のどたん場にはいって来ているな）

私は心の中でこのように独言いいながら、そこを出発した。

〈宋政勲氏略歴〉

日本太平洋美術会で画家として活躍、朝鮮日報を経て国際報道連盟を戦後創立「韓国画報」＝英文、国文、日文＝を発行しつづけている。

韓国からも50名が参加

国際的な社会奉仕団体であるライオンズ・クラブの第五十二回世界大会が、さる二日から五日まで東京九段の日本武道館でひらかれた。ことしの大会には世界百ヵ国から一万二千人の参加者があって[illegible]

大阪住吉韓国会館落成

[illegible]

6月13日落成式のもよう

落成の住吉韓国人会館

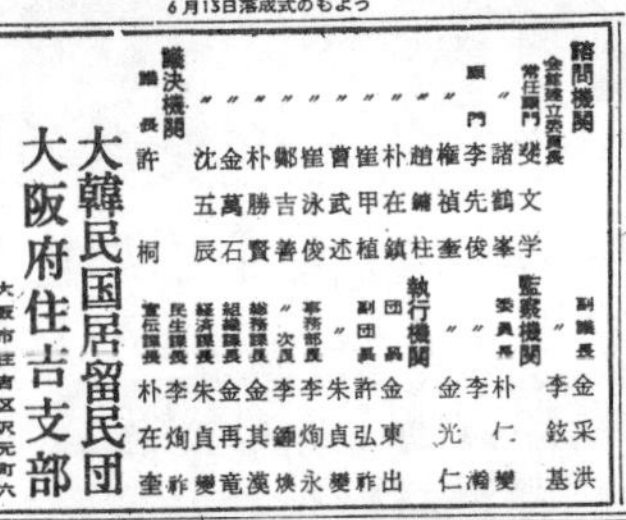

大韓民国居留民団 大阪府住吉支部

[illegible]

熱戦のもよう 韓国男子チームと松下電器

②韓国女子チームとニチボー①との熱戦ぶり

東アジア実業バスケット大会 韓国男子第3位女子第2位

日本バスケットボール協会[illegible]

9月6日名古屋で 在日韓国人体育大会

在日韓国人体育会[illegible]今年の第十一回在日韓国人体育大会をきたる九月六日名古屋（場所は未定）で開催することになった。

なお、同体育大会は、本国[illegible]

尋ね人

[illegible]

韓國新聞

한글版

発行所 韓國新聞社
発行人 鄭 烔 和
東京都文京区春日町 2丁目20−13
編集 (813) 2261〜5
業務 (812) 0673
定価 1カ月100円
振替口座東京 34988番

在日本大韓民国居留民団

綱 領

一、우리는 大韓民国의 国是를 遵守한다
一、우리는 在留同胞의 権益擁護를 期한다
一、우리는 在留同胞의 民生安定을 期한다
一、우리는 在留同胞의 文化向上을 期한다
一、우리는 世界平和와 国際親善을 期한다

入管法修正案에 不満

反対運動継続한다

中央法地委見解를 表明

出入国法案一部修正案이 発表됨에 対하여 在日大韓民国居留民団中央本部 李禧元団長은 要旨다음과같은 声明을 発表하고 이에対한 見解를 밝혔다

声明要旨 出入国管理法案에 対하여 우리가 挙団的으로 反対闘争을 하고 있는 過程에 있어서 日本国自民党은 지난七月十一日에 同法案에 関한 修正案을 発表하였다

修正案은 五項目으로 되어있어 우리가要求하는 問題点의 一部를 修正한것에 不過하나 自民党이 우선 이와같은 譲歩를 한것은 우리의 反対闘争의 成果라고 본다

다시말하면 挙団的으로 全国組織이 中央의 指示에 따라 秩序있고 強力한 民衆大会를 위시 日政에 対한 継続的인 抗議와 陳情및 집은 青年들을 中心으로한 局限的断食闘争을 成切裡에 遂行하였고 全国의 団員들은 가장 熱誠的으로 이러한 闘争을 積極 支持声援한 結果가 今般의 修正案을 나오게 한것이다

그러나 修正案의 内容은 앞에 말한바와 같이 우리의 法的地位에 直結된 基本的問題는 그대로 남겨놓고 있음으로 中央本部는 지난 七月十四日 第四回執行委員会에서 全国組織의 反対闘争을 높게 評価하면서 이것에 対한 不満을 表明하였고 同日에 開催된 第六回中央法的委常委에서도 같은 結論을 보았다

따라서 우리는 다음과같은 基本的인 우리의 態度를 再認認하며 앞으로 우리의 要求가 貫徹될때까지 挙団的인 団結力으로 反対闘争을 継続할것을 이에 声明하는 바이다.

우리의要求 ①出入国管理法案이 在日韓国人의 法的地位問題와 不可分의 関係에 있으므로 法的地位問題의 "継続居住"로 因하여 多数의 在日韓国人이 極히 不安定한 立場에 놓여있다는 事実에 비추어 그合理的인 解決이 없는限・同法案은 本質的으로 多数의 在日韓国人을 追放의 対象으로하는 結果를 招来하고있다.

②따라서 在日韓国人의 法的地位問題가 合理的으로 解決되고 그것에 相応하는 出入国및 在留에 関한 処遇가 保障되어야 한다

③이는 全在日外国人의 九〇%를 占하고있는 在日韓国人의 立場으로보아 이를 解決치 않고있는 今般의 修正案은 不満이며 日本政府가 우리의 要求를 韓日協定精神에 依拠해서 받아드리기를 強力히 要望한다

自民党姿勢에 要警戒

原案一部修正코審議継続

修正案의 内容

在外国民法、改正할方針

来月、韓美頂上会談

朴大統領、20日에 美国訪問

朴大統領 닉슨大統領

越南終戦等協議

朴・닉슨会談의意義

새国会議事堂 17日에 起工式

断食闘争을 撤収

声明 (要旨)

우리는 在日韓国人六十万의 総意를 体現하여「出入国管理法案」의 이번 国会에서의 成立을 阻止하기 위하여 지난 六月二十七日부터 十三日間 東京数寄屋橋公園에서 決死의 断食闘争을 展開하여왔다

一連의 全国的規模의 民…

断食闘争의 現場

反対運動続行을強調

第三回中央執行委員会서

合同会議延期

韓日閣僚会談延期

三党首 反対陳情

八達山

姜公使、毒素条項是正要求

第24回光復節記念式典 慶祝参観団派遣에関하여

例年과같이 来8月15日 本国에서 挙行되는 第24回 光復節記念式典에 全体 在日同胞를 代表하여 本団에서 構成하는 慶祝参観団을 左記要領에 依拠하여 派遣한다.

特히 今年度는 相当数의 希望者가 있을것이 予想되므로 中央本部에서 一括하여 人員構成및 諸般手続事務를 取扱하기가 技術的으로 大端히 어려우므로 全国을 三地区로 나누어 다음과같은 要領으로 実施한다。

各地方 本部団長은混乱이없도록 万全을 期하여 주시고 早速한 時日内에 人選을 完了하여 名単을 7月15日까지 中央民生局에 必着토록 報告하여 주시기 바랍니다.

特히 留意할것은 本国政府当局의 要望과 民団과의 合意로서 従来와 같은 混乱이 없도록 慶祝使節団의 本国에서의 行動에 있어서는 一切中央本部의 引卒指示하에 秩序있는 行動을 取하여야 할것이며 現在一部 傘下団体等이 個別로 団体構成을 하고있으나 이것亦是 다음実施要領을 厳守하여야 한다。

実施要領

一、第一地区 (羽田空港에서 出発) 는
中央에서 다음의 各地方本部를 取扱한다。
関東地協管下各地方本部 東北地協管下各地方本部
中北地協管下各地方本部 傘下団体管下各地方本部

二、第二地区 (大阪空港에서 出発) 는
近畿地協事務局 (大阪本部) 에서 다음의 各地方本部를 取扱한다。
近畿地協管内 各地方本部
中国地協 広島、山口를 除한 管内 各地方本部。
四国地協管内 各地方本部

三、第三地区 (福岡空港에서 出発) 는
九州地協事務局 (福岡本部) 에서 다음의 各地方本部를 取扱한다。
九州地協 広島、山口및 管内各地方本部

四、(省 略)

五、(省 略)

六、所要経費送金및 마감日字

①第1地区에 該当되는 各地方本部는 所要経費全額을 中央本部에 送金하고 第二地区 第三地区에 該当되는 各地方本部는 該当地協事務局에 送金하되 該当地区事務局県은 送金된 経費中 国内交通費및 記念品代金計5、000원을 7月30日까지 中央本部에 必着토록 送金할것。

②名単作成様式및 報告마감日字。
慶祝使節団構成対象者는 本団団員으로서 地方本部団長이 推薦하는者라야하며 本団의 活動方針의 하나인 初行者 母国訪問奨励運動에 依拠初行者가 많이 参加할수 있도록 努力하여 주시길 바람。
名単은 別添作成様式에 依하여 中央民生局과 該当地協事務局에 各1通식 7月15日까지 期必 報告할것。

③再入国手続 KJ旅行券所持者는 必要書類를 添付하여 再入国을 手続하고 申請受理番号를 中央民生局에 報告할것。

④臨時旅券申請者는 各地方本部가 一括하여 該当領事館에 発給을 申請하고 그名単을 中央民生局에 報告할것。

⑤第二地区 第三地区 事務取扱 地方本部는 本国에서의 宿所를 予約하여 그호텔名과 所在地電話番号를 8月5日까지 民生局에 報告할것。

⑥本国에서의 交通手配는 中央에서 一括하여 直接 手配함。

⑦本国에서 団体行動 期間中에는 中央指示에 따를것。

留意事項

①特히 今年度는 例年과 같은 混乱을 避하기 為하여 各地方本部는 公文接受와 同時에 管下 各支部를 通하여 使節団参加希望者를 募集하고 名単報告 마감日字를 厳守하여주실것。

②使節団 参加者는 再入国手続을 7月15日까지 完了하고 再入国許可를 7月30日까지 取得토록 할것。

③各地区 該当事務局県및 10名 以上의 参加者가 있는 各地方本部는 引卒責任者를 選定하여 報告할것。

民団中央本部民生局

재일한국인교육헌장

우리는 일본 제국주의의 한국 침략의 역사적 과정에서 일본에 와 살게 되었다. 이미 겨레가 해방되고 조국이 독립하였으나, 이 땅에서 생활의 토대를 닦아 온 우리는, 일본 사회의 편견과 차별에도 불구하고 계속하여 살고 있는 것이다. 이리하여 우리와 우리의 자손은 고국을 바라보며 이역에서 살게 되었으나, 조상의 역사를 이어, 한국인으로서 살아 나가는 것이 참된 삶의 길임을 믿고 우리의 자손들에게도 겨레의 빛나는 얼과 전통이 길이 이어 나가기를 바라 이에 민족교육의 기틀을 밝히고 그 지표를 세운다.

우리는 동포로서 어느 누구도 벗어날 수 없는 같은 역사적 운명 아래 우리의 말을 비롯한 고유의 문화적 전통을 같이함에서 일어나는 동포의 의식과 어디까지나 겨레의 한 사람이라는 자각을 가짐으로써 민족적 결합을 이룩한다. 이와 같은 민족 전통의 교육성으로 계발되어 이역이라는 환경의 지배와 이질 문화의 영향으로도 동화되지 아니하는 건전한 인격을 완성한다. 이것이 사람된 보람이요, 이 땅에서의 겨레의 존속을 위한 우리의 신성한 임무이며, 또 아무도 침해 할수 없는 기본적인 권리이다.

우리는 민족적 계발과 함께 국민으로서의 교양과 매의 생활에 필요한 기능을 아울러 갖추고, 비록 이역에 있을지라도, 온 겨레와의 일체감을 가지고 조국 건설에 기여하기를 다짐한다. 영광스러운 통일 조국의 앞날을 바라보고 민족적 주체성과 대한민국 국민으로서의 긍지를 가지고 매의 생활을 영위한다. 재류 동포의 안정과 발전을 가져오게 할 사명감을 가지고 권익을 위하여 과감히 투쟁함으로써 동포의 앞날을 개척한다. 국제 사회에서는 조국의 영광을 드러내고 진정한 인류를 바탕으로 한 우호 친선을 위하여 노력하며 역경에서도 힘차게 살아 나갈 굳은 신념과 튼튼한 몸으로 타고난 재주와 능력을 발휘하여 끊임없는 번영을 누린다.

1969년 3월 25일

재일본대한민국거류민단

改憲이냐? 護憲이냐?

全南旱害地方을 視察하는 朴大統領

関心끄는 次期大統領後継問題

国民의 現実的要望重視…与
長期執權의 副作用을 憂慮…野

韓国新聞 한글版 発刊에 즈음하여

国策에 順応하면서

民団中央団長 李禧元

李団長

이번에 우리가 待望하던 韓国新聞의 国文版을 내게 되어 無限히 기쁘게 生覚하는바입니다. 二十三年前에 …

… 많은 貢献을 하여 왔읍니다. 우리말 우리글은 우리韓民族의 感情과 思考様式을 지니고 있읍니다. 우리만이 간직하고 있는 아름다운 情緒는 우리말 우리글로 밖에 表現이 完全히 되지않는 것입니다. 우리가 우리文化를 자랑하고 나아가 新文化建設의 일꾼이되기 위 …

… 보다도 가장 새롭고 가장 優秀함을 世界의 学者들이 벌써 証明한 바있고, 또 잘 알려져있는 事実입니다. 이러한 자랑스러운 우리말 우리글로 新聞을 発行하게 됨은 晩時之嘆이 없지않으나 자랑스러운 일이며, 스스로 흐뭇한 感을 無限히 느끼 …

伝統文化 살리길

駐日大韓民国大使 嚴敏永

嚴大使

意義깊은 일

駐日大韓民国公報館長 洪泉

洪館長

樺太同胞의 救出交渉을 再開

17日은 制憲節

오는 七月十七日은 大韓民国의 憲法이 公布 施行된 것을 記念하기 위한날로서 制憲節이라하여 国慶日의 하나이다

우리나라憲法은 一九四八年五月十日에 施行된 最初의 총선거로 選出된 初代国会議員들에 의하여 起草審議되었는데 同年五月三十一日에 開催된 国会에서 起草委員이 任命되고 六月二十三日에는 兪鎮午氏(現新民党総裁)의 草案을 기초로 하는 헌법초안이 이国会本会議에 上程되어 이를 심의한·끝에 七月十七日通過宣布되었던것이다 그리하여 一九四九年六月四日大統領令第一二四号로서 이날을 制憲節로 定하였다

民団中央本部要員募集

一、中央本部要員男女若干名
一、資格、高卒以上의 学歴을 갖이고 国語를·理解하는者 (年令不問)

希望者는 午前九時부터 午後五時까지 左記에 履歴書持参할것

居留民団中央本部民生局
電話(八一三)二二六一番 (内線二〇二番)

母国夏季学校에

우리말우리글배워 참된国民이되고저

入校生五七〇名26日에出発

文教部에서 在日同胞学生들에게 祖国에 対한 바른認識과 民族精神을 涵養시킬을 目的으로 한 母国夏季学校에 今年(第四回)에는 五七〇余名이 入校하기為하여 오는 二十六日 상오九時에 姜仁煥中央本部文教次長과 駐日大使館職員의 引率아래 予定대로 九州小倉港을「아리랑호」와「도라지호」에 分乗하여 出発하게 되었다

今年度母国夏期学校期間은 七月二十七日부터 八月十六日까지二十一日間인데 文教部社会教育局国際教育課에서 主管하며 男学生은 서울대학교工科大学寄宿舎(沈鍾燮校長)、女学生은 梨花女子大学校寄宿舎(朴俊熙校長)에서 教育을 받게 되어있고 教育時間配定은 다음과 같다(単位=時間)

教科単元講義一四 集団討議一四 国語訓練二〇 音楽体育律動一六 見学視察四二 評価七 開校・修了式二 오리엔테이션二 事後指導二 計一一九(7時間씩17日)

그리고 夏季学校学生들을 위하여 海軍에서는 小倉―釜山間의 公海上의 호위를 하게 되며 入校生들은 二十六日下午五時에 釜山第三부두에 入港한 후、서울行 特別列車便으로 同日下午十時에 釜山을 出発、二十七日上午五時에 各夏季学校에 到着할 予定이다

또 이학생들의 教育을 받는 동안의 状況을 記録映画로 収録할것이며 外部와의 連絡의 便宜를 図謀하기 위하여 特別電話가架設될뿐아니라 学生들은 八月十五日光復節記念行事에도 参加하고 母国의 風習을理解하기 為하여 一般民間家庭에도 宿泊하는등 따뜻한 母国의 愛情이 베풀어질것이다 教育이 끝나면 約十日間各自帰郷하였다가 八月二十六日에 帰日한다

在日韓国人教育者大会

7月31~4日和歌山白浜에서開催

在日本韓国人教育者協会(張益和会長)에서는 同協会의 事業目的을 達成하기 위한 教員資質의 向上과 相互親睦을 図謀하고저 오는 七月三十一日부터 八月四日까지 和歌山県 西牟婁郡 白浜町旅館「上柳」에서 一九六九年度 第六回在日本韓国人教育者大会를 開催하기로 되었다

이大会는 大阪韓国中高等学校가 主管이 되어 駐日大使館 民団中央本部、民団大阪本部의 後援과 民団和歌山本部의 協賛을 얻어열리는데、「우리는 教育現場에서 国民教育憲章精神을어떻게 具現할 것인가?」라는 主題아래 各学校教師들의 많은 研究発表와 金容煥駐日主席奨学官 森信三 神戸海星女子学院大学教授의 講演이 있을 予定이며 아울러 在日本韓国人教育者協会第八回定期総会도 開催하여 任員改選과 活動方針等을 審議한다고 한다

이大会参加範囲는 全国韓国学校 学園의 全教職員、民団文教関係者、駐日大使館教育文化센터所長및 職員、総領事館의 教育担当官인데 이 外에도 言論機関및 教育関係有志도 옵서버로 参加할수 있다

이 大会에 参加希望者는 七月三十一日(木)下午十二時三十分에 大阪天王寺民衆駅(旅行案内所앞)、또는 紀勢本線 쓰바끼(椿)駅에 七月三十一日(木)下午四時三十分까지 集合하여야하며 経費는 宿泊費(七、二〇〇円)雑費와 交通費(二、四〇〇円)等 若干額으로 되어 있다

그리고 経費는 各機関에서 負担하며 海水浴服 運動服을 携帯할것과 오는 七月十五日까지 同協会로 参加申請을 要望하고있다

反対運動높게評価 東協 関地

居留民団関東地方協議会(事務局長=鄭在俊東本団長)가 지난 十日午後二時부터 東京本部会議室에서 開催되고 当面한 入管法反対運動에関하여 協議했다

이날会議에는 東京을 為始하여 神奈川 群馬 茨木 栃木 三多摩 静岡 埼玉 山梨의 各地方本部代表와 中央本部에서 李禧元団長과 姜錫憲組織局長이 参席했으며 入管法反対運動 특히 断食闘争의 経過와 그의成果에 関해서 各自의 所見이 開陳되었는데 지난六月二日 中央大会를 벽두로 全国各地方에서 開催된 民衆大会와 示威運動은 물론이거니와 各地方本部에서 個別的으로 行한 出身地国会議員들에 対한 陳情 自由中国居留民과의 合同決起大会등 一連의 反対運動은 多角的으로 그成果가 多大하였고 특히 十余日에 걸친 断食闘争은 日本政府当局에 反省을 促求함에 커다란 힘이 되었다고 結論지었다

会議는 다시 入管法案이 아직 日本国会에서 審議中에 있고 그의予断이 不許한 現況에 비추어 우리들의 要求가 完全히 貫徹될때까지 反対運動을 継続한다는것과 今後의 対策을 講究하기 為하여 中央法地委의 召集을 要請하는 同時에 다시한번 広範한 示威를 하기為하여 民衆大会의 早急한 開催를 中央法地委에 要請할것을協議했다

婦人会全国会長会議

在日大韓民国婦人会中央本部(金信三会長)에서는 지난 十四上午十時부터 民団大阪本部講堂에서 同会全国各県本部会長会議를 열었다

이会議에서는 現在日本国会法務委員会에서 審議中인 出入国管理法案에 대하여 反対闘争을 하여온 経過報告및 今後의 展望에 対하여 協議하였다

川口支部夏季旅行

民団埼玉県川口支部(丁文華団長)에서는 管内団員및 婦人会員등 五十余名의 参加로 夏期慰安旅行을 지난五・六両日에 걸쳐 実施했다

丁文華支団長의 말에依하면 当支部에서는 団員間의 親睦을 높이고 아울러 組織의 強化를 目的으로 毎年各季節마다 団体旅行을実施하고 있다하며 이旅行의 成果는 在留同胞間의 相互親睦과 더부러 組織의発展에도 많은힘이 되었다고한다

이번의旅行에는 県本部団長(田汝秀氏)과 議長(李根氏)、事務局長(金영照氏)등을 特別招待하여 観光뻐스二台를 貸切 水上温泉에서一泊하고 다음날은 榛名湖一帯의名勝地를 遊覧했다。

反対闘争活発히展開

近畿協議会에서도決意表明

近畿地方協議会(事務局長金晋根大阪本部団長)는 七日十一日 午後二時五〇分京都 嵐山新温泉에서 第一五八回定期近畿地方協議会를 열고 ①入国管理法案反対闘争의 総括과 展望、②八・一五使節団派遣問題、③万博招請의 三議題를 中心으로 活発한 論議를 展開하여 特히 出入国管理法案反対闘争에 있어서는 近協으로서 主催한 六月十六日의 民衆大会를 높이 평가 하면서 "우리는 계속키서 법안反対闘争에 全力을 傾注할것이며 闘争方法에 対해서는 中央指示에따라 活発히 展開하겠다"는 決意를 表示하고 八・一五使節団派遣問題와 万博招請問題에 関해서는 事務的段階에서 検討処理할것으로 하고 盛況裡에 마쳤다。民団中央本部에서는 李禧元団長 張聰明監察委員長(法地委副委員長) 姜錫憲組織局長등이 参加했다

이날의 近畿地方協議会는 全国的으로 全組織의 力量을 動員하여 闘争하고 있는 出入国管理法案反対運動에 対한 関心으로 場内가 緊張된속에서 京都本部事務局長의 司会로서 開催되어 主催本部를 代表하여 李京都本部団長의 人事가 있은뒤 金晋根近畿事務局長의 "지금은 在日韓国人으로서 緊急하고 重大한때다 修正案이 나와 있다는 말도 있으나 有終의 美를 걷기 위하여 "結集하여 決起하여야 할것이다"하고 決意가 表明된후 "重大한 時期에 열리는 近協의 意義는 크며 앞으로 全組織의 加一層의 団合과 結束이 必要하며 지금까지의 反対闘争의 成果를 옳게 総括하여 앞으로 더욱 効果的인 運動을 싸는데 全力을 기우리겠다 특히 形式的이 아닌 内容있는 운동을 展開하기 위하여 地方과 中央이 더욱 密接히 하여 総力을 法案撤回에 集中시키는 方向으로 運動을 展開해야 한다"는 強硬한 決意를 다짐했다 이에 対해서 各本部団長으로 부터 입찬 論議가 展開되어 近協으로서는 反対闘争의 総括위에 서서 계속 法案反対闘争에 全力을 기우리며 앞으로 中央指示에 따라 強力한 運動을 꾸려 나갈 決意를 굳게 하였다

今年은서울에서

아시아少年少女合唱祭

아시아少年少女合唱祭実行委員会(岸 信介名誉会長)에서는 서울에서 第四回아시아少年少女合唱祭를 열게 되어 이에 参加하기위하여 오는八月二十九日 静岡県沼津少年少女合唱団과 東西日本少年少女合唱連盟代表五十七名이 韓国에 派遣된다

이아시아少年少女合唱祭는 아시아諸国의 古来의 훌륭한 音楽文化를 振興하고、이것을 밝은 少年少女의 소리와 마음을 通하여 積極的으로 紹介하고 交流를 시켜 그위에 西欧音楽의 좋은 分野를 받아들여 보다 더 좋은 自己네들의 合唱音楽을 自国의 子女들에게 주려고 努力하여 왔다

벌써 第一回는 一九六七年十一月에 大韓民国 郷声児童合唱団、中華民国의 栄星児童合唱団의 参加下에 東京日比谷公会堂에서 開催되어 好評을 얻었고、第二回는 大韓民国서울特別市서울市民会館에서 第三回는 東京代々木国立第二体育館에서 大韓民国 在日韓国少年少女合唱団、中華民国、마레시아 인도、필리핀등의 代表団이 参加하여 大成功을 거두었다

이번에 서울에서 열리는 合唱祭는 第四回인데 그日程은 다음과 같다

八月二十九日(金) 羽田空港発、金浦空港着、서울特別市庁、草原会館에서 歓迎会에 参席。

八月三十日(土)上午=合唱祭리허설(서울市民会館)。下午=아시아少年少女合唱祭(서울市民会館)

八月三十一日(日)駐韓日本大使館礼訪、市内観光見学、카메라撮影交歓会。

九月一日(月)金浦空港発羽田空港着。

夜間에는 韓国日報社에서 送別파ー티가 있다。

이번合唱祭에는 駐日大使館、日本카메라教育協会、朝日学生新聞社가 後援하고、日本外務省、文部省、NHK放送、在日中華民国大使館、서울放送、韓国日報社가 協力하고 있다

中央서金一封

市川市의同胞 密住地에火災

千葉県市川国府台二丁目一帯는 民団下総支部 管轄로 우리同胞가 集団的으로 居住하고있는데 지난 日火災로 因하여 同胞十二世帯 [illegible]

李英晳氏

民団福島県地方本部副団長 李英晳氏는 病患으로 福島県郡山市内自宅에서 加療中이었는데 지난七月九日別世했다 장에는 十一日 執行되었는데 民団中央에서 池昌男副団長과 安商権民生局長이 参席하고 池副団長이 民団을 代表한 弔辞를 通하여 故人이 生前 組織에 貢献한 功労를 讃揚했다

自由論壇

在日同胞와保険問題

金寛永 ①

筆者

保険의 利用度는 人類文化의 尺度라고 할수있다。왜냐하면 先進国일수록 保険의 普及率이 顕著하기 때문이다。

今日의 社会에있어서 모든 事物中에서 가장 価値있는것이 무엇이냐하면 첫째「人命」이라고 아니할수없다 事実 人命이 모든財産을 創造하며 이것을 支配하고 또한 発展시키는 潜在的인 唯一無二한 価値임을 누구나 否認할수 없는 것이다

그러나 이重要하고도 必要한 人間価値도 財産価値 以上으로 消耗、或은 滅失의 危険(老衰또는死亡의危険)에 놓여있으며 이에対한 保障의 方法은 生命保険에 加入함으로써 自己自身의 経済価値를 保険証券을 通해 資本化하며 貴重한 人間価値의 消耗를 防止하고 永久히 活動시키기 為한 賢明한 対策이라 할 수있다。

그리고 東西古今을 不問 [illegible] 対한 代 [illegible] 人間이 所有한 森羅万象의 모든 物質일것이다。이것 등에는 保険対象인 数많은 危険이 潜在하는것이다。이같이 危険이 있는곳엔 不安이 있으며 不安이 있는곳엔 반드시 保険을 生覚하게 [illegible]

[illegible] INS를 利用하므로서 危険의 分을 맞추는것 우리 在日同胞들의 生命保険은 勿論 火災保険에 이르기까지 制限 或 内至 拒否하고 있다는 事実이다 그意図하는바는 放火 殺人 私闘衝突事件等의 許大妄想的인 思考方式에서 나온処事이며 이것은 千万 [illegible] 再保険(REINSURER)다。現在 各国에서는 再保険

実이다。例컨대 家屋、山林등의 火災 自動車事故 飛行機事故 海上事故 交通事故 落雷、地震等의 事故、盗難事故等 例挙하면 無限할 程度이다。

말을 取扱하는 再保険会社 不当한 差別과 僑民이며保険者로서 再保険制度를 忘却한 同時에 그들은 現代 [illegible]

그리고 最近에 開発된 新種保険의 一種인 金融機関의 信用貸付와 月賦販売業 [illegible] 가 成長発展한 保険制度위에서 가령 火災保険에 있어서는 勿論 美国에서는 保険者(保険会社)는 莫大 百億円의 建物을 火災保険 保険会社가 있다는것은 大型旅 에 付保할때 保険者側은 万 그必然性과 必要性으로 한 被保険物価 즉 一의 罹災에 対備하여 비 여금 企業化된것이라고 집 受保険의 一部만을 가지고 작할수 있는것이다 特히 어 残余部分의 責任을 再保険 기에서 在日同胞의 保険問 充渡하는것이며 또한 危 題에 対해 一言하고저한다 日本의 各保険会社가 步調

介한다면 우리祖国大韓民国에서는 現在 北傀들의 도発行為 或은 二年間에 걸친 旱害等等의 内外情勢가 険悪했음에도 不拘하고 韓国経済가 強力한 政治的인 指導로서 世界의 耳目을 끌고있는 年間平均30%라는 놀라운 高度成長을 계속하고 있다

輸出面에있어서는 一九六五年부터 六八年사이에 年間40%의 増加를보이고 있으며 이것은 一九六八年度에 日本이 仏蘭西와 西独을 누가 制서 美国에 이어 世界第二位에 "랭크"된 GNP(国民総生産) 五〇兆五千億七〇〇万弗을 자랑하는 日本의 輸出実績보다 30%나 많은것이다 그리고 이는 GNP 역시 一九六七年에는 9% 六八年에는 13%라는成長率을 보이고있다 【계속】

筆者中央経済局長

万博参観団招請事業推進에関한実施要綱

趣旨

一九七〇年三月十五日부터 九月十五日까지 日本国 大阪府吹田市에서 開催되는 日本万博은 亜細亜에서 처음으로 이루워지는 全世界文明의 縮図版이라고 할수 있다。

美大陸에서부터 欧羅巴、亜細亜、아프리카에 이르기까지 人種과 言語를 招越하여 人類의 進歩와 調和라는 共通된 테ー마를 걸고 全世界에서 参集하는 世紀의 祭典입니다。이万博에 母国大韓民国도 우리의 文化를 全世界에 効果的으로 紹介하기 為해 尨大한 預算을 投入하여 韓国館을 建立케 되었음은 우리의 国威宣揚의 好機라 하겠읍니다。

同時에 国威라 国際的으로 宣揚하는것은 在日韓国人의 士気를 鼓舞시키는 要締일 것입니다。特히 朝総連에 属하는 同胞들에게는 우리들의 優位한 立場을 誇示함으로써 大韓民国에 対한 認識을 새롭게하고 民団으로 転向해오는 契機가 될 것을 確信하는 바 입니다。

本団에서는 이런 機会를 充分히 活用하여 中立系同胞들의 抱摂工作과 併行하여 不振状態에 놓여있는 永住権申請의 促進剤가 되는 実効있는 宣伝啓蒙運動의 展開로서 申請의 実績을 올리게하고 本団組織強化를 期하고저하며 아울러 上述한바 趣旨를 더 発展시키기 위한 事業의 一環으로서 本国의 家族 및 親知를 日本国에 招請하여 家族相逢과 더불어 万博을 参観케하여 先進世界各国의 産業科学文明에 接할수 있는 機会를 줌으로써 参観者로하여금 視野를 넓게하며 帰国後에는 本国産業発展에 寄与할 것을 期待함과 同時에 祖国近代化事業에 매진하고있는 韓国의 世界에 있어서의 位置를 日本居住의 家族 및 親知들에게 伝함으로써、母国에 対한 認識을 한층 깊게하고 따라서는 民族意識의 昂揚과 아울러 朝総連의 虚偽宣伝 攻勢를 粉砕하는데 커다란 힘이 될것을 確信하며 下記와 같은 実施要綱으로 万博参観団을 招請코저 하는 바이다。

実施要綱

1、万博開催期間
一九七〇年三月十五日~同年九月十五日까지

2、招請事業実施期間
一九六九年六月~一九七〇年九月十五日까지

3、招請希望者 募集期間
一九六九年六月~同年九月末까지

4、招請人員数
五、〇〇〇名

5、招請者의 資格 및 招請対象者
(1)招請者는 本団団員으로서 永住権 및 一般永住権申請을 畢한者를 原則으로 하고 招請対象者는 本国에 居住한 家族 및 親知와 縁故者로 한다。
但 招請者가 被招請者의 身元을 保証할수 있는者에 限함。
(2)各地方 本部는 招請者의 推薦에 있어서 招請者와 被招請者의 関係를 確認하여야 하며 朝総連에 属하는 者로부터 依頼를 받은 招請은 厳禁할것。
(3)被招請者中、兵役未畢者 및 兵役適令 未達者와 本国에 縁故家族이 全無한 者에 対하여는 招請申請을 接受하지 않는다。

6、滞在期間 六〇日間

7、招請者의 経費負担
特히 今般의 万博参観을 目的으로 家族 및 親知招請에 있어서는 招請者의経費負担을 最少限度로 抑制하여 招請에 따르는 実際経費(往復旅費、滞在費、其他旅行에 따르는 諸般経費)및 手続料의 実費만을 負担하도록 한다。
(4)被招請者中 身元調査結果 欠格事由로 因하여 入国不能者와 日本入国不許可者 및 招請申請後 招請者 및 被招請者와 事情에 依하여 招請을 取削할 境遇에는 航空料金만을 招請者에게 還払한다。

8、招請者의 名単作成과 中央報告마감日字、各 地方本部는 管内団員中 招請希望者를 別紙 調査書様式에 따라 調査하고 그 名単을 二通作成하여 一通은 地方本部에 備置하고 一通은 一九六九年九月三十日까지 中央民生局에報告토록한다。

9、招請状 및 身元財政 保証書는 中央에서 一括印刷하여 各地方本部에 送付토록하고 各地方에서는 招請状作成과 同時에 日本公証人의 公証을 받어 該当領事館의 招請確認을 받은後 二通을 中央本部에 送付할것。

(1)招請状作成段階
㈀招請状 및 身元財政保証書 五通
㈁身元推薦書(民団地方本部発行) 一通
㈂外国人登録済証明書 一通
(2)入国VISA申請段階(法務省提出)
㈀外国人登録済証明書 一通
㈁身元保証書(民団中央発行) 一通
㈂納税済証明書 一通
㈃残高(所得税市民税)証明書 및 預金 一通
㈄身元財政保証書(招請者名) 一通
(様式은 中央에서 印刷)
㈅誓約書(招請者名) 一通
(様式은 中央에서 印刷)
㈆招請者의 職業証明書 一通
(3)招請에 必要한 書類
招請状 二通과(2)項 가~바까지의 書類가 具備되면 各 支部、各 地方本部를 経由하여 中央民生局에 送付할것。
(4)各 地方本部는 招請希望者로부터 招請受付와 同時에 所要経費를 徴収하고 이를 東京商銀信用組合 万博参観招請事業 特別口座에 積立토록 한다。

10、中央本部는 書類内容을 再確認한 後、中央이 発行하는 身元保証書를 添付하여 全体名単을 本国外務部와 関係部処 및 日本 関係当局에 提出하는 한편 民団本国連絡 事務所에 送付한다。

11、万博参観団招請事業 民団本国連絡事務所에서는 実際旅行에 따르는 注意事項과 具備書類等의 案内書를 直接 被招請者에게 送付한다。

12、被招請者로부터 具備書類가 完備되면 身元調査依頼手続과 旅券交付申請을 하고 旅券発給과 同時에 現地日本大使館에 日本入国査証을 申請한다。

13、招請者 없는 国内参観者問題
①日本国에서의 招請者가 없는 国内参観希望者는 반듯이 万博参観招請本国連絡事務所를 通하여야만이 日本入国手続이 되도록 하고 民団中央団長이 招請者가 되어 招請하되 所要経費는 所定의 費用으로 하고 民団中央에서 直接管理한다。
②政府関係者中 招請이 必要한 者는 民団中央団長名義로 招請한다。

14、輸送方法
①日本出入国의 交通便은 航空便으로 한다。但 航空便은 大韓航空을 利用하는 것을 原則으로 한다。
②輸送開始는 一九七〇年三月十五日부터 하되 日本入国許可発給順으로 万博期間中 全員輸送을 完了한다。

民団中央本部民生局

보는 幻像에서 밟는 開拓地로

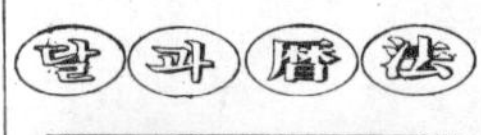

달과 曆法

달의 表面

달과 人間의 関係《特輯》

아폴로十一号의 発射는 一日뒤로 닥아왔다。이제 人類는 旅路三八万四千킬러미터를 날아 「神秘四五億年」의 処女地를 밟는다。달은 이제 「보는 幻像에서 밟는 開拓」의 새로운 땅으로 인간의 앞에 바싹 닥아오고있다。人類의 발생과 더불어 맺어지기 시작한 달과 인간과의 관계는 여기서 위대한 한에포크메이킹을 마련하게 된다。太古때부터 있어온 달과 인간과의 관계 ①달의

宗教上의 必要에서 規則的反復性이용

6月1年制도 있어

聖職者에 局限됐던 曆法運算權 祝祭로만 알았던 月蝕

韓国선 74年前까지 陰曆만 使用

陽曆은 시저가改革

오늘의 韓国文壇 (1)

尹 柄 魯

지난 一九六八年은 韓国文壇史上 画期的인 時点이었다。新文学擡頭六〇周年을 마지하여 華麗한 祝祭展들이 벌어졌다 그것은 歷史学者이면서 詩人이었든 六堂崔南善氏가 一九〇八年「少年」誌創刊号에 "바다에서 少年에게" 라는 新詩의 発表를 起点으로 하는것이다。西구라파諸国에 比하여 歷史는 짧지만 韓国文壇으로서는 잊을수 없는 感激이라고 하지 않을수 없다 그동안 겪어온 韓国文学史는 말할것 없이 民族의 발자취 그것이었던 것이다

暗黒속에서 보다 오히려 險地에서 그대로의 栄葉도 받지 못하고 자신히 成長해온 가냘픈 群像들— 왜 이러한 集団이 지난날의 韓国文壇의 全部 象徴으로 되었던가?

그러나 오늘에 이를 回顧해 볼때 韓国文壇도 그 相当의 時間経過와 가치 健康을 回復하고 正常한 機能活動이 可能하게 되었다는 것이다。

거이 七、八百을 넘는 詩人 小説家、批評家、수필家 戯曲家、児童文学者들이 오늘의 韓国文壇을 形成하고 있다。그가운데의 大部分이 詩人이기에、「詩人共和国」이라는 別名을 붙여도 이상치 않을 程度로 詩人過多의 現象을 보여 주고있다。

이와같은 文壇人口의 増加는 六・二五動乱以後 新聞의 新春文芸当選이나 純文芸誌의 추천을 通하여 登場한 新人들에 의하여한층더 현저하게 되었다。

二〇代로 부터 六〇代까지 삐라밑形을 이루고 있는 文壇人들에게는 "既成"과 "中堅"과 "新人"으로서 区分될수 있다

既成作家속에서 아직 오늘까지 活躍하고 있는 作家로서는 朴鍾和氏를 筆頭로 朴花城、朴栄濬、金東里 鄭飛石、崔貞熙、黄順元、崔仁旭、林玉仁、安寿吉의 諸氏를 들수가 있다

詩人으로서는 徐廷柱 毛允淑、朴斗鎮、朴木月 金顕承 申石草의 諸氏가 있으며 評論에는 白鉄、趙演鉉 郭鍾元의 諸氏가 지금도 活発한 活動을 하고있다

"中堅"이란 解放後로부터 六・二五動乱까지 登壇한 作家들을 가리켜 말하나 그代表的인 人物로서는 呉永寿、柳周鉉、孫素姫、韓戊淑、康信哉의 諸氏들을 들수가 있다 그외 詩人들도 많다。

다음에 指摘하는 新人들은 오늘의 韓国文壇의 特色내지 傾向을 代弁하고 있다는 뜻에서 그 存在意義는 결코 적지 않다 主로 六・二五 直後부터 오늘에 이르기까지의 二十년간에 登場한 新人들을 "新人"이라는 카테고리속에넣을수 있다 그代表的인 存在로서는 孫昌渉 張龍鶴 郭鶴松、金光植、鄭漢淑、李範宣、金光용、呉有権、呉尚源、李浩哲、朴景利、徐基源 崔翔圭、鮮于煇、宋炳洙、韓末淑等의 三〇代내지 四〇代의 作家群을 들수가 있다 그리고 最近 問題作을 発表하여 人気를 올리고 있는 二〇代의 젊은 新鋭에는 金承강、崔仁勲、南廷賢、洪思源、鄭乙炳、李清俊 朴泰洵등이 있으며 그외 詩人 批評家、수필가등도 꽤 많은 수자에 오르나 여기에서는 들지 않겠다

秋 夕

秋夕놀이

陰暦으로 八月十五日을 秋夕이라고 합니다。보통때는 陽暦을 쓰지만、秋夕만은 陰暦으로 따져서 公休日로 정하였읍니다。추석때에는 햇곡식과 햇과일이 나기 때문에、그것으로 飲食을 만들어 祖上께 정사를 드리고 省墓도 합니다。햅쌀로 송편을 빚고、인절미도 만듭니다。추석날은 유난히도 밝읍니다。정월대보름은 달이 크기로 有名합니다。설날、한식、파일、단오、유두、칠석、백중、동지로 여러가지 民俗的인 行事가 있읍니다。설날에는 조상께 차례를 드립니다。이웃 어른들을 찾아 뵙고 歲拜를 합니다。먼 곳에는 年賀状을 냅니다。어린이들은 때때옷에 새 신을 신고、여자들은 널을 뜁니다。正月 上旬동안에 먼 곳의 친척도 訪問을 하여 所願했던 정을 풀기도 합니다。정월 열 나흘날 밤에는오곡밥을 먹읍니다。입쌀、찹쌀、좁쌀、수수쌀、보리쌀、차좁쌀、콩、팥 등 중에서 다섯 가지를 한데 섞어밥을 지으므로 오곡밥이라합니다。콩나물、고사리나물、취、도라지、기타 묵은 나물을 ……

常識講座 ①

(国 号)

金 波 禹

尋人・本号休載

韓國新聞
発行所 韓国新聞社
発行人 鄭烔和
東京都文京区春日町2丁目20-13
電話 (813) 2261~5
振替 (812) 0675
定価 1カ月100円
振替口座東京 34988番

一、われわれは大韓民国の国是を遵守する
一、われわれは在留同胞の権益擁護を期する
一、われわれは在留同胞の民生安定を期する
一、われわれは在留同胞の文化向上を期する
一、われわれは世界平和と国際親善を期する

四専門分科委構成

全国の地方本部団長が参加

政府と一堂に会し三日間熱論展開

7日からソウルで

李中央団長は、八月七日からソウルで開かれる政府と民団の合同会議は予定どおりに開かれ、同会議の出席者は、出発前日の六日に東京で四部門の分科委員会を構成すると発表した。

創団以来の画期的行事ともいえる政府と民団との合同会議は、いよいよ八月七日よりソウルで開催されることとなり、同会議に参加するため東京に参集した一行は、六日に羽田から特別機でソウルに向かうことになった。

会議への出席メンバーは、民団側からは中央三機関長と中央常任顧問団、全国の各地方本部団長、中央法地委その他の関係当事者〇〇名で構成されており、これを迎える政府側では、駐日大使館当局と外務・文教その他の部署から責任ある地位の当事者多数が出席、三日間、組織・文教・経済・法的地位の四分科委員会にわかれ真摯な討議を展開するが、両者の表裏一体的協力態勢確立に大きな前進と見られ会議に対する期待は大きい。

表裏一体化へ初の合同会議

創団以来はじめての政府・民団鳩首会談

(出発を前に会議への抱負を語る李中央団長)

改憲・三選へ駆け足

与党へ早期発議要請

朴大統領所信を国民に表明

写真は重大決意を表明直後の朴大統領

入管法に修正案

罰則削除や保証金引下げ

韓国問題 UN議題から除外

三〇余国に使節団を派遣

団結の隊列解くな

入管法上程見送りに対し 李中央事務総長談話

工業地域の長期分配計画

臨海70、内陸30の比率で分散

一億ドル追加軍援

ニクソン行政府、議会に提出

万博参観団招請事業推進에関한実施要綱

趣旨

一九七〇年三月十五日부터 九月十五日까지 日本国 大阪府吹田市에서 開催되는 日本万博은 亜細亜에서 처음으로 이루워지는 全世界文明의 縮図版이라고 할수 있다。美大陸에서부터 欧羅巴、亜細亜、아프리카에 이르기까지 人種과 言語를 招越하여 人類의 進歩와 調和라는 共通된 테-마를 걸고 全世界에서 参集하는、世紀의 祭典입니다。이万博에 母国大韓民国도 우리의 文化를 全世界에 効果的으로 紹介하기 為해 巨大한 預算을 投入하여 韓国館을 建立케 되었음은 우리의 国威宣揚의 好機라 하겠읍니다。

同時에 国威라 国際的으로 宣揚하는것은 在日韓国人의 士気를 鼓舞시키는 要締일 것입니다。特히 朝総連에 属하는 同胞들에게는 우리들의 優位한 立場을 誇示함으로써 大韓民国에 対한 認識을 새롭게하고 民団으로 転向해오는 契機가 될 것을 確信하는 바 입니다。

本団에서는 이런 機会를 充分히 活用하여 中立系同胞들의 抱摂工作과 併行하여 不振状態에 놓여있는 永住権申請의 促進剤가 되는 実効있는 宣伝啓蒙運動의 展開로서 申請의 実績을 올리게하고 本団組織強化를 期하고저하며 아울러 上述한바 趣旨를 더 発展시키기 위한 事業의 一環으로서 本国의 家族 및 親知를 日本国에 招請하여 家族相逢과 더불어 万博을 参観케하여 先進世界各国의 産業科学文明에 接할수 있는 機会를 줌으로써 参観者로하여금 視野를 넓게하며 帰国後에는 本国産業発展에 寄与할 것을 期待함과 同時에 祖国近代化事業에 매진하고있는 韓国의 世界에 있어서의 位置를 日本居住의 家族 및 親知들에게 伝함으로써、母国에 対한 認識을 한층 깊게하고 따라서는 民族意識의 昂揚과 아울러 朝総連의 虚偽宣伝 攻勢를 粉砕하는데 커다란 힘이 될것을 確信하며 下記와 같은 実施要綱으로 万博参観団을 招請코저 하는 바이다。

実施要綱

1、万博開催期間
一九七〇年三月十五日~同年九月十五日까지

2、招請事業実施期間
一九六九年六月~一九七〇年九月十五日까지

3、招請希望者 募集期間
一九六九年六月~同年九月末까지

4、招請人員数
五、〇〇〇名

5、招請者의 資格 및 招請対象者
(1) 招請者는 本団団員으로서 永住権 및 一般 永住権申請을 畢한者를 原則으로 하고 招請対象者는 本国에 居住한 家族 및 親知와 縁故者로 한다。
但 招請者가 被招請者의 身元을 保証할수 있는者에 限함。
(2) 各地方 本部는 招請者의 推薦에 있어서 招請者와 被招請者의 関係를 確認하여야 하며 朝総連에 属하는 者로부터 依頼를 받은 招請은 厳禁할것。
(3) 被招請者中 兵役未畢者 및 兵役適令 未達者와 本国에 縁故家族이 全無한 者에 対하여는 招請申請을 接受하지 않는다。
(4) 被招請者中 身元調査結果 欠格事由로 因하여 入国不能者와 日本入国不許可者 및 招請申請後 招請者 및 被招請者와 事情에 依하여 招請을 取削한 境遇에는 航空料金만을 招請者에게 還払한다。

6、滞在期間 六〇日間

7、招請者의 経費負担
特히 今般의 万博参観을 目的으로 家族 및 親知招請에 있어서는 招請者의 経費負担을 最少限度로 抑制하여 招請에 따르는 実際経費(往復旅費、滞在費、其他旅行에 따르는 諸般経費) 및 手続料의 実費만을 負担하도록 한다。

8、招請者의 名単作成과 中央報告마감日字、各 地方本部는 管内団員中 招請希望者를 別紙 調査書様式에 따라 調査하고 그 名単을 二通作成하여 一通은 地方本部에 備置하고 一通은 一九六九年九月三十日까지 中央民生局에報告토록한다.

9、[illegible]
(1) [illegible]
(2) 入国VISA申請時 [illegible]
外国人登録済証明書
身元保証書 (民団地方本部発行)
[illegible]
(3) 招請状 [illegible]
(4) 各 地方本部는 招請希望者로부터 招請受付와 同時에 所要経費를 徴収하고 이를 東京商銀信用組合 万博参観招請事業 特別口座에 積立토록 한다。
本部를 経由하여 中央民生局에 送付할것。

10、中央本部는 書類内容을 再確認한 後 中央이 発行하는 身元保証書를 添付하여 全体名単을 本国外務部와 関係部処 및 日本 関係当局에 提出하는 한편 民団本国連絡 事務所에 送付한다。

11、万博参観団招請事業 民団本国連絡事務所에서는 実際旅行에 따르는 注意事項과 具備書類等의 案内書를 直接 被招請者에게 送付한다。

12、被招請者로부터 具備書類가 完備되면 身元調査依頼手続과 旅券交付申請을 하고 旅券発給과 同時에 現地日本大使館에 日本入国査証을 申請한다。

13、招請者 없는 国内参観者問題
①日本国에서의 招請者가 없는 国内参観希望者는 반듯이 万博参観招請本国連絡事務所를 通하여야만이 日本入国手続이 되도록 하고 招請者는 民団中央団長이 招請者가 되어 招請하되 所要経費는 所定의 費用으로 하고 民団中央에서 直接管理한다。
②政府関係者中 招請이 必要한 者는 民団中央団長名義로 招請한다。

14、輸送方法
①日本出入国의 交通便은 航空便으로 한다。但 航空便은 大韓航空을 利用하는 것을 原則으로 한다。
②輸送開始는一九七〇年三月十五日부터 하되 日本入国許可発給順으로 万博期間中 全員輸送을 完了한다。

民団中央本部民生局

入管法反対闘争半年を顧みて

終始戦いをリードしたヤングパワー

日本国々会の現状から推して本国会での出入国管理法案（入管法）の本会議上程は、まずありえないだろうというのが一般的な見かたである。だとするとこの「入管法」は今後どうなるのか、廃案は到底あり得ないことだし、継続審議として次期国会に持ち越すであろうとするのが、もっとも常識的な結論となる。

別項の李成甫中央事務総長の談話にあるように、この「入管法」反対闘争の過程において、わが民団各級組織を中心に盛り上り、そして発揮されたエネルギーはまことに巨大なものがあった。

このように全在日同胞が一丸となってある目的に向って総力をあげ突き進んだことがかってあったであろうか。「北送阻止闘争」を例に挙げる人がいるが、あの阻止運動には今日の「入管法」反対闘争ほどの身近な緊迫感と、切迫した恐怖感はなかったはずである。その意味においてものの「入管法」反対闘争が、いかに身近かな問題であり生活権と密着したものであったかを、うかがい知ってなお余るものがあるといえよう。

特に注目すべき点は、この「入管法」反対闘争に対しては、全同胞社会で異論や抵抗が全くなかったことである。この法案が通過した場合、蒙るダメージがわれわれより数倍も多いことが明白である朝総連側も、猛烈な反対運動を展開し、その掲げる反対理由のスローガンが、われわれと近似していたために、一部では「朝総連と共闘云云」を噂する人たちもいたが、これはあまりにも表面的に事物を判断し得れる良識であって、その本質において彼らとは截然として一線が画されていたことは紛れもない事実である。

また特筆大記すべきは、この「入管法」反対闘争においてわれわれが、国際的な連帯性を紐帯の必要を内外に強く喚起し、これを実践をもって確立し強化したことであろう。日本の政界・言論界・学界の良識ある人士たちの、われわれに対する理解と支援が如何に多大であったことか。さらに在日中国人を総網羅する華僑総会では、進んでわれわれの反対闘争の隊列に合流して行を共にし、両国居留民による盛大な反対集会とデモ行進を挙行するまでに紐帯性は昂揚したのである。

数項目の修正案が出されたとしても、これでわれわれの要求が全部満たされたのではない。修正案は彼らの拙劣な糊塗策に過ぎず、今国会での上程や通過が不能だからとして、われわれの反対闘争が終熄するものではない。

われわれは、あくまでも要求貫徹が実現する日まで闘いの熱鬱をゆるめることなく、隊列をさらに強化すべきである。

その意味においては、今後における闘いがより重大であろう。余寒まだ去りやらぬ本年二月頃からわれわれを緊張させはじめ、ついには全在日六十万同胞を濃絶なたたかいの〝ルツボ〟の中に捲きこんだ「入管法」反対闘争の経過をふりかえり、これを総括してみることにする。この生々しいメモが今後のたたかいに資するところがあれば幸いである（編集局）

序曲、李・高橋会談

31・声明でのろし

日本に良識あり

言論界〝悪法〟を痛撃

動きだした民団中央

各地で集会・デモ！

中央集会に五千名が参集

闘争に国際性も

華僑総会と決起大会

外交々渉で改善要求

姜公使記者会見で言明

改憲案の愛国的次元

本国新聞に見る改憲案論調

党利党略の改憲は不可

改憲案の支持は民族団結のシンボルで

永久執権の疑惑をよばないように

（写真説明）下段左より、いちはやく入管法反対にたちあがった韓青・韓学同のデモ、文京公会堂を埋めつくした中央民衆大会、国旗色ゆたかにひらかれた韓・中居留民決起大会風景、断食闘争団に参加の若者たち。

国際人権連盟に提訴

在日韓国人の人権を蹂りん 金相賢議員国連向け出発

日本を世界に告発する 国連憲章と人権宣言に違反

数回にわたる来日視察旅行と、その視察と真剣な調査の結果をもとに発表した労作「在日韓国人」の著者として、在日同胞社会に知名度の高い新民党の金相賢議員が、さる十八日、"日本国の、在日韓国人に対する人権蹂りん"を、国際人権連盟に告発するためアメリカに向け出発した。

同議員は数回にわたる来日旅行で、日本政府があまりにも露骨に、在日韓国人に対する人権じゅうりん政策をほしいままにしているのを、まのあたりに見て憤げきを禁じ得ず、本国の国会においてもこの問題を提起して、内外に与論を喚起していたが、こんど、日本政府の人権じゅうりん政策を、十三項目にわたる告発状にまとめ、これを国連の国際人権連盟に告発することになったもの。

金議員は七月十五日に来日して十八日はアメリカに向って出発したが、出発に際し記者団と会見し、「日本は国連加盟国でありながら、われわれ同胞に対し悪質な人権じゅうりん政策をとっているが、これは明らかに人権侵害であって、国連憲章と世界人権宣言に違反していてこれは世界の与論の前で糾弾されなければならない」と語り、その決意のほどをひれきした。

また同議員は、この機会に欧米をはじめとする世界の十八ケ国に在住する同胞社会を歴訪する予定であるが、これを機に「在外韓国人総連合会」を設立することを明らかにした。同議員の構想によると、各国に居住している在外韓国人の各界代表者数十人もしくは数名が、この会に加盟して会員となり、お互いの親睦と紐帯を強める。例へば、日本において入管法に対する反対運動が発生した場合、全世界にいる在外韓国人が、この連合会の名でもって日本政府に対し抗議や陳情の文書を発送したり、その国にある日本国の在外公館に抗議するなどして、日本にいる同胞を支援するというのである。

この連合会は本年末までには設立総会を開くといわれ、これが発[illegible]

(国連へ出発する金議員)

教育憲章テーマに

第六回在日韓国人教育研究大会

今年も在日本韓国人教育者協会主催の第六回「在日本韓国人教育研究大会」と、第八回教育者協会定期総会が、七月三十一日から八月四日までの五日間、和歌山県の[illegible]となっている。

なおこの大会には民団中央の[illegible]文教局長も参加して、民団の文教方策について講演することになっている。

[illegible]

母国訪問学生野球団 優秀選手そろえ出発

[illegible]

大阪は一、二七五名

万博参観招請人員配定決る

[illegible]

各地方本部別招請人員

[illegible]

問題化した権氏発言

丁賛鎮氏ら30余名糾明委構成

[illegible]

都内各支部実務者 磐梯高原で研修会

[illegible]

静岡本部主催の光復節慶祝式典

[illegible]

領事々務取扱指導 駐日大使館主催で

[illegible]

樺太同胞にも旅券

国籍問題をとわず支給

[illegible]を所持し、日本へ入[illegible]明らかになった韓国[illegible]旅券を発給することである。

有功者五〇名を光復節に表彰状

[illegible]本年も八・一五第二十[illegible]を期し、有功在日同胞[illegible]国に招請して、外務部[illegible]表彰状を授与すること[illegible]

[illegible]部では、投資者を選定[illegible]国に推薦かたを依頼し[illegible]ているが、本年度は永[illegible]在各地方本部では有功[illegible]て中央本部を通じ推薦[illegible]促進に功績のあった人[illegible]されるのではないかと[illegible]る。

楽しい夏休み

[illegible]文化センターの[illegible]各地の教育文化[illegible]日本の学校にまな[illegible]生たちを、たとえ[illegible]だけでも指導する[illegible]校や臨海学校に、[illegible]プにと、いろいろ[illegible]、楽しいレジャー[illegible]育の実をあげるべ[illegible]

[illegible]文化センターの、[illegible]分園でも同セン[illegible]る二十七日、生徒[illegible]が貸切りバス一台[illegible]〇台をつらねて、[illegible]にでかけ、海水浴[illegible]で楽しくあそびた[illegible]たなどをな[illegible]の一日をおくっ[illegible]

（写真＝[illegible]でスイカわりに[illegible]分園の一行）

指導員を選定 永住権申請を促進

[illegible]では、かねてより不[illegible]在日同胞の永住権申[illegible]ため、全国の領事館[illegible]管下に、永住権申請[illegible]員を配置し、活発な[illegible]をさせたい旨と、そ[illegible]る協力を民団に申し[illegible]

民団中央本部では、[illegible]促進は民団の基本方[illegible]し、全国の各地方本[illegible]導のもとにこの申[illegible]事館当局と協力して[illegible]することを示達し[illegible]

方氏の講演好評

各地で「北傀の実態をバクロ」

高麗大学亜細亜問題研究所の研究員方仁厚氏（写真）が先月二十九日民団大阪本部会議室で開かれた支部長会議で「大韓民国と共産主義」と題した講演をして多大なる感銘をあたえた。

「北朝鮮労働党の形成と発展」という著書も出している方さんは国際勝共青年協議会の招請で来日したが、民団中央本部と本社の後援で日本自民党青年部、健青会、修養団のほか勝共連合と防衛大学等での講演で聴衆に深い感銘を与えた。

方 仁 厚 氏

岩手本部定期大会 団長に韓桁汶氏

岩手県地方本部では、さる七月十五日の定期大会でつぎのように任役員を選出した。

議長 金東洙
副議長 金採順
〃 盧福永
監察委員長 [illegible]
〃委員 金明相
〃 金光権
団長 韓桁汶
副団長 金相実
〃 金鳳国

鹿児島本部人事改選 李政源氏を選任

鹿児島県地方本部は、さる七月十三日の定期大会で役員改選を行い、その結果、多年当地方本部団長として献身してきた丁陽声氏が、団長職を退き議長として組織活動に継続して尽力することになった。

なお新任役員人事は次のとおりである。

議長 丁陽声
副議長 崔萬守
〃 金泰根
監察委員長 金周八
〃委員 李泰云
〃 金奉注
団長 李政源
副団長 朴寿達
〃 徐光鎬

目ざすはマドリッド

在日大韓射撃協会で予選

日本での国内試合はもとより本国での各種大会や国際大会にまで数回出場して、すぐれた人格と高度な技術で好評を博している在日本大韓射撃協会では、さる十一日の定期総会で権[illegible]現会長を再選するとともに、役員人事を更新した。

また同協会では、来る十月十七日よりスペインのマドリッドで開かれる本年度世界選手権出場予選大会をさる二十二、三の両日にわたり埼玉県所沢射撃場でI・S・Uルールで行い次の六氏が選ばれた。この六氏は八月五日より本国で開催される本試合に出場し、成績いかんによってはマドリードの世界大会に韓国代表として出場することになる。

協会役員（敬称略）

顧問＝[illegible]、崔泳郁、鄭煥和、韓禄春
会長 権[illegible]、副会長 張光鎬
朴三圭 千宗植 専務理事 朴[illegible]
理事 金永佑、金南九、朴性台
常務理事 [illegible]
監査 [illegible]

予選合格選手の氏名は次のとおりである。

[illegible]、朴性台、金南九、朴三圭、張光鎬、[illegible]

(所沢射撃場での予選大会風景)

同胞教員を再教育

今年も十五名が参加

本国文教部の主催により毎年開講される「在日同胞教員の再教育」ゼミナーに、本年度も十五名の各学校代表が参加することになり、一行は来る八月四日に入国して二十八日まで受講するが、参加者氏名および、在籍校はつぎのとおりである。

東京韓国学校＝金熙東、金良茲、方惠璟、李海娘、

大阪韓国学校＝[illegible]、呉[illegible]子、

大阪白頭学園＝張成秋、咸静子、金青松子、李武、

京都韓国学校＝徐永熙、李静興。

一万五千坪の本館

東洋一の国会議事堂起工式

さる十七日の制憲節にソウルでは光復後はじめての国会議事堂の起工式が汝矣島で行なわれた。

十万坪の敷地には、一万五千坪の本館、五千六百坪の図書館、八千八百坪の議員会館、これに警備隊や議長公館などの附属建築物がならび、総工事費は百億七千万円をかけ、本館は地上六階地下二階と名実ともに東洋一の国会議事堂が韓国に出現することになる。地下二階は非常の場合に備え防空壕と地下会議室に重要文書の格納庫。地下一階には管理関係の事務所が入り、地上一階は各政党の控え室と記者室、食堂が占め、二階が本会議場と議長団室、貴賓室、事務総次長室、議員食堂、三階は事務所。四・五・六階には民・参議院（両院制の場合）の常任委員長室が入る。

本会議場は南北が統一されて両院制をとり、民議院議員三百人、参議院議員百名となった場合でも不便なく使えるよう設備されている上に、議場は議長席を中心に扇状に議員席が配置され、民・参両院いずれも二十五の国務委員席のほか民議院には百二十の記者席、五百の傍聴席、参議院には記者席八十、傍聴席三百が設けられる。

また議員席にはボタン式によって賛成と反対が自動的に計算出来る電子表決装置を設備。貴賓室は大統領と外国貴賓室に分けられる。

付属建物の図書館も地上四階地下一階の堂々たるもので、これには五十万冊の図書、二万五千枚のレコード、五万巻のフィルムが納められる。また議員会館には議員の個人事務室四百、秘書室四百に社交センターも設けられることになっていて、本館前には噴水台、庭園なども配置して美しい公園とする。

六・二五動乱前までのわが国の国会議事堂は中央庁の大会議室を使用していたが、動乱発生後は大邱の文化劇場や釜山文化劇場、釜山市の慶南道庁武徳殿を転々として首都収復後にはソウル府民館（旧劇場）を借用していたが、はじめて独自の議事堂をもつことになる。

なお建築工事は三段階に分けて全館が落成するのは七年後の一九七六年になるが、本館の一部はおそくても七一年に完成して、第八代国会の開院式はこの新しい国会議事堂で行なう予定である。

先制攻撃継続

ベトナム派遣の韓国将兵

駐ベトナム韓国軍司令部は二十五日、ナトランにある野戦司令部で、李世鎬司令官就任後、初めての主要指揮官会議を開いて、今後の韓国軍の作戦方針と作戦に対備するいろいろな計画を論議した。

李ベトナム韓国軍司令官は、この会議で、米軍撤収とは関係なく、今後も果敢なる先制攻撃戦術をもって作戦の主導権を掌握するよう訓示した。

また、この会議では駐ベトナム米軍の撤収にともなう最新装備引受けのための対策及び剰余装備の本国後送問題なども論議された。

今後予想される終戦に対備して駐ベトナム韓国軍の主要指揮官達は、韓国軍がベトナムから撤収する場合と韓国軍がベトナムに継続残留する問題とベトナム軍軍事教育団として戦後にも引き続いてベトナム軍に奉仕する問題も論議されたもようである。

輸出自由地域に

外人投資誘致策発表

政府はこのほど外国人投資の誘致と外貨の獲得をはかるため、臨海地域の"輸出自由地域"入住資格業体の選定基準を決め、外国人投資業体を中心に生産製品を全量自国に輸出するかまたは、投資先がすでに確保されている海外販売ルートを通じて消化する業体を優先対象にすると発表した。

ところで、現在韓国に進出している外国人投資業体で、生産製品全量を自国に販売ルートを通じて消化している業種は、電子部品、ミシン部品、アクセサリー、金属工具、各種靴類および一部雑貨品である。

東大人類文化学科講師に 張籌根さん

民俗学者、張籌根さん（前梨花女子大学教授、文化財専門委員）が東京大学の招請で東大文学部文化人類学科にて一年間、民俗学講義を担当するようになった。

東京大学は、昨年から、文学部大学院社会研究科委員長、泉靖一教授の提案で韓国の人類学者一人を招請講師として迎えていたが、去る三月帰国した李杜鉉教授（ソウル大教授）に続いて張籌根さんが二番目になる。

碧水陽光に映えて
あくまで美しい祖国の夏
—忠清北道のトダムサムボン附近—

資料

出入国管理法案に於けるその対策に関する私見

（一九六九年七月十五日） 権 逸

第一点遵守すべき活動範囲 所謂遵守事項について

第一、法務大臣が遵守事項を定める（適用することが出来る条項と遵守事項違反に対する規制）

一、遵守事項を定める（適用する）ことができる条項は

(一)、あらたに日本へ入国する場合、すなわち

(1)事前に上陸許可を受けようとする場合（新法案八条第一項）

(2)または上陸を許可する場合（同法案八条二項）

(二)、在留活動者（第二条第二項第二号から第十号まで）の資格を有する者およびその家族 即ち日本人または在留活動者および永住資格者の配偶者ま……

中止命令に違反した場合は六ヶ月以下の懲役または禁錮および五万円以下の罰金刑の刑罰があり、また強制退去の事由ともなっている（第三十七条第九号）

第三、日本に現存する在留韓国人ではどのような人たちが遵守規定を適用（定められる）される対象となるのか。

一、日本に在留している在日韓国人は次のように大別することができる。

A、合法居住者

協定永住権を取得した者とその子女・協定永住権を取得できる者（一二六―六―二）とその子女および、一段永住……

一項十六号の法務省令によって特に定められた者として在留資格を有する者、いわゆる「特在者」は、新法案においては第二条第二項第十四号の「前各号資格者以外の者で法務省令により定められた在留資格者」としていわゆる「特定在留者」となるから、永住資格以外の資格変更時と期間延長時には遵守事項適用の対象とすることが出来る。特に新法案第三十一条第一項の在留期間の〝延長〟と現行管理令第二十一条の〝更新〟とを比較してみた場合、現行管理令第二十一条に依るとこの〝更新〟も同条第二項に依って〝許可する〟となっているが、実際には余程の特殊事情……

……が如く論じたり、あるいは全部が規制をうける憂慮があるかの如く主張する人がいるが、これは研究不足からくる誤解か、さもなくは誇張された宣伝である。であるからこの様な態度は、悪法である現行出入国管理法の改善と改正を促求すべき、われわれの運動に障碍を招来するばかりでなく、まるでこの法案が韓日両国間に締結された在日韓国人の法的地位協定に悪影響を及ぼすおそれさえもあるかの如き印象さえ与えて、在日韓国人社会に不必要な混乱をひきおこす憂慮があり、これは無意識中に敵対陣営へ利益を与える結果になることで憂慮してやまないものがある。

第四、われわれの対策

遵守事項に対するわれわれの対策は、前記第三において論じたとおり、規制をうける限界が明確になったから、先づ規制をうける憂慮がある者の範囲をなるべく縮少させ、次に規制を受け……

第二、遵守事項に対する規制内容

第二点事実調査に関する所謂「行政調査権」に対して

一、行政調査権が行使される範囲

第三点その他に問題となる点

結論にかえて

韓國新聞

発行所 韓國新聞社
発行人
東京都文京区春日町2丁目20－13
電話 (815) 1451～3
電話 (813) 0675
定価 1カ月100円
振替口座東京 34988番

綱　領

一、われわれは大韓民国の国是を遵守する
一、われわれは在留同胞の権益擁護を期する
一、われわれは在留同胞の民生安定を期する
一、われわれは在留同胞の文化向上を期する
一、われわれは世界平和と国際親善を期する

相互理解と紐帯強化に成果

民団強化対策会議8日に閉幕

法的地位問題　法相会議に必ず反映　永住権問題と併せ協議約す

全国の民団々長と各級機関代表が、政府当局の責任ある地位の実務者たちと〝膝を交えて〟在日韓国人社会の、諸懸案を率直に掘り合い相互の理解と認識を深め紐帯を強化して、真の表裏一体ともいえる有機的相互関係を確立することを目的とした「政府・民団合同会議」は、「在日居留民団強化対策会議」と名称を変えて、さる七～八の両日間、ソウル郊外のウォーカーヒルで開催され、一応の成果をおさめて八日午後三時の全体会議を最後に幕を閉じた。

この会議には、民団側から中央の李団長、張聡明監察委員長の三機関長（朴議長は不参加）のほか尹副団長、李事務総長、姜組織局長と金宣伝局長と全国地方本部団長と各級組織・傘下諸機関団体の代表七十三名が参加し、政府側からは外務、文教、法務の各部と経済企画院、中央情報部の実務者約三十名が参加して、二回の全体会議と、三回にわたる分科委員会を重ね、最終日の全体会議では、政府・民団双方の起草委員が作成した総括報告書と、四分科委（組織・経済・文教・法的地位）の報告書の発表があり、李中央団長は閉会のあいさつで「このたびの会議で、具体的な成果があったか否かはさておき、このような会議をもつことができたこと自体に重大な意義がある」と述べ、「祖国のかがやかしい発展ぶりを目撃して、限りなく鼓舞されて帰るが、われわれも団結と努力をもって母国の温い配慮に報いることを誓う」と結んだ。

なおこの会議のために大使館側からも厳敏永大使、金乗沃公使、申貞栄参事官も帰国し参加している。（報告書の全文第三面に掲載）

五つの報告書採択

創団以来二十三年目に、はじめてもつ〝民団と政府との対話〟として、全在日韓国人社会はもとより、本国においても多大の注目を集めた「政府・民団合同会議」は名称こそ突然に「在日居留民団強化対策会議」と変えたが予定どおりに七日午前九時十五分からウォーカヒルの大会議場で、崔圭夏外務部長官の出席下に開会、崔長官と李中央団長のあいさつのあと、十時からさっそく第一次全体会議にはいった。

全体会議では外務部の陳弼植次官を議長に選出し、議長席に着いた陳次官は「お互いに一家の家族どうしのつもりで、忌弾のない意見を交換してこそ、問題点が正しく把握され、適切な対策の樹立と講究が可能である」と述べて会議の目的を説明した。

つづいて金正柱氏より民団の、総括的な現状報告があったあと、第一次の全体会議は一たん閉会し、十一時から会議は分科委員会別の討議に移り、別項の各分科委員たちの間で活発な意見提出と質疑応答があった。

この分科委は、昼食後にも続開され、組織委や法的委などでは相当につっこんだ質疑があって、会場が白熱化する場面もいく度かあったとのことである。

翌八日も午前九時過ぎには、第三次分科委が開かれ、分科委の最終段階と各分科委の委員長は、それまでの討議内容をまとめて、分科委別の報告書を作成した後、午後三時三十分から第二次全体会議を開会、ふたたび議長席についた陳次官は、各分科委員長から報告書の提出をうけ、これに基づく全体会議報告書を万場一致で採択して、二日間にわたる民団有史以来はじめての意義ある会議を終えた。

なお、陳次官は閉会のあいさつの中で「居留民団強化対策を主眼とするこの会議は、終始和気あいあいたる雰囲気の中で進行し、まことに意義深く、かつまた感激的でさえあった。このような会議がいままで一度も開かれていないのを遺憾におもうと同時に、この会議で披瀝しあった数々の建設的意見とこれに対する討議は、現在まで論議されてきた諸問題点の、整理に大きく貢献するものである。今後は定期的にこのような会議が開けるよう努力したい」と述べて注目された。

李団長のあいさつ

国事多端な現況にも拘らず、政府樹立以来はじめて、このような画期的な会議を設け、われわれを招いてくれたことに対し深い感謝と敬意を表してやまない。祖国は朴大統領の周囲に、国民が一致団結して経済建設に努力しているのに、わが民団はいまだに組織の整備すら未完の状態であるのを恥じる次第である。われわれは民団と在日韓国人社会の、現状をうかがい知るに足りる若干の資料と、緊急を要するいろいろの要望事項を政府へ伝えるために携えて来た。政府が在日韓国人の実情を再認識するとともに、われわれの要請を聴きいれ、適切で一貫性ある対策を効果的に樹立し施行してくれることを要望する次第である。

李中央団長帰任

ソウルでの「民団強化対策会議」に出席するため帰国していた李禧元中央団長と姜鶴燦中央組織局長は、十四日午後の大韓航空便で帰任し、十五日の光復節中央慶祝大会に出席した。

なお、姜組織局長によると李団長は、十九日の午後には共同記者会見をすることになっている。

胸いたむおもい　政府側

法地委実情説明に暗然

こんどの会議に対する在日韓国人社会の関心は、法的地位に関する諸案件を討議する「法的地位分科委員会」の会議内容とその結論にあるといっても決して過言ではないがその法的地位委員会の討議経過と結論報告の大要は次のとおりである。

同委員会は法務部の法務官長が委員長となって会議を主宰し、ほかに政府側から孔義明外務部僑民課長、金世権法務部出入国管理課長とその他に実務者四名が参加、これに対する民団側からは、張聡明中央監察委員長、白丁赫中央副議長、鄭哲中央顧問のほか十名が委員となって、三回にわたる分科委員会を開いた。

委員会ではまず、孔義明僑民課長（前駐日大使館第一領事課長）から、政府の日本政府に対する交渉の経過と現況に関する報告があったあと、張聡明氏が、

一、現在、日本で一二六－二－一六の在留資格に該当する者には無条件に協定永住権が付与されるようにし、

二、一九六五年六月二十二日以前の日本入国者に対しては、一般永住権が与えられるべきである。

との要請に対しては、政府も全く同じ見解と立場で対日交渉を進めていることを明らかにした。

このあと、民団側各委員から、現行の法的地位協定の陰に発生している在日韓国人の数々の悲劇と法的地位協定文自体が不備であり矛盾しているとしか言いようのない多くの問題点を具体的な実例を挙げて説明し、もはやケース・バイ・ケースで日本側に要望をする段階ではなく、事態は緊迫していることを指摘して政府側の明確な態度表明を迫った。

これに対しても李委員長は証拠を避け「各委員から多くの実例について具体的な説明をきき、胸痛むおもいがするが、交渉には相手方があるから、当方の要望が全的に通るかどうか疑問である。しかし各委員の要望事項の実現を目標に今後の対日交渉には最善の努力を[illegible]

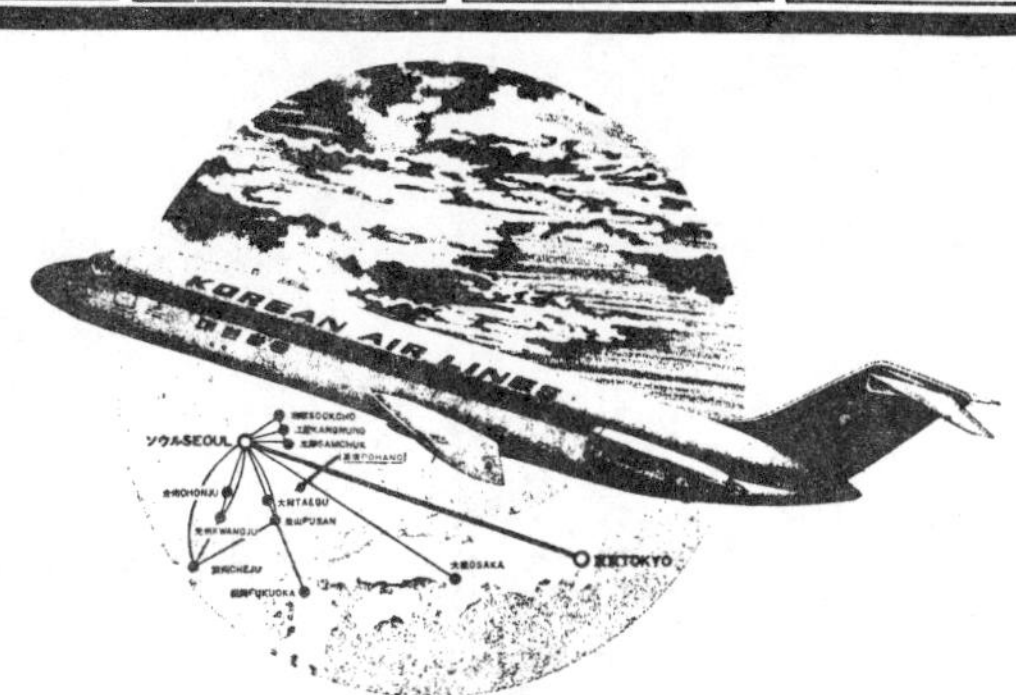

（写真説明）＝（上）金浦空港に到着後ステートメントを読みあげる李団長、（下）全体会議の会場光景

朴大統領訪米（韓米頂上会談）

外務・国防閣僚会議も並行

[illegible]

各分科委名単

強化対策会議

組織分科委員会

法的地位委員会

経済分科委員会

教育分科委員会

[illegible]

韓日閣僚会議も開催

[illegible]

会議日程メモ

[illegible]

法地位要求貫徹で 在日同胞に第二の解放を

中央本部団長　李禧元

親愛なる在日同胞のみなさん！今日第二十四回の八・一五光復節を迎えて、まず韓民族の解放とわが国の光復のために殉じた殉国先烈たちの冥福を心から祈り、その高貴な精神を継承して、祖国の四千万の同胞および在日六十万同胞の皆さんとともに、心からこの日を慶祝すると同時に、今後もわが民族の幸福のために皆さんとともに一層努力することを堅く誓うものであります。

二十四年前のこの日、それまで国家のない民族であったわれわれは、大きな歓喜と感激と希望の中でこの解放を迎えたのでありますが解放後のわれわれの立場は必ずしも順調ではありませんでした。しかし今日、わが国は朴大統領の領導下に、祖国再建と経済建設に邁進し、第二次五ヵ年計画を成功裡に推進して、驚異的な経済成長率を世界に誇示しております。

親愛なる在日同胞の皆さん！韓日協定締結以来、われわれ在日韓国人には、永住権が賦与されることになっているのでありますが、その期限があと十七カ月後に迫っているのにも拘らず、現在約十三万人の同胞が永住権を申請しているだけで、大部分の人が申請をしていない状態であります。

これは、解放後に二ど帰国をして来たのが問題になり、これを理由に強制送還された同胞は、過去九年間に一万五千人にも達しているのであります。

民団としては、この法的地位問題を解決するために、三機関長が去る五月二十一日から一週間、本国を訪問して大統領閣下をはじめ政府要路に、韓日両国間の外交ルートを通して、この問題の解決に努力してくれるよう要請して、一応の了解を得たのであります。

然るに去る三月初旬、日本政府は、来年の万国博覧会参観客たちに対する出入国手続きの簡素化を理由に、現行の入管令を改悪して在日外国人で、永住権を取得した者でも遵守事項等を設けて法務大臣の自由裁量により強制退去させることができる出入国管理法案を作成して、国会の法務委員会で審議をはじめたのであります。

（中略部分判読困難）いつまたこのような法案の通過を図るか予測を許さないものがあり、われわれは瞬時たりとも心をゆるめることができません。

われわれは、韓日両国と両民族の友好を基本精神とする韓日協定にもとづき、また両国間の歴史的関係を日本政府が正しく認識するよう要求し、われわれが日本において安定した生活を営むことができるよう、今後ともこのような悪法の成立には断乎として反対しなければなりません。

そのためにもわれわれは、残された期限内に必ず永住権の申請を終える必要があります。この永住権申請に関しては、いろいろと問題があるので、われわれは、不満の意を表し、改正を要求してきたのでありますが、さる七日から三日間わが民団は、この問題の解決とともに、在日同胞社会の諸懸案の解決を図るために、ソウルで政府との連席会議をひらき、多大な成果をおさめました。

親愛なる同胞のみなさん！われわれがあらゆる問題を解決して行くのに最も重要なことはなによりもまず団結することであります。今度の出入国管理法案反対で、ある程度の成果をおさめられたのもわれらの団結があったからであります。

かたく団結して朝総連の破壊と陰謀を撃破して彼等をしてあたたかい祖国大韓民国のふところに一日も早く帰って来るように希望すると同時に、本国の「戦いながら建設する」のスローガンに足並みをそろえることが何よりも重要であります。

最後に、在日同胞みなさんの健闘と御多幸を祈って記念のお言葉といたします。

一九六九年八月十五日

在日本大韓民国居留民団
中央本部団長　李禧元

あの北の空にも この旗を！

第24回光復節記念祝辞

経済建設の隊列へ 在日同胞も積極参与を

大使　嚴敏永

今日八月十五日は、わが民族が三十六年間にわたる日本の植民地統治から解放され自由と独立を再びとりもどしてから、二十四回目の光復記念日であり、また大韓民国政府樹立二十一週年にあたる日であります。

この意義ある日を迎えて、二〇余年前のあの独立の喜びと感激を新たにしながら過去をふりかえって見ればその間、われわれは多くの試練を経て来ました。共匪北傀の六・二五南侵によってわれわれの平和と財産は破壊され、全民族の念願である国土の統一は北傀の好戦的な態度によりいまだに達成されずにいます。

しかし、このような苦しい中でも、われわれは祖国の近代化と豊かな社会建設のために全力を注いで来ました。

われわれは第一次経済開発五ヶ年計画の完遂を通じて輸出の伸張基幹産業の建設、動力源の開発などを主軸にして急速な経済成長をなしとげました。

さらに食糧の自給、工業生産の倍加および、輸出増進による国民所得の増加、国際収支の改善など自主経済の基盤をかためるための第二次経済開発五ヵ年計画を実施その第三次年度にはいっています。六八年度の国民総生産と輸出実績だけでも一三・一%と三九・五%という増加率を達成しています。しかし、わが国経済の急速な成長と国際的地位の向上に狼狽した共産北傀は侵略の企図をさらに露骨化して武装ゲリラを引きつづいて南侵させるなど無謀な侵略的挑発行為をほしいままにしているのです。

これに対してわれわれは、政府と国民が一致団結して"戦いながら建設する"という断乎たる決意のもとに国防力を強化する一方、経済建設に総力を注いでいます。

このような経済建設と国土防衛を期す挙国一致の隊列に皆さんの参与が過去の如何なる時よりも強く要請されて居ります。

親愛なる在日同胞のみなさん！祖国の明るい将来は皆さんの海外生活の向上と安定を促求させるのであります。これは即ち朝総連の悪辣な策動に対する防波堤にもなります。そして未だ赤い共匪北傀の束縛の中で光復の喜びを味わうことのできない同胞を救出するため、より一層努力しなければなりません。

この日にあたり、皆さんとともに謹んで殉国烈士と戦没将兵たちの冥福を祈ると同時に同胞皆さんの御健勝と御繁栄を祈願して止みません。

一九六九年八月十五日

駐日本国大韓民国特命全権大使
嚴敏永

過去の試練生かし 国土建設に英知を

大韓民国駐日公報館長　洪　泉

きょう二十四回目の光復節を迎えるにあたり、在日同胞の皆さんとともに祖国解放の喜びと感激を新たにし、祖国の自主独立のために命を捧げた多くの愛国先烈たちの冥福を心から祈る次第であります。

解放後、二十四年の間、われわれは国土の両断と北傀の侵略によって同族が相い争う大きな試練を経なければなりませんでしたが、我が韓国民族は、如何なる苦難にも屈せず、その英智と、忍耐づよい努力をもって国土再建と祖国の近代化に総力を結集して来たのであります。

まさにこのような血と汗の結晶がいまや着々と成果をあげているのであります。全世界の人々もわが国の飛躍的な発展と繁栄には目をみはり、同時にわが国の国際的位置も大きく前進しているのであります。

しかし赤化統一をねらう北傀はいまだにその野欲を捨てず、武装共産ゲリラをしきりに浸透させて再侵の機会をうかがっております。われわれは朴大統領の賢明なる指導と"戦いながら建設する"スローガンのもとに、全国民が一致団結して北傀の野望を阻止しながら豊かな未来への建設のために努力し、一日も早く祖国の統一を達成しなければなりません。

自由の価値と平和への希望さらに追究せよ

愛国心で団結し 明日に向い決意新たに

大統領　朴正熙

親愛なる国内外同胞の皆さん！今日は、わが民族の解放二十四周年の記念日でありますが、われわれは、あの日の感激を回顧するよりも、むしろ今日の決意を新たにして、よりよい明日を迎えるための努力をしなければならないとおもいます。

解放は民族の自由を意味し、民族の自由は、人類の平和達成に直結してこそ、価値あるものとなるのでありますが、われわれの場合には、解放がそのまま自由を意味するものではなかったのであります。

完全なる自由を得るためには、解放の感激に涙したその瞬間から、われわれは、われわれから自由を奪おうとするものと戦わなければならなかったし、この戦いは今日もなお継続しているのでありますが、われわれが真の自由と人類の平和を達成するためには、今までに倍する戦いをこれからも続ける覚悟をしなければならないのであります。

そしてまたわれわれは、この戦いを決して中断することは許されないのであります。われわれの戦いは少しの躊躇もあってはなりません。前途に如何なる障碍があろうとも、前進のための克服があるだけであり、これがわれわれに与えられた唯一の信条であり、歴史的な使命なのであります。

親愛なる国内外同胞の皆さん！わが民族も、他民族に劣らず幸福であるための諸条件と、素質を充分に備えていながら、長い年月の間、屈辱に満ちた歴史をあじわなければならず、いまなお後進の位置から完全に脱却することができないのは何故か、その原因は内には民族の自主精神が欠如していたために協同と団結がなく、外では国際的な孤立状態であったがために、容易に外国の侵略をうけて、血と涙の長い歴史を経た事実をおもうとき、われわれは、いまいちど、この「失敗の歴史」の要因を反省し、われわれの現実に重大な警告を発せざるを得ないのであります。

いまわれわれは、過去のいかなるときよりも強く、全民族の力量の結集を要請される歴史的な瞬間に立たされているのであります。それは、分断された国土の範囲内だけに於てでも、福祉国家を建設してわれわれ自身の安全と発展を期しこれを基礎にして勝共統一の民族的悲願をわれわれの時代に成就せねばならないからであります。

しかし、これらの事業はもとより容易なことではありませんでしたが、われわれは、それでもなおこの目標を指向して、すべての障害と悪条件をしりぞけ、最大の努力と最大の精力を傾注してきたのが事実であります。

このようにして、一歩一歩と国家近代化の基礎作業は前進し、今や国際的に脚光を浴びるまでに到っている事実は、だれもが認めざるを得ない厳然たる現実なのであります。

親愛なる国民のみなさん！われわれは、いまや、与野の政治指導者をはじめ、社会各界にわたる一切の知識人はもとよりのこと、わが国民全部が、国家のための共同責任という一点に集結してただひとりの脱落もなく、前進する参与意識のもとに、この歴史的な課業遂行に喜んで立ち上らなければなりません。

また、われわれはいまや、すべての古いものを新しいものに創りなおし、改革と前進への約束を履行するためには、あらゆる逆理的、逆行的、阻止的な要因の除外に極めて勇敢であらねばなりません。一切の非生産的なもの、非建設的なもの非科学的なもの、非協和的なもの等、前進な悪要素を完全に清算すべき時期にたち至っているのであります。

すべてを、国民の民福に目標を結集させ、解放民族の光栄を顕彰立証すべき段階に至っているのでありますが、このための革新的なわれわれの努力が、たとえ短時日内に達成できないことがあるにせよ、われわれは決して、性急な焦燥を感じてはなりません。

着実にあせらず、忍耐をもってまじめに一歩一歩、休まず前進することのみが、われわれの目標を達成する近道であると信じて疑わないのであります。

親愛なる国内外同胞の皆さん！われわれのすべての問題には、確固たる是非の判断とともに、決定的な行動が伴わなければなりません。そして何よりもまず国家の安保と安定をはからなければなりませんが、これこそは、われわれの至上課題であり、すべてのもの以前の至上命令であるからであります。万一、これが保障されないとすれば、「解放」の意義までもが一場の夢と消え果てるであろうし、自由の価値も平和への希望も、みな水泡に帰してしまうのであります。

であるから、われわれは解放と自由と平和を"わがもの"とするために、まず共産主義の侵略を根絶させねばなりません。

北傀は、70年代に大規模な武力侵攻を敢行すべく狂奔しておりますが、これは極めて愚かであり、また悔んで余りある反民族的行動であります。しかし、われわれは、かれらの罪悪的野欲を打ち砕くための、より強力な備えがあることを誇り得るのもまた事実であります。

さらにまた私は、北韓の善良で勇敢な同胞たちが、すすんで北韓の共産徒党および傀ライ政権と抗争することによって、七〇年代には必ず、われわれが自由の勝利をおさめて、第二の「解放」を成就する契機に呼応することを呼びかけたいのであります。

もはや、われわれに猶予や逡巡は許されません。祖国の伝統と人類の平和に反逆する者たちの、悪魔にも似た所業に、いまこそ終止符を打たせなければなりません。

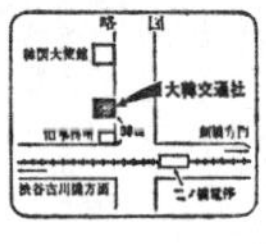

親愛なる国内外同胞の皆さん！愛国心とは、いつの時代にも、豊かな生活の基盤となるもので、国土と国民と国権を、生命よりも尊重するところに必ず民族の繁栄が約束されるのであります。われわれが、民主と自由と統一のために努力し苦労するのも、実はこの民族の繁栄を願うにほかなりません。われわれの先烈たちも、国を愛するがために、祖国の光復と自由の守護のために尊い血を流し、遂には民族の解放を招来させたのであります。

今日、この民族の祝典を祝うわれわれも、国を愛する心ひとすじに結集して、先烈たちの英霊に感謝を捧げるとともに、われわれ自身が国土の防衛と経済の成長に努力することによって、子孫に光栄ある遺業を残さなければなりません。

国を愛する心、これひとつを中心に全国民が結集して、総力を傾注するならば、われわれの念願である国土統一も、祖国の近代化も必ずや達成できると、確信する次第であります。

今月のこの日を期して、私はいまいちどわが民族全体の力量の総集結を訴えるのです。わが民族の力量さえ結集すれば、解放の意義も自由の価値も、平和への希望も、そのすべてが必ず現実のものとなりうることを信じて疑いません。

一九六九年八月十五日

朴正熙

一般永住権附与で救済
戦後入国者問題で意見一致

全体会議・各分科委員会報告書 全文
在日居留民団強化対策会議

全体会議

一、在日居留民団中央本部と地方団長および、民団幹部と在日韓国人社会の指導者七三名は、政府の招請により母国を訪問して、在日韓国人の権益保護と居留民団の強化を目的に、政府が主催した会議に参席した。

政府関係部処の当局者達との連席下に開かれたこの会議は、八月七日と八日の両日にわたりソウルで開催された。

二、権圭夏外務部長官は、この会議の開会式で、政府を代表して祝辞を述べたが、この祝辞を通じて特に同長官は、政府と国民が、民族中興の偉業を成功的に推進させている現在、もっとも重要なことは、国内外を問わず、国民が一致団結することであることを強調した。これに対し李禧元民団中央本部団長はあいさつを通じて、民団の組織整備と事業活動を一そう敏かつに行ない、民団が一日もはやく自らの力で、民団の事業を遂行……

……立脚した永住権申請の促進に、最大限の努力を確認した。

六、会議は、在日韓国人の経済活動において、商工会および信用組合が大きく貢献している事実を認め、同商工会と信用組合を育成強化することに意見を同じくした。

会議はまた在日韓国人の母国経済建設に対する参与を、積極的に奨励することに意見の一致をみたが政府は、このための門戸は開放されており、運営面においては、一そうの円滑を期す方針であることを明らかにした。

七、会議は、在日韓国人子弟に対する民族教育の、重要性を再確認して、効果的な努力を継続することに対し意見の一致をみた。政府は現在二十一ヶ所に達する在日教育文化センターを、今年中に九ヶ所増設する方針であり、将来はより拡大させる計画であることと、母国留学の門戸を次第に広げる方針を表明した。

民団は教育活動の……

……問題点に関する討議内容は次のとおりである。

一、民団側では、在日居留民団はその基本的性格と業績からみて、在日韓国人社会では、必要不可欠な存在であり今後においても恒久的に民団活動は継続しなければならないとの前提のもとに、すべての施策と方針を決定すべきであり、民団自体も、その組織と運営面において真摯な反省が必要である。一方、まず政府機関も民団組織を、権威ある存在として認めて接触する必要があると述べた。

政府側は、民団組織の必要性を再確認し、民団組織が反共を基本性格とする対共闘争のための組織として在日韓国人社会の団結の中心となる団体であることにかんがみ、在日韓国人社会を網羅した組……

……オブザーバーとして国会に参席させ、国政へ間接的に参加することを希望した。政府側は同問題は、国会の決定事項であるため、民団の希望を忠実に国会へ伝えることを約した。

四、民団側は、現在地方公館が民団の地方組織と直接に接触するなど、組織の運営系統に混乱をひきおこしていることなどを指摘し、駐日大使館と民団中央本部間の協力によって、運営体系を確立してくれるよう要望した。これに対し政府側は、大使館と民団中央本部間の定期懇談会を開催することによって、在外公館と民団各機関との協力関係を、より一層効率化するよう努力するとのべた。

五、民団側は、民団事務局実務者の確保と精神武装のための本国で、民団幹部養成のための訓練を、ほ……

組織分科委員会

経済分科委員会

……心事であり、今後も政府は積極的な支援に努めることを約した。

二、在日韓国人の公共機関が、その発展と育成を目的にうけいれる寄付金に関連し、免税の措置をうけ得る団体として認定される問題、韓国人信用組合の、金庫代理業務および、融資取扱店の資格認定問題……

教育分科委員会

……の会議を開催した。提起された問題点に関する討議内容は次のとおりである。

一、政府側は奨学官を年次的に拡張することを検討し、近い将来に、各公館に奨学士を配置できるよう努力するであろうとのべた。

法的地位問題委員会

……相会議と、第三次韓日定期閣僚会議などを通じて、同問題がすみやかに解決されるよう努力するとのべた。

九、民団側と政府側は「在日僑胞」という用語を避け、「在日韓国人」という用語で通称することに合意した。

……者の離散家族に対しては、その上陸時期を問わずに居住権を認めることと、すでに日本へ上陸して相当期間居住した者に対しては、人道的見地からも、居住権は許可されるべきだとするのが、政府の立場であることを明らかにした。

一世帯一生業運動
生活の安定こそ愛国への道

在日韓国人商工連合会 会長 許弼奭

……国発展に協力できるよう尚一層の努力が望まれます。

我々在日同胞の社会においても韓日会談成立後一つの大きな転機をむかえるようになりました。我々は今後も事態を安易に眺めることなく、現実の状況と将来の展望とを冷静に考察する必要があると思います。

我々及び、我々の子孫が長期的に日本に永住するためには、なによりも「法的地位の確保」と「経済的安定」の二つが不可欠の要件であると信じます。

特に我々は経済の安定に焦点をおいて「一世帯一生業」を目標に真剣な工夫と不断の努力を払うべきだと思います。今日のように科学の進歩、社会の変遷、国際間の変動が激しい時代にあっては、我々の進む方向に誤りがないよう、よりよき組織の指導、母国の保護が切に要望されます。光復節はいう迄もなく我が母国が独立した日でありますが、解放後二十数年をへた今日、政治的独立は経済的自立があって初めて本物であることを痛いほど感ずる次第であります。

民族資本育成で
祖国の経済開発に呼応

在日韓国人信用組合協会 会長 朴漢植

今年で早くも二四年目を迎える記念日です。この光復節を在日韓国人信用組合協会傘下二八会員組合を代表して心からお祝い申し上げます。

しかしながら、慶賀であるべき記念行事が、最近にはややもすると単なる形式になりがちなきらいがございます。我々はこの日には今一度過去の歴史を想い起し、現在の民族の置かれている立場を振り返って見ると同時に、明日の民族発展を祈願する場でなければ、ならないものと思います。

民族の悲願である国土統一は、今日に至っても達成されずに、分断国家という民族最大の不幸を背負わされた状態のまま、我々は今日の光復節を迎える訳ですが、幸いにして我が大韓民国は朴大統領閣下の指導の下に、全国民が一致団結して国防と建設に、総力を結集して、素晴らしい成果を収めていることは、我々にとってこの上ない民族の誇りであります。

この際我々日本に在住する韓国人商工業者は、祖国の飛躍的発展に呼応して企業の発展に、一層の努力を傾けねばならないものと存じます。その意味においても我々在日韓国人信用組合協会傘下会員組合の役員各位は、民族資本により構成された唯一の金融機関である信用組合の育成に全力量を注ぐことが、即ち、韓国人商工業者の企業伸展に些かの貢献をする道であるとの固い信念をもって運営にあたっておりますから、そのためには民団組織の、絶大なる御協力を切にお願い申し上げるとともに今日の第二十四回光復節をお迎えするに当りまして、我が民族の限りない繁栄をお祈り致します。

大和株式会社

代表取締役　金　宖　一

東京本社　東京都中央区日本橋江戸橋2の1番地
電話　東京（273）７００１番（代）
TELEXNO・222−3388
仙台工場　宮城県宮城郡多賀城町八幡
電話（02236）（2）４５８９番
TELXNO・85−2738番
SEOUL事務所　SEOUL特別市中区北倉洞11番地
電話（22）９８７８・０７７９番

韓国生産性本部日本支部副会長

三洲物産株式会社

取締役社長　李　彩　雨

東京都新宿区四谷1−19番地（第3上野ビル）
電話（353）７０２１〜３

小林商事株式会社

取締役社長　林　木　祥

事務所　東京都台東区浅草2丁目18番4号
電話（841）３５６９・３５７４番
営業所　浅草グランド日輪（841）３５７１番
錦糸町グランド日輪（633）３６８６番
浅草ニューパレス（841）９１３５番
浅草ゴールデンシャトウ（841）６４２５番
浅草クラブカジノ（841）３７６７番
浅草スチームセンター（844）６３６２番
浅草モナコ（841）２７２１番

大田物産株式会社
韓国セレン株式会社

代表取締役　朴　斗　七

本社　東京都中央区京橋2丁目11番地（京二館ビル）
韓国セレン　韓国SEOUL特別市中区太平路1街64番地（監理会館3号）
電話（75）7076番・（69）2465番
代理店　SEOUL中区乙支路二街６５番地
電話（22）4789番・（28）5610番

東洋貿易株式会社

（オリエンタルトレーディングカムパニー）

代表取締役社長　黄　健

丸ノ内分室　東京都千代田区丸ノ内2丁目2番地
丸ノ内ビルディング364号室
電話　東京（212）１０３１−６（代）
赤坂本社　東京都港区赤坂2丁目5番5号
エールフランスビルディング3階
電話　東京（583）６８５１−３番（代）

営業科目（各種自動車中古車販売 / 一般自動車整備・板金・塗装）

不二自動車工業株式会社

取締役社長　白川博康（白文竜）

横浜市鶴見区鶴見町一三三一
電話〇四五（五〇一）六四九三
（五一一）〇四九八
自宅〇四五（五七一）五二五二

株式会社　東装捺染

取締役社長　森山金次（金点壽）

本社　神奈川県横浜市保土ヶ谷区坂本町一一三番
電話〇四五（三三一）二三二八（代）
自宅　神奈川県横浜市西区西戸部町三丁二八四番地
大韓民国居留民団神奈川県本部副団長

光栄海運株式会社

代表取締役　金　鉄　石

横浜市中区住吉町六ー七八番地
大清ビル五階五三四号室
電話〇四五（六五一）一四二一（大代表）
（六四一）九四二七（直通）
内線一〇七

大同実業株式会社

東京都千代田区有楽町一ー一〇
（三信ビル三二六号室三二八号室）
電話〇三（五九一）八一二六ー七
一六一四、七五六八、九〇二七番
鶴見LPガス・スタンド
横浜市鶴見区栄町一丁目一〇番
一一号
電話〇四五（五〇一）六九二三

広田製麺所

代表　黄二柱

横浜市鶴見区本町通一ー三
電話〇四五（五〇一）三二四四

東証株式会社

取締役社長　許　燦

横浜市西区南幸町一ー三ー一〇
第二・ニュー横浜ビル四階
電話〇四五（三一一）五一四六（代）

神奈川県韓国人商工会

会長　洪勾杓
副会長　高尚稷、尹洙宅
専務　朴述祚

横浜市中区曙町1−12
TEL045−（261）２５２６

須賀商事株式会社

代表取締役　須賀泰善

横浜駅西口徒歩二分
TEL 045（311）0161〜8

韓国料理・喫茶店・キャバレー

横浜起重機運輸株式会社

代表取締役　浪木伸一

本社　横浜市鶴見区寛政町一二八番地
TEL 045（501）4415−4417（代）
営業所　神奈川県川崎市浅田町四丁目16−13
TEL 044（33）3192・4006

預金高37億円・在日同胞の金融機関

横浜商銀信用組合

理事長　李鍾大　専務理事　李根馥

本店・横浜市中区蓬来町2の3
電話045（251）6921−5
川崎市支店・川崎市東田11　電話044（24）4961
横須賀市支店・横須賀市日の出町1の2
電話0468（22）6935

三貴商事株式会社

代表取締役　白　鐸　善

横浜市鶴見区鶴見町２５３番地
TEL 045（581）５２５９

横浜商銀信用組合川崎支店長

純欧米式ホテル

第三モーテル

横浜市西区楠町二一番地横浜駅西口（徒歩5〜6分位）
TEL 045（311）９３２１

株式会社　東京トルコ

取締役社長　李　五　振

神奈川県横浜市中区福富町西通り28
TEL 045（251）0061−2

川崎物産株式会社
中央車輌株式会社

取締役社長　李　圭

ライオンズ国際協会・川崎御幸クラブ会長

川崎物産　神奈川県川崎市南幸町三の九七
TEL 044（51）6223−7
社長専用 044（51）6226
中央車輌　東京都大田区大森南三の三〇の六
TEL03（741）6531−5
社長専用03（741）6533
川崎御幸クラブ事務局
神奈川県川崎市日進町一の一
川崎日航ホテル四階
TEL044（24）4640、4649

株式会社　ホテル横浜

会長　李　明

横浜市西区南幸町二ノ三ノ四
TEL 045（311）4775−7

本籍地　大韓民国全羅南道宝城郡筏橋邑池洞里

東　映　会　館

社長　李　千　寿（平川）

横浜市保土ヶ谷天王町
電話（045）331局2683・2151番
自宅　横浜市中区山手２０
電話（045）641局1357番

土地建物の御用は

株式会社　安藤住宅社へ

代表取締役　安藤信一

不動産部　神奈川県川崎市中野島八六六
TEL 044（91）4231・4232
遊技部　東京都南多摩郡稲城町矢ノ口駅前
TEL 0423（77）６３２３

豊亀土木株式会社

横浜市磯子区岡村町笹堀1083番地
TEL（代）045−761−0131−3

豊亀地所株式会社

横浜市中区不老町2の8不二ビル
TEL 045−681−３２３７
代表取締役　任　徳　宰

プランニングから施工まで！

博覧会
展示会
インテリア
各種デイスプレー
屋外広告

株式会社　つゝみ商会

東京都北区田端町６７８
TEL（918）3795−8

港湾運送事業　海　油槽船海運業

海栄海運株式会社

代表取締役社長　金海政昌（金賛柱）

横浜市中区山下町124　TEL. 045（681）0017−0037

注目の法相会議
ソウル会議の成果反映するか

日本側の出方に関心
永住権許可範囲拡大協議

李法務長官と西郷法相との韓日法相会談が十九、二十の二日間、日本法務省で開かれる。この会談は、韓国側の要請によるもので、韓国側は在日韓国人の永住権申請手続きを簡素化して永住権取得の順調をうながすための、要望を行なうものとみられる。特に、さる七、八の両日にわたってソウルで開かれた、政府と民団との会議で、永住権申請に関する実情聴取と、十分な意見交換があったあとで開かれる法相会議だけに、在日韓国人の意思が、政府の対日交渉に、どれだけ反映されるか、極めて注目されている。

これに対し、政界消息筋の語るところによると、政府は、この韓日法相会議において在日韓国人の協定永住権取得手続きを大幅に緩和してくれるよう日本側へ積極的に要求する方針である。

協定永住権申請期限をあと一年半にひかえて政府は、今回の会議を通していわゆる日本法律一二六ー二ー六所持者（一九四五年八月一五日以前から日本に継続居住した者）に対して「継続居住」如何を一切問わず全員に韓日協定による永住権（協定永住権）を与えるよう要求する方針である。

今までは戦前に入国した者でも戦後日本にひきつづいて居住したことが立証できる者に限って協定永住権が許可されていたのである。

六七年韓日両国の法務次官会議で両国は、五〇年から五二年の間に日本で実施された第二回目の外国人登録の際、登録を済ませた韓国人に対しては、戦後日本国土にひきつづいて居住していたとの事実を追認するように諒解されたが、しかし、日本の末端行政機関では甚だ混乱期であった当時の居住歴に対する事実調査を継続することによってこのような諒解事項が順調に遵守されず在日韓国人社会から非難をうけているのである。

政府は今回の法相会議で五二年四月二十八日（サンフランシスコ講和条約発効日）以前の戦後入国者に対する一般永住権許可問題にたいしても協議する方針である。

政府はまた、六五年六月二十二日（韓日協定締結日）以前に日本に入国したが、在留資格を許可されていない韓国人の中の離散家族に対しても、人道的な立場から特別在留許可など合理的な居住権を認定するよう要求することを明らかにした。

六月末現在、協定永住権を申請した在日同胞は約十三万人、その中許可された人が十二万人、七一年一月十六日までの期間満了日まで約二十七万人の在日韓国人が協定永住権を取得しなければならないとするのが政府の方針である。

今度の法相会議は、実務者会議を併行させて細密な手続き問題など永住権問題に対する両国間の協力方案を模索することになるだろうと消息筋は伝えている。

万博後援会発足
会長に李熙健氏を選出

人類の進歩を誇る世界の祭典である「万国博覧会」が、アジアでは初めて来年三月から大阪（吹田市丘陵）で開かれる。

七十四ヵ国が参加する同万国博覧会は、韓国からも「友情と深い理解」をテーマに工業立国をあらわす「韓国館」を建設中である。

この万国博を通じて政府は、国威の宣揚と輸出の増大をはかろうとしているが、在日韓国人も本国と一体になり、韓国館の成功を側面から支援しようと、さる四日「EXPO70韓国人後援会」が発足した。

同日午後大阪韓国人商工会会議室で、在日韓国人各界各層の人士たちの参席のもとに発足した同後援会役員の顔ぶれは、次の通りである。

△名誉顧問ー厳敏永駐日大使

△顧問ー閔忠植公使、李禧元中央団長、金鎔[illegible]総領事、柳洙鉉大阪商工会長、徐甲虎、權逸、鄭健永

△名誉会長ー朴漢植（[illegible]協会長、大阪商銀理事長）

△会長ー李熙健（大韓興銀理事、関西体育会会長）

△副会長ー大阪地区から三名は会長団に一任、東京二人、なお各県から一人ずつの副会長が指名された。

△なお、監事、参与、運営委員長、事務局長などの役職も会長団に一任することになった。

この日の後援会は会長団を決定したのち今後、大阪を中心とした後援運動を積極的に推し進めることにした。

万国博に韓国食堂
コリアムード世界に紹介

万国博の食堂部に韓国料理館が登場し、会場をおとずれる諸外国人および地もとの日本人たちに、韓国料理を大いに賞味してもらうことになった。

来年三月から開場する大阪の万博は、日に十数万の入場者が予想され、これら入場者の利用する食堂も大規模なものが建設されているが、この食堂が立ち並ぶ火曜広場の外国料理館に、諸外国と激しい競争のすえ韓国料理がはいることになり、大阪の韓国料理店として有名な「食道園」が選ばれて店を開くことになった。

この食道園は平安道出身の林寛範氏（日本名江崎光雄）が経営する韓国料理の老舗で、同氏の語るところによると、台湾とイタリヤなどの外国勢と最後まで激しい競りあいを演じたが、大阪の金総領事や貿易センターの関係者などの積極的な努力で韓国料理の開館が決定したとのことで、林氏はこの名誉ある決定を感謝するため、いろいろ構想を練っているが、まず全店内外装を純韓国式にするとともに、什器や備品はもちろんのこと従業員にもキレイな韓国衣装を着用させて、伝統ある韓国料理に舌づつみをうつ外人客に韓国ムードも満喫してもらい、料理でも躍進韓国の国威をおおいに誇示したいとのことである。

蘇るあの日の感激
第二十四回光復節行事各地で盛況

……で祖国に解放をもたらしたが、われわれは入管法反対闘争で同法案を廃案させて、在日韓国人社会の生活をまもった。これはひとつの戦いの勝利を意味する」と述べ、この反対闘争における関東地協傘下団員の労苦に感謝の意を述べた。

大会は、会順に従って、李中央団長の記念辞、朴大統領の記念辞代読、厳大使の祝辞のあと、記念講演に大会決議文の採択、朴大統領と佐藤日本国総理におくるメッセージの朗読があって第一部を終え、つづいて第二部の「歌と舞踊の祭典」となり、会場は終日お祭り気分があふれて、参会者には楽しい一日であった。

また同大会には、華僑総連合会の馬朝茂副会長も出席して記念のあいさつを述べた。

【写真　東京神田共立講堂の関東地協主催中央慶祝大会】

スローガンに 法的地位要求貫徹

50万ウォンの手当支給
本国残留の在日学徒義勇軍

中央慶祝大会は 三、〇〇〇人を集め神田で

選手一三〇名が来日
韓日高校スポーツ交歓に

李栗谷先生の銅像除幕

韓国が生んだ偉大な愛国者であり偉人である李栗谷先生の銅像除幕式が、さる八日ソウルの社稷公園で盛大に行なわれた。

本国では、愛国先烈彫像建立委員会とソウル新聞社が共同で、愛国先烈たちの彫像建立運動を展開中で、本年度中に、乙支文徳将軍、金庾信将軍、元暁大師、栗谷先生の以上四基の銅像建立が計画されており、その第一番目の建立が、この栗谷先生の像である。

故張沢相氏の国民葬行わる

……庁前の広場でとり行われた。各界からおくられた三百余の献花が立ちならんだ永訣式場には、丁一権国務総理、李孝祥国会議長、閔復基大法院長など三部の要人と、尹致暎共和党議長代行、兪鎮午新民党総裁をはじめとする政界要人、一般市民多数が参会して故人の冥福を祈った。

静岡県本部でも大会

韓日貿易会談
十九日から東京で

第六回韓日貿易会談が十九日から二十一日まで三日間、東京で開かれる。これは二十六日からの韓日閣僚会議に備えての予備会談で、韓国側からは宋[illegible]外務部通商局長ら八人、日本側は外務省アジア局長が首席代表として出席する。同会談では両国間の深刻な貿易アンバランスの問題に焦点がしぼられ、特に①一次産品輸出増大②日本側関税引下げ③保税加工と原資材免税④韓日合作投資による開発輸出⑤日本側の輸入制限緩和問題が徹底的に取り上げられるものとみられている。

日本側報告検討
ソウルで韓日協力委経済部会開く

韓日協力委員会の経済部会は十二日午前ソウルの迎賓館で開かれたが、同会議では韓日貿易の不均衡を是正するため、さきに日本側特別小委員会が提出した市場調査の報告書を検討して同会議の意見をきたる二十六、二十七両日、東京で開かれる韓・日定期閣僚会談に反映させるよう政府に提議することを決めた。

北傀軍中士一名
国軍哨所に帰順

国防部の発表によると、さる七日、北傀軍の中士官一名が、中西部戦線のわが国軍のもとへ帰順してきた。

この帰順兵は、北傀軍第十五師団所属の非武装地帯哨所分隊長である金チャン・ス(25)で、以前から脱走の機会をねらっていたが、さる七日未明に、巡察を口実に哨所を抜け出し、同日午前八時ごろ、わが国軍の哨所に帰順してきたものである。

同胞たちにも被害

十四日、新潟地方を襲った水禍、新潟地方本部から民団中央への報告によると、新潟地方を襲った豪雨と"鉄砲水"は、同地方の同胞たちにも少なくない被害を与えている。同地方本部管下の高田支部はじめ各地に家屋流失、倒壊などの被害があり、その被害総額は約七千万円に達しているとのことである。

母国で祝典に参加
300名の光復節参観団出発

今年も本国での光復節記念祝典に参加する「在日同胞参観団」三五六名が、民団中央池昌男副団長総指揮のもとに、十四日に、全国三ケ所の空港からソウルに向けそれぞれ出発した。

民団中央では、すでに数ヶ月以前から参観団の訪問事業に関する諸般の手続きを推進していたが、今年は例年になく参加希望者が多いため、全国を三地区に分けて、第一地区は東京以北の十九地方本部から、第二地区は大阪を中心とする十六地方本部が参加して大阪の伊丹空港から、第三地区は福岡を中心とする十三地方本部が参加して福岡の板付空港から出発したが、一行はソウルで合流して祝典に参加したあと国軍墓地に参拝し、政府要路を訪問後に、現地で解散することになっている。

なお引率責任者として中央を代表して参加する池副団長は、このあと外部で行われる海外有功者褒彰式にも参席することになっている。

本国では、光復節を前後して母国を訪問する海外同胞を温く迎えるために、この、八月を「海外同胞歓迎の月」と定めており、こんどの訪問団もソウル到着後は早速胸に歓迎の赤いバラを挿してもらい、感激するであろう。

また出発を前にして池中央副団長は次のような談話を発表した。

池副団長

先日の合同会議が大きな成果をおさめたソウルに、光復節参観団を引率して訪問できる喜びは大きい。日に日に発展している母国の実情を在日同胞に見せることだけでも大きな意義があるとおもうし、朴大統領の領導下に全国民が国防と建設に励んでいる祖国の姿は、必ず訪問団に深い感銘を与えるであろう。団体行動の間はもちろんのこと解散後においても、全員が母国に対する理解を深めることに努力するとともに、日本において朝総連分子の策動と斗っている民団の正しい姿を、本国在住の人たちにひろく認識させるよう責任と深い自覚と注意を怠らないことを希望し、また、各自が健康に留意して一人の事故者もなく無事に帰国することを願ってやまない次第である。

大韓民国居留民団紀北連合支部
和歌山県伊都郡かつらぎ町中飯降一七二ー一
〒〇七三六ニー二ー〇六〇三
団長 李壎鎮
議長 張栄基
監察委員長 朱命根

大韓民国居留民団市北支部
和歌山県和歌山市石橋丁一ー一
〒22ー〇三〇七
団長 具培根
議長 金石九
監察委員長 徐洪錫

大韓民国居留民団市南支部
和歌山県和歌山市吹屋町三丁目三六
〒23ー七八七六
団長 尹智東
議長 秋虎生
監察委員長 李一竜

大韓民国居留民団芦原支部
和歌山県和歌山市汐見町二ー一五二
〒22ー〇九八四
団長 宋順容
議長 朴炳渭
監察委員長 鞠福君

大韓民国居留民団海南支部
和歌山県和歌山市琴之浦一四三七
〒44ー二八八一
団長 文慶協
議長 朴丁述
監察委員長 車成道

大韓民国居留民団海草支部
和歌山県海草郡下津町字下津八一三
TEL〇七三四九ー二ー〇七七一
団長 金禹圭
議長 李敬方
監察委員長 李学律

大韓民国居留民団有田支部
和歌山県有田郡吉備町字徳田
〒金屋局三三〇
団長 許台七
議長 鄭能秀
監察委員長 許晩七

大韓民国居留民団御坊支部
和歌山県御坊市薗七〇九
〒〇七三八ニー二ー〇五一五
団長 朴振鵬
議長 林奉述
監察委員長 李基泳

大韓民国居留民団南部支部
和歌山県日高郡南部町北道
〒〇七三九七ニー二三一六
団長 張小甲
議長 権海述
監察委員長 韓彦愈

大韓民国居留民団新宮支部
和歌山県新宮市堀町七二四三
〒〇七三五ー二ー二四〇二
団長 鄭武鎬
議長 裵述用
監察委員長 金致煥

グランドサロン　トルコワカヤマ
モロッコ　市民レジャーセンター
東洋産業株式会社　**東洋観光株式会社**
和歌山市萬町4
電話㉒6378
代表者　申吉秀

中古自動車売買　中古パーツ販売
株式会社
高山商店
取締役社長　崔秉現
自宅　和歌山市広瀬中之町2丁目19
TEL 0734 (22) 6732番
工場　和歌山市弧島
TEL 0734 (55) 0597番

新日本産業株式会社
代表取締役社長　金輝穆
和歌山・キャバレー　ミスジャパン
和歌山市中之島195-45
TEL 0734 (22) 8759
堺・アルバイトサロン　ニュー堺
堺市南瓦町16
TEL 0722 (38) 7681
サウナ・スチームバス　堺ジャパン
堺市翁橋1の7
TEL 0722 (3) 2012

在日本大韓射撃協会
マドリード(スペイン)の世界射撃選手権へ選手派遣を期す
会長 権宗業
顧問 慶野栄一
副会長 崔泳郁
〃 鄭炯和
〃 韓禄春
〃 張光鎮
〃 朴三圭
〃 千学祥
専務理事 朴魯興
理事 金奉佑
〃 金南九
〃 朴性台
〃 呂鳳秀
〃 鄭南植
〃 呉竜根
〃 姜秀煥
監査 鄭南杓
事務局・東京都世田谷区砧町九〇
電話東京(〇三)(四一五)二一八一ー二

信用組合　和歌山商銀
和歌山市三木町堀詰八
TEL 31-3241（代表）
理事長 李敏和
副理事長 文奎植
常務 坂田永吉
営業部長 池本隆良

大韓民国居留民団和歌山県本部
和歌山市尾形町三丁目九番地
電話 (22) 3233番
顧問 王応祚
〃 曺三綱
〃 文奎植
〃 李敏和
議長 金輝穆
副議長 李壎鎮
〃 曺斗煥
監察委員長 金柙基
〃 委員 金成烈
〃 朱秀
団長 申吉秀
副団長 孫貞守
〃 崔信喆
事務局長 権道寧

秘書募集（男女）
職種＝事務受付または院長代行事務
人員＝二十三歳前後の男女三名
学歴＝高校卒以上
給料＝初任級二万五千円以上。他に交通費支給。
勤務地＝東京（自由ケ丘、中目黒）。横浜宿舎設備あり。
グレッグ米会話センター
東京都目黒区自由ケ谷一ー九ー五
電話 東京（七一八）五〇二二

御坊唯一パチンコホール
喫茶バー
アポロ会館
喫茶バー アポロ
代表者 朴憲碩
和歌山県御坊市島一三九
電話②一三二三番

パチンコの殿堂
成美会館
代表者 王相吾
和歌山市和歌浦
電話㊹一六八五番

パチンコホール
有楽園
代表者 権舜愛
和歌山県海南市日方井松原
電話②一七四五番

娯楽の殿堂
パチンコホール
冨士会館
エース会館
軽食・喫茶エース
代表者 孫貞守
和歌山市杉之馬場二丁目
電話㉓四三〇三番

娯楽の殿堂
パチンコホール
ロータリー会館
純喫茶ロータリー
代表者 曺喜宣
和歌山市中之島ロータリー角
電話㉓〇〇三四番

娯楽の殿堂
パチンコホール
オメガ・千鳥
代表者 李敏和
和歌山市雑賀町一〇番地
電話㉒三〇九六番

建設業
三紀工業
代表者　李壎鎮
和歌山県伊都郡高野口町向島
電話② 2640番

各種自動車及中古部品タイヤー
船舶用動力用ディーゼルエンジン
松岡商店
代表者　朱秀
工場　和歌山市小二里2丁目5県道大浦線　TEL0734-24-2376
本宅　和歌山市加納町1丁目1　TEL0734-22-1798

金本鉄工株式会社
代表取締役　金柙基

本社	和歌山県海草郡下津町下津　丸善石油㈱下津製油所内	TEL07349-2-1201
大阪営業所	大阪市東区南久太郎町1丁目29（大成ビル705号室）	TEL06-271-5571
和歌山工場	和歌山県有田市箕島町北新町	TEL07378-5255
海南出張所	和歌山県海南市藤白758	TEL07348-2534
松山出張所	愛媛県松山市大可賀町580	TEL松山51-2135-6 夜間51-0461
千葉出張所	千葉県市原市五井町井川岸	TEL市原2-0623 夜間2-0801
堺出張所	堺市築港新町3丁目16 関西石油㈱堺製油所内	TEL 堺41-2142
自宅	和歌山県有田市箕島824	TEL07348-3960

国内旅行・海外旅行・航空貨物も日航機で

ソウルへ商用なら早朝便を　釜山訪問なら ゆっくりと午後の日航機を

母国〈韓国〉へは日航機がいちばん便利です。ソウルへ商用でしたら、早朝便が東京から毎日出発（大阪発は日・水・土曜）。朝到着で、すぐ仕事にとりかかれ、現地での時間を有効に使えます。また、釜山行は火・木・土曜発。大阪からも福岡からも、お出かけになれます。こちらはゆっくり出発できるダイヤです。韓国へは快適な日航機でどうぞ。母国到着まで、韓国人スチュワーデスも心のこもったサービスにあたります。

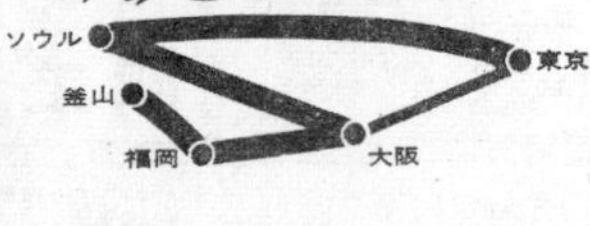

祝 8月15日 光復節

ベスト・スケジュールで飛べる日航韓国線ダイヤ
東京発　毎日09：45………ソウル着　11：45
大阪発　日・水・土08：10…ソウル着　09：35
大阪発　火・木・土10：40…釜山着　13：50
福岡発　火・木・土13：00…釜山着　13：50

海外旅行のご相談は日航メイルボックスへ
クーポンを葉書に貼り、ご質問のほか、行先、渡航目的<業務・視察・観光>、出発予定日、電話番号をご記入のうえ、郵便番号100-91東京中央郵便局私書箱205号　日本航空メイルボックスへ。

世界を結ぶ日本の翼
JAL
日本航空
クーポ
共同-

韓國新聞
発行所 韓國新聞社
発行人 鄭烱和
東京都文京区春日町2丁目20－13
電話 (815) 1451～3
定価 1カ月100円
振替口座東京 34988番

綱領
一、われわれは大韓民国の国是を遵守する
一、われわれは在留同胞の権益擁護を期する
一、われわれは在留同胞の民生安定を期する
一、われわれは在留同胞の文化向上を期する
一、われわれは世界平和と国際親善を期する

法的地位問題 完全な勝利のもとに貫徹

勝利の曙光は我等に 忍び難きを忍んだ 権益擁護闘争

韓日会談が第七次会談を経て妥結し、その間、十ヵ年の歳月を費やしたのである。われわれ在日韓国人は法的に不利な立場に放置されていたため、一日も早く会談が妥協点に到達することを心から待ち望んでいたのである。現政権が軍事革命によって政権の座を占めるや、一瀉千里的に韓日会談を押し進め、国家再建の槌音は内外にこだまし、建設の行進の響はひし々と在日韓国人の胸に波うち、われらは、軍事革命を好のむと好のまざるとを問わずして、その意欲と着き迫力に絶讃の声をおしまなかったのである。それが故に、韓日会談が進捗するにつれて、われら在日韓国人にとっては死活の問題である法的地位問題に就いて、不本意ながらも反意を行動的に示さず、祖国再建の大局的見地に立脚して妥結への賛者の一灯を掲げたのである。しかし、祖国の再建が軌道に乗り政局が安定性を帯びて来れば、かならずや、政府は在日韓国人の生殺の鍵である法的地位問題を何かの方法と外交渉によって再考慮されるものと信じ、依存する心があったこそ、忍んで現時点まで来たのである。会談妥結以後在日居留民団中央本部の代々の団長は陰に陽に法的地位問題の再考を本国政府に真申し続けてきたが、日本政府当局者は今期の日本国会に出入国管理法案を提出し、在日韓国人のわれわれを世界に例のない抑圧政策下におく悪法の立法化の画策をこころみたのである。この機を逸せずと、李禧元現中央本部団長は法的地位要求貫徹運動を展開するに併せて、『入管令改悪反対』の権益擁護闘争の戦陣の先頭に身を挺し、一方においては本国政府当局と密接な連繋のもとに法案の成立を阻止〃法的地位の要求貫徹を全国にまたがる全組織ならびに機関を動員して、かつてない、おおがかりな大衆運動を繰りひろげた結果、韓日法務相会議となり、その勝利の成果の曙光が輝き、この度の韓日法務会議共同発表に表明されたのである。けれどもわれわれはこれに満足してはならない。最後の最後まで完全なる要求の貫徹が具現するまで権益擁護闘争の手綱をゆるめてはならない。

論壇

韓国国営 綜合製鉄所建設協力に 日本は高次元的に解決

韓日閣僚会議第三回目の定期会議が東京において、この程開かれて「両国の政経関係全般に関して検討した結果、長期的な観点から互恵の原則と信義に立脚し両国間の善隣関係を一層発展させるため、引続き努力することに合意」したコミュニケを採択して、つつがなく終えた。

今回の会議は従来に比して、政治的色彩を一段と薄く反映させしめたことは、現時点における国際政局はもちろんのこと、極東に押し寄せる危機感がかくならしめたものであろう。

これにくわえて、浦項地区に建設予定の韓国国営綜合製鉄所建設資金の援助問題と貿易問題に焦点がおかれた。

韓国における綜合製鉄所建設は解放以後、韓国政府に与えられた至上課題であったが、歴代の政府自体に内包されていた経済的、政治的な隘路に阻まれて、これが実現をみることが出来なかった。

これを、現政府は朴正煕大統領を迎えて、ついに国営綜合製鉄所建設計画を樹立し、あらゆる障害に遭遇しながら、それを乗り越えつつ、この度の韓日閣僚会議における最大の焦点となって俎上にのったのである。

[以下判読困難]

韓日法務相会議

憲法改正公聴会開く

協定永住権者の再入国許可を好意的に配慮す

居住歴調査は簡素化

法務相会議了解事項を確認

待望の法的地位問題は この空気のもとで醸し出された

【写真】左は李澔法務部長官右は西郷吉之助法務大臣

世界の孤児"北傀" ソ連とさえも水と油の仲

仏のディロン記者は語る

北傀の武装ゲリラ 南侵は失敗続き

英国のタイムス紙が報道

英国の有力新聞タイムス紙は二十四日北傀の武装ゲリラに関する記事を載せ、次のように報道した。

北傀は武装ゲリラの韓国への侵透をずっと続けているが、これは北傀が韓国領土内でゲリラ戦を誘発させようとし試みているからだと観測される。しかし、これまで三、四年間、北傀のこうした試図はことごとく失敗している。だが韓半島で現在のような南北対決が続くかぎり、米国が駐韓米軍を撤収させる可能性はほとんどないだろう。

ソ政府と協議用意

サハリン同胞帰還で愛知外相

日本政府の愛知外相は、サハリン(樺太)に残留している韓国人たちの、韓国または日本への帰還問題に対し、ソ連政府の指導者と協議する用意があることを、外務省の東山公報局長が、二二日明らかにしたが、その具体的内容は未定であるとのことである。

在日本居留民団 声明書発表

平和的な民族繁栄と地域社会に貢献を希望

進歩と発展のための陣痛

民団中央本部人事発令

お知らせ

尋ね人

金奉実(女性)
大正十年十月二十五日生(48才)
現住所 静岡市田町七丁目一〇〇

右の者本年五月十七日まで現住所にいましたが目下、行方不明です。お心あたりの方は、左記連絡所までお知らせ下さい。応分の謝礼をいたします。

◎特徴①暴漢者の手術を五回もしており、腹部に大きな傷跡がある。②頭髪がうすい ③日質または他人名儀の保険証で通院加療の可能性あり ④精神に異常あり、やせている

連絡先 静岡市相生町二ノ一九 民団静岡地方本部 事務局長まで
電話(〇五四二)(52)四五三一～三

理解と協力の必要確認

韓日閣僚会議終る

浦項綜合製鉄所建設への協力、貿易不均衡の是正、保税加工貿易品目の拡大、関税率引下げなどのほかに多くの重要案件に対する交渉を目的に、さる8月26日から東京・芝白金の迎賓館でひらかれた第三回韓日定期閣僚会議は、27日午後6時の閉会予定を一日延長して、28日午前にも会議を再会したが、同日の午前11時45分に共同コミュニケを採択して閉会した。

この閣僚会議に韓国側からは金鶴烈副総理兼経済企画院長、崔圭夏外務部、黄信律財務部、趙始衡農林部、金正濂商工部、姜瑞竜交通部の各長官が参加し、日本側からは愛知外相、福田蔵相、太平通産相、長谷川農相、原田運輸相、菅野経済企画庁官らが出席して、会議は終始和気あいあいとした雰囲気の中で進行し多大の成果をおさめた。

それ以上を希ったのに
―韓日閣僚会議とわれわれの失望

三回目の韓日閣僚会議は二十八日長文の共同声明を発表して幕をおろした。

共同声明は、両国閣僚達が幅広い関心事に対して意見を交換した事情をうたっているが、実質的な討議の進展があったと信ずるには困難であったといわざるを得ないのもまた事実である。

共同声明が明らかにしたようにわが方は、綜合製鉄工場の建設を、韓日両国の経済協力に最優先する計画として、日本側に対して協力を要求したのであるから、この問題に関する討議の結末だけをもってでも、閣僚会議の成果を意味づけることが出来るという主張も成り立つはずである。

しかし、両国の広汎な意味での経済協力は、この問題一つだけで代弁されるような単純なものではないのである。

……

金副総理の開会あいさつ

綜合製鉄所に協力
租税協定二十七日に妥結

二十六日午前十時三十分からひらかれた第一回全体会議は、両国のあいさつ、基調報告で終わり、午後三時すぎからの第二回全体会議で実質討議が始まった。まず愛知外相が浦項製鉄所の建設問題について「韓国側の説明もききたい」とのべたのに対し、金副総理は……

（写真＝芝白金の迎賓館での開会式。正面立っているのが金副総理）

愛知外相の開会あいさつ

個別会談

租税協定妥結を確定

貿易問題、前向きに

海運協定締結で意見

のり、見本取引きを

（写真＝東京プリンス・ホテルでの金副総理主催のレセプション）

居住経歴調査せずに許可で合意

飛躍的に増加するか永住権申請

総数13万3千を突破

毎月5千余名が永住申請

かねてから不振を伝えられていた協定永住権申請者数もついに十三万を突破した。

法務省入管当局の発表によると、さる八月末現在の協定永住権申請者数は十三万三千名に達し、七月末の十二万九千四百九十六名に比べ一ヶ月間に三千五百余名の増加である。さらに本年三月末の十一万二千九百六十八名に対しては二万三十二名の増加で、これを月平均にすると毎月五千余名が、永住権を申請していることになる。

しかし、この数字は在日六十万の韓国人のほぼ四分の一に過ぎない。申請開始以来三年七個月を経過してようやく四分の一の申請者を数える現状から推して、残る一年五個月間に残りの未申請者四十七万人（四分の三）が全部申請を完了することを期待するのは困難である実情のため、民団ではちかく全国の各級組織を総動員して、大々的な永住権申請の促進啓蒙運動を展開することになっている。

なお、この促進運動の背景には、さきにソウルでひらかれた政府との「民団強化対策会議」の成果と、その後に東京で開催された韓日法相会談および、同会談終了時に発表された両国法相の共同声明が、長い間の懸案となっていた法的地位、とくに永住権申請とその許可に関する多くの問題点に一応の解決をみせるに至ったことが大きな契機となっておりまた本国政府と大使館当局が積極的にこの運動を支援しているので、申請期限である一九七一年一月十七日までには、協定永住権の申請はもとよりのこと、一般永住権の申請者数も飛躍的に増加するものとみられている。

二年余の戦い実る

部分的には要求より有利に

日本国に居住する大韓民国々民の、法的地位及び処遇に関する大韓民国と日本国との間の協定が、七次にわたる会談と調印を経て、一九六六年一月十七日に発効し、同協定の実施に伴う永住権申請の受付が開始されたが、その期限は一九七一年一月十七日までであと一年四ヶ月を残すのみである。

しかしこの永住権申請の状況は必ずしも順調ではなかった。というのは、六十万の在日韓国人の今後を運命づける重大なこの「法的地位と処遇に関する協定文の内容」が、在日韓国人の実情、つまり現状と将来に対しあまりにも配慮を欠いた協定であるとして、在日韓国人社会から強い反発をうけ

申請数急速に増加

四人に一人がすでに完了

田中永住室長

在日韓国人の永住権申請の処理事務を一手にひきうけているのが東京霞ケ関にある法務省出入国管理局資格審査課の協定永住室である。

さして広くもない室内では、田中室長以下十一名の室員が山と積まれた永住権申請書類の中に埋まって汗だくになっている。田中室長の説明によると、さる八月末現在で協定永住権申請者の総数は十三万三千人を突破しており、毎月四千人以上の申請者があるとのことである。わずか十人余りの人員でこのように莫大な事務処理にあたらなければならない苦労などを次のように語っている。

一九六六年一月十七日に発効した在日韓国人の法的地位及び処遇に関する協定により、出入国管理特別法が施行され、協定に伴なう永住権の申請受付業務がはじまって以来三年七ヶ月が経過した。この八月末における業務の状況をみると十三万三千人が申請をしており、そのうち約十二万人が永住許可を取得している。十三万人といえば、在日韓国人の総数を約六十万とみて、約四人に一人に近い人たちがすでに永住権を申請していることになる。このように十二万以上の韓国人が永住権を取得しているかげには、申請した在日韓国人たちに一日もはやく永住権許可がおりるようにと願って事務処理にたずさわってきた全国の地方自治体の不断の努力が大きな比重を占めていることを知ってもらいたい。この協定永住権は日本政府が他国民（在日韓国人）に対し、約一世紀間にわたる永住を許可するものであり、それだけにわれわれはこの申請者に対しては、その身分を明確なものにするためのスクリーン作業が必要である。にも拘らず現在までの申請者の六〇％乃至七〇％ちかい人たちの身分が不完全である。すなわち大多数の申請者の申請事項に誤りがある。話にしいのは自分の本籍地や名前までが事実と相違しているので、このような場合にわれわれは申請本人を呼び出したり、書信で連絡をとるとか、場合によっては、地方自治体の協力を仰いでその誤りを正している。このためにこの協定永住室の室員は韓国の各道別の地名に関しては、それぞれ超ベテランになっているほどである。

さきの両国法相会談を契機に在日韓国人にひとりでも多く協定永住権を申請取得させるためには、韓国の駐日大使館や居留民団では大規模なPRをする必要があろう。各地にある韓国の領事館や総領事館に、永住権申請を促進させるための指導員を配置したそうであるが、限られた少数の指導員たちの活動にも限界があろう。それよりも申請して許可を取得した人たちが、その周囲の同胞たちに対してはやく申請するよう呼びかけるのがもっと影響力もあり成果があると思う。

（写真＝申請書類の処理に多忙をきわめる入管の協定永住室）

明るいムード契機に

申請促進啓蒙に全力を

中参事官

創建記念碑除幕

横浜領事館後援会で

明年新春には落成

三重本部の会館新築

〝愛の一声運動〟展開

大阪 生野青少年補導協議会

住所を知らせて下さい

東京韓国校で同窓会準備

三重県地方本部会館建立着工

一九六九年八月八日着工 一九七〇年一月完工予定

大韓民国居留民団三重県地方本部名単

議決機関

役職	氏名
議長	李英春
副議長	許 達
〃 〃	朴基魯

監察機関

役職	氏名
監察委員長	李有万
監察委員	金数煥
〃 〃	崔栄大

執行部

役職	氏名
団長	金潤学
副団長	朴英基
〃 〃	金炳贊
事務局長	鄭仁梧
総務部長	金東植
組織部長	呉昌源
財政 〃	金炳贊
民生 〃	崔判秀
文教 〃	李鉀植
宣伝 〃	申又均

顧問団

具珉会
陳且祚
李碩根
孔樹泳
金済煥

建設委員会名単

役職	氏名
委員長	朴洪鉉
副委員長	姜済達
〃 〃	朴昌植
〃 〃	李碩根
〃 〃	李德雨
委員	朴英基
〃 〃	李命達
〃 〃	趙外成
〃 〃	金長春
〃 〃	李甲祚
〃 〃	孫戍甲
監査役	鄭仁梧
〃 〃	林貞秀
〃 〃	李鉀植
事務局長	金梧贊

文化・社会

サハリン・北韓に拉致され
異郷の地で喘ぐ同胞を救う

国際赤十字総会を通じ
サハリン 北韓拉致の同胞救済を積極化
本国赤十字社が本腰

空港での換金の手違で 途方に暮れた少女
本国警官の善意で救わる

科学により故国に尽す道を
李泰圭博士の帰国談

金東成翁永眠

マグサイサイ賞に金鎔瑾さん 海を沃土に変える

在日奨学財団

組合結成の設立と手続

納税貯蓄組合結成の設立と手続およびその特典
安商権

便宜と特典

不審の場合

地方特集
躍進する和歌山本部

和歌山地方本部全景

信頼される民団に
団長

祖国に思いよせて
議長

精神武装の強化へ
監察委員長

商銀発展へ声援を
理事長

お詫びの言葉
先般、和歌山地方特集版を掲載しましたが、記載事項中に、不備な点が多々ありましたので、ここに同特集の一部を再録致しお詫する次第であります
編集局

韓國新聞
発行所　韓國新聞社
発行人　鄭烱和
東京都文京区春日町2丁目20−13
編集（815）1451〜3
業務（812）0673
定価　1カ月100円
振替口座東京 34988番

綱　領

一、われわれは大韓民国の国是を遵守する
一、われわれは在留同胞の権益擁護を期する
一、われわれは在留同胞の民生安定を期する
一、われわれは在留同胞の文化向上を期する
一、われわれは世界平和と国際親善を期する

あなたもわたしも 早く申請しましょう

永住申請 全国的に促進啓蒙運動展開

多彩な行事計画中

韓日両国の法相会談によって解決事項の決定を見た今日、全国各地の永住権申請者が急速増加、受付窓口は多忙を極めている

文書活動

芸能宣伝班派遣

遊説班編成

第一次 実務者研修会 東京で開催

定期中央委員会 十月中旬開催予定

なお、会場は市ヶ谷の日傷会館が予定されている。

朴事務総長談話

……する。万博招請事業を推進し、事務体系を整備するとともに、積年の弊風であった地方公館との民団との間のカク執を一掃して民団の主体性を確立するために情実にとらわれることなく、実務と指導能力のある人物本位の人事を進めた。その端的なあらわれが二次長を局長に昇格登用したことである。いまやわが民団組織にも「意欲と能力が兼備しない者は去れ」の時代が到来したことを、私はこのたびの人事でもって内外にはっきりと示したつもりである。

人事発令

民団中央本部は九月一日付をもって次の通り人事を発令した。

職名	氏名
事務総長	朴太煥
〃次長	朴炳憲
総務局長	李聖南
組織局長（兼）	朴太煥
経済局長（兼）	朴炳憲
民生局長	李鐘舜
文教局長	蔡仁煥
韓国新聞社々長（兼）宣伝局長	鄭烱和
総務局次長	柳乙作
民生局次長	姜徳才

以上

「国軍の日」本国訪問団 来る三十日各地から出発

全将兵動員態勢強化

金融機関の新築計画に中止指示

水産物輸出六〇・三％を達成

ナイジェリヤ大統領 27日来韓

論壇

「唯一の韓国政府」を 日本外務省は覚醒せよ

……いという、外交手段が保たれるとすれば、国際外交の信義も、信頼も簡単に……されること自体が無意味であり、極端な表言が許されるとすれば条約締結という国家間の厳粛な外交契約も不必要的な"紙上の描き餅"といわねばならない。

しかるに日本の外務省は北韓出身者というのみで、戦没者の遺骨を朝鮮半島における唯一の政府であり、日本国とは正式な外交締結がある韓国政府の正式な申し入れをも、言を左右にして北韓出身者の遺骨を北韓カイライ政権に引き渡すとする態度には不信義の念をことさらに覚えるのである。

日本の外務省は韓国政府を唯一の正統政府であることを再確認した現今において、すなはちこの実態のうえに立って、韓日両国に絡わる諸問題は韓国政府を唯一の外交当事者とすることが両国の善隣関係を深くし、友誼を厚くするものであることを覚醒すべきである。

（崔大栄）

（落穂）

伸びるハイウエイ

朴正熙大統領

近代化する酪農

変貌する住宅

高層建築が林立する首都

祖国近代化の信条

われわれの子孫が、こんにち生きているわれわれの世代にたいし、子孫のために何をなし、祖国のために何をなしたかと問うたとき、われわれはためらうことなく『祖国近代化の信条』をもって働き、そしてさらに働いたと、堂々と答えるようにしよう。

×　×

祖国の近代化は経済建設だけでなく、政治的民主化、社会的合理化をなしとげるところに重大な意義がある。われわれが祖国の近代化を主張するのは、まさにわれわれの周辺から政治的に、経済的に、社会的に、われわれの前進をさえぎるすべての非能率、非民主、非合理を追放するためである。

<朴正熙大統領語録より>

湖南肥料工場

在日韓国人学究の頭脳流出を防げ

米国行きか日本へ帰化

政府は人材発掘に努力を

▽在日韓国学究たちの頭脳流出を防ぎ
▽そのすぐれた知識と技能を祖国近代
▽化と、経済建設に役立てよう。その
▽ために本国政府は、人材発掘に積極
▽的な姿勢をとり、海外へ流出して行
▽く在日韓国人学者のいわゆる"頭脳
▽流出"防止策を本格的に樹立する必
▽要があるのではないだろうか。日本
▽大学で学び、大学では勿論のこと学
▽界からも注目されるほどのすぐれた

理論と技術をもつ若い"学究の徒"△
たちが、韓国人であるがために日本△
ではその才能発揮の場が与えられず△
アメリカなどの諸外国へつぎつぎと△
去ってゆくのに、人材発掘が痛切に△
叫ばれているわが本国政府はかれ△
らを登用する姿勢をとらないばかりか△
その意思表示すらしないのはどうし△
たことだろうか。△

「全く残念なことであり、大韓民国の国家的な一大損失であります。日本にはすぐれた同族の優秀な頭脳が埋っているのに人材難を叫び、外国人技術者や学者を招へいして莫大な外貨を消費しているのは実に情ない話です」と訴えているのは、東京大学の大学院博士課程で経済学を研究している林氏である。

残念ですと語る林氏

氏の知っている範囲だけでも十数名のすぐれた"若い韓国人の頭脳"たちが、日本では「はたらき場」が与えられず、母国からも迎えられない状態でいろいろと悩んだすえ、米国から好条件で迎えられ日本を去って行ったとのことである。

……即ち、数年前に東京大学大学院農学部で地質学をおさめ、水利の若い権威者として著名な申博士に対し、中近東のイスラエルから、その卓越した理論と技術を高く評価し国家的な建設事業にと望まれたが、申博士は「私の知識を祖国が必要とするに違いない」としてイスラエルの要請を断わり、祖国に帰る日に備えて黙々と研究に没頭している。だがその申博士もまだ母国から完全に迎えられてはいない。

この申博士を含む在日韓国人学究たちの"すぐれた頭脳"が、母国へ迎え入れられ、祖国の近代化に大きく貢献できる日のくるのは果していつであろうか。その間にも"頭脳"たちはアメリカへ日本人への帰化へと流れていき、民族の損失は重ねられていると林氏は切々と訴えている。

政府公館と関係なし　日刊紙発行で政府の名を騙る

金公使　洪公報館長談

駐日公報館の金東洪公使と駐日公報館長は、さる十三日正午、共同記者会見を行ない、最近本国から来日した数名の自称"新聞人"と、これと附和する数名の在日韓国人が、日本において日刊の新聞を発行すると称して、……

声明書

所謂"三選改憲反対在日韓国人闘争委員会"と称して数名の人士たちが今日(1969・9・9)三選改憲反対を声明したが、本団は本国の政治問題には一さい介入しないとの既定方針にてらしてみ……

1969年9月9日
在日本大韓民国居留民団
中央本部
団長　李禧元

政治問題介入は遺憾

李団長呉丁両氏の行動厳しく非難

さる九月九日丁賛鎮、呉宇泳、金錫在、裵東湖、梁相基など諸氏のほか四名は、本国の朴大統領の三選に反対する声明を発表し、「三選改憲反対在日韓国人闘争委員会」を結成して丁、呉氏など九名がその代表委員となったことを明かにした。

これに対し民団中央では、丁、呉の両氏が民団の顧問であり「民団は本国の政治問題に一切介入しない」との基本方針からみて遺憾な行為であるとして、同日李中央団長はつぎのような声明書を発表してその責任をきびしく追究した。

神奈川商工会で本国視察団募集

神奈川県韓国人商工会(洪句杓会長)は、本国の商工会議所と協力して、県下の韓国人商工業者からなる「経済視察団」を編成して母国を訪問し、驚異的な発展をつづけている祖国の実情を直接に視察するとともに、本国の経済人との交流を深めることになった。

視察団の出発は十月中旬の予定しており、目下参加者を募集している。

関東地区実務者大使館で懇談会

さる九月十日、午後二時から、大使館管内の各地方本部事務局長と、東京本部管内の各支部事務部長は、大使館に参集して、……

武装スパイを検挙

韓国治安局は、一〇日午前、去る八日休戦線を越えて、京畿道加平地域に浸透した北傀武装スパイ金鳳淳(39)を検挙したと発表した。

金鳳鶴氏銀行長に

済州銀行19日に開店予定

在日韓国人実業家金鳳鶴氏と済州道の道民たちによって設立を推進していた「済州銀行」が、来る九月十九日、授権資本金四億ウオン(一億八千万ウォン)で開店する運びとなったが、銀行長には金鳳鶴氏が就任することになった。

招請員数を増やせ

万博家族で民団中央窮地にたつ

来年三月から大阪で開催する万国博への家族招請人員が少いとして、各地方本部からの苦情と不平が中央へ殺到し、これを反映すれば、組織の強化を目的に推進している「招請事業」が、かえって組織の弱化を招来する結果となるのではないかと中央の事務当局は頭をかかえている。

新鋭ジエット機も続々購入

(写真＝ちかくおめみえするボーイング720型機)

(大韓航空)KAL大きく躍進

東京線には午前便も新設

これまでの国営企業から民営へ移った大韓航空(KAL)では、増加する利用者の要求にこたえて新鋭機を続々購入するとともに、路線の拡大と便数を大幅に増設し十月一日からは新ダイヤのもとに大きく躍進することになった。

路線の拡張＝従来大阪―釜山間は週五便で就航機も大型機でなかったのを、週七便に増やして、就航機もDC9の大型機にし、週二便だけはソウル→大阪→台北→香港→サイゴン→バンコック間を往復。

大阪―釜山―済州線(週二便)を設けて済州道出身者の帰国に便宜を提供。

増便＝ソウル―東京線の週七便を週九便に増やし、そのうちの二便は午前十一時に東京を発つようにして帰国者の国内旅行の便宜をはかることになった。

なおソウル―東京間には新たにボーイング720の新鋭機二機が就航する。

これでこれまでのソウル―東京線に就航して利用者に親しまれていたDC9型は、十月からソウル―大阪線に就航し、ソウル―東京線には代ってボーイング720型がお目みえすることになるが、このボーイング720は、機体のスマートさとすぐれた安全性で評判の高い新鋭ジェット機である。

これによって大韓航空も名実ともにアジアの空の雄として日本などの航空業界に伍して、空の"たたかい"で覇を争うことになった。

預金高69億を突破

東京商銀驚異的に伸長

一昨年六月に許弼奭氏の理事長就任以来、驚異的な発展と伸長ぶりをみせている東京商銀信用組合の預金高が、さる八月末でついに六十九億円を突破した。

許理事長の就任当時の預金高が十四億円であったから、わずか二年余の間に預金高は約五倍に伸長したわけで、すでに今秋には七十億円の目標である預金高百億円突破も間近いものとみられている。

来年は800名を予定

裵文教局長　夏季学校から帰任

民団中央本部裵文教局長は本国文教部が実施した一九六九年度在日僑胞学生夏季学校教育の大任を無事にすませ、さる五日帰任した。

同夏季学校教育の目的は、日本系高校及び大学に在学中の在日二世韓国人学生に対して"祖国に対する正しい認識と民族精神の培養……

(写真＝裵文教局長)

ミス・コリア来日

パレードの人気を独占

日本で開催される万国博を記念して……

(写真＝ミスコリアの金嬢とパレードの光景)

敷地払下げを推進

東京韓国学校　理事陣再編

朱洛弼氏の逝去により長い間空席であった東京韓国学校の、理事長を選任する理事会はさる三日に開かれ安聖出氏を理事長に選出。

岡山商銀が移転

尋ね人

組織強化へ前進する 静岡県地方本部光復節祝典 特集

静岡県地方本部がさる8月15日の第24回光復節に、同地方本部主催による記念祝典を県下の相良町海岸で挙行した。これは同地方本部創設以来の画期的な行事である。いままで同地方本部管内の団員たちは毎年の光復節には、東京で開かれる「関東地区協議会主催」の中央慶祝式典に参加するために、静岡からはるばると東京まで貸切バスを飛ばして、炎天の車内で汗を流したものである。したがって中央の祝典に参加する人数は組織の役員など極く限られた人たちだけの少数に過ぎず、一般団員は光復節の晴れやかな祝典に直接参加する機会がほとんどなかった。

とくに家庭の主婦たちと二世や三世などの少年たちにとって「光復節」に参加する機会は皆無に近く「光復節」の意味すら知らない状態だったのである。

さる4月の大会で第11代目の県本部団長に選出された趙鍇衍団長はこの問題を重視し「光復節は一部の役員や特殊な人たちだけが祝うものではなく、全国民が民族の解放を祝賀する民族的祝日である。祖国を遠く離れ異国に住むわれわれは、老若男女を問わず一人も欠けることなくこの日を祝賀すべきである。特に、日本で生れ育った二世や三世たちに対し、この光復節の意義を十分に理解させて民族意識と愛国心と同胞愛を培うためにも、県下の団員全員をこの祝典に参加させるのが民団に課せられた義務である。そのためには県内において記念祝典を挙行するよりほかない」と決意して、県本部はじめ各支部の役員および一般団員に、その趣旨と意義を訴えて努力した結果、ついに県下の相良町海岸の「宇の浜会館」を借りきり、1700名の県内在住韓国人が参加した中で「第二十四回光復節記念祝典」を静岡県地方本部主催で挙行したのである。在住同胞数の少い静岡県で1700名の参加者を動員したことは実に驚くべきことで、この祝典実現に払った趙団長をはじめとする民団の努力がいかに大きかったかを如実に物語るものであり、同時にこれは、県下の団員たちが「光復節祝典の県内開催」をどれほど熱烈に待ち望んでいたかの証左でもある。

光復節も過ぎてはや一ヶ月になるが、いまもって静岡県下の同胞の胸中からはあの日の感激と興奮が消えていない。この静岡県下のわが兄弟たちのよろこびと感激を全国に伝えしながら、来る年の光復節にはもっと多くの地方の団員たちが、静岡県のような感激を味わうことができるよう希望し、時間的にはやや遅れたかの感も免れないが、敢えて八月十五日の「静岡県の感激の日」を紙上に再録する特集を試みた次第である（編集局）

創団以来の快挙ここに！

相良海岸を埋む人波 親善ムードも豊かに祝典

[illegible]

町長、県議も出席し祝辞 花火打ち上げ多大な寄付も

[illegible]

本人である町長たちの心からの祝辞であった。参加者たちも〝韓日親善〟を地で行く町長たち日本人の温いあいさつの言葉に深く感動した。そればかりか祝典の第二部の祝賀会（余興）では、地もと相良町婦人会の日本婦人たちが、揃いの衣裳で〝相良音頭〟を踊って余興に花を添えてくれたことである。午前中の〝打ちあげ花火〟に町長と町議の祝辞、婦人会の踊りとで会場は親善ムードでいっぱいであったが、日本におけるわれわれの光復節に日本の〝地方自治体の長〟が参加して祝辞を述べたのは、おそらくこの会場での相良町長のあいさつがはじめてであろう。

さらに特筆するに値することは静岡商銀に対し趙団長が「光復節は韓国人の国民的祝日である。日本の祝祭日には休日と定めて休業をする商銀が、この光復節に業務のために不参加するようなことが

このように静岡県では、趙団長を先頭にする民団と各級組織と機関および全団員とが心をひとつにして、光復節をより意義深いものにしたが、このような全県的な行事に盛りあげた静岡の民団と県下在住同胞たちの熱意と努力に対し全国の各級組織と同胞たちは、衷心からの敬意と讃辞をおくるとともに、この快挙から多くの教訓を学びとるべきであろう。

二世たちが農楽 本国仕立ての衣裳で

全県をあげて参加したこの日の祝典は午後二時過ぎからはじまった第二部の祝賀会に至って祝賀気分は最高潮に達したかの感があった。まず幕明けには地元相良町婦人会のにぎやかな中にもはなやかな〝相良町音頭〟で韓日親善のムードも盛りあがり、多数の日本人が、観衆として参加した中で、各支部がこの日のために練習と訓練をつんだ舞踊・農楽・合唱・独唱とっておきの〝隠し芸〟がつぎつぎと披露されたが、そのどれもが、とても短時日の練習とはおもえないほどに見事である。

そしてまた各支部が繰り出す支部代表〝芸術家たち〟の熱演意欲をさらに高めたのは、この余興の最優秀チーム（支部）には金拾万円也の賞金があったことで、各支部はそれぞれアイディアに智恵をしぼり、舞踊にはさらに熱をこめたのであるが、正面にズラリと陣どった審査員たちの公平無私な審査の結果、静岡市東部支部が見事に最優秀一等賞の拾万円をかちとり、つづいて清水支部が二等賞で金五万円、御殿場支部と浜松支部が三等賞で金三万円ずつ、東部支部と志太支部が惜しくも残念賞で五千円ずつを分けあった。なおこの日の農楽や舞踊に着用した民族衣裳は、全部このためにわざわざ本国に出張して調達したもの。

写真＝全館完全冷房を誇る静岡県地方本部会館

写真＝上から慶祝大会の議長挨拶。婦人たちの舞踊。児童がうたう祖国のうた。公平無私な審査員たち。

一生のよき思い出 組織強化に献身誓う

静岡県地方本部 団長 趙 鍇衍

（写真）趙団長

私はさる四月に静岡地方本部の第十一代団長として選出されたが、県本部をはじめとする各支部と各級機関を、これまでに発展させ育成してきた組織の諸先輩と県内在住の団員各位に対し、衷心から敬意と感謝を表してやまない。

とくに先代団長の朱性鶴氏は在任中に県本部会館建立へ心血を注ぎ、全団員の協力を得てついに昨年八月には鉄筋コンクリート三階の立派な本部庁舎を新築したのであるが、氏のこの功績はわが民団史上に永久不滅なものであり、朝夕会館を仰ぎみては感謝のおもいを新たにしている次第である。

就任以来、私は歴代団長の諸先輩をよき手本として、物心両面の犠牲を顧みることなく、組織の強化と発展に献身することを誓いそれを実践すべく努力している。

これまで当県の教育文化センターが催していた静岡韓国学園の国語講習会には、わずか三、四名の講習生しか出席していなかった。私は早速二台のマイクロ・バスを購入して講習生を送り迎えたところ、生徒の数は一躍六十名以上に増加し、学園へ通うのを楽しみにしている。

また私は、先代の朱団長が建立した県本部会館の全館冷房を計画し、富士吉原市の団員趙慶済氏の誠意に満ちた数百万円の寄贈を得て全館完全冷房に成功した。おそらく全国でも本部会館の完全冷房化は当本部だけであろう。

さらに私は、県本部の財政確立に着手して団員各位の協力を仰いでいるが、現在までに四百余万円の基金が集まり、これをわが商銀に預託している。

つぎに、これはもっとも大事なことであるが、これまでわが民団組織の強化と発展を阻む最大のガン的存在は組織内部の派閥抗争であったが、団員各位の協力により現在はほとんど解消し、全団員が一致して組織の強化に努力している。そのよい成果がこのたびの第二十四回光復節の県内開催であり、これは大成功をおさめたと自負する次第である。

光復節は県下の相良町海岸で開催したが、町長以下の全町民が心からわれわれの行事を祝賀し、花火を打ち上げてくれ、町長と町議たちは来賓として祝辞を述べ婦人会では日本舞踊と歌まで披露してくれ、さらに四十五万円の現金と二十五万円に相当する物品まで寄贈してくれた。これは韓日親善の精神を遺憾なく発揮してくれたもので、その尊い隣人愛と友情は両民族友好の真骨頂ともいうべきで私をはじめ全団員の一生忘れ得ぬよき思い出となるであろうと信じて疑わない次第である。

本日の祝典の総予算は三百五十万円であり、県本部が二十五万円を支出し寄付金が約九十五万円あるので合計百二十万円になるが、残りの不足分は全額を私が負担することにした。今日の余興に着用した衣裳も全部本国に出張して調達したものである。

日本で生れ育った青年男女が短時日間の練習で、立派に農楽や民族舞踊を習得し、祖国の歌を国語で唄うのをみて、私は「やる気になれば、なんでもやれる」との格言が実に平凡ではあるがまさに真理であることを痛感した。この感激とよろこびの前には金銭的な負担などは問題でない。

私の今日のよろこびを、さらに大きくしてくれたのは静岡商銀がこの祝典に理事長以下の全員が休日をとって参加してくれたことである。心から感謝の言葉をおくりたい。

お詫び

この静岡県地方本部の八・一五光復節の特集は、当初8月25日号に掲載する予定でありましたが、8月25日号が、都合に依り休刊となるなど諸般の事情により、おくれて本号に掲載しました。謹んでお詫び申し上げます。（編集局）

組織活動の役軍たち

趙成沢 本部議長
金済厚 東部支部団長
車貴勲 志太支部団長
李録範 本部監察委員長
徐正洙 御殿場支部団長
卓文千世 韓国学園理事長
洪承範 浜松支部団長
金海甲 清水支部団長
趙鳳任 本部婦人会長

商銀は完全休業 理事長以下全職員が祝典に

県内の〝無尽〟流行を憂う

静岡商銀 理事長 康 民善

私たちの静岡商銀では、この佳き日を全同胞と祝うべく、当直を残し理事長以下の全職員が祝典に参加した。従って商銀は完全休業である。

今日の光復節祝典は実に見事で意義深いものであった。静岡県の単独主催でこれほどの動員に成功した陰には、趙団長以下全民団の大きな努力があったと思い、その労苦に心から敬意を表するものである。

わが静岡商銀は一九六五年十二月の創設以来、県下団員各位の協力と支援により発展を重ね現在預金高は七億五千万円に達しているが、来る四周年記念日までには八億円、さらに五周年記念には十億円の預金高を目標にして努力している。それと同時に、それまでには本店も新築し、現在浜松市だけにある支店も増やして沼津にも設置する計画である。県内預金高七億五千万円は団員数の少ない静岡県としては、誇るに足る数字であり、そのランクも韓信協傘下の二十数組合の中で第十五位という立派なもので、これもひとえに県下の同胞各位の絶大なる支援のたまものであると心から感謝するとともに、今後とも一層の御協力と指導鞭撻を願ってやまない次第である。

最後に一言注意を述べたいのは、最近静岡地方に、いわゆる「無尽」と呼ばれる非合法的な金融手段が盛んになっていることで、実に憂慮に堪えない。この〝無尽〟は成功した例が少なく大ていは失敗するのが通例となっており、一、二年前に東京・横浜地方だけでも数十億円の〝無尽〟がつぶれ、多くの同胞が莫大な被害を蒙っているのである。この事実をよき参考にして県下の同胞各位は危険な〝無尽〟などに加わることなく、わが民族資本の金融機関である商銀を利用し支援することを衷心から希望する次第である。

한국신문 (전8권)

재일본대한민국거류민단중앙기관지 (영인본)

지은이: 편집부
발행인: 윤영수
발행처: 한국학자료원
서울시 구로구 개봉본동 170-30
전화: 02-3159-8050 팩스: 02-3159-8051
문의: 010-4799-9729
등록번호: 제312-1999-074호
ISBN: 979-11-6887-162-5

잘못된 책은 교환해 드립니다.
정가 920,000원